Frankfurter Kommentar

Frankfurter Kommentar

GwG

Geldwäschegesetz, GeldtransferVO,
relevante Vorgaben aus AO, KWG, StGB, VAG,
ZAG sowie Exkurs zu Finanzsanktionen

Herausgegeben von

Dr. Uta Zentes, LL.M.
Rechtsanwältin, Frankfurt am Main

und

Sebastian Glaab
Rechtsanwalt, Frankfurt am Main

Bearbeitet von

Tassilo W. Amtage; Dr. Emanuel H. F. Ballo; Oskar Becker, LL.M.;
Franz Blaschek; Dr. Simone Breit; Dr. Andreas Burger; Nadine Forstmann;
Sebastian Glaab; Annina K. Greite; Dr. Anna L. Izzo-Wagner, LL.M.EUR;
Dr. Joachim Kaetzler; Andreas Kastl, M.A., LL.M.oec.; Lars-Heiko Kruse;
Thomas Kurth; Carsten Lang; Jan Liepe; Till Christopher Otto; Robin
Pichler; Dr. Hendrik Pielka; Derik Posdorfer, Dipl.-Jur.; Dr. Thomas
Richter; Daniel Sandmann, E.-M.B.L. (St. Gallen); Dr. Dirk Scherp;
Dr. Oliver v. Schweinitz, LL.M.; Dr. Marcus Sonnenberg; Dr. Ocka Stumm,
LL.M.; Prof. Dr. Andreas Walter, LL.M.; Andreas Wattenberg;
Dr. Jacob Wende; Elke Weppner, MM; Sören Wollesen; Felix Wrocklage;
Dr. Uta Zentes, LL.M.

3., aktualisierte und erweiterte Auflage 2022

Fachmedien Recht und Wirtschaft | dfv Mediengruppe | Frankfurt am Main

Zitiervorschlag: *Bearbeiter*, in: Zentes/Glaab, GwG

Alle im Buch verwendeten Begriffe verstehen sich geschlechterneutral. Aus Gründen der besseren Lesbarkeit wird auf eine geschlechtsspezifische Differenzierung verzichtet – entsprechende Begriffe gelten im Sinne der Gleichbehandlung grundsätzlich für alle Geschlechter. Die verkürzte Sprachform hat lediglich redaktionelle Gründe und beinhaltet keine Wertung.

Bibliografische Information der Deutschen Nationalbibliothek

Die Deutsche Nationalbibliothek verzeichnet diese Publikation in der Deutschen Nationalbibliografie; detaillierte bibliografische Daten sind im Internet über http://dnb.de abrufbar.

ISBN 978-3-8005-1808-1

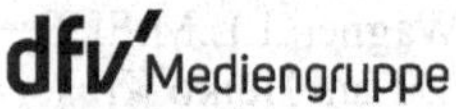

© 2022 Deutscher Fachverlag GmbH, Fachmedien Recht und Wirtschaft, Frankfurt am Main

Der Verlag im Internet: www.ruw.de

Das Werk einschließlich aller seiner Teile ist urheberrechtlich geschützt. Jede Verwertung außerhalb der engen Grenzen des Urheberrechtsgesetzes ist ohne Zustimmung des Verlages unzulässig und strafbar. Das gilt insbesondere für Vervielfältigungen, Bearbeitungen, Übersetzungen, Mikroverfilmungen und die Einspeicherung und Verarbeitung in elektronischen Systemen.

Satzkonvertierung: Lichtsatz Michael Glaese GmbH, 69502 Hemsbach

Druck und Verarbeitung: CPI books, 25917 Leck

Printed in Germany

Vorwort

Die Geldwäscheprävention erlebt einmal mehr dynamische Zeiten und so freuen wir uns, Ihnen die dritte und umfangreich aktualisierte Auflage unseres Praktiker-Kommentars bereitstellen zu können. Die neue Auflage wurde umfangreich überarbeitet, teilweise erweitert und auf den aktuellsten gesetzlichen und regulatorischen Stand gebracht. Besonders hervorheben möchten wir den neu aufgenommenen Exkurs zu Finanzsanktionen und Umsetzungsfragen als wichtiges Schnittstellenthema zur Geldwäscheprävention – die praktische Relevanz war zum Zeitpunkt des Redaktionsschlusses im März 2022 vielleicht größer denn je. Die dritte Auflage berücksichtigt außerdem den aktuellsten Stand im Wesentlichen

- der EU-Richtlinien und relevanten deutschen Umsetzungsgesetze, wie insbesondere Gesetz zur strafrechtlichen Bekämpfung der Geldwäsche, Finanzmarktintegritätsstärkungsgesetz (FISG), Transparenzregister- und Finanzinformationsgesetz (TraFinG), einschließlich der neuen Vorschriften (z. B. § 3a GwG, § 38a GwG),
- das Gesetzgebungspaket der EU zur europäischen Neuordnung der Bekämpfung von Geldwäsche und Terrorismusfinanzierung,
- Auslegungs- und Anwendungshinweise der Bundesanstalt für Finanzdienstleistungsaufsicht (BaFin) sowie der Aufsichtsbehörden des Nicht-Finanzsektors zum GwG,
- Rundschreiben der Aufsichtsbehörden und Guidelines der EBA sowie
- den neuen Glücksspielstaatsvertrag.

Wir wünschen Ihnen auch mit der dritten Auflage viel Erfolg bei der risikoorientierten Arbeit sowie der Umsetzung der gesetzlichen und regulatorischen Vorgaben. Wünsche und Anregungen nehmen wir gerne entgegen.

Frankfurt am Main, im Mai 2022

Dr. Uta Zentes
Sebastian Glaab

Bearbeiterverzeichnis

Tassilo W. Amtage	Dozent und stellvertretender Geldwäschebeauftragter
Dr. Emanuel H. F. Ballo	Rechtsanwalt, DLA Piper, Frankfurt am Main
Oskar Becker, LL.M.	Rechtsanwalt, Schalast, Frankfurt am Main
Franz Blaschek	Leiter Anti Financial Crime, AML und Sanctions Officer, München
Dr. Simone Breit	Rechtsanwältin und Partnerin, Knierim & Kollegen PartG mbB, Mainz
Dr. Andreas Burger	Partner, Deloitte, Frankfurt am Main
Nadine Forstmann	Rechtsanwältin, Deloitte Legal Rechtsanwaltsgesellschaft mbH, Frankfurt am Main
Sebastian Glaab	Rechtsanwalt, Frankfurt am Main
Annina K. Greite	Rechtsanwältin, Starnberg
Dr. Anna L. Izzo-Wagner, LL.M.EUR	Rechtsanwältin, Annerton Rechtsanwaltsgesellschaft mbH, Frankfurt am Main
Dr. Joachim Kaetzler	Rechtsanwalt, CMS, Frankfurt am Main
Andreas Kastl, M.A., LL.M.oec.	Verband der Auslandsbanken in Deutschland e. V., Frankfurt am Main
Lars-Heiko Kruse	Rechtsanwalt und Partner, Pricewaterhouse Coopers GmbH Wirtschaftsprüfungsgesellschaft, Berlin
Thomas Kurth	Wirtschaftsprüfer, Deloitte, Berlin
Carsten Lang	Rechtsanwalt, München
Jan Liepe	Rechtsanwalt und Partner, Waldeck Rechtsanwälte PartmbB, Frankfurt am Main
Till Christopher Otto	Rechtsanwalt, Annerton Rechtsanwaltsgesellschaft mbH, Frankfurt am Main
Robin Pichler	Rechtsanwalt, Simmons & Simmons LLP, Frankfurt am Main

Dr. Hendrik Pielka	Rechtsanwalt und Partner, Waldeck Rechtsanwälte PartmbB, Frankfurt am Main
Derik Posdorfer, Dipl.-Jur.	Schalast, Hamburg
Dr. Thomas Richter	Fachanwalt für Strafrecht, HammPartner Rechtsanwälte, Frankfurt am Main
Daniel Sandmann, E.-M.B.L. (St. Gallen)	Rechtsanwalt in München, Lehrbeauftragter an der Universität Augsburg (ZWW) und der ICN Business School, Nancy
Dr. Dirk Scherp	Rechtsanwalt, Of Counsel, Gleiss Lutz, Frankfurt am Main
Dr. Oliver v. Schweinitz, LL.M.	Rechtsanwalt, Steuerberater, Fachanwalt für Steuerrecht, Attorney-at-Law (New York) und Partner, Schalast, Hamburg/Frankfurt am Main
Dr. Marcus Sonnenberg	Syndikusrechtsanwalt bei einem kreditwirtschaftlichen Verband, Frankfurt am Main
Dr. Ocka Stumm, LL.M.	Rechtsanwältin, Steuerberaterin, Gleiss Lutz, Frankfurt am Main
Prof. Dr. Andreas Walter, LL.M.	Rechtsanwalt und Partner, Schalast, Frankfurt am Main
Andreas Wattenberg	Rechtsanwalt, kpw Rechtsanwälte, Berlin
Dr. Jacob Wende	Rechtsanwalt und Geschäftsführer Regpit GmbH, Berlin
Elke Weppner, MM	Rechtsanwältin, Kronberg im Taunus
Sören Wollesen	Jurist, Joh. Berenberg, Gossler & Co. KG, Hamburg
Felix Wrocklage	Rechtsanwalt, Gleiss Lutz, Frankfurt am Main
Dr. Uta Zentes, LL.M.	Rechtsanwältin, Frankfurt am Main

Inhaltsverzeichnis

Geldwäschegesetz (GwG)

Abschnitt 1
Begriffsbestimmungen,
Verpflichtete und risikobasierter Ansatz

Abschnitt 2
Risikomanagement

Abschnitt 3
Sorgfaltspflichten in Bezug auf Kunden

Abschnitt 4
Transparenzregister

Abschnitt 5
Zentralstelle für Finanztransaktionsuntersuchungen

Abschnitt 6
Pflichten im Zusammenhang mit Meldungen von Sachverhalten

Abschnitt 7
Aufsicht, Zusammenarbeit, Bußgeldvorschriften, Datenschutz

EU-Geldtransferverordnung (GTVO)

Kreditwesengesetz (KWG) *(Auszug)*

Versicherungsaufsichtsgesetz (VAG) *(Auszug)*

Strafgesetzbuch (StGB) *(Auszug)*

Abgabenordnung (AO) *(Auszug)*

Zahlungsdiensteaufsichtsgesetz (ZAG) *(Auszug)*

XIV

Abkürzungsverzeichnis

Dritte EU-Geldwäscherichtlinie	Richtlinie 2005/60/EG des Europäischen Parlaments und des Rates vom 26. Oktober 2005 zur Verhinderung der Nutzung des Finanzsystems zum Zwecke der Geldwäsche und der Terrorismusfinanzierung
Vierte EU-Geldwäscherichtlinie	Richtlinie (EU) 2015/849 des Europäischen Parlaments und des Rates vom 20. Mai 2015 zur Verhinderung der Nutzung des Finanzsystems zum Zwecke der Geldwäsche und der Terrorismusfinanzierung, zur Änderung der Verordnung (EU) Nr. 648/2012 des Europäischen Parlaments und des Rates und zur Aufhebung der Richtlinie 2005/60/EG des Europäischen Parlaments und des Rates und der Richtlinie 2006/70/EG der Kommission
Fünfte EU-Geldwäscherichtlinie (auch bezeichnet als „Änderungsrichtlinie")	Richtlinie (EU) 2018/843 des Europäischen Parlaments und des Rates vom 30. Mai 2018 zur Änderung der Richtlinie (EU) 2015/849 zur Verhinderung der Nutzung des Finanzsystems zum Zwecke der Geldwäsche und der Terrorismusfinanzierung und zur Änderung der Richtlinien 2009/138/EG und 2013/36/EU
4. FMFG	Viertes Finanzmarktförderungsgesetz
a. A./A. A.	andere Ansicht
a. a. O.	am angegebenen Ort
a. E.	am Ende
a. F.	alte Fassung
ABl.	Amtsblatt
Abs.	Absatz
AEAO	Anwendungserlass zur Abgabenordnung
AEUV	Vertrag über die Arbeitsweise der Europäischen Union, Konsolidierte Fassung, ABl. EU 2010 C 83/47
AktG	Aktiengesetz in der Fassung vom 6. September 1965 (BGBl. I S. 1089), geändert durch Artikel 26 des Gesetzes vom 23. Juli 2013 (BGBl. I S. 2586)
AML	Anti-Money Laundering
Anh.	Anhang
Anm.	Anmerkung
AnwBl.	Anwaltsblatt (Zeitschrift)

Art.	Artikel
AO	Abgabenordnung
AuA	Auslegungs- und Anwendungshinweise der Deutschen Kreditwirtschaft
Aufl.	Auflage
Az.	Aktenzeichen
BaFin	Bundesanstalt für Finanzdienstleistungsaufsicht
BAG	Bundesarbeitsgericht
BAnz	Bundesanzeiger
BB	Betriebs-Berater (Zeitschrift)
Bd.	Band
BDSG	Bundesdatenschutzgesetz in der Fassung der Bekanntmachung vom 14. Januar 2003 (BGBl. I S. 66), geändert zuletzt durch Artikel 1 des Gesetzes vom 14. August 2009 (BGBl. I S. 2814)
BeckOK	Beck'scher Online-Kommentar
BetrVG	in der Fassung der Bekanntmachung vom 25. September 2001 (BGBl. I S. 2518), zuletzt geändert durch Artikel 3 Absatz 4 des Gesetzes vom 20. April 2013 (BGBl. I S. 868)
Beschl.	Beschluss
BFH	Bundesfinanzhof
BFHE	Sammlung der Entscheidungen des BFH
BGB	Bürgerliches Gesetzbuch in der Fassung der Bekanntmachung vom 2. Januar 2002 (BGBl. I S. 42, 2909; 2003 I S. 738), geändert durch Artikel 4 Absatz 5 des Gesetzes vom 1. Oktober 2013 (BGBl. I S. 3719)
BGBl.	Bundesgesetzblatt
BGH	Bundesgerichtshof
BGHZ	Entscheidungssammlung des Bundesgerichtshofes in Zivilsachen
BIS	Bank for International Settlements
BKA	Bundeskriminalamt
BKartA	Bundeskartellamt
BMF	Bundesministerium für Finanzen

BRAO	Bundesrechtsanwaltsordnung in der im Bundesgesetzblatt Teil III, Gliederungsnummer 303-8, veröffentlichten bereinigten Fassung, geändert durch Artikel 7 des Gesetzes vom 10. Oktober 2013 (BGBl. I S. 3786)
BStBl.	Bundessteuerblatt (Zeitschrift)
BT-Drs.	Bundestagsdrucksache
BVA	Bundesverwaltungsamt
BVerfG	Bundesverfassungsgericht
bzw.	beziehungsweise
CDD	Customer Due Diligence
CR	Computer & Recht (Zeitschrift)
CRD IV-Umsetzungsgesetz	Gesetz zur Umsetzung der Richtlinie 2013/36/EU über den Zugang zur Tätigkeit von Kreditinstituten und die Beaufsichtigung von Kreditinstituten und Wertpapierfirmen und zur Anpassung des Aufsichtsrechts an die Verordnung (EU) Nr. 575/2013 über Aufsichtsanforderungen an Kreditinstitute und Wertpapierfirmen vom 28.8.2013 (BGBl. I S. 3395 ff.)
CTF	Counter Terrorist Financing
DB	Der Betrieb (Zeitschrift)
ders.	derselbe
d. h.	das heißt
DK	Deutsche Kreditwirtschaft
DSGVO	Datenschutz-Grundverordnung, Verordnung (EU) 2016/679 des europäischen Parlaments und des Rates vom 27. April 2016 zum Schutz natürlicher Personen bei der Verarbeitung personenbezogener Daten, zum freien Datenverkehr und zur Aufhebung der Richtlinie 95/46/EG (Datenschutz-Grundverordnung)
DStRE	Deutsches Steuerrecht Entscheidungsdienst (Zeitschrift)
DStZ	Deutsche Steuer-Zeitung (Zeitschrift)
DuD	Datenschutz und Datensicherheit (Zeitschrift)
EBA/ESMA, EIOPA, Draft RTS	Finaler Bericht „Draft Joint Regulatory Technical Standards on the measures credit institutions and financial institutions shall take to mitigate the risk of money laundering and terrorist financing where a third country's law does not permit the application of group-wide policies and procedures" vom 6.12.2017
E.C.L.R.	European Competition Law Review (Zeitschrift)

ECN	European Competition Network
EFTA	Europäische Freihandelsassoziation
EG	Europäische Gemeinschaft
EGAO	Einführungsgesetz zur Abgabenordnung
EGMR	Europäischer Gerichtshof für Menschenrechte
EGV	Vertrag zur Gründung der Europäischen Gemeinschaft, ABl. EG 2001 C 80/1
eIDAS-Verordnung	Verordnung (EU) Nr. 910/2014 des europäischen Parlaments und des Rates vom 23. Juli 2014 über elektronische Identifizierung und Vertrauensdienste für elektronische Transaktionen im Binnenmarkt und zur Aufhebung der Richtlinie 1999/93/EG
EMRK	Europäische Menschenrechtskonvention
Entsch.	Entscheidung
EStG	Einkommensteuergesetz in der Fassung der Bekanntmachung vom 8. Oktober 2009 (BGBl. I S. 3366, 3862), geändert zuletzt durch Artikel 1 des Gesetzes vom 15. Juli 2013 (BGBl. I S. 2397)
etc.	et cetera
EU	Europäische Union
EuG	Gericht der Europäischen Union
EuGH	Gerichtshof der Europäischen Union
EUR	Euro
EUV	Vertrag über die Europäische Union, Konsolidierte Fassung, ABl. EU 2010, C 83/13
EuZW	Europäische Zeitschrift für Wirtschaftsrecht (Zeitschrift)
EWG	Europäische Wirtschaftsgemeinschaft
EWR	Europäischer Wirtschaftsraum
EWS	Europäisches Wirtschafts- und Steuerrecht (Zeitschrift)
f.	folgende
FATCA	Foreign Account Tax Compliance Act
FATF	Financial Action Task Force
FATF-Empfehlungen	FATF Recommendations 2012, Updated June 2019, http://www.fatf-gafi.org/media/fatf/documents/recommendations/pdfs/FATF%20Recom mendations%202012.pdf
ff.	fortfolgende
FGO	Finanzgerichtsordnung

FinDAG	Gesetz über die Bundesanstalt für Finanzdienstleistungsaufsicht (Finanzdienstleistungsaufsichtsgesetz)
FIU	Financial Intelligence Unit
FKAustG	Finanzkonten-Informationsaustauschgesetz
Fn.	Fußnote
GDV	Gesamtverband der Deutschen Versicherungswirtschaft e. V.
GwBekErgG	Geldwäschebekämpfungsergänzungsgesetz
GewO	Gewerbeordnung in der Fassung der Bekanntmachung vom 22. Februar 1999 (BGBl. I S. 202), geändert durch Artikel 2 des Gesetzes vom 6. September 2013 (BGBl. I S. 3556)
GG	Grundgesetz für die Bundesrepublik Deutschland in der im Bundesgesetzblatt Teil III, Gliederungsnummer 100-1, veröffentlichten bereinigten Fassung, geändert zuletzt durch Artikel 1 des Gesetzes vom 11. Juli 2012 (BGBl. I S. 1478)
ggf.	gegebenenfalls
GTVO	Verordnung (EU) 2015/847 des Europäischen Parlaments und des Rates vom 20. Mai 2015 über die Übermittlung von Angaben bei Geldtransfers und zur Aufhebung der Verordnung (EU) Nr. 1781/2006
GWB	Geldwäschebeauftragter
GWB	Gesetz gegen Wettbewerbsbeschränkungen, in der Fassung der Bekanntmachung vom 15. Juli 2005 (BGBl. I S. 2114; 2009 I S. 3850), zuletzt durch Artikel 3 des Gesetzes vom 22. Dezember 2010 (BGBl. I S. 2262) geändert
GwBekErgG	Gesetz zur Ergänzung der Bekämpfung der Geldwäsche und der Terrorismusfinanzierung (Geldwäschebekämpfungsergänzungsgesetz)
GwG	Gesetz über das Aufspüren von Gewinnen aus schweren Straftaten (Geldwäschegesetz – GwG)
GwG-Novelle 2017	Gesetz zur Umsetzung der Vierten EU-Geldwäscherichtlinie, zur Ausführung der EU-Geldtransferverordnung und zur Neuorganisation der Zentralstelle für Finanztransaktionsuntersuchungen vom 23. Juni 2017
HGB	Handelsgesetzbuch
h. M.	herrschende Meinung
ICC	International Chamber of Commerce
i. d. F.	in der Fassung
i. d. R.	in der Regel

IEEPA	International Emergency Economic Powers Act
insb.	insbesondere
i. S. d.	im Sinne des/der
IStR	Internationales Steuerrecht (Zeitschrift)
i. S. v.	im Sinne von
i. Z. m.	im Zusammenhang mit
i. V. m.	in Verbindung mit
Juris-PR_StrafR	PraxisReport Strafrecht (Zeitschrift) juris
Kap.	Kapitel
KG	Kammergericht
KMU	kleine und mittlere Unternehmen
KOM	Europäische Kommission
Komm.	Kommission der Europäischen Union
KWG	Gesetz über das Kreditwesen
KYC	Know-Your-Customer
Leitlinien	Mitteilung der Kommission, Leitlinien für vertikale Beschränkungen, ABl. EU 2010 C 130/1
LG	Landgericht
lit.	litera (Buchstabe)
LKA	Landeskriminalamt
Mio.	Millionen
MMR	Multimedia und Recht (Zeitschrift)
Mrd.	Milliarden
m. w. N.	mit weiteren Nachweisen
n. F.	neue Fassung
NJW	Neue Juristische Wochenschrift (Zeitschrift)
NJZO	Neue Juristische Online Zeitschrift (Zeitschrift)
Nr.	Nummer
n. rkr.	nicht rechtskräftig
NStZ	Neue Zeitschrift für Strafrecht (Zeitschrift)
NZA	Neue Zeitschrift für Arbeitsrecht (Zeitschrift)
NZG	Neue Zeitschrift für Gesellschaftsrecht (Zeitschrift)
OLG	Oberlandesgericht

OWiG	Gesetz über Ordnungswidrigkeiten in der Fassung der Bekanntmachung vom 19. Februar 1987 (BGBl. I S. 602), geändert durch Artikel 18 des Gesetzes vom 10. Oktober 2013 (BGBl. I S. 3786)
PEP	Politisch exponierte Person
RAO	Reichsabgabenordnung
RDV	Recht der Datenverarbeitung (Zeitschrift)
rkr.	rechtskräftig
Rn.	Randnummer
Rs.	Rechtssache
Rspr.	Rechtsprechung
S.	Seite
Slg.	Sammlung der Rechtsprechung des Gerichtshofs und des Gerichts der Europäischen Union
s. o.	siehe oben
StB	Der Steuerberater (Zeitschrift)
StBp	Die steuerliche Betriebsprüfung (Zeitschrift)
StGB	Strafgesetzbuch in der Fassung der Bekanntmachung vom 13. November 1998 (BGBl. I S. 3322), geändert durch Artikel 6 Absatz 18 des Gesetzes vom 10. Oktober 2013 (BGBl. I S. 3799)
StPO	in der Fassung der Bekanntmachung vom 7. April 1987 (BGBl. I S. 1074, 1319), geändert durch Artikel 5 Absatz 4 des Gesetzes vom 10. Oktober 2013 (BGBl. I S. 3799)
st. Rspr.	ständige Rechtsprechung
s. u.	siehe unten
SWIFT	Society for Worldwide Interbank Financial Telecommunication
TrDüV	Verordnung zur Datenübermittlung durch Mitteilungsverpflichtete und durch den Betreiber des Unternehmensregisters an das Transparenzregister (Transparenzregisterdatenübermittlungsverordnung) vom 30.6.2017, BGBl. I 2017, S. 2090
Tz.	Textziffer
UmgBG	Steuerumgehungsbekämpfungsgesetz
Urt.	Urteil
usw.	und so weiter
u. U.	unter Umständen

UVP	Unverbindlicher Verkaufspreis/Preisempfehlung
v.	von, vom
VAG	Versicherungsaufsichtsgesetz
verb.	verbunden
vgl.	vergleiche
VO	Verordnung
wB	wirtschaftlich Berechtigter
WM	Zeitschrift für Wirtschafts- und Bankrecht (Zeitschrift)
WRP	Wettbewerb in Recht und Praxis (Zeitschrift)
WuW	Wirtschaft und Wettbewerb (Zeitschrift)
WuW/E	Wirtschaft und Wettbewerb, Entscheidungssammlung
ZAG	Gesetz über die Beaufsichtigung von Zahlungsdiensten (Zahlungsdiensteaufsichtsgesetz)
z. B.	zum Beispiel
Ziff.	Ziffer
zit.	zitiert
ZGR	Zeitschrift für Unternehmens- und Gesellschaftsrecht (Zeitschrift)
ZKG	Gesetz zur Umsetzung der Richtlinie über die Vergleichbarkeit von Zahlungskontoentgelten, den Wechsel von Zahlungskonten sowie den Zugang zu Zahlungskonten mit grundlegenden Funktionen (ZKG) vom 11.4.2016
ZKRL	EU-Zahlungskontenrichtlinie, Richtlinie 2014/92/EU des Europäischen Parlaments und des Rates vom 23.7.2014 über die Vergleichbarkeit von Zahlungskontoentgelten, den Wechsel von Zahlungskonten und den Zugang zu Zahlungskonten mit grundlegenden Funktionen, Abl. Nr. L 257 vom 28.8.2014, S. 214 (Payment Account Directive = PAD)
ZIdPrüfV	Verordnung über die Bestimmung von Dokumenten, die zur Überprüfung der Identität einer nach dem Geldwäschegesetz zu identifizierenden Person zum Zwecke des Abschlusses eines Zahlungskontovertrags zugelassen werden (Zahlungskonto-Identitätsprüfungsverordnung)
ZPO	Zivilprozessordnung in der Fassung der Bekanntmachung vom 5. Dezember 2005 (BGBl. I S. 3202; 2006 I S. 431; 2007 I S. 1781), geändert durch Artikel 1 des Gesetzes vom 10. Oktober 2013 (BGBl. I S. 3786)
ZWeR	Zeitschrift für Wettbewerbsrecht (Zeitschrift)

Literaturverzeichnis

Assmann/Schneider/Mülbert (Hrsg.)	Wertpapierhandelsrecht, Kommentar, 7. Aufl. 2019
Auernhammer (Begr.)	DSGVO/BDSG, 7. Aufl. 2020
Beck/Samm/Kokemoor (Hrsg.)	Kreditwesengesetz mit CRR, Kommentar (Loseblattwerk) Stand: 219. Aktualisierung, 05.2021
BeckOK Datenschutzrecht	*Wolff/Brink* (Hrsg.), Beck'scher Online-Kommentar zum Datenschutzrecht, 38. Edition, Stand: 1.11.2021
BeckOK GewO	*Pielow* (Hrsg.), Beck'scher Online-Kommentar zum Gewerberecht, 55. Edition, Stand: 1.9.2021
BeckOK GmbHG	*Ziemons/Jäger* (Hrsg.), Beck'scher Online-Kommentar zum GmbHG, 42. Edition, Stand: 1.2.2019
BeckOK GwG	*Frey/Pelz* (Hrsg.), Beck'scher Online-Kommentar zum GwG, 8. Edition, Stand: 1.12.2021
BeckOK HGB	*Häublein/Hoffmann-Theinert* (Hrsg.), Beck'scher Online-Kommentar zum HGB, 27. Edition, Stand: 15.1.2020
BeckOK OWiG	*Graf* (Hrsg.), Beck'scher Online-Kommentar zum OWiG, 32. Edition, Stand: 1.10.2021
BeckOK SozR	*Rolfs/Giesen/Kreikebohm/Meßling/Udsching* (Hrsg.), Beck'scher Online-Kommentar zum Sozialrecht, 62. Edition, Stand: 1.9.2021
BeckOK StGB	*von Heintschel-Heinegg* (Hrsg.), Beck'scher Online-Kommentar zum StGB, 51. Edition, Stand: 1.11.2021
BeckOK VwVfG	*Bader/Ronellenfitsch* (Hrsg.), Beck'scher Online-Kommentar zum VwVfG, 47. Edition 2020

Literaturverzeichnis

Boos/Fischer/Schulte-Mattler (Hrsg.)   KWG/CRR-VO, Kommentar, 5. Aufl. 2016

Casper/Terlau/Walter (Hrsg.)   Zahlungsdiensteaufsichtsgesetz, Kommentar, 2. Aufl. 2020

Diergarten/Fraulob   Geldwäsche, Kommentar zum GwG und den einschlägigen Vorschriften des KWG, VAG, ZAG, 2019

Ellenberg/Findeisen/Nobbe (Hrsg.)   Kommentar zum Zahlungsverkehrsrecht, 3. Aufl. 2020

Erbs/Kohlhaas (Hrsg.)   Strafrechtliche Nebengesetze, 237. Ergänzungslieferung, Juli 2021

Fuchs (Hrsg.)   WpHG, Kommentar, 2. Aufl. 2016

Fülbier/Aepfelbach/Langweg   GwG, Kommentar, 5. Aufl. 2006

Gola/Heckmann (Hrsg.)   BDSG, Kommentar, 13. Aufl. 2019

Gola (Hrsg.)   Datenschutz-Grundverordnung: DS-GVO, Kommentar, 2. Aufl. 2018

Herzog (Hrsg.)   GwG, Kommentar, 4. Aufl. 2020

Hölters/Weber   AktG, Kommentar, 4. Aufl. 2022

Kindhäuser/Neumann/Paeffgen (Hrsg.)   Strafgesetzbuch, Kommentar, 5. Aufl. 2017

Klein   Abgabenordnung, Kommentar, 15. Aufl. 2020

Koenig (Hrsg.)   Abgabenordnung, Kommentar, 4. Aufl. 2021

Kopp/Ramsauer (Hrsg.)   VwVfG, Kommentar, 22. Aufl. 2021

Lackner/Kühl (Hrsg.)   StGB, Kommentar, 29. Aufl. 2018

Landmann/Rohmer (Hrsg.)   GewO, Kommentar (Loseblattwerk), Stand: 82. EL Oktober 2019

LK-StGB   *Laufhütte/Rissing-van Saan/Tiedemann* (Hrsg.), Leipziger Kommentar, Strafgesetzbuch, Band 8, 12. Aufl. 2010

Luz/Neus/Schaber/Schneider/Wagner/Weber (Hrsg.)   Kreditwesengesetz, Kommentar, 3. Aufl. 2015

XXIV

MüKo-BGB	*Säcker/Rixecker/Oetker* (Hrsg.), Münchener Kommentar zum BGB, 8. Aufl. 2018 ff.
MüKo-StGB	*Erb/Schäfer* (Gesamtherausgeber), Münchener Kommentar zum StGB, 4. Aufl. 2020 f. Band 2: *von Heintschel-Heinegg* (Bandredakteur), §§ 38–79b, 4. Aufl. 2020 Band 4: *Sander* (Bandredakteur), §§ 185–262, 4. Aufl. 2021
MüKo-VVG	*Langheid/Wandt* (Hrsg.), Münchener Kommentar zum VVG, Bd. 3., 2. Aufl. 2017
Park (Hrsg.)	Kapitalmarktstrafrecht, Kommentar, 5. Aufl. 2019
Plaumann-Ewerdwalbesloh/ Zemke (Hrsg.)	Bankenkommentar zum Geldwäscherecht, 2013
Quedenfeld (Hrsg.)	Handbuch Bekämpfung der Geldwäsche und Wirtschaftskriminalität, 5. Aufl. 2021
Reischauer/Kleinhans	Kreditwesengesetz, Kommentar (Loseblattwerk), Stand: EL 9/19 2020
Schenke/Graulich/Ruthig (Hrsg.)	Sicherheitsrecht des Bundes – BPolG, BKAG, ATDG, BVerfSchG, BNDG, VereinsG, 2. Aufl. 2019
Schimansky/Bunte/Lwowski (Hrsg.)	Bankrechts-Handbuch, 5. Aufl. 2017
Schönke/Schröder	Strafgesetzbuch, Kommentar, 30. Aufl. 2019
Schwark/Zimmer (Hrsg.)	Kapitalmarktrechts-Kommentar, 5. Aufl. 2020
Schwennicke/Auerbach (Hrsg.)	KWG, Kommentar, 4. Aufl. 2021
Simitis (Hrsg.)	BDSG, Kommentar, 8. Aufl. 2014
Simitis/Hornung/Spiecker gen. Döhmann (Hrsg.)	Datenschutzrecht, Kommentar, 2019
Spindler/Stilz	Aktiengesetz, 4. Aufl. 2019
Stelkens/Bonk/Sachs (Hrsg.)	VwVfG, Kommentar, 9. Aufl. 2018
Sydow (Hrsg.)	Europäische Datenschutzgrundverordnung, Kommentar, 2. Aufl. 2018

Geschichte der Geldwäschebekämpfung

Schrifttum: *Ackmann/Reder,* Geldwäscheprävention in Kreditinstituten nach Umsetzung der Dritten EG-Geldwäscherichtlinie, WM 2009, 158 (Teil 1) und 200 (Teil 2); *Berthold,* Der neue § 261 StGB aus Sicht der Strafverfolgungspraxis, GWuR 2021, 111; *Bülte,* Reform des § 261 StGB: Vermeintlich effektive Abschöpfung statt Rechtsstaatlichkeit, GWuR 2021, 8; *Findeisen,* Hat der neue Geldwäschestraftatbestand Auswirkungen für die Verpflichteten nach § 2 GwG?, GWuR 2021, 54; *Friese/Brehm,* Das neue Transparenzregister: Effektiver Kampf gegen Geldwäsche oder Bürokratie-Monstrum?, GWR 2017, 271; *Herzog/Hoch,* Politisch exponierte Personen unter Beobachtung – Konsequenzen aus der 3. EU-Geldwäscherichtlinie und damit verbundene Fragen des Datenschutzes, WM 2007, 1997; *Höche,* Der Entwurf einer dritten EU-Richtlinie zur Verhinderung der Nutzung des Finanzsystems zu Zwecken der Geldwäsche und der Finanzierung des Terrorismus, WM 2005, 8; *Möllers/Vosskuhle/Walter,* Internationales Verwaltungsrecht, 2007; *Rößler,* Auswirkungen der vierten EU-Anti-Geldwäsche-Richtlinie auf die Kreditwirtschaft, WM 2015, 1406; *Schneider/Dreer/Riegler,* Geldwäsche – Formen, Akteure, Größenordnungen – und warum die Politik machtlos ist, 2006; *Sotiriadis/Heimerdinger,* Die Umsetzung der 3. EG-Geldwäscherichtlinie und ihre Bedeutung für die Finanzwirtschaft, BKR 2009, 234; *Spoerr/Roberts,* Die Umsetzung der Vierten Geldwäscherichtlinie: Totale Transparenz, Geldwäschebekämpfung auf Abwegen?, WM 2017, 1142; *Wegner,* Die Reform der Geldwäsche-Richtlinie und die Auswirkungen auf rechtsberatende Berufe, NJW 2002, 794; *Wende/Kröger,* Änderungen im Geldwäschegesetz: Das Transparenzregister- und Finanzinformationsgesetz, GWuR 2021, 12; *Zentes/Glaab,* Regulatorische Auswirkungen des Vorschlages der 4. EU-Geldwäscherichtlinie, BB 2013, 707; *Zentes/Glaab,* Referentenentwurf zur Umsetzung der 4. EU-Geldwäscherichtlinie – Was kommt auf die Verpflichteten zu?, BB 2017, 67.

Übersicht

I. Allgemeines

1 Kaum eine Geschichte steht so beispielhaft für die Geldwäschebekämpfung wie
die des legendären Gangsters *Al Capone*.[1] Der Mafiaboss aus Chicago wurde
nämlich nicht wegen seiner zahlreichen kriminellen Verbrechen wie dem illegalen Glücksspiel, Alkoholhandel, Prostitution oder Schutzgelderpressung festge-
nommen, diese konnte man ihm nicht nachweisen, sondern weil es ihm nicht
möglich war, der Bundessteuerbehörde der Vereinigten Staaten (Internal Re-
venue Service – IRS) zu erklären, woher sein ganzes Vermögen stammte. Damit
wird die Idee des Gesetzgebers bei der Geldwäschebekämpfung deutlich. Man
will der Organisierten Kriminalität entgegenwirken, indem man die Weiterver-
breitung der Erlöse aus strafbaren Vortaten verhindert. Die Erlöse sollen untauglich gemacht werden. Der Tatbestand der Geldwäsche nach § 261 StGB sieht
vor, dass es strafbar ist, wenn man Vermögenswerte aus strafbaren Vortaten
„wäscht" – also verbirgt, deren Herkunft verschleiert oder die Ermittlung der
Herkunft, das Auffinden, die Einziehung oder die Sicherstellung eines solchen
Gegenstandes vereitelt oder gefährdet.

2 Der **Begriff der Geldwäsche** wurde aus dem Amerikanischen übernommen.
Das „Money Laundering" beschreibt anschaulich den Vorgang, dass Waschsalons dazu genutzt worden sind, hohe Bargeldbeträge aus kriminellen Vortaten
unter die legalen Einnahmen zu mischen und so die Herkunft zu verschleiern.[2]
Es ist typisch für kriminelle Vortaten insbesondere aus dem Drogenhandel, dass
aus ihnen hohe Bargeldbeträge erzielt werden. Diese hohen Bargeldbeträge wieder in den Finanzkreislauf einzubringen, ist auffällig und birgt ein erhebliches
Entdeckungsrisiko. Waschsalons haben sich dafür besonders gut geeignet, da
bei ihnen von Natur aus ein hohes Bargeldaufkommen besteht. Die heutigen Methoden gehen selbstverständlich weit über die Nutzung von bargeldintensiven

---

1 Sein vollständiger Name war *Alphonse Capone* (1899–1947).
2 Ausführlich zu der Geschichte sowie zu den Methoden der Geldwäsche siehe *Schnei-
der/Dreer/Riegler*, Geldwäsche, S. 11 ff.

                                   Wende

Gewerbeeinrichtungen hinaus und können international aufgestellte Firmen- und Finanzkonstrukte umfassen.

Neben der **Bekämpfung** der Geldwäsche tritt seit den Anschlägen vom 11.9.2001 das Ziel verstärkt in den Vordergrund, die **Finanzierung des Terrorismus** zu bekämpfen. Diese beiden Themenbereiche werden oft verbunden, da die terroristischen Vereinigungen ebenso wie die Organisierte Kriminalität in ihren Strukturen sehr viele Gemeinsamkeiten aufweisen. Allerdings bestehen auch Besonderheiten, da sich terroristische Vereinigungen nicht nur aus illegalen Mitteln, sondern auch aus legalen Einnahmequellen finanzieren (z. B. Spendeneinnahmen durch gemeinnützige Organisationen).[3]   **3**

II. Internationale Vorgaben zur Bekämpfung von Geldwäsche und Terrorismusfinanzierung

Die deutschen Regelungen zur Bekämpfung der Geldwäsche und Terrorismusfinanzierung finden fast ausnahmslos ihren Ursprung in internationalen und europäischen Vorgaben. Ein Überblick zu der Entwicklung und den relevanten internationalen Institutionen ist nicht nur für ein besseres Verständnis notwendig, sondern auch bei der Auslegung und Anwendung des Geldwäschegesetzes zu berücksichtigten.   **4**

1. Internationale Gremien und Entwicklungen der Geldwäschebekämpfung

Erst Ende der 1980er Jahre wurde die Bekämpfung der Geldwäsche – getrieben von internationalen Initiativen – auch ein relevantes Thema in Deutschland. Dies hing damit zusammen, dass die Organisierte Kriminalität zunehmend die neuen Möglichkeiten der Globalisierung für sich nutzte. Der kriminelle Ursprung der Gelder konnte so einfacher verschleiert werden. Es bestand daher schnell Konsens, dass Gegenmaßnahmen, die ausschließlich auf nationaler Ebene getroffen würden, ohne der internationalen Koordinierung und Zusammenarbeit Rechnung zu tragen, eine nur sehr begrenzte Wirkung hätten.[4]   **5**

---

3 Siehe näher zum Missbrauch von gemeinnützigen Organisationen zur Unterstützung der Terrorismusfinanzierung den FATF/GAFI-Bericht über Geldwäsche-Typologien 2003–2004 v. 1.4.2004, S. 15 ff., abrufbar in deutscher Übersetzung auf der Internetseite der BaFin, www.bafin.de, zuletzt abgerufen am 8.3.2022. Siehe auch zu den aktuellen Veröffentlichungen zu gemeinnützigen Organisationen auf der Internetseite der FATF, www.fatf-gafi.org.
4 Vgl. Erwägungsgründe der Ersten Geldwäscherichtlinie.

6   Einen wesentlichen Anfangspunkt für die internationale Bekämpfung der Geldwäsche markierten die Vereinten Nationen (United Nations – UN) mit dem Übereinkommen gegen den unerlaubten Verkehr mit Suchtstoffen und psychotropen Stoffen (sog. „**Wiener Drogenkonvention**") vom 20.12.1988. Dieses Übereinkommen zielte darauf ab, gegen die Geldwäsche aus dem internationalen illegalen Drogenhandel mit der Einführung eines Straftatbestandes vorzugehen.[5] In den USA wurde bereits im Jahr 1986 ein eigener Straftatbestand der Geldwäsche mit dem „Money Laundering Control Act" eingeführt.

7   Neben dieser Initiative hat der **Basler Ausschuss für Bankaufsicht** (Basel Committee on Banking Supervision) zeitgleich im Dezember 1988 die Basler Grundsatzerklärung zur „Verhütung des Missbrauchs des Bankensystems für die Geldwäsche" verabschiedet.[6] Die Erklärung richtet sich an Banken und andere Finanzinstitute. Es wurde unter anderem festgelegt, dass wirksame Verfahren durchgeführt werden müssen, um die sorgfältige Identifikation sämtlicher Geschäftspartner sicherzustellen. Damit sollen illegale Transaktionen abgewehrt werden. Zudem haben die Banken und andere Finanzinstitute mit den staatlichen Vollzugsorganen zusammenzuarbeiten.

8   Des Weiteren hat auch der **Europarat** am 8.11.1990 ein Übereinkommen über Geldwäsche sowie Ermittlung, Beschlagnahme und Einziehung von Erträgen aus Straftaten verabschiedet.[7] Die ratifizierenden Staaten sollen umfassend bei der Ermittlung, Beschlagnahme und Einziehung von Erträgen aus kriminellen Aktivitäten zusammenarbeiten. Das Übereinkommen beschränkt sich dabei nicht nur auf den Bereich des Drogenhandels, sondern erfasst vielmehr die Bekämpfung der Schwerkriminalität im Allgemeinen.

2. Die Financial Action Task Force (FATF) als weltweiter Standardsetzer

9   Die unterschiedlichen internationalen Initiativen verdeutlichten das Problem, dass die organisierte Kriminalität weltweit tätig ist und die globalen Finanzströme für ihre Zwecke nutzt. Eine wirksame Bekämpfung war nur auf internationaler Ebene möglich, daher wurde der Ruf nach einer internationalen Arbeitsgruppe immer lauter. Im Juni 1989 erfolgte auf dem Weltwirtschaftsgipfel der G7-

---

5 Siehe näher dazu die Unterrichtung durch die Bundesregierung, BT-Drs. 11/5525, sowie das Gesetz zu dem Übereinkommen der Vereinten Nationen vom 20.12.1988 gegen den unerlaubten Verkehr mit Suchtstoffen und psychotropen Stoffen (Vertragsgesetz Suchtstoffübereinkommen 1988) v. 22.7.1993 (BGBl. II, S. 1136).

6 Basel Committee on Banking Supervision, Verhütung des Missbrauchs des Bankensystems für die Geldwäsche vom Dezember 1988, www.bis.org/publ/bcbsc137de.pdf, zuletzt abgerufen am 8.3.2022.

7 Europarat, Übereinkommen über Geldwäsche sowie Ermittlung, Beschlagnahme und Einziehung von Erträgen aus Straftaten vom 8.11.1990, Sammlung Europäischer Verträge – Nr. 141.

Staaten in Paris die Gründung der „**Financial Action Task Force**" (FATF) als zwischenstaatliches Gremium. Sie wurde bei der Organisation für wirtschaftliche Zusammenarbeit und Entwicklung (OECD) angesiedelt und gilt bis heute als weltweiter Standardsetzer bei der Bekämpfung der Geldwäsche und Terrorismusfinanzierung.[8] Angegliedert sind bei der FATF 39 Mitgliedstaaten und zwei internationale Organisationen, womit die wesentlichen Finanzzentren der ganzen Welt erfasst sind.[9]

Das Ziel der FATF besteht darin, effektive regulatorische und operationelle Maßnahmen zur Bekämpfung der Geldwäsche und Terrorismusfinanzierung zu fördern. Hierzu werden unterschiedliche Publikationen veröffentlicht. Allen voran sind dabei die **40 Empfehlungen** zu nennen, welche erstmalig 1990 veröffentlicht und in den Jahren 1996, 2001 und 2003 überarbeitet wurden. Die jetzt noch aktuellen FATF-Empfehlungen stammen aus dem Jahr 2012[10] und stellen die wesentliche Grundlage für den internationalen Standard zur Bekämpfung der Geldwäsche und Terrorismusfinanzierung dar. Daneben veröffentlicht die FATF weitere Publikationen zu unterschiedlichen Themen, die allesamt auf der Internetseite der FATF abrufbar sind (z. B. zum Thema virtuelle Währungen: „Virtual Currencies: Key Definitions and Potential AML/CFT Risks").[11] **10**

Die **Empfehlungen der FATF** stellen keine rechtlich unmittelbar verbindlichen Regelungen weder für die Mitgliedstaaten noch für die Verpflichteten des Geldwäschegesetzes dar. Sie haben einen schlicht empfehlenden Charakter und werden allgemein als sog. „**Soft Law**" verstanden.[12] Trotzdem haben sie eine bemerkenswerte Durchsetzungskraft. Dies ist einerseits auf den umfangreichen FATF-Mitgliederkreis der wichtigsten Industrienationen der Welt (z. B. Russland, Vereinigte Staaten, Volksrepublik China, Deutschland) zurückzuführen und andererseits auf einen ausgefeilten Überprüfungsmechanismus. Die Überprüfung erfolgt durch regelmäßige Fremdevaluationen („Mutual Evaluation"). **11**

---

8 *Ohler*, in: Möllers/Vosskuhle/Walter, Internationales Verwaltungsrecht, S. 263 f.

9 Zu den Mitgliedern der FATF gehören: Europäische Kommission, Golf-Kooperationsrat, Argentinien, Australien, Österreich, Belgien, Brasilien, Kanada, Volksrepublik China, Dänemark, Finnland, Frankreich, Deutschland, Griechenland, Hongkong, Island, Israel, Indien, Irland, Italien, Japan, Südkorea, Niederlande mit Aruba, Curaçao und Sint Maarten, Luxemburg, Mexiko, Malaysia, Neuseeland, Norwegen, Portugal, Russland, Singapur, Südafrika, Spanien, Saudi-Arabien, Schweden, Schweiz, Türkei, Vereinigtes Königreich, Vereinigte Staaten.

10 Die FATF-Empfehlungen werden regelmäßige angepasst, zuletzt im Oktober, vgl. http://www.fatf-gafi.org/publications/fatfrecommendations/?hf=10&b=0&s=desc(fatf _releasedate), zuletzt abgerufen am 27.2.2022.

11 Alle Veröffentlichungen können auf der FATF-Internetseite, www.fatf-gafi.org, unter der Rubrik „Publications" abgerufen werden.

12 *Ohler*, in: Möllers/Vosskuhle/Walter, Internationales Verwaltungsrecht, S. 263; *Höche*, WM 2005, 8; *Herzog/Hoch*, WM 2007, 1997; *Rößler*, WM 2015, 1406, 1407.

Deutschland wurde im Jahr 2009 von der FATF in diesem Rahmen geprüft.[13] Dabei stellte man teilweise erhebliche Mängel bei der Umsetzung der FATF-Empfehlungen fest und hielt sie in einem 386-seitigen Bericht fest. Der deutsche Gesetzgeber sah sich gezwungen, zu handeln, und hat in der Folge das Gesetz zur Umsetzung der Zweiten E-Geld-Richtlinie sowie das Gesetz zur Optimierung der Geldwäscheprävention verabschiedet, um den Monita der FATF zu begegnen (siehe näher → Rn. 37).[14] Folgt ein Land nicht den Empfehlungen der FATF, so droht es, als ein Hochrisikostaat oder als ein nicht-kooperativer Staat („High-risk and non-cooperative jurisdictions") eingeordnet zu werden. Die anderen Mitgliedsländer der FATF werden durch regelmäßige Stellungnahmen („Public Statement") dazu aufgerufen, bei dem Kontakt mit diesen Ländern und Personen aus diesen Ländern angemessen hohe Sorgfaltspflichten zu beachten. Daneben veröffentlicht die FATF eine Liste mit Ländern, die Defizite im Hinblick auf wesentliche FATF-Empfehlungen aufweisen und unter Beobachtung stehen („Improving Global AML/CFT Compliance: On-going Process"). Es besteht ein erheblicher Druck für die Länder, nicht auf einer solchen „Schwarzen Liste" zu erscheinen.

12   Damit setzen die FATF-Empfehlungen **faktisch einen internationalen Standard**, der schon alleine aufgrund der unzureichenden demokratischen Legitimation kritisiert wird.[15] Für die europäische Rechtsordnung gewinnen die FATF-Empfehlungen zudem besonderes Gewicht, da sie unmittelbar durch die europäischen Geldwäscherichtlinien in die Rechtsordnung einfließen. Im Erwägungsgrund 4 der Vierten EU-Geldwäscherichtlinie wird festgehalten:

> „Geldwäsche und Terrorismusfinanzierung finden häufig in internationalem Kontext statt. Maßnahmen, die nur auf nationaler oder selbst auf Unionsebene erlassen würden, ohne grenzübergreifende Koordinierung und Zusammenarbeit einzubeziehen, hätten nur sehr begrenzte Wirkung. Aus diesem Grund sollten die von der Union auf diesem Gebiet erlassenen Maßnahmen mit den im Rahmen der internationalen Gremien ergriffenen Maßnahmen vereinbar und mindestens so streng sein wie diese. Insbesondere sollten sie auch weiterhin den Empfehlungen der FATF und den Instrumenten anderer internationaler Gremien, die im Kampf gegen Geldwäsche und Terrorismusfinanzierung aktiv sind, Rechnung tragen. Um Geldwäsche und Terrorismusfinanzierung noch wirksamer bekämpfen zu können, sollten die einschlägigen Rechtsakte der Union gegebenenfalls an die internationalen Standards

---

13 FATF, Mutual Evaluation Report (Germany), Anti-Money Laundering and Combating the Financing of Terrorism v. 19.2.2010, www.fatf-gafi.org.
14 BT-Drs. 17/3023, S. 1; BT-Drs. 17/6804, S. 1.
15 Siehe näher zu den verfassungsrechtlichen Fragen *Ohler*, in: Möllers/Vosskuhle/Walter, Internationales Verwaltungsrecht, S. 269 ff.

zur Bekämpfung von Geldwäsche, Terrorismus- und Proliferationsfinanzierung der FATF vom Februar 2012 angepasst werden."

III. Europäische Richtlinien

Die europäischen Geldwäscherichtlinien sind Ausgangspunkt und wesentliche **13** Grundlage für das deutsche Geldwäscherecht. Rechtlich sind europäische Richtlinien für die Verpflichteten des Geldwäschegesetzes nicht unmittelbar verbindlich, sondern richten sich nach Art. 288 Abs. 3 AEUV zunächst nur an die Mitgliedstaaten. Diese sind beauftragt, die Anforderungen der Richtlinien innerhalb einer gesetzten Frist in innerstaatliches Recht umzusetzen.

1. Erste Geldwäscherichtlinie

Am 10.6.1991 wurde die Richtlinie des Rates zur Verhinderung der Nutzung des **14** Finanzsystems zum Zwecke der Geldwäsche (91/308/EWG) verabschiedet, welche auch als sog. „**Erste Geldwäscherichtlinie**" bekannt geworden ist.[16]

Darin wurde festgehalten, dass nicht nur die Solidität und Stabilität eines Kredit- **15** und Finanzinstitutes, sondern auch das Ansehen des Finanzsystems insgesamt ernsthaft Schaden erleiden kann und das Vertrauen in der Öffentlichkeit verloren geht, wenn Institute dazu benutzt werden, die Erlöse aus kriminellen Tätigkeiten zu waschen.[17] Die Bekämpfung der Geldwäsche ist als Vorgehensweise eines der „wirksamsten Mittel" gegen die Zunahme der organisierten Kriminalität im Allgemeinen und des Rauschgifthandels im Besonderen.[18]

Die durch die Richtlinie festgelegten Vorgaben entsprechen noch heute den **we-** **16** **sentlichen Eckpunkten** der Geldwäscheregelungen in Europa. So wurde zunächst bestimmt, dass die Geldwäscher für ihre kriminellen Tätigkeiten nicht in den Genuss der Anonymität kommen dürfen. Daher sollen die Kredit- und Finanzinstitute von ihren Kunden die Bekanntgabe ihrer Identität verlangen, wenn sie zu ihnen in Geschäftsbeziehungen treten. Werden hingegen nur einzelne Transaktionen durchgeführt, dann muss eine Identifizierung zumindest ab einem bestimmten Schwellenwert stattfinden.[19] Damals wurde in der Richtlinie ein Betrag von 15.000 Europäische Währungseinheit (ECU) vorgegeben, der in Deutschland auf 20.000 Deutsche Mark festgesetzt wurde.[20] Auch der wirtschaftlich Berechtigte stand schon damals im Fokus, weswegen die Institute mit

---

16 ABl. EG L 166 v. 28.6.1991, S. 77.
17 Erwägungsgründe der Ersten Geldwäscherichtlinie.
18 Erwägungsgründe der Ersten Geldwäscherichtlinie.
19 Erwägungsgründe und Art. 3 der Ersten Geldwäscherichtlinie.
20 Art. 3 Abs. 2 der Ersten Geldwäscherichtlinie, welcher im § 3 Abs. 1 GwG in der Fassung v. 25.10.1993 (BGBl. I, S. 1770) umgesetzt wurde.

angemessenen Maßnahmen Informationen und die Identität einholen sollten.[21] Wesentliche Dokumente mussten mindestens fünf Jahre lang aufbewahrt werden.[22] Die Kredit- und Finanzinstitute sollten jede Transaktion besonders sorgfältig prüfen und geldwäscherelevante Ergebnisse den Behörden zur Verfügung stellen.[23] Schon damals wurde in der Richtlinie festgestellt, dass das Bankgeheimnis in diesen Fällen aufgehoben werden muss.[24] Besonders herausgehoben wurden auch schon die internen Sicherungsmaßnahmen. Nach der Richtlinie bleiben alle Maßnahmen wirkungslos, wenn die Kredit- und Finanzinstitute nicht einschlägige interne Kontrollverfahren und Fortbildungsprogramme einführen.[25]

17   Der **Adressatenkreis** richtete sich zunächst an Kredit- und Finanzinstitute. Allerdings sollten die Mitgliedstaaten dafür sorgen, dass die Bestimmungen der Geldwäscherichtlinie auch auf Berufe und Unternehmenskategorien ausgedehnt werden, die Tätigkeiten ausüben, die besonders geeignet sind, für Zwecke der Geldwäsche ausgenutzt zu werden.[26] Ein bei der Kommission eingesetzter Ausschuss sollte prüfen, um welche Berufe es sich dabei handelt.[27] Die Mitgliedstaaten sollten den Vorgaben der Richtlinie vor dem 1.1.1993 nachkommen.[28] In Deutschland wurde die Erste Geldwäscherichtlinie erst am 29.11.1993 umgesetzt (siehe → Rn. 30).

2. Zweite Geldwäscherichtlinie

18   Die Erste Geldwäscherichtlinie wurde am 4.12.2001 geändert durch die Richtlinie 2001/97/EG (sog. „**Zweite Geldwäscherichtlinie**").[29] Zu den wesentlichen Erneuerungen gehörte, dass die Vorgaben nunmehr konkret auch auf den Nichtfinanzsektor ausgedehnt wurden. Hintergrund war die Feststellung der FATF, dass ein Trend zur zunehmenden Nutzung von Nichtfinanzunternehmen durch Geldwäscher besteht.[30] Daher wurden Abschlussprüfer, externe Buchprüfer und Steuerberater, Immobilienmakler, Notare und andere selbstständige Angehörige

---

21 Erwägungsgründe und Art. 3 Abs. 5 der Ersten Geldwäscherichtlinie.
22 Erwägungsgründe und Art. 4 der Ersten Geldwäscherichtlinie.
23 Art. 5 und 6 der Ersten Geldwäscherichtlinie.
24 Erwägungsgründe der Ersten Geldwäscherichtlinie.
25 Erwägungsgründe der Ersten Geldwäscherichtlinie. Die konkreten Vorgaben ergaben sich aus Art. 11 der Ersten Geldwäscherichtlinie.
26 Siehe Erwägungsgründe und Art. 12 der Ersten Geldwäscherichtlinie.
27 Art. 13 der Ersten Geldwäscherichtlinie.
28 Art. 16 der Ersten Geldwäscherichtlinie.
29 Richtlinie 2001/97/EG des Europäischen Parlaments und des Rates vom 4.12.2001 zur Änderung der Richtlinie 91/308/EWG des Rates zur Verhinderung der Nutzung des Finanzsystems zum Zwecke der Geldwäsche, ABl. EG L 344 v. 28.12.2001, S. 76.
30 ErwG 14 der Richtlinie 2001/97/EG.

von Rechtsberufen, Güterhändler sowie Kasinos auch in den Kreis der Verpflichteten aufgenommen. Weiterhin sollte der Straftatbestand der Geldwäsche durch ein größeres Spektrum der Vortaten erweitert werden.[31] Trotz der zeitlichen Nähe zum Terroranschlag vom 11.9.2001 wurde das Thema der Terrorismusfinanzierung noch nicht in die Vorgaben der Richtlinie eingearbeitet. Allerdings wurde auch schon in der Ersten Geldwäscherichtlinie das Phänomen der Geldwäsche umfassend verstanden. Demnach fielen darunter nicht nur die Erlöse aus Drogenstraftaten, sondern auch die Erlöse aus anderen kriminellen Tätigkeiten wie dem Terrorismus.[32]

3. Dritte EG-Geldwäscherichtlinie

Mit der Richtlinie 2005/60/EG des Europäischen Parlaments und des Rates vom 26.10.2005 zur Verhinderung der Nutzung des Finanzsystems zum Zwecke der Geldwäsche und der Terrorismusfinanzierung (sog. „**Dritte EG-Geldwäscherichtlinie**") wurde die Erste Geldwäscherichtlinie in ihrer geänderten Fassung durch die Zweite Geldwäscherichtlinie aufgehoben und vollständig neu gefasst.[33] Der Grund für eine Überarbeitung der Geldwäscherichtlinie lag im neuen internationalen Standard der Geldwäschebekämpfung, der durch die Empfehlungen der Arbeitsgruppe FATF definiert wird. Die FATF-Empfehlungen wurden im Jahr 2003 umfassend überarbeitet und erweitert. Daher war auch eine Anpassung der Richtlinie notwendig geworden.[34] **19**

Neben der Verschärfung von bereits bestehenden Eckpunkten der Geldwäschebekämpfung kam es zu weiteren Änderungen. Hierzu zählte die **Erweiterung des Geldwäschebegriffes**. Die möglichen Vortaten sollten nunmehr auf ein breites Spektrum von Straftaten ausgedehnt werden.[35] Damit entfernte man sich zunehmend von der ursprünglichen Idee, die Organisierte Schwerstkriminalität zu bekämpfen. Dies rief Bedenken hervor, da die Inpflichtnahme von Privaten zu Zwecken der Strafverfolgung der besonders schwerwiegenden Kriminalität vor- **20**

---

31 ErwG 8 der Richtlinie 2001/97/EG.

32 Erwägungsgründe der Ersten Geldwäscherichtlinie.

33 ABl. EU L 309 v. 25.11.2005, S. 15. Daneben hat die Europäische Kommission mit der Richtlinie 2006/79/EG v. 1.8.2006 Durchführungsbestimmungen erlassen, die die Mitgliedstaaten bei der Umsetzung der Dritten EG-Geldwäscherichtlinie beachten mussten.

34 ErwG 5 der Dritten EG-Geldwäscherichtlinie.

35 Ziel war es, die Definition des Begriffs „schwere Straftat" in Einklang mit der Definition dieses Begriffs im Rahmenbeschluss 2001/500/JI des Rates vom 26.6.2001 über Geldwäsche sowie Ermittlung, Einfrieren, Beschlagnahme und Einziehung von Tatwerkzeugen und Erträgen aus Straftaten zu bringen (ABl. EG L 182 v. 5.7.2001, S. 1). Vgl. ErwG 7 der Dritten EG-Geldwäscherichtlinie.

behalten werden sollte und die Ausuferung des Straftatbestandes zu Rechtsunsicherheit führte.[36]

21   Bedeutend ist zudem die Wandlung von einem regelbasierten Ansatz („Rule-Based Approach") hin zu einem **risikobasierten Ansatz** („Risk-Based Approach"). Während der regelbasierte Ansatz den Verpflichteten genaue Vorgaben macht, in welchen Situationen sie welche Handlungen vornehmen müssen, verlangt der risikobasierte Ansatz vielmehr, dass die Verpflichteten selbst Maßnahmen auf ihr konkretes Risikoprofil entwickeln. Betroffen waren hiervon insbesondere die vereinfachten und verstärkten Sorgfaltspflichten.[37]

4. Vierte EU-Geldwäscherichtlinie

22   Im Dezember 2012 hat die Europäische Kommission einen Bericht über die Anwendung der Dritten EG-Geldwäscherichtlinie angenommen.[38] Dabei hat die Kommission zwar keine grundlegenden Unzulänglichkeiten identifiziert, allerdings war neben einigen Änderungsvorschlägen und Klarstellungen aufgrund der überarbeiten FATF-Empfehlungen eine Aktualisierung der Richtlinie notwendig geworden. Daher sollte ein Vorschlag für eine **Vierte EU-Geldwäscherichtlinie** erarbeitet werden.

23   Am 20.5.2015 wurde dann die Richtlinie (EU) 2015/849 des Europäischen Parlaments und des Rates zur Verhinderung der Nutzung des Finanzsystems zum Zwecke der Geldwäsche und der Terrorismusfinanzierung, zur Änderung der Verordnung (EU) Nr. 648/2012 des Europäischen Parlaments und des Rates und zur Aufhebung der Richtlinie 2005/60/EG des Europäischen Parlaments und des Rates und der Richtlinie 2006/70/EG der Kommission verabschiedet.[39] Neben der Verschärfung von bereits bestehenden Verpflichtungen im Geldwäscherecht wurden beispielsweise folgende neue Kernpunkte in die Richtlinie aufgenommen:

– Ein Register über den wirtschaftlich Berechtigten (sog. „**Transparenzregister**"): Dabei wurde den Mitgliedstaaten offengelassen, welches zentrale Register dafür genutzt werden soll. Verzichtet wurde hingegen darauf, ein einheitliches europäisches Register zu nutzen, welches z. B. bei dem europäi-

---

36 Vgl. *Höche*, WM 2005, 8, 10, 14; *Sotiriadis/Heimerdinger*, BKR 2009, 234, 235.

37 Vgl. ErwG 18, 22, Art. 8, 13 der Dritten EG-Geldwäscherichtlinie.

38 Bericht der Europäischen Kommission an das Europäische Parlament und den Rat über die Anwendung der Richtlinie 2005/60/EG zur Verhinderung der Nutzung des Finanzsystems zum Zwecke der Geldwäsche und der Terrorismusfinanzierung v. 11.4.2012, COM (2012) 168 final. Für einen Überblick zum Richtlinienentwurf siehe *Zentes/Glaab*, BB 2013, 707.

39 ABl. EU Nr. L 141, S. 73 v. 5.6.2015.

schen Unternehmensregister (European Business Register – EBR) hätte angesiedelt werden können.[40]

– Detaillierte **europaweite Vorgaben der Sanktionen**:[41] In der Richtlinie werden konkrete Vorgaben zu der Höhe der Geldbußen gemacht.[42] Zudem wird eine öffentliche Bekanntgabe auf der offiziellen Website durch die zuständige Behörde festgeschrieben, sobald ein Verstoß gegen das Geldwäschegesetz vorliegt. Dabei sollen mindestens Art und Wesen des Verstoßes und die Identität der verantwortlichen Personen bekanntgemacht werden.[43]

Die Mitgliedstaaten sollten die Vorgaben der Richtlinie bis zum 26.6.2017 in nationales Recht umgesetzt haben.[44] Aufgrund der terroristischen Anschläge innerhalb Europas sah sich die **Europäische Kommission** gezwungen, einen **Aktionsplan** zu formulieren, in dem die Mitgliedstaaten aufgerufen wurden, die Umsetzung der Vierten EU-Geldwäscherichtlinie und den Anwendungsbeginn spätestens bis zum Ende des Jahres 2016 vorzuziehen.[45] Deutschland setzte die Vorgaben der Richtlinie am 23.6.2017 in dem Gesetz zur Umsetzung der Vierten EU-Geldwäscherichtlinie, zur Ausführung der EU-Geldtransferverordnung und zur Neuorganisation der Zentralstelle für Finanztransaktionsuntersuchungen um.[46] Etliche europäische Mitgliedstaaten verpassten die Umsetzungsfrist aus der Richtlinie.[47]

24

5. Fünfte EU-Geldwäscherichtlinie

Noch während der laufenden Umsetzungsfrist der Vierten EU-Geldwäscherichtlinie hat die Europäische Kommission am 5.7.2016 einen Vorschlag zur Änderung der Vierten EU-Geldwäscherichtlinie (sog. „**Fünfte EU-Geldwäscherichtlinie**") veröffentlicht.[48] Die Richtlinie (EU) 2018/843 des europäischen Parlaments und des Rates trat am 9.7.2018 in Kraft und war von den Mitglied-

25

---

40 Vgl. *Rößler*, WM 2015, 1406, 1409.

41 Siehe den Abschnitt 4 (Sanktionen) der Richtlinie (EU) 2015/849.

42 Art. 59 der Vierten EU-Geldwäscherrichtlinie.

43 Art. 60 Vierten EU-Geldwäscherrichtlinie.

44 Art. 67 Abs. 1 der Vierten EU-Geldwäscherrichtlinie.

45 KOM, Mitteilung der Kommission an das Europäische Parlament und den Rat, Ein Aktionsplan für ein intensiveres Vorgehen gegen Terrorismusfinanzierung v. 2.2.2016, COM (2016) 50 final, S. 10.

46 BGBl. I 2017, S. 1822.

47 Zu den Mitgliedstaaten, die die Anforderungen der Vierten EU-Geldwäscherichtlinie nicht bis zum 26.6.2017 umgesetzt haben, gehörten z. B. Belgien, Griechenland, Luxemburg, Niederlande, Portugal.

48 KOM, Vorschlag für eine Richtlinie des Europäischen Parlaments und des Rates zur Änderung der Richtlinie (EU) 2015/849 zur Verhinderung der Nutzung des Finanzsystems zum Zwecke der Geldwäsche und der Terrorismusfinanzierung und zur Änderung der Richtlinie 2009/101/EG v. 5.7.2016, COM (2016) 450 final, 2016/0208 (COD).

staaten bis 10.1.2020 umzusetzen. Die zügige Vorgehensweise war geprägt von den jüngsten Terroranschlägen in Europa sowie den offensichtlichen Mängeln im internationalen Finanzsystem, die durch den Fall „Panama Papers" zutage getreten sind. Gerade im Zusammenhang mit der Bekämpfung der Terrorismusfinanzierung wurden wesentliche Probleme identifiziert (z. B. unzureichende Überwachung virtueller Währungen, fehlender oder verzögerter Zugang der zentralen Meldestellen zu Informationen über die Identität von Inhabern von Bank- und Zahlungskonten).

26 **Zentrale Änderungen** betreffen daher insbesondere folgende Punkte:

- Benennung von Umtausch-Plattformen für virtuelle Währungen als Verpflichtete,
- niedrigere Schwellenwerte für Transaktionen mit bestimmten Zahlungsinstrumenten auf Guthabenbasis,
- Ermächtigung der zentralen Meldestellen, von jedem Verpflichteten Informationen über Geldwäsche und Terrorismusfinanzierung einzuholen,
- Ermöglichung der Identifizierung der Inhaber von Bank- und Zahlungskonten durch zentrale Meldestellen und zuständige Behörden,
- Harmonisierung der Vorgehensweise der Europäischen Union in Bezug auf Drittländer mit hohem Risiko sowie
- Verbesserung des Zugangs zu Informationen über den wirtschaftlich Berechtigten.

27 Die **Fünfte EU-Geldwäscherichtlinie** wurde im Oktober 2018 durch eine Richtlinie über strafrechtliche Maßnahmen zur Bekämpfung der Geldwäsche ergänzt (Richtlinie (EU) 2018/1673).[49]

IV. Neuer Rechtsrahmen zur Bekämpfung der Geldwäsche in der EU

28 Im Juli 2021 veröffentlichte die EU-Kommission einen Entwurf eines Geldwäsche-Legislativpaketes. Das Ziel ist die Europäische Geldwäscheprävention und Bekämpfung der Terrorismusfinanzierung voranzutreiben. Hierzu soll ein einheitliches europäisches Regelwerk geschaffen werden („**EU Single Rulebook**"). Das Legislativpaket besteht aus vier Rechtsakten:

---

49 Richtlinie (EU) 2018/1673 des Europäischen Parlamentes und des Rates v. 23.10.2018 über die strafrechtliche Bekämpfung der Geldwäsche (ABl. EU L 284/22 v. 12.11.2018).

- **Sechste EU-Geldwäscherichtlinie**
  Damit soll die derzeitige gültige Vierte EU-Geldwäscherichtlinie sowie ihre Änderungsfassung (Fünfte EU-Geldwäscherichtlinie) aufgehoben werden.[50]
- **EU-Geldwäscheverordnung**
  Weiterhin soll eine weitreichende EU-Geldwäscheverordnung verabschiedet werden.[51] Als eine EU-Verordnung besteht eine unmittelbare Geltung für die Verpflichteten und sonstigen Adressaten der Regelung. Damit bedarf es keines weiteren Umsetzungsaktes durch einen nationalen Gesetzgeber (vgl. Art. 288 Abs. 2 AEUV). Nach dem derzeitigen Entwurf ist der Regelungsbereich der neuen EU-Geldwäscheverordnung umfangreich und umfasst auch detaillierte Regelungen, die bisher im Geldwäschegesetz festgelegt sind. Insbesondere soll eine EU-weite Bargeldobergrenze eingeführt werden.
- **AMLA**
  Es soll eine zentrale europäische Geldwäschebehörde – die Authority for Anti-Money Laundering and Countering the Financing of Terrorism (AMLA) – errichtet werden.[52] Sie soll gebündelte Kompetenzen haben und zur Zentralisierung der Geldwäscheprävention auf europäischer Ebene führen. Welche Verpflichteten genau beaufsichtigt werden sollen, wird gegenwärtig geprüft. Allerdings lässt sich absehen, dass es sich dabei um die Institute in Europa handeln wird, die riskante europaweite Geschäfte durchführen. Es wird auch angedacht, dass nicht nur europäisch relevante Banken, sondern auch Unternehmen aus dem Nichtfinanzsektor durch die AMLA beaufsichtigt werden. Die direkte Geldwäscheaufsicht gegenüber den restlichen Instituten und Unternehmen soll weiterhin bei den nationalen oder regionalen Aufsichtsbehörden verbleiben.
- Überarbeitung der **Geldtransferverordnung**
  Die Geldtransferverordnung (GTVO, EU 2015/847) soll neu gefasst werden.[53] Nach diesem Regelwerk sollen insbesondere auch Kryptowerte reguliert werden.

V. Die Entwicklung des deutschen Geldwäschegesetzes

Das deutsche Geldwäschegesetz wurde innerhalb seiner kurzen Geschichte vielfach angepasst und verändert. Diese turbulente Entwicklung lässt sich darauf zurückführen, dass das Thema der Bekämpfung der Geldwäsche und der Terrorismusfinanzierung insbesondere auf internationaler und europäischer Ebene zunehmend an Bedeutung gewann. Während der Straftatbestand der Geldwäsche

29

---

50 Vgl. COM(2021) 423 final.
51 Vgl. COM(2021) 420 final.
52 Vgl. COM(2021) 421 final.
53 Vgl. COM(2021) 422 final.

nach § 261 StGB der repressiven Bekämpfung dient, soll das Geldwäschegesetz vorwiegend präventiv die Geldwäschehandlungen verhindern.

1. Die Ursprünge des Geldwäschegesetzes aus dem Jahr 1993

30   Ursprünglich wurde das **Geldwäschegesetz (GwG)** am 29.11.1993 in die deutsche Rechtsordnung aufgenommen.[54] Die erste Fassung geht auf das Gesetz über das Aufspüren von Gewinnen aus schweren Straftaten zurück und diente zur Umsetzung der Vorgaben aus der Ersten Geldwäscherichtlinie (Richtlinie 91/308/EWG) (siehe näher zur Ersten Geldwäscherichtlinie → Rn. 14).

31   Schon damals hat man sich entschieden, ein **eigenständiges Sondergesetz** zu verabschieden und die Regelungen nicht in bestehende Aufsichtsgesetze wie dem Kreditwesengesetz (KWG) einzufügen. Andere europäische Mitgliedsländer wie z. B. Österreich arbeiteten es hingegen in vorhandene Gesetze ein.[55] Diese Entscheidung des deutschen Gesetzgebers hat sich als sinnvoll erwiesen, da schon damals der Adressatenkreis nicht nur auf den Finanzsektor beschränkt war, sondern auch Gewerbetreibende und Spielbanken umfasste. Durch folgende Gesetzesänderungen wurden allerdings auch bestimmte Geldwäscheregelungen in andere Aufsichtsgesetze (z. B. KWG, VAG, ZAG) verankert, da sie nur für den jeweiligen Adressatenkreis relevant waren.

32   Dem Gesetzgebungsverfahren des ersten Geldwäschegesetzes gingen **umfangreiche Diskussionen** voraus und es musste auch der Vermittlungsausschuss zwischen Bundestag und Bundesrat eingeschaltet werden.[56] Bemerkenswerterweise wurden schon damals Probleme diskutiert, die in den späteren Gesetzgebungsverfahren immer wieder Gegenstand von Kontroversen waren (z. B. die Höhe des Schwellenbetrages, das Anwaltsprivileg, Verwertungsmöglichkeiten von erhobenen Daten, die Stillhaltefrist).

33   Nach weiteren Gesetzesanpassungen wurde am 15.8.2002 das Geldwäschegesetz in wesentlichen Teilen durch das Gesetz zur Verbesserung der Bekämpfung der Geldwäsche und der Bekämpfung der Finanzierung des Terrorismus (Geldwäschebekämpfungsgesetz) ergänzt.[57] Der Gesetzgeber verfolgte damit das Ziel, die Bedrohungen durch den **internationalen Terrorismus** zu bekämpfen sowie die Vorgaben der Zweiten Geldwäscherichtlinie (Richtlinie 2001/97/EG) umzusetzen.[58] Unter anderem musste nunmehr eine Verdachtsmeldung (da-

---

54 BGBl. I 1993, S. 1770.
55 Österreich hat die Anforderungen der Ersten Geldwäscherichtlinie in den 10. Abschnitt (Sorgfaltspflicht und Geldwäscherei), §§ 39 ff. Bankwesengesetz, umgesetzt, BGBl. 1993, S. 3903.
56 Vgl. BT-Drs. 12/5720.
57 BGBl. I 2002, S. 3105.
58 BT-Drs. 14/8739, S. 1, 10.

mals noch „Verdachtsanzeige") auch dann vorgenommen werden, wenn Tatsachen auf eine Finanzierung einer terroristischen Vereinigung schließen lassen.[59] Zudem wurden auch einige freie Berufe wie Rechtsanwälte und Notare als Verpflichtete in das Geldwäschegesetz aufgenommen. Diese Ausweitung stieß auf Bedenken, da sich nunmehr ein ganz neues Verständnis vom „Mandanten-Vertrauen" entwickeln musste.[60]

2. Die vollständige Überarbeitung des Geldwäschegesetzes im Jahr 2008

Zu einer gänzlichen Überarbeitung und vollständigen Neufassung des Geld- **34** wäschegesetzes kam es am 13.8.2008 mit dem Gesetz zur Ergänzung der Bekämpfung der Geldwäsche und der Terrorismusfinanzierung (Geldwäschebekämpfungsergänzungsgesetz – GwBekErgG).[61] Grundlage war die Dritte EG-Geldwäscherichtlinie (siehe → Rn. 19). Eigentlich sah die Richtlinie eine Umsetzungsfrist in nationales Recht bis zum 15.12.2007 vor.[62] Die Bundesrepublik Deutschland war allerdings nicht der einzige europäische Mitgliedstaat, der die Richtlinie mit einer Verspätung umsetzte.[63]

Das Geldwäschegesetz wurde **vollständig neu strukturiert** und teilte sich nun- **35** mehr in die Abschnitte Begriffsbestimmungen und Verpflichtete (Abschnitt 1); Sorgfaltspflichten und interne Sicherungsmaßnahmen (Abschnitt 2); Zentralstelle für Verdachtsanzeigen, Anzeigepflichten und Datenverwendung (Abschnitt 3); sowie Aufsicht und Bußgeldvorschriften (Abschnitt 4). Wesentliche neue Regelungen waren unter anderem:

– Einführung von verstärkten Sorgfaltspflichten bei sog. **politisch exponierten Personen (PEPs)**, womit eine nicht im Inland ansässige natürliche Person gemeint ist, die ein wichtiges öffentliches Amt ausübt oder ausgeübt hat.[64] Nicht als PEPs i.d.S. galten hingegen solche Funktionsträger, die lediglich mittlere oder niedrige Funktionen innehatten.[65]

---

59 § 11 Abs. 1 GwG in der Fassung v. 14.8.2002 (BGBl. I, S. 3105).

60 *Wegner*, NJW 2002, 794.

61 BGBl. I 2008, S. 1690.

62 Art. 45 der Dritten EG-Geldwäscherichtlinie.

63 Die Dritte EG-Geldwäscherichtlinie wurde auch von anderen Mitgliedstaaten verspätet umgesetzt, wie z. B. Frankreich, Finnland, Irland, Niederlande.

64 Die weitergehende umfangreiche Definition der PEPs lässt sich aus dem § 6 Abs. 2 Nr. 1 GwG in der Fassung v. 13.8.2008 (BGBl. I, S. 1690) entnehmen.

65 Näher zu den PEPs in der damaligen Fassung: *Herzog/Hoch*, WM 2007, 1997; *Ackmann/Reder*, WM 2009, 200, 203 ff.

– Der Begriff des **wirtschaftlich Berechtigten** wurde konkretisiert.[66] Demnach sollten nunmehr die gesamten Kontrollebenen nachvollzogen werden, wobei am Ende der Kette immer eine natürliche Person stehen muss. Hilfreich für die Praxis war die Einführung einer gesetzlichen Schwelle von 25% der Anteile an einer Gesellschaft, ab der eine Person als wirtschaftlich Berechtigter galt.

– Zentral war die Umsetzung von einem regelbasierten Ansatz („Rule-Based Approach") zu einem **risikobasierten Ansatz** („Risk-Based Approach"), welche insbesondere die Sorgfaltspflichten betraf. Danach sollten die Verpflichteten flexibel auf konkrete Risikosituationen reagieren können. Es wurde allerdings kritisiert, dass der risikobasierte Ansatz nicht vollumfänglich Anwendung findet, da z.B. die vereinfachten Sorgfaltspflichten einen abschließenden Charakter aufweisen und daher kaum andere Fallgruppen als risikoarm qualifiziert werden könnten.[67]

36 In den folgenden Jahren kam es immer wieder zu **vereinzelten Änderungen** des Geldwäschegesetzes. Am 4.8.2009 ist das Gesetz zur Verfolgung der Vorbereitung von schweren staatsgefährdenden Gewalttaten in Kraft getreten, wobei eine Anpassung des Begriffes Terrorismusfinanzierung im Sinne des Geldwäschegesetzes vorgenommen wurde.[68] Aufgrund von Art. 91 Nr. 1 der Zahlungsrichtlinie (Richtlinie 2007/64/EG) wurden die Zahlungsinstitute generell dem Anwendungsbereich der Dritten EG-Geldwäscherichtlinie unterworfen.[69] Daher änderte sich am 31.10.2009 auch das Geldwäschegesetz durch die Vorgaben aus dem Gesetz zur Umsetzung der aufsichtsrechtlichen Vorschriften der Zahlungsdiensterichtlinie (Zahlungsdiensteumsetzungsgesetz).[70] Weiterhin kam es zu Änderungen am 1.11.2010 durch das Inkrafttreten des Gesetzes über Personalausweise und den elektronischen Identitätsnachweis sowie zur Änderung weiterer Vorschriften,[71] am 9.3.2011 mit dem Gesetz zur Umsetzung der Zweiten E-Geld-Richtlinie[72] sowie am 1.7.2011 durch das Gesetz zur Umsetzung der Richtlinie 2009/65/EG zur Koordinierung der Rechts- und Verwaltungsvorschriften betreffend bestimmte Organismen für gemeinsame Anlagen in Wertpapieren (OGAW-IV-Umsetzungsgesetz – OGAW-IV-UmsG).[73]

---

66 § 1 Abs. 6 GwG in der Fassung v. 13.8.2008 (BGBl. I, S. 1690); BT-Drs. 16/9038, S. 30.

67 *Ackmann/Reder*, WM 2009, 200, 201.

68 BGBl. I 2009, S. 2437.

69 BT-Drs. 16/11613, S. 60.

70 BGBl. I 2009, S. 1506.

71 BGBl. I 2009, S. 1346.

72 BGBl. I 2011, S. 288.

73 BGBl. I 2011, S. 1126.

3. Vorgaben durch den Deutschland-Bericht der FATF aus dem Jahr 2010

Weiterhin hat der **Deutschland-Bericht** der internationalen Financial Action   **37**
Task Force (FATF) vom 19.2.2010 zu wesentlichen Änderungen im Geldwäschegesetz geführt.[74] Die FATF hat im Rahmen einer Fremdevaluation („Mutual
Evaluation") umfangreiche **Mängel im deutschen Rechtssystem** bei der Bekämpfung von Geldwäsche und Terrorismusfinanzierung identifiziert. Nachdem bereits mit dem Gesetz zur Umsetzung der Zweiten E-Geld-Richtlinie Anpassungen von aufsichtsrechtlichen Defiziten im Finanzsektor insbesondere im
Bereich der internen Sicherungsmaßnahmen durchgeführt worden sind,[75] folgten
mit dem Gesetz zur Optimierung der Geldwäscheprävention umfangreiche Anpassungen auch im Nichtfinanzsektor (z. B. Immobilienmakler, Juweliere, Spielbanken sowie Personen, die gewerblich mit Gütern handeln).[76] Wesentliche Änderungen betrafen unter anderem die Sorgfaltspflichten, das Verdachtsmeldewesen sowie die Sanktionen bei Verstößen des Geldwäschegesetzes.

Im Zusammenhang mit den **Sorgfaltspflichten** wurde unter anderem klarge-   **38**
stellt, dass der wirtschaftlich Berechtigte von dem Verpflichteten überprüft werden muss. Nach der alten Fassung habe es nahegelegen, dass es im Ermessen des
Verpflichteten stehe, ob überhaupt eine Identitätsprüfung zu erfolgen habe.[77]
Die Gesetzesänderungen haben damit die Monita der FATF aufgegriffen.[78] Darüber hinaus wurden die verstärkten Sorgfaltspflichten in Bezug auf die politisch
exponierten Personen (PEPs) ergänzt. Nach den Vorgaben der FATF soll bei der
Prüfung eines PEPs nunmehr nicht nur auf den Vertragspartner, sondern auch
auf den wirtschaftlich Berechtigten abgestellt werden. Erfasst werden sollen zudem auch Personen, die ein wichtiges politisches Amt im Ausland ausüben, aber
im Inland ansässig sind.[79]

Die **Änderungen im Meldewesen** betrafen die Schwelle der Verdachtsmeldung.   **39**
Nach Ansicht der FATF darf die Verdachtsmeldung nicht mit der Strafanzeige
im Sinne des § 158 Abs. 1 der Strafprozessordnung gleichgesetzt und erst bei

---

74 FATF, Mutual Evaluation Report (Germany), Anti-Money Laundering and Combating
the Financing of Terrorism v. 19.2.2010, www.fatf-gafi.org, zuletzt abgerufen am
8.3.2022.

75 Die Regelungsinhalte der internen Sicherungsmaßnahmen wurden vom § 9 GwG a. F.
in andere Aufsichtsgesetzte (KWG, VAG und ZAG) verlegt, da der Adressatenkreis
nur die Adressaten dieser drei Gesetze, jedoch nicht die übrigen Adressaten des Geldwäschegesetzes betraf, vgl. BT-Drs. 17/3023, S. 71.

76 BGBl. I 2011, S. 2959.

77 BT-Drs. 17/6804, S. 27.

78 FATF, Mutual Evaluation Report (Germany), Anti-Money Laundering and Combating
the Financing of Terrorism v. 19.2.2010, Tz. 578, 622, www.fatf-gafi.org.

79 BT-Drs. 17/6804, S. 29.

„ausermittelten Fällen" den zuständigen Behörden gemeldet werden.[80] Daher wurde der Begriff der „Verdachtsanzeige" in „Verdachtsmeldung" sowie weitere redaktionelle Änderungen zur Klarstellung vorgenommen.[81] Weiterhin wurde die Financial Intelligence Unit (FIU) und die Strafverfolgungsbehörden als gleichgewichtige „Erstanlaufstelle" für die Entgegennahme der Verdachtsmeldung bestimmt.[82] Zuvor war es dem Gesetzeswortlaut nach ausreichend, wenn die Verpflichteten die Verdachtsmeldung der FIU nur in Kopie übersendeten.

40   Des Weiteren wurden die **Bußgeldvorschriften** angepasst, da die FATF die Anzahl der durch Bußgeld sanktionierten Verstöße als zu gering und die Bußgeldhöhe als nicht ausreichend hoch angesehen hat.[83] Der Gesetzgeber weitete den subjektiven Tatbestand von vorsätzlichem Verhalten auf leichtfertiges Verhalten aus.[84] Zudem wurden alle Ordnungswidrigkeiten mit einem einheitlichen Bußgeldrahmen von 100.000 EUR belegt, da geringere Bußgeldbeträge die Vorwerfbarkeit der bußgeldbewehrten Zuwiderhandlungen nicht ausreichend rechtfertigten. Aufgrund des verfassungsrechtlichen Bestimmtheitsgebots hat der Gesetzgeber nicht alle Vorgaben der FATF umgesetzt. Die Verletzungen der Pflicht zur kontinuierlichen Überwachung sollten weiterhin nicht bußgeldbewehrt sein.[85]

4. Weitere Anpassungen der europäischen Vorgaben in den Jahren ab 2013

41   In den folgenden Jahren wurde das Geldwäschegesetz vielfach geändert, wobei es sich im Wesentlichen um redaktionelle Anpassungen an europäische Vorgaben handelte.

42   Hervorzuheben ist noch das Gesetz zur Ergänzung des Geldwäschegesetzes (GwGErgG) vom 26.2.2013, mit dem **Erweiterungen im Bereich des Glücksspiels** vorgenommen wurden. Aus den Vorgaben der FATF und der Dritten EG-Geldwäscherichtlinie ergab sich, dass Kasinos zum Kreis der Verpflichteten zählen müssen.[86] Der Anwendungsbereich umfasst dabei auch Tätigkeiten, die über

---

80 FATF, Mutual Evaluation Report (Germany), Anti-Money Laundering and Combating the Financing of Terrorism v. 19.2.2010, Tz. 712, 718, 723, www.fatf-gafi.org. BT-Drs. 17/6804, S. 35.

81 Zu den Einzelheiten siehe BT-Drs. 17/6804, S. 12, 35 f.

82 BT-Drs. 17/6804, S. 35.

83 FATF, Mutual Evaluation Report (Germany), Anti-Money Laundering and Combating the Financing of Terrorism v. 19.2.2010, Tz. 838, 839, 847, 855, www.fatf-gafi.org.

84 BT-Drs. 17/6804, S. 39.

85 BT-Drs. 17/6804, S. 39.

86 FAFT-Empfehlung 24 von 2003; Art. 2 Abs. 1 Nr. f.der Dritten EG-Geldwäscherichtlinie.

das Internet ausgeübt werden.[87] In Deutschland gehörten bisher nur Spielbanken zum Verpflichtetenkreis des Geldwäschegesetzes. Für Regelungen in Bezug auf das Glücksspiel im Internet (sog. Onlineglücksspiel) bestand hingegen kein Bedarf, da es ohnehin ausnahmslos verboten war. Dies änderte sich jedoch mit dem Auslaufen des Staatsvertrags zum Glücksspielwesen (Glücksspielstaatsvertrag der Länder) aus dem Jahr 2007. Mit dem ersten Glücksspieländerungsstaatsvertrag (Erster GlüÄndStV) vom 15.12.2011 wurde in Deutschland die Möglichkeit zur Erlaubnis des Eigenvertriebes und der Vermittlung von Lotterien sowie der Veranstaltung und Vermittlung von Sportwetten im Internet geschaffen.[88] Nunmehr waren auch Regelungen im Geldwäschegesetz notwendig geworden.[89]

Noch im Jahr 2013 erfolgten drei **weitere Änderungen**. Am 4.7.2013 wurde das Geldwäschegesetz durch das Gesetz zur Umsetzung der Richtlinie 2011/89/EU des Europäischen Parlaments und des Rates vom 16.11.2011 zur Änderung der Richtlinien 98/78/EG, 2002/87/EG, 2006/48/EG und 2009/138/EG hinsichtlich der zusätzlichen Beaufsichtigung der Finanzunternehmen eines Finanzkonglomerats,[90] am 13.7.2013 durch das Gesetz zur Änderung des Gesetzes über die Kreditanstalt für Wiederaufbau und weiterer Gesetze[91] sowie zuletzt am 24.12.2013 durch das Gesetz zur Anpassung des Investmentsteuergesetzes und anderer Gesetze an das AIFM-Umsetzungsgesetz (AIFM-Steuer-Anpassungsgesetz – AIFM-StAnpG)[92] geändert. **43**

Zu weiteren lediglich **redaktionellen Anpassungen** kam es beim Gesetz zur Umsetzung der Richtlinie 2013/36/EU über den Zugang zur Tätigkeit von Kreditinstituten und die Beaufsichtigung von Kreditinstituten und Wertpapierfirmen und zur Anpassung des Aufsichtsrechts an die Verordnung (EU) Nr. 575/ 2013 über die Aufsichtsanforderungen an Kreditinstitute und Wertpapierfirmen (CRD IV-Umsetzungsgesetz).[93] **44**

Ein redaktionelles Versehen wurde am 19.7.2014 mit dem Gesetz zur Anpassung von Gesetzen auf dem Gebiet des Finanzmarktes behoben.[94] Der Gesetzgeber versäumte es bei dem GwGErgG (siehe → Rn. 42) zu regeln, dass die Ausübung des Geschäfts oder des Berufs auch den gewerblichen Güterhändlern untersagt **45**

---

87 ErwG 14 der Dritten EG-Geldwäscherichtlinie. Die FATF versteht unter dem Begriff „Kasinos" auch solche, die im Internet tätig sind, vgl. FATF-Empfehlungen, General Glossary, Stichwort „Designated non-financial businesses and professions".
88 Vgl. § 4 Abs. 5, § 10a Abs. 4 Satz 1 Erster GlüÄndStV.
89 BT-Drs. 17/10745, S. 1 f.
90 BGBl. I 2013, S. 1862.
91 BGBl. I 2013, S. 2178.
92 BGBl. I 2013, S. 4318.
93 BGBl. I 2013, S. 3395.
94 BGBl. I 2014, S. 934.

werden kann.[95] Mit dem Gesetz zur Änderung der Verfolgung der Vorbereitung von schweren staatsgefährdenden Gewalttaten (GVVG-Änderungsgesetz – GVVG-ÄndG) vom 12.6.2015 wurde der Begriff der Terrorismusfinanzierung im Strafgesetzbuch geändert. Daher folgten auch redaktionelle Folgeänderungen im Geldwäschegesetz.[96] Weitere Anpassungen fanden durch die Zehnte Zuständigkeitsanpassungsverordnung vom 31.8.2015[97] sowie durch das Gesetz zur Modernisierung der Finanzaufsicht über Versicherungen statt, welches am 1.1.2016 in Kraft getreten ist.[98]

46 Mit dem Gesetz zur Umsetzung der Richtlinie über die Vergleichbarkeit von Zahlungskontoentgelten, den Wechsel von Zahlungskonten sowie den Zugang zu Zahlungskonten mit grundlegenden Funktionen[99] hat der Gesetzgeber ein neues Zahlungskontengesetz in Deutschland geschaffen. Dabei wurde das Ziel verfolgt, dass auch Obdachlose, Asylsuchende und Geduldete ein sog. **Basiskonto** eröffnen können. Bestehende Ungleichbehandlungen beim Zugang zu einem Zahlungskonto sollten damit beendet werden. In vielen Fällen konnte nämlich der betroffene Personenkreis nicht seine Identität in der nach dem Geldwäschegesetz verlangten Form bei der Kontoeröffnung nachweisen.[100] Das Gesetz ist am 19.6.2016 in Kraft getreten und führte auch zu Anpassungen im Geldwäschegesetz.

5. Erhebliche Erweiterung des Geldwäschegesetzes im Jahr 2017

47 Am 26.6.2017 trat das **Gesetz zur Umsetzung der Vierten EU-Geldwäscherichtlinie**, zur Ausführung der EU-Geldtransferverordnung und zur Neuorganisation der Zentralstelle für Finanztransaktionsuntersuchungen in Kraft.[101] Es sieht neben einer erheblichen Ausdehnung des Geldwäschegesetzes (Erweiterung von 17 auf 59 Paragraphen) auch Änderungen in zahlreichen anderen Gesetzen wie dem KWG, dem VAG, in der Gewerbeordnung bis hin zum Straßenverkehrsgesetz vor.[102] Schon aus dem Namen des Gesetzes wird der Hintergrund ersichtlich, da es im Wesentlichen der Umsetzung der Vierten EU-Geldwäscherichtlinie dient. Daneben wurden allerdings auch nationale Besonderheiten in das Gesetzesvorhaben eingebracht. Die deutsche Zentralstelle für Finanztrans-

---

95 BT-Drs. 18/1305, S. 31.
96 BT-Drs. 18/4087, S. 14.
97 BGBl. I 2015, S. 1474.
98 BGBl. I 2015, S. 434.
99 BGBl. I 2016, S. 720.
100 BT-Drs. 18/7204, S. 46.
101 BGBl. I 2017, S. 1822.
102 Bei dem Gesetz zur Umsetzung der Vierten EU-Geldwäscherichtlinie handelt es sich um ein Artikelgesetz, mit dem mehr als 22 Gesetze geändert wurden, vgl. BT-Drs. 18/11555, S. 7.

aktionsuntersuchungen (Financial Intelligence Unit – FIU) wurde neu organisiert und vom Bundeskriminalamt in den Zuständigkeitsbereich des Zolls verlagert.[103]

Der Gesetzesentwurf der Bundesregierung setzte drei **wesentliche Schwerpunkte**:[104] **48**

– die weitere Stärkung des risikobasierten Ansatzes,
– die Einrichtung eines elektronischen Transparenzregisters der wirtschaftlich Berechtigten sowie
– eine Harmonisierung der Bußgeldbewehrung von Verstößen gegen geldwäscherechtliche Pflichten.

Insbesondere führte die Einrichtung eines **elektronischen Transparenzregisters** zu vielen Diskussionen.[105] Es sieht vor, dass juristische Personen des Privatrechts, eingetragene Personengesellschaften, Trusts und Rechtsgestaltungen, die in ihrer Struktur und Funktion Trusts ähneln, Angaben zu ihren wirtschaftlich Berechtigten an ein zentrales Register melden müssen. **49**

Daneben sorgte der **neue Sanktionskatalog** für Aufsehen. Ursprünglich sah der Referentenentwurf des Bundesfinanzministeriums sogar noch vor, dass auch schon Verstöße bei leichter Fahrlässigkeit zu einem Ordnungswidrigkeitenverfahren führen sollten.[106] Dagegen erhob sich erheblicher Widerstand durch die Interessenverbände.[107] Beim ersten Gesetzesentwurf durch die Bundesregierung wurde die Ausweitung des Verschuldensmaßstabes dann wieder zurückgenommen.[108] Die Sanktionshöhen aus der Vierten EU-Geldwäscherichtlinie blieben jedoch als Vorgaben bestehen und umfassen nunmehr maximale Geldbußen bei bestimmten Verpflichteten des Finanzsektors (z. B. Kredit- und Finanzinstitute) bis zu 10 % des Gesamtumsatzes des Geschäftsjahres, wenn schwerwiegende, wiederholte oder systematische Verstöße gegen die Vorschriften des Geld- **50**

---

103 Die Verlagerung war unter anderem wegen der beschränkten Personalausstattung besonders umstritten, vgl. BT-Drs. 18/11928, S. 11, 25.
104 BR-Drs. 182/17, S. 1 f.
105 Siehe unter anderem den abgelehnten Änderungsantrag BT-Drs. 18/12429; sowie *Rößler*, WM 2015, 1406, 1408; *Spoerr/Roberts*, WM 2017, 1142, 1146; *Friese/Brehm*, GWR 2017, 271, 273.
106 BMF, Referentenentwurf eines Gesetzes zur Umsetzung der Vierten EU-Geldwäscherichtlinie, zur Ausführung der EU-Geldtransferverordnung und zur Neuorganisation der Zentralstelle für Finanztransaktionsuntersuchungen v. 15.12.2016, S. 60, 171. Für einen Überblick zum Referentenentwurf siehe *Zentes/Glaab*, BB 2017, 67.
107 Siehe z. B. DK, Stellungnahme zum Referentenentwurf vom 15.12.2016 für ein Umsetzungsgesetz zur 4. Geldwäsche-Richtlinie (EU) 2015/849 v. 30.12.2016, S. 36; Deutscher Industrie- und Handelskammertag, Stellungnahme zum Referentenentwurf eines Gesetzes zur Umsetzung der Vierten EU-Geldwäsche-Richtlinie, S. 19.
108 Vgl. BT-Drs. 18/11555, S. 56.

wäschegesetzes stattfinden.[109] Dies wird insbesondere deshalb als unverhältnismäßig empfunden, da die (unbestimmten) Bußgeldtatbestände das gesamte Tagesgeschäft der Kreditinstitute umfassen.[110]

6. Nationale Risikoanalyse für Deutschland

51 Seit Dezember 2017 wurde unter der Federführung des Bundesministeriums der Finanzen an der Nationalen Risikoanalyse gearbeitet. Dabei waren 36 Behörden aus dem Bund und den Ländern in vier Arbeitsgruppen eingeteilt und brachten ihre Erfahrungen bei der Geldwäschebekämpfung ein. Zudem wurden zu den einzelnen Problemfeldern Experten angehört. Schon in dem FATF-Leitfaden zum risikoorientierten Ansatz zur Bekämpfung von Geldwäsche und Terrorismusfinanzierung von 2007 wird darauf hingewiesen, dass die erfolgreiche Umsetzung eines risikoorientierten Ansatzes zur Bekämpfung von Geldwäsche und Terrorismusfinanzierung von den Kenntnissen über die Bedrohungen und Anfälligkeiten abhängig ist. Diese Kenntnisse können aus einer nationalen Risikobewertung entnommen werden.[111]

52 Im Oktober 2019 wurde schließlich die erste Nationale Risikoanalyse für Deutschland veröffentlicht.[112] Die Risikoanalyse hat erhebliche Bedeutung für die Verpflichteten des Geldwäschegesetzes, da sie gemäß § 5 Abs. 1 Satz 2 GwG aufgefordert sind, bei der Erstellung und Aktualisierung ihrer **eigenen unternehmensspezifischen Risikoanalyse** die Nationale Risikoanalyse zu berücksichtigen. In der Nationalen Risikoanalyse wird eingangs hervorgehoben, dass die Geldwäschebedrohung für Deutschland vor dem Hintergrund der hohen wirtschaftlichen Attraktivität, der hohen Bargeldintensität des Wirtschaftskreislaufs sowie der ökonomischen Vielschichtigkeit insgesamt als „mittel-hoch" zu bewerten ist. Grundsätzlich wird zwischen hoch, mittel-hoch, mittel, mittel-niedrig und niedrig unterschieden.[113]

---

109 Vgl. § 56 Abs. 1 und 2 GwG.

110 DK, Stellungnahme zum Regierungsentwurf v. 22.2.2017 für ein Umsetzungsgesetz zur 4. Geldwäsche-Richtlinie (EU) 2015/849, S. 7, 30 ff.

111 FATF-Leitfaden zum risikoorientierten Ansatz zur Bekämpfung von Geldwäsche und Terrorismusfinanzierung – Grundsätzliche Prinzipien und Verfahren vom Juni 2007, Rn. 2.3, in der deutschen Übersetzung abrufbar unter www.bafin.de, zuletzt abgerufen am 8.3.2022.

112 Erste Nationale Risikoanalyse 2018/2019, abrufbar auf der Internetseite des BMF unter www.bundesfinanzministerium.de, zuletzt abgerufen am 8.3.2022.

113 BMF, Erste Nationale Risikoanalyse 2018/2019, S. 3.

7. Gesetz zur Umsetzung der Fünften EU-Geldwäscherichtlinie im Jahr 2020

Am 1.1.2020 trat das Gesetz zur Umsetzung der Änderungsrichtlinie zur Vierten EU-Geldwäscherichtlinie in Kraft.[114] Mit dem Gesetz erfolgte auf deutscher Ebene die Umsetzung der Fünften EU-Geldwäscherichtlinie (siehe näher zur Fünften EU-Geldwäscherichtlinie → Rn. 25) und verschärfte das Geldwäschegesetz in Teilen erheblich. Das Gesetzgebungsverfahren war von viel Kritik begleitet. Nachdem der Referentenentwurf vom Bundesfinanzministeriums im Mai 2019 veröffentlicht wurde, gingen zahlreiche Stellungnahmen von den führenden Bundesverbänden bis hin zu Bürgerbewegungen ein.[115] Mit der Novellierung des Geldwäschegesetz wurden unter anderem folgende **Schwerpunkte** gesetzt: **53**

Zunächst wird der Kreis der Verpflichteten im Finanz- sowie im Nichtfinanzsektor erweitert und teilweise konkretisiert. Im Finanzsektor sollen demnach Anbieter von **elektronischen Geldbörsen**, mit denen virtuelle Währungen (z. B. Bitcoin) verwahrt werden, sowie Umtauschplattformen im Bereich virtueller Währungen in den Verpflichtetenkreis aufgenommen werden. Hierfür wurde das Kreditwesengesetz verändert, auf welches das Geldwäschegesetz verweist.[116] Im Nichtfinanzsektor werden nunmehr auch **Immobilienmakler** verpflichtet, die Pacht- oder Mietverträge abschließen, wobei ein wirksames Risikomanagement erst dann erfüllt werden muss, wenn ein Miet- oder Pachtvertrag über eine monatliche Nettokaltmiete ab 10.000 EUR vorliegt.[117] Weiterhin fallen wesentliche **Dienstleister in Steuerangelegenheiten und Kunstlagerhalter**, soweit die Lagerhaltung in Zollfreigebieten erfolgt, in den Verpflichtetenkreis. Aus der Nationalen Risikoanalyse hat sich ergeben, dass insbesondere im Bereich des Goldhandels aktiv mit anonymen Tafelgeschäften geworben wird. Daher sollen im Bereich des **Edelmetallhandels** die Identifizierungspflichten schon bei Barzahlungen über mindestens 2.000 EUR anstatt der bisher bestehenden Schwelle von 10.000 EUR gelten.[118]   **54**

Das **Transparenzregister** soll nunmehr weitestgehend für die Öffentlichkeit zugänglich sein.   **55**

Die Pflicht zur Verdachtsmeldung wird für **freie Berufe** verschärft. Bisher waren **Verdachtsmeldungen** im Zusammenhang mit Tätigkeiten bei der Rechtsberatung und Prozessvertretung zugunsten der berufsrechtlichen Verschwiegenheits-   **56**

---

114 BGBl. I 2019, S. 2602.
115 Siehe zum Überblick der Stellungnahmen auf der Internetseite des BMF, www.bun desfinanzministerium.de.
116 BR-Drs. 352/19, S. 49 f.
117 BR-Drs. 352/19, S. 51.
118 BR-Drs. 352/19, S. 51, 53.

pflicht weitgehend privilegiert. Nunmehr soll insbesondere eine Rechtsverordnung meldepflichte Sachverhalte im Immobilienbereich festlegen, die stets zu melden sind.[119]

57   Noch im Rahmen des Referentenentwurfs wurde vorgeschlagen, dass ein Ordnungswidrigkeitsverfahren grundsätzlich auch schon bei **einfacher Fahrlässigkeit** stattfinden soll. Bisher sah der § 56 GwG ein Bußgeld nur bei leichtfertigem Verhalten vor, was der groben Fahrlässigkeit entspricht. Diese Änderung hätte zu erheblichen Auswirkungen für die Verpflichteten führen können, da schon jegliches fehlerhafte Verhalten von Mitarbeitern für ein Ordnungswidrigkeitsverfahren relevant wäre. Nach der Begründung des Referentenentwurfs sollte damit den in der Praxis bestehenden Abgrenzungsschwierigkeiten zwischen leichter und grober Fahrlässigkeit entgegengewirkt und den europarechtlichen Sanktionsvorgaben entsprochen werden.[120] Gegen diesen Entwurf wurde teils erhebliche Kritik von den Verbänden und Interessensorganisationen geäußert.[121] Im weiteren Gesetzesverfahren wurde der weitgehende Vorstoß etwas abgeschwächt.[122] Nunmehr ist bei „essentiellen geldwäscherechtlichen Grundpflichten" schon eine normale fahrlässige Begehung ausreichend, die in einem neu eingefügten Abs. 2 im § 56 GwG festgelegt wurde. Somit besteht ein Bußgeldrahmen, der in vorsätzliche, leichtfertige und fahrlässige Verstöße gestaffelt werden kann.[123]

8. Rechtsverordnung über meldepflichtige Sachverhalte im Immobilienbereich

58   Am 1.10.2020 trat die Verordnung zu den nach dem Geldwäschegesetz meldepflichtigen Sachverhalten im Immobilienbereich (Geldwäschegesetzmeldepflichtverordnung-Immobilien – **GwGMeldV-Immobilien**) in Kraft. In dieser Verordnung wurden für die **freien Berufe** (z. B. Rechtsanwälte, Notare, Steuer-

---

119   BR-Drs. 352/19, S. 52. Der Referentenentwurf des BMF zur Verordnung zu den nach dem Geldwäschegesetz meldepflichtigen Sachverhalten im Immobilienbereich wurde am 20.5.2020 veröffentlicht (Stand: Juni 2020).

120   Referentenentwurf des BMF, Entwurf eines Gesetzes zur Umsetzung der Änderungsrichtlinie zur Vierten EU-Geldwäscherichtlinie (Richtlinie (EU) 2018/843), S. 106.

121   Siehe hier die Stellungnahmen der Verbände z. B. Verband der Auslandsbanken in Deutschland e. V., S. 10 oder die Stellungnahme der Deutschen Kreditwirtschaft, S. 2, allesamt abrufbar auf der auf der Internetseite des BMF unter www.bundesfinanzministerium.de, zuletzt abgerufen am 15.5.2020.

122   BT-Drs. 19/15163, S. 60 und BT-Drs. 19/15196, S. 49. Ein ähnlicher Ablauf hat sich bereits im vorherigen Gesetzgebungsverfahren im Jahr 2016 ereignet. Auch da wurde eine Erweiterung auf die einfache Fahrlässigkeit im Referentenentwurf vorgeschlagen, welcher dann aber ebenfalls im Ersten Gesetzesentwurf der Bundesregierung zurückgenommen worden ist. Siehe näher hierzu → Rn. 50.

123   BT-Drs. 19/15196, S. 49.

berater, Wirtschaftsprüfer) die Pflichten zur Verdachtsmeldung im Zusammenhang mit dem Immobilienerwerb näher bestimmt. Insbesondere soll eine Verdachtsmeldung stattfinden, wenn ein Bezug zu Risikostaaten oder Sanktionslisten vorliegt oder Auffälligkeiten im Zusammenhang mit den beteiligten Personen oder dem wirtschaftlich Berechtigten (z. B. wissentlich nicht richtige oder nicht vollständige Angaben zur Identität) oder Auffälligkeiten im Zusammenhang mit Stellvertretung (z. B. unechte oder verfälschte Vollmachtsurkunde) bestehen. Ebenso ist eine Meldepflicht geregelt, wenn Auffälligkeiten im Zusammenhang mit dem Preis oder einer Kauf- oder Zahlungsmodalität der Immobilie vorliegen (z. B. Zahlung mit Barmitteln über einen Betrag von mehr als 10.000 EUR).

Die neue Verordnung hat Wirkung gezeigt. Nach dem FIU Jahresbericht 2020 **59** stiegen die Verdachtsmeldungen bei den Notaren von insgesamt 17 Meldungen im Jahr 2019 auf 1.629 Meldungen im Jahr 2020 erheblich an.[124]

9. Erweiterung des Straftatbestandes der Geldwäsche (§ 261 StGB) im Jahr 2021

Im März 2021 wurde das Gesetz zur Verbesserung der strafrechtlichen Bekämp- **60** fung beschlossen.[125] Damit wurde der bestehende Vortatenkatalog des Straftatbestandes der Geldwäsche (§ 261 StGB) der im Wesentlichen aus schweren Straftaten wie Verbrechen oder Delikten, die gewerbsmäßig oder als Bande begangen werden mussten, aufgegeben. Nunmehr ist jeder Gegenstand, der aus irgendeiner Straftat herrührt, taugliches Tatobjekt für den Geldwäschestraftatbestand. Damit hat sich das Prinzip des sog. „All-Crime-Ansatzes" durchgesetzt. Schon während des Gesetzgebungsverfahrens kam es zur Kritik über diese erhebliche Ausweitung. Auch nach dem Inkrafttreten des Gesetzes gingen die Ansichten über die unmittelbaren und mittelbaren Auswirkungen auf die Verpflichteten nach § 2 GwG deutlich auseinander.[126] Grundsätzlich wird die Entwicklung auf Seiten der Strafverfolgungspraxis wegen der Vereinfachung in der Beweisführung als positiv bewertet.[127]

---

124 FIU Jahresbericht 2020, S. 17.
125 BGBl. I 2021, S. 327.
126 Siehe hierzu einerseits *Bülte*, GWuR 2021, S. 8 m. w. N. und anderseits *Findeisen*, GWuR 2021, S. 54 m. w. N.
127 *Berthold*, GWuR 2021, 111 f.

10. Transparenzregister- und Finanzinformationsgesetz im Jahr 2021

61   Weiterhin trat im August 2021 das Transparenzregister- und Finanzinformationsgesetz (**TraFinG**) in Kraft.[128] Damit sollte die europäische Vernetzung der Transparenzregister und die Umsetzung der Richtlinie 2019/1153 des Europäischen Parlaments und des Rates vom 20.6.2019 zur Nutzung von Finanzinformationen für die Bekämpfung von Geldwäsche, Terrorismusfinanzierung und sonstigen schweren Straftaten vorangetrieben werden. Das Transparenzregister gibt Auskunft darüber, wer der wirtschaftlich Berechtigte in einem Unternehmen ist. Bisher konnten die Unternehmen auf eine Eintragung in das Transparenzregister verzichten, wenn sich die Angaben über den wirtschaftlich Berechtigten aus anderen Registern (z. B. Handelsregister) ergeben. Diese sog. Mitteilungsfiktion entfällt nunmehr für alle Rechtseinheiten. Lediglich Vereine sind teilweise von der Eintragungspflicht in das Transparenzregister befreit. Damit wird das Transparenzregister von einem Auffangregister zu einem **Vollregister**.

62   Die **Eintragungsfristen** enden im Jahr 2022 sukzessive für alle Rechtseinheiten. Für die Unternehmen bedeutet das teilweise eine erhebliche Herausforderung, da der wirtschaftlich Berechtigte je nach Rechtseinheit und Eigentumsstruktur schwer zu ermitteln ist. Dies hat auch Auswirkungen auf die Verpflichteten des Geldwäschegesetzes, da weiterhin die Pflicht einer Unstimmigkeitsmeldung nach § 23a GwG besteht.

63   Des Weiteren wurden durch das TraFinG Anpassungen im Bereich der Sorgfaltspflichten vorgenommen. Demnach wurde der Wortlaut überarbeitet, sodass die Trennung zwischen der Feststellung von Kundendaten und der Überprüfung der Kundendaten deutlich wird. Ebenso fanden Anpassungen bei den Identifizierungspflichten für **Immobilienmaklern** statt. Zukünftig führt auch die Übertragung von **Kryptowerten** im Gegenwert von 1.000 EUR oder mehr zu der Anwendung von Sorgfaltspflichten.[129]

---

128 BGBl. I 2021, S. 2083.
129 Siehe ausführlich zu den Änderungen des TraFinG *Wende/Kröger*, GWuR 2021, S. 12.

Abschnitt 1
Begriffsbestimmungen, Verpflichtete und risikobasierter Ansatz

§ 1 Begriffsbestimmungen

(1) Geldwäsche im Sinne dieses Gesetzes ist eine Straftat nach § 261 des Strafgesetzbuchs.

(2) Terrorismusfinanzierung im Sinne dieses Gesetzes ist

1. die Bereitstellung oder Sammlung von Vermögensgegenständen mit dem Wissen oder in der Absicht, dass diese Vermögensgegenstände ganz oder teilweise dazu verwendet werden oder verwendet werden sollen, eine oder mehrere der folgenden Straftaten zu begehen:

    a) eine Tat nach § 129a des Strafgesetzbuchs, auch in Verbindung mit § 129b des Strafgesetzbuchs, oder

    b) eine andere der in den Artikeln 3, 5 bis 10 und 12 der Richtlinie (EU) 2017/541 des Europäischen Parlaments und des Rates vom 15. März 2017 zur Terrorismusbekämpfung und zur Ersetzung des Rahmenbeschlusses 2002/475/JI des Rates und zur Änderung des Beschlusses 2005/671/JI des Rates (ABl. L 88 vom 31.3.2017, S. 6) umschriebenen Straftaten,

2. die Begehung einer Tat nach § 89c des Strafgesetzbuchs oder

3. die Anstiftung oder Beihilfe zu einer Tat nach Nummer 1 oder 2.

(3) Identifizierung im Sinne dieses Gesetzes besteht aus

1. dem Erheben von Angaben zum Zweck der Identifizierung und

2. der Überprüfung dieser Angaben zum Zweck der Identifizierung.

(4) Geschäftsbeziehung im Sinne dieses Gesetzes ist jede Beziehung, die unmittelbar in Verbindung mit den gewerblichen oder beruflichen Aktivitäten der Verpflichteten steht und bei der beim Zustandekommen des Kontakts davon ausgegangen wird, dass sie von gewisser Dauer sein wird.

(5) Transaktion im Sinne dieses Gesetzes ist oder sind eine oder, soweit zwischen ihnen eine Verbindung zu bestehen scheint, mehrere Handlungen, die eine Geldbewegung oder eine sonstige Vermögensverschiebung bezweckt oder bezwecken oder bewirkt oder bewirken. Bei Vermittlungstätigkeiten von Verpflichteten nach § 2 Absatz 1 Nummer 14 und 16 gilt als Transaktion im Sinne dieses Gesetzes das vermittelte Rechtsgeschäft.

(6) Trust im Sinne dieses Gesetzes ist eine Rechtgestaltung, die als Trust errichtet wurde, wenn das für die Errichtung anwendbare Recht das Rechtsinstitut des Trusts vorsieht. Sieht das für die Errichtung anwendbare Recht ein Rechtsinstitut vor, das dem Trust nachgebildet ist, so gelten auch Rechtsgestaltungen, die unter Verwendung dieses Rechtsinstituts errichtet wurden, als Trust.

(7) Vermögensgegenstand im Sinne dieses Gesetzes ist

1. jeder Vermögenswert, ob körperlich oder nichtkörperlich, beweglich oder unbeweglich, materiell oder immateriell, sowie

2. Rechtstitel und Urkunden in jeder Form, einschließlich der elektronischen und digitalen Form, die das Eigentumsrecht oder sonstige Rechte an Vermögenswerten nach Nummer 1 verbriefen.

(8) Glücksspiel im Sinne dieses Gesetzes ist jedes Spiel, bei dem ein Spieler für den Erwerb einer Gewinnchance ein Entgelt entrichtet und der Eintritt von Gewinn oder Verlust ganz oder überwiegend vom Zufall abhängt.

(9) Güterhändler im Sinne dieses Gesetzes ist, wer gewerblich Güter veräußert, unabhängig davon, in wessen Namen oder auf wessen Rechnung.

(10) Hochwertige Güter im Sinne dieses Gesetzes sind Gegenstände,

1. die sich aufgrund ihrer Beschaffenheit, ihres Verkehrswertes oder ihres bestimmungsgemäßen Gebrauchs von Gebrauchsgegenständen des Alltags abheben oder

2. die aufgrund ihres Preises keine Alltagsanschaffung darstellen.

Zu ihnen gehören insbesondere

1. Edelmetalle wie Gold, Silber und Platin,

2. Edelsteine,

3. Schmuck und Uhren,

4. Kunstgegenstände und Antiquitäten,

5. Kraftfahrzeuge, Schiffe und Motorboote sowie Luftfahrzeuge.

(11) Immobilienmakler im Sinne dieses Gesetzes ist, wer gewerblich den Abschluss von Kauf-, Pacht- oder Mietverträgen über Grundstücke, grundstücksgleiche Rechte, gewerbliche Räume oder Wohnräume vermittelt.

(12) Politisch exponierte Person im Sinne dieses Gesetzes ist jede Person, die ein hochrangiges wichtiges öffentliches Amt auf internationaler, europäischer oder nationaler Ebene ausübt oder ausgeübt hat oder ein öffentliches Amt unterhalb der nationalen Ebene, dessen politische Bedeutung vergleichbar ist, ausübt oder ausgeübt hat. Zu den politisch exponierten Personen gehören insbesondere

                                             Kaetzler

1. Personen, die folgende Funktionen innehaben:

   a) Staatschefs, Regierungschefs, Minister, Mitglieder der Europäischen Kommission, stellvertretende Minister und Staatssekretäre,

   b) Parlamentsabgeordnete und Mitglieder vergleichbarer Gesetzgebungsorgane,

   c) Mitglieder der Führungsgremien politischer Parteien,

   d) Mitglieder von obersten Gerichtshöfen, Verfassungsgerichtshöfen oder sonstigen hohen Gerichten, gegen deren Entscheidungen im Regelfall kein Rechtsmittel mehr eingelegt werden kann,

   e) Mitglieder der Leitungsorgane von Rechnungshöfen,

   f) Mitglieder der Leitungsorgane von Zentralbanken,

   g) Botschafter, Geschäftsträger und Verteidigungsattachés,

   h) Mitglieder der Verwaltungs-, Leitungs- und Aufsichtsorgane staatseigener Unternehmen,

   i) Direktoren, stellvertretende Direktoren, Mitglieder des Leitungsorgans oder sonstige Leiter mit vergleichbarer Funktion in einer zwischenstaatlichen internationalen oder europäischen Organisation;

2. Personen, die Ämter innehaben, welche in der nach Artikel 1 Nummer 13 der Richtlinie (EU) 2018/843 des Europäischen Parlaments und des Rates vom 30. Mai 2018 zur Änderung der Richtlinie (EU) 2015/849 zur Verhinderung der Nutzung des Finanzsystems zum Zwecke der Geldwäsche und der Terrorismusfinanzierung und zur Änderung der Richtlinien 2009/138/EG und 2013/36/EU (ABl. L 156 vom 19.6.2018, S. 43) von der Europäischen Kommission veröffentlichten Liste enthalten sind.

Das Bundesministerium der Finanzen erstellt, aktualisiert und übermittelt der Europäischen Kommission eine Liste gemäß Artikel 1 Nummer 13 der Richtlinie (EU) 2018/843. Organisationen nach Satz 2 Nummer 1 Buchstabe i mit Sitz in Deutschland übermitteln dem Bundesministerium der Finanzen hierfür jährlich zum Jahresende eine Liste mit wichtigen öffentlichen Ämtern nach dieser Vorschrift.

(13) Familienmitglied im Sinne dieses Gesetzes ist ein naher Angehöriger einer politisch exponierten Person, insbesondere

1. der Ehepartner oder eingetragene Lebenspartner,

2. ein Kind und dessen Ehepartner oder eingetragener Lebenspartner sowie

3. jeder Elternteil.

(14) Bekanntermaßen nahestehende Person im Sinne dieses Gesetzes ist eine natürliche Person, bei der der Verpflichtete Grund zu der Annahme haben muss, dass diese Person

1. gemeinsam mit einer politisch exponierten Person

    a) wirtschaftlich Berechtigter einer Vereinigung nach § 20 Absatz 1 ist oder

    b) wirtschaftlich Berechtigter einer Rechtsgestaltung nach § 21 ist,

2. zu einer politisch exponierten Person sonstige enge Geschäftsbeziehungen unterhält oder

3. alleiniger wirtschaftlich Berechtigter

    a) einer Vereinigung nach § 20 Absatz 1 ist oder

    b) einer Rechtsgestaltung nach § 21 ist,

bei der der Verpflichtete Grund zu der Annahme haben muss, dass die Errichtung faktisch zugunsten einer politisch exponierten Person erfolgte.

(15) Mitglied der Führungsebene im Sinne dieses Gesetzes ist eine Führungskraft oder ein leitender Mitarbeiter eines Verpflichteten mit ausreichendem Wissen über die Risiken, denen der Verpflichtete in Bezug auf Geldwäsche und Terrorismusfinanzierung ausgesetzt ist, und mit der Befugnis, insoweit Entscheidungen zu treffen. Ein Mitglied der Führungsebene muss nicht zugleich ein Mitglied der Leitungsebene sein.

(16) Gruppe im Sinne dieses Gesetzes ist ein Zusammenschluss von Unternehmen, der besteht aus

1. einem Mutterunternehmen,

2. den Tochterunternehmen des Mutterunternehmens,

3. den Unternehmen, an denen das Mutterunternehmen oder seine Tochterunternehmen eine Beteiligung halten, und

4. Unternehmen, die untereinander verbunden sind durch eine Beziehung im Sinne des Artikels 22 Absatz 1 der Richtlinie 2013/34/EU des Europäischen Parlaments und des Rates vom 26. Juni 2013 über den Jahresabschluss, den konsolidierten Abschluss und damit verbundene Berichte von Unternehmen bestimmter Rechtsformen und zur Änderung der Richtlinie 2006/43/EG des Europäischen Parlaments und des Rates und zur Aufhebung der Richtlinien 78/660/EWG und 83/349/EWG des Rates (ABl. L 182 vom 29.6.2013, S. 19).

(17) Drittstaat im Sinne dieses Gesetzes ist ein Staat,

1. der nicht Mitgliedstaat der Europäischen Union ist und

2. der nicht Vertragsstaat des Abkommens über den Europäischen Wirtschaftsraum ist.

 Kaetzler

(18) E-Geld im Sinne dieses Gesetzes ist E-Geld nach § 1 Absatz 2 Satz 3 und 4 des Zahlungsdiensteaufsichtsgesetzes.

(19) Aufsichtsbehörde im Sinne dieses Gesetzes ist die zuständige Aufsichtsbehörde nach § 50.

(20) Die Zuverlässigkeit eines Mitarbeiters im Sinne dieses Gesetzes liegt vor, wenn der Mitarbeiter die Gewähr dafür bietet, dass er

1. die in diesem Gesetz geregelten Pflichten, sonstige geldwäscherechtliche Pflichten und die beim Verpflichteten eingeführten Strategien, Kontrollen und Verfahren zur Verhinderung von Geldwäsche und von Terrorismusfinanzierung sorgfältig beachtet,

2. Tatsachen nach § 43 Absatz 1 dem Vorgesetzten oder dem Geldwäschebeauftragten, sofern ein Geldwäschebeauftragter bestellt ist, meldet und

3. sich weder aktiv noch passiv an zweifelhaften Transaktionen oder Geschäftsbeziehungen beteiligt.

(21) Korrespondenzbeziehung im Sinne dieses Gesetzes ist eine Geschäftsbeziehung, in deren Rahmen folgende Leistungen erbracht werden:

1. Bankdienstleistungen, wie die Unterhaltung eines Kontokorrent- oder eines anderen Zahlungskontos und die Erbringung damit verbundener Leistungen wie die Verwaltung von Barmitteln, die Durchführung von internationalen Geldtransfers oder Devisengeschäften und die Vornahme von Scheckverrechnungen, durch Verpflichtete nach § 2 Absatz 1 Nummer 1 (Korrespondenten) für CRR-Kreditinstitute oder für Unternehmen in einem Drittstaat, die Tätigkeiten ausüben, die denen solcher Kreditinstitute gleichwertig sind (Respondenten), oder

2. andere Leistungen als Bankdienstleistungen, soweit diese anderen Leistungen nach den jeweiligen gesetzlichen Vorschriften durch Verpflichtete nach § 2 Absatz 1 Nummer 1 bis 3 und 6 bis 9 (Korrespondenten) erbracht werden dürfen

   a) für andere CRR-Kreditinstitute oder Finanzinstitute im Sinne des Artikels 3 Nummer 2 der Richtlinie (EU) 2015/849 oder

   b) für Unternehmen oder Personen in einem Drittstaat, die Tätigkeiten ausüben, die denen solcher Kreditinstitute oder Finanzinstitute gleichwertig sind (Respondenten).

(22) Bank-Mantelgesellschaft im Sinne dieses Gesetzes ist

1. ein CRR-Kreditinstitut oder ein Finanzinstitut nach Artikel 3 Nummer 2 der Richtlinie (EU) 2015/849 oder

2. ein Unternehmen,

a) das Tätigkeiten ausübt, die denen eines solchen Kreditinstituts oder Finanzinstituts gleichwertig sind, und das in einem Land in ein Handelsregister oder ein vergleichbares Register eingetragen ist, in dem die tatsächliche Leitung und Verwaltung nicht erfolgen, und

b) das keiner regulierten Gruppe von Kredit- oder Finanzinstituten angeschlossen ist.

(23) Kunstvermittler im Sinne dieses Gesetzes ist, wer gewerblich den Abschluss von Kaufverträgen über Kunstgegenstände vermittelt, auch als Auktionator oder Galerist. Kunstlagerhalter im Sinne dieses Gesetzes ist, wer gewerblich Kunstgegenstände lagert. Unerheblich ist, in wessen Namen oder auf wessen Rechnung die Tätigkeit nach Satz 1 oder 2 erfolgt.

(24) Finanzunternehmen im Sinne dieses Gesetzes ist ein Unternehmen, dessen Haupttätigkeit darin besteht,

1. Beteiligungen zu erwerben, zu halten oder zu veräußern,

2. Geldforderungen mit Finanzierungsfunktion entgeltlich zu erwerben,

3. mit Finanzinstrumenten auf eigene Rechnung zu handeln,

4. Finanzanlagenvermittler nach § 34f Absatz 1 Satz 1 der Gewerbeordnung und Honorar-Finanzanlagenberater nach § 34h Absatz 1 Satz 1 der Gewerbeordnung zu sein, es sei denn, die Vermittlung oder Beratung bezieht sich ausschließlich auf Anlagen, die von Verpflichteten nach diesem Gesetz vertrieben oder emittiert werden,

5. Unternehmen über die Kapitalstruktur, die industrielle Strategie und die damit verbundenen Fragen zu beraten sowie bei Zusammenschlüssen und Übernahmen von Unternehmen diese Unternehmen zu beraten und ihnen Dienstleistungen anzubieten oder

6. Darlehen zwischen Kreditinstituten zu vermitteln (Geldmaklergeschäfte).

Holdinggesellschaften, die ausschließlich Beteiligungen an Unternehmen außerhalb des Kreditinstituts-, Finanzinstituts- und Versicherungssektors halten und die nicht über die mit der Verwaltung des Beteiligungsbesitzes verbundenen Aufgaben hinaus unternehmerisch tätig sind, sind keine Finanzunternehmen im Sinne dieses Gesetzes.

(25) Mutterunternehmen im Sinne dieses Gesetzes ist ein Unternehmen, dem mindestens ein anderes Unternehmen nach Absatz 16 Nummer 2 bis 4 nachgeordnet ist, und dem kein anderes Unternehmen übergeordnet ist.

(26) Finanzinformationen im Sinne dieses Gesetzes sind alle Arten von Informationen oder Daten, insbesondere Daten über finanzielle Vermögenswerte, Geldbewegungen oder finanzgeschäftliche Beziehungen, die bereits bei der Zentralstelle für Finanztransaktionsuntersuchungen oder anderen

Kaetzler

zentralen Meldestellen im Sinne des Artikels 32 der Richtlinie (EU) 2015/849 vorhanden sind, um Geldwäsche und Terrorismusfinanzierung zu verhüten, aufzudecken und zu bekämpfen.

(27) Finanzanalyse im Sinne dieses Gesetzes ist das Ergebnis der von der Zentralstelle für Finanztransaktionsuntersuchungen oder einer anderen zentralen Meldestelle im Sinne des Artikels 32 der Richtlinie (EU) 2015/849 für die Erfüllung ihrer Aufgaben nach der Richtlinie (EU) 2015/849 bereits durchgeführten operativen und strategischen Analyse.

(28) Die Bezeichnung

1. Richtlinie (EU) 2015/849 bezeichnet die Richtlinie (EU) 2015/849 des Europäischen Parlamentes und des Rates vom 20. Mai 2015 zur Verhinderung der Nutzung des Finanzsystems zum Zweck der Geldwäsche und der Terrorismusfinanzierung, zur Änderung der Verordnung (EU) Nr. 648/2012 des Europäischen Parlaments und des Rates und zur Aufhebung der Richtlinie 2005/60/EG des Europäischen Parlaments und des Rates und der Richtlinie 2006/70/EG der Kommission, die zuletzt durch die Richtlinie (EU) 2018/843 des Europäischen Parlamentes und des Rates vom 30. Mai 2018 zur Änderung der Richtlinie (EU) 2015/849 zur Verhinderung der Nutzung des Finanzsystems zum Zweck der Geldwäsche und der Terrorismusfinanzierung und zur Änderung der Richtlinien 2009/138/EG und 2013/36/EU geändert worden ist.

2. Richtlinie (EU) 2019/1153 bezeichnet die Richtlinie (EU) 2019/1153 des Europäischen Parlamentes und des Rates vom 20. Juni 2019 zur Festlegung von Vorschriften zur Erleichterung der Nutzung von Finanz- und sonstigen Informationen für die Verhütung, Aufdeckung, Untersuchung oder Verfolgung bestimmter Straftaten und zur Aufhebung des Beschlusses 2000/642/JI des Rates.

3. Verordnung (EU) 2016/794 bezeichnet die Verordnung (EU) 2016/794 des Europäischen Parlamentes und des Rates vom 11. Mai 2016 über die Agentur der Europäischen Union für die Zusammenarbeit auf dem Gebiet der Strafverfolgung (Europol) und zur Ersetzung und Aufhebung der Beschlüsse 2009/371/JI, 2009/934/JI, 2009/935/JI, 2009/936/JI und 2009/968/JI.

(29) Kryptowerte im Sinne dieses Gesetzes sind Kryptowerte nach § 1 Absatz 11 Satz 1 Nummer 10 in Verbindung mit Satz 4 und 5 des Kreditwesengesetzes.

(30) Übertragung von Kryptowerten im Sinne dieses Gesetzes ist jeglicher Transfer von Kryptowerten zwischen natürlichen oder juristischen Personen im Rahmen der Erbringung von Finanzdienstleistungen oder dem Betreiben von Bankgeschäften im Sinne des Kreditwesengesetzes, der nicht

ausschließlich die Kryptoverwahrung im Sinne des § 1 Absatz 1a Satz 2 Nummer 6 des Kreditwesengesetzes darstellt.

Schrifttum: *Bauernfeind*, Das Verpflichteten-Dilemma von Industrieholding-Gesellschaften im GwG, GWR 2017, 412; *Bausch/Voller*, Geldwäsche-Compliance für Güterhändler, 2014; *Becker*, Industrieholdings von Güterhändlerkonzernen als geldwäscherechtliche Finanzunternehmen?, ZIP 2018, 1379; *Engelstätter*, Die Richtlinie zur Terrorismusbekämpfung – Deutsches Staatsschutzstrafrecht unter Anpassungsdruck?, GSZ 2019, 95; *Ennuschat*, Das Glücksspiel und die vierte Geldwäscherichtlinie, ZfWG 2016, Beil. Nr. 1, 10; *Euskirchen*, Geldwäscheprävention und Compliance Management Systeme, Praxisleitfaden für Unternehmen, 2017; *Findeisen*, Glücksspielstaatsvertrag 2021: Unzulängliche Aufsichtsinstrumente zur Austrocknung des Schwarzmarkts und der Kontrolle der Zahlungsströme im Online-Glücksspiel, ZfWG 2021, 436; *Findeisen*, Hat der neue Geldwäschestraftatbestand Auswirkungen für die Verpflichteten nach § 2 GwG, GWuR 2021, 54; *Gehling/Lüneborg*, Pflichten des Güterhändlers nach dem Geldwäschegesetz, NZG 2020, 1164; *Gehra/Gittfried/Lienke*, Prävention von Geldwäsche und Terrorismusfinanzierung, 2019; *Gehrmann/Wengenroth*, Geldwäscherechtliche Pflichten für Güterhändler am Beispiel der von Immobilienunternehmen, BB 2019, 1035; *Glaab/Krause*, Im Korrespondenzbankgeschäft gelten besondere Herausforderungen, Die Bank 2019 (10), 48 und 2020 (1), 44; *Grützner/Jakob*, Compliance von A–Z, 2. Aufl. 2015; *Gudowski/Lehnert*, Neue gelwäscherechtliche Verpflichtungen im Kunstsektor, GWuR 2021, 25; *Handel*, Der neue Geldwäschetatbestand: Folgen für die Anti-Geldwäsche-Compliance privilegierter Güterhändler; *Hauschka/Moosmayer/Lösler* (Hrsg.), Corporate Compliance, Handbuch der Haftungsvermeidung im Unternehmen, 3. Aufl. 2016; *Henke/von Busekist*, Das neue Geldwäscherecht in der Nichtfinanzindustrie, DB 2017, 1567; *Höche*, Der Entwurf einer dritten EU-Richtlinie zur Verhinderung der Nutzung des Finanzsystems zu Zwecken der Geldwäsche und der Finanzierung des Terrorismus, WM 2005, 8; *Klein*, Das neue GwG (2017) aus notarieller Perspektive, BWNotZ 2018, 35; *Kunz/Schirmer*, 4. EU-Geldwäsche-RL: Auswirkungen auf Unternehmen, Banken und Berater, BB 2015, 2435; *Lochen*, Geldwäsche-Compliance im Industrieunternehmen, CCZ 2017, 226; *Maslo*, Gruppenweite Einhaltung von geldwäscherechtlichen Pflichten bei Güterhändlern, BB 2017, 3010; *Moskat/Schaar*, Kryptokunst – eine steuerliche Einordnung, BB 2022, 28; *Potacs*, Effet Utile als Auslegungsgrundsatz, EuR 2009, 465; *Reeckmann*, Glücksspiel im Fokus des Geldwäschegesetzes: Wer ist verpflichtet – was muss er tun?, ZfWG 2018, 15; *Rapp/Bongers/Engelhardt*, Umsatzsteuerrechtliche Behandlung von Kryptokunst, UR 2021, 493; *Rößler*, Auswirkungen der vierten EU-Anti-Geldwäsche-Richtlinie auf die Kreditwirtschaft, WM 2015, 1406; *Roth*, Geldwäscherei Zollfreilager – ein zu diskretes Geschäft? Interessenkonflikte, Manipulationen und Preisabsprachen, 2015; *Martin de Sanctis*, Money laundering through art: A criminal justice perspective, 2013; *Scherp/Wrocklage*, Gesetz zur Verbesserung der strafrechtlichen Bekämpfung der Geldwäsche tritt in Kraft, CB 2021, 186; *Schmidt* (Hrsg.), Vielfalt des Rechts – Einheit der Rechtsordnung?, 1994; *Sonnenberg/Komma/Rempp*, Verhinderungsbeherrschung: Paradigmenwechsel des Bundesverwaltungsamtes in seinen FAQ zum Transparenzregister, CCZ 2021, 18; *Stief*, Implementierung der nichtfinanzorientierten Geldwäschebekämpfung in das Geldwäschegesetz, 2017; *Suendorf*, Geldwäsche – eine kriminologische Untersuchung, 2001; *Teichmann/Park*, Geldwäscherei und Terrorismusfinanzierung im Diamantenhandel, CB 2018, 183; *Teixeira*, Die Strafbarkeit der Selbstgeldwäsche, NStZ 2018, 634; *Wegen/Spahlinger/Barth*, Gesellschaftsrecht des Auslands, Handbuch (Loseblattsammlung), 4. EL, Stand: Mai 2021;

Wende/Schneider, Beteiligungsgesellschaften als Finanzunternehmen – Verpflichtete des GwG ?, GWuR 2021, 38; *Weigell/Görlich*, (Selbst-)Geldwäsche: Strafbarkeitsrisiko für steuerliche Berater?, DStR 2016, 2178; *Welz*, Geldwäsche und Glücksspiel, GVR 2017, 149; *Wohlschlägl/Aschberger*, Geldwäscheprävention – Recht, Produkte, Branchen, 2018; *Zöllner*, Kryptowerte vs. Virtuelle Währungen- Die überschießende Umsetzung der Fünften EU-Geldwäscherichtlinie, BKR 2020, 117.

Übersicht

I. Allgemeines

1 § 1 GwG **definiert wichtige Begriffe** des GwG en bloc gleich zu Beginn. Bei der Auslegung der Definitionen, wie auch des Gesetzes selbst, sind seit der Existenz des GwG vier wesentliche Eckpfeiler zu beachten:

2 **Erstens** handelt es sich bei den Vorschriften des GwG – jedenfalls soweit sie sich an die Verpflichteten nach § 2 richten – um im Kern **gewerberechtliche**, in die Gewerbefreiheit[1] bzw. (in den Fällen der freiberuflichen Tätigkeiten) die Freiheit der Berufsausübung des Einzelnen eingreifende Normen. (Daran wird auch die teilweise Einbeziehung ausgewählter öffentlicher Einrichtungen in den Verpflichtetenkreis des § 2 GwG[2] jedenfalls grundsätzlich nichts ändern.) Als solche unterliegen sie dem Gesetzesvorbehalt und sind naturgemäß eng auszulegen.[3] Dort, wo die Normen des GwG auf solche des speziellen Gewerberechts, zum Beispiel die Vorschriften des Kreditwesen- oder Versicherungsaufsichtsgesetzes, verweisen, müssen die Begrifflichkeiten aufgrund der Einheit der Rechtsordnung[4] identisch ausgelegt und angewandt werden. Durch die jedoch nicht immer (zeitlich) gleichgerichtete Änderung von finanzaufsichtsrechtlichen und geldwäscherechtlichen Normen entstehen gelegentlich Auslegungsschwierigkeiten, die aus diesen Gründen jedenfalls nicht zu Lasten der Gewerbetreibenden gehen dürfen.

3 **Zweitens** müssen bei der (historischen und funktionalen) Auslegung des GwG die im Geldwäscherecht typischen „**Normkaskaden**" beachtet werden: Aufgrund von Empfehlungen der Financial Action Task Force („FATF") werden EU-Richtlinien erlassen, die weitestgehend auf die Empfehlungen der FATF rekurrieren, ausführlich in den jeweiligen Quellen auf dieselben zurückgreifen und oft betonen, dass die Empfehlungen der FATF durch den EU-Gesetzgeber möglichst eng umgesetzt werden sollen.[5] Bei der Umsetzung der EU-Geldwäscherichtlinien in deutsches Recht betont der Gesetzgeber ebenso, dass die Vorschriften des GwG der Umsetzung der EU-Richtlinien dienen (und erspart sich in oftmals rechtsstaatlich bedenklichem Umfang eine selbstständige Begründung).[6] Bei der Auslegung des GwG müssen daher die Wertungen der in der Normkaskade jeweils „höheren Stufen" einbezogen, mithin die jeweilige Normgeschichte anhand von EU-Richtlinien und FATF-Empfehlungen berücksichtigt

---

1 Zum Begriff der Gewerbefreiheit ausführlich *Pielow*, in: BeckOK GewO, § 1 Rn. 1 ff. m. w. N.

2 Vgl. Referentenentwurf zur Umsetzung der Änderungsrichtlinie zur Vierten EU-Geldwäscherichtlinie v. 20.5.2019, § 2 Abs. 3 und 4 GwG-E.

3 Vgl. etwa *Eisenmenger*, in: Landmann/Rohmer, GewO, § 1 Rn. 90 ff.

4 Ausführlich zur Einheit der Rechtsordnung *Schmidt*, Vielfalt des Rechts – Einheit der Rechtsordnung?, S. 9, 10 f.

5 FATF Recommendations (2012–2021), S. 7; *Rößler*, WM 2015, 1407.

6 BT-Drs. 18/11555, S. 1.

werden. Durch die angedachte teilweise Änderung der Normarchitektur, insbesondere dem Erlass einer unmittelbar wirkenden Geldwäscheverordnung, wird sich dies für die im Geldwäschegesetz nach der Reform verbleibenden Vorschriften nicht ändern.

Drittens ist das GwG seit Anbeginn von einem **funktionalen Ansatz** geprägt: 4 Zweck des GwG ist die Verhinderung (oder zumindest die Erschwerung) von schwerwiegenden, einem eigenen Unrechtscharakter unterliegenden Straftaten der Geldwäsche und der Terrorismusfinanzierung. Dies geschieht durch Verpflichtung von in Geldwäschekreisläufe typischerweise einbezogenen, gewerberechtlich (und freiberuflich) fest umgrenzten Berufsgruppen, deren Geschäftspartnern und zuletzt der Allgemeinheit.[7] Ziel der Vorschriften ist die wirtschaftliche Isolation kriminell erlangter Vermögenswerte.[8] Nach dem **Effektivitätsgrundsatz** („effet utile") im europäischen Recht müssen die Rechtsnormen also dahingehend ausgelegt werden, dass sie die bestmögliche Effektivität entfalten.[9] Um dem Gesetzeszweck gerecht zu werden, muss die Auslegung einzelner Begriffe mithin an praktischen Erwägungen wie Machbarkeit und Nützlichkeit der Norm im Hinblick auf den Gesetzeszweck der „effektiven Verhinderung" der genannten Straftaten orientiert werden.

Viertens sind aus Sicht der Verpflichteten Erwägungen der Vorsicht und des 5 Selbstschutzes vor Mitwirkung an Straftaten Dritter bei der Auslegung der Begriffe des GwG zu beachten. Nach ganz herrschender Meinung beinhalten die Normen des GwG Pflichten, die der Normadressat des § 2 **GwG im eigenen Interesse erfüllen** muss. Aufgrund der weiten Fassung des Geldwäschestraftatbestandes bestehen nämlich schon bei der Teilnahme am „üblichen" Wirtschaftsverkehr Risiken für Unternehmen, zur Geldwäsche durch Dritte missbraucht zu werden. Zur strafrechtlichen Verantwortung des Unternehmens ist es von der objektiven Teilnahme aufgrund der Leichtfertigkeitsstrafbarkeit nur ein kleiner Schritt. Mithin sollen (und dürfen!) Verpflichtete Standards eines „vorsichtigen Kaufmanns" ansetzen und sich bei deren Umsetzung sowohl auf

---

7 Vgl. zur Ausdehnung des Verpflichtetenkreises *Stief*, Implementierung der nichtfinanzorientierten Geldwäschebekämpfung in das Geldwäschegesetz. Durch die Aufnahme der Mitwirkungspflicht des betroffenen Kunden bei der Identifizierung und Feststellung wirtschaftlich Berechtigter im GwOptG am 22.12.2012 wurde der Anwendungsbereich des Gesetzes faktisch auf diese erstreckt; eine neuerliche Erweiterung des sachlichen Anwendungsbereiches und eine Erstreckung auf juristische Personen und Rechtskonstruktionen erfolgte durch die Aufnahme der Vorschriften zum Transparenzregister im Jahr 2017. Spätestens mit Letzterem ändert sich der Rechtscharakter des GwG, welches vorher eine rein gewerberechtliche Vorschrift darstellte, zu einer die Allgemeinheit betreffenden Norm des Straf-, Polizei- und Sicherheitsrechts.
8 Vgl. hierzu *El-Ghazi*, in: Herzog, GwG, § 261 StGB Rn. 21 ff.
9 Zum Begriff vgl. z. B. *Potacs*, EuR 2009, 465 ff. mit zahlreichen Erläuterungen und Nachweisen.

die zivilrechtliche Durchsetzbarkeit als auch auf deren gewerberechtliche Angemessenheit verlassen: Viele der in diesem Gesetz geregelten Pflichten sind als „**Mindeststandards**" anzusehen, die ein Verpflichteter jedenfalls im diskriminierungsfreien Umfang und innerhalb der Grenzen des Rechtsmissbrauches und der guten Sitten jederzeit anheben darf.

6   **Strafrechtliche Kategorien** passen auf die Auslegung der gewerberechtlich orientierten Vorschriften des GwG nur bedingt. Dort, wo im GwG Begrifflichkeiten identisch sind, etwa beim Geldwäschebegriff selbst oder bei Fragen, die Parallelen im Straftatbestand des § 261 StGB haben, muss stets beachtet werden, dass StGB und GwG völlig unterschiedliche Zielrichtungen haben. Entsprechend fallen Wertungen in einem Gesetz, welches strafrechtliche Sanktionen festlegt und gewerberechtliches Verständnis von Verhaltensnormen, nicht selten auseinander.

7   Im Rahmen der Umstrukturierung des GwG im Zuge der Umsetzung der Vierten EU-Geldwäscherichtlinie ist die Liste an Definitionen bereits **deutlich ausgeweitet** worden.[10] Maßgeblicher Grund dieser Ausweitung war die Umsetzung von Art. 2 und Art. 3 der Vierten EU-Geldwäscherichtlinie[11] und die weitgehende Umstrukturierung des Gesetzes selbst. Im Rahmen der Umsetzung der Änderungsrichtlinie zur Vierten EU-Geldwäscherichtlinie[12] wurden weitere geldwäscherechtliche Fachdefinitionen aufgenommen,[13] so z. B. – neben einigen redaktionellen Anpassungen, die aufgrund von Verweisnacharbeiten nötig werden – die Aufnahme der **Mietmakler** in die Definition des „Immobilienmaklers", eine (weitere) Ergänzung des Begriffs der „politisch exponierten Person" sowie der Kunstlagerhalter, welche in Ergänzung der „Güterhändler" im Hinblick auf die höhere Risikoexposition des Kunsthandels aufgenommen werden.

8   Wesentlich war schließlich die Aufnahme eines eigenen, geldwäscherechtlich geprägten Begriffs des „Finanzunternehmens", welcher nach vorangegangenen jahrelangen Auseinandersetzungen um „**Industrieholdings**"[14] nunmehr die „reine Industrieholding" vom Anwendungsbereich des Gesetzes ausnimmt. Mit der Einführung eines geldwäscherechtlichen Begriffs des „Mutterunternehmens"

---

10   Für eine genauere Schilderung der Änderungen vgl. die erste Auflage, § 1 Rn. 6 ff.

11   Richtlinie (EU) 2015/849 des Europäischen Parlaments und des Rates v. 20.5.2015 zur Verhinderung der Nutzung des Finanzsystems zum Zwecke der Geldwäsche und der Terrorismusfinanzierung, zur Änderung der Verordnung (EU) Nr. 648/2012 des Europäischen Parlaments und des Rates und zur Aufhebung der Richtlinie 2005/60/EG des Europäischen Parlaments und des Rates und der Richtlinie 2006/70/EG der Kommission.

12   Änderungsrichtlinie zur Vierten EU-Geldwäscherichtlinie (Richtlinie (EU) 2018/843).

13   Referentenentwurf des BMF, Entwurf eines Gesetzes zur Umsetzung der Änderungsrichtlinie zur Vierten EU-Geldwäscherichtlinie (Richtlinie (EU) 2018/843) v. 20.5.2019, § 1, Begründung ab S. 65.

14   Vgl. z. B. *Bauernfeind*, GWR 2017, 412, 412 f., oder *Becker*, ZIP 2018, 1379 ff.

wurde schließlich der durch die vormalige Änderung des Gesetzes eingeführte Begriff der „Gruppe" ergänzt.

Durch die Änderungen im Jahr 2021, namentlich die Änderungen durch das Tra-FinG[15] wurden definitorische Klarstellungen an der „Identifizierung" vorgenommen, ferner die Begriffsdefinitionen der Finanzinformation und der Finanzanalyse an die entsprechenden EU-Richtlinien angepasst und eine Neudefinition der „Kryptowerte" analog dem Kreditwesengesetz aufgenommen. Bei den weiteren Änderungen handelt es sich um Verweisklarstellungen zur besseren Lesbarkeit bzw. Perpetuierbarkeit von EU-Referenzrichtlinien. **9**

Im Übrigen enthält der Katalog von Legaldefinitionen überwiegend solche, die bereits in den bisherigen Fassungen des GwG enthalten waren. **10**

II. Geldwäsche (§ 1 Abs. 1 GwG)

„Geldwäsche" ist der **Grundlagenbegriff des GwG** (vgl. zur Auslegung desselben im Zusammenhang mit dem GwG → Rn. 6). Auf internationaler Ebene rekurriert der Begriff auf die Definitionen des Übereinkommens der Vereinten Nationen gegen den unerlaubten Verkehr mit Suchtstoffen und psychotropen Stoffen (sog. Wiener Übereinkommen von 1998) und des Übereinkommens gegen die grenzüberschreitende organisierte Kriminalität (sog. Palermo-Konvention).[16] Die FATF hat eine rechtspolitisch geprägte „Interpretative Note" zur Reichweite des Straftatbestandes erlassen,[17] die jedoch sowohl für deutsches Gewerberecht als auch für das deutsche Strafrecht nicht maßgeblich ist, sondern eher als politische Leitlinie für die Zukunft gedacht ist. **11**

„Geldwäsche im Sinne dieses Gesetzes ist eine Straftat nach § 261 des Strafgesetzbuches", § 1 Abs. 1 GwG. Mithin orientiert sich das deutsche Geldwäscherecht an der strafrechtlichen Nomenklatur und ist deckungsgleich mit Straftaten nach § 261 StGB.[18] Etwaige Über- oder Unterumsetzungen internationaler Standards (vgl. z.B. die lange Diskussion um die „Eigengeldwäsche")[19] oder den **12**

---

15 Vgl. den ausführlichen Gesetzentwurf der Bundesregierung zum Entwurf eines Gesetzes zur europäischen Vernetzung der Transparenzregister und zur Umsetzung der Richtlinie 2019/1153 des Europäischen Parlaments und des Rates v. 20.6.2019 zur Nutzung von Finanzinformationen für die Bekämpfung von Geldwäsche, Terrorismusfinanzierung und sonstigen schweren Straftaten (Transparenzregister- und Finanzinformationsgesetz), BT-Drs 19/28164.

16 *Walther*, in: Schimansky/Bunte/Lwowski, Bankrechts-Handbuch, § 42 Rn. 16 ff.

17 FATF Recommendations (2012–2021), Interpretative Note to Recommendation 3 (Money Laundering Offence), S. 38 f.

18 So BT-Drs. 18/11555, S. 101.

19 Vgl. zuletzt BGH, WM 2019, 107; *Teixera*, NStZ 2018, 634; *Weigell/Görlich*, DStR 2016, 2178 ff. m.w.N.

kompletten Wegfall des Vortatenkatalogs 2021[20] bleiben gewerberechtlich außer Betracht. (Zu den strafrechtlichen Konsequenzen siehe die Kommentierung zu → § 261 Rn. 1 ff.).

13   Das GwG gebraucht – fast selbstverständlich – den Begriff der „Geldwäsche" sehr zahlreich. Jedoch wurde er unter den gewerberechtlichen bzw. die freiberuflichen Stände regulierenden Aspekten nicht näher definiert. Allen bisherigen Auslegungen war gemein,[21] dass er als Verweis auf den strafrechtlichen Geldwäschetatbestand des § 261 StGB verstanden werden solle, wie dies bereits die alten Gesetzesfassungen nahelegten. Der Gesetzgeber stellte dies zwischenzeitlich ausdrücklich klar.[22] Hieran hat auch die Neufassung des Straftatbestandes nichts geändert.

14   Bis zur Änderung des Geldwäschestraftatbestandes 2021 hatte der Gesetzgeber nicht den „kriminologischen", sondern den „strafrechtlichen" Geldwäschebegriff zugrunde gelegt. Der „kriminologische" Geldwäschebegriff ist deutlich weiter als der „strafrechtliche" Geldwäschebegriff. Während vom „kriminologischen" Geldwäschebegriff sämtliche Handlungen umfasst sind, die vorgenommen werden, um die illegale Herkunft von Erlösen aus jeglichen Straftaten zu verschleiern und diese als scheinbar legales Vermögen in den regulären Finanz- und Wirtschaftskreislauf einzuführen,[23] war – jedenfalls nach bisheriger Definitorik – der „strafrechtliche" Geldwäschebegriff auf ganz bestimmte Straftaten (die **Geldwäschevortaten**, „Predicate Offences") begrenzt. Der strafrechtliche Geldwäschetatbestand des § 261 StGB richtete sich ursprünglich nämlich maßgeblich gegen die unerkannte Bewegung von Vermögenswerten aus dem Bereich der organisierten Kriminalität und wertungsmäßig verwandter Straftaten mit dem legalen Wirtschaftskreislauf und dient der Isolation illegal erlangten Vermögens.[24]

15   Durch die Änderungen im Jahr 2021 wurde der Vortatenkatalog des § 261 StGB entfernt und der sog. „All Crimes Approach" umgesetzt, wonach sich wegen Geldwäsche strafbar mache, wer tatbestandlich mit einem Gegenstand in Berührung kommt, „[…] der aus einer rechtswidrigen Tat herrührt". Der Geldwäschetatbestand zerfällt – weiterhin in mehrere alternative Begehensweisen. Strafbar macht sich, wer einen Gegenstand verbirgt (Abs. 1 Nr. 1), mit Verschleierungs-

---

20 Vgl. das Gesetz zur Verbesserung der strafrechtlichen Bekämpfung der Geldwäsche vom 9.3.2021, kritisch besprochen z.B. von *Findeisen*, GWuR 2021, 54 ff., *Scherp/Wrocklage*, CB 2021, 186 ff. und *Handel*, CB 2021, 410.
21 Vgl. etwa *Herzog/Achtelik*, in: Herzog, GwG, 2. Aufl. 2014, § 11 Rn. 15 ff.
22 BT-Drs. 18/11555, S. 101.
23 *Suendorf*, Geldwäsche – eine kriminologische Untersuchung, S. 44 f.; *Walther*, in: Schimansky/Bunte/Lwowsky, Bankrechts-Handbuch, § 42 Rn. 1.
24 *Walther*, in: Schimansky/Bunte/Lwowsky, Bankrechts-Handbuch, § 42 Rn. 2; BT-Drs. 12/989, S. 26.

absichten einen Gegenstand umtauscht, überträgt oder verbringt (Abs. 1 Nr. 2), sich oder einem Dritten verschafft (Abs. 1 Nr. 3), in Kenntnis der Herkunft diesen bemakelten Vermögensgegenstand verwahrt oder verwendet (Abs. 1 Nr. 4). Neu ist die nicht mehr unmittelbar am bemakelten Vermögensgegenstand ansetzende „Vereitelung von auffindungsrelevanten Tatsachen", Abs. 2, die nicht notwendigerweise ein Rechtsverhältnis zu oder mit dem bemakelten Vermögensgegenstand voraussetzt.

Im internationalen Vergleich ist eine auf Verdeckung oder Verfolgungsvereitelung gerichtete Tatbegehung oft nicht bekannt. Die meisten **anderen Rechtsordnungen** stellen bereits denjenigen unter Strafe, der leichtfertig durch Entgegennahme mit inkriminiertem Vermögen in Berührung kommt. Die nach internationalem Verständnis „eigentliche" Geldwäschestrafbarkeit befand sich vor der Änderung des Tatbestandes noch in Abs. 2 von § 261 StGB a.F.; heute in Abs. 1 Nr. 3 und 4 („Verschaffens"- bzw. „Verwahrtatbestand"). Hierdurch soll derjenige, der inkriminiertes Vermögen für einen anderen hält, ebenso wie der die Auffindung vereitelnde Straftäter bestraft werden. Im Falle der Verwahrung oder Verwendung muss der Täter aber die Inkriminierung des Gegenstandes im Zeitpunkt, in dem er den Gegenstand erlangt hat, nach wie vor nicht zwingend positiv kennen: Es reicht bereits leichtfertige Unkenntnis der Inkriminierung des Gegenstandes für eine Strafbarkeit, Abs. 6. Eine entsprechende Beschränkung der Geldwäschestrafbarkeit auf Vorsatztaten fand im Gesetzgebungsverfahren keine Mehrheiten.

16

Der **Katalog der Geldwäschevortaten** war in der Urfassung des Straftatbestandes im Jahr 1992[25] noch auf Verbrechen, Vergehen nach dem Betäubungsmittelgesetz und solche Vergehen beschränkt, die durch eine kriminelle Vereinigung begangen wurden. Hintergrund war die ursprüngliche Fokussierung des Gesetzgebers auf die Bekämpfung der organisierten Kriminalität. Um die Jahrtausendwende wurde dann der „All Crimes Approach"[26] entwickelt, der eher auf eine effektive Gewinnabschöpfung in allen Kriminalitätsbereichen abzielte; dieser setzte sich schließlich in Europa auch durch. Hierdurch kam es nach und nach zu immer umfassenderen Erweiterungen des Vortatenkatalogs, der schließlich einen Querschnitt durch das StGB und das komplette deutsche Nebenstrafrecht enthielt und nicht mehr handhabbar war. Im Jahr 2021 wurde der Vortatenkatalog schließlich abgeschafft und der „All Crimes Approach" auch in Deutschland eingeführt.

17

Praktische **Anwendungsschwierigkeiten** ergeben sich genau genommen aus der Abschaffung des Vortatenkataloges allein nicht. Im Zusammenspiel mit der

18

---

25 Vgl. das Gesetz zur Bekämpfung des illegalen Rauschgifthandels und anderer Erscheinungsformen der Organisierten Kriminalität (OrgKG) v. 15.7.1992, BGBl. I 1992, S. 1302, 1304.

26 *Walther*, in: Schimansky/Bunte/Lwowski, Bankrechts-Handbuch, § 42 Rn. 75.

(Beibehaltung der) Leichtfertigkeitsstrafbarkeit und der noch immer nicht im Gesetz zu findenden Bagatellgrenze entsteht allerdings ein mit Blick auf die Tatbestandlichkeit nochmals erheblich erweiterter Straftatbestand im Kernstrafrecht. Die verfassungsrechtliche Würdigung des Umgangs der Behörden und Gerichte mit einem solchen „überbreiten" Straftatbestand wird den Obergerichten, später gewiss auch dem Bundesverfassungsgericht, überlassen bleiben.

19 Aus **Sicht der gewerberechtlichen Pflichten** des GwG bedeutet der Wegfall des Vortatenkatalogs, der mit Blick auf das mangelnde Strafbedürfnis von Kleinstkriminalität teilweise ablehnend besprochen wurde,[27] wahrscheinlich einen Mehraufwand mit Blick auf Verdachtsmeldungen.[28] In der Praxis ist zu beobachten, dass zunehmend Verdachtsmeldungen nach § 43 GwG ausgeleitet werden, die niedrige einstellige Kleinstbeträge, etwa aus unerlaubtem Glücksspiel oder aus kleinsten Online-Betrugsfällen betreffen. Mit Blick auf die Neufassung ist allerdings fraglich, inwieweit Vermögenswerte, „hinsichtlich derer" Steuern hinterzogen wurden, nach wie vor unter § 261 StGB fallen und der Vortatenkatalog Steuerstraftaten noch enthält, bzw. inwieweit durch die Neufassung der vom Vermögensgegenstand abgekoppelten Begehungsweise des Abs. 2 („Tatsachen") absorbiert werden kann.[29]

20 Die Einführung eines **Qualifikationstatbestandes für Verpflichtete nach § 2 GwG in § 261 Abs. 2 StGB** wurde in der Literatur überwiegend kritisch aufgenommen.[30] In der Tat erscheint bei nicht Selbstständigen **unklar**, welcher Personenkreis überhaupt für den Qualifikationstatbestand in Betracht kommt, wie § 14 StGB hinreichende Verantwortungszuweisungen enthält und wie Leichtfertigkeitsstrafbarkeit und Handeln der Verpflichteten nach dem Risikoansatz gemäß § 3a zusammengeführt werden können. Rechtspolitisch stellt sich die Frage, ob insbesondere Geldwäschebeauftragte nach § 7 GwG in schwierigen Abwägungssituationen mit Leichtfertigkeitsstrafdrohungen konfrontiert werden sollten. Im Übrigen kann auf die Kommentierung zu → § 261 StGB Rn. 1 ff. verwiesen werden.

21 Hinsichtlich des „Herrührens" aus einer Vortat haben die deutschen Gerichte im Hinblick auf eine verfassungskonforme Auslegung des Geldwäschestraftatbestandes bislang **hohe Standards an den Vortatnachweis** gestellt, was in vielen

---

27 Vgl. z.B. *Gazeas*, NJW 2021, 1041, insbesondere 1044 („Schokolade"-, „Schwarzfahrt"-, „Eierdieb"-Fälle).

28 *Gazeas*, NJW 2021, 1041, 1045; *Scherp/Wrocklage*, CB 2021, 186, 190; a.A.: *Findeisen*, GWuR 2021, 54, 55, der – zutreffend – auf die Verwaltungspraxis verweist, wonach die Qualifikation der Vortat aus Sicht der Verpflichteten ohnehin unerheblich war, vgl. auch → § 43 Rn. 26.

29 Vgl. zum Hintergrund der Diskussion *Scherp/Wrocklage*, CB 2021, 186.

30 *Scherp/Wrocklage*, CB 2021, 186, 188.

Fällen eine effektive Rechtsanwendung behindert haben dürfte.[31] Durch eine Entscheidung des Bundesverfassungsgerichts[32] im Jahr 2021 wurde erneut klargestellt, dass mit Blick auf § 261 StGB a. F. in der strafrechtlichen und strafprozessualen Anwendung (ausdrücklich nicht mit Blick auf § 43 GwG) höhere Anforderungen hinsichtlich des Verdachts und der Feststellung der Vortat bestehen.[33] Die Verpflichteten trifft diese Diskussion in gewerberechtlicher Hinsicht nicht, da die Voraussetzungen an die Verdachtsmeldeschwelle nach wie vor niedrig sind.[34]

Aufgrund der internationalen Normkaskaden im Geldwäscherecht ist eine **zunehmende Europäisierung des Straftatbestandes** zu beobachten. Obgleich eine unmittelbare Kompetenz der Europäischen Union in Strafrechtsangelegenheiten nur bei sicherheitsrelevanten Straftaten besteht, greift der europäische Gesetzgeber zunehmend in die einzelstaatliche Gestaltungshoheit ein. Mit der Richtlinie (EU) 2018/1673 vom 23.10.2018 wurde eine fortschreitende Harmonisierung des Geldwäscherechts offenbar, die sich konsequenterweise in einen harmonisierten Gewinnabschöpfungsrahmen fortentwickeln müsste, um dem einheitlichen Geldwäschestraftatbestand zu mehr praktischer Geltung zu verhelfen.   **22**

In praktischer Hinsicht lassen sich in Bezug auf den strafrechtlichen Geldwäschebegriff nach § 261 StGB und dem damit einhergehenden Anwendungsbereich des GwG vor allem zwei Konstellationen von Geldwäsche unterscheiden: die **eigennützige („interne") und die fremdnützige („externe") Geldwäsche**. Bei der intern betriebenen Geldwäsche ist der Täter Mitglied des eigenen Unternehmens, in dem Geld gewaschen wird. Hingegen bedient sich bei der extern betriebenen Geldwäsche ein Dritter der Dienste eines anderen, etwa eines Unternehmens, um über sie ihr Geld zu waschen, ohne dass dieser „andere" dies notwendigerweise weiß.[35] Konsequenterweise werden strafrechtlich sowohl das aktive „Helfen" bei der Verschleierung der Herkunft eines unmittelbar oder mittelbar kriminellem Verhalten entspringenden Gegenstandes bestraft wie auch dessen bloße Entgegennahme in Kenntnis – oder leichtfertiger Unkenntnis – dessen Ursprungs.   **23**

Das GwG setzt an beiden Konstellationen an. Beispielsweise versucht das Gesetz durch die Vorschriften zur Kundenidentifizierung der §§ 10 ff. GwG maßgeblich, die „extern" betriebene Geldwäsche zu verhindern. Ein Beispiel für die Bekämpfung der intern betriebenen Geldwäsche ist z. B. die Mitarbeiterüberprü-   **24**

---

31 Vgl. *Hecker*, in: Schönke/Schröder, StGB, § 261 Rn. 6 m. w. N.; BGH, StV 2000, 67. Aufl.

32 Beschl. v. 3.3.2021, 2 BvR 1746/18, z. B. in WM 2021, 631 ff.

33 BVerfG, Beschl. v. 3.3.2021, 2 BvR 1746/18, z. B. in WM 2021, 631 ff., 631 Rn. 60 ff.

34 Vgl. *Findeisen*, GWuR 2021, 54, 55 m. w. N.; auch das Bundesverfassungsgericht konzediert dies, vgl. Beschl. v. 3.3.2021, 2 BvR 1746/18, z. B. in WM 2021, 631, Rn. 59 f.

35 *Euskirchen*, Geldwäscheprävention und Compliance Management Systeme, S. 13.

fung hinsichtlich ihrer Zuverlässigkeit gem. § 6 Abs. 2 Nr. 5 GwG. Einige Maßnahmen wirken auf die Erschwerung beider Konstellationen hin, wie zum Beispiel die Risikoanalyse nach § 5 GwG.

25 Geldwäsche ist ein oft sehr komplexer, vom Willen des Kriminellen zur Verschleierung der Verbindung zwischen Straftat und Vermögensgegenstand getrie-
bener Prozess. Bis jetzt hält sich hinsichtlich der Erklärungs- und Strukturie-
rungsmodelle noch immer das sogenannte **„Drei-Phasen-Modell" als herrschende Meinung**.[36] Kurz zusammengefasst schleust ein Krimineller zunächst
inkriminierte Vermögenswerte, nach klassischer Anschauung typischer- aber
nicht notwendigerweise Bargeld, in den formalen Finanzsektor ein (1. Phase,
„Placement"). In der 2. Phase („Layering") versucht der Kriminelle, durch zahlreiche Transaktionen, Strukturierungen, Verfügungen den kriminellen Ursprung
des Vermögens zu verschleiern. Schließlich (3. Phase, „Integration") investiert
der Kriminelle den Vermögenswert wie einen legal erlangten. Das Modell spiegelt an vielen Stellen, etwa bei der Einbeziehung verschiedener Berufsgruppen
und bei der Verwendung von Bargeld in der ersten Phase, ein auf den Vorstellungen organisierter Kriminalität manifestiertes Vorstellungsbild des Gesetzgebers
wider. Es ist daher tragendes Fundament für Auslegungsfragen hinsichtlich des
Zwecks der Vorschriften des GwG.

26 Es muss natürlich, viele Jahrzehnte nach Schaffung des Drei-Phasen-Modells,
festgestellt werden, dass die ursprünglichen, von Vorstellungen der organisierten
Kriminalität zu Beginn der 1990er Jahre geprägten Modelle zur Auslegung „moderner" Vortaten, wie zum Beispiel von Kapitalmarktdelikten, Marken- oder
Steuerdelikten wenig nützlich sind. Bei vielen der heute relevanten Vortaten
fehlt das Bargeldelement – oder die gewaschenen Vermögenswerte werden erst
inkriminiert, wenn sie sich bereits im formalen Finanzkreislauf befinden. Mit
Zurückdrängung des Bargeldes ist zu erwarten, dass die erste Phase, das „Placement", für Auslegungsfragen weiter an Bedeutung verlieren wird. Auch verschwimmen in modernen Wirtschaftsdelikten Layering und Integration ineinander, da inkriminierte Vermögenswerte häufig das „Layering" nicht mehr verlassen und nicht mehr im klassischen (an den Vorstellungsbildern der organisierten
Kriminalität orientierten) Sinne zum persönlichen Vorteil des Kriminellen investiert oder zu dessen Vergnügen ausgegeben werden.

27 Immerhin erlaubt das „Drei-Phasen-Modell" im Rahmen der Auslegung neben
historischen Anhaltspunkten weiterhin hilfreiche Rückschlüsse bei der Ergrün-
dung des Gesetzeszwecks und bei der Auslegung der in § 1 und auch darüber
hinaus im GwG enthaltenen Begrifflichkeiten.

---

36 Vgl. *Herzog/Achtelik*, in: Herzog, GwG, Einl. Rn. 7 ff.; zum Drei-Phasen-Modell siehe
auch unten, → § 2 Rn. 4 ff.

Wie eingangs erwähnt, kommen **zwischen strafrechtlichen und gewerberecht-**   **28**
lichen Normen aber nicht selten unterschiedliche Bewertungsmaßstäbe in
Ansatz. Während z. B. in der strafrechtlichen Behandlung von Geldwäschefällen
die rechtsstaatlich hohen Anforderungen des StGB an Vortatnachweis oder Bemakelung eines Vermögensgegenstandes gelten,[37] weicht das GwG in rechtspraktischer Sicht an vielen Stellen hiervon ab und verlangt z. B. Vorsichtsprinzip,
Handeln schon auf Verdacht. Bei der Frage, ob ein Geldwäschesachverhalt mit
einer Verdachtsmeldung nach § 43 GwG belegt werden muss, kommen – gewerberechtlich – sogar Vermutungen zulasten eines Geschäftspartners zur Anwendung.[38] Eine solche Handhabung zur Auslösung nachteiliger Konsequenzen für
Handelnde wäre strafrechtlich undenkbar. Demnach ist bei der Übertragung
strafrechtlicher Begrifflichkeiten ins GwG stets Vorsicht geboten.

III. Terrorismusfinanzierung (§ 1 Abs. 2 GwG)

Seit dem 11.9.2001 wendet sich die internationale Staatengemeinde verstärkt ge-   **29**
gen die Finanzierung des Terrorismus und stellt dieses Ziel dem der Bekämpfung der organisierten Kriminalität begrifflich zur Seite.[39] Mit der Umsetzung
der Dritten EU-Geldwäscherichtlinie[40] wurde neben die Bekämpfung der Geldwäsche auch die Bekämpfung der Finanzierung des Terrorismus als Ziel des
Geldwäschegesetzes in die Vorschriften aufgenommen. Der strafrechtliche Begriff rekurriert auf die „International Convention for the Suppression of the Financing of Terrorism",[41] in der die Mitgliedstaaten sich zum ersten Male verpflichteten, zur Verhinderung der Finanzierung des Terrorismus die Beschaffung
von finanziellen Mitteln schon weit im Vorfeld terroristischer Aktivitäten unter
Strafe zu stellen. Auch die Definition der „Terrorismusfinanzierung" richtet
sich am **strafrechtlichen, nicht dem kriminologischen Begriff** aus. Folglich
müssen strafrechtliche und geldwäscherechtliche Begrifflichkeiten zwar grundsätzlich übereinstimmend ausgelegt werden, was z. B. im Hinblick auf die „Vermögensgegenstände" in § 1 Abs. 7 GwG und § 89c StGB Relevanz erhält. Wiederum kommt es bei der praktischen Handhabung des Tatbestandes zu Abwei-

---

37 Vgl. die Entscheidung des BVerfG, Beschl. v. 3.3.2021, 2 BvR 1746/18, z. B. in WM
   2021, 631, Rn. 59 f.
38 Eine Verdachtsmeldung muss z. B. abgegeben werden, wenn eine Auffälligkeit vorliegt, die nicht rechtssicher plausibilisiert werden kann, vgl. BMF, Auslegungshinweise
   des Bundesministeriums der Finanzen zur Handhabung des Verdachtsmeldewesens v.
   6.11.2014, S. 3 f.
39 *Figura*, in: Herzog, GwG, § 1 Rn. 10.
40 Richtlinie 2005/60/EG des Europäischen Parlaments und des Rates v. 26.10.2005 zur
   Verhinderung der Nutzung des Finanzsystems zum Zwecke der Geldwäsche und der
   Terrorismusfinanzierung.
41 *Herzog/Achtelik*, in: Herzog, GwG, 2. Aufl. 2014, Einl. Rn. 131.

chungen zwischen Straf- und Gewerberecht. Auch die FATF beteiligt sich durch Analysen, Typologien und Standards an der Bekämpfung der Terrorismusfinanzierung.[42]

30 Hinter der im Gesetz häufig und (teilweise sehr unreflektiert) **durchgehend als Begriffspaar „Geldwäsche und Terrorismusfinanzierung" verwendeten gewerberechtlichen Formulierung** verbirgt sich jedoch ein Dilemma: Tatgegenstand, aufgrund der Neufassung in Abs. 2 mindestens Referenzgegenstand, der Geldwäsche ist inkriminiertes Vermögen; Terrorismusfinanzierung hingegen kann durch Verwendung inkriminierter oder auch völlig legal erworbener Vermögenswerte bewirkt werden. Auch die Perspektive derjenigen Parteien, die mit beiden Straftaten, bzw. entsprechenden Vermögensgegenständen, in Berührung kommen, ist grundverschieden: Während der Gesetzgeber von einem Verpflichteten möglicherweise durchaus erwarten kann, dass er Maßnahmen bei erkannter oder zumindest erkennbarer Inkrimination von Vermögenswerten ergreift, ist die Ausgangslage für Verpflichtete hinsichtlich der Terrorismusfinanzierung schwieriger. Zur Einschätzung, ob ein Vermögensgegenstand der Terrorismusfinanzierung dient, muss der Verpflichtete eine Einschätzung treffen, welchem Zweck eine Transaktion *in der Zukunft* möglicherweise dienen soll. Nur wenn er erkennt, dass die Mittel, mit denen er in Berührung gerät, in der Zukunft für terroristische Aktivitäten verwendet werden sollen, kann realistischerweise ein Tätigwerden erwartet werden. In der Praxis ist diese Verwendungsprognose aber sehr schwierig. Bei der Bekämpfung der Geldwäsche kommt schließlich der Risikoansatz nach § 3a GwG zur Anwendung – bei der Bekämpfung der Terrorismusfinanzierung gelangt teilweise, insbesondere bei Fallkonstellationen mit Sanktionsbezug – der Regelansatz zur Anwendung. **Geldwäsche und Terrorismusfinanzierung unterscheiden sich** daher funktionell und in der praktischen Handhabung von Fällen durch Verpflichtete fundamental.

31 Während die FATF[43] und der Gesetzgeber auf europäischer[44] wie auch auf deutscher[45] Ebene das Dilemma der unterschiedlichen Behandlung von inkriminierten wie nicht inkriminierten Vermögenswerten – und etwa die Auswirkungen hiervon auf Vermögenskonfiskationen – erkannt und teilweise geregelt haben, verbleibt die Unsicherheit einer **Mittelverwendungsprognose** zur Terrorismusfinanzierung durch den Geschäftspartner beim Verpflichteten selbst. Während

---

42 Vgl. zuletzt z. B. das Typologienpapier „Ethnically or Racially Motivated Terrorism Financing", Juni 2021 oder die FATF guidance „Criminalising Terrorist Financing", Oktober 2016, abrufbar unter www.fatf-gafi.org.

43 So z. B. die FATF in der Guidance on Terrorist Financing, 24.4.2002, Rn. 16: „The difference between legally and illegally obtained proceeds raises an important legal problem as far as applying anti-money laundering measures to terrorist financing."

44 Vgl. Stellungnahme des Parlaments zur Dritten EU-Geldwäscherichtlinie, ABl. EU C 117 E/141, P5_TC1-COD(2004)0137, Ziff. 8.

45 In diese Richtung BT-Drs. 14/8739, S. 10.

viele Anwendungsprobleme beim Straftatbestand der Geldwäsche daraus resultieren, dass kein hinreichender Bezug zur Vortat gezogen werden kann, treten beim Straftatbestand der Terrorismusfinanzierung Probleme in der Rechtsanwendung deshalb auf, weil zum Zeitpunkt des Kontakts mit den Vermögenswerten keine Prognose möglich ist, dass dieselben für terroristische Aktivitäten verwendet werden sollen. Nach den letzten Änderungen der europäischen Vorgaben, insbesondere aufgrund Art. 11 Abs. 2 der Terrorismusbekämpfungsrichtlinie (EU) 2017/541, ist damit zu rechnen, dass die Anforderungen an die subjektive Kenntnis von den Absichten eines Täters weiter sinken werden.[46] Hinsichtlich der Kenntnis des Täters soll ausreichen, dass der Adressat der Mittel feststeht; es soll zukünftig weder erforderlich sein, dass der Täter weiß, für welche konkreten Straftaten das Geld verwendet werden soll, noch dass es überhaupt dazu verwendet wird.

Wie auch bei der Geldwäsche sind die gewerberechtlichen Anwendungsbereiche und die **strafrechtlichen Definitionen der Terrorismusfinanzierung deckungsgleich.** **32**

Die im Gesetz genannte **erste Tatalternative** der Terrorismusfinanzierung besteht darin, dass Vermögensgegenstände in dem Wissen oder in der Absicht bereitgestellt oder gesammelt werden, dass diese bei bestimmten „terroristischen Straftaten" Verwendung finden oder finden sollen. **33**

Nach dem Wortlaut der Vorschrift zählt insbesondere die Bildung einer terroristischen Vereinigung, das Mitwirken in einer terroristischen Vereinigung sowie das Unterstützen einer terroristischen Vereinigung im Sinne der §§ 129a, 129b StGB zu den betroffenen Straftaten. **34**

Darüber hinaus zählen gemäß der **Richtlinie zur Terrorismusbekämpfung** (EU) 2017/541, die Art. 1 des EU-Rahmenbeschlusses 2002/475/JI des Rates vom 13.6.2002 zur Terrorismusbekämpfung, zuletzt geändert durch den EU-Rahmenbeschluss 2008/919/JI des Rates vom 28.11.2008, zu den terroristischen Straftaten ersetzt hat, auch bestimmte andere Taten, die nicht auf eine terroristische Vereinigung bezogen sind. Hierzu gehören insbesondere Straftaten gegen das Leben oder die körperliche Unversehrtheit, Entführung oder Geiselnahme, Angriffe gegen öffentliche Einrichtungen bzw. die öffentliche Grundversorgung mit lebenswichtigen Ressourcen (wie Wasser und Strom) sowie Waffen- und Sprengstoffdelikte. Allerdings müssen diese Taten geeignet sein, ein Land oder eine internationale Organisation ernsthaft zu schädigen und mit der Absicht begangen sein, die Bevölkerung schwerwiegend einzuschüchtern, die staatlichen Stellen zu einem bestimmten Verhalten zu nötigen oder die Grundstrukturen des Landes bzw. der internationalen Organisation ernsthaft zu beeinträchtigen. Schon vor der Richtlinie waren nach Art. 3 des EU-Rahmenbeschlusses 2002/ **35**

---

46 *Engelstätter*, GSZ 2019, 95 ff. m. w. N.

475/JI des Rates vom 13.6.2002 zur Terrorismusbekämpfung, geändert durch den EU-Rahmenbeschluss 2008/919/JI des Rates vom 28.11.2008, auch das öffentliche Auffordern zur Begehung einer terroristischen Straftat sowie das Anwerben und Ausbilden für terroristische Zwecke vom Begriff der terroristischen Straftat im obigen Sinne erfasst. Die Richtlinie zur Terrorismusbekämpfung (EU) 2017/541 erweitert den Katalog der Straftaten wiederum weit in abstrakte Vorbereitungshandlungen hinein.

36   Die in Art. 11 der Richtlinie geregelten Grundsätze der Strafbarkeit der Terrorismusfinanzierung stellen den Mitgliedstaaten anheim, „… die direkte oder indirekte, mit beliebigen Mitteln erfolgende Bereitstellung oder Sammlung von Geldern, mit der Absicht oder in Kenntnis dessen, dass sie ganz oder teilweise dazu verwendet werden, eine Straftat im Sinne der (… Richtlinie …) zu begehen oder zu deren Begehung beizutragen," unter Strafe zu stellen. In Abs. 2 des Art. 11 wird ferner ausgeführt, dass „… es weder erforderlich [ist], dass die Gelder tatsächlich ganz oder teilweise dazu verwendet werden, diese Straftaten zu begehen oder zu deren Begehung beizutragen, noch (…) dass der Täter weiß, für welche konkrete Straftat oder Straftaten die Gelder verwendet werden sollen". Diese **schleichende Aufweichung des subjektiven Tatbestandes** der Terrorismusfinanzierung wirkt sich auch auf die Risikoexposition der Verpflichteten aus: An die oben genannte Mittelverwendungsprognose zu terroristischen Aktivitäten werden Gerichte und Behörden als Reaktion hierauf zukünftig möglicherweise immer geringere Anforderungen stellen.[47]

37   Die Vermögensgegenstände (siehe dazu § 1 Abs. 7 GwG) müssen entweder „**in dem Wissen oder in der Absicht**" bereitgestellt oder gesammelt werden, dass diese bei den genannten terroristischen Straftaten Verwendungen finden oder finden sollen. Erforderlich ist also in subjektiver Hinsicht nunmehr entweder dolus directus 1. Grades oder dolus directus 2. Grades. Nach der Definition der Terrorismusfinanzierung in den älteren Fassungen des GwG wurde hingegen in subjektiver Hinsicht allein auf Wissen, also den dolus directus 2. Grades, abgestellt. Im Endeffekt war damit aber auch schon nach der Definition der Terrorismusfinanzierung in der alten Fassung des GwG dolus directus 1. Grades miterfasst. Der Gesetzgeber hat dies – in Anlehnung an den Wortlaut der Vierten EU-Geldwäscherichtlinie – ausdrücklich klargestellt.[48]

38   Die **zweite Tatbestandsalternative** der Terrorismusfinanzierung besteht darin, dass eine Straftat nach § 89c StGB begangen wird. Bei § 89c StGB handelt es sich um den mit Gesetz zur Änderung der Verfolgung der Vorbereitung von schweren staatsgefährdenden Gewalttaten (GVVG-Änderungsgesetz) vom 12.6.2015 geänderten, vorher in § 89b a. F. StGB enthaltenen Tatbestand der

---

47 Sehr instruktiv: *Engelstätter*, GSZ 2019, 95 mit zahlreichen Nachweisen und einer Prognose für weitere Rechtsanpassungen.
48 BT-Drs. 18/11555, S. 101 f.

                              Kaetzler

„Terrorismusfinanzierung". Dieser Tatbestand ist, nach zahlreichen kritischen Stellungnahmen der FATF im Rahmen verschiedener Länderevaluierungen,[49] das Endprodukt der nationalen Umsetzung derjenigen Anforderungen, die Art. 1 des EU-Rahmenbeschlusses 2002/475/JI des Rates vom 13.6.2002 zur Terrorismusbekämpfung, zuletzt geändert durch den EU-Rahmenbeschluss 2008/919/JI des Rates vom 28.11.2008, an den nationalen Gesetzgeber stellt. Danach soll nämlich der nationale Gesetzgeber Maßnahmen dahin treffen, dass die in Art. 1 des EU-Rahmenbeschlusses 2002/475/JI genannten Taten als terroristische Straftaten geahndet werden. Dem ist der Gesetzgeber mit § 89c StGB nachgekommen. § 89c StGB erfasst also inhaltlich lediglich einen Teilausschnitt der Fälle, die ohnehin schon vom ersten Anwendungsfall umfasst sind, nämlich das Bereitstellen oder Sammeln von Vermögenswerten in Bezug auf die oben genannten, nicht auf terroristische Vereinigungen bezogenen terroristischen Straftaten nach Art. 1 des EU-Rahmenbeschlusses 2022/475/JI. Der einzige inhaltliche Unterschied besteht darin, dass der erste Anwendungsfall nur das Bereitstellen und Sammeln entsprechender Vermögenswerte erfasst, während § 89c StGB auch die Entgegennahme entsprechender Vermögenswerte in dem Wissen oder in der Absicht, dass diese für eine der genannten terroristischen Straftaten verwendet werden sollen, erfasst.

Die **dritte Tatalternative** der Terrorismusfinanzierung besteht schließlich in entsprechenden Teilnahmehandlungen (Anstiftung oder Beihilfe) zu den soeben dargelegten anderen beiden Tatbeständen der Terrorismusfinanzierung.   **39**

In der Praxis bestehen – schon aufgrund des oben genannten Dilemmas hinsichtlich der Verwendung legal erlangter Vermögensgegenstände und der zu treffenden Verwendungsprognose – **erhebliche Unsicherheiten** bei den Verpflichteten hinsichtlich der Erkennung risikobehafteter Konstellationen. Selbst die FATF stellte in einer Publikation wörtlich fest, dass „es den Verpflichteten oft nicht möglich sein dürfte, Fälle von Terrorismusfinanzierung zu entdecken".[50] Über die Verwendung von (Sanktions-)Listen und die Berücksichtigung von – wenigen, oft sehr allgemein gehaltenen – Typologien[51] hinaus sind die Verpflichteten nach GwG bis heute tatsächlich kaum in der Lage, vernünftige Sicherungsmaßnahmen im Sinne des § 6 Abs. 2 GwG gegen Terrorismusfinanzierung zu ergreifen.   **40**

---

49 Vgl. zuletzt FATF, 3rd Follow-Up Report Mutual Evaluation of Germany, Juni 2014, S. 13 ff.
50 „It should be acknowledged as well that financial institutions will probably be unable to detect terrorist financing as such." FATF Guidance Note on Terrorist Financing, 24.4.2002, Rn. 9.
51 Vgl. z.B. FATF Guidance Note on Terrorist Financing, 24.4.2002, FATF Financing of the Terrorist Organisation Islamic State in Iraq and the Levant, Februar 2015.

IV. Identifizierung (§ 1 Abs. 3 GwG)

41 Der Begriff der „Identifizierung" in der Fassung des Gesetzes zur Umsetzung der Vierten EU-Geldwäscherichtlinie vom 26.6.2017 entspricht der schon früher im Gesetz enthaltenen Definition in § 1 Abs. 1 GwG a. F. Die Identifizierung besteht dem Grunde nach aus der **Feststellung der Identität durch das Erheben von Angaben und deren Überprüfung**. Diese Zweiteilung findet ihre Grundlage in Art. 8 der Dritten EU-Geldwäscherichtlinie und zieht sich seit dem Geldwäschebekämpfungsergänzungsgesetz durch das gesamte GwG und entfaltet vor allem bei der Durchführung der Kundensorgfaltspflichten in § 10 ff. GwG seine Wirkung. Die Verwaltungspraxis der BaFin greift diese Zweiteilung auf.[52] Anders als die ältere Gesetzeslage enthält die Definition seit der Umsetzung der Vierten EU-Geldwäscherichtlinie keine Vorgabe über Art und Mittel der Identifizierung; diese sind nunmehr in §§ 10 und 11 GwG geregelt. Durch die Neufassung der Vorschrift durch das TraFinG wurde dies auch von der Diktion klargestellt.[53] Eine inhaltliche Änderung ging mit der Neufassung nicht einher.

42 In Deutschland besteht neben der geldwäscherechtlichen Identifizierungspflicht eine steuerrechtliche Pflicht zur Identifizierung durch Kreditinstitute bei der Konten- und Depoteröffnung. Nach der auf die Reichsabgabenordnung von 1913 zurückgehenden,[54] heute in § 154 Abs. 2 der Abgabenordnung geregelten Identifizierungspflicht ist durch ein Kreditinstitut eine Legitimationsprüfung bei der Konto- oder Schließfacheröffnung oder durch ein Pfandhaus bzw. einen Verwahrer bei der Entgegennahme von Pfandgut bzw. der Verwahrung von Kostbarkeiten durchzuführen.[55] Das Beurkundungsgesetz und die Dienstordnung für Notare enthalten ebenso Vorschriften zur Identifikation von Mandanten und Parteien in verschiedenen Fällen.[56] Die Identifikationspflichten nach den genannten Gesetzen sind hinsichtlich ihres Umfanges ähnlich, aber nicht durchgehend deckungsgleich.[57]

43 Nach der Definition des § 1 Abs. 3 GwG besteht – in Anlehnung an Art. 8 der Dritten EU-Geldwäscherichtlinie[58] – die Identifizierung aus zwei Elementen,

---

52 BaFin, AuA 2021, Ziff. 5.1.
53 Vgl. die Gesetzesbegründung, BT-Drs. 19/28164, S. 41.
54 Vgl. *Figura*, in: Herzog, GwG, § 1 Rn. 20.
55 Vgl. *Rätke*, in: Klein, AO, § 154 Rn. 11 ff.
56 Vgl. §§ 10, 40 BeurkG; § 26 DONot.
57 Anders als das GwG sieht z. B. die AO Ausnahmen von der Legitimationsprüfung in besonders niedrig risikobehafteten Konstellationen vor, vgl. AEAO Nr. 7 zu § 154; § 26 DONot lässt eine Ausnahme aufgrund „persönlicher Kenntnis" zu. Auch die Konsequenzen bei unterbliebener Identifizierung sind unterschiedlich.
58 Richtlinie 2005/60/EG des Europäischen Parlaments und des Rates v. 26.10.2005 zur Verhinderung der Nutzung des Finanzsystems zum Zwecke der Geldwäsche und der Terrorismusfinanzierung.

nämlich einerseits die Feststellung und andererseits die Überprüfung der Identität der zu identifizierenden Person. Die Feststellung der Identität geschieht hierbei durch das „Erheben von Angaben", zum Beispiel in Form einer Befragung der zu identifizierenden Person; die Überprüfung der Identität der zu identifizierenden Person dient der Verifizierung der erhobenen Angaben und erfolgt durch Vorlage von bestimmten Beweisdokumenten.[59]

Die Identifizierung ist Dreh- und Angelpunkt des im GwG verankerten **Know-Your-Customer-Prinzips** für die Erfüllung der Kundensorgfaltspflichten („Customer Due Diligence"). Nach den Vorgaben der FATF in den „40 Empfehlungen" beinhaltet Customer Due Diligence die folgenden Elemente: **44**

„The CDD measures to be taken are as follows:

(a)   Identifying the customer and verifying that customer's identity using reliable, independent source documents, data or information.

(b)   Identifying the beneficial owner, and taking reasonable measures to verify the identity of the beneficial owner, such that the financial institution is satisfied that it knows who the beneficial owner is. For legal persons and arrangements this should include financial institutions understanding the ownership and control structure of the customer.

(c)   Understanding and, as appropriate, obtaining information on the purpose and intended nature of the business relationship.

(d)   Conducting ongoing due diligence on the business relationship and scrutiny of transactions undertaken throughout the course of that relationship to ensure that the transactions being conducted are consistent with the institution's knowledge of the customer, their business and risk profile, including, where necessary, the source of funds."[60]

Auch nach Ansicht der FATF zerfällt der Kernbegriff also in die „Identifikation" des Kunden und die „Verifikation" seiner Angaben. Dieses Grundprinzip spiegelt sich im deutschen Recht wider: **45**

Die Definition des § 1 Abs. 3 GwG bezieht sich insbesondere auf die §§ 10–13 GwG, wo die genaueren Vorgaben zur Identifizierung genannt werden: Dabei schreibt § 10 GwG die allgemeine Identifizierungspflicht in bestimmten Fällen vor. § 11 GwG konkretisiert diese Pflicht und legt die zu erhebenden Angaben dar. § 12 GwG legt fest, welche Arten der Identifizierung genutzt werden dürfen und § 13 GwG, welche Verfahren herangezogen werden können. Speziellere Vorschriften hinsichtlich moderner Formen, insbesondere der Videoidentifika-   **46**

---

59 BaFin, AuA 2021, Ziff. 5.1; *Figura*, in: Herzog, GwG, § 1 Rn. 21.
60 FATF Recommendations (2012–2021), Recommendation 10.

tion, ergeben sich aus der Verwaltungspraxis.[61] Angesichts der modernen Vertriebs- und Vertragsschlussmöglichkeiten wird nunmehr kein physisches „Gegenübersitzen" mehr verlangt.

47 Zweck der Identifizierung ist es, die Zurückverfolgung von Transaktionen bzw. Geschäftsverbindungen durch die Behörden zu ermöglichen, um so weitere Hintergründe zu der zu identifizierenden Person oder hinsichtlich der verwendeten inkriminierten Vermögensgegenstände ermitteln zu können.[62]

48 Der Umfang der Identifizierung und der Zeitpunkt derselben sind in §§ 10–13 GwG abschließend geregelt; die oben genannten Identifizierungsregeln für Notare oder die Legitimationspflichten nach § 154 AO bestehen neben den Pflichten des GwG und berühren diese sowohl hinsichtlich des Umfangs noch hinsichtlich des Anlasses oder Zeitpunktes nicht. Da die geldwäscherechtlichen Identifikationspflichten u. U. weiter reichen als z. B. die Vorschriften der BNotO, sind letztere ggf. ausschlaggebend.[63]

V. Geschäftsbeziehung (§ 1 Abs. 4 GwG)

49 Die Definition der Geschäftsbeziehung lehnt sich an Art. 3 Nr. 13 der Vierten EU-Geldwäscherichtlinie an. Eine vom Wortlaut her weitgehend gleiche und vom Inhalt her vollständig identische Definition[64] des Begriffs der Geschäftsbeziehung war zuvor bereits in § 1 Abs. 3 GwG a. F. enthalten.

50 „Geschäftsbeziehung" wird in Abs. 4 vom Gesetzgeber legaldefiniert als „jede Beziehung, die unmittelbar in Verbindung mit den gewerblichen oder beruflichen Aktivitäten der Verpflichteten steht und bei der beim Zustandekommen des Kontakts davon ausgegangen wird, dass sie von gewisser Dauer sein wird".

51 Unter die „**gewerblichen Aktivitäten**" des Verpflichteten fallen in Anlehnung an den Gewerbebegriff der GewO[65] all jene geschäftlichen Kontakte, die der Verpflichtete im Rahmen einer nicht sozial unwertigen, auf Dauer angelegten, mit Gewinnerzielungsabsicht ausgeübten, selbstständigen beruflichen Tätigkeit, die weder freier Beruf, Urproduktion oder Verwaltung eigenen Vermögens ist, knüpft. Geschäftliche Kontakte, die im Rahmen eines freien Berufs geknüpft

---

61 Vgl. BaFin, Rundschreiben 3/2017 (GW) – Videoidentifizierungsverfahren (GZ: GW 1-GW 2002–2009/0002) v. 10.4.2017; das VideoIdent-Verfahren wurde zum ersten Mal mit BaFin, Rundschreiben 1/2014 (GW) – Verdachtsmeldung nach §§ 11, 14 GwG und anderes (GW 1-GW 2001–2008/0003) v. 5.3.2014, geändert am 10.11.2014, ermöglicht.
62 BT-Drs. 16/9038, S. 29.
63 H.M., vgl. z. B. LG Dessau-Roßlau, DNotZ 2020, 665. *Klein*, BWNotZ 2018, 35, 41 f.
64 BT-Drs. 18/11555, S. 102.
65 BVerwG, Beschl. v. 11.3.2008 – 6 B 2/08, Rn. 5 m. w. N.

werden, sind jedoch ebenfalls von der Definition der Geschäftsbeziehung erfasst, denn diese zählen zu den „beruflichen Aktivitäten" des Verpflichteten. Demgegenüber sind rein private Kontakte des Verpflichteten nicht erfasst.[66]

Jedoch werden von der Definition des Begriffs der Geschäftsbeziehung nicht jegliche gewerblichen oder beruflichen Kontakte des Verpflichteten erfasst, sondern nur solche, die einen Bezug zu den **geschäftstypischen** Leistungen des Verpflichteten aufweisen.[67] Viele ausländische/frühere Geldwäscheregelungen sehen vor, dass lediglich „Kundenbeziehungen" unter den Anwendungsbereich der Gesetze fallen sollen.[68] Auch die AuA der BaFin und der Deutschen Kreditwirtschaft beschränken die „Geschäftsbeziehung" auf die „Gesamtheit der vom Kunden genutzten bzw. dem Kunden zur Verfügung stehenden Leistungen/Produkte" und nehmen z.B. Verträge mit Versorgern oder Beschaffungsvorgänge ausdrücklich aus.[69] **52**

Welche Leistungen geschäftstypisch sind, hängt immer von der konkreten geschäftlichen Ausrichtung des Unternehmens ab. Maßgeblicher Anknüpfungspunkt zur Bestimmung der geschäftstypischen Aktivitäten des Verpflichteten kann insbesondere die Satzung oder der Gesellschaftsvertrag des Verpflichteten sein. In diesem wird nämlich der Gegenstand des Unternehmens näher beschrieben. All jene Tätigkeiten, die unmittelbar unter den beschriebenen Unternehmensgegenstand fallen, sind jedenfalls geschäftstypisch. Demgegenüber sind beispielsweise nicht geschäftstypisch solche Geschäfte, die ausschließlich zur Aufrechterhaltung des Geschäftsbetriebs vorgenommen werden[70] sowie Geschäfte im Rahmen des Beschaffungswesens des Verpflichteten.[71] Beispiele hierfür sind Pachtverträge eines Unternehmens mit Kantinenbetreibern oder Verträge über die Wartung des Fuhrparks. **53**

Schließlich muss beim Abschluss des Geschäfts davon auszugehen sein, dass der gewerbliche oder berufliche Kontakt **von gewisser Dauer** sein wird. „Einmalgeschäfte" sind ausgeschlossen.[72] Es ist somit eine Ex-ante-Prognose darüber zu treffen, ob der gewerbliche oder berufliche Kontakt über einen nicht unerheblichen Zeitraum fortbestehen wird oder zeitnah wieder enden wird.[73] Unproblematisch besteht eine positive Fortbestehensprognose bei Geschäftsbeziehungen, die ihrer Natur nach oder kraft vertraglicher Vereinbarung schon auf **54**

---

66 *Häberle*, in: Erbs/Kohlhaas, Strafrechtliche Nebengesetze, § 1 GwG Rn. 5.
67 *Figura*, in: Herzog, GwG, § 1 Rn. 27.
68 BT-Drs. 18/11555, S. 102.
69 BaFin, AuA 2021, Ziff. 4.1; DK, AuA 2014, Ziff. 8.
70 BT-Drs. 16/9038, S. 29.
71 *Warius*, in: Herzog, GwG, 2. Aufl. 2014, § 1 Rn. 22.
72 Vgl. *Warius*, in: Herzog, GwG, 2. Aufl. 2014, § 1 Rn. 24 mit zahlreichen Beispielen und weiteren Nachweisen.
73 BaFin, AuA 2021, Ziff. 4.1.

Dauer ausgelegt sind, wie z. B. bei Eröffnung eines Kontos bei einem Kreditinstitut, bei Verwendung von AGB durch ein Kreditinstitut, die die gesamte Geschäftsbeziehung betreffen, sowie bei vertraglichen Beziehungen mit Versicherungen oder Kapitalverwaltungsgesellschaften.[74]

55 Demgegenüber besteht bei **bloßen Einmalgeschäften** eine positive Fortbestehensprognose unzweifelhaft nicht. Problematisch sind hingegen die Fälle, in denen ein Kunde hinsichtlich einer Angelegenheit erstmalig an den Verpflichteten herantritt, es den Umständen nach aber möglich erscheint, dass sich an diese Angelegenheit noch Folgeaufträge anschließen. Fragliche und unsichere Konstellationen können sich hierbei insbesondere bei rechtsberatenden Berufen ergeben.[75] Im Endeffekt kommt es hierbei maßgeblich auf die Umstände des Einzelfalles an. Im Regelfalle wird eine Rechtsbeziehung als „Geschäftsbeziehung" im geldwäscherechtlichen Sinne zu werten sein, wenn ein zweiter Geschäftsabschluss vorgenommen wird und/oder aus einem einzelnen Geschäftskontakt Folgepflichten für eine von beiden Vertragsparteien herrühren.[76]

56 Macht z. B. der prospektive Mandant eines Rechtsanwaltes beispielsweise in der Vorbesprechung bereits deutlich, dass er nicht nur eine einfache Beratung in der rechtlichen Angelegenheit wünscht, sondern der Rechtsanwalt den Fall „in die Hand nehmen" soll, ist von einer geschäftlichen Beziehung **von gewisser Dauer auszugehen**. Gleiches gilt, wenn der Mandant bereits deutlich macht, auch in anderen Angelegenheiten eine rechtliche Beratung zu benötigen, er zunächst aber erst einmal nur diese Angelegenheit angehen möchte. Wendet sich hingegen der Mandant nur mit einer eng umgrenzten Frage an den Rechtsanwalt und bittet diesbezüglich um bloße Beratung, ohne dass er deutlich macht, dass der Rechtsanwalt ihm auch bei der Umsetzung eines etwaigen Beratungsergebnisses helfen soll und ergeben sich auch keine Anhaltspunkte dafür, dass der Mandant noch weitere rechtliche Anliegen in der Hinterhand hat, ist noch nicht von einer geschäftlichen Beziehung von gewisser Dauer auszugehen.[77]

57 Nicht unter den Begriff der „Geschäftsbeziehung" fallen ferner das Eingehen von Beteiligungsverhältnissen oder die reine Vertragsanbahnung, ohne dass es zu einem Abschluss eines Vertrages kommt.[78] Keine „auf Dauer angelegte" Geschäftsbeziehung, sondern eine „Transaktion" im Sinne des § 1 Abs. 5 GwG sind klassische „Einmalgeschäfte", wie z. B. die Einzahlung auf das Konto eines Dritten, einmalige Sorten- oder sonstige Tafelgeschäfte.[79]

---

74 *Warius*, in: Herzog, GwG, 2. Aufl. 2014, § 1 Rn. 23 f.
75 *Häberle*, in: Erbs/Kohlhaas, Strafrechtliche Nebengesetze, § 1 GwG Rn. 5.
76 BaFin, AuA 2021, Ziff. 4.1.
77 *Warius*, in: Herzog, GwG, 2. Aufl. 2014, § 1 Rn. 23 m. w. N.
78 BaFin, AuA 2021, Ziff. 4.1.
79 *Figura*, in: Herzog, GwG, § 1 Rn. 29 mit weiteren Beispielen.

Im Hinblick auf die nach **§ 154 der Abgabenordnung** vorzunehmende Identifi- **58**
kation ist festzustellen, dass die „Geschäftsbeziehung" im Sinne des § 1 Abs. 4
GwG weit über die in § 154 AO genannten Auslösekonstellationen hinausgeht.
Konsequenterweise enthält § 154 AO in dessen Abs. 2 einen teilweisen Verweis
auf §§ 11 und 12 GwG.[80]

VI. Transaktion (§ 1 Abs. 5 GwG)

Die Definition der Transaktion wurde im Vergleich zur Vorgängerregelung in **59**
§ 1 Abs. 5 GwG a. F. 2017 vom Gesetzgeber – wiederum – inhaltlich leicht überarbeitet.

Im Ausgangspunkt ist sowohl nach der Definition vor der Umsetzung der Vier- **60**
ten EU-Geldwäscherichtlinie als auch nach der neueren Definition 2020 unter
einer Transaktion jedenfalls eine Handlung zu verstehen, die Geldbewegungen
oder andere Vermögensverschiebungen[81] bewirkt oder bezweckt. Dabei kann die
Handlung sowohl innerhalb als auch außerhalb einer Geschäftsbeziehung stattfinden.[82] Primär abzustellen ist auf das Bestehen einer Geschäftsbeziehung, deren Begründung die Identifikationspflichten auslöst. Transaktionen, die innerhalb einer Geschäftsbeziehung (z. B. einer Konten- oder Depotbeziehung) stattfinden, lösen also für sich genommen keine Sorgfaltspflichten aus.[83] Die Definition des § 1 Abs. 5 GwG ist mithin nur für solche Fallkonstellationen geschaffen,
in denen der Gesetzgeber Kundensorgfaltspflichten oder Sicherungsmaßnahmen
für separate, nicht in einem Dauerschuldverhältnis verwurzelte, „Einzeltransaktionen" vorsieht.

Nach dem Willen des Gesetzgebers soll der Begriff der Transaktion **sehr weit zu** **61**
verstehen sein. Umfasst sind daher neben Verschiebungen von Bargeld (wie
Bareinzahlungen, Barauszahlungen, Geldwechselgeschäfte) z. B. auch Vertragsabschlüsse, Überweisungen, Rückführungen von Krediten, E-Geld-Geschäfte,
sachenrechtliche Eigentumswechsel und reine Buchtransaktionen abseits einer
Geschäftsbeziehung.[84] Weiterhin sind insbesondere auch entsprechende Vorgänge, die sich auf in einem Depot befindliche übertragbare Wertpapiere i. S. d. § 1
Abs. 1 DepotG beziehen, wie die Annahme, Abgabe, Einlösung oder der Tausch
solcher Wertpapiere, erfasst. Ist bei solchen Wertpapieren ein Schwellenwert zu
errechnen, dann sind hierfür der Gegenwert des Wertpapieres und dessen Stück-

---

80 *Figura*, in: Herzog, GwG, § 1 Rn. 33.
81 Der Begriff der „Vermögensverschiebung" orientiert sich wiederum am Begriff des
    „Vermögenswertes" im Sinne des § 1 Abs. 7 GwG.
82 BT-Drs. 18/11555, S. 102.
83 Klarstellend: BaFin, AuA 2021, Ziff. 4.2.
84 *Figura*, in: Herzog, GwG, § 1 Rn. 34; vgl. BT-Drs. 16/9038, S. 29 f.

zinsen heranzuziehen.[85] Demgegenüber liegt mangels „Vermögensverschiebung" bei der bloßen Deponierung von Wertpapieren in einem Schließfach sowie bei der Einlieferung von Verwahrstücken keine Transaktion im Sinne des § 1 Abs. 5 GwG vor.[86] Schließlich sind auch entsprechende Vorgänge in Bezug auf Edelmetalle – hierzu gehören vor allem Gold, Silber und Platin – erfasst.[87]

62 Ein „wesentlicher Unterfall" einer „Transaktion" ist der **Geldtransfer** im Sinne des § 10 Abs. 3 Nr. 2a GwG. Für Geldtransfers sind über das GwG hinaus die besonderen Pflichten der GeldtransferVO zu erfüllen.[88]

63 Der Gesetzgeber hat in der Definition des Begriffs der Transaktion zudem in Anlehnung an Art. 11 lit. b, d der Vierten EU-Geldwäscherichtlinie nunmehr im Vergleich zur Vorgängerregelung in § 1 Abs. 4 GwG a. F. eine Besonderheit vorgesehen. Nach der hergebrachten Definition in § 1 Abs. 4 GwG a. F. wäre nämlich jede relevante Handlung, die eine Geldbewegung oder andere Vermögensverschiebung bewirkt und bezweckt, als jeweils eigenständige Transaktion anzusehen. Die Definition der Transaktion ist nunmehr aber bewusst so umformuliert worden, dass mehrere Handlungen, zwischen denen eine besondere innere Verknüpfung besteht, nicht als jeweils isolierte Transaktionen, sondern als lediglich eine Transaktion anzusehen sind. Hintergrund dessen ist, dass in der Praxis häufig der Versuch unternommen wurde, sich durch künstliche Aufteilung einer Bartransaktion in mehrere kleinere Transaktionen den Kundensorgfaltspflichten der §§ 10 ff. GwG, die teilweise an bestimmte Schwellenwerte anknüpfen, zu entziehen (sog. **Smurfing**)[89] oder jedenfalls eine Transaktion unauffällig erscheinen zu lassen. Diesen Umgehungsversuchen hat der Gesetzgeber mit der Verbindung künstlich aufgespaltener Transaktionen hin zu einer einzigen Transaktion im Sinne des Gesetzes einen Riegel vorgeschoben.[90]

64 Nach Ansicht der BaFin ist das Vorliegen von Anhaltspunkten für ein Smurfing in der Regel zu bejahen, wenn sich eine signifikante Anzahl von Transaktionen innerhalb eines begrenzten Zeitraums durch ihre Gleichartigkeit im Hinblick auf den Geschäftsabschluss, den Geschäftsgegenstand oder die Geschäftsabwicklung abzeichnet.[91]

65 In der Praxis stellt sich häufig für die Verpflichteten die Frage, beispielsweise bei der Beachtung von Schwellenwerten etwa des § 4 Abs. 4 GwG bzw. § 10 Abs. 3 Nr. 2b GwG oder im Hinblick auf die Verdachtsschöpfung, wann mehrere Teilakte „eine Transaktion" im Sinne des § 1 Abs. 5 GwG darstellen. Hierzu

---

85 *Figura*, in: Herzog, GwG, § 1 Rn. 35.
86 *Figura*, in: Herzog, GwG, § 1 Rn. 37.
87 *Figura*, in: Herzog, GwG, § 1 Rn. 35.
88 BaFin, AuA 2021, Ziff. 4.2.2.
89 *Warius*, in: Herzog, GwG, 2. Aufl. 2014, § 3 Rn. 75.
90 BT-Drs. 18/11555, S. 102.
91 BaFin, AuA 2021, Ziff. 4.2.3.

stellt § 1 Abs. 5 GwG klar, dass es aus Sicht des Verpflichteten weniger auf eine zeitliche Komponente als auf einen tatsächlichen, nach außen tretenden Zusammenhang zwischen einzelnen Teilakten, z. B. Teilzahlungen, ankommt. Zur Berücksichtigung einer Transaktion als einheitlich unter den genannten Vorschriften reicht es daher aus, wenn z. B. ein Warenabnehmer gleichförmige, einzelne Kaufverträge abschließt und Kaufpreise entrichtet, diese aber in nach außen tretender Weise als einheitlich zu betrachten sind, ohne dass ausdrücklich eine auf Dauer angelegte formale Geschäftsbeziehung im Sinne eines Dauerschuldverhältnisses vorliegen muss. Nötig ist lediglich ein von der **Verkehrsanschauung** logisch als zusammenhängend zu betrachtender Vorgang.

In der Kreditwirtschaft werden – als Teil der internen Sicherungsmaßnahmen – EDV-gestützte Überprüfungssysteme gefordert, die in der Lage sind, solche Stückelungen zu erkennen. Die Bankaufsicht fordert hierbei teilweise „realtime"-**Monitoring** und stellt insbesondere die Stückelung von Bareinzahlungen in die Nähe eines Verdachts. Die im Rahmen der Smurfingkontrolle vorgenommenen Überprüfungen sollen angemessen dokumentiert und im Einzelfall das Vorliegen der Voraussetzungen einer Verdachtsmeldung überprüft werden.[92] **66**

Bei dem durch die **Änderung** des Geldwäschegesetzes 2020 **neu hinzu getretenen Satz 2** der Definition wird der Anwendungsbereich hinsichtlich einiger Verpflichteter klargestellt: „Bei Vermittlungstätigkeiten von Verpflichteten nach § 2 Absatz 1 Nummer 14 und 16 ist „Transaktion" im Sinne dieses Gesetzes das vermittelte Rechtsgeschäft."[93] **67**

In der Gesetzesbegründung wird hierzu – zutreffend – ausgeführt: „Die Ergänzung in § 1 Absatz 5 Satz 2 stellt klar, dass sich der Begriff der Transaktion bei Vermittlungsgeschäften nach § 2 Absatz 1 Nummer 14 und 16 **auf das vermittelte Geschäft** und nicht das Vermittlungsgeschäft bezieht." **68**

Für Verpflichtete nach § 2 Abs. 1 Nr. 14 ergab sich dies – nach dem Referentenentwurf zutreffend – bereits nach bislang geltender Rechtslage aus § 11 Abs. 2, dass sich die Pflicht des **Immobilienmaklers** zur Identifizierung auf die Vertragsparteien des Kaufvertrages und im Hinblick auf den maßgeblichen Zeitpunkt auf deren ernsthaftes Interesse an der Durchführung des Immobilienkaufvertrages bezieht und somit der Immobilienkaufvertrag die geldwäscherechtlich maßgebliche „Transaktion" ist.[94] **69**

Was den Immobilienmakler betrifft, muss aber auch für den Kunstvermittler, den **Kunstlagerhalter** und andere gelten: „§ 1 Absatz 5 Satz 2 regelt diese **70**

---

92 BaFin, AuA 2021, Ziff. 4.2.3.
93 Referentenentwurf zum Umsetzungsgesetz der Änderungsrichtlinie zur Vierten EU-Geldwäscherichtlinie v. 20.5.2019, § 1 Abs. 5 Satz 2 GwG-E.
94 Referentenentwurf zum Umsetzungsgesetz der Änderungsrichtlinie zur Vierten EU-Geldwäscherichtlinie v. 20.5.2019, S. 65.

Bezugnahme des Transaktionsbegriffs auf das vermittelte Geschäft nun allgemein für Vermittlungsgeschäfte. Der Kreis der Verpflichteten, die Vermittlungstätigkeiten erbringen, umfasst Finanzanlagenvermittler nach § 2 Absatz 6 i.V.m. § 1 Absatz 24 Nummer 4, Immobilienmakler nach § 2 Absatz 14 und Kunstvermittler nach § 2 Absatz 16. Damit wird auch der Erweiterung der unter das GwG fallenden Vermittlungsgeschäfte nach der Änderungsrichtlinie Rechnung getragen (vgl. Art. 2 Abs. 1 Nr. 3 lit. d, i und j)."[95]

71 Während die Klarstellung durch das Gesetz hinsichtlich solcher Transaktionen klar ist, bei denen Vermögensgegenstände verschoben werden, stellen sich bei dem Kunstlagerhalter Auslegungsfragen. Typischerweise verwahrt der Lagerhalter das Gut für den Einlagerer; es kommt nur bei an die Einlagerung anknüpfenden Rechtsgeschäften zu vermögensverschiebenden „Transaktionen" im Sinne des § 1 Abs. 5. Hierzu wird sich allerdings noch eine Verwaltungspraxis bilden.

VII. Trust (§ 1 Abs. 6 GwG)

72 Der Begriff des Trusts wurde vom Gesetzgeber im Rahmen der Umsetzung der Vierten EU-Geldwäscherichtlinie in das GwG eingefügt. Die Aufnahme erfolgte primär im Hinblick auf die Regelungen des Transparenzregisters bzw. auf die dort zu veröffentlichenden Rechtsgestaltungen.[96]

73 Nach der seinerzeitigen Begründung des Regierungsentwurfs zum Geldwäschegesetz war die Definition nötig geworden, um die Transparenzregisterpflicht von Trusts wirksam festlegen und die Adressaten aufgrund der Bestimmtheitserfordernisse genauer abgrenzen zu können: „Die Bestimmung des Begriffs „Trusts" erfolgt im Hinblick darauf, dass deren wirtschaftlich Berechtigte zu ermitteln und ins Transparenzregister einzutragen sind, auch wenn Trusts nicht nach deutschem Recht errichtet werden können."[97] Diese – der Form und dem Inhalt nach bemerkenswerte – Anmoderation des deutschen Gesetzgebers bedarf einer Erklärung:

74 Der Trust ist eine Gesellschaftsform, die **aus dem Ausland stammt** und die nach deutschem Recht nicht gegründet werden kann. Im Wesentlichen handelt es sich um – nach deutschem Rechtsempfinden schuldrechtlich begründete – Treuhandverhältnisse, die mannigfaltige Ausgestaltungsmöglichkeiten bieten. Im Regelfalle ist ohne Einsicht in die der Rechtskonstruktion unterliegenden „Trust Deed" kein auch nur annäherndes Verständnis der Gestaltung möglich.[98]

---

95 Referentenentwurf zum Umsetzungsgesetz der Änderungsrichtlinie zur Vierten EU-Geldwäscherichtlinie v. 20.5.2019, S. 65.
96 *Figura*, in: Herzog, GwG, § 1 Rn. 39.
97 BT-Drs. 18/11555, S. 102.
98 Vgl. DK, AuA 2014, Rn. 38.

Anders als z. B. deutsche BGB-Stiftungen können Trusts unternehmerisch tätig sein.

Daher ergeben sich aus der Natur eines „Trust" mannigfaltige Gestaltungsmöglichkeiten, um (eigentlich) wirtschaftlich Berechtigte zu vertuschen, Transaktionen innerhalb von „Trust"-Konstellationen zu ermöglichen und letztlich die wahren Begünstigten einer Transaktion zu verschleiern. Die dem angloamerikanischen Recht entspringende Konstruktion des „Trust" begünstigt Intransparenz und dient vorwiegend der Schaffung künstlicher, von Dritten nicht ohne Weiteres nachvollziehbaren Kontroll- und Begünstigungsstrukturen und wird daher aus der Perspektive des GwG zu Recht mit großer Aufmerksamkeit bedacht. **75**

In steuerrechtlicher Sicht kann ein „Trust" im ursprünglichen Sinne durchaus einer ausländisch-rechtlichen Familienstiftung gleichgestellt werden. Die Gleichstellungsentscheidung erfolgt – in den Wertungskategorien des Steuerrechts – aufgrund eines Typologienkatalogs.[99] **76**

Nach der durch das Umsetzungsgesetz zur Vierten EU-Geldwäscherichtlinie eingefügten Definition richtet sich die Eigenschaft als „Trust" maßgeblich danach, ob die betroffene Organisation nach dem Recht des ausländischen Staates, in dem sie errichtet wurde, unter das Rechtsinstitut des „Trusts" oder ein dem Rechtsinstitut des „Trusts" nachgebildetes Rechtsinstitut fällt. Erfasst sind mithin erstens die ausländischen Organisationen, die ausdrücklich als „**Trust**" operieren und zweitens die ausländischen Organisationen, die zwar in einer anderen rechtlichen Form errichtet wurden, die aber im Endeffekt dem Rechtsinstitut des Trusts **in ihren wesentlichen Elementen entsprechen**. Insbesondere letztere Fallkonstellation dürfte im Einzelfall von Verpflichteten kaum zu erkennen sein. **77**

Das Rechtsinstitut des Trusts stammt ursprünglich aus dem englischen Common Law. Es wird dadurch gekennzeichnet, dass bestimmte Vermögensinhaber – die sog. Treugeber – ihre Vermögenswerte auf ein von ihrem Privatvermögen getrenntes Sondervermögen – den sog. Trust – übertragen. Dieses Sondervermögen hat – anders als z. B. eine Stiftung nach dem Bürgerlichen Gesetzbuch – keine eigene Rechtspersönlichkeit und wird von einem oder mehreren Verwaltern – den sog. Trustees – im eigenen Namen im wirtschaftlichen Interesse der Treugeber verwaltet. Es handelt sich bei dem Trust mithin um ein besonderes **Treuhandverhältnis** zwischen den Treugebern und den Trustees. Praktisch häufig anzutreffen ist das Rechtsinstitut des Trusts im Bereich der Nachlassplanung, da auf diese Weise der künftige Erblasser schon zu Lebzeiten die Möglichkeit hat, einen „Quasi-Nachlass" zu bilden, vom übrigen Vermögen zu trennen und diesen verwalten zu lassen.[100] In der Praxis haben sich die „Trust"-Strukturen je- **78**

---

99 *Figura*, in: Herzog, GwG, § 1 Rn. 40.
100 *Lange*, in: Wegen/Spahlinger/Barth, Gesellschaftsrecht des Auslands, USA – AT, Rn. 26 ff.

doch häufig weit von diesen Wurzeln entfernt und werden gezielt eingesetzt, um die der Struktur unterliegenden wirtschaftlichen Verhältnisse zu verschleiern.

79 Geldwäscherechtlich relevant werden Trusts insbesondere im Rahmen der Sorgfaltspflichten, da ihre wirtschaftlich Berechtigten – hierzu gehören nach § 3 Abs. 3 Nr. 1 GwG sowohl die Treugeber als auch die Trustees – gem. § 10 Abs. 1 Nr. 2 i.V. m. § 3 Abs. 3 Nr. 1 GwG identifiziert werden müssen. Aufgrund ihrer vielfältigen Anwendungsmöglichkeiten und rechtlichen Ausgestaltungsfacetten sind Trusts geldwäscherechtlich sehr relevant;[101] in vielen Staaten sind angesichts noch bestehender Anonymisierungsmöglichkeiten „totalverschleiernde" Rechtskonstruktionen noch immer möglich.[102]

80 Weiterhin müssen nach § 21 GwG die wirtschaftlich Berechtigten von denjenigen Trustees, die ihren Sitz oder Wohnsitz in Deutschland haben, zur Eintragung in das Transaktionsregister gemeldet werden. Ob und inwieweit die Registerpflicht von Trusts angesichts der rein schuldrechtlichen Ausgestaltungsmöglichkeiten ohne wesentliche Formvorschriften effektiv durchgesetzt werden kann, wird bestenfalls abzuwarten sein. In der Änderungsrichtlinie werden die Mitgliedstaaten jedenfalls – nachdem der europäische Gesetzgeber selbst von einem Fehlschlagen der Transparenzziele ausging[103] – aufgefordert, Transparenz dergestalt herbeizuführen, dass die jeweiligen Sitzländer von Trusts die Registerpflicht durchsetzen. Wiederum wird abzuwarten bleiben, ob die von den jeweiligen Mitgliedstaaten genutzte Rechtskonstruktion, die unter anderem auch zur Vermeidung von Transparenz der wirtschaftlichen Verhältnisse überhaupt geschaffen wurde, tatsächlich einer effektiven Registrierungs- und Registerpflicht unterworfen werden kann.

VIII. Vermögensgegenstand (§ 1 Abs. 7 GwG)

81 „Vermögensgegenstände" waren ursprünglich Anknüpfungspunkt für die Geldwäschestrafbarkeit im Tatbestand der Geldwäsche, bevor der Begriff in § 261 StGB an die bürgerlich-rechtlichen Definitionen („Gegenstand") angepasst wurde.[104] Das GwG behielt jedoch den Begriff des „Vermögensgegenstandes" bei, der z. B. im handelsrechtlichen Kontext zwar existiert (vgl. § 246 HGB), aber nirgendwo fest definiert ist. Von einem eigenen geldwäscherechtlichen Begriff zu sprechen, erscheint zwar unangemessen und im Hinblick auf die in dieser Kommentierung oft beschworene „Einheit der Rechtsordnung" (vgl. → Rn. 2)

---

101 *Warius*, in: Herzog, GwG, 2. Aufl. 2014, § 4 Rn. 86 m. w. N.

102 FATF, The Misuse of Corporate Vehicles, including Trusts and Company Service Providers.

103 ErwG 2, 4, 26 ff. der Richtlinie (EU) 2018/843.

104 *Neuhäuser*, in: MüKo-StGB, 7. Aufl. 2017, § 261 Rn. 35.

kaum vertretbar. Indes muss attestiert werden, dass zwischen dem Begriff der „Güter" im Sinne des § 1 Abs. 9 GwG und dem Begriff des „Vermögensgegenstandes" in § 1 Abs. 7 GwG ein Unterschied bestehen muss – schon weil das Gesetz in § 1 Abs. 9 GwG vom „Güterhändler" und nicht vom „Händler in Vermögensgegenständen" spricht.

Als Vermögensgegenstände bezeichnet das GwG „Vermögenswerte" jeglicher **82** Art sowie jegliche Rechtstitel und Urkunden, die das Eigentumsrecht oder sonstige Rechte an Vermögenswerten verbriefen. Diese Definition entspricht fast wörtlich derjenigen aus Art. 3 Nr. 3 der Vierten EU-Geldwäscherichtlinie. Die Gesetzesbegründung fasst die Definition nochmals anschaulicher zusammen als „alle denkbaren Gegenstände von Geldwäsche und Terrorismusfinanzierung".[105] Eine solche weite Auslegung ist durch den Effektivitätsgrundsatz geboten (zu den Auslegungsprinzipien im GwG vgl. → Rn. 2 ff.). Insofern geht der Anknüpfungsgegenstand der Geldwäsche weiter als der der Hehlerei.[106]

Die handelsrechtliche Betrachtung in § 246 HGB, wonach ein Vermögensgegen- **83** stand ein **wirtschaftlicher Vorteil** in Form eines **nachhaltigen vermögenswerten Vorteils** ist, zu dessen Erlangung Aufwendungen getätigt wurden und der somit selbstständig bewertbar ist und der unabhängig vom Unternehmen einzeln veräußert werden kann, ist hingegen wiederum zu eng: Aufwendungen brauchen zur Erlangung eines Vermögensgegenstandes in geldwäscherechtlicher Sicht nicht getätigt worden sein; auch auf dessen Fungibilität kommt es nicht an.

Der geldwäscherechtlich allein maßgebliche Begriff des Vermögenswertes er- **84** fasst vielmehr **sämtliche rechtlichen und tatsächlichen Positionen, die einen wirtschaftlichen Vorteil beinhalten.** Der wirtschaftliche Vorteil muss weder zwingend in einem bestimmten Objekt verkörpert sein (wie zum Beispiel Eigentum und Besitz an einer Sache), noch muss es sich um einen materiellen wirtschaftlichen Vorteil handeln. Erfasst sind daher insbesondere neben Imponderabilien auch nicht verkörperte wirtschaftliche Vorteile, wie unverbriefte Forderungen, Nutzungsrechte sowie immaterielle wirtschaftliche Vorteile, wie gewerbliche Schutzrechte und andere Immaterialgüterrechte. Der Begriff geht so weit, dass auch z. B. schiere Rechenkapazitäten, die den Gegenwert einer Krypto-Währung bilden, erfasst sind.

Von besonderer Bedeutung ist auch, dass der Begriff des Vermögenswertes nicht **85** voraussetzt, dass der wirtschaftliche Vorteil von der Rechtsordnung anerkannt wird. Denn der Gesetzgeber strebt gerade an, alle denkbaren Gegenstände von Geldwäsche und Terrorismusfinanzierung zu erfassen. Hierbei handelt es sich aber oft um inkriminierte Gegenstände, sodass insbesondere auch der unerlaubte

---

105 BT-Drs. 18/11555, S. 102.
106 *Hecker*, in: Schönke/Schröder, StGB § 259 Rn. 4; Gegenstand der Hehlerei kann z. B. kein „Recht" sein.

Besitz einer Sache (beispielsweise der unerlaubte Besitz von Drogen, Falschgeld oder der Besitz von gestohlenen Gegenständen) zwingend einen Vermögenswert darstellen muss. Die in der strafrechtlichen Literatur geführte Auseinandersetzung, ob eine Position ohne Rechtsqualität, wie z. B. eine nichtige Forderung, vom Begriff des „Vermögensgegenstandes" im Sinne des § 261 StGB erfasst ist,[107] ist aufgrund der unterschiedlichen Interessenlagen zwischen Straf- und Gewerberecht deshalb nicht auf die geldwäscherechtliche Auslegung übertragbar.

86 Im deutschen Recht ist der Begriff „Vermögenswert" zudem im Zusammenhang mit den Eingriffsmöglichkeiten der Behörden bei Verdacht der Terrorismusfinanzierung in § 6a KWG gewerberechtlich bereits belegt. Auch hinsichtlich § 6a KWG ist von einem weiten Verständnis auszugehen.

IX. Glücksspiel (§ 1 Abs. 8 GwG)

87 In § 1 Abs. 8 GwG hat der Gesetzgeber nunmehr eine umfassende Definition des Glücksspiels aufgenommen. § 1 Abs. 5 GwG a. F. enthielt hingegen lediglich eine Definition des Begriffs des „Glücksspiel im Internet". Vom Anwendungsbereich des GwG a. F. waren daher gemäß § 2 Abs. 1 Nr. 11–12 GwG a. F. nur Spielbanken und solche Glücksspiele erfasst, die im Internet, d. h. mittels Telemedien, veranstaltet oder vermittelt wurden. Der Begriff des Glücksspiels selbst wurde in der Fassung des alten GwG aber noch nicht näher definiert.[108]

88 Der Gesetzgeber hatte diese Lücke mit der Umsetzung der Vierten EU-Geldwäscherichtlinie dann geschlossen. Hintergrund dieser Änderung war Art. 2 Abs. 1 Nr. 3f in Verbindung mit Art. 3 Nr. 14 der Vierten EU-Geldwäscherichtlinie. Danach soll Geldwäscheprävention nunmehr nicht mehr nur den Bereich der Spielbanken und des Glücksspiels im Internet, sondern den gesamten Bereich des Glücksspiels erfassen. Infolgedessen ist auch der Kreis der Verpflichteten in Zusammenhang mit Glücksspielen im Vergleich zum GwG a. F. deutlich ausgeweitet worden und umfasst gem. § 2 Abs. 1 Nr. 15 GwG nunmehr nicht nur Spielbanken und Online-Casinos wie § 2 Abs. 1 Nr. 11–12 GwG a. F., sondern alle Veranstalter und Vermittler von Glücksspielen, sofern sie nicht einer Ausnahme aus § 2 Abs. 1 Nr. 15 lit. a–d GwG unterfallen. Dabei ist **unerheblich, ob der Verpflichtete im Besitz einer staatlichen Erlaubnis ist oder nicht.**[109] Die Norm hat „Auffangcharakter", um transaktionsnahe Spielmodelle auch außerhalb des Betriebs von „Kasinos" zu erfassen. Insofern ist die Definition des

---

107 Vgl. z. B. *Figura*, in: Herzog, GwG, § 1 Rn. 43 m. w. N.
108 Zur schrittweisen Änderung der Begrifflichkeiten im Verpflichtetenkreis siehe z. B. *Ennuschat*, ZfWG 2016, Beil. Nr. 1, 10, 11 ff.
109 BT-Drs. 18/11555, S. 103.

GwG deckungsgleich mit der – weiten – Begriffsbestimmung in § 3 des Glücksspielstaatsvertrages von 2021.[110]

„**Glücksspiel**" im Sinne der neu eingefügten Definition ist jedes Spiel, bei dem   **89**
ein Spieler gegen ein Entgelt eine Chance auf einen Gewinn erwirbt und bei dem
der Eintritt eines Gewinns oder Verlusts überwiegend zufallsabhängig ist. Darunter sind laut dem Gesetzentwurf[111] und Art. 3 Nr. 14 der Vierten EU-Geldwäscherichtlinie (auch) solche Spiele zu verstehen, die einer gewissen Geschick-
lichkeit bedürfen oder bei denen der Spieler Entscheidungsmöglichkeiten eingeräumt bekommt. Nicht von entscheidender Bedeutung ist, ob der Spieler eine sofortige Entscheidung treffen muss oder ob der Entscheidungsprozess über
mehrere Zwischenschritte erfolgt. Erfasst sind vor allem auch Wetten gegen Entgelt auf den Eintritt oder Ausgang eines künftigen Ereignisses, wie Pferdewetten
und Fußballwetten sowie Poker- und Hütchenspiele. In sämtlichen Fällen ist zudem nicht maßgeblich von Bedeutung, auf welchem Kommunikationsweg das
Spiel stattfindet. Das Spiel kann somit im Wege einer physischen Präsenz (wie
z. B. bei Spielbanken), im Internet (wie z. B. beim Online-Poker), telefonisch
(wie z. B. beim Sportquiz) oder auf sonstigem Wege erfolgen.[112]

Entgegen teilweise in der Literatur vertretener Ansicht[113] ist es **keine Vorausset-**   **90**
zung (mehr), dass das Glücksspiel **im Internet** stattfindet. Anders als frühere
Fassungen des Gesetzes[114] werden ausdrücklich auch Präsenz-Glücksspiele erfasst.[115] Dies gilt sowohl im Hinblick auf die Definitionsnorm des § 1 Abs. 8
GwG als auch im Hinblick auf den Verpflichtetenkreis (§ 2 Abs. 1 Nr. 15 GwG).

Eine im Rahmen des Gesetzgebungsverfahrens zur Umsetzung der Vierten EU-   **91**
Geldwäscherichtlinie diskutierte,[116] vom Gesetzgeber aber schließlich lapidar
verworfene Frage war diejenige, ob die glücksspielrechtliche und die geldwäscherechtliche Definition nicht zusammengeführt werden sollten. Die entsprechenden Initiativen sind indes nicht aussichtsreich: Bei den glücksspielrechtlichen Staatsverträgen handelt es sich um einen „intraföderalen Staatsvertrag",[117] beim GwG um ein ständigen Dynamiken unterworfenes Umsetzungsgesetz internationaler Vorgaben. Wenngleich im Glücksspielrecht durchaus ein Bedürfnis besteht, Begriffssicherheit zu erlangen, ist die Interessenlage im Geld-

---

110 Vgl. z. B. BayGVbl 6/2021, S. 99. Definitorische Ungereimtheiten und Abweichungen zwischen geld- und glücksspielrechtlichen Definitionen finden sich bei *Findeisen*, ZfWG 2021, 436 ff.
111 BT-Drs. 18/11555, S. 103.
112 BT-Drs. 18/11555, S. 103; *Welz*, GVR 2017, 149, 150.
113 Vgl. *Figura*, in: Herzog, GwG, § 1 Rn. 44 ff.
114 Vgl. § 1 Abs. 5 GwG a. F.
115 Ausdrücklich: Bundesregierung, BR-Drs. 182/17, S. 117.
116 BT-Drs. 18/11928, S. 2 und 32; vgl. auch die Übersicht hierzu bei *Figura*, in: Herzog,
GwG, § 1 Rn. 45.
117 *Figura*, in: Herzog, GwG, § 1 Rn. 45.

wäscherecht eine andere: Als „Glücksspiel" im Sinne des GwG sollen sämtliche Formen, Kanäle, Arten und Ausprägungen von Glücksspiel erfasst werden, die Geldwäscherelevanz haben, also zu „Transaktionen" im geldwäscherechtlichen Sinne führen. Detail- und Abgrenzungsdiskussionen – wie zwischen „Glücksspielen" und „Gewinnspielen" – helfen im Geldwäscherecht nicht weiter; auch ein „Gewinnspiel", welches zu einer Transaktion führt, kann nach dem Willen des Gesetzgebers und dem Sinn und Zweck der Norm geldwäscherechtlich relevant sein.

X. Güterhändler (§ 1 Abs. 9 GwG)

92 In Umsetzung des Art. 2 Abs. 1 Nr. 3 lit. e der Vierten EU-Geldwäscherichtlinie ist seit einigen Jahren eine Definition des Begriffs „Güterhändler" im GwG enthalten. Im Rahmen der Umsetzung der Fünften EU-Geldwäscherichtlinie hat sich dies – bis auf eine rein semantische Umstellung – nicht geändert.

93 Der Begriff des Güterhändlers war vorher zwar auch schon aus § 2 Abs. 1 Nr. 13 GwG a.F. („Person, die gewerblich mit Gütern handelt") bekannt. Eine nähere Definition fand sich im Gesetz vorher – trotz Verpflichtetenstellung der Güterhändler – jedoch nicht. Nunmehr wird der Güterhändler schlicht definiert als Person, „die gewerblich Güter veräußert, unabhängig davon, in wessen Namen oder auf wessen Rechnung". Der Wegfall der vormaligen Ergänzung „… sie handelt" führt zu keiner inhaltlichen Veränderung, sondern lediglich zur Klarstellung, dass nicht nur der Veräußerungsvorgang, sondern auch der Erwerbsvorgang von Händlern geldwäscherechtlichen Pflichten unterfällt.[118] In der Sache entsprach dies aber schon der bisherigen allgemeinen Rechtsauffassung.

94 Erfasst sind vom Begriff des Güterhändlers zunächst sowohl natürliche als auch juristische Personen.[119] Selbstverständlich können auch Personenhandelsgesellschaften Güterhändler im Sinne des GwG sein.[120]

95 Die betroffene Person muss weiterhin die Veräußerung von Gütern „**gewerblich**" betreiben. In Anlehnung an den Gewerbebegriff der GewO[121] wird die Veräußerung von Gütern dann gewerblich betrieben, wenn die Veräußerung von Gütern im Rahmen einer nicht sozial unwertigen, auf Dauer angelegten, mit Gewinnerzielungsabsicht ausgeübten, selbstständigen beruflichen Tätigkeit, die

---

118 Referentenentwurf zum Umsetzungsgesetz zur Änderungsrichtlinie der Vierten EU-Geldwäscherichtlinie v. 20.5.2019, S. 66.

119 *Diergarten*, in: Hauschka/Moosmayer/Lösler, Corporate Compliance, § 34 Rn. 33; RegE GwBekErgG, BT-Drs. 16/9038, S. 32.

120 Dies stellt der Gesetzgeber nunmehr klar, vgl. Referentenentwurf zum Umsetzungsgesetz zur Änderungsrichtlinie der Vierten EU-Geldwäscherichtlinie v. 20.5.2019, S. 66, entsprach aber schon vorher der Rechtslage.

121 BVerwG, Beschl. v. 11.3.2008 – 6 B 2/08, Rn. 5 m.w.N.

weder freier Beruf, Urproduktion oder Verwaltung eigenen Vermögens ist, erfolgt. Problematisch ist insoweit allerdings, ob darunter nur solche Gewerbetreibenden fallen, bei denen die Veräußerung von Gütern das hauptsächliche Tätigkeitsfeld bildet oder auch solche Gewerbetreibenden darunter fallen, die die Veräußerung von Gütern im Rahmen ihres Geschäftsbetriebes nur gelegentlich vornehmen. Hierbei muss es maßgeblich auf die Intensität und Nachhaltigkeit der Veräußerung von Gütern durch den Gewerbetreibenden ankommen.

Dies bedeutet, dass, wenn die Veräußerung von Gütern planmäßig integraler **Bestandteil des Geschäftsmodells** des Gewerbetreibenden ist und im Verhältnis zu den sonstigen geschäftlichen Aktivitäten des Gewerbetreibenden nach Häufigkeit und finanziellem Volumen nicht vollständig in den Hintergrund tritt, der Gewerbetreibende die Veräußerung von Gütern „gewerblich" im Sinne des GwG betreibt. Sollte hingegen die Veräußerung von Gütern im Rahmen einer primär anderen gewerblichen Tätigkeit des Unternehmers nur zufällig in unbedeutenden Einzelfällen erfolgen, geschieht die Veräußerung von Gütern insoweit nicht gewerblich, sondern nur als zu vernachlässigender Annex der eigentlichen gewerblichen Haupttätigkeit. Veräußert ein Hotelier zum Beispiel einen betriebseigenen Vermögensgegenstand, etwa Büromöbel oder veraltete Computer, so fallen diese Geschäfte nicht unter den Anwendungsbereich des GwG. Entwickeln sich solche Annextätigkeiten allerdings zu einem eigenen Geschäftsfeld, wie zum Beispiel bei der Veräußerung ganzer Flotten von Mietwagen durch Mietwagenunternehmer nach Ablauf von Leasingabschnitten, so ist klar von einer gewerblichen und vom GwG erfassten, eigenen Händlertätigkeit auszugehen. **96**

Ob auch „**sozial unwertige**" **Tätigkeiten** vom GwG erfasst werden sollen, ist wohl zu bejahen, kann aber offenbleiben. In Anlehnung an die Erwägungen zum „Vermögensgegenstand" (siehe → Rn. 81 ff.) im Sinne des § 1 Abs. 7 GwG darf es einerseits nicht darauf ankommen, ob die gehandelten Vermögensgegenstände aus legalen oder illegalen Quellen stammen, sodass in der letzten Konsequenz sogar ein Hehler unter den Anwendungsbereich des GwG fiele. Andererseits dürfte die rechtspraktische Auswirkung eines solchen – dogmatisch wohl zutreffenden – Verständnisses begrenzt bleiben. **97**

Der Terminus „**Güter**" ist weit zu verstehen, sodass es nicht auf den Aggregatzustand, sondern nur darauf ankommt, ob dem Gegenstand – ob beweglich oder unbeweglich – ein wirtschaftlicher Wert beigemessen werden kann und er damit Bestandteil einer Transaktion sein kann.[122] Allerdings ist der Begriff der „Güter" nicht so weit zu verstehen wie der der Vermögensgegenstände im Sinne des § 1 Abs. 7. Unter den Terminus „Güter" fallen insbesondere Waren, d.h. alle beweglichen Sachen, die Gegenstand des Handelsverkehrs sein können.[123] Weiterhin **98**

---

122 BT-Drs. 18/11555, S. 103.
123 BMF, Schreiben v. 24.4.2012, Gz. VII A3 – WK 5023/11/10021, zur Auslegung des Begriffs „Güterhändler" gemäß § 2 Abs. 1 Nr. 12 GwG a. F.

fallen unter die Definition der „Güter" auch **unkörperliche Gegenstände** wie Strom, oder Utilities wie Wasser und Gas.[124]

99 Nach älterer, mittlerweile überkommener Ansicht, sollten ursprünglich auch **Wertpapiere** und Edelmetalle nicht von der Definition des GwG erfasst sein.[125] Im Hinblick auf Wertpapiere ist dies – da die Bankgeschäfte und Finanzdienstleistungen diesbezüglich vorrangig sind – zwar noch zutreffend. Der Edelmetallhandel hat hingegen – dies wird in der anstehenden Umsetzung der Änderungsrichtlinie zur Vierten EU-Geldwäscherichtlinie deutlich werden – unter den Güterhändlern sogar eine herausgehobene Risikoexposition, sodass Edelmetalle, jedenfalls der Spothandel und die auf physische Lieferung ausgerichteten Geschäfte, klar unter den Begriff der „Güter" (sogar unter die Definition der „hochwertigen Güter" nach § 1 Abs. 10 GwG) fallen.

100 Mittlerweile ist zu beobachten, dass z. B. auch **Rechte**, die Rechtspositionen in Gütern verkörpern, vorsichtshalber unter den Begriff der „Güter" subsumiert werden, so wie dies z. B. in § 2 Abs. 13 AWG angelegt ist. Eine einheitliche Rechtspraxis hat sich hierzu noch nicht gebildet. Eine derart weit reichende Auslegung geht indes sicher an die Grenzen des Verfassungsmäßigen, sodass die gelegentlich geäußerte Kritik, der Gesetzgeber solle zur Klarstellung eine eigene (weitere?) Begriffsdefinition ins Gesetz einfügen, sicherlich berechtigt ist.[126] Gerade im Fall von hohen Wertträgern mit hoher Umschlagfähigkeit (z. B. bei Film- und Bildrechten) besteht sicherlich eine Risikoexposition, die die Einbeziehung verschiedener Sektoren des „Rechtehandels" (außerhalb des Wertpapierhandels, für den sich die Verpflichtetenstellung aus § 2 Abs. 1 Nr. 2 GwG ergibt) in den Güterbegriff nach Sinn und Zweck des Gesetzes sachlich rechtfertigen könnte.

101 **Auch Immobilien** sind (mittlerweile) „Güter".[127] Zwar ging die ältere Rechtsanwendungspraxis[128] noch davon aus, dass lediglich „alle beweglichen Sachen, die Gegenstand des Handelsverkehrs sein können", erfasst sein sollten. In der Gesetzesbegründung zur Umsetzung der Vierten EU-Geldwäscherichtlinie[129] war hingegen schon die Rede von „beweglichen und nicht beweglichen Sachen", womit auch Immobilien erfasst wären. Mittlerweile ist h. M., dass Immobilien erfasst sind.[130] Immobilienhandelsgesellschaften sind in der Regel keine Finanzunternehmen und haben auch ansonsten oft keine Verpflichtetenstellung nach

---

124 BMF, Schreiben v. 24.4.2012, Gz. VII A3 – WK 5023/11/10021, zur Auslegung des Begriffs „Güterhändler" gemäß § 2 Abs. 1 Nr. 12 GwG a. F.
125 *Warius*, in: Herzog, GwG, 2. Aufl. 2014, § 1 Rn. 191.
126 *Figura*, in: Herzog, GwG, § 1 Rn. 49.
127 Vgl. *Gehrmann/Wengenroth*, BB 2019, 1035, 1037.
128 Auslegungshinweis des BMF v. 24.4.2012 – VII A 3 – WK 5023/11/10021.
129 BT-Drs. 18/11555 v. 17.3.2017, S. 103.
130 *Krais*, Geldwäsche und Compliance, Praxishandbuch für Güterhändler, Rn. 100.

GwG. Im Hinblick auf den eindeutigen Willen des Gesetzgebers und die hohe Risikoexposition des Marktes ist eine entsprechende Auslegung auch nach dem Sinn und Zweck des Gesetzes geboten. Auch hinsichtlich Immobilien gilt, dass der Handel mit Immobilien Geschäftsmodell sein muss, um zu einer Einstufung als Güterhändler zu führen. Erwirbt und veräußert ein Großunternehmen z.B. Produktionsstätten, liegt keine Güterhändlereigenschaft vor.

Kurz gefasst kann **jeder Vermögenswert, welcher Gegenstand von Handels-** **102** **geschäften sein kann**, unter den Begriff „Güter" subsumiert werden, es sei denn, es bestehen geldwäscherechtliche Sonderregeln, wie z.B. hinsichtlich Sorten- oder Wertpapiergeschäften. In diesem Fall gelten die für Bank- und Finanzdienstleistungen vorrangig anzuwendenden geldwäscherechtlichen Gesetze des KWG oder des GwG als lex specialis.

Eine **Veräußerung von Gütern** liegt vor allem dann vor, wenn die Güter gegen **103** Entgelt an einen Abnehmer vertrieben werden. Der Gesetzgeber stellt diesbezüglich klar, dass nicht nur die Veräußerung von eigenen Gütern im eigenen Namen erfasst ist (Eigenhandel), sondern ebenso die Veräußerung von Gütern im eigenen Namen auf fremde Rechnung (Kommissionsgeschäft), die Veräußerung von Gütern im fremden Namen auf fremde Rechnung (Vermittlergeschäft) sowie die Tätigkeit von Auktionatoren, die für eine Provision fremde Güter im eigenen Namen auf fremde Rechnung anbieten.[131] Auch wer Güter im Rahmen eines Abzahlungskaufs oder eines **Finanzierungsleasinggeschäfts** absetzt, „veräußert" ggf. im Sinne des GwG.[132] Die Abgrenzung zwischen einzelnen Vertragsgattungen, insbesondere zwischen Mietkauf, Operating Lease und Finanzierungsleasing, kann hierbei allerdings schwierig sein.[133]

Neben dem „Händler" im hergebrachten Sinne ist nach Sinn und Zweck des Ge- **104** setzes auch der Hersteller eines Gutes, also zum Beispiel der **Werkunternehmer**, nicht aber der bloße Wartungsmonteur oder Reparateur vom GwG erfasst. Im Falle von Wartungs- oder Ersatzteillieferverträgen kann eine Eigenschaft als Güterhändler angenommen werden, wenn die veräußerten Ersatzteile einen rele-

---

131 BT-Drs. 18/11555, S. 103.
132 Weitergehend, nämlich dass jegliche Form des Leasinggeschäfts auch unter „Veräußerung" falle, *Gehlimg/Lüneborg*, NZG 2020, 1164, 1165. Soweit bei letzterer auf die Erste Nationale Risikoanalyse 2018/2019, S. 107 als Referenz verwiesen wird, stimmt die Aussage lediglich dahingehend, dass Trends existieren, wonach Wirtschaftskriminelle – insbesondere Clans – zur Geldwäsche viele Vermögensgegenstände nicht mehr erwerben, sondern lieber mieten. Die Schlussfolgerung, dass auch der Leasinggeber beim Operating Lease den Gegenstand erst „erwirbt", reicht vor dem Hintergrund der europarechtskonformen Auslegung nicht aus. Abzustellen ist i.Z.w. auf das bemakelte Verfügungsgeschäft.
133 BaFin, Merkblatt – Hinweise zum Tatbestand des Finanzierungsleasings, 31.5.2021, abrufbar unter www.bafin.de.

vanten und nicht nur untergeordneten Wert aufweisen.[134] Fällt die Veräußerung von Waren mit anderen Vertragselementen, z. B. beim Beherbergungs- oder Bewirtungsvertrag, zusammen, kommt es auf das vertragsprägende Element an.[135] Die Erbringung von reinen Dienstleistungen ist von der Definition eindeutig nicht erfasst.[136] Ebenso nicht erfasst ist die Gebrauchsüberlassung im Rahmen von Mietverhältnissen oder Mietkäufen.[137]

105   Der vom Gesetzgeber gewählte Begriff der „**Veräußerung**" von Gütern war ursprünglich in einem wichtigen Kontext zu eng. Denn nach Art. 2 Abs. 1 Nr. 3 lit. e der Vierten EU-Geldwäscherichtlinie beschäftigt sich ein „Güterhändler" im Sinne der Richtlinie nicht nur mit der „Veräußerung" von Gütern, sondern mit dem „**Handeln**" von Gütern. Der Prozess des Handelns beschränkt sich jedoch nicht nur auf Veräußerungsvorgänge, sondern erfasst auch für den Handel notwendige **Erwerbsvorgänge**. Aus ebendiesem Grund knüpft der in Art. 2 Abs. 1 Nr. 3 lit. e der Vierten EU-Geldwäscherichtlinie enthaltene Schwellenwert für Bartransaktionen nicht nur an die Entgegennahme einer Bargeldzahlung (die typischerweise bei der Veräußerung von Gütern stattfindet), sondern auch an die Tätigung einer Bargeldzahlung (die typischerweise bei dem Erwerb von Gütern stattfindet) an. Dementsprechend waren schon unter dem bisherigen Recht aufgrund des eindeutigen Wortlautes der Richtlinie die oben aufgelisteten Konstellationen (Eigenhandel, Kommission, Vermittlung) nicht nur im Hinblick auf die Veräußererseite, sondern auch im Hinblick auf die Erwerberseite des Händlers erfasst. Dies muss entsprechend auch für die Auslegung der – sprachlich bis dato zu eng gefassten – nationalen Regelung in § 1 Abs. 9 KWG gelten, da aus den Gesetzesmaterialien nicht hervorgeht, dass der nationale Gesetzgeber den Begriff der „Veräußerung" bewusst in Abweichung zur Vierten EU-Geldwäscherichtlinie gewählt hat. Darüber spricht schon nach derzeitiger Rechtslage auch ein systematischer Vergleich mit der Definition des Begriffs des Immobilienmaklers, bei der **sowohl der „Kauf" als auch „Verkauf"** von der Definition des Immobilienmaklers erfasst sind, dafür, auch in Bezug auf die Definition des Begriffs des Güterhändlers neben der Veräußererseite die Erwerberseite mit einzubeziehen.

---

134 Beim Einbau von hochwertigen Ersatzteilen, bei denen der Wert des Ersatzteiles den Wert der Arbeitsleistung weit übersteigt, kann jedoch auch die Reparatur einer Maschine oder eines Kfz unter den Begriff zu subsumieren sein.

135 Beim Beherbergungs- oder Bewirtungsvertrag als gemischtem Vertrag handelt es sich auch geldwäscherechtlich in der Regel nicht um „Güterhandel".

136 BMF, Schreiben v. 24.4.2012, Gz. VII A3 – WK 5023/11/10021, zur Auslegung des Begriffs „Güterhändler" gemäß § 2 Abs. 1 Nr. 12 GwG a. F.

137 Anders, aber zu weitgehend, *Gehlimg/Lüneborg*, NZG 2020, 1164, 1165.

Im Rahmen der Umsetzung der Änderungsrichtlinie zur Vierten EU-Geld- 106
wäscherichtlinie[138] beabsichtigte der Gesetzgeber im Referentenentwurf zunächst eine Klarstellung durch die Einfügung „**veräußert oder erwirbt**".[139] Im
Regierungsentwurf findet sich eine entsprechende Änderung zwar nicht mehr.[140]
Angesichts der o.g. Erwägungen muss jedoch davon ausgegangen werden, dass
sich an der bisherigen Auffassung, dass für die Einhaltung der geldwäscherechtlichen Pflichten auf die Einkaufs- und Verkaufsseite abzustellen ist, nichts
geändert hat und auf den Einschub verzichtet wird, weil es sich um eine Selbstverständlichkeit handelt. Zum Pflichtenkreis des Güterhändlers siehe unten, § 2
Abs. 1 Nr. 16 und § 4.

XI. Hochwertige Güter (§ 1 Abs. 10 GwG)

Güter sind dann hochwertig, wenn sie sich hinsichtlich des Preises, der Beschaf- 107
fenheit, des Verkehrswerts und ihres bestimmungsgemäßen Gebrauchs **von all-
täglichen** Gebrauchsgegenständen oder Alltagsanschaffungen **abheben**. Die
Definition war bereits im § 9 Abs. 4 Satz 4 GwG a.F. enthalten, wurde im Rahmen der Umsetzung der Vierten EU-Geldwäscherichtlinie zu den Definitionen
nach § 1 verschoben und durch die Neufassung des Gesetzes nicht berührt.

Die Legaldefinition gibt dem Rechtsanwender einige Regelbeispiele („insbeson- 108
dere") an die Hand und nennt dabei Edelmetalle und -steine, Schmuck, Uhren,
Kunstgegenstände, Antiquitäten, Kraftfahrzeuge, Schiffe, Motorboote und Luftfahrzeuge. Liegt ein solches Regelbeispiel vor, besteht eine widerlegliche Vermutung dafür, dass der betroffene Gegenstand ein hochwertiges Gut ist.[141] Die
genannten Regelbeispiele sind jedoch nicht abschließend. Vielmehr können
auch dort nicht genannte andere Gegenstände als hochwertiges Gut einzustufen
sein.[142] Der Gesetzgeber nennt hierfür als Beispiele Kupfer und seltene Erden.[143]

Aufgrund des Gesetzeszwecks, die Verschleierung der Herkunft von Geld insbe- 109
sondere auf der Ebene des Layering zu bekämpfen, sind als „hochwertige Güter"
auch solche Wertträger anzusehen, die sich einerseits nur durch einen relativ hohen Wert, andererseits aber auch durch eine **hohe Umschlagfähigkeit**, liquide
Sekundärmärkte etc. auszeichnen. Es kommt also nicht zwingend auf einen ho-

---

138 Zur Geldwäsche und Terrorismusfinanzierung, insbesondere im Diamantenhandel,
    vgl. *Teichmann/Park*, CB 2018, 183 ff.
139 Referentenentwurf zum Umsetzungsgesetz der Änderungsrichtlinie zur Vierten EU-
    Geldwäscherichtlinie v. 19.5.2019, S. 66.
140 Regierungsentwurf zum Umsetzungsgesetz der Änderungsrichtlinie zur Vierten EU-
    Geldwäscherichtlinie v. 31.7.2019, S. 5.
141 *Figura*, in: Herzog, GwG, § 1 Rn. 52.
142 *Figura*, in: Herzog, GwG, § 1 Rn. 53.
143 BT-Drs. 18/11555, S. 103.

hen wirtschaftlichen Wert eines einzelnen Gutes an. Ein Beispiel hierfür sind hochwertige elektronische Bauteile.

110   In konsequenter Umsetzung des Gedankens, dass **Immobilien** Güter sind (vgl. hierzu → Rn. 101) kommt eine Einstufung von Immobilien als „hochwertige Güter" wegen der ausgeprägten Wertträgereigenschaft durchaus in Betracht. Dagegen spricht die durch den rechtlichen Rahmen vorgegebene verminderte Umschlaggeschwindigkeit und die „Mehrfachregulierung" der an einer Immobilientransaktion Beteiligten. Eine einheitliche Verwaltungspraxis hat sich hierzu noch nicht ausgeprägt.

XII. Immobilienmakler (§ 1 Abs. 11 GwG)

111   Der Begriff des Immobilienmaklers ist bereits aus § 2 Abs. 1 Nr. 10 GwG a. F. bekannt. Auf internationaler Ebene schreiben die FATF-Empfehlungen die Verpflichtung von „Immobilienmaklern" vor.[144] Nach § 2 Abs. 1 Nr. 14 GwG zählen die Immobilienmakler auch nach neuerem nationalen Recht zu den geldwäscherechtlich Verpflichteten. § 1 Abs. 11 GwG erhielt 2017 nach längerer Diskussion erstmalig eine eigene Definition des Begriffs des Immobilienmaklers. Diese wurde 2020 aufgrund der teilweisen Aufnahme von Mietmaklern in das GwG allerdings wesentlich geändert.

112   Als Immobilienmakler bezeichnete das GwG vor der Umsetzung der Änderungsrichtlinie zur Vierten EU-Geldwäscherichtlinie jede Person, die gewerblich den Kauf oder Verkauf von Grundstücken oder grundstücksgleichen Rechten vermittelte. (Ursprünglich richtete sich das GwG wie erwähnt ausschließlich an Kaufmakler.)

113   Bereits seit einigen Jahren schwelte aber ein Zwist um die Einbeziehung von Mietmaklern, insbesondere hinsichtlich hochwertiger Immobilien im Zusammenhang mit den gestiegenen Sensibilitäten im Immobiliensektor.[145] Im Zuge der Umsetzung der Änderungsrichtlinie zur Vierten EU-Geldwäscherichtlinie wird der Anwendungsbereich zunächst um den **Mietmakler** erweitert, über § 4 **GwG** allerdings für denselben wieder teilweise eingeschränkt.

114   Die Definition des § 1 Abs. 11 umfasst – wie beim Güterhändler auch – natürliche oder juristische Personen. Durch eine mit den Güterhändlern gleichlaufende Änderung im Wortlaut ist mittlerweile sichergestellt, dass auch rechtsfähige Personengesellschaften erfasst sind.

---

144 FATF Recommendations (2012–2021) „Recommendation 22(b)".
145 Vgl. z. B. Fachstudie der FIU Deutschland zur Geldwäsche im Immobiliensektor in Deutschland, 25.10.2012; Transparency International, Geldwäsche bei Immobilien in Deutschland, Dezember 2018.

Die Verpflichtetenstellung des Immobilienmaklers greift unabhängig davon, ob **115** der Immobilienmakler auf Käufer- oder Verkäuferseite bzw. Mieter- oder Vermieterseite tätig wird.[146] Die Nennung des „Verkaufs" neben der Tätigkeit zur Vermittlung des Kaufs von Grundstücken sei nach Angaben des Gesetzgebers allein aus redaktionellen Gründen entfallen.[147]

Die **Gewerblichkeit** der Vermittlung des Maklers richtet sich nach dem der Ge- **116** werbeordnung zugrunde liegenden Gewerbebegriff. Gewerblich in diesem Sinne ist die Vermittlung von Grundstücken oder grundstücksgleichen Rechten dann, wenn die Vermittlungstätigkeit nicht sozial unwertig ist und auf Dauer angelegt ist und im Rahmen einer selbstständigen Tätigkeit mit Gewinnerzielungsabsicht erfolgt.[148]

Die Vermittlung von Grundstücken oder grundstücksgleichen Rechten umfasste **117** nach **alter Lesart** sowohl die Tätigkeiten eines „**Vermittlungsmaklers**" als auch die Tätigkeiten eines „**Nachweismaklers**".[149] Der Vermittlungsmakler wird dadurch gekennzeichnet, dass er (auf Grundlage eines Auftrages seines Auftraggebers) bewusst und zweckgerichtet unmittelbar oder mittelbar dergestalt auf den oder die potenziellen Vertragspartner des ins Auge gefassten Grundgeschäfts einwirkt, dass er die Bereitschaft der potenziellen Vertragspartner zum Abschluss des Geschäfts mit dem Auftraggeber herbeiführt oder fördert.[150] Demgegenüber ist der Nachweismakler dadurch gekennzeichnet, dass er (auf Grundlage eines Auftrages seines Auftraggebers) demselben einen oder mehrere potenzielle Vertragspartner eines vom Auftraggeber anvisierten Grundstücksgeschäfts dergestalt benennt, dass der Auftraggeber nunmehr selbst in Verhandlungen mit dem potenziellen Vertragspartner über den Abschluss des Grundstücksgeschäfts treten kann.[151] Er schuldet mithin nur den Nachweis der Gelegenheit eines Geschäftsabschlusses.

Nachdem im Gesetzgebungsverfahren 2017 bereits ein Versuch gescheitert war, **118** die Begrifflichkeiten des Immobilienmaklers an § 34c GewO anzupassen,[152] schwelte die Diskussion zunächst weiter. In der Literatur wurde für die Auffassung der Bundesregierung angeführt, dass auch die FATF-Grundsätze nur von einer Verpflichtung derjenigen Makler ausgingen, die direkt in den Kauf- bzw.

---

146 Regierungsentwurf zum Umsetzungsgesetz zur Änderungsrichtlinie zur Vierten EU-Geldwäscherichtlinie v. 31.7.2019, S. 74.
147 Regierungsentwurf zum Umsetzungsgesetz zur Änderungsrichtlinie zur Vierten EU-Geldwäscherichtlinie v. 31.7.2019, S. 74.
148 BVerwG, Beschl. v. 11.3.2008 – 6 B 2/08, Rn. 5 m. w. N.
149 *Warius*, in: Herzog, GwG, 2. Aufl. 2014, § 2 Rn. 179.
150 *Roth*, in: MüKo-BGB, 7. Aufl. 2017, § 652 Rn. 115.
151 *Roth*, in: MüKo-BGB, 7. Aufl. 2017, § 652 Rn. 105.
152 Vgl. Stellungnahme des Bundesrates, BT-Drs. 18/11928, S. 32.

Verkaufsprozess eingebunden seien.[153] Mit der Umsetzung der Änderungsrichtlinie stellte der Gesetzgeber hinsichtlich der Einbeziehung des **Nachweismaklers** allerdings erneut klar, dass dieser **nicht** in den geldwäscherechtlichen Anwendungsbereich falle. Insofern unterscheidet sich die Definition des Maklers in § 34c GewO von der geldwäscherechtlichen Definition.[154] Im Hinblick darauf, dass es sich bei GewO und GwG jeweils um gewerberechtliche Vorschriften handelt, ist ein solches Auseinanderfallen von Begrifflichkeiten – ohne ausdrückliche Klarstellung – innerhalb eines Rechtsgebietes allerdings bemerkenswert. Inhaltlich spricht einiges dafür, den Nachweismakler aus der geldwäscherechtlichen Pflicht zu nehmen, sofern er tatsächlich – dem Leitbild eines Nachweismaklers entsprechend – die Prinzipale z. B. selbst nie persönlich trifft. Andererseits mittelt ein Nachweismakler ebenso aufgrund einer vertraglichen Beziehung mit einem Prinzipal ein vom Gesetzgeber grundsätzlich als risikobehaftet betrachtetes Immobiliengeschäft. Er handelt aufgrund der Maklervereinbarung und ihm wäre z. B. eine Identifizierung per PostIdent o. Ä. durchaus zuzumuten. In der Abwägung einer Verhinderung einer (weiteren) Über-Umsetzung der FATF-Vorgaben mit einem gewerberechtlich stringenten Begriff hat sich der deutsche Gesetzgeber jedoch gegen diese Lösung entschieden.

119   Nach dem Willen des Gesetzgebers sei bei der Abgrenzung zwischen Vermittlungsmakler und Nachweismakler nicht auf den „inneren Willen" derselben, sondern auf „deren tatsächliche Erbringung" abzustellen.[155]

120   Die Vermittlung muss sich schließlich in der bisherigen Lesart auf **Grundstücke oder grundstücksgleiche Rechte** beziehen. Eine Vermittlung bezieht sich nicht nur dann auf Grundstücke, wenn der Kauf oder Verkauf eines Grundstücks in Rede steht. Vielmehr bezieht sich die Vermittlung auch schon dann auf ein Grundstück, wenn es um die Belastung eines Grundstücks mit einem dinglichen Recht geht.[156] Weiterhin erfasst die Vermittlung eines Grundstücks auch entsprechende Kauf- oder Verkaufsvorgänge bzw. Belastungsvorgänge in Bezug auf Wohnungseigentum.[157] Entsprechendes gilt zudem für sämtliche grundstücksgleichen Rechte, also insbesondere für das Erbbaurecht.[158]

121   Hinsichtlich der Einbeziehung von Mietmaklern haben europäischer und deutscher Gesetzgeber allerdings in der Änderungsrichtlinie 2018 eine Kehrtwende vollzogen: Eine Vermittlung von Grundstücken oder grundstücksgleichen Rech-

---

153 *Figura*, in: Herzog, GwG, § 1 Rn. 54.
154 Regierungsentwurf zum Umsetzungsgesetz zur Änderungsrichtlinie zur Vierten EU-Geldwäscherichtlinie v. 31.7.2019, S. 73.
155 Regierungsentwurf zum Umsetzungsgesetz zur Änderungsrichtlinie zur Vierten EU-Geldwäscherichtlinie v. 31.7.2019, S. 74.
156 *Will*, in: BeckOK GewO, § 34c Rn. 12.
157 *Will*, in: BeckOK GewO, § 34c Rn. 12.
158 *Will*, in: BeckOK GewO, § 34c Rn. 13.

ten war nach bisheriger Rechtslage nicht gegeben bei Vermittlungen, die sich lediglich auf die **Vermietung oder Verpachtung** von Grundstücken oder grundstücksgleichen Rechten beziehen. Nach Erwägungsgrund 8 der Vierten EU-Geldwäscherichtlinie hatte der Richtliniengeber zwar ursprünglich bloß angemerkt, dass der Begriff des Immobilienmaklers im Sinne der Vierten EU-Geldwäscherichtlinie auch so verstanden werden könne, dass darunter auch Vermietungsmakler fallen könnten. Im deutschen Geldwäscherecht war dies lange Zeit umstritten; nach seinerzeit zutreffender Ansicht des Finanzministeriums[159] sprachen neben reiner Praktikabilität vor allem Sinn und Zweck des Gesetzes für eine Beschränkung des Anwendungsbereiches auf den „Kaufmakler". Schon nach bisheriger Rechtslage waren die Interessen allerdings verzwickt: Zwar sprach der Gesetzeszweck „Isolation kriminell erlangten Vermögens" durchaus für eine Erstreckung auf Mietmaklergeschäfte. Der Schwerpunkt des Normzwecks liegt aber eindeutig in der Unterbindung des Handels von mit illegalen Mitteln erlangten Immobilien selbst. Folglich war schon vor Inkrafttreten des Umsetzungsgesetzes zur Vierten EU-Geldwäscherichtlinie der reine Mietmakler in der Anwendungspraxis nicht von den Pflichten des GwG erfasst.

Der deutsche Gesetzgeber hatte sich in seiner Gesetzesbegründung im Jahr 2017 **122** deshalb zu Recht **(zunächst) gegen eine Einbeziehung von Mietmaklergeschäften ausgesprochen.**[160] Eine solche autonome Entscheidung durfte der deutsche Gesetzgeber zum damaligen Zeitpunkt auch noch treffen, da der Richtliniengeber in Erwägungsgrund 8 der Vierten EU-Geldwäscherichtlinie gerade keine zwingende Vorgabe dahin gemacht hatte, dass Vermietungsmakler zwingend unter den Begriff des Immobilienmaklers fallen und damit den geldwäscherechtlichen Pflichten unterliegen müssen. Vielmehr hat er die Entscheidung für oder gegen eine geldwäscherechtliche Erfassung der Vermietungsmakler ausdrücklich dem Ermessen der nationalen Gesetzgeber überlassen.

Mit der Umsetzung der Änderungsrichtlinie wird der Mietmakler nunmehr **123** ausdrücklich in den Anwendungsbereich des GwG **einbezogen:** Nach Art. 1 Nr. 1 lit. b der Änderungsrichtlinie sollen „Immobilienmakler nicht nur bei Tätigkeiten in Bezug auf den Erwerb bzw. die Veräußerung von Immobilien, sondern auch Makler, die gewerblich Rechtsgeschäfte zur Vermietung oder Verpachtung von Immobilien vermitteln (Erweiterung der Definition des Immobilienmaklers in § 1 Abs. 11 GwG)" verpflichtet werden (zu Umfang und Ausnahmen der geldwäscherechtlichen Pflichten siehe → § 2 Rn. 247 ff. und → § 4 Rn. 28 ff.).

---

159 Stellungnahme des BMF v. 27.12.2011 (VII A 3 – WK 5023/11/10007).
160 BT-Drs. 18/11555, S. 103.

XIII. Politisch exponierte Person (§ 1 Abs. 12 GwG)

124 Die vom Gesetzgeber verwendete Definition der „politisch exponierten Person"
basiert auf Art. 3 Nr. 9 der Vierten EU-Geldwäscherichtlinie und wird insbesondere im Rahmen der Sorgfaltspflichten relevant. Im Zuge der Änderungsrichtlinie wurde die Definition erneut geändert.

125 Die Grundregeln beim Umgang mit politisch exponierten Personen lassen sich
als Reaktion der Normgeber, insbesondere der FATF, auf wenige Einzelfälle der
schweren Veruntreuung von Staatsvermögen und deren Verschaffung ins Ausland zurückführen.[161] In der Vergangenheit wurden diese aus Einzelfällen her-
vorgehobenen Regeln in bemerkenswertem Detaillierungsgrad weiterentwickelt.[162] Neben der Verhinderung der Veruntreuung von Staatsvermögen wurde
später die Isolierung von durch Bestechlichkeit erlangtem Vermögen als Normzweck betont. Nach früherem Verständnis sollten die Sonderregeln daher auf
solche Personenkreise begrenzt werden, die tatsächlich in der Lage sind, Einfluss
auf die **Verwendung von Staatsvermögen** zu nehmen und dieses außer Landes
zu bringen. In den Folgejahren änderte sich die logische Rechtfertigung dieser
Sonderregeln zur Anfälligkeit von „PEPs" für Korruption – und dieses Verständnis führte schließlich zu den ausufernden Regeln und Begrifflichkeiten, deren
steter Wuchs in Praxis und Literatur deutlich hinterfragt wird.[163] Auch Bankaufsichtsbehörden sahen diese Entwicklung sehr kritisch.[164] Nach modernem Verständnis ist der Grund für die herausgehobene Nennung von politisch exponierten Personen deren besondere Risikoexposition, in die Veruntreuung von Staatsvermögen verwickelt zu werden.[165]

126 Der Streit um die **Definition der „PEP"** ist fast so alt wie das Gesetz selbst:[166]
Nach einigen spektakulären Fällen der Veruntreuung von Staatsvermögen in den
1990er Jahren diskutierte die FATF in deren 13. Gesprächsrunde am 1.2.2000
das Phänomen und etablierte den Begriff der „PEP", der zuvor vom Basler
Bankenkomitee verwendet worden war. Im gleichen Jahr wies z. B. die Wolfsberg-Gruppe in deren Prinzipien aus dem Jahr 2000 darauf hin, dass öffentliche

---

161 *Achtelik*, in: Herzog, GwG, 2. Aufl. 2014, § 6 Rn. 26 ff. m. w. N.
162 Vgl. z. B. *Höche*, WM 2005, 8, 9 m. w. N.
163 *Achtelik*, in: Herzog, GwG, 2. Aufl. 2014, § 6 Rn. 26 ff. mit zahlreichen Nachweisen.
164 Nach Ansicht des BCBS könne von einem Kreditinstitut nicht erwartet werden, dass
  es jede „entfernte familiäre, politische oder geschäftliche Verbindung eines ausländischen Kunden" kennt oder untersucht (BCBS, Sorgfaltspflicht der Banken bei Feststellung der Kundenidentität).
165 FATF Guidance: Politically Exposed Persons (Recommendations 12 and 22), Nr. 1.
166 Ein guter historischer Überblick und eine zutreffende Einschätzung der Wirksamkeit
  der PEP-Regeln befindet sich bei *Achtelik*, in: Herzog, GwG, 2. Aufl. 2014, § 6
  Rn. 3–11 und 26–29.

Amtsträger einer erhöhten Aufmerksamkeit bedürften.[167] Auch die deutsche Bankaufsicht ermahnte die Institute, beim Umgang mit politisch exponierten Personen vorsichtig zu sein.[168] Das Basler Komitee erließ dann im Oktober 2001 Regelungen zur Customer Due Diligence for Banks, in deren Zuge eine erste unter den Bankaufsichtsbehörden abgestimmte Definition von PEPs enthalten war.[169] Allen frühen Definitionen war gemein, dass lediglich der ausländische PEP, nicht der national ansässige, als erhöht risikobehaftet angesehen werden solle. Grund hierfür war die genannte Sorge, dass Staatenlenker veruntreutes Vermögen oder Bestechungsgelder außer Landes bringen und so der Konfiskation vor Ort entziehen können.

Genauso alt wie die Diskussion um die Abgrenzung der Ämter, die vom Begriff   **127** erfasst sein sollten, ist die Forderung der Verpflichteten, namentlich der Kreditwirtschaft, nach verlässlichen **Listen**, die – von den jeweiligen öffentlichen Einrichtungen erstellt – aktuelle, abschließende und rechtssichere Auskunft über die Eigenschaft bestimmter Personen als PEP geben sollen. Jedenfalls teilweise wurde diese lange Forderung nunmehr erhört.

Während die Zweite EU-Geldwäscherichtlinie[170] zu PEPs noch schwieg, wurde   **128** eine eigene Definition der PEP in der dritten Richtlinie auf europäischer Ebene dann eingeführt.[171] Die Richtlinie betrachtete als „politisch exponierte Personen" diejenigen natürlichen Personen, die wichtige öffentliche Ämter ausüben oder ausgeübt haben, und deren unmittelbare Familienmitglieder oder ihnen bekanntermaßen nahestehende Personen. Nachdem schon im Gesetzgebungsverfahren Streit um die Definition der PEP aufgekommen war, wurde im Rahmen einer Durchführungsrichtlinie ein Jahr später der Begriff näher definiert: „Natürliche Personen, die wichtige öffentliche Ämter ausüben oder ausgeübt haben" umfasste **nach der Richtliniendefinition**[172] folgende Personen:

(1) Staatschefs, Regierungschefs, Minister, stellvertretende Minister und Staatssekretäre;
(2) Parlamentsmitglieder;
(3) Mitglieder von obersten Gerichten, Verfassungsgerichten oder sonstigen hochrangigen Institutionen der Justiz, gegen deren Entscheidungen, von außergewöhnlichen Umständen abgesehen, kein Rechtsmittel eingelegt werden kann;
(4) Mitglieder der Rechnungshöfe oder der Vorstände von Zentralbanken;

---

167 Vgl. *Wolfsberg*, Principles 2000, Ziff. 2.5 „Public Officials".
168 BAKred-Schreiben v. 10.8.2000.
169 Basel Committee for Banking Supervision, „Customer Due Diligence for Banks", Oktober 2001, Ziff. 2.2.5.
170 Richtlinie 2001/97/EG.
171 Richtlinie 2005/60/EG, ErwG 25 und 37, Art. 3 Abs. 8.
172 Richtlinie 2006/60/EU, Art. 2.

(5) Botschafter, Geschäftsträger und hochrangige Offiziere der Streitkräfte;

(6) Mitglieder der Verwaltungs-, Leitungs- oder Aufsichtsorgane staatlicher Unternehmen.

129 Die Richtlinie legte auch fest, dass Funktionsträger, die mittlere oder niedrigere Funktionen wahrnehmen, ausdrücklich nicht erfasst sein sollen.

130 In der Folgezeit entwickelte sich in Deutschland das allgemeine Verständnis, dass die Regelungen zur PEP sich nicht auf **inländische PEPs** erstrecken sollten;[173] eine entsprechende Rechts- und Anwendungspraxis entstand. Die Argumentation war im Wesentlichen historisch: Aufgrund der Zielrichtung der PEP-Regeln, nämlich der Verhinderung des Versteckens veruntreuten Staatsvermögens, macht eine Gleichbehandlung inländischer PEPs kaum Sinn.

131 Nach Rüge im Rahmen der Länderevaluierung Deutschlands durch die FATF[174] im Jahr 2009/2010 wurde durch eine Änderung des GwG im Jahre 2011 der Anwendungsbereich der PEP-Regeln allerdings ergänzt, indem die Formulierung **„nicht im Inland ansässig"** gestrichen wurde. Ausweislich der Gesetzesbegründung sollte hinsichtlich inländischer PEPs allerdings weiterhin risikobasiert vorgegangen werden,[175] was die Bedenken der FATF formal berücksichtigte. In der FATF-Länderevaluierung 2014 wurde Deutschland aufgrund der Anpassungen zu § 6 GwG a. F. deshalb gelobt, unter anderem die Streichung des Auslandserfordernisses führte zur Hochstufung der deutschen Regeln von „partly compliant" zu „largely compliant".[176] Inhaltlich verblieb es jedoch bei der gestuften Betrachtungsweise für inländische und ausländische PEPs.[177]

132 Im Jahr 2013 erließ die FATF eine „Guidance Note", in welcher Anwendungsbereich und Folgen der PEP-Regeln nach Vorstellung der FATF näher erläutert wurden.[178]

133 Nach dem Umsetzungsgesetz zur Vierten EU-Geldwäscherichtlinie wurde dieser **„deutsche Weg" hinsichtlich inländischer PEPs endgültig verworfen.**[179] Die DK kritisierte dies (und die Umsetzung der Vorschriften in einigen weiteren

---

173 Vgl. § 6 Abs. 2 Nr. 1 GwG in der Fassung des Geldwäschebekämpfungsergänzungsgesetzes v. 13.8.2008.

174 FATF, Mutual Evaluations Report Germany, 2010, Rn. 605, 622, 929.

175 Vgl. *Achtelik*, in: Herzog, GwG, 2. Aufl. 2014, § 6 Rn. 9 f. m. w. N.; Regierungsbegründung zum Geldwäschepräventionsoptimierungsgesetz v. 22.12.2011, BT-Drs. 17/6804, S. 29 f.

176 FATF, 3rd Follow Up Report – Mutual Evaluation of Germany, Juni 2014, S. 18.

177 Vgl. z. B. DK, AuA 2014, Rn. 43 ff.

178 FATF Guidance, Note politically exposed persons (recommendations 12 and 22), Juni 2013.

179 BT-Drs. 18/11555, S. 121, 183.

Punkten) erbittert und wiederholt.[180] Gleichzeitig musste allerdings konzidiert werden, dass kürzlich ergangene Beschlüsse deutscher Gerichte darauf hindeuten, dass jedenfalls Familienangehörige von inländischen PEPs durchaus in verdächtige Transaktionen verwickelt sein können.[181]

In der Kreditwirtschaft wird hingegen betont, dass die Liste der genannten Funktionen nicht abschließend sei;[182] ob sich die bisherige Verwaltungspraxis allerdings angesichts des ergänzten Satz 2 der Definition noch halten lassen wird, darf zu bezweifeln sein. Zwar spricht auch das Gesetz von „**insbesondere**" – die neu hinzugekommene Liste muss jedoch auch für die Verpflichteten abschließenden Charakter haben (dürfen).   **134**

Hinsichtlich der langjährigen Forderung der Kreditwirtschaft nach verlässlichen Listen kam jedoch mit Art. 1 Nr. 13 der Änderungsrichtlinie zur Vierten EU-Geldwäscherichtlinie Bewegung in die Diskussion. Nach der Richtlinie habe „jeder Mitgliedstaat der EU-Kommission eine **Liste mit genauen Funktionen** zur Verfügung zu stellen, die gemäß den nationalen Rechts- und Verwaltungsvorschriften als wichtige Ämter im Sinne von Art. 3 Nr. 9 der Vierten EU-Geldwäscherichtlinie gelten. Die Mitgliedstaaten haben der EU-Kommission deshalb bis zum 10.1.2020 Listen mit konkreten Funktionen und Ämtern, die den PEP-Status begründen, vorzulegen. Die EU-Kommission solle dann daraus eine gemeinsame Liste, auf die künftig im Gesetzestext verwiesen werden soll, erstellen. Die Liste für Deutschland wurde offenbar begleitend zum Gesetzgebungsverfahren erstellt".[183]   **135**

„Die gemeinsame Liste wird dann von der EU-Kommission veröffentlicht. Sie soll grenzüberschreitend in der EU die Rechtsanwendung erleichtern durch Konkretisierung, welche Funktionen nach den jeweiligen Rechts- und Verwaltungsvorschriften eines Mitgliedstaates den Status als politisch exponierte Person begründen. Darüber hinaus werden auch die im Inland ansässigen akkreditierten internationalen und europäischen Organisationen verpflichtet, dem Bundesministerium der Finanzen eine Liste mit wichtigen öffentlichen Ämtern bei diesen Organisationen zu übermitteln und auf dem neuesten Stand zu halten. Diese Liste wird Bestandteil der an die EU-Kommission zu übermittelnden Liste."[184]   **136**

---

180 Stellungnahmen der DK zum Gesetzgebungsverfahren v. 19.4.2017, 22.2.2017 und v. 30.12.2016.

181 OLG Frankfurt am Main, Beschl. v. 10.4.2018 – 2 Ss-OWi 1059/17; vorausgehend AG Frankfurt am Main, Urt. v. 10.7.2017 – 941 OWi – 7332 Js 214494/17.

182 BaFin, AuA 2021, Ziff. 5.4.

183 Regierungsentwurf zum Umsetzungsgesetz der Änderungsrichtlinie zur Vierten EU-Geldwäscherichtlinie v. 31.7.2019, S. 55.

184 Regierungsentwurf zum Umsetzungsgesetz der Änderungsrichtlinie zur Vierten EU-Geldwäscherichtlinie v. 31.7.2019, S. 74.

137   Der weitere Fortschritt in der Entwicklung einer konsolidierten Liste ist unbekannt.

138   Eine Person ist nach der neu gefassten, gegenüber den Vorversionen sehr schlicht gefassten Definition **„politisch exponiert", wenn** sie ein hochrangiges wichtiges öffentliches Amt ausübt oder ausgeübt hat. Erfasst sind nur natürliche Personen. Die Definition erfasst mithin auch in der Neufassung nicht nur Personen, die aktuell ein hochrangiges wichtiges öffentliches Amt ausüben, sondern auch solche, die in der Vergangenheit ein solches Amt ausgeübt haben. Wenn eine Person ein hochrangiges wichtiges öffentliches Amt nicht mehr ausübt, ist diese allerdings nicht unbegrenzt lange weiter als politisch exponierte Person einzustufen. Vielmehr wird der Zeitraum, für den diese Fortwirkung der besonderen Stellung als politisch exponierte Person gilt, von § 15 Abs. 7 GwG auf (mindestens) zwölf Monate nach Ausscheiden aus dem Amt festgelegt.

139   Das GwG bezieht sich im Hinblick auf das Vorliegen eines hochrangigen wichtigen öffentlichen Amtes primär auf Ämter auf internationaler, europäischer und nationaler Ebene. Als **Beispiele** hochrangiger wichtiger öffentlicher Ämter auf nationaler Ebene werden insbesondere Staatschefs, Regierungschefs, Minister und stellvertretende Minister, Staatssekretäre, Parlamentsabgeordnete und Mitglieder der Führungsgremien politischer Parteien genannt. Der Gesetzgeber betont im Hinblick auf hochrangige wichtige öffentliche Ämter auf nationaler Ebene ausdrücklich, dass er hierbei prinzipiell nur herausgehobene Funktionen auf Bundesebene im Auge hat.[185] Erfasst davon werden nach der Gesetzesbegründung auch die Landesministerpräsidenten, Landesminister und Staatssekretäre der Länder, sofern diese Mitglied des Bundesrats sind.[186]

140   Soweit hingegen die **Landesebene** oder die **kommunale oder regionale Ebene** originär betroffen ist, ist eine Einstufung als politisch exponierte Person im Regelfall ausgeschlossen. Eine Ausnahme gilt für Fälle, in denen die betroffene Person ein öffentliches Amt ausübt oder ausgeübt hat, dessen politische Bedeutung mit den hochrangigen wichtigen öffentlichen Ämtern auf Bundesebene, europäischer Ebene und internationaler Ebene „vergleichbar" ist. Zum gegenwärtigen Stand ist aber kein Amt auf Landesebene oder kommunaler oder regionaler Ebene ersichtlich, das eine vergleichbare politische Bedeutung wie die bezeichneten hochrangigen wichtigen öffentlichen Ämter auf nationaler, europäischer oder internationaler Ebene hat.[187]

141   Schließlich ist noch anzumerken, dass nach der Neufassung im Rahmen der Umsetzung der Änderungsrichtlinie im Hinblick auf hochrangige wichtige öffentliche Ämter auf europäischer und internationaler Ebene nur solche Ämter in Be-

---

185 BT-Drs. 18/11555, S. 104.
186 BT-Drs. 18/11555, S. 104.
187 *Warius*, in: Herzog, GwG, 2. Aufl. 2014, § 6 Rn. 8.

tracht kommen, die in zwischenstaatlichen europäischen Organisationen (z.B. innerhalb der Organe der EU) oder zwischenstaatlichen internationalen Organisationen (z.B. innerhalb der Organe der UNO oder des IWF) ausgeübt werden. Demgegenüber sind entsprechende Ämter in nichtstaatlichen internationalen Organisationen (wie z.B. Amnesty International oder Greenpeace) nicht erfasst.[188]

Es muss allerdings betont werden, dass das vom Gesetz geforderte Verständnis einer PEP vom Verpflichteten **weiter ausgelegt werden kann, aber nicht muss**. Eine gewerberechtliche Pflicht zur weiteren Auslegung besteht in keinem Falle; als PEP müssen nur die den genannten Kategorien zuzuordnenden Personen eingestuft werden. In weiteren Fällen kann die Behandlung als PEP dennoch risikoorientiert indiziert sein.[189] Die Verpflichteten dürfen aber z.B. von lokalen Amtsträgern in einer Kommune zusätzliche Angaben fordern. Dies ergibt sich aus dem Charakter der Vorschrift als Mindestvorgabe und aus dem Risikoansatz. **142**

Eng verbunden mit dem Begriff der „politisch exponierten Personen" sind deren „Familienmitglieder" und die „bekanntermaßen nahestehenden Personen" in § 1 Abs. 13 und 14 GwG. **143**

Es ist bei deren Vornahme der Kundensorgfaltspflichten nach § 10 Abs. 1 Nr. 4 GwG unter anderem „festzustellen", ob es sich bei dem Vertragspartner oder dem wirtschaftlich Berechtigten um eine politisch exponierte Person, eines ihrer Familienmitglieder oder um eine ihr bekanntermaßen nahestehende Person handelt. Ist dies der Fall, muss der Verpflichtete gem. § 15 Abs. 3 Nr. 1 lit. a GwG verstärkten Sorgfaltspflichten nachkommen. **144**

XIV. Familienmitglied (§ 1 Abs. 13 GwG)

Aufgrund ihrer Nähe zu den spezifischen Geldwäscherisiken von politisch exponierten Personen besteht auch bei Familienmitgliedern **von politisch exponierten Personen** ein erhöhtes Geldwäscherisiko, weshalb das GwG – entsprechend den Forderungen der FATF[190] – die Verpflichteten bei ihnen dieselben Maßnahmen ergreifen lässt wie bei politisch exponierten Personen selbst. Der Begriff des Familienmitgliedes wurde ebenso wie der Begriff der politisch exponierten Person in der Dritten EU-Geldwäscherichtlinie eingeführt und in der Durchführungsrichtlinie weiter definiert.[191] Nach Letzterer sind „unmittelbare Familienmitglieder" der PEP: **145**

---

188 BT-Drs. 18/11555, S. 104; *Figura*, in: Herzog, GwG, § 1 Rn. 60.
189 Vgl. z.B. BaFin, AuA 2021, Ziff. 5.4.
190 FATF Guidance, Politically Exposed Persons (Recommendations 12 and 22), Nr. 34.
191 Vgl. Art. 3 Abs. 8 Richtlinie 2005/60 EG und Art. 2 Richtlinie 2006/70/EG.

(1) der Ehepartner;

(2) der Partner, der nach einzelstaatlichem Recht dem Ehepartner gleichgestellt ist;

(3) die Kinder und deren Ehepartner oder Partner;

(4) die Eltern.

146   Zu den Familienmitgliedern zählt das GwG nach der neu eingefügten – an Art. 3 Nr. 10 der Vierten EU-Geldwäscherichtlinie angelehnten – Definition „nahe Angehörige" von politisch exponierten Personen. Als Beispiele eines nahen Angehörigen in diesem Sinne nennt der Gesetzgeber die Eltern, die Ehe- oder eingetragenen Lebenspartner sowie die Kinder und deren Ehepartner oder eingetragene Lebenspartner.

147   Da aber Eltern, Ehepartner und eingetragene Lebenspartner sowie Kinder und deren Ehepartner oder eingetragene Lebenspartner nur beispielhaft vom Gesetzgeber benannt sind („insbesondere"), stellt sich die Frage, welche Personen noch unter den Begriff des nahen Angehörigen und damit des Familienmitgliedes fallen können.

148   Anhaltspunkt dafür, wer im Übrigen noch als **naher Angehöriger** anzusehen sein könnte, kann insbesondere die Regelung in § 7 Abs. 3 PflegeZeitG sein. Nach § 7 Abs. 3 PflegeZeitG gehören zu den nahen Angehörigen insbesondere auch

– Großeltern, Schwiegereltern und Stiefeltern;

– Partner einer eheähnlichen oder lebenspartnerschaftsähnlichen Lebensgemeinschaft;

– Geschwister, Ehegatten bzw. Lebenspartner der Geschwister, Geschwister der Ehegatten bzw. Lebenspartner;

– Adoptiv- oder Pflegekinder, Kinder, Adoptiv- oder Pflegekinder des Ehegatten bzw. Lebenspartners;

– sowie Schwiegerkinder und Enkelkinder.

149   Die Regelung des § 7 Abs. 3 PflegeZeitG fasst den Kreis der nahen Angehörigen aber sehr weit. Der **Schutzzweck des GwG** ist aber nicht bei allen diesen Personen im erforderlichen Maße betroffen. Zudem sollte das Pflichtenregime der nach dem GwG Verpflichteten aus Gründen der Verhältnismäßigkeit auch nicht auf einen zu weiten Kreis von den politisch exponierten Personen nahestehenden Personen ausgedehnt, sondern auf erkennbare und naheliegende Risikosituationen beschränkt werden.

150   Vielmehr sollen nur die Personen erfasst werden, die typischerweise in einer **besonders engen Beziehung zu einer politisch exponierten Person** stehen. Im Regelfall ist eine solche besonders enge Beziehung aber – wenn überhaupt – nur bei den Großeltern, Geschwistern, bei Adoptiv- und Pflegekindern, bei Enkelkindern sowie ggf. noch bei Partnern einer eheähnlichen oder lebenspartnerschaftsähnlichen Lebensgemeinschaft gegeben. Darüber hinaus sollten auch Verlobte bzw. Personen, die sich versprochen haben, eine lebenspartnerschaftliche Verbindung einzugehen, erfasst sein. Faktisch kann es aber auch in diesen Fällen an einer besonders engen Beziehung fehlen bzw. die besonders enge Beziehung in anderen Fällen gegeben sein. Diese faktische Unsicherheit macht es für den geldwäscherechtlich Verpflichteten dann aber besonders schwierig, den Kreis der nahen Angehörigen konkret zu bestimmen.

Auch ein **pauschaler Verweis** auf bspw. steuerliche (§ 15 AO, „Angehörige") oder sozialversicherungsrechtliche Vorschriften (§ 16 Abs. 5 SGB X, „Angehörige") ist nicht möglich. Die sozialversicherungsrechtlichen Vorschriften stellen z. B. auch auf bereits „erloschene" Verwandtschaftsverhältnisse ab (§ 16 Abs. 5 Satz 2 SGB X), was pflegeversorgungstechnisch zutreffend, geldwäscherechtlich aber nicht zielführend ist. Gleiches gilt bei § 15 Abs. 2 AO. Auch die teilweise in der Literatur angeführte Begründung, es sei „auf das Zivilrecht" abzustellen,[192] hilft kaum weiter.   **151**

Aus ebendiesem Grund – und aufgrund der Bestimmtheitserfordernisse im Gewerberecht – kann es bei der Bestimmung der sonstigen nahen Angehörigen nicht auf den Einzelfall ankommen. Deshalb gilt ein – eingeschränkter – geldwäscherechtlicher Begriff, der abschließend in § 1 Abs. 13 GwG seinen Ausdruck gefunden hat. Eine risikobasierte Ausgestaltung der Sorgfaltspflichten bei den genannten zusätzlichen Personen kann aber selbstverständlich im Einzelfall indiziert sein; die Verpflichteten dürfen, müssen aber nicht, z. B. zusätzliche Informationen auch von Pflegepersonen erheben (und dies entweder auf eine erweiternde Auslegung des § 1 Abs. 13 GwG oder eine Einstufung als „bekanntermaßen nahestehende Person" nach § 1 Abs. 14 GwG stützen).   **152**

Bußgeldbewehrt sind – insofern gehen pauschale Verweise teilweise ins Leere[193] – nur direkte Verstöße gegen diejenigen Pflichten, die im Zusammenhang mit der gewerberechtlich engst möglichen Auslegung entstanden sind.   **153**

XV. Bekanntermaßen nahestehende Person (§ 1 Abs. 14 GwG)

Ebenso wie bei Familienmitgliedern der politisch exponierten Person besteht auch bei den der politisch exponierten Person bekanntermaßen nahestehenden Personen ein erhöhtes Geldwäscherisiko, sodass auch hier die Verpflichteten dieselben Maßnahmen ergreifen müssen wie bei politisch exponierten Personen selbst. Die FATF Recommendations definieren den Begriff der „**Close Associa-**   **154**

---

192 *Figura*, in: Herzog, GwG, § 1 Rn. 59.
193 Vgl. *Figura*, in: Herzog, GwG, § 1 Rn. 60 a. E.

tes" extrem weit: „49. For close associates, examples include the following types of relationships: (known) (sexual) partners outside the family unit (e.g. girlfriends, boyfriends, mistresses); prominent members of the same political party, civil organisation, labour or employee union as the PEP; business partners or associates, especially those that share (beneficial) ownership of legal entities with the PEP, or who are otherwise connected (e.g., through joint membership of a company board). In the case of personal relationships, the social, economic and cultural context may also play a role in determining how close those relationships generally are."[194]

155 Der europäische wie auch der deutsche Gesetzgeber griffen diese unhandliche, kaum bestimmbare und stark arbiträr anmutende Begrifflichkeit nicht auf. Die im GwG verwendete, auf wirtschaftliche Verflechtungen beschränkte Definition des Begriffs der bekanntermaßen nahestehenden Person geht auf Art. 3 Nr. 11 der Vierten EU-Geldwäscherichtlinie zurück, welche wiederum auf die Durchführungsrichtlinie aus dem Jahr 2006[195] rekurriert: „Bekanntermaßen nahestehende Personen" sind nach der Richtlinie:

(1) jede natürliche Person, die bekanntermaßen mit einer PEP gemeinsame wirtschaftliche Eigentümerin von Rechtspersonen und Rechtsvereinbarungen ist oder sonstige enge Geschäftsbeziehungen zu dieser Person unterhält;
(2) jede natürliche Person, die alleinige wirtschaftliche Eigentümerin einer Rechtsperson oder Rechtsvereinbarung ist, die bekanntermaßen tatsächlich zum Nutzen der in Abs. 1 genannten Person errichtet wurde.

156 Die nunmehrige Formulierung greift diese drei Fallgruppen (gemeinsame wirtschaftliche Eigentümerin mit PEP, alleinige wirtschaftliche Eigentümerin zum Nutzen für PEP oder „sonstige enge Geschäftsbeziehungen") auf.

157 Bei der bekanntermaßen nahestehenden Person handelt es sich wiederum (nur) um eine **natürliche Person**, bei der der Verpflichtete Grund zu der Annahme haben muss, dass diese Person in einer **besonders engen Geschäftsbeziehung zu der politisch exponierten Person** steht. Juristische Personen sind vom Begriff nicht erfasst.

158 Der Verpflichtete muss Grund zu der Annahme haben, dass eine solche besonders enge Geschäftsbeziehung zu der politisch exponierten Person vorliegt, wenn ihm konkrete Umstände bekannt sind, die objektiv eine Wahrscheinlichkeit für das Bestehen einer besonders engen Geschäftsbeziehung zu der politisch exponierten Person begründen. Es kommt also in Bezug auf die Beurteilung der Wahrscheinlichkeit für das Bestehen einer besonders engen Geschäftsbeziehung zu der politisch exponierten Person nicht auf die Sicht des konkreten Ver-

---

194 FATF Guidance, Politically exposed persons (Recommendations 12 and 22), S. 12, Rn. 49.
195 Vgl. Art. 2 Richtlinie 2006/70/EG.

pflichteten, sondern auf die Sicht eines objektiven Dritten in der Person des Verpflichteten an. Es stellt sich mithin die Frage, ob ein solcher objektiver Dritter, der in Kenntnis der maßgeblichen konkreten Umstände ist, auf dieser Grundlage das Bestehen einer besonders engen Geschäftsbeziehung zu der politisch exponierten Person für möglich halten wird.

Eine besonders enge Geschäftsbeziehung zu der politisch exponierten Person **159** besteht nach dem **Gesetzeswortlaut** insbesondere bei Personen, die zusammen mit einer politisch exponierten Person wirtschaftlich Berechtigter einer juristischen Person des Privatrechts (z.B. AG, GmbH oder rechtsfähiger Verein), einer eingetragenen Personengesellschaft (z.B. oHG, KG), eines Trusts (siehe dazu die Erläuterungen unter → Rn. 72 ff.) oder einer nicht rechtsfähigen Stiftung, deren Stiftungszweck aus Sicht des Stifters eigennützig ist, sind. Entsprechendes gilt für Personen, die zwar alleiniger wirtschaftlich Berechtigter einer solchen Organisation sind, de facto aber die Errichtung der Organisation im hauptsächlichen wirtschaftlichen Interesse der politisch exponierten Person vorgenommen haben. Der insoweit relevante Begriff des wirtschaftlich Berechtigten wird in § 3 GwG vom Gesetzgeber näher konkretisiert.

Die besonders enge Geschäftsbeziehung muss aber – wie der **Auffangtatbe-** **160** **stand** des § 1 Abs. 14 Nr. 2 GwG („sonstige enge Geschäftsbeziehung") zeigt – nicht zwingend auf juristische Personen des Privatrechts, eingetragene Personengesellschaften, Trusts oder Stiftungen bezogen sein. Eine besonders enge Geschäftsbeziehung in diesem Sinne kann beispielsweise auch bei einem kaufmännischen Einzelunternehmen bestehen, das von einer bestimmten natürlichen Person im eigenen Namen, aber im hauptsächlichen wirtschaftlichen Interesse der politisch exponierten Person geführt wird. Denn auch insoweit kann ein erhöhtes Geldwäscherisiko bestehen.

In der Praxis sind vor allem „Statthalter", etwa Rechtsanwälte oder Treuhänder, **161** die in die privaten Vermögensgeschäfte von PEPs verwickelt sind, von besonderer Relevanz. Der konkrete Nachweis der Eigenschaft eines „Close Associate" ist in der Regel sehr schwierig; die Verpflichteten sind oft auf externe Informationsdienstleister – oder Indizien – angewiesen.

XVI. Mitglied der Führungsebene (§ 1 Abs. 15 GwG)

Die Einfügung der Definition des Mitglieds der Führungsebene dient der Umset- **162** zung von Art. 3 Nr. 12 der Vierten EU-Geldwäscherichtlinie[196] im Hinblick auf die Positionierung des Geldwäschebeauftragten im Unternehmen.

---

196 BT-Drs. 18/11555, S. 104.

163   Mitglied der Führungsebene ist nach § 1 Abs. 15 GwG eine Führungskraft oder ein leitender Mitarbeiter eines Verpflichteten mit ausreichendem Wissen über die Risiken, denen der Verpflichtete in Bezug auf Geldwäsche und Terrorismusfinanzierung ausgesetzt ist, und mit der Befugnis, insoweit Entscheidungen zu treffen.

164   Diese Formulierung weicht inhaltlich partiell von Art. 3 Nr. 12 der Vierten EU-Geldwäscherichtlinie ab. Zunächst erfasst Art. 3 Nr. 12 der Vierten EU-Geldwäscherichtlinie nach seinem Wortlaut nicht nur **Führungskräfte und leitende Mitarbeiter**, sondern **sämtliche Mitarbeiter mit ausreichendem Wissen** über die Risiken, denen der Verpflichtete in Bezug auf Geldwäsche und Terrorismusfinanzierung ausgesetzt ist. Andererseits kann man aber auch aus dem Gesamtzusammenhang der Regelung und dem in der Richtlinie verwendeten Grundbegriff „Führungsebene" schließen, dass nur Führungskräfte und leitende Mitarbeiter erfasst sein sollen. So lässt sich ein (einfacher) Mitarbeiter, der auf Fragen der Geldwäsche und Terrorismusfinanzierung spezialisiert ist, schon begrifflich nicht der „Führungsebene" eines Unternehmens zuordnen, sodass die vom nationalen Gesetzgeber gewählte Definition insoweit richtlinienkonform erscheint.

165   Weiterhin knüpft Art. 3 Nr. 12 der Vierten EU-Geldwäscherichtlinie die Befugnis, Entscheidungen im Hinblick auf Geldwäsche- und Terrorismusfinanzierungsrisiken zu treffen, nicht nur an ein ausreichendes Wissen, sondern auch an ein ausreichendes **Dienstalter**. Ausreichendes „Dienstalter" in diesem Sinne meint primär nicht das tatsächliche Alter oder die tatsächliche Unternehmenszugehörigkeit, sondern die vorhandene praktische Erfahrung, die ein Mitarbeiter bereits im beruflichen Bereich in Bezug auf Geldwäsche und Terrorismusfinanzierung gesammelt hat. Diese zweite Komponente hat der nationale Gesetzgeber (wohl versehentlich) nicht in seiner Definition des Mitglieds der Führungsebene berücksichtigt. Zwischen dem bloßen Innehaben von ausreichendem Wissen über Geldwäsche und Terrorismusfinanzierung und einer zusätzlich vorhandenen ausreichenden praktischen Erfahrung besteht aber ein bedeutender Unterschied, sodass entsprechend der Richtlinie auch im Rahmen der Definition des Mitglieds der Führungsebene in § 1 Abs. 15 KWG zusätzlich zum ausreichenden Wissen der Führungskraft bzw. des leitenden Mitarbeiters auch eine ausreichende praktische Erfahrung im Bereich der Geldwäsche und Terrorismusfinanzierung zu fordern ist.

166   Zu den Führungskräften des Verpflichteten zählen die organschaftlichen Vertreter des Verpflichteten, sie müssen es aber nicht. Entsprechend erfuhr die Definition im Rahmen der Umsetzung der Änderungsrichtlinie zur Vierten EU-Geldwäscherichtlinie in Satz 2 eine Präzisierung: „Ein Mitglied der Führungsebene **muss nicht zugleich ein Mitglied der Leitungsebene** sein." Zwischenzeitlich war erwogen worden, den Katalog der rein geldwäscherechtlichen Definitionen noch um einen § 1 Abs. 15a GwG („Mitglied der Leitungsebene") zu ergänzen und darin festzulegen, dass Mitglied der Leitungsebene ein organschaftlicher Vertreter wie Geschäftsführer oder Vorstand sein soll.[197] Relevant sollte das „Mitglied der Leitungsebene" allerdings nicht im Hinblick auf die „Führungsebene", sondern im Hinblick auf die (Letzt-)Verantwortlichkeit im Rahmen der Risikoanalyse und der Sicherungsmaßnahmen (§ 4 Abs. 3 GwG) sein. Hierbei handelt es sich allerdings um eine Selbstverständlichkeit, weshalb der Gesetzgeber auf eine entsprechende Änderung verzichtete. Die Klarstellung in Satz 2 erfolgt mithin nicht zuletzt im Hinblick auf die Residualverantwortlichkeit in § 4 Abs. 3 GwG, die eben nicht von einem Mitglied der Führungsebene, sondern von einem Mitglied der Leitungsebene wahrgenommen wird.

Zu den **leitenden Mitarbeitern** des Verpflichteten gehören (in Anlehnung an   **167** § 5 Abs. 3 BetrVG) solche Personen,

– die nach ihrem Arbeitsvertrag oder ihrer Stellung im Unternehmen oder in einem Betrieb zur selbstständigen Einstellung und Entlassung von Mitarbeitern berechtigt sind,
– Generalvollmacht oder eine nicht unbedeutende Prokura haben oder
– regelmäßig sonstige Aufgaben wahrnehmen, die für den Bestand und die Entwicklung des Unternehmens oder eines Betriebs von Bedeutung sind und deren Erfüllung besondere Erfahrungen und Kenntnisse voraussetzt, wenn sie dabei entweder die Entscheidungen im Wesentlichen frei von Weisungen treffen oder sie maßgeblich beeinflussen.

Weiterhin muss die Führungskraft bzw. der leitende Mitarbeiter ein **ausreichen-**   **168** **des Wissen** über die Risiken, denen der Verpflichtete in Bezug auf Geldwäsche und Terrorismusfinanzierung ausgesetzt ist, haben. Dies setzt voraus, dass er sowohl grundlegende Kenntnis von den theoretischen Grundlagen der Geldwäsche- und Terrorfinanzierungsprävention hat als auch mit den im Unternehmen des Verpflichteten konkret vorhandenen Geldwäsche- und Terrorismusfinanzierungsrisiken im Wesentlichen vertraut ist. Wie oben dargelegt, ist nach Art. 3 Nr. 12 der Vierten EU-Geldwäscherichtlinie zusätzlich auch eine hinreichende praktische Erfahrung im Hinblick auf Geldwäsche- und Terrorismusprävention erforderlich. Diese muss nicht zwingend im Unternehmen der Verpflichteten erlangt worden sein, sondern kann sich auch aus einer mehrjährigen Befassung mit Fragen der Geldwäsche- und Terrorismusprävention in vergleichbaren Unternehmen oder Funktionen ergeben.

Schließlich muss die Führungskraft bzw. der leitende Mitarbeiter auch die Befugnis   **169** innehaben, im Hinblick auf Geldwäsche- und Terrorismusfinanzierungsrisiken **Entscheidungen zu treffen.** Solche Entscheidungen können auch Kollegialentscheidungen sein, sofern nur die Führungskraft bzw. der leitende Mitar-

---

197 Vgl. Referentenentwurf zur Umsetzung der Änderungsrichtlinie zur Vierten EU-Geldwäscherichtlinie v. 19.5.2019, S. 6.

beiter ein Stimmrecht hat. Hingegen fehlt es an einer Entscheidung von leitenden Mitarbeitern, wenn letztlich die konkret zu treffenden Maßnahmen in Bezug
auf die Minimierung von Geldwäsche- und Terrorismusfinanzierungsrisiken
von den Führungskräften konkret vorgegeben werden und der leitende Mitarbeiter diese ohne eigenen Entscheidungsspielraum lediglich umsetzen muss.

170 Der Begriff des Mitglieds der Führungsebene wird insbesondere im Rahmen der
Meldepflicht nach § 43 Abs. 3 GwG relevant. Danach obliegt es dem Mitglied
der Führungsebene eines nach dem GwG Verpflichteten, in bestimmten Fällen
im Hinblick auf geschäftliche Aktivitäten inländischer Niederlassungen des Verpflichteten eine Meldung nach § 43 Abs. 1 GwG an die Zentralstelle für Finanztransaktionsuntersuchungen abzugeben. Weitere Relevanz erhält der Begriff
z.B. in § 55 VAG (Auszahlung an eine PEP als Begünstigte in einem Versicherungsfall nur mit Zustimmung eines Mitgliedes der Leitungsebene des Versicherungsunternehmens) oder § 15 GwG (Zustimmung eines Mitgliedes der Leitungsebene vor Aufnahme einer Geschäftsbeziehung in Fällen der verstärkten
Sorgfaltspflichten).

XVII. Gruppe (§ 1 Abs. 16 GwG)

171 Der Begriff „Gruppe" war mit dem GwG 2017 grundlegend geändert worden.
Die Änderung basiert auf Art. 3 Nr. 15 der Vierten EU-Geldwäscherichtlinie
und wirkt sich besonders bei der Umgrenzung der gruppenweiten Sorgfaltspflichten, der Informationsweitergabe und den gruppenweiten Sicherungsmaßnahmen aus. Der **geldwäscherechtliche Gruppenbegriff** ist rechtspraktisch
von höchster Relevanz; die Erstreckung und Reichweite von gruppenweiten Sicherungsmaßnahmen im Sinne der §§ 6, 9 GwG, insbesondere in der Zusammenschau mit Bereichsausnahmen für Güterhändler (zukünftig auch für Immobilienmakler), war Gegenstand umfangreicher Diskussion gewesen,[198] die der
Gesetzgeber durch Klarstellungen in § 4 GwG nunmehr geklärt hat (vgl. hierzu
→ § 4 Rn. 80 ff.).

172 Der Gruppenbegriff im Geldwäscherecht war lange Zeit verbittert umstritten.[199]
Insbesondere die Einbeziehung von Niederlassungen im Ausland war dogmatisch fraglich. Zum einen war – gesellschaftsrechtlich – klar, dass ausländische
Niederlassungen keiner gesonderten Erwähnung bei der Erstreckung gewerberechtlicher Pflichten auf Gruppenebene bedurften. Geldwäsche- und somit ge-

---

198 *Kunz/Schirmer*, BB 2015, 2435, 2440; *Henke/von Busekist*, DB 2017, 1567 ff.; *Biele-
feld/Wengenroth*, BB 2016, 2499 ff.

199 Vgl. eine historische Schilderung bei *Kaetzler*, in: Gehra/Gittfried/Lienke, Prävention
von Geldwäsche und Terrorismusfinanzierung, Kapitel 8, S. 249 ff., Rn. 32 ff.
m. w. N.

    Kaetzler

werberechtlich hingegen sollte ein exterritorialer Anwendungsbefehl deutschen Gewerberechts in das Ausland bewerkstelligt werden, weil deutsches Geldwäscherecht nicht ohne Weiteres im Ausland gilt.[200]

Besondere Auswirkungen hat die Änderung der Vorschriften im Kredit- und Finanzdienstleistungswesen. **Bis vor einigen Jahren** war der Begriff „Gruppe" streng an **bank- und wertpapieraufsichtsrechtlichen Kategorien** orientiert gewesen.[201] Die bisherige Vorschrift des § 25h KWG verwies auf die bankaufsichtsrechtlichen Konsolidierungskreise (vgl. z. B. § 10a KWG a. F.). Aufgrund der Neudefinition fragten sich allerdings z. B. Kreditinstitute, ob bisher unter dem Bankaufsichtsrecht bestehende Ausnahmen von der Konsolidierungspflicht,[202] etwa für vollkonsolidierte Facility Manager, nunmehr geldwäscherechtlich hinfällig seien. **173**

Durch die Änderungen im Zuge der Umsetzung der Änderungsrichtlinie zur Vierten EU-Geldwäscherichtlinie im Jahr 2019 wurde der gesetzeseigene Gruppenbegriff insbesondere durch die **Aufnahme einer eigenen Definition des „Mutterunternehmens"** in § 1 Abs. 25 GwG geschärft. Insbesondere die Frage, ob geldwäscherechtliche „Teilgruppen" relevant sind, wurde hierdurch mittlerweile gelöst. **174**

Unter einer „Gruppe" versteht das GwG nunmehr einen Zusammenschluss von Mutter- und Tochterunternehmen und den Unternehmen, an denen diese beteiligt sind (sog. vertikale Verbindungen). Zweigstellen und Zweigniederlassungen sind hierbei als Bestandteile des Mutterunternehmens zu bewerten.[203] **175**

Weiterhin erfasst der Begriff der Gruppe auch bestimmte, in Art. 22 Abs. 1 der Richtlinie 2013/34/EU bezeichnete „horizontale Verbindungen", mithin also horizontale Konsolidierungskreise oder horizontale Gruppen. **176**

Grundvoraussetzung ist stets, dass ein Unternehmen (Mutterunternehmen) aufgrund bestimmter Umstände einen beherrschenden Einfluss auf das andere Unternehmen (Tochterunternehmen) hat.[204] **177**

---

200 Zum exterritorialen Anwendungsbefehl deutschen Gewerberechts in § 9 GwG: *Kaetzler*, in: Gehra/Gittfried/Lienke, Prävention von Geldwäsche und Terrorismusfinanzierung, Kapitel 8, S. 264.

201 BaFin, AuA 2021, Ziff. 11.1.

202 Die DK, AuA 2014, nannten z. B. ausdrücklich freiwillig in die Konsolidierung einbezogene nachgeordnete Unternehmen, nach § 31 Abs. 3 WpHG befreite nachgeordnete Unternehmen, die z. B. nur Makler-, Warengeschäfte oder Immobilienverwaltung betreiben oder Minderheitsbeteiligungen, auf die unabhängig von der gesellschaftsrechtlichen Einflussmöglichkeit auch nicht auf andere Weise beherrschender Einfluss ausgeübt werden kann, vgl. Rn. 95.

203 BT-Drs. 18/11555, S. 104.

204 BT-Drs. 18/11555, S. 104.

178   Ein solcher beherrschender Einfluss[205] besteht im Falle von „vertikalen Verbindungen" dann, wenn ein Unternehmen, das Aktionär oder Gesellschafter eines anderen Unternehmens ist,

- die Mehrheit der Stimmrechte der Aktionäre oder Gesellschafter des anderen Unternehmens hält,[206]
- das Recht hat, die Mehrheit der Mitglieder des Verwaltungs-, Leitungs- oder Aufsichtsorgans des anderen Unternehmens zu bestellen oder abzuberufen oder faktisch in den letzten beiden Geschäftsjahren die Mehrheit der Mitglieder des Verwaltungs-, Leitungs- oder Aufsichtsorgans des anderen Unternehmens bestellt hat[207] oder
- das Recht hat, auf das andere Unternehmen einen beherrschenden Einfluss aufgrund eines mit diesem Unternehmen geschlossenen Vertrages (insbesondere eines Beherrschungsvertrages) oder aufgrund einer Satzungsbestimmung des anderen Unternehmens auszuüben.[208]

179   Im Falle von „horizontalen Unternehmensverbindungen" besteht ein solcher beherrschender Einfluss dann, wenn ein Unternehmen, das Aktionär oder Gesellschafter eines anderen Unternehmens ist,

- aufgrund einer Vereinbarung mit anderen Aktionären oder Gesellschaftern des anderen Unternehmens allein über die Mehrheit der Stimmrechte der Aktionäre oder Gesellschafter dieses Unternehmens verfügt.[209]

180   Die **Verwaltungspraxis, insbesondere des BVA,**[210] spielt direkt zwar nur in die Frage hinein, inwieweit Personen zum Zwecke der Transparenzregeln als wirtschaftlich Berechtigte im Sinne des § 3 anzusehen sind. Für die Definition der „Gruppe" im Sinne des Abs. 16 ist die **Verwaltungspraxis zum wirtschaftlich Berechtigten im Transparenzregisterwesen unerheblich**. Dafür sprechen neben Systematik des Gesetzes, unterschiedlicher Zielrichtungen der Transparenz- und Organisationsvorschriften, insbesondere § 9 GwG, auch einfache Praktikabilitäten. Insbesondere mit Blick auf die Pflichten des § 9 GwG kommt es darauf an, dass gruppenweite Pflichten effektiv durchgesetzt werden können. Eine Verhinderungsbeherrschung z. B., die nach neuerer Verwaltungspraxis ausreicht, einen wirtschaftlich Berechtigten im Sinne des § 3 GwG zu qualifizieren,[211] reicht nicht aus, um effektiv gruppenweite Pflichten durchzusetzen. Folglich gilt die Verwaltungspraxis zu § 3 GwG hier nicht.

---

205 Vgl. auch BaFin, AuA 2021, Ziff. 11.1.
206 BT-Drs. 18/11555, S. 104.
207 Art. 22 Abs. 1 lit. b und d i) der Richtlinie 2013/34/EU.
208 Art. 22 Abs. 1 lit. c der Richtlinie 2013/34/EU.
209 Art. 22 Abs. 1 lit. d ii) der Richtlinie 2013/34/EU.
210 Zuletzt: BVA, FAQ, Stand 1.8.2021, abrufbar unter www.bva.bund.de.
211 Vgl. z. B. *Sonnenberg/Komma/Rempp*, CCZ 2021, 18, 19 f.

Zur geldwächerechtlichen „Gruppe" gehören **qua natura nur Verpflichtete**. **181**
Sofern und soweit Verpflichtete durch § 4 GwG – etwa durch die Errichtung von
Bargeldsperren oder weil Mietmakler keine großvolumigen Geschäfte makeln –
von Sicherungsmaßnahmen und Risikoanalyse ausgenommen sind, war bisher
streitig, ob diese trotzdem in die gruppenweiten Sicherungsmaßnahmen einzubeziehen seien.[212] Dies hat der Gesetzgeber durch den Hinweis geändert, dass
die von Maßnahmen des Risikomanagements gemäß § 4 Abs. 4 bzw. 5 GwG
ausgenommenen Unternehmen nicht von ihren Pflichten *als Mutterunternehmen*
ausgenommen sind.[213] Das deutet allerdings darauf hin, dass – bei wörtlichem
Verständnis – gruppenangehörige Pflichten nur dann fortbestehen, wenn das aufgrund § 4 Abs. 4 oder 5 GwG befreite Unternehmen „Mutterunternehmen" im
Sinne des § 1 Abs. 25 GwG ist. Die Gesetzesbegründung hingegen geht hierüber
weit hinaus: „Nach Satz 2 finden die in Absatz 4 geregelten Schwellenbeträge
im Rahmen des § 9 keine Anwendung. Gruppenweite Pflichten bestehen für die
nach § 9 verpflichtete Gesellschaft unabhängig davon, ob diese mit Blick auf die
Schwellenbeträge nach § 4 Absatz 5 relevante Tätigkeiten erbringt."[214] Ein solches – über den Wortlaut klar hinaus gehendes – extensives Verständnis der
Norm würde bedeuten, dass die nach § 4 GwG befreiten Unternehmen in alle
Maßnahmen des Risikomanagements einzubeziehen sind. Entgegen der Gesetz-
zesbegründung im Referenten- und Regierungsentwurf bestand hierfür allerdings kein praktisches Bedürfnis. Nach zahlreichen Interventionen im Gesetzgebungsverfahren wurde die Passage im Finanzausschuss wieder gestrichen.

Die Definition des Begriffs „Gruppe" ist für das GwG in vielen Konstellationen **182**
relevant, z.B. im Hinblick auf gruppenweite Risikoanalysen und Sicherungsmaßnahmen (Näheres dazu siehe → § 6 Rn. 57ff. und → § 9 Rn. 10ff.).

XVIII. Drittstaat (§ 1 Abs. 17 GwG)

„Drittstaat" im Sinne des GwG sind solche Staaten, die **weder Teil der Europäi-** **183**
schen Union noch des Europäischen Wirtschaftsraumes sind.

Nach § 1 Abs. 6a GwG a.F. waren hingegen noch nicht alle Staaten, die weder **184**
Teil der Europäischen Union noch des Europäischen Wirtschaftsraumes sind, im
GwG definiert. Vielmehr waren nur „gleichwertige Drittstaaten", d.h. solche
Drittstaaten genannt, in denen mit den Anforderungen des GwG gleichwertige
Anforderungen gelten und in denen Verpflichtete einer gleichwertigen Aufsicht

---

212 *Kunz/Schirmer*, BB 2015, 2435, 2440; *Henke/von Busekist*, DB 2017, 1567ff.; *Biele-
  feld/Wengenroth*, BB 2016, 2499ff.
213 Regierungsentwurf zum Umsetzungsgesetz zur Änderungsrichtlinie zur Vierten EU-
  Geldwäscherichtlinie v. 31.7.2019, S. 6.
214 Regierungsentwurf zum Umsetzungsgesetz zur Änderungsrichtlinie zur Vierten EU-
  Geldwäscherichtlinie v. 31.7.2019, S. 82.

in Bezug auf diese Anforderungen unterliegen und in denen für diese gleichwertige Marktzulassungsvoraussetzungen bestehen.

185   Diese Begrenzung auf „gleichwertige Drittstaaten" hatte der Gesetzgeber in Anlehnung an entsprechende Formulierungen in anderen Finanzaufsichtsgesetzen mit aufgehoben.[215] Mit Vollzug des „Brexit" wurde das Vereinigte Königreich ebenso Drittstaat im Sinne der Vorschrift.

186   In rechtspraktischer Hinsicht ist vor allem die Differenzierung zwischen bloßen „Drittstaaten" und solchen Drittstaaten wichtig, die von der Europäischen Kommission nach Art. 9 der Richtlinie (EU) 2015/849 als **„Drittstaat mit hohem Risiko"** eingestuft sind.[216] Während schon die Abwicklung geldwäscherechtlich relevanter Dienstleistungen oder gar Auslagerungen mit „Drittstaaten" höheren Anforderungen unterliegt,[217] bestehen hinsichtlich Drittstaaten mit hohem Risiko erheblich erhöhte Anforderungen oder sogar Beschränkungen für Outsourcing, Kooperation oder gar geschäftliche Beziehungen.[218]

XIX. E-Geld (§ 1 Abs. 18 GwG)

187   Die im GwG 2019 neu eingefügte Definition von E-Geld stammt aus Art. 3 Nr. 16 der Vierten EU-Geldwäscherichtlinie und verweist lediglich auf § 1 Abs. 2 Satz 3 und 4 des Zahlungsdiensteaufsichtsgesetzes (ZAG). Die Definition wurde mit der Umsetzung der Änderungsrichtlinie zur Vierten EU-Geldwäscherichtlinie 2019 geändert. Insbesondere wurde der Verweis auf die E-Geld-Definition im Zahlungsdiensteaufsichtsgesetz (ZAG) vom 17.7.2017 (BGBl. I, S. 2446) aktualisiert. Zudem wurde den Vorgaben des Art. 3 Nr. 16 in der Fassung der Änderungsrichtlinie Rechnung getragen, indem auch ein Verweis auf § 1 Abs. 2 Satz 4 ZAG aufgenommen wird, der ausdrücklich regelt, was nicht als E-Geld anzusehen ist.[219] Ähnlich wie bei Bankgeschäften und Finanzdienstleistungen wird damit der **Negativkatalog mit ins Gesetz aufgenommen**, was redaktionell und im Hinblick auf die Richtlinienkongruenz konsequent ist, an der materiellen Rechtslage aber nichts ändert.

---

215 BT-Drs. 18/11555, S. 104.

216 Die aktuelle Liste kann z. B. abgerufen werden bei der FIU: https://www.zoll.de/DE/ FIU/Fachliche-Informationen/Drittlaender/drittlaender_node.html, zuletzt abgerufen am 11.2.2022.

217 Vgl. z. B. BaFin, AuA BT Banken, August 2021, Ziff. 5.1.2 zu Korrespondenzbeziehungen mit Drittstaaten, für die stets verstärkte Sorgfaltspflichten gelten.

218 Vgl. z. B. BaFin, AuA BT Banken, August 2021, Ziff. 5.1.2 zu Korrespondenzbeziehungen oder z. B. Ziff. 6.2.8 (Beschränkung der Auslagerung von Sicherungsmaßnahmen nach § 6 GwG).

219 Regierungsentwurf zum Umsetzungsgesetz zur Änderungsrichtlinie zur Vierten EU-Geldwäscherichtlinie v. 31.7.2019, S. 74.

Aufgrund der Einheit der Rechtsordnung im Gewerberecht ist der Begriff deckungsgleich mit den in den zahlungsdiensterechtlichen enthaltenen Definitionen. **188**

§ 1 Abs. 2 Satz 3 und 4 ZAG bezeichnen E-Geld als „jeder elektronisch, darunter auch magnetisch, gespeicherte monetäre Wert in Form einer Forderung gegenüber einem Emittenten, der gegen Zahlung eines Geldbetrages ausgestellt wird, um damit Zahlungsvorgänge im Sinne des § 675f Abs. 3 Satz 1 des Bürgerlichen Gesetzbuchs durchzuführen, und der auch von anderen natürlichen oder juristischen Personen als dem Emittenten angenommen wird. Kein E-Geld ist ein monetärer Wert, (1.) der auf Instrumenten im Sinne des § 2 Abs. 1 Nr. 10 gespeichert ist oder (2.) der nur für Zahlungsvorgänge nach § 2 Abs. 1 Nr. 11 eingesetzt wird". Die Zahlung des Geldbetrages kann bar oder unbar erfolgen, der Geldbetrag muss allerdings ein gesetzliches Zahlungsmittel oder selbst E-Geld im Sinne der Norm sein.[220] **189**

Bei E-Geld handelt es sich einerseits um in Rechnernetzen verwaltete und auf Festplatten von Rechnern gespeicherte **Zahlungseinheiten**, die im Abwicklungsverkehr im Dialog von Rechnern untereinander durch Übermittlung von elektronischen Zugangs- und Abrufberechtigungen abgerufen werden können.[221] Andererseits erfasst der Begriff des E-Geldes auch sämtliche Zahlungseinheiten, die auf portablen Datenträgern – wie Geldkarten und elektronischen Geldbörsen – gespeichert und von diesen abrufbar sind.[222] **190**

Erforderlich ist weiterhin, dass die gespeicherten Zahlungseinheiten gegen Vorauszahlung bereitgestellt werden. Dies bedeutet, dass derjenige, der die gespeicherten Zahlungseinheiten zugunsten einer anderen Person, die die Zahlungseinheiten zu Bezahlzwecken einsetzen möchte, ausgestellt hat, zuvor von der anderen Person eine Gegenleistung in Form von Bargeld oder Buchgeld für die Ausstellung der Zahlungseinheiten erhalten hat.[223] **191**

Schließlich ist noch erforderlich, dass die Zahlungseinheiten durch Dritte anstelle gesetzlicher Zahlungsmittel (= Bar- und Buchgeld) als Zahlungsmittel akzeptiert werden.[224] **192**

Aufgrund der **Rückausnahme** des § 1 Abs. 2 Satz 4 ZAG sind monetäre Werte ausgenommen, die unter bestimmte, schon von der PSD II ausgenommene Zah- **193**

---

220 *Findeisen*, in: Ellenberg/Findeisen/Nobbe, Zahlungsverkehrsrecht, § 1 ZAG Rn. 552, 555; BaFin-Merkblatt, Hinweise zu dem Gesetz über die Beaufsichtigung von Zahlungsdiensten (Stand: November 2017), 4b.
221 *Schwennicke*, in: Schwennicke/Auerbach, KWG, 3. Aufl. 2016, § 1 ZAG Rn. 106; *Warius*, in: Herzog, GwG, 2. Aufl. 2014, § 2 Rn. 99 m. w. N.
222 *Schwennicke*, in: Schwennicke/Auerbach, KWG, 3. Aufl. 2016, § 1 ZAG Rn. 106, 112.
223 *Schwennicke*, in: Schwennicke/Auerbach, KWG, 3. Aufl. 2016, § 1 ZAG Rn. 107 f.
224 *Schwennicke*, in: Schwennicke/Auerbach, KWG, 3. Aufl. 2016, § 1 ZAG Rn. 118.

lungsinstrumente bzw. Zahlungsdienste fallen. Zum einen sind solche Anbieter ausgenommen, die das **E-Geld-Geschäft mit Zahlungsinstrumenten** betreiben, die (1) für den Erwerb von Waren oder Dienstleistungen in den Geschäftsräumen des Emittenten oder innerhalb eines begrenzten Netzes von Dienstleistern im Rahmen einer Geschäftsvereinbarung mit einem professionellen Emittenten eingesetzt werden können, (2) für den Erwerb eines sehr begrenzten Waren- oder Dienstleistungsspektrums eingesetzt werden können, oder (3) beschränkt sind auf den Einsatz im Inland und auf Ersuchen eines Unternehmens oder einer öffentlichen Stelle für bestimmte soziale oder steuerliche Zwecke nach Maßgabe öffentlich-rechtlicher Bestimmungen für den Erwerb der darin bestimmten Waren oder Dienstleistungen von Anbietern, die eine gewerbliche Vereinbarung mit dem Emittenten geschlossen haben. Die genannten Ausnahmen beruhen auf den sogenannten „Limited Scope-" bzw. „Limited Use-"Ausnahmen der Zahlungsdiensterichtlinie und gelten in ähnlicher Form im europäischen Wirtschaftsraum.

194   Ferner sind Zahlungsdienste ausgenommen, die auf Zahlungsinstrumenten beruhen, die nur für Zahlungsvorgänge nach § 2 Abs. 1 Nr. 11 eingesetzt werden, mithin also für Zahlungsvorgänge, die von einem **Anbieter elektronischer Kommunikationsnetze** oder -dienste zusätzlich zu elektronischen Kommunikationsdiensten für einen Teilnehmer des Netzes oder Dienstes bereitgestellt werden, und die (1) im Zusammenhang stehen mit dem Erwerb von digitalen Inhalten und Sprachdiensten, ungeachtet des für den Erwerb oder Konsum des digitalen Inhalts verwendeten Geräts, und die auf der entsprechenden Rechnung abgerechnet werden, oder (2) von einem elektronischen Gerät aus oder über dieses ausgeführt und auf der entsprechenden Rechnung im Rahmen einer gemeinnützigen Tätigkeit oder für den Erwerb von Tickets abgerechnet werden, sofern der Wert einer Einzelzahlung 50,00 EUR nicht überschreitet und der kumulative Wert der Zahlungsvorgänge eines einzelnen Teilnehmers monatlich 300,00 EUR nicht überschreitet.

195   Die Risikoexposition für Geldwäsche wird für E-Geld und moderne Zahlungssysteme gegenüber den gesetzlichen Zahlungsmitteln als höher angesehen.[225]

196   **Krypto-Währungen**, z. B. Bitcoins oder Ethereum, sind in Deutschland mit der Änderung des Kreditwesengesetzes in der Regel als **Finanzinstrumente, nicht als E-Geld definiert**. Während dies übergangsweise aufgrund von Verwaltungsentscheidungen der Fall war,[226] ist dies mit der Aufnahme eines Auffangtatbestandes des „Krypto-Wertes" erst in § 1 Abs. 11 Satz 1 Nr. 10 KWG, nunmehr in

---

225 Vgl. z. B. FATF, Report on New Payment Methods, 2006; FATF, Guidance for a Risk-Based Approach – Prepaid Cards, Mobile Payments and Internet Based Payment Services, 2013; *Figura*, in: Herzog, GwG, § 1 Rn. 67 m. w. N.

226 *Findeisen*, in: Ellenberg/Findeisen/Nobbe, Zahlungsverkehrsrecht, § 1 ZAG Rn. 556 ff.

   Kaetzler

Abs. 29 (vgl. hierzu → Rn. 9) Gesetz: Im Interesse einer umfassenden Geldwäscheprävention unterfallen alle digitalen Wertdarstellungen im Sinne des neuen § 1 Abs. 11 Satz 1 Nr. 10 KWG der Regulierung als Finanzinstrument. Der Umgang mit ebensolchen ist daher in der Regel als Finanzdienstleistung reguliert; dazu tritt für die Verwahrstellen der Krypto-Währungen das in § 1 Abs. 1a Nr. 6 KWG regulierte Kryptoverwahrgeschäft. Da die einzelnen Klassen von Finanzinstrumenten mehr oder weniger große Schnittmengen bilden, können Kryptowerte aufgrund ihrer konkreten Ausgestaltung im Einzelfall zugleich auch einer anderen Kategorie des Finanzinstrumentebegriffs im Sinne des § 1 Abs. 11 Satz 1 zuzuordnen sein;[227] ein Vermögensgegenstand kann aber nicht **gleichzeitig E-Geld und Kryptowert** im Sinne des Abs. 29 sein.

XX. Aufsichtsbehörde (§ 1 Abs. 19 GwG)

Als Aufsichtsbehörden bezeichnet § 1 Abs. 19 GwG die Behörden, die nach den Bestimmungen des § 50 GwG für die Verpflichteten zuständig sind. **197**

Danach sind für die verschiedenen Verpflichteten des GwG unterschiedliche Aufsichtsbehörden zuständig: Beispielsweise ist die BaFin die zuständige Aufsichtsbehörde für alle Kreditinstitute außer die Bundesbank, während für Güterhändler in Hessen das jeweilige Regierungspräsidium die zuständige Aufsichtsbehörde ist (Näheres dazu → § 50 Rn. 10 ff., 22 ff.). **198**

Dass der Begriff „Aufsichtsbehörde" Eingang in die Definitionen gefunden hat, ist dem Umstand geschuldet, dass er in zahlreichen unterschiedlichen Vorschriften des GwG Verwendung findet und der Gesetzgeber durch Aufnahme einer zusätzlichen Vorschrift in der Verweiskette offenbar eine bessere Lesbarkeit dieser Vorschriften gewährleisten wollte.[228] **199**

FIU[229] **und BVA**[230] **sind keine Aufsichtsbehörden** im Sinne des GwG. **200**

XXI. Zuverlässigkeit eines Mitarbeiters (§ 1 Abs. 20 GwG)

§ 1 Abs. 20 GwG definiert den Begriff der Zuverlässigkeit eines Mitarbeiters. Eine entsprechende Definition war bereits in § 9 Abs. 2 Nr. 4 GwG a. F. enthal- **201**

---

227 Regierungsentwurf zum Umsetzungsgesetz zur Änderungsrichtlinie zur Vierten EU-Geldwäscherichtlinie v. 31.7.2019, S. 125.
228 BT-Drs. 18/11555, S. 104.
229 Dies ergibt sich aus § 27, der die Funktion der FIU abschließend definiert, vgl. → § 27 Rn. 7 ff.
230 Vgl. *Sonnenberg/Komma/Rempp*, CCZ 2021, 18.

ten. Der Begriff lehnt sich an den gleichlautenden unbestimmten Rechtsbegriff des allgemeinen Gewerberechts an.[231]

202   Nach der gesetzlichen Definition liegt die Zuverlässigkeit eines Mitarbeiters vor, wenn er die Gewähr dafür bietet, dass die im GwG geregelten Pflichten, sonstige geldwäscherechtlichen Pflichten und die beim Verpflichteten eingeführten Strategien, Kontrollen und Verfahren zur Verhinderung von Geldwäsche und von Terrorismusfinanzierung sorgfältig beachtet werden, er bestimmte in § 43 Abs. 1 GwG enthaltene Tatsachen seinem Vorgesetzten oder einem vorhandenen Geldwäschebeauftragten meldet und sich weder aktiv noch passiv an zweifelhaften Transaktionen oder Geschäftsbeziehungen beteiligt.[232]

203   Bei dem Begriff der Zuverlässigkeit handelt es sich um einen **unbestimmten Rechtsbegriff**, der gerichtlich nachprüfbar ist.[233] Auf Anforderung einer Behörde hat der Verpflichtete die Einhaltung schlüssig („plausibel") darzulegen.[234]

204   Das Erfordernis der Zuverlässigkeit betrifft sowohl diejenigen Mitarbeiter, die befugt sind, bare oder unbare Transaktionen auszuführen oder die mit der Anbahnung und Begründung von Geschäftsbeziehungen befasst sind, als auch diejenigen Mitarbeiter, die rein interne Verwaltungsaufgaben verrichten, soweit diese ebenfalls der Geldwäsche und der Terrorismusfinanzierung Vorschub leisten können.[235] Demgegenüber erfasst das Erfordernis der Zuverlässigkeit nicht solche Mitarbeiter, deren Tätigkeitsfeld der Geldwäsche und der Terrorismusfinanzierung keinerlei Vorschub leisten kann. Erst recht nicht erfasst vom Erfordernis der Zuverlässigkeit sind zudem solche Mitarbeiter, die überhaupt keiner geschäftsspezifischen Tätigkeit nachgehen, z. B. das Reinigungspersonal des Verpflichteten.[236]

205   Bei der Frage, ob der Mitarbeiter die Gewähr dafür bietet, diesen Verpflichtungen nachzukommen, handelt es sich um eine **Prognoseentscheidung**. Maßgeblicher Anhaltspunkt, um eine solche Prognoseentscheidung treffen zu können, ist das bisherige Verhalten des betroffenen Mitarbeiters.[237] Negative Prognosefaktoren können insbesondere sein: das Begehen einschlägiger Straftaten durch den Mitarbeiter, die beharrliche Verletzung geldwäscherechtlicher Pflichten, die häufige Missachtung interner Geldwäscherichtlinien oder entsprechender Anweisungen, das Bekanntwerden von Zwangsmaßnahmen gegen den Mitarbeiter sowie bestimmte verdächtige Verhaltensweisen, die nahelegen, dass der Mitarbeiter bei seiner Tätigkeit nicht nur die geschäftlichen Interessen, sondern eine

---

231 Vgl. DK, AuA 2014, Rn. 86b.
232 Vgl. auch BaFin, AuA 2021, Ziff. 3.5.
233 *Figura*, in: Herzog, GwG, § 1 Rn. 75.
234 BT-Drs. 17/6804, S. 34.
235 *Warius*, in: Herzog, GwG, 2. Aufl. 2014, § 9 Rn. 104.
236 *Warius*, in: Herzog, GwG, 2. Aufl. 2014, § 9 Rn. 104.
237 *Warius*, in: Herzog, GwG, 2. Aufl. 2014, § 9 Rn. 103.

unrechtmäßige eigene Bereicherung oder Bereicherung dritter Personen im Blick hat.[238]

Die Frage nach dem Vorliegen der Zuverlässigkeit eines Mitarbeiters ist insbesondere im Hinblick auf die vom Verpflichteten zu treffenden internen Sicherungsmaßnahmen von Bedeutung. Nach § 6 Abs. 2 Nr. 5 GwG müssen nämlich die Verpflichteten im Rahmen der zu treffenden internen Sicherungsmaßnahmen ihre Mitarbeiter auf ihre Zuverlässigkeit überprüfen und hierfür geeignete Maßnahmen – wie Personalkontroll- und Beurteilungssysteme – etablieren (Näheres dazu → § 6 Rn. 69 ff.).   **206**

XXII. Korrespondenzbeziehung (§ 1 Abs. 21 GwG)

Der Begriff der Korrespondenzbeziehung bedarf einer Definition, da ihr Vorliegen nach § 15 Abs. 3 Nr. 3 GwG ein höheres Risiko der Geldwäsche und Terrorismusfinanzierung birgt, weshalb in solchen Fällen von den Verpflichteten verstärkte Sorgfaltspflichten zu erfüllen sind.[239]   **207**

Im Zusammenhang mit der Reichweite der **vom Gesetzgeber als hoch risikobehaftet eingestuften** Korrespondenzbeziehungen kommt es immer wieder zu Missverständnissen. **Nicht jede Korrespondenzbeziehung, wohl aber jede Korrespondenzbankbeziehung** wird als erhöht risikobehaftet angesehen. Die FATF[240] fasst dieses Dilemma klug zusammen: **208**

„Correspondent banking is the provision of banking services by one bank (the „correspondent bank") to another bank (the „respondent bank"). Large international banks typically act as correspondents for thousands of other banks around the world. Respondent banks may be provided with a wide range of services, including cash management (e.g. interest-bearing accounts in a variety of currencies), international wire transfers, cheque clearing, payable-through accounts and foreign exchange services.
Correspondent banking does not include one-off transactions or the mere exchange of SWIFT Relationship Management Application keys (RMA) in the context of non-customer relationships, but rather is characterised by its ongoing, repetitive nature.
Correspondent banking services encompass a wide range of services which do not all carry the same level of ML/TF risks. Some correspondent banking

---

238 *Warius*, in: Herzog, GwG, 2. Aufl. 2014, § 9 Rn. 109.
239 Vgl. auch FATF Recommendations (2012–2021), Recommendation 13; Art. 19 der Vierten EU-Geldwäscherichtlinie; FATF Guidance, Correspondent Banking Services, Oktober 2016.
240 FATF Guidance, Correspondent Banking Services, Oktober 2016, S. 8.

services present a higher ML/FT risk because the correspondent institution processes or executes transactions for its customer's customers."

209 Der europäische Gesetzgeber griff die Erwägungen der FATF indes nicht auf, sondern schaffte mit einer eigenen europäischen Definition Auslegungsunsicherheiten unter den Verpflichteten.

210 Die Definition von Korrespondenzbeziehungen im GwG ist Art. 3 Nr. 8 der Vierten EU-Geldwäscherichtlinie entlehnt und geht sowohl darüber als auch über das vorherige Verständnis von Korrespondenzbeziehungen nach § 25k KWG a. F. hinaus. In Art. 3 Nr. 8 der Vierten EU-Geldwäscherichtlinie ist lediglich von Korrespondenz*bank*beziehungen die Rede; das GwG übernimmt und erweitert diese zur „Korrespondenzbeziehung". **Ältere, auf § 25k KWG bezogene Leitfäden sind deshalb nur noch einschränkt gültig.** Zwar hat der Gesetzgeber – im Nachgang mit prominenten Vorfällen in Deutschland und Europa – einen neuen rechtlichen Rahmen zu Pflichtenkreisen und verstärkten Sorgfalts- und Überwachungspflichten im Korrespondenzgeschäft erlassen (vgl. → § 15 Rn. 22 ff.). Leider hat der Gesetzgeber es aber unterlassen, im Verfahren zur Umsetzung der Änderungsrichtlinie zur Vierten EU-Geldwäscherichtlinie die Begrifflichkeiten in der Praxis handhabbar zu machen.[241] Zusätzliche Unsicherheit dürfte die (Wieder-)Einführung des Begriffs der Korrespondenz*bank*beziehung in **§ 15 Abs. 5a Nr. 7** mit sich bringen. Die in § 15 Abs. 5a Nr. 7 angesprochene Beendigungspflicht betrifft dem Wortlaut nach ausschließlich Korrespondenz*bank*beziehungen. Eine Legaldefinition der Korrespondenzbankbeziehung kennt das GwG hingegen nicht. Während Historie und Funktionalität für eine eingeschränkte Auslegung des Begriffs in § 15a Abs. 5a Nr. 7 sprechen, ist eine abweichende Ansicht mit Blick auf die klare Wertentscheidung des europäischen Gesetzgebers in der Änderungsrichtlinie ebenso vertretbar. Sofern der Gesetzgeber allerdings eine flächendeckende Anwendung des weiteren Begriffs der Korrespondenzbeziehung im GwG beabsichtigt, sind weitere gesetzliche Klarstellungen, ggf. auch die nähere Definition im Wege einer einheitlichen Verwaltungspraxis, unerlässlich. Leider hat die BaFin bei der Veröffentlichung der Auslegungs- und Anwendungshinweise für Kreditinstitute[242] eine weitere Gelegenheit verstreichen lassen, jedenfalls verwaltungspraktische Klarheit zu schaffen. Immerhin wird ausgeführt, dass sich der Begriff der Korrespondenz*bank*beziehung lediglich auf Korrespondenzbeziehungen im Interbankenverkehr beschränkt, also einen Unterfall von § 1 Abs. 21 darstellt.[243]

211 Als Korrespondenzbeziehung nennt das GwG zwei Varianten.

---

241 Einen guten Überblick über die Begrifflichkeiten und die sich in der Praxis hieraus ergebenden Herausforderungen findet man bei *Glaab/Krause*, Die Bank 2019 (10), 48 ff. und 2020 (1) 45 ff.

242 BaFin, AuA BT Banken, August 2021, Ziff. 5.

243 BaFin, AuA BT Banken, August 2021, Ziff. 5, Abs. 2 Satz 9.

Danach besteht eine Korrespondenzbeziehung **erstens bei der Erbringung von** **212**
Bankdienstleistungen durch Verpflichtete nach § 2 Abs. 1 Nr. 1 GwG, also
durch Kreditinstitute im Sinne des § 1 Abs. 1 KWG (Korrespondent), für CRR-
Kreditinstitute oder für Unternehmen in einem Drittstaat, die Tätigkeiten ausüben, die einem CRR-Kreditinstitut gleichwertig sind (Respondenten).

Als Beispiele für Bankdienstleistungen nennt das GwG und seine Gesetzesbe- **213**
gründung das Führen von Kontokorrent-, Sammel- oder anderen Bezugskonten
und die Erbringung damit verbundener Leistungen, wie die Barmittelverwal-
tung, Scheckverrechnungen, Devisengeschäfte oder internationale Geldtransfers.[244] Dieses Verständnis der Korrespondenzbeziehung ist bereits aus § 25k
KWG a. F. bekannt. In der Verwaltungspraxis wird darauf hingewiesen, dass
„Bankdienstleistungen" nicht alle in § 1 Abs. 1 Satz 2 KWG aufgeführten Bankgeschäfte seien, sondern nur solche, die im Zusammenhang mit dem Zahlungsverkehr stehen (vgl. insbesondere die in § 1 Abs. 1 Satz 2 ZAG genannten
Dienstleistungen).[245]

Darüber hinaus besteht eine Korrespondenzbeziehung nach einem über § 25k **214**
KWG a. F. hinausgehendem Verständnis zweitens **nun auch bei anderen Leis-**
tungen als Bankdienstleistungen. Zu solchen anderen Leistungen als
Bankdienstleistungen gehören nach Ansicht des Gesetzgebers insbesondere
Wertpapiergeschäfte oder Geldtransfers.[246]

Hinsichtlich der **Korrespondenzbeziehungen im Zahlungsgeschäft**, insbeson- **215**
dere der Zwischenschaltung von Dienstleistern in Zahlungsketten, existiert mittlerweile eine eigene Verantwortungshierarchie, widergespiegelt insbesondere in
der Geldtransferverordnung. Hinsichtlich der „anderen" Leistungen, die nach
Ansicht der BaFin vom Anwendungsbereich des GwG erfasst sein könnten,[247]
fehlt es an jeder konkretisierenden Publikation oder greifbaren Äußerung des
Gesetzgebers. Es muss vielmehr befürchtet werden, dass weder Gesetzgeber
noch Aufsichtsbehörden eine grobe Vorstellung von der Reichweite der Anwendbarkeit des GwG haben.

Wesentlich für die Qualifikation einer Interbankenbeziehung ist, dass die Ge- **216**
schäftsbeziehung nicht nur auf einer individuellen Transaktionsbeziehung und
zudem nicht bloß auf einer Netzwerkvereinbarung beruht, sondern dass zwischen den Instituten eine **auf Dauer angelegte Vertragsbeziehung** hinsichtlich
typischer Bankdienstleistungen besteht.

Jene anderen Leistungen müssen, **anders als Bankgeschäfte**, auch nicht zwin- **217**
gend von einem Kreditinstitut als Korrespondent erbracht werden. Vielmehr

---

244 BT-Drs. 18/11555, S. 105.
245 BaFin, AuA 2021, Ziff. 7.5.1.
246 BT-Drs. 18/11555, S. 105.
247 BaFin, AuA 2021, Ziff. 7.5.1.

kommen insoweit auch Verpflichtete nach § 2 Abs. 1 Nr. 2–3, 6–9 KWG, also Finanzdienstleistungsinstitute im Sinne des § 1 Abs. 1a KWG (siehe zu Ausnahmen → § 2 Rn. 62 ff.), Zahlungsinstitute und E-Geld-Institute, Finanzunternehmen im Sinne des § 1 Abs. 3 KWG, bestimmte Versicherungsunternehmen und entsprechende Versicherungsvermittler sowie Kapitalverwaltungsgesellschaften im Sinne des § 17 Abs. 1 KAGB als Korrespondent in Betracht.

218   Schließlich müssen die anderen Leistungen auch **nicht zwingend gegenüber einem CRR-Kreditinstitut** oder einem diesem gleichwertigen Institut eines Drittstaates als Respondenten erbracht werden. Vielmehr sind als Respondenten nunmehr auch Finanzinstitute im Sinne des Art. 3 Nr. 2 der Vierten EU-Geldwäscherichtlinie und diesen gleichwertige Institute eines Drittstaates erfasst. Finanzinstitute im Sinne des Art. 3 Nr. 2 der Vierten EU-Geldwäscherichtlinie sind insbesondere sämtliche Nichtkreditinstitute, die Darlehensgeschäfte, Finanzierungsleasing, Zahlungsdienste, Bürgschaften und Kreditzusagen tätigen, andere Zahlungsmittel ausgeben und verwalten, mit bestimmten Finanzprodukten handeln, an Wertpapieremissionen teilnehmen und einschlägige Dienstleistungen bereitstellen, die Unternehmen zu bestimmten strategischen Themen beraten, Geldmaklergeschäfte betreiben, Portfolioverwaltung oder Portfolioberatung, Wertpapierverwaltung oder Wertpapieraufbewahrung durchführen, Schließfachverwaltungsdienste anbieten oder E-Geld ausgeben. Weiterhin zählen zu den Finanzinstituten in diesem Sinne auch bestimmte Versicherungsunternehmen und -vermittler, Wertpapierfirmen sowie Organismen für gemeinsame Anlagen, die ihre Anteilscheine oder Anteile vertreiben. Erfasst vom Begriff des Finanzinstitutes in diesem Sinne werden zudem auch alle Zweigstellen der soeben genannten Finanzinstitute. Mit anderen Worten hat der europäische Gesetzgeber entschieden, die Korrespondenzbeziehungen **weit über den eigentlichen Kernanwendungsbereich** der Regeln für die Verantwortlichkeit von Kreditinstituten für kooperierende Institute im Banksektor auf Zahlungs- und Wertpapierinstitute auszudehnen. Es darf bezweifelt werden, dass dieser Schritt in seiner Allgemeinheit Sinn ergibt.

219   Nach bisherigem, vom KWG-rechtlich geprägten Begriff der „**Korrespondenzbankbeziehung**" **geprägten Verständnis**[248] war eine einfache, aber durchgehend sinnvolle Aufteilung von Pflichtenkreisen möglich. Während der „Korrespondent" die Sorgfaltspflichten erfüllte und die Sicherungsmaßnahmen ergriff, konnte sich der „Respondent" zu einem gewissen Grad auf die ordnungsgemäße Durchführung durch den Korrespondenten verlassen und war „nur" zur Schaffung entsprechender vertraglicher Vereinbarungen und zu Stichproben verpflichtet.

---

248 Vgl. zum typischen Umfang einer „Korrespondenzbankbeziehung" und deren Pflichtenumfang DK, AuA 2014, Rn. 68.

Mit der Abnahme der Relevanz von Korrespondenzbankbeziehungen durch die   **220**
Einführung von **Clearing- und Settlementsystemen im Bankverkehr** besteht
die größte praktische Bedeutung des Korrespondenz(„bank")systems im Bereich
der Akkreditive und weiterer Instrumente der Exportfinanzierung (allerdings
nur, soweit es sich nicht um ein „One off-Geschäft" handelt[249] und im Bereich
von Unterverwahrverhältnissen („Sub-Custody-Agreements"), bei denen die
von der FATF als besonders kritisch eingeschätzte „The customer's customer"-
Konstellation überhaupt eintritt. Für den Fondssektor bestehen keine erkennba-
ren Verwaltungspraktiken, obgleich auch hier die vom Gesetzgeber als risikobehaftet erkannte Konstellation besonders evident erscheint.[250]

Die Erweiterung des Begriffes (und damit des Anwendungsbereiches für die ver-   **221**
stärkten Sorgfaltspflichten, vgl. § 15 Abs. 3 GwG) und die ausdrückliche Benennung des Wertpapiergeschäfts in der Gesetzesbegründung des Umsetzungsgesetzes der Vierten EU-Geldwäscherichtlinie führt aufgrund der mannigfaltigen
Outsourcing- und Kooperationsmöglichkeiten im Wertpapiergeschäft möglicherweise zu **Unklarheiten** hinsichtlich der vom Respondenten und Korrespondenten (falls eine solche Unterscheidung z. B. im Wertpapiergeschäft überhaupt
sinnvoll ist) einzuhaltenden Pflichtenkreise. Der Gesetzgeber hat dies schon bei
der Umsetzung der Änderungsrichtlinie 2019 und bei der GwG Reform 2021
versäumt, sollte aber weiterhin eine Klarstellung, insbesondere im Hinblick auf
Leistungsketten im Wertpapierbereich, erwägen.

XXIII. Bank-Mantelgesellschaft (§ 1 Abs. 22 GwG)

Die Definition des Begriffs der Bank-Mantelgesellschaft („Shell Bank") geht   **222**
auf Art. 3 Nr. 17 der Vierten EU-Geldwäscherichtlinie zurück. Der Begriff als
solches hat seine Wurzeln in der US-Gesetzgebung[251] und in Veröffentlichungen
des Basler Komitees für Bankenaufsicht.[252]

---

249 Teilweise stellen Rechtsverhältnisse zwischen Kreditinstituten im Akkreditiv- und
Exportgarantiegeschäft eine den Korrespondenzbeziehungen gleichzuordnende Beziehung dar. Sofern Akkreditivverhältnisse auf Kooperations-, Rahmenverträgen
o. Ä. beruhen, mag dies zutreffen. Die Auffassung der Vorauflage ist in diesem Sinne
zu verstehen.
250 Die Teilnahme an Clearing- und Settlementsystemen stellt keine Korrespondenzbeziehung dar, vgl. FATF Guidance, Correspondent Banking Services, Oktober 2016,
S. 8.
251 Insbesondere Sec. 312, 313, 319 des US Patriot Act.
252 „[…] Shell banks are banks that have no physical presence (i. e. meaningful mind and
management) 2 in the country where they are incorporated and licensed, 3 and are not
affiliated to any financial services group that is subject to effective consolidated supervision", vgl. BCBS Shell banks and Booking Offices, 2003.

223 Unter den Begriff der Bank-Mantelgesellschaft fallen solche CRR-Kreditinstitute, Finanzinstitute im Sinne des Art. 3 Nr. 2 der Vierten EU-Geldwäscherichtlinie (siehe näher dazu → Rn. 22) sowie diesen Instituten in ihrer Tätigkeit gleichwertige Unternehmen, die in einem bestimmten Land zwar im dortigen Handelsregister oder in einem vergleichbaren Register eingetragen sind, in diesem Land aber **faktisch keine Verwaltung oder Leitung** des Instituts haben und auch keiner regulierten Gruppe von Kredit- oder Finanzinstituten angeschlossen sind. Im Blick hatte der Gesetzgeber vor allem derartige Bank-Mantelgesellschaften aus Drittstaaten.[253]

224 Es handelt sich also um **Institute im formellen Sinn**, deren Geschäftstätigkeit in dem betroffenen (Dritt-)Staat zwar beim zuständigen Register angemeldet wurde, faktisch dort aber die angemeldete Geschäftstätigkeit gar nicht ausgeübt wird bzw. für die Aufsichtsbehörde keine Ansprechpartner des Instituts greifbar sind. Infolgedessen kann dann von der Aufsichtsbehörde auch **keine wirksame Aufsicht** des Instituts in dem (Dritt-)Staat gewährleistet werden. Da die betroffenen Institute auch keiner regulierten Gruppe von Kredit- oder Finanzinstituten angeschlossen sind, kann die wirksame Aufsicht der Institute auch nicht im Wege der Gruppenaufsicht sichergestellt werden.

225 Aufgrund dieses Defizits an wirksamer Aufsicht über die genannten Institute, und der hiermit einhergehenden **erhöhten Risikoexposition**,[254] hat der Gesetzgeber diesen eine eigenständige Bedeutung im GwG zugeschrieben. Die Verpflichteten treffen bei grenzüberschreitenden Korrespondenzbeziehungen mit Respondenten in Drittstaaten, bei denen nach § 15 Abs. 3 Nr. 3 GwG ein erhöhtes Risiko der Geldwäsche und Terrorismusfinanzierung besteht, ohnehin schon verstärkte Sorgfaltspflichten. Zu diesen verstärkten Sorgfaltspflichten gehört dann nach § 15 Abs. 6 Nr. 4 GwG unter anderem auch sicherzustellen, dass keine Geschäftsbeziehung mit einem Respondenten begründet oder fortgesetzt wird, von dem bekannt ist, dass seine Konten von einer Bank-Mantelgesellschaft genutzt werden (siehe näher dazu → § 15 Rn. 64 ff.). Da eine wirksame Aufsicht über die Bank-Mantelgesellschaft nicht gewährleistet ist, besteht ein immenses Geldwäscherisiko, weshalb in vielen Staaten der Erde mittlerweile das Unterhalten von Geschäftsbeziehungen zu „Shell Banks" untersagt ist.

XXIV. Kunstvermittler und Kunstlagerhalter
(§ 1 Abs. 23 GwG)

226 Nach Umsetzung des Art. 1 Nr. 1 lit. c der Änderungsrichtlinie in § 1 Abs. 23 GwG sind nunmehr Personen geldwäscherechtlich verpflichtet, die mit Kunst-

---

253 BT-Drs. 18/11555, S. 105.
254 *Figura*, in: Herzog, GwG, § 1 Rn. 78.

werken handeln oder beim Handel mit Kunstwerken als Vermittler tätig werden, auch Kunstgalerien und Auktionshäuser, sowie Personen, die Kunstwerke lagern, wenn die Lagerung in Zollfreigebieten ausgeführt wird.[255]

Politischer Auslöser der (Nach-)Verpflichtung bestimmter Kunsthändler war die Erkenntnis, dass Kunstgegenstände nicht nur zur Geldwäsche missbraucht werden können.[256] Nach Erkenntnissen einiger Studien ist auch anzunehmen, dass Kunstgegenstände in der **Terrorismusfinanzierung** eine wesentliche Rolle spielen.[257] Im UN-Sicherheitsrat wurde 2017 eine Resolution erlassen, die betont, dass die internationale Staatengemeinschaft die Finanzierung terroristischer Aktivitäten durch die Veräußerung von während Raubzügen terroristischer Gruppen gestohlenen Kunstgegenständen bekämpfen müsse.[258]   **227**

Während die Verpflichtung von Kunsthändlern auf Ebene der EU ein Novum darstellte, waren selbige aufgrund der **Überumsetzung der Dritten EU-Geldwäscherichtlinie** für Güterhändler in Deutschland (siehe → § 2 Rn. 279 ff.), jedenfalls in der Grundform des „Handlers", bereits vom gesetzlichen Begriff des „Güterhändlers" abgedeckt, sodass eine beschränkte Ergänzung in § 1 Abs. 23 GwG erfolgte. Durch die – **systemwidrige – Umsetzung der Aufnahme von Kunsthändlern** in deutsches Recht kommt es allerdings hinsichtlich der Frage, wer letztlich Kunsthändler ist und wie sich die Regeln zwischen Güter- und Kunsthandel im Einzelfall verhalten, zu Auslegungsunsicherheiten (vgl. → § 4 Rn. 69 ff.).   **228**

Beide Begriffe setzen denklogisch voraus, dass es sich bei den vermittelten bzw. gelagerten Gegenständen um „**Kunst**" handeln muss. Hierbei ist nicht die verfassungsrechtliche,[259] sondern eine eigene geldwäscherechtliche Betrachtungsweise ausschlaggebend, die sich nach h.M. an der umsatzsteuerrechtlichen Begrifflichkeit orientiert.[260] In der aktuellen Diskussion kam gelegentlich die Frage auf, ob auch nicht-gegenständliche Kunst, wie „**Kryptokunst**" („NFT") vom geldwäscherechtlichen Kunstbegriff erfasst ist. In der Praxis wird neben dem (digitalen) Kunstgegenstand oftmals eine physische Designskizze erstellt und   **229**

---

255 Regierungsentwurf zur Umsetzung der Änderungsrichtlinie zur Vierten EU-Geldwäscherichtlinie v. 31.7.2019, S. 54.

256 Vgl. die guten Übersichten bei *Boll*, in: Wohlschlägl/Aschberger, Geldwäscheprävention, S. 517 ff.; *Martin de Sanctis*, Money laundering through art.

257 Vgl. z.B. die Studie des Europaparlaments, Directorate-General for External Policies, Policy Department, „The financing of the „Islamic State"; in Iraq and Syria (ISIS)", 2017, S. 10 ff.

258 UNSCR: Resolution 2347 (2017), verabschiedet auf der 7907. Sitzung des Sicherheitsrats am 24.3.2017.

259 Vgl. z.B. BVerfG, BVerfGE 30, 173 („Mephisto").

260 Vgl. *Gudowski/Lehnert*, GWuR 2021, 23, 24 unter Verweis auf Nr. 53 der Anlage 2 zu § 12 Abs. 2 Nr. 1 und 2 UstG, so schließlich auch die Gemeinsamen Auslegungs- und Anwendungshinweise der Bundesländer 11/2020, Rn. 1.8.

mitübertragen. Diese ist unstreitig „Kunst". Einkommensteuerlich und in der Folge umsatzsteuerrechtlich[261] spricht bereits viel dafür, auch solche „NFT"-Kunstwerke von den umsatzsteuerlichen Wertungen und somit vom GwG erfasst sind. Zwar sind im einzelnen steuerrechtliche Fragen ungeklärt und auch die inländischen Anknüpfungspunkte von „Transaktionen" alles andere als evident.[262] Geldwäscherechtlich muss nach Sinn und Zweck der Normen, aufgrund der Wertträgereigenschaft, der Existenz von Sekundärmärkten und Marktpreisen und der Umschlagfähigkeit davon ausgegangen werden, dass solche nicht-gegenständlichen Kunstwerke von der Geldwäscheregulierung eindeutig erfasst sind.[263] Die Risikolage ist zudem aufgrund oft intransparenter Übertragungswege und ungeklärter Fragen der inländischen Belegenheit[264] extrem hoch.

230   Nach der Definition in § 1 Abs. 23 Satz 1 ist – nach der Gesetzesbegründung – **Kunstvermittler** im Sinne des GwG, wer gewerblich den Abschluss von Kaufverträgen über Kunstgegenstände vermittelt. Dieser Begriff des Kunstvermittlers schließt nach Art. 2 Abs. 1 Nr. 3 lit. i der Änderungsrichtlinie insbesondere Kunstgalerien und Auktionshäuser mit ein. Unter dem Begriff des Güterhandels waren bereits nach bisheriger Rechtslage auch Kommissionsgeschäfte (Handeln in eigenem Namen auf fremde Rechnung) und Vermittlungstätigkeiten (Handeln in fremdem Namen auf fremde Rechnung) erfasst.[265] Die durch die Änderungen 2019 ins Gesetz aufgenommene Abgrenzung von Güterhandel und Kunstvermittlung ist insoweit bedeutsam mit Blick auf die jeweils unterschiedlichen Schwellenbeträge (vgl. § 4 Abs. 5 und § 10 Abs. 6a).[266]

231   **Kunstlagerhalter** im Sinne des GwG ist, wer gewerblich Kunstgegenstände lagert. Der Begriff des Lagerhalters entspricht nach dem Regierungsentwurf dem des § 467 Abs. 1 Handelsgesetzbuch (HGB). Der Lagerhalter ist lediglich verpflichtet, gegen eine Vergütung Kunstgegenstände zu lagern und aufzubewahren. Lagerhalter unterfallen den Regelungen des Geldwäschegesetzes allerdings nur, soweit die Lagerung in Zollfreigebieten erfolgt (vgl. Art. 1 Nr. 1 lit. c der Änderungsrichtlinie).[267] Hierdurch wird dem jahrelangen Missbrauch von Zollfreigebieten zur Geldwäsche mit Kunstgegenständen[268] entgegengewirkt. Wie bei allen

---

261 *Moskat/Schaar*, BB 2022, 28, 30 f.

262 Sehr instruktiv z. B. *Rapp/Bongers/Engelhardt*, UR 2021, 493 ff.

263 So im Ergebnis auch *Moskat/Schaar*, BB 2022, 28, 31.

264 *Rapp/Bongers/Engelhardt*, UR 2021, 493 ff.

265 Vgl. BT-Drs. 18/11555, S. 103.

266 Regierungsentwurf zur Umsetzung der Änderungsrichtlinie zur Vierten EU-Geldwäscherichtlinie v. 31.7.2019, S. 74.

267 Regierungsentwurf zur Umsetzung der Änderungsrichtlinie zur Vierten EU-Geldwäscherichtlinie v. 31.7.2019, S. 75.

268 Eine durchaus beeindruckende Schilderung der Praktiken findet sich bei *Roth*, Geldwäscherei Zollfreilager.

Verpflichtetengruppen des GwG ist die **gewerbliche Ausübung** im Sinne des § 467 Abs. 3 HGB nötig; anderenfalls besteht keine Verpflichtetenstellung.

XXV. Finanzunternehmen (§ 1 Abs. 24 GwG)

Die geldwächerechtliche Einbeziehung von „Finanzunternehmen" dient als **Auffangtatbestand**.[269] Durch die Einfügung einer eigenen Definition des „Finanzunternehmens" wird eine **lange währende Diskussion** beendet – zahlreiche neue werden entfacht. Hinter der neuen geldwächerechtlichen Definition steht nach der uferlosen Erweiterung des Verpflichtetenkreises nicht nur die – endlich nötige – Abkehr des Geldwäscheregimes von seinen Wurzeln im Bankgeschäft,[270] sondern vor allem das Bestreben des Gesetzgebers, ein seit Jahren vor sich hin köchelndes Problem zu lösen: Nämlich das der unbeschränkten Einbeziehung von Finanzholdings, namentlich reinen Industrieholdings, in den Verpflichtetenkreis des GwG: **232**

Die Einbeziehung von Finanzunternehmen, insbesondere der wenig durchdachte **Verweis auf die Vorschriften des Kreditwesengesetzes**, führte nach der alten Gesetzeslage außerhalb des Kreditwesens zu erheblichen Anwendungsproblemen. Grund für eine Reihe von Missverständnissen hinsichtlich der Einbeziehung von Finanzunternehmen ist der Begriffswirrwarr, der sich um den unterschiedlichen Gebrauch der Begriffe „Financial Institution" schon seit der Ersten Europäischen Geldwächerichtlinie 91/308/EWG[271] entwickelt hatte. Anfänglich waren nämlich „Finanzunternehmen" im Sinne der EU-Richtlinien Banken   **233**

---

269 *Figura*, in: Herzog, GwG, § 2 Rn. 110.

270 Nach dem Regierungsentwurf zum Umsetzungsgesetz zur Änderungsrichtlinie zur Vierten EU-Geldwächerichtlinie v. 31.7.2019, S. 75, habe sich „innerhalb geldwäscherechtlicher Bezüge die Definition des Finanzunternehmens nach § 1 Absatz 3 KWG als nicht zweckdienlich erwiesen, da im Rahmen der banken- und wertpapierrechtlichen Vorgaben des KWG geldwächerechtliche Belange keine angemessene Berücksichtigung fanden". In der Rechtsrealität dürfte sich die Situation genau umgekehrt gestaltet haben: Bank- und wertpapierrechtliche Vorgaben haben mit der Fortentwicklung des GwG, insbesondere mit dessen Erstreckung auf den Nichtfinanzsektor, kaum Schritt gehalten.

271 Richtlinie 91/308/EWG des Rates v. 10.6.1991 zur Verhinderung der Nutzung des Finanzsystems zum Zwecke der Geldwäsche. Dort wird das Finanzinstitut in Art. 1 zweiter Spiegelstrich wie folgt definiert: „Finanzinstitut: ein anderes Unternehmen als ein Kreditinstitut, dessen Haupttätigkeit darin besteht, eines oder mehrere der unter den Nummern 2 bis 12 und 14 der Liste im Anhang zur Richtlinie 89/646/EWG aufgeführten Geschäfte zu tätigen, oder ein Versicherungsunternehmen, das gemäß der Richtlinie 79/267/EWG (3), zuletzt geändert durch die Richtlinie 90/619/EWG (4), zugelassen ist, soweit es Tätigkeiten ausübt, die unter die Richtlinie 79/267/EWG fallen; diese Definition schließt auch in der Gemeinschaft gelegene Zweigniederlassungen von Finanzinstituten mit Sitz außerhalb der Gemeinschaft ein [...]".

und Finanzdienstleister, nicht Finanzunternehmen im heutigen Sinne.[272] Auslöser der **Kette von Missverständnissen** war vor allem die Tatsache, dass Finanzdienstleister zu Anbeginn der Geldwäschebekämpfung in vielen Mitgliedstaaten nicht unter die Bankenregulierung fielen. Durch die unreflektierte Übernahme von Begrifflichkeiten entstand eine wohl beispiellose Kette von Missverständnissen hinsichtlich des Anwendungsbereiches des GwG. Der deutsche Gesetzgeber saß diesem Missverständnis bei der Aufnahme der „Finanzinstitute" im „Ur-GwG", dem ersten „Gesetz über das Aufspüren von Gewinnen aus schweren Straftaten" vom 25.10.1993 auf. Im Rahmen dieses Gesetzes legte der Gesetzgeber sowohl den „Kreditinstituten" als auch den „Finanzinstituten" erstmals eine geldwäscherechtliche Verpflichtung auf.

234 Der Begriff des „Kreditinstitutes" war bereits aus dem KWG bekannt. Demgegenüber war der Begriff des „Finanzinstitutes" noch nicht im KWG enthalten. Dementsprechend lehnte sich der deutsche Gesetzgeber im Hinblick auf die nähere Beschreibung des Begriffs **"Finanzinstitut" an Art. 1 Nr. 6 der „2. Bankenrechtskoordinierungsrichtlinie"**[273] an.[274] Danach waren Finanzinstitute Unternehmen, die kein Kreditinstitut sind und deren Haupttätigkeit darin besteht, Beteiligungen zu erwerben oder eines oder mehrere der Geschäfte zu betreiben, die unter den Ziff. 2–12 der im Anhang enthaltenen Liste aufgeführt sind. Unter den genannten Ziffern der im Anhang zur 2. Bankrechtskoordinierungsrichtlinie enthaltenen Liste sind vor allem jene Geschäftätigkeiten genannt, an die heute der Begriff des Finanzunternehmens im Sinne des § 1 Abs. 3 KWG und damit auch die geldwäscherechtliche Verpflichtung der Finanzunternehmen nach § 2 Abs. 1 Nr. 6 GwG anknüpft.

235 Hintergrund dieser weiterhin faktisch vorhandenen geldwäscherechtlichen Anknüpfung an den Begriff des **„Finanzinstitutes" im Sinne der 2. Bankrechtskoordinierungsrichtlinie** war zunächst, dass auch die Geldwäscherichtlinien im Hinblick auf die geldwäscherechtlich verpflichteten „Finanzinstitute" im Endeffekt an die in der einstigen 2. Bankrechtskoordinierungsrichtlinie enthaltenen Liste betroffener Geschäftätigkeiten anknüpften.

236 Der einzige Unterschied zum deutschen Recht ist, dass der deutsche Gesetzgeber im KWG und im GwG im Zuge des Gesetzes zur Umsetzung von EG-Richtlinien zur Harmonisierung bank- und wertpapieraufsichtsrechtlicher Vorschrif-

---

272 Vgl. die Verweiskette aus 91/308/EWG, Art. 1 auf den Anhang der Richtlinie 89/646/EWG. Es steht zu vermuten, dass es nie in der Absicht des europäischen Gesetzgebers stand, Finanzinstitute nach heutiger Definition überhaupt in die Kreise der Primärverpflichteten zur Geldwäscheprävention einzubeziehen.
273 Richtlinie 89/646/EWG des Rates v. 15.12.1989 zur Koordinierung der Rechts- und Verwaltungsvorschriften über die Aufnahme und Ausübung der Tätigkeit der Kreditinstitute.
274 BT-Drs. 12/2704, S. 11.

                                   Kaetzler

ten vom 22.10.1997 und des entsprechenden Begleitgesetzes – anders als die EG- bzw. EU-Richtlinien – **nicht mehr den Begriff „Finanzinstitute", sondern die Begriffe „Finanzdienstleistungsinstitute" und „Finanzunternehmen"** verwendet, wobei der Begriff des „Finanzunternehmens" inhaltlich faktisch an die Geschäftstätigkeiten eines „Finanzinstitutes" im Sinne der einstigen 2. Bankrechtskoordinierungsrichtlinie anknüpft.[275]

Nach **§ 1 Abs. 3 KWG** sind Finanzunternehmen im rein bankaufsichtsrechtlichen Sinne solche Unternehmen, die weder ein Kreditinstitut oder Finanzdienstleistungsinstitut noch eine Kapitalverwaltungsgesellschaft oder extern verwaltete Investmentgesellschaft sind, und deren Haupttätigkeit in einer der folgenden Tätigkeiten besteht: **237**

– Erwerb/Halten von Beteiligungen;
– Entgeltlicher Erwerb von Geldforderungen;
– Tätigkeit als Leasing-Objektgesellschaft;
– Handeln mit Finanzinstrumenten für eigene Rechnung;
– Beratung anderer bei der Anlage in Finanzinstrumenten;
– Unternehmen über die Kapitalstruktur, die industrielle Strategie und die damit verbundenen Fragen zu beraten sowie bei Zusammenschlüssen und Übernahmen von Unternehmen diese zu beraten und ihnen Dienstleistungen anzubieten;
– Darlehen zwischen Kreditinstituten zu vermitteln.

Bei den genannten Tätigkeiten handelt es sich um solche, die weder vom Katalog der Bankgeschäfte im Sinne des § 1 Abs. 1 KWG noch vom Katalog der Finanzdienstleistungen im Sinne des § 1 Abs. 1a KWG umfasst sind. Unternehmen, die somit nur diese Tätigkeiten ausüben, sind weder Kreditinstitut noch Finanzdienstleistungsinstitut und bedürfen daher für diese Tätigkeiten keiner Erlaubnis nach dem KWG.[276] Demgegenüber werden Kreditinstitute und Finanzdienstleistungsinstitute, die neben ihren Bankgeschäften und Finanzdienstleistungen auch die oben aufgezählten Tätigkeiten ausüben, dadurch nicht zu **238**

---

275 Siehe zunächst Art. 1 zweiter Spiegelstrich der Richtlinie 91/308/EWG des Rates v. 10.6.1991 zur Verhinderung der Nutzung des Finanzsystems zum Zwecke der Geldwäsche („Erste EU-Geldwäscherichtlinie"); siehe nunmehr Art. 3 Nr. 2a der Richtlinie (EU) 2015/849 des Europäischen Parlaments und des Rates v. 20.5.2015 zur Verhinderung der Nutzung des Finanzsystems zum Zwecke der Geldwäsche und der Terrorismusfinanzierung, zur Änderung der Verordnung (EU) Nr. 648/2012 des Europäischen Parlaments und des Rates und zur Aufhebung der Richtlinie 2005/60/EG des Europäischen Parlaments und des Rates und der Richtlinie 2006/70/EG der Kommission („Vierte EU-Geldwäscherichtlinie"), wobei insoweit auf die Geschäftstätigkeiten in Anhang I Nr. 2–12, 14 und 15 der Richtlinie 2013/36/EU des Europäischen Parlaments und des Rates verwiesen wird, der aber den im Anhang der 2. Bankrechtskoordinierungsrichtlinie enthaltenen Geschäftstätigkeiten weitgehend entspricht.
276 *Schäfer*, in: Boos/Fischer/Schulte-Mattler, KWG/CRR-VO, § 1 KWG Rn. 223.

Finanzunternehmen. Dies hat der Gesetzgeber in § 1 Abs. 3 KWG ausdrücklich klargestellt.

239 Analog zu den Kreditinstituten und den Finanzdienstleistungsinstituten richten sich diese – aufgrund des in der früheren Version des GwG verwendeten, vom Wortlaut eindeutigen Verweises auf die bankaufsichtsrechtlichen Vorschriften des **Kreditwesengesetzes – ausschließlich nach dessen Vorschriften.**

240 An diesen **Negativkatalog in § 1 Abs. 3 KWG** knüpfte bis 2019 auch § 2 Abs. 1 Nr. 6 GwG a. F. noch einmal an. Danach waren Verpflichtete im Sinne des GwG zwar sämtliche „Finanzunternehmen im Sinne des § 1 Abs. 3 KWG". Ausgeklammert wurden nach § 2 Abs. 1 Nr. 6 GwG a. F. aber zunächst nur die Verpflichteten nach „Nummer 1 oder Nummer 4".

241 Damit wurden über Jahre hinweg zunächst Kreditinstitute und im Inland gelegene **Zweigstellen und Zweigniederlassungen von Kreditinstituten mit Sitz im Ausland** nach § 2 Abs. 1 Nr. 1 GwG (im Endeffekt irrigerweise, im Hinblick auf die Definition des „Finanzunternehmens" als Verpflichtete nach GwG) ausgeklammert. Im Hinblick auf die Kreditinstitute selbst ist die Ausklammerung in § 2 Abs. 1 Nr. 6 GwG aber überflüssig, da Kreditinstitute schon nach § 1 Abs. 3 KWG nicht unter den Begriff des Finanzunternehmens fallen. Konsequenterweise hätte der Gesetzgeber zudem in § 2 Abs. 1 Nr. 6 GwG auch die Verpflichteten nach § 2 Abs. 1 Nr. 2 GwG ausklammern müssen, da Finanzdienstleistungsinstitute ebenfalls schon nach § 1 Abs. 3 KWG nicht unter den Begriff des Finanzunternehmens fallen. Beide sind bekanntlich ohnehin GwG-verpflichtet.

242 Jedenfalls teilweisen Sinn ergab der **Verweis auf § 2 Abs. 1 Nr. 1 GwG** hingegen in Bezug auf die dort genannten im Inland gelegenen Zweigstellen und Zweigniederlassungen von Kreditinstituten. Denn zumindest die Zweigniederlassungen von Kreditinstituten mit Sitz im EWR-Ausland gelten – anders als Zweigstellen von Kreditinstituten mit Sitz im Nicht-EWR-Ausland (§ 53 Abs. 1 Satz 1 KWG) – nicht gemäß § 53b Abs. 1 Satz 3 KWG als Kreditinstitut, sodass sie auch nicht schon nach § 1 Abs. 3 KWG vom Begriff des Finanzunternehmens ausgeklammert sind. Entsprechend müssen dann aber auch im Inland gelegene Zweigniederlassungen von Finanzdienstleistungsinstituten mit Sitz im Ausland ausgeklammert sein, sodass der Gesetzgeber in § 2 Abs. 1 Nr. 6 GwG auch auf § 2 Abs. 1 Nr. 2 GwG hätte verweisen müssen. Im Hinblick auf die Geltung des Gewerberechts im Inland war die genannte Ausnahme aber problematisch – und widersprach der Verwaltungspraxis.

243 Schließlich wurden nach § 2 Abs. 1 Nr. 4 GwG a. F. **Agenten und E-Geld-Agenten** vom Begriff des Finanzunternehmens ausgeklammert. Bei diesem Verweis handelt es sich allerdings um einen aus – unterstellter – Unachtsamkeit unterlaufenen gesetzgeberischen Fehler, der wiederum seinen Ursprung in der ursprünglichen Definition des „Finanzunternehmens" in der Ersten EU-Geldwäscherichtlinie hatte.[277]

Ein entsprechender Verweis auf „Nummer 4" war nämlich auch schon in § 2 **244** Abs. 1 Nr. 3 GwG a. F. enthalten, wobei damals **Versicherungsunternehmen** (i. S. d. § 2 Abs. 1 Nr. 7 GwG n. F.) von § 2 Abs. 1 Nr. 4 GwG a. F. erfasst waren. Jene Ausklammerung von Versicherungsunternehmen ergab auch inhaltlich Sinn. Denn Versicherungsunternehmen nehmen ebenso wie Kreditinstitute und Finanzdienstleistungsinstitute praktisch häufig einige der in § 1 Abs. 3 Satz 1 KWG genannten Tätigkeiten – vor allem den Erwerb und das Halten von Beteiligungen, die Beratung anderer bei der Anlage in Finanzinstrumenten sowie die Beratung über die Kapitalstruktur – vor.

Da sich die aufsichtsrechtlichen Vorschriften für Versicherungen **nicht im** **245** **KWG, sondern im VAG** befanden, konnte die Negativabgrenzung in § 1 Abs. 3 KWG notwendigerweise nicht auch Versicherungsunternehmen vom Begriff des Finanzunternehmens ausklammern.[278] Die Interessenlage im Hinblick auf eine Ausklammerung von Versicherungsunternehmen ist aber die gleiche wie bei Kreditinstituten und Finanzdienstleistungsinstituten. Mit dem Begriff des „Finanzunternehmens" wollte der Gesetzgeber nämlich einen Auffangtatbestand für solche Unternehmen schaffen, die nicht erlaubnispflichtige, aber dennoch aufsichtsrechtlich relevante Tätigkeiten im Finanzsektor ausüben.[279] (Ziel der Einbeziehung der Finanzunternehmen in das KWG war es allerdings primär, solche Unternehmen in konsolidierungstechnischer Hinsicht den Kreditinstituten zurechnen zu können.)

Von dem Verpflichtetenkreis des § 2 GwG sollte mithin der **Finanzsektor**, also **246** die Bereiche „Banken", „Finanzdienstleistungen" und „Versicherungen" möglichst vollständig erfasst werden. Das war – und ist – die klare Absicht des Gesetzgebers. Da Kreditinstitute, Finanzdienstleistungsinstitute und bestimmte Versicherungsunternehmen aber schon von § 2 Abs. 1, 2 und 7 GwG a. F. auch im Hinblick auf die in § 1 Abs. 3 KWG genannten Tätigkeitsbereiche erfasst waren, musste der Negativkatalog in § 2 Abs. 1 Nr. 6 GwG gerade diese Verpflichteten wieder ausgrenzen, um als Auffangtatbestand den noch verbleibenden „Rest" der im Finanzsektor ebenfalls geldwäscherechtlich relevanten Unternehmen erfassen zu können. Der Verweis in § 2 Abs. 1 Nr. 6 GwG a. F. auf die „Nummer 4" war daher tatsächlich als Verweis auf „Nummer 7" zu verstehen.[280]

---

277 „Versicherungsunternehmen" waren in europäischem Sinne nämlich „Finanzunternehmen", vgl. Erste EU-Geldwäscherichtlinie.

278 *Schäfer*, in: Boos/Fischer/Schulte-Mattler, KWG/CRR-VO, § 1 KWG Rn. 226, spricht daher zu Recht vom „Sprachwirrwarr" bei der unterschiedlichen Anwendung des Begriffes.

279 BR-Drs. 182/17, S. 24.

280 *Warius*, in: Herzog, GwG, 2. Aufl. 2014, § 2 Rn. 107.

Der Gesetzgeber hatte es lediglich versäumt, die im Zuge der Änderung des GwG erfolgte Verschiebung der Nummern in § 2 Abs. 1 GwG im Hinblick auf die Finanzunternehmen anzupassen. Dies ist mit der nunmehrigen Gesetzesänderung durch Änderung des Verweises und Loslösung von der bankaufsichtsrechtlichen Definition aber bereinigt.

247   Der Verweis auf die in § 1 Abs. 3 Satz 1 KWG genannten Tätigkeiten war aber auch in anderer Hinsicht viel zu weit geraten und führte zu Anwendungsschwierigkeiten außerhalb des Finanzsektors. Dieser Punkt wurde vom Gesetzgeber nunmehr mit der **Einfügung des Satzes 2 der Definition** – endlich – aufgegriffen: „Holdinggesellschaften, die ausschließlich Beteiligungen an Unternehmen außerhalb des Kreditinstituts-, Finanzinstituts- und Versicherungssektors halten und die nicht über die mit der Verwaltung des Beteiligungsbesitzes verbundenen Aufgaben hinaus unternehmerisch tätig sind, sind keine Finanzunternehmen im Sinne dieses Gesetzes."

248   Hinter der schlichten Einfügung verbirgt sich eine jahrelange, verbitterte Auseinandersetzung um die Einbeziehung von **„reinen Industrieholdings"** in den Anwendungsbereich des GwG. Hinsichtlich „Finanzunternehmen" sah das GwG bisher nämlich keine Erleichterungen hinsichtlich der Pflichtenkataloge, z.B. bei der Errichtung von Sicherungsmaßnahmen oder der Bestellung von Geldwäschebeauftragten, vor.

249   Im Rahmen des Gesetzgebungsverfahrens zur Umsetzung der Vierten EU-Geldwäscherichtlinie hatte dann zunächst der **Bundesrat** völlig zu Recht Kritik an dem umfassenden Verweis des § 2 Abs. 1 Nr. 6 GwG auf § 1 Abs. 3 Satz 1 KWG geäußert. Nach Ansicht des Bundesrates werde der umfassende Verweis des § 2 Abs. 1 Nr. 6 GwG auf § 1 Abs. 3 Satz 1 KWG den tatsächlich bestehenden Geldwäscherisiken nicht vollends gerecht.

250   Es seien nämlich von dem Verweis bestimmte Tätigkeiten erfasst, bei denen kein hinreichendes Geldwäscherisiko vorhanden sei, sodass es auch unbillig wäre, den betroffenen Unternehmen geldwäscherechtliche Verpflichtungen aufzuerlegen. Der Bundesrat nennt hierbei zum einen reine (Industrie-)Holding-Gesellschaften, die kein operatives Geschäft betreiben und daher als identifizierungsfähige und -pflichtige „Kunden" für dieselben wohl nur die eigenen Tochtergesellschaften in Betracht kommen.[281]

251   Zum anderen nannte der Bundesrat die Leasing-Objektgesellschaften, weil diese lediglich ein einziges Leasingobjekt im Auftrag verwalteten und regelmäßig mit dem Personal der führenden, als Finanzdienstleister vom GwG erfassten Leasinggesellschaft in Kontakt stünden.[282]

---

281 BR-Drs. 182/17, S. 6; so auch *Lochen*, CCZ 2017, 226, 226 f.
282 BR-Drs. 182/17, S. 6.

Die Regierungskoalition hatte diese Kritik im Rahmen des Gesetzgebungsver- **252**
fahrens auch prinzipiell anerkannt, allerdings die nähere **Prüfung der vom Bundesrat aufgeworfenen Fragen** „auf Grund der Komplexität der Angelegenheit"
auf das „nächste Gesetzgebungsverfahren" verschoben.[283] Mit der Einfügung
des Satzes 2 hält die Legislative Wort.[284]

Die Diskussion war allerdings – retrospektiv betrachtet – unnötig. Auch der Ein- **253**
fügung des Satzes 2 hätte es nicht bedurft. „Reine" Industrieholdings waren
auch vor der klarstellenden Änderung nicht vom Anwendungsbereich des Geldwäschegesetzes erfasst. § 1 Abs. 3 KWG, auf den das GwG unglücklicherweise
pauschal und ohne Sensibilität für Sachverhalte außerhalb des Finanzsektors
verwies, ist eine Norm, deren Hauptanwendungsbereich bei der **Umgrenzung
bankaufsichtsrechtlicher Konsolidierungskreise** liegt.[285] Hinsichtlich bankaufsichtsrechtlicher Konsolidierungsvorschriften, nicht hinsichtlich der Beaufsichtigung von Finanzunternehmen selbst, besteht in der Tat ein Bedürfnis, solche Unternehmen in die Gruppenaufsicht einzubeziehen.

Schon in der Kreditwirtschaft waren reine Finanzholdings seit vielen Jahren **254**
nicht von § 1 Abs. 3 KWG erfasst. Die deutschen (Bank-)Aufsichtsbehörden haben seit vielen Jahren eine entsprechende Auffassung vertreten und kommuni-
ziert.[286] Auch die EBA[287] vertritt seit Jahren die Auffassung, dass **reine Industrieholdings nicht von den dem § 1 Abs. 3 KWG entsprechenden Vorschriften der CRR**[288] erfasst werden. Dass die Gesetzesbegründung 2019 diese
Rechtsquellen aufgriff, zeigt, dass auch der Gesetzgeber nunmehr davon auszugehen scheint, dass „reine Industrieholdings" im bankaufsichtsrechtlichen Sinne
jedenfalls nicht erfasst sind. Seine Existenzberechtigung findet Satz 2 der Definition allerdings in der **klarstellenden Beendigung der Diskussion.**

Die gelegentlichen Stellungnahmen deutscher Aufsichtsbehörden in der Real- **255**
wirtschaft, die teilweise andere Auffassungen zu vertreten schienen,[289] waren

---

283 BT-Drs. 18/12405, S. 155.
284 Regierungsentwurf zum Umsetzungsgesetz der Änderungsrichtlinie zur Vierten EU-
Geldwäscherichtlinie v. 31.7.2019, S. 75.
285 *Schäfer*, in: Boos/Fischer/Schulte-Mattler, KWG/CRR-VO, § 1 KWG Rn. 223
m.w.N. und der Entstehungsgeschichte der Norm.
286 Vgl. zuletzt: BaFin, Schreiben v. 15.5.2014 an die DK, BA 53-FR-2161-2014/0006;
vgl. auch *Schäfer*, in: Boos/Fischer/Schulte-Mattler, KWG/CRR-VO, § 1 KWG
Rn. 233 m.w.N.; a.A. *Schwennicke*, in: Schwennicke/Auerbach, KWG, 3. Aufl.
2016, § 1 Rn. 176, 179.
287 Single Rulebook Q&A 18.7.2014, Question ID: 2014_857, http://www.eba.euro
pa.eu/single-rule-book-qa/–/qna/view/publicId/2014_857, zuletzt abgerufen am
7.1.2022.
288 Vgl. Art. 4 (26) der CRR.
289 DIHK, Stellungnahme zum Referentenentwurf eines Gesetzes zur Umsetzung der
Vierten EU-Geldwäsche-Richtlinie u.a., S. 5; BDI, Stellungnahme zum Referenten-

schon vor diesem Hintergrund erstaunlich. Eine teleologische Ausnahme, die auch nach der Gesetzesänderung gilt, besteht für **Unternehmen, die aktiv mit Beteiligungen handeln**, etwa Beteiligungsgesellschaften und Private Equity-Strukturen. Bei Letzteren besteht im Hinblick auf die Finanztransaktionen bei Erwerb und Veräußerung regelmäßig und eindeutig eine Geldwäsche-Risikoexposition und somit ein Bedürfnis für deren Regulierung nach dem Sinn und Zweck des GwG. Insofern sind solche Beteiligungsunternehmen eben keine „reinen" Finanzholdings, selbst wenn sie ausschließlich mit Beteiligungen außerhalb des Finanzsektors handeln.[290]

256   Für die Qualifikation als Finanzholding im Sinne des GwG bleibt es unerheblich, ob über- oder nachgeordnete Beteiligungsholdings bestehen. Die GwG-Verpflichtungen sind von jedem Finanzunternehmen zu erfüllen; gelegentlich kommen Auslagerungslösungen in Betracht.

257   Der in **Satz 1 Nr. 2 geregelte Forderungserwerb** umfasst den entgeltlichen Erwerb von Forderungen als gewerbliche Tätigkeit. Sofern diese Tätigkeiten der Forfaitierung und des Factoring in Deutschland nicht ohnehin als Finanzdienstleistung erlaubnispflichtig sind, werden entsprechende Unternehmen jedenfalls als Finanzunternehmen erfasst.[291] Dort wo z. B. die Finanzierungsfunktion eines gewerblichen Forderungserwerbs wegfällt, handelt es sich bei entsprechenden Modellen nicht um erlaubnispflichtiges Factoringgeschäft.[292] Entsprechende Geschäftsmodelle, wie z. B. das „**Fälligkeitsfactoring**", fallen mithin aufgrund des Wortlautes der Norm („mit Finanzierungsfunktion") nicht unter Satz 1 Nr. 2 GwG.

258   Anders ist dies z. B. im Verbriefungsgeschäft im Rahmen des Erwerbs von Forderungen durch ein **ABS-Transaktionsvehikel**. Diese sind unzweifelhaft von Satz 1 Nr. 2 erfasst, auch wenn es sich nur um einmalige Portfolienerwerbe, nicht um revolvierende Transaktionen handelt. Ausschlaggebend hierfür ist, dass die Gewerblichkeit der Tätigkeit in diesen Fällen bereits mit der ersten Transaktion gegeben ist. Auch z. B. aufgrund § 2 KWG von der Erlaubnispflicht befreite Unternehmen können – je nach Einzelfall – als Finanzunternehmen anzusehen sein. **Inkassounternehmen** sind mangels Finanzierungsfunktion hingegen eindeutig nicht erfasst; sie fallen nach § 2 Satz 1 Nr. 2 KWG aus dem Anwendungsbereich des GwG heraus.

---

entwurf eines Gesetzes zur Umsetzung der Vierten EU-Geldwäscherichtlinie, zur Ausführung der EU-Geldtransferverordnung und zur Neuorganisation der Zentralstelle für Finanztransaktionsuntersuchungen, S. 5.

290 Vgl. ebenso wohl *Wende/Schneider*, GWuR 2021, 38, 40.

291 Regierungsentwurf zum Umsetzungsgesetz zur Änderungsrichtlinie zur Vierten EU-Geldwäscherichtlinie v. 31.7.2019, S. 75, 76.

292 BaFin, Merkblatt Factoring v. 5.1.2009, Ziff. III.3.

   Kaetzler

Satz 1 Nr. 3 stellt auf das **Eigengeschäft mit Finanzinstrumenten** ab. Betreiben Banken oder Finanzdienstleister das Eigengeschäft, richtet sich deren Erlaubnis nach § 32 Abs. 1a KWG. Zudem stellt das Eigengeschäft unter den in Abs. 1a Satz 3–5 aufgestellten Voraussetzungen eine (fiktive) Finanzdienstleistung dar, deren Betreiben der Erlaubnis gemäß § 32 Abs. 1 bedarf.[293] Werden Eigengeschäfte jedoch erlaubnisfrei betrieben, z.B. wegen § 2 Abs. 1 Nr. 9 lit. b, Abs. 6 Nr. 9, 11 oder 13, greift subsidiär die Verpflichtung als Finanzunternehmen im Sinne des GwG. **259**

Nach Satz 1 Nr. 4 sind **Finanzanlagenvermittler nach § 34f GewO sowie Honorar-Finanzanlagenberater nach § 34h GewO** Finanzunternehmen. Soweit diese ihre Dienstleistungen ausschließlich im Hinblick auf Anlagen erbringen, die von anderweitig geldwächerechtlich Verpflichteten emittiert oder vertrieben werden, besteht keine Verpflichtetenstellung, da eine hinreichende geldwäscherechtliche Erfassung bereits durch letztere gewährleistet sei und eine Doppelverpflichtung vermieden werden solle.[294] **260**

Die in Nr. 5 genannten **Unternehmens- und M&A-Berater** kommen aufgrund der Umsetzung von Anhang I Nr. 9 der CRD IV-Richtlinie ins Gesetz.[295] Abzustellen ist auf die konkrete Tätigkeit: Nur sofern Unternehmen „über die Kapitalstruktur, die industrielle Strategie und die damit verbundenen Fragen beraten sowie bei Zusammenschlüssen und Übernahmen von Unternehmen diese Unternehmen beraten und ihnen Dienstleistungen anbieten", besteht eine Verpflichtung. Wie einst bei den reinen Industrieholding-Finanzunternehmen ist allerdings auch hier anzumerken, dass ein klarer Finanzmarktbezug bestehen muss; die Aufnahme der Berater ist allein bankaufsichtsrechtlich und im Hinblick auf **Konsolidierungsvorschriften** bedingt. Auch hier hat der Gesetzgeber versäumt, die nunmehr überkommene bankaufsichtsrechtliche Definitorik aus dem GwG zu entfernen. **261**

Nach Nr. 6 sind **Geldmakler** ebenso Finanzunternehmen. Insbesondere im Hinblick auf die nötigen Abgrenzungen zum Kreditvermittlergeschäft kann auf die bankaufsichtsrechtliche Literatur verwiesen werden.[296] **262**

Die nach alter Rechtslage umfassten (reinen) **Leasing-Objektgesellschaften** sind keine Verpflichteten nach GwG mehr. **263**

---

293 *Schäfer*, in: Boos/Fischer/Schulte-Mattler, KWG/CRR-VO, § 1 KWG Rn. 236 m.w.N.

294 Regierungsentwurf zur Umsetzung der Änderungsrichtlinie zur Vierten EU-Geldwäscherichtlinie v. 31.7.2019, S. 76.

295 Leider schweigt der Regierungsentwurf auf S. 76 zur eigentlichen Motivation des Gesetzgebers, warum Unternehmens- und M&A-„Berater" eigene geldwäscherechtliche Pflichten ausüben sollen.

296 *Schäfer*, in: Boos/Fischer/Schulte-Mattler, KWG/CRR-VO, § 1 KWG Rn. 62, 238 m.w.N.

264   Schließlich muss es sich bei den in § 1 Abs. 3 KWG genannten Tätigkeiten des Unternehmens um deren **Haupttätigkeit** handeln. Entscheidend ist hierbei der Anteil der genannten Tätigkeit am gesamten Geschäftsvolumen des Unternehmens. Erforderlich ist danach, dass die genannte Tätigkeit mehr als „die Hälfte" des gesamten Geschäftsvolumens des Unternehmens ausmacht, mithin über die anderen Tätigkeiten des Unternehmens dominiert und neben einigen Nebentätigkeiten den Schwerpunkt der gesamten Tätigkeit des Unternehmens bildet.[297] Ausschlaggebend sind hierbei in der Praxis verschiedene Indikatoren wie Umsatz, Erträge, Mitarbeiter etc. Nach zutreffender Auffassung ist insbesondere im Hinblick auf die Tätigkeiten als Beteiligungshandelsunternehmen auch darauf abzustellen, ob zum Beispiel für eine Konzernmuttergesellschaft typische Tätigkeiten für den Konzern (z.B. zentrale Buchhaltung, zentrale Stabsfunktionen wie Compliance oder Legal, HR oder Vertriebssteuerung) wahrgenommen werden. Ist dies der Fall, muss dem dergestalt Rechnung getragen werden, dass solche „Konzernmütter" auch bei regem Beteiligungserwerb oder regelmäßigen Änderungen im Beteiligungsspiegel jedenfalls in der Regel nicht als Haupttätigkeit den Beteiligungserwerb wahrnehmen.

265   Wenngleich diese Anknüpfung an der **„Prägung" des Unternehmens** in bankaufsichtsrechtlich-konsolidierungsrechtlicher Sicht sinnvoll erscheint, stellen sich geldwäscherechtlich erneut Fragen: Wenn der Gesetzgeber einen Katalog von Tätigkeiten als risikonah definiert, kann es dann überhaupt auf die „Prägung" eines Unternehmens ankommen oder kommt es nicht vielmehr darauf an, ob ein Unternehmen diese Tätigkeiten *überhaupt* gewerblich ausübt? Hierüber schweigt sich die Gesetzesbegründung erneut aus.

266   Im Zusammenhang mit dem Fall Wirecard kam erneut die – längst überfällige – Diskussion auf, **welche Aufsichtsbehörden** für die Beaufsichtigung von „Finanzunternehmen", insbesondere von „Nicht-Reinen-Industrieholdings" zuständig sein sollten. Nach § 50 Nr. 9 GwG sind die jeweiligen Länderbehörden, nicht die – möglicherweise etwas sachnähere – Bundesanstalt für Finanzdienstleistungsaufsicht zuständig. Auf entsprechend groteske Konstellationen wurde in der Praxis bereits hingewiesen.[298] Die Vorschriften der CRR federn die Problematik nur teilweise ab; bekanntlich sind **Finanzholding-Gesellschaften** zwar mittlerweile aufgrund § 2f KWG, der Art. 21a CRD V umsetzte, direkt reguliert. Gemischte Finanzholdings, also Finanzunternehmen, deren nachgeordnete Gesellschaften jedenfalls nicht „hauptsächlich" dem Finanzsektor zuzurechnen sind, hingegen unterfallen einer solchen finanzmarktorientierten Regelung bis heute nicht.

267   Das GwG sieht für diese Verpflichteten folgende besondere Regelungen vor: Nach § 7 Abs. 1 GwG müssen Finanzunternehmen einen Geldwäsche-

---

297 *Schäfer*, in: Boos/Fischer/Schulte-Mattler, KWG/CRR-VO, § 1 KWG Rn. 228.
298 Vgl. *Wende/Schneider*, GWuR 2021, 38, 41.

beauftragten und einen Stellvertreter bestellen. Anders als zum Beispiel bei den Güterhändlern besteht somit unglücklicherweise keine Möglichkeit, eine Ausnahme zuzulassen, was in der Praxis auch nach der Änderung zu Herausforderungen bei kleinen Unternehmen führen dürfte. Das Verbot der Informationsweitergabe nach § 47 GwG gilt für Finanzunternehmen hingegen – weiterhin – nur eingeschränkt.

XXVI. Mutterunternehmen (§ 1 Abs. 25 GwG)

Das Geldwäscherecht hat nunmehr einen eigenen Begriff des „Mutterunternehmens", rekurriert aber dennoch auf konzernrechtliche Grundlagen. Mit der im Rahmen der Umsetzung der Änderungsrichtlinie 2019 aufgenommenen Definition, was unter einem Mutterunternehmen im Sinne von § 1 Abs. 16 Nr. 1 GwG zu verstehen ist, wird nach den Worten der Gesetzesbegründung insbesondere klargestellt, dass es innerhalb einer Gruppe im Sinne des GwG **nur „ein"** **Mutterunternehmen** geben kann. Dies sei insbesondere für die Neuregelung in § 9 Abs. 4 GwG von Bedeutung, der unter bestimmten Voraussetzungen die nur für Mutterunternehmen geltenden Pflichten gemäß § 9 Abs. 1–3 GwG auch für bestimmte nachgeordnete gruppenangehörige Unternehmen entsprechend Anwendung finden lässt.[299]   **268**

Die **Klarstellung des Gesetzgebers** ist nicht nur im Hinblick auf die lange schwebende Frage von „Teilgruppen" oder „Mutterunternehmen von Teilgruppen" hilfreich; sie beendet auch eine an die Grenze des Verfassungsmäßigen gehende Auslegung des Gruppenbegriffs in Deutschland durch einzelne Stakeholder.[300] Inwieweit die anstehende Umsetzung der „EU-IPU-Regulation"[301] eine Änderung des § 1 Abs. 25 nötig werden lässt, wird abzuwarten bleiben. Aufgrund des Territorialitätsgrundsatzes sind nur **im Inland belegene** Mutterunternehmen von der Norm erfasst.   **269**

Ebenso wie bei der Definition der „Gruppe" kommt es im Rahmen des Anwendungsbereiches von § 1 GwG nicht auf die – weiter gefassten – transparenzregisterrechtliche Verwaltungspraxis des BVA an (vgl. hierzu → Rn. 180). Diese entfalten ihre Relevanz ausschließlich bei der Bestimmung von wirtschaftlich Berechtigten im Sinne des § 3.   **270**

---

299 Regierungsentwurf zur Umsetzung der Änderungsrichtlinie zur Vierten EU-Geldwäscherichtlinie v. 31.7.2019, S. 76.
300 *Kaetzler*, in: Gehra/Gittfried/Lienke, Prävention von Geldwäsche und Terrorismusfinanzierung, Kapitel 8, S. 251 ff., Rn. 52 ff. m. w. N.
301 Delegierte Verordnung (EU)2019/758.

XXVII. Finanzinformationen (Abs. 26)

271 Die Definition der Finanzinformationen beruht auf Art. 2 Nr. 5 der EU-Finanz-informationsrichtlinie;[302] die Aufnahme ins Gesetz erfolgt „zur Umsetzung" derselben.[303] Die **EU-Finanzinformationsrichtlinie** wurde mit dem TraFinG 2021 umgesetzt und hat zum Ziel, den Datenaustausch und die Nutzbarmachung von Bankdaten und Daten der FIUs zu fördern.

272 Durch die Definition wird datenschutzrechtliche Bestimmtheit der betroffenen Daten zur Weitergabe erreicht. Praktische Relevanz erfährt die Vorschrift im Rahmen der Datenübermittlung an inländische öffentliche bzw. benannte Stellen, an Europol und andere EU-FIUs (§§ 32, 32a und 33).

273 Inhaltlich ist die Definition auf bereits vorhandene Daten beschränkt. Hierdurch wird sichergestellt, dass lediglich bereits erhobene Informationen weitergegeben werden und die genannten Normen zur Weitergabe nicht als Eingriffsgrundlage genutzt werden.

XXVIII. Finanzanalyse (Abs. 27)

274 Auch der Begriff der „Finanzanalyse" wurde im Rahmen des TraFinG 2021 neu aufgenommen. Er korrespondiert mit den „Finanzinformationen" in Abs. 26. Ausweislich der Gesetzesbegründung[304] geschah dies ebenso zur Umsetzung der **EU-Finanzinformationsrichtlinie**.[305]

275 Mit Blick auf die datenschutzrechtlichen Interessen der Betroffenen wird durch die Norm klargestellt, dass nicht nur die „harten" Informationen nach Abs. 26 in den **Datenaustausch mit Behörden** gegeben werden dürfen, sondern auch Analyseergebnisse und Wertungen bzw. Meinungen. Finanzanalysen können u. U., insbesondere bei der Analyse von spezifischen Sachverhalten, ebenso personenbezogene Daten enthalten.

276 Die Definition rekurriert auf „operative" und „strategische" Analysen. Bei den **„operativen Analysen"** handelt es sich um solche der FIU nach §§ 28 Abs. 1 Nr. 2 und 30 Abs. 2 GwG (vgl. hierzu genauer → § 28 Rn. 14 und → § 30 Rn. 24), mithin die einzelfallbezogenen Analysen, Hintergrundrecherchen und Erkenntnisgewinnungsmaßnahmen, Meinungsbildungen im Zusammenhang mit der Bearbeitung einer Verdachtsmeldung nach § 43 GwG. Solche Analysen

---

302 Richtlinie (EU) 2019/1153.
303 Gesetzesbegründung, BT-Drs. 19/28164, S. 41.
304 Gesetzesbegründung, BT-Drs. 19/28164, S. 41.
305 Richtlinie (EU) 2019/1153.

enthalten in der Regel personenbezogene Daten, weshalb eine Sicherstellung der Bestimmtheit datenschutzrechtlich erforderlich wurde.

Bei den „**strategischen**" Analysen der FIU sind diejenigen nach § 28 Abs. 1 Nr. 8 GwG gemeint, nämlich die sektor- und typologiespezifischen Analysen (vgl. hierzu → § 28 Rn. 29 ff.). Diese enthalten zwar nicht unbedingt personenbezogene Daten. Durch die Aufnahme der strategischen Analysen wurde hingegen festgelegt, dass auch diese im Datenaustausch weitergegeben werden dürfen bzw. müssen und sich die FIU z. B. nicht auf einfachen Behördengeheimnisschutz etc. berufen kann. **277**

In praktischer Hinsicht definiert die Norm den Umfang der nach §§ 32, 32a und 33 GwG auszutauschenden Daten. **278**

XXIX. Richtlinienverweise (Abs. 28)

In Abs. 28 hat der Gesetzgeber im FinTraG Richtlinienverweise aufgenommen, die offenbar der Rechtssicherheit in der Verweiskette dienen sollen. Darüber hinaus hat Abs. 28 keine Funktion; auch die Gesetzesbegründung schweigt sich zu diesem Vorgang aus. **279**

Eine bereits im Gesetz mit Richtlinienbezeichnung genannte Rechtsquelle der EU erneut mit deren Bezeichnung zu definieren deutet auf die zunehmende Verwirrung, auch des Gesetzgebers, beim Umgang mit den zahlreichen Gesetzesänderungen, Richtlinienanpassungen und dem **komplexen Ineinandergreifen von Regelungen** hart an der Grenze zur Intransparenz gewerberechtlicher Regelungen hin. **280**

Ob der Gesetzgeber der Allgemeinheit durch einen **statischen Verweis**, der Änderungen der referenzierten Richtlinien nach dem Wortlaut nicht miterfasst, möglicherweise einen Bärendienst erwiesen hat, werden Gerichte und Behörden klären müssen. **281**

XXX. Kryptowerte (Abs. 29)

Im TraFinG hat der Gesetzgeber schließlich, der Systematik des GwG folgend festgelegt, dass die geldwäscherechtlichen und **bankaufsichtsrechtlichen Definitionen von Kryptowerten parallel** laufen.[306] Dies geschah in Abs. 29 durch Verweis auf § 1 Abs. 11 Satz 1 Nr. 10 i. V. m. Satz 4 und 5 des Kreditwesengesetzes. **282**

---

306 Vgl. Gesetzesbegründung im Referentenentwurf, BT-Drs. 19/28164.

283 Das Ringen um die „richtige" Definition von Kryptowerten im Geldwäscherecht ist durch zahlreiche parallele Regelungsvorschläge und bestehende Definitionen komplex, teils von politischen Bestrebungen gesteuert und wird nicht immer sachgerecht geführt.[307]

284 Die FATF als Treiber einheitlicher Geldwäschestandards stellte bereits früh Standards und Empfehlungen auf, die teilweise schon den Versuch enthielten, allgemeingültige Definitionen von „Crypto-Assets" zu schaffen.[308] Über die Zeit wurden Begrifflichkeiten und Definitionen immer weiter angepasst. Als „Schwerpunktthema" unter der deutschen FATF-Präsidentschaft wurden zahlreiche weitere und aktualisierende Empfehlungen und Standards veröffentlicht bzw. aktualisiert.[309]

285 Auf europäischer Ebene lieferte zunächst die EBA eine robuste, bis heute aktuelle Definition der „Virtual Currency",[310] die allerdings nur einen Teil der heute als „Kryptowerte" bekannten Vermögenswerte abbildete. Seit 2019 verwenden FATF und EBA einheitlich den Begriff der „Virtual Assets", der in eine Vielzahl von Unterdefinitionen, namentlich Virtual Currencies, Investment-Type-Tokens und Utiliy-Tokens zerfällt.[311]

286 Der **EU-Gesetzgeber** versuchte in zahlreichen parallelen Vorhaben ebenso, einheitliche Begrifflichkeiten zur Abgrenzung der regulierten von der nicht regu-

---

307 Vgl. z. B. – sehr instruktiv – *Zöllner*, BKR 2020, 117, 120 ff.

308 Vgl. z. B. die Publikationen „Virtual Currencies, Key Definitions and Potential AML/ CFT Risks, Juni 2014; Guidance for a Risk-Based Approach to Virtual Currencies, Juni 2015, abrufbar unter www.fatf-gafi.org.

309 Zuvor waren im Oktober 2018 im Rahmen des Updates von Recommendation 15 auch eine Definition ins „Glossar" aufgenommen, im Juni 2019 die „interpretative Note" zu Recommendation 15 aktualisiert und zeitgleich eine „Guidance for a Risk-Based Approach for Virtual Assets and VASPs" veröffentlicht worden. Im Oktober 2019 veröffentlichte die FATF eine „Methodology for Assessing Technical Compliance with the FATF Recommendations and the Effectiveness of AML/CFT Systems. Unter deutsche Präsidentschaft wurden schließlich die FATF Standards einer jeweils zwölfmonatigen Inventur unterzogen, zuletzt „2nd 12-Month Review of Revised FATF Standards on Virtual Assets and VASPs", Juli 2021 und die FATF-Guidance for a Risk-Based Approach to Virtual Assets and Virtual Asset Service Providers im Oktober 2021 aktualisiert. Im Jahr 2020 führte die FATF zudem zahlreiche Projekte zum Thema „Stablecoin" durch. Die genannten Dokumente sind unter www.fatf-gafi.org abrufbar.

310 EBA, Warning to consumers on virtual currencies, EBA/WRG/2013/01, 12.12.2013, S. 1, später nachgeschärft im „EBA Opinion on ‚virtual currencies'", EBA/Op/2014/ 08, 4.7.2014, „VCs are a digital representation of value that is neither issued by a central bank or public authority nor necessarily attached to a FC, but is accepted by natural or legal persons as a means of exchange and can be transferred, stored or traded electronically."

311 EBA Report with advice for the European Commission on crypto-assets, 9.1.2019.

lierten Krypto-Welt zu schaffen. Neben der in der Änderungsrichtlinie zur Vierten EU-Geldwäscherichtlinie aufgenommenen Definition zu „**Virtual Currencies**" („eine digitale Darstellung eines Werts, die von keiner Zentralbank oder öffentlichen Stelle emittiert wurde und nicht zwangsläufig an eine echte Währung angebunden ist, aber von natürlichen oder juristischen Personen als Zahlungsmittel akzeptiert wird und auf elektronischem Wege übertragen, gespeichert und gehandelt werden kann")[312] fehlt eine hinreichende Abdeckung anderer „Kryptowerte". Rechtsunsicherheiten bestehen vor allem hinsichtlich „Security Tokens". Zwar eröffnet der Erwägungsgrund 10 der Änderungsrichtlinie Raum für eine erweiternde Auslegung,[313] Rechtssicherheit wird hierdurch allerdings nicht geschaffen.

Parallel arbeitet der EU-Gesetzgeber an einer einheitlichen Abgrenzung im Rahmen der **Verordnung über Märkte für Kryptowerte („MiCA")**,[314] die als „MiFID-Äquivalent" erhebliche Auswirkungen mit Blick auf die Schaffung einer effektiven Kapitalmarktunion haben soll. **287**

In deutschem Recht war die Einstufung von virtuellen Währungen und Kryptowerten nach einem nur mit Blick auf § 54 KWG zu erklärendem Urteil des KG Berlin zunächst unklar.[315] Nachdem der deutsche Gesetzgeber durch eine Änderung des Kreditwesengesetzes in Umsetzung der Änderungsrichtlinie zur Vierten EU-Geldwäscherichtlinie in § 1 Abs. 1 Nr. 11 Satz 4 und 5 KWG eine umfassende Definition in das Kreditwesengesetz aufnahm,[316] sind Kryptowerte im bankaufsichtsrechtlichen wie geldwäscherechtlichen Sinne also „digitale Darstellungen eines Wertes, der von keiner Zentralbank oder öffentlichen Stelle emittiert wurde oder garantiert wird und nicht den gesetzlichen Status einer Währung oder von Geld besitzt, aber von natürlichen oder juristischen Personen aufgrund einer Vereinbarung oder tatsächlichen Übung als Tausch- oder Zahlungsmittel akzeptiert wird oder Anlagezwecken dient und der auf elektronischem Wege übertragen, gespeichert und gehandelt werden kann. Keine Kryptowerte im Sinne dieses Gesetzes sind E-Geld im Sinne des § 1 Absatz 2 Satz 3 des Zahlungsdiensteaufsichtsgesetzes oder ein monetärer Wert, der die Anforderungen des § 2 Absatz 1 Nummer 10 des Zahlungsdiensteaufsichtsgesetzes erfüllt oder nur für Zahlungsvorgänge nach § 2 Absatz 1 Nummer 11 des Zahlungsdiensteaufsichtsgesetzes eingesetzt wird." Sie sind somit Finanzinstrumente, § 1 Abs. 1 Nr. 11 Satz 4 und 5 KWG. **288**

---

312 Änderungsrichtlinie zur Vierten EU-Geldwäscherichtlinie, Art. 3 Nr. 18.

313 So auch *Zöllner*, BKR 2020, 117, 121.

314 COM(2020) 593, Vorschlag für eine Verordnung des Europäischen Parlaments und des Rates über Märkte in Kryptowerten und zur Änderung der Richtlinie (EU) 2019/1937 v. 24.9.2020.

315 KG Berlin, Urt. v. 25.9.2018, (4) 161 Ss 28/18 (35/18), z. B. in BKR 2018, 473.

316 BGBl I 2019, S. 2602.

289 Unter die Definition des GwG fallen somit neben „virtuellen Währungen", also „Token" oder „Coins" wie „Currency Token" oder „Payment Token", alle weiteren gängigen „Virtual Assets".[317] Insbesondere unterfallen auch Anlage-Token wie **„Security Token"** oder **„Investment-Token"** der geldwäscherechtlichen Regulierung, **sofern sie nicht ohnehin als Finanzinstrument** einzustufen sind.[318] Ein Unterfall der Kryptowerte sind auch die mittlerweile **im eWpG geregelten Kryptowertpapiere** im Sinne des § 4 Abs. 3 eWpG; auch diese sind selbstverständlich Finanzinstrumente.

290 Im Umkehrschluss sind keine Kryptowerte z.B. elektronische Gutscheine für Waren oder Dienstleistungen, die keinen Investitions- sondern reinen Teilhabecharakter haben und nicht fungibel sind. Die in einigen Ländern der Welt mittlerweile angedachten zentralbankemittierten Kryptowährungen (**„Digitaler Euro"** etc.) sind **Devisen**, keine Kryptowerte, **unterfallen als solche aber dann der entsprechenden Geldwäscheregulierung**.[319]

291 Sofern einzelne Assets nicht direkt vom Begriff des „Kryptowerts" erfasst sind, kommt eine Einbeziehung als **„Rechnungseinheit", § 1 Abs. 11 Satz 1 Nr. 7 KWG**, in Betracht. Im Vergleich zu teilweise lückenhaften Regelungen in anderen Staaten stellt sich die deutsche Regulierung auf Produktseite als relativ umfassend und abschließend dar.

292 Ausdrücklich **keine Kryptowerte** sind – wegen teils kollidierender Regulierungen zwischen der finanzinstrumentebezogenen Finanzmarktregulierung und dem Zahlungsdiensteaufsichtsrecht, als E-Geld zu qualifizierende Krypto-Assets (vgl. zum Begriff des E-Geldes → Rn. 187 ff.). Insbesondere Utility-Token, die nicht handelbar sind, aber im Rahmen von „Limited scope/limited use"-Ausnahmen des Zahlungsdiensteaufsichtsrechts eingesetzt werden, können dennoch Kryptowerte sein.[320] **Verbundzahlsysteme** und Zahlungsvorgänge von Anbietern elektronischer Kommunikationsnetze oder -dienste sind von der Anwendung des Geldwäschegesetzes durch § 10 Abs. 1 Nr. 11 Satz 5 KWG ausgenommen.

293 Durch die **Qualifikation als Finanzinstrument werden zahlreiche Dienstleister**, die in gewerblichem Umfang mit Kryptowerten in Berührung kommen, **Verpflichtete unter dem Geldwäschegesetz** (vgl. hierzu → § 2 Rn. 67 ff.).

294 Die **Risikoexposition** der Märkte in Kryptowerten **kann nicht hoch genug eingeschätzt werden**. Zahlreiche Analysen und Studien[321] betonen die hohen Geld-

---

317 Vgl. zur Reichweite in praktischer Sicht z.B. *Schwennicke*, in: Schwennicke/Auerbach, KWG, 3. Aufl. 2016, § 1 Rn. 256.

318 *Schwennicke*, in: Schwennicke/Auerbach, KWG, 3. Aufl. 2016, § 1 Rn. 258.

319 *Zöllner*, BKR 2020, 117, 121.

320 *Schwennicke*, in: Schwennicke/Auerbach, KWG, 3. Aufl. 2016, § 1 Rn. 257.

321 Neben den o. g. (Fn. 308 ff.) Quellen der FATF sei z.B. die Erste Nationale Risikoanalyse des BMF 2018/2019, S. 114 ff. genannt.

wäscherisiken, die mit dem Kontakt mit durch Pseudonym verschleierten oder gar anonymisierten Kryptowerte für die Verpflichteten und alle Personen einhergehen können, die mit Kryptowerten in Berührung kommen. Rechtspraktisch fehlen insbesondere „Safe Harbours" der an Krypto-Transaktionen beteiligten Intermediäre, deren Reaktion z. B. auf übermäßige Handelsaktivitäten eines Kunden in Kryptowerten oft nur noch die Kündigung der Geschäftsbeziehung ist. Langfristig müssen „Best Practices" für den Finanz- und Nichtfinanzsektor entwickelt werden, um die praktische Handhabbarkeit der Assetklasse zu stützen.

XXXI. Übertragung von Kryptowerten (Abs. 30)

295 Zeitgleich mit der Einfügung der Verweisdefinition in Abs. 29 hat der Gesetzgeber in Umsetzung der Änderungsrichtlinie zur Vierten EU-Geldwäscherichtlinie auch eine – geldwäscherechtliche – Legaldefinition der „Übertragung von Kryptowerten" aufgenommen.[322]

296 Die „Übertragung" von Kryptowerten ist ein **Unterfall der „Transaktion" aus Abs. 5.** Die Vorschrift dient – noch – als Anknüpfungspunkt für wenige weitere Vorschriften des GwG, z. B. § 10 Abs. 3 Nr. 2 lit c.

297 Die – noch „junge" – Definition des Abs. 30 ist in mehrerlei Hinsicht erörterungswert. Zum einen ist lediglich eine **Negativabgrenzung** zur „Nur-Verwahrung" nach § 1 Abs. 1a Satz 1 Nr. 12 KWG („**Kryptoverwahrgeschäft**") enthalten. Diese erklärt sich inhaltlich; das GwG will nicht nur denjenigen geldwäscherechtlichen Pflichten unterwerfen, der Kryptowerte im Sinne des Abs. 29 verwahrt, sondern vor allem denjenigen, der an „Transaktionen" mitwirkt, also nicht nur verwahrt. Zum anderen sollen nur die im Rahmen der finanzmarktrechtlichen Regulierung erfolgenden Transaktionen erfasst werden. Dies ist zwar inhaltlicher Rückschluss auf § 1 Abs. 10 Nr. 11 Satz 4 und 5 KWG, denn der gewerbsmäßige Umgang mit Kryptowerten ist bankaufsichtsrechtlich reguliert. Allerdings umfasst der Begriff der bankaufsichtsrechtlich regulierten Tätigkeiten auch das Geschäftsgebaren von Personen, die eigentlich einer Erlaubnis nach § 32 KWG bedürften, eine solche aber nicht aufweisen. Entgegen dem leicht irreführenden Wortlaut sind also **auch solche Transaktionen** von der Begriffsdefinition umfasst, die **unter nicht regulierten** Personen – aber in erlaubnispflichtiger Weise – erfolgen.

298 Der Begriff des „Transfers" von Kryptowerten in § 2 Nr. 4 der **Kryptowertetransferverordnung**[323] ist gegenüber dem GwG enger. Dies ist durch den Anwendungsbereich der Verordnung bedingt. Der Begriff kann also nur teilweise zur Auslegung des GwG herangezogen werden. Parallelwertungen erlauben sich

---

322 Vgl. BT-Drs 19/28164.
323 BGBl. I 2021, S. 4465.

allerdings dahingehend, dass auch der Kryptowertedienstleister zwischen Empfänger und Absender identisch sein darf; nicht mit den Wertungen des GwG in Einklang zu bringen ist aber die Beschränkung in der Kryptowertetransferverordnung, wonach ein Transfer auch dann vorliegt, wenn Auftraggeber und Begünstigter eines Transfers identisch ist; in solchen Fällen fehlt es typischerweise an einer „Transaktion" im Sinne des § 1 Abs. 5 GwG.

299 Inhaltlich ist Abs. 30 – ähnlich wie der Begriff der „Transaktion" (vgl. zu den Hintergründen → Rn. 61) – **weit auszulegen**. Dies ist sowohl im Gesetzeszweck als auch in den technisch komplexen und diversen Gegebenheiten begründet. Ausreichend ist somit eine Mitwirkung am Vermögenstransfer in Form eines wesentlichen Teilaktes. Wer also z. B. nur **einen von mehreren zur Übertragung nötigen kryptographischen Schlüsseln weiterleitet**, nimmt in geldwäscherechtlich relevanter Weise an einer „Übertragung" von Kryptowerten teil. Gleiches gilt für die physische Weitergabe von Datenträgern bei „Cold Storage" zum Zwecke der Eigentumsübertragung.

                    Kaetzler

§ 2 Verpflichtete, Verordnungsermächtigung

(1) Verpflichtete im Sinne dieses Gesetzes sind, soweit sie in Ausübung ihres Gewerbes oder Berufs handeln,

1. Kreditinstitute nach § 1 Absatz 1 des Kreditwesengesetzes, mit Ausnahme der in § 2 Absatz 1 Nummer 3 bis 8 des Kreditwesengesetzes genannten Unternehmen, und im Inland gelegene Zweigstellen und Zweigniederlassungen von Kreditinstituten mit Sitz im Ausland,

2. Finanzdienstleistungsinstitute nach § 1 Absatz 1a des Kreditwesengesetzes, mit Ausnahme der in § 2 Absatz 6 Satz 1 Nummer 3 bis 10 und 12 und Absatz 10 des Kreditwesengesetzes genannten Unternehmen, im Inland gelegene Zweigstellen und Zweigniederlassungen von Finanzdienstleistungsinstituten mit Sitz im Ausland sowie Wertpapierinstitute nach § 2 Absatz 1 des Wertpapierinstitutsgesetzes und im Inland gelegene Niederlassungen vergleichbarer Unternehmen mit Sitz im Ausland,

3. Zahlungsinstitute und E-Geld-Institute nach § 1 Absatz 3 des Zahlungsdiensteaufsichtsgesetzes und im Inland gelegene Zweigstellen und Zweigniederlassungen von vergleichbaren Instituten mit Sitz im Ausland,

4. Agenten nach § 1 Absatz 9 des Zahlungsdiensteaufsichtsgesetzes und E-Geld-Agenten nach § 1 Absatz 10 des Zahlungsdiensteaufsichtsgesetzes sowie diejenigen Zahlungsinstitute und E-Geld-Institute mit Sitz in einem anderen Vertragsstaat des Abkommens über den Europäischen Wirtschaftsraum, die im Inland über Agenten nach § 1 Absatz 9 des Zahlungsdiensteaufsichtsgesetzes oder über E-Geld-Agenten nach § 1 Absatz 10 des Zahlungsdiensteaufsichtsgesetzes niedergelassen sind,

5. selbstständige Gewerbetreibende, die E-Geld eines Kreditinstituts nach § 1 Absatz 2 Satz 1 Nummer 2 des Zahlungsdiensteaufsichtsgesetzes vertreiben oder rücktauschen,

6. Finanzunternehmen sowie im Inland gelegene Zweigstellen und Zweigniederlassungen von Finanzunternehmen mit Sitz im Ausland, soweit sie nicht bereits von den Nummern 1 bis 5, 7, 9, 10, 12 oder 13 erfasst sind,

7. Versicherungsunternehmen nach Artikel 13 Nummer 1 der Richtlinie 2009/138/EG des Europäischen Parlaments und des Rates vom 25. November 2009 betreffend die Aufnahme und Ausübung der Versicherungs- und der Rückversicherungstätigkeit (Solvabilität II) (ABl. L 335 vom 17.12.2009, S. 1) und im Inland gelegene Niederlassungen solcher Unternehmen mit Sitz im Ausland, soweit sie jeweils

   a) Lebensversicherungstätigkeiten, die unter diese Richtlinie fallen, anbieten,

b) Unfallversicherungen mit Prämienrückgewähr anbieten,

c) Darlehen im Sinne von § 1 Absatz 1 Satz 2 Nummer 2 des Kreditwesengesetzes vergeben oder

d) Kapitalisierungsprodukte anbieten,

8. Versicherungsvermittler nach § 59 des Versicherungsvertragsgesetzes, soweit sie die unter Nummer 7 fallenden Tätigkeiten, Geschäfte, Produkte oder Dienstleistungen vermitteln, mit Ausnahme der gemäß § 34d Absatz 6 oder 7 Nummer 1 der Gewerbeordnung tätigen Versicherungsvermittler, und im Inland gelegene Niederlassungen entsprechender Versicherungsvermittler mit Sitz im Ausland,

9. Kapitalverwaltungsgesellschaften nach § 17 Absatz 1 des Kapitalanlagegesetzbuchs, im Inland gelegene Zweigniederlassungen von EU-Verwaltungsgesellschaften und ausländischen AIF-Verwaltungsgesellschaften sowie ausländische AIF-Verwaltungsgesellschaften, für die die Bundesrepublik Deutschland Referenzmitgliedstaat ist und die der Aufsicht der Bundesanstalt für Finanzdienstleistungsaufsicht gemäß § 57 Absatz 1 Satz 3 des Kapitalanlagegesetzbuchs unterliegen,

10. Rechtsanwälte, Kammerrechtsbeistände, Patentanwälte sowie Notare, soweit sie

a) für den Mandanten an der Planung oder Durchführung von folgenden Geschäften mitwirken:

aa) Kauf und Verkauf von Immobilien oder Gewerbebetrieben,

bb) Verwaltung von Geld, Wertpapieren oder sonstigen Vermögenswerten,

cc) Eröffnung oder Verwaltung von Bank-, Spar- oder Wertpapierkonten,

dd) Beschaffung der zur Gründung, zum Betrieb oder zur Verwaltung von Gesellschaften erforderlichen Mittel,

ee) Gründung, Betrieb oder Verwaltung von Treuhandgesellschaften, Gesellschaften oder ähnlichen Strukturen,

b) im Namen und auf Rechnung des Mandanten Finanz- oder Immobilientransaktionen durchführen,

c) ihren Mandanten im Hinblick auf dessen Kapitalstruktur, dessen industrielle Strategie oder damit verbundene Fragen beraten,

d) Beratung oder Dienstleistungen im Zusammenhang mit Zusammenschlüssen oder Übernahmen erbringen oder

e) geschäftsmäßig Hilfeleistung in Steuersachen erbringen,

   Kaetzler

11. Rechtsbeistände, die nicht Mitglied einer Rechtsanwaltskammer sind, und registrierte Personen nach § 10 des Rechtsdienstleistungsgesetzes, soweit sie Tätigkeiten nach Nummer 10 Buchstabe a bis d erbringen, ausgenommen die Erbringung von Inkassodienstleistungen im Sinne des § 2 Absatz 2 Satz 1 des Rechtsdienstleistungsgesetzes,

12. Wirtschaftsprüfer, vereidigte Buchprüfer, Steuerberater, Steuerbevollmächtigte und die in § 4 Nummer 11 des Steuerberatungsgesetzes genannten Vereine,

13. Dienstleister für Gesellschaften und für Treuhandvermögen oder Treuhänder, die nicht den unter den Nummern 10 bis 12 genannten Berufen angehören, wenn sie für Dritte eine der folgenden Dienstleistungen erbringen:

    a) Gründung einer juristischen Person oder Personengesellschaft,

    b) Ausübung der Leitungs- oder Geschäftsführungsfunktion einer juristischen Person oder einer Personengesellschaft, Ausübung der Funktion eines Gesellschafters einer Personengesellschaft oder Ausübung einer vergleichbaren Funktion,

    c) Bereitstellung eines Sitzes, einer Geschäfts-, Verwaltungs- oder Postadresse und anderer damit zusammenhängender Dienstleistungen für eine juristische Person, für eine Personengesellschaft oder für eine Rechtsgestaltung nach § 3 Absatz 3,

    d) Ausübung der Funktion eines Treuhänders für eine Rechtsgestaltung nach § 3 Absatz 3,

    e) Ausübung der Funktion eines nominellen Anteilseigners für eine andere Person, bei der es sich nicht um eine auf einem organisierten Markt notierte Gesellschaft nach § 2 Absatz 11 des Wertpapierhandelsgesetzes handelt, die dem Gemeinschaftsrecht entsprechenden Transparenzanforderungen im Hinblick auf Stimmrechtsanteile oder gleichwertigen internationalen Standards unterliegt,

    f) Schaffung der Möglichkeit für eine andere Person, die in den Buchstaben b, d und e genannten Funktionen auszuüben,

14. Immobilienmakler,

15. Veranstalter und Vermittler von Glücksspielen, soweit es sich nicht handelt um

    a) Betreiber von Geldspielgeräten nach § 33c der Gewerbeordnung,

    b) Vereine, die das Unternehmen eines Totalisatoren nach § 1 des Rennwett- und Lotteriegesetzes betreiben,

    c) Lotterien, für die die Veranstalter und Vermittler über eine glücksspielrechtliche Erlaubnis der in Deutschland jeweils zuständigen Behörde verfügen, und

d) (weggefallen)

16. Güterhändler, Kunstvermittler und Kunstlagerhalter, soweit die Lagerhaltung in Zollfreigebieten erfolgt.

(2) Das Bundesministerium der Finanzen kann durch Rechtsverordnung ohne Zustimmung des Bundesrates Verpflichtete gemäß Absatz 1 Nummer 1 bis 9 und 16, die Finanztätigkeiten, die keinen Finanztransfer im Sinne von § 1 Absatz 1 Satz 2 Nummer 6 des Zahlungsdiensteaufsichtsgesetzes darstellen, nur gelegentlich oder in sehr begrenztem Umfang ausüben und bei denen ein geringes Risiko der Geldwäsche oder der Terrorismusfinanzierung besteht, vom Anwendungsbereich dieses Gesetzes ausnehmen, wenn

1. die Finanztätigkeit auf einzelne Transaktionen beschränkt ist, die in absoluter Hinsicht je Kunde und einzelne Transaktion den Betrag von 1 000 Euro nicht überschreitet,

2. der Umsatz der Finanztätigkeit insgesamt nicht über 5 Prozent des jährlichen Gesamtumsatzes der betroffenen Verpflichteten hinausgeht,

3. die Finanztätigkeit lediglich eine mit der ausgeübten Haupttätigkeit zusammenhängende Nebentätigkeit darstellt und

4. die Finanztätigkeit nur für Kunden der Haupttätigkeit und nicht für die allgemeine Öffentlichkeit erbracht wird.

In diesem Fall hat es die EU-Kommission hierüber zeitnah zu unterrichten.

(3) Für Gerichte, die öffentliche Versteigerungen durchführen, gelten im Rahmen der Zwangsversteigerung von Grundstücken, im Schiffsregister eingetragenen Schiffen, Schiffsbauwerken, die im Schiffsbauregister eingetragen sind oder in dieses Register eingetragen werden können und Luftfahrzeugen im Wege der Zwangsvollstreckung die in den Abschnitten 3, 5 und 6 genannten Identifizierungs- und Meldepflichten, sowie die Pflicht zur Zusammenarbeit mit der Zentralstelle für Finanztransaktionsuntersuchungen entsprechend, soweit Transaktionen mit Barzahlungen über mindestens 10 000 Euro getätigt werden. Die Identifizierung des Erstehers soll unmittelbar nach Erteilung des Zuschlages erfolgen, spätestens jedoch bei Einzahlung des Bargebots; dabei ist bei natürlichen Personen die Erhebung des Geburtsortes und der Staatsangehörigkeit sowie bei Personengesellschaften und juristischen Personen die Erhebung der Namen sämtlicher Mitglieder des Vertretungsorgans oder sämtlicher gesetzlicher Vertreter nicht erforderlich.

(4) Für Behörden sowie Körperschaften und Anstalten des öffentlichen Rechts, die öffentliche Versteigerungen durchführen, gelten die in den Abschnitten 3, 5 und 6 genannten Identifizierungs- und Meldepflichten sowie die Pflicht zur Zusammenarbeit mit der Zentralstelle für Finanztransakti-

onsuntersuchungen entsprechend, soweit Transaktionen mit Barzahlungen über mindestens 10 000 Euro getätigt werden. Satz 1 gilt nicht, soweit im Rahmen der Zwangsvollstreckung gepfändete Gegenstände verwertet werden. Die Identifizierung des Erstehers soll bei Zuschlag erfolgen, spätestens jedoch bei Einzahlung des Bargebots. Nach Satz 1 verpflichtete Körperschaften und Anstalten des öffentlichen Rechts können bei der Erfüllung ihrer Pflichten nach Satz 1 auf Dritte zurückgreifen.

Schrifttum: *Bülte/Marinitsch*, Meldepflicht für Notare nach § 43 Abs. 6 GwG und der Geldwäschegesetzmeldeverordnung, DNotZ 2021, 804; *Casper/Terlau* (Hrsg.), ZAG, Kommentar, 2014; *Dehio/Schmidt*, Der neue Aufsichtsrahmen für Wertpapierinstitute – Das Wertpapierinstitutsgesetz, DB 2021, 1654; *Ennuschat*, Das Glücksspiel und die vierte Geldwäscherichtlinie, ZfWG 2016, Beilage Nr. 1, 10; *Findeisen*, Glücksspielstaatsvertrag 2021: Unzulängliche Aufsichtsinstrumente zur Austrocknung des Schwarzmarkts und der Kontrolle der Zahlungsströme im Online-Glücksspiel, ZfWG 2021, 436; *Findeisen*, „Underground Banking" in Deutschland – Schnittstellen zwischen illegalen „Remittance Services" i. S. v. § 1 Abs. 1a Nr. 6 KWG und dem legalen Bankgeschäft, WM 2000, 2125; *Fromberger/Haffke/Zimmermann*, Kryptowerte und Geldwäsche – Eine Analyse der 5. Geldwäscherichtlinie sowie des Gesetzesentwurfs der Bundesregierung, BKR 2019, 377; *von Galen*, Bekämpfung der Geldwäsche – Ende der Freiheit der Advokatur, NJW 2003, 117; *Gehra/Gittfried/Lienke* (Hrsg.), Prävention von Geldwäsche und Terrorismusfinanzierung: Praktische Umsetzung der aufsichtsrechtlichen Anforderungen durch Banken, 2. Aufl. 2020; *Gringel*, Das Wertpapierinstitutsgesetz als neues Aufsichtsregime für Wertpapierinstitute, AG 2021, R 116; *Grziwotz/Heinemann*, Kommentar zum BeurkG, 2. Aufl. 2015; *Heppekausen*, Blockchain, Wertpapierprospektrecht und das übrige Aufsichtsrecht, BKR 2020, 10; *Herzog/Mülhausen*, Geldwäschebekämpfung und Gewinnabschöpfung, Handbuch, 2006; *Hingst/Lösing*, Zahlungsdiensteaufsichtsrecht. Praxishandbuch für innovative Karten-, Internet- und mobile Zahlungsdienste, 2015; *Horvat*, Die Verpflichteteneigenschaft der im Steuer(straf)recht tätigen Rechtsanwälte nach § 2 Abs. 1 Nr. 10e) GwG, wistra 2021, 457; *Jarass*, Exterritoriale Geltung des neuen GwG, RIW 2017, 642; *Joecks/Miebach* (Hrsg.), Münchener Kommentar zum StGB, Bd. 2, 3. Aufl. 2016; *Kellendorfer*, Die Rechtsanwaltschaft als Hüterin des legalen Wirtschaftskreislaufs: Zur geldwäscherechtlichen Verantwortung im GwG und der GwGMeldV-Immobilien, DB 2021, 2540; *Krais*, Geldwäsche-Verdachtsmeldepflichten rechtsberatender Berufe im Immobiliensektor, CCZ 2020, 311; *Kümpel/Mülbert/Früh/Seyfried*, Bankrecht und Kapitalmarktrecht, 6. Aufl. 2022; *Lochen*, CCZ 2017, 226; *Omlor/Link*, Kryptowährungen und Token, 2021; *Preuße/Wöckener/Gillenkirch*, Das Gesetz zur Einführung elektronischer Wertpapiere, BKR 2021, 460; *Reeckmann*, Glücksspiel im Fokus des Geldwäschegesetzes: Wer ist verpflichtet – was muss er tun?, ZfWG 2018, 15; *Rennig*, KWG goes Krypto, BKR 2020, 23; *Schmidt* (Hrsg.), Vielfalt des Rechts – Einheit der Rechtsordnung?, 1994; *Schwennicke/Auerbach*, KWG, Kommentar, 4. Aufl. 2021; *Thelen*, Das Transparenzregister- und Finanzinformationsgesetz aus notarieller Sicht, notar 2021, 333; *Thelen*, Geldwäscherecht und notarielle Praxis, 2021; *Wahlers*, Die rechtliche und ökonomische Struktur von Zahlungssystemen inner- und außerhalb des Bankensystems, 2013; *Warius*, Das Hawala Finanzsystem in Deutschland – Ein Fall für die Bekämpfung von Geldwäsche und Terrorismusfinanzierung?, 2009; *Weigell/Görlich*, (Selbst-)Geldwäsche: Strafbarkeitsrisiko für steuerliche Berater?, DStR 2016, 2178; *Weitnauer/Boxberger/Anders* (Hrsg.), KAGB, Kommentar zum Kapitalanlagegesetzbuch und zur Verordnung über Europäische Risiko-

kapitalfonds mit Bezügen zum AIFM-StAnpG, 2014; *dies.*, Kommentar zum Kapitalanlagegesetzbuch, 3. Aufl. 2021; *Wende/Lippold*, Herausforderungen beim Geldwäschegesetz für
Kanzleien mit mehreren Berufsträgern an mehreren Standorten, GWuR 2021, 107; *Wende/
Schneider*, Beteiligungsgesellschaften als Finanzunternehmen – Verpflichtete des GwG?,
GWuR 2021, 38; *Winkler*, Kommentar zum BeurkG, 17. Aufl. 2013; *Wohlschlägl-Aschberger*, Geldwäscheprävention: Recht, Produkte, Branchen, 2018; *Zuck*, Die verfassungswidri-
ge Indienstnahme des Rechtsanwaltes für Zwecke der Strafverfolgung, NJW 2002, 1397.

Übersicht

  Kaetzler

I. Allgemeines

1. Verpflichtetenkreis

Im modernen Geldwäscherecht ist zwischen mehreren Anwendbarkeitsebenen **1** der Gesetze zu unterscheiden. Neben den **primär Verpflichteten** (§ 2) treffen verschiedene **Mitwirkungspflichten** deren Kunden (zum Beispiel die Pflicht des Vertragspartners eines primär Verpflichteten, Unterlagen beizubringen oder abweichende wirtschaftlich Berechtigte zu nennen, § 10 Abs. 6 GwG). Nicht zu den primär unter dem GwG Verpflichteten gehören auch die zur **Eintragung in das Transparenzregister verpflichteten** inländischen – neuerdings auch teilweise ausländischen – eingetragenen juristischen Personen und Personengesellschaften sowie die Rechtsgestaltungen und Stiftungen. Angesichts des klar in § 2 definierten Anwendungsbereiches des Gesetzes ist die Transparenzregisterpflicht „systemfremd" in das GwG aufgenommen worden, welches sich primär nur an die in § 2 GwG genannten Gruppen der primär Verpflichteten in diesem Sinne richtet. Es wird abzuwarten bleiben, ob der Gesetzgeber diese rechtssystematischen Unschärfen eines Tages durch ein eigenes Transparenzregistergesetz bereinigt.

§ 2 GwG legt fest, welche Institute, Unternehmen und Berufsgruppen dem GwG **2** direkt, als primär Verpflichtete unterfallen und dessen Pflichten erfüllen müssen. Dabei wird jedoch eingangs verdeutlicht, dass für die Pflichten einzig relevant ist, dass die erfassten Gruppen jeweils im Rahmen ihres Gewerbes oder Berufs handeln. Wie oben ausgeführt (vgl. → § 1 Rn. 2 ff.), sind die von § 2 GwG genannten Verpflichteten nämlich nur dann vom GwG erfasst, wenn und soweit sie im Rahmen ihrer (gewerblichen/freiberuflichen) Tätigkeit im Kern agieren.

Die Geldwäschegesetze der „früheren Generation" richteten sich ausschließlich **3** an Kreditinstitute, Finanzdienstleister und „Finanzinstitute" nach den Begrifflichkeiten des früheren KWG.[1] In der Ersten EU-Geldwäscherichtlinie war lediglich in Art. 12 eine Empfehlung ausgesprochen worden, weitere Berufsgruppen in den primären Anwendungsbereich aufzunehmen. Diese Empfehlung wurde mit der Zweiten EU-Geldwäscherichtlinie aufgegriffen und der **Anwendungsbereich nach und nach in den folgenden Richtlinien erweitert.** Die mit der Umsetzung der Änderungsrichtlinie zur Vierten EU-Geldwäscherichtlinie eingebrachten Erweiterungen des Anwendungsbereichs um ausgewählte öffentliche Funktionsträger führen zu einer teilweisen Neuausrichtung des Gesetzes (vgl. → § 1 Rn. 7).

Die Erweiterungen des primären Anwendungsbereiches der Geldwäsche- **4** pflichten orientierten sich zunächst an dem 1989 aufgestellten 3-Stufen-Modell

---

1 Vgl. § 1 Abs. 1–4 GwG in der Fassung von 1993, BGBl. I 1993, S. 1771.

der damaligen US-amerikanischen Zollbehörde, dem U.S. Customs Service. Sie waren von dem Bestreben getrieben, möglichst für alle drei „Stufen" der Geldwäsche Verpflichtete zu definieren. Diese Verpflichteten sollten dann für die typischen Geldwäschehandlungen der jeweiligen „Stufe" einem Pflichtenkatalog unterworfen werden:

5   Nach dem „klassischen", auf den Vorstellungsbildern zur organisierten Kriminalität basierenden Modell verläuft **Geldwäsche in drei Schritten**: dem „Placement", dem „Layering" und der „Integration". In dem ersten Schritt, **„Placement"** genannt, wird das – nach dem damaligen Vorstellungsbild Ende der achtziger Jahre aus den in der organisierten Kriminalität damals als „typisch" verstandenen Vortaten wie Waffen- und Drogenhandel, illegaler Prostitution herrührende – (Bar-)Geld in den Finanzkreislauf eingebracht. Das kann auf verschiedenste Weisen geschehen, z. B. indem es bei Banken oder Wechselstuben eingezahlt wird.

6   Aus diesem Grund setzte das Geldwäscherecht ursprünglich vor allem beim Finanzsektor an. Lediglich Edelmetallhändler und Spielbanken waren als finanzmarktfremde Adressaten des Gesetzes zu „Internen Sicherungsmaßnahmen" verpflichtet.[2] Da jedoch ein immer größeres Bewusstsein für die Geldwäscherisiken bei der Einbringung von (Bar-)Geld in den formalen Wirtschafts- und Finanzkreislauf entstand und die geldwäscherechtlichen Vorgaben vom Finanzsektor immer effektiver verfolgt wurden, wurden Geldwäschehandlungen komplexer, sodass weitere Verpflichtete, insbesondere außerhalb des Finanzsektors i. e. S., zur Geldwäscheprävention hinzugezogen werden mussten.

7   Im „**Layering**" wird das in den Finanzkreislauf eingebrachte inkriminierte Vermögen mehrfach mit legal erworbenen Mitteln vermischt, abverfügt, ändert seinen Aggregatzustand, wird strukturiert, aufgespalten oder wird übertragen, sodass der Konnex zwischen Vortat und Vermögensgegenstand nicht mehr ohne Weiteres erkennbar ist. Ziel der Geldwäsche ist immerhin, dass die Herkunft eines Vermögensgegenstandes nicht mehr oder wenigstens nicht mehr leicht einer konkreten Straftat zuzuordnen ist.

8   Deshalb zeigt sich auf der Stufe des Layerings die Notwendigkeit, dass auch andere, in dieser Phase der Geldwäsche betroffene Unternehmens- und Berufsgruppen für Geldwäsche sensibilisiert und zur Mitwirkung angehalten werden müssen. Mit dem Gesetz über das Aufspüren von Gewinnen aus schweren Straftaten, Geldwäschegesetz,[3] welches die Richtlinie 2001/97/EG vom 4.12.2001 zur Änderung der Richtlinie 91/308/EWG des Rates zur Verhinderung der Nutzung des Finanzsystems zum Zwecke der Geldwäsche umsetzte, wurden daher

---

2 Vgl. § 14 Abs. 1 GwG a. F.
3 BGBl. I 2002, Nr. 57.

                    Kaetzler

vor allem Intermediäre wie Rechtsanwälte, Trust-Service-Provider, Wirtschaftsprüfer und Steuerberater als sog. „**Gatekeeper**"[4] verpflichtet, um deren (mögliche) Mitwirkungshandlungen im Layering zu regulieren.

Im letzten Schritt, der „Integrationsphase", „**Integration**", investieren Kriminelle – so das „klassische" Vorstellungsbild – das nunmehr „gewaschene" Vermögen in Luxusgüter bzw. Investitionsgüter. Hierdurch erklärt sich letztlich die Einbeziehung der Güterhändler und des Immobilienmarktes, im Hinblick auf erstere insbesondere die Konzentration der Geldwäschegesetze auf „hochwertige Güter".

Die geschilderten Gefahren des Missbrauchs von Erwerbsvorgängen im Rahmen des Layering und der Integration beschränken sich nicht auf privatwirtschaftliche Transaktionen. Insbesondere im Immobiliensektor haben sich in den vergangenen Jahren erhebliche Tendenzen gezeigt, über Versteigerungen bemakeltes Vermögen zu waschen.[5] Aufgrund des Erwerbs des versteigerten Gegenstands kraft hoheitlichem Zuschlag besteht in der Tat ein gesteigertes Geldwäscherisiko. Konsequenterweise erstreckt das Gesetz den Kreis der primär Verpflichteten nunmehr auch auf Gerichte oder Behörden, sofern und soweit diese Versteigerungen durchführen.[6]

Die Erweiterung des Anwendungsbereiches des Gesetzes auf den Nichtfinanzsektor berücksichtigte jedoch nicht die völlig unterschiedlichen Industriesektoren und deren unterschiedliche Produkte und Vertriebswege, die nach und nach von der Geldwäscheregulierung erfasst wurden. Die für den Finanzsektor entwickelten Regeln und Instrumente wurden vielmehr vom Gesetzgeber **oftmals unreflektiert auf den Nicht-Finanzsektor erstreckt**, was zu erheblichen Anwendungsproblemen und Auslegungsunsicherheiten führt.[7] Ähnliche Situationen dürften sich nach und nach durch die Einbeziehung öffentlicher Neuverpflichteter ergeben. Die Vorschriften des GwG sind für die Privatwirtschaft, nicht für die öffentliche Hand erstellt. Eine Erstreckung derselben auf die öffentliche Hand dürfte vor allem in Fragen der Staatshaftung zu möglicherweise politisch ungewünschten Folgen führen.

Der **Verpflichtetenkreis** hatte sich zuletzt mit der GwG-Novelle im Rahmen der Umsetzung der Vierten EU-Geldwäscherichtlinie **bereits leicht erweitert**. Gegenüber der Vierten EU-Geldwäscherichtlinie wurde der primäre Anwendungs-

9

10

11

12

---

4 Zu den Abgrenzungsproblemen im Zusammenhang mit diesen „Gatekeeper"-Berufsgruppen *Herzog/Achtelik*, in: Herzog, GwG, Einl. Rn. 19 ff.
5 Vgl. z. B. den FIU-Jahresbericht Deutschland 2018, S. 24 ff.
6 Referentenentwurf zum Umsetzungsgesetz zur Änderungsrichtlinie der Vierten EU-Geldwäscherichtlinie v. 20.5.2019, § 2 Abs. 3 und 4 GwG-E.
7 *Kaetzler*, in: Wohlschlägl-Aschberger, Geldwäscheprävention: Recht, Produkte, Branchen, S. 479 ff.

bereich des GwG dann aber nochmals, nämlich im Hinblick auf (freie) Gewerbetreibende, die für ein Zahlungsinstitut Dienstleistungen nach dem ZAG erbringen,[8] erweitert umgesetzt. Ferner werden auch Darlehensgeschäfte durch Versicherungen und Versicherungsvermittler in den Anwendungsbereich des GwG aufgenommen.[9] Die Streichung der Finanzagentur des Bundes aus dem Anwendungsbereich des GwG[10] mit dem Umsetzungsgesetz 2017 erklärte sich hingegen damit, dass die Finanzagentur des Bundes das Neugeschäft mit Privatkunden eingestellt hatte. Dennoch stellt das Bundesministerium der Finanzen im Rahmen seiner Rechts- und Fachaufsicht auch fortwährend die geldwäschetechnische Angemessenheit der Geschäftsorganisation – und somit eine effektive und wirksame Geldwäschebekämpfung außerhalb der formellen Vorgaben des GwG – sicher.[11]

13 Im Rahmen der Umsetzung der Änderungsrichtlinie zur Vierten EU-Geldwäscherichtlinie waren ferner Kunstlagerhalter, Steuervereine und -vereinigungen in den Anwendungsbereich des GwG aufgenommen worden. Für Versicherungen wurde der Anwendungsbereich des GwG bereits auf solche Versicherungen erstreckt, die „Kapitalisierungsprodukte" anbieten, die Katalogmandate für Rechtsanwälte werden erweitert und Inkassodienstleistungen vom Anwendungsbereich ausgenommen. Die langjährige Diskussion um reine Industrieholdings wird durch eine klarstellende Bereichsausnahme für reine Industrieholdings, die nicht mit Beteiligungen handeln, beendet.[12]

14 Mit Einführung des **Wertpapierinstitutsgesetzes** im Mai 2021 wurden **Wertpapierinstitute** ebenfalls zu Verpflichteten des GwG. Durch die GwG-Reform im Rahmen des **TraFinG 2021** wurde der Verpflichtetenkreis hingegen nur marginal, nämlich bezogen auf **Glücksspielanbieter und -vermittler** geändert: Zum einen wurden Soziallotterien durch Streichung der Ausnahmeregelung in Abs. 1 Nr. 15 in den Anwendungsbereich des GwG aufgenommen und auch physisch durchgeführtes (also Nicht-Online-) Glücksspiel durch eine Änderung des Ausnahmetatbestands in Nr. 15 einbezogen, vgl. unten → Rn. 264 ff.

15 Die Pflichten nach dem GwG entfallen für die Verpflichteten nicht durch **Insolvenz oder Liquidation**. Sie treffen dann an der Stelle der Organe den Liquidator oder Insolvenzverwalter. Dieser wird in der Regel die bestehenden Delegationsketten eines insolventen Verpflichteten fortsetzen. Die geldwäscherechtlichen

---

8 § 2 Abs. 1 Nr. 4 GwG.

9 Der Gesetzgeber zitiert im Hinblick auf die Verpflichtungen von Kreditinstituten im Kreditgeschäft die plastische Regel „gleiches Geschäft = gleiches Risiko = gleiche Unterstellung unter die Pflichten", vgl. BT-Drs. 18/11555, S. 106.

10 Vgl. § 2 Abs. 1 Nr. 4a GwG a. F.

11 Vgl. BT-Drs. 18/11555, S. 106.

12 Referentenentwurf zum Umsetzungsgesetz zur Änderungsrichtlinie der Vierten EU-Geldwäscherichtlinie v. 20.5.2019, § 2 Abs. 1, 3 und 4 GwG-E.

Verpflichtungen entfallen erst mit Einstellung der geldwäschebezogenen, geschäftstypischen Tätigkeiten; im Finanzsektor wirken die Pflichten so lange nach, bis die jeweilige Erlaubnis zum Geschäftsbetrieb endet. Rein abwicklungsbezogene Tätigkeiten (z. B. Veräußerungen aus der Masse im Rahmen der Insolvenz oder im Rahmen der Abwicklung) sind hingegen nach dem Gesetzeszweck nicht umfasst.

In der Praxis kommt darüber immer öfter die Frage auf, ob **Nicht-Verpflichtete** 16 teilweise von einzelnen Mechaniken unter dem GwG, namentlich der Verdachtsmeldung nach § 43, Gebrauch machen können. In der Folge stellt sich demgemäß die Frage, ob auch die Enthaftungsnorm des § 48 für Nicht-Verpflichtete herangezogen werden kann. Während § 43 hingegen ein auf primär Verpflichtete bezogenes Meldewesen bestimmter Branchen schafft, und mithin Nicht-Verpflichtete keine Verdachtsmeldungen nach § 43 einreichen können, ist die Norm des § 48 so weit gefasst („Wer"), dass auch der eine Strafanzeige stellende Nicht-Verpflichtete unter deren Schutz stehen dürfte. Hierdurch dürften viele aufkommende rechtspraktische Fragen gelöst werden.

Es kann nicht oft genug betont werden, dass die (gewerberechtliche) Nichtanwendbarkeit der geldwäscherechtlichen Pflichten auf Unternehmen außerhalb des Anwendungsbereiches des § 2 GwG **nicht bedeutet, dass diese Unternehmen und Personen überhaupt keine Maßnahmen gegen Geldwäscherisiken ergreifen sollten**. Für alle Teilnehmer am Wirtschaftsleben besteht je nach Risikoausrichtung der Geschäfte nämlich ein unbestreitbares Risiko, mit bemakeltem Vermögen oder intransparenten Finanztransaktionen in Berührung zu kommen. Aufgrund der weiten Fassung des Straftatbestandes des § 261 StGB besteht folglich das reale Risiko eines jeden, sich wegen Geldwäsche strafbar zu machen.[13] Infolgedessen müssen wiederum sämtliche Teilnehmer am Wirtschaftsleben, mitunter sogar Kunden und Privatleute, aufgrund der Gesetzesneufassung in § 2 Abs. 3 und 4 GwG, zukünftig verstärkt auch Justiz und Behörden, schon im eigenen Interesse Vorsicht beim Umgang mit möglicherweise bemakelten Vermögensgegenständen walten lassen.

Bei Kapitalgesellschaften und den meisten Personengesellschaften und Stiftungen 18 tritt neben diese allgemeine Vorsorge zur Meidung strafrechtlich relevanten Verhaltens die Pflicht, illegitimes Verhalten, insbesondere Gesetzesverstöße im Unternehmen, zu unterbinden und Strukturen zu errichten, die kriminalitätsavers wirken („**Legalitätspflicht**").[14] Aus der Legalitätspflicht erwachsen Pflichten, die bei entsprechend hoher Risikoexposition denen des GwG entsprechen oder im Extremfall auch bei nicht von § 2 GwG erfassten Unternehmen oder Berufs-

---

13 Vgl. hierzu etwa *Weigell/Görlich*, DStR 2016, 2178, 2180 am Beispiel des Steuerberaters.
14 So z. B. § 93 AktG für die Aktiengesellschaft, vgl. etwa *Hölters*, in: Hölters, AktG, § 93 Rn. 54.

gruppen sogar über diese hinausgehen können. Der Rückschluss, dass die nicht im primären Anwendungsbereich nach § 2 GwG genannten Personen und Berufsgruppen also keine Pflichten zur Verhinderung von Geldwäsche treffen, ist daher falsch.

2. Territorialer Anwendungsbereich

19   In **territorialer Hinsicht** gilt das GwG im Grundsatz für all diejenigen Gewerbetreibenden und weiteren Verpflichteten, sofern und soweit sie im Inland tätig sind. Es gilt zunächst – **im Grundsatz – das im Gewerberecht übliche Territorialitätsprinzip**. Übt ein im Ausland ansässiger Gewerbetreibender im Inland eine geldwäscherelevante Tätigkeit im Hinblick auf eine Geschäftsbeziehung (§ 1 Abs. 4 GwG) oder eine Transaktion (§ 1 Abs. 5 GwG) aus, so kommt es für die Anwendbarkeit der einzelnen Maßnahmen sehr genau darauf an, welche Teilakte im Inland ausgeübt werden. Erfolgt z. B. ein Vertragsschluss eines im Ausland ansässigen Finanzdienstleisters im Inland, so sind die im Rahmen eines Vertragsabschlusses anwendbaren Normen (Kundensorgfaltspflichten) anwendbar. Wird aber z. B. ein Konto im Ausland geführt, und Transaktionen im Ausland gebucht, gelten hinsichtlich der erforderlichen Überwachungs- und Sicherungsmaßnahmen die jeweils ausländischen Vorschriften.

20   Durch das TraFinG 2021 wurde das Territorialitätsprinzip im Transparenzregisterwesen wiederum um eine Nuance erweitert: Nach § 20 Abs. 1 und § 21 Abs. 1 GwG bestanden bereits erweiterte Meldepflichten für Vereinigungen mit Sitz im Ausland, die **Grundstücksgeschäfte im weiteren Sinn in Deutschland** tätigen. Für deren Definition sind Anknüpfungspunkte nunmehr die Regelungen im Grunderwerbsteuergesetz, welche einen „Share Deal" mit Bezug zu deutschem Immobilieneigentum mit umfassen,[15] was ausländische Erwerber von Beteiligungen registerpflichtig werden lässt. Genau genommen handelt es sich bei den genannten Vorschriften aber nicht um ein Durchbrechen des Territorialitätsgrundsatzes, sondern nur um eine erweiterte Auslegung der „inländischen Aktivität" der Normadressaten.

21   Wirklich **exterritoriale Effekte des deutschen Geldwäscherechtes** treten für die Verpflichteten aber an verschiedenen Stellen zu Tage. Das GwG kennt exterritoriale Wirkungen „inbound" (also als Verpflichtung für exterritorial ansässige Personen und Unternehmen, die in Deutschland tätig werden) und „outbound" (also für im Ausland tätige, aber mit deutschen Verpflichteten verbundene Personen und Unternehmen). Diese exterritorialen Wirkungen sind verfassungs- und

---

15 Vgl. BVA, Transparenzregister – Fragen und Antworten zum Geldwäschegesetz (GwG), Stand 1.8.2021, S. 3.

gewerberechtlich nicht unproblematisch.[16] Hinsichtlich der **„Inbound"**-Konstellationen trifft das GwG in § 2 einige konkrete Regelungen selbst: Erfasst von den Pflichten sind im Inland gelegene Zweigniederlassungen, Zweigstellen bzw. Niederlassungen von Kreditinstituten, Finanzdienstleistern, Zahlungs- und E-Geld-Instituten, Finanz- und Versicherungsunternehmen, Versicherungsvermittlern und Kapitalverwaltungsgesellschaften, einschließlich AIFM. Hinsichtlich dieser genannten Verpflichteten gilt das deutsche GwG direkt. Für Fälle des (bloß) grenzüberschreitenden Tätigwerdens von Unternehmen des Finanzsektors ohne Niederlassung nach §§ 53b KWG bzw. 39 ZAG hat die BaFin (für Kreditinstitute und Finanzdienstleister ausdrücklich) die Anwendbarkeit des GwG verneint.[17]

In konsequenter Anwendung verfassungs- und gewerberechtlicher Grundsätze **22** muss davon ausgegangen werden, dass Niederlassungen oder Zweigstellen anderer als in § 2 Abs. 1 ausdrücklich genannter Verpflichteter nicht in den Anwendungsbereich des GwG fallen. Rechtsanwälte, Wirtschaftsprüfer, Immobilienmakler oder Veranstalter bzw. Vermittler von Glücksspielen mit Sitz im Ausland fallen daher nicht unter das GwG.[18]

Im umgekehrten Fall müssen Verpflichtete deutsches Geldwäscherecht in einigen **23** Konstellationen auch im Ausland anwenden („**outbound**"). Namentlich besteht ein **exterritorialer Anwendungsbefehl** im Rahmen gruppenweiter Sicherungsmaßnahmen nach § 9 für ausländische Niederlassungen oder Tochterunternehmen, die im Ausland deutsches Geldwäscherecht beachten müssen, sofern nicht lokales Recht dem entgegensteht. § 9 beinhaltet hierzu genauere Kollisionsregeln.

Kollidieren ausländische und inländische Rechtsnormen, trifft das GwG nur für **24** „Outbound"-Konstellationen in § 9 eine sehr genau gefasste Regelung.[19] Für „Inbound"-Konflikte fehlt es an einer solchen. Hier gilt stets, dass – aus rein deutscher gewerberechtlicher Sicht – deutsches Geldwäscherecht zur Anwendung kommen muss. Ist eine vollständige Umsetzung der deutschen geldwäscherechtlichen Verpflichtungen z. B. für die inländische Niederlassung eines ausländischen Instituts etwa aufgrund von zwingenden Rechtsvorschriften im Sitzland des Instituts nicht möglich, muss die inländische Einheit ihre Geschäftstätigkeit in Deutschland einstellen.

---

16 Vgl. den guten Problemaufriss (allerdings beschränkt auf „Inbound"-Konstellationen) bei *Jarass*, RIW 2017, 642 ff.
17 BaFin, Merkblatt über die Erteilung einer Erlaubnis zum Betreiben von Bankgeschäften gemäß § 32 Abs. 1 KWG v. 31.12.2007, S. 18.
18 *Jarass*, RIW 2017, 642, 648.
19 Vgl. hierzu *Kaetzler*, in: Gehra/Gittfried/Lienke, Prävention von Geldwäsche und Terrorismusfinanzierung, S. 251 ff.

II. Kreditinstitute (§ 2 Abs. 1 Nr. 1 GwG)

25 Die zuerst im Gesetz genannten Verpflichteten sind die „Kreditinstitute". Kreditinstitute sind legaldefiniert in § 1 Abs. 1 KWG. Vom GwG komplett erfasst sind ferner deren Zweigstellen und -niederlassungen, wobei hiervon wiederum diejenigen Kreditinstitute ausgenommen sind, die unter die Ausnahmevorschriften des § 2 Abs. 1 Nr. 3–8 KWG fallen.

1. Allgemeines

26 Aufgrund des klaren Normverweises sind die Anwendungsbereiche von **§ 2 Abs. 1 Nr. 1 GwG und § 1 Abs. 1 KWG deckungsgleich**. Gleiches gilt für die unten weiter erörterten Rückausnahmevorschriften. Als Sonderfall sind lediglich Bausparkassen zu nennen, die das Bauspargeschäft nach § 1 des Gesetzes über Bausparkassen betreiben, aber ebenfalls Verpflichtete des GwG sind.[20]

27 Wesentlich für die Umgrenzung des Anwendungsbereiches ist auch, dass nach KWG wie auch nach GwG allein das **„Betreiben"** der genannten Geschäfte ausreicht, wenn dieses in „gewerblichem" oder „in einem Umfang, der einen in kaufmännischer Weise eingerichteten Gewerbebetrieb erfordert" geschieht. Auf die Erlaubnis nach § 32 KWG kommt es mithin nicht an.[21] „Betreibt" ein Unternehmen Bank- oder Finanzdienstleistungsgeschäfte ohne Erlaubnis, wird neben den bankaufsichtsrechtlichen Sanktionen auch an die geldwäscherechtlichen Sanktionen zu denken sein, eine „parallele Sanktionierung" nach KWG und GwG jedoch aufgrund Konsumption[22] der Organisationsdelikte zurücktreten, da die Organisationsdelikte des GwG bereits denklogisch in denen des KWG enthalten sind.

28 Die Verpflichtung von Kreditinstituten zur Vornahme von Kundenidentifikation und zur Errichtung von Sicherungsmaßnahmen war die „Keimzelle" der Anti-Geldwäsche-Regelungen und -Gesetze. Das wird bereits an dem starken Fokus der Empfehlungen der Financial Action Task Force (FATF)[23] auf die Kreditwirtschaft deutlich: 1990 veröffentlichte die FATF die erste Version der „Forty Recommendations" mit Empfehlungen dazu, wie die Mitgliedstaaten ihre Maßnahmen zur Bekämpfung der Geldwäsche kalibrieren sollten.[24] Die erste Version[25]

---

20 BaFin, AuA 2020, oberhalb Ziff. 1.1.
21 *Schwennicke*, in: Schwennicke/Auerbach, KWG, § 1 Rn. 6 ff.; Fischer/Müller, in: Boos/Fischer/Schulte-Mattler, KWG/CRR-VO, § 32 KWG Rn. 6.
22 Vgl. zum Begriff *von Heintschel-Heinegg*, in: MüKo-StGB, Vorbem. § 52 Rn. 49 f.
23 FATF, The FATF Recommendations, 2012–2017.
24 FATF, The Forty Recommendations of the Financial Action Task Force on Money Laundering, 1990.
25 FATF, The Forty Recommendations of the Financial Action Task Force on Money Laundering, 1990.

der „Forty Recommendations" beschränkte sich hinsichtlich der zu ergreifenden Präventionsmaßnahmen der Privatwirtschaft allerdings nur auf den Finanzsektor.

In den nachfolgenden Anpassungen der „Forty Recommendations" spielten neben den Kreditinstituten andere „non-bank financial institutions"[26] und schließlich die „designated non-financial businesses and professions"[27] eine immer wichtigere Rolle:[28] Der Fokus der Empfehlungen und Regeln auf den **Finanzsektor** zieht sich jedoch bis heute durch die FATF-Standards, was zu den oben angesprochenen Anwendungsproblemen außerhalb des Finanzsektors führt.   **29**

Kurz nach Veröffentlichung der ersten FATF-Empfehlungen begann die Europäische Wirtschaftsgemeinschaft (EWG) als einer der Vorläufer der EU damit, Richtlinien zur Bekämpfung von Geldwäsche zu verfassen und erließ 1991 die erste der mittlerweile vier wesentlichen Geldwäscherichtlinien auf europäischer Ebene.[29] Diese Richtlinien griffen und greifen dabei die FATF-Empfehlungen auf[30] und setzen sie somit in europäisches Recht um. Hierbei unterliefen dem Gesetzgeber im Hinblick auf die Anwendbarkeit der Geldwäscheregeln im Finanzsektor jedoch frühe Fehler, von denen rückblickend nur gemutmaßt werden kann, ob es sich um Missverständnisse, Übersetzungsfehler oder gewollte Überumsetzungen der Richtlinie handelte. Einer dieser Fehler wirkt bis heute im Fehlverständnis des Gesetzgebers hinsichtlich der Einbeziehung von „**Finanzinstituten", heute "Finanzunternehmen"** (vgl. unten → Rn. 122 ff.) fort.   **30**

Als früher Unterschied zwischen Richtlinie und FATF-Empfehlungen lässt sich feststellen, dass die EWG schon früh eine ausdrückliche Unterscheidung zwischen Kredit- und Finanzinstitut vornimmt, die von der FATF, die allein von „**financial institutions"** spricht, nicht vorgesehen war. Aus der weitgehenden Orientierung der Richtlinie an den Empfehlungen resultiert, dass auch die Erste EU-Geldwäscherichtlinie mit Ausnahme eines Programmsatzes in Art. 12 nur Maßnahmen behandelt, die von „Kredit- und Finanzinstituten" vorzunehmen sind. (Dies änderte sich erst durch die Zweite EU-Geldwäscherichtlinie.)   **31**

---

26 FATF, The Forty Recommendations of the Financial Action Task Force on Money Laundering, 1996, S. 3.

27 FATF, The Forty Recommendations of the Financial Action Task Force on Money Laundering, 2003, S. 5.

28 FATF, The Forty Recommendations of the Financial Action Task Force on Money Laundering, 1990, Empfehlung 9.

29 Erste EU-Geldwäscherichtlinie: Richtlinie 91/308/EWG; Zweite EU-Geldwäscherichtlinie: Richtlinie 2001/97/EG; Dritte EU-Geldwäscherichtlinie: Richtlinie 2005/60/EG; Vierte EU-Geldwäscherichtlinie: Richtlinie (EU) 2015/849.

30 Vierte EU-Geldwäscherichtlinie: Richtlinie (EU) 2015/849, ErwG 3; *Häberle*, in: Erbs/Kohlhaas, Strafrechtliche Nebengesetze, Stand: 214. EL Mai 2017, § 2 GwG Rn. 10.

32   Zwischenzeitlich wurde zudem durch die Bankenrichtlinie 2006/48/EG der Begriff des „Kreditinstitutes" auch auf E-Geld-Institute ausgeweitet und damit der Kreis der Verpflichteten also mittelbar erweitert.

33   Auf die EWG-Richtlinie hin trat in Deutschland 1993 das Geldwäschegesetz in Kraft,[31] das dieselbe in nationales Recht umsetzte. Das damalige GwG nahm zwar nicht einzig, aber bei den Kundensorgfaltspflichten schwerpunktmäßig auf **„Kredit- und Finanzinstitute"** Bezug und verpflichtete diese mitunter zu Identifizierungsmaßnahmen. Das damalige GwG ging jedoch über die EWG-Richtlinie hinaus, indem beispielsweise nach § 14 GwG a. F. auch weitere Verpflichtete als Kredit- und Finanzinstitute, namentlich Edelmetallhändler und Spielbanken, explizit zur Einhaltung interner Sicherungsmaßnahmen gehalten waren.

34   Während in den Anfängen des GwG aus 1993 noch der Begriff des „Kreditinstituts" im GwG selbst definiert wurde,[32] ging der Gesetzgeber im GwG 1997 dazu über, ähnlich wie auf europäischer Ebene einen Verweis auf ein anderes Gesetz, hier also das Kreditwesengesetz (KWG), vorzunehmen.[33] Dieser Verweis ist bis heute erhalten geblieben, sodass die Verpflichteten zur Klärung der Definition **„Kreditinstitut"** § 1 Abs. 1 KWG zu Rate ziehen müssen. Dennoch gibt es hier, wie zu sehen sein wird (siehe → Rn. 35 ff.), immer noch GwG-spezifische Besonderheiten.

35   Über das GwG hinaus existieren im KWG eine Reihe von **Sonderbestimmungen für Kreditinstitute**, die neben die GwG-Regelungen treten (Näheres dazu siehe → § 25g KWG Rn. 1 ff.). Hiervon sind allerdings durch die Neufassung des GwG viele der Sonderregelungen, die sich vorher im KWG befanden, in das GwG zurückverlagert worden. Ein Beispiel hierfür sind die Regelungen zu den gruppenweiten Maßnahmen nach § 25l Abs. 1 KWG a. F., die in § 9 GwG verlagert worden sind (Näheres zur Thematik der gruppenweiten Umsetzung siehe → § 9 Rn. 1 ff.).[34] Im Jahr 2021 hat ferner die BaFin eine eigene Verwaltungspraxis, die „AuA-BT" für Kreditinstitute veröffentlicht,[35] die im Rahmen der Selbstbindung der Verwaltung indirekt normativen Charakter entfalten.

2. Kreditinstitute

36   Nach § 1 Abs. 1 KWG sind **„Kreditinstitute"** Unternehmen, die gewerbsmäßig Bankgeschäfte betreiben oder dies zumindest in einem Umfang tun, der einen in kaufmännischer Weise eingerichteten Geschäftsbetrieb erfordert. „Gewerbsmä-

---

31 GwG 1993, BGBl. I 1993, S. 1770 ff.
32 Vgl. § 1 Abs. 1 Satz 1 GwG 1993, BGBl. I 1993, S. 1770.
33 Vgl. BGBl. I, S. 2567, 2578.
34 BT-Drs. 18/11555, S. 177.
35 AuA BT Kreditinstitute, Auslegungshinweise nach § 51 Abs. 8 GwG, Juni 2021, abrufbar unter www.bafin.de.

ßig" bedeutet, dass der Betrieb der Bankgeschäfte auf gewisse Dauer angelegt ist und mit Gewinnerzielungsabsicht erfolgt.[36] Die Alternative zur „Gewerbsmäßigkeit" ist das Erfordernis eines in kaufmännischer Weise eingerichteten Geschäftsbetriebs, wobei ein solcher selbst nicht vorliegen muss. Vielmehr ist lediglich erforderlich, dass die Menge der Bankgeschäfte einen solchen in kaufmännischer Weise eingerichteten Geschäftsbetrieb nötig werden lässt. Ein in kaufmännischer Weise eingerichteter Geschäftsbetrieb liegt vor, wenn nach den §§ 238 ff. HGB Handelsbücher geführt werden und ein Jahresabschluss aufgestellt werden muss.[37] Insofern können geführte Handelsbücher und Jahresabschlüsse Indizien für dessen Erfordernis sein. Eine Gewinnerzielungsabsicht ist hingegen nicht erforderlich.[38]

Kreditinstitute sind Unternehmen, die die in § 1 Abs. 1 Satz 2 KWG genannten Bankgeschäfte betreiben. Der Katalog des § 1 Abs. 1 Satz 2 KWG ist abschließend.[39]   **37**

Aufgrund des eindeutigen Verweises in § 2 Abs. 1 Nr. 1 GwG (und aufgrund des Prinzips der Einheit der Rechtsordnung im Gewerberecht)[40] richten sich die Begriffe des GwG ausschließlich nach den Definitionen des Kreditwesengesetzes.[41]   **38**

Allen **Bankgeschäften** im Sinne des Kreditwesengesetzes ist gemein, dass dieselben in gewerblichem Umfang bzw. in einem Umfang, der einen in kaufmännischer Weise eingerichteten Geschäftsbetrieb erfordert, betrieben werden müssen. Wenngleich letzterer Begriff in der jüngeren Vergangenheit immer unerheblicher wird und Gewerblichkeit schon mit dem ersten Geschäft vorliegen kann,[42] sind einzelne Geschäfte unterhalb einer qualitativen oder quantitativen Schwelle teilweise erlaubnisfrei.[43] Ob und inwiefern diese „Gelegenheitsgeschäfte", die unter dem Kreditwesengesetz nicht zu einer Erlaubnispflicht führen, aber technisch Bankgeschäfte darstellen, vom Geldwäschegesetz erfasst sind, ist ange-   **39**

---

36 St. Rspr. des BGH, z. B.: BGH, BKR 2007, 251, 253 m. w. N.

37 *Schäfer*, in: Boos/Fischer/Schulte-Mattler, KWG/CRR-VO, § 1 KWG Rn. 23. Zum Umfang der Erlaubnispflicht und die beiden Begriffe verfasst die BaFin regelmäßig Publikationen, vgl. z. B. das Merkblatt über die Erteilung einer Erlaubnis zum Betreiben von Bankgeschäften gemäß § 32 Abs. 1 KWG (Stand: 31.12.2007).

38 VG Berlin, NJW-RR 1997, 808, 809.

39 *Schwennicke*, in: Schwennicke/Auerbach, KWG, § 1 Rn. 9.

40 Ausführlich zur Einheit der Rechtsordnung *Schmidt*, Vielfalt des Rechts – Einheit der Rechtsordnung?, S. 9, 10 f.

41 Vgl. zu den einzelnen Bankgeschäften *Schäfer/Tollmann*, in: Boos/Fischer/Schulte-Mattler, KWG/CRR-VO, § 1 KWG Rn. 35 ff.; *Auerbach*, in: Auerbach, Banken- und Wertpapieraufsicht, Teil B Rn. 51 ff.; *Figura*, in: Herzog, GwG, 3. Aufl. 2018, § 2 Rn. 10 ff.

42 *Schwennicke*, in: Schwennicke/Auerbach, KWG, § 1 Rn. 6 ff.

43 Vgl. § 2 KWG.

sichts der eindeutigen Verweislage geklärt. Allerdings wird – aufgrund der oben beschriebenen (vgl. oben → Rn. 17 ff.) Organisationspflichten, insbesondere hinsichtlich der Legalitätspflichten – eine immerhin rudimentäre Geldwäschesicherung nach dem Risikoansatz dringend anzuraten sein.

40   Im Einzelnen umfassen die Bankgeschäfte die in § 1 Abs. 1 Satz 2 KWG genannten Geschäftsarten:

- Einlagengeschäft;
- Pfandbriefgeschäft im Sinne des § 1 Abs. 1 Satz 2 PfandBG;
- Kreditgeschäft;
- Diskontgeschäft;
- Finanzkommissionsgeschäft;
- Depotgeschäft;
- Zentralverwahrergeschäft;
- Revolvinggeschäft;
- Garantiegeschäft;
- Scheck- und Wechseleinzugsgeschäft, Reisescheckgeschäft;
- Emissionsgeschäft;
- Tätigkeit als Zentrale Gegenpartei.

41   Hinsichtlich der Voraussetzungen, Tatbestandsmerkmale und Einzelfallfragen gelten die Vorschriften des KWG, die durch umfangreiche Verwaltungsvorschriften und durch die Verwaltungspraxis der sachbefassten Aufsichtsbehörden ausgestaltet werden.[44]

3. Ausnahmen

42   Einige Unternehmen, die Bankgeschäfte betreiben, werden vom KWG **ausdrücklich nicht als „Kreditinstitut"** bezeichnet. Eine entsprechende Vorschrift findet sich in § 2 KWG. Entgegen dem KWG nimmt das GwG aber nicht alle in § 2 KWG genannten Kreditinstitute vom (geldwäscherechtlichen) Begriff des Kreditinstituts aus, sondern nimmt insofern lediglich die dortigen Nr. 3–8 aus der geldwäscherechtlichen Verantwortung. Das bedeutet, dass die folgenden Institute als „Kreditinstitute" den Regeln des GwG unterfallen, obwohl sie keine „Kreditinstitute" im bankaufsichtsrechtlichen Sinne sind und mithin nicht unter den sachlichen Geltungsbereich des KWG fallen.

---

44 Von der Darstellung der einzelnen Bankgeschäfte wurde hier mit Blick auf Umfang und Fachlichkeit abgesehen. Vgl. zu den einzelnen Bankgeschäften *Schwennicke*, in: Schwennicke/Auerbach, KWG, § 1 Rn. 9 ff.; *Schäfer/Tollmann*, in: Boos/Fischer/ Schulte-Mattler, KWG/CRR-VO, § 1 KWG Rn. 35 ff.; *Auerbach*, in: Auerbach, Banken- und Wertpapieraufsicht, Teil B Rn. 51 ff.; *Figura*, in: Herzog, GwG, 3. Aufl. 2018, § 2 Rn. 3 ff. mit zahlreichen Nachweisen und Erläuterungen.

   Kaetzler

Zwischenzeitliche Änderungen des Kreditwesengesetzes wurden im Geld-   **43**
wäschegesetz nicht nachgezogen; auch der Referentenentwurf zum Umsetzungsgesetz zur Änderungsrichtlinie der Vierten EU-Geldwäscherichtlinie
greift die **zwischenzeitlichen Änderungen des § 2 KWG** nicht auf.[45] Bei den
neuerlichen Änderungen durch das TraFinG 2021 wurden die Ausnahmenormen
erneut nicht erörtert und das gesetzgeberische Versehen erneut nicht korrigiert.

Eine verlässliche Aussage über den **Anwendungsbereich der Rückausnahme**   **44**
ist daher zum Zeitpunkt der Fertigstellung des Manuskriptes – erneut – nicht
möglich. Nach dem Sinn und Zweck des Gesetzes werden jedoch jedenfalls folgende in § 2 genannte Institutionen **vom Anwendungsbereich des GwG (weiterhin) erfasst**:

- die Deutsche Bundesbank;
- im Inland tätige andere Behörden des EWR, sofern sie Zentralbankaufgaben
  wahrnehmen;[46]
- von zwei oder mehr Mitgliedstaaten der EU gegründete internationale
  Finanzinstitute, die dem Zweck dienen, Finanzmittel zu mobilisieren und ihren Mitgliedern Finanzhilfen zu gewähren, sofern diese von schwerwiegenden Finanzierungsproblemen betroffen oder bedroht sind;
- die Kreditanstalt für Wiederaufbau (KfW);
- Unternehmen, die außer dem Finanzkommissionsgeschäft und dem Emissionsgeschäft, jeweils ausschließlich mit Warentermingeschäften, Emissionszertifikaten und Derivaten auf Emissionszertifikate, kein Bankgeschäft betreiben und keinen Eigenhandel im Sinne des § 1 Abs. 1a Satz 2 Nr. 4 lit. d
  KWG erbringen, unter den weiteren Voraussetzungen, dass
  a) das Unternehmen nicht Teil einer Unternehmensgruppe ist, deren Haupt-
     tätigkeit in dem Betreiben von Bankgeschäften oder dem Erbringen von
     Finanzdienstleistungen im Sinne des § 1 Abs. 1a Satz 2 Nr. 1–4 KWG be-
     steht,
  b) das Bankgeschäft des Unternehmens und der Gruppe im Verhältnis zu der
     sonstigen Tätigkeit des Unternehmens sowie der Gruppe auf individueller
     und aggregierter Basis eine Nebentätigkeit im Sinne des Art. 1 der De-
     legierten Verordnung (EU) 2017/592 der Kommission vom 1.12.2016 zur
     Ergänzung der Richtlinie 2014/65/EU des Europäischen Parlaments und
     des Rates durch technische Regulierungsstandards zur Festlegung der Kri-

---

45 Referentenentwurf zum Umsetzungsgesetz zur Änderungsrichtlinie der Vierten EU-
Geldwäscherichtlinie v. 20.5.2019, § 2 Abs. 1 Nr. 1 GwG-E.
46 Nach dem Zweck des GwG können naturgemäß nur solche Zentralbanken gemeint
sein, sofern und soweit sie im Inland in geldwäscherechtlich relevanter Form tätig sind,
mithin an Transaktionen im Sinne des § 1 Abs. 5 GwG mitwirken bzw. Geschäftsbeziehungen nach § 1 Abs. 4 GwG eingehen. Exterritoriale Tätigkeiten sind nicht relevant; mithin gelten die Geldwäschegesetze der jeweiligen Sitzländer.

terien, nach denen eine Tätigkeit als Nebentätigkeit zur Haupttätigkeit gilt (ABl. L 87 vom 31.3.2017, S. 492), in der jeweils geltenden Fassung, ist,

c) dieses Nebengeschäft ausschließlich als Dienstleistung für die Kunden oder Zulieferer ihrer Haupttätigkeit betrieben wird, und

d) das Unternehmen die Inanspruchnahme dieser Ausnahme der Bundesanstalt jährlich anzeigt; für Zeitpunkt, Inhalt und Form der Anzeige und gegebenenfalls für die Führung eines öffentlichen Registers können nähere Bestimmungen in der Rechtsverordnung nach § 24 Abs. 4 erlassen werden; insbesondere kann dem Betreiber ein schreibender Zugriff auf die für dieses Unternehmen einzurichtende Seite des Registers eingeräumt und er mit der Verantwortung für die Richtigkeit und Aktualität der Seite belastet werden.

– Unternehmen, die das Finanzkommissionsgeschäft ausschließlich als Dienstleistung für Anbieter oder Emittenten von Vermögensanlagen im Sinne des § 1 Abs. 2 des Vermögensanlagengesetzes oder von geschlossenen AIF im Sinne des § 1 Abs. 5 des Kapitalanlagegesetzbuchs (KAGB) betreiben;

– Unternehmen, die das Emissionsgeschäft ausschließlich als Übernahme gleichwertiger Garantien im Sinne des § 1 Abs. 1 Satz 2 Nr. 10 für Anbieter oder Emittenten von Vermögensanlagen im Sinne des § 1 Abs. 2 des Vermögensanlagengesetzes oder von geschlossenen AIF im Sinne des § 1 Abs. 5 des KAGB betreiben;

– Unternehmen, die das Depotgeschäft im Sinne des § 1 Abs. 1 Satz 2 Nr. 5 KWG ausschließlich für AIF betreiben und damit das eingeschränkte Verwahrgeschäft im Sinne des § 1 Abs. 1a Satz 2 Nr. 12 KWG erbringen;

– Unternehmen, soweit sie das Finanzkommissionsgeschäft und das Emissionsgeschäft im Sinne des § 1 Abs. 1 Satz 2 Nr. 4 und 10 des Kreditwesengesetzes in Bezug auf Warenderivate betreiben, die mit ihrer jeweiligen Haupttätigkeit in Zusammenhang stehen:

a) Übertragungsnetzbetreiber im Sinne des Art. 2 Nr. 4 der Richtlinie 2009/72/EG oder des Art. 2 Nr. 4 der Richtlinie 2009/73/EG, wenn sie ihre Aufgaben gemäß diesen Richtlinien, der Verordnung (EG) Nr. 714/2009 des Europäischen Parlaments und des Rates vom 13.7.2009 über die Netzzugangsbedingungen für den grenzüberschreitenden Stromhandel und zur Aufhebung der Verordnung (EG) Nr. 1228/2003 (ABl. L 211 vom 14.8.2009, S. 15), die zuletzt durch die Verordnung (EU) Nr. 543/2013 (ABl. L 163 vom 15.6.2013, S. 1) geändert worden ist, der Verordnung (EG) Nr. 715/2009 des Europäischen Parlaments und des Rates vom 13.7.2009 über die Bedingungen für den Zugang zu den Erdgasfernleitungsnetzen und zur Aufhebung der Verordnung (EG) Nr. 1775/2005 (ABl. L 211 vom 14.8.2009, S. 36; L 229 vom 1.9.2009, S. 29; L 309 vom 24.11.2009, S. 87), die zuletzt durch die Verordnung Nr. 347/2013 (ABl.

L 115 vom 25.4.2013, S. 39) geändert worden ist, oder gemäß den nach diesen Verordnungen erlassenen Netzcodes oder Leitlinien wahrnehmen,

b) Personen, die in ihrem Namen als Dienstleister handeln, um die Aufgaben eines Übertragungsnetzbetreibers gemäß der Verordnung (EG) Nr. 714/2009, der Verordnung (EG) Nr. 715/2009 oder gemäß den nach diesen Verordnungen erlassenen Netzcodes oder Leitlinien wahrzunehmen, sowie

c) Betreiber oder Verwalter eines Energieausgleichssystems, eines Rohrleitungsnetzes oder eines Systems zum Ausgleich von Energieangebot und -verbrauch;

– Zentralverwahrer, die gemäß Art. 16 der Verordnung (EU) Nr. 909/2014 zugelassen sind, soweit sie das Finanzkommissionsgeschäft und das Emissionsgeschäft im Sinne des § 1 Abs. 1 Satz 2 Nr. 4 und 10 betreiben.

Die Aufzählung der im Anwendungsbereich des GwG, nicht aber des KWG, verbleibenden Institute und Unternehmen verdeutlicht eindrucksvoll, wie weit sich geldwäscherechtliche Regulierung von den bankaufsichtsrechtlichen Wurzeln entfernt hat. Sie verdeutlicht auch den hohen Grad an Bürokratisierung, den das Geldwäscherecht mittlerweile erreicht hat.   **45**

Die nach dem derzeitigen Wortlaut der Norm „in § 2 Abs. 1 Nr. 3 bis 8 KWG" genannten Unternehmen werden hingegen vom Anwendungsbereich des GwG ausgenommen. Durch den Gesetzgeber **nicht nachgearbeitete Verweise** (§ 2 Abs. 1 Nr. 8 KWG existiert z.B. seit geraumer Zeit schon nicht mehr) führen auch hier zu erheblichen Auslegungsunsicherheiten. Nach dem bestehenden **Sinn und Zweck des GwG ist aber davon auszugehen**, dass die folgenden **Unternehmen und öffentlichen Stellen von der Definition des „Kreditinstituts" im Sinne des § 2 GwG ausgenommen** sind: **46**

– die Sozialversicherungsträger und die Bundesagentur für Arbeit;

– die öffentliche Schuldenverwaltung des Bundes, eines seiner Sondervermögen, eines Landes oder eines anderen Staates des Europäischen Wirtschaftsraums und deren Zentralbanken, sofern diese nicht fremde Gelder als Einlagen oder andere rückzahlbare Gelder des Publikums annimmt oder das Kreditgeschäft betreibt;

– Kapitalverwaltungsgesellschaften und extern verwaltete Investmentgesellschaften, sofern sie als Bankgeschäfte nur die kollektive Vermögensverwaltung, gegebenenfalls einschließlich der Gewährung von Gelddarlehen, oder daneben ausschließlich die in § 20 Abs. 2 und 3 des Kapitalanlagegesetzbuchs aufgeführten Dienstleistungen oder Nebendienstleistungen betreiben;[47]

---

47 Kapitalverwaltungsgesellschaften sind qua Definition keine Kreditinstitute nach dem Kreditwesengesetz, fallen jedoch nach § 2 Abs. 1 Nr. 9 selbstverständlich unter den Anwendungsbereich des GwG.

– EU-Verwaltungsgesellschaften und, unter der Voraussetzung, dass der Vertrieb der betreffenden Investmentvermögen im Inland nach dem Kapitalanlagegesetzbuch auf der Basis einer Vertriebsanzeige zulässig ist, ausländische AIF-Verwaltungsgesellschaften, sofern die EU-Verwaltungsgesellschaft oder die ausländische AIF-Verwaltungsgesellschaft als Bankgeschäfte nur die kollektive Vermögensverwaltung, gegebenenfalls einschließlich der Gewährung von Gelddarlehen, oder daneben ausschließlich die in Art. 6 Abs. 3 der Richtlinie 2009/65/EG oder die in Art. 6 Abs. 4 der Richtlinie 2011/61/EU aufgeführten Dienstleistungen oder Nebendienstleistungen betreibt; ein Vertrieb von ausländischen AIF oder EU-AIF an professionelle Anleger nach § 330 des Kapitalanlagegesetzbuchs gilt nicht als zulässiger Vertrieb im Sinne dieser Vorschrift;[48]

– EU-Investmentvermögen und, unter der Voraussetzung, dass der Vertrieb der betreffenden Investmentvermögen im Inland nach dem Kapitalanlagegesetzbuch auf der Basis einer Vertriebsanzeige zulässig ist, ausländische AIF, sofern das EU-Investmentvermögen oder der ausländische AIF als Bankgeschäfte nur die kollektive Vermögensverwaltung, gegebenenfalls einschließlich der Gewährung von Gelddarlehen, oder daneben ausschließlich die in Art. 6 Abs. 3 der Richtlinie 2009/65/EG oder die in Art. 6 Abs. 4 der Richtlinie 2011/61/EU aufgeführten Dienstleistungen oder Nebendienstleistungen betreibt; ein Vertrieb von ausländischen AIF oder EU-AIF an professionelle Anleger nach § 330 des Kapitalanlagegesetzbuchs gilt nicht als zulässiger Vertrieb im Sinne dieser Vorschrift;[49]

– private und öffentlich-rechtliche Versicherungsunternehmen;[50]

– Unternehmen des Pfandleihgewerbes, soweit sie dieses durch Gewährung von Darlehen gegen Faustpfand betreiben;

– Unternehmen, die aufgrund des Gesetzes über Unternehmensbeteiligungsgesellschaften als Unternehmensbeteiligungsgesellschaften anerkannt sind;[51]

– Unternehmen, die Bankgeschäfte ausschließlich mit ihrem Mutterunternehmen oder ihren Tochter- oder Schwesterunternehmen betreiben.

47 Der Gesetzgeber hat es leider verabsäumt, die Verweisfehler zu korrigieren und eine Einbeziehung der genannten Institutionen (oder deren Ausnahme) in den Anwendungsbereich des GwG eindeutig zu regeln. Nach dem Sinn und Zweck des GwG, der Risikoexposition der genannten Unternehmen und Institutionen und nach dem verbliebenen systematischen Verständnis der Normen sollte sich

---

48 Auch hier vgl. aber eine Verpflichtung nach § 2 Abs. 1 Nr. 9, insbesondere für solche ausländischen Verwaltungsgesellschaften, für die Deutschland als Referenzstaat fungiert, vgl. unten → Rn. 160 ff.

49 Vgl. oben Fn. 48.

50 Diese sind aber Verpflichtete nach Nr. 7, vgl. unten → Rn. 126 ff.

51 Dieselben können aber als Finanzunternehmen i.S.d. § 2 Abs. 1 Nr. 6 verpflichtet sein, vgl. unten → Rn. 122 ff.

das Zusammenspiel zwischen § 2 KWG n. F. und § 2 GwG allerdings so darstellen wie beschrieben.

Hinsichtlich der Begrifflichkeiten und Abgrenzungsfragen gelten wiederum **48** **ausschließlich die bankaufsichtsrechtlichen Vorschriften des § 2 KWG.**[52] Grund für die Ausnahme der genannten Unternehmen vom GwG ist deren geringere Risikoexposition, deren staatliche Anbindung bzw. die Tatsache, dass in den von den genannten Unternehmen betriebenen Transaktionen typischerweise bereits eine ganze Reihe von Verpflichteten beteiligt ist und ein Mehrwert einer eigenen GwG-Regulierung nicht ersichtlich ist. Zu beachten ist selbstverständlich, dass auch die **Ausnahme aus § 2 KWG nur der Eigenschaft als „Kreditinstitut" entgegensteht**; Versicherungsunternehmen sind z. B. keine „Kreditinstitute", vgl. § 2 Abs. 1 Nr. 4 KWG, aber selbstverständlich als „Versicherungsunternehmen" Verpflichtete unter dem GwG, vgl. § 2 Abs. 2 Nr. 7 GwG. Gleiches gilt für KVGen und AIFM und aktiv mit Beteiligungen handelnde Beteiligungsgesellschaften, die Finanzunternehmen sind.

4. Sonstiges

Zu dem Kreis der verpflichteten Kreditinstitute zählen laut § 2 Abs. 1 Nr. 1 GwG **49** neben den genannten Kreditinstituten auch alle **im Inland gelegenen Zweigstellen und -niederlassungen** von Kreditinstituten, die ihren Sitz im Ausland haben. Dieser Verweis ist angesichts bankaufsichtsrechtlicher Wertungen konsequent, denn Niederlassungen ausländischer Kreditinstitute gelten bankaufsichtsrechtlich selbst als solche,[53] sofern sie nicht aufgrund eines EWR-Passes nach § 53b KWG in Deutschland tätig sind. Für diese „Institute" sind nicht nur die Verhaltens-, sondern vor allem die Organisationspflichten des GwG anwendbar.

Für ausländische Kreditinstitute, die in Deutschland aufgrund eines **europäi-** **50** **schen Passes** nach der Banken-[54] oder der Finanzinstrumenterichtlinie[55] nach § 53b KWG tätig sind, gelten jedoch sämtliche inländischen Verhaltensvorschriften. Das Geldwäscherecht als (bank-)gewerberechtliche Vorschrift gilt aufgrund des Territorialprinzips im Gewerberecht[56] für alle Personen und Unterneh-

---

52 Vgl. zu den Details z. B. *Schäfer*, in: Boos/Fischer/Schulte-Mattler, KWG/CRR-VO, § 2 KWG Rn. 3 ff.

53 Vgl. § 53 Abs. 1 Satz 1 KWG.

54 Art. 23 ff. der Richtlinie 2006/48/EG des Europäischen Parlaments und des Rates v. 14.6.2006 über die Aufnahme und Ausübung der Tätigkeit der Kreditinstitute.

55 Art. 31 ff. Richtlinie 2004/39/EG des Europäischen Parlaments und des Rates v. 21.4.2004 über Märkte für Finanzinstrumente, zur Änderung der Richtlinien 85/611/ EWG und 93/6/EWG des Rates und der Richtlinie 2000/12/EG des Europäischen Parlaments und des Rates und zur Aufhebung der Richtlinie 93/22/EWG des Rates, ABl. EU L 145/1 v. 30.4.2004 mit Berichtigung.

56 Sehr instruktiv zum Territorialitätsprinzip und Geldwäscherecht: *Jarass*, RIW 2017, 642.

men, die im Anwendungsbereich des GwG tätig sind. Nach der stehenden Verwaltungspraxis der BaFin[57] sind auch „passportende" Kreditinstitute verpflichtet, die Pflichten der §§ 25h ff. KWG in Deutschland vor Ort einzuhalten, jedenfalls sofern sie eine Niederlassung im Land betreiben. Regelmäßig informiert sich die BaFin jedoch auch über die – typischerweise im Ausland gelegenen – zentralen Organisationsstrukturen zur Verhinderung der Geldwäsche und Terrorismusfinanzierung, mithin also die Aufbau- und Ablauforganisation hinsichtlich des Risikomanagements (Abschnitt 2 des GwG).

51   Das GwG enthält eine Reihe von **Bestimmungen für Kreditinstitute**, die von den Pflichten anderer Verpflichteter abweichen: Nach § 7 Abs. 1 GwG ist die Bestellung eines Geldwäschebeauftragten und seines Stellvertreters für Kreditinstitute zwingend (siehe → § 7 Rn. 10). Bei grenzüberschreitenden Korrespondenzbeziehungen liegt ein erhöhtes Risiko vor, sodass verstärkte Sorgfaltspflichten anzuwenden sind. In einem solchen Fall sind hierzu in § 15 Abs. 6 GwG Mindestmaßnahmen vorgeschrieben (siehe → § 15 Rn. 51 ff.); vgl. auch die Handreichung der FATF zu Korrespondenzbankbeziehungen[58]. Kreditinstitute haben laut § 23 Abs. 2 Satz 4 GwG volles Einsichtsrecht in das Transparenzregister (siehe → § 23 Rn. 47. Das Verbot der Informationsweitergabe gilt nach § 47 Abs. 2 Nr. 3 und 5 GwG in bestimmten Konstellationen nicht und Kreditinstitute dürfen nach Maßgabe des § 47 Abs. 5 GwG mit Verpflichteten aus § 2 Abs. 1 Nr. 1–9 GwG bestimmte Informationen austauschen. Hingegen ist zu beachten, dass die Zentralstelle für Finanztransaktionen (siehe → § 27 Rn. 1 ff.) zum einen im sog. automatisierten Verfahren Daten von den Kreditinstituten abrufen darf, die sie nach § 24c Abs. 1 KWG führen muss (§ 31 Abs. 6 GwG; siehe → § 31 Rn. 45 ff.), zum anderen kann die Zentralstelle für Finanztransaktionen nach § 40 Abs. 1 Nr. 1 und 2 GwG besondere Sofortmaßnahmen (wie die Zugangsverweigerung des Kunden zu einem Schließfach) anordnen, die die Kreditinstitute sodann zu erfüllen haben.

52   Neben den Regelungen im GwG existieren für Kreditinstitute auch nach der „Rückführung" einzelner Organisationsvorschriften aus dem KWG ins GwG im Umsetzungsgesetz zur Vierten EU-Geldwäscherichtlinie **weitere Bestimmungen im KWG**, die die Regelungen des GwG für diese näher spezifizieren und konkretisieren. Insbesondere betrifft dies den § 24c KWG, die Normen der §§ 25h–25k KWG und § 25m KWG. § 24c KWG regelt den automatisierten Abruf von Kontoinformationen, § 25g KWG die Einhaltung der besonderen organisatorischen Pflichten im bargeldlosen Zahlungsverkehr, § 25h KWG enthält Konkretisierungen zu den internen Sicherungsmaßnahmen (siehe auch → § 6 Rn. 16 ff.), § 25i KWG behandelt allgemeine Sorgfaltspflichten bezüglich E-Geld und Befreiungen von den Pflichten bei der Ausgabe von E-Geld und § 25j

---

57 *Vahldiek*, in: Boos/Fischer/Schulte-Mattler, KWG/CRR-VO, § 53b KWG Rn. 145 ff.
58 FATF, Guidance: Corresponding Banking Services, 2016.

   Kaetzler

KWG trifft eine von § 11 GwG abweichende Regelung zum Zeitpunkt der Identifizierung (siehe auch → § 11 Rn. 4 ff.). § 25k KWG legt fest, dass im Rahmen der verstärkten Sorgfaltspflichten für Kreditinstitute Abweichungen von § 10 GwG bestehen. § 25m KWG statuiert das Verbot, Geschäftsbeziehungen mit einer Bank-Mantelgesellschaft (siehe → § 1 Rn. 222 ff.) aufzunehmen oder fortzuführen, und das Verbot, Konten auf den Namen des Instituts zu errichten oder zu führen, über die Kunden des Instituts zur Durchführung eigener Transaktionen eigenständig verfügen können. Gleiches gilt für Konten, die für ein drittes Institut errichtet bzw. geführt werden, über die dessen Kunden zu diesem Zwecke verfügen könnten.

Zur Unterstützung dieser Verpflichtetengruppe und der Aufsichtsbehörden bei der Geldwäschebekämpfung hat die FATF eine hilfreiche Handreichung für die Anwendung des risikobasierten Ansatzes (**Risk-Based Approach**) für den Bankensektor veröffentlicht.[59] Eine weitere FATF-Veröffentlichung existiert als Unterstützung bei der Erkennung von Terrorismusfinanzierung in „Finanzinstituten".[60] **53**

Für die Finanzbranche unterstützt die aus global agierenden Kreditinstituten zusammengesetzte **Wolfsberg-Gruppe**[61] mit zahlreichen Publikationen zur Geldwäscheprävention die Errichtung internationaler Standards und dokumentiert die fortwährende Weiterentwicklung der Präventionsbemühungen im Finanzsektor.[62] **54**

Wie genannt besteht für Kreditinstitute eine besondere, ausschließlich auf Kreditinstitute im Sinne des § 2 Abs. 1 Nr. 1 bezogene, veröffentlichte **Verwaltungspraxis der BaFin** seit 2021.[63] **55**

---

59 FATF, Guidance for a Risk-Based Approach. The Banking Sector, 2014.

60 FATF, Guidance for Financial Institutions in Detecting Terrorist Financing, 2002. Wie geschildert, gingen die früheren Definitionen der „Financial Institution" weiter als der hier diskutierte Begriff des „Kreditinstitutes".

61 Die Wolfsberg-Gruppe ist eine Nichtregierungsorganisation bestehend aus global agierenden Kreditinstituten, die im Jahr 2000 mit dem Ziel, Standards in der Finanzindustrie für Anti-Geldwäsche (AML), Know Your Customer (KYC) und Counter Terrorist Financing (CTF) zu entwickeln, gegründet wurde.

62 Abrufbar auf https://www.wolfsberg-principles.com/wolfsberg-group-standards, zuletzt abgerufen am 13.3.2020.

63 AuA BT Kreditinstitute, Auslegungshinweise nach § 51 Abs. 8 GwG, Juni 2021, abrufbar unter www.bafin.de.

III. Finanzdienstleistungsinstitute und Wertpapierinstitute (§ 2 Abs. 1 Nr. 2 GwG)

56 Nach § 2 Abs. 1 Nr. 2 GwG zählen zunächst **Finanzdienstleistungsinstitute nach § 1 Abs. 1a KWG** zu dem Kreis der Verpflichteten, sofern sie nicht unter die Ausnahmevorschriften des § 2 Abs. 6 Satz 1 Nr. 3–10, 12 und § 2 Abs. 10 KWG fallen. Daneben zählen hierzu auch im Inland gelegene Zweigstellen und -niederlassungen von Finanzdienstleistungsinstituten, die ihren Sitz im Ausland haben (für „passportende" Finanzdienstleistungsinstitute vgl. oben → Rn. 50). In geldwäscherechtlicher Hinsicht hat sich vor allem durch die Aufnahme des Kryptoverwahrgeschäftes in den Katalog der Finanzdienstleistungen durch das Umsetzungsgesetz 2019 etwas geändert.

57 Mit Inkrafttreten des Wertpapierinstitutsgesetzes (WpIG)[64] am 26.6.2021 und – zeitgleich – der „Investment Firm Regulation"[65] waren Änderungen in § 2 GwG nötig. Seitdem sind Verpflichtete nach § 2 Abs. 1 Nr. 2 auch die **Wertpapierinstitute nach § 2 Abs. 1, 2 WpIG**. Durch die Schaffung einer neuen Gattung finanzmarktrechtlich regulierter Unternehmen werden insbesondere mittlere und kleinere Wertpapierinstitute einem neuen Regime unterworfen, während große Institute und bestehende Wertpapierdienstleister mit Bankerlaubnis weiterhin als CRR-Kreditinstitute der Bankenaufsicht unterfallen.[66] Während der Gesetzgeber inhaltlich die Trennung von „MiFID"- und „CRR"- Instituten auch im deutschen Recht vollzieht, sind die Dienstleistungen wortgleich auszulegen; mit Blick auf die nunmehr ebenfalls nach WpIG u. U. erlaubnispflichtigen Nebendienstleistungen oder Nebengeschäfte, vgl. § 15 Abs. 1 WpIG, erfolgt eine mit finanzmarktrechtlicher Regulierung gleichlaufende Erweiterung des Verpflichtetenkreises nach GwG. Eine weitere Ausdehnung erfuhr der Tatbestand der Finanzdienstleistungen zum 1.1.2022 durch die mit dem Gesetz über elektronische Wertpapiere einhergehenden Änderungen im Kreditwesengesetz, insbesondere der Einführung der **Kryptowertpapierregisterführung** nach § 1 Abs. 1a Nr. 8 KWG.[67]

58 Finanzdienstleistungsinstitute werden in den FATF-Empfehlungen nicht gesondert benannt, sondern zusammen mit den Kreditinstituten einheitlich als „Finan-

---

64 Mit dem WpIG setzte der Gesetzgeber die RL (EU) 2019/2034 (IFD) in deutsches Recht um und schuf so einen eigenen Rechtsrahmen für die Beaufsichtigung von „Wertpapierinstituten", vgl. *Gringel*, AG 2021, R 116; *Dehio/Schmidt*, DB 2021, 1654 m. w. N.

65 VO (EU) 2019/2033 über die Aufsichtsanforderungen an Wertpapierfirmen (Investment Firm Regulation – IFR).

66 Vgl. im Einzelnen *Gringel*, AG 2021, R 116; *Dehio/Schmidt*, DB 2021, 1654 m. w. N.

67 Zur Reichweite des neuen Tatbestands vgl. *Bauer*, in: Kümpel/Mülbert/Früh/Seyfried, Bankrecht und Kapitalmarktrecht, Kap. 18 Rn. 18.207 ff.

cial Institutions" bezeichnet.[68] Die EU-Geldwäscherichtlinien hingegen nehmen in konsequenter Anwendung europäischer bank- und wertpapieraufsichtsrechtlicher Terminologie eine Unterscheidung zwischen den Kredit- („Credit Institution") und den Finanzinstituten („Financial Institution") vor.[69] Auf diese terminologischen Unterschiede auf internationaler Ebene (FATF) und europäischer Ebene ist unbedingt zu achten. Die „**Finanzdienstleistungsinstitute**" im Sinne des GwG entsprechen in der Vierten EU-Geldwäscherichtlinie den „Financial Institutions" nach Art. 2 Abs. 1 Nr. 2 i.V.m. Art. 3 Nr. 2 lit. a i.V.m. Anhang I Nr. 2 12, 14 und 15 der Richtlinie 2013/36/EU. In der Umsetzung der EU-Richtlinien hat der deutsche Gesetzgeber den deutschen Begriff „Finanzdienstleistungsinstitut" angeführt. Diese begriffliche Abweichung von der deutschen Übersetzung der EU-Geldwäscherichtlinie ist zu begrüßen, da sie deutlich macht, dass hiermit nicht der Oberbegriff der „Financial Institutions" im europarechtlichen Sinne gemeint ist.

1. Finanzdienstleistungsinstitute

Der international gebräuchliche Oberbegriff der „**Financial Institutions**" und dessen Umsetzung in europäisches wie nationales Recht führte zu weit reichenden **Missverständnissen** hinsichtlich der Einbeziehung von Finanzinstituten bzw. Finanzunternehmen (vgl. hierzu oben → Rn. 31 und unten → Rn. 122 ff.). **59**

Finanzdienstleistungsinstitute sind nach § 1 Abs. 1a KWG „Unternehmen, die Finanzdienstleistungen für andere gewerbsmäßig oder in einem Umfang erbringen, der einen in kaufmännischer Weise eingerichteten Geschäftsbetrieb erfordert, und die keine Kreditinstitute sind". Der Aufbau dieser Definition lehnt sich stark an der des Kreditinstituts an, ist jedoch gegenüber der Einordnung als Kreditinstitut subsidiär, sodass ein Institut kein Finanzdienstleistungsinstitut sein kann, wenn es bereits ein Kreditinstitut ist.[70] **60**

Zu den Voraussetzungen der Gewerbsmäßigkeit und dem Erfordernis eines Umfangs der Finanzdienstleistungen, die einen in kaufmännischer Weise eingerichteten Geschäftsbetrieb erfordern, gelten die für Kreditinstitute genannten Regeln (siehe oben → Rn. 25 ff.): **61**

– die Anlagevermittlung;
– die Anlageberatung;
– der Betrieb eines multilateralen Handelssystems;
– das Platzierungsgeschäft;
– der Betrieb eines organisierten Handelssystems;

---

68 Vgl. FATF, The FATF Recommendations, 2012–2017, Glossary, S. 116 f.
69 Vgl. schon die Erste EWG-Geldwäscherichtlinie 91/308/EWG, Art. 1 bzw. für die englische Version Council Directive 91/308/EEC.
70 BT-Drs. 13/7142, S. 65.

– die Abschlussvermittlung;
– die Finanzportfolioverwaltung;
– der Eigenhandel, einschließlich systematischer Internalisierung und Hochfrequenzhandel in verschiedenen, im KWG näher erläuterten Varianten;
– die Drittstaateneinlagenvermittlung;
– das Kryptoverwahrgeschäft;
– das Sortengeschäft;
– die Kryptowertpapierregisterführung;
– das Factoring;
– das Finanzierungsleasing;
– die Anlageverwaltung;
– das eingeschränkte Verwahrgeschäft;
– das Eigengeschäft, sofern das Eigengeschäft von einem Unternehmen betrieben wird, das dieses Geschäft, ohne bereits aus anderem Grunde Institut zu sein, gewerbsmäßig oder in einem Umfang betreibt, der einen in kaufmännischer Weise eingerichteten Geschäftsbetrieb erfordert, und einer Instituts-, einer Finanzholding- oder gemischten Finanzholding-Gruppe oder einem Finanzkonglomerat angehört, der oder dem ein CRR-Kreditinstitut angehört.

2. Ausnahmen

62 Wie bei den „Kreditinstituten" im Sinne des § 2 Abs. 1 Nr. 1 GwG ist für den primären Anwendungsbereich des GwG die gesetzliche Definition des Kreditwesengesetzes und das tatsächliche **„Betreiben"** des Geschäfts ausschlaggebend.[71] Auch gilt das KWG entsprechend der Verwaltungspraxis für Unternehmen, die im Rahmen des Europäischen Passes in Deutschland tätig sind. Die entsprechenden Erwägungen für Kreditinstitute (siehe oben → Rn. 25 ff.) gelten auch hier.

63 Das GwG schließt – ähnlich wie bei den Kreditinstituten (→ Rn. 25 ff.) – nicht alle in § 2 Abs. 6 KWG genannten **Unternehmen und Institutionen** von der Definition und damit den Pflichten des GwG **aus**, sondern lediglich diejenigen in § 2 Abs. 6 Satz 1 Nr. 3–10, 12 und Abs. 10 KWG. Auch in dieser Hinsicht hat es der Gesetzgeber offenbar unterlassen, die zwischenzeitlichen Änderungen des § 2 KWG im GwG nachzuziehen, sodass erhebliche Auslegungsunsicherheiten entstanden sind.

64 Wie bei den Kreditinstituten muss also auch für die Finanzdienstleistungsinstitute aufgrund der historischen Nachverfolgung der Verweise, letztlich aber aufgrund des Gesetzeszwecks und der jeweiligen Risikoexposition der genannten Institutionen und Unternehmen, darauf geschlossen werden, dass die folgenden

---

71 Wie hinsichtlich der Kreditinstitute wurde daher von einer detaillierten Erörterung der einzelnen Finanzdienstleistungen abgesehen, vgl. stattdessen z. B. *Schäfer*, in: Boos/Fischer/Schulte-Mattler, KWG/CRR-VO, § 1 KWG Rn. 134 ff.

Institute dennoch **als Finanzdienstleistungsinstitut gelten** und damit nach dem GwG Verpflichtete sind:

- die Deutsche Bundesbank;
  - die von den Mitgliedstaaten der EU gegründeten Finanzinstitute und Finanzierungsvehikel,
- die Kreditanstalt für Wiederaufbau;
  - Unternehmen, die außer Finanzdienstleistungen im Sinne des § 1 Abs. 1a Satz 2 Nr. 1–3 und 4 lit. a–c KWG, jeweils ausschließlich mit Warenterminmgeschäften, Emissionszertifikaten und mit Derivaten auf Emissionszertifikate, keine Finanzdienstleistungen erbringen, unter den weiteren Voraussetzungen, dass (1) das Unternehmen nicht Teil einer Unternehmensgruppe ist, die in der Haupttätigkeit Bankgeschäfte betreibt oder Finanzdienstleistungen im Sinne des § 1 Abs. 1a Satz 2 Nr. 1–4 KWG erbringt, (2) die Finanzdienstleistung des Unternehmens und der Gruppe im Verhältnis zu der sonstigen Tätigkeit des Unternehmens sowie der Gruppe auf individueller und aggregierter Basis eine Nebentätigkeit im Sinne des Art. 1 der Delegierten Verordnung (EU) 2017/592 ist, (3) dieses Nebengeschäft, soweit das Unternehmen nicht die Finanzdienstleistung im Sinne des § 1 Abs. 1a Satz 2 Nr. 4 lit. a KWG erbringt, ausschließlich als Dienstleistung für die Kunden oder Zulieferer ihrer Haupttätigkeit betrieben wird und (4) das Unternehmen die Inanspruchnahme dieser Ausnahme der Bundesanstalt jährlich anzeigt; für Zeitpunkt, Inhalt und Form der Anzeige und gegebenenfalls für die Führung eines öffentlichen Registers können nähere Bestimmungen in der Rechtsverordnung § 24 Abs. 4 erlassen werden; insbesondere kann dem Betreiber ein schreibender Zugriff auf die für dieses Unternehmen einzurichtende Seite des Registers eingeräumt und er mit der Verantwortung für die Richtigkeit und Aktualität der Seite belastet werden;
- Unternehmen, die als Finanzdienstleistung im Sinne des § 1 Abs. 1a Satz 2 KWG ausschließlich die Anlageberatung im Rahmen einer anderen beruflichen Tätigkeit erbringen, ohne sich die Anlageberatung besonders vergüten zu lassen;
- Betreiber organisierter Märkte, die neben dem Betrieb eines multilateralen Handelssystems keine anderen Finanzdienstleistungen im Sinne des § 1 Abs. 1a Satz 2 KWG erbringen;
- Unternehmen, die als einzige Finanzdienstleistung im Sinne des § 1 Abs. 1a Satz 2 KWG das Finanzierungsleasing betreiben, falls sie nur als Leasing-Objektgesellschaft für ein einzelnes Leasingobjekt tätig werden, keine eigenen geschäftspolitischen Entscheidungen treffen und von einem Institut mit Sitz im Europäischen Wirtschaftsraum verwaltet werden, das nach dem Recht des Herkunftsmitgliedstaates zum Betrieb des Finanzierungsleasings zugelassen ist;

– Unternehmen, die als Finanzdienstleistung nur die Anlageverwaltung betreiben und deren Mutterunternehmen die Kreditanstalt für Wiederaufbau oder ein Institut im Sinne des Satzes 2 ist. Institut ist in diesem Sinne ein Finanzdienstleistungsinstitut, das die Erlaubnis für die Anlageverwaltung hat, oder ein CRR-Institut mit Sitz in einem anderen Staat des Europäischen Wirtschaftsraums im Sinne des § 53b Abs. 1 Satz 1 KWG, das in seinem Herkunftsmitgliedstaat über eine Erlaubnis für mit § 1 Abs. 1a Satz 2 Nr. 11 KWG vergleichbare Geschäfte verfügt, oder ein Institut mit Sitz in einem Drittstaat, das für die in § 1 Abs. 1a Satz 2 Nr. 11 KWG genannten Geschäfte nach Abs. 4 von der Erlaubnispflicht nach § 32 freigestellt ist;

– Unternehmen, die das Platzierungsgeschäft ausschließlich für Anbieter oder für Emittenten von Vermögensanlagen im Sinne des § 1 Abs. 2 des Vermögensanlagengesetzes oder von geschlossenen AIF im Sinne des § 1 Abs. 5 KAGB erbringen;

– Unternehmen, die außer der Finanzportfolioverwaltung und der Anlageverwaltung keine Finanzdienstleistungen erbringen, sofern die Finanzportfolioverwaltung und Anlageverwaltung nur auf Vermögensanlagen im Sinne des § 1 Abs. 2 des Vermögensanlagengesetzes oder von geschlossenen AIF im Sinne des § 1 Abs. 5 KAGB beschränkt erbracht werden;

– Unternehmen, soweit sie Finanzdienstleistungen im Sinne des § 1 Abs. 1a Satz 2 Nr. 1–4 KWG in Bezug auf Warenderivate erbringen, die mit ihren Haupttätigkeiten in Zusammenhang stehen:

  a) Übertragungsnetzbetreiber im Sinne des Art. 2 Nr. 4 der Richtlinie 2009/72/EG oder des Art. 2 Nr. 4 der Richtlinie 2009/73/EG, wenn sie ihre Aufgaben gemäß diesen Richtlinien, der Verordnung (EG) Nr. 714/2009, der Verordnung (EG) Nr. 715/2009 oder den nach diesen Verordnungen erlassenen Netzcodes oder Leitlinien wahrnehmen,

  b) Personen, die in ihrem Namen als Dienstleister handeln, um die Aufgaben eines Übertragungsnetzbetreibers gemäß der Verordnung (EG) Nr. 714/2009, der Verordnung (EG) Nr. 715/2009 oder den nach diesen Verordnungen erlassenen Netzcodes oder Leitlinien wahrnehmen, sowie

  c) Betreiber oder Verwalter eines Energieausgleichssystems, eines Rohrleitungsnetzes oder eines Systems zum Ausgleich von Energieangebot und -verbrauch bei der Wahrnehmung solcher Aufgaben.

65 Vom Anwendungsbereich des GwG **ausgeschlossen sind hingegen**:

– die öffentliche Schuldenverwaltung des Bundes, eines seiner Sondervermögen, eines Landes oder eines anderen Staates des Europäischen Wirtschaftsraums und deren Zentralbanken;[72]

---

72 Auch hier wird man wiederum die Rückausnahme machen müssen, dass z. B. die Finanzagentur des Bundes dann Verpflichtete wird, wenn sie z. B. im Rahmen der Wirtschaftsstabilisierung Darlehen ausreicht, siehe oben Fn. 9.

– private und öffentlich-rechtliche Versicherungsunternehmen;
– Unternehmen, die Finanzdienstleistungen im Sinne des § 1 Abs. 1a Satz 2 KWG ausschließlich innerhalb der Unternehmensgruppe erbringen;
– Kapitalverwaltungsgesellschaften und extern verwaltete Investmentgesellschaften, sofern sie nur die kollektive Vermögensverwaltung erbringen oder neben der kollektiven Vermögensverwaltung ausschließlich die in § 20 Abs. 2 und 3 des Kapitalanlagegesetzbuchs aufgeführten Dienstleistungen oder Nebendienstleistungen als Finanzdienstleistungen erbringen;[73]
– EU-Verwaltungsgesellschaften und ausländische AIF-Verwaltungsgesellschaften, sofern sie nur die kollektive Vermögensverwaltung erbringen oder neben der kollektiven Vermögensverwaltung ausschließlich die in Art. 6 Abs. 3 der Richtlinie 2009/65/EG oder die in Art. 6 Abs. 4 der Richtlinie 2011/61/EU aufgeführten Dienstleistungen oder Nebendienstleistungen als Finanzdienstleistungen erbringen;
– Unternehmen, deren Finanzdienstleistung für andere ausschließlich in der Verwaltung eines Systems von Arbeitnehmerbeteiligungen an den eigenen oder an mit ihnen verbundenen Unternehmen besteht;
– Unternehmen, die ausschließlich Finanzdienstleistungen im Sinne sowohl der Nr. 5 als auch der Nr. 6 erbringen;
– Unternehmen, die als Finanzdienstleistungen für andere ausschließlich die Anlageberatung und die **Anlagevermittlung** zwischen Kunden und
  a) inländischen Instituten,
  b) Instituten oder Finanzunternehmen mit Sitz in einem anderen Staat des Europäischen Wirtschaftsraums, die die Voraussetzungen nach § 53b Abs. 1 Satz 1 oder Abs. 7 KWG erfüllen,
  c) Unternehmen, die aufgrund einer Rechtsverordnung nach § 53c KWG gleichgestellt oder freigestellt sind,
  d) Kapitalverwaltungsgesellschaften, extern verwalteten Investmentgesellschaften, EU-Verwaltungsgesellschaften oder ausländischen AIF-Verwaltungsgesellschaften oder
  e) Anbietern oder Emittenten von Vermögensanlagen im Sinne des § 1 Abs. 2 des Vermögensanlagengesetzes betreiben, sofern sich diese Finanzdienstleistungen auf Anteile oder Aktien an inländischen Investmentvermögen, die von einer Kapitalverwaltungsgesellschaft ausgegeben werden, die eine Erlaubnis nach § 7 oder § 97 Abs. 1 des Investmentgesetzes in der bis zum 21.7.2013 geltenden Fassung erhalten hat, die für den in § 345 Abs. 2 Satz 1, Abs. 3 Satz 2, in Verbindung mit Abs. 2 Satz 1 oder Abs. 4 Satz 1 des Kapitalanlagegesetzbuchs vorgesehenen Zeitraum noch fortbesteht, oder eine Erlaubnis nach den §§ 20, 21 oder §§ 20, 22 des Kapitalanlagegesetzbuchs erhalten hat oder die von einer EU-Verwaltungsgesell-

---

73 Diese sind jedoch Verpflichtete nach § 2 Abs. 1 Nr. 9 GwG.

schaft ausgegeben werden, die eine Erlaubnis nach Art. 6 der Richtlinie 2009/65/EG oder der Richtlinie 2011/61/EU erhalten hat, oder auf Anteile oder Aktien an EU-Investmentvermögen oder ausländischen AIF, die nach dem Kapitalanlagegesetzbuch vertrieben werden dürfen, mit Ausnahme solcher AIF, die nach § 330a des Kapitalanlagegesetzbuchs vertrieben werden dürfen, oder auf Vermögensanlagen im Sinne des § 1 Abs. 2 des Vermögensanlagengesetzes, die erstmals öffentlich angeboten werden, beschränken und die Unternehmen nicht befugt sind, sich bei der Erbringung dieser Finanzdienstleistungen Eigentum oder Besitz an Geldern oder Anteilen von Kunden zu verschaffen, es sei denn, das Unternehmen beantragt und erhält eine entsprechende Erlaubnis nach § 32 Abs. 1; Anteile oder Aktien an Hedgefonds im Sinne von § 283 des Kapitalanlagegesetzbuchs gelten nicht als Anteile an Investmentvermögen im Sinne dieser Vorschrift;

– Angehörige freier Berufe, die Finanzdienstleistungen im Sinne des § 1 Abs. 1a Satz 2 Nr. 1–4 KWG nur gelegentlich im Rahmen eines Mandatsverhältnisses als Freiberufler erbringen und einer Berufskammer in der Form der Körperschaft des öffentlichen Rechts angehören, deren Berufsrecht die Erbringung von Finanzdienstleistungen nicht ausschließt;[74]

– Unternehmen, deren **einzige** Finanzdienstleistung im Sinne des § 1 Abs. 1a Satz 2 KWG der **Handel mit Sorten** ist, sofern ihre Haupttätigkeit nicht im Sortengeschäft besteht;

– **„Tied Agents"** (**„Gebundene Vermittler"**): Ein Unternehmen, das keine Bankgeschäfte im Sinne des § 1 Abs. 1 Satz 2 betreibt und als Finanzdienstleistungen nur die Anlagevermittlung, das Platzierungsgeschäft oder die Anlageberatung ausschließlich für Rechnung und unter der Haftung eines CRR-Kreditinstituts oder eines Wertpapierhandelsunternehmens, das seinen Sitz im Inland hat oder nach § 53b Abs. 1 Satz 1 oder Abs. 7 KWG im Inland tätig ist, erbringt (vertraglich gebundener Vermittler). Diese Unternehmen gelten nicht als Finanzdienstleistungsinstitut, sondern als Finanzunternehmen, wenn das CRR-Kreditinstitut oder Wertpapierhandelsunternehmen als das haftende Unternehmen dies der Bundesanstalt anzeigt. Die Tätigkeit des vertraglich gebundenen Vermittlers **wird dem haftenden Unternehmen zugerechnet**. Die Bundesanstalt führt über die ihr angezeigten vertraglich gebundenen Vermittler nach diesem Absatz ein öffentliches Register im Internet, das das haftende Unternehmen, die vertraglich gebundenen Vermittler, das Datum des Beginns und des Endes der Tätigkeit nach Satz 1 ausweist. Die Bundesanstalt kann einem haftenden Unternehmen, das die Auswahl oder Überwachung seiner vertraglich gebundenen Vermittler nicht ordnungsgemäß durchgeführt hat oder die ihm im Zusammenhang mit der Führung

---

74 Hier kommt ggf. eine Verpflichtetenstellung nach § 2 Abs. 1 Nr. 10–13 in Betracht.

 Kaetzler

des Registers übertragenen Pflichten verletzt hat, untersagen, vertraglich gebundene Vermittler im Sinne der Sätze 1 und 2 in das Unternehmen einzubinden. In **geldwäscherechtlicher Hinsicht operiert der „Tied Agent" oftmals in beauftragter Position nach § 17 Abs. 5** für den (eigentlich) Verpflichteten, der hinter ihm steht. Ist der Tied Agent selbst Finanzdienstleister, so erfüllt er die Pflichten aus GwG in eigenem Namen.

Außerdem zählen – wie bei den Kreditinstituten auch – als Finanzdienstleis- **66** tungsinstitute auch solche Zweigstellen und Zweigniederlassungen von Finanzdienstleistungsinstituten, die im Inland gelegen sind, aber ihren Sitz im Ausland haben. Sie gelten selbst als „Institut", § 53 KWG.

3. Kryptowerte und -dienstleister

Wesentliche Änderungen für die Geldwäschebekämpfung brachte die Einbezie- **67** hung verschiedener Dienstleister aus dem Bereich der **virtuellen Währungen** und anderer Kryptowerte in Umsetzung der Änderungsrichtlinie zur Vierten EU-Geldwäscherichtlinie.[75] Nach europarechtlichen Vorgaben sollten zum einen Dienstleister, die virtuelle Währungen in Fiatgeld und umgekehrt tauschen, zum anderen die Anbieter elektronischer Geldbörsen von den Geldwäschegesetzen erfasst werden.

In Deutschland geschah die Transformation der Richtlinienvorgaben bereits **68** durch Änderungen im Kreditwesengesetz. Aus virtuellen Währungen wurden „**Kryptowerte**" und diese wurden in § 1 Abs. 11 Satz 1 – und zwar relativ unabhängig von deren Ausgestaltung – als Finanzinstrumente qualifiziert. Neben den (währungsersetzenden) „Currency Token" fallen nach funktionalem Verständnis auch Security Token und Utility Token unter den Anwendungsbereich, jedenfalls wenn sie Anlagezwecken dienen, worunter wohl auch die Wertspeicherung per se fallen dürfte.[76] Zu den näheren **Definitionen des Kryptowerts vgl. oben → § 1 Rn. 282 ff.** Die BaFin hat am 2.3.2020 ein Merkblatt zur Konkretisierung des Tatbestandes des Kryptoverwahrgeschäfts veröffentlicht.[77] Durch die Einfügung des § 1 Abs. 29 durch das TraFinG 2021 wurde klargestellt, dass geldwäscherechtliche und bankaufsichtsrechtliche Begriffe identisch sind.

Kryptowerte sind Finanzinstrumente gem. § 1 Abs. 11 Satz 1 Nr. 10 KWG. Sie **69** werden in § 1 Abs. 11 Satz 4 KWG – in Übereinstimmung mit den Vorgaben der Richtlinie – definiert als

---

75 Vgl. insbesondere Art. 2 Abs. 1 Nr. 3 g) und h) n. F. Ein sehr guter Überblick über die Ausgangslage für den deutschen Gesetzgeber findet sich bei *Fromberger/Haffke/Zimmermann*, BKR 2019, 377.

76 Dies ist insbesondere im Hinblick auf Utility Token möglicherweise str., vgl. *Rennig*, BKR 2020, 23, 25 m. w. N.

77 BaFin, Merkblatt: Hinweise zum Tatbestand des Kryptoverwahrgeschäfts v. 2.3.2020.

– digitale Darstellungen eines Wertes, der
– von keiner Zentralbank oder öffentlichen Stelle emittiert wurde oder garantiert wird und
– nicht den gesetzlichen Status einer Währung oder von Geld besitzt, aber
– von natürlichen oder juristischen Personen aufgrund einer
– Vereinbarung oder tatsächlichen Übung als
– Tausch- oder Zahlungsmittel akzeptiert wird oder
– Anlagezwecken dient und der
– auf elektronischem Wege übertragen, gespeichert und gehandelt werden kann.

70 Nicht als Kryptowerte im Sinne dieses Gesetzes gelten gem. § 1 Abs. 11 Satz 5 KWG E-Geld im Sinne des ZAG bzw. monetäre Werte, die unter dem PSD II-Regime entweder einen begrenzten Einsatzzweck („limited use") haben oder nur in einem begrenzten Netzwerk verwendet werden können („limited network").[78]

71 In der Konsequenz der Erstreckung des Begriffs der Finanzinstrumente auf Kryptowerte ist der **gewerbliche Umgang mit Kryptowerten in vielen Fällen Finanzdienstleistung**. Wie die Aufsichtsbehörden schon relativ früh festgestellt haben, waren Krypto-Währungen und Krypto-Assets schon nach bisheriger Auffassung schlicht Finanzinstrumente, was bei der Überschreitung der aufsichtsrechtlichen Grenzen beim (gewerblichen) Umgang mit entsprechenden Werten schon relativ früh im internationalen Vergleich dazu führte, dass Produkte, Dienstleistungen und einfache Verfügungen Finanzdienstleistungen (etwa in Form des Eigenhandels, der Anlage- /Abschlussvermittlung etc.) darstellten.[79]

72 Die vom europäischen Gesetzgeber geforderte Unterwerfung von **Tauschbörsen**, die virtuelle Währungen in gesetzliche Zahlungsmittel umtauschen und umgekehrt, wird mit der generellen Qualifikation von Kryptowerten als Finanzdienstleister faktisch über-umgesetzt. Während der europäische Gesetzgeber nach dem „Gatekeeper"-Ansatz (siehe oben → Rn. 8) lediglich die Konversionsplätze zu Fiat-Währungen erfasst sehen wollte, um „Papierspuren" in gesetzlichen Zahlungsmitteln legen zu können, hat der deutsche Gesetzgeber – zutreffenderweise – die Gefahr von Krypto-währungsimmanenten Transaktionen und deren hohe Risikoexposition auch dann gesehen, wenn innerhalb verschiedener virtueller Währungen Transaktionen abgewickelt werden. Mithin werden in Deutschland auch solche Tauschbörsen (als MTF, OTF oder schlicht im Wege der Anlage- und Abschlussvermittlung im Sinne des § 1 Abs. 1a KWG) reguliert. Diese „große Lösung" dürfte sich zunehmend auch international durchsetzen.

---

78 BaFin, Merkblatt: Hinweise zum Tatbestand des Kryptoverwahrgeschäfts v. 2.3.2020, Ziff. 1.

79 BaFin, Virtuelle Währungen/Virtual Currencies, 28.4.2016.

   Kaetzler

§ 1 Abs. 11 Satz 1 Nr. 10 KWG ist als Auffangtatbestand konzipiert, da Krypto- **73**
werte aufgrund ihrer vielfältigen Ausgestaltungen bereits unter eine der anderen
Kategorien von Finanzinstrumenten des § 1 Abs. 11 Satz 1 KWG fallen können.
Gleichzeitig sind die bestehenden Kategorien nicht ausreichend, um – wie von
Erwägungsgrund 10 der Änderungsrichtlinie vorgesehen – alle potenziellen An-
wendungsfälle von virtuellen Währungen abzudecken.[80]

Das **Kryptoverwahrgeschäft** wurde – wie oben geschildert – erlaubnispflichti- **74**
ge Finanzdienstleistung nach § 1 Abs. 1a Satz 2 Nr. 6 KWG. Nötig geworden
war eine entsprechende Änderung deshalb, weil der Verwahrbegriff aus dem Depotgeschäft – auch bei Anerkenntnis, dass es sich bei Krypto-Assets um Finanzinstrumente handelt – zu eng gefasst war, auf Wertpapiere zugeschnitten und
nicht mit den technischen Besonderheiten der Krypto-Verwahrung über Schlüssel etc. in Einklang zu bringen war. Kryptoverwahrdienstleister sind mithin qua
eigener Regulierung als Finanzdienstleister vom KWG erfasst und fallen somit
nach § 2 Abs. 1 Nr. 2 unter das GwG.

Unter dem **Kryptoverwahrgeschäft** versteht das Gesetz die Verwahrung, die **75**
Verwaltung und die Sicherung von Kryptowerten oder privaten kryptographischen Schlüsseln, die dazu dienen, Kryptowerte zu halten, zu speichern oder zu
übertragen, als Dienstleistung für andere. Nach der Gesetzesbegründung reicht
es für die Erbringung der Finanzdienstleistung aus, dass eine der vorgenannten
Tätigkeiten gewerblich ausgeübt wird.[81] Die Ausgestaltung des Erlaubnistatbe-
standes ist an das Depotgeschäft bei Wertpapierverwahrungen angelehnt, entspricht diesem aber nicht vollständig.[82]

Unter das Kryptoverwahrgeschäft fallen „die Verwahrung, die Verwaltung **76**
und die Sicherung von Kryptowerten oder privaten kryptografischen Schlüsseln,
die dazu dienen, Kryptowerte zu halten, zu speichern oder zu übertragen. Es genügt für die Erlaubnispflicht nach § 32 Abs. 1 Satz 1 KWG, wenn der Anbieter
eine der Alternativen verwirklicht“.[83] Die bloße Betätigung als technischer
Dienstleister oder Programmierer ist hingegen (noch) erlaubnisfrei.

In geldwäscherechtlicher Hinsicht ist zu bemerken, dass nicht jede Art der Ver- **77**
wahrung eines Kryptowerts erlaubnispflichtig ist und unter den Tatbestand des
Kryptoverwahrgeschäfts fällt. Von den **vier technisch möglichen „Verwahrar-
ten"**, nämlich (1) selbstgenerierten Public und Private Keys unter Eigenverwah-
rung, (2) Speicherung der Schlüssel auf einem für den Dienstleister nicht einseh-
baren Endgerät („Non-custodial Wallet" oder „Cold Storage"), (3) Speicherung

---

80 BaFin, Merkblatt: Hinweise zum Tatbestand des Kryptoverwahrgeschäfts v. 2.3.2020,
   Ziff. 1.
81 Vgl. Regierungsentwurf, S. 124.
82 Siehe *Rennig*, BKR 2020, 23, 27.
83 BaFin, Merkblatt: Hinweise zum Tatbestand des Kryptoverwahrgeschäfts v. 2.3.2020,
   Ziff. 3. Zu den Einzelheiten vgl. ibid.

auf Servern des Dienstleisters („Custodial Wallet"), (4) „Sammelverwahrung" als Teil eines Sammelbestands durch Dritte, sind **nur Varianten 3 und 4 vom Tatbestand des Kryptoverwahrgeschäfts umfasst**.[84] Gewerbliche Dienstleister, die allerdings in anderer Form geschäftlich mit Kryptowerten umgehen, können dann aber unter **weitere Tatbestände der Finanzdienstleistungen**, z. B. das Eigengeschäft oder den Eigenhandel, fallen und als solche reguliert sein. Reine **Anbieter von Walletsoftware** hingegen, die Nutzer dann auf eigenen Endgeräten betreiben und bei denen der Softwareanbieter auch keinen Zugriff auf Daten beim Kunden hat, fallen somit weder unter die bankaufsichtsrechtliche noch die geldwäscherechtliche Regulierung.[85]

78 Durch die Änderung des Kreditwesengesetzes zum 1.1.2022 wurde ferner die **Kryptowertpapierregisterführung** Finanzdienstleistung nach § 1 Abs. 1a Nr. 8 KWG. Die Aufnahme eines entsprechenden Erlaubnistatbestands war nötig geworden, da die Registerführung nicht als Verwahrung im Sinne des Depotgeschäfts gilt; die Kryptowertpapierregisterführung beschränkt sich vielmehr auf die Zuverfügungstellung und die Pflege einer Begebungsinfrastruktur.[86] Während die rechtspraktischen Auswirkungen der neuen Finanzdienstleistung derzeit (noch) fraglich sind,[87] werden sicherlich technische Weiterentwicklungen mit Blick auf dezentrale Registerführer antizipiert werden.

79 Die **Risikoexposition** von Krypto-Dienstleistern kann nicht hoch genug eingeschätzt werden.[88] Die Dominanz von Kryptowerten in einigen Kriminalitätssegmenten, z. B. in der Erpressung von Lösegeldern bei Cyberangriffen, im web-basierten illegalen Waffen- und Drogenhandel, bei Transaktionen im „Darknet" etc., ist unbestritten. Besonders relevante Dienstleister sind hierbei diejenigen, die mit stark anonymisierten Kryptowerten zusammenarbeiten.[89]

80 Zur weiteren Stützung der Nachverfolgbarkeit von Übertragungen von Kryptowerten im Sinne des § 1 Abs. 30 wurde mittlerweile die **Kryptowertetransfer-**

---

84 Vgl. *Siegel*, in: Omlor/Link, Kryptowährungen und Token, Kap. 3 Rn. 167 ff.

85 *Auffenberg*, in: Omlor/Link, Kryptowährungen und Token, Kap. 17 Rn. 31 f.

86 *Bauer*, in: Kümpel/Mülbert/Früh/Seyfried, Bankrecht und Kapitalmarktrecht, Kap. 18 Rn. 207 ff.

87 Schon vor Inkrafttreten des eWpG wurde die Notwendigkeit eines eigenen Tatbestandes in Frage gestellt, vgl. *Heppekausen*, BKR 2020, 10, 17; vgl. auch („… erweitert scheinbar …"), *Preuße/Wöckener/Gillenkirch*, BKR 2021, 460, 463.

88 Vgl. dazu z. B. die Erste Nationale Risikoanalyse des BMF 2018/2019, abrufbar unter www.bundesfinanzministerium.de.

89 Vgl. *Auffenberg*, in: Omlor/Link, Kryptowährungen und Token, Kap. 17 Rn. 12 f., oder z. B. FATF, Guidance for a Risk-Based Approach to virtual assets and virtual asset service providers, Juni 2019, S. 3.

verordnung[90] erlassen. Durch diese werden im Wesentlichen die Vorschriften der Geldtransferverordnung, insbesondere die Pflicht zu verstärkten Kundensorgfaltspflichten, der Datenspeicherung und -weiterreichung hinsichtlich der Originatoren einer Transaktion, festgeschrieben. Über die technische Machbarkeit, die bereits massiv in Zweifel gezogen wurde, steht vor allem auch die effektive Beaufsichtigung der Marktteilnehmer schon heute in Zweifel. Der geplante europäische Rechtsrahmen für die Märkte in Kryptowerten („MiCA")[91] dürfte das Thema erneut aufgreifen.

4. Wertpapierinstitute

Wie bei Kreditinstituten oder Finanzdienstleistungsinstituten laufen wertpapier-   **81**
aufsichtsrechtliche und geldwäscherechtliche Einstufung jedenfalls dem Grunde nach parallel. Ein Wertpapierinstitut ist, § 1 Abs. 1 WpIG, ein Unternehmen, welches „[…] gewerbsmäßig oder in einem Umfang, der einen in kaufmännischer Weise eingerichteten Geschäftsbetrieb erfordert, Wertpapierdienstleistungen allein oder zusammen mit Wertpapiernebendienstleistungen oder Nebengeschäften erbringt."

„Große" Wertpapierinstitute gelten als CRR-Institut und somit als Kreditinstitut   **82**
im Sinne des § 2 Abs. 1 Nr. 1, vgl. § 2 Abs. 15 WpIG i.V.m. Art. 4 Abs. 1 Nr. 1 b) CRR. Für „Große Wertpapierinstitute" im Sinne des § 2 Abs. 18 WpIG, Art. 1 Abs. 2 IRF, bleibt die CRR in großen Teilen anwendbar.[92] „Mittlere" Wertpapierinstitute sind nunmehr ausschließlich durch das WpIG, nicht mehr durch CRR und KWG reguliert. Unter einen reduzierten Aufsichtsrahmen fallen „Kleine" Wertpapierinstitute nach § 1 Abs. 16 WpIG, Art. 12 Abs. 1 IFR. Die Abgrenzung richtet sich teils nach festen Parametern, z.B. Bilanzgröße, teils nach Art und Umfang der Vernetzung mit anderen Akteuren in der Finanzindustrie.[93]

Die einzelnen Wertpapierdienstleistungen werden in § 1 Abs. 2 WpIG festge-   **83**
legt. Sie entsprechen denjenigen des Kreditwesengesetzes, als

- Finanzkommissionsgeschäft;
- Emissionsgeschäft;
- Anlagevermittlung;
- Anlageberatung;

---

90 Verordnung über verstärkte Sorgfaltspflichten bei dem Transfer von Kryptowerten (Kryptowertetransferverordnung – KryptoWTransferV) v. 24.9.2021, BGBl. I 2021, S. 4465.
91 Vgl. den Vorschlag für eine Verordnung des Europäischen Parlaments und des Rates „on Markets in Crypto-assets, and amending Directive (EU) 2019/1937" v. 24.9.2020, COM (2020) 593; 2020/0265 (COD).
92 Vgl. *Dehio/Schmidt*, DB 2021, 1654, 1655; *Gringel*, AG 2021, R 116.
93 Vgl. *Dehio/Schmidt*, DB 2021, 1654 ff.

- Abschlussvermittlung;
- Betrieb eines multilateralen Handelssystems (MTF);
- Betrieb eines organisierten Handelssystems (OTF);
- Platzierungsgeschäft;
- Finanzportfolioverwaltung;
- Eigenhandel in Form des
  - Market-Making,
  - Handelns als Systemischer Internalisierer,
  - Eigengeschäfts,
  - Algorythmus-Handelns.

84 Begrifflich entsprechen die Definitionen des WpIG denen des KWG. Ebenso bekannt sind die erlaubnispflichtigen Nebendienstleistungen und Nebengeschäfte nach § 15 I WpIG, nämlich das

- Verwahr- und Depotgeschäft (mit Ausnahme der zentralen Kontenführung);
- Lombardkreditgeschäft;
- Devisengeschäft sowie, als Nebengeschäft,
- das eingeschränkte Verwahrgeschäft und die
- Drittstaateneinlagenvermittlung.

85 Alle vorgenannten Wertpapiernebendienstleistungen bzw. Nebengeschäfte sind bereits als Finanzdienstleistungen nach dem KWG bekannt und reguliert, sodass durch die Aufnahme der Wertpapierinstitute in den Verpflichtetenkatalog des § 2 keine faktische Erweiterung des Anwendungsbereichs des GwG durch die Vorschriften des WpIG stattfindet.

86 Anders als § 2 Nr. 1 und Nr. 2, die auf die Ausnahmen für die Kreditinstitutseigenschaft nach § 2 Abs. 1 Nr. 3–8 KWG und für Finanzdienstleistungsinstitute auf die Ausnahmen nach § 2 Abs. 6 Satz 1 Nr. 3–10 und 12 und Abs. 10 KWG rekurriert, nimmt das Gesetz allerdings **keinen Bezug auf Ausnahmeregelungen nach § 2 WpIG**. Hieraus könnte zunächst der Rückschluss abzuleiten sein, dass die Ausnahmevorschriften des § 2 WpIG nicht gelten. Offensichtlich hat der Gesetzgeber es allerdings versäumt, entsprechende Referenzen aufzunehmen, sodass von einem **redaktionellen Fehler** ausgegangen werden muss. Dies führt dazu, dass die Ausnahmetatbestände des § 2 WpIG Anwendung finden; greift also einer der Ausnahmetatbestände des WpIG, ist das betroffene Unternehmen kein Verpflichteter unter dem GwG, sofern kein weiterer Tatbestand des § 2 GwG greift. Insgesamt lässt sich mit Blick auf die Ausnahmetatbestände der §§ 2 Abs. 1 und 6 KWG sowie 3 WpHG aber festhalten, dass die Bereinigung der zahlreichen **Fehler im Gesetzestext** in § 2 Abs. 1 Nr. 1 und 2 nunmehr schnellstmöglich erfolgen sollte.

   Kaetzler

5. Sonstiges

Auch bei den Finanzdienstleistungsinstituten und Wertpapierinstituten kann das **87** Bundesfinanzministerium nach § 2 Abs. 2 GwG mittels Rechtsverordnung bestimmte Institute von den Verpflichtungen des GwG befreien, wenn bestimmte Bedingungen vorliegen (siehe → Rn. 284).

Wie für die Kreditinstitute finden sich **im KWG Sonderregelungen** für Finanz- **88** dienstleistungsinstitute und Wertpapierinstitute auch hinsichtlich geldwäscherechtlicher Regelungen. Dies sind der § 24c KWG (automatisierter Abruf von Kundeninformationen), der § 25h KWG (interne Sicherungsmaßnahmen), die §§ 25j–25k KWG (Zeitpunkt der Identitätsüberprüfung und verstärkte Sorgfaltspflichten) und § 25m KWG (verbotene Geschäfte), die die Regelungen des GwG weiter für Finanzdienstleistungsinstitute konkretisieren.

Hinsichtlich des Umfangs, der Sonderregelungen und der Reichweite der An- **89** wendbarkeit der Vorschriften des GwG und den internationalen Industriestandards gelten die Ausführungen zu den Kreditinstituten entsprechend (vgl. oben → Rn. 25 ff.); die besondere Verwaltungspraxis der BaFin für Kreditinstitute aus 2021 („AuA-BT Kreditinstitute") gilt hingegen nur für CRR-Institute und solche Wertpapierinstitute, die aufgrund § 2 Abs. 15 WpIG i.V.m. Art. 4 Abs. 1 Nr. 1 b) CRR als CRR-Kreditinstitute gelten.

IV. Zahlungs- und E-Geld-Institute (§ 2 Abs. 1 Nr. 3 GwG)

§ 2 Abs. 1 Nr. 3 GwG verpflichtet auch Zahlungsinstitute und E-Geld-Institute **90** nach § 1 Abs. 2a des Zahlungsdiensteaufsichtsgesetzes (ZAG) und – wie bei den KWG-Instituten – die im Inland gelegenen Zweigstellen und -niederlassungen von vergleichbaren Instituten, die ihren Sitz im Ausland haben. § 1 Abs. 3 ZAG stellt fest: „Institute im Sinne dieses Gesetzes sind die **Zahlungsinstitute** und E-Geld-Institute."

Gemeint sind primär die inländisch belegenen Zahlungsinstitute und E-Geld- **91** Institute. Die Ausführungen zu grenzüberschreitend und im Wege des „Europapasses" tätigen Kreditinstituten (vgl. oben → Rn. 50) gelten aber hier entsprechend.

1. Zahlungsinstitute

Nach § 1 Abs. 1 Nr. 1 ZAG sind **Zahlungsinstitute** solche „Unternehmen, die **92** gewerbsmäßig oder in einem Umfang, der einen in kaufmännischer Weise eingerichteten Geschäftsbetrieb erfordert, Zahlungsdienste erbringen, ohne Zahlungsdienstleister im Sinne der Nummern 2 bis 5 zu sein". Das (Zahlungs-)Institut darf also weder nach Nr. 3 ein Kreditinstitut im Sinne des Art. 4 der Verordnung (EU) Nr. 575/2013 des Europäischen Parlaments und des Rates vom 26.6.2013 sein, die im Inland zum Geschäftsbetrieb berechtigt sind. Noch darf es nach Nr. 2 ein E-Geld-Institut im Sinne des Art. 1 Abs. 1 lit. b und des Art. 2 Nr. 1 der Richtlinie 2009/110/EG des Europäischen Parlaments und des Rates vom 16.9.2009 sein. Ebenfalls sind nach Nr. 5 der Bund, die Länder, die Gemeinden und Gemeindeverbände sowie die Träger bundes- oder landesmittelbarer Verwaltung, soweit sie nicht hoheitlich handeln, nicht als Zahlungsinstitute zu bewerten. Das Gleiche gilt nach Nr. 4 für die Europäische Zentralbank, die Deutsche Bundesbank sowie andere Zentralbanken in der Europäischen Union oder den anderen Staaten des Abkommens über den Europäischen Wirtschaftsraum, wenn sie nicht in ihrer Eigenschaft als Währungsbehörde oder andere Behörde handeln.

93 Was **Zahlungsdienste** sind, zählt das ZAG in § 1 Abs. 1 Satz 2 ZAG abschließend auf:

– das Ein- und Auszahlungsgeschäft,
– das Zahlungsgeschäft ohne Kreditgewährung (Lastschrift-, Zahlungskarten- und Überweisungsgeschäft),
– das Zahlungsgeschäft mit Kreditgewährung,
– das Akquisitionsgeschäft („Acquiring"),
– das Finanztransfergeschäft sowie
– Zahlungsauslösedienste und
– Kontoinformationsdienste.

94 Ausschlaggebend für Reichweite und Abgrenzungsfragen im GwG ist allein die zahlungsdiensteaufsichtsrechtliche Qualifikation.[94] Aufgrund der großen Reichweite der einzelnen Zahlungsdienste existiert im ZAG – ähnlich wie im KWG für Kreditinstitute und Finanzdienstleistungsinstitute – ein Ausnahmekatalog in § 2 Abs. 1 ZAG. (Von einer Darstellung wurde im Hinblick auf den Umfang abgesehen.) Sofern einer der in § 2 Abs. 1 ZAG genannten Ausnahmetatbestände greift, bleibt für die entsprechenden Dienstleister auch das GwG unanwendbar.

95 Da es in § 2 Abs. 1 Nr. 3 – anders als bei Nr. 1 und Nr. 2 – an einem Verweis auf bestimmte Ausnahmetatbestände fehlt, gelten sämtliche Dienstleister als vom Anwendungsbereich des GwG ausgenommen.

96 Darüber hinaus bestehen rechtspraktische Bedenken gegen die Einbeziehung von einzelnen Nischenanbietern. Inwieweit z. B. die wenig geldwäscherelevanten **Kontoinformationsdienste**, möglicherweise auch die **Zahlungsaus-**

---

94 Im Hinblick auf Umfang und Fachlichkeit wurde hier wiederum auf die umfassende Darstellung der einzelnen Zahlungsdienste und des E-Geld-Begriffes verzichtet. Vgl. stattdessen das Merkblatt der BaFin „Hinweise zum Zahlungsdiensteaufsichtsgesetz" v. 29.11.2017.

lösedienste, aus dem Anwendungsbereich des GwG herausgenommen werden können, ist dem Gesetzgeber überlassen. Ein geldwächerechtliches Bedürfnis der Regulierung solcher Dienstleister besteht angesichts deren geringen Beitrags an der Durchführung von Transaktionen und vor allem deshalb nicht, weil bereits mehrere an den Dienstleistungsketten im Zahlungsverkehr beteiligte Zahlungs- und Kreditinstitute die Vermögensflüsse geldwächetechnisch überwachen. Auch das ZAG privilegiert deshalb z.B. die Kontoinformationsdienste innerhalb des Gesetzes (vgl. §§ 34 ff. ZAG); hier wäre eine klarstellende Äußerung des Gesetzgebers wünschenswert. Bis auf Weiteres müssen sich die genannten Dienstleister auf die Verwaltungspraxis der BaFin verlassen; seit der Veröffentlichung der BaFin-AuA 2018 sollen Kontoinformationsdienste lediglich eine Pflicht zur Abgabe von Verdachtsmeldungen nach § 43 treffen, Zahlungsauslösedienstleister überdies auch die allgemeinen Sorgfaltspflichten gegenüber Zahlungsempfängern, mit denen eine Geschäftsbeziehung im Sinne des GwG besteht, erfüllen.[95]

2. E-Geld-Institute

Auch die **E-Geld-Institute** definieren sich nach § 1 Abs. 2 Satz 1 Nr. 1 ZAG   **97**
über eine Negativabgrenzung als „Unternehmen, die das E-Geld-Geschäft betreiben, ohne E-Geld-Emittenten zu sein". E-Geld selbst ist „jeder elektronisch, darunter auch magnetisch, gespeicherte monetäre Wert in Form einer Forderung an den Emittenten, der gegen Zahlung eines Geldbetrages ausgestellt wird, um damit Zahlungsvorgänge im Sinne des § 675f Abs. 4 Satz 1 des Bürgerlichen Gesetzbuchs durchzuführen, und der auch von anderen natürlichen oder juristischen Personen als dem Emittenten angenommen wird", § 1 Abs. 2 Satz 2, 3 ZAG (siehe dazu näher die Kommentierungen zu → § 1 Rn. 187 ff.).

Nicht vom Begriff des E-Geld-Instituts erfasst sind nach der Negativabgren-   **98**
zung in § 1 Abs. 2 Satz 2 ZAG:

– Kreditinstitute im Sinne des Art. 4 Nr. 1 der Richtlinie 2006/48/EG des Europäischen Parlaments und des Rates vom 14.6.2006 („Bankenrichtlinie"), die im Inland zum Geschäftsbetrieb berechtigt sind;
– die Europäische Zentralbank, die Deutsche Bundesbank sowie andere Zentralbanken in der Europäischen Union oder den anderen Staaten des Abkommens über den Europäischen Wirtschaftsraum, wenn sie nicht in ihrer Eigenschaft als Währungsbehörde oder andere Behörde handeln;
– der Bund, die Länder, die Gemeinden und Gemeindeverbände sowie die Träger bundes- oder landesmittelbarer Verwaltung, soweit sie als Behörde handeln.

---

95 BaFin, AuA 2018, Ziff. 1.3, fortgeführt in Aua 2020, ibid.

3. Ausnahmen

99   In § 2 Abs. 1 Nr. 4 GwG fehlt hingegen der hinsichtlich Kreditinstituten und Finanzdienstleistern in § 2 Abs. 1 GwG aufgenommene Verweis auf die Ausnahmevorschriften des § 2 KWG, mithin also § 2 ZAG.

100   Dennoch ist aufgrund der Einheit der Rechtsordnung und aufgrund der systematischen Auslegung der Vorschriften – wie auch bei den Wertpapierinstituten, bei denen der gleiche „Drafting-Fehler" im Gesetz aufgetreten ist, siehe oben → Rn. 86, anzunehmen, dass die in § 2 ZAG aufgeführten Ausnahmen von Zahlungsdiensten einer Einstufung eines Unternehmens als Zahlungs- oder E-Geld-Institut entgegenstehen. Dies ergibt sich nicht zuletzt aus dem Sinn der Rückausnahmen hinsichtlich der Kredit- und Finanzdienstleistungsinstitute: Der ausdrückliche Verweis auf § 2 KWG soll sicherstellen, dass eben nicht alle Ausnahmevorschriften auf die Ebene des GwG „durchschlagen", sondern nur die genannten. Da eine entsprechende Begrenzung der Ausnahmevorschriften auf nicht geldwäscherelevante Konstellationen hinsichtlich der ZAG-Institute fehlt, ist davon auszugehen, dass die Ausnahmevorschriften auch im GwG-Sinne uneingeschränkt anzuwenden sind und das GwG auf die in § 2 ZAG n. F. genannten Institute nicht anwendbar ist.

4. Sonstiges

101   Die Geschichte der **Einbeziehung der Zahlungsinstitute** in die Geldwäschebekämpfung ist sehr lang: Allein die Schaffung des ZAG diente vordringlich der Einbeziehung vorher nicht regulierter Zahlungsdienstleister in die Geldwäschebekämpfung.[96] Die FATF geht schon in ihren Recommendations in Empfehlung 14 auf Zahlungs- und E-Geld-Institute („Money or value transfer service (MVTS) providers")[97] ein.[98] Die Empfehlung fordert, dass Zahlungsdienste lizenziert und registriert werden. Daneben findet sich in der Erklärung zu Empfehlung 16 die Aufforderung, dass sich auch Zahlungsdienste bei Banküberweisungen transparent gestalten und sie die notwendigen Sicherheitsvorkehrungen gegen unberechtigte Kenntnisnahme der Informationen durch Dritte treffen.[99] Bereits im Jahr 1997 waren in § 1 Abs. 1 Satz 1 Nr. 11 und 12 KWG die Vorgänger des heutigen E-Geld-Geschäfts zu finden: das Geldkartengeschäft (Nr. 11)

---

96 BT-Drs. 16/11613, S. 1; der Wille des Gesetzgebers zielte neben der Geldwäscheprävention auch auf die Schaffung eines modernen und rechtlich kohärenten Zahlungsverkehrsraums im Binnenmarkt.

97 Vgl. FATF, The FATF Recommendations, 2012–2017, General Glossary, Stichwort: „Money or value transfer service".

98 FATF, The FATF Recommendations, 2012–2017, Recommendation 14.

99 FATF, The FATF Recommendations, 2012–2017, Interpretive Note to Recommendation 16 (Wire Transfers), Ziff. 22.

und das Netzgeldgeschäft (Nr. 12).[100] Die erste E-Geld-Richtlinie aus dem Jahre 2000[101] wurde mittels des Vierten Finanzmarktförderungsgesetzes aus 2002[102] umgesetzt. Damit erschienen zum ersten Mal die Begriffe „E-Geld-Geschäft" und „E-Geld-Institut" im KWG, wobei der Begriff des „E-Geld-Geschäfts" die Geldkarten- und Netzgeldgeschäfte ersetzte.[103] Nichtsdestotrotz war die Aufsicht auf europarechtlicher Ebene über diese Unternehmen nicht vereinheitlicht,[104] obwohl sie häufig grenzüberschreitend tätig waren. Dies änderte sich erst durch die Richtlinie 2007/64/EG des Europäischen Parlaments und des Rates vom 13.11.2007, die auch Zahlungsdiensterichtlinie genannt wird (kurz: „PSD I" für „Payment Service Directive I"). Die Richtlinie wurde 2009 unter anderem durch das Zahlungsdiensteumsetzungsgesetz in deutsches Recht umgesetzt, wodurch das Zahlungsdiensteaufsichtsgesetz (ZAG) entstand.[105] Daneben wurden darin Zahlungsinstitute dem Verpflichtetenkreis des GwG hinzugefügt.[106] Noch im gleichen Jahr trat die Zweite E-Geld-Richtlinie[107] in Kraft, welche wiederum bis zum 30.4.2011 umzusetzen war. Diesem kam der deutsche Gesetzgeber mit dem Gesetz zur Umsetzung der Zweiten E-Geld-Richtlinie[108] nach. Hiermit wurden die Regelungen zu E-Geld-Instituten aus dem KWG in das ZAG verschoben. 2016 trat mit der PSD II[109] die europäische Nachfolgerichtlinie in Kraft, die die PSD I aufhob.

Das hierauf bezogene deutsche Umsetzungsgesetz (Gesetz zur Umsetzung der Zweiten Zahlungsdiensterichtlinie vom 17.7.2017)[110] ist bzgl. des ZAG am 13.1.2018 in Kraft getreten und hat eine Neufassung des ZAG mit sich gebracht. Diese Neufassung enthält für die Definitionen von „Zahlungsinstituten" und „E-Geld-Instituten" relevante inhaltliche Änderungen. Seitdem stellen auch die vor- **102**

---

100 BT-Drs. 13/7142, S. 5.
101 Richtlinie 2000/46/EG des Europäischen Parlaments und des Rates v. 18.9.2000 über die Aufnahme, Ausübung und Beaufsichtigung der Tätigkeit von E-Geld-Instituten.
102 BGBl. I 2002, S. 2010, 2316.
103 *Fülbier*, in: Fülbier/Aepfelbach/Langweg, GwG, § 1 Rn. 25.
104 Vgl. Richtlinie 2007/64/EG des Europäischen Parlaments und des Rates v. 13.11.2007, ErwG 1 und 2.
105 BGBl. I 2009, S. 1506 ff.
106 BGBl. I 2009, S. 1526.
107 Richtlinie 2009/110/EG des Europäischen Parlaments und des Rates v. 16.9.2009 über die Aufnahme, Ausübung und Beaufsichtigung der Tätigkeit von E-Geld-Instituten, zur Änderung der Richtlinien 2005/60/EG und 2006/48/EG sowie zur Aufhebung der Richtlinie 2000/46/EG.
108 BGBl. I 2011, S. 288.
109 Richtlinie (EU) 2015/2366 des Europäischen Parlaments und des Rates v. 25.11.2015 über Zahlungsdienste im Binnenmarkt, zur Änderung der Richtlinien 2002/65/EG, 2009/110/EG und 2013/36/EU und der Verordnung (EU) Nr. 1093/2010 sowie zur Aufhebung der Richtlinie 2007/64/EG.
110 BGBl. I 2017, S. 2446 ff.

mals erlaubnisfreien Tätigkeiten von Zahlungsauslösediensten und Kontoinformationsdiensten gemäß § 1 Abs. 1 Satz 2 Nr. 7 und 8 ZAG n. F. Zahlungsdienste dar und fallen damit unter den Begriff des Zahlungsinstituts.

103 Im Rahmen der **GwG-Pflichten** müssen Zahlungsinstitute und E-Geld-Institute zwingend einen Geldwäschebeauftragten auf Führungsebene und einen Stellvertreter bestellen (§ 7 Abs. 1 GwG; siehe → § 7 Rn. 10). Daneben schreibt § 10 Abs. 4 GwG vor, dass wenn im Rahmen der Erbringung von Zahlungsdiensten Bargeld angenommen wird, diese Verpflichteten den Vertragspartner bzw. seinen Vertreter identifizieren müssen. Nach Abklärung der Frage, ob für einen wirtschaftlich Berechtigten gehandelt wird, muss auch dieser festgestellt werden. Ferner sind neben den allgemeinen Sorgfaltspflichten gem. § 10 Abs. 2, 3 GwG i.V.m. § 10 Abs. 6 GwG auch bestimmte vorgeschriebene Mindestmaßnahmen zu ergreifen, wenn es sich um eine grenzüberschreitende Korrespondenzbeziehung handelt und der Respondent seinen Sitz in einem Drittstaat oder (nach erhöhter Risikoeinschätzung) in einem EWR-Staat hat (siehe → § 15 Rn. 15 ff.; vgl. auch die Handreichung der FATF zu Korrespondenzbankbeziehungen).[111] Hinsichtlich des Transparenzregisters haben diese Institute nach § 23 Abs. 2 Satz 4 GwG unbeschränktes Einsichtsrecht (siehe → § 23 Rn. 47 f.). Auch hinsichtlich des Verbots der Informationsweitergabe gibt es in § 47 Abs. 2 Nr. 3 und 5, Abs. 5 GwG für Zahlungs- und E-Geld-Institute spezielle Ausnahmen von der Regel, sodass sie von dem Verbot in bestimmten Fällen befreit sind. Es sei auch darauf hingewiesen, dass die Aufsichtsbehörden berechtigt sind, nach § 31 Abs. 6 GwG bestimmte von den Instituten gesammelte Daten als Sofortmaßnahme abzurufen und gem. § 40 Abs. 1 Nr. 1 GwG beispielsweise den Stopp einer Transaktion anzuordnen (siehe → § 31 Rn. 46).

104 Zahlungs- und E-Geld-Institute müssen in Bezug auf die ihnen obliegenden geldwäscherechtlichen Pflichten neben dem GwG auch auf § 27 ZAG achten. Dieser stellt in § 27 Abs. 1 ZAG die Anforderung an die **ordnungsgemäße Geschäftsorganisation**, Datenverarbeitungssysteme und andere Maßnahmen vorzuhalten, die gewährleisten, dass den Regelungen des GwG und der Geldtransferverordnung (VO 2015/847/EU) nachgekommen wird. Für diesen Zweck dürfen die Institute auch personenbezogene Daten erheben und verwenden. Für Zahlungsinstitute und E-Geld-Institute gelten nach § 27 Abs. 2 ZAG die Normen der §§ 6a, 24c, 25i, 25m und 60b KWG und § 93 Abs. 7, 8 i.V.m. § 93b AO analog (siehe zu den §§ 24c, 25i und 25m KWG die dortige Kommentierung).

105 Bezüglich des **§ 25i KWG** ist ferner zu beachten, dass sich durch die Umsetzung der Fünften EU-Geldwäscherichtlinie weitere Verschärfungen insbesondere zur

---

111 FATF, Guidance: Corresponding Banking Services, 2016. Aufgrund der Verschiebung der Begrifflichkeiten kann diese jedoch nur noch eingeschränkt herangezogen werden.

Höhe der Schwellenwerte für die Befreiung von den Sorgfaltspflichten bzgl. E-Geld ergeben haben.[112]

106 Für die Verpflichtetenstellung kommt es nicht darauf an, ob ein Unternehmen eine Erlaubnis nach § 10 ZAG hat oder nicht. Ausschlaggebend ist alleine das tatsächliche Betreiben eines erlaubnispflichtigen Geschäfts im Inland bzw. das zielgerichtete Herantreten an den deutschen Markt aus dem Ausland. In rechtspraktischer Hinsicht sind **informelle Zahlungsdienstleister**, die insbesondere das Finanztransfergeschäft **ohne Erlaubnis** betreiben, von hoher Relevanz. Oftmals sind die beispielsweise als „**Hawala**", „Hundi" oder „Chit" bekannten Finanzsysteme allerdings höchst intransparent organisiert und werden zum Teil auch für illegitime Geldgeschäfte genutzt.[113] Bis zur **Änderung des § 261 StGB und den Wegfall des Vortatenkatalogs** war ein Verstoß gegen die zahlungsdiensterechtlichen Vorschriften, insbesondere den Erlaubnisvorbehalt in § 10 ZAG, keine Vortat zur Geldwäsche im technischen Sinne. Entsprechend durchgeleitetes Vermögen war daher nicht per se inkriminiert. Dies hat sich nunmehr geändert; die Diskussion, ob von einem informellen Zahlungsdienstleister durchgeleitetes Geld aus der Vortat des **unerlaubten Betreibens von Zahlungsdiensten** (§ 63 Abs. 1 Nr. 4 ZAG) „**herrührt**", wird die Strafgerichte möglicherweise bald beschäftigen. Für die Verpflichteten dürfte die Abgrenzung mit Blick auf die niedrigen Anforderungen an verdachtsbegründende Tatsachen im Verdachtsmeldewesen (vgl. → § 43 Rn. 17 ff.) obsolet sein.

107 Zur Unterstützung der Zahlungs- und E-Geld-Institute und deren Aufsichtsbehörden bei der Geldwäschebekämpfung hat die FATF eine hilfreiche Handreichung für die Anwendung des risikobasierten Ansatzes (Risk-Based Approach) bei der Übertragung von Geld oder gleichartigen monetären Werten veröffentlicht.[114] Eine solche Veröffentlichung existiert auch für bestimmte Arten von E-Geld.[115] Eine weitere für ZAG-Institute relevante FATF-Veröffentlichung existiert zur Unterstützung bei der Erkennung von Zahlungen zum Zwecke der Terrorismusfinanzierung.[116]

---

112 Proposal for a Directive of the European Parliament and of the Council amending Directive (EU) 2015/849 on the prevention of the use of the financial system for the purposes of money laundering or terrorist financing and amending Directive 2009/101/EC, 2016/0208 (COD), Art. 1; vgl. insbesondere § 25i Abs. 2 Satz 1 Nr. 6 KWG n. F.

113 Einen guten Überblick über die rechtliche Problematik bieten *Findeisen*, WM 2000, 2125 oder *Warius*, Das Hawala Finanzsystem in Deutschland, 2009; *Wahlers*, Die rechtliche und ökonomische Struktur von Zahlungssystemen inner- und außerhalb des Bankensystems, 2013.

114 FATF, Guidance for a Risk-Based Approach. Money or Value Transfer Services, 2016.

115 FATF, Guidance for a Risk-Based Approach. Prepaid Cards, Mobile Payments and Internet-Based Payment Services, 2013.

116 FATF, Guidance for Financial Institutions in Detecting Terrorist Financing, 2002.

V. Agenten und E-Geld-Agenten (§ 2 Abs. 1 Nr. 4 GwG)

108 Ziffer 14 der FATF-Empfehlungen geht neben den Zahlungsdiensten auch auf (E-Geld-)Agenten ein und fordert, dass diese registriert und in die geldwäscherechtlichen Pflichten einbezogen werden.[117] Daneben werden auch Agenten dazu angehalten, Banküberweisungen transparent zu gestalten.[118] Auf europarechtlicher Ebene wurden Agenten und E-Geld-Agenten durch die Richtlinie 2007/64/EG[119] reguliert. In deutsches Recht umgesetzt wurde dies erst durch das Gesetz zur Umsetzung der Zweiten E-Geld-Richtlinie,[120] welches am 30.4.2011 in Kraft trat.[121] Grund hierfür war die bis dato ungenügende Umsetzung des Art. 17 Abs. 1 lit. b der Richtlinie 2007/64/EG.[122] Seitdem sind Agenten und E-Geld-Agenten Verpflichtete des GwG.

109 Nach § 2 Abs. 1 Nr. 4 GwG werden auch Agenten nach § 1 Abs. 9 ZAG und E-Geld-Agenten nach § 1 Abs. 2 Satz 1 Nr. 2 ZAG zur Einhaltung der geldwäscherechtlichen Vorschriften verpflichtet. § 1 Abs. 9 Satz 1 ZAG bezeichnet als **Agent** „jede juristische oder natürliche Person, die als selbstständiger Gewerbetreibender im Namen eines Zahlungsinstituts oder E-Geld-Instituts Zahlungsdienste ausführt". Zur Definition von „Zahlungs- und E-Geld-Instituten" siehe → Rn. 92 ff., zur Definition von „Zahlungsdiensten" siehe → Rn. 93. Der Agent ähnelt einem (selbstständigen) Vermittler oder einem Handelsvertreter, jedoch ist der Begriff „Agent" für diese Tätigkeitsbeschreibung international üblich.[123] Er arbeitet überdies in sog. „offener Stellvertretung", legt also erkennbar offen, dass er stellvertretend für das Zahlungsinstitut handelt.[124]

110 **E-Geld-Agent** ist gem. § 1 Abs. 10 ZAG „jede natürliche oder juristische Person, die als selbstständiger Gewerbetreibender im Namen eines E-Geld-Instituts beim Vertrieb und Rücktausch von E-Geld tätig ist".

111 Obwohl es auf den ersten Blick so scheint, dass der E-Geld-Agent eine Unterform des „Agenten" ist und auch zugleich die Stellung als Agent innehat, ist

---

117 FATF, Recommendations 2012–2017, Recommendation 14.
118 FATF, Recommendations 2012–2017, Interpretive Note to Recommendation 16 (Wire Transfers), Ziff. 22.
119 Richtlinie 2007/64/EG des Europäischen Parlaments und des Rates v. 13.11.2007 über Zahlungsdienste im Binnenmarkt, zur Änderung der Richtlinien 97/7/EG, 2002/65/EG, 2005/60/EG und 2006/48/EG sowie zur Aufhebung der Richtlinie 97/5/EG.
120 Richtlinie 2009/110/EG des Europäischen Parlaments und des Rates v. 16.9.2009 über die Aufnahme, Ausübung und Beaufsichtigung der Tätigkeit von E-Geld-Instituten, zur Änderung der Richtlinien 2005/60/EG und 2006/48/EG sowie zur Aufhebung der Richtlinie 2000/46/EG.
121 BGBl. I 2011, S. 288, 306 f.
122 BT-Drs. 17/3023, S. 70.
123 BT-Drs. 16/11613, S. 37.
124 BT-Drs. 16/11613, S. 37.

dem nicht so. Tatsächlich schließen sich die Begriffe gegenseitig aus.[125] Zwar sind sowohl Agent als auch E-Geld-Agent selbstständige Gewerbetreibende, doch ist der E-Geld-Agent lediglich beim Vertrieb und dem Rücktausch von E-Geld unterstützend aktiv, was sich von der Tätigkeit des Agenten, der selbst Zahlungsdienstleistungen im fremden Namen ausführt, unterscheidet.[126]

Auch der E-Geld-Agent handelt in „offener Stellvertretung" eines Unternehmens.[127] Er darf jedoch nur E-Geld vertreiben oder rücktauschen.   **112**

Vom Kommissionär oder Handelsvertreter unterscheidet sich der Agent darin, dass **Handelsvertreter** zwar vermittelnd auftreten, aber dabei nicht in offener Stellvertretung handeln, wie es Agenten tun.[128]   **113**

Weiterhin muss der Agent vom **Kommissionär** abgegrenzt werden, denn auch der Kommissionär erbringt eigene Zahlungsdienste.[129] Dabei tätigt dieser aber die Zahlungsdienstleistungen im eigenen Namen für fremde Rechnung. Ein Agent macht dies hingegen im fremden Namen.[130]   **114**

Der Begriff „**Vertrieb**" ist schließlich von der Ausgabe des E-Gelds abzugrenzen, da den E-Geld-Agenten lediglich der Vertrieb und der Rücktausch gestattet sind. Die Ausgabe von E-Geld ist hingegen vom E-Geld-Emittenten vorzunehmen. „Ausgabe" bedeutet, dass das E-Geld an den E-Geld-Inhaber übertragen wird, sodass die ausgebende Stelle sich gegenüber dem Inhaber zur Leistung verpflichtet.[131] Der Vertrieb ist hingegen das In-Verkehr-Bringen bereits ausgegebenen Geldes.[132] „Rücktausch" meint das Umtauschen des E-Gelds in Bar- oder Buchgeld.[133]   **115**

Spezielle für Agenten und E-Geld-Agenten geltende **Vorschriften im GwG** sind die folgenden: Gem. § 7 Abs. 3 GwG kann auf Anordnung der Aufsichtsbehörde die Bestellung eines Geldwäschebeauftragten und des Stellvertreters nötig werden. Die Identifizierung des Vertragspartners, des Stellvertreters und ggf. des wirtschaftlich Berechtigten wird für Agenten und E-Geld-Agenten insbesondere bei der Bargeldannahme bei der Erbringung von Zahlungsdiensten relevant (§ 10 Abs. 4 GwG). Laut § 10 Abs. 7 GwG findet für E-Geld-Agenten, die bei der Ausgabe von E-Geld tätig sind, die Regelung zu den allgemeinen Sorgfalts-   **116**

---

125 Vgl. *Damwerth*, in: Casper/Terlau, ZAG, § 1 Rn. 312 m. w. N.

126 *Damwerth/Terlau*, in: Casper/Terlau, ZAG, § 1 Rn. 312 ff.

127 *Damwerth/Terlau*, in: Casper/Terlau, ZAG, § 1 Rn. 320.

128 *Casper*/Winkelhaus, in: Casper/Terlau, ZAG, § 1 Rn. 131, 126.

129 *Schwennicke*, in: Schwennicke/Auerbach, KWG, § 1 ZAG Rn. 136; *Damwerth*, in: Casper/Terlau, § 1 Rn. 309gg.

130 *Damwerth*, in: Casper/Terlau, ZAG, § 1 Rn. 309f m. w. N.

131 *Terlau*, in: Casper/Terlau, ZAG, § 1 Rn. 323; *Hingst/Lösing*, Zahlungsdiensteaufsichtsrecht, § 7 Rn. 24 f. m. w. N.

132 *Hingst/Lösing*, Zahlungsdiensteaufsichtsrecht, § 13 Rn. 47.

133 *Terlau*, in: Casper/Terlau, ZAG, § 1 Rn. 327.

pflichten in Bezug auf E-Geld aus § 25i KWG nur unter der Maßgabe Anwendung, dass nur der Pflicht zur Identifizierung des Vertragspartners bzw. der für den Vertragspartner auftretenden Person (§ 10 Abs. 1 Nr. 1 GwG) sowie der Pflicht zur Etablierung angemessener, risikoorientierter Verfahren zur Feststellung von politisch exponierten Personen bzw. deren Familienmitgliedern oder diesen bekanntermaßen nahestehenden Personen (§ 10 Abs. 1 Nr. 4 GwG) nachgekommen werden muss.

117 Schließlich ist für (E-Geld-)Agenten anzumerken, dass sie nach § 47 Abs. 5 GwG mit den anderen Verpflichteten aus § 2 Abs. 1 Nr. 1–9 GwG untereinander unter gewissen Bedingungen Informationen „über konkrete Sachverhalte, die auf Geldwäsche, eine ihrer Vortaten oder Terrorismusfinanzierung hindeutende Auffälligkeiten oder Ungewöhnlichkeiten enthalten", austauschen dürfen.

VI. Selbstständige Gewerbetreibende, die E-Geld eines Kreditinstituts vertreiben oder rücktauschen (§ 2 Abs. 1 Nr. 5 GwG)

118 Durch das Gesetz zur Optimierung der Geldwäscheprävention im Jahr 2011[134] wurden auch solche Unternehmen und Personen in den Verpflichtetenkreis des GwG aufgenommen, die **E-Geld für ein Kreditinstitut vertreiben oder rücktauschen**. Der Wortlaut hat sich seitdem geringfügig geändert, sodass es nicht mehr „Unternehmen und Personen" sind, sondern nunmehr „selbstständige Gewerbetreibende". Zur Definition von „E-Geld" siehe → § 1 Rn. 187 ff.

119 **Sinn und Zweck** der Verpflichtung dieser selbstständigen Gewerbetreibenden ist es, eine Lücke zu schließen: Selbstständige Gewerbetreibende, die für Kreditinstitute E-Geld vertreiben oder rücktauschen, gelten nämlich nicht als E-Geld-Agenten im Sinne des § 1 Abs. 10 ZAG, da sie nicht für ein E-Geld-Institut tätig sind, sondern für ein Kreditinstitut. Diese zwei Begriffe schließen sich gegenseitig aus, da laut § 1 Abs. 2 ZAG E-Geld-Institute nur solche Unternehmen sind, die nicht unter § 1 Abs. 2 Nr. 2–4 ZAG fallen, also keine Kreditinstitute im Sinne des § 1 Abs. 2 Satz 1 Nr. 2 ZAG sind. Aus diesem Grunde unterlägen diese genannten Gewerbetreibenden keiner behördlichen Aufsicht zur Vorbeugung der Gefahren von Geldwäsche und Terrorismusfinanzierung, obwohl ihre Tätigkeit und auch ihr Geldwäscherisiko denen von E-Geld-Agenten gleichen. Dies wird durch die vorliegende Norm geändert.[135]

120 Die Norm verweist auf den Begriff des CRR-Kreditinstituts aus § 1 Abs. 2 Nr. 2 ZAG, welcher wiederum auf § 1 Abs. 3d Satz 1 KWG verweist. Dieser zieht zur

---

134 BGBl. I 2011, S. 2959, 2960.
135 BT-Drs. 18/11555, S. 106.

Definition Art. 4 Nr. 1 der Verordnung (EU) Nr. 575/2013 („CRR")[136] heran mit der Einschränkung, dass das Institut in Deutschland zum Geschäftsbetrieb berechtigt ist. Die CRR definiert darin Kreditinstitute als „ein Unternehmen, dessen Tätigkeit darin besteht, Einlagen oder andere rückzahlbare Gelder des Publikums entgegenzunehmen und Kredite für eigene Rechnung zu gewähren". Im Unterschied rekurriert der Begriff damit auf Einlagenkreditinstitute, nicht „Kreditinstitute" im Sinne des KWG. Zu den Begriffen „Vertrieb" und „Rücktausch" siehe → Rn. 115 ff.

Das GwG sieht für diese Verpflichteten folgende **besondere Regelungen** vor: **121** Nach § 7 Abs. 3 GwG kann es nach einer Anordnung der Aufsichtsbehörde nötig sein, einen Geldwäschebeauftragten und einen Stellvertreter zu bestellen (→ § 7 Rn. 21 ff.). Im Rahmen der allgemeinen Sorgfaltspflichten muss nach § 10 Abs. 4 GwG im Falle, dass bei Erbringungen des Zahlungsdienstes Bargeld angenommen wird, lediglich die Identifizierung des Vertragspartners bzw. der für den Vertragspartner handelnden Person (§ 10 Abs. 1 Nr. 1 GwG) und die Abklärung, ob der Vertragspartner für einen wirtschaftlich Berechtigten handelt und ggf. die Identifizierung des wirtschaftlich Berechtigten, erfolgen (§ 10 Abs. 1 Nr. 2 GwG). Weiterhin müssen die genannten Verpflichteten auch im Hinblick auf die nach § 25i KWG geltenden allgemeinen Sorgfaltspflichten in Bezug auf E-Geld nur einen Teil der dort genannten Pflichten erfüllen (§ 10 Abs. 7 GwG). Schließlich sei darauf hingewiesen, dass nach § 47 Abs. 5 GwG auch diese Verpflichteten unter bestimmten Voraussetzungen Informationen mit den anderen Verpflichteten nach § 2 Abs. 1 Nr. 1–9 GwG austauschen dürfen.

VII. Finanzunternehmen (§ 2 Abs. 1 Nr. 6 GwG)

Wie auch schon nach § 2 Abs. 1 Nr. 3 GwG a. F. sind **Finanzunternehmen**, so- **122** fern sie nicht bereits unter § 2 Abs. 1 Nr. 1–5, 7, 9, 10, 12 oder 13 GwG fallen, vom Kreis der Verpflichteten umfasst. Durch den Wegfall der Formulierung „oder wenn diese Unternehmen eine der in § 1 Abs. 3 Satz 1 KWG oder eine der in der auf Grundlage des § 1 Abs. 3 Satz 2 KWG erlassenen Rechtsverordnung genannten Tätigkeiten als Haupttätigkeit ausüben" wird der Begriff des Finanzunternehmens von den bankaufsichtsrechtlichen Gegebenheiten losgekoppelt.

---

136 Verordnung (EU) Nr. 575/2013 des Europäischen Parlaments und des Rates v. 26.6.2013 über Aufsichtsanforderungen an Kreditinstitute und Wertpapierfirmen und zur Änderung der Verordnung (EU) Nr. 646/2012. § 1a Abs. 1 Nr. 1 ZAG nimmt Bezug auf die Richtlinie 2006/48/EG des Europäischen Parlaments und des Rates v. 14.6.2006 über die Aufnahme und Ausübung der Tätigkeit der Kreditinstitute; diese ist jedoch durch die erstgenannte Verordnung ersetzt worden, sodass sich inhaltlich keine Unterschiede ergeben.

Erfasst sind auch im Inland gelegene Zweigstellen oder Zweigniederlassungen von Finanzunternehmen mit Sitz im Ausland.

123 Durch die Aufnahme einer **eigenen Definition des „Finanzunternehmens"** in § 1 Abs. 24 im Rahmen der Umsetzung der Änderungsrichtlinie zur Vierten EU-Geldwäscherichtlinie sind die meisten der früher diskutierten rechtspraktischen Anwendungsprobleme hinfällig geworden. Zum Begriff des Finanzunternehmens siehe daher die Kommentierung zu → § 1 Rn. 232 ff.

124 Das GwG sieht für diese Verpflichteten folgende **besondere Regelungen** vor: Nach § 7 Abs. 1 GwG müssen Finanzunternehmen einen Geldwäschebeauftragten und einen Stellvertreter bestellen. Anders als zum Beispiel bei den Güterhändlern besteht somit unglücklicherweise keine Möglichkeit, eine Ausnahme zuzulassen, was in der Praxis z. B. zu der Herausforderung führt, eine „leere" Beteiligungsholding mit Personal zu versehen oder Auslagerungen zu errichten. Auch im Hinblick auf die „gruppenweite" Errichtung von internen Sicherungsmaßnahmen und der Erstellung der Risikoanalyse führt eine konsequente Anwendung der Vorschriften zur Bildung von im Bankaufsichtsrecht angemessenen, außerhalb aber wenig handhabbaren Konsolidierungskreisen. Weiterhin fallen für sie im Falle von grenzüberschreitenden Korrespondenzbeziehungen nach § 15 Abs. 3 Nr. 3, Abs. 6 GwG verstärkte Sorgfaltspflichten an, sofern Finanzunternehmen in Bankoperationen eingebunden sind. Das Verbot der Informationsweitergabe nach § 47 GwG gilt für Finanzunternehmen hingegen nur eingeschränkt.

125 Mit Blick auf die nunmehr **angedachte Änderung der Aufsichtszuständigkeiten** für Finanzunternehmen unter dem GwG[137] kamen die rechtspraktischen Fragen zu Definitionsumfang und Aufsichtsbedürftigkeit erneut auf. Es ist damit zu rechnen, dass der Gesetzgeber in der laufenden Legislaturperiode erneut aktiv wird.[138]

VIII. Versicherungsunternehmen (§ 2 Abs. 1 Nr. 7 GwG)

126 In die Geldwäscheprävention einbezogen sind auch **Versicherungsgeschäfte**, bei denen die Möglichkeit besteht, große Summen einzuzahlen und diese wieder – als Auszahlung beim Erlebensfall, als Prämienrückzahlung oder nach einem Widerruf oder Rücktritt vom Vertrag – ausgezahlt zu bekommen.[139] Grund für die Einbeziehung in das GwG sind die Risikoexposition dieser Versicherungs-

---

137 *Wende/Schneider*, GWuR 2021, 38, 40 f.
138 Vgl. den Koalitionsvertrag zwischen SPD, GRÜNE und FDP, 2021–2025 „Mehr Fortschritt wagen", S. 171.
139 FATF, Money Laundering & Terrorist Financing Typologies 2004–2005, S. 45–49.

produkte in der Layering- und Integrationsphase und die teilweise dezentral organisierten Vertriebskanäle.[140]

Auch wenn die ersten Empfehlungen der FATF Versicherungsunternehmen nicht ausdrücklich thematisierten, nimmt bereits die Erste EU-Geldwäscherichtlinie 91/308/EWG[141] in ihrem Art. 1 im Rahmen der Definition von „Finanzinstitut" Bezug auf (Lebens-)Versicherungen und bezieht diese somit in den Kreis der Verpflichteten ein. Diese europäische Regelung behält bis heute ihre Geltung, obgleich die Zuordnung von Versicherungsunternehmen zu Finanzinstituten angesichts des Fortschritts in der EU-weiten Regulierung von Versicherungsunternehmen in der Vierten EU-Geldwäscherichtlinie als eigene Kategorie in Art. 2 Abs. 1 Nr. 2 i.V.m. Art. 3 Nr. 2 lit. b zu finden ist.   **127**

Auch die heutige Version der FATF-Empfehlungen trägt der den **Lebensversicherungen und anderen Versicherungen, die ein Element der Geldanlage besitzen**, innewohnenden Gefahr Rechnung: Die FATF empfiehlt, zusätzliche Kundensorgfaltspflichten zu befolgen. Insbesondere die Identifikation des Begünstigten der Versicherung spielt hier eine zentrale Rolle.[142] In Deutschland existiert die Verpflichtung zur Identifizierung des Begünstigten beim Abschluss von Lebensversicherungsverträgen seit 1993 im Gesetz.[143]   **128**

In Deutschland werden die Versicherungsunternehmen in § 2 Abs. 1 Nr. 7 GwG, die qua Gesetz zur Mitwirkung bei der Geldwäscheprävention verpflichtet werden sollen, nach einzelnen Geschäftsarten aufgezählt. **Betroffen sind Versicherungen nur**, soweit sie die folgenden Produkte anbieten: **129**

- Lebensversicherungen, die unter die Richtlinie 2009/138/EG[144] fallen,
- Unfallversicherungen mit Prämienrückgewähr,
- Darlehen im Sinne von § 1 Abs. 1 Satz 2 Nr. 2 KWG,
- „Kapitalisierungsprodukte".

Die Beschränkung auf die genannten Versicherungsarten wurde gelegentlich diskutiert.[145] Im Hinblick auf eine Layeringexposition wären Sachversicherungen, z. B. Feuerversicherungen, sicherlich theoretisch relevant. Die **Darlehensvergabe** durch Versicherungsunternehmen wurde erst durch die Novelle des   **130**

---

140 Vgl. *Warius*, in: Herzog, GwG, 2. Aufl. 2014, § 2 Rn. 117.
141 Richtlinie 91/308/EWG des Rates v. 10.6.1991 zur Verhinderung der Nutzung des Finanzsystems zum Zwecke der Geldwäsche.
142 Insb. FATF, Recommendations 2012–2017, Interpretive Note to Recommendation 10 (Customer Due Diligence), Nr. 6–9.
143 BGBl. I 1993, S. 1770, 1771 f.
144 Richtlinie 2009/138/EG des Europäischen Parlaments und des Rates v. 25.11.2009 betreffend die Aufnahme und Ausübung der Versicherungs- und der Rückversicherungstätigkeit (Solvabilität II).
145 Kritisch etwa GDV, Stellungnahme zum Regierungsentwurf eines Gesetzes zur Umsetzung der Vierten EU-Geldwäscherichtlinie, S. 3.

GwG im Jahr 2017 neu vom GwG erfasst.[146] Zu einer Erweiterung des Produktanwendungsbereiches kam es bis dato – mit Ausnahme des Hinzutretens der „Kapitalisierungsprodukte" im Rahmen der GwG-Novelle 2019 – jedoch ebenso nicht wie später im Rahmen des TraFinG 2021.

131   Dem GwG unterfallen auch im Inland **niedergelassene Versicherungsunternehmen mit Sitz im Ausland.** Hinsichtlich derjenigen Versicherungsunternehmen, die von dem „Europapass" des § 57 Abs. 1 VAG Gebrauch machen, gilt das Gleiche wie oben in → § 2 Rn. 50 für die „passportenden" Kreditinstitute und Finanzdienstleister Gesagte: Nur die über eine Niederlassung in Deutschland tätigen Institute sind vom GwG erfasst; reine grenzüberschreitend tätige Versicherungen ohne physische Präsenz hingegen nicht.

132   Die **Lebensversicherungen**, die dem GwG aufgrund Verweises auf die Richtlinie 2009/138/EG unterfallen, werden in deren Art. 2 Abs. 3 benannt:

– „folgende Lebensversicherungstätigkeiten, falls sie sich aus einem Vertrag ergeben:
– die Lebensversicherung, die die Versicherung auf den Erlebensfall, die Versicherung auf den Todesfall, die gemischte Versicherung, die Lebensversicherung mit Prämienrückgewähr sowie die Heirats- und Geburtenversicherung umfasst
– die Rentenversicherung
– die zusätzlich zur Lebensversicherung abgeschlossenen Zusatzversicherungen, d.h. insbesondere die Versicherung gegen Körperverletzung einschließlich der Berufsunfähigkeit, die Versicherung gegen Tod infolge Unfalls, die Versicherung gegen Invalidität infolge Unfalls oder Krankheit
– die in Irland und im Vereinigten Königreich betriebene sog. „Permanent Health Insurance" (unwiderrufliche langfristige Krankenversicherung)
– folgende Geschäfte, falls sie sich aus einem Vertrag ergeben und soweit sie der Kontrolle durch die für die Aufsicht über die Privatversicherungen zuständigen Behörden unterliegen:
– Geschäfte, die die Bildung von Gemeinschaften umfassen, in denen sich Teilhaber vereinigen, um ihre Beiträge gemeinsam zu kapitalisieren und das so gebildete Vermögen entweder auf die Überlebenden oder auf die Rechtsnachfolger der Verstorbenen zu verteilen (Tontinengeschäfte)
– Kapitalisierungsgeschäfte, denen ein versicherungsmathematisches Verfahren zugrunde liegt, wobei gegen im Voraus festgesetzte einmalige oder regelmäßig wiederkehrende Zahlungen bestimmte Verpflichtungen übernommen werden, deren Dauer und Höhe genau festgelegt sind
– Geschäfte der Verwaltung von Pensionsfonds von Gruppen, die auch die Verwaltung der Anlagen umfassen, und insbesondere der Vermögenswerte, die

---

146 Vgl. § 2 Abs. 1 Nr. 4 GwG a. F.

die Reserven der Einrichtungen darstellen, welche die Leistungen im Todes-
oder Erlebensfall oder bei Arbeitseinstellung oder Minderung der Erwerbstä-
tigkeit erbringen
- [Die zuletzt genannten] Geschäfte, wenn sie mit einer **Versicherungsgaran-
tie** für die Erhaltung des Kapitals oder einer Minimalverzinsung verbunden
sind;
- Geschäfte, die von Lebensversicherungsunternehmen im Sinne des Buches
IV Titel 4 Kapitel 1 des französischen „Code des assurances" (Versicherungs-
ordnung) durchgeführt werden
- die im Sozialversicherungsrecht bezeichneten oder vorgesehenen Geschäfte,
die von der Lebensdauer abhängen, insofern sie nach den Rechtsvorschriften
eines Mitgliedstaats von Lebensversicherungsunternehmen auf deren eigenes
Risiko betrieben oder verwaltet werden."

Unfallversicherungen mit Prämienrückgewähr sind vergleichbar mit kapital- **133**
bildenden Lebensversicherungen. Sie sind zumeist so ausgestaltet, dass nur ein
Teil der von dem Versicherungsnehmer gezahlten Beiträge auf die Risikokom-
ponente entfällt. Der andere Teil wird kapitalbildend angelegt. Diesen zweiten
Teil wird/kann der Versicherungsnehmer dann anschließend wiedererhalten.
Hieran wird die Risikoexposition dieser Produktkategorie deutlich. Insbesondere bei hohem kapitalbildenden Anteil kommen möglicherweise hohe Summen
zur Auszahlung.[147]

Dass die von den Versicherungsunternehmen vergebenen **Darlehen im Sinne** **134**
von § 1 Abs. 1 Satz 2 Nr. 2 KWG, also Gelddarlehen und Akzeptkredite, nun
ebenfalls in das GwG Eingang fanden, hat die Bewandtnis, dass durch Versicherungsunternehmen vergebene Darlehen ein ebenso großes Risiko der Geldwäsche und der Terrorismusfinanzierung mit sich bringen, wie solche Darlehen,
die durch Kreditinstitute vergeben werden. Daher passte der Gesetzgeber die
geldwäscherechtlichen Regelungen konsequenterweise an.[148]

Nichtsdestotrotz geht der deutsche Gesetzgeber hiermit über die europäischen **135**
Vorgaben hinaus. Wenngleich die Gleichbehandlung von Kreditgeschäften im
Banken- und Versicherungssektor letztendlich sachgerecht ist, lässt sich eine
derartige Norm in den EU-Richtlinien nicht finden. Zu beachten gilt hierbei,
dass die Verpflichtung der darlehensvergebenden Versicherungen einen sehr
großen Anwendungsbereich hat, bei Weitem nicht nur Lebensversicherungen,
sondern alle Arten von Versicherungen betrifft, die auch der Richtlinie 2009/
138/EG unterfallen und welche sich von Lebensversicherungen über diverse
Haftpflichtversicherungen bis hin zu reinen Rechtsversicherungen erstrecken.[149]

---

147 BT-Drs. 13/9661, S. 8.
148 BT-Drs. 18/11555, S. 106.
149 Vgl. Richtlinie 2009/138/EG, Art. 2 Abs. 1, Abs. 2 i.V.m. Anhang 1 Teil A und Art. 2
Abs. 3.

Diese beiden Punkte trafen im Gesetzgebungsverfahren insbesondere in der Versicherungswirtschaft auf Missfallen.[150]

136 Im Rahmen des Neuerlasses der **AuA zum Geldwäschegesetz für die Versicherungswirtschaft**[151] wurde der Anwendungsbereich der GwG-pflichtigen, darlehensähnlichen Produkte durch die Aufsicht wieder eingeschränkt. Die für die Beaufsichtigung von Versicherungsunternehmen in Deutschland zuständige BaFin definierte solche Darlehensverhältnisse – in Übereinstimmung mit dem Gesetzeszweck – aus dem Anwendungsbereich des GwG hinaus, die nicht mit den Kreditgeschäften von Banken vergleichbar seien.

137 Sofern **Darlehen Teilelemente einer Versicherungsleistung** sind, und zudem mit den zugrunde liegenden Produkten kaum Geldwäscherisiken verbunden sind, sei das GwG nicht anwendbar. Dies treffe – nicht abschließend – „insbesondere" Leistungen im Rahmen von (Reise-)Schutzbriefversicherungen für den Fall des Zahlungsmittelverlustes, die Insolvenz des Reiseveranstalters oder Strafkautionsversicherungen sowie alle mit den vorgenannten vergleichbare Versicherungsleistungen mit darlehensähnlichen Elementen.[152]

138 Ferner sind auch der bloße **Erwerb von Darlehensforderungen**, vom **Konzernprivileg** umfasste Darlehensvergaben, **Vorschüsse an Versicherungsvermittler** bis 15.000 EUR oder **Arbeitgeberdarlehen** bis 15.000 EUR vom Anwendungsbereich des GwG ausgeschlossen.[153]

139 Zu den „**Kapitalisierungsprodukten**" im Sinne der Gesetzesfassung seit 2019 lässt sich die dortige Gesetzesbegründung nicht näher aus. Hier heißt es lapidar: „Die Änderung in Nummer 7 dient der Bereinigung eines redaktionellen Versehens, da auch Kapitalisierungsprodukte vom Sinn und Zweck der Norm erfasst sind."[154] Im vorgenannten Sinne ist dem durchaus zuzustimmen; eine nähere Umgrenzung des Begriffs durch den Gesetzgeber wäre indes wünschenswert. Es verbleiben erhebliche Zweifel an der Bestimmtheit der Norm.

140 Sog. „**Captive**"-**Versicherungsunternehmen**, auch „**Eigenversicherer**" oder Eigenversicherungsunternehmen genannt, deren Zweck einzig darin besteht, durch einen Zugang zum Rückversicherungsmarkt Risiken für konzernangehörige Unternehmen zu verlagern und **die als Erstversicherer agieren**, fallen unter die Regelungen von Solvency II und damit in den Anwendungsbereich des

---

150 Vgl. Gesamtverband der Deutschen Versicherungswirtschaft e. V., Stellungnahme des Gesamtverbandes der Deutschen Versicherungswirtschaft e. V. zum Regierungsentwurf eines Gesetzes zur Umsetzung der Vierten EU-Geldwäscherichtlinie, S. 3 f.

151 AuA zum Geldwäschegesetz – Besonderer Teil für Versicherungsunternehmen, Januar 2020 („BaFin, AuA BT Versicherungen 2020").

152 BaFin, AuA BT-Versicherungen 2020, Ziff. II.2 a) aa).

153 BaFin, AuA BT-Versicherungen 2020, Ziff. II.2 a) bb) bis ee).

154 Regierungsentwurf v. 29.7.2019, S. 77.

Geldwäschegesetzes.[155] Ein Konzernprivileg gilt für sie nicht. Anders verhält es sich für konzerneigene Rückversicherer (**Eigenrückversicherungsunternehmen**), die nicht in den Anwendungsbereich von Solvency II fallen.

Für Versicherungsunternehmen gelten im GwG ebenfalls gewisse, von den die übrigen Verpflichteten treffenden **abweichende Vorschriften**. Nach § 7 Abs. 1 GwG muss das Versicherungsunternehmen einen Geldwäschebeauftragten auf Führungsebene und einen Stellvertreter bestellen (siehe → § 7 Rn. 10). Das GwG sieht aber auch vor, dass Versicherungen in bestimmten Fällen von einem geringeren Risiko ausgehen können, sodass hier vereinfachte Sorgfaltspflichten im Sinne von § 14 GwG zur Anwendung kommen können (vgl. → § 14 Rn. 16, 62 ff.). Diese vormals in § 5 GwG a. F. enthaltenen, nunmehr explizit in Anlage 1 Nr. 2 lit. a und b GwG genannten Fälle geringeren Risikos sind: **141**

- Lebensversicherung mit niedriger Prämie (Anlage 1 Nr. 2 lit. a GwG),
- Versicherungspolicen für Rentenversicherungsverträge, sofern die Verträge weder eine Rückkaufklausel enthalten noch als Sicherheit für Darlehen dienen können (Anlage 1 Nr. 2 lit. b).

Darüber hinaus legt auch die BaFin in ihren **AuA für die Versicherungswirtschaft** besondere Rahmenbedingungen für die Anwendung des GwG in der Versicherungswirtschaft fest. Neben einem gegenüber dem Gesetz erweiterten Katalog vereinfachter Sorgfaltspflichten bei bestimmten Darlehensvergaben[156] werden weitere Sonderregeln hinsichtlich Berichtspflichten, hinsichtlich Besonderheiten der betrieblichen Altersversicherung und weiterer versicherungsindustriespezifischer Sachverhalte dargelegt.   **142**

Versicherungsunternehmen besitzen ein unbeschränktes Einsichtsrecht ins Transparenzregister (§ 23 Abs. 2 Satz 4 GwG). Daneben gilt auch für sie das Verbot der Informationsweitergabe in bestimmten Situationen nicht (§ 47 Abs. 2 Nr. 3 und 5 GwG) und sie dürfen sich gem. § 47 Abs. 5 GwG mit anderen Verpflichteten nach § 2 Abs. 1 Nr. 1–9 GwG über bestimmte Informationen austauschen.   **143**

Neben den Regelungen im GwG gelten für die verpflichteten Versicherungsunternehmen in den §§ 52–55 des **Versicherungsaufsichtsgesetzes** (VAG) weitergehende Regelungen, die die internen Sicherungsmaßnahmen, die allgemeinen Sorgfaltspflichten bezüglich des Bezugsberechtigten und die verstärkten Sorgfaltspflichten ergänzen und konkretisieren. Nichtsdestotrotz ist hier festzustellen, dass die GwG-Novelle viele Regelungen aus dem VAG a. F. in das GwG verschoben hat, sodass das VAG die Regelungen des GwG im Vergleich zu zuvor in einem deutlich geringeren Rahmen erweitert.   **144**

---

155 Vgl. Art. 13 Nr. 1 der Richtlinie 2009/138/EC (Solvency II).
156 BaFin, AuA BT-Versicherungen 2020, Ziff. II.2 d).

145   § 53 VAG legt **spezifische interne Sicherungsmaßnahmen** fest und § 54 VAG regelt die allgemeinen Sorgfaltspflichten bezüglich des Bezugsberechtigten. § 55 VAG bezieht sich auf verstärkte Sorgfaltspflichten. Siehe dazu jeweils die Kommentierung zu §§ 52–55 VAG.

146   Zur Unterstützung dieser Verpflichtetengruppe und der Aufsichtsbehörden bei der Geldwäschebekämpfung hat die **FATF** eine hilfreiche Handreichung für die Anwendung des risikobasierten Ansatzes (Risk-Based Approach) für den **Lebensversicherungssektor** veröffentlicht.[157] Eine weitere FATF-Veröffentlichung existiert – wenngleich noch unter der Bezeichnung „Financial Institutions" – für den Versicherungssektor zur Unterstützung bei der Erkennung von Terrorismusfinanzierung.[158]

IX. Versicherungsvermittler (§ 2 Abs. 1 Nr. 8 GwG)

147   Das GwG verpflichtet neben den Versicherungsunternehmen auch die Versicherungsvermittler im Sinne des § 59 VVG. Darunter sind **sowohl Versicherungsvertreter als auch Versicherungsmakler** zu verstehen (§ 59 Abs. 1 VVG). Nach § 59 Abs. 2 und 3 VVG sind **Versicherungsvertreter** von Seiten der Versicherung oder eines Versicherungsvertreters zur gewerbsmäßigen Vermittlung und zum gewerbsmäßigen Abschluss von Versicherungsverträgen beauftragt. Versicherungsmakler erfüllen die gleiche Aufgabe, sind jedoch nicht von einem Versicherungsunternehmen oder -vertreter betraut worden, sondern von einem bestimmten anderen Auftraggeber. Im Unterschied zum Versicherungsvertreter, der allein im Interesse des Versicherungsunternehmens tätig wird, nimmt der **Versicherungsmakler** seine Tätigkeit nicht allein im Interesse seines Auftraggebers, sondern im Interesse beider potenzieller Parteien des potenziell abzuschließenden Versicherungsvertrages wahr. Als Versicherungsmakler gilt nach § 59 Abs. 3 Satz 2 VVG auch, wer dem Versicherungsnehmer gegenüber den Anschein erweckt, er handle als Versicherungsmakler. Jedoch fällt nicht jeder Versicherungsvermittler unter das Regime des GwG, sondern nur jene, die Versicherungen vermitteln, die unter die in § 2 Abs. 1 Nr. 7 GwG fallen. Zu den verschiedenen Versicherungsprodukten, die erfasst sind, siehe → Rn. 129 ff. Auch sofern Darlehensprodukte vermittelt werden, treffen den Versicherungsvermittler die Pflichten nach dem GwG.

148   In den internationalen Regelungen findet sich eine Erwähnung im Hinblick auf eine Verpflichtung der Versicherungsvermittler erst in den Forty Recommendations der FATF aus dem Jahr 2003.[159] Zwei Jahre später wurden diese Empfeh-

---

157 FATF, Risk-Based Approach Guidance for the Life Insurance Sector, 2009.
158 FATF, Guidance for Financial Institutions in Detecting Terrorist Financing, 2002.
159 FATF, The Forty Recommendations, 2003, S. 13.

lungen dann in die europäischen Normen überführt[160] und sind auch noch in den heutigen Versionen der Regelungen weitgehend unverändert enthalten.[161]

Das GwG nahm bereits im August 2002 „**Versicherungsmakler**" auf und verpflichtete diese geldwäschepräventiven Pflichten.[162] Mit dem GwG 2008 änderte sich die Begrifflichkeit dann zum „**Versicherungsvermittler**".[163]   **149**

Mit der GwG-Novelle zur Umsetzung der Vierten EU-Geldwäscherichtlinie erfolgte eine erneute Änderung: Mit der **Ausweitung der verpflichteten Versicherungsunternehmen** (§ 2 Abs. 1 Nr. 7 GwG) erweitert sich durch den Verweis auf § 2 Abs. 1 Nr. 7 GwG auch der Kreis der geldwäscherechtlich verpflichteten Versicherungsvermittler auf solche, die Verträge vermitteln, in denen es um die Vergabe von Darlehen durch Versicherungsunternehmen geht (vgl. → Rn. 134). Die Normen decken sich insofern inhaltlich.[164]   **150**

Vertreter im Sinne von § 34d Abs. 6 oder Abs. 7 Nr. 1 GewO sind nicht vom Begriff des „Versicherungsvermittlers" im geldwäscherechtlichen Sinne erfasst. Hierbei handelt es sich zum einen um Personen, deren Haupttätigkeit in der Lieferung von Waren oder der Erbringung von Dienstleistungen besteht und die in diesem Zusammenhang Versicherungen nur als Ergänzung ihrer Haupttätigkeit vermitteln und insoweit von einem eine Erlaubnis innehabenden Versicherungsunternehmen oder Versicherungsvermittler beauftragt sind, für die eine angemessene Berufshaftpflichtversicherung besteht, die zuverlässig und angemessen qualifiziert sind, nicht in ungeordneten Vermögensverhältnissen leben und – dies ist konstitutiv für die Ausnahme – für die die zuständige Industrie- und Handelskammer eine entsprechende Freistellung erklärt (§ 34d Abs. 6 GewO).   **151**

Zum anderen sind solche Personen nicht vom Anwendungsbereich des GwG erfasst, die als Versicherungsvermittler (nicht -berater) ausschließlich von einem bestimmten Versicherungsunternehmen oder mehreren Versicherungsunternehmen, deren Produkte nicht in Konkurrenz stehen, beauftragt sind und die auftraggebenden Versicherungsunternehmen für die Vermittlungstätigkeit des Versicherungsvermittlers die uneingeschränkte Haftung übernehmen (§ 34d Abs. 7 Nr. 1 GewO).[165] Verpflichtet werden nach dem GwG zusätzlich auch all jene im Inland gelegenen Niederlassungen von Versicherungsvermittlern, die ihren Sitz im Ausland haben.   **152**

---

160 Art. 3 Nr. 2 lit. e und ErwG 15 der Dritten EU-Geldwäscherichtlinie.
161 Vgl. FATF, Recommendations 2012–2017, S. 117; Art. 2 Abs. 1 Nr. 2 i.V.m. Art. 3 Nr. 2 lit. e der Vierten EU-Geldwäscherichtlinie.
162 BGBl. I 2002, S. 3105.
163 BGBl. I 2208, S. 1690, 1691 f.
164 BT-Drs. 18/11555, S. 106.
165 BT-Drs. 16/9038, S. 31.

153 Das GwG sieht einige **Sonderregelungen** für Versicherungsvermittler vor. So müssen Versicherungsvermittler, die für das Versicherungsunternehmen Prämien einziehen, dem Versicherungsunternehmen eine Mitteilung machen, soweit Prämien in bar gezahlt worden sind und die Grenze von 15.000 EUR pro Kalenderjahr überschritten worden ist (§ 10 Abs. 8 GwG). Daneben gibt § 7 Abs. 3 GwG vor, dass auch Versicherungsvermittler (nur) auf Anordnung der Aufsichtsbehörde einen Geldwäschebeauftragten und einen Stellvertreter zu bestellen haben. Daneben gilt nach § 47 Abs. 2 Nr. 3 GwG das Verbot der Informationsweitergabe in bestimmten dort genannten Fällen nicht. Vielmehr dürfen die Verpflichteten nach § 2 Abs. 1 Nr. 1–9 GwG miteinander Informationen über bestimmte Sachverhalte austauschen. Geldwäscherechtliche Sonderregelungen im VAG oder VVG sind für Versicherungsvermittler nicht vorhanden.

154 Zur Unterstützung dieser Verpflichtetengruppe und der Aufsichtsbehörden bei der Geldwäschebekämpfung im Versicherungssektor hat die FATF eine hilfreiche Handreichung für die Anwendung des risikobasierten Ansatzes (Risk-Based Approach) für den Lebensversicherungssektor veröffentlicht,[166] die sich auch auf die „Vermittler" i. S. d. § 2 Abs. 1 Nr. 8 GwG erstreckt.

X. Kapitalverwaltungsgesellschaften (§ 2 Abs. 1 Nr. 9 GwG)

155 Nach § 2 Abs. 1 Nr. 9 GwG sind auch Kapitalverwaltungsgesellschaften in den Kreis der geldwäscherechtlich Verpflichteten aufgenommen.

156 Die Verpflichtung der Kapitalverwaltungsgesellschaften im GwG setzt Art. 2 Abs. 1 Nr. 2 i.V.m. Art. 3 Nr. 2 lit. a der Vierten EU-Geldwäscherichtlinie i.V.m. Anhang I Nr. 11 der Richtlinie 2013/36/EU[167] und Art. 2 Abs. 1 Nr. 2 i.V.m. Art. 3 Nr. 2 lit. d und f der Vierten EU-Geldwäscherichtlinie[168] um.

157 Erfasst sind zum einen Kapitalverwaltungsgesellschaften nach § 17 Abs. 1 KAGB, also solche Unternehmen, die ihren satzungsmäßigen Sitz und die Hauptverwaltung in Deutschland haben und deren Geschäftsbetrieb auf die Verwaltung von inländischen Investmentvermögen, EU-Investmentvermögen oder von ausländischen AIF ausgerichtet ist. Dabei ist laut § 17 Abs. 1 Satz 2 KAGB die Verwaltung von Investmentvermögen gegeben, wenn wenigstens Portfolio-

---

166 FATF, Risk-Based Approach Guidance for the Life Insurance Sector, 2009.

167 Richtlinie 2004/39/EG des Europäischen Parlaments und des Rates v. 21.4.2004 über Märkte für Finanzinstrumente, zur Änderung der Richtlinien 85/611/EWG und 93/6/EWG des Rates und der Richtlinie 2000/12/EG des Europäischen Parlaments und des Rates und zur Aufhebung der Richtlinie 93/22/EWG des Rates.

168 Vgl. *Warius*, in: Herzog, GwG, 2. Aufl. 2014, § 2 Rn. 137 zur Dritten EU-Geldwäscherichtlinie.

verwaltung oder Risikomanagement für mindestens ein Investmentvermögen erbracht wird.

Unter den Begriff der Kapitalverwaltungsgesellschaft fallen **sowohl externe als** **158**
auch interne Kapitalverwaltungsgesellschaften (siehe § 17 Abs. 2 KAGB). „Intern" ist eine Kapitalverwaltungsgesellschaft, wenn die Rechtsform der Gesellschaft eine interne Verwaltung des Investmentvermögens zulässt und im Zuge dessen die Verwaltung des Investmentvermögens durch den Vorstand oder die Geschäftsführung der Gesellschaft, mithin also „intern" erfolgt. Als Rechtsformen, die eine interne Verwaltung des Investmentvermögens zulassen, kommen bei erlaubnispflichtigen Kapitalverwaltungsgesellschaften nur die InvAG und InvKG in Betracht.[169] Bei lediglich registrierungspflichtigen Kapitalverwaltungsgesellschaften ist auch die Rechtsform der InvGmbH möglich.[170] Im Falle einer internen Kapitalverwaltungsgesellschaft stellt das Investmentvermögen selbst die Kapitalverwaltungsgesellschaft dar, sodass die investmentrechtlichen Regeln unmittelbar für das Investmentvermögen gelten. Extern ist eine Kapitalverwaltungsgesellschaft, die vom Investmentvermögen oder im Namen des Investmentvermögens zur Verwaltung des Investmentvermögens bestellt ist und aufgrund dieser Bestellung für die Verwaltung des Investmentvermögens die Verantwortung trägt. Der Akt der Bestellung erfolgt hierbei entweder durch einen Geschäftsbesorgungsvertrag (sog. Fremdverwaltungsvertrag), durch einen Beschluss des Vorstandes oder der Geschäftsführung oder – was jedoch umstritten ist – durch schlichte Regelung der Befugnisse der externen Verwaltungsgesellschaft im Gesellschaftsvertrag der Investmentgesellschaft.[171]

Daneben verpflichtet das GwG auch **im Inland gelegene Zweigniederlassun-** **159**
gen von EU-Verwaltungsgesellschaften und ausländischen AIF-Verwaltungsgesellschaften. Bei EU-Verwaltungsgesellschaften handelt es sich um bestimmte Verwaltungsgesellschaften – namentlich solche Verwaltungsgesellschaften, die Organismen für gemeinsame Anlagen in Wertpapieren oder alternative Investmentfonds verwalten, die in einem EU- oder EWR-Mitgliedstaat ihren Sitz haben (§ 1 Abs. 17 KAGB). Demgegenüber handelt es sich bei ausländischen AIF-Verwaltungsgesellschaften um Verwaltungsgesellschaften alternativer Investmentfonds, die in einem Drittstaat ihren Sitz haben (§ 1 Abs. 18 KAGB).

Schließlich sind auch die **ausländischen AIF-Verwaltungsgesellschaften** **160**
selbst Verpflichtete, wenn für sie die Bundesrepublik Deutschland Referenzmitgliedstaat ist und die BaFin gem. § 57 Abs. 1 Satz 3 KAGB die Aufsicht über sie ausübt. Betroffen davon sind ausländische AIF-Verwaltungsgesellschaften, deren Tätigkeit in der Verwaltung inländischer Spezial-AIF oder EU-AIF besteht oder die von ihr selbst verwaltete AIF in der EU bzw. im EWR vertreibt (§ 57

---

169 *Winterhalder*, in: Weitnauer/Boxberger/Anders, KAGB, § 17 Rn. 49.
170 *Winterhalder*, in: Weitnauer/Boxberger/Anders, KAGB, § 17 Rn. 49.
171 *Winterhalder*, in: Weitnauer/Boxberger/Anders, KAGB, § 17 Rn. 36.

Abs. 1 Satz 1 KAGB).[172] Solche ausländischen AIF-Verwaltungsgesellschaften bedürfen im Inland einer Erlaubnis der BaFin bzw. stehen unter der Aufsicht der BaFin, wenn sie die Bundesrepublik Deutschland als Referenzmitgliedstaat angegeben haben und die Bundesrepublik Deutschland auch tatsächlich Referenzmitgliedstaat der ausländischen AIF-Verwaltungsgesellschaft ist (§ 58 Abs. 1 KAGB). Ob die Bundesrepublik Deutschland Referenzmitgliedstaat der ausländischen AIF-Verwaltungsgesellschaft ist, richtet sich nach den umfangreichen Regelungen des § 56 KAGB und des Art. 37 Abs. 4 der Richtlinie 2011/61/ EU.

161   Grundgedanke dieser Regelungen ist, dass Referenzmitgliedstaat der ausländischen AIF-Verwaltungsgesellschaft der Mitgliedstaat ist, in dem die ausländische AIF-Verwaltungsgesellschaft die Verwaltung ihrer AIF betreibt bzw. in dem sie den Vertrieb ihrer AIF vornimmt. Schwierige Abgrenzungsfragen bei der Bestimmung des Referenzmitgliedstaates ergeben sich jedoch dann, wenn sich die Verwaltung oder der Vertrieb von AIF durch die ausländische AIF-Verwaltungsgesellschaft auf mehrere Mitgliedstaaten erstreckt. Art. 37 Abs. 4 der Richtlinie 2011/61/EU und § 56 KAGB sehen hierfür ein kompliziertes Abgrenzungsregime vor. Für bestimmte Fallkonstellationen sieht § 56 KAGB ein Einigungsverfahren zwischen den betroffenen Mitgliedstaaten vor. Führt ein solches Einigungsverfahren zwischen den betroffenen Mitgliedstaaten nicht zum Erfolg, kann die AIF-Verwaltungsgesellschaft selbstständig einen der betroffenen Mitgliedstaaten als ihren Referenzmitgliedstaat festlegen (§ 56 Abs. 4 KAGB).

162   Das GwG sieht für diese Gruppe von Verpflichteten **besondere Pflichten** vor. Hierzu gehört zunächst, dass Kapitalverwaltungsgesellschaften einen Geldwäschebeauftragten und einen Stellvertreter bestellen müssen (§ 7 Abs. 1 GwG, siehe → § 7 Rn. 10). Weiterhin unterliegen sie nach § 15 Abs. 3 Nr. 3 i.V.m. Abs. 2 GwG bei grenzüberschreitenden Korrespondenzbeziehungen mindestens den in § 15 Abs. 6 GwG genannten verstärkten Sorgfaltspflichten (vgl. auch die Handreichung der FATF zu Korrespondenzbankbeziehungen).[173] Dass Kapitalverwaltungsgesellschaften im Rahmen der zu erfüllenden Sorgfaltspflichten in § 15 Abs. 6 GwG genannt werden, jedoch nicht in § 15 Abs. 3 Nr. 3 GwG, ist angesichts deren dennoch erfolgenden Aufzählung in der Gesetzesbegründung[174] wohl lediglich ein redaktioneller Fehler, von dessen zeitnaher Korrektur ausgegangen werden kann. Für Kapitalverwaltungsgesellschaften gilt schließlich nach § 47 Abs. 2 Nr. 5 GwG in bestimmten Situationen das Verbot der Informationsweitergabe nicht. Daneben gehören diese Verpflichteten auch zu dem Kreis derjenigen Verpflichteten, die sich gem. § 47 Abs. 5 GwG einander bestimmte Informationen über bestimmte Sachverhalte mitteilen dürfen.

---

172 *Klebeck*, in: Weitnauer/Boxberger/Anders, KAGB, § 57 Rn. 1.
173 FATF, Guidance: Corresponding Banking Services, 2016.
174 Vgl. auch BT-Drs. 18/11555, S. 122.

Über die Vorschriften des GwG hinaus sind KVGen und OGAW-KVGen zur **163** Führung einer **Kontenabrufdatei** verpflichtet.[175] Praktisch relevant für KVGen sind ferner Meldepflichten nach den Vorschriften der Abgabenordnung, § 138d–k AO zu den **Mitteilungspflichten grenzüberschreitender Steuergestaltungen**.

XI. Rechtsanwälte, Kammerrechtsbeistände, Patentanwälte und Notare (§ 2 Abs. 1 Nr. 10 GwG)

Das GwG bezieht in § 2 Abs. 1 Nr. 10 Rechtsanwälte, Kammerrechtsbeistände, **164** Patentanwälte und Notare in den Verpflichtetenkreis ein, allerdings nur insofern, als sie eine oder mehrere der folgenden **Tätigkeiten, sog. „Katalogmandate"**, ausüben:

- die Mitwirkung an der Planung oder Durchführung von folgenden Geschäften für ihren Mandanten:
- Kauf und Verkauf von Immobilien oder Gewerbebetrieben;
- Verwaltung von Geld, Wertpapieren oder sonstigen Vermögenswerten;
- Eröffnung oder Verwaltung von Bank-, Spar- oder Wertpapierkonten;
- Beschaffung der zur Gründung, zum Betrieb oder zur Verwaltung von Gesellschaften erforderlichen Mittel;
- Gründung, Betrieb oder Verwaltung von Treuhandgesellschaften, Gesellschaften oder ähnlichen Strukturen;
- die Durchführung von Finanz- oder Immobilientransaktionen im Namen und auf Rechnung des Mandanten;
- die Beratung eines Mandanten im Hinblick auf dessen Kapitalstruktur, dessen industrielle Strategie oder damit verbundene Fragestellungen;
- die Beratung oder Dienstleistung im Zusammenhang mit Zusammenschlüssen oder Übernahmen („M&A") oder
- die geschäftsmäßige Hilfeleistung in Steuersachen.

Außerhalb dieser Betätigungsbereiche ist das GwG auf die genannten Freiberuf- **165** ler nicht anwendbar.

Die Einbeziehung der rechtsberatenden Berufe ist im Hinblick auf die besondere **166** Vertrauensstellung und die Verschwiegenheitspflichten, nicht zuletzt auch aufgrund der Stellung als **Organe der Rechtspflege**, sehr umstritten.[176] In strafrechtlicher Hinsicht werden daher Strafverteidiger im Hinblick auf geldwäsche-

---

175 *Pohle*, in: Gehra/Gittfried/Lienke, Prävention von Geldwäsche und Terrorismusfinanzierung, S. 443, 445.
176 Vergleiche *von Galen*, NJW 2003, 117, 117 f.; *Zuck*, NJW 2002, 1397, 1397 f.; *Kellendorfer*, DB 2021, 2540; zur Kollision zwischen Verschwiegenheit des Berufsstandes und den Pflichten aus dem GwG siehe → Rn. 204.

rechtlich relevante Vorgänge privilegiert. Nach der Rechtsprechung des BVerfG sind **Strafverteidiger** nämlich unter dem Gesichtspunkt des „Sich-Verschaffens" (§ 261 Abs. 2 Nr. 1 StGB) eines bemakelten Gegenstandes – namentlich des Strafverteidigerhonorars – nicht bereits bei dolus eventualis oder gar Leichtfertigkeit (§ 261 Abs. 5 StGB) strafbar. Vielmehr ist bei Strafverteidigern sichere Kenntnis von der „Bemakelung" des Honorars erforderlich.[177] Nach Auffassung des BVerfG unterliegen Strafverteidiger zwar einer gesteigerten Form der Rechtstreue, andererseits würde ihre Freiheit der Berufsausübung aber allzu stark eingeschränkt, wenn der Strafverteidiger schon bei bloßem Verdacht einer Bemakelung des Verteidigerhonorars einer potenziellen Strafbarkeit wegen Geldwäsche ausgesetzt sein könnte.[178]

167   Diese Rechtsprechung, die sich zunächst lediglich auf das „Sich-Verschaffen" (§ 261 Abs. 2 Nr. 1 StGB) eines bemakelten Gegenstandes – namentlich das **Strafverteidigerhonorar** – bezog, dehnte das BVerfG de facto auch auf den Vereitelungstatbestand und Gefährdungstatbestand gemäß § 261 Abs. 1 Var. 3 StGB jedenfalls für die Fälle aus, in denen das „Sich-Verschaffen" und das „Vereiteln" oder „Gefährden" ein einheitliches Geschehen darstellt.[179] Damit verfolgte das BVerfG das Ziel, die in den Fällen des „Sich-Verschaffens" nach § 261 Abs. 2 Nr. 1 StGB gewährte Privilegierung nicht leerlaufen zu lassen.[180]

168   Eine strafrechtliche Privilegierung kommt dem **Strafverteidiger** in den oben genannten Konstellationen allerdings nur zugute, soweit der Strafverteidiger sich in seiner Rolle als Organ der Rechtspflege bewegt. Sobald der Strafverteidiger hingegen aus dieser Rolle ausbricht, kommt ihm eine strafrechtliche Privilegierung nicht mehr zugute.[181] So kann sich ein Strafverteidiger beispielsweise nicht auf eine Privilegierung berufen, wenn er sich „bemakeltes Geld" von seinem Mandanten auf sein Privatkonto überweisen lässt, um dieses dem Zugriff der Gläubiger des Mandanten zu entziehen.[182]

169   Die genannten **verfassungsrechtlichen Implikationen** schlagen auch auf die die Freiberufe regulierenden Vorschriften des GwG durch und müssen bei der **Auslegung der Vorschriften des GwG** für die rechtsberatenden Berufe **angemessen berücksichtigt werden**.

170   Historischer Ausgangspunkt der Verpflichtung von Rechtsanwälten, Kammerrechtsbeiständen, Patentanwälten und Notaren im Hinblick auf die genannten Tätigkeiten waren die **FATF-Empfehlungen** Mitte der neunziger Jahre. Insbe-

177 BVerfG, NJW 2004, 1305, 1306.
178 BVerfG, NJW 2004, 1305, 1306.
179 BVerfG, NJW 2014, 2949, 2953.
180 BVerfG, NJW 2014, 2949, 2953.
181 *Neuheuser*, in: MüKo-StGB, § 261 Rn. 97.
182 OLG Frankfurt, NJW 2005, 1727, 1733.

sondere wurden Anwälte 1996 zum ersten Mal in den FATF-Empfehlungen erwähnt. Dort wird darauf hingewiesen, dass Banken und Finanzinstitute die Identität der Kunden kennen sollten, selbst wenn sie von Anwälten vertreten werden oder ein Anwalt als Vermittler bei Finanzdienstleistungen auftritt.[183]

Erst in der 2003-Version der FATF-Empfehlungen wurden Anwälte und Notare **171** dann aber als Verpflichtete aufgeführt.[184] In den aktuellen FATF-Empfehlungen (Stand: Juni 2017) erscheinen die Anwälte und Notare nunmehr in Recommendation 22 lit. d) und Recommendation 23 lit. a).

Auf europäischer Ebene traten Rechtsanwälte und andere Rechtsberufe erstmals **172** in Art. 1 Nr. 2 der Zweiten EU-Geldwäscherichtlinie[185] im Jahr 2001 in Erscheinung. In das GwG fanden diese Verpflichteten hinsichtlich ihrer Tätigkeit als Treuhänder bei Anderkonten bereits im Jahre 1993 Eingang.[186] Im heutigen Umfang wurden sie hingegen erst im Jahre 2002 verpflichtet,[187] obgleich die Verpflichtung auch zu Protest der Anwaltschaft führte.[188]

Die heutige Gesetzesfassung in § 2 Abs. 10 Nr. 10 GwG lehnt sich an Recom- **173** mendation 22 lit. d) und Recommendation 23 lit. a) der FATF-Empfehlungen (Stand: Juni 2017) und an die nahezu gleichlautende Vorschrift in Art. 2 Abs. 1 Nr. 3 lit. b der Vierten EU-Geldwäscherichtlinie an.

Im Rahmen der **GwG-Novelle 2019** wurde der Anwendungsbereich des GwG **174** für Rechtsanwälte wiederum stark erweitert. Unter Verweis auf eine angebliche europäische Umsetzungsnotwendigkeit aus der Richtlinie 2013/36/EU,[189] ausweislich der Regierungsbegründung der Umsetzung des (in der Richtlinie nicht existenten) „Art. 3 Absatz 2 Buchstabe a"[190] i.V.m. (dem existierenden) Anhang I Nr. 1, wurden die Katalogmandate um die „Beratung oder Dienstleistungen im Zusammenhang mit Zusammenschlüssen oder Übernahmen erbringen" erweitert. Die zur Bestimmung von bankaufsichtsrechtlichen Sachverhalten aufgestellte Richtlinie 2013/36/EU richtet sich indes nicht an Rechtsanwälte, sondern

---

183 FATF, The Forty Recommendations, 1996, Interpretive Notes zu Recommendation 11.
184 FATF, The Forty Recommendations, 2003, Recommendation 12 lit. d).
185 Richtlinie 2001/97/EG des Europäischen Parlaments und des Rates v. 4.12.2001 zur Änderung der Richtlinie 91/308/EWG des Rates zur Verhinderung der Nutzung des Finanzsystems zum Zwecke der Geldwäsche – Erklärung der Kommission.
186 BGBl. I 1993, S. 1770, 1771; BT-Drs. 12/2704, S. 14.
187 BGBl. I 2002, S. 3105.
188 *Häberle*, in: Erbs/Kohlhaas, Strafrechtliche Nebengesetze, Stand: 214. EL Mai 2017, § 2 GwG Rn. 11 m. w. N.
189 Richtlinie 2013/36/EU des Europäischen Parlaments und des Rates v. 26.6.2013 über den Zugang zur Tätigkeit von Kreditinstituten und die Beaufsichtigung von Kreditinstituten und Wertpapierfirmen, zur Änderung der Richtlinie 2002/87/EG und zur Aufhebung der Richtlinien 2006/48/EG und 2006/49/EG.
190 Regierungsbegründung, S. 78.

regelt den Marktzutritt von Kreditinstituten. Die – **offensichtlich konstruierte** – **Begründung**, dass Finanzunternehmen (im angeblichen Sinne des § 1 Abs. 24) verpflichtet seien, setzt eine lange Tradition von rechtspolitisch und verfassungsrechtlich sehr bedenklichen Fehlverständnissen der Begrifflichkeiten „Financial Institution", „Finanzinstitut" und „Finanzunternehmen" des deutschen Gesetzgebers fort.[191] Die weitere Behauptung, dass Rechtsanwälte aufgrund europäischer Vorgaben für Kreditinstitute ebenso wie Finanzunternehmen bei der Beratung unter eine GwG-Regulierung fallen sollen,[192] entbehrt jeder logischen wie rechtlichen Grundlage. Es handelt sich vielmehr um einen Alleingang des deutschen Gesetzgebers.

175   Die weitere Ergänzung der Katalogmandate um die „**geschäftsmäßige Hilfeleistung in Steuersachen**" ist wiederum eine konsequent geschlossene Gesetzeslücke, da Rechtsanwälte wie Steuerberater befugt sind, steuerberatend tätig zu werden.

176   Zu den Rechtsanwälten im Sinne des § 2 Abs. 1 Nr. 10 GwG zählen auch niedergelassene europäische Rechtsanwälte i. S. v. § 2 EuRAG sowie ausländische Rechtsanwälte, die gemäß § 206 BRAO Mitglied der Rechtsanwaltskammer sind.

177   Zu den Patentanwälten zählen auch niedergelassene europäische Patentanwälte.[193]

178   Unter den Begriff des „Kammerrechtsbeistandes" fallen natürliche Personen, die zwar nicht als Rechtsanwalt zugelassen sind, die aber im Besitz einer Erlaubnis zur geschäftsmäßigen Rechtsbesorgung nach dem RDG sind und insoweit auf Antrag „als Mitglied der Rechtsanwaltskammer" in die Rechtsanwaltskammer aufgenommen worden sind (§ 209 Abs. 1 BRAO).

179   Schließlich sind vom Verpflichtetenkreis auch **Notare** erfasst. Bei Notaren ist jedoch zu beachten, dass diese im Hinblick auf die Identifizierung von Mandanten speziellen beurkundungsrechtlichen Identifizierungspflichten unterliegen, sodass sich die Frage stellt, in welchem Verhältnis diese Pflichten zu den geldwäscherechtlichen Identifizierungspflichten stehen. Die **beurkundungsrechtlichen Identifizierungspflichten stellen geringere Anforderungen** an die Identifizierung als die geldwäscherechtlichen Identifizierungspflichten. Nach mittlerweile allgemeiner Ansicht erhalten Notare hierdurch aber keine Privilegierung.[194] Vielmehr müssen sie den geldwäscherechtlichen Identifizierungspflichten – soweit die oben genannten Tätigkeiten betroffen sind – ungeachtet der be-

---

191 Hierzu ausführlich in der Vorauflage § 2 Rn. 81 ff.
192 Regierungsbegründung, S. 78.
193 BT-Drs. 14/8739, S. 12 i. V. m. BT-Drs. 18/9521, S. 196.
194 Vgl. z. B. LG Dessau-Roßlau, Beschl. v. 9.4.2020, 6 T 37/20.

   Kaetzler

urkundungsrechtlichen Identifizierungspflichten vollumfänglich nachkommen.[195]

Darüber hinaus ist für die Anwendung der geldwäscherechtlichen Verpflichtungen auf **Notare** auch nicht erforderlich, dass diese bei den oben genannten Tätigkeiten eine Interessenvertretung wahrnehmen. Vielmehr unterliegen Notare bei den oben genannten Tätigkeiten den Verpflichtungen nach dem GwG auch dann, wenn sie in der Angelegenheit unabhängig und unparteilich agieren.[196] Wie Rechtsanwälte unterfallen auch Notare der GwGMeldV-Immobilien.[197] Wie auch bei den Rechtsanwälten (vgl. unten → Rn. 204) entstehen zahlreiche Kollisionen zwischen standesrechtlichen und geldwäscherechtlichen Verpflichtungen.[198] **180**

Praktisch hohe Relevanz für Notare haben mittlerweile neben den Pflichten zur Einholung eines Transparenzregisterauszuges zur Beurkundung und dem Unstimmigkeitsmeldewesen vor allem die erweiterten **Beurkundungsverbote**, vor allem diejenigen wegen Geldwäscheverdachts (§ 4 BeurkG), unschlüssiger Dokumentation der Eigentums- oder Kontrollstruktur bei Erwerbsvorgängen nach den Vorschriften des Grunderwerbsteuergesetzes (§ 10 Abs. 9 Satz 4 Nr. 1), bei Transparenzregisterdefiziten einer ausländischen Rechtseinheit bei Grundstückserwerb (§ 10 Abs. 9 Satz 4 Nr. 2).[199] **181**

Das über Jahre ebenso wie bei den Rechtsanwälten defizitäre **Meldeverhalten** hat sich aufgrund der Neufassungen des Gesetzes, der GwGMeldV-Immobilien und zahlreicher Sensibilisierungskampagnen der Notarkammern **zwischenzeitlich erheblich und sprunghaft verbessert**.[200] **182**

Die **Gründe für die geldwäscherechtliche Verpflichtung** der genannten Berufsgruppen liegen darin, dass die oben genannten Tätigkeiten zu Geldwäsche und Terrorismusfinanzierung missbraucht werden und darüber hinaus Rechtsanwälte und Notare bedauerlicherweise in vielen Fällen bewusst an verschleiernden Finanztransaktionen teilnehmen.[201] Zum einen gehen Kriminelle wohl noch immer davon aus, dass die Schweigepflicht dieser Berufsgruppe die Aufdeckung **183**

---

195 *Heinemann*, in: Grziwotz/Heinemann, BeurkG, § 10 Rn. 35.

196 *Winkler*, BeurkG, § 10 Rn. 32.

197 Geldwäschegesetzmeldepflichtverordnung-Immobilien v. 20.8.2020 (BGBl. I, S. 1965); vgl. *Bülte/Marinitsch*, DNotZ 2021, 804.

198 Ein guter Überblick findet sich bei *Thelen*, Geldwäscherecht in der notariellen Praxis.

199 Vgl. zu weiteren geldwäschebezogenen Verboten und Pflichten entweder *Thelen*, Geldwäscherecht in der notariellen Praxis, oder *Thelen*, notar 2021, 333.

200 Vgl. Stellungnahme der BNotK in BB 2021, 1986; FIU-Jahresbericht 2020, S. 17.

201 Richtlinie 2001/97/EG des Europäischen Parlaments und des Rates v. 4.12.2001 zur Änderung der Richtlinie 91/308/EWG des Rates zur Verhinderung der Nutzung des Finanzsystems zum Zwecke der Geldwäsche – Erklärung der Kommission, ErwG 16.

der Taten verhindern oder zumindest erschweren kann.[202] Zum anderen ist die Beteiligung der Vertreter der Rechtsberufe an den Geschäften teils gesetzlich vorgeschrieben, wie beispielsweise bei der Auflassung, § 925 BGB.[203] Weiterhin verleiht deren Beteiligung von Organen der Rechtspflege den Geschäften den Anschein der Rechtmäßigkeit.[204]

184   **Syndikusrechtsanwälte** fallen nach dem Wortlaut zwar in den Anwendungsbereich des Gesetzes; sie sind aber von der Pflicht zur Kundenidentifizierung nach § 10 Abs. 8a GwG und zur Errichtung von Sicherungsmaßnahmen nach § 6 Abs. 3 GwG[205] ausgenommen. Richtigerweise muss angenommen werden, dass der Rechtsgedanke des § 6 Abs. 3 GwG dazu führt, dass Syndikusanwälte und -steuerberater auch von den Pflichten nach § 5 und §§ 43 ff. GwG ausgenommen sind. Dies ergibt sich aus der funktionalen Auslegung sowie der Historie der Norm. Die genannten Beschränkungen gelten allerdings nur, soweit die Tätigkeit als Syndikusanwalt reicht. Werden Drittmandate bearbeitet, bleibt es bei dem „normalen" Pflichtenumfang.

185   Tatsächlich können die rechtsberatenden Berufe auf verschiedenste Weise mit Geldwäsche und Terrorismusfinanzierung in Berührung kommen und diese – bewusst oder unbewusst – hierbei unterstützen. Die Verwendung von Treuhand- und Anderkonten für Transaktionen ist besonders risikobehaftet. **Anderkonten** sind geeignet, bei Dritten den besonderen Anschein der Legitimität hervorzurufen. Die Beteiligung der rechtsberatenden Berufe am Kauf und Verkauf von Immobilien ist ähnlich hoch risikobehaftet. Auch etwa im Rahmen von Steuergestaltungen, bei denen Vertreter der Rechtsberufe beratend beteiligt sind, besteht **durchweg ein hohes Geldwäscherisiko**.[206]

186   Erfasst vom **Katalog** der geldwäscherechtlich relevanten Tätigkeiten der genannten Berufsträger ist zunächst die **Mitwirkung an der Planung oder Durchführung des Kaufs und Verkaufs von Immobilien oder Gewerbebetrieben** (§ 2 Abs. 1 Nr. 10 lit. a sublit. aa GwG).

187   Eine **Mitwirkung** an der Planung oder Durchführung liegt bereits bei jeder begleitenden Rechtsberatung vor.[207] Demgegenüber stellt – dies ist für Notare von

---

202 FATF, Money Laundering and Terrorist Financing Vulnerabilities of Legal Professionals, 2013, S. 23, 34, 83.

203 FATF, Money Laundering and Terrorist Financing Vulnerabilities of Legal Professionals, 2013, S. 83.

204 FATF, Money Laundering and Terrorist Financing Vulnerabilities of Legal Professionals, 2013, S. 19.

205 Vgl. hierzu eingehend § 6 Rn. 122 ff.

206 Zu diesen und weiteren Varianten und Fallbeispielen siehe FATF, Money Laundering and Terrorist Financing Vulnerabilities of Legal Professionals, 2013.

207 *Johnigk*, in: Herzog/Mülhausen, Geldwäschebekämpfung und Gewinnabschöpfung, § 52 Rn. 30.

Bedeutung – die bloße Beglaubigung von den Kauf oder Verkauf von Immobilien oder Gewerbebetrieben betreffenden Verträgen, ohne dass dabei auch eine Beratung oder Belehrung über den Inhalt des zu beglaubigenden Vertrages stattfindet, keine Mitwirkung an der Planung oder Durchführung des Kaufs und Verkaufs von Immobilien oder Gewerbebetrieben dar.[208] Ebenso wenig stellen notariell beglaubigte Vollmachten zur Veräußerung bestimmter Grundstücke oder Gewerbebetriebe eine Mitwirkung an der Planung oder Durchführung solcher Geschäfte dar.[209]

Der **Kauf und Verkauf von Immobilien** erfasst nicht nur reine Kauf- und Verkaufsverträge von Grundstücken, sondern auch gemischte Verträge, wie beispielsweise Bauträgerverträge.[210] Der Kauf und Verkauf von Gewerbebetrieben erfasst neben dem klassischen „Asset Deal" auch den Erwerb von Geschäftsanteilen an dem Gewerbebetrieb, wobei insoweit umstritten ist, ob die veräußerte bzw. erworbene Beteiligung eine gewisse Mindesthöhe erreichen muss.[211] Nicht erfasst sind hingegen Schenkungen, auf die Begründung, Änderung oder Löschung eines Rechts an einem Grundstück gerichtete Vorgänge (z.B. Grundschulden; nicht aber Auflassungen oder Auflassungsvormerkungen), familien- und erbrechtliche Angelegenheiten, wie auf Grundstücke bezogene Testamente, Erbverträge oder Nachlassauseinandersetzungen.[212] Nicht unter das GwG fallen ferner reine Beglaubigungstätigkeiten des Notars in Form von reinen Unterschriftsbeglaubigungen ohne „Transaktion" im Sinne des GwG.[213] Für Immobilientransaktionen bestehen mittlerweile eigene Verdachtsmeldepflichten u.a. für die Anwaltschaft, vgl. die Vorschriften der GwGMeldeV-Immobilien,[214] die einige Diskussionen hervorgerufen hat.[215]   **188**

Darüber hinaus fällt unter den Katalog der geldwäscherechtlich relevanten Tätigkeiten die **Verwaltung von Geld, Wertpapieren oder sonstigen Vermögenswerten** des Mandanten (§ 2 Abs. 1 Nr. 10 lit. a sublit. bb GwG). Bei Rechtsanwälten fällt hierunter jede längerfristige Verwaltung fremder Gelder oder sonsti-   **189**

---

208 *Johnigk,* in: Herzog/Mülhausen, Geldwäschebekämpfung und Gewinnabschöpfung, § 52 Rn. 30.

209 *Johnigk,* in: Herzog/Mülhausen, Geldwäschebekämpfung und Gewinnabschöpfung, § 52 Rn. 30.

210 *Heinemann,* in: Grziwotz/Heinemann, BeurkG, § 10 Rn. 37.

211 *Warius,* in: Herzog, GwG, 2. Aufl. 2014, § 2 Rn. 149.

212 *Johnigk,* in: Herzog/Mülhausen, Geldwäschebekämpfung und Gewinnabschöpfung, § 52 Rn. 30; *Figura,* in: Herzog, GwG, 3. Aufl. 2018, § 2 Rn. 150.

213 Bundesnotarkammer, Rundschreiben 17/2012 v. 27.11.2012, C.II 1.

214 Geldwäschegesetzmeldepflichtverordnung-Immobilien v. 20.8.2020 (BGBl. I, S. 1965).

215 Vgl. z.B. *Bülte/Marinitsch,* DNotZ 2021, 804 m.w.N.

ger Vermögenswerte auf einem Anderkonto oder in einem Anderdepot.[216] Demgegenüber soll keine „Verwaltung" in diesem Sinne vorliegen, soweit lediglich durchlaufende Gelder betroffen sind, d.h. Geld eines Dritten zwar auf dem Anderkonto eingeht, dieses aber unverzüglich an den Mandanten weitergeleitet wird.[217] Allerdings dürfte die Abgrenzung hier im Einzelfall schwierig sein; es bietet sich schon aus Risikogründen an, jeweils von einer Geschäftsbeziehung auf Dauer auszugehen.[218] Bei Notaren ist eine Verwaltung von Geld, Wertpapieren oder sonstigen Vermögenswerten insbesondere bei Verwahrungstätigkeiten nach §§ 23, 24 BNotO sowie §§ 57 ff. BeurkG betroffen.[219]

190 Erfasst vom Katalog der geldwäscherechtlich relevanten Tätigkeiten wird zudem die **Eröffnung oder Verwaltung von Bank-, Spar- oder Wertpapierkonten** (§ 2 Abs. 1 Nr. 10 lit. a sublit. cc GwG). Dies betrifft lediglich solche Fälle, in denen der Rechtsanwalt oder Notar fremde Konten eröffnet oder verwaltet.[220] (Auch hier stellt sich die Frage, inwieweit wirklich eine „Geschäftsbeziehung auf Dauer" vorliegen muss.) Hingegen fällt die Verwaltung fremder Gelder auf eigenen Konten des Rechtsanwaltes oder Notars – insbesondere auf Anderkonten – nicht hierunter (siehe dazu aber → § 2 Rn. 172, 185, 189).[221] Ebenfalls nicht umfasst sind Fälle, in denen ein Rechtsanwalt die Verwaltung von fremden Konten für einen Minderjährigen als Vormund bzw. für einen Volljährigen als Betreuer vornimmt, da insoweit die Verwaltungstätigkeit nicht auf einer vertraglichen Grundlage beruht.[222]

191 Weiterhin vom GwG erfasst ist die Mitwirkung an der oder Durchführung der **Beschaffung der zur Gründung, zum Betrieb oder zur Verwaltung von Gesellschaften erforderlichen Mittel** (§ 2 Abs. 1 Nr. 10 lit. a sublit. dd GwG). Dies betrifft vor allem solche Fälle, in denen der Rechtsanwalt oder Notar rechtsberatend oder beurkundend bei Kreditgewährungsverträgen, Schenkungsverträgen und ähnlichen Verträgen zugunsten von Gesellschaften, nach zutreffendem Verständnis unter Einbeziehung von Rechtsgestaltungen im Sinne des

---

216 *Johnigk*, in: Herzog/Mülhausen, Geldwäschebekämpfung und Gewinnabschöpfung, § 52 Rn. 31.
217 *Johnigk*, in: Herzog/Mülhausen, Geldwäschebekämpfung und Gewinnabschöpfung, § 52 Rn. 31.
218 *Figura*, in: Herzog, GwG, 3. Aufl. 2018, § 2 Rn. 151.
219 *Johnigk*, in: Herzog/Mülhausen, Geldwäschebekämpfung und Gewinnabschöpfung, § 52 Rn. 31.
220 *Johnigk*, in: Herzog/Mülhausen, Geldwäschebekämpfung und Gewinnabschöpfung, § 52 Rn. 32.
221 *Johnigk*, in: Herzog/Mülhausen, Geldwäschebekämpfung und Gewinnabschöpfung, § 52 Rn. 32.
222 *Johnigk*, in: Herzog/Mülhausen, Geldwäschebekämpfung und Gewinnabschöpfung, § 52 Rn. 32.

GwG, mitwirkt.[223] Darüber hinaus kann auch nur eine mittelbare Mitwirkung an der Mittelbeschaffung genügen, z.B. wenn ein Notar bei der Bestellung von Grundschulden zugunsten einer kreditgebenden Bank mitwirkt.[224]

Der Katalog erstreckt sich ferner auf die Mitwirkung an der oder die Durchführung der **Gründung, des Betriebs oder der Verwaltung von Treuhandgesellschaften, Gesellschaften oder ähnlichen Strukturen** (§ 2 Abs. 1 Nr. 10 lit. a sublit. ee GwG). Betroffen sind insoweit sämtliche Vorgänge, bei denen der Rechtsanwalt oder Notar an der Gründung, am Betrieb oder an der Verwaltung der Gesellschaft beteiligt ist. Dies betrifft vor allem die Rechtsberatung zum Entwurf eines Gesellschaftsvertrages bzw. dessen Beurkundung im Zusammenhang mit der Gründung einer Gesellschaft sowie die Mitwirkung an jeglichen späteren Änderungen des Gesellschaftsvertrages.[225] Weiterhin fällt darunter auch die Mitwirkung an der erstmaligen Anmeldung der Gesellschaft zum Handelsregister sowie Mitwirkungshandlungen im Zusammenhang mit Umwandlungsvorgängen der Gesellschaft, sofern der Umwandlungsvorgang zum Entstehen eines neuen Rechtsträgers führt.[226] Auch sofern ein Rechtsanwalt oder Notar also Treuhandfunktionen selbst für Mandanten übernimmt, ist das GwG einschlägig.

192

Schließlich fällt unter den Katalog der geldwäscherechtlich relevanten Tätigkeiten noch die Durchführung von **Finanz- oder Immobilientransaktionen** im Namen und auf Rechnung des Mandanten (§ 2 Abs. 1 Nr. 10 lit. b GwG). Finanz- und Immobilientransaktionen in diesem Sinne sind sämtliche auf eine Geldbewegung oder sonstige Vermögensverschiebungen gerichtete Aktivitäten. Erfasst sind nicht nur die Annahme und Abgabe von Bargeld oder gleichgestellter Zahlungsmittel, sondern auch Vertragsabschlüsse und sonstige in diesem Zusammenhang getätigte Geschäfte wie Überweisungen, die Rückführung eines Kredits oder ein sachenrechtlicher Eigentumswechsel.[227] Erfasst sind insbesondere Tätigkeiten, bei denen Rechtsanwälte in Vollmacht ihres Mandanten Wertpapiere kaufen oder verkaufen, ohne dass sie dabei zugleich ein entsprechendes hierfür vorgesehenes eigenes Wertpapierdepot (dann § 2 Abs. 1 Nr. 10 lit. a sublit. bb GwG) oder ein Wertpapierdepot des Mandanten (dann § 2 Abs. 1 Nr. 10 lit. a sublit. cc GwG) verwalten.[228]

193

---

223 *Johnigk*, in: Herzog/Mülhausen, Geldwäschebekämpfung und Gewinnabschöpfung, § 52 Rn. 33.
224 *Heinemann*, in: Grziwotz/Heinemann, BeurkG, § 10 Rn. 37.
225 *Johnigk*, in: Herzog/Mülhausen, Geldwäschebekämpfung und Gewinnabschöpfung, § 52 Rn. 34.
226 *Johnigk*, in: Herzog/Mülhausen, Geldwäschebekämpfung und Gewinnabschöpfung, § 52 Rn. 34.
227 BT-Drs. 16/9038, S. 29 f.
228 *Johnigk*, in: Herzog/Mülhausen, Geldwäschebekämpfung und Gewinnabschöpfung, § 52 Rn. 35.

194   Durch die GwG-Novelle im Jahr 2019 wurden in die Reihe der Katalogmandate weitere Tätigkeiten des Rechtsanwaltes aufgenommen. Zuerst werden Mandate in Form von **Beratungen oder Dienstleistungen hinsichtlich der Kapitalstruktur oder der Strategie oder damit verbundene Fragen**[229] (§ 2 Abs. 1 Nr. 10 lit. c) des Mandanten erfasst. Während Beratungsmandate zur Kapitalaufnahme, also zu bestimmten Eigen- oder Fremdkapitalformen, klar abgrenzbar sind, ist der Begriff der „Strategieberatung" kaum abgrenzbar und unbestimmt. Durch den Zusatz „oder damit verbundene Fragen" wird der Anwendungsbereich der GwG-pflichtigen Katalogmandate im Hinblick auf die Bestimmtheit der Norm sehr erweitert. Hierzu wird die Einschätzung der Bundesrechtsanwaltskammer abzuwarten sein. Klar ist, dass nicht jede Rechtsberatung eine Strategieberatung sein kann. Die Strategie muss sich auf wesentliche unternehmerische Entscheidungen beziehen und bezieht sich klar nicht auf natürliche Personen, sondern nur auf Unternehmen. Auf den Erfolg einer Kapitalmaßnahme oder den tatsächlichen Abschluss der Transaktion eines Mandanten mit einem Dritten kommt es nicht an; die Pflichten des GwG treffen den Rechtsberater unmittelbar mit der Übernahme des Mandats und unabhängig vom Erfolg seiner Beratung bzw. von Transaktionen unter Dritten.

195   Ferner wird die Beratung zu Zusammenschlüssen und Übernahmen („**Mergers and Acquisitions**") Katalogmandat, § 2 Abs. 1 Nr. 10 lit. d. Aufgrund des Gesetzeszweckes kommt es nicht darauf an, ob für die Struktur eines Zusammenschlusses ein „Share Deal" oder „Asset Deal" vorgesehen ist. Auch hier kommt es auf den Erfolg oder Misserfolg der Transaktion für die Verpflichtetenstellung des Rechtsberaters nicht an.

196   Tritt ein **Rechtsanwalt steuerberatend** auf, liegt ebenso ein Katalogmandat vor, § 2 Abs. 1 Nr. 10 lit. e. Nach der Gesetzesbegründung[230] sollte sich hierdurch eine sich aufgrund § 3 StBerG bietende Regelungslücke schließen. Von der Vorschrift umfasst ist die Beratung von Unternehmen wie Privaten. Der Anwendungsbereich des Katalogmandates ist allerdings **auslegungsbedürftig**, da mit Blick auf die Zielrichtung des GwG eine bloße Referenz auf § 1 StBerG untunlich ist.[231] Die Frage war zwischenzeitlich Gegenstand verwaltungsgerichtlicher Aufmerksamkeit.[232] Nach überzeugender Auffassung kann sich § 2 Abs. 1 Nr. 10 lit. e lediglich auf solche Tätigkeiten beziehen, bei denen der Rechtsanwalt steuerliche Gestaltungsberatung erbringt oder bei der Erfüllung steuerlicher

---

229   Am Beispiel der „Strategie"-Beratung wird deutlich, dass der Gesetzgeber eine allein für den Finanzsektor, nämlich Investmentbanken, gedachte Regelung dem Rechtsberater aufbürdet. Ein Rechtsberater erbringt in der Regel Rechts- und nicht Strategieberatung.

230   Regierungsentwurf, S. 78.

231   Vgl. *Horvat*, wistra 2021, 457.

232   VG Gelsenkirchen, Beschl. v. 11.1.2021 – 18 L 1703/20, NJW 2021, 1028.

Erklärungspflichten hilft. Benachbarte Tätigkeiten im Steuerstrafrecht oder bei der Beratung in weiteren Rechtsgebieten, bei denen der steuerliche Aspekt lediglich eine untergeordnete Bedeutung spielt, sind nach h. M. nicht vom Katalogmandat erfasst.[233]

Hilfreich ist auch die Klarstellung des Gesetzgebers, dass eine Steuerberatung von Rechtsanwälten als „Landwirtschaftliche Buchstelle" nach § 44 Abs. 1 StBerG erfasst sein soll.[234] **197**

Soweit die oben genannten Tätigkeiten betroffen sind und der Verpflichtete daher auf dieser Grundlage bestimmte geldwäscherechtliche Maßnahmen vornehmen muss, ist er von seiner **anwaltlichen Schweigepflicht** befreit.[235] (Zu den Kollisionen zwischen Verpflichtungen nach dem GwG und der anwaltlichen Berufsverschwiegenheit siehe sogleich unten → Rn. 204) Abseits dieser Tätigkeiten greift hingegen die anwaltliche Schweigepflicht. Nimmt mithin der Verpflichtete auch abseits dieser Tätigkeiten geldwäscherechtliche Maßnahmen vor, kann dieser – etwa im Fall einer Offenlegung von Verdachtsfällen oder Verdachtsanzeigen – in Konflikt mit der Schweigepflicht geraten, was in Extremfällen für ihn zu einer Strafbarkeit nach § 203 StGB führen kann.[236] **198**

In wirtschaftsstrafrechtlicher Hinsicht treffen die rechtsberatenden Berufe seit der Abkehr von der Straflosigkeit der „**Eigengeldwäsche**" nunmehr deutlich erhöhte Geldwäscherisiken als Beteiligter (insbesondere Beihilfe) als früher. Dies spiegelt sich allerdings nicht unbedingt in einer erhöhten Sensibilität der rechtsberatenden Berufsgruppen wider: **199**

Soweit die genannten Rechtsberufe von ihrer anwaltlichen Schweigepflicht befreit sind, sind sie insbesondere nach § 43 GwG zur Abgabe von **Verdachtsmeldungen** verpflichtet. Der Anteil der Verdachtsmeldungen, die von den rechtsberatenden Berufen vorgenommen worden sind, ist in Deutschland notorisch gering, vgl. hierzu sogleich unten → Rn. 206. **200**

Die FATF sicht – wohl auch aufgrund des zurückhaltenden Meldeverhaltens der rechtsberatenden Berufe – in ihrem im Juni 2014 veröffentlichten dritten Evaluationsreport über die aktuelle geldwäscherechtliche Situation in Deutschland an einigen Stellen im Hinblick auf die rechtsberatenden Berufe noch Verbesserungsbedarf. Insgesamt werden weite Teile des Nicht-Finanzsektors nur als „partly compliant" angesehen, unter anderem auch wegen der Verschwiegenheitsregeln der rechtsberatenden Berufe sowie deren mangelnder Sensibilisierung.[237] **201**

---

233 VG Gelsenkirchen, Beschl. v. 11.1.2021 – 18 L 1703/20, NJW 2021, 1028, 1030; zustimmend *Horvat*, wistra 2021, 457, 458 ff.
234 Gesetzesbegründung, S. 78.
235 *Warius*, in: Herzog, GwG, 2. Aufl. 2014, § 2 Rn. 141.
236 *Warius*, in: Herzog, GwG, 2. Aufl. 2014, § 2 Rn. 141.
237 FATF, 3rd Follow up Report to the Country Evaluation, Germany, Juni 2014, S. 28 ff.

202 Für Rechtsanwälte, Kammerrechtsbeistände, Patentanwälte und Notare sieht das GwG aufgrund deren Stellung als Organe der Rechtspflege zudem **einige fundamentale Abweichungen von den üblichen geldwäscherechtlichen Vorschriften** vor: Arbeitet einer dieser Berufsträger als Angestellter für ein Unternehmen, so sind gem. § 6 Abs. 3 GwG die internen Sicherungsmaßnahmen nicht von ihm persönlich, sondern vom Unternehmen vorzunehmen (Näheres siehe → § 6 Rn. 129). Dies führt insbesondere in **Großkanzleien**, mit verschiedenen Standorten und ggf. in verschiedenen Ländern operierend, neben rein geldwäscherechtlichen Organisationsherausforderungen zu rechtspraktischen Anwendungsschwierigkeiten aufgrund kollidierendem Standesrecht.[238] Nach § 7 Abs. 3 GwG wird die Bestellung eines Geldwäschebeauftragten und eines Stellvertreters nötig, wenn die Aufsichtsbehörde dies anordnet. Grundsätzlich dürfen nach dem GwG Verpflichtete keine Geschäftsbeziehungen eingehen oder Transaktionen durchführen bzw. müssen bereits existierende Geschäftsbeziehungen abbrechen, wenn sie die allgemeinen Sorgfaltspflichten nicht erfüllen können. Dies gilt jedoch nach § 10 Abs. 9 GwG nicht für die Verpflichteten nach § 2 Abs. 1 Nr. 10 GwG, wenn der Mandant eine Rechtsberatung oder Prozessvertretung anstrebt. In einem vieldiskutierten Fall hat der **BGH kürzlich entschieden, dass die Identifizierungsvorschriften des GwG auch durch Rechtsanwälte** nicht durch „praxisnahe" oder „übliche" Lösungen, z. B. die bloße Vorlage einer notariell beglaubigten Personalausweiskopie, umgangen werden können.[239] Eine Rückausnahme besteht jedoch für den Fall, dass der Verpflichtete weiß, dass die Rechtsberatung bewusst der Geldwäsche oder der Terrorismusfinanzierung dienen soll, § 10 Abs. 9 Satz 3 GwG.

203 Ebenso können diese Verpflichteten gem. § 30 Abs. 3 Satz 3 GwG gegenüber der Zentralstelle für Finanztransaktionsuntersuchungen und gem. § 52 Abs. 5 gegenüber der Aufsichtsbehörde eine **Auskunft verweigern**, wenn sich deren Anfrage auf Informationen erstreckt, die im Rahmen der Rechtsberatung oder Prozessvertretung erlangt wurden. Die eben genannte Rückausnahme gilt auch hier: Die Auskunft darf nach Satz 4 nicht verweigert werden, wenn der Verpflichtete weiß, dass die Rechtsberatung dem Zwecke der Geldwäsche oder Terrorismusfinanzierung diente oder dient. Einen ähnlichen Schutz bietet auch § 43 Abs. 2 GwG, wonach diese Verpflichteten auch keine Verdachtsmeldungen vornehmen müssen, wenn sich die Sachverhalte, die gemeldet werden müssten, auf Informationen beziehen, zu denen sie eigentlich die Schweigepflicht wegen eines Mandatsverhältnisses einhalten müssen. Die genannte Rückausnahme gilt auch hier, sodass durchaus eine Meldung abgegeben werden muss, wenn positives Wissen vorliegt, dass das Mandatsverhältnis der Geldwäsche, der Terroris-

---

238 Vgl. *Wende/Lippold*, GWuR 2021, 107.
239 BGH, Urt. v. 20.4.2021, XI ZR 511/19, veröffentlicht z. B. in WM 2021, 978.

musfinanzierung oder – und hierin liegt ein Unterschied zu den anderen Rückausnahmen – einer anderen Straftat diente oder dient.

Die Kollisionen zwischen geldwäscherechtlichen Verpflichtungen und der –   **204**
strafbewehrten, vgl. § 203 Abs. 1 Nr. 3 StGB – **anwaltlichen Verschwiegenheitspflicht** werden angesichts der sich ausweitenden Meldepflichten der Anwaltschaft (vgl. z. B. zu den Meldepflichten für auffällige Immobiliengeschäfte
nach der GwG-MeldV-Immobilien) zunehmend Gegenstand von streitigen Auseinandersetzungen. Das Phänomen als solches ist auch außerhalb der Diskussion
um Strafverteidigerprivilegien[240] nicht neu.[241]

Die zunehmende tatsächliche Durchsetzung **standesrechtlicher Pflichten** des   **205**
GwG in der Anwaltschaft ging **nicht ohne zu erwartende Konflikte** zwischen
Anwaltschaft und der Exekutive einher. Insbesondere die Pflichten zur Erstel-
lung einer Risikoanalyse,[242] zur Prüfung geldwäscherechtlicher Pflichten durch
die Kammern,[243] die Präsenzprüfung[244] oder die Meldepflichten nach der
GwGMeldV-Immobilien.[245]

In einer viel beachteten **Entscheidung des VG Berlin**[246] entschied das Gericht,   **206**
dass die Durchbrechung des Berufsgeheimnisschutzes durch Geldwäscherecht,
jedenfalls durch § 43 Abs. 6 GwG, verhältnismäßig und auch in der Ausprägung
der GwGMeldV-Immobilien verfassungskonform sei.[247] Die Entscheidung wurde von Seiten der Anwaltschaft unter Verweis auf unangemessene Beschränkungen der berufsrechtlichen Verschwiegenheitsrechte teils vehement angefochten,[248] von Seiten der Behörden positiv begleitet.[249] In rechtspolitischer Hinsicht
ist zu konzedieren, dass sich insbesondere die Rechtsanwaltschaft, bis ins Jahr
2020 hinein auch die Notare, **über viele Jahre den Mitwirkungspflichten in**

---

240 Vgl. z. B. schon BGH, Urt. v. 4.7.2001, 2 StR 513/00, BGHSt 47, 68; BVerfG, Beschl.
v. 14.1.2005, 2 BvR 1975/03, WM 2005, 478; BVerfG, Urt. v. 30.3.2004, 2 BvR 1520/
01, BVerfGE 110, 226; HansOLG Hamburg, Beschl. v. 6.1.2000, 2 Ws 185/99, jeweils mit zahlreichen weiteren Verweisen.
241 Vgl. z. B. in einer geldwäschebezogenen Anfrage der BaFin auf Basis des Kreditwesengesetzes, BVerwG, Urt. v. 13.12.2011, ZIP 2012, 830.
242 VG Gelsenkirchen, Beschl. v. 12.11.2020, 18 L 1512/20.
243 VG Augsburg, Urt. v. 24.9.2020, Au 2 K 19,254; VG Gelsenkirchen, Beschl. v.
11.1.2021, 18 L 1703/20.
244 VG Arnsberg, Urt. v. 4.1.2021, 1 L 1003/20.
245 VG Berlin, Beschl. v. 5.2.2021, 12 L 258/20, veröffentlicht z. B. in BB 2021, 849.
246 VG Berlin, BB 2021, 849.
247 VG Berlin, BB 2021, 849, 850 f.
248 *Krais*, CCZ 2020, 311.
249 *Kellermann*, DB 2021, 2540, 2541.

der Geldwäschebekämpfung in einem dem Berufsstand nicht förderlichen Maße entzogen hatten.[250]

207 In rechtlicher Hinsicht ist darauf hinzuweisen, dass die Verschwiegenheitspflichten der Rechtsanwälte nicht unbegrenzt gelten, sondern nur im Rahmen der geltenden Gesetze, § 2 Abs. 3 BORA. Sie enden in jedem Falle dort, wo Organe der Rechtspflege, § 1 Abs. 2 Satz 2 BORA, sich als Organ des Rechtsbruches missbrauchen lassen sollen und die Berufsverschwiegenheit für strafrechtlich relevantes Verhalten der Mandanten herhalten soll. Die **Vorschriften des Geldwäschegesetzes sind selbst anwaltliches Standesrecht** (vgl. oben → § 1 Rn. 2). Insofern erscheinen Stellungnahmen, die die Vorschriften des GwG als „standeswidriges Standesrecht" darzustellen versuchen, inhaltlich wie rechtlich verfehlt – von berufsethischen Erwägungen ganz zu schweigen.

208 Daneben gilt das Verbot der Informationsweitergabe in bestimmten Konstellationen nach § 47 Abs. 2 Nr. 4 und 5 GwG nicht für diese Verpflichtetengruppe. Zuletzt besitzen Notare als einzige dieser Verpflichteten ein unbeschränktes Einsichtsrecht in das Transparenzregister (§ 23 Abs. 2 Satz 4 GwG).

209 Außerhalb des Geldwäschegesetzes haben für die Verpflichtetengruppe insbesondere die Meldepflichten hinsichtlich bestimmter steuerlicher Gestaltungsmöglichkeiten nach §§ 138d ff. AO besondere Bedeutung, die mit Blick auf steuerstrafrechtliche Vortaten auch auf die Geldwäschebekämpfung ausstrahlt.[251]

210 Zur Unterstützung der rechtsberatenden Berufe und der Kammern bei der Geldwäschebekämpfung hat die FATF eine hilfreiche Handreichung für die Anwendung des risikobasierten Ansatzes (Risk-Based Approach) für Berufsträger in Rechtsberufen veröffentlicht.[252]

211 Weiterhin hat die **Bundesrechtsanwaltskammer Verhaltensempfehlungen für Rechtsanwälte** im Hinblick auf die Vorschriften des Geldwäschebekämpfungsgesetzes und die Geldwäsche, § 261 StGB, veröffentlicht.[253] Die lokalen Rechtsanwaltskammern sehen auf ihren Internetpräsenzen entsprechende Verweise auf die genannten Verhaltensempfehlungen der Bundesrechtskam-

---

250 Die Jahresberichte der FIU, insbesondere die Aufstellungen über das beschämende Meldeverhalten der Anwaltschaft, werfen kein gutes Bild auf den Berufsstand. Vgl. auch die weiteren Nachweise bei *Figura*, in: Herzog, GwG, 3. Aufl. 2018, § 2 Rn. 146.

251 Vgl. hierzu auch den Anwendungserlass des BMF v. 29.3.2021 zur „Anwendung der Vorschriften über die Pflicht zur Mitteilung grenzüberschreitender Steuergestaltungen".

252 FATF, RBA Guidance for Legal Professionals, 2008.

253 Bundesrechtsanwaltskammer, Verhaltensempfehlungen für Rechtsanwälte im Hinblick auf die Vorschriften des Geldwäschebekämpfungsgesetzes (GwG) und die Geldwäsche, § 261 StGB; Auslegungs- und Anwendungshinweise zum GwG, 6. Aufl., Oktober 2021, abrufbar unter www.brak.de.

mer vor. Darüber hinaus hat auch die **Bundesnotarkammer** im Hinblick auf Notare Anwendungsempfehlungen zum Geldwäschegesetz veröffentlicht.[254]

XII. Rechtsbeistände ohne Mitgliedschaft in einer Rechtsanwaltskammer und registrierte Personen nach § 10 RDG (§ 2 Abs. 1 Nr. 11 GwG)

§ 2 Abs. 1 Nr. 11 GwG verpflichtet auch Rechtsbeistände, die nicht Mitglied einer Rechtsanwaltskammer sind, und registrierte Personen nach § 10 Rechtsdienstleistungsgesetz (RDG), die geldwäscherechtlichen Pflichten einzuhalten. Dies gilt wie bei den Verpflichteten nach § 2 Abs. 1 Nr. 10 GwG jedoch wie bei den weiteren rechtsberatenden Berufen auch nur insoweit, als sie regelmäßig[255] die folgenden Tätigkeiten ausüben: **212**

- die Mitwirkung an der Planung oder Durchführung von folgenden Geschäften für ihren Mandanten:
  - Kauf und Verkauf von Immobilien oder Gewerbebetrieben,
  - Verwaltung von Geld, Wertpapieren oder sonstigen Vermögenswerten,
  - Eröffnung oder Verwaltung von Bank-, Spar- oder Wertpapierkonten,
  - Beschaffung der zur Gründung, zum Betrieb oder zur Verwaltung von Gesellschaften erforderlichen Mittel,
  - Gründung, Betrieb oder Verwaltung von Treuhandgesellschaften, Gesellschaften oder ähnlichen Strukturen;
- die Durchführung von Finanz- oder Immobilienstrukturen im Namen und auf Rechnung des Mandanten;
- die Beratung eines Mandanten im Hinblick auf dessen Kapitalstruktur, dessen industrielle Strategie oder damit verbundene Fragen, oder
- die Beratung oder Dienstleistungen im Zusammenhang mit Zusammenschlüssen und Übernahmen („M&A").

Anders als bei den Rechtsanwälten nach Nr. 10 besteht keine GwG-Pflichtigkeit bei der Beratung in Steuersachen.   **213**

Bei anderen Tätigkeiten unterfallen die Verpflichteten nicht den Bestimmungen des GwG. Insbesondere sind Rechtsbeistände und registrierte Personen im Sinne des § 10 RDG ausgenommen, wenn sie lediglich (und hinsichtlich eines Mandanten ausschließlich) Inkassodienstleistungen erbringen.   **214**

Weder die FATF-Empfehlungen noch die EU-Richtlinien unterscheiden zwischen **verkammerten und nicht verkammerten Berufsträgern** im Rechtsbe-   **215**

---

254 Bundesnotarkammer, Anwendungshinweise zum GwG, Stand Oktober 2021, abrufbar unter www.bnotk.de.
255 *Warius*, in: Herzog, GwG, 2. Aufl. 2014, § 2 Rn. 159.

reich, sondern fassen alle rechtsberatenden Berufe unter den Begriff „independent legal professionals". Aus diesem Grund liegen die internationalen Rechtsgrundlagen für die Verpflichtung wie bei den Verpflichteten aus Nr. 10 in der Recommendation 22 lit. d der FATF-Empfehlungen[256] und in Art. 2 Abs. 1 Nr. 3 lit. b der Vierten EU-Geldwäscherichtlinie (vgl. hierzu auch die Ausführungen zu den Rechtsgrundlagen in → Rn. 170 ff.).

216 Hintergrund der systematischen Trennung der Rechtsbeistände ohne Mitgliedschaft in einer Rechtsanwaltskammer sowie der registrierten Personen nach § 10 RDG (§ 1 Abs. 1 Nr. 11 GwG) von den Rechtsanwälten, Kammerrechtsbeiständen, Patentanwälten und Notaren (§ 1 Abs. 1 Nr. 10 GwG) in § 2 GwG ist, dass der Gesetzgeber ausdrücklich klarstellen wollte, welche rechtsberatenden Berufsgruppen einer standesrechtlichen Verschwiegenheitsverpflichtung unterliegen (nämlich nur die letztgenannten Verpflichteten) und welche rechtsberatenden Berufsgruppen einer solchen **standesrechtlichen Verschwiegenheitsverpflichtung** nicht unterliegen (nämlich die erstgenannten Verpflichteten).[257] Denn das GwG sieht für solche rechtsberatenden Berufsgruppen, die einer Verschwiegenheitsverpflichtung unterliegen, gewisse Privilegierungen vor (vgl. § 10 Abs. 9, § 30 Abs. 3 Satz 3, § 43 Abs. 2 und § 52 Abs. 5 GwG), sodass eine begriffliche Trennung durch den Gesetzgeber sinnvollerweise erfolgen musste.[258] Ebendiese Privilegierungen gelten für Rechtsbeistände ohne Mitgliedschaft in einer Rechtsanwaltskammer sowie die registrierten Personen nach § 10 RDG selbst dann nicht, wenn diese mit ihren Mandanten eine vertragliche Verschwiegenheitsverpflichtung vereinbart haben.[259]

217 Registrierte Personen nach § 10 RDG sind zunächst natürliche oder juristische Personen oder Gesellschaften ohne Rechtspersönlichkeit, die

- Inkassodienstleistungen,
- Rentenberatungen auf dem Gebiet der gesetzlichen Renten- und Unfallversicherung, dem sozialen Entschädigungsrecht, dem übrigen Sozialversicherungs- und Schwerbehindertenrecht mit Bezug zu einer gesetzlichen Rente oder der betrieblichen und berufsständischen Versorgung oder
- Rechtsdienstleistungen in einem ausländischen Recht bzw. im EU- oder EWR-Recht erbringen.

218 Zu den **Rechtsdienstleistungen** im Sinne des RDG zählt jede Tätigkeit, die in einer konkreten fremden Angelegenheit erbracht wird und die eine rechtliche Prüfung des Einzelfalls erfordert (§ 2 Abs. 1 RDG). Allgemeine Rechtsauskünfte oder rechtsbesorgende Bagatelltätigkeiten sowie Geschäftsbesorgungen, die

---

256 FATF, Recommendations 2012–2017.
257 BT-Drs. 17/6804, S. 26.
258 BT-Drs. 17/6804, S. 26.
259 *Warius*, in: Herzog, GwG, 3. Aufl. 2018, § 2 Rn. 198.

keine besondere rechtliche Prüfung erfordern, stellen demgegenüber keine Rechtsdienstleistung dar.[260] **Keine Rechtsdienstleistungen** sind des Weiteren das Erstatten wissenschaftlicher Gutachten, die Tätigkeit von Einigungs- und Schlichtungsstellen. Die Mediation stellt nur dann eine Rechtsdienstleistung dar, wenn sie durch rechtliche Regelungsvorschläge in die Gespräche der Beteiligten eingreift (§ 2 Abs. 3 RDG).

Seit der GwG-Novelle 2019 sind die **Anbieter von reinen Inkassodienstleistungen vom Anwendungsbereich des GwG ausgenommen.** Inkassodienstleistungen definiert § 2 Abs. 2 RDG als die Einziehung fremder oder zum Zweck der Einziehung auf fremde Rechnung abgetretener Forderungen, wenn die Forderungseinziehung als eigenständiges Geschäft betrieben wird. Nach richtigem Verständnis treffen den Dienstleister allerdings die Pflichten aus dem GwG, wenn und soweit er Katalogtätigkeiten nach § 2 Abs. 1 Nr. 10 erbringt.[261]   **219**

Nicht erfasst vom Begriff der Inkassodienstleistung ist hingegen der Forderungskauf, d.h. der Vollerwerb der Forderungen durch den Dienstleister.[262]   **220**

Nicht verkammerte Rechtsbeistände und registrierte Personen nach § 10 RDG trifft nach § 6 Abs. 3 GwG die Pflicht zur Errichtung von internen Sicherungsmaßnahmen nicht selbst, sondern die Unternehmen, bei denen sie angestellt sind (siehe → § 6 Rn. 128). Wenn die Aufsichtsbehörde die entsprechende Anordnung erlässt, muss der nicht verkammerte Rechtsbeistand oder die registrierte Person einen Geldwäschebeauftragten und einen Stellvertreter bestellen (§ 7 Abs. 3 GwG). Schließlich gilt das grundsätzliche Verbot der Informationsweitergabe in bestimmten Fällen nicht für diese Verpflichteten (§ 47 Abs. 2 Nr. 4 GwG).   **221**

Zur Unterstützung dieser Verpflichteten und der (Selbst-)Regulierungskörperschaften bei der Geldwäschebekämpfung hat die FATF eine Handreichung für die Anwendung des risikobasierten Ansatzes (Risk-Based Approach) für solche Berufsträger in Rechtsberufen veröffentlicht.[263]   **222**

Zudem haben einige Bundesländer und Industrie- und Handelskammern besondere Empfehlungen bzw. **Merkblätter** zur Unterstützung der genannten Verpflichteten hinsichtlich der Anwendung des Geldwäschegesetzes herausgegeben.[264]   **223**

---

260 *Warius,* in: Herzog, GwG, 2. Aufl. 2014, § 2 Rn. 196.
261 Regierungsbegründung, S. 78.
262 *Warius,* in: Herzog, GwG, 2. Aufl. 2014, § 2 Rn. 196.
263 FATF, RBA Guidance for Legal Professionals, 2008.
264 Siehe beispielsweise die Empfehlungen des Landesverwaltungsamtes des Freistaates Thüringen für Unternehmen aus dem Nichtbankensektor und Finanzunternehmen, https://www.thueringen.de/th3/tlvwa/wirtschaft/handwerk/geldwaesche/index.aspx, zuletzt abgerufen am 13.3.2020.

224 Ursprünglich hatten zahlreiche Regionalstellen des Verbandes „Creditreform" besondere Hinweise zur Verhinderung von Geldwäsche und Terrorismusfinanzierung im Inkassobereich veröffentlicht. Durch die nunmehrige Herausnahme der Inkassodienstleister aus dem Anwendungsbereich des GwG erübrigen sich diese allerdings in gewerberechtlicher Hinsicht. Da ein Inkassodienstleister aber nach wie vor Gefahr läuft, mit bemakeltem Vermögen in Kontakt zu kommen und sich hierdurch wegen Geldwäsche strafbar zu machen, können die Handreichungen zu Zwecken des Selbstschutzes weiterhin nützlich sein.

XIII. Wirtschaftsprüfer, vereidigte Buchprüfer, Steuerberater und Steuerbevollmächtigte (§ 2 Abs. 1 Nr. 12 GwG)

225 Auch **Wirtschaftsprüfer, vereidigte Buchprüfer, Steuerberater und Steuerbevollmächtigte** sind durch § 2 Abs. 1 Nr. 12 GwG in den Kreis der Verpflichteten des GwG aufgenommen. Mit der Gesetzesnovelle 2019 wurden zudem die **Lohnsteuerhilfevereine und die landwirtschaftlichen Buchstellen** aufgenommen. Sie werden vom GwG **pauschal** in den Anwendungsbereich aufgenommen und nicht wie die Verpflichteten in Nr. 10 und Nr. 11 nur bei der Ausführung bestimmter Tätigkeiten angesprochen. Der Grund hierfür ist, dass die Tätigkeiten dieser Berufsgruppen fast immer in Verbindung mit Tätigkeiten stehen, die zur Geldwäsche missbraucht werden können.[265] Eine Gemeinsamkeit zu den Verpflichteten aus Nr. 10 liegt jedoch darin, dass sie im Zusammenhang mit rechtlichen Mandatsverhältnissen einigen Privilegierungen im Hinblick auf Steuer- und Geschäftsgeheimnisse unterliegen (siehe unten → Rn. 232).

226 Die **FATF-Recommendations** sahen erstmals in den Empfehlungen aus dem Jahre 2003 vor, die genannten Berufsgruppen geldwäscherechtlich zu verpflichten.[266] Diese Empfehlung ist bis heute – auch textlich nahezu unverändert – in den FATF-Empfehlungen geblieben.[267] Die Berufsgruppen werden von den FATF-Empfehlungen gemeinsam mit den Rechtsberufen gelistet und damit einhergehend auch gemeinsam mit dem Katalog an Fallgestaltungen, bei denen die geldwäscherechtlichen Regelungen greifen sollen (siehe → Rn. 212). Dem ist auf europäischer Ebene allerdings nicht gefolgt worden. Vielmehr zählt bereits die Zweite EU-Geldwäscherichtlinie im Jahre 2001 in Art. 1 Nr. 2 Nr. 3 insbesondere die Abschlussprüfer, externe Buchprüfer und Steuerberater ohne Ein-

---

265 *Häberle*, in: Erbs/Kohlhaas, Strafrechtliche Nebengesetze, Stand: 214. EL Mai 2017, § 2 GwG Rn. 14.

266 FATF, The Forty Recommendations, 2003, Recommendations 12 lit. d) und Recommendation 16 lit. a).

267 FATF, Recommendations 2012–2017, Recommendation 22 lit. d) und Recommendation 23 lit. a).

schränkungen als Verpflichtete auf. Dies ist bis zur aktuellen Vierten EU-Geldwäscherichtlinie[268] unverändert geblieben.

Der Grund für die Nichtumsetzung der Einschränkungen ist in der nahezu umfassenden Exposition dieser Berufsgruppe mit Geldwäsche- und Terrorismusfinanzierungsrisiken bei ihrer täglichen Arbeit zu sehen.[269] In Deutschland sind Wirtschaftsprüfer, vereidigte Buchprüfer, Steuerberater und Steuerbevollmächtigte konsequenterweise im Jahr 2002 uneingeschränkt geldwäscherechtlich verpflichtet worden.[270] Hinter der Einbeziehung der genannten Berufsgruppen steht der sog. „**All Crimes Approach**" (vgl. → § 1 Rn. 15): Gegenüber den Gegebenheiten in den Jahren 2001 bzw. 2003 hat sich der Vortatenkatalog zur Geldwäsche wie beschrieben erheblich erweitert. Während die steuerberatenden und wirtschaftsprüfenden Berufe unter dem „klassischen Erklärungsmodell" nur beim Kontakt mit organisierten Kriminellen und deren Vermögenstransaktionen überhaupt geldwäscherelevant tätig werden konnten, wurde insbesondere durch die Aufnahme kapitalmarktstrafrechtlicher, steuerstrafrechtlicher und weiterer wirtschaftsstrafrechtlicher Normen die praktische Relevanz der Vorschriften für die steuerberatenden und wirtschaftsprüfenden Berufe deutlich erhöht. Die schon vielerorts festgestellte (vgl. → Rn. 204) **mangelnde Sensibilisierung** der erfassten Berufsgruppen im Hinblick auf verschiedene Veröffentlichungen in der Presse in den letzten Jahren, z. B. im Hinblick auf die „Panama Papers" oder die „Paradise Papers", dürfte beim Gesetzgeber zukünftig auf zunehmende Unbill stoßen.

227

Hinsichtlich der Teilnahme von Steuerberatern und Wirtschaftsprüfern an den Vortaten und die Auswirkung auf deren eigene strafrechtliche Risikoexposition gelten besondere Regeln.

228

Die Verpflichtung der Wirtschaftsprüfer, vereidigten Buchprüfer, Steuerberater und Steuerbevollmächtigten umfasste selbstverständlich die allgemeinen geldwäscherechtlichen Identifizierungspflichten. Hierbei stellt sich im Hinblick auf den Zeitpunkt der vorzunehmenden Identifizierung die praktisch bedeutsame Frage, ab welchem Zeitpunkt eine „**Geschäftsbeziehung**" zwischen dem Verpflichteten und dem Mandanten besteht (vgl. dazu näher → § 11 GwG Rn. 4 f.). Prinzipiell kann von einer Geschäftsbeziehung zwischen dem Verpflichteten und dem Mandanten erst gesprochen werden, wenn das in Rede stehende „Geschäft" abgeschlossen ist. Die bloße Anbahnungsphase ist mithin noch nicht er-

229

---

268 Art. 2 Abs. 1 Nr. 3 lit. a der Vierten EU-Geldwäscherichtlinie.

269 Vgl. BT-Drs. 14/8739, S. 12 i.V.m. Richtlinie 2001/97/EG des Europäischen Parlaments und des Rates v. 4.12.2001 zur Änderung der Richtlinie 91/308/EWG des Rates zur Verhinderung der Nutzung des Finanzsystems zum Zwecke der Geldwäsche – Erklärung der Kommission, ErwG 16 und 19.

270 BGBl. I 2002, S. 3105.

fasst.[271] Allerdings fordert eine „Geschäftsbeziehung" im Sinne des § 1 Abs. 4 GwG auch eine gewisse Dauerhaftigkeit (vgl. dazu näher → § 1 GwG Rn. 50). Der bloße Abschluss des in Rede stehenden Geschäfts genügt mithin noch nicht. Vielmehr muss davon auszugehen sein, dass die Beziehung zwischen dem Verpflichteten und dem Mandanten von gewisser Dauer sein wird. Hiervon kann jedenfalls dann nicht ausgegangen werden, wenn sich der eingegangene Vertrag in einer einmaligen Erfüllungshandlung erschöpft, wie etwa bei einer Erstberatung, einer Abschlussprüfung oder einem Steuerberatungsvertrag, welche/r lediglich für ein Geschäftsjahr bzw. für ein Veranlagungsjahr in Auftrag gegeben wird, oder bei einem einmaligen Auftrag zur Erstellung der Buchführung, einer Steuererklärung, eines Jahresabschlusses oder eines Gutachtens.[272]

230   Zeichnet sich hingegen bereits bei einer **Erstbeauftragung zu einer Abschlussprüfung** ab, dass eine weitere Beauftragung für sich anschließende Geschäftsjahre beabsichtigt ist, liegt bereits im Zeitpunkt dieser Erstbeauftragung eine Geschäftsbeziehung vor.[273] Ist demgegenüber bei der Erstbeauftragung nicht ersichtlich, dass eine weitere Beauftragung für sich anschließende Geschäftsjahre beabsichtigt ist, und kommt es später dann aber unerwartet doch noch zu weiteren Beauftragungen, muss die Identifizierung spätestens im Zeitpunkt der Erteilung des Folgeauftrages vorgenommen werden.[274]

231   Die genannten Verpflichteten sind nach § 43 GwG zur Abgabe von **Verdachtsmeldungen** verpflichtet. Der Anteil der Verdachtsmeldungen, die von den genannten Verpflichteten eingereicht werden, entspricht seit Jahren nicht der tatsächlichen Risikoexposition des Sektors.

232   Die FATF sieht – wohl auch aufgrund des **zurückhaltenden Meldeverhaltens** der genannten Verpflichteten – in ihrem im Juni 2014 veröffentlichten dritten Evaluationsreport über die aktuelle geldwäscherechtliche Situation in Deutschland an einige Stellen im Hinblick auf die Berufe der Wirtschafts- und vereidigten Buchprüfer sowie der Steuerberater und Steuerbevollmächtigten noch Verbesserungsbedarf. Insgesamt werden weite Teile des Nicht-Finanzsektors nur als „partly compliant" angesehen, unter anderem auch wegen der Verschwiegenheitsregeln der genannten Berufsgruppen, die nach Ansicht der FATF von den genannten Berufsgruppen zu weit ausgedehnt werden.[275]

233   Abweichend von den regulären Bestimmungen sieht das GwG zudem folgende **Sonderregelungen** für Wirtschafts- und vereidigte Buchprüfer sowie für Steuer-

---

271 *Figura*, in: Herzog, GwG, 3. Aufl. 2018, § 2 Rn. 163.
272 Wirtschaftsprüferkammer, AuA zum Geldwäschegesetz, April 2012, II. 2; Bundessteuerberaterkammer, Anwendungshinweise zum Geldwäschegesetz v. 21.4.2009, Ziff. I.2.
273 *Warius*, in: Herzog, GwG, 2. Aufl. 2014, § 2 Rn. 163.
274 Wirtschaftsprüferkammer, AuA zum Geldwäschegesetz, April 2012, II. 2.
275 FATF, 3rd Follow up Report to the Country Evaluation, Germany, Juni 2014, S. 33.

berater und Steuerbevollmächtigte vor: Zunächst treffen die internen Sicherungsmaßnahmen nicht den einzelnen Verpflichteten dieser Gruppe, wenn dieser bei einem Unternehmen angestellt ist, sondern das Unternehmen (§ 6 Abs. 3 GwG). Weiterhin müssen die genannten Verpflichteten auf Anordnung der BaFin einen Geldwäschebeauftragten sowie einen Stellvertreter bestellen. Zudem gilt für diese Verpflichtetengruppe das Verbot der Informationsweitergabe in bestimmten Situationen nicht (§ 47 Abs. 2 Nr. 4 und 5 GwG).

Da auch Wirtschaftsprüfer, vereidigte Buchprüfer, Steuerberater und Steuerbevollmächtigte der **Verschwiegenheitsverpflichtung** unterliegen (vgl. § 203 Abs. 1 Nr. 3 StGB), sieht das GwG hier – ähnlich wie beispielsweise bei den Rechtsanwälten – einige Privilegierungen vor. § 10 Abs. 9 GwG sieht vor, dass Geschäftsbeziehungen ausnahmsweise begonnen bzw. nicht abgebrochen werden müssen, wenn ein Mandant eine Rechtsberatung oder Prozessvertretung verlangt, obwohl die allgemeinen Sorgfaltspflichten nicht durchgeführt werden konnten. Eine Ausnahme gilt jedoch, wenn der Verpflichtete weiß, dass der Mandant die Rechtsberatung zum Zweck der Geldwäsche oder der Terrorismusfinanzierung in Anspruch nimmt (siehe § 10 Abs. 9 Satz 3 GwG). Die gleiche Ausnahme gilt bei der Privilegierung dieser Verpflichteten, gegenüber der Zentralstelle für Finanztransaktionsuntersuchungen und gegenüber der Aufsichtsbehörde, Auskünfte zu verweigern, wenn sich die Anfragen auf Informationen aus der Rechtsberatung oder der Prozessvertretung erstrecken. Hier endet die Privilegierung dort, wo der Verpflichtete von der genannten Zwecksetzung der Rechtsberatung weiß (§ 30 Abs. 3 Satz 3 und 4, § 52 Abs. 5 GwG). Im Übrigen vgl. die Ausführungen zu Rechtsanwälten oben, → Rn. 164 ff. Ähnlich ist auch § 43 Abs. 2 GwG ausgestaltet, wonach von den genannten Verpflichteten keine Verdachtsmeldungen erstattet werden müssen, wenn diese solche Informationen zum Gegenstand haben, die dem Mandantenverhältnis mit Schweigepflicht entstammen. Hingegen ist eine Meldung abzugeben, wenn der Verpflichtete weiß, dass das Mandatsverhältnis der Geldwäsche oder der Terrorismusfinanzierung diente oder dient (siehe § 43 Abs. 2 Satz 2 GwG). Zur Unterstützung speziell der Wirtschaftsprüfer bei der Geldwäschebekämpfung hat die FATF eine hilfreiche Handreichung für die Anwendung des risikobasierten Ansatzes (Risk-Based Approach) veröffentlicht.[276]

Wirtschaftsprüfer, vereidigte Buchprüfer, Steuerberater und Steuerbevollmächtigte sind ebenso wie Rechtsanwälte **„Verpflichtete" nach §§ 2 Nr. 1, 3 GwGMeldV-Immobilien** und müssen bestimmte verdächtige Sachverhalte im Zusammenhang mit Immobilienerwerben nach § 43 melden.[277] Außerhalb des

---

276 FATF, RBA Guidance for Accountants, 2008.
277 Vgl. instruktiv *Bülte/Marinitsch*, DNotZ 2021, 804; die von *Krais*, CCZ 2020, 311, angeführten Kritikpunkte lassen sich auf die steuerberatenden Berufe sicherlich übertragen.

Geldwäschegesetzes haben für die Verpflichtetengruppe insbesondere die Meldepflichten hinsichtlich bestimmter steuerlicher Gestaltungsmöglichkeiten nach §§ 138d ff. AO besondere Bedeutung, die mit Blick auf steuerstrafrechtliche Vortaten auch auf die Geldwäschebekämpfung ausstrahlt.[278]

236 Zur Unterstützung dieser Verpflichtetengruppe haben die Landessteuerberaterkammern eigenständige Anwendungshinweise zum Geldwäschegesetz veröffentlicht.[279]

XIV. Dienstleister für Gesellschaften und für Treuhandvermögen und Treuhänder (§ 2 Abs. 1 Nr. 13 GwG)

237 In § 2 Abs. 1 Nr. 13 GwG werden auch Dienstleister für Gesellschaften und für Treuhandvermögen und Treuhänder verpflichtet, wenn sie für Dritte bestimmte Dienstleistungen erbringen. Diese **Dienstleistungen** sind die Folgenden:

– Gründung einer juristischen Person oder Personengesellschaft;
– Ausübung der Leitungs- oder Geschäftsführungsfunktion einer juristischen Person oder einer Personengesellschaft, Ausübung der Funktion eines Gesellschafters einer Personengesellschaft oder Ausübung einer vergleichbaren Funktion;
– Bereitstellung eines Sitzes, einer Geschäfts-, Verwaltungs- oder Postadresse und anderer damit zusammenhängender Dienstleistungen für eine juristische Person, für eine Personengesellschaft oder für eine Rechtsgestaltung nach § 3 Abs. 3 GwG;
– Ausübung der Funktion eines Treuhänders für eine Rechtsgestaltung nach § 3 Abs. 3 GwG;
– Ausübung der Funktion eines nominellen Anteilseigners für eine andere Person, bei der es sich nicht um eine auf einem organisierten Markt notierte Gesellschaft nach § 2 Abs. 5 WpHG handelt, die dem Gemeinschaftsrecht entsprechenden Transparenzanforderungen im Hinblick auf Stimmrechtsanteile oder gleichwertigen internationalen Standards unterliegt;
– Schaffung der Möglichkeit für eine andere Person, die Funktionen auszuüben, die unter dem zweiten, vierten und fünften Spiegelstrich genannt werden.

---

278 Vgl. hierzu auch den Anwendungserlass des BMF v. 29.3.2021 zur „Anwendung der Vorschriften über die Pflicht zur Mitteilung grenzüberschreitender Steuergestaltungen".

279 Vgl. z. B. Steuerberaterkammer Hessen, Auslegungs- und Anwendungshinweise der StBK Hessen zum Geldwäschegesetz, zuletzt v. 26.8.2021, abrufbar unter www.stbk-hessen.de.

Seit Einbeziehung der Treuhanddienstleister in den primären Anwendungsbe- **238**
reich hat diese Verpflichtetengruppe aufgrund zahlreicher Aktivitäten von Ent-
hüllungsplattformen und -initiativen erhöhte Aufmerksamkeit erlangt.

Die Vorschrift ist **als Auffangtatbestand zu verstehen** und ist nur dann ein- **239**
schlägig, wenn der Dienstleister oder Treuhänder nicht bereits unter die Verpflichtetengruppen aus § 2 Abs. 1 Nr. 10–12 GwG fällt, also weder als Rechts-
oder Patentanwalt, Notar, Kammerrechtsbeistand, nicht verkammerter Rechtsbeistand oder als registrierte Person nach § 10 RDG in einem der in Nr. 10 genannten Fälle, noch als Wirtschafts- oder vereidigter Buchprüfer, als Steuerberater oder Steuerbevollmächtigter tätig ist. Vornehmlich werden daher „Trust Service Provider", Treuhandgesellschaften und Treuhänder, Unternehmensberater
und ähnliche Berufe unter diese Verpflichtetengruppe fallen.[280] Für die Frage, ob
ein Unternehmen oder eine Person von der Norm erfasst ist, ist nicht deren (Be-
rufs-)Bezeichnung, sondern die konkrete Tätigkeit von Bedeutung.[281]

Die **FATF-Empfehlungen** sehen seit 2003[282] die Verpflichtung dieser Dienst- **240**
leister vor.[283] Die FATF-Empfehlungen wurden im Rahmen der europäischen
Richtlinien im Jahre 2005 in Art. 2 Abs. 1 Nr. 3 lit. c i.V.m. Art. 3 Nr. 7 der Dritten EU-Geldwäscherichtlinie weitgehend identisch übernommen.[284] Ein Unterschied zwischen den FATF-Empfehlungen und der EU-Richtlinie und dem GwG
ist jedoch, dass in den FATF-Empfehlungen die Ausnahme der „an einem organisierten Markt notierten Gesellschaften" (vgl. fünfter Spiegelstrich) fehlt. Im
deutschen GwG findet sich diese Verpflichtetengruppe (erst) seit dem Jahr
2008.[285]

Der Grund für die Einbeziehung von Treuhanddienstleistern in das GwG ist da- **241**
rin zu sehen, dass sich Kriminelle zur Verschleierung inkriminierten Vermögens
häufig auf Treuhandkonstruktionen oder verschachtelte und komplexe, grenzüberschreitende Beteiligungsverhältnisse verlassen. Eine Alternative zu dem
stark kontrollierten Finanzsektor ist die Inanspruchnahme der Dienstleistungen
dieser Berufsgruppen.[286] Die **FATF** hat zwei Studien bzw. Reports veröffent-

---

280 BT-Drs. 16/9038, S. 32; *Warius*, in: Herzog, GwG, 2. Aufl. 2014, § 2 Rn. 168.
281 BT-Drs. 16/9038, S. 32.
282 FATF, The Forty Recommendations, 2003, Recommendations 12 lit. e) und Recommendation 16 lit. c) i.V.m. Glossary S. 13.
283 FATF, Recommendations 2012–2017, Recommendation 22 lit. e) und Recommendation 23 lit. c).
284 Richtlinie 2005/60/EG des Europäischen Parlaments und des Rates v. 26.10.2005 zur
Verhinderung der Nutzung des Finanzsystems zum Zwecke der Geldwäsche und der
Terrorismusfinanzierung.
285 BGBl. I 2008, S. 1690, 1692.
286 Richtlinie 2005/60/EG des Europäischen Parlaments und des Rates v. 26.10.2005 zur
Verhinderung der Nutzung des Finanzsystems zum Zwecke der Geldwäsche und der
Terrorismusfinanzierung, ErwG 15.

licht, die konkrete Beispiele des Missbrauchs der Dienstleistungen von Treuhanddienstleistern und „Corporate Service Providers" beschreiben.[287]

242 Für die verpflichteten Dienstleister bestehen über die allgemeinen Bestimmungen des GwG hinaus einige **Sonderbestimmungen**. Nach § 6 Abs. 3 GwG treffen die internen Sicherungsmaßnahmen nicht die Verpflichteten, sondern das Unternehmen, wenn die Verpflichteten bei einem Unternehmen angestellt sind (vgl. → § 6 Rn. 128). Weiterhin muss von den Verpflichteten auf Anordnung der Aufsichtsbehörden ein Geldwäschebeauftragter und ein Stellvertreter bestellt werden (vgl. → § 7 Rn. 21).

243 Zur Unterstützung dieser Verpflichtetengruppe und der Aufsichtsbehörden bei der Geldwäschebekämpfung hat die FATF eine Handreichung für die Anwendung des risikobasierten Ansatzes (Risk-Based Approach) für solche Dienstleister und Treuhänder veröffentlicht.[288]

244 Im internationalen Vergleich hinkt Deutschland nach Ansicht der FATF bei der **Sensibilisierung und Regulierung der Treuhanddienstleister** noch hinterher und erfüllt internationale Standards weitgehend nicht.[289]

245 Auch hinsichtlich der Treuhanddienstleister wirkt sich die Erweiterung des Vortatenkataloges des § 261 StGB (vgl. → § 1 Rn. 15 ff.) und die Einschränkung der Ausnahme vom Privileg der Eigengeldwäsche (siehe → § 1 Rn. 12) stark risikoerhöhend aus.

246 Treuhänder sind ferner unter den Spezialvorschriften zum Transparenzregister zur geldwäscherechtlichen Mitwirkung verpflichtet (vgl. unten §§ 27 ff. GwG).

XV. Immobilienmakler (§ 2 Abs. 1 Nr. 14 GwG)

247 Als Immobilienmakler bezeichnet das GwG in § 1 Abs. 11 GwG „jede Person, die gewerblich den Kauf oder Verkauf von Grundstücken oder grundstücksgleichen Rechten vermittelt".

248 Die **FATF-Empfehlungen** greifen die Verpflichtung von Immobilienmaklern erstmals im Jahr 2003 auf. Dies geschah jedoch mit der Einschränkung, dass sich dies lediglich auf diejenigen Makler beziehen solle, die den Kauf bzw. Verkauf von Immobilien makeln.[290] Mithin waren bloße Mietmakler nicht erfasst.

---

287 FATF, Money Laundering Using Trust and Company Service Providers, 2010; FATF, The Misuse of Corporate Vehicles, Including Trust and Company Service Providers, 2006.

288 FATF, RBA Guidance for Trust and Companies Service Providers (TCSPs), 2008.

289 FATF, 3rd Progress Report on Country Evaluation, Juni 2014, S. 28 R 12 Deficiency 3.

290 FATF, The Forty Recommendations, 2003, Recommendations 12 lit. b).

Auf europäischer Ebene erfolgte die Verpflichtung der Immobilienmakler im Jahre 2001 mit der Zweiten EU-Geldwäscherichtlinie.[291] Die Verpflichtung erstreckte sich jedoch zunächst vom Wortlaut her auch auf solche Makler, die lediglich in die Vermietung von Immobilien einbezogen waren.

Schon die Vierte EU-Geldwäscherichtlinie hatte hingegen betont, dass „[…] der Begriff Immobilienmakler so verstanden werden [könnte], dass er gegebenenfalls auch Mietmakler umfasst, überlässt es mithin dem nationalen Gesetzgeber, ob er auch die Mietmakler geldwäscherechtlich verpflichten will". Der deutsche Gesetzgeber hat dieses Wahlrecht bis zur Änderungsrichtlinie zur Vierten EU-Geldwäscherichtlinie dahin ausgeübt, dass er den Mietmakler auch ausdrücklich nicht dem Anwendungsbereich des Geldwäschegesetzes unterstellt hatte (siehe dazu näher → § 1 Rn. 111 ff.). Die Änderungsrichtlinie zur Vierten EU-Geldwäscherichtlinie sah dann in Art. 1 Abs. 1b aber vor, dass **auch Mietmakler geldwäscherechtlich** Verpflichtete sein sollen, aber nur in Bezug auf Transaktionen, bei denen die monatliche **Miete 10.000 EUR** oder mehr beträgt.   **249**

In Anlehnung hieran wurden nach der Neufassung der Definition in § 1 Abs. 11 GwG alle Immobilienmakler in den Kreis der Verpflichteten aufgenommen, die gewerblich den Abschluss von Kauf-, Pacht- oder Mietverträgen über Grundstücke, grundstücksgleiche Rechte, gewerbliche Räume oder (private) Wohnräume vermitteln (siehe dazu näher → § 1 Rn. 117 ff.). Ähnlich wie bei den Güterhändlern wurde somit eine Regel-/Ausnahmemechanik in das Gesetz aufgenommen. Verpflichtet sind zunächst alle Immobilienmakler. Zu KYC- und – förmlichen – Sicherungsmaßnahmen verpflichtet werden sie nur bei den in der Richtlinie genannten Geschäften, vgl. § 4 Abs. 4 und § 13 Abs. 6. Verdachtsidentifikationspflicht und Pflicht zur Abgabe von Verdachtsmeldungen bleiben unabhängig vom Geschäft bestehen. Durch das TraFinG 2021 wurde im Jahr 2021 für Immobilienmakler klarstellend § 11 Abs. 2 GwG geändert, wonach für Immobilienmakler nunmehr eindeutig Identifizierungspflichten sowohl bei der Vermittlung von Kauf- als auch von Miet- oder Pachtverträgen bestehen.   **250**

Der **Grund für die Verpflichtung** von Immobilienmaklern liegt zum einen in der Möglichkeit für Kriminelle, große Summen inkriminierten Geldes über Immobiliengeschäfte in das Finanzsystem zu schleusen,[292] zum anderen in der Vielfältigkeit der Möglichkeiten, die im Immobiliensektor zur Geldwäsche oder Terrorismusfinanzierung vorhanden sind.[293] Beispiele hierfür sind die Überbewer-   **251**

---

291 Art. 1 Nr. 2 Nr. 4 der Richtlinie 2001/97/EG des Europäischen Parlaments und des Rates v. 4.12.2001 zur Änderung der Richtlinie 91/308/EWG des Rates zur Verhinderung der Nutzung des Finanzsystems zum Zwecke der Geldwäsche – Erklärung der Kommission.

292 *Warius*, in: Herzog, GwG, 2. Aufl. 2014, § 2 Rn. 170.

293 Hierzu ausführlich FATF, Money Laundering & Terrorist Financing Through the Real Estate Sector, 2007.

tung von Immobilien, um so höhere Kredite von Banken zu bekommen und so möglichst hohe Beträge aus dem formellen Finanzsektor abfließen lassen zu können.[294] Auch hinsichtlich der Eigenschaft von Immobilien als stabile Wertträger besteht eine hohe Risikoexposition in der Integrationsphase.

252 Die **Notwendigkeit der Einbeziehung von Immobilienmaklern** wurde oft und lange diskutiert. Immerhin stehen mit den Grundbuchämtern und Notaren weitere Instanzen zur Verfügung, die ihrerseits bereits geldwäscherechtlichen Pflichten unterliegen. Insofern stellt sich tatsächlich die Frage nach dem Mehrwert der Einbeziehung einer weiteren Berufsgruppe, die bei Immobilientransaktionen einbezogen ist: Die Verpflichtung der Immobilienmakler kann allerdings nach vorherrschender Ansicht vor allem deshalb bei der Aufklärung von Fällen von Geldwäsche oder Terrorismusfinanzierung einen eigenständigen Beitrag leisten, da dieselben eine zentrale Rolle beim Kauf bzw. Verkauf von Immobilien spielen. Der Immobilienmakler als direkter Vermittler zwischen Käufer und Verkäufer kennt die Vertragsparteien möglicherweise unmittelbarer als ein Notar und kann daher Risikosituationen mitunter am besten bewerten.[295] Es sind zudem einige Fälle bekannt geworden, in denen Immobilienmakler selbst von Kriminellen zum Zwecke der Geldwäsche eingesetzt wurden: So sind Fälle bekannt geworden, in denen Immobilienmakler beispielsweise Bankkonten in Vertretung der Parteien für die Abwicklung von Finanztransaktionen auf ihren eigenen Namen eröffneten. Nach außen hin erlaubt dies eine Verschleierung der tatsächlichen Finanztransaktionen bzw. deren Parteien und verwischt so die Transaktionsketten und erschwert die Aufklärung der Finanzflüsse.[296]

253 Die **verstärkte gewerberechtliche Kontrolle** der Immobilienmakler hinsichtlich deren Pflichtenerfüllung ging nicht geräuschlos vonstatten.[297] Mittlerweile hat sich insbesondere das Meldeverhalten der Immobilienmakler teilweise gebessert.[298]

254 **Besonderheiten ergeben sich im GwG für Immobilienmakler** insbesondere bei der Kundenidentifizierung. Nach § 11 Abs. 2 GwG soll, wenn die Vertragsparteien hinreichend bestimmt sind, die Identifizierung des Kunden bereits bei **„ernsthaftem Interesse“** des Kunden an der Durchführung des Immobilienkaufvertrags stattfinden (siehe → § 11 Rn. 6). Daneben ist es auch möglich, dass die Aufsichtsbehörden der Immobilienmakler gem. § 7 Abs. 3 GwG die Anord-

---

294 FATF, Money Laundering & Terrorist Financing Through the Real Estate Sector, 2007, S. 17, 24 f.

295 FATF, Money Laundering & Terrorist Financing Through the Real Estate Sector, 2007, S. 6, 10, 29.

296 FATF, Money Laundering & Terrorist Financing Through the Real Estate Sector, 2007, S. 9 f.

297 Vgl. z. B. OVG NRW, Beschl. v. 7.7.2021, 4 A 1695 zur „Fragebogenaufforderung“.

298 FIU, Jahresbericht 2020, S. 17.

nung treffen, dass die Makler einen Geldwäschebeauftragten zu bestellen haben, wenn sie dies für nötig erachten (siehe → § 7 Rn. 10). Ist ein Immobilienmakler Angestellter eines Unternehmens, treffen außerdem nach § 6 Abs. 3 GwG die internen Sicherungsmaßnahmen nicht den angestellten Makler, sondern das Unternehmen (siehe → § 6 Rn. 128 ff.).

Zur Unterstützung der Immobilienmakler und der Aufsichtsbehörden bei der **255** Geldwäschebekämpfung hat die FATF eine hilfreiche Handreichung für die Anwendung des risikobasierten Ansatzes (Risk-Based Approach) für Immobilienmakler und staatliche Stellen veröffentlicht.[299] In Deutschland wird nachhaltig große Sorge um die **Risikoexposition des Immobiliensektors** im Hinblick auf dessen Geldwäscherisikoexposition geäußert, sodass im Sektor weitere Verschärfungen zu erwarten sind.[300] Die FATF merkt weiterhin die relativ geringe Sensibilisierung des Sektors und die geringe Aussagekraft öffentlicher Register[301] an. Auch die Umgehung von Registerpflichten durch die Zwischenschaltung von gesellschaftsrechtlichen Strukturen ist in Deutschland allgegenwärtig; ob sich dies mit der Einführung des Transparenzregisters nachhaltig ändern wird, muss wohl abgewartet werden. In aller Offenheit muss jedoch auch hinterfragt werden, ob staatliche Überwachungsmöglichkeiten hinsichtlich des Immobiliensektors, insbesondere das Immobilienregisterwesen, möglicherweise vorrangig ausgebaut werden sollten, bevor weitere Verpflichtungen auf die Privatwirtschaft abgewälzt werden.

XVI. Glücksspielveranstalter und -betreiber
(§ 2 Abs. 1 Nr. 15 GwG)

Die Verpflichtung von Glücksspielveranstaltern und Glücksspielbetreibern auf **256** internationaler Ebene hat ihren Ursprung in den **FATF-Empfehlungen** von 2003,[302] die bis heute Empfehlungen zur Einbeziehung von Casinos in die Geldwäscheprävention enthalten.[303] Die EU verpflichtet Anbieter von Glücksspieldiensten in Art. 2 Abs. 1 Nr. 3 lit. f. der Vierten EU-Geldwäscherichtlinie.[304]

---

299 FATF, RBA Guidance for Real Estate Agents, 2008.

300 Vgl. Fachstudie des Bundeskriminalamtes „Geldwäsche im Immobiliensektor in Deutschland", 25.10.2012.

301 FATF, 3rd Follow Up Report to the Country Evaluation Germany Juni 2014, S. 29.

302 FATF, The Forty Recommendations, 2003, Recommendation 12 lit. a), Recommendation 24 lit. a), Interpretive Notes: Recommendation 5, 12 and 15.

303 FATF, Recommendations 2012–2017, Recommendation 22 lit. a), 28 lit. a), Interpretive Note to Recommendation 22 and 23 (DNFBPS) Nr. 1, Interpretive Note to Recommendation 22 (DNFBPS – Costumer Due Diligence) Nr. 2.

304 Mit der weiteren Einschränkung des Art. 11 lit. d der Vierten EU-Geldwäscherichtlinie.

Diese Verpflichtung besteht auf europäischer Ebene – auf Casinos beschränkt –
seit der Zweiten EU-Geldwäscherichtlinie in 2001,[305] auf nationaler Ebene erfolgte die Verpflichtung bereits 1993.[306] Durch die Änderungen des FinTraG
2021 wurde die Bereichsausnahme für staatliche Lotterien klargestellt,[307] die Voraussetzung der Ausnahme „die nicht im Internet veranstaltet werden" hingegen
gestrichen. Aufgrund der Neufassung der Begrifflichkeiten im Glücksspielstaatsvertrag von 2021 entfiel diese Rückausnahme ebenso wie die Ausnahme
von „Soziallotterien", letztere allerdings nur aus redaktionellen Gründen.[308]

257 Dass der Glücksspielsektor zu geldwäscherechtlichen Maßnahmen verpflichtet
wird, hat vielfältige Gründe. Casinos sind für Geldwäscher attraktiv, da sie mitunter Tätigkeiten ausführen, die denen von Finanzinstituten ähneln, indem sie
beispielsweise Geld (zu Jetons und wieder zu Geld) wechseln, verschiedene
Währungen tauschen oder Geldtransfers durchführen. Darüber hinaus agieren
Spielbanken oft bargeldlastig und bieten daneben auch elektronische Transaktionen, teils über Ländergrenzen hinweg, an.[309] Aus diesen Gründen versuchen
organisierte kriminelle Gruppen seit langer Zeit, Casinos oder zumindest Beteiligungen hieran zu kontrollieren.[310]

258 Nach dem GwG a. F. waren schon länger Casinos (§ 2 Abs. 1 Nr. 10 GwG a. F.)
und Veranstalter und Vermittler von Online-Glücksspielen als Verpflichtete erfasst (§ 2 Abs. 1 Nr. 11 GwG a. F.).[311] Dennoch stellt die Vierte EU-Geldwäscherichtlinie fest: „Die Nutzung der Dienstleistungen des Glücksspielsektors zum
Waschen von Erträgen aus kriminellen Tätigkeiten gibt **Anlass zur Sorge**."[312]

259 Mit der Umsetzung der Vierten EU-Geldwäscherichtlinie hielten einige Änderungen Einzug in das GwG: Die Unterscheidung zwischen „Veranstalter und Betreiber" wurde aufgegeben und der Kreis der geldwäscherechtlich Verpflichteten
vergrößert. Seitdem müssen sämtliche Veranstalter und Betreiber von Glücksspielen die geldwäscherechtlichen Pflichten beachten, sofern und soweit sie
nicht unter eine der im Gesetz genannten Ausnahmen fallen.[313]

---

305 Vgl. Richtlinie 2001/97/EG des Europäischen Parlaments und des Rates v. 4.12.2001
     zur Änderung der Richtlinie 91/308/EWG des Rates zur Verhinderung der Nutzung
     des Finanzsystems zum Zwecke der Geldwäsche – Erklärung der Kommission, Art. 1
     Nr. 2 Nr. 7.
306 BGBl. I 1993, S. 1770, 1771.
307 BT-Drs. 19/28164, S. 41.
308 BT-Drs. 19/28164, S. 42.
309 FATF, Vulnerabilities of Casinos and Gaming Sector, 2009, Nr. 86 f.
310 FATF, Vulnerabilities of Casinos and Gaming Sector, 2009, Nr. 94.
311 Eine gute historische Herleitung der Einbeziehung des Sektors in Deutschland und
     der EU findet sich bei *Ennuschat*, ZfWG 2016, Beil. Nr. 1, 10, 11 f.
312 Vierte EU-Geldwäscherichtlinie, ErwG 21.
313 *Reeckmann*, ZfWG 2018, 15, 16; *Ennuschat*, ZfWG 2016, Beil. Nr. 1, 10.

Der **Begriff des Glücksspiels** wird in § 1 Abs. 8 GwG definiert. Diese Defini- **260**
tion umfasst „jedes Spiel, bei dem ein Spieler für den Erwerb einer Gewinnchance ein Entgelt entrichtet und der Eintritt von Gewinn oder Verlust ganz oder
überwiegend vom Zufall abhängt" (vgl. oben → § 1 Rn. 87 ff.). Von diesen Verpflichteten nimmt der Gesetzgeber drei Kategorien von Glücksspielen aus, bei
denen aufgrund einer staatlichen Überwachung und dem dadurch bedingten geringen Manipulationsrisiko und geringen Einsatz- und Gewinnmöglichkeiten
von einem geringen Geldwäscherisiko ausgegangen wird, sodass der deutsche
Gesetzgeber sich dazu befähigt sah, nach Art. 2 Abs. 2 der Vierten EU-Geldwäscherichtlinie Ausnahmen von der Verpflichtung zu machen. Zu beachten ist
hierbei, dass die Betreiber von Gewinnspar-Lotterien nicht von den Ausnahmen
gedeckt sind, da diese als Kreditinstitute bereits nach Abs. 1 Nr. 1 Verpflichtete
des GwG sind.[314]

Die erste Ausnahme bildet nach § 2 Abs. 1 Nr. 15 lit. a GwG der Betrieb von **261**
Geldspielgeräten nach § 33c GewO. Hieran sind enge Voraussetzungen geknüpft, die von den Betreibern eingehalten werden müssen. Zum einen muss der
Betreiber eine Erlaubnis zum Betrieb besitzen und die Bauart der Geräte von
staatlicher Stelle zugelassen sein, zum anderen kann es viele Auflagen an den
Betrieb geben, wie z. B. zum Aufstellungsort, der Menge der an einem Ort aufgestellten Geräte und zu den maximalen Einsätzen und Gewinnen. Aufgrund
dieser engen Vorgaben kann von einem geringeren Risiko der Geldwäsche ausgegangen werden, was die Rückausnahme erklärt.[315]

Ebenso besteht ein geringes Risiko bei Vereinen, die das Unternehmen eines **To-** **262**
talisatoren nach § 1 des Rennwett- und Lotteriegesetzes (RennwLottG) betreiben (§ 2 Abs. 1 Nr. 15 lit. b GwG). Nach Ansicht des Gesetzgebers sind solche
Glücksspiele nicht geldwäscherechtlich relevant. Totalisatoren betreiben eine
Art Wette, hier Pferdewetten, bei der lediglich der für ein bestimmtes Rennen ge-
wettete Einsatz an die Gewinner verteilt wird und auch die Wettquote erst nach
dem letzten Wetteinsatz feststeht. Mithin ist die Funktion der Totalisatoren eher
die eines „Wett-Vermittlers". Hierbei ergeben sich aus den rechnerischen Eigen-
heiten des Totalisatorengeschäfts verhältnismäßig geringe mögliche Gewinne,
da der Spieler regelmäßig nur geringe Einsätze erbringt und bei höheren Einsätzen die Gewinnchance tendenziell abnimmt. Es handelt sich also um eine Art
des Glücksspiels, die sich für Geldwäscher in der Tendenz weniger lohnt. Daher
sind die Vereine, die die Funktion eines Totalisatoren nach § 1 RennwLottG betreiben, keine Verpflichteten nach dem GwG. Andere Betreiber oder Vermittler
von Pferdewetten sind hingegen nicht ausgenommen und vom Anwendungsbereich erfasst.[316]

---

314 BT-Drs. 18/11555, S. 108.
315 BT-Drs. 18/11555, S. 107.
316 BT-Drs. 18/11555, S. 107.

263 Weiterhin unterfallen nach § 2 Abs. 1 Nr. 15 lit. c GwG auch **Lotterien** nicht dem GwG, wenn sie eine staatliche Erlaubnis einer in Deutschland zuständigen Behörde besitzen. Die Einschränkung „und die nicht im Internet abgehalten werden" ist durch das TraFinG 2021 entfallen.

264 Der Gesetzgeber weist in der Gesetzesbegründung darauf hin, dass die Streichung „[…] eine Abgrenzung zu den nach Maßgabe des Glücksspielstaatsvertrags (GlüStV) verbotenen Lotterien im Internet ermöglichen [sollte] (sogenannte Schwarze Lotterien oder illegale Zweitlotterien). Angeknüpft wird hierbei an die Ziehungspraxis staatlicher Lotterien, welche jeweils terrestrisch erfolgt. Hingegen zielte die Regelung nicht darauf ab, Lotterien vom Anwendungsbereich der Ausnahme nach Buchstabe c auszunehmen, soweit diese Angebote im Internet vertreiben. Mit Blick auf die erforderliche Abgrenzung zu verbotenen Lotterien im Internet kann auf das Merkmal der Veranstaltung bzw. den Vertrieb des Glücksspielangebots im Internet bzw. die damit erfolgte Anknüpfung an die terrestrische Ziehungspraxis letztlich jedoch verzichtet werden. Die Anpassung des Wortlautes macht durch Streichung des entsprechenden Merkmals daher deutlich, dass es für den Anwendungsbereich der Ausnahmeregelung nach Buchstabe c im Ergebnis allein darauf ankommt, ob dem Veranstalter oder Vermittler eine Erlaubnis der in Deutschland jeweils zuständigen Behörde erteilt wurde."[317]

265 Durch die Änderung des Gesetzes hat sich der Gesetzgeber vom Dogma abgewandt, dass bei Online-Glücksspielen ein deutlich größeres Geldwäscherisiko bestehe als bei vergleichbaren Glücksspielen, die „offline" durchgeführt werden. Die gesetzgeberische Würdigung entspricht den Würdigungen des Gesetzgebers, der im Glücksspielstaatsvertrag 2021 das Glücksspiel im Internet weitgehend erlaubt hat. Entsprechend harsch wurde die Neugestaltung des rechtlichen Rahmens des Glücksspielwesens und dessen Maßnahmen zur Eindämmung insbesondere von Missständen im Internet-Glücksspiel kommentiert.[318]

266 Zu den verpflichtungsfreien Glücksspielen dieser Kategorie gehören die Lotterien der selbstständigen Landeslotterien des Deutschen Lotto- und Totoblocks, die Klassenlotterien der Gemeinsamen Klassenlotterie der Länder und Gewinnsparlotterien im Sinne des dritten Abschnitts des Ersten Glücksspieländerungsstaatsvertrags.[319] Damit sind alle wesentlichen „Offline"-Lotterien und deren Annahmestellen jedenfalls weiterhin frei von geldwäscherechtlichen Pflichten.[320]

---

317 BT-Drs. 19/26184, S. 41.
318 Vgl. z. B. – überzeugend – *Findeisen*, ZFWG 2021, 436, der insbesondere auf schwere Defizite in Konzept und Vollzug der aufsichtlichen Befugnisse insbesondere hinsichtlich des „Mitwirkungsverbotes" hinweist.
319 BT-Drs. 18/11555, S. 107.
320 BT-Drs. 18/11555, S. 108.

Zuletzt waren gem. § 2 Abs. 1 Nr. 15 lit. d GwG a. F. bis zum Inkrafttreten der **267** Neufassung des GwG im Jahr 2021 auch **Soziallotterien** ausgenommen. Durch die Neufassung der Definitionen im Rahmen des Glücksspielstaatsvertrages 2021 war die ausdrückliche Nennung der Rückausnahme hinfällig geworden.[321] Sie sind mithin weiter vom Anwendungsbereich des GwG ausgenommen. Das galt und gilt selbst, wenn sie über das Internet angeboten und abgehalten werden, denn auch sie müssen eine staatliche Erlaubnis besitzen und bieten nur eine vergleichsweise geringe Gewinnausschüttung.[322] Die entsprechende staatliche Aufsicht und die wenig attraktiven Gewinnaussichten rechtfertigen die Ausnahme vom Verpflichtetenkreis, erhöhen aber die Risikoexposition des Sektors.

Für Veranstalter und Betreiber von Glücksspielen gelten einige **Sonderregelun-** **268** **gen** im GwG: Zunächst ist zu beachten, dass die allgemeinen Sorgfaltspflichten nach § 10 Abs. 5 GwG erst dann angewendet werden müssen, wenn ein Spieler mindestens 2.000 EUR einsetzt oder gewinnt. Die Identifizierung kann, wie das Gesetz ausdrücklich vorsieht, auch direkt beim Einlass in das Casino erfolgen, wenn im Nachhinein ein Gewinn, ein Einsatz, der Kauf und Rücktausch von Jetons mit einem Wert von mindestens 2.000 EUR noch dem einzelnen Spieler zugeordnet werden kann. Im Rahmen der internen Sicherungsmaßnahmen müssen sie nach § 6 Abs. 4 GwG außerdem über die Einrichtung von Datenverarbeitungssystemen zum Zwecke der Transparenz der Geldströme sicherstellen, dass ihnen zweifelhafte oder ungewöhnliche Geschäftsbeziehungen und Zahlungen auffallen. Unter bestimmten Bedingungen kann jedoch von dieser Pflicht abgewichen werden (Näheres hierzu siehe → § 6 Rn. 146 ff.). Darüber hinaus ist zwingend ein Geldwäschebeauftragter auf Führungsebene und ein Stellvertreter zu bestellen (§ 7 Abs. 1 GwG).

Zu beachten gilt, dass bei Glücksspielen im Internet bei einem Angebot oder **269** einer Vermittlung eines solchen Glücksspiels die 2.000 EUR-Schwelle und die Möglichkeit der physischen Identifizierung „am Eingang" des Casinos nicht gelten und die Sorgfaltspflichten daher unabhängig von einem Schwellenwert vorzunehmen sind. Weiterhin befinden sich in § 16 GwG **Sondervorschriften** für Internet-Glücksspiele, darunter beispielsweise die Pflicht, für den Spieler vor Spielbeginn ein Spielerkonto anzulegen, anhand dessen er eine vorläufige Identifizierung vornehmen kann, und die Pflicht, z. B. die Aufsichtsbehörde über die eigene Kontoeröffnung bei einer Bank zu informieren, auf der Gelder von Kunden zur Teilnahme am Glücksspiel eingehen sollen. Zu diesen Konten darf sich die Aufsichtsbehörde nach Maßgabe des § 51 Abs. 7 GwG Informationen einholen (Näheres zu den Sondervorschriften aus § 16 siehe → § 16 Rn. 19). Sind einem Anbieter oder Vermittler von Online-Glücksspielen bereits

---

321 BT-Drs. 19/28164, S. 42.
322 BT-Drs. 18/11555, S. 108.

früher nach § 50 Nr. 8 GwG a. F. von der Aufsichtsbehörde Befreiungen gewährt worden, galten diese nach § 59 Abs. 4 GwG lediglich bis zum 30.6.2018 fort.

270 Eine aktuelle Aufstellung besonderer rechtspraktischer Herausforderungen der Betreiber hat *Reeckmann* verfasst.[323] Zur Unterstützung dieser Verpflichtetengruppe und der Aufsichtsbehörden bei der Geldwäschebekämpfung hat die FATF zum einen eine Handreichung für die Anwendung des risikobasierten Ansatzes (Risk-Based Approach) für Spielbanken[324] und zum anderen einen Report zu den Schwachstellen hinsichtlich Geldwäsche und Terrorismusfinanzierung in Spielbanken und im Glücksspielsektor veröffentlicht.[325] Darüber hinaus verdeutlicht die Stellungnahme von *Findeisen*[326] die Defizite bei der Beaufsichtigung des Glücksspiels und die fortbestehenden hohen Risiken des Sektors unter dem neuen Glücksspielstaatsvertrag aus dem Jahr 2021.

XVII. Güterhändler, Kunstvermittler und Kunstlagerhalter (§ 2 Abs. 1 Nr. 16 GwG)

271 Nach § 2 Abs. 1 Nr. 16 GwG zählen auch Güterhändler und Kunstlagerhalter, soweit die Lagerhaltung in Zollfreigebieten erfolgt, zu den geldwäscherechtlich Verpflichteten. **Güterhändler** in diesem Sinne ist, „wer gewerblich Güter veräußert oder erwirbt, unabhängig davon, in wessen Namen oder auf wessen Rechnung" (siehe zu dieser Definition näher → § 1 Rn. 92 ff.). Die geldwäscherechtliche Verpflichtung von Güterhändlern beruht auf Art. 2 Abs. 1 Nr. 3 lit. e der Vierten EU-Geldwäscherichtlinie.[327] Auch die aktuellen FATF-Empfehlungen sehen Güterhändler als geldwäscherechtliche Verpflichtete an, wenngleich mit entsprechend eingeschränktem Anwendungsbereich.[328]

272 In Umsetzung von Art. 1 Nr. 1 Buchst. c der Änderungsrichtlinie zur Vierten EU-Geldwäscherichtlinie wurden Kunstvermittler als besonders risikotragende Branche unter Berücksichtigung eines Mindestschwellenwertes von 10.000 EUR, aber unabhängig von einem Barzahlungserfordernis, in die Pflichtenkataloge der nationalen Geldwäschegesetze aufgenommen. Als **Kunstvermittler** im Sinne der Vorschrift gelten aufgrund § 1 Abs. 23 Gewerbetreibende, welche den Abschluss von Kaufverträgen über Kunstgegenstände vermitteln, auch als Auktionator oder Galerist. Die nur gelegentliche Vermittlung entsprechender Kon-

---

323 *Reeckmann*, ZfWG 2018, 15.
324 FATF, RBA Guidance for Casinos, 2008.
325 FATF, Vulnerabilities of Casinos and Gaming Sector, 2009.
326 *Findeisen*, ZfWG 2021, 436.
327 Hinsichtlich der „Über-Umsetzungen" der internationalen Normen vgl. → § 4 Rn. 37 ff.
328 FATF, The Recommendations, 2012–2017, Recommendation 22 lit. c), Recommendation 23 lit. b), Interpretive Note to Recommendation 22 and 23 (DNFBPS).

trakte unterhalb der Gewerblichkeitsschwelle oder außerhalb einer Kerntätigkeit ist mithin nicht erfasst (vgl. → § 1 Rn. 95). Die im Zuge der GwG-Novelle 2019 in den Verpflichtetenkreis aufgenommenen **Kunstlagerhalter** sind ebenso in § 1 Abs. 23 legaldefiniert (vgl. → § 1 Rn. 226 ff.). Sie werden vom GwG nur hinsichtlich solcher Transaktionen („soweit") erfasst, die in Zollfreigebieten erfolgen. Unter dem Begriff „Zollfreigebiet" ist eine sogenannte Freizone im Sinne der Art. 243 ff. des Unionszollkodex („UZK") zu verstehen. Ausweislich der Gesetzesbegründung seien solche Freizonen auf deutschem Gebiet derzeit lediglich die Freihäfen von Cuxhaven und Bremerhaven. Zum Kunstbegriff siehe → § 4 Rn. 75.

Der **Grund für die Verpflichtung der Güterhändler** ist darin zu sehen, dass   **273** das Handelssystem einer der Hauptwege ist, den Kriminelle nutzen, um Geld in das Finanzsystem einzuführen und die Herkunft des Geldes zwecks Geldwäsche oder Terrorismusfinanzierung zu verschleiern.[329] „Trade-Based Money Laundering" ist zu einem ernst zu nehmenden Phänomen geworden; zahlreiche Studien belegen dies.[330]

Der Güterhandel ist vor allem deshalb so zentral für die Bekämpfung von Geld-   **274** wäsche und Terrorismusfinanzierung, weil dieser Bereich im Sinne des **3-Phasen-Modells** (siehe → § 1 Rn. 25) in allen drei Phasen mit inkriminiertem Vermögen in Berührung kommt. Im Rahmen des Placements nehmen Güterhändler möglicherweise bemakeltes Geld an und zahlen es auf ein Konto ein. Die einfache Möglichkeit des Wechsels von Geld zu Waren und wieder zurück hilft in der Phase des Layering bei der Verschleierung der Herkunft des Geldes. Schließlich sehen sich Güterhändler auf der Ebene der Integration, auf der sich Kriminelle Luxusgüter kaufen wollen, der Geldwäsche ausgesetzt. Güterhändler unterliegen mithin einem erhöhten Risiko, dass sie mit geldwäscherechtlich relevanten Gegenständen, insbesondere mit unrechtmäßig erlangten Waren oder Geldern, in Berührung kommen. Wie oben geschildert (vgl. → § 1 Rn. 96 ff.), „verdanken" die Güterhändler ihre Einbeziehung in die Geldwäscheprävention teilweise recht naiv anmutenden Vorstellungen über das Investitionsverhalten Krimineller. Andererseits ist das Phänomen des „Trade-Based Money Laundering", bei dem Vermögensgegenstände sicherlich ebenso leicht verfügt, Transaktionen strukturiert und die Herkunft inkriminierten Vermögens verwischt werden können wie bei Finanztransaktionen, bekannt.

---

329 FATF, Best Practices on Trade Based Money Laundering, 2008, S. 1.
330 FATF, Trade-Based Money Laundering, 2006; ACAMS, Trade-Based Money Laundering – Capturing the New Frontier through Analytics, 2016; BAFT, Combating Trade Based Money Laundering: Rethinking the Approach, 2017. Die BaFin reagierte auf die Risikosituation im Jahr 2021 auch durch die Festlegung von Standards in der Außenhandelsfinanzierung, allerdings für Banken, vgl. BaFin-AuA BT Kreditinstitute 2021, S. 21 ff.

275 Allerdings besteht ein bedeutsames, über **Alltagsgeschäfte hinausgehendes Geldwäscherisiko** im Hinblick auf die Tätigkeiten von Güterhändlern in den drei genannten Phasen nur, wenn die Güterhändler auch mit nicht völlig unbedeutenden Vermögenswerten Handel betreiben. Aus ebendiesem Grund erfasst die Vierte EU-Geldwäscherichtlinie Güterhändler auch nur dann als Verpflichtete, wenn sie Zahlungen in Höhe von 10.000 EUR oder mehr in bar tätigen oder entgegennehmen (Art. 2 Abs. 1 Nr. 3e der Vierten EU-Geldwäscherichtlinie). Der deutsche Gesetzgeber verfolgt hingegen einen anderen Ansatz. Dieser Ansatz besteht darin, zunächst sämtliche Güterhändler, ohne Rücksicht auf bestimmte Schwellenwerte, als geldwäscherechtlich Verpflichtete einzubeziehen, sodann aber im Rahmen der besonderen geldwäscherechtlichen Vorschriften einige Ausnahmen vorzusehen (vgl. hierzu eingehend → § 4 Rn. 36 ff.).

276 So sieht **§ 4 Abs. 5 GwG eine Befreiung** von der Pflicht vor, über ein wirksames Risikomanagement zu verfügen, sofern Güterhändler bei der Auszahlung oder Annahme von Bargeld unter dem Schwellenwert von 10.000 EUR bzw. im Edelmetallhandel 2.000 EUR bleiben. Entsprechendes gilt gem. § 10 Abs. 6 GwG grundsätzlich auch für die Einhaltung der Kundensorgfaltspflichten.

277 Eine Ausnahme davon gilt jedoch im Hinblick auf die Kundensorgfaltspflichten dann, wenn **konkrete Tatsachen** vorliegen, die darauf hindeuten, dass es sich bei den betroffenen Vermögensgegenständen um Gegenstände der Geldwäsche handelt oder die Vermögensgegenstände im Zusammenhang mit der Terrorismusfinanzierung stehen. Damit sind Güterhändler, die unter der Bargeldschwelle von 10.000 EUR, im Edelmetallhandel 2.000 EUR, bleiben, im Endeffekt von den GwG-Pflichten aus den §§ 4–7, 9–17 GwG befreit.

278 Soweit bei den Tätigkeiten des Güterhändlers überhaupt **kein Bargeld betroffen** ist, also beispielsweise ausschließlich Wertpapiere oder Waren vom Güterhändler angenommen oder ausgegeben werden, greifen die Pflichten zur Unterhaltung eines angemessenen Risikomanagements und die Kundensorgfaltspflichten schon ohne Rücksicht auf bestimmte Schwellenwerte nicht.[331] Dies entspricht auch Art. 2 Abs. 1 Nr. 3e der Vierten EU-Geldwäscherichtlinie, der eine geldwäscherechtliche Verpflichtung der Güterhändler nur bei Tätigung und Entgegennahme von „Barzahlungen" vorsieht.

279 Ein barzahlungsunabhängiger Schwellenwert ist hingegen mit der GwG-Novelle 2019 für **Kunsthändler** ins Gesetz aufgenommen worden. Die Pflichten des GwG gelten für Kunsthändler und Kunstlagerhalter erst ab einem – bargeldunabhängigen – Schwellenwert von 10.000 EUR, vgl. § 4 Abs. 5 Nr. 1a und 2 und § 10 Abs. 6a Nr. 1a und 2.

280 Problematisch erscheint jedoch, dass auch bei Befreiung des Güterhändlers von den genannten Pflichten des GwG jedenfalls stets ein **faktisches Risiko** fortbe-

---

331 *Warius*, in: Herzog, GwG, 3. Aufl. 2018, § 2 Rn. 182.

steht, dass das eigene Unternehmen für Geldwäsche und Terrorismusfinanzierung missbraucht wird. Im Zuge dessen kann dem Güterhändler eine Strafbarkeit nach dem StGB oder eine Sanktion nach dem OWiG wegen einer selbst leichtfertig begangenen Geldwäsche oder wegen der Verletzung von Aufsichts- und Organisationspflichten drohen, wenn zum Beispiel leichtfertig Geld angenommen wird, welches aus einer Steuerhinterziehung stammt. Daher werden aus tatsächlichen Gründen für Güterhändler auch bei konstanter Unterschreitung der Bargeldschwelle die Einhaltung von Sicherungsmaßnahmen und von Kundensorgfaltspflichten nötig sein, obgleich die Güterhändler dann aufgrund der Lossagung von den genannten GwG-Pflichten deutlich freier in der Ausgestaltung dieser Pflichtenerfüllung sind.[332]

Im Übrigen bleiben die sonstigen Pflichten aus dem GwG für Güterhändler bestehen. Dies sind insbesondere die Meldepflichten nach § 43 Abs. 1 GwG, damit verbundene Aufzeichnungs- und Aufbewahrungspflichten nach § 8 Abs. 1 Satz 1 Nr. 4 und Abs. 4 GwG sowie die Pflichten bezüglich des Transparenzregisters. Schließlich ist ein Güterhändler nach § 7 Abs. 3 GwG verpflichtet, einen Geldwäschebeauftragten zu bestellen, wenn die Aufsichtsbehörde dies anordnet. Eine solche Anordnung durch die Aufsichtsbehörde soll insbesondere erfolgen, wenn es sich um Händler hochwertiger Güter handelt (siehe dazu → § 7 Rn. 23). **281**

Zur Unterstützung dieser Verpflichtetengruppe und der Aufsichtsbehörden bei der Geldwäschebekämpfung hat die **FATF** eine hilfreiche Handreichung für die Anwendung des risikobasierten Ansatzes (Risk-Based Approach) für Güterhändler veröffentlicht.[333] Speziell für die Aufsichtsbehörden wurde von der FATF ein Best Practices Paper erstellt, welches die Schwachstellen im Güterhandel aufzeigt.[334] Zum Hintergrund und weiteren Aspekten der Verpflichtung von Güterhändlern vgl. oben (→ § 1 Rn. 96 ff.) und zum „Opt-out" und den Sicherungsmaßnahmen unten (→ § 4 Rn. 36 ff.). **282**

Im Rahmen der europäischen Neuordnung der Geldwäscheprävention wäre eine **Beschränkung des Verpflichtetenkreises** auf die nach den internationalen Quellen vornehmlich risikoexponierten Händler in Kunstgegenständen, Edelmetallen und Edelsteinen und vergleichbarer hochwertigen Kaufgegenstände möglich. Die letzten **Äußerungen des Bundesrates**[335] lassen aber die Hoffnung schwinden, dass die deutsche Überumsetzung der FATF- und EU-Vorgaben im neuen Rechtsrahmen ihr Ende finden wird. **283**

---

332 Vgl. auch *Lochen*, CCZ 2017, 226, 227.
333 FATF, RBA Guidance for Dealers in Precious Metal and Stones, 2008.
334 FATF, Best Practices on Trade Based Money Laundering, 2008.
335 Beschl. des Bundesrates, BR-DRs 739/21 v. 26.11.2021, S. 4, Ziff. 11 („Er regt ferner an, bei den weiteren Verhandlungen sicherzustellen, dass Güterhändler auch weiterhin als Verpflichtete des Geldwäscherechts belassen werden.").

XVIII. Verordnungsermächtigung (§ 2 Abs. 2 GwG)

284   § 2 Abs. 2 GwG ermöglicht es dem **Bundesfinanzministerium**, ohne Zustimmung des Bundesrates Rechtsverordnungen zu erlassen, in denen es bestimmte Verpflichtete wieder von den Pflichten des GwG entbindet.

285   Zu diesen potenziell privilegierten Verpflichteten gehören namentlich sämtliche Verpflichtete nach § 2 Abs. 1 Nr. 1–9 und 16 GwG, also insbesondere

- Kreditinstitute,
- Finanzdienstleistungsinstitute,
- Zahlungsinstitute und E-Geld-Institute,
- Agenten und E-Geld-Agenten,
- selbstständige Gewerbetreibende, die E-Geld eines Kreditinstituts vertreiben oder zurücktauschen,
- Finanzunternehmen,
- Versicherungsunternehmen,
- Versicherungsvermittler,
- Kapitalverwaltungsgesellschaften,
- sowie Güterhändler, Kunstvermittler und Kunstlagerhalter.

286   Eine Entbindung dieser potenziell privilegierten Verpflichteten ist jedoch nur möglich, wenn diese ihre gewerbliche Tätigkeit nur gelegentlich oder in sehr begrenztem Umfang ausüben und bei denen lediglich ein geringes Risiko der Geldwäsche und Terrorismusfinanzierung besteht. Damit wird dem risikobasierten Ansatz (Risk-Based Approach) Rechnung getragen, wonach es unter Risikoaspekten keinen Sinn macht, solchen Unternehmen das Pflichtenprogramm des GwG aufzuerlegen.[336]

287   **Ausgenommen** von dieser potenziellen Privilegierung sind lediglich solche Unternehmen, die Finanztransfers im Sinne von § 1 Abs. 1 Satz 2 Nr. 6 des ZAG durchführen. Finanztransfers in diesem Sinne sind „Dienste, bei denen ohne Einrichtung eines Zahlungskontos auf den Namen eines Zahlers oder eines Zahlungsempfängers ein Geldbetrag des Zahlers ausschließlich zur Übermittlung eines entsprechenden Betrags an den Zahlungsempfänger oder an einen anderen, im Namen des Zahlungsempfängers handelnden Zahlungsdienstleister entgegengenommen wird oder bei dem der Geldbetrag im Namen des Zahlungsempfängers entgegengenommen und diesem verfügbar gemacht wird".

288   Die Privilegierung der genannten Unternehmen greift jedoch nur dann, wenn

- die Finanztätigkeit auf einzelne Transaktionen von bis zu 1.000 EUR je Kunde und Transaktion beschränkt ist,

---

336 BT-Drs. 18/11555, S. 108.

- der Umsatz der Finanztätigkeit insgesamt nicht über 5 % des jährlichen Gesamtumsatzes des Verpflichteten hinausgeht,
- die Finanztätigkeit lediglich eine mit der ausgeübten Haupttätigkeit zusammenhängende Nebentätigkeit ist,
- die Finanztätigkeit nur für Kunden der Haupttätigkeit und nicht für die allgemeine Öffentlichkeit erbracht wird.

Die Verordnungsermächtigung basiert auf Art. 2 Abs. 3–6 der Vierten EU-Geldwäscherichtlinie. Im Unterschied zur schon in § 2 Abs. 2 GwG a. F. enthaltenen Verordnungsermächtigung erfasst diese auch Güterhändler als potenziell privilegierte Verpflichtete. Weiterhin besteht die Möglichkeit des Bundesministeriums, den Erlass der Verordnung auf die BaFin zu übertragen, schon seit der Umsetzung der Vierten EU-Geldwäscherichtlinie nicht mehr.[337] Die im Rahmen der GwG-Novelle 2019 aufgenommene Unterrichtungspflicht an die EU-Kommission dient der vollständigen Umsetzung von Art. 2 Abs. 8 der Vierten EU-Geldwäscherichtlinie.[338]   **289**

XIX. Versteigerungen der öffentlichen Hand

Im Rahmen der GwG-Novelle 2019 beendete der Gesetzgeber mit der Einbeziehung öffentlicher Versteigerungen bei Barzahlungen eine absurde Praxis. Offenbar motiviert durch die Aussicht auf originären Eigentumserwerb sui generis durch Zuschlag (§ 90 ZVG)[339] wurden öffentliche Versteigerungen insbesondere durch Clankriminelle zum Erwerb von Immobilien oder hochwertigen Gütern genutzt – oftmals unter Verwendung von Bargeld (im Immobiliensektor wohl mit beträchtlichen Bargeldsummen).[340] Durch die Neuregelung sind nunmehr **Gerichte, Behörden sowie Körperschaften und Anstalten des öffentlichen Rechts verpflichtet,** „Kunden"-Sorgfaltspflichten im Sinne des 3. Abschnitts, die Verdachtsmelde- und damit einhergehenden Dokumentationspflichten des 6. Abschnitts sowie die Kooperationspflichten mit der FIU im Sinne des 5. Abschnitts wahrzunehmen, sofern Ersteher Bargeldzahlungen von mindestens 10.000 EUR tätigen. Lediglich die Errichtung von Sicherungsmaßnahmen und   **290**

---

337 BT-Drs. 18/11555, S. 108.
338 Vgl. Regierungsbegründung, S. 80.
339 Strafrechtlich setzt sich die Bemakelung des Vermögens („herrührt", § 261 StGB) selbstverständlich auch an den durch Zuschlag erworbenen Grundstücken und Gegenständen fort, sofern ein hinreichender Bezug zum ursprünglich bemakelten Vermögen besteht, vgl. *Fischer*, StGB, 67. Aufl. 2020, § 261 Rn. 8 ff. Dem Irrglauben, manch Kriminellen durch Zuschlag „sauberes" Eigentum zu schaffen, tat dies aber offenbar keinen Abbruch.
340 Vgl. BMF, Erste Nationale Risikoanalyse, S. 104.

die Erstellung der Risikoanalyse (2. Abschnitt) sind für die öffentliche Hand nicht vorgesehen.[341]

291   Dass **die Bußgeldvorschriften nach § 56** auch für die Verpflichteten der öffentlichen Hand gelten, ist vom Gesetzgeber zwar sicherlich beabsichtigt, wird vom Gesetz aber aus systematischen Gründen (anders als z. B. bei den Güterhändlern wird keine Ausnahme von einzelnen Abschnitten vorgesehen (vgl. § 4 Abs. 5), sondern das GwG ausdrücklich nur teilweise für anwendbar erklärt), nicht vorgesehen. Aufgrund dieses systemischen Unterschieds – und aufgrund Bestimmtheitserfordernissen im Ordnungswidrigkeitenrecht – gilt der 7. Absatz daher (noch) nicht für die öffentliche Hand.

292   Für **Gerichte** gelten die Normen nur bei der Versteigerung von Grundstücken, von im Schiffsregister eingetragenen Schiffen, von Schiffsbauwerken, die im Schiffsbauregister eingetragen sind oder eingetragen werden können, oder von Luftfahrzeugen.

293   Behörden sowie Körperschaften und Anstalten des öffentlichen Rechts haben die Pflichten nach dem GwG ebenso grundsätzlich bei Barzahlungen zu erfüllen. Erfolgt die Versteigerung im Rahmen einer **Zwangsvollstreckung zur Verwertung gepfändeter Gegenstände**, so bleibt die Norm unanwendbar. Hierdurch werden öffentliche Versteigerungen durch Gerichtsvollzieher ausgenommen. Hinsichtlich der Risikoexposition sind allerdings keine Unterschiede zu sonstigen Versteigerungen durch öffentliche Institutionen zu erkennen; weshalb die vom Gesetz aufgeworfene und vom Gesetzgeber in der Begründung des Gesetzes erläuternd erwähnte[342] Ausnahme im Hinblick auf den Sinn und Zweck des Gesetzes keinen Sinn ergibt.

294   Die Identifikation des Erstehers soll nach dem Gesetzeswortlaut **zeitlich** unmittelbar nach Zuschlag durchgeführt werden, spätestens aber vor Einzahlung des Bargebots. Hiermit wird klargestellt, dass lediglich der Ersteher, nicht aber alle Bieter zu identifizieren sind, nur weil sie ggf. bar eine Sicherheitsleistung einzahlen.[343]

295   Anders als bei den übrigen Verpflichteten ist für Gerichte und Behörden bei natürlichen Personen die Erhebung des Geburtsorts und der Staatsangehörigkeit sowie bei Personengesellschaften und juristischen Personen die Erhebung der

---

341 An dieser Stelle wiederholt sich die für die vom 2. Abschnitt ausgenommenen Güterhändler geführte Diskussion, vgl. § 4 Rn. 60. Wenigstens rudimentäre Strukturen (Ansprechpartner für FIU, Verdachtsmeldewesen, Sensibilisierung der Mitarbeiter der öffentlichen Hand) werden demnach auch von den erfassten öffentlichen Stellen erwartet werden müssen. Ohne ein Mindestmaß an Organisation können die Vorschriften des 3., 5. und 6. Abschnitts des GwG nämlich nicht effektiv eingehalten werden.
342 Vgl. Regierungsbegründung, S. 80.
343 Vgl. Regierungsbegründung, S. 80.

Namen sämtlicher Mitglieder des Vertretungsorgans oder sämtlicher gesetzlichen Vertreter nicht erforderlich.

Körperschaften und Anstalten des öffentlichen Rechts dürfen (anders als Gerich- **296** te und Behörden) die Erfüllung ihrer Aufgaben nach dem Gesetz auf einen anderen Verpflichteten auslagern, nicht aber auf einen vertraglich gebundenen Dritten im Sinne des § 6 Abs. 7 GwG („§ 6 Absatz 7 gilt nicht"). Innerhalb von Gerichten und Behörden können die Aufgaben aber an eine Person innerhalb der öffentlichen Institution delegiert werden. Eine „Amtsträgereigenschaft" der beauftragten Person im Sinne der strafrechtlichen Definition ist hierfür allerdings erforderlich.

§ 3 Wirtschaftlich Berechtigter

(1) Wirtschaftlich Berechtigter im Sinne dieses Gesetzes ist

1. die natürliche Person, in deren Eigentum oder unter deren Kontrolle eine juristische Person, sonstige Gesellschaft oder eine Rechtsgestaltung im Sinne des Absatzes 3 letztlich steht, oder
2. die natürliche Person, auf deren Veranlassung eine Transaktion letztlich durchgeführt oder eine Geschäftsbeziehung letztlich begründet wird.

Zu den wirtschaftlich Berechtigten zählen insbesondere die in den Absätzen 2 bis 4 aufgeführten natürlichen Personen.

(2) Bei juristischen Personen außer rechtsfähigen Stiftungen und bei sonstigen Gesellschaften, die nicht an einem organisierten Markt nach § 2 Absatz 11 des Wertpapierhandelsgesetzes notiert sind und keinen dem Gemeinschaftsrecht entsprechenden Transparenzanforderungen im Hinblick auf Stimmrechtsanteile oder gleichwertigen internationalen Standards unterliegen, zählt zu den wirtschaftlich Berechtigten jede natürliche Person, die unmittelbar oder mittelbar

1. mehr als 25 Prozent der Kapitalanteile hält,
2. mehr als 25 Prozent der Stimmrechte kontrolliert oder
3. auf vergleichbare Weise Kontrolle ausübt.

Mittelbare Kontrolle liegt insbesondere vor, wenn entsprechende Anteile von einer oder mehreren Vereinigungen nach § 20 Absatz 1 gehalten werden, die von einer natürlichen Person kontrolliert werden. Kontrolle liegt insbesondere vor, wenn die natürliche Person unmittelbar oder mittelbar einen beherrschenden Einfluss auf die Vereinigung nach § 20 Absatz 1 ausüben kann. Für das Bestehen eines beherrschenden Einflusses gilt § 290 Absatz 2 bis 4 des Handelsgesetzbuchs entsprechend. Wenn auch nach Durchführung umfassender Prüfungen und ohne dass Tatsachen nach § 43 Absatz 1 vorliegen von der meldepflichtigen Vereinigung nach § 20 Absatz 1 kein wirtschaftlich Berechtigter nach Absatz 1 oder nach den Sätzen 1 bis 4 ermittelt werden kann, gilt als wirtschaftlich Berechtigter der gesetzliche Vertreter, der geschäftsführende Gesellschafter oder der Partner des Vertragspartners.

(3) Bei rechtsfähigen Stiftungen und Rechtsgestaltungen, mit denen treuhänderisch Vermögen verwaltet oder verteilt oder die Verwaltung oder Verteilung durch Dritte beauftragt wird, oder bei diesen vergleichbaren Rechtsformen zählt zu den wirtschaftlich Berechtigten:

1. jede natürliche Person, die als Treugeber (Settlor), Verwalter von Trusts (Trustee) oder Protektor, sofern vorhanden, handelt,

Kaetzler

2. jede natürliche Person, die Mitglied des Vorstands der Stiftung ist,

3. jede natürliche Person, die als Begünstigte bestimmt worden ist,

4. die Gruppe von natürlichen Personen, zu deren Gunsten das Vermögen verwaltet oder verteilt werden soll, sofern die natürliche Person, die Begünstigte des verwalteten Vermögens werden soll, noch nicht bestimmt ist,

5. jede natürliche Person, die auf sonstige Weise unmittelbar oder mittelbar beherrschenden Einfluss auf die Vermögensverwaltung oder Ertragsverteilung ausübt und

6. jede natürliche Person, die unmittelbar oder mittelbar beherrschenden Einfluss auf eine Vereinigung ausüben kann, die

    a) Mitglied des Vorstands der Stiftung ist oder die als Begünstigte der Stiftung bestimmt worden ist, oder

    b) als Treugeber (Settlor), Verwalter von Trusts (Trustee) oder Protektor handelt oder die als Begünstige der Rechtsgestaltung bestimmt worden ist.

(4) Bei Handeln auf Veranlassung zählt zu den wirtschaftlich Berechtigten derjenige, auf dessen Veranlassung die Transaktion durchgeführt wird. Soweit der Vertragspartner als Treuhänder handelt, handelt er ebenfalls auf Veranlassung.

Schrifttum: *Ackmann/Reder*, Geldwäscheprävention in Kreditinstituten nach Umsetzung der Dritten EG-Geldwäscherichtlinie (Teil 1), WM 2009, 158; *Bärwaldt/Richter*, Das künftige Recht der GbR und seine Auswirkungen auf die Registerpraxis, DB 2021, 2476; *Blaurock/Pordzik*, Der wirtschaftlich Berechtigte im Sinne des Transparenzregisters – Offenlegungspflichten für stille Beteiligungsstrukturen?, NZG 2019, 413; *Bochmann*, Die „Fragen und Antworten" des Bundesverwaltungsamts zum Transparenzregister vom 3.1.2020 (Teil 1), GmbHR 2020, 256; *Bochmann*, „Fragen und Antworten zum Geldwäschegesetz" des Bundesverwaltungsamts – Schrittweise Verschärfung der Transparenzregisterpflichten contra legem?, GmbHR 2021, R 32; *von Campenhuusen/Richter*, Stiftungsrechts-Handbuch, 4. Aufl. 2014; *von Drathen/Moelgen*, Das neue Geldwäschegesetz, WPg 2017, 955; *Fuchs*, WpHG, Kommentar, 2. Aufl. 2016; *Goette*, Das Transparenzregister – Aktuelle Fragen der Praxis unter besonderer Berücksichtigung der erweiterten FAQs des Bundesverwaltungsamtes zur GmbH & Co. KG und der Umgang mit drohenden Bußgeldern, DStR 2020, 453; *Goette*, Praxisrelevante Entwicklungen beim Transparenzregister durch die neuen FAQs des Bundesverwaltungsamts vom 19.8.2020, NZG 2020, 1206; *Hennrichs/Kleindiek/Watrin* (Hrsg.), Münchener Kommentar zum Bilanzrecht, Bd. 2: §§ 238–324e HGB, 2013; *Höche/Rößler*, Das Gesetz zur Optimierung der Geldwäscheprävention und die Kreditwirtschaft, WM 2012, 1505; *Hofmann/Arnold*, Der wirtschaftlich Berechtigte – Rechtsunsicherheit bei der Anwendung des GwG, GWuR 2021, 49; *Hölters/Weber*, AktG, Kommentar, 4. Aufl. 2022; *Hütten/Assmann*, Neues zum Transparenzregister – Unmittelbar oder mittelbar wirtschaftlich Berechtigter schon kraft Vetorechts oder Sperrminorität?, AG 2020, 849; *John*, Begriffskonturierung im systematischen Kontext des Geldwäschegesetzes, NZG 2021, 323; *John*, Transparenzregisterrechtliche Mitteilungspflichten börsennotierter Gesellschaften, GWuR 2021, 113; *Klapdor*, Der Begriff des wirtschaftlich Berechtigten im Rahmen der transparenzregisterlichen Regelungen des Geldwäschegesetzes, 2021; *Klugmann*, Das Gesetz zur Optimierung der Geldwäscheprävention und seine Auswirkung auf die anwaltliche Praxis, NJW 2012, 641; *Koehler*, Der wirtschaftlich Berechtigte im Sinne des Transparenzregisters, 1399; ZIP 2020, *Krais*, Leichter gesagt als getan: Die Bestimmung des wirtschaftlich Berechtigten im Sinne des GwG bei börsennotierten Gesellschaften mit erhöhter Transparenz, CCZ 2021, 284; *Lohr*, Gestaltung des Treuhandvertrags, GmbHStB 2021, 363; *Lorenz*, Publizitätspflichten bei Familienunternehmen und Familienstiftungen – Neues von Gesetzgeber, Verwaltung und Rechtsprechung, Ubg 2021, 386; *Nordhues/ Zenker*, Der wirtschaftlich Berechtigte (§ 3 GwG) nach den aktuellen FAQ des Bundesverwaltungsamts, GWR 2021, 138; *Orth*, Neuregelungen der Ausgestaltung und Entstehung einer Stiftung, ihres Vermögens und des Stiftungsregisters, MDR 2021, 1225; *Ott/Goette*, Der Umgang börsennotierter Gesellschaften mit den Mitteilungspflichten nach dem Transparenzregister- und Finanzinformationsgesetz, NZG 2022, 248; *Paul*, Gesellschaftsrechtliche Folgen fehlender Erfüllung geldwäscherechtlicher Sorgfaltspflichten in der Investmentkommanditgesellschaft, ZPI 2018, 1571; *Reger/Lang*, Unterschiedliche wirtschaftlich Berechtigte in mehrstufigen Beteiligungsstrukturen aufgrund neuer BaFin-Auslegungshinweise?, BB 2019, 1282; *Reuter*, Abschaffung der Mitteilungsfiktion und sonstige Neuerungen des Transparenzregisters, BB 2021, 707; *Rodatz/Judis/Bergschneider*, Transparenzregister als Vollregister – Der (geplante) Federstrich des Gesetzgebers und weitere Änderungen im Überblick, BB 2021, 1115; *Schaub*, Stimmbindungsvereinbarungen im neuen Transparenzregister, DStR 2018, 871; *Schiffer/Schürmann*, Transparenzregister und Stiftungen – Normadressaten der Melde- und Eintragungspflichten, BB 2017, 2626; *Schorn*, Die jüngsten Änderungen im Geldwäscherecht durch das Transparenzregister- und Finanzinformationsgesetz und die weiteren geplanten Neuerungen, DB 2021, 2404; *Schürmann*, Nochmals: Transparenzregister und Stiftungen als Konzernspitze, StiftungsBrief 2018, 15; *Sonnenberg/Komma/Rempp*, Verhinderungsbeherrschung: Paradigmenwechsel des Bundesverwaltungsamtes in seinen FAQ zum Transparenzregister, CCZ 2021, 18; *Theuffel-Werhahn*, Meldepflichten bei der Stiftung als Konzernspitze, StiftungsBrief 2017, 228.

Übersicht

I. Allgemeines

Wirtschaftlich Berechtigter (des zu identifizierenden Vertragspartners oder einer eintragungspflichtigen Person) im Sinne des GwG ist die **natürliche Person, in deren Eigentum oder unter deren Kontrolle** eine juristische Person, sonstige Gesellschaft oder eine Rechtsgestaltung letztlich steht, oder die natürliche Person, auf deren Veranlassung eine Transaktion letztlich durchgeführt oder eine Geschäftsbeziehung letztlich begründet wird. Der „wirtschaftlich Berechtigte" nimmt in der Geldwäscheprävention eine zentrale Rolle ein und ist seit der „Urfassung des GwG"[1] als Begriff im Gesetz legaldefiniert. **1**

Eines der Ziele der modernen Geldwäschebekämpfung ist die Schaffung von „Papierspuren", die auffällige Transaktionen rückwirkend verfolgbar machen. Hierbei spielt die Identifikation des „wirtschaftlich Berechtigten" eine erhebliche Rolle, denn nicht selten bemühen Geldwäscher bei Transaktionen komplexe Firmen- und Beteiligungsstrukturen oder komplexe Kontroll- und Vertragsstrukturen, um das eigene wirtschaftliche Interesse zu verschleiern. **2**

Neben dieses Ziel des GwG ist mit der **Errichtung des Transparenzregisterwesens** der **weitere Gesetzeszweck getreten, Eigentümer- und Kontrollstrukturen** für Behörden und ausgewählte weitere Personen sichtbar und dieselben auch **unabhängig von einzelnen Finanztransaktionen nachvollziehbar zu machen.**[2] **3**

Durch die Neufassung des GwG im Jahr 2017 wurde die Legaldefinition daher konsequenterweise aus dem Definitionenkatalog des § 1 herausgelöst und hat seitdem eine klar herausgehobene Position im Gesetz. Gleichzeitig – dies wird aus den weiteren Gesetzgebungsverfahren nach 2017 klar – **löst sich der – geldwäscherechtliche – Begriff des wirtschaftlich Berechtigten immer weiter von alt hergebrachten gesellschafts- oder gar aktienrechtlichen Konzepten.** **4**

Auch innerhalb des Geldwäscherechts sind **zwei unterschiedliche Funktionen** des „wirtschaftlich Berechtigten" zu unterscheiden. Hinsichtlich der gewerberechtlichen Pflichten dient die Definition des „wB" in § 3 **mehreren Herren,** nämlich zum einen den Eintragungspflichtigen nach § 20 Abs. 1, zum anderen den Verpflichteten nach § 2 GwG und der Geldwäschebekämpfung durch Behörden und Strafverfolgungsorgane. Die Krux bei der Auslegung des § 3 GwG liegt hierin begründet. **5**

Die Eintragungspflichtigen sollen einerseits anhand § 19 Abs. 2, der auf § 3 verweist, den Umfang ihrer Eintragungspflichten möglichst rechtssicher feststellen **6**

---

1 Gesetz über das Aufspüren von Gewinnen aus schweren Straftaten (Geldwäschegesetz – GwG) v. 25.10.1993, BGBl. I 1993, S. 1770.

2 BT-Dr. 18/11555, S. 132 f. mit ausführlicher Begründung zum Zugang zum Transparenzregister.

können. Die Verpflichteten nach § 2 hingegen dürfen die im Transparenzregister vorzufindenden Angaben nach § 19 Abs. 3 als „Minimalindizien" immer hinterfragen, abwägen und ggf. zu **extensiveren Auslegungen** des Begriffes kommen, als dies § 3 GwG vorsieht. Hält ein bekannter Wirtschaftskrimineller z. B. eine Sperrminorität, wesentliche Patente oder über schuldrechtliche Instrumente, familiären Einfluss oder im Fall von Staatsbetrieben über öffentlich-rechtliche Kontrollinstrumente „de facto" die Zügel in der Hand, muss sich ein geldwäscherechtlich Verpflichteter darauf verlassen können, dass das GwG ihn bei extensiverer Auslegung des Begriffs, einer anschließenden Maßnahme wie Kündigung der Geschäftsbeziehung oder Verdachtsmeldung (vgl. z. B. § 48 GwG), vor ungewünschten Folgen schützt. Bei der Auslegung des § 3 müssen diese unterschiedlichen Zielrichtungen ggf. unter verschiedenen Vorzeichen jeweils anders ausgelegt werden: Ein Sachverhalt, bei dem ein Bußgeld wegen Falschbewertung des wirtschaftlich Berechtigten durch einen Eintragungspflichtigen zu beurteilen ist, ruft daher möglicherweise nach einer anderen Auslegung als ein Sachverhalt, in dem ein Bankmitarbeiter eine Transaktion mit Blick auf eine extensive Auslegung aus Vorsicht ablehnt oder wiederum eine Begebenheit, bei der eine Strafverfolgungsbehörde Auskünfte über einen wirtschaftlich Berechtigten verlangt.

7   **Widerstreitende Interessen** finden sich, und das macht die Auslegung des § 3 GwG nicht einfacher, zudem zwischen Eintragungspflichtigen und dem Register selbst: Während die Eintragungspflichtigen derzeit vor allem bemüht sind, widerspruchsfrei mit steuerlichen und bilanzrechtlichen Kategorien zu melden und vor allem Rechtssicherheit hinsichtlich der eintragungspflichtigen Personen und Kontrollinstrumente zu erhalten, liegt die Absicht des Transparenzregisterwesens, und mit ihm der Sinn der Umgrenzung des „wirtschaftlich Berechtigten", in der Schaffung bestmöglicher Transparenz über Wirtschaftssubjekte, Geschäftsbeziehungen nach § 1 Abs. 4 und Transaktionen im Sinne des § 1 Abs. 5. Das **Ziel des Transparenzregisterwesens, mit Offenlegung des wirtschaftlich Berechtigten im Sinne des § 3, liegt in der Bekämpfung von Geldwäsche und deren Vortaten, nicht in der gesellschaftsrechtlich oder gar bilanzrechtlich korrekten Abbildung** von Eigentums- und Kontrollverhältnissen. Es ist bemerkenswert, wie konsequent zahlreiche Darstellungen zum wirtschaftlich Berechtigten diesen eigentlichen **Zweck der gewerberechtlichen Vorschrift** des § 3, mit dem Transparenz weit über gesellschaftsrechtliche Gegebenheiten hinaus hergestellt werden soll, nicht einmal erwähnen.[3] Den Zweck des Transparenzregisterwesens erkennt man zum einen an der vom gesellschaftsrechtlich geprägten Registerwesen losgekoppelten Zugriffsberechtigung auf den Datenbe-

---

3 Immerhin unter Verweis auf die Richtlinie z. B. *Hütten/Assmann*, AG 2020, 849, die allein aus Vorschriften des HGB, des AktG und des WpHG argumentieren.

stand, zum anderen am mangelnden öffentlichen Glauben. Hieran ändert auch die Umstellung zum Vollregister[4] nichts.

Die Zielrichtung des Registerwesens schlägt auf die Interpretation des § 3 GwG **8** durch: § 3 ist nicht (allein) anhand gesellschaftsrechtlicher Erwägungen, sondern mit Blick auf den „effet utile" auszulegen. Der Gesetzgeber selbst führt in der Begründung zum TraFinG 2021 ferner aus, dass § 3 GwG „*auch*" mit Blick auf das Transparenzregister Bedeutung erlangt hat[5] – aber eben nicht ausschließlich. Die Pflichten des nach § 2 Geldwäscheverpflichteten stehen weiterhin ebenso hinter dem Gesetzeszweck. Letztere rechtfertigen sicherlich keine Falscheintragung oder eine generelle Abkehr von gesellschaftsrechtlichen Eigentums- und Kontrollmechanismen. Sie rechtfertigen aber sicherlich eine extensivere Auslegung.

Im Ergebnis können **Wertungen, wer wirtschaftlich Berechtigter ist, zwi- 9 schen Eintragungspflichtigem und GwG-Verpflichtetem folglich auseinanderfallen.** Eintragungspflichtige haben oft das Interesse, die Eintragungspflichten minimal und im Einklang mit gesellschaftsrechtlichen und bilanzrechtlichen Kategorien zu halten. GwG-Verpflichtete nach § 2 sind hingegen qua Gesetz zur Skepsis und zur funktionalen Auslegung von Begrifflichkeiten (vgl. → § 1 Rn. 1 ff.) gehalten. Die – überwiegend gesellschaftsrechtlich und bilanzrechtlich getriebene – Diskussion um die Auslegung des gewerberechtlichen Tatbestands des § 3 übersieht diese, vom Gesetzgeber ausweislich der Begründung im TraFinG gewollte, doppelte Funktionalität leider überwiegend.[6]

Die aktuelle Definition des „wirtschaftlich Berechtigten" in § 3 GwG lehnt sich **10** seit 2017 weitgehend an die bereits in **§ 1 Abs. 6 GwG a. F.** enthaltenen Begrifflichkeiten an.[7] Die Grundkonzeption der Definition ist im Wesentlichen seit Langem unverändert geblieben. Der Gesetzgeber hat lediglich einige Konkretisierungen vorgenommen, 2017 die Begriffe den Vorgaben der Vierten EU-Geldwäscherichtlinie[8] angepasst.

---

4 Vgl. z.B. *Rodatz/Judis/Bergschneider*, BB 2021, 1115, 1116; *Lorenz*, Ubg 2021386, 391; *Goette*, DStR 2021, 1551; *Reuter*, BB 2021, 707.

5 BT-Drs. 19/26184, S. 42.

6 Gegen die hier vertretene Auffassung spricht zugegebenermaßen das Argument der „Einheit der Rechtsordnung" und auch das Gebot, die Eingriffsnormen des GwG in die Gewerbefreiheit stets eng auszulegen, vgl. → § 1 Rn. 2. GwG und Gesellschaftsrecht befinden sich allerdings in einem Zielkonflikt, nämlich einerseits die Errichtung funktionierender, aus Sicht des Kriminellen nicht vorhersehbare, Maßnahmen der Geldwäschebekämpfung zu errichten und andererseits, einen verlässlichen und genau vorhersehbaren Rechtsrahmen zur Absicherung des Wirtschaftslebens zu schaffen.

7 BT-Drs. 18/11555, S. 108.

8 Richtlinie (EU) 2015/849 des Europäischen Parlaments und des Rates v. 20.5.2015 zur Verhinderung der Nutzung des Finanzsystems zum Zwecke der Geldwäsche und der Terrorismusfinanzierung, zur Änderung der Verordnung (EU) Nr. 648/2012 des Euro-

11 Konkretisierungen hatte der Gesetzgeber 2017 vor allem in § 3 Abs. 2 GwG im Hinblick auf die wirtschaftlich Berechtigten bei Gesellschaften vorgenommen. Während nach **vormaliger Rechtslage** – abseits der bereits ausdrücklich geregelten Fallgruppen – vor allem in verschachtelten Konzernsituationen unklar war, in welchen Fällen eine natürliche Person die zumindest „mittelbare Kontrolle" über eine Gesellschaft ausübte, hat der Gesetzgeber in § 3 Abs. 2 GwG nunmehr ausdrücklich näher definiert, wann von einer zumindest „mittelbaren" Kontrolle einer natürlichen Person über eine Gesellschaft auszugehen ist. Im Zuge dessen sind die DK AuA zur Verhinderung von Geldwäsche, Terrorismusfinanzierung und sonstigen strafbaren Handlungen vom 1.2.2014, die die nach der alten Regelung bestehende Unsicherheit hinsichtlich des Bestehens einer „Kontrolle" über eine Gesellschaft auszuräumen versuchten,[9] teilweise obsolet geworden bzw. in der neuen gesetzlichen Regelung in § 3 Abs. 2 GwG aufgegangen.

12 Weiterhin hat der Gesetzgeber die 2017 Definition des wirtschaftlich Berechtigten **an einigen Stellen auch an die Vorgaben von Art. 3 Nr. 6 der Vierten EU-Geldwäscherichtlinie**, die wiederum den Empfehlungen der FATF[10] folgen, angepasst.[11] Zu nennen ist hier insbesondere die im Hinblick auf die wirtschaftlich Berechtigten bei Gesellschaften in § 3 Abs. 2 Satz 5 GwG aufgenommene Regelung, wonach bei Nichtvorhandensein oder Zweifeln über die Person des wirtschaftlich Berechtigten die gesetzlichen Vertreter, geschäftsführenden Gesellschafter oder Partner der Gesellschaft als wirtschaftlich Berechtigte gelten. Darüber hinaus hat der Gesetzgeber in Anlehnung an Art. 3 Nr. 6 b der Vierten EU-Geldwäscherichtlinie den Kreis der wirtschaftlich Berechtigten bei fremdnützigen Rechtsgestaltungen deutlich ausgedehnt.

13 Im weiteren Umsetzungsverfahren 2019 blieben Kernvorschriften unberührt und in Abs. 2 Satz 5 wurden lediglich redaktionelle Änderungen vorgenommen. Der Gesetzgeber fügte jedoch mit Nr. 6 in Abs. 3 eine weitere Fallgruppe hinzu, die darauf ausgerichtet ist, die funktionale Betrachtung bei der Bestimmung des wirtschaftlich Berechtigten bei fremdnützigen Rechtsgestaltungen (weiter) zu stärken.[12]

---

päischen Parlaments und des Rates und zur Aufhebung der Richtlinie 2005/60/EG des Europäischen Parlaments und des Rates und der Richtlinie 2006/70/EG der Kommission.

9 Vgl. DK, AuA 2014, Zeile 27.
10 Vgl. FATF Recommendations (2012–2021), General Glossary, Stichwort „Beneficial Owner".
11 BT-Drs. 18/11555, S. 109.
12 BGBl. I 2019 Nr. 50, S. 2604.

Wesentliche Änderungen erfuhr § 3 wiederum mit dem TraFinG im Jahr 2021.[13] **14**
Zum einen wurde der Begriff des „Vertragspartners" aus dem Gesetz in der Kerndefinition des § 3 Abs. 1 Nr. 1 gestrichen (vgl. → Rn. 30 ff.). Ferner wurde die bisher geltende Ausnahme börsennotierter Gesellschaften gestrichen, was erhebliche Diskussionen nach sich zog (vgl. → Rn. 37 ff.). Die Neufassung der Definitorik hinsichtlich „Trusts" (vgl. → Rn. 107 ff.) war hingegen weniger umstritten.

In der Praxis wird die Arbeit mit § 3 GwG dadurch erschwert, dass faktisch **15**
mehrere Aufsichtsbehörden über dessen Auslegung wachen: Neben den Aufsichtsbehörden für die Verpflichteten nach § 51, z. B. der BaFin, hat auch das für die Führung des Transparenzregisters als Rechts- und Fachaufsicht gemäß § 25 Abs. 6 zuständige Bundesverwaltungsamt Leitlinien als „FAQ" erlassen. Insbesondere die unterschiedlichen Darstellungsweisen führten schon bisher gelegentlich zu Missverständnissen bei Einzelfragen.[14] Kürzlich haben Änderungen der Verwaltungspraxis des Bundesverwaltungsamtes erheblichen Diskussionsbedarf weniger bei den Verpflichteten als bei den Eintragungspflichtigen hervorgerufen.[15]

Bei den wirtschaftlich Berechtigten handelt es sich vereinfacht gesagt um solche **16**
natürlichen Personen, die aufgrund gesellschaftsrechtlicher oder faktischer Umstände maßgeblichen Einfluss auf eine Gesellschaft, sonstige Rechtsgestaltung oder eine natürliche Person nehmen können und dementsprechend auch die geschäftlichen Beziehungen zu den Verpflichteten als „Hintermänner" der vordergründig handelnden Organisation oder natürlichen Person massiv beeinflussen können.[16] Es kommt jeweils auf den „letztendlich" wirtschaftlich Berechtigten an; im angloamerikanischen Sprachgebrauch hat sich deshalb teilweise der Begriff des „Ultimate Beneficial Owner" („UBO") eingebürgert. Letzterer ist jedoch **stark aus gesellschafts- oder steuerrechtlicher Sicht** geprägt.

In **geldwäscherechtlicher Sicht geht die Definition**, da mitunter nicht auf eine **17**
Geschäftsbeziehung, sondern auch auf einzelne Transaktionen im Sinne des § 1 Abs. 5 GwG abgestellt wird, inhaltlich **deutlich weiter**. Anknüpfungspunkt für einen „wirtschaftlich Berechtigten" kann nicht nur der letztliche Vermögensinhaber sondern auch derjenige sein, der die Geschicke der Gesellschaft nach außen steuert. Wirtschaftlich Berechtigter im geldwäscherechtlichen Sinne kann darüber hinaus auch eine natürliche Person sein, auf deren Veranlassung eine einzelne Geschäftsbeziehung begründet – oder gar nur eine **einzelne Transaktion** durchgeführt – wird.

---

13 BT-Drs. 19/28164, S. 11 und 42.
14 Vgl. *Reger/Lang*, BB 2019, 1282, 1285 m. w. N.
15 Vgl. z. B. *Bochmann*, GmbHR 2021, R 32; *Goette*, NZG 2020, 1206 oder *Sonnenberg/Komma/Rempp*, CCZ 2021, 18.
16 BT-Drs. 18/11555, S. 108.

18 Hierin liegt mithin auch der Grund dafür, dass neben dem Vermögensinhaber auch der Verfügungsberechtigte als wirtschaftlich Berechtigter angesehen werden kann. Dieser Logik unterliegt letztlich auch die Vermutungsregel[17] in § 3 Abs. 2 Satz 5 GwG, wonach ein wirtschaftlich Berechtigter „fingiert" werden kann. Statt eines nicht identifizierbaren Vermögensinhabers wird daher vermutet, dass derjenige, der die Verfügungsgewalt über einen Vermögensgegenstand in einer oder mehreren Transaktionen innehat, als „subsidiärer wirtschaftlich Berechtigter" anzusehen ist. Vor dem Hintergrund der Betrachtung einzelner Transaktionen macht dieser Mechanismus Sinn.

19 Die „Hintermänner" (also Vermögensinhaber oder Verfügungsberechtigte) dürfen im Rahmen von Geschäftsbeziehungen oder Transaktionen für die GwG-Verpflichteten nicht im Verborgenen bleiben. Es besteht vielmehr nach § 10 Abs. 1 Nr. 2 GwG für die vom GwG erfassten Personen und Unternehmen die Verpflichtung „**abzuklären**", ob der Vertragspartner für einen wirtschaftlich Berechtigten handelt, und, soweit dies der Fall ist, die Identifizierung des wirtschaftlich Berechtigten nach Maßgabe des § 11 Abs. 5 GwG vorzunehmen. In Fällen, in denen der Vertragspartner keine natürliche Person ist, besteht die Pflicht, die Eigentums- und Kontrollstruktur des Vertragspartners mit angemessenen Mitteln in Erfahrung zu bringen.

20 Während ältere Fassungen des Gesetzes sich darauf beschränkten, die GwG-Verpflichteten zur „**Feststellung**" eines abweichenden wirtschaftlich Berechtigten anzuhalten,[18] gehen neuere Fassungen des GwG weiter und fordern dessen „**Identifizierung**". Der Grund für die erweiterte Identifizierungspflicht besteht darin, dass „Ultimate Beneficiaries" es aufgrund ihres Einflusses in der Hand haben, die vorgeschaltete Organisation oder natürliche Person in Bezug auf geldwäscherechtlich relevante Handlungen zu lenken. Daher müssen sie von den Verpflichteten aus Präventionsgründen schon im Vorfeld ebenso genau erfasst werden wie der Vertragspartner selbst.

21 Von besonderer Bedeutung ist eine solche Erfassung der „Hintermänner" insbesondere bei hoch risikobehafteten Vertragspartnern, z. B. im Falle von unübersichtlichen verschachtelten Beteiligungs- oder Kontrollstrukturen, bei denen sich auf den ersten Blick nicht feststellen lässt, welche natürliche Person wirtschaftlich hinter den vorgeschalteten Gesellschaften steht. Insoweit bestehen daher weitreichende Möglichkeiten der Verschleierung der wahren Hintermänner der Organisationen und damit ein erhöhtes Risiko, die Unübersichtlichkeit der Strukturen für Zwecke der Geldwäsche oder Terrorismusfinanzierung zu missbrauchen.[19]

---

17 Vgl. *Figura*, in: Herzog, GwG, § 3 Rn. 8.
18 Vgl. z. B. die Herleitung bei *Ackmann/Reder*, WM 2009, 158 ff.
19 BT-Drs. 18/11555, S. 108.

Im Hinblick auf die Feststellung der wirtschaftlich Berechtigten der Vertrags- 22
partner der Verpflichteten statuiert daher das GwG für die Verpflichteten zahlreiche besondere Pflichten. So müssen die Verpflichteten – wie oben bereits an-
gerissen – nach § 10 Abs. 1 Nr. 2 GwG im Rahmen ihrer allgemeinen Sorgfaltspflichten grundsätzlich vor Begründung einer Geschäftsbeziehung oder vor
Durchführung einer Transaktion **abklären**, ob der Vertragspartner für einen
wirtschaftlich Berechtigten handelt, und, soweit dies der Fall ist, die Identifizierung des wirtschaftlich Berechtigten vornehmen. Bei Vertragspartnern, die keine
natürlichen Personen sind, müssen die Verpflichteten diesbezüglich insbesondere die Eigentums- und Kontrollstruktur des Vertragspartners mit angemessenen
Mitteln in Erfahrung bringen (siehe dazu näher § 10 Abs. 8a GwG).

Weiterhin müssen die hierbei eingeholten Angaben und Informationen zum wirt- 23
schaftlich Berechtigten sowie die Aufzeichnungen über die Maßnahmen zur Er-
mittlung des wirtschaftlich Berechtigten nach § 8 Abs. 1 Satz 1 Nr. 1 lit. a und
Abs. 4 Satz 1 GwG fünf Jahre aufbewahrt werden. Existiert ein wirtschaftlich
Berechtigter und ist dieser eine politisch exponierte Person, so liegt gem. § 15
Abs. 3 Nr. 1 GwG ein höheres Geldwäscherisiko vor, weswegen hier verstärkte
Sorgfaltspflichten angewandt werden müssen.

Der – abweichende – wirtschaftlich Berechtigte ist qua definitionem nicht der 24
Vertragspartner; entsprechend treffen ihn zivilrechtlich keine Neben- oder Mitwirkungspflichten, all diese Informationen gegenüber dem Verpflichteten offenzulegen. Mithin begründet das Gesetz in § 11 Abs. 6 GwG eine eigene geldwäscherechtliche **Mitwirkungspflicht** auch gegenüber den Kunden, also nicht
primär Verpflichteten. Die nähere Herleitung und der Umfang dieser Mitwirkungspflicht sind umstritten (vgl. → § 11 Rn. 26 ff.). Sie führen auch zu noch
weitgehend ungeklärten datenschutzrechtlichen Problemen, etwa bei der Datenweitergabe über wirtschaftlich Berechtigte ins Ausland ohne deren Kenntnis.

Hinsichtlich der im Jahr 2017 einschneidenden Änderungen hat der Gesetzgeber 25
schon in der damaligen Gesetzesbegründung klargestellt, dass bei **Bestandskunden** die (Nach-)Erfassung der neu zu identifizierenden abweichenden wirtschaftlich Berechtigten lediglich im Rahmen der Aktualisierung des Datenbestandes nach § 10 Abs. 3 GwG zu erfolgen hat.[20] Es ist zu unterstellen, dass
Gleiches für nötige Neuerfassungen nach Erweiterungen des § 3 gilt.

Zur Abgrenzung der einzelnen Anwendungsbereiche der Abs. 2 und 3, insbeson- 26
dere zur Auslegung des § 3 Abs. 2 GwG, ist § 20 GwG „im Kontext"[21] zu § 3
GwG zu lesen. Gleiches gilt für die Kopplungsnorm des § 19 Abs. 2 GwG, der
allerdings weitgehend auf die materielle Definitionsnorm des § 3 GwG verweist.
Nicht vergessen darf man allerdings wiederum die gegenüber den Kernnormen

---

20 BT-Drs. 18/11555, S. 109.
21 BaFin, AuA 2021, Ziff. 5.2.2.1.

des GwG veränderte Zielrichtung der transparenzregisterrechtlichen Vorschriften: Die Kopplungsnorm schreibt vor, wer als wirtschaftlich Berechtigter einzutragen ist, nicht, welcher wB in einem komplizierten Einzelfall im geldwäschepräventiven Sinne von einem Verpflichteten als solcher angesehen wird.

27 Nach Einführung der Unstimmigkeitsmeldepflicht (§ 23a) müssen die Begriffe zur Definition des wirtschaftlich Berechtigten, des fiktiven wirtschaftlich Berechtigten und sämtliche korrespondierenden Begrifflichkeiten nach § 3 im Zusammenspiel mit §§ 19–21 **(möglichst) identisch ausgelegt** werden. Anderenfalls liefe das Unstimmigkeitsmelderegime ins Leere. An den Zielkonflikten und der uneinheitlichen Auslegung in verschiedenen geldwäscherechtlichen Fallkonstellationen ändert dies freilich nichts. In einigen Fällen werden unterschiedliche Wertungen zwischen Eintragungspflichtigen, GwG-Verpflichteten, Transparenzregister und (Strafverfolgungs-)Behörden stehen bleiben.

II. Begriff des wirtschaftlich Berechtigten (§ 3 Abs. 1 GwG)

28 § 3 definiert den materiellen Begriff des wirtschaftlich Berechtigten abschließend. In § 3 Abs. 1 sind die **drei ausschlaggebenden Kriterien** für den wirtschaftlich Berechtigten festgelegt, **nämlich Eigentum, Kontrolle oder Veranlassung**. Die in **Abs. 2–4** genannten **Regelbeispiele** füllen den Rahmen des Abs. 1 – **nicht abschließend** – aus (vgl. → Rn. 35). Insbesondere mit Blick auf juristische Personen i. S. d. Abs. 2 und Stiftungen und Rechtsgestaltungen i. S. d. Abs. 4 wird in der derzeitigen Diskussion oft vergessen, dass es sich bei den einzelnen Merkmalen und Konstellationen lediglich um Regelbeispiele handelt (vgl. hierzu → Rn. 36).

29 Nach § 3 Abs. 1 Satz 1 GwG ist wirtschaftlich Berechtigter im Sinne des GwG:

– eine natürliche Person, in deren Eigentum oder unter deren Kontrolle (vor den Änderungen durch das TraFinG 2021) „der Vertragspartner" des Verpflichteten bzw. (nach der Änderung) „eine juristische Person, sonstige Gesellschaft oder eine Rechtsgestaltung" letztlich steht, oder

– eine natürliche Person, auf deren Veranlassung eine Transaktion letztlich durchgeführt oder eine Geschäftsbeziehung mit dem Verpflichteten letztlich begründet wird.

30 Im Rahmen der Änderungen durch das TraFinG wurde der Wortlaut leicht verändert. Abgestellt wird daher nicht mehr auf den „Vertragspartner", sondern auf eine juristische Person, Gesellschaft oder Rechtsgestaltung an sich. Während sich für die Definition des wirtschaftlich Berechtigten hieraus keine inhaltlichen Änderungen zu ergeben scheinen, ist die Zielrichtung der Änderung dennoch fundamental und wirkt sich, wie oben in → Rn. 14 bereits angedeutet, auf die

                          Kaetzler

Auslegung des Begriffes des wirtschaftlich Berechtigten aus. Der Gesetzgeber führt hierzu nämlich aus:

> „Die Definition des wirtschaftlich Berechtigten in der Tatbestandsalternative des Absatzes 1 Nummer 1 wird um den Begriff des „Vertragspartners" bereinigt. Hiermit wird der Funktionswandel nachvollzogen, den diese Alternative seit Einführung der Vorschriften über das Transparenzregister erfahren hat. Während der Begriff des wirtschaftlich Berechtigten in der geldwäscherechtlichen Gesetzgebung **ursprünglich ausschließlich** für die Kundensorgfaltspflichten der Verpflichteten relevant war und auch in diesem Normkontext geregelt wurde, ist die Definition seither aus diesem Zusammenhang gelöst worden und hat **auch** Bedeutung für die Vorschriften über das Transparenzregister erlangt. Diese Entwicklung wird nun nachgezeichnet. Die hier genannten Rechtseinheiten, nämlich juristische Personen, sonstige Gesellschaften oder Rechtsgestaltungen im Sinne des Absatzes 3, können beispielsweise aufgrund der entsprechenden Anteilsbesitzverhältnisse einen oder mehrere wirtschaftlich Berechtigte haben, ohne dass sie bereits relevante Vertragsbeziehungen zu Verpflichteten im Außenverhältnis eingegangen sind. Sofern die Rechtseinheiten in den Anwendungsbereich der §§ 20, 21 des Geldwäschegesetzes fallen, sind sie transparenzpflichtig und haben ihre wirtschaftlich Berechtigten dem Transparenzregister mitzuteilen."[22]

Mit der Änderung im TraFinG zieht der Gesetzgeber die o. g. (→ Rn. 14) Entwicklung nach, nämlich dass die Figur des „wirtschaftlich Berechtigten" nunmehr mit dem Transparenzregisterwesen eine zusätzliche Funktion innehat, die eine Beschränkung der Definition auf „Vertragspartner" und die Zwecke der Identifizierung nicht mehr mitträgt. In der Praxis ändert sich zwar nichts; der Gesetzgeber stellt jedoch klar, dass § 3, wie ausgeführt, „mehreren Herren" dient, nämlich im Rahmen der Durchführung von Kundensorgfaltspflichten und bei der Beurteilung der Registerpflichten. **31**

Anders als nach früheren Fassungen des GwG[23] oder der parallelen Wertungen im Steuerrecht[24] – kann **nur eine natürliche Person** wirtschaftlich Berechtigter sein. Juristische Personen oder Personengesellschaften scheiden als wirtschaftlich Berechtigte aus. **32**

Dies hat zur Konsequenz, dass bei Vertragspartnern, die juristische Personen oder Personengesellschaften sind, im Hinblick auf die Feststellung des wirtschaftlich Berechtigten nicht auf den Rechtsträger, sondern ausschließlich auf die hinter diesem Rechtsträger oder den weiteren zwischengeschalteten Rechts- **33**

---

22 Gesetzesbegründung, BT-Drs. 19/28164, S. 42, Unterstreichungen durch den Verfasser.

23 *Ackmann/Reder*, WM 2009, 158, 162.

24 Vgl. DK, AuA 2014, Zeile 24, nunmehr gestrichen in BaFin, AuA 2021, Ziff. 5.2.1.

trägern stehenden natürlichen Personen abzustellen ist („**letztlich**").[25] Vertragspartner, die juristische Personen oder Personengesellschaften sind, sind jedoch für die Verpflichteten der in der geschäftlichen Praxis anzutreffende Regelfall, sodass vor Begründung einer Geschäftsbeziehung oder vor Durchführung einer Transaktion die Verpflichteten gemäß § 10 Abs. 1 Nr. 2 GwG regelmäßig die Eigentums- und Kontrollstruktur solcher Vertragspartner mit angemessenen Mitteln in Erfahrung bringen müssen, um die dahinter stehenden natürlichen Personen greifbar machen zu können.

34 Hinsichtlich juristischer **Personen des öffentlichen Rechts** fehlt es an klaren Zurechnungskategorien. Zwar können juristische Personen des öffentlichen Rechts wirtschaftlich Berechtigte im Sinne des § 3 haben umfassen, sie können allerdings selbst keine solchen sein. Das BVA stellt in seinen FAQ nämlich darauf ab, dass eine juristische Person des öffentlichen Rechts keine „natürliche" Person sein könne. Sofern ausschließlich juristische Personen des öffentlichen Rechts an einer mitteilungspflichtigen Vereinigung beteiligt seien, sei stets auf den fiktiven wirtschaftlich Berechtigten abzustellen.[26] Für die Mittlung von Eigentümer- und Kontrollverhältnissen stellt sich gelegentlich die Frage, ob im Falle einer zwischengeschalteten Person des öffentlichen Rechts auch diese abweichende wirtschaftlich Berechtigte haben können. Zwar könnte man argumentieren, dass z. B. Gebietskörperschaften durchaus strenge Regeln über die Vertretungs- und Verfügungsbefugnisse ihrer Organe haben und somit durchaus Geschäftsführungsregeln besitzen, die im Hinblick auf § 3 Abs. 2 Satz 5 GwG mit denen der Privatwirtschaft vergleichbar sind. Wie aber z. B. die BaFin zu Recht bemerkt, führe die stringente Anwendung der Regeln über den wirtschaftlich Berechtigten bei juristischen Personen des öffentlichen Rechts meist nicht zu sachgerechten Ergebnissen.[27] Ausnahmen mögen bei Anstalten des öffentlichen Rechts, insbesondere im Finanzsektor, zwar naheliegen, jedoch geht die BaFin davon aus, dass, da ein Handeln auf Veranlassung bei juristischen Personen des öffentlichen Rechts im Regelfall nicht gegeben sei, bei denselben eine Identifizierung eines wirtschaftlich Berechtigten nicht erforderlich sei. Das BVA teilt diese Ansicht und nimmt sogar öffentlich-rechtliche Stiftungen von der Registerpflicht aus.[28]

35 Weiterhin statuiert der Gesetzgeber in § 3 Abs. 1 Satz 1 GwG **drei Fallgruppen**, in denen eine natürliche Person als wirtschaftlich Berechtigter anzusehen ist, **nämlich Eigentum, Kontrolle oder Veranlassung**. Nach § 3 Abs. 1 Satz 2

---

25 Vgl. DK, AuA 2014, Zeile 24.
26 BVA, Transparenzregister, Fragen und Antworten zum Geldwäschegesetz, Stand 1.8.2021, Ziff. A.4.
27 BaFin, AuA 2021, Ziff. 5.2.1.
28 BVA, Transparenzregister, Fragen und Antworten zum Geldwäschegesetz, Stand 1.8.2021, Ziff. B.IV.2.

GwG werden **diese Fallgruppen durch Regelbeispiele („insbesondere")** in § 3 Abs. 2–4 GwG näher **konkretisiert.** Die in § 3 Abs. 2–4 GwG genannten wirtschaftlich Berechtigten sind somit **nicht abschließend,** sondern eine Einstufung als wirtschaftlich Berechtigter nach den allgemeinen Grundsätzen des § 3. Abs. 1 Satz 1 GwG bleibt auch im Übrigen möglich.[29]

Ausweislich des Wortlautes und des Gesetzeszwecks, auch mit Blick auf inter-   **36**
nationale Quellen und die historische Auslegung handelt es sich bei Abs. 2–4 **um Regelbeispiele, nicht um „Modifikationen"** des Grundsatzes in Abs. 1.[30] Neben dem ausdrücklichen Wortlaut sprechen auch die Wurzeln des „wB" hierfür: In Recommendation 10 („Customer Due Diligence") heißt es hierzu: „[…] Identifying the beneficial owner, and taking reasonable measures to verify the identity of the beneficial owner, such that the financial institution is satisfied that it knows who the beneficial owner is. For legal persons and arrangements this should include financial institutions understanding the ownership and control structure of the customer."[31] Schon hieraus ergibt sich, dass „ownership and control structure" vom Verpflichteten zwar untersucht, und im besten Falle auch verstanden werden muss, letztere aber nicht zwingend identisch ist mit dem „beneficial owner". Aus der geschilderten Zweckrichtung des § 3 außerhalb des Registerwesens kann der wirtschaftlich Berechtigte z. B. mit Blick auf eine verdächtige Transaktion auch ein Rechtsnachfolger, Erbe, Destinär, eine Partei eines einer Transaktion zugrunde liegenden Grundgeschäfts oder ähnliches sein.

Keinesfalls stellt § 3 Abs. 2 Satz 1 mit Blick auf börsennotierte Gesellschaften   **37**
eine „Ausnahme" von § 3 insgesamt dar.[32] Funktional betrachtet gehörte das **Privileg der börsennotierten Gesellschaften nicht in die Vorschriften zur Definition des wirtschaftlich Berechtigten,** sondern in die Vorschriften zur Identifikation von Vertragspartnern und dort zu den Unterfällen von vereinfachten Sorgfaltspflichten, § 4 GwG a. F.[33] Historisch gewachsen war die Bereichsausnahme nämlich daraus, dass GwG-Verpflichtete bei börsennotierten Gesellschaften überhaupt nur eine „Rumpfidentifizierung", in der Regel eine Feststellung der Notierung an einer Börsen und Niederschrift der Wertpapierkennnummer, vornehmen mussten. Durch die Aufnahme der Vorschriften über das Transparenzregister in das GwG im Jahr 2017 wurde es allerdings nötig, eine zentrale Vorschrift, die wie geschildert „mehreren Herren" dient (vgl. → Rn. 7), aufzunehmen. In diesem Schritt unterlief dem Gesetzgeber allerdings ein unglückli-

---

29 *Warius,* in: Herzog, GwG, 2. Aufl. 2014, § 1 Rn. 44; Ansicht jedenfalls nicht mehr ausdrücklich vertreten durch *Figura,* in: Herzog, GwG, § 3 GwG Rn. 3. Folgend ebenso *John,* NZG 2021, 323, 324; *Koehler,* ZIP 2020, 1399, 1401, jeweils m. w. N.
30 Anders *Hofmann/Arnold,* GWuR 2021, 49.
31 FATF Recommendations, 2021, Stand 2021, Rec 10.
32 In Herleitung und Schlussfolgerung unzutreffend, daher *John,* GWuR 2021, 113.
33 Vergleiche zum Komplex der börsennotierten Gesellschaft sogleich → Rn. 50 ff.

cher Transpositionsfehler, der sich mit dem TraFinG erneut auswirkte. Mit der Entfernung der Privilegierung für Kundensorgfaltspflichten aus den Vorschriften über die vereinfachte Customer Due Diligence (§ 4 GwG a. F.) in den Anhang des GwG, heute in **Anlage 1 Nr. 1 lit. a** („öffentliche, an einer Börse notierte Unternehmen, die (aufgrund von Börsenordnungen oder von Gesetzes wegen oder aufgrund durchsetzbarer Instrumente) solchen Offenlegungspflichten unterliegen, die Anforderungen an die Gewährleistung einer angemessenen Transparenz hinsichtlich des wirtschaftlichen Eigentümers auferlegen [...]"), war die Verwirrung perfekt und das Verhältnis zwischen § 3 Abs. 2 und § 3 Abs. 1 unklar.

38 Nach heute richtiger Ansicht gehört die Bereichsausnahme der börsennotierten Gesellschaft in § 14 GwG, nicht in § 3 GwG verortet. Der Gesetzgeber, von einer allzu starren Vorgabe für die vereinfachten Kundensorgfaltspflichten abgehalten, hat sich für die intransparente und **zu Missverständnissen einladende Verschaffung dieser Zentralnorm in der Anlage 1 Nr. 1 lit. a** entschieden. Für börsennotierte Gesellschaften sollte hingegen § 3 Abs. 2 gelten – wie für alle juristischen Personen auch – und zwar nach Wortlaut, Sinn und Historie der Norm. Es ist rechtstechnisch naheliegend, dass die Regelungen des § 3 Abs. 2 S. 2–5 für börsennotierte Gesellschaften anwendbar bleiben müssen.[34] Nur in Ausnahmefällen kann vom Regelbeispiel des Abs. 2 abgewichen werden (vgl. dazu → Rn. 36).

39 Nach der ersten Fallgruppe ist eine natürliche Person als wirtschaftlich Berechtigter anzusehen, wenn die betreffende juristische Person, Gesellschaft oder Rechtsgestaltung **im Eigentum** der natürlichen Person steht. Unter diese Fallgruppe fallen beispielsweise Alleingesellschafter einer GmbH. Weiterhin fällt unter diese Fallgruppe ein im Handelsregister eingetragener Einzelkaufmann im Sinne des HGB, wobei insoweit jedoch eine Erfassung des Einzelkaufmanns als wirtschaftlich Berechtigter durch den Verpflichteten entbehrlich ist, wenn er unter seinem bürgerlichen Namen firmiert.[35] Denn in einem solchen Fall wird bereits aus dem Firmennamen hinreichend deutlich, welche natürliche Person hinter dem Unternehmen steht.

40 Nach der zweiten Fallgruppe ist eine natürliche Person als wirtschaftlich Berechtigter anzusehen, wenn der Vertragspartner des Verpflichteten unter der „**Kontrolle**" der natürlichen Person steht. Diese Fallgruppe betrifft maßgeblich alle Gesellschaften, an denen mehrere Gesellschafter beteiligt sind. Nicht entscheidend ist hierbei, um welche Art von Gesellschaft es sich handelt, welche Rechtsform die Gesellschaft aufweist oder ob es sich um eine in- oder ausländische Gesellschaft handelt.[36] Wann ein Gesellschafter „die Kontrolle" über eine Gesell-

---

34 So auch *Ott/Goette*, NZG 2022, 248, 251; *Krais*, CCZ 2021, 284, 288.
35 Vgl. DK, AuA 2014, Zeile 32 c.
36 *Figura*, in: Herzog, GwG, § 3 Rn. 8.

schaft ausübt, hat der Gesetzgeber näher in § 3 Abs. 2 GwG festgelegt (siehe dazu näher → Rn. 59 ff.). Zum anderen betrifft diese Fallgruppe auch fremdnützige Rechtsgestaltungen im Sinne des § 3 Abs. 3 GwG, an denen mehrere natürliche Personen beteiligt sind (siehe dazu näher → Rn. 104 ff.). Betroffen sind insoweit beispielsweise die Verwalter von Trusts (Trustees) (§ 3 Abs. 3 Nr. 1 GwG), die Vorstandsmitglieder einer Stiftung (§ 3 Abs. 3 Nr. 2 GwG) sowie die natürlichen Personen, die auf sonstige Weise unmittelbar oder mittelbar beherrschenden Einfluss auf die Vermögensverwaltung oder Ertragsverteilung ausüben (§ 3 Abs. 3 Nr. 3 GwG).

41   Schließlich ist nach der dritten Fallgruppe eine natürliche Person als wirtschaftlich Berechtigter einzustufen, sofern auf deren **Veranlassung** eine Transaktion letztlich durchgeführt oder eine Geschäftsbeziehung letztlich begründet wird. Erfasst hiervon sind im Rahmen von fremdnützigen Rechtsgestaltungen beispielsweise die Regelbeispiele der Treugeber (§ 3 Abs. 3 Nr. 1 GwG) und Begünstigten (§ 3 Abs. 3 Nr. 3 GwG) bzw. einer Gruppe von Begünstigten (§ 3 Abs. 3 Nr. 4 GwG) (siehe dazu näher → Rn. 104 ff.). Im Übrigen dient diese Fallgruppe als Auffangtatbestand für all jene Fälle, die nicht bereits von den übrigen Fallgruppen erfasst sind, bei denen aber gleichwohl eine andere Person als der Vertragspartner aufgrund (wirtschaftlicher) Beherrschung der Geschäftsbeziehung als eigentlich Berechtigter anzusehen ist (siehe dazu näher → Rn. 114).

42   Nicht wirtschaftlich Berechtigter ist nach der Verwaltungspraxis der BaFin ein abweichender Begünstigter einer Lebensversicherung oder eines Bausparvertrages.[37] Zwar sind auch hierbei „Veranlassungsfälle" denkbar; aufgrund der nur eingeschränkten Nutzbarkeit der genannten Vertragstypen ist diese Schlussfolgerung risikobasiert betrachtet jedenfalls gut nachvollziehbar.

III. Wirtschaftlich Berechtigter bei Gesellschaften (§ 3 Abs. 2 GwG)

43   Nach § 3 Abs. 2 GwG zählen bei juristischen Personen – mit Ausnahme der von § 3 Abs. 3 GwG erfassten rechtsfähigen Stiftungen – sowie bei sonstigen Gesellschaften zu den wirtschaftlich Berechtigten diejenigen natürlichen Personen, die unmittelbar oder mittelbar mehr als **25 % der Kapitalanteile** halten (Nr. 1), mehr als 25 % der **Stimmrechte** kontrollieren (Nr. 2) oder **auf vergleichbare Weise** Kontrolle über die Gesellschaft ausüben (Nr. 3). Die Kontrolle einer natürlichen Person über eine Gesellschaft im Sinne des § 3 Abs. 1 Nr. 1 GwG und damit die Eigenschaft als wirtschaftlich Berechtigter wird in diesen Fällen indiziert.[38] Seit Jahrzehnten, schon seit der Umsetzung der Zweiten EU-Geld-

---

37 BaFin, AuA 2021, Rn. 5.2.1.
38 *Figura*, in: Herzog, GwG, § 3 Rn. 7.

wäscherichtlinie, wird zwar diskutiert, ob eine Absenkung der Schwelle auf
10% opportun sei. Als Reaktion auf die „Panama Papers" wurde vom Gesetzgeber schließlich vorgeschlagen, die Schwelle jedenfalls für „passive nichtfinan-
zielle Einheiten" im Sinne der Richtlinie 20111/16/EU, z.B. inaktive Holdinggesellschaften, abzusenken.[39] Zuletzt wurde noch in der Sitzung des Finanzausschusses vom 14.11.2019 versucht, eine Absenkung auf 10% in § 3 GwG aufzunehmen und hinsichtlich derjenigen Gesellschaften, die Streubesitz aufweisen,
jedenfalls die zehn größten Anteilseigner als fiktive wirtschaftlich Berechtigte
aufzunehmen.[40] Die Diskussion wird – damit darf gerechnet werden – wieder
aufflammen. Mit fortschreitender Technisierung der Register und sich rasant
fortentwickelnder Möglichkeiten zum digitalen KYC werden möglicherweise in
der Zukunft steigende Anforderungen zudem immer leichter erfüllbar.

44   Bei der Berechnung der Beteiligungsgrenze von 25% der Stimm- oder Kapitalanteile werden **Geschäftsanteile, die die Gesellschaft selbst hält**, herausge-
rechnet, was zu einer anteiligen Erhöhung der Beteiligungsquoten der verbleibenden Gesellschafter führen kann.[41]

45   In Einzelfällen kann die **besondere Risikolage eine niedrigere Beteiligungsschwelle** zur Annahme eines wirtschaftlich Berechtigten indizieren. Diskutiert
wird dies z.B. für die **GbR**, wenngleich hier sicherlich auf Einzelfälle abzustellen
ist.[42] In der Rechtsanwendungspraxis mit Blick auf Terrorismusfinanzierung und
politisch motivierte Kriminalität drängt sich dies z.B. auf nicht eingetragene Vereine ebenso auf. Mit Blick auf die GbR wird sich die Rechtslage, und mit ihr die
Risikolage, möglicherweise allerdings aufgrund der geplanten Neufassung des
Rechts der GbR, §§ 705 ff. in der Fassung nach dem Gesetz zur Modernisierung
des Personengesellschaftsrechts (MoPeG),[43] ändern. Insbesondere durch die Erweiterung der Rechtsfähigkeit und ein eigenes Registerwesen, §§ 707 ff. BGB-E
und die Möglichkeit der Eintragung als „eGBR", dürfte sich die Risikoexposition
jedenfalls für eingetragene Gesellschaften bürgerlichen Rechts absenken.

46   Mit Blick auf sich **schnell verändernde Beteiligungsverhältnisse**, insbesondere mit Blick auf „intraday" geöffnete und geschlossene Positionen in börsennotierten Gesellschaften stellen sich Praxisfragen. Zu Recht wird in der Literatur[44]

---

39 *Figura*, in: Herzog, GwG, § 3 Rn. 4 m. w. N.
40 Vgl. BT-Drs. 19/15196, S. 26.
41 BVA, Transparenzregister, Fragen und Antworten zum Geldwäschegesetz, Stand
    1.8.2021, Ziff. B.1.5; zustimmend kommentiert z.B. von *Goette*, NZG 2020, 1206,
    1207.
42 *Figura*, in: Herzog, § 3 Rn. 3; auch der Gesetzgeber diskutierte dies, vgl. BT-Drs. 16/
    9038, S. 30.
43 BGBl. I 2021, S. 3436; vgl. zur Übersicht über das MoPeG z.B. *Bärwaldt/Richter*, DB
    2021, 2476.
44 *Goette*, DStR 2021, 1551, 1556.

darauf abgestellt, dass – ähnlich bei der Verwaltungspraxis der BaFin zu §§ 33 ff. WpHG – im Falle einer kurzzeitigen Schwellenüber- oder -unterschreitung entsprechende intraday-Schwankungen außer Betracht bleiben können.

In der Rechtsanwendungspraxis stellen sich oftmals Fragen nach der Anwendbarkeit der Vorschriften auf **Investmentvermögen nach dem Kapitalanlagegesetzbuch**. Schon im Gesetzgebungsverfahren 2019 wurde seitens des BVI eine entsprechende Klarstellung für Publikumsfonds und Spezial-AIF gefordert, dass diese aus dem Anwendungsbereich ausgenommen werden sollten. Die Anregung hat sich nicht durchgesetzt. Die Auffassung des Verbandes ist dennoch in der Rechtsanwendungspraxis sehr relevant; da die bloße Kapitalbeteiligung bei Fonds jedenfalls im genannten Anwendungsbereich des KAGB keine „Kontrolle" mittelt, sind Fondsanleger in der Regel keine wirtschaftlich Berechtigten. **47**

Im **Investmentvermögen gebundene Beteiligungen an juristischen Personen** fallen hingegen unzweifelhaft unter den Anwendungsbereich des § 3 Abs. 2 GwG. Aber auch diesbezüglich sind die Anleger – im Anwendungsbereich des KAGB – keine wirtschaftlich Berechtigten, auch nicht mittelbar, sondern allein die verwaltende KVG und ggf. ihre Organe. **48**

Die Vorschrift bezieht sich wie geschildert grundsätzlich auch auf **juristische Personen des öffentlichen Rechts**. Im Falle von öffentlichen Pensionskassen oder Pensionsfonds sind wiederum die Pensionäre, jedenfalls i. d. R., keine wirtschaftlich Berechtigten, wenngleich sie Vermögensinteressen in den vorgenannten Institutionen haben. **49**

1. Bereichsausnahme für börsennotierte Unternehmen

Aufgrund eines Transpositionsfehlers des Gesetzgebers im Jahr 2017 bei der Integration transparenzregisterrechtlicher Vorschriften in das GwG und bei der Neugestaltung der Konstellationen die vereinfachten Kundensorgfaltspflichten zuzulassen (vgl. → Rn. 37), kam es in den vergangenen Jahren zu unterschiedlichen Auffassungen über Anwendungsbereich und Reichweite der Ausnahme für börsennotierte Gesellschaften in § 3 Abs. 2 Satz 1. Der **Wegfall der Bereichsausnahme für börsennotierte Gesellschaften in § 20 Abs. 2 Satz 2 GwG a. F.** durch das TraFinG 2021 hat erhebliche Diskussionen nach sich gezogen.[45] Dies auch deshalb, weil, anders als noch im Referentenentwurf und im Regierungsentwurf zum TraFinG vorgesehen,[46] die Parallelnorm des § 3 Abs. 2 aber nicht angepasst wurde. Während der Schwebezeit, als der Gesetzgeber noch eine Streichung des Privilegs börsennotierter Gesellschaften in § 20 und parallel in **50**

---

45 Vgl. zum Diskussionsstand *Ott/Goette*, NZG 2022, 248 ff.
46 Vgl. Nachweise bei *Reuter*, BB 2021, 707, 710 f., mit Verweis auf den Referentenentwurf (S. 31 f.) und den Regierungsentwurf zum TraFinG, S. 46; vgl. auch *John*, GWuR 2021, 113 oder *Schorn*, DB 2021, 2404, 2405.

§ 3 erwogen hatte, war ein Streit losgebrochen, ob auf börsennotierte Gesellschaften § 3 Abs. 2 (so die überwiegenden Stimmen in der Literatur) oder, wie vom Gesetzgeber in der Gesetzesbegründung postuliert, § 3 Abs. 1 Satz 1 Nr. 1 anwendbar sein sollte.[47] Letzteres hätte zur Folge gehabt, dass bei börsennotierten Gesellschaften aufgrund von „**Hauptversammlungsmehrheiten**" bei hohem Streubesitz auch wirtschaftlich Berechtigte unterhalb der Beteiligungsschwelle des § 3 Abs. 2 von 25 % existieren könnten,[48] was zu erheblicher Rechtsunsicherheit geführt hätte.

51 Entsprechend entrüstet waren die Kommentierungen der ersten Gesetzesentwürfe zum TraFinG, was schließlich den Gesetzgeber u. a. wohl dazu gebracht haben dürfte, zwar die Privilegierung von der Transparenzregisterpflicht nach § 20 Abs. 2 Satz 2 GwG a. F. zu streichen, nicht aber die Privilegierung bei den Kernvorschriften im GwG, namentlich der Feststellung des wirtschaftlich Berechtigten. Hier zeigt sich wieder die oben aufgezeigte „Multifunktionalität" des § 3 GwG. Die Verpflichteten sind qua Gesetz also zur **Feststellung des wirtschaftlich Berechtigten an börsennotierten Gesellschaften nur im Rahmen des § 14 i.V.m. Anlage 1 Nr. 1 lit. a** angehalten.

52 **Nicht erfasst** von der Pflicht zur Feststellung des wirtschaftlich Berechtigten, § 14 i.V.m. Anlage 1 Nr. 1 lit a (nicht aber mehr von der Transparenzregisterpflicht ausgenommen!), sind also Gesellschaften, die an einem **organisierten Markt** nach nunmehr § 2 Abs. 11 WpHG notiert sind oder die dem Gemeinschaftsrecht entsprechenden Transparenzanforderungen im Hinblick auf die Stimmrechtsanteile oder gleichwertigen internationalen Standards unterliegen. In diesen Fällen bedarf es nämlich keiner zusätzlichen Maßnahmen durch den Verpflichteten zur Identifizierung der hinter diesen Gesellschaften stehenden natürlichen Personen, da die hinter diesen Gesellschaften stehenden Personen bereits aufgrund der erhöhten Transparenz innerhalb der organisierten Märkte bzw. aufgrund gleichwertig hohen Transparenzanforderungen in Drittstaaten ohne weitere Maßnahmen sichtbar gemacht werden können.

53 **Organisierter Markt** im Sinne des § 2 Abs. 11 WpHG ist ein im Inland, in einem anderen Mitgliedstaat der Europäischen Union oder einem anderen Vertragsstaat des Abkommens über den Europäischen Wirtschaftsraum betriebenes oder verwaltetes, durch staatliche Stellen genehmigtes, geregeltes und überwachtes multilaterales System, das die Interessen einer Vielzahl von Personen am Kauf und Verkauf von dort zum Handel zugelassenen Finanzinstrumenten innerhalb des Systems und nach festgelegten Bestimmungen in einer Weise zu-

---

47 Vgl. die Übersicht bei *Reuter*, BB 2021, 707, 710 f.; vgl. auch die – nicht nachgezogenen – Ausführungen des Gesetzgebers in BT-Drs. 19/28164, S. 42.

48 So ausdrücklich im Regierungsentwurf zum TraFinG, S. 46 oder in BT-Drs. 19/28164, S. 42.

sammenbringt oder das Zusammenbringen fördert, die zu einem Vertrag über den Kauf dieser Finanzinstrumente führen.

Nach zutreffender Ansicht der BaFin sind allerdings auch börsennotierte Unternehmen erfasst, deren Wertpapiere zum Handel auf einem geregelten Markt im Sinne von Art. 44 Abs. 1 der MiFID II[49] zugelassen sind oder deren Wertpapiere zum Handel an einem organisierten Markt in einem Drittland zugelassen sind, der dem Gemeinschaftsrecht entsprechenden Transparenzanforderungen im Hinblick auf Stimmrechtsanteile oder gleichwertigen internationalen Standards unterliegt.[50] **54**

In **Deutschland fällt unter den Begriff des organisierten Marktes** der regulierte Markt der Deutschen Börse bzw. der städtischen Börsenplätze (Börse Berlin, Börse München, Börse Stuttgart usw.).[51] Demgegenüber ist der börsliche Freiverkehr nicht vom Begriff des organisierten Marktes erfasst.[52] Umfasst vom Begriff des organisierten Marktes ist hingegen die für den Handel mit Finanzderivaten geschaffene Terminbörse „EUREX“.[53] Welche Märkte der anderen Mitgliedstaaten der Europäischen Union oder der anderen Vertragsstaaten des Abkommens über den Europäischen Wirtschaftsraum unter den Begriff des organisierten Marktes fallen, lässt sich dem von der EU-Kommission im Amtsblatt der Europäischen Union veröffentlichten Verzeichnis aller geregelten Märkte entnehmen.[54] Danach zählen beispielsweise in Frankreich zu den geregelten Märkten und damit zu den organisierten Märkten in Sinne des § 2 Abs. 11 WpHG die Handelsplattformen „Euronext Paris“, „MATIF“ und „MONEP“.[55] **55**

Zu den Gesellschaften, die **dem Gemeinschaftsrecht entsprechenden Transparenzanforderungen** im Hinblick auf die Stimmrechtsanteile oder gleichwertigen internationalen Standards unterliegen, gehören jedenfalls all jene Gesellschaften, die an einer in der Anlage 1 der DK AuA genannten Börse notiert sind.[56] Zu den in der Anlage 1 der DK AuA genannten Börsen gehören insbesondere NYSE Amex, NASDAQ und New York Stock Exchange (USA), Shanghai Stock Exchange und Shenzhen Stock Exchange (China), Tokyo Stock Exchange, TSE-Mothers, JASDAQ, Osaka Securities Exchange, Hercules, Nagoya Stock Exchange und Centrex (Japan) sowie SIX Swiss Exchange (Schweiz). **56**

---

49 Richtlinie 2014/65/EU.
50 BaFin, AuA 2021, Ziff. 5.2.2.1.
51 *Fuchs*, in: Fuchs, WpHG, § 2 Rn. 163.
52 *Fuchs*, in: Fuchs, WpHG, § 2 Rn. 163.
53 *Fuchs*, in: Fuchs, WpHG, § 2 Rn. 163.
54 *Fuchs*, in: Fuchs, WpHG, § 2 Rn. 164.
55 ABl. EU C 348 v. 21.10.2010, S. 9, mit Anmerkungen versehene Übersicht über die geregelten Märkte und einzelstaatlichen Rechtsvorschriften zur Umsetzung der entsprechenden Anforderungen der Richtlinie über Märkte für Finanzinstrumente (MiFID) (Richtlinie 2004/39/EG des Europäischen Parlaments und des Rates).
56 DK, AuA 2014, Zeile 57.

57 Über diese Fälle hinaus erfasst die Anlage 1 der DK AuA zudem noch bestimmte Börsen in Australien, Hongkong, Indien, Indonesien, Kanada, Malaysia, Neuseeland, Singapur, Südkorea, Taiwan und Thailand. Die in der Liste der in Anlage 1 der DK AuA genannten Börsen sind jedoch nicht abschließend. Vielmehr kann die geforderte „Gleichwertigkeit" prinzipiell auch bei anderen Börsen gegeben sein.[57]

58 Ebenso ausgenommen sind – dies ist logische Konsequenz der Ausnahme der Obergesellschaften – die **Tochtergesellschaften** dieser börsennotierten Unternehmen, sofern die befreite Obergesellschaft mehr als 50 % der Kapital- oder Stimmanteile hält und es – etwa aufgrund anderweitiger Kontrollausübung – keinen anderen wirtschaftlich Berechtigten im geldwäscherechtlichen Sinne gibt.[58]

2. Begriff der „Kontrolle" bei juristischen Personen im geldwäscherechtlichen Sinn (§ 3 Abs. 2 Satz 1 Nr. 1, 2 und 3)

59 Maßgebendes Merkmal für das Vorliegen einer wirtschaftlichen Berechtigung im Sinne des § 3 Abs. 2 GwG ist die „**Kontrolle**". „Kontrolle" einer natürlichen Person über eine Gesellschaft wird insbesondere dann unwiderleglich vermutet, wenn die natürliche Person unmittelbar oder mittelbar mehr als 25 % der Kapitalanteile der Gesellschaft hält oder mehr als 25 % der Stimmrechte der Gesellschaft kontrolliert. Nr. 1 und 2 sind von erfrischender Klarheit, während mit Nr. 3 auch diejenige natürliche Person zum wirtschaftlich Berechtigten ernannt wird, die unmittelbar oder mittelbar Kontrolle auf (mit einer Stellung als Eigner von Kapitalanteilen oder Stimmrechten) *vergleichbare* Weise ausübt.

60 Das **Bundesverwaltungsamt** hatte diese Regel in einer die Grenzen verfassungskonformer Auslegung auslotender Weise in den „FAQ" im Jahr 2020 jedoch schrittweise, nämlich zum Februar und zum August des Jahres, erweitert, musste die Rechtsansicht nach vehementer und zutreffender Kritik aber wieder relativieren (vgl. → Rn. 15).

61 „Kontrolle" einer natürlichen Person über eine Gesellschaft setzt also nicht einmal zwingend voraus, dass die natürliche Person unmittelbar oder mittelbar über eine zwischengeschaltete Gesellschaft mehr als 25 % der Kapitalanteile der Gesellschaft hält oder mehr als 25 % der Stimmrechte der Gesellschaft kontrolliert (vgl. § 3 Abs. 2 Satz 1 Nr. 1 und 2 GwG). Vielmehr kann eine Kontrolle einer natürlichen Person über eine Gesellschaft auch unterhalb dieser Schwellenwerte bestehen. Dies war bereits nach der alten Rechtslage zu § 1 Abs. 6 GwG a. F. anerkannt[59] und hat der Gesetzgeber in § 3 Abs. 2 Satz 1 Nr. 3 GwG ausdrücklich

---

57 DK, AuA 2014, Zeile 57.
58 BaFin, AuA 2021, Ziff. 5.2.2.1 mit weiteren Anforderungen.
59 *Warius*, in: Herzog, GwG, 2. Aufl. 2014, § 1 Rn. 45.

klargestellt. Nach § 3 Abs. 2 Satz 1 Nr. 3 GwG zählt zu den wirtschaftlich Berechtigten nämlich auch jede natürliche Person, die unmittelbar oder mittelbar „**auf vergleichbare Weise**" Kontrolle über eine Gesellschaft ausübt.

Die Erläuterung des Gesetzgebers, dass nämlich „Kontrolle" unter anderem, **62** aber nicht ausschließlich in Fällen des § 290 Abs. 2–4 HGB vorliegt, deutet auf eine sehr weite Auslegung des geldwäscherechtlichen Kontrollbegriffs hin, der **über handels- und gesellschaftsrechtliche Kategorien weit hinausgeht.**

Im Blick hatte der Gesetzgeber hierbei ursprünglich vor allem die **Gesellschaft** **63** **bürgerlichen Rechts**, die nach derzeit noch geltendem Recht, **welches durch das MoPeG allerdings gravierend verändert werden wird**, aufgrund ihrer fehlenden Registereintragung, des fehlenden besonderen Formerfordernisses und der Dispositivität hinsichtlich gesetzlich vorgesehener innerorganisatorischer Regelungen für Außenstehende intransparent und daher besonders anfällig für Geldwäsche und Terrorismusfinanzierung sei.[60] Dementsprechend könne bei einer GbR nicht schematisch auf die in § 3 Abs. 2 Satz 1 Nr. 1 und 2 GwG festgelegten Schwellenwerte abgestellt werden, sondern es müsse von den Verpflichteten in besonderem Maße das konkrete Risiko der Geschäftsbeziehung oder Transaktion mit der GbR eingeschätzt und in risikoangemessener Weise entschieden werden, welche einzelnen Gesellschafter als wirtschaftlich Berechtigte zu identifizieren sind.[61]

Gefordert wird von den Verpflichteten mithin insoweit eine **Einzelfallprüfung**, **64** welche der an der GbR beteiligten Gesellschafter die maßgebliche Entscheidungsgewalt über die geschäftlichen Beziehungen innehaben. Sind beispielsweise an einer GbR zwei Gesellschafter mit Kapitalanteilen von 90% und 10% beteiligt, liegt die maßgebliche Entscheidungsgewalt und damit die Kontrolle über die Gesellschaft (auch) und trotz eines Kapitalanteils von nur 10% bei letzterem Gesellschafter, wenn dieser unter Ausschluss des anderen Gesellschafters zur alleinigen Führung der Geschäfte der GbR berechtigt ist.

Ähnliche Fragen stellen sich hinsichtlich der **stillen Gesellschaft.** Konsequen- **65** terweise wird aufgrund der von § 3 Abs. 1 GwG erfassten „tatsächlichen Einwirkungsmöglichkeiten" jedenfalls bei atypisch stillen Gesellschaftern ein Kontrollelement in Einzelfällen nicht gänzlich zu verneinen sein.

Eine weitere im Rahmen des § 3 Abs. 2 Satz 1 Nr. 3 GwG besonders relevante **66** Gesellschaftsform ist zudem die **GmbH & Co KG.** Insoweit ist nämlich die wirtschaftlich hinter der **Komplementär**-GmbH stehende natürliche Person auch dann unter dem Gesichtspunkt der mittelbaren Ausübung von Kontrolle über die GmbH & Co. KG als wirtschaftlich Berechtigter anzusehen, wenn die Komplementär-GmbH den Schwellenwert des § 3 Abs. 2 Satz 1 Nr. 1 und 2

---

60 BT-Drs. 16/9038, S. 30.
61 BT-Drs. 16/9038, S. 30; DK, AuA 2014, Zeile 33.

GwG von 25 % nicht erreicht, da die Komplementär-GmbH bereits aufgrund ihrer gesellschaftsrechtlich dominanten Stellung als „Vollhafter" unmittelbare Kontrolle über die GmbH & Co. KG ausüben kann und dementsprechend die mittelbare Kontrolle über die GmbH & Co. KG bei den wirtschaftlich hinter der Komplementär-GmbH stehenden natürlichen Personen liegt.[62]

67   Zur Frage, ob der **Komplementär „Kontrolle"** über die GmbH & Co. KG ausübt, bestehen zudem unterschiedliche Auffassungen zwischen BaFin und BVA. Im Emittentenleitfaden[63] der BaFin geht diese im Zusammenhang mit Stimmrechtsmeldungen nach wertpapierhandelsrechtlichen Vorschriften nämlich davon aus, dass der Komplementär Kontrolle über die KG ausübt; es steht zu wünschen, dass die Aufsichtsbehörden sich hierzu möglicherweise eine gemeinsame Meinung bilden können.[64]

68   Auch das BVA hat sich in seinen FAQs dieser Auffassung zwar grundsätzlich, aber nicht in allen Fällen angeschlossen.[65] In **einigen besonders gelagerten Fällen** könne allerdings ein **Rückgriff auf den fiktiven wirtschaftlich Berechtigten** sachdienlich sein.[66] Dies sei der Fall bei einer Einheits-GmbH & Co. KG mit nur einem Kommanditisten, der Ein-Personen-GmbH & Co. KG, bei der der Kommanditist auch Alleingesellschafter der Komplementär-GmbH sei, bei Konstellationen, in denen tatsächlich kein Komplementär oder Kommanditist wirtschaftlich Berechtigter sei oder wenn kein Kommanditist aufgrund seiner Kapitalanteile oder Stimmrechte als wirtschaftlich Berechtigter gilt und eine oder mehrere natürliche Personen Komplementäre sind, sofern sich die aktuellen Vor- und Nachnamen, Wohnorte und Geburtsdaten aller Komplementäre aus dem aktuellen Abdruck des Handelsregisters ergeben. Ist Komplementärin eine Gesellschaft, müssen sich für die Fiktion der KG von derjenigen natürlichen Person, die die Komplementär-Gesellschaft nach § 3 Abs. 2 Satz 2–4 GwG beherrscht, der aktuelle Vor- und Nachname, der Wohnort, das Geburtsdatum sowie Art und Umfang der wirtschaftlichen Berechtigung aus den Eintragungen und Dokumenten nach § 22 Abs. 1 Satz 1 Nr. 2–8 GwG ergeben, die in den Registern nach § 20 Abs. 2 GwG elektronisch abrufbar sind.[67]

69   Im Zuge der Aktualisierung der FAQ hat das BVA im Februar 2020 eine weitere Sonderkonstellation klargestellt. Ein **Kommanditist** sei aufgrund seiner Kapitalanteile/Stimmrechte und **gleichzeitig auch aufgrund der Beherrschung der Komplementär-GmbH** wirtschaftlich Berechtigter, wenn er unmit-

---

62 DK, AuA 2014, Zeile 27.

63 Emittentenleitfaden, 5. Aufl., B Ziff. i.2.5.1.2.1.

64 Zutreffend daher *Hofmann/Arnold*, GWuR 2021, 49, 52.

65 BVA, FAQ zum Transparenzregister, Stand 1.8.2021, Ziff. B.II.2, C.5.

66 BVA, FAQ zum Transparenzregister, Stand 1.8.2021, Ziff. B.I.1, 4; auch *Goette*, DStR 2020, 453, 455, 456.

67 BVA, FAQ zum Transparenzregister, Stand 1.8.2021, Ziff. C.2.

telbar/mittelbar mit über 25 % am Kapital oder den Stimmrechten beteiligt sei und die Komplementär-GmbH i. S. v. § 3 Abs. 2 Satz 2–4 GwG beherrsche. In diesem Fall könne ebenfalls die Mitteilungsfiktion nach § 20 Abs. 2 Satz 1 GwG zur Anwendung kommen. Hierbei sei ausreichend, wenn einer von mehreren Gründen der wirtschaftlichen Berechtigung transparent sei. Voraussetzung (für die Mitteilungsfiktion) sei in diesem Fall jedoch, dass keine weiteren Kommanditisten wirtschaftlich Berechtigte seien und die Komplementär-GmbH die Voraussetzungen des § 20 Abs. 2 Satz 1 GwG erfüllten.[68] Im Hinblick auf die Funktionalität der Norm ist dieser Auffassung zuzustimmen.

Für größere Aufruhr sorgte im Jahr 2020 die Entscheidung des BVA, in zwei Schritten die sog. „**Verhinderungsbeherrschung**" näher zu beleuchten und als verwaltungspraktisches Regelbeispiel für Kontrolle „auf vergleichbare Weise" im Sinne des § 3 Abs. 2 Satz 1 Nr. 3 anzuführen. **70**

In einem ersten Schritt erließ das BVA **im Februar 2020** eine norminterpretierende „FAQ" dahingehend, dass eine natürliche Person aufgrund eines Vetorechts „Kontrolle" über Entscheidungen von Organen innehaben könne.[69] In seiner „Urfassung" ging das BVA jedoch davon aus, dass dies nur für vertragliche oder anderweitig **explizit eingeräumte** Widerspruchs- und Vetorechte gelten sollte. In der Fassung vom Februar 2020 befasste sich das BVA im Übrigen mit der in § 3 Abs. 2 Satz 1 Nr. 3 genannten „vergleichbare Kontrolle". **71**

Schon denklogisch können Vetorechte allerdings auch daraus entstehen, dass Mehrheitserfordernisse faktisch auch die Zustimmung eines einzelnen Gesellschafters erfordern, z. B. bei gesetzlichen oder satzungsmäßigen Zustimmungserfordernissen. Das BVA erweiterte daher in der Fassung vom 19.8.2020 die FAQ und ergänzte: „Das gilt bei expliziten Vetorechten, aber auch dann, wenn gesetzlich oder gesellschaftsrechtlich die Mitwirkung eines Gesellschafters an der Beschlussfassung zwingend ist."[70] **72**

Bis dato hatte die – überwiegend gesellschaftsrechtlich ausgerichtete – Literatur aus einer Zusammenschau der Wortlaute aus § 3 Abs. 2 Satz 1 Nr. 3 („Kontrolle *ausüben*") und dem Verweis auf § 290 HGB („beherrschender *Einfluss*") geschlussfolgert, dass § 3 GwG eine aktive Einflussmöglichkeit erfordert, um eine natürliche Person als wirtschaftlich Berechtigten zu qualifizieren.[71] Entspre- **73**

68　BVA, FAQ zum Transparenzregister, Stand 20.2.2020, Ziff. 20 (die Fiktion aus § 20 Abs. 2 GwG existiert wie geschildert selbstverständlich nicht mehr).

69　Vgl. z. B. *Sonnenberg/Komma/Rempp*, CCZ 2020, 18, 19 unter Verweis auf BVA, FAQ, Stand 20.2.2020, Ziff. II.23.

70　BVA, FAQ zum Transparenzregister, Stand 19.8.2020, Ziff. B.II.3 Abs. 1.

71　Vgl. *Hofmann/Arnold*, GWuR 2021, 49, 51; ausführlich zur gesellschaftsrechtlich geprägten Ausgangslage: *Hütten/Assmann*, AG 2020, 849 ff.; vgl. zum Komplex auch *Nordhues/Zenker*, GWR 2021, 138 ff.

chend harsch fielen die Kommentare in Literatur und Praxis teilweise aus.[72] Inhaltlich war das BVA ganz offenbar zu weit gegangen und dies auch angesichts des ohnehin qua Gesetzeszweck weit definierten § 3 Abs. 1 GwG.

74 Im Februar 2021 vollzog das BVA dann eine – teilweise – Kehrtwende. Aus Gründen, die nur dem BVA bekannt sind, wurde die genannte Verwaltungspraxis nunmehr aber zweimal, nämlich einmal beim „wirtschaftlich Berechtigten" in B.II.3 der FAQ und nochmals unter der Überschrift des § 3 Abs. 2 Satz 2–4 GwG, mithin für die „mittelbare Kontrolle", im Februar 2021 wieder angepasst, allerdings ohne das Rad der Zeit komplett zurückzudrehen. Die Verhinderungsbeherrschung kann weiter zur „Kontrolle" führen, entscheidend ist aber der Einzelfall.

75 In Ziffer B.II.3 der FAQ heißt es also **nunmehr**:

> „Hat eine natürliche Person aufgrund eines Widerspruchs-/Vetorechts die unmittelbare oder mittelbare Kontrolle über Entscheidungen der Mitglieder-, Haupt- oder Gesellschafterversammlung, gilt sie nach § 3 Abs. 2 S. 1 Nr. 3 GwG als wirtschaftlich Berechtigte (Kontrolle auf sonstige Weise). Dies ist insbesondere der Fall, wenn eine natürliche Person über diese Rechte die Vereinigung faktisch kontrolliert oder deren Transaktionen letztlich veranlasst. Maßgeblich sind hierbei die Umstände des Einzelfalls. Kann das Widerspruchsrecht bei einem „Widerspruchspool" nur durch alle Poolmitglieder aufgrund eines Mehrheitsbeschlusses ausgeübt werden, gelten die einzelnen Mitglieder des Pools nicht als wirtschaftlich Berechtigte. Anders ist dies allerdings, wenn jedes Poolmitglied das Widerspruchsrecht eigenständig ausüben kann oder darf (siehe Kapital B II Frage 1). Für Stiftungen gilt dies entsprechend. Der Inhaber eines Widerspruchsrechts gegen Entscheidungen des Stiftungsvorstandes oder -rates gilt nach § 3 Abs. 3 Nr. 5 GwG als wirtschaftlich Berechtigter."[73]

76 Aus dem Vorgenannten ergibt sich die Beschränkung bis auf die weiterhin bestehende Hervorhebung, dass auf den Einzelfall abzustellen sei, (noch) nicht. Allerdings führt das BVA nunmehr – zu Veto- oder Widerspruchsrechten bei der Muttervereinigung mit Blick auf eine mittelbare wirtschaftliche Berechtigung bei Tochtergesellschaften – in Ziffer B. III.3. aus: „Die bisherige und sehr weit gefasste Definition eines beherrschenden Einfluss durch eine sog. negative Beherrschung bzw. Verhinderungsbeherrschung in den FAQ vom 19. August 2020 wird dahingehend konkretisiert, dass gesetzliche oder vertraglich vereinbarte Veto- oder Verhinderungsrechte in bestimmten Fällen zu einem beherrschenden Ein-

---

72 Vgl. z. B. *Bochmann*, GmbHR 2021, R 32 („contra legem?"); *Goette*, NZG 2020, 1206, 1210 („[…] auch rechtsstaatlich nicht unproblematisch."); *Hütten/Assmann*, AG 2020, 849, 862 („nicht geeignet") u.v.m.
73 BVA, FAQ zum Transparenzregister, Stand 1.8.2021, Ziff. B.II.3.

fluss i. S. d. § 3 Abs. 2 S. 4 GwG i. V. m. § 290 Abs. 2 bis 4 HGB führen **können**. Dies ist insbesondere der Fall, wenn die natürliche Person über diese Rechte die (Mutter-)Vereinigung faktisch kontrolliert oder deren Transaktionen letztlich veranlasst. Maßgeblich sind hierbei die Umstände des Einzelfalls."[74]

Der Verweis auf faktische Kontrolle referenziert auf einen weiteren auslegungs- **77** bedürftigen Rechtsbegriff; auch hier wäre die Begrifflichkeit „Kontrolle auf vergleichbare Weise", an Abs. 2 Satz 1 Nr. 3 angemessen gewesen. Das in den neuen FAQ ausgewiesene Beispiel zeigt einen mittelbaren Beteiligungsstrang, bei dem ein Mitgesellschafter zwar 100 % der Anteile, bei dem anderen Mitgesellschafter aber ein vollumfassendes Vetorecht gegen sämtliche Gesellschafterbeschlüsse sieht – hieran verdeutlicht das BVA den Ausnahmecharakter.

Auch **Stimmbindungsverträge** können bei der Beurteilung von unmittelbarer **78** oder mittelbarer Kontrolle eine Rolle spielen, ähnlich dem Konzept des „Acting in Concert", § 34 WpHG.[75] Sind etwa zwei Gesellschafter, die für sich genommen jeweils weniger als 20 % der Geschäftsanteile an einem Vertragspartner eines Verpflichteten halten, aber untereinander über eine Stimmrechtsvereinbarung verbunden sind, an einem Verpflichteten beteiligt, oder mitteln sie über Beteiligungsebenen hinweg durch einen Stimmbindungsvertrag Einfluss auf den Vertragspartner, so können im Extremfall beide wirtschaftlich Berechtigte im Sinne des § 3 GwG sein. Richtigerweise wird jedoch in der Literatur darauf hingewiesen, dass hier keine voreiligen Schlüsse angebracht sind: Vielmehr ist in jedem Einzelfall zu prüfen, ob eine Stimmbindungsvereinbarung tatsächlich als kontrollvermittelndes Instrument anzusehen ist.[76] Ferner muss in jedem Fall überprüft werden, ob eine wechselseitige Zurechnung Folge der Kontrolle oder nur eine einseitige Zurechnung Folge einer solchen Stimmrechtsvereinbarung ist. Letzteres wird in der Regel wohl nur in Betracht kommen, wenn beide Beteiligte gleich große Beteiligungen an der Gesellschaft halten.[77] Dieser Ansicht hat sich auch das BVA angeschlossen.

Ob auch **Optionen**, die einen Anspruch auf mehr als 25 % der Anteile an einem **79** Unternehmen begründen, „Kontrolle" darstellen können, ist wiederum vom Einzelfall abhängig. Während das bloße Bestehen eines Optionsrechts in vielen Fällen keine Kontrolle darstellt (solange die Option nicht ausgeübt wird), sind doch atypische Konstellationen denkbar, bei denen der Inhaber einer Option z. B. wesentliche Gestaltungsrechte wahrnehmen oder auf sonstige Weise die Geschäftstätigkeit des Bezugsunternehmens bestimmen kann.[78]

---

74 BVA, FAQ zum Transparenzregister, Stand 1.8.2021, Ziff. B.III.3.
75 *Bochmann* weist allerdings zu Recht auf unterschiedliche Betrachtungsmöglichkeiten zwischen GwG und WpHG hin, vgl. *Bochmann*, GmbHR 2020, 256, 257.
76 Vgl. z. B. *Schaub*, DStR 2018, 871, 873.
77 *Schaub*, DStR 2018, 871, 874 mit zahlreichen weiteren Nachweisen.
78 BVA, Transparenzregister, Fragen und Antworten, Stand 1.8.2021, Ziff. B.II.3.

80   Sofern hingegen die unmittelbar oder mittelbar an einer Gesellschaft beteiligten natürlichen Personen weder die Schwellenwerte des § 3 Abs. 2 Satz 1 Nr. 1 und Nr. 2 GwG überschreiten noch gemäß § 3 Abs. 2 Satz 1 Nr. 3 GwG in vergleichbarer Weise, etwa über Stimmbindungen etc., Kontrolle über die Gesellschaft ausüben, gibt es insoweit bei der betroffenen Gesellschaft keinen wirtschaftlich Berechtigten. Vorschläge, alternativ die größten Anteilseigner als wirtschaftlich Berechtigte zu erfassen, hatten sich zuvor politisch nicht durchgesetzt.

3. Mittelbare Kontrolle (§ 3 Abs. 2 Satz 2)

81   § 3 verwendet den Begriff der „Kontrolle" an zwei Stellen, nämlich bei der „vergleichbaren Kontrolle" des § 3 Abs. 2 Satz 1 Nr. 3 und der „Kontrolle" in Satz 3. Der Begriff findet jedoch – ausweislich des Gesetzeswortlautes in § 3 Abs. 2 Satz 1 („[…] **die unmittelbar oder mittelbar** […]") – **auf beide Konstellationen Anwendung**.

82   Die Feststellung einer **unmittelbaren Kontrolle** einer natürlichen Person im Falle bloß einstufiger Beteiligungsstrukturen (= Vertragspartnerin des Verpflichteten ist die Gesellschaft B; Gesellschafter A – eine natürliche Person – ist unmittelbar an Gesellschaft B beteiligt) war schon nach altem Recht weitgehend unproblematisch. Die Feststellung einer entsprechenden **mittelbaren Kontrolle** einer natürlichen Person im Falle mehrstufiger Beteiligungsstrukturen (= Vertragspartnerin des Verpflichteten ist die Gesellschaft B; Gesellschafter der Gesellschaft B sind die Gesellschaften C und D; Gesellschafter A – eine natürliche Person – ist unmittelbar nur an Gesellschaft C beteiligt) nach altem Recht – war hingegen mangels gesetzlicher Vorgaben – zunächst mit erheblichen Unsicherheiten behaftet. Angesichts der bestehenden Unsicherheiten hatte schon 2014 die DK AuA[79] veröffentlicht, im Rahmen derer nähere Anforderungen an das Vorliegen einer „mittelbaren Kontrolle" einer natürlichen Person über eine Gesellschaft konkretisiert worden waren.

83   Grundvoraussetzung war hierbei zunächst, dass die zwischengeschaltete Gesellschaft (Gesellschaft C) mehr als 25 % der Kapitalanteile an der Vertragspartnerin des Verpflichteten (Gesellschaft B) hält. Im zweiten Schritt war danach zu fragen, ob die an der zwischengeschalteten Gesellschaft (Gesellschaft C) beteiligte natürliche Person (Gesellschafter A) eine „Kontrolle" über die zwischengeschaltete Gesellschaft hatte. Die DK differenzierte insoweit zwischen einer **Kontrolle aufgrund gesellschaftsrechtlichen Einflusses und einer faktischen Kontrolle**.[80] Eine Kontrolle kraft gesellschaftsrechtlichen Einflusses war gegeben, wenn die natürliche Person die Mehrheit der Anteile an der zwischengeschalte-

---

79 DK, AuA 2014.
80 DK, AuA 2014, Zeile 27.

ten Gesellschaft innehatte.[81] Eine faktische Kontrolle war gegeben, wenn die natürliche Person zwar nicht die Mehrheit der Anteile an der zwischengeschalteten Gesellschaft innehatte, aber aus anderen Gründen – z.B. aufgrund vertraglicher Abreden – faktisch die Kontrolle über die zwischengeschaltete Gesellschaft innehatte.[82] Ein Indiz für eine solche faktische Kontrolle konnte vor allem eine „wesentliche Minderheitsbeteiligung" von mehr als 25 % der Anteile an der zwischengeschalteten Gesellschaft sein, sofern die übrigen Gesellschafter der zwischengeschalteten Gesellschaft lediglich deutlich geringe Anteilsbeteiligungen aufweisen konnten.[83]

Diese nach altem Recht bestehende „**Regelungslücke**" im Hinblick auf das Vorliegen einer **mittelbaren Kontrolle** einer natürlichen Person über eine Gesellschaft hat der Gesetzgeber in § 3 Abs. 2 Satz 2–4 GwG 2017 **ausdrücklich geschlossen**. Darin legte der Gesetzgeber gemäß § 3 Abs. 2 Satz 2 GwG fest, dass eine mittelbare Kontrolle insbesondere dann vorliegt, wenn entsprechende Anteile von einer oder mehreren Vereinigungen nach § 20 Abs. 1 GwG gehalten werden, die von einer natürlichen Person kontrolliert werden. Grundvoraussetzung ist somit – wie schon nach den DK AuA aus dem Jahr 2014 –, dass die zwischengeschaltete Gesellschaft mehr als 25 % der Kapitalanteile an der Vertragspartnerin des Verpflichteten hält. Weitere Voraussetzung ist sodann die Kontrolle der natürlichen Person über die zwischengeschaltete Gesellschaft. Nach § 3 Abs. 2 Satz 3 GwG liegt Kontrolle der natürlichen Person über die zwischengeschaltete Gesellschaft insbesondere vor, wenn die natürliche Person unmittelbar oder mittelbar beherrschenden Einfluss auf die zwischengeschaltete Gesellschaft ausüben kann.

In der neueren Verwaltungspraxis in der Finanzwirtschaft hat die BaFin diese Grundgedanken zur **mittelbaren Beherrschung** aufgegriffen und erneut bestätigt. In der Darstellung in den AuA[84] wird eine konzeptionell etwas feingliedrigere Darstellungsweise gewählt, die die nötigen Prüfschritte und Erwägungen von der ersten bis zur höchsten Beteiligungsebene durchzieht. Die bereits 2014 entwickelten Grundsätze werden an praktischen Beispielen erläutert und einige der bekannten Regeln (kein „Durchrechnen" ab der zweiten Beteiligungsebene, Konzept der mittelbaren Kontrolle) beibehalten. Bei gestuften Beteiligungsverhältnissen wird seit Bestehen des GwG keine effektive (= anteilige) Beteiligungsquote durchgerechnet, sondern es gilt das „Alles oder nichts"-Prinzip.[85]

---

81 DK, AuA 2014, Zeile 27.
82 DK, AuA 2014, Zeile 27.
83 DK, AuA 2014, Zeile 27.
84 BaFin, AuA 2021, Ziff. 5.2.2.1.
85 Vgl. *Bochmann*, GmbHR 2020, 256, 258.

4. Beherrschender Einfluss und Verweis auf § 290 HGB (§ 3 Abs. 2 Satz 4 GwG)

86 Wann ein beherrschender Einfluss auf die zwischengeschaltete Gesellschaft vorliegt, richtet sich gemäß § 3 Abs. 2 Satz 4 GwG **nicht abschließend („insbesondere") u. a.** nach den Regelungen des **§ 290 Abs. 2–4 HGB**. Maßgebliche Bestimmung hierbei ist § 290 Abs. 2 HGB. § 290 Abs. 3–4 HGB dient hingegen nur der näheren Ausformung der in § 290 Abs. 2 HGB festgelegten Grundsätze.

87 § 290 Abs. 2 HGB erfasst vier beispielhaft genannte[86] Fallkonstellationen, in denen „stets" (d. h. unwiderlegbar)[87] von einem beherrschenden Einfluss auf die zwischengeschaltete Gesellschaft auszugehen ist:

– Mehrheit der Stimmrechte an der zwischengeschalteten Gesellschaft
– Recht, die Mehrheit der Mitglieder des die Finanz- und Geschäftspolitik bestimmenden Verwaltungs-, Leitungs- oder Aufsichtsorgans der zwischengeschalteten Gesellschaft zu bestellen oder abzuberufen
– Recht, die Finanz- und Geschäftspolitik der zwischengeschalteten Gesellschaft aufgrund eines geschlossenen Beherrschungsvertrags oder aufgrund einer Bestimmung in der Satzung der zwischengeschalteten Gesellschaft zu bestimmen
– bei wirtschaftlicher Betrachtung Tragen der Mehrheit der Risiken und Chancen der zwischengeschalteten Gesellschaft, wenn die zwischengeschaltete Gesellschaft nur zur Erreichung eines eng begrenzten und genau definierten Ziels dient (Zweckgesellschaft).

88 Der Verweis des Gesetzgebers auf § 290 Abs. 2 HGB ist allerdings **nur teilweise geglückt.**

89 Eine wertvolle Erkenntnis bietet der Verweis insofern, als nun ausdrücklich festgeschrieben ist, dass von einem beherrschenden Einfluss und damit einer Kontrolle der zwischengeschalteten Gesellschaft jedenfalls dann auszugehen ist, wenn die natürliche Person die Mehrheit der Stimmrechte an der zwischengeschalteten Gesellschaft innehat. Dies entspricht auch den bis dahin bestehenden DK AuA, wobei diese für eine „Kontrolle kraft gesellschaftsrechtlichen Einflusses" nicht auf die Mehrheit der Stimmrechte, sondern die Mehrheit der Anteile an der zwischengeschalteten Gesellschaft abgestellt haben. Im Endeffekt sollte aber – wie ein systematischer Vergleich zu § 3 Abs. 2 Satz 1 Nr. 1 und 2 GwG zeigt – bei beiden genannten Konstellationen von einem beherrschenden Einfluss und somit einer Kontrolle der zwischengeschalteten Gesellschaft durch die

---

86 *Senger/Hoehne*, in: MüKo-BilR, § 290 HGB Rn. 58.
87 *Senger/Hoehne*, in: MüKo-BilR, § 290 HGB Rn. 57.

natürliche Person ausgegangen werden.[88] In der Praxis fallen die beiden Konstellationen ohnehin regelmäßig zusammen.[89]

Weiterhin bietet der Verweis auch insofern eine Erkenntnis, dass richtigerweise von einem beherrschenden Einfluss und damit einer Kontrolle der zwischengeschalteten Gesellschaft durch die natürliche Person auch dann auszugehen ist, wenn die natürliche Person das Recht hat, die Mehrheit der Mitglieder des die Finanz- und Geschäftspolitik bestimmenden Verwaltungs-, Leitungs- oder Aufsichtsorgans der zwischengeschalteten Gesellschaft zu bestellen oder abzuberufen. Denn mit einem solchen Recht kann die natürliche Person mittelbar über die Bestellung hierfür „geeigneter Mitglieder" entscheidenden Einfluss auf die Unternehmenspolitik der zwischengeschalteten Gesellschaft nehmen. **90**

Demgegenüber bietet der Verweis auf einen **beherrschenden Einfluss kraft Beherrschungsvertrags oder Satzungsbestimmung** der zwischengeschalteten Gesellschaft nur teilweise neue Erkenntnisse. Denn ein Beherrschungsvertrag mit der zwischengeschalteten Gesellschaft kann von einer natürlichen Person nicht abgeschlossen werden, sondern wird zwischen einem Mutter- und Tochterunternehmen abgeschlossen.[90] An dem Mutterunternehmen ist die natürliche Person aber in der hier gemeinten Konstellation gerade nicht unmittelbar beteiligt. **91**

Soweit hingegen auch ein beherrschender Einfluss der natürlichen Person aus einer Satzungsbestimmung bzw. gesellschaftsvertraglichen Bestimmung der zwischengeschalteten Gesellschaft hergeleitet werden kann, ist der Verweis zielführend. Praktisch relevant kann diese Fallgruppe aber nur bei Gesellschaften werden, bei denen die Gesellschafter kraft Vereinbarung auch entscheidenden Einfluss auf die Geschäftsführung der Gesellschaft nehmen können. Folglich ist eine entsprechende Bestimmung bei einer GmbH denkbar, hingegen bei einer AG wegen des Grundsatzes der Eigenverantwortlichkeit der Leitung der Gesellschaft durch den Vorstand nicht denkbar.[91] **92**

Schließlich ist der Verweis insoweit obsolet, wie auf eine Beherrschung im Rahmen einer Zweckgesellschaft hingewiesen wird. Denn auch insoweit handelt es sich um eine Konstellation, die sich ausschließlich zwischen einem Mutter- und Tochterunternehmen abspielen kann.[92] **93**

Der Verweis auf die in § 290 Abs. 2 HGB geregelten Fallgruppen ist jedoch ohnehin nicht abschließend. Denn nach § 3 Abs. 2 Satz 3, Satz 4 GwG liegt eine Kontrolle „**insbesondere**" dann vor, wenn unmittelbar oder mittelbar ein beherr- **94**

---

88 *Warius*, in: Herzog, GwG, 2. Aufl. 2014, § 1 Rn. 49.
89 *Senger/Hoehne*, in: MüKo-BilR, § 290 HGB Rn. 71.
90 *Deilmann*, in: Hölters, AktG, § 291 Rn. 4.
91 *Senger/Hoehne*, in: MüKo-BilR, § 290 HGB Rn. 98.
92 Vgl. *Senger/Hoehne*, in: MüKo-BilR, § 290 HGB Rn. 107.

schender Einfluss im Sinne des § 290 Abs. 2–4 HGB besteht. Grund hierfür ist, dass das GwG nach der funktionalen Auslegung auch solche Fallkonstellationen erfassen will, bei denen die gestaltenden Parteien eine Vermeidung formaler Beteiligungen oder „Kontrolle" anstreben, um die wahren wirtschaftlichen Interessen zu verschleiern (vgl. zu den Auslegungsprinzipien im GwG → § 1 Rn. 1 ff.).[93]

95   Dementsprechend kann ein **beherrschender Einfluss sich auch aus anderen Umständen** ergeben. Insoweit kann wieder auf die DK AuA zurückgegriffen werden, nach denen ein beherrschender Einfluss und damit eine Kontrolle der zwischengeschalteten Gesellschaft sich auch aus faktischen Gesichtspunkten ergeben kann (faktische Kontrolle). Indiz für eine solche faktische Kontrolle kann nach den DK AuA eine „wesentliche Minderheitsbeteiligung" von mehr als 25 % der Anteile an der zwischengeschalteten Gesellschaft sein, sofern die übrigen Gesellschafter der zwischengeschalteten Gesellschaft lediglich deutlich geringere Anteilsbeteiligungen haben.[94] Entsprechendes muss aus Gründen der Systematik (vgl. § 3 Abs. 2 Satz 1 Nr. 1 und 2 GwG) und nach dem Sinn und Zweck der Norm auch in solchen Fällen gelten, in denen die natürliche Person mehr als 25 % der Stimmrechte der zwischengeschalteten Gesellschaft kontrolliert, sofern die übrigen Gesellschafter der zwischengeschalteten Gesellschaft im Vergleich dazu jeweils deutlich geringere Stimmrechtsanteile innehaben.

IV. Prüftiefe und „fiktiver wirtschaftlich Berechtigter" bei Gesellschaften (§ 3 Abs. 2 Satz 5 GwG)

96   In Umsetzung von Art. 3 Nr. 6 a ii) der Vierten EU-Geldwäscherichtlinie nahm der deutsche Gesetzgeber 2017 in § 3 Abs. 2 Satz 5 GwG eine Regelung dahingehend auf, dass, wenn sich auch nach Durchführung umfassender Prüfungen durch den Verpflichteten **keine natürliche Person** als wirtschaftlich Berechtigter der Gesellschaft **feststellen lässt oder Zweifel daran verbleiben**, ob die festgestellte natürliche Person wirtschaftlich Berechtigter ist, die gesetzlichen Vertreter, geschäftsführenden Gesellschafter oder Partner der Gesellschaft als die wirtschaftlich Berechtigten anzusehen sind. Es handelt sich hierbei um eine gesetzliche Fiktion der Eigenschaft als wirtschaftlich Berechtigter.[95] Die im Rahmen des Gesetzgebungsverfahrens zur Umsetzung der Änderungsrichtlinie zur Vierten EU-Geldwäscherichtlinie neu gefasste Formulierung ändert hieran nichts. Das Abstellen auf die „meldepflichtige Vereinigung" in der letzten Fassung des Gesetzes ist irreführend; auch Verpflichtete dürfen unter Maßgabe der folgenden Anforderungen fiktive wirtschaftlich Berechtigte sein.

---

93 Ähnlich auch *Blaurock/Pordzik*, NZG 2019, 313, 415.
94 DK, AuA 2014, Zeile 27.
95 BT-Drs. 18/11555, S. 109.

Die Verpflichteten/die Meldepflichtigen müssen daher (nach Durchführung und   **97**
Dokumentation der Beteiligungsanalyse) in einem solchen Fall die gesetzlichen
Vertreter, geschäftsführenden Gesellschafter oder Partner ihres Vertragspartners
als wirtschaftlich Berechtigte erfassen. Eine darüber hinausgehende Erfassung
auch der gesetzlichen Vertreter, der geschäftsführenden Gesellschafter oder
Partner der wirtschaftlich hinter dem Vertragspartner stehenden (Mutter-)Ge-
sellschaft ist hingegen nicht erforderlich.[96] Die Norm ist als Rückausnahme eng
auszulegen.[97] Sie entbindet den Verpflichteten selbstverständlich nicht von seinen Prüfpflichten und **verringert die Prüftiefe ausdrücklich nicht**.[98]

Greift § 3 Abs. 2 Satz 5 GwG, so ist in der Regel lediglich eine Person zu erfas-   **98**
sen; nur sofern eine höhere Risikoexposition vorliegt, kann die Erfassung aller
Geschäftsleiter o. Ä. erforderlich sein. Dem Verpflichteten steht hierzu ein Ein-
schätzungsermessen zu. Die fiktiv wirtschaftlich Berechtigten sind in der Finanzwirtschaft für den Kontenabgleich nach § 24c KWG wie ein „echter" wirtschaftlich Berechtigter zu behandeln.[99]

In der Praxis wird sich vielfach die Frage stellen, welche konkreten **Nachfor-**   **99**
schungspflichten den Verpflichteten bzw. die meldepflichtige Vereinigung treffen bzw. wie weit diese gehen müssen, bevor die „subsidiäre Lösung" eines fiktiven wirtschaftlich Berechtigten zum Tragen kommen kann. Vom Wortlaut des
Gesetzes her („umfassende" Prüfungen) werden vom Verpflichteten durchaus
erhebliche Anstrengungen erwartet, die geforderten Informationen einzuholen.
Auch nach dem Gesetzeszweck wird wohl davon auszugehen sein, dass eine bloße einmalige Anfrage zur Erfüllung der „umfassenden" Prüfpflicht wohl nicht
ausreichen dürfte. Die bloße Einsichtnahme in das Transparenzregister reicht
ohnehin im Regelfalle nicht zur Identifizierung des abweichenden wirtschaftlich
Berechtigten aus.

Wie oben ausgeführt, besteht mangels Geschäftsbeziehung zu einem abweichen-   **100**
den wirtschaftlichen Dritten kein eigener zivilrechtlicher Anspruch (z. B. aus
einer zivilrechtlichen Nebenpflicht) auf Erteilung der notwendigen Angaben gegen diesen selbst. Auch die in § 11 Abs. 6 GwG postulierte Mitwirkungspflicht
begründet lediglich eine **Mitwirkungspflicht des Vertragspartners** des Verpflichteten, nicht aber des abweichenden wirtschaftlich Berechtigten. In der Pra-

---

96 BT-Drs. 18/11555, S. 109.
97 Wenngleich eine entsprechende Formulierung zwar in den Konsultationsversionen der
BaFin AuA in Ziff. 5.2.2.2 enthalten war, wurde diese in der Endfassung wieder entfernt und eine weichere Formulierung gewählt. In der Sache ist Satz 5 allerdings eine
Rückausnahme und soll den Verpflichteten – oder das registerpflichtige Unternehmen
– nicht motivieren, niedrigere Prüfstandards zu verwenden.
98 BaFin, AuA 2021, Ziff. 5.2.2.2.
99 BaFin, AuA 2021, Ziff. 5.2.2.2.

xis wird ein Verpflichteter deshalb unter Umständen auf die „natürliche Grenze" stoßen, dass der abweichende wirtschaftlich Berechtigte nicht kooperiert.

101   Hält man sich vor Augen, dass, wie schon nach § 11 Abs. 1 Satz 2 GwG a. F., heute gemäß § 43 Abs. 1 Nr. 3 GwG die Weigerung eines Vertragspartners bei der Mitwirkung zur Feststellung des wirtschaftlich Berechtigten **Anlass genug für eine Verdachtsmeldung ist,**[100] ergibt sich hieraus ein „**Erkenntniskorridor**" zwischen voller Kooperation und Totalverweigerung des Geschäftspartners, in welchem die Erfüllung der Untersuchungspflicht ernsthaft, nachhaltig und mit Blick auf den Gesetzeszweck nachvollziehbar dokumentiert erfüllt werden muss. Erst dann greift die Möglichkeit der gesetzlichen Fiktion.

102   Führen die Nachforschungen zu keinem zufriedenstellenden Ergebnis, darf die Geschäftsbeziehung nicht begründet werden oder muss – bei laufenden Geschäftsbeziehungen – beendet werden, vgl. § 10 Abs. 9 GwG. Bei entsprechendem Verdacht über die Gründe mangelnder Kooperation muss eine Verdachtsanzeige erwogen werden, vgl. § 43 Abs. 1 Nr. 3 GwG.

103   Marktbeobachtungen deuten darauf hin, dass überwiegend sachgerecht Gebrauch von der Fiktion gemacht wird.

V. Wirtschaftlich Berechtigter bei fremdnützigen Rechtsgestaltungen (§ 3 Abs. 3 GwG)

104   Nach § 3 Abs. 3 GwG zählen bei **rechtsfähigen Stiftungen und Rechtsgestaltungen**, mit denen treuhänderisch Vermögen verwaltet oder verteilt oder die Verwaltung oder Verteilung des Vermögens durch Dritte beauftragt wird, oder bei diesen vergleichbaren Rechtsformen zu den wirtschaftlich Berechtigten:

- jede natürliche Person, die als Treugeber, Verwalter von Trusts (Trustee) oder Protektor, sofern vorhanden, handelt (Nr. 1);
- jede natürliche Person, die Mitglied des Vorstandes der Stiftung ist (Nr. 2);
- jede natürliche Person, die als Begünstigte bestimmt worden ist (Nr. 3);
- eine Gruppe von natürlichen Personen, zu deren Gunsten das Vermögen verwaltet oder verteilt werden soll, sofern die natürliche Person, die Begünstigte des verwalteten Vermögens werden soll, noch nicht bestimmt ist (Nr. 4),
- jede natürliche Person, die in sonstiger Weise unmittelbar oder mittelbar beherrschenden Einfluss auf die Vermögensverwaltung oder Ertragsverteilung ausübt (Nr. 5);
- jede natürliche Person, die unmittelbar oder mittelbar beherrschenden Einfluss auf eine Vereinigung ausüben kann, die Mitglied des Vorstandes der Stiftung ist oder die als Begünstigte der Stiftung bestimmt worden ist (Nr. 6).

---

100 Vgl. hierzu *Figura*, in: Herzog, GwG, § 11 Rn. 45.

Es handelt sich hierbei um eine **unwiderlegliche gesetzliche Vermutung**, dass **105** die genannten Personengruppen wirtschaftlich Berechtigte der fremdnützigen Rechtsgestaltung sind.[101]

Wie das Recht der GbR steht auch das Stiftungsrecht aufgrund der **Stiftungs-** **106** **rechtsreform 2021**[102] vor gravierenden Veränderungen, deren Auswirkungen auf § 3 GwG im Einzelnen noch nicht untersucht sind. Aufgrund der Neufassung der Normen über ein Stiftungsregister sind Auswirkungen auf und Kollisionen mit den Vorschriften des Transparenzregisterrechts in §§ 19 ff. GwG absehbar.[103] Ob und inwieweit die neuen Normen zum Stiftungsvermögen, den verschiedenen Vermögensuntergattungen und die vom Gesetzgeber beabsichtigte erhöhte Flexibilität beim Umgang mit Verfügungen über das Stiftungsvermögen eine veränderte Betrachtungsweise einzelner Tatbestände des § 3 Abs. 3 nach sich ziehen, darf zwar bezweifelt werden, wir aber den Gerichten und der Verwaltungspraxis vorbehalten werden müssen.

§ 3 Abs. 3 GwG dient der Umsetzung von Art. 3 Nr. 6 b, c der Vierten EU-Geld- **107** wäscherichtlinie. Art. 3 Nr. 6 b der Vierten EU-Geldwäscherichtlinie legt ausdrücklich fest, welche natürlichen Personen bei einem Trust (siehe dazu näher → § 1 Rn. 72 ff.) als wirtschaftlich Berechtigte anzusehen sind. Demgegenüber enthält Art. 3 Nr. 6 c der Vierten EU-Geldwäscherichtlinie im Hinblick auf juristische Personen, wie Stiftungen, und bei Rechtsvereinbarungen, die einem Trust ähneln, lediglich einen Verweis darauf, dass insoweit diejenigen natürlichen Personen als wirtschaftlich Berechtigte anzusehen sind, die gleichwertige oder ähnliche Ämter wie die im Rahmen eines Trusts wirtschaftlich Berechtigten bekleiden.

Wesentlicher Unterschied zur älteren Rechtslage in § 1 Abs. 6 GwG a. F. ist, dass **108** die Einstufung als wirtschaftlich Berechtigter generell nicht mehr davon abhängt, dass die betroffene natürliche Person 25 % oder mehr des Vermögens der fremdnützigen Rechtsgestaltung kontrolliert (§ 1 Abs. 6 Nr. 2 a GwG a. F.) bzw. als Begünstigte von 25 % oder mehr des verwalteten Vermögens bestimmt worden ist (§ 1 Abs. 6 Nr. 2 b GwG a. F.), sondern eine Einstufung als wirtschaftlich Berechtigter nun pauschal und **ohne Rücksicht auf bestimmte Schwellenwerte vorgenommen wird**.[104]

Im Gesetzgebungsverfahren zur Umsetzung der Änderungsrichtlinie zur Vierten **109** EU-Geldwäscherichtlinie wurde 2019 mit der Einfügung der Nr. 6 eine Regelungslücke geschlossen: Sind eine oder mehrere Vereinigungen als (weniger

---

101 DK, AuA 2014, Zeile 28.
102 Gesetz zur Vereinheitlichung des Stiftungsrechts und zur Änderung des Infektionsschutzgesetzes („StiftRVereinhG") v. 16.7.2021, BGBl. I 2021, S. 2947.
103 Vgl. instruktiv *Orth*, MDR 2021, 1225, 1229 f.
104 *Von Drathen/Moelgen*, WPg 2017, 955, 958.

wahrscheinlich:) Vorstand oder (in mehrstufigen Begünstigungsverhältnissen:) Begünstigte eingesetzt, werden diejenigen natürlichen Personen, die die „gestuften Begünstigungsverhältnisse" oder die „gestuften Verfügungsmachtverhältnisse" einer fremdnützigen Gestaltung erfüllen, als wirtschaftlich Berechtigte definiert.[105] Hinter der Hinzusetzung steht die Tendenz, den Begriff des wirtschaftlich Berechtigten bei fremdnützigen Rechtsgestaltungen immer weiter – im Sinne der Funktionalität der Geldwäscheprävention – auszudehnen.

110   „**Fremdnützige Rechtsgestaltung**" im Sinne des § 3 Abs. 3 GwG ist neben dem in Art. 3 Nr. 6 der Vierten EU-Geldwäscherichtlinie genannten ausländischen Rechtsinstitut des Trusts und der in § 3 Abs. 3 GwG genannten rechtsfähigen Stiftung (§§ 80 ff. BGB) insbesondere auch die nicht rechtsfähige „fiduziarische Stiftung". Die nicht rechtsfähige „fiduziarische Stiftung" ähnelt dem ausländischen Rechtsinstitut des Trusts sehr stark, da bei der nicht rechtsfähigen „fiduziarischen Stiftung" wie bei einem Trust und anders als bei einer rechtsfähigen Stiftung das gebildete Sondervermögen keine eigene Rechtspersönlichkeit besitzt, sondern lediglich von einem Stifter Vermögenswerte an eine natürliche oder juristische Person (den sog. Stiftungsträger) mit der Maßgabe zu Eigentum übertragen werden, dass die Vermögenswerte von dem Stiftungsträger dauerhaft zur Verfolgung eines vom Stifter festgelegten Zwecks eingesetzt werden.[106] Die vom Stifter an den Stiftungsträger übertragenen Vermögenswerte bilden bei dem Stiftungsträger ein Sondervermögen und im Außenverhältnis zu Dritten tritt allein der Stiftungsträger im eigenen Namen auf.[107] Ein Unterschied zum Trust besteht hingegen darin, dass den Begünstigten beim Trust (den sog. „Beneficiaries") ein quasi-dingliches Recht am Trustvermögen zukommt,[108] während den Begünstigten bei einer nicht rechtsfähigen „fiduziarischen Stiftung" ein solches Recht nicht ohne Weiteres zusteht.[109] Reine **Fördervereine** sind hingegen keine fremdnützigen Rechtsgestaltungen; für sie gilt § 3 Abs. 2 GwG. Entsprechend muss kein Destinär benannt werden.[110]

111   **Bei rechtsfähigen Stiftungen** zählen zu den wirtschaftlich Berechtigten zunächst sämtliche natürliche Personen, die Mitglied des Stiftungsvorstands im Sinne der §§ 86, 26 BGB sind (§ 3 Abs. 3 Nr. 2 GwG). Nicht entscheidend ist hierbei, ob sie ihre Vorstandstätigkeit gegen Entgelt oder ehrenamtlich aus-

---

105 Gesetzesbegründung gemäß Referentenentwurf v. 20.5.2019, S. 73.

106 *Von Campenhausen/Stumpf*, in: von Campenhausen/Richter, Stiftungsrechts-Handbuch, § 2 Rn. 4.

107 *Von Campenhausen/Stumpf*, in: von Campenhausen/Richter, Stiftungsrechts-Handbuch, § 2 Rn. 4 f.

108 *Richter*, in: von Campenhausen/Richter, Stiftungsrechts-Handbuch, § 39 Rn. 20.

109 Vgl. Bundesverband Deutscher Stiftungen, Anwendungshilfe zum Transparenzregister, S. 2 f.

110 BVA, Transparenzregister, Fragen und Antworten, Stand 16.8.2018, Ziff. I.8; vgl. auch BVA, FAQ, Stand 1.8.2021, Ziff. A.3.

üben.[111] Darüber hinaus gehört auch jede natürliche Person zu den wirtschaftlich Berechtigten, die als Destinär der rechtsfähigen Stiftung bestimmt worden sind (§ 3 Abs. 3 Nr. 3 GwG). Voraussetzung ist hierbei jedoch, dass sich die Bestimmung als Destinär aus der Satzung bzw. dem Stiftungsgeschäft ergibt und dem Destinär in der Satzung bzw. dem Stiftungsgeschäft ein unmittelbarer Anspruch auf die dort näher bezeichnete Leistung eingeräumt wird.[112]

112 Weiterhin zählt zu den wirtschaftlich Berechtigten einer rechtsfähigen Stiftung auch eine Gruppe **potenzieller Destinäre**, aus deren Mitte der tatsächliche Destinär oder die tatsächlichen Destinäre noch nicht bestimmt worden sind (§ 3 Abs. 3 Nr. 4 GwG). Erforderlich ist insoweit aber, dass der in der Satzung bzw. im Stiftungsgeschäft genannte Kreis der potenziellen Destinäre überschaubar ist und die in den Kreis der potenziellen Destinäre fallenden einzelnen natürlichen Personen zumindest bestimmbar sind.[113] Daran fehlt es beispielsweise, wenn in der Satzung bzw. im Stiftungsgeschäft „die Hilfsbedürftigen" oder „die Jugend" als potenzielle Destinäre bezeichnet worden sind.[114] Anders sieht es hingegen aus, wenn in der Satzung bzw. im Stiftungsgeschäft „die Hilfsbedürftigen des Frauenhauses X in Frankfurt" bezeichnet worden sind.

113 Sind **Ausfallbegünstigte** benannt, seien nach Ansicht des BVA dieselben nur bei Ausfall der (höherrangigen) Begünstigten ins Transparenzregister einzutragen.[115] Praktisch ist die vorgeschlagene Lösung zwar zu begrüßen; im Fall des Ausfalls wird jedoch unter Umständen binnen kurzer Frist die Ausfallbegünstigung schlagend, sodass Leistungen an Ausfallbegünstigte erfolgen, ohne dass diese je ins Transparenzregister eingetragen sind. Hier wird der Gesetzgeber tätig werden müssen.

114 Schließlich zählen zu den wirtschaftlich Berechtigten der rechtsfähigen Stiftungen unter dem Gesichtspunkt der Ausübung eines beherrschenden Einflusses auf die Vermögensverwaltung oder Ertragsverteilung in sonstiger Weise (§ 3 Abs. 3 Nr. 5 GwG) insbesondere die **Stifter**[116] einer rechtsfähigen Stiftung, wenn diese sich in der Satzung weitreichende Befugnisse für die Vermögensverwaltung oder Ertragsverwendung vorbehalten haben.[117] Demgegenüber fallen

---

111 Bundesverband Deutscher Stiftungen, Anwendungshilfe zum Transparenzregister, S. 2.
112 Bundesverband Deutscher Stiftungen, Anwendungshilfe zum Transparenzregister, S. 2 f.
113 *Figura*, in: Herzog, GwG, § 3 Rn. 21.
114 Bundesverband Deutscher Stiftungen, Anwendungshilfe zum Transparenzregister, S. 3.
115 BVA, Transparenzregister, Fragen und Antworten, Stand 1.8.2021, Ziff. B.IV.7.
116 Diese fallen unstreitig nicht unter den Begriff des Treugebers im Sinne des § 3 Abs. 3 Nr. 1 GwG.
117 Bundesverband Deutscher Stiftungen, Anwendungshilfe zum Transparenzregister, S. 3.

Mitglieder weiterer – neben dem Vorstand – bestehender Organe, wie Kuratorien oder Beiräte, prinzipiell nicht unter diesem Gesichtspunkt unter den Begriff des wirtschaftlich Berechtigten. Etwas anderes gilt nur dann, soweit das Organ nicht nur beratend tätig ist, sondern in Bezug auf die Vermögensverwaltung und Ertragsverwendung auch mit weitreichenden Entscheidungsbefugnissen – insbesondere einem Zustimmungsvorbehalt – ausgestattet und zudem größenmäßig so überschaubar ist, dass schon das Stimmrecht einer einzelnen natürlichen Person des Organs für die Entscheidung des Organs ausschlaggebend sein kann (z. B. zweiköpfiges Kuratorium).[118]

115 In der Rechtsanwendungspraxis wird vor allem diskutiert,[119] welche Meldepflichten hinsichtlich einer **Stiftung** bestehen, die **als „Obergesellschaft" an einer Konzernspitze** steht, wie dies z. B. bei vielen deutschen Familienstiftungen der Fall ist. Die Meldepflichten der Stiftung selbst richten sich nach dem oben Dargelegten. Fraglich ist aber die Meldepflicht einer der Stiftung unmittelbar nachgeordneten wesentlichen (> 25 %) Beteiligung, z. B. einer (Familien-) Beteiligungs-GmbH.

116 Im oft diskutierten Fall, dass einer Familienstiftung z. B. drei gleichberechtigte Stiftungsvorstände vorstehen, wird nunmehr erörtert, ob **„mittelbare Kontrolle"** im Sinne des § 3 Abs. 2 Satz 2 GwG so auszulegen sei, dass eine solche mittelbare Kontrolle nur dann vorliege, wenn die Anteile an der Beteiligungs-GmbH von einer Stiftung gehalten werden, die „von einer natürlichen Person kontrolliert" werden.[120] Da sich aufgrund der funktionalen Auslegung des GwG eine Interpretation dahingehend verbietet, dass eben nur „eine", nicht „drei" Vorstände Einfluss ausüben darf und deshalb keiner der drei Vorstände zu melden ist, müsse konsequenterweise jeder wirtschaftlich Berechtigte der Stiftung als solcher verstanden und an das Transparenzregister gemeldet werden.[121]

117 Die **Gegenauffassung**, nach der jedenfalls bei kollegialen Vorständen der Wortlaut des Gesetzes eine solch weitreichende Auslegung nicht trage und nicht nur bei Einzelvorständen auf § 290 Abs. 2–4 HGB abzustellen sein könnte,[122] ist sicherlich zu gewagt. Der Gesetzeszweck spricht dafür, § 3 Abs. 2 GwG mit § 3 Abs. 3 GwG kombiniert zu lesen.

---

118 Bundesverband Deutscher Stiftungen, Anwendungshilfe zum Transparenzregister, S. 3.

119 Vgl. z. B. *Theuffel-Werhahn*, StiftungsBrief 2017, 228 ff.; *Schürmann*, StiftungsBrief 2018, 15 ff. oder *Hofmann/Arnold*, GWuR 2021, 49 f.

120 *Theuffel-Werhahn*, StiftungsBrief 2017, 228, 229.

121 So im Ergebnis *Theuffel-Werhahn*, StiftungsBrief 2017, 228, 229.

122 So z. B. *Schürmann*, StiftungsBrief 2018, 15, 17, der allerdings die Frage offen bleiben lässt.

In der Literatur[123] wurde bereits darauf hingewiesen, dass das BVA bei der **Neu-** **118**
fassung der FAQ im August 2021 die vormalige Linie offenbar verlassen hat,
wonach (jedenfalls) dann Kontrolle der nachgeordneten Beteiligung durch den
Stiftungsvorstand vorliege, wenn es lediglich ein Vorstandsmitglied gebe.[124] Die
nunmehrige Verwaltungspraxis des BVA geht auf diesen Punkt in der Tat nicht
mehr ein, was Raum für Spekulationen lässt. Da die BaFin in ihren AuA die
Konstellation nicht explizit von der Verwaltungspraxis zur Bestimmung des
wirtschaftlich Berechtigten bei juristischen Personen nach § 3 Abs. 2 ausnehme,
seien Rückschlüsse möglich.[125]

Richtigerweise muss **§ 3 Abs. 2 GwG mit § 3 Abs. 3 GwG**, wie bereits ange- **119**
führt, **kombiniert gelesen werden**. Dies führt prima facie zur Anwendung des
§ 3 Abs. 2 auf Ebene der Tochtergesellschaft(en) und zur Anwendung des Abs. 3
auf Ebene der Stiftung (oder anderen fremdnützigen Rechtsgestaltungen) als
„ultimate parent". Letztlich stellen beide Absätze nur Regelbeispiele dar (vgl.
→ Rn. 36), weshalb auf den Gesetzeszweck des § 3 abzustellen ist: Wirtschaftlich Berechtigter ist die natürliche Person, oder die natürlichen Personen, unter
deren Kontrolle eine juristische Person „letztlich" steht. Das ist bei einer juristischen Person, die unter Berücksichtigung der Beteiligungsschwellen in § 3
Abs. 2 eine Stiftung als „ultimate parent" hat, der wirtschaftlich Berechtigte
oder die wirtschaftlich Berechtigten der Stiftung, mithin – ohne Beschränkung
auf „Quoten" oder nach Anzahl – alle Treugeber, Protektoren, Destinäre, Vorstände, abstrakt Begünstigte, die Vermögensverwaltung oder Ertragsverteilung
beeinflussende natürliche Personen oder die in Nr. 6 des Abs. 3 genannten Personen. Dass der einer Stiftung nachgeordneten juristischen Person in der Praxis
nicht alle dieser potenziell wirtschaftlich Berechtigten bekannt sein mögen, wird
über § 3 Abs. 2 Satz 5 gelöst: **Im Zweifel der Vorstand oder die Vorstände als**
fiktiv wirtschaftlich Berechtigte.

Bei den nicht rechtsfähigen „**fiduziarischen Stiftungen**" ist umstritten, ob die **120**
„Treuhandstifter" unter den Begriff des Treugebers im Sinne des § 3 Abs. 3
Nr. 1 GwG fallen und daher bereits unter diesem Gesichtspunkt wirtschaftlich
Berechtigter sind. Teilweise wird dies unter Hinweis darauf, dass der Gesetzgeber die Stifter bewusst nicht in der gesetzlichen Regelung des § 3 Abs. 3 GwG
aufgenommen hat und zudem eine nicht rechtsfähige Stiftung ohnehin keine
„echte Treuhand" darstelle, verneint.[126] Nach anderer Ansicht nehme hingegen
der „Treuhandstifter" eine dem „Settlor" im Rahmen eines Trusts vergleichbare
Stellung ein, da er dem Stiftungsträger das nötige Vermögen zur Verfügung stel-

---

123 *Hofmann/Arnold*, GWuR 2021, 49, 50.
124 Vgl. die FAQ in der Fassung vom 9.2.2021, B. III.9.
125 *Hofmann/Arnold*, GWuR 2021, 49, 51.
126 Bundesverband Deutscher Stiftungen, Anwendungshilfe zum Transparenzregister,
   S. 4.

le. Dementsprechend müsse der „Treuhandstifter" bereits unter dem Gesichtspunkt des Treugebers nach § 3 Abs. 3 Nr. 1 GwG als wirtschaftlich Berechtigter erfasst sein.[127] Letzterer Ansicht ist zuzustimmen.

121 Der **Wortlaut des § 3 Abs. 3 GwG**, der maßgeblich auf rechtsfähige Stiftungen abstellt, zeigt nämlich, dass der Gesetzgeber bei der Schaffung des § 3 Abs. 3 GwG hauptsächlich die rechtsfähigen Stiftungen im Blick hatte. Die nicht rechtsfähige „fiduziarische Stiftung" steht aber angesichts der fehlenden rechtlichen Verselbstständigung der im Rahmen des Stiftungszwecks einzusetzenden Vermögenswerte dem ausländischen Institut des Trusts deutlich näher als der in §§ 80 ff. BGB geregelten rechtsfähigen Stiftung.[128] Darüber hinaus wollte der Richtliniengeber nach Art. 3 Nr. 6 c der Vierten EU-Geldwäscherechtlinie bei Stiftungen, die Trusts ähneln, die natürlichen Personen erfassen, die gleichwertige oder ähnliche Funktionen wie ein Settlor (usw.) bekleiden. Die nicht rechtsfähige „fiduziarische Stiftung" ähnelt – anders als die rechtsfähige Stiftung – einem Trust sehr stark und die „Treuhandstifter" bekleiden insoweit ähnliche Funktionen wie ein Settlor[129] eines Trusts.[130] Dementsprechend muss der „Treuhandstifter" ebenso wie der Settlor eines Trusts Treugeber im Sinne des § 3 Abs. 3 Nr. 1 GwG und damit wirtschaftlich Berechtigter sein.

122 Weiterhin ist bei den nicht rechtsfähigen „fiduziarischen Stiftungen" umstritten, ob der **Stiftungsträger** als wirtschaftlich Berechtigter im Sinne des § 3 Abs. 3 GwG anzusehen ist. Teilweise wird dies mit dem Argument verneint, dass der Stiftungsträger Eigentümer der im Rahmen des Stiftungszwecks zur Verfügung gestellten Vermögenswerte ist.[131] Die Gegenansicht verweist demgegenüber darauf, dass der Stiftungsträger eine ähnliche Stellung wie ein Verwalter eines Trusts (Trustee) im Sinne des § 3 Abs. 3 Nr. 1 GwG innehabe.[132] Wie bereits dargelegt, ähnelt die rechtsfähige „fiduziarische Stiftung" einem Trust sehr stark.[133] In beiden Fällen geht das Eigentum an den „anvertrauten" Vermögenswerten in das Eigentum des Trustees bzw. Stiftungsträgers über und in beiden Fällen handelt der Trustee bzw. Stiftungsträger im Außenverhältnis im eigenen Namen.[134]

---

127 *Schiffer/Schürmann*, BB 2017, 2626, 2628.

128 Vgl. *Höche/Rößler*, WM 2012, 1505, 1506.

129 Vgl. zum Begriff des Settlors, Art. 3 Nr. 6 b) i) der Vierten EU-Geldwäscherichtlinie.

130 *Richter*, in: von Campenhausen/Richter, Stiftungsrechts-Handbuch, § 39 Rn. 20 (dort Rn. 64).

131 Bundesverband Deutscher Stiftungen, Anwendungshilfe zum Transparenzregister, S. 4.

132 *Schiffer/Schürmann*, BB 2017, 2626, 2628.

133 *Richter*, in: von Campenhausen/Richter, Stiftungsrechts-Handbuch, § 39 Rn. 20 (dort Rn. 64).

134 *Von Campenhausen/Stump*, in: von Campenhausen/Richter, Stiftungsrechts-Handbuch, § 2 Rn. 5; *Richter*, in: von Campenhausen/Richter, Stiftungsrechts-Handbuch, § 39 Rn. 28.

Aus ebendiesem Grund muss daher auch der Stiftungsträger ebenso wie der Trustee im Lichte des Art. 6 Nr. 6 c der Vierten EU-Geldwäscherichtlinie als wirtschaftlich Berechtigter im Sinne des § 3 Abs. 3 GwG angesehen werden.

Ein Vorstand im Sinne des § 3 Abs. 3 Nr. 2 GwG existiert bei nicht rechtsfähigen **123** „**fiduziarischen Stiftungen**" nicht.[135] Zwar werden bei solchen Stiftungen in der Praxis auch häufig interne **Entscheidungsgremien** geschaffen, die als „Vorstand" bezeichnet werden. Diese Gremien sind jedoch keine „echten Organe", sodass deren Mitglieder jedenfalls nicht gemäß § 3 Abs. 3 Nr. 2 GwG als wirtschaftlich Berechtigte einzustufen sind.[136] In Bezug auf Destinäre (§ 3 Abs. 3 Nr. 3 GwG) und eine Gruppe potenzieller Destinäre (§ 3 Abs. 3 Nr. 4 GwG) einer nicht rechtsfähigen „fiduziarischen Stiftung" gilt das zur rechtsfähigen Stiftung Gesagte entsprechend.[137]

Zu den **wirtschaftlich Berechtigten einer nicht rechtsfähigen „fiduziari-** **124** **schen Stiftung"** können zudem unter dem Gesichtspunkt der Ausübung eines beherrschenden Einflusses auf die Vermögensverwaltung oder Ertragsverteilung in sonstiger Weise (§ 3 Abs. 3 Nr. 5 GwG) – wenn der oben vertretenen Auffassung zur Einstufung der Treuhandstifter als Treugeber im Sinne des § 3 Abs. 3 Nr. 1 GwG nicht gefolgt wird – die Treuhandstifter einer nicht rechtsfähigen „fiduziarischen Stiftung" fallen, wenn diese sich gegenüber dem Stiftungsträger weitreichende Befugnisse für die Vermögensverwaltung oder Ertragsverwendung vorbehalten haben. Schließlich kann – wenn der oben vertretenen Auffassung zur Gleichstellung des Stiftungsträgers mit dem Trustee im Sinne des § 3 Abs. 3 Nr. 1 GwG nicht gefolgt wird – auch der Stiftungsträger bzw., wenn der Stiftungsträger eine juristische Person ist, die vertretungsberechtigten Organmitglieder des Stiftungsträgers – wirtschaftlich Berechtigter im Sinne des § 3 Abs. 3 Nr. 5 GwG sein.[138]

Bei dem ausländischen Rechtsinstitut des Trusts zählt zu den wirtschaftlich Be- **125** rechtigten zunächst der **Settlor**[139] des Trusts, d.h. diejenige natürliche Person, die dem Trust Vermögen zur Verfügung stellt.[140] Diese ist – der Gesetzgeber hat dies im Gesetz mittlerweile klargestellt – „Treugeber" im Sinne des § 3 Abs. 3 Nr. 1 GwG.[141] Weiterhin zählen die natürlichen Personen, die den Trust verwal-

---

135 Bundesverband Deutscher Stiftungen, Anwendungshilfe zum Transparenzregister, S. 4.

136 *Schiffer/Schürmann*, BB 2017, 2626, 2628 f.

137 Bundesverband Deutscher Stiftungen, Anwendungshilfe zum Transparenzregister, S. 4 f.

138 Bundesverband Deutscher Stiftungen, Anwendungshilfe zum Transparenzregister, S. 5.

139 Vgl. zum Begriff des Settlors, Art. 3 Nr. 6 b) i) der Vierten EU-Geldwäscherichtlinie.

140 *Schiffer/Schürmann*, BB 2017, 2626, 2628.

141 *Schiffer/Schürmann*, BB 2017, 2626, 2628.

ten (Trustees) sowie ggf. die Protektoren zu den wirtschaftlich Berechtigten des Trusts (§ 3 Abs. 3 Nr. 1 GwG). Protektoren in diesem Sinne sind solche Personen, die im Auftrag des Settlors die Verwaltung des Trusts durch den Trustee oder die Trustees überwachen. Ein „Vorstand" im Sinne des § 3 Abs. 3 Nr. 2 GwG existiert beim Trust ebenso wenig wie bei einer nicht rechtsfähigen „fiduziarischen Stiftung", sodass etwaige Mitglieder intern geschaffener Gremien unter diesem Gesichtspunkt keine wirtschaftlich Berechtigten sind. Die „Beneficiaries" des Trusts fallen angesichts ihres quasi-dinglichen Rechts am Trustvermögen[142] ohne Weiteres unter die wirtschaftlich Berechtigten im Sinne des § 3 Abs. 3 Nr. 3 GwG. Entsprechendes gilt für eine Gruppe potenzieller „Beneficiaries" im Sinne des § 3 Abs. 3 Nr. 4 GwG, wobei auch insoweit der Kreis der potenziellen „Beneficiaries" überschaubar sein muss. Folglich sind auch nur die in den Kreis der potenziellen „Beneficiaries" fallenden einzelnen natürlichen Personen zu identifizieren.[143]

126   Hinsichtlich Treuhandkonstruktionen innerhalb von Fondsstrukturen, insbesondere AIF, bestehen zahlreiche Gestaltungsmöglichkeiten, sodass hier jeweils auf den konkreten Einzelfall abzustellen ist.[144]

VI. Wirtschaftlich Berechtigter bei Handeln auf Veranlassung (§ 3 Abs. 4 GwG)

127   Nach § 3 Abs. 4 Satz 1 GwG zählt zu den wirtschaftlich Berechtigten schließlich derjenige, auf dessen „**Veranlassung**" eine Transaktion durchgeführt wird. Da die Vorschrift als regelbeispielhafter **Auffangtatbestand** für solche Konstellationen geschaffen wurde, bei denen eben kein institutionalisiertes Treuhandverhältnis wie bei einer Rechtsgestaltung im Sinne des § 3 Abs. 3 vorliegt, ist der Anwendungsbereich nach dem Wortlaut auf die Durchführung einer „Transaktion" beschränkt. Das Regelbeispiel gilt aber natürlich auch dann, wenn innerhalb einer „Geschäftsbeziehung", etwa einem sich über mehrere „Transaktionen" erstreckenden Treuhandverhältnis innerhalb einer Mandatsbeziehung eines Rechtsanwalts, auf Veranlassung gehandelt wird.[145] Der praktische Anwendungsbereich von § 3 Abs. 4 ist hingegen so klein, dass der Gesetzgeber vom Idealtypus eines **gelegentlichen Handelns auf Veranlassung** ausgeht.

128   Dabei muss – in Übereinstimmung mit dem eingangs für den wirtschaftlich Berechtigten Gesagten – „derjenige", auf dessen Veranlassung eine Transaktion

---

142 *Richter,* in: von Campenhausen/Richter, Stiftungsrechts-Handbuch, § 39 Rn. 20.
143 Siehe BaFin, AuA 2021, Ziff. 5.2.2.3.
144 Vgl. hierzu instruktiv *Paul,* ZIP 2018, 1571, 1580 ff.
145 Abweichend hiervon: *Figura,* in: Herzog, GwG, § 3 Rn. 24, mit ebenso guten Argumenten (v. a. Wortlaut).

durchgeführt wird, **zwingend eine natürliche Person** sein.[146] Dies hat zur Folge, dass, wenn auf Veranlassung einer Gesellschaft eine Transaktion durchgeführt wird, nicht auf die Gesellschaft selbst, sondern auf die hinter der Gesellschaft stehenden natürlichen Personen als wirtschaftlich Berechtigte abgestellt werden muss. Welche natürlichen Personen „hinter der Gesellschaft" stehen, richtet sich nach den Wertungen des § 3 Abs. 2 GwG (siehe dazu näher → Rn. 43 ff.).[147]

§ 3 Abs. 4 Satz 1 GwG dient als Auffangtatbestand für all jene Fälle, die nicht **129** bereits von den übrigen Fallgruppen erfasst sind, bei denen aber gleichfalls eine andere Person als der Vertragspartner aufgrund wirtschaftlicher Beherrschung der Geschäftsbeziehung als eigentlicher wirtschaftlich Berechtigter anzusehen ist.[148] Es handelt sich hierbei um Konstellationen, in denen der Vertragspartner des Verpflichteten zwar im eigenen Namen eine Geschäftsbeziehung zu dem Verpflichteten eingeht, der Vertragspartner aber nicht im eigenen wirtschaftlichen Interesse, sondern im wirtschaftlichen Interesse eines hinter ihm stehenden Dritten handelt (Handeln im eigenen Namen für fremde Rechnung).[149] Demgegenüber fallen hierunter nicht die Fälle der **Stellvertretung**, wenn also der „Hintermann" selbst die Geschäftsbeziehung zu dem Verpflichteten eingeht, er diesbezüglich aber einen Vertreter einschaltet.[150]

Wie in § 3 Abs. 4 Satz 2 GwG deutlich wird, hat der Gesetzgeber im Rahmen **130** des § 3 Abs. 4 GwG vor allem **Treuhandverhältnisse** im Blick. Nach § 3 Abs. 4 Satz 2 GwG liegt nämlich ein Handeln auf Veranlassung stets dann vor, wenn ein Vertragspartner des Verpflichteten als Treuhänder handelt. In einem solchen Fall ist der Treugeber der wirtschaftlich Berechtigte. Da ein Großteil der Treuhandverhältnisse – namentlich Treuhandverhältnisse im Rahmen eines Trusts, einer rechtsfähigen Stiftung sowie einer nicht rechtsfähigen Stiftung – aber bereits in § 3 Abs. 3 GwG geregelt ist, verbleibt für § 3 Abs. 4 Satz 2 GwG nur ein kleiner Anwendungsbereich. Erfasst sind von dieser Vorschrift daher vor allem solche Treuhandverhältnisse, die nicht – wie im Rahmen eines Trusts, einer rechtsfähigen Stiftung sowie einer nicht rechtsfähigen Stiftung – auf Dauerhaftigkeit angelegt sind, sondern sich nur auf die gelegentliche Durchführung von Transaktionen eines Treuhänders im wirtschaftlichen Interesse eines Treugebers beschränken.[151]

---

146 Vgl. hierzu auch DK, AuA 2014, Zeile 25. Die BaFin AuA 2021 äußern sich hierzu zwar nicht ausdrücklich, vom Sinn und Zweck der Norm wird aber davon auszugehen sein, dass auch die Aufsichtsbehörden weiterhin dieser Ansicht sein werden.
147 *Walther*, in: Schimansky/Bunte/Lwowski, Bankrechts-Handbuch, § 42 Rn. 293.
148 BT-Drs. 17/6804, S. 25; *Warius*, in: Herzog, GwG, 2. Aufl. 2014, § 1 Rn. 43.
149 *Walther*, in: Schimansky/Bunte/Lwowski, Bankrechts-Handbuch, § 42 Rn. 292.
150 *Walther*, in: Schimansky/Bunte/Lwowski, Bankrechts-Handbuch, § 42 Rn. 292.
151 DK, AuA 2014, Zeile 26; *Figura*, in: Herzog, GwG, 2. Aufl. 2014, § 3 Rn. 20 f.

131 Die Ausrichtung von § 3 Abs. 4 Satz 2 setzt voraus, dass der Treuhänder zwar stets auf Veranlassung handelt, allerdings nur „**soweit**" er in der Eigenschaft als Treuhänder handelt und z. B. eine Transaktion ausführt. Eine nachträgliche Begründung einer Treuhandabrede nach Durchführung einer Transaktion, etwa über Geschäftsanteile, die zuvor im eigenen Namen auf eigene Rechnung erworben worden waren, reicht nach zutreffender Ansicht[152] hierzu nicht aus.

132 Der **Auffangtatbestand** des § 3 Abs. 4 GwG ist jedoch nicht auf derartige Treuhandkonstellationen beschränkt. Vielmehr kann ein Handeln auf Veranlassung auch außerhalb einer Treuhandkonstellation vorliegen.

133 Hauptanwendungsfall des § 3 Abs. 4 GwG sind Treuhandkonten. Praktisch bedeutsam sind hierbei zum einen **Mietkautionskonten**, bei denen der Vermieter im eigenen Namen für Rechnung seines Mieters bei einem Kreditinstitut ein Kautionskonto eröffnet.[153] Zum anderen sind von besonderer praktischer Bedeutung die **Anderkonten** der rechtsberatenden Berufe, bei denen der Inhaber eines rechtsberatenden Berufes im eigenen Namen, aber für Rechnung seines Mandanten, bei einem Kreditinstitut ein Anderkonto eröffnet.[154] Nach § 5 Abs. 2 Nr. 3 GwG a. F. bestanden im letztgenannten Fall für die geldwäscherechtlich Verpflichteten jedoch nur vereinfachte Sorgfaltspflichten im Hinblick auf die Feststellung des wirtschaftlich Berechtigten. Hintergrund dieser Privilegierung waren die bestehenden Verschwiegenheitspflichten der rechtsberatenden Berufe.[155] § 14 GwG n. F. sieht eine solche Privilegierung im Hinblick auf die Sorgfaltspflichten der geldwäscherechtlich Verpflichteten in Bezug auf Anderkonten der rechtsberatenden Berufe nunmehr nicht mehr ausdrücklich vor. Die Privilegierung soll aber – auch wenn sie nicht mehr ausdrücklich im Wortlaut des § 14 GwG n. F. verankert ist – nach dem Willen des Gesetzgebers weiterhin fortbestehen, da der Gesetzgeber mit der Schaffung des § 14 GwG n. F. die Möglichkeit des Eingreifens vereinfachter Sorgfaltspflichten gerade nicht mehr – wie noch in § 5 Abs. 2 GwG a. F. vorgesehen – auf bestimmte Fallgruppen beschränken, sondern stattdessen den Anwendungsbereich der Norm erweitern wollte (siehe dazu näher → § 14 Rn. 2 ff.).[156]

---

152 *John*, NZG 2021, 323, 325.
153 *Walther*, in: Schimansky/Bunte/Lwowski, Bankrechts-Handbuch, § 42 Rn. 291.
154 *Klugmann*, NJW 2012, 641, 642; *Walther*, in: Schimansky/Bunte/Lwowski, Bankrechts-Handbuch, § 42 Rn. 292.
155 *Walther*, in: Schimansky/Bunte/Lwowski, Bankrechts-Handbuch, § 42 Rn. 362.
156 BT-Drs. 18/11555, S. 119.

§ 3a Risikobasierter Ansatz, nationale Risikoanalyse

(1) Die Verhinderung und Bekämpfung von Geldwäsche und Terrorismusfinanzierung nach den Anforderungen dieses Gesetzes folgt einem risikobasierten Ansatz. Die spezielleren Regelungen der nachfolgenden Abschnitte dieses Gesetzes bleiben hiervon unberührt.

(2) Die für die Verhinderung und Bekämpfung von Geldwäsche und Terrorismusfinanzierung zuständigen Behörden des Bundes sowie die Länder wirken an der vom Bundesministerium der Finanzen koordinierten nationalen Risikoanalyse mit. Die Verpflichteten nach diesem Gesetz werden bei Erstellung der nationalen Risikoanalyse eingebunden und über die Ergebnisse unterrichtet. Die nationale Risikoanalyse berücksichtigt die Risikobewertung der Europäischen Kommission nach Artikel 6 der Richtlinie (EU) 2015/843 und wird regelmäßig aktualisiert. Nach Bedarf werden spezifische sektorale Risikoanalysen erstellt.

Schrifttum: *Barreto de Rosa/Diergarten*, Anmerkung zu einer Entscheidung des OLG Frankfurt, Beschluss vom 10.4.2018 (2 Ss Owi 1059/17) – Zur rechtzeitigen Verdachtsmeldung des Geldwäschebeauftragten, NStZ 2020, 176; *Bello/Harvey*, From a Risk-Based to an Uncertainty-Based Approach to Anti-Money Laundering Compliance, Security Journal 30(1), 2017, 24; *Bülte*, Zu den Gefahren der Geldwäschebekämpfung für Unternehmen, die Rechtsstaatlichkeit und die Effektivität der Strafverfolgung, NZWiSt 2017, 176; *de Koker*, Identifying and managing low money laundering risk – perspectives on FATFs risk based guidance, Journal of Financial Crime 16 (4):19, 2009, 334; *de Koker*, Money laundering control and suppression of financing of terrorism: Some thoughts on the impact of customer due diligence measures on financial exclusion, Journal of Financial Crime, 13 (1), 2006, 26; *Lenk*, Zu den Ermittlungen gegen Verantwortliche der Financial Intelligence Unit (FIU) wegen des Verdachts der Strafvereitelung im Amt, ZWH 2021, 353; *Möhrenschläger*, Transparenzregister- und Finanzinformationsgesetz, wistra 2021, R9; *Scherp/Wrocklage*, Gesetz zur Verbesserung der strafrechtlichen Bekämpfung der Geldwäsche tritt in Kraft, CB 2021, 186; *Suendorf-Bischof*, Die persönliche Haftung des Geldwäschebeauftragten nach dem Geldwäschegesetz, BB 2020, 522; *Teichmann/Falter*, Die Empfehlungen der EBF zu effektiveren Anti-Geldwäsche-Maßnahmen, CB 2021, 416; *Wende/Kröger*, Änderungen im Geldwäschegesetz: Das Transparenzregister- und Finanzinformationsgesetz, GWuR 2021, 12.

Übersicht

I. Allgemeines

1. Gesetzgebungsverfahren

1 § 3a GwG wurde 2021 im Rahmen des „TraFinG"[1] neu in das Geldwäschegesetz eingefügt. Ausweislich der Gesetzesbegründung[2] diene „[...] die Einfügung des neuen § 3a [...] der stärkeren Verankerung des risikobasierten Ansatzes in der Verhinderung und Bekämpfung von Geldwäsche und Terrorismusfinanzierung." Weiter heißt es: „Der risikobasierte Ansatz ist das zentrale Grundprinzip der einschlägigen internationalen und europäischen Vorgaben, insbesondere der Empfehlungen des globalen Standardsetzers FATF (Empfehlung 1) und den Anforderungen der EU-Geldwäscherichtlinie Erwägungsgrund 22, Art. 7). Die allgemeine Verankerung des risikobasierten Ansatzes im Abschnitt 1 lässt die spezielleren Regelungen des Geldwäschegesetzes, etwa zum Risikomanagement und den Sorgfaltspflichten der Verpflichteten in Abschnitten 2 und 3 oder die Regelungen zu den Aufgaben und Analysen der Zentralstelle für Finanztransaktionsuntersuchungen im Abschnitt 5, unberührt; dies wird in Abs. 1 Satz 2 explizit klargestellt."[3]

2 Im Gesetzgebungsverfahren war die ausdrückliche Einführung insbesondere des Risikoansatzes nicht unumstritten. Der Bundesrat war vielmehr der Ansicht, dass eine ausdrückliche Aufnahme nicht nötig sei und vielmehr sogar die Gefahr bestehe, dass die FIU sich ggf. nicht im Sinne einer aktiven Weiterleitung von Verdachtsmeldungen an die Strafverfolgungsbehörden hierauf würde berufen können[4] (vgl. sogleich → Rn. 23 ff.). Die Bundesregierung in ihrer Gegenäuße-

---

1 Gesetz zur europäischen Vernetzung der Transparenzregister und zur Umsetzung der Richtlinie 2019/1153 des Europäischen Parlaments und des Rates vom 20.6.2019 zur Nutzung von Finanzinformationen für die Bekämpfung von Geldwäsche, Terrorismusfinanzierung und sonstigen schweren Straftaten (Transparenzregister- und Finanzinformationsgesetz), Gesetzesentwurf der Bundesregierung in BT-Drs. 19/28164.
2 BT-Drs. 19/28164, S. 43.
3 BT-Drs. 19/28164, S. 43.
4 Stellungnahme des Bundesrates v. 26.3.2021, Ziff. 4, BT-Drs. 19/28164, S. 79 f.

rung wies auf den Vorbehalt vorrangiger Normen des GwG in Satz 2 hin und wiederholte im Übrigen die Gesetzesbegründung.[5]

Hinsichtlich des Abs. 2 beabsichtigte der Gesetzgeber, der **nationalen Risiko-** **3** **analyse** über die bisherige nur generische Nennung in § 5 GwG a. F. hinaus mehr Prominenz im Gesetz zu verschaffen und hierdurch dem risikobasierten Ansatz zu mehr Effekt zu verhelfen. Zudem werden die Federführung auf Bundesebene und die Mitwirkungspflichten der Bundes- und Landesbehörden normiert.[6]

Ferner stellte der Gesetzgeber klar, dass die in Abs. 2 Satz 2 normierte Mitwir- **4** kung der Verpflichteten **keine Mitwirkungspflicht** begründe.[7] Auch dieser Punkt wurde durch den Bundesrat zunächst als redundant bzw. zu weit gefasst abgelehnt.[8] Durch Abs. 2 Satz 3 erfolgte schließlich eine Einbindung der nationalen Risikoanalyse in das System der supranationalen Risikoanalyse der EU.[9]

2. Wurzeln des risikobasierten Ansatzes

Ursprünglich standen zur Geldwäschebekämpfung zwei Lösungsansätze zur **5** Verfügung, die zunächst geografisch unterschiedlich verfolgt wurden. Der „Rule-Based Approach" der Geldwäschebekämpfung sah eine (rein) regelbasierte Regulierung des Finanzsektors zur Geldwäscheprävention vor und war zeitlich der erste Lösungsansatz, der institutionalisiert verfolgt wurde. Regelbasierte Geldwäschebekämpfung knüpfte an die Schaffung erheblicher Datenmengen durch Regelmeldeverfahren (z. B. durch die sogenannten CTR – Currency Transaction Reports) an, bei denen die Verpflichteten durch Meldung von Transaktionen jenseits einer Betragsschwelle die Rückverfolgung von Finanztransaktionen sichern sollten. Auch im Bereich der Prävention der Terrorismusfinanzierung wurden, bzw. werden, regelbasierte Systeme eingesetzt, so zum Beispiel das als Regel ausgestaltete mittelbare Bereitstellungsverbot, welches von den Verpflichteten umgesetzt werden muss.

Aus der Erkenntnis, dass regelbasierte Systeme zu einer sehr ungünstigen Kos- **6** ten-/Nutzenrelation führen, wurde der risikobasierte Ansatz entwickelt. Die **FATF-Empfehlungen** führen den risikobasierten Ansatz seit langem als tragendes Grundprinzip.[10] Fein ausdefiniert existiert der Risikoansatz als Leitmotiv

---

5 Gegenäußerung der Bundesregierung, Ziff. 4, BT-Drs. 19/28164, S. 93.
6 BT-Drs. 19/28164, S. 43.
7 BT-Drs. 19/28164, S. 43.
8 Stellungnahme des Bundesrates v. 26.3.2021, Ziff. 4, BT-Drs. 19/28164, S. 80.
9 BT-Drs. 19/28164, S. 43.
10 Die „ursprünglichen" 40 Recommendations der FATF aus 1990 sahen noch keinen Risikoansatz vor. Erst mit der Revision der 40 Recommendations im Jahr 2003 wird „Risk" als Kategorie eingeführt, vgl. z. B. Rec. 5, 6, 8, 20 FATF 2003. Seit der Überarbeitung 2012 wird Recommendation 1 ausdrücklich als „Assessing risks and applying

spätestens mit der Veröffentlichung der FATF „Guidance on the risk-based approach to combating money laundering and terrorist financing" im Jahr 2007.[11] Da die ursprüngliche Veröffentlichung viele abstrakte Begriffe und wenig greifbare Handreichung an die betroffenen Industrien und Aufsichtsbehörden beinhaltete,[12] schuf die FATF über die Jahre 2008 bis heute zahlreiche sektorbezogene „**Guidance Notes**" für die einzelnen Verpflichtetengruppen innerhalb und außerhalb des Finanzsektors.[13] Der Gedanke war, dass eine Fokussierung der Bestrebungen der Gesetzgeber und, gesetzlichen Vorgaben folgend, der Verpflichteten auf Hochrisikolagen und -Konstellationen zum einen die Geldwäschebekämpfung effizienter, effektiver und schließlich für Kriminelle weniger vorhersehbar machen sollte. Der Risikoansatz wurde zum vorherrschenden dogmatischen Fundament und wurde – auch in der Hoffnung auf Effizienzsteigerungen – schnell von den Verpflichteten aufgegriffen.[14]

7   Auch auf europäischer Ebene ist der Risikoansatz im Geldwäscherecht **spätestens seit der Dritten EU-Geldwäscherichtlinie**[15] **fest etabliert**. Dort heißt es:

> „Es sollte anerkannt werden, dass die Gefahr der Geldwäsche und der Terrorismusfinanzierung nicht in allen Fällen gleich hoch ist. Gemäß einem risikobasierten Ansatz sollte in den Gemeinschaftsvorschriften der Grundsatz eingeführt werden, dass in bestimmten Fällen vereinfachte Sorgfaltspflichten gegenüber Kunden zugelassen werden."[16]

8   Erst im März 2021 erstreckte die FATF das Konstrukt des „Risk-Based Approach" auf die **Tätigkeit von Aufsichtsbehörden**.[17] Auch die Beaufsichtigung und Rechtsdurchsetzung müsse – im Sinne einer effizienteren und effektiveren[18] Geldwäschebekämpfung – einem Risikoansatz folgen. Auch insofern lässt sich

---

a risk-based approach" geführt, vgl. heute FATF Recommendations 2012, Stand Oktober 2021, Rec. 1, www.fatf-gafi.org.
11 FATF, Guidance on the risk-based approach to combating money laundering and terrorist financing – High Level Principles and Procedures, Juni 2007, www.fatf-gafi.org.
12 *De Koker*, Journal of Financial Crime 16 (4) 19, 2009, 334 f.
13 Die industriespezifischen Guidance Notes sind abrufbar unter www.fatf-gafi.org.
14 Vgl. z. B. das „Wolfsberg Statement – Guidance on a Risk Based Approach for Managing Money Laundering Risks" der – damals – global größten Kreditinstitute aus 2006, www.wolfsberg-principles.com; die Entwicklung der „Wolfsberg-Standards" fand in der Tat parallel zu den Arbeiten am Risk-Based Approach durch die FATF statt. Die Publikation erfolgte vor der offiziellen Vorstellung der „Guidance" 2007.
15 Richtlinie 2005/60/EG.
16 Richtlinie 2005/60/EG; Erwägungsgründe 22 und 47 (dort „risikoorientiert").
17 FATF, Risk-Based Supervision, März 2021, www.fatf-gafi.org.
18 Dies wird im Laufe der Publikation der FATF an zahlreichen Stellen prominent wiederholt, vgl. z. B. FATF, Risk-Based Supervision, März 2021, Ziff. 1, 2, S. 5; insgesamt wird 163 Mal auf Effizienz oder Effektivität Bezug genommen, www.fatf-gafi.org.

attestieren, dass die gewünschten Effekte wohl ebenfalls nur teilweise eingetreten sind.

Zusammenfassend lässt sich somit festhalten, dass der risikobasierte Ansatz in **9** Abgrenzung zum Regelansatz gewählt wurde, um den Verpflichteten – der Staatsgewalt nur teilweise, nämlich wo diese die Verpflichteten überwacht – eine **Kalibrierung von Sicherungs- und Risikomanagementmaßnahmen** auf empirisch als besonders hoch risikobehaftete Produkte, Kunden, Geschäftsbeziehungen zu ermöglichen bzw. diese dazu zu verpflichten. Später wurde dieser Ansatz durch Aufsichts- (nicht Ermittlungs- oder Strafverfolgungs-!) behörden für eine risikobasierte Aufsicht übernommen, die mit dem Risikoansatz der Verpflichteten korrespondiert.

Vor- und Nachteile des Risikoansatzes gegenüber den bisherigen Maßnahmen **10** nach dem Regelansatz sind klar zu identifizieren: Der Vorteil des Risikoansatzes liegt darin, dass Geldwäscherisiken besser und spezifischer „gemanaged" werden können bei höherer Kosteneffizienz, sich die Verpflichteten auf wirkliche, identifizierte und relevante Risiken fokussieren können und die Risikodefinitionen an sich wandelnde Risikolandschaften angepasst werden können.[19] Mit der Weiterentwicklung der Geldwäschebekämpfung trat ein weiterer Vorteil einer risikoorientierten Kalibrierung von Maßnahmen ans Licht, nämlich dass durch eine Absenkung regulatorischer Anforderungen bei niedrig risikobehafteten Produkten, Kunden etc. ungewollte Folgen der Geldwäscheregulierung, namentlich die „Financial Exclusion" (also die Gefahr, dass z. B. aufgrund überzogener KYC-Anforderungen einzelne Personen in prekären Verhältnissen keinen Zugang zu Bankdienstleistungen haben können) abgefedert werden konnten.[20] An diesen Erwägungsgründen hat sich bis heute dogmatisch nichts geändert. Gleichwohl haben sich die Hoffnungen auf eine deutliche Effizienzsteigerung der Geldwäschebekämpfungsmaßnahmen nicht (vollständig) verwirklicht.[21] Auch zeigen Analysen, dass Verpflichtete statt risikobehafteten Situationen mit gesteigerten Sicherungsmaßnahmen zu begegnen, höhere risikobehaftete Geschäfte schlicht nicht mehr eingehen, sog. „**De-risking**". Es besteht mithin die Befürchtung, dass das Ermessen der Verpflichteten dazu führt, dass Einzelnen

---

19 FATF, Guidance on the risk-based approach to combating money laundering and terrorist financing – High Level Principles and Procedures, Juni 2007, Ziff. 1.14 bis 1.17, S. 3, www.fatf-gafi.org.

20 Hierauf wies bereits früh *de Koker* hin, vgl. Journal of Financial Crime, 13 (1) 2006, 26; die FATF griff dies gemeinsam mit der Weltbank 2013 auf, vgl. „Die FATF Guidance Anti-Money Laundering and Terrorist Financing Measures and Financial Inclusion", Februar 2013. Unter deutscher Präsidentschaft bekam das Thema, wenngleich unter umgekehrten Vorzeichen, erhöhte Prominenz, vgl. den „Stocktake of the Unintended Consequences of the FATF Standards", Oktober 2021; allesamt abrufbar unter www.fatf-gafi.org.

21 Vgl. z. B. *Bülte*, NZWiSt 2017, 176, 180 f.

oder ganzen Regionen bestimmte Leistungen oder Produktgruppen nicht mehr zur Verfügung stehen. Das „De-risking" und weitere ungewollte Folgen des Risikoansatzes werden in der Zukunft voraussichtlich größere Aufmerksamkeit genießen als bisher.[22]

11   Als weitere potenzielle „Herausforderung" des Risikoansatzes wurde schon früh erkannt, dass die Analyse der relevanten Risiken auf gut informierter Basis erfolgen müsse, kurzfristig Übergangskosten, etwa zur Einführung einer Kultur des Risikozyklus bei den Verpflichteten und entsprechender Durchsetzung des Risikoansatzes entstehen und deutlich bessere Erkenntnisse und Experten bei den Verpflichteten vorgehalten werden müssten, denen ja schließlich die Kalibrierung von Präventionsmaßnahmen unterhalb einer gesetzlichen Vorgabe „anvertraut" werden sollte. Schließlich wurde auch früh erkannt, dass Aufsichtsbehörden zu einem gewissen Grad **unterschiedliche Anwendungsstrategien und Bekämpfungsmaßnahmen** bewerten und beaufsichtigen müssen.[23]

12   Bei aller Kritik handelt es sich bei dem Risikoansatz allerdings – im Vergleich zu nach reinem statischen und vorhersehbarem Regelansatz errichteten Maßnahmenkatalogen – um das **vorzugswürdigere Prinzip**. Eine weitere Verschärfung des Risikoansatzes zur Steigerung von Effektivität und Effizienz wird in weiten Teilen der Literatur gefordert.[24] Wenngleich eine Steigerung der Effizienz der Geldwäschebekämpfung ernanntes Ziel des EU-Gesetzgebers ist,[25] geschieht dies noch immer vorwiegend durch Bestrebung nach mehr Harmonisierung, nicht Flexibilisierung, was dem Risikoansatz entgegenwirkt. Auch ist zu beobachten, dass z. B. durch konsequentes Absenken der Strafbarkeitsschwelle in § 261 StGB durch den Wegfall des Vortatenkatalogs das Fehlen einer Bagatellgrenze und die ohnehin niedrigschwelligen Auslöser für Verdachtsmeldungen[26] den Risikoansatz in der Praxis im Ergebnis unterlaufen, was Effektivitäts- und Effizienzbemühungen konterkariert.

---

22 FATF, Stocktake of the Unintended Consequences of the FATF Standards, Oktober 2021, www.fatf-gafi.org.

23 FATF, Guidance on the risk-based approach to combating money laundering and terrorist financing – High Level Principles and Procedures, Juni 2007, Ziff. 1.18 bis 1.22, S. 3–5, www.fatf-gafi.org; auch *Herzog/Achtelik*, in: Herzog, GwG, Einl. Rn. 159 äußern sich in diese Richtung.

24 Vgl. zuletzt z. B. *Teichmann/Falker*, CB 2021, 416, 419; skeptischer hingegen *Herzog/Achtelik*, in: Herzog, GwG, Einleitung Rn. 159. Als Extremposition wird teilweise sogar ein „Uncertainty-Based Approach" gefordert, vgl. *Bello/Harvey*, Security Journal 30(1) 2017, 24, 25 ff., der allerdings zu erheblichen Unsicherheiten in der Beaufsichtigung der Verpflichteten führen dürfte und daher im Ergebnis abzulehnen ist.

25 Vgl. z. B. den Vorschlag für eine Verordnung des Europäischen Parlaments und des Rates zur Verhinderung der Nutzung des Finanzsystems für Zwecke der Geldwäsche oder der Terrorismusfinanzierung, 2021/239 (COD) v. 20.7.2021, Einleitung, S. 9, und Erwägungsgrund 63.

26 Vgl. sehr zutreffend z. B. *Scherp/Wrocklage*, CB 2021, 186, 189 f.

II. Reichweite und Wirkung des risikobasierten Ansatzes

Der risikobasierte Ansatz ist in der Geldwäscheprävention in dreierlei Hinsicht relevant, nämlich mit Blick auf die **Gestaltung geldwäschepräventiver Regulierung, deren Beaufsichtigung und Compliance der Verpflichteten.**[27] In jüngerer Zeit wurde der Risikoansatz darüber hinaus – irrtümlich – mit Strafverfolgung und der Tätigkeit von Ermittlungsbehörden in Zusammenhang gebracht. **13**

1. Der risikobasierte Ansatz und die Verpflichteten

Der Risikoansatz begegnet den Verpflichteten seit Einführung des „Risk"-Konzeptes durch die FATF im Jahr 2003 spätestens mit der Umsetzung der Dritten EU-Geldwäscherichtlinie an vielerlei Orten im Gesetz und in der täglichen Umsetzung der betrieblichen Maßnahmen. **14**

Ausgangspunkt für die Implementierung des risikobasierten Ansatzes beim Verpflichteten ist die in § 5 GwG geregelte **Risikoanalyse**, mit der Risiken erfasst und bewertet werden, um sie schließlich in risikoadäquate Sicherungsmaßnahmen zu gießen (vgl. → § 5 Rn. 60 ff.). Die Ausgestaltung aller **Sicherungsmaßnahmen** nach § 6 GwG muss wiederum „risikoadäquat" erfolgen (vgl. → § 6 Rn. 19). Dies fordert das Gesetz selbst in § 6 Abs. 1 Satz 2 GwG: „Angemessen sind solche Maßnahmen, die der jeweiligen Risikosituation des einzelnen Verpflichteten entsprechen und diese hinreichend abdecken." Klar wird hierdurch auch, dass der Risikoansatz Granularität der ergriffenen Maßnahmen bis auf Ebene des jeweils einzelnen Verpflichteten und seiner spezifischen Risikosituation ermöglicht, aber auch erfordert.[28] Der Maßnahmenkatalog des § 6 Abs. 2 GwG (und der Pflichten nach § 6 Abs. 5 GwG) steht komplett unter dem Vorbehalt der Risikoadäquanz und somit des Risikoansatzes. Folglich ist die aufsichtliche Kontrolle der „Angemessenheit" der Sicherungsmaßnahmen nach § 6 Abs. 2 GwG auf eine „Ermessenskontrolle" beschränkt (vgl. → § 6 Rn. 53). § 9 GwG erstreckt Risikoangemessenheitserwägungen schließlich auf gruppenweite Maßnahmen. **15**

Die Dokumentations- und Aufbewahrungspflichten nach § 8 GwG hingegen folgen – aus Praktikabilitäts- und Datenschutzgründen – dem Regelansatz, nicht dem Risikoansatz. **16**

Im Rahmen der KYC-Pflichten der GwG-Normadressaten findet sich der Risikoansatz zum einen auf der Tatbestandsseite, die eine Identifikationspflicht auslöst, zum anderen bei der erforderlichen Erkenntnistiefe über den zu Identifi- **17**

---

27 *De Koker*, Journal of Financial Crime 16 (4) 19, 2009, 334 f.

28 Verwaltungspraxen schränkten diese – vom Gesetz zunächst „unendlich" gewährte – Ermessensfreiheit in der Angemessenheitsgestaltung der Sicherungsmaßnahmen freilich zulasten des Risikoansatzes ein, vgl. BaFin, AuA 2021, Ziff. 2.1 und 3.

zierenden wieder. Ersteres findet sich z. B. in § 10 Abs. 3 Nr. 3 und 4 GwG (Erfordernis der Verdachtsidentifikation, vgl. → § 10 Rn. 134 ff.), zweiteres begegnet dem Verpflichteten bei der risikobasierten Prüftiefe hinsichtlich wirtschaftlich Berechtigter (§ 11 Abs. 5 Satz 1 GwG) oder im Zusammenspiel zwischen vereinfachten und verstärkten Sorgfaltspflichten (§§ 10, 14 und 15 GwG), die – risikobasiert – vertiefte oder oberflächlichere Feststellungen zur Kundenidentifikation ermöglichen.

18   Im **Unstimmigkeits- (§ 23 GwG) und im Verdachtsmeldewesen (§§ 43 ff. GwG)** hingegen spiegelt sich der Risikoansatz in der verbleibenden Einschätzungsprärogative lediglich hinsichtlich des beurteilten Sachverhaltes wider. Die Rechtsfolge (Abgabe einer Verdachtsmeldung) hingegen steht nicht zur Disposition des Verpflichteten, sondern folgt strikt regelbasierten Erwägungen. Die von den Aufsichtsbehörden geforderte[29] Absenkung der Verdachtsmeldeschwelle treibt den Risikoansatz in seiner Ausprägung als ermessenssteuerndes Element auf Ebene der Tatsachenbeurteilung allerdings immer vehementer zurück. Zahlreiche nicht risikoangemessene Verdachtsmeldungen, z. B. von Kleinstbeträgen beim illegalen Glücksspiel, sind ein deutliches Anzeichen für das allmähliche Verschwinden von Risikoerwägungen im Meldewesen. Das Verdachtsmeldewesen ändert sich sehr zulasten von Effizienz und Effektivität; letztlich gilt dies wohl auch für die Geldwäschebekämpfung selbst.[30]

2. Der risikobasierte Ansatz in der aufsichtlichen Tätigkeit

19   Auch Aufsichtsbehörden, die für die Beaufsichtigung Verpflichteter in der Geldwäscheprävention zuständig sind, nehmen einen „risikobasierten Ansatz" für sich in Anspruch. Obgleich dies gesetzlich nicht ausdrücklich vorgesehen ist, steht den Aufsichtsbehörden[31] dort, wo das Gesetz eine Einschätzungsprärogative oder ein allgemeines oder spezielles Ausübungsermessen vorsieht, eine **„risikoangemessene" Handhabung aufsichtlicher Befugnisse** zu. Eine solche ist auch sachgerecht. In geldwäscherechtlicher Hinsicht begegnen dem Verpflichteten „risikobasierte" Spielräume und Verwaltungspraxen zum einen mit Blick auf risikobasiertes Verwaltungsermessen bei der Anwendung der geldwäscherechtlichen Kernvorschriften und des Transparenzregisterwesens, zum anderen bei Begegnungen mit den Aufsichtsbehörden und Prüfern.

---

29 Vgl. z. B. BaFin, AuA 2021, Ziff. 10.2.
30 So auch *Bülte*, NZWiSt 2017, 276, 280 f.; *Lenk*, ZWH 2021, 353, 354 f.
31 Dies gilt jedoch nicht für Strafverfolgungs- und nur sehr eingeschränkt für Ermittlungsbehörden, siehe sogleich → Rn. 28.

Aus Sicht der Verpflichteten befinden sich besonders relevante ausdrückliche **20** **Ermessensvorschriften für die Gestattung von Ausnahmen und Erleichterungen durch die Aufsichtsbehörden** z.B. in § 6 Abs. 9 GwG (risikoangemessene Anwendung des § 6 GwG auf Verpflichtete mit geringer Risikoexposition, vgl. → § 6 Rn. 226 ff.) oder in § 7 Abs. 2 GwG (Freistellung von der Verpflichtung, einen Geldwäschebeauftragten zu bestellen). Der risikobasierte Ansatz führt also nicht nur dazu, dass Härtefälle gewerberechtlich angemessen berücksichtigt bleiben; dies wäre schon aus verfassungsrechtlichen Gründen nötig. Der Risikoansatz regelt vielmehr unabhängig von Härtefällen weitere systemimmanente Anpassungsmöglichkeiten im Sinne einer Risikoadäquanz von aufbau- und ablauforganisatorischen Strukturen.

Auch das Verwaltungshandeln selbst wird zunehmend unter risikobezogene Kriterien gestellt. Die **FATF hat hierzu einen Orientierungsvorschlag** erlassen[32] und auch die Europäischen Finanzaufsichtsbehörden EBA, EIPOA und ESMA haben gemeinsame Leitlinien erlassen,[33] wonach die Aufsichtsbehörden selbst ihre Tätigkeiten überdenken und Schwerpunkte nach (eigenen) Risikoerwägungen bilden sollen. Während dies durchaus zu begrüßen ist – schließlich führt ein Risikoansatz auch mit Blick auf Behördenhandeln konzeptionell zu einer Effizienz- und Effektivitätssteigerung –, besteht immerhin die Gefahr, dass Risikoerwägungen der Aufsichtsbehörden inhaltlich von denen der Verpflichteten abweichen werden. Im Ergebnis ist zu befürchten, dass – aus Sicht der Verpflichteten – der Risikoansatz auch hierdurch wieder beschränkt werden wird. Wenn und soweit Behörden in die Ermessenserwägungen der betroffenen Unternehmen eingreifen und hierdurch neue, granulare Regeln entstehen, reduziert dies die Möglichkeit des einzelnen Verpflichteten, Geldwäscherisiken flexibel zu begegnen.[34] **21**

Unter der sich abzeichnenden Erneuerung des europäischen Geldwäsche-Aufsichtssystems ist ebenso geplant, die zu gründende neue Behörde zur harmonisierten Geldwäscheaufsicht „AMLA" in Umfang und Aufsichtstätigkeit streng **22**

---

32 FATF, Risk-Based Supervision, März 2021, www.fatf-gafi.org.

33 Joint Guidelines on the characteristics of a risk-based approach to anti-money laundering and terrorist financing supervision, and the steps to be taken when conducting supervision on a risk-sensitive basis, The Risk-Based Supervision Guidelines ESAs 2016 72 v. 16.11.2016; die EBA hat letztere 2021 erneuert, vgl. EBA/GL/2021/16 v. 16.12.2021, „Guidelines on the characteristics of a risk-based approach to anti-money laundering and terrorist financing supervision, and the steps to be taken when conducting supervision on a risk-sensitive basis under Article 48(10) of Directive (EU) 2015/849 (amending the Joint Guidelines ESAs 2016 72).

34 Aus den genannten Erwägungen, insbesondere der Vorhersehbarkeit von Regulierung durch Kriminelle, entstand schließlich sogar der „Uncertainty-Based Approach", vgl. *Bello/Harvey*, Security Journal 30(1) 2017, 24, 25 ff., der allerdings aus den oben (Fn. 24) genannten Gründen riskant und abzulehnen ist.

risikobasiert auszurichten[35] und auch für die übrigen Aufsichtsbehörden an den Prinzipien einer „**Risk-Based Supervision**" festzuhalten.[36]

3. Risikobasierter Ansatz bei den Ermittlungsbehörden und der Strafverfolgung?

23 Im **Gesetzgebungsverfahren** zum TraFinG wurde sehr prominent die Sorge geäußert, dass die Festschreibung des risikobasierten Ansatzes in § 3a GwG als Grundprinzip dazu führen könnte, dass Ermittlungsbehörden oder die Financial Intelligence Unit § 3a GwG als Vorwand nutzen könne, ihr eigenes Ermittlungsverhalten nach Risiko- und nicht mehr nach Legalitäts- oder Opportunitätsgesichtspunkten auszurichten.[37] Der **Bundesrat lehnte die Festschreibung des risikobasierten Ansatzes im Gesetz** – auch im politischen Kontext der über Jahre aufgelaufenen Abarbeitungsstaus[38] und öffentlicher Anschuldigungen gegen die FIU selbst[39] – deshalb sogar vehement **ab**. Wörtlich heißt es in der Stellungnahme des Bundesrates:

> „Der risikobasierte Ansatz ist bereits jetzt Grundlage der Anwendung im Rahmen des Vollzugs des GwG. Der Mehrwert einer ausdrücklichen Normierung ist nicht erkennbar, sodass von einer solchen abzusehen ist. Zudem bestünde das Risiko, dass dieser Grundsatz auch von der Financial Intelligence Unit (FIU) zugrunde gelegt werden würde. Angesichts der Tatsache, dass der risikobasierte Ansatz für die FIU weder von der Financial Action Task Force (FATF) noch von der EU-Geldwäscherichtlinie vorgesehen ist, besteht die Befürchtung, dass die vorgesehene Verankerung des Ansatzes für die aktuelle praktische Handhabung der Weiterleitung von Verdachtsmeldungen durch die FIU herangezogen werden würde

---

35 Vorschlag für eine Verordnung des Europäischen Parlaments und des Rates zur Errichtung der Behörde zur Bekämpfung der Geldwäsche und Terrorismusfinanzierung und zur Änderung der Verordnungen (EU) Nr. 1093/2010, (EU) Nr. 1094/2010 und (EU) Nr. 1095/201 vom 20.7.2021, COM (2021) 421 final, 2021/0240 (COD), vgl. S. 3, 4; Erwägungsgründe 9, 15–19 und – den risikobasierten Ansatz ausdrücklich als Leitsatz der Behörde festschreibend – Art. 8 Abs. 1 Satz 1.

36 Proposal for a Directive of the European Parliament and of the Council on the mechanisms to be put in place by the Member States for the prevention of the use of the financial system for the purposes of money laundering or terrorist financing and repealing Directive (EU) 2015/849, COM/2021/423 final, Einl. S. 10, Erwägungsgrund 56, Art. 21 Abs. 2, Art. 3.

37 Vgl. die Stellungnahme des Bundesrates in BT-Drs. 19/28164, S. 79 f.

38 Vgl. z. B. die Darstellung bei *Lenk*, ZWH 2021, 353 mit zahlreichen weiteren Nachweisen.

39 Die Staatsanwaltschaft Osnabrück hatte gegen Mitarbeiter der FIU im Sommer 2021 Ermittlungen wegen des Verdachts der Strafvereitelung im Amt eingeleitet, vgl. z. B. Fachdienst StrafR 2021, 442120.

– mit der möglichen Konsequenz, dass die FIU weniger Verdachtsmeldungen an die Strafverfolgungsbehörden weiterleitet.“[40]

Die Bundesregierung lehnte im weiteren Gesetzgebungsverfahren die Auffassung des Bundesrates wiederum unter Hinweis darauf ab, dass **24**

„[…] die vom Bundesrat angenommene Reichweite der stärkeren Verankerung des risikobasierten Ansatzes in Abschnitt 1 des Geldwäschegesetzes begrenzt ist. Dies ergibt sich aus § 3a Abs. 1 Satz 2, wonach die spezielleren Regelungen unter anderem zu den Aufgaben und Analysen der Zentralstelle für Finanztransaktionsuntersuchungen im Abschnitt 5 unberührt bleiben. So führt auch die Gesetzesbegründung aus: Die Einfügung des neuen § 3a dient der stärkeren Verankerung des risikobasierten Ansatzes in der Verhinderung und Bekämpfung von Geldwäsche und Terrorismusfinanzierung. Der risikobasierte Ansatz ist das zentrale Grundprinzip der einschlägigen internationalen und europäischen Vorgaben, insbesondere der Empfehlungen des globalen Standardsetzers FATF (Empfehlung 1) und den Anforderungen der EU-Geldwäscherichtlinie Erwägungsgrund 22, Art. 7). Die allgemeine Verankerung des risikobasierten Ansatzes im Abschnitt 1 lässt die spezielleren Regelungen des Geldwäschegesetzes, etwa zum Risikomanagement und den Sorgfaltspflichten der Verpflichteten in Abschnitten 2 und 3 oder die Regelungen zu den Aufgaben und Analysen der Zentralstelle für Finanztransaktionsuntersuchungen im Abschnitt 5, unberührt; dies wird in Abs. 1 Satz 2 explizit klargestellt.“[41]

In Publikationen hatten Bundesfinanzministerium[42] und die **FIU** zuvor selbst[43] **25** bekannt gegeben, offenbar im Kontext der Herausforderungen eines gestiegenen Meldeaufkommens, einen **„risikobasierten Ansatz“ zu verfolgen.**

Gesetzestechnisch ist zutreffend, dass durch § 3a Abs. 1 Satz 2 GwG der risiko- **26** basierte Ansatz durch die Vorschriften zur Errichtung und Tätigkeit der Zentralstelle überlagert wird und diese Vorrang genießen. Allerdings ergibt sich aus **§§ 27 ff. GwG an keiner Stelle, dass die Arbeit der FIU selbst unter Ermessens- oder gar Risikovorbehalten zu erfolgen hat.** Die FIU „hat“ (vgl. § 30 Abs. 1 GwG) Meldungen entgegenzunehmen und zu verarbeiten. Tatsächlich verdachtsbegründende Meldungen „sind … unverzüglich“ (§ 32 Abs. 1 GwG bzw. die Formulierung im Indikativ „übermittelt … unverzüglich“ in Abs. 2) an die entsprechenden Behörden weiterzuleiten. Es besteht weder ein Ermessen

---

40 Stellungnahme des Bundesrates in BT-Drs. 19/28164, S. 79 f.

41 Gegenäußerung der Bundesregierung in BT-Drs. 19/28164, S. 93.

42 Bundesministerium der Finanzen, Strategie gegen Geldwäsche und Terrorismusfinanzierung, Dezember 2019, Ziff. 1 und 2.

43 Jahresbericht 2019, Financial Intelligence Unit, S. 10, bestätigt im Vorwort des Jahresberichts 2020, S. 7.

noch ein – viel weiter vom Gesetzeswortlaut entfernter – Vorbehalt einer Risikogewichtung. Die Zentralstelle hat als zwischengeschaltete Behörde also vielmehr die Verdachtsmeldungen „unverzüglich" nach Eingang zu bearbeiten und
an die (eigentlichen) Ermittlungsbehörden weiterzuleiten.

27   Dies ergibt sich neben rechtsstaatlichen Erwägungen schon aus der Gesetzeshistorie: Im Rahmen der Umorganisation der FIU und der „Umsiedlung" der
Verdachtsmeldungen vom BKA zum Zoll war das Verdachtsmeldewesen umge-
stellt und die bisherige Doppelabgabe von Verdachtsmeldungen an FIU und
Strafverfolgungsbehörden abgeschafft worden, um der FIU eine Filterfunktion
zuzugestehen.[44] Folge der „Vorschaltung" der FIU war das Erfordernis einer
„unverzüglichen" Weitergabe von verdächtigen Vorgängen an die Strafverfolgungsbehörden. Anders wäre auch der zu **entstehende Wertungswiderspruch**
mit der die Verpflichteten treffenden – bußgeldbewehrten[45] – Verpflichtung zur
unverzüglichen Abgabe einer Verdachtsmeldung (§§ 43 Abs. 1, 56 Abs. 1 Nr. 69
Alt. 4 GwG) nicht zu erklären. Da der Wille des Gesetzgebers – wie die Dokumentation in der Gesetzesbegründung selbst ausweist[46] – dahin geht, dass für die
Tätigkeit der FIU die Organisationsvorschriften des 5. Absatzes des GwG vorrangig sind, **gilt der Risikoansatz mithin für die Kerntätigkeiten der FIU
nicht**.

28   Anderes mag allerdings mit Blick auf die – mit Ermessen ausgestalteten – Er-
mittlungs- und Auskunftsrechte, z. B. nach § 30 Abs. 3 GwG oder § 31 GwG,
gelten. Dort, **wo das Gesetz der Zentralstelle einen Ermessensspielraum**,
etwa zur Erhebung zusätzlicher Daten oder Einholung von Auskünften, **einräumt, dürfen** Risikoerwägungen als eines von vielen Kriterien in eine Entscheidung einbezogen werden.

29   Die Stellungnahme des Bundesfinanzministeriums, der risikobasierte Ansatz
gelte auch für die Arbeit der FIU, da dies international, z. B. durch FATF-Empfehlungen unterlegt sei,[47] ist unzutreffend. Zwar ist die FIU operationell und auf-
bauorganisatorisch beim Zoll verortet. Die FIU ist aber keine Polizeibehörde,
sondern auch nach eigenem Verständnis eine „administrativ" tätige Behörde.
Mithin **gelten die Verfahrensgrundsätze für Strafverfolgungs- und Polizeibehörden für die FIU nicht**.

---

44 Vgl. schon die diesbezügliche Auseinandersetzung zwischen Bundesregierung und
   Bundesrat bei der Umsetzung der Vierten EU-Geldwäscherichtlinie, BT-Drs. 18/
   11928, S. 11 f. und 25 f.; vgl. auch *Lenk*, ZWH 2021, 353, 354.
45 OLG Frankfurt, Beschl. v. 10.4.2018 – 2 Ss-Owi 1059, z. B. in NStZ 2020, 173; vgl.
   auch die zahlreichen ablehnenden Besprechungen, z. B. *Suendort-Bischof*, BB 2020,
   522 ff.; *Barretto da Rosa/Diergarten*, NStZ 2020, 176 ff., die allesamt eine Disbalance
   zwischen Meldepflicht und Verhalten der FIU kritisieren.
46 Gegenäußerung der Bundesregierung in BT-Drs. 19/28164, S. 93.
47 Fachdienst StrafR 2021, 442120 m. w. N.

Weder aus den Grundlagen der FATF noch aus den EU-Richtlinien ergeben 30
sich allerdings Anhaltspunkte, dass die Arbeit der FIU selbst vom Risiko-
grundsatz geprägt sein soll. Die 40 Empfehlungen der FATF, namentlich die in
diesem Zusammenhang gelegentlich zitierte Recommendation 1, beziehen sich
auf den gesetzlichen und verwaltungstechnischen Rahmen, nicht auf Verwaltungshandeln im Einzelfall.[48] Die Fünfte EU-Geldwäscherichtlinie enthält entsprechende Passagen nicht.[49] Auch in den Entwürfen zur Änderungsrichtlinie
zur Fünften EU-Geldwäscherichtlinie sind keine Vorgaben vorhanden, die den
FIUs ein (lediglich) risikobasiertes Vorgehen erlauben würden. Die Rolle der
FIUs mit Blick auf den Risikoansatz beschränkt sich darauf, den Gesetzgebern
und Aufsichtsbehörden Hinweise über die Risikolage zu erteilen, um deren Arbeit zu stützen.[50] Darüber hinaus hat sich die FIU an **rechtstaatliche Grundsät-**
ze zu halten.

Für Strafverfolgungsbehörden gilt der risikobasierte Ansatz unstreitig 31
nicht. Dort kommen allein Legalitäts- und Opportunitätsgrundsatz zum Tragen.[51]

III. Die nationale(n) Risikoanalyse(n)

In Abs. 2 werden im Wesentlichen **Zuständigkeitsanordnungen** für die Erstel- 32
lung der nationale(n) Risikoanalyse(n) getroffen und Mitwirkungspflichten der
Landesbehörden, aber auch der Verpflichteten (als Institution, nicht individuell)
niedergelegt. Im Rahmen des Gesetzgebungsverfahrens war auch Abs. 2 Gegenstand von Diskussionen.

Der **Sinn und Zweck der nationalen Risikoanalyse** ist in Art. 7 Abs. 2 der 33
Vierten EU-Geldwäscherichtlinie festgelegt:

> „Hinsichtlich der Risikobewertung nach Absatz 1 verfährt jeder Mitglied-
> staat wie folgt:
> a) er nutzt sie, um sein System zur Bekämpfung von Geldwäsche und Ter-
> rorismusfinanzierung zu verbessern, insbesondere indem er alle etwaigen

---

48 Vgl. Rec. 1, FATF Recommendations 2021, A.1. Satz 3: „This approach should be an
   essential foundation to efficient allocation of resources across the anti-money laundering and countering the financing of terrorism (AML/CFT) regime and the implementation of risk-based measures throughout the FATF Recommendations."
49 Richtlinie (EU) 2018/843 des Europäischen Parlaments und des Rates v. 30.5.2018 zur
   Änderung der Richtlinie (EU) 2015/849 zur Verhinderung der Nutzung des Finanzsystems zum Zwecke der Geldwäsche und der Terrorismusfinanzierung und zur Änderung der Richtlinien 2009/138/EG und 2013/36/EU.
50 Vgl. z. B. CoE, DGI(2013), Guidance on risk-based supervision and risk assessments,
   ECCU-MOLI SERBIA-TP20-2013, September 2013, S. 5 ff.
51 Vgl. zu den Verfahrensprinzipien z. B. *Kudlich*, in: MüKo-StPO, Einl. Rn. 127 ff.

Bereiche, in denen die Verpflichteten verstärkte Maßnahmen anwenden müssen, ermittelt und gegebenenfalls die zu treffenden Maßnahmen nennt; b) er identifiziert gegebenenfalls Sektoren oder Bereiche mit geringerem oder höherem Risiko für Geldwäsche und Terrorismusfinanzierung; c) er nutzt sie für die Zuteilung von und Prioritätensetzung bei den Ressourcen für die Bekämpfung von Geldwäsche und Terrorismusfinanzierung; d) er nutzt sie um sicherzustellen, dass für jeden Sektor oder Bereich den Risiken der Geldwäsche und Terrorismusfinanzierung entsprechende angemessene Regelungen festgelegt werden; e) er stellt den Verpflichteten umgehend angemessene Informationen zur Verfügung, damit diese ihre eigene Bewertung des Risikos der Geldwäsche und Terrorismusfinanzierung leichter vornehmen können."

34 In der Fünften EU-Geldwäscherichtlinie wurden weitere Formerfordernisse aufgestellt.[52]

35 Die Risikoanalyse **dient den Verpflichteten als Anhaltspunkt über die Risikolage**, die Einfluss auf die Darstellung und Risikobewertung in deren Risikoanalyse nach § 5 GwG hat. Wenngleich eine Verwaltungspraxis besteht, die Ergebnisse der in der nationalen Risikoanalyse erarbeiteten Faktoren **„zu berücksichtigen"**,[53] bedeutet dies nicht, dass jeder Verpflichtete mit Blick auf seine individuelle Risikoexposition die gleiche Gewichtung der Risikofaktoren in Ansatz bringen muss.

36 Von der **öffentlich-rechtlichen Natur** her ist die Risikoanalyse weder ein Verwaltungsakt, noch eine Allgemeinverfügung, noch eine Rechtsverordnung oder Satzung. Von der Zielrichtung ist sie auch keine norminterpretierende Verwaltungsvorschrift oder gar eine ermessenslenkende Verwaltungsvorschrift. Sie ist in ihrem Erlass wohl dem **schlichthoheitlichen Handeln**[54] zuzurechnen und nicht mehr als eine lediglich inhaltlich im Rahmen des Verwaltungsermessens zu berücksichtigende behördliche **„Lageeinschätzung"**, deren inhaltliche Feststellungen oder Schlussfolgerungen in verwaltungsrechtliche, ggf. auch verwaltungsgerichtliche, Entscheidungen einbezogen werden können.[55] Absolute **Bindungswirkung entfalten die Feststellungen gegenüber dem Einzelnen nicht**. Verpflichtete müssen mithin die Lageeinschätzung zwar berücksichtigen, sie müssen aber deren Ergebnisse nicht bis ins letzte Detail teilen. Es erscheint zweifelhaft, ob und ggf. wie einzelne Verpflichtete, oder Betroffene, Rechtsschutz gegen Inhalte oder Feststellungen bzw. Bewertungen erlangen können.

---

52 Vgl. Richtlinie 2018/843 (EU), Art. 1 Nr. 4.

53 BaFin, AuA 2020, Ziff. 2.3, 1. Abs. („Grundsatz").

54 Vgl. zum Begriff *Ramsauer*, in: Kopp/Ramsauer, VwVfG, § 35 Rn. 38a.

55 Etwa im Asylrecht ist eine Einbeziehung von „Lageeinschätzungen" der Exekutive in gerichtliche oder behördliche Entscheidungen durchaus bekannt.

1. Kompetenz des BMF zur Erstellung der nationalen Risikoanalyse

Die Bundesrepublik wurde in der Vierten EU-Geldwäscherichtlinie verpflichtet, 37
eine nationale Risikoanalyse zu erstellen. Diese wird seither vom Bundesfinanzministerium erstellt.[56] Ziel der Kodifizierung war ausweislich der Gesetzesbegründung, eine solche Pflicht nunmehr auch **förmlich in Gesetzesrang** aufzunehmen.[57] Dies geschah nunmehr durch eine ausdrückliche Kompetenzzuweisung an das BMF und eine Beistellungsverpflichtung für die Landesbehörden.
Zeitgleich dient § 3a Abs. 2 GwG als **Ermächtigungsgrundlage für die
schlichthoheitliche Maßnahme.**[58]

2. „Mitwirken" der Verpflichteten (Abs. 2 Satz 2)

Nach § 3a Abs. 2 Satz 2 GwG werden die Verpflichteten „[…] bei Erstellung der 38
nationalen Risikoanalyse eingebunden und über die Ergebnisse unterrichtet." Im
Gesetzgebungsverfahren hatte der Bundesrat hierzu vorgebracht, dass „[c]ine
zusätzliche Normierung für eine Einbindung der Verpflichteten in die Nationale
Risikoanalyse durch die zuständigen Behörden […] nicht erforderlich [sei]. Es
[fehle] eine Klarstellung, dass sich eine solche Pflicht nur auf bestimmte Vertreter der einzelnen Verpflichtetengruppen beziehen würde."[59] Aus der **Gesetzesbegründung** selbst[60] ergibt sich jedoch, dass mit Satz 2 offenbar keine Verpflichtung zur Beistellung durch Verpflichtete oder deren Stellvertreter bewirkt
werden sollte, sondern dass die Bundesregierung lediglich plante, die regelmäßige Einbeziehung entsprechender Vertreter im Gesetz selbst zu verankern. Dies
entspricht mittlerweile ohnehin den Gepflogenheiten aller Behörden vor der Veröffentlichung von wesentlichen Rechtsakten in der Praxis. Der Wortlaut des
Satz 2 ist allerdings in der Tat mehrdeutig. Fest steht, dass nicht jeder einzelne
Verpflichtete gemeint ist. Ein **Rechtsanspruch auf Mitwirkung** eines Stellvertreters für die Gesamtheit der Verpflichteten oder eine bestimmte Verpflichtetengruppe, z.B. eines Verbandes o.Ä., lässt sich jedoch mangels Bestimmtheit
nicht aus Satz 2 ableiten.

---

56 Vgl. die „Erste Nationale Risikoanalyse" v. 19.10.2019, www.bundesfinanzminister
   ium.de.
57 BT-Drs. 19/28164, S. 43, 32.
58 Eine solche ist nämlich auch bei schlichthoheitlichem Handeln erforderlich, vgl. *Ramsauer*, in: Kopp/Ramsauer, VwVfG, Einl. Rn. 72.
59 Stellungnahme des Bundesrates in BT-Drs. 19/28164, S. 80.
60 BT-Drs 19/28164, S. 43.

3. Anbindung an europäische Risikoanalyse(n)

39 Gemäß Art. 6 der Vierten EU-Geldwäscherichtlinie ist die Kommission beauftragt, eine supranationale Bewertung der Risiken der Geldwäsche und der Terrorismusfinanzierung für den Binnenmarkt durchzuführen, die mit grenzüberschreitenden Tätigkeiten im Zusammenhang stehen, und ihren Bericht alle zwei Jahre (oder bei Bedarf auch öfter) zu aktualisieren.[61] Durch Satz 3 wird klargestellt, dass die nationale Risikoanalyse in das System der europäischen Risikoanalysen, wie es mit der Vierten EU-Geldwäscherichtlinie errichtet wurde, **eingebunden** ist. Dies geschieht – nach deutschem Recht – dadurch, dass die nationale Risikoanalyse die Ergebnisse der europäischen Analyse berücksichtigen muss.[62] Umgekehrt berücksichtigt die europäische Risikoanalyse die Ergebnisse der jeweiligen nationalen Analysen der Mitgliedstaaten.[63]

40 Qua Gesetz ist das Bundesfinanzministerium gehalten, die nationale Risikoanalyse **regelmäßig zu aktualisieren**. Eine konkrete Aktualisierungsfrist sieht das Gesetz nicht vor. Auch Art. 7 Abs. 1 Satz 2 der Vierten EU-Geldwäscherichtlinie lautet lapidar: „Der Mitgliedstaat hält die Risikobewertung auf aktuellem Stand." In Übereinstimmung mit Art. 6 Abs. 1 Satz 2 der Vierten EU-Geldwäscherichtlinie erscheint im Hinblick auf die genannten Wechselwirkungen zwischen europäischer und nationaler Risikoanalyse jeweils ein Aktualisierungszeitraum von zwei Jahren oder weniger tunlich.

4. Sektorale Risikoanalysen

41 Es entsprach schon **bisheriger Praxis**, dass „unterhalb" der nationalen Risikoanalyse weitere sektor- oder problemstellungsbezogene Risikoanalysen durch Bundesbehörden, unter Beistellung von Landesbehörden, errichtet und zur Stärkung des Risikoansatzes an die Verpflichteten gegeben bzw. veröffentlicht wurden. Zu nennen sind insbesondere die „Sektorspezifische Risikoanalyse" des Bundesfinanzministeriums[64] und die Risikoanalyse „Terrorismusfinanzierung durch (den Missbrauch von) Non-Profit-Organisationen in Deutschland", allerdings durch das Bundesministerium des Innern, für Bau und Heimat initiiert.[65]

---

61 Siehe zuletzt den Bericht der Kommission an das Europäische Parlament und den Rat über die Bewertung der mit grenzüberschreitenden Tätigkeiten im Zusammenhang stehenden Risiken der Geldwäsche und der Terrorismusfinanzierung für den Binnenmarkt vom 24.7.2019, COM (2019) 370 final.

62 Dies sieht Art. 7 Abs. 3 der Vierten EU-Geldwäscherichtlinie so vor.

63 Dies ergibt sich aus Sinn und Zweck der Weitergabeverpflichtung an die Kommission nach Art. 7 Abs. 5 Vierte EU-Geldwäscherichtlinie.

64 Sektorspezifische Risikoanalyse v. 31.12.2020, www.bundesfinanzministerium.de.

65 Bundesministerium des Innern, für Bau und Heimat, Sektorale Risikoanalyse Terrorismusfinanzierung durch (den Missbrauch von) Non-Profit-Organisationen, 2020, www.bmi.bund.de.

Die Diktion des § 3a Abs. 2 Satz 4 GwG lässt indes offen, ob zukünftig das Bundesfinanzministerium den Anspruch darauf erhebt, auch solche sektoralen Risikoanalysen, die inhaltlich nicht das eigene Ressort betreffen, federführend zu erstellen.

Abschnitt 2
Risikomanagement

§ 4 Risikomanagement

(1) Die Verpflichteten müssen zur Verhinderung von Geldwäsche und von Terrorismusfinanzierung über ein wirksames Risikomanagement verfügen, das im Hinblick auf Art und Umfang ihrer Geschäftstätigkeit angemessen ist.

(2) Das Risikomanagement umfasst eine Risikoanalyse nach § 5 sowie interne Sicherungsmaßnahmen nach § 6.

(3) Verantwortlich für das Risikomanagement sowie für die Einhaltung der geldwäscherechtlichen Bestimmungen in diesem und anderen Gesetzen sowie in den aufgrund dieses und anderer Gesetze ergangenen Rechtsverordnungen ist ein zu benennendes Mitglied der Leitungsebene. Die Risikoanalyse und interne Sicherungsmaßnahmen bedürfen der Genehmigung dieses Mitglieds.

(4) Verpflichtete nach § 2 Absatz 1 Nummer 14 müssen über ein wirksames Risikomanagement einschließlich gruppenweiter Verfahren verfügen:

1. bei der Vermittlung von Kaufverträgen und

2. bei der Vermittlung von Miet- oder Pachtverträgen mit einer monatlichen Nettokaltmiete oder Nettokaltpacht in Höhe von mindestens 10 000 Euro.

(5) Verpflichtete nach § 2 Absatz 1 Nummer 16 müssen über ein wirksames Risikomanagement einschließlich gruppenweiter Verfahren verfügen:

1. als Güterhändler bei folgenden Transaktionen:

    a) Transaktionen im Wert von mindestens 10 000 Euro über Kunstgegenstände,

    b) Transaktionen über hochwertige Güter nach § 1 Absatz 10 Satz 2 Nummer 1, bei welchen sie Barzahlungen über mindestens 2 000 Euro selbst oder durch Dritte tätigen oder entgegennehmen, oder

    c) Transaktionen über sonstige Güter, bei welchen sie Barzahlungen über mindestens 10 000 Euro selbst oder durch Dritte tätigen oder entgegennehmen, und

2. als Kunstvermittler und Kunstlagerhalter bei Transaktionen im Wert von mindestens 10 000 Euro.

    Kaetzler

Schrifttum: *Baums*, Recht der Unternehmensfinanzierung, 2017; *Brian/Frey/Krais*, Umsetzung der Fünften Geldwäsche-Richtlinie in Deutschland, CCZ 2019, 245; *Bussmann/Vockrodt*, Geldwäsche-Compliance im Nicht-Finanzsektor: Ergebnisse aus einer Dunkelfeldstudie, CB 2016, 138; *Gehling/Lüneborg*, Pflichten des Güterhändlers nach dem Geldwäschegesetz, NZG 2020, 1164; *Gehrmann/Wengenroth*, Geldwäscherechtliche Pflichten für Güterhändler am Beispiel von Immobilienunternehmen, BB 2019, 1035; *Ghassabeh*, Anti-Geldwäsche-Compliance in der deutschen Industrie – Eine Übersicht zu den geldwäscherechtlichen Pflichten privilegierter Güterhändler unter Berücksichtigung der neuen GwG-Regelungen, CCZ 2021, 33; *Glaab/Zentes*, Änderungen durch die GwG-Novelle zur Umsetzung der 5. EU-Geldwäscherichtlinie und ihre Auswirkungen auf die Verpflichteten, BB 2019, 1667; *Glaab/Zentes*, Die ersten Auslegungs- und Anwendungshinweise der BaFin zum GwG sind da: Was bringen sie Neues?, BB 2019, 323; *Griebel*, Der Makler als „Hilfssheriff" im Kampf gegen Geldwäsche und Terrorismusfinanzierung – Das neue „Geldwäschepräventions-Optimierungsgesetz", NZM 2012, 481; *Handel*, Der neue Geldwäschestraftatbestand: Folgen für die Anti-Geldwäsche-Compliance privilegierter Güterhändler, CB 2021, 410; *Henke/von Busekist*, Das neue Geldwäscherecht in der Nichtfinanzindustrie, DB 2017, 1567; *Herzog/Mülhausen*, Geldwäschebekämpfung und Gewinnabschöpfung, Handbuch, 2006; *Krais*, Geldwäsche und Compliance, Praxisleitfaden für Güterhändler, 2018; *Kunz*, Die Auslegungs- und Anwendungshinweise der BaFin zum GwG, CB 2019, 99; *Kunz/Schirmer*, 4. EU-Geldwäsche-RL: Auswirkungen auf Unternehmen, Banken und Berater, BB 2015, 2435; *Spoerr/Roberts*, Die Umsetzung der Vierten Geldwäscherichtlinie: Totale Transparenz, Geldwäschebekämpfung auf Abwegen?, WM 2017, 1142; *Wohlschlägl-Aschberger*, Geldwäscheprävention – Recht, Produkte, Branchen, 2018.

Übersicht

I. Allgemeines

§ 4 GwG legt den Grundstein für den Abschnitt 2 des GwG zum „Risikomanage- **1** ment" und gibt damit zugleich einen Überblick darüber, was „Risikomanagement" im geldwäscherechtlichen Sinne bedeutet. Die Begrifflichkeit des „Risikomanagements" ist durch das Umsetzungsgesetz zur Vierten EU-Geldwäscherichtlinie 2017 neu in das GwG eingeführt worden. Während ältere Versionen des GwG systematisch nach „Sorgfaltspflichten", „Internen Sicherungsmaßnahmen" und den „Sonstigen Pflichten" (insbesondere Verdachtsmeldung) unterschieden, wurde der Begriff des Risikomanagements als neuer Oberbegriff über die (bisherigen) „Internen Sicherungsmaßnahmen" und die „Risikoanalyse" gestellt. Letztere war lange Zeit Teil der „Internen Sicherungsmaßnahmen" gewesen. Die Risikoanalyse erhielt dadurch 2017 eine systematische Aufwertung, die seitdem die Wichtigkeit der Risikoanalyse widerspiegelt.

2   Der nach der Gesetzesneufassung nunmehr in § 3a GwG verankerte „Risk-Based Approach" als Grundprinzip der Bekämpfung von Geldwäsche und Terrorismusfinanzierung zieht sich durch das gesamte GwG ebenso wie durch die Vierte und Fünfte EU-Geldwäscherichtlinie und die FATF-Empfehlungen neueren Ursprungs. Konsequenterweise ändert der Gesetzgeber die Perspektive von (regelbasierten) „Sicherungsmaßnahmen" zu „Risikomanagement" und bezeichnet die Risikoanalyse als „Kern des risiko-basierten Vorgehens". Das gesetzliche Bekenntnis zum Risikoansatz schließt nicht aus, dass es bei Maßnahmen der Sicherung gegen Geldwäsche und Terrorismusfinanzierung, insbesondere bei Letzteren, zu rein regelbasierten Maßnahmen kommen kann (z. B. beim Sanktionslistenscreening, bei dem eine Risikoeinschätzung nicht möglich, sondern eine Maßnahme regelbasiert vorzunehmen ist).

3   Die Klarstellung, dass ein wirksames risikobasiertes Management von Geldwäscherisiken nur auf der Basis einer robusten Risikoanalyse geschehen kann, ist alles andere als neu. Durch das Umsetzungsgesetz zur Vierten EU-Geldwäscherichtlinie neu eingefügt wurde allerdings eine ausdrückliche gesetzliche Pflicht zur Erstellung einer Risikoanalyse, die dieselbe mit den internen Sicherungsmaßnahmen verbindet.

4   Gesetzessystematisch begründet § 4 GwG einen gesetzlichen, gewerberechtlichen Eingriff[1] in die Binnenorganisation der Verpflichteten.

II. Verpflichtung zum wirksamen und angemessenen Risikomanagement (§ 4 Abs. 1 GwG)

5   Nach § 4 Abs. 1 GwG müssen die Verpflichteten zur Verhinderung von Geldwäsche und von Terrorismusfinanzierung über ein **wirksames Risikomanagement**

---

1 Soweit freiberuflich Verpflichtete betroffen sind, besteht mit dem GwG eine gesetzliche Beschränkung der Ausübungsfreiheit dieser Freien Berufe.

verfügen, das im Hinblick auf Art und Umfang ihrer Geschäftstätigkeit „angemessen" ist.

Diese Verpflichtung zur Errichtung eines wirksamen und angemessenen Risikomanagements beruht auf Art. 8 der Vierten EU-Geldwäscherichtlinie.[2] Danach sollen die Mitgliedstaaten angemessene Schritte unternehmen, um Risiken im Hinblick auf Geldwäsche und Terrorismusfinanzierung zu identifizieren und zu bewerten. Weiterhin sollen in den Mitgliedstaaten Strategien, Kontrollen und Verfahren zur wirksamen Minderung und Steuerung von Geldwäsche- und Terrorismusfinanzierungsrisiken etabliert werden. Diese zunächst die Mitgliedstaaten treffende Verpflichtung wird teilweise durch „Weiterreichung" entsprechender Organisationspflichten in den privaten Sektor bewirkt.   **6**

Darüber hinaus sehen auch die FATF-Recommendations für den überwiegenden Teil der in § 2 Abs. 1 GwG genannten Verpflichteten die Pflicht zur Unterhaltung eines Risikomanagements vor. Dieses soll Prozesse und Verfahren enthalten, die eine effektive Verwaltung und Milderung zu identifizierender Geldwäscherisiken ermöglicht. Weiterhin sollen die etablierten Prozesse und Verfahren laufend auf ihre Wirksamkeit überprüft werden und bei Feststellung von „Mängeln" die notwendigen Anpassungsmaßnahmen vorgenommen werden.[3]   **7**

Der deutsche Gesetzgeber stellt an das zu etablierende Risikomanagement zwei grundlegende Anforderungen, nämlich einerseits dessen **Wirksamkeit** und andererseits dessen **Angemessenheit**.   **8**

Das Erfordernis der **Wirksamkeit** des Risikomanagements bedeutet, dass das etablierte Risikomanagement des Verpflichteten einbezogen werden muss, die sich daraus ergebenden Risiken nachvollziehbar berücksichtigt sind und die daraus abzuleitenden Risiken als „angemessen" anzusehen sind.[4]   **9**

Das Risikomanagement muss daher im praktischen Geschäftsleben tatsächlich hinreichende „Durchschlagskraft" entfalten.[5] Es genügt mithin nicht, dass der Verpflichtete zwar ein „auf dem Papier" taugliches Risikomanagementkonzept entwickelt hat, er dieses aber im praktischen Geschäftsalltag – gewollt oder ungewollt – nicht oder nur unzureichend umsetzt oder umsetzen kann. Dem Verpflichteten obliegt es daher zur Gewährleistung der hinreichenden „Durch-   **10**

---

2 Richtlinie (EU) 2015/849 des Europäischen Parlaments und des Rates v. 20.5.2015 zur Verhinderung der Nutzung des Finanzsystems zum Zwecke der Geldwäsche und der Terrorismusfinanzierung, zur Änderung der Verordnung (EU) Nr. 648/2012 des Europäischen Parlaments und des Rates und zur Aufhebung der Richtlinie 2005/60/EG des Europäischen Parlaments und des Rates und der Richtlinie 2006/70/EG der Kommission.
3 FATF Recommendations (2012–2017), Interpretive Note to Recommendation 1, Number 9, page 31.
4 BaFin, AuA 2021, Ziff. 2.1.
5 Vgl. BT-Drs. 16/4028, S. 95.

schlagskraft" des Risikomanagements, das Risikomanagement so auszugestalten, dass es auch praktisch umsetzbar ist. Insbesondere muss daher der Verpflichtete die notwendigen organisatorischen Vorkehrungen schaffen, die eine effektive Umsetzung seines entwickelten Risikomanagementsystems durch ihn selbst oder die hierfür eingeschalteten Mitarbeiter sicherstellen.[6] Darüber hinaus obliegt dem Verpflichteten eine laufende Kontrolle darüber, ob sein entwickeltes Risikomanagementkonzept von den eingebundenen Mitarbeitern auch tatsächlich hinreichend umgesetzt werden kann oder ob der Umsetzung praktische Hindernisse entgegenstehen.[7]

11 Darüber hinaus muss das Risikomanagement angemessen sein. Die **Angemessenheit** des Risikomanagements beurteilt sich nach Ansicht der Finanzaufsicht – wie sonst auch im Rahmen der Schaffung von Risikomanagement-Systemen – auf der Grundlage der eigenen Risikoanalyse des Verpflichteten bezüglich der Risikostruktur der von ihm angebotenen Dienstleistungen und Produkte sowie gegebenenfalls aufgrund der Ergebnisse der Nationalen Risikoanalyse.[8]

12 Sie hängt von Art und Umfang der Geschäftstätigkeit des Verpflichteten ab (Proportionalitätsprinzip). Die Angemessenheit des Risikomanagements in diesem Sinne erfordert, dass das Risikomanagement in Abhängigkeit von Art und Umfang der Geschäftstätigkeiten der bei dem Verpflichteten bestehenden Risikosituation in Bezug auf Geldwäsche und Terrorismusfinanzierung entspricht und diese hinreichend abdeckt.[9] Das Risikomanagement muss mithin die wesentlichen Geldwäsche- und Terrorismusfinanzierungsrisiken im Unternehmen des Verpflichteten identifizieren und deren Verwirklichung mittels geeigneter Prozesse und Verfahren ausschließen oder minimieren.

13 Die **Art der Geschäftstätigkeit** fordert dem Verpflichteten dann höhere Anforderungen an ein angemessenes Risikomanagement ab, wenn der Geschäftstätigkeit in hohem Maße das Risiko ihrer Ausnutzung zur Geldwäsche oder Terrorismusfinanzierung innewohnt.[10] Von besonderer Bedeutung sind hierbei zum Beispiel die Geschäftsstruktur, Absatzmärkte, Produkte, Vertriebswege oder die Kundenstruktur des Verpflichteten.[11] Infolgedessen gelten für die Verpflichteten des Finanzsektors, vor allem also für Kreditinstitute und Finanzdienstleistungs-

---

6 *Auerbach/Hentschel*, in: Schwennicke/Auerbach, KWG, 3. Aufl. 2016, § 25h Rn. 26c; *Baums*, Recht der Unternehmensfinanzierung, § 52 Rn. 12.

7 *Achtelik*, in: Herzog, GwG, § 25g KWG Rn. 6; *Baums*, Recht der Unternehmensfinanzierung, § 52 Rn. 12.

8 BaFin, AuA 2021, Ziff. 2.1.

9 *Mülhausen*, in: Herzog/Mülhausen, Geldwäschebekämpfung und Gewinnabschöpfung, § 43 Rn. 34.

10 *Spoerr/Roberts*, WM 2017, 1142, 1143.

11 BaFin, Rundschreiben 8/2005 (GW) – Implementierung angemessener Risikomanagementsysteme zur Verhinderung von Geldwäsche, Terrorismusfinanzierung und Betrug, Nr. 1.

institute, strengere Anforderungen an ein angemessenes Risikomanagement als für die Verpflichteten des Nichtfinanzsektors. Denn das faktische Geldwäscherisiko ist im Finanzsektor – insbesondere im Hinblick auf die dort geldwäscheanfälligeren Geschäftsstrukturen – deutlich höher zu veranschlagen als im Nichtfinanzsektor.[12] Aus ebendiesem Grund sieht auch das KWG für Kreditinstitute und Finanzdienstleistungsinstitute in § 25h KWG weitergehende besondere Anforderungen an ein angemessenes Risikomanagement vor.[13]

Der **Umfang der Geschäftstätigkeit** fordert dem Verpflichteten höhere Anfor   **14**
derungen an ein angemessenes Risikomanagement ab, wenn die Geschäftstätigkeiten des Verpflichteten besonders weitreichend sind, insbesondere der Verpflichtete eine große Unternehmensorganisation aufweist, sodass sich eine umfassende Überwachung der geschäftlichen Einzelaktivitäten im Hinblick auf Geldwäsche- und Terrorismusfinanzierungsrisiken als schwierig erweist.[14] Dementsprechend treffen beispielsweise große Kreditinstitute, große Anwaltssozietäten oder große Handelsunternehmen strengere Anforderungen an ein angemessenes Risikomanagement als einen Einzelanwalt oder einen Einzelkaufmann. Je größer daher die geschäftliche Organisation ist, desto weitreichender sind auch die organisatorischen Anforderungen an ein angemessenes Risikomanagement. Ein maßgebliches Einfallstor für Geldwäscher ist nämlich die Anonymität.[15] Diese lässt sich aber in unübersichtlichen großen Organisationen leichter herstellen als in überschaubaren kleineren Einheiten, sodass dementsprechend das Mehr an Anonymität durch ein Mehr an Kontrolle ausgeglichen werden muss.

III. Kernelemente des Risikomanagements (§ 4 Abs. 2 GwG)

§ 4 Abs. 2 GwG legt die Kernelemente des von den Verpflichteten zu errichten   **15**
den Risikomanagements fest. Danach umfasst das Risikomanagement zum einen die Erstellung einer Risikoanalyse nach § 5 GwG und zum anderen die Errichtung interner Sicherungsmaßnahmen nach § 6 GwG (siehe dazu im Einzelnen → § 6 Rn. 28 ff.).

Europarechtliche Grundlage dieses dualen Konzepts des Risikomanagements ist   **16**
Art. 8 der Vierten EU-Geldwäscherichtlinie. Nach Art. 8 Abs. 1, Abs. 2 Satz 1 der Vierten EU-Geldwäscherichtlinie sollen die Verpflichteten angemessene Schritte unternehmen, um die für sie bestehenden Risiken der Geldwäsche und

---

12 Vgl. Jahresbericht der Financial Intelligence Unit (FIU) zum Geschäftsjahr 2016, S. 10.
13 Vgl. *Achtelik*, in: Boos/Fischer/Schulte-Mattler, KWG/CRR-VO, § 25h KWG Rn. 5 ff.
14 *Achtelik*, in: Boos/Fischer/Schulte-Mattler, KWG/CRR-VO, § 25h KWG Rn. 9.
15 *Herzog*, in: Herzog, GwG, § 4 Rn. 5.

Terrorismusfinanzierung unter Berücksichtigung von Risikofaktoren zu ermitteln und zu bewerten sowie die vorgenommenen Risikobewertungen aufzeichnen, auf aktuellem Stand halten und den jeweiligen zuständigen Behörden und den betroffenen Selbstverwaltungseinrichtungen zur Verfügung stellen (**Risikoanalyse**).[16] Weiterhin sollen die Verpflichteten nach Art. 8 Abs. 3, Abs. 4 über Strategien, Kontrollen und Verfahren zur wirksamen Minderung und Steuerung der ermittelten Risiken von Geldwäsche und Terrorismusfinanzierung verfügen, wobei insoweit zunächst eine Ausarbeitung entsprechender Strategien, Kontrollen und Verfahren und sodann eine Kontrolle ihrer Funktionalität erforderlich ist (**interne Sicherungsmaßnahmen**).[17]

17   Die ausdrückliche gesetzliche Vorgabe zur Vornahme einer Risikoanalyse durch die Verpflichteten war 2017 teilweise ein geldwäscherechtliches Novum. Nach bis dato geltender Rechtslage wurde nämlich lediglich von bestimmten Verpflichteten des Finanzsektors, namentlich von Kreditinstituten und Finanzdienstleistungsinstituten, auf Grundlage des § 25h Abs. 1 KWG nach der Verwaltungspraxis der BaFin schon früh und explizit die Vornahme einer sog. „Gefährderanalyse" gefordert.[18] Diese „**Gefährderanalyse**" hatte vor allem eine vollständige Bestandsaufnahme der institutsspezifischen Situation, eine Erfassung und Identifizierung der kunden-, produkt- und transaktionsbezogenen Risiken sowie eine Kategorisierung und Gewichtung dieser Risiken zu enthalten.[19] Die in §§ 4 Abs. 2, 5 GwG nunmehr für das Risikomanagement der Verpflichteten erforderliche Risikoanalyse trifft aber nicht mehr nur noch die bezeichneten Verpflichteten des Finanzsektors, sondern prinzipiell sämtliche Verpflichtete im Sinne des § 2 Abs. 1 GwG.[20] Der Gesetzgeber verfolgte damit das Ziel, insbesondere auch im Nichtfinanzsektor die spezifischen Risiken in Bezug auf Geldwäsche und Terrorismusfinanzierung von den Verpflichteten umfassend und vollständig erfassen, identifizieren, kategorisieren und gewichten zu lassen, um auf dieser Grundlage geeignete Geldwäsche-Präventionsmaßnahmen, insbesondere interne Sicherungsmaßnahmen, durch die Verpflichteten gewährleisten zu können.[21]

18   Demgegenüber war die Verpflichtung zur Vornahme **interner Sicherungsmaßnahmen** auch schon in den älteren Gesetzesfassungen des GwG enthalten (vgl.

---

16 BT-Drs. 18/11555, S. 109.

17 BT-Drs. 18/11555, S. 110.

18 BaFin, Rundschreiben 8/2005 (GW) – Implementierung angemessener Risikomanagementsysteme zur Verhinderung von Geldwäsche, Terrorismusfinanzierung und Betrug.

19 BaFin, Rundschreiben 8/2005 (GW) – Implementierung angemessener Risikomanagementsysteme zur Verhinderung von Geldwäsche, Terrorismusfinanzierung und Betrug, Nr. 3.

20 *Spoerr/Roberts*, WM 2017, 1142, 1145.

21 BT-Drs. 18/11555, S. 109.

   Kaetzler

§ 9 GwG a. F.). Allerdings wurde die Vorschrift 2017 in inhaltlicher Hinsicht an einigen Stellen umgestaltet. Hervorzuheben ist hierbei insbesondere, dass nach alter Gesetzeslage einige Verpflichtete im Hinblick auf die Anforderungen an die vorzunehmenden internen Sicherungsmaßnahmen teilweise privilegiert waren. So waren beispielsweise Agenten und E-Geld-Agenten, Finanzunternehmen, Wirtschaftsprüfer, vereidigte Buchprüfer, Steuerberater und Steuerbevollmächtigte sowie Immobilienmakler und Glücksspielbetreiber von der Pflicht zur Entwicklung und Aktualisierung angemessener geschäfts- und kundenbezogener Sicherungssysteme und Kontrollen, die der Verhinderung von Geldwäsche und der Terrorismusfinanzierung dienten, befreit (vgl. § 9 Abs. 2 Nr. 2 GwG a. F.). Diese Privilegierung der genannten Verpflichteten besteht nach dem Willen des Gesetzgebers seit der Umsetzung der Vierten EU-Geldwäscherichtlinie nicht mehr.[22] Vielmehr treffen die internen Sicherungsmaßnahmen die geldwäscherechtlich Verpflichteten nunmehr prinzipiell umfassend (siehe näher dazu → § 6 Rn. 16 ff.).[23] In der Folge wurde seitens der Literatur immer wieder in Frage gestellt, inwieweit diese unbeschränkte Einbeziehung von weiten Kreisen des Wirtschaftslebens zweckmäßig oder verhältnismäßig sei.[24]

IV. Verantwortlichkeit für das Risikomanagement (§ 4 Abs. 3 GwG)

Nach § 4 Abs. 3 GwG müssen die Verpflichteten einen Verantwortlichen für das Risikomanagement sowie die Einhaltung der geldwäscherechtlichen Bestimmungen in diesem und anderen Gesetzen sowie in den aufgrund dieses und anderer Gesetze ergangenen Rechtsverordnungen benennen. Hierbei muss der Verantwortliche zwingend ein **Mitglied der Leitungsebene** sein.[25] Zudem bedürfen die Risikoanalyse und die internen Sicherungsmaßnahmen stets der Genehmigung des benannten Verantwortlichen. Die BaFin AuA konkretisieren nunmehr die Anforderungen an das Wissen des Mitglieds der Leitungsebene und der Leitungsorgane in Geldwäscheangelegenheiten und legen deren Verantwortlichkeit fest.[26]   **19**

§ 4 Abs. 3 GwG dient der Umsetzung von Art. 8 Abs. 4 und 5 sowie Art. 46 Abs. 4 der Vierten EU-Geldwäscherichtlinie. Danach gehört zu den von den Verpflichteten zu etablierenden Strategien, Kontrollen und Verfahren unter anderem die Benennung eines für die Einhaltung der einschlägigen Vorschriften zuständigen und verantwortlichen Beauftragten, wenn dies angesichts der Art und des   **20**

---

22 BT-Drs. 18/11555, S. 111.
23 *Spoerr/Roberts*, WM 2017, 1142, 1144.
24 *Herzog*, in: Herzog, GwG, § 4 Rn. 2.
25 BaFin, AuA 2021, Ziff. 2.2; *Kunz*, CB 2019, 99, 101.
26 *Glaab/Zentes*, BB 2019, 323, 323 f.

Umfangs der Geschäftätigkeit erforderlich ist. Der benannte Beauftragte muss „Mitglied der Leitungsebene" des Verpflichteten sein.[27] Weiterhin sollen die Verpflichteten bei ihrer Führungsebene bzw. dem verantwortlichen Beauftragten stets eine Genehmigung für die von ihnen eingerichteten Strategien und Verfahren einholen.

21 Die deutsche Gesetzesfassung in § 4 Abs. 3 GwG weicht von diesen Richtlinien-vorgaben teilweise ab. Die Richtlinie fordert nämlich die Benennung eines für die Einhaltung der einschlägigen Vorschriften Beauftragten nur dann, wenn dies angesichts des Umfangs und der Art der Geschäftätigkeit angemessen ist. Der Richtliniengeber geht mithin davon aus, dass nicht bei sämtlichen Verpflichteten zwingend ein Verantwortlicher zu bestellen ist, sondern ein solcher nur nötig ist, wenn Art und Umfang der Geschäftätigkeit dies erforderlich erscheinen lassen. Demgegenüber fordert der deutsche Gesetzgeber bei sämtlichen Verpflichteten, ohne Rücksicht auf Art und Umfang der Geschäftätigkeit, die Bestellung eines Verantwortlichen.[28] Diese „überschüssige Umsetzung" der Vierten EU-Geld-wäscherichtlinie stellt jedoch keinen Richtlinienverstoß dar, da die Vierte EU-Geldwäscherichtlinie lediglich eine Mindestharmonisierung anstrebt, mithin die nationalen Gesetzgeber auch strengere Regelungen erlassen dürfen.[29]

22 Der Verpflichtete muss den für das Risikomanagement sowie die Einhaltung der geldwäscherechtlichen Bestimmungen Verantwortlichen „**benennen**". „Benennen" in diesem Sinne fordert keine förmliche Anzeige des Verantwortlichen gegenüber der für den Verpflichteten zuständigen Aufsichtsbehörde. Dies hat die BaFin bereits vor einiger Zeit klargestellt.[30] Vielmehr genügt es bereits, wenn die verantwortliche Person im Leitungsgremium des Verpflichteten bestimmt wird und diese Bestimmung in einem Protokoll dokumentiert ist.[31] Demgegenüber genügt die bloße mündliche Bestimmung des Verantwortlichen nicht den Anforderungen an ein „Benennen". Denn das „Benennen" ist nicht bloßer Selbstzweck des Verpflichteten, sondern soll auch speziell den zuständigen Aufsichtsbehörden eine Überprüfung ermöglichen, welche konkrete Person für das Risikomanagement des Verpflichteten die Verantwortung trägt. Aus ebendiesem Grund muss die Bestimmung des Verpflichteten in irgendeiner Form nachweis-bar dokumentiert werden, sodass die zuständige Aufsichtsbehörde anhand dieser

---

27 Die im Rahmen der Konsolidierung der BaFin AuA zwischenzeitlich verwendete For-mulierung („Mitglied der obersten Leitungsebene") ist mittlerweile dahingehend klar-gestellt, vgl. BaFin, AuA 2021, Ziff. 2.2.

28 BT-Drs. 18/11555, S. 109.

29 *Lang/Noll*, BaFin, Fachartikel v. 15.6.2015, Vierte Europäische Geldwäscherichtlinie und neue Geldtransferverordnung verabschiedet, https://www.bafin.de/SharedDocs/ Veroeffentlichungen/DE/Fachartikel/2015/fa_bj_1506_geldwaesche.html, zuletzt ab-gerufen am 17.2.2020.

30 BaFin, AuA 2021, Ziff. 2.2.

31 *Henke/von Busekist*, DB 2017, 1567, 1568.

Dokumentation den für das Risikomanagement und die Einhaltung der geldwäscherechtlichen Bestimmungen Verantwortlichen ohne weitere Nachforschungen identifizieren und gegebenenfalls in Anspruch nehmen kann. Kommt
der Verpflichtete der Benennung des für das Risikomanagement und die Einhaltung der geldwäscherechtlichen Bestimmungen Verantwortlichen nicht nach,
kann dies gemäß § 56 Abs. 1 Nr. 1 GwG ein Bußgeld zur Folge haben.

Der für das Risikomanagement und die Einhaltung der geldwäscherechtlichen **23**
Bestimmungen Verantwortliche muss zudem „**Mitglied der Leitungsebene**"
des Verpflichteten sein. Der Begriff des „Mitglieds der Leitungsebene" darf
nicht verwechselt werden mit dem in § 1 Abs. 15 GwG definierten Begriff des
„Mitglieds der Führungsebene". Denn beide Begriffe gehen auf die Vierte EU-
Geldwäscherichtlinie zurück, wobei der Richtliniengeber ganz bewusst zwischen „Leitungsebene" und „Führungsebene" differenziert[32] und im Hinblick
auf das Risikomanagement die Verantwortlichkeit eines „Mitglieds der Leitungsebene" gefordert hat.[33] Während zu den „Mitgliedern der Führungsebene"
neben den organschaftlichen Vertretern des Verpflichteten auch bestimmte
rechtsgeschäftlich bevollmächtigte Entscheidungsträger, wie zum Beispiel Ge-
neralbevollmächtigte oder bestimmte Prokuristen oder Handlungsbevollmäch-
tigte gehören können (siehe dazu näher → § 1 Rn. 162 ff.), zählen zu den „Mitgliedern der Leitungsebene" nur die organschaftlichen Vertreter des Verpflichteten.[34] Die Verantwortung für das Risikomanagement sowie die Einhaltung der
geldwäscherechtlichen Bestimmungen kann daher nicht auf einen rechtsgeschäftlichen Vertreter des Verpflichteten delegiert werden, sondern muss in der
alleinigen Verantwortung eines organschaftlichen Vertreters des Verpflichteten
liegen.[35]

Im Rahmen der Umsetzung der Fünften EU-Geldwäscherichtlinie wurde einige **24**
Zeit diskutiert, eine Legaldefinition der „Leitungsebene" in einen zwischenzeitlich geplanten § 1 Abs. 15a aufzunehmen („Mitglied einer Leitungsebene ist als

---

32 Vgl. Art. 3 Nr. 12 der Richtlinie (EU) 2015/849 des Europäischen Parlaments und des
    Rates v. 20.5.2015 zur Verhinderung der Nutzung des Finanzsystems zum Zwecke der
    Geldwäsche und der Terrorismusfinanzierung, zur Änderung der Verordnung (EU)
    Nr. 648/2012 des Europäischen Parlaments und des Rates und zur Aufhebung der
    Richtlinie 2005/60/EG des Europäischen Parlaments und des Rates und der Richtlinie
    2006/70/EG der Kommission.
33 Art. 8 Abs. 4a der Richtlinie (EU) 2015/849 des Europäischen Parlaments und des Ra-
    tes v. 20.5.2015 zur Verhinderung der Nutzung des Finanzsystems zum Zwecke der
    Geldwäsche und der Terrorismusfinanzierung, zur Änderung der Verordnung (EU)
    Nr. 648/2012 des Europäischen Parlaments und des Rates und zur Aufhebung der
    Richtlinie 2005/60/EG des Europäischen Parlaments und des Rates und der Richtlinie
    2006/70/EG der Kommission.
34 *Henke/von Busekist*, DB 2017, 1567, 1568.
35 *Henke/von Busekist*, DB 2017, 1567, 1568.

organschaftlicher Vertreter des Verpflichteten 1. der Unternehmer selbst, 2. ein Mitglied des Vorstands, 3. ein persönlich haftender Gesellschafter oder 4. ein Geschäftsführer").[36] Letztlich sah der Gesetzgeber im fortschreitenden Gesetzgebungsverfahren allerdings zutreffenderweise keine Veranlassung, eine ohnehin nach Wortlaut und Gesetzeszweck klare Definition ins Gesetz aufzunehmen.

25 Um **Interessenkollisionen** zu vermeiden, darf das für das Risikomanagement und die Einhaltung der geldwäscherechtlichen Bestimmungen verantwortliche Mitglied der Leitungsebene grundsätzlich nicht zugleich Geldwäschebeauftragter im Sinne des § 7 GwG sein (siehe dazu näher → § 7 Rn. 44 ff.). Lediglich bei sehr kleinen Unternehmen gestattet der Gesetzgeber Ausnahmen von diesem Grundsatz.[37] Schließlich bedürfen die Risikoanalyse und interne Sicherungsmaßnahmen des Verpflichteten stets der Genehmigung des für das Risikomanagement und die Einhaltung der geldwäscherechtlichen Bestimmungen verantwortlichen Mitglieds der Leitungsebene. Genehmigung in diesem Sinne erfasst sowohl die vorherige als auch die nachträgliche Zustimmung zu Maßnahmen der Risikoanalyse oder zu internen Sicherungsmaßnahmen. Damit soll sichergestellt werden, dass Entscheidungsgewalt und Verantwortung für das Risikomanagement nicht auseinanderfallen, sondern das verantwortliche Mitglied der Leitungsebene bei allen seine Verantwortung betreffenden Angelegenheiten zumindest im Wege der Zustimmung zu etwaigen Maßnahmen tatsächlich mitwirkt und seiner festgelegten Verantwortung daher auch faktisch gerecht wird.

26 Die Gesamtverantwortung der Geschäftsleitung als Kollektiv bleibt von der Vorschrift selbstverständlich unberührt.[38] Versäumt das zuständige Mitglied der Leitungsebene, seinen Pflichten nachzukommen nachhaltig, so lebt die Gesamtverantwortung nicht nur im aufsichtsrechtlichen bzw. gewerberechtlichen Sinne wieder auf, sondern auch die hiermit einhergehende haftungsrechtliche Gesamtverantwortung der weiteren Mitglieder der Leitungsebene.

27 § 4 Abs. 3 GwG **konkretisiert** mithin die **residuale, gemeinsame Verantwortlichkeit** von Organen im Hinblick auf die Verantwortung zur Einhaltung der geldwäscherechtlichen Vorschriften und fordert die Verpflichteten auf, eine Verantwortungsdelegation aus Leitungskollektiven auf ein Individuum vorzunehmen. Besteht die Leitungsebene nur aus einer Person, so ist die ausdrückliche Delegation („Benennung") nicht nötig.[39] Unterbleibt sie bei mehrköpfigen Organen, lebt die Gesamtverantwortung als gemeinschaftliche Residualverantwortung aller Organmitglieder mithin wieder auf. Das Unterlassen der „Benennung" ist bußgeldbewehrt (vgl. § 56 Abs. 1 Nr. 1 GwG).

---

36 *Glaab/Zentes*, BB 2019, 1667, 1667; Referentenentwurf zum Umsetzungsgesetz v. 20.4.2019, S. 67.

37 BT-Drs. 18/11555, S. 109.

38 BaFin, AuA 2021, Ziff. 2.2.

39 Die Sanktionsnorm des § 56 Abs. 1 Nr. 1 GwG läuft in diesem Fall praktisch leer.

V. Partielle Befreiung von Mietmaklern (§ 4 Abs. 4 GwG)

Die lang anhaltende Diskussion um die Einbeziehung der Mietmakler in die **28**
Pflichtenkataloge des GwG[40] ist mit der Gesetzesänderung 2020 beendet: Kaufmakler sind grundsätzlich Verpflichtete, (reine) Mietmakler sind grundsätzlich
verpflichtet und nur von den Vorschriften des Risikomanagements (Abschnitt 2
des GwG) ausgenommen, wenn sie niedervolumige Geschäfte abschließen.
Analog der bisherigen Bereichsausnahme für Güterhändler enthält das GwG
nunmehr eine partielle Bereichsausnahme für Mietmakler, sofern diese kein Geschäft über einen Betrag der **Nettokaltmiete von 10.000 EUR** und keinen Kaufvertrag abschließen.[41] Nach den für Mietmakler relevanten Auslegungs- und Anwendungshinweisen der Bundesländer ist eine geschäftspolitische Entscheidung, keine Kaufverträge über Immobilien oder grundstücksgleiche Rechte zu
makeln bzw. keine Mietmaklergeschäfte über dem Schwellenwert zu betreiben,
nötig. Ferner muss diese geschäftspolitische Entscheidung überwacht und durchgesetzt werden.[42]

Kaufmakler sind grundsätzlich zur Errichtung von Sicherungsmaßnahmen und **29**
Risikoanalyse verpflichtet. Ein einzelnes Geschäft als Kaufmakler in einem Kalenderjahr führt somit zur vollen Anwendbarkeit des Abschnitts 2 des GwG hinsichtlich aller betriebenen Maklergeschäfte.

Der Gesetzgeber hat sich nämlich in der Abwägung, **die teilweise Privilegie-** **30**
rung von Mietmaklern nicht in den Vorschriften zur Anwendung des GwG
(§ 2) bzw. den Definitionen (§ 1) vorzunehmen, klar positioniert, dass – sobald
die Vorschriften des GwG anwendbar sind – die Vorschriften **für sämtliche Ge-**
schäftsvorgänge des Maklers gelten. Eine Beschränkung der Anwendung der
GwG-Regeln lediglich auf einzelne Geschäfte oder eine Unterteilung des Geschäftsbetriebes in „GwG-pflichtig und „nicht-GwG-pflichtig" könnte zwar aus
dem Wortlaut abzuleiten sein („bei"), ist nach dem Zweck der Vorschriften, der

---

40 Ausgangspunkt der Diskussion in Deutschland in der jüngeren Zeit war die FATF-Länderevaluierung 2009/2010, die erhebliche Defizite im Maklerwesen, der Einbeziehung
   in die Geldwäscheprävention und die mangelhafte Regulierung des Berufsstandes
   deutlich anprangerte, vgl. den „Mutual Evaluation Report Anti-Money Laundering
   and Combating the Financing of Terrorism: Germany" v. 19.2.2010, S. 213, 222 und
   223. Vgl. auch die gute Aufarbeitung der Schwierigkeiten im Immobiliensektor bei
   Bussmann/Vockrodt, CB 2016, 138 ff., und insbesondere bei Maklern *Griebel*, NZM
   2012, 481.
41 *Glaab/Zentes*, BB 2019, 1667, 1668; Gesetzesbegründung gemäß Referentenentwurf
   zum Umsetzungsgesetz zur Änderungsrichtlinie zur Vierten EU-Geldwäscherichtlinie
   v. 20.5.2019, S. 73.
42 AuA zum Geldwäschegesetz (GwG) für Güterhändler, Immobilienmakler und andere
   Nichtfinanzunternehmen – Gemeinsame Auslegungs- und Anwendungshinweise der
   Länder der Bundesrepublik Deutschland, Dezember 2020, Ziff. 2.5, S. 8.

Systematik und dem Willen des Gesetzgebers aber nicht möglich. Die Formulierung stellt lediglich klar, dass die Pflichten erst „bei" der Vermittlung, nicht schon im Rahmen der losen Anbahnung entsprechender Geschäfte oder der Geschäftsplanung entstehen.[43] Scheitert ein Geschäft, ist nach dem Wortlaut ebenso nicht von einer Risikomanagement-Pflichtigkeit des Geschäftsbetriebs auszugehen.

31 Die 2020 hinsichtlich der **Mietmakler** eingefügte Änderung soll den nach Art. 1 Nr. 1b der Änderungsrichtlinie geltenden Schwellenbetrag in deutsches Recht umsetzen. Mithin greift die Pflicht zur Errichtung eines Risikomanagements bei („reinen") Mietmaklern, sofern sie kein (einziges) Geschäft über dem Schwellenbetrag abwickeln.

32 Mit der in § 4 gefundenen Lösung bleibt das GwG für sämtliche Mietmakler, auch Mietmakler mit geringen Volumina, mithin also grundsätzlich auch anwendbar. Lediglich die Vorschriften zum Risikomanagement des Abschnitts 2 entfallen. Analog zu den Güterhändlern bestehen weiterhin die Verpflichtung zur Abgabe von Verdachtsmeldungen und die Pflicht zur Identifikation im Verdachtsfall. In der Konsequenz müssen also auch Mietmakler, die kein Geschäft über dem Schwellenwert abwickeln, rudimentäre Sicherungsmaßnahmen errichten, sind aber **von den „formellen" Sicherungsmaßnahmen** des Abschnitts 2 in der gesetzlich vorgegebenen Ausgestaltung **ausgenommen**.[44]

33 Nach der Gesetzesbegründung zum Umsetzungsgesetz der Vierten EU-Geldwäscherichtlinie sollte in Bezug auf die Vermittlungstätigkeit zur Bestimmung des Schwellenwertes die **Nettokaltmiete bzw. Nettokaltpacht** anzusetzen sein.[45] Richtigerweise ist mithin – dies stellt das Gesetz in der Fassung des Umsetzungsgesetzes nunmehr klar – auf die Netto*monats*kaltmiete abzustellen. Da der bisherig verwendete Begriff der „Miete" abweichend nach § 535 BGB neben der Nettokaltmiete vertraglich vereinbarte Nebenkosten mit umfasse und es sich innerhalb des Geldwäschegesetzes um eine für die Verpflichteten sehr praxisrelevante Betragsschwelle handele, solle sich die Bemessung anhand der Netto-

---

43 *Brian/Frey/Krais*, CCZ 2019, 245, 250.

44 Hinsichtlich der von den Erfordernissen zur Errichtung von Maßnahmen des Risikomanagements freigestellten Mietmakler wird – wie bei den Güterhändlern auch – zu konstatieren sein, dass zum einen die Wahrnehmung der verbleibenden geldwäscherechtlichen Verpflichtungen jedenfalls einen „Rumpfaufbau" eines Risikomanagements erfordert, z. B. die Sensibilisierung der Mitarbeiter, Information über Verdachtsfälle und ein kommunizierter Prozess zur Abgabe von Verdachtsmeldungen vorgehalten werden muss. Ferner müssen sich auch Mietmakler, die lediglich Volumina unterhalb der Schwelle vermitteln, ihrer Legalitätspflichten sowie der strafrechtlichen Haftungssituation bewusst sein. Insofern gilt das für die Güterhändler unten (vgl. → § 4 Rn. 49 ff.) Gesagte entsprechend.

45 Gesetzesbegründung gemäß Referentenentwurf zum Umsetzungsgesetz zur Änderungsrichtlinie zur Vierten EU-Geldwäscherichtlinie v. 20.5.2019, S. 73.

kaltmiete bzw. der Nettokaltpacht mit der Anpassung zukünftig direkt aus dem Gesetzeswortlaut ergeben.[46] Nach der einheitlichen Verwaltungspraxis der Aufsichtsbehörden ist auf die Höhe der Miete abzustellen, die zu Beginn des Mietverhältnisses vereinbart wird; auch bei der vorhersehbaren Überschreitung des Schwellenwertes, etwa durch Staffelmietvereinbarungen, solle dies gelten.[47] Auf gewerbliche oder private Nutzung kommt es nicht an. Mittelt ein Mietmakler mithin ein (einziges) Objekt mit einer höheren Nettokaltmiete, sind die Vorschriften über das Risikomanagement für ihn anwendbar.

Streitig und nicht geklärt bleibt die Frage, wie lange die Mitteilung eines GwG-pflichtigen Geschäfts zeitlich nachwirkt. Die zu beobachtende Verwaltungspraxis bei den Güterhändlern, die darauf abstellt, dass mindestens ein Kalenderjahr ohne Abschluss eines Geschäfts oberhalb des Schwellenwertes (oder, hinsichtlich der Vermittlung eines Kaufvertrages, eines solchen) vergangen sein muss, bis der Makler wieder vom förmlichen Risikomanagement „entpflichtet" ist, erscheint auch hier angemessen. Angesichts der Neueinführung der Norm ist eine retrospektive Anknüpfung allerdings nicht indiziert; Geschäfte oberhalb des Schwellenwertes aus 2019 können daher unbeachtet bleiben. **34**

Die praktische Relevanz der Vorschrift wird angesichts der Marktpraxis in Deutschland, bei der Immobilienmakler in den meisten Fällen sowohl als Kauf- als auch als Mietmakler auftreten, abzuwarten bleiben. In vielen Fällen werden Immobilienmakler per se also gehalten sein, ein Risikomanagement zu errichten. Dies entspricht aber auch dem Willen des Gesetzgebers, wonach lediglich solche Immobilienmakler privilegiert sein sollen, die „kleinteiliges Geschäft" vermitteln. Aufgrund der im GwG enthaltenen Härteklausel ist dies auch verhältnismäßig: In Sonderfällen kommt durchaus in Betracht, dem Ausnahmecharakter einzelner Kauf-Geschäfte oder Schwellenwertüberschreitungen durch **Antrag auf risikoangemessene Anwendung** des Abschnitts 2 nach § 6 Abs. 9 GwG Rechnung zu tragen. Zu den Erfolgsaussichten gibt es allerdings noch keine Erfahrungswerte. **35**

VI. Partielle Befreiung von Güterhändlern (§ 4 Abs. 5 GwG)

§ 4 Abs. 5 (vormals Abs. 4) GwG hat durch die Überarbeitung der Norm im Zuge der GwG-Novelle 2020 ein komplexeres Gesicht erhalten: Neben die bereits bekannten Regeln für „allgemeine" Güterhändler (Bargeldschwellenüberschreitung führt zum Erfordernis, förmliches GwG-Risikomanagement zu be- **36**

---

46 Gesetzesbegründung zum TraFinG v. 12.2.2021, BR-Drs. 133/21, S. 41.
47 AuA zum Geldwäschegesetz (GwG) für Güterhändler, Immobilienmakler und andere Nichtfinanzunternehmen – Gemeinsame Auslegungs- und Anwendungshinweise der Länder der Bundesrepublik Deutschland, Dezember 2020, S. 7 f.

treiben) treten nunmehr weitere Sonderregeln. Für Händler „hochwertiger Güter" gilt eine abgesenkte Bargeldschwelle von 2.000 EUR; werden Kunstgegenstände gehandelt, trifft die Verpflichtung zum Risikomanagement den Kunsthändler ab einer transaktionsbezogenen Schwelle von 10.000 EUR unabhängig
von der Bezahlart. Hinsichtlich Kunstvermittlern und Kunstlagerhaltern gilt
ebenso eine Schwelle von 10.000 EUR je „Transaktion", was bei Letzteren allerdings Fragen hinsichtlich des Transaktionsbegriffs aufwerfen dürfte.

1. Gesetzeshistorie und europarechtliche Hintergründe

37   Der Gesetzgeber hält auch im GwG nach Umsetzung der Fünften EU-Geldwäscherichtlinie an einer komplexen, von europarechtlichen Grundlagen nicht
getragenen und europaweit einmaligen Sonderregel hinsichtlich der Einbeziehung von Güterhändlern fest. Rechtspolitischer Hintergrund ist die in Deutschland schwierig zu führende Diskussion um den vernünftigen Umgang mit Bargeldbeschränkungen.

38   Nach § 4 Abs. 5 Nr. 1 lit. c GwG müssen Verpflichtete nach § 2 Abs. 1 Nr. 16
GwG, d.h. Güterhändler (siehe dazu näher → § 1 Rn. 92 ff.), über ein wirksames
Risikomanagement nur insoweit verfügen, wie sie im Rahmen einer Transaktion
Barzahlungen über mindestens 10.000 EUR[48] tätigen oder entgegennehmen. Soweit Güterhändler hingegen lediglich Transaktionen tätigen, die kein Bargeld
betreffen oder der Bargeldwert 10.000 EUR nicht erreicht, sind sie – ebenso wie
die Immobilienmakler – sowohl von der Pflicht zur Risikoanalyse nach § 5 GwG
als auch von der Pflicht zur Etablierung interner **Sicherungsmaßnahmen nach
§ 6 GwG befreit.**

39   § 4 Abs. 5 GwG wird als Rückausnahme zu § 1 Abs. 9 GwG und § 2 Abs. 1
Nr. 16 GwG nötig, um eine weitreichende Überumsetzung der FATF-Richtlinien
und der Vierten EU-Geldwäscherichtlinie zu korrigieren.

40   In den 40 Recommendations der **FATF** sind Güterhändler zum einen nur dann
Verpflichtete, „wenn" sie in „Edelmetallen und Edelsteinen" handeln – und zudem nur dann, wenn sie Bargeldgeschäfte oberhalb des jeweiligen lokalen
Schwellenbetrages zum KYC tätigen.[49]

41   Art. 2a Nr. 6 Erste EU-Geldwäscherichtlinie (in der Fassung der Zweiten EU-
Geldwäscherichtlinie (2001/97/EG)) vom 4.12.2001 hingegen sah einen erweiterten Anwendungsbereich der Richtlinie in Bezug auf Güterhändler vor: „Personen, die mit hochwertigen Gütern wie Edelsteinen und Edelmetallen oder mit
Kunstwerken handeln, und Versteigerern, wenn eine Zahlung in bar erfolgt und

---

[48] Zur Kritik an der Höhe der Bargeldschwelle von 10.000 EUR bei Güterhändlern siehe
Spoerr/Roberts, WM 2017, 1142, 1144.
[49] Vgl. FATF, 40 Recommendations, Nr. 22 (c) und 23.

sich der Betrag auf mindestens EUR 15000 beläuft." Die Dritte EU-Geldwäscherichtlinie erweiterte den Anwendungsbereich dann auf „andere natürliche oder juristische Personen, die mit Gütern handeln, soweit Zahlungen in bar in Höhe von EUR 15000 oder mehr erfolgen [...]", wovon wiederum die Schwelle durch die Vierte EU-Geldwäscherichtlinie von 15.000 EUR auf 10.000 EUR herabgesetzt wurde.

Im Zuge der Umsetzung der Dritten EU-Geldwäscherichtlinie erweiterte das **42** GwG in § 2 Abs. 1 Nr. 13 GwG a. F. den Anwendungsbereich pauschal auf alle „Personen, die gewerblich mit Gütern handeln". Als Rückausnahme sah das GwG bis zum 26.6.2017 vor, dass Kundensorgfaltspflichten zur Identifikation und Verifikation der Kundenidentität lediglich bei Verdacht, bei „Begründung einer Geschäftsbeziehung" oder bei Bargeldgeschäften ab 15.000 EUR anwendbar sein sollten. Hinsichtlich der Sicherungsmaßnahmen schwieg das GwG bisher. In Übereinstimmung mit der Gesetzessystematik forderten Verwaltungsbehörden in der Folgezeit die Errichtung von Sicherungsmaßnahmen ein.

Die hierdurch entstandene **Inkongruenz zwischen Anwendungsbereich von** **43** **Kundenidentifikationspflichten und Pflichten zur Vornahme von Sicherungsmaßnahmen** führte zu einigen praktischen Schwierigkeiten: Wie sollte ein Güterhändler, der einen Großteil seiner Kunden mangels Bargeldtransaktion überhaupt nicht identifizieren muss, beispielsweise die PEP-Eigenschaft oder den kriminellen Hintergrund eines Geschäftspartners eigentlich kontrollieren, wenn er dessen Namen nicht kennt?[50]

Im **Gesetzgebungsverfahren** zur Umsetzung der Vierten EU-Geldwäsche **44** richtlinie wurde dieser Punkt von verschiedenster Seite aufgegriffen und die Einbeziehung von Güterhändlern hoch kontrovers diskutiert. Im Referentenentwurf vom 24.11.2016 sollte „jede Person, die gewerblich Gegenstände veräußert, soweit sie im Rahmen einer Transaktion Barzahlungen über mindestens 10.000 EUR tätigt oder entgegennimmt, unabhängig davon, in wessen Namen oder auf wessen Rechnung sie handelt"[51] unter das GwG fallen. Die „Freude" des Handels über die Beschränkung des Anwendungsbereichs des GwG insgesamt auf bargeldaffine Unternehmen währte jedoch nur kurz: Im Regierungsentwurf vom 17.2.2017 wurde diese Beschränkung allerdings wieder aufgegeben. Nach § 2 Abs. 1 Nr. 16 des Regierungsentwurfs sollten, wie zuvor, wieder von vornherein alle „Güterhändler" in den Kreis der Verpflichteten einbezogen werden, um dann jedoch einzelne Ausnahmen von den geldwäscherechtlichen Pflichten zu erheben. Auf Anmerkung des Bundesrates im Gesetzgebungsverfahren stellte die Bundesregierung erneut klar, dass Güterhändler per se in den Anwendungsbereich des GwG einbezogen werden sollen, jedoch unter gewissen Vorausset-

---

50 Ausführlich hierzu: *Kaetzler*, in: Wohlschlägl-Aschberger, Geldwäscheprävention, S. 477, 496 ff.
51 § 1 Abs. 8 des Referentenentwurfs zum GwG mit Bearbeitungsstand v. 24.11.2016.

zungen (Bargeldschwelle) von der Verpflichtung zur Vornahme von Risikomanagement- und Sicherungsmaßnahmen ausgenommen sein sollen.[52] Das Ergebnis der vorgenannten Diskussion wurde schließlich in § 4 Abs. 4 a. F. GwG Gesetz.

45   Der deutsche Gesetzgeber hatte sich somit zwar dagegen entschieden, solche Güterhändler umfassend von den Pflichten des GwG zu befreien. Eine Befreiungsmöglichkeit im Hinblick auf die organisatorisch anspruchsvolle Aufgabe der Etablierung eines wirksamen und angemessenen Risikomanagements hat der deutsche Gesetzgeber jedoch aus Gründen der **Verhältnismäßigkeit** für nicht bargeldaffine Unternehmen vorgesehen.[53] Es sei unverhältnismäßig, Güterhändlern eine Pflicht zum Betrieb eines wirksamen und angemessenen Risikomanagements auch insoweit aufzuerlegen, wie in deren Unternehmen nur unbedeutende Vermögenswerte betroffen sind und daher die Risiken von Geldwäsche und Terrorismusfinanzierung als gering einzustufen sind.[54] An dieser Leitlinie hält der Gesetzgeber bis heute fest.

46   Die Fünfte EU-Geldwäscherichtlinie änderte Art. 2 Abs. 1 Nr. 3 zwar hinsichtlich der Aufnahme der Kunsthändler und Kunstlagerhalter, änderte aber die Grundsystematik hinsichtlich der Güterhändler nicht. Auch die oben dargelegte kaskadierende Überumsetzung im Verhältnis FATF/EU hält an.

47   Im Rahmen der Umsetzung der Fünften EU-Geldwäscherichtlinie flammte die Diskussion zur Einbeziehung der Güterhändler in das deutsche GwG zwar hierzulande wieder auf; an der Grundkonzeption (Erfassung sämtlicher Güterhändler, KYC bei Bargeldgeschäften oberhalb einer Schwelle bzw. im Verdachtsfall, Risikomanagement nur bei besonderen Voraussetzungen) hat sich (noch) nichts geändert. Es wurden lediglich mit der Errichtung einer besonderen Bargeldschwelle und im Hinblick auf den Kunstsektor verschiedene Sonderfälle geregelt bzw. die genannten europarechtlichen Vorgaben umgesetzt. Hinsichtlich der weiten Verpflichtung allgemeiner Güterhändler bleibt jedoch eine auch europaweit einmalige Sonderregel. Insbesondere bei der Erstreckung gruppenweiter Pflichten (vgl. § 9) ins Ausland kommt es daher zu praktischen Anwendungsschwierigkeiten (vgl. → Rn. 80 ff.). Wie bisher auch korrespondieren im deutschen Recht die Vorschriften mit denen zur Erforderlichkeit der Kundenidentifizierung (vgl. § 10 Abs. 6 n. F.).

48   Derzeitige **Bestrebungen des Gesetzgebers auf europäischer Ebene** deuten darauf hin, dass sich die Regeln insbesondere für Güterhändler durch ein derzeit intensiv erwogenes Bargeldverwendungsverbot oberhalb einer europäischen

---

52 BT-Drs. 18/11928, S. 2 Nr. 3, S. 32 Nr. 3; schon im Gesetzgebungsverfahren wurde dies klargestellt, vgl. Regierungsentwurf, S. 102.
53 BT-Drs. 18/11555, S. 109.
54 *Spoerr/Roberts*, WM 2017, 1142, 1143.

Maximalschwelle von 10.000 EUR und die Beschränkung der Anwendbarkeit
des geldwäscherechtlichen Rahmenwerkes auf bestimmte, nicht pauschal alle,
Güterhändler möglicherweise einschneidend ändern könnten.[55] Es bleibt jedoch
abzuwarten, inwieweit der deutsche Gesetzgeber seine bisherige Linie, nämlich
die einer Überumsetzung europäischer Vorgaben, insbesondere mit Blick auf die
Einbeziehung weiterer oder jeglicher Güterhändler, dennoch weiter verfolgen
wird.

2. Grundsätzliche Regeln für Güterhändler

Nach dem Gesetzeswortlaut müssen mithin nur noch solche Güterhändler über   49
ein wirksames Risikomanagement verfügen, „soweit" Zahlungen in Höhe von
10.000 EUR oder mehr in bar getätigt oder entgegengenommen werden. Damit
wollte der Gesetzgeber das schon in § 4 Abs. 1 GwG enthaltene **Proportionalitätsprinzip**, nach welchem die Anforderungen an das Risikomanagement von
Art und Umfang der Geschäftstätigkeit des Verpflichteten abhängen, nochmals
ausdrücklich herausstellen.[56] Im Hinblick auf die in der Öffentlichkeit emotional
geführte Diskussion um die Bargeldverwendung in Deutschland wird die gewählte Ausgestaltung des Anwendungsbereiches des GwG für Güterhändler ein
weiteres Incentive für die Beschränkung der Verwendung größerer Bargeldvolu-
mina im Handel sein.

Unter „**Bargeld**" versteht das GwG in- und ausländische gesetzliche Zahlungs-   50
mittel, nicht aber Mittel, die lediglich „an Erfüllung statt" (§ 364 BGB) hingege-
ben werden, wie Sammlermünzen, oder andere, bargeldähnliche Zahlungsmittel
wie z. B. Schecks. Auch E-Geld fällt nicht unter den Begriff des „Bargelds" im
Sinne des § 4 Abs. 5.[57] Kryptowährungen sind nach deutschem Verständnis Finanzinstrumente,[58] mithin ebenso kein Bargeld im Sinne der Norm.

Im Unterschied zu den älteren Versionen des GwG ist das pflichtauslösende Er-   51
eignis **nicht mehr nur auf die „Annahme" von Bargeld, sondern auch die
Zahlung** von Bargeldbeträgen gestellt. Angesichts des eindeutigen Wortlautes
des Gesetzes löst bereits die Vornahme „einer" Transaktion oberhalb des
Schwellenwertes die Notwendigkeit aus, die in Abschnitt 2 des GwG genannten
Risikomanagement-Maßnahmen zu ergreifen.

Die Formulierung „**oder durch Dritte**" ist auslegungsbedürftig. In der Gesetzes-   52
begründung heißt es hierzu: „Insoweit wird mit der Formulierung in Absatz 5

---

55 Vorschlag für eine Verordnung des europäischen Parlaments und des Rates zur Verhinderung der Nutzung des Finanzsystems für Zwecke der Geldwäsche oder der Terrorismusfinanzierung v. 20.7.2021, COM 2021 420, Erwägungsgrund 14, Art. 3e.
56 BT-Drs. 18/11555, S. 109.
57 *Krais*, Geldwäsche und Compliance, S. 45 f. m. w. N.
58 Vgl. § 1 Abs. 11 Nr. 10 KWG.

klargestellt, dass der Schwellenbetrag unabhängig davon greift, ob Bargeld tatsächlich zwischen dem Güterhändler und dem Vertragspartner ausgetauscht wird oder insoweit Dritte eingeschaltet sind."[59] Ganz so einfach stellt sich die Änderung aber nicht dar. Gegenüber § 4 Abs. 4 GwG a. F. liegt hierin eine rechtlich bedeutsame, begriffliche Verschärfung der Anforderungen. Der Zusatz „durch Dritte" ist weder durch die Vierte noch die Fünfte EU-Geldwäscherichtlinie vorgegeben, noch durch die für Güterhändler relevanten FATF Recommendations Nr. 22 und Nr. 23; es liegt wiederum eine – für Güterhändler nachteilige – **Überumsetzung internationaler Standards** vor.

53   Im Kern geht es um die Auslegung, **wann ein Handelsgeschäft ein „Bargeldgeschäft" ist**. Es ist klar, dass der Gesetzgeber sämtliche Konstellationen erfassen will, bei denen ein Güterhändler unmittelbar, aber auch gezielt und geplant mittelbar Güter gegen Bargeld an- oder verkauft. Die Veranlassung und Weisung des Dritten durch den Güterhändler muss sich zumindest auch auf die Annahme von Bargeld in Höhe von mehr als 10.000 EUR beziehen, da die Gesetzesbegründung davon spricht, dass „der Schwellenbetrag unabhängig davon greift, ob Bargeld tatsächlich zwischen dem Güterhändler und dem Vertragspartner ausgetauscht wird oder insoweit Dritte eingeschaltet werden".[60]

54   Gesetzeshistorisch spricht vieles dafür, dass der Gesetzgeber sich der Formulierung „oder durch Dritte" durch Erwägungen leiten ließ, die eigentlich zur Definition des Begriffs des Güterhändlers (§ 1 Abs. 9) („unabhängig davon, in wessen Namen und auf wessen Rechnung") gehören. Insofern sind Kommissionsgeschäfte, Vermittlergeschäfte und z. B. Bargeldgeschäfte über Auktionatoren ebenso erfasst. Naturgemäß kann allerdings nur derjenige verpflichtet sein, der **zielgerichtet, jedenfalls willentlich über Dritte**, Güter vertreibt, um die Vorschriften zu umgehen. Rechtspraktisch ein Grenzfall sind Strukturen, bei denen ein Güterhändler etwa über eine Vertriebsorganisation Kommissionäre unterhält und dabei weiß, dass der Kommissionär Bargeldgeschäfte oberhalb der Bargeldschwelle betreibt.[61]

55   Im Hinblick auf die Auslegungsgrundsätze des GwG (vgl. → § 1 Rn. 1 ff.), insbesondere die Funktionalität, muss aber davon ausgegangen werden, dass auch derjenige ein Bargeldgeschäft „durch Dritte" betreibt, der z. B. nur für den Zahlungsarm einer Transaktion einen Dritten einsetzt, z. B. durch Vereinbarung

---

59 Regierungsentwurf zum Umsetzungsgesetz der Änderungsrichtlinie zur Vierten EU-Geldwäscherichtlinie, S. 82.
60 BT-Drs. 19/13827, S. 70.
61 Das – naheliegende – Gegenargument, dass hierdurch redundante Geldwäschepflichten geschaffen werden (schließlich ist auch der Kommissionär Güterhändler und als solcher Verpflichteter), ist geldwäscherechtlich kein starkes, wie z. B. die Mehrfachverpflichtungen beim Immobiliengeschäft zeigen.

einer **Zahlstellenfunktion** oder durch Einräumung entsprechender Vollmachten.

Die **Grenze einer solchen Auslegung des „Bargeschäfts"** ist – vom Wortlaut **56** her und funktional – sicherlich dort, wo lizensierte Zahlungs- oder Kreditinstitute in nachvollziehbarer und marktüblicher Weise zwischengeschaltet sind.[62]

In der Praxis stellt sich vor allem die Frage, was unter der vom Gesetzgeber ge- **57** wählten Begrifflichkeit „**im Rahmen einer Transaktion eine Barzahlung** von EUR 10.000" zu verstehen ist. Im Hinblick auf die Legaldefinition des § 1 Abs. 5 GwG und das Phänomen des „Smurfing" wird deutlich, dass auch Zahlungen von weniger als 10.000 EUR, die allerdings im Rahmen „einer Transaktion" zusammenhängend geleistet werden, die Pflichten des Abschnitts 2 für Güterhändler auslösen. Auf zeitliche Zusammenhänge kann hierbei richtigerweise nicht abgestellt werden; ausschlaggebend ist allein, inwieweit Zahlungen wirtschaftlich betrachtet in engem Zusammenhang stehen und von der Verkehrsanschauung als zusammenhängend betrachtet werden; zu den näheren Spezifikationen vgl. § 1 Abs. 5 GwG, in dem der Begriff der „Transaktion" legaldefiniert wird (vgl. → § 1 Rn. 59 ff.).

Im Umkehrschluss kann ein Unternehmen sich aus dem Anwendungsbereich der **58** Vorschriften über das Risikomanagement „hinausdefinieren", z. B. indem die Verwendung von Bargeld beschränkt wird. **Bargeldverwendungssperren** müssen, um den vom Gesetzgeber gewünschten Zweck zu erreichen, die Annahme und Ausreichung von Bargeldbeträgen betreffen. Nach den für Güterhändler maßgeblichen Auslegungs- und Anwendungshinweisen[63] ist eine „geschäftspolitische Entscheidung, keine Geschäfte zu tätigen, mit denen die Schwellenwerte erreicht oder überschritten werden, bzw. weder Kaufverträge [...], muss durch entsprechende Geschäftsanweisungen und Kontrollen sichergestellt werden" nötig. Hierdurch ist auch klargestellt, dass Überwachungsmaßnahmen, etwa Stich-

---

62 Die vor einigen Jahren flächendeckend zu beobachtende Praxis, nach der Güterhändler institutionalisiert Kunden zu Zahlscheingeschäften bei Kreditinstituten „zwangen", um eigene GwG-Pflichten zu umgehen, kann durchaus anders, nämlich im Sinne einer zielgerichteten Umgehung, beurteilt werden. In diesem Fall wird darauf abzustellen sein, ob ein Güterhändler – im Rahmen des nach den Industriepraxen im Finanztransfergeschäft überhaupt Möglichen – Kunden aus sachgerechten Gründen gezielt auf Finanztransferdienstleister verweist. Insbesondere dort, wo eine Umgehung der GwG-Pflichten indiziert ist (etwa aufgrund der Betragshöhe oder der Art des Grundgeschäfts), wird von einer Umgehung und mithin von einem mittelbaren Bargeschäft auszugehen sein.

63 Auslegungs- und Anwendungshinweise zum Geldwäschegesetz (GwG) für Güterhändler, Immobilienmakler und andere Nichtfinanzunternehmen – Gemeinsame Auslegungs- und Anwendungshinweise der Länder der Bundesrepublik Deutschland, Dezember 2020, S. 6, 8.

proben- und Kassenbestandskontrollen nötig sind.[64] Bargeldverwendungssperren und Kontrollmaßnahmen sind zu dokumentieren[65] und sollten im Hinblick auf § 9 gruppenweit wirken.[66] Zum anderen muss – um den oben genannten Implikationen des „Smurfing" zu begegnen – die Bargeldschwelle schon aus Gründen der Vorsicht deutlich unter 10.000 EUR angesetzt bzw. separate Vorkehrungen getroffen werden, zusammenhängende Geschäfte als solche zu erkennen.[67] In Betracht kommen hierbei im Wesentlichen – da bei Bargeldtransaktionen unterhalb der Betragsschwellen keine Identifikation stattfindet (§ 10 Abs. 6a GwG) und eine buchhalterische Nachverfolgung von Bargeldgeschäften oft nicht möglich ist – Unterweisungen des Kassenpersonals.

59 Wie weitreichend das **Risikomanagement von Güterhändlern** ausgestaltet werden muss, hängt maßgeblich davon ab, in welcher Häufigkeit Bargeldtransaktionen von 10.000 EUR oder mehr getätigt werden und in welcher Größenordnung sich die Bargeldtransaktionen konkret bewegen. Dementsprechend obliegen einem Güterhändler, der regelmäßig Bargeldtransaktionen in deutlich größerem Umfang vornimmt, höhere Anforderungen an die Gestaltung seines Risikomanagements als einem Güterhändler, der nur vereinzelt Bargeldtransaktionen von 10.000 EUR oder mehr tätigt bzw. diese die Schwelle von 10.000 EUR nur geringfügig überschreiten. Gerade in letzteren Fällen bietet sich eine

---

64 *Handel*, CB 2021, 410; *Gehrmann/Wengenroth*, BB 2019, 1035, 1039.

65 *Gehrmann/Wengenroth*, BB 2019, 1035, 1040.

66 Während die Notwendigkeit einer gruppenweiten Bargeldsperre für in Deutschland belegene Niederlassungen und Tochtergesellschaften sich ohne Weiteres aus dem Territorialitätsprinzip ergibt, resultiert dies hinsichtlich der ausländischen Niederlassungen und Tochtergesellschaften aus § 9. § 9 postuliert für in Deutschland belegene Obergesellschaften einen ausländischen Anwendungsbefehl deutschen Geldwäscherechts, vgl. *Kaetzler*, in: Gehra/Gittfried/Lienke, Prävention von Geldwäsche und Terrorismusfinanzierung, S. 255 m. w. N. Deshalb – und weil eine Entscheidung, Bargeldsperren zu erlassen i. d. R. eine die Gruppe prägende und weit reichende Maßnahme des Risikomanagements ist, die die Gruppe prägt – wird nach der hier vertretenen Ansicht auf eine gruppenweite Bargeldsperre abgestellt. In der Rechtsanwendungspraxis im Konzern bei „normalen Güterhändlern" kollidiert dies mit dem oft anzutreffenden Unverständnis im Ausland, wo mitunter nur Kunsthändler und „Traders of precious goods and metals" verpflichtet sind. Im Ergebnis wird für die Erstreckung der Bargeldsperren ins Ausland auf § 9 abzustellen sein. Eine derart grundlegende Beschränkung wie die einer Bargeldsperre wird regelmäßig, dem exterritorialen Anwendungsbefehl folgend, auch im Ausland anzuwenden sein. Für die Frage des § 4 Abs. 5 ist die Konstellation aber ungeklärt. Hinsichtlich der Funktionalität der Sicherungsmaßnahmen und des gruppenweiten Risikomanagements spricht allerdings vieles dafür, nur bei gruppenweiten Bargeldsperren eine gruppenweite Ausnahme in Anspruch nehmen zu dürfen. Eine gruppenweite Erstreckung einer Bargeldgrenze für Unternehmen, die von § 4 Abs. 5 Gebrauch machen, ist daher dringend anzuraten.

67 *Gehrmann/Wengenroth*, BB 2019, 1035, 1038.

Lösung über eine „risikoangemessene Anwendung" der Sicherungsmaßnahmen nach § 6 Abs. 9 GwG an.

Die Häufigkeit der Bargeldtransaktionen von 10.000 EUR oder mehr sowie die **60** konkrete Größenordnung solcher Bargeldtransaktionen sind aber nicht die einzigen Kriterien zur Festlegung der Reichweite des von dem Güterhändler zu betreibenden Risikomanagements. Vielmehr kommt es – nach den allgemeinen Grundsätzen des § 4 Abs. 1 GwG – auch darauf an, ob der konkreten Geschäftstätigkeit des Güterhändlers in hohem Maße das Risiko ihrer Ausnutzung zur Geldwäsche oder Terrorismusfinanzierung anhaftet[68] und wie komplex die Geschäftsorganisation des Güterhändlers ist.[69] Auch der Vertrieb „hochwertiger Güter" im Sinne des § 1 Abs. 10 GwG (vgl. → § 1 Rn. 107 ff.) ist auch unterhalb der neuen besonderen Schwelle von 2.000 EUR in § 4 Abs. 5 Nr. 1 lit. b GwG ein verlässlicher Indikator für eine höhere Risikoexposition, der schärfere Sicherungsmaßnahmen nahelegt ebenso wie komplexe Vertriebsstrukturen, risikobehaftete Kundenkreise oder geographische Risiken. Nach ihrer konkreten Geschäftstätigkeit wesentlich anfälliger für Geldwäsche und Terrorismusfinanzierung sind insbesondere solche Güterhändler, die mit Gütern in Berührung kommen, die praktisch häufig Gegenstand einer Straftat sind oder in der Integrationsphase als beliebtes Investment gelten (z. B. Autohändler oder Juweliere).[70]

Wie bereits eingangs beschrieben, ist praktische Konsequenz der Ausnahme **61** nach § 4 Abs. 4 GwG jedoch nicht, dass Güterhändler komplett auf sämtliche Maßnahmen des Risikomanagements verzichten können. Aufgrund der tatsächlichen Risikoexposition von Güterhändlern, zur Geldwäsche missbraucht zu werden, müssen insbesondere in hoch risikobehafteten Bereichen weiterhin Sicherungsmaßnahmen ergriffen werden.

Durch die eindeutige Formulierung in der Gesetzesbegründung ist auch klar, **62** dass **lediglich die Vorschriften zum Risikomanagement des Abschnitts 2 nicht anwendbar** sind. Die Vorschriften und Pflichten zur Kundensorgfaltspflicht und zur Abgabe von Verdachtsmeldungen bleiben somit anwendbar. In der Praxis ist hinsichtlich Güterhändlern insbesondere auf die weiter bestehende Pflicht zur Verdachtsidentifikation (§ 10 Abs. 3 Nr. 3 GwG) hinzuweisen, die unabhängig von Schwellenbeträgen nach dem Gesetzeswortlaut weiterbesteht. Auf die wesentlichen Auswirkungen für Güterhändler vor allem im Zuge der Neugestaltung des § 261 StGB (Wegfall des Vortatenkatalogs, „All-crime Approach") sei zutreffend hingewiesen.[71] Völlig ohne wenigstens rudimentäre Geldwäscheorganisation (Definition eines Ansprechpartners statt eines Geldwäschebeauftragten, Kommunikation von Meldewegen an die Mitarbeiter, Kom-

---

68 Vgl. *Spoerr/Roberts*, WM 2017, 1142, 1143.
69 Vgl. *Achtelik*, in: Boos/Fischer/Schulte-Mattler, KWG/CRR-VO, § 25h KWG Rn. 9.
70 *Warius*, in: Herzog, GwG, 2. Aufl. 2014, § 2 Rn. 192.
71 *Handel*, CB 2021, 410, 413; *Gehrmann/Wengenroth*, BB 2019, 1035, 1040.

munikation von Risiken und auffälligen Konstellationen statt formeller Mitarbeiterschulungen zur Identifikation von Verdachtsfällen und Durchführung der Verdachtsidentifikation[72] etc.) wird daher kein Güterhändler auskommen können. Darüber hinaus bestehen schon aufgrund von Legalitätspflichten und mit Blick auf §§ 30, 130 OWiG selbstverständliche Pflichten von Unternehmen, Straftaten wie Geldwäsche im Unternehmen zu verhindern.

3. Sonderregeln beim Handel mit „hochwertigen Gütern"

63   Als Ergebnis aus der **Nationalen Geldwäscherisikoanalyse**[73] hat der Gesetzgeber abgeleitet, dass der Edelmetallhandel in Deutschland eine hohe Risikoquelle für Geldwäsche darstelle. Im Edelmetallhandel sei ein besonders hoher Bargeldverkehr unterhalb der bisher geltenden Schwelle von 10.000 EUR zu beobachten.[74] Konsequenterweise hat der Gesetzgeber eine niedrigere Bargeldschwelle für Edelmetalltransaktionen in das Gesetz eingestellt. Im Hinblick auf die im Edelmetallhandel besonders leicht darzustellende gezielte Unterschreitung von Schwellenwerten sei die Regel erforderlich.

64   Durch den eindeutigen Verweis auf (lediglich) Nr. 1 des § 1 Abs. 10 Satz 2 ist klargestellt, dass **ausschließlich Edelmetallhändler** von der Norm erfasst sind, Edelstein- und Schmuckhändler hingegen nicht. Für diese bleibt es – auch ausweislich der Gesetzesbegründung[75] – bei der Bargeldschwelle von 10.000 EUR.

65   In der Praxis werden sich aus der engen Fassung des Gesetzes und der praktischen Überlappung von Schmuck- und Edelmetallhandel praktische **Anwendungsfragen** ergeben. Bietet z.B. ein Juwelier in seinem Sortiment neben Schmuckgegenständen (die zudem naheliegenderweise aus Edelmetallen und Edelsteinen bestehen können) auch z.B. kleine Goldbarren zum Verkauf an, so stellt sich die Frage, welche Bargeldschwelle gilt. An dieser Frage zeigen sich die Folgen der vom deutschen Gesetzgeber unglücklich gewählten Umsetzungsmethode der EU-Anforderungen für Güterhändler (komplette Erfassung als Verpflichteter und Sonderregeln lediglich für das Risikomanagement) besonders deutlich.

66   Rechtspolitisch bietet sich auf den ersten Blick an, auf den Schwerpunkt der Geschäftstätigkeit abzustellen. Bietet z.B. ein Luxus-Kaufhaus oder ein Juwelier im Rahmen von „Sonderaktionen" kleinere Goldbarren an, ist kaum ersichtlich, warum durch den Verkauf von mehreren Barren in einer Transaktion im Sinne

---

72 Instrukiv: *Gehling/Lüneborg*, NZG 2020, 1164, 1166 ff.
73 BMF, Erste Nationale Risikoanalyse 2018/2019, S. 106 f.
74 Vgl. Regierungsentwurf zum Umsetzungsgesetz der Änderungsrichtlinie zur Vierten EU-Geldwäscherichtlinie, S. 82.
75 Vgl. Regierungsentwurf zum Umsetzungsgesetz der Änderungsrichtlinie zur Vierten EU-Geldwäscherichtlinie, S. 82.

des § 1 Abs. 5 der übrige Warenverkehr einem GwG-Risikomanagement unterworfen werden sollte. Im Hinblick auf eine effektive Umsetzung, die Gesetzessystematik und den Gesetzeszweck (zu den Auslegungsgrundsätzen des GwG vgl. → § 1 Rn. 1 ff.) muss dies allerdings angenommen werden. Rechtssystematisch richtig dürfte folglich eine **„Infektion" des Restwarenbestandes** mit der – niedrigeren – Bargeldschwelle von 2.000 EUR sein. Härtefälle können wie bei den übrigen Güterhändlern dann über **§ 6 Abs. 9** (Bescheid zur risikoangemessenen Anwendung der Sicherungsmaßnahmen) abgefedert werden.

Der gewerberechtliche Eingriff einer niedrigeren Bargeldschwelle entsteht erst mit Inkrafttreten des Gesetzes und entwickelt keine rückwirkenden Reflexwirkungen. Sofern ein Edelmetallhändler im Jahr vor Inkrafttreten des Umsetzungsgesetzes z. B. eine Bargeldsperre bei 5.000 EUR errichtet hatte, und er diese mit Inkrafttreten auf 2.000 EUR absenkt, wird er nicht risikomanagementpflichtig.   **67**

Der Wortlaut des Gesetzes („bei") stellt klar, dass nicht schon die abstrakte Planung der Durchführung von Geschäften, sondern erst deren tatsächliche Durchführung die Rechtsfolgen der §§ 5 ff. nach sich zieht.   **68**

4. Sonderregeln beim Handel von Kunstgegenständen

Beim Handel mit Kunstgegenständen gilt eine **bargeldunabhängige Schwelle** von 10.000 EUR, die die Pflicht zur Durchführung von Maßnahmen des Risikomanagements nach sich zieht. Wie bei den weiteren Regelungen des § 4 führt bereits die Durchführung eines einzigen Geschäfts zur Konsequenz, dass eine Risikoanalyse durchzuführen und Sicherungsmaßnahmen zu errichten sind.   **69**

Wie oben angeführt, wird in § 4 Abs. 5 Nr. 1 lit. a Art. 2 Abs. 1 Nr. 3 lit. i der Fünften EU-Geldwäscherichtlinie umgesetzt. Die Gesetzesbegründung[76] betont die bargeldunabhängige Betragsschwelle, die ebenso in § 10 für die Kundenidentifizierungspflichten gleichgezogen wird.   **70**

Mangels einer eigenen Verpflichtetengruppe **„Kunsthändler"** stellen sich Anwendungsfragen. Unklar erscheint, ob lediglich ausgewiesene „Kunsthändler" erfasst sein sollen oder ob jeder Güterhändler, der einen Kunstgegenstand an- oder verkauft, ab der Betragsschwelle GwG-Risikomanagement betreiben muss.[77]   **71**

Für die letztere, restriktive Auslegung sprechen Wortlaut, Marktusancen und Gesetzessystematik. § 4 Abs. 5 spricht von „Güterhändlern"; lediglich die Ge-   **72**

---

76 Vgl. Regierungsentwurf zum Umsetzungsgesetz der Änderungsrichtlinie zur Vierten EU-Geldwäscherichtlinie, S. 82.

77 Ein Nicht-Güterhändler, etwa ein Kreditinstitut, welches im Rahmen seiner Fördertätigkeiten für Kunst und Kultur oder zur Ausstattung von öffentlichen Bereichen Kunst ankauft, fällt mithin eindeutig – schon nach dem Wortlaut – nicht unter die Norm.

schäftsart wird in den kommenden drei Unteralternativen näher umgrenzt. Auch gelten z. B. Provenienzvorschriften[78] oder auf Kunst bezogene Sondervorschriften zur Bekämpfung der Terrorismusfinanzierung[79] für jedermann, nicht nur für ausgewiesene Kunsthändler.

73   Vor dem Hintergrund des Gesetzeszwecks (nach den europäischen Vorgaben[80] sollten Handel, Vermittlung und Lagerhaltung von Kunstgegenständen reguliert werden) sprechen jedoch die besseren Gründe dafür, dass – analog der Prinzipien zur Feststellung der Eigenschaft als Güterhändler (vgl. → § 1 Rn. 95) – **auf den (jedenfalls einen) Schwerpunkt der gewerblichen Tätigkeit** abzustellen ist. Anders wäre auch das Erfordernis zur Errichtung von Sicherungsmaßnahmen und Risikoanalyse für den gesamten Betrieb unverhältnismäßig und unlogisch. Kauft ein Kfz-Händler z. B. ein Kunstwerk zur Ausstattung seiner Verkaufsräume, führt dies nicht zum Erfordernis der Errichtung von Risikomanagementmaßnahmen für den gesamten Betrieb. Rechtspraktische Ausnahmen könnten sich bei vermehrten Transaktionen ergeben; in diesem Fall können jedoch Aufsichtsbehörden von ihren **Anordnungsrechten nach § 6 Abs. 8 und 9 GwG** Gebrauch machen, um sachgerechte Lösungen dieser Konstellation herbeizuführen.

74   In der **nationalen Risikoanalyse** wird die besondere Exposition des Kunstsektors betont, welche sich aus der Anonymität und den vorzufindenden Handelspraktiken ergebe.[81]

75   **Kunstgegenstände** sind im GwG nicht legaldefiniert und kommen lediglich als Begriffspaar in § 1 Abs. 10 Nr. 2 (4) zusammen mit Antiquitäten vor. Kunstgegenstände sind alle Gegenstände, die in Nr. 53 der Anlage 2 zu § 12 Abs. 2 Nr. 1 und 2 Umsatzsteuergesetz (UStG) aufgeführt sind. Erfasst sind hiernach unter anderem Gemälde, Zeichnungen, Originalstiche und Originalerzeugnisse der Bildhauerkunst.

76   Wiederum zeichnen sich angesichts von Begriffsüberlappungen **Abgrenzungsfragen** des täglichen Lebens ab: An welche Wert- oder Zahlungsformbeschränkung soll sich z. B. ein Goldschmied zur Meidung der Pflichten zum Risikomanagement orientieren, der aus einem Edelmetall ein Schmuckstück herstellt und verkauft, welches zudem antiquarischen Wert erlangt? Da insbesondere im Hinblick auf die Maßnahmen des Risikomanagements erhebliche Unterschiede hinsichtlich deren Ausgestaltung zwischen bargeldbezogenen und bargeldunabhängigen Sicherungsmaßnahmen zu erwarten sind, ist eine automatische Infizierung der übrigen Geschäfte eines Kunst-/Juwelen-/Güterhändlers zwar möglicherwei-

---

78 Vgl. z. B. das deutsche Kulturgutschutzgesetz.
79 Vgl. z. B. die EU-Verordnung (EU) 2019/880 v. 17.4.2019 über das Verbringen und die Einfuhr von Kulturgütern.
80 Art. 1 Nr. 1 lit. c der Änderungsrichtlinie zur Vierten EU-Geldwäscherichtlinie.
81 BMF, Erste Nationale Risikoanalyse 2018/2019, S. 106.

se unverhältnismäßig, aber vom Willen des Gesetzgebers und der Gesetzessystematik getragen und daher ggf. wieder (nur) über § 6 Abs. 9 zu lösen.

5. Sonderregeln für Kunstvermittler und Kunstlagerhalter

Eine gleich gesetzte, **bargeldunabhängige Schwelle** von 10.000 EUR je **77**
„Transaktion" gilt für Kunstvermittler und Kunstlagerhalter. Durch die Norm
werden Art. 2 Abs. 1 Nr. 3 lit. i und j der Fünften EU-Geldwäscherichtlinie umgesetzt.

Hinsichtlich der Vermittler ist zur Auslegung des **Begriffs „Transaktion"** auf **78**
das Grundgeschäft, nicht die Vergütung des Vermittlers, abzustellen, vgl. § 1
Abs. 5 Satz 2.

Beim **Kunstlagerhalter**, der nur unter das GwG fällt, wenn er in Zollfreigebie- **79**
ten lagert, gestaltet sich dies komplizierter. Aufgrund dessen rechtlicher Einordnung als Lagerhalter im Sinne des § 467 HGB (siehe hierzu → § 2 Rn. 271 ff.)
ist er zunächst reiner Verwahrer. Hinsichtlich des Begriffs „Transaktion" wäre
mithin zu klären, ob der Kunstlagerhalter bereits dann nach GwG zum Risikomanagement verpflichtet ist, wenn er einen Kunstgegenstand mit einem Verwahrwert oberhalb der Schwelle verwahrt. Die andere Lesart, wonach der Kunstlagerhalter erst dann GwG-Risikomanagement-pflichtig wird, wenn er an einer
„Transaktion" im Sinne des § 1 Abs. 5 mitwirkt, ist allerdings die vom Gesetz
nach Wortlaut und Zweck ursprünglich gewollte: Erst wenn der Lagerhalter über
die konkrete Verwahrung hinaus an Vermögensverschiebungen mitwirkt, etwa
also nach Abtretung von Herausgabeansprüchen des Einlagerers an einen Dritten dem Dritten den Kunstgegenstand herausgibt oder für einen anderen als den
ursprünglichen Einlagerer verwahrt, führt dies zu Erfordernissen eines Risikomanagements. Nur dann kann es nämlich zu dem in § 1 Abs. 5 Satz 2 genannten
„vermittelten Rechtsgeschäft" (unter Dritten) kommen. Insofern verbieten sich
Vergleiche etwa mit dem Depot- oder Verwahrgeschäft nach dem Kreditwesengesetz.

VII. Auswirkung der Schwellenwertausnahme für gruppenweite Pflichten nach § 9 GwG bei Güterhändlern

Die Auswirkungen der partiellen Freistellungen für Güterhändler auf deren **80**
gruppenbezogene Pflichten waren lange Zeit umstritten. In einzelnen Fallkonstellationen (Muttergesellschaft unter § 4 Abs. 4 GwG a. F., also ohne Bargeldgeschäft, Tochtergesellschaft mit Bargeldgeschäften oberhalb der Schwelle)
stellte sich die Frage, ob die Muttergesellschaft tatsächlich gruppenweite Risiko-

analysen und Sicherungsmaßnahmen errichten musste. In der umgekehrten Konstellation stellte sich die Frage der Einbeziehung von Tochterunternehmen, die von Bargeldsperren Gebrauch machten, in die gruppenweiten Maßnahmen.[82]

81   Durch die Neufassung von § 4 Abs. 4 und 5 im Rahmen der Umsetzung der Vierten EU-Geldwäscherichtlinie wird somit ein lange unklarer Sachverhalt durch den **Gesetzgeber klargestellt**. Im Rahmen des Gesetzgebungsverfahrens 2019 wurden durchaus konträre Standpunkte vertreten:

82   Nach der im **Referentenentwurf** 2019 geplanten Formulierung des Gesetzes sollten die Schwellenbeträge bei der Handhabung der gruppenweiten Pflichten nach § 9 GwG demnach keine Anwendung finden.[83] Dies sollte nach dem im Entwurf geplanten Gesetzeswortlaut jedenfalls dann gelten, wenn die betroffenen Unternehmen – etwa durch eine Bargeldsperre – Mutterunternehmen sind und weitere geldwäscherechtlich Verpflichtete im Konzern vorhanden sind. Sinn und Zweck der ursprünglich angedachten Formulierung war vornehmlich die Klarstellung, dass gruppenweite Pflichten nicht deshalb abbedungen sind, weil die Konzernmutter keine Bargeldgeschäfte (bzw. im Falle des reinen Mietmaklers Vermittlungsgeschäfte) oberhalb des Schwellenbetrages vornimmt. Im Umkehrschluss – und aufgrund des eindeutigen Gesetzeswortlautes – wären Unternehmen, die von Bargeldsperren Gebrauch machen, aber keine Mutterunternehmen im geldwäscherechtlichen Sinne sind, hingegen von den gruppenweiten Maßnahmen ausgenommen.[84]

83   Die ursprüngliche Lösung, die dem Referentenentwurf 2019 zugrunde lag, wurde zunächst auch im **Regierungsentwurf**[85] weiterverfolgt. Erst im Nachgang, namentlich in der Sitzung des Finanzausschusses vom 14.11.2019, wurde auf Druck der Koalitionsfraktionen der ursprünglich geplante Satz 2 von § 4 Abs. 5 gestrichen und darüber hinaus durch die Einfügung der Klarstellung „[…] müssen über ein Risikomanagement *einschließlich gruppenweiter Verfahren* verfügen […]" eingefügt.[86]

84   Aus dem klaren Wortlaut und der Gesetzgebungshistorie ergibt sich seit der Umsetzung der Vierten EU-Geldwäscherichtlinie in Deutschland im Hinblick auf gruppenweite Maßnahmen des Risikomanagements zweierlei: Erstens, dies wird durch die Klarstellung im Finanzausschuss offenbar, müssen diejenigen

---

82 Vgl. hierzu auch *Krais*, Geldwäsche und Compliance, S. 84.

83 Gesetzesbegründung gemäß Referentenentwurf zum Umsetzungsgesetz zur Änderungsrichtlinie zur Vierten EU-Geldwäscherichtlinie v. 20.5.2019, S. 74.

84 Vgl. z. B. *Kunz/Schirmer*, BB 2015, 2435, 2440; *Kaetzler*, in: Gehra/Gittfried/Lienke, Prävention von Geldwäsche und Terrorismusfinanzierung, S. 264 m. w. N.

85 Vgl. Regierungsentwurf zum Umsetzungsgesetz der Änderungsrichtlinie zur Vierten EU-Geldwäscherichtlinie, S. 82.

86 BT-Drs. 19/15196, S. 15.

Güterhändler,[87] die **als Mutterunternehmen keine Geschäfte oberhalb** der Schwellenwerte betreiben, keine gruppenweiten Maßnahmen ergreifen. Zweitens – dies war schon vor der Änderung im Finanzausschuss und nach altem Recht so – **können nachgeordnete Unternehmen**, die ebenso keine Geschäfte oberhalb der Schwellenwerte durchführen, von der gruppenweiten Risikoanalyse und den Sicherungsmaßnahmen ausgenommen werden. Letztere Änderungen wurden 2020 in die Verwaltungspraxis im Nichtfinanzsektor umgesetzt.[88]

Auslegungsunsicherheiten werden nach wie vor hier an der Nahtstelle zwischen § 4 Abs. 5 und § 9 i.V.m. § 1 Abs. 26 entstehen: Nach der klaren Vorgabe des geldwäscherechtlichen Begriffs des Mutterunternehmens kommen Zwischenholdings oder zwischengeschaltete Unternehmen nicht mehr als Normadressat für § 9 in Betracht (vgl. → § 1 Rn. 268 ff.). Sobald das Mutterunternehmen in Anwendung des § 4 Abs. 5 keine Geschäfte über den Schwellenwerten vollzieht, sind im Konzern des Verpflichteten bei den Güterhändlern von Gesetzes wegen keine gruppenweit einheitlichen Maßnahmen mehr nötig. Ähnliches dürfte auch für die – wenigen – konzernangehörigen Immobilienmakler gelten, die von § 4 Abs. 4 Gebrauch machen. Hier werden praktische Lösungen bei den Verpflichteten und praxisnahe Anordnungen der Aufsichtsbehörden nach § 6 Abs. 8 zu erhoffen sein.

85

Auch mit Blick auf die Datenweitergabe im (ggf. teilweise nach § 4 Abs. 5 privilegierten) Güterhändler-Konzern stellen sich Fragen mit Blick auf § 47 GwG. Insbesondere wird derzeit diskutiert,[89] inwieweit das Verbot der **Informationsweitergabe im teilprivilegierten Güterhändlerkonzern** auch freigestellte Unternehmen erfassen soll. Mit Blick auf den eindeutigen Wortlaut des Gesetzes, in welchem lediglich die Vorschriften des 2. Abschnitts, nicht aber die des 6. Abschnitts ausgeschlossen werden können, ist festzustellen, dass auch aufgrund § 4 Abs. 5 ausgenommene konzernangehörige Güterhändler sich auf § 47 berufen und Informationen mit gruppenangehörigen Verpflichteten austauschen können.

86

---

87 Der Begriff schließt nach der Gesetzessystematik Kunsthändler, Edelmetallhändler, Kunstvermittler wie Kunstlagerhalter ein.

88 Auslegungs- und Anwendungshinweise zum Geldwäschegesetz (GwG) für Güterhändler, Immobilienmakler und andere Nichtfinanzunternehmen – Gemeinsame Auslegungs- und Anwendungshinweise der Länder der Bundesrepublik Deutschland, Dezember 2020, S. 17, Ziff. 3.3.3.3.

89 Vgl. z.B. *Ghassabeh*, CCZ 2021, 33, 36.

§ 5 Risikoanalyse

(1) Die Verpflichteten haben diejenigen Risiken der Geldwäsche und der Terrorismusfinanzierung zu ermitteln und zu bewerten, die für Geschäfte bestehen, die von ihnen betrieben werden. Dabei haben sie insbesondere die in den Anlagen 1 und 2 genannten Risikofaktoren sowie die Informationen, die auf Grundlage der nationalen Risikoanalyse zur Verfügung gestellt werden, zu berücksichtigen. Der Umfang der Risikoanalyse richtet sich nach Art und Umfang der Geschäftstätigkeit der Verpflichteten.

(2) Die Verpflichteten haben

1. die Risikoanalyse zu dokumentieren,

2. die Risikoanalyse regelmäßig zu überprüfen und gegebenenfalls zu aktualisieren und

3. der Aufsichtsbehörde auf Verlangen die jeweils aktuelle Fassung der Risikoanalyse zur Verfügung zu stellen.

(3) Für Verpflichtete als Mutterunternehmen einer Gruppe gelten die Absätze 1 und 2 in Bezug auf die gesamte Gruppe.

(4) Die Aufsichtsbehörde kann einen Verpflichteten auf dessen Antrag von der Dokumentation der Risikoanalyse befreien, wenn der Verpflichtete darlegen kann, dass die in dem jeweiligen Bereich bestehenden konkreten Risiken klar erkennbar sind und sie verstanden werden.

Schrifttum: *Bundesministerium der Finanzen (BMF)*, Erste Nationale Risikoanalyse 2018/2019; *Gehling/Lüneborg*, Pflichten des Güterhändlers nach dem Geldwäschegesetz, NZG 2020, 1164; *Hauschka/Moosmayer/Lösler*, Corporate Compliance, 3. Aufl. 2016; *Herzog*, GwG, 2. Aufl. 2014 und 3. Aufl. 2018; *Klein*, Das neue GwG (2017) aus notarieller Perspektive, BWNotZ 2018, 35; *Kruse/Bakaus*, Die Zentrale Stelle, 1. Aufl. 2019; *Lochen*, Risikoanalyse, CCZ 2017, 92; *Maslo*, Gruppenweite Einhaltung von geldwäscherechtlichen Pflichten bei Güterhändlern, BB 2017, 3010; *Ranker*, Geldwäscheprävention in der Steuerberaterpraxis nach dem neuen Geldwäschegesetz: Die Risikoanalyse, DStR 2018, 699; *Zentes/Glaab*, GwG, 2. Aufl. 2020.

Übersicht

I. Allgemeines[1]

Die Vorgaben zur Risikoanalyse (vormals: **Gefährdungsanalyse**) wurden durch **1** das Gesetz zur Umsetzung der Vierten EU-Geldwäscherichtlinie, zur Ausführung der EU-Geldtransferverordnung und zur Neuorganisation der Zentralstelle für Finanztransaktionsuntersuchungen vom 23.6.2017[2] vollständig überarbeitet und neu gefasst. Mit der Einführung des § 5 GwG wurde Art. 8 Abs. 1 und 2 Satz 1 der Vierten EU-Geldwäscherichtlinie umgesetzt.[3]

Die vor den letzten Gesetzesänderungen bereits bestehenden fachlichen und in- **2** haltlichen Anforderungen an die Risikoanalyse wurden durch die **GwG-Novelle 2017** in die Struktur des GwG neu eingeordnet und gesetzlich manifestiert.

---

1 Der Verfasser dankt seinen Mitarbeiter*innen *Julia Steiner, Anne Jordan* und *Julian Mockenhaupt* für ihre Unterstützung bei der Kommentierung.
2 BGBl. I 2017, S. 1822 ff. (nachfolgend auch bezeichnet als „GwG-Novelle 2017").
3 BT-Drs. 18/11555, S. 109.

Gem. § 4 Abs. 2 GwG dient die Risikoanalyse seit 2017 nun neben den internen Sicherungsmaßnahmen als zweiter zentraler **Bestandteil des Risikomanagements** eines Verpflichteten nach dem GwG. Eine Ausnahme galt nach § 4 Abs. 4 GwG (in der vor dem 1.1.2020 geltenden Fassung) nur für **Güterhändler**, die nur dann über ein wirksames Risikomanagement verfügen mussten, wenn sie im Rahmen einer Transaktion Barzahlungen über mindestens 10.000 EUR tätigten oder entgegennahmen. Durch das am 12.12.2019 geänderte und am 1.1.2020 in Kraft getretene GwG n. F. bleibt der Barzahlungsschwellenwert in Höhe von 10.000 EUR für Güterhändler gem. § 4 Abs. 5 Nr. 1 lit. c GwG n. F. zwar grundsätzlich unberührt, verschärfte Pflichten bestehen nun aber für Händler von hochwertigen Gütern gem. § 1 Abs 10 GwG. Sie müssen bereits bei Bargeldtransaktionen über 2.000 EUR über ein wirksames Riskmanagement verfügen. Seit dem 1.1.2020 besteht gem. § 4 Abs. 5 Nr. 1 lit. a GwG n. F. und § 4 Abs. 5 Nr. 2 GwG n. F. diese Pflicht außerdem für Kunstvermittler, Kunstlagerhalter und Händler von Kunstgegenständen, sofern sich der Wert einer Transaktion oder einer Reihe von Transaktionen auf 10.000 EUR beläuft, unabhängig davon, ob es sich um eine Bartransaktion handelt. Ebenfalls neu ist der Schwellenwert für Immobilienmakler bei der Vermittlung von Miet- und Pachtverträgen. Diese müssen gem. § 4 Abs. 4 Nr. 2 GwG n. F. über ein wirksames Risikomanagement verfügen, wenn sie Miet- oder Pachtverträge mit einer monatlichen Miete oder Pacht in Höhe von mindestens 10.000 EUR vermitteln. Gem. § 4 Abs. 4 Nr. 1 GwG n. F. müssen Immobilienmakler außerdem – unabhängig von einem Schwellenwert – im Falle der Vermittlungstätigkeit von Kaufverträgen über ein Risikomanagement verfügen.

3　Die Risikoanalyse wurde vor der **GwG-Novelle 2017** im GwG (in der vor dem 26.6.2017 geltenden Fassung) nicht explizit erwähnt. Sie gilt als **Kernelement des risikobasierten Ansatzes**.[4] Die Pflicht zur Erstellung einer Risikoanalyse wurde insbesondere aus den Vorgaben zur Implementierung angemessener interner Sicherungsmaßnahmen zum Schutz gegen den Missbrauch zur Geldwäsche und Terrorismusfinanzierung in Form der Entwicklung und Aktualisierung **angemessener geschäfts- und kundenbezogener Sicherungssysteme und Kontrollen** nach § 9 Abs. 2 Nr. 2 GwG a. F. und den **spezialgesetzlich in § 25h KWG a. F.** für bestimmte Institute normierten Regelungen abgeleitet.

4　Gem. § 25h Abs. 1 Satz 2 KWG a. F. mussten bestimmte **Institute und als übergeordnete Unternehmen geltende Finanzholding-Gesellschaften sowie gemischte Finanzholding-Gesellschaften** neben den in § 9 Abs. 1 und 2 GwG a. F. genannten Pflichten über ein angemessenes Risikomanagement sowie über

---

4 Der risikobasierte Ansatz ist in § 3a GwG normiert. Allgemeine Grundsätze zum Risikomanagement und der Risikoanalyse sowie dem risikobasierten Ansatz sind den Auslegungs- und Anwendungshinweisen der BaFin zum Geldwäschegesetz zu entnehmen (Stand Oktober 2021) S. 10.

Verfahren und Grundsätze verfügen, die der Verhinderung von Geldwäsche, Terrorismusfinanzierung oder sonstiger strafbarer Handlungen, die zu einer Gefährdung des Vermögens des Institutes führen können, dienen. Explizit wird in § 25h Abs. 1 Satz 3 KWG die fortlaufende Entwicklung geeigneter Strategien und Sicherungsmaßnahmen zur Verhinderung des Missbrauchs von neuen Finanzprodukten und Technologien für Zwecke der Geldwäsche und Terrorismusfinanzierung oder der Begünstigung der Anonymität von Geschäftsbeziehungen und Transaktionen benannt. Durch die Regelung in § 5 GwG n. F. dient **§ 25h Abs. 1 Satz 1 KWG n. F.** im Hinblick auf die Risikoanalyse für die insofern Verpflichteten als Grundlage für die Durchführung einer Risikoanalyse im Hinblick auf sonstige **strafbare Handlungen** (siehe dazu → § 25h KWG Rn. 1 ff.).

5 Durch die GwG-Novelle wurde schließlich auch der vormals nach GwG a. F. verwendete Begriff der Gefährdungsanalyse durch den **Begriff der Risikoanalyse** in § 5 GwG ersetzt. Hierbei handelt es sich jedoch um eine reine namentliche Umbenennung. Somit wird in der Praxis der anwendenden Unternehmen auch eine einfachere und zielgerichtete Übersetzung des Instruments der Risikoanalyse in die englische Sprache ermöglicht. Dies reduziert einerseits den Erklärungsbedarf bspw. innerhalb der konzerninternen Kommunikation von verpflichteten Unternehmen und verdeutlicht andererseits die Vergleichbarkeit und Verwandtschaft der Risikoanalyse nach deutschem GwG mit entsprechenden Vorgaben ausländischer Regularien. Zudem wird durch die neuen Bezeichnungen die inhaltliche Nähe der Risikoanalyse sowie auch des Risikomanagements nach GwG zu den Maßnahmen im **Risikomanagement operationeller Risiken** hergestellt und transparent gemacht.[5]

6 Aus der neuen Begrifflichkeit allein ergaben sich jedoch keine inhaltlichen Änderungen bezüglich der Vorgehensweise bei der Erstellung der Risikoanalyse. Hinsichtlich der nunmehr teilweise neu einzubeziehenden Informationen wird auf die Ausführungen unter → Rn. 16 ff. verwiesen. Vielmehr wurden die Vorgaben für die Risikoanalyse in § 5 GwG zentral gebündelt, während sich diese zuvor aus dem GwG, § 25h KWG a. F. sowie für den **Finanzsektor** aus den Auslegungs- und Anwendungshinweisen[6] zum GwG und aus der Verwaltungspraxis

---

5 Da es in Unternehmen jedoch zahlreiche als „Risikoanalysen" bezeichnete Analysen gibt, sollte darauf geachtet werden, dass im Rahmen der Durchführung der Risikoanalyse mit den zuständigen Ansprechpartnern immer für ein einheitliches Begriffsverständnis gesorgt wird, da den unterschiedlichen Risikoanalysen unterschiedliche Methoden zugrunde liegen können.

6 Es ist zu beachten, dass für bestimmte Unternehmen der Finanzbranche besondere Auslegungs- und Anwendungshinweise für die Fassung des GwG a. F. existieren, so bspw. für Leasingunternehmen, Factoring Unternehmen, Bausparkassen und Versicherungsunternehmen. Diese sind insbes. auf den jeweiligen Homepages der Verbände verfügbar. Auch im Bereich des Nicht-Finanzsektors sind die Aufsichtsbehörden (§ 50 GwG) nach § 51 Abs. 8 GwG dazu verpflichtet, regelmäßig aktualisierte Auslegungs-

der BaFin (vor der Veröffentlichung der Auslegungs- und Anwendungshinweise zum GwG insbesondere aus dem BaFin-Rs. 8/2005 (GW) vom 23.3.2005,[7] dieses Rundschreiben ist in den gesetzlichen Vorgaben des § 5 GwG aufgegangen[8]) ergaben.[9] Für den **Nicht-Finanzsektor** werden Vorgaben zur Anfertigung der Risikoanalyse durch die Aufsichtsbehörden der Länder (z. B. die Regierungspräsidien) getroffen.[10] Eine wesentliche Neuerung ergibt sich durch die nunmehr gem. § 5 Abs. 1 Satz 2 GwG verpflichtende Einbeziehung der nationalen Risikoanalyse des Bundesministeriums der Finanzen in die eigene instituts- bzw. unternehmensspezifische Risikoanalyse, sodass die nationale Risikoanalyse eine Ausstrahlungswirkung auf die Risikoanalysen der Verpflichteten entfaltet.[11]

7 Im Allgemeinen ist zu beobachten, dass aufgrund der komplexer werdenden Anforderungen die Risikoanalyse immer häufiger datengestützt durchgeführt wird. Eine verpflichtende datengestützte Durchführung der Risikoanalyse – wie sie bereits im US-Recht besteht – existiert in der EU noch nicht.[12]

II. Ziel der Risikoanalyse

8 Nach dem Willen des Gesetzgebers ist das Ziel der Risikoanalyse, „die spezifischen Risiken in Bezug auf Geldwäsche und Terrorismusfinanzierung im Geschäftsbetrieb des Verpflichteten **umfassend und vollständig zu erfassen, zu identifizieren, zu kategorisieren, zu gewichten** sowie darauf aufbauend geeignete Geldwäsche-Präventionsmaßnahmen, insbesondere interne Sicherungsmaßnahmen zu treffen. Diese müssen sich **aus der Risikoanalyse ableiten** las-

---

und Anwendungshinweise für die Umsetzung der Sorgfaltspflichten und der internen Sicherungsmaßnahmen nach den gesetzlichen Bestimmungen zur Verhinderung der Geldwäsche und Terrorismusfinanzierung zur Verfügung zu stellen.

7 Rundschreiben 8/2005 (GW), Geschäftszeichen GW 1 – E 100 v. 23.3.2005, Implementierung angemessener Risikomanagementsysteme zur Verhinderung von Geldwäsche, Terrorismusfinanzierung und Betrug, Anfertigung der institutsinternen Gefährdungsanalyse (nachfolgend auch bezeichnet als „BaFin-Rs. 8/2005 (GW)"), https://www.bafin.de/SharedDocs/Veroeffentlichungen/DE/Rundschreiben/rs_0508_gw_implementierung_risikosysteme.html, zuletzt abgerufen am 7.3.2022.

8 Auslegungs- und Anwendungshinweise der BaFin zum Geldwäschegesetz gem. § 51 Abs. 8 GwG (Stand 2018), S. 10 ff.

9 BT-Drs. 18/11555, S. 109.

10 Vgl. exemplarisch für andere: RP Darmstadt, Merkblatt Basisinformation Geldwäschegesetz (GwG), https://rp-darmstadt.hessen.de/sites/rp-darmstadt.hessen.de/files/Basismerkblatt_Juli%202020_FINAL.pdf, zuletzt abgerufen am 7.3.2022.

11 BMF, Erste Nationale Risikoanalyse 2018/2019, S. 3.

12 *Kruse* in Vorauflage, Rn. 49; *Herzog*, in: Herzog, GwG, 3. Aufl. 2018, § 5 Rn. 7.

sen und dieser entsprechen".[13] Diese Zieldefinition entspricht weitgehend derjenigen aus dem BaFin-Rs. 8/2005 (GW).[14] Der Gesetzgeber erläutert nun noch expliziter, dass eine Ableitung von Maßnahmen aus der Risikoanalyse erforderlich und eine Schlussfolgerung von dieser auf die internen Sicherungsmaßnahmen notwendig ist. Zudem wird das Ziel der Risikoanalyse einheitlich für alle Verpflichteten formuliert. Zusammenfassend ist zu sagen, dass die Risikoanalyse die **Grundlage für sämtliche risikobasierten Maßnahmen der Bekämpfung der Geldwäsche und Terrorismusfinanzierung** bildet.

Überdies eignet sich das Ergebnis der Risikoanalyse auch dazu, die **Compliance-Ziele** eines Unternehmens festzulegen und zu steuern.[15] Das Ergebnis der Risikoanalyse kann zudem zur Bestimmung des Risikoappetits des Institutes in Bezug auf Compliance Risiken herangezogen werden (Näheres siehe → Rn. 38).   **9**

III. Umfang der Risikoanalyse (§ 5 Abs. 1 GwG)

Nach § 5 Abs. 1 GwG haben die Verpflichteten diejenigen Risiken der Geldwäsche und Terrorismusfinanzierung zu ermitteln und zu bewerten, die für Geschäfte bestehen, die das betreffende Unternehmen betreibt.   **10**

1. Verpflichtetenkreis

Die Einrichtung eines wirksamen Risikomanagements und damit als Bestandteil des Risikomanagements gem. § 4 Abs. 2 GwG die Erstellung einer Risikoanalyse ist nunmehr einheitlich für fast alle Verpflichteten vorgeschrieben. Bei Güterhändlern, Kunstvermittlern, Kunstlagerhaltern und Immobilienmakler ist sie jedoch an einen Schwellenwert geknüpft (siehe unten → Rn. 12 ff.). Zur generellen Befreiungsmöglichkeit für Verpflichtete siehe unten → Rn. 74.   **11**

2. Ausnahmevorschrift für Güterhändler, Kunstvermittler, Kunstlagerhalter und Immobilienmakler

Von der Pflicht zur Einrichtung eines wirksamen Risikomanagements befreit sind nach § 4 Abs. 5 Nr. 1 lit. c GwG Güterhändler (Verpflichtete nach § 2 Abs. 1 Nr. 16 GwG), soweit sie keine Transaktionen im Wert von mindestens 10.000 EUR über Kunstgegenstände, Transaktionen über hochwertige Güter   **12**

---

13 BT-Drs. 18/11555, S. 110.
14 BaFin-Rs. 8/2005 (GW), Rn. 2, wobei sich die Zieldefinition auf die Gefährdungsanalyse nach GwG a. F. bezog.
15 *Schorn*, in: Hauschka/Moosmayer/Lösler, Corporate Compliance, Rn. 33 f.

nach § 1 Abs. 10 Satz 2 Nr. 1 GwG, bei welchen sie Barzahlungen über mindestens 2.000 EUR selbst oder durch Dritte tätigen oder entgegennehmen, oder Bargeschäfte über mindestens 10.000 EUR selbst oder durch Dritte tätigen oder entgegennehmen (siehe auch → § 4 Rn. 1 ff.).[16] Es empfiehlt sich jedoch in jedem Fall zu dokumentieren, dass eine Analyse dahingehend durchgeführt worden ist, inwieweit im Unternehmen bzw. Konzern Bargeschäfte in größerem Umfang oder verdächtige Transaktionen ausgeschlossen werden können.

13 Die Schwelle von 10.000 EUR ist erreicht,

– ab dem ersten Bargeschäft in Höhe von mindestens 10.000 EUR oder
– wenn eine Transaktion in Höhe von mindestens 10.000 EUR in mehrere Bargeschäfte aufgeteilt wird.[17]

14 Immobilienmakler müssen über ein wirksames Risikomanagement verfügen, wenn sie gem. § 4 Abs. 4 Nr. 1 GwG Kaufverträge vermitteln oder gem. § 4 Abs. 4 Nr. 2 GwG bei der Vermittlung von Miet- oder Pachtverträgen mit einer monatlichen Miete oder Pacht in Höhe von mindestens 10.000 EUR.

15 Güterhändler, die mit hochwertigen Gütern gem. § 1 Abs. 10 Satz 2 Nr. 1 GwG handeln, müssen gem. § 4 Abs. 5 Nr. 1 lit. b GwG ein Risikomanagement einrichten, wenn sie bei Transaktionen mit hochwertigen Gütern nach § 1 Abs. 10 Satz 2 Nr. 1 GwG Barzahlungen über mindestens 2.000 EUR selbst oder durch Dritte tätigen oder entgegennehmen. Dies gilt bereits ab dem ersten Barzahlungsgeschäft oder bei aufgesplitteten Barzahlungen, die zusammen den Wert von 2.000 EUR erreichen. Kunstvermittler, Kunstlagerhalter und Güterhändler, die mit Kunstgegenständen handeln, haben gem. § 4 Abs. 5 Nr. 1 lit. a GwG und § 4 Abs. 5 Nr. 2 GwG ein Risikomanagement einzurichten, wenn der Wert einer Transaktion oder einer Reihe verbundener Transaktionen sich auf mindestens 10.000 EUR beläuft. Dies gilt unabhängig davon, ob die Zahlung bar oder unbar erfolgt. Für Güterhändler gilt dies auch bei Transaktionen über sonstige Güter, sofern eine Barzahlung von 10.000 EUR selbst oder durch Dritte getätigt oder entgegengenommen wird.

---

16 Vgl. *Gehling/Lüneborg*, NZG 2020, 1164.
17 Vgl. dazu beispielhaft Basisinformationen Geldwäschegesetz (GwG) des RP Darmstadt, https://rp-darmstadt.hessen.de/sites/rp-darmstadt.hessen.de/files/Basismerkblatt_Juli%202020_FINAL.pdf, zuletzt abgerufen am 7.3.2022, sowie der RP Baden-Württemberg, https://rp.baden-wuerttemberg.de/fileadmin/RP-Internet/Themenportal/Sicherheit/_DocumentLibraries/Documents/Geldwaesche/Allgemeingueltige_Informationen_und_Formulare/Geldwaesche_AuA_Laender.pdf, zuletzt abgerufen am 7.3.2022.

3. Einzubeziehende Informationen

Bei der Ermittlung und Bewertung der unternehmensspezifischen Risiken müssen gem. § 5 Abs. 1 Satz 2 GwG „insbesondere" die folgenden Informationen berücksichtigt werden: **16**

- Risikofaktoren aus den Anlagen 1 und 2 des GwG (siehe dazu → § 14 Rn. 7 ff.) und die
- Informationen aus der nationalen Risikoanalyse (siehe dazu → Rn. 20 f.).

Die Formulierung des Gesetzeswortlauts, dass „insbesondere" die oben genannten Informationen hinzuziehen sind, lässt den Schluss zu, dass daneben weitere Faktoren relevant sein können. Diese muss der Verpflichtete zunächst risikobasiert anhand der bestehenden, unternehmensspezifischen Risiken identifizieren und schließlich ebenfalls heranziehen. Gemäß BaFin Auslegungs- und Anwendungshinweise zum Geldwäschegesetz (Stand: Oktober 2021) haben die Verpflichteten gemäß § 2 Abs. 1 Nr. 1, 2, 3, 7, 8 und 9 GwG bei der Erstellung oder Überarbeitung einer Risikoanalyse zusätzlich die Leitlinien zu den Risikofaktoren für Geldwäsche und Terrorismusfinanzierung der Europäischen Bankenaufsichtsbehörden (im Folgenden: Leitlinien zu Risikofaktoren) vom 1.3.2021 zu beachten[18] (Art. 17 und Art. 18 der Richtlinie (EU) 2015/849 zur Verhinderung der Nutzung des Finanzsystems zum Zwecke der Geldwäsche und der Terrorismusfinanzierung (im Folgenden: Vierte EU-Geldwäscherichtlinie; vgl. auch Titel I, Ziffer 4 ff.)). Es handelt sich bei diesen Leitlinien um ein Kernstück der Implementierung des risikobasierten Ansatzes. Zu den weiteren relevanten Faktoren können zudem bspw. auch die folgenden Daten und Informationen zählen: **17**

- Informationen der zuständigen Aufsichtsbehörde(n) (z. B. Rundschreiben),
- (Jahres-)Berichte, Typologiepapiere etc. des Bundeskriminalamts,
- (Jahres-)Berichte, Typologiepapiere etc. des zuständigen Landeskriminalamts,
  (Jahres-)Berichte, Typologiepapiere etc. der Financial Intelligence Unit,
- Informationen der lokalen Polizei,
- Informationen der Verbände,
- Informationen, Typologiepapiere etc. der FATF (und ggf. weiterer internationaler Organisationen),

---

18 Leitlinien nach Art. 17 und Art. 18 Abs. 4 der Richtlinie (EU) 2015/849 über Sorgfaltspflichten und die Faktoren, die Kredit- und Finanzinstitute bei der Bewertung des mit einzelnen Geschäftsbeziehungen und gelegentlichen Transaktionen verknüpften Risikos für Geldwäsche und Terrorismusfinanzierung berücksichtigen sollten („Die Leitlinien zu den Risikofaktoren für Geldwäsche und Terrorismusfinanzierung"), zur Aufhebung und Ersetzung der Leitlinien JC/2017/37, https://www.eba.europa.eu/regulation-and-policy/anti-money-laundering-and-e-money/revised-guidelines-on-ml-tf-risk-factors, zuletzt abgerufen am 6.4.2022.

– die Delegierte Verordnung (EU) 2016/1675 zu Drittstaaten mit hohem Risiko in der jeweils gültigen Fassung (zuletzt geändert durch Delegierte Verordnung (EU) 2018/1467 vom 27.7.2018), sowie die entsprechenden BaFin Rundschreiben betreffend Drittstaaten, die in ihren Systemen zur Bekämpfung von Geldwäsche und Terrorismusfinanzierung strategische Mängel aufweisen, die wesentliche Risiken für das internationale Finanzsystem darstellen (Hochrisiko-Staaten),[19]
– Gemeinsame EU-Liste von Drittstaaten für Steuerzwecke („Schwarze Liste der EU"),[20]
– Auslegungshilfen des Basler Ausschusses für Bankenaufsicht,[21]
– Erkenntnisse aus dem Erfahrungsaustausch mit anderen Geldwäsche-beauftragten[22] sowie
– Erkenntnisse aus früheren Verdachtsfällen bzw. Verdachtsmeldungen.[23]

18   Verpflichtete sollten darüber hinaus risikobasiert entscheiden, inwieweit die Informationen aus der supranationalen Risikoanalyse der EU-Kommission[24] (siehe dazu → Rn. 22) relevant sind.

19   Nachfolgend soll näher auf die **nationale**, die **supranationale** und die **subnationale Risikoanalyse** eingegangen werden, die durch die Umsetzung der Vierten EU-Geldwäscherichtlinie als Basiselemente der durchzuführenden Risikoanalyse neu geschaffen wurden und als Basis der eigenen Analyse des Verpflichteten dienen sollten.

---

19 BaFin Rundschreiben 04/2022 (GW) betreffend Drittstaaten, die in ihren Systemen zur Bekämpfung von Geldwäsche und Terrorismusfinanzierung strategische Mängel aufweisen, die wesentliche Risiken für das internationale Finanzsystem darstellen (Hochrisiko-Staaten) v. 24.3.2022.

20 Rat der EU, EU-List of non-cooperative tax jurisdictions (Gemeinsame EU-Liste von Drittstaaten für Steuerzwecke) v. 24.2.2022. Sie listet die folgenden 15 Länder auf: Amerikanisch-Samoa, Fiji, Guam, Palau, Panama, Samoa, Trinidad und Tobago, US Virgin Islands und Vanuatu, https://www.consilium.europa.eu/media/54471/council-conclusions-24-february-2022.pdf, zuletzt abgerufen am 7.3.2022.

21 Vgl. BaFin-Rs. 8/2005 (GW), Rn. 3, das speziell auf das Dokument „Sorgfaltspflicht der Banken bei der Feststellung der Kundenidentität" verweist. Es sollte zudem, neben weiteren Dokumenten zu spezifischen Risiken der Geldwäsche und Terrorismusfinanzierung wie etwa im Korrespondenzbankgeschäft, u. a. das folgende Dokument herangezogen werden: „Guidelines, Sound management of risks related to money laundering and financing of terrorism", Juni 2017, https://www.bis.org/bcbs/publ/d405.pdf, zuletzt abgerufen am 7.3.2022.

22 Vgl. BaFin-Rs. 8/2005 (GW), Rn. 3.

23 Vgl. BaFin-Rs. 8/2005 (GW), Rn. 3.

24 Bericht der Kommission an das Europäische Parlament und den Rat über die Bewertung der mit grenzüberschreitenden Tätigkeiten im Zusammenhang stehenden Risiken der Geldwäsche und der Terrorismusfinanzierung für den Binnenmarkt (nachfolgend auch bezeichnet als „Supranationale Risikoanalyse"), https://eur-lex.europa.eu/legal-content/DE/ALL/?uri=COM:2017:340:FIN, zuletzt abgerufen am 7.3.2022.

a) Nationale Risikoanalyse

Aufgrund von Art. 7 Abs. 1 Vierte EU-Geldwäscherichtlinie ist die Bundesregierung – so wie auch die Regierungen der übrigen EU-Mitgliedstaaten – verpflichtet, eine nationale Risikoanalyse zu erstellen.[25] Sie ist ein Kernelement des risikobasierten Ansatzes der FATF sowie der Vierten EU-Geldwäscherichtlinie. Die nationale Risikoanalyse analysiert die Stärken und Schwächen in der Bekämpfung von Geldwäsche und Terrorismusfinanzierung in Deutschland und trägt dazu bei, das nationale Risikobewusstsein weiter zu schärfen.[26] Sie liefert u. a. der BaFin und den Verpflichteten wichtige Hinweise zu länder-, produkt- und sektorspezifischen Risiken für deren eigene Analysen. So spannt die nationale Risikoanalyse den Bogen zwischen der supranationalen Risikoanalyse der EU-Kommission, die den europäischen Binnenmarkt in den Blick nimmt und der institutsspezifischen Risikoanalyse der Verpflichteten.[27] Die Aufgabe zur Erstellung der nationalen Risikoanalyse nach Art. 7 Abs. 2 Vierte EU-Geldwäscherichtlinie liegt in Deutschland beim Bundesministerium der Finanzen. Die Erste deutsche Risikoanalyse wurde im Oktober 2019 veröffentlicht.[28] Betrachtet man die Ergebnisse der Ersten Nationalen Risikoanalyse 2018/2019, so ist festzuhalten, dass die Geldwäschebedrohung für Deutschland vor dem Hintergrund der hohen wirtschaftlichen Attraktivität, der hohen Bargeldintensität des Wirtschaftskreislaufs sowie der ökonomischen Vielschichtigkeit auf einer fünfstufigen Skala[29] insgesamt als mittel-hoch bewertet wird.[30] **20**

Die nationale Risikoanalyse muss aktuell gehalten werden, wobei keine konkreten zeitlichen Vorgaben für die Aktualisierung bestehen (Art. 7 Abs. 1 Satz 2 Vierte EU-Geldwäscherichtlinie). Schließlich muss die nationale Risikoanalyse der Kommission, den Europäischen Aufsichtsbehörden und den anderen Mitgliedstaaten zur Verfügung gestellt werden (Art. 7 Abs. 5 Vierte EU-Geldwäscherichtlinie). **21**

---

25 Deutschland ist gemäß den Vorgaben der Financial Action Task Force (FATF) sowie der Vierten EU-Geldwäscherichtlinie verpflichtet, in regelmäßigen Abständen eine nationale Risikoanalyse (NRA) im Bereich „Bekämpfung von Geldwäsche und Terrorismusfinanzierung" durchzuführen. (BMF, Erste Nationale Risikoanalyse 2018/2019, S. 3 ff.).

26 Meldung der BaFin v. 21.10.2019, https://www.bafin.de/SharedDocs/Veroeffentlichungen/DE/Meldung/2019/meldung_191021_Veroeffentlichung_NRA.html, zuletzt abgerufen am 7.3.2022.

27 Meldung der BaFin v. 21.10.2019, https://www.bafin.de/SharedDocs/Veroeffentlichungen/DE/Meldung/2019/meldung_191021_Veroeffentlichung_NRA.html, zuletzt abgerufen am 7.3.2022.

28 BMF, Erste Nationale Risikoanalyse 2018/2019, https://www.bundesfinanzministerium.de/Web/DE/Home/home.html.

29 Stufen der Skala: hoch, mittel-hoch, mittel, mittel-niedrig, niedrig.

30 BMF, Erste Nationale Risikoanalyse 2018/2019, S. 3.

b) Supranationale Risikoanalyse

22   Die supranationale Risikoanalyse wird gem. Art. 6 Abs. 1 Vierte EU-Geldwäscherichtlinie durch die EU-Kommission erstellt. Hierbei werden die Risiken
der Geldwäsche und Terrorismusfinanzierung für den europäischen Binnenmarkt betrachtet, die im Zusammenhang mit grenzüberschreitenden Tätigkeiten
stehen. Diese wird richtliniengemäß alle zwei Jahre oder bei Bedarf in kürzeren
Abständen aktualisiert. Die erste supranationale Risikoanalyse wurde gemäß
Art. 7 Abs. 1 Satz 2 Vierte EU-Geldwäscherichtlinie zum 26.6.2017 verabschiedet und am 24.7.2019 aktualisiert.[31]

c) Subnationale Risikoanalyse

23   Neben der nationalen und supranationalen Risikoanalyse werden seitens der Abteilung Geldwäsche (Gw) der BaFin seit mehreren Jahren subnationale Risikoanalysen (SRA) für die Bereiche Geldwäsche und Terrorismusfinanzierung erstellt.[32] Dabei wird analysiert, welchem Geldwäsche- und Terrorismusfinanzierungsrisiko der inländische Finanzsektor ausgesetzt ist. Zudem werden Maßnahmen abgeleitet, um die identifizierten Risiken zu reduzieren. Die Grundlage bilden dabei die oben erwähnte nationale und supranationale Risikoanalyse, wobei
der zu beaufsichtigende Sektor im besonderen Fokus steht. Hinzu kommen die
eigenen Erfahrungen aus der Aufsichtstätigkeit sowie Erkenntnisse und Entwicklungen bei anderen Behörden, z. B. der Financial Intelligence Unit (FIU).
So soll gewährleistet werden, dass bei steigenden nationalen und internationalen
Anforderungen auch die Aufsichtstätigkeit einem risikobasierten Ansatz folgt
und eine entsprechend effektive Strategie entwickelt werden kann. Begrenzte
Kapazitäten machen es u. a. erforderlich, dass die Institute mit den höchsten
Geldwäsche- und Terrorismusfinanzierungsrisiken auch die intensivste Aufsicht
erfahren.

4. Bestimmung des Umfangs

24   Der Umfang der Risikoanalyse richtet sich nach **Art und Umfang der Geschäftstätigkeit** der Verpflichteten (§ 5 Abs. 1 Satz 3 GwG). Hierbei sind insbesondere die Risiken der Geldwäsche und Terrorismusfinanzierung in Bezug auf
folgende Kriterien zu ermitteln und zu bewerten:

---

31 Bericht der Kommission an das Europäische Parlament und den Rat, https://mwae.
brandenburg.de/media/bb1.a.3814.de/Geldwaeschepraevention_Supranationale_Risi
koanalyse.pdf, zuletzt abgerufen am 7.3.2022.
32 Die BaFin hat am 8.9.2021 die Subnationale Risikoanalyse 2020/2021 (SRA 3.0) veröffentlicht, https://www.bafin.de/SharedDocs/Downloads/DE/Bericht/dl_sra_21_gw.
html, zuletzt abgerufen am 7.3.2022.

- Kunden,
- Länder oder geografische Gebiete,
- Produkte,
- Dienstleistungen,
- Transaktionen oder
- Vertriebskanäle.

In der Gesetzesbegründung wird zudem darauf hingewiesen, dass die Risikoanalyse in einem insofern „**angemessenen Umfang**" zu erstellen sei.[33] Ob die Risikoanalyse angemessen ist, richtet sich dabei nach **Art und Größe eines Verpflichteten** (Art. 8 Abs. 1 Vierte EU-Geldwäscherichtlinie). Zur Beurteilung der Angemessenheit könnte schließlich auf die Grundsätze aus dem nunmehr in der gesetzlichen Regelung aufgegangen BaFin-Rs. 8/2005 (GW) bzw. den BaFin AuAs zurückgegriffen werden. **Angemessen** sind „dabei solche Sicherungsmaßnahmen, die in Form von Grundsätzen, Verfahren und Kontrollen der jeweiligen Risikosituation des Verpflichteten entsprechen und diese hinreichend abdecken".[34] Gestützt auf die Leitlinien zu Risikofaktoren der Europäischen Bankenaufsicht (Joint Committee of the European Supervisory Authorities) sollen sich die Maßnahmen an der Größe und Organisationstruktur des Verpflichteten mit besonderem Augenmerk auf dessen Geschäfts- und Kundenstruktur, ausrichten.[35] Was angemessen ist, beurteilt sich seit der Veröffentlichung des BaFin-Rs. 8/2005 (GW) auf der Grundlage der eigenen Risikoanalyse des Institutes „bezüglich der bestehenden Risiken von Geldwäsche und Terrorismusfinanzierung für alle [durch den Verpflichteten] angebotenen Produkte und Dienstleistungen sowie anhand der sonstigen relevanten Umstände".[36] Es empfiehlt sich, diese Definition analog auf **andere Branchen von Verpflichteten** anzuwenden.

25

IV. Anforderungen an die Risikoanalyse (§ 5 Abs. 2 GwG)

Nachfolgend werden die Anforderungen an die Erstellung der Risikoanalyse dargestellt. Diese ergeben sich aus § 5 Abs. 2 GwG, aufsichtlichen Vorgaben sowie Markstandards des (Nicht-)Finanzsektors.

26

1. Dokumentation (§ 5 Abs. 2 Nr. 1 GwG)

Die Risikoanalyse muss durch die Verpflichteten dokumentiert werden (§ 5 Abs. 2 Nr. 1 GwG). Eine Dokumentation muss **nachvollziehbar und schriftlich**

27

---

33 BT-Drs. 18/11555, S. 109.
34 BaFin, AuA 2021, S. 15.
35 BaFin, AuA 2021, S. 15.
36 BaFin, AuA 2021, S. 15.

erfolgen.[37] Die Nachvollziehbarkeit einer Dokumentation ist aus der Perspektive eines **objektiven sachverständigen Dritten** zu beurteilen. In den Auslegungs- und Anwendungshinweisen der BaFin zum Geldwäschegesetz (Stand 2021) und in der gesetzlichen Regelung aufgegangen BaFin-Rs. 8/2005 (GW) wurde insofern auf die Sphäre des internen oder externen **Revisors** abgestellt.[38] Dies ist auch sinngemäß für Verpflichtete des Nicht-Finanzsektors übertragbar. Es geht hierbei letztlich um eine Person, die den nötigen generellen Fach- und Sachverstand mitbringt, um das Dokument beurteilen zu können. Eine Risikoanalyse, die nicht dokumentiert oder regelmäßig überprüft und gegebenenfalls aktualisiert worden ist, kann Grund für die Einleitung eines Ordnungswidrigkeitsverfahrens und die Verhängung eines Bußgeldes gem. § 56 Abs. 1 Nr. 2 GwG sein.

28 Daher ist die **Qualität der Verbalisierung** der Risikoanalyse von besonderer Bedeutung. Die **Nachvollziehbarkeit** der Risikoanalyse steigt insbesondere mit einer sehr guten Struktur. Wichtig sind insofern **klare und verständliche** Beschreibungen sowie die Erläuterung von Herleitungen. Besonders wichtige Elemente für die Nachvollziehbarkeit der Risikoanalyse stellen die Erläuterung der gewählten **Methodologie** sowie deren Umsetzung und Erkennbarkeit in der Darstellung der Risikoanalyse dar. In der Risikoanalyse muss ein sog. „roter Faden" erkennbar sein, der sich von der Ermittlung des Risikos bis zur Ableitung von geeigneten Sicherungsmaßnahmen zur (weiteren) Begrenzung der Risikosituation der Verpflichteten und der durchzuführenden Kontrollen des Geldwäschebeauftragten durchzieht. Insbesondere sollten auch die Faktoren, die im Rahmen der Kundenannahme zur Risikoeinstufung des einzelnen Kunden herangezogen werden, (z. B. Sitzland, Branche, Rechtsform, Produkt) aus der Risikoanalyse abgeleitet werden.

2. Überprüfung und Aktualisierung (§ 5 Abs. 2 Nr. 2 GwG)

a) Umfang der Überprüfung

29 Weiter muss die Risikoanalyse regelmäßig von dem Verpflichteten überprüft und bei Bedarf aktualisiert werden (§ 5 Abs. 2 Nr. 2 GwG). Die Aktualisierung muss mindestens einmal jährlich stattfinden.[39] Im Rahmen der Aktualisierung muss eine vollständige Überprüfung der Risikoanalyse erfolgen, angefangen von der Risikosituation des Unternehmens, bspw. neuen Produkten und Märkten, wesentlichen Umstrukturierungen, bis hin zur Berücksichtigung der im Vorjahr umgestellten zusätzlich getroffenen Präventionsmaßnahmen bzw. Kontrollhandlungen. Um eine vollständige Aktualisierung sicherzustellen, empfiehlt es sich, bereits unterjährig die für die Risikoanalyse relevanten Themen zu sam-

---

37 So auch im BaFin-Rs. 8/2005 (GW), Rn. 5.
38 BaFin-Rs. 8/2005 (GW), Rn. 5.
39 BT-Drs. 18/11555, S. 109; so auch schon für Institute: BaFin-Rs. 8/2005 (GW), Rn. 6.

meln bzw. nachvollziehbar einzuarbeiten. Wesentliche Relevanz entfalten bspw. auch Feststellungen der Internen Revision oder des Jahresabschlussprüfers zu Mängeln in der Methode zur Erstellung der Risikoanalyse oder des Umfangs, den Schwächen im internen Kontrollsystem oder den Präventionsmaßnahmen.

Verpflichtete des **Nicht-Finanzsektors**, die bedingt durch § 5 GwG erstmalig   **30** eine Risikoanalyse durchführen müssen, sollten folgende Faktoren vor der initialen Durchführung berücksichtigen: konkret einzubeziehende Themengebiete gem. des risikobasierten Ansatzes, zu erwartende Aufwände für die Personalplanung und den Aufsatz konkreter Prozesse zur Umsetzung (Turnus, Stichtage der Betrachtung, Einbindung der relevanten Bereiche und Ansprechpartner, Bereitstellungsaufwände für erforderliche Daten) sowie Abstimmung und Genehmigung der Analyse durch ein Mitglied der Leitungsebene (sofern vorhanden).

b) Pflicht zur Aktualisierung

Die Aktualisierung muss **mindestens einmal jährlich** erfolgen.[40] Je nach Ent-   **31** wicklung der Risikosituation im Unternehmen oder des nationalen sowie internationalen Umfeldes (neue Erkenntnisse aus der nationalen, subnationalen bzw. supranationalen Risikoanalyse) kann auch die (ggf. mehrmalige) unterjährige Anpassung der Risikoanalyse erforderlich werden. Hierdurch soll sichergestellt werden, dass technische Neuerungen, neue Dienstleistungen des jeweiligen Verpflichteten und neue Methoden und Erkenntnisse über die Geldwäsche und Terrorismusfinanzierung berücksichtigt werden.[41] Der Wortlaut der Gesetzesbegründung („soweit möglich") erlaubt dem Verpflichteten nur ausgewählte Inhalte der Risikoanalyse zu überarbeiten, die nicht mehr dem aktuellen Stand entsprechen. Die Veränderungen zum Vorjahr müssen in der Risikoanalyse entsprechend erkennbar gemacht und dokumentiert werden.[42] So kann die Risikoentwicklung des Hauses über mehrere Jahre sichtbar gemacht und etwaige Muster können erkannt werden.

3. Zurverfügungstellung an die Aufsichtsbehörde (§ 5 Abs. 2 Nr. 3 GwG)

Nach § 5 Abs. 2 Nr. 3 GwG müssen die Verpflichteten der jeweils zuständigen   **32** Aufsichtsbehörde die jeweils aktuelle Fassung der Risikoanalyse „auf Verlangen" zur Verfügung stellen. Es empfiehlt sich daher, einen besonderen Wert auf die Qualität der Dokumentation (siehe oben unter → Rn. 27 ff.) zu legen. Die noch im Referentenentwurf des § 4 Abs. 2 Nr. 3 GwG n. F. vom 15.12.2016 vorgesehene obligatorische Übersendung der jeweils aktuellen Risikoanalysen

---

40 BT-Drs. 18/11555, S. 109.
41 BT-Drs. 18/11555, S. 109.
42 BaFin, AuA 2021, S. 14.

sämtlicher Verpflichteter an die zuständige Aufsichtsbehörde wurde nicht in das GwG n. F. übernommen.[43]

4. Genehmigung durch die Leitungsebene

33 Nach § 4 Abs. 3 Satz 2 GwG muss die Risikoanalyse – genau wie die internen Sicherungsmaßnahmen – durch ein zu benennendes Mitglied der Leitungsebene eines Verpflichteten **genehmigt** werden, sofern ein solches existiert. Dies wird grundsätzlich der Fall bei Verpflichteten nach § 2 Abs. 1 Nr. 1–9 GwG sein (alle Institute und Finanz- und Versicherungsunternehmen), aber ist z. B. entbehrlich bei Berufsträgern, die selbst unmittelbar verpflichtet sind, wie Rechtsanwälten oder Steuerberatern.[44] Die Verantwortlichkeit des Mitglieds der Leitungsebene (z. B. Vorstand, Geschäftsführer) für die Einrichtung eines ordnungsgemäßen und angemessenen Risikomanagements, inkl. genauer Kenntnisse der Risiken im Zusammenhang mit Geldwäsche und Terrorismusfinanzierung und ihrer Bewertungen in Bezug auf den Geschäftsbetrieb des Verpflichteten, muss eindeutig dokumentiert sein und besteht unbeschadet einer Gesamtverantwortung der Geschäftsleitung.[45] Die Genehmigung erfolgt bei Kreditinstituten regelmäßig durch die Einbringung einer Vorstandsvorlage. Ein entsprechender Nachweis über die erteilte Genehmigung der Risikoanalyse ist durch den Geldwäschebeauftragten zu dokumentieren. Diese Genehmigung wird bei Instituten erfahrungsgemäß auch im Rahmen der Jahresabschlussprüfung kontrolliert.

5. Besonderheit für Institute: Überprüfung durch den Jahresabschlussprüfer

34 Nach § 1 Nr. 1 Prüfungsberichtsverordnung (PrüfbV) wird für bestimmte, dort näher bezeichnete **Institute** eine Jahresabschlussprüfung durchgeführt. Gem. § 27 Abs. 1 Satz 1 PrüfbV sind in der Jahresabschlussprüfung durch den externen Abschlussprüfer die **Vorkehrungen darzustellen**, die das verpflichtete Institut im Berichtszeitraum zur Verhinderung von Geldwäsche und von Terrorismusfinanzierung sowie von sonstigen strafbaren Handlungen getroffen hat. Im Prüfungsbericht muss der Abschlussprüfer nach § 27 Abs. 2 PrüfbV die **Angemessenheit und ggf. die Wirksamkeit** der getroffenen Vorkehrungen beurtei-

---

43 Vgl. RefE des Bundesministeriums der Finanzen, Entwurf eines Gesetzes zur Umsetzung der Vierten EU-Geldwäscherichtlinie, zur Ausführung der EU-Geldtransferverordnung und zur Neuorganisation der Zentralstelle für Finanztransaktionsuntersuchungen v. 15.12.2016, Bearbeitungsstand 13:37 Uhr, https://www.bundesgerichtshof.de/SharedDocs/Downloads/DE/Bibliothek/Gesetzesmaterialien/18_wp/EU_Geldwaesche RL_4/refe.pdf?__blob=publicationFile&v=1, zuletzt abgerufen am 7.3.2022.
44 *Ranker*, DStR 2018, 699 ff.
45 BaFin, AuA 2021, S. 10 f.

len. § 27 Abs. 8 PrüfbV listet auf, welche Angaben der Prüfer bei der Darstellung der Risikosituation des Instituts anhand der aktuellen und vollständigen Risikoanalyse des Instituts in die Anlage 5 PrüfbV[46] aufzunehmen hat.

Der Prüfer hat nach § 27 Abs. 4 PrüfbV auch darauf einzugehen, ob die Risikoanalyse, die das Institut im Rahmen des Risikomanagements zur Verhinderung von **Geldwäsche und Terrorismusfinanzierung** gemäß § 5 GwG erstellt hat, der tatsächlichen Risikosituation des Instituts entspricht und ob die Risikoanalyse, die im Rahmen des Risikomanagements zur Verhinderung von sonstigen **strafbaren Handlungen** gemäß § 25h Abs. 1 KWG erforderlich ist, der tatsächlichen Risikosituation des Instituts entspricht (siehe dazu auch → § 6 Rn. 39). **35**

V. Erstellung der Risikoanalyse

Im Rahmen der Erstellung der Risikoanalyse sind bestimmte Schritte und Vorgaben zu beachten. Insbesondere müssen die Sicherungsmaßnahmen zur Reduzierung der identifizierten Risiken anschließend aus der Risikosituation des Unternehmens abgeleitet bzw. darauf angepasst werden können. Die Risikoanalyse muss erkennbar „unternehmensspezifisch" sein bzw. die jeweils individuelle Risikosituation des Verpflichteten angemessen reflektieren. Für **Institute des Finanzsektors** wurden die verbindlich bei der Erstellung der Risikoanalyse zu beachtenden Vorgaben durch das nunmehr in der gesetzlichen Regelung aufgegangen **BaFin-Rs. 8/2005 (GW)** festgelegt, die analog auch durch andere Verpflichtete angewendet werden können.[47] Gem. BaFin-AuA 2021[48] sind bei der Anfertigung einer internen Risikoanalyse und der damit verbundenen Herleitung der erforderlichen Maßnahmen insbesondere die folgenden fünf Schritte notwendig: **36**

- **Schritt 1:** Die vollständige Bestandsaufnahme der unternehmensspezifischen Situation.
- **Schritt 2:** Die Erfassung und Identifizierung der kunden-, produkt- und transaktionsbezogenen sowie der geografischen Risiken.
- **Schritt 3:** Die Kategorisierung, d. h. Einteilung in Risikogruppen, und ggf. zusätzliche Gewichtung, d. h. Bewertung, der identifizierten Risiken.
- **Schritt 4:** Die Entwicklung und Umsetzung angemessener interner Sicherungsmaßnahmen, die im Rahmen der erforderlichen Geldwäsche-Präventi-

---

46 Anlage 5 PrüfbV enthält den sog. „Erfassungsbogen gemäß § 27 PrüfbV" mit der Auflistung der Feststellungen zum Prüfungsergebnis, der dem Jahresabschlussprüfungsbericht für die Themenbereiche Geldwäsche, Terrorismusfinanzierung und sonstige strafbare Handlungen beigefügt wird.

47 *Herzog,* in: Herzog, GwG, 3. Aufl. 2018, § 5 Rn. 3.

48 BaFin, AuA 2021, S. 12 ff.

onsmaßnahmen aufgrund des Ergebnisses der Risikoanalyse verwendet werden.

– **Schritt 5:** Die Überprüfung und Weiterentwicklung der bisher getroffenen internen Sicherungsmaßnahmen unter Berücksichtigung des Ergebnisses der Risikoanalyse.[49]

37 Im Wesentlichen hat sich das folgende Vorgehen etabliert:

– Bestimmung des Geldwäsche-Bruttorisikos, d.h. des inhärenten Risikos, dem das Institut ohne die implementierten Maßnahmen ausgesetzt ist,[50]
– abzüglich dem Wert der präventiven Maßnahmen (die im Rahmen der Risikoanalyse auf ihre Angemessenheit und Funktionsfähigkeit[51] analysiert werden sollten), die die identifizierten Risiken tatsächlich reduzieren könnten,
– daraus ergibt sich das tatsächliche Risiko des Instituts, d.h. das Nettorisiko, Restrisiko oder Residualrisiko.[52]

38 Basierend auf der Betrachtung des (meist als gering, mittel oder hoch beschriebenen) Nettorisikos wird über den weiteren Umgang damit, z.B. in Form der Schärfung von Präventions- bzw. Kontrollmaßnahmen, aber auch der Einstellung eines besonders hoch risikobehafteten Produktes entschieden (Risikoappetit).

39 Für Verpflichtete des **Nicht-Finanzsektors** existieren bislang keine spezifischen gesetzlichen, und nur eingeschränkte aufsichtliche Vorgaben zur Erstellung der Risikoanalyse.[53] Grundsätzlich ist es für Verpflichtete des Nicht-Finanzsektors möglich, analog auf die bereits bestehenden Vorgaben für den Finanzsektor zurückzugreifen, sofern dies in Teilen fachlich sinnvoll und möglich ist. Zudem sind von den Verpflichteten des Nicht-Finanzsektors die **speziellen**

---

49 BaFin, AuA 2021, S. 12 ff.
50 Die EBA Leitlinien zu den Risikofaktoren für Geldwäsche und Terrorismusfinanzierung bezeichnen das inhärente Risiko als „die Risikohöhe vor einer Risikominderung", Restrisiko" bezeichnet die Risikohöhe, die nach einer Risikominderung weiter besteht.
51 Damit wird die Wirksamkeit der Maßnahme gegen die identifizierten Risiken angesprochen.
52 Dies ist eine über die Grenzen Deutschlands hinaus anerkannte Methode der Risikomessung, vgl. z.B. auch die Vorgaben der niederländischen Aufsicht zur Analyse von Integritätsrisiken, unter die auch Geldwäsche fällt: https://www.dnb.nl/media/pfmbzrah/guidance-integrity-risk-analysis-english-version.pdf, zuletzt abgerufen am 7.3.2022.
53 Allerdings haben Steuerberater- und Anwaltskammern den Mitgliedern zugängliche Arbeitshilfen ausgearbeitet, siehe z.B. auszugsweise *Ranker*, DStR 2018, 699 oder das Formular für eine Musterrisikoanalyse der RAK München, https://www.rak-muenchen.de/fileadmin/downloads/01_Rechtsanwaelte/Berufsrecht/Geldwaesche/Downloads/Muster-Risikoanalyse_gemaess____5_GwG_im_offenen_Word-Format.docx, zuletzt abgerufen am 7.3.2022.

und ggf. verbindlichen Vorgaben der jeweils zuständigen Aufsichtsbehörden zu beachten.[54]

Nachfolgend werden die fünf Schritte zur Erstellung der Risikoanalyse in Anlehnung an die BaFin AuAs (Stand 2021) im Detail dargestellt. **40**

1. Bestandsaufnahme (Schritt 1)

Für Institute des Finanzsektors muss eine vollständige Bestandsaufnahme der **institutsspezifischen Risikosituation** vorgenommen werden.[55] Im Rahmen der **41**
Bestandsaufnahme kommt es insbesondere auf die Erfassung der im Unternehmen vorhandenen[56]

- grundlegenden Kundenstruktur,
- Geschäftsbereiche und -abläufe,
- der angebotenen Produkte,
- der Vertriebswege sowie
- der Organisationsstruktur des Institutes (z. B. Organigramm des Unternehmens) an.

Zudem bietet sich eine Analyse des geografischen und infrastrukturellen Umfelds des Institutes an, da der Standort eines Institutes Auswirkungen auf das **42**
Geldwäscherisiko haben kann (z. B. Laufkundschaft bei einer Filiale in Flughafen-, Hafen- oder Bahnhofsnähe) sowie ein Ausblick auf ggf. neue Produkte und Märkte. Hier lohnt sich auch ein Blick auf die nationale Bedrohungseinschätzung im Hinblick auf Geldwäsche aus der nationalen Risikoanalyse. Im Rahmen der Bestandsaufnahme sollten weiterhin sämtliche im Institut implementierten Sicherungsmaßnahmen gegen Geldwäsche (auch auf Bereichs- und Abteilungsebene) aufgenommen werden. Auch für Verpflichtete des Nicht-Finanzsektors bietet sich eine analoge Betrachtung an, da vergleichbare Geldwäscherisiken auftreten können.

Eine Bestandsaufnahme ist wichtig, da Unternehmen auf Geldwäsche und Terrorismusfinanzierung basierende Risiken nur dann wirksam reagieren können, **43**
wenn diese Risiken zuvor vollständig identifiziert wurden.[57]

---

54 Vgl. zum Beispiel die Auslegungs- und Anwendungshinweise der Bezirksregierung Arnsberg für Güterhändler, Immobilienmakler und andere Nichtfinanzunternehmen, https://www.bra.nrw.de/system/files/media/document/file/auslegungs_und_anwendun gshinweise_zum_geldwaeschegesetz.pdf, zuletzt abgerufen am 7.3.2022.
55 BaFin, AuA 2021, S. 12.
56 BaFin, AuA 2021, S. 12.
57 Vgl. *Lochen*, CCZ 2017, 92.

44   In einem zweiten Schritt müssen die vorhandenen Risiken von Instituten identifiziert und anschließend kategorisiert (Schritt 3) werden. Beide Schritte werden nachfolgend im Detail beschrieben.

2. Erfassung und Identifizierung der Risiken (Schritt 2)

45   Sämtliche **kunden-, produkt- und transaktionsbezogenen sowie geografischen Risiken** müssen zunächst erfasst und identifiziert werden.[58] Hierbei sind insbesondere auch die in den **Anlagen 1 und 2 GwG** beschriebenen Faktoren für ein potenziell geringeres oder höheres Risiko zu berücksichtigen. Zudem können sich Kriterien zur Einordnung aus der **supranationalen sowie der nationalen Risikoanalyse** ergeben (siehe → Rn. 20 und 22).

– Ein potenziell **höheres Risiko** nach Anlage 2 GwG besteht in Fällen des **Kundenrisikos** bei außergewöhnlichen Umständen der Geschäftsbeziehung, Kunden, die in geografischen Gebieten mit hohem Risiko ansässig sind, juristische Personen oder Rechtsvereinbarungen, die als Instrumente für die private Vermögensverwaltung dienen, Unternehmen mit nominellen Anteilseignern oder als Inhaberpapiere emittierten Aktien, bargeldintensive Unternehmen sowie angesichts der Art der Geschäftstätigkeit als ungewöhnlich oder übermäßig kompliziert erscheinende Eigentumsstruktur des Unternehmens, der Kunde ist ein Drittstaatsangehöriger, der Aufenthaltsrechte oder die Staatsbürgerschaft eines Mitgliedstaats im Austausch gegen die Übertragung von Kapital, den Kauf von Immobilien oder Staatsanleihen oder Investitionen in Gesellschaften in diesem Mitgliedstaat beantragt hat. Die nationale und supranationale Risikoanalysen haben gezeigt, dass Deutschland als globales Finanzzentrum und stark international verflochtene Volkswirtschaft anfällig für Geldwäscherisiken ist, die mit bestimmten internationalen Unternehmensformen im Zusammenhang stehen. Straftäter versuchen danach häufig, ihre Identität durch Mantelgesellschaften, Treuhänderunternehmen oder komplizierte Firmengeflechte zu verschleiern.[59] In diesen Fällen könnten die wirtschaftlichen Eigentümer nicht eindeutig ermittelt werden.[60] Weitere einzelne Rechtsformrisiken können punktuell aus dem Fließtext der nationalen Risikoanalyse entnommen werden. So werden beispielsweise Aktiengesellschaften mit einem geringen Risiko, ausländische Gesellschaften, eingetragene Vereine und Gesellschaften bürgerlichen Rechts mit einem hohen Risiko versehen.[61] Dem Kundenrisiko zuordnen kann man auch das jeweilige Branchenrisiko. Im Rahmen der nationalen Risikoanalyse erfolgt keine pauschale

---

58 Vgl. BaFin, AuA 2021, S. 12 f.
59 BMF, Erste Nationale Risikoanalyse 2018/2019, Kapitel 3.1.4, S. 34 ff.
60 BMF, Erste Nationale Risikoanalyse 2018/2019, Kapitel 3.1.4, S. 34 ff.
61 BMF, Erste Nationale Risikoanalyse 2018/2019, Kapitel 3.1.4, S. 34 f.

Risikoeinschätzung für Branchen. Allerdings werden neben dem Finanzsektor sieben weitere Branchen vor dem Hintergrund eines erhöhten Geldwäscherisikos beschrieben. Dies sind die Branchen Grundstück- und Wohnungswesen; Handel mit Kraftwagen; Hotels, Gasthöfe und Pensionen; Rechtsanwälte und Notare. Hinsichtlich des Finanzsektors wird zwischen dem Banken-, dem Versicherungs- und dem Wertpapiersektor, Zahlungsdienstleistern, sonstigen Finanzdienstleistern, sonstigen Finanzdienstleistungen sowie neuen Phänomenen der Finanzbranche differenziert. Auch diese Sektoren sind noch einmal auf Untersektoren herunter gebrochen. Die dabei erwähnten Risiken sollten zwingend im Rahmen der Risikobewertung berücksichtigt werden. Die Nichtbeachtung der entsprechend dokumentierten Risikolage kann zu wesentlichen Beanstandungen seitens des Prüfers führen.

– Faktoren, die für ein **erhöhtes Produkt[62]-, Dienstleistungs-, Transaktionsoder Vertriebskanalrisikos** nach Anlage 2 GwG sprechen, sind z.B. die Betreuung vermögender Privatkunden, Produkte oder Transaktionen, die Anonymität begünstigen könnten, Geschäftsbeziehungen oder Transaktionen ohne persönliche Kontakte und ohne bestimmte Sicherungsmaßnahmen wie z.B. elektronische Unterschriften, der Eingang von Zahlungen unbekannter oder nicht verbundener Dritter, neue Produkte und neue Geschäftsmodelle einschließlich neuer Vertriebsmechanismen sowie Nutzung neuer oder in der Entwicklung begriffener Technologien für neue oder bereits bestehende Produkte.

– Faktoren für ein **erhöhtes geografisches Risiko** nach Anlage 2 GwG sind beispielsweise Länder, deren Finanzsysteme laut glaubwürdigen Quellen (z.B. gegenseitige Evaluierungen, detaillierte Bewertungsberichte oder veröffentlichte Follow-up-Berichte) nicht über hinreichende Systeme zur Verhinderung, Aufdeckung und Bekämpfung von Geldwäsche und Terrorismusfinanzierung verfügen,[63] Drittstaaten, in denen Korruption oder andere kriminelle Tätigkeiten laut glaubwürdigen Quellen signifikant stark ausgeprägt

---

62 Der Begriff Produkte umfasst im Rahmen der Nationalen Risikoanalyse als Sammelbegriff (Finanz-)Produkte, wie zum Beispiel Zahlungsverkehrskonten, (Finanz-)Dienstleistungen, wie zum Beispiel Vermögensverwaltung, oder (Vertriebs-)Kanäle, wie beispielsweise Electronic Banking. Im Zuge der Nationalen Risikoanalyse wurden insgesamt 13 Produkte klassifiziert. Jedes Produkt wurde auf der Grundlage produktspezifischer Faktoren bewertet. In die Betrachtung wurden insbesondere folgende Merkmale und Kriterien einbezogen: das Kundenstammprofil, die zeitliche Verfügbarkeit, die Eignung des Produkts zur Übertragung von Vermögenswerten, die Fungibilität des Produkts, eine häufige Verwendung von Bargeld, eine mögliche anonyme Nutzung, Charakteristiken möglicher Vertriebskanäle sowie der Umfang der Due-Diligence-Maßnahmen. BMF, Erste Nationale Risikoanalyse 2018/2019, S. 64.
63 Hier als Quelle geeignet sind die Länderbewertungen der FATF, https://www.fatf-ga fi.org/publications/high-risk-and-other-monitored-jurisdictions/documents/increased-monitoring-march-2022.html, zuletzt abgerufen am 7.3.2022.

sind,[64] Staaten, gegen die beispielsweise die Europäische Union oder die Vereinten Nationen Sanktionen, Embargos oder ähnliche Maßnahmen verhängt hat oder haben, Staaten, die terroristische Aktivitäten finanziell oder anderweitig unterstützen oder in denen bekannte terroristische Organisationen aktiv sind. In einem weiteren Schritt sollten die in der nationalen Risikoanalyse genannten Länder mit in die Risikoeinschätzung aufgenommen werden. Dabei muss im Zweifel das fünfstufige Risikomodell der nationalen Risikoanalyse mit dem in vielen Häusern üblichen dreistufigen Risikomodell harmonisiert werden.[65]

– Faktoren für ein **potenziell geringeres Kundenrisiko** gem. Anlage 1 GwG sind beispielsweise öffentliche, an einer Börse notierte Unternehmen, die (aufgrund von Börsenordnungen oder von Gesetzes wegen oder aufgrund durchsetzbarer Instrumente) solchen Offenlegungspflichten unterliegen, die Anforderungen an die Gewährleistung einer angemessenen Transparenz hinsichtlich des wirtschaftlichen Eigentümers auferlegen – wobei hier das Land, in dem die Börsennotierung besteht, mit betrachtet werden sollte. In der Praxis führen viele Verpflichtete Listen mit vertrauenswürdigen Börsen, bei denen, sofern der Kunde dort notiert ist, ein geringeres Risiko gilt.[66] Weitere Faktoren können öffentliche Verwaltungen oder Unternehmen und Kunden mit Wohnsitz in geografischen Gebieten mit geringerem Risiko sein.

– Faktoren für ein **potenziell geringeres Produkt-, Dienstleistungs-, Transaktions- oder Vertriebskanalrisiko** gem. Anlage 1 GwG sind beispielsweise Lebensversicherungspolicen mit niedriger Prämie, Versicherungspolicen für Rentenversicherungsverträge, sofern die Verträge weder eine Rückkaufklausel enthalten noch als Sicherheit für Darlehen dienen können, Rentensysteme und Pensionspläne oder vergleichbare Systeme, die den Arbeitnehmern Altersversorgungsleistungen bieten, wobei die Beiträge vom Gehalt abgezogen werden und die Regeln des Systems den Begünstigten nicht gestatten, ihre Rechte zu übertragen, Finanzprodukte oder -dienste, die bestimmten Kunden angemessen definierte und begrenzte Dienstleistungen mit dem Ziel der Einbindung in das Finanzsystem („financial inclusion") anbieten, Pro-

---

64 Hierzu als Quelle geeignet ist z. B. der Corruption Perception Index von Transparency International, abrufbar für 2021 unter https://www.transparency.org/en/cpi/2021, zuletzt abgerufen am 6.4.2022.

65 BMF, Erste Nationale Risikoanalyse 2018/2019, Anlage 4: Grenzüberschreitende Bedrohung. Mit einem hohen Risiko wurde die Geldwäschebedrohung für Deutschland in der ersten nationalen Risikoanalyse 2018/2019 hinsichtlich der elf Regionen/Staaten Osteuropa (insbesondere Russland), Türkei, China, Zypern, Malta, British Virgin Islands, Cayman Islands, Bermuda, Guernsey, Jersey und Isle of Man bewertet.

66 Seitens der BaFin wurde mit Rundschreiben 1/2012 (Gw) eine Liste mit sog. „gleichwertigen" Börsen in Drittländern inkl. Angaben zu Offenlegungspflichten veröffentlicht, die als Basis zur Erstellung einer solchen institutsindividuellen Liste dienen kann.

dukte, bei denen die Risiken der Geldwäsche und der Terrorismusfinanzierung durch andere Faktoren wie etwa Beschränkungen der elektronischen Geldbörse oder die Transparenz der Eigentumsverhältnisse gesteuert werden (z. B. bestimmte Arten von E-Geld).
– Faktoren für ein **potenziell geringeres geografisches Risiko** gem. Anlage 1 GwG können sein; Mitgliedstaaten der EU, Drittstaaten mit gut funktionierenden Systemen zur Verhinderung, Aufdeckung und Bekämpfung von Geldwäsche und von Terrorismusfinanzierung,[67] Drittstaaten, in denen Korruption und andere kriminelle Tätigkeiten laut glaubhaften Quellen schwach ausgeprägt sind, Drittstaaten, deren Anforderungen an die Verhinderung, Aufdeckung und Bekämpfung von Geldwäsche und von Terrorismusfinanzierung laut glaubhaften Quellen (z. B. gegenseitige Evaluierungen, detaillierte Bewertungsberichte oder veröffentlichte Follow-up-Berichte) den überarbeiteten FATF (Financial Action Task Force)-Empfehlungen entsprechen und die diese Anforderungen wirksam umsetzen.

Für Berufsträger wie z. B. Rechtsanwälte, Notare oder Steuerberater ist auch immer das Risiko der Annahme von inkriminierten Geldern als Honorar in der Risikoanalyse zu berücksichtigen. **46**

Sämtliche erfassten und identifizierten Risiken sollten für einen sachverständigen Dritten nachvollziehbar beschrieben werden. **47**

Für den Finanzsektor lassen sich die Risiken mit Hilfe des hier vorhandenen Erfahrungswissens über Techniken der Geldwäsche und Finanzierung des Terrorismus erfassen und identifizieren. Zur Identifizierung der relevanten Risiken sind verschiedene **Vorgehensweisen** denkbar. Das hierfür erforderliche Erfahrungswissen kann z. B. aufgrund nationaler und internationaler Anhalts- bzw. Typologiepapiere und Verdachtskataloge, des im Unternehmen vorhandenen bzw. zu gewinnenden Wissens (etwa aus Medienauswertungen), der allgemeinen Analyse von Verdachtsfällen, die das Unternehmen in der Vergangenheit tangierten, oder des Erfahrungsaustausches mit Geldwäschebeauftragten anderer Verpflichteter gewonnen bzw. aktualisiert werden.[68] Anhand von Fragebögen können bspw. strukturierte **Interviews** mit betroffenen Geschäfts- oder Marktbereichen geführt werden.[69] Alternativ oder ergänzend können die benötigten Informationen durch sog. **Self Assessments** eingeholt werden, deren Ergebnisse vor einer weiteren Verwendung jedoch fachlich validiert und plausibilisiert werden müssen. Im Markt setzt sich zunehmend auch die Identifizierung der Risiken auf Basis der im Institut vorgehaltenen Datenbasis in Kombination mit qualitativen **48**

---

67 Allerdings wurde die sog. „Drittlandäquivalenzliste" der EU durch Inkrafttreten der Vierten EU-Geldwäsche-Richtlinie nicht fortgeführt.
68 BaFin, AuA 2021, S. 13.
69 Vgl. *Dittrich/Matthey*, in: Hauschka/Moosmayer/Lösler, Corporate Compliance, Rn. 60.

Analyseelementen durch („**datengestützte Risikoanalyse**"). Diese stützt sich häufig zu einem großen Teil auf die Daten, die z. B. bereits in von Kreditinstituten verpflichtend zu betreibenden EDV-Monitoringsystemen zur Analyse von Transaktionen und Geschäftsbeziehungen oder in den Kundenstammdatensystemen auch anderer Verpflichteter vorgehalten werden. Durch diesen Ansatz kann ein stärkeres Zusammenspiel aus quantitativen und qualitativen Aspekten sichergestellt werden. So können Risikoinformationen direkt aus den in den Systemen der Bank lagernden Informationen zu bspw. Kunden, Produkten oder auch Transaktionen ausgewertet und entsprechend ihres Risikopotenzials auch bewertet werden. Durch die Analyse der vorhandenen Daten kann eine automatisierte Identifizierung und Kategorisierung der Risiken durch hinterlegte gewichtete[70] Berechnungslogiken erfolgen. Die Betrachtung der vorgehaltenen Daten kann bereits in diesem Schritt wertvolle Erkenntnisse zur allgemeinen Datenqualität und der Einhaltung von (länderbezogenen) Sorgfaltspflichten liefern. In diese Datenanalyse zur Betrachtung der Risikostruktur im Kundenstamm des Institutes können bspw. „typische" Unterkategorien des Kundenrisikos, wie Sitzland, Land der Hauptgeschäftstätigkeit des (Firmen-)Kunden, Branche und Rechtsform mit einbezogen werden. Je nach Granularität der Daten lassen sich auch zusätzliche Analysen durchführen, bspw. durch die Kombination einzelner Risikoparameter zur Bildung von sog. Kombinationsrisiken. So lassen sich u. a. genaue Aussagen dazu treffen, welche Produktgruppe in einem betrachteten Kundenportfolio einen maßgeblichen Risikoeinfluss innehält.

49   Im Rahmen der zuletzt dargestellten datengetriebenen Betrachtung zur Generierung eines vollumfänglichen Überblicks über die Risiken des Instituts, sollte über die reine Betrachtung der Daten hinaus, auch die Einbindung von zusätzlichen qualitativen Informationen durch Assessments in den relevanten Fachbereichen erfolgen, insbesondere hinsichtlich der Qualität implementierter Sicherungsmaßnahmen und Kontrollen zur Ermittlung der tatsächlichen Risikoposition eines Instituts. Diese Erkenntnisse sollten mit den Ergebnissen der Datenanalyse entsprechend zur Generierung des Restrisikos verknüpft werden.

50   Es ist dabei, anders als nach US-Recht, in der EU noch nicht verpflichtend, die Risikoanalyse datengestützt durchzuführen. Aufgrund der stets komplexer werdenden Anforderungen und der Tatsache, dass die Effizienz der Compliancebereiche immer mehr in den Vordergrund rückt, ist ein entsprechendes Vorgehen jedoch deutlich von Vorteil.[71]

---

70 Zu grundsätzlichen Vorgaben zur Risikogewichtung siehe die Leitlinien zu Risikofaktoren der Europäischen Aufsicht.

71 Zustimmend *Herzog*, in: Herzog, GwG, 3. Aufl. 2018, § 5 Rn. 7.

3. Kategorisierung der Risiken (Schritt 3)

Weiterhin müssen die zuvor identifizierten Risiken kategorisiert werden.[72] Dies **51** bedeutet, dass die identifizierten Risiken in Risikogruppen eingeteilt und ggf. zusätzlich gewichtet (d. h. bewertet) werden müssen.[73] Die Bewertung der identifizierten Risiken soll im Rahmen der Risikoanalyse grundsätzlich in drei Risikostufen (hoch, mittel, niedrig) erfolgen, möglich ist aber auch eine weitere Spreizung/Abstufung mit mehr Risikostufen/-kategorien.[74] So arbeiten die Verfasser der nationalen Risikoanalyse, wie oben beschrieben, mit einem fünfstufigen Bewertungsmodell (siehe → Rn. 10). Die folgende Kategorisierung wird von der Aufsicht vorgeschlagen:[75]

– Als hoch werden alle Fallkonstellationen betrachtet, die entweder per § 15 GwG als gesetzlich hohes Risiko definiert sind (z. B. Politisch Exponierte Personen (PEP)) oder aufgrund der eigenen Risikoeinschätzung des Verpflichteten gem. der Risikoanalyse unter Berücksichtigung der Anlage 2 zum GwG, der Leitlinien zu Risikofaktoren oder sonstiger konkreter Informationen ebenfalls in diese Klassifizierung fallen.
– Das mittlere Risiko umfasst die Fälle, die aufgrund der eigenen Risikoeinschätzung des Verpflichteten nicht in die Klassifizierung „hoch" oder „gering" kategorisiert werden.
– Als gering werden sämtliche Fallkonstellationen bezeichnet, in denen unter Berücksichtigung der Anforderungen des § 14 GwG, der Anlage 1 des GwG sowie der Leitlinien zu Risikofaktoren auf Basis einer nachvollziehbaren Risikoanalyse ein geringes Risiko zugrunde gelegt werden kann.

Bei der Bewertung der Risiken können verschiedene Bewertungsmethoden he- **52** rangezogen werden. Nach Ansicht der Aufsicht ist sowohl „ein Bewertungssystem, bei dem verschiedene Risikofaktoren unterschiedlich gewichtet werden, ebenso denkbar wie ein starres System, bei dem ein hoher Risikowert bei einem Faktor für die Risikobewertung bindend ist und nicht durch Faktoren mit geringem Risiko kompensiert werden kann"[76] (sog. Durchschlagskriterium). Zusätzlich können vor allem für den Hochrisikobereich gewisse Kriterien bestimmt werden, die automatisch bestimmte Sicherungsmaßnahmen erfordern (z. B. besondere Entscheidungsprozesse bei der Aufnahme von PEPs oder Kunden mit Sitz in einem Hochrisikoland wie durch § 15 GwG vorgesehen).[77] Allerdings darf durch die Gewichtung kein gesetzlich hohes Risiko „ausgehebelt" werden.[78]

---

72 BaFin, AuA 2021, S. 13.
73 Vgl. BaFin-Rs. 8/2005 (GW), Rn. 3.
74 BaFin, AuA 2021, S. 13.
75 BaFin, AuA 2021, S. 13.
76 BaFin, AuA 2021, S. 13.
77 BaFin, AuA 2021, S. 13.
78 Leitlinien zu Risikofaktoren der Europäischen Aufsichtsbehörden, S. 18.

Zum Beispiel sollten Kunden mit dem Status PEP oder Kundenbeziehungen, in denen der wirtschaftlich Berechtigte ein PEP ist (was gem. § 15 Abs. 3 Nr. 1 GwG immer zu einer Einstufung als hohes Risiko führen muss), separat unter Einbeziehung der angewendeten verstärkten Sorgfaltspflichten in der Risikoanalyse dargestellt werden. Für Verpflichtete des Nicht-Finanzsektors besteht keine Notwendigkeit, die Kategorisierung als Zwei-Schritt vorzunehmen.

a) Einzubeziehende Informationen

53   Die Identifizierung und Kategorisierung der Risiken muss für **Institute** anhand des sog. Erfahrungswissens über Geldwäsche und Terrorismusfinanzierung erfolgen.[79] Dieses Erfahrungswissen setzt sich gem. dem in der gesetzlichen Regelung aufgegangen BaFin-Rs. 8/2005 (GW) zusammen aus den folgenden Faktoren:

- nationale und internationale Typologiepapiere und Verdachtskataloge,[80]
- Auslegungshilfen des Basler Ausschusses für Bankenaufsicht,[81]
- im Institut vorhandenes bzw. zu gewinnendes Wissen (etwa aus lokalen Presseauswertungen),
- allgemeine Analyse von Verdachtsfällen, die das Institut in der Vergangenheit tangierten sowie
- Erfahrungsaustausch mit Geldwäschebeauftragten anderer Institute im Rahmen der gesetzlich zulässigen Möglichkeiten und
- den Risikofaktoren in Anlage 1 und 2 GwG.

54   **Verpflichtete des Nicht-Finanzsektors** sollten insbesondere folgende Informationen heranziehen:

- nationale und internationale Typologiepapiere und Verdachtskataloge, ggf. auch branchenspezifische Informationen (soweit verfügbar),[82]
- Informationen der zuständigen Aufsichtsbehörde,

---

79 Vgl. BaFin-Rs. 8/2005 (GW), Rn. 3.
80 Hilfreich beispielsweise die „Anhaltspunkte für Geldwäsche und Terrorismusfinanzierung" der FIU, veröffentlicht als Newsletter Ausgabe 11/August 2014, https://geldwae sche-beauftragte.de/wp-content/uploads/2017/04/FIU_Newsletter_Ausgabe_Nr._11_ -August_2014.pdf, zuletzt abgerufen am 7.3.2022.
81 Vgl. BaFin-Rs. 8/2005 (GW), Rn. 3, das speziell auf das Dokument „Sorgfaltspflicht der Banken bei der Feststellung der Kundenidentität" verweist. Es sollte zudem, neben weiteren Dokumenten zu spezifischen Risiken der Geldwäsche und Terrorismusfinanzierung wie etwa im Korrespondenzbankgeschäft, u. a. das folgende Dokument herangezogen werden: „Guidelines, Sound management of risks related to money laundering and financing of terrorism", Juni 2017, https://www.bis.org/bcbs/publ/d405.pdf, zuletzt abgerufen am 7.3.2022.
82 Diese werden teilweise von den Landeskriminalämtern veröffentlicht.

– im Unternehmen vorhandenes bzw. zu gewinnendes Wissen (etwa aus lokalen Presseauswertungen),
– Analyse von früheren Verdachtsfällen sowie
– Erkenntnisse aus Erfahrungsaustauschen mit Geldwäscheansprechpartnern und -beauftragten anderer Unternehmen im Rahmen der gesetzlich zulässigen Möglichkeiten.

Sowohl die Verpflichteten aus dem Finanz- als auch dem Nicht-Finanzsektor sollten zudem regelmäßig die nationale, ggf. die subnationale, als auch die supranationale Risikoanalyse heranziehen, um die in ihrem Institut bzw. Unternehmen identifizierten Risiken zu überprüfen.   **55**

b) Besonderheit für Institute: Entwicklung von Monitoring-Parametern

Weiter müssen Institute aufgrund des Ergebnisses der institutsinternen Risikoanalyse „geeignete Parameter" für die „**erforderlichen Research-Maßnahmen** (vor allem für EDV-Researchsysteme)" entwickeln.[83] Diese Parameter müssen also aus dem Ergebnis der Risikoanalyse **abgeleitet** werden. Unter den sog. „geeigneten Parametern" sind **sämtliche Indizien und Kriterien** zu verstehen, die für das Transaktionsmonitoring verwendet werden. Daraus folgt auch, dass die bloße Nutzung der Voreinstellungen der „Transaction Monitoring Tool"-Anbieter (also der von dem Tool-Anbieter vorprogrammierten Parameter) des Monitoringsystems nicht ausreicht, um eine risikobasierte Ableitung aus der Risikoanalyse zu begründen. Die Nutzung der Standardparameter des Herstellers ist zulässig, sofern nachvollziehbar aus der Risikoanalyse abgeleitet werden kann, dass entsprechende Parameter, wie z. B. Schwellenwerte, institutsspezifisch angepasst wurden.[84]   **56**

Aus dem Ergebnis der Risikoanalyse sind bspw. auch solche Parameter abzuleiten, die dazu führen, dass bestimmte Transaktionen oder Geschäftsbeziehungen temporär aus dem laufenden Monitoring ausgeschlossen werden. Auch derartige Ausschlüsse sind nachvollziehbar, abgeleitet aus der Risikoanalyse zu dokumentieren.   **57**

Das Transaktionsmonitoring kann als eine Maßnahme genutzt werden, um die Anforderungen an die kontinuierliche Überwachung einer Geschäftsbeziehung einschließlich der in ihrem Verlauf durchgeführten Transaktionen nach § 10 Abs. 1 Nr. 5 GwG umzusetzen.   **58**

Grundsätzlich erfolgt das Transaktionsmonitoring bei Finanzinstituten IT-basiert. Unter bestimmten Voraussetzungen können insbesondere **kleinere Institute oder Spezialinstitute des Finanzsektors gem. § 25h Abs. 2 KWG von da-**   **59**

---

83 Vgl. BaFin-Rs. 8/2005 (GW), Rn. 3.
84 BaFin-Rs. 01/2014 (Gw), IV, S. 71.

tenbasierten Monitoringsystemen absehen. Die genauen Kriterien dafür werden von der BaFin bestimmt. Maßgeblich ist dafür, dass sie die bestehenden Risiken der Geldwäsche und Terrorismusfinanzierung (sowie die der sonstigen strafbaren Handlungen) auch durch eine manuelle Überwachung ausreichend beherrschen können (vgl. zu den Anhaltspunkten für diese Beherrschbarkeit → § 25h KWG Rn. 39 ff.). Mittelfristig werden sich die Risikoanalyse, die Kundensegmentierung und -kategorisierung sowie das Transaktionsmonitoring immer mehr ineinander verzahnen, sodass die Risiken nach Ansicht des Autors irgendwann „realtime" per Knopfdruck abgerufen werden können. Gerade im anglo-amerikanischen Raum werden wie oben erwähnt (siehe → Rn. 50 ff.) seitens der Aufsichtsbehörden bereits rein datengetriebene Risikoanalysen gefordert.[85] Es ist damit zu rechnen, dass dies in absehbarer Zeit auch in Deutschland bzw. im EU-Raum zur zwingenden regulatorischen Anforderung wird.

4. Entwicklung und Umsetzung angemessener interner Sicherungsmaßnahmen (Schritt 4)

a) Vorgehensweise

60 Aus der Risikosituation eines Unternehmens müssen von **den Verpflichteten die erforderlichen Sicherungs- bzw. Präventionsmaßnahmen abgeleitet** werden.[86] Die dargestellten Ergebnisse der Risikoeinschätzung (Identifizierung, Kategorisierung und Gewichtung) sind bei der Implementierung der internen Sicherungsmaßnahmen zu berücksichtigen, da die Maßnahmen der Risikosituation des Instituts entsprechen müssen.[87] Sicherungs- bzw. Präventionsmaßnahmen dienen dazu, die in der Risikoanalyse identifizierten Risiken bzw. Gefährdungen für das Unternehmen zu reduzieren. Das heißt, dass bestimmte Maßnahmen dazu dienen sollen, Risiken bspw. auszuschalten oder deren Eintritt zu verringern. Die Maßnahmen müssen dabei angemessen sein, d. h. der jeweiligen Risikosituation des Verpflichteten entsprechen und die Risiken hinreichend abdecken (§ 6 Abs. 1 GwG). Welche Maßnahmen hierunter für den Finanzsektor im Detail zu verstehen sein können, wird in → § 25h KWG Rn. 21 ff. bzgl. der sonstigen strafbaren Handlungen dargestellt. Viele der dort genannten Maßnahmen können auch auf die Risikobereiche Geldwäsche und Terrorismusfinanzierung sowie auf Verpflichtete des Nicht-Finanzsektors übertragen werden.

---

85 Das U.S. Department of the Treasury's Office for Foreign Assets Control (OFAC) empfiehlt Instituten oder Unternehmen, die in den USA ansässig sind, in oder mit den USA oder US-Bürgern Geschäft betreiben oder mit Waren, die originär aus den USA stammen, handeln oder damit Dienstleistungen anbieten, mittlerweile zwingend die Durchführung eines sog. OFAC-Risk Assessments, https://www.treasury.gov/resource-center/sanctions/Documents/framework_ofac_cc.pdf, zuletzt abgerufen am 7.3.2022.
86 BT-Drs. 18/11555, S. 110.
87 BaFin, AuA 2021, S. 13 f.

Unter Sicherungsmaßnahmen zur Bekämpfung von Geldwäsche und Terroris- **61**
musfinanzierung sind insbes. sämtliche **laufenden oder temporären Maßnahmen** mit Kunden- oder Geschäftsbezug (z. B. im Zusammenhang mit dem
Know-Your-Customer (KYC)-Prozess) sowie mit Mitarbeiterbezug (z. B. Schulungen, Informationen, Zuverlässigkeitsprüfung) zu verstehen. Für Institute umfasst dies regelmäßig auch die Ableitung von neuen oder die Anpassung existie-
render Indizien für das Transaktionsmonitoring. Letztlich sind unter Sicherungsmaßnahmen sämtliche Instrumente des **Compliance Management Systems**
(CMS) eines Unternehmens zu fassen.[88] Die gewählten Maßnahmen sollten im
Sinne eines integrierten und konsistenten CMS mit verwandten Maßnahmen in
Bezug auf weitere Compliance-Risikotypen verknüpft werden. **Weitere Compliance-Risikotypen** können bei Instituten des **Finanzsektors** insbes. sonstige
strafbare Handlungen, Finanzsanktionen/Embargos, Kapitalmarkt-Compliance,
Kartellrecht und Anti-Bribery sein. Bei Unternehmen des **Nicht-Finanzsektors**
finden sich mit Ausnahme der Kapitalmarkt-Compliance häufig ähnliche Compliance-Risikotypen.

Die Maßnahmenableitung sollte **sprachlich und inhaltlich für einen sachver-** **62**
ständigen Dritten nachvollziehbar sein. Dies erleichtert auch die Tätigkeit des
Jahresabschlussprüfers, der Aufsichtsbehörden und die Genehmigung durch das
zuständige Mitglied der Leitungsebene. Es ist unerlässlich, dass durchgängig ein
„roter Faden" erkennbar ist.

Für Institute ist bei der Umsetzung der einzelnen Präventionsmaßnahmen im je- **63**
weiligen Einzelfall umso sorgfältiger vorzugehen, je höher das Risikopotenzial
ist.[89] Zudem sind in Abhängigkeit von dem Risikopotenzial auch die Entscheidungsbefugnisse innerhalb des Institutes zu staffeln.[90] Dieser Grundsatz empfiehlt sich auch für Verpflichtete des Nicht-Finanzsektors.

b) Brutto- und Nettorisiko

Für die Ableitung von Maßnahmen empfiehlt es sich, eine Darstellung nach **64**
Brutto- und Nettorisiken bezogen auf eine spezifische Sicherungs- bzw. Präventionsmaßnahme zu wählen. Zunächst wird hierzu eine Sicherungs- bzw. Präventionsmaßnahme A aus dem Risiko X abgeleitet. Dazu muss nachvollziehbar
sein, aus welchem Grund die Maßnahme A aus Risiko X abgeleitet wurde. Weiter ist dann das Brutto-Risiko von X ohne Einleitung von Maßnahme A zu beschreiben. Schließlich wird das Netto-Risiko von X nach Implementierung von
Maßnahme A dargestellt. Zudem muss beschrieben werden, welche weiteren
Maßnahmen zum Umgang mit dem verbleibendem Nettorisiko getroffen wer-

---

88 Vgl. *Lochen*, CCZ 2017, 93.
89 Vgl. BaFin, AuA 2021 S. 14.
90 Vgl. BaFin-Rs. 8/2005 (GW), Rn. 3.

den. In der Regel wird die Brutto-Nettobetrachtung zur verbesserten Nachvollziehbarkeit der Risikomessung und der Vergleichbarkeit der Risiken mathematisch dargestellt, indem auf die identifizierten (Brutto) Risiken und die dagegenwirkenden Maßnahmen sog. Scorewerte verteilt werden, die durch entsprechende Verrechnung automatisch zu einem nachvollziehbaren Nettorisiko führen.

65 Die bestehenden Maßnahmen sollten vor der Brutto-Netto-Betrachtung zum einen auf ihre **Qualität zur Risikominimierung** und zum anderen auf ihre **tatsächliche Risikoreduktionswirkung** untersucht werden. Dies erfolgt auch im Rahmen der Umsetzung des § 6 GwG, der erfordert, dass die internen Sicherungsmaßnahmen der Risikosituation des Verpflichteten angemessen ausgestaltet sind und auch, dass die Verpflichteten die Funktionsfähigkeit der internen Sicherungsmaßnahmen zu überwachen und zu aktualisieren haben. Eine vergleichbare Prüfung sollte u. a. im Rahmen der Durchführung von Compliance Kontrollen erfolgen. Maßnahmen, die Teil einer systemgestützten Überwachung sind oder die eine aktive Mitarbeit erfordern, sind stärker in der Risikobewertung einzubeziehen als passiv wahrgenommene Maßnahmen, wie Arbeitsanweisungen („Papier ist geduldig") und sollten daher bei der Bewertung auch stärker ins Gewicht fallen. So könnten z. B. Indizien aus dem Monitoringsystem ermittelte potenzielle Geldwäscheszenarien völlig abdecken und zu einer starken Risikominderung führen. Jedoch ist auch eine an sich qualitativ gute Präventionsmaßnahme nicht immer für eine konkrete Risikoreduktion geeignet, wenn sie z. B. nicht angemessen, d. h. nicht so definiert ist, um das identifizierte Risiko abzudecken oder nicht wirksam/funktionsfähig ist, weil sie im Unternehmen nicht „gelebt", d. h. praktisch nicht vollständig bzw. richtig umgesetzt wird.

66 Quellen, die zur Beurteilung der Wirksamkeit/Funktionsfähigkeit der Maßnahme herangezogen werden können, können sein: Prüfungsberichte der Internen Revision oder des Jahresabschlussprüfers, Erkenntnisse aus eigenen Kontrollhandlungen des Geldwäschebeauftragten, der täglichen Fall- und Trefferbearbeitung oder OpRisk-Ereignisse. Die Risikoanalyse sollte die so erreichte Darstellung der realen Risikoreduktionswirkung der Maßnahmen entsprechend reflektieren, d. h. die Ermittlung des Nettorisikos sollte konkret darauf beruhen. Spricht man zur Verdeutlichung in der Scorewert-Betrachtungslogik, müsste eine Maßnahme, über die Erkenntnisse von einer Einschränkung der Funktionsfähigkeit vorliegen, mit einem geringeren Wert in die Berechnung des Nettorisikos „eingepreist" werden, als wenn diese voll funktionsfähig wäre.

67 Es ist zudem üblich, im Rahmen der Betrachtung der Nettorisiken eine explizite Entscheidung über den Umgang mit diesem Nettorisiko, d. h. dem nach Sicherungsmaßnahmen verbleibenden, tatsächlichen Risiko zu treffen. Hierbei kann das Risiko „akzeptiert", „ausgeschlossen" oder durch Schärfung bestehender oder Implementierung zusätzlicher Sicherungsmaßnahmen „reduziert" wer-

  Kruse

den.[91] Eine seltenere und für Geldwäscherisiken eher ungeeignete Conclusio ist, diese zu „versichern".

Gegenstand der Beschreibung in der Risikoanalyse sollte ebenfalls der Umsetzungsstatus der zusätzlich angedachten Präventionsmaßnahmen sein, die das Geldwäsche- bzw. Terrorismusfinanzierungsrisiko weiter reduzieren sollen. So ist für den Leser besser nachvollziehbar, ob diese z. B. bereits implementiert oder erst geplant sind. Es empfiehlt sich, eine Übersicht der bereits implementierten Maßnahmen mit der jeweils zu erwartenden Präventionswirkung zu erstellen, um entdeckten Handlungsbedarf transparent zu machen. Ergänzt werden sollte ggf. auch eine Zeitplanung zur Umsetzung der angedachten Maßnahmen. **68**

c) Ableitung von Kontrollhandlungen

Die Kontrollhandlungen des Geldwäschebeauftragten sollten ebenfalls aus der Risikoanalyse nachvollziehbar abzuleiten sein.[92] Diese sind im Rahmen eines **Kontrollplans** darzustellen und zu dokumentieren. Die identifizierten höchsten Risiken sollten unbedingt kontinuierlich in den Kontrollplan aufgenommen werden, da dieser risikoorientiert aufgebaut sein muss. Es sollte allerdings trotzdem darauf geachtet werden, dass eine turnusmäßige Einbindung aller identifizierten Risiken, auch wenn diese gering sind, in den Kontrollplan erfolgt, um über einen gestaffelten Zeitraum jeweils eine vollständige Abdeckung mit Kontrollhandlungen zu erreichen. **69**

5. Überprüfung und Weiterentwicklung getroffener Sicherungsmaßnahmen (Schritt 5)

Institute müssen zudem die bisher getroffenen Präventionsmaßnahmen unter Berücksichtigung des Ergebnisses der Risikoanalyse **überprüfen und weiterentwickeln**.[93] Dies ergibt sich auch aus § 5 Abs. 2 Nr. 2 GwG, wonach die Risikoanalyse bei Bedarf aktualisiert werden muss. Da sich aus der Überarbeitung der Risikoanalyse neue Erkenntnisse für Sicherungsmaßnahmen ergeben können, hängen beide Themen voneinander ab und bedingen ggf. eine Überarbeitung. Somit müssen auch **Verpflichtete des Nicht-Finanzsektors** ab der erstmaligen Aktualisierung der Risikoanalyse, über den Umgang mit bestehenden Sicherungsmaßnahmen entscheiden und ggf. zusätzliche, neue Sicherungsmaßnahmen definieren. **70**

---

91 BaFin-Rs. 7/2011 im Zusammenhang mit den sonstigen strafbaren Handlungen.
92 *Herzog/Warius*, in: Herzog, GwG, 2. Aufl. 2014, Rn. 116.
93 Vgl. BaFin-Rs. 8/2005 (GW), Rn. 3.

VI. Gruppenweite Umsetzung (§ 5 Abs. 3 GwG)

71 Verpflichtete, die Mutterunternehmen einer Gruppe sind, müssen die Risikoanalyse entsprechend der Vorgaben aus § 5 Abs. 1 und 2 GwG für die gesamte Gruppe umsetzen (§ 5 Abs. 3 GwG). Es wird insofern nicht zwischen Instituten des Finanzsektors und anderen Verpflichteten unterschieden.[94] Der **Begriff der Gruppe** wird in § 1 Abs. 16 GwG definiert und orientiert sich nun eher am handelsrechtlichen Begriff der Gruppe als am Konsolidierungskreis des § 10a KWG a. F. (vergleiche zur Definition der Gruppe und der Gruppenpflichten § 9 GwG). Aus § 9 GwG ergibt sich, dass alle Zweigstellen, Zweigniederlassungen und Unternehmen im In- oder Ausland, die dem Mutterunternehmen nachgeordnet sind und die an ihren Standorten ebenfalls geldwäscherechtlichen Pflichten unterliegen, auch die für sie geltenden gruppenweiten Pflichten beachten müssen („gruppenpflichtige Unternehmen").[95] Hintergrund für die Regelung ist die Verpflichtung zur gruppenweiten Umsetzung der internen Sicherungsmaßnahmen und Verfahren für den Informationsaustausch innerhalb der Gruppe für die Zwecke der Bekämpfung der Geldwäsche und Terrorismusfinanzierung nach § 9 GwG.[96] Die risikoangemessene Ausgestaltung dieser Maßnahmen und Verfahren kann gemäß der Gesetzesbegründung nur auf Grundlage einer Risikoanalyse erfolgen.[97] Es soll der großen Zahl von grenzüberschreitenden Geschäften durch die Verpflichteten und der Bedeutung von einheitlichen Standards zur Verhinderung von Geldwäsche und Terrorismusfinanzierung Rechnung getragen werden.[98] Die gruppenweite Risikoanalyse bezieht sich lediglich auf jene Niederlassungen und Unternehmen, die in ihrem jeweiligen Sitzland ebenfalls Verpflichtete nach dem dort geltenden Geldwäschegesetz sind.[99]

72 Das Mutterunternehmen muss nicht nur eine Risikoanalyse über alle gruppenpflichtigen Zweigstellen, Zweigniederlassungen und Unternehmen im In- und Ausland hinweg durchführen, sondern hat in diesem Zusammenhang auch das Risiko zu bewerten, das eine von gruppenangehörigen Unternehmen getätigte Geschäftsaktivität für die gesamte Gruppe darstellt bzw. darstellen kann.[100] Die Gruppenrisikoanalyse und die daraus abgeleiteten gruppenweit geltenden internen Sicherungsmaßnahmen müssen durch das Mitglied der Leitungsebene des Mutterunternehmens, das die Risikoanalyse genehmigt, ebenfalls abgenommen werden. Das Mutterunternehmen muss auf Grundlage der Gruppenrisikoanalyse

---

94 Einen Überblick über die gruppenweite Einhaltung von geldwäscherechtlichen Pflichten bei Güterhändlern bietet *Maslo*, BB 2017, 3010.
95 BaFin, AuA 2021, S. 80 f.
96 BT-Drs. 18/11555, S. 110.
97 BT-Drs. 18/11555, S. 110.
98 BT-Drs. 18/11555, S. 115
99 BaFin, AuA 2021, S. 81.
100 BaFin, AuA 2021, S. 81.

die jeweils erforderlichen Sicherungsmaßnahmen und Vorgaben für alle gruppenpflichtigen Unternehmen festlegen, bei denen es eine rechtliche Möglichkeit hat (z. B. im Rahmen einer Mehrheitsbeteiligung, einer qualifizierten Minderheitsbeteiligung, eines sonstigen Beherrschungsverhältnisses oder aufgrund anderweitiger Vereinbarungen), eine entsprechende wirksame Umsetzung dieser Vorgaben sicherzustellen.[101]

Für **Institute des Finanzsektors** wurde diese Vorgabe bereits durch das nunmehr in der gesetzlichen Regelung aufgegangene BaFin-Rs. 8/2005 (GW) konkretisiert.[102] Danach sind auch solche gruppenangehörigen Unternehmen in die Risikoanalyse aufzunehmen, „die selbst keine Finanztransaktionen durchführen oder sich an deren Durchführung direkt beteiligen, jedoch Geschäfte oder Dienstleistungen anbieten, die das Risiko in sich bergen, für die Nutzung zur Geldwäsche geeignet zu sein (wie z. B. die reine Vermögensberatung oder Vermögensbetreuung)".[103] **73**

VII. Befreiungsmöglichkeit (§ 5 Abs. 4 GwG)

Nach § 5 Abs. 4 GwG kann die zuständige Aufsichtsbehörde den Verpflichteten auf dessen Antrag unter bestimmten Voraussetzungen von der Dokumentation (**nicht:** der Durchführung) der Risikoanalyse befreien. Die Regelung dient der Umsetzung von Art. 8 Abs. 2 Satz 2 Vierte EU-Geldwäscherichtlinie.[104] Einen Antrag auf Befreiung kann damit nach dem Willen des Gesetzgebers **grundsätzlich jeder Verpflichtete** stellen.[105] Es sei danach **unerheblich, ob es sich dabei um einen Einzelunternehmer oder ein größeres Unternehmen** handelt.[106] Dabei werden dem Antragssteller die Kosten der Ablehnung sowie der Bewilligung des Antrags in Rechnung gestellt.[107] Es ist zu beachten, dass sich die **Befreiung** ausschließlich auf die **Dokumentation bzw. Aufzeichnung**[108] der Risikoanalyse bezieht. Dies bedeutet, dass **nicht vollständig von einer Risikoanalyse abgesehen** werden kann. Die Gesetzesbegründung legt nahe, dass von dem Verpflichteten weitere Vorkehrungen für die Risikoanalyse zu treffen sein könnten. Obwohl es jedem Verpflichteten zusteht, einen Antrag auf Befreiung zu stellen, wird die Dokumentation in der Regel lediglich Unternehmen aus dem **Nicht-Finanzsektor** erlassen, da die üblicherweise vorliegenden Risiken im Finanzsektor grund- **74**

---

101 BaFin, AuA 2021, S. 82.
102 Vgl. BaFin-Rs. 8/2005 (GW), Rn. 4.
103 Vgl. BaFin-Rs. 8/2005 (GW), Rn. 4.
104 BT-Drs. 18/11555, S. 110.
105 BT-Drs. 18/11555, S. 110.
106 BT-Drs. 18/11555, S. 110.
107 BaFin, AuA 2018, S. 14.
108 BT-Drs. 18/11555, S. 110.

sätzlich nicht zu einer Befreiung berechtigen.[109] Zwei Voraussetzungen müssen kumulativ für eine Befreiung erfüllt sein und gegenüber der BaFin schriftlich im Antrag nachvollziehbar und ausführlich erläutert werden.

75 Der Verpflichtete muss erstens darlegen, dass die in dem jeweiligen Bereich bestehenden konkreten Risiken klar erkennbar sind.[110] Diese Bedingung liegt insbesondere vor, wenn der Verpflichtete keine komplexen Geschäftstätigkeiten betreibt, der Transaktionsumfang seines Geschäfts übersichtlich ist, die Kundenstruktur homogen ist und keine weiteren Umstände gegeben sind, die das Risiko der Geldwäsche bzw. Terrorismusfinanzierung erhöhen. Da sich der Umfang der Risikoanalyse nach § 5 Abs. 1 Satz 3 GwG an der Geschäftstätigkeit des Verpflichteten orientiert, ist dies analog auch bei der Dokumentation der Risikoanalyse zu berücksichtigen. Mithin wachsen die Pflichten an die Dokumentation, sofern höhere und kritischere Risiken mit der Geschäftstätigkeit des Verpflichteten verbunden sind, während hingegen bei geringeren Risiken, die Befreiung von der Dokumentationspflicht eher in Aussicht gestellt werden kann. In letzterem Fall sollte die BaFin die Nachweispflicht als entbehrlich und nicht für angemessen erachten.

76 Zweitens muss der Verpflichtete erklären, dass die bestehenden konkreten Risiken verstanden werden. Ob das nötige Verständnis vorliegt, wird am Erfahrungsschatz des Geldwäschebeauftragten gemessen oder, falls der Verpflichtete aufgrund einer Befreiung keinen Geldwäschebeauftragten hat, an dem des zuständigen Mitglieds der Leitungsebene. Ist der Verpflichtete in der Lage, die bestehenden internen Sicherungsmaßnahmen gem. § 6 GwG als angemessen darzulegen, zeigt er das erforderliche Verständnis. Welche Tätigkeiten bzgl. der Risikoanalyse für den Fall einer Befreiung dennoch von dem Verpflichteten vorzunehmen sein könnten und ggf. von der zuständigen Aufsichtsbehörde gefordert werden, bleibt im Rahmen der Verwaltungspraxis der Aufsichtsbehörden nach dem neuen GwG abzuwarten.

VIII. Besonderheit für Institute: Verhältnis zu § 25h KWG

77 Gemäß § 25h Abs. 1 Satz 1 KWG müssen Institute sowie Finanzholding-Gesellschaften und gemischte Finanzholding-Gesellschaften unbeschadet der in § 25a Abs. 1 KWG und der in den §§ 4–6 GwG aufgeführten Pflichten über ein angemessenes Risikomanagement sowie über interne Sicherungsmaßnahmen verfügen, die der Verhinderung von sonstigen strafbaren Handlungen, die zu einer Ge-

---

109 BaFin, AuA 2021, S. 14 f.
110 So z. B. bejahend für Notare *Klein*, BWNotZ 2018, 35.

fährdung des Vermögens des Instituts führen können, dienen.[111] § 25h KWG steht damit neben § 5 GwG und ist ergänzend zu beachten. Es ist schon seit der Veröffentlichung des in der gesetzlichen Regelung aufgegangen BaFin-Rs. 8/2005 (GW) möglich, die Risikoanalysen für die unterschiedlichen Risikobereiche miteinander zu verbinden. In einigen Instituten wird daneben mittlerweile auch eine Risikoanalyse zu dem Themenbereich Finanzsanktionen/Embargos erstellt, ohne dass hierfür eine nationale oder europäische gesetzliche oder aufsichtliche Verpflichtung besteht. Für diese Institute empfiehlt es sich, die Möglichkeit zur Verbindung sämtlicher Risikoanalysen zu analysieren. Unter bestimmten Voraussetzungen können so insbesondere bei der allgemeinen Darstellung des Unternehmens, der Risikobereiche sowie der Kunden, Produkte und Transaktionen Redundanzen vermieden werden.

---

111 Zu einem möglichen Vorgehen zur Durchführung der Risikoanalyse sonstige strafbare Handlungen wird bspw. auf den Beitrag von *Schwertner*, in: Kruse/Bakaus, Die Zentrale Stelle, verwiesen.

§ 6 Interne Sicherungsmaßnahmen

(1) Verpflichtete haben angemessene geschäfts- und kundenbezogene interne Sicherungsmaßnahmen zu schaffen, um die Risiken von Geldwäsche und von Terrorismusfinanzierung in Form von Grundsätzen, Verfahren und Kontrollen zu steuern und zu mindern. Angemessen sind solche Maßnahmen, die der jeweiligen Risikosituation des einzelnen Verpflichteten entsprechen und diese hinreichend abdecken. Die Verpflichteten haben die Funktionsfähigkeit der internen Sicherungsmaßnahmen zu überwachen und sie bei Bedarf zu aktualisieren.

(2) Interne Sicherungsmaßnahmen sind insbesondere:

1. die Ausarbeitung von internen Grundsätzen, Verfahren und Kontrollen in Bezug auf

   a) den Umgang mit Risiken nach Absatz 1,

   b) die Kundensorgfaltspflichten nach den §§ 10 bis 17,

   c) die Erfüllung der Meldepflicht nach § 43 Absatz 1,

   d) die Aufzeichnung von Informationen und die Aufbewahrung von Dokumenten nach § 8 und

   e) die Einhaltung der sonstigen geldwäscherechtlichen Vorschriften,

2. die Bestellung eines Geldwäschebeauftragten und seines Stellvertreters gemäß § 7,

3. für Verpflichtete, die Mutterunternehmen einer Gruppe sind, die Schaffung von gruppenweiten Verfahren gemäß § 9,

4. die Schaffung und Fortentwicklung geeigneter Maßnahmen zur Verhinderung des Missbrauchs von neuen Produkten und Technologien zur Begehung von Geldwäsche und von Terrorismusfinanzierung oder für Zwecke der Begünstigung der Anonymität von Geschäftsbeziehungen oder von Transaktionen,

5. die Überprüfung der Mitarbeiter auf ihre Zuverlässigkeit durch geeignete Maßnahmen, insbesondere durch Personalkontroll- und Beurteilungssysteme der Verpflichteten,

6. die erstmalige und laufende Unterrichtung der Mitarbeiter in Bezug auf Typologien und aktuelle Methoden der Geldwäsche und der Terrorismusfinanzierung sowie die insoweit einschlägigen Vorschriften und Pflichten, einschließlich Datenschutzbestimmungen, und

7. die Überprüfung der zuvor genannten Grundsätze und Verfahren durch eine unabhängige Prüfung, soweit diese Überprüfung angesichts der Art und des Umfangs der Geschäftstätigkeit angemessen ist.

Kaetzler

(3) Soweit ein Verpflichteter nach § 2 Absatz 1 Nummer 10 bis 14 und 16 seine berufliche Tätigkeit als Angestellter eines Unternehmens ausübt, obliegen die Verpflichtungen nach den Absätzen 1 und 2 diesem Unternehmen.

(4) Verpflichtete nach § 2 Absatz 1 Nummer 15 haben über die in Absatz 2 genannten Maßnahmen hinaus Datenverarbeitungssysteme zu betreiben, mittels derer sie in der Lage sind, sowohl Geschäftsbeziehungen als auch einzelne Transaktionen im Spielbetrieb und über ein Spielerkonto nach § 16 zu erkennen, die als zweifelhaft oder ungewöhnlich anzusehen sind aufgrund des öffentlich verfügbaren oder im Unternehmen verfügbaren Erfahrungswissens über die Methoden der Geldwäsche und der Terrorismusfinanzierung. Sie haben diese Datenverarbeitungssysteme zu aktualisieren. Die Aufsichtsbehörde kann Kriterien bestimmen, bei deren Erfüllung Verpflichtete nach § 2 Absatz 1 Nummer 15 vom Einsatz von Datenverarbeitungssystemen nach Satz 1 absehen können.

(5) Die Verpflichteten haben im Hinblick auf ihre Art und Größe angemessene Vorkehrungen zu treffen, damit es ihren Mitarbeitern und Personen in einer vergleichbaren Position unter Wahrung der Vertraulichkeit ihrer Identität möglich ist, Verstöße gegen geldwächerechtliche Vorschriften geeigneten Stellen zu berichten.

(6) Die Verpflichteten treffen Vorkehrungen, um auf Anfrage der Zentralstelle für Finanztransaktionsuntersuchungen oder auf Anfrage anderer zuständiger Behörden Auskunft darüber zu geben, ob sie während eines Zeitraums von fünf Jahren vor der Anfrage mit bestimmten Personen eine Geschäftsbeziehung unterhalten haben und welcher Art diese Geschäftsbeziehung war. Sie haben sicherzustellen, dass die Informationen sicher und vertraulich an die anfragende Stelle übermittelt werden. Verpflichtete nach § 2 Absatz 1 Nummer 10 und 12 können die Auskunft verweigern, wenn sich die Anfrage auf Informationen bezieht, die sie im Rahmen von Tätigkeiten der Rechtsberatung oder Prozessvertretung erhalten haben. Die Pflicht zur Auskunft bleibt bestehen, wenn der Verpflichtete weiß, dass die Rechtsberatung oder Prozessvertretung für den Zweck der Geldwäsche oder der Terrorismusfinanzierung genutzt wurde oder wird.

(7) Die Verpflichteten dürfen die internen Sicherungsmaßnahmen im Rahmen von vertraglichen Vereinbarungen durch einen Dritten durchführen lassen, wenn sie dies vorher der Aufsichtsbehörde angezeigt haben. Die Aufsichtsbehörde kann die Übertragung dann untersagen, wenn

1. der Dritte nicht die Gewähr dafür bietet, dass die Sicherungsmaßnahmen ordnungsgemäß durchgeführt werden,

2. die Steuerungsmöglichkeiten der Verpflichteten beeinträchtigt werden oder

3. die Aufsicht durch die Aufsichtsbehörde beeinträchtigt wird.

Die Verpflichteten haben in ihrer Anzeige darzulegen, dass die Voraussetzungen für eine Untersagung der Übertragung nach Satz 2 nicht vorliegen. Die Verantwortung für die Erfüllung der Sicherungsmaßnahmen bleibt bei den Verpflichteten.

(8) Die Aufsichtsbehörde kann im Einzelfall Anordnungen erteilen, die geeignet und erforderlich sind, damit der Verpflichtete die erforderlichen internen Sicherungsmaßnahmen schafft.

(9) Die Aufsichtsbehörde kann anordnen, dass auf einzelne Verpflichtete oder Gruppen von Verpflichteten wegen der Art der von diesen betriebenen Geschäfte und wegen der Größe des Geschäftsbetriebs unter Berücksichtigung der Risiken in Bezug auf Geldwäsche oder Terrorismusfinanzierung die Vorschriften der Absätze 1 bis 6 risikoangemessen anzuwenden sind.

Schrifttum: *Auerbach/Musiol*, Auslegungs- und Anwendungshinweise der BaFin zum GwG, BKR 2021, 683; *Auerbach/Schmid*, Geldwäschebekämpfung bei Kreditinstituten – Anforderungen an Research- und Monitoringsysteme aus Sicht des Wirtschaftsprüfers, WPg 2003, 1243; *Bürkle*, Compliance in Versicherungsunternehmen, 2. Aufl. 2015; *Bürkle*, Die versicherungsaufsichtsrechtliche Regulierung des internen Hinweisgebersystems, VersR 2020, 1; *Diepold/Loof*, Konzernweite Implementierung von Hinweisgebersystemen, CB 2017, 25; *Dilling*, Der Referentenentwurf zum Hinweisgeberschutzgesetz – Steine statt Brot für Whistleblower und betroffene Personen, CCZ 2021, 60; *Düwell*, Betriebsverfassungsgesetz, 6. Aufl. 2022; *Findeisen*, Eingriffsbefugnisse der Bundesanstalt für Finanzdienstleistungsaufsicht (BaFin) bei der Mitwirkung von Zahlungsdienstleistern an Zahlungen im Zusammenhang mit dem Online-Glücksspiel, ZfWG 2021, 32; *Findeisen*, Glücksspielstaatsvertrag 2021: Unzulängliche Aufsichtsinstrumente zur Austrocknung des Schwarzmarkts und der Kontrolle der Zahlungsströme im Online-Glücksspiel, ZfWG 2021, 436; *Findeisen*, „Underground-Banking" in Deutschland – Schnittstellen zwischen illegalen „Remittance Services" i. S. v. § 1 Abs. 1a Nr. 6 KWG und dem legalen Bankgeschäft, WM 2000, 2125; *Gerdemann*, Revolution des Whistleblowing-Rechts oder Pfeifen im Walde?, RdA 2019, 16; *Glaab/Zentes*, Die ersten Auslegungs- und Anwendungshinweise der BaFin zum GwG sind da: Was bringen sie Neues?, BB 2019, 323; *Glos/Hildner/ Glasow*, Der Regierungsentwurf zur Umsetzung der Vierten EU-Geldwäscherichtlinie – Ausweitung der geldwäscherechtlichen Pflichten außerhalb des Finanzsektors, CCZ 2017, 83; *Herzog/Mülhausen*, Geldwäschebekämpfung und Gewinnabschöpfung, Handbuch, 2006; *Kohte*, Mitbestimmungsrecht des Betriebsrats bei Vorlage polizeilicher Führungszeugnisse – Anmerkung zu ArbG Bielefeld 5. Kammer, Beschluss vom 1.8.2017 – 5 BVGa 10/17, jurisPR-ArbR 1/2019 Anm. 7; *Klugmann*, Das Gesetz zur Optimierung der Geldwäscheprävention und seine Auswirkungen auf die anwaltliche Praxis, NJW 2012, 641; *Krais*, Syndikusrechtsanwälte als Verpflichtete nach dem Geldwäschegesetz, CCZ 2019, 96; *Krimphove/Lüke*, Banken: „Mitarbeiter-Zuverlässigkeit", CB 2021, 389; *Kunz*, Ein Schritt zu größerer Rechtsklarheit bei der Geldwäschebekämpfung?, CB 2019, 99; *Pelz/Schorn*, Geldwäscherechtliche Pflichten von Syndikusrechtsanwälten – Infektionsgefahr für Arbeitgeber?; *Renz/Rhode-Liebenau*, Die Hinweisgeber-Regelung des § 25a KWG, BB 2014, 692; *Spoerr/Roberts*, Die Umsetzung der Vierten Geldwäscherichtlinie: Totale Transparenz, Geldwäschebekämpfung auf Abwegen?, WM 2017, 1142; *Wende/Lippold*, Herausforderungen beim Geldwäschegesetz für Kanzleien mit mehreren Berufsträgern an mehreren Standorten, GWuR 2021, 389; *Wohlschlägl-Aschberger*, Geldwäscheprävention – Recht, Produkte, Branchen, 2018.

Übersicht

I. Allgemeines

1   § 6 GwG enthält eine Generalklausel[1] bezüglich der von den geldwäscherechtlich Verpflichteten zu errichtenden internen Sicherungsmaßnahmen. Nach § 4
Abs. 2 GwG gehören diese internen Sicherungsmaßnahmen – zusammen mit
der Risikoanalyse im Sinne des § 5 GwG – nach der Diktion des GwG seit der
Umsetzung der Vierten EU-Geldwächerichtlinie zum „**Risikomanagement**"
der Verpflichteten. Die Risikoanalyse ist der „Nukleus" der Sicherungsmaßnahmen; Letztere bauen auf den Ergebnissen der Risikoanalyse auf. In der Risikoanalyse bewertet der Verpflichtete also zunächst seine Geldwäsche- und Terrorismusfinanzierungsrisiken. Auf Grundlage der Ergebnisse dieser Risikoanalyse
müssen schließlich mit deren Ergebnissen korrespondierende interne Maßnahmen errichtet werden. Die Sicherungsmaßnahmen sollen im Hinblick auf die
konkrete Risikosituation des Verpflichteten bezwecken, dass sich die im Rahmen der Risikoanalyse ermittelten Geldwäsche- und Terrorismusfinanzierungsrisiken nicht verwirklichen. Rechtspraktisch kommt, vor allem im Rahmen des
Prüferwesens, der präzisen Herleitung der Sicherungsmaßnahmen aus den Feststellungen der Risikoanalyse eine hohe Bedeutung zu. Während die Rechtsnatur
der Verpflichtung, risikoangemessene Sicherungsmaßnahmen zu errichten, gewerberechtlicher Natur ist (bzw. berufsständische Pflichten darstellt), begründet
§ 6 GwG gesellschaftsrechtlich auch eine Organisationspflicht der im Unternehmen Verantwortlichen, i. d. R. der Organe, jedenfalls aber des nach § 4 Abs. 3
Satz 1 zuständigen Mitglieds der Leitungsebene.

2   Zu betonen ist erneut, dass die Art und der Umfang der zu ergreifenden Sicherungsmaßnahmen stark von der Größe, der Geschäftstätigkeit, der betroffenen
Industrie und selbstverständlich der individuellen Risikoexposition des Verpflichteten abhängen. In § 6 GwG tritt der nunmehr in § 3a qua Gesetz niedergelegte **Risikoansatz („Risk-Based Approach")** offen als Leitprinzip hervor. Die
bisherigen Vorgaben des Gesetzes zur Ausgestaltung von Sicherungsmaßnahmen orientierten sich zunächst sehr stark an den Gegebenheiten der Finanzindustrie. Deren bloße Erstreckung auf Unternehmen des Nichtfinanzsektors führte
nicht selten zu absurden Anforderungen. In der Praxis werden daher zunehmend
„eigene" Regeln, z. B. für Industrie und Handel, die rechts- und steuerberatenden

---

1 BaFin, AuA 2021, Ziff. 3.

Berufe und beim Glücksspiel errichtet.[2] Mit einer zunehmenden Fokussierung der Geldwäscheprävention auf den Immobiliensektor ist auch nach der Umsetzung der Fünften EU-Geldwäscherichtlinie weiterhin damit zu rechnen, dass weiter als bisher reichende Standards auch für Sicherungsmaßnahmen für an Immobilientransaktionen Beteiligte entstehen werden.

Die bisherigen allgemeinen Regeln zur Errichtung risikoangemessener Sicherungsmaßnahmen sind sehr ausgereift. Der Risikoansatz hat sich bewährt; der allgemein definierte „Instrumentenkoffer" zur innerbetrieblichen Geldwäschebekämpfung bleibt gleich. Mit der Umsetzung der Fünften EU-Geldwäscherichtlinie und dem TraFinG bleibt § 6 – mit Ausnahme lediglich klarstellender Änderungen für Rechtsanwälte in Abs. 6 – deshalb **nahezu unverändert**. Die in § 6 GwG enthaltenen Regeln zu internen Sicherungsmaßnahmen entsprechen somit inhaltlich weitgehend der bereits in § 9 GwG a. F. enthaltenen Regelung, die ihrerseits seit Anbeginn der Geldwäschebekämpfung ähnlich strukturiert geblieben war. Lediglich an einigen Stellen geht § 6 GwG seit der Umsetzung der Vierten EU-Geldwäscherichtlinie[3] über den Regelungsgehalt des vormaligen § 9 GwG a. F. hinaus.   **3**

Während nach der „Ursprungsnorm" des § 9 GwG a. F. die Pflicht zur Errichtung interner Sicherungsmaßnahmen – in Abhängigkeit von den konkreten internen Sicherungsmaßnahmen – nur bestimmten geldwäscherechtlich Verpflichteten oblag, sind nunmehr prinzipiell alle geldwäscherechtlich Verpflichteten gehalten, interne Sicherungsmaßnahmen zu treffen.[4] Güterhändler können über die Errichtung einer Bargeldsperre (vgl. → § 4 Rn. 36 ff.) die Errichtung von förmlichen Sicherungsmaßnahmen vermeiden, § 4 Abs. 5; für Immobilienmakler gelten ähnliche Befreiungsmöglichkeiten, § 4 Abs. 4.   **4**

Die Ausdehnung der Pflicht zur Vornahme interner Sicherungsmaßnahmen auf alle geldwäscherechtlich Verpflichteten sowie die Öffnung des Kreises möglicher interner Sicherungsmaßnahmen hat vor allem bei Verpflichteten außerhalb des Finanzsektors, die mit dem Erfordernis interner Sicherungsmaßnahmen während einiger Jahrzehnte nicht in diesem Maße konfrontiert waren, Folgen. Diese Verpflichteten sind nunmehr mit einem erheblichen organisatorischen   **5**

---

2 Einen instruktiven Überblick hierzu bieten *Wohlschlägl-Aschberger*, Geldwäscheprävention, S. 409 ff. oder *Findeisen*, ZfWG 2021, 436.

3 Richtlinie (EU) 2015/849 des Europäischen Parlaments und des Rates v. 20.5.2015 zur Verhinderung der Nutzung des Finanzsystems zum Zwecke der Geldwäsche und der Terrorismusfinanzierung, zur Änderung der Verordnung (EU) Nr. 648/2012 des Europäischen Parlaments und des Rates und zur Aufhebung der Richtlinie 2005/60/EG des Europäischen Parlaments und des Rates und der Richtlinie 2006/70/EG der Kommission.

4 BT-Drs. 18/11555, S. 111.

Aufwand im Hinblick auf die Etablierung und Umsetzung der spezifischen internen Sicherungsmaßnahmen konfrontiert.[5]

6 Darüber hinaus ist der **Katalog der internen Sicherungsmaßnahmen** nach neuerer Rechtslage nicht mehr abschließend. Der Gesetzgeber greift vielmehr Regelbeispiele („… insbesondere …") möglicher interner Sicherungsmaßnahmen auf. Diese Regelbeispiele entsprechen aber im Wesentlichen den bereits nach alter Rechtslage abschließend aufgeführten, vom Verpflichteten zu ergreifenden internen Sicherungsmaßnahmen.[6]

7 Immerhin besteht die schon nach alter Rechtslage bestehende Befugnis der für die Verpflichteten jeweils zuständigen Aufsichtsbehörde zur **Anordnung einer „risikoangemessenen Anwendung"** der Pflicht zur Vornahme interner Sicherungsmaßnahmen fort (vgl. § 6 Abs. 9 GwG). Auf diesem Wege können daher etwaige Härten und Unbilligkeiten für die weniger geldwäscheanfälligen Verpflichteten ausgeglichen werden. Inwieweit die zuständigen Aufsichtsbehörden aber in der Praxis von dieser Befugnis Gebrauch machen, bleibt angesichts des damit verbundenen Prüfungsaufwandes der Behörde fraglich, sodass zunächst einmal prinzipiell sämtliche Verpflichteten in der Pflicht stehen, „angemessene" interne Sicherungsmaßnahmen zu etablieren, die sich am Katalog des § 6 GwG orientieren.

8 Im Zuge der Umsetzung von Art. 61 Abs. 3 der Vierten EU-Geldwäscherichtlinie neu geschaffen wurde die in § 6 Abs. 5 GwG enthaltene Regelung des **„Whistleblowing-Verfahrens"**. Das „Whistleblowing-Verfahren" war im Finanzsektor bereits aus § 25a Abs. 1 Satz 6 Nr. 3 KWG und § 23 Abs. 6 VAG bekannt. Das für Kreditinstitute, Finanzdienstleistungsinstitute und Versicherungsunternehmen nach § 25a Abs. 1 Satz 6 Nr. 3 KWG und § 23 Abs. 6 VAG a. F. vorgeschriebene „Whistleblowing-Verfahren" betrifft jedoch nicht lediglich Verstöße gegen geldwäscherechtliche Vorschriften, sondern sämtliche Verstöße gegen die aufsichtsrechtlichen Bestimmungen des KWG und des VAG. Mit § 6 Abs. 5 GwG wurde im Zuge der Umsetzung der Vierten EU-Geldwäscherichtlinie ein geldwäschespezifisches „Whistleblowing-Verfahren" für sämtliche geldwäscherechtlich Verpflichteten geschaffen, welches sich auf Sachverhalte mit Bezug zur Geldwäsche und Terrorismusfinanzierung beschränkt.[7] Geldwäscherechtlich ungeklärt ist das Verhältnis zu den nach der EU-Whistleblower-Richtlinie[8] zu schaffenden Strukturen. Zwar werden die aus der Umsetzung zu erwartenden gesetzlichen Maßnahmen einen vergleichsweise weiteren Anwendungsbereich haben als dies § 6 Abs. 5 GwG vorsieht. Es ist aber damit zu rechnen,

---

5 *Glos/Hildner/Glasow*, CCZ 2017, 83, 86.
6 *Glos/Hildner/Glasow*, CCZ 2017, 83, 85.
7 BT-Drs. 18/11555, S. 112.
8 Richtlinie 2019/1937 (EU).

dass GwG-/KWG-Hinweisgebersysteme und die neu zu schaffenden Mechanismen zu einem gewissen Grad redundant nebeneinander bestehen werden.

Darüber hinaus enthält § 6 Abs. 6 GwG eine Regelung im Hinblick auf **Auskunftsanfragen** der zuständigen Aufsichtsbehörde bzw. der Zentralstelle für Finanztransaktionsuntersuchungen. Nach § 6 Abs. 6 GwG müssen die Verpflichteten in Bezug auf solche Auskunftsanfragen der zuständigen Aufsichtsbehörde bzw. der Zentralstelle für Finanztransaktionsuntersuchungen besondere Vorkehrungen treffen, um der anfragenden Stelle Auskunft darüber geben zu können, ob sie während eines Zeitraumes von fünf Jahren vor der Anfrage mit bestimmten Personen eine Geschäftsbeziehung unterhalten haben und welcher Art diese Geschäftsbeziehung war (dazu näher → Rn. 178 ff.). Mit der Umsetzung der Fünften EU-Geldwäscherichtlinie wurde die schon bisher im Gesetz verankerte Beschränkung dieser Auskunftspflicht von Rechtsanwälten, Steuerberatern und Wirtschaftsprüfern vom Wortlaut her klarstellend angepasst.

9

Bereits im Zuge der Umsetzung der Vierten EU-Geldwäscherichtlinie hatte die schon nach alter Rechtslage bestehende Regelung zur Zulässigkeit der **Auslagerung** von internen Sicherungsmaßnahmen auf Dritte durch vertragliche Vereinbarungen eine bedeutende Änderung erfahren. Während nach § 9 Abs. 3 Satz 2 und 3 GwG a. F. eine Auslagerung der internen Sicherungsmaßnahmen nur mit Zustimmung der zuständigen Aufsichtsbehörde zulässig war, ist seit einigen Jahren nach § 6 Abs. 7 GwG lediglich eine vorherige Anzeige der geplanten Auslagerung der internen Sicherungsmaßnahmen bei der zuständigen Behörde erforderlich. Der zuständigen Behörde steht hierbei jedoch unter bestimmten Voraussetzungen ein Untersagungsrecht zu (dazu näher → Rn. 216 ff.). Für den Finanzsektor sind ferner die dortigen auslagerungstechnischen Vorschriften zu beachten.

10

II. Verhältnis zu §§ 25a und 25h KWG, §§ 52 ff. VAG und § 27 ZAG sowie zur Geldtransferverordnung

Das Kreditwesengesetz enthält für die Kredit- und Finanzdienstleistungsinstitute weitere, an § 6 GwG anknüpfende Sondervorschriften. In **§ 25a KWG** ist das Erfordernis der Errichtung einer „ordnungsgemäßen Geschäftsorganisation"[9] niedergelegt. Dieses Erfordernis „ragt" teilweise auch in die Organisationspflichten des GwG hinein, so z.B. im Hinblick auf die Errichtung eines „Whistleblower-Systems" (vgl. hierzu → Rn. 154 ff.). Auch der nunmehr für die Geldwäscheprävention in § 3a niedergelegte Risikoansatz („… Art, Umfang, Komplexität und Risikogehalt der Geschäftstätigkeit …") findet sich in § 25a Abs. 1 KWG wieder. Die risikoangemessene und ordnungsgemäße Geschäftsor-

11

---

9 Vgl. zum Begriff *Langen/Donner*, in: Schwennicke/Auerbach, KWG, § 25a Rn. 30 ff.

ganisation ist mithin gewissermaßen das „Fundament" der nach § 6 GwG zu errichtenden Sicherungsmaßnahmen und bestimmt den organisatorischen Aufbau als übergeordnetes Prinzip.

12 In **§ 25h KWG** werden schließlich – nachdem zahlreiche geldwächerechtliche Vorschriften mit der Umsetzung der Vierten EU-Geldwäscherichtlinie aus dem KWG herausgelöst und (zurück) in das GwG überführt wurden[10] – noch einige weitere, nur für den Finanzsektor geltende, speziellere Organisationspflichten aufgeführt. § 25h KWG erstreckt im Wesentlichen die Organisationspflichten des GwG auf das Risikomanagement im Hinblick auf „sonstige strafbare Handlungen, die zu einer Gefährdung des Vermögens des Instituts führen können". Ferner wird eine besondere Pflicht zur Einrichtung elektronischer Datenverarbeitungssysteme zur Überwachung des Zahlungsverkehrs und zur Kontrollpflicht hinsichtlich auffälliger Transaktionen getroffen. Schließlich wird in der Vorschrift der nach § 6 Abs. 2 Nr. 2 i.V.m. § 7 GwG zu ernennende Geldwäschebeauftragte jedenfalls in der Regel an die sogenannte „Zentrale Stelle" angebunden, vgl. § 25h KWG.

13 § 6 GwG ist jedoch – sofern und soweit es um Geldwäsche und Terrorismusfinanzierung geht, nicht aber hinsichtlich der in § 25h KWG genannten „sonstigen Straftaten" – lex specialis zu beiden Normen.

14 Gleiches gilt für die Vorschriften der **§§ 52 ff. des Versicherungsaufsichtsgesetzes**, die im Hinblick auf interne Sicherungsmaßnahmen bis auf die Vorlagepflicht des Revisionsberichtes in Geldwäscheangelegenheiten an die Behörden und eine datenschutzrechtliche Rechtfertigungsnorm keine spezielleren Vorschriften zur Errichtung von Sicherungsmaßnahmen bei Versicherungen enthalten.

15 Dies gilt ebenso für § 27 Abs. 1 Nr. 7 des Zahlungsdiensteaufsichtsgesetzes. **Zahlungsdienstleister** im Sinne des Art. 1 Abs. 1 der Richtlinie 2007/64/EG (die Definition umfasst auch Dienstleister, die eine Ausnahmegenehmigung nach Art. 26 der Richtlinie oder nach Art. 9 der Richtlinie 2009/110/EG besitzen) haben zudem die Vorschriften der Geldtransferverordnung zu beachten und die dortigen Sicherungsmaßnahmen zusätzlich zu den bank- und zahlungsdiensterechtlichen Vorschriften und zusätzlich zu § 6 GwG zu errichten.

III. Allgemeine Verpflichtung zur Errichtung interner Sicherungsmaßnahmen

16 Nach § 6 Abs. 1 GwG haben Verpflichtete angemessene geschäfts- und kundenbezogene Sicherungsmaßnahmen zu schaffen, um die Risiken von Geldwäsche

---

10 Vgl. zu den Einzelheiten BT-Drs. 18/11555, S. 175 f.

und Terrorismusfinanzierung in Form von Grundsätzen, Verfahren und Kontrollen zu steuern und zu mindern. Angemessen sind dabei solche Maßnahmen, die der jeweiligen **Risikosituation** des einzelnen Verpflichteten entsprechen und diese hinreichend abdecken. Darüber hinaus müssen die Verpflichteten die Funktionsfähigkeit der geschaffenen internen Sicherungsmaßnahmen überwachen und diese bei Bedarf aktualisieren.

Die Vorschrift des § 6 Abs. 1 GwG wurzelt auf der FATF-Recommendation **17** Nr. 18[11] und dient der Umsetzung von Art. 8 Abs. 3 und 4 lit. b der Vierten EU-Geldwäscherichtlinie.[12] Danach müssen die Verpflichteten über Strategien, Kontrollen und Verfahren zur wirksamen Minderung und Steuerung der bei sich selbst ermittelten Risiken von Geldwäsche und Terrorismusfinanzierung verfügen. Die Strategien, Kontrollen und Verfahren müssen dabei in einem angemessenen Verhältnis zu Art und Größe des Verpflichteten stehen. Weiterhin müssen die Verpflichteten die geschaffenen Strategien, Kontrollen und Verfahren einer Prüfung unterziehen, sofern dies mit Blick auf Art und Umfang der Geschäftstätigkeit angemessen sein sollte.

§ 9 Abs. 2 Nr. 2 GwG a.F. enthielt bereits eine ähnliche Organisationspflicht, **18** die aber lediglich auf bestimmte Verpflichtete begrenzt war. Danach mussten die in § 9 Abs. 2 Nr. 2 GwG genannten Verpflichteten angemessene geschäfts- und kundenbezogene Sicherungssysteme und Kontrollen, die der Verhinderung der Geldwäsche und der Terrorismusfinanzierung dienen, entwickeln und aktualisieren.

In einem ersten Schritt müssen die Verpflichteten zunächst **angemessene ge-** **19** **schäfts- und kundenbezogene Sicherungsmaßnahmen** bereitstellen. Ausgangspunkt für die risikoangemessene (§ 3a) Ausgestaltung der Sicherungsmaßnahmen sind die Ergebnisse der Risikoanalyse (§ 5). Welche Sicherungsmaßnahmen dabei konkret von den Verpflichteten zu schaffen sind, lässt sich unter anderem dem Katalog des § 6 Abs. 2 GwG entnehmen. Dieser enthält allerdings lediglich Regelbeispiele, listet also die nach § 6 Abs. 1 GwG von den Verpflichteten zu schaffenden angemessenen geschäfts- und kundenbezogenen Sicherungsmaßnahmen nicht (mehr) abschließend auf.[13]

Grundlegendes Erfordernis der von den Verpflichteten zu schaffenden Siche- **20** rungsmaßnahmen ist die **Geschäfts- und Kundenbezogenheit der Sicherungs-** **maßnahmen.** Hintergrund dieser dualen Ausgestaltung der von den Verpflichteten zu etablierenden Sicherungsmaßnahmen ist, dass Risiken der Geldwäsche

---

11 Vgl. FATF Recommendations (2012–2017), Recommendation 18, sowie die „Interpretative Note for Recommendation 18“. Hinsichtlich der Auslagerung von Sicherungsmaßnahmen vgl. Recommendation 17.

12 BT-Drs. 18/11555, S. 110.

13 BT-Drs. 18/11555, S. 111.

und der Terrorismusfinanzierung sowohl von außen, d. h. über die Kunden des Verpflichteten, an den Verpflichteten herangetragen werden können, als auch sich im reinen Innenverhältnis, insbesondere im Hinblick auf die Mitarbeiter des Verpflichteten, entwickeln und realisieren können. Darüber hinaus können auch Mischformen dieser beiden genannten Konstellationen auftreten, wenn beispielsweise ein noch nicht vom Verpflichteten geldwäscherechtlich erfasster krimineller Kunde auf einen in Bezug auf Geldwäsche und Terrorismusfinanzierung nicht hinreichend geschulten Mitarbeiter des Verpflichteten trifft.

21 Zu den **kundenbezogenen Sicherungsmaßnahmen** zählen insbesondere **EDV-Maßnahmen** wie der Abgleich von Kundennamen mit Warndateien, die Berücksichtigung von Länderrisiken in Bezug auf den Sitz bzw. Wohnsitz des Kunden, die Durchführung von SCHUFA-Anfragen, die Information der Kunden über Schutzmaßnahmen zur Prävention gegen Geldwäsche, die Klassifizierung von Kunden in bestimmte Risikogruppen, die Kundensorgfaltspflichten nach §§ 10–17 GwG (vgl. § 6 Abs. 2 Nr. 1b GwG) sowie das Monitoring von Geschäftsbeziehungen und Transaktionen (siehe zu den einzelnen kundenbezogenen Sicherungsmaßnahmen näher → Rn. 47 ff.).[14] Zu den **geschäftsbezogenen Sicherungsmaßnahmen** zählen insbesondere sämtliche mitarbeiterbezogenen Sicherungsmaßnahmen, wie die Überprüfung der Mitarbeiter auf ihre Zuverlässigkeit (vgl. § 6 Abs. 2 Nr. 5 GwG), die laufende Unterrichtung der Mitarbeiter in Bezug auf Typologien und aktuelle Methoden der Geldwäsche und Terrorismusfinanzierung (vgl. § 6 Abs. 2 Nr. 6 GwG) sowie die Etablierung einer integritätsfördernden Unternehmenskultur bzw. die Vorgabe entsprechender Verhaltensrichtlinien an die Mitarbeiter (siehe zu den einzelnen geschäftsbezogenen Sicherungsmaßnahmen näher → Rn. 29 ff.).[15]

22 Darüber hinaus müssen die von den Verpflichteten zu schaffenden Sicherungsmaßnahmen „**angemessen**" sein, mithin der jeweiligen Risikosituation des einzelnen Verpflichteten entsprechen und diese hinreichend abdecken.[16] Die Angemessenheit der internen Sicherungsmaßnahmen hängt maßgeblich von Art und Umfang der Geschäftstätigkeit des Verpflichteten ab (vgl. Art. 8 Abs. 3 und 4b der Vierten EU-Geldwäscherichtlinie). Die Art der Geschäftstätigkeit fordert dem Verpflichteten dann höhere Anforderungen an die Schaffung angemessener interner Sicherungsmaßnahmen ab, wenn der Geschäftstätigkeit in hohem Maße das Risiko ihrer Ausnutzung zur Geldwäsche oder Terrorismusfinanzierung in-

---

14 DK, AuA 2014, Zeile 89. Die DK-AuA werden im Folgenden als Illustration der Industriepraxis im Finanzsektor herangezogen; die Gültigkeit der DK-AuA ist nach zahlreichen Änderungen der Verwaltungspraxis im Finanzsektor auf eine rein normausfüllende Interpretationshilfe beschränkt. Die DK-AuA entfalten keine förmliche verwaltungspraktische Bindungswirkung mehr.
15 DK, AuA 2014, Zeile 89.
16 BaFin, AuA 2021, Ziff. 3.

newohnt.[17] Von besonderer Bedeutung sind hierbei zum Beispiel die Geschäftsstruktur, Absatzmärkte, Produkte, Vertriebswege oder die Kundenstruktur des Verpflichteten.[18]

Infolgedessen gelten für die **Verpflichteten des Finanzsektors**, vor allem also für Kreditinstitute und Finanzdienstleistungsinstitute sowie für Zahlungsdienstleister, strengere Anforderungen bei der Schaffung interner Sicherungsmaßnahmen als für die Verpflichteten des Nichtfinanzsektors. Denn das faktische Geldwäscherisiko ist im Finanzsektor – insbesondere im Hinblick auf die dort geldwäscheanfälligeren Geschäftsstrukturen – meist deutlich höher zu veranschlagen als im Nichtfinanzsektor.[19] Aus eben diesem Grund sieht auch das KWG für Kreditinstitute und Finanzdienstleistungsinstitute in § 25h KWG weitergehende besondere Anforderungen im Hinblick auf die Etablierung interner Sicherungsmaßnahmen vor.[20]   **23**

In einem zweiten Schritt müssen die Verpflichteten sodann die **Funktionsfähigkeit der geschaffenen internen Sicherungsmaßnahmen** überwachen und diese bei Bedarf aktualisieren. In Abgrenzung zu § 6 Abs. 2 Nr. 7 GwG, der inhaltlich ebenfalls eine Überprüfung der internen Sicherungsmaßnahmen vorsieht (siehe dazu näher → Rn. 105 ff.), trifft die Überwachungspflicht im Sinne des § 6 Abs. 1 Satz 3 GwG den Verpflichteten selbst bzw. dessen gesetzliche Vertreter, während die Überprüfungspflicht nach § 6 Abs. 2 Nr. 7 GwG von einer von dem Verpflichteten unabhängigen Stelle, wie beispielsweise einer Innenrevision,[21] durchzuführen ist. Besondere Anforderungen für die Überwachung gelten zudem für Kreditinstitute und Finanzdienstleistungsinstitute (vgl. § 25a Abs. 1 Satz 3 KWG).   **24**

In welcher Art und in welcher Häufigkeit die Verpflichteten eine Überwachung der Funktionsfähigkeit der geschaffenen internen Sicherungsmaßnahmen vornehmen müssen, hängt von unterschiedlichen Kriterien ab. Den Verpflichteten kommt hierbei **ein Beurteilungs- und Ermessensspielraum** zu.[22] Nach dem Leitfaden der FATF zum risikoorientierten Ansatz (Risk-Based Approach) zählen zu den maßgeblichen Kriterien insbesondere Art, Umfang und Komplexität der Geschäftätigkeit des Verpflichteten, das Kunden-, Produkt- und Tätigkeitsprofil des Verpflichteten, das Volumen und die Größe der Transaktionen des Verpflichteten, die Höhe des Risikos der jeweiligen Geschäftsfelder des Verpflichte-   **25**

---

17 *Spoerr/Roberts*, WM 2017, 1142, 1143.

18 BaFin, Rundschreiben 8/2005 (GW) – Implementierung angemessener Risikomanagementsysteme zur Verhinderung von Geldwäsche, Terrorismusfinanzierung und Betrug, Nr. 1; DK, AuA 2014, Zeile 89.

19 Vgl. Jahresbericht der Financial Intelligence Unit (FIU) 2020, S. 17.

20 Vgl. *Achtelik*, in: Boos/Fischer/Schulte-Mattler, KWG/CRR-VO, § 25h KWG Rn. 5 ff.

21 BT-Drs. 18/11555, S. 111.

22 *Warius*, in: Herzog, GwG, 2. Aufl. 2014, § 9 Rn. 72.

ten, das Ausmaß des unmittelbaren Kundenkontakts des Verpflichteten sowie die vom Verpflichteten eingesetzten Vertriebskanäle.[23] Stellen die Verpflichteten bei der Überwachung der Funktionsfähigkeit der internen Sicherungsmaßnahmen Defizite fest, müssen sie das Konzept ihrer internen Sicherungsmaßnahmen überdenken und – soweit möglich – notwendig werdende Anpassungen vornehmen.

26   Kommt der Verpflichtete seiner Pflicht zur Schaffung angemessener geschäfts- und kundenbezogener interner Sicherungsmaßnahmen oder zur Überwachung der Funktionsfähigkeit und Aktualisierung der internen Sicherungsmaßnahmen vorsätzlich oder leichtfertig nicht nach, kann dies nach § 56 Abs. 1 Nr. 4 GwG ein **Bußgeld** zur Folge haben. In der Kreditwirtschaft drohen im Falle nachhaltiger Verstöße selbstverständlich auch schwerwiegendere Folgen, vgl. §§ 44, 45b, 54a und im Extremfall § 33 KWG.

27   Auch außerhalb der Finanzbranche kommen Sanktionen in Betracht, etwa der Widerruf der Gewerbeerlaubnis (§ 51 GewO), bzw. der Zulassung als Rechtsanwalt, Steuerberater oder Wirtschaftsprüfer. Die entsprechenden Fachgesetze sehen dort auch Eingriffs- und Kontrollmöglichkeiten der jeweiligen Aufsichtsbehörde vor.

IV. Regelbeispiele interner Sicherungsmaßnahmen

28   § 6 Abs. 2 GwG enthält einige Regelbeispiele interner Sicherungsmaßnahmen.[24] Der Katalog der internen Sicherungsmaßnahmen ist – anders als noch in § 9 GwG a. F. – **nicht abschließend**.[25] Größtenteils entsprechen die Regelbeispiele in § 6 Abs. 2 GwG jedoch denen in § 9 GwG a. F. Der Art nach sind die Sicherungsmaßnahmen wie folgt vordefiniert:

1. Interne Grundsätze, Verfahren und Kontrollen

a) Überblick

29   Nach § 6 Abs. 2 Nr. 1 GwG gehört zu den internen Sicherungsmaßnahmen insbesondere die Ausarbeitung von internen Grundsätzen, Verfahren und Kontrol-

---

23 FATF, Leitfaden zum risikoorientierten Ansatz, Nr. 3.21.
24 BaFin, AuA 2021, Ziff. 3; vgl. auch die AuA zum Geldwäschegesetz für Güterhändler, Immobilienmakler und andere Nichtfinanzunternehmen, Dezember 2020, Ziff. 3.3.1; Gemeinsame Hinweise der Obersten Aufsichtsbehörden der Länder im Glücksspielsektor gemäß § 51 Absatz 8 GwG für Veranstalter und Vermittler von Glücksspielen, November 2020 Ziff 3.1 oder die BaFin-AuA BT Kreditinstitute 2021 und die BaFin-AuA BT Versicherungsunternehmen 2020.
25 BT-Drs. 18/11555, S. 111.

len in Bezug auf den Umgang mit Risiken von Geldwäsche und Terrorismusfinanzierung, die Kundensorgfaltspflichten nach §§ 10–17 GwG, die Erfüllung der Pflicht zur Vornahme von Verdachtsmeldungen nach § 43 Abs. 1 GwG, die Aufzeichnung von Informationen und die Aufbewahrung von Dokumenten nach § 8 GwG sowie die Einhaltung der sonstigen geldwäscherechtlichen Vorschriften. Die Vorschrift wurde teilweise als **„Generalklausel" des Geldwäscherechts** bezeichnet.[26] Jedenfalls im Hinblick auf die Notwendigkeit der Verschriftlichung der gesamten geldwäschepräventiven Aufbau- und Ablauforganisation ist dies sicherlich zutreffend:

Die Verpflichteten sind somit gehalten, eine auf Geldwäscheprävention gerichtete Aufbau- und Ablauforganisation, mithin also Stellenbeschreibungen und Organigramme, Berichtslinien, Geldwäscherichtlinien und ähnliche schriftliche Grundsätze zu entwickeln und revisionsfest schriftlich und für die Mitarbeiter zugängig niederzulegen.   **30**

Die eigentlichen geldwäscherechtlichen Sicherungsmaßnahmen, nämlich die Überwachungs- und Kontrollsysteme, stellen das „Herzstück" eines jeden Präventionssystems dar; sie schützen nicht zuletzt den Verpflichteten und seine Mitarbeiter selbst vor strafrechtlicher Verantwortung, sondern verwirklichen den Gesetzesauftrag, dass Verpflichtete selbst in quasi-hoheitlichem Auftrag Kriminalität bekämpfen.   **31**

Jedes System von internen Sicherungsmaßnahmen und die tatsächliche Einhaltung von Regeln muss ständig beobachtet, geprüft und ggf. rekalibriert werden. Diese rechtliche wie betriebswirtschaftliche Selbstverständlichkeit wurde für die Verpflichteten nunmehr in § 6 Abs. 2 Nr. 1 GwG Gesetz.   **32**

b) Dokumentation: Richtlinien und schriftlich fixierte Ordnung

Zu den nach § 6 Abs. 2 Nr. 1 GwG auszuarbeitenden internen Grundsätzen und Verfahren gehören zunächst Grundsätze und Verfahrensweisen zur Etablierung einer Aufbauorganisation, die in Abhängigkeit von der spezifischen Geschäfts- und Kundenstruktur sowie von Größe, Art und Gefährdungssituation des Verpflichteten die Erfüllung der von § 6 Abs. 1 Nr. 1 GwG in Bezug genommenen Pflichten gewährleisten.[27] Mindestens erforderlich hierfür ist die Ausarbeitung – schriftlich festzulegender[28] – konkreter Arbeitsablaufbeschreibungen und Verhaltensrichtlinien, in denen auszuführen ist, welche geldwäscherechtlichen   **33**

---

26 *Häberle*, in: Erbs/Kohlhaas, Strafrechtliche Nebengesetze, § 9 GwG, Stand: 216. EL 2017, Rn. 7; auch: BaFin, AuA 2021, Ziff. 3.

27 *Mülhausen*, in: Herzog/Mülhausen, Geldwäschebekämpfung und Gewinnabschöpfung, § 43 Rn. 139.

28 *Warius*, in: Herzog, GwG, 2. Aufl. 2014, § 9 Rn. 30.

Pflichten die Mitarbeiter des Verpflichteten einzuhalten haben.[29] Dies kann entweder durch verhaltensbezogene Richtlinien geschehen oder durch genaue (Ablauf-)Beschreibungen einzelner Arbeitsplätze.

34   In der Praxis kommt den hausinternen „**Geldwäscherichtlinien**" besondere Relevanz zu, die sich gegenüber den Stellenbeschreibungen weitgehend als Standard durchgesetzt haben. Diese regeln – im Kontext der betrieblichen Verhältnisse und der Risikosituation des jeweiligen Verpflichteten – mindestens die folgenden Knotenpunkte:

35   **Anwendungsbereich:** Die Richtlinien müssen klar festlegen, welche Personen, Unternehmen und Gesellschaften von ihnen erfasst sind. In Konzernverhältnissen müssen die Richtlinien im Hinblick auf eine gruppenweite (zum Begriff der „Gruppe" und die gruppenweite Erstreckung der Sicherungsmaßnahmen vgl. → § 9 Rn. 11 ff.)[30] Wahrnehmung von Sicherungsmaßnahmen (§ 9 GwG) klarstellen, welcher Anwendungsbereich für sie in geografischer wie unternehmensgegenständlicher Sicht gilt.

36   Ferner muss jeder Verpflichtete konkrete Regeln zur Wahrnehmung der **Kundensorgfaltspflichten** niederlegen. Je nach Verpflichtetengruppe, Branche und Produkten unterscheiden sich die tatsächlichen Abläufe hinsichtlich des Vertragsabschlusses und somit auch zur Erfüllung der Kundensorgfaltspflichten immens. Die Richtlinien legen ferner fest, welche Abläufe zur Erfassung und Speicherung der **Kundendokumentation** einzuhalten sind, u. a. **Formularwesen und Speicherorte, Zugriffsrechte** etc., integrieren die **Risikoanalyse** in die innerbetrieblichen Abläufe und legen die **Sicherungsmaßnahmen i. e. S.** fest. Die in den Geldwäscherichtlinien enthaltenen Regeln enthalten typischerweise auch **Verhaltenspflichten** der Mitarbeiter, regeln das interne wie externe **Verdachtsmeldewesen**, die Einbindung der Geschäftsleitung in die **Prozesse und Weisungsbefugnisse sowie die Berichtswege.**

37   Die Richtlinien müssen den Mitarbeitern **in angemessener Form zur Kenntnis gegeben** werden; über die Kenntnisnahme ist eine hinreichende Dokumentation zu führen. Die bloße Möglichkeit der Kenntnisnahme, etwa das Bereitstellen in zentralen Ordnerstrukturen, reicht für die Verpflichteten nicht aus. Es empfiehlt sich auch außerhalb des Finanzsektors, jedenfalls bei mit Geldwäschesachverhalten in Berührung kommenden Mitarbeitern, die Einbeziehung der Richtlinien in die jeweiligen Beschäftigungsverhältnisse (im Wege der Weisung, Stellenbeschreibung oder im Rahmen der Ausübung des Direktionsrechts) revisionsfest zu dokumentieren.

---

29 *Mülhausen*, in: Herzog/Mülhausen, Geldwäschebekämpfung und Gewinnabschöpfung, § 43 Rn. 140.

30 *Glaab/Zentes*, BB 2019, 323, 328, verweisen zu Recht darauf, dass gruppenweit nicht „die selben" Sicherungsmaßnahmen anzuwenden sind.

Die Arbeitsablaufbeschreibungen und Richtlinien müssen den Besonderheiten 38
der jeweils bei dem Verpflichteten vorhandenen **Geschäftsbereiche hinreichend Rechnung** tragen.[31] Dementsprechend sind beispielsweise umso höhere
Anforderungen an die Arbeitsablaufbeschreibungen und Richtlinien des Verpflichteten zu stellen, je mehr Anonymität in dem betroffenen Geschäftsbereich
vorherrscht und je größer daher auch das Risiko des Missbrauchs dieser Anonymität für Zwecke der Geldwäsche- und Terrorismusfinanzierung ist.[32] Bei einem
Kreditinstitut gelten daher vor allem im Bereich des Online-Bankings, des Zahlungsverkehrs, des Private Banking und bei der Vermögensverwaltung höhere
Anforderungen an die Arbeitsablaufbeschreibungen und Richtlinien des Verpflichteten als z. B. im Bereich des Schaltergeschäfts. Bei einem Güterhändler,
der mit hochwertigen Gütern im Sinne des § 1 Abs. 10 GwG handelt, sind ebenso deutlich höhere Anforderungen an die Binnenorganisation zu stellen.

Darüber hinaus zählen zu den nach § 6 Abs. 2 Nr. 1 GwG auszuarbeitenden internen Grundsätzen und Verfahren zudem jene Grundsätze und Verfahrensweisen, die eine **ordnungsgemäße Durchführung der Risikoanalyse** nach § 5
GwG ermöglichen.[33] Hierzu gehört namentlich die Aufstellung von Grundsätzen
und Verfahrensweisen zur vollständigen Bestandsaufnahme der spezifischen Risikosituation des Verpflichteten, zur Erfassung und Identifizierung von kunden-,
produkt- und transaktionsbezogenen Risiken des Verpflichteten, zur Kategorisierung der erfassten Risiken in Risikogruppen, zur Entwicklung geeigneter Parameter für erforderliche Risiko-Researchmaßnahmen sowie zur Überprüfung
und Weiterentwicklung im Hinblick auf die Risikoanalyse bereits aufgestellter
Grundsätze und Verfahrensweisen (siehe dazu näher → § 5 Rn. 60 ff.).[34] Weiterhin müssen die aufgestellten Grundsätze und Verfahrensweisen gewährleisten,
dass sämtliche im Rahmen der Risikoanalyse wesentlichen Erkenntnisse nachvollziehbar und schriftlich für die interne oder externe Revision in einem Analysebericht dokumentiert werden.[35]

Es ist durchweg zulässig, die Richtlinien in übergeordnete Richtlinien, z. B. eine 40
Compliance- oder Wohlverhaltensrichtlinie einzubeziehen, solange der Regelungsinhalt hinsichtlich der geldwäscherelevanten Ablauforganisation hierdurch
klar erkennbar bleibt.

---

31 *Mülhausen*, in: Herzog/Mülhausen, Geldwäschebekämpfung und Gewinnabschöpfung, § 43 Rn. 140.
32 *Warius*, in: Herzog, GwG, 2. Aufl. 2014, § 9 Rn. 59.
33 Vgl. *Warius*, in: Herzog, GwG, 2. Aufl. 2014, § 9 Rn. 48 ff.
34 BaFin, Rundschreiben 8/2005 (GW) – Implementierung angemessener Risikomanagementsysteme zur Verhinderung von Geldwäsche, Terrorismusfinanzierung und Betrug, Nr. 2.
35 *Warius*, in: Herzog, GwG, 2. Aufl. 2014, § 9 Rn. 62.

c) Überwachungssysteme, „Monitoring"

41 Schließlich gehören zu den nach § 6 Abs. 2 Nr. 1 GwG auszuarbeitenden internen Grundsätzen und Verfahren solche Grundsätze und Verfahrensweisen, die aufbauend auf der Risikoanalyse nach § 5 GwG ein „funktionsfähiges Monitoring" der Geschäftsbeziehungen des Verpflichteten ermöglichen. Zu unterscheiden ist dabei zwischen allgemeinen, nicht anlassbezogenen Untersuchungsmaßnahmen sämtlicher Geschäftsbeziehungen (**Research**) sowie der sich daran anschließenden eingehenderen Überwachung von im Rahmen der allgemeinen Untersuchung auffällig gewordenen Geschäftsbeziehungen (**Monitoring im engeren Sinne**).[36] Jene Maßnahmen des Monitoring sind für die Verpflichteten insbesondere im Hinblick auf ihre nach § 43 Abs. 1 GwG bestehende Pflicht zur Erstattung von Verdachtsmeldungen von besonderer Bedeutung. Denn ohne ein funktionsfähiges Monitoring der Geschäftsbeziehungen können die Verpflichteten nur schwer eigenes empirisches Wissen über Verdachtsmomente aufbauen und folglich nur schwerlich feststellen, ob Tatsachen vorliegen, die eine Verdachtsmeldung nach § 43 Abs. 1 GwG an die Zentralstelle für Finanztransaktionsuntersuchungen rechtfertigen. Neben Research- und Monitoringsystemen setzen Kreditinstitute und Zahlungsdienstleister **Screeningsysteme** ein, die im Zahlungsverkehr Transaktionen in Echtzeit filtern und gegebenenfalls „aussortieren", um etwa Embargoverstöße, Betrugsversuche etc. zu erkennen und zu verhindern.

42 Inhaltlich knüpft die Vorschrift an § 10 Abs. 1 Nr. 5 GwG an, wonach die Verpflichteten ihre Geschäftsbeziehungen kontinuierlich zu überwachen und auf Kongruenz mit den ihnen vorliegenden Informationen über Zweck und Hintergrund der Beziehung zu überprüfen haben.

43 Praktisch bewährt haben sich im Hinblick auf das Monitoring von Geschäftsbeziehungen insbesondere **EDV-gestützte Monitoring-Systeme**. Dies gilt zunehmend auch außerhalb des Finanzsektors, in welchem gemäß § 25h KWG besondere Anforderungen an solche Systeme bestehen. Im Rahmen eines solchen EDV-gestützten Monitoring-Systems kann der Verpflichtete geeignete Verdachtsparameter angeben, anhand derer das System die Geschäftsbeziehungen der Verpflichteten auf geldwäscherechtliche Auffälligkeiten durchsucht und diese Auffälligkeiten nach ihrer geldwäscherechtlichen Bedeutung gewichtet.[37] Auf Grundlage jener Durchsuchung und Gewichtung kann der Verpflichtete sodann zunächst eine Entscheidung darüber treffen, ob weitere Überwachungsmaßnahmen zur Verifizierung oder Entkräftung der aufgekommenen Verdachtsmomente erforderlich sind, um im Anschluss daran eine Entscheidung darüber

---

36 *Mülhausen*, in: Herzog/Mülhausen, Geldwäschebekämpfung und Gewinnabschöpfung, § 43 Rn. 63.
37 *Auerbach/Schmid*, WPg 2003, 1243, 1246 f.

treffen zu können, ob eine Verdachtsmeldung nach § 43 Abs. 1 GwG gerechtfertigt erscheint oder ob die Überwachung der Geschäftsbeziehung zu beenden ist.[38] Eine Pflicht zur Etablierung eines EDV-gestützten Monitoring-Systems besteht für die geldwächerechtlich Verpflichteten jedoch grundsätzlich nicht. Vielmehr können die Verpflichteten prinzipiell frei bestimmen, welche Systeme sie im Rahmen ihres Monitorings zum Einsatz bringen.[39] Eine Ausnahme von diesem Grundsatz gilt jedoch nach § 6 Abs. 4 GwG für Glücksspielbetreiber und Glücksspielvermittler (siehe dazu näher → Rn. 132 ff.) sowie nach § 25h Abs. 2 KWG für Kreditinstitute, die jeweils ein EDV-gestütztes Monitoring-System benötigen (siehe hierzu → § 25h KWG Rn. 46 ff.), letztere jedenfalls, solange sie die in der Verwaltungspraxis geltenden Schwellenwerte mit Blick auf die Größe des Instituts überschreiten.[40]

Die Bundesanstalt für Finanzdienstleistungsaufsicht errichtete im Jahr 2021 **44** einen verwaltungspraktischen Rahmen für die **Organisationspflichten bei Kreditinstituten** im Sinne des § 1 Abs. 1 KWG für die „Monitoringsysteme".[41] Die BaFin betont hierbei das Erfordernis der Risikoangemessenheit der Systeme und die verbleibende Verantwortung des Geldwäschebeauftragten zur Wahrnehmung seiner Pflichten aus § 43 GwG („**kein Verlassen auf die Maschine**"). Neben vollständiger Datenerfassung wird vor allem die szenarienbasierte Unterfütterung mit historischen Daten und die ausnahmslose Anwendung auf jegliche Zahlungen betont, revisionssicher nachvollziehbar, und angemessene Nichtberücksichtigung von einzelnen Szenarien aber zugelassen.[42]

Die EDV-Sicherungssysteme müssen **geeignet** und **funktionsfähig** sein und zu **45** einer sicheren **Dokumentation** der Vorgänge führen. Unter „**geeigneten**" Systemen sind nach Auffassung der BaFin solche Systeme zu verstehen, die die wesentlichen industrieüblichen Funktionalitäten abbilden, also z. B. das Kreditinstitut grundsätzlich in die Lage versetzen, Transaktionsmuster, Auffälligkeiten und Abweichungen zu erkennen, die individuelle Einstellungen zu Länder-, Produkt-, Kunden- und weiteren Risiken beinhalten, ein Listen-Screening-Tool zur Verfügung stellen und den Geldwäschebeauftragten auf Basis empirischer und historischer Datenanalyse in die Lage versetzen, auffällige Kundenbeziehungen oder Transaktionen erkennen zu können.[43] **Funktionsfähig** ist ein EDV-System nach Auffassung der Aufsicht im Wesentlichen dann, wenn es auf Basis aktueller und richtiger Daten und Parameter geführt und an die aktuellen Ergebnisse der Risikoanalyse nach § 5 angepasst ist. Schließlich muss auch die technische

---

38 *Warius*, in: Herzog, GwG, 2. Aufl. 2014, § 9 Rn. 69.
39 *Warius*, in: Herzog, GwG, 2. Aufl. 2014, § 9 Rn. 67.
40 BaFin, AuA BT Kreditinstitute 2021, Ziff. 6.2.7.
41 BaFin, AuA BT Kreditinstitute 2021, Ziff. 6.
42 BaFin, AuA BT Kreditinstitute 2021, Ziff. 6.2.1.
43 BaFin, AuA BT Kreditinstitute 2021, Ziff. 6.2.2.

Funktionsfähigkeit gegeben und das System für den Fall von Systemausfällen mit einem Notfallsystem unterlegt sein.[44] Die bankmäßigen **Dokumentationspflichten**, auch derer nach § 8, müssen vom System mit Blick auf Datensicherheit und -unveränderbarkeit erfüllt werden und die Nachverfolgbarkeit einzelner Fallbearbeitungen ermöglicht sein.[45]

46   Im **Zahlungsverkehr bestehen weitere Anforderungen** an die Ausgestaltung der Monitoring- und Screeningsysteme. Diese müssen insbesondere die Anforderungen der Geldtransferverordnung erfüllen, also z. B. Zahlungsdatensätze auf Vollständigkeit screenen und das Verhalten vorgeschalteter Zahlungsdienstleister analysieren (siehe hierzu → Rn. 15).

d) „Sicherungsmaßnahmen im eigentlichen Sinne"

47   Während § 6 GwG einen Regelkatalog zu den „allgemeinen Sicherungsmaßnahmen" vorgibt, verpflichtet das Gesetz in Abs. 2 Nr. 1 die betroffenen Unternehmen, konkrete Maßnahmen zum Umgang mit Geldwäscherisiken niederzulegen. Diese „konkreten Sicherungsmaßnahmen" können im Finanzsektor zum Beispiel EDV-Maßnahmen sein (Abgleich von Kunden, an einer Transaktion Beteiligte und Gegenparteien mit Warndateien), die Durchführung von SCHUFA-Anfragen, Kundeninformationen, Risikoraster und anknüpfende Verhaltenspflichten, Verschärfung von Kundensorgfaltspflichten und das EDV-technische Monitoring von Kunden- und Geschäftsbeziehungen.[46] Auch Maßnahmen wie Mittelverwendungskontrolle (z. B. bei Projektfinanzierungen), Background-Check von Intermediären und beteiligten Parteien an Transaktionen, die nicht „Kunden" im geldwäscherechtlichen Sinne sind, können Sicherungsmaßnahmen gegen Geldwäsche darstellen.

48   **Allgemeingültige Regeln** für die Ausgestaltung von „Sicherungsmaßnahmen im eigentlichen Sinne" **lassen sich kaum aufstellen**. Wesentlich ist jedoch, dass die Sicherungsmaßnahmen auf den Erkenntnissen der Risikoanalyse aufsetzen und deren Ergebnisse in angemessene, risikobasierte Abläufe im Unternehmen umsetzen.

49   Im **Finanzsektor** gelten hinsichtlich einiger Produktgruppen und Leistungen spezifischere Anforderungen. Diese basieren teils auf § 25h KWG, teilweise aber auch auf der Verwaltungspraxis. So hat die BaFin z. B. für die Außenhandelsfinanzierung, das Korrespondenzbankgeschäft, Immobilientransaktionen und hiermit verbundene Bankgeschäfte besondere Regeln in der Verwaltungspraxis auch für die Sicherungsmaßnahmen i. e. S. aufgestellt.[47]

---

44 BaFin, AuA BT Kreditinstitute 2021, Ziff. 6.2.3.
45 BaFin, AuA BT Kreditinstitute 2021, Ziff. 6.2.4.
46 DK, AuA 2014, Zeile 89 (S. 88).
47 Vgl. z. B. BaFin, AuA BT Kreditinstitute 2021.

Außerhalb des Finanzsektors sind je nach Verpflichtetengruppen völlig andere **50** Sicherungsmaßnahmen indiziert. In **Industrie und Handel** kommt zum Beispiel der Überwachung von Zahlungseingängen und Debitorenverhalten besondere Relevanz zu.[48] Die **rechtsberatenden Berufe** setzen flächendeckend IT-basierte Rechercheinstrumente ein; auch Mandantenannahmeprozesse sind im Licht der Sicherungsmaßnahmen besonders auszugestalten.[49] Zusätzlich sind bei den Katalogmandaten erhöhte Anforderungen an die Plausibilitätskontrolle im Rahmen der Mandatsannahme, u.U. auch Verpflichtungen zur Mittelherkunftskontrolle, von erheblicher Bedeutung. Im **Glücksspielsektor** gelten wiederum abweichende Sonderregeln, die den Veranstalter unmittelbarer in die Pflicht nehmen, Sicherungsmaßnahmen zu errichten, die dann teilweise auf die Vermittler erstreckt werden können.[50]

Auch bei weiteren **Industrien** sind die Anforderungen an konkrete Sicherungs- **51** maßnahmen sehr divers. Während in hoch risikobehafteten Segmenten wie z.B. dem Goldhandel besonders strikte Anforderungen an die Identifikation bei Verwahrungen gestellt werden und auch besondere risikobasierte Maßnahmen hinsichtlich der Ermittlung der Herkunft eingelieferten Goldes oder Edelmetalls vonnöten sind,[51] sind die Sicherungsanforderungen an Supermärkte deutlich geringer. Sind Intermediäre eingeschaltet, wie z.B. im Immobilien- oder Kunstsektor, sind besondere Sicherungsmaßnahmen gegen Geldwäsche auch hinsichtlich des Intermediärs zu treffen und durchzusetzen.

Alles in allem ist daher eine allgemeingültige Handreichung, welche konkreten **52** Sicherungssysteme vom Verpflichteten zu ergreifen sind, vom Gesetzgeber nicht beabsichtigt.[52] Eine pauschale Bestimmung, welche konkreten Sicherungsmaßnahmen im Einzelfall zu ergreifen sind, ist, wie dargelegt, schlichtweg unmöglich. Dem Verpflichteten kommt bei der Ausgestaltung konkreter Sicherungsmaßnahmen ein erheblicher Ermessensspielraum zu.

Die **Kontrolle der Aufsichtsbehörden beschränkt** sich hinsichtlich der Siche- **53** rungsmaßnahmen im eigentlichen Sinne auf die Überprüfung der Schlüssigkeit und der ermessensfehlerfreien Anwendung des Risikogrundsatzes auf die Ausgestaltung der Sicherungssysteme. Rechtspraktisch kommt wiederum der fehler-

---

48 *Kaetzler*, in: Wohlschlägl-Aschberger, Geldwäscheprävention, S. 507.
49 Vgl. hierzu *Klugmann*, NJW 2012, 641, 645.
50 Gemeinsame Hinweise der Obersten Aufsichtsbehörden der Länder im Glücksspielsektor gemäß § 51 Abs. 8 GwG für Veranstalter und Vermittler von Glücksspielen, November 2020, Ziff. 3.1.
51 Vgl. *Wohlschlägl-Aschberger*, in: Wohlschlägl-Aschberger, Geldwäscheprävention, S. 123.
52 Schon die Vorgaben der FATF sind eindeutig, vgl. den FATF-Leitfaden zum Risikoansatz, 2007.

freien Ableitung der Sicherungsmaßnahmen aus der Risikoanalyse nach § 5 GwG besondere Relevanz zu.

e) Kontrollen

54   Das GwG spricht in § 6 Abs. 2 GwG an zwei Stellen von „Kontrollen" (Nr. 1) bzw. „Überprüfung" (Nr. 7). Während mit „Überprüfung" in Nr. 7 die Prüfung der Geldwäschepräventionssysteme durch „unabhängige" bzw. „externe" Stellen gemeint ist (Innenrevision, Jahresabschlussprüfer, vgl. → Rn. 105 ff.), legt § 6 Abs. 2 Nr. 1 GwG fest, dass schon **„systemimmanent"** ein Prüfungszyklus implementiert werden soll. Dieser systemimmanente Prüfprozess besteht unabhängig von den Überprüfungspflichten durch Innenrevision oder externem Prüfer.[53] Schließlich ist der interne Kontrollprozess nicht darauf ausgerichtet, Redundanzen zu schaffen. Er hat vielmehr zum Ziel, die tatsächliche Einhaltung auch interner Regeln und Bestimmungen zu überprüfen. Die Prüfungen sollen – dem risikobasierten Ansatz (Risk-Based Approach) entsprechend – insbesondere in solchen Feldern durchgeführt werden, in denen ein erhöhtes Geldwäscherisiko liegt.[54]

55   Dem Geldwäschebeauftragten selbst kommt mithin die Pflicht zu, auf die Einhaltung der selbstgesetzten Regeln, insbesondere der Prozesse zu den Kundensorgfaltspflichten und Sicherungsmaßnahmen des Unternehmens, zu achten. Dies passiert zum einen im Hinblick auf die tatsächliche Einhaltung von Regeln durch **Stichproben** in das eigene System.[55] Zum anderen ist der Geldwäschebeauftragte (oder eine andere Stelle im Unternehmen, das die zentralen Präventionsprozesse steuert) gehalten, das System selbst zu überprüfen, Schwachstellen zu verbessern und vor allem aktuell zu halten. Durch die zahlreichen Herausforderungen überbordender Regulierung können hier in der Praxis durchaus erhebliche Aufgaben für den Geldwäschebeauftragten entstehen.

2. Bestellung eines Geldwäschebeauftragten

56   Weiterhin gehört nach § 6 Abs. 2 Nr. 2 GwG zu den internen Sicherungsmaßnahmen der Verpflichteten die Bestellung eines Geldwäschebeauftragten sowie eines Stellvertreters gemäß § 7 GwG. Die Pflicht zur Bestellung eines Geldwäschebeauftragten obliegt jedoch – wie schon nach § 9 Abs. 2 Nr. 1 GwG a. F. – nicht sämtlichen, sondern nur bestimmten Verpflichteten. Namentlich sind

---

53 BAKred, Verlautbarung v. 30.3.1998, Nr. 34; unzutreffend daher *Kunz*, CB 2019, 99, 102, der die beiden Normen vermischt.

54 *Warius*, in: Herzog, GwG, 2. Aufl. 2014, § 9 Rn. 74.

55 Zu einer „flächendeckenden" Prüfung ist der Geldwäschebeauftragte in der Regel nicht verpflichtet, vgl. *Warius*, in: Herzog, GwG, 2. Aufl. 2014, § 9 Rn. 74.

nach § 7 Abs. 1 Satz 1 GwG Kreditinstitute, Finanzdienstleistungsinstitute, Zahlungsinstitute und E-Geld-Institute, Finanzunternehmen, Versicherungsunternehmen, Kapitalverwaltungsgesellschaften und Veranstalter und Vermittler von Glücksspielen zur Bestellung eines Geldwäschebeauftragten verpflichtet (vgl. aber einschränkend den Befreiungsvorbehalt des § 7 Abs. 2 GwG). Der Geldwäschebeauftragte ist nach § 7 Abs. 1 Satz 2 GwG für die **Implementierung und Überwachung** der Einhaltung der geldwäscherechtlichen Vorschriften **zuständig**.[56] Er ist der Geschäftsleitung des Verpflichteten unmittelbar nachgeordnet (§ 7 Abs. 1 Satz 3 GwG), jedoch bei der Wahrnehmung der ihm obliegenden Aufgaben in geldwäscherechtlichen Fragen weisungsunabhängig[57] (im Übrigen kann auf die Kommentierung zu § 7 GwG verwiesen werden).

3. Gruppenweite Sicherungsmaßnahmen

Nach § 6 Abs. 2 Nr. 3 GwG müssen Verpflichtete, die Mutterunternehmen einer Gruppe sind, im Rahmen der internen Sicherungsmaßnahmen **gruppenweite Verfahren nach § 9 GwG** schaffen. Die ausdrückliche Pflicht zur Schaffung von gruppenweiten Verfahren nach § 9 GwG unabhängig von der Verpflichtetengruppe kam mit der Umsetzung von Art. 45 der Vierten EU-Geldwäscherichtlinie ins Gesetz.[58]   **57**

Während nach vormaliger Rechtslage lediglich als Mutterunternehmen agierende Kreditinstitute, Finanzdienstleistungsinstitute, Finanzholding-Gesellschaften und gemischte Finanzholding-Gesellschaften zur Etablierung gruppenweiter Verfahren verpflichtet waren (vgl. § 25l KWG a. F.), haben seit einigen Jahren sämtliche Verpflichteten, die Mutterunternehmen einer Gruppe sind, eine eigene Risikoanalyse für alle gruppenangehörigen Unternehmen, Zweigstellen und Zweigniederlassungen, die geldwäscherechtlichen Pflichten unterliegen, durchzuführen.   **58**

Auf Grundlage dieser gruppenweiten Risikoanalyse haben sie sodann gruppenweit einheitliche interne Sicherungsmaßnahmen durchzuführen, einen Gruppengeldwäschebeauftragten zu bestellen, Verfahren für den Informationsaustausch innerhalb der Gruppe zur Verhinderung von Geldwäsche und Terrorismusfinanzierung zu etablieren sowie Vorkehrungen zum Schutz von personenbezogenen Daten zu treffen. Für nähere Informationen hierzu wird auf die Kommentierung zu § 9 GwG verwiesen. Zum Begriff der „Gruppe" vgl. § 1 Abs. 16 GwG.   **59**

---

56 *Warius*, in: Herzog, GwG, 2. Aufl. 2014, § 9 Rn. 13.
57 *Warius*, in: Herzog, GwG, 2. Aufl. 2014, § 9 Rn. 17 f.
58 BT-Drs. 18/11555, S. 111.

4. Sicherungsmaßnahmen im Hinblick auf neue Produkte und Technologien

60 Auch müssen Verpflichtete nach § 6 Abs. 2 Nr. 4 GwG im Rahmen der internen Sicherungsmaßnahmen geeignete Maßnahmen zur Verhinderung des Missbrauchs von neuen Produkten und Technologien zur Begehung von Geldwäsche und Terrorismusfinanzierung oder für Zwecke der Begünstigung der Anonymität von Geschäftsbeziehungen oder von Transaktionen schaffen und fortentwickeln. Die Regelung in § 6 Abs. 2 Nr. 4 GwG entspricht im Wesentlichen der in § 9 Abs. 2 Nr. 2 Satz 2 GwG a. F. enthaltenen Regelung. „Geeignete" Maßnahmen sind nach Auffassung der BaFin solche Maßnahmen, mit denen „in Bezug auf die jeweilige Risikosituation der verfolgte Zweck erreicht werden kann".[59]

61 Dem Kern nach legt die Norm im Hinblick auf Geldwäscherisiken eine Pflicht fest, die im Finanzsektor schon seit vielen Jahren Bestand (und sich als Prozess bis auf einige Ausnahmen dort auch bewährt) hat, nämlich der in AT 8.1. der MaRisk[60] niedergelegte „**Neu-Produkt-Prozess**". Die MaRisk sind ein auf der Verwaltungspraxis der BaFin zu § 25a KWG (Anforderungen an die ordnungsgemäße Geschäftsorganisation der Institute) wurzelnder „Kodex" zu den Anforderungen an eine risikoangemessene Aufbau- und Ablauforganisation von Instituten.[61] Die MaRisk haben normausfüllenden Charakter und entfalten daher keine Bindungswirkung gegenüber den Instituten. Die BaFin gibt vielmehr in den MaRisk lediglich ihre Rechtsauffassung kund.[62]

62 Nach der Verwaltungspraxis der BaFin muss ein jedes Institut die von ihm betriebenen Geschäftsaktivitäten, vor allem in Risikohinsicht, verstehen, erfassen, bei entsprechender Risikoexposition managen und – vor allem – ein Konzept (genaugenommen eine Ablauforganisation) für neue Produkte vorhalten, das sicherstellt, ob der Verpflichtete die Risiken effektiv managen kann.[63] Neben die Verpflichtung, neue Produkte oder neue Märkte vor Aufnahme entsprechender Geschäfte zu überprüfen, tritt nunmehr – qua GwG ausdrücklich – auch die Pflicht, einen entsprechenden Prozess durchzuführen, wenn **neue Technologien** zum Einsatz kommen. In Anwendung des Risikoansatzes und nach dem Zweck der Vorschrift muss die entsprechende Verpflichtung allerdings dahingehend ausgelegt werden, dass selbstverständlich nicht der Einsatz neuer Technologien per se einen solchen Prozess durchlaufen muss, sondern nur dann, wenn diese

---

59 BaFin, AuA 2021, Ziff. 3.4.

60 Rundschreiben 10/2021 (BA) – Mindestanforderungen an das Risikomanagement – MaRisk, Gz. BA 54-FR 2210–2020/0001 v. 5.11.2021.

61 Vgl. *Langen/Donner*, in: Schwennicke/Auerbach, KWG, § 25a Rn. 3 ff.

62 Vgl. *Langen/Donner*, in: Schwennicke/Auerbach, KWG, § 25a Rn. 6; VGH Kassel, WM 2007, 392, 393.

63 Vgl. *Braun*, in: Boos/Fischer/Schulte-Mattler, KWG/CRR-VO, § 25a KWG Rn. 417 ff. mit zahlreichen Hinweisen.

Technologien im Innen- oder Außenverhältnis zur Geldwäsche missbraucht werden können.

Für die **Verpflichteten des Finanzsektors**, die in den Anwendungsbereich der   63
MaRisk fallen,[64] bedeutet die Aufnahme von § 6 Abs. 2 Nr. 4 lediglich, dass a)
nunmehr nicht nur nach der Verwaltungspraxis ein entsprechendes Erfordernis
besteht (wenngleich auf Geldwäschefragen begrenzt) und b) in die Neu-Produkt-Prozesse zwingend und ausdrücklich neben der Einbindung der Compliance-Funktion auch die Geldwäschefunktionen einzubinden sind.

Hinsichtlich der Verpflichteten des **Nichtfinanzsektors** hingegen ist das Erfordernis   64
eines Neu-Produkt-Prozesses (und seiner sachgerechten Dokumentation)
sicherlich ein Novum:

Hierfür sind in einem ersten Schritt neue und bestehende Produkte, Märkte und   65
Vertriebswege auf Missbrauchsmöglichkeiten für Zwecke der Geldwäsche und
Terrorismusfinanzierung hin zu untersuchen.[65] Im besonderen Fokus stehen
hierbei vor allem solche Produkte, Märkte und Vertriebswege, bei denen z. B. ein
hohes Maß an Anonymität vorherrscht und daher geldwäscherechtlich relevante
Vorgänge leicht verschleiert werden können. Zu nennen sind insbesondere sämtliche Geschäftsbeziehungen und Transaktionen, die über die neuen Medien, insbesondere über das Internet und mobil, initiiert und abgewickelt werden. Das Risiko der Verschleierung geldwäscherechtlich relevanter Vorgänge ist insoweit
besonders hoch, da die Technisierung der Geschäftswelt immer weiter voranschreitet und sich daher auch im Hinblick auf Geldwäsche und Terrorismusfinanzierung stetig neue „Sicherheitslücken" auftun, die von den Verpflichteten
möglichst schnell erkannt und geschlossen werden müssen. Auch „neue Märkte", beispielsweise die Erschließung neuer geografischer Absatzmärkte können
erhebliche geografische Risiken bergen, die sich auf die geldwäschetechnische
Risikoexposition eines Verpflichteten auswirken. Ferner können beispielsweise
neue Kundensegmente Geldwäscherisiken bergen.

Wenngleich **außerhalb des Finanzsektors also kein förmlicher „Neu-Pro-   66
dukt-Prozess"** im Sinne der MaRisk durchzuführen ist, müssen die Verpflichteten immerhin sicherstellen, dass bei jeder Entscheidung der Geschäftsleitung für
die Erschließung neuer Märkte oder neuer Produkte bzw. Technologien für den
Verpflichteten jedenfalls eine Art „ergänzende Risikoanalyse" durchgeführt und
nötige Sicherungsmaßnahmen ergriffen werden. Anders als bei den MaRisk ist
hierbei von den Verpflichteten – jedenfalls aus Sicht des GwG – nur die Gefähr-

---

64 Die MaRisk sind anwendbar auf Kredit- und Finanzdienstleistungsinstitute mit Sitz im
Inland sowie auf inländische Zweigstellen von Instituten mit Sitz in Drittstaaten, vgl.
A.T. 2.1; *Braun*, in: Boos/Fischer/Schulte-Mattler, KWG/CRR-VO, § 25a KWG
Rn. 48 ff. mit zahlreichen Nachweisen.
65 *Auerbach/Musiol*/Hentschel, in: Schwennicke/Auerbach, KWG, § 25h Rn. 62.

dungslage wegen Geldwäsche und Terrorismusfinanzierung zu analysieren. Die Ergebnisse der Analyse sind schriftlich niederzulegen.

67   Sofern die Verpflichteten bei der Analyse eines neuen Produktes oder eines neuen Marktes eine entsprechende „Sicherheitslücke" erkannt haben und sich im Hinblick auf die identifizierte „Sicherheitslücke" ein Missbrauchsrisiko für Geldwäsche und Terrorismusfinanzierung ergibt oder ein solches zumindest nicht von vornherein ausgeschlossen werden kann, müssen die Verpflichteten wirksame und angemessene Sicherungsmaßnahmen nach § 6 Abs. 2 Nr. 1 treffen, um dem tatsächlichen bzw. potenziellen Missbrauchsrisiko schon im Vorfeld – unter möglichst frühzeitiger Einbindung des Geldwäschebeauftragten – zu begegnen.[66] Die bloße Schaffung entsprechender Sicherheitsvorkehrungen ist aber noch nicht ausreichend. Vielmehr müssen die Verpflichteten die Produkte, Märkte und Vertriebswege weiterhin **fortlaufend** in Bezug auf die Entstehung neuer Missbrauchsmöglichkeiten **überwachen** und bei Feststellung neuer Missbrauchsmöglichkeiten die bereits getroffenen Sicherheitsvorkehrungen anpassen, fortentwickeln und notfalls durch neue Konzepte ersetzen. Neue Produkte oder neue Märkte unterliegen einer – risikoangemessenen – erhöhten Beobachtungspflicht durch den Geldwäschebeauftragten.

68   Die konkreten Anforderungen, die die Verpflichteten im Rahmen ihrer Pflicht zur Identifikation neuartiger Missbrauchsmöglichkeiten und zur Etablierung entsprechender Sicherungsvorkehrungen treffen müssen, hängen maßgeblich von der **konkreten Risikosituation** des Verpflichteten ab. Je anfälliger die Geschäftstätigkeit des Verpflichteten in Ansehung seiner Geschäftsstruktur, Absatzmärkte, Produkte, Vertriebswege und Kundenstruktur für Geldwäsche und Terrorismusfinanzierung ist, desto größere Anstrengungen sind dem Verpflichteten im Hinblick auf die Prävention gegen neuartige Missbrauchsmöglichkeiten zuzumuten.

5. Überprüfung der Mitarbeiterzuverlässigkeit

69   Nach § 6 Abs. 2 Nr. 5 GwG müssen die Verpflichteten zudem im Rahmen ihrer internen Sicherungsmaßnahmen ihre Mitarbeiter durch **geeignete Maßnahmen, insbesondere durch Personal- und Beurteilungssysteme**, auf ihre Zuverlässigkeit hin überprüfen. Die Regelung des § 6 Abs. 2 Nr. 5 GwG entspricht § 9 Abs. 2 Nr. 4 GwG a. F., ist allerdings kürzer gefasst. Inhaltlich ändert sich für die Verpflichteten hingegen wenig. Zum Begriff der Zuverlässigkeit eines Mitarbeiters, der sich an den gewerberechtlichen Begriff der Zuverlässigkeit anlehnt,[67] siehe § 1 Abs. 20 GwG (dazu näher → § 1 Rn. 201 ff.).

---

66 *Auerbach/Musiol*/Hentschel, in: Schwennicke/Auerbach, KWG, § 25h Rn. 62.
67 Vgl. DK, AuA 2014, Zeile 86b.

In der Finanzindustrie bestehen neben der genannten Vorschrift noch einige wei- **70**
tere Pflichten und Anforderungen an besondere leitende Mitarbeiter und Geschäftsleiter hinsichtlich deren Zuverlässigkeit.[68] Nach neuerer, sehr feinstruktu-
rierter Verwaltungspraxis ist diese wiederkehrend nach strengen Vorgaben zu
überprüfen.[69] Daneben bestehen aufgrund spezialgesetzlicher Vorgaben zahlreiche Definitionen, Anforderungen, Prozesserleichterungen z.B. aufgrund von
Vorgaben des Vergütungsrechts, des WpHG etc.[70]

a) „Know-Your-Employee" und Zuverlässigkeitsprüfung

Der Zweck der Überprüfungspflicht besteht darin, das Eindringen von „Mittels- **71**
männern" in die für Geldwäsche und Terrorismusfinanzierung bedeutsamen Be-
rufs- und Unternehmensgruppen zu verhindern.[71] Hinsichtlich der Maßnahmen
zur Überprüfung der Zuverlässigkeit von Mitarbeitern ist zu unterscheiden zwischen der Überprüfung der Zuverlässigkeit **bei Begründung** des Dienst- oder
Arbeitsverhältnisses und der Überprüfung der Zuverlässigkeit **während eines**
laufenden Dienst- oder Arbeitsverhältnisses. Im Falle eines Dienst- oder Arbeitsverhältnisses müssen die Verpflichteten regelmäßig bei Begründung desselben eine Zuverlässigkeitsprüfung vornehmen,[72] während im bestehenden
Dienst- oder Arbeitsverhältnis eine Zuverlässigkeitsprüfung nur vorzunehmen
ist, wenn sich tatsächliche Anhaltspunkte dafür ergeben, dass der Mitarbeiter
nicht mehr die erforderliche Zuverlässigkeit für die von ihm begleitete Stelle
aufweist.[73] Diese Unterscheidung ist folgerichtig, da der Verpflichtete aufgrund
der bereits bei Begründung des Dienst- oder Arbeitsverhältnisses vorgenommenen und vom Mitarbeiter erfolgreich absolvierten Zuverlässigkeitsprüfung
davon ausgehen kann, dass dieser die erforderliche Zuverlässigkeit weiterhin
aufweist. Treten jedoch tatsächliche Anhaltspunkte auf, die gegen den Fortbestand der erforderlichen Zuverlässigkeit sprechen, muss der Verpflichtete eine
erneute Zuverlässigkeitsprüfung vornehmen. Nicht entscheidend ist hierbei, ob
der Mangel an Zuverlässigkeit schon von Anfang an bestanden hat oder erst
nachträglich eingetreten ist. **Arbeitsrechtliche Implikationen, insbesondere**
solche des Mitbestimmungrechts, sind von den Verpflichteten unabhängig von
§ 6 selbstverständlich weiterhin zu beachten (vgl. hierzu z.B. → Rn. 88).

---

68 Vgl. z.B. die besonderen Anforderungen an Geschäftsleiter, § 25c Abs. 1 KWG oder
    Mitglieder von Aufsichtsorganen, vgl. § 25d Abs. 1 KWG.
69 BaFin, Merkblatt zu den Geschäftsleitern gemäß KWG, ZAG und KAGB, 24.6.2021;
    Merkblatt zu den Mitgliedern von Verwaltungs- und Aufsichtsorganen gemäß KWG
    und KAGB, ebenfalls zuletzt v. 24.6.2021.
70 Ein instruktiver Überblick findet sich bei *Krimphove/Lüke*, CB 2021, 389.
71 BT-Drs. 17/6804, S. 34; *Warius*, in: Herzog, GwG, 2. Aufl. 2014, § 9 Rn. 102 spricht
    von „Brückenköpfen".
72 BT-Drs. 17/6804, S. 34.
73 *Warius*, in: Herzog, GwG, 2. Aufl. 2014, § 9 Rn. 109.

72 Anders als die Anforderungen der älteren Rechtslage, wonach lediglich solche Mitarbeiter einer Zuverlässigkeitsprüfung zu unterziehen waren, welche Transaktionen ausführten bzw. daran mitwirkten,[74] ist der Anwendungsbereich vom Gesetzgeber nunmehr nicht mehr begrenzt, sondern **umfasst grundsätzlich jeden Mitarbeiter, selbstverständlich auch die Organe**, eines Verpflichteten.[75]

73 Hinsichtlich der **Kontrolldichte und der einzusetzenden Kontrollinstrumente** steht dem Verpflichteten bei der Überprüfung der Zuverlässigkeit eines Mitarbeiters ein risikoangemessener Beurteilungsspielraum zu.[76] Die Grenzen des risikoangemessenen Beurteilungsspielraums sind jedoch dann überschritten, wenn Art und Umfang der vom Verpflichteten vorzunehmenden Kontrollmaßnahmen unter dem Gesichtspunkt der insoweit bestehenden Geldwäsche- und Terrorismusfinanzierungsrisiken nicht mehr in einem angemessenen Verhältnis zur Position und zum Tätigkeitsfeld des betroffenen Mitarbeiters stehen oder gesetzlichen Vorschriften zuwiderlaufen.[77] Die Tatsache, dass der Gesetzgeber bei der Ausgestaltung des § 6 Abs. 2 Nr. 5 keine konkreten Maßnahmen anführt, sondern – dem Risikoansatz des § 3a GwG folgend – wiederum einen auslegungsbedürftigen Rechtsbegriff verwendet, wirft mitbestimmungsrechtliche Fragen auf (vgl. → Rn. 81).

74 Dies bedeutet insbesondere, dass der Verpflichtete hinsichtlich eines Mitarbeiters, der mit besonders geldwäscheanfälligen Tätigkeiten betraut ist (z. B. die Entgegennahme oder Aushändigung von Geldern, Freigabe größerer Finanztransaktionen, Geschäftsanbahnung und Begründung von Geschäftsbeziehungen etc.), **erhöhten Kontrollpflichten** unterliegt, während der Verpflichtete bei einem Mitarbeiter, der weniger geldwäscheanfällige Tätigkeiten vornimmt (z. B. reine Verwaltungstätigkeiten), nur ein geringeres Maß an Kontrolle entfalten darf.[78] Hinsichtlich reiner Support-Tätigkeiten (Reinigungspersonal, Facility-Management) sind auch in der Finanzwirtschaft Überprüfungen durchzuführen.

75 Im Finanzsektor weist die BaFin darauf hin, dass die Häufigkeit und Intensität der Prüfungen wiederum risikoorientiert abzustufen sei. Insbesondere seien diejenigen Mitarbeiter intensiver und häufiger zu prüfen, die in für Geldwäsche und Terrorismusfinanzierung relevanten Arbeitsbereichen tätig seien oder unmittelbaren Zugang zu Geschäftsräumen haben (z. B. Sicherheitspersonal).[79]

76 Wenngleich auf die Vorlage eines polizeilichen Führungszeugnisses in besonderen Einzelfällen verzichtet werden kann, ist eine flächendeckende Praxis in der

---

74 *Herzog*, in: Herzog, GwG, § 6 Rn. 11 mit Verweis auf BT-Drs. 16/9038, S. 43.
75 *Kunz*, CB 2019, 99, 103.
76 BT-Drs. 17/6804, S. 34.
77 Vgl. *Warius*, in: Herzog, GwG, 2. Aufl. 2014, § 9 Rn. 107, 109.
78 *Walther*, in: Schimansky/Bunte/Lwowski, Bankrechts-Handbuch, § 42 Rn. 489.
79 BaFin, AuA 2021, Ziff. 3.5.

Kreditwirtschaft zu beobachten, grundsätzlich von jedem Mitarbeiter polizeiliche Führungszeugnisse einzuholen.

Grundsätzlich bleibt jedoch ein Ermessensspielraum hinsichtlich der zu ergreifenden Kontrollmaßnahmen. Auch unterscheidet sich die Intensität der erforderlichen Kontrollmaßnahmen im Hinblick darauf, ob es sich um eine Zuverlässigkeitsüberprüfung im Rahmen der Begründung eines Beschäftigungsverhältnisses oder um eine im Rahmen eines laufenden Beschäftigungsverhältnisses stattfindende Zuverlässigkeitsüberprüfung handelt. **77**

Hinsichtlich des **Zeitpunktes** besteht in der Finanzwirtschaft die Regel, dass bei Personen, die mit für Geldwäsche und Terrorismusfinanzierung relevanten Tätigkeiten betraut werden sollen, die Überprüfungsmaßnahmen bei der Begründung des Beschäftigungsverhältnisses stattzufinden haben.[80] **78**

Bei **Begründung des Beschäftigungsverhältnisses** (hierunter fällt auch ein Betriebsübergang nach § 613a BGB[81]) müssen – nach Ansicht des Gesetzgebers aufgrund der noch fehlenden Kenntnis der Persönlichkeit des Bewerbers[82] – weitreichendere Maßnahmen, **wie** beispielsweise die angesprochene Einholung eines **polizeilichen Führungszeugnisses** oder von SCHUFA-Auskünften möglich und in der Kreditwirtschaft auch flächendeckend ergriffen werden.[83] Typischerweise werden auch die Daten der Lebensläufe auf Schlüssigkeit überprüft, Stichproben eingeholt und Zeugnisse vorheriger Arbeitgeber nach Indikatoren für unzuverlässiges Vorverhalten durchsucht werden. Im persönlichen Bewerbungsgespräch werden in der Kreditwirtschaft bei Bewerbern, insbesondere auf Positionen, die mit Kunden, Vermögenswerten, Geschäftsbeziehungen oder Transaktionen in geldwäscherelevanter Weise in Berührung kommen können, gezielte Fragen gestellt, die auf die Rechtstreue und die Einstellung des Bewerbers zu kritischen Fragen der Compliance ausgerichtet sind. **79**

Hingegen beschränken sich die Kontrollinstrumente **im laufenden Beschäftigungsverhältnis** hauptsächlich auf Personalkontroll- und -beurteilungssysteme.[84] Eine Pflicht zur Aktualisierung von Führungszeugnissen oder SCHUFA-Auskünften besteht zwar wohl nicht. Unstreitig ist hingegen die Notwendigkeit, je nach Risikoexposition des Mitarbeiters, laufend einen Überblick über die Zuverlässigkeit zu behalten. Insbesondere während des Bestehens eines Beschäftigungsverhältnisses haben die Verpflichteten hinsichtlich der Kontrolldichte und der einzusetzenden Kontrollinstrumente (Personalbeurteilungssysteme, spezifische Kontrollsysteme, Negativtestate) einen risikoangemessenen Beurtei- **80**

---

80 BaFin, AuA 2021, Ziff. 3.5.
81 *Krimphove/Lüke*, CB 2021, 389, 390 m. w. N.
82 So in der Gesetzesbegründung, BT-Drs. 17/6804, S. 34.
83 *Walther*, in: Schimansky/Bunte/Lwowski, Bankrechts-Handbuch, § 42 Rn. 488.
84 BT-Drs. 17/6804, S. 34.

lungsspielraum, dessen praktische Anwendung gegenüber den zuständigen Behörden im Einzelfall plausibel darzulegen ist.[85] Typischerweise ist die Personalabteilung bzw. sind die Disziplinarvorgesetzten hier in der Pflicht:[86] In regelmäßigen Personalgesprächen sind Faktoren wie Lebenswandel, Pflichtbewusstsein, Loyalität zum Arbeitgeber und Gesetzestreue zu hinterfragen. Zunehmend setzen sich auch Fragen zur Prüfung der Einstellung zur Gesetzestreue oder Risiko-affinität in der Finanzindustrie durch.

81   Mitbestimmungsrechtlich wurde in den letzten Jahren immer wieder diskutiert, ob besondere Eingriffe, insbesondere das auf § 6 gestützte **Anfordern polizeilicher Führungszeugnisse durch Verpflichtete, den Zustimmungserfordernissen des BetrVG** unterliegen. Da § 6 Abs. 2 Nr. 5 die Vorlage nicht konkret fordert, besteht ein hinreichender betrieblichen Regelungsspielraum fort, sodass das Mitbestimmungsrecht nach § 87 Abs. 1 Nr. 1 BetrVG auch die Vorlage des Führungszeugnisses im Zusammenhang mit den internen Sicherungsmaßnahmen der Verpflichteten erfasst.[87]

82   Führt der Verpflichtete eine Zuverlässigkeitsprüfung von Mitarbeitern durch, muss er deren Ergebnisse dokumentieren und insbesondere dem Geldwäschebeauftragten, der internen Revision und ggf. dem Jahresabschlussprüfer zugänglich machen.[88]

83   **Außerhalb des Finanzsektors** besteht kaum eine einheitliche Praxis. Dies war auch der Grund für die Erstreckung des Know-Your-Employee-Grundsatzes auf Verpflichtete außerhalb des Finanzsektors.[89] Hier verbleibt es – in Ermangelung besonderer Anwendungshinweise durch die Aufsichtsbehörden – bei den oben genannten Grundsätzen und einem betrieblichen Ermessen des Verpflichteten, im Rahmen dessen er jedoch seine Risikoexposition berücksichtigen muss.

84   In der Praxis kontrovers diskutiert wird die Überprüfung von **Zeitarbeitern und im Rahmen der Arbeitnehmerüberlassung** überlassenen Mitarbeitern. Weil diese in der Regel in den Betriebsablauf eingebunden und mit entsprechenden Kompetenzen versehen sind, ist in der Finanzindustrie ein einheitlicher Trend zu beobachten, Zuverlässigkeitsprüfungen auch bei diesen vorzunehmen.

85   In Bezug auf **externe Berater** wird in der Literatur gelegentlich vertreten, dass eine Zuverlässigkeitsprüfung hier unterbleiben könne.[90] Die Verwaltungspraxis

---

85 BT-Drs. 17/6804, S. 34.

86 *Herzog*, in: Herzog, GwG, § 6 Rn. 12; *Findeisen*, WM 2000, 1234, 1237.

87 LArbG Frankfurt, Beschl. v. 2.11.2006 – 5 TaBVGa 196/06 zu § 14 a. F.; vgl. zustimmend auch *Kohte*, in: Düwell, Betriebsverfassungsgesetz, § 87 Rn. 31 und *Kothe*, ju-risPR-ArbR 1/2019 Anm. 7.

88 *Warius*, in: Herzog, GwG, 2. Aufl. 2014, § 9 Rn. 110 f.

89 Vgl. *Warius*, in: Herzog, GwG, 2. Aufl. 2014, § 9 Rn. 101, mit Verweis auf die FATF-Länderevaluation für Deutschland in den Jahren 2009 und 2010.

90 Vgl. *Warius*, in: Herzog, GwG, 3. Aufl., § 9 Rn. 104.

im Kreditwesen äußert sich mit Blick auf die Tätigkeit von Beratern zwar mit hinsichtlich deren Sachkunde und MaRisk AT 7, nicht aber auf Zuverlässigkeitsanforderungen.[91] Eine Zuverlässigkeitsprüfung ist hingegen angezeigt, sofern ein Berater an wesentlichen Finanztransaktionen mitwirkt, Entscheidungen über die Verfolgung verdächtiger Transaktionen mit trägt oder auf andere Weise Berührungspunkte zu geldwäschesensiblen Tätigkeiten hat.

Im Bereich der **rechts- und steuerberatenden Berufe** bestand früher einmal **86** die Ansicht, dass die Vorschrift hier nur teilweise anwendbar sei. Grund hierfür sei, dass eine Kollision mit dem Grundsatz der eigenverantwortlichen Berufsausübung vorliege.[92] Dies stehe einer laufenden Mitarbeiterüberwachung entgegen. Die Ansicht ist hingegen mittlerweile überkommen und klar abzulehnen. Die Rolle von Rechtsanwälten, Steuerberatern, Notaren und Wirtschaftsprüfern bei vielen Geldwäscheskandalen einerseits und die wichtige Rolle derselben in der Geldwäscheprävention erfordert ein Zurücktreten standesbezogener Anwendungsdefizite; die Rechtsnormen des GwG sind bloßen standesrechtlichen Verhaltensnormen ebenso übergeordnet wie andere Vorschriften zur Gefahrenabwehr. Ihre Anwendung und Durchsetzung stellt jedenfalls nicht per se einen Eingriff in die Unabhängigkeit der rechtsberatenden Berufe dar. Sie ist vielmehr die Ausprägung eines modernen standesrechtlichen Verständnisses.

Richtig im Zusammenhang ist allerdings, dass auch § 2 Abs. 6 BORA eine eige **87** ne Mitarbeiterüberwachungspflicht für Rechtsanwälte – wenngleich auf Verschwiegenheitspflichten kalibriert – vorsieht. Diese besteht neben der Pflicht aus § 6 GwG.

Wenngleich § 6 Abs. 2 Nr. 5 GwG die Verpflichteten anhält, zu Beginn eines **88** Beschäftigungsverhältnisses und dann laufend während des Beschäftigungsverhältnisses die Zuverlässigkeit des Mitarbeiters im Hinblick auf geldwäschepräventive Sachverhalte und Eigenschaften zu kontrollieren, enthält die Norm **keine Eingriffsbefugnis für eine anlassunabhängige** Untersuchung von Mitarbeitern oder Geschäftsvorgängen. Hierfür bleiben die Normen des Beschäftigtendatenschutzes[93] vorrangig. Folgerichtig betont auch die BaFin, dass solche Maßnahmen, die datenschutz- oder arbeitsrechtlich als unzulässig anzusehen sind, auch im Rahmen von § 6 Abs. 2 Nr. 5 GwG nicht in Betracht kommen.[94]

---

91 BaFin, AuA BT Kreditinstitute 2021, Ziff. 6.2.5.
92 Vgl. z. B. Bundessteuerberaterkammer, Anwendungshinweise zum GwG v. 21.4.2009,
   S. 17 ff.
93 Vgl. z. B. §§ 24, 26 BDSG.
94 BaFin, AuA 2021, Ziff. 3.5.

b) Anhaltspunkte für und Folgen von Unzuverlässigkeit

89   Die Unzuverlässigkeit eines Mitarbeiters kann sich aus verschiedenen **Anhalts-punkten** ergeben. Anders als im Wertpapierhandelsrecht (vgl. dort § 6 WpHGMaAnzV)[95] sieht das Geldwäschegesetz zwar keine ausdrücklichen Nachweiserleichterungen oder Vermutungen vor. Zu den evidenten Anhalts-punkten gehören Vorverurteilungen hinsichtlich Geldwäsche oder einer Straftat aus dem Vortatenkatalog des § 261 StGB. Auch nachhaltige Verstöße gegen Vor-schriften des GwG selbst, ggf. Bußgelder nach § 56 GwG oder weitere Steuer-und Finanzvergehen, die nicht im Vortatenkatalog zur Geldwäsche enthalten sind, stellen Anhaltspunkte dar, die jedenfalls in der Kreditwirtschaft dazu füh-ren dürften, dass von einer Unzuverlässigkeit eines Mitarbeiters für eine geld-wäschesensible Tätigkeit auszugehen ist.

90   Weitere Anhaltspunkte sind die nachhaltige Verletzung von internen Geld-wäscheregeln, die Beteiligung an zweifelhaften Transaktionen oder Zwangs-maßnahmen gegen Mitarbeiter. Auch die „üblichen", nicht geldwäschebezoge-nen Verdachtsmomente wie etwa Vermeidung von Vertretungszugriff, Meidung von Abwesenheiten und Urlaub, Schaffung von unsachgerechten „Informations-inseln" oder eine nicht angemessene Vermischung von privaten und dienstlichen Daten- und Informationssystemen kommen in Betracht.[96] In den BaFin AuA von zuletzt 2021 sind folgende Anhaltspunkte genannt: Straftaten, die beharrliche Verletzung von geldwäscherechtlichen Vorschriften oder Richtlinien, unterlas-sene Verdachtsmeldungen, Beteiligung an zweifelhaften Transaktionen oder Ge-schäften, Zwangsvollstreckungsmaßnahmen, Verhinderung von Vertreterzugriff auf bestimmte Kunden oder Geschäfte, auffällige Vermeidung von Urlaub und Abwesenheiten, die „quasi-private" Verwaltung von Geschäftsunterlagen (also die Schaffung auffälliger „Wissensinseln"), häufige Arbeit außerhalb der Ge-schäftszeiten oder die häufige Mitnahme von Geschäftsunterlagen ohne ersicht-lichen Grund.[97]

91   Stellt sich bei der Zuverlässigkeitsprüfung im Rahmen der Begründung eines Beschäftigungsverhältnisses die Unzuverlässigkeit des Bewerbers heraus, darf die Stelle nicht an den Bewerber vergeben werden. Stellt sich hingegen bei der Zuverlässigkeitsprüfung im Rahmen eines laufenden Beschäftigungsverhältnis-ses erstmals oder aufgrund neu eingetretener Umstände die Unzuverlässigkeit eines Mitarbeiters heraus, muss diesem im Rahmen der dienst- bzw. arbeits-rechtlich zulässigen Möglichkeiten – insbesondere im Wege der **Versetzung, Änderungskündigung oder Kündigung – die Weiterbeschäftigung** in dem

---

95 *Krimphove/Lüke*, CB 2021, 389, 389 f. m. w. N.
96 Vgl. zu einzelnen Merkmalen auch DK, AuA 2014, Zeile 86b.
97 BaFin, AuA 2021, Ziff. 3.5.

    Kaetzler

geldwäschesensiblen Bereich untersagt werden.[98] Nachhaltige Verstöße gegen geldwäscherechtliche Pflichten können im Finanzsektor relativ leicht eine **außerordentliche Kündigung** rechtfertigen[99]; im Falle einer aktiven Beteiligung – auch außerdienstlich – an Geldwäscheaktivitäten wird eine außerordentliche Kündigung bei einem Mitarbeiter eines Kreditinstituts in der Regel geboten und begründet sein.[100]

6. Mitarbeiterunterrichtungen

Weiterhin müssen nach § 6 Abs. 2 Nr. 6 GwG die Verpflichteten im Rahmen der internen Sicherungsmaßnahmen ihre Mitarbeiter erstmalig und laufend in Bezug auf Typologien und aktuelle Methoden der Geldwäsche und der Terrorismusfinanzierung sowie die insoweit einschlägigen Vorschriften und Pflichten, einschließlich der Datenschutzbestimmungen, unterrichten. Die Vorschrift entspricht im Wesentlichen § 9 Abs. 2 Nr. 3 GwG a. F.[101]   **92**

Die Pflicht der Verpflichteten zur Unterrichtung ihrer Mitarbeiter ist **von grundlegender Bedeutung** dafür, dass die Mitarbeiter auf den Gebieten der Geldwäsche und Terrorismusfinanzierung das notwendige Problembewusstsein entwickeln, um auf dieser Grundlage in der Praxis geldwäscherechtlich bedeutsame Vorgänge leichter erkennen und die insoweit notwendig werdenden Maßnahmen ergreifen zu können.[102]   **93**

Die Unterrichtungspflicht betrifft hierbei all jene Mitarbeiter, die im Rahmen ihrer Beschäftigung zumindest **potenziell mit geldwäscherechtlich relevanten Vorgängen in Berührung kommen können**.[103] Im Umkehrschluss besteht – jedenfalls der Verwaltungspraxis für den Finanzsektor nach, aber sicherlich auf alle anderen Verpflichtetenkreise zu erweitern – keine Verpflichtung zur Mitarbeiterunterrichtung bei solchen Mitarbeitern, die mit den industrietypischen Leistungen nicht in Berührung kommen, z.B. Reinigungs- oder Hausverwaltungspersonal.[104]   **94**

Die Art und Intensität der Unterrichtung hängt von der individuellen Risikosituation des Verpflichteten, den konkreten Berührungspunkten der jeweiligen Mitarbeiter mit geldwäscherechtlich relevanten Vorgängen sowie anlassbezoge-   **95**

---

98 *Warius*, in: Herzog, GwG, 2. Aufl. 2014, § 9 Rn. 112.

99 Vgl. z. B. den – zugegebenermaßen deutlich zu Lasten des Arbeitnehmers gelagerten – Sachverhalt in BAG DB 2018, 2440.

100 Vgl. LAG Berlin-Brandenburg, NZA-RR 2015, 241.

101 BT-Drs. 18/11555, S. 111.

102 *Walther*, in: Schimansky/Bunte/Lwowski, Bankrechts-Handbuch, § 42 Rn. 481.

103 BT-Drs. 17/6804, S. 34.

104 BaFin, AuA 2021, Rn. 3.6.

nen Umständen, wie gesetzlichen Neuregelungen oder das Bekanntwerden neuer einschlägiger Risikosituationen, ab.[105]

96   **Praktisch umsetzen** lässt sich die Unterrichtungspflicht vor allem durch Rundschreiben, elektronische Lernprogramme und interne Schulungen der Mitarbeiter des Verpflichteten. In der Kommentarliteratur wird zutreffenderweise festgestellt, dass nach der Änderung der Formulierung des § 6 Abs. 2 Nr. 6 GwG gegenüber § 9 Abs. 2 Nr. 3 GwG a. F. (aus „Schulung" wird „Unterrichtung") keine explizite Pflicht zur Durchführung von Mitarbeiter*schulungen* bestehe.[106] Dem ist allerdings nur insoweit zuzustimmen, dass qua Gesetz auch nach der Neufassung **keine Präsenzschulungen vorgeschrieben** sind. In der Wahl der Medien ist der Verpflichtete – im Rahmen der Risikoangemessenheit – frei. Im Finanzsektor besteht die ausdrückliche Möglichkeit, neben Präsenzschulungen auch e-Learnings zur Anwendung zu bringen.[107] Dies wird ohne Weiteres auf die anderen Verpflichtetengruppen übertragbar sein. In der Praxis hingegen bewähren sich Präsenzschulungen in der Finanzindustrie und anderen Hochrisikoindustrien bereits deshalb, weil zum einen unter den Mitarbeitern ein nicht selten hilfreicher Diskurs stattfindet, wie konkreten Risikosituationen im Unternehmen begegnet werden kann. Zum anderen werden im Rahmen von Präsenzschulungen dem Unternehmen oftmals besondere Gefährdungslagen durch Interventionen der Mitarbeiter überhaupt erst bekannt. Eine gewerberechtliche Pflicht zur Durchführung von Präsenzschulungen besteht allerdings wie erörtert nicht.

97   In der Praxis kann unterschieden werden zwischen Erstschulungen und Folgeschulungen. Im Rahmen der **Erstschulungen**, die bestenfalls unmittelbar im Zusammenhang mit dem Neuantritt einer Beschäftigung der Mitarbeiter beim Verpflichteten vorzunehmen sind, sollte zunächst sämtlichen neuen Mitarbeitern, die mit geldwäscherechtlich relevanten Vorgängen in irgendeiner Form in Berührung kommen können, die Grundlagen der Geldwäscheprävention, insbesondere grundlegende Typologien und Methoden der Geldwäsche und Terrorismusfinanzierung, die allgemeinen und besonderen Sorgfaltspflichten sowie das Verfahren der Verdachtsmeldung nähergebracht werden.[108] In einem zweiten Schritt können sodann **Folgeschulungen** vorgesehen werden.[109] Insoweit können einerseits Schulungen etabliert werden, die der Auffrischung der bereits im Rahmen der Erstschulung vermittelten Lehrinhalte sowie der weiteren Sensibilisierung für aktuelle geldwäscherechtliche Typologien, Methoden und Risikosituationen dienen.[110]

---

105 BT-Drs. 17/6804, S. 34.
106 *Herzog*, in: Herzog, GwG, § 6 Rn. 17.
107 BaFin, AuA 2021, Ziff. 3.6.
108 *Walther*, in: Schimansky/Bunte/Lwowski, Bankrechts-Handbuch, § 42 Rn. 483.
109 *Warius*, in: Herzog, GwG, 2. Aufl. 2014, § 9 Rn. 96.
110 *Warius*, in: Herzog, GwG, 2. Aufl. 2014, § 9 Rn. 96.

Zum anderen können – bei entsprechender Risikoexposition und/oder hohem **98**
Spezialisierungsgrad – in der Ablauforganisation eines Verpflichteten auch besondere Aufbauschulungen eingeführt werden, die spezifisch auf bestimmte Geschäftsbereiche oder Mitarbeitergruppen, die mit geldwäscherechtlich relevanten Vorgängen besonders stark in Berührung kommen und insoweit daher auch
ein höheres Maß an fachlicher und praktischer Expertise benötigen, zugeschnitten sind.[111] Solche besonderen Aufbauschulungen bieten sich insbesondere für jene Mitarbeiter an, die unmittelbar mit der Durchführung von Transaktionen befasst sind.

Die Durchführung der internen Schulung muss nicht zwingend in Form einer **99**
Präsenzschulung, sondern kann auch im Wege einer elektronischen Schulung erfolgen.[112] In jedem Fall ist sicherzustellen, dass den teilnehmenden Mitarbeitern
im Zuge der internen Schulung auch schriftliche oder elektronische **Begleitunterlagen** (wie z.B. Typologiepapiere)[113] ausgehändigt werden.[114] Denn naturgemäß verblasst der Inhalt der durchgeführten Schulung im Gedächtnis der Teilnehmer oft relativ schnell und steht daher bei einem geldwäscherelevanten Pra-
xisfall nicht mehr oder nicht mehr in ausreichender Form zur Verfügung. Mittels
der ausgehändigten Begleitunterlagen kann der Mitarbeiter aber die verblassten
Erinnerungen zügig wieder auffrischen. Es ist hierbei – um eine Überforderung
der Mitarbeiter zu vermeiden – zu gewährleisten, dass die Begleitunterlagen
übersichtlich gestaltet sind und sich auf die für die praktische Anwendung
wesentlichen Punkte beschränken. Schließlich sind der Schulungsinhalt, Schu-
lungsablauf, Schulungsumfang und die Schulungsteilnahme in angemessener
Form und revisionssicher zu dokumentieren.[115]

Inhaltlich müssen die betroffenen Mitarbeiter durch die Schulungsmaßnahmen **100**
in die Lage versetzt werden, erstens die Grundprinzipien und Gefährdungslagen
der Geldwäsche und Terrorismusfinanzierung sowie wesentliche gesetzliche
Grundlagen zu verstehen. In der Finanzindustrie ist darüber hinaus auch die Verwaltungspraxis in die Unterrichtungen einzubeziehen.[116] Zweitens müssen die
Unterrichtungsmaßnahmen die konkrete Risikoexposition des Unternehmens
verdeutlichen und, drittens, die ergriffenen Sicherungsmaßnahmen in einer
Form darstellen, die dem Mitarbeiter ermöglicht, seine Konsequenzen für sein
eigenes Verhalten an seinem konkreten Arbeitsplatz zu ziehen. Viertens – und
hierin liegt ein Schwerpunkt der Unterrichtungspflicht des § 6 Abs. 2 Nr. 6

---

111 *Walther*, in: Schimansky/Bunte/Lwowski, Bankrechts-Handbuch, § 42 Rn. 483.
112 *Warius*, in: Herzog, GwG, 2. Aufl. 2014, § 9 Rn. 98.
113 Vgl. beispielsweise Newsletter 3/2006 der FIU Deutschland, Punkt B: Anhaltspunkte
     Geldwäsche, Punkt C: Anhaltspunkte Terrorismusfinanzierung.
114 *Walther*, in: Schimansky/Bunte/Lwowski, Bankrechts-Handbuch, § 42 Rn. 481.
115 *Warius*, in: Herzog, GwG, 2. Aufl., § 9 Rn. 100.
116 BaFin, AuA 2021, Rn. 3.6.

GwG – müssen die Mitarbeiter über **Trends und Typologien** informiert werden, die die jeweiligen Industriezweige des Verpflichteten betreffen. In Konzernen, Großbanken und Industriekonglomeraten ist es daher üblich und geboten, **industriezweigspezifische Schulungsinhalte** für verschiedene konzernangehörige Gesellschaften oder Abteilungen sicherzustellen.

101   **Hilfestellung** bei der Auswahl und industriespezifischer Kalibrierung von Typologien bieten die zahlreichen Veröffentlichungen nationaler und internationaler Instanzen, namentlich der FIUs, der nach § 50 GwG zuständigen Aufsichtsbehörden, der FATF, der Weltbank sowie die Bundeslagebilder und Kriminalstatistiken.

102   Der Gesetzgeber hat ausdrücklich davon abgesehen, einen **zeitlichen Turnus** zur Wiederholung von Schulungen bzw. zu Auffrischungskursen festzulegen; auch die die Schulungspflicht einführende Dritte EU-Geldwäscherichtlinie enthielt in Art. 35 Abs. 1 Satz 2 keine Hinweise hinsichtlich deren Frequenz. Die zeitlichen Rahmen sind vielmehr von den Verpflichteten selbst, und zwar risikobasiert, festzulegen.[117] Die vom Gesetzgeber im Rahmen der Umsetzung der Vierten EU-Geldwäscherichtlinie aufgenommene Formulierung „laufende" beinhaltet demgegenüber wieder eine zeitliche Dimension, die aber nicht im Sinne einer „Regelmäßigkeit" zu verstehen ist, sondern darauf, dass die Schulungsinhalte aktuell zu halten sind und bei besonderen Entwicklungen, z. B. hinsichtlich Typologien in einer bestimmten Industrie, im Extremfall auch Ad-hoc-Schulungen indiziert sein können.[118]

103   **Außerhalb des Finanzsektors** divergieren Schulungspraxis und -inhalte unter den Verpflichteten erheblich. Während einzelne private Anbieter mittlerweile branchenspezifische Schulungssysteme anbieten, verhalten sich die Aufsichtsbehörden trotz gesetzlicher Verpflichtung zum Erlass von Hinweisen an die Verpflichteten (§ 51 Abs. 8 GwG) hierzu kaum.

104   Weigert sich ein Mitarbeiter nachhaltig, Schulungsmaßnahmen zu besuchen, ist in der Regel von einer **Unzuverlässigkeit des Mitarbeiters** auszugehen. Bei hoher Risikoexposition kann eine Suspendierung oder Umsetzung, sogar eine au-

---

117 *Häberle*, in: Erbs/Kohlhaas, Strafrechtliche Nebengesetze, Stand: 216. EL 2017, § 6 GwG Rn. 6; *Bürkle*, Compliance in Versicherungsunternehmen, § 12 Rn. 109.

118 Anders hingegen *Herzog*, in: Herzog, GwG, § 6 Rn. 13, der zum einen im Begriff „laufende" ein Regelmäßigkeitselement sieht, zum anderen unter Verweis auf die Gesetzeshistorie keine anlassbezogenen Unterrichtungspflichten (mehr) annimmt. Aus dem Gesetzeszweck, der sich in der Formulierung „laufende" und in der Aktualisierungspflicht des § 6 Abs. 1 Satz 2 GwG manifestiert, ist aber klar zu schließen, dass im Extremfall anlassbezogene Schulungen durchgeführt werden müssen. Anderenfalls liefe die Pflicht zur Durchsetzung von „bei Bedarf aktualisierten" Sicherungssystemen nach § 6 Abs. 1 Satz 2 GwG inhaltlich leer.

ßerordentliche Kündigung des Beschäftigungsverhältnisses indiziert und gerechtfertigt sein.

7. „Unabhängige" Überprüfung der Verfahren und Grundsätze

Schlussendlich sind nach § 6 Abs. 2 Nr. 7 GwG die Verpflichteten im Rahmen **105** der internen Sicherungsmaßnahmen verpflichtet, die Überprüfung der etablierten Grundsätze und Verfahren durch eine unabhängige Prüfung vorzunehmen, soweit eine solche Überprüfung angesichts der Art und des Umfangs der Geschäftstätigkeit angemessen ist. § 6 Abs. 2 Nr. 7 GwG dient der Umsetzung von Art. 8 Abs. 4 lit. b der Vierten EU-Geldwäscherichtlinie.[119]

Während § 6 Abs. 1 Satz 3 GwG dem Verpflichteten lediglich die Pflicht auferlegt, **106** die internen Sicherungsmaßnahmen auf ihre Funktionsfähigkeit hin im Sinne einer Risikozyklusanalyse *selbst* laufend zu überprüfen und ggf. zu aktualisieren, ist nach § 6 Abs. 2 Nr. 7 GwG eine zusätzliche Prüfung durch eine **vom Verpflichteten „unabhängige" Stelle** erforderlich, soweit Art und Umfang der Geschäftstätigkeit des Verpflichteten eine solche zusätzliche Prüfung erfordern. Anhaltspunkte für eine ausschließliche Eignung eines Externen bestehen hingegen im Gesetz nicht.[120] Dem Gesetzgeber kommt es ausweislich der Gesetzesbegründung im Wesentlichen auf die „Unabhängigkeit" des Überprüfenden an:

a) Innenrevision

Der Gesetzgeber hat als vom Verpflichteten „unabhängige" Stelle maßgeblich **107** die **Innenrevision** im Auge.[121] Die Prüfungskompetenz der Innenrevision erstreckt sich gewöhnlich auf den gesamten Pflichtenkatalog des GwG.[122] Insbesondere hat die Innenrevision im Hinblick auf die vom Verpflichteten etablierten Grundsätze und Verfahren in der Finanzindustrie mindestens einmal jährlich[123] zu prüfen, ob die vom Verpflichteten zur Bekämpfung der Geldwäsche und Terrorismusfinanzierung getroffenen Sicherungsmaßnahmen zweckmäßig und ausreichend sind, ob der Geldwäschebeauftragte den ihm zugewiesenen Aufgaben ordnungsgemäß nachkommt, ob das Verdachtsmeldesystem des Verpflichteten

---

119 BT-Drs. 18/11555, S. 111.

120 Unzutreffend daher *Herzog*, in: Herzog, GwG, § 6 Rn. 18; zutreffend hingegen noch *Warius* in der Vorauflage, § 9 Rn. 72. Dies ergibt sich nicht nur aus der Gesetzesbegründung, BT-Drs. 18/11555, S. 111, sondern auch aus der Gesetzessystematik: Während die Jahresabschlussprüfung streng regelbasiert vorgeht, stehen sämtliche Sicherungsmaßnahmen, zu denen der Pflichtenkatalog des § 6 Abs. 2 GwG zählt, unter dem Vorbehalt der Risikobasiertheit.

121 BT-Drs. 18/11555, S. 111.

122 *Warius*, in: Herzog, GwG, 2. Aufl. 2014, § 9 Rn. 76.

123 *Walther*, in: Schimansky/Bunte/Lwowski, Bankrechts-Handbuch, § 42 Rn. 466.

funktionsfähig ist, ob der Verpflichtete ordnungsgemäße Zuverlässigkeitsüberprüfungen seiner Mitarbeiter vornimmt und ob der Verpflichtete seine Mitarbeiter ausreichend über die Typologien und aktuellen Methoden der Geldwäsche und der Terrorismusfinanzierung sowie die geldwäscherechtlich für die Mitarbeiter einschlägigen Vorschriften unterrichtet.[124] Die Prüfung hat sämtliche geldwäscherechtlichen Pflichten zu umfassen; die Durchführung von Stichproben hinsichtlich der Erfüllung von Kundensorgfaltspflichten, der Funktionsfähigkeit von Sicherungsmaßnahmen und des Verdachtsmeldewesens ist zulässig und entspricht langjähriger Praxis.[125] Nach der Verwaltungspraxis der BaFin reicht es allerding aus, wenn in der jährlichen Prüfung einzelne Teilbereiche aufgegriffen werden, die allerdings in einem dreijährigen Prüfungszyklus sämtliche Teilbereiche abdecken müssen.[126]

108   Über jede vorgenommene Prüfung hat die Innenrevision einen schriftlichen Bericht anzufertigen, der eine Darstellung des Prüfungsgegenstandes und der Prüfungsfeststellungen einschließlich der vorgesehenen Maßnahmen enthalten und der Geschäftsleitung sowie dem Geldwäschebeauftragten zugeleitet werden muss.[127] (Die Überprüfungshandlungen durch die jeweilige unabhängige Stelle sind zu dokumentieren. § 6 Abs. 2 Nr. 7 GwG begründet eine eigenständige gewerberechtliche Pflicht, auf die § 8 Abs. 4 GwG zwar keine direkte Anwendung findet. Unabhängig von weiteren Aufbewahrungsfristen sind die Prüfberichte aber „in Anlehnung an" § 8 Abs. 4 GwG auch nach Ansicht der BaFin jedenfalls fünf Jahre lang aufzubewahren.)[128]

109   Der **Prüfbericht** ist in der Kreditwirtschaft sodann einschließlich etwaiger Feststellungen und Anmerkungen der Geschäftsleitung und – soweit Geldwäschesachverhalte geprüft und berichtet werden – auch dem Geldwäschebeauftragten zur Verfügung zu stellen.

110   **Inhaltlich** soll der Prüfbericht der Innenrevision nach § 6 Abs. 2 Nr. 7 GwG in der Finanzwirtschaft eine Aussage darüber enthalten, ob die zur Bekämpfung der Geldwäsche und Terrorismusfinanzierung vom Verpflichteten getroffenen Sicherungsmaßnahmen angemessen, funktionsfähig, aktuell und wirksam sind und der Geldwäschebeauftragte den ihm zugewiesenen Aufgaben nachgekommen ist.[129]

111   Die Einrichtung einer Innenrevision ist allerdings nicht für sämtliche Verpflichteten obligatorisch. Gesetzlich vorgeschrieben ist die Einrichtung einer In-

---

124 *Warius*, in: Herzog, GwG, 2. Aufl. 2014, § 9 Rn. 76.
125 BAKred, Verlautbarung für Kreditinstitute v. 30.3.1998, Nr. 40.
126 BaFin, AuA 2021, Rn. 3.7.
127 *Warius*, in: Herzog, GwG, 2. Aufl. 2014, § 9 Rn. 76.
128 BaFin, AuA 2021, Ziff. 3.7.
129 BaFin, AuA 2021, Ziff. 3.7.

nenrevision nur bei Kreditinstituten und Finanzdienstleistungsinstituten (vgl. § 25a Abs. 1 Satz 3 Nr. 3 KWG). Ist die **Einrichtung einer Innenrevision für Verpflichtete nach Art und Umfang ihrer Geschäftstätigkeit nicht erforderlich**, können diese – wiederum in Abhängigkeit von Art und Umfang ihrer Geschäftstätigkeit – auf eine zusätzliche Prüfung der internen Sicherungsmaßnahmen durch eine unabhängige Stelle entweder komplett verzichten oder die unabhängige Prüfung durch sonstige interne oder externe Prüfungen (z.B. im Rahmen der Jahresabschlussprüfung)[130] sicherstellen.[131]

Hinsichtlich der konkret vorzunehmenden Prüfungshandlungen und der durch **112** die Innenrevision abzudeckenden Prüffelder kann gut auf die unten dargestellten Grundsätze für den Jahresabschlussprüfer abgestellt werden, der – für die Finanzwirtschaft verbindlich und verschärft bei Kreditinstituten – jährlich die Einhaltung der geldwäscherechtlichen Vorschriften prüft. In der Praxis hat sich durchgesetzt, dass die Innenrevisionen größerer Häuser rollierend einzelne Elemente aus dem Pflichtenkatalog des GwG und des KWG vertieft prüfen.

b) Jahresabschlussprüfer

Der Jahresabschlussprüfer (vgl. §§ 340 ff. HGB) prüft bei Instituten regelmäßig **113** und bei Kreditinstituten im Sinne des § 1 Abs. 1 KWG vertieft die Angemessenheit der Aufbau- und Ablauforganisation einschließlich der internen Sicherungsmaßnahmen und der Risikoanalyse. Der Jahresabschlussprüfer ist nach § 29 Abs. 2 Satz 1 KWG **verpflichtet**, bei Instituten auch die Einhaltung der geldwäscherechtlichen und der korrespondierenden bankaufsichtsrechtlichen Pflichten zu überprüfen. In der auf § 29 Abs. 4 KWG fußenden Prüfberichtsverordnung muss der Jahresabschlussprüfer im Kreditwesen nach §§ 26 ff. PrüfbV neben der Prüfung anderer geldwäschenaher Themenkreise wie Zahlungskontengesetz, Verordnung (EG) Nr. 924/2009, Verordnung (EU) Nr. 260/2012, Verordnung (EU) 2015/751 vor allem auf die in § 27 PrüfbV genannten Themen eingehen. (Die folgende Darstellung orientiert sich weitgehend wörtlich an § 27 der PrüfbV.)

Der Prüfer hat zunächst zu beurteilen, ob die von dem Institut erstellte Gefähr- **114** dungsanalyse zur Verhinderung der Geldwäsche, Terrorismusfinanzierung sowie des Betruges zulasten des Instituts der tatsächlichen Risikosituation des Instituts entspricht, § 27 Abs. 1 Satz 1 PrüfbV. Mit dieser Vorgabe ist der Jahresabschlussprüfer in der Kreditwirtschaft angehalten, die Risikoanalyse nach § 5 GwG nicht nur im Hinblick auf die Form, sondern auch teilweise inhaltlich, wenngleich in beschränktem Umfang, nachzuvollziehen. Obwohl dem Verpflichteten zweifelsohne eine Einschätzungsprärogative bei der Erstellung der

---

130 Vgl. *Warius*, in: Herzog, GwG, 2. Aufl. 2014, § 9 Rn. 77 ff.
131 BT-Drs. 18/11555, S. 111.

Risikoanalyse und der darauf basierenden Frage nach der Notwendigkeit und Angemessenheit einzelner Sicherungsmaßnahmen zusteht, kann diese vom Jahresabschlussprüfer inhaltlich jedenfalls auf Unschlüssigkeiten, offene Fehler oder Fehleinschätzungen und auf groben Ermessensfehlgebrauch kontrolliert werden.

115   Darüber hinaus hat der Jahresabschlussprüfer die vom Institut getroffenen internen Sicherungsmaßnahmen zur Verhinderung von Geldwäsche und Terrorismusfinanzierung (sowie von sonstigen strafbaren Handlungen im Sinne des § 25h Abs. 1 KWG) **im Prüfbericht darzustellen und deren Angemessenheit zu beurteilen**. Dabei ist einzugehen:

(1)   auf die vom Institut entwickelten und aktualisierten internen Grundsätze und die Angemessenheit geschäfts- und kundenbezogener **Sicherungssysteme** und Kontrollen zur Verhinderung von Geldwäsche und Terrorismusfinanzierung sowie von strafbaren Handlungen im Sinne des § 25h Abs. 1 des Kreditwesengesetzes,

(2)   auf die Stellung und Tätigkeit des **Geldwäschebeauftragten** und seines Stellvertreters, einschließlich ihrer Kompetenzen, sowie die für eine ordnungsgemäße Durchführung ihrer Aufgaben notwendigen Mittel und Verfahren; für Institute, die selbst nicht Tochterunternehmen im Sinne des Kreditwesengesetzes eines Instituts oder eines nach dem Geldwäschegesetz verpflichteten Versicherungsunternehmens sind, gilt dies auch in Bezug auf ihre Tochterunternehmen sowie ihre ausländischen Zweigstellen und Zweigniederlassungen sowie

(3)   darauf, ob die Beschäftigten, die mit der Durchführung von Transaktionen und mit der Anbahnung und Begründung von Geschäftsbeziehungen befasst sind, angemessen über die Methoden der Geldwäsche und der Terrorismusfinanzierung sowie von strafbaren Handlungen im Sinne des § 25h Abs. 1 KWG und die insofern bestehenden Pflichten **unterrichtet** werden.

116   Hierbei setzt der Jahresabschlussprüfer teilweise auf den unterjährig durchgeführten Prüfungen der Innenrevision auf: Bei der Darstellung und Beurteilung der geldwäschepräventiven Gegebenheiten sind die von dem Institut erstellte Gefährdungsanalyse sowie die von der Innenrevision im Berichtszeitraum durchgeführte Prüfung und deren Ergebnis zu berücksichtigen.

117   Des Weiteren hat der Prüfer darzustellen und zu beurteilen, inwieweit das Institut den kundenbezogenen Sorgfaltspflichten, insbesondere auch den verstärkten Sorgfaltspflichten in Fällen eines erhöhten Risikos, nachgekommen ist.

118   Zu berichten ist ferner über die Erfüllung der Aufzeichnungs- und Aufbewahrungspflichten sowie die Erfüllung der Pflicht zur institutsinternen **Erfassung gemäß § 8 GwG**, wobei sich die Informationen auch auf Unternehmen oder

Tochterunternehmen im Sinne des § 25 Abs. 3 Satz 2 KWG beziehen können, und Meldung von Verdachtsfällen gemäß § 11 GwG.

Sofern das Institut die Durchführung von internen Sicherungsmaßnahmen oder die Wahrnehmung von kundenbezogenen Sorgfaltspflichten vertraglich auf eine dritte Person oder ein anderes Unternehmen ausgelagert hat, ist hierüber zu berichten. In der Regel beschränkt sich die Prüfung auf die Auslagerungsarchitektur, den Auslagerungsumfang, das Auslagerungscontrolling und die Geeignetheit der Auslagerungsunternehmen. **119**

In Bezug auf ein Institut, das ein übergeordnetes Unternehmen im Sinne des Kreditwesengesetzes ist, hat der Prüfer darzustellen und zu beurteilen, inwieweit das Institut angemessene Maßnahmen getroffen hat, um in seinen nachgeordneten Unternehmen, Zweigstellen und Zweigniederlassungen die gruppeneinheitliche Schaffung der internen Sicherungsmaßnahmen sowie die Erfüllung der dort zusätzlich genannten Pflichten und gegebenenfalls die Erfüllung von am ausländischen Sitz geltenden strengeren Pflichten sicherzustellen. **120**

(Sofern und) soweit die zu treffenden Maßnahmen in einem **Drittstaat** nicht zulässig oder tatsächlich nicht durchführbar sind, hat der Prüfer ferner darzustellen und zu beurteilen, inwieweit das Institut angemessene Maßnahmen getroffen hat, um sicherzustellen, dass seine nachgeordneten Unternehmen, Zweigstellen und Zweigniederlassungen dort Geschäftsbeziehungen nicht begründen oder fortsetzen, keine Transaktionen durchführen und bestehende Geschäftsbeziehungen beenden. **121**

(Nur) bei Kreditinstituten ist zu beurteilen, inwieweit diese im bargeldlosen Zahlungsverkehr ihren Pflichten zur Feststellung, Überprüfung und Übermittlung von vollständigen Auftraggeberdaten nachgekommen sind. Gleiches gilt in Bezug auf die von den vorgenannten Instituten getroffenen Maßnahmen zur Erkennung und Behandlung von eingehenden Zahlungsaufträgen mit unvollständigen Auftraggeberdaten. Bei Kreditinstituten ist vom Prüfer ferner darzustellen, inwieweit diese ihre Verpflichtungen nach § 24c Abs. 1 KWG (Kontenabfrageverfahren) erfüllt haben. Insbesondere ist zu beurteilen, ob die hierzu eingesetzten Verfahren eine zutreffende Erfassung der aufgenommenen Identifizierungsdaten mit richtiger Zuordnung zum Konto oder Depot im Abrufsystem gewährleisten. Gegebenenfalls ist über die ordnungsgemäße Erfüllung der Anordnungen der Bundesanstalt gemäß § 6a KWG (Anordnungen im Einzelfall; von besonderer Bewandtnis sind in der Prüfpraxis Anordnungen zur Kontensperre im Zusammenhang mit Terrorismusfinanzierung) zu berichten. **122**

Die wesentlichen Prüfergebnisse des Jahresabschlussprüfers sind nach § 27 Abs. 8 PrüfbV in einer Checkliste nach **Anlage 5 zur PrüfbV** festzuhalten und dem Prüfbericht beizulegen. **123**

124   Wie oben angemerkt, bestehen die genannten Verpflichtungen nur im Rahmen der Abschlussprüfungen und nur bei „Instituten" im Sinne des Kreditwesengesetzes. Sie können jedoch durchaus als Anhaltspunkt für Prüfungen der Innenrevision und bei Prüfungen außerhalb des Finanzsektors dienen.

125   Außerhalb des Finanzsektors haben sich leider noch keine allgemein gültigen Prüfstandards durchgesetzt. In der Praxis ist ein uneinheitliches Verhalten der Abschlussprüfer zu beobachten. Ein Tätigwerden der entsprechenden Verbände ist daher indiziert.

c) Sonderprüfungen nach § 44 KWG

126   Nach § 44 KWG hat die BaFin die Möglichkeit, bei Instituten **Sonderprüfungen** durchzuführen. Solche Prüfungen können, müssen aber nicht anlassbezogen sein. Geldwäsche-Sonderprüfungen werden in der Praxis durch die Aufsicht regelmäßig bei Instituten mit höherer Risikoexposition angeordnet. Die Aufsicht hat nach § 4 Abs. 3 FinDAG die Möglichkeit, Wirtschaftsprüfer, Prüfverbände oder Rechtsanwaltskanzleien mit der Durchführung der Prüfung zu beauftragen.

127   Sonderprüfungen nach § 44 KWG richten sich in der Praxis auf eine vertiefte Prüfung der internen Sicherungsmaßnahmen, des Verdachtsmeldewesens und die unterliegende Aufbauorganisation. Umfang und Rahmen der Sonderprüfungen können von der Aufsicht nach eigenem Ermessen durchgeführt werden; Voraussetzung ist der – rechtsmittelfähige – Erlass einer Prüfungsanordnung gegenüber dem betroffenen Institut.

V. Pflichten des Unternehmens, nicht des Angestellten

128   Nach § 6 Abs. 3 GwG obliegen die Verpflichtungen zur Vornahme interner Sicherungsmaßnahmen nach § 6 Abs. 1, 2 GwG bei Verpflichteten im Sinne des § 2 Abs. 1 Nr. 10–14 und 16 GwG, die ihre berufliche Tätigkeit als Angestellte eines Unternehmens ausüben, nicht den Verpflichteten (als Personen) selbst, sondern dem Unternehmen, bei dem die Verpflichteten angestellt sind. § 6 Abs. 3 GwG entspricht dem früheren § 9 Abs. 3 Satz 1 GwG und setzt Art. 46 Abs. 1 Satz 3 der Vierten EU-Geldwäscherichtlinie um.[132]

129   **Begünstigte** jener Ausnahme vom Grundsatz der geldwäscherechtlichen Verpflichtung des einzelnen Angestellten oder Berufsträgers sind namentlich Rechtsanwälte, Kammerrechtsbeistände, Patentanwälte und Notare (§ 2 Abs. 1 Nr. 10 GwG), Rechtsbeistände, die nicht Mitglied einer Rechtsanwaltskammer sind und registrierte Personen nach § 10 des Rechtsdienstleistungsgesetzes (§ 2 Abs. 1 Nr. 11 GwG), Wirtschaftsprüfer, vereidigte Buchprüfer, Steuerberater

---

132 BT-Drs. 18/11555, S. 111.

und Steuerbevollmächtigte (§ 2 Abs. 1 Nr. 12 GwG), Dienstleister für Gesellschaften und für Treuhandvermögen und Treuhänder (§ 2 Abs. 1 Nr. 13 GwG), Immobilienmakler (§ 2 Abs. 1 Nr. 14 GwG) sowie Güterhändler (§ 2 Abs. 1 Nr. 16 GwG), die ihre berufliche Tätigkeit als „Angestellte eines Unternehmens"[133] ausüben. Hinsichtlich aller Betroffenen ist festzustellen, dass die Berufsträger zwar vom Wortlaut des Gesetzes als Normadressat bezeichnet werden, jedoch nach Sinn und Zweck des Gesetzes selbstverständlich standes- und gewerberechtliche Organisationspflichten des dahinterstehenden „Unternehmens", also im Falle von Sozietäten derselben, ausgelöst werden sollten. Um die Überleitung der Verpflichtung vom einzelnen Berufsträger auf Kanzleien zu flankieren, haben BRAK und BStbK zudem festgelegt, dass z. B. die Funktion des Geldwäschebeauftragten nicht durch einen Partner oder ein Organ der Kanzlei ausgeübt werden soll.[134]

Privilegiert sind jedoch lediglich die Verpflichteten, die bei dem Unternehmen **130** angestellt sind. Maßgebliches Kriterium dafür, ob ein Angestelltenverhältnis vorliegt, ist die Weisungsabhängigkeit des Berufsträgers gegenüber dem Inhaber des Unternehmens.[135] Dies wurde in Bezug auf Großkanzleien, aber z. B. auch im Hinblick auf **Syndikusanwälte** (vgl. hierzu eingehend → § 2 Rn. 184), immer wieder diskutiert.[136] Um dieser Diskussion jedenfalls in geldwäscherechtlicher Hinsicht ein Ende zu bereiten, hat sich der Gesetzgeber zum Erlass dieser – klarstellenden – Norm entschlossen.

Der **Zweck der Vorschrift** des § 6 Abs. 3 GwG besteht darin, die angestellten **131** Berufsträger von ihrer Pflicht zur Vornahme interner Sicherungsmaßnahmen zu befreien und stattdessen die Pflicht zur Vornahme interner Sicherungsmaßnahmen einheitlich bei dem anstellenden Unternehmen zu bündeln. Bei den betroffenen Unternehmen handelt es sich zumeist um größere Handelsgesellschaften oder um freiberufliche Berufsausübungsgesellschaften (beispielsweise Rechtsanwaltssozietäten).[137] Diese haben daher regelmäßig mehrere geldwäscherechtlich Verpflichtete im Sinne des § 2 Abs. 1 Nr. 10–14 und 16 GwG angestellt, sodass sich aus Gründen einer einheitlichen „Policy" des Unternehmens im Hinblick auf interne Sicherungsmaßnahmen und in Anbetracht der dem Unternehmensinhaber gegenüber den Angestellten bestehenden Weisungsbefugnisse eine Bündelung der internen Sicherungsmaßnahmen bei dem Unternehmen als sinnvoll erweist. Gleichzeitig muss – mit Blick etwa auf die Überwachung einzelner

---

133 Mit Blick auf die Unabhängigkeit der rechtsberatenden Berufe ist § 6 Abs. 3 so auszulegen, dass „Unternehmen" auch eine nicht gewerbliche Rechtsanwalts- oder Steuerberaterkanzlei sein kann. Dies entspricht dem Willen des Gesetzgebers.
134 *Wende/Lippold*, GWuR 2021, 107 m. w. N.
135 *Walther*, in: Schimansky/Bunte/Lwowski, Bankrechts-Handbuch, § 42 Rn. 551.
136 Vgl. z. B. *Krais*, CCZ 2019, 96; *Pelz/Schorn*, NJW 2018, 1351.
137 Vgl. BT-Drs. 14/8739, S. 17.

Berufsträger – sichergestellt sein, dass Interessenkollisionen ausgeschlossen werden.

VI. Besondere interne Sicherungsmaßnahmen für Glücksspielveranstalter und -vermittler

132 Die Einbindung von Glücksspielveranstaltern und -vermittlern in die Geldwäscheprävention, und die Regelung des Verhältnisses zwischen einzelnen Verpflichtetengruppen, insbesondere zu den in Glücksspiel eingebundenen Zahlungsdienstleistern, hat durch die **Neugestaltung der Staatsverträge** einiges an Dynamik zugenommen. Prinzipienorientierte Ge- und Verbote wie das sog. **„Mitwirkungsverbot"** einiger geldwäscherechtlich Verpflichteter an illegalen Aktivitäten beschäftigen die Verpflichteten sehr.[138] Nachdem die Relevanz insbesondere der Zahlungsindustrie zur glücksspielbezogenen Geldwäscheprävention sicher feststeht, stellen sich für diese – und die Aufsichtsbehörden – besondere Herausforderungen.[139] Das GwG greift diese insoweit auf, als dass für Glücksspielveranstalter und -vermittler eigene Pflichten hinsichtlich Sicherungsmaßnahmen errichtet werden.

1. Überblick über die Norm

133 Nach § 6 Abs. 4 GwG müssen Verpflichtete nach § 2 Abs. 1 Nr. 15 GwG – d.h. **Veranstalter und Vermittler von Glücksspielen** – über die in § 6 Abs. 2 GwG genannten Maßnahmen hinaus Datenverarbeitungssysteme betreiben, mittels derer sie in der Lage sind, sowohl Geschäftsbeziehungen als auch einzelne Transaktionen im Spielbetrieb oder über ein Spielerkonto nach § 16 GwG zu erkennen, die aufgrund des öffentlich verfügbaren oder im Unternehmen verfügbaren Erfahrungswissens über die Methoden der Geldwäsche und der Terrorismusfinanzierung als zweifelhaft oder ungewöhnlich anzusehen sind. Weiterhin haben sie diese Datenverarbeitungssysteme zu aktualisieren. Die zuständige Aufsichtsbehörde kann allerdings Kriterien bestimmen, nach denen die genannten Verpflichteten von der Erfüllung dieser Pflichten absehen können.

134 Mit der Umsetzung der Vierten EU-Geldwäscherichtlinie, insbesondere mit der Erstreckung der allgemeinen Sicherungsmaßnahmen auf alle Verpflichteten, waren die Sondernormen der §§ 9a, 9b und 9c des GwG a.F. hinfällig geworden. Glücksspielveranstalter und -vermittler müssen daher (wie alle anderen Ver-

---

138 Kritisch und im Sinne der Kriminalitätsprävention fordernd z.B. *Findeisen*, ZfWG 2021, 436.

139 Ein guter Überblick über die Herausforderungen findet sich z.B. bei *Findeisen*, ZfWG 2021, 32.

pflichteten auch) einen Geldwäschebeauftragten nebst Stellvertreter bestellen, Mitarbeiter schulen, die Zuverlässigkeit der Beschäftigten überprüfen etc. Hinsichtlich der Identifikation gilt nunmehr – der Systematik des Gesetzes folgend – mit § 10 Abs. 4 GwG eine Sondervorschrift.

Die im GwG genannten **Sonderregelungen** für Glücksspielveranstalter sind deshalb erforderlich, weil schon die Geschäftsbeziehung (Anbahnung, Abschluss und Durchführung des Glücksspielvertrags) typischerweise ohne physischen Kontakt abläuft.[140] **135**

Die Obersten Glücksspielaufsichtsbehörden der Länder haben zur praktischen Umsetzung der Vorschriften des GwG umfangreiche Auslegungs- und Anwendungshinweise erlassen.[141] Ebenso hat das IDW Praxishinweise zur Ausgestaltung der Sicherungsmaßnahmen gegen Geldwäsche im Glücksspielsektor erlassen.[142] Aufgrund von Besonderheiten bei Sportwetten bestehen für Veranstalter und Vermittler besondere Vorgaben für die Verteilung der Verantwortlichkeiten bei den Sicherungsmaßnahmen gegen Geldwäsche.[143] **136**

2. Datenverarbeitungssysteme

§ 6 Abs. 4 GwG entspricht § 9a Abs. 3 Satz 1 und Satz 5 GwG a. F.[144] Nach § 9a Abs. 3 Satz 1 GwG war die Pflicht zum Betrieb und zur Aktualisierung von Datenverarbeitungssystemen jedoch lediglich auf Veranstalter und Vermittler von Glücksspielen im Internet begrenzt, während nunmehr prinzipiell sämtliche Veranstalter und Vermittler von Glücksspielen ein solches **Datenverarbeitungssystem betreiben und aktualisieren** müssen. Weiterhin enthielt § 9a Abs. 3 Satz 2–4 GwG a. F. im Hinblick auf das zu betreibende Datenverarbeitungssystem der Verpflichteten besondere datenschutzrechtliche Vorschriften, die nunmehr entfallen sind. In der Sache führt diese Streichung aber zu keiner Veränderung. Denn die besondere Ermächtigung des § 9a Abs. 3 Satz 2 GwG a. F. zur Erhebung, Verarbeitung und Nutzung personenbezogener Daten ist in der allgemeinen datenschutzrechtlichen Ermächtigung der Verpflichteten in § 58 GwG auf- **137**

---

140 Vgl. Hinweise des BMF zum Umgang mit den Sondervorschriften, 11.6.2014, S. 16.

141 Gemeinsame Hinweise der Obersten Glücksspielaufsichtsbehörden der Länder gemäß § 51 Abs. 8 GwG, „Auslegungs- und Anwendungshinweise zum Geldwäschegesetz (GwG)", November 2020.

142 IDW Verlautbarungen, IDW Praxishinweis „Empfehlungen für die Ausgestaltung des Risikomanagements zur Geldwäscheprävention in der Wirtschaftsprüferpraxis", 69. EL Februar 2019, Ziff. 2.11.

143 Vgl. die Anlage „Pflichtenheft für den Bereich Sportwetten" im Anhang zu den Gemeinsamen Hinweisen der Obersten Glücksspielaufsichtsbehörden der Länder gemäß § 51 Abs. 8 GwG, „Auslegungs- und Anwendungshinweise zum Geldwäschegesetz (GwG)", November 2020.

144 BT-Drs. 18/11555, S. 111.

gegangen. Darüber hinaus hatte die in § 9a Abs. 3 Satz 3 GwG a. F. vorgesehene Pflicht zur Vornahme besonderer technischer oder organisatorischer Maßnahmen nach § 9 Satz 1 BDSG ohnehin nur klarstellende Bedeutung, da § 9 Satz 1 BDSG für die Verpflichteten sowieso bereits unmittelbar geltendes Recht darstellte.[145] Schließlich ist die in § 9a Abs. 3 Satz 4 GwG a. F. vorgesehene Pflicht zur **Löschung der personenbezogenen Daten** binnen fünf Jahren nach Beendigung der Geschäftsbeziehung in der Regelung des § 8 Abs. 4 GwG aufgegangen (siehe dazu näher → § 8 Rn. 40).

138   Gesetzgeberischer **Zweck** der Pflicht der Glücksspielveranstalter und Glücksspielvermittler zum Betrieb und zur Aktualisierung von Datenverarbeitungssystemen ist die Sicherstellung der Transparenz der Zahlungsströme.[146] Spielerkonten weisen zwar eine gewisse Ähnlichkeit mit Zahlungskonten im Sinne des Zahlungsdiensteaufsichtsgesetzes auf. Sie bilden aber darüber hinaus Soll- und Habenpositionen ab und können – je nach Ausgestaltung – auch zu Zwecken der „Überweisung" von einem auf ein anderes Spielerkonto verwendet werden.[147]

139   Entsprechend reicht es nach Ansicht des Gesetzgebers nicht aus, die tatsächlichen Geldflüsse etwa bei den Zahlungsinstituten oder den Kreditinstituten zu erfassen und geldwäschetechnisch zu analysieren; die Sicherungsmaßnahmen müssen vielmehr innerhalb des Spielerkonten-Systems ergriffen werden. Da die Spielerkonten oftmals tagesgleich sehr zahlreiche Transaktionen abwickeln, reicht eine rein manuelle Kontrolle nach Ansicht des BMF nicht mehr aus.[148]

140   Die Pflicht zur Errichtung des Datenverarbeitungssystems richtet sich an die Veranstalter, die wiederum die gesamte Vertriebsorganisation in das vom Veranstalter vorzuhaltende System einbinden müssen.[149]

141   Das zur Gewährleistung einer solchen Transparenz zu betreibende und zu aktualisierende Datenverarbeitungssystem soll eine **strukturierte und systematische Überwachung** der Zahlungsströme anhand im Vorfeld festzulegender konkreter Umstände und Kriterien ermöglichen.[150] Auf dieser Grundlage sollen auffällige Transaktionen möglichst schnell erfasst und bewertet und daran anschließend die notwendigen Reaktionen vorgenommen werden.[151] Die zu errichtenden elektronischen Datenverarbeitungssysteme sind darauf ausgerichtet, derartige Typologien mittels einer Zuordnung von Transaktionen oder Transaktionsgruppen zu

---

145 *Warius*, in: Herzog, GwG, 2. Aufl. 2014, § 9a Rn. 6.
146 BT-Drs. 18/11555, S. 111.
147 Vgl. Hinweise des BMF zum Umgang mit den Sondervorschriften, 11.6.2014, S. 17.
148 Vgl. Hinweise des BMF zum Umgang mit den Sondervorschriften, 11.6.2014, S. 19.
149 Gemeinsame Hinweise der Obersten Glücksspielaufsichtsbehörden der Länder gemäß § 51 Abs. 8 GwG, „Auslegungs- und Anwendungshinweise zum Geldwäschegesetz (GwG)", November 2020, Ziff. 3.3.6.
150 BT-Drs. 18/11555, S. 111 f.; *Warius*, in: Herzog, GwG, 2. Aufl. 2014, § 9a Rn. 6.
151 *Warius*, in: Herzog, GwG, 2. Aufl. 2014, § 9a Rn. 6.

Regeln bzw. zu Algorithmen zu erkennen. Sie ähneln daher den Datenverarbeitungssystemen der Kreditwirtschaft zur Erkennung **auffälliger Transaktionen** im Zahlungsverkehr.

Im Hinblick auf Geldwäscherisiken sind insbesondere solche Glücksspiele als **142** hoch risikobehaftet anzusehen, die zum einen eine schnelle Umschlaggeschwindigkeit garantieren, zum anderen durch ein geringes Risikopotenzial für die eingesetzten Vermögenswerte geprägt sind.[152] Der Hauptanwendungsfall risikobasierter Datenverarbeitungsmechanismen, die ungewöhnliches Wettverhalten ermitteln (Systemwetten, ungewöhnlich hohe Wetteinsätze),[153] richtet sich in der Praxis hingegen oft gegen die Vortat des Wettbetruges und nicht gegen die nachgelagerte Geldwäsche.

Geldwäschespezifische **Gefährdungssachverhalte** im Nachgang von Wettbe- **143** trug sind naturgemäß schwer zu erkennen. Beim Einsatz von Glücksspiel insbesondere in der „Layering"-Phase (vgl. hierzu → § 2 Rn. 7) sind z. B. Systeme im Sinne des § 6 Abs. 4 GwG dahingehend auszurichten, dass sie typische „Aufbuchungssituationen ohne Risiko", „widersprechende Wetten" zur Risikominimierung, signifikante Änderungen der Einsatzhöhe, der Spielfrequenz, Auszahlungs- oder Rückbuchungsersuchen oder ähnliche Konstellationen entdecken.[154] Zu besonderen Risikotreibern im Bereich der Online-Lotterien, Online-Sportwetten oder Online-Pferdewetten hat das BMF zahlreiche Typologien zusammengefasst.[155] Zu dem zur Errichtung solcher industriespezifischer Sicherungsmaßnahmen heranzuziehenden öffentlich verfügbaren Erfahrungswissen über die Methoden der Geldwäsche und Terrorismusfinanzierung im Glücksspielsektor gehören ferner die einschlägigen Veröffentlichungen der FATF,[156] der FIU und des Bundeskriminalamtes.[157] Im Zusammenhang mit Typologien im Online-Glücksspiel existieren zudem spezifische Veröffentlichungen der European Sports Security Association sowie der European Gaming and Betting Association.[158]

Kommt der Glücksspielveranstalter oder Glücksspielvermittler seiner Pflicht **144** zum Betrieb und zur Aktualisierung von Datenverarbeitungssystemen vorsätz-

---

152 *Veverka*, in: Wohlschlägl-Aschberger, Geldwäscheprävention, S. 616 ff. m. w. N.

153 Hinsichtlich einschlägiger Verdachtsmomente vgl. *Veverka*, in: Wohlschlägl-Aschberger, Geldwäscheprävention, S. 607 m. w. N.

154 Gemeinsame Hinweise der Obersten Glücksspielaufsichtsbehörden der Länder gemäß § 51 Abs. 8 GwG, „Auslegungs- und Anwendungshinweise zum Geldwäschegesetz (GwG)", November 2020, Ziff. 3.3.6.

155 Vgl. Hinweise des BMF zum Umgang mit den Sondervorschriften, 11.6.2014, S. 39 ff.

156 Vgl. z. B. die Publikation „Vulnerabilities of Casinos and Gaming Sector", März 2009.

157 *Warius*, in: Herzog, GwG, 2. Aufl. 2014, § 9a Rn. 6.

158 *Warius*, in: Herzog, GwG, 2. Aufl. 2014, § 9a Rn. 6.

lich oder leichtfertig nicht nach, kann dies für ihn nach § 56 Abs. 1 Nr. 5 GwG
ein Bußgeld zur Folge haben (siehe dazu näher § 56 GwG).

3. Aktualisierungspflicht

145   Hinsichtlich der in Satz 2 vorgesehenen **Aktualisierungspflicht** stellt das Gesetz keine sektorspezifischen Anforderungen. Neben einer anlassbezogenen Aktualisierungspflicht, etwa bei Auftreten erheblicher neuer Muster oder Stereoty-
pen der Geldwäsche bei Glücksspielen, die in der Risikoanalyse ihren Niederschlag finden, ist vor allem die regelmäßige Aktualisierungspflicht für die Betreiber relevant. Nach allgemeiner Ansicht sind die Sicherungssysteme etwa alle
zwei Jahre auf ihre Aktualität zu überprüfen und ggf. anzupassen.[159] Die Überprüfung ist zum Nachweis der Erfüllung der gewerberechtlichen Pflichten angemessen und revisionssicher zu dokumentieren.

4. Härtefallregelung und Anordnungsbefugnis

146   Da die Pflicht zum Betrieb und zur Aktualisierung von Datenverarbeitungssystemen für einige Glücksspielveranstalter und Glücksspielvermittler mit unverhältnismäßig großen wirtschaftlichen und organisatorischen Aufwendungen verbunden sein kann, sieht § 6 Abs. 4 Satz 3 GwG (wie früher § 16 Abs. 7 GwG a. F.)
eine Härtefallregelung vor, nach der die zuständige Aufsichtsbehörde Kriterien
bestimmen kann, nach denen Glücksspielveranstalter und Glücksspielvermittler
von der Erfüllung der Pflicht zum Betrieb und zur Aktualisierung von Datenverarbeitungssystemen absehen können. Anders als nach der alten Rechtslage vor
Inkrafttreten des Umsetzungsgesetzes zur Vierten EU-Geldwäscherichtlinie ist
allerdings kein Antrag des Verpflichteten zur Befreiung erforderlich; es reicht
aus, wenn die durch die Verwaltungsbehörden festgelegten Kriterien materiell
vorliegen.

147   Ein solcher Härtefall ist allerdings **nur bei atypischen Strukturen** in Betracht
zu ziehen, sofern das konkrete Gefährdungspotenzial des Verpflichteten, etwa
im Hinblick auf einen nur geringen Umfang von angebotenen oder vermittelten
Glücksspielen, einem geringen Spielerkreis oder einer nachweisbaren objektiv
geringen Gefährlichkeit in Bezug auf Geldwäsche und Terrorismusfinanzierung,
als besonders gering anzusehen ist.[160] Allein ausschlaggebendes Kriterium ist
die Risikoexposition des betreffenden Unternehmens.

---

159 *Herzog*, in: Herzog, GwG, § 6 Rn. 20.
160 *Warius*, in: Herzog, GwG, 2. Aufl. 2014, § 9a Rn. 6.

Obgleich durch den Wegfall des Antragserfordernisses kein Tätigwerden des **148** Verpflichteten erforderlich ist, gestattet die bisherige Verwaltungspraxis einen Rückschluss auf mögliche Erleichterungen durch die Verwaltungsbehörden:[161]

Ein Antrag hatte nach bisheriger Ausrichtung der Norm nur dann Aussicht auf **149** Erfolg, wenn er auf einer „eingehenden Zweckmäßigkeitsprüfung" beruhte. Unter Verweis auf die erhöhte Gefährdungslage insbesondere von Online-Glücksspielen seien Ausnahmen nur in besonderen Ausnahmesituationen denkbar. Hinsichtlich eines möglichen Dispenses von KYC- und Sicherungsmaßnahmen allgemein und von datenverarbeitungsbasierten Analysesystemen im Besonderen äußerte sich das **BMF bisher mit dem Argument sehr kritisch,** dass schließlich bei online betriebenen Glücksspielen ohnehin bereits wesentliche IT-Infrastruktur vorzuhalten sei und eine IT-mäßige Erfassung und Überprüfung kaum ins Gewicht falle. Lediglich hinsichtlich der Feststellung eines wirtschaftlich Berechtigten und hinsichtlich der Frage, ob Ausweiskopien zugelassen werden sollten, äußert das BMF sich zu den Möglichkeiten einer Befreiung.[162]

Bei alledem ist zu beachten, dass die allgemeinen glücksspielrechtlichen Vor- **150** schriften nach dem GlüStV zur Identifikation, **ordnungsgemäßen Geschäftsorganisation** und die Legalitätspflichten **selbstverständlich fortgelten**; sie können nicht nach § 6 Abs. 4 GwG von der für Geldwäscheprävention zuständigen Behörde „gewaived" werden. Die Abdingbarkeit der Führung eines Spielerkontos sei insgesamt zu verneinen.

Es ist kaum zu erwarten, dass die zuständigen Aufsichtsbehörden großvolumige **151** Dispense erlassen werden; in den Gemeinsamen Hinweisen der Obersten Glücksspielaufsichtsbehörden der Länder vom 1.2.2019 ist dies auch nicht angelegt. Zudem ist darauf hinzuweisen, dass die ältere Verwaltungspraxis angesichts der veränderten Gesetzessystematik nicht mehr ohne Weiteres auf die heutige Situation der Verpflichteten übertragbar sein dürfte; eine neue Verwaltungspraxis muss folglich noch entwickelt werden. Gemeinsame Linien zeichnen sich derzeit noch nicht ab.

Liegen die von der zuständigen Aufsichtsbehörde festgelegten Kriterien für **152** einen Härtefall tatsächlich vor, ist der betroffene Verpflichtete wie beschrieben **ipso iure** von seiner Pflicht zum Betrieb und zur Aktualisierung von Datenverarbeitungssystemen befreit. Der Verpflichtete muss mithin bei der zuständigen Aufsichtsbehörde keinen besonderen Befreiungsantrag stellen. Ihm bleibt es aber unbenommen, seine Befreiung von der Pflicht zum Betrieb und zur Aktualisierung von Datenverarbeitungssystemen im Wege eines Feststellungsantrages

---

161 Vgl. Hinweise des BMF zum Umgang mit den Sondervorschriften, 11.6.2014, S. 46 ff.

162 Vgl. Hinweise des BMF zum Umgang mit den Sondervorschriften, 11.6.2014, S. 50 f.

individuell feststellen zu lassen, sofern ein besonderes Bedürfnis hierfür nachgewiesen werden kann.

5. Sonderfall: Spielbanken

153   Im laufenden Betrieb einer Spielbank, bei dem Präsenzglücksspiel betrieben wird, ist dies nur schwer umsetzbar. Die Obersten Aufsichtsbehörden haben deshalb eine allgemeinverbindliche Verwaltungspraxis geschaffen, wonach bei Spielbanken vom Einsatz eines elektronischen Überwachungssystems abgesehen werden kann, wenn die Gäste nach § 10 GwG beim Betreten der Spielbank identifiziert werden, eine PEP-Prüfung stattfindet und jeder Tausch oder Rücktausch von mehr als 2.000 EUR erfasst wird (einschließlich Smurfingkontrolle). Darüber hinaus müssen alle „relevanten" Transaktionen gespeichert, alle spielgerätebezogenen Geschäftsprozesse im Automatenspiel gespeichert, eine Überwachung durch geschultes Personal vor Ort und die Pflichterfüllung durch den Geldwäschebeauftragten sichergestellt sein.[163]

VII. Pflicht zur Einrichtung eines Whistleblowing-Systems

1. Überblick

154   Nach § 6 Abs. 5 GwG haben Verpflichtete im Hinblick auf ihre Art und Größe angemessene Vorkehrungen zu treffen, damit es ihren Mitarbeitern und Personen in einer vergleichbaren Position unter der Wahrung der Vertraulichkeit ihrer Identität möglich ist, Verstöße gegen geldwäscherechtliche Vorschriften geeigneten Stellen zu berichten.

155   Mit der Regelung des § 6 Abs. 5 GwG wird **für alle geldwäscherechtlich Verpflichteten** das sog. „**Whistleblowing-System**" gesetzlich vorgeschrieben. Einige der Verpflichteten – namentlich Kreditinstitute und Finanzdienstleistungsinstitute sowie Versicherungsunternehmen – waren schon seit längerer Zeit auf spezialgesetzlicher Grundlage (§ 25a Abs. 1 Satz 6 Nr. 3 KWG; § 23 Abs. 6 VAG)[164] zur Einrichtung eines allgemeinen Whistleblowing-Systems verpflichtet. Die Einrichtung eines solchen (geldwäschebezogenen) Hinweisgebersystems für alle Verpflichteten folgt europarechtlichen Vorgaben: Das nunmehr für alle Verpflichteten eingeführte geldwäscherechtliche Whistleblowing-System in

---

163 Gemeinsame Hinweise der Obersten Glücksspielaufsichtsbehörden der Länder gemäß § 51 Abs. 8 GwG, „Auslegungs- und Anwendungshinweise zum Geldwäschegesetz (GwG)", November 2020, Ziff. 3.3.6.

164 Zu § 23 Abs. 6 VAG vgl. den instruktiven Aufsatz von *Bürkle*, VersR 2020, 1; zu § 25a Abs. 1 Satz 6 Nr. 3 KWG ebenso instruktiv *Renz/Rohde-Liebenau*, BB 2014, 692.

§ 6 Abs. 5 GwG dient der Umsetzung von Art. 42 der Vierten EU-Geldwäsche-richtlinie.[165] Mit der EU-Richtlinie zum Schutz von Whistleblowern im August 2019[166] und dem Gesetzesentwurf eines Umsetzungsgesetzes,[167] schließlich auch dem Ablauf der Umsetzungsfrist, hat die Diskussion um Whistleblowing-Systeme weiter Auftrieb bekommen.[168] Uneinheitlichkeiten zwischen den genannten sowie weiteren gesetzlichen Verpflichtungen, Whistleblowing-Systeme zu schaffen, stellen die Verpflichteten vor Praxisschwierigkeiten;[169] es wird dem Gesetzgeber überlassen bleiben, hier Klarheit zu schaffen.

156 Das bei den Verpflichteten einzurichtende – geldwäschebezogene – System soll nach dem Willen des Gesetzgebers die auf Behördenebene einzurichtende Stelle für Hinweisgeber nach § 53 GwG ergänzen.[170] Auch insoweit besteht eine Parallelität zwischen den geldwäscherechtlichen und den Regelungen zum Schutz des Hinweisgebers nach derzeitigem Entwurfsstand. Den Mitarbeitern des Verpflichteten soll es mithin nicht nur möglich sein, Verstöße gegen geldwäscherechtliche Vorschriften an die zuständigen Behörden zu melden, sondern eine solche Meldung soll auch intern bei dem Verpflichteten selbst – unter Wahrung der Vertraulichkeit der Mitarbeiter – möglich sein.

157 Die Errichtung von Hinweisgebersystemen in Unternehmen war in der Vergangenheit **datenschutzrechtlich sehr kompliziert zu rechtfertigen**;[171] § 6 Abs. 5 GwG dient den Verpflichteten daher – in der **Zusammenschau mit § 11a GwG** – als datenschutzrechtliche Eingriffs- und Ermächtigungsgrundlage. Auch ohne Zustimmung aller Betroffenen muss mithin ein entsprechendes System qua gesetzlichem Anwendungsbefehl errichtet und betrieben werden. Angesichts der in Compliance-Angelegenheiten teilweise recht unzuverlässigen Rechtslage, insbesondere mit Blick auf die hohen Hürden des Beschäftigtendatenschutzes in den datenschutzrechtlichen Vorschriften der DSGVO und des BDSG, ist die Klarstellung des Gesetzgebers sehr zu begrüßen. Die Ausgestaltung des Systems

---

165 BT-Drs. 18/11555, S. 112.

166 Richtlinie zum Schutz von Personen, die Verstöße gegen das Unionsrecht melden (2018/0106 COD).

167 Vgl. z. B. den Referentenentwurf des Bundesministeriums der Justiz und für Verbraucherschutz: Entwurf eines Gesetzes für einen besseren Schutz hinweisgebender Personen sowie zur Umsetzung der Richtlinie zum Schutz von Personen, die Verstöße gegen das Unionsrecht melden v. 26.11.2020. Die Regierungskoalition hat die zeitnahe Umsetzung der Richtlinie für 2022 in den Raum gestellt.

168 Instruktiv die ausführliche Darstellung bei *Gerdemann*, RdA 2019, 16.

169 *Bürkle*, VersR 2020, 1 ff., der zudem auf die Parallelvorschriften der §§ 5 GeschGehG, 84, 85 BetrVG, 17 Abs. 2 ArbSchG, 13, 27 AGG, 5 Abs. 3 BörsG und 55b Abs. 2 Nr. 7 WPO verweist.

170 BT-Drs. 18/11555, S. 112. Im Finanzsektor ist die Umsetzung der Vorschrift z. B. durch § 4d FinDAG bewirkt.

171 Vgl. zum datenschutzrechtlichen Hintergrund eines Whistleblowing-Systems *Diepold/Loof*, CB 2017, 25, 27 ff. mit zahlreichen Nachweisen.

hingegen unterliegt selbstverständlich den datenschutz- und kollektivarbeits-
rechtlichen Rahmenbedingungen.

158 Klarstellend weist die BaFin darauf hin, dass die Meldungen, welche über ein
Whistleblower-System abgegeben werden, keine Verdachtsmeldungen im Sinne
des § 43 Abs. 1 GwG darstellen.[172] Folglich treten auch die Rechtswirkungen
des § 261 Abs. 9 StGB bei den bloß unternehmensinternen Meldungen nicht ein.

2. Einrichtung und ablauforganisatorische Ausgestaltung des Hinweisgebersystems

159 Die Errichtung eines Whistleblower-Systems kann **mitbestimmungsrechtlich
relevant** sein.[173] Grund hierfür ist, dass die Errichtung eines solchen Systems
eine Maßnahme der Leistungs- und Verhaltenskontrolle sein kann. Nach der Ansicht des BAG kann die Errichtung eines Whistleblowing-Systems mitbestimmungspflichtig sein, sofern die Einrichtung und der Betrieb desselben nicht nur
arbeitsvertragliche Pflichten widerspiegelt oder die Einrichtung über den bloßen
„Gesetzesvollzug hinausgeht".[174] Mit der Einführung einer gesetzlichen Pflicht
zur Einrichtung kann das Mitbestimmungsrecht des Betriebsrates wegfallen; jedenfalls bei der Entscheidung über das „Ob" kann nicht mehr von Mitbestimmungspflicht ausgegangen werden.[175] Hinsichtlich der konkreten Ausgestaltung
des Systems kann jedoch nach dem Einzelfall eine Mitbestimmungspflicht bestehen. Dies gilt insbesondere dann, wenn das System hinsichtlich des Anwendungsbereiches (Geldwäsche bzw. in der Kreditwirtschaft „sonstige strafbare
Handlungen") über die gesetzliche Vorschrift hinausgeht. Mit Blick auf die sich
abzeichnende Umsetzung der EU-Whistleblower-Richtlinie, die wiederum hinsichtlich des „Wie" den Verpflichteten ebenso große Spielräume lässt, wird sich
die Diskussion wohl ebenso nicht endgültig erledigen.

160 In Bezug auf die Einrichtung eines Whistleblowing-Systems bleibt es den Ver-
pflichteten überlassen, **welche interne Stelle** für den Empfang der jeweiligen
Meldungen der Mitarbeiter zuständig sein soll und wie die Vertraulichkeit der
Identität der betroffenen Mitarbeiter sichergestellt werden soll.[176] Die konkreten

---

172 BaFin, AuA 2021, Ziff. 3.8.
173 Vgl. *Diepold/Loof*, CB 2017, 25 ff.
174 BAG, BB 2008, 2520.
175 Vgl. – schon zur „alten" Rechtslage – *Diepold/Loof*, CB 2017, 25, 26 f. m. w. N.
176 BT-Drs. 18/11555, S. 112; die BaFin, AuA 2021, Ziff. 3.8, weisen zwar nur darauf
   hin, dass es den Verpflichteten überlassen sein soll, welche „interne" Stelle für den
   Empfang zuständig sein soll. Richtigerweise ergibt sich aus der Auslagerungsmöglichkeit des § 6 Abs. 7 jedoch, dass auch externe Stellen bestimmt werden können.
   Gleichlaufend: Gemeinsame Hinweise der Obersten Glücksspielaufsichtsbehörden
   der Länder gemäß § 51 Abs. 8 GwG, „Auslegungs- und Anwendungshinweise zum
   Geldwäschegesetz (GwG)", November 2020, Ziff. 3.3.8.

Anforderungen an die Ausgestaltung der unternehmensinternen Anlaufstellen hängen jedoch maßgeblich von Art und Größe des Verpflichteten ab. Dementsprechend sind Verpflichtete, die nach ihrer Geschäftsstruktur und Kundenstruktur besonders anfällig für Geldwäsche und Terrorismusfinanzierung sind, zu weitreichenderen Maßnahmen verpflichtet als Verpflichtete, die eine geringere Anfälligkeit hierfür aufweisen. Dies gilt auch für die Anforderungen an die Ausgestaltung und Professionalität der Hinweisgeberstelle selbst.

Das Whistleblowing-System muss Mitarbeitern und **Personen in vergleichbaren** **161** **Positionen**, mithin also z. B. Leiharbeitskräften, freien Mitarbeitern oder – insbesondere bei freiberuflichen Verpflichteten – Berufsträgern zugänglich sein.[177]

Die von Kreditinstituten schon seit 2013 zwingend zu betreibenden Whistleblo- **162** wing-Systeme können den weiteren Verpflichteten von der Art der Anforderungen möglicherweise als Beispiel dienen:

Nach Art. 71 CRD IV muss ein Whistleblowing-System insbesondere die fol- **163** genden Verfahren darstellen können:[178]

Empfangskanal: Zunächst sind nach CRD IV spezielle Verfahren für den Emp- **164** fang von Whistleblowing-Meldungen einzurichten. Diese Verfahren können verschiedene oder auch nur einen Kommunikationskanal enthalten. Je nach Ausrichtung des Unternehmens und Geeignetheit der Maßnahmen kommen anonyme E-Mail-Dienste in Betracht (bei denen allerdings eine nachlaufende Kommunikation mit dem Meldenden möglich sein sollte), Briefkästen, Sprechstunden eines Ombudsmannes oder einer anderen mit der „Meldestelle" beauftragten Person etc.

Verfahren zur Weiterverfolgung von Meldungen: Ferner muss der Verpflichte- **165** te in seiner Ablauforganisation ein Verfahren festlegen, welches es dem Unternehmen ermöglicht, unter Wahrung der Vertraulichkeit des Meldenden der gemeldeten Angelegenheit nachzugehen. In der Regel werden „Informationstreuhänder" zwischengeschaltet, um weiteren Stellen im Unternehmen (HR, Compliance, Recht, Innenrevision) die Weiterverfolgung zu ermöglichen.

Benachteiligungsschutz: Das Whistleblower-System muss vorsehen, dass dem **166** Meldenden keine Nachteile aufgrund der Meldung entstehen. Der Begriff ist weit auszulegen und betrifft sämtliche Nachteile, Diskriminierungen und als „Vergeltung" zu verstehende Maßnahmen seitens des Unternehmens, Vorgesetzter oder weiterer Personen, die mit der Meldung in Verbindung stehen.

Schutz personenbezogener Daten: Die Verpflichteten müssen ferner den **167** Schutz der personenbezogenen Daten im Whistleblowing-System sicherstellen.

---

177 BaFin, AuA 2021, Ziff. 3.8.
178 *Braun*, in: Boos/Fischer/Schulte-Mattler, KWG/CRR-VO, § 25a KWG Rn. 687 ff.

Hiervon erfasst sind nicht nur die Daten des Anzeigenden, sondern auch diejenigen des durch die Meldung betroffenen Mitarbeiters, Organs oder Dritten.[179]

168   Garantierte **Vertraulichkeit:** Das Whistleblowing-System ist so auszugestalten, dass die Vertraulichkeit der Betroffenen wie auch der meldenden Personen weitestgehend gewahrt wird. Vertraulichkeit bedeutet nicht Anonymität;[180] die Abgrenzung zwischen Vertraulichkeit und Anonymität war im Gesetzgebungsverfahren zur Umsetzung der Vierten EU-Geldwäscherichtlinie hart umkämpft; der Gesetzgeber hat sich schließlich für die (bloße) Vertraulichkeit und gegen Anonymität entschieden.[181]

169   Die konkrete Umsetzung dieser Vorgaben bleibt den Verpflichteten selbst überlassen.

170   Ungeschriebenes Merkmal, aber selbstverständlich, ist **die sachgerechte Kommunikation** des Whistleblowing-Systems in das Unternehmen selbst.

171   In der Praxis bestehen sowohl „**interne**", also durch einen Mitarbeiter des Unternehmens oder des Konzerns als „Hinweisnehmer" besetzte, als auch „externe" Systeme. Externe Kanäle bieten ein höheres Maß an Unabhängigkeit und – wenn berufsverschwiegen besetzt – ein höheres Maß an Schutz der preisgegebenen Informationen. Interne Systeme ermöglichen in der Regel eine schnittstellenfreie, einfachere Weiterbearbeitung, werden bei Arbeitnehmern aber oftmals als „im Arbeitgeberlager stehend" verortet.

172   Bei **externen** Systemen werden die Informationsentgegennahme und -verarbeitung durch einen Dritten vorgenommen; in der Regel ist diese Konstellation als Auslagerung im Sinne des § 6 Abs. 7 GwG zu betrachten und bedarf der Anzeige an die zuständige Behörde. Die – mögliche – Wesentlichkeit der Auslagerung hat allerdings zur Folge, dass hinsichtlich der Durchreichung von Eingriffs- und Kontrollrechten der Aufsichtsbehörden (vgl. → Rn. 205 ff.) mögliche, vom System nicht gewollte Durchbrechungen der Verschwiegenheits- und Vertraulichkeitspflichten entstehen könnten, sodass genau auf die Frage der „Wesentlichkeit" bei der Kalibrierung der Auslagerung zu achten ist.[182]

173   Das GwG fordert keine „Erreichbarkeit 24/24"; je nach Größe und Professionalität des Unternehmens kann eine solche aber angemessen und bei entsprechender Risikoexposition sogar indiziert sein. Wesentlich ist, dass die Abgabe einer Erklärung gegenüber dem System praktisch „ermöglicht" wird und nicht nur „theoretisch" besteht.[183]

---

179 Vgl. *Braun*, in: Boos/Fischer/Schulte-Mattler, KWG/CRR-VO, § 25a KWG Rn. 688.
180 Schlicht unzutreffend daher *Herzog*, in: Herzog, GwG, § 6 Rn. 21.
181 Vgl. noch den Referentenentwurf zum Umsetzungsgesetz v. 15.12.2016, S. 17.
182 Vgl. *Renz/Rhode-Liebenau*, BB 2014, 692, 696.
183 *Renz/Rhode-Liebenau*, BB 2014, 692, 694.

3. „Wahrung der Vertraulichkeit"

Die Verpflichteten müssen in Bezug auf die einzurichtende interne Anlaufstelle **174** zudem in jedem Fall die Vertraulichkeit der Mitteilungen der jeweiligen Mitarbeiter gewährleisten und sicherstellen, dass den Mitarbeitern aus ihrer Mitteilung keine Nachteile – wie beispielsweise Vergeltungsmaßnahmen, Diskriminierungen, arbeitsvertragliche Ahndungen[184] sowie andere Arten ungerechtfertigter Behandlung[185] – erwachsen.[186] Mit der gefundenen Lösung wendet sich der Gesetzgeber von der **ursprünglichen Idee des Referentenentwurfs**[187] ab, einen „anonymen" Hinweisgeberkanal bei den Verpflichteten errichten zu lassen. Auch der Gesetzesentwurf zur Umsetzung der EU-Whistleblower-Richtlinie geht nicht von Anonymität aus, sondern lediglich von „Schutz der Vertraulichkeit",[188] was in der Literatur allerdings teilweise scharf kritisiert wurde.

Voraussetzung für ein Hinweisgebersystem, welches die Vertraulichkeit des Hin- **175** weisgebers wahrt, ist, dass die Mitteilungen des meldenden Mitarbeiters prinzipiell weder den anderen Mitarbeitern des Unternehmens, noch etwaigen Dritten, bekannt gemacht werden.[189] Sollte **ausnahmsweise eine Mitteilung an Dritte**, beispielsweise im Rahmen gerichtlicher Verfahren (vgl. § 53 Abs. 3 GwG) oder staatsanwaltschaftlicher Ermittlungsverfahren,[190] notwendig sein, ist – wenn möglich – lediglich der Inhalt des Hinweises, nicht aber die Identität des Hinweisgebers gegenüber der anfragenden Stelle offenzulegen.

Die Finanzaufsicht[191] verhält sich – ebenso wie die Glücksspielaufsicht[192] – nicht **176** weiter dazu, wie die „Vertraulichkeit" zu bewerkstelligen ist. Eine Einschaltung von berufsverschwiegenen Instanzen, z. B. Syndikusanwälten, kann ratsam sein, ist aber nicht vorgeschrieben.

Bei – auch **konzerninternen** – **Auslagerungen in Drittstaaten**, insbesondere in **177** ein Land, für das kein datenschutzrechtlicher „Angemessenheitsbeschluss" der

---

184 BT-Drs. 18/11555, S. 162.

185 *Braun*, in: Boos/Fischer/Schulte-Mattler, KWG/CRR-VO, § 25a KWG Rn. 688.

186 BT-Drs. 18/11555, S. 161.

187 Referentenentwurf zum Umsetzungsgesetz v. 15.12.2016, S. 17. Unzutreffend *Herzog*, in: Herzog, GwG, § 6 Rn. 21, der auch bezüglich § 6 GwG noch immer aus Gründen einer Güterabwägung ein Erfordernis der „Anonymität" sieht.

188 Referentenentwurf des Bundesministeriums der Justiz und für Verbraucherschutz: Entwurf eines Gesetzes für einen besseren Schutz hinweisgebender Personen sowie zur Umsetzung der Richtlinie zum Schutz von Personen, die Verstöße gegen das Unionsrecht melden v. 26.11.2020; kritisch besprochen von *Dilling*, CCZ 2021, 60.

189 *Braun*, in: Boos/Fischer/Schulte-Mattler, KWG/CRR-VO, § 25a KWG Rn. 688.

190 BT-Drs. 18/11555, S. 161.

191 BaFin, AuA 2021, Ziff. 3.8.

192 Gemeinsame Hinweise der Obersten Glücksspielaufsichtsbehörden der Länder gemäß § 51 Abs. 8 GwG, „Auslegungs- und Anwendungshinweise zum Geldwäschegesetz (GwG)", November 2020, Ziff. 3.3.7.

Europäischen Kommission vorliegt, sind besondere datenschutzrechtliche Vorkehrungen zu treffen.[193]

VIII. Pflicht zur Auskunft über Geschäftsbeziehungen gegenüber Behörden

178 Verpflichtete müssen gemäß § 6 Abs. 6 GwG Vorkehrungen treffen, um auf **Anfrage der Zentralstelle für Finanztransaktionsuntersuchungen oder auf Anfrage anderer zuständiger Behörden** Auskunft darüber geben zu können, ob sie während eines Zeitraums von fünf Jahren vor der Anfrage mit bestimmten Personen eine Geschäftsbeziehung unterhalten haben und welcher Art diese Geschäftsbeziehung war.[194] Weitere Details, etwa über einzelne Transaktionen innerhalb einer Geschäftsbeziehung, dürfen nach dem eindeutigen Willen des Gesetzgebers über die genannte Norm nicht abgefragt werden.

179 § 6 Abs. 6 GwG dient der Umsetzung von Art. 42 der Vierten EU-Geldwäscherichtlinie.[195] Der Zweck der Vorschrift besteht darin, die Kooperation zwischen den Verpflichteten und der jeweils zuständigen Behörde zu sichern.[196] Es soll gewährleistet werden, dass die zuständige Behörde ihrer Aufgabe der Prävention und Bekämpfung von Geldwäsche und Terrorismusfinanzierung zeitnah und effektiv nachkommen kann.[197] Grundvoraussetzung hierfür ist, dass die zuständige Behörde auf die hierzu notwendigen Informationen bei den Verpflichteten zugreifen kann.

180 Die Verpflichteten haben hierbei sicherzustellen, dass die Informationen **sicher und vertraulich behandelt** werden. Verpflichtete im Sinne des § 2 Abs. 1 Nr. 10 und 12 – namentlich Rechtsanwälte, Kammerrechtsbeistände, Patentanwälte und Notare sowie Wirtschaftsprüfer, vereidigte Buchprüfer, Steuerberater und Steuerbevollmächtigte – können die Auskunft verweigern, wenn sich die Anfrage auf Informationen bezieht, die sie im Rahmen eines der Schweigepflicht unterliegenden Mandatsverhältnisses erhalten haben. Die Pflicht zur Auskunft bleibt jedoch dann bestehen, wenn der aufgrund seiner Schweigepflicht privilegierte Verpflichtete weiß, dass sein Mandant das Mandatsverhältnis für den Zweck der Geldwäsche oder Terrorismusfinanzierung genutzt hat oder nutzt.

---

193 Vgl. *Diepold/Loof*, CB 2017, 25, 29.
194 Vgl. BT-Drs. 18/11555, S. 112. Die Auskunftspflicht betrifft mithin das „Ob" und die Art, vgl. BaFin, AuA 2021, Ziff. 3.9.
195 BT-Drs. 18/11555, S. 112.
196 BT-Drs. 18/11555, S. 112.
197 BT-Drs. 18/11555, S. 112.

Dementsprechend obliegt es den Verpflichteten nunmehr, geeignete Vorkehrun- **181** gen zu treffen, um den Behörden die für deren Aufgabenwahrnehmung in Bezug auf die Bekämpfung von Geldwäsche und Terrorismusfinanzierung notwendigen Informationen zeitnah übermitteln zu können. Nach dem Willen des Gesetzgebers muss es sich bei ebendiesen Vorkehrungen **nicht zwingend um IT-Verfahren** handeln. Vielmehr können auch sonstige Verfahren benutzt werden, solange nur im Rahmen der verwendeten Verfahren organisatorisch und logistisch gewährleistet ist, dass den anfragenden Behörden vollständig und zutreffend über die in Rede stehenden Geschäftsbeziehungen zu bestimmten Personen Auskunft gegeben werden kann.[198] Lediglich die **Vertraulichkeit der Übermittlung** muss sichergestellt sein; entsprechend kommt auch eine Auskunftserteilung in Papierform und postalische Übersendung der Auskünfte in Betracht.[199] In der Praxis wird sich aber jedenfalls bei Verpflichteten mit einer großen Geschäftsorganisation die Verwendung von IT-Verfahren anbieten, da auf diese Weise die zu sichernden Informationen am effizientesten verwaltet werden können.

In der Finanzindustrie umstritten war lange Zeit ein **Unverzüglichkeitskriteri- 182 um**, welches schließlich in die Verwaltungspraxis aufgenommen wurde.[200] Aus dem Gesetz ergibt sich ein Unverzüglichkeitserfordernis hingegen nicht ausdrücklich.

Die **Aufbewahrungsfrist** der notwendigen Informationen hat der Gesetzgeber **183** aus datenschutzrechtlichen Gründen auf fünf Jahre, vom Zeitpunkt der Anfrage der zuständigen Behörde aus gerechnet, begrenzt.[201] Im Rahmen der Übermittlung an die anfragende Behörde müssen die Verpflichteten zudem sicherstellen, dass die betroffenen Informationen sicher und vertraulich behandelt werden. Eine sichere und vertrauliche Behandlung liegt jedenfalls bei postalischer Übermittlung vor.[202] Bei Übermittlung der Informationen per E-Mail sind hingegen stets Verschlüsselungstechniken zu verwenden, die dem jeweiligen Stand der Technik entsprechen.[203]

Privilegiert sind hingegen in Anbetracht ihrer **gesetzlichen Verschwiegenheits- 184 pflichten** grundsätzlich Rechtsanwälte, Kammerrechtsbeistände, Patentanwälte und Notare sowie Wirtschaftsprüfer, vereidigte Buchprüfer, Steuerberater und Steuerbevollmächtigte, soweit diese im Rahmen ihres Mandatsverhältnisses tätig sind. Diese Privilegierung bezieht sich jedoch lediglich auf das Recht zur Auskunftsverweigerung gegenüber den anfragenden Behörden. Die Pflicht zur Aufbewahrung und sicheren und vertraulichen Behandlung der betroffenen In-

---

198 BT-Drs. 18/11555, S. 112.
199 BaFin, AuA 2021, Ziff. 3.9; *Herzog*, in: Herzog, GwG, § 6 Rn. 22.
200 BaFin, AuA 2021, Ziff. 3.9.
201 BT-Drs. 18/11555, S. 112.
202 BT-Drs. 18/11555, S. 112.
203 BT-Drs. 18/11555, S. 112.

formationen bleibt davon unberührt. Allerdings besteht für die genannten Verpflichteten dann auch kein Recht zur **Auskunftsverweigerung**, wenn diese wissen, dass der Mandant das Mandatsverhältnis für den Zweck der Geldwäsche oder Terrorismusfinanzierung genutzt hat oder nutzt. Denn ein Verpflichteter, der sehenden Auges eine Geschäftsbeziehung zu einem Mandanten eingeht, der diese Geschäftsbeziehung für Zwecke der Geldwäsche oder Terrorismusfinanzierung nutzen will, oder eine solche Geschäftsbeziehung durchführt, bewegt sich selbst außerhalb der Rechtsordnung und darf daher insoweit nicht durch seine gesetzlichen Verschwiegenheitspflichten geschützt werden. Wissen in diesem Sinne fordert neben der positiven Kenntnis der Tatsachen, aus denen sich die Nutzung des Mandatsverhältnisses für den Zweck der Geldwäsche und Terrorismusfinanzierung ergibt, auch, dass der Verpflichtete aus diesen Tatsachen die Schlussfolgerung zieht, dass sein Mandant das Mandatsverhältnis für den Zweck der Geldwäsche oder Terrorismusfinanzierung nutzt. Die insoweit erforderliche Kenntnis muss noch nicht zwingend bei Begründung der Geschäftsbeziehung vorliegen, sondern kann auch erst im Rahmen der Durchführung einer bereits laufenden Geschäftsbeziehung eintreten.

185   Die im Rahmen der Umsetzung der Änderungsrichtlinie zur Vierten EU-Geldwäscherichtlinie eingefügten Änderungen waren überwiegend redaktioneller Natur und berühren die Grenzen der Verschwiegenheitspflicht inhaltlich nur soweit, als ein Gleichlauf mit den Katalogmandaten, die Gegenstand der Privilegierung sind, hergestellt wird.[204] Auch bisher waren Tätigkeiten der Anbahnung von Mandatsverhältnissen von der Ausnahmevorschrift nach Sinn und Zweck der Norm erfasst. Außerhalb von Katalogmandaten bestand ein Auskunftsverweigerungsrecht allerdings auch vor der Änderung nicht.

IX. Auslagerung interner Sicherungsmaßnahmen

1. Überblick

186   Nach § 6 Abs. 7 GwG dürfen die Verpflichteten die internen Sicherungsmaßnahmen im Rahmen von **vertraglichen Vereinbarungen durch einen Dritten durchführen lassen**, wenn sie dies vorher der zuständigen Aufsichtsbehörde angezeigt haben. Die Aufsichtsbehörde kann jedoch die Übertragung untersagen, wenn der Dritte nicht die Gewähr dafür bietet, dass die internen Sicherungsmaßnahmen ordnungsgemäß durchgeführt werden, die Steuerungsmöglichkeiten der Verpflichteten beeinträchtigt werden oder die Aufsicht durch die Aufsichtsbehörde beeinträchtigt wird. Die Verpflichteten haben in ihrer Anzeige darzulegen, dass die genannten Voraussetzungen für eine Untersagung nicht vorliegen. Die

---

204 Vgl. die Gesetzesbegründung, z. B. im Referentenentwurf zum Umsetzungsgesetz v. 20.5.2019, S. 75 bzw. S. 83 des Regierungsentwurfes.

Verantwortung für die Erfüllung der internen Sicherungsmaßnahmen verbleibt auch bei zulässiger Auslagerung der internen Sicherungsmaßnahmen auf Dritte nach dem Wortlaut (§ 6 Abs. 7 Satz 4 GwG) und dem Willen des Gesetzgebers in jedem Fall bei den Verpflichteten selbst; die Residualverantwortung des Verpflichteten für das Geldwäsche-Risikomanagement kann nicht durch Auslagerung delegiert werden.[205]

Die Voraussetzungen des § 6 Abs. 7 GwG sowie der Spezialnormen (§§ 25h KWG; 32 VAG) gelten sowohl für gruppen-/konzerninterne Auslagerungen wie auch für Auslagerungen auf externe Dritte. Gesetz und Verwaltungspraxis machen zwischen beiden Konstellationen keinen Unterschied. **187**

Die Regelung des § 6 Abs. 7 GwG bezieht sich **lediglich auf die internen Sicherungsmaßnahmen nach § 6 GwG**, nicht hingegen auf die besonderen internen Sicherungsmaßnahmen der Kreditinstitute und Finanzdienstleistungsinstitute nach § 25h KWG. Letztere Norm ist wohl lex specialis zu § 6 Abs. 7 GwG. Nach § 25h Abs. 4 KWG ist aber auch im Hinblick auf die besonderen internen Sicherungsmaßnahmen der Kreditinstitute und Finanzdienstleister eine Übertragung durch vertragliche Vereinbarung auf Dritte nach vorheriger Anzeige an die BaFin möglich. Die BaFin hat insoweit – wie auch im Rahmen des § 6 Abs. 7 GwG – die Möglichkeit, die Rückübertragung der internen Sicherungsmaßnahmen an das Kreditinstitut bzw. Finanzdienstleistungsinstitut zu verlangen, wenn der Dritte nicht die Gewähr dafür bietet, dass die Sicherungsmaßnahmen ordnungsgemäß durchgeführt werden oder die Steuerungsmöglichkeiten der Institute und die Kontrollmöglichkeiten der BaFin beeinträchtigt werden könnten. Eine einheitliche Anzeige, die auf beide Normen rekurriert, reicht daher aus. Gleiches gilt für die Auslagerungen in der Versicherungswirtschaft angesichts der Spezialnorm in § 32 VAG. **188**

Die „**Auslagerung**" bzw. **Delegation der Durchführung von Kundensorgfaltspflichten** ist in § 17 GwG abschließend als lex specialis zu § 6 Abs. 7 GwG geregelt. Inhaltlich kommt es durch den Verweis in § 6 Abs. 2 Nr. 1 b) auf die §§ 10 ff. GwG zu logischen Überschneidungen in den Auslagerungen derjenigen Sicherungsmaßnahmen, die sich auf die Kundensorgfaltspflichten, dort insbesondere auf § 10 Abs. 1 Nr. 5 GwG beziehen.[206] Hierdurch entstehen aufgrund eines gesetzgeberischen Missverständnisses teilweise unangemessene und vom Gesetzgeber wohl in der Tragweite nicht beabsichtigte Konsequenzen, die in der dortigen Kommentierung (vgl. unten § 17) beschrieben werden. **189**

Anders als nach § 6 Abs. 7 GwG müssen Kreditinstitute und Finanzdienstleistungsinstitute nach dem Wortlaut des § 25h Abs. 4 KWG im Anwendungsbereich der internen Sicherungsmaßnahmen nach § 25h KWG jedoch **nicht in** **190**

---

205 Bekräftigt in der Gesetzesbegründung, BT-Drs. 18/11555, S. 112.
206 *Glaab/Zentes*, BB 2019, 323, 328.

ihrer Anzeige an die BaFin darlegen, dass die Voraussetzungen an eine Rückübertragung der internen Sicherungsmaßnahmen nicht vorliegen. Nach dem
Willen des Gesetzgebers sollte sich die Regelung des § 25h Abs. 4 KWG aber an
die neu gefasste Vorschrift des § 6 Abs. 7 GwG anlehnen,[207] sodass davon auszugehen ist, dass entgegen dem Wortlaut des § 25h Abs. 4 KWG auch im Rahmen
des § 25h Abs. 4 KWG eine entsprechende Darlegung des Nichtvorliegens der
Voraussetzungen einer Rückübertragung der internen Sicherungsmaßnahmen an
die BaFin ebenso erforderlich ist.

191   Die Regelung des § 6 Abs. 7 GwG entspricht inhaltlich im Wesentlichen § 9
Abs. 3 Satz 2 und 3 GwG a. F.[208] Der wesentliche Unterschied besteht allerdings
darin, dass nach § 9 Abs. 3 Satz 2 und 3 GwG a. F. die Ausführung der internen
Sicherungsmaßnahmen durch Dritte stets der vorherigen Zustimmung der zuständigen Aufsichtsbehörde bedurfte, während nunmehr die Verpflichteten die
Ausführung der internen Sicherungsmaßnahmen durch Dritte der zuständigen
Aufsichtsbehörde – unter Darlegung, dass die Voraussetzungen für eine Untersagung nicht vorliegen – nur noch im Vorfeld anzeigen müssen.[209] Der Gesetzgeber
wollte damit sowohl die Verpflichteten als auch die zuständigen Aufsichtsbehörden von **der Durchführung der zeitaufwändigen Zustimmungsverfahren
entlasten**.[210] Neben den zuständigen Aufsichtsbehörden profitieren von dieser
Entlastung vor allem Verpflichtete, die ein kleines oder mittelgroßes Unternehmen betreiben und die daher regelmäßig aus Wirtschaftlichkeitserwägungen
und Kapazitätsgründen auf eine Auslagerung ihrer internen Sicherungsmaßnahmen angewiesen sind.[211]

192   In der Kreditwirtschaft sind neben den Bestimmungen des GwG zur Auslagerung vor allem die Vorschriften des Kreditwesengesetzes (vgl. dort § 25b KWG)
und die Anforderungen an die Auslagerungen nach den Vorschriften der MaRisk
zum Auslagerungsrisikomanagement (vgl. dort AT 9) anwendbar.

193   Grundsätzlich können kleine Teilakte von Sicherungsmaßnahmen ebenso ausgelagert werden wie die **kompletten Sicherungsmaßnahmen**; das GwG beschränkt dies nicht. Auch die Aufsichtsbehörden haben weitreichende Auslagerungen bisher toleriert, sofern die Auslagerungsunternehmen gut ausgewählt
und die Durchgriffssicherung (siehe zu beidem → Rn. 205 ff.) und das Risikomanagement angemessen ausgestaltet waren.[212] Es gab ursprünglich auch keine
Indikation, dass sich an dieser Rechtsanwendung durch die Neufassung des Ge-

---

207 BT-Drs. 18/11555, S. 176.
208 BT-Drs. 18/11555, S. 112.
209 Entsprechendes gilt auch für die internen Sicherungsmaßnahmen der Kreditinstitute
     und Finanzdienstleistungsinstitute nach § 25h KWG.
210 BT-Drs. 18/11555, S. 112.
211 *Achtelik*, in: Boos/Fischer/Schulte-Mattler, KWG/CRR-VO, § 25h KWG Rn. 33.
212 Vgl. z. B. BaFin, Jahresbericht 2003, S. 69.

setzes etwas ändern könnte. Für eine weitreichende Auslagerungsmöglichkeit von Sicherungsmaßnahmen sprachen immerhin schließlich die Dritte EU-Geldwäscherichtlinie[213] und die Vierte EU-Geldwäscherichtlinie[214] selbst. Im Finanzsektor hat die BaFin in ihrer Verwaltungspraxis allerdings 2021 Auslagerungen der Bearbeitung von Monitoring-Treffern in Drittstaaten mit hohem Geldwäscherisiko einen Riegel vorgeschoben. Während der Konsultation der BaFin AuA BT Kreditinstitute 2021 war zunächst von einem weit reichenden Auslagerungsverbot solcher Analyse- und Monitoringleistungen in Nicht-EU-Drittstaaten die Rede, was in der Finanzbranche mit Blick auf Auslandsbanken zu hohen Wellen geführt hatte. In der finalen Fassung der BaFin AuA 2021 wurde Kreditinstituten daher nur die Auslagerung von **Analysetätigkeiten in Drittstaaten „mit hohem Geldwäscherisiko" untersagt**.[215]

Insbesondere bei „kleinen" Verpflichteten und in Konzernstrukturen darf die Relevanz der Auslagerung von Sicherungsmaßnahmen in der Tat nicht unterschätzt werden.[216] **194**

Mit jeder Auslagerung gehen allerdings verschiedene Risiken einher. Zum einen wird zum Betrieb des Geschäfts des Verpflichteten nötiges Know-how aus der Hand gegeben. Zum anderen können Abhängigkeiten zum Auslagerungsunternehmen entstehen, die zum Beispiel bei dessen Ausfall oder durch eine Kündigung schlagend werden können. Schnittstellen bergen die Gefahr von Delegationslücken oder Informationsverlust. Aus diesen Gründen hat sich in der Finanzindustrie ein elaboriertes System von Auslagerungsregeln, teils in Gesetzesrang (vgl. **§ 25b KWG, § 32 VAG**) herausgebildet, um diese Risiken abzufedern. Wenngleich diese Regeln ausdrücklich nur im Finanzsektor gelten, sollten sie jedenfalls dem Grunde nach durch die übrigen Verpflichteten außerhalb des Finanzsektors gleichwohl und schon im eigenen Interesse berücksichtigt werden. **195**

Von der Auslagerung von Sicherungsmaßnahmen zu unterscheiden sind **reine Beratungsaufträge** des Verpflichteten an Rechtsanwaltskanzleien, externe Berater o. Ä., sofern keine institutionalisierte Delegation ganzer Maßnahmen erfolgt (Erstellung der kompletten Risikoanalyse allein durch den Berater, Übernahme der Whistleblower-Hotline-Funktion), sondern nur eine externe **(rechtliche) Beratung** des Unternehmens erfolgt. Lediglich in solchen Fällen, in denen ein Rechtsberater wie ein Outsourcing-Dienstleister am Markt auftritt, kann eine Auslagerung, einschließlich entsprechender Anzeigepflichten, in Betracht kommen. Die Wahrnehmung der Unternehmensinteressen bei der rechtlichen Prüfung, Erstellung und Ausleitung von Verdachtsmeldungen im Sinne des § 43 durch **Rechtsanwälte ist allerdings in keinem Fall eine Auslagerung** im Sinne **196**

---

213 Vgl. Dritte EU-Geldwäscherichtlinie, ErwG 28.
214 Vgl. Art. 25 ff. Vierte EU-Geldwäscherichtlinie.
215 BaFin, AuA 2021, Ziff. 6.2.8; vgl. auch *Auerbach/Musiol*, BKR 2021, 683, 688.
216 *Warius*, in: Herzog, GwG, 2. Aufl. 2014, § 9 Rn. 118.

des § 6 Abs. 7 GwG i.V. m. § 45 Abs. 4 GwG. Bei Beratungen über Maßnahmen, die auf § 261 Abs. 9 StGB hinwirken, bei der Meidung von Strafbarkeitsrisiken für den Anzeigenden wegen Ehrdelikten o. Ä., fehlt es schon an der Auslagerung einer Sicherungsmaßnahme bzw. des kompletten Verdachtsmeldewesens. Die Außenvertretung eines Mandanten, der Rechtsbeistand sucht, gegenüber einer Behörde wie der FIU ist Kern der Rechtsberatung, der nicht beschränkt werden darf. Auch eine Anzeigepflicht von Rechtsberatung im strafrechtsnahen Kontext wäre des Weiteren **mit dem Grundgesetz nicht vereinbar**.

197 Die derzeit zu beobachtende Praxis der Verwaltung, namentlich der FIU, welche in der bloßen **Abgabe einer Verdachtsmeldung nach § 43 eines Rechtsanwaltes für einen Mandanten** eine anzeigepflichtige Auslagerung sieht, ist hingegen rechtsstaatlich unhaltbar und widerspricht tragenden Grundsätzen des Verfassungsrechts. Jegliche regulative Beschränkung des Zugangs zur Rechtsberatung verletzt Rechte des Beraters ebenso wie die des Mandanten. Jedermann hat im Rahmen der gesetzlichen Vorschriften das Recht, sich in Rechtsangelegenheiten aller Art durch einen Rechtsanwalt seiner Wahl beraten und vor Gerichten, Schiedsgerichten oder Behörden vertreten zu lassen, **§ 3 Abs. 3 BRAO**. Als sogenanntes **„Verfahrensgrundrecht"** folgt das Recht zu „Access to Justice" aus dem **Rechtsstaatsprinzip, Art. 20 Abs. 3 GG**. Dieses Recht kann nicht durch Verwaltungspraxis beschränkt werden; es bedürfte eines förmlichen Gesetzes. Da das jederzeitige Recht auf Vertretung zudem in **Art. 6 Abs. 1 i.V. m. Abs. 3 c** der Europäischen Menschenrechtskonvention (**EMRK**) ausdrücklich normiert ist, sind verfassungskonforme Beschränkungen auch durch formelles Gesetz inhaltlich nicht denkbar.

2. Anforderungen an den Dritten

198 Da jedoch die zuständige Aufsichtsbehörde die Übertragung der internen Sicherungsmaßnahmen auf Dritte untersagen darf, wenn der Dritte nicht die Gewähr dafür bietet, dass die internen Sicherungsmaßnahmen ordnungsgemäß durchgeführt werden, die Steuerungsmöglichkeiten der Verpflichteten beeinträchtigt werden oder die Aufsicht durch die Aufsichtsbehörde beeinträchtigt wird, muss der Verpflichtete den Dritten, an den er die internen Sicherungsmaßnahmen übertragen möchte, mit der notwendigen Sorgfalt auswählen.[217]

199 Anders als bei den Kundensorgfaltspflichten unterscheidet das Gesetz somit nicht zwischen „geborenen" und „gekorenen" zuverlässigen Dritten. Der Dritte muss vielmehr **in jedem Einzelfall über die Mittel und Verfahren verfügen**, um die ihm übertragenen Leistungen in angemessener Form zu erbringen und auch über das erforderliche Fachwissen verfügen.[218]

---

217 *Warius*, in: Herzog, GwG, 2. Aufl. 2014, § 9 Rn. 119.
218 *Auerbach/Hentschel*, in: Schwennicke/Auerbach, KWG, § 25h Rn. 106.

Die Auslagerungsvereinbarung ist ausnahmslos schriftlich möglich. Im Vertrag **200**
sind zudem die Leistungen des Auslagerungsunternehmens sowie die Pflichten
des auslagernden Verpflichteten, z. B. bezüglich der Zugriffsrechte auf IT-Systeme und Daten bzw. Unterlagen, aber auch bezüglich beim auslagernden Verpflichteten möglicherweise verbleibende Aufgaben, zu definieren.[219] Besondere
praktische Bedeutung kommt hierbei der genauen Definition des Auslagerungs-
umfanges zu, da mit ihm die Primärverantwortlichkeit (nicht die Residualverantwortlichkeit, vgl. § 6 Abs. 7 Satz 4 GwG) auf das Auslagerungsunternehmen
übergeht.

In der **Finanzbranche gelten erheblich erhöhte Anforderungen** an Auslage- **201**
rungen, die gesetzlich in § 25b KWG niedergelegt sind. Ein Institut muss abhängig von Art, Umfang, Komplexität und Risikogehalt einer Auslagerung von Aktivitäten und Prozessen auf ein anderes Unternehmen, die für die Durchführung
von Bankgeschäften, Finanzdienstleistungen oder sonstigen institutstypischen
Dienstleistungen wesentlich sind, angemessene Vorkehrungen treffen, um übermäßige zusätzliche Risiken zu vermeiden, § 25b Abs. 1 KWG. Eine Auslagerung darf weder die Ordnungsmäßigkeit dieser Geschäfte und Dienstleistungen
noch die Geschäftsorganisation im Sinne des § 25a Abs. 1 GwG beeinträchtigen.
Insbesondere muss ein angemessenes und wirksames Risikomanagement durch
das Institut gewährleistet bleiben, das die ausgelagerten Aktivitäten und Prozesse einbezieht. Das Risikomanagement richtet sich nach den Anforderungen von
AT 9 MaRisk; im Wesentlichen ist eine Risikoanalyse durchzuführen und ein angemessenes Auslagerungscontrolling einzurichten.

Auslagerungen betreffend interne Sicherungsmaßnahmen im Geldwäschebe- **202**
reich sind in der Regel „**wesentlich**" im Sinne der MaRisk. Dies führt dazu, dass
das auslagernde Institut die folgenden Anforderungen der MaRisk an die Auslagerung zu erfüllen hat (die nachfolgende Darstellung gibt den Text der MaRisk
AT 9 Ziff. 6 und 7 wörtlich wieder):

„Das Institut hat bei wesentlichen Auslagerungen im Fall der beabsichtigten **203**
oder erwarteten Beendigung der Auslagerungsvereinbarung Vorkehrungen zu
treffen, um die Kontinuität und Qualität der ausgelagerten Aktivitäten und Prozesse auch nach Beendigung zu gewährleisten. Für Fälle unbeabsichtigter oder
unerwarteter Beendigung dieser Auslagerungen, die mit einer erheblichen Beeinträchtigung der Geschäftstätigkeit verbunden sein können, hat das Institut etwaige Handlungsoptionen auf ihre Durchführbarkeit zu prüfen und zu verabschieden. Dies beinhaltet auch, soweit sinnvoll und möglich, die Festlegung entsprechender Ausstiegsprozesse. Die Handlungsoptionen sind regelmäßig und
anlassbezogen zu überprüfen. Bei wesentlichen Auslagerungen ist **im Auslage-
rungsvertrag insbesondere Folgendes zu vereinbaren:**

---

219 *Auerbach/Hentschel*, in: Schwennicke/Auerbach, KWG, § 25h Rn. 106.

(1) Spezifizierung und ggf. Abgrenzung der vom Auslagerungsunternehmen zu erbringenden Leistung,

(2) Festlegung angemessener Informations- und Prüfungsrechte der Internen Revision sowie externer Prüfer,

(3) Sicherstellung der uneingeschränkten Informations- und Prüfungsrechte sowie der Kontrollmöglichkeiten der gemäß § 25b Abs. 3 KWG zuständigen Behörden bezüglich der ausgelagerten Aktivitäten und Prozesse,

(4) soweit erforderlich Weisungsrechte,

(5) Regelungen, die sicherstellen, dass datenschutzrechtliche Bestimmungen und sonstige Sicherheitsanforderungen beachtet werden,

(6) Kündigungsrechte und angemessene Kündigungsfristen,

(7) Regelungen über die Möglichkeit und über die Modalitäten einer Weiterverlagerung, die sicherstellen, dass das Institut die bankaufsichtsrechtlichen Anforderungen weiterhin einhält,

(8) Verpflichtung des Auslagerungsunternehmens, das Institut über Entwicklungen zu informieren, die die ordnungsgemäße Erledigung der ausgelagerten Aktivitäten und Prozesse beeinträchtigen können."

204 Verschärfte Anforderungen gelten zudem bei Auslagerungen im Bereich der **rechtsberatenden, steuerberatenden und wirtschaftsprüfenden Berufe**.[220] Diese dürfen in Anbetracht ihrer gesetzlichen Verschwiegenheitspflichten die internen Sicherungsmaßnahmen nur unter Einschränkungen auslagern. Erforderlich ist hier, dass die Entscheidung über die Art und Weise der konkret durchzuführenden internen Sicherungsmaßnahmen dem Verpflichteten vorbehalten bleibt. Lediglich die Umsetzung dieser Pflichten darf auf einen Dritten ausgelagert werden, wobei eine durchgängige Kontrolle des Dritten zu erfolgen hat.[221]

3. Steuerung und Aufsichtsdurchgriff

205 Das GwG lässt die Auslagerung sämtlicher Sicherungsmaßnahmen zu, stellt dies jedoch unter den Vorbehalt, dass „die Steuerungsmöglichkeiten der Verpflichteten nicht beeinträchtigt werden", § 6 Abs. 7 Satz 2 Nr. 2 GwG und auch die effektive Beaufsichtigung durch die jeweilige Aufsichtsbehörde nicht beeinträchtigt wird, § 6 Abs. 7 Satz 2 Nr. 3 GwG.

206 Soweit die Funktion des Geldwäschebeauftragten ausgelagert wird, sind die Weisungs- und Vertretungsbefugnisse für das Innen- und das Außenverhältnis sowie allgemeine **Zugriffsrechte explizit im Vertrag zu regeln**. Schließlich muss der Verpflichtete, soweit z. B. die Funktion des Geldwäschebeauftragten ausgelagert wird, auch einen sog. „Auslagerungsbeauftragten" bestellen, der als

---

220 *Warius*, in: Herzog, GwG, 2. Aufl. 2014, § 9 Rn. 120.
221 Vgl. schon die Anwendungshinweise der Bundessteuerberaterkammer zum GwG v. 21.4.2009, S. 19.

„Schnittstelle" zwischen dem Verpflichteten und dem Dritten, an den die Funktion des Geldwäschebeauftragten ausgelagert wurde, dienen soll.

Da die meisten Auslagerungen im Bereich der internen Sicherungsmaßnahmen nach GwG „wesentlich" im Sinne der MaRisk sind, sind die oben bereits abgesprochenen Vorkehrungen zu treffen. **207**

In der Kreditwirtschaft – und diese Regelungen dürften sinngemäß jedenfalls inhaltlich auch außerhalb des Finanzsektors Relevanz haben – regelt § 25b KWG den „Durchgriffserhalt": **208**

„Durch die Auslagerung darf die Bundesanstalt **an der Wahrnehmung ihrer Aufgaben nicht gehindert werden**; ihre Auskunfts- und Prüfungsrechte sowie Kontrollmöglichkeiten müssen in Bezug auf die ausgelagerten Aktivitäten und Prozesse auch bei einer Auslagerung auf ein Unternehmen mit Sitz in einem Staat des Europäischen Wirtschaftsraums oder einem Drittstaat durch geeignete Vorkehrungen gewährleistet werden. Entsprechendes gilt für die Wahrnehmung der Aufgaben der Prüfer des Instituts. Eine Auslagerung bedarf einer schriftlichen Vereinbarung, die die zur Einhaltung der vorstehenden Voraussetzungen erforderlichen Rechte des Instituts, einschließlich Weisungs- und Kündigungsrechten, sowie die korrespondierenden Pflichten des Auslagerungsunternehmens festlegt." **209**

In der Kreditwirtschaft haben sich hierzu „**Standardklauseln**" in den zu treffenden Auslagerungsvereinbarungen herausgebildet, nach denen entsprechende Auditierungsrechte und Prüfrechte auf das Auslagerungsunternehmen erstreckt werden. Entsprechende Vereinbarungen müssen auch außerhalb des Finanzsektors geschlossen werden. **210**

In der Praxis relevant ist vor allem eine hinreichende Sensibilisierung des Auslagerungsunternehmens hinsichtlich der praktischen Auswirkungen der Durchgriffserstreckung. Bei kurzfristig angekündigten Prüfterminen vor Ort sollten die Auslagcrungsunternehmen z.B. die Kompetenzen der Aufsichtsbehörden kennen, was bei grenzüberschreitenden Prüfungen im Ausland ggf. problematisch sein kann. **211**

4. Auslagerungsanzeige und Darlegungspflicht

Der Verpflichtete hat die beabsichtigte Auslagerung der zuständigen Aufsichtsbehörde „rechtzeitig" anzuzeigen. Grund für die Vorgabe ist, der Aufsichtsbehörde die realistische Möglichkeit einer Untersagung nach § 6 Abs. 7 Satz 2 GwG zu geben. „Rechtzeitig" ist eine Anzeige nach der Verwaltungspraxis in der Finanzindustrie, welche sich ohne Weiteres auf die anderen Verpflichtetengruppen und deren Aufsichtsbehörden erstrecken lässt, wenn die Anzeige mindestens zwei Wochen vor Beginn der geplanten Auslagerung abgegeben wird. **212**

213 In der Anzeige muss schließlich das Datum der geplanten Auslagerung sowie die vollständige Bezeichnung des Auslagerungsunternehmens, im Falle der Auslagerung der Funktion des Geldwäschebeauftragten oder seines Stellvertreters auch dessen Name, angegeben werden.[222]

214 In Anbetracht dessen, dass die Verpflichteten die soeben genannten Umstände in ihrer Auslagerungsanzeige gegenüber der zuständigen Aufsichtsbehörde auch **konkret darlegen müssen und ggf. hierfür Nachweise erbringen** müssen, erscheint es fraglich, ob die Umstellung des Zustimmungsverfahrens zu einem bloßen Anzeigeverfahren für die Verpflichteten tatsächlich zu einer zeitlichen Entlastung führt. Denn der „Verwaltungsaufwand" der Verpflichteten wird faktisch derselbe bleiben. Der maßgebliche Vorteil liegt allerdings darin, dass die Verpflichteten nicht mehr die Zustimmung der zuständigen Aufsichtsbehörde abwarten müssen, sondern bereits im unmittelbaren Anschluss an ihre Anzeige die Auslagerung der internen Sicherungsmaßnahmen auf einen Dritten vornehmen dürfen, sodass jedenfalls insoweit eine tatsächliche zeitliche Entlastung zugunsten der Verpflichteten eintritt.

215 Die **Verantwortung** für die ordnungsgemäße Durchführung der internen Sicherungsmaßnahmen verbleibt auch bei Auslagerung der internen Sicherungsmaßnahmen auf einen Dritten in jedem Fall bei dem Verpflichteten. Die sorgfältige Auswahl des Dritten sowie die umfassende Regelung der vertraglichen Beziehung zu dem Dritten – insbesondere der Vorbehalt umfassender Kontroll- und Zugriffsrechte – dient daher nicht nur der Information der zuständigen Aufsichtsbehörde darüber, dass die Voraussetzungen einer Untersagung nicht vorliegen, sondern liegt auch im eigenen Interesse des Verpflichteten. Denn der Verpflichtete ist letztlich derjenige, der nach § 56 Abs. 1 Nr. 4 GwG mit Bußgeldern (siehe dazu näher § 56) und nach § 6 Abs. 8 GwG mit Zwangsmaßnahmen (siehe dazu näher → Rn. 218 ff.) der zuständigen Aufsichtsbehörden zu rechnen hat, wenn er die ordnungsgemäße Durchführung der internen Sicherungsmaßnahmen nicht gewährleisten kann.

5. Untersagungskompetenz der Aufsichtsbehörden, § 6 Abs. 7 Satz 2 GwG

216 Die zuständigen Aufsichtsbehörden können die Auslagerungen per rechtsmittelfähigem, belastendem Verwaltungsakt untersagen, sofern das Auslagerungsunternehmen nicht die Gewähr dafür bietet, dass die Sicherungsmaßnahmen ordnungsgemäß durchgeführt werden, die Steuerungsmöglichkeiten des Verpflichteten beeinträchtigt werden oder die Aufsicht durch die Aufsichtsbehörden eingeschränkt wird, § 6 Abs. 7 Satz 2 GwG. Die Aufsichtsbehörde trägt – trotz der irreführenden Formulierung in § 6 Abs. 7 Satz 3 GwG – die **Beweislast** hierfür. Der Verwaltungsakt ist entsprechend zu begründen. Zur Einschätzung, ob

---

222 BaFin, AuA 2021, Ziff. 3.10.

die in § 6 Abs. 7 Satz 2 GwG genannten Voraussetzungen vorliegen, steht der Behörde ein Einschätzungsspielraum zu. Versagungen dürfen zudem nur nach **Verhältnismäßigkeitsprüfungen** erlassen werden; in der Praxis sind oftmals Auflagen oder begleitende Anordnungen gegenüber dem Verpflichteten nach § 6 Abs. 8 GwG als „**mildere Mittel**" denkbar.

Bei der im Rahmen der Ermessensentscheidung notwendigen Abwägung für **217** eine Untersagungsverfügung hat die Behörde negative Folgen für den Verpflichteten, wie etwa Vertragsstrafen oder Schadenersatzforderungen, in die Abwägung einzubeziehen.

X. Anordnungsbefugnis der Behörde zur Schaffung interner Sicherungsmaßnahmen (§ 6 Abs. 8 GwG)

Nach § 6 Abs. 8 GwG kann die zuständige Aufsichtsbehörde im Einzelfall An- **218** ordnungen erteilen, die geeignet und erforderlich sind, dass der Verpflichtete die erforderlichen internen Sicherungsmaßnahmen schafft.

§ 6 Abs. 8 GwG entspricht im Wesentlichen § 9 Abs. 5 Satz 1 GwG a. F.[223] Der **219** maßgebliche Unterschied zur älteren Rechtslage in § 9 Abs. 5 Satz 1 GwG a. F. besteht allerdings darin, dass die Anordnungsbefugnis der zuständigen Aufsichtsbehörde nicht mehr lediglich auf die Entwicklung und Aktualisierung angemessener geschäfts- und kundenbezogener Sicherungssysteme und Kontrollen im Sinne des § 9 Abs. 2 Nr. 2 GwG a. F. begrenzt ist, sondern nunmehr prinzipiell sämtliche internen Sicherungsmaßnahmen erfassen kann.

Bei der Anordnungsbefugnis der zuständigen Aufsichtsbehörde nach § 6 Abs. 8 **220** GwG handelt es sich um ein **lex specialis zu § 51 Abs. 2 GwG**. Nach § 51 Abs. 2 Satz 1 GwG können die Aufsichtsbehörden im Rahmen der ihnen gesetzlich zugewiesenen Aufgaben die geeigneten und erforderlichen Maßnahmen und Anordnungen treffen, um die Einhaltung der in diesem Gesetz und der aufgrund dieses Gesetzes ergangenen Rechtsverordnungen festgelegten Anforderungen sicherzustellen. Die nach § 51 GwG allgemein für Anordnungen der Aufsichtsbehörde geltenden Anforderungen und Folgen (vgl. dazu näher → § 51 Rn. 6 ff.) gelten daher auch im Rahmen der speziellen Anordnungsbefugnis nach § 6 Abs. 8 GwG. Insbesondere hat daher gemäß § 51 Abs. 2 Satz 3 GwG der Widerspruch und die Anfechtungsklage des Verpflichteten gegen eine Anordnung der Aufsichtsbehörde nach § 6 Abs. 8 GwG keine aufschiebende Wirkung, d. h. der Verpflichtete muss die Anordnung der Aufsichtsbehörde zunächst umsetzen.

Anordnungen nach § 6 Abs. 8 GwG können nicht nur erlassen werden, wenn Si- **221** cherungsmaßnahmen gänzlich fehlen; sie können vielmehr auch dann erlassen

---

223 BT-Drs. 18/11555, S. 112.

werden, wenn bestehende Sicherungsmaßnahmen nicht den Anforderungen entsprechen.[224] Grundvoraussetzung einer Anordnung nach § 6 Abs. 8 GwG ist somit, dass der Verpflichtete die nach § 6 GwG erforderlichen internen Sicherungsmaßnahmen nicht oder nicht ordnungsgemäß geschaffen hat. Der Begriff **„nicht ordnungsgemäß"** ist auszulegen; dem Verpflichteten ist ein weites Gestaltungsermessen einzuräumen. Unterstellend, dass der Verpflichtete Sicherungsmaßnahmen ergriffen hat, muss eine Behörde mithin zunächst gegen die Hypothese argumentieren, dass der Verpflichtete seine Geschäfte und Kunden, somit seine Risiken, selbst besser kennt als eine Behörde und die Sicherungsmaßnahmen „ordnungsgemäß" kalibriert sind. Entsprechend hoch sind die sachlichen Voraussetzungen für die Anordnung bestimmter Sicherungsmaßnahmen bei bestehender Aufbau- und Ablauforganisation. Hat der Verpflichtete hingegen einzelne Sicherungsmaßnahmen überhaupt nicht errichtet, also z.B. keinen Geldwäschebeauftragten bestellt oder keine Unterrichtung der Mitarbeiter durchgeführt, kann die Aufsichtsbehörde dies relativ einfach anordnen.

222   Nur unter der tatbestandlichen Voraussetzung „nicht" oder „nicht ordnungsgemäß" kann die zuständige Aufsichtsbehörde die geeigneten und erforderlichen Anordnungen vornehmen. Die Aufsichtsbehörde muss nicht nur das Gestaltungsermessen des Verpflichteten selbst beachten. Sie ist dabei – wie auch sonst bei hoheitlichen Maßnahmen – dem Grundsatz der **Verhältnismäßigkeit** unterworfen. Die Anordnung muss folglich den Zweck der Schaffung der notwendigen internen Sicherungsmaßnahmen beim Verpflichteten fördern („Eignung"), bei gleicher Wirksamkeit das mildeste Mittel zur Förderung des Zwecks sein („Erforderlichkeit") sowie in einem angemessenen Verhältnis zu den mit der Anordnung für den Verpflichteten verbundenen Folgen („Angemessenheit") stehen.

223   Der Wortlaut („**im Einzelfall**") erlaubt den Erlass von Allgemeinverfügungen grundsätzlich nicht. Allenfalls in schweren Gefährdungslagen, die eine „flächendeckende" Anordnung bestimmter Sicherungsmaßnahmen rechtfertigen, kommt eine solche überhaupt nur in Betracht. Die Anordnungskompetenz in § 6 Abs. 8 ist vom Zweck her auf einzelne Verpflichtete ausgelegt.

224   In der Praxis relevant ist die Anordnung der Bestellung von Geldwäschebeauftragten außerhalb des Finanzsektors, vgl. § 7 Abs. 3 GwG, der gegenüber § 6 GwG eine Spezialnorm darstellt.

225   Kommt der Verpflichtete seiner Pflicht zur Umsetzung der Anordnung nicht nach, kann dies unterschiedliche Konsequenzen für den Verpflichteten nach sich ziehen. So kann die zuständige Aufsichtsbehörde – da der Widerspruch und die Anfechtungsklage gegen die Anordnung keine aufschiebende Wirkung haben –

---

224 BaFin, AuA 2021, Ziff. 3.11.

ihre Anordnung unmittelbar im Wege des Verwaltungszwanges,[225] d. h. durch Ersatzvornahme bzw. durch Anordnung eines Zwangsgeldes, umsetzen und ggf. dem Verpflichteten die hierfür anfallenden Kosten in Rechnung stellen (vgl. § 51 Abs. 4 GwG). Darüber hinaus ist fraglich, ob die zuständige Aufsichtsbehörde dem Verpflichteten auch **ein Bußgeld** auferlegen kann, wenn er der Anordnung der Aufsichtsbehörde nicht oder nicht ordnungsgemäß nachkommt. Nach dem Wortlaut des § 56 Abs. 1 Nr. 6 GwG handelt ordnungswidrig nur derjenige, der vorsätzlich oder leichtfertig einer vollziehbaren Anordnung nach § 6 Abs. 9 GwG – d. h. einer Anordnung zur risikoangemessenen Anwendung der internen Sicherungsmaßnahmen – nicht nachkommt. Im Umkehrschluss daraus würde sich ergeben, dass eine Ordnungswidrigkeit nicht vorliegt, wenn der Verpflichtete vorsätzlich oder leichtfertig der Anordnung einer internen Sicherungsmaßnahme nach § 6 Abs. 8 GwG nicht nachkommt. Warum aber nur das Zuwiderhandeln gegen eine vollziehbare Anordnung zum risikoangemessenen Vorgehen nach § 6 Abs. 9 GwG, nicht aber das Zuwiderhandeln gegen die Anordnung einer internen Sicherungsmaßnahme nach § 6 Abs. 8 GwG bußgeldbewehrt sein soll, ist nicht einsichtig. Denn die Anordnung der Schaffung interner Sicherungsmaßnahmen reicht regelmäßig weiter als die bloße Anordnung eines risikoangemessenen Vorgehens, sodass die Zuwiderhandlung gegen erstere Anordnung erst recht bußgeldbewehrt sein müsste.

XI. Anordnungsbefugnis der Behörde zur risikoangemessenen Anwendung interner Sicherungsmaßnahmen (§ 6 Abs. 9 GwG)

Nach § 6 Abs. 9 GwG kann die zuständige Aufsichtsbehörde anordnen, dass auf einzelne Verpflichtete oder Gruppen von Verpflichteten wegen der Art der von diesen betriebenen Geschäfte und wegen der Größe des Geschäftsbetriebes unter Berücksichtigung der Risiken in Bezug auf Geldwäsche und Terrorismusfinanzierung die Vorschriften zu den internen Sicherungsmaßnahmen nach § 6 Abs. 1– 6 GwG „**risikoangemessen**" anzuwenden sind. Die Vorschrift ist an die Stelle des „alten" § 14 Abs. 3 GwG a. F. getreten, in welchem Aufsichtsbehörden noch die Möglichkeit hatten, per Verwaltungsakt anzuerkennen, dass die Sicherungsmaßnahmen „**ganz oder teilweise nicht anzuwenden** sind".[226] Die inhaltliche Ausgestaltung ist irreführend; schon nach § 6 Abs. 1 GwG haben die Verpflichteten „angemessene" Sicherungsmaßnahmen zu errichten. Gemeint ist daher tatsächlich eine teilweise Befreiung in Fällen, in denen eine zu formale Anwendung des § 6 GwG zu absurden oder unsachlichen Ergebnissen führen würde

226

---

225 *Achtelik*, in: Boos/Fischer/Schulte-Mattler, KWG/CRR-VO, § 25h KWG Rn. 35.
226 Vgl. z. B. *Fülbier/Aepfelbach*, GwG, 4. Aufl. 1999, § 14 Rn. 157.

und insbesondere Verpflichtete rechtliche Klarheit über die „Angemessenheit" der Durchführung lediglich rudimentärer Sicherungsmaßnahmen wünschen.

227 § 6 Abs. 9 GwG entspricht im Wesentlichen § 9 Abs. 5 Satz 2 GwG a. F. Die vormals in § 9 Abs. 5 Satz 3 GwG a. F. geregelte Möglichkeit, von der Bestellung eines Geldwäschebeauftragten abzusehen, ist nunmehr in § 7 Abs. 2 GwG geregelt (siehe → § 7 Rn. 12 ff.).[227]

228 § 6 Abs. 9 GwG schafft im Hinblick auf die Verpflichtung zur Schaffung interner Sicherungsmaßnahmen eine Öffnungsklausel und ermöglicht so eine flexible, auf das konkrete Risikoprofil eines Verpflichteten oder einer Gruppe von Verpflichteten zugeschnittene Anwendung der internen Sicherungsmaßnahmen.[228] Die „risikoangemessene Anwendung" der internen Sicherungsmaßnahmen kann hierbei in verschiedene Richtungen verlaufen. Einerseits kann bestimmten Verpflichteten oder bestimmten Gruppen von Verpflichteten die Möglichkeit gegeben werden, von der Einhaltung der Bestimmungen des § 6 GwG ganz oder teilweise freigestellt zu werden, wenn sie nach Art und Umfang ihres Geschäftsbetriebes unter Berücksichtigung der Anfälligkeit ihrer Geschäfte oder ihres Geschäftsbetriebes für Geldwäsche oder Terrorismusfinanzierung **nur ein geringes Risikopotenzial** aufweisen.[229] Andererseits können bestimmten Verpflichteten oder bestimmten Gruppen von Verpflichteten besondere Verpflichtungen im Hinblick auf die Etablierung von internen Sicherungsmaßnahmen auferlegt werden, wenn sie nach Art und Umfang ihres Geschäftsbetriebes unter Berücksichtigung der Anfälligkeit ihrer Geschäfte oder ihres Geschäftsbetriebes für Geldwäsche oder Terrorismusfinanzierung ein besonders hohes Risikopotenzial aufweisen.

229 **Maßgebliche Kriterien** bei der Entscheidung, ob die internen Sicherungsmaßnahmen auf bestimmte Verpflichtete oder bestimmte Gruppen von Verpflichteten risikoangemessen anzuwenden sind, sind die Art ihrer Geschäfte, der Umfang ihres Geschäftsbetriebes sowie die damit einhergehende Anfälligkeit ihrer Geschäfte und ihres Geschäftsbetriebes für Geldwäsche und Terrorismusfinanzierung. Von Bedeutung sind hierbei im Hinblick auf die Art der betriebenen Geschäfte vor allem die Geschäftsstruktur, Absatzmärkte, Produkte, Vertriebswege sowie die Kundenstruktur des betroffenen Verpflichteten bzw. der betroffenen Gruppe von Verpflichteten.[230] Im Hinblick auf den Umfang des Geschäftsbetriebes kommt es maßgeblich auf die Größe der Unternehmensorganisation bzw. darauf an, inwieweit der Geschäftsbetrieb des betroffenen Verpflichteten oder der

---

227 BT-Drs. 18/11555, S. 113.
228 *Warius*, in: Herzog, GwG, 2. Aufl. 2014, § 9 Rn. 137.
229 *Warius*, in: Herzog, GwG, 2. Aufl. 2014, § 9 Rn. 134.
230 BaFin, Rundschreiben 8/2005 (GW) – Implementierung angemessener Risikomanagementsysteme zur Verhinderung von Geldwäsche, Terrorismusfinanzierung und Betrug, Nr. 1; DK, AuA 2014, Zeile 89.

betroffenen Gruppe von Verpflichteten Anonymität begünstigt und daher als Einfallstor für Geldwäsche und Terrorismusfinanzierung dienen kann.

Nach § 50 GwG sind für die verschiedenen Gruppen von Verpflichteten jeweils **230** unterschiedliche Aufsichtsbehörden zuständig. Es obliegt daher der jeweils zuständigen Aufsichtsbehörde, innerhalb der ihr zugewiesenen Gruppe oder Gruppen von Verpflichteten anhand der soeben dargelegten Kriterien weitere Abstufungen vorzunehmen, um schließlich das konkrete Risikoprofil der dort vertretenen Untergruppen von Verpflichteten oder von einzelnen Verpflichteten greifbar zu machen und – soweit erforderlich – die Anforderungen an die internen Sicherungsmaßnahmen im Hinblick auf das identifizierte Risikoprofil maßschneidern zu können.

Im Finanzsektor sind verschiedene „risikoangemessene" Anwendungen der **231** Vorschriften, insbesondere hinsichtlich der Sicherungsmaßnahmen, möglich. In der Praxis kommt die Norm dann zur Anwendung, wenn z. B. Sicherungsmaßnahmen bei völlig untergeordneten Tochterunternehmen erfolgen, die aus verschiedenen Gründen beispielsweise „Institut" im Sinne des KWG sind, aber kaum organisatorische Ressourcen vorhalten, oder inländische Niederlassungen von Instituten, die im Wesentlichen als „Booking Entity" keine eigene Geschäftstätigkeit entwickeln, nach dem Wortlaut des Gesetzes aber Sicherungsmaßnahmen vorhalten müssten.

Von der Möglichkeit zur Anordnung einer „risikoangemessenen Anwendung" **232** der internen Sicherungsmaßnahmen haben in der Vergangenheit **außerhalb des Finanzsektors** namentlich die Bundesrechtsanwaltskammer, die Bundessteuerberaterkammer und die Wirtschaftsprüferkammer Gebrauch gemacht. Nach den maßgeblichen Anordnungen der Bundesrechtsanwaltskammer,[231] Bundessteuerberaterkammer[232] und Wirtschaftsprüferkammer[233] sind Rechtsanwälte, Steuerberater und Wirtschaftsprüfer von der Vornahme eines Großteils der internen Sicherungsmaßnahmen befreit, sofern in deren Unternehmen nicht mehr als insgesamt zehn Angehörige des in Rede stehenden Berufes oder eines sozietätsfähigen Berufes im Sinne des § 59a BRAO, § 56 StBerG oder § 44b Abs. 1 WPO tätig sind. Der Hintergrund der angeordneten Befreiung lag darin, dass die genannten Kammern in solch kleinen unternehmerischen Einheiten das Risiko des

---

231 Anordnung der Bundesrechtsanwaltskammer nach § 9 Abs. 4 Satz 2 GwG a. F., BRAK-Mitteilungen 1/2009, S. 22. Seitdem ist eine Vielzahl neuer Anordnungen der Rechtsanwaltskammern ergangen, die im Kern aber die grundlegenden Entscheidungen der BRAK perpetuieren.

232 Anwendungshinweise der Bundessteuerberaterkammer zum GwG v. 21.4.2009, S. 19 f. Auch hier werden die Anordnungen durch die weitere Rechtspraxis der Steuerberaterkammern perpetuiert.

233 Anordnung der Wirtschaftsprüferkammer nach § 9 Abs. 5 Satz 2 GwG a. F., WPK Magazin 2/2012, S. 30 ff.

Verlustes geldwäscherechtlich relevanter Informationen als sehr gering erachteten und daher die Aufbürdung der Aufwendungen für die Etablierung interner Sicherungsmaßnahmen als unverhältnismäßig empfanden.[234] Angesichts der geänderten Zuständigkeiten wird abzuwarten bleiben, ob die genannte Praxis fortbestehen wird; jedenfalls wäre dies sachgerecht.

233 Hinsichtlich des **Glücksspielsektors** besteht eine langjährige Verwaltungspraxis angesichts der risikoangemessenen Anwendung der Sicherungsmaßnahmen.[235]

234 Im Hinblick auf die oben genannten **Finanzunternehmen**, insbesondere hinsichtlich der Problematik der in den Anwendungsbereich des GwG nach dem Wortlaut des Gesetzes einbezogenen Industrieholdings (vgl. hierzu → § 2 Rn. 124), stellt die in § 7 Abs. 9 GwG genannte Möglichkeit zur sachgerechten und risikoangemessenen Reduktion von Sicherungsmaßnahmen möglicherweise eine sachgerechte Lösung dar.

235 Handelt es sich bei der Anordnung der zuständigen Aufsichtsbehörde zur „risikoangemessenen Anwendung" der internen Sicherungsmaßnahmen nicht um eine Befreiung von, sondern um eine Vorgabe bestimmter interner Sicherungsmaßnahmen durch die Behörde, müssen die Verpflichteten diese umsetzen. Ein Widerspruch oder eine Anfechtungsklage gegen die Anordnung entfaltet nach § 51 Abs. 2 Satz 3 GwG keine aufschiebende Wirkung.

236 Kommt der Verpflichtete seiner Pflicht zur Umsetzung der Anordnung nicht nach, kann dies unterschiedliche Konsequenzen für ihn haben. So kann die zuständige Aufsichtsbehörde – da der Widerspruch und die Anfechtungsklage gegen die Anordnung keine aufschiebende Wirkung haben – ihre Anordnung unmittelbar im Wege des Verwaltungszwanges,[236] d.h. durch **Ersatzvornahme bzw. durch Anordnung eines Zwangsgeldes**, umsetzen und ggf. dem Verpflichteten die hierfür anfallenden Kosten in Rechnung stellen (vgl. § 51 Abs. 4 GwG). Schließlich kann die vorsätzliche oder leichtfertige Nichtumsetzung einer Anordnung nach § 6 Abs. 9 GwG ein **Bußgeld** nach sich ziehen (vgl. § 56 Abs. 1 Nr. 6 GwG).

---

234 Vgl. Anordnung der Bundesrechtsanwaltskammer nach § 9 Abs. 4 Satz 2 GwG a.F., BRAK-Mitteilungen 1/2009, S. 22.

235 Vgl. Hinweise des BMF zum Umgang mit den Sondervorschriften, 11.6.2014, S. 46 ff.

236 *Achtelik*, in: Boos/Fischer/Schulte-Mattler, KWG/CRR-VO, § 25h KWG Rn. 35.

§ 7 Geldwäschebeauftragter

(1) Verpflichtete nach § 2 Absatz 1 Nummer 1 bis 3, 6, 7, 9 und 15 haben einen Geldwäschebeauftragten auf Führungsebene sowie einen Stellvertreter zu bestellen. Der Geldwäschebeauftragte ist für die Einhaltung der geldwäscherechtlichen Vorschriften zuständig; die Verantwortung der Leitungsebene bleibt hiervon unberührt. Der Geldwäschebeauftragte ist der Geschäftsleitung unmittelbar nachgeordnet.

(2) Die Aufsichtsbehörde kann einen Verpflichteten von der Pflicht, einen Geldwäschebeauftragten zu bestellen, befreien, wenn sichergestellt ist, dass

1. die Gefahr von Informationsverlusten und -defiziten aufgrund arbeitsteiliger Unternehmensstruktur nicht besteht und

2. nach risikobasierter Bewertung anderweitige Vorkehrungen getroffen werden, um Geschäftsbeziehungen und Transaktionen zu verhindern, die mit Geldwäsche oder Terrorismusfinanzierung zusammenhängen.

(3) Die Aufsichtsbehörde kann anordnen, dass Verpflichtete nach § 2 Absatz 1 Nummer 4, 5, 8, 10 bis 14 und 16 einen Geldwäschebeauftragten zu bestellen haben, wenn sie dies für angemessen erachtet. Bei Verpflichteten nach § 2 Absatz 1 Nummer 16 soll die Anordnung erfolgen, wenn die Haupttätigkeit des Verpflichteten im Handel mit hochwertigen Gütern besteht.

(4) Die Verpflichteten haben der Aufsichtsbehörde die Bestellung des Geldwäschebeauftragten und seines Stellvertreters oder ihre Entpflichtung vorab anzuzeigen. Die Bestellung einer Person zum Geldwäschebeauftragten oder zu seinem Stellvertreter muss auf Verlangen der Aufsichtsbehörde widerrufen werden, wenn die Person nicht die erforderliche Qualifikation oder Zuverlässigkeit aufweist.

(5) Der Geldwäschebeauftragte muss seine Tätigkeit im Inland ausüben. Er muss Ansprechpartner sein für die Strafverfolgungsbehörden, für die für Aufklärung, Verhütung und Beseitigung von Gefahren zuständigen Behörden, für die Zentralstelle für Finanztransaktionsuntersuchungen und für die Aufsichtsbehörde in Bezug auf die Einhaltung der einschlägigen Vorschriften. Ihm sind ausreichende Befugnisse und die für eine ordnungsgemäße Durchführung seiner Funktion notwendigen Mittel einzuräumen. Insbesondere ist ihm ungehinderter Zugang zu sämtlichen Informationen, Daten, Aufzeichnungen und Systemen zu gewähren oder zu verschaffen, die im Rahmen der Erfüllung seiner Aufgaben von Bedeutung sein können. Der Geldwäschebeauftragte hat der Geschäftsleitung unmittelbar zu berichten. Soweit der Geldwäschebeauftragte die Erstattung einer Meldung nach § 43 Absatz 1 beabsichtigt oder ein Auskunftsersuchen der Zentralstelle für Fi-

nanztransaktionsuntersuchungen nach § 30 Absatz 3 beantwortet, unterliegt er nicht dem Direktionsrecht durch die Geschäftsleitung.

(6) Der Geldwäschebeauftragte darf Daten und Informationen ausschließlich zur Erfüllung seiner Aufgaben verwenden.

(7) Dem Geldwäschebeauftragten und dem Stellvertreter darf wegen der Erfüllung ihrer Aufgaben keine Benachteiligung im Beschäftigungsverhältnis entstehen. Die Kündigung des Arbeitsverhältnisses ist unzulässig, es sei denn, dass Tatsachen vorliegen, welche die verantwortliche Stelle zur Kündigung aus wichtigem Grund ohne Einhaltung einer Kündigungsfrist berechtigen. Nach der Abberufung als Geldwäschebeauftragter oder als Stellvertreter ist die Kündigung innerhalb eines Jahres nach der Beendigung der Bestellung unzulässig, es sei denn, dass die verantwortliche Stelle zur Kündigung aus wichtigem Grund ohne Einhaltung einer Kündigungsfrist berechtigt ist.

Schrifttum: *Dannecker/Leitner*, Handbuch der Geldwäsche-Compliance für die rechts- und steuerberatenden Berufe, 2010; *Findeisen*, Outsourcing der Funktion der Geldwäschebeauftragten und anderer wesentlicher Pflichten des Geldwäschegesetzes, WM 2000, 1217; *Gehra/Gittfried/Lienke*, Prävention von Geldwäsche und Terrorismusfinanzierung, 2. Aufl. 2021; *Glos/Hildner/Glasow*, Der Regierungsentwurf zur Umsetzung der Vierten EU-Geldwäscherichtlinie – Ausweitung der geldwäscherechtlichen Pflichten außerhalb des Finanzsektors, CCZ 2017, 83; *Haug*, Strategische und aufbauorganisatorische Ausrichtung des Beauftragtenwesens im Sparkassen-Sektor: Umfängliches Compliance-Verständnis, 2016; *Kaetzler*, Anforderungen an die Organisation der Geldwäscheprävention bei Bankinstituten – ausgewählte Einzelfragen, CCZ 2008, 174; *Kleinmann/Fündling*, Kündigung des Geldwäschebeauftragten bei Betriebsstilllegung, NZA 2020, 991; *Komma*, Der Geldwäscheverdacht als Haftungsfalle?, CB 2019, 197; *Müller-Glöge/Preis/Schmidt* (Hrsg.), Erfurter Kommentar zum Arbeitsrecht, 22. Aufl. 2022; *Neuheuser*, Die Strafbarkeit des Geldwäschebeauftragten wegen Geldwäsche durch Unterlassen bei Nichtmelden eines Verdachtsfalles gem. § 11 I GwG, NZWiSt 2015, 241; *Otto*, Das strafrechtliche Risiko der gesetzlichen Vertreter und Geldwäschebeauftragten der Kreditinstitute nach dem Geldwäschegesetz, wistra 1995, 323; *Paul*, Der Geldwäschebeauftragte, Comply 2020, 48; *Roberts/Spoerr*, Die Umsetzung der Vierten Geldwäscherichtlinie: Totale Transparenz, Geldwäschebekämpfung auf Abwegen, WM 2017, 1142; *Rütters/Wagner*, Der Geldwäschebeauftragte als Bezugstäter im Rahmen des § 30 OWiG, NZWiSt 2015, 282; *Schulz*, Compliance-Management im Unternehmen, 2. Aufl. 2021; *Suendorf-Bischof*, Die persönliche Haftung des Geldwäschebeauftragten nach dem Geldwäschegesetz, BB 2020, 522; *Wegner*, Rechtsstellung von freiwillig bestellten Geldwäschebeauftragten, GWuR 2021, 79; *Wende/Lippold*, Herausforderungen beim Geldwäschegesetz für Kanzleien mit mehreren Berufsträgern an mehreren Standorten, GWuR 2021, 107; *Wohlschlägl-Aschberger*, Geldwäscheprävention – Recht, Produkte, Branchen, 2018.

Übersicht

I. Allgemeines

„§ 7 konkretisiert die in § 6 Absatz 2 Nummer 2 statuierte Pflicht zur Bestellung   **1**
eines Geldwäschebeauftragten und eines Stellvertreters."[1] Die Figur des „**Geldwäschebeauftragten" stammt aus den USA der 1970er Jahre**[2] und ist seit

---

1 Vgl. Gesetzesbegründung, BT-Drs. 18/11555, S. 113.
2 Für einen geschichtlichen Überblick der Funktion siehe *Kaetzler*, in: Schulz, Compliance-Management im Unternehmen, Kap. 20 Rn. 7 ff. mit zahlreichen Nachweisen.

dem Ursprungsmodell zahlreichen Änderungen mit Blick auf Aufgaben und Verantwortlichkeiten unterzogen worden. Ursprünglich waren – in Deutschland wie international – lediglich die Verpflichteten des Finanzsektors durch das Gesetz aufgefordert, einen Geldwäschebeauftragten zu bestellen. Seit 2011[3] besteht diese Verpflichtung nunmehr jedenfalls im Regelfall für die meisten Verpflichteten. Der Gesetzgeber greift durch die Bestimmung, dass ein Geldwäschebeauftragter in den gesetzlich genannten Fällen erfolgen muss, in die **Organisationsfreiheit** der entsprechend GwG-Verpflichteten ein. Der Eingriff erfolgt im Wege der gesetzlichen Anordnung der Errichtung einer Funktion für die innerbetriebliche Selbstkontrolle, wie dies zum Beispiel auch im Hinblick auf den Immissionsschutzbeauftragten, den Gewässerschutz- oder Abfallbeauftragten oder den Gleichstellungsbeauftragten der Fall ist.

2 Der Geldwäschebeauftragte ist die **zentrale Figur** zur Umsetzung der Geldwäschepräventionsmaßnahmen im Unternehmen. Seine Tätigkeit basiert zwar auf privatwirtschaftlichen Verträgen, sie ist jedoch stark mit hoheitlichen Tätigkeiten und Funktionen durchsetzt. Im Gesetzgebungsverfahren zur Umsetzung der Vierten EU-Geldwäscherichtlinie wurde auch deshalb an einigen Stellen[4] auf Parallelitäten zwischen Geldwäsche- und Datenschutzbeauftragten im Sinne des § 4f BDSG verwiesen.

3 Die zunehmende „**Privatisierung der Gefahrenabwehr**" im Rahmen der Geldwäscheprävention[5] wirft in der Tat die Frage auf, in welchem Interesse der Geldwäschebeauftragte eigentlich tätig ist – im öffentlichen oder im privaten Interesse des Verpflichteten? Zwar ist der Geldwäschebeauftragte kein öffentlich „Beliehener" im Sinne des Verwaltungsrechts.[6] Hierfür fehlt es an dem ausdrücklichen Beleihungsakt durch das GwG bzw. in dessen Vollzug durch die Behörden. Jedoch ist er in besonderem Maße im hoheitlichen Interesse und gewissermaßen als „verlängerter Arm der Staatsgewalt in die Unternehmen hinein" tätig. Dennoch ist er auch kein „Verwaltungshelfer" im technischen Sinne, da er eindeutig im Namen des jeweiligen Verpflichteten, nicht im Namen der Strafverfolgungs- oder Polizeibehörden auftritt.[7] In der Konsequenz der „funktionalen Privatisie-

---

3 Gesetz zur Optimierung der Geldwäscheprävention v. 22.12.2011 im Nachgang zur Länderevaluierung Deutschlands der FATF in den Jahren 2009/2010.

4 Vgl. Gesetzesbegründung, BT-Drs. 18/11555, S. 114.

5 Besonders kritisch zu diesem Sujet: *Dannecker/Leitner*, Handbuch der Geldwäsche-Compliance, S. 48 ff.

6 Vgl. zum Begriff des Beliehenen: *Ramsauer*, in: Kopp/Ramsauer, VwVfG, § 1 Rn. 58 ff.

7 Die Abgrenzung vom Verwaltungshelfer und die Qualifikation einzelner Tätigkeiten des Geldwäschebeauftragten als „hoheitlich motiviert" ist bedeutsam, da hiermit Haftungsfragen (subsidiäre Staatshaftung und Freistellungsanspruch) kritisch beleuchtet werden müssen, vgl. zur Haftung des Geldwäschebeauftragten → Rn. 155 ff.

rung"[8] der Geldwäschebekämpfung ist allerdings zu konstatieren, dass der Geldwäschebeauftragte nach der Neufassung des Gesetzes weitaus mehr Aufgaben wahrnimmt, als bloß gewerberechtliche Pflichten seines Arbeitgebers zu erfüllen. Der Geldwäschebeauftragte ist nämlich jedenfalls hinsichtlich der Erstellung der Verdachtsmeldungen im Sinne des § 43 GwG eigenverantwortlich, nicht unter dem Weisungsrecht der Organe des Verpflichteten tätig und erfüllt – unzweifelhaft – originär hoheitliche Aufgaben. Ob und inwieweit sich die Gerichte insbesondere im Falle von Haftungsfragen der Auffassung anschließen werden, dass ein hoheitliches Tätigwerden im Einzelfall bei dem Geldwäschebeauftragten jedenfalls in Betracht kommen kann, wird abzuwarten bleiben.

Die Funktion des Geldwäschebeauftragten ist – anders als in den älteren Versionen des GwG, die für die Kreditwirtschaft und die Versicherungswirtschaft Sonderregelungen in den jeweiligen Fachgesetzen vorhielten[9] – im GwG nach der Neuorganisation des Gesetzes (wieder) abschließend gesetzlich geregelt. **4**

Die **40 Empfehlungen der FATF** sehen die Bestellung eines Geldwäschebeauftragten nur indirekt, nämlich über die „Interpretative Note" zur Empfehlung 18, vor. Nach den aktuellen Vorgaben der FATF sollen die Mitgliedstaaten angehalten werden, die Verpflichteten wiederum anzuhalten, einen (Geldwäsche-)Compliance-Officer auf „Management"-Ebene zu bestellen.[10] Während die FATF-Empfehlungen demnach nicht ausdrücklich von der Bestellung eines besonderen, auf Geldwäscheprävention beschränkten „Geldwäschebeauftragten" sprechen, hat sich jedoch in internationaler Hinsicht ein hoher Spezialisierungsgrad des entsprechenden „Compliance-Officers" herausgebildet, der als „Geldwäschebeauftragter" in vielen Gesetzen niedergelegt ist. **5**

In Art. 8 Abs. 4 lit. a der Vierten EU-Geldwäscherichtlinie wurden die Mitgliedstaaten in Umsetzung dieser Regel verpflichtet, auf die Bestellung eines „für die Einhaltung der einschlägigen Vorschriften zuständigen Beauftragten auf Leitungsebene, wenn dies angesichts des Umfangs und der Art der Geschäftstätigkeit angemessen ist" hinzuwirken. Nach der Auffassung des Europäischen Gesetzgebers ist die Bestellung eines Geldwäschebeauftragten – wie auch im deutschen GwG umgesetzt – eine der von der Richtlinie vorgesehenen „Strategien, Kontrollen und Verfahren zur Minderung und Steuerung der […] ermittelten Risiken von Geldwäsche und Terrorismus", über die die Verpflichteten verfügen sollen. **6**

---

8 Vgl. zu Begriff und Reichweite: *Ramsauer*, in: Kopp/Ramsauer, VwVfG, § 1 Rn. 64a mit zahlreichen Nachweisen.

9 Vgl. § 25h Abs. 4 Satz 1 KWG a. F.; § 80d Abs. 3 VAG a. F.

10 FATF Recommendations (2012–2017), Recommendation 18 i.V.m. „Interpretive Note to Recommendation 18 (Internal Controls and Foreign Branches and Subsidiaries)", dort Rn. 3.

7   Bei der Umsetzung der europäischen Vorgaben nimmt der deutsche Gesetzgeber die Einstufung, ob und wann nach Umfang und Art der Geschäftstätigkeit die Ernennung eines förmlichen Geldwäschebeauftragten nötig ist, selbst vor, indem er für gewisse Verpflichtete die Bestellung eines solchen zwingend vorsieht bzw. indem er die Entscheidung darüber den Aufsichtsbehörden als Ermessensfrage überträgt (siehe § 7 Abs. 1 und 3 GwG).

8   Mit dem Umsetzungsgesetz zur Vierten EU-Geldwäscherichtlinie wurde die Position des Geldwäschebeauftragten durch umfassenderen arbeitsrechtlichen Schutz, konkretere Anforderungen an die Positionierung als Leitungsfunktion und die Ausnahme vom Weisungsrecht der Geschäftsleitung **gegenüber der bisherigen gesetzlichen Situation gestärkt** (vgl. § 7 Abs. 7 GwG). Einher geht diese Stärkung jedoch mit einer nunmehr klar im Gesetz verankerten Pflichtenstellung im Unternehmen, die möglicherweise sogar eine gesetzliche Garantenstellung des Geldwäschebeauftragten begründen könnte (vgl. § 7 Abs. 1 Satz 2 GwG).

9   Die Änderung des GwG durch das Gesetz zur Umsetzung der Änderungsrichtlinie zur Vierten EU-Geldwäscherichtlinie[11] hat § 7 nicht betroffen. Gleiches gilt für die Reformen des GwG im Jahr 2021. Die Norm ist im Hinblick auf die derzeitig stabilen internationalen Vorgaben zu Rolle und Verantwortlichkeit des Geldwäschebeauftragten ausgereift. Für den Finanzsektor, den Glücksspielsektor und die Verpflichteten außerhalb des Finanzsektors bestehen Verwaltungspraxen, die die nähere Ausgestaltung der Funktion teils unterschiedlich regeln.[12]

II. Pflicht zur Bestellung eines Geldwäschebeauftragten qua Gesetz und Befreiungsmöglichkeiten

1. Pflicht zur Bestellung für Kernverpflichtete

10   § 7 Abs. 1 GwG regelt, **welche Verpflichteten** von Gesetzes wegen einen Geldwäschebeauftragten nebst Stellvertreter zu bestellen haben. Dies sind neben den Kredit- und Finanzdienstleistungsinstituten Finanzunternehmen nach § 1 Abs. 24 KWG, Versicherungsunternehmen, soweit sie unter das GwG fallen, Kapitalverwaltungsgesellschaften nach dem KAGG, sowie die Veranstalter von

---

11 Referentenentwurf des BMF, Entwurf eines Gesetzes zur Umsetzung der Änderungsrichtlinie zur Vierten EU-Geldwäscherichtlinie (Richtlinie (EU) 2018/843) v. 20.5.2019.

12 BaFin, AuA 2021, Ziff. 3.2; vgl. auch die Auslegungs- und Anwendungshinweise zum Geldwäschegesetz für Güterhändler, Immobilienmakler und andere Nichtfinanzunternehmen, Dezember 2020, Ziff. 3.3.2; Gemeinsame Hinweise der Obersten Aufsichtsbehörden der Länder im Glücksspielsektor gemäß § 51 Absatz 8 GwG für Veranstalter und Vermittler von Glücksspielen, November 2020, Ziff. 3.4.

Glücksspielen im Sinne des § 2 Nr. 15 GwG, Immobilienmakler im Sinne des § 2 Nr. 14 und Güterhändler im Sinne des § 2 Nr. 16 nur, soweit sie angesichts der Befreiungs-/Anwendungsprivilegien in § 4 GwG überhaupt Sicherungsmaßnahmen errichten müssen. Sollte das Bundesministerium der Finanzen von der Verordnungsermächtigung in § 2 Abs. 2 GwG Gebrauch machen und weitere Verpflichtete unter dem GwG benennen, unterfallen solche neu hinzutretenden Verpflichteten nicht ohne Weiteres der Verpflichtung, einen Geldwäschebeauftragten qua Gesetz zu bestellen; hierzu wäre dann ggf. eine Änderung des § 7 Abs. 1 GwG nötig. § 7 gilt nur für die aufgrund Gesetzes oder behördlicher Anordnung bestellten Geldwäschebeauftragten. Die Vorschrift **gilt nicht für die „freiwilligen Geldwäschebeauftragten“**.[13] Sofern Unternehmen zur Ernennung eines Geldwäschebeauftragten nicht verpflichtet sind, einen solchen „AML-Manager“ o. Ä. aber, z. B. aus Gründen der Vorsicht oder der Legalitätspflichten, trotzdem ernennen, kommt es hinsichtlich des Pflichtenkreises, der Verantwortung und Haftung sowie Kündigungs- und Weisungsfragen allein auf die Delegationslage im Einzelfall an.

Das Versäumnis, einen Geldwäschebeauftragten zu bestellen, ist bußgeldbewehrt (vgl. § 56 Abs. 1 Nr. 7 GwG). In der Rechtspraxis werden Bußgelder durchaus verhängt.[14] Die genannten Verpflichteten „**haben**“ einen Geldwäschebeauftragten zu bestellen. Die gewerberechtliche Pflicht zur Bestellung besteht also schon qua Gesetz; eine Befreiung ist nur auf entsprechenden Antrag und folgenden begünstigenden Verwaltungsakt möglich (vgl. § 7 Abs. 2 GwG). **11**

2. Befreiungsmöglichkeit (§ 7 Abs. 2 GwG)

Im Unterschied zu vorangegangenen Normen[15] sind Freistellungsbewilligungen nur noch bei niedriger Risikoexposition des Unternehmens, nicht mehr allein aufgrund dessen geringer Größe möglich.[16] Grund hierfür ist der Risikoansatz des GwG. **12**

Die Befreiungsmöglichkeit von der Pflicht, einen Geldwäschebeauftragten zu bestellen, basierte bis dato auf § 9 Abs. 5 Satz 2 GwG a. F. Durch die Neufassung des Gesetzes im Rahmen der Umsetzung der Vierten EU-Geldwäscherichtlinie sind aus der Anordnungsbefugnis im Einzelfall nunmehr **zwei systematisch voneinander zu trennende** Befugnisse entstanden. Die in § 6 Abs. 9 GwG niedergelegte behördliche Befugnis, „risikoangemessene“ Anwendung der internen **13**

---

13 Zu den Folgen, insbesondere dem Kündigungsschutz und die arbeitsrechtliche Stellung des „freiwillig“ bestellten Geldwäschebeauftragten siehe *Wegner*, GWuR 2021, 79 f.
14 Vgl. z. B. OVG Rheinland-Pfalz, Urt. v. 29.5.2019 – 6 A 10204/19.
15 Vgl. § 9 Abs. 4 GwG i. d. F. des Geldwäschebekämpfungsergänzungsgesetzes v. 13.8.2008.
16 Vgl. zu den Hintergründen *Herzog*, in: Herzog, GwG, § 7 Rn. 7.

Sicherungsmaßnahmen, tritt im Hinblick auf die Befreiungsmöglichkeiten von der Verpflichtung zur Bestellung eines Geldwäschebeauftragten zurück. § 7 Abs. 2 GwG ist mithin gegenüber § 6 Abs. 9 GwG „lex specialis". Eine Befreiung nach § 7 Abs. 2 GwG ist mithin nur noch im Hinblick auf die in § 7 Abs. 1 GwG genannten Verpflichteten möglich. Die systematische Änderung ist konsequent, da hinsichtlich der weiteren Verpflichteten ja gerade erst per Anordnung ein Geldwäschebeauftragter eingesetzt werden muss (vgl. § 7 Abs. 3 GwG).

14 Sinn und Zweck der Norm ist es, unangemessene **„Härtefälle" zu vermeiden**, sofern die Risikolage des Verpflichteten dies indiziert. Eine entsprechende Ausnahmemöglichkeit ist auch in den FATF-Recommendations vorgesehen, sofern Größe und Risikoexposition des Verpflichteten dies rechtfertigen.[17]

15 Nach § 7 Abs. 2 GwG kann die Aufsichtsbehörde Ausnahmen bewilligen, sofern die folgenden Voraussetzungen kumulativ vorliegen:

– Es muss sichergestellt sein, dass „die Gefahr von Informationsverlusten und -defiziten aufgrund arbeitsteiliger Unternehmensstruktur nicht besteht", und
– es muss sichergestellt sein, dass „nach risikobasierter Bewertung anderweitige Vorkehrungen getroffen werden, um Geschäftsbeziehungen und Transaktionen zu verhindern, die mit Geldwäsche oder Terrorismusfinanzierung zusammenhängen".

16 Hinsichtlich der ersten Voraussetzung **haben Antragsteller darzulegen**, dass die maßgeblichen Informationen zur Geldwäschebekämpfung an anderer Stelle als bei einem Geldwäschebeauftragten zusammengeführt werden können, so z. B. bei einem Compliance-Officer, bei der Buchhaltung, einem Betriebsleiter oder bei einem Geschäftsführer eines kleinen Unternehmens. Antragsteller werden in diesen Fällen aber wohl nachweisen müssen, dass die fachliche Kompetenz, z. B. zur Abgabe einer sachgerechten Verdachtsmeldung nach § 43 GwG, bei diesem Mitarbeiter vorliegt.

17 Die zweite Voraussetzung ist vom Wortlaut her misslungen: Verpflichtete, auf die Abschnitt 2 des GwG anwendbar ist, müssen ohnehin risikoangemessene interne Sicherungsmaßnahmen errichten (vgl. § 6 Abs. 2 Nr. 1 GwG). Gemeint ist mit der Formulierung allein, dass die Bewertung der Tätigkeit des Unternehmens es aus Risikosicht rechtfertigt, keinen Geldwäschebeauftragten zu bestellen. Ob dies der Fall ist, ist risikobasiert zu ermitteln und Gegenstand behördlichen Ermessens.

18 Im **Nichtfinanzsektor** hat die Befreiungsmöglichkeit praktische Relevanz.[18] Von besonderer praktischer Relevanz ist die Norm hinsichtlich der oben erörter-

---

17 Vgl. FATF, Interpretive Note zu Recommendation 18, Rn. 3.
18 Auslegungs- und Anwendungshinweise zum Geldwäschegesetz für Güterhändler, Immobilienmakler und andere Nichtfinanzunternehmen, Dezember 2020, Ziff. 3.3.2.7.

ten (vgl. → § 2 Rn. 122 ff.) **Finanzholdings**. Aufgrund der geschilderten Missverständnisse in vielen Gesetzgebungsverfahren fallen Holdings als Finanzunternehmen jedenfalls dem Wortlaut, nicht aber dem Gesetzeszweck nach, unter das GwG (vgl. zur Diskussion um und den Ausschluss von reinen „**Industrieholdings**" → § 1 Rn. 232 ff.). Insbesondere in Mischkonzernen entstehen durch die Beschränkung auf „reine" Industrieholdings geldwäscherechtlich fragwürdige Verpflichtungssituationen. Sicherungsmaßnahmen sind in der Folge – anders als z. B. für Güterhändler – durchgehend und ohne Ausnahmemöglichkeit anzuwenden. Im Falle „leerer" „**gemischter Holdinggesellschaften**", die z. B. nur Organe, aber weder Angestellte haben noch eine eigene Geschäftätigkeit entwickeln, ist die Bestellung eines Geldwäschebeauftragten in vielen Fällen untunlich, wenn nicht aufgrund des Gebotes der Funktionentrennung (§ 7 Abs. 1 Satz 3 GwG) gar praktisch unmöglich, weil es keinen der Organ- bzw. Geschäftsleitungsebene nachgeordneten Mitarbeiter gibt. In vielen Konstellationen wird eine Verwaltungsbehörde daher kaum auf der Bestellung eines Geldwäschebeauftragten auch bei solchen Mischholdings bestehen können, zumal die Geldwäscherisiken oftmals durch einen Beauftragten in den nachgeordneten operativ tätigen Unternehmen abgedeckt werden können – und im Falle von „**Captives**", also konzernangehörigen Kredit- oder Finanzdienstleistungsinstituten, auch separat vorgehalten werden sollten/müssen. Es steht – angesichts der langen Vorgeschichte – zu erwarten, dass durch die Ausnahme reiner Industrieholdings aus dem Anwendungsbereich des GwG im Umsetzungsgesetz zur Änderungsrichtlinie zur Vierten EU-Geldwäscherichtlinie die Behörden auch bei der Behandlung von Mischkonzernen und gemischten Holdings praktikable Lösungen, angelehnt an den Gesetzeszweck, finden werden. Im **Glücksspielsektor** hat die Vorschrift aufgrund der arbeitsteiligen Verhältnisse in der Industrie Relevanz vor allem im Hinblick auf Befreiungsmöglichkeiten der Glücksspielvermittler im Verhältnis zum -veranstalter. Aufgrund der Gefahr eines Informationsverlustes zwischen beiden Beteiligten muss die Inanspruchnahme der Ausnahmevorschrift diesbezüglich sehr detailliert begründet werden.[19]

Hinsichtlich der Verpflichteten aus dem **Finanz- und Versicherungssektor** hingegen hat die Vorschrift **kaum praktische Relevanz.** In den BaFin AuA wird klargestellt, dass § 7 Abs. 2 GwG als Ausnahmevorschrift sehr restriktiv gehandhabt werden wird.[20] Allenfalls für kleine und kleinste Finanzdienstleister, die z. B. ausschließlich die Anlageberatung oder Anlage- und Abschlussvermittlung erbringen (vgl. § 1 Abs. 1a KWG), kommen Ausnahmen in Betracht; die BaFin geht davon aus, dass z. B. eine Gefahr von Informationsdefiziten z. B. bei

19

---

19 Gemeinsame Hinweise der Obersten Aufsichtsbehörden der Länder im Glücksspielsektor gemäß § 51 Absatz 8 GwG für Veranstalter und Vermittler von Glücksspielen, November 2020, Ziff. 3.4.
20 BaFin, AuA 2021, Ziff. 3.2, S. 21.

einer Unternehmensgröße bis 15 Mitarbeitern nach ständiger Verwaltungspraxis nicht vorliege. In diesen Fällen ist vom (Einzel-)Unternehmer jedoch nachzuweisen, dass er selbst über die in § 7 Abs. 4 GwG niedergelegten fachlichen Qualifikationen verfügt; immerhin besteht die Möglichkeit, in solchen Fällen ein Mitglied der Leitungsebene selbst als Geldwäschebeauftragten zu bestellen.[21]

20   Unbeachtet der Möglichkeit einer Freistellung hat der Verpflichtete jedoch stets dafür zu sorgen, dass die Vorschriften des GwG eingehalten werden, was beinhaltet, dass Mitarbeiter des Unternehmens, bei Einzelunternehmern oder Freiberuflern diese selbst, die wesentlichen Errichtungs- und Überwachungsaufgaben des Geldwäschebeauftragten dennoch wahrnehmen müssen. Gleiches gilt für die Maßnahmen des Risikomanagements. Lediglich die formalen Anforderungen des § 7 GwG sind in diesem Falle entbehrlich.

III. Anordnungsbefugnis zur Bestellung eines Geldwäschebeauftragten

21   Außerhalb des Finanz- und Glücksspielsektors können nach behördlichem Ermessen die zuständigen Aufsichtsbehörden die Bestellung eines Geldwäschebeauftragten und eines Stellvertreters anordnen.[22] Sofern eine entsprechende **behördliche Anordnung** erfolgt, hat der Geldwäschebeauftragte die **gleiche Stellung und die gleichen Pflichten**, wie sie § 7 GwG anordnet. Etwas anderes gilt nur, wenn und insoweit die zuständige Aufsichtsbehörde konkretisierende Anordnungen trifft, wozu die Behörde jederzeit ermächtigt ist (vgl. § 51). Anlässlich der Ergänzung zur Umsetzung der Dritten EU-Geldwäscherichtlinie war noch diskutiert worden, bei sämtlichen Verpflichteten mit mehr als neun Mitarbeitern die Bestellung des Geldwäschebeauftragten gesetzlich vorzuschreiben,[23] was natürlich nicht in jedem Fall risikoangemessen gewesen wäre. Z. B. im Bereich der Rechtsanwälte hat die BRAK den Gedanken der „kritischen Größe" jedoch aufgegriffen und für mittlere und Großkanzleien (auch unter Einbeziehung verkammerter Rechtsbeistände) mit mehr als 30 Berufsträgern die Bestellung angeordnet, sofern der Schwerpunkt der Kanzlei auf der Wahrnehmung von GwG-Katalogmandaten (vgl. § 2 Abs. 1 Nr. 10) liegt.[24]

---

21 BaFin, AuA 2021, Ziff. 3.2, S. 21.

22 Vgl. auch die Auslegungs- und Anwendungshinweise zum Geldwäschegesetz (GwG) für Güterhändler, Immobilienmakler und andere Nichtfinanzunternehmen – Gemeinsame Auslegungs- und Anwendungshinweise der Länder der Bundesrepublik Deutschland, Dezember 2020, Ziff. 2.5, S. 8.

23 Vgl. den Gesetzesentwurf in BT-Drs. 11/317, S. 8.

24 Bundesrechtsanwaltskammer, Anordnung v. 5.6.2012, bekanntgegeben in den BRAK-Mitteilungen 4/2012, S. 170 ff.

Die Anordnung steht im (ordnungsgemäßen) **Ermessen** der zuständigen Auf- **22**
sichtsbehörde und muss für jeden Einzelfall begründet werden. Kriterien, die
eine Bestellung eines Geldwäschebeauftragten außerhalb der Verpflichteten des
§ 7 Abs. 1 GwG indizieren können, sind vor allem die erhöhte Risikoexposition
des betreffenden Verpflichteten, die sich aus Industrierisiken, Produkten, geo-
graphischen Risiken, Vertriebswegen, Kundenstruktur, aufgekommenen Verdachtsfällen sowie aus den in Anlage 2 zum GwG genannten Kriterien ergeben
kann. Die bloße Größe eines Unternehmens kann ein Indiz sein, ist als alleiniges
Ermessenskriterium – wie z. B. die Anordnung der BRAK zeigt – allerdings
nicht ausreichend. Aufgrund des Ausnahmecharakters des § 7 Abs. 3 GwG sind
an die inhaltliche Begründung einer Anordnung hohe Anforderungen zu stellen.
Gleiches gilt für Härteklauseln und mildere Mittel.

Nach Satz 2 „soll" die zuständige Behörde bei den **Güterhändlern** im Sinne des **23**
§ 1 Abs. 9 GwG die Bestellung eines Geldwäschebeauftragten anordnen, wenn
dieser mit hochwertigen Gütern im Sinne des § 1 Abs. 10 GwG handelt. Insoweit
ist das Ermessen der Aufsichtsbehörde reduziert.[25] Hintergrund dieser Vorschrift
ist die oben unter § 1 Abs. 10 GwG dargelegte (vgl. → § 1 Rn. 107 ff.) erhöhte
Risikoexposition hochwertiger Güter, die vom Gesetzgeber in konsequenter Anwendung des auf überkommenen Vorstellungsbildern der organisierten Kriminalität beruhenden „Drei-Phasen-Modells" unterstellt wird. Durch die Ermessensreduktion haben einige Aufsichtsbehörden vorab abgestimmte Allgemeinverfügungen zu den Güterhändlern[26] erneut erlassen, die inhaltlich der bisherigen
Verwaltungspraxis entsprechen dürften. In der Praxis ändert sich für die betroffenen Güterhändler wohl nichts.

Die Anordnung nach § 7 Abs. 3 GwG wird gegenüber dem Verpflichteten erlas- **24**
sen und ist ein belastender **Verwaltungsakt.** In der Vergangenheit haben Aufsichtsbehörden oft von der Möglichkeit Gebrauch gemacht, statt einzelner Verwaltungsakte **Allgemeinverfügungen** im Sinne des § 41 Abs. 3 Satz 2 VwGO
an ganze Verpflichtetengruppen[27] im jeweiligen Zuständigkeitsbereich der Aufsichtsbehörde zu richten.[28] Gegen den Bescheid oder die Allgemeinverfügung
sind Widerspruch (§ 70 VwGO) und Anfechtungsklage (§ 42 Abs. 1 Alt. 1
VwGO) des betroffenen Verpflichteten möglich. Rechtsmittel haben keine auf-

---

25 Vgl. zur Ermessensreduktion *Ramsauer/Kopp*, VwVfG, § 40 Rn. 54 ff.
26 Eine Übersicht derjenigen Behörden, die eine entsprechende Allgemeinverfügung erlassen haben, befindet sich bei *Kaetzler*, in: Wohlschlägl-Aschberger, Geldwäschepra-
   vention, S. 508 und 509.
27 Vgl. die Auslegungs- und Anwendungshinweise zum Geldwäschegesetz (GwG) für
   Güterhändler, Immobilienmakler und andere Nichtfinanzunternehmen – Gemeinsame
   Auslegungs- und Anwendungshinweise der Länder der Bundesrepublik Deutschland,
   Dezember 2020, Ziff. 2.5, S. 8.
28 Zur Allgemeinverfügung vgl. *Ramsauer*, in: Kopp/Ramsauer, VwVfG, § 35
   Rn. 157 ff., zur Begründungspflicht insbesondere § 39 Rn. 54 ff.

schiebende Wirkung (vgl. § 51 Abs. 2 Satz 3 GwG); gegen die sofortige Vollziehbarkeit können ggf. separate Rechtsmittel ergriffen werden.

25 Das Widersetzen gegen eine entsprechende Anordnung ist bußgeldbewehrt, sofern dieselbe vollziehbar ist (vgl. § 56 Abs. 1 Nr. 8 GwG).

IV. Pflichten, Befugnisse, Stellung und Anforderungen

1. Übersicht

26 Der Geldwäschebeauftragte ist aufgrund des ihm von Gesetz und Verwaltungspraxis zugewiesenen Pflichtenkreises gleichzeitig **Beschützer- und** zu einem kleineren Anteil auch **Überwachergarant**.[29] Er schützt den Verpflichteten vor Geldwäscherisiken, die durch Kunden und Mitarbeiter drohen. Der Geldwäschebeauftragte ist, wie oben dargelegt, im Interesse des Unternehmens, aber auch in hoheitlichem Interesse tätig. Zum anderen ist er Überwachungsgarant, denn aus der Perspektive der Volkswirtschaft können Verpflichtete wie z. B. Kreditinstitute, die zur Geldwäsche durch Dritte missbraucht werden, selbst eine Gefahrenquelle darstellen. Durch die Gesetzesänderung 2017 wurde eine möglicherweise als ausdrückliche gesetzliche Garantenstellung für den Geldwäschebeauftragten zu verstehende Norm eingeführt (vgl. → Rn. 60 ff., 155 ff.). Die Garantenstellung bestand in vielen Konstellationen allerdings auch schon vor der Gesetzesänderung und aufgrund vertraglicher Vereinbarungen und delegierter Verantwortlichkeit. Der Geldwäschebeauftragte ist – unabhängig von der möglichen eigenen Garantenstellung – als „Instrument" der Geschäftsleitung[30] anzusehen.

27 Die Anforderungen, die Gesetz und Verwaltungspraxis an den Geldwäschebeauftragten stellen, sind in den letzten Jahren deutlich gestiegen. Neben den fachlich erforderlichen Kenntnissen wird nunmehr gesetzlich für alle Verpflichteten eine fachlich wie organisatorisch herausgehobene Stellung des Geldwäschebeauftragten im Unternehmen vorgeschrieben.

28 Neben einem Geldwäschebeauftragten haben die Verpflichteten einen **Stellvertreter** zu bestellen. In der Regel ist der Stellvertreter bei den meisten Unternehmen als reiner Verhinderungsvertreter benannt. Für den Stellvertreter gelten zwar fachlich und organisatorisch die gleichen Voraussetzungen wie für den Geldwäschebeauftragten. Lediglich hinsichtlich der Hierarchieebenen besteht für den Stellvertreter aber etwas mehr Flexibilität, weil er nicht zwingend auf Führungsebene zu bestellen ist.[31]

---

29 Zu den Begriffen vgl. *Stree/Bosch*, in: Schönke/Schröder, StGB, § 13 Rn. 14 ff.

30 BaFin, AuA 2021, Ziff. 3.2, S. 16.

31 Dieser Punkt war im Rahmen des Gesetzgebungsverfahrens 2017 seinerzeit sehr umstritten; der Entwurf eines Gesetzes zur Umsetzung der Änderungsrichtlinie zur Vier-

Die **Hauptpflichten des Geldwäschebeauftragten** bestehen in der Erstellung 29
der Risikoanalysen, der Errichtung und Aktualisierung der gebotenen Aufbau-
und Ablauforganisation und der Verdachtsfallbearbeitung einschließlich der Abgabe von Verdachtsmeldungen. Der Geldwäschebeauftragte verantwortet das
Richtlinienwesen, soweit Maßnahmen gegen Geldwäsche und Terrorismusfinanzierung betroffen sind, verantwortet die nötigen Schulungen und Trainings.
Er führt im Rahmen seiner Tätigkeit angemessene Kontrollmaßnahmen durch
und dient den Behörden als Ansprechpartner im Unternehmen. Hierfür muss der
Geldwäschebeauftragte vom Unternehmen mit angemessenen Mitteln und Kompetenzen ausgestattet werden.

Wenngleich das Gesetz an vielen Stellen mit auslegungsbedürftigen Rechtsbe- 30
griffen arbeitet, hat sich hinsichtlich der Finanzindustrie eine Reihe von unterge-
setzlichen Standards und Normkatalogen entwickelt, die Rolle und Funktion des
Geldwäschebeauftragten näher beschreiben.[32] Wenngleich diese Standards für
die Kreditwirtschaft entwickelt wurden, dürften viele der Grundsätze auch außerhalb des Finanzsektors anwendbar sein oder zumindest dem Verpflichteten
eine robuste Hilfestellung bei der Ausgestaltung der Funktion des Geldwäschebeauftragten bieten.

2. Erforderliche Qualifikation und Zuverlässigkeit

Das Gesetz spricht an markanter Stelle von der „erforderlichen Qualifikation 31
und Zuverlässigkeit". Ist sie nicht vorhanden, darf die zuständige Aufsichtsbehörde durch Verwaltungsakt gegenüber dem Verpflichteten die Abberufung
(und auch nur die Abberufung, nicht die Kündigung des Arbeitsverhältnisses)
verlangen (§ 7 Abs. 4 Satz 2 GwG).

Das Begriffspaar „**fit and proper**" oder „fachliche Eignung und Zuverlässig- 32
keit" besteht im Geldwäscherecht seit vielen Jahren,[33] ist den bankaufsichts-

---

ten EU-Geldwäscherichtlinie (Richtlinie (EU) 2018/843) v. 20.5.2019 greift die Diskussion hingegen nicht mehr auf.
32 Vgl. z.B. DK, AuA 2014, Zeilen 82 ff.; unter den zahlreichen Schreiben der BaFin an
die Kreditinstitute und Finanzdienstleister ist vor allem das Rundschreiben 1/2014
(GW) GW 1-GW 2001-2008/0003 v. 5.3.2014, geändert am 10.11.2014, zu erwähnen.
Das Rundschreiben adaptiert die AuA als „eigene" Verwaltungspraxis der BaFin. In
vielerlei Hinsicht für Geldwäschebeauftragte und die Organisation der Geldwäschefunktionen instruktiv, wenngleich auf den Compliance-Beauftragten zugeschnitten,
sind die „MaComp", Rundschreiben 4/2010 (WA) – MaComp WA 31-Wp 2002-2009/
0010 v. 7.6.2010, geändert am 8.3.2017, „Mindestanforderungen an die Compliance-
Funktion und die weiteren Verhaltens-, Organisations- und Transparenzpflichten nach
§§ 31 ff. WpHG für Wertpapierdienstleistungsunternehmen". Zahlreiche der dort für
die Funktion und Position des Compliance-Beauftragten genannten Grundsätze lassen
sich ohne Weiteres auf den Geldwäschebeauftragten übertragen.
33 Vgl. z.B. Verlautbarung des BAKred v. 30.3.1998, Ziff. 34.

rechtlichen Vorschriften entlehnt, existiert aber auch z. B. im Datenschutzrecht
für den Datenschutzbeauftragten.[34]

33 Die „**fachliche Eignung**" des Geldwäschebeauftragten muss denselben in die
Position versetzen, seinen fachlich anspruchsvollen Aufgaben angemessen
nachkommen zu können. Hierzu ist es nötig, dass der Geldwäschebeauftragte
und sein Stellvertreter die notwendigen theoretischen Kenntnisse sowie praktische Erfahrung aufweisen können. Die erforderlichen Kenntnisse unterscheiden
sich sehr zwischen den einzelnen Verpflichtetengruppen. Während insbesondere
in der Finanzindustrie ein hoher Professionalisierungsgrad für Geldwäschebeauftragte bis hin zu industrieorientierten Zertifizierungen vorherrscht, waren die
Verpflichteten des Nichtfinanzsektors oftmals wenig sensibilisiert und hielten
kaum die nötigen Kenntnisse vor, die zu einer effektiven Geldwäscheprävention
nötig waren. Entsprechend schwierig gestaltete es sich für die Verpflichteten des
Nichtfinanzsektors, eine angemessene Befähigung des Geldwäschebeauftragten
abzubilden. Hier werden in zunehmendem Maße die jeweiligen Aufsichtsbehörden durch entsprechende AuA (vgl. § 51 Abs. 8 GwG) und die jeweiligen (Bran-
chen- und Industrie-)Verbände gefragt sein. Konkrete, über die den Gesetzesinhalt abbildende pauschale Hinweise hinausgehenden Standards existieren jedoch bislang nicht.

34 Um Geldwäscherisiken richtig erfassen und einschätzen zu können, zur Erstellung der Risikoanalyse und zur Begutachtung von Verdachtsfällen ist es zum
einen erforderlich, dass der Geldwäschebeauftragte ein gewisses Maß an „Indus-
trieerfahrung" mitbringt. Berufsanfänger werden diese Kenntnisse beispielsweise nicht haben. In der Finanzindustrie werden erhebliche Industriekenntnisse auf
Markt- wie Marktfolgeseite bei größeren Instituten vorausgesetzt.[35] Im Allgemeinen wird eine mehrjährige Vortätigkeit entweder in der betroffenen Industrie
oder jedenfalls in Geldwäschepräventionsangelegenheiten zu fordern sein.

35 Hinsichtlich der **erforderlichen theoretischen Kenntnisse** ist bis heute kein
Hochschulabschluss erforderlich. In materieller Hinsicht muss der Geldwäschebeauftragte jedoch nachweisen, dass er (industriespezifisch) die notwendigen
rechtlichen und rechtspraktischen Grundlagen in strafrechtlich relevanter Hinsicht (im Hinblick auf etwaige Vortaten), in gewerberechtlicher Hinsicht (in Bezug auf die gewerberechtlichen Verpflichtungen des GwG und der Spezialgeset-

---

34 Zu ebensolchen Voraussetzungen an Compliance-Officer z. B. MaComp, BT 1.3.1.3 ff.
Zu den Anforderungen bei Datenschutzbeauftragten vgl. § 4f Abs. 2 BDSG. Die Vorschrift wird sich in der DSGVO teilweise wiederfinden, vgl. Art. 37 Abs. 5 DSGVO,
wenngleich hier auf die ausdrückliche Nennung des Zuverlässigkeitskriteriums verzichtet wird.
35 Eine sehr ausführliche, beispielhafte Zusammenstellung der Anforderungen im Finanzsektor findet sich bei *Roth*, in: Gehra/Gittfried/Lienke, Prävention von Geldwäsche und Terrorismusfinanzierung, S. 108 ff.

ze) sowie hinreichende Kenntnisse zur Beurteilung von Verdachtsfällen hat. Mit Blick auf die in § 7 Abs. 5 Satz 2 GwG festgeschriebene Stellung als Ansprechpartner der Strafverfolgungs- und Aufsichtsbehörden sowie der FIU sind ferner Kenntnisse von Behördenabläufen sowie Grundkenntnisse des Verwaltungs- und Strafprozessrechts nötig. In betriebswirtschaftlicher Hinsicht benötigt der Geldwäschebeauftragte jedenfalls ein Grundverständnis über betriebliche Fragen der Aufbau- und Ablauforganisation sowie der Prozesssteuerung. Der Geldwäschebeauftragte muss neben der konkreten Unternehmensorganisation ferner die industrieüblichen Vertriebskanäle, die Kundenstruktur und die Geschäftstätigkeit des Unternehmens kennen und verstehen, insbesondere auch um neue Produkte auf deren Risikoträchtigkeit verstehen zu können. Die Kenntnis der einschlägigen Rechtsvorschriften des internationalen, europäischen und deutschen Rechts samt nachgelagerter Verwaltungspraxis ist unabdingbare Voraussetzung für die Tätigkeit als Geldwäschebeauftragter. In rechtspraktischer Sicht sind ferner Kenntnisse von industriebezogenen Typologien der Geldwäsche unerlässlich.

36 Wie eingangs erwähnt, unterscheiden sich die Anforderungen zwischen den einzelnen Verpflichtetengruppen jedoch erheblich. Auch innerhalb einzelner Verpflichtetengruppen sind in Anlehnung an den **Risikoansatz** erhebliche Unterschiede möglich.

37 Neben den rein theoretischen Fachkenntnissen ist aufgrund der hohen Fachlichkeitsanforderungen für den Geldwäschebeauftragten jedenfalls bei größeren Einheiten ein angemessenes Maß an **praktischer Leitungserfahrung** vorauszusetzen. Schließlich muss der Geldwäschebeauftragte im Unternehmen die Gewähr bieten, Maßnahmen mit Nachdruck u. U. gegen andere unternehmerische Interessen durchzusetzen. Bei größeren Kreditinstituten kann eine einschlägige Vorerfahrung einschließlich Leitungserfahrung von mindestens zwei Jahren erforderlich sein.

38 Der Geldwäschebeauftragte und sein Stellvertreter sind angehalten, sich in angemessener Form laufend **weiterzubilden**. Hierzu bestehen in Deutschland zahlreiche Zertifizierungs- und Weiterbildungsprogramme privater und öffentlicher Träger sowie der Verbände. Die Weiterbildung ist zu dokumentieren und nachzuhalten. In Anlehnung an die entsprechenden datenschutzrechtlichen Grundsätze muss das verpflichtete Unternehmen dem Geldwäschebeauftragten die Teilnahme sogar ausdrücklich ermöglichen und muss die Kosten übernehmen.[36]

---

36 § 4f Abs. 3 Satz 7 BDSG galt – aufgrund des vom Gesetzgeber betonten „Gleichlaufs" der Vorschrift des § 7 GwG mit § 4f BDSG – wohl entsprechend; heute vgl. Art. 38 DSGVO.

39 Der Geldwäschebeauftragte und sein Stellvertreter müssen als Ansprechpartner für Behörden über hinreichende deutsche Sprachkenntnisse verfügen.[37]

40 Unter „**Zuverlässigkeit**" ist vor allem zu verstehen, dass der Geldwäschebeauftragte oder sein Stellvertreter die Gewähr bieten, sich stets rechtstreu zu verhalten und insbesondere keine relevanten strafrechtlichen Verstöße zu begehen. Der Begriff rekurriert nur teilweise auf die Legaldefinition in § 1 Abs. 20 GwG, sondern geht beim Geldwäschebeauftragten weit über die gegenüber den sonstigen „Mitarbeitern" eines Verpflichteten bestehenden Anforderungen hinaus.

41 In Übereinstimmung mit den Standards der MaComp der Kreditwirtschaft wird die hinreichende Zuverlässigkeit unabhängig vom Sektor spätestens dann zu verneinen sein, wenn der Betroffene innerhalb der letzten fünf Jahre vor Bestellung wegen eines Verbrechens oder wegen Diebstahls, Unterschlagung, Erpressung, Betrugs, Untreue, Geldwäsche, Urkundenfälschung, Hehlerei, Wuchers, einer Insolvenzstraftat oder einer Steuerhinterziehung[38] rechtskräftig verurteilt worden ist. Gleiches dürfte im Falle der Vorverurteilung wegen einer Straftat der Fall sein, sofern diese im Vortatenkatalog des § 261 StGB enthalten ist. Insbesondere im Finanzsektor wird zur Beurteilung der Zuverlässigkeit auch auf geregelte Vermögens- und Einkommensverhältnisse Wert gelegt.

42 Zur „Zuverlässigkeit" gehört auch, dass der Geldwäschebeauftragte seine Tätigkeit **ohne Interessenkollisionen** ausüben kann. In der Regel wird dem durch eine angemessene organisatorische Anbindung (hierzu sogleich unten) Rechnung getragen. In der Person des Geldwäschebeauftragten liegende Interessenkollisionen müssen hingegen effektiv ausgeschlossen sein.

43 Zur Prüfung der Zuverlässigkeit hat sich im Finanzsektor eine Praxis herausgebildet, wonach bei Begründung der Tätigkeit neben einem polizeilichen Führungszeugnis und einem Gewerberegisterauszug auch eine Kreditwürdigkeitsauskunft, z. B. bei der SCHUFA, eingeholt wird.[39] Die Zuverlässigkeit des Geldwäschebeauftragten ist anlassbezogen und periodisch zu überprüfen.

3. Position im Unternehmen und Ausstattung

44 Der Geldwäschebeauftragte ist **auf Führungsebene** zu bestellen und hat der Geschäftsleitung unmittelbar zu berichten (§ 7 Abs. 1 Satz 1 und Abs. 5 Satz 5

---

37 BaFin, AuA 2021, Ziff. 3.2, S. 17. Das Erfordernis besteht auch außerhalb des Finanzsektors; dies gebietet schon die funktionale Auslegung der Norm.

38 Vgl. MaComp, BT 1.3.1.4 Rn. 1.

39 Vgl. *Roth*, in: Gehra/Gittfried/Lienke, Prävention von Geldwäsche und Terrorismusfinanzierung, S. 130.

GwG). Die Bestellung erfolgt durch Beschluss der Geschäftsführungsorgane und ist zu protokollieren.[40]

Er ist **der Geschäftsleitung unmittelbar nachgeordnet** (§ 7 Abs. 1 Satz 3   **45** GwG). Über diese Rahmenbedingungen hinaus schweigt das Gesetz zwar zur Position des Geldwäschebeauftragten im Unternehmen; hierzu hat sich jedoch im Finanzsektor eine lange Verwaltungs- und Rechtsanwendungspraxis herausgebildet, die weitgehend auch im Nichtfinanzsektor Anwendung finden dürfte. Ausschlaggebend ist selbstverständlich die konkrete Ausgestaltung der Position im Arbeitsvertrag oder aufgrund einer Stellenbeschreibung. Beide müssen sich bei den Verpflichteten aus gewerberechtlichen Gründen am GwG orientieren.

Die „**Führungsebene**" ist legaldefiniert (vgl. § 1 Abs. 15 GwG) als „Führungs-   **46** kraft oder leitender Mitarbeiter" mit ausreichenden Qualifikationen und Befugnissen. Der Stellvertreter muss ausweislich der Gesetzessystematik und ausweislich des Gesetzgebungsganges[41] nicht „auf Führungsebene" bestellt werden. Ein Mitglied der Führungsebene muss nicht unbedingt der „Leitungsebene" eines Unternehmens angehören. Jedenfalls idealtypisch wird ein Geldwäschebeauftragter, der wie geschildert lediglich ein „Instrument" der Geschäftsleitung sein soll, aus den folgend dargestellten Gründen nicht auf „Leitungsebene" bestellt werden.

Schon früh war dem Geldwäschebeauftragten eine exponierte Position im Unter-   **47** nehmen zugeordnet; die BaFin beschreibt schon in ihrer Verlautbarung aus dem Jahr 1998 die Anforderungen an den Geldwäschebeauftragten als „leitende Person".[42] Die Legaldefinition stellt nunmehr klar, dass die Begriffe zwar nicht deckungsgleich mit den „Leitenden Angestellten" im arbeitsrechtlichen Sinn[43] sind, der Geldwäschebeauftragte anders gewendet aber zumeist ein leitender Angestellter ist. Der Geldwäschebeauftragte darf selbstverständlich weitere Tätigkeiten ausüben und insofern auch hierarchisch an beliebiger Stelle verortet werden (sofern er noch „leitend" ist). In Angelegenheiten der Geldwäsche- und Terrorismusfinanzierungsprävention darf zwischen ihm und dem zuständigen Geschäftsleiter jedoch keine weitere Person verortet sein. Er muss seiner in § 7

---

40 Vgl. *Roth*, in: Gehra/Gittfried/Lienke, Prävention von Geldwäsche und Terrorismusfinanzierung, S. 116.

41 Der Referentenentwurf zum Umsetzungsgesetz der Vierten EU-Geldwäscherichtlinie 2017 sah dies noch anders vor, vgl. Referentenentwurf des BMF v. 15.12.2016, S. 17. Auf Intervention der Kreditwirtschaft wurde das Erfordernis dann zurückgenommen und im Gesetzgebungsverfahren zur Umsetzung der Änderungsrichtlinie 2019 nicht weiterverfolgt. Im Referentenentwurf wird vielmehr klargestellt, dass Führungs- nicht unbedingt mit Leitungsebene gleichzusetzen ist und eine eigene Definition des Begriffs „Leitungsebene" in § 1 Abs. 15a GwG-E angestrebt.

42 Vgl. BAKred, Verlautbarung v. 30.3.1998, Rn. 36.

43 Vgl. zum Begriff des „Leitenden Angestellten" *Koch*, in: Erfurter Kommentar zum Arbeitsrecht, § 5 BetrVG Rn. 17.

Abs. 1 Satz 3 GwG festgelegten Berichtspflicht an die Geschäftsleitung unmittelbar gerecht werden können. Dem steht eine „Zwischenstufe", z.B. ein Chief Compliance Officer, als fachlichem Direct Report zwischen dem Geldwäschebeauftragten und dem Mitglied der Geschäftsleitung entgegen.

48 Eine Eingliederung hinsichtlich der weiteren Tätigkeiten in die „normalen" **Hierarchieebenen eines Unternehmens außerhalb des Finanzsektors** ist zulässig, solange sich dies nicht auf die fachliche Reportingline in Geldwäscheangelegenheiten auswirkt. Eine rein disziplinarische oder **organisatorische Anbindung des Geldwäschebeauftragten an andere Unternehmenseinheiten** als die Geschäftsleitung ist ebenso möglich, sofern sich diese nicht auf die fachliche Berichtsmöglichkeit unmittelbar an die Geschäftsleitung auswirkt (und keine Interessenkollisionen, etwa im Hinblick auf die Unabhängigkeit des Geldwäschebeauftragten von marktseitig operierenden Abteilungen, begründet). Eine auch **disziplinarische Unterstellung** unter den betreffenden Geschäftsleiter soll in der Kreditwirtschaft jedenfalls dann vorgenommen werden, wenn die Funktion des Geldwäschebeauftragten mindestens 50 Prozent seiner Tätigkeit ausmacht.[44] In der Kreditwirtschaft hingegen soll grundsätzlich keine Anbindung des Geldwäschebeauftragten an andere Organisations- oder Stabsstellen erfolgen, mit Ausnahme von Compliance und Risikocontrolling. Soweit dennoch eine Anbindung an andere Einheiten, beispielsweise die Rechtsabteilung oder eine weitere Stabseinheit erfolgt, muss dies in der Kreditwirtschaft angemessen begründet und dokumentiert werden.[45] Entsprechende Dokumentationspflichten bestehen außerhalb der Kreditwirtschaft aufgrund der hohen Diversität in der Aufbauorganisation unter den Verpflichteten zwar nicht, im Falle der Zuordnung des Geldwäschebeauftragten zu einer der genannten Abteilungen müssen aber wiederum Interessenkollisionen ausgeschlossen und eine effektive Ausübung der Kontrollpflichten möglich sein. Bei **Rechtsanwaltssozietäten, Notaren und Steuerberatern** bestehen unterschiedliche Praxen und Empfehlungen durch die jeweiligen Kammern; bei Rechtsanwalts- und Steuerberatersozietäten haben die Kammern z.B. klargestellt, dass kein Partner, Gesellschafter oder Organmitglied die Funktion innehaben solle. Die Bundesnotarkammer äußerte sich hingegen unter Verweis auf die „zentrale Stellung" des Notars im Notariat anders.[46]

49 Der **Geschäftsleiter** eines Instituts im Sinne des Kreditwesengesetzes selbst konnte lange Zeit die Funktion des Geldwäschebeauftragten nur in begründeten

---

44 *Achtelik*, in: Boos/Fischer/Schulte-Mattler, KWG/CRR-VO, § 25h KWG Rn. 28.
45 BaFin, AuA 2021, Ziff. 3.2, S. 16; DK, AuA 2014, Zeile 85 a. E.; teilweise wird eine Anbindung an die Rechtsabteilung im Finanzsektor kategorisch abgelehnt, vgl. *Haug*, in: Wohlschlägl-Aschberger, Geldwäscheprävention, S. 416.
46 Vgl. den instruktiven Überblick mit den jeweiligen Nachweisen bei *Wende/Lippold*, GWuR 2021, 107, 108.

Einzelfällen und in kleinen Instituten wahrnehmen. Hierzu hatte sich schon vor der Änderung des GwG im Jahr 2017 eine sehr ausgeprägte Verwaltungspraxis etabliert.[47] Außerhalb der Kreditwirtschaft bestand wiederum hierzu keine veröffentlichte Verwaltungspraxis; ausschlaggebend war dort lediglich, dass der Geschäftsleiter in angemessenem Umfang und interessenkollisionsfrei seine Aufgaben wahrnehmen kann. Durch die Neufassung des Gesetzes 2017 änderte sich dies grundlegend: Geldwäschebeauftragter kann heute jedenfalls nicht mehr sein, wer das für das Risikomanagement nach § 4 Abs. 3 GwG zu benennende Mitglied der Leitungsebene ist. Ausweislich der Gesetzesbegründung[48] kann die Wahrnehmung der Funktion jedenfalls durch das nach § 4 Abs. 3 GwG zu benennende Geschäftsleitungsmitglied „nur bei sehr kleinen Unternehmen" zulässig sein. Die BaFin schloss sich dieser Auffassung mit ihrer Verwaltungspraxis an und stellte klar, dass diese Auffanglösung allenfalls bei Verpflichteten mit weniger als 15 Vollzeitbeschäftigten in Betracht komme.[49] Die Beauftragung eines anderen Geschäftsleiters, der eben nicht für das Risikomanagement vorgemerkt ist, ist dadurch zwar theoretisch möglich, scheitert in der Regel aber wohl an der naheliegenden Möglichkeit von Interessenkollisionen innerhalb des Organs. Im Rahmen des Gesetzgebungsverfahrens 2019 zeichneten sich klarstellende Regelungen und angepasste Definitionen im geschilderten Sinne ab.[50]

Der Geldwäschebeauftragte muss seine Tätigkeit **frei von kollidierenden Interessen** wahrnehmen. Seit langem wird daher zu Recht vertreten, dass der Geldwäschebeauftragte nicht gleichzeitig in der Innenrevision eines Verpflichteten tätig sein darf.[51] Die für die Finanzindustrie entwickelte Verwaltungspraxis dürfte in aller Regel auch außerhalb des Finanzsektors anwendbar sein. Letztlich kann ein Mitarbeiter der Innenrevision die Tätigkeit des Geldwäschebeauftragten nicht konfliktfrei überprüfen, wenn er selbst Geldwäschebeauftragter ist. Ausnahmen mögen allenfalls bei kleinen Verpflichteten außerhalb des Finanzsektors zulässig sein; auch dort wird in aller Regel aber durch Vertreterlösungen der immanente Interessenkonflikt zwischen Geldwäschebeauftragtem und Innenrevision gelöst werden müssen.

50

---

47 DK, AuA 2014, Zeile 85.

48 BT-Drs. 18/11555, S. 113.

49 BaFin, AuA 2021, Ziff. 3.2, S. 16.

50 Durch die Aufnahme einer eigenen Definition der „Leitungsebene" und der Klarstellung, dass „Führungsebene" nicht notwendigerweise „Leitungsebene" bedeutet, zeichnet sich im Gesetzgebungsverfahren 2019 eine gesetzgeberische Klarstellung ab; vgl. den Entwurf eines Gesetzes zur Umsetzung der Änderungsrichtlinie zur Vierten EU-Geldwäscherichtlinie (Richtlinie (EU) 2018/843), dort insbes. § 1 Abs. 15 Satz 2 GwG-E und § 1 Abs. 15a GwG-E.

51 Vgl. schon BAKred, Verlautbarung v. 30.3.1998, Rn. 36; vgl. auch *Warius*, in: Herzog, GwG, 2. Aufl. 2014, § 9 Rn. 25.

51 Aufgrund des **Zielkonfliktes zwischen Datenschutz und Geldwäscheprävention** ist auch die gleichzeitige Wahrnehmung der Funktion des **Datenschutzbeauftragten** und des Geldwäschebeauftragten **untunlich**. Während die h. M. in der Kreditwirtschaft[52] noch davon ausgeht, dass in begründeten Einzelfällen eine Doppelfunktion zulässig sein kann,[53] ist dies mit fortschreitender Entwicklung des Datenschutzrechts und den technischen Ausstattungen moderner Geldwäschepräventionssysteme nicht mehr, allenfalls in höchst besonders gelagerten, seltenen Ausnahmefällen hinnehmbar. Die Gefahren hinsichtlich **Interessenkollisionen** insbesondere auf Seiten der Datenschutzfunktionen werden in zunehmendem Maße kritisiert und – zu Recht – in Zeiten von „Big Data" und immer weiter reichenden Eingriffen in die informatorische Selbstbestimmung durch hoheitlich motivierte Eingriffe als hoch brisant angesehen.[54] Ausgerechnet den Datenschutzbeauftragten, der ausweislich der – mittlerweile aufgehobenen – Vorschrift des § 4f Abs. 5 Satz 2 BDSG a. F. eigentlich als „Anwalt der Betroffenen" agieren soll,[55] als Geldwäschebeauftragten zu bestellen, ist mit der Verpflichtung des Geldwäschebeauftragten, schwerste datenschutzrechtliche Eingriffe etwa bei der Abgabe von Verdachtsmeldungen zu initiieren, **richtigerweise nicht vereinbar**. Teilweise wird dies in der Finanzwirtschaft mittlerweile auch so resolut vertreten.[56] Außerhalb des Finanzsektors besteht hierzu noch keine einheitliche Verwaltungspraxis.

52 Gleichzeitige Tätigkeiten auf „**Marktseite**", also mit Kundenkontakt z. B. im Vertrieb, können ebenfalls zu relevanten Interessenkollisionen führen. Ist der Geldwäschebeauftragte vertrieblich tätig, müssen entsprechende Interessenkollisionen angemessen ausgeschlossen werden (Vergütung, Weisungsabhängigkeit etc.). Eine Positionierung des Geldwäschebeauftragten in Vertriebseinheiten, z. B. im Vertriebscontrolling, kann sich hingegen positiv auf die effektive Durchsetzung von Präventionsmaßnahmen im Vertrieb auswirken. Außerhalb der Finanzindustrie ist daher in der Praxis durchaus zu beobachten, dass Geldwäschebeauftragte gleichzeitig auf der „Marktseite", gewissermaßen also in der „First Line of Defence", tätig sind.

---

52 Vgl. z. B. BaFin, AuA 2021, Ziff. 3.2, S. 16; DK, AuA 2014, Zeile 85.

53 *Fülbier/Aepfelbach*, GwG, 4. Aufl. 1999, vertraten noch die Ansicht, dass die Doppelfunktion noch zulässig sein soll, weil der Interessenkonflikt „hinnehmbar" sei, vgl. dort § 14 Rn. 54.

54 Vgl. *Gola/Schomerus*, in: Gola/Heckmann, BDSG, 11. Aufl., § 4f Rn. 26 mit zahlreichen weiteren Nachweisen.

55 Vgl. *Gola/Schomerus*, in: Gola/Heckmann, BDSG, 11. Aufl., § 4f Rn. 26; gleiches gilt heute nach Art. 39 DSGVO; vgl. *Klug*, in: Gola, DSGVO, 3. Aufl. 2022, Art. 39 Rn. 3.

56 *Haug*, Strategische Ausrichtung, S. 161 f.; *Haug*, in: Wohlschlägl-Aschberger, Geldwäscheprävention, S. 416. In der Verwaltungspraxis ist eine zunehmend restriktivere Handhabung zu erwarten.

Eine gleichzeitige Tätigkeit in der **Rechtsabteilung** ist aufgrund der zu erwar- 53
tenden Interessenkollisionen beim Tätigwerden der Rechtsabteilung auf „Marktseite" in kleineren Unternehmen insbesondere außerhalb des Finanzsektors zwar
noch typisch,[57] bei größeren Kreditinstituten hingegen nicht mehr hinnehmbar.
In jedem Falle muss auch dem Geldwäschebeauftragten bei einer gleichzeitigen
Tätigkeit als Mitarbeiter der Rechtsabteilung seine Funktionszuständigkeit und
die von der Tätigkeit in der Rechtsabteilung abgetrennte Verantwortung bewusst
sein.

Das Gesetz sieht nunmehr ausdrücklich in § 7 Abs. 5 Satz 3 GwG vor, dass dem 54
Geldwäschebeauftragten die „für die ordnungsgemäße Durchführung" seiner
Funktion **notwendigen Mittel"** zur Verfügung zu stellen sind. In Anlehnung an
die Grundsätze für den Datenschutzbeauftragten[58] und die Mindestanforderungen an die Compliance-Organisation[59] muss die Geschäftsleitung bei der Ausstattung des Geldwäschebeauftragten demselben nicht nur an „Notwendigkei-
ten", wie dies im Gesetz steht, orientierte, sondern eine effektive und risikoangemessene Durchführung seiner Aufgaben ermöglichen. Im Hinblick auf die
sachliche und personelle Ausstattung sind Größe, Geschäftsmodell und Risikosituation zu berücksichtigen.[60] Die Funktionswahrnehmung des Geldwäschebeauftragten muss durch die Ausstattung sichergestellt sein.[61] Allgemeingültige
konkrete Regeln zu Budget oder Besetzung, z.B. an Umsatz, verwaltetem Vermögen, Mitarbeiterzahl o.ä. an Kennzahlen orientierte Mindestgrößen sind nicht
möglich. Die nachfolgenden Beispiele sind daher lediglich indikativ:[62]

Im Hinblick auf die **personelle Ausstattung** hat das Unternehmen dafür zu sor- 55
gen, dass dem Geldwäschebeauftragten eine hinreichende Anzahl von hinreichend geschulten Mitarbeitern zugeordnet sind (entweder in direkter Linie oder
wenigstens in fachlicher Unterordnung), damit die Aufgaben des Geldwäsche-

---

57 Außerhalb des Finanzsektors wird aber immerhin gefordert, dass die Gründe der Anbindung an eine andere Organisationseinheit, dies gilt auch für die Rechtsabteilung,
   „prüfungstechnisch nachvollziehbar dokumentiert" wird, vgl. die Auslegungs- und
   Anwendungshinweise zum Geldwäschegesetz für Güterhändler, Immobilienmakler
   und andere Nichtfinanzunternehmen, Dezember 2020, Ziff. 3.3.2.3.
58 Vgl. *Klug* in: Gola, DSGVO, 3. Aufl. 2022, Art. 38 Rn. 4.
59 BaFin, Rundschreiben 4/2010: Mindestanforderungen an die Compliance-Funktion
   und die weiteren Verhaltens-, Organisations- und Transparenzpflichten nach §§ 31 ff.
   WpHG für Wertpapierdienstleistungsunternehmen (MaComp) 2017, BT 1.3.1.1.
60 BaFin, AuA 2021, Ziff. 3.2, S. 17; DK, AuA 2014, Zeile 83; *Achtelik*, in: Boos/Fi-
   scher/Schulte-Mattler, KWG/CRR-VO, § 25h KWG Rn. 27.
61 Ausdrücklich z.B. für den Nichtfinanzsektor die Auslegungs- und Anwendungshinweise zum Geldwäschegesetz für Güterhändler, Immobilienmakler und andere Nichtfinanzunternehmen, Dezember 2020, Ziff. 3.3.2.4.
62 Eine recht umfassende Abhandlung und weitere Beispiele finden sich bei *Roth*, in:
   Gehra/Gittfried/Lienke, Prävention von Geldwäsche und Terrorismusfinanzierung,
   S. 140 ff.

beauftragten zuverlässig und zeitnah erfüllt werden können. Im Hinblick auf die kürzlich aufgeflammte Diskussion um die Rechtzeitigkeit der Abgabe von Verdachtsmeldungen[63] dürfte die Diskussion um angemessene personelle Ausstattung von Geldwäscheabteilungen weiter an Dynamik gewinnen.

56 Die **sachliche Ausstattung** umfasst – neben der Bereitstellung der notwendigen Mittel für Aus- und Fortbildung insbesondere eine fachadäquate technische und fachliche Ausstattung, die die internen Sicherungsmaßnahmen nach § 6 GwG ermöglichen muss. Zur sachlichen Ausstattung gehört in der Regel ein abgetrennter Büroraum, Mittel zum Unterhalt elektronischer Untersuchungssoftware, Datenbanklizenzen, Mittel zur Speicherung und Recherche der notwendigen Rechtsgrundlagen sowie moderne Kommunikationsmittel, die die jederzeitige Erreichbarkeit des Geldwäschebeauftragten bzw. seines Stellvertreters ermöglichen.

57 Liegen **Defizite bei der personellen oder sachlichen Ausstattung** vor, kann dies eine unzureichende Delegation im haftungsrechtlichen Sinne bedeuten, welche das Wiederaufleben der Haftung der Geschäftsleiter für etwaige Verstöße nach sich ziehen kann (vgl. → Rn. 66).

58 In der Kreditwirtschaft hat sich hierzu ein einheitliches Verständnis zwischen Aufsichtsbehörde und Verpflichteten durchgesetzt, wonach bei einer **Kürzung der dem Geldwäschebeauftragten** zustehenden Mittel beabsichtigt ist, dies schriftlich durch die Geschäftsleitung zu begründen und dem Aufsichtsorgan zur Kenntnis zu geben.[64] Wenngleich diese auf den Finanzsektor zugeschnittene Verwaltungspraxis nicht ohne Weiteres auf den Nichtfinanzsektor übertragbar sein dürfte, wird man dennoch eine „Ausstattungspflicht" des Verpflichteten analog der Situation beim Datenschutzbeauftragten[65] anerkennen müssen. Die Unterstützung bezieht sich nicht nur auf Mittel zur angemessenen Fortbildung wie in § 4f Abs. 4 BDSG a. F. genannt, sondern auf eine hinreichende personelle, sachliche und finanzielle Ausstattung des Beauftragten und ggf. seiner Abteilung. Zur Ausstattung gehört auch eine angemessene zeitliche Verfügbarkeit zur effektiven Wahrnehmung seiner Tätigkeit. Bei höher risikobehafteten Verpflichteten werden deutlich höhere Anforderungen auch an letztere gestellt werden müssen.

59 In der Finanzwirtschaft muss der Geldwäschebeauftragte in der Regel ferner die Funktion der „Zentralen Stelle" bei sich vereinigen, d. h. er ist in aller Regel auch für die Abwehr von „sonstigen strafbaren Handlungen, die zu einer Gefährdung des Vermögens des Instituts führen können" zuständig (vgl. § 25h Abs. 7

---

63 Vgl. OLG Frankfurt, Beschl. v. 10.4.2018, 2 Ss-OWi 1059/17.
64 BaFin, AuA 2021, Ziff. 3.2, S. 17; DK, AuA 2014, Zeile 83.
65 Vgl. hierzu *Klug*, in: Gola, DSGVO, 3. Aufl. 2022, Art. 38 Rn. 4, Art. 38 Abs. 2 DSGVO.

Satz 1 KWG in Verbindung mit § 25h Abs. 1 KWG). Mit Zustimmung der BaFin kann eine andere Stelle hiermit betraut werden (§ 25h Abs. 7 Satz 2 KWG).

4. Verantwortungskreis des Geldwäschebeauftragten und Umfang der Garantenstellung

„Der Geldwäschebeauftragte ist für die Einhaltung der geldwäscherechtlichen **60** Vorschriften zuständig; die Verantwortung der Leitungsebene bleibt hiervon unberührt" (§ 7 Abs. 1 Satz 2 GwG).

Mit Ausnahme der (residualen) Geschäftsleiterverantwortlichkeit für Geld- **61** wäscheprävention nach § 4 Abs. 3 GwG, die nicht an den Geldwäschebeauftragten delegiert werden kann, findet somit eine **faktische operationelle Totaldelegation** auf den Geldwäschebeauftragten **qua Gesetz** statt. Durch die Aufnahme des zweiten Halbsatzes in § 7 Abs. 1 Satz 2 GwG, wonach die Residualverantwortung der Leitungsebene durch die gesetzliche Pflichtenallokation unberührt bleibt, hat der Gesetzgeber nunmehr auch ausdrücklich klargestellt, dass die Geschäftsleiterverantwortlichkeit nicht auf den Geldwäschebeauftragten delegiert werden kann.

Ausschlaggebend für den Verantwortungskreis des Geldwäschebeauftragten im **62** Einzelfall ist der konkrete, in Arbeitsvertrag und/oder Stellenbeschreibung niedergelegte Pflichtenumfang des Geldwäschebeauftragten.

In der Praxis sind **Stellenbeschreibungen** zu beobachten, die pauschal auf eine **63** „Tätigkeit als Geldwäschebeauftragter gemäß § 7 GwG", teilweise noch unter Einbeziehung von Verwaltungspraxis o. Ä. verweisen. Hierdurch werden zwar rollierende Anpassungen des Pflichtenkataloges z. B. bei Gesetzesänderungen verhindert. Eine solche, am jeweiligen Gesetzesinhalt orientierte Totaldelegation auf den Geldwäschebeauftragten ist für diesen jedoch mit zunehmenden Risiken verbunden.

Hinter der leichtfüßig anmutenden Formulierung des Gesetzgebers in § 7 Abs. 1 **64** Satz 2 GwG steht nämlich ein rechtsdogmatisch erheblicher Bruch, der unmittelbare Konsequenzen für die Haftung des Geldwäschebeauftragten haben dürfte. Bis vor einigen Jahren war der Geldwäschebeauftragte für die „Durchführung" des Geldwäschegesetzes zuständig.[66] Mit der Umsetzung der Vierten EU-Geldwäscherichtlinie änderte sich die Diktion dahingehend, dass nicht mehr von der „Durchführung", sondern von „Einhaltung" gesprochen wird.[67] Mithin besteht

---

66 DK, AuA 2014, Zeile 84.
67 Auch die DK AuA 2014 sprachen bisher ausdrücklich lediglich von der „Durchführung" der Vorschriften zur Verhinderung der Geldwäsche- und Terrorismusfinanzierung, vgl. dort Rn. 84, S. 58. Möglicherweise aufgrund der Klarstellung im Gesetzeswortlaut wird dieser Punkt von den BaFin, AuA 2018, nicht aufgegriffen und auch 2021 nicht weiter verfolgt.

schon nach dem Wortlaut des Gesetzes eine (erfolgsbezogen ausgestaltete) Garantenstellung unterhalb der in § 4 Abs. 3 GwG niedergelegten Residualverantwortung des benannten Geschäftsleiters.

65 Schon nach der älteren Rechtslage vor 2017 lag eine **Garantenstellung des Geldwäschebeauftragten** in vielen Konstellationen nahe. Teilweise wurde diese in der Literatur schon als gegeben angesehen.[68] Während sich diese allerdings im Einzelfall anhand der (straf-)rechtlichen Maßstäbe von Ingerenz, rechtsgeschäftlichen Pflichten oder den weiteren Anforderungen an Garantenstellungen[69] orientierte (und im Einzelfall nachgewiesen werden musste), schuf der Gesetzgeber mit § 7 Abs. 1 Satz 2 GwG dann eine Norm, die als gesetzlich verankerte Garantenstellung verstanden werden kann und die viel weiter geht als z. B. beim Datenschutzbeauftragten. Es wird abzuwarten bleiben, wie die Gerichte hiermit umgehen. Nähme man eine „Garantenstellung qua Gesetz" an, so wird sich allerdings in einem Atemzuge wiederum die Frage stellen, ob der Geldwäschebeauftragte angesichts seiner kriminalpräventiven Aufgaben dann nicht auch im haftungsrechtlichen Sinne „hoheitlich" tätig ist.

66 Der Geldwäschebeauftragte darf sich zur Wahrnehmung seiner Aufgaben der Zuarbeit von Mitarbeitern bedienen, auf die er einzelne Teile der eigenen Verantwortung **weiterdelegieren** darf. In größeren Einheiten, insbesondere im Finanzsektor, ist dies übliche Praxis. Der Geldwäschebeauftragte muss sich aufgrund seiner gesetzlich zugewiesenen Pflicht lediglich Weisungs- und Kontrollrechte zurückbehalten. Die **ordnungsgemäße Delegation** führt in der Regel zu seiner Enthaftung. In der älteren Verwaltungspraxis wird allerdings noch eine regelmäßige Berichtspflicht des Mitarbeiters an den Geldwäschebeauftragten gefordert, um die Verantwortung wirklich wirksam zu delegieren.[70] Insbesondere bei größeren Kreditinstituten wird angesichts der Vielfalt der Aufgaben und der Größe einiger Geldwäscheabteilungen eine vollständige „Delegationskette nach unten" jedoch in der Regel unumgänglich sein. Inwieweit die Residualverantwortlichkeit des Geldwäschebeauftragten zu einer eigenen Haftung auch bei Delegation von Aufgaben führen kann, ist ungeklärt. In Betracht kommen neben „fehlgeschlagenen Delegationen", z. B. auf Unqualifizierte oder sachlich nicht ausgestattete Personen, auch Organisations- oder Überwachungsverschulden als Haftungsquelle (näheres hierzu vgl. aber → Rn. 155).

67 Während der normalen Geschäftszeiten hat der Geldwäschebeauftragte seine durchgehende Erreichbarkeit sicherzustellen und nötigenfalls für angemessene Vertretung zu sorgen.[71]

---

68 Vgl. z. B. – jedenfalls für die unterlassene Verdachtsanzeige – *Neuheuser*, NZWiSt 2015, 241.

69 Vgl. *Stree/Bosch*, in: Schönke/Schröder, StGB, § 13 Rn. 17 ff.

70 BAKred, Verlautbarung v. 30.3.1998, Nr. 34.

71 *Achtelik*, in: Boos/Fischer/Schulte-Mattler, KWG/CRR-VO, § 25h KWG Rn. 29.

Zum Verhältnis zwischen Zuständigkeiten als Geldwäschebeauftragter und der **68**
sog. „zentralen Stelle" in der Finanzwirtschaft vgl. § 25h KWG.

5. Befugnisse und Kompetenzen; Informationszugang und Beschränkung der Informationsverwendung durch den Geldwäschebeauftragten

Dem Geldwäschebeauftragten „sind **ausreichende Befugnisse** einzuräumen **69**
und insbesondere **Zugang zu allen Informationen** einzuräumen, die zur Wahrnehmung seiner Aufgabe notwendig sind" (§ 7 Abs. 5 Satz 3 und 4 GwG). Hierunter fallen neben Zugang zu allen Informationen betreffend Kunden, Geschäftsbeziehungen und Transaktionen auch sämtliche Informationen über innerbetriebliche Richtlinien, Entscheidungen, Abläufe, Weisungen und Vorgänge, auch innerhalb Organen, die die Tätigkeit des Geldwäschebeauftragten mit
Blick auf Risiken der Geldwäsche und Terrorismusfinanzierung betreffen. Mit
Blick auf Informationen, die beispielsweise „nur" Betrugsszenarien oder andere
mögliche Straftaten zulasten des Instituts betreffen, ist die Rechtslage zwar
uneindeutig; mit Blick auf die Rechtsanwendungspraxis, wonach Verdachtsmeldungen nach § 43 GwG auch bei unklarer Abgrenzungslage zwischen Vortat
und Geldwäschehandlungen vorzunehmen sind,[72] sind Verpflichtete, insbesondere Institute im Sine des Kreditwesengesetzes gut beraten, von einem **extensi-
ven Informationsrecht** des Geldwäschebeauftragten auszugehen.

Im Falle von Auslagerungen, insbesondere der Auslagerung von Monitoring- **70**
oder Screeningsystemen muss sichergestellt werden, dass der Geldwäschebeauftragte unmittelbaren und uneingeschränkten Zugang zu sämtlichen Daten, insbesondere zu Treffern beim Auslagerungsunternehmen, hat. Defizite im Informationsaustausch mit Dienstleistern, insbesondere mit solchen in Drittstaaten, haben im Finanzsektor aufgrund von Vorfällen zu einer sehr restriktiven Verwaltungspraxis geführt.[73]

Da der Geldwäschebeauftragte nach § 1 Abs. 15 GwG ein „Mitglied der Füh- **71**
rungsebene" sein muss, kommen weitere Anforderungen hinzu: Neben hinreichenden Kenntnissen muss der Geldwäschebeauftragte auch mit der Befugnis
ausgestattet werden, „insoweit", also wohl in Bezug auf Maßnahmen zur Verhinderung von Geldwäsche und Terrorismusfinanzierung, im Unternehmen „**Entscheidungen zu treffen**". Hierin unterscheidet sich – entgegen der Gesetzesbegründung zum Umsetzungsgesetz zur Vierten EU-Geldwäscherichtlinie, die lapidar anmerkt, die Vorschrift entspreche „im Wesentlichen § 9 Absatz 2 Nummer 1 Satz 4 bis 6 GwG bisherige Fassung"[74] – die neuere Rechtslage von der

---

72 BaFin, AuA 2021, Ziff. 10.2.
73 BaFin, AuA BT Kreditinstitute 2021, Ziff. 6.2.8.
74 BT-Drs. 18/11555, S. 113.

langhergekommenen. Früher waren dem Beauftragten „Befugnisse" einzuräumen, nunmehr spricht das Gesetz von Befugnis zu „Entscheidungen".

72   Es versteht sich von selbst, dass der Geldwäschebeauftragte als Mitglied der Führungsebene eine Position im Unternehmen wahrnimmt, die es ihm erlauben muss, die Belange der Geldwäsche- und Terrorismusfinanzierung gegenüber den Mitarbeitern und auch gegenüber der Geschäftsleitung „mit Nachdruck" vertreten zu können.[75]

73   Während die Einräumung hinreichender **Entscheidungsbefugnisse** aus unbefangener Sicht wenig kritisch verstanden wird, treten in der Praxis häufig sehr schwierige Konstellationen hinsichtlich der dem Geldwäschebeauftragten einzuräumenden Weisungsbefugnisse auf. Nach älterem Recht waren dem Geldwäschebeauftragten Weisungsrechte gegenüber sämtlichen Mitarbeitern des Verpflichteten einzuräumen; der Geldwäschebeauftragte selbst war nur den Geschäftsleitern weisungsunterworfen.[76] Mit der Einfügung der Freiheit von der Weisungsgebundenheit hinsichtlich Verdachtsmeldungen (siehe hierzu sogleich → Rn. 132 ff.) ist dieses Prinzip nicht gänzlich aufgehoben worden. Gegenüber jedem Mitarbeiter des Verpflichteten besteht daher in der Regel eine entsprechende Weisungsbefugnis.[77] Unkompliziert und in jedem Falle einzuräumen sind Befugnisse, Informationen anzufordern und Auskünfte von den weiteren Mitarbeitern einholen zu dürfen.

74   In der Praxis besonders umkämpft ist die Frage, ob dem Geldwäschebeauftragten insbesondere die **Befugnis** eingeräumt werden muss, **eigenmächtig** z. B. die **Kündigung von Geschäftsbeziehungen** zu erklären oder die Neuaufnahme von ebensolchen zu untersagen. Nach – mittlerweile aufgehobener und nicht erneuerter – Verwaltungspraxis in der Finanzindustrie sollten Geldwäschebeauftragte mit entsprechenden Kündigungsrechten ausgestattet sein.[78] Nach überwiegender Praxis werden Geldwäschebeauftragte mit solchen, über das eigene Tätigkeitsfeld hinausgehenden Kompetenzen aber **nicht mehr ohne spezifische Weisung** ausgestattet sein.[79] Außerhalb des Finanzsektors ist eine entsprechende drittbe-

---

75 DK, AuA 2014, Zeile 85; BaFin, AuA 2021, Ziff. 3.2, S. 18.

76 Vgl. *Warius*, in: Herzog, GwG, 2. Aufl. 2014, § 9 Rn. 20; DK, AuA 2014, Zeile 85; vgl. auch die Gesetzesbegründung zum „Ur"-GwG BT-Drs. 12/2074, S. 19.

77 Für den Glücksspielsektor ist dies in der Verwaltungspraxis ausdrücklich vorgesehen; vgl. Gemeinsame Hinweise der Obersten Aufsichtsbehörden der Länder im Glücksspielsektor gemäß § 51 Absatz 8 GwG für Veranstalter und Vermittler von Glücksspielen, November 2020, Ziff. 3.4; gleiches gilt für den Nichtfinanzsektor, Auslegungs- und Anwendungshinweise zum Geldwäschegesetz für Güterhändler, Immobilienmakler und andere Nichtfinanzunternehmen, Dezember 2020, Ziff. 3.3.2.4.

78 Vgl. BAKred-Verlautbarung v. 30.3.1998, Tz. 35, mittlerweile aufgehoben, vgl. BaFin, Rundschreiben 2/2009 v. 13.1.2009.

79 Anders – wenngleich nur für die Finanzindustrie – z. B. *Auerbach/Hentschel*, in: Schwennicke/Auerbach, KWG, § 25h Rn. 93.

zogene Kompetenz in der Praxis kaum vorzufinden. Von Gesetzes wegen ist dies auch nicht nötig, sofern der Geldwäschebeauftragte ggf. dann seinen Hinweispflichten an die Geschäftsleitung nachkommen und dann diese die entsprechenden Anweisungen erlassen kann.

Eine Delegation entsprechender Rechte ist möglich, aber nicht zwingend notwendig. Bei einigen Verpflichteten bestehen jedoch unmittelbare Weisungsrechte des Geldwäschebeauftragten gegenüber der „Marktseite", was zum einen zwar zu vom Gesetz möglicherweise gewollten höherem Einfluss des Geldwäschebeauftragten im Unternehmen führen kann, im Hinblick auf die persönliche Haftung des Geldwäschebeauftragten aber durchweg kritisch beobachtet wird.   **75**

In Übereinstimmung mit der h. M. ist daher zu fordern, dass dem Geldwäschebeauftragten **hinreichende Weisungsbefugnisse** jedenfalls zur Erfüllung seiner Aufgaben (siehe hierzu → Rn. 69 ff.) zu gewähren sind. Darüber hinausgehende Kompetenzen zum Eingreifen in innerbetriebliche Abläufe und/oder Vertragsbeziehungen mit Dritten **können** dem Geldwäschebeauftragten eingeräumt/von der Geschäftsleitung auf diesen delegiert werden. Ein **ausdrückliches gewerberechtliches Erfordernis** hierzu ergibt sich aus § 7 Abs. 5 Satz 3 GwG **nicht**.   **76**

In der **Kreditwirtschaft** ist der Geldwäschebeauftragte bei Ermangelung genauerer Vereinbarungen oder Stellenbeschreibungen bzw. anderer Vorgaben in der Ablauforganisation berechtigt, die Entscheidung über den **Abbruch der Geschäftsbeziehung (nur) „unter Einbeziehung der Geschäftsleitung** zu treffen".[80] Die AuA 2018 und 2021 greifen diesen Punkt nicht erneut auf. Die Geldwäschebeauftragten sind „im Rahmen ihrer Aufgabenerfüllung gegenüber den Beschäftigten des Unternehmens weisungsbefugt" und haben nach dem gesetzlichen Leitbild nicht unbedingt z. B. ein Kündigungsrecht eingeräumt zu bekommen, weshalb sich hieran auch im Finanzsektor im Grundsatz durch die Neufassung 2017 nichts ändert.[81]   **77**

Dem Geldwäschebeauftragten ist **hinreichender Informationszugang** zu gewähren. Er ist in sämtliche Informationsflüsse, die für die Erfüllung seiner Aufgaben von Bedeutung sein können, einzubinden. Ihm ist Zugang zu allen für seine Tätigkeit relevanten Informationen nebst Auskunfts-, Einsichts- und Zugangsrecht zu gewähren. Dem Geldwäschebeauftragten ist nach stehender Verwaltungspraxis im Finanzsektor ferner Zugang zu Prüfberichten der Internen   **78**

---

80 DK, AuA 2014, Zeile 85, S. 60.
81 BaFin, AuA 2021, Ziff. 3.2, die lediglich Kompetenzen verlangen, die dem Geldwäschebeauftragten dessen Aufgabenwahrnehmung „mit Nachdruck" ermöglichen sollen.

Revision und von externen Prüfern zu gewähren.[82] Die genannten Regeln gelten auch außerhalb des Finanzsektors.

79   Nach § 7 Abs. 6 GwG darf der Geldwäschebeauftragte Daten und Informationen ausschließlich zur Erfüllung seiner Aufgaben verwenden. Im Hinblick auf eine praxisnahe, funktionale Anwendung dieser beschränkten Nutzungsgestattung durch das Gesetz ist die Verwendung der Daten selbstverständlich auch bei der Durchsetzung der Tätigkeiten des Geldwäschebeauftragten im Unternehmen oder bei Folgetätigkeiten zulässig, z.B. im Rahmen des Erstellens von Beschlussvorlagen an oder Entscheidungen durch Organe oder im Rahmen von Rechtsstreitigkeiten, die beispielsweise mit der Beendigung von Geschäftsbeziehungen aufgrund Geldwäscheverdachts entstehen. Für allgemeine betriebliche Zwecke, zum Beispiel im Hinblick auf „Market Intelligence" oder Kundenkommunikations- und -informationssysteme dürfen die Informationen, die der Geldwäschebeauftragte im Rahmen seiner Tätigkeit einholt, selbstverständlich nicht verwendet werden. Die institutsübergreifende Nutzung ist im Rahmen der allgemeinen Vorschriften des GwG und den datenschutzrechtlichen Bestimmungen selbstverständlich möglich. Angemessene Vertraulichkeitsbereiche sind hierzu vom Geldwäschebeauftragten selbst einzurichten. Der (in dieser Hinsicht leider eindeutige) Gesetzeswortlaut umfasst ausdrücklich nicht die Verwendung von Daten für andere Compliance-Bereiche, der Steueridentifikation oder zur Abwehr von sonstigen strafbaren Handlungen. Für diese Bereiche ist ein Rückgriff auf die allgemeinen datenschutzrechtlichen Eingriffsgrundlagen nötig.

6. Gruppen-Geldwäschebeauftragter

80   In der Kreditwirtschaft besteht eine ausgefeilte Verwaltungspraxis zum Verhältnis von **Gruppen-Geldwäschebeauftragten** zu den Geldwäschebeauftragten von nachgeordneten Unternehmen.[83] Als Regel gilt, dass die Organisation und das Verhältnis der einzelnen Geldwäschebeauftragten im Konzern der Struktur der gruppenweiten Sicherungsmaßnahmen nach § 9 GwG folgt. Sofern ein Verpflichteter an der Spitze einer „Gruppe" steht, hat dieser einen Gruppen-Geldwäschebeauftragten zu bestellen.[84]

81   Während hinsichtlich der nationalen Geldwäschebeauftragten die hier geschilderten speziellen Anforderungen an Rolle, Pflichtenkreise und Ausstattung bestehen, existieren solche Regeln für den Gruppen-Geldwäschebeauftragten nicht. Die nationalen Vorschriften können nur als grobe Anhaltspunkte herangezogen werden.

---

82 DK, AuA 2014, Zeile 85; BaFin, AuA 2021, Ziff. 3.1, S. 22.
83 Vgl. DK, AuA 2014, Zeile 86.
84 Vgl. zu Detailfragen *Kaetzler*, in: Gehra/Gittfried/Lienke, Prävention von Geldwäsche und Terrorismusfinanzierung, S. 249 ff. mit zahlreichen weiteren Nachweisen.

In der **Kreditwirtschaft** ist der Gruppen-Geldwäschebeauftragte nämlich regel- **82** mäßig der Geldwäschebeauftragte des übergeordneten Instituts.[85] Er verantwortet die gruppenweiten Grundsätze und Verfahren in den Zweigstellen und Tochtergesellschaften und soll hierzu gegenüber den nachgeordneten Unternehmen jedenfalls im Hinblick auf gruppenrelevante Prozesse und Einzelfragen weisungsbefugt sein sowie berechtigt, alle für seine Funktion notwendigen Informationen einzuholen.[86] Letzteres ist in grenzüberschreitendem Kontext teilweise schwierig, wenn lokales Datenschutzrecht einer Informationsweitergabe entgegensteht.

In der Praxis ist der Geldwäschebeauftragte in einer Gruppenfunktion auch **au- 83 ßerhalb des Finanzsektors**[87] oft mit einer gewissen „Rahmenrichtlinienkompetenz" ausgestattet, die es den „lokalen" Geldwäschebeauftragten ermöglicht, eigenverantwortlich zu agieren, jedoch innerhalb des Gruppenkorsetts. Fachlich bestehen in der Regel Berichtslinien („Dotted Lines") zum übergeordneten Gruppen-Geldwäschebeauftragten. Hinsichtlich des Pflichtenkreises ist der (reine) Gruppen-Geldwäschebeauftragte auf die Organisation der gruppenbezogenen Abläufe beschränkt, sofern er nicht zeitgleich eine unmittelbare „lokale" Rolle, etwa als Geldwäschebeauftragter einer Hauptniederlassung, innehat. Die Verwaltungspraxis geht davon aus, dass dem Gruppengeldwäschebeauftragten Weisungsrechte an gruppenangehörige Unternehmen im In- und Ausland zustehen müssen,[88] was gesellschaftsrechtlich jedenfalls im europäischen Rechtsraum außerhalb von Vertragskonzernen untunlich, gesellschaftsrechtlich darstellbar, haftungstechnisch schwierig und im Insolvenzfalle nachteilig ist. Eine tatsächliche Umsetzung dieser weit über die Kompetenzen der Verwaltung hinausgehenden Anregung ist in der Praxis daher nicht zu beobachten.

Pflichtenkreis und Tätigkeitsumfang des Gruppen-Geldwäschebeauftragten **84** hängen sehr davon ab, ob die Gruppenorganisation des Mutterunternehmens „stark" oder „schwach" ausgestaltet ist.[89] Unstreitig ist jedoch in allen Fällen,

---

85 Vgl. *Auerbach/Hentschel*, in: Schwennicke/Auerbach, KWG, § 25h Rn. 100.

86 So schon DK, AuA 2014, Zeile 86; übernommen in den BaFin, AuA 2021, S. 20.

87 Vgl. zu Pflichtenkreis und Aufgaben außerhalb des Finanzsektors die Auslegungs- und Anwendungshinweise zum Geldwäschegesetz (GwG) für Güterhändler, Immobilienmakler und andere Nichtfinanzunternehmen – Gemeinsame Auslegungs- und Anwendungshinweise der Länder der Bundesrepublik Deutschland, Dezember 2020, Ziff. 3.3.3.4.4, S. 30 f.

88 Auslegungs- und Anwendungshinweise zum Geldwäschegesetz (GwG) für Güterhändler, Immobilienmakler und andere Nichtfinanzunternehmen – Gemeinsame Auslegungs- und Anwendungshinweise der Länder der Bundesrepublik Deutschland, Dezember 2020, Ziff. 3.3.4.4 S. 30, 2. Absatz a. E.

89 Zum „starken" oder „schwachen" Gruppenkonzept vgl. *Kaetzler*, in: Gehra/Gittfried/ Lienke, Prävention von Geldwäsche und Terrorismusfinanzierung, S. 267 ff. mit zahlreichen weiteren Nachweisen.

dass der Gruppen-Geldwäschebeauftragte eine einheitliche gruppenweite Strategie zur Verhinderung von Geldwäsche und Terrorismusfinanzierung in der Gruppe errichten muss.[90] „Einheitlichkeit" bedeutet in diesem Zusammenhang nicht, dass die Sicherungsmaßnahmen identisch sein müssen.

85   Neben der Errichtungspflicht besteht ferner eine gruppenweite Überwachungspflicht hinsichtlich des Funktionierens und der Einhaltung der Strategie.

86   Anders als auf nationaler Ebene besteht keine Pflicht zur Bestellung eines Stellvertreters für den Gruppen-Geldwäschebeauftragten. Hinsichtlich der Maßgaben an Finanzholding-Gesellschaften vgl. § 25h und § 25l KWG. Hinsichtlich der Anforderungen an die Gruppenorganisation vgl. § 9 GwG.

7. Outsourcing

87   Die Funktion des Geldwäschebeauftragten **kann – wie alle Sicherungsmaßnahmen – ausgelagert werden** (vgl. § 6 Abs. 7 GwG).[91] Die Auslagerung muss mithin zwei Wochen vor dem Auslagerungszeitpunkt der zuständigen Behörde formlos, aber schriftlich und unter Erörterung der in § 6 Abs. 7 Satz 2 und 3 GwG genannten Punkte angezeigt werden. Hinsichtlich der fachlichen Anforderungen an den und der Zuverlässigkeit des externen Geldwäschebeauftragten gilt das oben (Rn. 31 ff.) Gesagte entsprechend. Ein Ansprechpartner muss allerdings bei Auslagerung stets im Unternehmen verbleiben.[92]

88   Generell ist eine Auslagerung der Funktion nach den allgemeinen Maßgaben für die Auslagerung von Sicherungsmaßnahmen zulässig; allerdings muss den Anforderungen des § 7 Abs. 5 Satz 1 GwG Rechnung getragen werden: Der Geldwäschebeauftragte muss seine Tätigkeit nämlich „im Inland ausüben". Hierdurch sind viele Auslagerungen cross-border beschränkt.[93] Während im Laufe des Gesetzgebungsverfahrens 2017 noch von einer Residenzpflicht des Geldwäschebeauftragten die Rede war,[94] wurde die vorgeschlagene Regelung schließlich auf Drängen der Verbände wieder gelockert. Hierdurch sind grenzüberschreitende Auslagerungen theoretisch weiter möglich; in der Praxis wird aufgrund der Notwendigkeit von Kommunikation mit lokalen Aufsichtsbehörden typischerweise ein im Inland ansässiger Geldwäschebeauftragter bestellt

---

90 BaFin, AuA 2021, Ziff. 11.3, S. 81.

91 Instruktiv: *Findeisen*, WM 2000, 1217.

92 Vgl. z. B. Auslegungs- und Anwendungshinweise zum Geldwäschegesetz (GwG) für Güterhändler, Immobilienmakler und andere Nichtfinanzunternehmen – Gemeinsame Auslegungs- und Anwendungshinweise der Länder der Bundesrepublik Deutschland, Dezember 2020, Ziff. 3.3.2.6, S. 26 f.

93 Vgl. *Kunz*, in: Wohlschlägl-Aschberger, Geldwäscheprävention, S. 47; *Glos/Hildner/ Gasow*, CCZ 2017, 83, 86.

94 Vgl. den Referentenentwurf des BMF v. 15.12.2016, S. 18 („im Inland ansässig").

werden müssen, der die Sprache beherrscht.[95] Ausnahmen müssen funktional im Einzelfall überprüft werden; während eine – tägliche – physische Anwesenheit des Geldwäschebeauftragten „im Inland" angesichts moderner Kommunikationsmittel wohl nicht nötig sein wird, ist allerdings in jedem Falle eine überwiegende Anwesenheit des Geldwäschebeauftragten in Deutschland, seine durchgehende Erreichbarkeit und eine Vertretungsregelung für den Fall der Abwesenheit tunlich und erforderlich.

In der Finanzindustrie ist nunmehr klargestellt, dass auch die Auslagerung an Mutterunternehmen, entgegen zivilrechtlichem Verständnis zudem auch eine **Übertragung der Aufgaben an eine Hauptniederlassung, als Auslagerung** zu verstehen sei, sofern Letztere im Ausland belegen sei.[96]   **89**

Durch die Auslagerung der Funktion des Geldwäschebeauftragten und/oder des Stellvertreters entstehen **Überwachungspflichten beim auslagernden Unternehmen**. Die Überwachungspflichten orientieren sich üblicherweise an Indikatoren, die jeweils stark unternehmens- und branchenabhängig definiert werden müssen.[97] Nach zutreffender Meinung muss neben der Leistungserbringung an sich auch der Dienstleister selbst laufend überprüft werden, letzteres z. B. im Hinblick auf fachliche Eignung und Zuverlässigkeit. Die Residualverantwortung für die Tätigkeiten des externen Geldwäschebeauftragten können ebenso nach zutreffender Meinung nicht abbedungen werden.[98]   **90**

Verlagert der externe Geldwäschebeauftragte einzelne seiner Tätigkeiten weiter, so sind die in Deutschland bestehenden **Beschränkungen von Kettenauslagerungen im Finanzsektor** zu beachten.[99] Außerhalb des Finanzsektors bestehen Kettenauslagerungsbeschränkungen oder gar -verbote nicht.   **91**

Die Auslagerung der Funktion des Geldwäschebeauftragten stellt im Finanzsektor in der Regel eine **wesentliche Auslagerung** im Sinne der MaRisk dar. **Auslagerungen in Drittstaaten mit hohem Geldwäscherisiko** sind aufsichtsrechtlich äußerst kritisch und nach geltender Verwaltungspraxis untunlich.[100]   **92**

---

95 BaFin, AuA 2021, Ziff. 3.2, S. 17; vgl. auch *Roth*, in: Gehra/Gittfried/Lienke, Prävention von Geldwäsche und Terrorismusfinanzierung, S. 108.

96 BaFin, AuA 2021, Ziff. 3.2, S. 20.

97 Eine sehr ausführliche Darstellung zur Überwachung des externen Geldwäschebeauftragten mit vielen beispielhaften Indikatoren befindet sich bei *Roth*, in: Gehra/Gittfried/Lienke, Prävention von Geldwäsche und Terrorismusfinanzierung, S. 115.

98 Vgl. *Roth*, in: Gehra/Gittfried/Lienke, Prävention von Geldwäsche und Terrorismusfinanzierung, S. 115.

99 BaFin, AuA 2021, Ziff. 8.3, S. 68.

100 BaFin, AuA-BT Kreditinstitute 2021, Ziff. 6.2.8.

V. Aufgaben

1. Überblick

93   Die Aufgaben des Geldwäschebeauftragten fasst das Gesetz in dem schlichten Obersatz „Der Geldwäschebeauftragte ist für die Einhaltung der geldwäscherechtlichen Vorschriften zuständig" zusammen (§ 7 Abs. 1 Satz 2 GwG). Der Geldwäschebeauftragte ist mithin für die Implementierung und Überwachung sämtlicher Vorschriften im Unternehmen zuständig, die die Bekämpfung der Geldwäsche und der Terrorismusfinanzierung betreffen.[101] Genauere Vorgaben zur Tätigkeit macht das Gesetz nicht.

94   Der Geldwäschebeauftragte ist **zentraler Ansprechpartner** innerhalb des Unternehmens für sämtliche Fragen der Geldwäscheprävention. Er ist gleichzeitig alleiniger Ansprechpartner für die Strafverfolgungs- und Aufsichtsbehörden in Geldwäscheangelegenheiten. Bei der Erfüllung seiner Aufgaben kann sich der Geldwäschebeauftragte selbstverständlich anderer Bereiche des Unternehmens und eigener Mitarbeiter bedienen.

95   Während das Gesetz schon vom Wortlaut eine Stellung als „Beauftragter" für die Einhaltung von formalen Gesetzen nahelegt, arbeitet der Geldwäschebeauftragte in der täglichen Praxis eher als „**Risikomanager**". Aufgrund seiner Weisungsabhängigkeit vom Geschäftsleiter (mit der im Gesetz genannten Ausnahme bei Erstellung und Abgabe von Verdachtsmeldungen) ist er „Trusted Advisor" der Geschäftsleitung.

96   Für die Finanzindustrie hatte die DK gemeinsam mit der BaFin folgende typische „**Tätigkeitskataloge**" festgelegt:[102] Für die konkreten Aufgabenkreise kommt es zwar auf die konkreten Vereinbarungen in Arbeitsvertrag bzw. Stellenbeschreibung an. In Ermangelung derselben kann die stehende Verwaltungspraxis als Leitfaden dienen. In jedem Falle ist der konkrete Zuständigkeits- und Aufgabenbereich des Geldwäschebeauftragten – schon im Interesse des Beauftragten selbst – hinreichend genau schriftlich zu fixieren.[103]

---

101 Vgl. *Herzog*, in: Herzog, GwG, § 7 Rn. 13.
102 Die folgende Darstellung orientiert sich an den in den BaFin AuA 2021 unter Ziff. 3.2 sowie den in den DK AuA 2014, Zeile 84 dargelegten typischen Aufgabengebieten. Die DK AuA werden im Folgenden als Illustration der Industriepraxis im Finanzsektor herangezogen; die Gültigkeit der DK AuA ist nach zahlreichen Änderungen der Verwaltungspraxis im Finanzsektor auf eine rein normausfüllende Interpretationshilfe beschränkt. Die DK AuA entfalten keine förmliche verwaltungspraktische Bindungswirkung mehr.
103 Vgl. *Auerbach/Hentschel*, in: Schwennicke/Auerbach, KWG, § 25h Rn. 98.

Die nachstehend genannten typischen Aufgaben und Tätigkeiten des Geld- **97** wäschebeauftragten lassen sich **weitestgehend auf die Unternehmen außerhalb des Finanzsektors übertragen**; dort gelten jedoch teilweise Besonderheiten (vgl. hierzu → Rn. 125 ff.).

2. Erstellung der Risikoanalyse

Der Geldwäschebeauftragte verantwortet typischerweise die „Schaffung und **98** Fortentwicklung einer einheitlichen oder von aufeinander abgestimmten institutsspezifischen Risikoanalyse(n), die eine vollständige Bestandsaufnahme aller Risiken im Zusammenhang mit Geldwäsche und Terrorismusfinanzierung umfasst und Ausrichtung sämtlicher weiteren Handlungsschritte, Monitoring- und Kontrollmaßnahmen an das Ergebnis dieser Gefährdungsanalyse. Die institutsspezifische(n) Gefährdungsanalyse(n) muss/müssen für die interne und externe Revision schriftlich fixiert werden." Der Geldwäschebeauftragte kann die Erstellung, nicht aber die Verantwortung für die Erstellung der Risikoanalyse, in der Regel delegieren. Er „orchestriert" mithin die Erstellung der Risikoanalyse im Sinne des § 5 GwG und zeichnet für deren sachgerechte Erstellung und die regelmäßige Aktualisierung persönlich verantwortlich. In der Praxis haben sich zahlreiche Standards hierzu ausgeprägt; die in der Finanzindustrie üblichen Grundsätze lassen sich allerdings nur teilweise auf den Nichtfinanzsektor übertragen. Im Übrigen kann auf die Kommentierung zu § 5 GwG verwiesen werden.

3. Errichtung und Anpassung der internen Sicherungsmaßnahmen/ Aufbau- und Ablauforganisation

Ferner ist der Geldwäschebeauftragte in der Praxis zuständig für **Entwicklung** **99** **und Aktualisierung interner Grundsätze und Verfahren** zur Verhinderung von Geldwäsche und Terrorismusfinanzierung, insbesondere von Arbeits- und Organisationsanweisungen und angemessenen geschäfts- und kundenbezogenen Sicherungssystemen. Der Geldwäschebeauftragte ist mithin zentraler Risikomanager bei der Erstellung der internen Sicherungsmaßnahmen nach § 6 GwG. Der Geldwäschebeauftragte ist für die sachgerechte, risikoangemessene Ausgestaltung der internen Aufbau- und Ablauforganisation, soweit sie Geldwäscheangelegenheiten betrifft, verantwortlich und arbeitet mit entsprechenden Organisationseinheiten des Verpflichteten eng zusammen.

Der Geldwäschebeauftragte ist bei der **Erstellung und Aktualisierung** sonsti- **100** ger interner Organisations- und Arbeitsanweisungen für den Verpflichteten, also zum Beispiel Geldwäscherichtlinien, und deren Weiterentwicklung zuständig. Für weitere Richtlinien und Organisationsanweisungen ist er einzubeziehen, soweit diese eine Relevanz im Hinblick auf die Durchführung der Vorschriften zur

Verhinderung von Geldwäsche oder Terrorismusfinanzierung aufweisen. Der Geldwäschebeauftragte verantwortet in der Kreditwirtschaft die Errichtung und Anpassung der aufsichtsrechtlich gebotenen schriftlich fixierten Ordnung in Geldwäscheangelegenheiten.

101 Eine besondere Stellung kommt dem Geldwäschebeauftragten bei Kreditinstituten im Rahmen sogenannter „Neuproduktprozesse", also bei der ablauforganisatorischen Prüfung der Erschließung neuer Geschäftsfelder, zu.[104] Neben der in TZ5 von AT 8.1 der MaRisk genannten Einbeziehung der Compliance-Funktion ist in vielen Fällen die Einbeziehung des Geldwäschebeauftragten tunlich.

102 Auch außerhalb der Finanzindustrie ist der Geldwäschebeauftragte vor allem dann gefragt, wenn es um die Schaffung von geldwäscheaversen Abläufen im Unternehmen, etwa bei der Debitorenbuchhaltung, bei Kundenkontakten oder der Stammdatenverwaltung geht.

103 Hinsichtlich der Selbstorganisation ist der Geldwäschebeauftragte verantwortlich für die Schaffung einheitlicher Berichtswege innerhalb der Abteilung und – da er Fachvorgesetzter und weisungsbefugt gegenüber den Mitarbeitern des Verpflichteten ist (vgl. → Rn. 60 ff.) – an ihn selbst.

4. „Radarstation" für geldwäscherechtlich relevante Gesetze und Vorschriften

104 Durch die Neufassung des Gesetzes durch das Umsetzungsgesetz zur Vierten EU-Geldwäscherichtlinie 2017 (insbesondere die Formulierung „[…] für die Einhaltung der geldwäscherechtlichen Vorschriften zuständig", § 7 Abs. 1 Satz 2 GwG) obliegt dem Geldwäschebeauftragten, sofern keine andere Funktion beim Verpflichteten dies zentral übernimmt, die **Beobachtung der** sich teilweise rasant verändernden **Gesetzeslage** mit Blick auf die gewerberechtlichen Verpflichtungen sowie benachbarter Rechtsgebiete. Hierbei ist der Geldwäschebeauftragte verpflichtet, sich selbst ein Bild über anstehende Änderungen von Gesetzen zu machen oder über die Verwaltungspraxis informiert zu halten und diese im Interesse des Verpflichteten zu antizipieren. In der Finanzindustrie ergibt sich aus Ziff. 4.4.2 der MaRisk eine entsprechende Pflicht für die Compliance-Funktion, die sich mit dieser Organisationspflicht des Geldwäschebeauftragten zwar überlappt, eine solche Beobachtungspflicht des Geldwäschebeauftragten aber nicht ohne Weiteres (z. B. ausdrückliche und ausschließliche Delegation an die Compliance-Funktion) entbehrlich macht.

---

104 Vgl. Rundschreiben 09/2017 (BA) – Mindestanforderungen an das Risikomanagement – „MaRisk", BA 54-FR 2210–2017/0002 v. 27.10.2017, AT 8.1.

Soweit durch eine Änderung des geldwächerechtlichen Umfeldes eine Anpas- **105**
sung der internen Aufbau- oder Ablauforganisation notwendig ist, ist der Geldwäschebeauftragte auch hierfür zuständig.

In der Praxis trifft den Geldwäschebeauftragten neben der Beobachtung der **106**
förmlichen Gesetze auch die Beobachtung von Industriestandards und internationalen Vorgaben, mithin des „Geldwäsche-**Soft-Law**", soweit sie das jeweilige
Unternehmen betreffen. Neben einer Beobachtungspflicht hinsichtlich solcher
Rechtsnormen besteht ferner die Pflicht, Typologien und industriebezogene
Gefährdungslagen zu beobachten und ggf. Anpassungen in der Aufbau- und Ablauforganisation vorzunehmen.

5. Laufende Überwachung, Wirksamkeitskontrolle und interne Prüfungen

Wie vom Gesetz vorgeschrieben, ist der Geldwäschebeauftragte zur Durchfüh- **107**
rung **laufender Überwachungshandlungen** in Bezug nicht nur auf die Anpassung von Regeln, sondern auf die Einhaltung der geldwäscherechtlich relevanten
Vorschriften verpflichtet.

Der Geldwäschebeauftragte hat hierzu durch risikobasierte Überwachungshand- **108**
lungen im Rahmen eines strukturierten Vorgehens die Angemessenheit und
Wirksamkeit der eingerichteten Organisations- und Arbeitsanweisungen und der
geschäfts- und kundenbezogenen Sicherungssysteme des Unternehmens zu gewährleisten. In die Überwachung sind grundsätzlich alle wesentlichen Bereiche
des Verpflichteten unter Berücksichtigung der Risiken der einzelnen Geschäftsbereiche einzubeziehen. Die Überwachung („**Monitoring**") von Geschäftsbeziehungen kann durch Sichtung elektronischer Akten oder von Unterlagen,
durch Befragung von Mitarbeitern mit Kundenkontakt, durch Hintergrundrecherchen oder anhand elektronischer Auswertungen erfolgen. Besonders hoch
risikobehaftete Geschäftsbeziehungen überwacht der Geldwäschebeauftragte
enger („**Close Monitoring**"). Art und Umfang der laufenden Überwachung der
Geschäfte des Verpflichteten richten sich eng nach den individuellen Anforderungen und Sicherungsmaßnahmen.

Der Geldwäschebeauftragte nimmt die Überwachung auch durch eigene risiko- **109**
basierte Prüfungshandlungen oder durch die **Adaption von Prüfungshandlungen Dritter** bzw. der Auswertung deren Ergebnisse vor. Überwachungshandlungen beziehen sich auch auf Transaktionen und Geschäftsbeziehungen, die aufgrund des Erfahrungswissens des Verpflichteten mit Geldwäsche- oder Terrorismusfinanzierungsrisiken behaftet sein können. Diese Überwachungshandlungen
bestehen unabhängig von den retrospektiven Prüfungspflichten der Internen Revision.

Im Gegensatz zu den Prüfungen der **Internen Revision** führt der Geldwäschebe- **110**
auftragte seine Überwachungshandlungen im Zusammenhang mit der Verhinde-

rung von Geldwäsche und Terrorismusfinanzierung erforderlichenfalls prozess-
begleitend oder zumindest zeitnah durch. Zur Wahrnehmung seiner Aufgaben
hat der Geldwäschebeauftragte ferner das Recht, uneingeschränkt Stichproben
durchzuführen. In der Praxis ist hierzu allerdings eine Abstimmung mit benach-
barten Abteilungen zur Koordination von Prüfungshandlungen indiziert.

**6. Untersuchung von Verdachtsfällen und Abgabe von Verdachts-
meldungen, ggf. Kündigung von Geschäftsbeziehungen**

111 Die wesentliche „öffentliche" Funktion des Geldwäschebeauftragten liegt indes
in der tatsächlichen Verhinderung von Geldwäscheaktivitäten bei dem Verpflichteten bzw. zulasten des Verpflichteten. **Zweifelhafte oder ungewöhnliche
Sachverhalte** schon im Vorfeld einer Verdachtsmeldung im Sinne des § 43
Abs. 1 GwG sind vom Geldwäschebeauftragten zu untersuchen.

112 Der Geldwäschebeauftragte ist ferner typischerweise mit der **Bearbeitung von
Verdachtsfällen und Strafanzeigen** sowie der **Bearbeitung und ggf. Weiterleitung von institutsinternen Verdachtsfällen** betraut. Der Geldwäschebeauftragte hat die Verdachtsfälle zu bearbeiten, die Voraussetzungen einer Meldung
nach § 43 GwG zu prüfen und ggf. Verdachtsmeldungen an die zuständigen Behörden auszuleiten. In diesem Zusammenhang hat er auch die Entscheidung
über den Abbruch der Geschäftsbeziehung „unter Einbeziehung der Geschäftsleitung" zu treffen (vgl. hierzu → Rn. 77). Der Geldwäschebeauftragte schuldet
hierbei eine sachgerechte Dokumentation und angemessene Information der Geschäftsleitung.

113 Sofern Weisungsrechte zur Kündigung von Geschäftsbeziehungen bestehen,
wird der Geldwäschebeauftragte jedenfalls im Finanzsektor oft mit der Wahrnehmung der Institutsinteressen zur Beendigung von Geschäftsbeziehungen betraut.[105]

7. Kommunikation; Berichte an Geschäftsleitung und Aufsichtsorgan

114 Der Geldwäschebeauftragte ist in der Regel mit einer **regelmäßigen und außerordentlichen Information der Geschäftsleitung und des Aufsichtsorgans** in
Geldwäschedingen betraut.

115 Soweit Defizite in den Grundsätzen und Verfahren zur Verhinderung von Geldwäsche und Terrorismusfinanzierung durch den Geldwäschebeauftragten selbst
oder durch Dritte festgestellt werden, hat der Geldwäschebeauftragte die Maßnahmen, die zur Behebung von Defiziten im Bereich der bestehenden internen
Sicherungssysteme notwendig sind, zu ermitteln und die Geschäftsleitung da-

---

105 Vgl. *Auerbach/Hentschel*, in: Schwennicke/Auerbach, KWG, § 25h Rn. 93.

rüber zu informieren. Soweit die – insoweit gesamtverantwortliche – Geschäftsleitung von den Vorschlägen des Geldwäschebeauftragten abweicht, ist dies durch den Geldwäschebeauftragten schon im eigenen Interesse angemessen zu dokumentieren.

Der Geldwäschebeauftragte hat der **Geschäftsleitung** periodisch, mindestens **116** einmal jährlich, einen Bericht über seine Tätigkeit, insbesondere über die Gefährdungssituation des Instituts und die erfolgten und beabsichtigten Maßnahmen zur Umsetzung der geldwäscherechtlichen Pflichten, zu übermitteln. Ersteres kann auch im Rahmen der Vorlage einer entsprechend ausgestalteten, jeweils aktualisierten Gefährdungsanalyse bei der Geschäftsleitung geschehen. Weitere Ad-hoc-Berichte sind beim Vorliegen eines besonderen Anlasses zu erstellen.

Die Berichte sind vom Vorstand auch dem Vorsitzenden des Aufsichtsorgans **117** weiterzuleiten. Durch die Geschäftsleitung veranlasste Änderungen wesentlicher Bewertungen oder Empfehlungen des Geldwäschebeauftragten sind im Jahresbericht gesondert zu dokumentieren. Über diese Änderungen ist auch der Vorsitzende des Aufsichtsorgans zu informieren.

Im Finanzsektor bestehen detaillierte Anforderungen an die Berichterstattung **118** des Geldwäschebeauftragten und dessen Einbindung in die Informationsarchitektur der Institute.[106] Zutreffenderweise wird – in Übereinstimmung mit den EBA-Leitlinien zur internen Governance[107] – auch in der Literatur[108] gefordert, dass dem **Aufsichtsorgan** nicht nur ein eigenes Auskunftsrecht gegenüber dem Geldwäschebeauftragten einzuräumen ist. In extremen Fällen, z. B. bei dauerndem Widersetzen der Geschäftsleitung gegen Empfehlungen des Geldwäschebeauftragten oder bei strukturellen Defiziten, hat sich der Geldwäschebeauftragte an das Aufsichtsorgan zu wenden. Außerhalb des Finanzsektors werden solche Kommunikationswege ausdrücklich nicht gefordert; hinsichtlich der weit reichenden möglichen Garantenstellung des Geldwäschebeauftragten ist ein entsprechendes Vorgehen jedoch auch dort anratenswert.

8. Schulung und Betreuung von Mitarbeitern

Der Geldwäschebeauftragte ist ferner zuständig für die Unterrichtung der rele- **119** vanten Beschäftigten über die Pflichten zur Verhinderung von Geldwäsche und Terrorismusfinanzierung im Sinne des § 6 Abs. 2 Nr. 6 GwG.

---

106 Vgl. BaFin, AuA 2021, Ziff. 3.2.
107 EBA/GL/2017/11, Leitlinien zur internen Governance gemäß Art. 16 der VO (EU) 1093/2010, Rn. 156.
108 Vgl. *Roth*, in: Gehra/Gittfried/Lienke, Prävention von Geldwäsche und Terrorismusfinanzierung, S. 121 f.

120   Der Geldwäschebeauftragte hat **die relevanten Geschäftsbereiche und Mitarbeiter** des Unternehmens im Hinblick auf die Einhaltung der gesetzlichen Bestimmungen und Pflichten zur Verhinderung von Geldwäsche und Terrorismusfinanzierung zu beraten und zu unterstützen. Dies beinhaltet die Unterstützung der operativen Bereiche bei der Durchführung oder die eigene Unterrichtung, insbesondere im Hinblick auf gesetzliche Neuerungen, Änderungen der Verwaltungspraxis der BaFin oder andere Änderungen der aufsichtsrechtlichen Anforderungen und die daraus resultierenden Verhaltensregeln für Mitarbeiter.

121   Der Geldwäschebeauftragte kann Schulungen selbst vornehmen oder diese Tätigkeit delegieren. Charakteristisch für die Stellung des Geldwäschebeauftragten ist jedoch, dass dieser sich bei Mitarbeitern einen Status erarbeitet, der ihn zu einem vertrauten Ansprechpartner für die Mitarbeiter macht. Aus diesem Grunde schulen viele Geldwäschebeauftragte die Mitarbeiter der Verpflichteten zumindest teilweise auch selbst.

122   Über die Schulungspflicht hinaus steht der Geldwäschebeauftragte den Mitarbeitern als Ansprechpartner in geldwäschebezogenen Angelegenheiten zur Verfügung. Er ist jedenfalls idealtypisch erster Ansprechpartner für die Mitarbeiter im Unternehmen. Im Umgang mit den Mitarbeitern ist er vorrangig, im Rahmen bestehender Sorgfalts- und Fürsorgepflichten gegenüber Arbeitnehmern, dem **Unternehmensinteresse und nicht dem Individualinteresse verpflichtet.**

9. Ansprechpartner für Behörden

123   Der Geldwäschebeauftragte ist Ansprechpartner für die BaFin, die Strafverfolgungsbehörden und für die FIU. Er ist typischerweise durch angemessene Vertreterbestellung zur Abgabe rechtsverbindlicher Erklärungen gegenüber den Behörden selbst befähigt. Neben einer Einzelvollmacht kommen auch Gesamtvertretungsberechtigungen in Betracht (Einzel- oder Gesamtprokura).[109]

124   Der Geldwäschebeauftragte ist im Rahmen der bestehenden gesetzlichen Regelungen (vgl. z. B. § 30 Abs. 3 GwG) anfragenden Behörden zur Auskunft verpflichtet. Aufgrund klarer Funktionszuweisung im Gesetz kann diese Tätigkeit **nicht ohne Weiteres delegiert werden**; jedenfalls zur Entgegennahme von Anfragen, Auskunftsersuchen oder förmlichen Zustellungen muss der Geldwäschebeauftragte befugt sein.

10. Besonderheiten außerhalb des Finanzsektors

125   Während Rolle und typischer Aufgabenkatalog des Geldwäschebeauftragten in der Finanzindustrie durch langjährige Verwaltungspraxis und zahlreiche Litera-

---

109 *Achtelik*, in: Boos/Fischer/Schulte-Mattler, KWG/CRR-VO, § 25h KWG Rn. 28.

turstimmen sehr genau ausgeprägt sind, existieren für den Nichtfinanzsektor **kaum stehende Verwaltungspraxen** zu Pflichtenkreis und Aufgaben des Geldwäschebeauftragten. Der Geldwäschebeauftragte ist außerhalb der Finanzindustrie deshalb oftmals mit seinem eigenen, industrieimmanenten, Verständnis des Aufgabenkataloges des § 7 GwG alleine gelassen. Hieran haben auch die – größtenteils generischen und teilweise, z. B. mit Blick auf angebliche pauschale Weisungsrechte des Gruppengeldwäschebeauftragten gegenüber anderen Konzerngesellschaften rechtlich bedenklichen oder zumindest praxisfernen – Auslegungs- und Anwendungshinweise der Behörden[110] nichts geändert, die aber zugegebenermaßen nicht alle Industrien abdecken können. Dies führt einerseits zwar zu höherer Unsicherheit hinsichtlich eigener Pflichten, andererseits aber zu einer begrüßenswerten Gestaltungsfreiheit, die Pflichten nach § 7 GwG unter Risikoaspekten stark unternehmens- und industriebezogen auszugestalten. Auch im Glücksspielsektor beschränken sich die Auslegungs- und Anwendungshinweise auf Allgemeinplätze.[111]

Kurz gesagt ist die Rolle des Geldwäschebeauftragten außerhalb des Finanzsektors stark von den jeweiligen Verpflichtetengruppen und deren Geschäftsfeldern geprägt. Bei vielen Verpflichteten aus Industrie und Handel wird der Geldwäschebeauftragte z. B. bei der Errichtung von Geschäftsbeziehungen ex ante hinzugezogen, so etwa bei der Eingehung von Geschäftsbeziehungen in risikobehafteten Regionen. Auch ist in einigen Branchen die Rekonstruktion oder Überprüfung von Beteiligungsketten zur Identifikation des wirtschaftlich Berechtigten mangels hinreichender Spezialkenntnisse auf „Marktseite" oder aufgrund vom Finanzmarkt **stark abweichender Abläufe bei Vertragsschluss und -abwicklung** durch den Geldwäschebeauftragten durchaus üblich. Auch man- **126**

---

110 Auslegungs- und Anwendungshinweise zum Geldwäschegesetz (GwG) für Güterhändler, Immobilienmakler und andere Nichtfinanzunternehmen – Gemeinsame Auslegungs- und Anwendungshinweise der Länder der Bundesrepublik Deutschland, Dezember 2020, vgl. insbesondere die bedenklichen Ausführungen in Ziff. 3.3.3.4.4. Wie geschildert, sind Weisungsrechte des Geldwäschebeauftragten per se bereits höchst umstritten; der Eingriff in die Gewerbefreiheit dahingehend, dass einem Geldwäschebeauftragten Weisungsrechte eingeräumt werden müssen, wäre ferner nur durch formelles Gesetz, nicht durch bloße Verwaltungspraxis zulässig. Er führte als Einzelweisungsrecht ausgestattet auch dazu, dass Konzernobergesellschaften mit Blick auf das Weisungsrecht Überwachungspflichten gegenüber der Tochtergesellschaft und eine entsprechende Haftung träfen. Einzelweisungsrechte über das Setzen von üblichen strategischen Rahmenrichtlinien hinaus sind daher außerhalb von Gesellschafterbeschlüssen und das förmliche Eintrittsrecht des Gesellschafters in Angelegenheiten des Tochterunternehmens (bei gleichzeitiger Übernahme der Haftung) nach hiesiger Auffassung nicht möglich bzw. untunlich.
111 Gemeinsame Hinweise der Obersten Aufsichtsbehörden der Länder im Glücksspielsektor gemäß § 51 Absatz 8 GwG für Veranstalter und Vermittler von Glücksspielen, November 2020, Ziff 3.4.

gels Erfordernisses eines förmlichen Prozesses zu Neuen Produkten und Neuen Märkten ist vom Geldwäschebeauftragten allerdings zweifellos einzufordern, dass sich dieser bei neuen Markterschließungen oder Produkten zu den Geldwäscherisiken verhält. Die Errichtungs- und Überwachungspflichten sind stark industrieabhängig, bestehen im Grunde aber ebenso wie im Finanzsektor.

127 Im Kunst- und Antiquitätensektor,[112] im Gold- und Edelsteinhandel aber auch bei Luxusgüterhändlern ist es darüber hinaus z.B. typische Aufgabe des Geldwäschebeauftragten, nicht nur Zahlungsflüsse, sondern auch die Herkunft eingehender (auch gebrauchter) Ware bzw. halbfertiger Ware, Bestandteile oder Rohstoffe zu überprüfen.

VI. Arbeitsrechtliche Stellung und Haftung

1. Überblick

128 Mit dem Umsetzungsgesetz zur Vierten EU-Geldwäscherichtlinie hat sich der Status des Geldwäschebeauftragten **merklich geändert.** Während in den Jahren zuvor lediglich im Finanzsektor ein gewisser faktischer Schutz des Geldwäschebeauftragten durch die Verwaltungspraxis dargestellt worden war (immerhin musste die Abberufung des Geldwäschebeauftragten in jedem Falle gegenüber der Aufsicht begründet werden),[113] stellte Art. 38 der Vierten EU-Geldwäscherichtlinie (in Zusammenschau mit Erwägungsgrund 41) den Benachteiligungsschutz auf ein solideres Fundament. Schon über viele Jahre war zuvor in der Praxis bemängelt worden, dass im Vergleich zu den anderen „Beauftragten" ein niedrigeres arbeitsrechtliches Schutzniveau herrschte – bei ähnlich gelagerten Interessen.[114] Auch der Gesetzgeber hatte beim Erlass des Geldwäschebekämpfungsergänzungsgesetzes angemerkt, dass der Geldwäschebeauftragte bei Auftreten von Interessenkonflikten zwischen der Erfüllung seiner Aufgaben und den Unternehmensinteressen in seinen Arbeitnehmerrechten nicht beeinträchtigt werden dürfe.[115]

129 Spätestens mit der Verschärfung der Pflichten des Geldwäschebeauftragten im Hinblick auf § 7 Abs. 1 Satz 2 GwG war es bei der Umsetzung der Vierten EU-Geldwäscherichtlinie an der Zeit, dem Geldwäschebeauftragten einen gleichwertigen **Schutz** zu gewähren wie anderen Beauftragten. Vom Gesetzgeber aus-

---

112 Vgl. hierzu sehr instruktiv *Boll*, in: Wohlschlägl-Aschberger, Geldwäscheprävention, S. 517 ff.

113 Vgl. DK, AuA 2014, Zeile 83.

114 Vgl. z.B. *Achtelik*, in: Boos/Fischer/Schulte-Mattler, KWG/CRR-VO, § 25h KWG Rn. 28.

115 Vgl. *Auerbach/Hentschel*, in: Schwennicke/Auerbach, KWG, § 25h Rn. 94 mit Verweis auf BT-Drs. 16/90389, S. 43.

drücklich als Vorbild für die entsprechenden Normen des GwG genannt,[116] sollte der Geldwäschebeauftragte in arbeitsrechtlicher Hinsicht **dem Datenschutzbeauftragten gleichgestellt** werden. Die getroffenen Regelungen sollen nach dem Willen des Gesetzgebers gewährleisten, dass dem Geldwäschebeauftragten keine Nachteile wegen der von ihm ausgeübten Funktion drohen.

Die **Ausnahme vom Direktionsrecht** der Geschäftsleitung hingegen greift bestehende Verwaltungspraxis auf und erhöht diese in Gesetzesrang. Die Regelung bezweckt, dem Geldwäschebeauftragten als Spezialisten eine interessenkollisionsfreie Abwägung zur Abgabe von Verdachtsmeldungen anzugedeihen und ihn vor möglicher interessengeleiteter Einflussnahme zu schützen.   **130**

Die Bestellung und Abberufung des Geldwäschebeauftragten ist **vom rechtlichen Grundverhältnis**, in der Regel einem Arbeitsverhältnis, **zu trennen.**[117]   **131**

2. Ausnahme vom Direktionsrecht

Anders als der Datenschutzbeauftragte ist der Geldwäschebeauftragte nicht „in Ausübung seiner Fachkunde auf dem Gebiet […] weisungsfrei" (vgl. § 4f Abs. 3 Satz 2 BDSG a. F., vgl. auch Art. 38 Abs. 3 DSGVO), sondern lediglich „soweit er die Erstattung einer Verdachtsmeldung beabsichtigt oder ein Auskunftsersuchen der Zentralstelle für Finanztransaktionsuntersuchungen nach § 30 Abs. 3 beantwortet" (§ 7 Abs. 5 Satz 6 GwG). Art. 38 Abs. 3 DSGVO greift dies auf. Eine „Totalausnahme" vom Direktionsrecht besteht für den Geldwäschebeauftragten also nicht.   **132**

Der Grund hierfür liegt in der **besonderen öffentlich-rechtlichen Stellung** des Datenschutzbeauftragten, dessen Zuständigkeitsgebiet intensiver als beim Geldwäschebeauftragten mit hoheitlichen Funktionen durchsetzt ist. Während der Geldwäschebeauftragte insbesondere bei der „Datensammlung" für Strafverfolgungsbehörden[118] originär hoheitliche Tätigkeiten ausübt, ist die Funktion des Datenschutzbeauftragten in fast seinem gesamten Tätigkeitsfeld als jedenfalls öffentlich motiviert, wenn nicht gar hoheitlich einzustufen. Daher fordert schon die bisherige EG-Datenschutzrichtlinie für den Datenschutzbeauftragten „völlige Unabhängigkeit".[119]   **133**

Wie für den Datenschutzbeauftragten ist die Weisungsfreiheit für den Geldwäschebeauftragten nur auf die Funktion bezogen.[120] Hinsichtlich etwaiger wei-   **134**

---

116 BT-Drs. 18/11555.
117 *Kleinmann/Fündling*, NZA 2020, 991, 9992 m. w. N.
118 Kritisch hierzu *Roberts/Spoerr*, WM 2017, 1142 mit zahlreichen weiteren Nachweisen.
119 Art. 18 Abs. 2 EG-DatSchRL, vgl. auch *Klug*, in: Gola, DSGVO, 3. Aufl. 2022, Art. 38 Rn. 5.
120 Vgl. *Klug*, in: Gola, DSGVO, 3. Aufl. 2022, Art. 38 Rn. 5.

terer Tätigkeiten ist er der Weisung der Geschäftsleitung unterworfen. Hinsichtlich der Budget- und Personalgewalt untersteht er weiter seinen Vorgesetzten.

135   Nach dem Gesetzeswortlaut ist der Geldwäschebeauftragte nur dann vom Direktionsrecht der Geschäftsleitung ausgenommen, „**soweit** [er] die Erstattung einer Meldung nach § 43 Absatz 1 beabsichtigt oder ein Auskunftsersuchen der Zentralstelle für Finanztransaktionsuntersuchungen nach § 30 Abs. 3 beantwortet". Aufgrund des Bestimmtheitsgebotes im Gewerberecht und aufgrund der mit der Norm einhergehenden Beschränkung der Gewerbefreiheit der Verpflichteten, zuletzt auch aufgrund des Regel-(Weisungsabhängigkeit)/Ausnahme-(Beschränkung der Weisungsabhängigkeit)-Verhältnisses liegt eine sehr restriktive Auslegung der Norm nahe.

136   Die Weisungsausnahme „Erstattung der Meldung beabsichtigt" ist allerdings nach dem Sinn und Zweck des Gesetzes dahin auszulegen, dass sie sämtliche **Vorbereitungshandlungen** des Geldwäschebeauftragten, insbesondere Untersuchungshandlungen und Informationsbeschaffung ebenso von der Weisungsunabhängigkeit mit umfasst wie die Entscheidungsfindung über die Abgabe oder Zurückstellung einer Verdachtsmeldung und deren Abgabe selbst. Anderenfalls liefe der Sinn des Gesetzes leer, wenn z.B. ein Mitglied der Geschäftsleitung dem Geldwäschebeauftragten die konkrete Untersuchung in einem konkreten Verdachtsfall verbieten oder beschränken könnte. Wie oben unter § 1 GwG beschrieben (vgl. → § 1 Rn. 1 ff.), ist das GwG nach seinem Zweck funktional auszulegen. Diese funktionale Auslegung überlagert den – zudem etwas ungenau gefassten – Wortlaut des Gesetzes.

137   Noch vom Wortlaut, jedenfalls aber vom Sinn und Zweck der Norm, abgedeckt ist auch die Entscheidung des Geldwäschebeauftragten, eine Transaktion zunächst aufgrund der abgegebenen Verdachtsmeldung für die im Gesetz genannte Frist von drei Werktagen (**§ 46 GwG**) anzuhalten. Der Entscheidungsspielraum des Geldwäschebeauftragten ist ohnehin durch das Gesetz selbst begrenzt („[…] darf frühestens ausgeführt werden […]"), sodass von einer Annexausnahme auszugehen ist.

138   Umstritten – und nicht eindeutig vom Wortlaut umfasst – ist hingegen die Entscheidung über eine **Kündigung von Geschäftsbeziehungen**. Teilweise wird dies in der Literatur angenommen.[121] Basierend auf einem Entwurf der BaFin AuA aus dem Jahr 2018[122] sei ursprünglich seitens der Aufsichtsbehörden eine Einbeziehung der Leitungsebene in die Entscheidung über eine Beendigung der Geschäftsbeziehung für erforderlich gehalten, in der Endfassung aber fallen gelassen worden. Folglich bestehe ein eigener Beurteilungsspielraum, welcher von

---

121 Vgl. *Roth*, in: Gehra/Gittfried/Lienke, Prävention von Geldwäsche und Terrorismusfinanzierung, S. 144, Rn. 260.
122 BaFin, Konsultation 05/18 zum Entwurf der AuA 2018, Ziff. 3.2, S. 21.

der Ausnahme vom Direktionsrecht umfasst sei, da die Geschäftsleitungsebene möglicherweise Interessenkollisionen unterliege, die einer Einbeziehung derselben entgegenstehen könnte.[123] Bei genauem Hinsehen spricht aufgrund der Endfassung der BaFin AuA[124] in der Tat einiges dafür, dass jedenfalls im Finanzsektor davon auszugehen ist, dass dem Geldwäschebeauftragten die entsprechende Entscheidungskompetenz einzuräumen ist. Dieser Punkt wurde bei der Neufassung der BaFin-Verwaltungspraxis 2021 nicht erneut aufgegriffen. Nicht abschließend geklärt ist allerdings, ob der Geldwäschebeauftragte auch in dieser, vom Gesetz nicht genannten, Annexaufgabe zur Abgabe einer Verdachtsmeldung vom Direktionsrecht ausgenommen ist. Dafür sprechen Sinn und Zweck der Norm sowie die geschilderte Interessenlage. Dagegen spricht, dass durch § 7 Abs. 5 Satz 6 GwG wie geschildert eben keine „Totalausnahme" beabsichtigt ist und der Ausnahmecharakter der Norm bleibt. Im Streit- oder gar Haftungsfalle wird der Geldwäschebeauftragte sich auf seine Sachnähe, seine Fachkenntnis und den ihm unstreitig zur Seite stehenden materiellen Beurteilungsspielraum verlassen müssen.

Die Bereichsausnahme „Auskunftsersuchen" ist hingegen auf **förmliche Auskunftsersuchen** nach § 30 Abs. 3 GwG beschränkt. „Informelle Auskunftsersuchen" und Auskunftsersuchen anderer Behörden als solche der FIU sind nicht umfasst. Vom Zweck der Norm her ist die Aushändigung von Unterlagen, die im Wege der förmlichen Beschlagnahme durch Strafverfolgungs- oder Steuerbehörden erzwungen wird, hingegen selbstverständlich umfasst. Eine Weigerung des Geldwäschebeauftragten, förmliche Auskunftsersuchen überhaupt oder vollständig zu beantworten, kann eine eigene Haftung des Geldwäschebeauftragten auslösen.   **139**

Die Weisungsfreiheit erstreckt sich nach dem Zweck des Gesetzes, wie auch beim Datenschutzbeauftragten, auch auf den Stellvertreter und die Mitarbeiter des Geldwäschebeauftragten,[125] diese wiederum selbstverständlich ebenso nur sofern und soweit sie im Rahmen ihrer Geldwäsche-Funktion tätig sind und eine entsprechende Delegation durch den Geldwäschebeauftragten erfolgt ist. In Konzernstrukturen erfasst die Weisungsfreiheit auch sogenannte „Geldwäsche-Manager", die – oftmals ohne ausdrücklich nach lokalem Recht als Geldwäschebeauftragter bestellt zu sein – als „Statthalter" des Geldwäschebeauftragten in lokalen Einheiten tätig sind. Die Weisungsfreiheit gilt in solchen Fällen grenzüberschreitend, im Rahmen der gruppenweiten Geldwäscheorganisation aber wiederum nur bezogen auf die Funktion.   **140**

---

123 Vgl. *Roth*, in: Gehra/Gittfried/Lienke, Prävention von Geldwäsche und Terrorismusfinanzierung, S. 144, Rn. 260.

124 BaFin, AuA 2021, Ziff. 3.2, S. 19.

125 Vgl. *Simitis*, in: Simitis, BDSG, § 4f Rn. 123.

3. Benachteiligungsverbot

141 „Dem Geldwäschebeauftragten und dem Stellvertreter darf wegen der Erfüllung ihrer Aufgaben **keine Benachteiligung im Beschäftigungsverhältnis** entstehen." Das Benachteiligungsverbot in § 7 Abs. 7 Satz 1 GwG ist Ausprägung der Absicht des Gesetzgebers, dass die unabhängige Tätigkeit des Geldwäschebeauftragten möglich sein muss, ohne dass ihm wegen der von ihm ausgeübten Tätigkeiten Nachteile drohen.[126] Anders als die Ausnahme von der Weisungsabhängigkeit ist das Benachteiligungsverbot nicht an die Abgabe von Verdachtsmeldungen oder die Beantwortung von Auskunftsersuchen gekoppelt; es erstreckt sich auf das gesamte Tätigkeitsfeld des Geldwäschebeauftragten. Das Benachteiligungsverbot gilt für den Geldwäschebeauftragten und den Stellvertreter wiederum im Rahmen des Tätigwerdens in ihrer Funktion, nicht hinsichtlich weiterer Tätigkeiten. Hinsichtlich letzterer – und hinsichtlich der Mitarbeiter des Geldwäschebeauftragten – bleibt es bei den allgemeinen arbeitsrechtlichen Grundsätzen. Sofern ein Mitarbeiter des Geldwäschebeauftragten allerdings benachteiligt wird, so ist die vom Gesetzgeber besonders genannte schützenswerte Konfliktlage des Geldwäschebeauftragten in die erforderlichen Abwägungen seitens Arbeitgeber und durch die Gerichte angemessen zu berücksichtigen.

142 Die Vorschrift privilegiert den Geldwäschebeauftragten im Hinblick auf seine Funktion, ist lex specialis zu § 7 AGG und erweitert den Anwendungsbereich des Benachteiligungsschutzes um ein weiteres mögliches Konfliktkriterium. Der Geldwäschebeauftragte ist naturgemäß mit einer Funktion betraut, die viel innerbetriebliches **Konfliktpotenzial** birgt. Als Beispiele seien im Hinblick auf Konflikt mit der „Marktseite" eines Verpflichteten die Kündigung einer Geschäftsbeziehung oder die Abgabe einer Verdachtsmeldung über einen Kunden genannt.

143 Zur Auslegung des Begriffs der „**Benachteiligung**" im Sinne des § 7 GwG können die allgemeinen arbeitsrechtlichen Grundsätze herangezogen werden. Er umfasst sowohl die unmittelbare als auch die mittelbare Benachteiligung sowie Belästigungen, die eine Beeinträchtigung des Geldwäschebeauftragten in seiner Funktion bezwecken sollen.[127]

144 Abzugrenzen von einer (unzulässigen) Benachteiligung ist die (zulässige) unterschiedliche Behandlung aufgrund beruflicher oder betrieblicher Anforderungen (vgl. hierzu § 8 AGG).

145 Im Übrigen kann hinsichtlich des Benachteiligungsverbotes auf die Rechtslage hinsichtlich des AGG, des betrieblichen Gleichbehandlungsgrundsatzes und der weiteren arbeitsrechtlichen Bestimmungen verwiesen werden.

---

126 BT-Drs. 18/11555, S. 114.

127 Vgl. zur mannigfaltigen Ausprägung der Begriffe und für zahlreiche einzelne Nachweise *Schlachter*, in: Erfurter Kommentar zum Arbeitsrecht, § 40 AGG Rn. 2 ff.

In Extremfällen haben die Aufsichtsbehörden – bei Bekanntwerden etwaiger **146** Missstände – die in § 51 GwG genannten Möglichkeiten und die Pflicht, ihrerseits auf die Verpflichteten einzuwirken. Das Gesetz erlaubt dem Geldwäschebeauftragten allerdings nicht, ohne vorheriges Einverständnis und spontan auf die Verwaltungsbehörden zuzugehen. Im Rahmen von Prüfgesprächen müssen allerdings auf Nachfragen von Prüfern oder der Aufsichtsbehörden zutreffende Angaben gemacht werden, welche sich auf tatsächliche oder drohende Benachteiligungen beziehen.

4. Sonderkündigungsschutz

Ein Sonderkündigungsschutz des Geldwäschebeauftragten war über **lange Zeit** **147** **diskutiert**, von den Vorgängerversionen des GwG vor 2017 aber nicht in das Gesetz aufgenommen worden.[128] Der mittlerweile im Gesetz enthaltene Sonderkündigungsschutz ist wiederum dem des Datenschutzbeauftragten nachempfunden und beschränkt sich ebenso wie das Benachteiligungsverbot auf diejenigen Gründe, die **aus der Funktion herrühren**.

Er besteht nicht für Fälle, in denen eine außerordentliche Kündigung des Geld- **148** wäschebeauftragten aus wichtigem Grund ohne Einhaltung einer Kündigungsfrist (§ 626 BGB) möglich wäre und erstreckt sich auf einen Zeitraum von einem (weiteren) Jahr nach Abberufung von der Funktion. Der Sonderkündigungsschutz betrifft ausschließlich den Geldwäschebeauftragten und den Stellvertreter; anders als die Vorschriften zur Ausnahme von der Weisungsabhängigkeit gilt er nicht für die Mitarbeiter des Geldwäschebeauftragten.

Gegenüber ausgelagerten Funktionen bedeutet § 7 Abs. 7 Satz 2 und 3 GwG **149** nicht, dass auch ein Kündigungsschutz hinsichtlich der zwischen dem Verpflichteten und dem ausgelagerten Geldwäschebeauftragten bestehenden Geschäftsbesorgungsverträge besteht. Diese sind ohnehin mit angemessener Kündigungsfrist auszustatten, sodass der Dienstleister hinreichend geschützt wird. Die Norm ist hingegen als rein arbeitsrechtliche Kündigungsschutznorm zu verstehen. Der Sonderkündigungsschutz gilt auch während der Probezeit.[129]

Nicht vom Sonderkündigungsschutz erfasst ist der „**freiwillig**" bestellte Geld- **150** **wäschebeauftragte**, der nicht aufgrund Gesetzes oder Verwaltungsanordnung bestellt ist. Dies ist für den Datenschutzbeauftragten geklärt[130] und dürfte aufgrund des Verweises in der Gesetzesbegründung auch für den Geldwäschebeauf-

---

128 *Achtelik*, in: Boos/Fischer/Schulte-Mattler, KWG/CRR-VO, § 25h KWG Rn. 28.
129 Vgl. (für den Datenschutzbeauftragten) ArbG Dortmund, RDV 2013, 319.
130 Vgl. BAG, Urt. v. 5.12.2019 – 2 AZR 223/19; *Franzen*, in: Erfurter Kommentar zum Arbeitsrecht, § 38 BDSG Rn. 10.

tragten und seinen Stellvertreter gelten. Literatur[131] und Verwaltungspraxis außerhalb des Finanzsektors[132] haben sich dieser Auffassung angeschlossen.

151 Analog dem Datenschutzbeauftragten ist auch beim Geldwäschebeauftragten
davon auszugehen, dass **Beschäftigungsverhältnis und Funktion getrennt betrachtet** werden müssen.[133] In der Praxis bedeutsam ist deshalb die Kündigung,
die gegenüber einem Geldwäschebeauftragten ausgesprochen wird und die sich
nicht auf die Funktion als Geldwäschebeauftragter, sondern auf Kündigungs-
gründe außerhalb der Funktion bezieht. Wie auch im Hinblick auf den Datenschutzbeauftragten kommt in diesen Fällen wohl eine Teilkündigung in Betracht,
die das Arbeitsverhältnis im Hinblick auf die Aufgabenwahrnehmung als Geldwäschebeauftragter zu Teilen noch bestehen lässt.[134] In einer Folgeentscheidung
hat das BAG weiter ausgeführt, dass im Regelfall auch eine Teilkündigung unzulässig sei, die mit dem Widerruf der Bestellung als Beauftragter zeitlich verknüpft sei.[135] Wesentlich für die Beurteilung der Rechtmäßigkeit der Kündigung
in solchen „Mischfällen" ist, ob die Stellung des Geldwäschebeauftragten der
Tätigkeit des Arbeitnehmers „das Gepräge gibt".[136]

152 Bei Wegfall der Funktion, etwa im Falle von gesellschaftsrechtlichen Umwand-
lungen, ist die Rechtslage uneinheitlich; ausschlaggebend sind wohl die Umstände des Einzelfalles. Im Fall einer Betriebsstilllegung wird die analoge Anwendung von § 15 Abs. 4 KüSchG diskutiert, aber zu Recht abgelehnt.[137] Auch
mit Blick auf nachlaufende Pflichten, etwa der Sicherung von Dokumentation
oder die Beantwortung von Auskunftsersuchen betreffend einen länger zurück-
liegenden Zeitraum dürfte nicht „automatisch" zum Wegfall der Bestellung führen, sodass im Regelfalle eine ausdrückliche Abberufung – mit den gesetzlichen
Folgen – nötig ist.

153 Hinsichtlich der weiteren Aspekte des Sonderkündigungsschutzes gelten die allgemeinen arbeitsrechtlichen Regeln.

---

131 *Wegner*, GWuR 2021, 79, 80.
132 Auslegungs- und Anwendungshinweise zum Geldwäschegesetz (GwG) für Güterhändler, Immobilienmakler und andere Nichtfinanzunternehmen – Gemeinsame
Auslegungs- und Anwendungshinweise der Länder der Bundesrepublik Deutschland,
Dezember 2020, S. 16 Ziff. 3.3.2.8; die Auslegungs- und Anwendungshinweise für
den Glückspielsektor haben den Punkt nicht aufgenommen. Dennoch wird auch hier
mit Blick auf die Gesetzesbegründung zu § 7 Abs. 7 das Gleiche gelten.
133 *Kleinmann/Fündling*, NZA 2020, 991, 992.
134 Vgl. für den Datenschutzbeauftragten BAG, DB 2007, 1198; *Rücker/Dienst*, in: Gola/
Heckmann, BDSG, § 38 Rn. 49 m. w. N. und § 38 Abs. 2 BDSG.
135 BAG, RDV 2011, 237.
136 Vgl. *Franzen*, in: Erfurter Kommentar zum Arbeitsrecht, § 38 BDSG Rn. 10.
137 *Kleinmann/Fündling*, NZA 2020, 991, 995.

Nicht vom Gesetz ausdrücklich genannt, und letztlich ungeklärt, ist ein Sonder- **154**
kündigungsschutz der dienstvertraglich oder als Geschäftsbesorgungsvertrag
geregelten **externen Geldwäschebeauftragten**. Einerseits besteht nach Sinn
und Zweck des Gesetzes sicherlich ein gleichgelagertes Schutzbedürfnis. Andererseits besteht im Wettbewerbsverhältnis von Dienstleistern das besonders geschützte Abhängigkeitsverhältnis zwischen Arbeitnehmer und Arbeitgeber
nicht. Die besseren Gründe sprechen zwar für eine Berücksichtigung der besonderen Interessenlage im Fall der Kündigung solcher Auslagerungsverhältnisse,
aber gegen eine den Wortlaut der Norm weit verlassende Erstreckung von Son-
derkündigungsregeln auf externe Vertragsverhältnisse. Hier ist ggf. der Gesetzgeber gefordert.

5. Einzelne Haftungsfragen

Die Haftung des Geldwäschebeauftragten orientiert sich in einigen Fragen an **155**
der Haftung des Compliance Officers.[138] In vielerlei Hinsicht (mögliche[139]
gesetzliche Garantenstellung, gesetzlich umrissener Pflichtenkatalog, besondere
persönliche Merkmale im Sinne des § 14 StGB[140] etc.) unterscheidet sie sich allerdings von ihr in einigen Punkten.

Geldwäschevermeidung ist ein Teil der **Legalitätspflichten der Geschäftslei-** **156**
tung bei jedem Verpflichteten. Während beim Compliance Officer die Delegation der hiermit einhergehenden Pflichten (außer der typischen Geschäftsleiterverantwortlichkeit, die auch im Falle einer Delegation als Residualpflicht weiter
bestehen bleibt) durch Arbeitsvertrag und Stellenbeschreibung erfolgt, treten
beim Geldwäschebeauftragten die mögliche Garantenstellung aufgrund § 7
Abs. 1 Satz 2 GwG, die teilweise im Gesetz niedergelegten Handlungspflichten
und bei regulierten Unternehmen die Verwaltungspraxis ergänzend hinzu. Der
Umfang der Delegation – und somit der für Haftungsfragen Ausschlag gebende
Pflichtenkreis – ist beim Geldwäschebeauftragten damit nicht nur zivilrechtlich
definiert. Insbesondere sofern ausdrücklich Weisungsrechte bestehen, z.B. zur
Kündigung von bemakelten Geschäftsbeziehungen, kommen Pflichtverletzungen bei pflichtwidrigem Unterlassen der Wahrnehmung solcher Kündigungsrechte in Betracht.

---

138 Die Diskussion um Haftung und Garantenstellung des Geldwäschebeauftragten ist
nicht neu. Schon nach älterer Gesetzeslage wurde eine Garantenstellung des Geldwäschebeauftragten diskutiert und jedenfalls als Gefahrenquelle angesehen, vgl.
Otto, wistra 1995, 323.
139 Von einigen Teilen der Literatur wurde eine Garantenstellung auch in der neueren Literatur schon vor der Gesetzesänderung angenommen, vgl. z.B. *Neuheuser*, NZWiSt
2015, 241.
140 Vgl. *Kaetzler*, CCZ 2008, 174, 180.

157 Ob die Zivil- und Strafgerichte eine **Garantenstellung** des Geldwäschebeauftragten aus Gesetz (wie oben → Rn. 60 ff. dargelegt, kommt ganz grundsätzlich eine Haftung sowohl als Beschützer- als auch als Überwachergarant in Frage) annehmen werden, bleibt abzuwarten. Hinsichtlich einzelner Pflichten kommt eine unmittelbare Haftung des Geldwäschebeauftragten in straf- und ordnungswidrigkeitenrechtlicher Hinsicht in Betracht, zumal der Geldwäschebeauftragte hinsichtlich besonderer persönlicher Merkmale im Sinne des § 14 StGB eine besondere Haftungsexposition innehat. Hinsichtlich der ordnungswidrigkeitenrechtlichen Behandlung von Fehlern des Geldwäschebeauftragten kommt eine Zurechnung als Bezugstäter im Rahmen des § 30 OWiG in Betracht; der Geldwäschebeauftragte ist immerhin „sonstige Leitungsperson" nach § 30 Abs. 1 Nr. 5 OWiG und rückt deshalb nach § 9 Abs. 2 Satz 1 Nr. 2 OWiG in die Normadressatenstellung des zugehörigen Verbandes ein.[141] Nach abweichender Meinung soll allerdings auch angesichts § 7 GwG allein der Delegationsumfang ausschlaggebend und eine bloße „Mitverantwortung" nicht für eine Haftung ausreichend sein.[142] Richtigerweise wird allerdings dort, wo dem Geldwäschebeauftragten qua Gesetz eine bestimmte, vom Gesetz besonders delegierte und privilegierte Tätigkeit, z.B. die Abgabe von Verdachtsmeldungen, zugewiesen ist, eine Haftung nach § 9 Abs. 2 OWiG durchaus in Betracht kommen, sofern die übrigen haftungsbegründenden Umstände, insbesondere Verschulden, vorliegen.[143]

158 In arbeitsrechtlicher Hinsicht gelten die **allgemeinen Haftungsregeln für Arbeitnehmer**.[144] In der Rolle des Geldwäschebeauftragten wird die besondere Haftungsexposition der Funktion im Rahmen des sogenannten innerbetrieblichen Schadensausgleichs[145] in besonderem Maße zu berücksichtigen sein.

159 Hinsichtlich der Abgabe von Verdachtsmeldungen oder der Erstattung von Strafanzeigen sowie der internen Meldung von Verdachtsfällen, sowie der Weitergabe von Informationen im Rahmen (formeller) Auskunftsersuchen der FIU, hat der Geldwäschebeauftragte einen eigenen Haftungsfreistellungsgrund an seiner Seite (§ 48 GwG).

160 Besondere Prominenz kommt seit einer **Entscheidung des OLG Frankfurt**[146] der Frage zu, welche Haftungsfragen eine nicht rechtzeitige, nicht vollständige oder unterbliebene Verdachtsanzeige für den Geldwäschebeauftragten nach sich ziehen kann. In ordnungswidrigkeitenrechtlicher Sicht bleibt zu betonen, dass

---

141 Vgl. hierzu *Rütters/Wagner*, NZWiSt 2015, 282.
142 *Suendorf-Bischof*, BB 2020, 522, 523.
143 So im Ergebnis auch *Suendorf-Bischof*, BB 2020, 522, 523.
144 Vgl. *Preis*, in: Erfurter Kommentar zum Arbeitsrecht, § 619a BGB Rn. 6 ff.
145 Vgl. *Preis*, in: Erfurter Kommentar zum Arbeitsrecht, § 619a BGB Rn. 9 ff.
146 OLG Frankfurt, Beschl. v. 10.4.2018, 2 Ss-OWi 1059/17, zutreffend kritisch besprochen von *Komma*, CB 2019, 197.

der Geldwäschebeauftragte in persönlicher Hinsicht den Bußgeldtatbeständen des § 56 GwG nahe steht. Zwar treffen die in den Bußgeldtatbeständen sanktionierten Pflichten primär den Verpflichteten als Unternehmen, und nicht den Geldwäschebeauftragten.[147] Aufgrund der dargelegten Sonderverantwortlichkeiten und der möglichen, im Gesetz jedenfalls angelegten, Garantenstellung sieht sich der Geldwäschebeauftragte jedoch besonderen Gefahren ausgesetzt. Hinsichtlich des ordnungswidrigkeitenrechtlichen Haftungsumfangs hat das OLG Frankfurt als „wirtschaftlichen Vorteil" im Sinne des § 17 GwG einen Teil des Gehalts angesetzt, wobei Einzelfragen hierzu aber offen blieben.[148]

Da der Geldwäschebeauftragte einerseits zwar häufig mit der Erhebung und Verarbeitung von personenbezogenen Daten in Berührung kommt, andererseits aber Ausgestaltungsspielräumen mit Blick auf unbestimmte Rechtsbegriffe wie Risikoangemessenheit und einzelfallbezogene Herausforderungen gegenübersteht, liegen insbesondere **datenschutzrechtliche Haftungstatbestände** nahe; der Geldwäschebeauftragte unterliegt insofern zahlreichen Interessenkonflikten.[149] **161**

In der Konsequenz ist den Geldwäschebeauftragten dringend anzuraten, die **Tätigkeitsbeschreibung** und somit den haftungsrechtlich relevanten **Delegationsumfang** so genau wie möglich zu definieren und insbesondere die oben angesprochenen (vgl. → Rn. 44 ff.) neuralgischen Punkte der eigenen Weisungsbefugnis gegenüber Mitarbeitern bzw. der eigenen Befugnis, Geschäftsbeziehungen zu beenden, klarzustellen. **162**

Ferner bietet sich aus Sicht des Geldwäschebeauftragten an, **Haftungsfreistellungen** im arbeitsrechtlich möglichen Rahmen zu vereinbaren. **163**

Der Geldwäschebeauftragte ist als „Officer" ein besonders Beauftragter der Geschäftsleitung und somit unter den „Directors and Officers"-**Versicherungen** versicherbar. Die überwältigende Anzahl von Verpflichteten, jedenfalls innerhalb des Finanzsektors, macht deshalb von der Möglichkeit der Einbeziehung des Geldwäschebeauftragten in die Unternehmensversicherungen Gebrauch. **164**

VII. Anzeigepflicht und -verfahren, Abberufung

§ 7 Abs. 4 GwG begründet die Pflicht, den jeweils zuständigen Aufsichtsbehörden (vgl. §§ 1 Abs. 9, 50 GwG) sowohl die Bestellung als auch die Entpflichtung des Geldwäschebeauftragten und seines Stellvertreters anzuzeigen. Die Anzeige muss „vorab" geschehen. Die älteren Normen enthielten eine solche Pflicht zur **165**

---

147 Vgl. *Roth*, in: Gehra/Gittfried/Lienke, Prävention von Geldwäsche und Terrorismusfinanzierung, S. 149, Rn. 289; *Suendorf-Bischof*, BB 2020, 522, 524.
148 Instruktiv, auch zu Fragen der Übernahme durch den Arbeitgeber: *Suendorf-Bischof*, BB 2020, 522, 524.
149 *Paul*, Comply 2020, 48, 50.

„Vorabanzeige" nicht; nach h. M. war lediglich eine „unverzügliche" Anzeige nach Bestellung oder Abberufung, somit eine Ex-post-Kontrolle durch die Aufsichtsbehörden, vorgesehen.[150]

166 Die Norm regelt hingegen nicht, welcher **Zeitraum** zur Anwendung kommen soll. Die Norm ist also so zu verstehen, dass die „Vorabanzeige" durchaus sehr kurzfristig erfolgen kann. Denn anders als bei einem Genehmigungsverfahren, bei dem den zuständigen Behörden eine angemessene Frist zur Prüfung „ex ante" zugestanden werden muss, handelt es sich nach dem Gesetzeswortlaut und der Systematik eindeutig nur um ein „Anzeige-"Verfahren.

167 Das Anzeigeverfahren dient dazu, der Behörde die Möglichkeit zu geben, die erforderliche Qualifikation und Zuverlässigkeit des neu ernannten Geldwäschebeauftragten oder des Stellvertreters zu überprüfen und gegebenenfalls der Bestellung zeitnah zu widersprechen. Im Falle mangelnder Qualifikation oder Zuverlässigkeit (zum Begriffspaar vgl. → Rn. 31 ff.) kann die Aufsichtsbehörde vom Verpflichteten verlangen, dass er die Bestellung widerruft. Daher obliege es nach Ansicht des Gesetzgebers dem Verpflichteten selbst, die praktische Möglichkeit zum Widerruf zu schaffen.[151] Andererseits soll der Aufsichtsbehörde die Möglichkeit gegeben werden, bei interessengeleiteten, dem Zweck des Gesetzes widersprechenden Abberufungen ebenso gegen den Verpflichteten einzuschreiten.

168 Aus dem Gesetzeszweck ergibt sich, dass sowohl die Bestellung des Geldwäschebeauftragten oder des Stellvertreters als auch deren Abberufung angemessen zu moderieren bzw. zu **begründen** ist. Im Falle einer Bestellung eines Geldwäschebeauftragten oder eines Stellvertreters sind somit solche **Unterlagen** der Anzeige beizufügen, die zur Beurteilung der Zuverlässigkeit und fachlichen Eignung des Geldwäschebeauftragten oder des Stellvertreters nötig sind. In der Regel ist dies der Nachweis der hinreichenden fachlichen Kenntnisse anhand eines Lebenslaufes oder einer Übersicht über den beruflichen Werdegang nebst Ausbildungs- und Fortbildungsnachweisen.[152] Im Fall größerer Institute oder Verpflichteter ist ein geeigneter Nachweis über hinreichende Leitungserfahrung beizufügen. Angesichts der risikobasierten Anforderungen an die Person des Geldwäschebeauftragten empfiehlt es sich, bei der Bestellungsanzeige Angaben über wesentliche Rahmendaten des Verpflichteten hinsichtlich dessen Risikoexposition und Größe zu machen. Der Nachweis hinreichender Zuverlässigkeit kann in einer Straffreiheitserklärung (wie z. B. bei den Geschäftsleitern nach dem Kreditwesengesetz üblich) oder in der Übersendung eines Auszugs aus dem Strafregister erfolgen.

---

150 Vgl. § 9 Abs. 2 Nr. 1 Satz 3 GwG a. F.; vgl. hierzu und zur „Unverzüglichkeit" *Warius*, in: Herzog, GwG, 2. Aufl. 2014, § 9 Rn. 21.
151 Gesetzesbegründung, BT-Drs. 18/11555, S. 113.
152 Vgl. *Auerbach/Hentschel*, in: Schwennicke/Auerbach, KWG, § 25h Rn. 92.

Der Wortlaut des Gesetzes gibt den Aufsichtsbehörden nur die Möglichkeit, der **169** „Bestellung" entgegenzutreten und die Abberufung zu verlangen (vgl. § 7 Abs. 4 Satz 2 GwG). Von einem etwaigen Widerruf einer Abberufung spricht das Gesetz nicht. Bei allem Bestreben, den Geldwäschebeauftragten auch arbeitsrechtlich in eine unabhängigere Position gegenüber dem Verpflichteten zu bringen, kann die Verwaltungsbehörde kaum derart in die innerbetrieblichen Entscheidungen eines Verpflichteten eingreifen, diesen zum Widerruf der Abberufung anzuhalten. Der Behörde steht es jedoch selbstverständlich frei, dem Unternehmen oder dem Geldwäschebeauftragten selbst mitzuteilen, dass die Abberufung aus Sicht der Behörde nicht sachgerecht gewesen war. Der Behörde steht es naturgemäß ferner frei, im Falle einer sachwidrigen Abberufung von den in § 51 GwG, insbesondere § 51 Abs. 2 GwG, genannten behördlichen Kompetenzen Gebrauch zu machen.

Im Fall des **Verlangens einer Abberufung** muss die zuständige Aufsichtsbehör- **170** de einen entsprechenden Verwaltungsakt erlassen, der nach den jeweils für die betreffende Landes- oder Bundesbehörde geltenden kostenrechtlichen Vorschriften eine Gebühr nach sich zieht und begründet werden muss. Der Verwaltungsakt richtet sich an den Verpflichteten. Ein entsprechender Bescheid kann mit Widerspruch und Anfechtungs- oder Feststellungsklage vom Verpflichteten angegriffen werden. Da eine Beschwer durch den Verwaltungsakt in aller Regel auch bei dem Betroffenen, also dem mittelbar angegriffenen Geldwäschebeauftragten oder dem Stellvertreter, vorliegt, sind diese regelmäßig auch im eigenen Namen zu Rechtsmitteln befugt.

Nach der Gesetzesbegründung habe der Verpflichtete „sicherzustellen, dass bei **171** mangelnder Qualifikation oder Zuverlässigkeit die Bestellung widerrufen werden kann".[153] Hierunter kann nur zu verstehen sein, dass der Verpflichtete arbeitsvertragliche Vorkehrungen hierfür treffen muss.

Für den Fall der Abberufung durch den Verpflichteten muss derselbe die Ent- **172** pflichtung ebenso „vorab" der Aufsichtsbehörde anzeigen. Bei der Abberufung aus besonders dringendem wichtigem Grund dürfte hierzu eine zeitgleiche Anzeige ausreichen; anders kann § 7 Abs. 4 GwG aus Perspektiven der Praktikabilität und der Verhältnismäßigkeit nicht verstanden werden. Steht zum Beispiel die Zuverlässigkeit des Geldwäschebeauftragten aufgrund Fehlverhaltens in Frage, muss dem Verpflichteten eine Abberufung schon nach dem Zweck des Gesetzes möglich sein, ohne vorab die Aufsichtsbehörde hierüber informiert zu haben. In derartigen Sonderfällen ist die Anzeige jedoch zeitgleich, zumindest

---

153 BT-Drs. 18/11555, S. 113.

unverzüglich nach Abberufung, abzugeben. Die Abberufungsanzeige ist formlos;[154] die Gründe sind zutreffend, vollständig und für die Aufsichtsbehörde
nachvollziehbar darzulegen.

---

154 Vgl. *Auerbach/Hentschel*, in: Schwennicke/Auerbach, KWG, § 25h Rn. 92.

§ 8 Aufzeichnungs- und Aufbewahrungspflicht

(1) Vom Verpflichteten aufzuzeichnen und aufzubewahren sind

1. die im Rahmen der Erfüllung der Sorgfaltspflichten erhobenen Angaben und eingeholten Informationen

    a) über die Vertragspartner, die Vertragsparteien des vermittelten Rechtsgeschäfts nach § 11 Absatz 2 und gegebenenfalls über die für die Vertragspartner oder die Vertragsparteien des vermittelten Rechtsgeschäfts auftretenden Personen und wirtschaftlich Berechtigten,

    b) über Geschäftsbeziehungen und Transaktionen, insbesondere Transaktionsbelege, soweit sie für die Untersuchung von Transaktionen erforderlich sein können,

2. hinreichende Informationen über die Durchführung und über die Ergebnisse der Risikobewertung nach § 10 Absatz 2, § 14 Absatz 1 und § 15 Absatz 3 und über die Angemessenheit der auf Grundlage dieser Ergebnisse ergriffenen Maßnahmen,

3. die Ergebnisse der Untersuchung nach § 15 Absatz 6 Nummer 1 und

4. die Erwägungsgründe und eine nachvollziehbare Begründung des Bewertungsergebnisses eines Sachverhalts hinsichtlich der Meldepflicht nach § 43 Absatz 1.

Die Aufzeichnungen nach Satz 1 Nummer 1 Buchstabe a schließen Aufzeichnungen über die getroffenen Maßnahmen zur Ermittlung des wirtschaftlich Berechtigten sowie die Dokumentation der Eigentums- und Kontrollstruktur nach § 12 Absatz 4 Satz 1 ein. Bei Personen, die nach § 3 Absatz 2 Satz 5 als wirtschaftlich Berechtigte gelten, sind zudem die Maßnahmen zur Überprüfung der Identität nach § 11 Absatz 5 und etwaige Schwierigkeiten, die während des Überprüfungsvorgangs aufgetreten sind, aufzuzeichnen.

(2) Zur Erfüllung der Pflicht nach Absatz 1 Satz 1 Nummer 1 Buchstabe a sind in den Fällen des § 12 Absatz 1 Satz 1 Nummer 1 auch die Art, die Nummer und die Behörde, die das zur Überprüfung der Identität vorgelegte Dokument ausgestellt hat, aufzuzeichnen. Soweit zur Überprüfung der Identität einer natürlichen Person Dokumente nach § 12 Absatz 1 Satz 1 Nummer 1, 4 oder 5 oder zur Überprüfung der Identität einer juristischen Person Unterlagen nach § 12 Absatz 2 vorgelegt werden oder soweit Dokumente, die aufgrund einer Rechtsverordnung nach § 12 Absatz 3 bestimmt sind, vorgelegt oder herangezogen werden, haben die Verpflichteten das Recht und die Pflicht, Kopien dieser Dokumente oder Unterlagen anzufertigen oder sie optisch digitalisiert zu erfassen oder, bei einem Vor-Ort-Auslesen nach § 18a des Personalausweisgesetzes, nach § 78 Absatz 5 Satz 2 des Aufenthaltsgesetzes oder nach § 13 des eID-Karte-Gesetzes, das dienste- und kartenspezifi-

sche Kennzeichen sowie die Tatsache aufzuzeichnen, dass die Daten im Wege des Vor-Ort-Auslesens übernommen wurden. Diese gelten als Aufzeichnung im Sinne des Satzes 1. Die Aufzeichnungs- und Aufbewahrungspflicht nach Absatz 1 Satz 1 Nummer 1 Buchstabe a umfasst auch die zur Erfüllung geldwäscherechtlicher Sorgfaltspflichten angefertigten Aufzeichnungen von Video- und Tonaufnahmen. Wird nach § 11 Absatz 3 Satz 1 von einer erneuten Identifizierung abgesehen, so sind der Name des zu Identifizierenden und der Umstand, dass er bei früherer Gelegenheit identifiziert worden ist, aufzuzeichnen. Im Fall des § 12 Absatz 1 Satz 1 Nummer 2 ist anstelle der Art, der Nummer und der Behörde, die das zur Überprüfung der Identität vorgelegte Dokument ausgestellt hat, das dienste- und kartenspezifische Kennzeichen und die Tatsache, dass die Prüfung anhand eines elektronischen Identitätsnachweises erfolgt ist, aufzuzeichnen. Bei der Überprüfung der Identität anhand einer qualifizierten Signatur nach § 12 Absatz 1 Satz 1 Nummer 3 ist auch deren Validierung aufzuzeichnen. Bei Einholung von Angaben und Informationen durch Einsichtnahme in elektronisch geführte Register oder Verzeichnisse gemäß § 12 Absatz 2 gilt die Anfertigung eines Ausdrucks als Aufzeichnung der darin enthaltenen Angaben oder Informationen.

(3) Die Aufzeichnungen können auch digital auf einem Datenträger gespeichert werden. Die Verpflichteten müssen sicherstellen, dass die gespeicherten Daten

1. mit den festgestellten Angaben und Informationen übereinstimmen,

2. während der Dauer der Aufbewahrungsfrist verfügbar sind und

3. jederzeit innerhalb einer angemessenen Frist lesbar gemacht werden können.

(4) Die Aufzeichnungen und sonstigen Belege nach den Absätzen 1 bis 3 sind fünf Jahre aufzubewahren, soweit nicht andere gesetzliche Bestimmungen über Aufzeichnungs- und Aufbewahrungspflichten eine längere Frist vorsehen. In jedem Fall sind die Aufzeichnungen und sonstigen Belege spätestens nach Ablauf von zehn Jahren zu vernichten. Die Aufbewahrungsfrist im Fall des § 10 Absatz 3 Satz 1 Nummer 1 beginnt mit dem Schluss des Kalenderjahres, in dem die Geschäftsbeziehung endet. In den übrigen Fällen beginnt sie mit dem Schluss des Kalenderjahres, in dem die jeweilige Angabe festgestellt worden ist.

(5) Soweit aufzubewahrende Unterlagen einer öffentlichen Stelle vorzulegen sind, gilt für die Lesbarmachung der Unterlagen § 147 Absatz 5 der Abgabenordnung entsprechend.

Schrifttum: *Ghassabeh*, Anti-Geldwäsche-Compliance in der deutschen Industrie – Eine Übersicht zu den geldwäscherechtlichen Pflichten privilegierter Güterhändler unter Berücksichtigung der neuen GwG-Regelungen, CCZ 2021, 33; *Hauschka/Moosmayer/Lösler*

(Hrsg.), Corporate Compliance, Handbuch der Haftungsvermeidung im Unternehmen, 3. Aufl. 2016; *Mader/Scaraggi-Kreitmayer*, Die Novelle des Geldwäschegesetzes und die damit verbundenen Anforderungen an den Berufsstand, DStR 2020, 181; *Sommer*, Das GwG aus notarieller Sicht – Teil 1: Anwendungsbereich und Risikomanagement, MittBay-Not 2019, 107; *Zentes/Glaab*, Regulatorische Auswirkungen des Vorschlags der 4. EU-Geldwäscherichtlinie, BB 2013, 707; *Zentes/Glaab*, Referentenentwurf zur Umsetzung der 4. EU-Geldwäscherichtlinie – Was kommt auf die Verpflichteten zu?, BB 2017, 67; *Zentes/Glaab*, Änderungen durch die GwG-Novelle zur Umsetzung der Fünften EU-Geldwäscherichtlinie und ihre Auswirkungen auf die Verpflichteten, BB 2019, 1667.

Übersicht

I. Allgemeines

1 § 8 GwG regelt die Pflicht zur Aufzeichnung und Aufbewahrung von Angaben, Informationen, Daten und Unterlagen. Die Norm entspricht in weiten Teilen § 8 GwG a. F. in der vor der GwG-Novelle 2017 geltenden Fassung. Neben redaktionellen Anpassungen wurden auch einige Neuerungen zur Aufzeichnung und Aufbewahrung durch das Gesetz zur Umsetzung der Vierten EU-Geldwäscherichtlinie, zur Ausführung der EU-Geldtransferverordnung und zur Neuorganisation der Zentralstelle für Finanztransaktionsuntersuchungen vom 23.6.2017[1] eingeführt.[2] § 8 GwG diente insoweit zudem der Umsetzung von Art. 40 Vierte EU-Geldwäscherichtlinie.[3] Art. 40 Vierte EU-Geldwäscherichtlinie fordert u. a. explizit die Aufbewahrung von Kopien der zur Erfüllung der Sorgfaltspflichten gegenüber Kunden erhaltenen Dokumente und Informationen, was zu einer entsprechenden Anpassung des Gesetzeswortlauts durch das GwG 2017 geführt hat.

2 Die wesentlichen Änderungen durch die **GwG-Novelle 2017** betreffen die nunmehr bestehende Pflicht und Berechtigung zur Einholung vollständiger Kopien bestimmter Dokumente und Unterlagen sowie die Pflicht zur unverzüglichen Löschung der aufbewahrten Daten nach Ablauf der Aufbewahrungsfrist. Durch die in diesem Zuge eingeführte Vorgabe zur Datenlöschung soll den Anforderungen an den Schutz personenbezogener Daten stärker Rechnung getragen werden.[4]

3 Durch das Gesetz zur Umsetzung der **Änderungsrichtlinie zur Vierten EU-Geldwäscherichtlinie vom 12.12.2019**, das zum 1.1.2020 in Kraft getreten ist (nachfolgend auch bezeichnet als „GwG 2020"), wurden zuletzt redaktionelle und inhaltliche Änderungen des § 8 GwG eingeführt.[5] Insbesondere wurde der **Umfang** der aufzeichnungs- und aufbewahrungspflichtigen Daten aufgrund der praktischen Gegebenheiten bei der Identifizierung relevanter Parteien durch Immobilienmakler erweitert und Klarstellungen bzgl. der Daten und Informationen zur Feststellung von wirtschaftlich Berechtigten sowie bzgl. der Erfassung von Beteiligungsstrukturen aufgenommen. Zudem müssen nunmehr auch etwaige **Schwierigkeiten** bei dem Prozess zur Ermittlung des fiktiven wirtschaftlich Berechtigten aufgezeichnet werden. Weiter wurde klargestellt, dass sich die Aufzeichnungspflichten auch auf Ergebnisse aus dem Einsatz neuer Technologien beziehen. Dies sind namentlich **Video- und Tonaufnahmen**. Schließlich soll durch die Erweiterung der **Aufbewahrungsdauer** nach § 8 GwG von mindes-

---

1 BGBl. I Nr. 39, S. 1822 ff. (nachfolgend auch bezeichnet als „GwG-Novelle 2017").
2 BT-Drs. 18/11555, S. 114.
3 BT-Drs. 18/11555, S. 114; zu den bereits im Richtlinienvorschlag enthaltenen Änderungen vgl. *Zentes/Glaab*, BB 2013, 707, 713 f.
4 Vgl. dazu auch *Zentes/Glaab*, BB 2017, 67, 69.
5 Vgl. zu den Einzelheiten zum Zeitpunkt des Referentenentwurfs *Zentes/Glaab*, BB 2019, 1667, 1671.

tens fünf auf grundsätzlich maximal zehn Jahre eine Angleichung der unterschiedlichen Aufbewahrungsfristen erreicht werden, die bspw. nach GwG, HGB, AO und weiteren Vorgaben bestehen.

Das **Transparenzregister- und Finanzinformationsgesetz (TraFinG)**, das **4** zum 1.8.2021 in Kraft getreten ist, hat wenige Änderungen ausgelöst. In § 8 Abs. 1 Nr. 1 lit. a GwG wurde eine Folgeänderung zu der Anpassung in § 11 Abs. 2 GwG zu den Identifizierungspflichten von Immobilienmaklern aufgenommen.[6] Daneben wurden Gesetzesverweise als redaktionelle Folgeänderungen angepasst.

II. Aufzeichnungs- und Aufbewahrungspflicht (§ 8 Abs. 1, Abs. 2 Satz 1 GwG)

1. Zeitpunkt und Anwendungsbereich

Die Pflicht zur Aufzeichnung und Aufbewahrung von Daten knüpft gem. § 8 **5** Abs. 1 Nr. 1 GwG an den Zeitpunkt an, in dem auch die Pflicht zur Erfüllung der allgemeinen Sorgfaltspflichten nach § 10 Abs. 3 GwG entsteht.

Die Pflicht zur Aufzeichnung und Aufbewahrung nach § 8 GwG gilt **uneinge- 6 schränkt** für alle Verpflichteten des GwG.[7]

2. Umfang der Aufzeichnungs- und Aufbewahrungspflicht

Die Aufzeichnungs- und Aufbewahrungspflicht bezieht sich auf bestimmte An- **7** gaben, Informationen und Ergebnisse, die in § 8 Abs. 1 und 2 Satz 1 GwG festgelegt werden. Soweit der **Umfang** der jeweiligen Aufzeichnung und Aufbewahrung gesetzlich nicht abschließend definiert wird, muss der Verpflichtete dafür Sorge tragen, dass alle geldwäscherechtlich relevanten und zur Nachvollziehbarkeit von Sachverhalten und Entscheidungen des Verpflichteten erforderlichen Informationen von der Dokumentation umfasst sind. Dies betrifft insbesondere Informationen, die für eine spätere **Überprüfung von bestimmten Sachverhalten** benötigt werden.[8] Es gilt daher für die Verpflichteten, bereits bei der Ablage und Archivierung die Perspektive eines sachverständigen Dritten einzunehmen, der

---

6 Gesetzentwurf der Bundesregierung zum Transparenzregister- und Finanzinformationsgesetz, S. 48.

7 Vgl. *Herzog*, in: Herzog, GwG, § 8 Rn. 4, der eine Anwendbarkeit auf „grundsätzlich" alle Verpflichteten bejaht; vgl. den Überblick und Diskussionsstand zu den Aufzeichnungs- und Aufbewahrungspflichten von Notaren bei *Sommer*, MittBayNot 2019, 107, 112 ff.; *Ghassabeh*, CCZ 2021, 33, 39 zu Dokumentationspflichten bei Güterhändlern.

8 Vgl. *Häberle*, in: Erbs/Kohlhaas, Strafrechtliche Nebengesetze, 224. EL März 2019, § 8 GwG Rn. 2.

zu einem beliebigen späteren Zeitpunkt die Gründe nachvollziehen können muss, die im Moment der originären Tätigkeit vorlagen und zu einem Sachverhalt bzw. einer Entscheidung geführt haben.

8   Nachfolgend werden die Informationen, Daten und Unterlagen aufgelistet, die Gegenstand der Aufzeichnungs- und Aufbewahrungspflicht sind. Gem. § 8 Abs. 1 GwG sind dies die im Rahmen der Erfüllung der Sorgfaltspflichten erhobenen Angaben und eingeholten Informationen.

a) Über Vertragspartner, Vertragsparteien, ggf. auftretende Personen und wirtschaftlich Berechtigte (§ 8 Abs. 1 Nr. 1 lit. a GwG)

9   Hierunter sind zunächst **sämtliche Angaben und Informationen zu verstehen, die zur Erfüllung der Sorgfaltspflichten** nach §§ 10 ff. GwG eingeholt werden. **Der Verpflichtete hat dies für folgende Personengruppen vorzunehmen**: den Vertragspartner, bei Immobilienmaklern für die Vertragsparteien des vermittelten Rechtsgeschäfts, ggf. für Vertragspartner bzw. vorgenannte Vertragsparteien auftretende Personen und wirtschaftlich Berechtigte.

10   Durch das GwG 2020 wurde § 8 Abs. 1 Satz 1 lit. a GwG zur Angleichung an die neuen Sorgfaltspflichten von **Immobilienmaklern** im Hinblick auf die nach § 11 Abs. 2 GwG zu identifizierenden Vertragsparteien erweitert.[9]

11   Zur Erfüllung der Aufzeichnungspflicht nach § 8 Abs. 1 Nr. 1 lit. a GwG gegenüber dem Vertragspartner, den Vertragsparteien des vermittelten Rechtsgeschäfts und der für diese ggf. auftretenden Personen und wirtschaftlich Berechtigten, sind zusätzlich die **Art, die Nummer und die Behörde**, die das zur Überprüfung der Identität vorgelegte Dokument ausgestellt hat, aufzuzeichnen (§ 8 Abs. 2 Satz 1 GwG). Dies gilt jedoch nur für die Identitätsüberprüfung von natürlichen Personen gemäß § 12 Abs. 1 Nr. 1 GwG anhand eines gültigen amtlichen Ausweises, der die dort näher beschriebenen Merkmale aufweist.

12   Gem. § 8 Abs. 1 Satz 2 GwG schließen die Aufzeichnungen nach § 8 Abs. 1 Satz 1 Nr. 1 lit. a GwG Aufzeichnungen über die getroffenen Maßnahmen zur Ermittlung des wirtschaftlich Berechtigten sowie die Dokumentation der **Eigentums- und Kontrollstruktur** nach § 12 Abs. 4 Satz 1 GwG ein. Durch das GwG 2020 wurde die Vorgabe zur Dokumentation der Eigentums- und Kontrollstruktur neu in den Gesetzeswortlaut aufgenommen. Diese ist gem. § 10 Abs. 1 Nr. 2 Halbs. 2 GwG mit angemessenen Mitteln in Erfahrung zu bringen.[10] Das Ergebnis dieser Tätigkeit ist Gegenstand der Aufzeichnungs- und und Aufbewahrungspflicht nach § 8 GwG.

---

9 BT-Drs. 352/19, S. 80.
10 BT-Drs. 352/19, S. 80.

Der vormals in § 8 Abs. 1 Satz 2 GwG 2017 enthaltene Verweis auf die Aufzeichnung und Aufbewahrung der Maßnahmen bei der Ermittlung des wirtschaftlich Berechtigten explizit bei juristischen Personen ist durch das GwG 2020 entfallen, wobei es sich lediglich um eine redaktionelle Änderung handelt.[11] Durch den jetzigen Wortlaut soll klargestellt werden, dass alle Fälle der Ermittlung eines **wirtschaftlich Berechtigten** Gegenstand der Aufzeichnung und Aufbewahrung sind, unabhängig von der Rechtsnatur des Vertragspartners als juristische Person, wie z. B. eingetragene Personengesellschaften, Trusts oder nicht rechtsfähige Stiftungen.[12] Überdies soll entsprechend Art. 1 der Änderungsrichtlinie zur Vierten EU-Geldwäscherichtlinie klargestellt werden, dass die Aufbewahrungspflichten bzgl. **aller Dokumente und Informationen** gelten, die zur Erfüllung der Sorgfaltspflichten gegenüber einem Kunden benötigt werden. Mithin sind davon auch die Maßnahmen zur Abklärung umfasst, **ob** ein wirtschaftlich Berechtigter existiert und diejenigen zur **Identifizierung** dieses nach § 10 Abs. 1 Nr. 2 GwG.[13]

13

Durch das GwG 2020 neu aufgenommen wurde die Regelung des § 8 Abs. 1 Satz 3 GwG, wonach bei Personen, die nach § 3 Abs. 2 Satz 5 GwG als wirtschaftlich Berechtigte gelten (also fiktive wirtschaftlich Berechtigte), die Maßnahmen zur Überprüfung der Identität nach § 11 Abs. 5 GwG und **etwaige Schwierigkeiten**, die während des **Überprüfungsvorgangs** aufgetreten sind, aufzuzeichnen sind. Diese Regelung dient zur Umsetzung von Art. 1 Nr. 8 lit. b der Änderungsrichtlinie zur Vierten EU-Geldwäscherichtlinie.[14] Hierdurch werden die bisherigen Dokumentationsanforderungen des § 8 Abs. 1 Satz 2 GwG 2017 a. F. in Bezug auf den wirtschaftlich Berechtigten erweitert.[15] Entsprechend der Intention des Gesetzgebers, die Transparenz von Beteiligungsstrukturen weiter zu erhöhen, dürfte der Begriff der „Schwierigkeiten" weit zu verstehen sein. Er dürfte damit sowohl Herausforderungen z. B. bei der Herleitung des (fiktiven) wirtschaftlich Berechtigten anhand von Unterlagen, als auch Sachverhalte in Bezug auf die diesbezügliche Interaktion mit Personen innerhalb der Geschäftsbeziehung umfassen. Die Aufzeichnungs- und Aufbewahrungspflicht bei „Schwierigkeiten während des Überprüfungsvorgangs" ist im Zusammenhang mit den Vorgaben zur Abgabe einer **Verdachtsmeldung nach § 43 Abs. 1 Nr. 3 GwG** (→ § 43 Rn. 45) wegen eines Verstoßes gegen die Offenlegungspflicht hinsichtlich des Tätigwerdens für einen wirtschaftlich Berechtigten zu sehen.

14

Überdies sind die Angaben und Informationen zur Identifizierung der **auftretenden Person** (§ 11 Abs. 1 GwG) sowie diejenigen zur Prüfung von deren Be-

15

---

11 BT-Drs. 352/19, S. 80.
12 BT-Drs. 352/19, S. 80.
13 BT-Drs. 352/19, S. 80.
14 BT-Drs. 352/19, S. 81.
15 BT-Drs. 352/19, S. 81.

rechtigung zum Auftreten (§ 10 Abs. 1 Nr. 1 GwG) von der Pflicht zur Aufzeichnung und Aufbewahrung umfasst (§ 8 Abs. 1 Nr. 1 lit. a GwG).

16 Die im Rahmen der Erfüllung der Sorgfaltspflichten erhobenen Angaben und eingeholten Informationen umfassen auch die von **Dritten** nach § 17 Abs. 1 GwG sowie sonstigen Personen oder Unternehmen i. S. v. § 17 Abs. 5 GwG erhobenen bzw. eingeholten Angaben und Informationen.[16]

17 Die Aufzeichnungs- und Aufbewahrungspflicht nach § 8 Abs. 1 Satz 1 Nr. 1 lit. a GwG umfasst nach § 8 Abs. 2 Satz 4 GwG auch die zur Erfüllung geldwäscherechtlicher Sorgfaltspflichten angefertigten Aufzeichnungen von **Video- und Tonaufnahmen**. Hierdurch sollen die Aufzeichnungs- und Aufbewahrungspflichten explizit auf Ergebnisse aus dem Einsatz neuer Technologien bezogen werden, wie bspw. bei Einsatz des Videoidentifizierungsverfahrens gem. BaFin-Rundschreiben 3/2017 (GW).[17] Darüber hinaus können künftig weitere Sachverhalte hierunter fallen, in denen Video- oder Tonaufnahmen zur Erfüllung geldwäscherechtlicher Sorgfaltspflichten angefertigt werden.

b) Über Geschäftsbeziehungen und Transaktionen, insbesondere Transaktionsbelege (§ 8 Abs. 1 Nr. 1 lit. b GwG)

18 **Transaktionsbelege** i. S. v. § 8 Abs. 1 Nr. 1 lit. b GwG können insbes. alle Arten von Belegen und Nachweisen sein, die im Zusammenhang mit einer Transaktion entstanden sind, wie z. B. Überweisungsbelege oder Barauszahlungsbelege.[18]

19 Angaben und Informationen über **Geschäftsbeziehungen und Transaktionen** können insbesondere Kontoeröffnungsunterlagen sowie andere Unterlagen sein, die durch den Kunden vorgelegt wurden, wie z. B. Erbschein, Kaufvertrag, Abtretungserklärungen. Der Begriff dürfte hinsichtlich der umfassten Arten von Dokumenten weit auszulegen sein. Es ist immer auf den Bezug der Transaktionsbelege zu einer konkreten Geschäftsbeziehung bzw. Transaktion abzustellen. Für die Untersuchung von Transaktionen erforderlich sein können solche Informationen, die – bei einer Ex-post-Betrachtung – einen nachvollziehbaren Rückschluss auf die Gründe für diese zulassen.

c) Hinreichende Informationen über die Durchführung und über die Ergebnisse der Risikobewertungen und über die Angemessenheit der ergriffenen Maßnahmen (§ 8 Abs. 1 Nr. 2 GwG)

20 Die hinreichenden Informationen über die Durchführung und über die Ergebnisse der **Risikobewertung** nach § 10 Abs. 2 GwG, § 14 Abs. 1 GwG und § 15

---

16 BaFin, AuA Oktober 2021, S. 75.
17 BT-Drs. 352/19, S. 81.
18 *Walther*, in: Schimansky/Bunte/Lwowski, Bankrechts-Handbuch, § 42 Rn. 436.

Abs. 3 GwG und über die Angemessenheit der auf Grundlage dieser Ergebnisse ergriffenen Maßnahmen nach § 8 Abs. 1 Nr. 2 GwG betreffen die relevanten Informationen zu den risikobasierten Maßnahmen, die ein Verpflichteter in Bezug auf eine Geschäftsbeziehung getroffen hat. Diese umfassen die Informationen zur Erfüllung der allgemeinen, vereinfachten und verstärkten Kundensorgfaltspflichten. Die Informationen sind **hinreichend**, wenn das Vorgehen, die Gründe für die Risikobewertung und die auf Basis der Risikobewertung getroffenen Sicherungsmaßnahmen für einen sachverständigen Dritten nachvollziehbar sind im Hinblick auf deren Angemessenheit zur Verhinderung von Geldwäsche und Terrorismusfinanzierung. Dieses Erfordernis ergibt sich daraus, dass Verpflichtete bei der Anwendung der allgemeinen, vereinfachten und verstärkten Sorgfaltspflichten jeweils gegenüber den Aufsichtsbehörden auf Verlangen darlegen können müssen, dass der Umfang der von ihnen getroffenen Maßnahmen im Hinblick auf die Risiken der Geldwäsche und der Terrorismusfinanzierung **angemessen** ist (§ 10 Abs. 2 Satz 4 GwG für allgemeine Sorgfaltspflichten, § 14 Abs. 1 Satz 3 GwG für vereinfachte Sorgfaltspflichten, § 15 Abs. 2 Satz 3 GwG für verstärkte Sorgfaltspflichten). Der Begriff der hinreichenden Informationen dürfte daher weit zu verstehen sein und kann sich auf alle nachvollziehbar relevanten Dokumentationen im Zusammenhang mit der Risikobewertung einer Geschäftsbeziehung der daraus abgeleiteten Maßnahmen beziehen.

d) Die Ergebnisse der Untersuchung nach § 15 Abs. 6 Nr. 1 GwG
   (§ 8 Abs. 1 Nr. 3 GwG)

Gem. § 8 Abs. 1 Nr. 3 GwG sind die **Ergebnisse der Untersuchung** nach § 15 **21** Abs. 6 Nr. 1 GwG i. R. d. Anwendung der verstärkten Sorgfaltspflichten aufzuzeichnen und aufzubewahren. § 15 Abs. 6 Nr. 1 GwG regelt den Umfang der verstärkten Sorgfaltspflichten in den Fällen des § 15 Abs. 3 Nr. 3 GwG (d. h. Transaktionen, die im Vergleich zu ähnlichen Fällen besondere Merkmale aufweisen). Die verstärkten Sorgfaltspflichten bestehen insofern auch in der Pflicht, prüfen zu müssen, ob die Voraussetzungen zur **Abgabe einer Geldwäscheverdachtsmeldung** (→ § 43 Rn. 17) vorliegen (§ 15 Abs. 3 Nr. 3 GwG).

e) Die Erwägungsgründe und eine nachvollziehbare Begründung hinsichtlich
   einer Geldwäscheverdachtsmeldung (§ 8 Abs. 1 Nr. 4 GwG)

Nach § 8 Abs. 1 Nr. 4 GwG sind seit der GwG-Novelle 2017 die Erwägungs- **22** gründe und eine nachvollziehbare Begründung des Bewertungsergebnisses eines Sachverhalts hinsichtlich der Meldepflicht nach § 43 Abs. 1 GwG aufzuzeichnen und aufzubewahren. Die Pflicht zur Dokumentation betrifft beide Fallkonstellationen: die **Abgabe** sowie die **Nichtabgabe** einer Verdachtsmeldung.[19]

---

19 BT-Drs. 18/11555, S. 114.

23   Wurde also ein Sachverhalt intern als Verdachtsfall kategorisiert (z. B. aufgrund einer **internen Verdachtsmeldung** durch einen Beschäftigten) und wird anschließend entschieden, dass keine externe Verdachtsmeldung erfolgt, unterliegen die Entscheidungsgründe der Dokumentationspflicht nach § 8 Abs. 1 Nr. 4 GwG.[20] Die internen Verdachtsmeldungen der Beschäftigten sind **fünf Jahre** lang aufzubewahren.[21]

24   Wird das Vorliegen entsprechender **Tatsachen** und damit der Voraussetzungen des § 43 Abs. 1 GwG als Ergebnis der Bewertung durch den Verpflichteten bejaht (auch soweit im Nachhinein keine Meldung an die FIU erfolgt), hat der Verpflichtete durch die Erstellung von Arbeits- und Organisationsanweisungen sicherzustellen, dass die **Ergebnisse der Untersuchung** in nachvollziehbarer Art und Weise dokumentiert werden.[22] Dabei müssen auch die **Gründe für die Nichtabgabe der Verdachtsmeldung** in dem Fall nachvollziehbar dokumentiert werden, wenn zunächst das Vorliegen der Voraussetzungen des § 43 Abs. 1 GwG bejaht wurde und letztlich aber keine Verdachtsmeldung abgegeben wurde.[23] Die vorgenannte Dokumentation dürfte ebenfalls von der Aufzeichnungs- und Aufbewahrungspflicht von fünf Jahren umfasst sein.

25   Die Dokumentation unterliegt der **retrospektiven Überprüfung** durch die BaFin (für die von ihr beaufsichtigten Verpflichteten) und die interne bzw. externe Revision. Geprüft wird hierbei, ob bei der Beurteilung sachfremde Erwägungen oder offenkundig unrichtige Tatsachen zugrunde gelegt oder keine allgemein gültigen Bewertungsmaßstäbe angewendet worden sind.[24]

III. Aufzeichnungen zur Überprüfung der Identität (§ 8 Abs. 2 Satz 2 und 3 GwG)

26   Soweit nach § 8 Abs. 2 Satz 2 GwG zur Überprüfung der Identität einer natürlichen Person die nachfolgend aufgelisteten Dokumente vorgelegt bzw. Identifizierungssysteme herangezogen werden, haben die Verpflichteten das Recht und die Pflicht, **Kopien** dieser Dokumente oder Unterlagen anzufertigen oder sie **optisch digitalisiert** zu erfassen. Dies betrifft:

– Dokumente nach § 12 Abs. 1 Satz 1 Nr. 1, 4 oder 5 GwG,
  – d.h. gültiger amtlicher Ausweis mit bestimmten Merkmalen (Nr. 1),

---

20 BaFin, AuA 2018, S. 75.
21 BaFin, AuA 2018, S. 75; BaFin, AuA AT, Oktober 2021, S. 81.
22 BaFin, AuA 2018, S. 75; BaFin, AuA AT, Oktober 2021, S. 80 die unverändert insofern eine Dokumentation nach § 8 Abs. 1 Nr. 3 GwG vorsehen.
23 BaFin, AuA 2018, S. 75; BaFin, AuA AT, Oktober 2021, S. 81.
24 BaFin, AuA 2018, S. 75; BaFin, AuA AT, Oktober 2021, S. 80.

– ein nach Art. 8 Abs. 2 lit. c i.V.m. Art. 9 Verordnung (EU) 910/2014 vom 23.7.2014 notifiziertes elektronisches Identifizierungssystem (Nr. 4),
– Dokumente nach § 1 Abs. 1 der Verordnung über die Bestimmung von Dokumenten, die zur Identifizierung einer nach dem Geldwäschegesetz zu identifizierenden Person zum Zwecke des Abschlusses eines Zahlungskontovertrags zugelassen werden (d. h. (Zahlungskonto-Identitätsprüfungsverordnung – ZIdPrüfV) (Nr. 5) oder
– zur Überprüfung der Identität einer juristischen Person vorgelegte Unterlagen nach § 12 Abs. 2 GwG oder
– Dokumente, die aufgrund einer Rechtsverordnung nach § 12 Abs. 3 GwG bestimmt sind (d. h. durch Festlegung weiterer Dokumente, die zur Überprüfung der Identität geeignet sind).[25]

Bei einem **Vor-Ort-Auslesen** nach § 18a des Personalausweisgesetzes, nach § 78 Abs. 5 Satz 2 des Aufenthaltsgesetzes oder nach § 13 des eID-Karte-Gesetzes, haben die Verpflichteten das Recht und die Pflicht, das dienste- und kartenspezifische Kennzeichen sowie die Tatsache aufzuzeichnen, dass die Daten im Wege des Vor-Ort-Auslesens übernommen wurden. Diese gelten nach § 8 Abs. 2 Satz 3 GwG als Aufzeichnung im Sinne des § 8 Abs. 2 Satz 1 GwG. Die Möglichkeit des Vor-Ort-Auslesens wurde durch das GwG 2020 neu eingeführt. Gemäß der Gesetzesbegründung erfolgt die Identifizierung dabei im ersten Schritt weiterhin über den bekannten Lichtbildabgleich mit einem nach § 12 Abs. 1 Nr. 1 GwG zulässigen Ausweisdokument.[26] Demnach darf lediglich die anschließende Aufzeichnung der Personendaten im zweiten Schritt im Wege des Vor-Ort-Auslesens erfolgen.[27] Hierdurch soll nach dem Willen des Gesetzgebers eine „medienbruchfreie Erfassung eines bereits digitalisierten Datensatzes" erfolgen.[28] Das Vor-Ort-Auslesen ist also nur bei der Kombination dieser beiden Schritte möglich, wenn zusätzlich die im elektronischen Aufenthaltstitel bzw. der eID-Karte niedergelegten Daten denjenigen im vorgelegten Identifizierungsdokument entsprechen.[29] Für Unionsbürger reicht die alleinige Vorlage eines elektronischen Aufenthaltstitels oder einer eID-Karte daher weiterhin nicht für eine Identifizierung.[30]   **27**

Durch das GwG 2020 ist die Vorgabe zur Anfertigung **vollständiger** Kopien in § 8 Abs. 2 Satz 2 GwG 2017 a. F. entfallen. Die Gesetzesbegründung enthält zum Grund für den Wegfall dieses Zusatzes keine Erläuterung. Es dürfte jedoch auch weiterhin kein Bedarf bestehen, eine ausdrückliche **Einwilligung** des Kun-   **28**

---

25 Eine aufgrund von § 12 Abs. 3 GwG erlassene Rechtsverordnung existierte bis zum Redaktionsschluss bislang nicht.
26 BT-Drs. 352/19, S. 81.
27 BT-Drs. 352/19, S. 81.
28 BT-Drs. 352/19, S. 81.
29 BT-Drs. 352/19, S. 81.
30 BT-Drs. 352/19, S. 81.

den zur Anfertigung einer Kopie des Ausweispapiers einzuholen, da diese durch Übergabe des Dokuments zumindest konkludent vorliegt.[31]

29 Die Berechtigung und Verpflichtung zur Anfertigung **vollständiger Kopien** der zur Identitätsüberprüfung vorgelegten Dokumente und Unterlagen war durch die GwG-Novelle 2017 in den Gesetzeswortlaut aufgenommen worden und stellte für Verpflichtete eine wesentliche Veränderung der damaligen Rechtslage dar. Die Neuregelung in 2017 trug der jahrelangen Diskussion um das gesetzliche Konkurrenzverhältnis zwischen der Aufzeichnungspflicht nach dem GwG und den datenschutzrechtlichen Vorschriften der Pass- und Ausweisgesetze Rechnung.[32] Laut Gesetzgeber entsprach der Wortlaut des GwG 2017 der ständigen Verwaltungspraxis der BaFin, wonach die geldwäscherechtliche Aufzeichnungspflicht als gesetzliche Sondervorschrift den Vorgaben der Pass- und Ausweisgesetze vorgeht.[33] **Vollständig** war danach eine Kopie bzw. ein Scan, der alle identifizierungsrelevanten Angaben enthielt und diese gut lesbar waren.[34] Bei der operativen Umsetzung war auf die Erfüllung dieser beiden Merkmale zu achten. Vollständig zu kopieren waren somit z. B. bei einem Personalausweis Vorder- und Rückseite und bei einem Reisepass die integrierte Personaldaten-Karte.[35] Das Lichtbild sowie sämtliche Angaben mussten überdies gut erkennbar sein.[36] Es reichte danach ebenfalls nicht aus, wenn identifizierungsrelevante Angaben lediglich teilweise kopiert wurden bzw. aufgrund der Qualität der Kopie nur teilweise erkennbar bzw. lesbar waren. Diese Sichtweise der BaFin besteht bis heute fort.[37] Für Verpflichtete des Nicht-Finanzsektors existiert eine vergleichbare Vorgabe nicht. Der Ansatz der BaFin dürfte insofern jedoch übertragbar sein und als konkretisierende Hilfestellung für andere Verpflichtete dienen können.

30 Hinsichtlich der **Aufzeichnung und Aufbewahrung personenbezogener Daten** – die in den meisten Fällen zumindest mitbetroffen sein dürften – ist von den Verpflichteten bei der Definition von Vollständigkeit auch die datenschutzrechtliche Sicht des § 11a GwG (→ § 11a Rn. 19) zu berücksichtigen. Auf das Erfordernis der Vollständigkeit von Aufzeichnungen bzw. deren Aufbewahrung stellt u. a. auch der Bußgeldtatbestand des § 56 Abs. 1 Nr. 6 GwG (→ § 56 Rn. 40 ff.) ab.

31 Alternativ zur Anfertigung einer Kopie wird den Verpflichteten nach § 8 Abs. 2 Satz 2 GwG die Möglichkeit eingeräumt, die oben bezeichneten Dokumente und

---

31 Vgl. *Herzog*, in: Herzog, GwG, 3. Aufl. 2018, § 8 Rn. 9 zum GwG 2017; *Herzog*, in: Herzog, GwG, 4. Aufl. 2020, § 8 Rn. 10.

32 Vgl. dazu auch *Diergarten*, in: Hauschka/Moosmayer/Lösler, Corporate Compliance, § 34 Rn. 303.

33 BT-Drs. 18/11555, S. 115.

34 BaFin, AuA 2018, S. 70; BaFin, AuA, Oktober 2021, S. 75.

35 BaFin, AuA 2018, S. 70; BaFin, AuA AT, Oktober 2021, S. 75.

36 BaFin, AuA 2018, S. 70; BaFin, AuA AT, Oktober 2021, S. 75.

37 BaFin, AuA AT, Oktober 2021, S. 75.

Unterlagen **optisch digitalisiert** zu erfassen. Auch bzgl. der optisch digitalisierten Erfassung ist das Erfordernis der Vollständigkeit durch das GwG 2020 weggefallen. Die Gesetzesbegründung enthält hierzu ebenfalls keine Erläuterung. **Vollständig** war eine Kopie bzw. ein Scan dann, wenn dieser alle identifizierungsrelevanten Angaben enthielt, und diese gut lesbar waren (siehe dazu → Rn. 29).[38] Die Möglichkeit zur optisch digitalisierten Erfassung anstelle der Anfertigung einer Kopie entsprach auch dem mittlerweile aufgehobenen[39] **BaFin-Rundschreiben 7/2014 (GW)**[40] – **Einscannen erfüllt Aufzeichnungspflicht gemäß Geldwäschegesetz** vom 26.9.2014, wonach das Einscannen von Dokumenten die Aufzeichnungspflicht des § 8 Abs. 1 Satz 3 GwG a. F. erfüllt. Die Verwaltungspraxis der BaFin wurde durch die GwG-Novelle 2017 in den Gesetzeswortlaut überführt.[41]

Für Bestandskunden bei von der BaFin beaufsichtigten Verpflichteten dürften **32** aufgrund der durch die GwG-Novelle 2017 geänderten Rechtslage in vielen Fällen bis dahin keine bzw. zumindest keine vollständigen Kopien i. S. d. § 8 Abs. 2 Satz 2 GwG vor 2017 a. F. vorgelegen haben. Nach dem Willen des Gesetzgebers zum GwG 2017 sollten die vollständigen Kopien für Bestandskunden lediglich im Rahmen der risikobasierten Aktualisierung nach § 10 Abs. 3 GwG zu erstellen sein.[42] Diese Vorgabe – und damit das ausdrückliche Absehen von einer allein durch das GwG 2017 ausgelösten Aktualisierungsaktion – stellte eine wichtige Erleichterung für die Verpflichteten dar. Für von der **BaFin** beaufsichtigte Verpflichtete wurde die zusätzliche **Erleichterungsregelung** geschaffen, dass für Bestandskunden, für die bislang keine vollständigen Kopien oder digitalisierte Erfassungen vorlagen, diese nicht – auch nicht i. R. d. Aktualisierungspflicht – nachgeholt werden mussten.[43] Diese Erleichterungsregelung ist durch das GwG 2020 gegenstandslos geworden, da dieses in § 8 GwG nicht mehr auf die Vollständigkeit von Kopien abstellt (→ Rn. 28).

---

38 BaFin, AuA 2018, S. 70 mit einer weiterführenden, beispielhaften Erläuterung.

39 Das BaFin-Rundschreiben 7/2014 (GW) wurde durch BaFin-Rundschreiben 09/2021 (GW) – Aufhebung von Rundschreiben v. 30.7.2021 aufgehoben.

40 BaFin, Rundschreiben 7/2014 (GW) v. 26.9.2014, GZ: GW 1-GW 2002–2009/0002 – Einscannen erfüllt Aufzeichnungspflicht gemäß Geldwäschegesetz, https://www.bafin.de/SharedDocs/Veroeffentlichungen/DE/Rundschreiben/rs_1407_gw_scanning.html, zuletzt abgerufen am 15.2.2022. Es ist zu beachten, dass das Rundschreiben basierend auf der vor dem GwG 2017 geltenden Rechtslage erlassen wurde.

41 BT-Drs. 18/11555, S. 115.

42 BT-Drs. 18/11555, S. 114.

43 BaFin, AuA 2018, S. 70.

IV. Vorliegen einer früheren Identifizierung (§ 8 Abs. 2 Satz 5 GwG)

33 Wird nach § 11 Abs. 3 Satz 1 GwG von einer erneuten Identifizierung abgesehen, so sind nach § 8 Abs. 2 Satz 5 GwG der Name des zu Identifizierenden und der Umstand, dass er bei früherer Gelegenheit identifiziert worden ist, aufzuzeichnen. Die Regelung greift auf den bekannten Grundsatz im Geldwäscherecht zurück, dass eine einmal durch den Verpflichteten identifizierte Person grundsätzlich nicht erneut identifiziert werden muss („**einmal identifiziert, immer identifiziert**"). Hintergrund ist das Prinzip, dass sich die Identifizierungsmerkmale einer Person naturgemäß nicht ändern.

34 Sofern der Verpflichtete jedoch aufgrund der äußeren Umstände **Zweifel** hegen muss, ob die bei der früheren Identifizierung erhobenen Angaben weiterhin zutreffend sind, hat er eine erneute Identifizierung durchzuführen. Demnach kann sich bei der Erfüllung der kundenbezogenen allgemeinen, vereinfachten oder verstärkten Sorgfaltspflichten risikobasiert der Bedarf einer erneuten Identifizierung ergeben (§ 11 Abs. 3 Satz 2 GwG).

V. Identitätsüberprüfung bei natürlichen Personen nach § 12 Abs. 1 Satz 1 Nr. 2 und 3 GwG (§ 8 Abs. 2 Sätze 6 und 7)

35 Im Fall des § 12 Abs. 1 Satz 1 Nr. 2 GwG bei der Identitätsüberprüfung bei natürlichen Personen anhand eines **elektronischen Identitätsnachweises** nach § 18 des Personalausweisgesetzes, nach § 12 des eID-Karte-Gesetzes oder nach § 78 Abs. 5 des Aufenthaltsgesetzes, ist anstelle der Art, der Nummer und der Behörde, die das zur Überprüfung der Identität vorgelegte Dokument ausgestellt hat, das dienste- und kartenspezifische Kennzeichen und die Tatsache, dass die Prüfung anhand eines elektronischen Identitätsnachweises erfolgt ist, aufzuzeichnen (§ 8 Abs. 2 Satz 6 GwG).

36 Bei der Überprüfung der Identität von natürlichen Personen anhand einer **qualifizierten Signatur** nach § 12 Abs. 1 Satz 1 Nr. 3 GwG ist auch deren Validierung aufzuzeichnen (§ 8 Abs. 2 Satz 7 GwG).

VI. Identitätsüberprüfung bei juristischen Personen oder Personengesellschaften nach § 12 Abs. 2 GwG (§ 8 Abs. 2 Satz 8)

37 Bei Einholung von Angaben und Informationen zur Identitätsüberprüfung bei juristischen Personen oder Personengesellschaften durch Einsichtnahme in **elek-**

tronisch geführte **Register oder Verzeichnisse** gemäß der § 12 Abs. 2 GwG
aufgelisteten, gilt die Anfertigung eines Ausdrucks als Aufzeichnung der darin
enthaltenen Angaben oder Informationen (§ 8 Abs. 2 Satz 8 GwG).

VII. Digitale Speicherung (§ 8 Abs. 3 GwG)

Die Aufzeichnungen können auch **digital** auf einem Datenträger gespeichert   38
werden. Die Verpflichteten müssen gem. § 8 Abs. 3 GwG sicherstellen, dass die
gespeicherten Daten

– mit den festgestellten Angaben und Informationen übereinstimmen,
– während der Dauer der Aufbewahrungsfrist verfügbar sind und
– jederzeit innerhalb einer angemessenen Frist lesbar gemacht werden können.

Von den Verpflichteten müssen Sicherheitsvorkehrungen gegen unbefugte Zu-   39
griffe auf digitale Aufzeichnungen getroffen werden.[44]

VIII. Dauer der Aufbewahrung und Löschung (§ 8 Abs. 4 GwG)

1. Beginn und Dauer der Aufbewahrung

Die Aufzeichnungen und sonstige Belege nach § 8 Abs. 1–3 GwG sind **fünf**   40
Jahre aufzubewahren, soweit nicht andere gesetzliche Bestimmungen über Auf-
zeichnungs- und Aufbewahrungspflichten eine **längere Frist** vorsehen (§ 8
Abs. 4 Satz 1 GwG).

In jedem Fall sind die Aufzeichnungen und sonstigen Belege spätestens nach   41
Ablauf von **zehn Jahren** zu vernichten (§ 8 Abs. 4 Satz 2 GwG).

Durch das GwG 2020 wurde die Aufbewahrungsdauer des § 8 Abs. 4 Satz 1 und   42
2 GwG von vormals maximal fünf Jahre auf nunmehr **mindestens fünf Jahre**
bis hin zu grundsätzlich **maximal zehn Jahren** angehoben. Die Aufbewahrungsdauer von zehn Jahren kann nach der Gesetzesbegründung gem. § 8 Abs. 4
Satz 1 GwG aufgrund anderer gesetzlicher Vorgaben verlängert werden.[45] Als
Beispiel hierfür wird in der Gesetzesbegründung die 30-jährige Aufbewahrungsfrist nach § 45 Abs. 2 des Kulturgutschutzgesetzes genannt.[46]

Durch die Erweiterung der Aufbewahrungsfristen in § 8 Abs. 4 GwG sollen die   43
Verpflichteten die darüber hinaus bestehenden, **unterschiedlichen Aufbewah-**

---

44 BT-Drs. 18/11555, S. 115.
45 BT-Drs. 352/19, S. 82.
46 BT-Drs. 352/19, S. 82.

rungsfristen nach GwG, Handelsgesetzbuch (HGB), Abgabenordnung (AO), Steuerberatungsgesetz (StBerG) sowie weiterer gesetzlicher Vorgaben künftig flexibler handhaben und einander angleichen können.[47]

44 Dies betrifft insbesondere die Aufbewahrungsfristen des **HGB** nach § 257 Abs. 4 HGB. Danach gilt für Handelsbücher (sowie für die weiteren in § 257 Abs. 1 Nr. 1 HGB aufgeführten Dokumente und Unterlagen) und Buchungsbelege eine Aufbewahrungsfrist von zehn Jahren (§ 257 Abs. 4 Halbs. 1 HGB). Für empfangene Handelsbriefe und Wiedergaben der abgesandten Handelsbriefe gilt wiederum eine Aufbewahrungsfrist von sechs Jahren (§ 257 Abs. 4 Halbs. 2 HGB). Die Änderung soll auch der Speicherdauer von Daten im automatisierten **Kontoabrufverfahren** nach § 24c Abs. 1 Satz 3 KWG von derzeit zehn Jahren ab der Auflösung eines Kontos oder Depots Rechnung tragen.

45 Überdies sind ggf. abweichende Aufbewahrungsfristen gem. **AO** von zehn bzw. sechs Jahren nach § 147 Abs. 3 AO zu beachten.[48]

46 Nach § 66 Abs. 1 **StBerG** muss der **Steuerberater oder Steuerbevollmächtigte** seine Handakten für die Dauer von zehn Jahren aufbewahren. Die Aufzeichnungsdauer der nach § 8 Abs. 1 Satz 1 Nr. 1–3 GwG aufbewahrungspflichtigen Angaben und Informationen wird dann von fünf auf zehn Jahre verlängert, wenn sie Gegenstand der Handakte sind. Gem. § 66 Abs. 3 StBerG sind Handakten nur die Schriftstücke, die der Steuerberater oder Steuerbevollmächtigte aus Anlass seiner beruflichen Tätigkeit von dem Auftraggeber oder für ihn erhalten hat, nicht aber der Briefwechsel zwischen dem Steuerberater oder Steuerbevollmächtigten und seinem Auftraggeber, die Schriftstücke, die dieser bereits in Urschrift oder Abschrift erhalten hat, sowie die zu internen Zwecken gefertigten Arbeitspapiere. Es wird daher vertreten, dass eine zur Identifizierung erstellte Ausweiskopie kein Bestandteil der Handakte ist.[49] Unterlagen, die der Steuerberater zur Identifizierung des wirtschaftlich Berechtigten erhält und die gleichzeitig handelsrechtliche Relevanz für die Bearbeitung des Auftrags haben, wären danach als Bestandteil der Handakte anzusehen.[50]

47 Vormals blieben gem. § 8 Abs. 4 Satz 2 GwG 2017 a. F. andere gesetzliche Bestimmungen und Aufbewahrungspflichten von den geldwäscherechtlichen Aufbewahrungspflichten unberührt.[51] Dies führte aufgrund der **unterschiedlichen Aufbewahrungsfristen** u. a. zwischen GwG, HGB und AO dazu, dass die Unterlagen und sonstigen Belege innerhalb einer (z. B. bei Verpflichteten des Finanz-

---

47 BT-Drs. 352/19, S. 81.
48 Vgl. zu den unterschiedlichen Aufbewahrungsfristen auch BT-Drs. 352/19, S. 81 f.
49 *Mader/Scaraggi-Kreitmayer*, DStR 2020, 181, 181.
50 *Mader/Scaraggi-Kreitmayer*, DStR 2020, 181, 181.
51 Vgl. dazu auch *Herzog*, in: Herzog, GwG, 3. Aufl. 2018, § 8 Rn. 18 zu GwG 2017.

sektors geführten) Kundenakte unterschiedlich lange aufbewahrt werden durften.

Für alle Angaben und Informationen, die nach § 10 Abs. 1 Satz 1 Nr. 1 GwG **48** zwecks Erfüllung der **allgemeinen Sorgfaltspflichten** bei Begründung einer Geschäftsbeziehung erhoben wurden, **beginnt die Aufbewahrungsfrist** mit dem Schluss des Kalenderjahres, in dem die Geschäftsbeziehung endet (§ 8 Abs. 4 Satz 3 GwG). In den übrigen Fällen beginnt sie mit dem Schluss des Kalenderjahres, in dem die jeweilige Angabe festgestellt worden ist (§ 8 Abs. 4 Satz 4 GwG).

Nachfolgend werden die Aufbewahrungsfristen für ausgewählte Angaben 49 und Informationen im Detail dargestellt:

Die Kopien bzw. optisch digitalisiert erfasste Dokumente und Unterlagen, die **50** zur **Identitätsüberprüfung** vorgelegt wurden, gelten gem. § 8 Abs. 2 Satz 3 GwG als Aufzeichnungen i. S. d. § 8 Abs. 1 Satz 1 GwG. Zudem sind sie Bestandteil der Unterlagen, die zur Erfüllung der Sorgfaltspflichten bei Begründung einer Geschäftsbeziehung eingeholt werden. Sie unterfallen damit der Aufbewahrungspflicht für die Dauer von fünf Jahren ab dem Schluss des Kalenderjahres, in dem die Geschäftsbeziehung endet (§ 8 Abs. 4 Satz 3 GwG).

Zur Erfüllung der allgemeinen Sorgfaltspflichten dient gem. **BaFin-Rund-** **51** **schreiben 3/2017 (GW)**[52] – **Videoidentifizierungsverfahren** vom 10.4.2017 auch das Videoidentifizierungsverfahren.[53] Gem. BaFin-Rundschreiben 3/2017 (GW) gilt für die Aufzeichnungen aus einem Videoidentifizierungsverfahren ebenfalls die fünfjährige Aufbewahrungsfrist des § 8 Abs. 4 Satz 3 GwG, die mit dem Schluss des Kalenderjahres beginnt, in dem die Geschäftsbeziehung endet.[54] Dies regelt seit dem GwG 2020 nunmehr § 8 Abs. 2 Satz 3 GwG, wonach die Aufzeichnungs- und Aufbewahrungspflicht auch Video- und Tonaufnahmen umfasst, die zur Erfüllung der geldwäscherechtlichen Sorgfaltspflichten angefertigt wurden.

Interne Verdachtsmeldungen von Beschäftigen sowie **externe Verdachtsmel-** **52** **dungen** sind jeweils fünf Jahre lang aufzubewahren.[55] Diese Unterlagen müssen zudem für die Innenrevision, den (Gruppen-)Geldwäschebeauftragten und die

---

52 BaFin, Rundschreiben 3/2017 (GW) v. 10.4.2017, GZ: GW 1-GW 2002–2009/0002 – Videoidentifizierungsverfahren, lit. A, B, X, https://www.bafin.de/SharedDocs/Ver oeffentlichungen/DE/Rundschreiben/2017/rs_1703_gw_videoident.html?nn=945090 4#doc9143870bodyText12, zuletzt abgerufen am 15.2.2022.

53 BaFin, AuA 2018, S. 34 sowie BaFin, AuA AT, Oktober 2021, S. 40 f. nehmen nunmehr Bezug auf BaFin-Rundschreiben 3/2017 (GW).

54 BaFin, AuA 2018, S. 65.

55 So bereits BaFin, Rundschreiben 1/2014 (GW) v. 5.3.2014, geändert am 10.11.2014, GZ: GW 1-GW 2001–2008/0003 – Verdachtsmeldung nach §§ 11, 14 GwG und anderes, Ziff. I, https://www.bafin.de/SharedDocs/Veroeffentlichungen/DE/Rundschrei

zuständigen Behörden sowie die von ihnen beauftragten Personen ungehindert verfügbar sein.[56] Dies gilt laut BaFin (und damit für von dieser beaufsichtigte Verpflichtete) auch für die Angaben und Informationen über Transaktionen und Geschäftsbeziehungen, soweit sie der externen Verdachtsmeldung bzw. einer internen Meldung zugrunde liegen.[57]

53 Soweit von der für die Meldung beim Verpflichteten zuständigen Stelle trotz eines intern zunächst bejahten meldepflichtigen Sachverhalts **von einer Meldung gemäß § 43 Abs. 1 GwG abgesehen** wird, sind die Gründe hierfür ebenfalls in nachvollziehbarer Art und Weise niederzulegen (vgl. § 8 Abs. 1 Nr. 4 GwG) und ebenfalls fünf Jahre aufzubewahren.[58]

2. Löschungsvorgaben

54 Durch die GwG-Novelle 2017 wurde die Pflicht gem. § 8 Abs. 4 Satz 2 GwG (§ 8 Abs. 4 Satz 1 GwG vor 2017 a. F.) zur unverzüglichen Löschung von Aufzeichnungen und sonstigen Belegen i. S. d. § 8 Abs. 1–3 GwG nach Ablauf der Aufbewahrungsfrist eingeführt. Diese soll dem Schutz personenbezogener Daten (§ 11a Rn. 1) dienen. Hierin liegt eine **Schnittstelle zwischen Geldwäscheprävention und Datenschutzrecht**. **Unverzüglich** bedeutet gem. § 121 Abs. 1 BGB „ohne schuldhaftes Zögern". Die Pflicht zur unverzüglichen Löschung gem. GwG bezieht sich auf die Dokumente und Daten, für die keine abweichenden Aufbewahrungspflichten gelten.[59] Die Verpflichteten haben Regeln zur gesetzeskonformen Umsetzung zu schaffen und zu dokumentieren. Um die Löschungspflicht erfüllen zu können, sollten insbes. technische und organisatorische Vorgaben in den Dokumentations- und Archivierungssystemen geschaffen bzw. genutzt werden. Es sollte der Bedarf für ein entsprechendes **Löschungskonzept** durch den Verpflichteten geprüft werden.

---

ben/rs_1401_gw_verwaltungspraxis_vm.html, zuletzt abgerufen am 15.2.2022; BaFin, AuA 2018, S. 75 zur Aufbewahrungsdauer von internen Verdachtsmeldungen.

56 BaFin, Rundschreiben 1/2014 (GW) v. 5.3.2014, geändert am 10.11.2014, GZ: GW 1-GW 2001–2008/0003 – Verdachtsmeldung nach §§ 11, 14 GwG und anderes, Ziff. I, https://www.bafin.de/SharedDocs/Veroeffentlichungen/DE/Rundschreiben/rs_1401_gw_verwaltungspraxis_vm.html, zuletzt abgerufen am 15.2.2022.

57 BaFin, Rundschreiben 1/2014 (GW) v. 5.3.2014, geändert am 10.11.2014, GZ: GW 1-GW 2001–2008/0003 – Verdachtsmeldung nach §§ 11, 14 GwG und anderes, Ziff. I, https://www.bafin.de/SharedDocs/Veroeffentlichungen/DE/Rundschreiben/rs_1401_gw_verwaltungspraxis_vm.html, zuletzt abgerufen am 15.2.2022.

58 BaFin, AuA 2018, S. 75.

59 Vgl. BaFin, AuA 2017, S. 71, was ebenfalls für Verpflichtete des Nicht-Finanzsektors gelten dürfte.

IX. Lesbarmachung (§ 8 Abs. 5 GwG)

Soweit aufzubewahrende Unterlagen einer öffentlichen Stelle vorzulegen sind, **55**
gilt nach § 8 Abs. 5 GwG für die Lesbarmachung der Unterlagen § 147 Abs. 5
AO entsprechend. Die Vorschrift wurde durch das GwG 2020 nicht verändert.
Die Regelung entspricht zudem dem § 8 Abs. 4 GwG a. F. (GwG vor dem Jahr
2017).[60] § 147 AO regelt im Anwendungsbereich der AO die **Ordnungs-
vorschriften** für die Aufbewahrung von Unterlagen. Wer aufzubewahrende
Unterlagen in der Form einer Wiedergabe auf einem Bildträger oder auf anderen
Datenträgern vorlegt, ist gem. § 147 Abs. 5 AO verpflichtet, auf seine Kosten
diejenigen Hilfsmittel zur Verfügung zu stellen, die erforderlich sind, um die
Unterlagen lesbar zu machen. Auf Verlangen der Finanzbehörde hat er auf seine
Kosten die Unterlagen unverzüglich – also „ohne schuldhaftes Zögern" – ganz
oder teilweise auszudrucken oder ohne Hilfsmittel lesbare Reproduktionen bei-
zubringen.

X. Bußgeldbewehrung (§ 56 Abs. 1 Nr. 6 und 7 GwG)

Bestimmte Verstöße gegen die Aufzeichnungs- und Aufbewahrungspflicht sind **56**
nach § 56 Abs. 1 Nr. 6 und 7 GwG bußgeldbewehrt. Gem. § 56 Abs. 1 Nr. 6
GwG stellt es einen Verstoß dar, wenn entgegen § 8 Abs. 1 und 2 GwG eine Angabe, eine Information, Ergebnisse der Untersuchung, Erwägungsgründe oder
eine nachvollziehbare Begründung des Bewertungsergebnisses nicht, nicht richtig oder nicht vollständig aufzeichnet oder aufbewahrt werden.

Für den Begriff der **Vollständigkeit** von Ausweisdokumenten ist laut BaFin auf **57**
die Erfassung aller identifizierungsrelevanten Merkmale abzustellen (→
Rn. 28 ff.).[61] Die Pflicht zur Vollständigkeit bezieht sich auf alle für die Nachvollziehbarkeit des Ergebnisses relevanten Kriterien. Der Verpflichtete sollte
sich daher in die Lage eines objektiven und sachverständigen Dritten versetzen,
der eine *ex-post*-Betrachtung bzw. Prüfung vornimmt, um die Nachvollziehbarkeit seiner Dokumentation *ex-ante* beurteilen und sicherstellen zu können.

Der Verstoß gegen die Pflicht nach § 8 Abs. 4 Satz 1 GwG zur Aufbewahrung **58**
der Belege für mindestens fünf Jahre ist gemäß § 56 Abs. 1 Nr. 7 GwG bußgeldbewehrt. Hierunter fällt auch die Pflicht, soweit von der für die **Geldwäsche-
Verdachtsmeldung** beim Verpflichteten zuständigen Stelle trotz eines intern zunächst bejahten meldepflichtigen Sachverhalts von einer Meldung gemäß § 43
Abs. 1 GwG abgesehen wird, die Gründe hierfür in nachvollziehbarer Art und

---

60 BT-Drs. 18/11555, S. 115.
61 BaFin, AuA AT, Oktober 2021, S. 75.

Weise niederzulegen.[62] Die Dokumentation unterliegt gem. BaFin AuA jeweils der retrospektiven Überprüfung durch die BaFin und die Interne bzw. externe Revision.[63] Geprüft wird gem. BaFin AuA, ob bei der Beurteilung sachfremde Erwägungen oder offenkundig unrichtige Tatsachen zugrunde gelegt oder keine allgemein gültigen Bewertungsmaßstäbe angewandt worden sind.[64] Für Verpflichtete des Nicht-Finanzsektors existiert eine vergleichbare Vorgabe zwar nicht. Der Ansatz der BaFin dürfte insofern jedoch übertragbar sein und eine Hilfestellung für andere Verpflichtete liefern können.

---

62 BaFin, AuA 2018, S. 75; BaFin AuA AT, Oktober 2021, S. 80.
63 BaFin, AuA 2018, S. 75; BaFin AuA AT, Oktober 2021, S. 80.
64 BaFin, AuA 2018, S. 75; BaFin AuA AT, Oktober 2021, S. 80.

§ 9 Gruppenweite Pflichten

(1) Verpflichtete, die Mutterunternehmen einer Gruppe sind, haben eine Risikoanalyse für alle Zweigstellen, Zweigniederlassungen und gruppenangehörigen Unternehmen nach § 1 Absatz 16 Nummer 2 bis 4, die geldwäscherechtlichen Pflichten unterliegen, durchzuführen.

Auf der Grundlage dieser Risikoanalyse haben sie gruppenweit folgende Maßnahmen zu ergreifen:

1. die Einrichtung von einheitlichen internen Sicherungsmaßnahmen gemäß § 6 Absatz 2,

2. die Bestellung eines Geldwäschebeauftragten, der für die Erstellung einer gruppenweiten Strategie zur Verhinderung von Geldwäsche und Terrorismusfinanzierung sowie für die Koordinierung und Überwachung ihrer Umsetzung zuständig ist,

3. die Schaffung von Verfahren für den Informationsaustausch innerhalb der Gruppe zur Verhinderung von Geldwäsche und von Terrorismusfinanzierung sowie

4. die Schaffung von Vorkehrungen zum Schutz von personenbezogenen Daten.

Sie haben sicherzustellen, dass die von ihnen getroffenen Maßnahmen nach Satz 2 Nummer 1, 3 und 4 von ihren Zweigstellen, Zweigniederlassungen und gruppenangehörigen Unternehmen nach § 1 Absatz 16 Nummer 2 bis 4, soweit diese geldwäscherechtlichen Pflichten und dem beherrschenden Einfluss des Mutterunternehmens unterliegen, wirksam umgesetzt werden. Für die Bestellung eines Geldwäschebeauftragten nach Satz 2 Nummer 2 gelten die Regelungen des § 7 Absatz 4 bis 7 entsprechend.

(2) Verpflichtete, die Mutterunternehmen einer Gruppe sind, haben sicherzustellen, dass Zweigniederlassungen und gruppenangehörige Unternehmen nach § 1 Absatz 16 Nummer 2 bis 4, die mehrheitlich in ihrem Besitz stehen und die in einem anderen Mitgliedstaat der Europäischen Union ansässig sind, nach dessen Recht sie Pflichten zur Verhinderung von Geldwäsche und von Terrorismusfinanzierung unterliegen, die dort geltenden nationalen Rechtsvorschriften zur Umsetzung der Richtlinie (EU) 2015/849 einhalten.

(3) Verpflichtete, die Mutterunternehmen einer Gruppe sind, haben sicherzustellen, dass Zweigstellen und gruppenangehörige Unternehmen nach § 1 Absatz 16 Nummer 2 bis 4, die mehrheitlich in ihrem Besitz stehen und ihren Sitz in einem Drittstaat haben, in dem die Mindestanforderungen zur Verhinderung von Geldwäsche und von Terrorismusfinanzierung geringer

sind als die Anforderungen für Unternehmen mit Sitz in Deutschland, die Anforderungen nach diesem Gesetz erfüllen, soweit das Recht des Drittstaats dies zulässt.

Soweit eine Umsetzung der in Absatz 1 Satz 2 Nummer 1, 3 und 4 genannten Maßnahmen nach dem Recht des Drittstaats nicht zulässig ist, sind die Mutterunternehmen verpflichtet,

1. **sicherzustellen, dass ihre in Satz 1 genannten Zweigstellen und gruppenangehörigen Unternehmen, die mehrheitlich in ihrem Besitz stehen, zusätzliche Maßnahmen ergreifen, um dem Risiko der Geldwäsche und der Terrorismusfinanzierung wirksam zu begegnen, und**

2. **die nach § 50 zuständige Aufsichtsbehörde über die getroffenen Maßnahmen zu informieren.**

Reichen die getroffenen Maßnahmen nicht aus, so ordnet die nach § 50 zuständige Aufsichtsbehörde an, dass die Mutterunternehmen sicherstellen, dass die in Satz 1 genannten Zweigstellen und gruppenangehörige Unternehmen nach § 1 Absatz 16 Nummer 2 bis 4 in diesem Drittstaat weder eine Geschäftsbeziehung begründen oder fortsetzen noch Transaktionen durchführen.

(4) Die Absätze 1 bis 3 gelten entsprechend für Verpflichtete,

1. **die gruppenangehörige Unternehmen nach § 1 Absatz 16 Nummer 2 bis 4 sind, soweit ihnen mindestens ein anderes Unternehmen nach § 1 Absatz 16 Nummer 2 bis 4 nachgeordnet ist und ihrem beherrschenden Einfluss unterliegt, und**

2. **deren Mutterunternehmen weder nach Absatz 1 noch nach dem Recht des Staates, in dem es ansässig ist, gruppenweite Maßnahmen ergreifen muss.**

(5) Verpflichtete, die gruppenangehörige Unternehmen nach § 1 Absatz 16 Nummer 2 bis 4 eines Mutterunternehmens im Sinne von Absatz 1 sind, haben die in Absatz 1 Satz 2 Nummer 1, 3 und 4 genannten Maßnahmen umzusetzen. Alle anderen gruppenangehörigen Verpflichteten müssen die in Absatz 1 Satz 2 Nummer 3 und 4 genannten Maßnahmen umsetzen. Die Pflichten nach den Sätzen 1 und 2 gelten unbeschadet der von den Verpflichteten zu beachtenden eigenen gesetzlichen Verpflichtung zur Erfüllung sonstiger geldwäscherechtlicher Vorschriften.

Übersicht

I. Allgemeines

In der Vorschrift ist die Pflicht zur gruppenweiten Einhaltung der geldwäsch- **1**
erechtlichen Pflichten verankert.

Die Regelung basiert auf der ursprünglich im Rahmen der Umsetzung der Drit- **2**
ten EU-Geldwäscherichtlinie (hier insbesondere: ErwG 35, Art. 31 Abs. 1 und
Art. 34 Abs. 2) für **Kredit- und Finanzinstitutsgruppen (einschließlich Versi-
cherungsgruppen)** eingeführten Pflicht zur Implementierung einheitlicher
Standards zur Prävention von Geldwäsche und Terrorismusfinanzierung. Durch
die gruppenweite Einhaltung einheitlicher Präventionsstandards sollte verhindert werden, dass Täter für die Zwecke der Geldwäsche und Finanzierung terroristischer Aktivitäten auf Niederlassungen oder auf mehrheitlich im Eigentum
von EU-Instituten befindliche Unternehmen in **Drittstaaten mit niedrigeren
Präventionsstandards** ausweichen, ohne dass die Standards der Europäischen
Union dort Richtschnur für die Präventionsmaßnahmen sind.

Schon im Jahr 2003 hatte die Financial Action Task Force on Money Laundering **3**
(FATF) in ihren Empfehlungen zur Geldwäscheprävention die grundlegende
Notwendigkeit der gruppenweiten Ausdehnung der geldwäscherechtlichen
Sorgfaltspflichten herausgestellt (vgl. Empfehlung 22 der FATF-Empfehlungen
von 2003, siehe auch Empfehlung 18 der FATF-Empfehlungen von 2012). Auch

der Basler Ausschuss für Bankenaufsicht (englisch: Basel Committee on Banking Supervision – BCBS) verlangte bereits seit 2001 von Bankkonzernen, u. a. in seinen Papieren „Sorgfaltspflicht der Banken bei der Feststellung der Kundenidentität" (Oktober 2001) und „Konsolidiertes KYC-Risikomanagement" (Oktober 2004), die Anwendung einheitlicher anerkannter KYC-Mindeststandards sowohl im inländischen als auch im internationalen Geschäft.

4 Die Vorgaben der Dritten EU-Geldwäscherichtlinie bzgl. der gruppenweiten Einhaltung von Sorgfaltspflichten wurden für Kreditinstitute und Finanzdienstleistungsinstitute in **§ 25g KWG a. F.** umgesetzt,[1] für Versicherungsunternehmen in **§ 80d Abs. 3 VAG a. F.**[2]

5 Beide Vorschriften wurden durch verschiedene Gesetzesinitiativen weiterentwickelt: So ergaben sich für die Regelung des **§ 25g KWG a. F.** inhaltliche Änderungen durch das Gesetz zur Fortentwicklung des Pfandbriefrechts vom 20.3.2009[3] und das Gesetz zur Optimierung der Geldwäscheprävention (GwOptG) vom 22.12.2011.[4] Mit Inkrafttreten des CRD-IV-Umsetzungsgesetzes[5] und des Gesetzes zur Abschirmung von Risiken und zur Planung der Sanierung und Abwicklung von Kreditinstituten und Finanzgruppen[6] wurde § 25g zunächst zu § 25k und schließlich zu **§ 25l KWG a. F.** Die Regelung des **§ 80d Abs. 3 VAG a. F.** wurde durch das Zahlungsdiensteumsetzungsgesetz vom 25.6.2009[7] und das Gesetz zur Umsetzung der Zweiten E-Geld-Richtlinie (2. EGeldRLUG) vom 1.3.2011[8] modifiziert und in § 80d Abs. 5 VAG a. F. verschoben. Durch das Gesetz zur Modernisierung der Finanzaufsicht über Versi-

---

1 Vgl. Art. 3 des Gesetzes zur Ergänzung der Bekämpfung der Geldwäsche und der Terrorismusfinanzierung (Geldwäschebekämpfungsergänzungsgesetz – GwBekErgG) v. 13.8.2008, BGBl. I 2008, S. 1690.

2 Vgl. Art. 4 des Gesetzes zur Ergänzung der Bekämpfung der Geldwäsche und der Terrorismusfinanzierung (Geldwäschebekämpfungsergänzungsgesetz – GwBekErgG) v. 13.8.2008, BGBl. I 2008, S. 1690.

3 BGBl. I 2009, S. 607.

4 BGBl. I 2011, S. 2959.

5 Gesetz zur Umsetzung der Richtlinie 2013/36/EU über den Zugang zur Tätigkeit von Kreditinstituten und die Beaufsichtigung von Kreditinstituten und Wertpapierfirmen und zur Anpassung des Aufsichtsrechts an die Verordnung (EU) Nr. 575/2013 über Aufsichtsanforderungen an Kreditinstitute und Wertpapierfirmen (CRD IV-Umsetzungsgesetz) v. 28.8.2013, BGBl. I 2013, S. 3395.

6 Gesetz zur Abschirmung von Risiken und zur Planung der Sanierung und Abwicklung von Kreditinstituten und Finanzgruppen v. 13.8.2013, BGBl. I 2013, S. 3090.

7 Gesetz zur Umsetzung der aufsichtsrechtlichen Vorschriften der Zahlungsdiensterichtlinie (Zahlungsdiensteumsetzungsgesetz – ZUmsG) v. 25.6.2009, BGBl. I 2009, S. 1506.

8 Gesetz zur Umsetzung der Zweiten E-Geld-Richtlinie (2. EGeldRLUG) v. 1.3.2011, BGBl. I 2011, S. 288.

cherungen vom 1.4.2015[9] wurden die Vorgaben des § 80d VAG zu den internen Sicherungsmaßnahmen insgesamt unverändert in den neuen § 53 VAG a. F. übernommen. Die Pflicht von Versicherungsunternehmen zur Einrichtung gruppenweiter Standards fand sich seither in **§ 53 Abs. 5 VAG a. F.**

In Umsetzung der Vierten EU-Geldwäscherichtlinie (hier: Art. 45) wurden die **6** Regelungen zur gruppenweiten Umsetzung von Sorgfaltspflichten aus dem KWG bzw. dem VAG herausgenommen und in das Geldwäschegesetz eingefügt. Durch die Verortung der Regelungen in **§ 9 GwG** wurden die bestehenden Pflichten in Bezug auf Gruppen (im Sinne des § 1 Abs. 16 GwG) auf den **gesamten Verpflichtetenkreis des § 2 Abs. 1 GwG** ausgedehnt. Hierdurch sollte der großen Anzahl grenzüberschreitender Geschäfte durch alle Verpflichtete des GwG Rechnung getragen werden.

Im Rahmen der erforderlichen Anpassungen des GwG zur Umsetzung der Fünf- **7** ten EU-Geldwäscherichtlinie wurde § 9 GwG neu gefasst.[10] Die Neufassung unterscheidet klarer als bislang zwischen den jeweiligen Pflichtenträgern in Bezug auf gruppenweite Pflichten: Während die in den § 9 Abs. 1–3 GwG enthaltenen Pflichten für ein verpflichtetes Mutterunternehmen einer Gruppe gelten, richten sich die neu eingefügten Abs. 4 und 5 demgegenüber an gruppenangehörige Verpflichtete, die gruppenweite Pflichten umzusetzen haben.

Zur Erläuterung der in § 25g KWG a. F. enthaltenen Anforderungen an die grup- **8** penweite Umsetzung der geldwäscherechtlichen Pflichten hat die BaFin in 2009 ein **Rundschreiben**[11] veröffentlicht. Auch die Deutsche Kreditwirtschaft (DK) hat die gruppenweite Einhaltung von Sorgfaltspflichten in ihren **Auslegungs- und Anwendungshinweise zur Verhinderung von Geldwäsche, Terrorismusfinanzierung und „sonstigen strafbaren Handlungen"** berücksichtigt.[12] Zur Umsetzung der Pflichten des § 80d Abs. 3 VAG a. F. in der Versicherungspraxis finden sich Hinweise in den **„Auslegungs- und Anwendungshinweise des Gesamtverband der Deutschen Versicherungswirtschaft e. V. (GDV) zum Geldwäschegesetz sowie zu den geldwäscherechtlichen Bestimmungen im VAG"** (3. Aufl., Stand: Dezember 2012). Schließlich wird auch in den **„Gemeinsamen Auslegungs- und Anwendungshinweise des Deutscher Factoring Verband e. V. (DFV) und des Bundesverband Factoring für den Mittelstand (BFM) für Factoringunternehmen zur Prävention von Geldwäsche, Terrorismusfi-**

---

9 Gesetz zur Modernisierung der Finanzaufsicht über Versicherungen vom 1.4.2015, BGBl. I 2015, S. 4343.

10 Gesetz zur Umsetzung der Änderungsrichtlinie zur Vierten EU-Geldwäscherichtlinie (Richtlinie (EU) 2018/843) v. 12.12.2019, BGBl. I 2019, S. 2602.

11 Rundschreiben 17/2009 v. 23.9.2009 – Gruppenweite Umsetzung von Präventionsmaßnahmen gemäß § 25g KWG.

12 Siehe dort Zeile 90 ff.

nanzierung und sonstiger institutsvermögensgefährdender strafbarer Handlungen" (Stand: Oktober 2012) auf die Vorgaben des § 25g KWG a. F. und das oben bereits genannte Rundschreiben 17/2009 der BaFin hingewiesen. Am 11.12.2018 veröffentlichte die **BaFin** ihre **Auslegungs- und Anwendungshinweise zum GwG**. Diese gelten für alle Verpflichteten nach dem GwG, die unter Aufsicht der BaFin gemäß § 50 Nr. 1 GwG stehen. In Kapitel 11 der Hinweise finden sich Ausführungen zur gruppenweiten Umsetzung gemäß § 9 GwG.

II. Adressaten der Regelung

9 **Sämtliche Verpflichtete** im Sinne des § 2 Abs. 1 GwG, die **Mutterunternehmen einer Gruppe** (§ 1 Abs. 16 GwG) sind, sind den Pflichten des § 9 GwG unterworfen. In § 1 Abs. 16 GwG wird eine **Gruppe** als ein Zusammenschluss von Unternehmen definiert, der aus einem **Mutterunternehmen**, den **Tochterunternehmen** des Mutterunternehmens und Unternehmen, an denen das Mutterunternehmen oder seine Tochterunternehmen eine **Beteiligung** halten, besteht sowie Unternehmen, die durch eine **Beziehung im Sinne des Art. 22 Abs. 1 der EU-Bilanzrichtlinie**[13] untereinander verbunden sind. Die Definition der Gruppe in § 1 Abs. 16 GwG wurde in Umsetzung des Art. 3 Nr. 15 der Vierten EU-Geldwäscherichtlinie in das Geldwäschegesetz eingeführt und weicht von der zuvor verwendeten Definition der Gruppe in den geldwäscherechtlichen Vorschriften (§ 25l KWG a. F., § 53 Abs. 5 VAG a. F.) ab. Soweit dort noch ausdrücklich Zweigstellen und Zweigniederlassungen erwähnt wurden, sind diese als Bestandteile des Mutterunternehmens im Sinne des § 1 Abs. 16 GwG anzusehen. Damit es sich um eine Gruppe handelt, ist es erforderlich, dass das Mutterunternehmen einen **beherrschenden Einfluss** auf die Tochterunternehmen und die Unternehmen, an denen es eine Beteiligung hält, ausübt.[14] Dies ist jedenfalls bei einer Mehrheitsbeteiligung der Fall. Neben einem Zusammenschluss durch vertikale Beteiligungen bezieht die Definition durch Verweis auf die **EU-Bilanzrichtlinie** auch eine im Rahmen erfolgender Konsolidierung bestehende horizontale Verbindung ein. **Verpflichtete** im Sinne des § 2 Abs. 1 GwG, die Mutter-

---

13 Richtlinie 2013/34/EU des Europäischen Parlaments und des Rates v. 26.6.2013 über den Jahresabschluss, den konsolidierten Abschluss und damit verbundene Berichte von Unternehmen bestimmter Rechtsformen und zur Änderung der Richtlinie 2006/43/EG des Europäischen Parlaments und des Rates und zur Aufhebung der Richtlinien 78/660/EWG und 83/349/EWG des Rates.

14 Begründung zum Entwurf der Bundesregierung eines Gesetzes zur Umsetzung der Vierten EU-Geldwäscherichtlinie, zur Ausführung der EU-Geldtransferverordnung und zur Neuorganisation der Zentralstelle für Finanztransaktionsuntersuchungen, BR-Drs. 182/17 v. 23.2.2017, S. 118.

unternehmen einer Gruppe sind, müssen die gruppenweite Einhaltung von Sorgfaltspflichten **nur** in solchen **Zweigstellen, Zweigniederlassungen und gruppenangehörigen Unternehmen nach § 1 Abs. 16 Nr. 2–4 GwG** sicherstellen,
die selbst geldwäscherechtlichen Pflichten unterliegen.

III. Risikoanalyse auf Gruppenebene
(§ 9 Abs. 1 Satz 1 GwG)

Um die Risiken der Geldwäsche und Terrorismusfinanzierung auf Gruppenebe- **10**
ne vollumfänglich berücksichtigen und adressieren zu können, hat das **Mutterunternehmen** eine **Risikoanalyse** gemäß § 5 GwG zu erstellen, die alle **Zweigstellen, Zweigniederlassungen und gruppenangehörigen Unternehmen nach
§ 1 Abs. 16 Nr. 2–4 GwG** umfasst, **soweit diese am Ort ihres Sitzes jeweils
selbst geldwäscherechtlichen Pflichten unterliegen.** Die Analyse der tatsächlichen Risikosituation stellt die Grundlage für die Erstellung und Aktualisierung
von **internen Grundsätzen** und **angemessenen geschäfts- und kundenbezogenen Sicherungssystemen** sowie die **Durchführung von Kontrollen** dar.[15] Im
Rahmen der Risikoanalyse hat das Mutterunternehmen auch das Risiko zu bewerten, das eine von den Zweigstellen, Zweigniederlassungen und Unternehmen
nach § 1 Abs. 16 Nr. 2–4 getätigte Geschäftsaktivität für die gesamte Gruppe
darstellt bzw. darstellen kann. Die Gruppenrisikoanalyse und die gruppenweiten
internen Sicherungsmaßnahmen müssen von dem bei dem Mutterunternehmen
benannten Mitglied der Leitungsebene im Sinne des § 4 Abs. 3 GwG genehmigt
werden.[16] Bezüglich des Inhalts, des Aufbaus und der regelmäßigen Überprüfung der Gefährdungsanalyse wird auf die Kommentierung zu § 5 GwG verwiesen.

IV. Gruppenweite Maßnahmen (§ 9 Abs. 1 Satz 2 GwG)

Auf Basis der Risikoanalyse hat das Mutterunternehmen die erforderlichen **11**
Maßnahmen für alle gruppenangehörigen und geldwäscherechtlichen Verpflichtungen unterliegenden Unternehmen sicherzustellen, auf die es aufgrund Mehrheitsbeteiligung Einfluss nehmen kann oder bei denen es aufgrund anderweitiger
Vereinbarungen die rechtliche Möglichkeit hat, eine entsprechende wirksame
Umsetzung dieser Pflichten und Maßnahmen sicherzustellen. Folgende gruppenweite Maßnahmen sind von dem Mutterunternehmen zu ergreifen:

---

15 DK, AuA 2014, Zeile 89.
16 BaFin, AuA Oktober 2021, Ziff. 11.3.

– die Einrichtung von **einheitlichen internen Sicherungsmaßnahmen** gemäß § 6 Abs. 2 GwG (§ 9 Abs. 1 Satz 2 Nr. 1 GwG),
– die Bestellung eines **Gruppen-Geldwäschebeauftragten** (§ 9 Abs. 1 Satz 2 Nr. 2 GwG),
– die Schaffung von Verfahren für den **Informationsaustausch** innerhalb der Gruppe zur Verhinderung von Geldwäsche und von Terrorismusfinanzierung (§ 9 Abs. 1 Satz 2 Nr. 3 GwG) sowie
– die Schaffung von Vorkehrungen zum **Schutz von personenbezogenen Daten** (§ 9 Abs. 1 Satz 2 Nr. 4 GwG).

1. Einheitliche interne Sicherungsmaßnahmen gemäß § 6 Abs. 2 GwG (§ 9 Abs. 1 Satz 2 Nr. 1 GwG)

12   Nach § 9 Abs. 1 Satz 2 Nr. 1 GwG muss das Mutterunternehmen gruppenweit einheitliche, angemessene geschäfts- und kundenbezogene interne Sicherungsmaßnahmen zur Steuerung und Minderung der Risiken von Geldwäsche und Terrorismusfinanzierung in Form von Grundsätzen, Verfahren und Kontrollen einrichten, ihre Funktionsfähigkeit überwachen und bei Bedarf – wenn die Risikoanalyse nach Abs. 1 Satz 1 i.V.m. § 5 GwG dies erfordert – aktualisieren. Bezüglich der einzelnen zu ergreifenden Sicherungsmaßnahmen wird auf die Kommentierung zu § 6 Abs. 2 GwG verwiesen. Nach aufsichtsrechtlichem Verständnis der BaFin bedeutet „gruppenweit einheitlich" nicht, dass für alle gruppenpflichtigen Zweigstellen, Zweigniederlassungen und Unternehmen unabhängig davon, zu welchem Verpflichtetenkreis (z.B. Kreditinstitut oder Versicherungsunternehmen) sie gehören, dieselben Sicherungsmaßnahmen im Sinne von § 6 Abs. 1 und 2 GwG gelten. Erforderlich ist, dass die für die jeweiligen Verpflichteten anzuwendenden Sicherungsmaßnahmen innerhalb der gesamten Gruppe und unabhängig vom Ort der Zweigstelle, Zweigniederlassung oder des Unternehmens in gleicher Weise Anwendung finden.[17]

2. Bestellung eines Gruppen-Geldwäschebeauftragten (§ 9 Abs. 1 Satz 2 Nr. 2 GwG)

13   Beim Mutterunternehmen ist ein Gruppen-Geldwäschebeauftragter sowie ein Stellvertreter zu bestellen. Aufgabe des Gruppen-Geldwäschebeauftragten ist es insbesondere, eine **gruppenweit einheitliche Strategie** zur Verhinderung der Geldwäsche und der Finanzierung des Terrorismus zu entwickeln, **unternehmensübergreifende verbindliche Standards zur Umsetzung der geldwäscherechtlichen Pflichten** festzulegen und sich regelmäßig mit den Geldwäsche-

---

17 BaFin, AuA Oktober 2021, Ziff. 11.3.

Beauftragten der gruppenangehörigen Unternehmen **auszutauschen**. Darüber hinaus ist der Gruppen-Geldwäschebeauftragte für die **Überwachung** – auch durch Besuche vor Ort – der Umsetzung der gruppenweiten Standards und der Einhaltung der selbigen verantwortlich. Das Mutterunternehmen hat dafür Sorge zu tragen, dass der Gruppen-Geldwäschebeauftragte bzw. die von ihm eingesetzten Mitarbeiter die Befugnis erhalten, sich in Bezug auf alle gruppenangehörigen Unternehmen die **Prüfberichte** sowohl der internen Revision als auch von externen Prüfern, soweit in diesen Aussagen zur Einhaltung geldwäscherechtlicher Pflichten getroffen werden, übermitteln zu lassen. Ferner ist dem Gruppen-Geldwäschebeauftragten bzw. den von ihm eingesetzten Mitarbeitern ein **gruppenweiter Zugang zu allen für die Erfüllung der geldwäscherechtlichen Pflichten relevanten Informationen, Dokumenten und Dateien** über alle Kunden, Verfügungsberechtigte, wirtschaftlich Berechtigte sowie über alle Kundenkonten und -transaktionen einzuräumen. Der Gruppen-Geldwäschebeauftragte ist verpflichtet, das benannte Mitglied der Leitungsebene i. S. d. § 4 Abs. 3 GwG des Mutterunternehmens **regelmäßig und schriftlich** über die gruppenweite Umsetzung und Einhaltung der geldwäscherechtlichen Pflichten zu **informieren**. Der durch das Transparenzregister- und Finanzinformationsgesetz[18] ergänzte § 9 Abs. 1 Satz 4 GwG stellt klar, dass die allgemeinen Vorschriften zur Geldwäschebeauftragten nach § 7 Abs. 4–7 GwG (Vorgaben bezüglich Anzeigepflicht der Bestellung und Entpflichtung, Eignung, Befugnissen, Benachteiligungsverbot etc.) auch auf den nach § 9 Abs. 1 Satz 2 Nr. 2 GwG zu bestellenden Gruppen-Geldwäschebeauftragten Anwendung finden.

3. Verfahren zum Informationsaustausch innerhalb der Gruppe (§ 9 Abs. 1 Satz 2 Nr. 3 GwG)

Das Mutterunternehmen hat Prozesse zu implementieren, die gruppenangehörige Unternehmen verpflichten, dem Gruppen-Geldwäschebeauftragten und gegebenenfalls der internen Revision die für die Erfüllung der Pflichten gem. § 6 Abs. 1 und 2 GwG notwendigen **Informationen** zugänglich zu machen und **Nachfragen** – insbesondere des Gruppen-Geldwäschebeauftragten und gegebenenfalls der internen Revision – hierzu zeitnah zu beantworten. Zu diesen Informationen zählen auch Kundendaten, Verdachtsmeldungen (siehe hierzu auch § 47 Abs. 1 Satz 1 Nr. 3 GwG) oder Informationen über Kontakte zu Aufsichts-, Strafverfolgungs- und Ermittlungsbehörden sowie Steuer- und Zollbehörden. Die entsprechenden Regelungen und Verfahren müssen auch die Feststellung er-   **14**

---

18 Gesetz zur europäischen Vernetzung der Transparenzregister und zur Umsetzung der Richtlinie 2019/1153 des Europäischen Parlaments und des Rates vom 20. Juni 2019 zur Nutzung von Finanzinformationen für die Bekämpfung von Geldwäsche, Terrorismusfinanzierung und sonstigen schweren Straftaten (Transparenzregister- und Finanzinformationsgesetz) vom 25. Juni 2021, BGBl. I 2021, S. 2083.

möglichen, ob ein Kunde **Geschäftsbeziehungen zu einem gruppenangehörigen Unternehmen** pflegt.

4. Verfahren zum Schutz personenbezogener Daten (§ 9 Abs. 1 Satz 2 Nr. 4 GwG)

15   Zwecks Sicherstellung des Schutzes personenbezogener Daten hat sich das Mutterunternehmen bei der Implementierung gruppenweit einheitlicher Sicherungsmaßnahmen auch mit den **jeweils lokal geltenden Datenschutzvorschriften** auseinanderzusetzen und diese zu berücksichtigen.

V. Pflichten im Hinblick auf Zweigniederlassungen und gruppenangehörige Unternehmen in anderen EU-Mitgliedstaaten (§ 9 Abs. 2 GwG)

16   Soweit Zweigniederlassungen und gruppenangehörige Unternehmen nach § 1 Abs. 16 Nr. 2–4 GwG in einem anderen Mitgliedstaat der Europäischen Union ansässig sind, haben die Mutterunternehmen sicherzustellen, dass diese Zweigniederlassungen und gruppenangehörige Unternehmen, die mehrheitlich in ihrem Besitz stehen und nach dem Recht des anderen EU-Mitgliedstaates Pflichten zur Verhinderung von Geldwäsche und von Terrorismusfinanzierung unterliegen, die dort jeweils geltenden nationalen Rechtsvorschriften zur Umsetzung der Vierten EU-Geldwäscherichtlinie einhalten.

VI. Pflichten im Hinblick auf Zweigstellen und gruppenangehörige Unternehmen in Drittstaaten mit geringeren Anforderungen bei der Verhinderung von Geldwäsche und Terrorismusfinanzierung (§ 9 Abs. 3 GwG)

17   Gemäß § 9 Abs. 3 Satz 1 GwG sind Mutterunternehmen, soweit sich Zweigstellen und gruppenangehörige Unternehmen nach § 1 Abs. 16 Nr. 2–4 GwG, die mehrheitlich in ihrem Besitz stehen, in einem Drittstaat im Sinne des § 1 Abs. 17 GwG befinden, in dem die Mindestanforderungen zur Verhinderung von Geldwäsche oder von Terrorismusfinanzierung geringer sind, verpflichtet, die **gruppenweit einheitlichen Maßnahmen** gemäß § 9 Abs. 1 GwG umzusetzen, **soweit das Recht des Drittstaats dies zulässt**. § 9 Abs. 3 Satz 2 ff. GwG regeln die Pflichten von Mutterunternehmen für den Fall, dass die gruppenweit einheitlichen Maßnahmen gemäß § 9 Abs. 1 Satz 2 Nr. 1, 3 und 4 GwG nach dem Recht des Drittstaats **nicht** durchgeführt werden dürfen.

1. Vorgaben vor Umsetzung der Vierten EU-Geldwäscherichtlinie

Die in Umsetzung der Dritten EU-Geldwäscherichtlinie durch das GwBek-ErgG[19] eingeführten Regelungen bzgl. der gruppenweiten Einhaltung von Sorgfaltspflichten sahen für **Kreditinstitute und Finanzdienstleistungsinstitute** in **§ 25g KWG a. F.** Folgendes vor: Soweit die gruppenweit einheitlich bestimmten Maßnahmen in einem Drittstaat, in dem das Unternehmen ansässig war, nach dem Recht des betroffenen Staates nicht zulässig waren, hatte das übergeordnete Unternehmen oder Mutterunternehmen die **BaFin** hiervon unverzüglich zu **unterrichten (Informationspflicht)** und **zusätzliche Maßnahmen** zu ergreifen, um einem erhöhten Risiko der Geldwäsche und Terrorismusfinanzierung wirksam zu begegnen. Die Regelung des § 25g KWG i. d. F. GwBekErgG ging allerdings nicht darauf ein, welche Konsequenzen die Unterrichtung der BaFin haben solle. Mit Inkrafttreten des Gesetzes zur Fortentwicklung des Pfandbriefrechts vom 20.3.2009[20] wurde § 25g KWG a. F. dahingehend abgeändert, dass, soweit die gruppenweit einheitlich bestimmten Maßnahmen in einem Drittstaat, in dem das Unternehmen ansässig war, nach dem Recht des betroffenen Staates nicht zulässig oder tatsächlich nicht durchführbar waren, das übergeordnete Unternehmen oder Mutterunternehmen sicherzustellen hatte, dass ein nachgeordnetes Unternehmen, eine Zweigstelle oder Zweigniederlassung in diesem Drittstaat **keine Geschäftsbeziehung begründete oder fortsetzte** und **keine Transaktionen durchführte (Beendigungspflicht)**. Soweit eine Geschäftsbeziehung bereits bestand, hatte das übergeordnete Unternehmen oder Mutterunternehmen sicherzustellen, dass diese von dem nachgeordneten Unternehmen, der Zweigstelle oder der Zweigniederlassung ungeachtet anderer gesetzlicher oder vertraglicher Bestimmungen durch Kündigung oder auf andere Weise beendet wurde. Bei der Verpflichtung zur Nicht-Durchführung einer Transaktion, zur Kündigung einer bestehenden Geschäftsbeziehung oder Beendigung auf andere Weise war nach aufsichtsrechtlicher Auslegung der **Grundsatz der Verhältnismäßigkeit** zu beachten. Die an die Erfüllung der Sorgfaltspflichten zu stellenden Anforderungen im Rahmen der Entscheidung zur Nicht-Durchführung einer Transaktion oder zur Beendigung einer Geschäftsbeziehung waren nicht aufgrund formal-schematisch vorgegebener Kriterien, sondern im Licht des Gesetzeszwecks auszulegen. Die Verpflichtung zur Nicht-Durchführung einer Transaktion oder zur Beendigung einer Geschäftsbeziehung bestand allerdings immer, wenn sich die gruppenweiten, im betreffenden Drittstaat aus rechtlichen oder tatsächlichen Gründen nicht durchführbaren Maßnahmen als **wesentlich** darstellten. Für Versicherungsunternehmen wurde die oben dargestellte Beendi-

18

---

19 Gesetz zur Ergänzung der Bekämpfung der Geldwäsche und der Terrorismusfinanzierung (Geldwäschebekämpfungsergänzungsgesetz – GwBekErgG) v. 13.8.2008, BGBl. I 2008, S. 1690.
20 BGBl. I 2009, S. 607.

gungsverpflichtung durch das Gesetz zur Umsetzung der Zweiten E-Geld-Richtlinie (2. EGeldRLUG) vom 1.3.2011[21] in § 80d Abs. 5 VAG a. F. (später: § 53 Abs. 5 VAG) verankert.

2. Vorgaben nach Umsetzung der Vierten EU-Geldwäscherichtlinie

19   In Umsetzung der Vierten EU-Geldwäscherichtlinie (hier: Art. 45) wurden die Regelungen zur gruppenweiten Umsetzung von Sorgfaltspflichten aus dem KWG bzw. dem VAG herausgenommen und in das Geldwäschegesetz eingefügt. Im Unterschied zu den für **Kreditinstitute/Finanzdienstleistungsinstitute** bzw. **Versicherungsunternehmen geltenden** Vorgängerregelungen des **§ 25l KWG a. F.** bzw. **§ 53 Abs. 5 VAG a. F.** bestimmt **§ 9 Abs. 3 Satz 2 GwG** – nunmehr für alle Verpflichtete nach dem GwG, die Mutterunternehmen einer Gruppe sind – wieder, dass diese, soweit die gruppenweit einheitlich bestimmten Maßnahmen gemäß § 9 Abs. 1 Satz 2 Nr. 1, 3 und 4 GwG in einem Drittstaat, in dem das Unternehmen ansässig ist, nach dem Recht des betroffenen Staates nicht zulässig oder tatsächlich nicht durchführbar sind, zunächst **zusätzliche Maßnahmen** zu ergreifen haben, um den besonderen Risiken zu begegnen (§ 9 Abs. 3 Satz 2 Nr. 1 GwG). Über die getroffenen zusätzlichen Maßnahmen hat der jeweilige Verpflichtete die gemäß § 50 GwG **zuständige Aufsichtsbehörde** zu informieren (§ 9 Abs. 3 Satz 2 Nr. 2 GwG).

a) Zusätzliche Maßnahmen (§ 9 Abs. 3 Satz 2 Nr. 1 GwG)

20   Gemäß Art. 56 Abs. 5 der Vierten EU-Geldwäscherichtlinie wurde der **Gemeinsame Ausschuss der Europäischen Aufsichtsbehörden** beauftragt, **technische Regulierungsstandards** zur Spezifizierung der **zusätzlichen Maßnahmen**, die Kreditinstitute und Finanzinstitute treffen sollen, wenn die Anwendung gruppenweit einheitlichen Maßnahmen nach dem Recht des Drittlands nicht zulässig ist, zu entwerfen und der EU-Kommission bis zum 26.12.2016 zu übermitteln. Die Standards wurden am 31.5.2017 in Form des Entwurfs einer Delegierten Verordnung zur Konsultation gestellt.[22] Die Konsultationsfrist endete am 11.7.2017. Am 23.6.2017 fand eine öffentliche Anhörung zu dem Konsultationsentwurf in den Räumlichkeiten der EBA in London statt. Am 6.12.2017 veröffentlichte der Gemeinsame Ausschuss der Europäischen Aufsichtsbehörden

---

21 Gesetz zur Umsetzung der Zweiten E-Geld-Richtlinie (2. EGeldRLUG) v. 1.3.2011, BGBl. I 2011, S. 288.

22 Konsultationspapier „Draft Joint Regulatory Technical Standards on the measures credit institutions and financial institutions shall take to mitigate the risk of money laundering and terrorist financing where a third country's law does not permit the application of group-wide policies and procedures" v. 31.5.2017, JC 2017, 25.

schließlich seinen endgültigen Vorschlag für eine Delegierte Verordnung.[23] Der Entwurf der Delegierten Verordnung wurde am 31.1.2019 von der Europäischen Kommission verabschiedet und im Anschluss dem Rat der EU und dem Europäischen Parlament übermittelt. Am 14.5.2019 wurde die Delegierte Verordnung[24] schließlich im Amtsblatt der EU veröffentlicht.

Hinsichtlich der zusätzlich zu ergreifenden Maßnahmen unterscheidet die Verordnung zunächst danach, welcher gruppenweit umzusetzenden Maßnahme die Vorschriften eines Drittstaats entgegenstehen. So enthält Art. 3 Vorgaben für den Fall, dass das in einem Drittstaat geltende Recht Informationszugangs- oder -verwertungsbeschränkungen vorsieht, die einer individuellen **Analyse des Risikos einer Geschäftsbeziehung oder einer gelegentlichen Transaktion** entgegenstehen. Art. 4 regelt den Fall, dass das Recht des Drittstaates einen **Austausch oder die Verarbeitung von Kundendaten innerhalb der Gruppe zu Zwecken der Prävention von Geldwäsche und Terrorfinanzierung** einschränkt oder verbietet. Art. 5 definiert die zusätzlichen Maßnahmen für den Fall, dass die Gesetzgebung des Drittlands einen **Austausch von Informationen über verdächtige Transaktionen** erschwert oder nicht zulässt. Art. 6 bestimmt die entsprechenden Maßnahmen bei bestehenden Einschränkungen/Verboten der **Übermittlung von Kundendaten an einen Mitgliedstaat zu Aufsichtszwecken** und Art. 7 regelt den Umgang mit Einschränkungen von **Aufbewahrungsmaßnahmen**.

21

Unabhängig davon, welcher gruppenweit umzusetzenden Maßnahme die Vorschriften eines Drittstaats entgegenstehen, bestimmt die Verordnung im Einklang mit der Vierten EU-Geldwäscherichtlinie zunächst, dass Kredit- und Finanzinstitute ihre **Heimataufsichtsbehörde** unverzüglich[25] über die bestehenden Beschränkungen oder Verbote zu **informieren** haben.[26]

22

---

23 Finaler Bericht „Draft Joint Regulatory Technical Standards on the measures credit institutions and financial institutions shall take to mitigate the risk of money laundering and terrorist financing where a third country's law does not permit the application of group-wide policies and procedures" v. 6.12.2017, JC 2017 25.

24 Delegierte Verordnung (EU) 2019/758 der Kommission v. 31.1.2019 zur Ergänzung der Richtlinie (EU) 2015/849 des Europäischen Parlaments und des Rates durch technische Regulierungsstandards für die von Kredit- und Finanzinstituten zur Minderung des Risikos von Geldwäsche und Terrorismusfinanzierung in bestimmten Drittländern mindestens zu treffenden Maßnahmen und die Art zusätzlich zu treffender Maßnahmen, ABl. L 125 v. 14.5.2019, S. 4 (nachfolgend „DVO 2019/758").

25 Die Information an die Heimataufsichtsbehörde hat ohne schuldhaftes Zögern und in jedem Fall nicht später als 28 Kalendertage nach Identifizierung des Drittstaats durch den Verpflichteten zu erfolgen.

26 Vgl. DVO 2019/758, Art. 3 Abs. 1 lit. a, Art. 4 Abs. 1 lit. a, Art. 5 Abs. 1 lit. a, Art. 6 Abs. 1 lit. a, Art. 7 Abs. 1 lit. a.

23 Bei Vorliegen von Informationszugangs- oder -verwertungsbeschränkungen, die einer individuellen **Analyse des Risikos einer Geschäftsbeziehung oder einer gelegentlichen Transaktion** entgegenstehen (Art. 3 der Verordnung), bei Beschränkungen oder Verboten des **Austausches von Kundendaten zu Zwecken der Prävention von Geldwäsche und Terrorfinanzierung** (Art. 4) sowie bei bestehenden Einschränkungen von **Aufbewahrungsmaßnahmen** (Art. 7) haben die Kreditinstitute und Finanzinstitute des Weiteren zu prüfen, ob die bestehenden Beschränkungen oder Verbote gegebenenfalls unter einem **Erlaubnisvorbehalt** stehen und die jeweiligen gruppenweit umzusetzenden Maßnahme somit bei Vorliegen einer entsprechenden **Einwilligung des Kunden und, soweit vorhanden, des wirtschaftlich Berechtigten** gesetzlich zulässig wären. Sofern ein solcher Erlaubnisvorbehalt besteht, haben sich die gruppenangehörigen Unternehmen um die Einholung entsprechender Einwilligungen des Kunden und, soweit vorhanden, des wirtschaftlich Berechtigten durch ihre Zweigniederlassungen und im Mehrheitsbesitz befindlichen Tochtergesellschaften zu bemühen.

24 Sofern die jeweilige gruppenweit umzusetzende Maßnahme nicht (auch nicht aufgrund einer Einwilligung des Kunden und, soweit vorhanden, des wirtschaftlich Berechtigten) in gesetzlich zulässiger Weise durchgeführt werden kann, verpflichtet die Verordnung die Kredit-/Finanzinstitute **zusätzliche risikobasierte Maßnahmen** zu ergreifen. Ein **Katalog von möglichen zusätzlichen Maßnahmen** ist in Art. 8 der Verordnung enthalten. Hierbei handelt es sich um die Folgenden:

- Sicherstellung, dass die Zweigniederlassungen oder im Mehrheitsbesitz befindlichen Tochtergesellschaften ihr **Produkt-/Dienstleistungsangebot** in dem betreffenden Drittstaat auf Produkte und Dienstleistungen beschränken, bei denen nur ein geringes Risiko der Geldwäsche und Terrorismusfinanzierung gegeben ist und die nur geringe Auswirkungen auf die Gesamtrisikosituation (Risk Exposure) der Gruppe haben (**Art. 8 lit. a**),
- Sicherstellung, dass sich andere Einheiten derselben Gruppe nicht auf **KYC-Maßnahmen**, die von Zweigniederlassungen oder im Mehrheitsbesitz befindlichen Tochtergesellschaften in dem betreffenden Drittstaat durchgeführt wurden, verlassen, sondern selbst entsprechende KYC-Maßnahmen für jeden Kunden einer solchen Zweigniederlassung oder Tochtergesellschaft durchführen, der Produkte oder Dienstleistungen anderer Einheiten der Gruppe nachfragt (**Art. 8 lit. b**),
- Durchführung **verstärkter Kontrollen** der Zweigniederlassungen oder im Mehrheitsbesitz befindlichen Tochtergesellschaften, einschließlich Vor-Ort-Prüfungen und unabhängiger Audits, zwecks Überprüfung, ob die Zweigniederlassungen oder im Mehrheitsbesitz befindlichen Tochtergesellschaften Geldwäsche- und Terrorismusfinanzierungsrisiken angemessen identifizieren, bewerten und steuern (**Art. 8 lit. c**),

– Sicherstellung, dass die Zweigniederlassungen oder im Mehrheitsbesitz befindlichen Tochtergesellschaften in dem betreffenden Drittstaat für die Aufnahme/Fortführung von Geschäftsbeziehungen bzw. die Ausführung von Gelegenheitstransaktionen mit höherem Risiko eine **Genehmigung** der Geschäftsleitung des Kredit-/Finanzinstituts einholen (**Art. 8 lit. d**),
– Sicherstellung, dass die Zweigniederlassungen oder im Mehrheitsbesitz befindlichen Tochtergesellschaften in dem betreffenden Drittstaat die **Herkunft und, soweit relevant, die Bestimmung von Vermögenswerten** abklären, die im Rahmen von Geschäftsbeziehungen/Gelegenheitstransaktionen eingesetzt werden (**Art. 8 lit. e**),
– Sicherstellung, dass die Zweigniederlassungen oder im Mehrheitsbesitz befindlichen Tochtergesellschaften in dem betreffenden Drittstaat Geschäftsbeziehungen und Transaktionen solange verstärkt überwachen, bis sie das mit den jeweiligen Geschäftsbeziehungen und Transaktionen verbundene Risiko der Geldwäsche und Terrorismusfinanzierung vollumfassend verstehen (**Art. 8 lit. f**),
– Sicherstellung, dass die Zweigniederlassungen oder im Mehrheitsbesitz befindlichen Tochtergesellschaften in dem betreffenden Drittstaat mit dem Kredit- oder Finanzinstitut **Informationen** austauschen, auf denen die Meldung einer verdächtigen Transaktion beruht und die zu der Erkenntnis, dem Verdacht oder zu hinreichenden Gründen für einen Verdacht führten, dass sich ein Versuch oder ein Fall von Geldwäsche und Terrorismusfinanzierung ereignet hat; derartige Informationen können beispielsweise Tatbestände, Transaktionen, Umstände und Dokumente sein, auf die sich ein Verdacht stützt, darunter auch personenbezogene Angaben, soweit dies nach dem Recht des Drittstaates möglich ist (**Art. 8 lit. g**),
– **Verstärkte und fortlaufende Überwachung** von Kunden und, soweit relevant, wirtschaftlich Berechtigten von Kunden der Zweigniederlassungen oder im Mehrheitsbesitz befindlichen Tochtergesellschaften in dem betreffenden Drittstaat, die bekanntermaßen Gegenstand von Verdachtsmeldungen anderer Einheiten derselben Gruppe sind (**Art. 8 lit. h**),
– Sicherstellung, dass die Zweigniederlassungen oder im Mehrheitsbesitz befindlichen Tochtergesellschaften in dem betreffenden Drittstaat **wirksame Systeme und Kontrollen** zur **Erkennung und Meldung verdächtiger Transaktionen** an die zuständigen Behörden implementiert haben (**Art. 9 lit. i**),
– Sicherstellung, dass die Zweigniederlassungen oder im Mehrheitsbesitz befindlichen Tochtergesellschaften in dem betreffenden Drittstaat das **Risikoprofil und KYC-Informationen** in Bezug auf Kunden einer Zweigstelle oder eines mehrheitlich im Besitz der Gruppe befindlichen Tochterunternehmens in dem Drittland auf dem aktuellen Stand halten und so lange sicher

aufbewahren, wie dies rechtlich möglich ist, aber in jedem Fall mindestens für die Dauer der Geschäftsbeziehung (**Art. 8 lit. j**).

25   Wenn das in einem Drittstaat geltende Recht Informationszugangs- oder -verwertungsbeschränkungen vorsieht, die einer individuellen **Analyse des Risikos einer Geschäftsbeziehung oder einer gelegentlichen Transaktion** entgegenstehen, sind Kredit-/Finanzinstitute gemäß der Verordnung verpflichtet, neben ihren allgemeinen Maßnahmen risikobasiert zusätzliche Maßnahmen zu ergreifen, die die zusätzliche Maßnahme gemäß **Art. 8 lit. c** ($\to$ Rn. 24) und eine oder mehrere der Maßnahmen gemäß **Art. 8 lit. a, b, d, e und f** ($\to$ Rn. 24) beinhalten müssen.[27]

26   Für den Fall, dass das in einem Drittstaat geltende Recht den Austausch und die Verarbeitung von Kundendaten innerhalb der Gruppe zu Zwecken der Prävention von Geldwäsche und Terrorfinanzierung einschränkt oder verbietet, müssen Kredit-/Finanzinstitute risikobasiert zusätzliche Maßnahmen umsetzen, die die zusätzliche Maßnahme gemäß Art. 8 lit. a ($\to$ Rn. 24) oder die zusätzliche Maßnahme gemäß Art. 8 lit. c ($\to$ Rn. 24) umfassen müssen. Sofern das Geldwäsche-/Terrorfinanzierungsrisiko weitere zusätzliche Maßnahmen erforderlich macht, sind eine oder mehrere der verbleibenden Maßnahmen gemäß Art. 8 lit. a–c ($\to$ Rn. 24) zu ergreifen.[28]

27   In Konstellationen, in denen die Gesetzgebung des Drittlands einen **Austausch von Informationen über verdächtige Transaktionen** erschwert oder nicht zulässt, müssen Kredit-/Finanzinstitute zum einen von ihren Zweigniederlassungen oder im Mehrheitsbesitz befindlichen Tochtergesellschaften in dem betreffenden Drittstaat verlangen, dass diese der **Geschäftsleitung des Kredit-/Finanzinstituts** relevante **Informationen** zur Verfügung stellen, damit dieses in der Lage ist, das mit dem Betrieb der jeweiligen Zweigniederlassung/der jeweiligen Tochtergesellschaft verbundene Geldwäsche- und Terrorfinanzierungsrisiko und die Auswirkungen dieses Risikos auf die Gruppe bewerten.[29] Zum anderen sind die Kredit-/Finanzinstitute verpflichtet, neben ihren allgemeinen Maßnahmen risikobasiert zusätzliche Maßnahmen zu ergreifen, die eine oder mehrere der Maßnahmen gemäß **Art. 8 lit. a, b, c, g, h und i** (siehe $\to$ Rn. 24) beinhalten müssen.[30]

28   Bei bestehenden Einschränkungen/Verboten der **Übermittlung von Kundendaten an einen Mitgliedstaat zu Aufsichtszwecken** müssen Kredit-/Finanzinstitute risikobasiert eine oder mehrere der folgenden Maßnahmen treffen:[31]

---

27 Vgl. DVO 2019/758, Art. 3 Abs. 2.
28 Vgl. DVO 2019/758, Art. 4 Abs. 2.
29 Vgl. DVO 2019/758, Art. 5 Abs. 1 lit. b.
30 Vgl. DVO 2019/758, Art. 5 Abs. 2.
31 Vgl. DVO 2019/758, Art. 6 Abs. 1.

– Durchführung **verstärkter Kontrollen** der Zweigniederlassungen oder im Mehrheitsbesitz befindlichen Tochtergesellschaften in dem betreffenden Drittstaat, einschließlich Vorortprüfungen und unabhängiger Audits, zwecks Überprüfung, ob Zweigniederlassungen oder im Mehrheitsbesitz befindlichen Tochtergesellschaften die gruppenweiten Richtlinien wirksam umsetzen/anwenden und das Risiko der Geldwäsche und Terrorismusfinanzierung angemessen bewerten,

– **Übermittlung** von **Feststellungen** aus den o. g. Kontrollen an die zuständige Heimataufsichtsbehörde (auf Anfrage),

– Verpflichtung der Zweigniederlassungen oder im Mehrheitsbesitz befindlichen Tochtergesellschaften in dem betreffenden Drittstaat zur **regelmäßigen Übermittlung von Informationen** (insbesondere zur Anzahl der Hochrisiko-Kunden, verdächtiger und gemeldeter Transaktionen, zur Begründung der Hochrisiko-Einstufung von Kunden (Statistiken)) an die Geschäftsleitung des Kredit-/Finanzinstituts,

– Übermittlung der vorstehend genannten **Informationen** an die zuständige Heimataufsichtsbehörde (auf Anfrage).

Im Falle bestehender Einschränkungen/Verbote hinsichtlich **Aufbewahrungs/** **29** **Archivierungsmaßnahmen** müssen Kredit-/Finanzinstitute nach der Verordnung neben ihren allgemeinen Maßnahmen risikobasiert zusätzliche Maßnahmen ergreifen, die eine oder mehrere der Maßnahmen gemäß **Art. 8 lit. a, b, c und j** (Rn. 24) beinhalten müssen.[32]

Für den Fall, dass sich den Risiken von Geldwäsche und Terrorfinanzierung mit **30** den getroffenen Maßnahmen nicht wirksam begegnen lässt, sind Kredit-/Finanzinstitute gemäß der Verordnung verpflichtet, **risikobasiert zu entscheiden**, betreffende **Geschäftsbeziehungen** ihrer Zweigniederlassungen oder im Mehrheitsbesitz befindlichen Tochtergesellschaften in dem betreffenden Drittstaat zu **beenden** bzw. betreffende **Gelegenheitstransaktionen nicht auszuführen** (so im Fall von Informationszugangs- oder -verwertungsbeschränkungen, die einer individuellen **Analyse des Risikos einer Geschäftsbeziehung oder einer gelegentlichen Transaktion entgegenstehen**[33]) oder gegebenenfalls sogar ihre **Geschäftstätigkeit** in dem jeweiligen Drittstaat teilweise oder ganz **einzustellen**.[34]

b) Pflicht zur Unterrichtung der Aufsichtsbehörde (§ 9 Abs. 3 Satz 2 Nr. 2 GwG)

Gemäß § 9 Abs. 3 Satz 2 Nr. 2 GwG haben die Verpflichteten die gemäß § 50 **31** GwG **zuständige Aufsichtsbehörde** über die von ihnen getroffenen zusätz-

---

32 Vgl. DVO 2019/758, Art. 7 Abs. 2.
33 Vgl. DVO 2019/758, Art. 3 Abs. 2.
34 Vgl. DVO 2019/758, Art. 3 Abs. 2, Art. 4 Abs. 3, Art. 5 Abs. 3.

lichen Maßnahmen zu informieren. Nach Unterrichtung durch das Mutterunternehmen führt die zuständige Aufsichtsbehörde eine **Prüfung der getroffenen Maßnahmen** durch. Sofern sie im Rahmen ihrer Prüfung zu dem Ergebnis kommt, dass die Maßnahmen **nicht ausreichend** sind, **ordnet die gemäß § 50 GwG zuständige Aufsichtsbehörde gemäß § 9 Abs. 3 Satz 3 GwG an**, dass die Mutterunternehmen sicherstellen, dass in dem betreffenden Drittstaat **weder Geschäftsbeziehungen** begründet oder fortgesetzt noch **Transaktionen** durchgeführt werden.

32   Mit der im Rahmen der Umsetzung der Vierten EU-Geldwäscherichtlinie wieder eingeführten Unterrichtungspflicht gegenüber der zuständigen Aufsichtsbehörde und der damit einhergehenden Stärkung der Rolle der Aufsichtsbehörde in Sachverhalten mit Drittstaatenbezug folgte der deutsche Gesetzgeber auch einer Empfehlung der FATF.[35] Im Unterschied zur deutschen Umsetzung in § 9 Abs. 3 Satz 3 GwG sehen allerdings sowohl die Empfehlung der FATF, als auch die Vierte EU-Geldwäscherichtlinie vor, dass die zuständige Aufsichtsbehörde gegebenenfalls auch andere angemessene Maßnahmen als eine Beendigung der Geschäftsbeziehung/Nichtausführung von Transaktionen in dem Drittstaat anordnen kann (z. B. zusätzliche Kontrollen). Sowohl in den internationalen als auch in den europäischen Vorgaben wird die Anordnung der Einstellung der Geschäfte in einem Drittstaat als „Ultima ratio" der Aufsichtsbehörde angesehen. § 9 Abs. 3 Satz 3 GwG steht damit in einem Wertungswiderspruch zu diesen Vorgaben und es bleibt die Handhabung der Vorschrift durch die zuständigen Aufsichtsbehörden in der Praxis abzuwarten. Die BaFin stellt in ihren Auslegungs- und Anwendungshinweisen[36] klar, dass sie bei der Verpflichtung der von ihr beaufsichtigen Institute zur Nicht-Durchführung von Transaktionen, zur Kündigung von bestehenden Geschäftsbeziehungen oder deren Beendigung auf andere Weise den Grundsatz der Verhältnismäßigkeit zu beachten habe. Die an die Erfüllung der Maßnahmen zu stellenden Anforderungen im Rahmen der Entscheidung zur Nicht-Durchführung einer Transaktion oder zur Beendigung einer Geschäftsbeziehung seien nicht aufgrund formal-schematisch vorgegebener Kriterien, sondern im Licht des risikobasierten Ansatzes auszulegen. Die Verpflichtung zur Nicht-Durchführung einer Transaktion oder zur Beendigung einer Geschäftsbeziehung (§ 10 Abs. 9 GwG) bestehe jedoch immer, wenn die nach § 9 Abs. 1 und Abs. 3 Satz 2 Nr. 1 GwG erforderlichen, im betreffenden Drittstaat aus rechtlichen oder tatsächlichen Gründen aber nicht durchführbaren Maßnahmen als wesentlich anzusehen sind.

---

35 Vgl. Empfehlung 18 der 40 Empfehlungen der FATF von 2012 und Auslegungshinweis (Interpretive note) zu Empfehlung 18, Nr. 5.
36 BaFin, AuA Oktober 2021, Ziff. 11.3, S. 83 f.

VII. Pflichten gruppenangehöriger Verpflichteter (§ 9 Abs. 4 und 5 GwG)

Mit dem Gesetz zur Umsetzung der Änderungsrichtlinie zur Vierten EU-Geldwäscherichtlinie (Fünfte EU-Geldwäscherichtlinie)[37] wurde § 9 um zwei neue Absätze (Abs. 4 und 5) erweitert. Während sich die in den Abs. 1–3 des § 9 enthaltenen Pflichten an verpflichtete Mutterunternehmen einer Gruppe richten, gelten die Abs. 4 und 5 demgegenüber für gruppenangehörige Verpflichtete, die gruppenweite Pflichten umzusetzen haben.   **33**

In Abs. 4 werden Verpflichteten, die gruppenangehörige Unternehmen nach § 1 Abs. 16 Nr. 2–4 GwG sind und denen mindestens ein anderes Unternehmen nach § 1 Abs. 16 Nr. 2–4 GwG nachgeordnet ist, das ihrem beherrschenden Einfluss unterliegt, die gleichen Gruppen-Pflichten übertragen wie Mutterunternehmen gemäß § 9 Abs. 1, sofern ihre Mutterunternehmen weder nach § 9 Abs. 1 noch nach dem Recht des Staates, in dem sie ansässig sind, gruppenweite Maßnahmen ergreifen müssen.[38] Diese gruppenangehörigen Unternehmen übernehmen somit im Verhältnis zu den ihnen nachgeordneten Unternehmen die Rolle eines Mutterunternehmens und damit die Verantwortung hinsichtlich der gruppenweiten Präventivmaßnahmen. Die in den AuA der BaFin (Stand: Dezember 2018) noch vorgesehene Erleichterung, wonach ein Mutterunternehmen nur sein kann, wer selbst kein untergeordnetes Unternehmen ist,[39] entfällt damit. Es ist davon auszugehen, dass diese im Rahmen der nächsten Aktualisierung der AuA gestrichen wird.   **34**

In Abs. 5 Satz 1 wird in Umsetzung von Art. 45 Abs. 1 der Vierten EU-Geldwäscherichtlinie klargestellt, dass neben den Mutterunternehmen gemäß § 9 Abs. 1 die jeweiligen gruppenangehörigen Unternehmen, die Verpflichtete nach dem GwG sind, zur Umsetzung der für sie bestehenden Gruppenpflichten verpflichtet sind und bei Nichtbeachtung dieser Pflicht aufsichtliche Maßnahmen gegen sie getroffen werden können. Gleiches gilt nach Abs. 5 Satz 2 für solche gruppenangehörige Verpflichtete, deren Mutterunternehmen nicht den Pflichten nach dem GwG unterliegt: sie müssen die für sie geltenden gruppenweiten Pflichten (z. B. Gruppenpflichten eines ausländischen Mutterunternehmens) umsetzen. Diese Gruppenpflichten müssen gemäß Art. 45 Abs. 1 der Vierten EU-Geldwäscherichtlinie Verfahren für den Informationsaustausch innerhalb der Gruppe zur Verhinderung von Geldwäsche und von Terrorismusfinanzierung so-   **35**

---

37 Gesetz zur Umsetzung der Änderungsrichtlinie zur Vierten EU-Geldwäscherichtlinie (Richtlinie (EU) 2018/843) v. 12.12.2019, BGBl. I 2019, S. 2602.

38 Siehe Gesetzesentwurf der Bundesregierung – Entwurf eines Gesetzes zur Umsetzung der Änderungsrichtlinie zur Vierten EU-Geldwäscherichtlinie (Richtlinie (EU) 2018/ 843) v. 31.7.2019, Begründung zu § 9 Abs. 4 GwG.

39 BaFin, AuA Oktober 2021, Ziff. 11.1.

wie Vorkehrungen zum Schutz von personenbezogenen Daten umfassen. Sonstige eigene geldwäscherechtliche Pflichten der Verpflichteten (z. B. Aufzeichnungs- und Aufbewahrungspflicht) gelten daneben ebenfalls (Abs. 5 Satz 3).[40]

---

40 Siehe Gesetzesentwurf der Bundesregierung – Entwurf eines Gesetzes zur Umsetzung der Änderungsrichtlinie zur Vierten EU-Geldwäscherichtlinie (Richtlinie (EU) 2018/843) v. 31.7.2019, Begründung zu § 9 Abs. 5 GwG.

   Lang

Abschnitt 3
Sorgfaltspflichten in Bezug auf Kunden

§ 10 Allgemeine Sorgfaltspflichten

(1) Die allgemeinen Sorgfaltspflichten sind:

1. die Identifizierung des Vertragspartners und gegebenenfalls der für ihn auftretenden Person nach Maßgabe des § 11 Absatz 4 und des § 12 Absatz 1 und 2 sowie die Prüfung, ob die für den Vertragspartner auftretende Person hierzu berechtigt ist,

2. die Abklärung, ob der Vertragspartner für einen wirtschaftlich Berechtigten handelt, und, soweit dies der Fall ist, die Identifizierung des wirtschaftlich Berechtigten nach Maßgabe des § 11 Absatz 5 und des § 12 Absatz 3 und 4; dies umfasst in Fällen, in denen der Vertragspartner keine natürliche Person ist, die Pflicht, die Eigentums- und Kontrollstruktur des Vertragspartners mit angemessenen Mitteln in Erfahrung zu bringen,

3. die Einholung und Bewertung von Informationen über den Zweck und über die angestrebte Art der Geschäftsbeziehung, soweit sich diese Informationen im Einzelfall nicht bereits zweifelsfrei aus der Geschäftsbeziehung ergeben,

4. die Feststellung mit angemessenen, risikoorientierten Verfahren, ob es sich bei dem Vertragspartner oder dem wirtschaftlich Berechtigten um eine politisch exponierte Person, um ein Familienmitglied oder um eine bekanntermaßen nahestehende Person handelt, und

5. die kontinuierliche Überwachung der Geschäftsbeziehung einschließlich der Transaktionen, die in ihrem Verlauf durchgeführt werden, zur Sicherstellung, dass diese Transaktionen übereinstimmen

   a) mit den beim Verpflichteten vorhandenen Dokumenten und Informationen über den Vertragspartner und gegebenenfalls über den wirtschaftlich Berechtigten, über deren Geschäftstätigkeit und Kundenprofil und,

   b) soweit erforderlich, mit den beim Verpflichteten vorhandenen Informationen über die Herkunft der Vermögenswerte;

im Rahmen der kontinuierlichen Überwachung haben die Verpflichteten sicherzustellen, dass die jeweiligen Dokumente, Daten oder Informationen unter Berücksichtigung des jeweiligen Risikos im angemessenen zeitlichen Abstand aktualisiert werden.

Sonnenberg

(2) Der konkrete Umfang der Maßnahmen nach Absatz 1 Nummer 2 bis 5 muss dem jeweiligen Risiko der Geldwäsche oder Terrorismusfinanzierung, insbesondere in Bezug auf den Vertragspartner, die Geschäftsbeziehung oder Transaktion, entsprechen. Die Verpflichteten berücksichtigen dabei insbesondere die in den Anlagen 1 und 2 genannten Risikofaktoren. Darüber hinaus zu berücksichtigen haben sie bei der Bewertung der Risiken zumindest

1. den Zweck des Kontos oder der Geschäftsbeziehung,

2. die Höhe der von Kunden eingezahlten Vermögenswerte oder den Umfang der ausgeführten Transaktionen sowie

3. die Regelmäßigkeit oder die Dauer der Geschäftsbeziehung.

Verpflichtete müssen gegenüber den Aufsichtsbehörden auf deren Verlangen darlegen, dass der Umfang der von ihnen getroffenen Maßnahmen im Hinblick auf die Risiken der Geldwäsche und der Terrorismusfinanzierung angemessen ist.

(3) Die allgemeinen Sorgfaltspflichten sind von Verpflichteten zu erfüllen:

1. bei der Begründung einer Geschäftsbeziehung,

2. bei Transaktionen, die außerhalb einer Geschäftsbeziehung durchgeführt werden, wenn es sich handelt um

    a) Geldtransfers nach Artikel 3 Nummer 9 der Verordnung (EU) 2015/847 des Europäischen Parlaments und des Rates vom 20. Mai 2015 über die Übermittlung von Angaben bei Geldtransfers und zur Aufhebung der Verordnung (EU) Nr. 1781/2006 (ABl. L 141 vom 5.6.2015, S. 1) und dieser Geldtransfer einen Betrag von 1 000 Euro oder mehr ausmacht,

    b) die Durchführung einer sonstigen Transaktion im Wert von 15 000 Euro oder mehr,

    c) die Übertragung von Kryptowerten, die zum Zeitpunkt der Übertragung einem Gegenwert von 1 000 Euro oder mehr entspricht,

3. ungeachtet etwaiger nach diesem Gesetz oder anderen Gesetzen bestehender Ausnahmeregelungen, Befreiungen oder Schwellenbeträge beim Vorliegen von Tatsachen, die darauf hindeuten, dass

    a) es sich bei Vermögensgegenständen, die mit einer Transaktion oder Geschäftsbeziehung im Zusammenhang stehen, um den Gegenstand von Geldwäsche handelt oder

    b) die Vermögensgegenstände im Zusammenhang mit Terrorismusfinanzierung stehen,

4. bei Zweifeln, ob die aufgrund von Bestimmungen dieses Gesetzes erhobenen Angaben zu der Identität des Vertragspartners, zu der Identität

                              Sonnenberg

einer für den Vertragspartner auftretenden Person oder zu der Identität des wirtschaftlich Berechtigten zutreffend sind.

(3a) Die Verpflichteten müssen die allgemeinen Sorgfaltspflichten bei allen neuen Kunden erfüllen. Bei bereits bestehenden Geschäftsbeziehungen müssen sie die allgemeinen Sorgfaltspflichten zu geeigneter Zeit auf risikobasierter Grundlage erfüllen, insbesondere dann, wenn

1. sich bei einem Kunden maßgebliche Umstände ändern,

2. der Verpflichtete rechtlich verpflichtet ist, den Kunden im Laufe des betreffenden Kalenderjahres zu kontaktieren, um etwaige einschlägige Informationen über den wirtschaftlich Berechtigten zu überprüfen, oder

3. der Verpflichtete gemäß der Richtlinie 2011/16/EU des Rates vom 15. Februar 2011 über die Zusammenarbeit der Verwaltungsbehörden im Bereich der Besteuerung und zur Aufhebung der Richtlinie 77/799/EWG (ABl. L 64 vom 11.3.2011, S. 1) dazu verpflichtet ist.

(4) Nehmen Verpflichtete nach § 2 Absatz 1 Nummer 3 bis 5 Bargeld bei der Erbringung von Zahlungsdiensten nach § 1 Absatz 1 Satz 2 des Zahlungsdiensteaufsichtsgesetzes an, so haben sie die allgemeinen Sorgfaltspflichten nach Absatz 1 Nummer 1 und 2 zu erfüllen.

(5) Verpflichtete nach § 2 Absatz 1 Nummer 15 haben die allgemeinen Sorgfaltspflichten bei Transaktionen in Form von Gewinnen oder Einsätzen eines Spielers in Höhe von 2 000 Euro oder mehr zu erfüllen, es sei denn, das Glücksspiel wird im Internet angeboten oder vermittelt. Der Identifizierungspflicht kann auch dadurch nachgekommen werden, dass der Spieler bereits beim Betreten der Spielbank oder der sonstigen örtlichen Glücksspielstätte identifiziert wird, wenn vom Verpflichteten zusätzlich sichergestellt wird, dass Transaktionen im Wert von 2 000 Euro oder mehr einschließlich des Kaufs oder Rücktauschs von Spielmarken dem jeweiligen Spieler zugeordnet werden können.

(6) Verpflichtete nach § 2 Absatz 1 Nummer 14 haben die allgemeinen Sorgfaltspflichten zu erfüllen:

1. bei der Vermittlung von Kaufverträgen und

2. bei der Vermittlung von Miet- oder Pachtverträgen bei Transaktionen mit einer monatlichen Nettokaltmiete oder Nettokaltpacht in Höhe von mindestens 10 000 Euro.

(6a) Verpflichtete nach § 2 Absatz 1 Nummer 16 haben die allgemeinen Sorgfaltspflichten zu erfüllen:

1. als Güterhändler bei folgenden Transaktionen:

a) Transaktionen im Wert von mindestens 10 000 Euro über Kunstgegenstände,

b) Transaktionen über hochwertige Güter nach § 1 Absatz 10 Satz 2 Nummer 1, bei welchen sie Barzahlungen über mindestens 2 000 Euro selbst oder durch Dritte tätigen oder entgegennehmen oder

c) Transaktionen über sonstige Güter, bei welchen sie Barzahlungen über mindestens 10 000 Euro selbst oder durch Dritte tätigen oder entgegennehmen, und

2. als Kunstvermittler und Kunstlagerhalter bei Transaktionen im Wert von mindestens 10 000 Euro.

(7) Für Verpflichtete nach § 2 Absatz 1 Nummer 4 und 5, die bei der Ausgabe von E-Geld tätig sind, gilt § 25i Absatz 1 des Kreditwesengesetzes mit der Maßgabe, dass lediglich die Pflichten nach Absatz 1 Nummer 1 und 4 zu erfüllen sind. § 25i Absatz 2 und 4 des Kreditwesengesetzes gilt entsprechend.

(8) Versicherungsvermittler nach § 2 Absatz 1 Nummer 8, die für ein Versicherungsunternehmen nach § 2 Absatz 1 Nummer 7 Prämien einziehen, haben diesem Versicherungsunternehmen mitzuteilen, wenn Prämienzahlungen in bar erfolgen und den Betrag von 15 000 Euro innerhalb eines Kalenderjahres übersteigen.

(8a) Soweit ein Verpflichteter nach § 2 Absatz 1 Nummer 10 als Syndikusrechtsanwalt oder als Syndikuspatentanwalt oder ein Verpflichteter nach § 2 Absatz 1 Nummer 12 als Syndikussteuerberater für ein Unternehmen tätig wird, das selbst Verpflichteter nach § 2 Absatz 1 ist, obliegen die Verpflichtungen nach Absatz 1 diesem Unternehmen.

(9) Ist der Verpflichtete nicht in der Lage, die allgemeinen Sorgfaltspflichten nach Absatz 1 Nummer 1 bis 4 zu erfüllen, so darf die Geschäftsbeziehung nicht begründet oder nicht fortgesetzt werden und darf keine Transaktion durchgeführt werden. Soweit eine Geschäftsbeziehung bereits besteht, ist sie vom Verpflichteten ungeachtet anderer gesetzlicher oder vertraglicher Bestimmungen durch Kündigung oder auf andere Weise zu beenden. Die Sätze 1 und 2 gelten für Verpflichtete nach § 2 Absatz 1 Nummer 10 und 12 nicht, wenn Tätigkeiten der Rechtsberatung oder Prozessvertretung erbracht werden sollen, es sei denn, der Verpflichtete weiß, dass die Rechtsberatung oder Prozessvertretung bewusst für den Zweck der Geldwäsche oder der Terrorismusfinanzierung genutzt wurde oder wird. Solange der Vertragspartner seiner Pflicht nach § 12 Absatz 4 Satz 1, eine Vereinigung mit Sitz im Ausland ihrer Mitteilungspflicht nach § 20 Absatz 1 Satz 2 und 3 oder ein Trustee, der außerhalb der Europäischen Union seinen Wohnsitz oder Sitz hat, seiner Mitteilungspflicht nach § 21 Absatz 1 Satz 2 Alternative 2 und Satz 3 nicht nachkommt, hat der Notar die Beurkundung

abzulehnen; § 15 Absatz 2 der Bundesnotarordnung gilt insoweit entsprechend.

Schrifttum: *Brian/Frey/Pelz*, Aktuelles Geldwäscherecht – Sommernovellen in Deutschland vor Winterreformen der EU, CCZ 2021, 209; *Chrocziel*, Datenschutzrechtliche Pflichten nach dem Geldwäschegesetz – Sorgfalts- und Prüfungspflichten von Kredit- und Finanzdienstleistungsinstituten, ZD 2013, 170; *Hauschka/Moosmayer/Lösler* (Hrsg.), Corporate Compliance, Handbuch der Haftungsvermeidung im Unternehmen, 3. Aufl. 2016; *Hennecke*, „Darf ich in Bitcoin zahlen?" – Geldwäscherisiken für Industrie- und Handels-Unternehmen bei Bitcoin-Transaktionen, CCZ 2018, 120; *Höche/Rößler*, Das Gesetz zur Optimierung der Geldwäscheprävention und die Kreditwirtschaft, WM 2012, 1505; *Klugmann*, Das neue Geldwäschegesetz – was ändert sich für Rechtsanwälte?, NJW 2017, 2888; *Krais*, Zu den Neuregelungen der 4. EU-Geldwäscherichtlinie, CCZ 2015, 251; *Krais*, Die geldwäscherechtliche Identifizierung von Personen, die für den Vertragspartner auftreten, CCZ 2016, 185; *Paul*, Die geldwäscherechtliche Identifizierung der für einen Vertragspartner auftretenden Person, GWR 2018, 147; *Rößler*, Auswirkungen der vierten EU-Anti-Geldwäsche Richtlinie auf die Kreditwirtschaft, WM 2015, 1406; *Ruppert*, Vierte Geldwäscherichtlinie verabschiedet – Was ändert sich für Steuerberater?, DStR 2015, 1708; *Schubert*, Das neue Geldwäschegesetz – Versuch einer ersten Annäherung aus Sicht des rechtlichen Beraters und Kautelarjuristen – Teil 1, NJOZ 2018, 41; *Schubert*, Das neue Geldwäschegesetz – Versuch einer ersten Annäherung aus Sicht des rechtlichen Beraters und Kautelarjuristen – Teil 2, NJOZ 2018, 81; *Tischbein/Langweg* (Hrsg.), Die Legitimationsprüfung/Identifizierung bei der Kontoeröffnung, 6. Aufl. 2020; *Zentes/Glaab*, Regulatorische Auswirkungen des Vorschlags der 4. EU-Geldwäscherichtlinie, BB 2013, 707; *Zöllner*, Kryptowerte vs. Virtuelle Währungen – Die überschießende Umsetzung der Fünften EU-Geldwäscherichtlinie, BKR 2020, 117.

Übersicht

I. Allgemeines

1 Die Vorschrift des § 10 GwG bestimmt die allgemeinen Kundensorgfaltspflichten, die von den Verpflichteten i. S. d. § 2 GwG auszuführen sind, sofern die in § 10 Abs. 3 GwG genannten pflichtauslösenden Ereignisse vorliegen. Die Regelung ist zuletzt durch das sog. Transparenzregister- und Finanzinformationsgesetz vom 25.6.2021[1] geändert worden. Hierbei kam es u. a. zur Aufnahme eines neuen Schwellenwerts für die Übertragung von Kryptowerten von 1.000 EUR oder mehr als Anlass für die Durchführung der allgemeinen Sorgfaltspflichten (siehe § 10 Abs. 3 Nr. 2 lit. c). Die letzte größere Anpassung des § 10 GwG fand durch das Gesetz zur Umsetzung der Änderungsrichtlinie zur Vierten EU-Geldwäscherichtlinie (Richtlinie (EU) 2018/843) vom 12.12.2019 statt. Hierbei wurden u. a. die Anlässe für die Neuvornahme der Sorgfaltspflichten nach § 10 Abs. 3a GwG weiter präzisiert. Auch die Vorgaben für die Vornahme der Sorgfaltspflichten bei Immobilienmaklern, Güterhändlern, Kunstvermittlern und bestimmten Kunstlagerhaltern wurden angepasst. Auch eine Klarstellung bzgl. der Pflichtenvornahme durch Syndikusrechtsanwälte wurde in den neuen § 10 Abs. 8a GwG eingefügt. Vor diesen Änderungen fand eine umfangreiche Anpassung durch die GwG-Novelle 2017 an die Vorgaben des Art. 13 Abs. 1 der Vierten EU-Geldwäscherichtlinie statt. Eine grundlegende Neustrukturierung hatte § 10 GwG i. R. d. des „Gesetzes zur Ergänzung der Bekämpfung der Geldwäsche und der Terrorismusfinanzierung" der Bundesregierung in der Fassung vom 13.8.2008 erfahren, welche aus den Anforderungen der Dritten EU-Geldwäscherichtlinie resultierte.[2]

Maßgeblich für das Verständnis des § 10 GwG in der Praxis sind insbesondere die Ausführungen hierzu in den sog. „Auslegungs- und Anwendungshinweise zum Geldwäschegesetz" (kurz: AuA) der jeweiligen Geldwäscheaufsichtsbehörden.[3] Bevor die Aufsichtsbehörden ab 2018 damit begannen, ihre Verwaltungspraxis in eigenen Veröffentlichungen festzuhalten, spielten die Auslegungs- und Anwendungshinweise der verschiedenen Branchenverbände in der Praxis eine große Rolle. Diese können jedoch seitdem nicht mehr uneingeschränkt bei der Anwendung und Auslegung der Pflichten nach dem Geldwäschegesetz herangezogen werden.[4]

2

1. Methodik der Sorgfaltspflichten

Wesentliches Element bei der Erfüllung aller Sorgfaltspflichten ist der sog. risikobasierte Ansatz („Risk-based Approach") nach § 3a Abs. 1 GwG, der den Verpflichteten ein gewisses Ermessen u. a. bei der Bestimmung des Umfangs der Sorgfaltsmaßnahmen einräumt. Seinen Niederschlag hat er auch in § 10 Abs. 2

3

---

1 BGBl. 2021, Teil I Nr. 37, S. 2083.
2 BGBl. I 2008, S. 1690; siehe ausführlich zu diesen Änderungen *Figura*, in: Herzog, GwG, § 10 Rn. 1 ff.
3 Siehe maßgeblich für den Finanzsektor: BaFin, BaFin AuA AT, Stand: Oktober 2021 und BaFin, AuA – Besonderer Teil Kreditinstitute, Stand: Juni 2021 bzw. Besonderer Teil für Versicherungsunternehmen, Stand: Januar 2020.
4 Siehe auch BaFin, Anlage zu Rundschreiben 09/2021 (GW), https://www.bafin.de/SharedDocs/Veroeffentlichungen/DE/Rundschreiben/2021/rs_09_2021_aufhebung_rs_gw.html;jsessionid=A259A9BEE10E13B28CA99ADD249BDC0A.1_cid500, zuletzt abgerufen am 15.2.2022.

Satz 1 GwG gefunden. Daneben steht das Know-Your-Customer-Prinzip („KYC-Prinzip"), welches u. a. in § 10 Abs. 1 GwG normiert ist. Das KYC-Prinzip fordert die Abklärung des Hintergrunds der Geschäftsbeziehung, um den Verpflichteten besser in die Lage zu versetzen, ein Risikoprofil über den jeweiligen Vertragspartner zu erstellen.[5]

2. Systematik der Sorgfaltspflichten

4   Im GwG finden sich drei unterschiedliche Arten von Sorgfaltspflichten:

- Allgemeine Sorgfaltspflichten nach § 10 GwG
- Vereinfachte Sorgfaltspflichten nach § 14 GwG
- Verstärkte Sorgfaltspflichten nach § 15 GwG

5   Allgemeine Sorgfaltspflichten sind immer dann vom Verpflichteten auszuführen, wenn nicht die spezielleren Maßstäbe der vereinfachten Sorgfaltspflichten in § 14 GwG oder der verstärkten Sorgfaltspflichten in § 15 GwG anzulegen sind. Für Verpflichtete, die nicht nur den Bestimmungen des GwG, sondern darüber hinaus auch denen des KWG unterliegen, enthalten die §§ 25g ff. KWG weitere Verpflichtungen bzw. Erleichterungen bzgl. der Sorgfaltspflichten. So gilt u. a. der § 25i KWG ergänzend bzgl. der Sorgfaltspflichten bei E-Geld-Geschäften sowie § 25k KWG und § 55 VAG ergänzend bzgl. der verstärkten Sorgfaltspflichten.

II. Inhalt der allgemeinen Sorgfaltspflichten (§ 10 Abs. 1 GwG)

6   Die Anforderungen der allgemeinen Sorgfaltspflichten sind maßgeblich geprägt von den Vorgaben des Kapitels II der Vierten EU-Geldwäscherichtlinie. § 10 Abs. 1 GwG ist eine Ausformung des Customer Due Diligence Ansatzes (CDD) und fordert weit mehr als eine rein formale Identitätsfeststellung.[6] In § 10 Abs. 1 GwG werden die Kundensorgfaltspflichten aufgezählt, die bei Eintritt der in § 10 Abs. 3 GwG genannten pflichtauslösenden Ereignisse auszuführen sind.

7   Folgende Maßnahmen sind im Rahmen des § 10 Abs. 1 GwG durchzuführen:

- Identifizierung des Vertragspartners, Abs. 1 Nr. 1,
- Identifizierung der für den Vertragspartner ggf. auftretenden Person, Abs. 1 Nr. 1,

---

5 Siehe ausführlich *Diergarten*, in: Hauschka/Moosmayer/Lösler, Corporate Compliance, § 34 Rn. 69 ff.
6 BT-Drs. 16/9038, S. 33.

– Berechtigungsprüfung der für den Vertragspartner ggf. auftretenden Person, Abs. 1 Nr. 1,
– Abklärung und ggf. Identifizierung des wirtschaftlich Berechtigten, Abs. 1 Nr. 2,
– Einholung und Bewertung der Informationen zur Geschäftsbeziehung, Abs. 1 Nr. 3,
– Feststellung der PEP-Eigenschaft, Abs. 1 Nr. 4,
– Kontinuierliche Überwachung der Geschäftsbeziehung, Abs. 1 Nr. 5.

Bei der Vornahme der allgemeinen Sorgfaltspflichten sind insbesondere im Finanzsektor die Vorgaben der GTVO sowie die Verpflichtung zur Erfassung der Verfügungsberechtigten zur Gewährleistung der Kontenwahrheit gemäß § 154 AO zusätzlich zu beachten. **8**

1. Identifizierung des Vertragspartners (§ 10 Abs. 1 Nr. 1 GwG)

Zentraler Ansatz bei der Bekämpfung der Geldwäsche und der Terrorismusfinanzierung ist die in § 10 GwG normierte Verpflichtung, die Identität des jeweiligen Vertragspartners zu kennen. Zweck ist zum einen der Wegfall der Anonymität.[7] Der Gesetzgeber wollte durch die Vorschrift im Interesse des Verpflichteten verhindern, dass Transaktionen zu Zwecken der Geldwäsche und Terrorismusfinanzierung missbraucht werden. Zum anderen soll die Verpflichtung sicherstellen, dass die Ermittlungsbehörden im Falle von Anhaltspunkten für Geldwäsche- oder Terrorismusfinanzierungsaktivitäten anhand der Identität der betreffenden Person der so genannten „Papierspur" folgen und dadurch ggf. Täter überführen können.[8] Die Durchführung der Identifizierung (= **wie** ist zu identifizieren?) regeln im Einzelnen die §§ 11–13 GwG. **9**

§ 1 Abs. 3 GwG enthält eine Legaldefinition des Begriffs der Identifizierung. In einem Zweierschritt ist zunächst die Identität durch das Erheben von Angaben festzustellen (Nr. 1 **Feststellung**) und dann in der Folge zu überprüfen (Nr. 2 **Überprüfung**). **10**

Als Vertragspartner des Verpflichteten ist dabei jede natürliche oder juristische Person zu verstehen, mit der eine (dauerhafte) Geschäftsbeziehung i. S. d. § 1 Abs. 4 GwG geschlossen wird (= **wer** ist zu identifizieren?).[9] Im Falle einer einzelnen Transaktion außerhalb einer bestehenden Geschäftsbeziehung (Transaktion eines Gelegenheitskunden) ist der Vertragspartner ebenfalls zu identifizie- **11**

---

7 Zur Frage der Anonymität bei Bitcoin-Transaktionen und den damit verbundenen Geldwäscherisiken siehe *Hennecke*, CCZ 2018, 120; zur Einführung der Kryptowertetransferverordnung siehe *Brian/Frey/Pelz*, CCZ 2021, 209, 213 f.
8 BT-Drs. 16/9038, S. 33.
9 BT-Drs. 16/9038, S. 33.

ren, sofern die Voraussetzungen für die Vornahme von Sorgfaltspflichten im Einzelfall gegeben sind, insb. ab Erreichen der jeweiligen Schwellenwerte.

12 Bei der Bestimmung der Person des Vertragspartners kommt es auf die **zivilrechtliche (schuldrechtliche) Einordnung** an. Entscheidend ist daher die jeweilige Vertragsbeziehung, die der Geschäftsverbindung bzw. Gelegenheitstransaktion zugrunde liegt. Vertragspartner ist allein der Vertragspartner der Geschäftsbeziehung bzw. Auftraggeber der außerhalb einer Geschäftsbeziehung durchgeführten Transaktion (Gelegenheitskunde), nicht zwingend der Empfänger der Leistung.[10]

13 So ist bspw. **als Vertragspartner zu identifizieren**: die Vertragspartei eines Giro-, Depot- oder Kontovertrags, der Auftraggeber im Rahmen eines Akkreditivgeschäfts, der Auftraggeber eines Avalkredits und der Bürge im Rahmen eines Bürgschaftsvertrages.[11]

14 **Nicht als Vertragspartner zu identifizieren**: ein persönlich Auftretender, der als Bote/Vertreter handelt (hier ist zu prüfen, ob es sich um eine für den Vertragspartner auftretende Person handelt, die dann als solche zu identifizieren wäre), Empfänger (Begünstigter) einer Überweisung, Begünstigter im Rahmen eines Akkreditivgeschäfts oder Avalkredits, Kreditinstitute bei Zahlungen zur Ablösung einer vorrangigen Sicherheit (Zahlung geht von Institut aus, zugrunde liegendes Rechtsverhältnis ist kein Vertrag mit einem Dritten) oder Verfügungsberechtigte (solange nicht selbst Vertragspartner).[12]

15 Ist die auftretende Person nicht zugleich Vertragspartner, so ist zu prüfen, ob sie für den Vertragspartner handelt und die Handlungen diesem auch zugerechnet werden können. Um dies festzustellen, ist eine Abgrenzung zwischen Vertreter- und Eigengeschäft vorzunehmen. Dabei ist von entscheidender Bedeutung, wie die Geschäftsparteien das Verhalten des Handelnden verstehen durften. Um dies feststellen zu können, müssen alle Umstände des Einzelfalls berücksichtigt werden. Hierzu gehören u.a. das frühere Verhalten der Person, Zeit und Ort der Erklärung, die berufliche Stellung der Beteiligten und die erkennbare Interessenlage.[13] Ist eine Einordnung trotz alledem nicht zweifelsfrei möglich, ist ein Eigengeschäft anzunehmen, vgl. § 164 Abs. 2 BGB. Dies hat zur Folge, dass der persönlich Auftretende selbst als Vertragspartner des Verpflichteten zu identifizieren ist. In dem Fall liegt i.d.R. eine Einzeltransaktion außerhalb einer bestehenden Geschäftsbeziehung vor.

16 Tritt die Person jedoch offenkundig als Bote bzw. Vertreter eines Vertragspartners auf, so sind die in Auftrag gegebenen Transaktionen dem Vertragspartner

---

10 BaFin, AuA AT 2021, Ziff. 5.1.1.
11 BaFin, AuA AT 2021, Ziff. 5.1.1.
12 BaFin, AuA AT 2021, Ziff. 5.1.1.
13 *Ellenberger*, in: Palandt, BGB, § 164 Rn. 4.

zuzurechnen.[14] Zur Beurteilung der Offenkundigkeit des Auftretens sind wiederum die äußeren Umstände des Geschäfts maßgeblich. Es trifft den Verpflichteten daher auch nicht die Pflicht, aktiv nachzuforschen, soweit das Interesse des persönlich Auftretenden, als Bote oder Vertreter des Vertragspartners zu handeln, aufgrund äußerer Umstände erkennbar ist.

2. Identifizierung der für den Vertragspartner ggf. auftretenden Person (§ 10 Abs. 1 Nr. 1 GwG)

Die Identifizierungspflicht des GwG erfuhr durch das Gesetz zur Umsetzung der Richtlinie über die Vergleichbarkeit von Zahlungskontoentgelten, den Wechsel von Zahlungskonten sowie den Zugang zu Zahlungskonten mit grundlegenden Funktionen vom 11.4.2016 eine Erweiterung auf für den Vertragspartner ggf. auftretende Personen.[15] Die Neuregelung trat zum 18.6.2016 in Kraft. Sie war nötig geworden, da nach Art. 13 Abs. 1 letzter Satz der Vierten EU-Geldwäscherichtlinie nicht nur der Vertragspartner, sondern auch die Person, „die vorgibt, im Namen des Kunden zu handeln" („any person purporting to act on behalf of the customer") zu identifizieren ist und deren Angaben zu verifizieren sind.[16]   **17**

Bis zum Inkrafttreten des GwBekErgG am 21.8.2008[17] bestand diese Verpflichtung bereits in ähnlicher Form. Bis dahin musste – neben dem Vertragspartner – zusätzlich die Person, die dem Mitarbeiter des Instituts gegenüber erschien und sich z. B. als Bote oder Bevollmächtigter des Vertragspartners zu erkennen gab, identifiziert werden.   **18**

Über die Sinnhaftigkeit dieser Sorgfaltspflicht sind Zweifel angebracht.[18] In der Masse werden die zu identifizierenden Dritten in der Regel Boten oder Vertreter sein, deren Identität für die Zwecke der Geldwäschebekämpfung von größtenteils untergeordneter Bedeutung sein wird. Auch wird es gerade für die organisierte Kriminalität kein größeres Hindernis darstellen, sich auf diesen Umstand einzustellen und verstärkt mit Strohmännern zu arbeiten. Darüber hinaus stehen die durch die Identifizierung der für den Vertragspartner auftretenden Personen gewonnenen Erkenntnisse im krassen Gegensatz zum Aufwand, den Verpflichtete zur Erfüllung dieser Sorgfaltspflicht in der Praxis betreiben müssen.[19] Nicht ohne Grund wurde eine ähnliche Regelung im Zuge des GwBekErgG vom 21.8.2008 wieder abgeschafft.   **19**

---

14 BaFin, AuA AT 2021, Ziff. 5.1.1.
15 BGBl. I 2016, S. 720 ff.
16 BT-Drs. 18/7204, S. 99.
17 BGBl. I 2008, S. 1690 ff., und Berichtigung v. 15.4.2009, BGBl. I 2009, S. 816 ff.
18 So auch *Paul*, GWR 2018, 147, 147; *Klugmann*, NJW 2017, 2888, 2888.
19 Siehe hierzu das Beispiel von *Klugmann*, NJW 2017, 2888, 2888.

20   Der Gesetzgeber hatte es bei Wiedereinführung der Identifizierungspflicht bzgl. der für den Vertragspartner auftretenden Personen versäumt, den betreffenden Bußgeldtatbestand des § 17 Abs. 1 Nr. 1 GwG a. F. zu erweitern. Diese Lücke wurde durch die GwG-Novelle 2017 geschlossen, sodass ordnungswidrig handelt, wer eine Identifizierung der für den Vertragspartner auftretenden Person nicht, nicht richtig, nicht vollständig oder nicht in der vorgeschriebenen Weise vornimmt (vgl. § 56 Abs. 1 Nr. 15 GwG). Zwischen dem 18.6.2016 und dem 26.6.2017 (= Inkrafttreten der GwG-Novelle 2017) waren Verstöße hiergegen nicht nach GwG bußgeldbewehrt.

21   Bei einer für den Vertragspartner auftretenden (natürlichen) Person handelt es sich um diejenige Person, die vorgibt, im Namen des Vertragspartners zu handeln. Dies setzt keine körperliche Anwesenheit vor Ort voraus (z. B. online Geschäftsaktivität).[20] Die zusätzliche Identifizierungspflicht betrifft in erster Linie **Boten** sowie **gesetzliche Vertreter** und **Verfügungsberechtigte**, die für den Vertragspartner auftreten.

22   Die Identifizierung erfolgt in derselben Weise wie die des Vertragspartners nach Maßgabe des § 11 Abs. 4 und des § 12 GwG.

23   Als identifizierungspflichtige auftretende Personen sind anzusehen:[21]

– rechtsgeschäftlich bestellte Vertreter im Falle der Begründung einer Geschäftsbeziehung für den Vertretenen;

– gesetzliche Vertreter im Falle der Begründung einer Geschäftsbeziehung für den Vertretenen (z. B. Organmitglieder, die tatsächlich für jur. Personen auftreten; außerdem z. B. Eltern, Vormund, Betreuer);

– Boten und rechtsgeschäftliche Vertreter, die außerhalb von bestehenden Geschäftsbeziehungen auftreten (Identifizierungspflicht gemäß § 10 Abs. 3 Nr. 2 GwG i.V. m. § 10 Abs. 1 Nr. 1 GwG). Dies betrifft insbesondere folgende Geschäftsvorfälle:

– kontoungebundene Zahlungsaufträge ab 1.000 EUR, bei denen der Veranlasser der Zahlung für einen Dritten agiert,

– Boten/Bevollmächtigte, die sonstige schwellenbetragsbezogene Einzeltransaktionen durchführen (z. B. Kauf von Edelmetallen).

24   Von der grundsätzlichen Identifizierungspflicht dieser „auftretenden Personen" gibt es jedoch **Ausnahmen**:

25   Hierzu gehören insb. Vertreter und Boten, die für einen Kunden auf dessen Konto beim kontoführenden Institut Geld bar einzahlen (regelmäßige Einzahler, Personen mit einer für eine bestimmte Verfügung innerhalb einer Kontobeziehung erteilten Vollmacht, Mitarbeiter von Unternehmenskunden, die vom Kunden als

---

20 BaFin, AuA AT 2021, Ziff. 5.1.2.
21 BaFin, AuA AT 2021, Ziff. 5.1.2.

Boten benannt wurden).[22] Da es sich um eine Einzahlung für den Kunden bei dessen Bank auf ein dort für ihn geführtes Konto handelt, handelt es sich um eine Transaktion **innerhalb einer bestehenden Geschäftsbeziehung**. „Bestehende Geschäftsbeziehung" bezieht sich auf eine Geschäftsbeziehung zwischen Vertragspartner und Verpflichtetem. Der Grund dafür, dass für den Vertragspartner auftretende Personen in diesen Fällen nicht identifiziert werden müssen, liegt im Wortlaut des § 10 Abs. 3 GwG. Hier ist festgeschrieben, wann, also zu welchen Anlässen identifiziert werden muss. § 10 Abs. 3 Nr. 1 GwG bestimmt, dass im Falle der Begründung einer Geschäftsbeziehung zu identifizieren ist. § 10 Abs. 3 Nr. 2 GwG regelt die Fälle, in denen bei der Durchführung einer außerhalb einer bestehenden Geschäftsbeziehung anfallenden Transaktion zu identifizieren ist. Somit besteht keine Identifizierungspflicht bzgl. der für den Vertragspartner auftretenden Person im Rahmen einer zwischen dem Vertragspartner und dem Verpflichteten bestehenden Geschäftsbeziehung. Dies gilt unbeschadet eines besonderen Geldwäscherisikos i. S. d. § 10 Abs. 3 Nr. 3 GwG oder eines Zweifelsfalls i. S. d. § 10 Abs. 3 Nr. 4 GwG.

Hiervon ist jedoch die Pflicht zur Prüfung der Berechtigung gem. § 10 Abs. 1 Nr. 1 GwG zu unterscheiden. Auch bei Einzahlungen für den Kontoinhaber durch eine für ihn auftretende Person ist stets die Vollmacht/Beauftragung zu prüfen.   **26**

Nicht zusätzlich zu erfassen sind die gesetzlichen Vertreter oder Verfügungsberechtigten einer juristischen Person oder Personenhandelsgesellschaft, die ohnehin schon nach § 11 Abs. 4 Nr. 2 GwG bzw. § 154 Abs. 2 AO zu identifizieren sind.[23] Andere gesetzliche Vertreter, wie bspw. Eltern, fallen jedoch nicht unter die Ausnahme.[24]   **27**

Nach der Gesetzesbegründung sollen auch Personen von der Verpflichtung ausgenommen sein, die Verpflichtete i. S. v. § 2 Abs. 1 GwG sind.[25] Das BMF vertritt jedoch die Auffassung, dass es sich hierbei um einen redaktionellen Fehler des Gesetzgebers handelt.[26] Demnach sollen Personen, die Verpflichtete i. S. d. § 2 Abs. 1 GwG sind, nicht in den Anwendungsbereich der Bestimmung fallen, sondern lediglich Verpflichtete, soweit es sich um Notare i. S. d. § 2 Abs. 1 Nr. 10 GwG handelt. Diese Ausnahme für Notare ergibt sich aber schon aus der Besonderheit der notariellen Praxis, dass der Begriff des „Vertragspartners" und   **28**

---

22 BaFin, AuA AT 2021, Ziff. 5.1.2.
23 A. A. *Paul*, GWR 2018, 147, 148.
24 *Krais*, CCZ 2016, 185, 186 f.
25 BT-Drs. 18/7204, S. 99.
26 Regierungspräsidium Darmstadt, Geldwäscheprävention – Newsletter Nr. 11 v. 16.6.2016, S. 2, https://rp-darmstadt.hessen.de/sites/rp-darmstadt.hessen.de/files/con tent-downloads/Newsletter%20Nr. %2011%20vom%2016.%20Juni%202016.pdf, zuletzt abgerufen am 15.2.2020.

der „auftretenden Person" zusammenfallen und diese Pflichten sich nur auf den Erschienenen beziehen. Schon allein aus diesem Umstand heraus hat die Identifizierungspflicht für „auftretende Personen" für Geschäftsbeziehungen mit Notaren grundsätzlich keine Auswirkungen.[27]

3. Berechtigungsprüfung der für den Vertragspartner ggf. auftretenden Person (§ 10 Abs. 1 Nr. 1 GwG)

29   Die Prüfung der Berechtigung von für den Vertragspartner auftretenden Personen dient der Umsetzung einer Vorgabe der FATF-Empfehlungen sowie des Art. 13 Abs. 1 der Vierten EU-Geldwäscherichtlinie. Die Pflicht zur Prüfung, ob die für den Vertragspartner auftretende Person hierzu berechtigt ist, betrifft die zivilrechtliche Berechtigung, also die Verfügungsbefugnis der Person.

30   Die Pflicht zur Prüfung, ob die für den Vertragspartner auftretende Person hierzu berechtigt ist, wird im Falle von **Auszahlungen** von bei Kreditinstituten geführten Konten bereits durch die zivilrechtliche Berechtigungsprüfung erfüllt, da Auszahlungen ohne entsprechende Verfügungsbefugnis nicht mit befreiender Wirkung erfolgen.[28]

31   Auch bei **Einzahlungen** für den Kontoinhaber innerhalb einer bestehenden Geschäftsbeziehung ist stets die Vollmacht bzw. Beauftragung zu prüfen. Nur bei Vorliegen einer solchen Berechtigung liegt eine Transaktion des Kunden (= im Rahmen einer bestehenden Geschäftsbeziehung) und keine Bareinzahlung von Nichtkunden auf ein Kundenkonto bei der Bank (= außerhalb einer bestehenden Geschäftsbeziehung) vor. Im zuletzt genannten Fall ist der Nichtkunde selbst (Gelegenheits-)Kunde und somit Vertragspartner der Bank, die das Geld entgegennimmt und verbucht. § 10 Abs. 1 Nr. 1 GwG stellt dagegen auf eine Person ab, die für den Vertragspartner berechtigt auftritt. Handelt es sich um einen solchen Fall, bei dem der einzahlende Nichtkunde selbst als Vertragspartner der Bank anzusehen ist, so sind die entsprechenden Sorgfaltspflichten (schwellenwertabhängig) zu beachten.

32   Die **Art und Weise der Berechtigungsüberprüfung** ist gesetzlich nicht geregelt. Es bleibt daher dem einzelnen Verpflichteten überlassen, hierzu (risikoorientiert) ein wirksames Verfahren zu schaffen. Die Schwelle ist jedoch nicht zu hoch anzusetzen. Der Berechtigungsnachweis erfordert keine höheren Anforderungen als bei einer Einzahlung an einem Geldautomaten durch den Kunden.[29]

---

27 BT-Drs. 18/7204, S. 99.
28 BaFin, AuA AT 2021, Ziff. 5.1.5.
29 BaFin, AuA AT 2021, Ziff. 5.1.2.

Ein berechtigtes Auftreten für den Vertragspartner kann sich insbesondere erge- 33
ben aus:

- Bevollmächtigung,
- Benennung durch den Vertragspartner, für ihn als Boten zu handeln,
- Vorlage einer dem Vertragspartner für diese Zwecke ausgehändigten Boten-
  karte.

Das Verfahren für die Berechtigungsprüfung ist in der entsprechenden unterneh- 34
mensinternen Arbeitsanweisung/Policy festzuhalten. Die einzeln vorgenommene Berechtigungsprüfung ist nachvollziehbar zu dokumentieren.

4. Abklärung und ggf. Identifizierung des wirtschaftlich Berechtigten (§ 10 Abs. 1 Nr. 2 GwG)

Nach § 10 Abs. 1 Nr. 2 GwG besteht die Pflicht, das Vorhandensein eines wirt- 35
schaftlich Berechtigten abzuklären. Hierbei geht es darum, die im Hintergrund
stehende natürliche Person zu ermitteln, auf deren **Veranlassung** tatsächlich gehandelt wird, die letztlich den Vertragspartner kontrolliert (**Kontrolle**) oder eine
eigentümergleiche Stellung einnimmt (**Eigentum**) oder die hauptsächlich **Begünstigter** einer fremdnützigen Gestaltung ist.[30] Der Begriff des wirtschaftlich
Berechtigten wird in § 3 GwG bestimmt.

Es kann vorkommen, dass trotz umfassender Prüfungen nicht festgestellt werden 36
kann, ob eine natürliche Person Eigentümer einer juristischen Person ist oder auf
sonstige Weise Kontrolle über diese ausübt. In diesem Fall gelten qua Fiktion die
gesetzlichen Vertreter, geschäftsführenden Gesellschafter oder Partner als wirtschaftlich Berechtigte, § 3 Abs. 2 Satz 5 GwG (sog. „**fiktiver wirtschaftlich Berechtigter**"). Die Ausnahme wurde durch die GwG-Novelle 2017 eingefügt.

Die Pflicht zur Erfassung des sog. fiktiven wirtschaftlich Berechtigten gilt bei 37
meldepflichtigen Vereinigungen nach § 20 Abs. 1 GwG. Handelt es sich jedoch
um Vereinigungen mit Sitz im Ausland greift die Ausnahme nur, wenn die Voraussetzungen nach § 20 Abs. 1 Satz 2 und 3 GwG vorliegen.[31]

Für die Möglichkeit, einen fiktiven wirtschaftlich Berechtigten festzustellen, 38
spielt es keine Rolle, ob eine natürliche Person nicht existiert oder es dem Verpflichteten nicht möglich ist, eine solche zu identifizieren (z. B. aufgrund der intransparenten bzw. komplexen Struktur der juristischen Person oder Gesellschaft
oder weil am Sitz der juristischen Person oder Gesellschaft keine entsprechenden Offenlegungspflichten bestehen).[32] Das Gleiche gilt, wenn Zweifel daran bestehen, dass es sich bei einer als wirtschaftlich Berechtigter festgestellten Person

---

30 BaFin, AuA AT 2021, Ziff. 5.2.1.
31 BaFin, AuA AT 2021, Ziff. 5.2.2.2.
32 BaFin, AuA AT 2021, Ziff. 5.2.2.2.

tatsächlich um einen solchen handelt. Erfüllen mehrere Personen den Tatbestand des fiktiven wirtschaftlich Berechtigten (z. B. mehrere Vorstandsmitglieder) genügt im Regelfall die Erfassung einer Person; in Ausnahmefällen können Risikogesichtspunkte die Erfassung aller Personen erforderlich machen.[33] Die Fiktionsregelung kann nur angewandt werden, sofern keine Verdachtsmomente bestehen. In Bezug auf Bestandskunden sind in den Fällen, in denen bislang keine wirtschaftlich Berechtigten erfasst wurden, die fiktiven wirtschaftlich Berechtigten nachträglich zu erfassen.[34] Zwischen „realem" und „fiktivem" wirtschaftlich Berechtigten macht der Gesetzgeber in der Folgewirkung keinen Unterschied. Allerdings bietet es sich an, eine Unterscheidung dieser beiden Typen im Rahmen der Dokumentation vorzunehmen, um zu belegen, warum hier kein „tatsächlicher" wirtschaftlich Berechtigter ermittelt werden konnte bzw. warum an der Person des ermittelten wirtschaftlich Berechtigten Zweifel bestehen.

39 Der Vorgang der Abklärung, **ob** ein vom Vertragspartner abweichender wirtschaftlich Berechtigter handelt, fällt in der Praxis regelmäßig mit der Feststellung der Identität des wirtschaftlich Berechtigten gemäß § 11 Abs. 5 GwG und § 12 Abs. 3 und 4 GwG zusammen. § 12 Abs. 3 Satz 1 GwG bestimmt die Vornahme risikoangemessener Maßnahmen zur Vergewisserung, dass die zur Identifizierung erhobenen Angaben zutreffend sind. Eine Erhebung der Angaben aus dem Transparenzregister genügt zur Erfüllung der Pflicht zur Erhebung der Angaben nicht (§ 11 Abs. 5 Satz 3 Halbs. 2 GwG). Es kann jedoch auf die Erleichterungsregel des § 12 Abs. 3 Satz 3 GwG zurückgegriffen werden.

40 Die Würdigung möglicher Umstände, die auf einen abweichenden wirtschaftlich Berechtigten hinweisen, erfolgt risikobasiert nach den Vorgaben des § 10 Abs. 2 GwG. Hierzu gehört auch bei Vertragspartnern, die keine natürlichen Personen sind, gemäß § 10 Abs. 1 Nr. 2 Halbs. 2 GwG die Klärung der Eigentums- und Kontrollstruktur mit angemessenen Mitteln. Die Angemessenheit bemisst sich an der Intensität und Bedeutung der Geschäftsbeziehung bzw. Transaktion. Gleichzeitig ist zu berücksichtigen, welche Erkenntnismöglichkeiten dem Verpflichteten zur Klärung des Sachverhalts zur Verfügung stehen.[35] Anhaltspunkte für einen vom Vertragspartner abweichenden wirtschaftlich Berechtigten kann beispielsweise im kreditwirtschaftlichen Bereich die Art des Kontos liefern, so wie bspw. das Bestehen eines abweichenden wirtschaftlich Berechtigten bei Treuhand-, Sammel- oder Anderkonten.

41 Die Durchführung der Identifizierung des abweichenden wirtschaftlich Berechtigten (= **wie** ist zu identifizieren?) regelt im Einzelnen § 11 Abs. 5 und § 12 Abs. 3 und 4 GwG.

---

33 BaFin, AuA AT 2021, Ziff. 5.2.2.2.
34 BaFin, AuA AT 2021, Ziff. 5.2.2.2.
35 BT-Drs. 16/9038, S. 38.

Zur Abklärung des wirtschaftlich Berechtigten empfiehlt sich grundsätzlich folgende Vorgehensweise:[36] **42**

a) Abfrage beim Vertragspartner (= natürliche Person)

Zunächst ist vom Kunden (Vertragspartner) die Bestätigung einzuholen, dass die Geschäftsbeziehung bzw. die Transaktion außerhalb einer Geschäftsbeziehung nicht auf Veranlassung eines Dritten (d. h. im Interesse eines Dritten), insbesondere nicht als Treuhänder begründet bzw. durchgeführt wird. Wird die Bestätigung abgegeben und liegen keine Auffälligkeiten vor, so ist i. d. R. nichts weiter zu veranlassen. **43**

Wird die Bestätigung nicht abgegeben, so ist die Identität des wirtschaftlich Berechtigten anhand der Angaben des Kunden nach Maßgabe des § 11 Abs. 5 GwG zu erfragen.[37] Weitere Nachforschungen oder Prüfmaßnahmen sind erforderlich, wenn die Angaben des Kunden zu den Gesamtumständen des Geschäftsvorfalles widersprüchlich, nicht plausibel oder erkennbar unzutreffend sind bzw. ein erhöhtes Risiko feststellbar ist. Die Art der getroffenen Verifizierungsmaßnahme ist **nachvollziehbar** und **dauerhaft** zu **dokumentieren**. Kopien oder Ausdrucke evtl. eingesehener Quellen müssen nach Maßgabe des § 8 GwG dokumentiert und aufbewahrt werden. **44**

b) Abfrage beim Vertragspartner (= nicht-natürliche Person)

Ist der Kunde keine natürliche Person, so wird häufig die Bestätigung des Handelns im eigenen wirtschaftlichen Interesse und nicht auf fremde Veranlassung nicht gegeben werden. In diesem Fall ist die Identität des wirtschaftlich Berechtigten anhand der Angaben des Kunden nach Maßgabe des § 11 Abs. 5 und § 12 Abs. 3 und 4 GwG zu klären. **45**

Die Ermittlung der Eigentums- und Kontrollstrukturen wird zunächst durch **Befragung des Kunden** über diese Strukturen erfolgen. Die gemachten Angaben sind zu erfassen und im nächsten Schritt risikobasiert zu verifizieren. Zu dem Fall, dass der Vertragspartner bei einem Erwerbsvorgang nach § 1 des Grunderwerbsteuergesetzes für eine Rechtsform i. S. v. § 3 Abs. 2 oder 3 handelt, siehe die für Notare modifizierte Regelung des § 12 Abs. 4 GwG. **46**

Die **Überprüfung der Angaben** erfolgt grundsätzlich anhand vorliegender bzw. öffentlich zugänglicher Informationsquellen. Die Angaben sind auf ihre Plausibilität zu überprüfen. Dies kann insb. anhand von Einsichtnahmen in Register, Kopien von Registerauszügen, Telefonbücher, Kopien von relevanten Dokumenten, Internetrecherchen oder aufgrund eigener Kenntnis vorgenommen werden. **47**

---

36 BaFin, AuA AT 2021, Ziff. 5.2.3.1. ff.
37 BaFin AuA AT 2021, Ziff. 5.2.3.1.

Soweit Angaben unvollständig, nicht erhältlich, erkennbar unzutreffend bzw. widersprüchlich sind, ist der Grund hierfür zu ermitteln und ggf. zur Überprüfung der Angaben auf weitere Quellen zurückzugreifen.

48 Anhand der vorliegenden Angaben zu Eigentums- und Kontrollstrukturen ist der **wirtschaftlich Berechtigte zu ermitteln**. Dabei ist zwischen einfach gelagerten Fällen (Gesellschaft mit natürlichen Personen als Gesellschafter) und **komplexen Beteiligungsstrukturen** mit zwischengeschalteten Gesellschaften zu unterscheiden.[38] Gerade bei Letzteren besteht häufig ein hoher Rechercheaufwand, bei dem Beteiligungsstrukturen abgeklärt und indirekt beteiligte Personen mit wesentlicher Beteiligung festgestellt und überprüft werden müssen. Gelingt es trotz umfassender Prüfung nicht, den Namen eines Inhabers einer wesentlichen Beteiligung auf höherer Beteiligungsebene zu ermitteln oder bestehen an der Person des wirtschaftlich Berechtigten Zweifel, so ist nach Maßgabe des § 3 Abs. 2 Satz 5 GwG der sog. „fiktive wirtschaftlich Berechtigte" zu erfassen und dieser Umstand nachvollziehbar zu dokumentieren. Im Übrigen gilt grundsätzlich die Ablehnungs- und Beendigungsverpflichtung nach § 10 Abs. 9 GwG.

49 Die für die Abklärung erhobenen Angaben zu den Eigentums-/Kontrollstrukturen sind **dauerhaft** und **nachvollziehbar aufzuzeichnen**. Kopien oder Ausdrucke der eingesehenen Quellen müssen nach Maßgabe des § 8 GwG hereingenommen und aufbewahrt werden. Abgesehen von den Anforderungen des § 8 GwG ist die Form der Dokumentation nicht festgelegt. Neben schriftlichen (Text-) Aufzeichnungen bieten sich auch schematische Darstellungen an, wie z. B. ein Konzerndiagramm.

c) Einzelfälle (nicht abschließend)

50 In der Praxis haben sich in der Vergangenheit eine Vielzahl an Fällen herausgebildet, bei denen von einer abweichenden Abklärung des wirtschaftlich Berechtigten ausgegangen wurde. Die Behandlung dieser Fallgruppen wurde größtenteils in den Auslegungs- und Anwendungshinweisen der verschiedenen Branchen (insb. den Auslegungs- und Anwendungshinweisen der DK aus 2014, kurz: DK, AuA 2014) niedergelegt. Seit der GwG-Novelle 2017 und den im Dezember 2018 veröffentlichten „Auslegungs- und Anwendungshinweisen zum Geldwäschegesetz" der BaFin (kurz: BaFin, AuA 2018) kann aber **nicht mehr an den Ausführungen in den Branchen-AuA festgehalten werden**.

51 Unter Berücksichtigung dieser Umstände ergeben sich folgende Einzelfälle:

– **Juristische Personen des öffentlichen Rechts:** § 3 Abs. 1 GwG erfasst nach dem Wortlaut „juristische Personen" grundsätzlich auch solche des öffentlichen Rechts (öffentlich-rechtliche Körperschaften, Anstalten). Beim Ver-

---

38 Siehe ausführlich BaFin, AuA AT 2021, Ziff. 5.2.2.1.

gleich der Regelung des § 3 Abs. 1 GwG mit der des § 20 GwG entsteht insoweit eine Diskrepanz, da nach letzterer Vorschrift nur juristische Personen **des Privatrechts** die Informationenpflichten gemäß § 20 GwG zu erfüllen haben. Hiervon abgesehen sprechen aber schon Sinn und Zweck des GwG gegen eine Anwendung auf juristische Personen des öffentlichen Rechts. Das Konzept des wirtschaftlich Berechtigten führt bei Anwendung auf juristische Personen des öffentlichen Rechts zumeist zu nicht sachgerechten Ergebnissen, da es regelmäßig keine natürliche Person gibt, in deren Eigentum oder unter deren Kontrolle juristische Personen des öffentlichen Rechts letztlich stehen. Zudem ist aufgrund der Amtsträgerschaft ein Handeln auf Veranlassung in der Regel nicht gegeben. Vor diesem Hintergrund werden die Voraussetzungen des § 3 Abs. 1 GwG bei juristischen Personen des öffentlichen Rechts vorbehaltlich der Umstände des Einzelfalles regelmäßig nicht vorliegen, mit der Folge, dass eine Identifizierung eines wirtschaftlich Berechtigten in diesen Fällen nicht erforderlich ist.[39]

- **Börsennotierte Gesellschaften**: Gem. § 3 Abs. 2 GwG entfällt die Erfassung des wirtschaftlich Berechtigten bei juristischen Personen und sonstigen Gesellschaften (außer rechtsfähigen Stiftungen), die an einem organisierten Markt nach § 2 Abs. 11 WpHG notiert sind und dem Gemeinschaftsrecht entsprechenden Transparenzanforderungen im Hinblick auf Stimmrechtsanteile oder gleichwertigen internationalen Standards unterliegen. Auch Anlage 1 Nr. 1 a) nennt als Faktor für ein potenziell geringes Risiko öffentliche, an einer Börse notierte Unternehmen, die zu einer angemessenen Transparenz hinsichtlich ihres wirtschaftlichen Eigentümers verpflichtet sind.
Hierzu gehören börsennotierte Unternehmen sofern
  - deren Wertpapiere zum Handel auf einem geregelten Markt i. S. v. Art. 44 Abs. 1 der Richtlinie 2014/65/EU (MiFID 2) zugelassen sind
  oder
  - deren Wertpapiere zum Handel an einem organisierten Markt in einem Drittland zugelassen sind, der dem Gemeinschaftsrecht entsprechenden Transparenzanforderungen im Hinblick auf Stimmrechtsanteile oder gleichwertigen internationalen Standards unterliegt.[40]
Ausgenommen sind ebenfalls Tochtergesellschaften dieser börsennotierten Unternehmen, sofern
  - Letztere mehr als 50% der Kapitalanteile oder Stimmrechte an der Tochtergesellschaft hält und
  - es, etwa aufgrund anderweitiger Kontrollausübung, keinen anderen wirtschaftlich Berechtigten i. S. v. § 3 Abs. 1 GwG gibt.

---

39 BaFin, AuA AT 2021, Ziff. 5.2.1.
40 BaFin, AuA AT 2021, Ziff. 5.2.2.1.

Dies gilt auch wenn die Tochtergesellschaften selbst nicht börsennotiert sind.[41]

– **Eingetragene Genossenschaft (eG)**: Da Genossenschaften nicht nach Eigentumsanteilen unterteilt werden, ist ausschließlich auf die Stimmrechtsanteile abzustellen. Kontrolle liegt vor bei den natürlichen Personen, die mehr als 25 % der Stimmrechte innehaben.[42] Ggf. ist gemäß § 3 Abs. 2 Satz 5 GwG der fiktive wirtschaftlich Berechtigte zu erfassen.

– **Eingetragener Kaufmann (e.K.)**: Wirtschaftlich Berechtigter wird in der Regel der Inhaber sein. Er muss jedoch nicht zwingend als solcher erfasst werden, wenn der eingetragene Kaufmann unter seinem bürgerlichen Namen firmiert (ggfs. mit dem Zusatz „e.K.").[43]

– **Eingetragener Verein (e.V.)**: Abzustellen ist ausschließlich auf Stimmrechtsanteile, da beim e.V. keine Eigentumsanteile ersichtlich sind. Kontrolle liegt vor bei den natürlichen Personen, die mehr als 25 % der Stimmrechte innehaben. Im Regelfall wird sich aufgrund der hohen Mitgliederzahlen kein derart hoher Stimmrechtsanteil ergeben, sodass regelmäßig gemäß § 3 Abs. 2 Satz 5 GwG der Vorstand als (fiktiver) wirtschaftlich Berechtigter zu erfassen sein wird.[44]

– **Gesellschaft bürgerlichen Rechts (GbR)**: Nach Auffassung des Gesetzgebers besteht bei Geschäftsbeziehungen i.V.m. einer GbR grundsätzlich ein **erhöhtes Geldwäscherisiko**.[45] Als problematisch gilt zum einen das Fehlen eines besonderen Formerfordernisses. Es besteht keine Verpflichtung, eine GbR in ein öffentliches Register einzutragen. Auch eine Eintragung in das Transparenzregister (§§ 18 ff. GwG) ist nicht vorgeschrieben. Zum anderen ist aufgrund der vielseitigen GbR-Varianten für Außenstehende häufig nicht ersichtlich, wie sich die Eigentums- und Kontrollstruktur gestaltet. Aus diesen Gründen ist bei der Abklärung des wirtschaftlich Berechtigten die GbR jeweils individuell und risikoangemessen zu betrachten.[46] Insb. kann nicht ausschließlich auf den für andere Gesellschaftsformen geltenden Schwellenwert von mehr als 25 % abgestellt werden.[47] Kommt der Verpflichtete jedoch nach eigener Risikobewertung zu dem Ergebnis, dass im Einzelfall kein besonderes Risiko feststellbar ist, kann grundsätzlich an der Schwellenwertregelung festgehalten werden.[48] Alternativ kann es auch ausreichend sein, statt

---

41 BaFin, AuA AT 2021, Ziff. 5.2.2.1.
42 Siehe ausführlich *Tischbein/Langweg*, Rn. 162.
43 *Tischbein/Langweg*, Rn. 135.
44 Siehe auch *Tischbein/Langweg*, Rn. 157.
45 BT-Drs. 16/9038, S. 30.
46 *Tischbein/Langweg*, Rn. 148.
47 BT-Drs. 16/9038, S. 30.
48 *Tischbein/Langweg*, Rn. 148.

der Erfassung und Abklärung des wirtschaftlich Berechtigten sich die Gesellschafterliste vorlegen zu lassen.

In jedem Fall empfiehlt es sich, die gewählte Vorgehensweise nachprüfbar und **52** anhand von Belegen dauerhaft zu dokumentieren.

Ein Beispiel für eine GbR mit einem geringen Geldwäsche- bzw. Terrorismusfi- **53** nanzierungsrisiko ist die **Anwalts-GbR**, da Rechtsanwälte gem. § 2 Abs. 1 Nr. 10 GwG selbst zu den Verpflichteten des GwG zählen.[49]

– **Nicht rechtsfähiger Verein**: Bei nicht rechtsfähigen deutschen Vereinen (z. B. Gewerkschaften oder Parteien) kann – anders als beim e. V. – aufgrund der Organisationsstruktur noch nicht einmal auf die Stimmrechtsanteile abgestellt werden. Die Feststellung eines (tatsächlichen) wirtschaftlich Berechtigten wird deswegen regelmäßig nicht möglich sein.[50] Anders wäre es, wenn der nicht rechtsfähige Verein auf Veranlassung eines Dritten, sprich im Drittinteresse, handelt (insb. als Treuhänder).[51]
– **Treuhandkonten**: Grundsätzlich gilt, dass die Erfassung des Treugebers als wirtschaftlich Berechtigter ausreichend ist. Im Rahmen der vereinfachten Sorgfaltspflichten nach § 14 GwG darf jedoch nicht auf die Erfüllung bestimmter in § 10 Abs. 1 GwG genannten Pflichten vollständig verzichtet werden. Vielmehr sind auch bei der Anwendung von vereinfachten Sorgfaltspflichten alle in § 10 Abs. 1 GwG genannten Sorgfaltspflichten zu erfüllen. Insbesondere kann damit in Fällen eines potenziell geringeren Risikos die Abklärung oder Identifizierung eines wirtschaftlich Berechtigten nicht vollständig unterbleiben.[52] In Anwendung des risikobasierten Ansatzes kann im Zuge der Prüfung der Sorgfaltspflichten jedoch der Umfang der zu ergreifenden Maßnahmen reduziert werden. Bei Treuhandkonten sind u. a. zu unterscheiden:
– **Insolvenzverwalterkonten**: Die Erfassung erübrigt sich, da kein wirtschaftlich Berechtigter existiert. Dem Insolvenzschuldner ist es während des Insolvenzverfahrens nicht möglich, das von der Insolvenz betroffene Vermögen zu verwalten und zu verwerten. Somit kann keine Veranlassung i. S. d. § 3 Abs. 1 Nr. 2 GwG an Insolvenzverwalterkonten vorliegen.[53]
– **Mietkautionskonten** (analog bei Grabpflege- und Bestattungs-Treuhandkonten[54]): Bei **Einzelmietkautionskonten** auf den Namen des Vermieters oder der Hausverwaltung ist die Feststellung des Mieters als wirtschaftlich

---

49 *Figura*, in: Herzog, GwG, § 11 Rn. 30.
50 BaFin, AuA AT 2021, Ziff. 5.2.1.; *Tischbein/Langweg*, Rn. 143.
51 *Tischbein/Langweg*, Rn. 143.
52 BaFin, AuA AT 2021, Ziff. 6.3.
53 BaFin, AuA BT Kreditinstitute, Punkt 7.2.2; *Tischbein/Langweg*, Rn. 78.
54 *Tischbein/Langweg*, Rn. 93 und 94.

Berechtigten ausreichend.[55] Bei **Sammelmietkautionskonten** kann aufgrund des geringen Risikos auf die Abklärung des wirtschaftlich Berechtigten verzichtet werden.[56]

- **Sammeltreuhandkonten**: Sammeltreuhandkonten können verschiedenen Geschäftszwecken dienen (z. B. für Inkassounternehmen oder als Taschengeldkonten für Heimbewohner nach dem Sozialgesetzbuch). Der Geschäftszweck des Kontos ist zu dokumentieren.

54 Vor dem Inkrafttreten der GwG-Novelle 2017 war anerkannt, dass bei Sammeltreuhandkonten auf eine Abklärung des wirtschaftlich Berechtigten aus Gründen der Praktikabilität verzichtet werden konnte.[57] Allerdings bestimmt § 14 Abs. 2 Nr. 1 GwG, dass lediglich „der Umfang der Maßnahmen, die zur Erfüllung der allgemeinen Sorgfaltspflichten zu treffen sind" angemessen reduziert werden kann. Wird das Risiko im Einzelfall als gering eingestuft, kann es andererseits durchaus auch angemessen sein, einzelne Sorgfaltspflichten, wie die Abklärung des wirtschaftlich Berechtigten, „auf beinah Null" zu reduzieren. Dies entspricht auch dem instituts- bzw. unternehmensinternen risikobasierten Ansatz.

55 Im Ergebnis sieht dies die BaFin ähnlich und führt aus, dass (Sammel-)Treuhandkonten zwar grundsätzlich ein besonderes Geldwäscherisiko aufweisen, in gewissen Fällen das Risiko aber geringer ausfallen kann.[58] Demnach können Kreditinstitute bei Sammeltreuhandkonten für bestimmte Fallgruppen entscheiden, vereinfachte Sorgfaltspflichten gemäß § 14 GwG anzuwenden. In diesen Fällen kann der Pflicht zur Abklärung des wirtschaftlich Berechtigten dadurch nachgekommen werden, dass der Treuhänder auf Verlangen des Instituts eine Liste der aktuellen wirtschaftlich Berechtigten vorlegt.[59] Die Liste sollte mindestens jährlich aktualisiert werden.[60] Das Kreditinstitut muss die Liste nicht hereinnehmen. Sie muss jedoch bei Bedarf unverzüglich zugänglich gemacht werden.

56 Beispiele für solche Fälle des niedrigen Risikos sind u. a. Sammeltreuhandkonten für Klassenkassen, Kegelclubs, Heimbewohnern. Auch für Inkassounternehmen hält dies die BaFin für vertretbar, z. B. bei Inkassoleistungen im Gesundheitswesen.[61] In solchen Fällen sollte die Risikoeinstufung des Vertragspartners zu berücksichtigt werden.

57 Soll von dieser Möglichkeit der vereinfachten Sorgfaltspflichten Gebrauch gemacht werden, ist auf eine dokumentierte und nachvollziehbare Begründung der Entscheidung zu achten.

---

55 *Tischbein/Langweg*, Rn. 82.
56 BaFin, AuA BT Kreditinstitute, Ziff. 7.2.1.
57 DK, AuA 2014, Zeile 39 f.
58 BaFin, AuA BT Kreditinstitute, Punkt 7.2.
59 BaFin, AuA BT Kreditinstitute, Punkt 7.2.1.; *Tischbein/Langweg*, Rn. 95.
60 Vgl. DK, AuA 2014, Zeile 39 i.
61 BaFin, AuA BT Kreditinstitute, Punkt 7.2.1.

- **Tankstellenkonten**: Bei Treuhandkonten eines Tankstellenpächters für die jeweilige Mineralölfirma ist grundsätzlich von einem geringen Geldwäscherisiko auszugehen. Auf die Abklärung des wirtschaftlich Berechtigten hinsichtlich der treugebenden Mineralölfirma kann deshalb jedoch nicht einfach verzichtet werden. Bei Mineralölunternehmen mit Sitz in Drittstaaten lässt sich aber häufig selbst nach Durchführung umfassender Prüfungen kein wirtschaftlich Berechtigter ermitteln. In der Regel wird daher in diesen Fällen der sog. fiktive wirtschaftlich Berechtige nach § 3 Abs. 2 Satz 5 GwG zu erfassen sein.[62]
- **Treuhandkonten für Erbengemeinschaften**: Hier erübrigt sich die Abklärung. Aufgrund der Struktur der Erbengemeinschaft wird es regelmäßig an den Voraussetzungen für wirtschaftlich Berechtigte fehlen.[63]
- **Treuhandkonten für „lose Personenzusammenschlüsse"**: Hierzu zählen nicht rechtsfähige Personenmehrheiten oder Gemeinschaften sowie Personenvereinigungen. Beispiele für solche Fälle sind die Klassenkasse oder der Kegelclub. Aufgrund der Struktur solcher Personenzusammenschlüsse wird es regelmäßig an den Voraussetzungen für wirtschaftlich Berechtigte fehlen.[64]
- **Zwangsverwalterkonten**: Ähnlich wie bei Insolvenzverwalterkonten ist auch hier dem Schuldner aufgrund der Zwangsverwaltung jegliche Einflussmöglichkeit auf die Verwaltung und Verwertung des betroffenen Vermögens entzogen. Ohne die Möglichkeit einer Veranlassung i. S. d. § 3 Abs. 1 Nr. 2 GwG kann kein wirtschaftlich Berechtigter vorliegen.[65] Der Erfassung des Insolvenz- bzw. Zwangsverwalters oder Testamentsvollstreckers als „fiktiven" wirtschaftlich Berechtigten des Schuldners bedarf es nicht, weil dieser bereits entweder als Kontoinhaber oder als Verfügungsberechtigter hinterlegt ist.[66]
- **Trust**: Die Vorgehensweise zur Abklärung des wirtschaftlich Berechtigten bei Trusts i. S. d. § 1 Abs. 6 GwG richtet sich nach den jeweiligen Trustkonstruktionen und den daraus resultierenden Risiken im jeweiligen nationalen Recht, vgl. § 3 Abs. 3 Nr. 1 GwG. Die Ermittlung kann bspw. durch Einsichtnahme in den Trust Deed (Treuhandvertrag bzw. -urkunde) und/oder Einholung von Bestätigungen oder Auskünften über die Begünstigten, Gründer bzw. Art des Trusts erfolgen.[67] Hierbei ist insb. das neue Transparenzregister (§§ 18 ff. GwG) von Bedeutung. Nach § 21 Abs. 1 GwG trifft die Verwalter

---

62 *Tischbein/Langweg*, Rn. 78.
63 *Tischbein/Langweg*, Rn. 138.
64 *Tischbein/Langweg*, Rn. 136.
65 BaFin, AuA BT Kreditinstitute, Punkt 7.2. BaFin, AuA BT Kreditinstitute, Punkt 7.2.2 und 7.2.1.; *Tischbein/Langweg*, Rn. 58.
66 BaFin, AuA BT Kreditinstitute, Punkt 7.2.2; *Tischbein/Langweg*, Rn. 58.
67 Vgl. *Tischbein/Langweg*, Rn. 27.

bestimmter Trusts die Pflicht, die Angaben zum wirtschaftlich Berechtigten nach § 19 Abs. 1 GwG zur Eintragung in das Transparenzregister mitzuteilen.

– **Unterkonten**: Die Abklärung des wirtschaftlich Berechtigten hat grundsätzlich auch bei der Eröffnung von Unterkonten zu erfolgen. Eine Ausnahme besteht jedoch bei so genannten unselbstständigen Unterkonten, sofern sichergestellt ist, dass das Geld auch wieder auf das ursprüngliche Konto zurückfließt.[68]

– **WEG**: Bei der „WEG" fehlt es aufgrund der Struktur regelmäßig an den Voraussetzungen für den wirtschaftlich Berechtigten.[69]

5. Einholung und Bewertung der Informationen zur Geschäftsbeziehung (§ 10 Abs. 1 Nr. 3 GwG)

a) Allgemein

58   Die Pflicht, sich Informationen über den Zweck und die angestrebte Art der Geschäftsbeziehung zu beschaffen und diese zu bewerten, ergänzt das Know-Your-Customer-Prinzip und geht somit über die formale Identitätsfeststellung hinaus. Die Abklärung des Hintergrunds der Geschäftsbeziehung ist Kernstück von unternehmensinternen Customer Due Diligence-Maßnahmen. Sie soll Verpflichtete besser in die Lage versetzen, ein Risikoprofil über ihre jeweiligen Vertragspartner zu entwickeln.[70] Hierdurch wird der Verpflichtete auch in die Lage versetzt, besser zu beurteilen, ob die tatsächlichen geschäftlichen Aktivitäten, insb. Transaktionen, mit der festgestellten Geschäftstätigkeit im Einklang stehen oder ob sie hiervon abweichen und ggf. verstärkter Überwachung (Monitoring) bedürfen. Dass diese Vorgehensweise zwingend ist, wurde durch die Einfügung der Pflicht zur „Bewertung" der Informationen durch die GwG-Novelle 2017 noch einmal betont.

59   Der Verpflichtete braucht Informationen über Zweck und angestrebte Art der Geschäftsbeziehung nicht aktiv einzuholen oder zu bewerten, sofern sich die Informationen aus dem Geschäft selbst direkt und zweifelsfrei ergeben. Der Zweck lässt sich in vielen Fällen bereits aus der Natur der jeweiligen Geschäftsverbindung herleiten, insb. aus dem Produkt, das dem Geschäft zugrunde liegt.[71] Hierzu zählen in erster Linie Produkte aus dem sog. Massengeschäft, wie insb.

---

68 *Figura*, in: Herzog, GwG, § 10 Rn. 16; *Tischbein/Langweg*, Rn. 44.
69 BT-Drs. 16/9038, S. 30; *Tischbein/Langweg*, Rn. 140; vgl. auch BaFin, AuA AT 2021, Ziff. 5.1.4.1. und 5.2.1.
70 BR-Drs. 168/08, S. 71; BaFin, AuA AT 2021, Ziff. 5.3.
71 BaFin, AuA AT 2021, Ziff. 5.3.

– Kontokorrentkonto zur Abwicklung des Zahlungsverkehrs (Privat-/Geschäftskonto);
– klassische Anlageprodukte zur Vermögenssicherung/-bildung;
– Depotkonten zur Verwaltung und Verwahrung von Wertpapieren;
– Kredit/Kreditkonto;
– Lebensversicherungen;
– Verträge nach dem Bausparkassengesetz.

Für **notarielle Urkunden** oder Unterschriftsbeglaubigungen mit Entwurf ergeben sich Zweck und Art der Geschäftsbeziehung in der Regel aus dem Dokument selbst. Hier sollten im Regelfall keine zusätzlichen Ermittlungen erforderlich sein.[72]   **60**

Soweit sich der Zweck nicht unmittelbar aus der jeweiligen Geschäftsbeziehungsart selbst ergibt, ist es erforderlich, weitere Informationen zu beschaffen, z.B. durch Befragung des Kunden. Grundsätzlich gilt dabei: Je intransparenter und komplexer das Geschäft ist, desto weniger reicht die Bestimmung der Geschäftsart allein, um den Kundensorgfaltspflichten des GwG zu genügen. Somit sind die Einholung und Bewertung der Informationen auch abhängig vom jeweiligen Risiko vorzunehmen.[73]   **61**

Je nach Geschäftsbeziehung dürfen bzw. müssen zur Anlegung eines individuellen Risikoprofils auch Informationen zur aktuellen beruflichen/unternehmerischen Tätigkeit des Kunden erhoben werden.[74]   **62**

Zu den Abklärungspflichten im Zusammenhang mit Investmentgeschäften siehe BaFin, AuA BT Kreditinstitute, Punkt 3.   **63**

b) Vorgehensweise

Aus Gründen der Effizienz empfiehlt es sich, die Zweckklärung bereits bei Vornahme der Identifizierung vorzunehmen. Rechtlich zwingend ist dies jedoch nicht. Die Abklärung des Hintergrundes der Geschäftsbeziehung kann grundsätzlich auch noch während der laufenden Geschäftsbeziehung erfolgen.[75]   **64**

Ergeben sich die nötigen Informationen bereits zweifelsfrei aus dem der Geschäftsbeziehung zugrunde liegenden Produkt oder der Dienstleistung (z.B. Privatgirokonto), so ist lediglich bei ungewöhnlichen Umständen, die z.B. in der Person des Kunden begründet sind, ein weitergehendes Abklären von Zweck und   **65**

---

72 Anwendungsempfehlungen der Bundesnotarkammer zum GwG, S. 19, Stand: März 2018, https://www.bnotk.de/fileadmin/user_upload_bnotk/anwendungsempfehlungen /Auslegungs-_und_Anwendungshinweise_zum_GwG_2021.pdf, zuletzt abgerufen am 21.4.2022.
73 BaFin, AuA AT 2021, Ziff. 5.3.
74 *Schubert*, NJOZ 2018, 41, 46.
75 BT-Drs. 16/9038, S. 34.

angestrebter Art der Geschäftsbeziehung notwendig. Bei einem Massengeschäft, wie dem Abschluss eines Girokontovertrags oder der Eröffnung eines Wertpapierdepots im Bankbereich, ist die Informationseinholung und -bewertung regelmäßig unproblematisch. Das Konto dient der Teilnahme am Zahlungsverkehr und das Wertpapierdepot der Wertpapierverwahrung.

66 Kein weiterer Bedarf an Informationseinholung und -bewertung besteht gewöhnlicherweise bei **Geschäftsbeziehungen mit natürlichen Personen**, bei denen kein gewerblicher Hintergrund vorliegt. Hier kann regelmäßig davon ausgegangen werden, dass das Produkt bzw. die Dienstleistung für rein private Zwecke genutzt wird. Diese Einschätzung kann sich aber auch im Laufe der Geschäftsbeziehung aufgrund der Ergebnisse der laufenden Überwachung (Monitoring) wieder ändern und eine Neubewertung erforderlich machen.

67 Handelt es sich nicht um ein Massen- bzw. Standardgeschäft oder bestehen Zweifel am Zweck und der Art der angestrebten Geschäftsbeziehung, so sollten bestehende Fragen mit dem Kunden schon bei Begründung der Geschäftsbeziehung geklärt werden. Erfahrungsgemäß entsteht weiterer Klärungsbedarf insb. bei **Geschäften mit Gewerbetreibenden**, da der Hintergrund der geschäftlichen Aktivitäten nicht immer auf den ersten Blick ersichtlich ist.[76] Bei Zweifeln können Informationen zur Tätigkeit des Kunden (Branche, Geschäftsfelder, nationale oder internationale Ausrichtung, typische Vertragspartner des Kunden etc.) näheren Aufschluss zur schwerpunktmäßigen Geschäftstätigkeit geben. Einige Erkenntnisse hierzu wird der Verpflichtete auch schon aus der Abklärung des wirtschaftlich Berechtigten gewinnen können.

68 In den allermeisten Fällen werden Zweck und Art jedoch auf der Hand liegen, sodass der Aufwand zur Erfüllung der Verpflichtung nicht übertrieben werden sollte.[77]

69 Im Rahmen der Kundenbefragung sollte stets auch auf die **Dokumentation** der Ergebnisse geachtet werden. Je nach Risikoeinschätzung kann bspw. eine verstärkte Überwachung, aber auch die Nichtvornahme des Geschäfts bzw. die Beendigung der Geschäftsbeziehung angezeigt sein. Letzteres empfiehlt sich insb. bei erwiesen unrichtigen Angaben des Vertragspartners über den Geschäftszweck, ganz gleich, ob es sich um einen Privat- oder Geschäftskunden handelt.

6. Feststellung der PEP-Eigenschaft (§ 10 Abs. 1 Nr. 4 GwG)

70 Die Pflicht zur Abklärung, ob es sich bei dem Vertragspartner oder dem wirtschaftlich Berechtigten um eine Person i. S. v. § 1 Abs. 12–14 GwG handelt, ist

---

76 Vgl. BaFin, AuA AT 2021, Ziff. 5.3.
77 *Studer*, in: Quedenfeld, Handbuch Bekämpfung der Geldwäsche und Wirtschaftskriminalität, 4. Aufl. 2017, Rn. 183; BaFin, AuA AT 2021, Ziff. 5.3.

ebenfalls Bestandteil der allgemeinen Sorgfaltspflichten. Die Verortung der PEP-Feststellung in § 10 GwG trägt nach Auffassung des Gesetzgebers dem Umstand Rechnung, dass diese Abklärung in der Praxis regelmäßig zusammen mit der Erfüllung der Pflichten nach § 10 Abs. 1 Nr. 1 und 2 GwG in Bezug auf alle Kunden (also nicht nur in Fällen von erhöhtem Risiko) durchgeführt werde.[78] Dies ist zwar systematisch sinnvoll, da ohne vorherige Abklärung des „PEP-Status" nicht klar ist, ob auf einen Kunden allgemeine oder verstärkte Kundensorgfaltspflichten Anwendung finden. In der Praxis fand die PEP-Prüfung jedoch bislang meist nachgelagert statt (i. d. R. +1 Tag). Nach Auffassung der BaFin ist der PEP-Status des Kunden zum Zeitpunkt des Kundenannahmeprozesses bzw. vor Eröffnung der Verfügungsmöglichkeit für den Kunden zu überprüfen.[79]

Die Abklärung der PEP-Eigenschaft gehört nicht zu den verstärkten Sorgfalts- **71**
pflichten. Vielmehr hat sie als allgemeine Sorgfaltspflicht gegenüber allen Kunden gleichermaßen zu erfolgen. Erst im Falle der Feststellung, dass es sich bei dem Vertragspartner des Verpflichteten oder bei dem wirtschaftlich Berechtigten um eine PEP, ein Familienmitglied oder um eine bekanntermaßen nahestehende Person handelt, greifen die verstärkten Sorgfaltspflichten gemäß § 15 GwG. Die verstärkten Sorgfaltspflichten gelten nur gegenüber natürlichen Personen, die unter den PEP-Begriff fallen.[80]

Bzgl. des Verfahrens zur Abklärung des PEP-Status macht das GwG keine kon- **72**
kreten Vorgaben. Grundsätzlich gilt, dass den Vertragspartner eine Mitwirkungspflicht trifft, indem er dem Verpflichteten die für die Abklärung notwendigen Unterlagen und Informationen zur Verfügung stellen und Änderungen unverzüglich anzeigen muss (§ 11 Abs. 6 GwG). Nach Auffassung der BaFin sind u. a. folgende Möglichkeiten in Betracht zu ziehen, um die PEP-Eigenschaft festzustellen:[81]

– Abklärung des PEP-Status anhand der Angaben des Kunden
– Abgleich mit PEP-Datenbanken (Systemabgleich)

Die Nutzung von am Markt angebotenen PEP-Datenbanken indiziert laut BaFin **73**
in aller Regel die angemessene Erfüllung der Pflichten.[82]

---

78 BT-Drs. 18/11555, S. 116.
79 BaFin, AuA AT 2021, Ziff. 5.4.1.
80 BaFin, AuA AT 2021, Ziff. 5.4.
81 BaFin, AuA AT 2021, Ziff. 5.4.2.
82 BaFin, AuA AT 2021, Ziff. 5.4.2.; zum Einsatz von EDV zur PEP-Prüfung bei rechtsberatenden Verpflichteten siehe *Schubert*, NJOZ 2018, 81, 84.

7. Kontinuierliche Überwachung der Geschäftsbeziehung (§ 10 Abs. 1 Nr. 5 GwG)

74 In § 10 Abs. 1 Nr. 5 GwG werden zwei Pflichten festgeschrieben. Zum einen soll die Geschäftsbeziehung kontinuierlich überwacht werden und zum anderen sollen zusätzlich die Dokumente, Daten und Informationen des Kunden regelmäßig auf ihre Aktualität überprüft werden.

a) Überwachung der Geschäftsbeziehung

75 Die **Überwachung der Geschäftsbeziehung** bzw. der im Rahmen dieser durchgeführten Transaktionen erfolgt mit dem Ziel, Diskrepanzen zwischen vorhandenen Informationen über Kunden, wirtschaftlich Berechtigten, Geschäftstätigkeit, Kundenprofil und vorliegenden Erkenntnissen über die Vermögensherkunft zu erkennen.[83] Hintergrund ist der Umstand, dass den Risiken der Geldwäsche und der Terrorismusfinanzierung mit einer einmaligen Abklärung der Identität und der Information über Zweck und Art der Geschäftsbeziehung bei Aufnahme der Geschäftsbeziehung nicht wirksam begegnet werden kann. Erst die kontinuierliche Überwachung ermöglicht wirksame Sicherungsmaßnahmen. Nur hierdurch können während einer laufenden Geschäftsbeziehung bei der Abwicklung von einzelnen Transaktionen Auffälligkeiten oder Abweichungen vom gewöhnlichen Geschäftsverhalten festgestellt werden. Insbesondere versteckte Risikoindikatoren, die zum Zeitpunkt der Eingehung der Geschäftsbeziehung noch gar nicht existierten oder erkennbar waren, lassen sich erst mit Hilfe einer kontinuierlichen Überwachung während der laufenden Geschäftsbeziehung erkennen. Die Geschäftsbeziehung muss daher einem dauerhaften und dynamischen Monitoring unterliegen. Nur so wird die Erstellung eines Kundenprofils unter Berücksichtigung des Geschäftsverhaltens sowie der Abgleich dieses Profils mit den durchgeführten Transaktionen ermöglicht.[84] Dynamische Überwachung meint, dass die Erkenntnisse aus dem Verlauf der Geschäftsbeziehung angemessen zu berücksichtigen sind.[85]

76 Die Pflicht gilt ausdrücklich nur für Geschäftsbeziehungen (zum Begriff siehe § 1 Abs. 4 GwG) und somit **nicht** für **Gelegenheitstransaktionen**. Es besteht eine sachliche Verknüpfung zwischen der Pflicht zur Überwachung der Geschäftsbeziehung und den Überwachungspflichten nach § 6 GwG und § 25h

---

83 BaFin, AuA AT 2021, Ziff. 5.5.1.
84 BT-Drs. 16/9038, S. 34.
85 BaFin, AuA AT 2021, Ziff. 5.5.1.; zum Merkmal der „Angemessenheit" siehe auch BaFin, AuA BT Kreditinstitute, Punkt 6.2.

KWG. Nicht zuletzt deswegen empfiehlt sich eine **Einbindung in die allgemeinen EDV-Überwachungsmaßnahmen** (Abgleich mit Parametern/Typologien etc.).[86]

Die Überwachungsmaßnahmen sollen Abweichungen vom prognostizierten bzw. üblichen Verhalten aufzeigen.[87] Die Angemessenheit und Aktualität der Indizien, Regeln, Schwellenwerte, Scores und Risikoklassifizierungssysteme muss unter besonderer Berücksichtigung aller relevanter gesetzlicher Änderungen, regulatorischer Vorgaben, Warnungen und Informationen regelmäßig und anlassbezogen überprüft werden.[88]   **77**

Bei Beginn der Geschäftsbeziehung ist der Kunde in eine Risikoklasse einzustufen (bspw. normales, hohes oder sehr hohes Risiko) bzw. ihm ist ein bestimmtes Risikoprofil zuzuordnen. Auf Grundlage der bekannten Informationen sollte dann ein auf den einzelnen Kunden zugeschnittener Handlungsrahmen definiert werden, in dem der Kunde wahrscheinlich tätig sein wird. Risikoklasse bzw. -profil und Handlungsrahmen sind während der Kundenbeziehung laufend zu überprüfen und ggf. anzupassen.[89]   **78**

Der Verpflichtete muss nach § 10 Abs. 1 Nr. 5 b) GwG sicherstellen, dass vorgenommene Transaktionen auch im Hinblick auf die vorhandenen Informationen über die **Vermögensherkunft** übereinstimmen. Die Abklärung der Vermögensherkunft sollte risikobasiert erfolgen, insb. in Abhängigkeit von der Person des Vertragspartners und der Art der Geschäftsbeziehung. Dies ist nicht als Verpflichtung zu verstehen, die Vermögensherkunft routinemäßig abzuklären. Zu berücksichtigen sind allein tatsächlich vorliegende Erkenntnisse über die Herkunft der Vermögenswerte.   **79**

Eine Ausnahme besteht jedoch in Fällen des verstärkten Risikos nach § 15 GwG. Bei politisch exponierten Personen und bei Ansässigkeit in einem Risikodrittstaat i. S. d. § 15 Abs. 3 Nr. 1 und 2 GwG besteht gem. § 15 Abs. 4 Nr. 2 GwG und § 15 Abs. 5 Nr. 1 c) und d) GwG eine eigenständige Pflicht zur Abklärung der Vermögensherkunft. Darüber hinaus sind die Geschäftsbeziehungen einer verstärkten kontinuierlichen Überwachung zu unterziehen, § 15 Abs. 4 Nr. 3 GwG und § 15 Abs. 5 Nr. 3 GwG.   **80**

Besonderheiten bei der Vermögensherkunft gibt es auch im Zusammenhang mit **Bartransaktionen** zu beachten. So müssen Kreditinstitute ab einer gewissen Schwelle (bei mehr als 10.000 EUR innerhalb einer Geschäftsbeziehung und bei mehr als 2.500 EUR außerhalb einer Geschäftsbeziehung) Informationen über   **81**

---

86 BaFin, AuA AT 2021, Ziff. 5.5.1.; detailliert hierzu BaFin, AuA BT Kreditinstitute, Punkt 6.
87 BaFin, AuA BT Kreditinstitute, Punkt 6.2.2.
88 BaFin, AuA BT Kreditinstitute, Punkt 6.2.3.
89 BaFin, AuA AT 2021, Ziff. 5.5.1.

die Herkunft der eingesetzten Vermögenswerte des Kunden sowie des gegebenenfalls vorliegenden wirtschaftlich Berechtigten vor Ausführung der Transaktion einholen.[90]

82   Die Pflicht zur Überwachung gilt für die **gesamte Dauer der Geschäftsbeziehung**. Sie beginnt mit Aufnahme der Geschäftsbeziehung bzw. ersten Nutzung der Leistungen oder der Produkte und endet mit Beendigung der Geschäftsbeziehung. Betroffen sind nicht nur Daten von Neukunden seit Inkrafttreten dieser gesetzlichen Regelung am 21.8.2008, sondern auch von bestehenden Kunden. Letztere müssen seitdem „sukzessive" in die laufende Überwachung einbezogen werden.[91]

83   Zu den Überwachungspflichten im Zusammenhang mit Trade Finance siehe BaFin, AuA BT Kreditinstitute, Punkte 8.2. und 8.3.

b) Pflicht zur Aktualisierung der Kundendaten

84   Die **Pflicht zur Aktualisierung der Kundendaten und der jeweiligen Dokumente** in angemessenen zeitlichen Abständen soll die Effektivität und Aussagekraft der laufenden Überwachung des Vertragspartners gewährleisten.[92] Gegenstand der Aktualisierung sind die Kundendaten gemäß § 11 Abs. 4 und 5 GwG. Hierbei sind mindestens der Name, die Adresse und, sofern vorhanden, die Angaben zum wirtschaftlich Berechtigten betroffen.

85   Aktualisierungsmaßnahmen setzen nicht zwingend eine Kontaktaufnahme mit dem Kunden voraus. Es kann auch auf anderweitig erhältliche Informationen zurückgegriffen werden, sofern diese aus einer zuverlässigen Quelle stammen.[93] Die Erleichterungsregel nach § 11 Abs. 3 GwG kommt hierbei jedoch nicht zum Tragen, da sich § 11 Abs. 3 GwG ausschließlich auf die Identifizierungspflicht und nicht auf die Aktualisierungspflicht im Rahmen der Kundensorgfaltspflichten bezieht.[94]

86   Hiervon abgesehen ist zu berücksichtigen, dass spiegelbildlich der Kunde auch verpflichtet ist, Änderungen seiner Daten dem Verpflichteten aktiv mitzuteilen. Zum einen ergibt sich diese Verpflichtung des Vertragspartners (Kunde) aus § 11 Abs. 6 GwG. Danach muss der Kunde wesentliche Änderungen der Kundendaten unverzüglich, also ohne schuldhaftes Zögern, dem Verpflichteten anzeigen. Zum anderen hat der Kunde ggü. dem Verpflichteten bei Geschäftsbeziehungen zu Kreditinstituten bereits aus den AGB-Banken/Sparkassen eine ähnliche Mitwirkungspflicht. Die Mitwirkungspflicht hat eine hohe praktische Be-

---

90 BaFin, AuA BT Kreditinstitute, Punkt 1.
91 BT-Drs. 16/9038, S. 34.
92 BT-Drs. 16/9038, S. 34.
93 BaFin, AuA AT 2021, Ziff. 5.5.2.
94 BaFin, AuA AT 2021, Ziff. 5.5.2.

deutung, da die Impulse für die Aktualisierung der Daten zumeist von Mitteilungen der Kunden selbst gegeben werden.

Die Aktualisierung ist **risikobasiert** vorzunehmen. Dies hat nach Auffassung der BaFin sowohl **anlassbezogen** als auch **periodisch** zu erfolgen.[95]   **87**

Die **periodische Aktualisierung** erfolgt durch Vorgabe unterschiedlicher Zeitspannen zur Überprüfung gemäß Risikoklassen (Kunde/Produktrisiko). Dies kann z. B. durch Einteilung der Geschäftsbeziehungen/Kunden in Risikoklassen/ Gruppen (z. B. umsatzlose Konten, geringes, normales und höheres Risiko) und durch Zuordnung unterschiedlicher Zeitabschnitte für geeignete Prüfmaßnahmen zur Aktualität der Daten vorgenommen werden. Die Maßnahmen gestalten sich in diesem Fall wie folgt:[96]   **88**

– **Umsatzlose Konten**: Bei über längerem Zeitraum umsatzlosen Konten mit geringem Guthaben kann auf eine Einbeziehung in die Aktualisierungsmaßnahmen verzichtet werden. Mit Wiederaufleben sind dann aber Maßnahmen zur Aktualisierung angezeigt.
– **Geringes Risiko** (aufgrund von Risikoanalyse): Hier muss die Aktualisierung **spätestens nach 15 Jahren** durchgeführt sein. Erfolgt kundenseitig keine Reaktion, ist risikobasiert über weitere Maßnahmen zu entscheiden.
– **Normales Risiko** (aufgrund von Risikoanalyse): Hier muss die Aktualisierung **spätestens nach 10 Jahren** durchgeführt sein. Bei Erfolglosigkeit/Unklarheiten ist die Neubewertung des Risikos zu erwägen. Erfolgt kundenseitig keine Reaktion, ist risikobasiert über weitere Maßnahmen zu entscheiden.
– **Hohes Risiko** (aufgrund gesetzlicher Vorgabe oder Risikoanalyse): Hier muss die Aktualisierung **spätestens nach 2 Jahren** durchgeführt sein. Es muss eine angemessene Überwachung erfolgen.

Der Verpflichtete hat geeignete Maßnahmen zur Dokumentierung der Aktualisierung/Bestätigung der Aktualität zu ergreifen. Unabhängig davon empfiehlt sich die Vorgabe, zumindest nach Ablauf einer festzulegenden Zeitspanne nach letzter Aktualisierung die Gelegenheit eines direkten Kundenkontaktes zur erneuten Aktualisierung zu nutzen.[97]   **89**

Die **anlassbezogene Aktualisierung** der Kundendaten ist ungeachtet der gesetzlichen Vorgabe der Aktualisierung der Kundeninformation in angemessenem zeitlichen Abstand (= periodischen Aktualisierung) zusätzlich vorzunehmen. Dies gilt insbesondere in folgenden Fällen:[98]   **90**

---

95 BaFin, AuA AT 2021, Ziff. 5.5.2.
96 BaFin, AuA AT 2021, Ziff. 5.5.2.
97 BaFin, AuA AT 2021, Ziff. 5.5.2.
98 BaFin, AuA AT 2021, Ziff. 5.5.2.

- unzustellbare Post;
- Kunde meldet Änderung von Stammdaten wie Namensänderung, Adressänderung, Familienstandsänderung;
- Zweifel an der Aktualität der Kundendaten
- Auffälligkeiten und Erkenntnisse aus der laufenden Geschäftsbeziehung, insb. im Rahmen der EDV-Überwachung;
- allgemeine Korrespondenz (Saldenmitteilungen, Rechnungsabschlüsse);
- Auffälligkeiten und Erkenntnisse durch allgemeine Kontakte im Verlauf der weiteren Geschäftsbeziehung, bspw. im Zusammenhang mit Beratungsgesprächen;
- Anlässe zur Erfassung/Prüfung von Kundendaten, z. B. Bonitätsabfragen.

91 Im Zusammenhang mit der Datenverarbeitung sind die **datenschutzrechtlichen Grenzen** für die Erfassung von Kundendaten zu beachten (siehe hierzu Kommentierung zu § 11a GwG).[99]

III. Risikoorientierte Bestimmung des Maßnahmenumfangs und Risikofaktoren (§ 10 Abs. 2 GwG und Anlage 1 und 2)

1. Allgemein

92 Nach § 10 Abs. 2 GwG ist der Umfang der Sorgfaltspflichten gemäß § 10 Abs. 1 GwG (mit Ausnahme der Identifizierungspflicht nach § 10 Abs. 1 Nr. 1 GwG) nach dem **risikoorientierten Ansatz** („Risk-based Approach") auszurichten. Das risikobasierte Vorgehen im Bereich der Bekämpfung von Geldwäsche und Terrorismusfinanzierung hat auch durch die Einfügung des § 3a GwG eine starke Aufwertung erfahren. Die Vorschrift gilt insoweit als **Generalklausel** und primäre gesetzliche Basis.[100] Neben § 10 Abs. 2 GwG finden sich weitere Ausprägungen dieses Ansatzes u. a. in § 5 GwG; § 10 Abs. 1 Nr. 2, Abs. 3a und 5 GwG; § 11 Abs. 3 und 5 GwG; § 14 Abs. 1 und 2 GwG; § 15 Abs. 2, 3 und 7 GwG; Anlage 1 und 2 zu §§ 5, 10, 14, 15 GwG sowie in den §§ 25h, 25i, 25k KWG.

93 Bei der Bemessung des Maßnahmenumfangs kommt es stets auf das Risiko der Geldwäsche oder der Terrorismusfinanzierung im Einzelfall an.[101] Der risikobasierte Ansatz soll den Verpflichteten eine effektive und gleichzeitig effiziente Compliance ermöglichen.[102] Dies trägt u. a. der Tatsache Rechnung, dass die Vor-

---

99 Siehe zur datenschutzrechtlichen Einordung *Chrocziel*, ZD 2013,170; *Achtelik*, in: Herzog, GwG, § 25h KWG Rn. 20.

100 *Figura*, in: Herzog, GwG, § 10 Rn. 38.

101 BT-Drs. 16/9038, S. 35.

102 BT-Drs. 16/9038, S. 35.

gehensweisen im Bereich Geldwäsche und Terrorismusfinanzierung zwar gewissen Typologien und Methoden folgt, diese aber einem ständigen Wandel unterliegen und somit gesetzlich kaum konkret geregelt werden können. Es bleibt daher den Verpflichteten überlassen, den Umfang der Maßnahmen in diesen Bereichen einzelfallbezogen selbst zu bestimmen (**instituts- bzw. unternehmensinterner risikobasierter Ansatz**). Dies erlaubt eine gewisse Flexibilität in der Vorgehensweise, bürdet den Verpflichteten im Gegenzug aber auch eine große Verantwortung für das richtige Maß der Sorgfaltspflichten im Einzelfall auf.

Dass sie dieser Verantwortung auch **in angemessener Weise** gerecht werden, müssen die Verpflichteten den Aufsichtsbehörden gegenüber auf Verlangen darlegen, § 10 Abs. 2 Satz 4 GwG. Hierbei ist auch die Pflicht zur Aufzeichnung nach § 8 Abs. 1 Nr. 2 GwG zu beachten, nach der hinreichende Informationen über die Durchführung und über die Ergebnisse der Risikobewertung und über die Angemessenheit der auf Grundlage dieser Ergebnisse ergriffenen Maßnahmen aufzuzeichnen und aufzubewahren sind. Die Darlegungsregel des § 10 Abs. 2 Satz 4 GwG birgt ein gewisses Maß an Rechtsunsicherheit zulasten der Verpflichteten.   **94**

2. Angemessenheit des konkreten Maßnahmenumfangs

Als „angemessen" werden solche Maßnahmen und Systeme angesehen, die der jeweiligen Risikosituation des einzelnen Instituts entsprechen und diese hinreichend abdecken.[103] Was angemessen ist, beurteilt sich – wie sonst auch im Rahmen der Schaffung von Risiko-Management-Systemen – auf der Grundlage der Risikoanalyse des Verpflichteten bzgl. der Risikostruktur der von dem Verpflichteten angebotenen Dienstleistungen und Produkte. D.h., dass die Sicherungssysteme insb. an der Größe, Organisation und Gefährdungssituation des Verpflichteten, insbesondere dessen Geschäfts- und Kundenstruktur, auszurichten sind.[104] Die Vorschrift des § 10 Abs. 2 GwG stellt ebenfalls den Ausgangspunkt für die Bewertung von Vertragspartner-, Transaktions- und Produktrisiken durch die Verpflichteten dar.   **95**

Grundsätzlich empfohlen wird die Berücksichtigung von drei (hoch, mittel, niedrig) Risikostufen i. R. d. risikobasierten Ansatzes.[105] Denkbar ist sowohl eine weitere Spreizung oder Abstufung mit mehr Risikostufen bzw. -kategorien, aber auch eine Reduzierung auf weniger Stufen bzw. Kategorien (z. B. ausschließlich mittlere und erhöhte). Die Risikoeinteilung hat sich insb. an den Risikofaktoren in den Anlagen 1 bzw. 2 zu orientieren.   **96**

---

103 BaFin, Rundschreiben 2/2009 (GW) v. 13.1.2009, S. 2.
104 Vgl. Anlage 1 und 2 GwG; siehe auch BaFin, Rundschreiben 2/2009 (GW) v. 13.1.2009, S. 2.
105 BaFin, AuA AT 2021, Ziff. 2.3.

97 Weitere Hinweise zur Umsetzung des risikobasierten Ansatzes speziell für Kreditinstitute finden sich insb. auch in einem **Leitfaden der Financial Action Task Force on Money Laundering (FATF)** zum risikoorientierten Ansatz zur Bekämpfung von Geldwäsche und Terrorismusfinanzierung vom Oktober 2014.[106]

98 Aufgrund der Darlegungslast des § 10 Abs. 2 Satz 4 GwG sind die risikobasierten Abweichungen bzw. Ausnahmen im Rahmen des risikobasierten Ansatzes nachvollziehbar zu begründen und zu dokumentieren.

99 Zentrales Element des risikobasierten Ansatzes ist die auf den Verpflichteten zugeschnittene **Risikoanalyse**.[107] Die Bestimmung des konkreten Umfangs der Maßnahmen nach § 10 Abs. 2 GwG wird insoweit auch als Grundlage für die Erstellung der Risikoanalyse nach § 5 GwG angesehen.

100 Der risikobasierte Ansatz findet u. a. auch Ausdruck in den vereinfachten Sorgfaltspflichten nach § 14 GwG bzw. in den verstärkten Sorgfaltspflichten nach § 15 GwG. Etwaige Reduzierungen der Sorgfaltspflichten haben auf die Pflicht zur Kontenwahrheit nach § 154 AO jedoch keine Auswirkungen.[108]

101 Nach § 10 Abs. 2 Satz 3 GwG sind der Zweck des Kontos oder der Geschäftsbeziehung (Nr. 1), die Höhe der eingezahlten Vermögenswerte oder der Umfang ausgeführter Transaktionen (Nr. 2) sowie die Regelmäßigkeit oder die Dauer der Geschäftsbeziehung (Nr. 3) bei der Risikobewertung zu berücksichtigen. Für die weitere Bestimmung des Risikos durch die Verpflichteten nimmt § 10 Abs. 2 Satz 2 GwG Bezug auf typische Risikofaktoren, die in den Anlagen 1 und 2 des GwG[109] aufgelistet sind. Die Faktoren für potenziell geringe (Anlage 1) und höhere Risiken (Anlage 2) sind u. a. auch in der Risikoanalyse zu berücksichtigen, § 5 Abs. 1 Satz 2 GwG.

102 Die Miteinbeziehung all dieser Faktoren in die Risikobewertung war schon vor dem Inkrafttreten der GwG-Novelle 2017 gängige Praxis, handelt es sich doch gerade bei den Kriterien des § 10 Abs. 2 Satz 3 GwG um grundlegende Merkmale.[110] Die Ausweitung des Wortlauts der Vorschrift hat in erster Linie einen gesteigerten Dokumentationsaufwand zur Folge, da die Verpflichteten im Zweifel nachweisen müssen, dass sie im konkreten Fall auch wirklich alle Faktoren berücksichtigt haben.[111]

---

106 FATF, Risk-Based Approach Guidance for the Banking Sector, Stand: Oktober 2014, https://www.fatf-gafi.org/media/fatf/documents/reports/Risk-Based-Approach-Banking-Sector.pdf, zuletzt abgerufen am 15.2.2022.
107 Siehe ausführlich BaFin, AuA AT 2021, Ziff. 2.3.
108 BR-Drs. 168/08, S. 75.
109 Die Anlagen 1 und 2 entsprechend den Anhängen II und III der Vierten EU-Geldwäscherichtlinie.
110 *Ruppert*, DStR 2015, 1708, 1709; *Krais*, CCZ 2015, 251, 253; *Rößler*, WM 2015, 1406, 1410 f.
111 So auch *Krais*, CCZ 2015, 251, 253.

Die Vierte EU-Geldwäscherichtlinie sieht vor, dass die europäischen Aufsichts-   **103**
behörden (ESAs) gemeinsame **Leitlinien zu vereinfachten und verstärkten
Kundensorgfaltspflichten sowie** zu den hierbei zu berücksichtigenden **Risikofaktoren** entwickeln sowie dazu, welche angemessenen Maßnahmen in diesen
Fällen zu treffen sind. Solche Leitlinien zur besseren Einschätzung der Risikofaktoren der Anhänge 1 und 2 wurden Ende Juni 2017 erstmals veröffentlicht.[112]
Es handelt sich dabei um ein Kernstück bei der Implementierung eines risikobasierten Ansatzes durch die nach den geldwäscherechtlichen Vorschriften verpflichteten Unternehmen, insbesondere Kredit- und Finanzinstitute.[113] Die Leitlinien enthalten Beispiele für Risikofaktoren, welche bei der Prüfung und Bewertung von Geldwäsche- und Terrorismusfinanzierungsrisiken berücksichtigt
werden sollten.[114] Ziel ist es dabei auch, ein europaweit einheitliches Verständnis
dafür zu entwickeln, was der risikobasierte Ansatz in Bezug auf die Verhinderung von Geldwäsche und Terrorismusfinanzierung bedeutet und wie er anzuwenden ist. Die Leitlinien wurden von der BaFin für verbindlich erklärt, sodass
sie für die von ihr beaufsichtigten Institute tatsächliche Geltung erlangen.[115] Die
Leitlinien werden regelmäßig aktualisiert und ggf. ergänzt.

3. Listen (Anlagen) für potenziell geringere/höhere Risiken

Die Listen in den Anlagen 1 und 2 sind eine nicht abschließende Aufzählung   **104**
von Faktoren und möglichen Anzeichen für ein potenziell geringeres Risiko
nach § 14 GwG (Anlage 1) bzw. für ein potenziell höheres Risiko nach § 15
GwG (Anlage 2). Die Faktoren sind gemäß § 10 Abs. 2 Satz 2 GwG u. a. auch im
Rahmen der Bestimmung des konkreten Umfangs der Maßnahmen nach § 10
Abs. 1 Nr. 2–5 GwG zu berücksichtigten.

Die Anlagen sind jeweils nach Faktoren bezüglich   **105**

– des Kundenrisikos (Nr. 1),

---

112 EBA, Die Leitlinien zu den Risikofaktoren für Geldwäsche und Terrorismusfinanzie-
     rung (EBA/GL/2021/02), Stand: 1.3.2021, https://www.eba.europa.eu/sites/default/
     documents/files/document_library/Publications/Guidelines/2021/Guidelines%20on
     %20ML-TF%20risk%20factors%20%28revised%29%202021-02/Translations/101
     6923/Guidelines%20ML%20TF%20Risk%20Factors_DE.pdf, zuletzt abgerufen am
     14.12.2021.
113 BaFin-Journal Juli 2017, S. 10, https://www.bafin.de/SharedDocs/Downloads/DE/Ba
     FinJournal/2017/bj_1707.pdf?__blob=publicationFile&v=4, zuletzt abgerufen am
     15.2.2022.
114 BaFin-Journal Juli 2017 (siehe vorherige Fn.), S. 10.
115 BaFin, Leitlinien und Q&As der Europäischen Aufsichtsbehörden, https://www.ba
     fin.de/DE/RechtRegelungen/Leitlinien_und_Q_and_A_der_ESAs/Leitlinien_und_
     Q_and_A_der_ESAs_node.html, zuletzt abgerufen am 14.12.2021.

– des Produkt-, Dienstleistungs-, Transaktions- oder Vertriebskanalrisikos (Nr. 2) und

– des geografischen Risikos (Nr. 3)

gegliedert. Bei der Risikobewertung verbietet sich jedoch jeder Automatismus.[116] Einzelne Faktoren können nur als Indikator dienen und sagen für sich genommen noch nichts darüber aus, ob es sich im Einzelfall um ein niedriges oder erhöhtes Risiko handelt. Die einschlägigen Faktoren müssen vielmehr in einer Gesamtschau gewürdigt werden.[117] Auch können andere als die in den Listen aufgeführten Merkmale eine Rolle spielen, da die Aufzählung in den Anlagen 1 und 2 nicht abschließend ist.

IV. Anlässe für Sorgfaltspflichten (§ 10 Abs. 3 GwG)

106 In § 10 Abs. 3 GwG wird bestimmt, wann die allgemeinen Sorgfaltspflichten von den Verpflichteten zu erfüllen sind (pflichtauslösende Ereignisse).

1. Begründung einer Geschäftsbeziehung (§ 10 Abs. 3 Nr. 1 GwG)

107 Der häufigste Fall der Erfüllung allgemeiner Sorgfaltspflichten ist die Begründung einer Geschäftsbeziehung.[118] Spätestens mit Abschluss eines Vertrages dürfte eine solche Begründung angenommen werden. Ursprünglich diente die Bestimmung insbesondere der Einbeziehung der Fälle des § 154 Abs. 2 AO in das GwG. Der Regelungsumfang des § 10 Abs. 3 Nr. 1 GwG ist jedoch deutlich weiter und spezifischer, was insb. das Know-Your-Customer-Prinzip im GwG betonen sollte.[119] Die in der Praxis bedeutsamsten Anwendungsfälle sind Konto- und Depoteröffnungen i. S. v. § 154 AO. Wechselt ein Kontoinhaber (z. B. Erbfall), liegt die Begründung einer neuen Geschäftsbeziehung vor.[120]

108 Unter einer Geschäftsbeziehung ist jede Beziehung zu verstehen, die unmittelbar in Verbindung mit den gewerblichen oder beruflichen Aktivitäten der Verpflichteten steht und bei der beim Zustandekommen des Kontakts davon ausgegangen wird, dass sie von gewisser Dauer sein wird, § 1 Abs. 4 GwG. Nicht zu den vorgenannten Geschäftsbeziehungen zählen solche, die nicht auf einer unmittelbaren Vertragsbeziehung zu Kunden beruhen, wie z. B. zu Mietern einer Immobilie aus einem Immobilienfonds, Vertragspartnern von Immobilientransaktionen oder zu Dienstleistern im Zusammenhang mit der Verwaltung von In-

---

116 *Rößler*, WM 2015, 1406, 1410.
117 So auch *Krais*, CCZ 2015, 251, 253.
118 Vgl. BT-Drs. 16/9038, S. 34.
119 BT-Drs. 14/8739, S. 12.
120 BaFin, AuA AT 2021, Ziff. 4.1.

vestmentvermögen. Ebenso nicht erfasst werden allgemeine, nicht betriebstypische Rechtsbeziehungen wie z. B. jene, die der Aufrechterhaltung des Betriebes als solches dienen (z. B. Verträge mit Energieversorgern sowie sonstige Beschaffungsverträge, IT-Wartungs-/Dienstleistungsverträge, Dienstverträge mit Gebäudereinigungsunternehmen) oder die Eingehung gesellschaftsrechtlicher Beteiligungen (z. B. Mitgliedschaft in einer Kreditgenossenschaft).[121]

Für die Beurteilung der Dauerhaftigkeit kommt es auf die Einschätzung der Parteien zum Zeitpunkt des erstmaligen Kontakts an, nicht auf eine nachträgliche Betrachtung. Daher ist bei Vertragsverhältnissen, die auf eine bestimmte Laufzeit (z. B. bei Vertragsschluss vereinbarte, vertragstypische Ratenzahlung) angelegt sind, immer von einer Geschäftsbeziehung auszugehen. Ansonsten kann in Abhängigkeit vom Einzelfall bereits ab einem zweiten Geschäftsabschluss von einer Dauerhaftigkeit ausgegangen werden.[122] Ein einmaliger Geschäftskontakt kann allenfalls dann als Geschäftsbeziehung zu werten sein, sofern aus ihm Folgepflichten für mindestens eine Vertragsseite erwachsen. Die reine Vertragsanbahnung stellt noch keine Begründung einer Geschäftsbeziehung dar. **109**

Das Merkmal der Geschäftsbeziehung ist auch bei den in § 2 Abs. 1 Nr. 10 a), 11 und 13 GwG aufgelisteten Geschäften (betreffend u. a. Rechts- und Patentanwälte, Notare) gegeben.[123] Es ist daher auch dann von einer Dauerhaftigkeit dieser Geschäfte auszugehen, wenn es sich um eine Mitwirkung an den in § 2 Abs. 1 Nr. 10 a), 11 und 13 GwG genannten Geschäften handelt. Diese Geschäfte sind somit nicht als Transaktion i. S. d. § 1 Abs. 5 GwG einzustufen. Es sind daher (schwellenwertunabhängig) grundsätzlich die allgemeinen Sorgfaltspflichten zu erfüllen.[124] **110**

2. Transaktionen außerhalb einer Geschäftsbeziehung (§ 10 Abs. 3 Nr. 2 GwG)

In Fällen, in denen keine Geschäftsbeziehung i. S. d. § 1 Abs. 4 GwG vorliegt, treffen den Verpflichteten dennoch unter bestimmten Voraussetzungen die allgemeinen Sorgfaltspflichten. Dies gilt in erster Linie für die Durchführung von Transaktionen im Wert von 15.000 EUR oder mehr. Eine Sonderregelung sieht § 10 Abs. 3 Nr. 2 a) GwG für Geldtransfers nach Art. 3 Nr. 9 GTVO i.H.v. 1.000 EUR oder mehr vor. Zum Begriff des Geldtransfers siehe BaFin AuA AT 2021, Ziff. 4.2.2. Zum Begriff des Schwellenwerts siehe BaFin AuA AT 2021, Ziff. 4.2.4. **111**

---

121 BaFin, AuA AT 2021, Ziff. 4.1.
122 BaFin, AuA AT 2021, Ziff. 4.1.
123 BT-Drs. 16/9038, S. 34.
124 BT-Drs. 16/9038, S. 34.

112 Transaktionen, die außerhalb einer Geschäftsbeziehung durchgeführt werden, betreffen nur **Gelegenheitskunden**. Hierunter sind solche Kunden zu verstehen, zu denen der Verpflichtete lediglich ein Vertragsverhältnis über die Durchführung der Transaktion unterhält und keine sonstige dauerhafte Geschäftsbeziehung. Nicht erfasst sind demnach alle Transaktionen, die innerhalb einer bestehenden Geschäftsbeziehung abgewickelt werden, bspw. über ein bei einem Kreditinstitut bestehendes Girokonto.[125] Diese Unterscheidung gilt auch für die Erfüllung der Identifizierungspflicht bzgl. der **ggf. für den Vertragspartner auftretenden Personen** (Bote, Stellvertreter) nach § 10 Abs. 1 Nr. 1 GwG. Handelt es sich um einen Gelegenheitskunden, so ist sowohl dieser als auch ein für ihn auftretender Dritter nur zu identifizieren, wenn

– die Schwellenwerte des § 10 Abs. 3 Nr. 2 GwG erreicht oder überschritten werden,
– ein Verdachtsfall nach § 10 Abs. 3 Nr. 3 GwG oder
– ein Zweifelsfall nach § 10 Abs. 3 Nr. 4 GwG vorliegt.

113 **Beispiele für Gelegenheitstransaktionen** im Bankensektor sind die Durchführung des **Zahlscheingeschäfts** sowie das nicht über ein Girogeschäft abgewickelte Sortengeschäft, jeweils ab Erreichen des Schwellenwerts.

114 **Beispiele für Transaktionen innerhalb einer Geschäftsbeziehung** sind der unbare Zahlungsverkehr über ein bei einem Kreditinstitut bestehendes Konto; kontobezogene Bareinzahlungen und -auszahlungen, es sei denn, diese werden von einem Dritten aufgrund eines eigenständigen Auftrags- oder Geschäftsbesorgungsverhältnisses vorgenommen;[126] das kontobezogene Sortengeschäft im Auftrag des Kunden;[127] die Inanspruchnahme einer neuen Kreditlinie innerhalb eines zuvor gewährten Kreditrahmens und die Vereinnahmung und Verwertung von Kreditsicherheiten.

115 In bestimmten **Ausnahmefällen** wird die Erfüllung der Sorgfaltspflichten aufgrund der Natur der Transaktion bzw. der besonderen Umstände nicht in der gleichen Weise möglich sein wie bei der Begründung einer Geschäftsbeziehung. Die Prozesse zur Erfüllung der Sorgfaltspflichten sind in diesen Ausnahmefällen **risikoorientiert** an die Besonderheiten anzupassen. Dies betrifft gemäß § 10 Abs. 2 Satz 1 GwG jedoch nicht die Identifizierungspflicht nach § 10 Abs. 1 Nr. 1 GwG. In jedem Fall ist die Begründung der Vorgehensweise nachvollziehbar zu dokumentieren (Darlegungspflicht gemäß § 10 Abs. 2 Satz 4 GwG).

116 Ein abweichender Schwellenwert existiert für **Gerichte und bestimmte öffentlicher Stellen** bei der Durchführung öffentlicher Versteigerungen, soweit Trans-

---

125 BaFin, AuA AT 2021, Ziff. 4.2.
126 BaFin, AuA AT 2021, Ziff. 4.2.
127 BaFin, AuA AT 2021, Ziff. 4.2.

aktionen getätigt werden, bei denen es je versteigerter Sache zu Barzahlungen über mindestens 10.000 EUR kommt (siehe § 2 Abs. 3 und 4 GwG).

a) Geldtransfer im Wert von 1.000 EUR oder mehr (§ 10 Abs. 3 Nr. 2a GwG)

Die Schwellenbetragsregelung gilt nur für Geldtransfers nach Art. 3 Nr. 9 GTVO, die **mindestens 1.000 EUR** betragen. Die Bestimmung soll nach Auffassung des Gesetzgebers den Zahlungsdienstleistern gegenüber lediglich klarstellen, dass sie die Vorgaben der GTVO zu beachten haben.[128] Eine solche rein deklaratorische Wirkung liegt jedoch tatsächlich nicht vor. Durch die Regelung erfährt der Anwendungsbereich der allgemeinen Sorgfaltspflichten vielmehr eine deutliche Ausweitung.[129] § 10 Abs. 3 Nr. 2 a) GwG weist nicht bloß auf die Verpflichtungen gemäß GTVO hin, sondern bestimmt zusätzlich, dass die allgemeinen Sorgfaltspflichten zu beachten sind. Zwar scheiden die Pflichten nach § 10 Abs. 1 Nr. 3 und 5 GwG aus, da es sich nicht um eine bestehende Geschäftsbeziehung handelt, es verbleiben jedoch sowohl die Pflicht zur Identifizierung des Vertragspartners und ggf. der für ihn auftretenden Person (§ 10 Abs. 1 Nr. 1 GwG), die Abklärung und Identifizierung des wirtschaftlich Berechtigten (§ 10 Abs. 1 Nr. 2 GwG) sowie die Feststellung des PEP-Status (§ 10 Abs. 1 Nr. 4 GwG). Die GTVO hingegen fordert u. a. keine Abklärung und Identifizierung des wirtschaftlich Berechtigten.   **117**

Von der Pflicht betroffen sind insb. Bareinzahlungen von Nichtkunden zur Überweisung auf ein Konto (sog. **Zahlscheingeschäfte**). Der relativ niedrige Schwellenwert von 1.000 EUR hat die Bedeutung des Zahlscheins in der Praxis schwinden lassen. Der mit solchen Geschäften verbundene hohe Prüf- und Dokumentationsaufwand ist mit verhältnismäßig hohen Kosten verbunden, die Kreditinstitute nicht immer an Kunden weitergeben (wollen).   **118**

Die Pflichten aus der GTVO zur Übermittlung bestimmter Angaben bei Geldtransfers bleiben von der Regelung des § 10 Abs. 3 Nr. 2 a) GwG unberührt und sind neben den geldwäscherechtlichen Pflichten ergänzend zu beachten.[130]   **119**

Losgelöst von Schwellenwerten bestehen diverse Embargo- und Sanktionsbestimmungen, die bei Geldtransfers zu beachten sind. So sind u. a. nach den „EG-Antiterrorverordnungen"[131] anhand von amtlichen Identifizierungsdokumenten   **120**

---

128 BR-Drs. 317/11, S. 34.

129 *Höche/Rößler*, WM 2012, 1505, 1507; *Figura*, in: Herzog, GwG, § 10 Rn. 64; *Häberle*, in: Erbs/Kohlhaas, Strafrechtliche Nebengesetze, 236. EL Mai 2021, § 10 GwG Rn. 13.

130 Vgl. BT-Drs. 16/9038, S. 34.

131 U. a. die VO (EG) Nr. 2580/2001 des Rates v. 27.12.2001 über spezifische, gegen bestimmte Personen und Organisationen gerichtete restriktive Maßnahmen zur Bekämpfung des Terrorismus, zul. geändert durch den Beschluss 2009/62/EG des Rates v. 26.1.2009.

Angaben zum Auftraggeber betragsunabhängig zu erheben und mit der Namensliste von Personen, gegen die Finanzsanktionen verhängt wurden, abzugleichen.

b) Transaktionen im Wert von 15.000 EUR oder mehr
   (§ 10 Abs. 3 Nr. 2b GwG)

121 Bei sonstigen Transaktionen außerhalb einer bestehenden Geschäftsbeziehung müssen die allgemeinen Sorgfaltspflichten erst ab einem Schwellenwert **von 15.000 EUR oder mehr** erfüllt werden. Eine **Transaktion i. S. d. § 1 Abs. 5 GwG** ist eine oder, soweit zwischen ihnen eine Verbindung zu bestehen scheint, mehrere Handlungen, die eine Geldbewegung oder eine sonstige Vermögensverschiebung bezwecken oder bewirken. Erfasst sind sowohl bare als auch unbare Vermögensverschiebungen. Neben der Annahme wird auch die Abgabe von Bargeld in entsprechender Höhe umfasst.[132] Die Pflicht besteht unabhängig davon, ob Hinweise oder Anhaltspunkte für Geldwäsche oder Terrorismusfinanzierung mit der Transaktion im Zusammenhang stehen. Beispiele von Transaktionen i. S. d. Vorschrift sind die Annahme und Abgabe von Bargeld, Wertpapieren und Edelmetallen, die Überweisung (außerhalb einer bestehenden Geschäftsbeziehung), die Kreditrückführung und der sachenrechtliche Eigentümerwechsel.[133]

122 Für Gerichte und bestimmte öffentliche Stellen gibt es bei der **Durchführung öffentlicher Versteigerungen** abweichende Schwellenwertregelungen. Nach § 2 Abs. 3 GwG unterliegen Gerichte und nach § 2 Abs. 4 GwG Behörden und Körperschaften und Anstalten des öffentlichen Rechts bei Durchführung öffentlicher Versteigerungen dann geldwäscherechtlichen Pflichten, soweit Transaktionen getätigt werden, bei denen es je versteigerter Sache zu Barzahlungen über mindestens 10.000 EUR kommt. In diesen Fällen gelten insbesondere die Regelungen des dritten, fünften und sechsten Abschnitts des GwG entsprechend.[134] Somit unterliegen Gerichte u. a. den Identifizierungspflichten. Hier gelten die Pflichten nur im Rahmen von Zwangsversteigerungen von Grundstücken, bestimmten Schiffen und Schiffsbauwerken sowie Luftfahrzeugen nach dem Gesetz über die Zwangsversteigerung und die Zwangsverwaltung (ZVG).[135] Erfasst werden dabei Barzahlungen an das Gericht bzw. an die Gerichts- oder Justizkasse durch Ersteher (Bareinzahlungen auf ein Konto der Gerichtskasse); mithin sind nicht etwa sämtliche Bieter im Rahmen der Sicherheitsleistung von diesen Pflichten betroffen. Erst mit Erteilung des Zuschlages (spätestens bei Einzahlung des Bargebots) trifft das Gericht bzw. die Gerichts- oder Justizkasse eine geldwäscherechtliche Prüfungspflicht.[136] Öffentliche Versteigerungen durch Ge-

---

132 BR-Drs. 168/08, S. 73; BT-Drs. 16/9038, S. 34.
133 BaFin, AuA AT 2021, Ziff. 4.2.1.
134 BT-Drs. 19/13827, S. 73.
135 BT-Drs. 19/13827, S. 73.
136 BT-Drs. 19/13827, S. 73.

richtsvollzieher und die Verwertung von gepfändeten Gegenständen sind von der Regelung generell nicht betroffen.[137] Der Schwellenbetrag in Höhe von 10.000 EUR gilt auch bei Vermittlungstätigkeiten und bezieht sich dann auf das vermittelte Rechtsgeschäft.[138]

Die abweichenden Regelungen des § 2 Abs. 3 und 4 GwG wurden durch das Gesetz zur Umsetzung der Änderungsrichtlinie zur Vierten EU-Geldwäscherichtlinie vom 12.12.2019 neu ins GwG eingefügt. Hintergrund ist das im Rahmen der Nationalen Risikoanalyse[139] mit Blick auf öffentliche Versteigerungen festgestellte erhöhte Anfälligkeitsrisiko für Transaktionen mit Geldwäschebezug.[140] Im Bereich der organisierten Kriminalität werden nach Erkenntnissen der nationalen Risikoanalyse Zwangsversteigerungen zum Erwerb von Immobilien oder anderweitig öffentliche Versteigerungen zum Erwerb hochwertiger Güter mit inkriminierten Geldern genutzt. Insbesondere durch die Verwendung von Barmitteln seinen geldwäscherechtlich relevante Vorgehensweisen zu beobachten. Vor diesem Hintergrund bestimmt § 2 Abs. 3 und 4 GwG, dass für Gerichte sowie Körperschaften und Anstalten des öffentlichen Rechts bei der Durchführung von öffentlichen Versteigerungen die wichtigsten geldwäscherechtlichen Pflichten entsprechend gelten.   **123**

Je nach Gegenstand der Transaktion kann die Bestimmung des Schwellenwerts unterschiedlich sein. Bei **Wertpapieren**[141] und **Edelmetallen** ist der aktuelle (Kurs-)Wert maßgeblich.[142] D. h., dass bspw. bei Schuldverschreibungen mit einem Nennwert von 15.000 EUR dann keine allgemeinen Sorgfaltspflichten ausgelöst werden, wenn der Kurs unter 100 % liegt. Bei der Bestimmung des Schwellenwerts nicht zu beachten sind: Stückzinsen im Zusammenhang mit dem Erwerb von Wertpapieren sowie seitens der Kreditinstitute ggf. erhobene Gebühren und Provisionen.[143]   **124**

Der Schwellenwert von 15.000 EUR soll auch in den Fällen gelten, in denen mehrere Transaktionen zusammengenommen diesen Schwellenwert erreichen   **125**

---

137 BT-Drs. 19/13827, S. 73.

138 BT-Drs. 19/13827, S. 73.

139 Bundesministerium der Finanzen, Erste Nationale Risikoanalyse – Bekämpfung von Geldwäsche und Terrorismusfinanzierung 2018/2019, https://www.bundesfinanzmi nisterium.de/Content/DE/Downloads/Broschueren_Bestellservice/2019-10-19-erste-nationale-risikoanalyse_2018-2019.html, zuletzt abgerufen am 15.2.2022.

140 BT-Drs. 19/13827, S. 73.

141 Zum Begriff siehe § 1 Abs. 1 DepotG.

142 *Häberle*, in: Erbs/Kohlhaas, Strafrechtliche Nebengesetze, 236. EL Mai 2021, § 10 GwG Rn. 14.

143 *Häberle*, in: Erbs/Kohlhaas, Strafrechtliche Nebengesetze, 236. EL Mai 2021, § 10 GwG Rn. 14.

oder übersteigen (sog. **Smurfing oder Structuring**).[144] Damit soll verhindert werden, dass die Regelung durch das künstliche Aufteilen einer größeren Transaktion in mehrere kleinere Transaktionen unterhalb des Schwellenbetrags umgangen wird.[145] Die allgemeinen Sorgfaltspflichten sind somit auch dann zu erfüllen, wenn mehrere Transaktionen durchführt werden, die zusammen einen Betrag im Wert von 15.000 EUR oder mehr ausmachen, sofern Anhaltspunkte dafür vorliegen, dass zwischen ihnen eine Verbindung besteht.[146] Die Arten der Verbindung zwischen den Transaktionen können vielgestaltig sein, sodass eine abschließende Auflistung der in Frage kommenden Verbindungsformen nicht möglich ist. Letzteres verbietet sich auch deshalb, weil Geldwäschetäter ansonsten dem Gesetz sichere Anhaltspunkte dafür entnehmen könnten, wie sie sich der gesetzlich vorgeschriebenen Identifizierung entziehen können. Dies gilt auch für den Zeitraum, in dem eine Verbindung festzustellen ist. Das Bestehen einer Verbindung zwischen Transaktionen kann deshalb immer nur im Wege einer **Gesamtschau aller Einzelfallumstände** festgestellt werden.[147]

126   In der Regel wird eine Verbindung zwischen Transaktionen zu bejahen sein, wenn sich eine signifikante Anzahl von Transaktionen innerhalb eines begrenzten Zeitraums durch ihre **Gleichartigkeit** im Hinblick auf den **Geschäftsabschluss**, den **Geschäftsgegenstand** oder die **Geschäftsabwicklung** auszeichnet.[148]

127   Das Bestehen der Verbindung muss **offenkundig** sein, d. h. die Verbindung muss sich den mit den Transaktionen befassten Mitarbeitern aufdrängen.[149]

128   Für Kreditinstitute bestehen bei der Annahme von Bargeld, soweit ein **Sortengeschäft** mit einem Wert von 2.500 EUR oder mehr nicht über ein Kundenkonto abgewickelt wird, abweichend lediglich die Sorgfaltspflichten nach § 10 Abs. 1 Nr. 1, 2 und 4 GwG, § 25k Abs. 1 KWG.

129   Bei der Ausgabe von **E-Geld** haben Kreditinstitute nach § 25i Abs. 1 KWG die Pflichten nach § 10 Abs. 1 GwG zu erfüllen, auch wenn die Schwellenwerte

---

144   Bezogen auf E-Geld findet sich das Smurfing in § 25i Abs. 2 Satz 2 KWG: „Beim Schwellenwert nach Satz 1 Nummer 1 ist es unerheblich, ob der E-Geld-Inhaber das E-Geld über einen Vorgang oder über verschiedene Vorgänge erwirbt, sofern Anhaltspunkte dafür vorliegen, dass zwischen den verschiedenen Vorgängen eine Verbindung besteht."

145   Siehe auch zum Transaktionsbegriff § 1 Abs. 5 GwG: „Transaktion im Sinne dieses Gesetzes ist eine oder, soweit zwischen ihnen eine Verbindung zu bestehen scheint, mehrere Handlungen, die eine Geldbewegung oder eine sonstige Vermögensverschiebung bezwecken oder bewirken."

146   BaFin, AuA AT 2021, Ziff. 4.2.4.

147   BT-Drs. 12/2704, S. 12; BaFin, AuA AT 2021, Ziff. 4.2.4.

148   BT-Drs. 12/2704, S. 12.

149   BT-Drs. 12/2704, S. 12.

nach § 10 Abs. 3 Nr. 2 GwG nicht erreicht werden. Hiervon bestimmt § 25i Abs. 2 KWG Ausnahmen, wie bspw. in Fällen, in denen der elektronisch gespeicherte Betrag 100 EUR nicht übersteigt.

c) Übertragung von Kryptowerten im Gegenwert von 1.000 EUR oder mehr (§ 10 Abs. 3 Nr. 2c GwG)

Im Rahmen des Transparenzregister- und Finanzinformationsgesetzes (Tra-FinG) vom 25.6.2021[150] wurde der neue § 10 Abs. 3 Nr. 2 lit. c GwG als zusätzlicher Anlass für die Erfüllung der Sorgfaltspflichten eingeführt.[151] Die Einfügung dient der Umsetzung der Empfehlung 15 der FATF (sog. Travel Rule).[152] Laut der Auslegungshilfe Ziffer 7a zur Empfehlung 15 der FATF müssen die Verpflichteten auch bei Transfers von Kryptowerten außerhalb einer Geschäftsbeziehung und ab einem Schwellenwert von 1.000 EUR allgemeine Sorgfaltspflichten erfüllen. Der Schwellenwert gleicht dem Wert, der für die Durchführung von Geldtransfers außerhalb einer Geschäftsbeziehung nach § 10 Abs. 3 Nr. 2 lit. a GwG gilt.   **130**

Zum Begriff „Kryptowerte" siehe § 1 Abs. 29 GwG. Zum Begriff der „Übertragung von Kryptowerten" siehe § 1 Abs. 30 GwG.   **131**

Beim Transfer von Kryptowerten i. S. d. § 1 Abs. 29 GwG sind ggf. die Bestimmungen der Kryptowertetransferverordnung[153] zu beachten. Aufgrund des erhöhten Risikos von Geldwäsche und Terrorismusfinanzierung bei Transaktionen mit Kryptowerten wird dort die entsprechende Anwendung der Geldtransferverordnung (GTVO) angeordnet. Dies bedeutet, dass Kryptowertedienstleister, die im Auftrag eines Auftragsnehmers Kryptowerte übertragen, dem Kryptowertedienstleister, der auf Seiten des Empfängers handelt, Angaben zum Namen, zur Anschrift und zur Kontonummer (z. B. den öffentlichen Schlüssel) des Auftraggebers und zum Namen und zur Kontonummer (z. B. öffentlicher Schlüssel) des Begünstigten zeitgleich und sicher übermitteln müssen. Der Kryptowertedienstleister, der für den Begünstigten handelt, hat sicherzustellen, dass er die Informationen zu Auftraggeber und Begünstigten auch erhält und speichert. Die lückenlose Rückverfolgbarkeit der an einer Übertragung von Kryptowerten Beteiligten dient der Verhinderung, Aufdeckung und Ermittlung von Geldwäsche und   **132**

---

150 Gesetz zur europäischen Vernetzung der Transparenzregister und zur Umsetzung der Richtlinie 2019/1153 des Europäischen Parlaments und des Rates v. 20.6.2019 zur Nutzung von Finanzinformationen für die Bekämpfung von Geldwäsche, Terrorismusfinanzierung und sonstigen schweren Straftaten (Transparenzregister- und Finanzinformationsgesetz – TraFinG).
151 Kritisch zur nationalen Umsetzung *Zöllner*, BKR 2020, 117.
152 BT-Drs. 19/28164, S. 44.
153 Verordnung über verstärkte Sorgfaltspflichten bei dem Transfer von Kryptowerten (Kryptowertetransferverordnung – KryptoWTransferV) v. 24.9.2021.

Terrorismusfinanzierung sowie der Überwachung von Sanktionsumgehungen.[154] Die Verordnung ordnet ferner an, dass ein Verpflichteter sicherstellen muss, dass Angaben zum Begünstigten oder Auftraggeber einer Übertragung erhoben werden, wenn die Übertragung von oder auf eine elektronische Geldbörse erfolgt, die nicht von einem Kryptowertedienstleister verwaltet wird, auch wenn eine Übermittlung der Daten in diesem Fall nicht in Betracht kommt.

3. Verdachtsfall (§ 10 Abs. 3 Nr. 3 GwG)

133   § 10 Abs. 3 Nr. 3 GwG bestimmt, dass die allgemeinen Sorgfaltspflichten auch dann zu erfüllen sind, wenn Tatsachen darauf hindeuten, dass betroffene Vermögenswerte Gegenstand einer Geldwäsche sind oder im Zusammenhang mit Terrorismusfinanzierung stehen. Bei der Bewertung, ob Tatsachen vorliegen, die auf einen Zusammenhang mit Geldwäsche oder Terrorismusfinanzierung hindeuten, sind Ausnahmeregelungen, Befreiungen und Schwellenbeträge sowohl des GwG als auch anderer Gesetze nicht zu beachten. Die Verpflichtung aus § 10 Abs. 3 Nr. 3 GwG steht neben der Pflicht zur Meldung von Verdachtsfällen nach § 43 GwG. Sie dient in erster Linie dazu, den Strafverfolgungsbehörden **Ermittlungsansätze** zu verschaffen.[155]

134   Der Gesetzgeber stellt ausdrücklich klar, dass die Schwelle für die Auslösung der allgemeinen Sorgfaltspflichten nicht einen Anfangsverdacht i. S. d. § 152 Abs. 2 StPO erfordert. Es soll vielmehr ausreichend sein, wenn der Verpflichtete Grund zu der Annahme hat, dass es sich bei den Vermögenswerten um Erträge krimineller Aktivitäten handelt oder die Vermögenswerte im Zusammenhang mit der Terrorismusfinanzierung stehen.[156]

135   Bei der Abklärung, ob es sich um einen Verdachtsfall handelt, darf der Verpflichtete sich nur auf **Tatsachen** stützen und sich nicht allein auf Gerüchte oder Mutmaßungen berufen. Dabei soll der Verpflichtete nicht die rechtlichen Voraussetzungen einer Geldwäschetat oder eines Falls von Terrorismusfinanzierung prüfen.[157] Vielmehr kommt es darauf an, einen Sachverhalt nach allgemeinen Erfahrungen und eigenem beruflichen Erfahrungswissen unter dem Blickwinkel seiner Ungewöhnlichkeit und Auffälligkeit im jeweiligen geschäftlichen Kontext zu würdigen.[158] Wenn eine Geldwäschetat oder ein Fall von Terrorismusfinanzierung aufgrund dieser Erfahrungen naheliegt oder ein Sachverhalt darauf schließen lässt, so ist von einem Verdachtsfall auszugehen. Es ist also ausreichend, wenn der Verpflichtete eine gewisse Vorstellung zur kriminellen

---

154 Siehe hierzu auch *Brian/Frey/Pelz*, CCZ 2021, 209, 213 f.
155 *Figura*, in: Herzog, GwG, § 10 Rn. 93.
156 BT-Drs. 17/6804, S. 35; siehe hierzu ausführlich OLG Frankfurt, WM 2019, 586.
157 OLG Frankfurt, WM 2019, 586, 588.
158 BT-Drs. 12/2704, S. 15.

Herkunft der Vermögenswerte entwickelt. Gleichwohl muss der Verpflichtete über hinreichend aussagekräftige Anhaltspunkte verfügen, eine Meldung „ins Blaue" ist unzulässig.[159] Die Tatsachen müssen jedoch nur auf die Taten „hindeuten". Allgemeine Sorgfaltspflichten werden daher bereits bei einer niedrigen „Verdachtsschwelle" ausgelöst. Erscheint ein Fall der Geldwäsche oder Terrorismusfinanzierung möglich, so ist dies grundsätzlich ausreichend.

Dem trägt auch die Änderung des § 261 StGB durch das Gesetz zur Verbesserung der strafrechtlichen Bekämpfung der Geldwäsche vom 9.3.2021 Rechnung. Durch die Reform fand eine Ausweitung des Tatbestands der Geldwäsche in § 261 StGB statt. Durch den Wegfall des Vortatenkatalogs in § 261 StGB sind seitdem alle Straftatbestände mögliche Vortaten zur Geldwäsche. Für die Abgabe einer Verdachtsmeldung ist damit allein maßgeblich, ob Anhaltspunkte dafür vorliegen, dass der Vermögensgegenstand einen strafbaren Ursprung hat. In einem solchen Fall wird es regelmäßig bereits nicht auszuschließen und mithin möglich sein, dass der Vermögensgegenstand aus einer Vortat stammt.[160]   **136**

Zur Beurteilung des Sachverhalts ist das gesamte aus einer Geschäftsbeziehung vorhandene Wissen heranzuziehen. Hinreichende Anhaltpunkte können Verpflichtete insb. durch Hinzuziehung von Typologien und aktuellen Methoden der Geldwäsche und der Terrorismusfinanzierung gewinnen.   **137**

Besondere meldepflichtige Sachverhalte stellen die typologisierten Fälle der **Geldwäschegesetzmeldepflichtverordnung-Immobilien (GwGMeldV-Immobilien)** dar.[161] Dabei handelt es sich um spezielle Gestaltungen im Rahmen von Immobilientransaktionen, bei denen eine zwingende Meldepflicht gegenüber der FIU besteht. Diese Verpflichtung trifft Verpflichtete nach § 2 Abs. 1 Nr. 10 und 12 GwG (insb. Rechtsanwälte, Notare, Steuerberater und Wirtschaftsprüfer).   **138**

4. Zweifelsfall bzgl. der Identitätsangaben (§ 10 Abs. 3 Nr. 4 GwG)

Bei Zweifeln, ob die erhobenen Identitätsangaben bzgl. des Vertragspartners, der für den Vertragspartner auftretenden Person oder des wirtschaftlich Berechtigten zutreffend sind, hat der Verpflichtete ebenfalls die allgemeinen Sorgfaltspflichten zu erfüllen. Dies gilt insbesondere für Konten, die sich für Strohmanngeschäfte besonders eignen (Treuhand-, Sammel- oder Anderkonten).[162] Zweifel an der Richtigkeit von Angaben können z. B. aufgrund vorliegender gegenteiliger Informationen oder durch behördliche Hinweise begründet werden.[163]   **139**

---

159 BR-Drs. 317/11, S. 49.
160 BT-Drs. 19/24180, S. 3.
161 Verordnung zu den nach dem Geldwäschegesetz meldepflichtigen Sachverhalten im Immobilienbereich v. 20.8.2020.
162 BT-Drs. 14/8739, S. 14.
163 BaFin, AuA AT 2021, Ziff. 4.4.

140 Art und Umfang der Maßnahmen richten sich zunächst nach der Intensität und Bedeutung der Geschäftsbeziehung bzw. Transaktion, bei deren Abwicklung diese Zweifel aufgekommen sind. Von Bedeutung ist aber gleichzeitig, welche Erkenntnismöglichkeiten dem Verpflichteten zur Sachverhaltsklärung zur Verfügung stehen. In manchen Fällen kann es schon ausreichen, den Kunden mit diesen Zweifeln zu konfrontieren und ihn um Klärung der offenen Fragen zu bitten. Hier ist jedoch ggf. das Verbot der Informationsweitergabe nach § 47 GwG zu beachten. Bei anderen Sachverhalten kann es aber durchaus auch erforderlich sein, sich über die Angaben des Kunden hinaus im eigenen Unternehmen bzw. bei Dritten (etwa bei einer Drittbank, bei der eine weitere Kontobeziehung besteht) weitergehende Informationen zu beschaffen und auf ihre Plausibilität zu überprüfen.[164] Hierbei sind jedoch neben den §§ 47, 49 GwG stets die Bestimmungen des Datenschutzrechts und ggf. des Bankgeheimnisses zu beachten (siehe die Kommentierung zu § 11a GwG).

141 Häufig stoßen Verpflichtete bei dem Versuch, die bestehenden Zweifel auszuräumen, an ihre Grenzen. Gerade bei Zweifeln über die Identität des wirtschaftlich Berechtigten kommt es vor, dass Kunden auf die Aufforderung, den wirtschaftlich Berechtigten zu benennen, nicht oder nur unzureichend reagieren. Bestehen die Zweifel trotz der ergriffenen Maßnahmen fort, so ist die Geschäftsbeziehung nach § 10 Abs. 9 GwG zu beenden. Ggf. ist zusätzlich eine Verdachtsmeldung gemäß § 43 GwG zu machen. Im Falle der Nichtfeststellbarkeit oder bei Zweifeln an der Eigenschaft der Person des wirtschaftlich Berechtigten ist ggf. § 3 Abs. 2 Satz 5 GwG zu beachten („fiktiver wirtschaftlich Berechtigter").

5. Erneute Erfüllung von Sorgfaltspflichten bei Bestandskunden (§ 10 Abs. 3a GwG)

142 Die allgemeinen Sorgfaltspflichten sollen nicht nur bei Neukunden, sondern auch im Bestandsgeschäft Anwendung finden. Bei bereits bestehenden Geschäftsbeziehungen müssen die Maßnahmen zu geeigneter Zeit auf risikobasierter Grundlage erfüllt werden. Das soll insb. dann gelten, wenn

1. sich maßgebliche Umstände beim Kunden ändern,
2. der Verpflichtete rechtlich verpflichtet ist, den Kunden im Laufe des betreffenden Kalenderjahres zu kontaktieren, um etwaige einschlägige Informationen über den wirtschaftlich Berechtigten zu überprüfen, oder
3. der Verpflichtete gemäß der Richtlinie 2011/16/EU des Rates vom 15.2.2011 über die Zusammenarbeit der Verwaltungsbehörden im Bereich der Besteuerung und zur Aufhebung der Richtlinie 77/799/EWG (ABl. L 64 vom 11.3.2011, S. 1) dazu verpflichtet ist.

---

164 BT-Drs. 14/8739, S. 14; zur Möglichkeit des Informationsaustauschs siehe auch § 47 Abs. 2 und 5 GwG.

Der Absatz setzt die entsprechenden Richtlinienvorgaben um, nach denen be- **143**
stimmt ist, wann Kundensorgfaltspflichten bei bestehenden Geschäftsbeziehungen erneut erfüllt werden müssen.[165] Die Regelung soll klarstellen, dass z. B. die
Identifizierung des Vertragspartners zu Beginn einer Geschäftsbeziehung mit
Blick auf den Regelungszweck der Sorgfaltspflichten nicht ausreichend ist.[166]
Im Einzelfall kann es somit erforderlich sein, über die Aktualisierungsverpflich-
tung gemäß § 10 Abs. 1 Nr. 5 GwG hinaus risikobasiert einzelne allgemeine
Sorgfaltspflichten gegenüber dem Kunden erneut auszuführen (z. B. bei Änderung der Gesellschaftsform, bei einer Unternehmensverschmelzung oder bei
einer bedeutenden Änderung der Eigentums- und Kontrollstruktur).[167]

Durch den Tod des Kontoinhabers, dem Eintritt der Erben in dessen vertragliche **144**
Rechtsstellung und der Bestellung eines Nachlasspflegers ändern sich ebenfalls
maßgebliche Umstände i. S. d. § 10 Abs. 3a Nr. 1 GwG.[168]

V. Zahlungsverkehrsdienstleister bei Bargeldannahme (§ 10 Abs. 4 GwG)

Nehmen Verpflichtete nach § 2 Abs. 1 Nr. 3–5 GwG (Zahlungsinstitute, E- **145**
Geld-Institute, Agenten eines Zahlungs- oder E-Geld-Instituts sowie selbstständige Gewerbetreibende, die E-Geld eines Kreditinstituts vertreiben oder rücktauschen) Bargeld bei der Erbringung von Zahlungsdiensten an, so treffen sie
die allgemeinen Sorgfaltspflichten nach § 10 Abs. 1 Nr. 1 und 2 GwG. Die Regelung fand sich vor der GwG-Novelle 2017 in ähnlicher Form in § 22 Abs. 3
des ZAG a. F.[169]

§ 10 Abs. 4 GwG bestimmt den Null-Schwellenwert bei der Annahme von Bar- **146**
geld durch Zahlungsverkehrsdienstleister und ihr selbstständiges Hilfspersonal.
Transaktionen, die diese Verpflichteten vornehmen, liegen überwiegend unter
dem allgemeinen Schwellenwert von 15.000 EUR. Dennoch besteht ein erhebliches Geldwäscherisiko.[170] Im Massengeschäft lässt sich der Schwellenwert
leicht umgehen, indem mehrere Instrumente eingesetzt werden, auf denen E-
Geld gespeichert ist. So können große Beträge von erheblicher geldwäscherechtlicher Relevanz bei der Ausgabe und dem Rücktausch von E-Geld anonym bewegt werden.

---

165 BT-Drs. 18/11555, S. 116.
166 BT-Drs. 18/11555, S. 116.
167 BaFin-AuA AT 2021, Punkt 4.5.
168 Vgl. BGH, Urt. v. 20.4.2021, Rn. 17.
169 Zahlungsdiensteaufsichtsgesetz v. 25.6.2009 (BGBl. I, S. 1506): § 22 Abs. 3 ZAG
    aufgehoben durch Art. 18 der GwG-Novelle 2017 v. 23.6.2017 (BGBl. I, S. 1822).
170 BT-Drs. 17/6804, S. 27.

VI. Glücksspielveranstalter und -vermittler
(§ 10 Abs. 5 GwG)

147 Für die allgemeinen Sorgfaltspflichten bei Spielbanken sieht § 10 Abs. 5 GwG teils speziellere Regelungen vor. Die Bestimmung ist durch die GwG-Novelle 2017 leicht angepasst worden und entspricht im Wesentlichen § 3 Abs. 3 GwG a. F. § 10 Abs. 5 GwG setzt die Vorgaben von Art. 11 d) der Vierten EU-Geldwäscherichtlinie um. Danach sollen Veranstalter und Vermittler von Glücksspielen i. S. d. § 2 Abs. 1 Nr. 15 GwG die allgemeinen Sorgfaltspflichten bei Transaktionen in Form von Gewinnen oder Einsätzen eines Spielers über 2.000 EUR erfüllen, wobei unerheblich ist, ob dieser Schwellenwert bei einer Transaktion erreicht wird oder durch mehrere Vorgänge, zwischen denen eine Verbindung zu bestehen scheint (sog. Smurfing). Ausgenommen ist Glücksspiel, das im Internet angeboten oder vermittelt wird. Hierbei ist jedoch § 16 GwG zu beachten. Die Identifizierung des Spielers kann bei physischen Einrichtungen, wie bspw. Spielbanken, auch beim Betreten erfolgen. In diesem Fall hat der Glücksspielveranstalter oder -vermittler zu gewährleisten, dass er die einzelnen Transaktionen des jeweiligen Spielers nachverfolgen kann. Unberührt bleiben im Übrigen die in § 10 Abs. 3 GwG geregelten Anlässe für die Erfüllung der Sorgfaltspflichten, die auch bei physischem Glücksspiel Anwendung finden.

VII. Allgemeine Sorgfaltspflichten der Immobilienmakler
(§ 10 Abs. 6 GwG)

148 Immobilienmakler i. S. d. § 2 Abs. 1 Nr. 14 GwG haben nach § 10 Abs. 6 GwG bei der Vermittlung von Kaufverträgen und bei der Vermittlung von Miet- oder Pachtverträgen bei Transaktionen mit einer monatlichen Nettokaltmiete oder Nettokaltpacht in Höhe von mindestens 10.000 EUR die allgemeinen Sorgfaltspflichten zu erfüllen. Unberührt bleiben im Übrigen die in § 10 Abs. 3 GwG geregelten Anlässe für die Erfüllung der Sorgfaltspflichten.

VIII. Allgemeine Sorgfaltspflichten der Güterhändler,
Kunstvermittler und -lagerhalter (§ 10 Abs. 6a GwG)

149 Für **Güterhändler** (§ 2 Abs. 1 Nr. 16 GwG) gelten nach § 10 Abs. 6a Nr. 1 GwG spezielle Regeln. Allgemeine Sorgfaltspflichten sind in Abweichung zu § 10 Abs. 3 Nr. 2 GwG in folgenden Fällen zu erfüllen:

– Bei Transaktionen im Wert von mindestens 10.000 EUR über Kunstgegenstände,

- bei Transaktionen über hochwertige Güter nach § 1 Abs. 10 Satz 2 Nr. 1 GwG (insb. Edelmetalle, Edelsteine oder Kraftfahrzeuge), bei welchen die Güterhändler Barzahlungen über mindestens 2.000 EUR selbst oder durch Dritte tätigen oder entgegennehmen oder
- bei Transaktionen über sonstige Güter, bei welchen die Güterhändler Barzahlungen über mindestens 10.000 EUR selbst oder durch Dritte tätigen oder entgegennehmen.

Kunstvermittler und **Kunstlagerhalter** i. S. d. § 2 Abs. 1 Nr. 16 GwG haben **150** nach § 10 Abs. 6a Nr. 2 GwG die allgemeinen Sorgfaltspflichten in Abweichung zu § 10 Abs. 3 Nr. 2 GwG nur bei Transaktionen im Wert von mindestens 10.000 EUR zu erfüllen.

Die Aufspaltung der Güterhändler in verschiedene Berufsgruppen in Abs. 6a er- **151** gibt sich aufgrund jeweils unterschiedlicher Schwellenbeträge. Die allgemeinen Sorgfaltspflichten sind transaktionsbezogen zu erfüllen („soweit" die jeweiligen Verpflichteten entsprechende Transaktionen durchführen bzw. Barzahlungen tätigen oder entgegennehmen). Die nach § 2 Abs. 1 Nr. 16 GwG im Kunstsektor Verpflichteten treffen die allgemeinen Sorgfaltspflichten nach Abs. 6a nur in Fällen, in denen der Wert der Transaktion 10.000 EUR oder mehr beträgt. Für den Handel mit hochwertigen Gütern nach § 1 Abs. 10 Satz 2 Nr. 1 GwG beträgt der Schwellenwert mit der Regelung in Abs. 6a Nr. 1b) 2.000 EUR.

Für den Handel, die Vermittlung und die Lagerhaltung von Kunstgegenständen **152** sind bei Erreichen des Schwellenbetrages die allgemeinen Sorgfaltspflichten unabhängig davon zu erfüllen, ob es sich um Bartransaktionen handelt.

Der für Güterhändler geltende Schwellenbetrag in Bezug auf **hochwertige Gü-** **153** **ter** nach § 1 Abs. 10 Satz 2 Nr. 1 GwG für Barzahlungen von mindestens 2.000 EUR resultiert aus den Erkenntnissen der nationalen Risikoanalyse der BRD. Danach ist im Bereich des Edelmetallhandels ein starker Bargeldverkehr unterhalb des nach vorheriger Rechtslage geltenden Schwellenbetrages von 10.000 EUR zu beobachten. Zugleich ist im Bereich des Edelmetallhandels von einem erhöhten Geldwäscherisiko auszugehen.[171] Die Regelung soll mögliche Umgehungsgeschäfte und Smurfing unterbinden.[172]

Der Schwellenwert für Barzahlungen von mindestens 2.000 EUR gilt nur beim **154** Handel mit Edelmetallen wie Gold, Silber und Platin. Für den Handel mit hochwertigen Gütern nach § 1 Abs. 10 Nr. 2 (Edelsteine) und Nr. 3 (Schmuck und Uhren) gilt der Schwellenwert in Höhe von 10.000 EUR.

Mit der Formulierung in § 10 Abs. 6a Nr. 1b) und c) GwG „**selbst oder durch** **155** **Dritte tätigen oder entgegennehmen**" wird klargestellt, dass der Schwellenbe-

---

171 BT-Drs. 19/13827, S. 78.
172 BT-Drs. 19/13827, S. 74.

trag unabhängig davon greift, ob Bargeld tatsächlich zwischen dem Güterhändler und dem Vertragspartner ausgetauscht wird oder insoweit Dritte eingeschaltet
sind.

156   Unberührt bleiben im Übrigen die in § 10 Abs. 3 GwG geregelten Anlässe für
die Erfüllung der Sorgfaltspflichten.

IX. E-Geld (§ 10 Abs. 7 GwG)

157   Allgemeine Sorgfaltspflichten in Bezug auf E-Geld werden primär durch § 25i
KWG geregelt. Hierbei ist festgelegt, dass auch bei E-Geld-Geschäften die Verpflichteten die allgemeinen Sorgfaltspflichten nach § 10 Abs. 1 GwG zu beachten haben, mit der Besonderheit, dass dies schwellenwertunabhängig zu geschehen hat (**Nullschwellenwert**). Bei der Ausgabe von E-Geld (zum Begriff siehe
§ 1 Abs. 18 GwG) gelten jedoch für bestimmte Verpflichtete abweichend von
§ 25i Abs. 1 KWG eingeschränkte Sorgfaltspflichten. Erfasst sind

- Verpflichtete nach § 2 Abs. 1 Nr. 4 GwG (Agenten nach § 1 Abs. 9 ZAG und
  E-Geld-Agenten nach § 1 Abs. 10 des ZAG) und
- Verpflichtete nach § 2 Abs. 1 Nr. 5 GwG (selbstständige Gewerbetreibende,
  die E-Geld eines Kreditinstituts nach § 1 Abs. 2 Nr. 2 ZAG vertreiben oder
  rücktauschen).

158   In diesen Fällen sind, auch wenn die Schwellenwerte nach § 10 Abs. 3 Nr. 2
GwG nicht erreicht werden, lediglich die Identifizierungspflichten nach § 10
Abs. 1 Nr. 1 GwG und die Pflichten nach § 10 Abs. 1 Nr. 4 GwG zu beachten.

159   Unter „**Ausgabe von E-Geld**" versteht der Gesetzgeber in diesem Zusammenhang nur Vertriebsaktivitäten, die unmittelbar zum Ausgabeprozess des E-Geld-
Produkts gehören. Hierzu gehört insbesondere die Übergabe des E-Geld-Trägers
oder Codes und die bare oder unbare Annahme des Ausgabebetrages für den E-
Geld-Emittenten.[173]

160   § 10 Abs. 7 soll der Vorbeugung von Geldwäscherisiken dienen, die bei Ausgabe, Vertrieb und Rücktausch von E-Geld bestehen. Dies mag auf den ersten
Blick verwundern, da Transaktionen, die Verpflichtete nach § 2 Abs. 1 Nr. 4 und
5 GwG vornehmen, regelmäßig unter 15.000 EUR liegen. Dennoch handelt es
sich in aller Regel um Massengeschäfte, bei denen der E-Geld-Inhaber regelmäßig auch mehrere Instrumente besitzt, auf denen E-Geld gespeichert ist. Dies erleichtert die Umgehung der Schwellenwerte, sodass große Beträge von erheblicher geldwäscherechtlicher Relevanz bei der Ausgabe und dem Rücktausch von
E-Geld anonym bewegt werden können.[174]

---

173 BT-Drs. 18/11555, S. 117.
174 BT-Drs. 17/6804, S. 27.

Bei der Ausgabe von E-Geld durch die genannten Verpflichteten können bei **161** Vorliegen der in § 25i Abs. 2 KWG aufgeführten Fälle **vereinfachte Sorgfaltspflichten** angewandt werden. Auf der anderen Seite ist auch die Verschärfungsregel des § 25i Abs. 4 KWG entsprechend anwendbar, die es der BaFin erlaubt, unter gewissen Voraussetzungen wie insb. einem erhöhten Risiko der Geldwäsche oder der Terrorismusfinanzierung Einschränkungen bis hin zur Untersagung der E-Geld-Ausgabe auszusprechen.

X. Versicherungsvermittler (§ 10 Abs. 8 GwG)

§ 10 Abs. 8 GwG normiert eine spezielle Mitteilungspflicht bei Versicherungs- **162** geschäften. Adressaten sind Versicherungsvermittler nach § 2 Abs. 1 Nr. 8 GwG, die für ein Versicherungsunternehmen nach § 2 Abs. 1 Nr. 7 GwG Prämien einziehen. Diese Vermittler sind verpflichtet, es dem Versicherungsunternehmen mitzuteilen, wenn Barprämien den Betrag von 15.000 EUR innerhalb eines Kalenderjahres übersteigen. Hintergrund ist das gesteigerte Risiko von Geldwäsche oder Terrorismusfinanzierung bei hohen Barzahlungen auf Versicherungsverträge.[175] Die Mitteilungspflicht des § 10 Abs. 8 GwG soll sicherstellen, dass das Versicherungsunternehmen die erforderliche Prüfung des Sachverhalts auf Geldwäsche- oder Terrorismusfinanzierungsverdacht angemessen durchführen kann.[176] Ein Beispiel für ein erhöhtes Risiko sind Versicherungspolicen mit hohen Einmalzahlungen in bar, die mit den sonstigen Angaben des Versicherungsnehmers (Einkommen, Beruf, Lebenssituation etc.) nicht in Einklang zu bringen sind.[177] Auch der plötzlich erklärte Rücktritt von einem erst kurz zuvor abgeschlossenen Versicherungsvertrag ist als verdächtig einzustufen, wenn sowohl Geschäft als auch Rückzahlung in bar abgewickelt werden. Nach den Erkenntnissen der nationalen Risikoanalyse der BRD sind Bargeschäfte in diesem

---

175 FATF, Report on Money Laundering Typologies 2003–2004, S. 15, http://www.fatf-gafi.org/publications/methodsandtrends/documents/moneylaunderingtypologies 2003-2004.html, zuletzt abgerufen am 15.2.2022; EBA, Die Leitlinien zu den Risikofaktoren für Geldwäsche und Terrorismusfinanzierung (EBA/GL/2021/02), Stand: 1.3.2021, S. 66, https://www.eba.europa.eu/sites/default/documents/files/document_ library/Publications/Guidelines/2021/Guidelines%20on%20ML-TF%20risk%20fac tors%20%28revised%29%202021-02/Translations/1016923/Guidelines%20ML% 20TF%20Risk%20Factors_DE.pdf, zuletzt abgerufen am 14.12.2021.

176 BT-Drs. 16/9038, S. 35.

177 Vgl. EBA, Die Leitlinien zu den Risikofaktoren für Geldwäsche und Terrorismusfinanzierung (EBA/GL/2021/02), Stand: 1.3.2021, S. 66, https://www.eba.europa.eu/si tes/default/documents/files/document_library/Publications/Guidelines/2021/Guide lines%20on%20ML-TF%20risk%20factors%20%28revised%29%202021-02/Trans lations/1016923/Guidelines%20ML%20TF%20Risk%20Factors_DE.pdf, zuletzt abgerufen am 14.12.2021.

Zusammenhang jedoch eher selten und häufig von den Versicherungsunternehmen grundsätzlich ausgeschlossen.[178]

163 Zu der Prämienzahlung zählen neben der Versicherungsprämie auch die Versicherungssteuer in der jeweiligen gesetzlichen Höhe und gegebenenfalls ein Ratenzahlungszuschlag.[179]

164 Vom Regelungsinhalt des § 10 Abs. 8 GwG zu unterscheiden ist die eigentliche Vermittlung von Versicherungsverträgen. Sie ist als Begründung einer Geschäftsbeziehung i. S. d. § 10 Abs. 3 Nr. 1 GwG zu verstehen, sodass der Versicherungsvermittler den allgemeinen Sorgfaltspflichten unterliegt.[180]

XI. Syndikusrechtsanwälte, Syndikuspatentanwälte und Syndikussteuerberater

165 Syndikusrechtsanwälte (§ 46 Abs. 2 Satz 1 BRAO), Syndikuspatentanwälte (§ 41a Abs. 2 Satz 1 PAO) und Syndikussteuerberater (§ 58 Satz 2 Nr. 5a StBerG) werden unter den Voraussetzungen des § 10 Abs. 8a GwG von den Kundensorgfaltspflichten nach § 10 Abs. 1 GwG befreit. Die Regelung sieht vor, dass die entsprechenden Sorgfaltspflichten nur von dem Unternehmen zu erfüllen sind, bei dem der Syndikusrechtsanwalt, der Syndikuspatentanwalt oder der Syndikussteuerberater angestellt ist und für das er oder sie tätig wird. Grundlage der Änderung ist entsprechend dem Gedanken der bereits bestehenden Regelung zum Risikomanagement (§ 6 Abs. 3 GwG) die Überleitung von Pflichten.[181] Voraussetzung ist jedoch, dass das Unternehmen selbst Verpflichteter ist. Auf diese Weise soll die lückenlose und richtlinienkonforme Erfüllung geldwächerechtlicher Pflichten gewährleistet werden.[182]

XII. Beendigungsverpflichtung (§ 10 Abs. 9 GwG)

166 Nach § 10 Abs. 9 GwG darf in bestimmten Fällen die Geschäftsbeziehung nicht begründet oder fortgesetzt bzw. keine Transaktion durchgeführt werden. Eine bestehende Geschäftsbeziehung mit dem Vertragspartner ist zu beenden. Diese Verpflichtungen gelten immer dann, wenn die allgemeinen Sorgfaltspflichten nach § 10 Abs. 1 Nr. 1–4 GwG nicht erfüllt werden können. Über die Verweisungen in § 14 Abs. 3 GwG und in § 15 Abs. 9 GwG gelten diese Verpflichtungen

---

178 Erste Nationale Risikoanalyse der BRD 2018/2019, S. 81.
179 *Langweg*, in: Fülbier/Aepfelbach/Langweg, GwG, § 4 Rn. 4.
180 BT-Drs. 16/9038, S. 35.
181 BT-Drs. 19/15196, S. 46.
182 BT-Drs. 19/15196, S. 46.

auch für vereinfachte und verstärkte Sorgfaltspflichten. Es ist ausreichend, wenn nur einer Sorgfaltspflicht (z. B. der Pflicht zur Identifizierung des Vertragspartners oder der für ihn auftretenden Person) nicht entsprochen werden kann.

Wird in Fällen des § 3 Abs. 2 Satz 5 GwG („fiktiver wirtschaftlich Berechtig- **167** ter") auf die Mitglieder des gesetzlichen Vertreters, die geschäftsführenden Gesellschafter oder die Partner des Vertragspartners abgestellt, so stellt dies keine Nichterfüllbarkeit in Bezug auf die Sorgfaltspflicht gemäß § 10 Abs. 1 Nr. 2 Satz 1 GwG dar. Allein wegen eines solchen Falls besteht keine Beendigungsverpflichtung nach § 10 Abs. 9 GwG.[183]

Die Beendigungsverpflichtung enthält zwar einen Eingriff in die durch Art. 2 **168** Abs. 1 GG grundrechtlich geschützte Vertragsfreiheit, die Vorschrift dient jedoch der effektiven Geldwäschebekämpfung und der Bekämpfung der Terrorismusfinanzierung. In diesem Zusammenhang gehört es zur ordnungsgemäßen Geschäftspolitik eines Unternehmens, sich von Transaktionen mit kriminellem Hintergrund, und dabei insbesondere von Geldwäschevorgängen, fernzuhalten und zu ihrer Verhinderung, Aufdeckung und Bekämpfung beizutragen. Angesichts der Bedeutung des mit dieser Bestimmung beförderten Ziels wird die vorgesehene Regelung als allgemein erforderlich und angemessen angesehen.[184]

Bei der Entscheidung, ob eine bestehende Geschäftsbeziehung zu kündigen oder **169** auf andere Weise zu beenden ist, ist jedoch auch der **Grundsatz der Verhältnismäßigkeit** zu beachten.[185] Dies kann durchaus dazu führen, dass die Verpflichtung im Einzelfall entfällt. Hierbei ist das Interesse des Verpflichteten an der Fortsetzung der Geschäftsbeziehung mit dem Geldwäsche- oder Terrorismusfinanzierungsrisiko des jeweiligen Vertragspartners und der jeweiligen Transaktion gegeneinander abzuwägen. Überwiegt das Interesse des Verpflichteten, so ist eine Beendigung unangemessen und kann daher unterbleiben. Die Verpflichtung zur Kündigung einer bestehenden Geschäftsbeziehung tritt jedoch auch in diesen Fällen ein, wenn die **Sorgfaltspflichtverletzungen nachhaltig und andauernd** sind.[186] Danach ist der Ausschluss der Beendigungsverpflichtung im Umkehrschluss auf die Fälle beschränkt, bei denen die Sorgfaltspflichtverletzung entweder kurzfristig behoben werden kann oder nur von sehr geringem Umfang ist.

Entscheidet sich der Verpflichtete aufgrund von Verhältnismäßigkeitserwägun- **170** gen, im Einzelfall von der Beendigung abzusehen, so hat er die Entscheidung individuell **zu begründen** und die Begründung nachvollziehbar **zu dokumentieren**. Zusätzlich ist die schriftlich dokumentierte Zustimmung eines Mitglieds

---

183 BaFin, AuA AT 2021, Ziff. 5.8.1.
184 BT-Drs. 16/9038, S. 35.
185 BT-Drs. 16/9038, S. 35; BT-Drs. 18/11555, S. 117.
186 BaFin, AuA AT 2021, Ziff. 5.8.2.

der Leitungsebene einzuholen. In diesem Zusammenhang reicht es nicht aus, pauschal die Risikoanalyse heranzuziehen.[187] Darüber hinaus sind geeignete risikobasierte Maßnahmen zu treffen, um dem ggf. erhöhten Risiko wegen Fortsetzung der Geschäftsbeziehung angemessen zu begegnen und ebenfalls nachvollziehbar zu dokumentieren.

171 Die Bedingungen, die zur Beendigung einer Geschäftsbeziehung führen sollen, basieren nicht auf formal-schematisch vorgegebenen Kriterien, sondern sind bezogen auf den Einzelfall **risikoorientiert** festzulegen. Dies resultiert aus der Tatsache, dass der Umfang der allgemeinen Sorgfaltspflichten selbst gemäß § 10 Abs. 2 GwG dem jeweiligen Risiko des Einzelfalls entsprechen muss. Erst wenn ein Verpflichteter mindestens eine der allgemeinen Sorgfaltspflichten nicht risikogerecht erfüllen kann, greift die Rechtsfolge des § 10 Abs. 9 GwG.[188]

172 Kann ein Verpflichteter die ihm obliegenden (risikobasierten) allgemeinen Sorgfaltspflichten nicht erfüllen, so muss der Verpflichtete risikobasiert die Geschäftsbeziehung **ordentlich oder außerordentlich kündigen**. Die gesetzliche Verpflichtung, eine bestehende Geschäftsbeziehung mit dem Vertragspartner zu beenden, ist **im Zweifel** im Sinne eines **außerordentlichen Kündigungsrechts** zu verstehen.

173 Bei der Ablehnung bzw. Kündigung von **Basiskontoverträgen** ist gemäß § 34 Abs. 3 Satz 1 ZKG[189] bzw. § 43 Abs. 2 Satz 1 ZKG der Grund für die Ablehnung bzw. Kündigung mitzuteilen. Hiervon macht § 34 Abs. 3 Satz 2 ZKG bzw. § 43 Abs. 2 Satz 2 ZKG eine Ausnahme, sofern durch die Mitteilung die öffentliche Sicherheit, insbesondere die gesetzlichen Regelungen zur Verhinderung der Nutzung des Finanzsystems zum Zweck der Geldwäsche oder der Terrorismusfinanzierung, gefährdet oder gegen ein Verbot der Informationsweitergabe verstoßen würde.

174 Der Vertragspartner kann wegen der gesetzlich vorgeschriebenen Beendigung vom Verpflichteten keinen Schadenersatzanspruch geltend machen.[190]

175 Eine **Ausnahme** von der Beendigungsverpflichtung besteht nach § 10 Abs. 9 Satz 3 GwG für **rechtsberatende Berufe** (Rechtsanwälte, Kammerrechtsbeistände, Patentanwälte und Notare) sowie für **Wirtschaftsprüfer, vereidigte Buchprüfer, Steuerberater und Steuerbevollmächtigte** (§ 2 Abs. 1 Nr. 10 und 12 GwG). Dies gilt immer dann, wenn Tätigkeiten der Rechtsberatung oder Prozessvertretung erbracht werden sollen. Wenn die Verpflichteten jedoch wis-

---

187 BaFin, AuA AT 2021, Ziff. 5.8.2.
188 BT-Drs. 16/9038, S. 35.
189 Gesetz über die Vergleichbarkeit von Zahlungskontoentgelten, den Wechsel von Zahlungskonten sowie den Zugang zu Zahlungskonten mit grundlegenden Funktionen (Zahlungskontengesetz – ZKG).
190 BT-Drs. 16/9038, S. 35 f.

   Sonnenberg

sen, dass die Rechtsberatung oder Prozessvertretung bewusst für den Zweck der Geldwäsche oder der Terrorismusfinanzierung genutzt wurde oder wird, so greift nach § 10 Abs. 9 Satz 3 GwG die Beendigungsverpflichtung nach § 10 Abs. 9 Satz 1 und 2 GwG.

Es ist von einem umfassenden Begriff der Rechtsberatung auszugehen.[191] Daher **176** ist auch die gesamte **notarielle Amtstätigkeit** (§§ 20-24 BNotO) erfasst.[192] Dementsprechend kann der Notar seiner Amtsgewährungspflicht grundsätzlich auch bei einer Verweigerung der Erfüllung geldwäscherechtlicher Mitwirkungspflichten durch die Beteiligten nachkommen bzw. auch in diesem Fall Amtshandlungen vornehmen. Solange der Vertragspartner jedoch seiner Pflicht nach § 12 Abs. 4 GwG nicht nachkommt, hat der Notar nach § 10 Abs. 9 Satz 4 GwG die Beurkundung abzulehnen. Das Gleiche gilt, wenn eine Vereinigung mit Sitz im Ausland ihrer Mitteilungspflicht nach § 20 Abs. 1 Satz 2 und 3 GwG nicht nachkommt. Ebenso muss der Notar die Beurkundung verweigern, wenn ein Trustee, der außerhalb der Europäischen Union seinen Wohnsitz oder Sitz hat, seiner Mitteilungspflicht nach § 21 Abs. 1 Satz 2 Alt. 2 und Satz 3 nicht erfüllt hat. Diese Maßnahme soll mit ihrer präventiven Wirkung den Geldwäscherisiken im Immobiliensektor entgegenwirken.[193]

Die vorzunehmende Prüfung nach § 12 Abs. 4 GwG ist wesentlicher Bestandteil **177** der Erfüllung der Sorgfaltspflichten des Notars. Kommt der Vertragspartner der Verpflichtung, die Dokumentation der Eigentums- und Kontrollstruktur vorzulegen, nicht nach, hat der Notar die Beurkundung abzulehnen, da ihm die gebotene Erfüllung seiner Sorgfaltspflichten nicht möglich und damit gemäß dem allgemeinen Grundsatz des § 10 Abs. 9 Satz 1 GwG zu verfahren ist. Gleiches gilt für eine Vereinigung mit Sitz im Ausland, die im Inland eine Immobilie erwerben möchte und ihrer Mitteilungspflicht aus § 20 Abs. 1 Satz 2 und 3 GwG nicht nachgekommen ist bzw. für einen Trustee, der außerhalb der Europäischen Union seinen Wohnsitz oder Sitz hat und seine Mitteilungspflicht nach § 21 Abs. 1 Satz 2 Alt. 2 und Satz 3 nicht erfüllt hat. Diese Regelung ergänzt das zum 1.1.2020 eingeführte Beurkundungsverbot bei fehlender Eintragung ausländischer Rechtseinheiten in das Transparenzregister.[194] Die Ergänzung trägt der Tatsache Rechnung, dass im Fall der Verpflichtung eines Trustees zum Immobilienerwerb für einen Trust nach § 21 Abs. 1 Satz 2 GwG die gleiche Interessenlage im Hinblick auf eine erhöhte Transparenz vor Beurkundung des Rechtsgeschäfts

---

191 *Figura*, in: Herzog, GwG, § 10 Rn. 131; siehe ausführlich *Schubert*, NJOZ 2018, 41, 46 und 48.

192 Bundesnotarkammer, Geldwäschegesetz 2021 – Auslegungs- und Anwendungshinweise für Notarinnen und Notare, S. 43, Stand: Oktober 2021, https://www.bnotk.de/fileadmin/user_upload_bnotk/anwendungsempfehlungen/Auslegungs-_und_Anwendungshinweise_zum_GwG_2021.pdf, zuletzt abgerufen am 14.12.2021.

193 BT-Drs. 19/15196, S. 46.

194 BT-Drs. 19/28164, S. 44.

besteht wie bei dem schon bisher dem Beurkundungsverbot unterfallendenden § 20 Abs. 1 Satz 2 und 3 GwG.

178 Die Regelungen zum Beschwerderecht gemäß § 15 Abs. 2 der Bundesnotarordnung finden nach § 10 Abs. 9 Satz 4 Halbs. 2 GwG in diesen Fällen entsprechend Anwendung. Die Gegenausnahmen des § 10 Abs. 9 Satz 4 GwG resultieren aus dem gesteigerten Geldwäscherisiko im Immobiliensektor.[195]

179 Unabhängig von dem Vorliegen der Beendigungsverpflichtung nach § 10 Abs. 9 GwG hat der Verpflichtete zu klären, ob die Nichterfüllung der allgemeinen Sorgfaltspflichten eine **Verdachtsmeldung** nach § 43 GwG notwendig macht. In Fällen, in denen der Vertragspartner seiner **Offenlegungs- und Mitwirkungspflicht** gemäß § 11 Abs. 6 GwG zuwidergehandelt hat, steht es dem Verpflichteten frei, eine Verdachtsmeldung nach § 43 GwG abzugeben. Es besteht jedoch keine automatische Pflicht zur Meldung. Vielmehr hat der Verpflichtete hier das Recht und die Pflicht, eine Bewertung des Sachverhalts durchzuführen. Eine solche Bewertung empfiehlt sich ohnehin, um festzustellen, ob weiterer Handlungsbedarf besteht. Die Sachverhaltsbewertung und die Entscheidung zur Abgabe oder Nichtabgabe einer Verdachtsmeldung sollten nachvollziehbar dokumentiert werden.

---

195 BT-Drs. 19/15196, S. 46.

§ 11 Identifizierung; Erhebung von Angaben zum Zweck der Identifizierung

(1) Verpflichtete haben Vertragspartner, gegebenenfalls für diese auftretende Personen und wirtschaftlich Berechtigte vor Begründung der Geschäftsbeziehung oder vor Durchführung der Transaktion zu identifizieren, indem sie die Angaben nach den Absätzen 4 und 5 erheben und diese nach § 12 überprüfen. Die Identifizierung kann auch noch während der Begründung der Geschäftsbeziehung unverzüglich abgeschlossen werden, wenn dies erforderlich ist, um den normalen Geschäftsablauf nicht zu unterbrechen, und wenn ein geringes Risiko der Geldwäsche und der Terrorismusfinanzierung besteht.

(2) Abweichend von Absatz 1 haben Verpflichtete nach § 2 Absatz 1 Nummer 14 die Vertragsparteien des vermittelten Rechtsgeschäfts, gegebenenfalls für diese auftretende Personen und wirtschaftlich Berechtigte zu identifizieren, sobald ein ernsthaftes Interesse der Vertragsparteien an der Durchführung des vermittelten Rechtsgeschäfts besteht und die Vertragsparteien hinreichend bestimmt sind. Sind für beide Vertragsparteien des vermittelten Rechtsgeschäfts Verpflichtete nach § 2 Absatz 1 Nummer 14 tätig, so muss jeder Verpflichtete nur die Vertragspartei identifizieren, für die er handelt.

(3) Von einer Identifizierung kann abgesehen werden, wenn der Verpflichtete die zu identifizierende Person bereits bei früherer Gelegenheit im Rahmen der Erfüllung seiner Sorgfaltspflichten identifiziert hat und die dabei erhobenen Angaben aufgezeichnet hat. Muss der Verpflichtete aufgrund der äußeren Umstände Zweifel hegen, ob die bei der früheren Identifizierung erhobenen Angaben weiterhin zutreffend sind, hat er eine erneute Identifizierung durchzuführen.

(4) In Bezug auf Vertragspartner und gegebenenfalls für diese auftretende Personen hat der Verpflichtete zum Zweck der Identifizierung folgende Angaben zu erheben:

1. bei einer natürlichen Person:

    a) Vorname und Nachname,

    b) Geburtsort,

    c) Geburtsdatum,

    d) Staatsangehörigkeit und

    e) eine Wohnanschrift oder, sofern kein fester Wohnsitz mit rechtmäßigem Aufenthalt in der Europäischen Union besteht und die Überprüfung der Identität im Rahmen des Abschlusses eines Basiskontovertrags im Sinne von § 38 des Zahlungskontengesetzes erfolgt, die postalische Anschrift, unter der der Vertragspartner sowie die gegenüber dem Verpflichteten auftretende Person erreichbar ist;

2. bei einer juristischen Person oder bei einer Personengesellschaft:

    a) Firma, Name oder Bezeichnung,

    b) Rechtsform,

    c) Registernummer, falls vorhanden,

    d) Anschrift des Sitzes oder der Hauptniederlassung und

    e) die Namen der Mitglieder des Vertretungsorgans oder die Namen der gesetzlichen Vertreter und, sofern ein Mitglied des Vertretungsorgans oder der gesetzliche Vertreter eine juristische Person ist, von dieser juristischen Person die Daten nach Buchstabe a bis d.

(5) In Bezug auf einen wirtschaftlich Berechtigten hat der Verpflichtete zum Zweck der Identifizierung zumindest dessen Vor- und Nachnamen und, soweit dies in Ansehung des im Einzelfall bestehenden Risikos der Geldwäsche oder der Terrorismusfinanzierung angemessen ist, weitere Identifizierungsmerkmale zu erheben. Geburtsdatum, Geburtsort und Anschrift des wirtschaftlich Berechtigten dürfen unabhängig vom festgestellten Risiko erhoben werden. Die Erhebung der Angaben hat beim Vertragspartner oder der gegebenenfalls für diesen auftretenden Personen zu erfolgen; eine Erhebung der Angaben aus dem Transparenzregister genügt zur Erfüllung der Pflicht zur Erhebung der Angaben nicht. Werden bei Trusts oder anderen Rechtsgestaltungen nach § 21 die wirtschaftlich Berechtigten nach besonderen Merkmalen oder nach einer Kategorie bestimmt, so hat der Verpflichtete ausreichende Informationen über den wirtschaftlich Berechtigten einzuholen, um zum Zeitpunkt der Ausführung der Transaktion oder der Ausübung seiner Rechte die Identität des wirtschaftlich Berechtigten feststellen zu können.

(6) Der Vertragspartner eines Verpflichteten hat dem Verpflichteten die Informationen und Unterlagen zur Verfügung zu stellen, die zur Identifizierung erforderlich sind. Ergeben sich im Laufe der Geschäftsbeziehung Änderungen, hat er diese Änderungen unverzüglich dem Verpflichteten anzuzeigen. Der Vertragspartner hat gegenüber dem Verpflichteten offenzulegen, ob er die Geschäftsbeziehung oder die Transaktion für einen wirtschaftlich Berechtigten begründen, fortsetzen oder durchführen will. Mit der Offenlegung hat er dem Verpflichteten auch die Identität des wirtschaftlich Berechtigten nachzuweisen. Die Sätze 1 bis 4 gelten entsprechend für die Vertragsparteien des vermittelten Rechtsgeschäfts im Sinne des Absatzes 2, die nicht Vertragspartner des Verpflichteten nach § 2 Absatz 1 Nummer 14 sind.

(7) Verwalter von Rechtsgestaltungen im Sinne des § 3 Absatz 3 haben dem Verpflichteten ihre Verwaltereigenschaft offenzulegen und ihm unverzüglich die Angaben zu übermitteln, die nach Absatz 5 zur Identifizierung aller wirtschaftlich Berechtigten im Sinne des § 3 Absatz 3 erforderlich sind, wenn sie in dieser Position eine Geschäftsbeziehung aufnehmen oder eine Transaktion oberhalb der in § 10 Absatz 3 Nummer 2, Absatz 5, Absatz 6 oder Absatz 6a genannten Schwellenbeträge durchführen. Im Falle von Trusts und anderen Rechtsgestaltungen nach § 21 sind dem Verpflichteten die Angaben nach § 21 Absatz 1 und 2 unverzüglich zu übermitteln.

Schrifttum: *Chrocziel*, Datenschutzrechtliche Pflichten nach dem Geldwäschegesetz – Sorgfalts- und Prüfungspflichten von Kredit- und Finanzdienstleistungsinstituten, ZD 2013, 170; *Griebel*, Der Makler als „Hilfssheriff" im Kampf gegen Geldwäsche und Terrorismusfinanzierung – Das neue „Geldwäschepräventions-Optimierungsgesetz", NZM 2012, 481; *Kaetzler*, Anforderungen an die Organisation der Geldwäscheprävention bei Bankinstituten – ausgewählte Einzelfragen, CCZ 2008, 174; *Paul*, Die geldwäscherechtliche Identifizierung der für einen Vertragspartner auftretenden Person, GWR 2018, 147.

Übersicht

I. Allgemeines

Die Pflicht zur Feststellung der Identität nach § 11 GwG ist eine der zentralen **1** Normen innerhalb der Kundensorgfaltspflichten. Durch sie wird festgelegt, dass durch die Erhebung der Angaben nach § 11 Abs. 4 und 5 GwG die Identität des Vertragspartners, der ggf. für diesen auftretenden Personen und des wirtschaftlich Berechtigten zu bestimmen ist. Die Bestimmung regelt den Zeitpunkt und die Art und Weise der Durchführung der Identifizierung. Die **Identifizierung** ist in **§ 1 Abs. 3 GwG** legaldefiniert. Danach besteht die Identifizierung aus der **Feststellung** der Identität durch das Erheben von Angaben und der **Überprüfung** der Identität. Vor dem Inkrafttreten der GwG-Novelle 2017 waren sowohl die Feststellung als auch die Überprüfung der Identität in § 4 GwG a. F. geregelt. Die Bestimmungen finden sich nun in § 11 GwG (bzgl. der Identitäts*feststel-*

lung) und in §§ 12 und 13 GwG (bzgl. der Identitäts*überprüfung*).[1] Durch die GwG-Novelle 2017 wurden auch in § 11 Abs. 2 GwG die Regelungen zur Identifizierung bei Immobiliengeschäften neu eingefügt und durch das Gesetz zur Umsetzung der Änderungsrichtlinie zur Vierten EU-Geldwäscherichtlinie vom 12.12.2019 modifiziert. Die Änderungen des GwG 2019 führte auch zu einer Präzisierung der Mitwirkungspflichten, insbesondere gegenüber Notaren.

2   In § 11 GwG werden insb. die Pflichten aus § 10 Abs. 1 Nr. 1 und 2 GwG genauer festgelegt. § 11 Abs. 1 GwG konkretisiert den Zeitpunkt der Identifizierung. In § 11 Abs. 2 GwG finden sich Bestimmungen zur Identifizierung bei Immobiliengeschäften. Wann von einer Identifizierung abgesehen werden kann, ist in § 11 Abs. 3 GwG geregelt. In den Absätzen 4 und 5 wird die Art und Weise der Identifizierung festgelegt. § 11 Abs. 6 und 7 GwG bestimmen schließlich, welche Unterstützungs- und Offenlegungspflichten den Vertragspartner treffen.

3   Für **Verfügungsberechtigte** i. S. d. § 154 Abs. 2 Satz 1 Nr. 1 Abgabenordnung (AO) ist gemäß § 154 Abs. 2 Satz 2 AO der § 11 Abs. 4 und 6 GwG entsprechend anwendbar. Somit erfüllt ein Kreditinstitut mit der Identifizierung des Kontoinhabers, anderer Verfügungsberechtigter und des wirtschaftlich Berechtigten nach den Vorschriften des Geldwäschegesetzes zugleich auch die Identifizierungspflichten nach § 154 Abs. 2 AO.[2] Unberührt von der Neuregelung bleiben die abgabenrechtlichen Verpflichtungen der Kreditinstitute zur Erhebung der Anschrift des wirtschaftlich Berechtigten und der steuerlichen Ordnungsmerkmale nach § 154 Abs. 2a Satz 1 AO. Die Verweisung auf die Identifizierungsbestimmungen des Geldwäschegesetzes dienen der Entlastung der Kreditinstitute, da sie nur noch ein Verfahren zur Identifizierung anzuwenden haben und nur noch einen Datensatz für die Identifizierung des Kunden – und dies zugleich für Zwecke der Bekämpfung der Geldwäsche und für steuerliche Zwecke – vorhalten müssen.[3]

II. Zeitpunkt der Identifizierung (§ 11 Abs. 1 und 2 GwG)

4   Der Verpflichtete muss nach § 11 Abs. 1 Satz 1 GwG die Identifizierung grundsätzlich **vor Begründung der Geschäftsbeziehung** bzw. **vor Durchführung der Transaktion** vornehmen. Dies bedeutet, dass die Identifizierung abgeschlossen sein muss, bevor der Vertragspartner eine Verfügungsmöglichkeit erhält, d. h. Vermögensabflüsse bewirken kann (z. B. Barabhebungen, Überweisungen an Dritte aber auch auf eigene Konten bei anderen Instituten).[4]

---

1 Siehe hierzu BT-Drs. 19/28164, S. 44.
2 BT-Drs. 19/13827, S. 115.
3 BT-Drs. 19/13827, S. 115.
4 BaFin, AuA AT 2020, Ziff. 5.7.

Nach § 11 Abs. 1 Satz 2 GwG kann hiervon im Einzelfall abgewichen werden. **5**
So ist es möglich, die Identifizierung auch noch während der Begründung der
Geschäftsbeziehung abzuschließen, wenn dies „unverzüglich" (= ohne schuldhaftes Zögern, vgl. § 121 Abs. 1 Satz 1 BGB) geschieht und ansonsten der normale Geschäftsablauf unterbrochen werden müsste. Dies gilt aber nur dann,
wenn im jeweiligen Einzelfall ein geringes Risiko für Geldwäsche oder Terrorismusfinanzierung besteht. Das „geringe Risiko" ist risikoorientiert im jeweiligen
Einzelfall zu bestimmen. In jedem Fall ist die Vorschrift als Ausnahmevorschrift
eng auszulegen.[5] Diese Ausnahmeregelung bezieht sich nicht auf Transaktionen,
sondern nur auf Geschäftsbeziehungen. Bei Transaktionen muss die Identifizierung (schwellenwertabhängig) grundsätzlich vor der Durchführung erfolgen.
Für Institute i. S. d. KWG normiert **§ 25j KWG** eine spezielle **Erleichterung** für
die Durchführung der Identifizierung nach § 11 Abs. 1 GwG. Die Regelung erlaubt das Nachholen der Identitätsüberprüfung, sofern diese unverzüglich nach
der Eröffnung eines Kontos oder Depots abgeschlossen wird. Für Versicherungsunternehmen enthält § 54 Abs. 1 VAG eine Spezialnorm. Danach besteht – unbeschadet des § 10 Abs. 1 Nr. 2 GwG – die Verpflichtung, bei Begründung der
Geschäftsbeziehung die Identität eines vom Versicherungsnehmer abweichenden Bezugsberechtigten aus dem Versicherungsvertrag nach Maßgabe des § 11
Abs. 5 GwG festzustellen.

§ 11 Abs. 2 GwG regelt den Identifizierungszeitpunkt für **Immobilienmakler**.[6] **6**
Die Regelung wurde durch die GwG-Novelle 2017 neu eingefügt. Nach der Bestimmung haben Immobilienmakler i. S. d. § 2 Abs. 1 Nr. 14 GwG die Vertrags-
parteien des vermittelten Rechtsgeschäfts, gegebenenfalls für diese auftretende
Personen und wirtschaftlich Berechtigte geldwäscherechtlich zu identifizieren.
Abweichend von § 11 Abs. 1 GwG gilt dies jedoch schon dann, wenn ein **ernsthaftes Interesse** an der Durchführung des vermittelten Rechtsgeschäfts besteht.
Das „vermittelte Rechtsgeschäft" kann sowohl ein vom Immobilienmakler ver-
mittelter Kauf- als auch ein Miet- oder Pachtvertrag sein (vgl. auch § 1 Abs. 5
Satz 2 GwG). Auch müssen die Vertragsparteien des Immobiliengeschäfts bereits hinreichend bestimmt sein. Von einem ernsthaften Interesse ist spätestens
dann auszugehen, wenn eine der Vertragsparteien von der anderen Vertragspartei
(gegebenenfalls über Dritte) den **Kauf-, Miet- oder Pachtvertrag erhalten** hat.
Der Gesetzgeber ist der Auffassung, dass sich zumindest zu diesem Zeitpunkt
der Wille zum Abschluss des Kaufvertrags ausreichend stark manifestiert hat,
sodass von da an der Vertrag mit hinreichender Wahrscheinlichkeit durchgeführt
wird.[7] Hiervon abgesehen kann bei Kaufverträgen auch dann von einem ernst-

---

5 BaFin, AuA AT 2020, Ziff. 5.7.
6 Siehe zu den geldwäscherechtlichen Anforderungen an Makler auch *Griebel*, NZM
   2012, 481.
7 BT-Drs. 18/11555, S. 118.

haften Interesse ausgegangen werden, wenn der (voraussichtliche) Käufer mit dem (möglichen) Verkäufer oder dem Makler eine **Reservierungsvereinbarung** oder einen **Vorvertrag** abgeschlossen oder eine **Reservierungsgebühr** an den Makler entrichtet hat. Ist mindestens eine Kaufvertragspartei noch nicht bestimmt oder sind die Vorverhandlungen noch in einem solch frühen Stadium, dass der Abschluss ungewiss ist, so ist der Makler (noch) nicht zur Identifizierung verpflichtet.[8] § 11 Abs. 2 GwG normiert keine Pflicht zur doppelten Identifizierung.[9] Daher muss nach § 11 Abs. 2 Satz 2 GwG ein Makler nicht die andere Vertragspartei des vermittelten Rechtsgeschäfts identifizieren, wenn diese sich ebenfalls eines Maklers i. S. d. § 2 Abs. 1 Nr. 14 GwG bedient.

III. Absehen von der Identifizierung (§ 11 Abs. 3 GwG)

7   Nach § 11 Abs. 3 Satz 1 GwG kann der Verpflichtete von einer Identifizierung absehen, wenn der zu Identifizierende bereits bei früherer Gelegenheit durch den Verpflichteten identifiziert und die dabei erhobenen Angaben aufgezeichnet wurden. Die erhobenen Angaben müssen auch weiterhin zutreffend sein. Hegt der Verpflichtete jedoch aufgrund äußerer Umstände Zweifel daran, dass die bei der früheren Identifizierung erhobenen Angaben weiterhin zutreffend sind, so hat er nach § 11 Abs. 3 Satz 2 GwG die Identifizierung erneut vorzunehmen. Diese risikoorientierte Ausnahmebestimmung soll es den Verpflichteten ermöglichen, den mit der Identifizierung verbundenen Verwaltungsaufwand zu reduzieren. Eine frühere Fassung des GwG enthielt noch das Erfordernis, dass die zu identifizierende Person dem Verpflichteten auch persönlich bekannt war. Diese Voraussetzung wurde jedoch mit Inkrafttreten des Geldwäschebekämpfungsergänzungsgesetzes am 21.8.2008 wieder gestrichen. Hiervon abgesehen verlor dieses Merkmal bereits zuvor aufgrund der zunehmenden Fernkommunikation (insb. online) an Bedeutung.

8   Verzichtet der Verpflichtete nach § 11 Abs. 3 Satz 1 GwG auf eine erneute Identifizierung, so sind der Name der zu identifizierenden Person sowie der Umstand, dass er bei früherer Gelegenheit identifiziert wurde, nach § 8 Abs. 2 Satz 5 GwG aufzuzeichnen. Dies setzt zusätzlich voraus, dass die seinerzeit erhobenen Angaben ihrerseits nach den Voraussetzungen des § 8 GwG aufgezeichnet wurden (Dokumentationserfordernis).

9   Problematisch könnten **Altfälle** angesehen werden, bei denen die zu identifizierenden Personen ursprünglich nach den damaligen geldwäscherechtlichen Regelungen ordnungsgemäß identifiziert wurden, die heutigen Anforderungen an die Identifizierung (z. B. die Erhebung zusätzlicher Angaben) jedoch nicht erfüllen.

---

8 BT-Drs. 18/11555, S. 118.
9 BT-Drs. 19/13827, S. 79.

Dies betrifft insb. Fälle vor Inkrafttreten des Geldwäschebekämpfungsergänzungsgesetzes am 21.8.2008, da erst mit dieser Reform die zur Feststellung der Identität bei juristischen Personen oder Personengesellschaften zu erhebenden Angaben gesetzlich festgelegt wurden. Der Wortlaut des § 11 Abs. 3 GwG spricht nicht gegen eine Anwendbarkeit des Absehens von der erneuten Identifizierung. § 11 Abs. 3 Satz 2 GwG fordert eine Neuvornahme der Identifizierung nur bei Abweichen von den *bei der früheren Identifizierung* erhobenen Angaben. Fraglich ist, ob sich dies durch die Neufassung des GwG durch die GwG-Novelle 2017 geändert hat. § 10 Abs. 3 Satz 3 GwG fordert mittlerweile die Erfüllung der allgemeinen Sorgfaltspflichten (also gerade auch der Identifizierungspflicht) zu „geeigneter Zeit auf risikobasierter Grundlage". Die Gesetzesbegründung stellt hierzu klar, dass z. B. die Identifizierung des Vertragspartners zu Beginn einer Geschäftsbeziehung mit Blick auf den Regelungszweck der Sorgfaltspflichten nicht ausreichend ist. Dies bedeute jedoch nicht, dass anlasslos z. B. eine Neuidentifizierung durchzuführen sei.[10] Als Beispiel für die erneute Vornahme der Sorgfaltspflichten führt § 10 Abs. 3a GwG den Fall an, dass „sich beim Kunden maßgebliche Umstände ändern". Dies ist mit Sicherheit die wichtigste und häufigste Fallgruppe der erneuten Identifizierung. Dennoch können gestiegene gesetzliche Anforderungen an die allgemeinen Sorgfaltspflichten ebenfalls eine Neuvornahme der Identifizierungspflichten auslösen.[11] Der Verpflichtete hat hier jedoch einen gewissen Spielraum, welche Identifizierungsmaßnahmen er erneut durchführt und zu welchem Zeitpunkt er tätig wird. Fehlen gemessen an der heutigen Gesetzeslage Angaben von Bestandskunden, die ordnungsgemäß noch vor Inkrafttreten des Geldwäschebekämpfungsergänzungsgesetzes am 21.8.2008 identifiziert wurden, so erscheint es vertretbar, diese Angaben bei Gelegenheit („zu geeigneter Zeit", z. B. beim nächsten anstehenden Geschäftskontakt mit dem Kunden) nachträglich zu erheben. Dieses Vorgehen gestattet es dem Verpflichteten, risikogerecht und mit verhältnismäßigem Aufwand die allgemeinen Sorgfaltspflichten zu erfüllen.

IV. Feststellung der Identität (§ 11 Abs. 4 GwG)

In § 11 Abs. 4 GwG erfolgt die Konkretisierung der in § 11 Abs. 1 GwG geforderten Identifizierung durch Auflistung der zu erhebenden Angaben bei natürlichen Personen (§ 11 Abs. 4 **Nr. 1** GwG) und bei juristischen Personen und Personengesellschaften (§ 11 Abs. 4 **Nr. 2** GwG). Der Absatz erfüllt das Merkmal der „Feststellung der Identität" gem. § 1 Abs. 3 Nr. 1 GwG. Die Voraussetzungen der „Überprüfung der Identität" gem. § 1 Abs. 3 Nr. 2 GwG werden in den §§ 12 und

10

---

10 BT-Drs. 18/11555, S. 116.
11 A. A. *Figura*, in: Herzog, GwG, § 11 Rn. 14.

13 GwG geregelt. Für die Feststellung der Identität des wirtschaftlich Berechtigten enthält § 11 Abs. 5 GwG spezielle Anforderungen. Für Verfügungsberechtigte ist § 11 Abs. 4 GwG entsprechend anzuwenden (siehe § 154 Abs. 2 Satz 2 AO).

11   Grundsätzlich ist die Übernahme der Angaben aus dem verwendeten Legitimationsdokumenten ausreichend. Die Art der Erfassung ist dem Verpflichteten jedoch nicht freigestellt. Gemäß § 8 Abs. 2 Satz 2 GwG müssen vollständige Kopien der Identifizierungsunterlagen angefertigt werden. Alternativ können diese auch vollständig optisch digitalisiert erfasst werden.

1. Bei natürlichen Personen (§ 11 Abs. 4 Nr. 1 GwG)

12   Handelt es sich bei dem Vertragspartner oder bei der ggf. für diesen auftretenden Person um eine natürliche Person, so sind deren Vorname und Nachname, der Geburtsort, das Geburtsdatum, die Staatsangehörigkeit und die Wohnanschrift zu erheben. Wird die Identifizierung anhand eines **gültigen amtlichen Ausweises** i. S. d. § 12 Abs. 1 Satz 1 Nr. 1 GwG vorgenommen, so sind nach § 8 Abs. 2 Satz 1 GwG zusätzlich die **Art**, die **Nummer** und **ausstellende Behörde** aufzuzeichnen.

13   Hat die zu identifizierende Person mehrere Vornamen, so sind sämtliche Vornamen zu erheben.[12]

14   Durch das Zahlungskontenumsetzungsgesetz[13] wurde klarstellend die Angabe „Anschrift" durch „Wohnanschrift" (so wie sie bei der Meldestelle erfasst wird) ersetzt. Für Wohnsitzlose, die sich rechtmäßig in der EU aufhalten, wurde gleichzeitig speziell geregelt, dass bei Abschluss eines **Basiskonto**vertrags i. S. d. § 38 ZKG die postalische Anschrift, unter der die Person erreichbar ist, ausreichend ist. Diese Ausnahme beruht auf dem subjektiven Recht eines jeden (auch wohnsitzlosen) EU-Bürgers auf ein Basiskonto nach Art. 16 Abs. 2 PAD.[14]

15   Dieses Recht soll auch **Flüchtlingen** zustehen, die nach der Erstaufnahme und der Zuweisung noch keinen festen Wohnsitz haben. Hierzu zählen insb. Asylsuchende, aber auch Ausländer, die über keinen festen Wohnsitz verfügen und keinen Aufenthaltstitel besitzen, aber aus rechtlichen oder tatsächlichen Gründen nicht abgeschoben werden können (sog. „geduldete Ausländer"). Nach Auffas-

---

12 BaFin, AuA AT 2021, Ziff. 5.1.3.1.
13 Gesetz zur Umsetzung der Richtlinie über die Vergleichbarkeit von Zahlungskontoentgelten, den Wechsel von Zahlungskonten sowie den Zugang zu Zahlungskonten mit grundlegenden Funktionen v. 11.4.2016 (Zahlungskontenumsetzungsgesetz).
14 Payment Account Directive = Richtlinie 2014/92/EU des Europäischen Parlaments und des Rates v. 23.7.2014 über die Vergleichbarkeit von Zahlungskontoentgelten, den Wechsel von Zahlungskonten und den Zugang zu Zahlungskonten mit grundlegenden Funktionen, ABl. L 257 v. 28.8.2014, S. 214.

sung des Gesetzgebers führt die Aufnahme der postalischen Anschrift als Angabensurrogat für Wohnsitzlose nicht zu einer Schwächung der geldwäscherechtlichen Sorgfaltspflichten, namentlich der Customer-Due-Diligence, weil diese Angabe nur für Wohnsitzlose, mithin für einen beschränkten Personenkreis erhoben wird.[15] Für alle übrigen zu identifizierenden Personen ist die Erhebung der Angabe „Wohnanschrift" auch weiterhin zwingend.

Eine angemessene Prüfung der vorgenannten Identifikationsdokumente und Nachweise richtet sich jeweils nach den im Einzelfall bestehenden Risiken in Bezug auf Geldwäsche und Terrorismusfinanzierung.[16] Dics gilt auch im Hinblick darauf, dass einige dieser Dokumente und Nachweise nicht alle in § 11 Abs. 4 Nr. 1 GwG genannten Angaben enthalten. Gleichwohl schließt dieser Umstand die Eignung des Dokuments oder Nachweises zur Überprüfung der Identität der zu identifizierenden natürlichen Person nicht aus (so noch ausdrücklich § 4 Abs. 4 Satz 1 GwG a. F.). Soweit einzelne, in § 11 Abs. 4 Nr. 1 GwG gcnanntc **Angaben im Dokument nicht enthalten** sind, bedarf es bezüglich dieser Angaben keiner Überprüfung.[17] Dies betrifft z. B. die fehlende Angabe der Wohnanschrift im (deutschen) Reisepass.   **16**

Die Angabe einer **Postfachanschrift** anstelle der Wohnanschrift ist jedoch unzureichend.[18] Bei Namensabweichungen zwischen **Personenstandsdokument** und Ausweispapier ist der im Personenstandsdokument vermerkte Name maßgeblich.[19] Bei **Einzelkaufleuten** kann statt der Privatanschrift auch die Geschäftsanschrift erfasst werden.[20] Bei unter **Betreuung** stehenden Personen ist nach § 1 Abs. 1 Nr. 2 ZIdPrüfV[21] die Vorlage der Bestellungsurkunde des Betreuers nach § 290 FamFG[22] ausreichend. Zusätzlich ist auch hier der Betreuer als gesetzlicher Vertreter des Betreuten anhand eines Dokuments nach § 12 Abs. 1 Satz 1 Nr. 1 GwG zu identifizieren.   **17**

---

15 BT-Drs. 18/7204, S. 100.

16 BaFin, AuA AT 2021, Ziff. 5.1.3.2 h).

17 BaFin, AuA AT 2021, Ziff. 5.1.3.2 h).

18 BaFin, AuA AT 2021, Ziff. 5.1.3.1, Ausnahme beim Basiskonto für Wohnsitzlose, siehe BaFin-Journal 12/2017, S. 21.

19 BaFin, AuA AT 2021, Ziff. 5.1.3.1.

20 BaFin, AuA AT 2021, Ziff. 5.1.3.1.

21 Verordnung über die Bestimmung von Dokumenten, die zur Überprüfung der Identität einer nach dem Geldwäschegesetz zu identifizierenden Person zum Zwecke des Abschlusses eines Zahlungskontovertrags zugelassen werden (Zahlungskonto-Identitätsprüfungsverordnung – ZIdPrüfV), veröffentlicht am 6.7.2016, BAnz AT 6.7.2016, V1).

22 Gesetz über das Verfahren in Familiensachen und in den Angelegenheiten der freiwilligen Gerichtsbarkeit (FamFG) v. 17.12.2008, BGBl. I, S. 2586, 2587.

2. Bei juristischen Personen (§ 11 Abs. 4 Nr. 2 GwG)

18   Ist die zu identifizierende Person eine juristische Person oder Personengesellschaft, hat der Verpflichtete zum einen deren Firma, Name oder Bezeichnung und zum anderen deren Rechtsform, Registernummer (falls vorhanden), Anschrift des Sitzes bzw. der Hauptniederlassung sowie die Namen der Mitglieder des Vertretungsorgans oder der gesetzlichen Vertreter zu erfassen. Ist ein Mitglied des Vertretungsorgans oder der gesetzliche Vertreter eine juristische Person, sind deren Firma, Name oder Bezeichnung, Rechtsform, Registernummer (falls vorhanden) und Anschrift des Sitzes bzw. der Hauptniederlassung zu erheben, § 11 Abs. 4 Nr. 2 lit. e GwG.

V. Identifizierung des wirtschaftlich Berechtigten (§ 11 Abs. 5 GwG)

19   Hat die Abklärung des Verpflichteten nach § 10 Abs. 1 Nr. 2 GwG ergeben, dass ein wirtschaftlich Berechtigter (zum Begriff siehe § 3 GwG) für den Vertragspartner handelt, so ist dieser nach § 11 Abs. 5 GwG zu identifizieren.

20   § 11 Abs. 5 GwG wurde ursprünglich aufgrund des Gesetzes zur Umsetzung der Änderungsrichtlinie zur Vierten EU-Geldwäscherichtlinie vom 12.12.2019 neu eingefügt. Gesetzessystematisch war der Inhalt des § 11 Abs. 5 GwG jedoch unglücklich gewählt. So enthielt der Absatz sowohl Bestimmungen zur Erhebung als auch zur Überprüfung von Identifizierungsangaben. Letztere ist jedoch in § 12 GwG geregelt. Daher entschied sich der Gesetzgeber durch das Transparenzregister- und Finanzinformationsgesetz[23] § 11 Abs. 5 GwG neu zu fassen. Hierbei wurde eine klare Trennung dieser beiden Teilakte der Identifizierung erreicht.[24] § 11 Abs. 5 GwG enthält nunmehr die Regelungen zur Erhebung von Angaben zum Zweck der Identifizierung des wirtschaftlich Berechtigten, während die Überprüfung der Angaben zum wirtschaftlich Berechtigten im neugefassten § 12 Abs. 3 GwG abschließend geregelt ist.

21   Der Vorgang der Abklärung gem. § 10 Abs. 1 Nr. 2 GwG, **ob** ein vom Vertragspartner abweichender wirtschaftlich Berechtigter handelt, fällt in der Praxis regelmäßig mit der **Feststellung und Überprüfung** der Identität des wirtschaftlichen Berechtigten gemäß § 11 Abs. 5 GwG zusammen.

---

23 Gesetz zur europäischen Vernetzung der Transparenzregister und zur Umsetzung der Richtlinie 2019/1153 des Europäischen Parlaments und des Rates v. 20.6.2019 zur Nutzung von Finanzinformationen für die Bekämpfung von Geldwäsche, Terrorismusfinanzierung und sonstigen schweren Straftaten v. 25.6.2021.
24 BT-Drs. 19/28164, S. 45.

Die Angaben zum wirtschaftlich Berechtigten sind nicht bei diesem selbst zu er- **22** heben, sondern nach § 11 Abs. 5 Satz 3 GwG beim Vertragspartner oder der gegebenenfalls für diesen auftretenden Personen.[25] Die Identitätsfeststellung des wirtschaftlich Berechtigten erfordert „zumindest" die Erhebung des Namens, wozu sowohl der Vor- als auch Nachname zählt. Die Erhebung weiterer Identifizierungsmerkmale ist gemäß § 11 Abs. 5 Satz 1 GwG vom Verpflichteten risikoabhängig durchzuführen. Je nachdem, ob und inwieweit ein Risiko der Geldwäsche oder der Terrorismusfinanzierung im Einzelfall vorliegt, können weitere Maßnahmen angezeigt sein. Kommt der Verpflichtete zu dem Schluss, dass im Einzelfall ein hohes Risiko vorliegt, so hat er je nach Art des Vertragspartners (natürliche oder juristische Person bzw. Personengesellschaft) die jeweils einschlägigen in § 11 Abs. 4 GwG aufgeführten weiteren Angaben zu erheben.

Zu den Gesellschaften mit grundsätzlich **erhöhtem Risikopotenzial** gehört die **23** Gesellschaft bürgerlichen Rechts (**GbR**).[26] Die GbR gilt aufgrund ihrer fehlenden Registereintragung, des fehlenden besonderen Formerfordernisses und der großen Flexibilität hinsichtlich ihrer innerorganisatorischen Regelungen für Außenstehende als intransparent. Der Verpflichtete sollte sich daher bei der Frage, welche der GbR-Gesellschafter als wirtschaftlich Berechtigte zu behandeln sind, nicht ausschließlich von den in § 3 Abs. 2 GwG genannten Schwellenwerten für die Beteiligung bzw. Kontrolle von mehr als 25 % leiten lassen. Für die Beurteilung sollte insb. das konkrete Risiko der Geschäftsbeziehung oder Transaktion mit der jeweiligen GbR von den Verpflichteten eingeschätzt werden. Zu der Gruppe von Gesellschaften mit grundsätzlich **geringerem Risikopotenzial** gehört hingegen die Wohnungseigentümergemeinschaft (**WEG**).[27]

Es sollte darauf geachtet werden, die Beweg- und Entscheidungsgründe für ein **24** Abweichen vom Schwellenwert nachvollziehbar und anhand von ausreichenden Belegen (schriftlich) zu dokumentieren. Dies gilt sowohl bei einer niedrigen als auch bei einer höheren Risikoeinstufung. Die Dokumentation muss es der jeweiligen zuständigen Aufsichtsbehörde ermöglichen, bei einer Überprüfung beurteilen zu können, ob der Verpflichtete eine angemessene risikoorientierte Bewertung vorgenommen hat.

Das durch die GwG-Novelle 2017 eingeführte neue **Transparenzregister** bietet **25** den Verpflichteten eine weitere Möglichkeit zur Ermittlung des wirtschaftlich Berechtigten. Jedoch stellt § 11 Abs. 5 Satz 3 Halbs. 2 GwG klar, dass sich der Verpflichtete bei der **Erhebung** der Identifizierungsangaben nicht allein auf die Daten im Transparenzregister verlassen darf. Dies gilt auch, wenn eine Verpflichtung zur Einholung eines Nachweises der Registrierung im Transparenzregister oder eines Registerauszugs nach § 12 Abs. 3 Satz 2 GwG besteht. Bei der

---

25 BT-Drs. 19/28164, S. 45.
26 BT-Drs. 16/9038, S. 30.
27 BT-Drs. 16/9038, S. 30.

Überprüfung der Angaben dürfen sich Verpflichtete hingegen in bestimmten Fällen ausschließlich auf den Inhalt des Transparenzregister stützen. Dies gilt nach § 12 Abs. 3 Satz 3 GwG bei Geschäftsbeziehungen oder Transaktionen mit Vereinigungen nach § 20 GwG oder Rechtsgestaltungen nach § 21 GwG. Voraussetzung ist, dass die nach § 11 Abs. 5 GwG erhobenen Angaben mit den Angaben zu den wirtschaftlich Berechtigten im Transparenzregister übereinstimmen. Auch dürfen keine sonstigen Anhaltspunkte bestehen, die Zweifel an der Identität der wirtschaftlich Berechtigten, ihrer Stellung als wirtschaftlich Berechtigten oder der Richtigkeit sonstiger Angaben nach § 19 Abs. 1 GwG begründen. Liegen Anhaltspunkte vor, die auf ein höheres Risiko der Geldwäsche und der Terrorismusfinanzierung gemäß § 15 Abs. 2 GwG hindeuten, reicht die alleinige Einsicht in das Transparenzregister nicht aus und es müssen darüberhinausgehende Maßnahmen zur Überprüfung der Identifizierungsangaben ergriffen werden.

VI. Mitwirkungs- und Offenlegungspflicht
(§ 11 Abs. 6 und 7 GwG)

26   § 11 Abs. 6 GwG enthält die Verpflichtung des Vertragspartners, die erforderlichen Informationen und Unterlagen für die Identifizierung und Abklärung des wirtschaftlich Berechtigten zur Verfügung zu stellen und Änderungen unverzüglich (= ohne schuldhaftes Zögern, vgl. § 121 Abs. 1 Satz 1 BGB) anzuzeigen. Insbesondere in Fällen, in denen öffentliche Aufzeichnungen nicht vorliegen, kann der Verpflichtete die ihm obliegenden Sorgfaltspflichten in der Praxis oftmals nur unter Mitwirkung des Vertragspartners ordnungsgemäß erfüllen. Der Verpflichtete ist daher regelmäßig auf Informationen seines Vertragspartners angewiesen.[28] Auf Verfügungsberechtigte ist § 11 Abs. 6 GwG entsprechend anzuwenden (siehe § 154 Abs. 2 Satz 2 AO).

27   Die Pflicht trifft **ausschließlich** den **Vertragspartner**, nicht den wirtschaftlich Berechtigten oder sonstige Dritte. Da es sich um eine gesetzliche Pflicht handelt, kann darauf verzichtet werden, mit dem Vertragspartner eine Mitwirkungspflicht zusätzlich vertraglich zu vereinbaren. Dennoch kann ein Hinweis auf die bestehende Verpflichtung hilfreich sein, damit der Vertragspartner von seiner Pflicht auch tatsächlich Kenntnis erlangt und dieser ansonsten unaufgefordert nachkommt. Um diese Hinweisfunktion zu erfüllen, bietet es sich an, den Hinweis im unmittelbaren Zusammenhang mit Erfassung der betreffenden Daten zu erteilen.

28   Kreditinstitute vereinbaren mit ihren Kunden für gewöhnlich bestimmte (weitergehende) Mitwirkungs- und Sorgfaltspflichten des Kunden gegenüber der Bank

---

28 BT-Drs. 16/9038, S. 38; BT-Drs. 17/6804, S. 28.

bzw. der Sparkasse. In den jeweiligen Muster-AGB finden sich entsprechende Klauseln.

So bestimmt **Nr. 11 Abs. 1 AGB Banken**,[29] dass es zur ordnungsgemäßen Abwicklung des Geschäftsverkehrs erforderlich ist, dass der Kunde der Bank Änderungen seines Namens und seiner Anschrift sowie das Erlöschen oder die Änderung einer gegenüber der Bank erteilten Vertretungsmacht (insbesondere einer Vollmacht) unverzüglich mitteilt. Diese Mitteilungspflicht besteht auch dann, wenn die Vertretungsmacht in ein öffentliches Register (zum Beispiel in das Handelsregister) eingetragen ist und ihr Erlöschen oder ihre Änderung in dieses Register eingetragen wird.   **29**

Nr. 20 Abs. 1 a) der AGB Sparkassen[30] bestimmt etwas weitergehend, dass der Sparkasse unverzüglich alle für die Geschäftsbeziehung wesentlichen Tatsachen anzuzeigen sind, insbesondere   **30**

– Änderungen des Namens, der Anschrift, des Personenstands,
– der Verfügungs- oder Verpflichtungsfähigkeit des Kunden (z. B. Eheschließung, Eingehung einer Lebenspartnerschaft, Änderung des Güterstandes) oder der für ihn zeichnungsberechtigten Personen (z. B. nachträglich eingetretene Geschäftsunfähigkeit eines Vertreters oder Bevollmächtigten) sowie
– Änderungen des wirtschaftlich Berechtigten oder der der Sparkasse bekannt gegebenen Vertretungs- oder Verfügungsbefugnisse (z. B. Vollmachten, Prokura).

Die Anzeigepflicht besteht auch dann, wenn die Tatsachen in öffentlichen Registern eingetragen und veröffentlicht werden. Außerdem sind die Namen der für den Kunden vertretungs- oder verfügungsbefugten Personen der Sparkasse mit eigenhändigen Unterschriftsproben auf den Vordrucken der Sparkasse bekannt zu geben.   **31**

Es findet sich sowohl in Nr. 11 Abs. 1 AGB Banken als auch in Nr. 20 Abs. 1 a) AGB Sparkassen der Hinweis, dass sich weitergehende gesetzliche Mitteilungspflichten, insbesondere aus dem Geldwäschegesetz, ergeben können.   **32**

Die Mitwirkungspflicht erstreckt sich auch auf die **Feststellung des PEP-Status** nach § 10 Abs. 1 Nr. 4 GwG. Zwar ist der entsprechende Verweis des § 6 Abs. 2 Nr. 1 Satz 6 GwG a. F. nach der GwG-Novelle 2017 entfallen, sodass diese Mitwirkungspflicht sich (zumindest nicht mehr unmittelbar) aus dem GwG ergibt,   **33**

---

29 Bankenverband, Muster der Allgemeinen Geschäftsbedingungen (AGB) der privaten Banken zwischen Kunde und Bank, Stand: Juli 2018, https://bankenverband.de/media/40000_0718_muster.pdf, zuletzt abgerufen am 15.2.2022.

30 Deutscher Sparkassen- und Giroverband, Muster Allgemeinen Geschäftsbedingungen (AGB) – Grundlagen der Geschäftsbeziehung zwischen Kunde und Sparkasse, Stand: November 2018.

viele Verpflichtete sehen jedoch eine entsprechende Mitwirkungspflicht des Kunden in ihren Vertragsvordrucken oder AGB vor.

34 Nach § 11 Abs. 6 Satz 3 GwG hat der Vertragspartner gegenüber dem Verpflichteten offenzulegen, ob er die Geschäftsbeziehung oder Transaktion für einen wirtschaftlich Berechtigten begründen, fortsetzen oder durchführen will. Nach § 11 Abs. 6 Satz 4 GwG hat er mit der Offenlegung dem Verpflichteten auch die Identität des wirtschaftlich Berechtigten nachzuweisen. Handelt der Vertragspartner dieser Pflicht zuwider, so kann dies einen Sachverhalt darstellen, der eine Meldepflicht des Verpflichteten nach § 43 Abs. 1 Nr. 3 GwG zur Folge hat.

35 Weigert sich der Vertragspartner, seinen Mitwirkungs- oder Offenlegungspflichten nachzukommen, so begeht er keine Ordnungswidrigkeit nach § 56 GwG. Vielmehr ist die Beendigungsverpflichtung nach § 10 Abs. 9 GwG zu beachten.

36 Die Mitwirkungspflichten des § 11 Abs. 6 GwG gelten umfassend für die zu identifizierenden Vertragsparteien des vermittelten Rechtsgeschäftes i. S. d. § 11 Abs. 2 GwG. Auch Vertragsparteien, die in keiner vertragsrechtlichen Beziehung zu dem Verpflichteten stehen, haben diesem diejenigen Informationen zur Verfügung zu stellen, die der Verpflichtete zur Erfüllung seiner Identifizierungspflichten nach § 11 Abs. 2 GwG benötigt.[31] Dies betrifft die Partei des Geschäfts, für die kein Immobilienmakler handelt, sofern dies tatsächlich der Fall ist. Die Mitwirkungspflichten entstehen zeitgleich mit der Identifizierungspflicht nach § 11 Abs. 2 GwG. Der Verpflichtete hat die nach § 11 Abs. 6 GwG zur Mitwirkung verpflichtete Vertragspartei auf das Entstehen der Identifizierungspflicht aufgrund des ernsthaften Interesses der Vertragspartner an der Durchführung des vermittelten Rechtsgeschäftes nach § 11 Abs. 2 GwG hinzuweisen.[32]

37 § 11 Abs. 7 GwG enthält eine Klarstellung bzgl. der **Mitwirkungspflichten von Rechtsgestaltungen nach § 21 GwG**. Demnach haben diese dem Verpflichteten ihren Status (Verwaltereigenschaft) offenzulegen und ihm die zur Identifizierung erforderlichen Angaben nach § 11 Abs. 5 GwG unverzüglich zu übermitteln, wenn sie in dieser Position eine Geschäftsbeziehung aufnehmen oder eine Gelegenheitstransaktion oberhalb eines gesetzlich festgelegten Schwellenwertes (siehe § 10 Abs. 3 Nr. 2, Abs. 5, Abs. 6 oder Abs. 6a GwG) durchführen. Handelt es sich beim Vertragspartner um einen Trust oder eine andere Rechtsgestaltungen nach § 21 GwG, so sind dem Verpflichteten die Angaben nach § 21 Abs. 1 und 2 GwG unverzüglich zu übermitteln.

---

31 BT-Drs. 19/13827, S. 79.
32 BT-Drs. 19/13827, S. 79.

§ 11a Verarbeitung personenbezogener Daten durch Verpflichtete

(1) Verpflichtete nach § 2 dürfen personenbezogene Daten nur verarbeiten, soweit dies auf Grundlage dieses Gesetzes für Zwecke der Verhinderung von Geldwäsche und Terrorismusfinanzierung erforderlich ist.

(2) Soweit ein den Vorschriften dieses Gesetzes unterliegender Verpflichteter nach § 2 personenbezogene Daten für Zwecke gemäß Absatz 1 an die zuständigen Aufsichtsbehörden oder die Personen und Einrichtungen, deren sich die zuständigen Aufsichtsbehörden bei der Durchführung ihrer Aufgaben bedienen, oder an die Zentralstelle für Finanztransaktionsuntersuchungen übermittelt, bestehen die Pflicht zur Information der betroffenen Person nach Artikel 13 Absatz 3 der Verordnung (EU) 2016/679 und das Recht auf Auskunft der betroffenen Person nach Artikel 15 der Verordnung (EU) 2016/679 nicht.

(3) Die Absätze 1 und 2 finden entsprechende Anwendung auf Dritte im Sinne von § 17, auf die ein Verpflichteter zur Erfüllung der allgemeinen Sorgfaltspflichten nach § 10 Absatz 1 Nummer 1 bis 4 zurückgreift.

Schrifttum: *Chrocziel*, Datenschutzrechtliche Pflichten nach dem Geldwäschegesetz – Sorgfalts- und Prüfungspflichten von Kredit- und Finanzdienstleistungsinstituten, ZD 2013, 170; *Ehmann/Selmayr*, Datenschutz-Grundverordnung, 2. Aufl. 2018; *Herzog/Hoch*, Politisch exponierte Personen unter Beobachtung, WM 2007, 1997; *Kühling/Buchner* (Hrsg.), DS-GVO/BDSG, 3. Aufl. 2020; *Paal/Pauly* (Hrsg.), DS-GVO/BDSG, 3. Aufl. 2021; *Sydow*, Europäische Datenschutzgrundverordnung, Kommentar, 2. Aufl. 2018.

Übersicht

I. Allgemeines

1. Gesetzeszweck

1 § 11a GwG enthält notwendige Regelungen zur Einhaltung datenschutzrechtlicher Schutzbestimmungen. § 11a Abs. 1 GwG ergänzt die durch die §§ 4–15 GwG begründeten gesetzlichen Pflichten sowie die nach § 43 GwG bestehende Meldepflicht um eine **allgemeine Befugnisnorm** für die Datenverarbeitung. Zugleich trifft die Norm eine enge Zweckbindung. Soweit im Rahmen der geldwäscherechtlichen Pflichten personenbezogene Daten verarbeitet werden, dürfen diese ausschließlich für Zwecke der Verhinderung von Geldwäsche und Terrorismusfinanzierung Verwendung finden. Damit wird Art. 41 Abs. 2 der Vierten EU-Geldwäscherichtlinie vollständig umgesetzt. Die Regelung des § 11a Abs. 1 GwG war vor Inkrafttreten des Gesetzes zur Umsetzung der Änderungsrichtlinie zur Vierten EU-Geldwäscherichtlinie vom 12.12.2019 inhaltlich im Wesentlichen im damaligen § 58 GwG zu finden. Mit dem Regelungsstandort als Folgeparagraph zur Identifizierungsbestimmung in § 11 GwG soll der Bezug zu den Rechtsgrundlagen, die die gesetzliche Datenverarbeitungsverpflichtung durch Verpflichtete nach § 2 GwG ausgestalten, hergestellt werden.[1]

2 Die Regelung in § 11a Abs. 2 GwG dient der Umsetzung von Art. 41 Abs. 4 a) und b) der Vierten EU-Geldwäscherichtlinie. Sie soll ein einheitliches Vorgehen im Zusammenhang mit den Maßnahmen nach § 51 Abs. 2 GwG und damit den Zweck der Beschränkungen sichern.[2]

3 § 11a Abs. 3 GwG soll sicherstellen, dass die Absätze 1 und 2 auch für Dritte im Sinne des § 17 GwG gelten.

4 Die Regelungszwecke des GwG und der datenschutzrechtlichen Bestimmungen, allen voran die seit 26.5.2018 geltende EU-Datenschutzgrundverordnung (DSGVO)[3] stehen seit jeher in einem grundsätzlichen Widerstreit zueinander. Dieser ergibt sich aus mehreren Gründen. Besonders die **entgegengesetzte Schutzrichtung** der beiden Rechtsgebiete macht dies deutlich: Während das Datenschutzrecht eine Ausprägung des Schutzes des allgemeinen Persönlichkeitsrechts ist und die tatsächlichen Möglichkeiten der Datenverarbeitung rechtlich einschränken soll, führen die Pflichten des GwG gerade zu umfangreichen

---

1 BT-Drs. 19/13827, S. 80.
2 BT-Drs. 19/13827, S. 80.
3 Verordnung (EU) 2016/679 des europäischen Parlaments und des Rates v. 27.4.2016 zum Schutz natürlicher Personen bei der Verarbeitung personenbezogener Daten, zum freien Datenverkehr und zur Aufhebung der Richtlinie 95/46/EG (Datenschutz-Grundverordnung). Die DSGVO gilt für die Verarbeitung personenbezogener Daten im Rahmen der Richtlinie (EU) 2018/843 zur Änderung der Richtlinie (EU) 2015/849, siehe dort ErwG 38.

Datenverarbeitungen, die von den Verpflichteten und Behörden durchzuführen sind.[4]

Dieser Widerspruch ist jedoch nicht unauflöslich. Schon der europäische Ge- **5**
setzgeber hat die sich entgegenstehenden Pflichten und Rechte frühzeitig erkannt und versucht diese zum Ausgleich zu bringen.[5] So gibt die DSGVO den
Mitgliedstaaten die Möglichkeit, Pflichten und Rechte der datenschutzrechtlich
betroffenen Personen bei der Verarbeitung ihrer personenbezogenen Daten
durch private Stellen unter bestimmten Voraussetzungen zu beschränken.[6] Gründe für eine solche Beschränkung können sich u. a. aus den Belangen der öffentlichen Sicherheit und der Verhütung, Ermittlung, Aufdeckung und Verfolgung
von Straftaten ergeben, wie dies beispielsweise im Rahmen der Bekämpfung der
Geldwäsche von Bedeutung ist. Bei der Verarbeitung personenbezogener Daten
durch die zuständigen Behörden zu den Zwecken der Verhütung, Ermittlung,
Aufdeckung oder Verfolgung von Straftaten oder der Strafvollstreckung ergeben
sich die zulässigen Beschränkungen der datenschutzrechtlichen Rechte und
Freiheiten betroffener Personen aus der Richtlinie 2016/680.[7] ErwG Nr. 46 der
Richtlinie (EU) 2018/843 zur Änderung der Richtlinie (EU) 2015/849 spricht
von der „gebührenden Berücksichtigung der Datenschutzbestimmungen des nationalen Rechts" und stellt damit klar, dass die nationale Geldwäschegesetzgebung diesbezüglich ausreichend gestaltet sein muss.

2. Datenschutz im Geldwäscherecht

Im Zuge der weiteren Verschärfung und Europäisierung des Datenschutzrechts, **6**
hat das Thema auch im Geldwäscherecht mit der Zeit immer stärkere Berücksichtigung gefunden. Dies betrifft insbesondere die Frage der Rechtmäßigkeitsgrundlage für die jeweilige Verarbeitung personenbezogener Daten für Zwecke
der Verhinderung von Geldwäsche und Terrorismusfinanzierung. Im Folgenden
soll dies eine (nicht abschließende) Zusammenstellung wichtiger datenschutzrechtlicher Regelungen neben der Norm des § 11a GwG im Geldwäscherecht
verdeutlichen:

---

4 Vgl. ausführlich hierzu *Spoerr*, in: BeckOK Datenschutzrecht, Syst. J. Datenschutz im
   Finanzwesen, Rn. 140 ff.
5 Siehe u. a. ErwG 5 der Richtlinie (EU) 2018/843 zur Änderung der Richtlinie (EU)
   2015/849.
6 Siehe ErwG 19 DSGVO.
7 Richtlinie (EU) 2016/680 des Europäischen Parlaments und des Rates v. 27.4.2016 zum
   Schutz natürlicher Personen bei der Verarbeitung personenbezogener Daten durch die
   zuständigen Behörden zum Zwecke der Verhütung, Aufdeckung, Untersuchung oder
   Verfolgung von Straftaten oder der Strafvollstreckung sowie zum freien Datenverkehr
   und zur Aufhebung des Rahmenbeschlusses 2000/383/JI des Rates.

7   **Zentralstelle für Finanztransaktionsuntersuchungen (FIU)**: In § 29 GwG wird bestimmt, dass die FIU personenbezogene Daten verarbeiten darf, soweit dies zur Erfüllung ihrer Aufgaben erforderlich ist. In den §§ 31–38 GwG finden sich verschiedene datenschutzrechtliche Bestimmungen, wie bspw. zur Art und zum Umfang des Auskunftsrechts gegenüber inländischen öffentlichen Stellen und zum Datenaustausch mit Mitgliedstaaten der Europäischen Union.

8   **Aufsichtsbehörden**: § 51a GwG regelt die Verarbeitung personenbezogener Daten durch Aufsichtsbehörden i. S. d. § 51 GwG. Die Norm ähnelt vom Inhalt der Bestimmung des § 11a GwG. § 51a Abs. 1 GwG enthält die Befugnisnorm für die nach diesem Gesetz zuständigen Aufsichtsbehörden, personenbezogene Daten verarbeiten zu dürfen, soweit dies zur Erfüllung ihrer gesetzlichen Aufgaben nach diesem Gesetz erforderlich ist. § 51a Abs. 2–4 GwG regelt die Beschränkungen der Betroffenenrechte der DSGVO. § 53 Abs. 2 GwG erlaubt es den Aufsichtsbehörden bei Hinweisen auf Verstöße personenbezogene Daten zu verarbeiten, soweit dies zur Erfüllung ihrer Aufgaben erforderlich ist. § 55 regelt u. a. den Datenschutz bei der Zusammenarbeit mit anderen Behörden.

9   § 6 Abs. 2 Nr. 6 GwG sieht vor, dass bei der **Schulung von Mitarbeitern** in Bezug auf Typologien und aktuelle Methoden der Geldwäsche und der Terrorismusfinanzierung auch Datenschutzbestimmungen zu berücksichtigen sind. Die Unterrichtung über Datenschutzbestimmungen kann durch den Datenschutzbeauftragten oder entsprechend geschulte Personen erfolgen.[8]

10   Nach § 7 Abs. 6 GwG darf der **Geldwäschebeauftragte** Daten und Informationen ausschließlich zur Erfüllung seiner Aufgaben verwenden. Dies ist eine Ausformung des Zweckbindungsgrundsatzes des Art. 5 Abs. 1 b) DSGVO.

11   § 8 GwG regelt detailliert und abschließend die **Aufzeichnungs- und Aufbewahrungspflicht** in Bezug auf geldwäscherechtliche Dokumente.

12   Im Rahmen der **gruppenweit zu ergreifenden Maßnahmen** sind nach § 9 Abs. 1 Satz 2 Nr. 4 GwG Vorkehrungen zum Schutz von personenbezogenen Daten zu schaffen. Nach § 9 Abs. 5 Satz 2 GwG müssen alle anderen gruppenangehörigen Verpflichteten die für sie geltenden gruppenweiten Pflichten umsetzen, zu denen auch Vorkehrungen zum Schutz von personenbezogenen Daten gehören.

13   Auch im Hinblick auf den Betrieb des **Transparenzregisters** sind datenschutzrechtliche Vorgaben einzuhalten. Nach § 18 Abs. 5 GwG hat die registerführende Stelle ein Informationssicherheitskonzept für das Transparenzregister zu erstellen, aus dem sich die getroffenen technischen und organisatorischen Maßnahmen zum Datenschutz ergeben. Nach § 25 Abs. 2 Satz 2 Nr. 4 GwG muss die bzgl. des Betriebs des Registers beliehene Stelle (= Bundesanzeiger Verlag

---

8 BaFin, AuA AT 2021, 3.6.

GmbH) u. a. sicherstellen, dass sie die Vorschriften zum Schutz personenbezogener Daten einhält. § 26 Abs. 3 GwG betrifft Aufbewahrungs- und Löschpflichten für Eintragungsdaten.

§ 41 Abs. 2 GwG bestimmt bzgl. der **Rückmeldung** an den meldenden Verpflichteten, dass dieser hierdurch erlangte personenbezogene Daten nur zur Verbesserung seines Risikomanagements, der Erfüllung seiner Sorgfaltspflichten und seines Meldeverhaltens nutzen darf. Er hat diese Daten zu löschen, wenn sie für den jeweiligen Zweck nicht mehr erforderlich sind, spätestens jedoch nach einem Jahr. **14**

§ 47 Abs. 2 Nr. 5 c) GwG erlaubt eine Ausnahme zum **Verbot der Informationsweitergabe** in Fällen, in denen für die genannten Verpflichteten vergleichbare Verpflichtungen in Bezug auf das Berufsgeheimnis und auf den Schutz personenbezogener Daten gelten. Den Datenschutz der meldenden Beschäftigten regelt § 49 GwG. **15**

Um zu verhindern, dass es durch die **Bekanntmachung** von bestandskräftigen Maßnahmen und von unanfechtbaren Bußgeldentscheidungen nach § 57 Abs. 1 GwG zu einer unverhältnismäßigen Offenlegung personenbezogener Daten kommt, sieht § 57 Abs. 2 Satz 1 Nr. 1 sowie Satz 2 und 3 und Abs. 4 GwG datenschutzrechtliche Maßnahmen vor. **16**

Zur Datenverarbeitung im Zusammenhang mit der **Geldtransferverordnung** (GTVO)[9] siehe Art. 15 GTVO. **17**

Zu datenschutzrechtlichen Aspekten beim Einsatz von **Datenverarbeitungssystemen** nach § 25h Abs. 2 KWG siehe § 25h Abs. 2 Satz 2 KWG.[10] **18**

II. Datenschutzrechtliche Voraussetzungen (§ 11a Abs. 1 GwG)

1. Adressaten

§ 11a GwG ist von allen Verpflichteten nach § 2 Abs. 1 GwG zu beachten. Die Bestimmung gilt somit insbesondere nicht für Gerichte, Behörden oder Körperschaften und Anstalten des öffentlichen Rechts bei schwellenwertabhängigen Versteigerungen nach § 2 Abs. 3 und 4 GwG. Für bestimmte öffentliche Stellen sieht das GwG andere Befugnisnormen vor. Das ist insofern konsequent, da für den öffentlich-rechtlichen Bereich u. a. andere (erweiterte) Zweckbestimmun- **19**

---

9 Verordnung (EU) 2015/847 des Europäischen Parlaments und des Rates v. 20.5.2015 über die Übermittlung von Angaben bei Geldtransfers und zur Aufhebung der Verordnung (EU) Nr. 1781/2006.

10 Ausführlich hierzu *Achtelik*, in: Herzog, GwG, § 25h KWG Rn. 19 ff.

gen bzgl. der Datenverarbeitung gelten, als für den privaten Sektor.[11] Parallele datenschutzrechtliche Rechtmäßigkeitsgrundlagen finden sich z.B. für Aufsichtsbehörden in § 51a GwG und für die Zentralstelle für Finanztransaktionsuntersuchungen in § 29 GwG.

2. Personenbezogene Daten

20   Der Begriff der personenbezogenen Daten ist in Art. 4 Nr. 1 DSGVO legaldefiniert. Danach sind hiervon alle Informationen umfasst, die sich auf eine identifizierte oder identifizierbare natürliche Person (= „betroffene Person") beziehen. Als identifizierbar gilt eine natürliche Person, die direkt oder indirekt, insbesondere mittels Zuordnung zu einer Kennung wie einem Namen, zu einer Kennnummer, zu Standortdaten, zu einer Online-Kennung oder zu einem oder mehreren besonderen Merkmalen, die Ausdruck der physischen, physiologischen, genetischen, psychischen, wirtschaftlichen, kulturellen oder sozialen Identität dieser natürlichen Person sind, identifiziert werden kann.

21   Zu solchen geschützten Informationen zählen insbesondere die Identifizierungsangaben nach § 11 Abs. 4 Nr. 1 GwG (Name, Anschrift, Geburtsort, Geburtsdatum und Staatsangehörigkeit), aber auch Daten zur (Nicht-)PEP-Eigenschaft im Zusammenhang mit § 10 Abs. 1 Nr. 4 GwG, die Eigenschaft als wirtschaftlich Berechtigter nach § 10 Abs. 1 Nr. 2 i.V.m. § 11 Abs. 5 GwG oder die Eigenschaft als auftretender Dritter nach § 10 Abs. 1 Nr. 1 GwG. Auch die Daten zu einer bestimmten Person im Zusammenhang mit Verdachtsmeldungen nach § 43 Abs. 1 GwG sind datenschutzrechtlich geschützt.

22   Da das Datenschutzrecht nur natürliche Personen umfasst, sind Geschäftsbeziehungen und Transaktionen im Zusammenhang mit Unternehmen und öffentlichen Stellen nur dann hiervon umfasst, sofern hierbei personenbezogene Daten verarbeitet werden. So können Daten juristischer Personen dann datenschutzrechtlich relevant sein, wenn ein unmittelbar auf eine juristische Person bezogenes Datum zugleich eine natürliche Person betrifft.[12] Dies ist insbesondere bei der Identifizierung wirtschaftlich Berechtigter nach § 11 Abs. 5 GwG der Fall.

3. Verarbeitung personenbezogener Daten

23   Weiter bezieht sich § 11a Abs. 1 GwG nur auf Datenverarbeitungsvorgänge. Eine solche „Verarbeitung" ist nach Art. 4 Nr. 2 DSGVO jeder mit oder ohne Hilfe automatisierter Verfahren ausgeführte Vorgang oder jede solche Vorgangsreihe im Zusammenhang mit personenbezogenen Daten wie das Erheben, das

---

11 Siehe ErwG 19 DSGVO.
12 *Klabunde*, in: Ehmann/Selmayr, DS-GVO, Art. 4 Rn. 14; *Ziehbarth*, in: Sydow, DSGVO, Art. 4 Rn. 13.

Erfassen, die Organisation, das Ordnen, die Speicherung, die Anpassung oder Veränderung, das Auslesen, das Abfragen, die Verwendung, die Offenlegung durch Übermittlung, Verbreitung oder eine andere Form der Bereitstellung, den Abgleich oder die Verknüpfung, die Einschränkung, das Löschen oder die Vernichtung. Insofern wird der Begriff der „Verarbeitung" personenbezogener Daten weit ausgelegt.[13]

Personenbezogene Daten dürfen von den Verpflichteten ausschließlich verarbei-   **24**
tet werden, wenn und soweit dies zur Erfüllung der Anforderungen des Geldwäschegesetzes notwendig ist. Zulässig soll die Verarbeitung personenbezogener Daten daher nur unter vollständiger Wahrung der Grundrechte zu Zwecken der Bekämpfung der Geldwäsche und Terrorismusfinanzierung (was dabei von allen Mitgliedstaaten als wichtiges öffentliches Interesse anerkannt wird[14]) und der in diesem Rahmen erforderlichen Tätigkeiten sein.[15] Dies ist etwa der Fall bei Verarbeitungsvorgängen zur Erfüllung der Sorgfaltspflichten gegenüber Kunden, bei laufender Überwachung, bei Untersuchung und Meldung außergewöhnlicher und verdächtiger Transaktionen, bei Identifizierung des wirtschaftlich Berechtigten einer juristischen Person oder Rechtsvereinigung, bei Identifizierung einer politisch exponierten Person sowie zum Informationsaustausch durch zuständige Behörden und zum Informationsaustausch durch Kreditinstitute und Finanzinstitute und andere Verpflichtete.[16]

4. Grundsätze des Datenschutzrechts

Im Datenschutzrecht sind die allgemeinen Grundsätze für die Verarbeitung per-   **25**
sonenbezogener Daten nach Art. 5 DSGVO von überragender Bedeutung und entfalten unmittelbare Geltung als Pflichten. Zu den Grundsätzen zählen:

- Die rechtmäßige und transparente Verarbeitung nach Treu und Glauben, Art. 5 Abs. 1 a) DSGVO („**Rechtmäßigkeit, Verarbeitung nach Treu und Glauben, Transparenz**")
- Die Verarbeitung für festgelegte, eindeutige und legitime Zwecke, Art. 5 Abs. 1 b) DSGVO („**Zweckbindung**").
- Die dem Zweck angemessene und erhebliche Verarbeitung, die sich auf das für die Zwecke der Verarbeitung notwendige Maß beschränkt, Art. 5 Abs. 1 c) DSGVO („**Datenminimierung**").
- Die Verarbeitung von sachlich richtigen und aktuellen Daten, Art. 5 Abs. 1 d) DSGVO („**Richtigkeit**").

---

13 *Reimer*, in: Sydow, DSGVO, Art. 4 Rn. 43; *Ernst*, in: Paal/Pauly, DS-GVO BDSG, Art. 4 Rn. 20.
14 Vierte EU-Geldwäscherichtlinie, ErwG 42.
15 Vierte EU-Geldwäscherichtlinie, ErwG 43.
16 Vierte EU-Geldwäscherichtlinie, ErwG 43.

– Die Speicherung von Daten in einer Form, die die Identifizierung der betroffenen Personen nur so lange ermöglicht, wie es für die Zwecke, für die sie verarbeitet werden, erforderlich ist, Art. 5 Abs. 1 e) DSGVO („**Speicherbegrenzung**“).

– Verarbeitung in einer Weise, die eine angemessene Sicherheit der personenbezogenen Daten gewährleistet, Art. 5 Abs. 1 f) DSGVO („**Integrität und Vertraulichkeit**“).

– Die Erbringung von Nachweisen für die Einhaltung der Grundsätze nach Art. 5 Abs. 1 a)–f) DSGVO, Art. 5 Abs. 2 DSGVO („**Rechenschaftspflicht**“).

26 Die Grundsätze sind auch bei der Verarbeitung von personenbezogenen Daten zu Zwecken der Verhinderung von Geldwäsche und Terrorismusfinanzierung zu beachten.[17] Dies gilt insbesondere dort, wo das GwG keine abschließende Regelung bzgl. der Art und des Umfangs der Datenverarbeitung trifft, wie in Fällen des **risikobasierten Vorgehens** (z. B. § 11 Abs. 5 Satz 1 GwG).

27 Bei der Verarbeitung personenbezogener Daten im Rahmen des GwG kommt den Grundsätzen der **Rechtmäßigkeit** und der **Zweckbindung** eine besondere Bedeutung zu.

a) Rechtmäßigkeit

28 Nach Art. 6 Abs. 1 DSGVO muss die Verarbeitung personenbezogener Daten auf einer der dort genannten Rechtmäßigkeitsgrundlagen beruhen. Die Vorschrift trägt dem Umstand Rechnung, dass im Grundsatz jede Beschränkung des Grundrechts auf Datenschutz nach europäischem Grundrechtsverständnis durch eine Rechtsgrundlage gerechtfertigt sein muss.[18] Im Zusammenhang mit der Verhinderung von Geldwäsche und Terrorismusfinanzierung kommt insbesondere **Art. 6 Abs. 1 c) DSGVO** zum Tragen. Demnach ist eine Verarbeitung rechtmäßig, wenn sie zur **Erfüllung einer rechtlichen Verpflichtung erforderlich** ist, der der Verantwortliche unterliegt.

29 Die Voraussetzung der **Erforderlichkeit** soll verhindern, dass der datenschutzrechtlich Verantwortliche das Ziel des Gesetzes zum Anlass nimmt, über das notwendige Maß hinaus personenbezogene Daten zu verarbeiten. So ist bspw. im Rahmen der Identifizierung des Vertragspartners die Verarbeitung weiterer über § 11 Abs. 4 GwG hinausgehender Daten grundsätzlich nicht zulässig und bedarf einer eigenen Rechtmäßigkeitsgrundlage.[19] Im Zusammenhang mit Art. 6 Abs. 1 c) DSGVO sind daher auch stets die Grundsätze der Zweckbindung und der Datenminimierung zu beachten. Die klare und präzise Festlegung des

---

17 Richtlinie (EU) 2018/843 zur Änderung der Richtlinie (EU) 2015/849, ErwG 5 und 38.
18 *Buchner/Petri*, in: Kühling/Buchner, DS-GVO BDSG, Art. 6 DSGVO Rn. 73.
19 *Spoerr*, in: BeckOK Datenschutzrecht, Syst. J. Datenschutz im Finanzwesen, Rn. 110.

Verarbeitungszwecks ist damit grundlegende Voraussetzung für die Erzeugung einer rechtlichen Verpflichtung zur Verarbeitung personenbezogener Daten.[20]

Das Tatbestandsmerkmal „Recht des Mitgliedstaats" gemäß Art. 6 Abs. 1 c) DSGVO ist im Lichte der jeweiligen mitgliedstaatlichen Verfassungsordnung auszulegen.[21] Hiervon sind nicht nur Parlamentsgesetze umfasst, sondern alle Gesetze im materiellen Sinne.[22] Die Verarbeitung nach Art. 6 Abs. 3 DSGVO kann auch auf Rechtsverordnungen gestützt werden, wie bspw. auf § 1 der Zahlungskonto-Identitätsprüfungsverordnung (ZIdPrüfV).[23]   **30**

b) Zweckbindung

§ 11a Abs. 1 GwG sieht für die Verarbeitung personenbezogener Daten eine **enge Zweckbindung** vor. Soweit im Rahmen der geldwäscherechtlichen Pflichten personenbezogene Daten verarbeitet werden, dürfen diese ausschließlich für Zwecke der **Verhinderung von Geldwäsche und Terrorismusfinanzierung** verarbeitet werden.   **31**

Hintergrund für die strenge Zweckbindung ist in erster Linie der Ausschluss von Verarbeitungen dieser personenbezogenen Daten für **kommerzielle Zwecke**.[24] Der gleiche Regelungszweck findet sich auch in § 47 Abs. 5 Satz 3 GwG. Danach soll der Informationsaustausch zwischen Verpflichteten ausschließlich zum Zweck der Verhinderung der Geldwäsche, ihrer Vortaten oder der Terrorismusfinanzierung und nur unter den durch den übermittelnden Verpflichteten vorgegebenen Bedingungen verwendet werden. Die Gesetzesbegründung betont auch hier, dass ein Informationsaustausch zu anderen Zwecken, beispielsweise zu kommerziellen Zwecken, rechtswidrig ist.[25]   **32**

Bedeutung kommt dem Zweckbindungsgrundsatz vor allem dort zu, wo das GwG den Verpflichteten Einschätzungsspielräume bei Datenverarbeitungen zugesteht. Dies sind die Fälle der **risikoorientierten Datenverarbeitungen**.[26] Der risikobasierte Ansatz ist einer der Kernmethoden im Rahmen der Bekämpfung von Geldwäsche und Terrorismusfinanzierung. Hierunter wird ein Risikomanagement verstanden, das auf Erfahrung gestützte Verfahren des intelligenten und   **33**

---

20 Vgl. ErwG 41 DSGVO.

21 Vgl. ErwG 41 DSGVO.

22 *Buchner/Petri*, in: Kühling/Buchner, DS-GVO BDSG, Art. 6 DSGVO Rn. 84.

23 Verordnung über die Bestimmung von Dokumenten, die zur Überprüfung der Identität einer nach dem Geldwäschegesetz zu identifizierenden Person zum Zwecke des Abschlusses eines Zahlungskontovertrags zugelassen werden (Zahlungskonto-Identitätsprüfungsverordnung – ZIdPrüfV).

24 BT-Drs. 18/11555, S. 166; siehe zu diesem Aspekt auch *Chrocziel*, ZD 2013, 170.

25 BT-Drs. 18/11555, S. 158.

26 So auch *Spoerr*, in: BeckOK Datenschutzrecht, Syst. J. Datenschutz im Finanzwesen, Rn. 92.

effizienten Einsatzes von Sicherheitsmaßnahmen und eine fallbezogene Risiko-bewertung vorsieht.[27] Da nicht von jeder Geschäftsbeziehung oder Transaktion ein gleich hohes Risiko für Geldwäsche- oder Terrorismusfinanzierung ausgeht, muss es den Verpflichteten möglich sein, hierbei ressourcen- und prozessscho-nend vorzugehen. Die Verpflichteten sollen in die Lage versetzt werden, selbst die konkrete Risikosituation einschätzen und in eigenem Ermessen bestimmen zu können, in welchem Umfang die Pflichten zu erfüllen sind.[28] Aus diesem Grund sieht das GwG bzgl. der Erfüllung von Pflichten vermehrt eine risikoba-sierte Vorgehensweise vor (siehe § 10 Abs. 2 GwG). Insbesondere anhand der Ergebnisse der Risikoanalyse nach § 5 GwG ist das Vorgehen des Verpflichteten auszurichten.

34   Ein Beispiel für eine risikobasierte Vorgehensweise betrifft die Feststellung der Identität eines wirtschaftlich Berechtigten nach § 11 Abs. 5 Satz 1 GwG. Da-nach hat der Verpflichtete neben der obligatorischen Erhebung des Namens zu-sätzlich risikoorientiert weitere Identifizierungsmerkmale zu erheben. Nach § 11 Abs. 5 Satz 2 GwG dürfen hierbei unabhängig vom festgestellten Risiko Geburtsdatum, Geburtsort und Anschrift des wirtschaftlich Berechtigten erho-ben werden. Während die Bezugnahme auf das jeweilige Risiko datenschutz-rechtlich grundsätzlich nicht zu beanstanden ist, erscheint die bedingungslos eingeräumte Möglichkeit zur Datenerhebung in § 11 Abs. 5 Satz 2 GwG proble-matisch. Diesem den Verpflichteten eingeräumte Spielraum könnten die daten-schutzrechtlichen Grundsätze der Zweckbindung (Art. 5 Abs. 1 b) DSGVO) und der Datenminimierung (Art. 5 Abs. 1 c) DSGVO) gegenüberstehen.

35   Der Handlungsspielraum ist jedoch sachgerecht, da die Erhebung des Namens ohne die Erhebung weiterer Merkmale nur selten eine eindeutige Zuordnung zu einer bestimmten Person ermöglichen wird.[29] Als bindendes Glied zwischen Geldwäsche und Datenschutz fungiert hier der **Verhältnismäßigkeitsgrund-satz**, der sowohl im Datenschutzrecht[30] als auch im Geldwäscherecht,[31] dort ins-besondere durch den risikobasierten Ansatz, seine Ausprägung gefunden hat. Gerade wegen des sehr absolut anmutenden Anspruchs des Datenschutzrechts, Verarbeitungen von personenbezogenen Daten durch andere als die betroffene Person zu untersagen, braucht es ein Korrektiv, dass die Angemessenheit solcher Verarbeitungen gebührend berücksichtigt. Das Recht auf Schutz der personen-bezogenen Daten muss im Hinblick auf seine gesellschaftliche Funktion gesehen

---

27 *Herzog*, in: Herzog, GwG, § 4 Rn. 2.
28 BT-Drs. 16/9038, S. 35.
29 *Häberle*, in: Erbs/Kohlhaas, Strafrechtliche Nebengesetze, 226. EL August 2019, § 11 GwG Rn. 8.
30 Siehe u. a. ErwG 4, 73 sowie Art. 83 Abs. 1 und 84 Abs. 1 DSGVO.
31 Siehe u. a. ErwG 5 der Richtlinie (EU) 2018/843 zur Änderung der Richtlinie (EU) 2015/849.

und unter Wahrung des Verhältnismäßigkeitsprinzips gegen andere Grundrechte abgewogen werden.[32]

Zur Zulässigkeit der Datenverarbeitung im Zusammenhang mit der Pflicht zur Feststellung der PEP-Eigenschaft.[33] **36**

5. Rechtsfolgen

Verstößt ein Verpflichteter gegen § 11a Abs. 1 GwG, so kann die nach § 50 GwG zuständige Aufsichtsbehörde hiergegen vorgehen. Dabei kann sie gemäß § 51 Abs. 2 GwG im Rahmen der ihr gesetzlich zugewiesenen Aufgaben die geeigneten und erforderlichen Maßnahmen und Anordnungen treffen, um die Einhaltung der in diesem Gesetz und der in aufgrund dieses Gesetzes ergangenen Rechtsverordnungen festgelegten Anforderungen sicherzustellen. Zusätzlich besteht gemäß § 57 GwG die Möglichkeit, bestandskräftige Maßnahmen nach Unterrichtung des Adressaten der Maßnahme auf ihrer Internetseite oder auf einer gemeinsamen Internetseite bekannt zu machen. **37**

Die Verhängung von Bußgeldern durch eine nach § 50 GwG zuständigen Aufsichtsbehörde auf Grundlage des GwG ist mangels Aufzählung des § 11a GwG im Bußgeldkatalog des § 56 GwG nicht möglich. Allerdings besteht u.a. die Möglichkeit, dass auf Grundlage des Art. 83 DSGVO oder des § 43 BDSG durch die zuständige Datenschutzaufsichtsbehörde Bußgelder ausgesprochen werden. Auch kann eine Verletzung des § 11a GwG im Einzelfall einen Verstoß gegen § 42 BDSG begründen und strafrechtliche Konsequenzen haben. **38**

III. Einschränkung der Informations- und Auskunftsrechte (§ 11a Abs. 2 GwG)

Die Regelung des § 11a Abs. 2 GwG dient der Umsetzung von Art. 41 Abs. 4 a) und b) der 4. GWRL. Sie soll ein einheitliches Vorgehen im Zusammenhang mit den Maßnahmen nach § 51 Abs. 2 GwG und damit den Zweck der Beschränkungen sichern.[34] Bei den Verpflichteten, die in diesen Fällen den Aufsichtsbehörden, Verwaltungsbehörden oder der FIU die entsprechenden personenbezogenen Daten übermitteln, würden andernfalls Informations- und Auskunftspflichten entstehen. Dies würde ebenfalls eine Bedrohung für die Zwecke der Verhinderung von Geldwäsche und Terrorismusfinanzierung darstellen.[35] Auch die **39**

---

32 ErwG 4 DSGVO.
33 Siehe *Herzog/Hoch*, WM 2007, 1997.
34 BT-Drs. 19/13827, S. 80.
35 BT-Drs. 19/13827, S. 80.

DSGVO räumt den Mitgliedstaaten entsprechende Möglichkeiten zur Beschränkung von bestimmten Grundsätzen und Rechten ein.[36]

IV. Erstreckung auf Dritte i. S. d. § 17 GwG (§ 11a Abs. 3 GwG)

40 Wird die Verarbeitung personenbezogener Daten auf eine gesetzliche Grundlage gestützt, so greift die Erlaubnisnorm des Art. 6 Abs. 1 c) DSGVO. Die Bestimmungen des GwG treffen die jeweiligen Verpflichteten des § 2 GwG. Somit erlaubt Art. 6 Abs. 1 c) DSGVO auch nur die Datenverarbeitung durch den Verpflichteten selbst. Bedient sich der Verpflichtete eines Dritten i. S. d. § 17 GwG, so muss auch hierfür eine Erlaubnisnorm greifen. Nach Meinung des Gesetzgebers ist die bloße Möglichkeit zur Einschaltung von Dritten bei der Erfüllung der Sorgfaltspflichten gemäß § 17 GwG hierfür nicht ausreichend.[37] Aus diesem Grund wurde durch das Gesetz zur Umsetzung der Änderungsrichtlinie zur Vierten EU-Geldwäscherichtlinie vom 12.12.2019 die Bestimmung des § 11a Abs. 3 GwG eingefügt. Der Absatz soll sicherstellen, dass die Absätze 1 und 2 auch für Dritte im Sinne des § 17 GwG gelten.[38]

---

36 Siehe ErwG 73 DSGVO.
37 BT-Drs. 19/13827, S. 80.
38 BT-Drs. 19/13827, S. 80.

§ 12 Überprüfung von Angaben zum Zweck der Identifizierung, Verordnungsermächtigung

(1) Die Überprüfung der nach § 11 Absatz 4 erhobenen Angaben zum Vertragspartner und gegebenenfalls für diesen auftretende Personen hat bei natürlichen Personen zu erfolgen anhand

1. eines gültigen amtlichen Ausweises, der ein Lichtbild des Inhabers enthält und mit dem die Pass- und Ausweispflicht im Inland erfüllt wird, insbesondere anhand eines inländischen oder nach ausländerrechtlichen Bestimmungen anerkannten oder zugelassenen Passes, Personalausweises oder Pass- oder Ausweisersatzes,

2. eines elektronischen Identitätsnachweises nach § 18 des Personalausweisgesetzes, nach § 12 des eID-Karte-Gesetzes oder nach § 78 Absatz 5 des Aufenthaltsgesetzes,

3. einer qualifizierten elektronischen Signatur nach Artikel 3 Nummer 12 der Verordnung (EU) Nr. 910/2014 des Europäischen Parlaments und des Rates vom 23. Juli 2014 über elektronische Identifizierung und Vertrauensdienste für elektronische Transaktionen im Binnenmarkt und zur Aufhebung der Richtlinie 1999/93/EG (ABl. L 257 vom 28.8.2014, S. 73),

4. eines nach Artikel 8 Absatz 2 Buchstabe c in Verbindung mit Artikel 9 der Verordnung (EU) Nr. 910/2014 notifizierten elektronischen Identifizierungssystems oder

5. von Dokumenten nach § 1 Absatz 1 der Verordnung über die Bestimmung von Dokumenten, die zur Identifizierung einer nach dem Geldwäschegesetz zu identifizierenden Person zum Zwecke des Abschlusses eines Zahlungskontovertrags zugelassen werden.

Im Fall der Identitätsüberprüfung anhand einer qualifizierten elektronischen Signatur gemäß Satz 1 Nummer 3 hat der Verpflichtete eine Validierung der qualifizierten elektronischen Signatur nach Artikel 32 Absatz 1 der Verordnung (EU) Nr. 910/2014 vorzunehmen. Er hat in diesem Falle auch sicherzustellen, dass eine Transaktion unmittelbar von einem Zahlungskonto im Sinne des § 1 Absatz 17 des Zahlungsdiensteaufsichtsgesetzes erfolgt, das auf den Namen des Vertragspartners lautet, bei einem Verpflichteten nach § 2 Absatz 1 Satz 1 Nummer 1 oder Nummer 3 oder bei einem Kreditinstitut, das ansässig ist in einem

1. anderen Mitgliedstaat der Europäischen Union,

2. Vertragsstaat des Abkommens über den Europäischen Wirtschaftsraum oder

3. Drittstaat, in dem das Kreditinstitut Sorgfalts- und Aufbewahrungspflichten unterliegt, die den in der Richtlinie (EU) 2015/849 festgelegten Sorgfalts- und Aufbewahrungspflichten entsprechen und deren Einhaltung in einer mit Kapitel IV Abschnitt 2 der Richtlinie (EU) 2015/849 im Einklang stehende Weise beaufsichtigt wird.

(2) Die Überprüfung der nach § 11 Absatz 4 erhobenen Angaben zum Vertragspartner und gegebenenfalls für diesen auftretende Personen hat bei juristischen Personen oder bei Personengesellschaften zu erfolgen anhand

1. eines Auszuges aus dem Handels- oder Genossenschaftsregister oder aus einem vergleichbaren amtlichen Register oder Verzeichnis,

2. von Gründungsdokumenten oder von gleichwertigen beweiskräftigen Dokumenten oder

3. einer eigenen dokumentierten Einsichtnahme des Verpflichteten in die Register- oder Verzeichnisdaten.

(3) Zur Überprüfung der nach § 11 Absatz 5 erhobenen Angaben zu den wirtschaftlich Berechtigten hat sich der Verpflichtete durch risikoangemessene Maßnahmen zu vergewissern, dass die Angaben zutreffend sind. Im Falle der Identifizierung anlässlich der Begründung einer neuen Geschäftsbeziehung mit einer Vereinigung nach § 20 oder einer Rechtsgestaltung nach § 21 hat der Verpflichtete einen Nachweis der Registrierung nach § 20 Absatz 1 oder § 21 oder einen Auszug der im Transparenzregister zugänglichen Daten einzuholen. Der Verpflichtete muss bei Geschäftsbeziehungen oder Transaktionen mit Vereinigungen nach § 20 oder Rechtsgestaltungen nach § 21 keine über die Einsicht in das Transparenzregister hinausgehenden Maßnahmen zur Erfüllung seiner Pflicht nach Satz 1 ergreifen, wenn die nach § 11 Absatz 5 erhobenen Angaben mit den Angaben zu den wirtschaftlich Berechtigten im Transparenzregister übereinstimmen und keine sonstigen Anhaltspunkte bestehen, die Zweifel an der Identität der wirtschaftlich Berechtigten, ihrer Stellung als wirtschaftlich Berechtigten oder der Richtigkeit sonstiger Angaben nach § 19 Absatz 1 begründen oder die auf ein höheres Risiko der Geldwäsche und der Terrorismusfinanzierung gemäß § 15 Absatz 2 hindeuten.

(4) Sofern der Vertragspartner bei einem Erwerbsvorgang nach § 1 des Grunderwerbsteuergesetzes für eine Rechtsform im Sinne von § 3 Absatz 2 oder 3 handelt, hat der beurkundende Notar vor der Beurkundung die Identität des wirtschaftlich Berechtigten anhand einer von dem jeweiligen Vertragspartner in Textform vorzulegenden Dokumentation der Eigentums- und Kontrollstruktur auf ihre Schlüssigkeit zu überprüfen. Die Dokumentation ist der Zentralstelle für Finanztransaktionsuntersuchungen sowie den Strafverfolgungsbehörden auf Verlangen zur Verfügung zu stellen.

(5) Das Bundesministerium der Finanzen kann im Einvernehmen mit dem Bundesministerium des Innern, für Bau und Heimat durch Rechtsverordnung ohne Zustimmung des Bundesrates weitere Dokumente bestimmen, die zur Überprüfung der Identität geeignet sind.

Schrifttum: *Göres*, Einrichtung von Flüchtlingskonten – Humanitäre Nächstenliebe oder unkalkulierbarer Risikofaktor?, CCZ 2016, 97; *Schmid*, Flüchtlingskonten: Aufsichtsrechtliche Risiken bei der Umsetzung, CRP 2016, 154.

Übersicht

I. Allgemeines

Um die Identität des Vertragspartners und ggf. der für ihn auftretenden Person   **1**
überprüfen zu können, listet § 12 GwG die Dokumente auf, die der Verpflichtete zu diesem Zweck heranziehen darf. Hierbei unterscheidet die Regelung zwischen der Identitätsüberprüfung von natürlichen Personen (§ 12 Abs. 1 GwG)

und juristischen Personen (§ 12 Abs. 2 GwG). Über § 12 GwG hinaus listet die Gesetzesbegründung weitere Ausweisdokumente auf, die für eine Identitätsüberprüfung geeignet sind.[1] Es gilt jeweils die Regelung, dass nur solche Angaben zu überprüfen sind, die in dem jeweiligen Dokument auch enthalten sind.[2] Des Weiteren kann das zuständige Bundesministerium der Finanzen durch Rechtsverordnung weitere Dokumente zur Identitätsüberprüfung bestimmen (§ 12 Abs. 5 GwG).

2   Für **Verfügungsberechtigte** i. S. d. § 154 Abs. 2 Satz 1 Nr. 1 Abgabenordnung (AO) sind gemäß § 154 Abs. 2 Satz 2 AO der § 12 Abs. 1 und 2 GwG sowie zu § 12 Abs. 5 GwG ergangene Rechtsverordnungen entsprechend anwendbar.[3] Somit erfüllt ein Kreditinstitut mit der Identifizierung des Kontoinhabers, anderer Verfügungsberechtigter und des wirtschaftlich Berechtigten nach den Vorschriften des Geldwäschegesetzes zugleich auch die Identifizierungspflichten nach § 154 Abs. 2 AO.[4] Unberührt von der Neuregelung bleiben die abgabenrechtlichen Verpflichtungen der Kreditinstitute zur Erhebung der Anschrift des wirtschaftlich Berechtigten und der steuerlichen Ordnungsmerkmale nach § 154 Abs. 2a Satz 1 AO. Die Verweisung auf die Identifizierungsbestimmungen des Geldwäschegesetzes dienen der Entlastung der Kreditinstitute, da sie nur noch ein Verfahren zur Identifizierung anzuwenden haben und nur noch einen Datensatz für die Identifizierung des Kunden – und dies zugleich für Zwecke der Bekämpfung der Geldwäsche und für steuerliche Zwecke – vorhalten müssen.[5]

II. Identitätsüberprüfung bei natürlichen Personen (§ 12 Abs. 1 GwG)

3   § 12 Abs. 1 GwG nennt eine Reihe von Dokumenten und Quellen, anhand derer die Identitätsüberprüfung bei natürlichen Personen vorgenommen werden darf. In § 12 Abs. 1 Satz 1 GwG wird klargestellt, dass es bei der Überprüfungspflicht nicht um eine Überprüfung der Angaben im jeweiligen Dokument geht, sondern um die Überprüfung der Identität der betreffenden Person anhand der Angaben im jeweiligen Dokument. Hierdurch wird auch dem Umstand Rechnung getragen, dass manche der in § 12 Abs. 1 GwG zur Überprüfung geeigneten und aner-

---

1 Siehe BT-Drs. 16/9038, S. 37 f.
2 BT-Drs. 16/9038, S. 37.
3 Weiter sind nach § 154 Abs. 2 Satz 2 AO für Verfügungsberechtigte § 12 Abs. 1 und 2 GwG und § 13 Abs. 1 GwG sowie zu § 12 Abs. 3 GwG und § 13 Abs. 2 GwG ergangene Rechtsverordnungen entsprechend anwendbar. Für wirtschaftlich Berechtigte enthält § 154 Abs. 2 Satz 2 AO eine Verweisung auf § 13 Abs. 1 GwG sowie auf zu § 13 Abs. 2 GwG ergangene Rechtsverordnungen.
4 BT-Drs. 19/13827, S. 115.
5 BT-Drs. 19/13827, S. 115.

kannten Mittel zur Identitätsüberprüfung nicht alle in § 11 Abs. 4 Nr. 1 GwG genannten Angaben enthalten.[6] So lässt sich bspw. aus dem deutschen Reisepass, im Gegensatz zum deutschen Personalausweis, die Anschrift des zu Identifizierenden nicht entnehmen. Hier empfiehlt es sich, je nach Risikoeinstufung, die Verifizierung dieser Angabe anhand eines anderen zugelassenen Identifizierungsdokuments oder, sofern ein solches nicht vorliegt, anhand einer amtlichen Meldebescheinigung vorzunehmen. Nach Auffassung der BaFin bedarf es in den Fällen, in denen einzelne, in § 11 Abs. 4 Nr. 1 GwG genannte Angaben im Dokument nicht enthalten sind, bezüglich dieser Angaben **keiner Überprüfung**.[7]

1. Gültiger amtlicher Ausweis (§ 12 Abs. 1 Satz 1 Nr. 1 GwG)

Die häufigsten zur Identitätsüberprüfung vorgelegten Dokumente sind amtliche   **4**
Ausweise. § 12 Abs. 1 Nr. 1 GwG enthält keine abschließende Aufzählung aller
zugelassenen Ausweisdokumente, sondern nennt die Voraussetzungen für deren
Zulässigkeit. Bis zum Inkrafttreten der GwG-Novelle 2017 bestand nach § 6
Abs. 2 Nr. 2 lit. b GwG a. F. unter bestimmten Voraussetzungen die Möglichkeit,
den Vertragspartner (sofern es sich um eine natürliche Person handelte) per Fern-
identifizierung mittels einer beglaubigten Kopie eines Ausweisdokumentes
nach § 4 Abs. 4 Satz 1 Nr. 1 GwG a. F. (jetzt § 12 Abs. 1 Nr. 1 GwG) zu identifizieren. Das (in der Praxis kaum relevante) Verfahren galt jedoch als geldwäscherechtlich unsicher und findet sich wohl daher nicht mehr im aktuellen GwG
wieder.

Der Ausweis darf nicht zeitlich abgelaufen oder aus einem anderen Grund un-   **5**
gültig sein (**Gültigkeit**).[8] Eine Ausnahme kann einzelfallabhängig bei älteren
bzw. in ihrer Beweglichkeit eingeschränkten Personen gemacht werden. Hier
können aufgrund der Verhältnismäßigkeit und des regelmäßig niedrigen Risikos
der Geldwäsche und Terrorismusfinanzierung auch abgelaufene Ausweispapiere
akzeptiert werden.[9] Es empfiehlt sich, die Entscheidung und deren Begründung
nachvollziehbar schriftlich zu dokumentieren und sich zusätzlich auf andere
Weise Gewissheit über die Person des Vertragspartners zu verschaffen (insb. erhöhte Sorgfalt beim Lichtbild- und Unterschriftsabgleich). Eine weitere Ausnahme (Erleichterung) betrifft die Änderung des Familiennamens, z. B. durch Heirat. Hier reicht zur Überprüfung die Personenstandsurkunde aus.[10]

---

6 BT-Drs. 18/11555, S. 118.
7 BaFin, AuA AT 2021, Ziff. 5.1.3.2. (a. E.).
8 BT-Drs. 18/11555, S. 118.
9 BaFin, AuA AT 2021, Ziff. 5.1.6.
10 BaFin, AuA AT 2021, Ziff. 5.1.6.

6   Das Ausweisdokument muss im Original vorliegen. Eine einfache oder beglaubigte Ablichtung des Dokuments reicht nicht aus.[11]

7   Ansonsten kommt es gem. § 10 Abs. 3 GwG auf den Zeitpunkt der Begründung der Geschäftsbeziehung bzw. der Durchführung der Transaktion an, d.h. zu diesem Zeitpunkt muss das Dokument noch gültig sein. Es ist daher grundsätzlich unschädlich, wenn das bei der Erstidentifizierung vorgelegte Dokument im Laufe der Geschäftsbeziehung z.B. durch den Ablauf des Gültigkeitszeitraums ungültig wird.[12] Dafür spricht, dass es gesetzlich nicht vorgeschrieben ist, das Ablaufdatum von Ausweispapieren zu erfassen. Auch tritt durch die Ungültigkeit des Dokuments allein keine Veränderung der Sachlage ein, da sich die Identität der zu identifizierenden Person hierdurch nicht ändert.[13] Allerdings trifft den Verpflichteten nach § 10 Abs. 3a GwG eine **Aktualisierungspflicht**. Die Identifizierung des Vertragspartners zu Beginn einer Geschäftsbeziehung ist mit Blick auf den Regelungszweck der Sorgfaltspflichten nicht ausreichend.[14] Dies bedeutet jedoch nicht, dass anlasslos z.B. eine Neuidentifizierung durchzuführen ist. Vielmehr sollte für den Fall, dass sich beim Kunden „maßgebliche Umstände“ ändern, eine Überprüfung der Identifizierung vorgenommen werden.

8   Des Weiteren fordert § 12 Abs. 1 Nr. 1 GwG, dass der Ausweis ein Lichtbild des Inhabers enthält (**Lichtbilderfordernis**).

9   Schließlich muss mit dem Ausweis die Pass- und Ausweispflicht im Inland erfüllt werden (**Pass- und Ausweispflicht im Inland**). Hierzu zählen insb. Pässe, Personalausweise oder Pass- und Ausweisersatzpapiere.

10   § 8 Abs. 1 Nr. 1 lit. a GwG bestimmt, dass die im Rahmen der Erfüllung der Sorgfaltspflichten erhobenen Angaben und eingeholten Informationen über den Vertragspartner, die gegebenenfalls für den Vertragspartner auftretenden Personen und den wirtschaftlich Berechtigten vom Verpflichteten **aufzuzeichnen und aufzubewahren** sind. Zur Erfüllung dieser Verpflichtung sind in den Fällen des § 12 Abs. 1 Satz 1 Nr. 1 GwG auch die **Art, die Nummer und die Behörde**, die das zur Überprüfung der Identität vorgelegte Dokument ausgestellt hat, aufzuzeichnen, § 8 Abs. 2 Satz 1 GwG. Der Verpflichtete hat nach § 8 Abs. 2 Satz 2 GwG das Recht und die Pflicht, **vollständige Kopien** dieser Dokumente oder Unterlagen anzufertigen oder sie vollständig optisch digitalisiert zu erfassen. Diese gelten als Aufzeichnung im Sinne des § 8 Abs. 2 Satz 1 GwG.

---

11 BGH, Urt. v. 20.4.2021 – XI ZR 511/19, Rn. 21 ff.

12 Ausnahme bei Weitergabe des Identifizierungsdatensatzes, siehe BaFin, AuA AT 2021, Ziff. 8.4.

13 So auch *Langweg*, in: Fülbier/Aepfelbach/Langweg, GwG, § 7 Rn. 4; *Figura*, in: Herzog, GwG, § 12 Rn. 6.

14 BT-Drs. 18/11555, S. 116.

Ausländische Staatsangehörige können auf der Grundlage gültiger und aner- **11**
kannter Reisepässe bzw. Personalausweise eines anderen Staates identifiziert
werden, sofern diese zur Erfüllung ihrer in Deutschland bestehenden Ausweispflicht geeignet sind. Fehlen im ausländischen Identifizierungsdokument Angaben zu Doktorgrad, Größe oder Augenfarbe, so ist dies grundsätzlich unbeacht-
lich.[15] Für deutsche Ausweispapiere sind diese jedoch vorgeschrieben, siehe § 4
Abs. 1 Satz 2 Nr. 3, 7 und 8 Passgesetz (PassG) bzw. § 5 Abs. 2 Nr. 3, 7 und 8
Gesetzes über Personalausweise (PAuswG). Soweit akademische Bezeichnungen wie Titel oder Grade („Dr.", „Prof." etc.) im Identifizierungsdokument enthalten sind, sind sie auch in der Kontoabrufdatei gem. § 24c KWG zu erfassen.[16]

Je nach Nationalität der zu identifizierenden Person sind unterschiedliche Doku- **12**
mente zur Identitätsüberprüfung geeignet:

a) Deutsche Staatsbürger

Zulässige Ausweisdokumente für Deutsche sind in erster Linie solche nach § 1 **13**
Abs. 2 und § 4 Abs. 1 PassG (u. a. Reisepass, Kinderreisepass, vorläufiger Reisepass, Diplomatenpass) und der Personalausweis, einschließlich des vorläufigen Personalausweises nach §§ 1 und 3 PAuswG.[17]

b) EU-Bürger/EWR-Bürger

Als Ausweise für nichtdeutsche Unionsbürger und ihre Familienangehörigen so- **14**
wie für Bürger der anderen Vertragsstaaten des Abkommens über den Europäischen Wirtschaftsraum und ihre Familienangehörigen können folgende Ausweise zur Überprüfung der Identität herangezogen werden:[18]

– anerkannte Pässe oder Passersatzpapiere, bei Unionsbürgern insbesondere
  der Personalausweis nach § 8 Abs. 1 i.V.m. § 5a Abs. 1 des Freizügigkeitsge-
  setzes EU (FreizügG/EU),
– durch deutsche Behörden ausgestellte Passersatzpapiere gem. § 4 Abs. 1
  Nr. 1–4 Aufenthaltsverordnung (AufenthV) i.V.m. § 79 AufenthV (Reiseausweis für Ausländer, Notreiseausweis, Reiseausweis für Flüchtlinge, Reiseausweis für Staatenlose).

---

15 BT-Drs. 16/9038, S. 38.
16 BaFin, Schnittstellenspezifikation 3.3, S. 36; siehe BaFin, Rundschreiben 5/2012
    (GW) v. 27.9.2012, Anlage 1.
17 BT-Drs. 16/9038, S. 37.
18 BT-Drs. 16/9038, S. 37.

c) Schweizer Staatsbürger

15 Schweizer erfüllen ihre Ausweispflicht nach dem Freizügigkeitsabkommen EU-Schweiz mit ihrem Pass oder ihrem Schweizer Personalausweis (Identitätskarte). Zudem genügen sie der Ausweispflicht mit durch deutsche Behörden ausgestellten Passersatzpapieren (§ 4 Abs. 1 Nr. 1–4 AufenthV).

d) Drittstaatsangehörige

16 Als Ausweise für nicht freizügigkeitsberechtigte Drittstaatsangehörige sind folgende Ausweise zur Überprüfung der Identität geeignet:[19]

- vom Bundesministerium des Innern durch im Bundesanzeiger bekannt gegebene Allgemeinverfügungen anerkannte Pässe oder Passersatzpapiere (§ 3 Abs. 1, § 71 Abs. 6 AufenthG),
- nach § 3 AufenthV allgemein zugelassene Pässe oder Passersatzpapiere (insb. Reiseausweise für Flüchtlinge und Reiseausweise für Staatenlose),
- für Ausländer eingeführte deutsche Passersatzpapiere nach § 4 Abs. 1 Nr. 1–4 AufenthV (Reiseausweis für Ausländer, Notreiseausweis, Reiseausweis für Flüchtlinge, Reiseausweis für Staatenlose),
- als Ausweisersatz erteilte und mit Angaben zur Person und einem Lichtbild versehene Bescheinigungen über einen Aufenthaltstitel oder über die Aussetzung der Abschiebung gemäß § 48 Abs. 2 AufenthG i.V.m. § 78 Abs. 1 Satz 4 AufenthG und § 55 AufenthV,
- Aufenthaltsgestattungen nach § 63 des Asylgesetzes (AsylG).

e) Ungeeignete Dokumente

17 Die Vielzahl an möglichen, aber nicht immer geldwäscherechtlich zulässigen Ausweisdokumenten ist groß, ebenso die häufig bestehende Unsicherheit der Praxis bei der Vorlage solcher Papiere zur Verifizierung der Personenangaben. Nicht zulässig zur Identitätsüberprüfung sind u. a.

- Bestallungsurkunden, z. B. von Nachlasspflegern,[20]
- Dienstausweise von öffentlich Bediensteten,
- ausländische Aufenthaltstitel, wie z. B. „Carte de sejour" oder „Carte de résident" in Frankreich,
- British Visitor Passport,
- Registrierscheine für Aussiedler, sofern ein gültiger Reisepass vorliegt,

---

19 BT-Drs. 16/9038, S. 37.
20 Siehe BGH, Urt. v. 20.4.2021 – XI ZR 511/19, Rn. 28; Die Bestallungsurkunde eines Nachlasspflegers kann i.V.m. einem gültigem Ausweispapier (z. B. Personalausweis) jedoch zur Überprüfung der Identität und der Berechtigung herangezogen werden.

– Führerscheine, auch wenn deren Vorlage im Ursprungsland zu Identifizierungszwecken im Geschäftsverkehr teilweise üblich ist (z. B. österreichischer
  Führerschein) oder
– Türkiye Cumhuriyeti Nüfus Cüzdani (türkische Identitätskarte).

f) Besonderheiten bei Ausländern

Im Hinblick auf ausländische Staatsbürger sieht das Aufenthaltsrecht differen   **18**
zierte Regelungen für die Eignung von Ausweisen zur Erfüllung der Ausweispflicht vor. Diese Regelungen berücksichtigen zum einen die Tatsache, dass das
Dokumentenwesen in den verschiedenen Staaten weltweit unterschiedlich ausgestaltet ist, und zum anderen den Umstand, dass das Ausweiswesen einiger
Staaten nicht das in der BRD geltende Qualitätsniveau aufweist. Die Identifizierungsprüfung im Rahmen der Geldwäschebekämpfung soll nicht unterhalb desjenigen Standards erfolgen, der auch sonst an die Ausweispflicht geknüpft wird.
Auch im Interesse der Wahrung der Rechtseinheit und -sicherheit müssen daher
die Regelungen zur Geldwäschebekämpfung an die bestehenden Regelungen
zur Ausweispflicht anknüpfen.[21]

Bei Passersatzpapieren kann es unter Umständen vorkommen, dass die dort ent   **19**
haltenen Personenangaben (teilweise oder ausschließlich) auf den **eigenen Angaben des ausländischen Inhabers** beruhen. In diesen Fällen ist in dem Dokument in der Regel ein entsprechender Vermerk angebracht. Der Aussagegehalt
der Personenangaben besteht in diesen Fällen lediglich darin, dass die betreffende Person unter diesen Personalien in der Bundesrepublik Deutschland auftritt
und behördlich erfasst ist, nicht aber, dass ihre Richtigkeit in irgendeiner Form
überprüft wäre. Dieser Umstand führt allein aber nicht dazu, dass das Dokument
zur Identitätsüberprüfung nicht herangezogen werden kann.[22] Der Verpflichtete
ist grundsätzlich (vorbehaltlich anderer Risikogesichtspunkte) nicht gezwungen,
weitergehende Maßnahmen zur Überprüfung der in dem Passersatzpapier enthaltenen Angaben zu ergreifen, als sie die Behörde bei der Ausstellung des Papiers ergreifen konnte. Er hat jedoch zumindest beim Lichtbildabgleich eine erhöhte Sorgfalt an den Tag zu legen.[23]

2. Elektronischer Identitätsnachweis (§ 12 Abs. 1 Satz 1 Nr. 2 GwG)

Die Überprüfung der Identität kann nach § 12 Abs. 1 Nr. 2 GwG auch anhand   **20**
eines elektronischen Identitätsnachweises erfolgen. Bei dem Identifizierungsverfahren über einen elektronischen Identitätsnachweis des Personalausweises

---

21 BT-Drs. 16/9038, S. 37.
22 Vgl. BT-Drs. 16/9038, S. 38.
23 BT-Drs. 16/9038, S. 38.

handelt es sich um ein der qualifizierten elektronischen Signatur gleichwertiges Verfahren. Der elektronische Identitätsnachweis erfolgt durch Übermittlung von Daten aus dem elektronischen Speicher- und Verarbeitungsmedium des Personalausweises nach § 18 Abs. 2 Satz 1 PAuswG. Die Daten werden nur übermittelt, wenn der Diensteanbieter ein gültiges Berechtigungszertifikat an den Personalausweisinhaber übermittelt und dieser in der Folge seine Geheimnummer eingibt. Vor Eingabe der Geheimnummer durch den Personalausweisinhaber müssen nach § 18 Abs. 4 PAuswG spezielle Angaben aus dem Berechtigungszertifikat zur Anzeige übermittelt werden.

21   Bei Ausländern findet die Regelung des § 18 PAuswG über den Verweis in § 78 Abs. 5 AufenthG Anwendung.

22   Wird ein elektronischer Identitätsnachweis nach § 12 Abs. 1 Satz 1 Nr. 2 GwG zur Identitätsüberprüfung herangezogen, so ist gem. § 8 Abs. 2 Satz 5 GwG anstelle der Art, der Nummer und der Behörde, die das zur Überprüfung der Identität vorgelegte Dokument ausgestellt hat, das dienste- und kartenspezifische Kennzeichen und die Tatsache, dass die Prüfung anhand eines elektronischen Identitätsnachweises erfolgt ist, **aufzuzeichnen**.

3. Qualifizierte elektronische Signatur (§ 12 Abs. 1 Satz 1 Nr. 3 GwG)

23   Eine weitere Form der elektronischen Identitätsüberprüfung ist die qualifizierte elektronische Signatur nach § 12 Abs. 1 Satz 1 Nr. 3 sowie Satz 2 und 3 GwG. Hierbei sind u. a. die Validierung der Signatur und eine Referenzüberweisung erforderlich.[24]

24   Eine elektronische Signatur besteht nach Art. 3 Nr. 10 eIDAS-Verordnung aus Daten in elektronischer Form, die anderen elektronischen Daten beigefügt oder logisch mit ihnen verbunden werden und die der Unterzeichner zum Unterzeichnen verwendet. Eine **qualifizierte** elektronische Signatur ist nach Art. 3 Nr. 12 eIDAS-Verordnung eine fortgeschrittene elektronische Signatur, die von einer qualifizierten elektronischen Signaturerstellungseinheit erstellt wurde und auf einem qualifizierten Zertifikat für elektronische Signaturen beruht.

25   § 12 Abs. 1 Satz 2 und 3 GwG geben detaillierte Regelungen zu dieser elektronischen Form der Identitätsüberprüfung vor. Zunächst hat der Verpflichtete eine Validierung der qualifizierten elektronischen Signatur nach Art. 32 Abs. 1 eIDAS-Verordnung vorzunehmen. Hierbei wird die Gültigkeit einer qualifizierten elektronischen Signatur u. a. dadurch bestätigt, dass das der Signatur zugrunde liegende Zertifikat gewisse formale Anforderungen erfüllt und das qualifizierte Zertifikat von einem qualifizierten Vertrauensdiensteanbieter ausgestellt wurde und zum Zeitpunkt des Signierens gültig war. Des Weiteren müssen die

---

24 BT-Drs. 18/11555, S. 118.

Signaturvalidierungsdaten den Daten entsprechen, die dem vertrauenden Beteiligten bereitgestellt werden. Der eindeutige Datensatz, der den Unterzeichner im Zertifikat repräsentiert, muss dem vertrauenden Beteiligten korrekt bereitgestellt werden. Auch muss die etwaige Benutzung eines Pseudonyms dem vertrauenden Beteiligten eindeutig angegeben werden, wenn zum Zeitpunkt des Signierens ein Pseudonym benutzt wurde. Die elektronische Signatur muss von einer qualifizierten elektronischen Signaturerstellungseinheit erstellt worden sein. Die Unversehrtheit der unterzeichneten Daten darf nicht beeinträchtigt sein. Schließlich müssen die Anforderungen an fortgeschrittene elektronische Signaturen nach Art. 26 eIDAS-Verordnung zum Zeitpunkt des Signierens erfüllt sein.

26 Darüber hinaus hat der Verpflichtete sicherzustellen, dass eine Transaktion unmittelbar von einem Zahlungskonto im Sinne des § 1 Abs. 17 ZAG erfolgt, das auf den Namen des Vertragspartners lautet. Dieses Erfordernis soll dabei helfen, eine Kontoeröffnung unter falschen Identitätsangaben, etwa mit einem gefälschten oder gestohlenen Ausweispapier, zumindest zu erschweren. Dabei kann jedoch nicht ausgeschlossen werden, dass auch das andere bereits bestehende Konto, welches die Identität des Vertragspartners mit belegen soll, selbst mit Hilfe von Falschangaben eröffnet wurde. Das Ursprungskonto muss bei einem Verpflichteten nach § 2 Abs. 1 Satz 1 Nr. 1 oder Nr. 3 GwG geführt werden. Alternativ kann es sich hierbei auch um ein Kreditinstitut handeln, das in einem anderen Mitgliedstaat der EU oder einem EWR-Staat ansässig ist, § 12 Abs. 1 Satz 3 Nr. 1 und 2 GwG. Zulässig ist es nach § 12 Abs. 1 Satz 3 Nr. 3 GwG auch, wenn das Kreditinstitut in einem Drittstaat ansässig ist, in dem das Kreditinstitut Sorgfalts- und Aufbewahrungspflichten unterliegt, die den in der Vierten EU-Geldwäscherichtlinie festgelegten Sorgfalts- und Aufbewahrungspflichten (siehe insb. Art. 10 ff. und Art. 40 Vierten EU-Geldwäscherichtlinie) entsprechen und deren Einhaltung in einer mit Kapitel IV Abschnitt 2 der Vierten EU-Geldwäscherichtlinie im Einklang stehenden Weise beaufsichtigt wird. Davon abgesehen ist grundsätzlich davon auszugehen, dass die Gleichwertigkeit lediglich einen Indikator gleichwertiger Standards darstellt und es immer auf den Einzelfall ankommt.

27 Bei der Überprüfung der Identität anhand einer qualifizierten Signatur nach § 12 Abs. 1 Satz 1 Nr. 3 GwG ist gem. § 8 Abs. 2 Satz 6 GwG auch deren Validierung **aufzuzeichnen.**

4. Elektronisches Identifizierungssystem (§ 12 Abs. 1 Satz 1 Nr. 4 GwG)

28 Nach § 12 Abs. 1 Satz 1 Nr. 4 GwG kann die Überprüfung der Identität auch anhand eines elektronischen Identifizierungssystems erfolgen, das nach Art. 8 Abs. 2 c) i.V.m. Art. 9 eIDAS-Verordnung auf Sicherheitsniveau „hoch" notifiziert ist.[25]

---

25 BT-Drs. 18/11555, S. 118.

29   Ein elektronisches Identifizierungssystem ist nach Art. 3 Nr. 4 eIDAS-Verordnung ein System für die elektronische Identifizierung, in dessen Rahmen natürlichen oder juristischen Personen oder natürlichen Personen, die juristische Personen vertreten, elektronische Identifizierungsmittel ausgestellt werden. Ein elektronisches Identifizierungsmittel ist nach Art. 3 Nr. 2 eIDAS-Verordnung eine materielle und/oder immaterielle Einheit, die Personenidentifizierungsdaten enthält und zur Authentifizierung bei Online-Diensten verwendet wird. Nach Art. 3 Nr. 3 eIDAS-Verordnung sind Personenidentifizierungsdaten ein Datensatz, der es ermöglicht, die Identität einer natürlichen oder juristischen Person oder einer natürlichen Person, die eine juristische Person vertritt, festzustellen.

30   Das elektronische Identifizierungsmittel, das im Rahmen eines elektronischen Identifizierungssystems ausgestellt und nach Art. 9 eIDAS-Verordnung notifiziert wird, muss das **Sicherheitsniveau „hoch"** erfüllen. Das Sicherheitsniveau „hoch" bezieht sich nach Art. 8 Abs. 2 c) eIDAS-Verordnung auf ein elektronisches Identifizierungsmittel, das ein höheres Maß an Vertrauen in die beanspruchte oder behauptete Identität einer Person vermittelt als ein Identifizierungsmittel mit dem Sicherheitsniveau „substanziell" und durch die Bezugnahme auf die diesbezüglichen technischen Spezifikationen, Normen und Verfahren einschließlich technischer Überprüfungen – deren Zweck in der Verhinderung des Identitätsmissbrauchs oder der Identitätsveränderung besteht – gekennzeichnet ist.

31   Der Verpflichtete hat nach § 8 Abs. 2 Satz 2 GwG das Recht und die Pflicht, **vollständige Kopien** der hierbei eingesetzten Dokumente oder Unterlagen anzufertigen oder sie vollständig digitalisiert zu erfassen. Diese gelten als Aufzeichnung im Sinne des § 8 Abs. 2 Satz 1 GwG.

5. Dokumente nach § 1 Abs. 1 ZIdPrüfV (§ 12 Abs. 1 Satz 1 Nr. 5 GwG)

32   § 12 Abs. 1 Satz 1 Nr. 5 GwG verweist auf den Inhalt des § 1 Abs. 1 ZIdPrüfV.

33   Nach § 1 Abs. 1 ZIdPrüfV kann für die Eröffnung eines Zahlungskontos i. S. v. § 1 Abs. 17 ZAG unter bestimmten Voraussetzungen nach § 1 Abs. 1 ZIdPrüfV bei Minderjährigen unter 16 Jahren und betreuten Personen auf alternative Dokumente zur Überprüfung der Identität zurückgegriffen werden. Zur abschließenden Regelung der Verfahrensweise bei der Identifizierung von Flüchtlingen und Asylsuchenden nach § 1 Abs. 2 ZIdPrüfV.

34   Die ZIdPrüfV wurde vom Bundesministerium des Inneren (BMI) erlassen und ist am 7.7.2016 in Kraft getreten. Sie beruht auf der Möglichkeit, nach § 4 Abs. 4 Satz 2 GwG a. F. (jetzt § 12 Abs. 5 GwG) weitere Identifizierungsdokumente durch Rechtsverordnung zu bestimmen.

§ 1 Abs. 1 Nr. 1 ZIdPrüfV bestimmt, dass bei **Minderjährigen unter 16 Jah-**   **35**
ren, die selbst nicht im Besitz eines Dokuments nach § 12 Abs. 1 Satz 1 GwG
sind, die Vorlage der Geburtsurkunde ausreichend sein kann. Dies gilt jedoch
nur in Verbindung mit der Identitätsüberprüfung des gesetzlichen Vertreters (in
der Regel die Eltern) anhand eines Dokuments nach § 12 Abs. 1 Satz 1 GwG.
Das entspricht im Kern der gängigen Praxis bei der Kontoeröffnung, da in manchen Fällen aus nachvollziehbaren Gründen keine geeigneten Identifizierungsdokumente des Minderjährigen vorliegen. Die Normierung dieser Praxis bei
Minderjährigen war auch das erklärte Ziel des Verordnungsgebers.[26] Gleichzeitig soll diese Erleichterung aber nicht zu einem höheren Missbrauchsrisiko führen.[27] Minderjährige sind als beschränkt geschäftsfähige Personen durch das
deutsche Zivilrecht besonders geschützt. Für nicht lediglich rechtlich vorteilhaf-
te Geschäfte, zu denen auch die Kontoeröffnung zählt, bedarf es nach §§ 106,
107 BGB ohnehin der Zustimmung der Eltern als gesetzliche Vertreter. Die
Identifizierung der Eltern ist somit entscheidend. Die Vorlage der Geburtsurkunde dokumentiert hinreichend das Vorhandensein der Person des Minderjährigen.

Ähnlich verhält es sich mit **unter Betreuung stehenden Personen**. Nach § 1   **36**
Abs. 1 Nr. 2 ZIdPrüfV ist nun die Vorlage der Bestellungsurkunde des Betreuers
nach § 290 FamFG[28] ausreichend. Zusätzlich ist auch hier der Betreuer als gesetzlicher Vertreter des Betreuten anhand eines Dokuments nach § 12 Abs. 1
Satz 1 GwG zu identifizieren. Im Regelfall hat der Betreuer sowieso die Verfügungsmacht über das Konto, sodass es auf die Identifizierung seiner Person ankommt.[29]

Die Ausnahmebestimmung des § 1 Abs. 1 ZIdPrüfV gilt nur für die Eröffnung   **37**
von **Zahlungskonten** i. S. d. § 1 Abs. 17 ZAG. Danach ist ein Zahlungskonto ein
auf den Namen eines oder mehrerer Zahlungsdienstnutzer lautendes und der
Ausführung von Zahlungsvorgängen dienendes Konto, das die Forderungen und
Verbindlichkeiten zwischen dem Zahlungsdienstnutzer und dem Zahlungsdienstleister innerhalb der Geschäftsbeziehung buch- und rechnungsmäßig darstellt und für den Zahlungsdienstnutzer dessen jeweilige Forderung gegenüber
dem Zahlungsdienstleister bestimmt. Die Einschränkung auf Zahlungskonten
hat in der Praxis unweigerlich die Frage aufgeworfen, ob von der weitergehenden **Ausnahme in Zeile 11 der DK AuA** auch zukünftig Gebrauch gemacht
werden kann. Danach kann „ausnahmsweise" von den gesetzlichen Vorgaben zu
den heranzuziehenden Dokumenten bei Minderjährigen und Betreuten abgewichen werden. So ist für die „Kontoeröffnung für Minderjährige" „grundsätzlich"

---

26 Begründung zur ZIdPrüfV v. 5.6.2016, BAnz AT 6.7.2016 B1, S. 2.
27 Begründung zur ZIdPrüfV v. 5.6.2016, BAnz AT 6.7.2016 B1, S. 2.
28 Gesetz über das Verfahren in Familiensachen und in den Angelegenheiten der freiwilligen Gerichtsbarkeit (FamFG) v. 17.12.2008, BGBl. I, S. 2586, 2587.
29 Begründung zur ZIdPrüfV v. 5.7.2016, BAnz AT 6.7.2016 B1, S. 4.

die Geburtsurkunde ausreichend. Damit sind nicht nur Zahlungskonten nach § 1 Abs. 17 ZAG umfasst, sondern bspw. auch Sparkonten oder andere Kontoarten. Auch eine Altersbeschränkung auf unter 16 Jahre bei Minderjährigen sehen die Auslegungs- und Anwendungshinweise nicht vor. Steht die zu identifizierende Person unter gesetzlicher Betreuung, kann statt des Betreuten auch der Betreuer i.V.m. dem Betreuungsbeschluss identifiziert werden. Hier findet sich nicht einmal eine Beschränkung auf Kontoprodukte.

38 Das Verhältnis von § 1 Abs. 1 ZIdPrüfV und Tz. 11 AuA ist durch die Einführung des § 12 Abs. 1 Satz 1 Nr. 5 GwG i.R.d. GwG-Novelle 2017 geregelt worden. Nach der Gesetzessystematik erstrecken sich die Ausnahmeregelungen des § 1 Abs. 1 ZIdPrüfV nicht nur auf Zahlungskonten i.S.d. § 1 Abs. 17 ZAG, sondern auf **alle nach dem GwG identifizierungspflichtigen Vorgänge**, bei denen natürliche Personen nach § 10 Abs. 1 Nr. 1 GwG zu identifizieren sind. Warum es dieser komplizierten Verweisung bedurfte, lässt sich nur mit der ungeschickten Fassung der ZIdPrüfV erklären. Dem Verordnungsgeber ging es schlicht darum, die Erleichterungen für die Identifizierung von Minderjährigen und Betreuten, die bereits Teil der tatsächlichen Verwaltungspraxis der BaFin sind, zu regeln.[30] Die Regelungen in § 1 Abs. 1 ZIdPrüfV waren somit als **Klarstellung** beabsichtigt, gingen mit der Beschränkung auf Zahlungskonten i.S.d. § 1 Abs. 17 ZAG jedoch nicht weit genug. Anstatt die Regelung des § 1 Abs. 1 ZIdPrüfV mit dem Inhalt der Zeile 11 DK AuA zu erweitern, entschloss sich der Gesetzgeber, mit der Regelung des § 12 Abs. 1 Satz 1 Nr. 5 GwG eine Brücke in das GwG zu bauen.

III. Identitätsüberprüfung bei juristischen Personen (§ 12 Abs. 2 GwG)

39 § 12 Abs. 2 GwG regelt die Überprüfung der Identität bei juristischen Personen. Weitere „vergleichbare amtliche Register oder Verzeichnisse" sind das Gewerberegister,[31] Partnerschaftsregister, das Vereinsregister, die Stiftungsverzeichnisse sowie vergleichbare ausländische Register und Verzeichnisse.[32]

40 Zwar sieht § 12 Abs. 2 GwG einen Ermessensspielraum des Verpflichteten vor, welcher der dort aufgeführten Dokumente er sich bei der Identitätsüberprüfung bedient, die Auswahl hat jedoch risikoorientiert zu erfolgen. Daher hat der Verpflichtete, soweit ihm möglich und zumutbar, hierbei grundsätzlich auf Registerauszüge bzw. eigene dokumentierte Einsichtnahmen in qualifizierte bzw. gleichwertige in- und ausländische Register zurückzugreifen. Dennoch sind die Über-

---

30 Begründung zur ZIdPrüfV v. 5.7.2016, BAnz AT 6.7.2016 B1, S. 2 und 3.
31 BaFin, AuA AT 2021, Ziff. 5.1.4.2.
32 BT-Drs. 16/9038, S. 38.

prüfungsdokumente nach § 12 Abs. 2 Nr. 1–3 GwG grundsätzlich als gleich ausreichend anzusehen.[33] Beispiele für Dokumentationen der Identitätsüberprüfung sind eine Kopie des Registerauszuges, bei Einsichtnahme ein Ausdruck des elektronischen Auszugs und hilfsweise andere gleichwertige beweiskräftige Unterlagen. Die Überprüfung hat sich am lokalen Standard zu orientieren und kann bspw. durch Einsichtnahme in Informationen der lokalen Aufsichtsbehörde über beaufsichtigte Unternehmen erfolgen.

U.a. in folgenden Fällen ist auf Besonderheiten zu achten: **41**

- Bei einer Gesellschaft bürgerlichen Rechts (**GbR**) ist es ausreichend, die Identifizierung anhand des Gesellschaftsvertrags vorzunehmen.[34] Zwar ist für das rechtlich wirksame Bestehen der GbR kein schriftlicher Gesellschaftsvertrag notwendig, aus Gründen der Überprüfbarkeit der Angaben und aus Dokumentationsgründen empfiehlt es sich jedoch, auf eine schriftliche Form zu bestehen. Zunächst ist die Person, die das Konto eröffnet, zu identifizieren. Weiter sind die hinsichtlich der Geschäftsverbindung verfügungsberechtigten Personen zu erfassen. Soweit der tatsächliche Gesellschaftszweck in Bezug auf Geldwäsche oder Terrorismusfinanzierung kein erhöhtes Risiko erkennen lässt, ist deren Identifizierung ausreichend. D.h., dass die Erfassung sämtlicher Mitglieder oder vorherige Vorlage von Mitgliederlisten in diesen Fällen nicht erforderlich ist.[35]
- Bei einer Wohnungseigentümergemeinschaft (**WEG**) ist es ausreichend, die Identifizierung anhand eines Protokolls der Eigentümerversammlung vorzunehmen. Die hinsichtlich der Geschäftsverbindung verfügungsberechtigten Personen sind zu erfassen. Eine Erfassung sämtlicher Miteigentümer oder Vorlage von Miteigentümerlisten und Einstellung in die Datei zum automatisierten Kontoabruf nach § 24c KWG ist nicht erforderlich.[36]
- Der **nicht rechtsfähige Verein** (Gewerkschaft, Partei oder andere vergleichbare nicht rechtsfähige deutsche Vereine) kann anhand der Satzung sowie des Protokolls über die Mitgliederversammlung, in der die Satzung beschlossen wurde, identifiziert werden.[37] Soweit der tatsächliche Vereinszweck in Bezug auf Geldwäsche oder Terrorismusfinanzierung kein erhöhtes Risiko erkennen lässt, sind die hinsichtlich der Geschäftsverbindung verfügungsberechtigten Personen zu identifizieren. In diesen Fällen ist eine Erfassung sämtlicher Mitglieder oder die Vorlage von Mitgliederlisten entbehrlich.[38]

---

33 BT-Drs. 16/9038, S. 38.
34 BaFin, AuA AT 2021, Ziff. 5.1.4.1.
35 BaFin, AuA AT 2021, Ziff. 5.1.4.1.
36 BaFin, AuA AT 2021, Ziff. 5.1.4.1.
37 BaFin, AuA AT 2021, Ziff. 5.1.4.1.
38 BaFin, AuA AT 2021, Ziff. 5.1.4.1.

42 Bei der Vornahme der Identitätsüberprüfung ist auch immer die Mitwirkungspflicht des Vertragspartners nach § 11 Abs. 6 GwG zu beachten. Dies gilt auch für **Vertragspartner mit Auslandsbezug.** Der Vertragspartner hat hier die nach dem Recht des jeweiligen Sitzlandes vorgeschriebenen Unterlagen dem Verpflichteten zur Verfügung zu stellen. Er ist allerdings nicht verpflichtet, diese auch in der jeweiligen Amtssprache des Sitzlandes des Verpflichteten beizubringen. Sofern der Verpflichtete nicht in der Lage ist, den Inhalt der Originaldokumente zu verstehen, empfiehlt es sich, dass dieser die hierfür nötigen Maßnahmen (insb. Übersetzungen) selbst vornimmt.[39]

43 Der Verpflichtete hat nach § 8 Abs. 2 Satz 2 GwG das Recht und die Pflicht, **vollständige Kopien** der vorgelegten oder herangezogenen Dokumente oder Unterlagen nach § 12 Abs. 2 GwG anzufertigen oder sie vollständig optisch digitalisiert zu erfassen. Diese gelten als Aufzeichnung im Sinne des § 8 Abs. 2 Satz 1 GwG. Bei Einholung von Angaben und Informationen durch Einsichtnahme in elektronisch geführte Register oder Verzeichnisse gilt gem. § 8 Abs. 2 Satz 8 GwG die Anfertigung eines **Ausdrucks als Aufzeichnung** der darin enthaltenen Angaben oder Informationen.

IV. Überprüfung der Angaben zum wirtschaftlich Berechtigten (§ 12 Abs. 3 GwG)

44 § 12 Abs. 3 Satz 2 GwG dient der Umsetzung von Art. 1 Nr. 9 lit. a der Änderungsrichtlinie zur Vierten EU-Geldwäscherichtlinie. Verpflichtete haben zu Beginn bzw. bei Begründung einer Geschäftsbeziehung mit mitteilungspflichtigen Vereinigungen nach § 20 GwG oder Rechtsgestaltungen nach § 21 GwG einen **Nachweis der Registrierung im Transparenzregister oder einen Auszug der im Transparenzregister zugänglichen Daten (Registerauszug)** einzuholen. In der Umsetzung dieser Vorgabe haben die Verpflichteten nach § 12 Abs. 3 Satz 2 GwG die Pflicht, einen Nachweis darüber einzuholen, dass der Vertragspartner, soweit es sich dabei um eine Vereinigung bzw. Rechtsgestaltung im oben genannten Sinne handelt, seinen Pflichten aus den §§ 20 und 21 GwG nachgekommen ist. Alternativ können die Verpflichteten einen Auszug der über das Transparenzregister zugänglichen Daten der Vereinigung bzw. Rechtsgestaltung einholen, um Informationen zum wirtschaftlich Berechtigten zu erlangen.

45 Die Pflicht nach § 12 Abs. 3 Satz 2 GwG gilt nur bei der Begründung einer neuen Geschäftsbeziehung, und **nicht bei Bestandskunden.** Daher greift die Pflicht zur Einholung eines Nachweises der Registrierung im Transparenzregister oder eines Registerauszug nicht im Verlauf von Geschäftsbeziehungen, wie beispiels

---

39 *Studer,* in: Quedenfeld, Handbuch Bekämpfung der Geldwäsche und Wirtschaftskriminalität, 4. Aufl. 2017, Rn. 249.

weise anlässlich der Eröffnung von Folgekonten oder im Zuge der Aktualisierung.

Um die Einholungspflicht nach § 12 Abs. 3 Satz 2 GwG auszulösen, muss es **46** sich beim Vertragspartner um eine mitteilungspflichtige Vereinigung nach § 20 GwG oder eine Rechtsgestaltung nach § 21 GwG handeln. Somit besteht diesbezüglich u. a. kein Handlungsbedarf bei Vertragspartnern in Gestalt der Gesellschaft bürgerlichen Rechts (GbR), des eingetragenen Einzelkaufmanns, der WEG, des nicht-rechtsfähigen Vereins und juristischer Personen des öffentlichen Rechts. Im Gegenzug greift allerdings in diesen Fällen die Erleichterungsregelung des § 12 Abs. 3 Satz 3 GwG nicht. Der Verpflichtete kann sich daher im Rahmen von Geschäftsbeziehungen oder Transaktionen mit solchen Vertragspartnern bei der Überprüfung der Identifizierungsangaben nicht allein auf die Angaben im Transparenzregister stützen.

Der Auszug der über das Transparenzregister zugänglichen Daten der Vereinigung bzw. Rechtsgestaltung ist nicht zwingend vom Verpflichteten selbst zu besorgen. Der Vertragspartner kann im Rahmen der Mitwirkungspflicht gemäß § 11 Abs. 6 GwG auch verpflichtet werden, diesen beizubringen. Nach § 23 **47** Abs. 1 Nr. 3 GwG ist es „allen Mitgliedern der Öffentlichkeit", also jedermann gestattet, einen Transparenzregisterauszug einholen. Somit sind auch die Vertragspartner der Verpflichteten dazu befugt.

Im Zusammenhang der Einholungspflicht nach § 12 Abs. 3 Satz 2 GwG mit der **48** Eröffnung von Konten oder Depots findet die Erleichterungsregelung des § 25j KWG Anwendung. Ein Konto oder Depot kann somit auch dann eröffnet und geführt werden, wenn ein Nachweis der Registrierung im Transparenzregister oder ein Registerauszug noch nicht eingeholt wurde. Nach § 25j KWG ist eine **Kontoeröffnung ohne Einrichtung einer Sperre** dann zulässig, wenn die Überprüfung der Identität des Vertragspartners, einer für diesen auftretenden Person und des wirtschaftlich Berechtigten abgeschlossen worden ist.

Die Überprüfung der Identität des wirtschaftlich Berechtigten muss – anders als **49** bei der Identifizierung des Vertragspartners bzw. der ggf. für diesen auftretenden Person – nicht zwingend anhand von qualifizierten Dokumenten erfolgen.[40] Dennoch kann sich der Verpflichtete aus Risikogesichtspunkten nicht immer allein auf die Angaben des Vertragspartners beschränken. Die Richtigkeit der zur Identifizierung erhobenen Angaben sind von ihm nach § 12 Abs. 3 Satz 1 GwG mit Hilfe risikoangemessener Maßnahmen zu überprüfen. Hierbei besteht ein dem Einzelfallrisiko angemessener **Ermessensspielraum des Verpflichteten**.[41] Bei einem geringen Risiko kann eine Plausibilitätsprüfung bereits ausreichend

---

40 Zur risikoorientierten Reduzierung des Umfangs der Identifizierungsmaßnahmen bei für den Vertragspartner auftretenden Personen siehe *Paul*, GWR 2018, 147, 149.
41 BT-Drs. 17/6804, S. 28.

sein, während bei einem hohen Risiko eine umfassende dokumentationsbasierte Überprüfung der Identität anhand der jeweils einschlägigen, in § 11 Abs. 4 GwG aufgeführten Angaben erfolgen sollte.[42] Zusätzliche Nachforschungen/Prüfmaßnahmen in Bezug auf wirtschaftlich Berechtigte sind jedenfalls dann erforderlich, wenn die Angaben des Vertragspartners zu den Gesamtumständen der Geschäftsbeziehung nicht plausibel, widersprüchlich oder erkennbar unzutreffend sind bzw. ein erhöhtes Risiko feststellbar ist.[43] Bei der Entscheidung sind insb. auch die Faktoren für ein potenziell geringeres bzw. höheres Risiko gemäß der Anlagen 1 und 2 GwG zu berücksichtigen.[44] Weiter ist hierbei insbesondere auf die sog. gesetzlichen Fälle verstärkter Sorgfaltspflichten nach § 15 Abs. 3 GwG zu achten. Handelt es sich bei dem wirtschaftlich Berechtigten beispielsweise um eine **PEP**, so ist gem. § 15 Abs. 3 Nr. 1 GwG von einem erhöhten Risiko auszugehen, was die Pflicht zur Erfüllung verstärkter Sorgfaltspflichten zur Folge hat. Das gleiche gilt gem. § 15 Abs. 3 Nr. 2 GwG für einen wirtschaftlich Berechtigten, der sich in einem Hochrisikostaat niedergelassen hat.

50 Zu den Besonderheiten bei Treuhändern als Vertragspartner siehe BaFin AuA, Ziff. 5.2.3.2.

51 Bei **natürlichen Personen** reicht es in der Praxis häufig aus, die Bestätigung einzuholen, dass der Vertragspartner nicht im wirtschaftlichen Drittinteresse tätig ist.

52 Besondere Bedeutung kommt der Überprüfung der Identität des wirtschaftlich Berechtigten bei **juristischen Personen**, Personengesellschaften und Personenmehrheiten zu. Hier sind neben den Verfügungsberechtigten (z. B. Vorstand oder Geschäftsführer) auch die wesentlichen Anteilseigner (Schwelle von mehr als 25 % der Kapitalanteile oder Stimmrechte) zu identifizieren.[45] Gelingt es dem Verpflichteten jedoch trotz umfassender Prüfung nicht, eine natürliche Person als wirtschaftlich Berechtigten zu ermitteln, oder bestehen Zweifel an der Stellung als wirtschaftlich Berechtigter, so sieht § 3 Abs. 2 Satz 5 GwG eine **Fiktionswirkung** vor. In diesen Fällen ist der gesetzliche Vertreter, geschäftsführende Gesellschafter oder der Partner des Vertragspartners als wirtschaftlich Berechtigter zu erfassen (sog. fiktiver wirtschaftlich Berechtigter). Dies gilt jedoch nur, wenn keine Tatsachen vorliegen, die eine Meldepflicht nach § 43 Abs. 1 GwG auslösen.

---

42 *Studer*, in: Quedenfeld, Handbuch Bekämpfung der Geldwäsche und Wirtschaftskriminalität, 4. Aufl. 2017, Rn. 255.

43 BaFin, AuA AT 2021, Ziff. 5.2.3.2.

44 § 10 Abs. 2 Satz 1 und 2 GwG bestimmt die Pflicht zur Berücksichtigung der Risikofaktoren (Anlagen 1 und 2) und verweist auf § 10 Abs. 1 Nr. 2 und somit auf § 11 Abs. 5 GwG.

45 Zu den praktischen Problemen im Zusammenhang mit der Ermittlung der Eigentümer- bzw. Aktionärsstruktur siehe *Kaetzler*, CCZ 2008, 174, 177.

Eine gewichtige Rolle kommt der Pflicht, die Eigentums- und Kontrollstrukturen zu durchdringen, im Rahmen der gruppenweiten Umsetzung zu, beispielsweise wenn der Vertragspartner über Einheiten in anderen Jurisdiktionen verfügt. Falls die dortigen datenschutzrechtlichen Vorgaben eine vollständige Transparenz der ermittelten wirtschaftlich Berechtigten gegenüber dem übergeordneten Institut untersagen oder Kontrollmechanismen beschränken, muss der Verpflichtete Maßnahmen nachweisen, auf welche Weise er effektiv die Einhaltung der Anforderungen an die korrekte Ermittlung der wirtschaftlich Berechtigten aus den Geschäftsbeziehungen in dieser Jurisdiktion sicherstellt.[46]

53

Die **Verifizierung der Angaben** erfolgt insb. anhand von Einsichtnahmen in Register, Kopien von Registerauszügen, Telefonbücher, Kopien von relevanten Dokumenten, Internetrecherchen oder aufgrund eigener Erkenntnisse. Die für die Abklärung erhobenen Angaben zu den Eigentums-/Kontrollstrukturen sind **dauerhaft** und **nachvollziehbar aufzuzeichnen**. In diesem Zusammenhang sind auch die Aufzeichnungspflichten des § 8 GwG zu beachten. Abgesehen von diesen Erfordernissen ist die Form der Dokumentation nicht festgelegt. Neben schriftlichen (Text-)Aufzeichnungen bieten sich auch schematische Darstellungen an, wie z. B. ein Konzerndiagramm.[47] Können Angaben über die Eigentums- und Kontrollstrukturen tatsächlich nicht hinreichend ermittelt werden oder ist eine Ermittlung der nötigen Angaben faktisch nicht möglich, hat der Verpflichtete dies hinreichend zu begründen. In diesem Zusammenhang ist auch die Beendigungsverpflichtung nach § 10 Abs. 9 GwG zu beachten.

54

Die Verifizierung der Angaben zum wirtschaftlich Berechtigten bei **Trusts** kann, je nach Trustkonstruktion und dem jeweiligen Risiko, bspw. durch Einsichtnahme in den Trust Deed (Treuhandvertrag bzw. -urkunde) und/oder Einholung von Bestätigungen oder Auskünften über die Begünstigten, Gründer bzw. Art des Trusts erfolgen.

55

Werden zur Ermittlung (also auch Identifizierung) der wirtschaftlich Berechtigten Dienstleistungen von **Auskunfteien** im Rahmen des § 17 Abs. 5 GwG in Anspruch genommen, so sind einige Besonderheiten zu beachten. Die Auskunfteien werden dabei als Erfüllungsgehilfen des Verpflichteten (i. d. R. ein Kreditinstitut) tätig. D. h., dass deren Handlungen dem Verpflichteten als eigene zugerechnet werden und der Verpflichtete auch in diesem Fall für die Erfüllung der Sorgfaltspflicht selbst verantwortlich bleibt. Die Inanspruchnahme dieser Dienstleistung stellt dabei keine Auslagerung im Sinne des § 25b KWG dar. Dennoch ist regelmäßig davon auszugehen, dass die Dienstleistung der Auskunfteien auch die Verifizierung gem. § 12 Abs. 3 Satz 2 GwG umfasst. Eine zu-

56

---

46 BaFin, AuA AT 2021, Ziff. 5.2.3.3.
47 BaFin, AuA AT 2021, Ziff. 5.2.3.3.

sätzliche Überprüfung der durch die Auskunftei zur Verfügung gestellten Daten ist daher nicht erforderlich.

V. Besonderheiten für Notare bei Grundstückerwerbsvorgängen (§ 12 Abs. 4 GwG)

57 Die Regelung konkretisiert für Erwerbsvorgänge nach § 1 des Grunderwerbssteuergesetzes die Pflicht nach § 10 Abs. 1 Nr. 2, die Eigentums- und Kontrollstruktur des Vertragspartners mit angemessenen Mitteln in Erfahrung zu bringen. Bis zum 31.7.2021 war diese Bestimmung unter § 11 Abs. 5a GwG zu finden.

58 Ziel ist es, einen besseren und einheitlicheren Standard der Prüfung der wirtschaftlich Berechtigten durch den Notar zu erreichen, der in der besonderen Situation ist, für beide Vertragsparteien tätig zu werden.[48] Die Pflicht zur Vorlage einer entsprechenden Dokumentation obliegt den jeweiligen Vertragspartnern, die Prüfung auf Schlüssigkeit führt der Notar durch. Bei natürlichen Personen greift die Pflicht zur Identifizierung nach § 10 Abs. 1 Nr. 2 Halbs. 1 i.V.m. § 11 Abs. 5 GwG. Bei Analysen zu Verdachtsfällen oder bei Ermittlungsverfahren kann die Dokumentation über die gleichfalls geregelte Vorlagepflicht gegenüber der Zentralstelle für Finanztransaktionsuntersuchungen bzw. den Strafverfolgungsbehörden mit einbezogen werden und unterfällt insoweit nicht den Restriktionen des § 6 Abs. 6 Satz 3 GwG und der berufsrechtlichen Verschwiegenheitspflicht.[49]

VI. Verordnungsermächtigung (§ 12 Abs. 5 GwG)

1. Allgemeines

59 Nach § 12 Abs. 5 GwG kann das Bundesministerium der Finanzen (BMF) im Einvernehmen mit dem Bundesministerium des Innern (BMI) durch Rechtsverordnung ohne Zustimmung des Bundesrats weitere Dokumente bestimmen, die zur Überprüfung der Identität geeignet sind. Dies soll es ermöglichen, flexibel auf ggf. erforderliche nachträgliche Anpassungen zu reagieren, insbesondere für den Fall, dass auf EU-Ebene einheitliche Mindeststandards für anerkennungswürdige Papiere festgelegt werden.[50]

---

48 BT-Drs. 19/15196, S. 46.
49 BT-Drs. 19/15196, S. 46.
50 Vgl. BT-Drs. 16/9038, S. 38.

2. Zahlungskonto-Identitätsprüfungsverordnung (ZIdPrüfV)

Auf Grundlage von § 4 Abs. 4 Satz 2 GwG a. F. (jetzt § 12 Abs. 5 GwG) trat am **60**
7.7.2016 die **ZIdPrüfV** in Kraft. Neben Klarstellungen zur Identifizierung von
Minderjährigen und Betreuten trifft die ZIdPrüfV auch ergänzende Regelungen
zu **Kontoeröffnungen** von bestimmten **Ausländern und Asylsuchenden**. Unter
anderem dürfen beim Abschluss von Basiskontoverträgen auch der sog. Ankunftsnachweis[51] und die Bescheinigung über die Aussetzung der Abschiebung
nach § 60a Abs. 4 AufenthG, die nicht zugleich als Ausweisersatz bezeichnet ist
(sog. „einfache Duldung"),[52] als Identifizierungspapiere akzeptiert werden. Dies
gilt jedoch nur für den Fall, dass die Person nicht im Besitz regulärer Identifizierungsdokumente im Sinne des § 12 Abs. 1 Satz 1 GwG und der dazugehörigen
Gesetzesbegründung[53] ist. Eine seit dem 21.8.2015 ausgesprochene Ausnahmeregelung der BaFin ist durch das Inkrafttreten der ZIdPrüfV am 7.7.2016 entfallen. Nach dieser Ausnahmeregelung wurde die Überprüfung der Identität bei der
Kontoeröffnung anhand ausländerrechtlicher Dokumente geldwäscherechtlich
nicht beanstandet, soweit diese gewisse Mindestmerkmale erfüllten.[54]

Die ZIdPrüfV dient auch der Umsetzung der Vorgaben der EU-Zahlungskonten- **61**
richtlinie und des ZKG. Ziel dieser Bestimmungen ist es, jedem Verbraucher
einen Anspruch auf ein sog. **Basiskonto** einzuräumen, sofern die sachlichen Voraussetzungen gegeben sind.[55] Auch Asylsuchende und geduldete Ausländer sollen, sofern sie sich rechtmäßig in der EU aufhalten, zumindest Zugang zu einem
Basiskonto haben. Hierzu zählen auch solche Personen, die über keinen festen
Wohnsitz verfügen, und solche, die keinen Aufenthaltstitel besitzen, aber aus
rechtlichen oder tatsächlichen Gründen nicht abgeschoben werden können, vgl.
Art. 16 Abs. 2 PAD.

Abweichend von den Regelungen zu Minderjährigen und Betreuten in § 1 **62**
Abs. 1 ZIdPrüfV, die für die Eröffnung von Zahlungskonten i. S. d. § 1 Abs. 17
ZAG gelten, sind die Erleichterungen im Hinblick auf geduldete Ausländer und
Asylsuchende nach § 1 Abs. 2 ZIdPrüfV nur für die Eröffnung von Basiskonten
einschlägig. Welche Kontovariante unter den Begriff eines Basiskontos fällt, regeln die §§ 31, 38 ZKG. Der Anwendungsbereich der ZIdPrüfV ist für geduldete
Ausländer und Asylsuchende somit eng gefasst. Grund hierfür ist, dass auslän-
derrechtliche Bescheinigungen nicht selten auf den Angaben der Inhaber selbst
beruhen und keinen Ausweisersatz darstellen. Hierdurch besteht nach Meinung

---

51 Siehe Verordnung über die Bescheinigung über die Meldung als Asylsuchender (An-
    kunftsnachweisverordnung – AKNV), BGBl. I 2016, S. 162 ff.
52 BGBl. I 2004, S. 2972.
53 BT-Drs. 16/9038, S. 37 f.
54 Siehe hierzu *Göres*, CCZ 2016, 97.
55 Zu den sachlichen Voraussetzungen siehe § 33 ZKG.

des Verordnungsgebers eine nur eingeschränkte Identifikationsfunktion dieser Papiere.[56]

63   Der Verpflichtete hat nach § 8 Abs. 2 Satz 2 GwG das Recht und die Pflicht, **vollständige Kopien** der vorgelegten oder herangezogenen Dokumente, die aufgrund einer Rechtsverordnung nach § 12 Abs. 5 GwG bestimmt sind, anzufertigen oder sie vollständig optisch digitalisiert zu erfassen. Diese gelten als Aufzeichnung im Sinne des § 8 Abs. 2 Satz 1 GwG. Somit sind auch Kopien bzw. Scans der einfachen Duldung bzw. des Ankunftsnachweises anzufertigen und zu archivieren.

a) „Einfache Duldung" als Identifizierungsdokument (§ 1 Abs. 2 Nr. 1 ZIdPrüfV)

64   § 1 Abs. 2 Nr. 1 ZIdPrüfV erlaubt die Überprüfung der Identifizierung geduldeter Ausländer anhand der Bescheinigung über die Aussetzung der Abschiebung nach § 60a Abs. 4 AufenthG, die nicht zugleich als Ausweisersatz bezeichnet ist (sog. „einfache Duldung").[57]

65   Bei geduldeten Ausländern ist die Abschiebung nach § 60a AufenthG ausgesetzt. Jeder geduldete Ausländer erhält nach § 60a Abs. 4 AufenthG eine Bescheinigung über die Aussetzung der Abschiebung, die sog. Duldungsbescheinigung. Ob diese als Ausweisersatz ausgestellt wird oder nicht, hängt davon ab, ob der Ausländer in zumutbarer Weise in der Lage ist, sich einen gültigen und anerkannten Pass oder Passersatz ausstellen zu lassen. Ist ihm das nicht möglich, so muss er nachweisen, dass er sich um die Ausstellung eines eigenen Nationalpasses vergeblich bemüht hat. Nur dann erhält die Bescheinigung den Zusatz „Ausweisersatz".

66   Wird die Bescheinigung vorgelegt, so muss (bei Vorliegen der Voraussetzungen des ZKG für den Abschluss von Basiskontoverträgen) für die Person zumindest ein Basiskonto eröffnet werden. Duldungsbescheinigungen, die als Ausweisersatz gekennzeichnet sind, konnten bereits vor der ZIdPrüfV regulär auch für andere Vertragsabschlüsse und nicht nur für Basiskontoverträge herangezogen werden.[58]

b) Ankunftsnachweis als Identifizierungsdokument (§ 1 Abs. 2 Nr. 2 ZIdPrüfV)

67   Nach § 1 Abs. 2 Nr. 2 ZIdPrüfV kann ein Basiskonto bei einem Asylsuchenden auch anhand des sog. Ankunftsnachweises nach § 63a AsylG entsprechend dem

---

56   Siehe Begründung zur ZIdPrüfV v. 5.7.2016, BAnz AT 6.7.2016 B1, S. 4.
57   BGBl. I 2004, S. 2972.
58   BT-Drs. 16/9038, S. 37 f.

Muster in Anlage 4 der Ankunftsnachweisverordnung[59] eröffnet werden. Dieses Dokument wurde im Februar 2016 eingeführt und zielt darauf ab, Asyl- und Schutzsuchende, die nach Deutschland einreisen, früher als bisher zu registrieren und die erfassten Informationen öffentlichen Stellen einfacher zur Verfügung zu stellen. Der Ankunftsnachweis wird von den Aufnahmeeinrichtungen und Außenstellen des Bundesamtes für Migration und Flüchtlinge (BAMF) unverzüglich nach der erkennungsdienstlichen Behandlung ausgestellt.

Da der Ankunftsnachweis keine Ausweisfunktion hat, gilt er nicht schon als **68** Identifizierungsdokument gemäß § 12 Abs. 1 Satz 1 Nr. 1 GwG. Dies liegt u. a. darin, dass die Angaben zur Identität des Inhabers regelmäßig auf seinen eigenen Angaben beruhen. Eine genaue Prüfung der Identität findet erst im förmlichen Asylverfahren statt. Der Ankunftsnachweis verliert seine Gültigkeit spätestens bei Ausstellung einer Aufenthaltsgestattung nach § 63 AsylG. Diese Gestattung erhält die Person nach Stellung des förmlichen Asylantrags. Die Aufenthaltsgestattung nach § 63 AsylG ist ein nach § 12 Abs. 1 Satz 1 Nr. 1 GwG anerkanntes Identifizierungspapier.[60]

c) Risikobewertung i. Z. m. Basiskonten nach § 1 Abs. 2 ZIdPrüfV

Das Bundesministerium des Innern (BMI) betont in der Verordnungsbegrün- **69** dung zur ZIdPrüfV ausdrücklich die Wichtigkeit des Monitorings durch die Kreditinstitute bei der Führung von Basiskonten, die mit einer „einfachen Duldung" oder einem Ankunftsnachweis eröffnet wurden.[61] Da dem Ankunftsnachweis und der „einfachen Duldung" kein Ausweisersatzcharakter zukommt, besteht nach Meinung des BMI nur eine eingeschränkte Identifizierungsfunktion. Dass diese Papiere trotzdem zur Eröffnung von Basiskonten akzeptiert werden können, ist nach Auffassung des BMI dadurch gerechtfertigt, dass die Monitoringmaßnahmen der kontoführenden Institute die verringerte Identifizierungswirkung dieser Dokumente ausgleichen und das Geldwäscherisiko sowie das Risiko der Terrorismusfinanzierung im erforderlichen Umfang minimieren sollen.[62]

Hieraus lässt sich eine gewisse Anforderungshaltung des Verordnungsgebers ab- **70** lesen. Es erscheint jedoch zwiespältig, die Kontoeröffnung anhand von Dokumenten mit ausdrücklich „eingeschränkter Identifikationsfunktion" zuzulassen und gleichzeitig den Verpflichteten entsprechende Monitoringpflichten aufzuerlegen, um diesen Mangel wieder auszugleichen. Wäre dies der Wille des Verord-

---

59 Verordnung über die Bescheinigung über die Meldung als Asylsuchender (Ankunftsnachweisverordnung – AKNV), BGBl. I 2016, S. 162 ff.
60 BT-Drs. 16/9038, S. 37 f.
61 Begründung zur ZIdPrüfV v. 5.7.2016, BAnz AT 6.7.2016 B1, S. 4.
62 Begründung zur ZIdPrüfV v. 5.7.2016, BAnz AT 6.7.2016 B1, S. 4.

nungsgebers gewesen, so hätte er die Maßnahmen zur Anwendung solcher verstärkten Sorgfaltspflichten in der Verordnung ausdrücklich normieren müssen.

71 Somit ist festzuhalten, dass bei der Bewertung des Risikos von Basiskonten nach § 1 Abs. 2 ZIdPrüfV für Geldwäsche und Terrorismusfinanzierung **nicht schon per se verstärkte Sorgfaltspflichten** anzuwenden sind. Vielmehr sollte das Kreditinstitut bei dieser Kundengruppe risikoangemessen vorgehen, bspw. durch Unterrichtung der betroffenen Abteilungen und Mitarbeiter, der Analysierung und Dokumentation von potenziellen Gefahren sowie der Anpassung bestehender Sicherungssysteme um bekannte Typologien in diesem Zusammenhang.[63] Anlasslose verstärkte Monitoringmaßnahmen sind nicht notwendig.

---

63 *Schmid*, CRP 2016, 154.

§ 13 Verfahren zur Überprüfung von Angaben zum Zwecke der Identifizierung, Verordnungsermächtigung

(1) Verpflichtete überprüfen die zum Zwecke der Identifizierung erhobenen Angaben bei natürlichen Personen mit einem der folgenden Verfahren:

1. durch angemessene Prüfung des vor Ort vorgelegten Dokuments oder

2. mittels eines sonstigen Verfahrens, das zur geldwäscherechtlichen Überprüfung der Identität geeignet ist und ein Sicherheitsniveau aufweist, das dem in Nummer 1 genannten Verfahren gleichwertig ist.

(2) Das Bundesministerium der Finanzen kann im Einvernehmen mit dem Bundesministerium des Innern durch Rechtsverordnung, die nicht der Zustimmung des Bundesrates bedarf,

1. Konkretisierungen oder weitere Anforderungen an das in Absatz 1 genannte Verfahren und an die sich dieses Verfahrens bedienenden Verpflichteten sowie die Aufzeichnungs- und Aufbewahrungspflichten bei Nutzung dieses Verfahrens festlegen,

2. Verfahren bestimmen, die zur geldwäscherechtlichen Identifizierung nach Absatz 1 Nummer 2 geeignet sind und

3. Verfahren bestimmen, deren Eignung zur geldwäscherechtlichen Überprüfung der Identität erprobt wird und bei denen zu ermitteln ist, ob sie ein Sicherheitsniveau aufweisen, das dem in Absatz 1 Nummer 1 genannten Verfahren gleichwertig ist.

Bei Verfahren nach Nummer 3 können die Aufsichtsbehörden nach § 50 dazu ermächtigt werden, die Nutzung der Verfahren befristet, unter Vorbehalt eines Widerrufs und unter Auflagen zuzulassen. Eine Zulassung elektronischer Verfahren nach Nummer 3 erfolgt nur, wenn das Bundesamt für Sicherheit in der Informationstechnik bei einer vorherigen Überprüfung des Verfahrens das für die Erprobung notwendige Sicherheitsniveau festgestellt hat.

Schrifttum: *Brain/Frey/Pelz*, Aktuelles Geldwäscherecht – Sommernovellen in Deutschland vor Winterreformen der EU, CCZ 2021, 209.

Übersicht

I. Allgemeines

1 Die Vorschrift des § 13 GwG legt die Verfahren fest, mit deren Hilfe eine Identitätsüberprüfung bei natürlichen Personen erfolgen kann. Die Regelung wurde durch die GwG-Novelle 2017 neu eingefügt und 2021 durch das Transparenzregister- und Finanzinformationsgesetz erweitert.[1] Für **Verfügungsberechtigte** i.S.d. § 154 Abs. 2 Satz 1 Nr. 1 Abgabenordnung (AO) ist gemäß § 154 Abs. 2 Satz 2 AO der § 13 Abs. 1 GwG sowie zu § 13 Abs. 2 GwG ergangene Rechtsverordnungen entsprechend anwendbar.[2] Für wirtschaftlich Berechtigte enthält § 154 Abs. 2 Satz 2 AO eine Verweisung auf § 13 Abs. 1 GwG sowie auf zu § 13 Abs. 2 GwG ergangene Rechtsverordnungen.

II. Verfahren zur Identitätsüberprüfung (§ 13 Abs. 1 GwG)

1. Vor-Ort-Prüfung (§ 13 Abs. 1 Nr. 1 GwG)

2 § 13 Abs. 1 Nr. 1 GwG erfasst die Überprüfung der Identität unter Anwesenden durch angemessene Prüfung des vor Ort vorgelegten Dokuments, das heißt durch Inaugenscheinnahme und gegebenenfalls haptische Prüfung.[3] Die Regelung

---

1 Gesetz zur europäischen Vernetzung der Transparenzregister und zur Umsetzung der Richtlinie 2019/1153 des Europäischen Parlaments und des Rates v. 20.6.2019 zur Nutzung von Finanzinformationen für die Bekämpfung von Geldwäsche, Terrorismusfinanzierung und sonstigen schweren Straftaten (Transparenzregister- und Finanzinformationsgesetz – TraFinG).

2 Weiter sind nach § 154 Abs. 2 Satz 2 AO für Verfügungsberechtigte § 11 Abs. 4 und 6 GwG, § 12 Abs. 1 und 2 GwG sowie zu § 12 Abs. 5 GwG ergangene Rechtsverordnungen entsprechend anwendbar.

3 BT-Drs. 18/11555, S. 119.

stellt klar, dass Fernidentifizierungen (= Überprüfung der Identität nicht persönlich anwesender Personen), wie sie bis zum Inkrafttreten der GwG-Novelle 2017 unter bestimmten Voraussetzungen möglich waren (siehe § 6 Abs. 2 Nr. 2 GwG a. F.), grundsätzlich unzulässig sind, es sei denn das Verfahren erfüllt die Anforderungen des § 13 Abs. 1 Nr. 2 GwG.

Für eine angemessene Prüfung des vor Ort vorzulegenden Dokuments ist es notwendig, dass dieses im Original vorgelegt wird. Eine (notariell beglaubigte) Ablichtung des Personalausweises ist nicht ausreichend.[4]   **3**

Wann von einer „angemessenen Prüfung" der vorgelegten Identifikationsdokumente und Nachweise auszugehen ist, richtet sich grundsätzlich jeweils nach den im Einzelfall bestehenden Risiken in Bezug auf Geldwäsche und Terrorismusfinanzierung. Dies gilt auch im Hinblick darauf, dass einige dieser Dokumente und Nachweise nicht alle in § 11 Abs. 4 Nr. 1 GwG genannten Angaben enthalten. Gleichwohl schließt dieser Umstand die Eignung des Dokuments oder Nachweises zur Überprüfung der Identität der zu identifizierenden natürlichen Person nicht aus. Soweit einzelne, in § 11 Abs. 4 Nr. 1 GwG genannte Angaben im Dokument nicht enthalten sind, bedarf es bezüglich dieser Angaben keiner Überprüfung.[5]   **4**

2. Sonstige gleichwertige Verfahren, insb. Videoidentifizierung (§ 13 Abs. 1 Nr. 2 GwG)

Nach dieser Vorschrift sind im Hinblick auf den technischen Fortschritt auch andere geeignete Verfahren zur Identitätsüberprüfung, die ein gleichwertiges Sicherheitsniveau aufweisen, zulässig. Hierunter fallen neben dem nach der eIDAS-Verordnung notifizierten elektronischen Identifizierungssystem gem. § 12 Abs. 1 Satz 1 Nr. 4 GwG auch die bereits vor Inkrafttreten der GwG-Novelle 2017 zulässigen Verfahren nach § 12 Abs. 1 Satz 1 Nr. 2 und 3 GwG, sofern jeweils die einschlägigen Voraussetzungen des § 12 Abs. 1 Satz 2 und 3 GwG vorliegen.   **5**

Die Übersendung einer (notariell beglaubigten) Ablichtung eines Ausweispapiers i. S. d. § 12 Abs. 1 Nr. 1 GwG kann nicht als sonstiges Verfahren im Sinne von § 13 Abs. 1 Nr. 2 GwG angesehen werden.[6]   **6**

a) Allgemeines

Des Weiteren fällt hierunter auch die Überprüfung durch **Videoidentifizierungsverfahren**, soweit sie die Voraussetzungen erfüllen, die die BaFin in ihrem   **7**

---

4 BGH, Urt. v. 20.4.2021 – XI ZR 511/19, Rn. 21 ff.
5 BaFin, AuA AT 2020, Ziff. 5.1.3.2.
6 BGH, Az. XI ZR 511/19, Rn. 26.

Rundschreiben 3/2017 hierzu formuliert hat.[7] Dieses Rundschreiben trat am 15.6.2017 in Kraft und regelt ausschließlich die Anforderungen an die Nutzung von Videoidentifizierungsverfahren. Es ersetzt die Regelung der Videoidentifizierung in Ziffer III des BaFin-Rundschreibens 1/2014 vom 5.3.2014.

8 Viele Verpflichtete nach dem GwG können das Videoidentifizierungsverfahren nutzen, so u. a. Kreditinstitute, Finanzdienstleistungsinstitute, Zahlungsinstitute, E-Geld-Institute, Kapitalverwaltungsgesellschaften und Versicherungsunternehmen, die Lebensversicherungsverträge bzw. Unfallversicherungsverträge mit Prämienrückgewähr anbieten. Für andere Wirtschaftsakteure, die ebenfalls GwG-Verpflichtete sind, wird diese Form der Identifizierung bisher nicht empfohlen. Grund hierfür ist, dass viele der jeweils zuständigen Aufsichtsbehörden des Nichtfinanzsektors (dazu gehören Güterhändler, Immobilienmakler und andere Nichtfinanzunternehmen) eine Anwendbarkeit des Videoidentifizierungsverfahrens bisher ablehnen.[8]

9 Ungeachtet der räumlichen Trennung wird nach Meinung des BMF in den Fällen einer Videoidentifizierung eine sinnliche Wahrnehmung der am Identifizierungsprozess beteiligten (natürlichen) Personen ermöglicht, da sich die zu identifizierende Person und der Mitarbeiter im Rahmen der Videoübertragung „von Angesicht zu Angesicht" gegenübersitzen und kommunizieren. Bei diesem Verfahren soll es sich daher um eine Form der Identifizierung natürlicher Personen unter Anwesenden handeln.[9] Die Unterscheidung zwischen einer Identifizierung unter Anwesenden und einer solchen unter Abwesenden hat jedoch nach dem Inkrafttreten der GwG-Novelle 2017 an Bedeutung verloren.

10 Die Identifizierung richtet sich daher in diesen Fällen nach den allgemeinen Identifizierungspflichten in Bezug auf natürliche Personen in § 10 Abs. 1 Nr. 1 i.V.m. § 11 Abs. 1, Abs. 4 Nr. 1 und § 12 Abs. 1 Nr. 1 GwG. Eine Identifizierung juristischer Personen oder Personengesellschaften im Wege einer Videoidentifizierung ist dagegen nicht möglich. Allerdings kann das Videoidentifizierungsverfahren für den ggf. notwendigen Identitätsnachweis eines gesetzlichen Vertreters oder Bevollmächtigten genutzt werden.

11 Die Anforderungen an das Verfahren der Videoidentifizierung sollten spätestens drei Jahre nach Inkrafttreten des BaFin-Rundschreibens 3/2017 im Hinblick auf Sicherheit und technische Aktualität überprüft und ggf. angepasst werden. Eine solche Aktualisierung ist jedoch bisher nicht erfolgt.

---

7 BT-Drs. 18/11555, S. 119; zu den Voraussetzungen im Einzelnen siehe BaFin, Rundschreiben 3/2017 (GW) v. 10.4.2017.

8 Gemeinsame Auslegungs- und Anwendungshinweise der Länder der Bundesrepublik Deutschland zum Geldwäschegesetz, Seite 35, https://rp-darmstadt.hessen.de/sites/rp-darmstadt.hessen.de/files/Auslegungs-%20und%20Anwendungshinweise%20zum%20GwG_1.pdf, Stand: Dezember 2020, zuletzt abgerufen am 9.11.2021.

9 BaFin, Rundschreiben 3/2017 (GW) v. 10.4.2017, Punkt A.

b) Anforderungen an die Durchführung einer Videoidentifizierung

Der Verpflichtete kann die Videoidentifizierung selbst oder **durch einen Drit-** **12**
ten i. S. d. § 17 GwG vornehmen, wobei eine weitere (Sub-)Auslagerung bzw.
ein Zurückgreifen eines Dritten i. S. v. § 17 Abs. 1 GwG auf einen weiteren Dritten nicht zulässig ist.

Das Verfahren der Videoidentifizierung darf in jedem Fall nur von entsprechend   **13**
geschulten und hierfür ausgebildeten Mitarbeitern durchgeführt werden.
Diese müssen dabei mindestens über die Kenntnis der mittels Videoidentifizierung prüfbaren Merkmale einschließlich der anzuwendenden Prüfverfahren derjenigen Dokumente, die i. R. d. Videoidentifizierungsverfahrens akzeptiert werden, verfügen. Darüber hinaus müssen die Mitarbeiter Kenntnis der maßgeblichen geldwäscherechtlichen und datenschutzrechtlichen Vorschriften und der in
diesem Rundschreiben gestellten Anforderungen haben.

Während der Identifizierung müssen sich die Mitarbeiter **in abgetrennten und**   **14**
mit einer Zugangskontrolle ausgestatteten Räumlichkeiten befinden.

Die zu identifizierende Person muss zu Beginn der Videoidentifizierung aus-   **15**
drücklich erklären, dass sie mit der Vornahme des gesamten Identifizierungsprozesses sowie der Aufzeichnung von Fotos bzw. Screenshots ihrer Person und ihres Ausweisdokuments einverstanden ist (**Einwilligung**). Das Einverständnis ist
explizit zu protokollieren bzw. aufzuzeichnen.

Des Weiteren sind spezielle **technische und organisatorische Anforderungen**   **16**
zu beachten, die der Manipulation des Videoidentifizierungsvorgangs entgegen
wirken sollen.[10] Hierzu gehört u. a. eine Ende-zu-Ende-Verschlüsslung der Vi-
deochats, eine eingehende Prüfung der Sicherheitsmerkmale der vorgelegten
Ausweisdokumente und das Anfertigen von Fotos bzw. Screenshots, auf denen
die zu identifizierende Person sowie Vorder- und Rückseite des Ausweisdokuments und die darauf jeweils enthaltenen Angaben deutlich erkennbar sind.

Das **Interview** mit der zu identifizierenden Person muss mindestens im Hinblick   **17**
auf dessen Ablauf **variationsreich in Bezug auf Reihenfolge und/oder Art der**
vom Mitarbeiter gestellten Fragen gestaltet sein. Ein besonderes Augenmerk
hat der Verpflichtete auch auf eine **mögliche Substitution bzw. Manipulation**
von Teilen oder Elementen **des Ausweisdokumentes** zu richten. Gerade aufgrund der weitreichenden Möglichkeiten der elektronischen Bild- und Videobe-
arbeitung muss der Verpflichtete durch geeignete Maßnahmen sicherstellen,
dass es sich in allen Einzelheiten um das echte und unverfälschte Ausweisdokument handelt. Hierbei ist u. a. die zu identifizierende Person aufzufordern, an geeigneter (variabler, systemseitig zufällig bestimmter) Stelle z. B. einen Finger

---

10 BaFin, Rundschreiben 3/2017 (GW) v. 10.4.2017, Punkt B. IV.

vor sicherheitsrelevante Teile des Ausweisdokumentes zu halten und etwa eine Hand vor ihrem Gesicht zu bewegen.

18   Im Rahmen des Videoidentifizierungsverfahrens ist eine **Gültigkeits- und Plausibilitätsprüfung** der auf dem Ausweis enthaltenen Daten und Angaben vorzunehmen. Ferner darf die Gültigkeitsdauer des vorgelegten Ausweisdokumentes nicht gegen die für Ausweisdokumente dieser Art geltende Norm verstoßen.

19   Zwingender Bestandteil der Überprüfung ist zudem eine **automatisierte Berechnung** der in der maschinenlesbaren Zone enthaltenen **Prüfziffern sowie** ein **Kreuzvergleich** der in ihr enthaltenen Angaben mit den Angaben im Sichtfeld des Ausweisdokumentes. Außerdem ist die Korrektheit von Ziffernorthographie, Behördenkennziffer und der verwendeten Schriftarten zu überprüfen. Die zu identifizierende Person hat während der Videoübertragung ferner die **vollständige Seriennummer** ihres Ausweisdokumentes **mitzuteilen**.

20   Der Mitarbeiter muss sich durch **psychologische Fragestellungen und Beobachtungen** während der Durchführung des Identifizierungsvorgangs von der Plausibilität der Angaben im Ausweisdokument, der Angaben der zu identifizierenden Person im Gespräch sowie der vorgegebenen Absicht der zu identifizierenden Person überzeugen. Dies soll auch helfen, Fälle aufzudecken, bei denen die zu identifizierende Person durch Drohung oder Vorspiegelung falscher Tatsachen zur Identifizierung veranlasst wurde. Daher ist u. a. **der Anlass für die Identifikation durch die zu identifizierende Person zu bestätigen**, damit für diese klar ersichtlich ist, wofür sie sich identifiziert. Die Mitarbeiter sind dahingehend zu schulen, dass sie zweifelsfrei feststellen, dass die zu identifizierende Person nach eigenem Willen das jeweilige Produkt beim entsprechenden Anbieter erwirbt (Gefährdung durch Phishing, Social Engineering, Verhalten unter Druck durch zweite Person etc.).

21   Etwaige datenschutzrechtliche Bestimmungen bleiben unberührt.

c) Abbruch des Videoidentifizierungsvorgangs

22   Ist die vorstehend beschriebene visuelle Überprüfung (etwa aufgrund von schlechten Lichtverhältnissen oder einer schlechten Bildqualität/-übertragung) und/oder eine sprachliche Kommunikation mit der zu identifizierenden Person nicht möglich, ist **der Identifizierungsprozess abzubrechen**. Gleiches gilt bei sonstigen vorliegenden Unstimmigkeiten oder Unsicherheiten. Dies setzt jedoch nicht zwingend voraus, dass es sich um einen Fall von Täuschung oder Manipulation handelt. Die Identifizierung mittels eines anderen nach dem Geldwäschegesetz zulässigen Verfahrens bleibt grundsätzlich weiterhin möglich.

d) Abschluss des Videoidentifizierungsvorgangs

Mit **Eingabe einer speziellen TAN** durch die zu identifizierende Person ist das **23** Identifizierungsverfahren abgeschlossen. Die eigens für diesen Zweck gültige, zentral generierte und von dem Mitarbeiter an die zu identifizierende Person (per E-Mail oder SMS) übermittelte Zifferfolge (TAN) muss während der Videoübertragung unmittelbar online eingegeben und an den Mitarbeiter elektronisch zurückgesendet werden. Die TAN muss dann noch erfolgreich systemseitig abgeglichen werden.

e) Aufbewahrung und Aufzeichnung des Videoidentifizierungsvorgangs

Der gesamte Prozess der Videoidentifizierung ist von dem Verpflichteten oder **24** einem Dritten i. S. d. § 17 GwG nachprüfbar **in allen Einzelschritten aufzuzeichnen und aufzubewahren.** Die Dokumentationspflicht erfordert somit eine **visuelle und akustische Aufzeichnung und Aufbewahrung** des erfolgten Verfahrensablaufs, auf die sich die o. g. Einwilligung der zu identifizierenden Person beziehen muss. Aus den Aufzeichnungen muss neben der Einhaltung der an geldwäscherechtliche Identifizierungen allgemein gestellten Anforderungen insbesondere die Einhaltung der im BaFin-Rundschreiben Nr. 3/2017 genannten Mindestanforderungen für Videoidentifizierungen ersichtlich sein.[11]

Die Aufbewahrungsdauer richtet sich nach § 8 Abs. 4 GwG (fünf Jahre, begin- **25** nend mit dem Schluss des Kalenderjahres, in dem die Geschäftsbeziehung endet).

III. Verordnungsermächtigung (§ 13 Abs. 2 GwG)

Mit der Ermächtigung zum Erlass einer Rechtsverordnung in § 13 Abs. 2 GwG **26** soll dem Bundesministerium der Finanzen (BMF) in Einvernehmen mit dem Bundesministerium des Innern (BMI) zum einen in Nr. 1 die Möglichkeit eröffnet werden, im Falle von sich neu ergebenden Bedrohungsszenarien in Bezug auf Fälschungs- oder Täuschungsversuche i. R. d. in § 13 Abs. 1 GwG genannten Verfahren zügig zu reagieren und nachsteuern zu können. Der Verordnungsgeber kann insoweit Konkretisierungen und zusätzliche Anforderungen, sowohl an die Verfahren als auch an die sich dieser bedienenden Verpflichteten sowie an die Aufzeichnungs- und Aufbewahrungspflichten bei Nutzung dieser Verfahren festlegen.[12]

Neben den möglichen geeigneten Verfahren nach § 13 Abs. 1 GwG können weite- **27** re Verfahren zur Identitätsüberprüfung gemäß § 13 Abs. 2 Nr. 2 GwG durch Rechtsverordnung bestimmt werden. Dies ermöglicht es dem Verordnungsgeber,

---

11 BaFin, Rundschreiben 3/2017 (GW) v. 10.4.2017.
12 BT-Drs. 18/11555, S. 119.

kurzfristig auf sich am Markt abzeichnende Entwicklungen neuer Identifizierungsverfahren zu reagieren und solche Vorgehensweisen als sichere und zur Überprüfung der Identität geeignete Verfahren i. S. d. § 13 Abs. 1 Nr. 2 GwG zu bestimmen.[13]

28   Zusätzlich dazu sieht § 13 Abs. 2 Nr. 3 GwG eine sog. **Experimentierklausel** vor. Danach können Verfahren zur Identitätsüberprüfung auch probeweise eingeführt werden. Diese Erweiterung der Verordnungsermächtigung wurde durch 2021 durch das Transparenzregister- und Finanzinformationsgesetz[14] neu eingeführt. Ziel ist nach dem Willen des Gesetzgebers, die Errichtung eines „Ökosystems für digitale Identitätsnachweise".[15] Dadurch soll es ermöglicht werden, digitale Identitätsnachweise zeitnah auch für die Identifizierung im Einklang mit den geldwäscherechtlichen Anforderungen zu nutzen. Die Nutzerinnen und Nutzer sollen dabei die Kontrolle über das Teilen und Verwenden ihrer digitalen Identitätsnachweise behalten (sog. **Self Sovereign Identity (SSI)**).

29   Als ein zukünftiger praktischer Anwendungsbereich wird die Identifizierung mittels einer ID Wallet-App auf einem Smartphone angesehen.[16] Eine solche App dient als „digitale Brieftasche" und ermöglicht es, digitale Nachweise auf dem eigenen Smartphone zu verwalten und zu nutzen. So lassen sich schon heute wesentliche Daten aus dem Personalausweis als Basis-ID in einer ID Wallet-App speichern und nutzen.[17]

30   Die Experimentierklausel soll zunächst nur bei Kontoeröffnungen zur Anwendung kommen. Von einer entsprechenden Verordnung würden daher zunächst nur Verpflichteten nach § 2 Abs. 1 Nr. 1 GwG (Banken und Sparkassen) profitieren. Der Gesetzgeber hält es aber für möglich, dass solche Verfahren auch auf andere Verpflichtete bzw. Sektoren übertragen werden können, sollten sie sich in der Praxis bewähren.[18]

---

13 BT-Drs. 18/11555, S. 119.

14 Gesetz zur europäischen Vernetzung der Transparenzregister und zur Umsetzung der Richtlinie 2019/1153 des Europäischen Parlaments und des Rates v. 20.6.2019 zur Nutzung von Finanzinformationen für die Bekämpfung von Geldwäsche, Terrorismusfinanzierung und sonstigen schweren Straftaten (Transparenzregister- und Finanzinformationsgesetz – TraFinG).

15 BT-Drs. 19/30443, S. 74.

16 DK, DK begrüßt Experimentierklausel zur Kundenidentifizierung, mit der Banken und Sparkassen innovative digitale Initiativen erproben werden, https://die-dk.de/the men/pressemitteilungen/dk-begrusst-experimentierklausel-zur-kundenidentifizie rung-mit-der-banken-und-sparkassen-innovative-digitale-initiativen-erproben-werden/, Stand: 11.6.2021, zuletzt aufgerufen am 10.11.2021.

17 Bundesregierung, Nachweise für die digitale Brieftasche, https://www.bundesregie rung.de/breg-de/suche/e-id-1962112, Stand: 29.10.2021, zuletzt aufgerufen am 10.11.2021.

18 BT-Drs. 19/30443, S. 74.

§ 13 Abs. 2 Nr. 3 GwG soll es erlauben, entsprechende Verfahren, deren Grund- **31**
lagen und Sicherheitsanforderungen derzeit noch nicht umfassend geregelt sind,
auch im Bereich der geldwäscherechtlichen Identifizierung erproben zu können.[19] Um trotz Erprobung ein hinreichendes Sicherheitsniveau sicherzustellen,
soll die jeweils zuständige Aufsichtsbehörde eine entsprechende Verordnung
mit Nebenbestimmungen versehen, deren Eckpunkte in der Rechtsverordnung
angelegt sein werden.[20] Dabei kann bspw. vorgesehen werden, dass neben dem
zu erprobenden neuen Verfahren auch ein weiteres, bereits zugelassenes Verfahren zur Identitätsüberprüfung (z. B. mittels des elektronischen Identitätsnachweises) angeboten werden muss. Vor Zulassung eines zu erprobenden Verfahrens ist entsprechend der Regelung des § 29 Abs. 5 Satz 2 Bundesmeldegesetz
eine Bestätigung der Sicherheit des Verfahrens durch das Bundesamt für Sicherheit in der Informationstechnik erforderlich. In der Rechtsverordnung muss ein
klarer Bewertungsmaßstab für die Sicherheitsbewertung festgeschrieben werden. Ggf. können in der Verordnung ergänzende Regelungen zu den Aufzeich-
nungs- und Aufbewahrungspflichten aufgenommen werden.

Aufgrund der Verweisung in § 154 Abs. 2 Satz 2 AO ist davon auszugehen, dass **32**
ein unter Ausübung der Verordnungsermächtigung des § 13 Abs. 2 Nr. 3 GwG
zur Erprobung zugelassenes weiteres Identifizierungsverfahren auch für die Legitimationsprüfung von Verfügungsberechtigten i. S. d. § 154 AO genutzt werden
kann.[21]

---

19 BT-Drs. 19/30443, S. 74.
20 BT-Drs. 19/30443, S. 74.
21 *Brian/Frey/Pelz*, CCZ 2021, 209, 216.

§ 14 Vereinfachte Sorgfaltspflichten, Verordnungsermächtigung

(1) Verpflichtete müssen nur vereinfachte Sorgfaltspflichten erfüllen, soweit sie unter Berücksichtigung der in den Anlagen 1 und 2 genannten Risikofaktoren feststellen, dass in bestimmten Bereichen, insbesondere im Hinblick auf Kunden, Produkte, Dienstleistungen oder Transaktionen, nur ein geringes Risiko der Geldwäsche oder der Terrorismusfinanzierung besteht. Vor der Anwendung vereinfachter Sorgfaltspflichten haben sich die Verpflichteten zu vergewissern, dass die Geschäftsbeziehung oder Transaktion tatsächlich mit einem geringeren Risiko der Geldwäsche oder Terrorismusfinanzierung verbunden ist. Für die Darlegung der Angemessenheit gilt § 10 Absatz 2 Satz 4 entsprechend.

(2) Bei Anwendbarkeit der vereinfachten Sorgfaltspflichten können Verpflichtete

1. den Umfang der Maßnahmen, die zur Erfüllung der allgemeinen Sorgfaltspflichten zu treffen sind, angemessen reduzieren und

2. insbesondere die Überprüfung der zum Zweck der Identifizierung nach § 11 erhobenen Angaben abweichend von den §§ 12 und 13 auf der Grundlage von sonstigen Dokumenten, Daten oder Informationen durchführen, die von einer glaubwürdigen und unabhängigen Quelle stammen und für die Überprüfung geeignet sind.

Die Verpflichteten müssen in jedem Fall die Überprüfung von Transaktionen und die Überwachung von Geschäftsbeziehungen in einem Umfang sicherstellen, der es ihnen ermöglicht, ungewöhnliche oder verdächtige Transaktionen zu erkennen und zu melden.

(3) Ist der Verpflichtete nicht in der Lage, die vereinfachten Sorgfaltspflichten zu erfüllen, so gilt § 10 Absatz 9 entsprechend.

(4) Das Bundesministerium der Finanzen kann im Einvernehmen mit dem Bundesministerium des Innern, für Bau und Heimat durch Rechtsverordnung ohne Zustimmung des Bundesrates Fallkonstellationen festlegen, in denen insbesondere im Hinblick auf Kunden, Produkte, Dienstleistungen, Transaktionen oder Vertriebskanäle ein geringeres Risiko der Geldwäsche oder der Terrorismusfinanzierung bestehen kann und die Verpflichteten unter den Voraussetzungen von Absatz 1 nur vereinfachte Sorgfaltspflichten in Bezug auf Kunden erfüllen müssen. Bei der Festlegung sind die in den Anlagen 1 und 2 genannten Risikofaktoren zu berücksichtigen.

(5) Die Verordnung (EU) 2015/847 findet keine Anwendung auf Inlandsgeldtransfers auf ein Zahlungskonto eines Begünstigten, auf das ausschließlich

Zahlungen für die Lieferung von Gütern oder Dienstleistungen vorgenommen werden können, wenn

1. **der Zahlungsdienstleister des Begünstigten den Verpflichtungen dieses Gesetzes unterliegt,**

2. **der Zahlungsdienstleister des Begünstigten in der Lage ist, anhand einer individuellen Transaktionskennziffer über den Begünstigten den Geldtransfer bis zu der Person zurückzuverfolgen, die mit dem Begünstigten eine Vereinbarung über die Lieferung von Gütern und Dienstleistungen getroffen hat, und**

3. **der überwiesene Betrag höchstens 1.000 Euro beträgt.**

Übersicht

I. Allgemeines

§ 14 GwG regelt die Voraussetzungen für die **Anwendung vereinfachter Sorg-** 1
faltspflichten durch die Verpflichteten des GwG. Die Regelung basiert auf dem
ursprünglich im Rahmen der Umsetzung der Dritten EU-Geldwäscherichtlinie
eingeführten § 5 GwG a. F.

Mit Umsetzung der **Dritten EU-Geldwäscherichtlinie** in Deutschland durch 2
das **GwBekErgG**[1] wurde ein risikobasierter Ansatz bei der Erfüllung von Kun-

---

1 Gesetz zur Ergänzung der Bekämpfung der Geldwäsche und der Terrorismusfinanzierung (Geldwäschebekämpfungsergänzungsgesetz – GwBekErgG) v. 13.8.2008, BGBl. I
2008, S. 1690.

densorgfaltspflichten in das Geldwäschegesetz eingeführt. Kern dieses Ansatzes war die Festlegung des konkreten Umfangs der gegenüber einem Vertragspartner zu beachtenden geldwäscherechtlichen Sorgfaltspflichten entsprechend der von dem jeweiligen Vertragspartner ausgehenden Risiken der Geldwäsche und Terrorismusfinanzierung. § 5 Abs. 1 GwG i. d. F. GwBekErgG, der auf Art. 11 der Dritten EU-Geldwäscherichtlinie beruhte, sah vor, dass die Verpflichteten des GwG in bestimmten Fällen, in denen das Risiko der Geldwäsche und Terrorismusfinanzierung als gering anzusehen war, von der Erfüllung der allgemeinen Sorgfaltspflichten des § 3 GwG i. d. F. GwBekErgG absehen konnten. Eine abschließende Aufzählung der Fallkonstellationen, in denen von einem geringen Risiko der Geldwäsche und Terrorismusfinanzierung ausgegangen werden konnte, fand sich in Art. 5 Abs. 2 GwG i. d. F. GwBekErgG. Hierbei handelte es sich um:

– Geschäftsbeziehungen zu und Transaktionen von/zugunsten von Verpflichteten im Sinne von § 2 Abs. 1 Nr. 1–6 GwG i. d. F. GwBekErgG (auch Kreditoder Finanzinstitute i. S. d. Dritten EU-Geldwäscherichtlinie mit Sitz in anderen EU-Mitgliedstaaten oder gleichwertigen Drittstaaten) (Art. 5 Abs. 2 Satz 1 Nr. 1 GwG i. d. F. GwBekErgG);
– Geschäftsbeziehungen zu und Transaktionen von/zugunsten börsennotierten Gesellschaften (auch börsennotierte Gesellschaften aus Drittstaaten mit gleichwertigen Transparenzanforderungen) (Art. 5 Abs. 2 Satz 1 Nr. 2 GwG i. d. F. GwBekErgG);
– Feststellung der Identität des wirtschaftlich Berechtigten bei Anderkonten von Verpflichteten im Sinne von § 2 Abs. 1 Nr. 7 GwG i. d. F. GwBekErgG (auch bei Sitz des Verpflichteten in einem anderen EU-Mitgliedstaat oder gleichwertigen Drittstaat) (Art. 5 Abs. 2 Satz 1 Nr. 3 GwG i. d. F. GwBekErgG);
– Geschäftsbeziehungen zu und Transaktionen von/zugunsten von inländischen Behörden, ausländischen Behörden oder ausländischen öffentlichen Einrichtungen[2] (Art. 5 Abs. 2 Satz 1 Nr. 4 GwG i. d. F. GwBekErgG).

---

2 Bei den ausländischen Behörden oder ausländischen öffentlichen Einrichtungen musste es sich gemäß Art. 5 Abs. 2 Satz 1 Nr. 4 GwG i. d. F. GwBekErgG um Behörden oder Einrichtungen handeln, die auf der Grundlage des Vertrags über die Europäische Union, der Verträge zur Gründung der Europäischen Gemeinschaften oder des Sekundärrechts der Gemeinschaften mitöffentlichen Aufgaben betraut waren, deren Identität öffentlich nachprüfbar/transparent war und zweifelsfrei feststand, deren Tätigkeiten und Rechnungslegung transparent waren und die einer Rechenschaftspflicht gegenüber einem Organ der Gemeinschaft oder gegenüber den Behörden eines Mitgliedstaats der Europäischen Union oder anderweitige Kontroll- und Überwachungsmaßnahmen zur Überprüfung der Tätigkeit unterlagen.

Im Rahmen der Änderungen des Geldwäschegesetzes durch das **GwOptG**[3] im   3
Jahr 2011 wurden die Möglichkeiten zur Anwendung der vereinfachten Sorgfaltspflichten dahingehend eingeschränkt, dass die Umstände des Einzelfalls
und eine Risikobewertung durch den Verpflichteten in den Tatbestand einbezogen wurden und das Vorliegen einer der oben aufgeführten Fallgestaltungen des
§ 5 Abs. 2 GwG i. d. F. GwOptG nicht mehr automatisch ein geringes Risiko in-
dizierte. Die Änderungen des § 5 GwG i. d. F. GwOptG korrespondierten mit den
Ergebnissen der FATF-Deutschlandprüfung vom 19.2.2010.[4] Dort wurde festgestellt, dass zur Erfüllung der FATF-Empfehlung 5 bei den in Art. 5 Abs. 2 GwG
i. d. F. GewBekErgG genannten Fallkonstellationen, bei denen gewöhnlich nur
vereinfachte Sorgfaltspflichten erfüllt werden müssen, eine Risikobewertung im
Einzelfall zu erfolgen habe.[5]

Mit der **Vierten EU-Geldwäscherichtlinie** wurden die Bestimmungen der Drit-   4
ten EU-Geldwäscherichtlinie zur Anwendung vereinfachter Sorgfaltspflichten,
die wegen ihrer schematischen Anwendung ohne Berücksichtigung des Einzel-
fallrisikos kritisiert wurden, überarbeitet. Während die Dritte EU-Geldwäscherichtlinie noch eine Liste vordefinierter Situationen mit geringerem Geldwäscherisiko enthielt, verlangte die Novelle von den Verpflichteten, jede individuelle
Geschäftsbeziehung und Transaktion vor Anwendung vereinfachter Sorgfaltspflichten auf ihr jeweiliges tatsächliches Geldwäscherisiko zu prüfen (Art. 15
Abs. 2). Umstände, die nach der Dritten EU-Geldwäscherichtlinie automatisch
zu einer Einstufung als geringeres Risiko führten (→ Rn. 2), sind nach der Vierten EU-Geldwäscherichtlinie lediglich als Indikatoren für ein geringes Risiko
anzusehen. Ziel der Richtlinien-Novelle war es insbesondere, den risikoorientierten Ansatz weiter zu stärken und Automatismen bei der Risikobewertung zu
verhindern. Gemäß Art. 16 der Richtlinie haben sowohl die Mitgliedstaaten als
auch die Verpflichteten bei der Bewertung der Risiken von Geldwäsche und Terrorismusfinanzierung, die von bestimmten Arten von Kunden, geografischen
Gebieten, bestimmten Produkten, Dienstleistungen, Transaktionen oder Ver-
triebskanälen ausgehen, die in Anhang II der Richtlinie aufgeführten Faktoren
und Anzeichen für ein potenziell geringeres Geldwäsche- und Terrorismusfinanzierungsrisiko zu berücksichtigen. Gemäß Art. 17 und 18 Abs. 4 der Richtlinie
wurden die europäischen Aufsichtsbehörden beauftragt, für Verpflichtete nach
§ 2 Abs. 1 Nr. 1–3 und 6–9 GwG Leitlinien zu erstellen, welche Risikofaktoren
zu berücksichtigen sind oder welche Maßnahmen in Fällen, in denen vereinfachte oder verstärkte Sorgfaltspflichten gegenüber Kunden angemessen sind, zu
treffen sind. Diese Leitlinien (nachfolgend auch die „Leitlinien zu Risikofakto-

---

3 Gesetz zur Optimierung der Geldwäscheprävention v. 22.12.2011, BGBl. I 2011,
   S. 2959.
4 FATF, Mutual Evaluation Report of Germany v. 19.2.2010.
5 FATF, Mutual Evaluation Report of Germany v. 19.2.2010, Textziffer 589 und 622.

ren" genannt) wurden in ihrer ersten Fassung am 26.6.2017 veröffentlicht.[6] Eine überarbeitete Version der Leitlinien wurde von der EBA am 1.3.2021 publiziert.[7] (→ Rn. 18 ff.)

5 Da in Deutschland die Anwendung der vereinfachten Sorgfaltspflichten bereits im Rahmen der Änderungen des GwG im Jahr 2011 durch das GwOptG (→ Rn. 3) unter den Vorbehalt einer Risikobewertung im Einzelfall gestellt wurde, brachten die Anpassungen des **GwG** im Rahmen der Umsetzung der Vierten EU-Geldwäscherichtlinie in diesem Bereich keine wesentlichen Änderungen mit sich. Anstelle der früheren abschließenden Aufzählung von Fallkonstellationen in § 5 Abs. 2 GwG a. F. sind seither im Rahmen der vor Anwendung vereinfachter Sorgfaltspflichten vorzunehmenden Risikobewertung die in der **Anlage 1 und 2** des GwG nicht abschließend aufgeführten Faktoren und möglichen Anzeichen für ein potenziell geringeres oder höheres Risiko nach §§ 14, 15 GwG zu berücksichtigen.

II. Risikobewertung als Voraussetzung für die Anwendung vereinfachter Sorgfaltspflichten (§ 14 Abs. 1 GwG)

6 In Umsetzung des Art. 15 der Vierten EU-Geldwäscherichtlinie bestimmt § 14 Abs. 1 GwG, dass es Verpflichteten gestattet ist, nur vereinfachte Sorgfaltspflichten gemäß § 14 Abs. 2 GwG zu erfüllen, soweit sie unter Berücksichtigung der in den **Anlagen 1 und 2 des GwG** (→ Rn. 7 ff.) genannten Risikofaktoren feststellen, dass in bestimmten Bereichen, insbesondere im Hinblick auf Kunden, Transaktionen und Dienstleistungen oder Produkte, nur ein geringes Risiko der Geldwäsche oder der Terrorismusfinanzierung besteht. **Verpflichtete nach § 2 Abs. 1 Nr. 1–3 und 6–9 GwG** haben bei der Risikobewertung auch die **Leitlinien zu Risikofaktoren der europäischen Aufsichtsbehörden** (→ Rn. 4 und → Rn. 18 ff.) zu berücksichtigen. Vor der Anwendung vereinfachter Sorgfalts-

---

6 European Banking Authority (EBA)/European Securities and Markets Authority (ESMA)/European Insurance and Occupational Pensions Authority (EIOPA), Joint Guidelines under Articles 17 and 18(4) of Directive (EU) 2015/849 on simplified and enhanced customer due diligence and the factors credit and financial institutions should consider when assessing the money laundering and terrorist financing risk associated with individual business relationships and occasional transactions (The Risk Factor Guidelines) (Gemeinsame Leitlinien nach den Art. 17 und 18 Abs. 4 der Richtlinie (EU) 2015/849 zu den vereinfachten und verstärkten Sorgfaltspflichten und den Risikofaktoren, die Kredit- und Finanzinstitute bei der Bewertung von Geldwäsche und Terrorismusfinanzierungsrisiken, die mit individuellen Geschäftsbeziehungen und gelegentlichen Transaktionen verbunden sind, berücksichtigten sollten (Leitlinien zu Risikofaktoren)) (nachfolgend „EBA/ESMA/EIOPA, Leitlinien zu Risikofaktoren"), JC 2017 37 v. 26.6.2017. Die Veröffentlichung der deutschen Fassung erfolgte am 4.1.2018.
7 EBA/GL/2021/02 v. 1.3.2021.

pflichten im Rahmen einer Geschäftsbeziehung oder Transaktion haben sich die Verpflichteten in jedem Einzelfall zu vergewissern, dass die Geschäftsbeziehung oder Transaktion tatsächlich mit einem geringeren Risiko der Geldwäsche oder Terrorismusfinanzierung verbunden ist. Durch den Verweis in § 14 Abs. 1 Satz 3 GwG auf § 10 Abs. 2 Satz 4 GwG wird klargestellt, dass die Verpflichteten in der Lage sein müssen, ihren Aufsichtsbehörden auf Verlangen die Angemessenheit ihrer Maßnahmen im Hinblick auf die Risiken der Geldwäsche und der Terrorismusfinanzierung darzulegen.

1. Risikoverringernde Faktoren gemäß der Anlage 1 zum GwG

Die vor der Anwendung vereinfachter Sorgfaltspflichten vorzunehmende Risikobewertung (→ Rn. 6) hat unter Berücksichtigung der in **Anlage 1 und 2** des GwG aufgeführten **Risikofaktoren** zu erfolgen, wobei   7

– **Anlage 1** (basierend auf Anhang II der Vierten EU-Geldwäscherichtlinie) eine nicht abschließende Aufzählung von Faktoren und möglichen Anzeichen für ein **potenziell geringeres Risiko** nach § 14 GwG und
– **Anlage 2** (basierend auf Anhang III der Vierten EU-Geldwäscherichtlinie) eine entsprechende nicht abschließende Aufzählung von Faktoren und möglichen Anzeichen für ein **potenziell höheres Risiko** nach § 15 GwG

enthält. Der Verweis auf beide Anlagen macht deutlich, dass im Rahmen der Risikobewertung sowohl die Faktoren zu berücksichtigen sind, die für ein niedrigeres Risiko sprechen, als auch die Faktoren, bei deren Vorliegen unter Umständen ein erhöhtes Risiko gegeben ist.

Anlage 1 des GwG unterscheidet in potenziell **risikoverringernde Faktoren**   8 bezüglich des **Kundenrisikos**, des **Produkt-, Dienstleistungs-, Transaktions- oder Vertriebskanalrisikos** und des **geografischen Risikos**. Unter den in Anlage 1 aufgeführten Faktoren finden sich einige, jedoch nicht alle Sachverhalte wieder, in denen bereits aufgrund der bisherigen Regelungen des GwG (§ 5 GwG a. F.), VAG (§ 54 VAG a. F.) etc. die Anwendung vereinfachter Sorgfaltspflichten vorbehaltlich einer Risikobewertung im Einzelfall möglich war. Nachfolgend wird nur auf diese potenziell risikoverringernden Faktoren eingegangen. Bezüglich der in **Anlage 2** des GwG aufgeführten potenziell **risikoerhöhenden Faktoren**, die ebenfalls im Rahmen der Risikobewertung zu berücksichtigen sind, wird auf die Kommentierung zu § 15 GwG Verstärkte Sorgfaltspflichten verwiesen.

a) Faktoren für ein potenziell geringeres Kundenrisiko (Anlage 1 Nr. 1)

aa) Börsennotierte Gesellschaften (Anlage 1 Nr. 1 lit. a)

9   Gemäß Nr. 1 lit. a der Anlage 1 zum GwG kann als Indikator für ein geringeres Risiko angesehen werden, dass es sich bei dem Kunden um ein öffentliches, an einer Börse notiertes Unternehmen handelt, welches (aufgrund von Börsenordnungen oder von Gesetzes wegen oder aufgrund durchsetzbarer Instrumente) solchen Offenlegungspflichten unterliegt, die Anforderungen an die Gewährleistung einer angemessenen Transparenz hinsichtlich des wirtschaftlichen Eigentümers auferlegen. Die Regelung entspricht § 5 Abs. 2 Satz 1 Nr. 2 GwG a. F., der für die Anwendung vereinfachter Sorgfaltspflichten gegenüber börsennotierten Gesellschaften verlangte, dass deren Wertpapiere zum Handel auf einem organisierten Markt im Sinne des § 2 Abs. 5 des Wertpapierhandelsgesetzes in einem oder mehreren Mitgliedstaaten der Europäischen Union zugelassen waren. Im Fall von börsennotierten Gesellschaften aus Drittstaaten mussten diese Transparenzanforderungen im Hinblick auf Stimmrechtsanteile unterliegen, die denjenigen des Gemeinschaftsrechts gleichwertig sind.

10   Als **börsennotierte Gesellschaften** im Sinne von Nr. 1 lit. a der Anlage 1 zum GwG sind damit börsennotierte Unternehmen, einschließlich ihrer konzernangehörigen (und damit im Konzernabschluss erfassten) Tochtergesellschaften anzusehen, sofern deren Wertpapiere zum Handel

– auf einem geregelten Markt im Sinne der europäischen Finanzmarktrichtlinie MiFID[8] zugelassen sind; die „geregelten Märkte" im Sinne der Richtlinie 2004/39/EG sind in der „Übersicht über die geregelten Märkte und einzelstaatliche Rechtsvorschriften zur Umsetzung der entsprechenden Anforderungen der Wertpapierdienstleistungsrichtlinie (2008/C 57/11)" aufgeführt[9] oder

– an einem organisierten Markt in einem Drittland zugelassen sind, der Transparenzanforderungen im Hinblick auf Stimmrechtsanteile unterliegt, die denjenigen des Gemeinschaftsrechts gleichwertig sind.

11   Gleichwertigen Transparenzanforderungen unterliegen derzeit jedenfalls alle im Anhang 1 der „Auslegungs- und Anwendungshinweise der DK zur Verhinderung von Geldwäsche, Terrorismusfinanzierung und ‚sonstigen strafbaren Handlungen'" (Stand: 1.2.2014) aufgeführten organisierten Märkte aus Drittländern. Weitere Märkte sind anhand der oben genannten Kriterien zu bewerten.

---

8 Richtlinie 2004/39/EG des Europäischen Parlaments und des Rates v. 21.4.2004 über Märkte für Finanzinstrumente, zur Änderung der Richtlinien 85/611/EWG und 93/6/EWG des Rates und der Richtlinie 2000/12/EG des Europäischen Parlaments und des Rates und zur Aufhebung der Richtlinie 93/22/EWG des Rates, ABl. L 145 v. 30.4.2004, S. 1.
9 ABl. C 57 v. 1.3.2008, S. 21.

bb) Öffentliche Verwaltungen oder Unternehmen (Anlage 1 Nr. 1 lit. b)

Gemäß Nr. 1 lit. b der Anlage 1 zum GwG kann auch die Tatsache, dass es sich **12** bei dem Kunden um eine öffentliche Verwaltung bzw. ein öffentliches Unternehmen handelt, als Indikator für ein geringeres Risiko betrachtet werden. Die Regelung entspricht § 5 Abs. 2 Satz 1 Nr. 4 GwG a. F.

Für die Anwendung vereinfachter Sorgfaltspflichten gegenüber öffentlichen **13** Stellen im Inland ist es erforderlich, dass es sich um Behörden im Sinne des § 1 Abs. 4 des Verwaltungsverfahrensgesetzes und der entsprechenden Regelungen der Verwaltungsverfahrensgesetze der Länder handelt. Die Anwendung vereinfachter Sorgfaltspflichten gegenüber öffentlichen Stellen im Ausland setzt voraus, dass es sich um ausländische Behörden oder ausländische öffentliche Einrichtungen handelt,

– die auf der Grundlage des Vertrags über die Europäische Union, der Verträge zur Gründung der Europäischen Gemeinschaften oder des Sekundärrechts der Gemeinschaften mit öffentlichen Aufgaben betraut sind,
– deren Identität öffentlich nachprüfbar und transparent ist und zweifelsfrei feststeht,
– deren Tätigkeiten und Rechnungslegung transparent ist und
– die einer Rechenschaftsverpflichtung gegenüber einem Organ der Gemeinschaft oder gegenüber den Behörden eines Mitgliedstaats der Europäischen Union oder anderweitigen Kontroll- und Überwachungsmaßnahmen zur Überprüfung der Tätigkeit unterliegen.

cc) Kunden mit Wohnsitz in geografischen Gebieten mit geringerem Risiko
nach Nr. 3 der Anlage 1 (Anlage 1 Nr. 1 lit. c)

Bezüglich der geografischen Gebiete mit geringerem Risiko wird auf die Kom- **14** mentierung zu Nr. 3 der Anlage 1 verwiesen (Rn. 18).

b) Faktoren für ein potenziell geringeres Produkt-, Dienstleistungs-,
Transaktions- oder Vertriebskanalrisiko (Anlage 1 Nr. 2)

Zu den Faktoren für ein potenziell geringeres Produkt-, Dienstleistungs-, Trans- **15** aktions- oder Vertriebskanalrisiko zählen gemäß Nr. 2 der Anlage 1:

– Lebensversicherungspolicen mit niedriger Prämie (Anlage 1 Nr. 2 lit. a);
– Versicherungspolicen für Rentenversicherungsverträge, sofern die Verträge weder eine Rückkaufklausel enthalten noch als Sicherheit für Darlehen dienen können (Anlage 1 Nr. 2 lit. b);
– Rentensysteme und Pensionspläne oder vergleichbare Systeme, die den Arbeitnehmern Altersversorgungsleistungen bieten, wobei die Beiträge vom

Gehalt abgezogen werden und die Regeln des Systems es den Begünstigten nicht gestatten, ihre Rechte zu übertragen (Anlage 1 Nr. 2 lit. c);

– Finanzprodukte oder -dienste, die bestimmten Kunden angemessen definierte und begrenzte Dienstleistungen mit dem Ziel der Einbindung in das Finanzsystem („Financial Inclusion") anbieten (Anlage 1 Nr. 2 lit. d);

– Produkte, bei denen die Risiken der Geldwäsche und der Terrorismusfinanzierung durch andere Faktoren wie etwa Beschränkungen der elektronischen Geldbörse oder die Transparenz der Eigentumsverhältnisse gesteuert werden (z. B. bestimmte Arten von E-Geld) (Anlage 1 Nr. 2 lit. e).

16 Die in **Nr. 2 lit. a–c** der Anlage 1 aufgeführten Faktoren für ein potenziell geringeres Risiko entsprechen den vormals in § 54 Nr. 1–3 VAG a. F. (zuvor: § 80e VAG a. F.) speziell für Versicherungsunternehmen geregelten Fallgruppen der Anwendbarkeit vereinfachter Sorgfaltspflichten, die im Rahmen der Umsetzung der Vierten EU-Geldwäscherichtlinie aus dem VAG gestrichen wurden. Ziel der Streichung war es – wie auch im Fall der Streichung der vormals in § 5 GwG aufgeführten Fallgruppen – den risikoorientierten Ansatz weiter zu stärken und Automatismen bei der Risikobewertung zu verhindern. § 54 Nr. 1 VAG a. F., der auf Art. 11 Abs. 5 lit. a der Dritten EU-Geldwäscherichtlinie basierte, legte als Schwellenwert für eine niedrige Prämie einen Betrag von maximal 1.000 EUR p.a. im Fall von periodischen Prämienzahlungen und einen Betrag von maximal 2.500 EUR bei einmaligen Prämienzahlungen fest. **Nr. 2 lit. d** der Anlage 1 steht im Einklang mit den von der **FATF** im Juni 2011 erstmals veröffentlichten und im Februar 2013 aktualisierten **Leitlinien „Anti-Money Laundering and Terrorist Financing Measures and Financial Inclusion"**.

c) Faktoren für ein potenziell geringeres geografisches Risiko (Anlage 1 Nr. 3)

17 Zu den Faktoren für ein potenziell geringeres geografisches Risiko zählen gemäß Nr. 3 der Anlage 1:

– Mitgliedstaaten (Anlage 1 Nr. 3 lit. a),

– Drittstaaten mit gut funktionierenden Systemen zur Verhinderung, Aufdeckung und Bekämpfung von Geldwäsche und von Terrorismusfinanzierung (Anlage 1 Nr. 3 lit. b),

– Drittstaaten, in denen Korruption und andere kriminelle Tätigkeiten laut glaubwürdigen Quellen schwach ausgeprägt sind (Anlage 1 Nr. 3 lit. c),

– Drittstaaten, deren Anforderungen an die Verhinderung, Aufdeckung und Bekämpfung von Geldwäsche und von Terrorismusfinanzierung laut glaubwürdigen Quellen (z. B. gegenseitige Evaluierungen, detaillierte Bewertungsberichte oder veröffentlichte Follow-up-Berichte) den überarbeiteten FATF (Financial Action Task Force)-Empfehlungen entsprechen und die diese Anforderungen wirksam umsetzen (Anlage 1 Nr. 3 lit. d).

2. Risikoverringernde Faktoren gemäß den Leitlinien zu Risikofaktoren der europäischen Aufsichtsbehörden

Gemäß Art. 17 und 18 Abs. 4 der Vierten EU-Geldwäscherichtlinie wurden die **18** europäischen Aufsichtsbehörden beauftragt, für **Verpflichtete nach § 2 Abs. 1 Nr. 1–3 und 6–9 GwG** Leitlinien zu erstellen, welche Risikofaktoren zu berücksichtigen sind oder welche Maßnahmen in Fällen, in denen vereinfachte oder verstärkte Sorgfaltspflichten gegenüber Kunden angemessen sind, zu treffen sind. Diese Leitlinien (nachfolgend auch die „**Leitlinien zu Risikofaktoren**" genannt) wurden in ihrer ersten Fassung am 26.6.2017 veröffentlicht.[10] Eine überarbeitete Version der Leitlinien wurde von der EBA am 1.3.2021 publiziert.[11] Die aktualisierte Fassung berücksichtigt die regulatorischen Änderungen, die mit der Fünften EU-Geldwäscherichtlinie einhergingen. Ferner wurden die Leitlinien um neue Erkenntnisse zu den Risiken von Geldwäsche und Terrorismusfinanzierung ergänzt. Die Leitlinien zu Risikofaktoren gliedern sich in zwei Teile: einen allgemein gültigen Teil (Titel I), der auf alle Unternehmen anzuwenden ist, sowie einen sektorspezifischen Teil (Titel II), der sich an einzelne Arten von Unternehmen bzw. einzelne Branchen richtet, und enthalten Ausführungen zu allgemeinen und branchenspezifischen Faktoren, die zu einer Erhöhung oder Reduzierung der jeweiligen Produkt-, Dienstleistungs-, Transaktions-, Kunden-, Länder- oder Vertriebswegerisiken beitragen können. Nachfolgend wird nur auf die potenziell risikomindernden Faktoren eingegangen. Bezüglich der in den Leitlinien aufgeführten potenziell **risikoerhöhenden Faktoren**, die von Verpflichtete nach § 2 Abs. 1 Nr. 1–3 und 6–9 GwG ebenfalls im Rahmen der Risikobewertung zu berücksichtigen sind, wird auf die Kommentierung zu § 15 GwG Verstärkte Sorgfaltspflichten verwiesen.

---

10 European Banking Authority (EBA)/European Securities and Markets Authority (ESMA)/European Insurance and Occupational Pensions Authority (EIOPA), Joint Guidelines under Articles 17 and 18(4) of Directive (EU) 2015/849 on simplified and enhanced customer due diligence and the factors credit and financial institutions should consider when assessing the money laundering and terrorist financing risk associated with individual business relationships and occasional transactions (The Risk Factor Guidelines) (Gemeinsame Leitlinien nach den Art. 17 und 18 Abs. 4 der Richtlinie (EU) 2015/849 zu den vereinfachten und verstärkten Sorgfaltspflichten und den Risikofaktoren, die Kredit- und Finanzinstitute bei der Bewertung von Geldwäsche und Terrorismusfinanzierungsrisiken, die mit individuellen Geschäftsbeziehungen und gelegentlichen Transaktionen verbunden sind, berücksichtigen sollten (Leitlinien zu Risikofaktoren)) (nachfolgend „EBA/ESMA/EIOPA, Leitlinien zu Risikofaktoren"), JC 2017 37 v. 26.6.2017.
11 EBA/GL/2021/02 v. 1.3.2021.

a) Korrespondenzbankbeziehungen

19   Nach den Leitlinien zu Risikofaktoren[12] tragen folgenden Faktoren zu einer Reduzierung der Risiken im Korrespondenzbankenbereich bei:

aa) Faktoren für potenziell geringere Produkt-, Dienstleistungs- und Transaktionsrisiken

20   – Die Geschäftsverbindung zwischen den Banken beschränkt sich auf eine SWIFT RMA-Nachrichtenfunktion (SWIFT Relationship Management Application), die speziell für die Kommunikation zwischen Finanzinstituten entwickelt wurde. Bei einer SWIFT-RMA-Beziehung besitzt die Gegenpartei kein Zahlungskonto;
– die Korrespondenzbanken handeln für eigene Rechnung und nicht im Auftrag ihrer Kunden (z. B. Abwicklung von Devisendienstleistungen zwischen zwei Banken);
– die Transaktion bezieht sich auf den Verkauf, den Kauf oder die Verpfändung von Wertpapieren auf geregelten Märkten.

bb) Faktoren für ein potenziell geringeres Kundenrisiko

21   – Die Kontrollhandlungen der anderen Bank (nachfolgend das „Respondenzinstitut") zur Prävention von Geldwäsche und Terrorismusfinanzierung sind so stabil, wie es die Vierte EU-Geldwäscherichtlinie verlangt;
– das Respondenzinstitut ist Teil der gleichen Gruppe wie die Korrespondenzbank (nachfolgend das „Korrespondenzinstitut"), hat seinen Sitz nicht in einem Staat mit einem höheren Risiko der Geldwäsche oder Terrorismusfinanzierung und wendet die Standards der Gruppe an, die mindestens so streng sind wie die nach der Vierten EU-Geldwäscherichtlinie vorgeschriebenen Standards.

cc) Faktoren für potenziell geringere Länderrisiken oder geografische Risiken

22   – Das Respondenzinstitut hat seinen Sitz in einem EWR-Mitgliedstaat;
– das Respondenzinstitut hat seinen Sitz in einem Drittstaat, dessen Vorschriften zur Prävention von Geldwäsche und Terrorismusfinanzierung nicht mindestens den Vorgaben der Vierten EU-Geldwäscherichtlinie (Richtlinie (EU) 2015/849) entsprechen und von dem Respondenzinstitut wirksam umgesetzt werden.[13]

---

12 Vgl. EBA/ESMA/EIOPA, Leitlinien zu Risikofaktoren, Leitlinie 8: Sektorspezifische Leitlinie für Korrespondenzbankbeziehungen, Ziff. 8.5., 8.7., 8.9.
13 In diesem Fall müssen Korrespondenzbanken allerdings dennoch verstärkte Sorgfaltspflichten anwenden, vgl. die Kommentierung zu § 15.

b) Standardisiertes Privatkundengeschäft

Folgende Faktoren bewirken gemäß den Leitlinien zu Risikofaktoren[14] eine Re- **23**
duzierung der Risiken im standardisierten Privatkundengeschäft (Retail Banking):

aa) Faktoren für potenziell geringere Produkt-, Dienstleistungs- und
Transaktionsrisiken

– Das Produkt hat nur eine begrenzte Funktionalität (bspw. Sparprodukte mit **24**
fester Laufzeit);
– das Produkt kommt nur für bestimmte Kundengruppen infrage und/oder kann
nur von bestimmten Kundengruppen erworben bzw. gehalten werden (bspw.
Rentner, im Namen ihrer Kinder handelnde Eltern, Minderjährige bis zur
Volljährigkeit);
– Transaktionen können nur von einem auf den Namen des Kunden lautenden
Konto bei einem Kredit- oder Finanzinstitut ausgeführt werden, welches Vorschriften zur Prävention von Geldwäsche und Terrorismusfinanzierung unterliegt, die mindestens den Vorgaben der Vierten EU-Geldwäscherichtlinie
(Richtlinie (EU) 2015/849) entsprechen;
– bei dem Produkt gibt es keine Überzahlungsmöglichkeit.

bb) Faktoren für potenziell geringere Kundenrisiken

– Zu dem Kunden besteht eine langjährige Geschäftsbeziehung, seine bisheri- **25**
gen Transaktionen haben zu keinem Zeitpunkt Anlass zu Verdachtsmomenten oder Bedenken gegeben und das Produkt oder die Dienstleistung entspricht dem Kundenrisikoprofil.

cc) Faktoren für potenziell geringere Länderrisiken oder geografische Risiken

– Die an einer Transaktion beteiligten Länder verfügen über Vorschriften zur **26**
Prävention von Geldwäsche und Terrorismusfinanzierung, die mindestens
den Vorgaben der Vierten EU-Geldwäscherichtlinie (Richtlinie (EU) 2015/
849) entsprechen, und weisen nur eine niedrige Rate an relevanten Vortaten
auf.

dd) Faktoren für potenziell geringere Vertriebswegerisiken

– Das Produkt kann nur von Kunden erworben werden, die bestimmte, von **27**
staatlichen öffentlichen Stellen festgelegte spezifische Eignungskriterien er-

---

14 Vgl. EBA/ESMA/EIOPA, Leitlinien zu Risikofaktoren, Leitlinie 9: Sektorspezifische
Leitlinie zum standardisierten Privatkundengeschäft, Ziff. 9.5., 9.7., 9.9., 9.11.

füllen, was z. B. für Empfänger von Sozialleistungen oder spezielle Sparprodukte für Kinder gilt, die in einem bestimmten Mitgliedstaat zugelassen sind.

c) E-Geld-Emittenten

28 Nach den Leitlinien zu Risikofaktoren[15] führen folgende Faktoren zu einer Reduzierung der Risiken im E-Geld-Geschäft:

aa) Faktoren für potenziell geringere Produktrisiken

(1) Schwellenwerte

29 Das betreffende Produkt:

- ist mit niedrigen Obergrenzen für Zahlungen und Auflade- oder Rücktauschvorgänge, einschließlich Barabhebungen, verbunden (wobei allerdings zu beachten ist, dass ein niedriger Schwellenwert allein eventuell nicht ausreicht,
  um das Risiko der Terrorismusfinanzierung zu senken);
- erlaubt innerhalb eines bestimmten Zeitraums nur eine begrenzte Zahl an
  Zahlungen und Auflade- oder Rücktauschvorgängen, einschließlich Barabhebungen;
- ist mit einer Beschränkung hinsichtlich der Geldmenge verbunden, die auf
  dem E-Geld-Produkt bzw. E-Geld-Konto gespeichert werden kann.

(2) Art der Finanzierung

30 – Das betreffende Produkt erfordert, dass die für einen Kauf- oder Aufladevorgang benötigten Mittel nachweislich von einem Einzel- oder Gemeinschaftskonto des Kunden bei einem Kredit- oder Finanzinstitut mit Sitz innerhalb
  des EWR abgebucht werden;

(3) Verwendbarkeit und Übertragbarkeit

31 Das betreffende Produkt:

- erlaubt keine Barabhebungen oder ist mit strengen Beschränkungen für Barabhebungen verbunden;
- kann nur im Inland verwendet werden;
- wird nur von einer begrenzten Zahl an Händlern oder Verkaufsstellen akzeptiert, über deren Geschäftstätigkeit der jeweilige E-Geld-Emittent Bescheid
  weiß;

---

15 Vgl. EBA/ESMA/EIOPA, Leitlinien zu Risikofaktoren, Leitlinie 10: Sektorspezifische
   Leitlinie für E-Geld-Emittenten, Ziff. 10.5., 10.7.

– ist so beschaffen, dass es nur begrenzt für Käufe bei Anbietern von Waren und Dienstleistungen verwendet werden kann, die mit einem hohen Risiko für Finanzdelikte verbunden sind;
– wird nur für eine begrenzte Zahl an risikoarmen Dienstleistungen oder Produkten als Zahlungsmittel akzeptiert.

bb) Faktoren für potenziell geringere Kundenrisiken (Ziffer 118–119)

Das Produkt kann nur von bestimmten Kundenkategorien erworben werden, **32** z. B. Sozialhilfeempfängern oder Mitarbeitern, die dieses Produkt von ihrem Arbeitgeber zur Deckung berufsbedingter Aufwendungen erhalten.

d) Finanztransferdienstleister

Nach den Leitlinien zu Risikofaktoren[16] tragen folgende Faktoren zu einer Reduzierung der Risiken im Finanztransferdienstleister-Bereich bei: **33**

aa) Faktoren für potenziell geringere Produktrisiken

– Die transferierten Gelder stammen von einem Konto des Kunden bei einem **34** Kredit-/Finanzinstitut mit Sitz im EWR.

bb) Faktoren für potenziell geringere Kundenrisiken

– Zu dem Kunden besteht eine langjährige Geschäftsbeziehung, seine bisherigen Transaktionen haben zu keinem Zeitpunkt Anlass zu Verdachtsmomenten oder Bedenken gegeben und es gibt keine Anhaltspunkte für ein erhöhtes Risiko; **35**
– der transferierte Betrag ist gering. (Hierbei ist zu beachten, dass niedrige Beträge als alleiniges Kriterium nicht ausreichend sind, um das Risiko der Terrorismusfinanzierung ausschließen zu können).

cc) Faktoren für potenziell geringere Vertriebswegerisiken

– Die beteiligten Agenten sind selbst regulierte Finanzinstitute; **36**
– die für die Erbringung der Dienstleistung erforderlichen Mitten können nur von einem Konto des Kunden bei einem Kredit-/Finanzinstitut mit Sitz im EWR oder von einem Konto, über das der Kunde nachweislich verfügen kann, bereitgestellt werden.

---

16 Vgl. EBA/ESMA/EIOPA, Leitlinien zu Risikofaktoren, Leitlinie 11: Sektorspezifische Leitlinie für Finanztransferdienstleister, Ziff. 11.6., 11.8., 11.10.

e) Vermögensverwalter

37 Für im Bereich der Vermögensverwaltung tätige Unternehmen finden sich in den sektorspezifischen Leitlinien[17] keine spezifischen Faktoren, die zu einer Reduzierung der Risiken in der Vermögensverwaltung beitragen können.

f) Handelsfinanzierungsanbieter

38 Folgende Faktoren bewirken gemäß den Leitlinien zu Risikofaktoren[18] eine Reduzierung der Risiken im Handelsfinanzierungsbereich:

aa) Faktoren für potenziell geringere Transaktionsrisiken

39 – Die Qualität und Menge der Waren sowie das Vorliegen der erforderlichen Dokumente und Genehmigungen wurden von unabhängigen Kontrolleuren geprüft;
– bei den Transaktionsbeteiligten handelt es sich um etablierte Geschäftspartner, die nachweislich schon zahlreiche Transaktionen miteinander abgewickelt haben, wobei jeweils zuvor die maßgeblichen Sorgfaltspflichten erfüllt wurden.

bb) Faktoren für potenziell geringere Kundenrisiken

40 – Der betreffende Kunde ist ein Bestandskunde, dessen Geschäftstätigkeit der jeweiligen Bank gut bekannt ist, und die Transaktion deckt sich mit dieser Geschäftstätigkeit.

cc) Faktoren für potenziell geringere Länderrisiken oder geografische Risiken

41 – Das betreffende Handelsgeschäft wird innerhalb der EU/des EWR abgewickelt;
– die an der Transaktion beteiligten Länder verfügen über Vorschriften zur Prävention von Geldwäsche und Terrorismusfinanzierung, die mindestens den Vorgaben der Vierten EU-Geldwäscherichtlinie (Richtlinie (EU) 2015/849) entsprechen und weisen nur eine niedrige Rate an relevanten Vortaten auf.

---

17 Vgl. EBA/ESMA/EIOPA, Leitlinien zu Risikofaktoren, Leitlinie 12: Sektorspezifische Leitlinie zur Vermögensverwaltung, Ziff. 12.1. ff.
18 Vgl. EBA/ESMA/EIOPA, Leitlinien zu Risikofaktoren, Leitlinie 13: Sektorspezifische Leitlinie für Anbieter im Bereich der Handelsfinanzierung, Ziff. 13.11., 13.13., 13.15.

g) Lebensversicherungsunternehmen

Im Lebensversicherungsbereich tragen nach den Leitlinien zu Risikofaktoren[19] **42**
folgende Faktoren zu einer Reduzierung der Risiken bei:

aa) Faktoren für potenziell geringere Produkt-, Dienstleistungs- und
   Transaktionsrisiken

Das Produkt weist folgende Eigenschaften auf: **43**

- eine Leistung des Versicherungsträgers erfolgt nur im Fall des Eintritts eines
  vertraglich vordefinierten Ereignisses;
- das Produkt hat keinen Rückkaufswert;
- das Produkt kann nicht als Kapitalanlage genutzt werden;
- es gibt keine Möglichkeit zur Zahlung durch Dritte;
- das Produkt beschränkt die Gesamtinvestition auf einen niedrigen Wert;
- bei dem Produkt handelt es sich um eine Lebensversicherung mit geringem
  Beitragssatz;
- das Produkt erlaubt nur betragsmäßig geringe regelmäßige Einzahlungen in
  regelmäßigen Abständen und keine Sonderzahlungen;
- das Produkt ist nur über den Arbeitgeber für seine Angestellten verfügbar;
- das Produkt sieht keine kurz-/mittelfristige Rückkaufsmöglichkeit vor;
- das Produkt kann nicht als Sicherheit eingesetzt werden;
- das Produkt erlaubt keine Bareinzahlungen;
- das Produkt steht unter Bedingungen, die eingehalten werden müssen, um
  Steuervergünstigungen zu erhalten.

bb) Faktoren für potenziell geringere Kunden- und Begünstigtenrisiken

Bei dem Kunden einer Lebensversicherung in Körperschaftseigentum handelt **44**
es sich um:

- ein Kredit- oder Finanzinstitut, welches Vorschriften zur Prävention von
  Geldwäsche und Terrorismusfinanzierung unterliegt und bezüglich der Einhaltung dieser Vorschriften in einer Weise überwacht wird, die im Einklang
  mit den entsprechenden Anforderungen der Vierten EU-Geldwäscherichtlinie (Richtlinie (EU) 2015/849) steht;
- eine staatliche Stelle oder ein staatliches Unternehmen mit Sitz in einem
  EWR-Vertragsstaat.

---

19 Vgl. EBA/ESMA/EIOPA, Leitlinien zu Risikofaktoren, Leitlinie 14: Sektorspezifische
   Leitlinie für Lebensversicherungsunternehmen. Ziff. 14.7, 14.9., 14.11., 14.13.

cc) Faktoren für potenziell geringere Vertriebswegerisiken

45   – Die Vermittler sind dem Versicherer wohlbekannt und dieser weiß mit hinreichender Sicherheit, dass die Vermittler Kundensorgfaltsmaßnahmen anwenden, die dem mit der Geschäftsbeziehung verbundenen Risiko entsprechen
und im Einklang mit den im Rahmen der Vierten EU-Geldwäscherichtlinie
(Richtlinie (EU) 2015/849) geforderten Maßnahmen stehen;
– das Produkt steht nur Angestellten bestimmter Unternehmen zur Verfügung,
die beim Versicherungsträger z. B. im Rahmen eines Leistungspakets eine
Lebensversicherung für ihre Mitarbeiter abgeschlossen haben.

dd) Faktoren für potenziell geringere Länderrisiken oder geografische Risiken

46   – Die beteiligten Länder verfügen laut glaubwürdigen Quellen (z. B. gegensei-
tigen Evaluierungen, detaillierten Bewertungsberichten oder veröffentlichten
Follow-up-Berichten) über wirksame Systeme zur Bekämpfung von Geldwäsche und Terrorismus;
– in den beteiligten Ländern sind Korruption und sonstige kriminelle Aktivitäten laut glaubwürdigen Quellen schwach ausgeprägt.

h) Wertpapierfirmen

47   Nach den Leitlinien zu Risikofaktoren[20] tragen folgende Faktoren zur einer Reduzierung der **Kundenrisiken** von Wertpapierfirmen bei:
– Der Kunde ist ein institutioneller Anleger, dessen Status von einer Regierungsbehörde innerhalb des EWR überprüft wurde, zum Beispiel eine staatlich anerkannte Rentenversicherung;
– der Kunde ist eine Regierungsbehörde aus einem EWR-Mitgliedstaat;
– der Kunde ist ein Finanzinstitut mit Sitz innerhalb des EWR.

i) Anbieter von Investmentfonds

48   Nach den Leitlinien zu Risikofaktoren[21] tragen folgenden Faktoren zu einer Reduzierung der Risiken von Anbietern von Investmentfonds bei:

---

20 Vgl. EBA/ESMA/EIOPA, Leitlinien zu Risikofaktoren, Leitlinie 15: Sektorspezifische
Leitlinie für Wertpapierfirmen, Ziff. 15.4., 15.6.
21 Vgl. EBA/ESMA/EIOPA, Leitlinien zu Risikofaktoren, Leitlinie 16: Sektorspezifische
Leitlinie für Anbieter von Investmentfonds, Ziff. 16.7, 16.9., 16.11.

aa) Faktoren für potenziell geringere Produkt-, Dienstleistungs- und
Transaktionsrisiken

- Zahlungen an oder von Dritten sind nicht zulässig;   **49**
- der Fonds steht ausschließlich Kleinanlegern offen, die nur bis zu einer bestimmten Obergrenze investieren können.

bb) Faktoren für potenziell geringere Kundenrisiken

- Der Kunde ist ein institutioneller Anleger, dessen Status von einer Regie-   **50**
  rungsbehörde innerhalb des EWR geprüft wurde, zum Beispiel eine staatlich
  anerkannte Rentenversicherung;
- der Kunde ist ein Unternehmen in einem EWR-Land oder einem Drittland
  mit Vorschriften zur Prävention von Geldwäsche und Terrorismusfinanzierung, die mindestens den Vorgaben der Vierten EU-Geldwäscherichtlinie
  (Richtlinie (EU) 2015/849) entsprechen.

cc) Faktoren für potenziell geringere Vertriebswegerisiken

- Der Fonds lässt nur einen bestimmten Anlegertyp mit geringem Risiko zu,   **51**
  beispielsweise regulierte Unternehmen, die in eigenem Namen investieren
  (z. B. Lebensversicherungen) oder Anbieter von betrieblicher Altersvorsorge;
- die Fondsanteile können nur über ein bestimmtes Unternehmen, zum Beispiel
  einen Vermittler, in einem EWR-Staat oder einem Drittstaat, dessen Vorschriften zur Prävention von Geldwäsche und Terrorismusfinanzierung mindestens den Vorgaben der Vierten EU-Geldwäscherichtlinie (Richtlinie (EU)
  2015/849) entsprechen, gezeichnet oder zurückgegeben werden.

j) Regulierte Schwarmfinanzierungsplattformen (Crowdfunding Plattformen)

Nach den Leitlinien zu Risikofaktoren[22] können die folgenden Faktoren unter   **52**
Umständen zu einer Begrenzung des Risikos von Schwarmfinanzierungsdienst-
leistern beitragen:

aa) Faktoren für potenziell geringere Produkt-, Dienstleistungs- und
Transaktionsrisiken

- Der Schwarmfinanzierungsdienstleister verlangt, dass Anlagen, Rücknah-   **53**
  men, Kredite oder Rückzahlungen nachweislich von einem Einzel- oder Ge-

---

22 Vgl. EBA/ESMA/EIOPA, Leitlinien zu Risikofaktoren, Leitlinie 17: Sektorspezifische
    Leitlinie für regulierte Schwarmfinanzierungsplattformen, Ziff. 17.5., 17.8.

meinschaftskonto des Kunden bei einem Kredit- oder Finanzinstitut oder einem gemäß der zweiten Zahlungsdiensterichtlinie (Richtlinie (EU) 2015/2366 – PSD2) zugelassenen Zahlungsinstitut, deren Kontrollmaßnahmen zur Prävention von Geldwäsche und Terrorismusfinanzierung mindestens den Vorgaben der Vierten EU-Geldwäscherichtlinie (Richtlinie (EU) 2015/849) entsprechen, abgebucht oder an solche überwiesen werden;

– der Schwarmfinanzierungsdienstleister setzt hinsichtlich der Höhe der Beträge und der Anzahl der Zahlungen niedrige Grenzwerte für Anlagen, Kredite, Rückgaben und Rückzahlungen fest, die über die Schwarmfinanzierungsplattform verarbeitet werden;

– der Schwarmfinanzierungsdienstleister verlangt eine feste oder längere Haltedauer für Anlagen oder Rückzahlungsfrist für Kredite, die über die Schwarmfinanzierungsplattform erworben werden;

– der Schwarmfinanzierungsdienstleister begrenzt die Höhe der Mittel, die auf einem Konto zu einem Zeitpunkt auf der Schwarmfinanzierungsplattform gehalten werden können;

– der Schwarmfinanzierungsdienstleister nutzt Technologie, um zu erkennen, ob die Anleger oder Projektträger ein Virtuelles Privates Netzwerk (VPN) oder andere Technologien einsetzen, um den tatsächlichen Standort und das Gerät bei der Nutzung der Schwarmfinanzierungsplattform zu verschleiern;

– der Schwarmfinanzierungsdienstleister erlaubt nicht die Einrichtung mehrerer Konten auf der Schwarmfinanzierungsplattform.

bb) Faktoren für potenziell geringere Vertriebswegerisiken

54   – Der Schwarmfinanzierungsdienstleister greift auf ein Kreditinstitut oder ein Finanzinstitut für die finanzielle Abwicklung oder Überweisungsdienstleistungen zurück. Alternativ eröffnet der Schwarmfinanzierungsdienstleister in seinem eigenen Namen ein Konto bei einem regulierten Kreditinstitut oder Finanzinstitut, über das die Geldtransaktionen zwischen Projektträger und Anleger erfolgen;

– der Schwarmfinanzierungsdienstleister, der die Schwarmfinanzierungsplattform betreibt, ist als Zahlungsinstitut gemäß der zweiten Zahlungsdiensterichtlinie (Richtlinie (EU) 2015/2366 – PSD2) 2366 zugelassen oder handelt als Agent eines nach der PSD2 zugelassenen Zahlungsinstituts und verarbeitet Geldtransaktionen zwischen Anlegern und Projektträgern direkt. Dies gilt unbeschadet der Anwendung von Leitlinie 11;

– Anleger und Projektträger haben sich persönlich getroffen oder wurden sich von einem regulierten Finanzvermittler (Kreditinstitut oder Wertpapierfirma) vorgestellt, der den Sorgfaltspflichten gegenüber allen Kunden (Projektträger und Anleger) vollständig nachgekommen ist.

k) Zahlungsauslöse- und Kontoinformationsdienstleister

Länderrisiken oder geografische Risiken von Zahlungsauslöse- und Kontoin- **55**
formationsdienstleistern können nach den Leitlinien zu Risikofaktoren[23] unter
Umständen durch folgende Faktoren begrenzt werden:

- Für Zahlungsauslösedienstleister: Der betreffende Kunde tätigt einen Zahlungsvorgang in einen EWR-Mitgliedstaat oder in ein Drittland, dessen Vorschriften zur Prävention von Geldwäsche und Terrorismusfinanzierung mindestens den Vorgaben der Vierten EU-Geldwäscherichtlinie (Richtlinie (EU)
  2015/849) entsprechen.
- Für Kontoinformationsdienstleister: Die Zahlungskonten des Kunden werden
  in einem EWR-Mitgliedstaat geführt.

l) Wechselstubenbetreiber

Unternehmen, die Tätigkeiten von Wechselstuben betreiben, können ihre **Pro-** **56**
dukt-, Dienstleistungs- und Transaktionsrisiken nach den Leitlinien zu Risikofaktoren[24] möglicherweise durch folgende Faktoren reduzieren:

- Der gewechselte Betrag ist gering, wobei zu beachten ist, dass niedrige Beträge allein nicht ausreichen, um ein Risiko der Terrorismusfinanzierung ausschließen zu können.

m) Anbieter im Bereich Unternehmensfinanzierung

Nach den Leitlinien zu Risikofaktoren[25] sollten Unternehmen, die Dienstleistun- **57**
gen der Unternehmensfinanzierung anbieten, berücksichtigen, dass die folgenden Faktoren möglicherweise zu einer Begrenzung der **Risiken im Zusammen-**
hang mit Kunden und Begünstigten beitragen:

- Der betreffende Kunde ist eine staatliche Stelle oder ein staatliches Unternehmen aus einem Land, in dem es nur wenig Korruption gibt;
- der betreffende Kunde ist ein Kredit- oder Finanzinstitut, das in einem Land
  mit einem wirksamen System zur Prävention von Geldwäsche und Terrorismusfinanzierung ansässig ist und im Hinblick auf die Erfüllung seiner diesbezüglichen Verpflichtungen überwacht wird.

---

23 Vgl. EBA/ESMA/EIOPA, Leitlinien zu Risikofaktoren, Leitlinie 18: Sektorspezifische
   Leitlinie für Zahlungsauslöse- und Kontoinformationsdienstleister, Ziff. 18.7.
24 Vgl. EBA/ESMA/EIOPA, Leitlinien zu Risikofaktoren, Leitlinie 19: Sektorspezifische
   Leitlinie für Unternehmen, die Tätigkeiten von Wechselstuben, Ziff. 19.4.
25 Vgl. EBA/ESMA/EIOPA, Leitlinien zu Risikofaktoren, Leitlinie 20: Sektorspezifische
   Leitlinie für Unternehmensfinanzierung, Ziff. 20.4.

3. Risikoverringernde Faktoren gemäß den Auslegungs- und Anwendungshinweisen der BaFin zum Geldwäschegesetz

a) Transaktionen von oder zugunsten und Geschäftsbeziehungen mit anderen Verpflichteten, börsennotierten Gesellschaften und Behörden

58 Gemäß den Auslegungs- und Anwendungshinweisen der BaFin[26] bestehen keine Bedenken, wenn die ihrer Aufsicht unterstehenden Verpflichteten[27] in **folgenden Fällen** grundsätzlich von einem **geringeren Risiko** ausgehen, soweit die in der **Anlage 1 und 2 zum GwG** genannten Faktoren, die Ausführungen in den **Leitlinien zu Risikofaktoren** sowie die **Ergebnisse der Nationalen Risikoanalyse**[28] nicht entgegenstehen und im Einzelfall im Hinblick auf eine konkrete Transaktion oder Geschäftsbeziehung keine Anhaltspunkte vorliegen, die darauf schließen lassen, dass das Risiko der Geldwäsche oder der Terrorismusfinanzierung nicht gering ist:

– Bei Transaktionen von oder zugunsten von und bei Begründung von Geschäftsbeziehungen mit **Verpflichteten im Sinne von § 2 Abs. 1 Nr. 1–9 GwG**; dies gilt auch, soweit es sich um ein Kredit- oder Finanzinstitut im Sinne der Vierten EU-Geldwäscherichtlinie (Richtlinie (EU) 2015/849) mit Sitz in einem Mitgliedstaat der Europäischen Union oder mit Sitz in einem gleichwertigen Drittstaat handelt;

– bei Transaktionen von oder zugunsten von und bei Begründung von Geschäftsbeziehungen mit **börsennotierten Gesellschaften**, deren Wertpapiere zum Handel auf einem organisierten Markt im Sinne des § 2 Abs. 11 des Wertpapierhandelsgesetzes in einem oder mehreren Mitgliedstaaten der Europäischen Union zugelassen sind, und mit börsennotierten Gesellschaften aus Drittstaaten, die Transparenzanforderungen im Hinblick auf Stimmrechtsanteile unterliegen, die denjenigen des Gemeinschaftsrechts gleichwertig sind (vgl. auch Anlage 1 Nr. 1 lit. a zum GwG → Rn. 9 ff.);

– bei Transaktionen von oder zugunsten von **inländischen Behörden** im Sinne des § 1 Abs. 4 des Verwaltungsverfahrensgesetzes und der entsprechenden Regelungen der Verwaltungsverfahrensgesetze der Länder und bei Begründung von Geschäftsbeziehungen mit diesen. Entsprechendes gilt in Bezug auf **ausländische Behörden** oder **ausländische öffentliche Einrichtungen**, die auf der Grundlage des Vertrags über die Europäische Union, der Verträge zur Gründung der Europäischen Gemeinschaften oder des Sekundärrechts der Gemeinschaften mit öffentlichen Aufgaben betraut sind, sofern deren Identität öffentlich nachprüfbar und transparent ist und zweifelsfrei feststeht, dass ihre Tätigkeiten und Rechnungslegung transparent sind und eine Re-

---

26 Vgl. BaFin, AuA Oktober 2021, Ziff. 6.2, S. 64.
27 siehe hierzu BaFin, AuA Oktober 2021, Ziff. 1, S. 10.
28 Die erste nationale Risikoanalyse wurde v. BMF am 22.10.2019 veröffentlicht.

chenschaftspflicht gegenüber einem Organ der Gemeinschaft oder gegenüber den Behörden eines Mitgliedstaats der Europäischen Union oder anderweitige Kontroll- und Überwachungsmaßnahmen zur Überprüfung der Tätigkeit bestehen (vgl. auch Anlage 1 Nr. 1 lit. b zum GwG → Rn. 12 ff.).

b) (Sammel-)Treuhandkonten in bestimmten Fällen

Darüber hinaus können Kreditinstitute gemäß den Auslegungs- und Anwendungshinweisen – Besonderer Teil: Kreditinstitute der BaFin[29] auch bei (**Sammel-)Treuhandkonten** für folgende Fallgruppen aufgrund risikobasierter Entscheidung **vereinfachte Sorgfaltspflichten gemäß § 14 GwG** anwenden: **59**

- Sammeltreuhandkonten mit niedrigem Risiko wie Konten für beispielsweise Klassenkassen, Kegelclubs, Heimbewohner oder ähnlichen Konstellationen in Betracht kommen;
- Sammeltreuhandkonten für Inkassounternehmen (hier sei allerdings die Risikoeinstufung des Vertragspartners berücksichtigen (z. B. möglich bei Inkassoleistungen im Gesundheitswesen);
- Sammeltreuhandkonten von Kunden, die selbst Verpflichtete nach dem GwG sind und unter Aufsicht der BaFin stehen.

Die Risikobeurteilung durch das Kreditinstitut muss dem spezifischen Geschäftsmodell des Kunden entsprechend angemessen erfolgen. Kommt das Kreditinstitut im Rahmen seiner Risikobewertung zu dem Schluss, dass das von dem Sammeltreuhandkonto ausgehende Risiko gering ist, kann der **Pflicht zur Abklärung des wirtschaftlich Berechtigten** dadurch nachgekommen werden, dass der Treuhänder **auf Verlangen** des Instituts eine **Liste** der aktuellen wirtschaftlich Berechtigten vorlegt. **60**

Gänzlich entfallen kann die **Feststellung der wirtschaftlich Berechtigten** gemäß den Auslegungs- und Anwendungshinweisen Besonderer Teil: Kreditinstitute der BaFin[30] bei **Treuhandkonten im Falle der Insolvenz, Testamentsvollstreckung und Zwangsverwaltung**. Da in diesen Fällen dem Eigentümer jegliche Einflussnahmemöglichkeit auf die Verwaltung und Verwertung des betroffenen Vermögens kraft Gesetz entzogen ist, könne keine Veranlassung i. S. d. § 3 Abs. 1 Nr. 2 GwG an den entsprechenden Konten und entsprechend kein „wahrer" wirtschaftlich Berechtigter vorliegen. Der Erfassung des Insolvenz- bzw. Zwangsverwalters oder Testamentsvollstreckers als „fiktiver" wirtschaftlich Berechtigter des Schuldners bedürfe es in diesen Fällen nicht, weil dieser bereits entweder als Kontoinhaber oder als Verfügungsberechtigter hinterlegt ist. **61**

---

29 Vgl. BaFin, Auslegungs- und Anwendungshinweise – Besonderer Teil: Kreditinstitute – Stand: Juni 2021 (BaFin AuA BT KI, Juni 2021), Ziff. 7.2.1., S. 20.
30 Vgl. BaFin, AuA BT KI, Juni 2021, Ziff. 7.2.2. S. 21.

c) Darlehensvergaben durch Versicherungsunternehmen in bestimmten Fällen

62   – Gemäß den Auslegungs- und Anwendungshinweisen der BaFin zum Geldwäschegesetz – Besonderer Teil für Versicherungsunternehmen[31] können Versicherungsunternehmen, die **Darlehen** im Sinne von § 1 Abs. 1 Satz 2 Nr. 2 des Kreditwesengesetzes (KWG) vergeben, in den folgenden Fällen davon ausgehen, dass die mit der Darlehensvergabe einhergehenden Risiken als gering einzuschätzen sind und vereinfachte Sorgfaltspflichten angewendet werden können:

– Mitarbeiterdarlehen unter 25.000 EUR;

– Darlehen an gebundene Versicherungsvermittler unter 25.000 EUR;

– Darlehen an juristische Personen des öffentlichen Rechts.d) Lebensversicherungsverträge zur betrieblichen Altersversorgung (bAV) Auch **Lebensversicherungsverträge zur betrieblichen Altersversorgung (bAV)**, insbesondere im Durchführungsweg der Direktversicherung (§ 1b Abs. 2 des Gesetzes zur Verbesserung der betrieblichen Altersversorgung (BetrAVG)), stellen nach den AuA-BT: Versicherungsunternehmen in der Regel ein geringes Risiko im Sinne des § 14 GwG dar und erfüllen damit die Voraussetzungen für die Anwendung vereinfachter Sorgfaltspflichten durch die solche Verträge anbietenden Versicherungsunternehmen. Diese müssen jedoch gleichwohl dafür sorgen, dass sie Abweichungen von diesem Grundsatz und damit ein normales oder erhöhtes Risiko erkennen können und die Risikoeinstufung ggf. anpassen können.[32]

III. Vereinfachte Sorgfaltspflichten (§ 14 Abs. 2 GwG)

1. Allgemein

63   Entsprechend der Vorgaben der Vierten EU-Geldwäscherichtlinie bedeutet die Anwendung vereinfachter Kundensorgfaltspflichten nicht mehr, dass bestimmte der in § 10 Abs. 1 GwG genannten allgemeinen Sorgfaltsmaßnahmen vollständig ausgenommen werden können. Vielmehr sind alle dort genannten allgemeinen Kundensorgfaltspflichten zu erfüllen. In Umsetzung des risikobasierten Ansatzes kann aber der Umfang der zu ergreifenden Maßnahmen angemessen reduziert werden (§ 14 Abs. 2 Satz 1 Nr. 1 GwG). Dies gilt nach § 14 Abs. 2 Satz 1 Nr. 2 GwG abweichend von den §§ 12 und 13 GwG auch in Bezug auf die dort normierten Anforderungen an die Identitätsprüfung. So kann im Fall der Anwendbarkeit vereinfachter Sorgfaltspflichten eine Überprüfung der Identität

---

31 Vgl. BaFin, Auslegungs- und Anwendungshinweise zum Geldwäschegesetz – Besonderer Teil für Versicherungsunternehmen – Stand: Januar 2020 (BaFin AuA BT VU, Januar 2020), Ziff. 2 d), S. 6.

32 BaFin AuA BT VU, Januar 2020, Ziff. 4 a), S. 7.

auch auf der Grundlage von sonstigen Dokumenten, Daten oder Informationen durchgeführt werden, die von einer glaubwürdigen und unabhängigen Quelle stammen und für die Überprüfung geeignet sind. Diese Regelung entspricht § 5 Abs. 1 Satz 2 Halbs. 2 Alt. 1 GwG a. F. Für **Verpflichtete nach § 2 Abs. 1 Nr. 1–3 und 6–9 GwG** finden sich in den **Leitlinien zu Risikofaktoren** neben branchenübergreifenden auch branchenspezifische Beispiele dafür, welche vereinfachten Kundensorgfaltspflichten jeweils in Betracht kommen können (siehe → Rn. 74). Auch bei Anwendung vereinfachter Sorgfaltspflichten müssen die Verpflichteten gem. § 14 Abs. 2 Satz 2 GwG in jedem Fall die Überprüfung von Transaktionen und die Überwachung von Geschäftsbeziehungen in einem Umfang sicherstellen, der es ihnen ermöglicht, ungewöhnliche oder verdächtige Transaktionen zu erkennen und an die zentrale Stelle für Finanztransaktionsuntersuchungen zu melden.

2. Vereinfachte Sorgfaltspflichten im Rahmen des E-Geld-Geschäfts (§ 25i Abs. 2 KWG)

Eine Sonderregelung für die Anwendung vereinfachter Sorgfaltspflichten im E-Geld-Geschäft durch Kreditinstitute findet sich § 25i Abs. 2 KWG. Die Regelung des § 25i KWG basiert auf den vormals in § 25n KWG geregelten Sorgfaltspflichten für elektronisches Geld (E-Geld), welche mit Umsetzung der Vierten EU-Geldwäscherichtlinie in § 25i KWG verschoben und im Hinblick auf die Umsetzung des Art. 12 der Vierten EU-Geldwäscherichtlinie inhaltlich angepasst wurden. Bezüglich der Einzelheiten wird auf die Kommentierung zu § 25i KWG verwiesen.   **64**

3. Vereinfachte Sorgfaltspflichten gemäß den Leitlinien zu Risikofaktoren der europäischen Aufsichtsbehörden

Gemäß Art. 17 und 18 Abs. 4 der Vierten EU-Geldwäscherichtlinie wurden die europäischen Aufsichtsbehörden beauftragt, für die Verpflichteten nach § 2 Abs. 1 Nr. 1–3 und 6–9 GwG Leitlinien zu erstellen, welche Risikofaktoren zu berücksichtigen sind oder welche Maßnahmen in Fällen, in denen vereinfachte oder verstärkte Sorgfaltspflichten gegenüber Kunden angemessen sind, zu treffen sind. Diese Leitlinien zu Risikofaktoren wurden in ihrer ersten Fassung am 26.6.2017 veröffentlicht.[33] Eine überarbeitete Version der Leitlinien wurde von der EBA am 1.3.2021 publiziert.[34] Die aktualisierte Fassung berücksichtigt die regulatorischen Änderungen, die mit der Fünften EU-Geldwäscherichtlinie ein-   **65**

---

33 EBA/ESMA/EIOPA, Leitlinien zu Risikofaktoren.
34 EBA/GL/2021/02 v. 1.3.2021.

hergingen. Ferner wurde die Leitlinien um neue Erkenntnisse zu den Risiken von Geldwäsche und Terrorismusfinanzierung ergänzt.

a) Branchenübergreifende vereinfachte Sorgfaltspflichten

66 Entsprechend den Leitlinien zu Risikofaktoren[35] können Verpflichtete, soweit dies nach den einzelstaatlichen Rechtsvorschriften zulässig ist, in Situationen, in denen das mit einer Geschäftsbeziehung verbundene Risiko der Geldwäsche oder Terrorismusfinanzierung als gering eingeschätzt wird, vereinfachte Sorgfaltspflichten anwenden. Die Anwendung vereinfachter Sorgfaltspflichten bedeutet keine gänzliche Befreiung von einer oder allen der zu beachtenden allgemeinen Sorgfaltspflichten. Im Einklang mit den Empfehlungen der FATF sehen die Leitlinien jedoch vor, dass Verpflichtete

- den Zeitpunkt der Erfüllung allgemeiner Sorgfaltspflichten,
- den Umfang der für Identifizierungs-, Verifizierungs- oder Überwachungszwecke einzuholenden Informationen,
- die Qualität bzw. Quelle der für Identifizierungs-, Verifizierungs- oder Überwachungszwecke einzuholenden Informationen,
- die Häufigkeit von Kundendatenaktualitätsprüfungen oder
- die Häufigkeit und Intensität des Transaktionsmonitorings

in einer Weise anpassen können, welche dem von ihnen als gering identifizierten Risiko entspricht.

67 Die Informationen, die ein Verpflichteter bei der Anwendung vereinfachter Sorgfaltsmaßnahmen einholt, müssen ihm die Gewissheit geben, dass er zu Recht davon ausgeht, dass das mit einer Geschäftsbeziehung verbundene Risiko gering ist. Sie müssen auch ausreichen, um dem Unternehmen genügend Informationen über die Art der Geschäftsbeziehung an die Hand zu geben, um ungewöhnliche oder verdächtige Transaktionen erkennen zu können. Die Anwendung vereinfachter Sorgfaltsmaßnahmen befreit ein Institut nicht von der Pflicht zur Meldung verdächtiger Transaktionen an die Zentrale Stelle für Finanztransaktionsuntersuchungen.[36] Wenn Anhaltspunkte dafür vorliegen, dass das Risiko nicht gering ist, z. B. wenn es Anhaltspunkte dafür gibt, dass eine Geldwäsche oder Terrorismusfinanzierung versucht wird, oder wenn das Unternehmen Zweifel an der Richtigkeit der erhaltenen Informationen hat, darf es keine vereinfachten Sorgfaltspflichten anwenden. Gleiches gilt im Fall des Vorliegens eines

---

35 Vgl. EBA/ESMA/EIOPA, Leitlinien zu Risikofaktoren, Leitlinie 4: Von allen Unternehmen anzuwendende Sorgfaltspflichten gegenüber Kunden, Ziff. 4.40 ff.
36 Vgl. EBA/ESMA/EIOPA, Leitlinien zu Risikofaktoren, Leitlinie 4: Von allen Unternehmen anzuwendende Sorgfaltspflichten gegenüber Kunden, Ziff. 4.43.

Hochrisiko-Szenarios, bei dem eine Verpflichtung zur Durchführung verstärkter Sorgfaltsmaßnahmen besteht.[37]

aa) Anpassung des Zeitpunkts der Erfüllung allgemeiner Sorgfaltspflichten

Gemäß den Leitlinien zu Risikofaktoren[38] kann ein Verpflichteter beispielswei-   **68**
se, wenn ein Produkt oder eine Transaktion Eigenschaften aufweist, die eine Verwendung zu Zwecken der Geldwäsche oder Terrorismusfinanzierung einschränkt, den Zeitpunkt der Durchführung allgemeiner Sorgfaltsmaßnahmen anpassen. So könne die Überprüfung der Identität des Kunden oder des wirtschaftlichen Berechtigten auch erst

— wenn die Geschäftsbeziehung tatsächlich aufgenommen wird oder
— sobald die im Rahmen der Geschäftsbeziehung vorgenommenen Transaktionen einen bestimmten Schwellenbetrag überschreiten, oder
— nach Verstreichen einer angemessenen Frist

vorgenommen werden.

Nach den Leitlinien müssen die Verpflichteten jedoch sicherstellen, dass   **69**

— die Anwendung vereinfachter Sorgfaltspflichten nicht zu einer faktischen Befreiung von den allgemeinen Sorgfaltspflichten führt; d.h. die Verpflichteten müssen dafür Sorge tragen, dass die Identität des Kunden oder des wirtschaftlichen Berechtigten letztendlich auf jeden Fall überprüft wird;
— die festgelegten Schwellenbeträge hinreichend niedrig bzw. oder die Fristen hinreichend kurz bemessen sind (wobei die Verpflichteten im Hinblick auf das Risiko der Terrorismusfinanzierung beachten sollten, dass niedrige Schwellenbeträge allein nicht ausreichend sind, um das Risiko zu reduzieren);
— sie über Systeme verfügen, die es ihnen ermöglichen, festzustellen, wenn die festgelegten Schwellenbeträge überschritten bzw. die Fristen abgelaufen sind; und
— sie die Erfüllung allgemeiner Sorgfaltspflichten oder die Erlangung bestimmter relevanter Informationen über den Kunden nicht in Fallkonstellationen hinausschieben, in denen geltende Gesetze, wie z. B. die EU-Geldtransferverordnung oder nationale Rechtsbestimmungen, vorschreiben, dass diese Informationen von Anfang an vorliegen bzw. gleich zu Beginn beschafft werden müssen.

---

37 Vgl. EBA/ESMA/EIOPA, Leitlinien zu Risikofaktoren, Leitlinie 4: Von allen Unternehmen anzuwendende Sorgfaltspflichten gegenüber Kunden, Ziff. 4.44.
38 Vgl. EBA/ESMA/EIOPA, Leitlinien zu Risikofaktoren, Leitlinie 4: Von allen Unternehmen anzuwendende Sorgfaltspflichten gegenüber Kunden, Ziff. 4.41.

bb) Anpassung des Umfangs der einzuholenden Informationen

70   – Nach den Leitlinien zu Risikofaktoren[39] soll es Verpflichteten in Fällen mit geringem Risiko auch gestattet sein, den Umfang an Informationen, die zu Zwecken der Identitätsfeststellung/-überprüfung oder der Überwachung eingeholt werden, anzupassen. So soll es den Verpflichteten möglich sein,
–   Identitätsprüfungen auf Grundlage von Informationen, die nur aus einer einzigen zuverlässigen, glaubwürdigen und unabhängigen Dokumenten- oder Datenquelle stammen, vorzunehmen,
–   die Art und den Zweck der Geschäftsbeziehung zu unterstellen, wenn ein Produkt ohnehin nur für einen bestimmten Zweck konzipiert wurde, wie z. B. eine betriebliche Altersvorsorge oder ein Geschenkgutschein.

cc) Anpassung der Qualität bzw. Quelle der einzuholenden Informationen

71   Den Verpflichteten soll es in Fällen mit geringem Risiko auch erlaubt sein, die Qualität oder Quelle von Informationen, die zu Zwecken der Identitätsfeststellung/-überprüfung oder der Überwachung eingeholt werden, anzupassen,[40] indem sie beispielsweise:

–   zum Zweck der Überprüfung der Identität des wirtschaftlich Berechtigten Informationen, die vom Kunden und nicht von einer unabhängigen Quelle stammen, akzeptieren (zu beachten ist, dass dies in Bezug auf die Überprüfung der Identität des Kunden nicht zulässig ist); oder
–   sich in Fällen, in denen das Gesamtrisiko der Geschäftsbeziehung sehr gering ist, auf die Mittelherkunft verlassen, um einige der allgemeinen Sorgfaltspflichten zu erfüllen, zum Beispiel, wenn es sich bei den eingesetzten Mitteln um staatliche Sozialleistungen handelt oder wenn die Mittel von einem auf den Namen des Kunden lautenden Konto bei einem anderen Unternehmen mit Sitz innerhalb des EWR stammen.

dd) Anpassung der Häufigkeit von Kundendatenaktualitätsprüfungen

72   In Fällen mit geringem Risiko soll es den Verpflichteten auch erlaubt sein, die Häufigkeit von Kundendatenaktualitätsprüfungen anzupassen und solche Prüfungen beispielweise erst dann vorzunehmen, wenn **bestimmte Ereignisse** eintreten, z. B. erst dann, wenn der Kunde ein neues Produkt oder eine neue Dienstleistung nachfragt oder wenn eine **bestimmte Betragsschwelle** erreicht wird. Die Verpflichteten müssen jedoch sicherstellen, dass die Änderung der Prü-

---

39 Vgl. EBA/ESMA/EIOPA, Leitlinien zu Risikofaktoren, Leitlinie 4: Von allen Unternehmen anzuwendende Sorgfaltspflichten gegenüber Kunden, Ziff. 4.41.
40 Vgl. EBA/ESMA/EIOPA, Leitlinien zu Risikofaktoren, Leitlinie 4: Von allen Unternehmen anzuwendende Sorgfaltspflichten gegenüber Kunden, Ziff. 4.41.

fungshäufigkeit nicht zu einer faktischen Befreiung von der allgemeinen Sorgfaltspflicht, die für die Erfüllung der Sorgfaltspflichten gegenüber Kunden relevanten Daten stets auf dem aktuellen Stand zu halten, führt.[41]

ee) Anpassung der Häufigkeit und Intensität des Transaktionsmonitoring

Schließlich sollen Verpflichtete in Fällen mit geringem Risiko auch die Häufigkeit und Intensität des Transaktionsmonitoring ändern dürfen und z.B. nur solche Transaktionen überwachen, die einen **bestimmten Schwellenwert** überschreiten. Wenn sich ein Verpflichteter entscheidet, so vorzugehen, muss er aber sicherstellen, dass für die Schwelle ein angemessener Betrag festgelegt wird und dass er über Systeme verfügt, um miteinander im Zusammenhang stehende Transaktionen, die **kumuliert** den bestimmten Schwellenbetrag überschreiten (sog. „**Smurfing**"), zu erkennen.[42]

b) Branchenspezifische vereinfachte Sorgfaltspflichten

Titel II der Leitlinien zu Risikofaktoren der europäischen Aufsichtsbehörden enthält zusätzliche Beispiele für die Anwendung vereinfachter Sorgfaltspflichten in verschiedenen Branchen.

aa) Standardisiertes Privatkundengeschäft

Nach den Leitlinien zu Risikofaktoren[43] können Banken im standardisierten Privatkundengeschäft (Retail Banking) in Situationen mit geringem Risiko, soweit dies nach den einzelstaatlichen Rechtsvorschriften zulässig ist, vereinfachte Sorgfaltsmaßnahmen anwenden und beispielsweise im Fall von Kunden, die einer **gesetzlichen Erlaubnispflicht** und einem **entsprechenden Aufsichtsregime** unterliegen, die Überprüfung der Identität des Kunden anhand eines Nachweises, dass der Kunde dem entsprechenden Regime unterliegt, vornehmen (z.B. mittels einer Kundenrecherche in einem öffentlichen Register der zuständigen Aufsichtsbehörde). In Fällen mit geringem Risiko sollen Privatkundenbanken die **Überprüfung der Identität des Kunden** und gegebenenfalls des wirtschaftlich Berechtigten auch noch **während der Begründung der Geschäftsbeziehung** vornehmen dürfen. Gemäß den Leitlinien sollen Privatkunden in Sachverhalten mit geringem Risiko ferner davon ausgehen dürfen, dass

---

41 Vgl. EBA/ESMA/EIOPA, Leitlinien zu Risikofaktoren, Leitlinie 4: Von allen Unternehmen anzuwendende Sorgfaltspflichten gegenüber Kunden, Ziff. 4.41.
42 Vgl. EBA/ESMA/EIOPA, Leitlinien zu Risikofaktoren, Leitlinie 4: Von allen Unternehmen anzuwendende Sorgfaltspflichten gegenüber Kunden, Ziff. 4.41.
43 Vgl. EBA/ESMA/EIOPA, Leitlinien zu Risikofaktoren, Leitlinie 9: Sektorspezifische Leitlinie zum standardisierten Privatkundengeschäft, Ziff. 9.15.

eine **Zahlung von einem auf den Namen des Kunden (mit-)lautenden Konto bei einem regulierten Kredit- oder Finanzinstitut mit Sitz in einem EWR-Land** die Anforderungen an die Feststellung und Überprüfung der Identität des Kunden und des wirtschaftlich Berechtigten erfüllt. Wenn nachvollziehbare Gründe dafür vorliegen, dass der Kunde nicht in der Lage ist, einen herkömmlichen Identitätsnachweis vorzulegen, und keine Verdachtsmomente bestehen, sollen Banken in Fällen mit geringem Risiko **alternative Identitätsnachweise**, die das Kriterium einer unabhängigen und zuverlässigen Quelle erfüllen, akzeptieren dürfen (wie z. B. ein Schreiben einer Behörde oder einer anderen zuverlässigen öffentlichen Stelle). Schließlich soll es Privatkundenbanken in Fällen mit geringem Risiko auch erlaubt sein, die **Häufigkeit von Kundendatenaktualitätsprüfungen** anzupassen und solche Prüfungen beispielweise erst dann vorzunehmen, wenn bestimmte auslösende Ereignisse eintreten, z. B. erst dann, wenn der Kunde ein neues Produkt oder eine neue Dienstleistung nachfragt oder wenn Veränderungen im Verhalten des Kunden oder seinem Transaktionsprofil zu beobachten sind, die darauf schließen lassen, dass das mit der Geschäftsbeziehung verbundene Risiko nicht mehr gering ist.

76   Wenn ein Bankkunde für die Verwaltung der Gelder seiner eigenen Kunden ein **Sammelkonto** eröffnet, können sich Banken bei Geschäftsbeziehungen mit geringem Risiko unter den nachfolgenden Voraussetzungen,[44] soweit nach den innerstaatlichen Rechtsvorschriften zulässig, für die Anwendung vereinfachter Sorgfaltspflichten entscheiden, sofern:

– der betreffende Kunde ein Unternehmen ist, das Pflichten zur Prävention von Geldwäsche und Terrorismusfinanzierung in einem EWR-Mitgliedstaat oder einem Drittland mit einem System zur Pflicht der Prävention von Geldwäsche und Terrorismusfinanzierung unterliegt, das mindestens so stabil ist wie das in der Richtlinie (EU) 2015/849 geforderte System, und im Hinblick auf die Erfüllung der diesbezüglichen Anforderungen wirksam überwacht wird;

– der betreffende Kunde kein Unternehmen, sondern ein sonstiger Verpflichteter ist, der Pflichten zur Prävention von Geldwäsche und Terrorismusfinanzierung in einem EWR-Mitgliedstaat unterliegt und im Hinblick auf die Erfüllung der diesbezüglichen Anforderungen wirksam überwacht wird;

– die Bank das mit einer Geschäftsbeziehung verbundene Risiko der Geldwäsche und Terrorismusfinanzierung u. a. unter anderem basierend auf ihrer Beurteilung der Geschäftstätigkeit des betreffenden Kunden, der Kundenkategorien des Kunden und der Länder, in denen der Kunde tätig ist, als gering einstuft;

– die Bank mit hinreichender Sicherheit weiß, dass der betreffende Kunde bei seinen eigenen Kunden und deren wirtschaftlichen Eigentümern konsequente

---

44 Vgl. EBA/ESMA/EIOPA, Leitlinien zu Risikofaktoren, Leitlinie 9: Sektorspezifische Leitlinie zum standardisierten Privatkundengeschäft, Ziff. 9.18.

und risikoorientierte Sorgfaltspflichten anwendet (es ist gegebenenfalls angebracht, dass die Bank auf risikoorientierter Basis beurteilt, ob die diesbezüglichen Richtlinien und Verfahren ihres Kunden angemessen sind, indem sie sich z. B. direkt mit dem Kunden in Verbindung setzt); und

– die Bank risikoorientierte Schritte unternommen hat, um sich zu vergewissern, dass der betreffende Kunde auf Anfrage umgehend für die Erfüllung der Sorgfaltspflichten relevante Informationen und Dokumente zu seinen eigenen Kunden vorlegen wird, die die wirtschaftlichen Eigentümer der Guthaben auf dem Sammelkonto sind, indem sie z. B. entsprechende Bestimmungen in einen Vertrag mit dem Kunden aufgenommen hat oder stichprobenartig die Fähigkeit des Kunden prüft, solche Informationen auf Anfrage zu liefern.

Gegenüber Kunden, die Dienstleistungen in Zusammenhang mit **virtuellen** **77** **Währungen** anbieten, sollten Banken gemäß den Leitlinien zu Risikofaktoren keine vereinfachten Sorgfaltspflichten anwenden, um dafür Sorge zu tragen, dass das mit solchen Kunden verbundene Risiko der Geldwäsche und Terrorismusfinanzierung gemindert wird.[45]

bb) E-Geld-Emittenten

Gemäß den Leitlinien zu Risikofaktoren[46] können E-Geld-Emittenten, die nicht **78** von der Freistellung nach Art. 12 der Richtlinie (EU) 2015/849 profitieren, bei E-Geld-Produkten mit geringem Risiko, soweit dies nach den einzelstaatlichen Rechtsvorschriften zulässig ist, vereinfachte Sorgfaltsmaßnahmen anwenden und beispielsweise die Überprüfung der Identität des Kunden oder des wirtschaftlichen Berechtigten erst zu einem **bestimmten Zeitpunkt** nach Begründung der Geschäftsbeziehung oder erst, wenn die im Rahmen der Geschäftsbeziehung ausgeführten Transaktionen einen **festgelegten Schwellenbetrag** überschreiten, vornehmen. Die Betragsgrenze darf allerdings, wenn das Produkt nicht wieder aufladbar ist oder in anderen Ländern oder für grenzüberschreitende Transaktionen verwendet werden kann, nicht höher als 150,– EUR sein. E-Geld-Emittenten soll es in Fällen mit geringem Risiko auch gestattet sein, die Identität des Kunden mittels einer **Zahlung** von einem **auf den Namen des Kunden (mit-)lautenden Konto** oder von einem **Konto, über welches der Kunden nachweislich verfügen kann,** bei einem Kredit- oder Finanzinstitut im EWR zu überprüfen. Ferner sollen sie die Identitätsprüfung mittels einer **geringeren Anzahl an Quellen,** mittels **weniger zuverlässigen Quellen** und unter **Verwendung alternativer Methoden** durchführen dürfen. E-Geld-Emittenten

---

45 Vgl. EBA/ESMA/EIOPA, Leitlinien zu Risikofaktoren, Leitlinie 9: Sektorspezifische Leitlinie zum standardisierten Privatkundengeschäft, Ziff. 9.20.

46 Vgl. EBA/ESMA/EIOPA, Leitlinien zu Risikofaktoren, Leitlinie 10: Sektorspezifische Leitlinie für E-Geld-Emittenten, Ziff. 10.17.

sollen in Fällen mit geringem Risiko ferner berechtigt sein, die **Art und den beabsichtigten Zweck der Geschäftsbeziehung** in Fällen, in denen diese offensichtlich sind, zu unterstellen. Schließlich sollen E-Geld-Emittenten in Fällen mit geringem Risiko auch die **Intensität des Transaktionsmonitoring** verringern dürfen, solange ein bestimmter Schwellenbetrag nicht erreicht wird. Da die laufende Überwachung ein wichtiges Mittel ist, um im Rahmen einer Kundenbeziehung mehr Informationen über mögliche Risikofaktoren zu erhalten, sollte die Betragsgrenze sowohl für Einzeltransaktionen als auch miteinander im Zusammenhang stehende Transaktionen, die innerhalb eines 12-Monats-Zeitraums durchgeführt werden, bestimmt werden, wobei jeweils Werte angesetzt werden sollten, bei welchen das Unternehmen nach eigener Einschätzung von einem geringen Risiko der Geldwäsche und Terrorfinanzierung ausgeht.

cc) Vermögensverwaltung

79 In der ersten Fassung der Leitlinien zu Risikofaktoren wurde die Anwendung vereinfachter Sorgfaltsmaßnahmen im Rahmen einer Vermögensverwaltungstätigkeit als **nicht angemessen und angebracht** bewertet. Zwar wurde dieser Passus in der Neufassung der Leitlinien von 2021 gestrichen. Gleichwohl erscheint es im Hinblick auf die typischen Merkmale einer Vermögensverwaltung (wohlhabende und einflussreiche Kunden, hohe Transaktionsbeträge und große Portfolios, komplexe Produkte und Dienstleistungen (einschließlich individueller Anlageprodukte), Erwartung von Vertraulichkeit und Diskretion etc.), die im Vergleich zum standardisierten Privatkundengeschäft auf ein erhöhtes Risiko hindeuten, ratsam, mit der Anwendung vereinfachter Sorgfaltspflichten äußerst zurückhaltend umzugehen.

dd) Handelsfinanzierungsanbieter

80 Nach den Leitlinien zu Risikofaktoren[47] führen die **Kontrollen**, die an Handelsfinanzierungen beteiligte Banken in der Praxis standardmäßig durchführen, um betrügerische Aktivitäten zu erkennen und sicherzustellen, dass die Transaktionen den von der Internationalen Handelskammer (ICC) festgelegten Standards entsprechen, dazu, dass sie auch in Sachverhalten mit geringem Risiko **keine vereinfachten Sorgfaltspflichten** anwenden.

---

47 Vgl. EBA/ESMA/EIOPA, Leitlinien zu Risikofaktoren, Leitlinie 13: Sektorspezifische Leitlinie für Anbieter im Bereich der Handelsfinanzierung, Ziff. 13.24.

ee) Lebensversicherungsunternehmen

Nach den Leitlinien zu Risikofaktoren[48] sollen Lebensversicherungsunternehmen in Sachverhalten mit geringem Risiko davon ausgehen dürfen, dass eine **Zahlung von einem auf den Namen des Kunden (mit-)lautenden Konto bei einem regulierten Kredit- oder Finanzinstitut in einem EWR-Land** die Anforderungen an die Feststellung und Überprüfung der Identität des Kunden erfüllt. Ferner sollen Lebensversicherungsunternehmen in Sachverhalten mit geringem Risiko davon ausgehen dürfen, dass eine Zahlung auf ein auf den Namen des Begünstigten (mit-)lautendes Konto bei einem regulierten Kredit- oder Finanzinstitut in einem EWR-Land die Anforderungen an die Feststellung und Überprüfung der Identität des Begünstigten erfüllt.

81

ff) Wertpapierfirmen

Nach den Leitlinien zu Risikofaktoren[49] können Wertpapierfirmen in Fällen mit geringem Risiko, soweit nach den innerstaatlichen Rechtsvorschriften zulässig, die in Titel I der Leitlinien beschriebenen vereinfachten Sorgfaltspflichten anwenden.

82

gg) Anbieter von Investmentfonds

Sofern der Kunde eines Fonds oder Fondsmanagers

83

- eine **natürliche oder juristische Person** ist, die **direkt** Anteilscheine oder Anteile eines Fonds kauft und dies **in eigenem Namen** und nicht für andere Anleger tut, oder
- ein **Unternehmen** ist, das im Rahmen seiner Geschäftstätigkeit **direkt** und **in eigenem Namen** Anteilscheine oder Anteile kauft und die Anlage für einen oder mehrere letztendlich begünstigte Dritte kontrolliert, die keinen Einfluss auf die Anlage oder Investitionsentscheidungen haben,

können Fonds oder Fondsmanager gemäß der Leitlinien zu Risikofaktoren,[50] wenn der Geldtransfer nachweislich auf ein oder von einem Einzel- oder Gemeinschaftskonto des Kunden bei einem regulierten Kredit- oder Finanzinstitut mit Sitz innerhalb des EWR erfolgt, in Fällen mit geringerem Risiko – soweit nach den innerstaatlichen Rechtsvorschriften zulässig – vereinfachte Sorgfaltspflichten anwenden und sich z.B. auf die Mittelherkunft stützen, um einige der

---

48 Vgl. EBA/ESMA/EIOPA, Leitlinien zu Risikofaktoren, Leitlinie 14: Sektorspezifische Leitlinie für Lebensversicherungsunternehmen, Ziff. 14.23.

49 Vgl. EBA/ESMA/EIOPA, Leitlinien zu Risikofaktoren, Leitlinie 15: Sektorspezifische Leitlinie für Wertpapierfirmen, Ziff. 15.12.

50 Vgl. EBA/ESMA/EIOPA, Leitlinien zu Risikofaktoren, Leitlinie 16: Sektorspezifische Leitlinie für Anbieter von Investmentfonds, Ziff. 16.19.

Anforderungen im Rahmen ihrer Sorgfaltspflichten gegenüber Kunden zu erfüllen.

84 Wenn der Kunde eines Fonds oder Fondsmanagers ein **Finanzvermittler** ist, der **in eigenem Namen** auftritt und der **eingetragene Inhaber der Anteile** oder Anteilscheine ist, aber **im Auftrag und gemäß den konkreten Anweisungen eines oder mehrerer Dritter** handelt, sollte der Fonds oder Fondsmanager gemäß den Leitlinien[51] den **Finanzvermittler** im Rahmen seiner Sorgfaltspflichten gegenüber Kunden auf **risikoorientierter Basis** überprüfen. Der Fonds oder Fondsmanager sollte außerdem **risikoorientierte Schritte** unternehmen, um die **Identität der Anleger** hinter dem Finanzvermittler festzustellen und zu überprüfen, da diese Anleger die wirtschaftlichen Eigentümer der über den Vermittler investierten Gelder sind. Soweit nach den innerstaatlichen Rechtsvorschriften zulässig, kann ein Fonds oder Fondsmanager in Fällen mit geringem Risiko vereinfachte Sorgfaltspflichten ähnlich den in Titel I der Leitlinien beschriebenen Maßnahmen anwenden, sofern die folgenden Voraussetzungen erfüllt sind:

– Der Finanzvermittler unterliegt Pflichten zur Prävention von Geldwäsche und Terrorismusfinanzierung in einem EWR-Mitgliedstaat oder in einem Drittland, dessen diesbezüglichen Anforderungen mindestens den Vorgaben der Richtlinie (EU) 2015/849 entsprechen;

– die Erfüllung dieser Anforderungen durch den Finanzvermittler wird wirksam überwacht;

– der Fonds oder Fondsmanager hat risikoorientierte Schritte unternommen, um sich zu vergewissern, dass das mit der Geschäftsbeziehung verbundene Risiko der Geldwäsche und Terrorismusfinanzierung gering ist, indem er sich unter anderem die Geschäftstätigkeit und die Kundenkategorien des Finanzvermittlers und die Länder angesehen hat, in denen der Finanzvermittler tätig ist;

– der Fonds oder Fondsmanager hat risikoorientierte Schritte unternommen, um sich zu vergewissern, dass der Vermittler gegenüber seinen eigenen Kunden und deren wirtschaftlichen Eigentümern konsequente und risikoorientierte Sorgfaltspflichten anwendet. Dabei sollte der Fonds oder Fondsmanager die Angemessenheit der diesbezüglichen Richtlinien und Verfahren des Vermittlers auf risikoorientierter Basis beurteilen, indem er z. B. auf öffentlich zugängliche Informationen über die bisherige Compliance des Vermittlers zurückgreift oder sich direkt mit dem Vermittler in Verbindung setzt;

– der Fonds oder Fondsmanager hat risikoorientierte Schritte unternommen, um sich zu vergewissern, dass der Vermittler auf Anfrage umgehend für die Erfüllung der Sorgfaltspflichten relevante Informationen und Dokumente zu den Anlegern liefern wird, indem er z. B. entsprechende Bestimmungen in

---

51 Vgl. EBA/ESMA/EIOPA, Leitlinien zu Risikofaktoren, Leitlinie 16: Sektorspezifische Leitlinie für Anbieter von Investmentfonds, Ziff. 16.20.

einen Vertrag mit dem Vermittler aufgenommen hat oder stichprobenartig die Kapazität des Vermittlers prüft, solche Informationen auf Anfrage zu liefern.

Sofern es sich bei dem Kunden um den **Kunden eines anderen Unternehmens**   **85** (z.B. eines Finanzvermittlers) handelt, das **nicht** im **Register der Anteilscheine/Anteile des Fonds** eingetragen ist (weil z.B. der Investmentfonds für den Vertrieb seiner Anteile oder Anteilscheine auf einen Finanzvermittler zurückgreift und der Anleger Anteilscheine oder Anteile über das Unternehmen kauft und im Register der Anteilscheine oder Anteile des Fonds eingetragen ist), sollte ein Fonds oder Fondsmanager gemäß den Leitlinien[52] risikoorientierte Sorgfaltspflichten gegenüber dem letztendlichen Anleger anwenden, denn dieser ist sein eigentlicher Kunde. Der Fonds oder Fondsmanager kann zur Erfüllung seiner Sorgfaltspflichten gemäß und im Rahmen der Vorgaben der Richtlinie (EU) 2015/849 auf einen Finanzvermittler zurückgreifen.

hh) Regulierte Schwarmfinanzierungsplattformen (Crowdfunding Plattformen)

Gemäß den Leitlinien zu Risikofaktoren[53] können sich Schwarmfinanzierungs-   **86** plattformen, soweit nach den innerstaatlichen Rechtsvorschriften zulässig, in Fällen mit geringem Risiko für die Anwendung vereinfachter Sorgfaltspflichten entscheiden und unter anderem:

- die **Identität** des betreffenden Kunden und gegebenenfalls des wirtschaftlichen Eigentümers erst **während der Begründung der Geschäftsbeziehung** prüfen; oder
- davon ausgehen, dass eine **Zahlung** zulasten eines Einzel- oder Gemeinschaftskontos des betreffenden Kunden bei einem regulierten Kredit- oder Finanzinstitut mit Sitz in einem EWR-Mitgliedstaat die **Anforderungen an die Feststellung der Identität des Kunden und des wirtschaftlichen Berechtigten** erfüllt.

ii) Zahlungsauslöse- und Kontoinformationsdienstleister

Zahlungsauslöse- und Kontoinformationsdienstleister können nach den Vor-   **87** gaben der Leitlinien[54] die Anwendung vereinfachter Sorgfaltspflichten gegenüber Kunden wie z.B. der Folgenden in Erwägung ziehen:

---

52 Vgl. EBA/ESMA/EIOPA, Leitlinien zu Risikofaktoren, Leitlinie 16:Sektorspezifische Leitlinie für Anbieter von Investmentfonds, Ziff. 16.21.
53 Vgl. EBA/ESMA/EIOPA, Leitlinien zu Risikofaktoren, Leitlinie17: Sektorspezifische Leitlinie für regulierte Schwarmfinanzierungsplattformen, Ziff. 17.17.
54 Vgl. EBA/ESMA/EIOPA, Leitlinien zu Risikofaktoren, Leitlinie 18: Sektorspezifische Leitlinie für Zahlungsauslösedienstleister und Kontoinformationsdienstleister, Ziff. 18.15.

– Vertrauen auf die Mittelherkunft als Nachweis für die Identität des Kunden, wenn die genauen Angaben zum Zahlungskonto des Kontos bekannt sind und das Zahlungskonto bei einem regulierten Zahlungsdienstleister mit Sitz innerhalb des EWR geführt wird;
– Verschiebung der Überprüfung der Identität des betreffenden Kunden auf ein bestimmtes Datum nach der Aufnahme der Geschäftsbeziehung. In diesem Fall sollten Unternehmen dafür Sorge tragen, dass in ihren Richtlinien und Verfahren festgelegt ist, zu welchem Zeitpunkt den Sorgfaltspflichten gegenüber Kunden nachgekommen wird;
– Mutmaßung der Art und des Zwecks der Geschäftsbeziehung.

jj) Wechselstubenbetreiber

88 Gemäß den Leitlinien zu Risikofaktoren[55] können Unternehmen, die die Tätigkeiten von Wechselstuben betreiben, in dem nach den einzelstaatlichen Vorschriften zulässigen Umfang die Anwendung vereinfachter Sorgfaltspflichten gegenüber Kunden in Situationen mit einem geringen Risiko in Erwägung ziehen, wie etwa:

– Verschiebung der Überprüfung der Identität des betreffenden Kunden auf ein bestimmtes Datum nach der Aufnahme der Geschäftsbeziehung;
– Überprüfung der Identität des betreffenden Kunden anhand einer Zahlung zulasten eines Einzel- oder Gemeinschaftskontos des Kunden bei einem regulierten Kredit- oder Finanzinstitut mit Sitz innerhalb des EWR.

kk) Anbieter von Unternehmensfinanzierungen

89 Unternehmen, die Dienstleistungen der Unternehmensfinanzierung anbieten, sollten gemäß den Leitlinien[56] die ihnen aufgrund des auf Beziehungen basierenden Charakters einer Tätigkeit im Bereich Unternehmensfinanzierung, der Höhe der Transaktionen und das Erfordernis, das mit Vereinbarungen zur Unternehmensfinanzierung einhergehende Kredit- und Reputationsrisiko zu bewerten, zur Verfügung stehenden Informationen auch für die Zwecke **vereinfachter Sorgfaltspflichten** gegenüber Kunden nutzen. Beim Umgang von Unternehmen mit Vermittlern, die Konten zum primären Nutzen ihrer Kunden führen, sollten Unternehmen die sektorspezifische Leitlinie 16 für Anbieter von Investmentfonds anwenden.

---

55 Vgl. EBA/ESMA/EIOPA, Leitlinien zu Risikofaktoren, Leitlinie 19: Sektorspezifische Leitlinie für Unternehmen, die die Tätigkeiten von Wechselstuben betreiben, Ziff. 19.12.
56 Vgl. EBA/ESMA/EIOPA, Leitlinien zu Risikofaktoren, Leitlinie 20: Sektorspezifische Leitlinie für Unternehmensfinanzierung, Ziff. 20.8. f.

IV. Folgen der Nichterfüllbarkeit der vereinfachten Sorgfaltspflichten (§ 14 Abs. 3 GwG)

Der Verweis in § 14 Abs. 3 GwG auf § 10 Abs. 9 GwG stellt sicher, dass in Fäl-   **90**
len der Undurchführbarkeit von vereinfachten Kundensorgfaltsmaßnahmen
ebenfalls die dort enthaltene Beendigungsverpflichtung zur Anwendung kommt.
Bezüglich der Einzelheiten wird auf die Kommentierung zu § 10 Abs. 9 GwG
verwiesen.

V. Verordnungsermächtigung (§ 14 Abs. 4 GwG)

§ 14 Abs. 4 GwG bestimmt, dass das Bundesministerium der Finanzen im Ein-   **91**
vernehmen mit dem Bundesministerium des Innern im Rahmen einer Rechtsverordnung Fallgruppen bestimmen kann, in denen vorbehaltlich einer Prüfung
durch die Verpflichteten im Einzelfall von der Möglichkeit vereinfachter Sorgfaltspflichten Gebrauch gemacht werden kann. Voraussetzung hierfür ist eine
entsprechende Risikobewertung unter Berücksichtigung der nationalen und
branchenspezifischen Risikolage. Von der Verordnungsermächtigung ist bislang
kein Gebrauch gemacht worden.

VI. Ausnahmeregelung zur EU-Geldtransferverordnung (§ 14 Abs. 5 GwG)

§ 14 Abs. 5 GwG dient der Umsetzung von Art. 2 Abs. 5 der EU-Geldtransfer-   **92**
verordnung,[57] der es den Mitgliedstaaten ermöglicht, bei bestimmten Inlandsgeldtransfers von einer Anwendung der Regelungen der Verordnung abzusehen.
Von dieser Möglichkeit wurde in § 14 Abs. 5 GwG Gebrauch gemacht, um einen
Gleichlauf mit den geldwäscherechtlichen Vorschriften herzustellen.[58] Zahlungen **bis höchstens 1.000,– EUR** auf ein Zahlungskonto eines Begünstigten, auf
das **ausschließlich Zahlungen für die Lieferung von Waren oder Dienstleistungen** vorgenommen werden können, unterfallen damit, soweit auch die übrigen **Bedingungen des § 14 Abs. 5 GwG** erfüllt sind, nicht der EU-Geldtransferverordnung. Es werden also insbesondere keine Meldepflichten über die Identi-

---

57 Verordnung (EU) 2015/847 des Europäischen Parlaments und des Rates v. 20.5.2015
   über die Übermittlung von Angaben bei Geldtransfers und zur Aufhebung der Verordnung (EU) Nr. 1781/2006, ABl. L 141 v. 5.6.2015, S. 1.
58 Beschlussempfehlung und Bericht des Finanzausschusses (7. Ausschuss) zu dem Gesetzentwurf der Bundesregierung zur Umsetzung der Vierten EU-Geldwäscherichtlinie,
   zur Ausführung der EU-Geldtransferverordnung und zur Neuorganisation der Zentralstelle für Finanztransaktionsuntersuchungen, BT-Drs. 18/12405 v. 17.5.2017, S. 167.

tät des Auftraggebers „an der Ladenkasse" ausgelöst, auch wenn der Zahlungsdienst in einer Weise ausgestaltet sein sollte, dass der zugrunde liegende Zahlungsauftrag an der Ladenkasse erteilt wird. Hintergrund ist insbesondere, dass
derartige Meldepflichten mangels Identifikationsmöglichkeiten an der Ladenkasse in der Praxis nicht erfüllbar wären.

§ 15 Verstärkte Sorgfaltspflichten, Verordnungsermächtigung

(1) Die verstärkten Sorgfaltspflichten sind zusätzlich zu den allgemeinen Sorgfaltspflichten zu erfüllen.

(2) Verpflichtete haben verstärkte Sorgfaltspflichten zu erfüllen, wenn sie im Rahmen der Risikoanalyse oder im Einzelfall unter Berücksichtigung der in den Anlagen 1 und 2 genannten Risikofaktoren feststellen, dass ein höheres Risiko der Geldwäsche oder Terrorismusfinanzierung bestehen kann. Die Verpflichteten bestimmen den konkreten Umfang der zu ergreifenden Maßnahmen entsprechend dem jeweiligen höheren Risiko der Geldwäsche oder der Terrorismusfinanzierung. Für die Darlegung der Angemessenheit gilt § 10 Absatz 2 Satz 4 entsprechend.

(3) Ein höheres Risiko liegt insbesondere vor, wenn es sich

1. bei einem Vertragspartner des Verpflichteten oder bei einem wirtschaftlich Berechtigten um eine politisch exponierte Person, ein Familienmitglied oder um eine bekanntermaßen nahestehende Person handelt,

2. um eine Geschäftsbeziehung oder Transaktion handelt, an der ein von der Europäischen Kommission nach Artikel 9 Absatz 2 der Richtlinie (EU) 2015/849, der durch Artikel 1 Nummer 5 der Richtlinie (EU) 2018/843 geändert worden ist, ermittelter Drittstaat mit hohem Risiko oder eine in diesem Drittstaat ansässige natürliche oder juristische Person beteiligt ist; dies gilt nicht für Zweigstellen von in der Europäischen Union niedergelassenen Verpflichteten nach Artikel 2 Absatz 1 der Richtlinie (EU) 2015/849, der durch Artikel 1 Nummer 1 der Richtlinie (EU) 2018/843 geändert worden ist, und für mehrheitlich im Besitz dieser Verpflichteten befindliche Tochterunternehmen, die ihren Standort in einem Drittstaat mit hohem Risiko haben, sofern sich diese Zweigstellen und Tochterunternehmen uneingeschränkt an die von ihnen anzuwendenden gruppenweiten Strategien und Verfahren nach Artikel 45 Absatz 1 der Richtlinie (EU) 2015/849 halten,

3. um eine Transaktion handelt, die im Vergleich zu ähnlichen Fällen

   a) besonders komplex oder ungewöhnlich groß ist,

   b) einem ungewöhnlichen Transaktionsmuster folgt oder

   c) keinen offensichtlichen wirtschaftlichen oder rechtmäßigen Zweck hat, oder

4. für Verpflichtete nach § 2 Absatz 1 Nummer 1 bis 3 und 6 bis 8 um eine grenzüberschreitende Korrespondenzbeziehung mit Respondenten mit Sitz in einem Drittstaat oder, vorbehaltlich einer Beurteilung durch die

Verpflichteten als erhöhtes Risiko, in einem Staat des Europäischen Wirtschaftsraums handelt.

(4) In einem der in den Absätzen 2 und 3 Nummer 1 genannten Fälle sind mindestens folgende verstärkte Sorgfaltspflichten zu erfüllen:

1. die Begründung oder Fortführung einer Geschäftsbeziehung bedarf der Zustimmung eines Mitglieds der Führungsebene,

2. es sind angemessene Maßnahmen zu ergreifen, mit denen die Herkunft der Vermögenswerte bestimmt werden kann, die im Rahmen der Geschäftsbeziehung oder der Transaktion eingesetzt werden, und

3. die Geschäftsbeziehung ist einer verstärkten kontinuierlichen Überwachung zu unterziehen.

Wenn im Fall des Absatzes 3 Nummer 1 der Vertragspartner oder der wirtschaftlich Berechtigte erst im Laufe der Geschäftsbeziehung ein wichtiges öffentliches Amt auszuüben begonnen hat oder der Verpflichtete erst nach Begründung der Geschäftsbeziehung von der Ausübung eines wichtigen öffentlichen Amts durch den Vertragspartner oder den wirtschaftlich Berechtigten Kenntnis erlangt, so hat der Verpflichtete sicherzustellen, dass die Fortführung der Geschäftsbeziehung nur mit Zustimmung eines Mitglieds der Führungsebene erfolgt. Bei einer ehemaligen politisch exponierten Person haben die Verpflichteten für mindestens zwölf Monate nach Ausscheiden aus dem öffentlichen Amt das Risiko zu berücksichtigen, das spezifisch für politisch exponierte Personen ist, und so lange angemessene und risikoorientierte Maßnahmen zu treffen, bis anzunehmen ist, dass dieses Risiko nicht mehr besteht.

(5) In dem in Absatz 3 Nummer 2 genannten Fall haben Verpflichtete mindestens folgende verstärkte Sorgfaltspflichten zu erfüllen:

1. sie müssen einholen:

   a) zusätzliche Informationen über den Vertragspartner und den wirtschaftlich Berechtigten,

   b) zusätzliche Informationen über die angestrebte Art der Geschäftsbeziehung,

   c) Informationen über die Herkunft der Vermögenswerte und des Vermögens des Vertragspartners,

   d) Informationen über die Herkunft der Vermögenswerte und des Vermögens des wirtschaftlich Berechtigten mit Ausnahme der Person, die nach § 3 Absatz 2 Satz 5 als wirtschaftlich Berechtigter gilt,

   e) Informationen über die Gründe für die geplante oder durchgeführte Transaktion und

   Glaab

f) Informationen über die geplante Verwendung der Vermögenswerte, die im Rahmen der Transaktion oder Geschäftsbeziehung eingesetzt werden, soweit dies zur Beurteilung der Gefahr von Terrorismusfinanzierung erforderlich ist,

2. die Begründung oder Fortführung einer Geschäftsbeziehung bedarf der Zustimmung eines Mitglieds der Führungsebene und

3. bei einer Geschäftsbeziehung müssen sie die Geschäftsbeziehung verstärkt überwachen durch

   a) häufigere und intensivere Kontrollen sowie

   b) die Auswahl von Transaktionsmustern, die einer weiteren Prüfung bedürfen.

(5a) In dem in Absatz 3 Nummer 2 genannten Fall und zusätzlich zu den in Absatz 5 genannten verstärkten Sorgfaltspflichten können die zuständigen Aufsichtsbehörden risikoangemessen und im Einklang mit den internationalen Pflichten der Europäischen Union eine oder mehrere von den Verpflichteten zu erfüllende verstärkte Sorgfaltspflichten anordnen, die auch folgende Maßnahmen umfassen können:

1. die Meldung von Finanztransaktionen an die Zentralstelle für Finanztransaktionsuntersuchungen,

2. die Beschränkung oder das Verbot geschäftlicher Beziehungen oder Transaktionen mit natürlichen oder juristischen Personen aus Drittstaaten mit hohem Risiko,

3. das Verbot für Verpflichtete mit Sitz in einem Drittstaat mit hohem Risiko, im Inland Tochtergesellschaften, Zweigniederlassungen oder Repräsentanzen zu gründen,

4. das Verbot, Zweigniederlassungen oder Repräsentanzen in einem Drittstaat mit hohem Risiko zu gründen,

5. die Verpflichtung für Zweigniederlassungen und Tochtergesellschaften von Verpflichteten mit Sitz in einem Drittstaat mit hohem Risiko, sich einer verschärften Prüfung der Einhaltung der geldwäscherechtlichen Pflichten

   a) durch die zuständige Aufsichtsbehörde zu unterziehen oder

   b) durch einen externen Prüfer zu unterziehen,

6. die Einführung verschärfter Anforderungen in Bezug auf eine externe Prüfung nach Nummer 5 Buchstabe b,

7. für Verpflichtete nach § 2 Absatz 1 Nummer 1 bis 3 und 6 bis 9 die Überprüfung, Änderung oder erforderlichenfalls Beendigung von Korrespondenzbankbeziehungen zu Respondenten in einem Drittstaat mit hohem Risiko.

Bei der Anordnung dieser Maßnahmen gilt für die zuständigen Aufsichtsbehörden Absatz 10 Satz 2 entsprechend.

(6) In dem in Absatz 3 Nummer 3 genannten Fall sind mindestens folgende verstärkte Sorgfaltspflichten zu erfüllen:

1. die Transaktion sowie deren Hintergrund und Zweck sind mit angemessenen Mitteln zu untersuchen, um das Risiko der jeweiligen Geschäftsbeziehung oder Transaktionen in Bezug auf Geldwäsche oder auf Terrorismusfinanzierung überwachen und einschätzen zu können und um gegebenenfalls prüfen zu können, ob die Pflicht zu einer Meldung nach § 43 Absatz 1 vorliegt, und

2. die der Transaktion zugrunde liegende Geschäftsbeziehung, soweit vorhanden, ist einer verstärkten kontinuierlichen Überwachung zu unterziehen, um das mit der Geschäftsbeziehung und mit einzelnen Transaktionen verbundene Risiko in Bezug auf Geldwäsche oder auf Terrorismusfinanzierung einschätzen und bei höherem Risiko überwachen zu können.

(7) In dem in Absatz 3 Nummer 4 genannten Fall haben Verpflichtete nach § 2 Absatz 1 Nummer 1 bis 3 und 6 bis 9 bei Begründung einer Geschäftsbeziehung mindestens folgende verstärkte Sorgfaltspflichten zu erfüllen:

1. es sind ausreichende Informationen über den Respondenten einzuholen, um die Art seiner Geschäftstätigkeit in vollem Umfang verstehen und seine Reputation, seine Kontrollen zur Verhinderung der Geldwäsche und Terrorismusfinanzierung sowie die Qualität der Aufsicht bewerten zu können,

2. es ist vor Begründung einer Geschäftsbeziehung mit dem Respondenten die Zustimmung eines Mitglieds der Führungsebene einzuholen,

3. es sind vor Begründung einer solchen Geschäftsbeziehung die jeweiligen Verantwortlichkeiten der Beteiligten in Bezug auf die Erfüllung der Sorgfaltspflichten festzulegen und nach Maßgabe des § 8 zu dokumentieren,

4. es sind Maßnahmen zu ergreifen, um sicherzustellen, dass sie keine Geschäftsbeziehung mit einem Respondenten begründen oder fortsetzen, von dem bekannt ist, dass seine Konten von einer Bank-Mantelgesellschaft genutzt werden, und

5. es sind Maßnahmen zu ergreifen, um sicherzustellen, dass der Respondent keine Transaktionen über Durchlaufkonten zulässt.

(8) Liegen Tatsachen, einschlägige Evaluierungen, Berichte oder Bewertungen nationaler oder internationaler für die Verhinderung oder Bekämpfung der Geldwäsche oder der Terrorismusfinanzierung zuständiger Stellen vor,

  Glaab

die die Annahme rechtfertigen, dass über die in Absatz 3 genannten Fälle hinaus ein höheres Risiko besteht, so kann die Aufsichtsbehörde anordnen, dass die Verpflichteten die Transaktionen oder Geschäftsbeziehungen einer verstärkten Überwachung unterziehen und zusätzliche, dem Risiko angemessene Sorgfaltspflichten sowie erforderliche Gegenmaßnahmen zu erfüllen haben.

(9) Ist der Verpflichtete nicht in der Lage, die verstärkten Sorgfaltspflichten zu erfüllen, so gilt § 10 Absatz 9 entsprechend.

(10) Das Bundesministerium der Finanzen kann durch Rechtsverordnung, die nicht der Zustimmung des Bundesrates bedarf,

1. Fallkonstellationen bestimmen, in denen insbesondere im Hinblick auf Staaten, Kunden, Produkte, Dienstleistungen, Transaktionen oder Vertriebskanäle ein potenziell höheres Risiko der Geldwäsche oder der Terrorismusfinanzierung besteht und die Verpflichteten bestimmte verstärkte Sorgfaltspflichten und Gegenmaßnahmen zu erfüllen haben,

2. für Fallkonstellationen im Sinne des Absatzes 3 Nummer 2 bestimmte verstärkte Sorgfaltspflichten und Gegenmaßnahmen anordnen sowie für die Anordnung und Ausgestaltung verstärkter Sorgfaltspflichten durch die zuständigen Aufsichtsbehörden nach Absatz 5a Regelungen treffen.

Das Bundesministerium der Finanzen hat bei Erlass einer Rechtsverordnung nach dieser Vorschrift einschlägige Evaluierungen, Bewertungen oder Berichte internationaler Organisationen oder von Einrichtungen für die Festlegung von Standards mit Kompetenzen im Bereich der Verhinderung von Geldwäsche und der Bekämpfung von Terrorismusfinanzierung hinsichtlich der von einzelnen Drittstaaten ausgehenden Risiken zu berücksichtigen.

Schrifttum: *Zentes/Glaab*, Novellierung des Geldwäschegesetzes (GwG): Ausblick auf das Gesetz zur Optimierung der Geldwäscheprävention, BB 2011, 1475.

Übersicht

I. Allgemeines und risikobasierter Ansatz (§ 15 Abs. 1 und Abs. 2 GwG)

Gemäß § 15 Abs. 1 und Abs. 2 GwG haben Verpflichtete über die allgemeinen Sorgfaltspflichten hinaus zusätzliche Maßnahmen zu ergreifen, wenn ein **erhöhtes Geldwäscherisiko** besteht. § 15 GwG beinhaltet bewusst keine Aufzählung von Sachverhalten, sondern statuiert vielmehr ein allgemeines Erfordernis zur Anpassung der Sicherungsmaßnahmen bei erhöhtem Risiko. Es handelt sich hierbei um eine rechtliche Festlegung des risikoorientierten Ansatzes, der eine eigene institutsspezifische Risikoeinschätzung des Vertragspartners durch die Verpflichteten erwartet. **1**

Im Rahmen der Risikoanalyse einschließlich der Bewertung, ob verstärkte Sorgfaltspflichten (über die gesetzlich normierten Fälle hinaus) zu beachten sind, haben die Verpflichteten die in **Anlagen 1 und 2** zum GwG aufgeführten Sachverhalte zu berücksichtigen. In diesen Anlagen sind Sachverhalte aufgeführt, die ein potenziell geringeres bzw. potenziell höheres Geldwäscherisiko darstellen. **2**

Dem risikoorientierten Ansatz folgend haben die Verpflichteten den konkreten Umfang der zu ergreifenden Maßnahmen entsprechend dem jeweiligen höheren Risiko selbst festzulegen.[1] **3**

Die Auslegungs- und Anwendungshinweise[2] der BaFin stellen klar, dass die verstärkten Sorgfaltspflichten nicht zur Anwendung gelangen können, wenn kein Tatbestand erfüllt ist, der eine allgemeine Sorgfaltspflicht auslöst. Dies bedeutet im Klartext, dass Voraussetzung für die Beachtung der verstärkten Sorgfaltspflichten immer (auch) die Anwendbarkeit der allgemeinen Sorgfaltspflichten erfordert. **4**

Durch die Umsetzung der Richtlinie zur Änderung der Vierten EU-Geldwäscherichtlinie (Richtlinie 2018/843) wurden auch die verstärkten Sorgfaltspflichten wesentlich angepasst.[3] Die neuen Regelungen sehen unter anderem die Vereinheitlichung der verstärkten Sorgfaltspflichten bei Hochrisikoländern und die Konkretisierung des Personenkreises „politisch exponierte Personen" durch Listen der Mitgliedstaaten und der Europäischen Kommission zu relevanten Funktionen bzw. Ämtern vor. Auch die regulatorischen Anforderungen an Korrespondenzbeziehungen wurden präzisiert. **5**

---

1 Vgl. BaFin, AuA 2021, Ziff. 7, S. 61 f.
2 Vgl. BaFin, AuA 2021, Ziff. 7.1, S. 61.
3 Vgl. BT-Drs. 19/13827, S. 1.

II. Pflicht zur Anwendung von verstärkten Sorgfaltspflichten – Gesetzlich normierte Fälle (§ 15 Abs. 3 GwG)

6   § 15 Abs. 3 GwG regelt Sachverhalte, in denen grundsätzlich von einem erhöhten Geldwäscherisiko auszugehen ist und mithin verstärkte Sorgfaltspflichten pflichtweise zu beachten sind. Durch die Umsetzung der Änderungsrichtlinie wurde die Nummerierung der einzelnen Tatbestände angepasst. Diese Anpassung war erforderlich, da die regulatorischen Anforderungen in Bezug auf politisch exponierte Personen (§ 15 Abs. 3 Nr. 1 GwG) und Geschäftsbeziehungen zu Drittländern mit hohem Risiko (§ 15 Abs. 3 Nr. 2 GwG) sich nunmehr unterscheiden.[4] Bisher galten für beide Tatbestände die gleichen Anforderungen.

1. Politisch exponierte Personen (§ 15 Abs. 3 Nr. 1 GwG)

7   Bei **politisch exponierten Personen** (PEP), ihren Familienmitgliedern oder ihren bekanntermaßen nahestehenden Personen besteht die Notwendigkeit, Geschäftsbeziehungen zu diesen Personen einer besonderen Überwachung zu unterziehen. Die Notwendigkeit zur Anwendung der verstärkten Sorgfaltspflichten basiert insbesondere auf dem Gedanken, dass von diesen Personen aufgrund ihres persönlichen Netzwerkes ein erhöhtes Korruptionsrisiko ausgeht. Es besteht die Gefahr, dass diese Personen ihr Netzwerk auch zur Begehung von Unregelmäßigkeiten nutzen und für diese Tätigkeiten Leistungen entgegennehmen, die ihnen nicht zustehen.

8   Im Hinblick auf den erfassten Personenkreis ist vorab zu erwähnen, dass es sich bei politisch exponierten Personen ausschließlich um **natürliche Personen** handelt. Juristische Personen sind von der Regelung nicht erfasst.

9   Der Begriff der **politisch exponierten Person** ist in § 1 Abs. 12 GwG legaldefiniert und setzt Art. 3 Nr. 9 der Vierten EU-Geldwäscherichtlinie um. Der Begriff entspricht im Wesentlichen der vormaligen Definition, geregelt in den Durchführungsbestimmungen für die Richtlinie 2005/60/EG des Europäischen Parlaments und des Rates vom 4.8.2006. Neu in Bezug auf politisch exponierte Personen ist die Pflicht der EU-Mitgliedstaaten, der EU-Kommission eine Liste mit politisch exponierten Personen zur Verfügung zu stellen.[5] Die EU-Kommission wiederum hat eine konsolidierte Liste zu veröffentlichen und dient insbesondere der grenzüberschreitenden Harmonisierung in diesem Themenfeld.

10   In Bezug auf die Hierarchie-Ebene der ausgeübten Ämter ist zu beachten, dass ausschließlich hochrangige Funktionen erfasst sind. Das öffentliche Amt muss

---

4 Vgl. BT-Drs. 19/13827, Begr. zu § 15 Abs. 3 GwG, S. 80.
5 Vgl. BT-Drs. 19/13827, Begr. zu § 1 Abs. 12 GwG, S. 68.

auf **internationaler, europäischer oder nationaler Ebene** ausgeübt werden oder worden sein. Ein öffentliches Amt unterhalb der nationalen Ebene ist nur dann von § 1 Abs. 12 GwG erfasst, sofern dieses Amt in Bezug auf die politische Bedeutung mit einem Amt auf internationaler, europäischer oder nationaler Ebene vergleichbar ist. Nicht erfasst sind hingegen Funktionsträger mit mittleren oder niedrigeren Funktionen.

Im Rahmen der Umsetzung der Vierten EU-Geldwäscherichtlinie wurden auch **11** die Begrifflichkeiten „**Familienmitglieder**" (§ 1 Abs. 13 GwG) und „**Bekanntermaßen nahestehende Person**" (§ 1 Abs. 14 GwG) legaldefiniert. Die beiden Begrifflichkeiten entsprechen im Wesentlichen der bisherigen Definitionen aus den Durchführungsbestimmungen für die Richtlinie 2005/60/EG des Europäischen Parlaments und des Rates vom 4.8.2006.

Neben der Pflicht zur Überprüfung des Geschäftspartners existiert die Pflicht, **12** den wirtschaftlich Berechtigten in Bezug auf den sog. PEP-Status zu überprüfen. Diese Pflicht wurde durch das GwOptG[6] eingeführt.[7]

Im Rahmen der Umsetzung der Vierten EU-Geldwäscherichtlinie entfiel die **13** Möglichkeit, bei inländischen PEPs mit deutscher Staatsangehörigkeit die allgemeinen Sorgfaltspflichten anzuwenden. Nach alter Rechtslage (vgl. § 6 Abs. 2 Nr. 1 Satz 7 GwG a. F.) war eine Anwendung der allgemeinen Sorgfaltspflichten bei inländischen PEPs, es sei denn aus der Risikobewertung im Einzelfall ergibt sich ein höheres Risiko,[8] grundsätzlich zulässig.

Die konkrete Ausgestaltung der zu beachtenden Sorgfaltspflichten ist in § 15 **14** Abs. 4 GwG geregelt.

2. Geschäftsbeziehungen zu Personen in Risikoländern (§ 15 Abs. 3 Nr. 2 GwG)

Im Rahmen der Umsetzung der Änderungsrichtlinie wurde der bisherige § 15 **15** Abs. 3 Nr. 1 lit. b GwG zu § 15 Abs. 3 Nr. 2 GwG. Neben der „örtlichen" Anpassung erfolgte auch eine inhaltliche Ergänzung.[9] Die Anpassung von § 15 Abs. 3 Nr. 2 GwG dient der Umsetzung von Art. 1 Nr. 11 der Änderungsrichtlinie.

Wesentliche Änderung in Bezug auf die Risikoländer ist der Umstand, dass nach **16** der neuen Gesetzeslage auch die „Beteiligung" eines Risikolandes zur pflicht-

---

6 Gesetz zur Optimierung der Geldwäscheprävention v. 22.12.2011, BGBl. I 2011, S. 2959.

7 Vgl. *Zentes/Glaab*, BB 2011, 1477.

8 Vgl. Entwurf eines Gesetzes zur Optimierung der Geldwäscheprävention in der Fassung v. 17.8.2011, BT-Drs. 17/6804, S. 29.

9 Vgl. BT-Drs. 19/13827, Begr. zu § 15 Abs. 3 Nr. 2 GwG, S. 80.

weisen Anwendung der verstärkten Sorgfaltspflichten führt. Bisher hatten Verpflichtete ausschließlich bei Geschäftsbeziehungen bzw. wirtschaftlich Berechtigten, die in einem von der EU-Kommission ermittelten Drittstaat mit hohem Risiko niedergelassen sind, verstärkte Sorgfaltspflichten zu beachten. Neu in das Gesetz aufgenommen und „Auslöser" für die Anwendung der verstärkten Sorgfaltspflichten ist die Beteiligung von Drittstaaten mit hohem Risiko. In der Gesetzesbegründung wird anhand eines Beispiels erläutert, wann eine solche „Beteiligung" vorliegt:[10] „Das kann etwa der Fall sein, wenn die Vermögenswerte einer Transaktion in einem Drittstaat mit hohem Risiko liegen, die Vertragspartner und wirtschaftlich Berechtigten selbst aber nicht in dem Drittstaat ansässig sind." In der Praxis dürfte diese Erweiterung des Anwendungsbereiches einen nicht zu unterschätzenden Mehraufwand, insbesondere in Sachen Dokumentation, darstellen. Denn zur Sicherstellung der Einhaltung der Norm dürfte zumindest ein Aktenvermerk erforderlich sein, der die Berücksichtigung der Norm dokumentiert.

17 Welche Länder als Risikoländer anzusehen sind, erfolgt – unter Berücksichtigung der von der EU-Kommission veröffentlichten Liste mit Risikoländern – institutsspezifisch. Die Verpflichteten haben pflichtweise bei Geschäftsbeziehungen und/oder „Beteiligungen" zu Ländern, die auf der von der EU-Kommission veröffentlichen Liste mit Drittstaaten mit hohem Risiko stehen,[11] verstärkte Sorgfaltspflichten anzuwenden. Darüber hinaus bleibt den Verpflichteten im Rahmen eigener Analysen überlassen, weitere Länder als Länder mit hohem Geldwäscherisiko einzustufen und die verstärkten Sorgfaltspflichten anzuwenden.

18 Die konkrete Ausgestaltung der zu beachtenden Sorgfaltspflichten ist in § 15 Abs. 5 GwG geregelt.

3. Suspekte Transaktionen (§ 15 Abs. 3 Nr. 3 GwG)

19 Die Verpflichteten haben bei Transaktionen, die **besonders komplex oder ungewöhnlich groß** sind (§ 15 Abs. 3 Nr. 3 lit. a GwG), **einem ungewöhnlichen Transaktionsmuster folgen** (§ 15 Abs. 3 Nr. 3 lit. b GwG) oder **keinen offensichtlich wirtschaftlichen** oder **rechtmäßigen Zweck** verfolgen, verstärkte Sorgfaltspflichten zu beachten.

---

10 Vgl. BT-Drs. 19/13827, Begr. zu § 15 Abs. 3 Nr. 2 GwG, S. 80.

11 Von diesem Recht hat die EU-Kommission Gebrauch gemacht und Drittländer mit Defiziten in der Präventionsarbeit namentlich benannt (vgl. Delegierte Verordnung (EU) 2016/1675 der Kommission v. 14.7.2016 und Verordnung 2018/105 v. 27.10.2017).

Im Rahmen der Umsetzung der Änderungsrichtlinie gab es hier kaum Veränderungen. Der bisherige § 15 Abs. 3 Nr. 2 GwG a. F., der Art. 2 Abs. 2 Satz 1 der Vierten EU-Geldwäscherichtlinie umsetzte und im Wesentlichen dem ehemaligen § 6 Abs. 2 Nr. 3 GwG entsprach, entspricht nun § 15 Abs. 3 Nr. 3 GwG.[12] § 15 Abs. 3 Nr. 3 GwG erfuhr durch die Umsetzung der Änderungsrichtlinie eher redaktionelle Anpassungen. Die Ergänzung um „ungewöhnlich" bei § 15 Abs. 3 Nr. 3 lit. b GwG stellt nun einen eindeutigen Bezug zum üblichen Transaktionsverhalten her und ist somit geeignet die regulatorische Anforderung zu präzisieren. In der Praxis dürfte es jedoch unverändert Schwierigkeiten bei der Anwendung des Tatbestandes geben, sofern nicht umfangreiche Informationen bzw. Datenbasis zum Transaktionsverhalten existieren, die eine Abgrenzung zwischen „gewöhnlich" und „ungewöhnlich" erlauben lassen. **20**

Die konkrete Ausgestaltung der zu beachtenden Sorgfaltspflichten ist in § 15 Abs. 6 GwG geregelt. **21**

4. Korrespondenzbeziehung (§ 15 Abs. 3 Nr. 4 GwG)

Nach § 15 Abs. 3 Nr. 4 GwG haben Verpflichtete nach § 2 Abs. 1 Nr. 1–3 und 6–8 GwG bei **grenzüberschreitenden Korrespondenzbeziehungen** mit Respondenten mit Sitz in einem Drittstaat oder, vorbehaltlich einer Beurteilung durch die Verpflichteten als erhöhtes Risiko, in einem Staat des Europäischen Wirtschaftsraums verstärkte Sorgfaltspflichten zu beachten.[13] **22**

Im Rahmen der Umsetzung der Änderungsrichtlinie wurde die Intention aufgeben auch Korrespondenzbeziehungen innerhalb des Europäischen Wirtschaftsraums pflichtweise verstärkten Sorgfaltspflichten zu unterziehen [Referentenentwurf des Bundesministeriums der Finanzen – Entwurf eines Gesetzes zur Umsetzung der Änderungsrichtlinie zur Vierten EU-Geldwäscherichtlinie vom 20.5.2019] Auch wenn § 15 Abs. 3 Nr. 4 GwG die pflichtweise Anwendbarkeit der verstärkten Sorgfaltspflichten nur bei Korrespondenzbeziehungen zu Drittstaaten vorsieht, bleibt in Bezug auf den Sitz des Respondenten festzuhalten, dass auch bei einem Sitz innerhalb des Europäischen Wirtschaftsraums das individuelle Geldwäscherisiko des Respondenten untersucht werden sollte. **23**

Die in § 15 Abs. 3 Nr. 4 GwG vorgenommene Klassifizierung der Korrespondenzbeziehungen als Geschäftsfeld mit erhöhten Risiken dient der Umsetzung von Art. 19 der Vierten EU-Geldwäscherichtlinie. Die früher für Institute in § 25k KWG beinhaltete Pflicht zur Beachtung der verstärkten Sorgfaltspflichten im Bereich des Korrespondenzbankgeschäftes wurde im Rahmen der Umset- **24**

---

12 Vgl. BT-Drs. 19/13827, Begr. zu § 15 Abs. 3 Nr. 3 GwG, S. 80.
13 Vgl. BaFin, AuA 2021, Ziff. 7.5, S. 63 ff.

zung der Vierten EU-Geldwäscherichtlinie in das GwG übertragen und der Adressatenkreis der Norm ausgeweitet.

25 Der Begriff der Korrespondenzbeziehung ist in § 1 Abs. 21 GwG legaldefiniert und dient der Umsetzung von Art. 3 Nr. 8 der Vierten EU-Geldwäscherichtlinie. Abweichend zum bisherigen Verständnis einer Korrespondenzbankbeziehung (§ 25k KWG bisherige Fassung) fallen seit der Umsetzung der Vierten EU-Geldwäscherichtlinie nicht nur Geschäftsbeziehungen, die der Erbringung von Bankdienstleistungen durch die Verpflichteten nach § 2 Abs. 1 Nr. 1 (Korrespondenten) für eine andere Bank (Respondenten) dienen unter den Begriff, sondern auch Geschäftsbeziehungen durch und für andere Finanzinstitute. Zu diesen Finanzinstituten zählen Verpflichtete i. S. d. § 2 Abs. 1 Nr. 2–3 und 6–9 GwG.[14]

26 Obgleich § 15 Abs. 3 Nr. 4 GwG von einer Korrespondenzbeziehung spricht und diese in § 1 Abs. 21 GwG legaldefiniert ist, findet sich mit Umsetzung der Änderungsrichtlinie auch der Terminus der **Korrespondenzbankbeziehung** wieder im Gesetz. Beispielsweise kann die Aufsicht nach § 15 Abs. 5a Nr. 7 GwG die Überprüfung, Änderung oder erforderlichenfalls Beendigung von Korrespondenzbankbeziehungen zu Respondenten in einem Drittstaat mit hohem Risiko anordnen. Auch die Gesetzesbegründung spricht wieder von Korrespondenzbankbeziehungen.[15]

27 Die BaFin hat im Juni 2021 die regulatorischen Vorgaben für Kreditinstitute in den „Auslegungs- und Anwendungshinweise – Besonderer Teil: Kreditinstitute" konkretisiert.[16] Diese Konkretisierung umfasst u. a. die aufsichtlichen Anforderungen für das Korrespondenzbankgeschäft einschließlich Definition der Begrifflichkeit Korrespondenzbank.[17] Durch die Konkretisierung wurden etwaige Unklarheiten und Fehlinterpretationen in Bezug auf die Definition der Korrespondenzbeziehung/Korrespondenzbankbeziehung als auch der entsprechenden Anordnungsbefugnis nach § 15 Abs. 5a Nr. 7 GwG beseitigt. Die „Auslegungs- und Anwendungshinweise – Besonderer Teil: Kreditinstitute" differenzieren zwischen allgemeinen und verstärkten Sorgfaltspflichten im Korrespondenzbankgeschäft. Die verstärkten Sorgfaltspflichten sind pflichtweise – zusätzlich zu den allgemeinen Sorgfaltspflichten – anzuwenden, sofern einer der unter Ziffer 5.1.2 der „Auslegungs- und Anwendungshinweise – Besonderer Teil: Kreditinstitute" aufgeführten risikoerhöhenden Umstände vorliegt.[18] Zu beachten

---

14 BT-Drs. 18/11555, Begr. zu § 1 Abs. 21 GwG, S. 105.
15 Vgl. BT-Drs. 19/13827, Begr. zu § 15 Abs. 3 Nr. 4 GwG, S. 81.
16 Vgl. BaFin, AuA BT 2021.
17 Vgl. BaFin, AuA BT 2021, Ziff. 5, S. 9 ff.
18 Vgl. BaFin, AuA BT 2021, Ziff. 5, S. 11 ff.

ist, dass auch andere – über die in den „Auslegungs- und Anwendungshinweise – Besonderer Teil: Kreditinstitute" aufgeführten Fällen – risikoerhöhende Umstände eine Anwendung der verstärkten Sorgfaltspflichten erfordern können. In diesem Kontext sind die Ergebnisse der institutsspezifischen Risikoanalyse zu berücksichtigen.

Die Statuierung von Pflichten, die über die allgemeinen Sorgfaltspflichten hinausgehen, ist erforderlich, da bei grenzüberschreitenden Korrespondenzbeziehungen das **KYC-Prinzip** nicht zur Anwendung kommt. Denn bei grenzüberschreitenden Korrespondenzbeziehungen ist weder der Auftraggeber noch der Begünstigte der Transaktion der Person, die die Zahlungen ausschließlich weiter- oder durchleitet, als Kunde bekannt.   **28**

Wie bereits nach alter Rechtslage besteht auch bei grenzüberschreitenden Korrespondenzbeziehungen mit Respondenten in einem Staat des Europäischen Wirtschaftsraums die Pflicht zur Beachtung verstärkter Sorgfaltspflichten, sofern die individuelle Risikoanalyse in Bezug auf diesen Respondenten, ein entsprechend erhöhtes Risiko ergibt. Diese Vorgehensweise dient der **Stärkung des risikoorientierten Ansatzes** und stellt sicher, dass jede Korrespondenzbeziehung einer individuellen Risikobewertung unterzogen wird. Auch wenn es naheliegt, dass die im europäischen Wirtschaftsraum ansässigen Respondenten grundsätzlich über qualitativ vergleichbare Sicherungsmaßnahmen verfügen, bedarf es einer Risikobewertung des Respondenten einschließlich des regulatorischen Umfelds sowie einer dauerhaften Überwachung der Geschäftsbeziehung.   **29**

Die konkrete Ausgestaltung der zu beachtenden Sorgfaltspflichten ist in § 15 Abs. 7 GwG geregelt.   **30**

III. Sicherungsmaßnahmen bei erhöhtem Geldwäscherisiko und politisch exponierten Personen (§ 15 Abs. 4 GwG)

Ergänzend zu § 15 Abs. 3 Nr. 1 GwG führt § 15 Abs. 4 GwG die pflichtweise zu ergreifenden Sicherheitsmaßnahmen in einem der in Abs. 2 und 3 Nr. 1 genannten Fälle auf.[19] Bei § 15 Abs. 2 GwG sind verstärkte Sorgfaltspflichten zu beachten, sofern im Rahmen der Risikoanalyse oder im Einzelfall unter Berücksichtigung der in den Anlagen 1 und 2 genannten Risikofaktoren ein erhöhtes Geldwäscherisiko oder Risiko der Terrorismusfinanzierung festgestellt wurde. § 15 Abs. 3 Nr. 1 GwG betrifft die Geschäftsbeziehung zu politisch exponierten Personen (Vertragspartner oder wirtschaftlich Berechtigter).   **31**

---

19 Vgl. BT-Drs. 19/13827, Begr. zu § 15 Abs. 4 GwG, S. 81.

32 Grundsätzlich haben Verpflichtete angemessene, risikoorientierte Verfahren zu implementieren, um feststellen zu können, ob es sich bei dem Vertragspartner oder dem wirtschaftlich Berechtigten um eine politisch exponierte Person handelt. Zur Umsetzung dieser Anforderungen haben die Verpflichteten einen standardisierten Prozess einzuführen, mit Hilfe dessen sie die Vertragspartner (Kunden) und den wirtschaftlich Berechtigten in Bezug auf den PEP-Status überprüfen. Die Pflicht zur Überprüfung ist jedoch nicht auf ein Kundenverhältnis beschränkt, sondern gilt auch bei **Transaktionen außerhalb einer bestehenden Geschäftsbeziehung**. Die Überprüfung dürfte derzeit in der Regel (noch) mit Hilfe von sog. PEP-Datenbanken erfolgen. Hierbei handelt es sich um Listen, die von privaten Anbietern angeboten werden und zum Abgleich des PEP-Status genutzt werden können. Die Nutzung von PEP-Datenbanken ist als „best practise" anzusehen. Eine manuelle Überprüfung des Vertragspartners und des wirtschaftlich Berechtigten dürfte zeitintensiv und fehleranfällig sein. Die Nutzung dieser Listen dürfte zukünftig um die pflichtweise Berücksichtigung der von der EU-Kommission veröffentlichten Liste der politisch exponierten Personen ergänzt werden (vgl. hierzu auch § 1 Abs. 12 GwG).

1. Einholung der Zustimmung eines Mitglieds der Führungsebene (§ 15 Abs. 4 Satz 1 Nr. 1 GwG)

33 Nach § 15 Abs. 4 Satz 1 Nr. 1 GwG wird die Begründung oder Fortführung einer Geschäftsbeziehung zu in § 15 Abs. 3 Nr. 1 GwG aufgeführten Sachverhalten von der **Zustimmung eines Mitglieds der Führungsebene** abhängig gemacht. Gemäß § 1 Abs. 15 GwG gilt als Mitglied der Führungsebene eine Führungskraft oder ein leitender Mitarbeiter des Verpflichteten mit ausreichendem Wissen über die Risiken, denen der Verpflichtete in Bezug auf Geldwäsche und Terrorismusfinanzierung ausgesetzt ist, und mit der Befugnis, insoweit Entscheidungen zu treffen. Es dürften zumindest Personen der ersten und zweiten Führungsebene zu diesem Personenkreis zählen.[20]

34 Es ist intern zu klären, ob eine risikoorientierte Ausgestaltung des Genehmigungsprozesses zielführend ist. Dies bedeutet, dass sich das Zustimmungserfordernis am Geldwäscherisiko ausrichtet.

2. Bestimmung der Herkunft der Vermögenswerte (§ 15 Abs. 4 Satz 1 Nr. 2 GwG)

35 Der Gesetzgeber verlangt gemäß § 15 Abs. 4 Satz 1 Nr. 2 GwG, dass die Verpflichteten angemessene Maßnahmen ergreifen, mit denen die **Herkunft der**

---

20 Vgl. *Zentes/Glaab*, BB 2011, 1475.

Vermögenswerte bestimmt werden kann, die im Rahmen der Geschäftsbeziehung oder der Transaktion eingesetzt werden. Diese Regelung dient wie auch die übrigen Vorgaben des § 15 Abs. 4 GwG der Umsetzung von Art. 20 lit. b der Vierten EU-Geldwäscherichtlinie und ist im Wesentlichen inhaltsgleich zu den Vorgaben von Art. 13 Abs. 4c der Dritten EU-Geldwäscherichtlinie. Welche Maßnahmen zur Bestimmung der Herkunft der Vermögenswerte angemessen sind, dürfte entsprechend dem individuellen Risiko des Vertragspartners bzw. des wirtschaftlich Berechtigten variieren. Die Verpflichteten haben insofern selbst zu entscheiden, welche Maßnahmen zur Bestimmung der Herkunft der Vermögenswerte zielführend sind. Ein probates Mittel zur Bestimmung der Herkunft der Vermögenswerte dürfte in erster Linie die direkte Befragung des Kunden sein. Im Rahmen einer Kundenbefragung kann eruiert werden, welche Geschäfte der Kunde betreibt und ob aus diesen Geschäften die Vermögenswerte entstammen. Um hinreichende Kenntnis über die Herkunft der Vermögenswerte zu erhalten, dürften auch Fragen zu Geschäftspartnern sinnvoll erscheinen. Im Hinblick auf die Kundenbefragung ist jedoch zu beachten, dass ein „blindes Vertrauen" auf die Aussagen des Kunden nicht als „angemessen" anzusehen ist. Es ist erforderlich, dass die Antworten des Kunden mit den bereits gesammelten Kunden-Informationen, beispielsweise aus öffentlichen Quellen, plausibilisiert werden. Sofern Widersprüche zwischen den Antworten des Kunden im Rahmen der Kundenbefragung und den bereits gesammelten Kunden-Informationen bestehen, sind weitere Maßnahmen zu ergreifen. Unter Umständen kann ein **Vor-Ort-Besuch** des Kunden Aufschluss über die Herkunft der Vermögenswerte geben. Lässt sich die Herkunft der Vermögenswerte trotz der ergriffenen Maßnahmen nicht bestimmen, ist die Geschäftsbeziehung nicht zu begründen.

36 Die Pflicht zur Bestimmung der Herkunft der Vermögenswerte ist nicht auf die Geschäftsbeziehung beschränkt, sondern erstreckt sich auch auf Transaktionen außerhalb einer Geschäftsbeziehung. Dies hat die BaFin bereits mit Rundschreiben 14/2009 klargestellt.[21]

3. Verstärkte kontinuierliche Überwachung der Geschäftsbeziehung (§ 15 Abs. 4 Satz 1 Nr. 3 GwG)

37 Gemäß § 15 Abs. 4 Satz 1 Nr. 3 GwG haben die Verpflichteten bei Geschäftsbeziehung zu einer in § 15 Abs. 3 Nr. 1 GwG genannten Person eine **verstärkte kontinuierliche Überwachung** der Geschäftsbeziehung sicherzustellen. Die

---

21 Auszug aus BaFin-Rs. 14/2009 (GW): „Die Sorgfaltspflicht im Zusammenhang mit „PEPs" gemäß § 6 Abs. 2 Nr. 1 lit. b GwG findet nicht nur bei Begründung einer Geschäftsbeziehung Anwendung, sondern nach dem Wortlaut des § 6 Abs. 2 Nr. 1 lit. b GwG auch auf Transaktionen außerhalb einer bestehenden Geschäftsbeziehung i. S. v. § 3 Abs. 2 Nr. 2 GwG."

Verpflichteten haben hierbei selbst festzulegen, wie die Überwachung dieser risikobehafteten Geschäftsbeziehung ausgestaltet wird. Sofern es sich bei den Verpflichteten um Kreditinstitute handelt, bietet sich die Nutzung der EDV-Systeme, die von Kreditinstituten grundsätzlich zu betreiben sind, an. Hier können spezielle Indizien/Typologien eingepflegt werden, die eine regelmäßige und im Vergleich zu anderen Kunden häufigere Begutachtung der Geschäftsbeziehung einschließlich der Transaktionen erfordern. Sofern es die Anzahl der Kunden, die nach den verstärkten Sorgfaltspflichten zu behandeln sind, zulässt, kann auch eine manuelle Bearbeitung der Transaktionen dieser Kundengruppe noch adäquat sein. Im Hinblick auf die Aktualisierung der KYC-Informationen sind vergleichsweise kurze Aktualisierungsintervalle festzulegen. Entscheidend für die Ausgestaltung der Überwachungsmaßnahmen ist die Risikolage des Kunden. Eine allgemein verbindliche Vorgehensweise existiert demzufolge nicht.

38   Neu in § 15 Abs. 4 Satz 3 GwG eingefügt wurde die bisherige Pflicht des § 15 Abs. 7 GwG a. F. eine Person mindestens für zwölf Monate nach Ausscheiden aus dem öffentlichen Amt entsprechend einer politisch exponierten Person zu behandeln. Die Anpassung des § 15 Abs. 4 GwG war aufgrund der thematischen Zusammenfassung der Regelungen zu politisch exponierten Personen in § 15 Abs. 4 GwG erforderlich.[22]

39   In Bezug auf den PEP-Status entfällt die Pflicht zur Erfüllung der verstärkten Sorgfaltspflichten grundsätzlich immer dann, wenn der Vertragspartner und der wirtschaftlich Berechtigte das wichtige politische Amt seit **mindestens einem Jahr nicht mehr** ausgeübt haben. Der PEP-Status an sich bleibt bestehen. In der Praxis haben die Verpflichteten zu überlegen, ob sich der Aufwand, eine Person wieder nach den allgemeinen Sorgfaltspflichten zu behandeln (aufgrund der „Nicht-Ausübung" des wichtigen politischen Amtes seit mindestens einem Jahr), tatsächlich lohnt. Unter Umständen verursacht die Begründung und Dokumentation, die für die Anwendung der allgemeinen Sorgfaltspflichten erforderlich ist, mehr Aufwand als die unveränderte Anwendung der verstärkten Sorgfaltspflichten.

IV. Sicherungsmaßnahmen bei Drittsaaten mit hohem Risiko (§ 15 Abs. 5 GwG)

40   Bei Geschäftsbeziehungen oder der Beteiligung von Drittstaaten mit hohem Risiko i. S. d. 15 Abs. 3 Nr. 2 GwG sind die zu ergreifenden Sicherungsmaßnahmen des § 15 Abs. 5 GwG zu beachten. § 15 Abs. 5 GwG bezieht sich seit der Umsetzung von Art. 11 der Änderungsrichtlinie ausschließlich auf Drittstaaten mit hohem Risiko.[23] Wie auch bei den Sicherungsmaßnahmen nach § 15 Abs. 4

---

22 Vgl. BT-Drs. 19/13827, Begr. zu § 15 Abs. 4 GwG, S. 81.
23 Vgl. BT-Drs. 19/13827, Begr. zu § 15 Abs. 5 GwG, S. 82.

GwG bzw. § 15 Abs. 6 GwG handelt es sich hierbei lediglich um **gesetzlich statuierte Mindeststandards.** Sofern es die Risikolage erfordert, haben Verpflichtete ggf. auch über § 15 Abs. 5 GwG hinausgehende Maßnahmen zu ergreifen. Die Voraussetzungen des § 15 Abs. 5 GwG sind kumulativ zu erfüllen.[24]

1. Zusätzliche Informationen über den Vertragspartner und den wirtschaftlich Berechtigten (§ 15 Abs. 5 Nr. 1a GwG)

Die Verpflichteten haben umfangreiche Informationen über den Vertragspartner **41** und den wirtschaftlich Berechtigten einzuholen. Hierbei ist zu beachten, dass die Reichweite von § 15 Abs. 5 Nr. 1a GwG über die Pflicht der allgemeinen Sorgfaltspflichten hinausgeht. Diese gegenüber den allgemeinen Sorgfaltspflichten erweiterte Pflicht macht die Verwendung des Wortes „zusätzlich" deutlich.[25]

Unklarheit dürfte bestehen, was genau unter „zusätzlich" zu verstehen ist und **42** wann diesem regulatorischen Erfordernis angemessen Rechnung getragen wurde. Neben einer detaillierten Auseinandersetzung des Einzelfalls dürfte eine umfangreiche Dokumentation zur Vermeidung von regulatorischen Verstößen oder prüferischen Feststellungen zielführend sein.

2. Zusätzliche Informationen über die angestrebte Art der Geschäftsbeziehung (§ 15 Abs. 5 Nr. 1b GwG)

Entsprechend der Ausführungen zu § 15 Abs. 5 Nr. 1a GwG haben die Ver- **43** pflichteten auch über die allgemeinen Sorgfaltspflichten hinausgehende „zusätzliche" Informationen über die angestrebte Art der Geschäftsbeziehung einzuholen.

3. Informationen über die Herkunft der Vermögenswerte und des Vermögens des Vertragspartners (§ 15 Abs. 5 Nr. 1c GwG)

Vergleichbar mit § 15 Abs. 4 Nr. 2 GwG haben Verpflichtete auch bei Ge- **44** schäftsbeziehungen (einschließlich Beteiligung) zu Drittstaaten mit hohem Risiko die Herkunft der Vermögenswerte und des Vermögens des Vertragspartners einzuholen.[26] Welche Informationen hinsichtlich der Herkunft der Vermögens-

---

24 Vgl. BT-Drs. 19/13827, Begr. zu § 15 Abs. 5 GwG, S. 82.
25 Vgl. BT-Drs. 19/13827, Begr. zu § 15 Abs. 5 GwG, S. 82.
26 Im Rahmen der Umsetzung der Änderungsrichtlinie wurde der Richtlinien Wortlaut „Herkunft der Gelder" nicht übernommen, vgl. BT-Drs. 19/13827, Begr. zu § 15 Abs. 5 Nr. 1 GwG, S. 82.

werte und des Vermögens des Vertragspartners angemessen sind, dürfte entsprechend dem individuellen Risiko des Vertragspartners zu bestimmen sein. Wie auch § 15 Abs. 4 Nr. 2 GwG haben die Verpflichteten selbst zu entscheiden, welche Maßnahmen zielführend sind. Die zu § 15 Abs. 4 Nr. 2 GwG getätigten Aussagen und beispielhaft vorgestellte Vorgehensweise gelten sinngemäß auch für Zwecke des § 15 Abs. 5 GwG.

4. Informationen über die Herkunft der Vermögenswerte und des Vermögens des wirtschaftlich Berechtigten (§ 15 Abs. 5 Nr. 1d GwG)

45 Die Verpflichteten haben neben der Einholung von Informationen über die Herkunft der Vermögenswerte und des Vermögens des Vertragspartners (§ 15 Abs. 5 Nr. 1c GwG) auch Informationen Herkunft der Vermögenswerte und des Vermögens des wirtschaftlich Berechtigten einzuholen (§ 15 Abs. 5 Nr. 1d GwG). Die Pflicht zur Einholung von Informationen über die Herkunft der Vermögenswerte und des Vermögens mach § 15 Abs. 5 Nr. 1d GwG bezieht sich nicht auf den wirtschaftlich Berechtigten in Form des fiktiven wirtschaftlich Berechtigten.[27]

5. Informationen über die Gründe für die geplante oder durchgeführte Transaktion (§ 15 Abs. 5 Nr. 1e GwG)

46 Die Verpflichteten haben Informationen für die geplante oder bereits durchgeführte Transaktion einzuholen und insofern die Intention des Geschäftsvorfalls zu eruieren. Sofern dies zur Beurteilung der Gefahr von Terrorismusfinanzierung erforderlich ist, gilt es § 15 Abs. 5 Nr. 1f GwG zu beachten und zusätzlich Informationen über die geplante Verwendung der Vermögenswerte zu sammeln.

6. Informationen über die geplante Verwendung der Vermögenswerte (§ 15 Abs. 5 Nr. 1f GwG)

47 Gemäß § 15 Abs. 5 Nr. 1f GwG haben Verpflichtete Informationen über die geplante Verwendung der Vermögenswerte, die im Rahmen der Transaktion oder Geschäftsbeziehung eingesetzt werden, einzuholen, soweit dies zur Beurteilung der Gefahr von Terrorismusfinanzierung erforderlich ist. § 15 Abs. 5 Nr. 1f GwG setzt keine Richtlinienvorgabe um, sondern dient einer effektiven Präventionsarbeit gegen Terrorismusfinanzierung.

48 Ferner bedarf es gemäß § 15 Abs. 5 Nr. 2 GwG der Zustimmung eines Mitglieds der Führungsebene. Die Geschäftsbeziehung ist ferner nach § 15 Abs. 5 Nr. 3

---

27 Vgl. BT-Drs. 19/13827, Begr. zu § 15 Abs. 5 Nr. 1 GwG, S. 82.

GwG in quantitativer und qualitativer Hinsicht einer verstärkten kontinuierlichen Überwachung zu unterziehen.

V. Anordnungsbefugnis (§ 15 Abs. 5a GwG)

Neu eingefügt in das GwG wurde im Rahmen der Umsetzung der Änderungsrichtlinie § 15 Abs. 5a GwG. Dieser Absatz ermächtigt die zuständigen Aufsichtsbehörden zusätzliche risikominimierende Maßnahmen bzw. verstärkte Sorgfaltspflichten anzuordnen. Diese Anordnungsbefugnis ermöglicht es den Aufsichtsbehörden über die Maßnahmen von § 15 Abs. 5 GwG hinausgehende Sorgfaltspflichten zu bestimmen. Die in § 15 Abs. 5a GwG aufgeführten Maßnahmen (§ 15 Abs. 5a Nr. 1–7 GwG) sind beispielhaft zu verstehen und nicht abschließend. Die Maßnahmen dienen der Umsetzung von Art. 1 Nr. 11 der Änderungsrichtlinie.[28] **49**

Die für § 15 Abs. 5a GwG relevante Verordnungsermächtigung ist § 15 Abs. 10 Satz 1 Nr. 2 GwG, die neu geschaffen wurde. **50**

VI. Sicherungsmaßnahmen bei Transaktionen mit besonderem Risikogehalt (§ 15 Abs. 6 GwG)

§ 15 Abs. 6 GwG regelt die bei besonders risikoreichen (suspekten) Transaktionen zu ergreifenden Maßnahmen. Sofern einer in § 15 Abs. 3 Nr. 3 GwG aufgeführten Fällen (Transaktion ist (a) besonders komplex oder ungewöhnlich groß, (b) einem ungewöhnlichen Transaktionsmuster folgt oder (c) keinen offensichtlichen wirtschaftlichen oder rechtmäßigen Zweck hat) vorliegt, sind die in § 15 Abs. 6 GwG aufgeführten Maßnahmen zu ergreifen. Die aufgeführten Maßnahmen entsprechen überwiegend des bisherigen § 15 Abs. 5 GwG a. F. Neu eingefügt ist die Pflicht zur Untersuchung der Transaktion sowie deren Hintergrund und Zweck in angemessenen Mitteln (§ 15 Abs. 6 Nr. 1 GwG).[29] **51**

1. Pflicht zur Untersuchung (§ 15 Abs. 6 Nr. 1 GwG)

Gemäß § 15 Abs. 6 Nr. 1 GwG haben Verpflichtete bei Transaktionen nach § 15 Abs. 3 Nr. 3 GwG eine umfangreiche Analyse durchzuführen. Die Analyse hat den Hintergrund und die Intention, die Transaktion in Bezug auf die Risiken aus Geldwäsche und Terrorismusfinanzierung zu beleuchten. Ausgehend von dieser Analyse hat der Verpflichtete angemessene Maßnahmen zur Minimierung des **52**

---

28 Vgl. BT-Drs. 19/13827, Begr. zu § 15 Abs. 5a GwG, S. 82.
29 Vgl. BT-Drs. 19/13827, Begr. zu § 15 Abs. 6 GwG, S. 83.

Risikos zu ergreifen und zu entscheiden, ob eine **Meldung nach § 43 Abs. 1 GwG** erforderlich ist.

2. Verstärkte kontinuierliche Überwachung der Geschäftsbeziehung (§ 15 Abs. 6 Nr. 2 GwG)

53   Im Rahmen der Umsetzung der Vierten EU-Geldwäscherichtlinie wurde die Pflicht zur ggf. erforderlichen verstärkten Überwachung von Geschäftsbeziehungen, im Rahmen derer Transaktionen nach § 15 Abs. 3 Nr. 3 GwG getätigt werden, eingefügt. Die Pflicht zur besonderen, verstärkten Überwachung solcher Geschäftsbeziehung ist erforderlich, sofern die Analyse der Transaktionen ein erhöhtes Risiko festgestellt hat. Denn nur durch eine intensivere Beobachtung/ Monitoring der Geschäftsbeziehung lässt sich das erhöhte Gefährdungspotenzial der Geschäftsbeziehung zielführend minimieren.

54   Mit Umsetzung der Änderungsrichtlinie wurde diese Pflicht auch auf Transaktionen explizit ausgeweitet.[30] Diese Anpassung dient der Umsetzung von Art. 1 Nr. 10 und erscheint zielführend, da nur bei einer verstärkten Überwachung der Geschäftsbeziehung und einzelner Transaktion ein Gesamtrisiko in Bezug auf Geldwäsche bzw. Terrorismusfinanzierung erkennbar ist.

VII. Sicherungsmaßnahmen (§ 15 Abs. 7 GwG)

55   § 15 Abs. 7 GwG statuiert die Pflichten, die von Verpflichteten nach § 2 Abs. 1 Nr. 1–3 und 6–9 GwG bei grenzüberschreitenden Korrespondenzbeziehungen i. S. d. § 15 Abs. 3 Nr. 4 GwG bei Begründung einer Geschäftsbeziehung einzuhalten sind. Die Pflichten entsprechen im Wesentlichen den bisherigen Anforderungen bzw. aus § 25k KWG alte Fassung. Nachfolgend sind die einzelnen regulatorischen Anforderungen an grenzüberschreitenden Korrespondenzbeziehungen dargestellt.

1. Überblick über die Geschäftstätigkeit des Kunden sowie über dessen Geldwäschepräventionsmaßnahmen (§ 15 Abs. 7 Nr. 1 GwG)

56   Wie bereits zuvor erwähnt gilt das KYC-Prinzip bei grenzüberschreitenden Korrespondenzbeziehungen nur eingeschränkt. Aus diesem Grund bedarf es umfangreicher **Informationen über den Respondenten**, die über die allgemeinen für den KYC-Prozess erforderlichen Informationen im Rahmen des Identifizierungsprozesses hinausgehen.

---

30 Vgl. BT-Drs. 19/13827, Begr. zu § 15 Abs. 6 GwG, S. 83.

Es ist insbesondere erforderlich, sich eine angemessene Kenntnis über die Geschäftstätigkeit und die Präventionsmaßnahmen des Respondenten im Bereich der Geldwäsche zu verschaffen. Um sich einen Überblick über die Präventionsmaßnahmen des Respondenten zu verschaffen, sind Informationen aus öffentlich zugänglichen Quellen über die Geschäftstätigkeit und die Leitungsstruktur der entsprechenden Bank einzuholen und zu analysieren. Für die qualifizierte Risikoeinstufung der Respondenten bedarf es sowohl Kenntnisse über **die regulatorische Beaufsichtigung** als auch der damit verbundenen Gerichtsbarkeit sowie der gesellschaftsrechtlichen Zusammensetzung des Respondenten einschließlich der Beteiligung von politisch exponierten Personen im Management. Zudem ist eine Auseinandersetzung mit der Kunden- und Produktstruktur des Respondenten erforderlich.

Zur Erfüllung der Pflichten des § 15 Abs. 7 Nr. 1 GwG bedienen sich Verpflichtete in der Regel sog. „**AML-Questionnaires**". Es handelt sich hierbei um ein Dokument mit unterschiedlichen Fragen zur Geldwäscheprävention, das zwischen den Beteiligten ausgetauscht wird. Die Ausführungen des Respondenten zu den Fragen im Questionnaire sind zu analysieren und zu bewerten.

Zur Validierung der im Questionnaire getätigten Angaben kann ein Besuch des Respondenten – unter Berücksichtigung der Geschäftstätigkeit mit dem Respondenten und der Risikolage – zielführend sein. Ein Besuch des Respondenten sollte jedoch nicht auf den Anlass der Begründung einer neuen Geschäftsbeziehung beschränkt sein, sondern vielmehr regelmäßig und risikoorientiert vorgenommen werden. Nur ein Vorort-Besuch ermöglicht es den Verpflichteten, die verantwortlichen Personen (Compliance-Officer/Geldwäschebeauftragter) kennenzulernen und Prozessabläufe zu besprechen. Bestandteil des Vorort-Besuchs sollte die Eruierung der Vorgehensweise des Respondenten bei der Kundenannahme im Hinblick auf die Einhaltung des KYC-Prinzips sein.

Als weitere Pflicht verlangt § 15 Abs. 7 Nr. 1 GwG von den Verpflichteten, sich mit der Beaufsichtigung des Respondenten durch die lokalen Aufsichtsbehörden auseinanderzusetzen. Die Verpflichteten haben in diesem Zusammenhang zu bewerten, ob die für den Respondenten zuständige lokale Aufsicht europäischen bzw. deutschen Standards entspricht. Die Beurteilung der Risikolage des Respondenten einschließlich der **Qualität der Beaufsichtigung** durch die lokalen Behörden ist ausschließlich vom Verpflichteten selbst vorzunehmen. Es ist nicht auszuschließen, dass ein Respondent hinsichtlich der Risikolage unterschiedlich bewertet wird. Innerhalb der EU/europäischem Wirtschaftsraum ist grundsätzlich von einer vergleichbaren Beaufsichtigung auszugehen. Dies bedeutet jedoch nicht, dass die europäischen Respondenten mit einem einheitlichen Risiko zu versehen und zu bewerten sind. Vielmehr können bekannte Mängel in der Geldwäscheprävention eine Risikoanpassung erfordern. Es ist somit festzuhalten, dass sich ein Korrespondent auch detailliert mit der Geschäftsbeziehung zu einem Respondenten im Europäischen Wirtschaftsraum auseinanderzusetzen hat. Die Risikoeinstufung von Respondenten in Drittstaaten bzw. die Qualität der Aufsicht in diesen Drittstaaten gestaltet sich noch schwieriger. Obgleich der Begriff des Drittstaates nun in § 1 Abs. 17 GwG definiert ist, dürften auch innerhalb dieser Gruppe von Staaten unterschiedliche Qualitäten in Bezug auf die Verhinderung von Geldwäsche und Terrorismusfinanzierung existieren.

61   Zur Risikobeurteilung der lokalen Aufsichten einschließlich der Bestimmung des Länderrisikos dürften sich u. a. folgende Informationsquellen eignen: Transparency International Corruption Perception Index, Länder Reports der FATF, Embargolisten und Aufstellung der non-cooperative Tax Havens der OECD.

2. Einholung der Zustimmung eines Mitglieds der Führungsebene (§ 15 Abs. 7 Nr. 2 GwG)

62   Es ist sicherzustellen, dass vor Begründung Geschäftsbeziehung die Zustimmung eines Mitglieds der Führungsebene eingeholt wird. Das Zustimmungserfordernis nach § 15 Abs. 7 Nr. 2 GwG entspricht in Bezug auf die regulatorischen Anforderungen § 15 Abs. 5 Nr. 2 GwG.

3. Festlegung der Verantwortlichkeiten vor Begründung der Geschäftsbeziehung und Dokumentation (§ 15 Abs. 7 Nr. 3 GwG)

63   Neben der Einholung hinreichender Informationen und der Durchführung einer entsprechenden Analyse statuiert § 15 Abs. 7 Nr. 3 GwG die Pflicht, die **Verantwortlichkeiten** vor Begründung der Geschäftsbeziehungen im Hinblick auf die Erfüllung der Sorgfaltspflichten festzulegen und zu dokumentieren. Diese Regelung soll sicherstellen, dass die Sorgfaltspflichten beachtet und umgesetzt werden. Insofern haben sich bei der Begründung der Geschäftsbeziehung die involvierten Parteien gegenseitig zu bestätigen, dass sie die vereinbarten Pflichten zur Verhinderung der Geldwäsche dauerhaft erfüllen werden. Die Dokumentation hat revisionssicher zu erfolgen.

4. Keine Geschäftsbeziehung zu einer Bank-Mantelgesellschaft (§ 15 Abs. 7 Nr. 4 GwG)

64   Gemäß § 15 Abs. 7 Nr. 4 GwG sind Maßnahmen zu ergreifen, um zu verhindern, dass eine Geschäftsbeziehung zu einem Respondenten begründet wird, deren Konten von einer **Bank-Mantelgesellschaft** genutzt werden. Der Begriff der Bank-Mantelgesellschaft wurde im Rahmen der Umsetzung der Vierten EU-Geldwäscherichtlinie in § 1 Abs. 22 GwG legaldefiniert. Eine inhaltliche Anpassung erfolgt jedoch nicht. § 1 Abs. 22 GwG orientiert sich vielmehr unverändert am „Shell bank"-Begriff von Art. 3 Nr. 10 der Richtlinie 2005/60/EG.

In der Praxis bedeutet diese Anforderung, dass die vom Respondenten zugeleite-   **65**
ten Zahlungen mittels eines **EDV-Research-Systems** analysiert werden sollten.
Durch diese Analyse lassen sich Unregelmäßigkeiten identifizieren. Ein ausschließliches Abstellen auf eine vertragliche Verpflichtung mit dem Respondenten, in der dieser versichert, keine Zahlungen von Bank-Mantelgesellschaften
weiterzuleiten, dürfte nicht ausreichend sein. Insbesondere beim grenzüberschreitenden Korrespondenzgeschäft, das als besonders gefährdet in Sachen
Geldwäsche anzusehen ist, ist ein ausschließliches Vertrauen auf die Funktionsfähigkeit der Präventionsmaßnahmen des Respondenten nicht mehr angemessen.

Eine Möglichkeit zur Identifizierung von Bank-Mantelgesellschaften ist der Ab-   **66**
gleich der Transaktionen mit den Listen „OECD Uncooperative Tax Heavens"
und „IMF Offshore Financial Centers". Die im Korrespondenzgeschäft zugelei-
teten Transaktionen und die im Zahlungsauftrag aufgeführten Beteiligten sind
mit den zuvor genannten Informationsquellen abzugleichen. Es bietet sich zudem an, „Sperren" im Zahlungsverkehr einzupflegen, um zu verhindern, dass
Zahlungen im Auftrag oder zugunsten von bereits bekannten Bank-Mantelgesellschaften weitergeleitet werden.

5. Keine Durchlaufkonten (§ 15 Abs. 7 Nr. 5 GwG)

§ 15 Abs. 6 Nr. 7 GwG setzt das Verbot von **Durchlaufkonten** des § 25m Nr. 2   **67**
KWG im Bereich des grenzüberschreitenden Korrespondenzgeschäfts um. Bei
der Anbahnung der Geschäftsbeziehung muss schriftlich fixiert werden, dass
der Respondent keine Durchlaufkonten unterhält. Die Sicherstellung, dass der
Respondent keine Transaktionen über Durchlaufkonten zulässt, dürfte – analog
zu den vorherigen Ausführungen – nur mit Hilfe eines stringenten EDV-Re-
searchs sowie der Einpflege entsprechender Sperren im Zahlungsverkehr erfüllt
werden können.

6. Ausgestaltung der individuellen Sicherungsmaßnahmen

Die Verpflichteten haben die in § 15 Abs. 7 GwG aufgezählten regulatorischen   **68**
Anforderungen zu erfüllen und ihre individuellen Sicherungsmaßnahmen daran
auszurichten. Dies bedeutet, dass die Überwachung umso stärker ausgeprägt
sein muss, je schlechter die Bewertung der Sicherungsmaßnahmen des Respondenten einschließlich deren Beaufsichtigung durch die lokalen Behörden ausge-
fallen ist. Auch im Bereich der grenzüberschreitenden Korrespondenzbeziehungen ist der **risikoorientierte Ansatz** zwingend zu beachten. Die Bewertung der
institutsspezifischen Risikosituation des Respondenten hat anhand festzulegender Parameter in einem standardisierten Prozess zu erfolgen. Ein abschließender
Katalog, welche Parameter für die Risikobewertung heranzuziehen sind,

existiert nicht. Unstreitig dürften neben dem Länderrisiko auch die Gesellschaftsstruktur, die Geschäftsausrichtung und die Produkte der Korrespondenzbank in der Risikobewertung zu berücksichtigen sein. Die Risiken sind unterschiedlich zu gewichten. Beispielsweise ist in Bezug auf die Produktrisiken eines Respondenten in Form eines Kreditinstituts zwischen Universalbank mit einer breiten Produktpalette und Spezialbank mit eingeschränkter Geschäftstätigkeit zu unterscheiden. Im Hinblick auf den Kundenstamm des Respondenten (bspw. Kreditinstitut) ist zu eruieren, ob von bestimmten Kundengruppen ein besonderes Risiko ausgeht und in welchem Maße diese Kundengruppen vertreten sind. Aber auch die Besetzung der Geschäftsleitung eines Respondenten kann eine besondere Beobachtung erfordern. Beispielsweise dürfte das Geldwäscherisiko bei Respondenten vergleichsweise hoch sein, wenn „PEPs" im „senior management" oder als „wirtschaftlich Berechtigter" identifiziert wurden. Zur Sicherstellung einer standardisierten Vorgehensweise bei der Risikobewertung bietet sich die Implementierung eines **Risikoscorings** an.

VIII. Anordnungsbefugnis bei erhöhtem Risiko (§ 15 Abs. 8 GwG)

69   Über die in § 15 Abs. 3 GwG aufgeführten Fällen besteht für die zuständige Aufsichtsbehörde die Möglichkeit, gegenüber den Verpflichteten anzuordnen, dass diese eine Geschäftsbeziehung oder Transaktion einer verstärkten Überwachung unterziehen. Ferner kann die Aufsichtsbehörde die Erfüllung zusätzlicher, dem Risiko angemessener Sorgfaltspflichten anordnen.

IX. Beendigungspflicht (§ 15 Abs. 9 GwG)

70   Sofern Verpflichtete die Erfüllung der verstärkten Sorgfaltspflichten des § 15 GwG nicht sicherstellen können, ist analog § 10 Abs. 9 GwG die Geschäftsbeziehung nicht zu begründen, nicht fortzusetzen und es darf keine Transaktion durchgeführt werden. Die Regelung des § 10 Abs. 9 GwG hat durch die Vierte EU-Geldwäscherichtlinie keine wesentlichen Neuerungen erfahren und ist insofern inhaltsgleich zu § 6 Abs. 1 Satz 2 GwG bisherige Fassung.[31]

X. Rechtsverordnung (§ 15 Abs. 10 GwG)

71   § 15 Abs. 10 GwG ermächtigt das Bundesministerium der Finanzen, in einer **Rechtsverordnung** besondere Fallkonstellationen zu bestimmen, in denen ein

---

31 BT-Drs. 18/11555, Begr. zu § 15 Abs. 9 GwG, S. 123.

vergleichsweise erhöhtes Risiko in Sachen Geldwäsche und Terrorismusfinanzierung besteht. Das Bundesministerium der Finanzen ist ermächtigt, von den Verpflichteten zu verlangen, dass diese zusätzliche Sorgfaltspflichten – aufgrund des erhöhten Gefährdungspotenzials – erfüllen.

Die Ergänzung um § 15 Abs. 10 Satz 1 Nr. 2 GwG im Rahmen der Umsetzung 72 der Änderungsrichtlinie ermöglicht es nun Regelungen zu treffen, die die zuständigen Aufsichtsbehörden bei der Anordnung und Ausgestaltung von Maßnahmen § 15 Abs. 5a GwG zu beachten haben.

§ 16 Besondere Vorschriften für das Glücksspiel im Internet

(1) Für Verpflichtete nach § 2 Absatz 1 Nummer 15 gelten, soweit sie das Glücksspiel im Internet anbieten oder vermitteln, die besonderen Vorschriften der Absätze 2 bis 8. Bei der Anwendung der allgemeinen Sorgfaltspflichten findet der Schwellenbetrag nach § 10 Absatz 5 keine Anwendung.

(2) Der Verpflichtete darf einen Spieler erst zu einem Glücksspiel im Internet zulassen, wenn er zuvor für den Spieler auf dessen Namen ein Spielerkonto eingerichtet hat.

(3) Der Verpflichtete darf auf dem Spielerkonto weder Einlagen noch andere rückzahlbare Gelder vom Spieler entgegennehmen. Das Guthaben auf dem Spielerkonto darf nicht verzinst werden. Für die entgegengenommenen Geldbeträge gilt § 3 Absatz 3 des Zahlungsdiensteaufsichtsgesetzes entsprechend.

(4) Der Verpflichtete muss sicherstellen, dass Transaktionen des Spielers auf das Spielerkonto nur erfolgen

1. durch die Ausführung eines Zahlungsvorgangs

    a) mittels einer Lastschrift nach § 1 Absatz 1 Satz 2 Nummer 3 Buchstabe a des Zahlungsdiensteaufsichtsgesetzes,

    b) mittels einer Überweisung nach § 1 Absatz 1 Satz 2 Nummer 3 Buchstabe c des Zahlungsdiensteaufsichtsgesetzes oder

    c) mittels einer auf den Namen des Spielers ausgegebenen Zahlungskarte nach § 1 Absatz 1 Satz 2 Nummer 3 Buchstabe b des Zahlungsdiensteaufsichtsgesetzes und

2. von einem Zahlungskonto nach § 1 Absatz 17 des Zahlungsdiensteaufsichtsgesetzes, das auf den Namen des Spielers bei einem Verpflichteten nach § 2 Absatz 1 Nummer 1 oder 3 errichtet worden ist.

(5) Der Verpflichtete hat die Aufsichtsbehörde unverzüglich zu informieren über die Eröffnung und Schließung eines Zahlungskontos nach § 1 Absatz 17 des Zahlungsdiensteaufsichtsgesetzes, das auf seinen eigenen Namen bei einem Verpflichteten nach § 2 Absatz 1 Nummer 1 oder 3 eingerichtet ist und auf dem Gelder eines Spielers zur Teilnahme an Glücksspielen im Internet entgegengenommen werden.

(6) Wenn der Verpflichtete oder ein anderer Emittent einem Spieler für Transaktionen auf einem Spielerkonto monetäre Werte ausstellt, die auf einem Instrument nach § 2 Absatz 1 Nummer 10 des Zahlungsdiensteaufsichtsgesetzes gespeichert sind, hat der Verpflichtete oder der andere Emit-

tent sicherzustellen, dass der Inhaber des monetären Werts mit dem Inhaber des Spielerkontos identisch ist.

(7) Der Verpflichtete darf Transaktionen an den Spieler nur vornehmen

1. durch die Ausführung eines Zahlungsvorgangs nach Absatz 4 und

2. auf ein Zahlungskonto, das auf den Namen des Spielers bei einem Verpflichteten nach § 2 Absatz 1 Nummer 1 oder 3 eingerichtet worden ist.

Bei der Transaktion hat der Verpflichtete den Verwendungszweck dahingehend zu spezifizieren, dass für einen Außenstehenden erkennbar ist, aus welchem Grund der Zahlungsvorgang erfolgt ist. Für diesen Verwendungszweck können die Aufsichtsbehörden Standardformulierungen festlegen, die vom Verpflichteten zu verwenden sind.

(8) Abweichend von § 11 kann der Verpflichtete bei einem Spieler, für den er ein Spielerkonto einrichtet, eine vorläufige Identifizierung durchführen. Die vorläufige Identifizierung kann anhand einer elektronisch oder auf dem Postweg übersandten Kopie eines Dokuments nach § 12 Absatz 1 Satz 1 Nummer 1 erfolgen. Eine vollständige Identifizierung ist unverzüglich nachzuholen. Sowohl die vorläufige als auch die vollständige Identifizierung kann auch anhand der glücksspielrechtlichen Anforderungen an Identifizierung und Authentifizierung erfolgen.

Übersicht

I. Allgemeines

1   § 16 GwG, der im Rahmen der Umsetzung der Vierten EU-Geldwäscherichtlinie in das GwG eingefügt wurde, richtet sich an **Veranstalter und Vermittler von Glücksspielen** (Verpflichtete nach § 2 Abs. 1 Nr. 15 GwG), soweit das Glücksspiel im **Internet** ausgerichtet wird. Die Vorschrift entspricht in weiten Teilen **§ 9c GwG a. F.**, der als Teil der zum damaligen Zeitpunkt neuen Vorgaben für das Glücksspiel im Internet (§§ 9a–d GwG bisherige Fassung) durch das GwGErgG[1] vom 18.2.2013 Eingang in das GwG fand (siehe hierzu auch → Rn. 3).

1. Einbeziehung des Glücksspiels im Internet in das internationale und europäische Regime der Geldwäscheprävention

2   Die Einbeziehung des Glücksspiels im Internet in das System zur Prävention von Geldwäsche und Terrorismusfinanzierung wurde von der Financial Action Task Force (FATF) ansatzweise bereits anlässlich der Überarbeitung ihrer **40 Empfehlungen** im Jahr **2003** empfohlen. Gemäß Empfehlung 12 der 40 Empfehlungen von 2003 (Empfehlung 22 der 40 Empfehlungen von 2012) sollten die von der FATF ausgearbeiteten Sorgfaltspflichten auch von **terrestrischen Kasinos und Internetkasinos** beachtet werden. In die europäische Gesetzgebung fand der Glücksspielsektor mit Verabschiedung der **Zweiten Geldwäscherichtlinie** Eingang, wobei die Richtlinie den Verpflichtetenkreis der Ersten Geldwäsche-Richtlinie nur um terrestrische Kasinos erweiterte. Mit der **Dritten EU-Geldwäscherichtlinie** wurden auch Online-Spielbanken in den Anwendungsbereich der europäischen Vorschriften zur Prävention von Geldwäsche und Terrorismusfinanzierung einbezogen.[2] Erst im Rahmen der **Vierten EU-Geldwäscherichtlinie** wurde der Tatbestand des Glücksspiels über den Bereich der (Online-)Kasinos hinaus auf alle Anbieter von Glücksspieldiensten einschließlich Online-Glücksspielen ausgeweitet. Der **risikobasierte Ansatz**, der bereits der Dritten EU-Geldwäscherichtlinie zugrunde lag, gestattet es den Mitgliedstaaten allerdings, bestimmte Glücksspielangebote – mit Ausnahme von (Online-)Spielbanken – von den nationalen Vorgaben zur Umsetzung der Vierten EU-Geldwäscherichtlinie auszunehmen, vorausgesetzt, dass bei diesen das Geldwäsche-Risiko nachweislich gering ist (vgl. Art. 2 Abs. 2 der Vierten EU-Geldwäscherichtlinie).

---

1 Gesetz zur Ergänzung des Geldwäschegesetzes (GwGErgG) vom 18.2.2013 (BGBl. 2013 I, S. 268 ff.).

2 Eine Einbeziehung des Online-Glücksspiels ergab sich lediglich indirekt aus ErwG 14 der Richtlinie: „Diese Richtlinie sollte auch für die Tätigkeiten der dieser Richtlinie unterliegenden Institute und Personen gelten, die über das Internet ausgeübt werden."

2. Einbeziehung des Glücksspiels im Internet in das deutsche Regime der Geldwäscheprävention

Obgleich weder die Empfehlungen der FATF noch die Dritten EU-Geldwäsche- **3**
richtlinie zum damaligen Zeitpunkt entsprechende konkrete Verpflichtungen
vorsahen, hielt es der deutsche Gesetzgeber bereits im Jahr 2013 für geboten,
den aus seiner Sicht bei Glücksspielen im Internet bestehenden Risiken der
Geldwäsche, Terrorismusfinanzierung und sonstiger strafbarer Handlungen entgegenzuwirken. Mit den **§§ 9a–d GwG a. F.**, die mit dem GwGErgG[3] vom
18.2.2013 Eingang in das GwG fanden, wurden **besondere Anforderungen an
die Transparenz von Zahlungsströmen im Online-Glücksspielbereich** gesetzlich verankert, um die Geldwäscherisiken beim Glücksspiel im Internet zu
minimieren. Gem. § 16 Abs. 7 GwG a. F. konnte die zuständige Behörde im Einzelfall bestimmen, dass auf Veranstalter oder Vermittler von Glücksspielen im
Internet die Sondervorschriften der §§ 9a ff. GwG insgesamt oder teilweise nicht
anzuwenden waren, wenn das Risiko der Geldwäsche oder der Terrorismusfinanzierung gering war und die glücksspielrechtlichen Anforderungen erfüllt waren. Die Erteilung einer Befreiung setzte einen entsprechenden **Antrag** des Verpflichteten voraus.

Im Jahr 2014 verabschiedete das Kollegium der Obersten Glücksspielaufsichts- **4**
behörden der Länder die in Abstimmung mit dem Bundesministerium der Finanzen erarbeiteten **Hinweise zur Auslegung und Anwendung** des Sonderregimes
zur Geldwäschebekämpfung im Bereich des Online-Glücksspiels (§§ 9a, 9b, 9c
GwG a. F.) sowie die Verfahrensgrundsätze für die Gewährung von Befreiungen
(§ 16 Abs. 7 GwG a. F.).

Mit der Umsetzung der **Vierten EU-Geldwäscherichtlinie** durch das Gesetz zur **5**
Umsetzung der Vierten EU-Geldwäscherichtlinie, zur Ausführung der EU-Geldtransferverordnung und zur Neuorganisation der Zentralstelle für Finanztransaktionsuntersuchungen vom 23.6.2017[4] wurden einige der Sondervorschriften der
§§ 9a–c GwG a. F. für Veranstalter und Vermittler von Glücksspielen im Internet
obsolet bzw. gingen in den für alle Verpflichteten nach dem GwG geltenden Vorschriften auf (so insbesondere die Vorgaben des § 9a und § 9b Abs. 1 GwG a. F.).
Soweit die bestehenden Sondervorschriften für die Veranstalter und Vermittler
von Glücksspielen als weiterhin erforderlich erachtet wurden (insbesondere die
Regelungen des § 9b Abs. 2 und 3, § 9c GwG a. F.), wurden diese in den neuen
§ 16 GwG übernommen. Die Möglichkeit zur Erteilung einer Befreiung von den
Sondervorschriften im Einzelfall durch die zuständige Aufsichtsbehörde (§ 16
Abs. 7 GwG a. F.) wurde gänzlich gestrichen, da diese nach den Vorgaben der

---

3 Gesetz zur Ergänzung des Geldwäschegesetzes (GwGErgG) vom 18.2.2013 (BGBl.
   2013 I, S. 268 ff.).
4 BGBl. I 2017, S. 1822.

Vierten EU-Geldwäscherichtlinie nicht mehr zulässig ist. Nach der Übergangsregelung in § 59 GwG blieben gemäß § 16 Abs. 7 GwG a. F. gewährte Befreiungen der Aufsichtsbehörden nach § 50 Nr. 8 GwG gegenüber Verpflichteten nach § 2 Abs. 1 Nr. 15 GwG, soweit sie Glücksspiele im Internet veranstalten oder vermitteln, in Abweichung zu § 16 GwG noch bis zum 30.6.2018 wirksam. Am 1.2.2019 veröffentlichten die Obersten Glücksspielaufsichtsbehörden der Länder auf Grundlage von § 51 Abs. 8 GwG ihre aktuellen Auslegungs- und Anwendungshinweise zum Geldwäschegesetz für Veranstalter und Vermittler von Glücksspielen (Verpflichtete nach § 2 Abs. 1 Nr. 15 GwG).[5]

3. Glücksspielrechtliche Vorgaben zum Glücksspiel im Internet

6   In Deutschland war das Glücksspiel im Internet bis 2012 grundsätzlich verboten. Erst seit einer zum 1.7.2012 in Kraft getretenen Änderung des Staatsvertrags zum Glücksspielwesen in Deutschland (Glücksspielstaatsvertrag – GlüStV)[6] war das Veranstalten und das Vermitteln von **Glücksspielen im Internet** unter bestimmten Voraussetzungen wieder zulässig. So war zwar die Veranstaltung und Vermittlung **öffentlicher Glücksspiele** im Internet weiterhin **verboten,**[7] **jedoch konnten** die Länder abweichend davon zur besseren Erreichung der Ziele des GlüStV den **Eigenvertrieb und die Vermittlung** von **Lotterien** sowie die **Veranstaltung und Vermittlung** von **Sportwetten** im Internet erlauben, wenn keine Versagungsgründe nach § 4 Abs. 2 GlüStV 2012 vorlagen und **die Voraussetzungen** gemäß § 4 Abs. 5 GlüStV 2012 erfüllt waren.

7   Trotz des in Deutschland bestehenden weitgehenden Verbots der Veranstaltung und Vermittlung öffentlicher Glücksspiele im Internet entwickelte sich jedoch über die Jahre ein beachtlicher **Schwarzmarkt** im Internet, auf welchem virtuelle Automatenspiele, Online-Poker und Online-Casinos angeboten und von Spielern nachgefragt werden. Da das Angebot dieser unerlaubten Spiele zumeist aus dem Ausland heraus erfolgt, stellte sich die Bekämpfung dieses Schwarzmarktes in den vergangenen Jahren als sehr schwierig dar. Um die Ziele des Glücksspielstaatsvertrags (Spielsuchtvorbeugung/-bekämpfung, Kanalisierung des natürli-

---

5 Auslegungs- und Anwendungshinweise zum Geldwäschegesetz für Veranstalter und Vermittler von Glücksspielen (Verpflichtete nach § 2 Abs. 1 Nr. 15 GwG) – Gemeinsame Hinweise der Obersten Glückspielaufsichtsbehörden der Länder gemäß § 51 Abs. 8 GwG (Stand: November 2020) („OGlüA, AuA 2020").

6 GVBl. 2012, S. 318, 319, 392, BayRS 02-30-I.

7 Nur in Schleswig-Holstein wurden auf der Grundlage des dortigen Gesetzes zur Neuordnung des Glücksspiels (Glücksspielgesetz) vom 20.10.2011, GVOBl. S. 280, und § 1 des Gesetzes zur Übergangsregelung für Online-Casinospiele vom 11.6.2019, GVOBl. S. 145, seit dem Jahr 2012 Erlaubnisse für die Veranstaltung und den Vertrieb von virtuellen Automatenspielen und von Online-Poker erteilt und somit erlaubte Online-Glücksspiele veranstaltet und vertrieben.

chen Spieltriebs der Bevölkerung in geordnete und überwachte Bahnen, Schwarzmarktbekämpfung, Gewährleistung des Jugend- und Spielerschutzes, der Manipulationsverhinderung und der Integritätswahrung des Sports) besser erreichen zu können und Spielern eine legale, sichere Alternative zu den auf dem Schwarzmarkt angebotenen Spielen zu bieten, wurden daher mit dem **Staatsvertrag zur Neuregulierung des Glücksspielwesens in Deutschland (Glücksspielstaatsvertrag 2021 – GlüStV 2021)** ab dem 1.7.2021 auch die **Veranstaltung und der Eigenvertrieb** von **virtuellen Automatenspielen, Online-Poker** und **Online-Casinospielen** unter restriktiven Voraussetzungen erlaubnisfähig gestellt. Alle anderen Varianten öffentlicher Glücksspiele im Internet sind weiterhin verboten, sodass auch die **Vermittlung** von virtuellen Automatenspielen, Online-Poker und Online-Casino spielen derzeit nicht erlaubnisfähig ist.

Um den Spielerschutz auch in einem künftig deutlich angebotsreicheren Glücksspielmarkt, zu gewährleisten, wurden mit dem GlüStV 2021 auf der einen Seite die behördlichen Vollzugsmöglichkeiten erheblich verbessert und auf der anderen Seite die bisherigen Schutzmaßnahmen erweitert. So sieht der GlüStV 2021 u. a. die verpflichtende Einrichtung von anbieterbezogenen Spielerkonten, eine Verpflichtung der Anbieter zum Aufbau von Spielsuchtfrüherkennungssystemen, die Begrenzung von Einzahlungen durch ein anbieterübergreifendes monatliches Einzahlungslimit sowie den Aufbau eines zentralen, Anbieter und Spielformen übergreifenden Sperrsystems vor. Eine weitere maßgebliche Neuerung des GlüStV 2021 ist schließlich die Schaffung der Gemeinsamen Glücksspielbehörde der Länder. Diese wurde zur Wahrnehmung der Aufgaben der Glücksspielaufsicht insbesondere im Bereich des Internets zum 1.7.2021 als rechtsfähige Anstalt des öffentlichen Rechts mit Sitz in Sachsen-Anhalt errichtet. **8**

4. Exkurs: Mitwirkungsverbot des § 4 Abs. 1 Satz 2 und 3 GlüStV 2021

Gemäß § 4 Abs. 1 Satz 2 GlüStV 2021 ist das Veranstalten und das Vermitteln von unerlaubtem Glücksspiel sowie die Mitwirkung an **Zahlungen im Zusammenhang mit unerlaubtem Glücksspiel** verboten. Die Regelung, die als gesetzliches Verbot im Sinne des § 134 BGB auszulegen ist, begründet insbesondere eine Verpflichtung für alle am Zahlungsverkehr beteiligten Institute Zahlungen an oder von einem illegalen Glücksspielanbieter abzulehnen bzw. nicht auszuführen oder weiterzuleiten. Sofern ein Veranstalter oder Vermittler von öffentlichen Glücksspielen neben unerlaubtem Glücksspiel auch sonstige Leistungen in der Weise anbietet, die es am Zahlungsverkehr beteiligten Instituten nicht ermöglicht, den Zahlungsverkehr vollständig unterscheidbar und getrennt nach den Angeboten abzuwickeln, ist gemäß § 4 Abs. 1 Satz 3 GlüStV 2021 auch Annahme, Ausführung oder Weiterleitung von **Zahlungen für diese sonstigen Leistungen** verboten. Das Erkennen von „**Zahlungen im Zusammenhang mit unerlaubtem** **9**

Glücksspiel" stellt Institute in den Fällen, in denen ein Institut nicht das kontoführende Institut eines Veranstalters oder Vermittlers von Glückspiel ist, vor **erhebliche Schwierigkeiten**. Sofern ein Institut nur Konten für Kunden von Glücksspielanbietern führt oder nur Zahlungen weiterleitet, sind Zahlungen, die dem Mitwirkungsverbot des § 4 Abs. 1 Satz 2 und 3 GlüStV 2021 unterliegen, von diesen Instituten nur schwer identifizierbar. Auch die glücksspielstaatsvertragliche Verankerung einer von der Gemeinsamen Glücksspielbehörde der Länder im Internet zu veröffentlichenden und regelmäßig zu aktualisierenden „**White-List**" erlaubter Glücksspielanbieter (§ 9 Abs. 8 des GlüStV 2021), die es allen am Rechtsverkehr Beteiligten sowie Behörden ermöglichen soll, unerlaubte Glücksspielanbieter kurzfristig zu erkennen und entsprechende Maßnahmen zu ergreifen, erscheint nur in den Fällen hilfreich, in denen ein Institut unmittelbar die Kontoführung oder die Zahlungsabwicklung für einen Veranstalter oder Vermittler von Glücksspiel übernehmen soll. Zum Zeitpunkt der Manuskriptabgabe für die vorliegende 3. Aufl. dieses Kommentars befanden sich die Verbände noch in intensivem Dialog untereinander und mit den Glücksspielaufsichtsbehörden, um gemeinsam Kriterien und Typologien zur Erkennung von illegalem Glücksspiel bzw. illegaler Glücksspielanbieter, die im Rahmen der Prävention (beispielsweise in „Sanctions Screening Tools") eingesetzt werden können, zu entwickeln. Es bleibt daher an dieser Stelle, die Ergebnisse dieser Gespräche und die entsprechenden Veröffentlichungen abzuwarten.

II. Adressaten (§ 16 Abs. 1 GwG)

10   Gemäß § 16 Abs. 1 GwG finden die Vorschriften des § 16 GwG Anwendung auf **Veranstalter und Vermittler von Glücksspielen im Sinne des § 2 Abs. 1 Nr. 15 GwG**, soweit sie das Glücksspiel im **Internet** anbieten oder vermitteln. Bezüglich der Definition von Glücksspiel, Glücksspielveranstaltern und Glücksspielvermittlern wird auf die Kommentierung zu § 1 Abs. 8 GwG und § 2 Abs. 1 Nr. 15 GwG verwiesen. Mit dem Gesetz zur Umsetzung der Änderungsrichtlinie zur Vierten EU-Geldwäscherichtlinie (Fünfte EU-Geldwäscherichtlinie) wurde § 16 Abs. 1 noch um einen Satz 2 ergänzt. Dieser stellt klar, dass beim Glücksspiel im Internet der Schwellenbetrag des § 10 Abs. 5 GwG keine Anwendung findet und folglich die Sorgfaltspflichten unabhängig von einem Schwellenbetrag greifen. Eine Änderung der materiellen Rechtslage ist mit dieser Klarstellung nicht verbunden.[8]

---

8 Siehe Gesetzesentwurf der Bundesregierung – Entwurf eines Gesetzes zur Umsetzung der Änderungsrichtlinie zur Vierten EU-Geldwäscherichtlinie, BT-Drs. 19/13827 vom 9.10.2019, Begründung zu § 16 GwG.

III. Spielerkonto (§ 16 Abs. 2 und 3 GwG)

Bevor ein Verpflichteter nach § 2 Abs. 1 Nr. 15 GwG einen Spieler zum Glücks- **11**
spiel im Internet zulässt, muss er für diesen zunächst ein **Spielerkonto** einrichten. § 16 Abs. 2 GwG entspricht § 9c Abs. 1 GwG a. F. Ein Spielerkonto im Sinne des § 16 Abs. 2 GwG ist kein Zahlungskonto im Sinne des Gesetzes über die
Beaufsichtigung von Zahlungsdiensten (ZAG), sondern ein **internes kaufmännisches Verrechnungskonto**, auf dem Soll- und Habenpositionen ausgewiesen
werden.[9] Einen formalen Kontoinhaber gibt es beim Spielerkonto nicht. Das
Konto bezweckt lediglich die transparente Dokumentation der Zahlungsströme
zwischen Spieler und Glücksspielveranstalter oder -vermittler. In diesem Zusammenhang können Spielerkontobewegungen, Tag und Höhe des eingezahlten
Guthabens, gesetzte Spieleinsätze, Verluste und Gewinne ausgewertet werden.
Damit wird hinreichende Transparenz geschaffen, um die verschiedenen Transaktionen auch jeweils einer konkreten Spieleraktivität zuordnen zu können. Das
Spielerkonto wird nicht bei einem Zahlungsdienstleister, sondern unmittelbar
bei dem **Verpflichteten** geführt. Aus dem Wortlaut der Norm folgt, dass für **jeden Spieler** nur jeweils **ein einziges Spielerkonto** vom Verpflichteten geführt
werden darf.[10] Der Verpflichtete hat durch entsprechende interne Datenabläufe
sicherzustellen, dass eine Person nicht mehrere Spielerkonten mit unterschiedlichen Kontobewegungen hat. Des Weiteren hat der Verpflichtete auch auszuschließen, dass es zu Überweisungen von einem Spielerkonto auf das Konto
eines anderen Spielers kommt.

Da Spieler aufgrund der Vorgaben des § 4 des Staatsvertrags zum Glücksspiel- **12**
wesen in Deutschland (GlüStV) nur eine Person über 18 Jahre sein darf, darf das
Konto nur für **volljährige Personen** eingerichtet werden. Dies wiederum setzt
die ordnungsgemäße Identifizierung des Spielers oder dessen wirtschaftlich Berechtigten durch den Verpflichteten, die grundsätzlich nach den allgemeinen
Vorschriften der §§ 10 ff. GwG zu erfolgen hat, voraus. Zu den besonderen Iden-
tifizierungsmöglichkeiten beim Online-Glücksspiel siehe § 16 Abs. 8 GwG (→
Rn. 23).

Das Spielerkonto dient dem registrierten Spieler zur Ausführung einzelner Trans- **13**
aktionen. Die auf das Spielerkonto eingezahlten Gelder dürfen nur für **Spielzwe-
cke** entgegengenommen werden. Wer eine glücksspielrechtliche Erlaubnis besitzt, ist zwar nach § 16 Abs. 2 GwG befugt, solche Spielerkonten zu errichten
und aufgrund der auch hier zur Anwendung kommenden Fiktionswirkung des § 1
Abs. 3 und § 2 Abs. 2 Satz 2 ZAG darauf Zahlungsvorgänge für das Glücksspiel
abzuwickeln. Der Verpflichtete nach § 2 Abs. 1 Nr. 15 GwG darf aber nach § 16
Abs. 3 Satz 1 GwG (entspricht § 9c Abs. 2 Satz 1 GwG a. F.) auf dem Spielerkonto

---

9 OGlüA, AuA 2020, S. 47.
10 Siehe bereits RegBegr. zum GwGErgG, BT-Drs. 17/10745, S. 16.

keine Einlagen oder andere rückzahlbare Beträge entgegennehmen und ver-
buchen; andernfalls würde er sich im Regelfall wegen des unerlaubten Betreibens
des Einlagengeschäfts nach § 1 Abs. 1 Satz 1 Nr. 1 KWG in Verbindung mit § 54
KWG oder nach § 31 Abs. 1 Nr. 1 ZAG strafbar machen. Der Verweis in § 16
Abs. 3 Satz 3 GwG auf § 3 Abs. 3 ZAG stellt entsprechend klar, dass die Geldbeträge, die ein Verpflichteter nach § 2 Abs. 1 Nr. 15 GwG von einem Spieler auf
dem Spielerkonto entgegennimmt, nicht als Einlagen oder andere unbedingt rückzahlbare Gelder des Publikums im Sinne des § 1 Abs. 1 Satz 2 Nr. 1 KWG oder als
E-Geld gelten. Dem Glücksspielveranstalter ist es somit auch möglich, die Rückerstattung von nicht genutztem Spielgeld durch eine entsprechende Klausel in seinen Spielteilnahmebedingungen an bestimmte Voraussetzungen zu knüpfen oder
z. B. auch nur ein „Abspielen" des Guthabens auf dem Spielerkonto zuzulassen.[11]

IV. Zahlungsvorgänge des Spielers an den Verpflichteten (§ 16 Abs. 4 GwG)

14   § 16 Abs. 4 GwG entspricht § 9c Abs. 3 GwG bisherige Fassung und regelt die
Einzahlung des Spieleinsatzes oder des Spielerkredits beim Glücksspielveranstalter oder -vermittler. Entsprechende Transaktionen vom Spieler auf das bei
dem Verpflichteten gem. § 2 Abs. 1 Nr. 15 GwG geführte Spielerkonto dürfen
gemäß § 16 Abs. 4 GwG **ausschließlich** mittels der in § 16 Abs. 4 Satz Nr. 1
GwG aufgeführten Zahlungsvorgänge von einem **auf den Namen des Spielers
bei einem Verpflichteten nach § 2 Abs. 1 Nr. 1 oder 3 GwG errichteten Zahlungskonto** nach § 1 Abs. 17 ZAG erfolgen.

1. Zulässige Zahlungsvorgänge (§ 16 Abs. 4 Satz 1 Nr. 1 GwG)

15   Transaktionen vom Spieler auf das bei dem Verpflichteten gem. § 2 Abs. 1 Nr. 15
GwG geführte Spielerkonto dürfen gemäß § 16 Abs. 4 GwG **ausschließlich** mit-
tels **Lastschrift** gemäß § 1 Abs. 1 Satz 2 Nr. 3 lit. a ZAG (§ 16 Abs. 4 Satz 1
Nr. 1a GwG), mittels **Überweisung** gemäß § 1 Abs. 1 Satz 2 Nr. 3 lit. c ZAG
(§ 16 Abs. 4 Satz 1 Nr. 1b GwG) oder mittels einer **auf den Namen des Spielers
ausgegebenen Zahlungskarte** gemäß § 1 Abs. 1 Satz 2 Nr. 3 lit. b ZAG (§ 16
Abs. 4 Satz 1 Nr. 1c GwG) erfolgen. Andere Zahlungsmethoden wie anonyme
Gutscheine, Barzahlung oder sonstige Geldtransfers sind ausgeschlossen.[12]

---

11 Hinweise des Bundesministeriums der Finanzen und der zuständigen Aufsichtsbehörden der Länder zum Umgang mit den Sondervorschriften zum Glücksspiel im Internet
gem. § 9a, § 9b und § 9c GwG sowie den Befreiungsanträgen nach § 16 Abs. 7 GwG
vom 11.6.2014, S. 30.

12 Siehe bereits Gesetzesbegründung zum GwGErgG, BT-Drs. 17/10745, S. 16, sowie
OGlüA, AuA 2019, S. 49.

2. Referenzkonto (§ 16 Abs. 4 Satz 1 Nr. 2 GwG)

Die Zahlungsvorgänge dürfen nur von einem **auf den Namen des Spielers bei einem Verpflichteten nach § 2 Abs. 1 Nr. 1 oder 3 GwG errichteten Zahlungskonto** nach § 1 Abs. 17 ZAG (nachfolgend „Referenzkonto" genannt) vorgenommen werden. Der Spieler muss **(Mit-)Inhaber** des Referenzkontos sein. Eine bloße Verfügungsbefugnis über das Konto (kraft Untervollmacht, Ehegattenvollmacht o. Ä.) ist zur Erfüllung der Transparenzanforderungen des § 16 Abs. 4 Satz 1 Nr. 2 GwG nicht ausreichend. § 16 Abs. 4 Satz 1 Nr. 2 GwG will sicherstellen, dass die auf ein Spielerkonto i. S. d. § 16 Abs. 2 GwG transferierten Gelder tatsächlich vom Spieler stammen. Die Verpflichteten müssen daher auch einen Prozess implementieren, der es ihnen ermöglicht, einen **Identitätsabgleich** von Zahler und Spieler vorzunehmen. Ändert der Spieler das Referenzkonto, muss der Prozess erneut durchlaufen werden. Sofern der Verpflichtete **keine Identität** zwischen dem (Mit-)Inhaber des Zahlungskontos und dem Inhaber des Spielerkontos kann, ist die Transaktion abzubrechen, der bereits geleistete Einsatz zurückzuerstatten und der Spieler von der weiteren Spielteilnahme auszuschließen.

Ein vollidentifiziertes **Zahlungskonto** darf nur **einem Spielerkonto** zugeordnet sein, selbst, wenn es sich um ein Gemeinschaftskonto mit mehreren Kontoinhabern handelt. Es müssen deshalb auch Mechanismen zur Prüfung der Mehrfachnutzung von Zahlungskonten implementiert werden. Umgekehrt dürfen **einem Spielerkonto** aber **mehrere Zahlungskonten** zugeordnet werden. Statthaft ist zunächst das Auseinanderfallen von Ein- und Auszahlungskonto. Auch ist es möglich, Einzahlungen auf das Spielerkonto von verschiedenen vollidentifizierten Zahlungskonten des Spielers vorzunehmen bzw. Auszahlungen auf verschiedene vollidentifizierte Zahlungskonten des Spielers zu veranlassen. Dabei ist allerdings sicherzustellen, dass ein Spieler nicht absichtlich verschiedene Konten einsetzt, um die Herkunft bzw. Zielrichtung der eingesetzten Gelder zu verschleiern. Aus diesem Grund sind bei der Verwendung mehrerer Zahlungskonten durch einen Spieler immer verstärkte Sorgfaltspflichten gemäß § 15 GwG anzuwenden.[13]

3. Erleichterungsregel bei Nutzung von Zahlungskarten
  (§ 16 Abs. 4 Satz 2 GwG)

§ 16 Abs. 4 Satz 2 GwG enthält eine Erleichterungsregel bzgl. der von Veranstaltern und Vermittlern von Glücksspielen im Internet anzuwendenden Sorgfaltspflichten, wenn bei bestehender Möglichkeit zur Bezahlung des Spieleinsatzes mittels einer **Zahlungskarte** nach § 1 Abs. 2 Nr. 2c ZAG (Kredit-, Debit- oder andere Zahlungskarte) sichergestellt wird, dass die **maximale Höhe der**

---

13 OGlüA, AuA 2020, S. 51f.

möglichen Einzahlungen des Spielers unterhalb eines gesetzlich festgelegten **Schwellenbetrages** liegt (bei einer einzelnen Transaktion max. 25 EUR und bei mehreren Transaktionen innerhalb eines Kalendermonats max. 100 EUR). Sofern gewährleistet ist, dass Einzahlungen des Spielers nur unterhalb des Schwellenbetrags erfolgen können, muss der Verpflichtete nicht prüfen und sicherstellen, dass die jeweilige Zahlungskarte auf den Namen des Spielers ausgegeben sowie das zugehörige Zahlungskonto gemäß Satz 1 Nr. 2 auf den Namen des Spielers errichtet worden ist. Die Erleichterungsregel für kleine Spieleinsätze wurde vor dem Hintergrund, dass eine behördliche Befreiung von der Pflicht, die Identität von Zahlungskarte und Spielerkonto zu prüfen, nach den Vorgaben der Vierten EU-Geldwäscherichtlinie nicht mehr zulässig ist, in das GwG eingefügt, um weiterhin eine praxisgerechte Möglichkeit zu eröffnen, insbesondere Kreditkarten zur Zahlung des Spieleinsatzes im Internet einzusetzen. Die Begrenzung auf kleine Spieleinsätze dürfte diese Methode für Geldwäsche weitgehend unattraktiv machen. Sofern Veranstalter oder Vermittler von Glücksspiel im Internet auch die Zahlung von **über den o. g. Schwellenbetrag hinausgehenden** Einsätzen mittels Zahlungskarten zulassen, müssen sie vertraglich mit den Kreditinstituten regeln, dass ihnen der volle Datensatz zwecks Identitätsabgleich übermittelt wird bzw. das Kreditinstitut den vorgeschriebenen Identitätsabgleich im Auftrag des verpflichteten Veranstalters oder Vermittlers von Glücksspielen im Internet vornimmt.

V. Informationspflichten gegenüber der Aufsichtsbehörde (§ 16 Abs. 5 GwG)

19   § 16 Abs. 5 GwG entspricht § 9b Abs. 3 GwG bisherige Fassung, der wegen des Sachzusammenhangs in § 16 GwG übernommen wurde. Online-Glücksspielanbieter oder -vermittler sind verpflichtet, die gemäß § 50 Nr. 8 GwG zuständige Aufsichtsbehörde unverzüglich (also ohne schuldhaftes Zögern, § 121 Abs. 1 Satz 1 BGB) zu benachrichtigen, wenn sie **Zahlungskonten nach § 1 Abs. 17 ZAG, auf denen Gelder von Spielern entgegengenommen werden**, die in einem zweiten Schritt dem jeweiligen Spielerkonto gutgeschrieben werden, bei einem Verpflichteten nach § 2 Abs. 1 Nr. 1 oder 3 GwG auf ihren Namen eröffnen oder schließen. Dabei ist die **Bankverbindung** (IBAN, BIC, Bankinstitut) anzugeben.[14] Die Informationspflicht soll der zuständigen Behörde die Überwachung der glücksspielbezogenen (legalen und illegalen) Finanzströme erleichtern.[15]

---

14 OGlüA, AuA 2020, S. 53.
15 Siehe bereits Gesetzesbegründung zum GwGErgG, BT-Drs. 17/10745, S. 16.

VI. Einsatz von Verbundzahlungssystemen (§ 16 Abs. 6 GwG)

§ 16 Abs. 6 GwG entspricht § 9c Abs. 5 GwG bisherige Fassung und findet auf **20** Verpflichtete im Sinne des § 2 Abs. 1 Nr. 15 GwG oder andere Emittenten Anwendung, die Spielern für Transaktionen auf einem Spielerkonto monetäre Werte ausstellen, die auf **Instrumenten im Sinne des § 2 Abs. 1 Nr. 10 ZAG (sog. Verbundzahlungssystemen)** gespeichert sind, also Instrumenten, die die Voraussetzungen der Definition des E-Gelds nach § 1a Abs. 3 ZAG durch Vorliegen des Ausnahmetatbestands des § 1a Abs. 5 Nr. 1 ZAG nicht erfüllen. In der Regel handelt es sich hierbei um zweiseitige Kundenkarten, z.B. Prepaid-Karten, die der Spieler nur gegenüber einem bestimmten Spielveranstalter oder -vermittler (Akzeptanzstelle) als Zahlungsmittel einsetzen kann und die je nach Umfang des Spieleangebots auch einem bestimmten Spielsegment (geschlossenem Netz) zugeordnet sein müssen. Um einer Umgehung bei der konsequenten Einhaltung des Transparenzgebots von Zahlungsströmen beim Online-Glücksspiel entgegenzuwirken, sieht § 16 Abs. 6 GwG vor, dass Verpflichtete oder andere Emittenten, die Spielern solche monetären Werte ausstellen, mit angemessenen technisch oder organisatorischen Maßnahmen sicherstellen müssen, dass der **Erwerber** des monetären Werts mit dem **Inhaber des Spielerkontos identisch** ist. Dies setzt beispielsweise voraus, dass der Emittent einer Prepaid-Karte, die ausschließlich in einem zweiseitigen System für das Glücksspiel im Betrieb des Verpflichteten genutzt werden kann, diese nur an den Spieler gegen Zahlung eines Geldbetrages vertreiben darf. Hierbei ist dafür Sorge zu tragen, dass durch die Verwendung von Kundenkarten nicht das Verbot von Bareinzahlungen des § 16 Abs. 4 Satz 1 Nr. 1 GwG umgangen wird. Als unproblematisch sind insoweit die Fälle anzusehen, in denen die Kundenkarte **bargeldlos** erworben wird, da in diesem Fall eine systemseitige Prüfung der Identität des Inhabers des Zahlungskontos, welches zum Erwerber der Karte dient, mit dem Inhaber des Spielerkontos möglich ist. Sofern ein Erwerb von Kundenkarten auch mittels **Barzahlung**, z.B. im Supermarkt oder an anderen Verkaufsstellen, möglich ist, müssen hier entsprechende **Prozesse zum Identitätsabgleich** eingerichtet werden. Die Angaben zum Spielerkonto könnten entweder auf einer **Mitgliedskarte** des Glücksspielveranstalters oder -vermittlers gespeichert sein, die dann mit den Angaben auf dem amtlichen Lichtbildausweis abgeglichen werden. Oder die Verkaufsstellen der Kundenkarten werden mit einem **Online-Zugang zu den Spielerkontodaten** ausgestattet, die dann mit den Angaben auf dem amtlichen Lichtbildausweis beim Kauf der Kundenkarte abgeglichen werden.[16] Bei Nichtübereinstimmung von Erwerber der Kundenkarte und Inhaber des Spielerkontos, ist der Kauf abzulehnen bzw. die Gutschrift des Ladebetrags abzubrechen und

---

16 OGlüA, AuA 2020, S. 53.

rückabzuwickeln. Die Karte darf schließlich auch **nicht auf Dritte übertragbar** sein. Kundenkarten in Form von **Geschenkkarten** sind damit **ausgeschlossen**.

VII. Zahlungsvorgänge des Verpflichteten an den Spieler (§ 16 Abs. 7 GwG)

21   § 16 Abs. 7 Satz 1 GwG ist die **spiegelbildliche Ergänzung zu § 16 Abs. 4 GwG** und entspricht § 9c Abs. 6 GwG bisherige Fassung. Die Vorschrift bestimmt, dass Zahlungsvorgänge des Verpflichteten an den Spieler als Begünstigten – in aller Regel Spielgewinne oder Rückzahlungen des Restbetrages bei Auflösung des Spielerkontos – von seinem Zahlungskonto bei einem Kredit- oder Zahlungsinstitut nur über die in § 16 Abs. 4 GwG geregelten Zahlungsvorgänge auf ein Konto, das bei einem Zahlungsdienstleister auf den Namen des Spielers errichtet worden ist, erfolgen dürfen.

22   § 16 Abs. 7 Satz 2 GwG dient der erleichterten Feststellung der Mittelherkunft durch die Zahlungsinstitute. So ist der **Verwendungszweck** bei Auszahlungen von einem Spielerkonto so zu spezifizieren, dass die Herkunft des Geldes erkennbar ist. Als hinreichende Kennzeichnung wird von den obersten Glücksspielaufsichtsbehörden der Länder für die Auszahlung eines beim Glücksspiel erzielten Gewinns die Formulierung „**Gewinn aus Gluecksspiel**" und bei Rückzahlung ungenutzter Spieleinsätze die Formulierung „**Ungenutzter Spieleinsatz**" im Verwendungszweck der Überweisung vorgeschrieben.[17] Sofern der Verpflichtete sich bei der Ausführung der Transaktion eines Geldtransferinstituts bedient, welches dann in der Regel als Absender der Zahlung in den Überweisungsdaten erscheint, hat der Verpflichtete auch den Namen seines Unternehmens im Verwendungszweck anzugeben. Eine **gleichzeitige Auszahlung von Gewinnen und Rückzahlung ungenutzter Spieleinsätze** mittels eines einzigen Zahlungsvorgangs ist möglich, sofern im Verwendungszweck eine genaue Aufschlüsselung der einzelnen Beträge unter Nennung der Verwendungszwecke erfolgt.[18]

VIII. Besondere Identifizierungsmöglichkeiten beim Online-Glücksspiel (§ 16 Abs. 8 GwG)

23   § 16 Abs. 8 GwG beruht auf § 9b Abs. 2 GwG bisherige Fassung. Die Vorschrift trägt der Tatsache Rechnung, dass Geschäftsbeziehungen in den letzten Jahren zunehmend nicht mehr bei physischer Präsenz der Vertragspartner, sondern über das Internet begründet werden. Bei der Teilnahme am Glücksspiel im Internet

---

17 OGlüA, AuA 2020, S. 54.
18 OGlüA, AuA 2020, S. 54.

und der Einrichtung von Spielerkonten, die Voraussetzung für die Teilnahme am Glücksspiel im Internet sind, ist dies sogar fast immer der Fall. § 16 Abs. 8 GwG stellt insoweit eine **Spezialregelung gegenüber den allgemeinen Vorschriften zur Identifizierung der §§ 11 ff.** GwG dar, mit welcher den Besonderheiten des Zustandekommens einer Geschäftsbeziehung im Online-Glücksspielbereich Rechnung getragen und eine Zulassung zur Spielteilnahme ohne Medienbrüche ermöglicht werden soll. Abweichend von § 11 GwG kann der Verpflichtete bei einem Spieler, für den er ein Spielerkonto einrichtet, eine **vorläufige Identifizierung** durchführen. Für diese wird die elektronische oder postalische Übersendung einer einfachen Ausweis- oder Passkopie als ausreichend erachtet. Neben der Übermittlung per Mail kann ein Verpflichteter Spielinteressenten auch die technische Möglichkeit einräumen, Scan-Dateien oder Fotos ihrer Ausweise direkt im Internetportal des Verpflichteten hochzuladen und auf diesem Weg an den Verpflichteten zu übermitteln. Die Ausweiskopien sind in digitaler Form so im System des Verpflichteten zu hinterlegen, dass sie dem Spielerdatensatz ohne Weiteres zugeordnet werden können. Nach Vornahme der vorläufigen Identifizierung ist es den Veranstaltern und Vermittlern von Glücksspielen im Internet gestattet, den Spieler – vorbehaltlich der Internetanforderungen nach § 4 Abs. 5 GlüStV[19] – zu einem sogenannten „**Spiel auf Probe**" ohne einen wirksamen Anspruch auf Gewinnausschüttung bzw. Erstattung von eingezahlten Guthaben zuzulassen. Vor Zulassung zum Spiel ist der Spieler darauf hinzuweisen, dass die Gewinne erst nach vollständigem Abschluss der Identifizierung ausgezahlt werden. Zudem ist sicherzustellen, dass der Spieler vor Abschluss der vollständigen Identifizierung keine auf das Spielerkonto eingezahlten Gelder vom Spielerkonto abheben kann. Eine **endgültige Identifizierung** entsprechend den Regelungen der §§ 11 ff. GwG ist **unverzüglich** nachzuholen. Erfolgt dies nicht, so ist das Spielerkonto bis zur vollständigen Identifizierung zu sperren. Eine Löschung des Spielerkontos ist jedoch nicht erforderlich.[20] Statt einer Identifizierung nach den Vorgaben des GwG (§§ 11 ff.) können die Veranstalter und Vermittler von Glücksspielen im Internet die vorläufige Identifizierung nach § 16 Abs. 8 Satz 1 und 2 GwG sowie die endgültige Identifizierung nach § 16 Abs. 8 Satz 3 GwG auch anhand der **glücksspielrechtlichen Vorgaben** durchführen (§ 16 Abs. 8 Satz 4 GwG). Diese sind dem Glücksspielstaatsvertrag und dem Eckpunktepapier zu den Internetanforderungen nach § 4 Abs. 5 GlüStV zu entnehmen.

---

19 Vgl. Eckpunktepapier zu den Internetanforderungen nach § 4 Abs. 5 GlüStV (Stand: 8.8.2018).
20 OGlüA, AuA 2020, S. 55.

§ 17 Ausführung der Sorgfaltspflichten durch Dritte, vertragliche Auslagerung

(1) Zur Erfüllung der allgemeinen Sorgfaltspflichten nach § 10 Absatz 1 Nummer 1 bis 4 kann ein Verpflichteter auf Dritte zurückgreifen. Dritte dürfen nur sein

1. Verpflichtete nach § 2 Absatz 1,

2. Verpflichtete gemäß Artikel 2 Absatz 1 der Richtlinie (EU) 2015/849 in einem anderen Mitgliedstaat der Europäischen Union oder in einem Vertragsstaat des Abkommens über den Europäischen Wirtschaftsraum,

3. Mitgliedsorganisationen oder Verbände von Verpflichteten nach Nummer 2 oder in einem Drittstaat ansässige Institute und Personen, sofern diese Sorgfalts- und Aufbewahrungspflichten unterliegen,

    a) die den in der Richtlinie (EU) 2015/849 festgelegten Sorgfalts- und Aufbewahrungspflichten entsprechen und

    b) deren Einhaltung in einer mit Kapitel VI Abschnitt 2 der Richtlinie (EU) 2015/849 im Einklang stehenden Weise beaufsichtigt wird.

Die Verantwortung für die Erfüllung der allgemeinen Sorgfaltspflichten bleibt bei dem Verpflichteten.

(2) Verpflichtete dürfen nicht auf einen Dritten zurückgreifen, der in einem Drittstaat mit hohem Risiko niedergelassen ist. Ausgenommen hiervon sind

1. Zweigstellen von in der Europäischen Union niedergelassenen Verpflichteten nach Artikel 2 Absatz 1 der Richtlinie (EU) 2015/849, wenn die Zweigstelle sich uneingeschränkt an die gruppenweit anzuwendenden Strategien und Verfahren gemäß Artikel 45 der Richtlinie (EU) 2015/849 hält, und

2. Tochterunternehmen, die sich im Mehrheitsbesitz von in der Europäischen Union niedergelassenen Verpflichteten nach Artikel 2 Absatz 1 der Richtlinie (EU) 2015/849 befinden, wenn das Tochterunternehmen sich uneingeschränkt an die gruppenweit anzuwendenden Strategien und Verfahren gemäß Artikel 45 der Richtlinie (EU) 2015/849 hält.

(3) Wenn ein Verpflichteter auf Dritte zurückgreift, so muss er sicherstellen, dass die Dritten

1. bei der Identifizierung von im Inland ansässigen Personen den Vorschriften dieses Gesetzes entsprechen,

2. die Informationen einholen, die für die Durchführung der Sorgfaltspflichten nach § 10 Absatz 1 Nummer 1 bis 4 notwendig sind, und

3. ihm diese Informationen unverzüglich und unmittelbar übermitteln.

Er hat zudem angemessene Schritte zu unternehmen, um zu gewährleisten, dass die Dritten ihm auf seine Anforderung hin unverzüglich Kopien derjenigen Dokumente, die maßgeblich zur Feststellung und Überprüfung der Identität des Vertragspartners, gegebenenfalls für diesen auftretende Personen, und eines etwaigen wirtschaftlich Berechtigten sind, einschließlich Informationen, soweit diese verfügbar sind, die mittels elektronischer Mittel nach § 12 Absatz 1 Satz 1 Nummer 4 eingeholt wurden, sowie andere maßgebliche Unterlagen vorlegen. Die Dritten sind befugt, zu diesem Zweck Kopien von Ausweisdokumenten zu erstellen und weiterzuleiten.

(3a) Der Dritte kann zur Identifizierung des Vertragspartners, einer gegebenenfalls für ihn auftretenden Person und eines wirtschaftlich Berechtigten auch auf eine anlässlich einer zu einem früheren Zeitpunkt erfolgten Identifizierung dieser Person eingeholte Informationen nach Absatz 3 Satz 1 Nummer 2 zurückgreifen, sofern

1. die Identifizierung im Rahmen der Begründung einer eigenen Geschäftsbeziehung des Dritten und

2. die Identifizierung oder die letzte Aktualisierung unter Einhaltung des § 12 vor nicht mehr als 24 Monaten abgeschlossen wurde,

3. für den Verpflichteten aufgrund äußerer Umstände keine Zweifel an der Richtigkeit der ihm übermittelten Informationen bestehen und

4. das Gültigkeitsdatum eines im Rahmen der Identifizierung oder der letzten Aktualisierung unter Einhaltung des § 12 gegebenenfalls verwendeten Identifikationsdokuments noch nicht abgelaufen ist.

Absatz 3 Satz 2 und 3 gilt entsprechend.

(4) Die Voraussetzungen der Absätze 1 und 3 gelten als erfüllt, wenn

1. der Verpflichtete auf Dritte zurückgreift, die derselben Gruppe angehören wie er selbst,

2. die in dieser Gruppe angewandten Sorgfaltspflichten, Aufbewahrungsvorschriften, Strategien und Verfahren zur Verhinderung von Geldwäsche und von Terrorismusfinanzierung mit den Vorschriften der Richtlinie (EU) 2015/849 oder gleichwertigen Vorschriften im Einklang stehen und

3. die effektive Umsetzung dieser Anforderungen auf Gruppenebene von einer Behörde beaufsichtigt wird.

(5) Ein Verpflichteter kann die Durchführung der Maßnahmen, die zur Erfüllung der Sorgfaltspflichten nach § 10 Absatz 1 Nummer 1 bis 4 erforderlich sind, auf andere geeignete Personen und Unternehmen als die in Absatz 1 genannten Dritten übertragen. Die Übertragung bedarf einer

vertraglichen Vereinbarung und der Verpflichtete hat sicherzustellen, dass die anderen geeigneten Personen und Unternehmen den Vorschriften dieses Gesetzes entsprechen. Die Maßnahmen der Personen oder der Unternehmen werden dem Verpflichteten als eigene Maßnahmen zugerechnet. Absatz 3 gilt entsprechend.

(6) Durch die Übertragung nach Absatz 5 dürfen nicht beeinträchtigt werden

1. die Erfüllung der Pflichten nach diesem Gesetz durch den Verpflichteten,

2. die Steuerungs- oder Kontrollmöglichkeiten der Geschäftsleitung des Verpflichteten und

3. die Aufsicht der Aufsichtsbehörde über den Verpflichteten.

(7) Vor der Übertragung nach Absatz 5 hat sich der Verpflichtete von der Zuverlässigkeit der Personen oder der Unternehmen, denen er Maßnahmen übertragen will, zu überzeugen. Während der Zusammenarbeit muss er sich durch Stichproben von der Angemessenheit und Ordnungsmäßigkeit der Maßnahmen überzeugen, die diese Personen oder Unternehmen getroffen haben.

(8) Soweit eine vertragliche Vereinbarung nach Absatz 5 mit deutschen Botschaften, Auslandshandelskammern oder Konsulaten geschlossen wird, gelten diese kraft Vereinbarung als geeignet. Absatz 7 findet keine Anwendung.

(9) Bei der Übertragung nach Absatz 5 bleiben die Vorschriften über die Auslagerung von Aktivitäten und Prozessen nach § 25b des Kreditwesengesetzes unberührt.

Übersicht

I. Allgemeines

§ 17 GwG, der im Rahmen der Umsetzung der Vierten EU-Geldwäscherichtlinie durch das Gesetz zur Umsetzung der Vierten EU-Geldwäscherichtlinie, zur Ausführung der EU-Geldtransferverordnung und zur Neuorganisation der Zentralstelle für Finanztransaktionsuntersuchungen vom 23.6.2017[1] in das GwG eingefügt wurde, regelt die **Ausführung von Kundensorgfaltspflichten durch Dritte**. Die Vorschrift baut auf der Vorgängerregelung des § 7 GwG a. F. auf, der im Zuge der Umsetzung der Dritten EU-Geldwäscherichtlinie durch das GwBekErgG[2] in das Geldwäschegesetz eingefügt wurde.

1

Bereits vor Inkrafttreten der Änderungen des GwG durch das GwBekErgG entsprach es der **ständigen Verwaltungspraxis** der BaFin (vormals: BaKred), dass

2

---

1 BGBl. I 2017, S. 1822 ff.
2 Gesetz zur Ergänzung der Bekämpfung der Geldwäsche und der Terrorismusfinanzierung (Geldwäschebekämpfungsergänzungsgesetz – GwBekErgG) vom 13.8.2008, BGBl. I 2008, S. 1690 ff.

Kredit- oder Finanzdienstleistungsinstitute die Feststellung und Überprüfung der Identität eines Kunden durch einen sog. **zuverlässigen Dritten** in ihrem Auftrag durchführen lassen konnten, sofern sie aus wichtigem Anlass nicht in der Lage waren, die Identifizierung selbst durch ihre Beschäftigten vorzunehmen.[3]

3   Die Aufsichtspraxis unterteilte die **zuverlässigen Dritten** dabei in **zwei Fallgruppen**:

– per se zuverlässige Dritte, zu welchen andere Finanzdienstleistungsinstitute, Kreditinstitute, Versicherungsunternehmen, die Lebensversicherungen anbieten, Notare, die Deutsche Post AG (PostIdent Service) oder Botschaften/ Konsulate der EU-Staaten zählten, und

– sonstige zuverlässige Dritte.

4   Für die **per se zuverlässigen Dritten** bestand eine aufsichtsrechtliche Vermutung der Zuverlässigkeit, die damit begründet wurde, dass diese Dritten selbst den Pflichten des GwG oder vergleichbaren Pflichten unterlagen und daher davon ausgegangen werden konnte, dass sie die für sie geltenden Pflichten befolgen. Ein Rückgriff auf per se zuverlässige Dritte zur Erfüllung von Sorgfaltspflichten war den Verpflichteten daher ohne weitere Maßnahmen möglich. **Sonstige Dritte** konnte von einem Verpflichteten nach den aufsichtsrechtlichen Vorgaben dagegen nur aufgrund einer entsprechenden vertraglichen Vereinbarung mit dem Dritten eingesetzt werden, welche den Dritten bezüglich der Durchführung der Sorgfaltspflichten den gleichen Anforderungen wie den Verpflichteten selbst unterwarf. Gemäß der Aufsichtspraxis musste sich der Verpflichtete vor einer Übertragung von Sorgfaltspflichten an einen sonstigen Dritten von der **Zuverlässigkeit** dieses Dritten und des von diesem geschaffenen **Systems der Mitarbeiterinformation (Schulung) bzw. der Überprüfung der Mitarbeiterzuverlässigkeit** für interne und externe Prüfer nachvollziehbar überzeugen. Des Weiteren musste der Verpflichtete auch während der Zusammenarbeit mit dem Dritten anhand der übermittelten Unterlagen kontrollieren, ob die Maßnahmen zur Erfüllung der Sorgfaltspflichten durch den Dritten ordnungsgemäß vorgenommen wurden.

5   § 7 GwG a. F., der durch das **GwBekErgG** in das Geldwäschegesetz eingefügt wurde, unterschied in Anlehnung an die gelebte Aufsichtspraxis zwei Fallkonstellationen:

---

3 Vgl. Rundschreiben 1/1998 vom 15.1.1998 – Verlautbarung über Maßnahmen der Finanzdienstleistungsinstitute zur Bekämpfung und Verhinderung der Geldwäsche vom 30.12.1997; Rundschreiben 5/1998 vom 24.4.1998 – Verlautbarung über Maßnahmen der Kreditinstitute zur Bekämpfung und Verhinderung der Geldwäsche vom 30.3.1998 (aufgehoben durch Rundschreiben 2/2009 vom 13.1.2009 – Aufhebung/Gegenstandsloserklärung von Verlautbarungen, Rundschreiben und Einzelschreiben).

— Dritte, die **kraft Gesetz** zur Ausführung von Sorgfaltspflichten eingesetzt werden können (§ 7 Abs. 1 GwG a. F.) und

— Dritte, die nur **auf Grundlage einer entsprechenden vertraglichen Vereinbarung** zur Ausführung der Sorgfaltspflichten herangezogen werden dürfen (§ 7 Abs. 2 GwG a. F.).

Während für die in § 7 Abs. 1 GwG a. F. abschließend aufgezählten Dritten eine nunmehr gesetzliche Zuverlässigkeitsvermutung bestand,[4] schrieb § 7 Abs. 2 GwG für die Einschaltung sonstiger Dritter in Übereinstimmung mit der bisherigen Praxis eine entsprechende vertragliche Vereinbarung zwischen Verpflichtetem und Dritten sowie initiale und regelmäßige Kontrollhandlungen des Verpflichteten vor.   **6**

Mit Umsetzung der **Vierten EU-Geldwäscherichtlinie** durch das Gesetz zur Umsetzung der Vierten EU-Geldwäscherichtlinie, zur Ausführung der EU-Geldtransferverordnung und zur Neuorganisation der Zentralstelle für Finanztransaktionsuntersuchungen vom 23. Juni 2017 wurden die Regelungen des § 7 GwG a. F. in § 17 GwG übernommen.   **7**

II. Übertragbare Sorgfaltspflichten

Gem. § 17 Abs. 1 Satz 1 bzw. Abs. 5 Satz 1 GwG darf ein Verpflichteter auf einen Dritten nur zur Erfüllung der **allgemeinen Sorgfaltspflichten nach § 10 Abs. 1 Nr. 1, 2, 3** und **4 GwG** zurückgreifen. Er darf den Dritten also zur Identifizierung eines Vertragspartners und gegebenenfalls der für ihn auftretenden Person(en) (einschließlich der Prüfung der Vertretungsberechtigung) einsetzen (§ 10 Abs. 1 Nr. 1 GwG). Er kann von dem Dritten abklären lassen, ob ein Vertragspartner für einen wirtschaftlich Berechtigten handelt und diesen, sofern vorhanden, von dem Dritten identifizieren lassen (§ 10 Abs. 1 Nr. 2 Halbs. 1 GwG). Sofern es sich bei dem Vertragspartner des Verpflichteten um keine natürliche Person handelt, kann der Verpflichtete dem Dritten auch die ihm obliegende Ermittlung der Eigentums- und Kontrollstruktur des Vertragspartners übertragen (§ 10 Abs. 1 Nr. 2 Halbs. 1 GwG). Schließlich darf der Verpflichtete den Dritten auch mit der Einholung von Informationen über den Zweck und die angestrebte Art der Geschäftsbeziehung sowie mit der Durchführung von Maßnahmen zur Feststellung, ob es sich bei dem Vertragspartner oder den wirtschaftlich Berechtigten um eine politisch exponierte Person (PEP), um ein Familienmitglied eines PEP oder um eine einer PEP bekanntermaßen nahestehende Person handelt, betrauen (§ 10 Abs. 1 Nr. 3 und 4 GwG).   **8**

---

4 Entgegen der Aufsichtspraxis wurden die Deutsche Post AG (PostIdent Service) sowie Botschaften/Konsulate der EU-Staaten nicht in den Kreis der kraft Gesetz geeigneten Dritten des § 7 Abs. 1 GwG a. F. aufgenommen.

9 **Nicht** an einen Dritten nach § 17 GwG übertragen werden darf dagegen – in Übereinstimmung mit den Vorgaben der Dritten und Vierten EU-Geldwäscherichtlinie – die **kontinuierliche Überwachung der Geschäftsbeziehung zu einem Vertragspartner (§ 10 Abs. 1 Nr. 5 GwG)**.[5] Eine Übertragung von Maßnahmen zur kontinuierlichen Überwachung an einen Dritten ist nur nach den Vorgaben des § 6 Abs. 7 GwG zur Auslagerung von Sicherungsmaßnahmen möglich.

III. Ausführung durch kraft Gesetz geeignete Dritte

1. Definition der kraft Gesetz geeigneten Dritten (§ 17 Abs. 1 GwG)

10 Der Kreis der **kraft Gesetz** zur Ausführung der allgemeinen Sorgfaltspflichten nach § 10 Abs. 1 Nr. 1–4 GwG geeigneten Dritten ist in § 17 Abs. 1 GwG geregelt.

a) Im Inland ansässige Institute und Personen (§ 17 Abs. 1 Satz 2 Nr. 1 GwG)

11 Mit der Umsetzung der Vierten EU-Geldwäscherichtlinie durch das Gesetz zur Umsetzung der Vierten EU-Geldwäscherichtlinie, zur Ausführung der EU-Geldtransferverordnung und zur Neuorganisation der Zentralstelle für Finanztransaktionsuntersuchungen vom 23. Juni 2017[6] wurde der Kreis der **kraft Gesetz** zur Ausführung von Sorgfaltspflichten geeigneten Dritten **erheblich ausgeweitet.**

12 Gemäß **§ 7 GwG a. F.** waren nur **bestimmte Unternehmen und Personen** aus dem Kreis der Verpflichteten nach § 2 Abs. 1 GwG a. F., die in § 7 GwG a. F. abschließend aufgezählt waren, als **kraft Gesetz** geeignete Dritte anzusehen, nämlich:

- **Kreditinstitute** (vgl. § 2 Abs. 1 Nr. 1 GwG a. F.),
- **Finanzdienstleistungsinstitute** i. S. v. § 1 Abs. 1a Satz 2 Nr. 1, 2–5 und 8 KWG (vgl. §§ 7 Abs. 1 i. V. m. 2 Abs. 1 Nr. 2 GwG a. F.),
- **Institute i. S. d. § 1 Abs. 2a ZAG** und im Inland gelegene **Zweigstellen und Zweigniederlassungen** von Instituten i. S. d. § 1 Abs. 2a ZAG mit Sitz im Ausland (vgl. § 2 Abs. 1 Nr. 2a GwG a. F.),
- **Versicherungsunternehmen**, die Lebensversicherungen oder Unfallversicherungen mit Prämienrückgewähr anbieten (vgl. § 2 Abs. 1 Nr. 4 GwG a. F.),
- **Versicherungsvermittler** i. S. d. § 59 VVG, soweit sie Lebensversicherungen oder Dienstleistungen mit Anlagezweck vermitteln, mit Ausnahme der gem.

---

5 Vgl. auch BaFin, AuA Oktober 2021, Ziff. 8, S. 66.
6 BGBl. I 2017, S. 1822 ff.

§ 34d Abs. 3 oder 4 GewO tätigen Versicherungsvermittler (vgl. § 2 Abs. 1 Nr. 5 GwG a. F.),

– **Kapitalverwaltungsgesellschaften** im Sinne des § 17 Abs. 1 KAGB, im Inland gelegene **Zweigniederlassungen von EU-Verwaltungsgesellschaften und ausländischen AIF-Verwaltungsgesellschaften** sowie **ausländische AIF-Verwaltungsgesellschaften**, für die die Bundesrepublik Deutschland Referenzmitgliedstaat ist und die der Aufsicht der BaFin gemäß § 57 Abs. 1 Satz 3 KaGB unterliegen (vgl. § 2 Abs. 1 Nr. 6 GwG a. F.),

– **Rechtsanwälte, Kammerrechtsbeistände, Patentanwälte** und **Notare** (vgl. § 2 Abs. 1 Nr. 7 GwG a. F.), sowie

– **Wirtschaftsprüfer, vereidigte Buchprüfer, Steuerberater** und **Steuerbevollmächtigte** (vgl. § 2 Abs. 1 Nr. 8 GwG a. F.).

Gemäß **§ 17 Abs. 1 Nr. 1 GwG** sind nunmehr **sämtliche Verpflichtete** nach § 2   **13** Abs. 1 GwG, **sofern sie in Deutschland ansässig sind**, als **kraft Gesetz** geeignete Dritte anzusehen.

Trotz ihrer nicht unerheblichen Bedeutung im Kapitalanlagebereich unterliegen   **14** **Finanzanlagenvermittler** und **Honorar-Finanzanlagenberater** nach **§ 34f bzw. h GewO** auch nach Umsetzung der Vierten und Fünften EU-Geldwäscherichtlinie nicht den Bestimmungen des Geldwäschegesetzes.[7] Sie können daher nur kraft vertraglicher Vereinbarung (siehe hierzu → Rn. 29 ff.) zur Ausführung von Sorgfaltspflichten herangezogen werden.

b) In einem anderen EU-Mitgliedstaat/EWR-Vertragsstaat ansässige Institute und Personen (§ 17 Abs. 1 Satz 2 Nr. 2 GwG)

Was die Heranziehung von in einem anderen EU-Mitgliedstaat ansässigen Instituten und Personen zur Ausführung von Sorgfaltspflichten anging, machte **§ 7**   **15** **Abs. 1 GwG a. F.** bei der Festlegung des Kreises der kraft Gesetz geeigneten Dritten **keine Unterscheidung** zwischen im Inland oder in einem anderen EU-Mitgliedstaat ansässigen Instituten und Personen. So bestimmte § 7 Abs. 1 GwG a. F., dass auch in anderen Mitgliedstaaten der Europäischen Union ansässige Verpflichtete im Sinne des § 2 Abs. 1 Nr. 1, 2, 2a, 4, 5, 6, 7 und 8 GwG a. F. (→ Rn. 10) als kraft Gesetz geeignete Dritte gelten.

Um den sich aus dem Verweis auf das deutsche KWG möglicherweise ergeben-   **16** den Auslegungsproblemen entgegenzuwirken, verweist **§ 17 Abs. 1 Nr. 2 GwG** bei der Bestimmung von in einem anderen **EU-Mitgliedstaat/EWR-Vertragsstaat** ansässige **Institute und Personen** als kraft Gesetz geeignete Dritte nun-

---

7 Vgl. auch Stellungnahme des Bundesrats zum Entwurf eines Gesetzes zur Umsetzung der Vierten EU-Geldwäscherichtlinie und Gegenäußerung der Bundesregierung, Drs. 18/11928, S. 22.

mehr nicht mehr auf § 2 Abs. 1 GwG, sondern auf die entsprechende Regelung in der **Vierten EU-Geldwäscherichtlinie.**

c) Mitgliedsorganisationen oder Verbände von Verpflichteten nach § 17 Abs. 1
   Satz 2 Nr. 2 GwG (§ 17 Abs. 1 Satz 2 Nr. 3 GwG)

17   Auch **Mitgliedsorganisationen oder Verbände** von Verpflichteten nach § 17 Abs. 1 Satz 2 Nr. 2 GwG können gemäß § 17 Abs. 1 Satz 2 Nr. 3 GwG zur Ausführung von allgemeinen Sorgfaltspflichten herangezogen werden, wenn sie **Sorgfalts- und Aufbewahrungspflichten** unterliegen, die den in der Vierten EU-Geldwäscherichtlinie festgelegten Sorgfalts- und Aufbewahrungspflichten entsprechen und deren Einhaltung in einer mit den Vorschriften der Vierten EU-Geldwäscherichtlinie (Kapitel IV Abschnitt 2) im Einklang stehenden Weise beaufsichtigt wird.

d) In einem Drittstaat ansässige Unternehmen und Personen
   (§ 17 Abs. 1 Satz 2 Nr. 3, Abs. 2 GwG)

18   In einem **Drittstaat** ansässige Institute und Personen gelten gem. § 17 Abs. 1 Nr. 3 GwG nur dann als kraft Gesetz geeignete Dritte, wenn sie Sorgfalts- und Aufbewahrungspflichten unterliegen, die den in der Vierten EU-Geldwäscherichtlinie festgelegten Sorgfalts- und Aufbewahrungspflichten entsprechen und deren Einhaltung in einer mit den Vorschriften der Vierten EU-Geldwäscherichtlinie (Kapitel IV Abschnitt 2) im Einklang stehenden Weise beaufsichtigt wird.

19   Entsprechend den Vorgaben des Art. 26 Abs. 2 der Vierten EU-Geldwäscherichtlinie **verbietet** es § 17 Abs. 2 GwG, auf Personen oder Unternehmen zurückzugreifen, die in **Drittstaaten mit hohem Risiko** niedergelassen sind. **Ausgenommen** von diesem Verbot sind **Zweigstellen** oder im Mehrheitsbesitz von Verpflichteten nach der Vierten EU-Geldwäscherichtlinie stehende **Tochterunternehmen**, wenn sich diese uneingeschränkt an die für sie geltenden gruppenweiten Pflichten (vgl. insoweit auch § 9 GwG) halten. Begründet wird die Ausnahme von dem Verbot damit, dass in diesem Fall – unabhängig von dem bestehenden Länderrisiko – von der Einhaltung der nach der Vierten EU-Geldwäscherichtlinie geltenden Sorgfaltspflichten ausgegangen werden kann.

20   Nach § 7 Abs. 1 Satz 4 GwG a. F. musste – in Übereinstimmung mit den Vorgaben der Dritten EU-Geldwäscherichtlinie – beim Rückgriff auf Institute und Personen in Drittländer bislang geprüft werden, ob diese über Systeme zur Geldwäschebekämpfung bzw. Terrorismusfinanzierung verfügen, die den in der EU bestehenden Systemen „gleichwertig" sind. Die Bestimmungen zur Feststellung einer positiven „Gleichwertigkeit" von Systemen zur Geldwäschebekämpfung bzw. Terrorismusfinanzierung in Drittstaaten wurden in der Vierten EU-Geldwäscherichtlinie gestrichen. In Art. 9 Abs. 2 der Richtlinie wurde der Europäischen Kommission die Befugnis übertragen, delegierte Rechtsakte zu erlassen, um unter Berücksichtigung in der Richtlinie vorgegebener Kriterien Drittländer mit hohem Risiko[8] zu ermitteln. Ein entsprechender delegierter Rechtsakt wurde von der Europäischen Kommission am 14.7.2016 in Gestalt einer delegierten Verordnung erlassen.[9] Bezüglich weiterer Erläuterung zu den Drittstaaten mit hohem Risiko wird auf die Kommentierung zu § 15 GwG verwiesen.

2. Einholung/Übermittlung von Informationen und Dokumenten durch die kraft Gesetz geeigneten Dritten (§ 17 Abs. 3 GwG)

Sofern ein Verpflichteter zur Ausführung der allgemeinen Sorgfaltspflichten nach § 10 Abs. 1 Nr. 1–4 GwG auf einen kraft Gesetz geeigneten Dritten zurückgreift, muss er gemäß **§ 17 Abs. 3 Satz 1 Nr. 2 GwG** sicherstellen, dass dieser die **Informationen** einholt, die für die Durchführung der Sorgfaltspflichten nach § 10 Abs. 1 Nr. 1–4 GwG[10] notwendig sind.   **21**

Während § 7 Abs. 1 Satz 5 GwG a. F. – entsprechend der Vorgaben in Art. 15 Abs. 3 der Dritten EU-Geldwäscherichtlinie – noch die Erleichterungsregel enthielt, dass es bei Erfüllung von Sorgfaltspflichten durch einen kraft Gesetz geeigneten Dritten in einem anderen EU-Mitgliedstaat ausreiche, die Vorgaben und Standards dieses Staates zu den Anforderungen an die erhobenen Angaben, Informationen und überprüften Dokumente zu erfüllen, wurde diese Erleichterungsregel nicht in die Vierten EU-Geldwäscherichtlinie übernommen und findet sich auch in § 17 GwG nicht mehr.   **22**

Allerdings wird in der Begründung zum Regierungsentwurf des Gesetzes zur Umsetzung der Vierten EU-Geldwäscherichtlinie ausgeführt, dass sich der **Umfang** der von den kraft Gesetz geeigneten Dritten durchzuführenden Sorgfaltspflichten **nach dem auf sie anwendbaren Recht** bestimme.[11] Auch die BaFin führt in ihren Auslegungs- und Anwendungshinweisen zum GwG für die Finanz-   **23**

---

8 Als Drittländer mit hohem Risiko sind gem. Abs. 9 Abs. 1 der Richtlinie solche Länder anzusehen, die in ihren nationalen Systemen zur Bekämpfung von Geldwäsche und Terrorismusfinanzierung strategische Mängel aufweisen, die wesentliche Risiken für das Finanzsystem der Union darstellen.

9 Delegierte Verordnung (EU) 2016/1675 der Kommission vom 14.7.2016 zur Ergänzung der Richtlinie (EU) 2015/849 des Europäischen Parlaments und des Rates durch Ermittlung von Drittländern mit hohem Risiko, die strategische Mängel aufweisen, ABl. L 254/1 v. 20.9.2016.

10 Bei der Nichteinbeziehung des § 10 Abs. 1 Nr. 4 in den Gesetzeswortlaut des Abs. 3 („§ 10 Absatz 1 Nummer 1 bis 3“) dürfte es sich um ein redaktionelles Versehen des Gesetzgebers handeln.

11 BT-Drs. 18/11555, S. 124.

branche aus, dass sich der Umfang der durch Dritten durchzuführenden Sorgfaltspflichten nach dem auf sie anwendbaren Recht bestimme.[12]

24 Um allerdings einer Aufsichtsarbitrage bei Identifizierung von in Deutschland ansässigen Kunden vorzubeugen, schreibt der in Umsetzung der Fünften EU-Geldwäscherichtlinie neu eingefügte **§ 17 Abs. 3 Satz 1 Nr. 1 GwG** vor, dass die Identifizierung **von im Inland ansässigen Personen** den **Vorschriften des GwG** entsprechen muss. Der Gesetzgeber begründet diese Neuregelung damit, dass in der jüngeren Vergangenheit eine merkliche Zunahme der Kontoeröffnungen in Deutschland beobachtet werden konnte, bei denen Kunden durch geldwäscherechtlich Verpflichtete im Ausland nicht nach den Vorgaben des nationalen Geldwäschegesetz identifiziert wurden und damit das deutsche GwG im Ergebnis systematisch umgangen wurde.[13]

25 Gemäß **§ 17 Abs. 3 Satz 1 Nr. 3 GwG** muss der Verpflichtete auch dafür Sorge tragen, dass ihm der kraft Gesetz geeignete Dritte die Informationen **unverzüglich** (d.h. also ohne schuldhaftes Verzögern, vgl. § 121 BGB) und **unmittelbar übermittelt**. Schließlich muss der Verpflichtete auch sicherstellen, dass ihm auf seine Anforderung hin alle von dem kraft Gesetz geeigneten Dritten bei der Feststellung und Überprüfung der Identität des Vertragspartners oder eines wirtschaftlich Berechtigten erlangten Unterlagen, Daten und Kopien übermittelt werden (§ 17 Abs. 3 Satz 2 GwG). § 17 Abs. 3 Satz 3 GwG stellt insoweit klar, dass die Dritten zu diesem Zweck befugt sind, Kopien von Ausweisdokumenten zu erstellen und dem Verpflichteten weiterzuleiten. Im Unterschied zur Regelung des § 17 Abs. 3 GwG enthielt § 7 Abs. 1 Satz 6 GwG a.F. noch – in Übereinstimmung mit den Vorgaben des Art. 18 der Dritten EU-Geldwäscherichtlinie – eine direkte Verpflichtung der kraft Gesetz geeigneten Dritten zur unverzüglichen und unmittelbaren Übermittlung der bei Durchführung der Sorgfaltspflichten erlangten Informationen an den Verpflichteten sowie zur Zurverfügungstellung (auf Anfrage) der von ihnen aufbewahrten Kopien und Unterlagen zur Identifizierung eines Vertragspartners und eines etwaigen wirtschaftlich Berechtigten. Die Streichung der direkten gesetzlichen Verpflichtung der kraft Gesetz geeigneten Dritten zur Übermittlung von Informationen und Unterlagen wirft die Frage auf, ob es künftig erforderlich ist, dass Verpflichtete bei Hinzuziehung kraft Gesetz geeigneter Dritter zur Ausführung von Sorgfaltspflichten zusätzliche Maßnahmen ergreifen und insbesondere vertragliche Vereinbarungen bzgl. der Durchführung von Sorgfaltspflichten mit jedem eingeschalteten kraft Gesetz geeigneten Dritten schließen müssen. Da jedoch die Hinzuziehung Dritter aufgrund vertraglicher Vereinbarung nicht Gegenstand der EU-Vorgaben zur Aus-

---

12 Vgl. BaFin, AuA Oktober 2021, Ziff. 8, S. 67.
13 Gesetzesentwurf der Bundesregierung – Entwurf eines Gesetzes zur Umsetzung der Änderungsrichtlinie zur Vierten EU-Geldwäscherichtlinie (Richtlinie (EU) 2018/843), BT-Drs. 19/13827.

führung von Sorgfaltspflichten durch Dritte ist (vgl. Art. 29 der Vierten EU-Geldwäscherichtlinie) und auch in der deutschen Aufsichtspraxis und Gesetzgebung der Einsatz Dritter kraft vertraglicher Vereinbarung schon immer gesondert geregelt war/ist, ist nicht davon auszugehen, dass bisher gelebte Prozesse aufgrund der neuen Formulierung geändert werden müssen.

IV. Identifizierung durch einen Dritten im Wege der Weitergabe von anlässlich zu einem früheren Zeitpunkt erhobenen Identifizierungsdaten (§ 17 Abs. 3a GwG)

Nach einer von der BaFin bereits früher gegenüber einzelnen Instituten kommunizierten, aber erst in den Auslegungs- und Anwendungshinweisen zum Geldwäschegesetz vom Dezember 2018[14] veröffentlichten **Verwaltungspraxis** dürfen Verpflichtete eine **Identifizierung** durch einen **Dritten** auch im Wege der Weitergabe von **Identifizierungsdaten, die von dem Dritten anlässlich einer zu einem früheren Zeitpunkt erfolgten (Erst-)Identifizierung erhoben wurden**, akzeptieren. 26

Mit Umsetzung der Fünften EU-Geldwäscherichtlinie wurde diese Verwaltungspraxis der BaFin direkt im **GwG** verankert. Gemäß dem neu eingefügten § 17 **Abs. 3a GwG** müssen **folgende Voraussetzungen** erfüllt sein: 27

— Bei dem Dritten muss es sich um einen **Dritten im Sinne des § 17 Abs. 1, 2 und 4 GwG** mit Ausnahme von Mitgliedsorganisationen oder Verbänden (§ 17 Abs. 1 Nr. 3 Alt. 1 GwG) handeln, der damit u.a. der Verpflichtung eines kontinuierlichen Monitorings unterliegt. Hierdurch soll verhindert werden, dass Dienstleister Datenpools aufbauen, die keiner kontinuierlichen Überwachung und den laufenden Kontrollen einer „lebenden" Geschäftsverbindung unterliegen.[15]
— Der Dritte muss die Daten des Vertragspartners zur **Begründung einer eigenen Geschäftsbeziehung** im Sinne von § 1 Abs. 4 GwG entsprechend geldwäscherechtlichen Vorschriften erhoben haben (§ 17 Abs. 3a Satz 1 Nr. 1 GwG). Eine Datenweitergabe kann damit immer nur durch einen erstidentifizierenden Dritten erfolgen. Eine „Kettenweitergabe" von Informationen ist nicht gestattet. Die Weitergabe von lediglich auf der Grundlage vereinfachter Sorgfaltspflichten erhobener Daten ist nicht zulässig.

---

14 Vgl. BaFin, AuA 2018, Ziff. 8, S. 68 f.
15 Gesetzesentwurf der Bundesregierung – Entwurf eines Gesetzes zur Umsetzung der Änderungsrichtlinie zur Vierten EU-Geldwäscherichtlinie (Richtlinie (EU) 2018/843), BT-Drs. 19/13827, Begründung zu § 17 Abs. 3a GwG, S. 81.

- Die Identifzierung bzw. die letzte Aktualisierung der Daten unter Einhaltung des § 12 GwG darf **nicht länger als 24 Monate** zurückliegen (§ 17 Abs. 3a Satz 1 Nr. 2 GwG).
- Es dürfen für den Verpflichteten nach den äußeren Umständen **keine Zweifel an der Richtigkeit** der Angaben bestehen (§ 17 Abs. 3a Satz 1 Nr. 3 GwG). Es wird erwartet, dass der Verpflichtete die Daten einer Plausibilitätsprüfung unterzieht.[16]
- Das **Gültigkeitsdatum** des im Rahmen der Identifizierung oder der letzten Aktualisierung unter Einhaltung des § 12 GwG gegebenenfalls verwendeten **Identifikationsdokuments** darf im Zeitpunkt der Nutzung der Identifizierungsdaten **noch nicht abgelaufen** sein (§ 17 Abs. 3a Satz 1 Nr. 4 GwG). Die Einhaltung der Voraussetzung des § 17 Abs. 3a Satz 1 Nr. 4 ist nur erforderlich, wenn bei der Identifizierung oder Aktualisierung ein entsprechendes Ausweisdokument verwendet wurde und nicht beispielsweise eine qualifizierte elektronische Signatur.[17]

V. Ausführung durch Dritte innerhalb der Unternehmensgruppe (§ 17 Abs. 4 GwG)

28 Entsprechend der Vorgaben der Vierten EU-Geldwäscherichtlinie (Art. 28) enthält § 17 Abs. 4 GwG eine **Erleichterungsregel** bei Rückgriff auf **Dritte**, die **derselben Gruppe** (im Sinne des § 1 Abs. 16 GwG) wie der Verpflichtete selbst angehören. So gelten die Anforderungen, die die § 17 Abs. 1–3 GwG an die Ausführung von Sorgfaltspflichten durch Dritte stellen, als erfüllt, wenn die in der Gruppe angewandten Sorgfaltspflichten, Aufbewahrungsvorschriften, Strategien und Verfahren zur Verhinderung von Geldwäsche und von Terrorismusfinanzierung mit den **Vorschriften der Vierten EU-Geldwäscherichtlinie** oder gleichwertigen Vorschriften im Einklang stehen und die **effektive Umsetzung** dieser Anforderungen auf **Gruppenebene** von einer **Behörde** beaufsichtigt wird. Gemäß den Auslegungs- und Anwendungshinweisen[18] der BaFin für die Finanzbranche haben die von ihr beaufsichtigten Verpflichteten selbst festzulegen haben, welche Dritten, auf die sie zurückgreifen, gruppenangehörig sind und damit der Fiktion des § 17 Abs. 4 GwG unterfallen. Ferner müssen die Verpflichteten auch bei Inanspruchnahme der Fiktionsregelung jederzeit in der Lage sein, sich die Informationen, Dokumente und sonstigen maßgeblichen Un-

---

16 Gesetzesentwurf der Bundesregierung – Entwurf eines Gesetzes zur Umsetzung der Änderungsrichtlinie zur Vierten EU-Geldwäscherichtlinie (Richtlinie (EU) 2018/843), BT-Drs. 19/13827, Begründung zu § 17 Abs. 3a GwG, S. 81.

17 Gesetzesentwurf der Bundesregierung – Entwurf eines Gesetzes zur Umsetzung der Änderungsrichtlinie zur Vierten EU-Geldwäscherichtlinie (Richtlinie (EU) 2018/843), BT-Drs. 19/13827, Begründung zu § 17 Abs. 3a GwG, S. 81.

18 Vgl. BaFin, AuA Oktober 2021, Ziff. 8, S. 67.

terlagen i. S. d. § 17 Abs. 3 GwG unverzüglich beschaffen zu können; dies insbesondere im Falle von Ermittlungen durch Strafverfolgungsbehörden wegen des Verdachts einer Geldwäschestraftat oder Terrorismusfinanzierung. Soweit Anhaltspunkte vorliegen, dass die Anforderungen im Ausland an die Erfüllung der Sorgfaltspflichten geringer sind als in Deutschland, muss dies im Rahmen des risikoorientierten Ansatzes berücksichtigt werden (verstärktes Monitoring).

VI. Ausführung durch andere kraft vertraglicher Vereinbarung eingesetzte Dritte (§ 17 Abs. 5–9 GwG)

Gemäß § 17 Abs. 5 Satz 1 GwG können Verpflichtete zur Erfüllung der allgemeinen Sorgfaltspflichten nach § 10 Abs. 1 Nr. 1–4 GwG auch auf andere, als die in § 17 Abs. 1 GwG genannten Dritten zurückgreifen. Während die Hinzuziehung von kraft Gesetz zuverlässigen Dritten im Sinne des § 17 Abs. 1 GwG ohne weitere Maßnahmen möglich ist, bedarf der Einsatz anderer Dritter jedoch einer entsprechenden **vertraglichen Vereinbarung** zwischen Verpflichtetem und Drittem (§ 17 Abs. 5 Satz 2, Abs. 6 GwG), welche den Dritten bezüglich der Durchführung der Sorgfaltspflichten den gleichen Anforderungen wie den Verpflichteten selbst unterwirft. Gemäß § 17 Abs. 7 GwG muss sich der Verpflichtete ferner **vor einer Übertragung von Sorgfaltspflichten** an einen sonstigen Dritten von der **Zuverlässigkeit** dieses Dritten für interne und externe Prüfer nachvollziehbar überzeugen. Des Weiteren muss sich der Verpflichtete auch **während der Zusammenarbeit** mit dem Dritten anhand der übermittelten Unterlagen **kontrollieren**, ob die Maßnahmen zur Erfüllung der Sorgfaltspflichten durch den Dritten ordnungsgemäß vorgenommen werden. § 17 Abs. 5–9 GwG entsprechen § 7 Abs. 2 GwG a. F., der im Rahmen der Umsetzung von Art. 19 der Dritten EU-Geldwäscherichtlinie durch das GwBekErG in das GwG aufgenommen wurde (siehe hierzu die Ausführungen in → Rn. 1 ff.).

1. Andere Dritte (§ 17 Abs. 5 Satz 1 GwG)

Als andere Dritte im Sinne des § 17 Abs. 5 Satz 1 GwG sind alle nicht in § 17 Abs. 1 GwG genannten Unternehmen und Personen anzusehen. Auch die **Deutsche Post (PostIdent-Verfahren)** sowie **deutsche Botschaften, Außenhandelskammern (AHK)** und **Konsulate** zählen mangels Erwähnung in § 17 Abs. 1 GwG nicht zu den kraft Gesetz zuverlässigen Dritten und könnten daher grundsätzlich nur unter Erfüllung der Anforderungen der § 17 Abs. 5 ff. GwG (vertragliche Vereinbarung, Kontrollen) zur Ausführung von Sorgfaltspflichten eingesetzt werden. Da das **PostIdent-Verfahren** jedoch in der Vergangenheit stets als geeignet anerkannt wurde und für den Einsatz des Verfahrens kein gesonderter Vertrag bzw. keine gesonderte Zuverlässigkeitsprüfung für erforderlich gehalten wurde,[19] kann davon ausgegangen werden, dass insoweit auch nach Umsetzung der Vierten EU-Geldwäscherichtlinie keine neuen Anforderungen gelten. Für **deutsche Botschaften, AHK und Konsulate** regelte bereits § 7 Abs. 2 Satz 6 f. GwG a. F., der durch das GwOptG[20] im Jahr 2011 in das GwG eingefügt wurden, dass diese, soweit mit ihnen eine **vertragliche Vereinbarung** geschlossen wird, kraft Vereinbarung als **geeignete** Personen gelten, und, dass Verpflichtete bei einem Rückgriff auf deutsche Auslandsvertretungen und AHK aufgrund einer vertraglichen Vereinbarung keinen Prüfungspflichten nach Abs. 7 (weder vor noch während der Zusammenarbeit) unterlagen. Die Regelungen der § 7 Abs. 2 Satz 6 und 7 GwG a. F. wurden im Rahmen der Umsetzung der Vierten EU-Geldwäscherichtlinie in § 17 Abs. 8 GwG übernommen (→ Rn. 28).

2. Erfordernis einer vertraglichen Vereinbarung (§ 17 Abs. 5 Satz 2, Abs. 6 GwG)

31   Die Übertragung der Ausführung allgemeiner Sorgfaltspflichten an andere als die in § 17 Abs. 1 GwG genannten Dritten ist gem. § 17 Abs. 5 Satz 2 GwG nur aufgrund einer entsprechenden **vertraglichen Vereinbarung** möglich. Auch wenn § 17 GwG – wie schon seine Vorgängerregelung § 7 GwG a. F. – keine direkten Vorgaben zur **inhaltlichen Ausgestaltung** der Vereinbarung macht, ergeben sich diese doch zumindest indirekt aus dem Gesetz: So regelt § 17 Abs. 5 Satz 3 GwG, dass die Maßnahmen des Dritten dem Verpflichteten als eigene Maßnahmen zugerechnet werden und der Dritte damit insoweit als Erfüllungsgehilfe (§ 278 BGB) des Verpflichteten anzusehen ist. § 17 Abs. 5 Satz 4 GwG erklärt die Vorgaben des § 17 Abs. 3 GwG zur Einholung/Übermittlung von Informationen und Dokumenten durch kraft Gesetz geeignete Dritte auch auf die kraft vertraglicher Vereinbarung eingesetzten Dritten für entsprechend anwendbar. Diese müssen daher auch in der vertraglichen Vereinbarung mit dem Dritten berücksichtigt werden. Schließlich bestimmt § 17 Abs. 6 GwG, dass durch die Übertragung von Sorgfaltspflichten an den Dritten die Erfüllung der GwG-Pflichten durch den Verpflichteten, die Steuerungs- oder Kontrollmöglichkeiten der Geschäftsleitung des Verpflichteten und die Aufsicht der zuständigen Aufsichtsbehörde über den Verpflichteten nicht beeinträchtigt werden dürfen. Auch dies ist durch entsprechende vertragliche Regelungen mit dem Dritten sicherzustellen. Insbesondere sollten in der vertraglichen Vereinbarung auch entsprechende Informations-, Prüfungs- und Zugangsrechte für sämtliche Kontrollfunktionen des Verpflichteten sowie für externe Prüfer und Aufsichtsbehörden geregelt werden. Schließlich sollten auch Informationspflichten des Dritten hinsicht-

---

19 Siehe DK, AuA 2014, Zeile 52.
20 Gesetz zur Optimierung der Geldwäscheprävention vom 22.12.2011, BGBl. I 2011, S. 2959 ff.

lich Entwicklungen in seinem Verantwortungsbereich, die einer ordnungsgemäßen Aufgabenerfüllung entgegenstehen könnten, sowie Kündigungsrechte des Verpflichteten bei nicht ordnungsgemäßer Pflichtenwahrnehmung durch den Dritten aufgenommen werden.

3. Einholung/Übermittlung von Informationen und Dokumenten durch die kraft vertraglicher Vereinbarung eingesetzten Dritten (§ 17 Abs. 5 Satz 4 GwG)

Bezüglich der Einholung/Übermittlung von Informationen und Dokumenten **32** durch die kraft vertraglicher Vereinbarung eingesetzten Dritten verweist § 17 Abs. 5 Satz 4 GwG auf die entsprechenden Regelungen für kraft Gesetz geeignete Dritte in § 17 Abs. 3 GwG. Insoweit wird auf die dortigen Kommentierungen verwiesen.

4. Pflicht zur Prüfung der Zuverlässigkeit des Dritten (§ 17 Abs. 7 GwG)

Gemäß § 17 Abs. 7 GwG muss sich ein Verpflichteter **vor einer Übertragung** **33** **von Sorgfaltspflichten** an einen anderen, nicht in § 17 Abs. 1 GwG genannten Dritten von der **Zuverlässigkeit** dieses Dritten überzeugen. Des Weiteren muss der Verpflichtete auch **während der Zusammenarbeit** mit dem Dritten zumindest stichprobenhaft anhand der übermittelten Unterlagen prüfen, ob die Maßnahmen zur Erfüllung der Sorgfaltspflichten durch den Dritten ordnungsgemäß vorgenommen werden. Eine Ausnahme von den Prüfpflichten besteht gemäß § 17 Abs. 8 GwG bei Ausführung von Sorgfaltspflichten durch deutsche Botschaften, Auslandshandelskammern oder Konsulate aufgrund einer vertraglichen Vereinbarung im Sinne des § 17 Abs. 5 Satz 2 GwG.

a) Prüfungspflichten vor Beginn der Zusammenarbeit
   (§ 17 Abs. 7 Satz 1 GwG)

Sofern sonstige Dritte zur Erfüllung der allgemeinen Sorgfaltspflichten nach **34** § 10 Abs. 1 Nr. 1–4 GwG herangezogen werden, hat sich der Verpflichtete **vor Beginn der Zusammenarbeit** von dessen **Zuverlässigkeit** für interne und externe Prüfer nachvollziehbar zu überzeugen. Die Verpflichtung zur Prüfung der Zuverlässigkeit des Dritten erstreckt sich auch auf das von dem jeweiligen Dritten geschaffene **System zur Information (Schulung)** und **Überprüfung der Zuverlässigkeit seiner Mitarbeiter.**[21] Für die Umsetzung der Verpflichtung zur

---

21 Vgl. BaKred, Rundschreiben 1/1998 vom 15.1.1998 – Verlautbarung über Maßnahmen der Finanzdienstleistungsinstitute zur Bekämpfung und Verhinderung der Geldwäsche vom 30.12.1997; BaKred, Rundschreiben 5/1998 vom 24.4.1998 – Verlautbarung über Maßnahmen der Kreditinstitute zur Bekämpfung und Verhinderung der Geldwäsche

Zuverlässigkeitsprüfung in der Praxis empfiehlt sich die Implementierung eines **Annahmeprozesses** für Dritte (analog einem Kundenannahmeprozess), in welchem die Zuverlässigkeit jedes Dritten anhand einer standardisierten **Checkliste** unter Einholung entsprechender Informationen und Unterlagen von dem Dritten überprüft wird und an dessen Ende die Entscheidung über die Aufnahme der Zusammenarbeit steht. Unerlässlich im Rahmen der Zuverlässigkeitsprüfung erscheinen die Einholung von Angaben und Unterlagen von dem Dritten analog § 11 GwG sowie das Vorhandensein einer ggf. erforderlichen Geschäftserlaubnis. Auch die Einholung von Führungszeugnissen und/oder die Abfrage einschlägiger Datenbanken im Hinblick auf das Vorliegen negativer Informationen zu dem Dritten sollten als Bestandteile des Annahmeprozesses in Erwägung gezogen werden. Zur Prüfung des von dem Dritten geschaffenen Systems zur Information (Schulung) und Überprüfung der Zuverlässigkeit seiner Mitarbeiter bietet sich die Einholung einer entsprechenden Bestätigung durch den Dritten sowie die Einsichtnahme in Prozessbeschreibungen, Schulungsunterlagen und -nachweise an. Sofern der Dritte kein System zur Mitarbeiterinformation (Schulung) implementiert hat oder das vorhandene System aus Sicht des Verpflichteten nicht ausreichend ist, um die von dem Dritten eingesetzten Mitarbeiter angemessen über die **Anforderungen**, die an die Durchführung von Maßnahmen zur Erfüllung der allgemeinen Sorgfaltspflichten nach § 10 Abs. 1 Nr. 1–4 GwG zu stellen sind, zu unterrichten, muss der Verpflichtete selbst für eine angemessene Schulung des Dritten und von dessen Mitarbeitern Sorge tragen. Denkbar diesem Zusammenhang ist Verpflichtung des Dritten zur regelmäßigen Teilnahme an von dem Verpflichteten angebotenen Pflichtschulungen (in Form von Präsenzveranstaltungen, Webinaren oder web-based Trainings).

b) Prüfungspflichten während der Zusammenarbeit (§ 17 Abs. 7 Satz 2 GwG)

35   Im Laufe der Zusammenarbeit hat der Verpflichtete zumindest anhand von Stichprobenprüfungen der übermittelten Unterlagen zu kontrollieren, ob die Maßnahmen zur Erfüllung der allgemeinen Sorgfaltspflichten nach § 10 Abs. 1 Nr. 1–4 GwG durch den Dritten ordnungsgemäß vorgenommen wurden. Insbesondere die nicht ordnungsgemäße Vornahme von Kundenidentifizierungen kann Zweifel an der Zuverlässigkeit des Dritten begründen.[22] Über die Stichprobenprüfung von eingereichten Unterlagen hinaus sollte die oben dargestellte ini-

---

vom 30.3.1998 (aufgehoben durch BaFin, Rundschreiben 2/2009 vom 13.1.2009 – Aufhebung/Gegenstandsloserklärung von Verlautbarungen, Rundschreiben und Einzelschreiben).

22 Vgl. BaKred, Rundschreiben 1/1998 vom 15.1.1998 – Verlautbarung über Maßnahmen der Finanzdienstleistungsinstitute zur Bekämpfung und Verhinderung der Geldwäsche vom 30.12.1997; BaKred, Rundschreiben 5/1998 vom 24.4.1998 – Verlautbarung über Maßnahmen der Kreditinstitute zur Bekämpfung und Verhinderung der Geldwäsche vom 30.3.1998 (aufgehoben durch BaFin, Rundschreiben 2/2009 vom 13.1.2009 –

tiale Zuverlässigkeitsprüfung (vgl. → Rn. 33) insgesamt in turnusmäßigen, ggf. risikobasiert festgelegten Abständen wiederholt und dokumentiert werden. Im Rahmen der turnusmäßigen Zuverlässigkeitsprüfung sind die initial von dem Dritten eingeholten Informationen und Unterlagen auf ihre Aktualität zu prüfen. Über die fortlaufende Überwachung der Zuverlässigkeit seiner Mitarbeiter sowie die Durchführung regelmäßiger Schulungen derselben – soweit die Schulungen nicht von dem Verpflichteten selbst durchgeführt werden – sollte zumindest eine turnusmäßige Bestätigung des Dritten eingeholt werden.

c) Ausnahme von den Prüfungspflichten im Fall deutscher Botschaften, Auslandshandelskammern oder Konsulate (§ 17 Abs. 8 GwG)

Deutsche Botschaften, Auslandshandelskammern (AHK) und Konsulate zählen **36** mangels Erwähnung in § 17 Abs. 1 GwG nicht zu den kraft Gesetz zuverlässigen Dritten und könnten daher grundsätzlich nur unter Erfüllung der Anforderungen der § 17 Abs. 5 ff. GwG (vertragliche Vereinbarung, Kontrollen) zur Ausführung von Sorgfaltspflichten eingesetzt werden. Als **Ausnahme-/Erleichterungsregel** zu § 17 Abs. 7 GwG bestimmt § 17 Abs. 8 GwG allerdings, dass Verpflichtete, sofern sie sich deutschen Auslandsvertretungen oder AHK aufgrund einer **vertraglichen Vereinbarung** zur Erfüllung ihrer Sorgfaltspflichten bedienen, von den grundsätzlich vor und während der Zusammenarbeit zu erfüllenden **Prüfpflichten** gemäß § 17 Abs. 7 GwG befreit sind.

Bereits seit einigen Jahren bemühen sich die Deutsche Kreditwirtschaft (DK) **37** und die Bundesanstalt für Finanzdienstleistungsaufsicht (BaFin) darum, Absprachen mit dem Auswärtigen Amt und dem Deutschen Industrie- und Handelskammertag e. V. (DIHK) zu treffen, auf deren Grundlage deutsche Auslandsvertretungen und Auslandshandelskammern als kraft vertraglicher Vereinbarung geeignete Dritte in die Erfüllung der kundenbezogenen Sorgfaltspflichten eingebunden werden können. Während im Hinblick auf deutsche **Botschaften** und **Konsulate** bisher noch keine Einigung erzielt werden konnte, haben sich die Spitzenverbände der DK und der DIHK in 2015 – nach intensiven Verhandlungen und in Abstimmung mit dem Bundesministerium der Finanzen – auf eine **Vereinbarung über die Identifizierung und Legitimationsprüfung von Kunden durch deutsche AHK** verständigen können.[23] Seit September 2015 besteht für die den einzelnen Spitzenverbänden der DK angehörenden Kreditinstitute die Möglichkeit, Kunden im Ausland mit Hilfe teilnehmender AHK zu identifizieren. Nach der Vereinbarung zwischen DK und DIHK können AHK folgende Aufgaben im Rahmen der Identifizierung von Kunden übernehmen:

Aufhebung/Gegenstandsloserklärung von Verlautbarungen, Rundschreiben und Einzelschreiben).

23 Zu den weiteren Einzelheiten siehe die BdB-Info 2016/00164 vom 24.5.2016.

Lang

- Identifizierung von Vertragspartnern (gemäß § 10 Abs. 1 Nr. 1–3 i.V.m. §§ 11, 12 und 8 GwG),
- Abklärung des wirtschaftlich Berechtigten und – soweit vorhanden – risikoangemessene Überprüfung seiner Identität gemäß § 11 Abs. 5 GwG sowie Aufzeichnung der Gesellschafter-/Konzernstruktur gemäß § 10 Abs. 1 Nr. 2 GwG.

38 Auf Anfrage des jeweiligen Instituts oder der zu identifizierenden oder zu legitimierenden Person:

- Legitimationsprüfung von Verfügungsberechtigten gemäß § 154 AO.
- Übermittlung der im Zusammenhang mit den vorgenannten Aufgaben erstellten Unterlagen und beglaubigten Kopien an das jeweilige Institut.
- Hereinnahme von bestätigten Unterlagen ohne Identifizierung.

39 Die teilnehmenden AHK bieten die Dienstleistung unter der Bezeichnung **GwG-Ident** an. Es besteht allerdings kein Anspruch, dass eine AHK die genannten Aufgaben übernimmt. Ebenso wenig besteht für Kreditinstitute eine Verpflichtung, Kunden diese Möglichkeit der Identifizierung anzubieten.

5. Zu berücksichtigende KWG-rechtliche Auslagerungsanforderungen (§ 17 Abs. 9 GwG)

40 Die Übertragung von Sorgfaltspflichten auf einen Dritten aufgrund vertraglicher Vereinbarung gemäß Abs. 5 stellt eine Auslagerung dar.[24] Wie schon § 7 GwG a. F., ist auch die Vorschrift des § 17 GwG als Spezialregelung gegenüber § 25b KWG anzusehen, sodass es sich bei der Ausführung durch Dritte um keine Auslagerung im Sinne des § 25b KWG handelt. Durch den Verweis in Abs. 9 auf die Vorschriften über die Auslagerung von Aktivitäten und Prozessen nach § 25b KWG wird jedoch klargestellt, dass auch im Fall der Ausführung von Sorgfaltspflichten durch Dritte nach § 17 Abs. 5 GwG u. a. ein angemessenes und wirksames Risikomanagement durch das Institut gewährleistet bleiben muss, welches die ausgelagerten Aktivitäten und Prozesse miteinbezieht. Absicht und Vollzug der Auslagerung von Sorgfaltspflichten an einen Dritten gemäß § 17 Abs. 5 GwG müssen der BaFin jedoch grundsätzlich nicht angezeigt werden.

---

24 Vgl. auch die amtliche Überschrift des § 17 GwG: „Ausführung der Sorgfaltspflichten durch Dritte, vertragliche Auslagerung".

   Lang

Abschnitt 4
Transparenzregister

§ 18 Einrichtung des Transparenzregisters und registerführende Stelle

(1) Es wird ein Register zur Erfassung und Zugänglichmachung von Angaben über den wirtschaftlich Berechtigten (Transparenzregister) eingerichtet.

(2) Das Transparenzregister wird als hoheitliche Aufgabe des Bundes von der registerführenden Stelle elektronisch geführt. Daten, die im Transparenzregister gespeichert sind, werden als chronologische Datensammlung angelegt.

(3) Ist eine Mitteilung nach § 20 unvollständig, unklar oder bestehen Zweifel, welcher Vereinigung nach § 20 Absatz 1 die in der Mitteilung enthaltenen Angaben zum wirtschaftlich Berechtigten zuzuordnen sind, kann die registerführende Stelle von der in der Mitteilung genannten Vereinigung verlangen, dass diese die für eine Eintragung in das Transparenzregister erforderlichen Informationen innerhalb einer angemessenen Zeit übermittelt. Dies gilt entsprechend für Mitteilungen von Rechtsgestaltungen nach § 21.

(3a) Die registerführende Stelle ist im Einzelfall berechtigt, der Behörde nach § 56 Absatz 5 Satz 2 die Informationen und Unterlagen zu übermitteln, die für die Erfüllung der Aufgaben der Behörde nach § 56 Absatz 5 Satz 2 erforderlich sind.

(4) Die registerführende Stelle erstellt auf Antrag Ausdrucke von Daten, die im Transparenzregister gespeichert sind, und Bestätigungen, dass im Transparenzregister keine aktuelle Eintragung aufgrund einer Mitteilung nach § 20 Absatz 1 oder § 21 vorliegt. Sie beglaubigt auf Antrag, dass die übermittelten Daten mit dem Inhalt des Transparenzregisters übereinstimmen. Mit der Beglaubigung ist keine Gewähr für die Richtigkeit und Vollständigkeit der Angaben zum wirtschaftlich Berechtigten verbunden. Ein Antrag auf Ausdruck von Daten, die lediglich über das Transparenzregister gemäß § 22 Absatz 1 Satz 1 Nummer 4 bis 8 zugänglich gemacht werden, kann auch über das Transparenzregister an das Gericht vermittelt werden. Dies gilt entsprechend für die Vermittlung eines Antrags auf Ausdruck von Daten, die gemäß § 22 Absatz 1 Satz 1 Nummer 2 und 3 zugänglich gemacht werden, an den Betreiber des Unternehmensregisters.

(5) Die registerführende Stelle erstellt ein Informationssicherheitskonzept für das Transparenzregister, aus dem sich die getroffenen technischen und organisatorischen Maßnahmen zum Datenschutz ergeben.

v. Schweinitz/Pichler

(6) Das Bundesministerium der Finanzen wird ermächtigt, durch Rechtsverordnung, die nicht der Zustimmung des Bundesrates bedarf, die technischen Einzelheiten zu Einrichtung und Führung des Transparenzregisters einschließlich der Speicherung historischer Datensätze sowie die Einhaltung von Löschungsfristen für die im Transparenzregister gespeicherten Daten zu regeln.

Schrifttum: *Kaetzler/Kordys*, Fourth Money Laundering Directive: increased risk management requirements, Comp. & Risk 2015, 4 (5), 2; *Zillmer*, Das UBO-Register – Bye Bye Steuergeheimnis?, DB 2016, 2509.

Übersicht

I. Allgemeines

1   Eine der wesentlichen Neuerungen, die das Geldwäschegesetz durch die Umsetzung der Vierten EU-Geldwäscherichtlinie[1] erfahren hat, ist die Einrichtung

---

1 Richtlinie (EU) 2015/849 des Europäischen Parlaments und des Rates vom 20.5.2015 zur Verhinderung der Nutzung des Finanzsystems zum Zwecke der Geldwäsche und der Terrorismusfinanzierung, zur Änderung der Verordnung (EU) Nr. 648/2012 des Europäischen Parlaments und des Rates und zur Aufhebung der Richtlinie 2005/60 EG des

eines zentralen elektronischen Transparenzregisters. Über das Transparenzregister werden gesetzlich vorgeschriebene Angaben zu den wirtschaftlich Berechtigten zugänglich. Erfasst werden natürliche Personen, die mittelbar und unmittelbar einen bestimmenden Einfluss auf die jeweilige Gesellschaft ausüben – von juristischen Personen des Privatrechts, eingetragenen Personengesellschaften,[2] Trusts und Rechtsgestaltungen, die in ihrer Struktur und Funktion Trusts ähneln (vgl. §§ 20, 20a und 21 GwG). Die angestrebte Transparenzsteigerung soll ein Beitrag sein, den Missbrauch der genannten Vereinigungen und Rechtsgestaltungen zum **Zweck** der **Geldwäsche** und **Terrorismusfinanzierung** zu **verhindern**. Die wirtschaftlich Berechtigten sollen sich nicht länger hinter Briefkastenfirmen, die sie zur systematischen Steuerhinterziehung und Terrorismusfinanzierung betreiben, verstecken können. Politischer Anlass für die Einführung eines solchen Registers war die Panama-Papers-Diskussion sowie mehrere Studien und Untersuchungen, wie beispielsweise der Weltbank und der Vereinten Nationen, für Drogen- und Verbrechensbekämpfung (siehe „The Puppet Masters – How the Corrupt Use Legal Structures to Hide Stolen Assets and What to Do About It") und der Financial Action Task Force (FATF)[3] (siehe „The Misuse of Corporate Vehicles, Including Trust and Company Service Providers"). Diese zeigen, dass bewusst und gezielt intransparente Gesellschaftsstrukturen genutzt werden, um aus Straftaten erlangte Vermögenswerte zu verschleiern und in den Wirtschafts- und Finanzkreislauf einzuschleusen. Nach den Empfehlungen der FATF könne ein Transparenzregister dieser Problematik entgegenwirken.[4]

Das Transparenzregister wurde vor der Umsetzung des TraFinG[5] und der damit **2** verbundenen Umstellung des Transparenzregisters von einem Auffang- zu

---

2 Europäischen Parlaments und des Rates und der Richtlinie 2006/70/EG der Kommission, ABl. L 141 v. 5.6.2015 (nachfolgend bezeichnet als Vierte EU-Geldwäscherichtlinie).

2 Die BGB-Gesellschaft fällt nicht in den Anwendungsbereich der §§ 18 f. GwG.

3 Die Financial Action Task Force (FATF) ist ein zwischenstaatliches Gremium, das der OECD in Paris angegliedert ist und sich zum Ziel gemacht hat, Geldwäsche und Terrorismusfinanzierung auf internationaler Ebene zu bekämpfen. Hierzu setzt sie Standards – insbesondere die sog. 40+9-Empfehlungen – zu deren Umsetzung sich die EU-Mitgliedstaaten verpflichtet haben, http://www.fatf-gafi.org/about/, zuletzt abgerufen am 22.11.2021.

4 Vgl. Vierte EU-Geldwäscherichtlinie, ErwG 14; FATF Guidance – Transparency and Beneficial Ownership, October 2014, p. 17; BT-Drs. 18/11555, Begr. zu Abschnitt 4 (Transparenzregister), S. 124 f.

5 Gesetz zur europäischen Vernetzung der Transparenzregister und zur Umsetzung der Richtlinie (EU) 2019/1153 des Europäischen Parlaments und des Rates vom 20.6.2019 zur Nutzung von Finanzinformationen für die Bekämpfung von Geldwäsche, Terrorismusfinanzierung und sonstigen schweren Straftaten (Transparenzregister- und Finanzinformationsgesetz) v. 25.6.2021, BGBl. I 2021, S. 2083.

einem Vollregister durch bereits vorhandene Informationen zur Beteiligungs-transparenz unterstützt, die sich aus dem Handels-, Partnerschafts-, Genossen-schafts- und Vereinsregister ergeben (vgl. § 22 Abs. 1 GwG). Für das Transpa-renzregister bedeutete dies eine Zugriffsmöglichkeit auf bestehende nationale Systeme – es fand insofern eine „Informationsweitergabe" durch andere Regi-ster statt. Erst wenn sich der wirtschaftlich Berechtigte aus den anderen öffent-lich zugänglichen elektronischen Registern nicht ermitteln ließ, hatte eine Mit-teilung an die registerführende Stelle zur Eintragung in das Transparenzregister zu erfolgen (§ 20 Abs. 2 GwG a. F.). § 20 GwG sieht nun eine Transparenzpflicht vor, sodass Vereinigungen nach § 20 GwG und Rechtsgestaltungen nach § 21 GwG ihre Angaben nach § 19 GwG aktiv an das Transparenzregister zu übermit-teln haben. Die Bundesregierung hat sich bereits im Rahmen der Umsetzung der Vierten EU-Geldwäscherichtlinie bewusst für ein eigenständiges elektronisches Register entschieden. Weder das Handels- noch das Unternehmensregister wur-den um eine weitere Kategorie zum wirtschaftlich Berechtigten ergänzt. Nach der Gesetzesbegründung der Bundesregierung soll somit deutlich gemacht wer-den, dass dem Transparenzregister **kein spezifischer „öffentlicher Glaube"** beigemessen wird, wie es beim Handelsregister der Fall ist.[6]

1. Systematik des § 18 GwG

3   § 18 GwG fungiert als Einleitung des Transparenzregisters und der registerfüh-renden Stelle. Wie sich aus der amtlichen Überschrift des § 18 GwG ergibt, dient sie der Einrichtung des Transparenzregisters und der registerführenden Stelle. In-nerhalb der einzelnen Absätze wird geregelt, welche Daten durch das Register er-fasst und zugänglich gemacht werden, wer registerführende Stelle ist, wie die Da-ten im elektronischen Register verwaltet bzw. angelegt werden, wie im Falle einer unklaren oder zweifelhaften Mitteilung verfahren werden kann, wer und in wel-chem Umfang Daten aus dem Register bereitstellt, wie der Datenschutz sicherzu-stellen ist und dass das BMF ermächtigt wird, durch Rechtsverordnung die techni-schen Einzelheiten zu Einrichtung und Führung des Transparenzregisters ein-schließlich der Speicherung historischer Datensätze sowie die Einhaltung von Löschungsfristen für die im Transparenzregister gespeicherten Daten zu regeln. § 18 GwG bildet sozusagen die „**Mantelregelung**" für das elektronische Register, das durch die folgenden Paragraphen des vierten Abschnitts konkretisiert wird.

2. § 18 GwG im Gesetzgebungsverfahren

4   § 18 GwG tauchte das erste Mal in dem Gesetzesentwurf der Bundesregierung zur Umsetzung der Vierten EU-Geldwäscherichtlinie vom 22.2.2017 auf. Der

---

6 BT-Drs. 18/11555, Begr. zu Abschnitt 4 (Transparenzregister), S. 124 f.

dem Regierungsentwurf vorausgehende Referentenentwurf des BMF vom 15.12.2016 beinhaltete eine vergleichbare Regelung nicht. Insofern kann § 18 GwG eine **rein deklaratorische Stellung** im Normengefüge der §§ 18 ff. GwG zugesprochen werden.

Im Verlauf des Gesetzgebungsverfahrens zur Umsetzung der Vierten EU-Geld-   **5** wäscherichtlinie forderte der Bundesrat in seiner Stellungnahme[7] dazu auf, zu prüfen, ob ein Vertrauen in die Richtigkeit der in dem Transparenzregister gespeicherten Daten gesetzlich normiert werden kann. In seiner Begründung führt der Bundesrat dazu aus, dass das Transparenzregister nur zur effektiven Verhinderung des Missbrauchs von Rechtsgestaltungen zum Zwecke der Geldwäsche und Terrorismusfinanzierung beitragen kann, wenn die Verpflichteten auf die Richtigkeit der im Transparenzregister hinterlegten Daten und Informationen vertrauen können. Zudem sollte das Register für die Verpflichteten auch administrative Vorteile im Kundenkontakt bieten. Zumindest für die Fälle, in denen für die Verpflichteten keine Anhaltspunkte für die Unrichtigkeit der Angaben und keine erhöhten Sorgfaltspflichten bestehen, sollte ein Vertrauen auf die Richtigkeit der Daten gesetzlich geregelt werden.[8]

Die Bundesregierung lehnte eine solche Normierung jedoch ab: Eine solche Re-   **6** gelung wäre nicht europarechtskonform und verwies auf Artikel 30 Abs. 8 der Vierten EU-Geldwäscherichtlinie. Demnach dürfen sich die geldwäscherechtlich Verpflichteten nicht alleine auf das Transparenzregister verlassen, um ihren Sorgfaltspflichten im Umgang mit Kunden nachzukommen. Die Begründung der Bundesregierung verweist insofern auf § 11 Abs. 5 letzter Satz GwG, wonach Verpflichtete sich durch risikoangemessene Maßnahmen zu vergewissern haben, ob die zur Identifizierung erhobenen Angaben ihrer Kunden zutreffend sind, wobei sich der Verpflichtete nicht ausschließlich auf die Angaben im Transparenzregister verlassen darf. Ergibt sich nach dem risikobasierten Ansatz also ein niedriges Risiko, so ist jedoch nicht ausgeschlossen, dass der Umfang der zu ergreifenden Maßnahmen überschaubar bleiben kann.[9]

Nach den Vorgaben des Art. 30 Abs. 3 der Vierten EU-Geldwäscherichtlinie   **7** wäre eine Umsetzung auch durch die Bereitstellung der Angaben zum wirtschaftlich Berechtigten einer eingetragenen Gesellschaft oder sonstigen juristischen Person im Handelsregister möglich gewesen. Der deutsche Gesetzgeber hat sich jedoch bewusst für die **Einführung eines eigenständigen Transparenzregisters** entschieden, welches sich vorrangig mit Informationen aus anderen öffentlichen Registern speist. Dies war nach dem letzten Satz von Art. 30 Abs. 3 der Vierten EU-Geldwäscherichtlinie zulässig. Ferner hat man sich auch

---

7 BT-Drs. 18/11928 v. 12.4.2017, S. 15 Nr. 22 zu Art. 1 (§ 18 GwG).
8 BT-Drs. 18/11928 v. 12.4.2017, S. 15 Nr. 22 zu Art. 1 (§ 18 GwG).
9 Vgl. BT-Drs. 18/11928 v. 12.4.2017, S. 37 Nr. 22 zu Art. 1 (§ 18 GwG).

gegen eine Erweiterung des Handels- oder Unternehmensregister um eine Kategorie zum wirtschaftlich Berechtigten entschieden. Der Gesetzgeber wollte damit explizit zum Ausdruck bringen, dass dem Transparenzregister, anders als dem Handelsregister, **kein spezifischer „öffentliche Glaube"** (vgl. § 15 HGB) beigemessen wird.

8   Aus dem Erwägungsgrund 25 und Art. 30 Abs. 4 der Fünften EU-Geldwäscherichtlinie ergab sich, dass die Mitgliedstaaten dafür zu sorgen haben, dass die Angaben angemessen, präzise und aktuell sind. Ein öffentlicher Zugang zum Transparenzregister kann hierzu beitragen, weil es einen Anreiz an die Verpflichteten stellt, ihre an das Transparenzregister übermittelten Angaben zu den wirtschaftlich Berechtigten aktuell, richtig und vollständig zu halten. Die Aufdeckungsgefahr von unzureichenden Mitteilungen der Verpflichteten zu ihren wirtschaftlich Berechtigten würde aufgrund eines öffentlichen Registerzugangs wesentlich gesteigert.

9   Mit der Umsetzung des Gesetzes zur Änderung der Vierten EU-Geldwäscherichtlinie v. 12.12.2019[10] und den Vorgaben der Fünften EU-Geldwäscherichtlinie wäre es erneut denkbar, ein „öffentliches Vertrauen" an die im Transparenzregister erfassten Angaben zu den wirtschaftlich Berechtigten als verhältnismäßige abschreckende Maßnahme im Sinne der Vorgaben des Art. 30 Abs. 1 Unterabs. 1 a. E. zu begründen. Vergleichbar der Wirkung des öffentlichen Glaubens des Handelsregisters i. S. d. § 15 HGB, würde ein Vertrauen auf die Richtigkeit der Angaben im Register die Sicherheit und die Werthaltigkeit des Transparenzregisters steigern. Dem steht jedoch entgegen, dass – anders als beim Handelsregister – keine Überprüfung stattfindet, ob die dem Transparenzregister mitgeteilten Angaben zum wirtschaftlich Berechtigten den Tatsachen entsprechen. Vor diesem Hintergrund regelt § 11 Abs. 5 Satz 3 GwG, dass sich Verpflichtete zur Erfüllung der Kundenidentifizierungspflichten nicht ausschließlich auf die Angaben im Transparenzregister verlassen werden dürfen. Auch die Umstellung des Transparenzregisters auf ein Vollregister und die Umsetzung des TraFinG ändert dies nicht – so wurde explizit keine gesetzliche Regelung wie § 15 HGB für das GwG und das Transparenzregister geschaffen.

10   Die Angaben sind daher unter Heranziehung anderer Dokumente und Informationen auf ihre Plausibilität zu prüfen. Dies stellt auch Art. 30 Abs. 8 der Vierten EU-Geldwäscherichtlinie klar, welcher nicht durch die Fünfte EU-Geldwäscherichtlinie geändert wurde. Das Transparenzregister genießt jedoch für Altdatensätze indirekt öffentlichen Glauben – zumindest, wenn sich die mitteilungspflichtigen Angaben zu den wirtschaftlich Berechtigten bereits aus dem Handelsregister ergaben. Wesentliche Hürde bleibt jedoch der fehlende notarielle

---

10 BGBl. I, S. 2602.

Beglaubigungszwang,[11] der das Handelsregister vom Transparenzregister unterscheidet.

II. Statuierung des Transparenzregisters (§ 18 Abs. 1 GwG)

Mit § 18 Abs. 1 GwG wird das Transparenzregister statuiert.[12] Es wird ein Register zur Erfassung und Zugänglichmachung von Angaben über den wirtschaftlich Berechtigten eines Unternehmens eingeführt. Damit wird dem Ziel der Vierten EU-Geldwäscherichtlinie Rechnung getragen, mehr Transparenz zu schaffen, indem die betroffenen Gesellschaften nach dem wirtschaftlich Berechtigten „durchleuchtet" werden.[13]

§ 18 Abs. 1 GwG schafft mithin die **rechtliche Grundlage für die Einführung eines Transparenzregisters**, wobei die weiteren Vorschriften des 4. Abschnitts das Transparenzregister konkretisieren. Gem. § 59 Abs. 1 GwG hatten Mitteilungen nach § 20 Abs. 1 und § 21 erstmals bis zum 1.10.2017 an das Transparenzregister zu erfolgen. Einsichtnahmen und Beschränkungen sind seit dem 27.12.2017 möglich (§ 59 Abs. 3 GwG).

III. Führung des Transparenzregisters (§ 18 Abs. 2 GwG)

1. Verwaltung des Transparenzregisters als hoheitliche Aufgabe des Bundes (§ 18 Abs. 2 Satz 1 GwG)

§ 18 Abs. 2 Satz 1 GwG bestimmt, wer für die Führung des Registers verantwortlich ist. Demnach wird das Transparenzregister von der **registerführenden Stelle (beliehenen Stelle)** als hoheitliche Aufgabe des Bundes betrieben. Die registerführende Stelle hat sicherzustellen, dass alle nach diesem Gesetz zu erhebenden Daten zentral an einer Stelle zur Verfügung stehen.[14] In der Praxis hat eine Auslagerung durch Beleihung an eine privatrechtliche Stelle stattgefunden (vgl. § 25 GwG), nämlich an die Bundesanzeiger Verlags GmbH, die das Unternehmensregister betreibt und zur DuMont Medien-Gruppe gehört.

11 Vgl. § 12 Abs. 1 HGB.
12 BT-Drs. 18/11555, Begr. zu § 18 Abs. 1 GwG, S. 125.
13 Vgl. *Zillmer*, DB 2016, 2509.
14 BT-Drs. 18/11555, Begr. zu § 18 Abs. 2 GwG, S. 125.

2. Chronologische Datensammlung (§ 18 Abs. 2 Satz 2 GwG)

14 Darüber hinaus legt § 18 Abs. 2 Satz 2 GwG fest, wie die Daten im Transparenzregister anzulegen sind, also diejenigen Daten, die dem Register von den Mitteilungspflichtigen nach § 20 Abs. 1 und § 21 GwG gemeldet werden. Mit dem Handelsregister als Vorbild sollen die Informationen als „chronologische Datensammlung" (vgl. hierzu die verschiedenen abrufbaren Handelsregisterauszüge) hinterlegt werden. Zwar verwendet die Begründung zum Gesetzesentwurf der Bundesregierung die Formulierung, dass „[…] die im Transparenzregister gespeicherten Daten […] in historischer Abfolge aufgenommen werden, […]",[15] doch wird damit wohl keinesfalls der „historische Abdruck" gemeint sein, der eine Kopie der von den Registergerichten in elektronische Bilddateien umgewandelten früheren Handelsregisterblätter in Papierform darstellt. Vielmehr ist anzunehmen, dass die Daten in zeitlicher Abfolge, also chronologisch, zu hinterlegen sind. Dadurch wird es insbesondere möglich, Veränderungen im Bestand der wirtschaftlich Berechtigten nachzuverfolgen.

IV. Aufklärungsersuchen durch die registerführende Stelle bei unvollständigen, unklaren Mitteilungen (§ 18 Abs. 3 GwG)

15 § 18 Abs. 3 GwG räumt der registerführenden Stelle die Möglichkeit ein, bei unvollständigen, unklaren Mitteilungen oder bestehenden Zweifeln, welcher Vereinigung nach § 20 Abs. 1 GwG die in der Mitteilung enthaltenen Angaben zum wirtschaftlich Berechtigten zuzuordnen sind, die mitteilende Vereinigung nach § 20 Abs. 1 Satz 1 GwG bzw. Rechtsgestaltungen nach § 21 GwG zu kontaktieren und um Aufklärung zu bitten. Durch das Gesetz zur Umsetzung der Fünften EU-Geldwäscherichtlinie neu eingefügt in Abs. 3 wurde der Begriff „unvollständig". Dieser soll der registerführenden Stelle die Möglichkeit geben, in Fallkonstellationen, in denen inhaltlich ein Eintrag zu Art und Umfang des wirtschaftlichen Interesses erfolgt ist, diese Angaben aber nicht den gesetzlichen Anforderungen entsprechen, bei den Rechtseinheiten nachzufragen, um eine ordnungsgemäße Eintragung zu gewährleisten.[16] Eine Inhaltliche Prüfung durch die registerführende Stelle erfolgt – außerhalb von Unstimmigkeitsmeldungen – hingegen nicht.[17] Unklare Mitteilungen bzw. bestehende Zweifel sind insbesondere dann anzunehmen, wenn Bestandteile des Firmennamens von mehreren Gesellschaften identisch sind und die Zuordnung der Mitteilung zu einer der betrof-

---

15 BT-Drs. 18/11555, Begr. zu § 18 Abs. 2 GwG, S. 125.

16 BT-Drs. 19/13827, Begr. zu § 18 Abs. 3 GwG, S. 86.

17 Vgl. auch BVA Transparenzregister – Fragen und Antworten, Stand 1.8.2021, S. 28, https://www.bva.bund.de/DE/Das-BVA/Aufgaben/T/Transparenzregister/_docu ments/FAQ_transparenz_kachel.html, zuletzt abgerufen am 22.11.2021.

fenen Gesellschaften sich nicht eindeutig aus der Mitteilung selbst ergibt.[18] Neben den unklaren Meldungen nach § 18 Abs. 3 GwG sind die Unstimmigkeitsmeldungen nach § 23a GwG zu beachten.[19]

Liegt eine unvollständige oder unklare Mitteilung vor oder bestehen Zweifel an **16**
der konkreten Zuordnung der Mitteilung zu einer Gesellschaft, soll die registerführende Stelle die Eintragung nicht direkt ablehnen müssen, sondern durch Mitwirkung des Betroffenen den **Sachverhalt aufklären** können. Bei erfolgloser Nachfrage durch die registerführende Stelle oder bei ausbleibender Mitwirkung ist die Eintragung nach der Gesetzesbegründung der Bundesregierung abzulehnen.[20] An dieser Stelle stellt sich jedoch die Frage, inwiefern die Ablehnung einer beim Transparenzregister eingereichten Mitteilung aus den in § 18 Abs. 3 GwG genannten Gründen mit dem Telos der Vierten und Fünften EU-Geldwäscherichtlinie vereinbar ist. Die Regelungen über das Transparenzregister haben die Aufnahme in das Geldwäschegesetz gerade deshalb erfahren, um Gesellschafterstrukturen aufzudecken, die tendenziell anfällig für systematische Steuerhinterziehung oder Terrorismusfinanzierung sind. Eintragungen von Mitteilungen in das Register abzulehnen, erscheint in diesem Kontext jedoch eher den Zweck zu verfehlen. Schon beim Handelsregister fehlt allerdings ein „Sicherungsverfahren".[21]

Wird dem Informationsersuchen der registerführenden Stelle innerhalb einer an- **17**
gemessenen Frist nicht nachgekommen, kann dies durch **Verhängung eines Bußgeldes** geahndet werden.[22] In § 18 Abs. 3 GwG ist die Meldebefugnis an das Bundesverwaltungsamt zur Durchsetzung eines solchen Verfahrens statuiert.

V. Meldebefugnis bei Ordnungswidrigkeiten (§ 18 Abs. 3a GwG)

Mit Umsetzung der Fünften EU-Geldwäscherichtlinie neu eingefügt wurde § 18 **18**
Abs. 3a GwG. Dieser stellt eine notwendige Ergänzung für das Gesamtregime des Transparenzregisters dar und soll eine wirksame Durchsetzung von Ordnungswidrigkeiten gewährleisten. Hiermit wird bei Kenntnisnahme von Ordnungswidrigkeiten durch Vereinigungen nach § 20 Abs. 1 GwG oder Rechtsgestaltungen nach § 21 GwG durch die registerführende Stelle die Weitergabe dieser Informationen an die zuständige Behörde (Bundesverwaltungsamt) nach § 56 Abs. 5 Satz 2 GwG ermöglicht, damit Ordnungswidrigkeits-/Bußgeldver-

---

18 BT-Drs. 18/11555, Begr. zu § 18 Abs. 3 GwG, S. 125.
19 Vgl. zu den Unstimmigkeitsmeldungen die Ausführungen zu § 23a GwG.
20 BT-Drs. 18/11555, Begr. zu § 18 Abs. 3 GwG, S. 125.
21 Vgl. § 23a GwG zu Unstimmigkeitsmeldungen als „Sicherungsverfahren".
22 BT-Drs. 18/11555, Begr. zu § 18 Abs. 3 GwG, S. 125.

fahren wirksam und effektiv durchgeführt werden können. Es wird das Zusammenwirken der registerführenden Stelle und dem Bundesverwaltungsamt verbessert, um die Datenqualität des Transparenzregisters zu steigern.[23]

VI. Weitere Aufgaben der registerführenden Stelle (§ 18 Abs. 4 GwG)

1. Auskunft aus dem Transparenzregister (§ 18 Abs. 4 Satz 1 GwG)

19   In § 18 Abs. 4 Satz 1 GwG werden die weiteren der registerführenden Stelle zugeteilten Aufgaben präzisiert. Hierzu gehören das Erstellen von Ausdrucken von Daten, die im Transparenzregister gespeichert sind, das Erteilen von Negativattesten sowie deren Beglaubigung. Die Erteilung der Informationen aus dem Register erfolgt auf Antrag bei der registerführenden Stelle.[24] Dem Gesetz ist für den Antrag keine besondere Form zu entnehmen; insofern wäre es rechtlich zweifelhaft, dass erst die nach § 18 Abs. 6 GwG zu erstellende Rechtsverordnung solche Formerfordernisse aufstellen würde.

2. Beglaubigung der Übereinstimmung von übermittelten Daten mit dem Inhalt des Transparenzregisters (§ 18 Abs. 4 Satz 2 und 3 GwG)

20   Nach § 18 Abs. 4 Satz 2 GwG beglaubigt die registerführende Stelle **auf Antrag**, dass die übermittelten Daten mit dem Inhalt des Transparenzregisters übereinstimmen. Es erfolgt jedoch keine Überprüfung, ob die im Transparenzregister hinterlegten Daten zum wirtschaftlich Berechtigten einer Gesellschaft den Tatsachen entsprechen.[25]

21   Die registerführende Stelle übernimmt mit der **Beglaubigung** keine Gewähr für die Richtigkeit und Vollständigkeit der Angaben zum wirtschaftlich Berechtigten (§ 18 Abs. 4 Satz 3 GwG). Vielmehr liegt es in der Verantwortung der mitteilungspflichtigen Gesellschaften, die bereitgestellten Daten zu überprüfen.[26] Somit ist eine Exkulpation der mitteilungspflichtigen Stelle dahingehend ausgeschlossen, dass sie auf die Richtigkeit bzw. Vollständigkeit der in dem Transparenzregister gespeicherten Daten vertraut hat. Der Bitte des Bundesrates, ein Vertrauen in die Richtigkeit der im Register gespeicherten Daten zu normieren, wurde jedoch seitens der Bundesregierung nicht nachgekommen und auch nicht bei der Umsetzung des TraFinG und der damit einhergehenden Veränderung in ein Vollregister aufgegriffen (vgl. hierzu → Rn. 4 ff.).

---

23 BT-Drs. 19/13827, Begr. zu § 18 Abs. 3a GwG, S. 86.
24 BT-Drs. 18/11555, Begr. zu § 18 Abs. 4 GwG, S. 126.
25 BT-Drs. 18/11555, Begr. zu § 18 Abs. 4 GwG, S. 126.
26 Vgl. *Kaetzler/Kordys*, Comp. & Risk 2015, 4 (5), 2, 4.

3. Antrag auf Ausdruck von Daten aus dem Transparenzregister (§ 18 Abs. 4 Satz 4 und 5 GwG)

Die Regelung in § 18 Abs. 4 Satz 4 und 5 GwG stellt sicher, dass die in § 22 Abs. 1 Satz 1 Nr. 2–8 GwG vorgesehenen Dokumente und Eintragungen auch über das Transparenzregister erhältlich sind, indem **Ausdrucke** dieser Daten im Fall des § 22 Abs. 1 Satz 1 Nr. 4–8 GwG von den Gerichten und im Fall des § 22 Abs. 1 Satz 1 Nr. 2 und 3 GwG vom Betreiber des Unternehmensregisters auch über das insoweit als Portal fungierende Transparenzregister verlangt werden können.[27]

22

VII. Erstellung eines Informationssicherheitskonzepts durch die registerführende Stelle (§ 18 Abs. 5 GwG)

Mit § 18 Abs. 5 GwG möchte der Gesetzgeber den **datenschutzrechtlichen Anforderungen** gerecht werden, die über die Datenschutzgrundverordnung europarechtlich vereinheitlicht wurden. Die registerführende Stelle hat ein Sicherheitskonzept für das Transparenzregister zu erstellen, in dem die entsprechenden Maßnahmen zur Sicherstellung von Datenschutz und Datensicherheit festgelegt werden.[28]

23

VIII. Verordnungsermächtigung für das BMF (§ 18 Abs. 6 GwG)

§ 18 Abs. 6 GwG enthält eine Regelung zur Verordnungsermächtigung zugunsten des BMF. Einzelheiten zum technischen Aufbau und Betrieb des Transparenzregisters brauchen im Gesetz nicht näher geregelt zu werden. Stattdessen wird das BMF dazu ermächtigt, eine Verordnung mit Detailregelungen zu erlassen, wobei hierzu auch gehört, wie die registerführende Stelle neue Datensätze anlegt und wie lange historische Datensätze gespeichert werden dürfen.[29]

24

Art. 30 Abs. 10 Unterabs. 3 und Art. 31 Abs. 9 Unterabs. 3 der Fünften EU-Geldwäscherichtlinie sehen eine Dauer von mindestens fünf und höchstens zehn Jahren für die Speicherung und Ansicht von historischen Datensätzen vor. Somit ist zu erwarten, dass diese Fristen vom Gesetzgeber übernommen werden, wenn diesbezüglich eine Verordnung mit Detailregelungen erlassen wird.

25

---

27 BT-Drs. 18/11555, Begr. zu § 18 Abs. 4 GwG, S. 126.
28 BT-Drs. 18/11555, Begr. zu § 18 Abs. 5 GwG, S. 126.
29 BT-Drs. 18/11555, Begr. zu § 18 Abs. 6 GwG, S. 126.

§ 19 Angaben zum wirtschaftlich Berechtigten

(1) Im Transparenzregister sind im Hinblick auf Vereinigungen nach § 20 Absatz 1 Satz 1 und Rechtsgestaltungen nach § 21 folgende Angaben zum wirtschaftlich Berechtigten nach Maßgabe des § 23 zugänglich:

1. Vor- und Nachname,

2. Geburtsdatum,

3. Wohnort,

4. Art und Umfang des wirtschaftlichen Interesses und

5. alle Staatsangehörigkeiten.

(2) Für die Bestimmung des wirtschaftlich Berechtigten von Vereinigungen im Sinne des § 20 Absatz 1 Satz 1 mit Ausnahme der rechtsfähigen Stiftungen gilt § 3 Absatz 1 und 2 entsprechend. Für die Bestimmung des wirtschaftlich Berechtigten von Rechtsgestaltungen nach § 21 und rechtsfähigen Stiftungen gilt § 3 Absatz 1 und 3 entsprechend.

(3) Die Angaben zu Art und Umfang des wirtschaftlichen Interesses nach Absatz 1 Nummer 4 zeigen, woraus die Stellung als wirtschaftlich Berechtigter folgt, und zwar

1. bei Vereinigungen nach § 20 Absatz 1 Satz 1 mit Ausnahme der rechtsfähigen Stiftungen aus

    a) der Beteiligung an der Vereinigung selbst, insbesondere der Höhe der Kapitalanteile oder der Stimmrechte,

    b) der Ausübung von Kontrolle auf sonstige Weise, insbesondere aufgrund von Absprachen zwischen einem Dritten und einem Anteilseigner oder zwischen mehreren Anteilseignern untereinander, oder aufgrund der einem Dritten eingeräumten Befugnis zur Ernennung von gesetzlichen Vertretern oder anderen Organmitgliedern oder

    c) der Funktion des gesetzlichen Vertreters, geschäftsführenden Gesellschafters oder Partners,

2. bei Rechtsgestaltungen nach § 21 und rechtsfähigen Stiftungen aus einer der in § 3 Absatz 3 aufgeführten Funktionen.

Schrifttum: *Bielefeld/Wengenroth*, Neue Risiken für Unternehmen: Was auf Güterhändler nach der (geänderten) 4. EU-Geldwäsche-Richtlinie zukommt, BB 2016, 2499; *Brian/Frey/Pelz*, Aktuelles Geldwäscherecht – Sommernovellen in Deutschland vor Winterreformen in der EU, CCZ 2021, 99; *Goette*, Die Reform des Transparenzregister- und Finanzinformationsgesetzes, DStR, 2021, S. 1551; *Reuter*, Reform des GwG: Das Transparenzregister wird zum Vollregister!, BB, 2021, 707; *Rößler*, Auswirkungen der vierten EU-Anti-Geldwäsche-Richtlinie auf die Kreditwirtschaft, WM 2015, 1406; *Zillmer*, Das UBO-Register – Bye Steuergeheimnis?, DB 2016, 2509.

  Walter/Becker

Übersicht

I. Allgemeines

§ 19 GwG enthält eine gesetzliche Konkretisierung zum „transparenzregister- **1** rechtlichen Objekt" – dem **wirtschaftlich Berechtigten**, welcher die **zentrale Figur** im Transparenzregister darstellt.

Der Gesetzgeber erhofft sich von den eingeführten **Transparenzpflichten** nach **2** §§ 20 Abs. 1 und 21 Abs. 1 GwG, dass intransparente Beteiligungsverhältnisse aufgedeckt und der Missbrauch der im GwG genannten Gesellschaften zum Zwecke der Geldwäsche, Terrorismusfinanzierung oder auch systematischen Steuerhinterziehung verhindert werden. Der „Missbrauchsverdacht" aus den **Panama Papers** und **Pandora Papers** wird hierüber allerdings verallgemeinert.

Die FATF hatte bereits im Oktober 2014 eine Empfehlung herausgegeben, wie **3** der „wirtschaftlich Berechtigte" (Beneficial Owner) zu definieren bzw. bestimmen ist.[1] Auf europarechtlicher Ebene definiert seit 2015 Art. 3 Nr. 6 der Richtlinie (EU) 2015/849 vom 20.5.2015 (Vierte EU-Geldwäscherichtlinie)[2] als „wirtschaftliche Eigentümer" alle natürlichen Personen, in deren Eigentum oder unter deren Kontrolle der Kunde letztlich steht, und/oder die natürliche(n) Person(en), in deren Auftrag eine Transaktion oder Tätigkeit ausgeführt wird. Darüber hinaus legt die Vorschrift sowohl für Gesellschaften als auch Trusts fest, welcher

---

1 FATF Guidance – Transparency and Beneficial Ownership, October 2014, p. 8: „Beneficial owner refers to the natural person(s) who ultimately owns or controls a customer and/or the natural person on whose behalf a transaction is being conducted. It also includes those persons who exercise ultimate effective control over a legal person or arrangement."

2 Geändert durch die Richtlinie (EU) 2018/843 v. 30.5.2018 (Fünfte EU-Geldwäscherichtlinie) sowie die Richtlinie (EU) 2019/2177 v. 18.12.2019. Konsolidierte Fassung abrufbar unter: https://eur-lex.europa.eu/legal-content/EN/TXT/?uri=CELEX%3A0 2015L0849-20210630 (letzter Aufruf am 2.11.2021).

Personenkreis nach der genannten Definition mindestens unter den Begriff des „wirtschaftlichen Eigentümers" zu fassen ist. Im deutschen Recht enthält § 3 Abs. 1 und 2 GwG eine Legaldefinition für die Bestimmung des wirtschaftlich Berechtigten von Vereinigungen im Sinne des § 20 Abs. 1 Satz 1 GwG mit Ausnahme von rechtsfähigen Stiftungen. Für die Bestimmung des wirtschaftlich Berechtigten von Rechtsgestaltungen nach § 21 GwG und rechtsfähigen Stiftungen gilt § 3 Abs. 1 und 3 GwG. Im Rahmen der Bestrebungen, den Kampf gegen Geldwäsche zu verstärken, hat die Europäische Kommission im Juli 2021 ein Bündel von Gesetzgebungsvorschlägen vorgelegt. Teil des sog. AML/CFT-Package (Anti-money laundering and countering the financing of terrorism legislative package) bildet der Entwurf einer EU-Geldwäscheverordnung.[3] Sie bestimmt in Art. 2 Nr. 22 der EU-Geldwäscheverordnung-E den „wirtschaftlichen Eigentümer" als jede natürliche Person, in deren Eigentum oder unter deren Kontrolle ein Rechtsträger, ein Trust oder eine ähnliche Rechtsvereinbarung letztlich steht, sowie jede natürliche Person, in deren Namen oder zu deren Nutzen eine Transaktion oder Tätigkeit durchgeführt wird. Diese Definition entspricht weitestgehend der Begriffsbestimmung des wirtschaftlichen Eigentümers aus der Vierten EU-Geldwäscherichtlinie. Daneben enthält der Verordnungsentwurf in Art. 42 und 43 jedoch auch Vorgaben zur Ermittlung der wirtschaftlichen Eigentümer bei Gesellschaften und anderen juristischen Personen bzw. bei Express Trusts und ähnlichen juristischen Personen oder Rechtsgestaltungen, sowie eine überarbeitete Definition der direkten und – neu – der indirekten Kontrolle durch Eigentumsrechte sowie der Kontrolle auf sonstige Weise („anderweitige Kontrolle"). Sollte der Entwurf in der aktuellen Fassung das Gesetzgebungsverfahren passieren, kämen sowohl der Definition in Art. 2 Nr. 22 als auch den Ermittlungshinweisen aufgrund des Verordnungscharakters unmittelbare Wirkung in den Mitgliedstaaten zu.

4 Die praktische Herausforderung der mitteilungspflichtigen Gesellschaften besteht darin, sämtliche Beteiligungsstrukturen, Verflechtungen und Absprachen zu ermitteln, um die wirtschaftlich Berechtigten identifizieren zu können und anschließend die benötigten persönlichen Angaben einzuholen.[4] Die Mitteilung der Daten[5] an das Transparenzregister stellt sich im Vergleich dazu als weitgehend unproblematisch dar.

---

3 Vorschlag für eine Verordnung zur Verhinderung der Nutzung des Finanzsystems für Zwecke der Geldwäsche oder der Terrorismusfinanzierung, https://eur-lex.europa.eu/legal-content/EN/TXT/?uri=CELEX%3A52021PC0420, zuletzt abgerufen am 2.11.2021.

4 Vgl. *Zillmer*, DB 2016, 2509.

5 Nach § 19 Abs. 1 Nr. 1–5 GwG müssen Vor- und Nachname, Geburtsdatum, Wohnort, Art und Umfang des wirtschaftlichen Interesses und alle Staatsangehörigkeiten an die transparenzregisterführende Stelle übermittelt werden.

1. Systematik des § 19 GwG

§ 19 GwG ist mit der amtlichen Überschrift „Angaben zum wirtschaftlich Be- **5**
rechtigten" bezeichnet. § 19 Abs. 1 GwG enthält eine **Aufzählung sämtlicher
Angaben zum wirtschaftlich Berechtigten**, die nach Maßgabe des § 23 GwG
über das Transparenzregister zugänglich sein sollen. Daraus folgt für die Trans-
parenzverpflichteten nach §§ 20 und 21 GwG, welche Angaben sie von den wirtschaftlich Berechtigten einzuholen haben. Vor dem Gesetz zur Umsetzung der
Fünften EU-Geldwäscherichtlinie hatten nur bestimmte Rechtsgestaltungen
nach § 21 GwG a. F. zusätzlich zu den in § 19 Abs. 1 GwG bezeichneten Angaben die Staatsangehörigkeit des wirtschaftlich Berechtigten „einzuholen, aufzubewahren, auf aktuellem Stand zu halten und der registerführenden Stelle unverzüglich zur Eintragung in das Transparenzregister mitzuteilen". Die für steuerliche Zwecke zumindest bei sog. Passive NF(F)E's nach FATCA/CRS erforderliche Steueransässigkeit der wirtschaftlich Berechtigten und die danach erforderliche TIN bzw. nach § 154 Abs. 2a AO z. T. erforderliche Steueridentifikationsnummer (vgl. Ausnahmen der AEAO) werden jedoch weiter nicht aus dem
Transparenzregister ersichtlich sein.[6]

§ 19 Abs. 2 GwG soll klarstellen, dass die Definition des wirtschaftlich Berech- **6**
tigten sich auch im Zusammenhang mit dem Transparenzregister aus § 3 GwG
ergibt. Eine solche Anordnung soll nach der Regierungsbegründung des Gesetzes zur Umsetzung der Vierten EU-Geldwäscherichtlinie gesetzessystematisch
erforderlich gewesen sein, da der Wortlaut des § 3 GwG auf die Kontrolle des
Vertragspartners bzw. auf die Veranlassung einer Transaktion abstellte.[7] Nach
Gesetzesänderung durch das Transparenzregister- und Finanzinformationsgesetz[8] vom 1.8.2021 definiert § 3 Abs. 1 Nr. 1 GwG als wirtschaftlich Berechtigten nunmehr jedoch die natürliche Person, in deren Eigentum oder unter deren
Kontrolle eine juristische Person, sonstige Gesellschaft oder eine Rechtsgestaltung im Sinne des § 3 Abs. 3 GwG letztlich steht. In der vorherigen Fassung war
der wirtschaftlich Berechtigte dort definiert als die natürliche Person, in deren
Eigentum oder unter deren Kontrolle der Vertragspartner letztlich steht. § 3
Abs. 2 Satz 5 und Abs. 4 Satz 2 GwG beziehen sich jedoch weiter auf den Vertragspartner. § 3 GwG ist damit in sich nicht vollständig konsistent. Wir halten

---

6 Art. 44 der EU-Geldwäscheverordnung-E sieht weitergehende Mindestangaben zum
  wirtschaftlich Berechtigten vor, die bspw. auch die Steueridentifikationsnummer umfassen können (vgl. → Rn. 17). Unklar ist, inwieweit diese von einer Einsichtnahme in das
  Transparenzregister umfasst sein werden.
7 BT-Drs. 18/11555, Begr. zu § 19 Abs. 2 GwG, S. 126.
8 Gesetz zur europäischen Vernetzung der Transparenzregister und zur Umsetzung der
  Richtlinie (EU) 2019/1153 des Europäischen Parlaments und des Rates vom 20.6.2019
  zur Nutzung von Finanzinformationen für die Bekämpfung von Geldwäsche, Terrorismusfinanzierung und sonstigen schweren Straftaten (Transparenzregister- und Finanzinformationsgesetz), BGBl. I 2021, S. 2083 ff., in Kraft getreten am 1.8.2021.

die z. T. komplexe Verweiskette in § 19 Abs. 2 GwG für deklaratorisch; sie täuscht darüber hinweg, dass im Kernbereich des § 3 GwG erhebliche **Auslegungsschwierigkeiten** bestehen.

7 § 19 Abs. 3 GwG bestimmt näher, wie „Art und Umfang des wirtschaftlichen Interesses" im Sinne des § 19 Abs. 1 Nr. 4 GwG zu verstehen ist, woraus die Stellung als wirtschaftlich Berechtigter also folgt, und unterteilt die „Festlegungskriterien" zum einen für Vereinigungen nach § 20 Abs. 1 Satz 1 GwG mit Ausnahme der rechtsfähigen Stiftungen (Nr. 1) und zum anderen für Rechtsgestaltungen nach § 21 GwG und rechtsfähige Stiftungen. Diese Systematik folgt den EU- und FATF-Vorgaben.

2. § 19 GwG im Gesetzgebungsverfahren

8 § 19 GwG in der derzeit geltenden Fassung entspricht nach Regelungszweck und Wortlaut noch weitestgehend § 17 GwG in der Fassung des Referentenentwurfs des BMF vom 15.12.2016. Im Gesetzgebungsverfahren zur Umsetzung der Vierten EU-Geldwäscherichtlinie wurde der regelungsreiche § 17 GwG-RefE „entschlackt". Die ehemaligen sechs Absätze des § 17 GwG-RefE wurden auf die §§ 18–26 GwG verteilt bzw. einzelne Passagen gestrichen. Zuletzt wurde durch die Gesetzesänderung aufgrund des Transparenzregister- und Finanzinformationsgesetzes das Wort „Über" durch das Wort „Im" am Anfang von § 19 Abs. 1 GwG ersetzt. Bis August 2021 nutzte das ursprünglich als Auffangregister konzipierte Transparenzregister eine Verweisungstechnik auf andere bestehende Register. Nun soll der neue Charakter des Transparenzregisters als Vollregister auch begrifflich zum Ausdruck gebracht werden.[9]

9 § 19 Abs. 1 GwG entspricht überwiegend der Fassung des Referentenentwurfs der Vierten EU-Geldwäscherichtlinie, wurde jedoch um einen Verweis auf § 23 GwG ergänzt. Insofern fand im Gesetzgebungsprozess eine Anpassung an Art. 30 Abs. 5 und Art. 31 Abs. 4 der Vierten EU-Geldwäscherichtlinie statt, welche einen gestaffelten Zugang zum Transparenzregister vorsah. Die hinterlegten Daten waren mithin nur zugänglich, sofern die Einsichtnahme nach § 23 GwG gestattet und auch nicht beschränkt war. Es hätte allerdings nahegelegen, dass der Zugang zum Transparenzregister bereits in der Umsetzung der Vierten EU-Geldwäscherichtlinie jedermann möglich ist, wie es im ursprünglichen Gesetzgebungsverfahren zur Umsetzung der Vierten EU-Geldwäscherichtlinie gefordert wurde. In der Kommentierung zu § 23 GwG (vgl. → § 23 Rn. 7 ff.) wird auf die gesetzgeberische Debatte zu einem öffentlich zugänglichen Register (Einsichtnahme für Jedermann) näher eingegangen. Mit dem Gesetz zur Umsetzung der Fünften EU-Geldwäscherichtlinie wurde der öffentliche Zugang für Jedermann letztendlich doch eingeführt, vgl. § 23 Abs. 1 Nr. 3 GwG. Zu beachten

---

9 BT-Drs. 19/28164, Begr. zu § 19 Abs. 1 GwG, S. 48.

ist allerdings, dass die Einsichtnahme in das Transparenzregister zunächst eine umfangreiche Registrierung[10] auf der offiziellen Online-Plattform[11] sowie eine Antragstellung voraussetzt. Der Antrag muss dabei genau benennen, in welche Dokumente und für welchen Zeitraum Einsicht gewünscht ist. Die angeforderten Dokumente werden auf dem jeweiligen Nutzerkonto sodann als „kaufbar" zur Verfügung gestellt und können nach Bezahlung heruntergeladen werden. Der öffentliche Zugang für Jedermann wird zudem durch § 23 Abs. 1 Satz 3 GwG stark eingeschränkt, wonach den Mitgliedern der Öffentlichkeit neben den Angaben nach § 19 Abs. 1 Nr. 1 (Vor- und Nachname) und Nr. 4 GwG (Art und Umfang des wirtschaftlichen Interesses) nur Monat und Jahr der Geburt des wirtschaftlich Berechtigten sowie dessen Wohnsitzland und alle Staatsangehörigkeiten zur Einsicht zugänglich gemacht und übermittelt werden dürfen.[12] Im Ergebnis normiert § 23 GwG damit ein gestaffeltes Einsichtnahmerecht.

Vor dem Gesetz zur Umsetzung der Fünften EU-Geldwäscherichtlinie hatten **10** ausschließlich Rechtsgestaltungen nach § 21 GwG zusätzlich zu den in § 19 Abs. 1 Nr. 1–4 GwG genannten Angaben die **Staatsangehörigkeit** der wirtschaftlich Berechtigten zu erheben, § 21 Abs. 1 Satz 1 GwG a. F. Dies war für Vereinigungen nach § 20 Abs. 1 GwG nicht der Fall und § 19 Abs. 1 GwG sah eine Meldung der Staatsangehörigkeit nicht vor. Durch die Gesetzesänderung wurde Art. 30 Abs. 5 lit. c der Fünften EU-Geldwäscherichtlinie umgesetzt, welche neben den in § 19 Abs. 1 Nr. 1–4 GwG genannten Angaben auch die Staatsangehörigkeit vorsieht. Aus Erwägungsgrund 34 der Fünften EU-Geldwäscherichtlinie ergab sich die Möglichkeit, eine **Vermutungsregel** dafür einzuführen, dass, solange keine gegenteilige Eintragung in das Transparenzregister erfolgt ist, der wirtschaftliche Eigentümer Staatsangehöriger des Staates der Gesellschaft ist. Diese Regelung würde im Ergebnis aber zu einer Diskriminierung ausländischer Staatsangehöriger führen, weshalb von dieser Möglichkeit kein Gebrauch gemacht wurde.[13] Nach Gesetzesänderung durch das Transparenzregister- und Finanzinformationsgesetz sind gemäß § 19 Abs. 1 Nr. 5 GwG nun alle Staatsangehörigkeiten anzugeben. Hintergrund waren zahlreiche Unstimmigkeitsmeldungen nach § 23a GwG, in Fällen, in denen das Transparenzregis-

---

10 Diese unterteilt sich in die Basis-Registrierung, die im Wesentlichen in der Erstellung eines Benutzerkontos mit E-Mail-Adresse und Passwort besteht, und die erweiterte Registrierung, in deren Rahmen Adressdaten hinterlegt und eine Identifizierung durchgeführt wird (für natürliche Personen per Videoanruf, eID oder Hochladen einer Ausweiskopie; für juristische Personen durch Übermittlung eines Identitätsnachweises nach § 3 Abs. 2 Nr. 2 TrEinV oder Eingabe des LEI).

11 Vgl. https://www.transparenzregister.de.

12 Keine Einsichtsmöglichkeit besteht demnach in Bezug auf das vollständige Geburtsdatum sowie den Wohnort des wirtschaftlich Berechtigten.

13 ErwG 34 der Fünften EU-Geldwäscherichtlinie; BT-Drs. 19/13827, Begr. zu § 19 Abs. 1 GwG, S. 86 f.

ter nicht alle Staatsangehörigkeiten abbildete und die ermittelte Staatsangehörigkeit nicht zu der über das Transparenzregister zugänglichen Staatsangehörigkeit passte. Um den als erheblich eingestuften Bearbeitungsaufwand beim Transparenzregister für diese in der Sache unbegründeten Unstimmigkeitsmeldungen – gerade auch im Hinblick auf die dabei anfallenden Gebühren zu vermeiden –,[14] entfällt bei mehreren Staatsangehörigkeiten nun das „Wahlrecht", welche davon im Transparenzregister erscheinen soll.[15]

11   § 19 Abs. 2 GwG enthält einen unnötigen Verweis auf die Definition des wirtschaftlich Berechtigten nach § 3 GwG – jeweils je nach Art der Gesellschaft/Vereinigung zzgl. § 3 Abs. 2 oder 3. Den Hinweis, § 3 GwG gelte „entsprechend", kann man wohl nur so verstehen, dass eben die Festlegung des Transparenzregisters nicht von der Suche nach dem „wahren" wirtschaftlich Berechtigten entbinden soll.

12   Nach Art. 3 Nr. 6 lit. a sublit. i der Vierten EU-Geldwäscherichtlinie galten als wirtschaftliche Eigentümer bei Gesellschaften natürliche Personen, die Aktien oder andere Gesellschaftsanteile **von mehr als 25 %** halten.[16] Die EU-Kommission versuchte, die 25 %-Grenze abzusenken. Der ursprüngliche Änderungsvorschlag der Kommission[17] zur Fünften EU-Geldwäscherichtlinie sah für bestimmte Arten von Unternehmen (passive Nicht-Finanzinstitute (NFE) im Sinne der RL 2011/16/EU) eine Absenkung auf 10 % vor,[18] sodass insbesondere Holding-Gesellschaften/Strukturen[19] betroffen gewesen wären. Nach den Einschätzungen der Kommission bargen gerade solche Gesellschaften ein hohes Risiko für Geldwäsche und Steuerflucht.[20] Der Fokus des Änderungsvorschlages lag dabei deutlich auf zwischengeschalteten Unternehmen ohne eigenständige wirtschaftliche Tätigkeit und eigenes Einkommen, die regelmäßig dazu dienen, den tatsächlichen Eigentümer einer juristischen Person zu verschleiern, um so die Vermögenszuordnung erheblich zu erschweren oder unmöglich zu machen.[21] Mittels derartiger Gestaltungen könnte die Schwelle von 25 % umgangen werden. Die Einführung eines niedrigeren Schwellenwertes würde die zusätzliche Informationserhebung der Verpflichteten auf Unternehmen beschränken, die ein hohes Risiko der Nutzung für illegale Zwecke aufweisen. Insofern wäre die Er-

---

14 BT-Drs. 19/28164, Begr. zu § 19 Abs. 1, S. 48.

15 *Goette*, DStR, 2021, 1151, 1553.

16 Siehe Kommentierung zu § 3 GwG für die genaue Bestimmung des wirtschaftlich Berechtigten bei juristischen Personen, rechtsfähigen Stiftungen und bestimmten Rechtsgestaltungen.

17 COM(2016) 450.

18 COM(2016) 450, S. 35.

19 *Bielefeld/Wengenroth*, BB 2016, 2499, 2503.

20 COM(2016) 450, S. 20.

21 Vgl. hierzu insbesondere § 138e Abs. 2 Nr. 3 AO als Kennzeichen für meldepflichtige cross-border Rechtsgestaltungen.

fassung von wirtschaftlich Berechtigten vereinfacht.[22] Diese Absenkung auf 10% hat sich im weiteren EU-Gesetzgebungsverfahren aber nicht durchgesetzt. Eine Ausweitung des Anwendungsbereichs des wirtschaftlich Berechtigten ist allerdings zu erwarten, wenn der Entwurf der EU-Geldwäscheverordnung in aktueller Fassung das Gesetzgebungsverfahren passiert. Dieser sieht eine Kontrolle durch Eigentumsrechte in mehrstufigen Beteiligungsstrukturen bereits dann als gegeben an, wenn eine natürliche Person mehr als 25% der Kapitalanteile, der Stimmrechte oder einer anderweitigen Beteiligung an sämtlichen Zwischengesellschaften hält, über die diese natürliche Person an der Vereinigung beteiligt ist, deren wirtschaftlich Berechtigter ermittelt werden soll.[23] Hier zeichnet sich eine Erweiterung der Definition des wirtschaftlich Berechtigten im Vergleich zur Vierten EU-Geldwäscherichtlinie ab. Unterschiede ergeben sich auch zum derzeit geltenden deutschen Recht, wonach bisher lediglich auf erster Stufe der Beteiligungskette (unmittelbare Gesellschafter) eine Beteiligung von mehr als 25% der Kapitalanteile oder Stimmrechte ausreichend ist, während ab der zweiten Stufe eine überwiegende Mehrheit der Kapitalanteile oder Stimmrechte erforderlich ist. Neben der Kontrolle in Form einer Beteiligung benennt der Verordnungsentwurf zudem Sachverhalte, die eindeutig auf die Stellung als wirtschaftlich Berechtigter aufgrund „anderweitiger Kontrolle" schließen lassen (Art. 42 der EU-Geldwäscheverordnung-E) und verweist für die Ermittlung des Vorliegens einer „anderweitigen Kontrolle" ergänzend auf die Kriterien in Art. 22 Abs. 1–5 der Richtlinie 2013/34/EU.

Im Hinblick auf Fälle, in denen keine natürliche Person als wirtschaftlich Berechtigter identifiziert werden kann, ist in einem ersten Schritt ausführlich zu prüfen, ob eine natürliche Person Eigentümer einer juristischen Person ist oder auf sonstige Weise Kontrolle ausüben kann. Ist allerdings keine natürliche Person als wirtschaftlich Berechtigter ermittelbar, weil es beispielsweise einen solchen nicht gibt oder die Struktur eine Identifikation nicht erlaubt, werden die **gesetzlichen Vertreter, geschäftsführenden Gesellschafter oder Partner** als wirtschaftlich Berechtigte fingiert (§ 3 Abs. 2 Satz 5 GwG). In diesem Fall sind die gesetzlichen Vertreter, geschäftsführenden Gesellschafter bzw. Partner des Vertragspartners sowohl für die Erfüllung der Kundensorgfaltspflichten als auch für die Datei zum automatisierten Abruf von Kontoinformationen zu erfassen. **13**

---

22 Vgl. COM(2016) 450, S. 20.

23 „Für die Zwecke dieses Artikels bedeutet „Kontrolle in Form einer Beteiligung" eine Eigentumsbeteiligung von 25% plus einem Kapital- oder Stimmrechtsanteil oder sonstige Eigentumsrechte an der Gesellschaft – auch in Form von Inhaberaktien – auf jeder Ebene des Eigentums" (Art. 42 Abs. 1 der EU-Geldwäscheverordnung-E); ErwG Nr. 65 der EU-Geldwäscheverordnung-E; https://www.noerr.com/de/newsroom/news/transparenzregister-eu-geldwascheverordnung-kommt-und-bringt-erhebliche-erweiterung-der-transparenzpflichten, zuletzt abgerufen am 2.11.2021.

Diese **„Default"-Klassifikation** war eine der wesentlichen Neuerungen der Vierten EU-Geldwäscherichtlinie. Sie führt im Ergebnis dazu, dass es keine Gesellschaften/Vereinigungen ohne wirtschaftlich Berechtigten geben kann/darf.[24] Für Bestandskunden hatte die Erfassung lediglich im Rahmen der Aktualisierung nach § 10 Abs. 3 GwG a. F. (jetzt § 10 Abs. 3a GwG) zu erfolgen. Die gleiche Vorgehensweise ist auch dann anzuwenden, wenn keine Verdachtsmomente vorliegen oder Zweifel an der Richtigkeit des festgestellten wirtschaftlich Berechtigten bestehen.[25] Nach dem Dokument „Transparenzregister Fragen und Antworten zum Geldwäschegesetz (GwG)" des Bundesverwaltungsamts vom 1.8.2021 („**BVA Transparenzregister FAQ**") erfasst die Mitteilungspflicht der Vereinigung **alle** gesetzlichen Vertreter, soweit die gesetzliche Vertretung mehreren Personen obliegt.[26]

14   Auf nationaler wie auch auf europäischer Ebene ist die Regelung zu den fiktiven wirtschaftlich Berechtigten jedoch kritisch zu hinterfragen. Fraglich ist, ob es einer Vorschrift, die natürliche Personen, die der Führungsebene angehören, als wirtschaftlich Berechtigte fingiert, im EU-Recht oder deutschen Geldwäscherecht bedarf. In einem Großteil der EU-Staaten sind Geschäftsführer oder Vertretungsberechtigte bereits aus dem Unternehmens-/Handelsregister ersichtlich, sodass die Regelung überflüssig erscheint.

15   Zudem birgt die beschriebene Fiktion von Personen der Führungsebene als wirtschaftlich Berechtigte das Risiko, dass es zu einer Vermengung zwischen Eigentümern und Gesellschaftern sowie Vorständen und Geschäftsführung in Register- und Kontoabrufverfahren nach § 24c KWG kommt. Die bislang klare Abgrenzung der Verfügungsberechtigten von den wirtschaftlich Berechtigten könnte dadurch verschwimmen. Von Teilen der Literatur wurde für die Bestimmung des wirtschaftlich Berechtigten ein erheblicher Mehraufwand erwartet, wenn dieselbe Person (sei es gesetzlicher Vertreter, geschäftsführender Gesellschafter oder Partner des Vertragspartners) zweimal in unterschiedlichen Stellungen zu erfassen sei.[27] Nach Wegfall der Mitteilungsfiktion gemäß § 20 Abs. 2 GwG a. F. ist im Hinblick auf die Transparenzpflicht ein Mehraufwand durch eine erhöhte Anzahl an Meldungen an die registerführende Stelle zu erwarten: Etwa 1,9 Mio.

---

24 Vgl. zur Bestimmung des fiktiven wirtschaftlich Berechtigten die Ausführungen des § 3 GwG.

25 BT-Drs. 18/11555, Begr. zu § 3 GwG, S. 108; vgl. dazu auch RL (EU) 2015/849, Art. 3 Nr. 6 lit. a sublit. ii; FATF Guidance – Transparency and Beneficial Ownership, October 2014, S. 14.

26 Vgl. BVA, Transparenzregister, FAQ, Stand 1.8.2021, S. 6, https://www.bva.bund.de/ SharedDocs/Downloads/DE/Aufgaben/ZMV/Transparenzregister/Transparenzregister _FAQ.pdf;jsessionid=A47A7DE8AEB62357953AE9E3BC5B8C4F.internet542?__ blob=publicationFile&v=31, zuletzt abgerufen am 28.10.2021.

27 Vgl. *Rößler*, WM 2015, 1406, 1408.

Gesellschaften in Deutschland, denen bezüglich ihrer Mitteilungspflichten bislang die Mitteilungsfiktion zugutekam, haben nun aktiv Mitteilungen abzugeben.[28] Ein Anstieg der Zahl der Meldepflichtigen ist zudem aufgrund des Personengesellschaftsrechtsmodernisierungsgesetzes (MoPeG) zu erwarten, welches ab dem 1.1.2024 in Kraft treten soll und die Einführung eines Gesellschaftsregisters bestimmt. Hierbei bringt die Eintragung in das Gesellschaftsregister nach § 20 Abs. 1 Satz 1 GwG auch die Pflicht zur Aufnahme in das Transparenzregister mit sich. Auch der AEAO zu § 154 AO berücksichtigt die Fiktion eines wirtschaftlich Berechtigten nach § 3 Abs. 2 Satz 5 GwG und bestimmt unter Ziffer 5 den wirtschaftlich Berechtigten i. S. d. § 154 AO als denjenigen, der auch nach § 3 GwG wirtschaftlich Berechtigter ist, wobei insbesondere die in § 3 Abs. 2–4 GwG aufgeführten natürlichen Personen sowie die fingierten wirtschaftlich Berechtigten als solche zählen.

II. Angaben zum wirtschaftlich Berechtigten (§ 19 Abs. 1 GwG)

§ 19 Abs. 1 GwG enthält eine Aufzählung der Daten zum wirtschaftlich Berechtigten, die im Hinblick auf Vereinigungen nach § 20 Abs. 1 Satz 1 GwG und Rechtsgestaltungen nach § 21 GwG zu erheben sind und im Transparenzregister nach Maßgabe des § 23 GwG eingesehen werden können. Folgende Angaben zum wirtschaftlich Berechtigten werden demnach im Transparenzregister zugänglich sein: **Vor- und Nachname** (§ 19 Abs. 1 Nr. 1 GwG), **Geburtsdatum** (§ 19 Abs. 1 Nr. 2 GwG), **Wohnort** (§ 19 Abs. 1 Nr. 3 GwG), **Art und Umfang des wirtschaftlichen Interesses** (§ 19 Abs. 1 Nr. 4 GwG) und **alle Staatsangehörigkeiten** (§ 19 Abs. 1 Nr. 5 GwG).

§ 19 Abs. 1 Nr. 5 GwG begründet **keine Pflicht zur Nachmeldung** der Staatsangehörigkeit für die bis Ende 2019 im Transparenzregister eingetragenen wirtschaftlich Berechtigten. Bei einer Aktualisierung des Eintrags aus anderem Grund ist der Fehleintrag jedoch nachzuholen.[29] Im Zusammenhang mit der entfallenen Mitteilungsfiktion, die bisher auch bei fehlender Angabe der Staatsangehörigkeit in anderen Registern griff, werden somit mittelfristig alle Staatsangehörigkeiten der wirtschaftlich Berechtigten aus dem Transparenzregister ersichtlich sein.[30] Hintergrund der Ausdehnung der Meldepflicht auf alle Staatsangehörigkeiten ist letztlich weniger die Schaffung eines Mehrwerts für die Bekämpfung von Geldwäsche, sondern vor allem Praktikabilitätserwägungen

---

28 *Goette*, DStR 2021, 1551.
29 Vgl. BVA, Transparenzregister, FAQ, Stand 1.8.2021, S. 20 f.
30 *Brian/Frey/Pelz*, CCZ 2021, 99, 211.

durch die Vermeidung unnötiger Unstimmigkeitsmeldungen (siehe auch →
Rn. 10).[31] Hinsichtlich des die wirtschaftliche Berechtigung begründenden wirtschaftlichen Interesses nach § 19 Abs. 1 Nr. 4 GwG ist anzumerken, dass sich
dieses auch aus Absprachen, Stimmbindungs-, Pool- oder Konsortialvereinbarungen ergeben kann und damit die Anforderungen des § 19 Abs. 3 Nr. 1 lit. b
GwG erfüllt.[32] Zu beachten ist, dass der Entwurf der Geldwäscheverordnung in
Art. 44 eine Erweiterung der zu meldenden Daten des wirtschaftlich Berechtigten vorsieht. Nach dem Entwurf umfassen die Angaben zum wirtschaftlichen
Eigentümer künftig auch den vollständigen Geburtsort sowie die Wohnanschrift,
die nationale Identifikationsnummer und deren Quelle wie Pass oder Personalausweis sowie ggf. die Steueridentifikationsnummer oder eine andere gleichwertige Nummer, die der Person vom Land ihres gewöhnlichen Aufenthalts zugewiesen wurde. Außerdem soll die Eigentums- und Kontrollstruktur näher umschrieben werden. Es ist das Datum des Erwerbs von Eigentumsrechten mitzuteilen und Informationen zur juristischen Person oder Rechtsgestaltung anzugeben, deren wirtschaftlicher Eigentümer die Person ist.

18   Der Anwendungsbereich des § 21 GwG dient der Erfassung von bestimmten
Rechtsgestaltungen, insbesondere der Erfassung der wirtschaftlich Berechtigten
eines Trusts. Der Verwalter des Trusts (Trustee) unterliegt den Transparenzpflichten nach § 21 GwG. Nach deutschem Recht können Trusts aus rechtsdog-
matischen Gründen (Numerus clausus) nicht errichtet werden (siehe hierzu →
§ 21 Rn. 11 ff.).[33] Zudem hat Deutschland das Haager Übereinkommen über das
auf Trusts anzuwendende Recht bislang nicht unterzeichnet und somit die zivil-
rechtliche/öffentlich-rechtliche Anerkennung der angloamerikanischen Rechtsfigur versagt.[34] Nur bei wirksam gegründeten Trusts eines EU-Mitgliedstaats ist
nach dem Freundschaftsabkommen von deren Rechtsfähigkeit auszugehen (vgl.
hierzu → § 21 Rn. 12).[35] Mit der Erfassung im Transparenzregister ist insbeson-

---

31 *Reuter*, BB, 2021, 707, 712.
32 Vgl. BVA, Transparenzregister, FAQ, Stand 1.8.2021, S. 10.
33 BT-Drs. 18/11555, Begr. zu § 21 Abs. 1 GwG, S. 130.
34 BT-Drs. 18/11555, Begr. zu § 21 Abs. 1 GwG, S. 130.
35 Vgl. zu dieser Fragestellung EuGH v. 14.9.2017 – C 645/15, DStRE 2018, 480
    Rn. 28 ff. – Trustees of P Panayi Accumulations & Maintenance Settlements: „Nach
    dem Recht des Vereinigten Königreichs gegründete Trusts können unter den Begriff
    sonstige juristische Person des öffentlichen oder privaten Rechts, die einen Erwerbs-
    zweck verfolgen, i. S. v. Art. 54 Abs. 2 AEUV fallen. Dieser Begriff erfasst eine Ein-
    heit, die nach dem nationalen Recht über Rechte und Pflichten verfügt, die es ihr erlau-
    ben, ungeachtet des Fehlens einer speziellen Rechtsform als solche im Rechtsverkehr
    aufzutreten, und die einen Erwerbszweck verfolgt. Die Vermögenswerte des Trusts bil-
    den ein vom persönlichen Vermögen getrenntes Sondervermögen. Die Tätigkeit der
    Treuhänder in Bezug auf das Eigentum und die Verwaltung des Vermögens des Trusts
    ist demnach untrennbar mit dem Trust selbst verbunden und bildet folglich mit diesem
    ein unteilbares Ganzes. Unter diesen Umständen sollte ein solcher Trust als eine Ein-

dere keine rechtliche Anerkennung der Rechtsfigur verbunden. In der Praxis dürfte es sich ausschließlich um ausländische Trusts handeln. Diese Grundsätze sind nicht per se auf andere Rechtsgestaltungen übertragbar, sondern müssen individuell nach Art der Rechtsgestaltung und ihrer Vergleichbarkeit mit nationalen Rechtsgestaltungen bewertet werden.

Die Umformulierung von § 19 Abs. 1 GwG von „Über das Transparenzregister" zu „Im Transparenzregister [...] sind [...] zugänglich" soll deutlich machen, dass das Transparenzregister nun ein Vollregister ist und die Angaben zum wirtschaftlich Berechtigten zwingend im Transparenzregister selbst abgespeichert sein müssen.[36] Für die Zugänglichkeit der im Transparenzregister hinterlegten Angaben zum wirtschaftlich Berechtigten sind die Begrenzungen für die Einsichtnahme in das Register zu beachten – „[...] nach Maßgabe des § 23 GwG zugänglich: [...]". Dem Verweis auf § 23 GwG ist demnach lediglich eine klarstellende Bedeutung beizumessen.   **19**

Hinsichtlich der Zugänglichmachung der Daten im Transparenzregister hat das BMF von seiner Verordnungsermächtigung aus § 23 Abs. 5 GwG a. F. (jetzt § 23 Abs. 7 GwG) Gebrauch gemacht und auf dessen Grundlage die Transparenzregistereinsichtsverordnung (TrEinV) erlassen. Die Datensätze mit den Angaben über den wirtschaftlich Berechtigten liegen auf der offiziellen Plattform des Transparenzregisters (www.transparenzregister.de), ähnlich wie im Handelsregister, in historischer bzw. chronologischer Darstellung bereit und können gegen eine Gebühr abgerufen werden. Die Eintragungen werden im Transparenzregister aufgrund der Vergleichbarkeit der Informationen und der rationellen Arbeitsabläufe ausschließlich in dem bei der registerführenden Stelle üblichen Datenformat gehalten und zur Einsichtnahme bereitgestellt.[37]   **20**

III. Bestimmung des wirtschaftlich Berechtigten (§ 19 Abs. 2 GwG)

§ 19 Abs. 2 GwG enthält eine **klarstellende gesetzliche Regelung** zur Bestimmung des wirtschaftlich Berechtigten von „Vereinigungen" im Sinne des § 20 Abs. 1 Satz 1 GwG mit Ausnahme der rechtsfähigen Stiftungen und Rechtsgestaltungen nach § 21 GwG. Der Verweis auf § 3 Abs. 1 und 2 GwG impliziert, dass die Definition des wirtschaftlich Berechtigten für Zwecke des Transparenz-   **21**

---

heit angesehen werden, die nach dem nationalen Recht über Rechte und Pflichten verfügt, die es ihr erlauben, als solche im Rechtsverkehr aufzutreten."

36 BT-Drs. 19/28164, Begr. zu § 19 Abs. 1 GwG, S. 48; BT-Drs. 18/11555, Begr. zu § 19 Abs. 1 GwG, S. 126.

37 Allgemeine Nutzungsbedingungen für das Transparenzregister, https://www.transpa renzregister.de/treg/de/Transparenzregister_Nutzungsbedingungen_20210801.pdf, zuletzt abgerufen am 2.11.2021.

registers „entsprechend" gilt. Es handelt sich um einen **überflüssigen Rechts-
grundverweis**. Als Begründung für die nur „entsprechende" Anwendung führte
die Regierungsbegründung an: Während § 3 Abs. 1 GwG auf die Kontrolle des
Vertragspartners bzw. den Veranlasser einer Transaktion abstelle, würden die
wirtschaftlich Berechtigten für das Transparenzregister nicht im Zusammenhang mit konkreten Geschäftsbeziehungen oder Transaktionen mit Verpflichteten ermittelt, sondern vielmehr zur grundsätzlichen Identifizierung der Person,
sodass die entsprechende Anwendung des § 3 Abs. 1 und 2 GwG erforderlich
sei.[38] Dass die „konkrete" bzw. „abstrakte" Sichtweise zu unterschiedlichen Personen (als wirtschaftlich Berechtigte einer Vereinigung) führt, wird wohl trotzdem nicht beabsichtigt sein. Zumindest bzgl. § 3 Abs. 1 GwG ist dies nun überholt, da § 3 Abs. 1 Nr. 1 GwG den wirtschaftlich Berechtigten nunmehr als die
natürliche Person definiert, in deren Eigentum oder unter deren Kontrolle eine
juristische Person, sonstige Gesellschaft oder eine Rechtsgestaltung im Sinne
des § 3 Abs. 3 GwG letztlich steht. Insoweit wird in § 3 Abs. 1 Nr. 1 GwG nicht
mehr auf die Eigenschaft als Vertragspartner abgestellt.

22   Für Rechtsgestaltungen nach § 21 und rechtsfähige Stiftungen gilt § 3 Abs. 1
und 3 GwG entsprechend.[39]

23   Weitere Abweichungen (d.h. außerhalb der abstrakten Sichtweise) von der Definition des § 3 GwG bestehen nicht. Dies gilt auch für sonstige Gesellschaften,
die an einem organisierten Markt nach § 2 Abs. 11 WpHG notiert sind (**börsennotierte Gesellschaften**), die anderweitigen Offenlegungspflichten für börsennotierte Gesellschaften unterliegen und bereits eine umfassende Transparenz
ihrer Eigentumsverhältnissen gewährleisten.[40] Diese anderweitige Transparenz
rechtfertige es nach Ansicht der Bundesregierung dennoch nicht, börsennotierte
Gesellschaften dem Grundsatz nach von der Transparenzpflicht zu befreien. Deren Einbeziehung würde die Bündelung von Daten für das Transparenzregister
fördern und dazu beitragen, die Nutzerfreundlichkeit des Registers zu steigern.[41]
Anders hingegen noch der Referentenentwurf des BMF zur Umsetzung der Vierten EU-Geldwäscherichtlinie vom 15.12.2016, nach dem börsennotierte Gesellschaften schon per se nicht den transparenzregisterrechtlichen Mitteilungspflichten unterliegen sollten, da die für sie bereits geltenden Offenlegungspflichten eine angemessene Transparenz der Eigentumsverhältnisse an der Gesellschaft sicherstellen.[42] Nach Wegfall des § 20 Abs. 2 Satz 2 GwG a.F. gilt die
Pflicht zur Mitteilung an das Transparenzregister für Gesellschaften, die an

---

38 BT-Drs. 18/11555, Begr. zu § 19 Abs. 2 GwG, S. 126.
39 Für die Bestimmung des wirtschaftlich Berechtigten siehe Kommentierung zu § 3
     GwG.
40 BT-Drs. 18/11555, Begr. zu § 19 Abs. 2 GwG, S. 126.
41 BT-Drs. 18/11555, Begr. zu § 20 Abs. 2 GwG, S. 128.
42 Referentenentwurf v. 15.12.2016, Begr. zu § 17 Abs. 2 GwG, S. 131 f.

einem organisierten Markt nach § 2 Abs. 11 WpHG notiert sind, jedenfalls nicht mehr als stets erfüllt. Jedoch gilt § 3 Abs. 2 GwG per se nicht für solche Gesellschaften. Offen bleibt, ob die Ermittlung nach § 3 Abs. 1 GwG zu erfolgen hat. Diesbezüglich besteht in der Literatur keine Einigkeit. Die Bundesregierung erklärte zuletzt in ihrem Gesetzesentwurf zum Transparenzregister- und Finanzinformationsgesetz, dass die bisherige Regelung auf der Annahme basiert habe, dass über die Stimmrechtsmitteilungen nach §§ 33 ff. WpHG hinreichende Beteiligungstransparenz bei börsennotierten Gesellschaften hergestellt sei. Tatsächlich sei dies aber nicht in einem solchen Maße der Fall, dass der wirtschaftlich Berechtigte einer börsennotierten Gesellschaft unmittelbar oder zumindest mit vertretbarem Aufwand feststellbar ist, da es an einer zentralen Evidenzstelle für die jeweilige Eigentums- und Kontrollstruktur der Gesellschaft fehle und nur die wenigsten Gesellschaften über ihre Veröffentlichungspflicht nach § 40 WpHG dergestalt hinausgingen, dass sie öffentlich bekanntmachen, wie sich ihre jeweiligen aktuellen Beteiligungsverhältnisse insgesamt darstellen. Ungleich schwerer gestalte sich zudem die Prüfung im Fall einer Notierung an einer nicht-EU-ausländischen Börse. Da börsennotierte Gesellschaften ohnehin bereits der Pflicht zur Ermittlung ihres wirtschaftlich Berechtigten nach § 20 Abs. 1 Satz 1 GwG unterliegen, sind entsprechende Angaben bereits vorhanden, weshalb die Mitteilungsfiktion aufzuheben ist.[43]

IV. Art und Umfang des wirtschaftlichen Interesses (§ 19 Abs. 3 GwG)

§ 19 Abs. 3 GwG regelt näher, was unter **Art und Umfang des wirtschaftlichen**   **24** **Interesses** im Sinne des § 19 Abs. 1 Nr. 4 GwG zu verstehen ist. Dabei wird zwischen Vereinigungen nach § 20 Abs. 1 Satz 1 GwG (§ 19 Abs. 3 Nr. 1 GwG) und Rechtsgestaltungen nach § 21 GwG und rechtsfähigen Stiftungen (§ 19 Abs. 3 Nr. 2 GwG) unterschieden. Mit anderen Worten, soll neben den in § 19 Abs. 1 Nr. 1–5 GwG genannten Angaben zum wirtschaftlich Berechtigten hinterlegt sein, woraus die Stellung als wirtschaftlich Berechtigter folgt, also in welcher Beziehung die wirtschaftlich Berechtigten zu der Gesellschaft stehen. Diese Angabe (Type of Controlling Person) ist bei bestimmten Gesellschaften auch für Meldungen nach dem **Common Reporting Standard** erforderlich.

---

43 BT-Drs. 19/28165, Begr. zu § 20 Abs. 2 GwG, S. 49 f.

1. Für Vereinigungen nach § 20 Abs. 1 Satz 1 GwG mit Ausnahme von rechtsfähigen Stiftungen (§ 19 Abs. 3 Nr. 1 GwG)

25   Für Vereinigungen nach § 20 Abs. 1 Satz 1 GwG mit Ausnahme von rechtsfähigen Stiftungen bestimmt die Art und der Umfang des wirtschaftlichen Interesses, woraus die Stellung als wirtschaftlich Berechtigter folgt, § 19 Abs. 3 Nr. 1 lit. a–c GwG.[44]

26   So sind für die Beurteilung zu Art und Umfang des wirtschaftlichen Interesses folgende Kriterien maßgeblich:

(1) die **Beteiligung** an der Vereinigung selbst, insbesondere die **Höhe der Kapitalanteile** oder der **Stimmrechte** (§ 19 Abs. 3 Nr. 1 lit. a GwG),

(2) die **Ausübung von Kontrolle** auf sonstige Weise, insbesondere aufgrund von Absprachen zwischen einem Dritten und einem Anteilseigner oder zwischen mehreren Anteilseignern untereinander, oder aufgrund der einem Dritten eingeräumten Befugnis zur Ernennung von gesetzlichen Vertretern oder anderen Organmitgliedern (§ 19 Abs. 3 Nr. 1 lit. b GwG)[45] oder

(3) die Funktion des gesetzlichen Vertreters, geschäftsführenden Gesellschafters oder Partners (§ 19 Abs. 3 Nr. 1 lit. c GwG).

2. Für Rechtsgestaltungen nach § 21 GwG und rechtsfähige Stiftungen (§ 19 Abs. 3 Nr. 2 GwG)

27   Für Rechtsgestaltungen nach § 21 GwG und rechtsfähige Stiftungen bestimmen Art und Umfang des wirtschaftlichen Interesses, woraus die Stellung als wirtschaftlich Berechtigter folgt, § 19 Abs. 3 Nr. 2 GwG.

28   § 19 Abs. 3 Nr. 2 GwG enthält für Rechtsgestaltungen nach § 21 GwG und rechtsfähige Stiftungen einen die Definition erweiternden Verweis auf § 3 Abs. 3 GwG. Nach dieser Vorschrift zählt zu den wirtschaftlich Berechtigten:

– jede natürliche Person, die als **Treugeber**, Verwalter von Trusts (**Trustee**) oder **Protektor**, sofern vorhanden, handelt (§ 3 Abs. 3 Nr. 1 GwG),

– jede natürliche Person, die **Mitglied des Vorstands** der Stiftung ist (§ 3 Abs. 3 Nr. 2 GwG),

– jede natürliche Person, die als **Begünstigte** bestimmt worden ist (§ 3 Abs. 3 Nr. 3 GwG),

---

44 Vgl. zu Stimmbindungs-, Pool- oder Konsortialvereinbarungen § 20 Rn. 68.

45 Unter § 19 Abs. 3 Nr. 1 lit. b GwG dürfte insbesondere ein Beherrschungsverhältnis oder eine Stimmbindungsvereinbarung gehören; die Kreditinstituten in sog. Covenants eingeräumten Mitbestimmungsrechte sind beispielsweise zu beschränkt, um eine „Zurechnung der Kontrolle" zu rechtfertigen. Insbesondere im Kreditfall kann das anders zu sehen sein.

– die Gruppe von natürlichen Personen, zu deren Gunsten das Vermögen verwaltet oder verteilt werden soll, sofern die natürliche Person, die Begünstigte des verwalteten Vermögens werden soll, noch nicht bestimmt ist (§ 3 Abs. 3 Nr. 4 GwG),

– jede natürliche Person, die auf sonstige Weise unmittelbar oder mittelbar beherrschenden Einfluss auf die Vermögensverwaltung oder Ertragsverteilung ausübt (§ 3 Abs. 3 Nr. 5 GwG), und

– jede natürliche Person, die unmittelbar oder mittelbar beherrschenden Einfluss auf die Vereinigung ausüben kann, die

  – Mitglied des Vorstands der Stiftung ist oder die als Begünstigte der Stiftung bestimmt worden ist, (§ 3 Abs. 3 Nr. 6 lit. a GwG) oder

  – als Treugeber (Settlor), Verwalter von Trusts (Trustee) oder Protektor handelt oder die als Begünstigte der Rechtsgestaltung bestimmt worden ist (§ 3 Abs. 3 Nr. 6 lit. b GwG).

§ 20 Transparenzpflichten im Hinblick auf bestimmte Vereinigungen

(1) Juristische Personen des Privatrechts und eingetragene Personengesellschaften haben die in § 19 Absatz 1 aufgeführten Angaben zu den wirtschaftlich Berechtigten dieser Vereinigungen einzuholen, aufzubewahren, auf aktuellem Stand zu halten und der registerführenden Stelle unverzüglich zur Eintragung in das Transparenzregister mitzuteilen. Die Pflicht nach Satz 1 gilt auch für Vereinigungen mit Sitz im Ausland, wenn sie sich verpflichten, Eigentum an einer im Inland gelegenen Immobilie zu erwerben, wenn Anteile im Sinne des § 1 Absatz 3 des Grunderwerbsteuergesetzes sich bei ihr vereinigen oder auf sie übergehen, oder wenn sie im Sinne des § 1 Absatz 3a des Grunderwerbsteuergesetzes aufgrund eines Rechtsvorgangs eine wirtschaftliche Beteiligung innehaben. Die Pflicht nach Satz 1 gilt nicht für in Satz 2 genannte Vereinigungen, wenn sie die Angaben nach Artikel 1 Nummer 15 Buchstabe c der Richtlinie (EU) 2018/843 und nach § 19 Absatz 1 bereits an ein anderes Register eines Mitgliedstaates der Europäischen Union übermittelt haben. Die Mitteilung hat elektronisch in einer Form zu erfolgen, die ihre elektronische Zugänglichmachung ermöglicht. Bei den Angaben zu Art und Umfang des wirtschaftlichen Interesses nach § 19 Absatz 1 Nummer 4 ist anzugeben, woraus nach § 19 Absatz 3 die Stellung als wirtschaftlich Berechtigter folgt.

(2) Eine juristische Person des Privatrechts oder eine eingetragene Personengesellschaft, die nach Absatz 1 Satz 1 mitteilungspflichtig ist und die nicht im Handelsregister, Genossenschaftsregister, Partnerschaftsregister oder Vereinsregister eingetragen ist, hat der registerführenden Stelle unverzüglich mitzuteilen, wenn

1. sich ihre Bezeichnung oder ihr Sitz geändert hat,

2. sie verschmolzen worden ist,

3. sie aufgelöst worden ist oder

4. ihre Rechtsform geändert wurde.

(3) Wirtschaftlich Berechtigte von Vereinigungen nach Absatz 1 haben diesen Vereinigungen die zur Erfüllung der Pflichten nach Absatz 1 notwendigen Angaben mitzuteilen und jede Änderung dieser Angaben unverzüglich mitzuteilen. Anteilseigner, die wirtschaftlich Berechtigte sind oder die von dem wirtschaftlich Berechtigten unmittelbar kontrolliert werden, haben den Vereinigungen nach Absatz 1 die zur Erfüllung der Pflichten nach Absatz 1 notwendigen Angaben mitzuteilen und jede Änderung dieser Angaben unverzüglich mitzuteilen. Kontrolliert ein Mitglied eines Vereins oder

einer Genossenschaft mehr als 25 Prozent der Stimmrechte, so trifft die Mitteilungspflicht nach Satz 1 dieses Mitglied. Bei Stiftungen trifft die Mitteilungspflicht nach Satz 1 die Personen nach § 3 Absatz 3.

(3a) Hat die Vereinigung keine Angaben der wirtschaftlich Berechtigten nach Absatz 3 erhalten, so hat sie von ihren Anteilseignern, soweit sie ihr bekannt sind, in angemessenem Umfang Auskunft zu den wirtschaftlich Berechtigten der Vereinigung zu verlangen. Die Anteilseigner sind verpflichtet, das Auskunftsersuchen innerhalb angemessener Frist zu beantworten. Die Pflicht, Auskunft nach Satz 1 zu verlangen, gilt nicht, wenn der Vereinigung die Angaben zum wirtschaftlich Berechtigten nach § 19 bereits anderweitig bekannt sind. Die Vereinigung hat die Auskunftsersuchen sowie die eingeholten Informationen zu dokumentieren.

(3b) Gelangt der Anteilseigner zu der Erkenntnis, dass sich der wirtschaftlich Berechtigte der Vereinigung geändert hat, so muss er dies der Vereinigung innerhalb einer angemessenen Frist mitteilen. Satz 1 gilt nicht, wenn

1. die Angaben zu dem neuen wirtschaftlich Berechtigten bereits über das Transparenzregister zugänglich sind, oder

2. der Anteilseigner anderweitig positive Kenntnis davon hat, dass der Vereinigung der neue wirtschaftlich Berechtigte bekannt ist.

Der Anteilseigner hat die Mitteilung an die Vereinigung zu dokumentieren und aufzubewahren.

(4) Die Angabepflicht nach Absatz 3 entfällt, wenn die Anteilseigner, Mitglieder und wirtschaftlich Berechtigten die erforderlichen Angaben bereits in anderer Form mitgeteilt haben.

(5) Die Zentralstelle für Finanztransaktionsuntersuchungen und die Aufsichtsbehörden können im Rahmen ihrer Aufgaben und Befugnisse die nach Absatz 1 aufbewahrten Angaben einsehen oder sich vorlegen lassen. Die Angaben sind ihnen unverzüglich zur Verfügung zu stellen.

Schrifttum: *Baumbach/Hueck* (Hrsg.), GmbHG, Kommentar, 22. Aufl. 2019; *Binnewies*, Steuerforum 2018 – Anmerkungen zum Transparenzregister, 2018; *Blaurock/Pordzik*, Der wirtschaftlich Berechtigte im Sinne des Transparenzregisters – Offenlegungspflichten für stille Beteiligungsstrukturen?, NZG 2019, 413; *Blümich*, EStG, KStG, GewStG, Kommentar (Loseblattwerk), 150. Aufl. 2019; *Bochmann*, Zweifelsfragen des neuen Transparenzregisters, DB 2017, 1310; *Bode/Gätsch*, Das Transparenzregister nach dem Regierungsentwurf des Transparenzregister- und Finanzinformationsgesetzes, NZG 2021, 437; *Einsele*, Inhaberaktien vs. Namensaktien: Publizität und Legitimation der Aktionäre, JZ 2019, 121; *Brian/Frey/Pelz*, Aktuelles Geldwäscherecht – Sommernovellen in Deutschland vor Winterreformen in der EU, CCZ 2021, 209; *Elsing*, Überblick über das Transparenzregister, notar 2/2018, 71; *Erbs/Kohlhaas*, Strafrechtliche Nebengesetze, Kommentar (Loseblattwerk), Stand: 228. EL Januar 2020; *Fisch*, Das neue Transparenzregister und seine Auswirkungen auf die Praxis, NZG 2017, 408; *Fleischer/Goette* (Hrsg.), Münchener Kommentar zum GmbHG, Bd. 2: §§ 35–52, 3. Aufl. 2019; *Goette*, Die Reform des Transparenzregister- und Finanzinformationsgesetzes, DStR 2021, 1551; *Hüffer/Koch* (Hrsg.), AktG, Kommentar, 14. Aufl. 2020; *Krais*, Die Pläne der Errichtung eines zentralen Transparenzregisters, CCZ 2017, 98; *Kruse*, Das Gesetz zur Modernisierung des Personengesellschaftsrechts (MoPeG) und seine Auswirkungen aus Praktikersicht, DStR 2021, 2412; *Orth*, Non Profit Law Yearbook 2017 – Zur Bedeutung des Transparenzregisters für Stiftungen, Stand: Juli 2018; *Rieg*, Prüfungs- und Handlungsbedarf aufgrund der Einführung des Transparenzregisters, BB 2017, 2310; *Schaub*, Das neue Transparenzregister naht – Überblick über die Regelungen und praktische Auswirkungen für Personenvereinigungen, DStR 2017, 1438; *Seibert*, Die GmbH und das Transparenzregister, GmbHR 2017, R97; *Seibert/Wedemann*, Der Schutz der Privatanschrift im elektronischen Handels- und Unternehmensregister, GmbHR 2007, 17; *Szalai*, Neuigkeiten zur GmbH. Die Gesellschafterlistenverordnung (GesLV) kommt – Update Gesellschafterliste und Transparenzregister, GWR 2018, 250; *Thelen*, Das Transparenzregister- und Finanzinformationsgesetz aus notarieller Sicht, notar 2021, 333; *Ulrich*, Transparenzregister-Mitteilungsfiktion bei (im Ausland) börsennotierten Müttern?, GmbHR 2020, R71; *Wionzeck/Scheerer*, Mitteilungspflicht über stille Gesellschafter durch das Transparenzregister?, NZG 2018, 217.

Übersicht

I. Allgemeines

Alle juristische Personen des Privatrechts sowie eingetragene Personengesell- **1**
schaften (im Gesetzeswortlaut zusammengefasst als „Vereinigungen") sind verpflichtet, Vor- und Nachname, Geburtsdatum, Wohnort, Art und Umfang des
wirtschaftlichen Interesses ihrer wirtschaftlich Berechtigten und deren Staatsangehörigkeiten an die registerführende Stelle unverzüglich zur Eintragung in das
Transparenzregister mitzuteilen. Die Mitteilungen haben elektronisch zu erfolgen, sodass ihre **elektronische Zugänglichmachung** über das Transparenzre-
gisterportal ermöglicht wird. Wie die Übermittlung der Angaben an das Transparenzregister zu erfolgen hat, bestimmt die Transparenzregisterdatenübermittlungsverordnung (TrDüV).[1] Die mitgeteilten Angaben müssen hierbei nicht mittels Dokumenten oder Unterlagen belegt werden. Bereits der Wortlaut gibt eine
solche Authentifizierungspflicht schlichtweg nicht her; ohnehin erfolgt durch
die Vereinigungen im Sinne des § 20 Abs. 1 Satz 1 GwG keine „Überprüfung"
der nach § 19 Abs. 1 Nr. 1–5 GwG erforderlichen Angaben ihrer wirtschaftlich
Berechtigten, denn für Vereinigungen besteht lediglich die Pflicht zur Einholung
der Angaben. Anteilseigner, die wirtschaftlich Berechtigte sind oder von einem
wirtschaftlich Berechtigten kontrolliert werden, unterliegen gem. § 20 Abs. 3
GwG der Pflicht, entsprechende Angaben der Vereinigung zur Erfüllung ihrer
Mitteilungspflicht nach § 20 Abs. 1 Satz 1 GwG mitzuteilen. Den mitgeteilten
Angaben kann daher höchstens ein allgemeiner Informationsgehalt zugespro-
chen werden. Ein Vertrauen in die Richtigkeit der Daten des Transparenzregisters ist nach § 18 Abs. 4 Satz 3 GwG ausgeschlossen (vgl. zum „öffentlichen
Glauben" an das Transparenzregister ausführlich → § 18 Rn. 7 f.).

---

1 Verordnung zur Datenübermittlung durch Mitteilungsverpflichtete und durch den Betreiber des Unternehmensregisters an das Transparenzregister (Transparenzregisterdatenübermittlungsverordnung – TrDüV) v. 30.6.2017, BGBl. I 2017, S. 2090.

2 Das Transparenzregister ist kein Anhang eines bereits bestehenden öffentlichen Registers, wie es nach den Vorgaben der Vierten EU-Geldwäscherichtlinie durchaus zulässig wäre, sondern ein **gänzlich eigenständiges Register**. Das Transparenzregister „speist" sich jedoch gemäß § 20a GwG hinsichtlich eingetragener Vereine aus dem Vereinsregister, sodass im Hinblick auf deren wirtschaftlich Berechtigte grundsätzlich keine Mitteilung der Vereinigungen an das Transparenzregister erfolgen muss.

3 Verletzt eine transparenzpflichtige Vereinigung ihre Mitteilungspflicht nach § 20 Abs. 1 Satz 1 GwG vorsätzlich oder leichtfertig, so handelt sie ordnungswidrig (§ 56 Abs. 1 Nr. 55 GwG). Ein Verstoß kann als **Ordnungswidrigkeit** mit einer Geldbuße von bis zu 150.000 EUR geahndet werden (§ 56 Abs. 1 Satz 2 GwG), in Fällen besonders schwerwiegender Verstöße sogar mit einer Geldbuße von bis zu 1.000.000 EUR oder mit einer Geldbuße bis zum Zweifachen des aus dem Verstoß gezogenen wirtschaftlichen Vorteils (§ 56 Abs. 3 Satz 1 Nr. 1 und 2 GwG). Nach Angaben des Bundesverwaltungsamts waren im März 2020 über 100.000 Bußgeldverfahren wegen Verstößen gegen die Mitteilungspflichten anhängig.[2] Durch den Wegfall der Mitteilungsfiktion (§ 20 Abs. 2 GwG a. F.) ist eine Erhöhung der Verfahrenszahl zu erwarten, da nun bei allen Gesellschaften unmittelbarer Handlungsbedarf besteht. Zudem dürfte zumindest für den Fall vollständig unterlassener Meldungen die Entdeckungswahrscheinlichkeit hoch liegen, da das BVA einen Abgleich mit den im Handels-, Genossenschafts-, Partnerschafts- und Unternehmensregister erfolgten Eintragungen vornehmen kann.[3] Für bestimmte Verpflichtete im Sinne des § 2 Abs. 1 GwG, wie Kreditinstitute, Finanzdienstleistungsinstitute oder Zahlungsinstitute, kann sogar eine Geldstrafe von bis zu 5.000.000 EUR oder 10 % des Gesamtumsatzes, der innerhalb eines Geschäftsjahres erzielt wurde, verhängt werden (§ 56 Abs. 3 Satz 3 und 4 Nr. 1 und 2 GwG). Insofern empfiehlt es sich, regelmäßig – wohl mindestens einmal jährlich[4] – unter **Compliance**-Gesichtspunkten zu überprüfen und zu dokumentieren, welche Mitteilungspflichten hinsichtlich wirtschaftlich Berechtigter bzw. mitteilungspflichtige Änderungen bestehen. Zwar besteht für Vereinigungen keine aktive Nachforschungspflicht, doch sollten zumindest zwecks Einholung der Angaben über ihre wirtschaftlich Berechtigten die Vereinigungen intern entsprechend organisiert sein, um die Angaben auf ihre Vollständigkeit überprüfen und an das Transparenzregister weiterleiten zu können.

4 Vereinigungen sind zum Einholen der Daten über die wirtschaftlich Berechtigten verpflichtet. Dabei sind sie aber nicht auf sich allein gestellt. Vielmehr haben die Anteilseigner, die wirtschaftlich Berechtigte sind oder von einem wirt-

---

2 Stand März 2020, vgl. *Beyme*, Stbg 2020, 137, siehe auch *Wachter*, DB 1–2/2020 S. M4.
3 *Brian/Frey/Pelz*, CCZ 2021, 209, 210.
4 BT-Drs. 18/11555, Begr. zu § 20 Abs. 1 GwG, S. 127.

schaftlich Berechtigten kontrolliert werden, den Vereinigungen die zur Erfüllung ihrer Transparenzpflichten notwendigen Angaben und jede Änderung ihrer
Angaben unverzüglich mitzuteilen (Angabepflicht, § 20 Abs. 3 Satz 1–4 GwG).
Ein Verstoß gegen die Angabepflicht kann mit einem Bußgeld geahndet werden
(§ 56 Abs. 1 Nr. 58 GwG). Damit die wirtschaftlich Berechtigten nicht mit unnötigen Angabepflichten belastet werden, können auch diese Pflichten kraft Fiktion entfallen, wenn die Angaben bereits in anderer Form den Vereinigungen
mitgeteilt wurden, beispielsweise durch die Meldung eines Inhaberaktionärs
nach § 20 AktG.[5] Entscheidend ist, dass die Vereinigung mit den ihr bekannten
Angaben ihre Transparenzpflichten erfüllen kann. Ein Rückfall der Meldepflicht
auf die wirtschaftlich Berechtigten selbst, wenn der Vereinigung ihrerseits bei
der Transparenzregisteranmeldung Fehler unterlaufen, besteht nicht.

1. Gesetzessystematik des § 20 GwG

Nachdem in § 18 GwG die Rahmenbedingungen für das Transparenzregister 5
festlegt und § 19 GwG diejenigen Angaben aufführt, die von den jeweiligen
wirtschaftlich Berechtigten zu erheben sind, stellt § 20 GwG sicher, dass die Angaben über die wirtschaftlich Berechtigten auch tatsächlich dem Transparenzregister zur Verfügung stehen. Die Vorschrift betrifft die Sphäre der **Informationsbeschaffung** bzw. -weiterleitung.

§ 20 Abs. 1 Satz 1 GwG statuiert die sog. **Transparenzpflichten**, die von den 6
Vereinigungen zu erfüllen sind. In direktem Kontakt mit der registerführenden
Stelle stehen daher die in § 20 Abs. 1 GwG genannten **Vereinigungen** – juris-
tische Personen des Privatrechts und eingetragene Personengesellschaften. Die
Vereinigungen stellen die Verknüpfung zwischen den wirtschaftlich Berech-
tigten, die es seit Inkrafttreten der Vierten EU-Geldwäscherichtlinie zu erfassen
gilt, und dem Transparenzregister dar, welches als Informationsmedium und
„Sammelbecken" der Angaben über die wirtschaftlich Berechtigten dient.

Gleichzeitig wird durch die Verpflichtung der Vereinigungen eine Entlastung 7
der staatlichen Stellen dahingehend erreicht, dass diese selbst nicht auf die eigenständige Erhebung der Informationen von den wirtschaftlich Berechtigten
angewiesen sind, sondern die Angaben bereits elektronisch verarbeitet weitergeleitet bekommen. Die transparenzpflichtigen Unternehmen sind schließlich diejenigen, die für einen Informationsausfall haften (vgl. § 56 Abs. 1 Satz 1 Nr. 55
i.V.m. Satz 2 und Abs. 3 GwG).

§ 20 Abs. 2 GwG soll die Kenntniserlangung und Auffindbarkeit von Änderun- 8
gen an Vereinigungen gewährleisten, die nicht in einem der in § 20 Abs. 2 GwG
genannten Register eingetragen sind.

---

5 BT-Drs. 18/11555, Begr. zu § 20 Abs. 4 GwG, S. 130.

9 Die in § 20 Abs. 3 GwG definierte Angabepflicht der Anteilseigner, die wirtschaftlich Berechtigte sind, bildet das Gegenstück zu den in § 20 Abs. 1 GwG statuierten Verpflichtungen auf Seiten der Unternehmen. Die Angabepflicht der wirtschaftlich Berechtigten ist der Ausgangspunkt der „Informationskette" und sorgt dafür, dass die verpflichteten Vereinigungen die Angaben, welche Gegenstand ihrer Mitteilungspflicht an das Transparenzregister sind, auch tatsächlich erhalten. Gleichzeitig birgt die Vorschrift **erhebliches Konfliktpotenzial** für das Verhältnis der Unternehmen zu ihren Anteilseignern, die wirtschaftlich Berechtigte sind, wenn diese unwillig sind, ihre Angaben oder Angaben über die anderweitigen wirtschaftlich Berechtigten preiszugeben.

10 Die zur Umsetzung der Fünften EU-Geldwäscherichtlinie eingeführten Abs. 3a und 3b regeln das Verhältnis zwischen Anteilseignern und Vereinigung, wenn die Vereinigung keine Angaben zu ihren wirtschaftlich Berechtigten erhält oder der Anteilseigner zu der Erkenntnis gelangt, dass sich der wirtschaftlich Berechtigte geändert hat.

11 Auch die Anteilseigner, die von der Angabepflicht erfasst sind, können über § 20 Abs. 4 GwG eine Entlastung erfahren. Wurden die erforderlichen Angaben bereits in anderer Form mitgeteilt, hat eine Meldung nach § 20 Abs. 3 GwG nicht zu erfolgen.

12 Wie aus der Systematik des § 20 Abs. 1–4 GwG ersichtlich ist, versucht der Gesetzgeber die gesamte Informationskette vom wirtschaftlich Berechtigten über die transparenzpflichtigen Vereinigungen bis hin zum Transparenzregister möglichst effizient und umfänglich zu gestalten. Die in ihrer Regelungswirkung ineinander verzahnten Absätze 1–4 sorgen für einen Informationsfluss zum Transparenzregister sowie zwischen den Vereinigungen und ihren Anteilseignern, die wirtschaftlich Berechtigte sind.

13 Die nach § 20 Abs. 1–4 GwG ermittelten und nach § 20 Abs. 1 GwG aufbewahrten *Angaben* sind entsprechend den Vorgaben des Art. 30 Abs. 2 der Vierten und Fünften EU-Geldwäscherichtlinie u. a. für die Zentralstelle für Finanztransaktionsuntersuchungen, für das BZSt, die örtlichen Finanz- und die Aufsichtsbehörden zugänglich. Sie können gem. § 20 Abs. 5 GwG die *Angaben* einsehen oder sich diese vorlegen lassen. § 20 Abs. 5 GwG darf jedoch keineswegs mit der Vorschrift zur Einsichtnahme in das Transparenzregister selbst verwechselt werden, denn § 23 Abs. 1 Satz 1 Nr. 1 lit. a und b GwG bestimmen schon, dass das Einsehen zugunsten der Aufsichtsbehörden und der Zentralstelle für Finanztransaktionsuntersuchungen gestattet ist. *Die Angaben* mögen z. B. für die Beurteilung des Vorsatzes einer möglichen Steuerhinterziehung von Bedeutung sein. Die beiden staatlichen Stellen können die aufbewahrten Angaben einsehen oder sich vorlegen lassen, unabhängig von der Einsichtnahme in das Register selbst. Ein Anhörungsrecht der beteiligten Vereinigungen besteht nach dem Wortlaut der Regelung nicht.

Aus § 20 Abs. 5 GwG lässt sich auch eine Mitwirkungspflicht im Sinne einer **14**
Duldungspflicht für Vereinigungen ableiten, die Einsicht in die von ihr selbst
aufbewahrten Dokumente zu dulden oder eben diese auf Verlangen einer der berechtigten Stellen vorzulegen. Diese Duldungspflicht kann mittels **Verwal-**
tungsvollstreckungsmaßnahmen durchgesetzt werden.

2. § 20 GwG im Gesetzgebungsverfahren

Die „Transparenzpflichten im Hinblick auf bestimmte Vereinigungen" nach **15**
§ 20 Abs. 1 GwG sind auf die europarechtlichen Vorgaben des Art. 30 Abs. 1
der Vierten EU-Geldwäscherichtlinie zurückzuführen. Dort heißt es: „Die Mitgliedstaaten sorgen dafür, dass die in ihrem Gebiet eingetragenen Gesellschaften
oder sonstigen juristischen Personen angemessene, präzise und aktuelle Angaben zu ihren wirtschaftlichen Eigentümern, einschließlich genauer Angaben
zum wirtschaftlichen Interesse, einholen und aufbewahren müssen." So gibt die
Richtlinie bereits vor, dass zu den Verpflichteten die im Gebiet eines Mitgliedstaates „eingetragenen Gesellschaften" zählen. In dem deutschen Umsetzungsgesetz der Vierten EU-Geldwäscherichtlinie (§ 20 GwG a. F.) stellt der Wortlaut
hingegen nicht ausdrücklich auf die Eintragung der Gesellschaft ab, jedoch
knüpfte die Gesetzesbegründung, wie auch die Vierte EU-Geldwäscherichtlinie,
für die Eröffnung des Anwendungsbereichs der Vorschrift an die Eintragung der
Gesellschaften in Gesellschafts-, oder Handelsregister oder anderen öffentlichen
Registern als Gründungsvoraussetzung an.[6] § 18 GwG in der Fassung des Referentenentwurfs des BMF vom 15.12.2016 erfasste dem Wortlaut nach „die gesetzlichen Vertreter von juristischen Personen des Privatrechts und von rechtsfähigen Personengesellschaften". Der diesbezügliche Referentenentwurf unterschied sich deutlich von der im Juni 2017 in Kraft getretenen Fassung sowie dem
vorgelagerten Regierungsentwurf (BT-Drs. 18/11555). Nach diesem Referentenentwurf sollten also nicht die Gesellschaften selbst den Transparenzpflichten unterliegen, sondern deren gesetzliche Vertreter. Dieser Ansatz konnte sich im folgenden Gesetzgebungsverfahren nicht behaupten. Bereits die weiteren Gesetz-
esentwurfsfassungen zur Umsetzung der Vierten EU-Geldwäscherichtlinie zu
den Transparenzpflichten distanzierten sich von dieser Formulierung, sodass
„juristische Personen des Privatrechts und eingetragene Personengesellschaften"
von den Transparenzpflichten erfasst sind. Dies ermöglichte eine **dezentrali-**
sierte Aufgabenverteilung.

Im Hinblick auf die einzelnen Transparenzpflichten bestand im deutschen Ge- **16**
setzgebungsverfahren durchgehend Einigkeit. Sowohl der Referentenentwurf
als auch der Regierungsentwurf (BT-Drs. 18/11555) statuierten die Pflicht, die

---

6 BT-Drs. 18/11555, Begr. zu § 20 Abs. 1 GwG, S. 127.

Angaben zu den wirtschaftlich Berechtigten einzuholen, aufzubewahren, auf dem aktuellen Stand zu halten und der registerführenden Stelle unverzüglich mitzuteilen. So haben dieselben Pflichten im Umsetzungsgesetz der Vierten EU-Geldwäscherichtlinie mit § 20 Abs. 1 GwG Eingang gefunden. Die Vorschrift dient der nationalen Umsetzung der Vorgaben des Art. 30 Abs. 1 und 3 der Vierten EU-Geldwäscherichtlinie. Die Pflicht zur Einholung und Aufbewahrung wurde eins zu eins aus der Richtlinie übernommen wie auch die Pflicht zur stetigen Führung aktueller Angaben über die wirtschaftlich Berechtigten (**kontinuierliche Aktualisierungspflicht**). Aus der Vorgabe des Art. 30 Abs. 3 der Vierten EU-Geldwäscherichtlinie, wonach die Mitgliedstaaten dafür zu sorgen haben, dass die Angaben zu den wirtschaftlichen Eigentümern in einem zentralen Register in jedem Mitgliedstaat aufbewahrt werden, z.B. in einem Handels- oder Gesellschaftsregister oder in einem anderen öffentlichen Register, folgte für die Umsetzung in deutsches Recht die wohl präzisere Formulierung, dass die in § 20 Abs. 1 GwG genannten Vereinigungen der Pflicht unterliegen, die Angaben zu den wirtschaftlich Berechtigten der registerführenden Stelle unverzüglich zur Eintragung in das Transparenzregister mitzuteilen. Dadurch soll gewährleistet sein, dass die erforderlichen Angaben in einem **zentralen Register** „aufbewahrt" sind. „Aufbewahrt" im Sinne der Richtlinie meint keine „physische" Verwahrung, sondern die dauerhafte Bereitstellung der Angaben in einem dem Handels- oder Gesellschaftsregister (öffentliche Register) vergleichbaren Registerportal. Die deutsche Umsetzung wählt dahingehend die Option der Sammlung der Angaben zu den wirtschaftlich Berechtigten in einem eigenständigen öffentlichen Register – dem Transparenzregister.

17   Im Laufe des Gesetzgebungsverfahrens hat die Vorschrift zu den Transparenzpflichten im Hinblick auf bestimmte Vereinigungen weitere Wortlautänderungen und sonstige Umstellungen erfahren. § 18 Abs. 1 Satz 1 GwG in der Fassung des Referentenentwurfs sah bereits vor, dass die Zentralstelle für Finanztransaktionsuntersuchungen und die Aufsichtsbehörden im Rahmen ihrer Aufgaben und Befugnisse die von den Vereinigungen aufbewahrten Informationen einsehen und/oder sich vorlegen lassen können. Nun ist die Berechtigung zugunsten der beiden genannten Behörden im geltenden § 20 Abs. 5 GwG normiert.

18   Des Weiteren wurde die Vorschrift zu den Transparenzpflichten um die Form der Mitteilung an das Transparenzregister im Laufe des Gesetzgebungsverfahrens explizit niedergeschrieben und präzisiert. Nach § 20 Abs. 1 Satz 4 GwG hat die Mitteilung „elektronisch in einer Form zu erfolgen, die ihre elektronische Zugänglichmachung ermöglicht". Wie die Mitteilung an das Transparenzregister zu erfolgen hat, konkretisiert nunmehr § 3 der am 5.7.2017 in Kraft getretenen TrDüV.

19   Die Pflicht nach § 20 Abs. 1 Satz 5 GwG, bei den Angaben zu Art und Umfang des wirtschaftlichen Interesses nach § 19 Abs. 1 Nr. 4 GwG anzugeben, woraus

nach § 19 Abs. 3 GwG die Stellung als wirtschaftlich Berechtigter folgt, war bereits im Referentenentwurf zur Umsetzung der Vierten EU-Geldwäscherichtlinie vorgesehen (§ 18 Abs. 3 GwG-RefE).

Eine Änderung der Regelung wurde lediglich bezüglich der Offenlegungsfrist **20** vorgenommen. Ursprünglich sah der Referentenentwurf zur Umsetzung der Vierten EU-Geldwäscherichtlinie keine Fristigkeit vor, jedoch hat die Mitteilung einer Änderung des wirtschaftlich Berechtigten zur Berücksichtigung im Transparenzregister „unverzüglich" zu erfolgen. Es drängt sich folglich die Vermutung auf, dass es dem Gesetzgeber besonders darauf ankam, wie Art. 30 Abs. 1 der Vierten EU-Geldwäscherichtlinie bereits zum Ausdruck bringt, im Transparenzregister stets **„präzise und aktuelle Angaben"** zu den wirtschaftlich Berechtigten abrufbar zu halten.

Die in § 20 Abs. 3 GwG normierte Angabepflicht für Anteilseigner, die wirt- **21** schaftlich Berechtigte sind oder von einem wirtschaftlich Berechtigten unmittelbar kontrolliert werden, entspricht im Wesentlichen § 18 Abs. 4 GwG-RefE. Im Gesetzgebungsverfahren sind hauptsächlich verschiedene Formulierungsänderungen erfolgt. So wird mit der nun geltenden Formulierung „Anteilseigner, die wirtschaftlich Berechtigte sind" lediglich auf die Begriffsbestimmung des wirtschaftlich Berechtigten in § 3 GwG verwiesen. Dies führt zu einer leichteren Lektüre der Vorschrift. Durch die Umsetzung der Fünften EU-Geldwäscherichtlinie wurde Abs. 3 um einen neuen Satz 1 ergänzt. Dieser legt den wirtschaftlich Berechtigten von Vereinigungen die Pflicht auf, die notwendigen Angaben ihrer Vereinigung mitzuteilen, die zur Erfüllung ihrer Pflichten nach Abs. 1 erforderlich sind. Die Richtlinienvorgaben machten eine Änderung des vorherigen § 20 Abs. 3 GwG notwendig, denn die Informationspflicht im Innenverhältnis traf unter bestimmten Voraussetzungen den Anteilseigner und unter anderen den wirtschaftlich Berechtigten.[7] Eine pauschale Beibehaltung der Mitteilungspflicht der Anteilseigner biete sich nicht an und sei nicht mit den europäischen Vorgaben konform, welche eindeutig die Mitteilungspflicht den wirtschaftlich Berechtigen auferlegt.[8]

Infolge der Änderungen des § 20 Abs. 3 Satz 1 GwG war eine Regelung notwen- **22** dig, welche an den Regelungsgehalt des § 20 Abs. 3 Satz 1 GwG a. F. anknüpft, nach dem die Anteilseigner unter bestimmten Voraussetzungen verpflichtet waren, der Vereinigung Angaben über die wirtschaftlich Berechtigten mitzuteilen.[9] Hierzu wurde zum einen § 20 Abs. 3a GwG und zum anderen § 20 Abs. 3b GwG mit dem Umsetzungsgesetz zur Fünften EU-Geldwäscherichtlinie einge-

7 BT-Drs. 19/13827, Begr. zu § 20 Abs. 3 GwG, S. 87.
8 BT-Drs. 19/13827, Begr. zu § 20 Abs. 3 GwG, S. 87.
9 BT-Drs. 19/13827, Begr. zu § 20 Abs. 3 GwG, S. 87 f.

führt. § 20 Abs. 3b GwG nimmt die Anteilseigner einer Vereinigung in die Pflicht, wenn diese von einer Änderung des wirtschaftlich Berechtigten erfahren.[10]

23 Mit der Gesetzesänderung durch das Transparenzregister- und Finanzinformationsgesetz[11] vom 1.8.2021 wurde schließlich die Mitteilungsfiktion des § 20 Abs. 2 GwG a. F. beseitigt und das Transparenzregister in ein Vollregister umgewandelt. Mit Ausnahme von eingetragenen Vereinen im Rahmen des § 20a GwG (vgl. → § 20a GwG) und börsennotierten Unternehmen (jedoch umstritten, vgl. → § 19 Rn. 23) sind alle Vereinigungen im Sinne des § 20 Abs. 1 GwG dazu verpflichtet, die in § 19 Abs. 1 GwG aufgeführten Angaben zu den wirtschaftlich Berechtigten dieser Vereinigungen einzuholen, aufzubewahren, auf aktuellem Stand zu halten und der registerführenden Stelle unverzüglich zur Eintragung in das Transparenzregister mitzuteilen.

II. Transparenzpflicht (§ 20 Abs. 1 GwG)

24 Mit § 20 Abs. 1 GwG wird Art. 30 Abs. 1 Unterabs. 1 der Vierten EU-Geldwäscherichtlinie in nationales Recht umgesetzt. Künftig unterliegen juristische Personen des Privatrechts und eingetragene Personengesellschaften (das Gesetz fasst diese als „Vereinigungen" zusammen) den sog. **Transparenzpflichten**. Nach § 20 Abs. 1 Satz 1 GwG besteht für juristische Personen des Privatrechts und eingetragene Personengesellschaften die Pflicht, die in § 19 Abs. 1 GwG aufgeführten Angaben zu den wirtschaftlich Berechtigten[12] der juristischen Personen oder eingetragene Personengesellschaften **einzuholen, aufzubewahren, auf aktuellem Stand zu halten und der registerführenden Stelle unverzüglich zur Eintragung in das Transparenzregister mitzuteilen.**

25 Die Mitteilungspflicht nach § 20 Abs. 1 Satz 1 GwG erstreckt sich dabei auf Informationen, die den **juristischen Personen und eingetragenen Personengesellschaften** (Vereinigungen) bereits bekannt sind oder die ihnen von den jeweiligen Anteilseignern mitgeteilt werden.[13] Für die Vereinigungen besteht nicht die Pflicht, die zu meldenden Angaben über den wirtschaftlich Berechtigten

---

10 BT-Drs. 19/13827, Begr. zu § 20 Abs. 3 GwG, S. 88.

11 Gesetz zur europäischen Vernetzung der Transparenzregister und zur Umsetzung der Richtlinie (EU) 2019/1153 des Europäischen Parlaments und des Rates vom 20.6.2019 zur Nutzung von Finanzinformationen für die Bekämpfung von Geldwäsche, Terrorismusfinanzierung und sonstigen schweren Straftaten (Transparenzregister- und Finanzinformationsgesetz), BGBl. I, S. 2083 ff. In Kraft getreten am 1.8.2021.

12 Vor- und Nachname, Geburtsdatum, Wohnort, Art und Umfang des wirtschaftlichen Interesses und alle Staatsangehörigkeiten.

13 BT-Drs. 18/11555, Begr. zu § 20 Abs. 1 GwG, S. 127.

i. S. d. § 19 Abs. 1 GwG eigenständig zu ermitteln. Insbesondere besteht kein Erfordernis, Beteiligungsstrukturen nachzuvollziehen.[14] Das Gesetz spricht nämlich nur von „einholen", was jedoch eher die tatsächliche Entgegennahme der Angaben vom wirtschaftlich Berechtigten in Gestalt einer „Empfangseinrichtung" bezeichnen soll. Nach § 20 Abs. 3 GwG ist es die **Pflicht des Anteilseigners**, der wirtschaftlich Berechtigter ist oder von einem wirtschaftlich Berechtigten kontrolliert wird, den Vereinigungen sämtliche relevanten Angaben für deren Mitteilung an das Transparenzregister unverzüglich mitzuteilen. Nach der Gesetzesbegründung sollen die Anteilseigner selbst am besten einschätzen können, ob sie wirtschaftlich Berechtigte sind oder ob eine Kontrolle ihrerseits durch einen anderen wirtschaftlich Berechtigten gegeben ist. Doch sind, wie die Skandale der Panama Papers und Pandora Papers zeigen, gerade die Anteilseigner diejenigen, die mittels undurchsichtiger Gesellschaftsstrukturen ihre Beteiligungen verschleiert haben. Warum soll dann gerade diesen Personen das Vertrauen zugesprochen werden, in Zukunft ehrlich und pflichtbewusst ihre Beteiligungen offenzulegen (?). Dem soll die **Bußgeldvorschrift** des § 56 Abs. 1 Satz 1 Nr. 58 GwG entgegenwirken und für Anteilseigener, die wirtschaftlich Berechtigte sind, einen Anreiz schaffen, ihrer Mitteilungspflicht nach § 20 Abs. 3 GwG ordnungsgemäß nachzukommen.

Bei der **Mitteilungspflicht nach § 20 Abs. 1 GwG** handelt es sich nicht um eine einmalige Mitteilungspflicht. Trotz der Mitteilung der Angaben durch den wirtschaftlich Berechtigten selbst haben juristische Personen des Privatrechts oder die eingetragenen Personengesellschaften über die Aufbewahrungs- und Mitteilungspflicht hinaus die Angaben zumindest jährlich dahingehend zu überprüfen, ob ihnen auf sonstige Weise Informationen bekannt geworden sind, aus denen sich eine Änderung der wirtschaftlich Berechtigten ergibt, die der registerführenden Stelle mitzuteilen ist.[15] Die **Transparenzpflichten** nach § 20 Abs. 1 Satz 1 GwG stellen folglich **periodisch wiederkehrende Pflichten** dar. Die bloße Mitteilung zur Kenntnisnahme reicht nicht aus. Änderungen müssen ergänzend nach § 20 Abs. 3b GwG vom jeweiligen Anteilseigner der Vereinigung mitgeteilt und von dieser an das Transparenzregister gemeldet werden. **26**

Die in § 20 Abs. 1 Satz 1 GwG normierten Transparenzpflichten der Vereinigungen stellen eine neue „**Compliance-Pflicht**" dar.[16] Dabei unterliegen nicht nur die klassischen Geldwäsche-Compliance-Verpflichteten i. S. d. § 2 Abs. 1 GwG den Transparenzpflichten, sondern auch alle sonstigen Vereinigungen i. S. d. § 20 Abs. 1 sowie bestimmte Rechtsgestaltungen nach § 21 GwG.[17] Bei Vereini- **27**

---

14 BT-Drs. 18/11555, Begr. zu § 20 Abs. 1 GwG, S. 127.
15 BT-Drs. 18/11555, Begr. zu § 20 Abs. 1 GwG, S. 127.
16 BT-Drs. 18/11555, Begr. zu § 20 Abs. 1 GwG, S. 127.
17 *Krais*, CCZ 2017, 98.

gungen sind in erster Linie die **gesetzlichen Vertreter** für die Erfüllung der Transparenzpflichten verantwortlich, wobei die Erfüllung der Pflichten delegiert werden kann.[18] Die Beauftragung von Dritten als Dienstleister scheint somit nicht ausgeschlossen.[19]

28 Die neuen „Compliance-Pflichten" verlangen von den Vereinigungen, ein „effektives internes Überwachungs- und Meldewesen" einzurichten, welches sicherstellen muss, „dass die eingeholten Informationen umgehend archiviert und dem Transparenzregister mitgeteilt werden".[20] Angesichts der bei Verletzung der Transparenzpflichten nach § 56 Abs. 1 Satz 1 Nr. 55, Satz 2 und Abs. 3 GwG drohenden Bußgelder ist ein vorsorgliches Compliance-System für die Vereinigungen unverzichtbar. Wie ein solches System im Detail ausgestaltet sein muss, damit es als „effektiv" im Sinne der Gesetzesbegründung gilt, kann nur im Einzelfall beantwortet werden. Die Ausgestaltung der Maßnahmen im Einzelnen kann von Unternehmen zu Unternehmen unterschiedlich sein. Zumindest scheint es geboten, die jährliche Überwachung der Pflichten an eine bereits bestehende gesetzliche Pflicht zu knüpfen, die zumindest einen inhaltlichen Bezug zu den Transparenzpflichten aufweist, wie die Aufstellung des Jahresabschlusses.[21]

1. Transparenzpflichtige Vereinigungen i. S. d. § 20 Abs. 1 GwG

29 Den Transparenzpflichten des § 20 Abs. 1 GwG unterliegen juristische Personen des Privatrechts sowie eingetragene Personengesellschaften (Vereinigungen). Die Formulierung „eingetragene Personengesellschaften" erfasst Gesellschaften, die in Gesellschafts-, Handels- oder vergleichbaren öffentlichen Registern eingetragen sind. Als Vereinigungen i. S. d. § 20 Abs. 1 GwG sind **Aktiengesellschaften, GmbHs** (inkl. gGmbH und UG haftungsbeschränkt), **KGaAs, eingetragene Vereine** (Idealverein und wirtschaftlicher Verein), **eingetragene Genossenschaften, europäische Gesellschaften, Stiftungen des bürgerlichen Rechts, offene Handelsgesellschaften, Kommanditgesellschaften** (auch GmbH & Co. KG), **Partnerschaftsgesellschaften** (PartGG) und **Partnerschaftsgesellschaften mit beschränkter Berufshaftung** (PartGmbB) sowie **Partenreedereien, „deutsche" Societas Europaea** (Europäische Aktiengesellschaft) und **europäische wirtschaftliche Interessenvereinigungen** (EWIV) erfasst und unterliegen somit den transparenzregisterrechtlichen Pflichten des Abs. 1, sofern sie in einem deutschen Register eingetragen sind und zumindest

---

18 *Krais*, CCZ 2017, 98, 101.

19 Vgl. zur Vornahme der Mitteilungen durch Notare im Auftrag einer Vereinigung *Thelen*, notar 2021, 333, 335.

20 BT-Drs. 18/11555, Begr. zu § 20 Abs. 1 GwG, S. 127.

21 Vgl. *Schaub*, DStR 2017, 1438, 1440.

ihren Satzungssitz[22] in Deutschland haben.[23] Es sind demnach auch deutsche Vereinigungen meldepflichtig, die ihren **Verwaltungssitz** im Ausland, ihren **Satzungssitz** jedoch in Deutschland haben.[24] **BGB-Gesellschaften** unterliegen mangels Eintragung nicht den Transparenzpflichten des § 20 Abs. 1 GwG.[25] Mit Umsetzung des Personengesellschaftsrechtsmodernisierungsgesetzes (**MoPeG**), das größtenteils im Januar 2024 in Kraft tritt, werden jedoch auch BGB-Gesellschaften in einem neuen Gesellschaftsregister eintragungsfähig,[26] sodass eingetragene BGB-Gesellschaften dann auch dem § 20 Abs. 1 GwG unterliegen. Mit der Registrierung geht damit die Einbindung in die Transparenzregisterpublizität einher.[27] Hieraus ergibt sich in der Folge auch für eingetragene BGB-Gesellschaften die Pflicht, Angaben zu den wirtschaftlich Berechtigten einzuholen und zu übermitteln.

30 Die **typisch stille Gesellschaft** nach §§ 230 ff. HGB bedarf u. E. **keiner** Registereintragung und fällt insofern nicht in den Anwendungsbereich des § 20 Abs. 1 Satz 1 GwG, auch nicht, wenn sie ausnahmsweise wegen §§ 292 Abs. 1 Nr. 2, 294 AktG im Handelsregister eingetragen sein sollte.[28] Nach der hier vertretenen Auffassung liegt das darin begründet, dass die (typisch) stille Gesellschaft selbst nicht als registerpflichtige Vereinigung definiert wurde. Bei einer **atypisch stillen** Beteiligung an einer **transparenzpflichtigen** Vereinigung besteht eine Situation, die der Treuhandschaft nahekommt, sodass der (atypisch) stille Gesellschafter (*auch*) wirtschaftlich Berechtigter der wirtschaftlich nach außen tätigen Gesellschaft wird (siehe hierzu auch → Rn. 32 f.). Einem typisch stillen Gesellschafter kommt hingegen nur eine darlehensähnliche Gewinnbeteiligung an den Gewinnen im Innenverhältnis entsprechend seiner Kapitaleinlage zu, sodass bei einer typisch stillen Beteiligung an einer transparenzpflichtigen

---

22 *Seibert*, GmbHR 2017, R97. Vgl. auch BVA, Transparenzregister, FAQ unter A. „Transparenzpflichtige Einheiten", https://www.bva.bund.de/SharedDocs/Downloads/ DE/Aufgaben/ZMV/Transparenzregister/Transparenzregister_FAQ.pdf;jsessionid= AB11CF9CE16906C63370A94F86566AC2.internet552?__blob=publicationFile&v= 31, zuletzt abgerufen am 16.11.2021.

23 *Bochmann*, DB 2017, 1310, 1312.

24 BVA, Transparenzregister, FAQ, https://www.bva.bund.de/SharedDocs/Downloads/ DE/Aufgaben/ZMV/Transparenzregister/Transparenzregister_FAQ.pdf;jsessionid= AB11CF9CE16906C63370A94F86566AC2.internet552?__blob=publicationFile &v=31zuletzt abgerufen am 10.11.2021.

25 BT-Drs. 18/11555, Begr. zu § 20 Abs. 1 GwG, S. 126.

26 Gesetz zur Modernisierung des Personengesellschaftsrechts (Personengesellschaftsrechtsmodernisierungsgesetz – MoPeG), § 707 BGB n. F., https://www.bmjv.de/Shared Docs/Gesetzgebungsverfahren/Dokumente/Bgbl_MoPeG.pdf;jsessionid=46AFE3E3 6B37F216D4C9130D0683BD74.1_cid324?__blob=publicationFile&v=2, zuletzt abgerufen am 16.11.2021.

27 *Kruse*, DStR 2021, 2412, 2413.

28 *Bochmann*, DB 2017, 1310, 1312.

Vereinigung keine Meldepflicht entsteht. Der (typisch) stille Gesellschafter wird selbst nicht geschäftlich tätig.[29] Ein atypisch stiller Gesellschafter ist hingegen jemand, dem im Innenverhältnis zur Gesellschaft abweichend von §§ 230 ff. HGB Stimm- und Verwaltungsrechte eingeräumt werden können und der die Geschäftsführung i. d. R. beeinflussen kann; er ist als Mitunternehmer anzusehen (vgl. § 15 Abs. 1 Nr. 2 EstG).[30]

31 Der **typisch stille Gesellschafter** hat keine Kontrollrechte im Sinne des § 3 Abs. 1 Nr. 1 GwG, da er nur geringe oder keine Stimmanteile hält.[31] Überdies kann er aufgrund seiner Beteiligungsquote und mangels Geschäftsführungsbefugnissen keine Transaktionen im Sinne des § 3 Abs. 1 Nr. 2 GwG veranlassen. Nach der Gesetzesbegründung stellt die typisch stille Beteiligung auch keine Alternative dar, die unter den Auffangtatbestand des § 3 Abs. 2 Nr. 3 GwG zu subsumieren wäre, da dieser das Kriterium der Kontrollmöglichkeit nicht entbehrlich macht. Es sollen gerade natürliche Personen erfasst werden, die auf Kundenbeziehungen zum Verpflichteten maßgeblichen Einfluss nehmen können.[32]

32 Wegen der bestehenden Unsicherheit über die Mitteilungspflicht von **atypisch stillen Gesellschaftern** an das Transparenzregister, ist es u. E. zumindest aus Vorsicht angezeigt, bis das Bundesverwaltungsamt (BVA) z. B. in seinen FAQ zum Transparenzregister[33] die Frage abschließend geklärt hat, solche Beteiligungsstrukturen an das Transparenzregister mitzuteilen, *wenn dem stillen Gesellschafter* (je nach Ausgestaltung des Innenverhältnisses) *Kontrollrechte eingeräumt sind, die eine Stellung als wirtschaftlich Berechtigter nach § 3 Abs. 1 Nr. 1, Nr. 2 GwG begründen.*[34] Auch *Blaurock/Pordzik*[35] sprechen sich für eine *„informationsfreundliche Vorgehensweise"* aus. Die transparenzpflichtigen Vereinigungen würden der Mitteilungspflicht an das Transparenzregister in jedem Fall gerecht werden und das Risiko einer Sanktionierung vermeiden; eine Überinformation (zur Pflicht der Unstimmigkeitsmeldung von „überobligatorischen" Eintragungen vgl. → § 23a Rn. 7) löst keinen Tatbestand nach dem OWiG aus.

33 Dem steht jedoch gegenüber, dass eine Mitteilungspflicht an das Transparenzregister für atypisch stille Beteiligungen in der Literatur teilweise abgelehnt wird.[36] Begründet wird dies mit den Argumenten, dass eine der zwei essenziellen

---

29 *Hoffmann-Theinert*, in: BeckOK HGB, § 230 Rn. 22 f.
30 *Bode*, in: Blümich, EstG, KStG, GewStG, § 15 EstG Rn. 317.
31 *Wionzeck/Scheerer*, NZG 2018, 217, 218.
32 BT-Drs. 18/11555, 108.
33 BVA, Transparenzregister, FAQ, https://www.bva.bund.de/SharedDocs/Downloads/ DE/Aufgaben/ZMV/Transparenzregister/Transparenzregister_FAQ.pdf;jsessionid= AB11CF9CE16906C63370A94F86566AC2.internet552?__blob=publicationFile &v=31, zuletzt abgerufen am 10.11.2021.
34 A. A. Vorauflage (1. Aufl. 2018) § 20 Rn. 32.
35 *Blaurock/Pordzik*, NZG 2019, 413, 417.
36 Vgl. *Wionzeck/Scheerer*, NZG 2018, 217; *Bochmann*, DB 2017, 1310.

Zwecke einer atypisch stillen Beteiligung (Anonymität und fehlende Außenhaftung) nicht mehr realisiert werden können, wenn solche Beteiligungsstrukturen im Transparenzregister offenzulegen wären. Zudem habe die (atypisch) stille Beteiligung weder im deutschen Gesetzgebungsverfahren noch auf europäischer Ebene vor Verabschiedung der Vierten und Fünften EU-Geldwäscherichtlinie Erwähnung in den Gesetzgebungsmaterialien gefunden. So führen *Wionzeck/Scheerer* aus, die „Subsumtion darf aber aufgrund der fehlenden Angaben in den Gesetzgebungsmaterialien zu den wirtschaftlich Berechtigten bei einer stillen Gesellschaft bezweifelt werden. Weder der Gesetzesentwurf oder die Gesetzesbegründung, noch die Beschlussempfehlungen des Finanzausschusses [...] erwähnen die stille Gesellschaft". Dass stille Beteiligungen bewusst nicht erfasst werden sollten, stützen *Wionzeck/Scheerer* auf die Aussage eines CDU-Abgeordneten und die darauf gerichtete Reaktion eines oppositionellen Abgeordneten.[37] Darüber hinaus würde neben dem Geheimhaltungsinteresse des (atypisch) Stillen an seiner Beteiligung „die stille Gesellschaft [...] aufgrund der Angabepflicht des Transparenzregisters einen plötzlichen Tod erleiden [...]. Einen solch weitreichenden und gar revolutionären Eingriff in das deutsche Gesellschaftsrecht kann der Gesetzgeber nicht gewollt haben, erst recht da sich keine Anhaltspunkte dazu in der Gesetzesbegründung befinden".[38] Dem ist jedoch zu entgegnen, dass eine im Bundestag zwischen zwei Bundestagsabgeordneten geführte Debatte nicht als Auslegungshilfe für ein konkretes Normverständnis herangezogen werden und den Willen des Gesetzgebers veranschaulichen kann;[39] schon gar nicht dergestalt, wie es sich im konkreten Fall[40] zugetragen hat.

Das Argument, die (atypisch) stille Beteiligung habe keine Erwähnung in den Gesetzgebungsmaterialien erfahren, überzeugt nicht, da diese regelmäßig keinen abschließenden Charakter haben. So ist der Gesetzesbegründung vielmehr der Regelungszweck einer Vorschrift sowie die Intention des Gesetzgebers zu entnehmen. Auch nach den Auslegungs- und Anwendungshinweisen der BaFin[41] kann die kontrollierende Einflussmöglichkeit eines stillen Beteiligten auf die Tätigkeit einer Gesellschaft die Stellung als wirtschaftlich Berechtigter begründen: „Stille Beteiligungen sind als Innengesellschaften *grundsätzlich* nicht für die Eigentums- und Kontrollstrukturen an der (Außen-)Gesellschaft relevant und daher nur bei Hinweisen auf einen kontrollierenden Einfluss der stillen Beteiligten im Rahmen der Abklärung von wirtschaftlich Berechtigten beachtlich." Darüber hinaus ergibt sich bereits aus dem Erwägungsgrund 14 zur Vierten EU-Geldwäscherichtlinie, dass diejenigen Personen erfasst werden sollen, die ihre

34

---

37 *Wionzeck/Scheerer*, NZG 2018, 217, 218.
38 *Wionzeck/Scheerer*, NZG 2018, 217, 219.
39 *Blaurock/Pordzik*, NZG 2019, 413, 416.
40 Siehe hierzu ausführlich *Wionzeck/Scheerer*, NZG 2018, 217, 218.
41 BaFin, Auslegungs- und Anwendungshinweise zum Geldwäschegesetz, Stand: August 2021, S. 50.

wirtschaftlichen Interessen durch die Einflussnahme auf eine Vereinigung durchsetzen vermögen und ihre Identität daher hinter einer Gesellschaftsstruktur verbergen können. Daraus folgt, dass die Pflicht zur Mitteilung eines (atypisch) stillen Gesellschafters an das Transparenzregister von einer **Einzelfallprüfung des Kontrollbegriffs** i. S. d. § 3 Abs. 1 Nr. 1 GwG abhängig zu machen ist. Unterstützend kann man auf den steuerrechtlichen Begriff der Mitunternehmerschaft abstellen, welcher sich durch die Mitunternehmerinitiative und das Mitunternehmerrisiko auszeichnet. Es sind jedoch auch Konstellationen denkbar, die eine Mitunternehmerschaft begründen, diese jedoch vorwiegend durch ein gesteigertes Unternehmerrisiko begründet wird, sodass der Kontrollbegriff im Ergebnis dann zu verneinen wäre.[42] Das Transparenzregister führt jedenfalls im Ergebnis dazu, dass die Möglichkeiten zur Geheimhaltung (vgl. § 286 Abs. 3 Nr. 2 HGB) eingeschränkt werden.

35   Gesellschaften, die **nach ausländischem Recht gegründet** sind und lediglich ihren **Verwaltungssitz** in Deutschland haben, sind von den Transparenzpflichten des § 20 Abs. 1 Satz 1 GwG grundsätzlich nicht erfasst. Dies ergibt sich im Umkehrschluss aus den wenigen ausdrücklichen Anordnungen des GwG, nach welchen Gesellschaften mit Sitz im Ausland ausnahmsweise von den Vorschriften des GwG erfasst sein können (vgl. § 2 Abs. 1 GwG, wonach im Inland gelegene Zweigstellen und Zweigniederlassungen bestimmter geldwäscherechtlich Verpflichteter mit Sitz im Ausland ausdrücklich in den Anwendungsbereich der „Verpflichteten" i. S. d. § 2 GwG fallen u. § 20 Abs. 1 Satz 2 GwG, vgl. unten → Rn. 36).[43]

36   **Deutsche Vereinigungen mit einem ausländischen Verwaltungssitz** unterliegen im Fall der Eintragung im deutschen Register als juristische Person oder Personengesellschaft den Pflichten des § 20 Abs. 1 Satz 1 GwG, wobei die Eintragung einer Zweigniederlassung nach § 13d HGB nicht genügt.[44] Mithin ist der Anwendungsbereich des § 20 Abs. 1 Satz 1 GwG dann eröffnet, **wenn die Vereinigung in Deutschland in einem öffentlichen Register eingetragen ist**. Der Gesetzgeber hat mit dieser Anforderung ein klares, wenn auch ungeschriebenes, Tatbestandsmerkmal für die Eröffnung des Anwendungsbereichs der Transparenzpflichten des § 20 Abs. 1 Satz 1 GwG eingeführt.[45]

37   Bis zum Umsetzungsgesetz der fünften EU-Geldwäscherichtlinie v. 12.12.2019 unterlagen Gesellschaften und ausländische Vereinigungen, die nicht in deut-

---

42 *Blaurock/Pordzik*, NZG 2019, 413, 417.

43 *Bochmann*, DB 2017, 1310, 1312.

44 *Bochmann*, DB 2017, 1310, 1312, siehe hierzu auch BVA, Transparenzregister, FAQ, https://www.bva.bund.de/SharedDocs/Downloads/DE/Aufgaben/ZMV/Transparenzregister/Transparenzregister_FAQ.pdf;jsessionid=AB11CF9CE16906C63370A94F865 66AC2.internet552?__blob=publicationFile&v=31, zuletzt abgerufen am 10.11.2021.

45 *Bochmann*, DB 2017, 1310, 1312.

schen öffentlichen Registern eingetragen waren, nicht den Archivierungs- und Mitteilungspflichten des § 20 Abs. 1 Satz 1 GwG. Durch § 20 Abs. 1 Satz 2 GwG werden Vereinigungen mit Sitz im Ausland meldepflichtig, wenn sie sich verpflichten, Eigentum an einer im Inland gelegenen Immobilie zu erwerben, wenn Anteile im Sinne des § 1 Abs. 3 des Grunderwerbsteuergesetzes sich bei ihr vereinigen oder auf sie übergehen, oder wenn sie im Sinne des § 1 Abs. 3a des Grunderwerbsteuergesetzes aufgrund eines Rechtsvorgangs eine wirtschaftliche Beteiligung innehaben. Der Terminus „verpflichten" wurde wohl bewusst vom Gesetzgeber mit Blick auf die Abgrenzung von Verpflichtungsgeschäft und Verfügungsgeschäft (Trennungsprinzip) gewählt, um zu einem möglichst frühen Zeitpunkt (d. h. vor Eigentumsübergang) Transparenz herzustellen. Transparenz über wirtschaftlich Berechtigte von ausländischen Gesellschaften bei Immobilienerwerben ergab sich bereits nach früherer Rechtslage über die bestehende Eintragungspflicht des ausländischen Erwerbers beim Direkterwerb von Immobilien im Inland und die Transparenzpflichten des inländischen Immobilieneigentümers beim Anteilserwerb („Share Deal").[46] Der Verweis auf § 1 Abs. 3 und 3a des Grunderwerbsteuergesetzes soll nun sicherstellen, dass die Transparenzpflichten nach § 20 Abs. 1 Satz 2 GwG auch dann eingreifen, wenn der Erwerbsvorgang im Sinne des § 1 Abs. 3 oder Abs. 3a des Grunderwerbsteuergesetzes durch ausländische Erwerber verwirklicht wird.[47] Dabei erstreckt sich die Transparenzpflicht nur auf die ausländische Vereinigung, auf die Anteile einer Gesellschaft mit inländischem Grundeigentum übergehen sollen. Übergang ist als Oberbegriff gemeint und umfasst jede Form des Wechsels der Geschäftsanteile.[48] Faktisch handelt es sich um eine **Abwicklungssperre**: Ohne eine Überprüfung des Transparenzregisters und einer Mitteilung an dieses **darf der Notar Immobiliengeschäfte nicht abwickeln**.[49] So steht in § 10 Abs. 9 Satz 4 Halbs. 1 GwG n. F.: „Solange der Vertragspartner seiner Pflicht nach § 12 Absatz 4 Satz 1 [oder] eine Vereinigung mit Sitz im Ausland ihrer Mitteilungspflicht nach § 20 Absatz 1 Satz 2 und 3 [...] nicht nachkommt, hat der Notar die Beurkundung abzulehnen; § 15 Absatz 2 der Bundesnotarordnung gilt insoweit entsprechend." Sofern die Vereinigung bereits die Angaben an ein anderes Register eines Mitgliedstaates der Europäischen Union übermittelt hat, ist sie von der Pflicht nach § 20 Abs. 1 Satz 3 GwG befreit.

---

46 BT-Drs. 19/28164, Begr. zu § 20 Abs. 1 GwG, S. 48.

47 BT-Drs. 19/30443, Begr. zu § 20 Abs. 1 GwG, S. 67.

48 BT-Drs. 19/28164, Begr. zu § 20 Abs. 1 GwG, S. 48.

49 BT-Drs. 19/28164, Begr. zu § 20 Abs. 1 GwG, S. 49.

2. Keine Eintragungspflicht oder Übernahme der Eintragung durch registerführende Stelle

38 **BGB-Gesellschaften** unterliegen mangels Eintragungsfähigkeit noch nicht den Transparenzpflichten des § 20 Abs. 1 GwG. Mit Umsetzung des MoPeG,[50] das größtenteils im Januar 2024 in Kraft tritt, werden jedoch auch BGB-Gesellschaften in einem neuen Gesellschaftsregister eintragungsfähig, sodass eingetragene BGB-Gesellschaften dann auch dem § 20 Abs. 1 GwG unterliegen. Nichteingetragene BGB-Gesellschaften bleiben weiterhin nicht transparenzpflichtig. Sie können aber selbst angabepflichtig i. S. d. § 20 Abs. 3 GwG sein, wenn sie Anteilseigner einer selbst mitteilungspflichtigen Vereinigung sind.

39 Ob die Transparenzpflichten auch **börsennotierte Unternehmen** treffen, ist derzeit unklar (vgl. → § 19 Rn. 23).

40 Für **eingetragene Vereine** erstellt die registerführende Stelle eine Eintragung, ohne dass es hierzu einer Mitwirkung des e. V. bedarf. Erfasst werden alle Mitglieder des Vorstands mit den Daten nach § 19 Abs. 1 GwG. Soweit das Vereinsregister kein Wohnsitzland und keine Staatsangehörigkeit ausweist, wird Deutschland als Wohnsitzland und die deutsche Staatsangehörigkeit als einzige Staatsangehörigkeit angenommen. Treffen diese Angaben nicht zu, verbleibt es bei der Meldepflicht des Vereins. Gleiches gilt, wenn eine Änderung des Vorstands nicht unverzüglich zur Eintragung in das Vereinsregister angemeldet worden ist oder mindestens ein wirtschaftlich Berechtigter nach § 3 Abs. 2 Satz 1–4 GwG vorhanden ist. Hat ein Verein der registerführenden Stelle Angaben nach § 19 Abs. 1 GwG zur Eintragung mitgeteilt, erfolgt keine Datenübernahme, es sei denn, der Verein hat die registerführenden Stelle darüber informiert, dass die Angaben nicht mehr gelten sollen. Eine automatische Eintragung erfolgt erstmals bis spätestens zum 1.1.2023, danach anlassbezogen.[51]

3. Transparenzpflichten i. S. d. § 20 Abs. 1 Satz 1 GwG

41 Juristische Personen des Privatrechts und eingetragene Personengesellschaften haben gem. § 20 Abs. 1 Satz 1 GwG die in § 19 Abs. 1 GwG aufgeführten Angaben zu ihren wirtschaftlich Berechtigten einzuholen, aufzubewahren, auf dem

---

50 Gesetz zur Modernisierung des Personengesellschaftsrechts (Personengesellschafts-rechtsmodernisierungsgesetz – MoPeG), § 707 BGB n. F., https://www.bmjv.de/Shared Docs/Gesetzgebungsverfahren/Dokumente/Bgbl_MoPeG.pdf;jsessionid=46AFE3E36 B37F216D4C9130D0683BD74.1_cid324?__blob=publicationFile&v=2, zuletzt abgerufen am 16.11.2021.

51 BVA, Transparenzregister, FAQ, S. 3,4, https://www.bva.bund.de/SharedDocs/Down loads/DE/Aufgaben/ZMV/Transparenzregister/Transparenzregister_FAQ.pdf;jsession id=AB11CF9CE16906C63370A94F86566AC2.internet552?__blob=publicationFile& v=31zuletzt, zuletzt abgerufen am 11.11.2021.

aktuellen Stand zu halten und der registerführenden Stelle unverzüglich zur Eintragung in das Transparenzregister mitzuteilen. Die **transparenzpflichtigen Vereinigungen** nehmen insofern die Stellung als **Mittler** der erforderlichen Angaben zwischen den wirtschaftlich Berechtigten und dem Transparenzregister ein.[52] Nach § 3 Abs. 1 TrDüV ist die Übermittlung der Angaben nach § 20 Abs. 1 Satz 1 GwG auf der Internetseite des Transparenzregisters (www.transparenzregister.de) vorzunehmen. Für die Übermittlung sind die auf der Internetseite von der registerführenden Stelle zur Verfügung gestellten Formulare zu verwenden.

a) Einholen der Angaben zu den wirtschaftlich Berechtigten

Gem. § 20 Abs. 1 Satz 1 GwG haben die Vereinigungen die in § 19 Abs. 1 GwG aufgeführten Angaben zu den wirtschaftlich Berechtigten dieser Vereinigung „einzuholen".   **42**

Mit dem Begriff „einholen" wird zunächst ein aktives Tun assoziiert. Das Verb trägt aber auch die Begriffsbedeutung „sich geben lassen", „erbitten" sowie „einziehen und verwahren".[53] Die Begriffsbestimmung scheint jedoch mit der Gesetzesbegründung zu kollidieren, denn dort heißt es, dass hinsichtlich der Angaben zu den wirtschaftlich Berechtigten „**keine Nachforschungspflicht**" besteht, sondern lediglich die Angaben zu erfassen seien, die von den Anteilseignern entsprechend ihrer Angabepflicht nach § 20 Abs. 3 und Abs. 3a GwG mitgeteilt worden sind oder die den Vereinigungen bereits bekannt sind.[54] Diese Anforderungen sind nicht widerspruchsfrei: Werden die nach § 19 Abs. 1 GwG erforderlichen Angaben nicht vollständig eingeholt, kann nur eine unvollständige bzw. nicht richtige Mitteilung an das Transparenzregister erfolgen. Dies kann gem. § 56 Abs. 1 Nr. 55 GwG ein Bußgeld nach sich ziehen, sodass die Verpflichteten faktisch zur „Nachforschung" und Plausibilisierung der Angaben verpflichtet sind.   **43**

Eine Gegenüberstellung mit den Transparenzpflichten gem. § 20 Abs. 6 AktG und § 26 Abs. 1 WpHG bestärkt die Vermutung, dass die Einholungspflicht nicht mit der bloßen Entgegennahme der Angaben von ihren wirtschaftlich Berechtigten erfüllt ist.[55] Ein vorsätzlicher oder leichtfertiger Verstoß gegen die Einholungspflicht nach § 20 Abs. 1 GwG kann eine Ordnungswidrigkeit nach § 56 Abs. 1 Nr. 55 lit. a GwG und ein Verstoß gegen § 20 Abs. 3a GwG eine Ordnungswidrigkeit nach § 56 Abs. 1 Nr. 59 GwG begründen.   **44**

---

52 *Krais*, CCZ 2017, 98, 100.
53 Vgl. *Schaub*, DStR 2017, 1438, 1439.
54 BT-Drs. 18/11555, Begr. zu § 20 Abs. 1 GwG, S. 127.
55 Vgl. *Bochmann*, DB 2017, 1310, 1313.

45   Vor diesem Hintergrund kann nicht davon ausgegangen werden, dass die Vereinigungen bloß die Rolle als Informationsübermittler übernehmen und immer nur dann tätig werden, wenn sie die mitteilungspflichtigen Angaben von ihren wirtschaftlich Berechtigten übermittelt bekommen. Ausweislich der Gesetzesbegründung handelt es sich bei den Transparenzpflichten um „Compliance-Pflichten, die zur **Ergreifung geeigneter interner Organisationsmaßnahmen** zur Beachtung der gesetzlichen Pflichten verpflichten". Daher ist es Aufgabe der gesetzlichen Vertreter der Vereinigungen, „solche Organisationsmaßnahmen zu etablieren, insbesondere ein effektives internes Überwachungs- und Meldewesen" aufzusetzen, welches sicherstellt, „dass die eingeholten Informationen umgehend archiviert und dem Transparenzregister mitgeteilt werden".[56] Des Weiteren haben die Vereinigungen „zumindest jährlich zu überprüfen, ob diesen auf sonstige Weise Informationen bekannt geworden sind, aus denen sich eine Änderung der wirtschaftlich Berechtigten im Sinne von § 20 Abs. 3 oder Abs. 3b GwG ergibt, die in den Unterlagen zu reflektieren und dem Transparenzregister mitzuteilen ist", wobei ein **„Kennenmüssen"** der Informationen nicht ausreichend ist.[57] Feststehen dürfte, dass die Begrifflichkeit des „Einholens" keinerlei Pflichten für Vereinigungen begründet, außerhalb deren Informationssphäre nach den Angaben der wirtschaftlich Berechtigten aktiv zu forschen, geschweige denn eine Erkundigung bei den Anteilseignern oder eine Abfrage in öffentlichen Registern vorzunehmen.[58]

b) Aufbewahrung der eingeholten Angaben zu den wirtschaftlich Berechtigten

46   Nach § 20 Abs. 1 Satz 1 GwG haben die Vereinigungen die eingeholten Angaben der wirtschaftlich Berechtigten „aufzubewahren".

47   Die Aufbewahrungspflicht nach § 20 GwG knüpft wie § 8 GwG an die Pflicht zur Einholung der Angaben zu den wirtschaftlich Berechtigten an. Sie bezieht sich auf die Informationen, die zur Erfüllung der Mitteilungspflichten erforderlich sind. Nur vereinzelt verlangt das neue Geldwäscherecht dabei das Vorhalten einer Kopie, im Regelfall geht es um die „abstrakte" Information, die von den Vereinigungen „aufzubewahren" bzw. zu archivieren ist (Archivierungspflicht). Im Einzelnen sind daher die in § 19 Abs. 1 GwG aufgeführten Angaben festzuhalten.

48   Ausreichend dürfte sein, die Informationen mittels **moderner Datenspeicherungstechniken** aufzubewahren, d. h. die Aufbewahrung muss nicht zwingend im Original und überhaupt in physischer Papierform erfolgen. Vielmehr haben die Verpflichteten das Recht und die Pflicht, vollständige Kopien dieser Doku-

---

56 BT-Drs. 18/11555, Begr. zu § 20 Abs. 1 GwG, S. 127.
57 BT-Drs. 18/11555, Begr. zu § 20 Abs. 1 GwG, S. 127.
58 *Bochmann*, DB 2017, 1310, 1313.

mente und Unterlagen anzufertigen oder sie vollständig optisch digitalisiert zu erfassen (vgl. § 8 Abs. 2 Satz 2 GwG). Vor allem die digitale Speicherung auf Datenträgern oder auch Bildträgern ist aus praktischer Sicht prioritär geeignet, der Aufbewahrungspflicht gerecht zu werden.[59] Wählen Vereinigungen die Aufbewahrungsform der digitalen Speicherung, muss sichergestellt sein, dass die gespeicherten Daten (1) mit den ursprünglich festgestellten Angaben und Informationen übereinstimmen, (2) sie während der Dauer der Aufbewahrungsfrist verfügbar sind und (3) sie jederzeit innerhalb einer angemessenen Frist lesbar gemacht werden können, z. B. wenn die Zentralstelle für Finanztransaktionsuntersuchungen oder die Aufsichtsbehörde nach § 20 Abs. 5 GwG die aufbewahrten Angaben einsehen möchten oder sich diese vorlegen lassen will (vgl. § 8 Abs. 3 Nr. 1–3 GwG). Gleiches gilt für eine Aufbewahrung der Informationen in physischer Form.

Auch für die **Aufbewahrungsfrist** der Angaben über die wirtschaftlich Berech-   **49**
tigten bietet es sich zwecks einer einheitlichen Behandlung an, auf die Vorgaben des § 8 Abs. 4 GwG abzustellen. Die **Aufbewahrungsfrist** beträgt **fünf Jahre** (vgl. § 8 Abs. 4 Satz 1 GwG).

Ein leichtfertiger oder vorsätzlicher **Verstoß** gegen die Aufbewahrungspflicht   **50**
verwirklicht den Ordnungswidrigkeitentatbestand des § 56 Abs. 1 Nr. 55 lit. b GwG und kann mit einem Bußgeld geahndet werden (§ 56 Abs. 1 Satz 2 und Abs. 3 GwG). Nach der Vorschrift handelt ordnungswidrig, wer entgegen § 20 Abs. 1 GwG Angaben zu den wirtschaftlich Berechtigten nicht, nicht richtig oder nicht vollständig aufbewahrt. Die Angaben sind **nicht aufbewahrt**, wenn keinerlei Dokumentation der Informationen vorgenommen wurde – sie also weder physisch noch digital aufbewahrt werden. **Nicht richtig** aufbewahrt sind die Angaben, wenn sie nicht innerhalb einer angemessenen Frist zugänglich gemacht werden können, wenn z. B. die Befugnis der Zentralstelle für Finanztransaktionsuntersuchungen und der Aufsichtsbehörden zur Einsichtnahme und Vorlage der aufbewahrten Angaben nach § 20 Abs. 5 GwG ins Leere laufen würde. **Nicht vollständig** aufbewahrt sind die Angaben, wenn einzelne Angaben, die im Sinne des § 19 Abs. 1 GwG erforderlich sind, aus den archivierten Informationen nicht ersichtlich sind. Nicht gesetzlich geregelt ist dabei der Fall, dass es der Vereinigung trotz gehöriger Anstrengungen nicht gelingt, die Informationen einzuholen. § 10 Abs. 9 GwG, der die Beendigung der Geschäftsbeziehungen verlangt, ist nicht analog anwendbar. Ob die Vereinigung (z. B. im Wege eines Zurückbehaltungsrechts nach § 273 BGB) Gesellschaftsrechte vorbehalten darf, wenn die Kooperation des wirtschaftlich Berechtigten unzureichend ist, wird die Praxis zu klären haben. Es spricht u. E. mehr dafür, dass die Vereinigung auch

---

59 Vgl. *Häberle*, in: Erbs/Kohlhaas, Strafrechtliche Nebengesetze, § 8 GwG Rn. 4.

Maßnahmen androhen kann, um **aufsichtsrechtliche Sanktionen** zu vermeiden, wenn der Gesellschafter seine Treue-Kooperationspflichten verletzt.

c) Aktualisierung der Angaben zu den wirtschaftlich Berechtigten

51 Die nach § 20 Abs. 1 GwG verpflichteten Vereinigungen haben die in § 19 Abs. 1 GwG aufgeführten Angaben der wirtschaftlich Berechtigten auf dem aktuellen Stand zu halten. Dies erfordert ein **aktives Tätigwerden**, wenn sich die Stellung eines wirtschaftlich Berechtigten einer Gesellschaft ändert, dieser mithin nicht mehr von der Definition des § 3 GwG erfasst ist oder Angaben nach § 19 Abs. 1 GwG eine Änderung erfahren (z. B. bei einer **Heirat**, bei einer Änderung des **Wohnortes** oder bei einer **Änderung von Art und Umfang des wirtschaftlichen Interesses**). Im Falle einer gesellschaftsrechtlichen Vinkulierung sollte die Umstellung der Gesellschafterstellung von der Kooperation des Gesellschafters abhängig gemacht werden; es wirkt jedenfalls unglaubwürdig, die Umstellung der Gesellschafter zuzulassen, ohne ausreichende Informationen eingeholt zu haben.

52 Die Aktualisierungspflicht erfasst dabei zum einen die intern aufbewahrten Angaben, zum anderen die gegenüber der registerführenden Stelle zur Eintragung in das Transparenzregister mitgeteilten Angaben. Nicht erkennbar ist, ob auch der Schriftverkehr zur Einholung der Angaben der Archivierungspflicht unterliegt. Nach der hier vertretenen Auffassung ist dies vor dem Hintergrund der „Abstraktheit" der Archivierungspflicht nicht der Fall. Soweit allerdings derartige Unterlagen bestehen, unterliegen sie der Herausgabepflicht nach § 20 Abs. 5 GwG. Tritt eine Änderung der Angaben zu einem wirtschaftlich Berechtigten ein, sind (1) die bisher aufbewahrten Angaben entsprechend anzupassen bzw. zu aktualisieren und (2) die Änderung der Angaben der registerführenden Stelle zur Eintragung in das Transparenzregister mitzuteilen. Die **Mitteilung der Änderung** hat **unverzüglich**, also ohne schuldhaftes Zögern zu erfolgen. Unter Beachtung der internen Prozesse und Abläufe der Vereinigungen zur Identifizierung und Berücksichtigung der eingetretenen Änderung(en) der Angaben scheint eine mindestens **zweiwöchige Frist** zur Erfüllung der Aktualisierungspflicht als angemessen. Der Beginn der Frist tritt mit Kenntnis der Änderung(en) ein.

d) Mitteilung der Angaben zu wirtschaftlich Berechtigten

53 Eine weitere Transparenzpflicht nach § 20 Abs. 1 Satz 1 GwG ist die Pflicht der Vereinigungen zur unverzüglichen Mitteilung der in § 19 Abs. 1 GwG genannten Angaben zu den wirtschaftlich Berechtigten an das Transparenzregister. Die Mitteilungspflicht stellt offensichtlich die Transparenzpflicht mit der wichtigsten Bedeutung für das Transparenzregister dar. Vereinigungen übernehmen hier die Rolle des **Informationsmittlers**. Die Mitteilungspflicht kann daher auch als **Weitergabepflicht**[60] bezeichnet werden, was diesen Teil der Pflicht präziser umschreibt.

Ungeachtet der Aufbewahrungs- bzw. Archivierungspflicht und Weitergabepflicht unterliegen die transparenzpflichtigen Vereinigungen zumindest einer **jährlichen Überprüfungspflicht** (Compliance-Pflicht) dahingehend, ob ihnen auf sonstige Weise Informationen bekannt geworden sind, aus denen sich eine Änderung der wirtschaftlich Berechtigten ergibt, die zu dokumentieren und dem Transparenzregister mitzuteilen ist.[61]

54

Die Mitteilung an das Transparenzregister hat über die Internetseite des Transparenzregisters (www.transparenzregister.de)[62] mittels vorgegebenen Formulars zu erfolgen. Hierbei handelt es sich um die **offizielle Plattform der Bundesrepublik Deutschland** für Daten zu wirtschaftlich Berechtigten. Geführt wird das Register vom Bundesanzeiger Verlag, der vom BMF zur Führung des Transparenzregisters durch die Transparenzregisterbeleihungsverordnung (TBelV)[63] nach § 25 Abs. 1 GwG als registerführende Stelle beliehen wurde.

55

aa) Registrierung im Transparenzregister nach der TrDüV

Das Registrierungsverfahren für die Mitteilungsverpflichteten nach den §§ 20, 21 GwG wird aufgrund der nach § 22 Abs. 4 GwG erlassenen TrDüV näher geregelt. Diese trat am 5.7.2017 in Kraft.[64] Die letzte Änderung erfolgte mit Wirkung zum 1.8.2021, da der Wegfall der Mitteilungsfiktion aus § 20 Abs. 2 GwG a. F. eine minimale Folgeanpassung erforderte.[65] Die Vorschriften der TrDüV finden sowohl Anwendung auf Vereinigungen nach § 20 Abs. 1 Satz 1 GwG als auch auf Rechtsgestaltungen nach § 21 Abs. 1 Satz 1 und Abs. 2 GwG. Vorgenannte Gruppen haben nach § 1 Abs. 1 Satz 1 und 2 TrDüV die Pflicht, sich auf der Internetseite des Transparenzregisters (www.transparenzregister.de) zu registrieren (vgl. näher zum Ablauf der Registrierung → § 19 Rn. 9). Damit Vereinigungen die erforderlichen Angaben dem Transparenzregister übermitteln können, haben die mitteilungspflichtigen Vereinigungen zunächst eine Basis-Registrierung vorzunehmen; anschließend erfolgt die erweiterte Registrierung. Mit der Basis-Registrierung können die Vereinigungen sich im Transparenzre-

56

---

60 BT-Drs. 18/11555, Begr. zu § 20 Abs. 1 GwG, S. 127.

61 BT-Drs. 18/11555, Begr. zu § 20 Abs. 1 GwG, S. 127.

62 Siehe https://www.transparenzregister.de/treg/de/start?4, zuletzt abgerufen am 4.11.2021.

63 Verordnung über die Übertragung der Führung des Transparenzregisters (Transparenzregisterbeleihungsverordnung – TBelV) vom 27.6.2017, BGBl. I 2017, S. 1938.

64 § 7 TrDüV.

65 In § 3 Abs. 1 TrDüV wurden die Wörter „Absatz 2 Satz 4 sowie" gestrichen, vgl. BGBl. I 2021, S. 2097.

gister anmelden und die Zugangsdaten verwalten. Wird die Basis-Registrierung erweitert, besteht die Möglichkeit, die Angaben der wirtschaftlich Berechtigten im Transparenzregister einzutragen.[66] Auf der Internetseite ist eine „Kurzanleitung für die Beauftragung von Mitteilungen wirtschaftlich Berechtigter im Transparenzregister"[67] verfügbar; hierin werden die vorzunehmenden Schritte erläutert. Die gesetzliche Grundlage der Registrierung im Transparenzregister und welche Mindestangaben dafür zu übermitteln sind, bestimmt § 1 TrDüV.

57   In einem ersten Schritt erfolgt die **Basis-Registrierung**. Um die Registrierung zu starten, muss auf der Startseite des Transparenzregisters (www.transparenzre gister.de) im oberen Bereich die Schaltfläche „Jetzt registrieren" oder noch weiter oben rechts „Registrieren" angewählt werden. Für die Registrierung muss die registrierende Vereinigung oder Rechtsgestaltung (Registrierender) oder eine Person im Auftrag des Registrierenden eine elektronische Kennung in Form einer gültigen E-Mail-Adresse angeben und ein Passwort benennen (§ 1 Abs. 2 Satz 1 TrDüV). Eine Übernahme dieser Verwaltungsaufgabe durch Dritte (Rechtsanwälte, Notare etc.) dürfte zulässig sein. Dritte – insbesondere Notare – sind nicht Verpflichtete des Transparenzregisters. Der **Notar ist nicht verpflichtet, beratend tätig zu werden**. Allerdings verfügt er ohnehin über einen Account beim Transparenzregister, da er verpflichtet ist, Transparenzregisterauszüge einzuholen. Dieser Account kann auch für Mitteilungen verwendet werden. Wegen der bestehenden Unklarheiten und Haftungsrisiken rät z. B. *Elsing* Notaren zwar davon ab, tätig zu werden, empfiehlt aber ihre Hinweise (insbesondere bei Treuhandvereinigungen) zu ergänzen.[68] Auch *Thelen* stellt klar, dass für Notare keine Pflicht besteht, auf die Mitteilung an das Transparenzregister hinzuweisen. Allerdings hält er es für zweckmäßig, dies freiwillig zu tun, da ein solcher Hinweis in vielen Fällen der Erwartungshaltung der Beteiligten entsprechen dürfte. Dies sei erst recht ratsam vor dem Hintergrund des Entfallens der Mitteilungsfiktion aus § 20 Abs. 2 GwG a. F. und des daraus resultierenden erheblichen Anstiegs mitteilungspflichtiger Vereinigungen.[69] Der Registrierende kann eine gültige E-Mail-Adresse und Passwort seiner Wahl verwenden, die später als Zugangsdaten für das Transparenzregister genutzt werden.[70] Nachdem die Angaben gespeichert, eine Sicherheitsabfrage gelöst und eine Checkbox zur Bestätigung der Kenntnisnahme der AGB angewählt wurde, übermittelt das Transparenzregister dem Registrierenden oder einer Person im Auftrag des Registrierenden eine E-Mail zur Eröffnung des Benutzerkontos (§ 1 Abs. 2 Satz 2 TrDüV).

---

66 Kurzanleitung Transparenzregister, Stand: Dezember 2017, https://www.transparenz register.de/treg/de/KurzanleitungTransparenzregister.pdf, zuletzt abgerufen am 4.11.2021.
67 Kurzanleitung Transparenzregister, a. a. O., S. 1 f.
68 *Elsing*, notar 2/2018, 71, 72.
69 *Thelen*, notar 2021, 333, 334.
70 Kurzanleitung Transparenzregister, a. a. O., S. 1 f.

Die E-Mail enthält einen Link, der zur Bestätigung der Registrierung anzukli-cken ist, woraufhin sich ein Webbrowser öffnet und die Bestätigung der Regist-rierung anzeigt.[71] Die Basis-Registrierung wird mit diesem Vorgang abgeschlos-sen, das Benutzerkonto ist eröffnet (vgl. § 1 Abs. 2 Satz 3 TrDüV). Der Mittei-lungspflichtige kann sich nun mit der angegebenen E-Mail-Adresse und dem ge-wählten Passwort im Transparenzregister anmelden.[72]

Erst in einem zweiten Schritt ist die **erweiterte Registrierung** vorzunehmen. **58**
§ 1 Abs. 3 TrDüV bestimmt, wie die erweiterte Registrierung vorzunehmen ist
und welche Mindestangaben zu übermitteln sind. Zur erweiterten Registrierung
ist ein freigeschaltetes Benutzerkonto erforderlich. Der Registrierende bzw. Be-nutzer schaltet das Konto über den per Email erhaltenen Bestätigungslink frei.
Wenn das Benutzerkonto freigeschaltet ist, kann sich der mitteilungspflichtige
Benutzer mit seinen Zugangsdaten aus der Basis-Registrierung anmelden und in
dem Bereich „Meine Daten" die erweiterte Registrierung aufrufen. Ist der Be-nutzer mit seinem Konto angemeldet, besteht ferner die Möglichkeit, über die
Startseite des Transparenzregisters im oberen Bereich die Schaltfläche „Erwei-terte Registrierung aufrufen" zu wählen.[73]

Anschließend ist vom Mitteilungspflichtigen anzugeben, ob die erweiterte Re- **59**
gistrierung für eine Firma/Institution oder Privatperson vorgenommen wird.
Auch Privatpersonen können die erweiterte Registrierung vornehmen, weil nach
§ 21 Abs. 1 Satz 1 GwG auch Verwalter von Trusts (Trustees) den Transparenz-pflichten unterliegen und nach § 23 Abs. 1 Nr. 3 GwG alle Mitglieder der
Öffentlichkeit Einsicht in das Transparenzregister nehmen können. Schließlich
sind in einem **vorgegebenen Formular** die in § 1 Abs. 3 Nr. 1–5 TrDüV ge-nannten Mindestangaben zu machen. Gem. § 1 Abs. 4 Satz 2 TrDüV ist die
Übermittlung der Mindestangaben auf der Internetseite des Transparenzregisters
vorzunehmen. Hierzu gehören:

(1) Firma oder Name des Registrierenden,
(2) Vor- und Nachname der mit der Registrierung beauftragten oder innerhalb
     des Registrierenden für die Registrierung zuständigen Person,
(3) Anschrift der vom Registrierenden beauftragten Person oder des Sitzes des
     Registrierenden,
(4) E-Mail-Adresse der mit der Registrierung beauftragten oder innerhalb des
     Registrierenden für die Registrierung zuständigen Person und
(5) Telefonnummer des mit der Registrierung beauftragten oder innerhalb des
     Registrierenden für die Registrierung zuständigen Person (Mindestanga-ben).

---

71 Kurzanleitung Transparenzregister, a. a. O., S. 1 f.
72 Kurzanleitung Transparenzregister, a. a. O., S. 1 f.
73 Kurzanleitung Transparenzregister, a. a. O., S. 1 f.

60 Die Daten sind unter Verwendung einer von der registerführenden Stelle bestimmten, nach dem Stand der Technik gesicherten Verbindung der Datenfernübertragung zu übermitteln (§ 1 Abs. 4 Satz 1 TrDüV). Die eingepflegten Angaben werden dem Registrierenden in einer Übersicht zu Kontrollzwecken angezeigt.[74] Die erweiterte Registrierung ist damit abgeschlossen.[75] Die übermittelten Mindestangaben werden dem Registrierenden auf der Internetseite des Transparenzregisters angezeigt (§ 1 Abs. 3 TrDüV). Über die Schaltfläche „Meine Daten" kann auf die Verwaltung transparenzpflichtiger Rechtseinheiten, die Auftragsübermittlung und Auftragsverwaltung sowie die Rechnungsdaten zugegriffen werden.[76]

bb) Übermittlung der Angaben zu den wirtschaftlich Berechtigten
   nach der TrDüV

61 Nachdem die mitteilungspflichtige Vereinigung ihre Registrierung vollständig abgeschlossen hat, müssen vor der Übermittlung der Angaben zu wirtschaftlich Berechtigten noch eine oder mehrere transparenzpflichtige Rechtseinheiten (Vereinigungen i. S. d. § 20 Abs. 1 Satz 1 GwG oder Rechtsgestaltungen i. S. d. § 21 Abs. 1 GwG) angelegt werden. Der Mitteilungsverpflichtete muss sich hierfür zunächst mit seinem Benutzerkonto anmelden und in den Bereich „Meine Daten" wechseln und dort den Link „Verwaltung transparenzpflichtiger Rechtseinheiten und Auftragsübermittlung aufrufen" wählen. Alternativ kann auch, sofern der Mitteilungsverpflichtete angemeldet ist, im oberen Bereich die Schaltfläche „Auftrag einrichten" ausgewählt werden.[77] Zudem besteht die Möglichkeit, Aufträge für die Mitteilung zu den Angaben der wirtschaftlich Berechtigten oder Verweise auf andere Register zu erteilen.[78]

62 Für die Übermittlung der Angaben zu wirtschaftlich Berechtigten nach § 20 Abs. 1 Satz 1 GwG sowie § 21 Abs. 1 Satz 1 GwG ist ein von der registerführenden Stelle auf der Seite des Transparenzregisters zur Verfügung gestelltes **Formular** zu verwenden (§ 3 Abs. 1 TrDüV).

63 Um einen Auftrag für die Übermittlung der Angaben zu den wirtschaftlich Berechtigten zu erstellen, muss im Benutzerkonto im Bereich „Meine Daten" der Link „Verwaltung transparenzpflichtiger Rechtseinheiten und Auftragsübermittlung" ausgewählt werden. Alternativ kann die Übermittlung auch über die Startseite unter „Auftrag einrichten" (s. o.) erfolgen. Es erscheint die Liste der angelegten transparenzpflichtigen Rechtseinheiten. Der Mitteilungsverpflichtete hat

---

74 Kurzanleitung Transparenzregister, a. a. O., S. 1.
75 Kurzanleitung Transparenzregister, a. a. O., S. 2.
76 Kurzanleitung Transparenzregister, a. a. O., S. 2.
77 Kurzanleitung Transparenzregister, a. a. O., S. 2.
78 Kurzanleitung Transparenzregister, a. a. O., S. 2.

dann die Möglichkeit, die transparenzpflichtige Rechtseinheit auszuwählen, für welche die Mitteilung der Angaben zu den wirtschaftlich Berechtigten erfolgen soll. Hierzu ist die Aktion „Auftrag erteilen" (rotes Plus-Symbol in der letzten Spalte) vorzunehmen. Dem Formular ist entsprechend den darin enthaltenen Anweisungen zu folgen und die Daten zu einem oder mehreren wirtschaftlich Berechtigten können angegeben werden. Die grünen Info-Zeichen im Formular beinhalten Informationen und können beim Ausfüllen helfen.[79]

Darüber hinaus können über das **Online-Formular optional Dateien hochgeladen** werden. Macht der Mitteilungspflichtige hiervon Gebrauch, ist zu beachten, dass der Inhalt dieser Dateien *nicht* Bestandteil der Eintragung im Transparenzregister ist und auch nicht die Eintragung eines wirtschaftlich Berechtigten darstellt. Die Mitteilungspflicht nach § 20 Abs. 1 Satz 1 bzw. § 21 Abs. 1 Satz 1 GwG wird also nur erfüllt, wenn die Angaben zu den wirtschaftlich Berechtigten im vorgesehenen Eingabeformular eingepflegt werden. Hiervon gelten jedoch Ausnahmen, z.B. können Angaben zu Art und Umfang des wirtschaftlichen Interesses eines wirtschaftlich Berechtigten durch das Hochladen von Dateien gemacht werden.[80] Durch das Auswählen einer zusätzlichen Checkbox kann eine **Auftragsbestätigung im PDF-Format** per E-Mail angefordert werden.[81] Aus Compliance-Sicht empfiehlt es sich, diese aufzubewahren, damit eine lückenlose Dokumentation im Umgang mit dem Transparenzregister nachgewiesen werden kann. Der Auftrag für die Mitteilung der Angaben zu den wirtschaftlich Berechtigten wird durch Klicken auf „Auftrag erteilen" abgeschlossen, die Informationen sind dann erst übermittelt. Sofern die Mitteilung richtig, vollständig und rechtzeitig erfolgt ist, wurde die Mitteilungspflicht gem. § 20 Abs. 1 Satz 1 GwG bzw. § 21 Abs. 1 Satz 1 GwG erfüllt.

4. Angaben über die Stellung als wirtschaftlich Berechtigter nach § 19 Abs. 3 (§ 20 Abs. 1 Satz 5 GwG)

Nach § 20 Abs. 1 Satz 5 GwG haben die transparenzpflichtigen Vereinigungen bei den Angaben zu Art und Umfang des wirtschaftlichen Interesses nach § 19 Abs. 1 Nr. 4 GwG anzugeben, woraus nach § 19 Abs. 3 GwG die Stellung als wirtschaftlich Berechtigter (vgl. hierzu → § 19 Rn. 24 ff.) folgt.

Hierunter fallen auch Konstellationen der Ausübung von Kontrolle auf sonstige Weise, insbesondere aufgrund von Absprachen zwischen einem Dritten und einem Anteilseigner oder zwischen mehreren Anteilseignern untereinander, oder aufgrund der einem Dritten eingeräumten Befugnis zur Ernennung von gesetzlichen Vertretern oder anderen Organmitgliedern. Dies ist z.B. bei **Stimm-**

---

79 Kurzanleitung Transparenzregister, a.a.O., S. 2.
80 Kurzanleitung Transparenzregister, a.a.O., S. 3.
81 Kurzanleitung Transparenzregister, a.a.O., S. 2.

bindungs-, Pool-, oder **Konsortialvereinbarungen** denkbar, bei denen es darauf ankommt, wer i. S. d. § 19 Abs. 3 Nr. 1 lit. b GwG „Kontrolle auf sonstige Weise" ausübt. In einer Stimmbindungs-, Pool- oder Konsortialvereinbarung, wonach nur eine Person (sog. Poolführer) Kontrolle ausübt, ist die beherrschende Person wirtschaftlich Berechtigter.[82] Darf der Pool nur aufgrund einer Mehrheitsentscheidung durch einzelne oder mehrere Mitglieder vertreten werden, fehlt es am beherrschenden Einfluss der einzelnen Pool-Mitglieder, sodass keiner von ihnen wirtschaftlich Berechtigter ist.[83] Ist ein an einer solchen Vereinbarung Beteiligter allerdings zusätzlich Anteilseigner und hält mehr als 25 % der Kapitalanteile oder kontrolliert mehr als 25 % der Stimmrechte, so ist er wirtschaftlich Berechtigter, selbst wenn er kein Alleinvertretungsrecht in Bezug für den Pool hat.[84]

III. Änderung von Vereinigungen (§ 20 Abs. 2 GwG)

67   § 20 Abs. 2 GwG soll die Kenntniserlangung von Änderungen an Vereinigungen und deren Auffindbarkeit gewährleisten.[85] Danach hat eine juristische Person des Privatrechts oder eingetragene Personengesellschaft, die nicht in einem der in Abs. 2 genannten Register eingetragen ist, der registerführenden Stelle unverzüglich mitzuteilen, wenn (1) sich ihre Bezeichnung oder ihr Sitz geändert hat, (2) sie verschmolzen worden ist, (3) sie aufgelöst worden ist oder (4) ihre Rechtsform geändert wurde. Bei nicht registerlich geführten Vereinigungen kann dies dazu führen, dass diese weiterhin im Transparenzregister erscheinen, obwohl sie unter einem alten Namen geführt werden oder bereits aufgelöst sind.[86] Diese Informationspflicht geht auf die Umsetzung der Fünften EU-Geldwäscherichtlinie zurück.

68   Ab dem 1.1.2024 kommt zu den in Abs. 2 genannten Registern das Gesellschaftsregister hinzu. Die Auflistung als Nr. 6 der Nr. 4 folgend ist hierbei jedoch systematisch und sprachlich („[…] 6. dem Gesellschaftsregister (§ 707 des Bürgerlichen Gesetzbuchs)") verfehlt.

---

82 Vgl. BVA, Transparenzregister, FAQ, S. 4, https://www.bva.bund.de/DE/Das-BVA/ Aufgaben/T/Transparenzregister/_documents/FAQ_transparenz_kachel.html, zuletzt abgerufen am 23.3.2020.
83 BVA, Transparenzregister, FAQ, S. 4 a. a. O.
84 BVA, Transparenzregister, FAQ, S. 4 a. a. O.
85 BT-Drs. 19/13827 v. 9.10.2019, S. 87.
86 BT-Drs. 19/13827 v. 9.10.2019, S. 87.

IV. Wegfall der Mitteilungsfiktion (§ 20 Abs. 2 GwG a. F.)

§ 20 Abs. 2 Satz 1 GwG a. F. enthielt eine Mitteilungsfiktion. Hiernach galt die **69** Pflicht zur Mitteilung an das Transparenzregister nach § 20 Abs. 1 Satz 1 GwG als erfüllt, wenn sich die in § 19 Abs. 1 GwG aufgeführten Angaben zum wirtschaftlich Berechtigten bereits aus dem Handels-, Partnerschafts-, Genossenschafts-, Vereins- oder Unternehmensregister ergaben. Diese Regelung diente im Wesentlichen dem Schutz von Vereinigungen vor der Doppelbelastung durch Mehrfachmeldungen und damit der Wahrung des Verhältnismäßigkeitsgrundsatzes.[87] Die Streichung der Mitteilungsfiktion wird mit der Umstellung des Transparenzregisters von einem Auffang- auf ein Vollregister begründet. Daneben erschwere das Prozedere, den wirtschaftlich Berechtigten durch teils komplexe gesellschaftsrechtliche Analysen und unter Umständen mehrstufige Einsichtnahmen in verschiedene Register selbst zu ermitteln, für Einsichtnehmende die praktische Nutzung des Registers.[88] Des Weiteren stünde die Mitteilungsfiktion und die bisherige Verweistechnik auf andere öffentliche Register der europäischen Transparenzregistervernetzung im Weg.[89] Die vorgesehene Vernetzung mache es notwendig, künftig alle Informationen zu den wirtschaftlich Berechtigten in entsprechend strukturierten Datensätzen in einheitlichem Format abrufen zu können.[90] Hier ist allerdings anzumerken, dass die europäische Vernetzung der Transparenzregister bereits in der Vierten EU-Geldwäscherichtlinie vom 20.5.2015 angelegt war, in deren Umsetzung das Transparenzregister 2017 überhaupt erst geschaffen wurde und dabei dennoch zunächst als Auffangregister konzipiert wurde. Erwartet wird zudem, auf diese Weise qualitativ hochwertigere Datensätze zu erhalten.[91] Da die Angaben der Verpflichteten zu den wirtschaftlich Berechtigten allerdings ungeprüft in das Transparenzregister übernommen und nur im Fall von Unstimmigkeitsmeldungen einer eingehenden Prüfung unterzogen werden, ist dies zweifelhaft.[92] Eine Modernisierung der bestehenden öffentlichen Register und Vereinheitlichung der darin enthaltenen Datensätze wurde vom Gesetzgeber unter Verweis auf Dauer und Kosten eines solchen Unterfangens abgelehnt.[93] In der Folge trat an die Stelle der Mitteilungsfiktion also die Mitteilungspflicht für fast alle Rechtseinheiten. Die nun gebotenen Doppelmeldungen sowohl an die herkömmlichen Register als auch an das Transparenzregister führen zu einem erheblichen Bürokratie- und Kostenaufwand für die mitteilungspflichtigen Gesellschaften. *Goette* hält den von

---

87 Vgl. Vorauflage, Kommentierung zu § 20 Rn. 71.
88 BT-Drs. 19/28164, Begr. zu § 20 GwG, S. 49.
89 BT-Drs. 19/28164, Begr. zu § 20 GwG, S. 49.
90 *Bode/Gätsch*, NZG 2021, 437, 440.
91 BT-Drs. 19/28164, S. 2.
92 *Bode/Gätsch*, NZG 2021, 437, 443.
93 BT-Drs. 19/28164, S. 3 f.

der Bundesregierung hierfür prognostizierten Zeitaufwand von 15 Minuten für eine erste Meldung und jeweils 5 Minuten für jede weitere Änderung der Meldung – jedenfalls jenseits sehr einfach gelagerter Fälle – für zu knapp bemessen und mit bisherigen Praxiserfahrungen keinesfalls vereinbar.[94]

V. Angabepflicht nach § 20 Abs. 3 GwG

70 § 20 Abs. 3 Satz 1 GwG normiert die Pflicht für wirtschaftlich Berechtigte von Vereinigungen nach Abs. 1 diesen Vereinigungen die zur Erfüllung der Pflichten notwendigen Angaben mitzuteilen, sowie jede Änderung dieser Angaben. § 20 Abs. 3 Satz 2 begründet die Pflicht für Anteilseigner, die wirtschaftlich Berechtigte sind oder von einem wirtschaftlich Berechtigten unmittelbar kontrolliert werden, den Vereinigungen nach § 20 Abs. 1 GwG die zur Erfüllung der in Abs. 1 normierten Pflichten notwendigen Angaben und jede Änderung dieser Angaben unverzüglich mitzuteilen. Mit der Regelung soll dafür gesorgt werden, dass die transparenzpflichtigen Vereinigungen die zur Erfüllung ihrer Pflichten erforderlichen Angaben zu ihren wirtschaftlich Berechtigten auch tatsächlich erhalten.[95] Die Angabepflicht des § 20 Abs. 3 GwG bildet mithin das **Gegenstück zu den Einholungs-, Aufbewahrungs-, Aktualisierungs- und Weiterleitungspflichten der juristischen Personen des Privatrechts und eingetragenen Personengesellschaften**.[96]

71 Bei den Anteilseignern findet sich nämlich am ehesten die Kenntnis, ob sie selbst wirtschaftlich Berechtigte sind oder von einem wirtschaftlich Berechtigten kontrolliert werden.[97] Mitglieder eines Vereins oder einer Genossenschaft, die mehr als 25 % der Stimmrechte kontrollieren, unterliegen ebenfalls der Mitteilungspflicht (Satz 3). Bei Stiftungen trifft die Pflicht die Personen nach § 3 Abs. 3 GwG, also natürliche Personen, die als Treugeber, Verwalter von Trusts (Trustee) oder Protektor handeln, sowie Mitglieder des Vorstands der Stiftung.

72 Darüber hinaus trifft die Pflicht natürliche Personen, die als Begünstigte bestimmt worden sind, bzw. die Gruppe von natürlichen Personen, zu deren Gunsten das Vermögen verwaltet oder verteilt werden soll, sofern die Begünstigten des Vermögens noch nicht bestimmt sind und jede natürliche Person, die auf sonstige Weise unmittelbar oder mittelbar beherrschenden Einfluss auf die Vermögensverwaltung oder Ertragsverteilung ausübt (Satz 4). Damit ist gerade bei Stiftungen eine sehr große Gruppe mitteilungspflichtig, wobei die (zutreffende) Mitteilung durch eine Person für alle Personen ausreichen sollte.

---

94 *Goette*, DStR 2021, 1551, 1552.
95 BT-Drs. 18/11555, Begr. zu § 20 Abs. 1 GwG, S. 126 f.
96 BT-Drs. 18/11555, Begr. zu § 20 Abs. 1 GwG, S. 126.
97 Vgl. BT-Drs. 18/11555, Begr. zu § 20 Abs. 1 GwG, S. 127.

Die Pflicht zur Mitteilung der Angaben an Vereinigungen nach § 20 Abs. 1   **73**
GwG zur Erfüllung der in Abs. 1 statuierten Pflichten kann entsprechend der Definition des wirtschaftlich Berechtigten **ausschließlich natürliche Personen**
treffen. Juristische Personen oder Personengesellschaften müssen die von ihren
wirtschaftlich Berechtigten erhaltenen Angaben archivieren, jährlich auf ihre
Aktualität überprüfen und der registerführenden Stelle zur Eintragung in das
Transparenzregister mitteilen – sie bilden folglich das Bindeglied[98] zwischen ih-
ren wirtschaftlich Berechtigten und der registerführenden Stelle. Gem. § 20
Abs. 3 GwG haben die Angabepflichtigen alle Angaben zu melden, die in § 19
Abs. 1 Nr. 1–5 GwG abschließend aufgezählten sind.[99]

1. Wirtschaftlich Berechtigte i. S. d. § 20 Abs. 3 Satz 1 GwG

Nach § 20 Abs. 3 Satz 1 GwG sollen wirtschaftlich Berechtigte den Gesellschaf-   **74**
ten oder juristischen Personen, an denen sie wirtschaftlich berechtigt sind, solche
Informationen zur Verfügung stellen, die benötigt werden, um der Mitteilungspflicht nachkommen zu können. Folgende Informationen soll der wirtschaftlich
Berechtigte demnach vorhalten: Anteile, Stimmrechte, Beteiligungen, Inhaberaktien sowie andere Formen der Kontrolle. Die wirtschaftlich Berechtigten haben selber daran mitzuwirken, dass die mitteilungspflichtige Gesellschaft die
notwendigen Angaben erhält.[100] Die Richtlinienvorgaben der Fünften EU-Geldwäscherichtlinie machten eine Änderung der vorherigen Regelung notwendig,
denn die Informationspflicht traf unter bestimmten Voraussetzungen den Anteilseigner und unter anderen den wirtschaftlich Berechtigten.[101]

2. Anteilseigner, die wirtschaftlich Berechtigte i. S. d. § 20 Abs. 3 Satz 2 GwG sind

Die Angabepflicht besteht gem. § 20 Abs. 3 Satz 2 GwG auch für Anteilseigner,   **75**
die wirtschaftlich Berechtigte sind (Var. 1) oder von einem wirtschaftlich Berechtigten unmittelbar kontrolliert werden (Var. 2). Daher ist auch an dieser Stelle die Definition des § 3 Abs. 1 und 2 GwG zur Bestimmung des wirtschaftlich
Berechtigten relevant und wirkt sich auf die Angabepflicht des § 20 Abs. 3 GwG
aus. Anteilseigner, die definitionsgemäß nicht als wirtschaftlich Berechtigte einzuordnen sind, unterliegen daher auch nicht der Pflicht, den Vereinigungen nach

---

98 § 19 Abs. 1 GwG: Vor- und Nachname (Nr. 1), Geburtsdatum (Nr. 2), Wohnort
   (Nr. 3), Art und Umfang des wirtschaftlichen Interesses (Nr. 4) und alle Staatsangehörigkeiten (Nr. 5).
99 BT-Drs. 18/11555, Begr. zu § 20 Abs. 3 GwG, S. 129.
100 BT-Drs. 19/13827, Begr. zu § 20 Abs. 3 GwG, S. 87 f.
101 BT-Drs. 19/13827, Begr. zu § 20 Abs. 3 GwG, S. 87 f.

§ 20 Abs. 1 GwG die zur Erfüllung der in Abs. 1 statuierten Pflichten notwendigen Angaben und jede Änderung dieser Angaben (unverzüglich) mitzuteilen.

76 Nicht von Bedeutung ist dabei, ob die Anteilseigner selbst unmittelbar oder mittelbar Kontrolle über die jeweilige Vereinigung ausüben.[102] Der Angabepflicht des § 20 Abs. 1 Satz 1 GwG unterliegen neben den unmittelbar beteiligten wirtschaftlich Berechtigten also auch Anteilseigner, hinter denen wiederum ein natürlicher Dritter steht, der die Kriterien eines wirtschaftlich Berechtigten an der Gesellschaft erfüllt. Eine solche Konstellation ergibt sich z. B. dann, wenn der Anteilseigner mehr als 25 % an der Vereinigung hält und von dem Dritten beherrscht wird. Denkbar wäre auch eine Konstellation, in der die 25 %-Schwelle durch eine Kumulation von unmittelbaren und/oder mittelbaren Anteilen überschritten wird.[103]

77 Um den Aufwand für einen von einem Dritten beherrschten Anteilseigner zu begrenzen, hat der Anteilseigner bei Beteiligungsketten nur Angaben über diejenige(n) natürliche(n) Person(en) an die Vereinigung weiterzuleiten, von der/denen er unmittelbar beherrscht wird.[104] Die Angabepflicht besteht auch, wenn der Anteilseigner selbst keine Kontrolle ausübt, sondern ein wirtschaftlich Berechtigter, der die Kontrolle über zwei oder mehrere Anteilseigner hat.

78 Problematisch kann dies in **Treuhandstrukturen** werden. So haben nach *Einsele* die Treugeber in Treuhandverhältnissen eine (mittelbare) Kontrolle i. S. d. § 3 Abs. 2 GwG.[105] Insofern seien die schuldrechtlichen Vereinbarungen des Treuhandvertrages als ausreichend anzusehen, um die gesetzgeberische Intention, Treuhandverhältnisse zu erfassen, nicht zu unterlaufen.[106] Zudem sei nicht nachvollziehbar, warum die – bei Verstoß durch eine Schadensersatzhaftung sanktionierte – Verpflichtung des Treuhänders, die Vereinbarungen des Treuhandvertrags zu beachten, nicht für eine mittelbare Kontrolle genügen sollte.[107] Dies überzeugt mit Blick auf den Telos und die Funktionsfähigkeit des Transparenzregisters, sodass die Treugeber der Angabepflicht des § 20 Abs. 3 GwG unterfallen.

---

102 BT-Drs. 18/11555, Begr. zu § 20 Abs. 3 GwG, S. 129.

103 BT-Drs. 18/11555, Begr. zu § 20 Abs. 3 GwG, S. 129.

104 BT-Drs. 18/11555, Begr. zu § 20 Abs. 3 GwG, S. 129.

105 *Einsele*, JZ 2019, 121, 129.

106 *Einsele*, JZ 2019, 121, 129.

107 Vgl. *Einsele*, JZ 2019, 121, 129; dagegen *Bochmann*, DB 2017, 1310, 1315, und *Kotzenberger/Lorenz*, NJW 2017, 2433, 2435, wonach die schuldrechtliche Vereinbarung lediglich eine Beschränkung des rechtlichen Dürfens des Treuhänders bezüglich des Treuguts im Innenverhältnis und keine (mittelbare) Kontrolle des Treuhänders durch den Treugeber darstelle.

Mit dieser Regelungswirkung soll die Vermeidung von Angabepflichten durch **79**
den bewussten Einsatz von Treuhandstrukturen vermieden werden.[108] Jedoch besteht die berechtigte Befürchtung, dass „zwischengeschaltete" Anteilseigner die
Strukturen nicht überblicken, keine Angaben zum wirtschaftlich Berechtigten
machen können und **allgemeine Unklarheit** aufkommen wird, wie die Meldung
in Fällen von Beteiligungs- und Kontrollketten korrekterweise zu erfolgen hat.
So besteht das Risiko von unrichtigen Angaben und Falscheintragungen in das
Transparenzregister.[109] Überspitzt formuliert lässt sich vermuten, warum der
deutsche Gesetzgeber bewusst auf die Normierung des Vertrauens in die Richtigkeit der im Transparenzregister hinterlegten Angaben verzichtet hat. Hilfreich
für die Erfüllung der geldwäscherechtlichen Sorgfaltspflichten erscheint dies
nicht. Somit sind **Rechtsunsicherheiten** sowie **Anwendungsschwierigkeiten**
vorprogrammiert.

Die Angabepflicht nach § 20 Abs. 3 GwG ist bei Beteiligungs- oder Kontrollket- **80**
ten begrenzt, denn die Pflicht zur Mitteilung an die Vereinigung durch den Anteilseigner, der nicht selbst wirtschaftlich Berechtigter ist, besteht nur für die
„nächste" Beteiligungsstufe. Wirtschaftlich Berechtigte, die in der Beteiligungskette weiter hinten stehen, sind nicht durch den beherrschten Rechtsträger zu
melden, zum einen, weil die Beteiligungskette nach unten für den Anteilseigner
kaum nachzuvollziehen sein wird, und zum anderen, weil eine Nachforschungspflicht bei Beteiligungsketten für Angabepflichtige i. S. d. § 20 Abs. 3 GwG
ebenso wenig bestehen soll, wie für einholungs- und mitteilungspflichtige Vereinigungen nach § 20 Abs. 1 GwG.[110]

Vereinigungen im Sinne des § 20 Abs. 1 Satz 1 GwG, die als Anteilseigner Teil **81**
einer Beteiligungskette sind, unterliegen selbst der Angabepflicht gegenüber
dem Transparenzregister und haben die Angaben der an ihr beteiligten wirtschaftlich Berechtigten, die ebenfalls angabepflichtig sind, ihrerseits einzuholen, aufzubewahren, auf dem aktuellen Stand zu halten und an die registerführende Stelle weiterzuleiten. Dadurch wird eine Mehrfachmeldung desselben
wirtschaftlich Berechtigten bei Beteiligungsketten vermieden.[111] Etwas anderes
gilt hingegen, wenn die angabepflichtige Vereinigung in einer anderen Form als
durch Mitteilung von ihrem Anteilseigner **Kenntnis** von den Angaben über den
wirtschaftlich Berechtigten erlangt, der wiederum wirtschaftlich Berechtigter
auch dieser Vereinigung ist. In solchen Konstellationen müssen auch Vereinigungen auf der unteren Beteiligungsebene die Angaben über den wirtschaftlich
Berechtigten dem Transparenzregister mitteilen.[112]

---

108 BT-Drs. 18/11555, Begr. zu § 20 Abs. 3 GwG, S. 129.
109 *Krais*, CCZ 2017, 98, 102; vgl. § 23a GwG.
110 BT-Drs. 18/11555, Begr. zu § 20 Abs. 3 GwG, S. 129.
111 BT-Drs. 18/11555, Begr. zu § 20 Abs. 3 GwG, S. 129.
112 BT-Drs. 18/11555, Begr. zu § 20 Abs. 3 GwG, S. 129.

82 Die Pflichten des § 20 Abs. 1 Satz 1 GwG sind auf „nationale" Vereinigungen im Sinne des § 20 Abs. 1 GwG begrenzt, wohingegen eine solche Inlandsbeschränkung nicht für die Angabepflicht der wirtschaftlich Berechtigten und Anteilseigner gem. § 20 Abs. 3 GwG gilt. Weder der Wortlaut der Vierten und Fünften EU-Geldwäscherichtlinie selbst noch der Gesetzeswortlaut des § 20 Abs. 3 GwG sehen eine Angabepflicht **ausschließlich für in Deutschland ansässige wirtschaftlich Berechtigte und Anteilseigner** vor. Eine Begrenzung der Pflicht auf wirtschaftlich Berechtigte und Anteilseigner mit Wohnsitz in Deutschland oder solche mit deutscher Staatsangehörigkeit gibt der Wortlaut nicht her, sodass die Angabepflicht aus § 20 Abs. 3 GwG auch für solche mit Wohnsitz im Ausland und/oder nicht deutscher Staatsangehörigkeit gilt. § 23 Abs. 1 Satz 3 GwG bestimmt für Mitglieder der Öffentlichkeit, dass für die Einsichtnahme in das Transparenzregister bei berechtigtem Interesse neben den Angaben nach § 19 Abs. 1 Nr. 1 und 4 GwG „nur Monat und Jahr der Geburt des wirtschaftlich Berechtigten, sein Wohnsitzland und alle Staatsangehörigkeiten der Einsicht zugänglich" sind. Daraus lässt sich schließen, dass auch Anteilseigner mit ausländischem Wohnsitz im nationalen Transparenzregister erfasst sind und ihre Angaben dort hinterlegt sind.[113] Die Regelung des § 20 Abs. 3 GwG verfolgt den Zweck, Vereinigungen nach § 20 Abs. 1 GwG bei ihrer Informations- und Mitteilungspflicht gem. § 20 Abs. 1 Satz 1 GwG zu unterstützen, indem der wirtschaftlich Berechtigte der Vereinigung gegenüber verpflichtet wird, die in § 19 Abs. 1 GwG genannten Angaben über seine Person tatsächlich der entsprechenden Vereinigung mitzuteilen. Es handelt sich mithin um einen zivilrechtlichen Anspruch, der öffentlich-rechtlich sanktioniert wird. Damit eine vollumfängliche und lückenlose Transparenz der Beteiligungsverhältnisse entsprechend den europäischen und nationalen Vorgaben verwirklicht wird, hat die Erfassung der wirtschaftlich Berechtigten losgelöst von deren Nationalität und Ansässigkeit zu erfolgen.

3. Vereins- oder Genossenschaftsmitglieder mit mehr als 25 % der Stimmrechte (§ 20 Abs. 3 Satz 3 GwG)

83 § 20 Abs. 3 Satz 3 GwG enthält eine Sonderregelung für die Angabepflicht gegenüber Vereinen und Genossenschaften. So besteht gem. Satz 3 die Angabepflicht nach § 20 Abs. 3 Satz 1 GwG für Mitglieder eines Vereins oder einer Genossenschaft, die mehr als 25 % der Stimmrechte kontrollieren. Diese Ergänzung für Vereine und Genossenschaften wäre überflüssig, wären derartige Personen schon nach Satz 1 in Verbindung mit § 3 GwG wirtschaftlich Berechtigte. Vermutlich wollte man mit der Ergänzung um eine Sonderregel dem „Argument" vorbeugen, die Mitgliedschaft sei nicht wie ein Gesellschaftsanteil auf eine wirt-

---

113 *Bochmann*, DB 2017, 1310, 1312.

schaftliche Berechtigung ausgelegt. Wird eine der beiden Vereinigungen von einem oder mehreren wirtschaftlich Berechtigten kontrolliert, besteht für diejenigen Mitglieder die Angabepflicht nach § 20 Abs. 3 Satz 1 GwG, die den Verein oder die Genossenschaft allein oder gemeinsam kontrollieren (§ 20 Abs. 3 Satz 2 GwG). Eine **Kontrolle des Vereins oder der Genossenschaft** kann angenommen werden, wenn ein Mitglied bzw. Genosse mehr als 25 % der Stimmrechte in der Mitgliederversammlung kontrolliert. Dies ist normalerweise nur möglich, wenn die Anzahl der Mitglieder oder Genossen nicht mehr als drei beträgt, hat doch jeder Genosse/jedes Vereinsmitglied grundsätzlich eine Stimme (vgl. § 43 Abs. 3 Satz 1 Genossenschaftsgesetz).

In allen Fällen der Angabepflicht geht es um die in § 19 Abs. 1 Nr. 1–5 GwG abschließend aufgezählten Angaben über den wirtschaftlich Berechtigten.   **84**

4. Stiftungen (§ 20 Abs. 3 Satz 4 GwG)

Für Stiftungen besteht gem. § 20 Abs. 3 Satz 4 GwG die Angabepflicht für (natürliche) Personen nach § 3 Abs. 3 GwG. Aus dem Verweis auf § 3 GwG lässt sich schließen, dass die Regelung zumindest für rechtsfähige Stiftungen gilt. **Nicht rechtsfähige Stiftungen** sind insofern unter § 21 GwG zu subsumieren, der keine der Angabepflicht des § 20 Abs. 3 GwG entsprechende Regelung enthält.[114]   **85**

Von der Angabepflicht sind nach § 20 Abs. 3 Satz 4 i.V.m. § 3 Abs. 3 GwG **ausschließlich natürliche Personen** erfasst, die als Treugeber, Verwalter von Trusts (Trustee) oder Protektor, sofern vorhanden, handeln, Mitglieder des Vorstands der Stiftung, Personen, die als Begünstigte bestimmt worden sind, Personengruppen, zu deren Gunsten das Vermögen verwaltet oder verteilt werden soll, sofern die natürliche Person, zu deren Gunsten das Vermögen verwaltet werden soll, noch nicht bestimmt ist, und Personen, die auf sonstige Weise unmittelbar oder mittelbar beherrschenden Einfluss auf die Vermögensverwaltung oder Ertragsverteilung ausüben (§ 3 Abs. 3 Nr. 1–5 GwG).   **86**

Die Angabepflichtigen aus § 3 Abs. 3 GwG haben alle Angaben, die auch die Vereinigungen nach § 20 Abs. 1 GwG erfassen und dem Transparenzregister mitteilen müssen, zu melden, mithin die in § 19 Abs. 1 Nr. 1–5 GwG abschließend aufgezählten Angaben über den wirtschaftlich Berechtigten.   **87**

---

114 BT-Drs. 18/11555, Begr. zu § 20 Abs. 3 GwG, S. 129; *Krais*, CCZ 2017, 98, 103.

VI. Auskunftsersuchen der Vereinigungen nach § 20 Abs. 3a GwG

88 Der mit dem Gesetz zur Umsetzung der Fünften EU-Geldwäscherichtlinie eingeführte § 20 Abs. 3a GwG ist eine notwendige Regelung, die an den Regelungsgehalt des § 20 Abs. 3 Satz 1 GwG a. F. anknüpft, wonach auch Anteilseigner unter bestimmten Voraussetzungen verpflichtet waren, der Vereinigung Angaben über den wirtschaftlich Berechtigten mitzuteilen. Infolge der Änderungen durch die Fünfte EU-Geldwäscherichtlinie wurde nun primär den wirtschaftlich Berechtigten die Verpflichtung auferlegt, Vereinigungen nach § 20 Abs. 1 GwG die erforderlichen Angaben zu übermitteln. Die Vereinigungen müssen aber auch ihrerseits das Zumutbare in angemessenem Umfang tun, um ihre wirtschaftlich Berechtigten in Erfahrung zu bringen, wenn sie keine Mitteilung des wirtschaftlich Berechtigten erhalten.[115] Dazu gehört auch die Möglichkeit, dass sie unter Berücksichtigung der ihr bekannten Eigentums- und Kontrollstrukturen relevante und ihr bekannte Anteilseigner in die Pflicht nehmen und Auskunft verlangen können.[116] Die Anteilseigner sind verpflichtet, das Auskunftsersuchen der Vereinigungen zu beantworten, es sei denn, dass der Vereinigung schon anderweitig die Angaben zum wirtschaftlich Berechtigten bekannt sind (z. B. wenn der Vereinigung bekannt ist, dass es keinen wirtschaftlich Berechtigten im Sinne von § 3 Abs. 2 Satz 1–4 GwG gibt, sondern nur einen fiktiven wirtschaftlich Berechtigten nach § 3 Abs. 2 Satz 5 GwG).[117] Die Vereinigung hat ihre Auskunftsersuchen und eingeholten Informationen zum Zwecke der Nachvollziehbarkeit zu dokumentieren.[118]

VII. Mitteilung der Anteilseigner bei Änderung des wirtschaftlich Berechtigten nach § 20 Abs. 3b GwG

89 § 20 Abs. 3b GwG normiert neben § 20 Abs. 3a GwG die Pflicht der Anteilseigner, der Vereinigung mitzuteilen, dass sich der wirtschaftlich Berechtigte geändert hat. Dies gilt jedoch nicht, wenn (1) die Angaben über den neuen wirtschaftlich Berechtigten bereits über das Transparenzregister zugänglich sind, oder (2) der Anteilseigner anderweitig positive Kenntnis hat, dass die Vereinigung Kenntnis von dem neuen wirtschaftlich Berechtigten erlangt hat. Mit dieser Regelung soll bezweckt werden, dass auch dann die Transparenz zum wirtschaft-

---

115 BT-Drs. 19/13827, Begr. zu § 20 Abs. 3 GwG, S. 87 f.
116 BT-Drs. 19/13827, Begr. zu § 20 Abs. 3 GwG, S. 87 f.
117 BT-Drs. 19/13827, Begr. zu § 20 Abs. 3 GwG, S. 87 f.
118 BT-Drs. 19/13827, Begr. zu § 20 Abs. 3 GwG, S. 87 f.

lich Berechtigten aufrechterhalten wird, wenn der wirtschaftlich Berechtigte es selbst versäumt, seiner Pflicht nach Abs. 3 nachzukommen (und in Fällen von undurchsichtigen Beteiligungsstrukturen mit Auslandsbezug schwer belangt werden kann).[119] Es ist keine Dopplung der Pflicht des wirtschaftlich Berechtigten nach Abs. 3 beabsichtigt – daher kann der Anteilseigner innerhalb einer angemessen Frist das Transparenzregister konsultieren, um zu erfahren, ob die Änderung schon eingetragen ist oder von der Einsichtnahme absehen und vorsorglich die Vereinigung informieren.[120]

VIII. Praxisübersicht: Mitteilungspflicht nach § 20 GwG

Die nachfolgende Praxisübersicht dient der Verdeutlichung, welche gängigen **90** Rechtsformen der Mitteilungspflicht nach § 20 Abs. 1 Satz 1 GwG unterliegen, welche natürlichen Personen abhängig von der jeweiligen Rechtsform als wirtschaftlich Berechtigte in Frage kommen und welche Angaben an das Transparenzregister mitzuteilen sind. Es handelt sich hierbei um eine Gesamtschau der in dieser Kommentierung vertretenen rechtlichen Auffassung.

---

119 BT-Drs. 19/13827, Begr. zu § 20 Abs. 3 GwG, S. 87 f.
120 BT-Drs. 19/13827, Begr. zu § 20 Abs. 3 GwG, S. 87 f.

Rechtsform	Wirtschaftlich Berechtigte (wB)[121]	Mitteilungspflichtige Angaben i. S. d. § 19 GwG	Mitteilungsfiktion
AG (sofern nicht an einem organisierten Markt nach § 2 Abs. 5 WpHG notiert oder **dem Gemeinschaftsrecht entsprechenden Transparenzanforderungen unterliegend**[122])	**Anteilseigner/Aktionäre**, § 3 Abs. 1 i.V.m. Abs. 2 Nr. 1–3 GwG (bzw. § 3 Abs. 2 Satz 2–4 bei mittelbarer Kontrolle); gesetzliche Vertreter als fiktiv wB, § 3 Abs. 2 Satz 5 GwG.	§ 19 Abs. 1 Nr. 1–5 GwG: – Vor- und Nachname, – Geburtsdatum, – Wohnort und – Art und Umfang des wirtschaftlichen Interesses – Staatsangehörigkeit	**Nein**
eingetragener Verein (e. V.) / eingetragene Genossenschaft e.G.	**Vereinsmitglieder/Genossenschaftsmitglieder** mit mehr als 25 % der Stimmrechte; gesetzliche Vertreter als fiktiv wB, § 3 Abs. 2 Satz 5 GwG.	§ 19 Abs. 1 Nr. 1–5 GwG: – Vor- und Nachname, – Geburtsdatum, – Wohnort und – Art und Umfang des wirtschaftlichen Interesses – Staatsangehörigkeit	**Nein, jedoch** erstellt für eingetragene Vereine die registerführende Stelle eine Eintragung ohne, dass es hierzu einer Mitwirkung des e. V. bedarf. Erfasst werden alle Mitglieder des Vorstands mit den Daten nach § 19 Abs. 1 GwG. Soweit das Vereinsregister kein Wohnsitzland und keine Staatsangehörigkeit ausweist, wird Deutschland als Wohnsitzland und die deutsche Staatsangehörigkeit als einzige Staatsangehörigkeit angenommen. Treffen diese Angaben nicht zu, verbleibt es bei der Meldepflicht des Vereins.[123]

---

121 Bzw. Rückgriff auf fiktiv wirtschaftlich Berechtigte, wenn Vereinigung keinen „wahren" wirtschaftlich Berechtigten hat, § 3 Abs. 2 Satz 5 GwG.

122 § 3 Abs. 2 Satz 1 GwG.

123 BVA, Transparenzregister, FAQ, Stand: 1.8.2021, https://www.bva.bund.de/Shared Docs/Downloads/DE/Aufgaben/ZMV/Transparenzregister/Transparenzregister_FAQ. pdf;jsessionid=83419D4D60E9596F6F29E7332D746F98.intranet352?__blob=publi cationFile&v=31, zuletzt abgerufen am 11.11.2021.

Rechtsform	Wirtschaftlich Berechtigte (wB)	Mitteilungspflichtige Angaben i. S. d. § 19 GwG	Mitteilungsfiktion
GbR	**Gesellschafter**, § 3 Abs. 1 Nr. 1 i.V.m. Abs. 2 Nr. 1–3 GwG (bzw. § 3 Abs. 2 Satz 2–4 bei mittelbarer Kontrolle); gesetzliche Vertreter als fiktiv wB, § 3 Abs. 2 Satz 5 GwG. Die GbR ist nicht mitteilungspflichtig. Sie kann jedoch angabepflichtig i. S. d. § 20 Abs. 3 GwG sein und muss die Angaben zu den hinter ihr stehenden wB offenlegen, wenn sie Anteilseigner einer mitteilungspflichtigen Vereinigung ist (vgl. → Rn. 83, 84).	Mit Umsetzung des MoPeG müssen eingetragene BGB-Gesellschaften künftig folgende Angaben machen: § 19 Abs. 1 Nr. 1–5 GwG: – Vor- und Nachname, – Geburtsdatum, – Wohnort, – Art und Umfang des wirtschaftlichen Interesses, – alle Staatsangehörigkeiten	Nein.
GmbH und UG	**Gesellschafter**, § 3 Abs. 1 Nr. 1 i.V.m. Abs. 2 Nr. 1–3 GwG (bzw. § 3 Abs. 2 Satz 2–4 bei mittelbarer Kontrolle)	§ 19 Abs. 1 Nr. 1–5 GwG: – Vor- und Nachname, – Geburtsdatum, – Wohnort und – Art und Umfang des wirtschaftlichen Interesses – Staatsangehörigkeit	Nein
KG	**Kommanditist**, § 3 Abs. 1 Nr. 1 i.V.m. Abs. 2 Nr. 1–3 GwG	§ 19 Abs. 1 Nr. 1–5 GwG: – Vor- und Nachname, – Geburtsdatum, – Wohnort und – Art und Umfang des wirtschaftlichen Interesses – Staatsangehörigkeit	Nein
OHG	**Gesellschafter**, § 3 Abs. 1 Nr. 1 i.V.m. Abs. 2 Nr. 1–3 GwG (bzw. § 3 Abs. 2 Satz 2–4 bei mittelbarer Kontrolle)	§ 19 Abs. 1 Nr. 1–5 GwG: – Vor- und Nachname, – Geburtsdatum, – Wohnort und – Art und Umfang des wirtschaftlichen Interesses – Staatsangehörigkeit	Nein

Rechtsform	Wirtschaftlich Berechtigte (wB)	Mitteilungspflichtige Angaben i. S. d. § 19 GwG	Mitteilungsfiktion
Partnerschaftsgesellschaften	**Partner**, § 3 Abs. 1 Nr. 1 i. V. m. Abs. 2 Nr. 1–3 GwG	§ 19 Abs. 1 Nr. 1–5 GwG: – Vor- und Nachname, – Geburtsdatum, – Wohnort und – Art und Umfang des wirtschaftlichen Interesses – Staatsangehörigkeit	**Nein**
Rechtsfähige Stiftungen[124]	Abhängig von der Funktion sind mehrere wB denkbar: a.) **Stifter nur** als Mitglied des Vorstands oder Begünstigter, § 3 Abs. 3 Nr. 2 bzw. 3 i. V. m. § 19 Abs. 3 Nr. 2 GwG b.) **Vorstandsmitglieder der Stiftung**, § 3 Abs. 3 Nr. 2 i. V. m. § 19 Abs. 3 Nr. 2 GwG c.) **Begünstigte (Destinäre gem. Stiftungsgeschäft/-satzung)**, § 3 Abs. 3 Nr. 3 i. V. m. § 19 Abs. 3 Nr. 2 GwG d.) **Gruppe von natürlichen Personen** i. S. d. § 3 Abs. 3 Nr. 4 i. V. m. § 19 Abs. 3 Nr. 2 GwG (eine abstrakte Mitteilung der begünstigten Gruppe an das Transparenzregister, d. h. wie im Stiftungsgeschäft bezeichnet, ist ausreichend)	§ 19 Abs. 1 Nr. 1–5 GwG: – Vor- und Nachname, – Geburtsdatum, – Wohnort und – Art und Umfang des wirtschaftlichen Interesses – Staatsangehörigkeit	**Nein**
Typisch stille Beteiligung und **atypisch stille Beteiligung**	ggf. atypisch stiller Gesellschafter	Die typisch stille Gesellschaft ist u. E. **nicht Mitteilungspflichtig.**	**Nein**

---

124 Vgl. ausführlich zur transparenzrechtlichen Behandlung von Stiftungen BVA, Transparenzregister, FAQ, S. 16 ff.

IX. Entbehrlichkeit der Angabepflicht (§ 20 Abs. 4 GwG)

Gem. § 20 Abs. 4 GwG entfällt die Angabepflicht des Anteilseigners nach Abs. 3, wenn die erforderlichen Angaben des § 19 Abs. 1 bereits in anderer Form mitgeteilt wurden. § 20 Abs. 4 GwG regelt mithin die Entbehrlichkeit der Angabepflicht aus § 20 Abs. 3 GwG, wenn die Angaben zum wirtschaftlich Berechtigten bereits in anderer Form mitgeteilt wurden. **91**

Haben die Anteilseigner, Mitglieder oder wirtschaftlich Berechtigte die erforderlichen Angaben bereits in anderer Form mitgeteilt, so entfällt deren Angabepflicht nach Abs. 3. Typisch hierfür ist die Eintragung eines Aktionärs in das **Aktienregister**. Hat ein Inhaberaktionär eine Mitteilung nach § 20 AktG an die Gesellschaft gemacht, so gilt seine Angabepflicht nach § 20 Abs. 4 GwG als erfüllt, sofern die Gesellschaft mit den gemachten Angaben ihre Pflichten aus § 20 Abs. 1 Satz 1 GwG erfüllen kann. Die erforderlichen Angaben wurden insofern bereits „in anderer Form mitgeteilt". Ergeben sich die erforderlichen Angaben aus **Mitgliederlisten** von Vereinen oder Genossenschaften, gilt die Pflicht ebenfalls als erfüllt. Tritt beispielweise bei einer Genossenschaft ein Genosse aus, sodass drei Mitglieder verbleiben und sich bei einem Stimmrecht nach Köpfen ein Stimmrecht von je einem Drittel ergibt, muss seitens der verbleibenden Mitglieder keine Mitteilung an die Genossenschaft erfolgen, solange sie ihre Transparenzpflichten aus § 20 Abs. 1 Satz 1 GwG mit den aus der Mitgliederliste zur Verfügung stehenden Informationen erfüllen kann.[125] **92**

X. Einsichtsbefugnis der Zentralstelle für Finanztransaktionsuntersuchungen und Aufsichtsbehörden (§ 20 Abs. 5 GwG)

Nach § 20 Abs. 5 GwG sind die Zentralstelle für Finanztransaktionsuntersuchungen und die Aufsichtsbehörde dazu berechtigt, im Rahmen ihrer Aufgaben und Befugnisse die nach § 20 Abs. 1 GwG aufbewahrten Angaben einzusehen und sich vorlegen zu lassen. **93**

Die Vorschrift dient der Unterstützung der Zentralstelle für Finanztransaktionsuntersuchungen bei ihrer Tätigkeit der Aufklärung und Analyse von verdächtigen Sachverhalten und somit auch der Verhinderung, Aufdeckung und Unterstützung bei der Bekämpfung von Geldwäsche und Terrorismusfinanzierung. Somit soll sichergestellt sein, dass die in § 20 Abs. 5 GwG genannten Behörden zeitnah auf die in § 20 Abs. 1 GwG genannten Angaben zugreifen können. Zu- **94**

---

125 BT-Drs. 18/11555, Begr. zu § 20 Abs. 4 GwG, S. 129 f.

dem hilft die Einsichtsbefugnis in die Angaben über wirtschaftlich Berechtigte den Aufsichtsbehörden, eine wirksame Überwachung durchzuführen und die erforderlichen Maßnahmen zur Sicherstellung der Einhaltung der Fünften EU-Geldwäscherichtlinie und der Vorschriften des Geldwäschegesetzes zu treffen. § 21 Abs. 3 GwG bildet zu dieser Regelung das Gegenstück für Trustees nach § 21 Abs. 1 GwG und Treuhänder nach § 21 Abs. 2 GwG.

§ 20a Automatische Eintragung für Vereine

(1) Für eingetragene Vereine nach § 21 des Bürgerlichen Gesetzbuchs erstellt die registerführende Stelle anhand der im Vereinsregister eingetragenen Daten eine Eintragung in das Transparenzregister, ohne dass es hierfür einer Mitteilung nach § 20 Absatz 1 Satz 1 bedarf. Im Rahmen dieser Eintragung werden alle Mitglieder des Vorstands eines Vereins mit den Daten nach § 19 Absatz 1 als wirtschaftliche Berechtigte nach § 3 Absatz 2 Satz 5 im Transparenzregister erfasst. Soweit diese Daten nicht im Vereinsregister vorhanden sind, wird als Wohnsitzland Deutschland und als einzige Staatsangehörigkeit die deutsche Staatsangehörigkeit angenommen. Die nach Satz 1 eingetragenen Daten gelten als Angaben des Vereins, soweit der Verein der registerführenden Stelle keine abweichenden Angaben mitgeteilt hat.

(2) Abweichend von § 20 Absatz 1 Satz 1 muss ein eingetragener Verein nach § 21 des Bürgerlichen Gesetzbuchs die in § 19 Absatz 1 aufgeführten Angaben zu den wirtschaftlich Berechtigten der registerführenden Stelle nur dann zur Eintragung mitteilen, wenn

1. eine Änderung des Vorstands nicht unverzüglich zur Eintragung in das Vereinsregister angemeldet worden ist,

2. mindestens ein wirtschaftlich Berechtigter nach § 3 Absatz 2 Satz 1 bis 4 vorhanden ist oder

3. die Annahmen nach Absatz 1 Satz 3 nicht zutreffen.

Eine Eintragung durch die registerführende Stelle nach Absatz 1 wird nicht vorgenommen, wenn der Verein der registerführenden Stelle Angaben nach § 19 Absatz 1 zur Eintragung in das Transparenzregister mitgeteilt hat. Dies gilt nicht, wenn der Verein der registerführenden Stelle mitgeteilt hat, dass die mitgeteilten Angaben nach § 19 Absatz 1 nicht mehr gelten sollen. Die Mitteilung nach Satz 3 hat elektronisch über die Webseite des Transparenzregisters zu erfolgen.

(3) Eine Eintragung nach Absatz 1 erfolgt erstmals spätestens zum 1. Januar 2023. Danach erfolgt die automatische Eintragung anlassbezogen.

(4) Bei Eintragung nach Absatz 1 handelt die registerführende Stelle nach § 18 Absatz 2 im Rahmen der hoheitlichen Aufgaben des Bundes. Zu diesem Zweck ist die registerführende Stelle beim Abruf von Daten aus den Vereinsregistern von der Zahlung der Gebühren nach § 2 Absatz 1 des Justizverwaltungskostengesetzes befreit.

Übersicht

I. Allgemeines

1   Durch den Wegfall der Mitteilungsfiktion des § 20 Abs. 2 GwG a. F. wären grundsätzlich auch Vereine verpflichtet gewesen, eine Eintragung ihrer wirtschaftlich Berechtigten im Transparenzregister vorzunehmen. Zur Stärkung des Ehrenamtes und Verringerung der bürokratischen Belastung für Vereine wurde daher mit § 20a GwG die Übernahme von Angaben zu den Vereinsvorständen, die in aller Regel die wirtschaftlich Berechtigten des Vereins nach § 3 Abs. 3 Satz 5 GwG sind, aus dem Vereinsregister eingeführt.[1]

2   Für die Ersteintragung ist vorgesehen, dass die registerführende Stelle zum 1.1.2023 die entsprechenden Eintragungen im Transparenzregister vornimmt.[2]

3   Hierfür entnimmt die registerführende Stelle die nach § 19 Abs. 1 Nr. 1, 2, 3 und 5 GwG erforderlichen Angaben zu den Vorständen aus dem Vereinsregister. Im Vereinsregister sind jedoch nicht alle im Transparenzregister erforderlichen Angaben zu den Vorständen vorhanden. So fehlen die Datenfelder „Staatsangehörigkeiten" und „Wohnsitzland"; diese Daten können auch keiner anderen verfügbaren Quelle entnommen werden. Damit dennoch eine Entlastung der Vereine ermöglicht werden kann, wird angenommen, dass Deutschland das Wohnsitzland ist und ausschließlich die deutsche Staatsangehörigkeit besteht. Sofern diese Annahmen nicht zutreffen, bleibt der Verein zu einer Mitteilung an das Transparenzregister verpflichtet. Diese Annahmen – und die hieran anknüpfende Mitteilungspflicht für einen Teil der Vereine, wenn sie unzutreffend sind – sind erforderlich, um die nach Art. 30 der Richtlinie (EU) 2018/843 des Europäischen Parlaments und des Rates vom 30.5.2018 zur Änderung der Richtlinie (EU) 2015/849 zur Verhinderung der Nutzung des Finanzsystems zum Zwecke der Geldwäsche und der Terrorismusfinanzierung und zur Änderung der Richtlinien 2009/138/EG und 2013/36/EU („**EU-Geldwäscherichtlinie**") und § 19 Abs. 1

---

1 BT-Drs. 19/30443, Begr. zu § 20a GwG, S. 67.
2 BT-Drs. 19/30443, Begr. zu § 20a GwG, S. 67.

GwG erforderlichen Angaben zu den wirtschaftlich Berechtigten im Transparenzregister machen zu können. In Bezug auf die Staatsangehörigkeit ist diese Annahme durch Erwägungsgrund 34 der EU-Geldwäscherichtlinie ausdrücklich zugelassen. Hinsichtlich des Wohnsitzlandes ist die Annahme dadurch gerechtfertigt, dass die vorstehend geschilderte Lösung zur Entlastung von Vereinen durch eine Datenübernahme aus dem Vereinsregister überhaupt erst ermöglicht wird bei gleichzeitig geringstmöglicher zahlenmäßiger Belastung einzelner Vereine mit einer Mitteilungspflicht.[3]

Vereine sind auch dann zu einer Mitteilung an das Transparenzregister verpflichtet, wenn ausnahmsweise tatsächliche wirtschaftlich Berechtigte im Sinne des § 3 Abs. 2 S. 1 bis 4 GwG vorhanden sind und damit die Vereinsvorstände nicht als wirtschaftlich Berechtigte i. S. v. § 3 Abs. 2 Satz 5 GwG gelten. Ein solcher Fall kann beispielsweise vorliegen, wenn die Mitgliederzahl des Vereins auf unter vier abgesunken ist und/oder wenn die Vereinssatzung für einzelne Mitglieder Mehrstimmrecht vorsicht.[4]   **4**

1. Gesetzessystematik des § 20a GwG

§ 20a Abs. 1 GwG stellt eine Ausnahmeregelung zur Meldepflicht von eingetragenen Vereinen gemäß § 20 Abs. 1 Satz 1 GwG dar, die grundsätzlich auch alle rechtsfähigen Vereine erfasst, zu denen eingetragene Vereine (e. V.) und konzessionierte (wirtschaftliche) Vereine zählen.[5]   **5**

§ 20a Abs. 2 GwG regelt die Fälle, in denen auch ein eingetragener Verein Angaben nach § 19 Abs. 1 GwG zu den wirtschaftlich Berechtigten machen muss.   **6**

§ 20a Abs. 3 GwG befasst sich mit dem Zeitpunkt der Eintragung und bestimmt den 1.1.2023 als spätestmöglichen Termin für die erste Eintragung. Danach erfolgt die automatische Eintragung anlassbezogen.   **7**

§ 20a Abs. 4 GwG befreit die registerführende Stelle von der Zahlung von Gebühren bei Eintragung der Daten gemäß § 20a Abs. 1 GwG.   **8**

---

3 BT-Drs. 19/30443, Begr. zu § 20a GwG, S. 67.

4 BT-Drs. 19/30443, Begr. zu § 20a GwG, S. 67.

5 BVA, Tranparenzregister, FAQ, Stand: 1.8.2021, S. 3 f., https://www.bva.bund.de/Shared Docs/Downloads/DE/Aufgaben/ZMV/Transparenzregister/Transparenzregister_FAQ. pdf;jsessionid=5D13650E122ECCCFF492C8C8C261E8AE.internet551?__blob=publi cationFile&v=31, zuletzt abgerufen am 12.11.2021.

2. § 20a GwG im Gesetzgebungsverfahren

9 § 20a GwG gelangte am 9.6.2021 durch Beschlussempfehlung des Finanzausschusses in den Gesetzesentwurf zum Transparenzregister- und Finanzinformationsgesetz.[6]

II. Automatische Eintragung für Vereine (§ 20a Abs. 1 GwG)

10 Für eingetragene Vereine erstellt die registerführende Stelle (Bundesanzeiger Verlag GmbH)[7] eine Eintragung, ohne dass es hierzu einer Mitwirkung des e. V. bedarf (§ 20a Abs. 1 Satz 1 GwG). Erfasst werden alle Mitglieder des Vorstands mit den Daten nach § 19 Abs. 1 GwG (§ 20a Abs. 1 Satz 2 GwG). Soweit das Vereinsregister kein Wohnsitzland und keine Staatsangehörigkeit ausweist, wird Deutschland als Wohnsitzland und die deutsche Staatsangehörigkeit als einzige Staatsangehörigkeit angenommen (§ 20a Abs. 1 Satz 3 GwG). Gemäß § 20a Abs. 1 Satz 4 GwG gelten die von der registerführenden Stelle eingetragenen Daten als Angaben des Vereins, soweit der Verein der registerführenden Stelle keine abweichenden Angaben mitgeteilt hat.

III. Eintragungspflicht durch den Verein (§ 20a Abs. 2 GwG)

11 Treffen die nach § 20a Abs. 1 Satz 3 GwG gemachten Angaben zu Wohnsitzland und Staatsangehörigkeit der wirtschaftlich Berechtigten nicht zu, verbleibt es bei der Meldepflicht des Vereins (§ 20 Abs. 2 Satz 1 Nr. 3 GwG).[8] Gleiches gilt, wenn eine Änderung des Vorstands nicht unverzüglich zur Eintragung in das Vereinsregister eingetragen wurde (§ 20 Abs. 2 S. 1 Nr. 1 GwG) oder mindestens ein wirtschaftlich Berechtigter nach § 3 Abs. 2 Satz 1 bis 4 GwG vorhanden ist (§ 20 Abs. 2 Satz 1 Nr. 2 GwG).[9]

12 Hat ein Verein der registerführenden Stelle Angaben nach § 19 Abs. 1 GwG zur Eintragung mitgeteilt, erfolgt keine Datenübernahme (§ 20 Abs. 2 Satz 2 GwG), es sei denn, der Verein hat die registerführende Stelle elektronisch über die Web-

---

6 BT-Drs. 19/30443, Begr. zu § 20a GwG, S. 67.

7 Impressum der Bundesanzeiger Verlag GmbH, https://www.transparenzregister.de/treg/de/impressum?0, zuletzt abgerufen am 9.11.2021.

8 BVA, Tranparenzregister, FAQ, Stand: 1.8.2021, S. 3 f., https://www.bva.bund.de/Shared Docs/Downloads/DE/Aufgaben/ZMV/Transparenzregister/Transparenzregister_FAQ. pdf;jsessionid=5D13650E122ECCCFF492C8C8C261E8AE.internet551?__blob=publi cationFile&v=31, zuletzt abgerufen am 12.11.2021.

9 Ebenda.

seite des Transparenzregisters darüber informiert, dass die Angaben nicht mehr
gelten sollen (§ 20 Abs. 2 Satz 3 und 4 GwG).[10]

IV. Eintragungsfrist (§ 20a Abs. 3 GwG)

§ 20a Abs. 1 GwG regelt, dass die registerführende Stelle die Angaben nach   **13**
§ 20a Abs. 3 GwG erstmals bis spätestens zum 1.1.2023 und danach anlassbezogen vornehmen muss.[11]

V. Kostenbefreiung für registerführende Stelle (§ 20a Abs. 4 GwG)

§ 20a Abs. 4 GwG stellt klar, dass die registerführende Stelle bei Vornahme der   **14**
Eintragung der Angaben nach § 20a Abs. 1 GwG gemäß § 18 Abs. 2 GwG hoheitliche Aufgaben des Bundes wahrnimmt und zu diesem Zweck beim Abruf
von Daten aus den Vereinsregistern von der Zahlung der Gebühren nach § 2
Abs. 1 Justizverwaltungskostengesetze befreit ist.

---

10 Ebenda.
11 Ebenda.

§ 21 Transparenzpflichten im Hinblick auf bestimmte Rechtsgestaltungen

(1) Verwalter von Trusts (Trustees) mit Wohnsitz oder Sitz in Deutschland haben die in § 19 Absatz 1 aufgeführten Angaben zu den wirtschaftlich Berechtigten des Trusts, den sie verwalten, einzuholen, aufzubewahren, auf aktuellem Stand zu halten und der registerführenden Stelle unverzüglich zur Eintragung in das Transparenzregister mitzuteilen. Die Pflicht nach Satz 1 gilt auch für Trustees, die außerhalb der Europäischen Union ihren Wohnsitz oder Sitz haben, wenn sie für den Trust eine Geschäftsbeziehung mit einem Vertragspartner mit Sitz in Deutschland aufnehmen oder sich verpflichten, Eigentum an einer im Inland gelegenen Immobilie zu erwerben, wenn Anteile im Sinne des § 1 Absatz 3 des Grunderwerbsteuergesetzes sich bei ihr vereinigen oder auf sie übergehen, oder wenn sie im Sinne des § 1 Absatz 3a des Grunderwerbsteuergesetzes aufgrund eines Rechtsvorgangs eine wirtschaftliche Beteiligung innehaben. Die Pflicht nach Satz 1 gilt nicht für die in Satz 2 genannten Trustees, wenn ein Trustee die Angaben nach Artikel 1 Nummer 16 Buchstabe a der Richtlinie (EU) 2018/843 und nach § 19 Absatz 1 bereits an ein anderes Register eines Mitgliedstaates der Europäischen Union übermittelt hat und

1. der Trustee in diesem Mitgliedstaat der Europäischen Union ebenfalls einen Wohnsitz oder Sitz unterhält oder

2. einer der Vertragspartner, zu dem ein Trust mit Wohnsitz oder Sitz außerhalb der Europäischen Union ebenfalls eine Geschäftsbeziehung unterhält, in diesem Mitgliedstaat seinen Sitz hat.

(1a) Die Mitteilung hat elektronisch in einer Form zu erfolgen, die ihre elektronische Zugänglichmachung ermöglicht. Der Trust ist in der Mitteilung eindeutig zu bezeichnen. Bei den Angaben zu Art und Umfang des wirtschaftlichen Interesses nach § 19 Absatz 1 Nummer 4 ist anzugeben, woraus nach § 19 Absatz 3 Nummer 2 die Stellung als wirtschaftlich Berechtigter folgt.

(1b) Der registerführenden Stelle ist ferner durch den nach Absatz 1 zur Mitteilung Verpflichteten unverzüglich mitzuteilen, wenn der Trust

1. umbenannt wurde,

2. aufgelöst wurde oder

3. nicht mehr nach Absatz 1 verpflichtet ist.

(2) Die Pflichten der Absätze 1, 1a und 1b gelten entsprechend auch für Treuhänder mit Wohnsitz oder Sitz in Deutschland folgender Rechtsgestaltungen:

Walter/Becker

1. nichtrechtsfähige Stiftungen, wenn der Stiftungszweck aus Sicht des Stifters eigennützig ist, und

2. Rechtsgestaltungen, die solchen Stiftungen in ihrer Struktur oder Funktion entsprechen.

(3) Die Zentralstelle für Finanztransaktionsuntersuchungen und die Aufsichtsbehörden können im Rahmen ihrer Aufgaben und Befugnisse die von Trustees nach Absatz 1 und von Treuhändern nach Absatz 2 aufbewahrten Angaben einsehen oder sich vorlegen lassen. Die Angaben sind ihnen unverzüglich zur Verfügung zu stellen.

(4) Das Bundesministerium der Finanzen wird ermächtigt, im Einvernehmen mit dem Bundesministerium der Justiz und für Verbraucherschutz durch Rechtsverordnung, die nicht der Zustimmung des Bundesrates bedarf, die Einzelheiten zu regeln, welche Trusts und trustähnlichen Rechtsgestaltungen von § 21 Absatz 1 und 2 erfasst sind und durch welche Merkmale sich diese auszeichnen.

Schrifttum: *Orth*, Non Profit Law Yearbook 2017 – Zur Bedeutung des Transparenzregisters für Stiftungen, Stand: Juli 2018.

Übersicht

I. Allgemeines

§ 21 GwG ist die **Spezialvorschrift** zur Normierung der transparenzregisterrechtlichen Pflichten **bei Trusts und nichtrechtsfähigen Stiftungen** und setzt die Vorgaben des Art. 31 der Vierten und Fünften EU-Geldwäscherichtlinie in innerstaatliches Recht um. Diese Zweiteilung entspricht der entsprechenden   1

FATF-Empfehlung.[1] § 21 Abs. 1, 1a, 1b und 2 GwG normieren die Transparenz-pflichten im Hinblick auf bestimmte Rechtsgestaltungen und sind nach der Grundvorschrift des § 20 Abs. 1 GwG, welcher die Transparenzpflichten von Vereinigungen im Allgemeinen vorgibt, zumindest in Bezug auf die Transpa-renzpflichten im Wortlaut identisch. Hinsichtlich des Anwendungsbereichs der transparenzpflichtigen Gesellschaften bestehen jedoch Unterschiede. Trusts und nichtrechtsfähige Stiftungen bergen aus Sicht der FATF und des Gesetzgebers **besondere Gefahren**. Um einen lückenlosen Informationsbestand zu den wirt-schaftlich Berechtigten auch in diesen Fällen zu schaffen, werden von § 21 GwG zusätzlich auch die Verwalter von Trusts (Trustees) und Treuhänder von nicht-rechtsfähigen Stiftungen sowie von Rechtsgestaltungen, die solchen Stiftungen ähneln, erfasst. Die Angaben, die über den wirtschaftlich Berechtigten zur Erfül-lung der Transparenzpflichten erforderlich sind, sind aber inhaltlich dieselben Angaben, die auch zur Erfüllung der Pflichten nach § 20 Abs. 1 Satz 1 GwG er-forderlich sind. Beide Vorschriften verweisen hierfür auf die in § 19 Abs. 1 Nr. 1–5 GwG genannten Daten. Zudem sind Trusts bzw. nichtrechtsfähige, pri-vatnützige Stiftungen oder sonstige ähnliche Rechtsgestaltungen in der Mittei-lung an das Transparenzregister eindeutig zu bezeichnen (§ 21 Abs. 1a Satz 2, Abs. 2 GwG).

1. Gesetzessystematik des § 21 GwG

2 Unter gesetzessystematischen Gesichtspunkten bestehen im Vergleich zu den Vorgaben des § 20 Abs. 1 GwG keine nennenswerten Abweichungen. § 21 GwG dient der Erfassung anderer Transparenzpflichtiger, und zwar der Erfassung von Verwaltern von Trusts (Trustees) mit Wohnsitz oder Sitz in Deutschland und von Treuhändern mit Wohnsitz oder Sitz in Deutschland von nichtrechtsfähigen Stif-tungen mit eigennützigem Stiftungszweck sowie ähnlichen Rechtsgestaltungen. Der persönliche Anwendungsbereich der Transparenzpflichten teilt sich mithin auf die Absätze 1 und 2 des § 21 GwG auf.

3 Nach angelsächsischem Recht gibt es bislang keine Register für Trusts. Hinter-grund ist, dass der **Trust** auf einer Aufspaltung des Eigentums in „Title" und „Ownership in Equity" beruht, die **dem deutschen Recht fremd** ist (vgl. → Rn. 18 f.).[2] Mangels korrespondierender Angabepflicht haben die nach § 21 GwG Verpflichteten die zur Erfüllung ihrer Pflichten erforderlichen Angaben selbst zu ermitteln, sofern diese nicht schon bekannt sind. Entsprechend der Re-

---

1 Überarbeitete FATF-Empfehlungen: „International Standards on Combating Money Laundering and the Financing of Terrorism & Proliferation", Februar 2012, Recommen-dations 24 and 25, S. 22 und Interpretive Note to recommendation 24 and 25, S. 83 ff.; vgl. auch BT-Drs. 18/11555, S. 1 f.
2 BGH, Urt. v. 13.6.1984 – IVa ZR 196/82, Ziff. IV lit. c; BT-Drs. 18/11555, Begr. zu § 21 Abs. 2 GwG, S. 131.

gelung des § 20 Abs. 5 GwG können die Zentralstelle für Finanztransaktionsuntersuchungen und die Aufsichtsbehörden im Rahmen ihrer Aufgaben und Befugnisse von den Trustees nach § 21 Abs. 1 GwG und den Treuhändern nach § 21 Abs. 2 GwG die aufbewahrten Angaben einsehen oder sich vorlegen lassen (§ 21 Abs. 3 GwG). § 21 Abs. 3 GwG normiert insofern die bereits aus § 20 Abs. 5 GwG bekannte sog. Duldungspflicht zur Gewährung der Einsichtnahme sowie die Vorlagepflicht. Diesbezüglich wird auf die Ausführungen zu § 20 Abs. 5 GwG verwiesen (vgl. insbesondere → § 20 Rn. 14, 93 f.).

2. § 21 GwG im Gesetzgebungsverfahren

Die Vorschrift des § 21 GwG entspricht im Aufbau grundsätzlich § 19 GwG in der Fassung des Referentenentwurfs vom 15.12.2016. Hier haben sich im Vergleich zur geltenden Norm einzelne Sätze verschoben bzw. wurden zur besseren Lesbarkeit auf eigenständige Absätze verteilt. **4**

§ 19 Abs. 1 Satz 3 und 4 GwG-RefE 2016 wurden hingegen gestrichen; zum Verständnis sollen sie hier jedoch wiedergegeben werden: „Trusts im Sinne dieses Gesetzes sind Rechtsgestaltungen, die als Trust errichtet wurden, wenn das für die Errichtung anwendbare Recht das Rechtsinstitut des Trusts vorsieht. Sieht das für die Errichtung anwendbare Recht ein Rechtsinstitut vor, das dem Trust nachgebildet ist, so gelten auch Rechtsgestaltungen, die unter Verwendung dieses Rechtsinstituts errichtet wurden, als Trusts." Diese Legaldefinition ist wortgleich in § 1 Abs. 6 GwG 2017 unverändert verortet. Ausweislich der Gesetzesbegründung werden nach deutschem Recht Trusts aus dogmatischen Gründen nicht anerkannt.[3] Trusts gibt es nach deutschem Recht nicht, sondern ausschließlich Rechtsgestaltungen wie z.B. nichtrechtsfähige Stiftungen, die trustähnliche Züge aufweisen. Die Regelungen des § 21 Abs. 1 Satz 4 GwG 2017, wonach bei den Angaben zu Art und Umfang des wirtschaftlichen Interesses anzugeben ist, woraus die Stellung als wirtschaftlich Berechtigter folgt, entsprachen bis auf redaktionelle Änderungen § 18 Abs. 3 GwG-RefE 2016. § 21 Abs. 1 Satz 2–4 GwG 2017 sind seit 1.1.2020 in § 21 Abs. 1a GwG 2020 verortet und es wurde eine unverzügliche Mitteilungspflicht für Änderungen des Trusts in § 21 Abs. 1b GwG 2020 ergänzt. § 21 Abs. 1 Satz 2 und 3 GwG 2020 sind gänzlich neu aufgenommen worden. § 21 Abs. 2 GwG 2017 hat im Laufe des Gesetzgebungsverfahrens lediglich die klarstellende Konjunktion „und" zwischen Nr. 1 und 2 hinzubekommen. **5**

Mit der Gesetzesänderung durch das Transparenzregister- und Finanzinformationsgesetz vom 1.8.2021 („**TraFinG**") wurde in § 21 Abs. 1 Satz 1 GwG 2021 die ausdrückliche Pflicht zur Einholung der Staatsangehörigkeit der wirtschaft- **6**

---

3 BT-Drs. 18/11555, Begr. zu § 21 Abs. 2 GwG, S. 131.

lich Berechtigten gestrichen, da diese schon durch den Verweis auf § 19 Abs. 1 GwG abgedeckt ist.[4]

7   Nach dem TraFinG gilt gemäß § 21 Abs. 1 Satz 2 GwG die Pflicht nach § 21 Abs. 1 Satz 1 GwG für Trustees, die außerhalb der Europäischen Union ihren Wohnsitz oder Sitz haben, nicht nur wenn sie für den Trust eine Geschäftsbeziehung mit einem Vertragspartner mit Sitz in Deutschland aufnehmen, sondern nun auch dann, wenn sie sich verpflichten, Eigentum an einer im Inland gelegenen Immobilie zu erwerben, wenn Anteile im Sinne des § 1 Abs. 3 des Grunderwerbsteuergesetzes sich bei ihr vereinigen oder auf sie übergehen, oder wenn sie im Sinne des § 1 Abs. 3a des Grunderwerbsteuergesetzes aufgrund eines Rechtsvorgangs eine wirtschaftliche Beteiligung innehaben. Bzgl. der Auslegung von § 21 Abs. 1 Satz 2 GwG gilt das in → § 20 Rn. 37 dargestellte entsprechend (vgl. auch nachfolgend → Rn. 15).

II. Transparenzpflicht für Verwalter von Trusts (Trustees) (§ 21 Abs. 1 GwG)

8   § 21 Abs. 1 GwG normiert die Transparenzpflichten für Verwalter von Trusts (Trustees) und dient somit der Umsetzung von Art. 30 Abs. 1 der Vierten EU-Geldwäscherichtlinie. Die Legaldefinition täuscht darüber hinweg, dass die **„Verwaltungsbefugnis"** sich aus dem jeweiligen ausländischen Recht ableitet und damit die Qualifikation ohne „deutsche Brille" unmittelbar aus der ausländischen Rechtssituation folgt. Faktisch haben es „Trusts" damit durch die jeweilige Benennung in der Hand, den „Trustee" zu bestimmen. Denkbar sind dabei auch mehrere „Trustees". Nach Satz 1 werden den Trustees als den Verwaltern von Trusts mit Wohnsitz oder Sitz in Deutschland Einholungs-, Aufbewahrungs-, Aktualisierungs- und Mitteilungspflichten in Bezug auf die Angaben der wirtschaftlich Berechtigten von Trusts auferlegt. Die Transparenzpflichten stimmen dabei mit denen des § 20 Abs. 1 Satz 1 GwG überein,[5] sodass auf die dortigen Ausführungen zu den einzelnen Pflichten verwiesen wird.

9   Die Transparenzpflichten sind u.E. hierbei von der rechtlichen Anerkennung von Trusts als rechts- oder parteifähig nach deutschem Recht zu trennen. So ist unabhängig davon, ob nach deutschem Recht der Trust existiert oder z.B. als nichtrechtsfähige Stiftung zu sehen ist, der Verwalter von Trusts (Trustee) verpflichtet, dem Transparenzregister die erforderlichen Informationen mitzuteilen, um ein lückenloses Transparenzregister für die Bekämpfung von Geldwäsche und Terrorismusfinanzierung zu gewährleisten. Einzige Voraussetzung ist, dass der Trust als solcher in einem anderen Land wirksam gegründet worden ist und

---

4 BT-Drs. 19/28164, Begr. zu § 21 Abs. 1 GwG, S. 50.
5 BT-Drs. 18/11555, Begr. zu § 21 Abs. 1 GwG, S. 130.

ein Verwalter von diesem Trust (Trustee) mit Sitz in Deutschland gem. § 21 Abs. 1 Satz 1 GwG vorhanden ist.[6]

Im Unterschied zu Vereinigungen nach § 20 Abs. 1 Satz 1 GwG existiert bei Rechtsgestaltungen nach § 21 Abs. 1 GwG keine Angabepflicht der „Hinterleute" (vgl. § 20 Abs. 3 GwG) an den Trustee. Zu begründen sei dies damit, dass der Trustee die wirtschaftlich Berechtigten nach § 3 Abs. 3 GwG wegen seiner Stellung als Verwalter des Trusts kennen müsse.[7] Diese sind immerhin seine „Auftraggeber". Kennt der Trustee diese Personen nicht oder fehlen ihm die Angaben nach § 19 Abs. 1 Nr. 1–5 GwG, hat er die erforderlichen Informationen zu ermitteln. Insofern werden **Trusts schlechter gestellt** als Vereinigungen im Sinne des § 20 GwG. In diesem Fall kann also, anders als bei § 20 Abs. 1 GwG, eine Nachforschungspflicht[8] für den Trustee bestehen. **10**

Der Begriff „Trust" dürfte den deutschen Rechtsanwender zunächst stutzen und sich fragen lassen, warum die angelsächsische Begrifflichkeit im deutschen Recht Eingang gefunden hat. Dieses Problem sieht auch die Gesetzesbegründung. **11**

> „Nach deutschem Recht können Trusts nicht errichtet werden; die Rechtsfigur des Trusts existiert im deutschen Recht nicht. Ferner hat Deutschland das Haager Übereinkommen über das auf Trusts anzuwendende Recht und über ihre Anerkennung vom 1.7.1985 bislang nicht unterzeichnet. Dies wurde mit der dogmatischen Unvereinbarkeit des Trusts mit dem auf Drittschutz bedachten deutschen (Sachen-)Recht begründet. Daran ändert sich auch nichts durch die in Abs. 1 vorgesehene Regelung, die allein durch Art. 31 der Vierten EU-Geldwäscherichtlinie bedingt ist."[9]

---

6 Vgl. zu dieser Fragestellung EuGH, Urt. v. 14.9.2017 – C 645/15, DStRE 2018, 480 Rn. 28 ff. – Trustees of P Panayi Accumulations & Maintenance Settlements: „Nach dem Recht des Vereinigten Königreichs gegründete Trusts können unter den Begriff sonstige juristische Person des öffentlichen oder privaten Rechts, die einen Erwerbszweck verfolgen, i. S. v. Art. 54 Abs. 2 AEUV fallen. Dieser Begriff erfasst eine Einheit, die nach dem nationalen Recht über Rechte und Pflichten verfügt, die es ihr erlauben, ungeachtet des Fehlens einer speziellen Rechtsform als solche im Rechtsverkehr aufzutreten, und die einen Erwerbszweck verfolgt. Die Vermögenswerte des Trusts bilden ein vom persönlichen Vermögen getrenntes Sondervermögen. Die Tätigkeit der Treuhänder in Bezug auf das Eigentum und die Verwaltung des Vermögens des Trusts ist demnach untrennbar mit dem Trust selbst verbunden und bildet folglich mit diesem ein unteilbares Ganzes. Unter diesen Umständen sollte ein solcher Trust als eine Einheit angesehen werden, die nach dem nationalen Recht über Rechte und Pflichten verfügt, die es ihr erlauben, als solche im Rechtsverkehr aufzutreten."

7 BT-Drs. 18/11555, Begr. zu § 21 Abs. 1 GwG, S. 130.

8 BT-Drs. 18/11555, Begr. zu § 20 Abs. 1 GwG, S. 127.

9 BT-Drs. 18/11555, Begr. zu § 21 Abs. 1 GwG, S. 131.

12 Hierzu hat der EuGH jedoch entschieden, dass nach dem Recht des Vereinigten Königsreichs gegründete Trusts nach Art. 54 Abs. 2 AEUV (Niederlassungsfreiheit) als solche von den Mitgliedstaaten anzuerkennen sind und von ihrer Rechtsfähigkeit auszugehen ist.[10] Mit Blick auf die Zukunft ist bislang unklar, wie sich der Austritt des Vereinigten Königreichs aus der Europäischen Union („Brexit") auf die Anerkennung von Trusts in Europa und Deutschland auswirken wird.

13 Mit dem Referenten- und Gesetzesentwurf zur Umsetzung der Fünften EU-Geldwäscherichtlinie wurden die Sätze 2 und 3 neu eingefügt. Sie dienen der Umsetzung von Art. 31 Abs. 3a der Fünften EU-Geldwäscherichtlinie. Satz 2 soll die Pflicht, Angaben zum wirtschaftlich Berechtigten eines Trusts durch den Trustee an das Transparenzregister zu liefern, ausdehnen.[11] Demnach sollen auch Trustees mit Wohnsitz oder Sitz außerhalb der EU Angaben zum wirtschaftlich Berechtigten übermitteln, wenn Sie eine Geschäftsbeziehung in Deutschland aufnehmen oder Immobilien erwerben. Wann eine „Geschäftsbeziehung in Deutschland" aufgenommen wird, ist in der Richtlinie nicht vorgegeben und bedarf der Auslegung. Aus systematischen und teleologischen Erwägungen kann es nur darauf ankommen, ob eine Geschäftsbeziehung mit einem in Deutschland ansässigen Vertragspartner aufgenommen wird.[12] Die Kundensorgfaltspflichten sind stets auf die entsprechenden Vertragsverhältnisse bezogen – auch das Register soll eine zusätzliche Informationsquelle für geldwäscherechtlich Verpflichtete sein, um im Rahmen ihrer Sorgfaltspflichten den wirtschaftlich Berechtigten zu ermitteln und prüfen zu können.[13] Folglich ist hinsichtlich einer Meldepflicht für Trustees mit Sitz außerhalb der EU an die Ansässigkeit ihrer Vertragspartner in Deutschland anzuknüpfen. In Bezug auf den Immobilienerwerb werden nun auch Anteilserwerbe ausdrücklich in die Transparenzpflichten nach § 21 GwG aufgenommen, die für einen Trust getätigt werden und bei denen der Verwalter des Trusts seinen Sitz im Ausland hat, sofern sie dem Umfang nach § 1 Abs. 3 Grunderwerbsteuergesetz entsprechen. Wie schon bei ausländischen Vereinigungen erstreckt sich die Transparenzpflicht nur auf die Verwalter von Trusts, auf die Anteile einer Gesellschaft mit inländischem Grundeigentum übergehen sollen. Übergang ist als Oberbegriff gemeint und umfasst jede Form des Wechsels der Geschäftsanteile.[14]

---

10 Vgl. EuGH, Urt. v. 14.9.2017 – C 645/15, DStRE 2018, 480 Rn. 28 ff. – Trustees of P Panayi Accumulations & Maintenance Settlements.

11 Entwurf eines Gesetzes zur Umsetzung der Änderungsrichtlinie zur Vierten EU-Geldwäscherichtlinie [Richtlinie (EU) 2018/843], S. 89 f., https://www.bundesfinanzminis terium.de/Content/DE/Gesetzestexte/Gesetze_Gesetzesvorhaben/Abteilungen/Abteil ung_VII/19_Legislaturperiode/2019-12-19-Gesetz-4-EU-Geldwaescherichtlinie/1-Re ferentenentwurf.pdf?__blob=publicationFile&v=4, zuletzt abgerufen am 15.11.2021.

12 Ebenda.

13 Ebenda.

14 BT-Drs. 19/28164, Begr. zu § 21 Abs. 1 GwG, S. 50.

§ 21 Abs. 1 Satz 3 GwG ist eine notwendige Regelung, um Doppelmeldungen **14** zu vermeiden. Danach unterfällt ein Trustee nicht der Meldepflicht nach Satz 1, wenn ein Trustee die Angaben bereits an ein anderes Register eines Mitgliedstaates der EU übermittelt hat und 1) der Trustee in diesem Mitgliedstaat der EU ebenfalls einen Wohnsitz oder Sitz unterhält, oder 2) einer der Vertragspartner, zu dem ein Trust mit Wohnsitz oder Sitz außerhalb der EU ebenfalls eine Geschäftsbeziehung unterhält, in diesem Mitgliedstaat seinen Sitz hat. Diese Regelung ist im Zusammenhang mit Art. 14 Abs. 1 Satz 2 der EU-Geldwäscherichtlinie (Richtlinie (EU) 2015/849) in der Fassung der Änderungsrichtlinie zur Vierten EU-Geldwäscherichtlinie (Richtlinie (EU) 2018/843) zu verstehen; Verpflichtete müssen vor der Begründung einer Geschäftsbeziehung den Nachweis einer Registrierung in einem Register nach Art. 31 Abs. 1 verlangen – hierfür genügt der Nachweis der Registrierung in einem Register eines anderen Mitgliedstaates.[15]

Zusammengefasst ergibt sich daraus Folgendes: Trusts existieren im deutschen **15** Recht nicht und können demnach auch nicht errichtet werden, sie müssen unter Umständen (jedenfalls bei Herkunft aus einem EU-Mitgliedstaat)[16] gem. Art. 54 Abs. 2 AEUV dennoch als Rechtsgebilde behandelt werden. Ist dies nicht der Fall, so ist der „Trust" zivilrechtlich den deutschen Rechtsinstitutionen entsprechend zu behandeln; das kann z. B. beim „Hereditary Trust" (Trust auf Grundlage eines Testaments) die Behandlung als Erbverwaltung einer Testamentsvollstreckung bedeuten, auch wenn der Begriff des „Trusts" eigentlich eine „körperschaftliche" Verfassung nahelegt. Nach US-Steuerrecht werden „Grantor Trusts"/„Simple Trusts" übrigens normalerweise als Personengesellschaft, „Complex Trusts" als Kapitalgesellschaft besteuert, **je nach Situation** ist der Trust also in eine **deutsch-analoge Rechtsform** zu überführen. Mangels Anerkennung ist der Drittstaat-Trust haftungsrechtlich dabei aber wie eine OHG zu behandeln. Mit der Aufnahme dieser Rechtsfigur wollte der Gesetzgeber trotz dogmatischer Bauchschmerzen „auf Nummer sicher gehen" und keine europarechtlichen Verstöße riskieren. Dementsprechend ist die Formulierung „Verwalter von Trusts (Trustee)" aus deutscher Sicht weitestgehend irrelevant. Unabhängig davon kann jedoch eine Meldepflicht (auch für Trustees mit Sitz außerhalb

---

15 Entwurf eines Gesetzes zur Umsetzung der Änderungsrichtlinie zur Vierten EU-Geldwäscherichtlinie [Richtlinie (EU) 2018/843], S. 89 f., https://www.bundesfinanzminis terium.de/Content/DE/Gesetzestexte/Gesetze_Gesetzesvorhaben/Abteilungen/Abteil ung_VII/19_Legislaturperiode/2019-12-19-Gesetz-4-EU-Geldwaescherichtlinie/1-Re ferentenentwurf.pdf?__blob=publicationFile&v=4, zuletzt abgerufen am 15.11.2021.

16 Sofern die Vermögenswerte des Trusts ein vom persönlichen Vermögen getrenntes Sondervermögen bilden und die Tätigkeit der Treuhänder in Bezug auf das Eigentum und die Verwaltung des Vermögens des Trusts untrennbar mit dem Trust selbst verbunden ist (unteilbares Ganzes), vgl. EuGH, Urt. v. 14.9.2017 – C 645/15, DStRE 2018, 480 Rn. 28 ff. – Trustees of P Panayi Accumulations & Maintenance Settlements.

der EU) durch die Aufnahme einer Geschäftsbeziehung mit einem in Deutschland ansässigen Vertragspartner begründet werden. Diese Meldepflicht gilt jedoch nicht, wenn die Angaben durch einen Trustee bereits an ein anderes Register eines Mitgliedstaates der EU übermittelt wurden.

III. Elektronische Mitteilung (§ 21 Abs. 1a GwG)

16 Die Mitteilung an das Transparenzregister muss ebenfalls elektronisch erfolgen (§ 21 Abs. 1a GwG). Zur Ausführung des Auftrags wird auf der Internetseite des Transparenzregisters ein entsprechendes Formular vorgegeben, welches auszufüllen und dem Transparenzregister anschließend über die Auswahl einer Schaltfläche („Auftrag erteilen") zu übermitteln ist.[17] § 21 Abs. 1a Satz 2 GwG schreibt vor, dass der Trust in der Mitteilung ausdrücklich zu bezeichnen ist, damit keinerlei Verwechslung oder sonstige Unklarheiten hinsichtlich der korrekten Zuordnung auftreten können. Gleiches gilt, wenn für den Trust eine Rechtsträger-Kennung (Legal Entity Identifier) vergeben wurde. Ist dies nicht der Fall, kann der Trust den Vor- und Nachnamen des Treugebers (Settlor) mit der Nachstellung der Bezeichnung „Trust" verwenden.[18]

IV. Kenntniserlangung von Änderungen (§ 21 Abs. 1b GwG)

17 § 21 Abs. 1b GwG wurde als weiterer Absatz erstmalig mit dem Referentenentwurf zur Umsetzung der Fünften EU-Geldwäscherichtlinie neu eingefügt. Danach soll der registerführenden Stelle unverzüglich mitzuteilen sein, wenn der Verpflichtete Kenntnis von Änderungen erlangt. Dadurch soll für die registerführende Stelle die Kenntniserlangung von Änderungen an Rechtsgestaltungen und deren Auffindbarkeit/Zuordnung im Transparenzregister gewährleistet werden. Aufgrund der fehlenden Register für Rechtsgestaltungen nach § 21 GwG, können Rechtsgestaltungen weiterhin im Transparenzregister als existent erscheinen, obwohl sie aufgelöst sind oder unter einem anderen Namen geführt werden (oder im Ausland verwaltet nicht mehr der Mitteilungspflicht des GwG unterfallen).[19]

---

17 Kurzanleitung Eintragung wirtschaftlich Berechtigter in das Transparenzregister, Stand: Dezember 2019, S. 1 f., https://www.transparenzregister.de/treg/de/KurzanleitungEintragung.pdf), zuletzt abgerufen am 27.4.2020.

18 BT-Drs. 18/11555, Begr. zu § 21 Abs. 1 GwG, S. 130.

19 Entwurf eines Gesetzes zur Umsetzung der Änderungsrichtlinie zur Vierten EU-Geldwäscherichtlinie [Richtlinie (EU) 2018/843], S. 90, https://www.bundesfinanzministerium.de/Content/DE/Gesetzestexte/Gesetze_Gesetzesvorhaben/Abteilungen/Abteil

V. Weitere transparenzpflichtige Rechtsgestaltungen (§ 21 Abs. 2 GwG)

Mit § 21 Abs. 2 GwG werden die Vorgaben des Art. 30 Abs. 8 der Vierten EU-Geldwäscherichtlinie umgesetzt Die Vorschrift erweitert damit den Anwendungsbereich der Transparenzpflichten nach § 21 Abs. 1 GwG auf solche Rechtsgestaltungen, die in ihrer Struktur und Funktion Trusts ähneln.[20] Zu diesen Rechtsgestaltungen gehören zum einen nichtrechtsfähige Stiftungen, wenn der Stiftungszweck aus Sicht des Stifters eigennützig ist (Nr. 1), und Rechtsgestaltungen, die solchen Stiftungen in ihrer Struktur und Funktion entsprechen (Nr. 2). Hierbei handelt es sich um Rechtsvereinbarungen, die im übertragenen Sinne keine Trusts sind, aber diesen in Funktion und Struktur zumindest am nächsten kommen. Die deutsch-rechtliche Regelung lässt offen, welche Sachverhalte hier gemeint sein könnten. Nießbrauch und Treuhandschaft verlagern ggf. die wirtschaftliche Zurechnung, verlängern die Beteiligungskette, kommen aber selbst nicht als Zurechnungsobjekt in Betracht. U. E. ist diese **Auffangregelung** der Nr. 2 zurzeit ohne praktischen Anwendungsbereich.   **18**

Der Trust ist insbesondere nicht mit einem Treuhandverhältnis nach deutschem Recht zu vergleichen. Der BGH hat sich mit dieser Frage in seinem Urteil vom 13.6.1984[21] auseinandergesetzt und Folgendes ausgeführt: **19**

> „Mit den dogmatischen Grundlagen des deutschen Rechts ist die Rechtsfigur des Trusts unvereinbar. Der Trust ist nicht mit einem Treuhandverhältnis nach deutschem Recht zu vergleichen. Im angelsächsischen Rechtskreis ist zwischen zwei Rechtssystemen, dem strengen Recht (Law) und dem Billigkeitsrecht (Equity), zu unterscheiden. Das Wesen eines Trusts besteht darin, dass die Berechtigung nach strengem Recht von der Berechtigung nach Billigkeitsrecht getrennt wird. Der Trustee ist nach strengem Recht Eigentümer der zum Trust gehörenden Sachen und Vollinhaber der zu ihm gehörenden Rechte. Nach Billigkeitsrecht sind jedoch seine Befugnisse in der Weise beschränkt, dass er von ihnen nur zu bestimmten Zwecken im Interesse von Dritten Gebrauch machen darf. Diese Beschränkungen sind nicht, wie etwa bei der Treuhandbestellung nach deutschem Recht, rein schuldrechtlicher Art.“

In Deutschland übernehmen grundsätzlich Stiftungen bürgerlichen Rechts die Funktion eines Trusts, Vermögen des Begründers durch einen Treuhänder auf Dauer zugunsten von Dritten zu verwalten. Stiftungen bürgerlichen Rechts sind jedoch selbst schon juristische Personen und daher bereits von § 20 Abs. 1   **20**

---

ung_VII/19_Legislaturperiode/2019-12-19-Gesetz-4-EU-Geldwaescherichtlinie/1-Referentenentwurf.pdf?__blob=publicationFile&v=4, zuletzt abgerufen am 15.11.2021.

20 BT-Drs. 18/11555, Begr. zu § 21 Abs. 2 GwG, S. 131.
21 BGH, Urt. v. 13.6.1984 – IVa ZR 196/82, Ziff. IV lit. c).

Satz 1 GwG erfasst. Für Treuhänder von nichtrechtsfähigen Stiftungen, deren Zweck aus Sicht des Stifters eigennützig ist, oder Rechtsgestaltungen, deren Struktur und Funktion solchen Stiftungen entsprechen, gelten die Transparenzpflichten nach § 21 Abs. 1 GwG allerdings doch, denn solche Rechtsgestaltungen weisen hinreichende Parallelen zu Trusts auf.[22] Ob es daneben tatsächlich noch „ähnliche Rechtsgestaltungen" gibt, ist, wie erwähnt, zurzeit zweifelhaft.

21   Nichtrechtsfähige Stiftungen sind als Rechtsgestaltungen i.S.d. § 21 Abs. 2 Nr. 1 GwG nur mitteilungspflichtig, wenn der Stiftungszweck aus Sicht des Stifters eigennützig ist.[23] Das bedeutet im Umkehrschluss, dass gemeinnützige nichtrechtsfähige Stiftungen in der Regel nicht der Mitteilungspflicht unterliegen; es darf nicht allein aufgrund des deutschen (steuerlich-geprägten) Gemeinnützigkeitsstatus darauf geschlossen werden, dass keine eigennützige Rechtsgestaltung vorliegt.[24] § 21 Abs. 2 Nr. 1 GwG erfasst nichtrechtsfähige Stiftungen nicht nur dann, wenn sie Trusts ähnlich sind, sondern generell. Dies hat zur Folge, dass nicht nur nichtrechtsfähige Stiftungen des Privatrechts, sondern auch des öffentlichen Rechts von dieser Vorschrift erfasst werden, was nach *Orth* als „legislatorisches Missgeschick" bezeichnet werden kann.[25] Die Funktion eines Trusts wird in Deutschland regelmäßig von Stiftungen des bürgerlichen Rechts erfüllt, welche anders als Trusts juristische Personen[26] sind und damit schon durch § 20 Abs. 1 GwG erfasst werden.[27]

VI. Einsichtsbefugnis der Zentralstelle für Finanztransaktionsuntersuchungen und Aufsichtsbehörden (§ 21 Abs. 3 GwG)

22   § 21 Abs. 3 GwG dient der Umsetzung der Vorgaben des Art. 31 Abs. 3 der Vierten und Fünften EU-Geldwäscherichtlinie. Die Regelung ist dabei das auf Trustees nach § 21 Abs. 1 GwG und Treuhänder nach § 21 Abs. 2 GwG zugeschnittene **Pendant zu § 20 Abs. 5 GwG**. Mit der Regelung soll sichergestellt sein, dass die genannten Behörden zeitnah (**unverzüglich**) auf die in § 21 Abs. 1 GwG genannten Angaben zu den wirtschaftlich Berechtigten zugreifen können.

---

22 BT-Drs. 18/11555, Begr. zu § 21 Abs. 2 GwG, S. 131.

23 Dann liegt eine Ähnlichkeit zu Trusts vor, vgl. *Orth*, Zur Bedeutung des Transparenzregisters für Stiftungen, S. 31.

24 Bundesverband Deutscher Stiftungen, Update Transparenzregister, S. 2 https://www.sk-wpg.de/fileadmin/_migrated/content_uploads/Transparenzregister.pdf, zuletzt abgerufen am 29.4.2020.

25 *Orth*, Zur Bedeutung des Transparenzregisters für Stiftungen, S. 31.

26 *Orth*, Zur Bedeutung des Transparenzregisters für Stiftungen, S. 31.

27 *Orth*, Zur Bedeutung des Transparenzregisters für Stiftungen, S. 31.

Im Übrigen kann auf die Ausführung zu § 20 Abs. 5 GwG verwiesen werden (vgl. → § 20 dort Rn. 14, 50, 93 f.).

VII. Verordnungsermächtigung für die Einzelheiten und Merkmale von § 21 Abs. 1 und 3 (§ 21 Abs. 4 GwG)

§ 21 Abs. 4 GwG dient der Umsetzung von Art. 31 Abs. 10 der Fünften EU- **23** Geldwäscherichtlinie. Danach sind „bis zum 10.7.2019 die Kategorien, eine Beschreibung der Merkmale, die Namen und sofern angezeigt die geltende Rechtsgrundlage der in Abs. 1 genannten Trust und ähnlichen Rechtsvereinbarungen zu übermitteln". § 21 Abs. 4 GwG ermächtigt das Bundesministerium der Finanzen, mittels Rechtsverordnung die Einzelheiten zu regeln, welche Trusts und trustähnlichen Rechtsgestaltungen von § 21 Abs. 1 und 3 GwG erfasst sind und durch welche Merkmale sich diese auszeichnen. Dies dient der Erfassung aller Trusts und ähnlicher Rechtsvereinbarungen, die unter Umständen nicht unter die nationalen Anforderungen fallen, und soll sämtliches Missbrauchspotenzial verhindern.

§ 22 Zugängliche Dokumente und Datenübermittlung an das Transparenzregister, Verordnungsermächtigung

(1) Über die Internetseite des Transparenzregisters sind nach Maßgabe des § 23 zugänglich:

1. Eintragungen im Transparenzregister zu Meldungen nach § 20 Absatz 1 Satz 1 und nach § 21,

2. Bekanntmachungen des Bestehens einer Beteiligung nach § 20 Absatz 6 des Aktiengesetzes,

3. Stimmrechtsmitteilungen nach den §§ 40 und 41 des Wertpapierhandelsgesetzes,

4. Listen der Gesellschafter von Gesellschaften mit beschränkter Haftung und Unternehmergesellschaften nach § 8 Absatz 1 Nummer 3, § 40 des Gesetzes betreffend die Gesellschaften mit beschränkter Haftung sowie Gesellschafterverträge gemäß § 8 Absatz 1 Nummer 1 in Verbindung mit § 2 Absatz 1a Satz 2 des Gesetzes betreffend die Gesellschaften mit beschränkter Haftung, sofern diese als Gesellschafterliste gelten, nach § 2 Absatz 1a Satz 4 des Gesetzes betreffend die Gesellschaften mit beschränkter Haftung,

5. Eintragungen im Handelsregister,

6. Eintragungen im Partnerschaftsregister,

7. Eintragungen im Genossenschaftsregister,

8. Eintragungen im Vereinsregister.

Zugänglich in dem nach den besonderen registerrechtlichen Vorschriften für die Einsicht geregelten Umfang sind nur solche Dokumente und Eintragungen nach Satz 1 Nummer 2 bis 8, die aus dem Handelsregister, Genossenschaftsregister, Partnerschaftsregister, Unternehmensregister oder Vereinsregister elektronisch abrufbar sind.

(2) Um die Eröffnung des Zugangs zu den Originaldaten nach Absatz 1 Satz 1 Nummer 2 bis 8 über die Internetseite des Transparenzregisters zu ermöglichen, sind dem Transparenzregister die dafür erforderlichen Daten (Indexdaten) zu übermitteln. Der Betreiber des Unternehmensregisters übermittelt die Indexdaten zu den Originaldaten nach Absatz 1 Satz 1 Nummer 2 und 3 dem Transparenzregister. Die Landesjustizverwaltungen übermitteln die Indexdaten zu den Originaldaten nach Absatz 1 Satz 1 Nummer 4 bis 8 dem Transparenzregister. Die Indexdaten dienen nur der Zugangsvermittlung und dürfen nicht zugänglich gemacht werden.

(3) Das Bundesministerium der Finanzen wird ermächtigt, im Benehmen mit dem Bundesministerium der Justiz und für Verbraucherschutz für die Datenübermittlung nach Absatz 2 Satz 3 durch Rechtsverordnung, die der Zustimmung des Bundesrates bedarf, technische Einzelheiten der Datenübermittlung zwischen den Behörden der Länder und dem Transparenzregister einschließlich der Vorgaben für die zu verwendenden Datenformate und zur Sicherstellung von Datenschutz und Datensicherheit zu regeln. Abweichungen von den Verfahrensregelungen durch Landesrecht sind ausgeschlossen.

(4) Das Bundesministerium der Finanzen wird ermächtigt, im Benehmen mit dem Bundesministerium der Justiz und für Verbraucherschutz durch Rechtsverordnung, die nicht der Zustimmung des Bundesrates bedarf, Registrierungsverfahren für die Mitteilungsverpflichteten nach den §§ 20 und 21 sowie technische Einzelheiten der Datenübermittlung nach Absatz 2 Satz 2 sowie nach den §§ 20 und 21 einschließlich der Vorgaben für die zu verwendenden Datenformate und Formulare sowie zur Sicherstellung von Datenschutz und Datensicherheit zu regeln.

Übersicht

I. Allgemeines

Die Vorschrift des § 22 GwG enthält im Kern eine **Auflistung der Dokumente** 1
und Eintragungen, die seit dem 27.12.2017[1] zugänglich sind, die Regelung zur

---

1 Der Zugang zu Eintragungen im Vereinsregister erfolgte hingegen erst ab dem 26.6.2018. Bis zum 25.6.2018 wurden die technischen Voraussetzungen geschaffen, um diejenigen Indexdaten nach § 22 Abs. 2 GwG zu übermitteln, welche für die Eröffnung des Zugangs zu den Originaldaten nach § 22 Abs. 1 Satz 1 Nr. 8 GwG erforderlich wa-

Indexdatenübermittlung an das Transparenzregister und zwei Verordnungsermächtigungen (Abs. 3/Abs. 4) zur Klärung von (technischen) Einzelheiten der unterschiedlichen Indexdatenübermittlungsvorgänge, der zu verwendenden Datenformate und Formulare, des Registrierungsverfahrens und der Sicherstellung von Datenschutz und Datensicherheit. Das Transparenzregister erhält per Datenübermittlung sämtliche in den öffentlichen Registern verfügbaren Informationen, die für die Angaben zu wirtschaftlich Berechtigten von Bedeutung sind. Wie die Übermittlung der Daten im Detail zu vollziehen ist, wird in zwei Verordnungen – der Transparenzregisterdatenübermittlungsverordnung (TrDüV)[2] und der Indexdatenübermittlungsverordnung (IDÜV)[3] näher bestimmt. „Gefüttert" wird das Transparenzregister demnach mit Datensätzen von Mitteilungsverpflichteten nach §§ 20 und 21 GwG, Hinweisen des Betreibers des Unternehmensregisters sowie von den Landesjustizverwaltungen. Ein besonderes Augenmerk gilt in diesem Fall den sogenannten „Indexdaten", die dem Transparenzregister übermittelt werden. Bei Indexdaten handelt es sich um Originaldaten, die den Dokumenten und Eintragungen nach § 22 Abs. 1 Nr. 2–8 GwG entsprechen, aus öffentlichen Registern (Handels-, Partnerschafts-, Genossenschafts-, Vereins- und Unternehmensregister) stammen und dem Transparenzregister zwecks Eröffnung des zentralen Zugriffs von dem Betreiber des Unternehmensregisters oder den Landesjustizverwaltungen übermittelt werden.

2   Eine dem § 22 GwG vergleichbare Vorschrift war dem Referentenentwurf vom 15.12.2016 fremd; erst der wesentlich strukturierter gestaltete Regierungsentwurf führte die Norm ein und leistet damit einen erheblichen Beitrag zur **Steigerung der Gesetzessystematik** der §§ 18 ff. GwG.

II. Zugängliche Daten des Transparenzregisters (§ 22 Abs. 1 GwG)

3   § 22 Abs. 1 GwG enthält eine abschließende gesetzliche Aufzählung von Daten bzw. Informationen, die über die Internetseite des Transparenzregisters (www.transparenzregister.de) nach Maßgabe des § 23 GwG zugänglich sind. Gem. § 59 Abs. 3 GwG kann die Einsichtnahme in das Transparenzregister

---

ren. Für den Übergangszeitraum vom 26.6.2017 bis zum 25.6.2018 enthielt das Transparenzregister stattdessen einen Link auf das gemeinsame Registerportal der Länder. Dies ergibt sich aus der Übergangsregelung des § 59 Abs. 2 GwG.

2 Verordnung zur Datenübermittlung durch Mitteilungsverpflichtete und durch den Betreiber des Unternehmensregisters an das Transparenzregister (Transparenzregisterdatenübermittlungsverordnung – TrDüV) vom 30.6.2017 (BGBl. I 2017, S. 2090).

3 Verordnung über die Übermittlung von Indexdaten der Landesjustizverwaltungen an das Transparenzregister (Indexdatenübermittlungsverordnung – IDÜV) vom 12.7.2017 (BGBl. I 2017, 2372).

selbst frühestens seit dem 27.12.2017 erfolgen. Aus der Formulierung „sind zugänglich" ergibt sich, dass die in § 22 Abs. 1 Satz 1 Nr. 2–8 GwG genannten Daten nicht im Transparenzregister selbst gespeichert werden, sondern über eine Vernetzung mit den Originaldatenbeständen.[4] Dies bedeutet, dass über die Internetseite des Transparenzregisters für bestimmte Daten eine Verlinkung bzw. Weiterleitung zu einem der anderen öffentlichen Register erfolgt.

Dies wirft vor allem die Frage nach dem **Vertrauen in die Richtigkeit des** **Transparenzregisters** auf (vgl. hierzu ausführlich → § 18 Rn. 5 ff.). Eine Gewähr für die Richtigkeit und Vollständigkeit soll es ausweislich der Gesetzesbegründung nicht geben.[5] Dies widerspricht jedoch dem Grundgedanken z. B. des Handelsregisters, dem selbst ein öffentlicher Glaube beigemessen wird (vgl. § 15 HGB). Dritte dürfen sich auf die Richtigkeit des Handelsregisters verlassen, soweit es um eintragungspflichtige Tatsachen geht. Erfolgt eine Vernetzung des Transparenzregisters mit den Originalbeständen des Handelsregisters, so dürfte auf die Richtigkeit dieser Angaben konsequenterweise weiter vertraut werden. Dies setzt zumindest voraus, dass der Einsichtnehmende Kenntnis von der Weiterleitung zu den Originalbeständen des Handelsregisters hat. Ist das der Fall, so dürfte auf die Richtigkeit dieser Angaben weiter vertraut werden, auch wenn sonst kein Vertrauen in die Richtigkeit der im Transparenzregister hinterlegten Angaben zu den wirtschaftlich Berechtigten anzunehmen ist. Kein Vertrauen in die Richtigkeit ist also nur hinsichtlich solcher Angaben angebracht, für die eine Mitteilung an das Transparenzregister gem. § 20 Abs. 1 Satz 1 GwG zu erfolgen hat.

Hinsichtlich der in den Nr. 2–8 aufgeführten Daten ist eine Vernetzung mit den Originaldatenbeständen vorgesehen.[6] Hierzu gehören Bekanntmachungen/Offenlegungen des Bestehens einer wesentlichen Beteiligung an der Aktiengesellschaft nach § 20 Abs. 6 AktG (Nr. 2) und von Stimmrechtsmitteilungen nach §§ 40, 41 WpHG, aus denen sich die von den Aktionären gehaltenen Stimmrechtsanteile an einer Aktiengesellschaft entnehmen lassen, wenn bestimmte Schwellenwerte überschritten werden (Nr. 3).[7] Ferner werden die Listen der Gesellschafter von Gesellschaften mit beschränkter Haftung und Unternehmensgesellschaften nach § 8 Abs. 1 Nr. 3, § 40 GmbHG sowie Gesellschaftsverträge gem. § 8 Abs. 1 Nr. 1 i.V.m. § 2 Abs. 1a Satz 2 GmbHG zugänglich sein, sofern diese als Gesellschafterliste gelten (Nr. 4), aus denen sich die Geschäftsanteile der einzelnen Gesellschafter ergeben.[8] Auch die Eintragungen im Handels-, Partnerschafts-, Genossenschafts- und Vereinsregister (Nr. 5–8) und ab 1.1.2024

---

4 BT-Drs. 18/11555, Begr. zu § 22 Abs. 1 GwG, S. 131.
5 BT-Drs. 18/11555, Begr. zu § 18 Abs. 4 GwG, S. 125.
6 BT-Drs. 18/11555, Begr. zu § 22 Abs. 1 GwG, S. 131.
7 BT-Drs. 18/11555, Begr. zu § 22 Abs. 1 GwG, S. 131.
8 BT-Drs. 18/11555, Begr. zu § 22 Abs. 1 GwG, S. 131.

im Gesellschaftsregister,[9] d. h. die Angaben über gesetzliche Vertreter sowie (geschäftsführende) Gesellschafter bzw. Partner der Vereinigungen nach § 20 Abs. 1 Satz 1 GwG, die Rückschlüsse auf deren Stellung als wirtschaftlich Berechtigte zulassen, sind über eine Vernetzung des Transparenzregisters zugänglich. Die **Zugänglichmachung** von aktuellen und chronologischen Ausdrucken aus dem Handels-, Partnerschafts-, Genossenschafts- und Vereinsregister soll ermöglicht werden, weil diese ohnehin schon für jedermann einsehbar sind und eine hohe Datenqualität aufweisen. Die zur Erfüllung der Mitteilungspflicht nach § 20 und § 21 GwG übermittelten Daten sind als Eintragungen im Transparenzregister zugänglich (Nr. 1).

6   Die Daten „sind nach Maßgabe des § 23 GwG zugänglich" bedeutet, dass für die tatsächliche Einsichtnahme die faktisch nach wie vor gestaffelten Registerzugangsvoraussetzungen zu beachten sind.

7   Nach § 22 Abs. 1 Satz 2 GwG sind in dem nach den besonderen registerrechtlichen Vorschriften für die Einsicht geregelten Umfang auch nur solche Dokumente und Eintragungen nach Satz 1 Nr. 2–8 zugänglich, die aus dem Handelsregister, Genossenschaftsregister, Partnerschaftsregister, Unternehmensregister oder Vereinsregister elektronisch abrufbar sind. Dokumente und Eintragungen, die noch nicht digitalisiert worden sind, sind demnach nicht „zugänglich".

III. Übermittlung von Indexdaten (Originaldatenbestand) (§ 22 Abs. 2 GwG)

1. Allgemeines

8   Damit der Zugang zu den Originaldaten nach § 22 Abs. 1 Satz 1 Nr. 2–8 GwG über die Internetseite des Transparenzregisters ermöglicht wird, sind dem Transparenzregister die dafür erforderlichen Daten (sog. **Indexdaten**) zu übermitteln (Satz 1). Unter Indexdaten sind die aus den öffentlichen Registern (Handels-, Partnerschafts-, Genossenschafts-, Vereins- und Unternehmensregister) verfügbaren Originaldaten zu verstehen, welche für das Transparenzregister und für die Zugänglichmachung von Daten zu den wirtschaftlich Berechtigten relevant sind. Der Betreiber des Unternehmensregisters[10] übermittelt die Indexdaten zu den Originaldaten nach § 22 Abs. 1 Satz 1 Nr. 2 und 3 GwG dem Transparenzregister. Die Landesjustizverwaltungen übermitteln die Indexdaten zu den bereits vorhandenen Originaldaten nach § 22 Abs. 1 Satz 1 Nr. 4–8 GwG dem Transpa-

---

9 Mit Inkrafttreten des Gesetzes zur Modernisierung des Personengesellschaftsrechts (Personengesellschaftsrechtsmodernisierungsgesetz – MoPeG), BGBl. I, S. 3436, Art. 92, Nr. 5 a), aa), bbb).

10 Wie auch das Transparenzregister wird das Unternehmensregister von der Bundesanzeiger Verlag GmbH mit Sitz in Köln geführt.

renzregister (§ 22 Abs. 1 Satz 3 GwG). § 22 Abs. 2 GwG stellt mithin die **Verknüpfung** des Transparenzregisters mit den **Originaldatenbeständen** des Handels-, Partnerschafts-, Genossenschafts-, Vereins- und Unternehmensregisters und deren Zugänglichmachung über die Internetseite des Transparenzregisters sicher. Dadurch wird von vornherein eine große Datenmenge mit Angaben zu den wirtschaftlich Berechtigten bereitstehen.

Zur Zulieferung der Indexdaten der Handels-, Partnerschafts-, Genossenschafts-   **9**
und Vereinsregisterdaten sind die **Registergerichte** verpflichtet, soweit dies für den Aufbau eines zentralisierten Zugangs zu den entsprechenden Daten über das Transparenzregister erforderlich ist.[11] Hierbei handelt es sich um die **Amtsgerichte** in den jeweiligen Bundesländern. Das Gleiche gilt für den Betreiber des Unternehmensregisters und die im Unternehmensregister vorhandenen Datenbestände.[12] Die jeweiligen Betreiber der Register haben die von der Eintragung in das Register Betroffenen darauf hinzuweisen, dass ihre Daten auch im Rahmen des Transparenzregisters verwendet werden und einsehbar sind. Dies hat in geeigneter Weise zu erfolgen.[13] Um sicherzugehen, dass tatsächlich jeder Betroffene informiert wird, empfiehlt es sich, die Betroffenen postalisch, alternativ per E-Mail zu kontaktieren.

2. Das Verfahren nach der TrDüV

Für die **Übermittlung der Indexdaten** durch den Betreiber des Unternehmensre-   **10**
gisters enthält die Transparenzregisterdatenübermittlungsverordnung (**TrDüV**)[14] konkretisierende Vorschriften in den §§ 4–6 TrDüV. Gem. § 3 Abs. 1 TrDüV sind zur Ermöglichung des Zugangs zu Bekanntmachungen nach § 22 Abs. 1 Satz 1 Nr. 2 GwG und Stimmrechtsmitteilungen nach § 22 Abs. 1 Satz 1 Nr. 3 GwG der registerführenden Stelle folgende Indexdaten zu übermitteln: Registerart, Registergericht und Registernummer sowie Ortskennzeichen, soweit vorhanden (Nr. 1), Firma oder Name des Unternehmens, bei Zweigniederlassungen die betreffenden Daten der Zweigniederlassung (Nr. 2), Rechtsform des Unternehmens (Nr. 3), Sitz und, soweit vorhanden, Anschrift des Unternehmens, bei Zweigniederlassungen die betreffenden Daten der Zweigniederlassung (Nr. 4) sowie die Verfügbarkeit der Bekanntmachungen des Bestehens einer Beteiligung nach § 20 Abs. 6 AktG und die Verfügbarkeit der Stimmrechtsmitteilungen nach den §§ 40 und 41 WpHG zu den jeweiligen Unternehmen (Nr. 5). Nach § 4 Abs. 1 Satz 2 TrDüV hat der Betreiber des Unternehmensregisters die Befugnis, die In-

---

11 BT-Drs. 18/11555, Begr. zu § 22 Abs. 2 GwG, S. 131.
12 BT-Drs. 18/11555, Begr. zu § 22 Abs. 2 GwG, S. 131.
13 BT-Drs. 18/11555, Begr. zu § 22 Abs. 2 GwG, S. 131.
14 Verordnung zur Datenübermittlung durch Mitteilungsverpflichtete und durch den Betreiber des Unternehmensregisters an das Transparenzregister (Transparenzregisterdatenübermittlungsverordnung – TrDüV) vom 30.6.2017 (BGBl. I 2017, S. 2090).

dexdaten, die ihm nach den §§ 5–7 der Unternehmensregisterverordnung[15] von den Landesjustizverwaltungen übermittelt worden sind, zur Übermittlung nach Satz 1 an die registerführende Stelle zu verwenden. Die Übermittlung der Indexdaten hat dabei in einem strukturierten Format zu erfolgen, das zwischen dem Betreiber des Transparenzregisters und dem Betreiber des Unternehmensregisters vereinbart worden ist (§ 4 Abs. 2 TrDüV).

11 Aufgrund der Identität der beiden Registerbetreiber wird die Datenübermittlung wohl kaum Schwierigkeiten bereiten. Gleiches gilt für die Vorgabe des § 4 Abs. 4 TrDüV, nach der der Betreiber des Unternehmensregisters sicherzustellen hat, dass die von ihm übermittelten Indexdaten den Zugang zu Originaldaten nach § 22 Abs. 1 Satz 1 Nr. 2 und 3 GwG im Transparenzregister ermöglichen, ohne dass der Betreiber des Transparenzregisters die Indexdaten aufbereiten oder verändern muss. Betreiber der beiden Register ist die Bundesanzeiger Verlag GmbH. Zudem muss der Betreiber des Unternehmensregisters **Änderungen der Indexdaten** nach § 4 TrDüV unverzüglich der registerführenden Stelle übermitteln (§ 5 Abs. 1 TrDüV). Was eine unverzügliche Übermittlung bedeutet, bestimmt § 5 Abs. 2 Satz 1 TrDüV, wonach die Änderung mindestens innerhalb von vierundzwanzig Stunden zu übermitteln ist.

12 Nach § 5 Abs. 2 Satz 1 TrDüV können beide Register in Absprache eine vollständige Neuübermittlung vornehmen, wenn dadurch der Betrieb des Transparenzregisters nicht beeinträchtigt wird. Kommt es während der Übermittlung der Indexdaten nach § 4 TrDüV zu Störungen oder Unterbrechungen, soll dies dem Übermittler der Daten mitgeteilt werden und eine neue Datenübermittlung stattfinden (§ 6 Abs. 1 TrDüV). Nach § 6 Abs. 2 TrDüV erstellt der Betreiber im Einvernehmen mit dem Bundesamt für Sicherheit in der Informationstechnik ein Sicherheitskonzept für das Transparenzregister. Wie aus den Vorschriften der TrDüV zur Übermittlung der Daten durch den Betreiber des Unternehmensregisters ersichtlich, erleichtert der Umstand, dass beide Register von der Bundesanzeiger Verlag GmbH als „Beliehene" geführt werden, den Austausch von Indexdaten zwischen den Registern erheblich.

13 Die Indexdaten dienen nur der Zugangsvermittlung und dürfen nicht zugänglich gemacht werden (§ 22 Abs. 2 Satz 4 GwG). Das bedeutet, die Indexdaten sind ausschließlich zur bloßen Verknüpfung des Transparenzregisters mit den öffentlichen Registern gedacht, sind selbst aber nicht zur eigenen Zugänglichmachung vorgesehen.

---

15 Verordnung über das Unternehmensregister (Unternehmensregisterverordnung – UVR) vom 26.2.2007 (BGBl. I 2007, 217).

IV. Verordnungsermächtigung bezüglich der Datenübermittlung zwischen den Behörden der Länder und dem Transparenzregister (§ 22 Abs. 3 GwG)

In § 22 Abs. 3 GwG wird das **BMF** ermächtigt, im Benehmen mit dem **BMJV**   **14**
für die **Datenübermittlung** nach § 22 Abs. 2 Satz 3 (Indexdatenübermittlung
durch die Landesjustizverwaltungen) durch Rechtsverordnung, die der Zustimmung des Bundesrates bedarf, technische Einzelheiten der Datenübermittlung
zwischen den Behörden der Länder und dem Transparenzregister einschließlich
der Vorgaben für die verwendeten Datenformate und die Sicherstellung von Datenschutz und Datensicherheit zu regeln (Satz 1). Abweichungen von den Verfahrensregelungen sind ausgeschlossen (Satz 2).

Das BMF hat von der Verordnungsermächtigung Gebrauch gemacht und die In-   **15**
dexdatenübermittlungsverordnung (**IDÜV**)[16] erlassen. § 7 IDÜV normiert eine
Übergangsregelung, nach der die Vorschriften für die Übermittlung der Indexdaten zu Eintragungen aus dem Vereinsregister inhaltlich erst **seit dem
26.6.2018** anzuwenden sind (§ 1 Abs. 2 auch i.V.m. § 2 Satz 2 und § 5 Abs. 1
Satz 2 IDÜV). Die IDÜV ist der TrDüV ähnlich, wobei Landesjustizverwaltungen, die zur Indexdatenübermittlung verpflichtet sind, keine Registrierung auf
der Internetseite des Transparenzregisters vornehmen müssen. Freilich sind mit
den Indexdaten zu Eintragungen im Handels-, Partnerschafts-, Genossenschafts-
und Vereinsregister gem. § 1 Abs. 1 IDÜV i.V.m. § 22 Abs. 1 Satz 1 Nr. 4–8
GwG andere Daten als vom Betreiber des Unternehmensregisters zu übermitteln. Nach § 1 Abs. 1 Nr. 1–6 IDÜV sind dem Transparenzregister folgende Indexdaten zu übermitteln:

(1) Registerart, Registergericht und Registernummer sowie ein Ortskennzei-
     chen, soweit vorhanden,
(2) Firma oder Name des Unternehmens, bei Zweigniederlassungen die betref-
     fenden Daten der Zweigniederlassung,
(3) Rechtsform des Unternehmens,
(4) Sitz und Anschrift des Unternehmens, bei Zweigniederlassungen die be-
     treffenden Daten der Zweigniederlassung – bis hierhin stimmen die zu
     übermittelnden Daten mit denen überein, die nach der TrDüV vom Betrei-
     ber des Unternehmensregisters zu übermitteln sind –,
(5) Kennzeichnung, ob es sich um eine Neueintragung, eine Veränderung oder
     Löschung handelt,

---

16 Verordnung über die Übermittlung von Indexdaten der Landesjustizverwaltungen an
   das Transparenzregister (Indexdatenübermittlungsverordnung – IDÜV) v. 12.7.2017
   (BGBl. I 2017, S. 2372).

(6) Verfügbarkeit der Dokumentarten „Aktueller Ausdruck (AD)", „Chronologischer Ausdruck (CD)", „Historischer Ausdruck (HD)", „Unternehmensträgerdaten (UT)" und „Dokumentenansicht (DK)" zu den jeweiligen Unternehmen.

16 Nach § 1 Abs. 2 IDÜV gilt für Eintragungen im Vereinsregister die Pflicht zur Übermittlung der erforderlichen Indexdaten, soweit vorhanden, entsprechend. Zusätzlich zu den Indexdaten nach § 1 Abs. 1 und 2 IDÜV sind die von den Landesjustizverwaltungen für das länderübergreifende, zentrale elektronische Informations- und Kommunikationssystem (§ 9 Abs. 1 Satz 4 HGB) bereitgestellten weiteren Indexdaten ebenfalls dem Transparenzregister zu übermitteln (§ 1 Abs. 3 IDÜV). Darüber hinaus sind die Landesjustizverwaltungen gem. § 2 Satz 1 IDÜV gegenüber dem Transparenzregister zur Übermittlung folgender Indexdaten zu Bekanntmachungen aus dem Handels-, Partnerschafts- und Genossenschaftsregister verpflichtet:

(1) Registerart, Registergericht und Registernummer sowie ein Ortkennzeichen, soweit vorhanden,

(2) Firma oder Name des Unternehmens,

(3) Rechtsform des Unternehmens,

(4) Sitz des Unternehmens,

(5) Gegenstand der Bekanntmachung,

(6) Elektronische Verknüpfung zu der Bekanntmachung,

(7) Tag der Bekanntmachung,

(8) Tag der Eintragung oder Anordnung.

17 Nach § 2 Satz 2 IDÜV gelten § 1 Abs. 2 und 3 IDÜV entsprechend, sodass auch die Indexdaten zu Bekanntmachungen aus dem Vereinsregister und Indexdaten, welche über die Daten nach § 1 Abs. 2 und 3 IDÜV hinausgehen, an das Transparenzregister zu übermitteln sind. Anders als § 4 Abs. 4 TrDüV sieht § 4 IDÜV vor, dass auch eine Suche nach § 23 Abs. 4 GwG (nach eingestellten Daten von Vereinigungen nach § 20 Abs. 1 Satz 1 GwG und Rechtsgestaltungen nach § 21 GwG sowie sämtlichen Indexdaten) möglich sein wird. Hinsichtlich der Änderung und Aktualisierung von Daten weicht § 5 IDÜV von § 5 TrDüV sachbezogen ab. Nach § 5 Abs. 2 Satz 1, § 2 IDÜV sind auch die übermittelten Bekanntmachungen täglich zu aktualisieren. Eine häufigere Aktualisierung oder eine vollständige Neuübermittlung ist wie nach der TrDüV auch nach der IDÜV möglich (§ 5 Abs. 2 Satz 2 IDÜV). Hinsichtlich der Änderungen der übermittelten Indexdaten besteht die Pflicht, diese unverzüglich zu übermitteln (§ 5 Abs. 1 IDÜV). Bezüglich der Vorgaben zum Datenschutz und zur Datensicherheit bestehen keine Differenzen zwischen den beiden Verordnungen.

V. Verordnungsermächtigung bezüglich der Datenübermittlung zwischen Unternehmensregister und Transparenzregister (§ 22 Abs. 4 GwG)

In § 22 Abs. 4 GwG wird das BMF ermächtigt, im Benehmen mit dem BMJV durch Rechtsverordnung, die nicht der Zustimmung des Bundesrates bedarf, **Registrierungsverfahren** für die Mitteilungsverpflichteten nach den §§ 20 und 21 GwG sowie **technische Einzelheiten der Datenübermittlung** nach § 22 Abs. 2 Satz 2 GwG sowie nach den §§ 20 und 21 GwG einschließlich der Vorgaben für die zu verwendeten Datenformate und Formulare sowie die Sicherstellung von Datenschutz und Datensicherheit zu regeln.

18

Von der Ermächtigung wurde mit der Transparenzregisterdatenübermittlungsverordnung (TrDüV)[17] Gebrauch gemacht. Die Verordnung konkretisiert, wie die Datenübermittlung durch den Betreiber des Unternehmensregisters an das Transparenzregister sowie die Datenübermittlung durch Mitteilungsverpflichtete erfolgen soll, und normiert das Registrierungsverfahren, welches von den transparenzpflichtigen Vereinigungen und Rechtsgestaltungen vor der Übermittlung der Angaben durchzuführen ist (vgl. hierzu ausführlich → § 20 Rn. 56 ff.).

19

---

17 Verordnung zur Datenübermittlung durch Mitteilungsverpflichtete und durch den Betreiber des Unternehmensregisters an das Transparenzregister (Transparenzregisterdatenübermittlungsverordnung – TrDüV) vom 30.6.2017 (BGBl. I 2017, S. 2090).

§ 23 Einsichtnahme in das Transparenzregister, Verordnungsermächtigung

(1) Bei Vereinigungen nach § 20 Absatz 1 Satz 1 und Rechtsgestaltungen nach § 21 ist die Einsichtnahme gestattet:

1. den folgenden Behörden, soweit sie zur Erfüllung ihrer gesetzlichen Aufgaben erforderlich ist:

    a) den Aufsichtsbehörden und der Behörde nach § 25 Absatz 6 sowie nach § 56 Absatz 5 Satz 2,

    b) der Zentralstelle für Finanztransaktionsuntersuchungen,

    c) den gemäß § 13 des Außenwirtschaftsgesetzes zuständigen Behörden,

    d) den Strafverfolgungsbehörden,

    e) dem Bundeszentralamt für Steuern sowie den örtlichen Finanzbehörden nach § 6 Absatz 2 Nummer 5 der Abgabenordnung,

    f) den für Aufklärung, Verhütung und Beseitigung von Gefahren zuständigen Behörden,

    g) den Gerichten sowie

    h) den Stellen nach § 2 Absatz 4,

2. den Verpflichteten, sofern sie der registerführenden Stelle darlegen, dass die Einsichtnahme zur Erfüllung ihrer Sorgfaltspflichten in einem der in § 10 Absatz 3 und 3a genannten Fälle erfolgt, und

3. allen Mitgliedern der Öffentlichkeit.

In diesen Fällen ist die registerführende Stelle befugt, die zugänglichen Daten an den Einsichtnehmenden zu übermitteln. Im Fall des Satzes 1 Nummer 3 sind neben den Angaben nach § 19 Absatz 1 Nummer 1 und 4 nur Monat und Jahr der Geburt des wirtschaftlich Berechtigten, sein Wohnsitzland und alle Staatsangehörigkeiten der Einsichtnahme zugänglich und dürfen übermittelt werden.

(2) Auf Antrag des wirtschaftlich Berechtigten beschränkt die registerführende Stelle die Einsichtnahme in das und die Übermittlung der Daten vollständig oder teilweise, wenn ihr der wirtschaftlich Berechtigte darlegt, dass der Einsichtnahme und der Übermittlung unter Berücksichtigung aller Umstände des Einzelfalls überwiegende schutzwürdige Interessen des wirtschaftlich Berechtigten entgegenstehen. Schutzwürdige Interessen liegen vor, wenn

v. Schweinitz/Posdorfer

1. Tatsachen die Annahme rechtfertigen, dass die Einsichtnahme und Übermittlung den wirtschaftlich Berechtigten der Gefahr aussetzen würde, Opfer einer der folgenden Straftaten zu werden:

    a) eines Betrugs (§ 263 des Strafgesetzbuchs),

    b) eines erpresserischen Menschenraubs (§ 239a des Strafgesetzbuchs),

    c) einer Geiselnahme (§ 239b des Strafgesetzbuchs),

    d) einer Erpressung oder räuberischen Erpressung (§§ 253, 255 des Strafgesetzbuchs),

    e) einer strafbaren Handlung gegen Leib oder Leben (§§ 211, 212, 223, 224, 226, 227 des Strafgesetzbuchs),

    f) einer Nötigung (§ 240 des Strafgesetzbuchs),

    g) einer Bedrohung (§ 241 des Strafgesetzbuchs) oder

2. der wirtschaftlich Berechtigte minderjährig oder geschäftsunfähig ist.

Schutzwürdige Interessen des wirtschaftlich Berechtigten liegen nicht vor, wenn sich die Daten bereits aus den in § 22 Absatz 1 genannten Registern ergeben. Die Beschränkung der Einsichtnahme und Übermittlung nach Satz 1 ist nicht möglich gegenüber den in Absatz 1 Satz 1 Nummer 1 aufgeführten Behörden und gegenüber Verpflichteten nach § 2 Absatz 1 Nummer 1 bis 3 und 7 sowie gegenüber Notaren. Die registerführende Stelle hat jährlich eine Statistik über die Anzahl der bewilligten Beschränkungen und darüber, ob die Beschränkungen nach Satz 2 Nummer 1 oder 2 erfolgt sind, zu erstellen, auf ihrer Internetseite zu veröffentlichen und an die Europäische Kommission zu übermitteln.

(3) Die in § 23 Absatz 1 Satz 1 Nummer 1 genannten Behörden sowie diejenigen in § 23 Absatz 1 Satz 1 Nummer 2 genannten Verpflichteten, gegenüber denen die Beschränkung der Einsichtnahme und Übermittlung nach § 23 Absatz 2 Satz 4 nicht möglich ist, können die Einsichtnahme mittels eines durch die registerführende Stelle geschaffenen und nach ihren Vorgaben ausgestalteten automatisierten Einsichtnahmeverfahrens durchführen. Die registerführende Stelle ist befugt, den in Satz 1 genannten Stellen die nach Maßgabe des Absatzes 1 zugänglichen Daten im automatisierten Verfahren zu übermitteln. Bestehen Zweifel daran, dass die Einsichtnahme zur Erfüllung der gesetzlichen Aufgaben einer Behörde erforderlich ist oder zur Erfüllung der Sorgfaltspflicht eines Verpflichteten nach Satz 1 erfolgt, ist die registerführende Stelle berechtigt, die Verfahren nach den Sätzen 1 und 2 zu sperren. Sie kann die Behörde nach Satz 1 zur Bestätigung, dass die Einsichtnahme zur Erfüllung der gesetzlichen Aufgaben erforderlich ist, auffordern und den Verpflichteten nach Satz 1 dauerhaft auf das für alle Verpflichteten geltende Verfahren nach Absatz 1 verweisen. Die Bestätigung nach Satz 4 hat durch den Dienstvorgesetzten zu erfolgen. Die beteiligten Stellen haben zu

gewährleisten, dass für Einsichtnahmen und Datenübermittlungen im automatisierten Verfahren die erforderlichen technischen und organisatorischen Maßnahmen nach den Artikeln 24, 25 und 32 der Verordnung (EU) 2016/679 des Europäischen Parlaments und des Rates vom 27. April 2016 zum Schutz natürlicher Personen bei der Verarbeitung personenbezogener Daten, zum freien Datenverkehr und zur Aufhebung der Richtlinie 95/46/EG zur Sicherstellung von Datenschutz und Datensicherheit getroffen werden, die insbesondere die Vertraulichkeit und Unversehrtheit der Daten gewährleisten.

(4) Die Einsichtnahme ist nur nach vorheriger Online-Registrierung des Nutzers möglich und kann zum Zweck der Kontrolle, wer Einsicht genommen hat, protokolliert werden. Die registerführende Stelle ist nicht befugt, gegenüber Vereinigungen nach § 20 und Rechtsgestaltungen nach § 21 offenzulegen, wer Einsicht in die Angaben genommen hat, die die Vereinigungen und Rechtsgestaltungen zu ihren wirtschaftlich Berechtigten gemacht haben.

(5) Das Transparenzregister erlaubt die Suche nach Vereinigungen nach § 20 Absatz 1 Satz 1 und Rechtsgestaltungen nach § 21 über alle eingestellten Daten sowie über sämtliche Indexdaten.

(6) Die Einsichtnahme und Übermittlung der Daten aus dem Transparenzregister an einsichtnehmende Behörden erfolgt ausschließlich zu den in Absatz 1 Nummer 1 genannten Zwecken der Aufgabenerfüllung der jeweiligen Behörden. Die Einsichtnahme und Übermittlung der Daten aus dem Transparenzregister an einsichtnehmende Verpflichtete erfolgt ausschließlich zur Erfüllung der Sorgfaltspflichten des jeweiligen Verpflichteten.

(7) Das Bundesministerium der Finanzen wird ermächtigt, durch Rechtsverordnung, die nicht der Zustimmung des Bundesrates bedarf, die Einzelheiten der Einsichtnahme, Datenübermittlung und Beschränkung, insbesondere der Online-Registrierung und der Protokollierung wie die zu protokollierenden Daten und die Löschungsfrist für die protokollierten Daten nach Absatz 3, der Darlegungsanforderungen für die Einsichtnahme und Übermittlung nach Absatz 1 Satz 1 Nummer 2 und 3 und der Darlegungsanforderungen für die Beschränkung der Einsichtnahme und Übermittlung nach Absatz 2 zu bestimmen.

(8) Auf Antrag ist dem wirtschaftlich Berechtigten durch die registerführende Stelle Auskunft über die nach § 23 Absatz 1 Satz 1 Nummer 3 erfolgten Einsichtnahmen zu erteilen. Der wirtschaftlich Berechtigte hat bei Antragstellung die Vereinigung nach § 20 oder die Rechtsgestaltung nach § 21 anzugeben, für die eine Auskunft beantragt wird. Die Auskunft beinhaltet folgende Informationen:

   v. Schweinitz/Posdorfer

1. die beauskunfteten personenbezogenen Daten des wirtschaftlich Berechtigten,

2. die monatsweise dargestellte Anzahl der seit der letzten Antragstellung erfolgten Einsichtnahmen,

der Zeitpunkt der jeweiligen Einsichtnahmen,

4. eine anonymisierte Auflistung der natürlichen Personen, die Einsicht genommen haben und

5. bei Einsichtnahme durch juristische Personen deren Bezeichnung.

Die beantrage Auskunft ist mindestens einmal im Kalenderjahr, höchstens jedoch einmal im Quartal zu erteilen. Der wirtschaftlich Berechtigte belegt im Rahmen der Antragstellung nach Satz 1 seine Identität und seine Stellung als wirtschaftlich Berechtigter der im Antrag in Bezug genommenen Vereinigung nach § 20 oder Rechtsgestaltung nach § 21 anhand geeigneter Nachweise. Geeignete Nachweise sind solche nach § 12. Die Antragstellung und Auskunftserteilung nach diesem Absatz ist ausschließlich über die Internetseite des Transparenzregisters nach den Vorgaben der registerführenden Stelle möglich.

Schrifttum: *Battis* (Hrsg.), Bundesbeamtengesetz, Kommentar zum BBG, 5. Auflage 2017; *Demharter*, Grundbuchordnung: GBO, Kommentar, 30. Aufl. 2016; *Kirchhof*, Transparenzregisterdaten für jedermann?, ZRP 2017, 127; *Goette*, Die Reform des Transparenzregister- und Finanzinformationsgesetzes, DStR 2021, 1551; *Krais*, Die Pläne der Errichtung eines zentralen Transparenzregisters, CCZ 2017, 98; *Meinzer*, Transparenzregisterdaten für jedermann?, ZRP 2017, 127; *Orth*, Non Profit Law Yearbook 2017 – Zur Bedeutung des Transparenzregisters für Stiftungen, Stand: Juli 2018; *Schöner/Stöber*, Grundbuchrecht, 15. Aufl. 2012; *Zillmer*, Das UBO-Register – Bye Steuergeheimnis?, DB 2016, 2509.

Übersicht

I. Allgemeines

1 § 23 GwG regelt die **Einsichtnahme in das Transparenzregister** und dient der
Umsetzung von Art. 30 Abs. 5 und 9 und Art. 31 Abs. 4 der Vierten und Fünften
EU-Geldwäscherichtlinie. Die Vorschrift normiert in abschließender Aufzählung, wem die Einsichtnahme in die im Register gespeicherten Daten gestattet
ist und zählt hierzu drei Gruppen auf. Zu den wohl gewichtigsten Normadressaten gehören die „**Behörden**", für die die Einsichtnahme in das Register zur Erfüllung ihrer gesetzlichen Aufgaben erforderlich ist. Zu den privilegierten Be-

hörden gehören die in § 23 Abs. 1 Nr. 1 GwG bezeichneten Bundes- und Landesbehörden, also solche, die mit der Prävention und Bekämpfung von Geldwäsche und Terrorismusfinanzierung befasst sind. Dazu gehören insbesondere die in § 50 GwG definierten jeweiligen Aufsichtsbehörden (vgl. § 23 Abs. 1 Nr. 1 lit. a GwG), die neu gegründete Zentralstelle für Finanztransaktionsuntersuchungen (§ 23 Abs. 1 Nr. 1 lit. b GwG), die Strafverfolgungsbehörden (§ 23 Abs. 1 Nr. 1 lit. c GwG) und das BZSt sowie die örtlichen Finanzbehörden (§ 23 Abs. 1 Nr. 1 lit. d GwG). Für Letztere dürften die Daten u. a. für den Abgleich mit Beteiligungsdaten nach §§ 138, 138b AO in der Fassung des Steuerumgehungsbekämpfungsgesetzes von Interesse sein. Zu den weiteren „**Einsichtsberechtigten**" zählen die **Verpflichteten selbst**, die ihre geldwäscherechtlichen Sorgfaltspflichten zu erfüllen haben, sowie **alle Mitglieder der Öffentlichkeit**.

Mit der Umsetzung der Fünften EU-Geldwäscherichtlinie in nationales Recht wurde eine Einsichtnahme für jedermann gestattet. Vorher war eine Einsicht nur für denjenigen möglich, der ein berechtigtes Interesse nachweisen konnte. **2**

§ 23 GwG sieht die Möglichkeit vor, dass das Einsichtnahmerecht in das Transparenzregister vollständig oder teilweise beschränkt wird. Hierzu bedarf es eines Antrags des wirtschaftlich Berechtigten. Behörden und privilegierte Verpflichtete sollen ab dem 1.1.2023 über ein automatisiertes Einsichtnahmeverfahren nach § 23 Abs. 3 GwG die Daten des Transparenzregisters einsehen können. Die Einzelheiten der Einsichtnahme, der Online-Registrierung und Handhabung der protokollierten Daten hat das BMF durch Rechtsverordnung bestimmt (§ 23 Abs. 7 GwG).[1] **3**

Nach § 59 Abs. 3 GwG a. F. fanden die §§ 23 Abs. 1–3 GwG a. F.[2] ab dem 27.12.2017 Anwendung, sodass die Einsichtnahme in das Transparenzregister seit diesem Zeitpunkt möglich ist. **4**

1. Gesetzessystematik des § 23 GwG

Die Vorschrift des § 23 GwG normiert die Einsichtnahme in das Transparenzregister unter Verweis auf andere Vorschriften des Geldwäschegesetzes. Nach § 23 **5**

---

1 Vgl. Verordnung des Bundesministeriums der Finanzen über die Einsichtnahme in das Transparenzregister (Transparenzregistereinsichtnahmeverordnung – TrEinV) v. 19.12.2017, BGBl. I, S. 3984 ff.

2 Abs. 3 ist mit der Umsetzung des Gesetzes zur europäischen Vernetzung der Transparenzregister und zur Umsetzung der Richtlinie (EU) 2019/1153 des Europäischen Parlaments und des Rates vom 20.6.2019 zur Nutzung von Finanzinformationen für die Bekämpfung von Geldwäsche, Terrorismusfinanzierung und sonstigen schweren Straftaten (Transparenzregister- und Finanzinformationsgesetz – TraFinG) v. 25.7.2021, BGBl. I 2021, S. 2083, zu Abs. 4 geworden.

Abs. 2 GwG besteht die Möglichkeit, das unter § 23 Abs. 1 GwG gewährte „Einsichtnahmerecht" auf Antrag des wirtschaftlich Berechtigten von der registerführenden Stelle beschränken zu lassen. Dies hängt jedoch von der Geltendmachung eines schutzwürdigen Interesses durch den betroffenen wirtschaftlich Berechtigten ab, sodass innerhalb des zweiten Absatzes eine Konkretisierung des schutzwürdigen Interesses erfolgt. § 23 Abs. 3 regelt ein neues automatisiertes Einsichtnahmeverfahren für Behörden und privilegierte Verpflichtete ab dem 1.1.2023. Zudem sieht § 23 Abs. 4 GwG eine Online-Registrierung vor, ohne die eine Einsichtnahme nicht gestattet wird.

6   § 23 Abs. 5 GwG hat lediglich einen klarstellenden Charakter zur Suchfunktion; insbesondere ist keine Suche nach wirtschaftlich Berechtigten möglich (Suchrichtung). § 23 Abs. 6 GwG stellt ebenfalls klar, dass die Einsichtnahme und Übermittlung der Daten nur zur Erfüllung der gesetzlichen Aufgaben und Sorgfaltspflichten zu erfolgen hat. § 23 Abs. 7 GwG enthält eine Verordnungsermächtigung zugunsten des BMF, Einzelheiten bezüglich der Einsichtnahme, der Online-Registrierung sowie des Umgangs mit den protokollierten Daten zu bestimmen. Abschließend kann der wirtschaftlich Berechtigte nach § 23 Abs. 8 GwG Auskunft von der registerführenden Stelle über die erfolgten Einsichtnahmen verlangen.

2. § 23 GwG in der Gesetzgebung

a) Gegenstand der Diskussion: öffentlicher Zugang

7   Entsprechend den europäischen Vorgaben der Vierten EU-Geldwäscherichtlinie sah § 23 GwG a. F. einen gestaffelten Zugang vor. Der Referentenentwurf vom 15.12.2016 orientierte sich am ergänzenden Kommissionsvorschlag vom 5.7.2016 zur Änderung der Vierten EU-Geldwäscherichtlinie (COM(2016) 450),[3] der einen **öffentlichen Zugang** also für jedermann, ohne Nachweispflicht des berechtigten Interesses, forderte. Hiermit wäre eine bereits damals erwartete Änderung der Vierten EU-Geldwäscherichtlinie für die Ausgestaltung des Registers vorweggenommen worden.[4] Im weiteren Verlauf des EU-Gesetzgebungsverfahrens wurden die Pläne der EU-Kommission zu einem freien Registerzugang jedoch zunächst verworfen. Der Ausgangsgesetzesentwurf der Bundesregierung reagiert auf diesen Umstand, indem er in § 23 Abs. 1 GwG a. F., der im Kern § 20 GwG-RefE a. F. entsprach, das Einsichtnahmerecht für „jeden zu Informationszwecken" auf einen **gestaffelten Zugang** begrenzte. So war nach

---

3 COM(2016) 450, ErwG 22 f.
4 RefE v. 15.12.2016, Begr. zu § 20 Abs. 1 GwG-RefE, S. 137.

dem Regierungsentwurf die Einsicht bislang nur gesetzlich festgelegten Gruppen, wie Behörden, Verpflichteten im Sinne des § 2 GwG und Personen mit berechtigtem Interesse gestattet, wobei inhaltliche Unterscheidungen bei den Voraussetzungen, die an die Einsichtnahme geknüpft waren, und beim Umfang der Einsichtnahme vorgenommen wurden.

Auch in Deutschland wurde über ein öffentliches und frei zugängliches Register **8** debattiert. Der Finanzausschuss des Deutschen **Bundestags** hat in einer **Öffentlichen Anhörung** am 24.4.2017 um Stellungnahme zum Entwurf des „Geldwäschegesetzes" (BT-Drs. 18/11555) gebeten.

b) Stellungnahme gegen einen öffentlichen Zugang

Kirchhof führte schon damals in seiner Stellungnahme[5] aus, dass ein **öffentli- 9 cher Zugang** zum Transparenzregister das **Grundgesetz verletze**. Würde der deutsche Gesetzgeber in Erwägung ziehen, die Vorgaben der EU überschießend, entsprechend dem Vorschlag des Bundesrates,[6] umzusetzen und den Registerzugang für jedermann öffentlich zu gestalten, würde das Grundgesetz missachtet. *Kirchhof* begründete seine Einschätzung mit dem sich stets weiterentwickelnden technischen Umgang mit Daten, wodurch der grundrechtliche Datenschutz erheblich an Bedeutung gewonnen habe. Das **Grundrecht auf informationelle Selbstbestimmung** aus Art. 2 Abs. 1 i.V.m. Art. 1 Abs. 1 GG leiste dabei einen entscheidenden Beitrag, Grundrechtsträger in Zeiten dynamischen und technischen Fortschrittes vor Gefährdungen zu schützen. Das Recht auf informationelle Selbstbestimmung gebe dem „Einzelnen die Befugnis, grundsätzlich selbst über die Preisgabe und Verwendung seiner personenbezogenen Daten zu bestimmen".[7] Die Vertraulichkeit der Daten stelle dabei die Regel dar, die Weitergabe der Daten an Dritte bzw. die Öffentlichkeit ohne Einwilligung der Betroffenen nur die Ausnahme. Es bestehe demnach erhöhte Anforderungen an eine Rechtfertigung der Grundrechtsbeeinträchtigung. Ein öffentliches Register werde „dieses Regel-Ausnahme-Verhältnis verfassungs-

---

5 *G. Kirchhof*, Stellungnahme zum Entwurf eines „Geldwäschegesetzes" (BT-Drs. 18/ 11555), Öffentliche Anhörung des Finanzausschusses des Deutschen Bundestages am 24.4.2017.

6 Stellungnahme des Bundesrates, 31.3.2017, BR-Drs. 182/17, S. 19; Empfehlungen der Ausschüsse, 20.3.2017, BR-Drs. 182/1/17, S. 19; Antrag der Abgeordneten *Dr. Sahra Wagenknecht, Dr. Dietmar Bartsch, Dr. Petra Sitte* und der Fraktion DIE LINKE, BT-Drs. 18/8133, S. 1.

7 *G. Kirchhof*, Stellungnahme zum Entwurf eines „Geldwäschegesetzes" (BT-Drs. 18/ 11555), Öffentliche Anhörung des Finanzausschusses des Deutschen Bundestages am 24.4.2017, S. 5.

widrig verkehren".[8] Die Einführung des Transparenzregisters führe zu einer eigenen „grundrechtlichen Betroffenheit, weil es neue Verarbeitungen und Verknüpfungen der Daten ermögliche".[9]

10   Die Öffnung des Registerzugangs für die Allgemeinheit werde den Grundrechtseingriff erheblich verschärfen, denn jeder könne auf die gespeicherten Daten zugreifen und erhalte somit Zugriff auf sensible Angaben zu wirtschaftlich Berechtigten, wie Vermögens- und Beteiligungsverhältnisse sowie Geschäftsmodelle. Diese Daten könnten erheblichen Einfluss auf den Wettbewerb nehmen.[10]

11   Der mit dem öffentlichen Zugang zum Transparenzregister verfolgte gesetzgeberische Zweck könne die steigende Eingriffsintensität nicht rechtfertigen. Zudem scheint für *Kirchhof* zweifelhaft, ob ein frei zugängliches Register die Bekämpfung von Geldwäsche, Terrorismusfinanzierung und illegalen Steuerpraktiken – auch unter präventiven Gesichtspunkten – vorantreiben würde. Vielmehr sei die Gefahr für den wirtschaftlich Berechtigten erhöht, Opfer einer der in § 23 Abs. 2 GwG genannten Straftaten zu werden;[11] ein Mehrwert gegenüber einem beschränkt zugänglichen Register sei nicht zu erkennen.

c) Stellungnahme für einen öffentlichen Zugang

12   *Meinzer* vertrat in seiner Stellungnahme[12] zum alten Recht hingegen eine andere Auffassung. Er lehnte den gestaffelten Registerzugang ab. Aus seiner Sicht sei die Beschränkung des Zugriffs schädlich für Wirtschaft und Wettbewerb, weil diese den Wettbewerb zum Vorteil intransparenter Unternehmen mit komplizierten Gesellschaftsstrukturen „verzerren" würde. *Meinzer* hat deshalb schon zum

---

8 *G. Kirchhof*, Stellungnahme zum Entwurf eines „Geldwäschegesetzes" (BT-Drs. 18/11555), Öffentliche Anhörung des Finanzausschusses des Deutschen Bundestages am 24.4.2017, S. 5.

9 *G. Kirchhof*, ZRP 2017, 127.

10 *G. Kirchhof*, Stellungnahme zum Entwurf eines „Geldwäschegesetzes" (BT-Drs. 18/11555), Öffentliche Anhörung des Finanzausschusses des Deutschen Bundestages am 24.4.2017, S. 6.

11 *G. Kirchhof*, Stellungnahme zum Entwurf eines „Geldwäschegesetzes" (BT-Drs. 18/11555), Öffentliche Anhörung des Finanzausschusses des Deutschen Bundestages am 24.4.2017, S. 2–3.

12 *Meinzer*, Stellungnahme von Netzwerk Steuergerechtigkeit Deutschland und Tax Justice Network für die öffentliche Anhörung des Finanzausschusses des Deutschen Bundestages am 24.4.2017. Zu dem „Entwurf eines Gesetzes zur Umsetzung der Vierten EU-Geldwäscherichtlinie, zur Ausführung der EU-Geldtransferverordnung und zur Neuorganisation der Zentralstelle für Finanztransaktionsuntersuchungen", BT-Drs. 18/11555.

alten Recht eine **Unverhältnismäßigkeit eines öffentlich zugänglichen Transparenzregisters verneint**.[13]

d) Stellungnahme des Bundesrats und der (alten) Bundesregierung

Der **Bundesrat** forderte in seiner Stellungnahme vom 31.3.2017[14] einen uneingeschränkten **Zugang** zum Transparenzregister für **jedermann**. Zur Begründung wurde aufgeführt, die Aufdeckung von Briefkastenfirmen zur Verschleierung von Vermögen oder der Geldwäsche sei nicht alleine das Verdienst der Behörden. Ein großer Personenkreis, wie z. B. Journalisten habe sich an der Aufklärung dieser Missstände beteiligt (vgl. „Panama Papers"), sodass das Transparenzregister von Anfang an der Öffentlichkeit zugänglich sein solle. Um den datenschutzrechtlichen Aspekten gerecht zu werden, solle die Suche ausschließlich nach Vereinigungen im Sinne des § 20 Abs. 1 Satz 1 und § 21 GwG (d.h. nicht nach den wirtschaftlich Berechtigten) erfolgen können. Eine Suche nach natürlichen Personen solle nicht vorgesehen sein.[15] Zudem solle das Transparenzregister auf geplante Änderungen der Vierten EU-Geldwäscherichtlinie nach dem Kommissionsvorschlag vom 5.6.2016 (COM(2016) 450) reagieren und grundsätzlich öffentlich zugänglich sein.

13

Die **Bundesregierung** lehnte im weiteren Verlauf des Gesetzgebungsverfahrens die Forderungen nach einem uneingeschränkten Zugang zum Transparenzregister ab und hielt somit an einem **gestaffelten Registerzugang** fest. Die Bundesregierung führte hierzu aus, der Gesetzesentwurf entspreche den Vorgaben der Vierten EU-Geldwäscherichtlinie, und nehme Bezug auf Art. 30 Abs. 5 der Richtlinie, welcher ausdrücklich einen Zugang für Behörden ohne Einschränkung, für Verpflichtete im Rahmen der Erfüllung der Sorgfaltspflichten und alle anderen Personen oder Organisationen, die ein berechtigtes Interesse nachweisen können, vorsehe. Ein allgemein-öffentlicher Zugang wäre nach Auffassung der Bundesregierung „überschießend".[16]

14

Ferner solle vorerst abgewartet werden, wie der Registerzugang nach der Änderungsrichtlinie ausgestaltet werde, denn auf EU-Ebene ließen die Verhandlungen dies zunächst offen.

15

e) Öffentlicher Zugang nach Referentenentwurf zur Umsetzung der Fünften
   EU-Geldwäscherichtlinie

Die Fünfte EU-Geldwäscherichtlinie sieht als wesentliche Änderung den öffentlichen Zugang des Transparenzregisters vor, Art. 30 Abs. 5 lit. a–c und Art. 31

16

---

13 Vgl. *Meinzer*, ZRP 2017, 127.
14 BR-Drs. 182/17.
15 BR-Drs. 182/17, S. 19.
16 BT-Drs. 18/11928, S. 38.

Abs. 4 lit a–d der Fünften EU-Geldwäscherichtlinie. Art. 30 Abs. 5 stellt sicher, dass die Informationen über die wirtschaftlichen Eigentümer in allen Fällen zugänglich sind für (1) die zuständigen Behörden und zentralen Meldestellen, ohne Einschränkungen, (2) Verpflichtete im Rahmen der Erfüllung der Sorgfaltspflichten gegenüber Kunden, (3) alle Mitglieder der Öffentlichkeit. Der Zugang enthält mindestens den Namen, den Monat und das Jahr der Geburt, das Wohnsitzland und die Staatsangehörigkeit des wirtschaftlichen Eigentümers sowie Art und Umfang des wirtschaftlichen Interesses. Damit entfällt das Erfordernis der Darlegung des berechtigten Interesses nach Art. 30 Abs. 5 der Vierten EU-Geldwäscherichtlinie. Diese Vorgaben waren nach Art. 4 Abs. 1 der Fünften EU-Geldwäscherichtlinie bis zum 10.1.2020 durch die Mitgliedstaaten in nationales Recht umzusetzen.

17   Zuständige Behörden im Sinne des Art. 30 Abs. 5 lit. a sind nach der Legaldefinition des Art. 30 Abs. 6 Unterabs. 2 alle Behörden, denen Zuständigkeit für die Bekämpfung der Geldwäsche oder der Terrorismusfinanzierung übertragen wurden, sowie Steuerbehörden, Aufsichtsbehörden von Verpflichteten und Behörden, die für Ermittlungen oder Strafverfolgungsmaßnahmen in Fällen von Geldwäsche und damit zusammenhängenden Vortaten und von Terrorismusfinanzierung sowie für die Ermittlung, die Beschlagnahme, das Einfrieren und die Einziehung von Vermögenswerten aus Straftaten zuständig sind.

18   Art. 31 Abs. 4 der Fünften EU-Geldwäscherichtlinie regelt, dass der Zugang zu Informationen über die wirtschaftlichen Eigentümer eines Trusts **oder einer ähnlichen Rechtsvereinbarung** in allen Fällen zugänglich sind für (1) die zuständigen Behörden und die zentralen Meldestellen, ohne Einschränkung, (2) Verpflichtete im Rahmen der Erfüllung der Sorgfaltspflichten gegenüber Kunden, (3) alle natürlichen Personen oder juristischen Personen, die ein **berechtigtes Interesse nachweisen können**, (4) alle natürlichen oder juristischen Personen, die einen schriftlichen Antrag in Bezug auf einen Trust oder eine ähnliche Rechtsvereinbarung stellen, die direkt oder indirekt eine Kontrolle verleihende Beteiligung an einer Gesellschaft oder einer anderen juristischen Person mit Ausnahme der in Art. 30 Abs. 1 genannten hält oder besitzt, einschließlich in Form von Inhaberaktien oder durch andere Formen der Kontrolle. Weitergehend ist nicht ersichtlich, warum für Trusts und Rechtsgestaltungen mit Sitz des Trustees bzw. Treuhänders außerhalb der EU, die Geschäftsbeziehungen in Deutschland unterhalten oder Immobilien erwerben, gegenüber den anderen Trusts und Rechtsgestaltungen, die Kontrolle über europäische Gesellschaften und jur. Personen im Sinne von Art. 30 Abs. 1 ausüben, privilegiert werden sollten.[17]

---

17 Gesetzesentwurf zur Umsetzung der Änderungsrichtlinie zur Vierten EU-Geldwäscherichtlinie, S. 101.

   v. Schweinitz/Posdorfer

In Art. 31 Abs. 4 lit. d ist jedoch den Mitgliedstaaten die Möglichkeit einge-   **19**
räumt, einen weitergehenden Zugang zu den in dem Register enthaltenen Informationen im Einklang mit ihren nationalen Rechtsvorschriften zu erlauben. Mit
dem Referentenentwurf zur Umsetzung der Fünften EU-Geldwäscherichtlinie
wurde hiervon durch das Bundesministerium der Finanzen Gebrauch gemacht
und mit der Umsetzung der Fünften EU-Geldwäscherichtlinie zum 1.1.2020 ein
öffentlicher Zugang für die Allgemeinheit eingeführt.

Verfassungsrechtliche Bedenken für einen öffentlichen Zugang bestehen jedoch   **20**
nach wie vor.[18] Es ist nicht von der Hand zu weisen, dass mit öffentlich verfügbaren Daten zur Wohnanschrift oder zur Geburt ein erheblicher Eingriff in den
Kernbereich privater Lebensgestaltung (Privatsphäre) vorliegt. Nach der Solange I[19] und Solange II[20] Rechtsprechung dürfte aber die (teilweise) Öffentlichmachung des Transparenzregisters durch das BVerfG (Verwerfungsmonopol)
nur eingeschränkt überprüft werden; ob der EuGH diese Kritik teilt, ist offen.
Deutschland ist ein maßgebliches Mitgliedsland der EU und die deutsche Bundesregierung hat maßgeblichen Einfluss auf den europäischen Rechtssetzungs-
prozess. Leider drängt sich durch die o.g. Gesetzgebungshistorie der Eindruck
auf, als würde bewusst die Verhältnismäßigkeitskontrolle des Bundesverfassungsgerichts umgangen. Aus unserer Sicht bleibt insofern nur zu hoffen, dass
der EuGH die Unstimmigkeiten und die mangelnde Sensibilität bzgl. privater
Daten aufgreift. Nach der hier vertretenen Auffassung reicht ein behördlicher
Zugang bzw. Zugang nach Einzelzulassung bei berechtigtem Interesse aus, die
mit dem Transparenzregister verbundenen Zwecke zu erreichen; wir halten die
allgemeine Öffentlichmachung für einen Verstoß gegen das Übermaßverbot.
Ähnlich sieht es auch das französische Verfassungsgericht (Conseil Constitutionnel) mit seiner Entscheidung vom 21.10.2016.[21] Der uneingeschränkte Zugang zu einem Register von Trusts wurde für verfassungswidrig erklärt, weil der
öffentliche Zugang einen unverhältnismäßigen Eingriff in den Kernbereich privater Lebensgestaltung (Privatsphäre) darstelle.[22]

II. Zur Einsichtnahme in das Transparenzregister Berechtigte (§ 23 Abs. 1 Satz 1 GwG)

§ 23 Abs. 1 GwG normiert das **transparenzregisterrechtliche Einsichtnahme-**   **21**
recht für die im Transparenzregister gespeicherten Angaben zu den wirtschaft-

---

18 Vgl. hierzu die Ausführungen in Rn. 9 f.
19 BVerfGE 37, 271.
20 BVerfGE 73, 339.
21 Conseil Constitutionnel, 21.10.2016 – 2016-591 QPC – Registre public des trusts,
    Journal officiel de la République française Nr. 248 v. 23.10.2016, Text Nr. 38.
22 Siehe hierzu auch BVerfG, 20.4.2016 – 1 BvR 1140/09.

lich Berechtigten von Vereinigungen nach § 20 Abs. 1 Satz 1 GwG und Rechtsgestaltungen nach § 21 GwG. Der § 23 Abs. 1 GwG unterteilt die Normadressaten in drei Gruppen, welche bei Vorliegen der „gruppenspezifischen Voraussetzungen" zur Einsichtnahme befugt sind. Dementsprechend waren unterschiedliche Anforderungen an die Einsichtnahme und den Umfang der Einsichtnahme
zu stellen.[23]

22 Zu den drei Normadressaten gehörten die in § 23 Abs. 1 Satz 1 Nr. 1 GwG bezeichneten Behörden, die Verpflichteten im Sinne des Geldwäschegesetzes zur
Erfüllung ihrer Sorgfaltspflichten (§ 23 Abs. 1 Satz 1 Nr. 2 GwG) und jeder, der
ein berechtigtes Interesse gegenüber der registerführenden Stelle darlegen kann
(§ 23 Abs. 1 Satz 1 Nr. 3 GwG a. F.). § 23 Abs. 1 Satz 1 Nr. 3 GwG wurde durch
den Zugang für alle Mitglieder der Öffentlichkeit ersetzt, demgegenüber sind
Nr. 1 und Nr. 2 nicht verändert worden. Die Unterscheidung der einzelnen Nummern (Nr. 1–3) bleibt jedoch weiterhin relevant, da Behörden und bestimmte
Verpflichtete im Rahmen der Erfüllung ihrer Sorgfaltspflichten auch Informationen einsehen können, die einer Beschränkung der Einsichtnahme nach § 23
Abs. 2 Satz 4 GwG unterliegen.[24]

1. Zur Einsichtnahme berechtigte Behörden
(§ 23 Abs. 1 Satz 1 Nr. 1 GwG)

23 Zu der ersten Gruppe, der eine Einsichtnahme in das Transparenzregister gestattet sein kann, gehören die in § 23 Abs. 1 Satz 1 Nr. 1 lit. a–f GwG aufgeführten
Behörden:

- die Aufsichtsbehörden im Sinne des § 50 GwG (§ 23 Abs. 1 Satz 1 Nr. 1 lit. a
  GwG),
- das Bundesverwaltungsamt als Behörde nach § 25 Abs. 6 GwG (§ 23 Abs. 1
  Satz 1 Nr. 1 lit. a Alt. 2),
- die Zentralstelle für Finanztransaktionsuntersuchungen im Sinne des § 27
  GwG (§ 23 Abs. 1 Satz 1 Nr. 1 lit. b GwG),
- die gemäß § 13 Außenwirtschaftsgesetz zuständigen Behörden (§ 23 Abs. 1
  Satz 1 Nr. 1 lit. c GwG),
- die Strafverfolgungsbehörden (§ 23 Abs. 1 Satz 1 Nr. 1 lit. d GwG),
- das Bundeszentralamt für Steuern sowie die örtlichen Finanzbehörden nach
  § 6 Abs. 2 Nr. 5 AO (§ 23 Abs. 1 Satz 1 Nr. 1 lit. e GwG),
- die für Aufklärung, Verhütung und Beseitigung von Gefahren zuständigen
  (Bundes- oder Landes-)Behörden (§ 23 Abs. 1 Satz 1 Nr. 1 lit. f GwG),

---

23 *Krais*, CCZ 2017, 98, 104.
24 BT-Drs. 19/13827, S. 89 f.

– die Gerichte (§ 23 Abs. 1 Satz 1 Nr. 1 lit. g),
– die Stellen nach § 2 Abs. 4[25] (§ 23 Abs. 1 Satz 1 Nr. 1 lit. h).

Den genannten Behörden ist die Einsichtnahme jedoch nur gestattet, „soweit **24**
dies zur Erfüllung ihrer gesetzlichen Aufgaben erforderlich ist". Bei den einsichtsberechtigten Behörden kann u. E. im Regelfall davon ausgegangen werden,
dass diese eine Einsichtnahme in das Register zur Erfüllung ihrer gesetzlichen
Aufgaben vornehmen, da sie alle im Bereich der Prävention und Bekämpfung
von Geldwäsche sowie Terrorismusfinanzierung oder von deren Vortaten (und
der Steuerhinterziehung) tätig sind.[26] Des Weiteren gehört das Bundesamt für
Verfassungsschutz[27] ausdrücklich zu den Behörden für Gefahrenabwehr,[28] wohl
auch der Bundesnachrichtendienst.[29]

Nach der Gesetzesbegründung der Bundesregierung soll bei Behörden von **25**
einem sorgsamen Umgang mit den eingesehenen Angaben ausgegangen werden
können.[30]

Handeln die in § 23 Abs. 1 Satz 1 Nr. 1 GwG genannten Behörden im Rahmen **26**
der Erfüllung ihrer gesetzlichen Aufgaben, so erhalten sie **uneingeschränkten
und gebührenfreien Zugang** zu den im Transparenzregister hinterlegten Informationen. Uneingeschränkter Zugang meint, dass keine Beschränkung der ein-
sehbaren Angaben über den wirtschaftlich Berechtigten erfolgt (anders als bei
allen Mitgliedern der Öffentlichkeit, welchen gem. § 23 Abs. 1 Satz 2 GwG nur
Geburtsmonat/-jahr und Wohnsitzland des wirtschaftlich Berechtigten zugänglich sind) und dass eine auf Antrag des wirtschaftlich Berechtigten beschränkte
Einsichtnahme gegenüber den in § 23 Abs. 1 Satz 1 Nr. 1 GwG genannten Behörden nicht gilt (§ 23 Abs. 2 Satz 4 GwG); gegenüber Verpflichteten nach § 2
Abs. 1 Nr. 1–3 und 7 GwG sowie Notaren ist die Beschränkung der Einsichtnahme ebenfalls nicht möglich. Für die Behörden ist der Zugang zudem gebühren-
frei. Dies folgt aus den §§ 24 Abs. 2 Satz 3 und 4 GwG und dem klarstellenden
Verweis auf § 8 BGebG, wonach für Behörden die persönliche Gebührenfreiheit
gilt.

---

25 § 2 Abs. 4 GwG erfasst u. a. sog. Agenten nach § 1 Abs. 9 ZAG und E-Geld-Agenten
    nach § 1 Abs. 10 ZAG. Auf der Internetseite der BaFin ist ein E-Geld-Institutsregister
    abrufbar, dass jedes zugelassene inländische E-Geld-Institut sowie dessen Zweignie-
    derlassungen und (E-Geld) Agenten auflistet gem. § 44, 43 ZAG: https://portal.mvp.
    bafin.de/database/ZahlInstInfo/, zuletzt abgerufen am 9.11.2021.
26 *Krais*, CCZ 2017, 98, 104.
27 Vgl. hierzu auch den automatisierten Abruf durch Verfassungsschutzbehörden nach
    § 26a GwG.
28 BT-Drs. 18/11555, Begr. zu § 23 Abs. 1 GwG, S. 132.
29 *Krais*, CZZ 2017, 98, 105.
30 BT-Drs. 18/11555, Begr. zu § 23 Abs. 1 GwG, S. 132.

27 Die Einsichtnahme in das Transparenzregister unter der Voraussetzung der Erfüllung von gesetzlichen Aufgaben soll unter teleologischen Gesichtspunkten wohl dazu dienen, willkürliche Einsichtnahmen „ins Blaue hinein" zu vermeiden. Bestärkt wird diese Annahme durch die verwendete Formulierung: „[…] soweit dies zur Erfüllung der gesetzlichen Aufgaben erforderlich ist." **Erforderlichkeit** in diesem Zusammenhang setzt voraus, dass die Einsichtnahme einer Behörde geeignet, also zumindest zweckförderlich, sein muss, die gesetzliche Aufgabe zu erfüllen. Die Behörde wird sich jedoch vorher anderen Mitteln, wie z. B. allgemein öffentlichen Registern oder eigenen Aufzeichnungen, bedienen müssen.

28 In der praktischen Registerführung wird die Formulierungseinschränkung wohl keine Beachtung finden, geschweige denn als „echte" Tatbestandsvoraussetzung behandelt werden. Sofern sich eine Behörde im Sinne des § 23 Abs. 1 Satz 1 Nr. 1 GwG bei der registerführenden Stelle online als Nutzer registriert hat (§ 23 Abs. 4 GwG), wäre immerhin denkbar, dass der Behörde lediglich ein zeitlich begrenzter Zugang gestattet wird. Allerdings scheint eine Überprüfung einzelner Einsichtsbegehren aus „register-ökonomischer" Sicht unwahrscheinlich. Es wird der registerführenden Stelle für die Gestattung der Einsichtnahme wohl generell reichen, wenn die sich registrierende Behörde eine solche im Sinne des § 23 Abs. 1 GwG ist.

29 Prüfungen von Einzelfällen, ob die Einsichtnahme einer Behörde zur Erfüllung ihrer gesetzlichen Aufgaben erforderlich ist und ob die Behörde damit überhaupt der Erfüllung einer ihr obliegenden gesetzlichen Pflicht nachgeht, werden in der Praxis der Registerführung im Rahmen des § 23 Abs. 1 GwG – anders als bei § 23 Abs. 3 GwG – wohl nicht zu erwarten sein. Da die Möglichkeiten zur Auskunftserteilung der erfolgten Einsichtnahme sehr beschränkt sind, ist aus Sicht der Praxis mit einem „Kontrollverlust" über die Transparenzregisterdaten bei behördlichem Zugriff zu rechnen.[31]

2. Verpflichtete zur Erfüllung ihrer Sorgfaltspflichten in einem der in § 10 Abs. 3 und 3a GwG genannten Fälle (§ 23 Abs. 1 Satz 1 Nr. 2 GwG)

30 Zu der zweiten Gruppe, für die das Transparenzregister zugänglich ist, gehören die nach § 2 Abs. 1 GwG Verpflichteten. Diesen ist eine Einsichtnahme gestattet, sofern sie der registerführenden Stelle darlegen, dass die Einsichtnahme zur Erfüllung ihrer Sorgfaltspflichten in einem der in § 10 Abs. 3 und 3a GwG genannten Fälle erfolgt (sog. **Kundensorgfaltspflichten**). Die Verpflichteten erhalten also Zugang zu den in § 19 Abs. 1 GwG genannten Angaben über wirt-

---

31 Zum unberechtigten Anruf und zur Weitergabe von Adressdaten, vgl. der „Datenskandal" bei der hessischen Polizei: http://starweb.hessen.de/cache/DRS/20/1/00091.pdf, zuletzt abgerufen am 24.11.2021.

   v. Schweinitz/Posdorfer

schaftlich Berechtigte von Vereinigungen im Sinne des § 20 Abs. 1 Satz 1 GwG
bzw. Rechtsgestaltungen nach § 21 GwG. Im Vergleich zu Behörden kann für
bestimmte Verpflichtete nach § 2 Abs. 1 GwG der Umfang der Einsichtnahme
durch eine „**Einsichtssperre**" gem. § 23 Abs. 2 Satz 1 GwG beschränkt werden.
Eine Beschränkung der Einsichtnahme gilt allerdings gem. § 23 Abs. 2 Satz 4
GwG nicht gegenüber Verpflichteten nach § 2 Abs. 1 Nr. 1–3 und 7 GwG (also
insbesondere nicht gegenüber Kreditinstituten und Versicherern) sowie gegenüber Notaren.

Unter „darlegen" des Verpflichteten versteht man die **Glaubhaftmachung**, die   **31**
Einsichtnahme bspw. im Zusammenhang mit der Begründung bzw. kontinuierlichen Überwachung einer Geschäftsbeziehung vorzunehmen, also zur Erfüllung
der Pflichten aus § 10 Abs. 3 GwG.[32] Die Einsichtnahme für die nach § 2 Abs. 1
GwG Verpflichteten erfolgt also nur fallbezogen und nicht in das gesamte Register.[33] **Verpflichtete** im Sinne von § 23 Abs. 1 Satz 1 Nr. 2 GwG müssen darlegen, dass sie Verpflichtete nach § 2 GwG sind und dass die Einsichtnahme zur
Erfüllung der Sorgfaltspflichten in einem der in § 10 Abs. 3 GwG genannten
Fälle erfolgt, wobei die Darlegung auf Verlangen der registerführenden Stelle
auch durch eidesstattliche Versicherung erfolgen kann, vgl. § 7 Abs. 1 und 3
TrEinV. Die Darlegung, Verpflichteter im Sinne von § 2 GwG zu sein, muss lediglich bei der ersten Einsichtnahme erfolgen (§ 7 Abs. 2 TrEinV). Die Darlegung kann z. B. für Kreditinstitute anhand einer Kopie der Erlaubnis gemäß § 32
des Kreditwesengesetzes oder für Rechtsanwälte anhand einer Kopie der Zulas-
sungsurkunde gem. § 12 der Bundesrechtsanwaltsordnung erfolgen.[34]

Die Befugnis zur Einsichtnahme in das Transparenzregister befreit die Ver-   **32**
pflichteten jedoch nicht davon, ihren Kundensorgfaltspflichten des dritten Abschnitts weiterhin ordnungsgemäß nachzugehen. Die Möglichkeit zur Einsichtnahme soll lediglich der Entlastung und der erleichterten Informationsbeschaffung der Verpflichteten dienen,[35] diese aber nicht von ihren geldwäscherechtlichen Pflichten entbinden, da es nach wie vor ein **Vertrauen in die Rich-
tig- und Vollständigkeit des Transparenzregisters nicht geben soll**.[36] Die Darlegungspflicht sollte auch **Rechtfertigungstatbestand** im Sinne von Art. 6
DSGVO sein, d. h. insbesondere auch, dass in der Geschäftsanbahnungsphase

---

32 BT-Drs. 18/11555, Begr. zu § 23 Abs. 1 GwG, S. 132.
33 BT-Drs. 18/11555, Begr. zu § 23 Abs. 1 GwG, S. 132.
34 Vgl. Begründung des Bundesministeriums der Finanzen zur Transparenzregistereinsichtnahmeverordnung v. 19.12.2017, https://www.buzer.de/docs/BAnz%20AT%
2022.12.2017%20B1.pdf, zuletzt abgerufen am 9.11.2021, zu § 7 TrEinV auf Seite 4
der Begründung.
35 *Zillmer*, DB 2016, 2509.
36 Vgl. § 18 Abs. 4 Satz 3 GwG; Art. 30 Abs. 8 der Vierten EU-Geldwäscherichtlinie;
siehe auch Kommentierung zu § 18 Rn. 5 ff. zum öffentlichen Glauben an das Transparenzregister.

schon ein Abruf ohne Einverständnis des potenziellen Kunden möglich sein sollte. Dass der Verpflichtete sich nach § 11 Abs. 5 Satz 3 Halbs. 2 GwG „nicht ausschließlich auf die Angaben im Transparenzregister verlassen darf", bedeutet,
dass er – sofern möglich – auch andere Quellen zur Verifizierung der Angaben
heranziehen sollte. Dies ist zudem zwingend erforderlich, wenn das nationale
Register keine Informationen beinhaltet. Insofern ist ein Blick in das Transparenzregister empfehlenswert, um keine „offene Flanke" für Prüfer zu bieten.[37]
Der Blick in das Register ist zu dokumentieren. Für verpflichtend halten wir die
Einsichtnahme für den „Normalfall ohne erkennbare Zweifel" an der oder den
Personen der wirtschaftlich Berechtigten nach wie vor nicht, dafür fehlt es an
einer gesetzlichen Festlegung. Gleichwohl dürfte es mittlerweile gelebte Praxis
sein, dass die Verpflichteten die Verifizierung der Angabe des Vertragspartners
(auch) durch einen Blick in das Transparenzregister vornehmen.

3. Alle Mitglieder der Öffentlichkeit (§ 23 Abs. 1 Satz 1 Nr. 3 GwG)

33   § 23 Abs. 1 Satz 1 Nr. 3 GwG 2017 gestattete die Einsichtnahme nur demjenigen, der der registerführenden Stelle darlegen konnte, ein **„berechtigtes Interesse"** an der Einsichtnahme zu haben. Durch den Referentenentwurf[38] zur Umsetzung der Fünften EU-Geldwäscherichtlinie wurde erstmalig neu eingeführt,
dass **alle Mitglieder der Öffentlichkeit** nach § 23 Abs. 1 Satz 1 Nr. 3 GwG Einsicht in das Transparenzregister nehmen können und nichtmehr ein „berechtigtes
Interesse" gemäß § 23 Abs. 1 Satz 1 Nr. 3 GwG 2017 darlegen müssen. Die Änderung dient der Umsetzung der Art. 30 und 31 der Fünften EU-Geldwäscherichtlinie, wonach alle Mitglieder der Öffentlichkeit Zugang zu bestimmten (eingeschränkten) Daten von wirtschaftlich Berechtigten erhalten. Das bisherige
Einsichtnahmeverfahren wurde jedoch beibehalten, sodass für einen Zugang die
vorherige Online-Registrierung notwendig ist sowie eine Gebühr zur Deckung
der Verwaltungskosten.

---

37 Vgl. AuA der BaFin, S. 48 f. zu den Identifizierungspflichten.
38 Entwurf eines Gesetzes zur Umsetzung der Änderungsrichtlinie zur Vierten EU-Geld-
    wäscherichtlinie [Richtlinie (EU) 2018/843] v. 20.5.2019, S. 22 f.: „§ 23 wird wie folgt
    geändert: […] Nummer 3 wird wie folgt gefasst: ,3. Allen Mitgliedern der Öffent-
    lichkeit.'."

III. Beschränkung der Einsichtnahme in das Transparenzregister – Schutz des wirtschaftlich Berechtigten (§ 23 Abs. 2 Satz 1 GwG)

§ 23 Abs. 2 GwG normiert die sog. „**Einsichtssperre**"[39] und setzt damit Art. 30 **34** Abs. 9 der Vierten EU-Geldwäscherichtlinie um. Gem. § 23 Abs. 2 Satz 1 GwG beschränkt die registerführende Stelle die Einsichtnahme in das Transparenzregister vollständig oder teilweise, wenn ihr der wirtschaftlich Berechtigte darlegt, dass der Einsichtnahme unter Berücksichtigung aller Umstände des Einzelfalls überwiegende schutzwürdige Interessen des wirtschaftlich Berechtigten entgegenstehen. Wann schutzwürdige Interessen zugunsten des wirtschaftlich Berechtigten vorliegen, bestimmt § 23 Abs. 2 Satz 2 Nr. 1 und 2 GwG. Je nachdem zu welcher Einschätzung die registerführende Stelle bei ihrer **Einzelfallabwägung** gelangt, kann die Einsichtnahme in das Register vollständig oder teilweise beschränkt werden.

Die Einsichtnahme ist **vollständig beschränkt**, wenn zu einem bestimmten wirt- **35** schaftlich Berechtigten keine der in § 19 Abs. 1 GwG genannten Angaben einsehbar ist. Sucht beispielsweise ein Journalist im Rahmen seiner Recherchen im Transparenzregister nach der A-GmbH, so würden ohne Einsichtssperre zunächst alle wirtschaftlich Berechtigten sowie deren Angaben (für den Journalisten, der unter § 23 Abs. 1 Nr. 3 GwG fällt, Vor- und Nachname, Monat und Jahr der Geburt, Wohnsitzland, Art und Umfang des wirtschaftlichen Interesses und Staatsangehörigkeit) einsehbar sein. Hat die registerführende Stelle die Einsichtnahme in das Register aufgrund des Antrags eines wirtschaftlich Berechtigten vollständig beschränkt, so sind keine der in § 19 Abs. 1 GwG aufgeführten Angaben über eben diesen wirtschaftlich Berechtigten einsehbar. Der Journalist erhält mithin lediglich „geschwärzte" Informationen, d. h. er weiß, dass ein wirtschaftlich Berechtigter der A-GmbH zwar existiert, für diesen aber eine „Einsichtssperre" gilt.

Hingegen ist die Einsichtnahme **teilweise beschränkt**, wenn die Angaben eines **36** wirtschaftlich Berechtigten nach § 19 Abs. 1 GwG grundsätzlich eingesehen werden können, jedoch nur in selektierter Form. Welche Informationen in einem solchen Fall nicht eingesehen werden können, gibt das Gesetz nicht vor. Vielmehr obliegt dies der Einzelfallentscheidung der registerführenden Stelle.

Die Beschränkung der Einsichtnahme gem. § 23 Abs. 2 GwG wird in § 12 **37** TrEinV präzisiert. Erforderlich ist ein schriftlicher Antrag mit Begründung unter Berücksichtigung der Angaben aus § 12 Abs. 2 TrEinV. Zudem muss sich der wirtschaftlich Berechtigte, der die Beschränkung der Einsichtnahme beantragt,

---

39 *Krais* verwendet in seinen Ausführungen zum Transparenzregister den Terminus „Zugangssperre", CCZ 2017, 98.

gem. § 13 TrEinV gegenüber der registerführenden Stelle anhand geeigneter Nachweise nach § 3 TrEinV identifizieren.

38   Sofern der Antrag nicht offensichtlich unzulässig oder unbegründet ist, entfaltet er umgehend eine vorläufige Sperrwirkung. Dies soll jedoch dann nicht gelten, wenn nach der erstmaligen Ablehnung der Beschränkung weitere Anträge ohne weitere sachliche Begründung gestellt werden.[40]

39   Die Beschränkung der Einsichtnahme ist gem. § 14 Abs. 3 TrEinV auf drei Jahre beschränkt, wobei der Zeitraum der vorläufigen Beschränkung einbezogen wird. Die Beschränkung kann auf Antrag nach § 14 Abs. 5 TrEinV verlängert werden. Einzig im Falle einer Beschränkung wegen Minderjährigkeit ist die Beschränkung in der Regel bis zur Vollendung des 18. Lebensjahres zu befristen. Entfällt das schutzwürdige Interesse, so hat der wirtschaftlich Berechtigte dies der registerführenden Stelle unverzüglich mitzuteilen. Verfassungsrechtlich kann es u. E. geboten sein, neben den aufgezählten Gründen (Nr. 1 und 2) auch weitere zuzulassen, insbes. Wettbewerbsinteressen, wenn erhebliche Nachteile konkret drohen (vgl. § 286 Abs. 2 HGB).

1. Schutzwürdiges Interesse begründende Straftaten (§ 23 Abs. 2 Satz 2 Nr. 1 lit. a–g GwG)

40   Nach § 23 Abs. 2 Satz 2 Nr. 1 GwG liegt ein schutzwürdiges Interesse vor, wenn Tatsachen die Annahme rechtfertigen, dass die Einsichtnahme den wirtschaftlich Berechtigten der Gefahr aussetzen würde, Opfer einer der sieben im Gesetz abschließend bestimmten **Straftaten** zu werden. Zu den ein schutzwürdiges Interesse begründenden Straftaten gehören gem. § 23 Abs. 2 Satz 1 Nr. 1 lit. a–g GwG Betrug (§ 263 StGB), Erpresserischer Menschenraub (§ 239a StGB), Geiselnahme (§ 239b StGB), Erpressung oder räuberische Erpressung (§§ 253, 255 StGB), strafbare Handlungen gegen Leib oder Leben (§§ 211, 212, 223, 224, 226, 227 StGB), Nötigung (§ 240 StGB) oder Bedrohung (§ 241 StGB).

41   Für die Entscheidung über den Antrag auf Einsichtssperre hat die registerführende Stelle alle Umstände des Einzelfalls zu berücksichtigen. Insofern wird der Beschränkung der Einsichtnahme immer eine **Einzelfallentscheidung** zugrunde liegen. Macht der Antragsteller geltend, der Gefahr ausgesetzt zu sein, Opfer einer der in § 23 Abs. 2 Satz 2 Nr. 1 a–g GwG abschließend aufgeführten Straftaten zu werden, ist darzulegen, dass das schutzwürdige Interesse unter Berücksichtigung aller Umstände des Einzelfalls überwiegt und damit der Einsichtnahme entgegensteht. Hierzu muss sich aufgrund hinreichend dichter Tatsachenfeststellungen nach allgemeiner Lebenserfahrung eine **abstrakte Gefahr** für alle

---

40 Vgl. Begründung des Bundesministeriums der Finanzen zur TrEinV zu § 12 Abs. 2 TrEinV auf Seite 6 der Begründung.

Personen in vergleichbarer Situation ergeben. Die Begründung zur TrEinV[41] führt an dieser Stelle aus, das Bestehen einer solchen Gefahr könne, im Rahmen einer stets erforderlichen Gesamtschau, begründet sein durch (1) den Umfang des Vermögens, (2) die Tatsache, dass der wirtschaftlich Berechtigte bereits in der Vergangenheit Opfer derartiger Straftaten geworden ist bzw. es Anhaltspunkte für solche Planungen gab oder (3) die Ansässigkeit in einem Staat, der aufgrund der allgemeinen Sicherheitslage für vermögende wirtschaftlich Berechtigte ein besonderes Risiko darstellt.[42]

Zudem hat die registerführende Stelle jährlich auf ihrer Website eine Statistik **42** über die Anzahl an gewährten Beschränkungen und darüber, ob eine Beschränkung nach Satz 1 Nr. 1 oder Satz 1 Nr. 2 erfolgt ist, zu veröffentlichen und an die Europäische Kommission zu übermitteln. Dies dient der Umsetzung von Art. 30 Abs. 9 a. E. der Fünften EU-Geldwäscherichtlinie. Die Europäische Kommission soll hierdurch über die Beschränkungen und Risiken der einzelnen Mitgliedstaaten aussagekräftige Statistiken erhalten, um notwendige Anpassungen vornehmen zu können.

2. Minderjährigkeit oder Geschäftsunfähigkeit als schutzwürdiges Interesse (§ 23 Abs. 2 Satz 2 Nr. 2 GwG)

Die Beschränkung der Einsichtnahme kann ferner auch zum **Schutz eines min-** **43** **derjährigen oder geschäftsunfähigen wirtschaftlich Berechtigten** erfolgen. Dies gilt jedoch nur so lange, wie die Eigenschaft der Minderjährig- oder Geschäftsunfähigkeit besteht.

Wird Minderjährigkeit als schutzwürdiges Interesse geltend gemacht, so ist dem **44** Antrag eine Kopie der Geburtsurkunde oder eines gültigen amtlichen Ausweises im Sinne von § 3 Abs. 2 Nr. 1 lit. a TrEinV, der das Geburtsdatum erkennen lässt, beizufügen. Im Rahmen der auch in diesem Fall erforderlichen Güterabwägung wird berücksichtigt, ob der Minderjähre selbst am Geschäftsverkehr des Unternehmens aktiv beteiligt ist oder das Unternehmen selbst gegründet hat.[43]

Wird der Antrag mit Geschäftsunfähigkeit begründet, so bedarf es ebenfalls **45** eines entsprechenden Nachweises. Entscheidend soll dann sein, ob die Ge-

---

41 Vgl. Begründung des Bundesministeriums der Finanzen zur TrEinV zu § 12 Abs. 2 TrEinV auf Seite 6 der Begründung.

42 Vgl. auch BVA Transparenzregister – Fragen und Antworten, Stand 1.8.2021, S. 22, https://www.bva.bund.de/DE/Das-BVA/Aufgaben/T/Transparenzregister/_documents /FAQ_transparenz_kachel.html, zuletzt abgerufen am 9.11.2021.

43 Vgl. Begründung des Bundesministeriums der Finanzen zur TrEinV zu § 12 Abs. 2 TrEinV, S. 6.

schäftsunfähigkeit vollständig oder partiell besteht und die Vermögensfürsorge betrifft.[44]

3. Ausschluss des schutzwürdigen Interesses (§ 23 Abs. 2 Satz 3 GwG)

46 § 23 Abs. 2 Satz 3 GwG bestimmt, wann kein schutzwürdiges Interesse eines wirtschaftlich Berechtigten vorliegt. Dies ist immer dann der Fall, wenn sich die Angaben (gemeint sind die Angaben über den wirtschaftlich Berechtigten gem. § 19 Abs. 1 Nr. 1–5 GwG) bereits aus anderen öffentlichen Registern ergeben und die Daten somit ohnehin „öffentlich" sind.

4. Ausschluss der Beschränkung der Einsichtnahme (§ 23 Abs. 2 Satz 4 GwG)

47 Zwar können wirtschaftlich Berechtigte eine Beschränkung der Einsichtnahme in das Transparenzregister bei der registerführenden Stelle beantragen, doch wirkt eine „Einsichtssperre" nicht gegenüber jedermann. So kann die Einsichtnahme nicht gegenüber den in § 23 Abs. 1 Satz 1 Nr. 1 GwG aufgeführten Behörden, Verpflichteten nach § 2 Abs. 1 Nr. 1–3 (Finanzinstitute und Kreditinstitute im Sinne des § 1 Abs. 1 bzw. 1a KWG mit diversen Ausnahmen sowie Zahlungsinstitute) und gegenüber Notaren (sog. privilegierte Verpflichtete)[45] beschränkt werden. Im Hinblick auf Finanz-/Kreditinstitute und Notare gehen Gesetzesbegründung und Richtlinie davon aus, dass diese mit den eingesehenen Daten verantwortungsvoll umgehen.[46]

48 In der bisherigen Literatur zur „Einsichtssperre" ist man nachvollziehbarer Weise der Auffassung, dass § 23 Abs. 2 Satz 4 GwG unter teleologischen Gesichtspunkten nur auf **Notare** verweisen soll, die Verpflichtete im Sinne des § 2 Abs. 1 Nr. 10 GwG sind, also einer der dort genannten **berufsspezifischen Tätigkeiten** nachgehen und die die Einsichtnahme in das Register grundsätzlich im Rahmen ihrer geldwäscherechtlichen Sorgfaltspflichten nach § 10 GwG vornehmen.[47] Gesetzessystematisch ist dieser Ansatz überzeugend. Nicht umsonst sind in § 2 Abs. 1 Nr. 10 GwG die für Notare geldwäscherechtlich relevanten Geschäftstätigkeiten aufgezählt. Es scheint wohl kaum beabsichtigt, Notaren zwecks allgemeiner Berufsausübung die uneingeschränkte Einsichtnahme in die gespeicherten Angaben zu gewähren, ohne dass sie überhaupt mit geldwäscherechtlich re-

---

44 Vgl. Begründung des Bundesministeriums der Finanzen zur TrEinV zu § 12 Abs. 2 TrEinV, S. 6.
45 Vgl. § 2 Abs. 1 Nr. 1–3, 7 und 10 GwG.
46 BR-Drs. 18/11555, Begr. zu § 23 Abs. GwG, S. 133, vgl. auch die Begründung zum automatisierten Einsichtnahmeverfahren nach § 23 Abs. 3 GwG.
47 *Krais*, CCZ 2017, 98, 106.

levanten Mandaten betraut sind. Ein Notar, der regelmäßig Eheverträge aufsetzt, sollte aus geldwäscherechtlichen Aspekten heraus keinen Einblick in das Transparenzregister benötigen. Insbesondere im Immobiliensektor sind die Notare aber regelmäßig umfassend zur GwG-Kontrolle verpflichtet (vgl. § 43 GwG und die GwGMeldV-Immobilien). Um datenschutzrechtliche Bedenken auszuräumen, sollte der Notar sich in nicht-geldwäscherechtlich begründeten Zugriffen das vorherige Einverständnis der datenschutzrechtlich Betroffenen geben lassen.

IV. Automatisiertes Einsichtnahmeverfahren (§ 23 Abs. 3 GwG)

Der mit dem Transparenz- und Finanzinformationsgesetz (TraFinG)[48] neu einge- **49**
führte § 23 Abs. 3 GwG schafft die Rechtsgrundlage für die Einrichtung eines automatisierten Zugangs zum Transparenzregister für bestimmte Verpflichtete und Behörden über eine eigens geschaffene Schnittstelle und findet nach § 59 Abs. 3 GwG ab dem 1.1.2023 Anwendung.[49] Die Einsichtnahmevoraussetzungen des § 23 Abs. 1 GwG werden hierdurch nicht verändert und die TrEinV findet weiterhin Anwendung.[50] Durch die **automatisierte Einsichtnahme** soll das volle Potenzial der Umstellung auf ein Vollregister – insbesondere für die Wirtschaft – genutzt werden.[51] Bereits im Kundenanbahnungs-Prozess würde volldigital und in unmittelbarem zeitlichen Zusammenhang mit der Erhebung der Daten zum wirtschaftlich Berechtigten eine Überprüfung möglich, welches zu erheblichen Senkungen der Compliance-Kosten bei gleichzeitiger Verbesserung der Ergebnisse des Identifizierungsvorgangs führen solle.[52]

1. Automatisierte Einsichtnahme für Behörden und privilegierte Verpflichtete (§ 23 Abs. 3 Satz 1 GwG)

§ 23 Abs. 3 Satz 1 GwG stellt auf die Behörden nach § 23 Abs. 1 Satz 1 Nr. 1 **50**
und die sog. „**privilegierten Verpflichteten**" ab, also die in § 23 Abs. 1 Satz 1 Nr. 2 GwG genannten Verpflichteten, gegenüber denen die Beschränkung einer

---

48 Gesetz zur europäischen Vernetzung der Transparenzregister und zur Umsetzung der Richtlinie (EU) 2019/1153 des Europäischen Parlaments und des Rates vom 20.6.2019 zur Nutzung von Finanzinformationen für die Bekämpfung von Geldwäsche, Terrorismusfinanzierung und sonstigen schweren Straftaten (Transparenzregister- und Finanzinformationsgesetz) v. 25.6.2021, BGBl. I 2021, S. 2083.
49 BT-Drs. 19/28164, S. 51.
50 BT-Drs. 19/28164, S. 51.
51 *Goette*, DStR 2021, 1551, 1554; vgl. auch BT-Drs. 19/28164, S. 50.
52 *Goette*, DStR 2021, 1551, 1554; vgl. auch BT-Drs. 19/28164, S. 50.

Einsichtnahme nicht gem. § 23 Abs. 2 Satz 4 möglich ist.[53] Nach der Gesetzesbegründung wird der automatisierte Zugang als Eingriff in das Datenschutzrecht aus Gründen der Verhältnismäßigkeit nur den privilegierten Verpflichteten eingeräumt.[54] Insoweit wird auf die bestehenden datenschutzrechtlichen Grundlagen und Ausnahmen zur Einsichtnahme und Beschränkung der Einsichtnahme nach § 23 Abs. 1 und 2 GwG sowie die TrEinV zurückgegriffen. Anderen – nicht privilegierten Verpflichteten oder Behörden – wird hierdurch keine Mehreinsicht oder automatisierte Einsicht in das Transparenzregister ermöglicht.

51   Die Privilegierung beruht auf Art. 30 Abs. 9 und Art. 31 Abs. 7a der Fünften EU-Geldwäscherichtlinie. So heißt es fast wortgleich in Art. 30 Abs. 9 und 31 Abs. 7a der Fünften EU-Geldwäscherichtlinie: „Die gemäß Unterabsatz 1 des vorliegenden Absatzes gewährten Ausnahmen gelten weder für Kredit- und Finanzinstitute noch für Verpflichtete gemäß Artikel 2 Absatz 1 Unterabsatz 3 Buchstabe b, bei denen es sich um **öffentliche Bedienstete** handelt.“ Bei den in Art. 30 Abs. 9 und Art. 31 Abs. 7a genannten Verpflichteten wird aufgrund der besonderen Stellung als öffentlich Bedienstete oder als unabhängige Träger eines öffentlichen Amtes gem. § 1 BNotO eine besondere Zuverlässigkeit, insbesondere auch mit Hinblick auf datenschutzrechtliche Belange der wirtschaftlich Berechtigten, erwartet.[55] Diese besondere Zuverlässigkeit als öffentliche Bedienstete oder unabhängige Träger eines öffentlichen Amtes rechtfertigt nach der Gesetzesbegründung damit auch die Zulassung zu einem automatisierten Zugang zum Transparenzregister.[56]

2. Übermittlung der Daten im automatisierten Einsichtnahmeverfahren (§ 23 Abs. 3 Satz 2 GwG)

52   § 23 Abs. 3 Satz 2 GwG erlaubt der registerführenden Stelle die Übermittlung der zugänglichen Daten des Transparenzregister im automatisierten Einsichtnahmeverfahren nach Maßgabe des § 23 Abs. 1 GwG, also Vor- und Nachname, Geburtsdatum, Wohnort, Art und Umfang des wirtschaftlichen Interesses und alle Staatsangehörigkeiten. Die Vorschrift hat eine deklaratorische Bedeutung mit Blick auf die Erlaubnis der Übermittlung von Daten.

---

53 BT-Drs. 19/28164, S. 51.
54 BT-Drs. 19/28164, S. 51.
55 BT-Drs. 19/28164, S. 51.
56 BT-Drs. 19/28164, S. 51; vgl. § 2 Abs. 1 Nr. 1–3, 7 und 10 GwG.

3. Sperrmöglichkeit bei Zweifel an der Erfüllung der gesetzlichen Aufgaben und Sorgfaltspflichten (§ 23 Abs. 3 Satz 3 GwG)

Nach Abs. 3 Satz 3 wird der registerführenden Stelle eine **Sperrmöglichkeit** für   **53**
automatisierte Einsichtnahmen nach Satz 1 eingeräumt, wenn Zweifel daran bestehen, dass die Einsichtnahme zur Erfüllung der gesetzlichen Aufgaben erfolgt ist. Damit erhält die registerführende Stelle eine Möglichkeit, bei Zweifeln Missbräuche der automatisierten Einsicht nach Abs. 3 Satz 1 zu verhindern. Dies kann nach der Gesetzesbegründung beispielsweise der Fall sein, wenn Unregelmäßigkeiten im Nutzerkonto den Verdacht begründen, dass Dritte Zugriff darauf haben.[57] Solche Unregelmäßigkeiten im Nutzerkonto können durch die registerführende Stelle nach der final technischen Ausgestaltung anhand der Login-Informationen und den automatisierten Einsichtnahmen erkannt werden.

So begründet zum Beispiel eine ungewöhnliche IP-Adresse mit einem abwei-   **54**
chenden Standort (z. B. im Ausland) zu der zugehörigen Behörde bei einer ungewöhnlichen Login- und Einsichtnahmezeit (z. B. nachts um 03:00 Uhr) den Verdacht einer Drittnutzung.[58] In der Regel dürften abweichende IP-Adressen innerhalb von Deutschland im Hinblick auf von zuhause (Home-Office) oder an unterschiedlichen Standorten tätige Mitarbeiter alleine nicht den Verdacht einer Drittnutzung begründen. Dagegen führen Einsichtnahmen in den Nachtstunden von 22.00 Uhr bis 06.00 Uhr zu Zweifeln nach Satz 3, da hier ein gezieltes Abwarten der freien Nutzung des automatisierten Einsichtnahmeverfahrens befürchtet werden kann. Gleichermaßen verdächtig ist die häufig auftretende, wiederholte und periodische (schematische) Suche nach derselben Vereinigung oder Rechtsgestaltung über mehrere Wochen hinweg, was den Eindruck eines „Ausspähens" vermittelt. Im Ergebnis ist jedoch immer eine Gesamtbetrachtung der Umstände des Einzelfalls erforderlich.

4. Beseitigung der Zweifel (§ 23 Abs. 3 Satz 4 GwG)

Um die Zweifel nach Satz 3 zu beseitigen, kann die registerführende Stelle nach   **55**
§ 23 Abs. 3 Satz 4 GwG die **Behörde** zur Bestätigung auffordern, dass die Einsichtnahme zur Erfüllung der gesetzlichen Aufgaben erforderlich ist und den Verpflichteten dauerhaft auf das für alle Verpflichteten geltende Verfahren nach § 23 Abs. 1 GwG verweisen. Damit kann die registerführende Stelle der Behörde die privilegierte Stellung für das automatisierte Einsichtnahmeverfahren dauerhaft entziehen, wenn die geforderte Zuverlässigkeit für den besonderen automa-

---

57 BT-Drs. 19/28164, S. 51.
58 Abweichende (deutsche) IP-Adressen sollten u. E. im Hinblick auf von zuhause oder an unterschiedlichen Standorten tätige Mitarbeiter alleine keinen ausreichenden Verdacht einer Drittnutzung begründen.

tisierten Zugang nicht mehr gegeben und das Vertrauen an die ordnungsgemäße Erfüllung der gesetzlichen Aufgaben erschüttert ist.

56 Eine Prüfung der Zweifel der Aufgabenerfüllung ist nach § 23 Abs. 3 Satz 4 GwG nur für Behörden geregelt, sodass bei den privilegierten Verpflichteten die Zweifel direkt zu einer Sperrung des automatisierten Einsichtnahmeverfahrens führen. Hierbei besteht nicht die Möglichkeit einer Stellungnahme oder der Bestätigung durch den Dienstvorgesetzten wie bei § 23 Abs. 3 Satz 5 GwG. Die privilegierten Verpflichteten werden dann dauerhaft auf das „normale" Einsichtnahmeverfahren nach § 23 Abs. 1 GwG verwiesen.

5. Bestätigung durch den Dienstvorgesetzten (§ 23 Abs. 3 Satz 5 GwG)

57 Die von der registerführenden Stelle geforderte Bestätigung nach § 23 Abs. 3 Satz 4 GwG hat gemäß § 23 Abs. 3 Satz 5 GwG durch den Dienstvorgesetzen zu erfolgen. Hierdurch wird den Behörden sowohl eine interne als auch externe Kontrollmöglichkeit auferlegt. Insofern wäre es paradox, wenn der Einsichtnehmende selbst über die Bestätigung entscheidet und nicht der Dienstvorgesetzte. Für die Definition des Dienstvorgesetzen kann u. E. auf § 3 Bundesbeamtengesetz (BBG) zurückgegriffen werden. Dienstvorgesetzter ist nach § 3 Abs. 2 BBG, wer für beamtenrechtliche Entscheidungen über die persönlichen Angelegenheiten der ihr oder ihm nachgeordneten Beamtinnen und Beamten zuständig ist. Nach § 3 Abs. 3 BBG ist Vorgesetzter oder Vorgesetzte, wer dienstliche Anordnungen erteilen darf und die Dienstvorgesetzten- oder Vorgesetzteneigenschaft bestimmt sich nach dem Aufbau der Verwaltung gem. § 3 Abs. 4 BBG.

58 Entsprechend dem Aufbau der Verwaltung ist gewöhnlich der Leiter einer Behörde der unmittelbare Dienstvorgesetzte.[59] Ein Angestellter darf nur ausnahmsweise Dienstvorgesetzter sein, denn die Ausübung der Befugnisse eines Dienstvorgesetzten ist die Wahrnehmung hoheitsrechtlicher Aufgaben.[60] Ein höherer (mittelbarer) Dienstvorgesetzter ist der dem unmittelbaren Dienstvorgesetzten übergeordnete Behördenleiter, welcher gleichzeitig unmittelbarer Dienstvorgesetzter der ihm nachgeordneten Behördenleiter ist.[61] Der höchste Dienstvorgesetzte ist die oberste Dienstbehörde (beispielsweise Finanzministerium), deren beamtenrechtliche Zuständigkeit anders als beim unmittelbaren und höchsten Dienstvorgesetzten nicht nur vom Behördenleiter (Finanzminister) oder dessen ständigen Vertretern, sondern auch in seinem Auftrag vom Abteilungsleiter wahrgenommen werden kann.[62]

---

59 *Hebeler* in: Battis, BBG, § 3 Rn. 8.
60 *Hebeler* in: Battis, BBG, § 3 Rn. 8.
61 *Hebeler* in: Battis, BBG, § 3 Rn. 8.
62 BVerwG DÖV 1971, 746; *Hebeler* in Battis, BBG § 3 Rn. 8.

Sollte der Dienstvorgesetzte selbst für die Zweifel ursächlich geworden sein, hat **59** u.E. die Bestätigung nach § 23 Abs. 3 Satz 5 GwG durch den nächst höheren Dienstvorgesetzten zu erfolgen, um die behördeninternen Kontrollmechanismen nicht zu umgehen und eine objektive Kontrolle des automatisierten Einsichtnahmeverfahrens zu gewährleisten („Quis custodiet ipsos custodes?").

6. Sicherstellung von Datenschutz und Datensicherheit (§ 23 Abs. 3 Satz 6 GwG)

Nach § 23 Abs. 3 Satz 6 GwG haben die beteiligten Stellen zu gewährleisten, **60** dass für Einsichtnahmen und Datenübermittlungen nach § 23 Abs. 3 Satz 1 GwG die erforderlichen technischen und organisatorischen Maßnahmen zur Sicherstellung von **Datenschutz und Datensicherheit** getroffen werden, die insbesondere die Vertraulichkeit und Unversehrtheit der Daten gewährleisten. Nach Art. 24, Art. 25 und Art. 32 der DSGVO[63] ist dabei insbesondere Wert zu legen auf die Verantwortung des für die Verarbeitung Verantwortlichen, Datenschutz durch Technikgestaltung und durch datenschutzfreundliche Voreinstellungen sowie die Sicherheit der Verarbeitung von Daten. Die Vorschrift betrifft beide Seiten des automatisierten Einsichtnahmeverfahrens nach § 23 Abs. 3 Satz 1 GwG. So hat die registerführende Stelle gemeinsam mit dem privilegierten Verpflichteten oder der Behörde nach § 23 Abs. 3 Satz 1 GwG gleichermaßen für den erforderlichen Schutz der Daten zu sorgen.

V. Online-Registrierung (§ 23 Abs. 4 GwG)

Mit § 23 Abs. 4 GwG hat der deutsche Gesetzgeber von der Möglichkeit in **61** Art. 30 Abs. 5 letzter Unterabs. der Vierten EU-Geldwäscherichtlinie Gebrauch gemacht. Die Einsichtnahme in das Transparenzregister ist nur nach vorheriger Online-Registrierung des Nutzers vorgesehen und kann zum Zwecke der Kontrolle protokolliert werden.

Die Voraussetzung zur Online-Registrierung soll dazu dienen, Personen leichter **62** zu ermitteln, die das Transparenzregister nutzen. Der Grund für die **Identifizierung der Registernutzer** liegt in den unterschiedlichen Bedingungen, die an die Einsichtnahme der jeweiligen Personengruppen zu stellen sind (gestaffelter Registerzugang). Gleichzeitig ist die Nutzerregistrierung geeignet, missbräuch-

---

63 Verordnung (EU) 2016/679 des Europäischen Parlaments und des Rates vom 27.4.2016 zum Schutz natürlicher Personen bei der Verarbeitung personenbezogener Daten, zum freien Datenverkehr und zur Aufhebung der Richtlinie 95/46/EG zur Sicherstellung von Datenschutz und Datensicherheit.

lichen Einsichtnahmen oder missbräuchlicher Verwendung der Daten entgegenzuwirken. Zudem wird mit der Online-Registrierung sichergestellt, dass die Gebühren für die Einsichtnahme vollständig erhoben werden können. Die Protokollierung der Einsichtnahmen kann bei Bestreiten der Gebührenforderung gleichzeitig als Beweismittel herangezogen werden,[64] vgl. auch § 11 TrEinV. Die Sicherung des Gebührenaufkommens scheint wohl der Hauptzweck des § 23
Abs. 4 GwG zu sein.[65]

63   Die Einzelheiten der Registrierung ergeben sich aus §§ 2–4 TrEinV. Erforderlich
sind zunächst eine gültige E-Mail-Adresse sowie die Vergabe eines Passwortes.
Im Anschluss erfolgt eine Identifizierung, typischerweise anhand amtlicher
Ausweise oder anderer amtlicher Dokumente. Die übermittelten Daten werden
von der registerführenden Stelle zwei Jahre nach deren Übermittlung gelöscht.
Etwaige Änderungen der Registrierungsdaten sind vom Nutzer unverzüglich anzugeben.

64   Einzelheiten zur Protokollierung der Einsichtnahme ergeben sich aus § 10
TrEinV. Gespeichert werden demnach die Nutzerkennung sowie die abgerufenen
Informationen mit Datum und Uhrzeit des Abrufs. Diese Daten werden ebenfalls
nach zwei Jahren gelöscht.

65   Nach § 23 Abs. 4 Satz 2 GwG dürfen die Vereinigungen und Rechtsgestaltungen
nicht darüber in Kenntnis gesetzt werden, wenn zuständige Behörden und zentrale Meldestellen Einsicht in die Angaben zum wirtschaftlich Berechtigten genommen haben. Dies gilt auch für Einsichtnahmen durch geldwächerechtlich
Verpflichtete und Mitglieder der Öffentlichkeit. Es soll verhindert werden, dass
laufende Verfahren behindert werden könnten und sich die betroffenen Personen
daraufhin absetzen oder versteckt halten.

VI. Keine Suche nach natürlichen Personen (§ 23 Abs. 5 GwG)

66   § 23 Abs. 5 GwG kommt eine klarstellende Funktion zu, denn das Transparenzregister erlaubt die Suche nach Vereinigungen nach § 20 Abs. 1 Satz 1 GwG und
Rechtsgestaltungen nach § 21 GwG über alle eingestellten Daten sowie sämtliche Indexdaten. Eine gezielte Suche nach wirtschaftlich Berechtigten (d. h. nach
natürlichen Personen) ist ausgeschlossen.[66]

---

64 BT-Drs. 18/11555, Begr. zu § 23 Abs. 3 GwG, S. 133.
65 *Krais*, CCZ 2017, 98, 105.
66 Siehe zu der Möglichkeit der gezielten Personensuche § 26a GwG.

    v. Schweinitz/Posdorfer

VII. Einsichtnahme und Übermittlung der Daten ausschließlich zur Erfüllung der gesetzlichen Aufgaben und Sorgfaltspflichten (§ 23 Abs. 6 GwG)

Der mit dem TraFinG neu eingefügte § 23 Abs. 6 GwG hat nur eine deklaratorische Bedeutung und dient der ausdrücklichen Klarstellung der datenschutzrechtlichen Zweckbindung bei der Datenübermittlung.[67] So soll insbesondere den abrufberechtigten privilegierten Verpflichteten durch die zunehmenden Erleichterungen des Abrufs durch das automatisierte Einsichtnahmeverfahren klar vor Augen geführt werden, dass die Einsichtnahme nur zur Erfüllung ihrer Sorgfaltspflichten zu erfolgen hat.[68] Das automatisierte Einsichtnahmeverfahren stellt insofern eine leicht zu missbrauchende Einsichtnahmemöglichkeit in sensible persönliche Daten dar.

67

VIII. Verordnungsermächtigung bezüglich der Einzelheiten der Einsichtnahme (§ 23 Abs. 7 GwG)

Gem. § 23 Abs. 7 GwG wird das BMF ermächtigt, mittels Rechtsverordnung die Einzelheiten der Einsichtnahme, Datenübermittlung[69] und Beschränkung, der vorherigen Online-Registrierung, der Zugriffsprotokollierung und der Löschungsfrist für die protokollierten Daten zu bestimmen. Das BMF hat mit der Transparenzregistereinsichtnahmeverordnung vom 19.12.2017 (BGBl. I, S. 3984) von der Ermächtigung Gebrauch gemacht.

68

IX. Auskunftserteilung der erfolgten Einsichtnahme (§ 23 Abs. 8 GwG)

§ 23 Abs. 8 GwG trat erstmalig zum 1.7.2020 als § 23 Abs. 6 a.F. GwG 2020 in Kraft und wurde im Rahmen der Umsetzung des TraFinG[70] zu § 23 Abs. 8 GwG.[71] Hiernach kann der wirtschaftlich Berechtigte einer Vereinigung nach § 20 oder Rechtsgestaltung nach § 21 Auskunft durch die registerführende Stelle

69

---

67 BT-Drs. 19/28164, S. 51.

68 BT-Drs. 19/28164, S. 51.

69 Die Datenübermittlung wurde im Rahmen der Umsetzung des TraFinG in § 23 Abs. 7 GwG entsprechend den weiteren Änderungen und Möglichkeiten der Datenübermittlung in § 23 GwG eingefügt.

70 BGBl. I 2021, S. 2083.

71 Vgl. Art. 20 Abs. 2 des Gesetzes zur Umsetzung der Änderungsrichtlinie zur Vierten EU-Geldwäscherichtlinie v. 12.12.2019, BGBl. I 2019, S. 2602.

verlangen. Die Auskunft enthält Informationen über (1) die beauskunfteten personenbezogenen Daten des wirtschaftlich Berechtigten, (2) die monatsweise dargestellte Anzahl der seit der letzten Antragstellung erfolgten Einsichtnahmen, (3) den Zeitpunkt der jeweiligen Einsichtnahmen, (4) eine anonymisierte Auflistung der natürlichen Personen, die Einsicht genommen haben und (5) bei Einsichtnahme durch juristische Personen deren Bezeichnung. Insofern stellt Abs. 8 eine Ausprägung des Interesses des wirtschaftlich Berechtigten dar: Welche Informationen wurden abgerufen? Wie oft und wann wurde Einsicht genommen? Wer hat Einsicht genommen? Bei natürlichen Personen erfolgt eine anonymisierte Auflistung, bei juristischen Personen wird die „Bezeichnung" überliefert. Damit ist vermutlich nur der Typ gemeint (z. B. e. V., AG, KG).

70   Die Anzahl der **Auskunftsansprüche** gegenüber der registerführenden Stelle ist begrenzt – höchstens einmal im Quartal, mindestens jedoch einmal im Kalenderjahr. Unnötige Verwaltungsbelastungen sollen hierdurch verhindert werden. Um einen Antrag nach § 23 Abs. 8 GwG stellen zu können, muss der wirtschaftlich Berechtigte seine Stellung als wirtschaftlich Berechtigter der Vereinigung nach § 20 oder Rechtsgestaltung nach § 21 GwG anhand geeigneter Nachweise zur gemäß § 12 GwG gegenüber der registerführenden Stelle nachweisen. Mit Umsetzung des TraFinG wurden die Wörter „zur Feststellung der Identität" in § 23 Abs. 8 Satz 6 a. E. GwG zur Vermeidung von Missverständnissen gestrichen.[72]

X. Kurzübersicht der Einsichtnahmeverfahren

71   Die nachfolgende Tabelle dient der Kurzübersicht der unterschiedlichen Einsichtnahmeverfahren: (1) das reguläre Einsichtnahmeverfahren nach § 23 Abs. 1 GwG, (2) das automatisierte Einsichtnahmeverfahren nach § 23 Abs. 3 GwG ab dem 1.1.2023 und (3) der automatisierte Abruf nach § 26a GwG. Die unterschiedlichen Einsicht- und Informationsabrufverfahren stehen hierbei u. E. nebeneinander und ergänzen sich – es besteht kein sich ausschließendes Spezialitäts- oder Alternativverhältnis.

---

72 BT-Drs. 19/28164, S. 51.

	Einsichtnahme nach § 23 Abs. 1 GwG	Automatisiertes Einsichtnahmeverfahren nach § 23 Abs. 3 GwG	Automatisierter Abruf nach § 26a GwG
Wer darf Einsicht nehmen?	– Die in § 23 Abs. 1 Satz 1 Nr. 1 genannten Behörden. – Die Verpflichteten zur Erfüllung ihrer Sorgfaltspflichten nach § 23 Abs. 1 Satz 1 Nr. 2. – Alle Mitglieder der Öffentlichkeit nach § 23 Abs. 1 Satz 1 Nr. 3.	– Die in § 23 Abs. 1 Satz 1 Nr. 1 genannten Behörden. – Die in § 23 Abs. 1 Satz 1 Nr. 2 genannten Verpflichteten, gegenüber denen die Beschränkung der Einsichtnahme und Übermittlung nach § 23 Abs. 2 Satz 4 nicht möglich ist, also Kreditinstitute, Finanzdienstleistungsinstitute, Zahlungsinstitute, Versicherungsunternehmen und Notare (privilegierte Verpflichtete).	– Die Zentralstelle für Finanztransaktionsuntersuchungen für Zwecke nach § 28 Abs. 1 Satz 2 Nr. 2, 4 und 8. Die Strafverfolgungsbehörden für ihre Aufgabenerfüllung. – Die Aufsichtsbehörden, soweit dies im Einzelfall für die Erfüllung ihrer Aufgaben nach § 51 erforderlich ist. – das Bundeszentralamt für Steuern und die örtlichen Finanzbehörden nach § 6 Abs. 2 Nr. 5 der Abgabenordnung, soweit dies im Einzelfall für die Erfüllung ihrer jeweiligen Aufgaben erforderlich ist. – Die Verfassungsschutzbehörden des Bundes und der Länder, soweit dies im Einzelfall zur Erfüllung ihrer Aufgaben erforderlich ist.
Einsichtnahme	Die in Nr. 1 genannten Behörden und Verpflichteten nach Nr. 2 erhalten Zugang zu: 1. Vor- und Nachname, 2. Geburtsdatum, 3. Wohnort, 4. Art und Umfang des wirtschaftlichen Interesses und alle Staatsangehörigkeiten. Alle Mitglieder der Öffentlichkeit erhalten Zugang zu: 1. Vor- und Nachname, 2. Monat und Jahr der Geburt des wirtschaftlich Berechtigten, 3. Wohnsitzland, 4. Art und Umfang des wirtschaftlichen Interesses und 5. Alle Staatsangehörigkeiten.	1. Vor- und Nachname, 2. Geburtsdatum, 3. Wohnort, 4. Art und Umfang des wirtschaftlichen Interesses und 5. alle Staatsangehörigkeiten.	1. Vor- und Nachname, 2. Geburtsdatum, 3. Wohnort, 4. Art und Umfang des wirtschaftlichen Interesses und 5. alle Staatsangehörigkeiten.

	Einsichtnahme nach § 23 Abs. 1 GwG	Automatisiertes Einsichtnahmeverfahren nach § 23 Abs. 3 GwG	Automatisierter Abruf nach § 26a GwG
Suchmöglichkeiten	Suche nach: – Vereinigungen nach § 20 oder – Rechtsgestaltungen nach § 21.	Suche nach: – Vereinigungen nach § 20 oder – Rechtsgestaltungen nach § 21.	Suche nach: – Vereinigungen nach § 20 oder – Rechtsgestaltungen nach § 21 Gezielte Suche nach wirtschaftlich Berechtigten über die Angaben – Name und Vorname, – Geburtsdatum, – Wohnort oder – Staatsangehörigkeit.
Beschränkungsmöglichkeiten	Auf Antrag kann die Einsichtnahme durch Darlegung der schutzwürdigen Interessen durch den wirtschaftlich Berechtigten nach § 23 Abs. 2 beschränkt werden. Die Beschränkung der Einsichtnahme nach § 23 Abs. 2 Satz 1 ist nicht möglich gegenüber den in § 23 Abs. 1 Satz 1 Nr. 1 aufgeführten Behörden und gegenüber Verpflichteten nach § 2 Abs. 1 Nr. 1–3 und 7 sowie gegenüber Notaren.	Nach § 23 Abs. 3 Satz 3 ist die registerführende Stelle berechtigt, wenn Zweifel daran bestehen, dass die Einsichtnahme zur Erfüllung der gesetzlichen Aufgaben einer Behörde erforderlich ist oder zur Erfüllung der Sorgfaltspflicht eines Verpflichteten nach Satz 1 erfolgt, die Verfahren des automatisierten Einsichtnahmeverfahren nach § 23 Abs. 3 Satz 1 und 2 zu sperren und dauerhaft auf das Verfahren nach § 23 Abs. 1 verweisen. Die registerführende Stelle kann Behörden nach § 23 Abs. 3 Satz 1 zur Bestätigung, dass die Einsichtnahme zur Erfüllung der gesetzlichen Aufgaben erforderlich ist, auffordern und den Verpflichteten nach Satz 1 dauerhaft auf das allgemeine Verfahren nach Abs. 1 verweisen.	Keine.

§ 23a Meldung von Unstimmigkeiten an die registerführende Stelle

(1) Verpflichtete nach § 23 Absatz 1 Satz 1 Nummer 2 haben der registerführenden Stelle Unstimmigkeiten unverzüglich zu melden, die sie zwischen den Angaben über die wirtschaftlich Berechtigten, die im Transparenzregister zugänglich sind, und den ihnen zur Verfügung stehenden Angaben und Erkenntnissen über die wirtschaftlich Berechtigten feststellen. § 43 Absatz 2 gilt entsprechend. Zuständige Behörden nach § 23 Absatz 1 Satz 1 Nummer 1 Buchstabe a und b trifft die Pflicht nach Satz 1, sofern dadurch die Aufgabenwahrnehmung der Behörden nicht beeinträchtigt wird. Eine Unstimmigkeit nach Satz 1 besteht, wenn Eintragungen nach § 20 Absatz 1 sowie nach § 21 Absatz 1 und 2 fehlen, einzelne Angaben zu den wirtschaftlich Berechtigten nach § 19 Absatz 1 abweichen oder wenn abweichende wirtschaftlich Berechtigte ermittelt wurden. Die der Unstimmigkeitsmeldung zugrunde liegende Ermittlung der wirtschaftlich Berechtigten hat nach den Vorgaben des § 3 zu erfolgen.

(2) Die registerführende Stelle hat auf der Internetseite des Transparenzregisters deutlich sichtbar eine Vorkehrung einzurichten, über die Unstimmigkeitsmeldungen nach Absatz 1 abzugeben sind.

(3) Die registerführende Stelle hat die Unstimmigkeitsmeldung nach Absatz 1 unverzüglich zu prüfen. Hierzu kann sie von dem Erstatter der Unstimmigkeitsmeldung, der betroffenen Vereinigung nach § 20 oder der Rechtsgestaltung nach § 21 die zur Aufklärung erforderlichen Informationen und Unterlagen verlangen.

(3a) Im Rahmen der Prüfung der Unstimmigkeitsmeldung erstellt die registerführende Stelle auf Basis der in den anderen Registern vorhandenen Informationen sowie der aufgrund von Nachfragen nach Absatz 3 erhaltenen Informationen und Unterlagen Eigentums- und Kontrollstrukturübersichten der betroffenen Vereinigung nach § 20 oder der Rechtsgestaltung nach § 21, soweit dies im Einzelfall zur Prüfung der Unstimmigkeitsmeldung erforderlich ist. Sie hat diese Übersichten nach Abschluss der Prüfung zwei Jahre aufzubewahren und danach zu löschen. Die Eigentums- und Kontrollstrukturübersicht wird nicht Teil der Eintragung im Transparenzregister.

(4) Die registerführende Stelle übergibt die Unstimmigkeitsmeldung mit allen erforderlichen Unterlagen der Behörde nach § 56 Absatz 5 Satz 2 im Rahmen ihrer Zuständigkeit für die Verfolgung von Ordnungswidrigkeiten nach § 56 Absatz 1 Satz 1 Nummer 52 bis 55b, 56a und 56b, wenn

1. sie zu der Erkenntnis gelangt, dass die im Transparenzregister enthaltenen Angaben zum wirtschaftlich Berechtigten nicht zutreffend sind oder

2. sie die Prüfung der Unstimmigkeitsmeldung aufgrund unklarer Sachlage nicht abschließen konnte.

(5) Die registerführende Stelle hat dem Erstatter der Unstimmigkeitsmeldung die von ihr ermittelten Angaben zum wirtschaftlich Berechtigten im Sinne des § 19 Absatz 1 nach Abschluss der Prüfung unverzüglich zu übermitteln. Das Verfahren zur Prüfung der Unstimmigkeitsmeldung gilt als abgeschlossen, wenn die registerführende Stelle oder die Behörde nach § 56 Absatz 5 Satz 2 aufgrund der nach Absatz 3 erlangten Erkenntnisse oder aufgrund einer neuen oder berichtigenden Mitteilung der Vereinigung nach § 20 oder der Rechtsgestaltung nach § 21, die Gegenstand der Unstimmigkeitsmeldung ist, zu dem Ergebnis gekommen ist, dass die Unstimmigkeit ausgeräumt ist.

(6) Nach Eingang der Unstimmigkeitsmeldung nach Absatz 1 hat die registerführende Stelle auf dem Registerauszug sichtbar zu vermerken, dass die Angaben zu den wirtschaftlich Berechtigten der Vereinigung nach § 20 oder der Rechtsgestaltung nach § 21 der Prüfung unterliegen. Der Abschluss des Verfahrens zur Prüfung der Unstimmigkeitsmeldung ist auf dem Registerauszug zu vermerken.

Übersicht

Rn.

I. Allgemeines

1   § 23a GwG dient der Umsetzung des Art. 30 Abs. 4 der Fünften EU-Geldwäscherichtlinie. Dieser schreibt vor, dass die Angaben, die im zentralen Register aufbewahrt werden, angemessen, präzise und aktuell sind, und schafft entsprechende Mechanismen. Diese Mechanismen umfassen eine Verpflichtung

der Verpflichteten und – sofern angemessen und soweit diese Verpflichtung ihre Funktion nicht unnötig beeinträchtigt – der zuständigen Behörden, etwaige Unstimmigkeiten zu melden, die sie zwischen den Angaben über die wirtschaftlichen Berechtigten, die in den zentralen Registern zur Verfügung stehen, und den ihnen zur Verfügung stehenden Angaben über die wirtschaftlichen Berechtigten feststellen. Wenn Unstimmigkeiten gemeldet werden, sorgen die Mitgliedstaaten dafür, dass angemessene Maßnahmen ergriffen werden, um diese Unstimmigkeiten zeitnah zu beseitigen, und gegebenenfalls in der Zwischenzeit eine entsprechende Anmerkung im zentralen Register vorgenommen wird.

Die Vorschrift des § 23a GwG normiert die Meldung von Unstimmigkeiten an die registerführende Stelle. § 23a Abs. 1 GwG bestimmt, wer die Unstimmigkeitsmeldung vorzunehmen und wann diese zu erfolgen hat. § 23a Abs. 2 GwG schreibt eine Pflicht zur Einführung einer Vorkehrung auf der Website des Transparenzregisters vor, um Unstimmigkeitsmeldungen schnell und deutlich erkennen zu können. Nach § 23a Abs. 3 GwG sind die Unstimmigkeitsmeldungen unverzüglich zu prüfen und es können von dem Erstatter der Meldungen die zur Aufklärung erforderlichen Informationen und Unterlagen verlangt werden. Die registerführende Stelle hat zur Aufklärung der Unstimmigkeitsmeldungen Eigentums- und Kontrollstrukturübersichten nach § 23a Abs. 3a GwG zu erstellen, welche sie zwei Jahre aufbewahrt und anschließend löscht. Nach § 23a Abs. 4 GwG hat die registerführende Stelle die Unstimmigkeitsmeldungen und alle erforderlichen Unterlagen der zuständigen Behörde zu übergeben, wenn sie feststellt, dass die Angaben nicht zutreffend sind oder eine unklare Sachlage vorliegt, die sie selbst nicht lösen kann. Nach Abschluss des Unstimmigkeitsverfahrens ist der Erstatter der Unstimmigkeitsmeldung nach § 23a Abs. 5 GwG über das Ergebnis der Prüfung zu unterrichten. § 23a Abs. 6 statuiert, dass Unstimmigkeitsmeldungen und der Abschluss des Verfahrens zur Prüfung der Unstimmigkeitsmeldung sichtbar auf dem Registerauszug zu vermerken sind.

2

Vor dem Gesetz zur Umsetzung der Fünften EU-Geldwäscherichtlinie v. 12.12.2019[1] gab es keine technische Vorkehrung für Unstimmigkeitsmeldungen und § 23a GwG wurde erstmalig mit dem Referentenentwurf[2] zur Umsetzung der Fünften EU-Geldwäscherichtlinie neu eingeführt. Die registerführende Stelle hatte nach § 18 Abs. 3 GwG (vgl. ausführlich → § 18 Rn. 15 ff.) bislang nur die Möglichkeit bei unklaren Mitteilungen oder bestehenden Zweifeln die mitteilende Vereinigung nach § 20 Abs. 1 Satz 1 GwG bzw. Rechtsgestaltung nach § 21 GwG zu kontaktieren und um Aufklärung zu bitten. Insofern musste die registerführende Stelle nachforschen und dies konnte bei fehlender Mitwirkung oder bei Nichtbeachtung durch Verhängung eines Bußgeldes geahndet werden.

3

---

1 BGBl. I 2019, S. 2602 ff.
2 Referentenentwurf des BMF v. 20.5.2019 zur Umsetzung der Änderungsrichtlinie zur Vierten EU-Geldwäscherichtlinie.

Es wird mit § 23a GwG diese Lücke und damit verbundene Unsicherheiten/Unstimmigkeiten – vor allem mit Blick auf die Praxis – geschlossen.

II. Pflicht zur Mitteilung von Unstimmigkeiten (§ 23a Abs. 1 GwG)

4   Die Verpflichteten im Sinne von § 23 Abs. 1 Satz 1 Nr. 1 GwG haben eine Unstimmigkeitsmeldung an die registerführende Stelle vorzunehmen, wenn sie feststellen, dass die im Transparenzregister enthaltenen Angaben über die wirtschaftlich Berechtigten von den ihnen zur Verfügungen stehenden Angaben abweichen. Behörden nach § 23 Abs. 1 Satz 1 Nr. 1 GwG trifft diese Pflicht ebenfalls, sofern sie dadurch nicht unnötig in ihrer Funktion beeinträchtigt werden.[3] Eine Abgabe von Unstimmigkeitsmeldungen durch Personen, die keine Verpflichteten im Sinne von § 23 Abs. 1 Satz 1 Nr. 1 GwG sind, ist nicht vorgesehen.[4] Anders als das Abrufen der Informationen aus dem Transparenzregister ist die Mitteilung der Unstimmigkeitsmeldung nicht gebührenpflichtig – weder für den Erstatter der Meldung, noch für die passiv-betroffenen Vereinigungen nach § 20 GwG oder Rechtsgestaltungen nach § 21 GwG.[5] Abweichend von § 23a Abs. 1 GwG sind Unstimmigkeitsmeldungen wegen des Fehlens einer Eintragung nach § 20 GwG bis zum 1.4.2023 nicht abzugeben, wenn nach der bis einschließlich zum 31.7.2021 geltenden Fassung des § 23a Abs. 1 GwG in Verbindung mit § 20 Abs. 2 GwG a. F. (Mitteilungsfiktion) keine Pflicht zur Abgabe einer Unstimmigkeitsmeldung an das Transparenzregister bestanden hätte.[6]

5   Der Begriff „**Unstimmigkeit**" wird in § 23a Abs. 1 Satz 3 GwG legaldefiniert. Danach besteht eine Unstimmigkeit, wenn Eintragungen nach § 20 Abs. 1 sowie nach § 21 Abs. 1 und 2 fehlen, einzelne Angaben zu den wirtschaftlich Berechtigten nach § 19 Abs. 1 GwG abweichen oder wenn abweichende wirtschaftlich Berechtigte ermittelt wurden. Die Ermittlung der wirtschaftlich Berechtigten hat, wie auch sonst, nach den Vorgaben des § 3 GwG zu erfolgen. Eine Unstimmigkeit kann unter anderem vorliegen wenn (1) der auf dem Auszug des Trans-

---

3 BT-Drs. 19/13827, S. 91 f.

4 Vgl. auch BVA Transparenzregister – Fragen und Antworten, Stand 1.8.2021, S. 23 f., https://www.bva.bund.de/DE/Das-BVA/Aufgaben/T/Transparenzregister/_documents/ FAQ_transparenz_kachel.html, zuletzt abgerufen am 22.11.2021.

5 Vgl. Fragen & Antworten Transparenzregister, https://www.transparenzregister.de/treg/ de/hilfe?0#faq6, zuletzt abgerufen am 22.11.2021.

6 Mit Umsetzung des TraFinG wurde eine Übergangsregelung in § 59 Abs. 10 GwG geschaffen. Dies trägt der Umstellung des Auffangregisters in ein Vollregisters und dem Wegfall der Mitteilungsfiktion sowie der Einführ einer Transparenzpflicht nach § 20 GwG Rechnung. Vgl. BVA Transparenzregister – Fragen und Antworten, Stand 1.8.2021, S. 25 und BT-Drs. 19/30443, S. 71.

parenzregisters angegebene wirtschaftlich Berechtigte von den Erkenntnissen des Verpflichteten abweicht (mehr, weniger oder andere wirtschaftlich Berechtigte), (2) einzelne Angaben gem. § 19 Abs. 1 Nr. 1–4 GwG abweichen (z. B. Nachname, Geburtsdatum, Wohnort, aber auch Schreibfehler, Vertauschen oder offensichtliches Fehlen von Buchstaben nach Maßgabe der amtlichen Ausweisdokumente), (3) der ausgewiesene Umfang oder die Art der wirtschaftlichen Berechtigung abweicht, (4) die Angaben, woraus die Stellung als wirtschaftlich Berechtigter folgt, abweichen (z. B. bei einem geschäftsführenden Anteilseigner anstelle der Beteiligung an der Gesellschaft selbst nach § 19 Abs. 3 Nr. 1 lit. a GwG angegeben ist, dass er die Funktion des geschäftsführenden Gesellschafters/gesetzlichen Vertreters nach § 19 Abs. 3 Nr. 1 lit. c GwG ausübt) oder (5) die gesuchte Rechtseinheit nicht auffindbar war, obwohl eine Eintragung hätte erfolgen müssen (z. B. wenn mit den Stammdaten kein Treffer in der Suche erzielt wurde).[7]

Die fehlende Eintragung der Staatsangehörigkeit der wirtschaftlich Berechtigten **6** stellt für sich genommen keine Unstimmigkeit dar, da keine Pflicht zur Nachtragung der Staatsangehörigkeit besteht.[8] Wurde hingegen ein Eintrag nach 2019 oder ein Nachtrag vorgenommen, weil die Mitteilungsfiktion der Vereinigung nach § 20 GwG a. F. nicht eingriff und eine Mitteilung der wirtschaftlich Berechtigten an das Transparenzregister erforderlich war, so ist bei jedem wirtschaftlich Berechtigten die Angabe der Staatsangehörigkeit einzutragen.[9] Fehlt in diesem Fall die Angabe der Staatsangehörigkeit bei einem der wirtschaftlich Berechtigen, führt dies zur Notwendigkeit einer Unstimmigkeitsmeldung; besitzt ein wirtschaftlich Berechtigter hingegen mehrere Staatsangehörigkeiten, liegt keine Unstimmigkeit vor, wenn mindestens eine übereinstimmende Staatsangehörigkeit eingetragen ist.[10]

Nicht alle Abweichungen führen zu einer Pflicht zur Mitteilung der Unstimmig- **7** keit. Das ist u. a. der Fall, wenn (1) weitere Vornamen, (2) akademische Grade[11] zusätzlich zum eigentlichen Namen oder (3) Adelstitel, die nicht Bestandteil des Namens sind, nur in der Person des Verpflichteten oder nur ausweislich des Transparenzregister, vorliegen.[12] Die Pflicht einer Unstimmigkeitsmeldung entfällt außerdem, wenn aufgrund der Mitteilungsfiktion des § 20 Abs. 2 GwG a. F. nicht erforderliche („überobligatorische") Eintragungen gemacht wurden, so-

---

7 Vgl. BVA Transparenzregister – Fragen und Antworten, Stand 1.8.2021, S. 23 f., https://www.bva.bund.de/DE/Das-BVA/Aufgaben/T/Transparenzregister/_documents /FAQ_transparenz_kachel.html, zuletzt abgerufen am 22.11.2021.
8 BVA Transparenzregister – Fragen und Antworten, Stand 1.8.2021, S. 25.
9 Vgl. BVA Transparenzregister – Fragen und Antworten, Stand 1.8.2021, S. 23 und S. 25.
10 Vgl. BVA Transparenzregister – Fragen und Antworten, Stand 1.8.2021, S. 25.
11 Z. B. Prof. oder Dr.
12 BVA Transparenzregister – Fragen und Antworten, Stand 1.8.2021, S. 25.

weit sie **inhaltlich richtig** sind. Sind Personen/Rechtseinheiten eingetragen, welche keine wirtschaftlich Berechtigten sein können, weil sie z. B. lediglich 25 % der Kapitalanteile besitzen[13] oder selbst transparenzpflichtig sind, ist der Eintrag zu berichtigen.[14] Zu einer Unstimmigkeitsmeldung führt dieser Eintrag jedoch nur dann, wenn eine Meldepflicht besteht und die eingetragene Person mehr als 25 % der Kapitalanteile besitzt, also eine Unrichtigkeit des Umfangs der wirtschaftlichen Berechtigung vorliegt.[15]

8   Die Pflicht zur Meldung von Unstimmigkeiten dient der Erhöhung der Datenqualität im Transparenzregister.[16] Das Unterlassen einer Unstimmigkeitsmeldung stellt nach § 56 Abs. 1 Nr. 65 GwG n. F. eine Ordnungswidrigkeit dar. Dies bedeutet nicht, dass Behörden und Verpflichtete alle vorliegenden Informationen zum wirtschaftlich Berechtigten mit dem Transparenzregister abgleichen sollen, sondern bei **Kenntnisnahme** von Unstimmigkeiten bei der Einsicht, diese Unstimmigkeiten an das Transparenzregister zu melden sind.[17] Die eingeschränkte Meldepflicht für Behörden ist notwendig, um ihre Effektivität und Aufgabenwahrnehmung nicht unnötig zu beeinträchtigten; dies kann beispielsweise der Fall sein, wenn die Meldung an das Transparenzregister und die damit verbundenen Nachfragen bei der Vereinigung laufende Ermittlungen gefährden würde.[18]

9   Regelmäßig wird sich die Pflicht zur Unstimmigkeitsmeldung auf Kunden der Geldwäscheverpflichteten beziehen. Inwieweit sich dieses private – unentgeltliche, staatlich angeordnete – Denunziantentum, besonders im Hinblick auf Art. 12 GG, rechtfertigen lässt, ist unklar. Insbesondere bei zur Verschwiegenheit verpflichteten Berufen (Rechtsanwalt/Steuerberater/Wirtschaftsprüfer) ist nach der hier vertretenen Auffassung ein Kernbereich der Berufstätigkeit betroffen; als mildere und mindestens gleich effektive Maßnahme kommt insbesondere ein Hinweis an die entsprechende Vereinigung/Rechtsgestaltung in Betracht.[19]

10   Auch liegt es nahe, weiter ein Vollzugsdefizit der Praxis zu erwarten. Vor diesem Hintergrund ist auch der OWiG-Tatbestand (§ 56 Abs. 1 Nr. 65 GwG) zweifelhaft und das praktische Vorgehen abhängig von der rechtlichen Einschätzung dieser Vorfrage. Keine Zweifel bestehen eigentlich bezüglich staatlicher Stellen,

---

13 Aber nicht 25+x %.
14 BVA Transparenzregister – Fragen und Antworten, Stand 1.8.2021, S. 6 ff.
15 BVA Transparenzregister – Fragen und Antworten, Stand 1.8.2021, S. 6 ff.
16 BT-Drs. 19/13827, S. 91 f.
17 BT-Drs. 19/13827, S. 91 f.
18 BT-Drs. 19/13827, S. 91 f.
19 Die verfassungsrechtliche Klärung dieser Frage ist jedoch mit nicht unerheblichen Aufwänden und Problemen verbunden, zumal sie den Verdacht aufkommen lässt, sich selber als Verpflichteter nicht an die gesetzlichen Sorgfaltspflichten zu halten.

die hier im Wege der gesetzlich angeordneten Amtshilfe tätig werden; allerdings
würde wegen des Verbots der geltungserhaltenden Reduktion von Rechtsnormen
der Zweifel sich gegebenenfalls auch hier auswirken.

III. Vorkehrung für Unstimmigkeitsmeldungen (§ 23a Abs. 2 GwG)

§ 23a Abs. 2 GwG dient der effizienten und digitalen Vornahme von Unstim-   **11**
migkeitsmeldungen.[20] Es wird klargestellt, dass eine Vorkehrung einzurichten
ist, mit der **einfach** und **schnell** Unstimmigkeitsmeldungen abgegeben werden
können. Dies soll den Meldepflichtigen (Verpflichtete oder Behörden) die Möglichkeit der Meldung von Unstimmigkeiten erleichtern, sodass bereits vorab
technische Hürden auf das Minimum reduziert werden. Unstimmigkeitsmeldungen müssen über die Internetseite des Transparenzregisters (www.transparenzre-
gister.de) abgegeben werden. Für die Abgabe von Unstimmigkeitsmeldungen ist
eine vorherige Registrierung erforderlich. Der Erstatter der Unstimmigkeitsmeldung muss die ihm vorliegenden Angaben nach § 19 Abs. 1 GwG, welche die
Unstimmigkeit begründen, der registerführenden Stelle übermitteln.[21]

IV. Überprüfung der Unstimmigkeitsmeldung (§ 23a Abs. 3 GwG)

Die registerführende Stelle hat die Unstimmigkeitsmeldung **unverzüglich** zu   **12**
prüfen. Unverzüglich ist hier im Sinne des § 121 Abs. 1 BGB als „ohne schuldhaftes Zögern" zu verstehen.[22] Ihr kommt ein Nachfragerecht bei der betroffenen
Vereinigung zu. § 23a Abs. 3 GwG knüpft an den „**Erstatter der Unstimmigkeitsmeldung**" an. § 23a Abs. 3 GwG steht als Ergänzung und notwendige Vorschrift zur Verbesserung der Datenqualität des Transparenzregisters neben § 18
Abs. 3 GwG und stellt **kein „lex specialis"-Verhältnis** zu diesem dar. § 18
Abs. 3 GwG knüpft entweder an eine unklare und unvollständige Erstmeldung
nach § 20 GwG an das Transparenzregister an oder erfasst den Fall, dass Zweifel
bestehen, welcher Vereinigung nach § 20 Abs. 1 GwG die in der Mitteilung enthaltenen Angaben zum wirtschaftlich Berechtigten zuzuordnen sind (siehe hierzu → § 18 Rn. 15 f.). § 23a Abs. 3 GwG setzt hingegen voraus, dass bereits eine
Mitteilung an das Transparenzregister gemacht wurde und eine weitere Unstimmigkeitsmeldung erfolgt ist. Jedoch wird in beiden Fällen der registerführenden
Stelle ein Nachfragerecht bei der betroffenen Vereinigung eingeräumt.

---

20 BT-Drs. 19/13827, S. 91 f.
21 Vgl. BVA, Transparenzregister – Fragen und Antworten, Stand 1.8.2021, S. 23 ff.
22 *Armbrüster*, in: MüKo-BGB, § 121 Rn. 7.

V. Erstellung von Eigentums- und Kontrollstruktur- übersichten (§ 23a Abs. 3a GwG)

13   Der mit der Umsetzung des TraFinG[23] neu eingefügte § 23a Abs. 3a GwG normiert die Erstellung von Eigentums- und Kontrollstrukturübersichten durch die registerführende Stelle. Hierbei erstellt die registerführende Stelle im Rahmen der Prüfung von Unstimmigkeitsmeldungen Eigentums- und Kontrollstrukturübersichten auf Basis der in den jeweiligen Registern verfügbaren Informationen sowie der von den betroffenen Vereinigungen nach § 20 und Rechtsgestaltungen nach § 21 oder von den Erstattern der Unstimmigkeitsmeldung erlangten Information und Dokumenten.[24] Die erstellten Übersichten sollen in erster Linie der registerführenden Stelle für die Durchdringung der Eigentums- und Kontrollstruktur der jeweils von der Meldung betroffenen Vereinigung nach § 20 oder Rechtsgestaltung nach § 21 bei Untersuchungen und Nachprüfungen dienen und wird bei der Auflösung von Unstimmigkeiten zugrunde gelegt.[25] Überdies dient die Erstellung von Eigentums- und Kontrollstrukturübersichten ebenfalls der eigenen Kontrolle und Absicherung der registerführenden Stelle mit Blick auf den zugrunde gelegten Sachverhalt und die getroffenen Annahmen.

14   Um die Grundsätze des Datenschutzrechtes der Betroffenen mit Blick auf die personenbezogenen Daten und die Verhältnismäßigkeit zu wahren, wurde in § 23a Abs. 3a Satz 2 GwG eine Aufbewahrungs- und Löschfrist von zwei Jahren geregelt.[26] Die Zweijahresfrist knüpft an den datenschutzrechtlichen Grundsatz der Löschung der Daten nach Wegfall des Zwecks der Aufbewahrung (sog. Löschzwang) an (vgl. Art. 5 Abs. 1 lit. b DSGVO und Art. 6 Abs. 1 DSGVO). Für § 23a Abs. 3a Satz 2 GwG wird – anders als bei § 23 Abs. 7 – eine Löschfrist von zwei Jahren direkt vorgegeben. Nach § 23 Abs. 7 wird das BMF lediglich ermächtigt, durch Rechtsverordnung, die nicht der Zustimmung des Bundesrates bedarf, die Einzelheiten für die Löschungsfrist für die protokollierten Daten nach Abs. 3, der Darlegungsanforderungen für die Einsichtnahme und Übermittlung nach Abs. 1 Satz 1 Nr. 2 und 3 und der Darlegungsanforderungen für die Beschränkung der Einsichtnahme und Übermittlung nach Abs. 2 zu bestimmen. Eine Verordnung zu den Löschfristen nach § 23 Abs. 7 ist bislang nicht erlassen worden. Die Informationen und erstellen Übersichten können nach der Gesetzesbegründung in der Zeit bis zu ihrer Löschung anderen Behörden zum Zwecke

---

23   Gesetz zur europäischen Vernetzung der Transparenzregister und zur Umsetzung der Richtlinie (EU) 2019/1153 des Europäischen Parlaments und des Rates vom 20.6.2019 zur Nutzung von Finanzinformationen für die Bekämpfung von Geldwäsche, Terrorismusfinanzierung und sonstigen schweren Straftaten (Transparenzregister- und Finanzinformationsgesetz) v. 25.6.2021, BGBl. I 2021, S. 2083.
24   Vgl. BT-Drs. 19/28164, S. 52.
25   BT-Drs. 19/28164, S. 52.
26   BT-Drs. 19/28164, S. 52.

ihrer Aufgabenerfüllung auf Anfrage zur Verfügung gestellt werden (zum Beispiel im Rahmen einer Datenerhebung durch die Zentralstelle für Finanztransaktionsuntersuchungen nach § 31 Abs. 1 GwG).[27]

Nach § 23a Abs. 3a Satz 3 GwG wird die Eigentums- und Kontrollstrukturübersicht nicht Teil der Eintragung im Transparenzregister. Die Eigentums- und Kontrollstrukturübersichten sind ebenfalls nicht für privilegierte Verpflichtete über das automatisierte Einsichtnahmeverfahren gem. § 23 Abs. 3 Satz 1 GwG oder den automatisierten Abruf nach § 26a GwG einsehbar oder abrufbar. Im Einzelfall kann auf Anfrage die Eigentums- und Kontrollstrukturübersicht jedoch der Zentralstelle für Finanztransaktionsuntersuchungen (FIU) nach § 31 Abs. 1 GwG zur Verfügung gestellt werden.[28] Denkbar wäre auch ein Zurverfügungstellen an die Finanzbehörden oder die in § 26a Abs. 1 GwG genannten Behörden, hierfür fehlt es jedoch an einer entsprechenden gesetzlichen Regelung und es widerspricht dem Telos des § 23a Abs. 3a Satz 3 GwG, sodass u. E. eine Weitergabe der erstellten Eigentums- und Kontrollstrukturübersichten durch die registerführende Stelle (an andere als die FIU) nicht zulässig ist. **15**

VI. Übergabe der Unstimmigkeitsmeldung (§ 23a Abs. 4 GwG)

§ 23a Abs. 4 GwG regelt, wann die registerführende Stelle die Unstimmigkeitsmeldung und alle damit zusammenhängenden und erforderlichen Unterlagen der zuständigen Behörde nach § 56 Abs. 5 Satz 2 GwG übergibt. Zuständige Behörde ist das Bundesverwaltungsamt nach §§ 50 Nr. 1, 56 Abs. 5 Satz 2 GwG im Rahmen ihrer Zuständigkeit als Ordnungswidrigkeitenbehörde aus §§ 56 Abs. 1 Nr. 52–55c[29] und Nr. 56a–56c GwG. Das Verfahren wird übergeben, wenn die registerführende Stelle (1) zu der Erkenntnis gelangt, dass die im Transparenzregister enthaltenen Angaben zum wirtschaftlich Berechtigten nicht zutreffend sind oder (2) sie die Prüfung der Unstimmigkeitsmeldung aufgrund einer unklaren Sachlage selber nicht abschließen konnte. § 23a Abs. 4 dient der Umsetzung der Empfehlung der EU-Kommission aus der supra-nationalen Risikoanalyse, dass Unstimmigkeiten, die nicht gerechtfertigt werden können, angemessene Geldstrafen oder Sanktionen nach sich ziehen sollen.[30] Durch die Übergabe an das Bundesverwaltungsamt zur weiteren Ermittlung können entsprechende Maßnahmen getroffen werden und es wird eine abschreckende/präventive Wirkung erreicht. Somit wird auch die Datenqualität des Transparenzregisters erhöht. **16**

---

27 BT-Drs. 19/28164, S. 52.
28 BT-Drs. 19/28164, S. 52.
29 Ordnungswidrigkeiten gegen §§ 18 Abs. 3, 20 Abs. 1.
30 BT-Drs. 19/13827, S. 91 f.

VII. Abschluss des Verfahrens zur Prüfung der Unstimmigkeitsmeldung (§ 23a Abs. 5 GwG)

17   Nach § 23a Abs. 5 GwG ist der Erstatter der Unstimmigkeitsmeldung nach Abschluss des Verfahrens unverzüglich[31] über das Ergebnis der Prüfung zu informieren. Die Vorschrift dient vor allem der Erhöhung der Datenqualität und dem Nutzwert des Registers.[32] Ebenfalls soll der Erstatter der Unstimmigkeitsmeldung schnellstmöglich über den Ausgang der Prüfung in Kenntnis gesetzt werden. Ohne eine solche Mitteilung, könnte er eine Änderung nur anhand eines neuen Transparenzregisterauszuges feststellen, ohne jedoch den Grund nachvollziehen zu können.[33] Zudem wäre ein weiterer Auszug des Transparenzregisters mit neuen Kosten verbunden; dies würde bedeuten, dass dem Erstatter der Unstimmigkeitsmeldung erneut Kosten zur Überprüfung der durch die registerführende Stelle überprüften Angaben auferlegt würden. Deshalb ist es geboten, den Erstatter der Unstimmigkeitsmeldung über den Abschluss der Prüfung der Unstimmigkeitsmeldung zu informieren.

18   § 23a Abs. 5 Satz 2 GwG dient der Klarstellung und gibt eine Legaldefinition, wann das Verfahren zur Prüfung der Unstimmigkeitsmeldung als abgeschlossen gilt. Dies ist der Fall, wenn die registerführende Stelle oder die Behörde (Bundesverwaltungsamt) über eine Unstimmigkeit informiert wurde und diese anhand der nach § 23a Abs. 3 GwG erhaltenen Informationen und Dokumente oder neuen oder berichtigenden Mitteilungen einer Vereinigung/Rechtsgestaltung zu dem Ergebnis gekommen ist, dass die Unstimmigkeit ausgeräumt wurde.

VIII. Vermerk von Unstimmigkeiten (§ 23a Abs. 6 GwG)

19   § 23a Abs. 6 GwG regelt, dass sowohl laufende Prüfverfahren nach Eingang von Unstimmigkeitsmeldungen als auch der Abschluss solcher Verfahren sichtbar auf dem Registerauszug zu vermerken sind. Unstimmigkeiten liegen nach § 23a Abs. 1 Satz 3 GwG vor, wenn Eintragungen nach § 20 Abs. 1 und 2 sowie nach § 21 Abs. 1 und 2 GwG fehlen, einzelne Angaben zu den wirtschaftlich Berechtigten nach § 19 Abs. 1 GwG abweichen oder wenn abweichende wirtschaftlich Berechtigte ermittelt wurden (zum Begriff der „Unstimmigkeiten" siehe → Rn. 5 f.).

---

31 *Armbrüster*, in: MüKo-BGB, § 121 Rn. 7.
32 BT-Drs. 19/13827, S. 91 f.
33 BT-Drs. 19/13827, S. 91 f.

Dies bedeutet, dass sich bei Unstimmigkeitsmeldungen nicht auf die gemachten **20**
Angaben verlassen werden darf, andererseits bei einem Vermerk des Abschlusses einer Prüfung von Unstimmigkeitsmeldungen den Angaben Vertrauen ge-
schenkt werden darf. Ein solcher Vermerk soll die mit der Einführung von Unstimmigkeitsmeldungen bezweckte Steigerung der Datenqualität des Transparenzregisters unterstützen.[34]

Der Vermerk nach § 23a Abs. 6 GwG, dass Angaben zum wirtschaftlich Berech- **21**
tigten der Prüfung unterliegen, ist eine wichtige Information für diejenigen, die
in der Zwischenzeit Einsicht in das Register nehmen.[35] Das Vorliegen eines Ver-
merks von Unstimmigkeiten befreit nach Ansicht des Bundesverwaltungsamts
nicht von der Verpflichtung nach § 23a Abs. 1 GwG, eine weitere Unstimmigkeitsmeldung abzugeben, wenn eine weitere Unstimmigkeit festgestellt wird.[36]
Ein solcher Vermerk ist für geldwäscherechtlich Verpflichtete das Signal, dass
sie den Angaben aus dem Register im Rahmen eines **risikobasierten Ansatzes**
bei der Erfüllung der Kundensorgfaltspflichten lediglich weniger Gewicht einräumen können.[37] Folglich bedeutet dies auch, dass für Behörden die Angaben
für Ermittlungen o. Ä. nur unter Vorbehalt stehen.[38]

In Zusammenhang mit dem Vermerk der Unstimmigkeitsmeldungen stellt sich **22**
die Frage, wie sich diese auswirken und was für (Rechts-)Folgen damit einhergehen. So besteht bezüglich der Angaben grundsätzlich kein **guter Glauben an**
die Richtigkeit des Transparenzregisters (siehe hierzu ausführlich → § 18
Rn. 5 ff.). Im Umkehrschluss könnte jedoch der Vermerk, dass ein Abschluss
eines Verfahrens zur Prüfung der Unstimmigkeit vorliegt, eine Attestierung der
Richtigkeit der Angaben bedeuten. Das wirft die Frage auf, ob ein **guter Glaube**
an die Richtigkeit des Transparenzregisters für Angaben, die einen Vermerk des
Abschlusses des Verfahrens zur Prüfung der Unstimmigkeitsmeldung enthalten,
besteht. Dem kann jedoch entgegengehalten werden, dass es gerade nicht beabsichtigt war einen guten Glauben an das Transparenzregister einzuführen. Auch
ist eine solche Überprüfung des wirtschaftlich Berechtigten durch die Behörde
oder registerführende Stelle nicht mit der öffentlich beglaubigten Form nach
§ 12 Abs. 1 HGB i.V.m. § 129 Abs. 1 BGB durch einen Notar zu vergleichen.
Auch die Umstellung des Transparenzregisters auf ein Vollregister ändert dies
nicht, denn es wurde explizit – anders als beim Handelsregister – auf eine gesetz-

---

34 BT-Drs. 19/13827, S. 91 f.
35 BT-Drs. 19/13827, S. 91 f.
36 Vgl. BVA Transparenzregister – Fragen und Antworten, Stand 1.8.2021, S. 24, https://
    www.bva.bund.de/DE/Das-BVA/Aufgaben/T/Transparenzregister/_documents/FAQ
    _transparenz_kachel.html, zuletzt abgerufen am 22.11.2021.
37 BT-Drs. 19/13827, S. 91 f.
38 BT-Drs. 19/13827, S. 91 f.

liche Regelung verzichtet, sodass eine solche Annahme dem Willen des Gesetzgebers widersprechen würde. Demnach kann sogar in solchen Fällen der Vermerk der abgeschlossenen Überprüfung der Unstimmigkeitsmeldung nicht für einen guten Glauben an die Richtigkeit der Angaben des Transparenzregisters ausreichen.[39]

---

39 A. A. *Korte*, in: BeckOK GwG, Stand 1.6.2021, § 23a Rn. 33 f., wonach die Einschaltung der verschiedenen Behörden in Form der registerführenden Stelle und ggf. des Bundesverwaltungsamts ein kompensationsfähiges Äquivalent bieten würden, wie namentlich die in § 33 VwVfG normierten Beglaubigungsbefugnisse, die danach Bundesbehörden dem Grunde nach zustehen würden, zeige. Die Verpflichteten dürften nach *Korte* jedenfalls solange auf die Daten im Transparenzregister vertrauen, die auf Basis des § 23a GwG kontrolliert worden sind, wie der Vermerk noch aktuell sei.

§ 24 Gebühren und Auslagen, Verordnungsermächtigung

(1) Für die Führung des Transparenzregisters erhebt die registerführende Stelle von Vereinigungen nach § 20 und von Rechtsgestaltungen nach § 21 Gebühren. Dies gilt auf Antrag nicht für Vereinigungen nach § 20, die einen steuerbegünstigten Zweck im Sinne der §§ 52 bis 54 der Abgabenordnung verfolgen und dies mittels einer Bescheinigung des zuständigen Finanzamtes gegenüber der registerführenden Stelle nachweisen. Ein Nachweis nach Satz 2 ist nicht erforderlich, wenn im Antrag die Verfolgung der nach den §§ 52 bis 54 der Abgabenordnung steuerbegünstigten Zwecke versichert und das Einverständnis darüber erklärt werden, dass die registerführende Stelle beim zuständigen Finanzamt eine Bestätigung der Verfolgung dieser steuerbegünstigten Zwecke einholen darf. Die registerführende Stelle erhebt keine Gebühren von Vereinigungen nach § 20, wenn sich die Verfolgung der nach den §§ 52 bis 54 der Abgabenordnung steuerbegünstigten Zwecke unmittelbar aus dem Zuwendungsempfängerregister nach § 60b der Abgabenordnung ergibt. Die durch die Gebührenbefreiung entstehenden Mindereinnahmen werden der registerführenden Stelle durch den Bund erstattet.

(2) Für die Einsichtnahme in die dem Transparenzregister nach § 20 Absatz 1 und § 21 mitgeteilten Daten und deren Übermittlung erhebt die registerführende Stelle zur Deckung des Verwaltungsaufwands Gebühren und Auslagen. Dasselbe gilt für die Erstellung von Ausdrucken, Bestätigungen und Beglaubigungen nach § 18 Absatz 4. Behörden und Gerichte nach § 23 Absatz 1 Satz 1 Nummer 1 und die Behörde nach § 56 Absatz 5 Satz 2 haben keine Gebühren und Auslagen nach den Sätzen 1 und 2 zu entrichten. § 8 Absatz 2 Satz 1 des Bundesgebührengesetzes ist nicht anzuwenden.

(2a) Für die Registrierung und Identifizierung von wirtschaftlich Berechtigten im Zusammenhang mit einem Antrag nach § 23 Absatz 6 erhebt die registerführende Stelle zur Deckung des Verwaltungsaufwands Gebühren und Auslagen von den Antragstellern nach § 23 Absatz 6.

(3) Das Bundesministerium der Finanzen wird ermächtigt, durch Rechtsverordnung, die nicht der Zustimmung des Bundesrates bedarf, Einzelheiten zu Folgendem näher zu regeln:

1. die gebührenpflichtigen Tatbestände,

2. die Gebührenschuldner,

3. die Gebührensätze nach festen Sätzen oder als Rahmengebühren,

4. die Auslagenerstattung und

5. das Verfahren für eine Gebührenbefreiung nach Absatz 1 Satz 2.

Übersicht

I. Allgemeines

1 § 24 GwG ist mit „Gebühren und Auslagen" überschrieben und bildet die Grundlage für die „**Finanzierung des Transparenzregisters**". Adressaten der Gebührenpflicht sind demnach Vereinigungen nach § 20 Abs. 1 Satz 1 GwG (juristische Personen des Privatrechts und eingetragene Personengesellschaften) und Rechtsgestaltungen nach § 21 Abs. 1 Satz 1 und Abs. 2 GwG sowie jene, die das Register einsehen (§ 24 Abs. 2 GwG i.V.m. § 23 Abs. 1 Nr. 1–3 GwG). § 24 GwG unterscheidet in seinem sachlichen Anwendungsbereich zwischen der Führung des Transparenzregisters und der Einsichtnahme in das Transparenzregister. Neben der Ausformung der Gebührentatbestände sind weitere Einzelheiten durch eine Rechtsverordnung des BMF geregelt, vgl. Transparenzregistergebührenverordnung (TrGebV). Die Vorschrift stellt die **Rechtsgrundlage für die Erhebung von Gebühren und Auslagen** im Hinblick auf die Nutzung des Transparenzregisters dar. Grundsätzlich sind diese gem. Art. 30 Abs. 5 a. E. der Vierten EU-Geldwäscherichtlinie auf den tatsächlich anfallenden Verwaltungsaufwand der registerführenden Stelle begrenzt.[1] Mit Umsetzung der Fünften EU-Geldwäscherichtlinie wurde in § 24 Abs. 2 Satz 3 GwG geregelt, dass § 8 Abs. 2 Satz 1 des Bundesgebührengesetzes nicht anwendbar ist.

---

1 Vgl. hierzu Art. 30 Abs. 5a der Fünften EU-Geldwäscherichtlinie: „Die Mitgliedstaaten können entscheiden, die in ihren nationalen Registern gemäß Absatz 3 gespeicherten Informationen unter der Bedingung zur Verfügung zu stellen, dass eine Online-Registrierung erfolgt und eine Gebühr gezahlt wird, die die Verwaltungskosten für die Bereitstellung der Informationen einschließlich der Kosten für Betrieb und Weiterentwicklung des Registers nicht überschreiten darf."

Die Vorschrift gliedert sich in vier Absätze. § 24 Abs. 1 i.V.m. § 25 Abs. 5 GwG **2**
erlaubt die Gebührenerhebung durch die registerführende Stelle für die bloße
Führung des Transparenzregisters. § 24 Abs. 1 Satz 3–5 GwG regelt die Gebührenfreiheit und Erstattung der durch die Gebührenbefreiung entstandenen Mindereinnahmen durch den Bund.

§ 24 Abs. 2 GwG regelt die Gebühren- und Auslagenerhebung für die Bereitstel- **3**
lung und Übermittlung der Daten, also die Kosten, die bei der Einsichtnahme in
die im Transparenzregister verfügbaren Angaben entstehen. Dies umfasst neben
der bloßen Einsichtnahme in das Transparenzregister, die Erstellung von Ausdrucken, die Bestätigung und die Beglaubigung im Sinne des § 18 Abs. 4 GwG.
Es findet insofern eine Unterscheidung zwischen der Gebührenerhebung zu
Zwecken der Führung des Registers (Abs. 1) und der tatsächlichen Inanspruchnahme (Abs. 2) der hinterlegten Datensätze statt. Behörden und Gerichte haben
nach Satz 3 keine Gebühren und Auslagen zu entrichten und § 8 Abs. 2 BGebG
(Bundesgebührengesetz) ist nicht anzuwenden.

Der neue § 24 Abs. 2a GwG ermöglicht die Erhebung einer Gebühr für die Re- **4**
gistrierung und Identifizierung eines wirtschaftlich Berechtigten im Rahmen
eines Antrags nach § 23 Abs. 6 GwG. § 24 Abs. 3 GwG stellt eine Ermächtigungsgrundlage für den Erlass einer Rechtsverordnung durch das BMF dar. Diese regelt Einzelheiten hinsichtlich der gebührenpflichtigen Tatbestände, der Gebührenschuldner, der Gebührensätze und der Auslagenerstattung. Von der Verordnungsermächtigung des § 24 Abs. 3 GwG hat das BMF erstmalig am
19.12.2017 Gebrauch gemacht.[2] Am 8.1.2020 wurde die TrGebV entsprechend
der Umsetzung der Fünften EU-Geldwäscherichtlinie angepasst.[3]

II. Gebührenerhebung für die Führung des Transparenzregisters (§ 24 Abs. 1 GwG)

Nach § 24 Abs. 1 Satz 1 GwG erhebt die registerführende Stelle von Vereinigun- **5**
gen nach § 20 Abs. 1 GwG und von Rechtsgestaltungen nach § 21 GwG für **die**
Führung des Transparenzregisters Gebühren. Die Gebühren sind demnach zu
zahlen von juristischen Personen des Privatrechts, eingetragenen Personengesellschaften, Verwaltern von Trusts und Treuhändern nicht rechtsfähiger, eigen-
nütziger Stiftungen sowie ähnlichen Rechtsgestaltungen. Auf Antrag sind Vereinigungen nach § 20 GwG, die einen steuerbegünstigten Zweck nach §§ 52–54
AO (gemeinnützig, mildtätig, kirchlich) verfolgen und dieses gegenüber der re-

---

2 Besondere Gebührenverordnung des Bundesministeriums der Finanzen zum Transparenzregister (Transparenzregistergebührenverordnung – TrGebV) v. 19.12.2017, BGBl.
  I, S. 3982, 3983.
3 BGBl. I 2020, S. 93 f.

gisterführenden Stelle mittels einer Bescheinigung des zuständigen Finanzamtes nachweisen, von den Gebühren nach § 24 Abs. 1 Satz 1 befreit.

6 Die europarechtlichen Vorgaben der Vierten und Fünften EU-Geldwäscherichtlinie sehen keine Gebühr für das bloße Führen des Transparenzregisters vor, schließen eine solche aber auch nicht explizit aus.[4] Die Mitgliedstaaten sind frei in der nationalen Richtlinienumsetzung, weshalb die Erhebung einer Gebühr für das Führen des Registers grundsätzlich nicht zu beanstanden ist.

7 Eine Gebühr wird gem. § 1 Bundesgebührengesetz (BGebG) als Gegenleistung für eine „individuell zurechenbare öffentliche Leistung" erhoben. Eine solche öffentliche Leistung liegt gem. § 3 Abs. 1 BGebG u. a. in der „Ermöglichung der Inanspruchnahme von vom Bund oder von bundesunmittelbaren Körperschaften […] unterhaltenen Einrichtungen und Anlagen, soweit die Ermöglichung der Inanspruchnahme öffentlich-rechtlich geregelt ist". Zwar soll das Transparenzregister, vgl. § 25 Abs. 1 GwG, von einer juristischen Person des Privatrechts unterhalten werden, jedoch aufgrund vorheriger Beleihung durch das BMF. Fraglich bleibt allerdings, inwiefern diese öffentliche Leistung auch individuell zurechenbar im Sinne von § 3 Abs. 2 BGebG ist. Insbesondere im (Alt-)Fall einer „Nichtmeldung" im Sinne von § 20 Abs. 2 GwG a. F. ist die Leistung nicht beantragt oder sonst willentlich in Anspruch genommen, nicht durch den von der Leistung Betroffenen veranlasst und es ist auch kein Anknüpfungspunkt im Pflichtenkreis des von der Leistung Betroffenen rechtlich begründet, vgl. § 3 Abs. 2 Nr. 1, 3, 4 BGebG.

8 Die Gesetzesbegründung lautet an dieser Stelle, das Führen des Transparenzregisters sei eine individuell zurechenbare öffentliche Leistung, und zwar selbst dann, wenn die Meldepflicht für Vereinigungen gem. § 20 Abs. 2 GwG als bereits erfüllt gilt.[5] Denn auch in solchen Fällen gewährleiste das Transparenzregister den Zugang zu Informationen über wirtschaftlich Berechtigte, trage daher zur Erhöhung der Transparenz bei und mindere das Missbrauchsrisiko einer Vereinigung. Gerade die Tatsache, dass keine separate Eintragung im Transparenzregister aufgrund einer Mitteilung erfolgt sei, zeige, dass sich im konkreten Fall die Stellung des wirtschaftlich Berechtigten aus der Gesellschafter- oder Ge-

---

4 Vgl. Art. 31 Abs. 4a der Fünften EU-Geldwäscherichtlinie: „Die Mitgliedstaaten können entscheiden, die in ihren nationalen Registern […] gespeicherten Informationen unter der Bedingung zur Verfügung zu stellen, dass eine Online-Registrierung erfolgt und eine Gebühr gezahlt wird, die die Verwaltungskosten für die Bereitstellung der Informationen einschließlich der Kosten für Betrieb und Weiterentwicklung des Registers nicht überschreiten darf."

5 BT-Drs. 18/11555, Begr. zu § 24 Abs. 1 GwG, S. 134; BVA Transparenzregister – Fragen und Antworten, Stand 3.1.2020, S. 25 f.: Die Jahresgebühr von 2,5 EUR für 2019 und 4,80 EUR ab 2020 soll nach der Auffassung des Bundesverwaltungsamts auch geschuldet sein, wenn keine „originäre" Transparenzregisterbekanntmachung erfolgt.

schäftsführerstellung ergebe.[6] Die Leistung werde demnach im Sinne von § 3 Abs. 2 Nr. 2 BGebG „zugunsten des von der Leistung Betroffenen erbracht". Dies ist nachvollziehbar für jene Vereinigungen, die tatsächlich eine Eintragung vornehmen lassen; das Transparenzregister dürfte für diese den Rechtsverkehr erleichtern, weshalb eine Gebühr für dessen Führung in diesem Fall gerechtfertigt sein sollte.

In den Fällen, in denen die erforderlichen Daten zu den wirtschaftlich Berechtigten bereits im Sinne des § 20 Abs. 2 GwG a. F. erfasst wurden, stellte die Gebührenpauschale eine zusätzliche Kostenbelastung für die betroffenen Vereinigungen dar, weil für die (inhaltsgleiche) Eintragung in andere Register bereits eine Gebühr erhoben wurde.[7]   **9**

Für die Gebührenpflicht aller transparenzregisterpflichtigen Gesellschaften spricht der Mehrwert des Transparenzregisters, der sich aus der Vernetzung der einzelnen nationalen Transparenzregister zu einem einheitlichen „europäischen Transparenzregister" gem. § 26 GwG ergibt. Hierfür wurde das Transparenzregister zu einem „Vollregister" umgewandelt und die Mitteilungsfiktion nach § 20 Abs. 2 GwG a. F. gestrichen, da sich die Informationen unmittelbar aus dem Transparenzregister ergeben sollen. Sodann soll sich durch das europäische Transparenzregister ein deutlicher Mehrwert ergeben, der geeignet sei, das bloße Führen des Transparenzregisters als individuell zurechenbare öffentliche Leistung qualifizieren zu können: Hierdurch werden die betroffenen Vereinigungen für etwaige Geschäftspartner europaweit geldwächerechtlich „erfassbar", weshalb diese möglicherweise eher bereit sein werden, eine entsprechende Geschäftsbeziehung zu begründen.   **10**

§ 24 Abs. 1 Satz 2 GwG sieht vor, dass Vereinigungen, die einen steuerbegünstigten Zweck nach den §§ 52–54 AO verfolgen, auf Antrag (vgl. § 4 TrGebV) von der Erhebung durch die registerführende Stelle befreit werden können.[8] Voraussetzung hierfür ist, dass die Vereinigung eine Bescheinigung ihres Finanzamts vorlegt, aus welcher sich die Verfolgung ihres steuerbegünstigten Zweckes ergibt.[9] Die Verfolgung steuerbegünstigter Zwecke wird *de lege lata* nicht zentral (z. B. in einem einheitlichen Register) erfasst und kann deswegen nicht vor Versenden eines Gebührenbescheids geprüft werden.[10] Der am 1.1.2024 in Kraft tretende § 60b AO soll genau diesen Missstand ändern.[11] Zu   **11**

---

6 BT-Drs. 18/11555, Begr. zu § 24 Abs. 1 GwG, S. 134.

7 DK, Stellungnahme zum Regierungsentwurf v. 22.2.2017 für ein Umsetzungsgesetz zur 4. EU-Geldwäscherichtlinie, S. 18.

8 BT-Drs. 19/30443, S. 68.

9 BT-Drs. 19/30443, S. 68.

10 BT-Drs. 19/30443, S. 68.

11 Vgl. Art. 28 Nr. 2 des Jahressteuergesetzes v. 21.12.2020, verkündet am 28.12.2020; BGBl. I, S. 3096; so auch BT-Drs. 19/30443, S. 68.

diesem Datum soll das Zuwendungsempfängerregister beim Bundeszentralamt für Steuern errichtet und nutzbar sein.[12] Dort sind unter anderem auch die Körperschaften aufgeführt, welche die Voraussetzungen der §§ 51–68 AO erfüllen, sodass ab dem 1.1.2024 gegenüber Vereinigungen, die im Zuwendungsempfängerregister eingetragen sind, keine Gebühren mehr erhoben werden.[13] Um die Ehrenämter zu stärken und gemeinnützige Vereinigungen bis zum Aufbau und der Nutzbarkeit des Zuwendungsempfängerregisters zu entlasten, soll nach den § 24 Abs. 3–5 GwG das Verfahren für die Beantragung einer Gebührenbefreiung für die Jahre 2021 bis 2023 vereinfacht werden.[14]

12 Die Sätze 3–5 in § 24 Abs. 1 GwG wurden neu mit dem TraFinG[15] eingeführt. Danach ist ein Nachweis nach Satz 2 nicht erforderlich, wenn im Antrag (vgl. § 4 TrGebV) die Verfolgung der nach den §§ 52–54 der Abgabenordnung steuerbegünstigten Zwecke versichert und das Einverständnis darüber erklärt wird, dass die registerführende Stelle beim zuständigen Finanzamt eine Bestätigung der Verfolgung dieser steuerbegünstigten Zwecke einholen darf. Die registerführende Stelle stellt hierfür ein entsprechendes Antragsformular bereit, das eine Gebührenbefreiung für die Jahre 2021 bis 2023 mit nur einer Antragstellung ermöglicht.[16] In dem Antrag ist das zuständige Finanzamt sowie die Steuernummer anzugeben und die antragstellende Person muss ihre Identität sowie ihre Berechtigung, für die Vereinigung handeln zu dürfen, anhand geeigneter Nachweise belegen.[17] Unterstützt wird diese Änderung durch eine entsprechende Anpassung der Abgabenordnung und der Transparenzregistergebührenverordnung.[18] Der Gesetzgeber geht davon aus, dass eine derartige Auskunftseinholung bei dem zuständigen Finanzamt nur in einer überschaubaren Anzahl von Ausnahmefällen erfolgt, nämlich dann wenn sich Anhaltspunkte für falsche Angaben ergeben.[19]

13 Durch die seit dem 1.1.2020 bestehende Möglichkeit der Befreiung gemeinnütziger Vereine von der Pflicht zur Zahlung der Transparenzregisterführungsge-

---

12 BT-Drs. 19/30443, S. 68.

13 BT-Drs. 19/30443, S. 68.

14 BT-Drs. 19/30443, S. 68.

15 Gesetz zur europäischen Vernetzung der Transparenzregister und zur Umsetzung der Richtlinie (EU) 2019/1153 des Europäischen Parlaments und des Rates vom 20.6.2019 zur Nutzung von Finanzinformationen für die Bekämpfung von Geldwäsche, Terrorismusfinanzierung und sonstigen schweren Straftaten (Transparenzregister- und Finanzinformationsgesetz) v. 25.62021, BGBl. I 2021, S. 2083.

16 BT-Drs. 19/30443, S. 68.

17 Vgl. auch BVA Transparenzregister – Fragen und Antworten, Stand 1.8.2021, S. 22, https://www.bva.bund.de/DE/Das-BVA/Aufgaben/T/Transparenzregister/_documents /FAQ_transparenz_kachel.html, zuletzt abgerufen am 17.11.2021.

18 BT-Drs. 19/30443, S. 68.

19 BT-Drs. 19/30443, S. 68.

bühr entstehen bei der registerführenden Stelle nach der Gesetzesbegründung nicht unerhebliche Mindereinnahmen bei gleichbleibenden Verwaltungskosten für die Führung des Registers.[20] Diese Mindereinnahmen, welche auf der Regelung zur Gebührenbefreiung beruhen, sollen demnach der registerführenden Stelle durch den Bund erstattet werden, damit diese weiterhin in der Lage ist, ihre mit der Führung des Transparenzregisters einhergehenden Aufgaben ordnungsgemäß zu erfüllen.[21] Eine (unverhältnismäßige) Umlegung des Mehraufwandes auf die übrigen Gebührenschuldner, welche von der Gebührenbefreiung nicht profitieren, ist bereits nach § 6 Abs. 2 Nr. 3 AGebV ausgeschlossen, sodass hierdurch keine Mehrkosten befürchtet werden müssen.[22]

Durch die Erstattung der entstandenen Mindereinnahmen durch den Bund bei   **14** Gebührenbefreiungen nach § 24 Abs. 1 Satz 2 wird der Grundsatz, dass die registerführende Stelle ihren Aufwand selbst zu tragen hat, durchbrochen.[23] Die Änderungen in § 2 Abs. 1 TBelV (Transparenzregisterbeleihungsverordnung) sehen in Fortführung der gesetzgeberischen Vorgaben eine ausdrückliche Ausnahme von diesem Grundsatz vor.[24] Die registerführende Stelle hat zum 31. März des auf das Gebührenjahr folgenden Jahres dem BMF eine Übersicht der durch die Gebührenbefreiung entstandenen Mindereinnahmen vorzulegen.[25] Die näheren Modalitäten (z. B. Datum der Auszahlung) werden zwischen der registerführenden Stelle und dem BMF direkt vereinbart.[26]

III. Gebühren und Auslagen (§ 24 Abs. 2 GwG)

1. Gebühren und Auslagen für die Einsichtnahme in das Transparenzregister (§ 24 Abs. 2 Satz 1 GwG)

Mit § 24 Abs. 2 GwG macht der deutsche Gesetzgeber von der bereits in der   **15** Vierten EU-Geldwäscherichtlinie ausdrücklich eingeräumten Möglichkeit Gebrauch, Gebühren und Auslagen für den Erhalt der Angabe zu den wirtschaftlich Berechtigten zu erheben.[27] Hierzu nennt § 24 Abs. 2 Satz 1 und 2 GwG vier Tatbestände, die eine Gebührenpflicht begründen. Die registerführende Stelle er-

---

20 BT-Drs. 19/30443, S. 68.
21 BT-Drs. 19/30443, S. 68.
22 BT-Drs. 19/30443, S. 68.
23 BT-Drs. 19/30443, S. 73.
24 BT-Drs. 19/30443, S. 73.
25 BT-Drs. 19/30443, S. 73.
26 BT-Drs. 19/30443, S. 73.
27 Art. 30 Abs. 5 der Vierten EU-Geldwäscherichtlinie: „[…] der Zugang zu den Angaben zu den wirtschaftlichen Eigentümern […] kann der Zahlung einer Gebühr unterliegen"; neu in Art. 30 Abs. 5a der Fünften EU-Geldwäscherichtlinie verortet.

hebt Gebühren für die Einsichtnahme in das Transparenzregister, die Erstellung von Ausdrucken, Bestätigungen und Beglaubigungen nach § 18 Abs. 4 GwG.

2. „Deckung des Verwaltungsaufwands" (§ 24 Abs. 2 Satz 1 GwG)

16   Nach § 24 Abs. 2 Satz 1 GwG sind die Gebühren „zur Deckung des Verwaltungsaufwands" zu erheben. Die Norm ist mithin Ausdruck des Bestrebens, das Transparenzregister für den Staat bzw. der nach § 25 GwG beliehenen registerführenden Stelle **kostenneutral** zu gestalten. Damit wird der in der Vierten EU-Geldwäscherichtlinie vorgegebenen Begrenzung der zu erhebenden Gebühren, die nicht über die verursachten Verwaltungskosten hinausgehen dürfen, entsprochen.[28] Die Formulierung „Deckung des Verwaltungsaufwands" legt somit zugleich das Minimum und Maximum der Gebührenerhebung fest.

17   Behörden waren gem. § 24 Abs. 2 Satz 4 GwG 2017 i.V.m. § 8 BGebG von der Zahlung einer Gebühr für die Einsichtnahme befreit. Mit Umsetzung der Fünften EU-Geldwäscherichtlinie erfolgte für Gerichte wie Behörden eine unmittelbare Befreiung von den Gebühren gem. § 24 Abs. 2 Satz 3 GwG. In der Praxis hat es sich als hinderlich erwiesen, dass die kostenlose Einsichtnahme durch Behörden davon abhing, ob die Anforderungen von § 8 BGebG erfüllt sind.[29] Dies entspricht auch dem Gedanken des Art. 30 Abs. 6 der Fünften EU-Geldwäscherichtlinie, wonach die Mitgliedstaaten sicherstellen, dass die zuständigen Behörden und Gerichte zeitnah und ungehindert sowie ohne Einschränkungen auf alle im zentralen Register gespeicherten Informationen zugreifen können. Mit Umsetzung des TraFinG wurde § 24 Abs. 2 Satz 5 („Für Behörden gilt § 8 des BGebG") gestrichen, da er keine eigenständige Bedeutung neben Satz 3 und 4 mehr habe.[30]

18   Für Auskunftsanträge nach § 23 Abs. 8 GwG ab dem 1.7.2020 erhebt die registerführende Stelle zur Deckung des Verwaltungsaufwands Gebühren und Auslagen von den Antragstellern gemäß § 24 Abs. 2a GwG. Hiermit soll der Verwaltungsaufwand für die Registrierung und Identifizierung von wirtschaftlich Berechtigten und den dazugehörigen Auskunftsansprüchen kompensiert werden.

---

28 Vgl. Art. 30 Abs. 5 der Vierten EU-Geldwäscherichtlinie und Art. 30 Abs. 5a der Fünften EU-Geldwäscherichtlinie.
29 BT-Drs. 19/13827, Begr. zu § 24, S. 92.
30 BT-Drs. 19/28164, S. 52.

IV. Verordnungsermächtigung bezüglich weiterer Einzelheiten (§ 24 Abs. 3 Nr. 1–5 GwG)

Nach § 24 Abs. 3 Nr. 1–5 GwG wird das BMF ermächtigt, durch Rechtsverord- **19**
nung, die nicht der Zustimmung des Bundesrates bedarf, Einzelheiten bezüglich
der Gebühren und Auslagen näher zu regeln. Von der Verordnungsermächtigung
des § 24 Abs. 3 GwG hat das BMF am 19.12.2017 Gebrauch gemacht.[31] Aus der
Anlage der TrGebV ergibt sich eine jährliche Gebühr i. H. v. 2,50 EUR bis Gebührenjahr 2019 und 4,80 EUR ab dem Gebührenjahr 2020 für das **Führen** des
Transparenzregisters,[32] eine Gebühr für die **Einsichtnahme** i. H. v. 1,65 EUR[33]
pro abgerufenem Dokument und eine **zusätzliche** Gebühr i. H. v. 7,50 EUR für
jeden durch die registerführende Stelle erstellten und postalisch verschickten
Ausdruck. Soll dieser zudem beglaubigt werden, so fällt **zusätzlich** zur Einsicht-
nahmegebühr (1,65 EUR) die Beglaubigungsgebühr nach § 12 Abs. 1 Allgemeine Gebührenverordnung des Bundes i. H. v. 10,40 EUR je Beglaubigungsver-
merk an. In den Fällen der Mitteilungsfiktion des § 20 Abs. 2 GwG a. F. verwies
das Transparenzregister auf andere Register und es fiel für die Einsichtnahme in
das andere Register keine weitere Gebühr an. Bestanden keine Eintragungen, so
erhielt der Einsichtnehmende eine entsprechende elektronische Bestätigung
i. S. d. § 18 Abs. 4 Satz 1 GwG. Seit dem 1.7.2020 ist nach § 23 Abs. 8 GwG[34]
auf Antrag dem wirtschaftlich Berechtigten durch die registerführende Stelle
Auskunft über die nach § 23 Abs. 1 Satz 1 Nr. 3 erfolgten Einsichtnahmen zu
erteilen. Die Einsichtnahme erfordert die Registrierung und Identifizierung des
einsichtbeantragenden wirtschaftlich Berechtigten durch die registerführende
Stelle. Hierfür sieht die Gebührenordnung (TrGebV) eine Gebühr i. H. v.
50 EUR vor.

---

31 Vgl. Besondere Gebührenverordnung des Bundesministeriums der Finanzen zum
Transparenzregister (Transparenzregistergebührenverordnung (TrGebV) v.
19.12.2017, BGBl. I, S. 3982, 3983, aufgehoben durch § 5 TrGebV V. v. 8.1.2020
BGBl. I 2020, S. 95.
32 Für 2017 ist nur eine halbe Gebühr angefallen.
33 Vor Änderung des Gebührenverzeichnisses der TrGebV am 8.1.2020 fiel eine Gebühr
von 4,50 EUR pro abgerufenem Dokument an.
34 § 23 Abs. 6 GwG vor Umsetzung des TraFinG.

§ 25 Übertragung der Führung des Transparenzregisters, Verordnungsermächtigung

(1) Das Bundesministerium der Finanzen wird ermächtigt, durch Rechtsverordnung, die nicht der Zustimmung des Bundesrates bedarf, eine juristische Person des Privatrechts mit den Aufgaben der registerführenden Stelle und mit den hierfür erforderlichen Befugnissen zu beleihen.

(2) Eine juristische Person des Privatrechts darf nur beliehen werden, wenn sie die Gewähr für die ordnungsgemäße Erfüllung der ihr übertragenen Aufgaben, insbesondere für den langfristigen und sicheren Betrieb des Transparenzregisters, bietet. Sie bietet die notwendige Gewähr, wenn

1. die natürlichen Personen, die nach Gesetz, dem Gesellschaftsvertrag oder der Satzung die Geschäftsführung und Vertretung ausüben, zuverlässig und fachlich geeignet sind,

2. sie grundlegende Erfahrungen mit der Zugänglichmachung von registerrechtlichen Informationen, insbesondere von Handelsregisterdaten, Gesellschaftsbekanntmachungen und kapitalmarktrechtlichen Informationen, hat,

3. sie die zur Erfüllung ihrer Aufgaben notwendige Organisation sowie technische und finanzielle Ausstattung hat und

4. sie sicherstellt, dass sie die Vorschriften zum Schutz personenbezogener Daten einhält.

(3) Die Dauer der Beleihung ist zu befristen. Sie soll fünf Jahre nicht unterschreiten. Die Möglichkeit, bei Vorliegen eines wichtigen Grundes die Beleihung vor Ablauf der Frist zu beenden, ist vorzusehen. Haben die Voraussetzungen für die Beleihung nicht vorgelegen oder sind sie nachträglich entfallen, soll die Beleihung jederzeit beendet werden können. Es ist sicherzustellen, dass mit Beendigung der Beleihung dem Bundesministerium der Finanzen oder einer von ihm bestimmten Stelle alle für den ordnungsgemäßen Weiterbetrieb des Transparenzregisters erforderlichen Softwareprogramme und Daten unverzüglich zur Verfügung gestellt werden und die Rechte an diesen Softwareprogrammen und an der für das Transparenzregister genutzten Internetadresse übertragen werden.

(4) Der Beliehene ist berechtigt, das kleine Bundessiegel zu führen. Es wird vom Bundesministerium der Finanzen zur Verfügung gestellt. Das kleine Bundessiegel darf ausschließlich zur Beglaubigung von Ausdrucken aus dem Transparenzregister und Bestätigungen nach § 18 Absatz 4 genutzt werden.

(5) Der Beliehene ist befugt, die Gebühren nach § 24 zu erheben. Das Gebührenaufkommen steht ihm zu. In der Rechtsverordnung kann das Bundesministerium der Finanzen die Vollstreckung der Gebührenbescheide dem Beliehenen übertragen sowie die Ausgestaltung der Erstattung nach § 24 Absatz 1 Satz 5 näher regeln.

(6) Der Beliehene untersteht der Rechts- und Fachaufsicht durch das Bundesverwaltungsamt. Das Bundesverwaltungsamt kann sich zur Wahrnehmung seiner Aufsichtstätigkeit jederzeit über die Angelegenheiten des Beliehenen unterrichten, insbesondere durch Einholung von Auskünften und Berichten sowie durch das Verlangen nach Vorlage von Aufzeichnungen aller Art, rechtswidrige Maßnahmen beanstanden sowie entsprechende Abhilfe verlangen. Der Beliehene ist verpflichtet, den Weisungen des Bundesverwaltungsamts nachzukommen. Dieses kann, wenn der Beliehene den Weisungen nicht oder nicht fristgerecht nachkommt, die erforderlichen Maßnahmen an Stelle und auf Kosten des Beliehenen selbst durchführen oder durch einen anderen durchführen lassen. Die Bediensteten und sonstigen Beauftragten des Bundesverwaltungsamts sind befugt, zu den Betriebs- und Geschäftszeiten Betriebsstätten, Geschäfts- und Betriebsräume des Beliehenen zu betreten, zu besichtigen und zu prüfen, soweit dies zur Erfüllung ihrer Aufgaben erforderlich ist. Gegenstände oder geschäftliche Unterlagen können im erforderlichen Umfang eingesehen und in Verwahrung genommen werden.

(7) Für den Fall, dass keine juristische Person des Privatrechts beliehen wird, oder für den Fall, dass die Beleihung beendet wird, kann das Bundesministerium der Finanzen die Führung des Transparenzregisters auf eine Bundesoberbehörde in seinem Geschäftsbereich oder im Einvernehmen mit dem zuständigen Bundesministerium auf eine Bundesoberbehörde in dessen Geschäftsbereich übertragen.

Übersicht

I. Allgemeines

1 § 25 GwG bildet die gesetzliche Grundlage für die Übertragung der Führung des Transparenzregisters auf einen privatrechtsförmigen Träger als Beliehenen. Das BMF wird ermächtigt, die hoheitliche Aufgabe zur Registerführung durch eine Rechtsverordnung auf eine juristische Person des Privatrechts zu übertragen. Dies umfasst die Befugnis des Beliehenen zum Aufbau und Betrieb des Registers.[1] Davon hat das BMF durch die Verordnung über die Übertragung der Führung des Transparenzregisters (Transparenzregisterbeleihungsverordnung – TBelV) vom 27.6.2017 (BGBl. I, S. 1938) Gebrauch gemacht und die Bundesanzeiger Verlag GmbH beliehen. § 25 GwG hat durch die Umsetzung der Fünften EU-Geldwäscherichtlinie keine Änderungen erfahren.

2 Die gesetzlichen Regelungen zur Übertragung der Führung des Transparenzregisters durch das BMF auf einen privatrechtsförmigen Träger waren bereits im Referentenentwurf des BMF vom 15.12.2016 vorgesehen.

3 Die Beleihung einer juristischen Person des Privatrechts mit der Führung des Transparenzregisters ist in der Vierten EU-Geldwäscherichtlinie selbst nicht vorgesehen. Nach deutschem Verwaltungsrecht ist dies jedenfalls zulässig, sofern die Beleihung durch oder aufgrund eines Gesetzes erfolgt, welches die Befugnisse und Pflichten des Beliehenen festlegt, der Beleihende mindestens die Rechtsaufsicht über den Beliehenen ausübt und es sich nicht um die Erfüllung staatlicher Kernaufgaben handelt. Diese Kriterien sind vorliegend eingehalten.

II. Verordnungsermächtigung – Beleihung einer juristischen Person des Privatrechts (§ 25 Abs. 1 GwG)

4 § 25 Abs. 1 GwG sieht eine Verordnungsermächtigung i. S. d. Art. 80 Abs. 1 GG vor. Nach der Gesetzesbegründung der Bundesregierung soll dadurch **privatwirtschaftlicher Sachverstand**, insbesondere im Hinblick auf die erforderlichen elektronischen Informations- und Datenverarbeitungsverfahren sowie eine optisch ansprechende nutzerfreundliche Präsentation und Ausgestaltung der Registersuche, gewährleistet werden.[2] Ferner kommt der Rückgriff auf private Kapazitäten der Bundesverwaltung entlastend zugute.

---

1 BT-Drs. 18/11555, Begr. zu § 25 Abs. 1 GwG, S. 134; Referentenentwurf des BMF v. 15.12.2016, Begründung zu § 21 Abs. 1 GwG-RefE, S. 139.

2 BT-Drs. 18/11555, Begr. zu § 25 Abs. 1 GwG, S. 134; so bereits auch: Referentenentwurf des BMF v. 15.12.2016, Begründung zu § 21 Abs. 1 GwG-RefE, S. 139.

III. Personen- und sachbezogene Voraussetzungen für die Auswahl des zu Beleihenden (§ 25 Abs. 2 Nr. 1–4 GwG)

§ 25 Abs. 2 GwG normiert die Anforderungen und Voraussetzungen, die eine juristische Person des Privatrechts erfüllen muss, um als Beliehener für die Führung des Transparenzregisters in Frage zu kommen. Damit soll sichergestellt sein, dass der Beliehene dazu in der Lage ist, die ihm übertragenen Aufgaben zu bewältigen und insbesondere den notwendigen Anforderungen, wie einer **ausreichenden Organisationsstruktur, fachlichen Expertise, Erfahrung mit der Zugänglichmachung von registerrechtlichen Informationen** sowie technischen und finanziellen **Ausstattung**, gerecht zu werden. § 25 Abs. 2 Satz 1 GwG sieht hierfür vor, dass eine juristische Person des Privatrechts nur beliehen werden darf, „wenn sie die Gewähr für die ordnungsgemäße Erfüllung der ihr übertragenen Aufgaben, insbesondere für den langfristigen und sicheren Betrieb des Transparenzregisters, bietet". Der zu Beleihende bietet dann die notwendige Gewähr für die ordnungsgemäße Aufgabenerfüllung, wenn die in § 25 Abs. 2 Satz 2 Nr. 1–4 GwG normierten personen- und sachbezogenen Voraussetzungen kumulativ erfüllt sind.

IV. Dauer und Beendigung der Beleihung (§ 25 Abs. 3 GwG)

Nach § 25 Abs. 3 Satz 1 und 2 GwG ist die Dauer der Beleihung zu befristen, wobei fünf Jahre nicht unterschritten werden sollen. Die Wortwahl „[…] soll **fünf Jahre** nicht unterschreiten. […]" eröffnet dem BMF jedoch einen **Ermessensspielraum**. Von diesem hat das BMF Gebrauch gemacht und die Beleihung der Bundesanzeiger Verlag GmbH auf den 31.12.2024 befristet.[3] Nach der Gesetzesbegründung der Bundesregierung soll die vorzusehende Befristung dem BMF den nötigen Handlungsfreiraum geben, um auf eine „effiziente und sichere Registerführung auf hohem Niveau" hinwirken zu können. Der Mindestzeitraum von fünf Jahren soll dem Beliehenen eine ausreichende Sicherheit geben, um die für den Aufbau und die Führung des Registers notwendigen Investitionen zu tätigen. Zudem soll so die Kontinuität der Registerführung gewährleistet werden. Im Falle der Beendigung der Beleihung sind sämtliche Registerdaten sowie die für das Transparenzregister genutzten Internetadressen und Softwareprogramme auf das BMF bzw. den nachfolgenden Träger für den ordnungsgemäßen Weiterbetrieb zu übertragen (Satz 4).[4]

5

6

---

3 Vgl. § 1 Satz 2 TBelV v. 27.6.2017.
4 BT-Drs. 18/11555, Begr. zu § 25 Abs. 3 GwG, S. 135; Referentenentwurf des BMF v. 15.12.2016, Begr. zu § 21 Abs. 1 GwG-RefE, S. 139.

7 § 25 Abs. 3 Satz 2 GwG stellt klar, dass die Verordnungsermächtigung die Möglichkeit vorsehen soll, die Beleihung bei Vorliegen eines wichtigen Grundes vor Ablauf der Frist beenden zu können. Eine nicht abschließende Aufzählung wichtiger Gründe erfolgt in § 3 Abs. 2 Transparenzregisterbeleihungsverordnung (TBelV) und umfasst z. B. die Überschuldung oder die Eröffnung des Insolvenzverfahrens. Sofern die Voraussetzungen für die Beleihung nicht vorgelegen haben oder nachträglich weggefallen sind, soll die Beleihung jederzeit beendet werden können. Die Beendigung ist in diesen Fällen jedoch nur mit **Ex-nunc-Wirkung** möglich.[5]

8 Ob ein bereits Beliehener nach Ende der vorgesehenen Beleihungsfrist erneut mit der Registerführung befasst werden kann oder darf, lässt § 25 GwG – insbesondere dessen Abs. 3 – offen. Die TBelV enthält hierzu ebenfalls keine Angaben.

V. Kleines Bundessiegel (§ 25 Abs. 4 GwG)

9 Gem. § 25 Abs. 4 GwG ist der Beliehene berechtigt, das kleine Bundessiegel zu führen. Das Dienstsiegel wird vom BMF zur Verfügung gestellt und darf ausschließlich zur Beglaubigung von Ausdrucken aus dem Transparenzregister und Bestätigungen nach § 18 Abs. 4 GwG genutzt werden.

10 § 25 Abs. 4 GwG erlaubt eine weitgehende Eingliederung des privaten Rechtsträgers in die öffentliche Verwaltung. Im Hinblick auf die hoheitliche Aufgabenübertragung stehen dem Beliehenen die **gleichen Befugnisse wie** einer **staatlichen Behörde** zu.[6]

VI. Gebührenaufkommen und Vollstreckung der Gebührenbescheide (§ 25 Abs. 5 GwG)

11 Nach § 25 Abs. 5 GwG ist der Beliehene befugt, die Gebühren nach § 24 GwG zu erheben; das Gebührenaufkommen steht dem Beliehenen zur Deckung seines Verwaltungsaufwands zu. Die Gebühren sind folglich nicht an eine staatliche Stelle weiterzuleiten.

12 § 25 Abs. 5 Satz 3 GwG sieht vor, dass das BMF den Beliehenen durch Rechtsverordnung legitimieren kann, Gebührenbescheide zu vollstrecken. Dem BMF wird an dieser Stelle Ermessen eingeräumt, von welchem das BMF in § 2 Abs. 2

---

5 BT-Drs. 18/11555, Begr. zu § 25 Abs. 3 GwG, S. 135; Referentenentwurf des BMF v. 15.12.2016, Begr. zu § 21 Abs. 1 GwG-E, S. 139.
6 BT-Drs. 18/11555, Begr. zu § 25 Abs. 4 GwG, S. 135; Referentenentwurf des BMF v. 15.12.2016, Begr. zu § 21 Abs. 2 GwG-RefE, S. 140.

TBelV Gebrauch gemacht hat, indem es dem Beliehenen die **Vollstreckung der Gebührenbescheide** überträgt. Mit Umsetzung des TraFinG wurde § 25 Abs. 5 Satz 3 um den in § 24 Abs. 1 Satz 3 niedergelegten Grundsatz der Erstattung der durch die Gebührenbefreiung verursachten Mindereinnahmen ergänzt, welche der Bund mittels Rechtsverordnung näher regeln kann.[7]

VII. Rechts- und Fachaufsicht durch das Bundesverwaltungsamt (§ 25 Abs. 6 GwG)

Nach § 25 Abs. 6 GwG untersteht der Beliehene der Rechts- und Fachaufsicht durch das Bundesverwaltungsamt. Zur Wahrnehmung seiner Aufsichtstätigkeit kann das Bundesverwaltungsamt sich zu einem unbestimmten Zeitpunkt über Angelegenheiten des Beliehenen unterrichten, insbesondere durch Einholung von Auskünften und Berichten sowie durch das Verlangen nach Vorlage von Aufzeichnungen aller Art, rechtswidrige Maßnahmen beanstanden sowie entsprechende Abhilfe verlangen. **13**

Der Beliehene hat wiederum die Pflicht, den **Weisungen des Bundesverwaltungsamts** nachzukommen. Kommt der Beliehene den ihm auferlegten Weisungen nicht oder nicht fristgerecht nach, können die erforderlichen Maßnahmen an Stelle und auf Kosten des Beliehenen selbst oder durch einen anderen durchgeführt werden. Soweit es zur Erfüllung der Aufgaben erforderlich ist, sind die Bediensteten und sonstigen Beauftragte des Bundesverwaltungsamts befugt, zu den Betriebs- und Geschäftszeiten Betriebsstätten, Geschäfts- und Betriebsräume des Beliehenen zu betreten, zu besichtigen und zu prüfen. **14**

Die Kontrolle des Beliehenen durch den Bund dient der Kompensation der Übertragung von hoheitlichen Aufgaben auf private Rechtsträger. Dementsprechend wird die registerführende Gesellschaft der Rechts- und Fachaufsicht unterstellt. Die Aufsicht dient der **Kontrolle der Recht- und Zweckmäßigkeit** der Handlungen durch den Beliehenen. Zur Ausübung der Aufsichtstätigkeit kann das Bundesverwaltungsamt Informationsrechte, Beanstandungen, Anweisungen und Ersatzvornahmen als Instrumente der Aufsicht heranziehen.[8] **15**

Die Berechtigung des Bundesverwaltungsamts, die Geschäftsräume des Beliehenen zu betreten und Gegenstände sowie geschäftliche Unterlagen einzusehen und in Verwahrung zu nehmen, ist erforderlich, weil nur so eine hinreichende Überprüfung der Handlungen des Beliehenen vorgenommen werden kann.[9] **16**

---

7 Vgl. BT-Drs. 19/30443, S. 68 f.

8 BT-Drs. 18/11555, Begr. zu § 25 Abs. 6 GwG, S. 135; Referentenentwurf des BMF v. 15.12.2016, Begr. zu § 21 Abs. 3 GwG-E, S. 140.

9 BT-Drs. 18/11555, Begr. zu § 25 Abs. 6 GwG, S. 135; Referentenentwurf des BMF v. 15.12.2016, Begr. zu § 21 Abs. 3 GwG-E, S. 140.

17   Das Bundesverwaltungsamt wird mit der Rechts- und Fachaufsicht betraut, weil es als zentraler Dienstleister des Bundes Verwaltungsaufgaben übernimmt und auf dem Gebiet der Registeraufsicht bereits Erfahrung hat, so etwa mit dem Nationalen Waffenregister und dem Ausländerzentralregister. Gleichzeitig ist das Bundesverwaltungsamt als Aufsichtsbehörde über den Beliehenen die nächsthöhere Behörde im Sinne des § 73 Abs. 1 Satz 2 Nr. 1 VwGO und damit Widerspruchsbehörde gegen Verwaltungsakte des Beliehenen, wie die Ablehnung eines Antrags nach § 23 Abs. 2 GwG.[10]

VIII. Übertragung der Registerführung auf eine Bundesoberbehörde (§ 25 Abs. 7 GwG)

18   § 25 Abs. 7 GwG regelt den Fall, dass keine juristische Person des Privatrechts beliehen wird oder eine bestehende Beleihung (vorzeitig) beendet wird. Das BMF hat die Möglichkeit, die Führung des Transparenzregisters auf eine Bundesoberbehörde in seinem Geschäftsbereich oder im Einvernehmen mit dem zuständigen Bundesministerium auf eine Bundesoberbehörde in dessen Geschäftsbereich zu übertragen. Insofern dient die Vorschrift der „lückenlosen" Registerführung und hat **Auffangcharakter**.

19   Zu den Bundesoberbehörden, die in den Geschäftsbereich des BMF fallen, gehört u. a. die Generalzolldirektion. Diese ist jedoch wegen der Umsetzung der Vierten EU-Geldwäscherichtlinie schon für die Errichtung und Leitung der Zentralstelle für Finanztransaktionsuntersuchungen verantwortlich, sodass es ihr an den notwendigen Kapazitäten fehlen dürfte, zusätzlich das Transparenzregister zu führen, nicht zuletzt weil die Zahl abgegebener Verdachtsmeldungen seit zehn Jahren ohne Ausnahme gestiegen ist.[11]

20   Außerdem hat das BMF nach § 25 Abs. 7 GwG die Möglichkeit, die Führung des Registers im Einvernehmen mit dem zuständigen Bundesministerium auf

---

10 BT-Drs. 18/11555, Begr. zu § 25 Abs. 6 GwG, S. 135; Referentenentwurf des BMF v. 15.12.2016, Begr. zu § 21 Abs. 3 GwG-E, S. 140.

11 Vgl. Eckpunktepapier – Übernahme und Neuausrichtung der Financial Intelligence Unit, https://www.zoll.de/SharedDocs/Downloads/DE/Links-fuer-Inhaltseiten/Fachthemen/FIU/fiu_eckpunktepapier.pdf?__blob=publicationFile&v=2, zuletzt aufgerufen am 22.11.2021; 2015 ca. 30.000, 2014 ca. 25.000, 2013 ca. 20.000 abgegebene Verdachtsmeldungen von nach dem Geldwäschegesetz Verpflichteten (unter anderem Banken, andere Finanzdienstleister, Immobilienmakler, Güterhändler); vgl. auch Monatsbericht des BMF Juni 2017-Auszug, https://www.zoll.de/SharedDocs/Downloads/DE/Links-fuer-Inhaltseiten/Fachthemen/FIU/fiu_auszug_bmf_monatsbericht_06_17.&leer;pdf?__blob=publicationFile&v=2, zuletzt aufgerufen am 22.11.2021, von 2012 bis 2015 hat sich die Anzahl an Verdachtsfällen mehr als verdoppelt, von 2014 auf 2015 ist die Anzahl um 21 % gestiegen.

eine Bundesoberbehörde in **dessen** Geschäftsbereich zu übertragen. Unklar ist in diesem Kontext, wer hier das „zuständige" Ministerium sein soll. Gemeint ist wohl, dass die Übertragung auf eine Bundesoberbehörde, die nicht in den Geschäftsbereich des BMF fällt, der Zustimmung des jeweils zuständigen (anderen) Ministeriums erfordert.

§ 26 Europäisches System der Registervernetzung, Verordnungsermächtigung

(1) Die in § 22 Absatz 1 Satz 1 Nummer 1 aufgeführten Daten sind, sofern sie Vereinigungen nach § 20 sowie Rechtsgestaltungen nach § 21 betreffen, über die durch Artikel 22 Absatz 1 der Richtlinie (EU) 2017/1132 des Europäischen Parlaments und des Rates vom 14. Juni 2017 über bestimmte Aspekte des Gesellschaftsrechts geschaffene zentrale Europäische Plattform zugänglich. § 23 Absatz 1 bis 3 gilt entsprechend. Zur Zugänglichmachung über die zentrale Europäische Plattform übermittelt die registerführende Stelle die dem Transparenzregister nach § 20 Absatz 1 und § 21 mitgeteilten Daten sowie die nach Maßgabe der von der Europäischen Kommission gemäß Artikel 31a der Richtlinie (EU) 2018/843 erlassenen Durchführungsakte erforderlichen Daten sowie die Indexdaten nach § 22 Absatz 2 an die zentrale Europäische Plattform nach Artikel 22 Absatz 1 der Richtlinie (EU) 2017/1132 und Artikel 4a Absatz 1 der Richtlinie 2009/101/EG des Europäischen Parlaments und des Rates vom 16. September 2009 zur Koordinierung der Schutzbestimmungen, die in den Mitgliedstaaten den Gesellschaften im Sinne des Artikels 48 Absatz 2 des Vertrags im Interesse der Gesellschafter sowie Dritter vorgeschrieben sind, um diese Bestimmungen gleichwertig zu gestalten (ABl. L 258 vom 1.10.2009, S. 11), die zuletzt durch die Richtlinie 2013/24/EU (ABl. L 158 vom 10.6.2013, S. 365) geändert worden ist, sofern die Übermittlung für die Eröffnung eines Zugangs zu den Originaldaten über den Suchdienst auf der Internetseite der zentralen Europäischen Plattform erforderlich ist.

(2) Das Transparenzregister ist mit den Registern anderer Mitgliedstaaten der Europäischen Union im Sinne von Artikel 22 Absatz 2 der Richtlinie (EU) 2017/1132 über die durch Artikel 22 Absatz 1 der Richtlinie (EU) 2017/1132 geschaffene zentrale Europäische Plattform zu vernetzen. Die Vernetzung der Register der Mitgliedstaaten über der Plattform erfolgt nach Maßgabe der technischen Spezifikationen und Verfahren, die durch von der Europäischen Kommission gemäß Artikel 24 der Richtlinie (EU) 2017/1132 und Artikel 1 Nummer 17 der Richtlinie (EU) 2018/843 erlassene Durchführungsrechtsakte festgelegt werden.

(3) Daten nach § 22 Absatz 1 Satz 1, soweit sie Vereinigungen nach § 20 oder Rechtsgestaltungen nach § 21 betreffen, sind nach Abschluss der Abwicklung und, soweit sie registerlich geführt sind, nach Löschung im Register der juristischen Personen des Privatrechts, eingetragenen Personengesellschaften oder Rechtsgestaltungen noch für einen Zeitraum von mindestens

fünf und höchstens zehn Jahren über das Transparenzregister und die durch Artikel 22 Absatz 1 der Richtlinie (EU) 2017/1132 geschaffene zentrale Europäische Plattform zugänglich.

(4) Das Bundesministerium der Finanzen wird im Benehmen mit dem Bundesministerium der Justiz und für Verbraucherschutz ermächtigt, durch Rechtsverordnung, die der Zustimmung des Bundesrates bedarf, die erforderlichen Bestimmungen über die Einzelheiten des elektronischen Datenverkehrs und seiner Abwicklung nach Absatz 1 einschließlich Vorgaben über Datenformate und Zahlungsmodalitäten zu treffen, soweit keine Regelungen in den von der Europäischen Kommission gemäß Artikel 24 der Richtlinie (EU) 2017/1132 und Artikel 31a der Richtlinie (EU) 2018/843 erlassenen Durchführungsrechtsakten enthalten sind.

Übersicht

I. Allgemeines

§ 26 GwG führt das **europäische System der Registervernetzung** ein. Damit   1
setzte der deutsche Gesetzgeber Art. 30 Abs. 10 der Vierten EU-Geldwäscherichtlinie um. Ziel der Vorschrift ist es, eine europaweite Vernetzung der Transparenzregister der jeweiligen Mitgliedstaaten zu gewährleisten. Den wirtschaftlich Berechtigten soll so die Möglichkeit entzogen werden, ihren Einfluss auf Gesellschaften zu verschleiern, indem sie weitere Gesellschaften oder Trusts in anderen Mitgliedstaaten „zwischenschalten".[1] Dabei soll zwischen den zuständigen Behörden der Mitgliedstaaten ein kontinuierlicher Informationsaustausch bzw. ein gegenseitiges Zurverfügungstellen von benötigten, in den nationalen Registern hinterlegten Daten stattfinden. Dies bietet einerseits einen umfangreicheren „Informationspool" und dient andererseits der Entlastung der Behörden, die zuerst die gespeicherten Daten der anderen Register abfragen können, bevor

---

1 BT-Drs. 18/11555, Begr. zu § 26 GwG, S. 135; vgl. Vierte EU-Geldwäscherichtlinie, Art. 30 Abs. 10; vgl. FATF Guidance – Transparency and Beneficial Ownership, October 2014, S. 40.

ein aufwendiges Informationsersuchen oder weitere Nachforschungen angestellt werden. Das europäische System der Registervernetzung hat somit das Potenzial, als Vorbild für eine globale Einführung solcher Register zu dienen.[2]

II. Vernetzung der Transparenzregister auf europäischer Ebene (§ 26 Abs. 1 GwG)

2   § 26 Abs. 1 GwG regelt die Vernetzung der Transparenzregister auf europäischer Ebene. So sieht die Europäische Kommission vor, dass eine Vernetzung der Transparenzregister über die zentrale **Europäische Plattform** (hiermit ist das Europäische Justizportal gemeint) erfolgen soll. Die gleiche Plattform wird auch für die Vernetzung der Unternehmensregister genutzt. Die registerführende Stelle soll für den Informationszugang bei der Vernetzung der Transparenzregister die ihr vorliegenden Daten und, soweit die übermittelten Informationen ihr selbst nicht im Original vorliegen, die ihr zur Verfügung gestellten Indexdaten liefern, um über das Transparenzregister den Abruf der Originaldaten gem. § 22 Abs. 1 Satz 1 Nr. 2–8 GwG z.B. aus dem Handels-, Partnerschafts-, Genossenschafts-, Vereins- und Unternehmensregister zu ermöglichen.[3] Die Neufassung durch das TraFinG ermöglicht der Europäischen Kommission, Durchführungsrechtsakte zu erlassen, um technische Spezifikationen und Details, die für die Vernetzung der zentralen Register der Mitgliedstaaten erforderlich sind, abzufragen.

3   Auch auf europäischer Seite ist eine technische Lösung, die sich am Vorbild der Indexdatenlieferung an das Transparenzregister orientiert, rechtlich umzusetzen. Dies wird durch die Formulierung „sofern[4] […] für die Eröffnung eines Zugangs zu den Originaldaten […] erforderlich" deutlich.[5]

4   Mit dem Gesetz zur Umsetzung der Änderungsrichtlinie zur Vierten EU-Geldwäscherichtlinie gingen redaktionelle Änderungen des § 26 Abs. 1 GwG einher, die jedoch inhaltlich keine Abweichungen zu § 26 Abs. 1 GwG a. F. darstellen. Es wurden die Worte „Europäisches Justizportal" durch „Europäische Plattform" ersetzt.

---

2 Vgl. Monatsbericht April 2016 des BMF, https://www.bundesfinanzministerium.de/Monatsberichte/2001-2016/Inhalte/Monatsbericht-Archiv-Downloads/2016/monatsbericht-2016-04-deutsch.pdf?__blob=publicationFile&v=3, zuletzt aufgerufen am 24.11.2021.
3 BT-Drs. 18/11555, Begr. zu § 26 Abs. 1 GwG, S. 135 f.
4 Vor dem Referenten- und Gesetzesentwurf zur Umsetzung der Fünften EU-Geldwäscherichtlinie „soweit".
5 BT-Drs. 18/11555, Begr. zu § 26 Abs. 1 GwG, S. 135 f.

III. Technischen Spezifikationen der Vernetzung (§ 26 Abs. 2 GwG)

§ 26 Abs. 2 GwG wurde mit der Umsetzung von Art. 1 Nr. 17 der Fünften EU-   5
Geldwäscherichtlinie erstmalig durch den Referentenentwurf neu eingeführt.
Dieser regelt die technischen Spezifikationen der Vernetzung. Danach kann die
EU-Kommission die technischen Spezifikationen und Verfahren gemäß Art. 24
der Richtlinie (EU) 2017/1132 und Art. 1 Nr. 17 der Richtlinie (EU) 2018/843
mittels Durchführungsrechtsakte festgelegen. Die EU-Kommission kann demnach, wenn es erforderlich ist, Durchführungsrechtsakte erlassen, die für die
Vernetzung der zentralen Register der Mitgliedstaaten erforderlich sind in Bezug
auf:

(1) die technischen Spezifikationen zur Festlegung der technischen Daten, die
     benötigt werden, damit die Plattform ihre Aufgaben erfüllen kann, und die
     Methode für Speicherung, Verwendung und Schutz dieser Daten;
(2) die gemeinsamen Kriterien, nach denen die Angaben über die wirtschaftli-
     chen Eigentümer über das Netz der nationalen Register verfügbar sind, ab-
     hängig von dem Ausmaß des von den Mitgliedstaaten gewährten Zugangs;
(3) die technischen Details hinsichtlich der Frage, wie die Informationen über
     die wirtschaftlichen Eigentümer zur Verfügung gestellt werden sollen;
(4) die technischen Bedingungen für die Verfügbarkeit des Netzes der nationa-
     len Register;
(5) die technischen Modalitäten für die Umsetzung der verschiedenen Arten
     des Zugangs zu Informationen über die wirtschaftlichen Eigentümer auf der
     Grundlage von Art. 30 Abs. 5 und Art. 31 Abs. 4;
(6) die Zahlungsbedingungen, wenn für den Zugang zu den Angaben über die
     wirtschaftlichen Eigentümer eine Gebühr gemäß Art. 30 Abs. 5a und
     Art. 31 Abs. 4a zu entrichten ist, wobei die verfügbaren Zahlungsmöglich-
     keiten wie Fernzahlungsvorgänge zu berücksichtigen sind.

Die Kommission bemüht sich, bereits erprobte Technologien und bereits beste-   6
hende Verfahren wiederzuverwenden und sollte sicherstellen, dass durch die zu
entwickelnden Systeme keine Kosten entstehen, die über das für die Umsetzung
der Fünften EU-Geldwäscherichtlinie unbedingt erforderliche Maß hinausgehen.[6]

IV. Aufbewahrungsfristen (§ 26 Abs. 3 GwG)

§ 26 Abs. 3 GwG ist ebenfalls mit Umsetzung der Fünften EU-Geldwäsche-   7
richtlinie neu eingeführt worden. Dieser regelt erstmalig die Aufbewahrungsfri-

---

6 Vgl. hierzu Art. 31a „Durchführungsrechtsakte" der Fünften EU-Geldwäscherichtlinie.

sten für die aufgeführten Daten gemäß § 22 Abs. 1 Satz 1 GwG und wie lange diese über das Transparenzregister einsehbar sind. Nach § 26 Abs. 3 GwG sind die Daten, soweit sie Vereinigungen nach § 20 GwG oder Rechtsgestaltungen nach § 21 GwG betreffen, nach Abschluss der Abwicklung und, soweit sie registerlich geführt sind, nach Löschung im Register der juristischen Personen des Privatrechts, eingetragenen Personengesellschaften oder Rechtsgestaltungen nach § 21 GwG für einen Zeitraum von mindestens fünf und höchstens zehn Jahren über das Transparenzregister zugänglich.

V. Verordnungsermächtigung bezüglich der Einzelheiten für den Datenabruf über das Europäische Justizportal (§ 26 Abs. 4 GwG)

8 Die in § 26 Abs. 4 GwG enthaltene Verordnungsermächtigung zugunsten des BMF ermöglicht es, weitere Detailregelungen für den in § 26 Abs. 1 GwG geregelten Datenabruf für das Europäische Justizportal zu treffen. Hierzu zählen die Einzelheiten des elektronischen Datenverkehrs sowie seiner Abwicklung einschließlich Vorgaben über Datenformate und Zahlungsmodalitäten. Die Rechtsverordnung ist dabei im Benehmen mit dem BMJV zu erlassen, welches für die Vernetzung der Unternehmensregister zuständig ist.[7]

---

7 BT-Drs. 18/11555, Begr. zu § 26 Abs. 2 GwG, S. 136.

§ 26a Abruf durch bestimmte Behörden

(1) Die registerführende Stelle übermittelt die erforderlichen Informationen aus dem Transparenzregister an

1. **die Zentralstelle für Finanztransaktionsuntersuchungen für Zwecke nach § 28 Absatz 1 Satz 2 Nummer 2, 4 und 8,**

2. **die Strafverfolgungsbehörden für ihre Aufgabenerfüllung,**

3. **die Aufsichtsbehörden, soweit dies im Einzelfall für die Erfüllung ihrer Aufgaben nach § 51 erforderlich ist,**

4. **das Bundeszentralamt für Steuern und die örtlichen Finanzbehörden nach § 6 Absatz 2 Nummer 5 der Abgabenordnung, soweit dies im Einzelfall für die Erfüllung ihrer jeweiligen Aufgaben erforderlich ist, und**

5. **die Verfassungsschutzbehörden des Bundes und der Länder, soweit dies im Einzelfall zur Erfüllung ihrer Aufgaben erforderlich ist.**

(2) Die Übermittlung erfolgt im Wege des automatisierten Abrufs. Die registerführende Stelle richtet für Abfragen nach Absatz 1 einen nach den Vorgaben der registerführenden Stelle ausgestalteten automatisierten Zugriff auf die im Transparenzregister gespeicherten Daten ein, der auch die Suche nach wirtschaftlich Berechtigten einer Vereinigung nach § 20 oder einer Rechtsgestaltung nach § 21 über die Angaben Name und Vorname sowie zusätzlich Geburtsdatum, Wohnort oder Staatsangehörigkeit des wirtschaftlich Berechtigten erlaubt. § 23 bleibt hiervon unberührt.

(3) Die beteiligten Stellen haben zu gewährleisten, dass für Abfragen nach Absatz 1 dem jeweiligen Stand der Technik entsprechende Maßnahmen zur Sicherstellung von Datenschutz und Datensicherheit getroffen werden, die insbesondere die Vertraulichkeit und Unversehrtheit der Daten gewährleisten.

Übersicht

I. Allgemeines

1 § 26a GwG wurde neu eingeführt durch das Gesetz zur Umsetzung der Fünften EU-Geldwäscherichtlinie vom 12.12.2019 und trat am 1.1.2021 in Kraft.[1] Nach Abs. 1 sind der Zentralstelle für Finanztransaktionsuntersuchungen, den Strafverfolgungsbehörden, den Aufsichtsbehörden, dem Bundeszentralamt für Steuern und den örtlichen Finanzbehörden sowie den Verfassungsschutzbehörden des Bundes und der Länder die erforderlichen Informationen für ihre Aufgabenerfüllung (d.h. im Wege der Amtshilfe) zu übermitteln. Nach Abs. 2 hat die Übermittlung über einen automatisierten Abruf zu erfolgen, der auch die Suche nach wirtschaftlich Berechtigten ermöglicht. Nach Abs. 3 haben die beteiligten Stellen zu gewährleisten, dass der jeweilige Stand der Technik zur Sicherstellung von Datenschutz und Datensicherheit, insbesondere die Vertraulichkeit und Unversehrtheit der Daten gewährleistet wird. § 26a GwG stellt damit das Verbindungsstück zwischen den Behörden und dem Transparenzregister dar. Ziel der Vorschrift ist es, eine effektivere Geldwäschebekämpfung durch gezieltere Abrufverfahren zu ermöglichen, operative Analysen durchzuführen und den internationalen Informationsaustausch mit zentralen Meldestellen anderer Staaten zu fördern.

II. Informationsübermittlung (§ 26a Abs. 1 GwG)

2 Die registerführende Stelle übermittelt der Zentralstelle für Finanztransaktionsuntersuchungen die Informationen, die für die Durchführung von operativen Analysen einschließlich der Bewertung von Meldungen und sonstigen Informationen (§ 28 Abs. 1 Satz 2 Nr. 2 GwG), die Zusammenarbeit und den Informationsaustausch mit zentralen Meldestellen anderer Staaten (§ 28 Abs. 1 Satz 2 Nr. 4 GwG) und die Durchführung von strategischen Analysen und Erstellung von Berichten aufgrund dieser Analysen (§ 28 Abs. 1 Satz 2 Nr. 8 GwG) erforderlich sind (vgl. § 28 GwG). Ebenfalls hat die registerführende Stelle den Strafverfolgungsbehörden die für ihre Aufgabenerfüllung erforderlichen Informationen zu übermitteln.

3 Mit Umsetzung des TraFinG[2] wurde der Kreis der nach § 26a Abs. 1 GwG bislang berechtigten Behörden (die Zentralstelle für Finanztransaktionsuntersuchungen und die Strafverfolgungsbehörden) um die Aufsichtsbehörden, das

---

1 BGBl. I 2019, S. 2629.

2 Gesetz zur europäischen Vernetzung der Transparenzregister und zur Umsetzung der Richtlinie (EU) 2019/1153 des Europäischen Parlaments und des Rates vom 20.6.2019 zur Nutzung von Finanzinformationen für die Bekämpfung von Geldwäsche, Terrorismusfinanzierung und sonstigen schweren Straftaten (Transparenzregister- und Finanzinformationsgesetz) v. 25.6.2021, BGBl. I 2021, S. 2083.

Bundeszentralamt für Steuern und die örtlichen Finanzbehörden sowie die Verfassungsschutzbehörden des Bundes und der Länder erweitert.

Finanzbehörden und das BZSt können im Einzelfall der Erfüllung der ihnen zugewiesenen Aufgaben insbesondere auch durch die erweiterte Suchfunktionalität effektiver nachkommen, indem ihnen im Rahmen des Besteuerungsverfahrens weitergehende Informationen zu Beteiligungsverhältnissen und einzelnen wirtschaftlich Berechtigten zur Verfügung stehen. Die Ergänzung der Finanzbehörden in § 26a Abs. 1 GwG lässt sich einerseits mit Blick auf den Zusammenhang zwischen Amtshilferichtlinie 6 zur Meldung grenzüberschreitender Steuergestaltungen („DAC6") und dem GwG in § 138e Abs. 2 Nr. 3 AO („Verschleierung des wirtschaftlich Berechtigten") erklären. Andererseits ist dies eine Reaktion auf die Cum/Cum- und Cum/Ex- Fälle und den damit einhergehenden Änderungen des AbzStEntModG.[3]

So heißt es in der Gesetzesbegründung, dass für das eingerichtete Informations- und Analysezentrums (IAZ) des Bundeszentralamtes für Steuern (BZSt) ein Zugriff auf das Transparenzregister sinnvoll sein könne, wenn es um die Erhebung von Daten zu einem konkreten, vom BZSt untersuchten Einzelfall gehe.[4] Ziel des IAZ sei die Aufdeckung und Vermeidung von Steuergestaltungen und die Aufdeckung damit in Zusammenhang stehender Steuerstraftaten im Bereich Kapitalmarkt.[5] Das IAZ führt dabei Intensivprüfungen bei Erstattungsfällen nach § 50d EStG durch, sofern der Verdacht auf eine Steuergestaltung besteht, und ist zentraler Anlaufpunkt für alle Landes- und Bundesbehörden, die bei ihrer Arbeit auf mögliche steuerliche Gestaltungen stoßen.[6] Die Suchmöglichkeiten nach § 26a GwG sind nach der Gesetzesbegründung für die Aufgabenwahrnehmung und den Beteiligungen einzelner wirtschaftlicher Berechtiger erforderlich, beispielsweise bei der Ermittlung der von einer Person zu zahlenden Grunderwerbsteuer.[7]

Die Angaben zu ausländischen Erwerbsgesellschaften können für die Zollbehörden von Interesse sein, soweit diese von den erweiterten Suchmöglichkeiten profitieren und so effektiver ihre Aufgaben nach § 2 Schwarzarbeitsbekämpfungsgesetz wahrnehmen.[8] Im Fokus steht die Aufdeckung von Schwarzarbeit und il-

---

3 Gesetz zur Modernisierung der Entlastung von Abzugsteuern und der Bescheinigung der Kapitalertragsteuer (Abzugsteuerentlastungsmodernisierungsgesetz – AbZStGEntModG) v. 2.6.2021 – BGBl. I 2021, Nr. 28, S. 1259.
4 Vgl. Fragen und Antworten zur Sondereinheit gegen Steuerbetrug und Steuerumgehung, https://www.bundesfinanzministerium.de/Content/DE/FAQ/2019-11-18-steuerbetrug-faq.html, zuletzt abgerufen am 24.11.2021; BT-Drs. 19/30443, S. 69.
5 BT-Drs. 19/30443, S. 69.
6 BT-Drs. 19/30443, S. 69.
7 BT-Drs. 19/30443, S. 69.
8 BT-Drs. 19/30443, S. 69.

legaler Beschäftigung im Zusammenhang mit Subunternehmerketten, Firmengeflechten, Servicefirmen oder häufigen Unternehmenswechseln.[9]

7   Nach der Gesetzesbegründung ist es für die Verfassungsschutzbehörden bei der Wahrnehmung der ihnen gesetzlich zugewiesenen Aufgaben und insbesondere bei der Aufklärung von extremistischen oder terroristischen Bestrebungen wichtig, die Finanzkraft der Bestrebung, die sich letztendlich bei den teilnehmenden Personen bündelt, zu ermitteln.[10] So können aus der Finanzkraft der Untersuchten Personen(gruppen) Rückschlüsse auf die Schlagkraft und möglichen Handlungsoptionen gezogen werden, welches für die Einschätzung der potenziellen Gefährlichkeit von hoher Bedeutung ist.[11] Die Verfassungsschutzbehörden verfügen primär über Personendaten, weshalb es wichtig sei, dass die Verfassungsschutzbehörde auch allein anhand der Personendaten Informationen herausfinden kann, wie zum Beispiel an welchen Vereinigungen nach § 20 GwG oder an welchen Rechtsgestaltungen nach § 21 GwG relevante Personen wirtschaftlich berechtigt sind und welche Verbindungen zu anderen wirtschaftlich Berechtigten bestehen. Die gezielte Personensuche ist nur nach § 26a GwG möglich, weshalb ein Verweis auf das Einsichtnahmeverfahren nach § 23 Abs. 1 oder § 23 Abs. 3 GwG für die Verfassungsschutzbehörden insofern nicht gleich geeignet wäre.[12]

8   Zugleich soll dies der Strukturaufklärung dienen, da Personen mit entsprechender Finanzkraft regelmäßig entsprechende Führungspositionen der jeweiligen Bestrebungen einnehmen oder zumindest erheblichen Einfluss auf deren Tätigkeit ausüben.[13] In islamistischen und rechtsextremistischen Bereichen könne so abgeklärt werden, ob eine relevante Person über verschachtelte Konstrukte an Gesellschaften beteiligt sei, welche Spenden für extremistische Bestrebungen einwerben oder Propagandamaterialien wie Druckerzeugnisse für die Bestrebung herstellen.[14] Ebenso kann bei der Bekämpfung von Proliferation und Proliferationsfinanzierung die Verfassungsschutzbehörde selbst bei verschachtelten Unternehmensbeteiligungen ermitteln, welche Personen an welchen inländischen Unternehmen wirtschaftlich Berechtigte sind und damit verschleierte Erwerbe aufdecken, welche die wesentlichen Sicherheitsinteressen der Bundesrepublik Deutschland beeinträchtigen können.[15]

9   Die Zugriffsmöglichkeiten dürfen u. E. hierbei jedoch nicht frei an jeden Mitarbeiter ausgehändigt werden, sondern müssen an bestimmte Login-/Zugangskriterien geknüpft sein, die ähnlich denen nach § 23 Abs. 3 der Kontrolle durch den

---

9 BT-Drs. 19/30443, S. 69.
10 BT-Drs. 19/30443, S. 69.
11 BT-Drs. 19/30443, S. 69.
12 BT-Drs. 19/30443, S. 69.
13 BT-Drs. 19/30443, S. 69.
14 BT-Drs. 19/30443, S. 69.
15 BT-Drs. 19/30443, S. 69.

Dienstvorgesetzten unterliegen. Der Fall Hildmann hat gezeigt, dass auch innerhalb von Behörden sensible Daten ausgespäht werden können, weshalb hier interne Vorkehrungen zu treffen sind, um die gezielte Personensuche – wie sie nur § 26a GwG zulässt – anhand der ohnehin schon bestehenden verfassungsrechtlichen Bedenken im Ansatz rechtfertigen zu können.

III. Technische Abwicklung der Informationsübermittlung (§ 26a Abs. 2 GwG)

Die Übermittlung erfolgt nach § 26a Abs. 1 GwG im Wege des automatisierten **10** Abrufs. Den in § 26a Abs. 1 GwG genannten Behörden wird ein lesender Zugriff auf die gespeicherten, unverschlüsselten Daten des Transparenzregisters über eine technische Schnittstelle dauerhaft eingeräumt. Über diesen Zugriff richtet die registerführende Stelle für die Abfragen nach Abs. 1 einen Suchmechanismus ein, der in Abweichung zu § 23 Abs. 5 GwG auch die Suche nach wirtschaftlich Berechtigen einer Vereinigung nach § 20 GwG oder einer Rechtsgestaltung nach § 21 GwG über die Angaben Name und Vorname sowie zusätzlich Geburtsdatum, Wohnort oder Staatsangehörigkeit des wirtschaftlich Berechtigten erlaubt (gezielte Personensuche). § 23 Abs. 5 GwG hingegen ermöglicht nur die Suche nach Vereinigungen nach § 20 GwG und Rechtsgestaltungen nach § 21 GwG, niemals jedoch die gezielte Personensuche („Big-Brother"). Anders als bei anderen Zugriffen auf persönliche Daten ist für § 26a GwG keine Katalogstraftat und kein Richtervorbehalt vorgesehen.

Nach § 26a Abs. 2 Satz 3 GwG bleibt § 23 „unberührt". Diesem Hinweis ist u. E. **11** nach eine deklaratorische Bedeutung beizumessen. Die unterschiedlichen Informationsabrufverfahren nach §§ 26a Abs. 1, § 23 Abs. 1 und § 23 Abs. 3 GwG stehen nebeneinander und ergänzen sich – es besteht kein sich ausschließendes Spezialitäts- oder Alternativverhältnis (vgl. Übersicht der Einsichtnahmeverfahren → § 23 Rn. 71).

Die Behörden haben zur Wahrnehmung ihrer Aufgabenerfüllung schon nach **12** § 23 GwG Zugang zu den Informationen des Transparenzregisters. Gemäß § 23 Abs. 2 Satz 4 GwG erhalten sie auch einen unverschlüsselten Zugang zu den Informationen, ohne die Möglichkeit der Einsichtnahmebeschränkung und ohne Kontrollmöglichkeiten der registerpflichtigen Vereinigung/Rechtsgestaltung.

IV. Gewährleistung von Datenschutz und Datensicherheit (§ 26a Abs. 3 GwG)

Die beteiligten Stellen haben nach Abs. 3 zu gewährleisten, dass für Abfragen **13** nach Abs. 1 dem jeweiligen Stand der Technik entsprechende Maßnahmen zur

Sicherstellung von Datenschutz und Datensicherheit getroffen werden, die insbesondere die Vertraulichkeit und Unversehrtheit der Daten gewährleisten. § 26a Abs. 3 GwG soll damit den Schutz der (sensiblen) persönlichen Daten gewährleisten und ein Zeichen für die Gewährleistung der Vertraulichkeit und Integrität informationstechnischer Systeme setzen. Durch den eigenen Zugang zu unverschlüsselten Daten ohne Aufzeichnungen der Einsichtnahme besteht ein Risiko für Hacker-Angriffe und ein erhöhtes Gefahren-/Missbrauchspotenzial.

Abschnitt 5
Zentralstelle für
Finanztransaktionsuntersuchungen

§ 27 Zentrale Meldestelle

(1) Zentrale Meldestelle zur Verhinderung, Aufdeckung und Unterstützung bei der Bekämpfung von Geldwäsche und Terrorismusfinanzierung nach Artikel 32 Absatz 1 der Richtlinie (EU) 2015/849 ist die Zentralstelle für Finanztransaktionsuntersuchungen.

(2) Die Zentralstelle für Finanztransaktionsuntersuchungen ist organisatorisch eigenständig und arbeitet im Rahmen ihrer Aufgaben und Befugnisse fachlich unabhängig.

Schrifttum: *Brodowski*, Tue Böses und rede darüber – Geldwäscheverdachtsmeldungen und das Strafrecht, wistra 2021, 417; *Bülte*, Risikobasierte Arbeitsweise sowie Analyse- und Weiterleitungspflichten der FIU in den Grenzen des geltenden Rechts, Gutachten v. 11.1.2022 erstellt im Auftrag des Bundesministeriums der Finanzen (zitiert als *Bülte*, BMF-Gutachten); *ders.*, Die Risiken des Risikobasierten Ansatzes – Zu den Pflichten der FIU nach §§ 30, 32 GwG, NVwZ – Extra 4b/2022, 1 ff.; *Diergarten/Barreto da Rosa*, Praxiswissen Geldwäscheprävention, 2. Aufl. 2021; *Hütwohl*, Die Zentralstelle für Finanztransaktionsuntersuchungen (FIU) – Bekämpfung der Geldwäsche und Terrorismusfinanzierung nach dem neu gefassten Geldwäschegesetz, ZIS 2017, 680; *Schindler*, Geldwäschegesetzgebung und Steuerrecht, 2021; *Zentes/Glaab*, Änderungen durch die GwG-Novelle zur Umsetzung der Fünften EU-Geldwäscherichtlinie und ihre Auswirkungen auf die Verpflichteten, BB 2019, 1667.

Übersicht

I. Allgemeines

Der 5. Abschnitt des GwG enthält ausweislich seiner Überschrift die Regelungen zur Zentralstelle für Finanztransaktionsuntersuchungen, die in der Praxis ganz überwiegend als FIU (Financial Intelligence Unit) abgekürzt wird. Die Bestimmungen gehen zurück auf das Gesetz zur Umsetzung der **Vierten EU-Geldwäscherichtlinie**, zur Ausführung der EU-Geldtransferverordnung und zur Neuorganisation der Zentralstelle für Finanztransaktionsuntersuchungen vom

1

23.6.2017.[1] Schon am Gesetzestitel („*Neuorganisation* der Zentralstelle für Finanztransaktionsuntersuchungen") zeigte sich, dass dieses Gesetz zu weitreichenden organisatorischen Neuregelungen führte: Die vormals bei dem BKA angesiedelte Zentralstelle für Verdachtsmeldungen („alte" FIU) wurde mit Inkrafttreten der GwG-Novelle 2017 zum 26.6.2017 durch die „neue" FIU abgelöst, die beim Zoll (und damit im Ressort des Bundesfinanzministeriums) angesiedelt ist.

2   Die **Ausgestaltung der FIU** unterlag im Verlauf der verschiedenen Fassungen des GwG deutlichen Änderungen.[2] Im ursprünglichen GwG waren Verdachtsfälle von den Instituten noch unmittelbar gegenüber den zuständigen Strafverfolgungsbehörden anzuzeigen.[3] Im zweiten GwG wurde dann die „alte" FIU als „Zentralstelle für Verdachtsanzeigen" beim BKA geschaffen.[4] Hierbei handelte es sich um eine doppelfunktionale Polizeibehörde. Nunmehr (ab 2017) soll die FIU beim Zoll nicht länger polizeilich, sondern als eine **administrativ präventiv** handelnde Behörde ausgerichtet sein.[5]

3   Die **Schwerpunkte der Tätigkeit** der FIU liegen nach dem Willen des Gesetzgebers in der Analyse von verdächtigen Sachverhalten mit Bezug zu Geldwäsche und Terrorismusfinanzierung, der Kommunikation mit den Verpflichteten sowie in der nationalen und internationalen Zusammenarbeit mit anderen Behörden bzw. FIUs.[6]

4   Im GwG werden dazu die Vorgaben der Art. 32 ff. Vierte EU-Geldwäscherichtlinie umgesetzt.[7] Diesen Vorgaben liegt insbesondere die **FATF-Empfehlung 29 sowie die ergänzende „Interpretative Note"** (Auslegungshinweis) der FATF zur Ausstattung der FIUs[8] zugrunde.[9] Danach sollen die FIUs der Mitgliedstaaten jeweils als nationales Zentrum für den Erhalt und die Analyse von Verdachtsmeldungen und anderen, für die Bekämpfung von Geldwäsche und Terrorismusfinanzierung, relevanten Informationen eingerichtet werden. Zudem sollen sie in die Lage versetzt werden, bei Bedarf weitere Informationen von Ver-

---

1 BGBl. I 2017, S. 1822 (nachfolgend auch bezeichnet als „GwG-Novelle 2017").
2 Ausführlich *Bülte*, BMF-Gutachten, Rn. 70 ff.
3 § 11 GwG v. 25.10.1993 (BGBl. I, S. 1770).
4 § 10 GwG v. 13.8.2009 (BGBl. I, S. 1690).
5 BT-Drs. 18/11555, S. 136; BT-Drs. 19/2263, S. 8 zu Frage 18. Dagegen *Brodowski*, wistra 2021, 417, 422, der die FIU als eine „besondere Polizeibehörde" deutet, die eine „stark strafverfolgungs- und bedingt gefahrenabwehrorientierte" Tätigkeit vornimmt.
6 BT-Drs. 18/11555, S. 136.
7 Vgl. BT-Drs. 18/11555, S. 136 ff.
8 In aktueller Fassung FATF, The FATF Recommendations, S. 24, 101 ff., http://www.fatf-gafi.org/media/fatf/documents/recommendations/pdfs/FATF%20Recommendations%202012.pdf, zuletzt abgerufen am 9.12.2021 (nachfolgend bezeichnet als „FATF-Empfehlungen").
9 Vgl. nur ErwG 4 der Vierten EU-Geldwäscherichtlinie.

pflichteten anfordern zu können und zeitnahen Zugang zu Informationen von Finanz-, Verwaltungs- und Strafverfolgungsbehörden zu erhalten. Auch betont die FATF die Bedeutung der **internationalen und grenzüberschreitenden Kooperation** insbesondere zwischen den FIUs der Mitgliedstaaten.[10] Überdies hebt die FATF die betriebliche Unabhängigkeit und Autonomie der FIU hervor.[11] Danach soll eine FIU ihre Aufgaben frei ausüben und autonom über die Analyse und ggf. benötigten zusätzlichen Informationen entscheiden können. Bestandteil ihrer Unabhängigkeit soll auch sein, dass keine unzulässige Einflussnahme durch Politik, Regierung oder die Industrie genommen werden kann und die FIU selbst über die benötigten Ressourcen und Mittel entscheiden und verfügen kann.[12]

Durch das Gesetz zur Umsetzung der **Änderungsrichtlinie zur Vierten EU-Geldwäscherichtlinie** vom 12.12.2019[13] sowie innerhalb des damit verbundenen Gesetzgebungsverfahrens wurden erneut verschiedene Änderungen der Befugnisse der FIU in Abschnitt 5 des GwG umgesetzt.[14] Die Änderungsvorschläge waren teilweise bereits in dem Referentenentwurf vom 20.5.2019 enthalten und wurden darüber hinaus zum Teil zusätzlich in dem Gesetzgebungsverfahren zur Anhörung gestellt.[15] Ziel der neuerlichen Reformvorschläge war es, die Funktionsfähigkeit[16] der FIU zu verbessern. Diese war zuletzt insbesondere durch erhebliche Rückstände bei der Bearbeitung von Verdachtsmeldungen in die öffentliche und parlamentarische Kritik geraten.[17]

   5

Wesentliche Änderungen durch das GwG vom 12.12.2019, das zum 1.1.2020 in Kraft getreten ist, bestehen u. a. darin, dass in § 28 Abs. 1 Satz 2 Nr. 10 GwG zusätzlich zur Erstellung von bestimmten Statistiken die Veröffentlichung einer konsolidierten Statistik auf Jahresbasis in einem **Jahresbericht** vorgesehen ist (vgl. hierzu ausführlich → § 28 Rn. 32 ff.) und die **Datenzugriffsrechte** der FIU insbesondere im Hinblick auf das Transparenzregister (→ § 31 Rn. 3), das Zentrale Staatsanwaltschaftliche Verfahrensregister (ZStV) und der Information über Treffer bei dem automatisierten Datenabgleich mit dem bundesländerübergreifenden Informationssystem der Polizeien bei dem BKA (INPOL) erwei-

   6

10 FATF-Empfehlungen, S. 29, Rn. 40, S. 111 ff.
11 FATF-Empfehlungen, S. 103, Rn. 8.
12 FATF-Empfehlungen, S. 103, Rn. 12.
13 BGBl. I 2019, S. 2602.
14 Vgl. zu den Einzelheiten zum Stand des Referentenentwurfs *Zentes/Glaab*, BB 2019, 1667, 1671 f.
15 Vgl. BMF, Begleitschreiben zum Referentenentwurf eines Gesetzes zur Umsetzung der Änderungsrichtlinie zur Vierten EU-Geldwäscherichtlinie v. 20.5.2019, Gz. VII A 5 – WK 5023/17/10008:012, DOK 2019/0316572, S. 1.
16 Vgl. Auflistung der Maßnahmen zur Stärkung der Funktionsfähigkeit der FIU in dem Antrag der Linken in BT-Drs. 19/11098, S. 3.
17 Vgl. zum Ziel der gesetzlichen Anpassungen bzgl. der FIU beispielhaft den Antrag der Linken in BT-Drs. 19/11098, S. 4.

tert werden sollten, um eine effektivere Aufgabenwahrnehmung zu ermöglichen (vgl. hierzu ausführlich → § 31 Rn. 18 ff.). Weiter wurde der Datenaustausch mit anderen FIUs innerhalb der EU (§ 33 GwG) sowie mit anderen Staaten (§ 35 GwG) gestärkt. Schließlich wurde in § 40 Abs. 1 Satz 1 GwG ergänzend die Befugnis der FIU aufgenommen, bei dem Eingang **proliferationsrelevanter Verdachtsmeldungen** im Zusammenhang mit der Umsetzung der EU VO 2017/1509 gegen die Demokratische Volksrepublik Nordkorea (DPRK-VO), Sofortmaßnahmen einleiten zu dürfen (vgl. hierzu ausführlich → § 40 Rn. 2, 5).

II. Zweckbestimmung (§ 27 Abs. 1 GwG)

7 Gem. § 27 Abs. 1 GwG ist die FIU die Zentrale Meldestelle zur Verhinderung, Aufdeckung und Unterstützung bei der Bekämpfung von Geldwäsche und Terrorismusfinanzierung nach Art. 32 Abs. 1 der Richtlinie (EU) 2015/849. Durch den direkten Verweis des Gesetzeswortlauts des § 27 Abs. 1 GwG auf die Vierte EU-Geldwäscherichtlinie sollte klargestellt werden, dass die FIU für Deutschland die Aufgaben der FIU i. S. der Vierten EU-Geldwäscherichtlinie wahrnimmt.[18] Aus diesem Grund ist die FIU nunmehr **alleiniger Empfänger von Verdachtsmeldungen aller Verpflichteten**. Mithin werden sämtliche Verdachtsmeldungen zentral und originär bei der FIU gesammelt. Die FIU nimmt daher die Funktion einer sog. **echten Zentralstelle** ein.[19]

8 Überdies enthält § 27 Abs. 1 GwG eine **Zweckbestimmung** der FIU. Ihr Zweck liegt demnach in der „Verhinderung, Aufdeckung und Unterstützung bei der Bekämpfung von Geldwäsche und Terrorismusfinanzierung". Die frühere Zweckbestimmung der FIU unter Geltung von § 10 Abs. 1 GwG vor 2017 a. F. bestand in der „Verhütung und Verfolgung von Geldwäsche und Terrorismusfinanzierung". Der Gesetzgeber wollte durch die Neuformulierung die weitgehende Angleichung der Formulierung an den Wortlaut von Art. 32 Abs. 1 Vierte EU-Geldwäscherichtlinie (EU) 2015/849 erreichen.[20] Eine „Änderung in der Sache" sei nach dem Willen des Gesetzgebers damit zwar nicht bezweckt worden.[21] Allerdings findet sich die frühere Aufgabe der repressiven „Verfolgung" von Geldwäsche nun nicht mehr in der gesetzlichen Zweckbeschreibung.

9 Die FIU ist die nationale Zentralstelle für die **Entgegennahme, Sammlung und Auswertung** von Meldungen über verdächtige Finanztransaktionen, die im Zu-

---

18 BT-Drs. 18/11555, S. 136.
19 BT-Drs. 19/2263, S. 8 zu Frage 18.
20 BT-Drs. 18/11555, S. 136.
21 BT-Drs. 18/11555, S. 136.

sammenhang mit Geldwäsche oder Terrorismusfinanzierung stehen könnten.[22] Die Einrichtung der FIU soll auch zur Entlastung der Strafverfolgungsbehörden dienen. Die Entlastung der Strafverfolgungsbehörden soll durch die Vermeidung des früheren sog. doppelten Meldewegs sowie durch eine neu geschaffene Filter-funktion der FIU erreicht werden. Der sog. doppelte Meldeweg bestand nach § 11 Abs. 1 GwG vor 2017 a. F. in der gleichzeitigen Einreichung einer Ver-dachtsmeldung an die (damals bei dem BKA und mit anderer Funktion angesie-delte) „alte" FIU sowie die zuständige Strafverfolgungsbehörde.

Seit der GwG-Novelle 2017 besteht die **Filterfunktion**[23] der FIU darin, dass die   **10** Verdachtsmeldungen sämtlicher Verpflichteten zentral an die FIU gesendet und von dieser inhaltlich analysiert sowie bewertet werden. Für die Analysetätigkeit werden innerhalb der Befugnisse der FIU auch relevante Daten von Verwal-tungs-, Finanz- und Strafverfolgungsbehörden hinzugezogen.[24] Sofern sich (spä-testens) bei der Analysetätigkeit Anhaltspunkte für Verdachtsmomente der Geldwäsche, Terrorismusfinanzierung oder sonstiger Straftaten ergeben, leitet die FIU die insofern bewerteten Meldungen an die zuständigen Strafverfol-gungsbehörden weiter (näher → § 32 Rn. 1 ff.).[25]

III. Organisation (§ 27 Abs. 2 GwG)

Die „alte" FIU war nach § 10 GwG vor 2017 a. F. vormals dem Bundeskriminal-   **11** amt (BKA) und damit dem Geschäftsbereich des Bundesministeriums des In-nern unterstellt. Demgegenüber unterfällt die neue FIU als Teil der Generalzoll-direktion der Zuständigkeit des Bundesministeriums der Finanzen.[26] Die gesetz-liche Grundlage ist das Finanzverwaltungsgesetz (FVG). Die Generalzolldirek-tion ist gem. § 1 Nr. 2 FVG Bundesfinanzbehörde in der Form einer Oberbehör-de. Nach § 5a Abs. 2 FVG gliedert sich die Generalzolldirektion in Direktionen. Ursprünglich war die FIU der für Zollfahndungsdienst zuständigen Direktion (Zollkriminalamt) zugeordnet. Durch das Siebte Gesetz zur Änderung von Ver-

---

22 Vgl. Homepage FIU, Fragen und Antworten, https://www.zoll.de/DE/FIU/Fragen-Ant worten/fragen-antworten_node.%20html, zuletzt abgerufen am 9.12.2021.

23 Zu dem Aspekt der Filterung *Bülte*, BMF-Gutachten, Rn. 162 ff. mit Hinweis auf die Kritik durch den Bundesrat.

24 Vgl. Homepage FIU, Fragen und Antworten, https://www.zoll.de/DE/FIU/Fragen-Ant worten/fragen-antworten_node.%20html, zuletzt abgerufen am 9.12.2021.

25 Vgl. Homepage FIU, Fragen und Antworten, https://www.zoll.de/DE/FIU/Fragen-Ant worten/fragen-antworten_node.%20html, zuletzt abgerufen am 9.12.2021.

26 BT-Drs. 18/11555, S. 136, 168; *Häberle*, in: Erbs/Kohlhaas, Strafrechtliche Nebenge-setze, 217. EL Oktober 2017, § 27 GwG Rn. 1; Homepage Generalzolldirektion, Fach-direktionen, https://www.zoll.de/DE/Der-Zoll/Struk tur-des-Zolls/Generalzolldirek-tion/Fachdirektionen/fachdirektionen.html?nn=279120 #doc279122bodyText4, zu-letzt abgerufen am 9.12.2021.

brauchsteuergesetzen vom 30.3.2021[27] wurde die Regelung in § 5a Abs. 2 Satz 2 FVG insoweit geändert, als mit Wirkung zum 1.4.2021 neben dem Zollkriminalamt eine eigene für die Aufgaben nach dem GwG zuständige Direktion (Zentralstelle für Finanztransaktionsuntersuchungen) eingerichtet wurde. Die FIU ist nunmehr (seit dem 1.5.2021) als funktionale Behörde und als neue **Direktion X** in die Generalzolldirektion integriert.

12   Dienstsitz der FIU ist Köln. Zum Stand November 2021 gliedert sich die FIU in eine Direktion (Direktion X), eine Hauptabteilung sowie sieben Referate. Die FIU verfügt zum Stand 1.9.2021 über 540 Beschäftigte. Bis 2026 sollen der FIU 720 Planstellen für die fachliche Arbeit zur Verfügung stehen.[28]

13   Die FIU ist organisatorisch eigenständig und arbeitet im Rahmen ihrer Aufgaben und Befugnisse **fachlich unabhängig** (§ 27 Abs. 2 GwG). Hierdurch werden die Vorgaben aus Art. 32 Abs. 3 Satz 1 der Vierten EU-Geldwäscherichtlinie umgesetzt.[29] Der Wortlaut von § 27 Abs. 2 GwG differenziert ausdrücklich zwischen Aufgaben und Befugnissen. Auch hieraus ergibt sich die Notwendigkeit, zwischen Aufgabenzuweisungsnormen und Befugnisnormen zu unterscheiden. Die Aufgaben der FIU werden detailliert in § 28 Abs. 1 Satz 2 GwG normiert, wohingegen die Eingriffsbefugnisse an anderer Stelle geregelt sind (vgl. hierzu → § 28 Rn. 1 ff.).

IV. Reformüberlegungen

14   Nicht zuletzt in Anbetracht der wachsenden öffentlichen Kritik an der Leistungsfähigkeit der FIU[30] sind die organisatorische und technische Ausstattung sowie die Prozessschritte der FIU Gegenstand von Reformüberlegungen. Hierfür wurde einer externen Beratungsgesellschaft ein Gutachtenauftrag erteilt, dessen Kosten auf ca. 1,7 Mio. EUR geschätzt wurden. Das Gutachten soll im September 2021 vorgelegt worden sein. Sein Inhalt ist öffentlich nicht bekannt.[31]

---

27 BGBl. I 2021, S. 607.
28 BT-Drs. 19/32556, S. 9.
29 BT-Drs. 18/11555, S. 136.
30 Siehe exemplarisch Der Spiegel v. 28.8.2021, S. 40 f. („schüttet Staatsanwaltschaften und Polizei weiterhin mit überwiegend nutzlosen Verdachtsmeldungen zu", „Die vermeintliche Spezialeinheit gilt Experten als gewaltiger Flop"); tagesschau.de v. 15.9.2020, https://www.tagesschau.de/inland/fiu-geldwaesche-101.html („Der Bundesrechnungshof sieht ,erheblichen Verbesserungsbedarf'."); Zeit-online v. 6.10.2021, https://www.zeit.de/2021/41/olaf-scholz-geldwaesche-fatf-ermittlung-bundesfinanz ministerium; das Ermittlungsverfahren der Staatsanwaltschaft Osnabrück wegen Strafvereitelung (→ § 32 Rn. 23 ff.) und *Barreto da Rosa*, in: Herzog, GwG, Vorbem. zu Abschnitt 5 Rn. 7 ff. m. w. N. Internetquellen zuletzt abgerufen am 9.12.2021.
31 BT-Drs. 19/32551, S. 1 ff.

Derzeit sind auf Grundlage des am 7.5.2020 veröffentlichten Aktionsplans der **15** Europäischen Kommission für eine umfassende Politik der Union zur Verhinderung von Geldwäsche und Terrorismusfinanzierung[32] weitere gesetzgeberische Vorhaben der EU mit hoher Relevanz für die FIU im Gange, die insbesondere die Schaffung einer eigenständigen Unionsbehörde zur Bekämpfung der Geldwäsche (Anti Money Laundering Authority – AMLA)[33] und die Sechste EU-Geldwäscherichtlinie[34] mit Wirkung zu 2024 betreffen.[35] Die Bundesregierung unterstützt diese Bestrebungen und plant zudem, sich für eine Geldwäscheverordnung auf Unionsebene einzusetzen.[36]

---

32 ABl. C 164 v. 13.5.2020, S. 21.
33 COM(2021) 421 final.
34 COM(2021) 423 final.
35 Dazu BR-Drs. 740/21; BR-Drs. 748/21.
36 Insbesondere mit Blick auf den potenziellen Sitz der AMLA in Frankfurt am Main, vgl. Koalitionsvertrag 2021–2025 zwischen der Sozialdemokratischen Partei Deutschlands (SPD), BÜNDNIS 90/DIE GRÜNEN und den Freien Demokraten (FDP), S. 172, https://www.spd.de/fileadmin/Dokumente/Koalitionsvertrag/Koalitionsvertrag_2021-2025.pdf, zuletzt abgerufen am 9.12.2021.

§ 28 Aufgaben, Aufsicht und Zusammenarbeit

(1) Die Zentralstelle für Finanztransaktionsuntersuchungen hat die Aufgabe der Erhebung und Analyse von Informationen im Zusammenhang mit Geldwäsche oder Terrorismusfinanzierung und der Weitergabe dieser Informationen an die zuständigen inländischen öffentlichen Stellen zum Zwecke der Aufklärung, Verhinderung oder Verfolgung solcher Taten. Ihr obliegen in diesem Zusammenhang:

1. die Entgegennahme und Sammlung von Meldungen nach diesem Gesetz,

2. die Durchführung von operativen Analysen einschließlich der Bewertung von Meldungen und sonstigen Informationen,

3. der Informationsaustausch und die Koordinierung mit inländischen Aufsichtsbehörden,

4. die Zusammenarbeit und der Informationsaustausch mit zentralen Meldestellen anderer Staaten,

5. die Untersagung von Transaktionen und die Anordnung von sonstigen Sofortmaßnahmen,

6. die Übermittlung der sie betreffenden Ergebnisse der operativen Analyse nach Nummer 2 und zusätzlicher relevanter Informationen an die zuständigen inländischen öffentlichen Stellen,

7. die Rückmeldung an den Verpflichteten, der eine Meldung nach § 43 Absatz 1 abgegeben hat,

8. die Durchführung von strategischen Analysen und Erstellung von Berichten aufgrund dieser Analysen,

9. der Austausch mit den Verpflichteten sowie mit den inländischen Aufsichtsbehörden und für die Aufklärung, Verhinderung oder Verfolgung der Geldwäsche und der Terrorismusfinanzierung zuständigen inländischen öffentlichen Stellen insbesondere über entsprechende Typologien und Methoden,

10. die Erstellung von Statistiken zu den in Artikel 44 Absatz 2 der Richtlinie (EU) 2015/849 genannten Zahlen und Angaben und die Veröffentlichung einer konsolidierten Statistik auf Jahresbasis in einem Jahresbericht,

11. die Veröffentlichung eines Jahresberichts über die erfolgten operativen Analysen,

12. die Teilnahme an Treffen nationaler und internationaler Arbeitsgruppen und

                           Richter

13. die Wahrnehmung der Aufgaben, die ihr darüber hinaus nach anderen Bestimmungen übertragen worden sind.

(2) Die Zentralstelle für Finanztransaktionsuntersuchungen untersteht der Aufsicht des Bundesministeriums der Finanzen, die sich in den Fällen des Absatzes 1 Nummer 1, 2, 5 und 6 auf die Rechtsaufsicht beschränkt.

(3) Die Zentralstelle für Finanztransaktionsuntersuchungen sowie die sonstigen für die Aufklärung, Verhütung und Verfolgung der Geldwäsche, Terrorismusfinanzierung und sonstiger Straftaten sowie die zur Gefahrenabwehr zuständigen inländischen öffentlichen Stellen und die inländischen Aufsichtsbehörden arbeiten zur Durchführung dieses Gesetzes zusammen und unterstützen sich gegenseitig.

(4) Die Zentralstelle für Finanztransaktionsuntersuchungen informiert, soweit erforderlich, die für das Besteuerungsverfahren oder den Schutz der sozialen Sicherungssysteme zuständigen Behörden über Sachverhalte, die ihr bei der Wahrnehmung ihrer Aufgaben bekannt werden und die sie nicht an eine andere zuständige staatliche Stelle übermittelt hat.

Schrifttum: *Bülte*, Risikobasierte Arbeitsweise sowie Analyse- und Weiterleitungspflichten der FIU in den Grenzen des geltenden Rechts, Gutachten v. 11.1.2022 erstellt im Auftrag des Bundesministeriums der Finanzen (zitiert als *Bülte*, BMF-Gutachten); *ders.*, Die Risiken des Risikobasierten Ansatzes – Zu den Pflichten der FIU nach §§ 30, 32 GwG, NVwZ – Extra 4b/2022, 1 ff.; *Hütwohl*, Die Zentralstelle für Finanztransaktionsuntersuchungen (FIU) – Bekämpfung der Geldwäsche und Terrorismusfinanzierung nach dem neu gefassten Geldwäschegesetz, ZIS 2017, 680.

Übersicht

I. Aufbau der Vorschrift

1 Die Vorschrift besteht aus vier Absätzen mit je unterschiedlichem Regelungsgehalt. § 28 Abs. 1 Satz 1 GwG normiert als **Aufgabe** der Zentralstelle für Finanztransaktionsuntersuchungen[1] die **Erhebung und Analyse von Informationen** im Zusammenhang mit Geldwäsche oder Terrorismusfinanzierung und der **Weitergabe dieser Informationen** an die zuständigen inländischen öffentlichen Stellen. Durch den **Aufgabenkatalog** des § 28 Abs. 1 Satz 2 GwG wird dies näher konkretisiert. Gem. § 28 Abs. 2 GwG untersteht die FIU der Aufsicht durch das Bundesministerium der Finanzen (BMF), wobei zwischen Rechts- und Fachaufsicht zu differenzieren ist. § 28 Abs. 3 GwG enthält Vorgaben für die **Zusammenarbeit** der FIU mit inländischen Stellen, Behörden und Aufsichtsbehörden. § 28 Abs. 4 GwG regelt die **Informationsweitergabe** an die für das Besteuerungsverfahren oder den Schutz der sozialen Sicherungssysteme zuständigen Behörden. Einzelne Aufgaben und Befugnisse bei der Aufgabenwahrnehmung werden in den §§ 29 ff. GwG weiter konkretisiert. Eine entsprechende Regelung

---

1 Nachfolgend als „FIU" („Financial Intelligence Unit") bezeichnet.

                                   Richter

für die „alte" FIU enthielt bereits § 10 Abs. 1 GwG vor 2017 a. F. Der Aufgabenbereich der FIU seit dem 26.6.2017 ist wesentlich umfangreicher als zuvor.

Durch das Gesetz zur Umsetzung der **Änderungsrichtlinie zur Vierten EU-**   2
Geldwäscherichtlinie vom 12.12.2019,[2] das zum 1.1.2020 in Kraft getreten ist,
erfolgte eine Erweiterung der Aufgaben der FIU gem. § 28 Abs. 1 Satz 2 Nr. 10
GwG vom 12.12.2019 n. F. durch die zusätzliche Pflicht zur Veröffentlichung
einer konsolidierten Statistik auf Jahresbasis in einem Jahresbericht.

Im Zusammenhang mit den Aufgaben der FIU ebenfalls neu durch das Gesetz   3
zur Umsetzung der Änderungsrichtlinie zur Vierten EU-Richtlinie wurde § 26a
GwG geschaffen, der den **automatisierten Abruf des Transparenzregisters**
durch insbesondere die FIU und die Strafverfolgungsbehörden regelt (vgl. →
§ 26a Rn. 1 ff.). Gem. § 26a Abs. 1 Nr. 1 GwG übermittelt die registerführende
Stelle der FIU für Zwecke nach § 28 Abs. 1 Satz 2 Nr. 2, 4 und 8 GwG und den
Strafverfolgungsbehörden für ihre Aufgabenerfüllung die erforderlichen Informationen aus dem Transparenzregister.

II. Aufgaben der FIU (§ 28 Abs. 1 GwG)

Kernaufgabe der FIU ist nach § 28 Abs. 1 Satz 1 GwG die **Erhebung und Ana-**   4
lyse von Informationen im Zusammenhang mit Geldwäsche oder Terrorismusfinanzierung und die Weitergabe dieser Informationen an die zuständigen inländischen öffentlichen Stellen zum Zwecke der Aufklärung, Verhinderung oder
Verfolgung solcher Taten. Die der FIU zu diesem Zweck obliegenden Aufgaben
werden im Katalog des § 28 Abs. 1 Satz 2 GwG normiert. Der Begriff „Erhebung" bezeichnet üblicherweise das (aktive) Sammeln und Beschaffen und wird
im Datenschutzrecht häufig abgegrenzt vom Vorgang der reinen Erfassung. Aus
der Vorschrift des § 28 Abs. 1 Satz 2 Nr. 1 GwG, die auf die Entgegennahmen
von Meldungen abstellt, lässt sich aber schließen, dass Erhebung im geldwäscherechtlichen Kontext weiter zu verstehen ist.

Zur ersten Orientierung können die Aufgaben der FIU wie folgt zusammenge-   5
fasst werden:

– Zentrale **Entgegennahme** aller Verdachtsmeldungen sämtlicher Verpflichteter in ihrer Funktion als administrative Behörde,
– umfassende **Analyse und Bewertung** sämtlicher Verdachtsmeldungen, auch
  unter Nutzung der **Auskunfts- und Datenabrufrechte** gegenüber Strafver-
  folgungs-, Finanz- und Verwaltungsbehörden,
– Anordnung von **Sofortmaßnahmen** gegenüber Verpflichteten,

---

2 BGBl. I 2019, S. 2602.

- Weiterleitung von Meldungen mit Verdachtsmomenten der Geldwäsche oder Terrorismusfinanzierung an die **Strafverfolgungsbehörden und Information weiterer zuständiger Behörden**,
- Zusammenarbeit mit den für die Aufklärung, Verhütung bzw. Verfolgung von Geldwäsche und Terrorismusfinanzierung zuständigen **inländischen Behörden**,
- Zusammenarbeit mit **inländischen Aufsichtsbehörden**,
- internationale Zusammenarbeit und Informationsaustausch mit **ausländischen FIUs**,
- Erstellung von **Analysen und Berichten** zu relevanten Erkenntnissen der Geldwäsche und Terrorismusfinanzierung aus der täglichen (Analyse-)Arbeit und Weitergabe an Behörden und Verpflichtete.

6   Entsprechend der allgemeinen polizeirechtlichen Dichotomie zwischen Aufgabenzuweisungsnormen einerseits und Befugnisnormen andererseits regelt § 28 Abs. 1 GwG (lediglich) die Aufgaben der FIU.[3] Etwaige Eingriffsbefugnisse ergeben sich demgegenüber aus entsprechenden Befugnisnormen, die an anderer Stelle geregelt sind. Die **Befugnisse und Verpflichtungen** der FIU im Rahmen ihrer Aufgabenwahrnehmung werden in den §§ 29–42 GwG näher ausgestaltet und festgelegt.[4] Das Zusammenspiel von Aufgabenzuweisungs- und Befugnisnorm zeigt sich exemplarisch anhand der Sofortmaßnahmen: Während § 28 Abs. 1 Satz 2 Nr. 5 GwG der FIU die Aufgabe zuweist, stattet § 40 GwG sie gegenüber dem Eingriffsadressaten mit entsprechenden Anordnungsbefugnissen aus.

7   Nachfolgend werden die der FIU im Einzelnen nach § 28 Abs. 1 GwG obliegenden Aufgaben im Detail erläutert.

**1. Entgegennahme und Sammlung von Meldungen nach dem GwG
(§ 28 Abs. 1 Satz 2 Nr. 1 GwG)**

8   Die **Entgegennahme und Sammlung** von Meldungen nach dem GwG stellt die Grundlage für alle weiteren Tätigkeiten der FIU dar.[5] Die Regelung war hinsichtlich der Sammlung der Meldungen bereits in § 10 Abs. 1 Satz 2 Nr. 1 GwG vor 2017 a. F. enthalten.[6]

9   Die **Entgegennahme** beschreibt das Annehmen der Verdachtsmeldungen durch Nutzung der vorgegebenen Kommunikationswege. Die Meldung durch die Verpflichteten erfolgt gem. § 45 Abs. 1 Satz 1 GwG elektronisch (vgl. dazu → § 45 Rn. 2 ff.). Hierzu stellt die FIU die Webanwendung „goAML" zur Verfügung.

---

3 *Barreto da Rosa*, in: Herzog, GwG, § 28 Rn. 1; *Bülte*, BMF-Gutachten Rn. 88.
4 BT-Drs. 18/11555, S. 136.
5 BT-Drs. 18/11555, S. 137.
6 BT-Drs. 18/11555, S. 137.

Bei einer Störung der elektronischen Datenübermittlung ist nach § 45 Abs. 1 Satz 3 GwG die Übermittlung auf dem Postweg zulässig. Überdies werden auf der Homepage der FIU weitere Meldewege für bestimmte Fälle der Störung der elektronischen Übermittlung festgelegt (insb. die Übermittlung per Fax). Der Begriff des **Sammelns** bezieht sich auf das Zusammentragen und Archivieren sämtlicher Verdachtsmeldungen, die von Verpflichteten in Deutschland abgegeben werden.[7]

2. Durchführung von operativen Analysen einschließlich der Bewertung von Meldungen und sonstigen Informationen (§ 28 Abs. 1 Satz 2 Nr. 2 GwG)

Art. 32 Abs. 8 der Vierten Geldwäscherichtlinie unterscheidet bei den Analyseaufgaben zwischen operativen und strategischen Analysen. Diese Differenzierung spiegelt sich in § 28 Abs. 1 Satz 2 GwG wider: Die operativen Analysen werden in Nr. 2 und die strategischen Analysen in Nr. 8 geregelt. **10**

Die FIU führt operative Analysen sowie die Bewertung von Meldungen und sonstigen Informationen durch (§ 28 Abs. 1 Satz 2 Nr. 2 GwG). Die Regelung bezieht sich auf die **Analyse und Bewertung** der nach § 28 Abs. 1 Satz 2 Nr. 1 GwG enthaltenen Meldungen von Verpflichteten sowie darüberhinausgehender Informationen von anderen Behörden.[8] In der eingehenden Analyse und Bewertung von Verdachtsmeldungen mit dem Ziel, deren **Werthaltigkeit** im Sinne eines Verdachts der Geldwäsche oder Terrorismusfinanzierung zu ermitteln, liegt eine der zentralen Aufgaben und Kompetenzen der FIU. Die FIU hat ausschließlich werthaltige Verdachtsmeldungen an die Strafverfolgungsbehörden und andere relevante Behörden weiterzuleiten, damit diese weitere Schritte einleiten können. **11**

Unter **sonstigen Informationen** sind diejenigen zu verstehen, die der FIU von Amts wegen von anderen inländischen oder ausländischen Stellen zugegangen sind.[9] Der Begriff der sonstigen Informationen ist weit zu verstehen. Nach Art. 32 Abs. 3 Satz 2 Vierte EU-Geldwäscherichtlinie sind sonstige Informationen solche, „die im Hinblick auf Geldwäsche, damit zusammenhängende Vortaten oder Terrorismusfinanzierung von Belang sind". Auch die sonstigen Informationen werden nach § 28 Abs. 1 Satz 2 Nr. 2 GwG von der FIU im Hinblick auf etwaige Verdachtsmomente der Geldwäsche oder Terrorismusfinanzierung **bewertet**. Unter sonstigen Informationen sind u. a. folgende zu verstehen: **12**

---

7 *Barreto da Rosa*, in: Herzog, GwG, § 28 Rn. 3.
8 BT-Drs. 18/11555, S. 137.
9 BT-Drs. 18/11555, S. 137.

- Die dem **Steuergeheimnis** unterliegenden Daten der Finanzbehörden, die gemäß der Vorschrift des § 31b Abs. 1 Nr. 5 AO offenbart werden dürfen.
- **Sozialdaten** zu Personen, die der FIU nach § 71 Abs. 4 SGB X übermittelt werden dürfen. Der Umfang der Daten wird in § 71 Abs. 4 SGB X abschließend[10] normiert und bezieht sich danach auf Angaben über Name, Vorname sowie früher geführte Namen, Geburtsdatum, Geburtsort, derzeitige und frühere Anschriften der betroffenen Person sowie Namen und Anschriften ihrer derzeitigen und früheren Arbeitgeber. Zudem ist die Übermittlung dieser Sozialdaten nur im Einzelfall und bezogen auf eine konkret betroffene Person zulässig.[11]
- Ebenso fallen hierunter die nach § 17a AZR-Gesetz (**Gesetz über das Ausländerzentralregister**) normierten Daten zu Ausländern, die keine freizügigkeitsberechtigten Unionsbürger sind.
- Eine entsprechende Regelung enthält auch § 12a Abs. 8 ZollVG (**Zollverwaltungsgesetz**).

13 Die Regelungen in § 31b AO, § 71 Abs. 4 SGB X, § 17a AZR-Gesetz und § 12a Abs. 8 ZollVG wurden durch die GwG-Novelle 2017 geschaffen.[12]

14 Die **operative Analyse** beschreibt die Einzelfallprüfung durch die FIU.[13] Die operative Analyse dient dazu zu erkennen, ob ein Sachverhalt tatsächlich im Zusammenhang mit Geldwäsche oder Terrorismusfinanzierung steht.[14] Zur Bewertung von Sachverhalten werden bei Bedarf ergänzende Informationen von anderen Behörden oder Verpflichteten eingeholt.[15] Zudem kann für die Zwecke des § 28 Abs. 1 Satz 2 Nr. 2 GwG ein automatisierter Abruf des Transparenzregisters nach § 26a GwG erfolgen (vgl. § 26a GwG). Die **Bewertung** der analysierten Informationen durch die FIU folgt auf die operative Analyse. Dabei werden die Ergebnisse der operativen Analyse im Hinblick auf das Vorliegen von Zusammenhängen zu Geldwäsche und Terrorismusfinanzierung ausgewertet. In der praktischen Arbeit eines Mitarbeiters bei der FIU dürften beide Schritte regelmäßig ineinander übergehen. Die Bewertung ist insofern als Teil der operativen Analyse zu verstehen.[16]

---

10 *Westphal*, in: BeckOK SozR, § 71 SGB X Rn. 17.
11 *Westphal*, in: BeckOK SozR, § 71 SGB X Rn. 17.
12 BT-Drs. 18/11555, S. 167 ff.
13 BT-Drs. 18/11555, S. 137.
14 BT-Drs. 18/11555, S. 137.
15 BT-Drs. 18/11555, S. 137.
16 *Barreto da Rosa*, in: Herzog, GwG, § 28 Rn. 6.

3. Informationsaustausch und Koordinierung mit inländischen Aufsichtsbehörden (§ 28 Abs. 1 Satz 2 Nr. 3 GwG)

Nach § 28 Abs. 1 Satz 2 Nr. 3 GwG obliegt der FIU der Informationsaustausch [15] und die Koordinierung mit inländischen Aufsichtsbehörden. Die Vorschrift dient der Umsetzung von Art. 32 Abs. 4 Satz 2 Vierte EU-Geldwäscherichtlinie. Nach dem Willen des Gesetzgebers soll die FIU **von Amts wegen** verpflichtet sein, den inländischen Aufsichtsbehörden Informationen zu übermitteln, die diese zur besseren Umsetzung des risikobasierten Ansatzes bei der Aufsicht sowie zum Erkennen von neuen Trends und Methoden bei der Begehung von Geldwäsche und Terrorismusfinanzierung benötigen.[17] Überdies besteht für die FIU die Verpflichtung, den Behörden auf Anfrage Auskunft zu erteilen.[18] Die FIU soll insofern bei Bedarf auch „**koordinierend**" tätig werden und die Tätigkeit der übrigen Behörden „**unterstützen**".[19] Eine **Erweiterung** dieser Regelung enthält § 28 Abs. 1 Satz 2 Nr. 9 GwG zum Austausch insbesondere zu Typologien und Methoden der Geldwäsche und Terrorismusfinanzierung (siehe dazu → § 28 Rn. 29 ff.). Die Vorschrift des § 28 Abs. 1 Satz 2 Nr. 3 GwG bezieht sich auf alle inländischen Aufsichtsbehörden des **Finanz- und Nicht-Finanzsektors** (vgl. § 50 GwG). Ziel der Regelung ist es, insgesamt eine stärkere, sektoren-übergreifende **Harmonisierung** der Aufsichtstätigkeiten zu erreichen. Überdies soll sichergestellt werden, dass alle inländischen Aufsichtsbehörden über eine **einheitliche Informationsbasis** zu den von der FIU geteilten Erkenntnissen verfügen. Hierzu sollen die bei der FIU zu den Themenbereichen Geldwäsche und Terrorismusfinanzierung verfügbaren Informationen zielgerichtet weitergegeben werden.

Eine Herausforderung für die FIU dürfte dabei in der „Koordinierung" mit den [16] föderal organisierten Aufsichtsbehörden des Nicht-Finanzsektors liegen.[20] § 28 Abs. 1 Satz 2 Nr. 3 GwG hat insofern zwei **Zielrichtungen** für den Informationsaustausch und die Koordination: zum einen die Aufsichtstätigkeit und zum anderen die fachlichen Ansätze bei der Bekämpfung von Geldwäsche und Terrorismusfinanzierung. Neben der nach dem Gesetzeswortlaut zum einen intendierten, besseren Umsetzung des risikobasierten Ansatzes bei der **Aufsicht** dürfte dieser Ansatz u. a. dazu dienen, einen höheren Vereinheitlichungsgrad der Aufsichtsansätze innerhalb des Nicht-Finanzsektors sowie zwischen Finanz- und Nicht-Finanzsektor zu erreichen. Im Verhältnis zwischen Finanz- und Nicht-Finanzsektor müsste zudem möglichen Schnittmengen bei bestimmten Verpflichteten Rechnung getragen werden, wie z. B. bei Finanzunternehmen nach §§ 1 Abs. 3 KWG, 2 Abs. 1 Nr. 6 GwG. Diese unterstehen den Aufsichtsbehör-

---

17 BT-Drs. 18/11555, S. 137.
18 BT-Drs. 18/11555, S. 137.
19 BT-Drs. 18/11555, S. 137.
20 Hierzu kritisch auch *Barreto da Rosa*, in: Herzog, GwG, § 28 Rn. 9.

den des Nicht-Finanzsektors, können jedoch auch für den Finanzsektor typische Geschäftstätigkeiten und damit typische Risiken der Geldwäsche und Terrorismusfinanzierung aufweisen. Zum anderen ist der **inhaltliche Austausch** zwischen FIU und Aufsichtsbehörden zu Trends und Methoden bei der Begehung von Geldwäsche und Terrorismusfinanzierung erforderlich, um vorhandene – und sich möglicherweise ergänzende – Erkenntnisse möglichst flächendeckend für Aufsichtsmaßnahmen nutzen zu können.

4. Zusammenarbeit und Informationsaustausch mit FIUs anderer Staaten (§ 28 Abs. 1 Satz 2 Nr. 4 GwG)

17   Die FIU nimmt die Zusammenarbeit und den Informationsaustausch mit FIUs anderer Staaten gem. § 28 Abs. 1 Satz 2 Nr. 4 GwG wahr. Die Regelung bezieht sich auf den Austausch mit den FIUs bzw. den entsprechenden Behörden anderer Länder.[21] Diese Vorgabe war bereits in § 10 Abs. 2 Satz 1 GwG vor 2017 a. F. normiert. Zudem kann für die Zwecke des § 28 Abs. 1 Satz 2 Nr. 4 GwG ein automatisierter Abruf des Transparenzregisters nach § 26a GwG erfolgen (vgl. § 26a GwG).

18   Der Datenaustausch innerhalb der Europäischen Union wird im Detail in den §§ 33 und 36 GwG geregelt, während für den **internationalen** Datenaustausch Spezialregelungen in §§ 34 und 35 GwG enthalten sind.[22] Hierdurch soll die internationale und lückenlose Zusammenarbeit für **grenzüberschreitende Fälle** der Geldwäsche und Terrorismusfinanzierung sichergestellt werden.

19   Bereits bis Mai 2018 hatte die FIU nach eigenen Angaben mehr als 2.000 Fälle mit Auslandsbezug bearbeitet, bei denen ca. 80 ausländische FIUs involviert waren.[23] Im Jahr 2020 hat die FIU sich mit 145 Staaten ausgetauscht.[24] Sie erhielt insgesamt 1.250 Ersuchen sowie 1.451 sog. Spontaninformationen.[25] In diesem Zeitraum hat die FIU selbst 1.592 Ersuchen und 4.977 Spontaninformationen an über 140 ausländische FIUs versendet.[26] In den letzten Jahren haben sich ausweislich der Jahresberichte der FIU Frankreich, Italien, Großbritannien und Luxemburg als Schwerpunktpartner herausgebildet. Betreffend Frankreich und Italien beruht dies insbesondere auf der Vielzahl ausgehender Informationen (ein-

---

21 BT-Drs. 18/11555, S. 137.
22 BT-Drs. 18/11555, S. 137.
23 BT-Drs. 19/2263, S. 12 zu Frage 26.
24 Generalzolldirektion, FIU Jahresbericht 2020, S. 92.
25 Generalzolldirektion, FIU Jahresbericht 2020, S. 96.
26 Generalzolldirektion, FIU Jahresbericht 2020, S. 95 f.

gehende Gesuche und ausgehende Spontaninformationen), während aus Luxemburg tendenziell Informationen eingehen.[27]

5. Untersagung von Transaktionen und Anordnung von sonstigen Sofortmaßnahmen (§ 28 Abs. 1 Satz 2 Nr. 5 GwG)

Der FIU obliegt nach § 28 Abs. 1 Satz 2 Nr. 5 GwG die Untersagung von Transaktionen und die Anordnung von sonstigen **Sofortmaßnahmen**. Die korrespondierende Befugnisnorm enthält § 40 Abs. 1 Satz 2 GwG, der auch die Voraussetzungen für Sofortmaßnahmen regelt[28] (→ § 40 Rn. 3 ff.). Dies dient der Umsetzung von Art. 32 Abs. 7 Satz 1 Vierte EU-Geldwäscherichtlinie.[29] Durch den Einsatz von Sofortmaßnahmen soll verhindert werden, dass die „inkriminierten Gelder dem staatlichen Einflussbereich durch Barabhebungen oder Überweisungen ins Ausland entzogen werden".[30] Die Untersagung von Transaktionen und Verfügungen ermöglicht der FIU, dass sie „die operative Analyse zu Ende führen und ihre Ergebnisse einschließlich der betroffenen Vermögensgegenstände den Strafverfolgungsbehörden zur weiteren Behandlung übergeben" kann.[31] Sofortmaßnahmen können auch auf Bitten oder aufgrund von Ersuchen ausländischer FIUs erlassen werden.[32]

20

6. Übermittlung der sie betreffenden Ergebnisse der operativen Analyse nach Nr. 2 und zusätzlicher relevanter Informationen an die zuständigen inländischen öffentlichen Stellen (§ 28 Abs. 1 Satz 2 Nr. 6 GwG)

§ 28 Abs. 1 Satz 2 Nr. 6 GwG normiert die Aufgabe der FIU zur Übermittlung der sie betreffenden Ergebnisse der operativen Analyse nach § 28 Abs. 1 Satz 2 Nr. 2 GwG und zusätzlicher relevanter Informationen an die zuständigen inländischen öffentlichen Stellen. Die Regelung dient zur Umsetzung von Art. 32 Abs. 3 Satz 3 Vierte EU-Geldwäscherichtlinie. Durch § 28 Abs. 1 Satz 2 Nr. 6 GwG wird die bereits zuvor nach § 10 Abs. 1 Satz 2 Nr. 2 GwG vor 2017 a. F. bestehende Pflicht der FIU normiert, die **Strafverfolgungsbehörden** des Bundes und der Länder über die sie betreffenden Informationen und die in Erfahrung

21

---

27 Generalzolldirektion, FIU Jahresbericht 2020, S. 96; Generalzolldirektion, FIU Jahresbericht 2019, S. 66; Generalzolldirektion, FIU Jahresbericht 2018, S. 44. Die Zahlen aus 2017 können hierzu nicht in Bezug gesetzt werden, vgl. Generalzolldirektion, FIU Jahresbericht 2018, S. 44 Fn. 33.
28 Vgl. hierzu auch den Beschl. des VG Köln v. 10.12.2021 – 14 L 2149/21 Rn. 8 ff. (juris).
29 BT-Drs. 18/11555, S. 138.
30 BT-Drs. 18/11555, S. 138.
31 BT-Drs. 18/11555, S. 138.
32 Vgl. § 40 Abs. 2 GwG und Art. 32 Abs. 7 Satz 2 Vierte EU-Geldwäscherichtlinie.

gebrachten Zusammenhänge von Straftaten zu unterrichten. Durch § 28 Abs. 1 Satz 2 Nr. 6 GwG wird diese Aufgabe in das neue Gesetz überführt und gleichzeitig auf alle zuständigen inländischen öffentlichen Stellen erweitert. Beispiele für zuständige inländische öffentliche Stellen sind Finanzbehörden, die eine Information zur Durchführung eines Besteuerungs- oder Steuerstrafverfahrens benötigen.[33] Die Regelung trägt der Analyse- und Bewertungsfunktion der FIU nach § 27 GwG Rechnung, wonach diese nur werthaltige Verdachtsmeldungen entsprechend ihrer **Relevanz** („der sie betreffenden Ergebnisse") an die zuständigen Behörden weiterleitet.

7. Rückmeldung an den Verpflichteten, der eine Meldung nach § 43 Abs. 1 GwG abgegeben hat (§ 28 Abs. 1 Satz 2 Nr. 7 GwG)

22 Gem. § 28 Abs. 1 Satz 2 Nr. 7 GwG muss die FIU dem Verpflichteten, der eine Verdachtsmeldung nach § 43 Abs. 1 GwG abgegeben hat, eine Rückmeldung zu dieser geben. Die Rückmeldeverpflichtung dient dazu, den Verpflichteten ein **Feedback** zur Relevanz und Verwertbarkeit von Meldungen zu geben. Der konkrete Umfang der Rückmeldepflicht wird in § 41 GwG normiert (vgl. ausführlich → § 41 Rn. 1 ff.).

23 Hierdurch soll erreicht werden, dass Verpflichtete aus der Rückmeldung ableiten, welche internen Maßnahmen zum „Erkennen" und Bewerten von Verdachtsfällen evtl. angepasst oder verbessert werden müssen.[34] Die Intention des Gesetzgebers zielt insofern auf eine stetige **Verbesserung und Schärfung** der Analysearbeit der Verpflichteten bei der Aufdeckung von Straftaten im Zusammenhang mit Geldwäsche und Terrorismusfinanzierung ab. Diese Erwartung dürfte sich zwar in erster Linie an Umfang und Qualität der Maßnahmen bei der Verdachtsfallbearbeitung der Verpflichteten richten. Allerdings ist der Kreis der möglichen Auswirkungen von Rückmeldungen auf die Verpflichteten weiter zu ziehen. Schließlich werden die Maßnahmen im Verdachtsmeldewesen auch aus den Ergebnissen der Risikoanalyse des Verpflichteten abgeleitet und wirken sich u. a. auf Sicherungsmaßnahmen in Know-Your-Customer-Prozessen sowie auf Maßnahmen bei der laufenden Überwachung von Geschäftsbeziehungen durch Transaktionsmonitoring aus, das im Finanzsektor überwiegend durch den Einsatz von IT-Monitoring-Systemen umgesetzt wird.

24 Verpflichtete sollten daher die **risikobasierte** Nutzung und Umsetzung von Erkenntnissen aus der Rückmeldung der FIU angemessen dokumentieren. Hierzu dürfte sich in vielen Fällen u. a. die Risikoanalyse eignen.

---

33 BT-Drs. 18/11555, S. 138.
34 BT-Drs. 18/11555, S. 138.

Insgesamt wird durch diese Regelung mit dem GwG 2017 eine zuvor seit vielen   **25**
Jahren bestehende Lücke im **Austausch** zwischen den Verpflichteten und derjenigen Stelle geschlossen, die für die Analyse und Bewertung der eingereichten
Verdachtsmeldungen zuständig ist. Hierdurch wurde eine wichtige und langjährige Petition der Verpflichtetenverbände umgesetzt (vgl. → § 41 Rn. 1 ff.). Dieser Austausch soll in der 20. Legislaturperiode weiter verbessert werden.[35]

8. Durchführung von strategischen Analysen und Erstellung von Berichten aufgrund dieser Analysen (§ 28 Abs. 1 Satz 2 Nr. 8 GwG)

Nach § 28 Abs. 1 Satz 2 Nr. 8 GwG obliegt der FIU die Durchführung von **stra-**   **26**
tegischen Analysen und die **Erstellung von Berichten** aufgrund dieser Analysen. Die Regelung dient zur Umsetzung von Art. 32 Abs. 8 lit. b Vierte EU-Geldwäscherichtlinie. Die strategische Analyse ist das Pendant zur operativen
Analyse. Sie dient dazu, **Entwicklungstrends** und neue **Fallmuster** im Bereich
der Geldwäsche und Terrorismusfinanzierung festzustellen.[36] Zu diesem Zweck
kann ein automatisierter Abruf des Transparenzregisters nach § 26a GwG erfolgen (vgl. § 26a GwG). **Ziel** der Vorschrift ist u. a. die Unterrichtung und Sensibilisierung der Berichtsempfänger für aktuelle Risikokonstellationen der Geldwäsche und Terrorismusfinanzierung, die von der FIU im Rahmen ihrer Analyse-
und Bewertungstätigkeiten festgestellt wurden. Die **Inhalte** der durch die FIU
anzufertigenden Berichte werden nicht eingeschränkt. Beispielhaft wird in der
Gesetzesbegründung aufgezählt, dass die Berichte sich allgemein mit Geldwäsche oder Terrorismusfinanzierung beschäftigen oder sich auf bestimmte Produkte, Wirtschaftssektoren oder geographische Risiken konzentrieren. Hierdurch verfügt die FIU über einen sehr großen **Spielraum** bei der Ausgestaltung
der Berichte. Daher sind wie bisher Rundschreiben und Newsletter[37] oder andere
Darstellungsformen möglich. Als mögliche **Adressaten** werden in der Gesetzesbegründung – ebenfalls ohne Beschränkung auf diese – das „Bundesministerium
der Finanzen, Verbände, einzelne Verpflichtetengruppen oder auch Aufsichtsbehörden" genannt.[38] Überdies können auch **Strafverfolgungsbehörden** Adressaten der Berichte sein.[39] Insofern sind auch spezifische Berichte der FIU für eingeschränkte Adressatenkreise denkbar. Für die Verpflichteten können – neben

---

35 Koalitionsvertrag 2021–2025 zwischen der Sozialdemokratischen Partei Deutschlands
   (SPD), BÜNDNIS 90/DIE GRÜNEN und den Freien Demokraten (FDP), S. 172,
   https://www.spd.de/fileadmin/Dokumente/Koalitionsvertrag/Koalitionsvertrag_2021-
   2025.pdf, zuletzt abgerufen am 9.12.2021.
36 BT-Drs. 18/11555, S. 138.
37 *Barreto da Rosa*, in: Herzog, GwG, § 28 Rn. 17.
38 BT-Drs. 18/11555, S. 138.
39 *Barreto da Rosa*, in: Herzog, GwG, § 28 Rn. 16, der zugleich darauf verweist, dass
   Strafverfolgungsbehörden jedenfalls explizit Adressaten des § 28 Abs. 1 Satz 2 Nr. 9
   GwG sind.

der Rückmeldung nach §§ 28 Abs. 1 Satz 2 Nr. 7, 41 GwG – auch die Berichte der FIU zur Verbesserung der Zielrichtung sowie der Qualität und Aussagekraft von Verdachtsmeldungen dienen.

27   Die von der FIU anzufertigenden **Berichte** entsprechen der regelmäßigen Informationsverbreitung über Typologien und Methoden der Geldwäsche und Terrorismusfinanzierung, die bereits in § 10 Abs. 1 Satz 2 Nr. 5 GwG vor 2017 a. F. normiert war.[40] Vom Sinn und Zweck der Vorschrift ist davon auszugehen, dass nur eine **regelmäßige** und zugleich **zeitnahe** Berichterstattung an die laut Gesetzesbegründung vorgesehenen Adressaten den gewünschten Erfolg erzielen kann.

28   Das BMF kann die Erkenntnisse zur Ausübung seiner Rechts- und Fachaufsicht nutzen. Dies betrifft insbesondere erforderliche Änderungen in der **Gesetzgebung** und den Erlass notwendiger **Rechtsverordnungen** (z. B. gem. §§ 2 Abs. 2, 12 Abs. 5, 13 Abs. 2 GwG etc.; vgl. → § 28 Rn. 41 ff.).

9. Austausch mit den Verpflichteten sowie mit den inländischen Aufsichtsbehörden und für die Aufklärung, Verhinderung oder Verfolgung der Geldwäsche und der Terrorismusfinanzierung zuständigen inländischen öffentlichen Stellen insbesondere über entsprechende Typologien und Methoden (§ 28 Abs. 1 Satz 2 Nr. 9 GwG)

29   Der Austausch mit den Verpflichteten sowie mit den inländischen Aufsichtsbehörden und den für die Aufklärung, Verhinderung oder Verfolgung der Geldwäsche und der Terrorismusfinanzierung zuständigen inländischen öffentlichen Stellen insbesondere über entsprechende Typologien und Methoden, stellt nach § 28 Abs. 1 Satz 2 Nr. 9 GwG eine weitere Aufgabe der FIU dar. § 28 Abs. 1 Satz 2 Nr. 9 GwG stellt eine Erweiterung zu der Aufgabe des Informationsaustauschs und der Koordination mit inländischen Aufsichtsbehörden nach § 28 Abs. 1 Satz 2 Nr. 3 GwG dar und soll die **verbesserte Kommunikation** zwischen allen Beteiligten sicherstellen. Überdies werden auch die Verpflichteten sowie die Strafverfolgungsbehörden in den Kreis der Informationsempfänger über Typologien und Methoden der Geldwäsche und Terrorismusfinanzierung aufgenommen. Hierdurch werden die übergreifende Kommunikation sowie der Erfahrungsaustausch zwischen allen relevanten Stellen sichergestellt. Dies ermöglicht auch die Konkretisierung und Abstimmung bestimmter präventiver Vorgehensweisen. Der Begriff des Austauschs wird nicht eingeschränkt und ist daher weit zu verstehen. Nach Sinn und Zweck der Vorschrift dürfte der gegenseitige Aspekt des „Austauschs" im Fokus der Vorschrift stehen, da hier gerade nicht die Formulierung der auch einseitig möglichen „Information" gewählt wird. Ein Schwerpunkt bei der Umsetzung des § 28 Abs. 1 Satz 2 Nr. 9 GwG

---

40 BT-Drs. 18/11555, S. 38.

dürfte deshalb auf dem persönlichen, physischen bzw. fernmündlichen Austausch liegen. Der **Austausch** i. S. d. § 28 Abs. 1 Satz 2 Nr. 9 GwG kann demnach z. B. durch Newsletter oder Informationsbroschüren, aber insbesondere durch Telefon-/Videokonferenzen oder Veranstaltungen stattfinden. Unter inländischen Aufsichtsbehörden sowie inländischen öffentlichen Stellen i. S. v. § 28 Abs. 1 Satz 2 Nr. 9 GwG sind insbesondere zu verstehen:[41]

- die zuständigen Strafverfolgungs- und Justizbehörden (Polizeien des Bundes und der Länder, Staatsanwaltschaften, Finanzkontrolle Schwarzarbeit, Zollfahndungsdienst, Steuerfahndung),
- die zuständigen Aufsichtsbehörden gem. § 50 GwG (u. a. Bundesanstalt für Finanzdienstleistungsaufsicht, verschiedene Aufsichtsbehörden der Länder im Nicht-Finanzsektor),
- die Behörden der Finanzverwaltung (Bundeszentralamt für Steuern, Landesfinanzbehörden) sowie
- das Bundesamt für Verfassungsschutz sowie der Bundesnachrichtendienst und der Militärische Abschirmdienst.

Typologien zeichnen sich nach Vorstellung des Gesetzgebers dadurch aus, dass sie „die tatsächlichen Erscheinungsformen von Geldwäsche und Terrorismusfinanzierung nach gemeinsamen Merkmalen geordnet und überschaubar"[42] aufzeigen.   **30**

Der Begriff der Methoden ist weit zu fassen, um den Adressaten des § 28 Abs. 1 Satz 2 Nr. 9 GwG die gesamte Bandbreite an verfügbaren Erkenntnissen mit dem Ziel der Bekämpfung von Geldwäsche und Terrorismusfinanzierung vermitteln zu können. Unter **Methoden** dürften deshalb sämtliche tatsächlich genutzten, denkbaren und verfügbaren Vorgehensweisen, Mechanismen, Techniken und Aktivitäten zur Geldwäsche und Terrorismusfinanzierung durch (potenzielle) Täter und Tätergruppen zu verstehen sein. Ein Schwerpunkt bei der Betrachtung der Methoden sollte auf den aktuellen und kommenden technischen Möglichkeiten liegen. Insgesamt sollten dabei grenzüberschreitende Aspekte berücksichtigt werden.   **31**

10. Erstellung von Statistiken zu den in Art. 44 Abs. 2 der Richtlinie (EU) 2015/849 genannten Zahlen und Angaben und die Veröffentlichung einer konsolidierten Statistik auf Jahresbasis in einem Jahresbericht (§ 28 Abs. 1 Satz 2 Nr. 10 GwG)

Gem. § 28 Abs. 1 Satz 2 Nr. 10 GwG obliegt der FIU weiter die Erstellung von Statistiken und die Veröffentlichung einer konsolidierten Statistik auf Jahresba-   **32**

---

41 Generalzolldirektion, FIU Jahresbericht 2020, S. 78.
42 BT-Drs. 18/11555, S. 138.

sis in einem Jahresbericht zu den in Art. 44 Abs. 2 der Richtlinie (EU) 2015/849 genannten Zahlen und Angaben. Die Regelung entspricht in Grundzügen § 10 Abs. 1 Satz 2 Nr. 3 GwG vor 2017 a. F. für die vor dem 26.6.2017 zuständige Vorgängerbehörde der heutigen FIU.[43] Allerdings wurde der Umfang der durch die FIU bereitzustellenden Daten durch die Vierte EU-Geldwäscherichtlinie geändert und erweitert. Hintergrund für die neu definierten Angaben ist, dass sich der **Verwendungszweck der Zahlen und Angaben** verändert hat. Durch Art. 7 Abs. 1 der Vierten EU-Geldwäscherichtlinie wurde die Verpflichtung der Mitgliedstaaten zur Erstellung einer nationalen Risikoanalyse geschaffen. Zu deren Vorbereitung müssen die in Art. 44 Abs. 2 Vierte EU-Geldwäscherichtlinie genannten Daten erhoben und in Statistiken erfasst werden. Die Erstellung umfassender Statistiken dient dazu, dass Mitgliedstaaten die Wirksamkeit ihrer Systeme zur Bekämpfung von Geldwäsche und Terrorismusfinanzierung nachweisen können.

33 Durch das Gesetz zur Umsetzung der Änderungsrichtlinie zur **Vierten EU-Geldwäscherichtlinie** vom 12.12.2019 wurde in § 28 Abs. 1 Satz 2 Nr. 10 GwG zusätzlich neu die Pflicht der FIU zur Veröffentlichung einer konsolidierten Statistik auf Jahresbasis in einem **Jahresbericht** eingeführt. Hierdurch wird Art. 1 Nr. 27 der Änderungsrichtlinie umgesetzt.[44] Die Veröffentlichung des Berichts erfolgt durch die FIU.[45]

34 Zahlen und Angaben für die Statistiken sind gem. Art. 44 Abs. 2 der Richtlinie (EU) 2015/849 zusammenfassend dargestellt. Diese sind:

– Daten zu Sektoren (Größe, Bedeutung auch wirtschaftlich),
– Daten zu Verdachtsmeldungen, Untersuchungen und Gerichtsverfahren mit Bezug zu Geldwäsche und Terrorismusfinanzierung,
– Daten zur Anzahl von Verdachtsmeldungen und deren Nutzung für weitere Untersuchungen, einschl. des Jahresberichts für die Verpflichteten,
– Daten zur Anzahl von grenzüberschreitenden Informationsersuchen.

35 Die **Statistiken** dienen im Bedarfsfall der Information des Parlaments und können auch gegenüber internationalen Organisationen (wie z. B. der Financial Action Task Force (FATF)) auch zur Dokumentation der Tätigkeit der FIU genutzt werden.[46] Diese Dokumentation dürfte auch anlässlich einer FATF-Länderprüfung in Deutschland von Bedeutung sein.[47]

---

43 BT-Drs. 18/11555, S. 139.
44 BR-Drs. 352/19, S. 102.
45 BR-Drs. 352/19, S. 102.
46 BT-Drs. 18/11555, S. 139.
47 Die zum Zeitpunkt des Redaktionsschlusses letzte FATF-Länderprüfung von Deutschland hatte vom 15.5.–5.6.2009 vor Ort stattgefunden und der Abschlussbericht datiert v. 19.2.2010. Die Vor-Ort-Prüfung im Rahmen der FATF-Länderprüfung 2020/2021 wird pandemiebedingt weiter verschoben. Zum derzeitigen Stand soll der Bericht im

11. Veröffentlichung eines Jahresberichts über die erfolgten operativen Analysen (§ 28 Abs. 1 Satz 2 Nr. 11 GwG)

§ 28 Abs. 1 Satz 2 Nr. 11 GwG statuiert die Verpflichtung der FIU zur Veröffent- **36**
lichung eines Jahresberichts über die erfolgten operativen Analysen. Die Regelung entspricht § 10 Abs. 1 Satz 2 Nr. 4 GwG a. F.[48] und wurde durch die GwG-
Novelle 2017 nicht verändert. Allerdings oblagen der vor dem 26.6.2017 zuständigen Vorgängerbehörde der heutigen FIU andere Aufgaben bei der Analyse und
Bewertung von Verdachtsmeldungen als der heutigen FIU. Die Vorgabe zur Veröffentlichung eines Jahresberichts über die erfolgten operativen Analysen nach
§ 28 Abs. 1 Satz 2 Nr. 11 GwG dient zur **Information der Öffentlichkeit** einschließlich der Verpflichteten nach dem GwG, Aufsichts- und Strafverfolgungsbehörden etc. über die Erkenntnisse der FIU aus der Analyse und Bewertung der
eingegangenen Verdachtsmeldungen.

Der Jahresbericht enthält eine **generelle Rückmeldung** an alle Verpflichteten zu **37**
den Erkenntnissen aus den eingereichten Verdachtsmeldungen. Der Jahresbericht **ergänzt** insofern das ggf. in bestimmten Fällen nach § 41 Abs. 2 GwG abgegebene **individuelle Feedback** an einzelne Verpflichtete zu den durch diese
erstatteten Verdachtsmeldungen (vgl. → § 41 Rn. 1 ff.). Je nach Ausgestaltung
und Detailgrad des Jahresberichts erhalten die Verpflichteten dadurch einen
branchenübergreifenden Überblick über die Ergebnisse der Analyse und Auswertung von Verdachtsmeldungen. Der Jahresbericht enthält darüber hinaus insbesondere Fallzahlen zum Meldeaufkommen im Berichtsjahr einschließlich der
Rückmeldungen von Staatsanwaltschaften und eingeleiteter Sofortmaßnahmen,
aktuelle Typologien und Trends, Berichte über die nationale und internationale
Zusammenarbeit sowie einen Überblick über wesentliche Erkenntnisse zur Terrorismusfinanzierung und sonstiger staatsschutzrelevanter Kriminalität.[49]

12. Teilnahme an Treffen nationaler und internationaler Arbeitsgruppen (§ 28 Abs. 1 Satz 2 Nr. 12 GwG)

Überdies obliegt der FIU gem. § 28 Abs. 1 Satz 2 Nr. 12 GwG die Teilnahme an **38**
Treffen nationaler und internationaler Arbeitsgruppen. Die Regelung dient zum
Informationsaustausch zwischen nationalen wie internationalen Behörden.
Als Beispiele für Arbeitsgruppen, an denen die FIU teilnimmt, werden in der
Gesetzesbegründung die Egmont-Gruppe sowie die FATF genannt.[50] Die Mit-

---

Juni 2022 durch die FATF beraten und etwa zwei Monate später veröffentlicht werden,
vgl. BT-Drs. 19/32115, S. 5.
48 BT-Drs. 18/11555, S. 139.
49 Generalzolldirektion, FIU Jahresbericht 2020, Inhaltsverzeichnis.
50 BT-Drs. 18/11555, S. 139.

gliedschaft der FIU in der Egmont-Gruppe wird auch bereits in den FATF-Empfehlungen festgeschrieben.[51]

13. Wahrnehmung der Aufgaben, die ihr darüber hinaus nach anderen Bestimmungen übertragen worden sind (§ 28 Abs. 1 Satz 2 Nr. 13 GwG)

39 § 28 Abs. 1 Satz 2 Nr. 13 GwG statuiert schließlich die Verpflichtung der FIU
zur Wahrnehmung der Aufgaben, die ihr darüber hinaus nach anderen Bestimmungen übertragen worden sind. Die Regelung übernimmt eine **Auffangfunk-
tion** für sämtliche Aufgaben, die sich im Laufe der Tätigkeit der FIU sowie
durch andere Entwicklungen neu ergeben und nicht bereits durch die § 28 Abs. 1
Satz 2 Nr. 1–12 GwG normiert sind.[52]

40 **Zusätzliche Aufgaben** können nur nach Absprache mit dem BMF als zuständiger Aufsichtsbehörde übernommen werden.[53] Beispiele für mögliche zusätzliche
Aufgaben der FIU sind „Lehrveranstaltungen und Schulungen sowohl intern als
auch mit Verpflichteten oder Aufsichtsbehörden, die Mitwirkung an wissen-
schaftlichen Studien oder die Unterstützung bei der Umsetzung europarechtlicher Vorgaben".[54]

III. Aufsicht über die FIU (§ 28 Abs. 2 GwG)

41 Das BMF ist nach § 28 Abs. 2 GwG die für die FIU zuständige Aufsichtsbehörde. Das BMF übt die **Rechtsaufsicht und die Fachaufsicht** im Sinne des Verwaltungsrechts aus.[55] Bei der Fachaufsicht sieht das Gesetz allerdings wichtige
Einschränkungen vor:

42 Da die FIU nach § 27 Abs. 2 GwG organisatorisch eigenständig ist und fachlich
unabhängig arbeitet, wird die Aufsicht durch das BMF für die Wahrnehmung
der „Kernaufgaben" der FIU auf eine **reine Rechtsaufsicht** beschränkt.[56] „Kernaufgaben" im Sinne des Gesetzgebers sind danach:

---

51 In aktueller Fassung FATF, The FATF Recommendations, S. 104, Rn. 13, http://
www.fatf-gafi.org/media/fatf/documents/recommendations/pdfs/FATF%20Recommen
dations%202012.pdf, zuletzt abgerufen am 9.12.2021.
52 BT-Drs. 18/11555, S. 139.
53 BT-Drs. 18/11555, S. 139.
54 BT-Drs. 18/11555, S. 139.
55 BT-Drs. 18/11555, S. 139.
56 BT-Drs. 18/11555, S. 139.

- Entgegennahme und Sammlung von Meldungen nach dem GwG (Nr. 1),
- Durchführung von operativen Analysen einschließlich der Bewertung von Meldungen und sonstigen Informationen (Nr. 2),
- Untersagung von Transaktionen und die Anordnung von sonstigen Sofortmaßnahmen (Nr. 5) und
- Übermittlung der sie betreffenden Ergebnisse der operativen Analyse nach Nr. 2 und zusätzlicher relevanter Informationen an die zuständigen inländischen öffentlichen Stellen (Nr. 6).

Innerhalb der nach Maßgabe dieser Einschränkungen verbleibenden **Fachaufsicht** hat das BMF u. a. die Möglichkeit, die FIU zur Erstellung von Berichten i. S. d. § 28 Abs. 1 Satz 2 Nr. 8 GwG aufzufordern (siehe → § 28 Rn. 26 ff.).[57]   **43**

Daneben unterliegt die FIU gem. § 9 Abs. 1 Satz 1 BDSG der datenschutzrechtlichen Aufsicht durch den Bundesbeauftragten für Datenschutz und Informationsfreiheit (BfDI).   **44**

IV. Zusammenarbeit mit öffentlichen Stellen und Aufsichtsbehörden (§ 28 Abs. 3 GwG)

Die FIU sowie die sonstigen für die Aufklärung, Verhütung und Verfolgung der Geldwäsche, Terrorismusfinanzierung und sonstiger Straftaten sowie die zur Gefahrenabwehr zuständigen inländischen öffentlichen Stellen und die inländischen Aufsichtsbehörden arbeiten zur Durchführung dieses Gesetzes zusammen und **unterstützen** sich gegenseitig (§ 28 Abs. 3 GwG).   **45**

Hierdurch wird die **besondere Bedeutung** der Zusammenarbeit zwischen den Behörden hervorgehoben und entsprechend Art. 49 Vierte EU-Geldwäscherichtlinie normiert.[58] Insbesondere sollen nach dem Willen des Gesetzgebers „wirksame Mechanismen" aufgebaut werden, damit „ein **reibungsloser** Austausch von Informationen und eine **effektive** Zusammenarbeit erfolgen können".[59]   **46**

V. Informationsweitergabe an Steuer- und Sozialbehörden (§ 28 Abs. 4 GwG)

Gem. § 28 Abs. 4 GwG informiert die FIU, soweit erforderlich, die für das Besteuerungsverfahren oder den Schutz der sozialen Sicherungssysteme zuständigen Behörden über Sachverhalte, die ihr bei der Wahrnehmung ihrer Aufgaben bekannt werden und die sie nicht an eine andere zuständige staatliche Stelle übermittelt hat. Die entsprechenden **Befugnisse** der FIU sind in § 32 Abs. 3   **47**

---

57 BT-Drs. 18/11555, S. 138.
58 BT-Drs. 18/11555, S. 139.
59 BT-Drs. 18/11555, S. 139.

Satz 2 Nr. 1 (Besteuerungsverfahren) und Nr. 2 (Verfahren zum Schutz der sozialen Sicherungssysteme) GwG geregelt (vgl. → § 32 Rn. 38).

48   Die Vorschrift betrifft Informationen der FIU, die **nicht im Zusammenhang mit Geldwäsche oder Terrorismusfinanzierung** stehen.[60] Indem die FIU Informationen, die sie zwar erhält bzw. erkennt, jedoch nicht für ihre Zwecke nutzen kann und diese direkt an die zuständigen Behörden weitergibt, wird die Effizienz der Verwaltung weiter gesteigert. Vor dem Hintergrund von weitgehenden Mitwirkungspflichten ist dies unter rechtsstaatlichen Gesichtspunkten in Hinblick auf die Freiheit vor Selbstbelastung freilich nicht ganz unproblematisch.

49   Zudem werden Informationen nur dann an Finanz- und Sozialämter weitergegeben, sofern **keine andere zuständige staatliche Stelle** bereits in diesem Sachverhalt tätig wird.[61] Hierdurch soll sichergestellt werden, dass nicht mehrere Behörden parallel zu demselben Sachverhalt aktiv werden. Die Vermeidung von redundantem Tätigwerden dient ebenfalls zur Effizienzsteigerung der Tätigkeiten in der Verwaltung.

---

60 BT-Drs. 18/11555, S. 139.
61 BT-Drs. 18/11555, S. 139.

§ 29 Verarbeitung personenbezogener Daten durch die Zentralstelle für Finanztransaktionsuntersuchungen

(1) Die Zentralstelle für Finanztransaktionsuntersuchungen darf personenbezogene Daten verarbeiten, soweit dies zur Erfüllung ihrer Aufgaben erforderlich ist.

(2) Die Zentralstelle für Finanztransaktionsuntersuchungen darf personenbezogene Daten, die sie zur Erfüllung ihrer Aufgaben gespeichert hat, mit anderen Daten abgleichen, wenn dies nach diesem Gesetz oder nach einem anderen Gesetz zulässig ist.

(3) Die Zentralstelle für Finanztransaktionsuntersuchungen darf personenbezogene Daten, die bei ihr vorhanden sind, zu Fortbildungszwecken oder zu statistischen Zwecken verarbeiten, soweit eine Verarbeitung anonymisierter Daten zu diesen Zwecken nicht möglich ist.

(4) Die Zentralstelle für Finanztransaktionsuntersuchungen stellt durch Schulungen sicher, dass das eingesetzte Personal mit den geltenden europäischen und nationalen Datenschutzbestimmungen vertraut ist.

Schrifttum: *Brodowski*, Tue Böses und rede darüber – Geldwäscheverdachtsmeldungen und das Strafrecht, wistra 2021, 417; *Bülte*, Die Geldwäschegesetzgebung als Ermächtigungsgrundlage für den Informationsaustausch zwischen den Steuerbehörden und den Strafverfolgungsorganen: zugleich eine verfassungsrechtliche Betrachtung der §§ 30 Abs. 4, 370a AO, 261 StGB und 10, 11 GwG, 2006; *Mouzakiti*, Cooperation between Financial Intelligence Units in the European Union: Stuck in the middle between the General Data Protection Regulation and the Police Data Protection Directive, New Journal of European Criminal Law 2020, Vol. 11(3), 351; *Wehr*, Bundespolizeigesetz, 2. Aufl. 2015.

Übersicht

I. Regelungsgegenstand

1   § 29 GwG enthält ausweislich seiner Überschrift Regelungen zur Verarbeitung **personenbezogener Daten** durch die Zentralstelle für Finanztransaktionsuntersuchungen,[1] die insbesondere für den Datenabgleich und die operative Analyse durch die FIU relevant sind.[2] In § 29 GwG werden die Anforderungen an die Datenverarbeitung für die Aufgabenerfüllung der FIU, den Datenabgleich gespeicherter Daten und die Datenverarbeitung zu Fortbildungszwecken oder statistischen Zwecken, soweit eine Verarbeitung anonymisierter Daten zu diesen Zwecken nicht möglich ist, normiert. Für die **Vorgängerbehörde** der heutigen FIU vor Inkrafttreten der GwG-Novelle 2017 zum 26.6.2017 war eine entsprechende Regelung in § 10 Abs. 3 GwG vor 2017 a. F. enthalten. § 10 Abs. 3 GwG vor 2017 a. F. bezog sich auf den Umgang mit personenbezogenen Daten im grundlegend unterschiedlichen Aufgabenbereich der damaligen – bei dem BKA angesiedelten – FIU (vgl. zu den Neuerungen durch die GwG-Novelle 2017 ausführlich → § 27 Rn. 1 ff.). Durch das Gesetz zur Umsetzung der **Änderungsrichtlinie zur Vierten EU-Geldwäscherichtlinie** vom 12.12.2019,[3] das zum 1.1.2020 in Kraft getreten ist, wurde aus redaktionellen Gründen[4] lediglich die Überschrift des § 29 GwG 2017 von vormals „Datenverarbeitung und weitere Verwendung" in „Verarbeitung personenbezogener Daten durch die Zentralstelle für Finanztransaktionsuntersuchungen" geändert. Durch das Gesetz vom 12.12.2019 zur Umsetzung der Änderungsrichtlinie zur Vierten EU-Geldwäscherichtlinie wurden keine Änderungen an § 29 GwG vorgenommen (zum Datenschutz im Geldwäscherecht vgl. auch → § 11a Rn. 6 ff.). Abs. 4 wurde durch das Gesetz zur europäischen Vernetzung der Transparenzregister und zur Umsetzung der Richtlinie 2019/1153 des Europäischen Parlaments und des Rates vom 20.6.2019 zur Nutzung von Finanzinformationen für die Bekämpfung von Geldwäsche, Terrorismusfinanzierung und sonstigen schweren Straftaten vom 25.6.2021[5] angefügt.

II. Vorbemerkung zum Datenschutzrecht

2   Die in § 29 GwG enthaltenen Regelungen zum Datenschutz müssen in den datenschutzrechtlichen Gesamtzusammenhang eingeordnet werden. Im Zuge des reformierten europäischen Datenschutzregimes wurde zum 25.5.2018 das deut-

---

1 Nachfolgend als „FIU" („Financial Intelligence Unit") bezeichnet.
2 BT-Drs. 18/11555, S. 139.
3 BGBl. I 2019, S. 2602.
4 BR-Drs. 352/19, S. 103.
5 BGBl. I 2021, S. 2083 (nachfolgend bezeichnet als Transparenzregister- und Finanzinformationsgesetz).

sche und europäische Datenschutzrecht auf eine vollständig neue Grundlage gestellt. Seitdem gilt in den Mitgliedstaaten unmittelbar die **EU-Datenschutz-Grundverordnung (DSGVO)**.[6] Die DSGVO gilt gem. Art. 2 Abs. 1 für die ganz oder teilweise automatisierte Verarbeitung personenbezogener Daten sowie für die nichtautomatisierte Verarbeitung personenbezogener Daten, die in einem Dateisystem gespeichert sind oder gespeichert werden sollen. Allerdings findet die DSGVO aufgrund der **Bereichsausnahme** gem. Art. 2 Abs. 2 lit. d keine Anwendung auf die Verarbeitung personenbezogener Daten „durch die zuständigen Behörden zum Zwecke der Verhütung, Ermittlung, Aufdeckung oder Verfolgung von Straftaten oder der Strafvollstreckung, einschließlich des Schutzes vor und der Abwehr von Gefahren für die öffentliche Sicherheit". Dieser von der DSGVO ausgenommene Regelungsbereich ist vielmehr Gegenstand der europäischen **Datenschutz-Richtlinie**,[7] die von den Mitgliedstaaten in nationales Recht umzusetzen war. In Deutschland erfolgte diese Umsetzung insbesondere durch das Bundesdatenschutzgesetz (BDSG).[8]

Es ist bereits im Ausgangspunkt **unklar**, welches Regelungsregime für den Bereich der Datenverarbeitung durch die FIU gilt.[9] Aufgrund der in Art. 2 Abs. 2 lit. d DSGVO geregelten Bereichsausahme (siehe oben) würde die DSGVO im Ausgangspunkt nicht gelten, sofern die Datenverarbeitung der FIU „zum Zwecke der Verhütung, Ermittlung, Aufdeckung oder Verfolgung von Straftaten oder der Strafvollstreckung, einschließlich des Schutzes vor und der Abwehr von Gefahren für die öffentliche Sicherheit" erfolgt.   **3**

Umgekehrt würde das BDSG keine Anwendung finden, soweit die DSGVO unmittelbar gilt (vgl. auch klarstellend § 1 Abs. 5 BDSG). Davon unabhängig gehen andere Rechtsvorschriften des Bundes über den Datenschutz, also spezialgesetzliche Vorgaben,[10] den Vorschriften des BDSG vor, vgl. § 1 Abs. 2 Satz 1 BDSG.   **4**

Der **deutsche Gesetzgeber** hat im GwG nicht ausdrücklich normiert, ob die Datenverarbeitung der FIU der Bereichsausnahme des Art. 2 Abs. 2 lit. d DSGVO unterfällt. Die Gesetzesmaterialien lassen allerdings darauf schließen, dass der   **5**

---

6 VO (EU) 2016/679, nachfolgend bezeichnet als „**DSGVO**".

7 Richtlinie (EU) 2016/680 v. 27.4.2016 zum Schutz natürlicher Personen bei der Verarbeitung personenbezogener Daten durch die zuständigen Behörden zum Zwecke der Verhütung, Ermittlung, Aufdeckung oder Verfolgung von Straftaten oder der Strafvollstreckung sowie zum freien Datenverkehr und zur Aufhebung des Rahmenbeschlusses 2008/977/JI des Rates (auch bezeichnet als JI-Richtlinie, wobei JI für „Justiz und Inneres" steht).

8 Insbesondere die §§ 45 ff. BDSG, vgl. BT-Drs. 18/11325, S. 70, 110.

9 Diese ungeklärten Abgrenzungsfragen stellen sich nicht nur in Deutschland, sondern auch in anderen EU-Mitgliedstaaten, vgl. *Mouzakiti*, New Journal of European Criminal Law 2020, Vol. 11(3), 351, 367.

10 Wie z. B. § 29 GwG.

Gesetzgeber der GwG-Novelle 2017 von der Anwendbarkeit der Datenschutz-Richtlinie ausging,[11] was im Umkehrschluss die Anwendbarkeit der DSGVO ausschließt. Dem hat sich die wohl überwiegende Meinung in der Literatur angeschlossen.[12]

6 Demgegenüber bemängelte die **Europäische Kommission** bereits 2019, dass mit Blick auf Art. 41 Abs. 1 der Vierten EU-Geldwäscherichtlinie a. F. eindeutig die **DSGVO** als unmittelbarer Nachfolgerechtsakt zur Richtlinie 95/46/EG **maßgebliches Datenschutzregime** sei.[13] Die Kommission stellt dies auch weiterhin im **Entwurf der Sechsten Geldwäscherichtlinie** klar.[14] Die derzeit in den Mitgliedstaaten unzureichende Anwendung der DSGVO wirke sich nach Auffassung der Europäischen Kommission insbesondere auf die Datenübermittlung in Drittstaaten nachteilhaft aus.[15] Insoweit stelle sich die Frage, ob die bislang angewendeten nationalen Datenschutzvorschriften den hohen Anforderungen der DSGVO entsprechen, um ggf. in Grenzbereichen eine von Anfang an systematisch rechtswidrige Datenverarbeitung durch die FIU – einschließlich aller sich daraus ergebenden straf- und bußgeldrechtlichen Risiken – auszuschließen.

7 Dafür, dass die Datenverarbeitung durch die FIU der DSGVO unterliegt (die Bereichsausnahme gem. Art. 2 Abs. 2 lit. d der DSGVO mithin nicht einschlägig ist), spricht Art. 41 Abs. 1 der Vierten EU-Geldwäscherichtlinie. Danach soll für die Verarbeitung personenbezogener Daten im Rahmen der Geldwäsche-Richtlinie ausdrücklich die DSGVO gelten.[16] Von der Anwendbarkeit der Datenschutz-Richtlinie ist demgegenüber keine Rede. Auch die ausdrückliche Verweisung auf die DSGVO in Art. 43 der Vierten EU-Geldwäscherichtlinie spricht für die Anwendbarkeit der DSGVO auf die Datenverarbeitung der FIU.

8 Da die FIU nach nationalem Verständnis keine – repressive – Strafverfolgungsbehörde sein soll (→ § 27 Rn. 2, § 30 Rn. 27), ist es angesichts der speziellen datenschutzrechtlichen Regelungen in Art. 41 Abs. 1 und Art. 43 der Vierten EU-Geldwäscherichtlinie konsequent, dass die Bereichsausnahme des Art. 2

---

11 Vgl. nur BT-Drs. 18/11555, S. 140. Beachte aber auch die Begründung zum Gesetz zur Umsetzung der Änderungsrichtlinie zur Vierten EU-Geldwäscherichtlinie v. 12.12.2019, wonach „die Datenschutz-Grundverordnung auch im Bereich der Geldwäscherichtlinie" gelte, BR-Drs. 352/19, S. 98.

12 *Barreto da Rosa*, in: Herzog, GwG, § 29 Rn. 5; *Ziegner*, in: BeckOK GwG, 7. Ed., Stand 1.9.2021, § 29 Rn. 2 f.; *Brodowski*, wistra 2021, 417, 423 Fn. 101 m. w. N.

13 COM(2019) 371 final, S. 14.

14 COM(2021) 423 final, S. 7.

15 COM(2019) 371 final, S. 14.

16 Art. 41 Abs. 1 Vierte EU-Geldwäscherichtlinie: „Für die Verarbeitung personenbezogener Daten im Rahmen dieser Richtlinie gelten die Verordnungen (EU) 2016/679 und (EU) 2018/1725 des Europäischen Parlaments und des Rates."

Abs. 2 lit. d DSGVO nicht einschlägig ist und die Datenverarbeitung durch die FIU mithin dem Anwendungsbereich der DSGVO unterfällt.[17]

Angesichts des in den letzten Jahren stetig intensivierten (meist automatisierten) **9** Datenaustauschs zwischen der FIU und anderen öffentlichen Stellen sowie der gegenwärtig verfolgten Überlegungen zum Einsatz von sog. **Künstlicher Intelligenz** bei der Auswertung von Verdachtsmeldungen wird der **datenschutzrechtlichen Aufsicht des BfDI** über die FIU perspektivisch immer stärkere Bedeutung zukommen. In seinen jüngeren öffentlichen Verlautbarungen ließ der BfDI bereits **Skepsis am Datenschutzniveau** unter dem GwG erkennen[18] und äußerte grundsätzliche „Kritik an der Datenhaltung bei der FIU insgesamt".[19] Insbesondere bemängelte der BfDI, dass die FIU „bereits jetzt eine erhebliche Datenmenge mit großer Streubreite" speichert und verarbeitet. Dabei konzentriere sich die Sammlung der personenbezogenen Daten „in einer staatlichen Stelle und steht dem Staat mithin in ihrer Gesamtheit zur Verfügung. Auf diese Weise bestehen weitreichende Möglichkeiten der Erstellung von Verknüpfungen und der Sortierbarkeit." Da der Verdachtsgrad einer an die Strafverfolgungsbehörden weiterzuleitenden Meldung noch unterhalb der Schwelle des strafprozessualen Anfangsverdachts liegt, würden „bereits in diesem Stadium personenbezogene Daten einer Vielzahl Betroffener erfasst, die keinerlei Anlass für einen derartigen Grundrechtseingriff gegeben haben". Zudem würden die Betroffenen „der Möglichkeit beraubt, etwaige datenschutzrechtliche Rechte auf Löschung oder Berichtigung geltend zu machen bzw. Rechtsschutzmöglichkeiten in Anspruch zu nehmen", da die FIU heimlich Daten verarbeitet und im Gesetz keinerlei Benachrichtigung der Betroffenen vorgesehen ist.[20] Auch auf **europäischer Ebene** zeichnen sich zunehmend deutlichere Zielkonflikte zwischen den Belangen der Geldwäschebekämpfung und dem Datenschutz ab.[21]

---

17 Siehe bereits EDPS (European Data Protection Supervisor), Stellungnahme RL (EU) 2015/849, Nr. 23, 32, https://edps.europa.eu/sites/default/files/publication/13-07-04_mo ney_laundering_en.pdf, zuletzt abgerufen am 9.12.2021.

18 Vgl. Homepage des BfDI: „Die messbaren Erfolge stehen […] in einem nicht hinnehmbaren Missverhältnis" zu dem unüberschaubaren Datenpool der FIU, https://www.bfdi.bund.de/DE/Buerger/Inhalte/Polizei-Strafjustiz/National/FIU.html, zuletzt abgerufen am 9.12.2021.

19 Zuletzt wurde dies im Gesetzgebungsverfahren des Gesetzes zur Stärkung der Finanzmarktintegrität (Finanzmarktintegritätsstärkungsgesetz – FISG) deutlich, in welchem der BfDI von einer „grundsätzlichen Kritik an der Datenhaltung bei der FIU insgesamt" sprach, BfDI, Stellungnahme zum Entwurf des Finanzmarktintegritätsstärkungsgesetzes – FISG v. 2.2.2021, Gz.: 12-230/008#0156, S. 3.

20 BfDI, Stellungnahme zum Entwurf des Finanzmarktintegritätsstärkungsgesetzes – FISG v. 2.2.2021, Gz.: 12-230/008#0156, S. 6.

21 Vgl etwa EDPS (Europäischer Datenschutzbeauftragter), Opinion 5/20, S. 3: „While the EDPS acknowledges the importance of the fight against money laundering and terrorism financing as an objective of general interest, we call for the legislation to strike

III. Verarbeitung von personenbezogenen Daten (§ 29 Abs. 1 GwG)

10   § 29 Abs. 1 GwG beschreibt den **Zweck** zur Verarbeitung personenbezogener Daten.[22] Die FIU darf gem. § 29 Abs. 1 GwG personenbezogene Daten verarbeiten, soweit dies zur Erfüllung ihrer Aufgaben erforderlich ist. Die Regelung soll den Vorgaben von Art. 41 und 43 Vierte EU-Geldwäscherichtlinie entsprechen.[23] Die dort enthaltenen Verweisungen haben sich inzwischen geändert, indem auf die DSGVO verwiesen wird. Mithin ergeben sich die Legaldefinitionen der Begriffe der „personenbezogenen Daten" sowie des „Verarbeitens" von Daten aus der DSGVO. Wenn man – anders als hier – von der Anwendbarkeit des BDSG ausgeht, macht dies im hier dargestellten Kernbereich der Datenverarbeitung keinen Unterschied, weil die insoweit maßgeblichen Definitionen des § 46 BDSG wortgleich mit denen des Art. 4 DSGVO sind.

11   Der Begriff der „**personenbezogenen Daten**" wird einheitlich für das gesamte Aufgabenfeld der FIU durch Art. 4 Nr. 1 DSGVO definiert. Demnach sind personenbezogene Daten „alle Informationen, die sich auf eine identifizierte oder identifizierbare natürliche Person" beziehen, wobei eine natürliche Person identifizierbar ist, wenn sie „direkt oder indirekt, insbesondere mittels Zuordnung zu einer Kennung wie einem Namen, zu einer Kennnummer, zu Standortdaten, zu einer Online-Kennung oder zu einem oder mehreren besonderen Merkmalen, die Ausdruck der physischen, physiologischen, genetischen, psychischen, wirtschaftlichen, kulturellen oder sozialen Identität dieser Person sind, identifiziert werden kann." Der Begriff der personenbezogenen Daten i. S. v. § 29 GwG ist daher sehr weit zu verstehen und umfasst Informationen aus dem **gesamten Lebensbereich** einer Person.

12   **Verarbeitung** i. S. v. § 29 Abs. 1 GwG beschreibt entsprechend Art. 4 Nr. 2 DSGVO „jeden mit oder ohne Hilfe automatisierter Verfahren ausgeführten Vorgang oder jede solche Vorgangsreihe im Zusammenhang mit personenbezogenen Daten wie das Erheben, das Erfassen, die Organisation, das Ordnen, die Speicherung, die Anpassung oder Veränderung, das Auslesen, das Abfragen, die Verwendung, die Offenlegung durch Übermittlung, Verbreitung oder eine andere Form der Bereitstellung, den Abgleich oder die Verknüpfung, die Einschrän-

---

a balance between the interference with the fundamental rights of privacy and personal data protection and the measures that are necessary to effectively achieve the general interest goals on AML/CFT (the principle of proportionality)."
22 BT-Drs. 18/11555, S. 139.
23 BT-Drs. 18/11555, S. 139.

kung, das Löschen oder die Vernichtung" und somit umfassend **sämtliche Tätigkeiten** im Zusammenhang mit personenbezogenen Daten.[24]

IV. Abgleich von gespeicherten personenbezogenen Daten (§ 29 Abs. 2 GwG)

Nach § 29 Abs. 2 GwG darf die FIU personenbezogene Daten, die sie zur Erfüllung ihrer Aufgaben gespeichert hat, mit anderen Daten abgleichen, wenn dies nach dem Gesetz oder nach einem anderen Gesetz zulässig ist. Der FIU wird hierzu die Befugnis eingeräumt, die bei ihr gespeicherten Daten mit den Daten **anderer Behörden** abzugleichen soweit dies nach dem GwG oder einem anderen Gesetz zulässig ist.[25] Unter Abgleich ist der **Vergleich** von Daten zu verstehen, die nach § 30 Abs. 1 GwG von der FIU entgegengenommen und verarbeitet werden, um Verdachtsmomente zu Geldwäsche, Terrorismusfinanzierung und sonstigen Straftaten erkennen zu können.[26] Hierbei handelt sich um eine rein **deklaratorische**, also klarstellende Regelung.[27]   **13**

V. Datenverarbeitung zu Fortbildungszwecken oder statistischen Zwecken (§ 29 Abs. 3 GwG)

Die FIU darf nach § 29 Abs. 3 GwG personenbezogene Daten, die bei ihr vorhanden sind, zu Fortbildungszwecken oder zu statistischen Zwecken verarbeiten, soweit eine Verarbeitung anonymisierter Daten zu diesen Zwecken nicht möglich ist. Nach dem Wortlaut handelt es sich bei § 29 Abs. 3 GwG um eine Regelung für die ausnahmsweise Verarbeitung von nicht-anonymisierten Daten zu statistischen oder Fortbildungszwecken, soweit aus dem Grundsatz der Datenminimierung aus Art. 5 Abs. 1 lit. e DSGVO nicht schon – wie „in der Regel"[28] – folgt, dass die personenbezogenen Daten zum Schutz des Betroffenen zu anonymisieren sind.[29]   **14**

Anonymisierung wird in der DSGVO nicht definiert, jedoch in ErwG 26 näher beschrieben. Gem. ErwG 26 Satz 5 DSGVO sollten die Grundsätze des Daten-   **15**

---

24 Vgl. BT-Drs. 18/11555, S. 140 mit Verweis auf die inhaltlich entsprechende Bestimmung der JI-Richtlinie.
25 BT-Drs. 18/11555, S. 140.
26 *Barreto da Rosa*, in: Herzog, GwG, § 29 Rn. 17, 29.
27 BT-Drs. 18/11555, S. 140.
28 So BT-Drs. 18/11555, S. 140, jedoch noch mit Verweis auf das informationelle Selbstbestimmungsrecht.
29 *Schantz*, in: BeckOK Datenschutzrecht, 37. Ed., Stand 1.8.2021, Art. 5 DSGVO Rn. 25.1.

schutzes nicht für anonyme Informationen gelten, d. h. für Informationen, die sich nicht auf eine identifizierte oder identifizierbare natürliche Person beziehen, oder personenbezogene Daten, die in einer Weise anonymisiert worden sind, dass die betroffene Person nicht oder nicht mehr identifiziert werden kann. Dies stellt nichts anderes als den Umkehrschluss zur Definition der personenbezogenen Daten dar. In der Praxis existieren verschiedene Arten der Anonymisierung wie z. B.:

– **absolute Anonymisierung**, wonach ein Rückschluss auf die Person für niemanden mehr möglich ist, was jedoch in der Praxis kaum möglich sein wird[30] und

– **faktische Anonymisierung**, bei der eine Vielzahl von Merkmalen entfernt wird, sodass mit einem vernünftigerweise zu erwartenden – verhältnismäßigen – Aufwand kein Rückschluss auf die Identität einer Person mehr möglich ist, was sich nach herrschender Meinung nur auf die der verarbeitenden Stelle zur Verfügung stehenden Mittel beziehen soll.[31]

16 Sowohl die absolute als auch die faktische Anonymisierung entfernen den Personenbezug im Sinne des Datenschutzrechts.[32]

17 Im Gegensatz zu tatsächlich oder faktisch anonymisierten Daten fallen bloß **pseudonymisierte** Daten unter die Definition der personenbezogenen Daten. Pseudonymisierung ist in Art. 4 Nr. 5 DSGVO legaldefiniert und bezeichnet die Verarbeitung personenbezogener Daten in einer Weise, dass die personenbezogenen Daten ohne Hinzuziehung zusätzlicher Informationen nicht mehr einer spezifischen betroffenen Person zugeordnet werden können, sofern diese zusätzlichen Informationen gesondert aufbewahrt werden und technischen und organisatorischen Maßnahmen unterliegen, die gewährleisten, dass die personenbezogenen Daten nicht einer identifizierten oder identifizierbaren natürlichen Person zugewiesen werden. Dem Verantwortlichen stehen insoweit weiterhin sämtliche identifizierungsrelevanten Informationen zu einer Person zur Verfügung und können ohne großen Aufwand wieder mit sämtlichen personenbezogenen Daten zusammengeführt werden. Daher hebt die Pseudonymisierung nach ErwG 26 Satz 2 DSGVO nicht den **Personenbezug** der Daten auf. Deshalb ist die Pseudo-

---

30 Vgl. BfDI, Positionspapier zur Anonymisierung unter der DSGVO unter besonderer Berücksichtigung der TK-Branche, S. 4, https://www.bfdi.bund.de/SharedDocs/Downloads/DE/Konsultationsverfahren/1_Anonymisierung/Positionspapier-Anonymisierung.pdf?__blob=publicationFile&v=4, zuletzt abgerufen am 9.12.2021.

31 *Karg*, in: Simitis/Hornung/Spiecker Döhmann, Datenschutzrecht, Art. 4 Nr. 1 DSGVO Rn. 59.

32 Vgl. BfDI, Positionspapier zur Anonymisierung unter der DSGVO unter besonderer Berücksichtigung der TK-Branche, S. 4, https://www.bfdi.bund.de/SharedDocs/Downloads/DE/Konsultationsverfahren/1_Anonymisierung/Positionspapier-Anonymisierung.pdf?__blob=publicationFile&v=4, zuletzt abgerufen am 9.12.2021.

nymisierung lediglich als andere – eingriffsintensitätsmindernde – Speiche-
rungsform einzustufen.[33]

Unter **Fortbildungszwecken** dürften, entsprechend den vergleichbaren Rege- **18**
lungen in § 29 Abs. 6 BPolG sowie der Polizeigesetze der Länder zur Datennutzung für die polizeiliche Aus- und Fortbildung, solche für einen internen Kreis
von Personen innerhalb der FIU zu verstehen sein. Für die Zulässigkeit der Datennutzung zu Fortbildungszwecken wird daher entscheidend sein, inwiefern der
Kreis der fortzubildenden Personen sowie derjenigen Stellen, durch die Daten
zur Durchführung von Fortbildungen genutzt werden, der FIU bzw. deren Aufgabenwahrnehmung zuzuordnen sind.[34]

Statistische Zwecke nach § 29 Abs. 3 GwG beziehen sich auf Statistiken, die **19**
zur Wahrnehmung der in § 28 Abs. 1 Satz 2 GwG normierten Aufgaben der FIU
angefertigt werden. Für die Anfertigung von veröffentlichten amtlichen Statistiken werden in der Regel **absolut anonymisierte** Daten verlangt.

VI. Datenschutzschulungen (§ 29 Abs. 4 GwG)

Mit Inkrafttreten des Transparenzregister- und Finanzinformationsgesetzes am **20**
1.8.2021 wurde ein neuer Abs. 4 hinzugefügt, wonach die FIU durch Schulungen sicherzustellen hat, dass das eingesetzte Personal mit den europäischen und
nationalen Datenschutzbestimmungen vertraut ist. Unklar ist, ob die Vorschrift
Art. 16 Abs. 2 der EU-Finanzinformationsrichtlinie[35] umsetzen soll, da die entsprechende Begründung im Referentenentwurf[36] nicht in die Gesetzesbegründung[37] übernommen wurde. Da sich Art. 16 Abs. 2 der EU-Finanzinformationsrichtlinie nur auf den Datenaustausch zwischen der FIU und dem BKA bezieht,
der neue Abs. 4 aber allgemein datenschutzrechtlich geschultes Personal verlangt, ist davon auszugehen, dass der Gesetzgeber nicht (nur) Art. 16 Abs. 2 der
EU-Finanzinformationsrichtlinie umsetzen wollte.

---

33 Vgl. *Eßer*, in: Auernhammer, DSGVO/BDSG, Art. 4 DSGVO Rn. 69.

34 Vgl. zur Fragestellung der Datennutzung nach altem Datenschutzrecht durch Stellen,
   die Teile der polizeilichen Ausbildung verantworten, den Diskussionsstand bei *Wehr*,
   Bundespolizeigesetz, § 29 Rn. 18.

35 Richtlinie (EU) 2019/1153 des Europäischen Parlaments und des Rates v. 20.6.2019
   zur Festlegung von Vorschriften zur Erleichterung der Nutzung von Finanz- und sonstigen Informationen für die Verhütung, Aufdeckung, Untersuchung oder Verfolgung
   bestimmter Straftaten und zur Aufhebung des Beschlusses 2000/642/JI des Rates ABl.
   L 186 v. 11.7.2019, S. 122.

36 BMF, Referentenentwurf Transparenzregister- und Finanzinformationsgesetz, S. 51,
   https://www.bundesfinanzministerium.de/Content/DE/Gesetzestexte/Gesetze_Geset
   zesvorhaben/Abteilungen/Abteilung_VII/19_Legislaturperiode/2021-06-30-TraFinG/
   1-Referentenentwurf.pdf?__blob=publicationFile&v=4.

37 BT-Drs. 19/28164, S. 53.

§ 30 Entgegennahme und Analyse von Meldungen

(1) Die Zentralstelle für Finanztransaktionsuntersuchungen hat zur Erfüllung ihrer Aufgaben folgende Meldungen und Informationen entgegenzunehmen und zu verarbeiten:

1. Meldungen von Verpflichteten nach § 43 sowie Meldungen von Aufsichtsbehörden nach § 44,

2. Mitteilungen von Finanzbehörden nach § 31b der Abgabenordnung,

3. Informationen, die ihr übermittelt werden

   a) nach Artikel 5 Absatz 1 der Verordnung (EG) Nr. 1889/2005 des Europäischen Parlaments und des Rates vom 26. Oktober 2005 über die Überwachung von Barmitteln, die in die Gemeinschaft oder aus der Gemeinschaft verbracht werden (ABl. L 309 vom 25.11.2005, S. 9), und

   b) nach § 12a des Zollverwaltungsgesetzes, und

4. sonstige Informationen aus öffentlichen und nicht öffentlichen Quellen im Rahmen ihres Aufgabenbereiches.

(2) Die Zentralstelle für Finanztransaktionsuntersuchungen analysiert die Meldungen nach den §§ 43 und 44 sowie die Mitteilungen nach § 31b der Abgabenordnung, um zu prüfen, ob der gemeldete Sachverhalt im Zusammenhang mit Geldwäsche, mit Terrorismusfinanzierung oder mit einer sonstigen Straftat steht.

(3) Die Zentralstelle für Finanztransaktionsuntersuchungen kann unabhängig vom Vorliegen einer Meldung Informationen von Verpflichteten einholen, soweit dies zur Erfüllung ihrer Aufgaben erforderlich ist. Zur Beantwortung ihres Auskunftsverlangens gewährt sie dem Verpflichteten eine angemessene Frist. Verpflichtete nach § 2 Absatz 1 Nummer 10 und 12 können die Auskunft verweigern, soweit sich das Auskunftsverlangen auf Informationen bezieht, die sie im Rahmen der Rechtsberatung oder der Prozessvertretung des Vertragspartners erhalten haben. Die Auskunftspflicht bleibt jedoch bestehen, wenn der Verpflichtete weiß, dass der Vertragspartner die Rechtsberatung für den Zweck der Geldwäsche oder der Terrorismusfinanzierung in Anspruch genommen hat oder nimmt.

Schrifttum: *Brodowski*, Tue Böses und rede darüber – Geldwäscheverdachtsmeldungen und das Strafrecht, wistra 2021, 417; *Bülte*, Risikobasierte Arbeitsweise sowie Analyse- und Weiterleitungspflichten der FIU in den Grenzen des geltenden Rechts, Gutachten v. 11.1.2021 erstellt im Auftrag des Bundesministeriums der Finanzen; *ders.*, Die Risiken des Risikobasierten Ansatzes – Zu den Pflichten der FIU nach §§ 30, 32 GwG, NVwZ –

Extra 4b/2022, 1 ff.; *Klein/Orlopp* (Begr.), Abgabenordnung, Kommentar, 15. Aufl. 2020; *Koenig* (Hrsg.), Abgabenordnung, Kommentar, 4. Aufl. 2021; *Schindler*, Geldwäschegesetzgebung und Steuerrecht, 2021; *Schwarz/Pahlke* (Hrsg.), Kommentar zur Abgabenordnung/Finanzgerichtsordnung, AO/FGO Kommentar, Stand: 11.8.2021.

Übersicht

I. Regelungsgegenstand

§ 30 GwG regelt mit der Entgegennahme und Analyse von Meldungen eine der **1** **Kernaufgaben**[1] der Zentralstelle für Finanztransaktionsuntersuchungen.[2] § 30 Abs. 1 GwG normiert die unterschiedlichen Arten von Meldungen und Informationen, die von der FIU entgegenzunehmen und im Rahmen der operativen Analyse zu verarbeiten sind. Weiterhin werden in § 30 Abs. 2 GwG Vorgaben für die Analysetätigkeit der FIU geschaffen und in § 30 Abs. 3 GwG die Vorgaben für Auskunftsverlangen gegenüber Verpflichteten festgelegt. Zudem wird in § 30 Abs. 3 GwG analog zu § 43 Abs. 2 GwG unter bestimmten Voraussetzungen ein Auskunftsverweigerungsrecht in Verdachtsfällen für bestimmte Berufsträger (Verpflichtete nach § 2 Abs. 1 Nr. 10 und 12 GwG) statuiert, deren Mandatsver-

---

1 BT-Drs. 18/11555, S. 139.
2 Nachfolgend als „FIU" („Financial Intelligence Unit") bezeichnet.

hältnis grundsätzlich der Schweigepflicht unterliegt. Eine entsprechende Regelung war bereits in § 10 Abs. 1 Satz 2 Nr. 1 GwG vor 2017 a. F. für die vor dem 26.6.2017 zuständige Vorgängerbehörde der heutigen FIU enthalten. Die Aufgaben der **FIU-alt** enthielten jedoch insgesamt eine andere Zielrichtung.

2   Die Aufgaben und Befugnisse der FIU in Abschnitt 5 des GwG 2017 wurden durch das Gesetz zur Umsetzung der **Vierten EU-Geldwäscherichtlinie**, zur Ausführung der EU-Geldtransferverordnung und zur Neuorganisation der Zentralstelle für Finanztransaktionsuntersuchungen vom 23.6.2017[3] vollständig überarbeitet (vgl. zu den Neuerungen durch die GwG-Novelle 2017 ausführlich → § 27 Rn. 1 ff.).[4] Durch das Gesetz zur Umsetzung der **Änderungsrichtlinie zur Vierten EU-Geldwäscherichtlinie**[5] vom 12.12.2019, das zum 1.1.2020 in Kraft getreten ist, wurden keine Änderungen des § 30 GwG vorgenommen.

II. Relevante Meldungen und Informationen (§ 30 Abs. 1 GwG)

3   Nach § 30 Abs. 1 GwG hat die FIU zur Erfüllung ihrer Aufgaben die dort aufgelisteten Meldungen und Informationen entgegenzunehmen und zu verarbeiten.

4   Im Jahr 2020 hat die FIU 144.005 Meldungen von Verpflichteten und von Finanz- und Aufsichtsbehörden nach § 30 Abs. 1 Nr. 1 und Nr. 2 GwG entgegengenommen.[6] Die Zahl dieser Verdachtsmeldungen ist seit dem Jahr 2010 fast exponentiell angestiegen und hat sich seit der Umsetzung der Vierten EU-Geldwäscherichtlinie im zweiten Halbjahr 2017 beinahe **verdreifacht**.[7]

---

3 BGBl. I 2017, S. 1822 (nachfolgend auch bezeichnet als „GwG-Novelle 2017").
4 BT-Drs. 18/11555, S. 136.
5 BGBl. I 2019, S. 2602.
6 Generalzolldirektion, FIU Jahresbericht 2020, S. 14 f.
7 Generalzolldirektion, FIU Jahresbericht 2020, S. 15; Generalzolldirektion, FIU Jahresbericht 2017, S. 9. Die Zahlen der Jahresberichte der FIU vor 2018 können nicht im exakten Vergleich zu den Angaben jüngeren Datums gelesen werden. Das Meldeaufkommen vor 2018 umfasste sämtliche Meldungen nach dem heutigen § 30 Abs. 1 Nr. 1 und Nr. 3 GwG, vgl. Generalzolldirektion, FIU Jahresbericht 2017, S. 8, während das Meldeaufkommen mittlerweile nach § 30 Abs. 1 Nr. 1 und Nr. 2 GwG in den Jahresberichten der FIU wiedergegeben wird, vgl. Generalzolldirektion, FIU Jahresbericht 2018, S. 12. Um die Vergleichbarkeit der Angaben zu erhöhen, wurden die entsprechenden Meldungen der Finanzbehörden nach § 31b AO (§ 30 Abs. 1 Nr. 2 GwG) anders als in den Jahresberichten der FIU zu den Angaben vor 2018 hinzugefügt. Die Zahlen älteren Datums können indes nicht um die zusätzlichen Angaben zu Barmittelfeststellungen bereinigt werden.

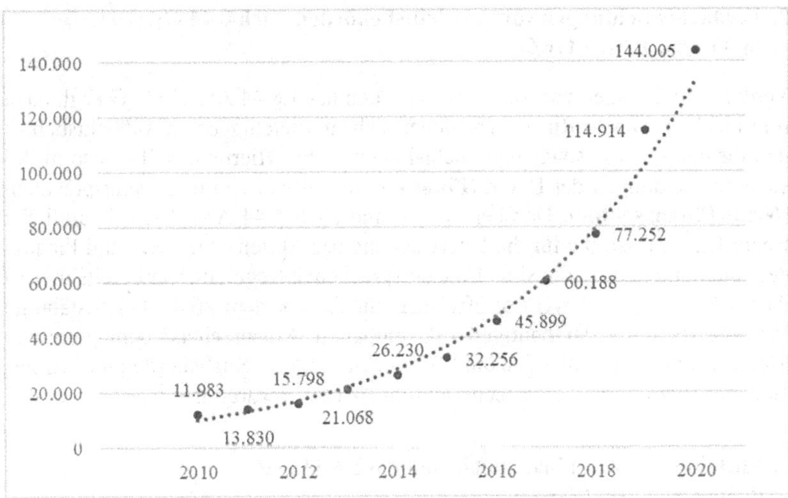

Abbildung 1: Jährliches Meldeaufkommen bei der FIU seit 2010

Ob sich der prognostizierte Anstieg des Meldeaufkommens in Millionenhöhe   **5**
als Folge des zum 18.3.2021 in Kraft getretenen All-Crimes-Ansatz in § 261
StGB[8] tatsächlich materialisiert, bleibt abzuwarten.

1. Verdachtsmeldungen von Verpflichteten nach § 43 GwG (§ 30 Abs. 1 Nr. 1 GwG)

Verdachtsmeldungen von Verpflichteten nach § 43 GwG stellen den **größten**   **6**
Anteil[9] der bei der FIU eingehenden Meldungen dar (vgl. → § 43 Rn. 5). Eine
entsprechende Regelung war bereits in § 10 Abs. 1 Satz 2 Nr. 1 GwG a. F. für die
vor dem 26.6.2017 zuständige Vorgängerbehörde der heutigen FIU (Zentralstelle für Verdachtsmeldungen bei dem BKA) enthalten.

---

8 Exemplarisch ging die FDP-Fraktion von bis zu einer Millionen Verdachtsmeldungen
  aus, BT-Drs. 19/26602, S. 6, während *Brodowski*, wistra 2021, 417, 419 f. sogar angibt,
  dass sich ein Meldeaufkommen von mehreren Millionen abzeichne.

9 Ab 2017 entfielen stets über 98,75 % des Meldeaufkommens auf Verdachtsmeldungen
  von Verpflichteten, vgl. Generalzolldirektion, FIU Jahresbericht 2020, S. 17; Generalzolldirektion, FIU Jahresbericht 2017, S. 8.

2. Verdachtsmeldungen von Aufsichtsbehörden nach § 44 GwG (§ 30 Abs. 1 Nr. 1 GwG)

7   Verdachtsmeldungen von Aufsichtsbehörden nach § 44 Abs. 1 GwG (vgl. dazu im Einzelnen → § 44 Rn. 1 ff.) beziehen sich auf diejenigen von Aufsichtsbehörden für den Finanz- sowie den Nicht-Finanzsektor. Hierunter fallen also insbesondere Meldungen der BaFin (**Finanzsektor**) sowie von Regierungspräsidien (**Nicht-Finanzsektor**). Darüber hinaus sind nach § 44 Abs. 2 GwG sämtliche Behörden umfasst, die für die Überwachung der Aktien-, Devisen- und Finanzderivatemärkte zuständig sind. Eine entsprechende Regelung war bereits in § 10 Abs. 1 Satz 2 Nr. 1 GwG vor 2017 a. F. für die vor dem 26.6.2017 zuständige Vorgängerbehörde der heutigen FIU enthalten. Entsprechend dem gesamten Meldeaufkommen haben sich die Meldungen der Aufsichtsbehörden seit Umsetzung der Vierten EU-Geldwäscherichtlinie in etwa verdreifacht.[10]

3. Mitteilungen von Finanzbehörden nach § 31b AO (§ 30 Abs. 1 Nr. 2 GwG)

8   § 31b Abs. 1 AO regelt, unter welchen Voraussetzungen Finanzbehörden im Zusammenhang mit Geldwäsche oder Terrorismusfinanzierung Mitteilungen zu Steuerdaten an die FIU erteilen dürfen (**Offenbarungsbefugnis**) bzw. erteilen müssen (**Offenbarungspflicht**). In § 31b Abs. 2 AO werden **mitteilungspflichtige** Sachverhalte der Finanzbehörden normiert. Mit Inkrafttreten des Gesetzes zur Stärkung der Finanzmarktintegrität vom 3.6.2021 am 1.7.2021[11] normieren § 31b Abs. 2a und Abs. 2b AO schließlich die einzelfallbezogene automatisierte Übermittlung der dort genannten Steuerdaten und Grundstücksveräußerungsanzeigen. Auf die Bearbeitung der spiegelbildlichen Befugnis zur Erhebung der Daten durch die FIU unter § 31 GwG wird verwiesen (→ § 31 Rn. 32 ff.).[12]

9   Durch § 31b AO wird das **Steuergeheimnis** teilweise durchbrochen.[13] Allerdings bleiben die Daten bei den Empfängern durch das sog. verlängerte Steuergeheimnis geschützt.[14] Ein entsprechendes Verbot zur Offenbarung und Verwertung von Informationen regelt § 54 GwG für Personen, die bei Aufsichtsbehörden beschäftigt oder für diese tätig sind (vgl. § 54). Die Finanzbehörden dürfen den betroffenen Steuerpflichtigen nach § 31b Abs. 4 AO i.V.m. § 47 Abs. 3 GwG zudem nicht über die Meldung von Daten an die FIU informieren. Im Jahr

---

10 Von 54 Meldungen 2018 auf 144 im Berichtszeitraum 2020, siehe Nachweise in → § 30 Rn. 4 Fn. 6 f.

11 BGBl. I 2021, S. 1534 (nachfolgend bezeichnet als „FISG").

12 Siehe auch BT-Drs. 19/26966, S. 99 f.

13 *Rüsken*, in: Klein, AO, § 31b Rn. 1; *Pätz*, in: Koenig, AO, § 31b Rn. 1.

14 *Kordt*, in: Schwarz/Pahlke, AO, § 31b Rn. 18.

2020 wurden von den Finanzbehörden insgesamt 608 **Verdachtsmeldungen** nach § 31b AO an die FIU übermittelt, womit sich die Meldungen – entgegen dem allgemeinen Trend – seit 2010 (271 Meldungen) nicht einmal verdreifacht haben.[15]

a) Offenbarungsbefugnis und -pflicht (§ 31b Abs. 1 AO)

Unter den in § 31b Abs. 1 AO abschließend[16] genannten Voraussetzungen, dür- **10**
fen die ansonsten nach § 30 AO geschützten Steuerdaten auch ohne Ersuchen der FIU an diese übermittelt werden (**Offenbarungsbefugnis**[17]). Die Offenbarung liegt in den nachfolgenden Fällen im Ermessen[18] der Finanzbehörde. Eine **Offenbarungsbefugnis** der Finanzbehörden für die Daten des Betroffenen an die jeweils zuständige Stelle besteht nach § 31b Abs. 1 AO, sofern sie einem der folgenden Zwecke dient:

- Durchführung eines Strafverfahrens wegen Geldwäsche oder Terrorismusfinanzierung,[19]
- Verhinderung, Aufdeckung und Bekämpfung von Geldwäsche oder Terrorismusfinanzierung,
- Durchführung eines Bußgeldverfahrens nach § 56 GwG gegen Verpflichtete nach § 2 Abs. 1 Nr. 13–16 GwG,
- Treffen von Maßnahmen und Anordnungen nach § 51 Abs. 2 GwG gegenüber Verpflichteten nach § 2 Abs. 1 Nr. 13–16 GwG oder
- Wahrnehmung von Aufgaben nach § 28 Abs. 1 Satz 2 GwG durch die Zentralstelle für Finanztransaktionsuntersuchungen. Für die Datenübermittlung an die FIU dürfte insbesondere diese letztgenannte Befugnis Bedeutung erlangen. Die anderen in § 31b Abs. 1 AO genannten Befugnisse werden für die FIU hingegen im Regelfall nicht einschlägig sein.[20]

Betroffener i. S. d. § 31b Abs. 1 AO ist jeder Beteiligte des Verfahrens zu dessen **11**
Durchführung die Offenbarung in den Fällen des § 31b AO erfolgt. Darüber hinaus ist Betroffener auch jeder, dessen personenbezogene Daten nach § 30 AO geschützt sind, „wenn und soweit er in entsprechende Sachverhalte involviert ist

---

15 Im selben Zeitraum hat sich das gesamte Meldeaufkommen verzwölffacht, siehe →
   § 30 Rn. 4.
16 *Rüsken*, in: Klein, AO, § 31b Rn. 3.
17 AEAO Ziff. 1.1. zu § 31b AO.
18 *Kordt*, in: Schwarz/Pahlke, AO, § 31b Rn. 14.
19 Nimmt man an, dass hier auch die Einleitung eines Strafverfahrens erfasst ist (anders
   etwa *Pätz*, in: Koenig, AO, § 31b Rn. 17), muss die Finanzbehörde keinen strafrechtlichen Anfangsverdacht haben, vgl. *Kordt*, in: Schwarz/Pahlke, AO, § 31b Rn. 30.
20 Vgl. auch die Begründung der Änderung von § 31 Abs. 5 GwG durch das FISG, in welcher ebenfalls nur auf die Übermittlung nach § 31b Abs. 1 Nr. 2 und Nr. 5 AO verwiesen wird, BT-Drs. 19/26966, S. 96.

(z. B. Geschäftsführer, Geschäftspartner, Arbeitnehmer, Empfänger oder Leistender von Zahlungen oder anderen Vorteilen bzw. Vermögenswerten)".[21] Nicht von § 31b AO umfasst sind demnach die Daten **Dritter** und ebenfalls nicht die Mitteilung pseudonymisierter oder anonymisierter Betriebs- oder Geschäftsgeheimnisse, soweit diese nicht nur den betroffenen Personen zuzuordnen sind.[22]

12 Sofern die FIU ein begründetes Auskunftsersuchen an die Finanzbehörde richtet, entsteht für diese eine **Offenbarungspflicht**.[23] Die FIU hat dabei zu versichern, dass die angefragten Daten den in § 31b Abs. 1 Nr. 1–5 AO genannten Zwecken dienen.[24] Das Vorliegen der Voraussetzungen ist durch die Finanzbehörde fachlich zu prüfen.[25] Überdies erfolgt durch die Finanzbehörde eine auf den Einzelfall bezogene Verhältnismäßigkeitsprüfung hinsichtlich der ersuchten Daten.[26]

b) Mitteilungspflicht (§ 31b Abs. 2 AO)

13 § 31b Abs. 2 AO regelt als Spezialnorm zu § 44 GwG[27] die Mitteilungspflicht für die betroffenen Steuerdaten. Nach § 31b Abs. 2 AO sind die Finanzbehörden zu **Spontanmitteilungen**[28] an die FIU verpflichtet. Danach müssen Sachverhalte gem. § 31b Abs. 2 AO **unverzüglich** an die FIU gemeldet werden, wenn Tatsachen vorliegen,[29] die darauf hindeuten, dass

– es sich bei Vermögensgegenständen, die mit dem mitzuteilenden Sachverhalt im Zusammenhang stehen, um den Gegenstand einer Straftat nach § 261 StGB handelt oder
– die Vermögensgegenstände im Zusammenhang mit Terrorismusfinanzierung stehen.

14 Unverzüglich bedeutet „ohne schuldhaftes Zögern" (§ 121 Abs. 1 Satz 1 BGB). Durch § 31b Abs. 2 AO wird die FIU in die Lage versetzt, **Sofortmaßnahmen** nach § 40 GwG zu ergreifen.[30] Der Finanzbehörde obliegt die Prüfung im Einzelfall, ob ein mitteilungspflichtiger Sachverhalt i. S. d. § 31b Abs. 2 AO vorliegt (Beurteilungsspielraum).[31] Für das Vorliegen eines mitteilungspflichtigen Sachverhalts sind objektiv erkennbare Anhaltspunkte für das Vorliegen von Tatsa-

---

21 *Kordt*, in: Schwarz/Pahlke, AO, § 31b Rn. 19.
22 *Kordt*, in: Schwarz/Pahlke, AO, § 31b Rn. 19.
23 AEAO Ziff. 1.1. zu § 31b AO.
24 AEAO Ziff. 1.1. zu § 31b AO.
25 *Kordt*, in: Schwarz/Pahlke, AO, § 31b Rn. 14.
26 *Kordt*, in: Schwarz/Pahlke, AO, § 31b Rn. 17.
27 BT-Drs. 18/11555, S. 170.
28 *Rüsken*, in: Klein, AO, § 31b Rn. 7.
29 Für die Mitteilung ist kein strafrechtlicher Anfangsverdacht erforderlich, *Rüsken*, in: Klein, AO, § 31b Rn. 9; *Pätz*, in: Koenig, AO, § 31b Rn. 38.
30 *Kordt*, in: Schwarz/Pahlke, AO, § 31b Rn. 54.
31 AEAO Ziff. 2.2. zu § 31b AO.

chen, die auf eine Geldwäsche-Straftat nach § 261 StGB schließen lassen und der Umstand, dass ein krimineller Hintergrund nicht ausgeschlossen werden kann, erforderlich.[32] Hierfür muss die Finanzbehörde nicht das Vorliegen sämtlicher Tatbestandsmerkmale des § 261 StGB prüfen.[33] Vielmehr ist es ausreichend, dass der Sachverhalt auf Grundlage der allgemeinen Erfahrungen und des beruflichen Erfahrungswissens unter dem Blickwinkel seiner Ungewöhnlichkeit und Auffälligkeit im jeweiligen geschäftlichen Kontext gewürdigt wird.[34] Dies gilt entsprechend für die Merkmale der Terrorismusfinanzierung.[35]

c) Umfang der Daten

Der Umfang der von der Finanzbehörde an die FIU übermittelten Daten richtet sich nach den konkreten Anhaltspunkten für den Bezug zur Geldwäsche oder Terrorismusfinanzierung und bezieht sich ausschließlich und **punktuell**[36] auf insofern relevante Daten. § 31b AO stellt deshalb keine Ermächtigungsgrundlage zur Übermittlung vollständiger Steuerakten, Steuerbescheide, Außenprüfungs- oder Fahndungsberichte oder entsprechender Dokumente dar.[37]   **15**

4. Informationen, die der FIU übermittelt werden (§ 30 Abs. 1 Nr. 3 GwG)

a) Informationen nach Art. 5 Abs. 1 Verordnung (EG) Nr. 1889/2005[38]

§ 30 Abs. 1 Nr. 3 lit. a GwG erfasste die Weitergabe von Barmittelanmeldungen aus der Überwachung des EU-außengrenzenüberschreitenden Verkehrs mit Barmitteln. Nach Art. 5 Abs. 1 Verordnung (EG) 1889/2005 wurden die Informationen zu den **angemeldeten** Beträgen und/oder zu den durchgeführten **Kontrollen** durch die zuständige Behörde des Mitgliedstaats aufgezeichnet und verarbeitet und an andere zuständige Behörden innerhalb des Mitgliedstaats weitergegeben.   **16**

Die Verordnung (EG) 1889/2005 wurde mit Ablauf des 2.6.2021 **aufgehoben.**[39] Eine Überarbeitung von § 30 Abs. 1 Nr. 3 lit. a GwG im Zuge des Gesetzes zur europäischen Vernetzung der Transparenzregister und zur Umsetzung der Richtlinie 2019/1153 des Europäischen Parlaments und des Rates vom 20.6.2019 zur Nutzung von Finanzinformationen für die Bekämpfung von Geldwäsche, Terro-   **17**

---

32 AEAO Ziff. 2.2. zu § 31b AO.
33 AEAO Ziff. 2.2. zu § 31b AO.
34 AEAO Ziff. 2.2. zu § 31b AO.
35 AEAO Ziff. 2.2. zu § 31b AO.
36 *Kordt*, in: Schwarz/Pahlke, AO, § 31b Rn. 44.
37 *Kordt*, in: Schwarz/Pahlke, AO, § 31b Rn. 44.
38 Verordnung des Europäischen Parlaments und des Rates v. 26.10.2005 über die Überwachung von Barmitteln, die in die Gemeinschaft oder aus der Gemeinschaft verbracht werden (ABl. L 309 v. 25.11.2005, S. 9).
39 Art. 20 Verordnung (EU) 2018/1672 v. 23.10.2018 (ABl. L 284 v. 12.11.2018, S. 6).

rismusfinanzierung und sonstigen schweren Straftaten vom 25.6.2021,[40] welches
u. a. das ZollVG an die Aufhebung der Verordnung (EG) 1889/2005 anpasste, ist
unterblieben.[41] Da der Gesetzgeber in § 30 Abs. 1 Nr. 3a GwG den Weg des statischen Verweises auf die Fassung der Verordnung (EG) 1889/2005 im ABl. L
309 vom 25.11.2005, S. 9 wählte (wie durch die Angabe der Fundstelle im Gesetzestext ersichtlich wird), ist eine dynamische Ausdehnung auf die Nach-
folgervorschrift[42] nicht möglich. Damit läuft § 30 Abs. 1 Nr. 3 lit. a GwG für An-
meldungen und Offenlegungserklärungen von (un-)begleiteten Barmitteln –
auch unter dem Schwellenwert von 10.000 EUR – derzeit leer.

b) Informationen nach § 12a Zollverwaltungsgesetz (ZollVG)

18   Der FIU müssen nach § 30 Abs. 1 Nr. 3 lit. b GwG bestimmte Informationen zum
grenzüberschreitenden Verkehr mit Barmitteln und gleichgestellten Zahlungsmitteln vom **deutschen Zoll** übermittelt werden. In §§ 1 Abs. 4, 12a ZollVG ist
unbeschadet der vorrangigen Regelungen nach Art. 3 Abs. 1, 4 Abs. 1 der Verordnung (EU) 2018/1672 die Überwachung des grenzüberschreitenden Verkehrs mit
Barmitteln und gleichgestellten Zahlungsmitteln durch den Zoll normiert. Damit
regelt § 12a ZollVG den Verkehr der nicht von der Definition der Barmittel in
Art. 2 Abs. 1 lit. a der Verordnung (EU) 2018/1672 umfassten gleichgestellten
Zahlungsmittel des § 1 Abs. 4 Satz 4 ZollVG mit Drittstaaten sowie den gesamten
mitgliedstaatlichen Zahlungsmittelverkehr.[43] § 12a Abs. 1 ZollVG flankiert insoweit die Barmittelanmeldung nach Art. 3 Abs. 1 der Verordnung (EU) 2018/1672.
§ 12a Abs. 2 ZollVG adressiert demgegenüber – unbeschadet Art. 4 Abs. 1 der
Verordnung (EU) 2018/1672 – die nachträgliche Offenlegungserklärung des Ab-
senders, Empfängers oder seines Vertreters über die entsprechende Höhe unbe-
gleiteter Barmittel oder gleichgestellter Zahlungsmittel; ebenso wie § 12a Abs. 1
ZollVG jedoch nur auf Verlangen der zuständigen Behörde.

19   Der Zoll ist bei seinen Überwachungs- und Kontrollhandlungen nach § 12a
Abs. 8 Satz 1 ZollVG befugt, die personenbezogenen Daten im Rahmen seines
Aufgabenbereichs zu erheben, in Dateien zu erfassen und zu nutzen.[44] Nach
§ 12a Abs. 8 Satz 3 ZollVG muss der Zoll die nach Abs. 8 Satz 1 und Satz 2
erhobenen personenbezogenen Daten aus der Überwachung des grenzüber-

---

40 BGBl. I 2021, S. 2083.

41 Dass die Vorschrift „neu zu fassen [ist], um die neue Rechtsgrundlage und den neuen
    Regelungsgehalt im nationalen Recht abzubilden", so die Begründung zur Änderung
    des Verweises auf die Verordnung (EG) 1889/2005 in § 2 Abs. 4 ZollVG a. F., BT-Drs.
    19/28164, S. 58, wurde wohl übersehen.

42 Art. 9 Abs. 1 der Verordnung (EU) 2018/1672.

43 Zur Vorgängervorschrift *Häberle*, in: Erbs/Kohlhaas, Strafrechtliche Nebengesetze,
    217. EL Oktober 2017, § 12a ZollVG Rn. 3.

44 *Häberle*, in: Erbs/Kohlhaas, Strafrechtliche Nebengesetze, 217. EL Oktober 2017,
    § 12a ZollVG Rn. 15.

schreitenden Verkehrs mit Barmitteln und gleichgestellten Zahlungsmitteln an die für die weitere Befassung zuständige Behörde übermitteln, was die FIU einschließen kann.[45]

5. Sonstige Informationen aus öffentlichen und nicht öffentlichen Quellen im Rahmen ihres Aufgabenbereichs (§ 30 Abs. 1 Nr. 4 GwG)

Der Begriff der **sonstigen Informationen** aus § 30 Abs. 1 Nr. 4 GwG wird in der Gesetzesbegründung nicht näher erläutert. Der Begriff dürfte jedoch weit zu verstehen sein und als **Auffangtatbestand** für alle, für die Tätigkeit der FIU relevanten Informationen dienen, die nicht bereits explizit durch die in § 30 Abs. 1 Nr. 1–3 GwG genannten Fälle umfasst sind.   **20**

a) Sonstige Informationen aus öffentlichen Quellen

Sonstige Informationen aus öffentlichen Quellen mit Bezug zum Aufgabenbereich der FIU nach § 30 Abs. 1 Nr. 4 GwG können bspw. **Nachrichten und Pressemitteilungen** im Zusammenhang mit Geldwäsche und Terrorismusfinanzierung sein.   **21**

b) Sonstige Informationen aus nicht öffentlichen Quellen

Als sonstige Informationen aus nicht öffentlichen Quellen nach § 30 Abs. 1 Nr. 4 GwG sind demgegenüber Informationen anderer inländischer und ausländischer Behörden im Zusammenhang mit Geldwäsche und Terrorismusfinanzierung zu verstehen, von denen die FIU bei der Zusammenarbeit und dem Informationsaustausch mit anderen Behörden nach § 28 Abs. 1 GwG Kenntnis erlangt. Hierunter können auch anonyme Hinweise, Hinweise von Privatpersonen oder Hinweise und Informationen von Personen fallen, die nicht nach dem GwG Verpflichtete sind.[46]   **22**

III. Analyse und Prüfung (§ 30 Abs. 2 GwG)

Nach § 30 Abs. 2 GwG analysiert die FIU die **Meldungen** nach den §§ 43 und 44 GwG (d.h. Verdachtsmeldungen von Verpflichteten und Aufsichtsbehörden) sowie die **Mitteilungen** nach § 31b AO (d.h. Mitteilungen von Finanzbehörden), um zu prüfen, ob der gemeldete Sachverhalt im Zusammenhang mit Geldwäsche, Terrorismusfinanzierung oder einer sonstigen Straftat steht.   **23**

---

45 *Häberle*, in: Erbs/Kohlhaas, Strafrechtliche Nebengesetze, 217. EL Oktober 2017, § 12a ZollVG Rn. 15.
46 *Barreto da Rosa*, in: Herzog, GwG, § 30 Rn. 9.

24 Die Analysetätigkeit bezieht sich auf die gesetzlich in § 28 Abs. 1 Satz 2 Nr. 2 GwG normierte, einzelfallbezogene **operative Analyse**, die eine der „Kernaufgaben" der FIU darstellt.[47] Zur Erläuterung des Vorgehens bei der operativen Analyse verweist der Gesetzgeber direkt auf den Wortlaut der Vierten EU-Geldwäscherichtlinie. Gemäß der Gesetzesbegründung erfolgt die operative Analyse der FIU unter Beachtung der Vorgaben des Art. 32 Abs. 8 i.V.m. Abs. 3 Satz 2 und 3 Vierte EU-Geldwäscherichtlinie.[48] Demnach muss die operative Analyse insbesondere „mit Schwerpunkt auf **Einzelfälle und Einzelziele** oder auf geeignete ausgewählte Informationen, je nach Art und Umfang der empfangenen Informationen und der voraussichtlichen Verwendung der Informationen nach ihrer Weitergabe" erfolgen (Art. 32 Abs. 8 lit. a Vierte EU-Geldwäscherichtlinie).

25 Überdies sind nach Art. 32 Abs. 3 Satz 2 und 3 Vierte EU-Geldwäscherichtlinie alle Informationen „**von Belang**" zu analysieren und bei Bedarf an zuständige Behörden weiterzugeben. Der Verweis auf den Richtlinientext verdeutlicht die originäre Intention des Richtliniengebers, die vom deutschen Gesetzgeber übernommen wurde. Die FIU soll danach eine **analytische und eigenverantwortliche Einzelfallprüfung** vornehmen, wobei sie alle relevanten Informationen einbezieht, bewertet und eigene Schlussfolgerungen und Konsequenzen (wie bspw. die Übermittlung von Informationen an andere zuständige Behörden) daraus ableitet. Die FIU hat also kein Ermessen in der Entscheidung, ob sie eine eingehende Verdachtsmeldung analysiert.[49] Unter einer angemessenen Einzelfallanalyse versteht die FIU und wohl auch der Gesetzgeber[50] eine automatisierte Vorfilterung der eingehenden Verdachtsmeldungen nach Risikoschwerpunkten (sog. **Risikobasierter Ansatz**, vgl. § 3a GwG). Der vermehrte Einsatz von Analysesoftware und Künstlicher Intelligenz (KI)[51] kann perspektivisch zur Folge haben,

---

47 BT-Drs. 18/11555, S. 139.

48 BT-Drs. 18/11555, S. 140.

49 Vgl. BT-Drs. 19/27346, S. 4.

50 Vgl. BT-Drs. 19/28164, S. 95.

51 Ausweislich des FIU Jahresberichts 2020 wird seit Herbst 2020 „die Filterung der Verdachtsmeldungen zusätzlich durch „FIU-Analytics" unterstützt, eine IT-Komponente auf Basis künstlicher Intelligenz", vgl. Generalzolldirektion, FIU Jahresbericht 2020, S. 11. Aufschlussreich ist ferner der Bericht des damaligen Vorsitzenden des Gesamtpersonalrats der Generalzolldirektion *Liebel* anlässlich der öffentlichen Sachverständigenanhörung durch den Finanzausschuss, Deutscher Bundestag Finanzausschuss, Wortprotokoll der 60. Sitzung, Protokoll-Nr. 19/60, S. 17 f. „Das Verfahren [der Künstlichen Intelligenz] soll im Januar 2020 bei der FIU in den Echtbetrieb gehen. Es bewertet anhand bestimmter Parameter, welche Risiken vorliegen, um die Verdachtsmeldung einer näheren Analysebewertung zu unterziehen, um so die Analysten der FIU bei ihrer Analyse entsprechend zu unterstützen. Künstliche Intelligenz wird nicht nur eingesetzt, damit es zu einer automatisierten Bewertung der eingehenden Verdachtsmeldungen kommt. Das Verfahren lernt auch aus den Daten, die der einzelne Analyst für Be-

dass einzelne Verdachtsmeldungen ohne menschliches Hinzutun bewertet werden, wenngleich die menschliche Beurteilung nicht vollständig ersetzt werden kann.[52]

Die operative Analyse der in § 30 Abs. 1 Nr. 3 und 4 GwG aufgeführten Informationen zum Bargeldverkehr (Nr. 3) sowie die sonstigen Informationen aus öffentlichen und nicht öffentlichen Quellen im Rahmen ihres Aufgabenbereichs (Nr. 4) erfolgt nach dem Willen des Gesetzgebers nach **pflichtgemäßem Ermessen** der FIU. Diese Informationen „können in jedem Fall bei der Bewertung der Meldungen nach §§ 43 und 44 GwG sowie der Mitteilungen nach § 31b AO ergänzend herangezogen werden".[53] Das bedeutet, dass die Erkenntnisse aus der Analyse der nach § 30 Abs. 1 Nr. 3 und 4 GwG erhaltenen Informationen für eine Zusammenschau mit den Ergebnissen aus anderen Verdachtsmeldungen und Mitteilungen der Finanzbehörden nach § 31b AO verwendet werden können. Insofern weiterführende Informationen können für die Bewertung der Verdachtsmeldungen zusätzlich genutzt werden, sofern dies nach Einschätzung der FIU erforderlich und zielführend ist.   **26**

Jedenfalls nach eigener Darstellung fungiert die FIU nicht als eigenständige Ermittlungs- oder Strafverfolgungsbehörde.[54] Auch nach Auffassung der Bundesregierung soll die FIU „nicht mit einer Strafverfolgungsbehörde gleichzusetzen" sein[55] und die „operative Analyse als wesentliche Aufgabe der FIU [...] nicht Teil des Strafverfahrens" sein – auch nicht im Sinne von Vorermittlungen.[56] Diese Einordnung ist mit den ausufernden Datenzugriffs- und damit „Ermittlungs"-befugnissen der FIU nicht ohne Weiteres vereinbar und begegnet gewichtigen Zweifeln[57] (siehe insbesondere → § 31 Rn. 18 ff.). Gleichwohl kann sie für sich beanspruchen, dass die FIU ausschließlich in Durchführung der Vorgaben der (geänderten) Vierten EU-Geldwäscherichtlinie handelt. Der europäische Ge-   **27**

---

wertungen im System hinterlegt, um später hierauf zurückzugreifen. KI ist definitiv nicht mehr wegzudenken. Deswegen begrüßen wir diesen Ansatz sehr." Datenschutzrechtlich ist der Einsatz derartiger Anwendungen höchst problematisch, wie die Verlautbarungen des BfDI zeigen, vgl. hierzu → § 29 Rn. 9.

52 FATF, The FATF Recommendations, S. 101 Rn. 3, http://www.fatf-gafi.org/media/fatf/documents/recommendations/pdfs/FATF%20Recommendations%202012.pdf, zuletzt abgerufen am 9.12.2021 („However, such tools cannot fully replace the human judgement element of analysis.").

53 BT-Drs. 18/11555, S. 140 f.

54 Homepage FIU, Fragen und Antworten, https://www.zoll.de/DE/FIU/Fragen-Antworten/fragen-antworten_node.%20html, zuletzt abgerufen am 9.12.2021; BT-Drs. 19/27346, S. 4.

55 BT-Drs. 19/27346, S. 4. Anders *Brodowski*, wistra 2021, 417, 422 f., wonach die FIU eine „besondere Polizeibehörde" sei, die vor allem repressiv agiere.

56 BT-Drs. 19/27346, S. 4 f.; dagegen mit beachtlicher Argumentation *Barreto da Rosa*, in: Herzog, GwG, § 30 Rn. 13; *Brodowski*, wistra 2021, 417, 422 f.

57 *Barreto da Rosa*, in: Herzog, GwG, § 30 Rn. 13.

setzgeber kann keine repressive, auf die Strafverfolgung ausgerichtete Institution im Sinn gehabt haben; denn die Vierte EU-Geldwäscherichtlinie ist auf Art. 114 AEUV und gerade nicht wie etwa die EU-Finanzinformationsrichtlinie[58] auf Art. 87 AEUV gestützt.[59] Zudem muss die FIU unverzüglich – also auch ohne weitere Nachermittlungen – Meldungen an die Strafverfolgungsbehörden weiterleiten, wenn sich während der operativen Analyse (→ § 30 Rn. 23 ff.) herausstellt, dass ein Vermögensgegenstand mit einer Straftat im Zusammenhang steht (§ 32 Abs. 2 Satz 1 GwG). Der Verdachtsgrad liegt hierbei nach h. M. noch unterhalb des strafprozessualen Anfangsverdachts (→ § 32 Rn. 14). Das Ziel der Sachverhaltserforschungen der FIU nach nationaler Umsetzung der Vierten EU-Geldwäscherichtlinie soll damit nicht in einer Vorermittlung bestehen – die Klärung, ob die vorhandenen Tatsachen dem Verdachtsgrad des strafprozessualen Anfangsverdachts genügen.[60] Vielmehr soll lediglich ausgeforscht werden, ob sich weitere Vorermittlungen der Strafverfolgungsbehörden in der Sache lohnen. Unter Zugrundelegung dieser Auffassung führt die FIU gewissermaßen „**Vor-Vorermittlungen**" durch. Ihre Funktion erschöpft sich – neben der allgemeinen Straftatenprävention durch Aufklärung (vgl. § 28 Abs. 1 Satz 2 Nr. 7–11 GwG, → § 28 Rn. 22 ff.) – in ihrer Rolle als qualifizierter Hinweisgeber gegenüber den Strafverfolgungsbehörden.[61] Als notwendige Konsequenz dieser Beschränkungen ist es den Strafverfolgungsbehörden dann aber nicht möglich, nach dem Erhalt einer Analyse im Wege eines Automatismus ein Ermittlungsverfahren zu eröffnen (vgl. dazu → § 32 Rn. 14). Vielmehr obliegt es den zuständigen Strafverfolgungsbehörden im Anschluss, ggf. weitere eigene Vorermittlungen durchzuführen.

28 Ob sich derart subtile Nuancierungen des Verdachtsgrades unterhalb der Schwelle des strafrechtlichen Anfangsverdachts in der Verwaltungs- und Strafverfolgungspraxis durchhalten lassen, erscheint ebenso zweifelhaft wie die Frage, ob diese Zuständigkeitstrennung einer effektiven und schlagkräftigen Geldwäschebekämpfung förderlich ist, weshalb der Verdachtsgrad auch risikogewichtet zu bestimmen ist (→ § 32 Rn. 13 ff.). Auch ist damit zu rechnen, dass sich die mitun-

---

58 Richtlinie (EU) 2019/1153 des Europäischen Parlaments und des Rates v. 20.6.2019 zur Festlegung von Vorschriften zur Erleichterung der Nutzung von Finanz- und sonstigen Informationen für die Verhütung, Aufdeckung, Untersuchung oder Verfolgung bestimmter Straftaten und zur Aufhebung des Beschlusses 2000/642/JI des Rates ABl. L 186 v. 11.7.2019, S. 122.

59 European Data Protection Supervisor, Stellungnahme RL (EU) 2015/849, Nr. 23, 32, https://edps.europa.eu/sites/default/files/publication/13-07-04_money_laundering_en.pdf, zuletzt abgerufen am 9.12.2021.

60 Im Überblick vgl. Wissenschaftliche Dienste des Deutschen Bundestages, Sachstand WD 7 – 3000 – 083/20, S. 6.

61 Insgesamt anders *Brodowski*, wistra 2021, 417, 423, wonach – entgegen der gesetzgeberisch avisierten „administrativ präventiven" Zielsetzung der FIU – die Strafverfolgung der Vortaten der Geldwäsche im Vordergrund stehe.

ter artifiziell erscheinende Herausnahme der Tätigkeit der FIU aus dem Bereich des Strafverfahrens vermehrt grundsätzlichen Einwänden unter dem Aspekt der Umgehung von strafprozessualen Beschuldigtenrechten und Mindeststandards ausgesetzt sehen wird.

IV. Auskunftsersuchen und Auskunftsverweigerung (§ 30 Abs. 3 GwG)

Nach § 30 Abs. 3 GwG kann die FIU unabhängig vom Vorliegen einer Meldung **29** **Informationen** von Verpflichteten einholen, soweit dies zur Erfüllung ihrer Aufgaben erforderlich ist. Hierunter sind u. a. **Auskunftsersuchen** der FIU zu verstehen.[62] Der Begriff der Informationen ist in Anlehnung an den Begriff der „sonstigen Informationen" (§ 28 Abs. 1 Satz 2 Nr. 2 GwG) weit zu verstehen.[63] Nach Art. 32 Abs. 3 Satz 2 Vierte EU-Geldwäscherichtlinie sind sonstige Informationen solche, „die im Hinblick auf Geldwäsche, damit zusammenhängende Vortaten oder Terrorismusfinanzierung von Belang sind".

Zur Beantwortung ihres Auskunftsverlangens gewährt die FIU dem Verpflichte- **30** ten eine **angemessene Frist**. Dies bedeutet, dass die FIU Termine zur Beantwortung von Auskunftsersuchen nach eigenem Ermessen unter Beachtung des Grundsatzes der **Verhältnismäßigkeit** festlegen kann.

Verpflichtete nach § 2 Abs. 1 Nr. 10 (d. h. Rechtsanwälte, Patentanwälte, Nota- **31** re etc. bei der Ausübung der Katalogtätigkeiten) und Nr. 12 GwG (z. B. Wirtschaftsprüfer, Steuerberater etc.) können die **Auskunft verweigern**, soweit sich das Auskunftsverlangen auf Informationen bezieht, die sie im Rahmen der Rechtsberatung oder der Prozessvertretung des Vertragspartners erhalten haben (§ 30 Abs. 3 Satz 3 GwG). Die **Auskunftspflicht** bleibt jedoch bestehen, wenn der Verpflichtete weiß, dass der Vertragspartner die Rechtsberatung für den Zweck der Geldwäsche oder der Terrorismusfinanzierung in Anspruch genommen hat oder nimmt (§ 30 Abs. 3 Satz 4 GwG). Dies entspricht dem Regelungsgehalt des § 43 Abs. 2 GwG, wonach die Pflicht zur Erstattung einer Verdachtsmeldung in einem, von der Schweigepflicht umfassten, Mandatsverhältnis besteht, wenn der Berufsträger positiv wusste, dass das Mandatsverhältnis für den Zweck der Geldwäsche, Terrorismusfinanzierung oder einer anderen Straftat genutzt wird oder wurde (vgl. dazu auch → § 43 Rn. 53 ff.). Die Möglichkeit zur **Auskunftsverweigerung** für bestimmte Verpflichtete entspricht

---

62 Zu den Befugnissen des Geldwäschebeauftragten gegenüber der Geschäftsleitung bei Auskunftsersuchen, BaFin, AuA, Stand: Oktober 2021, S. 76, https://www.bafin.de/ SharedDocs/Downloads/DE/Auslegungsentscheidung/dl_ae_auas_gw.pdf?__blob= publicationFile&v=17, zuletzt abgerufen am 9.12.2021.
63 *Barreto da Rosa*, in: Herzog, GwG, § 30 Rn. 19.

den Vorgaben von Art. 34 Abs. 2 i.V.m. Art. 33 Abs. 1 lit. b Vierte EU-Geldwäscherichtlinie.[64]

32   Die **Auskunftsverpflichtung** der Verpflichteten soll ausweislich der Gesetzesbegründung zur Umsetzung von Art. 32 Abs. 3 Satz 4 Vierte EU-Geldwäscherichtlinie dienen,[65] wonach die FIU zur erfolgreichen Durchführung ihrer Analysetätigkeit ermächtigt sein muss, Informationen von den Verpflichteten einzuholen. Wer dementgegen vorsätzlich oder leichtfertig einem Auskunftsverlangen nicht, nicht richtig, nicht vollständig oder nicht rechtzeitig nachkommt, handelt **ordnungswidrig** nach § 56 Abs. 1 Satz 1 Nr. 67 GwG.

---

64 BT-Drs. 18/11555, S. 141.

65 BT-Drs. 18/11555, S. 141. Richtigerweise regelt die Vierte EU-Geldwäscherichtlinie jedoch nunmehr in Art. 32 Abs. 9 die entsprechenden von einer vorhergehenden Meldung unabhängigen Auskunftsrechte der FIU gegenüber Verpflichteten, vgl. auch *Barreto da Rosa*, in: Herzog, GwG, § 30 Rn. 17.

§ 31 Auskunftsrecht gegenüber inländischen öffentlichen Stellen, Datenzugriffsrecht, Verordnungsermächtigung

(1) Die Zentralstelle für Finanztransaktionsuntersuchungen kann, soweit es zur Erfüllung ihrer Aufgaben erforderlich ist, bei inländischen öffentlichen Stellen Daten erheben; zu den inländischen öffentlichen Stellen zählt auch die inländische benannte Behörde im Sinne des Artikel 3 Absatz 2 der Richtlinie (EU) 2019/1153. Die inländischen öffentlichen Stellen erteilen der Zentralstelle für Finanztransaktionsuntersuchungen zur Erfüllung von deren Aufgaben auf deren Ersuchen Auskunft, soweit der Auskunft keine Übermittlungsbeschränkungen entgegenstehen.

(2) Die Anfragen sind von der inländischen öffentlichen Stelle unverzüglich zu beantworten. Daten, die mit der Anfrage im Zusammenhang stehen, sind zur Verfügung zu stellen.

(3) Die Zentralstelle für Finanztransaktionsuntersuchungen soll ein automatisiertes Verfahren für die Übermittlung personenbezogener Daten, die bei anderen inländischen öffentlichen Stellen gespeichert sind und zu deren Erhalt die Zentralstelle für Finanztransaktionsuntersuchungen gesetzlich berechtigt ist, durch Abruf einrichten, soweit gesetzlich nichts anderes bestimmt ist und diese Form der Datenübermittlung unter Berücksichtigung der schutzwürdigen Interessen der betroffenen Personen wegen der Vielzahl der Übermittlungen oder wegen ihrer besonderen Eilbedürftigkeit angemessen ist. Zur Kontrolle der Zulässigkeit des automatisierten Abrufverfahrens hat die Zentralstelle für Finanztransaktionsuntersuchungen schriftlich festzulegen:

1. den Anlass und den Zweck des Abgleich- oder Abrufverfahrens,

2. die Dritten, an die übermittelt wird,

3. die Art der zu übermittelnden Daten und

4. die technischen und organisatorischen Maßnahmen zur Gewährleistung des Datenschutzes.

(4) Die Zentralstelle für Finanztransaktionsuntersuchungen ist berechtigt, soweit dies zur Erfüllung ihrer Aufgaben nach § 28 Absatz 1 Satz 2 Nummer 2 erforderlich ist, die in ihrem Informationssystem gespeicherten, personenbezogenen Daten mit den im polizeilichen Informationsverbund nach § 29 Absatz 1 und 2 des Bundeskriminalamtgesetzes enthaltenen, personenbezogenen Daten automatisiert abzugleichen. Wird im Zuge des Abgleichs nach Satz 1 eine Übereinstimmung übermittelter Daten mit im polizeilichen Informationsverbund gespeicherten Daten festgestellt, so erhält die Zen-

tralstelle für Finanztransaktionsuntersuchungen automatisiert die Information über das Vorliegen eines Treffers und ist berechtigt, die dazu im polizeilichen Informationsverbund vorhandenen Daten automatisiert abzurufen. Haben die Teilnehmer am polizeilichen Informationsverbund Daten als besonders schutzwürdig eingestuft und aus diesem Grund einen Datenabruf der Zentralstelle für Finanztransaktionsuntersuchungen nach Satz 2 ausgeschlossen, erhält der datenbesitzende Teilnehmer am polizeilichen Informationsverbund automatisiert die Information über das Vorliegen eines Treffers. Zugleich erhält die Zentralstelle für Finanztransaktionsuntersuchungen in den Fällen nach Satz 3 die Information über das Vorliegen eines Treffers sowie die Information, wer datenbesitzender Teilnehmer am polizeilichen Informationsverbund ist. Bei Information über das Vorliegen eines Treffers nach Satz 3 obliegt es dem jeweiligen datenbesitzenden Teilnehmer des polizeilichen Informationsverbunds, mit der Zentralstelle für Finanztransaktionsuntersuchungen unverzüglich Kontakt aufzunehmen und ihr die Daten zu übermitteln, soweit dem keine Übermittlungsbeschränkungen entgegenstehen. Die Regelungen der Sätze 1–5 gehen der Regelung des § 29 Absatz 8 des Bundeskriminalamtgesetzes vor. Die Einrichtung eines weitergehenden automatisierten Abrufverfahrens für die Zentralstelle für Finanztransaktionsuntersuchungen ist mit Zustimmung des Bundesministeriums des Innern, für Bau und Heimat, des Bundesministeriums der Finanzen und der Innenministerien und Senatsinnenverwaltungen der Länder zulässig, soweit diese Form der Datenübermittlung unter Berücksichtigung der schutzwürdigen Interessen der Betroffenen wegen der Vielzahl der Übermittlungen oder wegen der besonderen Eilbedürftigkeit angemessen ist.

(4a) Die Zentralstelle für Finanztransaktionsuntersuchungen ist berechtigt, soweit dies zur Erfüllung ihrer Aufgaben nach § 28 Absatz 1 Satz 2 Nummer 2 erforderlich ist, unter Angabe des Vornamens, des Nachnamens sowie zusätzlich des Geburtsdatums, des Geburtsortes oder der letzten bekannten Anschrift einer natürlichen Person Auskunft aus dem Zentralen Staatsanwaltschaftlichen Verfahrensregister automatisiert einzuholen. Wird im Zuge der Auskunftseinholung nach Satz 1 eine Übereinstimmung übermittelter Daten mit den im Zentralen Staatsanwaltschaftlichen Verfahrensregister gespeicherten Daten festgestellt, so erhält die Zentralstelle für Finanztransaktionsuntersuchungen automatisiert die Information über das Vorliegen eines Treffers und ist berechtigt, die dazu im Zentralen Staatsanwaltschaftlichen Verfahrensregister vorhandenen Daten automatisiert abzurufen. Die aus dem Zentralen Staatsanwaltschaftlichen Verfahrensregister erhobenen personenbezogenen Daten dürfen nur für die Zwecke der operativen Analyse verwendet werden.

                                        Richter

(5) Finanzbehörden erteilen der Zentralstelle für Finanztransaktionsuntersuchungen nach Maßgabe des § 31b Absatz 1 Nummer 5 der Abgabenordnung Auskunft und teilen ihr nach § 31b Absatz 2 der Abgabenordnung die
dort genannten Informationen mit. Die Zentralstelle für Finanztransaktionsuntersuchungen darf zur Wahrnehmung ihrer Aufgaben nach § 28 Absatz 1 Satz 2 Nummer 2 folgende, nach § 30 der Abgabenordnung dem Steuergeheimnis unterliegende Daten im automatisierten Verfahren abrufen,
soweit aufgrund der Analyse einer Meldung, Mitteilung oder Information
nach § 30 Absatz 1 vorliegender Tatsachen diese Daten für die weitere Analyse erforderlich sind:

1. beim Bundeszentralamt für Steuern die nach § 5 Absatz 1 Nummer 13
   des Finanzverwaltungsgesetzes vorgehaltenen Daten,

2. bei den Landesfinanzbehörden die zu einem Steuerpflichtigen gespeicherten Grundinformationen, die die Steuernummer, die Gewerbekennzahl, die Grund- und Zusatzkennbuchstaben, die Bankverbindung, die
   vergebene Umsatzsteuer-Identifikationsnummer, sowie das zuständige
   Finanzamt umfassen.

Bei Abrufen nach Satz 2 sind hinsichtlich natürlicher Personen der Vor-
name, der Nachname und die Anschrift oder das Geburtsdatum, hinsicht-
lich juristischer Personen und Personenvereinigungen der Name oder die
Firma sowie der Ort der Geschäftsleitung oder des Sitzes anzugeben. Die
Verantwortung für die Zulässigkeit eines Datenabrufs nach Satz 2 trägt die
Zentralstelle für Finanztransaktionsuntersuchungen. Die Zentralstelle für
Finanztransaktionsuntersuchungen prüft unverzüglich, inwieweit sie die als
Antwort übermittelten Daten im konkreten Einzelfall benötigt; nicht be-
nötigte Daten löscht sie unverzüglich. Wird das Ergebnis der Analyse nicht
nach § 32 Absatz 2 Satz 1 an die zuständige Strafverfolgungsbehörde übermittelt, werden die nach den Sätzen 1 und 2 erhobenen Daten unverzüglich
gelöscht. Im Übrigen gilt für die Verarbeitung der Daten, die die Zentralstelle für Finanztransaktionsuntersuchungen nach Satz 1 oder Satz 2 erhält,
§ 29 Absatz 1; eine Übermittlung der nach den Sätzen 1 oder 2 erhobenen
Daten an die für Verfahren im Sinne des § 32 Absatz 3 Satz 2 Nummer 2
und 3 zuständigen Stellen ist nicht zulässig. Soweit zu befürchten ist, dass
ein Datenabruf nach Satz 2 Nummer 1 den Untersuchungszweck eines Ermittlungsverfahrens im Sinne des § 30 Absatz 2 Nummer 1 Buchstabe b der
Abgabenordnung gefährdet, so kann die für dieses Verfahren zuständige Finanzbehörde oder die zuständige Staatsanwaltschaft anordnen, dass kein
Datenabruf nach Satz 2 erfolgen darf. § 480 Absatz 1 Satz 1 und 2 der Strafprozessordnung findet Anwendung, soweit die Daten Verfahren betreffen,
die zu einem Strafverfahren geführt haben. Weitere Einzelheiten des Abrufverfahrens nach Satz 2, insbesondere zu den technischen Formaten der ab-

rufbaren Daten, zur Erteilung und zum Umfang der Abrufberechtigungen, zur Protokollierung und zur Prüfung der Abrufe und sonstiger datenschutzrechtlich erforderlicher technischer und organisatorischer Maßnahmen, regelt eine Rechtsverordnung des Bundesministeriums der Finanzen im Einvernehmen mit dem Bundesministerium der Justiz und für Verbraucherschutz, die der Zustimmung des Bundesrates bedarf. Ein Abruf anderer als der in Satz 2 genannten Daten, die bei den Finanzbehörden gespeichert sind und die nach § 30 der Abgabenordnung dem Steuergeheimnis unterliegen, durch die Zentralstelle für Finanztransaktionsuntersuchungen ist nur zulässig, soweit dies nach § 31b der Abgabenordnung oder sonst in den Steuergesetzen zugelassen ist. Abweichend von den Sätzen 2–9 findet für den Abruf von Daten, die bei den Finanzbehörden der Zollverwaltung gespeichert sind und für deren Erhalt die Zentralstelle für Finanztransaktionsuntersuchungen die gesetzliche Berechtigung hat, Absatz 3 Anwendung.

(5a) Wird von der Verordnungsermächtigung des § 22a des Grunderwerbsteuergesetzes zur elektronischen Übermittlung der Anzeige im Sinne des § 18 des Grunderwerbsteuergesetzes Gebrauch gemacht, darf die Zentralstelle für Finanztransaktionsuntersuchungen unter den Voraussetzungen des Absatzes 5 Satz 2 bei den Landesfinanzbehörden die dort hierzu eingegangenen Datensätze erheben und in sonstiger Weise verarbeiten, soweit Tatsachen die Annahme rechtfertigen, dass die Transaktion einen Zusammenhang mit einem nach § 18 Absatz 1 Satz 1 des Grunderwerbsteuergesetzes anzuzeigenden Vorgang aufweist. Absatz 5 Satz 3–5, 7 und 10 gilt entsprechend.

(6) Verpflichtete nach § 2 Absatz 1 Nummer 1 haben das nach § 24c Absatz 1 des Kreditwesengesetzes zu führende Dateisystem auch für Abrufe der Zentralstelle für Finanztransaktionsuntersuchungen zu führen. Entsprechendes gilt für Verpflichtete nach § 2 Absatz 1 Nummer 3 in Bezug auf das nach § 27 des Zahlungsdiensteaufsichtsgesetzes zu führende Dateisystem sowie für Verpflichtete nach § 2 Absatz 1 Nummer 9 in Bezug auf das nach § 28 des Kapitalanlagegesetzbuchs zu führende Dateisystem. Die Zentralstelle für Finanztransaktionen darf zur Erfüllung ihrer Aufgaben Daten aus diesen Dateisystemen im automatisierten Verfahren abrufen. § 24c Absatz 4–8 des Kreditwesengesetzes gilt entsprechend.

(7) Soweit zur Überprüfung der Personalien des Betroffenen erforderlich, darf die Zentralstelle für Finanztransaktionsuntersuchungen im automatisierten Abrufverfahren nach § 38 des Bundesmeldegesetzes über die in § 38 Absatz 1 des Bundesmeldegesetzes aufgeführten Daten hinaus folgende Daten abrufen:

1. derzeitige Staatsangehörigkeiten,

2. frühere Anschriften, gekennzeichnet nach Haupt- und Nebenwohnung, und

3. Ausstellungsbehörde, Ausstellungsdatum, Gültigkeitsdauer, Seriennummer des Personalausweises, vorläufigen Personalausweises oder Ersatzpersonalausweises, des anerkannten und gültigen Passes oder Passersatzpapiers.

Ab 1.5.2022:

(7) Soweit zur Überprüfung der Personalien des Betroffenen erforderlich, darf die Zentralstelle für Finanztransaktionsuntersuchungen im automatisierten Abrufverfahren nach den §§ 34a und 38 des Bundesmeldegesetzes über die in § 34 Absatz 1 Satz 1 des Bundesmeldegesetzes aufgeführten Daten hinaus folgende Daten abrufen:

1. Ausstellungsbehörde, Ausstellungsdatum, Gültigkeitsdauer, Seriennummer des Personalausweises, vorläufigen Personalausweises oder Ersatzpersonalausweises, des anerkannten Passes oder Passersatzpapiers,

2. Tatsachen zu den Pass- und Ausweisdaten nach § 3 Absatz 2 Nummer 4 des Bundesmeldegesetzes sowie

3. Daten zum Wohnungsgeber nach § 3 Absatz 2 Nummer 10 des Bundesmeldegesetzes.

Entsprechendes gilt, soweit konkrete Anhaltspunkte dafür bestehen, dass dies zur Erfüllung der Aufgaben nach § 28 Absatz 1 Satz 2 Nummer 2 erforderlich ist. In den Fällen des Satzes 2 sind die nach Satz 1 abgerufenen Daten unverzüglich zu löschen, wenn sich nach Abschluss der operativen Analyse ergibt, dass die Voraussetzungen für eine Übermittlung nach § 32 Absatz 2 Satz 1 nicht vorliegen.

Schrifttum: *Kokemoor*, Der Automatisierte Abruf von Kontoinformationen nach § 24c KWG, BKR 2004, 135; *Schindler*, Geldwäschegesetzgebung und Steuerrecht, 2021; *Zentes/Glaab*, Änderungen durch die GwG-Novelle zur Umsetzung der Fünften EU-Geldwäscherichtlinie und ihre Auswirkungen auf die Verpflichteten, BB 2019, 1667.

Übersicht

I. Allgemeines

1 Durch § 31 GwG wird Art. 32 Abs. 4 Satz 1 Vierte EU-Geldwäscherichtlinie umgesetzt.[1] Danach haben die Mitgliedstaaten sicherzustellen, dass ihre FIUs zeitnah unmittelbar oder mittelbar Zugang zu den Finanz-, Verwaltungs- und Strafverfolgungsinformationen erhalten, die sie zur ordnungsgemäßen Erfüllung ihrer Aufgaben benötigen. § 31 GwG regelt ausgehend davon das Auskunftsrecht gegenüber inländischen öffentlichen Stellen sowie die Datenzugriffsrechte der Zentralstelle für Finanztransaktionsuntersuchungen.[2] Kern der Datenzugriffsrechte sind die in § 31 GwG normierten, verschiedenen **automatisierten Datenabrufverfahren**. Diese bestehen für andere inländische öffentliche Stellen (Abs. 3), den polizeilichen Informationsverbund (Abs. 4), das Zentrale Staatsanwaltliche Verfahrensregister (Abs. 4a), Finanzbehörden (Abs. 5 und 5a), Kreditinstitute, weitere Institute nach § 2 Abs. 1 Nr. 3 GwG sowie Kapitalverwaltungsgesellschaften (Abs. 6) und den Abruf von Meldedaten aus dem Bundesmeldegesetz (Abs. 7). Überdies besteht hinsichtlich der Daten im polizeilichen Informationsverbund die Möglichkeit zur Einrichtung eines darüber hinausgehenden automatisierten Abrufverfahrens (Abs. 4 Satz 7).

2 Durch das Gesetz zur Umsetzung der **Änderungsrichtlinie zur Vierten EU-Geldwäscherichtlinie** vom 12.12.2019,[3] das zum 1.1.2020 in Kraft getreten ist, wurden neben redaktionellen Anpassungen insbesondere Änderungen des § 31 Abs. 4 GwG vorgenommen und ein neuer § 31 Abs. 4a GwG eingefügt.[4] Diese Neuerungen waren zum Teil noch nicht Gegenstand des Referentenentwurfs des Gesetzes vom 20.5.2019.[5] Ziel der Neuerungen war insgesamt eine Stärkung der **Datenzugriffsbefugnisse** der FIU, um deren effektive Aufgabenwahrnehmung zu gewährleisten.

---

1 BT-Drs. 18/11555, S. 141.

2 Nachfolgend als „FIU" („Financial Intelligence Unit") bezeichnet.

3 BGBl. I 2019, S. 2602.

4 Vgl. zu den Einzelheiten zum Stand des Referentenentwurfs *Zentes/Glaab*, BB 2019, 1667, 1671 f.

5 Vgl. Begleitschreiben des BMF zur Konsultation des RefE GwG 2019, Gz. VII A 5 – WK 5023/17/10008:012, DOK 2019/0316572, S. 1 (nachfolgend bezeichnet als „Begleitschreiben des BMF zum RefE").

Im Referentenentwurf zum Gesetz zur Umsetzung der Änderungsrichtlinie zur 3
Vierten EU-Geldwäscherichtlinie war auch die Schaffung einer speziellen Ermächtigungsgrundlage in § 31 Abs. 8 GwG-E für den Datenzugriff der FIU auf
das **Transparenzregister** vorgesehen. Die FIU sollte hierdurch berechtigt werden, das Transparenzregister in einem automatisierten Verfahren nach Daten insbesondere zu Vereinigungen und Rechtsgestaltungen sowie zu bestimmten Angaben über deren wirtschaftlich Berechtigte durchsuchen und diese Daten abrufen zu können.[6] Im weiteren Gesetzgebungsverfahren wurde dieser Ansatz dann
nicht in § 31 GwG, sondern in dem neuen § 26a GwG weiterverfolgt.

Weitere recht umfassende inhaltliche[7] Änderungen des § 31 GwG wurden im 4
Zuge des Gesetzes zur europäischen Vernetzung der Transparenzregister und
zur Umsetzung der Richtlinie 2019/1153 des Europäischen Parlaments und des
Rates vom 20.6.2019 zur Nutzung von Finanzinformationen für die Bekämpfung von Geldwäsche, Terrorismusfinanzierung und sonstigen schweren Straftaten vom 25.6.2021[8] (Abs. 1 und 6, siehe → § 31 Rn. 5 f., 45 ff.), des Gesetzes zur
Stärkung der Finanzmarktintegrität vom 3.6.2021[9] (Abs. 5 und 5a, siehe → § 31
Rn. 32 ff.) sowie des Zweiten Gesetzes zur Änderung des Bundesmeldegesetzes
vom 15.1.2021[10] (Abs. 7 mit Wirkung zum 1.5.2022, siehe → § 31 Rn. 50 ff.)
vorgenommen.

II. Datenerhebung bei inländischen öffentlichen Stellen (§ 31 Abs. 1 GwG)

Die FIU kann zur Erfüllung ihrer Aufgaben bei inländischen öffentlichen Stellen 5
– zu denen seit dem 1.8.2021 in Umsetzung von Art. 8 der EU-Finanzinformationsrichtlinie[11] ohne materielle Kompetenzausdehnung ausdrücklich das **BKA**
als „benannte Behörde im Sinne des Artikel 3 Absatz 2 der Richtlinie (EU)

---

6 RefE GwG 2019, S. 95.
7 Durch Art. 269 der Elften Zuständigkeitsanpassungsverordnung v. 19.6.2020, BGBl. I
   2020, S. 1328, wurde die Namensänderung des BMI in § 31 Abs. 4 GwG berücksichtigt.
8 BGBl. I 2021, S. 2083 (nachfolgend bezeichnet als „Transparenzregister- und Finanzinformationsgesetz").
9 BGBl. I 2021, S. 1534 (nachfolgend bezeichnet als „FISG").
10 BGBl. I 2021, S. 530 (nachfolgend bezeichnet als „2. BMGÄndG").
11 Richtlinie (EU) 2019/1153 des Europäischen Parlamentes und des Rates v. 20.6.2019
    zur Festlegung von Vorschriften zur Erleichterung der Nutzung von Finanz- und sons-
    tigen Informationen für die Verhütung, Aufdeckung, Untersuchung oder Verfolgung
    bestimmter Straftaten und zur Aufhebung des Beschlusses 2000/642/JI des Rates, ABl.
    L 186, S. 122. Zur nationalen Umsetzung BT-Drs. 19/28164, S. 53.

2019/1153"[12] zählt – Daten **erheben** (§ 31 Abs. 1 Satz 1 GwG). Sie ist ebenfalls befugt, diese Daten zu **verarbeiten** (vgl. dazu auch → § 29 GwG Rn. 1 ff.).[13] Gem. Art. 43 Vierte EU-Geldwäscherichtlinie ist die Verarbeitung personenbezogener Daten auf der Grundlage der EU-Geldwäscherichtlinie zu Zwecken der Verhinderung von Geldwäsche und Terrorismusfinanzierung als Angelegenheit von öffentlichem Interesse gemäß Art. 6 Abs. 1 lit. e DSGVO anzusehen.

6   Die inländischen öffentlichen Stellen erteilen der FIU zur Erfüllung von deren Aufgaben auf deren **Ersuchen** Auskunft, soweit der Auskunft keine Übermittlungsbeschränkungen entgegenstehen (§ 31 Abs. 1 Satz 2 GwG). Durch die Auskunftsverpflichtung der inländischen öffentlichen Stellen wird Art. 32 Abs. 4 Satz 1 Vierte EU-Geldwäscherichtlinie umgesetzt.[14] In dem zum 5.8.2021 noch laufenden[15] Vertragsverletzungsverfahren INFR(2020)2359, rügt die Europäische Kommission indes aufgrund der Übermittlungsbeschränkung die fehlerhafte Umsetzung von Art. 32 Abs. 4 der Vierten EU-Geldwäscherichtlinie.[16] Die Auskunftspflicht der inländischen öffentlichen Stellen korrespondiert mit dem umgekehrt bestehenden **Auskunftsrecht** der FIU in § 31 Abs. 1 Satz 1 GwG.[17]

7   **Übermittlungsbeschränkungen** können sich bspw. ergeben aus:[18]

– **§ 23 BVerfSchG** (Bundesverfassungsschutzgesetz) bei schutzwürdigen Interessen des Betroffenen, überwiegenden Sicherheitsinteressen oder wenn besondere gesetzliche Übermittlungsregelungen entgegenstehen oder

– **§ 28 BKAG** (Bundeskriminalamtgesetz) bei Verletzung von schutzwürdigen Interessen des Betroffenen bzw. besonderen bundesgesetzlichen Verwendungsregelungen.

III. Ausgestaltung der Auskunftsverpflichtung der inländischen öffentlichen Stelle (§ 31 Abs. 2 GwG)

8   Nach § 31 Abs. 2 Satz 1 GwG müssen die Anfragen der FIU von der inländischen öffentlichen Stelle **unverzüglich** beantwortet werden. Unverzüglich bedeutet „ohne schuldhaftes Zögern" (§ 121 Abs. 1 Satz 1 BGB).

---

12 § 3 Abs. 2a Satz 2 BKAG in der Fassung des Transparenzregister- und Finanzinformationsgesetzes sowie BT-Drs. 19/28164, S. 61.
13 BT-Drs. 18/11555, S. 141.
14 BT-Drs. 18/11555, S. 141.
15 BT-Drs. 19/31896, S. 30.
16 Vgl. die Pressemitteilung der Europäischen Kommission INF/21/441 v. 18.2.2021, unter 3., https://ec. europa.eu/commission/presscorner/detail/EN/INF_21_441, zuletzt abgerufen am 9.12.2021 sowie BT-Drs. 19/32627, S. 8.
17 BT-Drs. 18/11555, S. 141.
18 BT-Drs. 18/11555, S. 141.

Daten, die mit der Anfrage im Zusammenhang stehen, müssen der FIU nach **9**
§ 31 Abs. 2 Satz 2 GwG zur Verfügung gestellt werden. Die inländischen öffentlichen Stellen sind bereits nach § 31 Abs. 1 Satz 2 GwG zur Auskunft verpflichtet. Diese Auskunftspflicht wird durch die in § 31 Abs. 2 GwG vorgesehene Datenübermittlungspflicht flankiert.

IV. Automatisiertes Abrufverfahren (§ 31 Abs. 3 GwG)

Nach § 31 Abs. 3 Satz 1 GwG soll die FIU ein automatisiertes Verfahren für die **10**
Übermittlung personenbezogener Daten, zu deren Erhalt sie gesetzlich berechtigt ist und die bei anderen inländischen öffentlichen Stellen gespeichert sind, durch Abruf einrichten. Durch die Einrichtung eines automatisierten Datenabrufverfahrens nach § 31 Abs. 3 GwG soll die Reduzierung von personellen Aufwänden bei FIU und inländischen öffentlichen Stellen erreicht werden.[19]

Die Norm ist als „Soll"-Vorschrift ausgestaltet, es besteht also keine Verpflichtung für die FIU, diese Anforderung umzusetzen. Insbesondere können **technische, zeitliche und finanzielle** Aspekte gegen die Einrichtung des automatisierten Abrufverfahrens angeführt werden.[20] Angesichts der rasanten technologischen Entwicklung erscheint es allerdings wenig wahrscheinlich, dass gegen ein automatisiertes Abrufverfahren dauerhaft grundsätzliche Einwände in technischer, zeitlicher oder finanzieller Hinsicht geltend gemacht werden können. Bedenken und ggf. Einschränkungen dürften sich allerdings vermehrt aus konfligierenden **datenschutzrechtlichen Erwägungen** ergeben. Insofern ist zu beachten, dass der BfDI seit einiger Zeit die Tätigkeit der FIU im Hinblick auf ihre Datenschutzkonformität dezidiert kritisch beurteilt.[21] **11**

Verstärktes Augenmerk ist demnach dem Kriterium der **Angemessenheit** zu **12**
widmen, auf das § 31 Abs. 3 Satz 1 GwG ausdrücklich Bezug nimmt. Der automatisierte Datenabruf muss im Hinblick auf die **schutzwürdigen Interessen** der betroffenen Personen bei einer Vielzahl von Übermittlungen sowie aufgrund **besonderer Eilbedürftigkeit** angemessen sein.

Es werden zudem bestimmte Kriterien für die **Zulässigkeit** in § 31 Abs. 3 Satz 2 **13**
GwG definiert (insbesondere Anlass und Zweck des Abgleich- oder Abrufverfahrens, Übermittlungsempfänger, Art der übermittelten Daten und technische und organisatorische Maßnahmen zur Gewährleistung des Datenschutzes), die im Falle der Einrichtung eines automatisierten Abrufverfahrens durch die FIU schriftlich festzulegen sind.

---

19 BT-Drs. 18/11555, S. 142.
20 BT-Drs. 18/11555, S. 142.
21 BfDI, Stellungnahme zum Entwurf des Finanzmarktintegritätsstärkungsgesetzes – FISG v. 2.2.2021, Gz.: 12-230/008#0156, S. 6.

14 Gemäß der Gesetzesbegründung beinhaltet das automatisierte Abrufverfahren nach § 31 GwG ein **zweistufiges Verfahren** der FIU:[22]

   – Im ersten Schritt erfolgt immer ein **Datenabgleich** und

   – im zweiten Schritt wird, sofern ein Treffer vorliegt, ein **Datenabruf** vorgenommen.

15 **Datenabgleich** meint „die automatisierte Übermittlung von Fundstellendatensätzen durch die Zentralstelle für Finanztransaktionsuntersuchungen […] an eine datenbesitzende Behörde zum Zwecke der Überprüfung auf Übereinstimmung mit dort vorhandenen Daten, worüber die Zentralstelle für Finanztransaktionsuntersuchungen eine automatisierte Information erhält".[23]

16 Sofern der **Datenabruf** im zweiten Schritt mangels eines Treffers nicht möglich ist, kann der Datenabgleich auch „eigenständig Bestand haben".[24] Bei einem erfolgreichen Datenabgleich, also sofern die Informationen bei der datenbesitzenden Behörde vorliegen, erfolgt anschließend die automatisierte Datenübermittlung (d. h. der Datenabruf). Dann fallen Datenabgleich und Datenabruf zusammen.[25]

17 Letztlich wird der FIU durch das automatisierte Abrufverfahren nach § 31 GwG „das Recht eingeräumt", über die bei der jeweiligen Stelle vorhandenen personenbezogenen Daten „**eigenständig zu verfügen**".[26]

V. Datenabgleich mit polizeilichem Informationsverbund (§ 31 Abs. 4 GwG)

18 § 31 Abs. 4 GwG stellt eine **lex specialis** zu § 31 Abs. 3 GwG für den automatisierten Datenabgleich hinsichtlich der Daten aus dem polizeilichen Informationsverbund dar.[27] Die Ermächtigung zum Datenabgleich bezieht sich auf Daten, die von der FIU zur operativen Analyse nach § 28 Abs. 1 Satz 2 Nr. 2 GwG benötigt werden.[28] Durch das GwG vom 12.12.2019 wurde die Bezeichnung „polizeiliches Informationssystem" in „polizeilichen Informationsverbund" geändert, um der entsprechenden Änderung in § 29 BKAG n. F. vom 25.5.2018 Rechnung zu tragen.[29]

---

22 BT-Drs. 18/11555, S. 142.
23 BT-Drs. 18/11555, S. 142.
24 BT-Drs. 18/11555, S. 142.
25 BT-Drs. 18/11555, S. 142.
26 BT-Drs. 18/11555, S. 142.
27 BT-Drs. 18/11555, S. 142.
28 BT-Drs. 18/11555, S. 142.
29 BR-Drs. 352/19, S. 103.

Die Aufgabe wurde vor dem GwG 2017 von den bei den Landeskriminalämtern **19** eingerichteten **Gemeinsamen Finanzermittlungsgruppen Zoll/Polizei (GFG)** im Rahmen der dort erfolgten „Vorabklärung" einer Geldwäscheverdachtsmeldung wahrgenommen.[30]

Nach § 31 Abs. 4 GwG ist die FIU zum automatisierten Datenabgleich der bei **20** ihr gespeicherten personenbezogenen Daten mit den Daten aus dem **polizeilichen Informationsverbund** nach § 29 Abs. 1 und 2 BKAG befugt. Voraussetzung hierfür ist nach § 31 Abs. 4 Satz 2 GwG, dass bei dem Datenabgleich eine Übereinstimmung mit den übermittelten Daten festgestellt wird. Die FIU wird auch automatisiert über einen Treffer informiert. Dieses Vorgehen nach § 31 Abs. 4 Satz 2 GwG wird als sog. **Hit-/No-hit-Verfahren (Treffer-/Nicht-Treffer-Verfahren)** bezeichnet.[31] Besondere Vorkehrungen gelten nach § 31 Abs. 4 Satz 3 GwG für den Fall von Daten, die von einem Teilnehmer am polizeilichen Informationsverbund als **besonders schutzwürdig** eingestuft wurden und daher für den Datenabruf nicht verfügbar sind. Nach Satz 3 wird dann nur der datenbesitzende Teilnehmer automatisiert über einen Treffer informiert.

Durch das GwG vom 12.12.2019 wurde ein neuer Satz 4 ergänzt, wodurch die **21** FIU bei der Abfrage von besonders schutzwürdigen Daten weitergehende Informationen erhalten soll. Nunmehr erhält die FIU bei einer Abfrage von als besonders schutzwürdig eingestuften Daten nach Satz 3 **zugleich** die Information über das **Vorliegen** eines Treffers sowie die Information, wer **datenbesitzender Teilnehmer** (also die datenbesitzende Polizeistelle) am polizeilichen Informationsverbund ist. Ein eigener **Datenzugriff** der FIU ist jedoch auch weiterhin nicht vorgesehen.[32] Hintergrund für die Ergänzung ist, dass sich die frühere Regelung nach Darstellung des für die Gesetzgebung zum GwG zuständigen BMF nicht als praxistauglich erwiesen habe.[33] Nach der seit dem GwG 2017 bestehenden Rechtslage erhielten bei einer Abfrage besonders geschützter Daten durch die FIU ausschließlich der datenbesitzende Teilnehmer am polizeilichen Informationssystem sowie das BKA Informationen über das Vorliegen eines Treffers.[34] Die insofern vorgesehene, unverzügliche Kontaktaufnahme dieser Stellen mit der abfragenden FIU zur Übermittlung der benötigten Informationen habe sich nach Ansicht des Gesetzgebers nicht bewährt. Vielmehr sei bislang nur eine geringe Rückmeldequote der datenbesitzenden Stelle erzielt worden.[35] Durch die Neuregelung sollte die FIU in den Stand gesetzt werden, den Sachverhalt umge-

---

30 BT-Drs. 18/11555, S. 142.
31 BT-Drs. 18/11555, S. 142.
32 Vgl. BR-Drs. 352/19, S. 103.
33 Vgl. BR-Drs. 352/19, S. 103.
34 Vgl. BR-Drs. 352/19, S. 103.
35 BR-Drs. 352/19, S. 103.

hend[36] und direkt mit der datenbesitzenden Stelle zu bewerten bzw. ihn an diese abzugeben oder selbst Maßnahmen einzuleiten.[37]

22   Gegen die Neuregelung wurde teils deutliche Kritik geäußert. Insbesondere wurde die Befürchtung geäußert, dass besonders sensible Ermittlungsverfahren nun zur Kenntnis der – in diesen Fragen unerfahrenen – FIU gelangen könnten.[38]

23   Nach § 31 Abs. 4 Satz 5 GwG muss die datenbesitzende Stelle **unverzüglich** (vgl. zur Definition → § 31 Rn. 8) Kontakt zur FIU aufnehmen, wenn sie die Information nach Satz 3 über das Vorliegen eines Treffers erhalten hat, und die angefragten Daten an diese übermitteln, sofern keine Übermittlungsbeschränkungen bestehen. Durch das GwG vom 12.12.2019 erfolgte auch eine Änderung des Wortlauts in Satz 5. In § 31 Abs. 4 Satz 4 GwG 2017 a. F. bestand die Pflicht zur Kontaktaufnahme der datenbesitzenden Stelle „in diesem Fall", also bei Vorliegen eines Treffers. Gem. § 31 Abs. 4 Satz 5 GwG besteht die Pflicht zur Kontaktaufnahme nunmehr „bei Information über das Vorliegen eines Treffers". Gem. Gesetzesbegründung handelt es sich hierbei lediglich um eine redaktionelle Folgeänderung.[39] Die Änderung könnte jedoch auch als Konkretisierung des Zeitpunktes für das Tätigwerden der datenbesitzenden Stelle verstanden werden, was zugleich deren Tätigwerden künftig beschleunigen könnte.

24   **Übermittlungsbeschränkungen** bei als besonders schutzbedürftig eingestuften Daten können nach Vorstellung des Gesetzgebers bspw. vorliegen, wenn sich die Bereitstellung der Daten negativ auf den Erfolg laufender Ermittlungen auswirken, Maßnahmen im Bereich der Gefahrenabwehr beeinträchtigt werden oder Bedingungen ausländischer Stellen zur Verwendung der Daten dem entgegenstehen könnten.[40] Der datenbesitzenden Stelle steht ein **Ermessensspielraum** bei der Entscheidung über das Vorliegen von Übermittlungsbeschränkungen zu.[41] In diesen Fällen stand es der datenbesitzenden Stelle nach dem Willen des Gesetzgebers zu, in Einzelfällen von der Kontaktaufnahme zur FIU **abzusehen** und diese nicht über die Datenübereinstimmung zu informieren, wenn die „Tatsache, dass ein Ermittlungsverfahren gegen eine oder mehrere bestimmte Personen geführt wird, als **besonders schutzbedürftig** eingestuft wird und damit die bloße

---

36 BR-Drs. 352/19, S. 104.

37 Vgl. Begleitschreiben des BMF zum RefE, S. 10; BR-Drs. 352/19, S. 104.

38 Im Überblick und zur weiteren Kritik m. w. N. *Barreto da Rosa*, in: Herzog, GwG, § 31 Rn. 12 f. Vgl. in diesem Zusammenhang die Prognose des damaligen Vorsitzenden des Bundes Deutscher Kriminalbeamter *Fiedler* anlässlich der Sachverständigenanhörung durch den Finanzausschuss, Deutscher Bundestag Finanzausschuss, Wortprotokoll der 60. Sitzung, Protokoll-Nr. 19/60, S. 22: „Das wird dazu führen, dass die Landeskriminalämter die Dateien nicht speichern werden, weil sie Angst davor haben, dass ein verdeckter Ermittler möglicherweise sein Leben riskiert."

39 BR-Drs. 352/19, S. 104.

40 BT-Drs. 18/11555, S. 143.

41 BT-Drs. 18/11555, S. 143.

Offenbarung dieser Tatsache zu einer Gefährdung des Ermittlungserfolges führen könnte".[42] Mit Aufnahme des neuen Satz 4 und der Ausdehnung des Hit-/ No-hit-Verfahrens auf die schutzwürdigen Informationen des Satz 3 ist diese Ausnahme aufgehoben geworden.

Nach § 31 Abs. 4 Satz 6 GwG gehen die Regelungen des § 31 Abs. 1–5 GwG **25** den Vorgaben zur Zulässigkeit der Einrichtung eines automatisierten Abrufverfahrens im polizeilichen Informationsverbund nach **§ 29 Abs. 8 BKAG** vor.

Nach § 31 Abs. 4 Satz 7 GwG kann mit Zustimmung des Bundesministeriums **26** des Innern, für Bau und Heimat, des Bundesministeriums der Finanzen sowie der Innenministerien und Senatsinnenverwaltungen der Länder ein **weitergehendes automatisiertes Abrufverfahren** für die FIU eingerichtet werden, sofern dieses unter Berücksichtigung der schutzwürdigen Interessen der Betroffenen aufgrund der Vielzahl der Übermittlungen oder der besonderen Eilbedürftigkeit angemessen ist. Hiervon wurde bislang kein Gebrauch gemacht.

VI. Auskunft aus dem Zentralen Staatsanwaltlichen Verfahrensregister (§ 31 Abs. 4a GwG)

Durch das GwG vom 12.12.2019 wurde § 31 GwG um einen neuen Abs. 4a er- **27** gänzt, wodurch die FIU nun Auskunft aus dem **Zentralen Staatsanwaltschaftlichen Verfahrensregister (ZStV)** einholen darf. Das ZStV wird gem. § 492 Abs. 1 StPO vom Bundesamt für Justiz geführt. Im ZStV sind gem. § 492 Abs. 2 StPO einzutragen: die **Personendaten** des Beschuldigten und, soweit erforderlich, andere zur Identifizierung geeignete Merkmale; die zuständige Stelle und das **Aktenzeichen**; die **nähere Bezeichnung der Straftaten**, insbesondere die Tatzeiten, die Tatorte und die Höhe etwaiger Schäden; die **Tatvorwürfe** durch Angabe der gesetzlichen Vorschriften; sowie die Einleitung des Verfahrens und die **Verfahrenserledigungen** bei der Staatsanwaltschaft und bei Gericht nebst Angabe der gesetzlichen Vorschriften.

Zur Ermöglichung des Zugriffs durch die FIU wurde § 492 Abs. 3 Satz 4 StPO **28** geändert.[43] Hierdurch soll die FIU nun auch Zugang zu Informationen, wie insbesondere zu den Tatumständen, zum Tatvorwurf sowie zum Verfahrensausgang erhalten, die sie für eine umfassende Bewertung der Sachverhalte von Verdachtsmeldungen und zur Einleitung von erforderlichen Maßnahmen benötigt.[44] Überdies soll ihr hierdurch die Ermittlung überörtlich handelnder Täter sowie von Mehrfachtätern und das frühzeitige Erkennen von Tat- und Täterverbindungen

---

42 BT-Drs. 18/11555, S. 143.
43 BR-Drs. 352/19, S. 127 f.
44 Vgl. Begleitschreiben des BMF zum RefE, S. 10 f.

ermöglicht und erleichtert werden.[45] Die Auskunftsmöglichkeit nach Abs. 4a ergänzt hinsichtlich des Informationsgehalts diejenige nach Abs. 4, wonach die FIU Daten aus dem polizeilichen Informationsverbund automatisiert abgleichen kann.[46]

29   Zur Erfüllung ihrer Aufgaben nach § 28 Abs. 1 Satz 2 Nr. 2 GwG und unter Angabe von bestimmten personenbezogenen Informationen (Vorname, Nachname, Geburtsdatum, Geburtsort oder letzte bekannte Anschrift einer natürlichen Person), darf die FIU jetzt automatisiert Auskunft aus dem ZStV einholen (§ 31 Abs. 4a Satz 1 GwG). Eine im Gesetzentwurf noch vorgesehene Beschränkung der automatisierten Dateneinholung durch die FIU „zu dort gespeicherten Straftaten im Zusammenhang mit Geldwäsche und Terrorismusfinanzierung" wurde aufgrund der Stellungnahme des Bundesrates[47] und der Beschlussempfehlung des Finanzausschusses aus dem Gesetzestext gestrichen.[48]

30   Wird im Zuge der Auskunftseinholung nach § 31 Abs. 4a Satz 1 eine Übereinstimmung übermittelter Daten mit den im ZStV gespeicherten Daten festgestellt, so erhält die FIU automatisiert die Information über das Vorliegen eines Treffers und ist berechtigt, die dazu im ZStV vorhandenen Daten automatisiert abzurufen (§ 31 Abs. 4a Satz 2 GwG). Die Erlaubnis zum Zugriff erfolgt spezifisch für einen **bestimmten Treffer**.[49] Gem. § 492 Abs. 3 Satz 4 Halbs. 2 StPO wird die Auskunft über die Eintragung im Einvernehmen mit der Staatsanwaltschaft, die die personenbezogenen Daten zur Eintragung in das Verfahrensregister mitgeteilt hat, erteilt, wenn hiervon eine Gefährdung des Untersuchungszwecks nicht zu besorgen ist.

31   § 31 Abs. 4a Satz 3 GwG enthält eine **Verwendungsbeschränkung**[50] der aus dem ZStV erhaltenen Daten. Danach dürfen die aus dem Zentralen Staatsanwaltschaftlichen Verfahrensregister erhobenen personenbezogenen Daten nur für die Zwecke der operativen Analyse verwendet werden. Hierdurch soll nach dem Willen des Gesetzgebers eine **zweckändernde Verwendung** ausgeschlossen werden.[51] In der Gesetzesbegründung wird in diesem Zusammenhang ausgeführt, dass die „Übermittlung der Ergebnisse und zusätzlicher relevanter Informationen" an Strafverfolgungsbehörden nach § 32 Abs. 2 Satz 1 GwG keine Zweckänderung darstellt.[52] Es darf jedoch keine Weitergabe der Daten an andere

---

45 BR-Drs. 352/19, S. 104.
46 BR-Drs. 352/19, S. 128.
47 BT-Drs. 19/13827, S. 135.
48 BT-Drs. 19/15163, S. 47; BT-Drs. 19/15196, S. 48.
49 BR-Drs. 352/19, S. 104.
50 BR-Drs. 352/19, S. 105.
51 BR-Drs. 352/19, S. 105.
52 BR-Drs. 352/19, S. 105.

nationale oder internationale Behörden erfolgen, wie z.B. Polizeibehörden, Nachrichtendienste oder FIUs anderer Staaten.[53]

VII. Automatisierter Datenabruf bei Finanzbehörden (§ 31 Abs. 5 GwG)

§ 31 Abs. 5 GwG stellt eine **lex specialis** zu § 31 Abs. 3 GwG (vgl. → § 31 Rn. 10 ff.) für den automatisierten Datenabruf bei Finanzbehörden dar.[54] Die Vorschrift wurde durch das FISG mit Wirkung ab dem 1.7.2021 **wesentlich umgestaltet**, um eine „Erweiterung der Befugnis der Zentralstelle für Finanztransaktionsuntersuchungen zum automatisierten Abruf von bei den Finanzbehörden vorliegenden Grunddaten zu Steuerpflichtigen" zu erzielen.[55]   **32**

Bis zur Änderung von § 31 Abs. 5 GwG durch das FISG waren der FIU die steuerlichen Grunddaten nur durch spezifische manuelle Auskunftsersuchen an die zuständigen Finanzbehörden zugänglich. Lediglich Steuernummer und zuständige Finanzbehörde konnte die FIU „zur Vorbereitung von Auskunftsersuchen" automatisiert abrufen.[56] Aufgrund des wachsenden Meldeaufkommens (→ § 30 Rn. 4) schien dem Gesetzgeber der Weg über einzelne Auskunftsersuchen mit Bearbeitungszeiten von bis zu vier Wochen nicht länger praxistauglich.[57] Mit der Neuerung soll nach der Gesetzesbegründung „keine Erweiterung des Datenkranzes" verbunden sein, der nach der vormals bestehenden Regelung des § 31b Abs. 1 AO seitens der Finanzbehörden gegenüber der FIU offenbart werden durfte.[58] Dieser Einschätzung wurde allerdings schon früh im Verlauf des Gesetzgebungsverfahrens durch niemand Geringeren als den Bundesbeauftragten für den Datenschutz und die Informationsfreiheit eine deutliche Absage erteilt.[59] Der BfDI wies darauf hin, dass nach dem vormaligen § 31 Abs. 5 GwG a.F. nur ein automatisierter Abruf von Steuernummer und zuständigem Finanzamt möglich war, während die nach der Neufassung von § 31 Abs. 5 GwG „nun vorgesehenen Merkmale Gewerbekennzahl, Grund- und Zusatzkennbuchstaben, Bank-   **33**

---

53 BR-Drs. 352/19, S. 105.
54 BT-Drs. 18/11555, S. 143.
55 BT-Drs. 19/26966, S. 96.
56 Siehe dazu die Vorauflage § 31 Rn. 1 ff. und BT-Drs. 19/26966, S. 97.
57 BT-Drs. 19/26966, S. 97.
58 BT-Drs. 19/26966, S. 96 f.
59 BfDI, Stellungnahme zum Entwurf des Finanzmarktintegritätsstärkungsgesetzes – FISG v. 2.2.2021, Gz.: 12-230/008#0156, S. 4: „Entgegen der Begründung des Gesetzentwurfs handelt es sich hierbei um eine Erweiterung des Datenkranzes, mit der eine noch weitergehende Durchbrechung des Steuergeheimnisses im Sinne der hiermit korrespondierenden Übermittlungsnorm des § 31 b Abs. 2a AO-E einhergehen soll."

verbindung und Umsatzsteueridentifikationsnummer [...] eine Erweiterung des Datenkranzes" darstellen.[60]

34 Nunmehr erlaubt es § 31 Abs. 5 Satz 2 GwG der FIU, die dort in Nr. 1 und Nr. 2 genannten Informationen **automatisiert bei den Finanzbehörden abzurufen.**[61] Die **Verantwortung für die Zulässigkeitsprüfung** liegt – anders als bei Einzelersuchen nach Satz 1 – allein bei der FIU (§ 31 Abs. 5 Satz 4 GwG). Die automatisierte Übermittlung setzt lediglich voraus, dass aufgrund der operativen Analyse nach § 28 Abs. 1 Satz 2 Nr. 2 GwG einer vorherigen Meldung nach § 30 Abs. 1 GwG Tatsachen vorliegen, die die steuerlichen Grunddaten zur Durchführung der weiteren Analyse erfordern. Die Gesetzesbegründung spricht insoweit von einem „hinreichenden Anlass".[62] Das heißt: Die durch die Abfrage gewonnenen Tatsachen „müssen Hinweise enthalten, die im konkreten Einzelfall den Abfrageanlass stützen" und auch der Abruf bei den Finanzbehörden muss seinerseits erforderlich sein.[63] Letzteres wird bei anderweitiger Kenntnis von den erlangten Daten ausscheiden. Ersterem genügt ausweislich der Gesetzesbegründung schon, wenn die erlangten Informationen vorhandene Kenntnisse im Ergebnis plausibilisieren sollen.[64] Die Gesetzesbegründung lässt sich so verstehen, als seien die steuerlichen Grunddaten in der Praxis der FIU „unbedingt erforderlich".[65]

35 Zu diesen gesetzgeberischen Erwägungen hat der BfDI im Gesetzgebungsverfahren eine lesenswerte und **dezidiert kritische Stellungnahme** abgegeben, in welcher der BfDI „aufgrund grundlegender datenschutzrechtlicher Bedenken wie auch meiner grundsätzlichen Kritik an der Datenhaltung bei der FIU insgesamt" das Petitum vorbrachte, von der geplanten Erweiterung von automatisierten Abrufbefugnissen der FIU auf steuerliche Grunddaten und Grunderwerbsanzeigen insgesamt Abstand zu nehmen.[66] Der BfDI hielt die Neuregelung des § 31 Abs. 5 GwG „mit den Anforderungen an den Verhältnismäßigkeitsgrundsatz im engeren Sinne für unvereinbar". Der BfDI bemängelte ferner Verstöße „in wesentlichen Punkten"[67] gegen die Vorgaben des Bundesverfassungsgerichts

---

60 BfDI, Stellungnahme im Rahmen der Ressortbeteiligung, Schreiben v. 9.11.2020 an das Referat VIIB1 des BMF und das Referat III A3 des BMJV, Gz.: 12-230/008#0156, S. 10.

61 BT-Drs. 19/26966, S. 97 Die Regelung wird von § 31b Abs. 2a AO aufseiten der Finanzbehörden flankiert.

62 BT-Drs. 19/26966, S. 97.

63 BT-Drs. 19/26966, S. 97.

64 BT-Drs. 19/26966, S. 97.

65 BT-Drs. 19/26966, S. 97.

66 BfDI, Stellungnahme zum Entwurf des Finanzmarktintegritätsstärkungsgesetzes – FISG v. 2.2.2021, Gz.: 12-230/008#0156, S. 3.

67 BfDI, Stellungnahme zum Entwurf des Finanzmarktintegritätsstärkungsgesetzes – FISG v. 2.2.2021, Gz.: 12-230/008#0156, S. 4.

in seinem Beschluss zur Bestandsdatenauskunft II.[68] In diesem Beschluss habe
das BVerfG „insbesondere entschieden, dass sowohl gesetzliche Übermittlungs-
als auch Abrufregelungen die Verwendungszwecke der Daten ausreichend begrenzen müssen, indem sie tatbestandliche Eingriffsschwellen und einen hinreichend gewichtigen Rechtsgüterschutz vorsehen." Insoweit sehe das Gesetz keine
begrenzenden Eingriffsschwellen vor und beschränke sich die Datenverarbeitung der FIU nicht nur auf den Schutz hochrangiger Rechtsgüter.[69]

Wie der unveränderte und deshalb weiterhin deklaratorische[70] Satz 1 klarstellt,   **36**
sind darüber hinaus Einzelersuchen zu sonstigen steuerlichen Daten, die § 30
AO unterfallen, möglich (dazu → § 31 Rn. 39).[71] Ihre Grenze finden die Einzelersuchen in § 31b AO bzw. den sonstigen Steuergesetzen (§ 31 Abs. 5 Satz 11).

Nach Satz 8 kann der automatisierte Abruf der Informationen nach § 31 Abs. 5   **37**
Satz 2 Nr. 1 GwG aufgrund der **Anordnung der zuständigen Finanzbehörde
oder Staatsanwaltschaft** in einem laufenden steuerlichen Ermittlungsverfahren
(vgl. § 30 Abs. 2 Nr. 1 AO) ausgeschlossen werden, soweit zu befürchten ist,
dass der Datenabruf die Integrität der Ermittlungen gefährdet.[72]

Ist der automatisierte Datenabruf zulässig und nicht ausgeschlossen, gibt die   **38**
FIU die in Satz 3 genannten Merkmale zur Identifizierung der (juristischen) Person an und ruft – im sog. „Dialogverfahren" hinsichtlich der steuerlichen Grunddaten aus Satz 2 Nr. 2 – vorhandene Daten des Satz 2 automatisiert ab, wobei die
technischen Einzelheiten durch Rechtsverordnung geregelt werden (§ 31 Abs. 5
Satz 10 GwG).

Dem einzelfallbezogenen automatisierten wie nicht automatisierten Datenabruf   **39**
steht das **Steuergeheimnis des § 30 AO** wie bisher[73] nicht entgegen. Gleichwohl
ist die Weitergabe der von den Finanzbehörden erlangten Informationen nach
Satz 1 oder Satz 2 an die Aufsichtsbehörden und die für den Schutz der sozialen
Sicherungssysteme zuständigen öffentlichen Stellen nach § 32 Abs. 3 Satz 2
Nr. 2 und Nr. 3 zur Gewährleistung des verlängerten Steuergeheimnisses (→
§ 30 Rn. 9) ausgeschlossen (§ 31 Abs. 5 Satz 7 Hs. 2 GwG).[74]

Auch ist die FIU nicht länger befugt, Entscheidungen betreffend die Weitergabe   **40**
der – ausweislich der Gesetzesbegründung nur nach § 31 Abs. 5 Satz 2 GwG im
automatisierten Abruf – erhaltenen Daten zu treffen, wenn die operative Analyse

---

68 BVerfG, Beschl. v. 27.5.2020 – 1 BvR 1873/13, 1 BvR 2618/2013.
69 BfDI, Stellungnahme zum Entwurf des Finanzmarktintegritätsstärkungsgesetzes –
     FISG v. 2.2.2021, Gz.: 12-230/008#0156, S. 4 f.
70 BT-Drs. 18/11555, S. 143.
71 BT-Drs. 19/26966, S. 98.
72 BT-Drs. 19/26966, S. 98.
73 Vgl. die Vorauflage, § 31 Rn. 33.
74 BT-Drs. 19/26966, S. 98.

der FIU zur Einleitung eines Strafverfahrens geführt hat. Vielmehr gilt gem. § 31 Abs. 5 Satz 9 GwG die Zuständigkeitsregelung des § 480 Abs. 1 Satz 1 und Satz 2 StPO entsprechend.[75]

41   Für die **Verarbeitung der erhaltenen Daten** gilt grundsätzlich § 29 Abs. 1 GwG (§ 31 Abs. 5 Satz 7 Hs. 1 GwG) (näher → § 29 Rn. 1 ff.). Zur Berücksichtigung „datenschutzrechtlicher Belange" und der Vermeidung ungerechtfertigter Datenspeicherung ist die FIU ferner „in jedem Einzelfall", also sowohl bei Datenübermittlung nach Satz 1 als auch nach Satz 2, dazu verpflichtet, umgehend nach Eingang der Daten zu prüfen, ob die erhaltenen Daten tatsächlich erforderlich für die weitere operative Analyse sind.[76] Nicht erforderliche Daten sind unverzüglich zu löschen (§ 31 Abs. 5 Satz 5). Die Pflicht zur Löschung gilt ausweislich Satz 6 gleichermaßen nach Abschluss der operativen Analyse für sämtliche erhaltenen Daten, soweit das Analyseergebnis nicht nach § 32 Abs. 2 Satz 1 GwG an die zuständige Strafverfolgungsbehörde übermittelt wird.

42   Von den Sätzen 2–9 abweichend dürfen die bei den Finanzbehörden der **Zollverwaltung** gespeicherten Daten nach § 31 Abs. 3 GwG im Wege des automatisierten Verfahrens abgerufen werden (§ 31 Abs. 5 Satz 12 GwG) (→ § 31 Rn. 10 ff.).

VIII. Automatisierter Abruf von Anzeigen nach § 18 Abs. 1 Satz 1 GrEStG (§ 31 Abs. 5a GwG)

43   Durch das FISG wurde auch Abs. 5a neu in § 31 GwG eingefügt. Sofern der Verordnungsgeber gem. § 22a des Grunderwerbssteuergesetzes die dort seit 2011 vorgesehene Möglichkeit einer elektronischen Übermittlung von Anzeigen nach § 18 Abs. 1 Satz 1 GrEStG an die Landesfinanzbehörden schafft,[77] ist die FIU nach Maßgabe von § 31 Abs. 5 Satz 2 GwG befugt, die dort eingegangenen Datensätze teil-automatisiert abzurufen[78] und zu verarbeiten.[79] Der Abruf ist nur zulässig, wenn Tatsachen aus der bisherigen Analyse die Annahme rechtfertigen, dass die analysierte Transaktion einen Bezug zu den in § 18 Abs. 1 Satz 1 GrEStG genannten Vorgängen aufweist und die Informationen daher für die weitere operative Analyse der FIU erforderlich sind.[80] Auf die entsprechenden Aus-

---

75 BT-Drs. 19/26966, S. 98.

76 Ohne auf das einschlägige Datenschutzregime zu verweisen, BT-Drs. 19/26966, S. 98.

77 Die Arbeiten sind seit einiger Zeit in Vorbereitung. Ein Abschluss ist noch nicht absehbar.

78 Die Anfrage der FIU wird bei den Landesfinanzbehörden automatisiert beantwortet, BT-Drs. 19/26966, S. 99.

79 § 32b Abs. 2b AO stellt die spiegelbildliche Berechtigung für die Finanzbehörden dar, BT-Drs. 19/26966, S. 100.

80 Vgl. BT-Drs. 19/26966, S. 99.

führungen zu § 31 Abs. 5 Satz 2 GwG wird verwiesen (→ § 31 Rn. 34). § 31 Abs. 5 Satz 3–5, 7 und 10 gilt entsprechend (→ § 31 Rn. 34 ff.).[81]

44 Der BfDI machte während des Gesetzgebungsverfahrens „grundlegende datenschutzrechtliche Bedenken" gegen die Neuregelung des § 31 Abs. 5a GwG geltend. Die Möglichkeit eines Verfahrens zur elektronischen Übermittlung der Grundstücksveräußerungsanzeige diene allein der Vereinfachung des Besteuerungsverfahrens und könne nicht für Zwecke der FIU zweckentfremdet werden.[82]

IX. Nutzung des Kontenabrufverfahrens nach § 24c KWG (§ 31 Abs. 6 GwG)

45 § 31 Abs. 6 GwG ist durch das Transparenzregister- und Finanzinformationsgesetz mit Wirkung zum 1.8.2021 geändert worden, um das Kontenabrufverfahren „den bestehenden Regelungen bei der BaFin in § 24c Abs. 2 des Kreditwesengesetzes und beim Bundeszentralamt für Steuern (BZSt) in § 93b Absatz 1 der Abgabenordnung" anzugleichen und das sog. datenschutzrechtliche „Doppeltürmodell"[83] umzusetzen.[84]

46 Nach § 31 Abs. 6 Satz 1 GwG ist die FIU befugt, bei Kreditinstituten[85] nach § 2 Abs. 1 Nr. 1 GwG Kontoinformationen nach § 24c Abs. 1 Satz 1 KWG abzurufen. Satz 2 erweitert den Kreis der datenbesitzenden Stellen auf Institute nach § 2 Abs. 1 Nr. 3 GwG (insbesondere Zahlungsinstitute, E-Geld-Institute etc.) und Kapitalverwaltungsgesellschaften nach § 2 Abs. 1 Nr. 9 GwG.[86] Soweit § 31 Abs. 6 Satz 3 GwG in der Fassung des Transparenzregister- und Finanzinformationsgesetzes den automatisierten Abruf der „Zentralstelle für Finanztransaktionen" (richtig: Zentralstelle für Finanztransaktionsuntersuchungen) gestattet, handelt es sich um ein offensichtliches Redaktionsversehen, das der Zulässigkeit des automatisierten Abrufs nicht entgegensteht.

47 Die Datenübermittlung erfolgt gem. § 24c Abs. 4–7 KWG. Von allen datenbesitzenden Stellen müssen nach § 24c Abs. 1 Satz 1 KWG folgende Informationen

---

81 Ebenso BT-Drs. 19/26966, S. 99 f. (auch zu § 31b Abs. 2b AO).

82 BfDI, Stellungnahme zum Entwurf des Finanzmarktintegritätsstärkungsgesetzes – FISG v. 2.2.2021, Gz.: 12-230/008#0156, S. 8 f.

83 Zuletzt im Bestandsdatenauskunft II-Beschluss des BVerfG v. 27.5.2020 – 1 BvR 1873/13, 1 BvR 2618/2013.

84 BT-Drs. 19/28164, S. 53.

85 Als Kreditinstitut gilt gem. §§ 31 Abs. 6 Satz 4 GwG, 24c Abs. 8 KWG auch die Bundesbank, soweit sie Konten und Depots für Dritte führt.

86 Die Aufnahme der Kapitalverwaltungsgesellschaften sei die Korrektur eines redaktionellen Versehens, BT-Drs. 19/28164, S. 53.

als sog. Kontenstammdaten in dem Kontenabrufdateisystem bereitgehalten werden:

- die Nummer eines Kontos, das der Verpflichtung zur Legitimationsprüfung nach § 154 Abs. 2 Satz 1 AO unterliegt, eines Depots oder eines Schließfachs sowie der Tag der Eröffnung und der Tag der Beendigung oder Auflösung,
- der Vor- und Nachname, sowie bei natürlichen Personen der Tag der Geburt, des Inhabers und eines Verfügungsberechtigten sowie in den Fällen des § 10 Abs. 1 Nr. 2 GwG der Vor- und Nachname und, soweit erhoben, die Anschrift eines abweichend wirtschaftlich Berechtigten im Sinne des § 3 GwG.

48 Die FIU ist nach § 24c Abs. 2 Satz 2 KWG befugt, zur Erfüllung ihrer Aufgaben nach dem GwG **einzelne Daten** aus dem Kontenabrufdateisystem abzurufen. Die Beschränkung auf „einzelne Daten" bedeutet, dass das Kontendateisystem nicht vollständig oder in zusammenhängenden Teilen abgerufen werden kann.[87] Vielmehr können lediglich bestimmte, personenbezogene Daten abgerufen werden. Dies entspricht der Regelung für den Datenabruf durch die BaFin.

49 Eine Vorgängerregelung war in § 10 Abs. 3 Satz 4 GwG vor 2017 a. F. enthalten. Danach war das BKA – Zentralstelle für Verdachtsmeldungen – ermächtigt, die BaFin um Auskünfte nach § 24c Abs. 3 Satz 1 Nr. 2 KWG zu ersuchen, sofern sie diese zur Erfüllung ihrer Aufgaben benötigt hat. Die neue FIU ist demgegenüber berechtigt, das Kontenabrufverfahren selbst und **direkt** ohne weiteres Ersuchen zu nutzen.[88] Durch diese direkte Abrufmöglichkeit der FIU wird die Effizienz der Tätigkeit sowohl der FIU als auch der BaFin gesteigert.

X. Abruf von Meldedaten (§ 31 Abs. 7 GwG)

50 Die FIU ist nach den Vorschriften des Bundesmeldegesetzes (BMG) zum automatisierten Abruf bestimmter Meldedaten befugt. Das BMG wurde im Zuge des zweiten Gesetzes zur Änderung des Bundesmeldegesetzes vom 15.1.2021 (2. BMGÄndG)[89] **umfassend überarbeitet.** Wesentliche Änderungen des BMG treten zum **1.5.2022 in Kraft.** Dies führt zu Folgeänderungen der Vorschrift des § 31 Abs. 7 GwG, die ebenfalls ab dem 1.5.2022 gelten. Nachfolgend werden sowohl kurz die **bisherige Rechtslage** als auch die sich durch das 2. BMGÄndG ergebende **künftige Rechtslage** dargestellt.

51 Nach **bisheriger Rechtslage** ist § 38 Abs. 1 BMG die zentrale melderechtliche Rechtsgrundlage für die automatisierte Abrufbefugnis der FIU. Nach dieser Vorschrift darf die Meldebehörde einer anderen öffentlichen Stelle – und damit auch

---

87 *Kokemoor*, BKR 2004, 135, 140.
88 *Achtelik*, in: Herzog, GwG, § 24c KWG Rn. 18.
89 BGBl. I 2021, S. 530.

der FIU – im Wege der einfachen Behördenauskunft einen dort näher bestimmten Katalog von Daten durch automatisierte Abrufverfahren übermitteln.

Über diese – sich unmittelbar aus dem BMG ergebende – Abrufbefugnis **hinaus** darf die FIU die in § 31 Abs. 7 GwG aufgelisteten Daten ebenfalls automatisiert bei der Meldebehörde abrufen. Zu diesen Daten gehören: **52**

- derzeitige Staatsangehörigkeiten (§ 31 Abs. 7 Nr. 1 GwG),
- frühere Anschriften, gekennzeichnet nach Haupt- und Nebenwohnung (§ 31 Abs. 7 Nr. 2 GwG) und
- Ausstellungsbehörde, Ausstellungsdatum, Gültigkeitsdauer, Seriennummer des Personalausweises, vorläufigen Personalausweises oder Ersatzpersonalausweises, des anerkannten und gültigen Passes oder Passersatzpapiers (§ 31 Abs. 7 Nr. 3 GwG).

Anlass für die nach § 31 Abs. 7 GwG erweiterte Befugnis zum automatisierten Abruf der Meldedaten war nach der Gesetzesbegründung, dass die der FIU nach dem Bundesmeldegesetz regulär zur Verfügung stehenden Daten in der Regel nicht ausreichen, um die im Rahmen von „Know Your Customer"-Abfragen erhobenen Daten, die die Verpflichteten mitteilen, überprüfen zu können.[90] **53**

Die für die FIU abrufbaren Meldedaten gehen in § 31 Abs. 7 Nr. 2 und 3 GwG über die Daten hinaus, die durch den Verpflichteten üblicherweise und risikobasiert zur Erfüllung der **Sorgfaltspflichten** nach §§ 10 ff. GwG erhoben werden müssen. Die Daten nach § 31 Abs. 7 Nr. 1 GwG (derzeitige Staatsangehörigkeiten) und § 31 Abs. 7 Nr. 3 GwG (Angaben zu den Ausweispapieren) werden in weiten Teilen jedoch risikobasiert auch bereits durch die Verpflichteten erhoben. **54**

Die gem. § 38 Abs. 1 BMG automatisiert abgerufenen Meldedaten können von der FIU einerseits gegen die von dem Verpflichteten mit der Verdachtsmeldung eingereichten Daten **abgeglichen** und somit plausibilisiert werden. Andererseits können die Meldedaten **neue Erkenntnisse** für die Einzelfallprüfung im Rahmen der operativen Analyse nach § 28 Abs. 1 Satz 2 Nr. 2 GwG liefern. **55**

Nach **künftiger Rechtslage** wird infolge des 2. BMGÄndG der Datenkatalog des § 34 Abs. 1 BMG erweitert. Zudem wird beim automatisierten Datenabruf künftig differenziert zwischen einem Abruf zu einer namentlich bestimmten Person (**Personensuche**, § 34a Abs. 2 BMG n. F.) und einem Abruf einer Vielzahl von Personen, die nicht namentlich bestimmt sind (**freie Suche**, § 34a Abs. 3 BMG n. F.). Bei der Personensuche darf künftig der gesamte (aus bislang 16 Ziffern bestehende) Datenkatalog des § 34 Abs. 1 Satz 1 BMG automatisiert abgerufen werden. Bei einer freien Suche darf aus dem Datenkatalog des § 34 Abs. 1 **56**

---

90 BT-Drs. 18/11555, S. 144.

Satz 1 BMG nur eine Teilmenge automatisiert abgerufen werden.[91] Diese – künftig nach Personensuche und freier Suche differenzierten – Abrufbefugnisse ergeben sich für die FIU unmittelbar aus dem neuen § 34a BMG.

57 Durch das 2. BMGÄndG wird § 31 Abs. 7 GwG einerseits an die überarbeiteten Vorschriften des Bundesmeldegesetzes zum automatisierten Datenabruf in §§ 34a, 38 BMG redaktionell angepasst.[92] In diesem Zuge werden die bisherigen § 31 Abs. 7 Nr. 1 und Nr. 2 GwG gestrichen, da diese Daten künftig ohnehin schon standardmäßig zum automatisierten Datenabruf durch Personensuche bereitstehen. Der bisherige § 31 Abs. 7 Nr. 3 GwG wurde zur neuen Nr. 1.

58 Andererseits soll – über den Regierungsentwurf hinaus – materiell eine „bedarfsgerechte Erweiterung der Datenabrufbefugnisse" der FIU bewirkt werden.[93] Hiervon betroffen sind die in § 31 Abs. 7 Satz 1 Nr. 2 und 3 GwG n. F. genannten Daten. § 31 Abs. 7 Satz 1 Nr. 2 GwG n. F. knüpft an die Passversagungsgründe gem. § 3 Abs. 2 Nr. 4 BMG an. Der neue § 31 Abs. 7 Satz 1 Nr. 3 GwG bezieht sich auf Daten zum Wohnungsgeber nach § 3 Abs. 2 Nr. 10 BMG.

59 Der erweiterte automatisierte Datenabruf gem. § 37 Abs. 7 Satz 1 GwG setzt (wie bisher) voraus, dass die in § 31 Abs. 7 Satz 1 GwG genannten Daten zur Überprüfung der Personalien des Betroffenen erforderlich sind. In diesem Zusammenhang ist unklar, ob die neu in § 31 Abs. 7 Satz 1 Nr. 2 und Nr. 3 GwG genannten Daten zur Überprüfung der Personalien tatsächlich relevant sein können.[94] Allerdings erlaubt § 31 Abs. 7 Satz 2 GwG auch den automatisierten Datenabruf, soweit **konkrete Anhaltspunkte** dafür bestehen, dass dies zur operativen Analyse gem. § 28 Abs. 1 Satz 2 Nr. 2 GwG erforderlich ist. Nach dem Willen des Gesetzgebers ist ein Abruf der in § 31 Abs. 7 Satz 2 GwG genannten Meldedaten nicht „standardmäßig für jede Verdachtsmeldung" vorgesehen, sondern setzt besondere Anhaltspunkte voraus.[95]

60 In diesem Zusammenhang enthält die Gesetzesbegründung den Hinweis, dass die Kenntnis von Tatsachen nach § 3 Abs. 2 Nr. 4 BMG im Einzelfall erforderlich sein kann, um einen Zusammenhang mit Terrorismusfinanzierung festzustellen. Insbesondere könne die Tatsache, dass eine Anordnung nach § 6a Abs. 1 oder § 6a Abs. 2 des Personalausweisgesetzes (Versagung oder Entziehung des Personalausweises) getroffen worden ist, einen bereits anderweitig bestehenden Hinweis bekräftigen. Die Daten zum Wohnungsgeber aus § 3 Abs. 2 Nr. 10 BMG könnten im Einzelfall für die Bewertung einer Verdachtsmeldung über Im-

---

91 Der Datenumfang stimmt in etwa mit demjenigen der bisherigen einfachen Behördenauskunft überein, vgl. BT-Drs. 19/22774, S. 21.

92 BT-Drs. 19/24472, S. 20.

93 BT-Drs. 19/24472, S. 20.

94 Vgl. die Zweckbestimmungen in § 3 Abs. 2 Nr. 4 und Nr. 10. Auch die Beschlussempfehlung stellt nur auf die operative Analyse ab, vgl. BT-Drs. 19/24472, S. 20.

95 BT-Drs. 19/24472, S. 20.

mobiliengeschäfte von Bedeutung sein, sodass dies einen Abruf dieser Daten durch die Zentralstelle für Finanztransaktionsuntersuchungen im Einzelfall rechtfertige.[96]

Soweit die Daten zur Durchführung der operativen Analyse abgerufen und das **61** Analyseergebnis nicht an die Strafverfolgungsbehörden übermittelt wurde, weil die FIU nicht feststellen konnte, dass ein Vermögensgegenstand mit Geldwäsche, mit Terrorismusfinanzierung oder mit einer sonstigen Straftat im Zusammenhang steht, sind die Daten unverzüglich zu löschen (§ 31 Abs. 7 Satz 3 GwG).

---

96 BT-Drs. 19/24472, S. 20 f.

§ 32 Datenübermittlungsverpflichtung an inländische öffentliche Stellen

(1) Meldungen nach § 43 Absatz 1, § 44 sind von der Zentralstelle für Finanztransaktionsuntersuchungen unverzüglich an das Bundesamt für Verfassungsschutz zu übermitteln, soweit tatsächliche Anhaltspunkte dafür bestehen, dass die Übermittlung dieser Informationen für die Erfüllung der Aufgaben des Bundesamtes für Verfassungsschutz erforderlich ist.

(2) Stellt die Zentralstelle für Finanztransaktionsuntersuchungen bei der operativen Analyse fest, dass ein Vermögensgegenstand mit Geldwäsche, mit Terrorismusfinanzierung oder mit einer sonstigen Straftat im Zusammenhang steht, übermittelt sie das Ergebnis ihrer Analyse sowie alle sachdienlichen Informationen unverzüglich an die zuständigen Strafverfolgungsbehörden. Die in Satz 1 genannten Informationen sind außerdem an den Bundesnachrichtendienst zu übermitteln, soweit tatsächliche Anhaltspunkte vorliegen, dass diese Übermittlung für die Erfüllung der Aufgaben des Bundesnachrichtendienstes erforderlich ist. Im Fall von Absatz 1 übermittelt die Zentralstelle für Finanztransaktionsuntersuchungen außerdem dem Bundesamt für Verfassungsschutz zu der zuvor übermittelten Meldung auch das entsprechende Ergebnis ihrer operativen Analyse sowie alle sachdienlichen Informationen.

(3) Die Zentralstelle für Finanztransaktionsuntersuchungen übermittelt auf Ersuchen Daten aus Finanzinformationen und Finanzanalysen, auch soweit sie personenbezogene Daten enthalten, an die Strafverfolgungsbehörden, das Bundesamt für Verfassungsschutz, den Bundesnachrichtendienst oder den Militärischen Abschirmdienst des Bundesministeriums der Verteidigung, soweit dies erforderlich ist für

1. die Aufklärung von Geldwäsche und Terrorismusfinanzierung oder die Durchführung von diesbezüglichen Strafverfahren oder

2. die Aufklärung sonstiger Gefahren und die Durchführung von anderen, nicht von Nummer 1 erfassten Strafverfahren.

Die Zentralstelle für Finanztransaktionsuntersuchungen übermittelt von Amts wegen oder auf Ersuchen Daten aus Finanzinformationen und Finanzanalysen, auch soweit sie personenbezogene Daten enthalten, an andere als in Satz 1 benannte, zuständige inländische öffentliche Stellen, soweit dies erforderlich ist für

1. Besteuerungsverfahren,

2. Verfahren zum Schutz der sozialen Sicherungssysteme oder

3. die Aufgabenwahrnehmung der Aufsichtsbehörden.

 Richter

(3a) Die Zentralstelle für Finanztransaktionsuntersuchungen übermittelt auf Ersuchen unverzüglich Daten aus Finanzinformationen und Finanzanalysen, auch soweit sie personenbezogene Daten enthalten, an die inländische benannte Behörde im Sinne des Artikel 3 Absatz 2 der Richtlinie (EU) 2019/1153, soweit dies zur Erfüllung ihrer gesetzlichen Aufgaben bei der Verhinderung oder Verfolgung und Ahndung schwerer Straftaten im Sinne des Anhangs I der VO (EU) 2016/794 erforderlich ist.

(4) In den Fällen des Absatzes 3 Satz 1 Nummer 1 und 2 sind die Strafverfolgungsbehörden und das Bundesamt für Verfassungsschutz sowie die inländische benannte Behörde im Sinne des Artikel 3 Absatz 2 der Richtlinie (EU) 2019/1153 berechtigt, die Daten zur Erfüllung ihrer Aufgaben automatisiert bei der Zentralstelle für Finanztransaktionsuntersuchungen abzurufen, soweit dem keine Übermittlungsbeschränkungen entgegenstehen. Zur Kontrolle der Zulässigkeit des automatisierten Abrufverfahrens hat die abrufende Behörde schriftlich festzulegen:

1. den Anlass und den Zweck des Abrufverfahrens,

2. die Dritten, an die übermittelt wird,

3. die Art der zu übermittelnden Daten und

4. die technischen und organisatorischen Maßnahmen zur Gewährleistung des Datenschutzes.

(5) Die Übermittlung nach Absatz 3 und 3a unterbleibt, soweit

1. sich die Bereitstellung der Daten negativ auf den Erfolg laufender Ermittlungen oder Analysen der zuständigen inländischen öffentlichen Stellen auswirken könnte oder

2. die Weitergabe der Daten unverhältnismäßig wäre.

In den Fällen des Absatzes 3a begründet die Zentralstelle für Finanztransaktionsuntersuchungen das Unterbleiben einer Übermittlung gegenüber der ersuchenden Stelle. Soweit ein Abruf nach Absatz 4 zu Daten erfolgt, zu denen Übermittlungsbeschränkungen dem automatisierten Abruf grundsätzlich entgegenstehen, wird die Zentralstelle für Finanztransaktionsuntersuchungen automatisiert durch Übermittlung aller Anfragedaten über die Abfrage unterrichtet. Ihr obliegt es in diesem Fall, unverzüglich mit der anfragenden Behörde Kontakt aufzunehmen, um im Einzelfall zu klären, ob Erkenntnisse nach Absatz 3 übermittelt werden können.

(6) Falls die Strafverfolgungsbehörde ein Strafverfahren aufgrund eines nach Absatz 2 übermittelten Sachverhalts eingeleitet hat, teilt sie den Sachverhalt zusammen mit den zugrunde liegenden Tatsachen der zuständigen Finanzbehörde mit, wenn eine Transaktion festgestellt wird, die für die Finanzverwaltung für die Einleitung oder Durchführung von Besteuerungs-

oder Steuerstrafverfahren Bedeutung haben könnte. Zieht die Strafverfolgungsbehörde im Strafverfahren Aufzeichnungen nach § 11 Absatz 1 heran, dürfen auch diese der Finanzbehörde übermittelt werden. Die Mitteilungen und Aufzeichnungen dürfen für Besteuerungsverfahren und für Strafverfahren wegen Steuerstraftaten verwendet werden.

(7) Der Empfänger darf die ihm übermittelten personenbezogenen Daten nur zu dem Zweck verwenden, zu dem sie ihm übermittelt worden sind. Eine Verwendung für andere Zwecke ist zulässig, soweit die Daten auch dafür hätten übermittelt werden dürfen. Im Falle einer Übermittlung nach Absatz 3a ist eine Verwendung für andere Zwecke zulässig, soweit die Daten auch dafür hätten übermittelt werden dürfen und die Zentralstelle für Finanztransaktionsuntersuchungen dieser Verwendung zuvor zugestimmt hat.

Schrifttum: *Brodowski*, Tue Böses und rede darüber – Geldwäscheverdachtsmeldungen und das Strafrecht, wistra 2021, 417; *Bülte*, Risikobasierte Arbeitsweise sowie Analyse- und Weiterleitungspflichten der FIU in den Grenzen des geltenden Rechts, Gutachten v. 11.1.2022 erstellt im Auftrag des Bundesministeriums der Finanzen (zitiert als *Bülte*, BMF-Gutachten); *ders.*, Die Risiken des Risikobasierten Ansatzes – Zu den Pflichten der FIU nach §§ 30, 32 GwG, NVwZ – Extra 4b/2022, 1 ff.; *Bussmann/Veljovic*, Die hybride strafrechtliche Verfolgung der Geldwäsche – Schlussfolgerungen aus den Ergebnissen einer bundesweiten Studie, NZWiSt 2020, 417; *Krause-Ablaß*, Korruptions- und Geldwäschebekämpfung aus Sicht der (Europäischen) Staatsanwaltschaft, WiJ 2021, 155; *Lenk*, Die geldwäscherechtliche Meldepflicht gem. § 43 Abs. 1 Nr. 1 GwG – ein Konkretisierungsversuch für nachträgliche Verdachtsfeststellungen, WM 2020, 115; *Lenk*, Zu den Ermittlungen gegen Verantwortliche der Financial Intelligence Unit (FIU) wegen des Verdachts der Strafvereitelung im Amt, ZWH 2021, 353; *Schindler*, Geldwäschegesetzgebung und Steuerrecht, 2021; *Weerth*, Das Verhältnis der Überlastungsanzeige zur Strafvereitelung im Amt – ein blinder Fleck beim Zoll, BDZ-Fachteil 10/2019, F58; *Weerth*, Korrigendum, BDZ-Fachteil 3/2020, F12; *Zentes/Glaab*, Änderungen durch die GwG-Novelle zur Umsetzung der Fünften EU-Geldwäscherichtlinie und ihre Auswirkungen auf die Verpflichteten, BB 2019, 1667.

Übersicht

                    Richter

I. Regelungsgegenstand und Aufbau der Vorschrift

§ 32 GwG regelt ausweislich seiner Überschrift die der FIU obliegende **Daten-** **1**
übermittlungsverpflichtung an **inländische öffentliche Stellen**. Zu diesen öffentlichen Stellen gehören insbesondere die Nachrichtendienste (wie etwa das
Bundesamt für Verfassungsschutz im Fall von § 32 Abs. 1 GwG), die Strafverfolgungsbehörden (§ 32 Abs. 2 Satz 1 GwG), aber auch andere öffentliche Stellen der Finanzverwaltung (§ 32 Abs. 3 Satz 2 GwG). Die Vorschrift differenziert
zwischen Datenübermittlungsverpflichtungen, die von Amts wegen bestehen
(wie etwa § 32 Abs. 1 GwG), gegenüber Datenübermittlungsverpflichtungen,
die ein entsprechendes Ersuchen der entsprechenden öffentlichen Stelle voraus-
setzen (wie etwa § 32 Abs. 3 Satz 1 GwG). Zudem werden die Voraussetzungen
und Grenzen für den Austausch und Abruf von personenbezogenen Daten zwischen den Behörden festgelegt. Schließlich enthält § 32 Abs. 7 GwG eine datenschutzrechtliche **Zweckbestimmung** für die Verwendung der übermittelten Daten sowie die Möglichkeit zur **Zweckänderung**. Nicht näher bestimmt wird in
§ 32 GwG die **Form**, in der die FIU Daten an die dort genannten Behörden übermitteln muss.[1]

Die Vorschrift des § 32 GwG bestand nach ihrem Inkrafttreten im Zuge der   **2**
GwG-Novelle 2017 zunächst unverändert fort. Eine nach dem Referentenentwurf des Gesetzes zur Umsetzung der Änderungsrichtlinie zur Vierten EU-Geldwäscherichtlinie vom 20.5.2019[2] geplante Änderung des § 32 Abs. 3 Satz 1

---

1 Hierzu *Barreto da Rosa*, in: Herzog, GwG, § 32 Rn. 4. Zur Vereinbarkeit der Datenübermittlung gem. § 32 GwG mit höherrangigem Recht ausführlich *Schindler*, Geldwäschegesetzgebung und Steuerrecht, S. 308 ff.
2 Siehe   https://www.bundesfinanzministerium.de/Content/DE/Gesetzestexte/Gesetze_
   Gesetzesvorhaben/Abteilungen/Abteilung_VII/19_Legislaturperiode/2019-12-19-Ge
   setz-4-EU-Geldwaescherichtlinie/1-Referentenentwurf.pdf?__blob=publicationFile
   &v=4 (nachfolgend auch bezeichnet als „RefE GwG 2019“), zuletzt abgerufen am
   9.12.2021.

GwG wurde nicht umgesetzt. Eine **erste Überarbeitung** der Absätze 3, 3a, 4, 5 und 7 brachte das zum 1.8.2021 in Kraft getretene Transparenzregister- und Finanzinformationsgesetz[3] mit sich.

II. Übermittlungspflicht an das Bundesamt für Verfassungsschutz (§ 32 Abs. 1 GwG)

3 Nach § 32 Abs. 1 GwG ist die FIU verpflichtet, Verdachtsmeldungen nach §§ 43 Abs. 1, 44 GwG unverzüglich an das **Bundesamt für Verfassungsschutz** zu übermitteln, soweit **tatsächliche Anhaltspunkte** dafür bestehen, dass die Übermittlung dieser Informationen für die Erfüllung der Aufgaben des Bundesamtes für Verfassungsschutz erforderlich ist.

4 Das Bundesamt für Verfassungsschutz ist als **Inlandsnachrichtendienst** einer der drei deutschen **Nachrichtendienste**. Die Datenübermittlungsverpflichtung an die beiden anderen Nachrichtendienste – den Bundesnachrichtendienst als Auslandsnachrichtendienst sowie den Militärischen Abschirmdienst – sind in § 32 GwG Abs. 2 und Abs. 3 GwG geregelt.

5 § 32 Abs. 1 GwG stellt eine spezialgesetzliche Ausprägung von § 18 Abs. 1 Satz 1 BVerfSchG dar. Nach dieser Vorschrift unterrichten die Behörden des Bundes „von sich aus das Bundesamt für Verfassungsschutz oder die Verfassungsschutzbehörde des Landes über die ihnen bekanntgewordenen Tatsachen, die sicherheitsgefährdende oder geheimdienstliche Tätigkeiten für eine fremde Macht oder Bestrebungen im Geltungsbereich dieses Gesetzes erkennen lassen, die durch Anwendung von Gewalt oder darauf gerichtete Vorbereitungshandlungen gegen die in § 3 Abs. 1 Nr. 1, 3 und 4 genannten Schutzgüter gerichtet sind“.[4]

6 Die Aufgaben des Bundesamts für Verfassungsschutz, auf die in § 32 Abs. 1 GwG abgestellt wird, ergeben sich aus § 3 BVerfSchG. Dort wird die Aufgabe beschrieben als „die Sammlung und Auswertung von Informationen, insbeson-

---

3 Gesetz zur europäischen Vernetzung der Transparenzregister und zur Umsetzung der Richtlinie 2019/1153 des Europäischen Parlaments und des Rates v. 20.6.2019 zur Nutzung von Finanzinformationen für die Bekämpfung von Geldwäsche, Terrorismusfinanzierung und sonstigen schweren Straftaten v. 25.6.2021, BGBl. I 2021, S. 2083 (nachfolgend bezeichnet als „Transparenzregister- und Finanzinformationsgesetz“).

4 Die Gesetzesbegründung nimmt an, dass Abs. 1 eine „spezialgesetzliche Ausprägung“ (also wohl eine lex specialis) zu § 18 Abs. 1b BVerfSchG sei, BT-Drs. 18/11555, S. 144. § 18 Abs. 1b BVerfSchG bezieht sich aber ausschließlich auf Staatsanwaltschaften, Polizeien, die Behörden des Zollfahndungsdienstes sowie andere Zolldienststellen, soweit diese Aufgaben nach dem Bundespolizeigesetz wahrnehmen. Die FIU nimmt keine Aufgaben nach dem BPolG wahr und ist daher keiner der genannten Behörden zuzurechnen. Daher kann § 32 Abs. 1 GwG auch keine lex specialis zu § 18 Abs. 1b BVerfSchG sein. Vielmehr ist § 18 Abs. 1b BVerfSchG lex specialis zu § 18 Abs. 1 BVerfSchG.

dere von sach- und personenbezogenen Auskünften, Nachrichten und Unterlagen, über

- Bestrebungen, die gegen die freiheitliche demokratische Grundordnung, den Bestand oder die Sicherheit des Bundes oder eines Landes gerichtet sind oder eine ungesetzliche Beeinträchtigung der Amtsführung der Verfassungsorgane des Bundes oder eines Landes oder ihrer Mitglieder zum Ziele haben (§ 3 Abs. 1 Nr. 1 BVerfSchG),
- sicherheitsgefährdende oder geheimdienstliche Tätigkeiten im Inland für eine fremde Macht (§ 3 Abs. 1 Nr. 2 BVerfSchG),
- Bestrebungen im Inland, die durch Anwendung von Gewalt oder darauf gerichtete Vorbereitungshandlungen auswärtige Belange der Bundesrepublik Deutschland gefährden (§ 3 Abs. 1 Nr. 3 BVerfSchG),
- Bestrebungen im Inland gegen den Gedanken der Völkerverständigung und das friedliche Zusammenleben der Völker (§ 3 Abs. 1 Nr. 4 BVerfSchG).

Die Übermittlungspflicht bezieht sich auf die gem. §§ 43 Abs. 1, 44 GwG erhaltenen Meldungen als solche, die ohne weitere Analyse weiterzuleiten sind. In dieser Weiterleitung der nicht weiter bearbeiteten „Originalmeldung" besteht ein deutlicher qualitativer Unterschied zu § 32 Abs. 2 GwG, der die Übermittlung des Ergebnisses der durchgeführten Analyse erfordert. Im Fall des § 32 Abs. 1 GwG obliegt der FIU lediglich die Funktion einer Informationsschnittstelle. Die Herausforderung für die FIU liegt freilich darin, aus der Vielzahl der bei ihr eingehenden Verdachtsmeldungen die für die unverzügliche Weiterleitung relevanten Meldungen zeitnah nach Eingang zu identifizieren.   **7**

Während „unverzüglich" nach der allgemeinen Legaldefinition des § 121 BGB ohne schuldhaftes Zögern meint, findet sich in der Gesetzesbegründung der weitergehende Hinweis, dass die Übermittlung „unmittelbar nach Erhalt" zu erfolgen habe.[5] Aus der Gesetzessystematik ergibt sich außerdem, dass mit der Übermittlung nach § 32 Abs. 1 GwG die Durchführung der operativen Analyse nicht abgewartet werden darf. Denn aus der Vorschrift des § 32 Abs. 2 Satz 3 GwG geht eine klare zeitliche Abfolge hervor, wonach die FIU „zu der zuvor übermittelten Meldung" dem Bundesamt für Verfassungsschutz (im Nachgang) auch das entsprechende Ergebnis ihrer operativen Analyse sowie alle sachdienlichen Informationen zu übermitteln hat. Von dieser Pflicht umfasst sind auch solche Sachverhalte, bei denen ein „Zusammenhang mit einer strafbaren Tat" **nicht festgestellt** werden konnte.[6]   **8**

Nach der Gesetzesbegründung soll eine Übermittlung an das Bundesamt für Verfassungsschutz namentlich dann erforderlich sein, „wenn der Verpflichtete oder die öffentliche Stelle in der Meldung den **Verdacht der Terrorismusfinanzie-**   **9**

---

5 BT-Drs. 18/11555, S. 144.
6 BT-Drs. 18/11555, S. 145.

rung geäußert hat oder sobald dieser Verdacht im Rahmen der Analyse durch die Zentralstelle für Finanztransaktionsuntersuchungen offenkundig wird".[7]

10   Durch die Übermittlungspflicht des § 32 Abs. 1 GwG soll sichergestellt werden, dass **relevante Informationen** aus Erkenntnissen der FIU an den Verfassungsschutz weitergeleitet werden. Insgesamt dient der Informationsaustausch mit dem Verfassungsschutz der zielgerichteten und schnellstmöglichen **Gefahrenabwehr**. Gleichzeitig besteht die Herausforderung aufseiten der FIU darin, die für den Verfassungsschutz relevanten Informationen zu identifizieren und zu übermitteln.

III. Übermittlungspflicht an Strafverfolgungsbehörden (§ 32 Abs. 2 Satz 1 GwG)

11   **Vorbemerkung**: Die Vorschrift des § 32 Abs. 2 Satz 1 GwG war in der jüngeren Vergangenheit Gegenstand mehrerer Abhandlungen aus Anlass der Frage, ob Verantwortliche der FIU als taugliche Täter einer **Strafvereitelung im Amt** gem. §§ 258, 258a StGB in Betracht kommen. Um die Kommentierung des § 32 Abs. 2 Satz 1 GwG an dieser Stelle nicht zu überfrachten, wird diese Frage in einem **gesonderten Abschnitt** dargestellt (→ Rn. 23 ff.).

12   Sofern die FIU bei der operativen Analyse feststellt, dass ein Vermögensgegenstand mit Geldwäsche, mit Terrorismusfinanzierung oder mit einer sonstigen Straftat im Zusammenhang steht, hat sie nach § 32 Abs. 2 Satz 1 GwG das Ergebnis ihrer Analyse sowie alle sachdienlichen Informationen unverzüglich an die **zuständigen Strafverfolgungsbehörden** zu übermitteln.

13   Auf der **Tatbestandsseite** setzt der Gesetzeswortlaut die **Feststellung der FIU** voraus, dass der betroffene Vermögensgegenstand mit Geldwäsche, mit Terrorismusfinanzierung oder mit einer sonstigen Straftat im **Zusammenhang** steht. In der Literatur ist die Interpretation dieser Tatbestandsmerkmale umstritten. Es lassen sich insoweit zwei **entgegengesetzte Ansätze** beobachten:

14   Die bislang **h.M.** geht im Einklang mit der Gesetzesbegründung davon aus, dass eine Übermittlungspflicht schon dann bestehe, „wenn unter Würdigung des Einzelfalles und aller im Rahmen der Analyse hinzugezogenen Informationen zureichende tatsächliche **Anhaltspunkte** für die Begehung einer Straftat vorliegen könnten".[8] Damit liege dieser Verdachtsgrad „noch unterhalb des **strafprozessualen Anfangsverdachtes** nach § 152 Abs. 2 in Verbindung mit § 160 der Strafprozessordnung, da die Bewertung, ob ein strafprozessualer Anfangsver-

---

7 BT-Drs. 18/11555, S. 144.

8 BT-Drs. 18/11555, S. 144; ebenso *Barreto da Rosa*, in: Herzog, GwG, § 32 Rn. 10; *Ziegner*, in: BeckOK GwG, 7. Ed., Stand 1.9.2021, § 32 Rn. 3.

dacht vorliegt, weiterhin ausschließlich der zuständigen Strafverfolgungsbehörde obliegt".[9] Dabei wird auch von den Vertretern dieser Ansicht durchaus eingeräumt, dass die „Konstruktion eines Verdachtsgrades" unterhalb der für sich schon niedrigen Schwelle des § 152 StPO „kaum mehr an Abstraktheit zu überbieten und nicht mehr trennscharf abzugrenzen" ist.[10]

Demgegenüber hat sich *Bülte* in einem (im Auftrag des Bundesministeriums der Finanzen erstellten) Gutachten jüngst dafür ausgesprochen, dass die Pflicht zur Übermittlung in **Anlehnung an die Grundsätze des risikobasierten Ansatzes** zu erfolgen hat. Im Ausgangspunkt konstatiert *Bülte*, dass in Ansehung des Gesetzeswortlauts „sowohl nach der grammatikalischen als auch nach der systematischen Auslegung" davon auszugehen sei, „dass nicht nur ein Verdacht, sondern die *Feststellung* der Straftat erforderlich ist".[11] Die FIU müsse „nach den Grundsätzen der verwaltungsrechtlichen Sachverhaltsermittlung [...] die Feststellung getroffen haben, dass von einer Straftat auszugehen ist, die einen Zusammenhang mit dem relevanten Vermögensgegenstand aufweist". Daraus ergeben sich nach *Bülte* „deutlich *höhere* Anforderungen als ein strafprozessualer Anfangsverdacht". Die Feststellungen ähnelten „eher denjenigen, die für einen dringenden Tatverdacht erforderlich sind, auch wenn beim Vergleich der Feststellungen im Strafverfahren mit denjenigen im Verwaltungsverfahren naturgemäß Vorsicht geboten" sei.[12] Dieses Auslegungsergebnis führe freilich zu einem „eklatanten Widerspruch zwischen dem Wortlaut des Gesetzes und der Begründung des Entwurfs".[13] Diesen Widerspruch will *Bülte* in unionsrechtskonformer Auslegung dahingehend auflösen, dass die FIU „unter Anwendung ihrer durch Erfahrung und Informationsaustausch gewonnenen Kriterien für die Risikoeinschätzung darüber zu entscheiden [hat], welche Bedeutung die Verfolgung der möglichen Straftat nach Wahrscheinlichkeit, Intensität, Ressourcenaufwand etc. für die Kernziele des Geldwäschegesetzes [...] hat".[14] Dies führt nach *Bülte* zu einem **variablen Maßstab**: „Eine geringere Wahrscheinlichkeit einer schwerwiegenden Tat im Bereich der Geldwäsche und Terrorismusfinanzierung kann demnach eine Datenübermittlung im Einzelfall begründen, während eine etwas höhere Wahrscheinlichkeit einer geringfügigen Tat nicht zur Datenübermittlung zwingt. In jedem Fall mitzuteilen ist ein Sachverhalt nach der

15

---

9 BT-Drs. 18/11555, S. 144; *Barreto da Rosa*, in: Herzog, GwG, § 32 Rn. 10.

10 *Barreto da Rosa*, in: Herzog, GwG, § 32 Rn. 10; zur ähnlich unscharfen Verdachtsschwelle des § 43 GwG vgl. *Lenk*, WM 2020, 115, 116 („keiner substanziellen Konkretisierung zugänglich").

11 *Bülte*, BMF-Gutachten, Rn. 198.

12 *Bülte*, BMF-Gutachten, Rn. 198.

13 *Bülte*, BMF-Gutachten, Rn. 203.

14 *Bülte*, BMF-Gutachten, Rn. 7, vgl. auch Rn. 213 ff.

Analyse des konkreten Einzelfalls jedoch, wenn die FIU von dem Vorliegen einer Straftat überzeugt ist.“[15]

16   Demgegenüber soll nach *Barreto da Rosa* „eine ‚risikoorientierte‘ Behandlung von Meldungen mit Hinweisen auf Straftaten“ durch die FIU „dergestalt, dass von einer Weiterleitung an Strafverfolgungsbehörden abgesehen wird […] nicht in Betracht kommen“.[16] Hiergegen spreche nach *Barreto da Rosa* in grundsätzlicher Hinsicht der Umstand, dass „risikobasierte Ansatz“ nicht für die FIU „und erst recht nicht im Rahmen der operativen Analyse gilt“, sondern „lediglich von Verpflichteten, Aufsichtsbehörden und den nationalen Gesetzgebern zu berücksichtigen“ sei.[17] Diese Bedenken von *Barreto da Rosa* sind freilich dadurch überholt, dass mit dem im August 2021 in Kraft getretenen neuen § 3a GwG der risikobasierte Ansatz nun auch an zentraler Stelle im GwG verankert wurde. Ausweislich der Gesetzesbegründung dient die Einfügung des neuen § 3a GwG „der stärkeren Verankerung des risikobasierten Ansatzes in der Verhinderung und Bekämpfung von Geldwäsche und Terrorismusfinanzierung. Der risikobasierte Ansatz ist das zentrale Grundprinzip der einschlägigen internationalen und europäischen Vorgaben,“ so die Gesetzesbegründung.[18]

17   Jedenfalls im Ergebnis verdient die Argumentation von *Bülte* Zustimmung. Es wäre im Ergebnis widersinnig, wenn die FIU mit erheblichem personellen, finanziellen und technologischen Aufwand in den Stand versetzt werden soll, fortschrittliche und weitgehend automatisiert ablaufende operative Analysen durchzuführen, nur um am Ende des Prozesses jeden dergestalt analysierten Vorgang doch wieder einem starren Verdachtsmaßstab unterwerfen zu wollen.[19] In ähnlicher Richtung hatte bereits die Bundesregierung vor einigen Jahren in einer Ant-

---

15 *Bülte*, BMF-Gutachten, Rn. 216.

16 *Barreto da Rosa*, in: Herzog, GwG, § 32 Rn. 3a.

17 *Barreto da Rosa*, in: Herzog, GwG, § 32 Rn. 3a.

18 BT-Drs. 19/28164, S. 43. Im Zuge des Gesetzgebungsverfahrens wurde seitens des Bundes Deutscher Kriminalbeamter in einem Anhörungsschreiben an das BMF v. 18.1.2021 gleichwohl vorgetragen, dass „in Anbetracht der Tatsache, dass der risikobasierte Ansatz für die FIU weder von der FATF noch von der EU-Geldwäscherichtlinie vorgesehen“ sei, in „Kreisen der Verpflichteten sowie der Strafverfolgungsbehörden die Besorgnis zu vernehmen“ sei, die „aktuelle – u. E. gesetzeswidrige – Weiterleitungspraxis der FIU solle nachträglich gesetzlich legitimiert werden“.

19 *Barreto da Rosa*, in: Herzog, GwG, Vorbem. zu Abschnitt 5, Rn. 24 spricht insoweit von „einem klassischen **Dilemma**“, mit dem sich die FIU konfrontiert sieht: „Verwirklicht sie ihren ‚zentralen Mehrwert‘ und setzt einen Filter an (Absehen von der Übermittlung des Sachverhalts an andere Behörden), der die versprochene Entlastung der Strafverfolgungsbehörden bewirkt, geht sie ein hohes Risiko ein, Sachverhalte womöglich trotz deliktischer Relevanz nicht an die Strafverfolgungsbehörden weiterzuleiten. […] Minimiert sie alternativ diese Risiken und leitet einen sehr hohen Prozentsatz aller eingehenden Hinweise weiter, gibt sie ihren ‚zentralen Mehrwert‘ preis.“

wort auf eine kleine Anfrage darauf abgestellt, dass durch die „**Filterfunktion**" gewährleistet werden solle, dass „eine Verdachtsmeldung zielgerichtet so bewertet wird, dass schließlich nur die tatsächlich werthaltigen Fälle „herausgefiltert" und diese unverzüglich an die zuständigen (Strafverfolgungs-)Behörden auf Basis der Analyseergebnisse weitergegeben werden können."[20] Hierdurch erhalte die FIU systembedingt eine „**Einschätzungsprärogative**".[21]

Andererseits steht die derzeitige Ausübung der Filterfunktion mit Blick auf den systembedingten Informationsvorsprung der FIU gegenüber den Strafverfolgungsorganen **zunehmend in der Kritik**. Zuletzt hat der Bundesrat auf Wunsch der Justizministerien der Länder den risikobasierten Filterungsansatz der FIU als „mit dem Legalitätsprinzip, dem verfassungsrechtlichen Gebot der effektiven Strafverfolgung sowie den völkerrechtlichen Verpflichtungen der Bundesrepublik Deutschland schlichtweg unvereinbar" bezeichnet, da die (automatisierte) risikobasierte Filterung durch die FIU im „Ergebnis [...] zu einem erheblichen Rückgang der aufgrund von Geldwäscheverdachtsmeldungen eingeleiteten Ermittlungsverfahren geführt" habe und in Fällen, „in denen ein Verfahren aufgrund einer verspäteten Meldung eingeleitet wird, [...] Beweise aufgrund des Zeitablaufs oftmals nicht mehr gesichert werden [könnten], so dass wichtige Ermittlungsansätze verloren" gingen.[22]

Im Ergebnis hat die FIU im Zeitraum vom 1.2.2018 bis zum 31.1.2021 bei 238.220 von insgesamt 343.614 in diesem Zeitraum eingegangenen Verdachtsmeldungen die Voraussetzungen des § 32 Abs. 2 Satz 1 GwG als nicht erfüllt angesehen, sodass eine Übermittlung an Strafverfolgungsbehörden unterblieben ist und sie diese Verdachtsmeldungen in den FIU-Informationspool überführte.[23] Sofern darauf hingewiesen wird, dass bei der FIU-alt die Abgabevoraussetzungen mitursächlich dafür gewesen sein sollen, dass bloß 0,6 % der Verdachtsmeldungen aus sich heraus und 1,6 % der Verdachtsmeldungen in Kombination mit anderen Informationsquellen in rechtskräftigen Aburteilungen wegen Geldwä-

18

19

---

20 BT-Drs. 19/2263, S. 8 zu Frage 18.
21 BT-Drs. 19/2263, S. 8 zu Frage 18. Vgl. allerdings *Barreto da Rosa*, in: Herzog, GwG, § 32 Rn. 3, nach dem die Einschätzungsprärogative „über den klaren Gesetzeswortlaut nicht hinweghelfen" könne.
22 BT-Drs. 19/28164, S. 84. Die Überprüfung der gegenteiligen Behauptung, dass beim risikobasierten Ansatz mit weniger Abgaben zumindest nicht weniger Straftaten aufgeklärt werden, kann aufgrund einer Zäsur der Meldeart in den Jahresberichten der FIU (noch) nicht angestellt werden, vgl. Generalzolldirektion, FIU Jahresbericht 2020, S. 22 Fn. 13. Siehe auch die entsprechenden Stellungnahmen des Bundesrats zum Entwurf der Sechsten Geldwäscherichtlinie, BR-Drs. 740/21, S. 3, und zum Entwurf des § 32 GwG, BR-Drs. 182/17, S. 21 f. Vgl. auch *Krause-Ablaß*, WiJ 2021, 155, 158.
23 BT-Drs. 19/27346, S. 6.

sche in den Jahre 2014 bis 2016 mündeten,[24] erlaubt dies allein noch keine belastbaren Rückschlüsse auf den Wert der Mitteilungen an sich. Denn in zahlreichen Fällen wird eine Verurteilung allein wegen der Vortat erfolgen (vgl. § 261 Abs. 7 StGB).

20   Auf der **Rechtsfolgenseite** sind das Ergebnis der Analyse sowie alle sachdienlichen Informationen an die zuständigen Strafverfolgungsbehörden zu übermitteln. Auch wenn das strafprozessuale **Legalitätsprinzip** für die administrative FIU keine Anwendung finden soll,[25] ist die Übermittlung von Analyseergebnissen, die nach Einschätzung der FIU den Zusammenhang zu einer Straftat aufzeigen, ausweislich § 32 Abs. 2 Satz 1 GwG zwingend.[26]

21   Sofern die Gesetzesbegründung im Hinblick auf das Ergebnis der Analyse von einem „**Ergebnisbericht**" spricht,[27] spiegelt sich diese Bezeichnung in den entsprechenden Übermittlungsschreiben der FIU nicht durchgehend wider. Der Begriff der **sachdienlichen Informationen** ist ausgehend von der Gesetzesbegründung sehr weit zu verstehen und bezieht sich auf „**alle relevanten Informationen**",[28] die der FIU im Zusammenhang mit einem Sachverhalt vorliegen. Regelmäßig gehört hierzu der Wortlaut der Originalverdachtsmeldung einschließlich etwaiger Anlagen.

22   Konnte bei der operativen Analyse der FIU **kein Zusammenhang** mit Geldwäsche, Terrorismusfinanzierung oder einer sonstigen Straftat festgestellt werden, wird der Fall **abgeschlossen**, ohne dass – über das Löschen nicht mehr benötigter personenbezogener Daten hinaus[29] – weitere Maßnahmen durch die FIU ergriffen werden müssen (sog. **Abstandnahme**).[30] Gleichwohl nimmt die FIU diese Vorgänge – neben nicht prioritär bearbeiteten Meldungen und den abgegebenen Sachverhalten[31] – ohne Ausnahme in ihren Informationspool auf (sog. **Monitoring**).[32] Schon zu Mai 2020 befanden sich über 280.000 (un-)bearbeitete Meldungen im Monitoring der FIU.[33] Auch diese Datenhaltung dürfte sich perspektivisch wachsenden datenschutzrechtlichen Bedenken ausgesetzt sehen.

---

24 *Bussmann/Veljovic*, NZWiSt 2020, 417, 420.

25 BT-Drs. 19/27346, S. 4; BT-Drs. 19/2263, S. 8 zu Frage 18.

26 Vgl. auch BT-Drs. 19/27346, S. 4; *Barreto da Rosa*, in: Herzog, GwG, § 32 Rn. 3; *Brodowski*, wistra 2021, 417, 422.

27 BT-Drs. 18/11555, S. 144.

28 BT-Drs. 18/11555, S. 144.

29 U. a. § 31 Abs. 5 Satz 6 GwG und ab dem 1.5.2022 auch ausdrücklich § 31 Abs. 7 Satz 3 GwG.

30 BT-Drs. 18/11555, S. 145.

31 Vgl. Generalzolldirektion, FIU Jahresbericht 2020, S. 36.

32 Vgl. Generalzolldirektion, FIU Jahresbericht 2020, S. 14; BT-Drs. 19/16595, S. 10. Der Begriff des Monitorings wurde in den früheren Jahresberichten genutzt, insgesamt dazu kritisch *Barreto da Rosa*, in: Herzog, GwG, § 32 Rn. 5.

33 Vgl. BT-Drs. 19/20953, S. 6.

IV. Exkurs: Strafrechtliche Verantwortlichkeit von FIU-Verantwortlichen wegen Strafvereitelung im Amt

Die Anfang September 2021 von der Staatsanwaltschaft Osnabrück im BMF und im BMJ durchgeführten Durchsuchungen haben Strafbarkeitsrisiken der Verantwortlichen der FIU wegen des Verdachts der Strafvereitelung im Amt in das öffentliche Interesse gerückt.[34]   **23**

1. Hintergrund: Das Ermittlungsverfahren der Staatsanwaltschaft Osnabrück

Ausweislich einer Antwort der Bundesregierung auf eine kleine Anfrage wurde gegen unbekannte Beschäftigte der Zentralstelle für Finanztransaktionsuntersuchungen (FIU) ein Ermittlungsverfahren wegen des Tatvorwurfs der **Strafvereitelung im Amt gemäß § 258a StGB** eingeleitet. Dies wurde der FIU am 14.7.2020 durch die sachleitende Staatsanwaltschaft bekanntgegeben. Hiernach wird unbekannten Beschäftigten der FIU vorgeworfen, in acht Fällen ihrer gesetzlichen Verpflichtung gemäß § 32 Abs. 2 Satz 1 des Geldwäschegesetzes (GwG) nicht nachgekommen zu sein, woraus der strafrechtliche Vorwurf der Strafvereitelung im Amt resultiere. Das Ermittlungsverfahren ist noch nicht abgeschlossen.[35]   **24**

In einer (mittlerweile von der Homepage entfernten) Pressemeldung der Staatsanwaltschaft Osnabrück hieß es insoweit, es werde „seit 2020 gegen die FIU" ermittelt, weil „Geldwäsche-Verdachtsmeldungen in Millionenhöhe durch die FIU nicht an Polizei und Justiz weitergeleitet wurden". Ausgangspunkt der Ermittlungen sei eine „Verdachtsmeldung einer Bank an die FIU im Juni 2018 über Zahlungen nach Afrika von mehr als 1 Mio. Euro" gewesen. Dabei habe die Bank vermutet, dass Hintergrund der Zahlungen Waffen- und Drogenhandel sowie Terrorismusfinanzierung sei. „Die FIU nahm diese Meldung zur Kenntnis, leitete sie aber nicht an deutsche Strafverfolgungsbehörden weiter, sodass keine Möglichkeit mehr bestand, die Zahlungen aufzuhalten", so die Staatsanwaltschaft Osnabrück in ihrer Pressemitteilung weiter.[36]   **25**

2. Strafbarkeitsrisiken im Überblick

Hinsichtlich diesbezüglicher Strafbarkeitsrisiken von FIU-Verantwortlichen ist im Ansatz zunächst zwischen den Voraussetzungen für eine Strafbarkeit nach   **26**

---

34 *Lenk*, ZWH 2021, 353. Davor aus dem Kreis der Zollbediensteten schon *Weerth*, BDZ-Fachteil 10/2019, F58.

35 BT-Drs. 19/27346, S. 2.

36 Die Pressemitteilung der Staatsanwaltschaft Osnabrück v. 9.9.2021 ist mittlerweile zwar von der Homepage entfernt, im Internetarchiv aber noch aufzufinden.

§ 258 StGB und nach § 258a StGB zu differenzieren. Nach dem **Grundtatbestand der Strafvereitelung** gem. § 258 Abs. 1 StGB wird mit Freiheitsstrafe bis zu fünf Jahren oder mit Geldstrafe bestraft, wer absichtlich oder wissentlich ganz oder zum Teil vereitelt, dass ein anderer dem Strafgesetz gemäß wegen einer rechtswidrigen Tat bestraft oder einer Maßnahme gem. § 11 Abs. 1 Nr. 8 StGB unterworfen wird. Die **Qualifikation der Strafvereitelung im Amt** gem. § 258a StGB setzt nach ihrem Tatbestand voraus, dass der Täter als Amtsträger zur Mitwirkung bei dem Strafverfahren oder dem Verfahren zur Anordnung der Maßnahme gem. § 11 Abs. 1 Nr. 8 StGB berufen ist.

27   Während es sich beim Grundtatbestand des § 258 Abs. 1 StGB um ein sog. **Allgemeindelikt** handelt, stellt die Qualifikation des § 258a StGB ein Sonderdelikt in Form eines sog. **unechten Amtsdelikts** dar,[37] indem der Täter als Amtsträger zur Mitwirkung bei dem Strafverfahren berufen sein muss. Ob diese Qualifikationsmerkmale bei FIU-Verantwortlichen sämtlich vorliegen, erscheint zweifelhaft. Zwar wird es sich bei FIU-Bediensteten in der Regel um **Amtsträger** im Sinne des § 11 Abs. 1 Nr. 2 StGB handeln. Zweifelhaft ist indessen, ob sie im Sinne des § 258a StGB zur Mitwirkung bei dem Strafverfahren berufen sind. Grundsätzlich zählen zum Strafverfahren alle auf Strafverfolgung gerichteten Handlungen, auch das staatsanwaltschaftlich geführte Ermittlungsverfahren. Eine Strafbarkeit gem. § 258a StGB kommt auch bereits dann in Betracht, wenn die gebotene Einleitung des Ermittlungsverfahrens vereitelt wird.[38] Indessen hat nach h. M. eine weitere **Differenzierung** zwischen der Begehung durch **aktives Tun** einerseits und **Unterlassen** zu erfolgen: Während es bei einem aktiven Tun nicht unbedingt erforderlich sei, dass der Amtsträger gerade zur Bearbeitung der von ihm beeinträchtigten Strafsache zuständig ist,[39] müsse bei einem Unterlassen einer Verfolgungshandlung eine Rechtspflicht zum Einschreiten (§ 13 StGB) bestehen. Daher komme es beim Unterlassen entscheidend auf die konkrete sachliche, örtliche und funktionale Zuständigkeit des untätig bleibenden Amtsträgers an. Dass damit der Kreis potenzieller Unterlassungstäter enger gezogen werde als derjenige der potenziellen Begehungstäter, sei dem Erfordernis einer Garantenpflicht geschuldet.[40] Nach diesen Maßstäben sind die FIU-Bediensteten nicht zur Mitwirkung im Strafverfahren berufen.[41] FIU-Bedienstete sind daher in der

---

37 *Altenhain*, in: Nomos-Kommentar, 5. Aufl. 2017, § 258a StGB Rn. 1; *Cramer*, in: MüKo-StGB, § 258a Rn. 1.

38 *Hecker*, in: Schönke/Schröder, StGB, § 258a Rn. 3.

39 *Hecker*, in: Schönke/Schröder, StGB, § 258a Rn. 4.

40 LG Stuttgart, Beschl. v. 24.3.2020 – 61 Ns 142 Js 114222/16, NStZ 2021, 544, 545 unter Verweis auf *Hecker*, in: Schönke/Schröder, StGB, § 258a Rn. 9. Diese Differenzierung ablehnend *Altenhain*, in: Nomos-Kommentar, 5. Aufl. 2017, § 258a StGB Rn. 5.

41 Ablehnend *Bülte*, BMF-Gutachten, Rn. 176; *Lenk*, ZWH 2021, 353, 362.

Regel **keine tauglichen Täter des Qualifikationstatbestands**. Ausnahmen sind allenfalls denkbar im hypothetischen Fall einer aktiven Tatbegehung bzw. Vereitelungshandlung.

Demgegenüber begegnet die Möglichkeit, dass FIU-Bedienstete den Grundtatbestand der einfachen Strafvereitelung gem. § 258 Abs. 1 StGB verwirklichen können, keinen rechtsgrundsätzlichen Einwänden. Als Anknüpfungspunkt für eine Tatbestandsverwirklichung des § 258 Abs. 1 StGB kommen **im Ausgangspunkt unterschiedliche Szenarien** in Betracht: Hierzu gehört etwa „die eher strukturell angelegte Implementierung eines risikobasierten Ansatzes, durch den bestimmte strafrechtsrelevante Verhaltensweisen möglicherweise **von vornherein ausgeblendet** und deshalb nicht an die Strafverfolgungsbehörden weitergeleitet werden konnten".[42] Nach der Analyse von *Lenk* wäre „der Vorwurf dahingehend zu formulieren, dass durch die Implementierung des risikobasierten Ansatzes ein Mechanismus geschaffen wurde, der die operative Analyse pflichtwidrig verkürzte. Etwa, indem der Fokus ausschließlich auf Taten der Geldwäsche oder Terrorismusfinanzierung gerichtet war, mit der Folge, dass ‚sonstige' Straftaten im Zuge der operativen Analyse von vornherein nicht erkannt und weitergeleitet werden konnten".[43]   **28**

Andererseits kann sich die Frage der Tatbestandsverwirklichung auch dann stellen, wenn „eingegangene Verdachtsmeldungen durch die Zollbeamten **schlicht unbearbeitet geblieben** oder ohne nähere Prüfung in das behördeninterne Monitoring überführt und deshalb nicht an die Strafverfolgungsbehörden weitergeleitet worden sind".[44]   **29**

Allerdings wären in beiden Szenarien noch die weiteren **objektiven und subjektiven Tatbestandsmerkmale** des § 258 Abs. 1 StGB zu prüfen. In objektiver Hinsicht sind dies insbesondere das Vorliegen einer tatbestandsmäßigen strafbaren Vortat sowie die Vereitelungshandlung, während der subjektive Tatbestand im Hinblick auf die Tathandlung Absicht oder Wissentlichkeit voraussetzt. Eine vertiefte Darstellung dieser mitunter komplizierten Einzelfragen würde den Rahmen dieser Überblicksdarstellung sprengen.[45] Erforderlich wäre in jedem Fall eine genaue Analyse der Pflichten, welche die FIU gem. § 32 Abs. 2 Satz 2 GwG gegenüber den zuständigen Strafverfolgungsbehörden zu erfüllen hat. Im Unterschied zu § 31 Abs. 1 GwG ist es ausdrücklich nicht die Pflicht der FIU, Verdachtsmeldungen ungeprüft und sofort nach Erhalt weiterzuleiten. Vielmehr knüpft der Wortlaut von § 32 Abs. 2 GwG diese Pflicht an die auf einer operati-   **30**

---

42 *Lenk*, ZWH 2021, 353, 356.
43 *Lenk*, ZWH 2021, 353, 357.
44 *Lenk*, ZWH 2021, 353, 356.
45 Vgl. hierzu *Lenk*, ZWH 2021, 353, 357 ff. m. w. N.

ven Analyse beruhende Feststellung, dass ein Vermögensgegenstand mit Geldwäsche, Terrorismusfinanzierung oder mit einer sonstigen Straftat in Verbindung steht. Wenn die FIU keine derartige Feststellung trifft, besteht keine Pflicht zur Übermittlung. Dies gilt auch dann, wenn sich im Nachhinein herausstellen sollte, dass bei der Analyse wesentliche Verdachts- und Sachverhaltsmomente übersehen oder falsch gewichtet wurden. Hier ist somit besondere Vorsicht geboten, um nicht dem sog. **Rückschaufehler** (Hindsight Bias) zu erliegen.

31   Ungeachtet aller vermeintlichen Defizite, die seitens der FIU bei der Identifizierung der strafrechtlich relevanten Sachverhalte zutage treten, erschiene es jedenfalls bedenklich, wenn man zur Bestimmung der Maßstäbe des risikobasierten Ansatzes ausgerechnet das **Strafrecht als Steuerungsmittel** umfunktionieren wollte. Beim Tatbestand der Strafvereitelung handelt es sich auch nicht um ein Fahrlässigkeitsdelikt zur Sanktionierung eines allgemeinen Organisationsverschuldens. Wenn sich die FIU-Bediensteten bei ihrer täglichen Arbeit nur noch von der Sorge vor möglichen Strafbarkeitsrisiken leiten ließen, wäre eine vollständige Lähmung der FIU keine allzu abwegige Vorstellung. Dies ist freilich die – sich früher oder später einstellende – Kehrseite der allgemeinen Tendenz zur **Überkriminalisierung**, die in zahlreichen Lebensbereichen um sich greift.

32   Denkbar ist ebenfalls ein Szenario, in dem nach durchgeführter operativer Analyse bewusst von einer Übermittlung der strafrechtlichen relevanten Analyseergebnisse an die Strafverfolgungsbehörden abgesehen wird. *Barreto da Rosa* nennt hier das Beispiel, dass ein FIU-Mitarbeiter bei der Bearbeitung einer Fristfallmeldung nach § 46 Abs. 1 GwG „mit einer angehaltenen Transaktion im Kontext einer klaren Verdachtslage bezüglich einer Straftat" feststellt, dass die Meldung eine ihm nahestehende Person betrifft „und er die Meldung daher bewusst nicht weiterleitet, um diese Person vor strafrechtlicher Verfolgung (inkl. der Einziehung des angehaltenen Betrags) zu schützen".[46] Nur in dermaßen klar gelagerten Ausnahmefällen dürften im Ergebnis keine grundlegenden Zweifel an einer Strafbarkeit bestehen.

V. Übermittlungspflicht an den Bundesnachrichtendienst (§ 32 Abs. 2 Satz 2 GwG)

33   Die in § 32 Abs. 2 Satz 1 GwG genannten Informationen über den Zusammenhang mit Geldwäsche, Terrorismusfinanzierung oder einer sonstigen Straftat sind außerdem an den **Bundesnachrichtendienst** zu übermitteln, soweit tatsächliche Anhaltspunkte dafür vorliegen, dass eine Übermittlung für die Erfüllung der Aufgaben des Bundesnachrichtendienstes erforderlich ist (§ 32 Abs. 2 Satz 2

---

46 *Barreto da Rosa*, in: Herzog, GwG, § 32 Rn. 3b.

GwG). Die Norm stellt eine **spezialgesetzliche Ausprägung** von § 23 Abs. 1 Nr. 2 BND-Gesetz dar.[47]

VI. Übermittlungspflicht bei Ersuchen (§ 32 Abs. 3 GwG)

Durch § 32 Abs. 3 Satz 1 und 2 GwG wird Art. 32 Abs. 4 Satz 2 Vierte EU-Geldwäscherichtlinie umgesetzt.[48] Danach müssen die FIUs in der Lage sein, Auskunftsersuchen anderer inländischer Behörden im Zusammenhang mit Geldwäsche und Terrorismusfinanzierung zu beantworten. Ausweislich der Gesetzesbegründung ist die Vorschrift des Abs. 3 nicht nur **Befugnisnorm** zu einem Eingriff in das Datenschutzgrundrecht eventuell betroffener Bürger, sondern zugleich auch eine Norm, die eine **Verpflichtung** im Verhältnis mehrerer Behörden zueinander regelt.[49] Im Jahr 2020 wurden insgesamt 3.798 Ersuchen an die FIU gestellt (weit überwiegend von Polizeibehörden und im Übrigen wesentlich durch Finanzbehörden).[50]   **34**

Nach § 32 Abs. 3 Satz 1 GwG übermittelt die FIU Daten aus Finanzinformationen und Finanzanalysen, einschließlich personenbezogener Daten, **auf Ersuchen** von Strafverfolgungsbehörden, dem Bundesamt für Verfassungsschutz, dem Bundesnachrichtendienst oder dem Militärischen Abschirmdienst des Bundesministeriums der Verteidigung, soweit dies zur Aufklärung von Geldwäsche, Terrorismusfinanzierung und sonstigen Gefahren sowie zur Durchführung von diesbezüglichen und anderen Strafverfahren (§ 32 Abs. 3 Satz 1 Nr. 1 und 2 GwG) **erforderlich** ist. Dieses Kriterium der **Erforderlichkeit** kann seitens der FIU schon mangels ausreichender Informationsbasis nicht überprüft werden. Die Beurteilung der Erforderlichkeit und Verhältnismäßigkeit obliegt deshalb (nur) der ersuchenden Stelle.[51] An einer nach dem RefE GwG 2019 vorgesehenen Ergänzung, wonach die Datenübermittlung nicht nur „auf Ersuchen", sondern auch „**von Amts wegen**" erfolgen würde,[52] wurde im weiteren Gesetzgebungsverfahren nicht festgehalten.   **35**

Der Wortlaut von § 32 Abs. 3 Satz 1 GwG wurde durch das Transparenzregister- und Finanzinformationsgesetz insoweit geändert, als er nun auf Daten aus Finanzinformationen und Finanzanalysen abstellt. Diese beiden Begriffe wurden im Zuge des Transparenzregister- und Finanzinformationsgesetzes in § 1 Abs. 26   **36**

---

47 BT-Drs. 18/11555, S. 145.

48 BT-Drs. 18/11555, S. 145.

49 Vgl. Gesetzesentwurf zum Transparenzregister- und Finanzinformationsgesetz, BT-Drs. 19/28164, S. 53. Zur Frage, ob die Datenverarbeitung gem. § 32 GwG in den Anwendungsbereich der DSGVO fällt vgl. *Schindler*, Geldwäschegesetzgebung und Steuerrecht, S. 423 ff.

50 Generalzolldirektion, FIU Jahresbericht 2020, S. 82 f.

51 *Barreto da Rosa*, in: Herzog, GwG, § 32 Rn. 31.

52 RefE GwG 2019, S. 95 f.; zu den Einzelheiten *Zentes/Glaab*, BB 2019, 1667, 1672.

und Abs. 27 GwG definiert. Danach sind **Finanzinformationen** alle Arten von Informationen oder Daten, insbesondere Daten über finanzielle Vermögenswerte, Geldbewegungen oder finanzgeschäftliche Beziehungen, die bereits bei der FIU vorhanden sind, um Geldwäsche und Terrorismusfinanzierung zu verhüten, aufzudecken und zu bekämpfen. **Finanzanalyse** meint demgegenüber das Ergebnis der von der FIU für die Erfüllung ihrer Aufgaben bereits durchgeführten operativen und strategischen Analyse (§ 1 Abs. 27 GwG).

37   Mit dem Einschub „auch soweit sie personenbezogene Daten enthalten" soll klargestellt werden, dass die Datenübermittlung auch in Bezug auf solche Finanzinformationen und Finanzanalysen erfolgt, die keine personenbezogenen Daten enthalten, was nach der Gesetzesbegründung namentlich bei strategischen Analysen der Fall sein kann.[53] Die nach dem geänderten Gesetzeswortlaut gewählte Aufzählung, in der die personenbezogenen Daten erst am Ende genannt werden, darf freilich nicht darüber hinwegtäuschen, dass die Übermittlung personenbezogener Daten der wichtigste und grundrechtsrelevanteste Anwendungsfall der Vorschrift darstellt.

38   § 32 Abs. 3 Satz 2 GwG enthält weiter die Verpflichtung ebenso wie die Befugnis der FIU, Daten mit und ohne Personenbezug von Amts wegen oder auf Ersuchen an andere zuständige Behörden zu übermitteln, soweit dies für **Besteuerungsverfahren**,[54] Verfahren zum **Schutz der sozialen Sicherungssysteme** oder die Aufgabenwahrnehmung der **Aufsichtsbehörden** erforderlich ist. Hierunter fallen in der Praxis etwa Meldungen an Finanzämter mit folgenden Hinweisen: „Nach hier durchgeführter Analyse und Erstbewertung liegen keine Anhaltspunkte für eine Geldwäschehandlung oder sonstige Straftat vor. Der Sachverhalt könnte aber steuerliche Relevanz haben." Zu den in § 50 GwG genannten Aufsichtsbehörden gehören auch die örtlich zuständigen Kammern für die freien Berufe, die ihre Aufsichtsaktivitäten in den letzten Jahren spürbar ausgebaut haben. Die den Aufsichtsbehörden übermittelten Daten sind von diesen zu den Akten zu nehmen. Sie unterliegen der **Akteneinsicht** nach Maßgabe der jeweils einschlägigen Akteneinsichtsrechte.

39   Hinzuweisen ist auf den Umstand, dass der Gesetzeswortlaut keine Vorgaben dazu macht, innerhalb welcher Frist die FIU dem Ersuchen zu entsprechen hat. Insbesondere enthält die Vorschrift im Unterschied zu § 32 Abs. 3a GwG **kein Unverzüglichkeitserfordernis** (hierzu sogleich) und schreibt – anders als § 32a Abs. 1 Satz 2 GwG – auch nicht vor, dass die Informationsübermittlung „zeitnah" zu erfolgen hat.

---

53 BT-Drs. 19/28164, S. 53.
54 Ausführlich zur Vereinbarkeit mit der DSGVO und den Grundrechten *Schindler*, Geldwäschegesetzgebung und Steuerrecht, 2021, S. 331 ff., 340 ff.

VII. Übermittlung auf Ersuchen der inländischen benannten Behörde (§ 32 Abs. 3a GwG)

Die durch das Transparenzregister- und Finanzinformationsgesetz neu aufge- **40**
nommene Vorschrift des § 32 Abs. 3a GwG dient der Umsetzung von Art. 7
Abs. 1 der EU-Finanzinformationsrichtlinie.[55] Danach hat jeder Mitgliedstaat sicherzustellen, dass seine nationale FIU zur Zusammenarbeit mit den sog. „benannten Behörden" verpflichtet und in der Lage ist, begründete Ersuchen dieser
benannten Behörden um Finanzinformationen oder Finanzanalysen im jeweiligen Mitgliedstaat zeitnah zu beantworten, wenn solche Informationen oder Analysen im betreffenden Einzelfall erforderlich sind und wenn diese Ersuchen auf
Belangen im Zusammenhang mit der Verhütung, Aufdeckung, Untersuchung
oder Verfolgung schwerer Straftaten beruhen.

Bei der „inländischen benannten Behörde" im Sinne der EU-Finanzinformati- **41**
onsrichtlinie handelt es sich um das BKA (→ § 31 Rn. 5). Nach der Gesetzesbegründung bezieht sich die Datenübermittlung „stets nur auf diejenigen Daten
aus konkreten Finanzinformationen und -analysen, die von der ersuchenden Behörde angefragt wurden und bei denen die Voraussetzungen der Übermittlung,
namentlich also die Erforderlichkeit für den verfolgten Zweck, vorliegen".[56]

Im Übrigen ist auf die Ausführungen zu § 32 Abs. 3 Satz 1 GwG zu verweisen. **42**
Ein Unterschied besteht freilich darin, dass die Datenübermittlung an das BKA
unverzüglich zu erfolgen hat.

VIII. Automatisierter Datenabruf durch Behörden (§ 32 Abs. 4 GwG)

Strafverfolgungsbehörden, das Bundesamt für Verfassungsschutz und das BKA **43**
als „inländische benannte Behörde" im Sinne der EU-Finanzinformationsrichtlinie sind berechtigt, die Daten für die Fälle des § 32 Abs. 3 Satz 1 Nr. 1 und Nr. 2
GwG (siehe dazu oben → § 32 Rn. 35) **automatisiert** abzurufen, sofern keine
Übermittlungsbeschränkungen bestehen (§ 32 Abs. 4 Satz 1 GwG). Um den automatisierten Datenabruf kontrollieren zu können, müssen nach § 32 Abs. 4
Satz 2 GwG von den abrufenden Behörden die folgenden Kriterien zur Sicherstellung des **Datenschutzes** festgelegt werden:

---

55 Richtlinie (EU) 2019/1153 des Europäischen Parlamentes und des Rates v. 20.6.2019
  zur Festlegung von Vorschriften zur Erleichterung der Nutzung von Finanz- und sonstigen Informationen für die Verhütung, Aufdeckung, Untersuchung oder Verfolgung
  bestimmter Straftaten und zur Aufhebung des Beschlusses 2000/642/JI des Rates, ABl.
  L 186, S. 122.
56 BT-Drs. 19/28164, S. 54.

- der Anlass und der Zweck des Abrufverfahrens,
- die Dritten, an die übermittelt wird,
- die Art der zu übermittelnden Daten und
- die technischen und organisatorischen Maßnahmen zur Gewährleistung des Datenschutzes.

44 Durch die Möglichkeit zur Einrichtung eines automatisierten Datenabrufs soll der Datenaustausch zwischen FIU und den in § 32 Abs. 4 Satz 1 GwG genannten Behörden **beschleunigt** werden.[57] Dies trägt der häufigen **Eilbedürftigkeit** bei Verfahren zur Verfolgung und Aufklärung von organisierter Kriminalität oder Terrorismusfinanzierung, sowie (nach Aufnahme des BKA als „inländische benannte Behörde" im Sinne der EU-Finanzinformationsrichtlinie) schwerer Straftaten im Sinne des Anhangs I der VO (EU) 2016/794 Rechnung.[58] Überdies sollen der „zeitliche und personelle Aufwand" der anfragenden Stelle „minimiert" werden, um deren Aufgabenwahrnehmung zu verbessern.[59] Inhaltlich spiegele § 32 Abs. 4 GwG, „begrenzt auf seinen spezifischen Anwendungsfall, den Regelungsgehalt zu § 31 Abs. 4 GwG wider".[60]

45 Derzeit ist der automatisierte Abruf noch nicht flächenmäßig umgesetzt. Aus einer Antwort der Bayerischen Staatsregierung auf eine schriftliche Anfrage vom 14.2.2020 geht hervor, dass die Gemeinsame Finanzermittlungsgruppe Bayern „derzeit nicht über einen automatisierten Zugriff auf Daten der FIU i.S.d. § 32 Abs. 4 Geldwäschegesetz (GwG) [verfügt]. Nach derzeitigem Kenntnisstand befindet sich die erforderliche technische Lösung in der Entwicklung".[61]

IX. Grenzen der Übermittlungspflicht (§ 32 Abs. 5 GwG)

46 § 32 Abs. 5 GwG legt die **Grenzen** für die Datenübermittlung an inländische Behörden nach § 32 Abs. 3 und 3a GwG fest. Hierdurch wird Art. 32 Abs. 5 Vierte EU-Geldwäscherichtlinie[62] und – in der Fassung des Transparenzregister- und Finanzinformationsgesetzes – Art. 7 Abs. 2 der EU-Finanzinformationsrichtlinie umgesetzt.[63]

47 Die Datenübermittlung nach § 32 Abs. 3 und Abs. 3a GwG hat gem. § 32 Abs. 5 Satz 1 GwG unter den folgenden Voraussetzungen zu unterbleiben:

---

57 BT-Drs. 18/11555, S. 145.
58 Vgl. BT-Drs. 18/11555, S. 145.
59 BT-Drs. 18/11555, S. 145; vgl. BT-Drs. 19/2263, S. 8 zu Frage 18 zur Aufgabenwahrnehmung.
60 BT-Drs. 18/11555, S. 145.
61 Bayerischer Landtag Drs. 18/4494, S. 2.
62 BT-Drs. 18/11555, S. 145.
63 BT-Drs. 19/28164, S. 54.

– soweit sich die Bereitstellung der Daten negativ auf den Erfolg **laufender Er-mittlungen oder Finanzanalysen** der zuständigen inländischen öffentlichen Stellen auswirken könnte oder
– die Weitergabe der Daten **unverhältnismäßig** wäre.

1. Auswirkungen auf den Erfolg laufender Ermittlungen oder Analysen

Die Beschränkung bzgl. der negativen Auswirkungen auf den Erfolg laufender Ermittlungen gem. § 32 Abs. 5 Satz 1 Nr. 1 GwG bezieht sich auf Ermittlungen von **Strafverfolgungsbehörden und sonstigen Behörden**.[64] In der Gesetzesbegründung wird dies an einem Beispielsfall verdeutlicht, in dem die FIU den Sachverhalt bereits an die zuständige Strafverfolgungsbehörde abgegeben hat und bei dem eine Finanzbehörde zum gleichen Betroffenen um Übermittlung der Daten ersucht. In diesem Fall müsse die FIU „das Auskunftsersuchen der Finanzbehörde zum Schutz des strafrechtlichen Ermittlungsverfahrens ablehnen, es sei denn die Strafverfolgungsbehörde hat im Einzelfall ihre Zustimmung zur Datenübermittlung erteilt".[65] Ermittlungen anderer Behörden (z. B. Finanzbehörden) kann und muss die FIU hingegen nur berücksichtigen, sofern sie hiervon ebenfalls Kenntnis hat.[66]   **48**

Die Aufnahme der Gefährdung des Erfolgs von **Analysen** durch das Transparenzregister- und Finanzinformationsgesetz soll lediglich klarstellen, dass es der Erfolg laufender Finanzanalysen der FIU ebenfalls rechtfertigen kann, Informationen nicht zu übermitteln.[67]   **49**

2. Unverhältnismäßigkeit

Die Übermittlung hat nach § 32 Abs. 5 Satz 1 Nr. 2 GwG auch zu unterbleiben, wenn die Weitergabe der Daten unverhältnismäßig wäre. Zur Erläuterung des Begriffs der Unverhältnismäßigkeit ist der Wortlaut von **Art. 32 Abs. 5 Vierte EU-Geldwäscherichtlinie** heranzuziehen.[68] Danach ist die FIU nicht verpflichtet, dem Auskunftsersuchen nachzukommen, wenn die „Weitergabe der Informationen eindeutig im **Missverhältnis zu den rechtmäßigen Interessen** einer natürlichen oder juristischen Person stünde oder die Informationen für die Zwecke, zu denen sie angefordert wurden, **irrelevant** sind". Nach Einschätzung des Gesetzgebers wird ein Missverhältnis zu den rechtmäßigen Interessen einer natürlichen Person nur in sehr **eng begrenzten Fällen** einschlägig sein.[69]   **50**

---

64 BT-Drs. 18/11555, S. 145.
65 BT-Drs. 18/11555, S. 145.
66 BT-Drs. 18/11555, S. 145.
67 BT-Drs. 19/28164, S. 53.
68 BT-Drs. 18/11555, S. 145.
69 BT-Drs. 18/11555, S. 147. Das dort genannte Beispiel ist gleichwohl etwas unklar, vgl. auch *Barreto da Rosa*, in: Herzog, GwG, § 32 Rn. 30 f.

3. Ablehnungsbegründung und Ablehnung bei automatisiertem Abruf

51   Ebenfalls durch das Transparenzregister- und Finanzinformationsgesetz eingefügt wurde § 32 Abs. 5 Satz 2 GwG. Hiernach ist die Ablehnung eines Ersuchens
des BKA als „inländische benannte Behörde" im Sinne der EU-Finanzinformationsrichtlinie gegenüber dem BKA zu begründen.[70] Eine Begründung der Ablehnung gegenüber anderen ersuchenden Behörden schreibt das Gesetzt nicht
vor.

52   Gem. § 32 Abs. 5 Satz 3 GwG wird die FIU automatisiert durch Übermittlung
aller Anfragedaten unterrichtet, soweit ein Abruf nach § 32 Abs. 4 GwG zu Daten erfolgt, zu denen **Übermittlungsbeschränkungen** dem automatisierten Abruf grundsätzlich entgegenstehen. Grundsätzliche Übermittlungsbeschränkungen nach § 32 Abs. 5 Satz 3 GwG können sich zum Beispiel aus dem „**Steuer-
oder Sozialgeheimnis**" ergeben.[71] Der FIU obliegt es in diesem Fall, unverzüglich mit der anfragenden Behörde Kontakt aufzunehmen, um im Einzelfall zu
klären, ob Erkenntnisse nach § 32 Abs. 3 GwG (d.h. zur Aufklärung von Geldwäsche und Terrorismusfinanzierung, diesbezüglichen Strafverfahren bzw. anderen Taten) übermittelt werden können (§ 32 Abs. 5 Satz 4 GwG). Die letztliche Entscheidung über die Zulässigkeit der Datenübermittlung liegt in diesen
Fällen bei der FIU.

X. Mitteilungspflicht der Strafverfolgungsbehörde
(§ 32 Abs. 6 GwG)

53   Nach § 32 Abs. 6 Satz 1 GwG besteht eine Mitteilungspflicht der zuständigen
Strafverfolgungsbehörde an die zuständige **Finanzbehörde**, wenn sie aufgrund
der Mitteilung der FIU nach § 32 Abs. 2 GwG ein Strafverfahren eingeleitet hat
und wenn dadurch eine Transaktion festgestellt wird, die für die Finanzverwaltung für die Einleitung oder Durchführung von **Besteuerungs- oder Steuerstrafverfahren** Bedeutung haben könnte. Die **Mitteilungspflicht** der Strafverfolgungsbehörde bezieht sich auf eigene Erkenntnisse sowie auf diejenigen der
FIU.[72] Etwaige steuererhebliche Beweismittel (z.B. Buchführungsunterlagen,
(Ab-)Rechnungen etc.), die von der Strafverfolgungsbehörde erhoben wurden,
dürfen den Finanzbehörden ausgehändigt werden.[73]

---

70 Vgl. insoweit die Richtlinienvorgabe in Art. 7 Abs. 3 Satz 2 der EU-Finanzinformationsrichtlinie: Die zentralen Meldestellen haben eine Verweigerung der Beantwortung
   eines Ersuchens gemäß Absatz 1 angemessen zu erläutern.

71 BT-Drs. 18/11555, S. 146.

72 BT-Drs. 18/11555, S. 146.

73 *Häberle*, in: Erbs/Kohlhaas, Strafrechtliche Nebengesetze, 217. EL Oktober 2017,
   § 32 Rn. 1.

Zieht die Strafverfolgungsbehörde im Strafverfahren **Aufzeichnungen** nach [54] § 11 Abs. 1 GwG heran, dürfen auch diese der Finanzbehörde übermittelt werden (§ 32 Abs. 6 Satz 2 GwG). § 11 Abs. 1 GwG regelt die Pflicht zur Identifizierung von Vertragspartnern, etwaigen auftretenden Personen und wirtschaftlich Berechtigten grundsätzlich vor Begründung einer Geschäftsbeziehung bzw. Durchführung einer Transaktion. Eine vergleichbare Regelung war in **§ 15 Abs. 2 GwG vor 2017 a. F.** enthalten, der jedoch auf die Aufzeichnungen des § 8 Abs. 1 GwG vor 2017 a. F. verwies und damit über die Identifizierungsdaten hinaus auch die Aufzeichnungen zu Geschäftsbeziehungen und Transaktionen zur Erfüllung der Sorgfaltspflichten umfasste. Der Umfang der nach § 15 Abs. 2 GwG vor 2017 a. F. für die Übermittlung zulässigen Daten ging also weit über das Maß der Daten nach § 32 Abs. 6 Satz 2 GwG geforderten Daten hinaus.[74]

Durch § 32 Abs. 6 Satz 3 GwG wird der Datenverarbeitungszweck für Mitteilungen und Aufzeichnungen der Strafverfolgungsbehörde erweitert.[75] Danach dürfen die Mitteilungen und Aufzeichnungen für **Besteuerungsverfahren** und für **Strafverfahren** wegen Steuerstraftaten verwendet werden. Eine Verwendung der Mitteilungen und Aufzeichnungen für **Steuerordnungswidrigkeiten** ist nach dem Gesetzeswortlaut nicht vorgesehen.[76] [55]

XI. Datenschutzrechtliche Zweckbindung und Zweckänderung (§ 32 Abs. 7 GwG)

Nach § 32 Abs. 7 Satz 1 und 2 GwG dürfen die übermittelten personenbezogenen Daten von dem Empfänger nur zu dem Zweck verwendet werden, zu dem sie ihm übermittelt worden sind. Eine Verwendung für andere Zwecke ist zulässig, soweit die Daten auch dafür hätten übermittelt werden dürfen. Hiermit wird die Möglichkeit einer datenschutzrechtlichen **Zweckänderung** für die Verwendung der übermittelten Daten festgeschrieben. [56]

Infolge des Transparenzregister- und Finanzinformationsgesetzes wurde die Zweckänderung bei Datenübermittlung nach § 32 Abs. 3a GwG zur Umsetzung von Art. 7 Abs. 3 Satz 1 der EU-Finanzinformationsrichtlinie zusätzlich unter den **Zustimmungsvorbehalt** der FIU gestellt (§ 32 Abs. 7 Satz 3 GwG). [57]

---

74 Siehe auch *Barreto da Rosa*, in: Herzog, GwG, § 32 Rn. 36.
75 BT-Drs. 18/11555, S. 146.
76 *Häberle*, in: Erbs/Kohlhaas, Strafrechtliche Nebengesetze, 217. EL Oktober 2017, § 32 Rn. 1.

§ 32a Datenübermittlung an Europol

(1) Die Zentralstelle für Finanztransaktionsuntersuchungen ist befugt, auf ordnungsgemäß begründete Ersuchen von Europol Finanzinformationen und Finanzanalysen, auch soweit sie personenbezogene Daten enthalten, zu übermitteln, soweit dies in einem Einzelfall im Rahmen der Zuständigkeiten von Europol und zur Erfüllung der Aufgaben von Europol gemäß Artikel 4 der Verordnung (EU) 2016/794 erforderlich und nach Artikel 18 der Verordnung (EU) 2016/794 zulässig ist. Sie übermittelt diese Informationen zeitnah über das Bundeskriminalamt in seiner Aufgabe als nationale Stelle nach § 1 Nummer 1 des Europol-Gesetzes.

(2) Die Übermittlung kann verweigert werden, soweit

1. sich die Bereitstellung der Daten negativ auf den Erfolg laufender Ermittlungen oder Analysen der zuständigen inländischen öffentlichen Stellen auswirken könnte oder

2. die Weitergabe der Daten unverhältnismäßig wäre oder

3. die angeforderten Finanzinformationen und Finanzanalysen Daten enthalten, die von einer zentralen Meldestelle eines ausländischen Staates übermittelt wurden und diese einer Weiterübermittlung nicht zugestimmt hat, es sei denn, die Informationen stammen aus öffentlich zugänglichen Quellen.

Sie unterbleibt darüber hinaus in den in Artikel 7 Absatz 7 der Verordnung (EU) 2016/794 genannten Fällen.

(3) Die Zentralstelle für Finanztransaktionsuntersuchungen hat die Verweigerung einer Übermittlung gegenüber Europol zu begründen.

(4) Die Übermittlung ist mit der Bedingung zu verbinden, dass Europol die ihm übermittelten personenbezogenen Daten nur zu dem Zweck verwenden darf, zu dem sie ihm übermittelt worden sind. Eine Verwendung zu anderen Zwecken bedarf der Zustimmung der Zentralstelle für Finanztransaktionsuntersuchungen.

Schrifttum: *Mouzakiti*, Cooperation between Financial Intelligence Units in the European Union: Stuck in the middle between the General Data Protection Regulation and the Police Data Protection Directive, New Journal of European Criminal Law 2020, Vol. 11(3), 351.

Übersicht

I. Allgemeines

§ 32a GwG wurde mit Wirkung zum 1.8.2021 neu durch das Transparenzregister- und Finanzinformationsgesetz[1] eingeführt. Die Vorschrift dient[2] der Umsetzung von Art. 12 und Art. 13 Abs. 2 der EU-Finanzinformationsrichtlinie,[3] indem sie die **Datenübermittlungsverpflichtung der Zentralstelle für Finanztransaktionsuntersuchungen**[4] **an Europol** normiert. Dem Vorbild des § 32 GwG entsprechend, enthält die Vorschrift Übermittlungsbeschränkungen sowie eine datenschutzrechtliche Zweckbestimmung für die Verwendung der übermittelten Daten, indes ohne die eigenständige Möglichkeit zur Zweckänderung. Nicht näher im GwG bestimmt wird die Form, in der die FIU Daten an Europol übermitteln muss.[5]

1

II. Übermittlungspflicht an Europol (§ 32a Abs. 1 GwG)

§ 32a Abs. 1 Satz 1 GwG ermächtigt und verpflichtet die FIU, auf ordnungsgemäß begründete **Ersuchen von Europol** Finanzinformationen und Finanzanalysen, einschließlich personenbezogener Daten, **zu übermitteln**, soweit die ersuchten Informationen im Rahmen der Zuständigkeiten zur Erfüllung einer der

2

---

1 Gesetz zur europäischen Vernetzung der Transparenzregister und zur Umsetzung der Richtlinie 2019/1153 des Europäischen Parlaments und des Rates v. 20.6.2019 zur Nutzung von Finanzinformationen für die Bekämpfung von Geldwäsche, Terrorismusfinanzierung und sonstigen schweren Straftaten v. 25.6.2021, BGBl. I 2021, S. 2083 („Transparenzregister- und Finanzinformationsgesetz").
2 BT-Drs. 19/28164, S. 54.
3 Richtlinie (EU) 2019/1153 des Europäischen Parlaments und des Rates v. 20.6.2019 zur Festlegung von Vorschriften zur Erleichterung der Nutzung von Finanz- und sonstigen Informationen für die Verhütung, Aufdeckung, Untersuchung oder Verfolgung bestimmter Straftaten und zur Aufhebung des Beschlusses 2000/642/JI des Rates ABl. L 186 v. 11.7.2019, S. 122.
4 Nachfolgend als „FIU" („Financial Intelligence Unit") bezeichnet.
5 Siehe aber Art. 13 Abs. 1 der EU-Finanzinformationsrichtlinie.

Aufgaben von Europol gem. Art. 4 Abs. 1–4 der EU-Europol-Verordnung,[6] einschließlich reiner Auswerteaufgaben,[7] erforderlich und die Datenschutzanforderungen von Art. 18 der EU-Europol-Verordnung erfüllt sind. Ausweislich § 32a Abs. 1 Satz 2 GwG hat die Informationsübermittlung **zeitnah** zu geschehen. Dabei fungiert das **BKA als nationale Europol-Stelle**[8] als Verbindungsglied zwischen Europol und der FIU. Ein direkter Kontakt zwischen Europol und FIU besteht grundsätzlich nicht.

III. Übermittlungsbeschränkungen (§ 32a Abs. 2 GwG)

3   Sollten die Voraussetzungen des § 32a Abs. 1 GwG vorliegen, ist die Übermittlung der Informationen ausgeschlossen, wenn eine **Übermittlungsbeschränkung** des § 32a Abs. 2 GwG vorliegt. Dabei unterscheidet § 32a Abs. 2 GwG zwischen obligatorischen und fakultativen Übermittlungsbeschränkungen.

4   Nach § 32a Abs. 2 Satz 1 GwG **kann** die FIU die Datenübermittlung verweigern, soweit

- sich die Bereitstellung der Daten negativ auf den Erfolg laufender Ermittlungen oder Analysen der zuständigen inländischen öffentlichen Stellen auswirken könnte (§ 32a Abs. 2 Satz 1 Nr. 1 GwG) oder
- die Weitergabe der Daten unverhältnismäßig wäre (§ 32a Abs. 2 Satz 1 Nr. 2 GwG) oder
- die angeforderten Finanzinformationen und Finanzanalysen Daten enthalten, die von einer zentralen Meldestelle eines ausländischen Staates übermittelt wurden und diese einer Weiterübermittlung nicht zugestimmt hat, es sei denn, die Informationen stammen aus öffentlich zugänglichen Quellen (§ 32a Abs. 2 Satz 1 Nr. 3 GwG).

5   § 32a Abs. 2 Satz 1 Nr. 1 und Nr. 2 GwG entsprechen § 32 Abs. 5 Satz 1 GwG,[9] sodass im Grundsatz auf die dortigen Anmerkungen verwiesen werden kann (→ § 32 Rn. 47 ff.).

---

6 Verordnung (EU) 2016/794 des Europäischen Parlaments und des Rates v. 11.5.2016 über die Agentur der Europäischen Union für die Zusammenarbeit auf dem Gebiet der Strafverfolgung (Europol) und zur Ersetzung und Aufhebung der Beschlüsse 2009/371/JI, 2009/934/JI, 2009/935/JI, 2009/936/JI und 2009/968/JI des Rates, ABl. L 135 v. 24.5.2016, S. 53.

7 BT-Drs. 19/28164, S. 55.

8 § 1 Satz 1 Nr. 1 EuropolG.

9 Vgl. Art. 12 Abs. 2 der EU-Finanzinformationsrichtlinie, der auf die in § 32 Abs. 5 Satz 1 GwG umgesetzten Regelungen der Vierten EU-Geldwäscherichtlinie verweist sowie BT-Drs. 19/28164, S. 55.

Ebenso wie bei § 32 Abs. 5 Satz 1 Nr. 1 GwG ist die FIU nur verpflichtet, Er- **6**
mittlungstätigkeiten etc. der zuständigen inländischen Stellen zu berücksichtigen, sofern sie **Kenntnis von einem Verfahren** in der Sache hat. Dann jedoch
ist die FIU – soweit die Informationsübermittlung nicht nur eigene operative
Analysen berührt – nicht befugt, selbst über die Auswirkungen der Informationsweitergabe an Europol zu entscheiden, sondern soll bei der zuständigen Behörde
anfragen, ob der Erfolg der Ermittlungen gefährdet werden könnte.[10] Selbst
wenn die zuständige Behörde dies bestätigt, soll der FIU **Ermessen** zustehen
(„kann verweigert werden"), ob sie die angefragten Informationen an Europol
übermittelt (dazu → Rn. 10).

Zudem gelte „wie auch in der Parallelvorschrift § 32 Absatz 5 [GwG], dass in **7**
der deutschen Gesetzesformulierung auf eine explizite Umsetzung des Verwei-
gerungsgrundes der ‚Irrelevanz' für die angegebenen Zwecke verzichtet werden
kann, da ein Fall der Unverhältnismäßigkeit der Übermittlung nach deutschem
Rechtsverständnis sowohl dann vorliegt, wenn die Daten für die Erreichung des
angegebenen Zwecks untauglich sind, als auch dann, wenn sie nicht erforderlich
sind oder ihre Übermittlung im Missverhältnis zum verfolgten Zweck stünde".[11]
Zur Parallelvorschrift des § 32 Abs. 5 GwG heißt es jedoch noch – auf der vorstehenden Seite der Gesetzesbegründung – richtigerweise, dass die Datenübermittlung nicht erst am Ausschlussgrund der Unverhältnismäßigkeit (§ 32 Abs. 5
Satz 1 Nr. 2 GwG) scheitere, sondern „bereits in [§ 32] Absatz 3 und 3a geregelt
ist, dass eine Übermittlung nur erfolgt, wenn die angeforderten Informationen
für die Erfüllung der jeweiligen Zwecke erforderlich sind".[12] Auch unter § 32a
Abs. 1 GwG ist die Datenübermittlung auf die erforderlichen und damit gleichermaßen auch *a priori* tauglichen Informationen beschränkt, sodass es zum **Aus-**
schlussgrund des § 32a Abs. 2 Satz 1 Nr. 2 GwG ebenso wie unter § 32 Abs. 5
Satz 1 Nr. 2 GwG nur auf das weiterhin unklare (→ § 32 Rn. 50) „**Missverhält-**
nis" zwischen dem verfolgten Zweck und der Übermittlung an Europol ankommt.

Der Verweigerungsgrund in § 32a Abs. 2 Satz 1 Nr. 3 GwG soll der FIU ferner **8**
die Einhaltung von „völkerrechtlichen Verpflichtungen zur Rücksichtnahme auf
eventuelle Verwendungsbeschränkungen von ausländischen Zentralstellen" erlauben.[13] Dieser Ausschlussgrund ist **in den Richtlinienvorschriften nicht ge-**
nannt. Der Gesetzentwurf beruft sich auf ErwG 15 der EU-Finanzinformationsrichtlinie.[14]

---

10 BT-Drs. 19/28164, S. 55.
11 BT-Drs. 19/28164, S. 54.
12 BT-Drs. 19/28164, S. 55.
13 BT-Drs. 19/28164, S. 55.
14 BT-Drs. 19/28164, S. 55.

9 Ausweislich § 32a Abs. 2 Satz 2 GwG **hat** die Datenübermittlung zu unterbleiben, wenn das BKA als inländische Europol-Stelle nach Art. 7 Abs. 7 der EU-Europol-Verordnung[15] nicht zum Informationsaustausch mit Europol verpflichtet ist.

10 Ein einleuchtender Grund für die nach dem Gesetzeswortlaut vorgesehene **Differenzierung der Verweigerungsgründe** in Ermessensentscheidung und gebundene Ablehnung **ist nicht ersichtlich**. Auch die Gesetzesbegründung liefert hierfür keine Erklärung. Da nach dem Referentenentwurf noch kein Ermessen vorgesehen war,[16] kann ein redaktionelles Versehen wohl ausgeschlossen werden. Es erschließt sich allerdings der Sache nach nicht, wieso der FIU ein echtes Ermessen zugestanden werden sollte, wenn etwa die zuständige (Strafverfolgungs-)Behörde durch die Informationsweitergabe die Beeinträchtigung ihres Ermittlungsverfahrens befürchtet (§ 32a Abs. 2 Satz 1 Nr. 1 GwG). In der Vorschrift des § 32 Abs. 5 Satz 1 GwG, die bei der Ausgestaltung des § 32a GwG als Vorbild diente,[17] ist ebenfalls kein Ermessen vorgesehen.

IV. Begründungspflicht bei Ablehnung (§ 32a Abs. 3 GwG)

11 Soweit die FIU das Ersuchen ablehnt, ist die Verweigerung gegenüber Europol angemessen zu begründen.[18]

V. Datenschutzrechtliche Zweckbindung (§ 32a Abs. 4 GwG)

12 Nach § 32a Abs. 4 Satz 1 GwG ist die Übermittlung mit der Bedingung zu verbinden, dass Europol die ihm übermittelten personenbezogenen Daten nur zu dem Zweck verwenden darf, zu dem sie ihm übermittelt worden sind. Anders als bei der Übermittlung an inländische Behörden (→ § 32 Rn. 56) ist die datenschutzrechtliche **Zweckänderung** grundsätzlich nicht vorgesehen und bedarf stets der vorherigen Zustimmung der FIU (§ 32a Abs. 4 Satz 2 GwG). Weder Art. 12 noch Art. 13 der EU-Finanzinformationsrichtlinie lässt sich diese Regelung entnehmen. Ausweislich der Gesetzesbegründung soll aber die nach der

---

15 Der offensichtliche Übersetzungsfehler der deutschen Fassung im Verweis auf „Artikel 6 Buchstabe a" (englisch: „point (a) of paragraph 6", französisch: „paragraphe 6, point a)") ist unschädlich; freilich ist die Übermittlung von Informationen oder Erkenntnissen gemäß Art. 7 Abs. 6 lit. a Europol-VO von der Vorschrift erfasst.

16 BMF, Referentenentwurf Transparenzregister- und Finanzinformationsgesetz v. 23.12.2020, S. 15.

17 In BT-Drs. 19/28164, S. 55 finden sich hier sogar Hinweise auf die „wortgleiche Formulierung der Ablehnungsgründe" in der „Parallelvorschrift § 32 Absatz 5".

18 BT-Drs. 19/28164, S. 55.

EU-Finanzinformationsrichtlinie vorgesehene Zweckbindungshoheit der FIU „gegenüber nationalen benannten Behörden a fortiori gegenüber Europol" gelten.[19]

---

19 BT-Drs. 19/28164, S. 55, wobei hier wohl aufgrund eines redaktionellen Versehens nicht auf Art. 7 Abs. 3, sondern auf Art. 7 Abs. 5 der EU-Finanzinformationsrichtlinie verwiesen wird. Art. 7 Abs. 5 der EU-Finanzinformationsrichtlinie regelt nicht die Zweckbindungshoheit, sondern deren Durchbrechung.

§ 33 Datenaustausch mit Mitgliedstaaten
der Europäischen Union

(1) Der Datenaustausch mit den für die Verhinderung, Aufdeckung und Bekämpfung von Geldwäsche und von Terrorismusfinanzierung zuständigen zentralen Meldestellen anderer Mitgliedstaaten der Europäischen Union ist unabhängig von der Art der Vortat der Geldwäsche und auch dann, wenn die Art der Vortat nicht feststeht, zu gewährleisten. Insbesondere steht eine im Einzelfall abweichende Definition der Steuerstraftaten, die nach nationalem Recht eine taugliche Vortat zur Geldwäsche sein können, einem Informationsaustausch mit zentralen Meldestellen anderer Mitgliedstaaten der Europäischen Union nicht entgegen. Geht bei der Zentralstelle für Finanztransaktionsuntersuchungen eine Meldung nach § 43 Absatz 1 ein, die die Zuständigkeit eines anderen Mitgliedstaates betrifft, so leitet sie diese Meldung umgehend an die zentrale Meldestelle des betreffenden Mitgliedstaates weiter. Hierzu kann die Zentralstelle für Finanztransaktionsuntersuchungen mit den Zentralstellen anderer Mitgliedstaaten ein System zur verschlüsselten automatisierten Weiterleitung einrichten und betreiben.

(2) Für die Übermittlung der Daten gelten die Vorschriften über die Datenübermittlung im internationalen Bereich nach § 35 Absatz 2 bis 6 entsprechend. § 35 Absatz 2 gilt mit der Maßgabe, dass die Zentralstelle für Finanztransaktionsuntersuchungen bei der Beantwortung eines Auskunftsersuchens die ihr nach diesem Gesetz zur Erhebung und Weiterleitung von Informationen zustehenden Befugnisse zu nutzen hat. § 35 Absatz 2 Satz 4 gilt mit der Maßgabe, dass die Zentralstelle für Finanztransaktionsuntersuchungen die Anfrage zeitnah zu beantworten hat; richtet sich die Anfrage auf Finanzinformationen oder Finanzanalysen, die im Zusammenhang mit Terrorismus oder mit organisierter Kriminalität mit Bezug zu Terrorismus von Belang sein können, so hat sich die Zentralstelle für Finanztransaktionsuntersuchungen um eine umgehende Beantwortung zu bemühen. Die Verantwortung für die Zulässigkeit der Datenübermittlung trägt die Zentralstelle für Finanztransaktionsuntersuchungen. Für den Datenaustausch mit Zentralen Meldestellen anderer Mitgliedstaaten nutzt die Zentralstelle für Finanztransaktionsuntersuchungen gesicherte Kommunikationskanäle.

(3) Sind zusätzliche Informationen über einen in Deutschland tätigen Verpflichteten, der in einem anderen Mitgliedstaat der Europäischen Union in einem öffentlichen Register eingetragen ist, erforderlich, richtet die Zentralstelle für Finanztransaktionsuntersuchungen ihr Ersuchen an die zentrale Meldestelle dieses anderen Mitgliedstaates der Europäischen Union. Geht bei der Zentralstelle für Finanztransaktionsuntersuchungen ein Ersu-

chen einer zentralen Meldestelle eines anderen Mitgliedstaates um zusätzliche Informationen über einen in ihrem Hoheitsgebiet tätigen Verpflichteten ein, der in Deutschland eingetragen ist, so nutzt die Zentralstelle für Finanztransaktionsuntersuchen die ihr nach diesem Gesetz zur Erhebung und Weiterleitung von Informationen zustehenden Befugnisse. Die Übermittlung von Anfragen und Antworten nach den Sätzen 1 und 2 hat unverzüglich zu erfolgen.

(4) Die Zentralstelle für Finanztransaktionsuntersuchungen darf ein Ersuchen um Informationsübermittlung, das eine zentrale Meldestelle eines Mitgliedstaates der Europäischen Union im Rahmen ihrer Aufgabenerfüllung an sie gerichtet hat, nur ablehnen, wenn

1. durch die Informationsübermittlung die innere oder äußere Sicherheit oder andere wesentliche Interessen der Bundesrepublik Deutschland gefährdet werden könnten,

2. im Einzelfall die Informationsübermittlung, auch unter Berücksichtigung des öffentlichen Interesses an der Datenübermittlung, mit den Grundprinzipien deutschen Rechts nicht in Einklang zu bringen ist,

3. durch die Informationsübermittlung strafrechtliche Ermittlungen oder die Durchführung eines Gerichtsverfahrens behindert oder gefährdet werden könnten oder

4. rechtshilferechtliche Bedingungen ausländischer Stellen entgegenstehen, die von den zuständigen Behörden zu beachten sind.

Die Gründe für die Ablehnung des Informationsersuchens legt die Zentralstelle für Finanztransaktionsuntersuchungen der ersuchenden zentralen Meldestelle angemessen schriftlich dar, außer wenn die operative Analyse noch nicht abgeschlossen ist oder soweit die Ermittlungen hierdurch gefährdet werden könnten.

(5) Übermittelt die Zentralstelle für Finanztransaktionsuntersuchungen einer zentralen Meldestelle eines Mitgliedstaates der Europäischen Union auf deren Ersuchen Informationen, so soll sie in der Regel umgehend und unabhängig von der Art der Vortaten, die damit in Zusammenhang stehen können, ihre Einwilligung dazu erklären, dass diese Informationen an andere Behörden dieses Mitgliedstaates weitergeleitet werden dürfen. Die Zentralstelle für Finanztransaktionsuntersuchungen darf ihre Einwilligung nur aus den in Absatz 4 genannten Gründen verweigern. Die Gründe für die Verweigerung der Einwilligung legt die Zentralstelle für Finanztransaktionsuntersuchungen angemessen dar. Die Verwendung der Informationen zu anderen Zwecken bedarf der vorherigen Zustimmung der Zentralstelle für Finanztransaktionsuntersuchungen.

(6) Die Zentralstelle für Finanztransaktionsuntersuchungen benennt eine zentrale Kontaktstelle, die für die Annahme von Informationsersuchen der zentralen Meldestellen anderer Mitgliedstaaten nach dieser Vorschrift zuständig ist.

Schrifttum: *Hornung/Möller*, Passgesetz – Personalausweisgesetz, Kommentar, 2011; *Kugelmann*, BKA-Gesetz, 2014; *Schoch*, Informationsfreiheitsgesetz, Kommentar, 2. Aufl. 2016.

Übersicht

I. Allgemeines

§ 33 GwG regelt den **Datenaustausch** mit den **zentralen Meldestellen** in ande- 1
ren **EU-Mitgliedstaaten**. Die Vorschrift stellt eine **Spezialregelung (lex specialis)** zu den in den §§ 34, 35 GwG normierten Regelungen für die internationale
Zusammenarbeit mit den zentralen Meldestellen anderer Staaten dar. Den Vorgaben der Vierten EU-Geldwäscherichtlinie (Art. 52–57) entsprechend dient die
Vorschrift dem Zweck, die Kooperation mit den zentralen Meldestellen in anderen EU-Mitgliedstaaten im Vergleich zur Zusammenarbeit mit Meldestellen in
Drittstaaten besonders zu fördern.[1] Soweit in § 33 GwG keine besonderen Regelungen getroffen werden, sind im Rahmen der Kooperation mit Meldestellen anderer EU-Staaten auch die Regelungen zur internationalen Zusammenarbeit in
§§ 34, 35 GwG zu beachten.

Angesichts des internationalen Charakters von Geldwäsche und Terrorismusfi- 2
nanzierung wurde die Zusammenarbeit zwischen den zentralen Meldestellen
beim Austausch von Informationen schon immer als außerordentlich wichtig angesehen. Auf **internationaler Ebene** ist die Einrichtung von Zentralstellen zur
Entgegennahme und Auswertung von Geldwäschemeldungen und die Koordination deren Zusammenarbeit primär auf die Nr. 23 der **40 Empfehlungen der
FATF** aus dem Jahr 1989 (= Nr. 26 der überarbeiteten FATF-Empfehlungen aus
2003 bzw. Nr. 29 der Empfehlungen aus 2012) zurückzuführen. Auf **europäischer Ebene** verpflichtete der **Beschluss 2000/642/JI des Rates der Europäischen Union vom 17.10.2000**[2] alle Mitgliedstaaten, sicherzustellen, dass die
zentralen Meldestellen bei der Zusammenstellung, Analyse und Prüfung einschlägiger Informationen innerhalb der zentralen Meldestellen über alle Tatsachen, die ein Indiz für eine Geldwäsche sein könnten, entsprechend ihren nationalen Befugnissen zusammenarbeiten.

Als Zentralstelle für Deutschland wurde in Umsetzung von Art. 3 Abs. 2 des 3
oben genannten EU-Ratsbeschlusses die zum damaligen Zeitpunkt schon im
Bundeskriminalamt (BKA) bestehende Gemeinsame Finanzermittlungsgruppe
mit dem Zollkriminalamt (ZKA) (GFG BKA/ZKA) benannt. Im Rahmen der

---

1 Vgl. auch Gesetzesbegründung, BT-Drs. 18/11555, S. 146.
2 Beschluss des Rates v. 17.10.2000 über Vereinbarungen für eine Zusammenarbeit zwischen den zentralen Meldestellen der Mitgliedstaaten beim Austausch von Informationen (ABl. L 271 v. 24.10.2000, S. 4).

Implementierung der **Zweiten EG-Geldwäscherichtlinie** durch das **GwBekG**[3] wurde die Rolle des BKA als Zentralstelle im Sinnes des Ratsbeschlusses auch gesetzlich verankert (Art. 5 Abs. 2 GwG in der Fassung des GwBekG). § 5 Abs. 3 Satz 3 GwG in der Fassung des GwBekG erklärte die Anwendung von § 14 BKAG auf die Zentralstelle und übertrug dem BKA so die zur Aufgabe der internationalen Zusammenarbeit korrespondierende Befugnis zur Übermittlung personenbezogener Daten an die Zentralstellen anderer Staaten. § 5 Abs. 4 GwG in der Fassung des GwBekG verpflichtete in Übereinstimmung mit Art. 5 Abs. 2 des EU-Ratsbeschlusses vom 17.10.2000 das BKA als Informationen entgegennehmende Stelle zur Beachtung von etwaigen Verwendungsbeschränkungen der übermittelnden Stelle und räumte dem BKA die entsprechende Befugnis ein, seinerseits bei der Übermittlung von Daten an die Zentralstelle eines anderen Staates Einschränkungen und Auflagen für die Verwendung der übermittelten Daten festzulegen. Mit dem **GwBekErgG**[4] von 2008 wurden die Regelungen des § 5 GwG in § 10 GwG überführt. Weitere Änderungen der Vorschrift, überwiegend redaktioneller Art, erfolgten durch das **GwOptG**[5] im Jahr 2011.

4   Um die Zusammenarbeit zwischen den zentralen Meldestellen weiter auszuweiten und zu verstärken, wurden mit der **Vierten EU-Geldwäscherichtlinie** gegenüber dem Ratsbeschluss von 2000 stärker detaillierte, weiter reichende und aktualisierte Bestimmungen (vgl. Art. 52–57) beschlossen. Im Rahmen der Umsetzung der Richtlinie in Deutschland[6] wurde die bis dato beim BKA angesiedelte zentrale Meldestelle neu bei der Generalzolldirektion errichtet und trägt seither den Namen „Zentralstelle für Finanztransaktionsuntersuchungen". Im Unterschied zur bisherigen Gesetzessystematik (Verweis des GwG auf das BKAG) wurden die Aufgaben und Befugnisse der Zentralstelle erstmals umfassend im Geldwäschegesetz selbst (§§ 27 ff. GwG) geregelt.

5   Mit Umsetzung der Fünften EU-Geldwäscherichtlinie in Deutschland[7] wurde die Vorschrift des § 33 GwG in Teilbereichen überarbeitet.

---

3 Gesetz zur Verbesserung der Bekämpfung der Geldwäsche und der Bekämpfung der Finanzierung des Terrorismus v. 8.8.2002, BGBl. I 2002, S. 3105.

4 Gesetz zur Ergänzung der Bekämpfung der Geldwäsche und der Terrorismusfinanzierung v. 13.8.2008, BGBl. I 2008, S. 1690.

5 Gesetz zur Optimierung der Geldwäscheprävention v. 22.12.2011, BGBl. I 2011, S. 2959.

6 Die Umsetzung erfolgte durch das Gesetz zur Umsetzung der Vierten EU-Geldwäscherichtlinie, zur Ausführung der EU-Geldtransferverordnung und zur Neuorganisation der Zentralstelle für Finanztransaktionsuntersuchungen, BGBl. I 2017, S. 1822.

7 Gesetz zur Umsetzung der Änderungsrichtlinie zur Vierten EU-Geldwäscherichtlinie (Richtlinie (EU) 2018/843) v. 12.12.2019, BGBl. I 2019, S. 2602

II. Pflicht zur Sicherstellung des Datenaustausches mit den zentralen Meldestellen anderer EU-Mitgliedstaaten (§ 33 Abs. 1 Satz 1 und 2 GwG)

§ 33 Abs. 1 Satz 1 GwG statuiert die **grundsätzliche Verpflichtung**, den Daten- **6** austausch mit den zentralen Meldestellen anderer EU-Mitgliedstaaten sicherzustellen. Entsprechend der Vorgaben der Vierten EU-Geldwäscherichtlinie (Art. 53 Abs. 1 Satz 1), die durch die Fünfte EU-Geldwäscherichtlinie leicht angepasst wurden, ist der Datenaustausch **unabhängig von der Geldwäschevortat** zu gewährleisten. In diesem Zusammenhang sollen insbesondere **unterschiedliche nationale Definitionen von Steuerstraftatbeständen**, die taugliche Vortaten einer Geldwäsche sein können, einem Austausch von Informationen nicht entgegenstehen (§ 33 Abs. 2 Satz 2 GwG) (siehe auch Art. 57 der Vierten EU-Geldwäscherichtlinie in der Fassung der Fünften EU-Geldwäscherichtlinie[8]).

III. Verpflichtung zur Weiterleitung von Meldungen gemäß § 43 Abs. 1 GwG (§ 33 Abs. 1 Satz 3 und 4 GwG)

Sofern ein Verpflichteter der Zentralstelle für Finanztransaktionsuntersuchun- **7** gen gemäß § 43 Abs. 1 GwG einen Sachverhalt meldet, der einen **anderen EU-Mitgliedstaat** betrifft, hat die Zentralstelle diese Meldung gemäß § 33 Abs. 1 Satz 3 GwG, der auf Art. 53 Abs. 1 Unterabs. 3 der Vierten EU-Geldwäscherichtlinie, beruht, umgehend an die zentrale Meldestelle des betreffenden Mitgliedstaats weiterzuleiten.

1. Pflicht zur Weiterleitung

Anders als im Fall gemeldeter Sachverhalte, die einen **Drittstaat** betreffen **8** (siehe die diesbezüglichen Kommentierungen zu → § 35 Rn. 3), kommt der Zentralstelle bei Sachverhalten, die einen anderen **EU-Mitgliedstaat** betreffen, **kein Ermessen** bezüglich der Weiterleitung an die zentrale Meldestelle des betreffenden Staates zu. Sobald die Zentralstelle im Rahmen der Prüfung einer ihr vorliegenden Meldung zu der Erkenntnis gelangt, dass der zugrunde liegende Sachverhalt einen anderen EU-Mitgliedstaat betrifft, **muss** sie die Meldung umgehend weiterleiten.

---

8 Vgl. Art. 1 Nr. 36 der Fünften EU-Geldwäscherichtlinie.

2. Betroffenheit eines anderen EU-Mitgliedstaates

9 Von der Betroffenheit eines anderen Staates ist laut Gesetzesbegründung insbesondere dann auszugehen, wenn der gemeldete Sachverhalt nicht nur einen bloßen Auslandsbezug hat, sondern der Schwerpunkt des Sachverhalts im ausländischen Staat liegt, also die zu prüfenden Geschäftsvorfälle oder deren Auswirkungen dort auftreten.[9]

3. System zu verschlüsselten automatisierten Weiterleitung

10 In Umsetzung der Fünften EU-Geldwäscherichtlinie wurde § 33 Abs. 1 noch um einen Satz 4 ergänzt, mit welchem die erforderliche **Rechtsgrundlage** für die Einrichtung und den Betrieb eines Systems zur verschlüsselten **automatisierten Weiterleitung von Meldungen** an die zentralen Meldestellen anderer Mitgliedstaaten geschaffen wurde.[10] Der Prozess der Meldungsweiterleitung soll zukünftig automatisiert vollzogen werden. Dieser automatisierte Datenaustausch zwischen den zentralen Meldestellen der Mitgliedstaaten der EU über FIU.net bei Europol wird derzeit von den zuständigen Stellen der EU vorbereitet.

IV. Entsprechende Anwendung der Vorschriften zur Datenübermittlung im Rahmen der internationalen Zusammenarbeit (§ 33 Abs. 2 Satz 1–3 GwG)

11 Bei der Übermittlung von Daten an die zentrale Meldestelle eines anderen EU-Mitgliedstaates, sind die entsprechenden **Regelungen für die Datenübermittlung im Rahmen der internationalen Zusammenarbeit** in den § 35 Abs. 2–6 **GwG** zu beachten (siehe die diesbezüglichen Kommentierungen zu → § 35 Rn. 6). Die in den **Abs. 7–9** des **§ 35 GwG** normierten **obligatorischen** und **fakultativen Übermittlungsverbote** finden auf die Übermittlung von Daten an die zentrale Meldestelle eines anderen EU-Mitgliedstaates keine Anwendung. Insbesondere darf ein Informationsersuchen der zentralen Meldestelle eines anderen EU-Mitgliedstaates nur aus den in § 33 Abs. 4 GwG abschließend aufgezählten Gründen abgelehnt werden. Weshalb die in § 35 Abs. 10 GwG fixierten Aufzeichnungs- und Aufbewahrungspflichten nicht von dem Verweis in § 33 Abs. 2 Satz 1 GwG umfasst sind, ist nicht nachvollziehbar. Es ist davon auszugehen, dass es sich insoweit um ein redaktionelles Versehen des Gesetzgebers handelt. In Umsetzung der Fünften EU-Geldwäscherichtlinie wurde § 33 Abs. 2 GwG entsprechend den Vorgaben in Art. 53 Abs. 2 Satz 1 der EU-Geldwäsche-

---

9 Vgl. auch Gesetzesbegründung, BT-Drs. 18/11555, S. 146.

10 Gesetz zur Umsetzung der Änderungsrichtlinie zur Vierten EU-Geldwäscherichtlinie (Richtlinie (EU) 2018/843) v. 12.12.2019, BGBl. I 2019, S. 2602

richtlinie noch um einen neuen Satz 2 ergänzt.[11] In diesem wurde klargestellt werden, dass § 35 Abs. 2 mit der Maßgabe gilt, dass die Zentralstelle für Finanztransaktionsuntersuchungen bei der Beantwortung eines Auskunftsersuchens sämtliche ihr nach dem GwG zur Erhebung und Weiterleitung von Informationen zustehenden Befugnisse zu nutzen hat. § 33 Abs. 2 Satz 3 Halbs. 1 GwG bestimmt in Umsetzung von Art. 53 Abs. 2 Satz 2 der Vierten EU-Geldwäscherichtlinie, dass Anfragen der Zentralstellen für Finanztransaktionsuntersuchungen anderer EU-Mitgliedstaaten zeitnah zu beantworten sind; sofern sich eine solche Anfrage auf Finanzinformationen oder Finanzanalysen richtet, die im Zusammenhang mit Terrorismus oder mit organisierter Kriminalität mit Bezug zu Terrorismus relevant sein könnten, ist von der Zentralstelle für Finanztransaktionsuntersuchungen gemäß der speziellen Regelung im Halbs. 2 des Satzes 3 eine umgehende Beantwortung anzustreben.[12]

V. Verantwortung für die Zulässigkeit und Sicherheit der Datenübermittlung (§ 33 Abs. 2 Satz 4 und 5 GwG)

Wenn die Zentralstelle für Finanztransaktionsuntersuchungen Daten an die zentralen Meldestellen anderer Mitgliedstaaten übermittelt, ist sie selbst für die Zulässigkeit der Datenübermittlung verantwortlich. Die Zentralstelle muss in vollem Umfang überprüfen und verantwortlich darüber entscheiden, ob die Tatbestandsvoraussetzungen der Übermittlungsermächtigung vorliegen und ob es der Übermittlung entgegenstehende Ausschluss- oder Einschränkungsnormen gibt. Darüber hinaus hat die Zentralstelle insbesondere sicherzustellen, dass sämtliche Verwendungseinschränkungen oder -bedingungen beachtet werden. In diesem Zusammenhang kann sie der auskunftsersuchenden zentralen Meldestelle auch Auflagen hinsichtlich der Datenverwendung erteilen.[13] Vor der Weiterübermittlung personenbezogener Daten, die ihr von einer anderen Stelle zur Verfügung gestellt werden, hat die zentrale Meldestelle dafür Sorge zu tragen, dass die notwendigen Einverständniserklärungen vorliegen. Sofern erforderlich hat sie eine Einverständniserklärung einzuholen (siehe hierzu auch § 33 Abs. 5 GwG). Der im Rahmen der Umsetzung der Fünften EU-Geldwäscherichtlinie eingefügte § 33 Abs. 2 Satz 5 GwG dient der Umsetzung von Art. 56 Abs. 1 der Vierten EU-Geldwäscherichtlinie. Für den Datenaustausch mit Zentralen Meldestellen anderer Mitgliedstaaten hat die Zentralstelle für Finanztransaktionsuntersuchungen gesicherte Kommunikationskanäle zu nutzen. Gesicherte Kommunikations-

12

---

11 Gesetz zur Umsetzung der Änderungsrichtlinie zur Vierten EU-Geldwäscherichtlinie (Richtlinie (EU) 2018/843) v. 12.12.2019, BGBl. I 2019, S. 2602.
12 Gesetzesbegründung, BT-Drs. 19/28164, S. 56.
13 Vgl. auch Gesetzesbegründung, BT-Drs. 18/11555, S. 147.

kanäle im Sinne des § 33 Abs. 2 Satz 5 GwG sind das FIU.net oder vergleichbare gesicherte Kanäle.[14]

VI. Generalzuständigkeit der zentralen Meldestelle des ersuchten EU-Mitgliedstaates (§ 33 Abs. 3 GwG)

13   Benötigt die Zentralstelle für Finanztransaktionsuntersuchungen zusätzliche Informationen betreffend einen in Deutschland tätigen Verpflichteten, der in einem anderen Mitgliedstaat in ein dem Handelsregister vergleichbares Register[15] eingetragen oder sonst registriert ist, hat sie gemäß § 33 Abs. 3 GwG ihr Informationsersuchen an die zentrale Meldestelle des Mitgliedstaats zu richten, in dessen Hoheitsgebiet der Verpflichtete niedergelassen ist. Die Vorschrift beruht auf Art. 53 Abs. 2 Unterabs. 2 Satz 1 der Vierten EU-Geldwäscherichtlinie und stellt klar, dass alle Auskunftsersuchen der zentralen Stelle für Finanztransaktionsuntersuchungen an Behörden in anderen EU-Mitgliedstaaten nicht direkt an diese, sondern stets an die zentrale Meldestelle des jeweiligen Mitgliedstaates zu erfolgen haben.[16] Um sicherzustellen, dass die Zentralstelle für Finanztransaktionsuntersuchungen bei der Beantwortung von Auskunftsersuchen der zentralen Meldestellen anderer Mitgliedstaaten sämtliche ihr nach dem GwG zur Erhebung und Weiterleitung von Informationen zustehenden Befugnisse nutzt, wurde § 33 Abs. 3 GwG im Rahmen der Umsetzung der Fünften EU-Geldwäscherichtlinie[17] um einen Satz 2 und 3 ergänzt.

VII. Ablehnung eines Informationsersuchens (§ 33 Abs. 4 GwG)

14   § 33 Abs. 4 GwG dient der Umsetzung von Art. 53 Abs. 3 der Vierten EU-Geldwäscherichtlinie. Die Zentralstelle für Finanztransaktionsuntersuchungen darf ein Informationsersuchen der zentralen Meldestelle eines anderen EU-Mitgliedstaats nur bei Vorliegen eines der in den Nr. 1–4 abschließend bestimmten Ausnahmetatbestände ablehnen.

---

14 Gesetzesentwurf der Bundesregierung – Entwurf eines Gesetzes zur Umsetzung der Änderungsrichtlinie zur Vierten EU-Geldwäscherichtlinie (Richtlinie (EU) 2018/843), BT-Drs. 19/13827, Begründung zu § 33 Abs. 2 Satz 4 GwG, S. 92.

15 Gesetzesbegründung, BT-Drs. 18/11555, S. 147.

16 Vgl. auch Gesetzesbegründung, BT-Drs. 18/11555, S. 147.

17 Gesetzesentwurf der Bundesregierung – Entwurf eines Gesetzes zur Umsetzung der Änderungsrichtlinie zur Vierten EU-Geldwäscherichtlinie (Richtlinie (EU) 2018/843), BT-Drs. 19/13827, Begründung zu § 33 Abs. 3, S. 92.

1. Ablehnungstatbestände (§ 33 Abs. 4 Satz 1 GwG)

Die Ablehnung eines Informationsersuchens der zentralen Meldestelle eines anderen EU-Mitgliedstaates ist nur bei besonders hohen Schutzgütern[18] zulässig. **15**

a) Mögliche Gefährdung der inneren oder äußeren Sicherheit oder
anderer wesentlicher Interessen der Bundesrepublik Deutschland
(§ 33 Abs. 4 Satz 1 Nr. 1 GwG)

Bei der Bestimmung der Begriffe „innere oder äußere Sicherheit" kann die fachgesetzliche Verwendung des Begriffspaars „innere oder äußere Sicherheit der Bundesrepublik Deutschland" (vgl. z.B. § 4 Abs. 1 Satz 1 Nr. 5 lit. a BKAG, § 7 Abs. 1 Nr. 1 PassG, § 92 Abs. 3 Nr. 2 StGB, § 3 Nr. 1 lit. c IFG) als Orientierungshilfe herangezogen werden.[19] Danach umfasst der Schutzbereich nur **erhebliche Belange** der Bundesrepublik Deutschland. Zwecks Unterscheidung der Gefährdungstatbestände ist davon auszugehen, dass eine Gefährdung der **äußeren Sicherheit** bei einer Bedrohung der freiheitlich demokratischen Grundordnung der Bundesrepublik, ihres Bestandes und ihrer Funktionsfähigkeit durch ausländische Staaten und Kräfte gegeben ist. Eine Gefährdung der **inneren Sicherheit** ist dagegen anzunehmen, wenn die Grundordnung, der Bestand und die Funktionsfähigkeit der Bundesrepublik durch Einzelpersonen oder Gruppierungen von Personen im Inland bedroht werden. **16**

Was die anderen „**Interessen der Bundesrepublik Deutschland**" angeht, lässt die Verwendung des Begriffs „**wesentlich**" darauf schließen, dass die Datenübermittlung nur dann abgelehnt werden darf, wenn eine Beeinträchtigung von **grundlegenden Interessen** der Bundesrepublik Deutschland zu befürchten ist. Um überhaupt in die Erwägungen einbezogen werden zu können, müssen die Interessen den ersten beiden Alternativen („innere oder äußere Sicherheit") sehr nahekommen.[20] **17**

b) Widerspruch zu Grundprinzipien des deutschen Rechts
(§ 33 Abs. 4 Satz 1 Nr. 2 GwG)

Nach § 33 Abs. 4 Satz 1 Nr. 2 GwG darf ein Informationsersuchen auch dann abgelehnt werden, wenn die Informationsübermittlung im Einzelfall, auch unter Berücksichtigung des öffentlichen Interesses an der Datenübermittlung, im Widerspruch zu **wesentlichen Grundprinzipien deutschen Rechts** stehen würde. Der Ablehnungstatbestand eröffnet **kein Ermessen**, sondern erfordert eine der Ablehnung vorausgehende **gerichtlich voll überprüfbare Interessenabwä-** **18**

---

18 Vgl. auch Gesetzesbegründung, BT-Drs. 18/11555, S. 147.
19 Siehe hierzu auch *Schoch*, IFG, § 3 Rn. 56.
20 Siehe hierzu auch *Hornung*, in: Hornung/Möller, PassG/PauswG, § 7 PassG Rn. 11.

gung. § 33 Abs. 4 Satz 1 Nr. 2 GwG wurde im Rahmen der Umsetzung der Fünften EU-Geldwäscherichtlinie[21] abgeändert. Während nach der zuvor geltenden Fassung eine Interessenabwägung, die allein den schutzwürdigen Interessen der betroffenen Person Vorrang einräumt, ausreichend für eine Ablehnung eines Informationsersuchens war, genügt eine solche nach dem neuen Wortlaut nicht mehr.

19 Da beispielweise das Grundrecht auf informationelle Selbstbestimmung gem. Art. 2 Abs. 1 i.V.m. 1 Abs. 1 GG oder das allgemeine Persönlichkeitsrecht auch zu den Grundprinzipien des deutschen Rechts zählen, fließen diese im Einzelfall schutzwürdigen Interessen der betroffenen Person weiterhin in die Abwägung mit ein.[22] Öffentliche Interessen an einer Datenübermittlung könnten vor allem im Interesse der ersuchenden Stelle an einer ordnungsgemäßen und effektiven Aufgabenwahrnehmung, im Interesse an einer Funktionsfähigkeit des Staates und seiner Einrichtungen sowie im Interesse am Schutz der Rechtsgüter Dritter selbst begründet sein.[23] Das öffentliche Interesse an der Übermittlung muss umso eher hintenanstehen, je gewichtiger die schutzwürdigen Interessen des Betroffenen sind. Umgekehrt müssen die Interessen des Betroffenen, umso eher weichen, je gewichtiger das Rechtsgut ist, zu dessen Schutz die Übermittlung erfolgen soll. Ein Informationsersuchen muss auf jeden Fall abgelehnt werden, wenn die Daten, auf die es sich bezieht, aufgrund eines bestehenden ausdrücklichen Verbots der Datenerhebung schon nicht hätten erhoben werden dürfen.[24]

c) Mögliche Behinderung/Gefährdung strafrechtlicher Ermittlungen oder der Durchführung eines Gerichtsverfahrens (§ 33 Abs. 4 Satz 1 Nr. 3 GwG)

20 § 33 Abs. 4 Satz 1 Nr. 3 GwG erlaubt die Ablehnung eines Informationsersuchens der zentralen Stelle eines anderen EU-Mitgliedstaates, wenn es durch die Informationsübermittlung zu einer Behinderung oder Gefährdung **strafrechtlicher Ermittlungen** oder der **Durchführung eines Gerichtsverfahrens** kommen könnte.

aa) Strafrechtliche Ermittlungen

21 Das strafrechtliche Ermittlungsverfahren beginnt mit der **Aufnahme von Ermittlungen** durch die Staatsanwaltschaft aufgrund eines sog. Anfangsverdachts (§ 152 Abs. 2 i.V.m. § 160 StPO). Die Aufnahme der Ermittlungen erfolgt in der Praxis regelmäßig zunächst durch Polizeibeamte als Ermittlungspersonen der

---

21 Gesetz zur Umsetzung der Änderungsrichtlinie zur Vierten EU-Geldwäscherichtlinie (Richtlinie (EU) 2018/843) v. 12.12.2019, BGBl. I 2019, S. 2602.
22 *Kugelmann*, in: Kugelmann, BKA-Gesetz, § 27 Rn. 3.
23 *Kugelmann*, in: Kugelmann, BKA-Gesetz, § 27 Rn. 3.
24 Ausführlich hierzu: *Kugelmann*, in: Kugelmann, BKA-Gesetz, § 27 Rn. 4.

Staatsanwaltschaft (§ 152 GVG). Das Ermittlungsverfahren endet mit der **Erhebung der öffentlichen Klage** (§ 170 Abs. 1 StPO) oder mit der **Einstellung des Verfahrens** (§§ 153 ff., § 170 Abs. 2 StPO).

bb) Durchführung eines Gerichtsverfahrens

Im Gegensatz zum Begriff der „Ermittlungen" wurde der Begriff „**Gerichtsverfahren**" in § 33 Abs. 4 Satz 1 Nr. 3 GwG nicht eingeschränkt. Der Begriff erfasst damit zum einen Verfahren in allen deutschen Gerichtszweigen. Zum anderen sind als „Gerichtsverfahren" auch Verfahren der supranationalen und internationalen Gerichtsbarkeit (z. B. EuG, EuGH, EGMR, IGH, Internationaler Strafgerichtshof) anzusehen.[25] Die potenzielle Behinderung oder Gefährdung, die die Ablehnung eines Informationsersuchens zu rechtfertigen vermag, muss die **Durchführung** des Gerichtsverfahrens betreffen. Geschützt ist damit **nur** der ordnungsgemäße **Verfahrensablauf** nach den Vorgaben der einschlägigen Prozessordnung und des Gerichtsverfassungsgesetzes, nicht aber ein bestimmtes Verfahrensergebnis.[26]

22

cc) Gefährdung oder Behinderung

§ 33 Abs. 4 Satz 1 Nr. 3 GwG verlangt eine mögliche Gefährdung oder Behinderung der Schutzgüter (strafrechtliche Ermittlungen oder die Durchführung eines Gerichtsverfahrens), falls die ersuchte Informationsübermittlung stattfindet. Eine Gefährdung oder Behinderung ist im Rechtssinne anzunehmen, wenn sich das Bekanntwerden der Information ungünstig auf die Schutzgüter (Gerichtsverfahren, strafrechtliches Ermittlungsverfahren) niederschlagen kann.[27]

23

dd) Dauer der Ablehnung

Nach Abschluss des **Gerichtsverfahrens** muss dem Informationsersuchen stattgegeben werden. Der Ablehnungsgrund erstreckt sich nur auf die „Durchführung" eines Verfahrens, erfasst also lediglich dessen Dauer. Gleiches gilt für die **strafrechtlichen Ermittlungen**. Wird das Ermittlungsverfahren eingestellt, ist dem Informationsersuchen zu entsprechen. Endet das Verfahren mit der Erhebung der öffentlichen Klage, ist erneut zu prüfen, ob die Informationsübermittlung ggf. die Durchführung des Strafprozesses gefährden oder behindern könnte.

24

---

25 Siehe hierzu auch *Schoch*, IFG, § 3 Rn. 126.
26 *Schoch*, IFG, § 3 Rn. 130.
27 Siehe hierzu auch *Schoch*, IFG, § 3 Rn. 140.

d) Entgegenstehende rechtshilferechtliche Bedingungen
(§ 33 Abs. 4 Satz 1 Nr. 4 GwG)

25 Die Zentralstelle für Finanztransaktionsuntersuchungen kann schließlich auch die Weitergabe von Informationen ablehnen, die ihr von anderen Staaten im Rahmen der grenzüberschreitenden Zusammenarbeit in Strafsachen unter Bedingungen übermittelt wurden, die von den zuständigen Stellen zu beachten sind.

2. Pflicht zur angemessenen Darlegung der Ablehnungsgründe
  (§ 33 Abs. 2 Satz 2 GwG)

26 Im Fall der Ablehnung eines Informationsersuchens hat die Zentralstelle für Finanztransaktionsuntersuchungen der ersuchenden zentralen Meldestelle die Ablehnungsgründe grundsätzlich in angemessener Weise schriftlich darzulegen. Eine Begründung der Ablehnung darf nur dann unterbleiben, wenn die Zentralstelle ihre operative Analyse nach § 28 Abs. 1 Satz 2 Nr. 2 GwG noch nicht abgeschlossen hat oder soweit Ermittlungen hierdurch gefährdet (siehe hierzu die Ausführungen zu den Ablehnungsgründen oben) werden könnten.

VIII. Einwilligung in die Datenweiterleitung an andere Behörden des ersuchenden EU-Mitgliedstaates (§ 33 Abs. 5 Satz 1–3 GwG)

27 Zur Sicherstellung einer effizienten Arbeitsweise zwischen den zentralen Meldestellen der Mitgliedstaaten sieht § 33 Abs. 5 Satz 1 GwG vor, dass die Zentralstelle für Finanztransaktionsuntersuchungen im Rahmen der Datenübermittlung an die ersuchende zentrale Meldestelle **umgehend** ihre **Einwilligung zur weiteren Verwendung und Verteilung der Daten an andere Behörden** des betreffenden Mitgliedstaates geben soll. Entsprechend der Vorgaben der Vierten EU-Geldwäscherichtlinie (Art. 55 Abs. 2) soll die Einwilligung möglichst weitgehend erteilt werden. Sie kann aber auch nur begrenzt auf bestimmte Daten erteilt werden.[28] Gemäß den Vorgaben der Fünften EU-Geldwäscherichtlinie[29] wurde § 35 Abs. 5 Satz 1 im Rahmen der Umsetzung derselbigen dahingehend ergänzt, dass die Einwilligung der zentralen Meldestelle zur weiteren Verwendung und Verteilung der Daten **unabhängig von der Art der Vortaten, die damit im Zusammenhang stehen können**, zu erteilen ist.

---

28 Vgl. auch Gesetzesbegründung, BT-Drs. 18/11555, S. 147.
29 Vgl. Art. 1 Nr. 35 der Fünften EU-Geldwäscherichtlinie.

Während die ursprüngliche Fassung des § 33 Abs. 5 Satz 2 GwG noch vorsah, **28** dass die Zentralstelle die Einwilligung zur weiteren Verwendung der Informationen durch andere Behörden innerhalb eines Mitgliedstaates verweigern kann, wenn der in dem Informationsersuchen dargelegte Sachverhalt nach deutschem Recht nicht den Straftatbestand der Geldwäsche oder der Terrorismusfinanzierung erfüllen würde, wurde die Vorschrift im Rahmen der Umsetzung der Fünften EU-Geldwäscherichtlinie dahingehend abgeändert, dass die Zentralstelle ihre Einwilligung künftig **nur noch** aus den **in § 33 Abs. 4 genannten Gründen verweigern** darf.[30] Verweigert die Zentralstelle für Finanztransaktionsuntersuchungen ihre Zustimmung zur weiteren Verwendung der Informationen, so hat sie dies angemessen zu begründen (§ 33 Abs. 5 Satz 3 GwG).

IX. Zweckbindung und Zustimmungsvorbehalt der Zentralstelle bei Verwendung von Daten zu anderen Zwecken (§ 33 Abs. 5 Satz 4 GwG)

Abs. 5 Satz 4 stellt klar, dass, sofern die Informationen der Zentralstelle für Fi- **29** nanztransaktionsuntersuchungen in dem ersuchenden Staat zu anderen als den angegebenen Zwecken verwendet werden sollen, zuvor die Zustimmung der Zentralstelle für Finanztransaktionsuntersuchungen einzuholen ist.

X. Zentrale Kontaktstelle für Informationsersuchen (§ 33 Abs. 6 GwG)

Mit Umsetzung der Fünften EU-Geldwäscherichtlinie wurde § 33 um einen **30** Abs. 6 erweitert, der vorsieht, dass die Zentralstelle für Finanztransaktionsuntersuchungen eine **zentrale Kontaktstelle** benennt, die für die Annahme von Informationsersuchen der zentralen Meldestellen anderer Mitgliedstaaten nach § 33 GwG zuständig ist. Die Kontaktstelle ist gemäß der Begründung zum Gesetzesentwurf der Bundesregierung zur Umsetzung der Fünften EU-Geldwäscherichtlinie auf der **Homepage** der Zentralstelle für Finanztransaktionsuntersuchungen bekannt zu geben.[31]

---

30 Gesetz zur Umsetzung der Änderungsrichtlinie zur Vierten EU-Geldwäscherichtlinie (Richtlinie (EU) 2018/843) v. 12.12.2019, BGBl. I 2019, S. 2602.

31 Gesetzesentwurf der Bundesregierung – Entwurf eines Gesetzes zur Umsetzung der Änderungsrichtlinie zur Vierten EU-Geldwäscherichtlinie (Richtlinie (EU) 2018/843), BT-Drs. 19/13827, Begründung zu § 33 Abs. 6 GwG, S. 92.

§ 34 Informationsersuchen im Rahmen der internationalen Zusammenarbeit

(1) Die Zentralstelle für Finanztransaktionsuntersuchungen kann die zentralen Meldestellen anderer Staaten, die mit der Verhinderung, Aufdeckung und Bekämpfung von Geldwäsche, von Vortaten der Geldwäsche sowie von Terrorismusfinanzierung befasst sind, um die Erteilung von Auskünften einschließlich der personenbezogenen Daten oder der Übermittlung von Unterlagen ersuchen, wenn diese Informationen und Unterlagen erforderlich sind zur Erfüllung ihrer Aufgaben.

(2) Für ein Ersuchen kann die Zentralstelle für Finanztransaktionsuntersuchungen personenbezogene Daten übermitteln, soweit dies erforderlich ist, um ein berechtigtes Interesse an der begehrten Information glaubhaft zu machen und wenn überwiegende berechtigte Interessen des Betroffenen nicht entgegenstehen.

(3) In dem Ersuchen muss die Zentralstelle für Finanztransaktionsuntersuchungen den Zweck der Datenerhebung offenlegen und die beabsichtigte Weitergabe der Daten an andere inländische öffentliche Stellen mitteilen. Die Zentralstelle für Finanztransaktionsuntersuchungen darf die von einer zentralen Meldestelle eines anderen Staates übermittelten Daten nur verwenden

1. zu den Zwecken, zu denen um die Daten ersucht wurde, und

2. zu den Bedingungen, unter denen die Daten zur Verfügung gestellt wurden.

Sollen die übermittelten Daten nachträglich an eine andere öffentliche Stelle weitergegeben werden oder für einen Zweck genutzt werden, der über die ursprünglichen Zwecke hinausgeht, so ist vorher die Zustimmung der übermittelnden zentralen Meldestelle einzuholen.

Übersicht

 Lang

I. Allgemeines

§ 34 GwG regelt die Stellung von Informationsersuchen an die zentralen Melde- **1**
stellen anderer Staaten im Rahmen der **internationalen Zusammenarbeit.** Soweit in § 33 (Datenaustausch mit Mitgliedstaaten der Europäischen Union) keine besonderen Regelungen getroffen werden, sind die Vorgaben der §§ 34 und
35 GwG auch im Rahmen der Zusammenarbeit mit den zentralen Meldestellen
anderer EU-Staaten zu beachten. Die im Rahmen der Umsetzung der Vierten
EU-Geldwäscherichtlinie in Deutschland[1] neu in das GwG eingefügte Regelung
hat durch die Fünfte EU-Geldwäscherichtlinie keine Änderungen erfahren.

II. Befugnis zur Einholung von Informationen von ausländischen zentralen Meldestellen (§ 34 Abs. 1 GwG)

In § 34 Abs. 1 GwG ist die Befugnis der deutschen Zentralstelle für Finanztrans- **2**
aktionsuntersuchungen zur Stellung von Informationsersuchen gegenüber ausländischen zentralen Meldestellen, die mit der Verhinderung, Aufdeckung und
Bekämpfung von Geldwäsche, von Vortaten der Geldwäsche sowie von Terrorismusfinanzierung befasst sind, gesetzlich verankert. Die ersuchten Informationen
und Unterlagen müssen zur Erfüllung der Aufgaben der Zentralstelle gemäß
§ 28 Abs. 1 Satz 2 GwG erforderlich sein.

III. Ermächtigung zur Übermittlung personenbezogener Daten im Rahmen von Informationsersuchen (§ 34 Abs. 2 GwG)

Da jede Übermittlung personenbezogener Daten an andere öffentliche Stellen **3**
einen neuen Eingriff in das Recht des Betroffenen auf informationelle Selbstbestimmung (Art. 1 Abs. 1 i.V.m. Art. 2 Abs. 1 GG) darstellt, bedarf es für die
Übermittlung eine entsprechende gesetzliche Ermächtigungsgrundlage. § 34
Abs. 2 GwG stellt eine solche Ermächtigungsgrundlage dar und befugt die Zentralstelle für Finanztransaktionsuntersuchungen, in ihren Informationsersuchen
nach § 34 Abs. 1 GwG personenbezogene Daten zu übermitteln, um ihr berechtigtes Interesse an den begehrten Informationen glaubhaft zu machen. Vor einer
Übermittlung personenbezogener Daten hat die Zentralstelle jedoch zunächst zu
prüfen, ob der Übermittlung nicht vorrangig zu berücksichtigende, berechtigte

---

1 Die Umsetzung erfolgte durch das Gesetz zur Umsetzung der Vierten EU-Geldwäscherichtlinie, zur Ausführung der EU-Geldtransferverordnung und zur Neuorganisation der
Zentralstelle für Finanztransaktionsuntersuchungen, BGBl. I 2017, S. 1822; siehe hierzu ausführlich die Kommentierung zu → § 33 Rn. 1 ff.

Interessen des Betroffenen entgegenstehen. Zu der vorzunehmenden Interessenabwägung vgl. die Kommentierung zu § 33 Abs. 4 Satz 1 Nr. 2 GwG.

IV. Bindung an den Zweck der Datenerhebung und die Bedingungen der ersuchten Meldestelle (§ 34 Abs. 3 Satz 1 und 2 GwG)

4   Wie sich auch aus § 35 Abs. 3 GwG ergibt, der in Anlehnung an Art. 53 Abs. 1 Unterabs. 2 der Vierten EU-Geldwäscherichtlinie die Mindestinhalte eines Auskunftsersuchens regelt, muss die Zentralstelle für Finanztransaktionsuntersuchungen in einem Auskunftsersuchen nach § 34 Abs. 1 GwG den beabsichtigten Zweck der Datenerhebung angeben (§ 34 Abs. 3 Satz 1 GwG). Für den Fall, dass die Zentralstelle für Finanztransaktionsuntersuchungen das Informationsersuchen für eine andere Behörde gestellt hat oder sie beabsichtigt, die Daten an eine weitere inländische öffentliche Stelle weiterzugeben, hat sie auch dies in ihrem Ersuchen mitzuteilen. § 34 Abs. 3 Satz 2 GwG stellt klar, dass die Zentralstelle für Finanztransaktionsuntersuchungen auch nach Erhalt der ersuchten Daten diese nur zu dem Zweck, den sie der ersuchten Stelle mitgeteilt hat, verwenden darf. Die ersuchte und Auskunft gebende zentrale Meldestelle kann die Bereitstellung der Daten darüber hinaus auch mit bestimmten Einschränkungen oder Zweckbeschränkungen verbinden, welche dann ebenfalls von der Zentralstelle für Finanztransaktionsuntersuchungen zu berücksichtigen sind.

V. Zustimmungserfordernis der ersuchten Meldestelle (§ 34 Abs. 3 Satz 3 GwG)

5   Sofern die Zentralstelle für Finanztransaktionsuntersuchungen die erhaltenen Daten zu einem späteren Zeitpunkt an eine andere inländische öffentliche Stelle weiterleiten möchte, ist von ihr hierfür zunächst die Zustimmung der ersuchten zentralen Meldestelle einzuholen. Gleiches gilt, wenn die Zentralstelle für Finanztransaktionsuntersuchungen die ihr übermittelten Daten zu anderen Zwecken als den in ihrem Ersuchen mitgeteilten Zwecken heranziehen möchte.

§ 35 Datenübermittlung im Rahmen der internationalen Zusammenarbeit

(1) Geht bei der Zentralstelle für Finanztransaktionsuntersuchungen eine Meldung nach § 43 Absatz 1 ein, die die Zuständigkeit eines anderen Staates betrifft, so kann sie diese Meldung umgehend an die zentrale Meldestelle des betreffenden Staates weiterleiten. Sie weist die zentrale Meldestelle des betreffenden Staates darauf hin, dass die personenbezogenen Daten nur zu dem Zweck genutzt werden dürfen, zu dem sie übermittelt worden sind.

(2) Die Zentralstelle für Finanztransaktionsuntersuchungen kann einer zentralen Meldestelle eines anderen Staates auf deren Ersuchen personenbezogene Daten übermitteln

1. für eine von der zentralen Meldestelle des anderen Staates durchzuführende operative Analyse,

2. im Rahmen einer beabsichtigten Sofortmaßnahme nach § 40, soweit Tatsachen darauf hindeuten, dass der Vermögensgegenstand

    a) sich in Deutschland befindet und

    b) im Zusammenhang steht mit einem Sachverhalt, der der zentralen Meldestelle des anderen Staates vorliegt, oder

3. zur Erfüllung der Aufgaben einer anderen ausländischen öffentlichen Stelle, die der Verhinderung, Aufdeckung und Bekämpfung von Geldwäsche oder von Vortaten der Geldwäsche oder von Terrorismusfinanzierung dient.

Sie kann hierbei auf ihr vorliegende Informationen zurückgreifen. Enthalten diese Informationen auch Daten, die von anderen in- oder ausländischen Behörden erhoben oder von diesen übermittelt wurden, so ist eine Weitergabe dieser Daten nur mit Zustimmung dieser Behörden zulässig, es sei denn, die Informationen stammen aus öffentlich zugänglichen Quellen. Die Ersuchen einer zentralen Meldestelle eines anderen Staates sind in angemessener Zeit zu beantworten. Die Zentralstelle für Finanztransaktionsuntersuchungen kann nach Maßgabe der §§ 28, 30 und 31 andere inländische öffentliche Stellen um Auskunft ersuchen oder von Verpflichteten Auskunft verlangen.

(3) Die Übermittlung personenbezogener Daten an eine zentrale Meldestelle eines anderen Staates ist nur zulässig, wenn das Ersuchen mindestens folgende Angaben enthält:

1. die Bezeichnung, die Anschrift und sonstige Kontaktdaten der ersuchenden Behörde,

2. die Gründe des Ersuchens und die Benennung des Zwecks, zu dem die Daten verwendet werden sollen nach Absatz 2,

3. erforderliche Einzelheiten zur Identität der betroffenen Person, sofern sich das Ersuchen auf eine bekannte Person bezieht,

4. die Beschreibung des Sachverhalts, der dem Ersuchen zugrunde liegt, sowie die Behörde, an die die Daten gegebenenfalls weitergeleitet werden sollen, und

5. die Angabe, inwieweit der Sachverhalt mit Geldwäsche oder mit Terrorismusfinanzierung im Zusammenhang steht.

(4) Die Zentralstelle für Finanztransaktionsuntersuchungen kann auch ohne Ersuchen personenbezogene Daten an eine zentrale Meldestelle eines anderen Staates übermitteln, wenn Tatsachen darauf hindeuten, dass natürliche oder juristische Personen auf dem Hoheitsgebiet dieses Staates Handlungen, die wegen Geldwäsche oder Terrorismusfinanzierung strafbar sind, begangen haben. Dies gilt unabhängig von der Art der Vortat der Geldwäsche und auch, wenn die Art der Vortat nicht feststeht.

(5) Die Verantwortung für die Zulässigkeit der Übermittlung trägt die Zentralstelle für Finanztransaktionsuntersuchungen. Sie kann bei der Übermittlung von Daten an eine ausländische zentrale Meldestelle Einschränkungen und Auflagen für die Verwendung der übermittelten Daten festlegen.

(6) Der Empfänger personenbezogener Daten ist darauf hinzuweisen, dass die personenbezogenen Daten nur zu dem Zweck genutzt werden dürfen, zu dem sie übermittelt worden sind. Sollen die Daten von der ersuchenden ausländischen zentralen Meldestelle an eine andere Behörde in dem Staat weitergeleitet werden, muss die Zentralstelle für Finanztransaktionsuntersuchungen dem unter Berücksichtigung des Zwecks und der schutzwürdigen Interessen des Betroffenen an den Daten zuvor zustimmen. Soweit die Informationen als Beweismittel in einem Strafverfahren verwendet werden sollen, gelten die Regeln der grenzüberschreitenden Zusammenarbeit in Strafsachen.

(7) Die Übermittlung personenbezogener Daten an eine ausländische zentrale Meldestelle unterbleibt, soweit

1. durch die Übermittlung die innere oder äußere Sicherheit oder andere wesentliche Interessen der Bundesrepublik Deutschland verletzt werden könnten,

2. einer Übermittlung besondere bundesgesetzliche Übermittlungsvorschriften entgegenstehen oder

3. im Einzelfall, auch unter Berücksichtigung des besonderen öffentlichen Interesses an der Datenübermittlung, die schutzwürdigen Interessen der betroffenen Person überwiegen.

Zu den schutzwürdigen Interessen der betroffenen Person gehört auch das Vorhandensein eines angemessenen Datenschutzniveaus im Empfängerstaat. Die schutzwürdigen Interessen der betroffenen Person können auch dadurch gewahrt werden, dass der Empfängerstaat oder die empfangende zwischen- oder überstaatliche Stelle im Einzelfall einen angemessenen Schutz der übermittelten Daten garantiert.

(8) Die Übermittlung personenbezogener Daten soll unterbleiben, wenn

1. strafrechtliche Ermittlungen oder die Durchführung eines Gerichtsverfahrens durch die Übermittlung behindert oder gefährdet werden könnten oder

2. nicht gewährleistet ist, dass die ersuchende ausländische zentrale Meldestelle einem gleichartigen deutschen Ersuchen entsprechen würde.

(9) Die Gründe für die Ablehnung eines Informationsersuchens sollen der ersuchenden zentralen Meldestelle angemessen dargelegt werden.

(10) Die Zentralstelle für Finanztransaktionsuntersuchungen hat den Zeitpunkt, die übermittelten Daten sowie die empfangende zentrale Meldestelle aufzuzeichnen. Unterbleibt die Datenübermittlung, so ist dies entsprechend aufzuzeichnen. Sie hat diese Daten drei Jahre aufzubewahren und danach zu löschen.

Übersicht

Lang

I. Allgemeines

§ 35 GwG, der mit Umsetzung der Vierten EU-Geldwäscherichtlinie[1] neu in das GwG eingefügt wurde, bildet den rechtlichen Rahmen für die **Datenübermittlung der Zentralstelle für Finanztransaktionsuntersuchungen an eine ausländische zentrale Meldestelle.** Im Rahmen der Umsetzung der Fünften EU-Geldwäscherichtlinie in Deutschland[2] wurde die Vorschrift stellenweise noch einmal angepasst.   **1**

II. Befugnis zur Weiterleitung von Meldungen nach § 43 Abs. 1 GwG (§ 35 Abs. 1 GwG)

§ 35 Abs. 1 GwG basiert auf Art. 53 Abs. 1 Unterabs. 3 der Vierten EU-Geldwäscherichtlinie, der die Weiterleitung von Verdachtsmeldungen an zentrale Meldestellen anderer EU-Mitgliedstaaten regelt, und weitet die Vorschrift auf die **internationale Zusammenarbeit** mit Drittstaaten aus.   **2**

1. Ermessensentscheidung der Zentralstelle (§ 35 Abs. 1 Satz 1 GwG)

Anders als im Fall gemeldeter Sachverhalte, die einen **EU-Mitgliedstaat** betreffen (siehe die diesbezügliche Kommentierung zu § 33 Abs. 1 Satz 3 GwG (→ § 33 Rn. 7), welcher der Regelung des § 35 Abs. 1 GwG als lex specialis vorgeht), ist die Zentralstelle bei Sachverhalten, die einen Drittstaat betreffen, **nicht verpflichtet**, die Meldung umgehend an die zentrale Meldestelle des betreffenden Staates weiterzuleiten. Sofern der Zentralstelle für Finanztransaktionsuntersuchungen von einem Verpflichteten ein Sachverhalt, der einen Drittstaat betrifft, nach § 43 Abs. 1 GwG gemeldet wird, entscheidet sie **nach pflichtgemäßem Ermessen** über eine umgehende Weiterleitung der Meldung an die zuständige zentrale Meldestelle des betreffenden Staates.   **3**

2. Betroffenheit eines anderen Staates

Von der Betroffenheit eines anderen Staates ist laut Gesetzesbegründung insbesondere dann auszugehen, wenn der gemeldete Sachverhalt nicht nur einen blo-   **4**

---

1 Die Umsetzung erfolgte durch das Gesetz zur Umsetzung der Vierten EU-Geldwäscherichtlinie, zur Ausführung der EU-Geldtransferverordnung und zur Neuorganisation der Zentralstelle für Finanztransaktionsuntersuchungen v. 23.6.2017 (BGBl. I 2017, S. 1822).

2 Gesetz zur Umsetzung der Änderungsrichtlinie zur Vierten EU-Geldwäscherichtlinie (Richtlinie (EU) 2018/843) v. 12.12.2019, BGBl. I 2019, S. 2602.

ßen Auslandsbezug hat, sondern der **Schwerpunkt des Sachverhalts** im ausländischen Staat liegt, also die zu prüfenden **Geschäftsvorfälle** oder deren **Auswirkungen** dort auftreten.[3]

3. Hinweispflicht der Zentralstelle bzgl. Zweckbindung (§ 35 Abs. 1 Satz 2 GwG)

5   Gemäß § 35 Abs. 1 Satz 2 GwG hat die Zentralstelle die zentrale Meldestelle des betreffenden Staates darauf **hinzuweisen**, dass die personenbezogenen Daten nur zu dem Zweck genutzt werden dürfen, zu dem sie übermittelt worden sind. Laut Gesetzesbegründung sollte der Hinweis auf fortbestehende Zweckbindung mittels **Bedingungen**, unter denen die Übermittlung der Informationen erfolgt, sichergestellt werden.[4]

III. Ermächtigung zur Übermittlung personenbezogener Daten (§ 35 Abs. 2 und 3 GwG)

6   Die Übermittlung von personenbezogenen Daten[5] an die zentrale Meldestelle eines anderen Staates ist zum einen bei Vorliegen eines entsprechend begründeten **Informationsersuchens** der zentralen Meldestelle des anderen Staates zulässig (**Anlassbezogene Übermittlung**) (§ 35 Abs. 2 und 3 GwG). Zum anderen darf die Zentralstelle für Finanztransaktionsuntersuchungen unter bestimmten Voraussetzungen auch **von Amts wegen** personenbezogene Daten an die zentrale Meldestelle eines anderen Staates weitergeben (**Spontanübermittlung**) (§ 35 Abs. 4 GwG).

1. Aufgrund eines Informationsersuchens der zentralen Meldestelle eines anderen Staates (Anlassbezogene Übermittlung) (§ 35 Abs. 2, 3 GwG)

7   Die Voraussetzungen für eine Übermittlung von personenbezogenen Daten aufgrund eines **Informationsersuchens** der zentralen Meldestelle eines anderen Staates sind in den Abs. 2 und 3 des § 35 GwG geregelt.

---

3 Vgl. auch Gesetzesbegründung, BT-Drs. 18/11555, S. 146.

4 BT-Drs. 18/11555, S. 148.

5 Personenbezogene Daten sind gemäß § 46 Nr. 1 BDSG, Art. 4 Nr. 1 DGSVO alle Informationen, die sich auf eine identifizierte oder identifizierbare natürliche Person (betroffene Person) beziehen; als identifizierbar wird eine natürliche Person angesehen, die direkt oder indirekt, insbesondere mittels Zuordnung zu einer Kennung wie einem Namen, zu einer Kennnummer, zu Standortdaten, zu einer Online-Kennung oder zu einem oder mehreren besonderen Merkmalen, die Ausdruck der physischen, physiologischen, genetischen, psychischen, wirtschaftlichen, kulturellen oder sozialen Identität dieser Person sind, identifiziert werden kann.

a) Zulässige Zwecke des Informationsersuchens (§ 35 Abs. 2 Satz 1 GwG)

Die zulässigen Zwecke des Informationsersuchens sind in § 35 Abs. 2 Satz 1 **8**
GwG aufgeführt.

aa) Durchführung einer operativen Analyse (§ 35 Abs. 2 Satz 1 Nr. 1 GwG)

Die Zentralstelle darf einer ausländischen zentralen Meldestelle personenbezo- **9**
gene Daten zum einen dann übermitteln, wenn die ersuchende Meldestelle die
Daten für eigene **operative Analysen** im Sinn von § 28 Abs. 1 Satz 2 Nr. 2 GwG
benötigt.

bb) Beabsichtigte Sofortmaßnahmen nach § 40 GwG
    (§ 35 Abs. 2 Satz 1 Nr. 2 GwG)

Zum anderen kann die Zentralstelle für Finanztransaktionsuntersuchungen einer **10**
ersuchenden zentralen Meldestelle Daten zur Verfügung stellen, wenn diese die
Durchführung einer **Sofortmaßnahme nach § 40 GwG** beabsichtigt und die
Daten hierfür erforderlich sind. Die ersuchende zentrale Meldestelle hat der
Zentralstelle darzulegen, dass sich der relevante Vermögensgegenstand in
Deutschland befindet und mit einem der ersuchenden zentralen Meldestelle vor-
liegenden Sachverhalt in Verbindung steht.

cc) Aufgabenerfüllung einer anderen ausländischen öffentlichen Stelle
    (§ 35 Abs. 2 Satz 1 Nr. 3 GwG)

Schließlich kann die Zentralstelle einer ausländischen zentralen Meldestelle **11**
auch dann personenbezogene Daten übermitteln, wenn die ausländische zentrale
Meldestelle das Informationsersuchen für eine **eigene öffentliche Stelle, die
der Verhinderung, Aufdeckung und Bekämpfung von Geldwäsche, ihrer
Vortaten oder Terrorismusfinanzierung dient**, gestellt hat und diese Stelle die
Daten zur Erfüllung ihrer Aufgaben benötigt. Die öffentliche Stelle ist in dem
Informationsersuchen genau zu bezeichnen (vgl. § 35 Abs. 3 Nr. 4 GwG). Die
Weiterleitung der übermittelten personenbezogenen Daten von der ausländi-
schen zentralen Meldestelle an die andere ausländische öffentliche Stelle bedarf
der **vorherigen Zustimmung der Zentralstelle für Finanztransaktionsunter-
suchungen** (vgl. § 35 Abs. 6 GwG).

*b) Zustimmungserfordernis bei Weitergabe relevanter Daten und Informationen
    anderer Behörden (§ 35 Abs. 2 Satz 3 GwG)*

Bei der Beantwortung eines Informationsersuchens kann die Zentralstelle für Fi- **12**
nanztransaktionsuntersuchungen zunächst einmal **sämtliche ihr vorliegenden
Informationen** heranziehen. Sofern diese Informationen auch **Daten** beinhal-

ten, die der Zentralstelle zu einem früheren Zeitpunkt von **anderen in- oder ausländischen Behörden** übermittelt wurden, muss die Zentralstelle für Finanztransaktionsuntersuchungen vor einer Weitergabe dieser Daten die **Zustimmung der betroffenen Behörde** einholen.

13   Einer Zustimmung der betroffenen Behörde bedarf es dann **nicht**, wenn die Informationen aus **öffentlich zugänglichen Quellen** herrühren oder wenn die jeweilige Behörde schon bei Übermittlung der Daten an die Zentralstelle oder zu einem späteren Zeitpunkt in eine **weitere Verwendung** der Daten zu Zwecken der Verhinderung, Aufdeckung und Bekämpfung der Geldwäsche und Terrorismusbekämpfung **eingewilligt** hat.

c) Verpflichtung zur zeitnahen Beantwortung (§ 35 Abs. 2 Satz 5 GwG)

14   Der mit dem Transparenzregister- und Finanzinformationsgesetz[6] neu in § 35 Abs. 2 eingeschobene Satz 4 ersetzt den bisherigen § 35 Abs. 2 Satz 5 GwG, der im Zuge der Änderung gestrichen wurde. Grund für die Aufhebung von Satz 5 war sein allgemein als missverständlich angesehener Wortlaut („Ersuchen um Auskunft und Verlangen nach Auskunft sind zeitnah zu beantworten"), der sich auf den bisherigen Satz 4 zu beziehen schien, welcher jedoch nur Auskunftsersuchen der Zentralstelle für Finanztransaktionsuntersuchungen an andere inländische Stellen zum Zweck der Beantwortung eines internationalen Ersuchens zum Gegenstand hat. Korrekt verstanden sollte Satz 5 jedoch normieren, dass ausländische Auskunftsersuchen von der Zentralstelle für Finanztransaktionsuntersuchungen binnen angemessener Zeit zu beantworten sind.[7] Der Satz wurde daher vorgezogen. Mit der gleichzeitigen Anpassung des Wortlauts an den angestrebten Inhalt („angemessen" statt „zeitnah") wurde auch sichergestellt, dass die Zeitvorgaben für die Beantwortung der Auskunftsersuchen zwischen den Zentralstellen auch künftig differenziert danach geregelt werden können, ob es sich um eine Anfrage aus dem EU- oder Nicht-EU-Ausland handelt. Der neue Satz 4 bildet damit auch die Grundlage für die speziellere Regelung in § 33 Abs. 2 Satz 3 GwG. Der Begriff „angemessen" ist in diesem Kontext so zu auszulegen, dass die Beantwortung mit aller gebotenen Beschleunigung im Hinblick auf die Gewichtigkeit der Materie des Ersuchens und eines eventuell gesondert mitgeteilten Beschleunigungsbedürfnisses unter Berücksichtigung der

---

6 Gesetz zur europäischen Vernetzung der Transparenzregister und zur Umsetzung der Richtlinie 2019/1153 des Europäischen Parlaments und des Rates vom 20. Juni 2019 zur Nutzung von Finanzinformationen für die Bekämpfung von Geldwäsche, Terrorismusfinanzierung und sonstigen schweren Straftaten (Transparenzregister- und Finanzinformationsgesetz) v. 25.6.2021, BGBl. I 2021, S. 2083.
7 Gesetzesbegründung, BT-Drs. 18/11555, S. 149.

betrieblichen Gegebenheiten und im Verhältnis zu eventuellen konkurrierenden Ersuchen zu erfolgen hat.[8]

d) Befugnis zur Einholung von Informationen bei inländischen öffentlichen Stellen und Verpflichteten des GwG (§ 35 Abs. 2 Satz 5 GwG)

Reichen die der Zentralstelle vorliegenden Informationen für eine Beantwortung   **15** des Informationsersuchens nicht aus oder sind die benötigten Daten bei der Zentralstelle nicht vorhanden, kann sie zur Beantwortung eines Auskunftsversuchens auch andere **inländische öffentliche Stellen** gemäß §§ 28, 31 GwG um Auskünfte ersuchen. Ebenso kann sie auch von **Verpflichteten** Auskünfte nach Maßgabe der §§ 28, 30 Abs. 3 GwG verlangen.

e) Mindestinhalte des Informationsersuchens (§ 35 Abs. 3 GwG)

§ 35 Abs. 3 GwG basiert auf Art. 53 Abs. 1 Unterabs. 2 Satz 1 der Vierten EU   **16** Geldwäscherichtlinie, der die Inhalte von Informationsersuchen der zentralen Meldestellen innerhalb der Europäischen Union regelt. § 35 Abs. 3 GwG dehnt die Vorschrift auf die **internationale Zusammenarbeit** aus. Um der Zentralstelle für Finanztransaktionsuntersuchungen die Prüfung zu ermöglichen, ob eigene Interessen oder datenschutzrechtliche Erwägungen einer positiven Beantwortung des Ersuchens entgegenstehen,[9] muss das Informationsersuchen der zentralen Meldestelle eines anderen Staates **mindestens** die in **§ 35 Abs. 3 Nr. 1–5 GwG genannten Angaben** beinhalten.

aa) Behördenbezeichnung, Anschrift und Kontaktdaten
    (§ 35 Abs. 3 Nr. 1 GwG)

Die ausländische zentrale Meldestelle hat in ihrem Informationsersuchen ihre   **17** **offizielle Bezeichnung, ihre Anschrift** und die **Kontaktdaten**, die auch weiterverwendet werden sollen, anzugeben. Aufgrund dieser Angaben kann die Zentralstelle für Finanztransaktionsuntersuchungen überprüfen, ob die ersuchende Stelle mit der von dem jeweiligen Staat bestimmten zentralen Meldestelle übereinstimmt und somit **informationsberechtigt** ist.

bb) Gründe und Zweck des Informationsersuchens (§ 35 Abs. 3 Nr. 2 GwG)

Die ausländische zentrale Meldestelle hat ihr Informationsersuchen zu **begrün**-   **18** **den** und den **Zweck** zu benennen, für den sie die Informationen benötigt. Zu den zulässigen Zwecken vgl. § 35 Abs. 2 Satz 1 GwG und die entsprechende Kommentierung.

---

8 Gesetzesbegründung, BT-Drs. 19/28164, S. 56.
9 Gesetzesbegründung, BT-Drs. 18/11555, S. 149.

cc) Angaben zur betroffenen Person (§ 35 Abs. 3 Nr. 3 GwG)

19   Die **Detailangaben zur Identität** der betroffenen Person (sofern bekannt) erleichtern der Zentralstelle das Auffinden der ersuchten Informationen und reduzieren das Risiko von Verwechslungen. Ferner kann die Zentralstelle aufgrund der Angaben auch prüfen, ob gegen die betroffene Person aktuell strafrechtliche Ermittlungen oder Gerichtsverfahren durchgeführt werden. Diese könnten durch eine Datenübermittlung möglicherweise behindert oder gefährdet werden und damit einer Datenübermittlung entgegenstehen (vgl. § 35 Abs. 8 GwG).

dd) Sachverhalt (§ 35 Abs. 3 Nr. 4 GwG)

20   Die ersuchende Stelle hat den zugrunde liegenden **Sachverhalt** zu beschreiben.

ee) Beabsichtigte Weiterleitung an andere Behörde (§ 35 Abs. 3 Nr. 4 GwG)

21   Sofern die ausländische zentrale Meldestelle beabsichtigt, die ersuchten Informationen an eine **andere Behörde** weiterzugeben, hat sie auch dies unter genauer Bezeichnung der anderen Behörde bereits in ihrem Informationsersuchen anzugeben. Die Zentralstelle für Finanztransaktionsuntersuchungen kann ihre **erforderliche Zustimmung zur Datenweitergabe** (vgl. § 35 Abs. 6 GwG) dann gegebenenfalls schon unmittelbar mit Übermittlung der personenbezogenen Daten an die ausländische zentrale Meldestelle erteilen.

ff) Zusammenhang des Sachverhalts mit Geldwäsche oder
Terrorismusfinanzierung (§ 35 Abs. 3 Nr. 5 GwG)

22   Zwecks Verdeutlichung der Relevanz für die Zentralstelle für Finanztransaktionsuntersuchungen hat die ausländische zentrale Meldestelle den **Zusammenhang** des Sachverhalts zu Geldwäsche oder Terrorismusfinanzierung aufzuzeigen. Während die ursprüngliche Fassung des § 35 Abs. 3 Nr. 5 GwG noch vorsah, dass die ausländische zentrale Meldestelle auch die **mutmaßlich begangene Vortat** in ihrem Ersuchen angeben muss, wurde dieses in Widerspruch zu Art. 1 Nr. 33 lit. a der Fünften EU-Geldwäscherichtlinie stehende Erfordernis im Rahmen der Umsetzung derselbigen wieder gestrichen.[10]

f) Ermessensentscheidung

23   Bei der Entscheidung über die Übermittlung personenbezogener Daten aufgrund eines Informationsersuchens einer ausländischen zentralen Meldestelle hat der deutsche Gesetzgeber der Zentralstelle für Finanztransaktionsuntersuchungen

---

10 Gesetz zur Umsetzung der Änderungsrichtlinie zur Vierten EU-Geldwäscherichtlinie (Richtlinie (EU) 2018/843) v. 12.12.2019, BGBl. I 2019, S. 2602.

einen **Ermessensspielraum** („kann [...] übermitteln") eingeräumt, wobei bei Ausübung des Ermessens die Zielsetzung der europäischen und internationalen Bemühungen um eine größtmögliche Zusammenarbeit der zentralen Meldestellen zu berücksichtigen ist.

2. Übermittlung von Amts wegen (Spontanübermittlung) (§ 35 Abs. 4 GwG)

§ 35 Abs. 4 GwG regelt die Übermittlung personenbezogener Daten an ausländi- **24** sche zentrale Meldestellen **ohne Vorliegen eines entsprechenden Ersuchens**. Eine solche Übermittlung auf Eigeninitiative der Zentralstelle (**Spontanübermittlung**) setzt voraus, dass die Zentralstelle aufgrund ihr vorliegender Tatsachen die **Vermutung** hat, dass auf dem Hoheitsgebiet der ausländischen zentralen Meldestelle **Handlungen** begangen wurden, **die wegen Geldwäsche oder Terrorismusfinanzierung strafbar sind**. Über den in § 35 Abs. 1 GwG geregelten Fall des Vorliegens einer Meldung nach § 43 Abs. 1 GwG mit Auslandsbezug hinaus erfasst § 35 Abs. 4 GwG die Fälle, in denen der Zentralstelle im Rahmen ihrer **eigenen operativen Analysen** Tatsachen bekannt werden, aus denen sich der Verdacht einer Geldwäsche oder Terrorismusfinanzierung in einem ausländischen Staat ergibt. Im Rahmen der Umsetzung der Fünften EU-Geldwäscherichtlinie wurde § 35 Abs. 4 um einen Satz 2 ergänzt, der vorsieht, dass eine solche Spontanübermittlung entsprechend der Vorgaben des Art. 53 Abs. 1 der Richtlinie unabhängig von der Art der Vortat der Geldwäsche und auch, wenn die Vortat nicht feststeht, zulässig ist.[11]

IV. Verantwortung für die datenschutzrechtliche Zulässigkeit der Datenübermittlung (§ 35 Abs. 5 GwG)

Wenn die Zentralstelle für Finanztransaktionsuntersuchungen Daten an die zent- **25** ralen Meldestellen anderer Staaten übermittelt, ist sie selbst für die Zulässigkeit der Datenübermittlung verantwortlich. Die Zentralstelle muss in vollem Umfang überprüfen und verantwortlich darüber entscheiden, ob die Tatbestandsvoraussetzungen der Übermittlungsermächtigung vorliegen und ob es der Übermittlung entgegenstehende Ausschluss- oder Einschränkungsnormen gibt. Darüber hinaus hat die Zentralstelle insbesondere sicherzustellen, dass sämtliche Verwendungseinschränkungen oder -bedingungen beachtet werden. In diesem Zusammenhang kann sie der auskunftsersuchenden zentralen Meldestelle auch Auflagen hinsichtlich der Datenverwendung erteilen.[12] Vor der Weiterübermitt-

---

11 Gesetz zur Umsetzung der Änderungsrichtlinie zur Vierten EU-Geldwäscherichtlinie (Richtlinie (EU) 2018/843) v. 12.12.2019, BGBl. I 2019, S. 2602.

12 Vgl. auch Gesetzesbegründung, BT-Drs. 18/11555, S. 147.

lung personenbezogener Daten, die ihr von einer anderen in- oder ausländischen Stelle zur Verfügung gestellt werden, hat die zentrale Meldestelle dafür Sorge zu tragen, dass die notwendigen Einverständniserklärungen vorliegen. Sofern erforderlich, hat sie eine Einverständniserklärung einzuholen (siehe hierzu auch → Rn. 12 f.).

V. Hinweispflichten gegenüber dem Empfänger der Daten (§ 35 Abs. 6 Satz 1 GwG)

26   Die Zentralstelle für Finanztransaktionsuntersuchungen hat nach § 35 Abs. 6 GwG die empfangende zentrale Meldestelle darauf **hinzuweisen**, dass diese die ersuchten Daten auch nach Erhalt nur zu dem Zweck, den sie der Zentralstelle in ihrem Informationsersuchen gemäß § 35 Abs. 3 Nr. 2 GwG mitgeteilt hat, verwenden darf. Laut Gesetzesbegründung sollte der Hinweis auf fortbestehende Zweckbindung mittels **Bedingungen**, unter denen die Übermittlung der Informationen erfolgt, sichergestellt werden.[13]

VI. Zustimmungsvorbehalt der Zentralstelle (§ 35 Abs. 6 Satz 2 GwG)

27   Sofern die ausländische zentrale Meldestelle die erhaltenen Daten an eine andere öffentliche Stelle weiterleiten möchte, ist von ihr hierfür zunächst die Zustimmung der Zentralstelle für Finanztransaktionsuntersuchungen einzuholen. Die Zentralstelle kann ihre Einwilligung schon mit Übermittlung der personenbezogenen Daten geben. Bei der Entscheidung bzgl. der Einwilligung sind der Zweck der Datenverwendung sowie die schutzwürdigen Interessen des Betroffenen zu beachten.

VII. Ausschluss der Übermittlung personenbezogener Daten (§ 35 Abs. 7, 8 GwG)

28   § 35 Abs. 7 und 8 GwG begrenzen die der Zentralstelle für Finanztransaktionsuntersuchungen gewährten Befugnisse zur Übermittlung personenbezogener Daten an ausländische zentrale Meldestellen in bestimmten Fällen.

---

13 BT-Drs. 18/11555, S. 148.

1. Obligatorische Ausschlussgründe (§ 35 Abs. 7 GwG)

In § 35 Abs. 7 Satz 1 GwG werden von der Zentralstelle **zwingend zu beachten-** **29**
de Übermittlungsversagensgründe aufgeführt, wobei es der Zentralstelle für
Finanztransaktionsuntersuchungen obliegt, zu beurteilen, ob die Versagensgrün-
de im Einzelfall vorliegen.

a) Mögliche Gefährdung der inneren oder äußeren Sicherheit oder
anderer wesentlicher Interessen der Bundesrepublik Deutschland
(§ 35 Abs. 7 Satz 1 Nr. 1 GwG)

Es wird auf die Kommentierung zu § 33 Abs. 4 Nr. 1 GwG verwiesen. **30**

b) Entgegenstehende besondere bundesgesetzliche Übermittlungsvorschriften
(§ 35 Abs. 7 Satz 1 Nr. 2 GwG)

Als besondere bundesgesetzliche Übermittlungsvorschriften, die einer Über- **31**
mittlung entgegenstehen, sind zum einen Vorschriften anzusehen, die ein **aus-**
drückliches Verbot der Datenübermittlung enthalten. Zum anderen können sich
zu beachtende Übermittlungsverbote auch im **Umkehrschluss** aus den **Zuläs-**
sigkeitsvoraussetzungen einer Datenübermittlung, die in bundesgesetzlichen
Vorschriften enthalten sind und einen gesteigerten Schutz personenbezogener
Daten bewirken sollen, ergeben (vgl. z. B. § 72 SGB X, § 100 BBG).

c) Überwiegen der schutzwürdigen Interessen der betroffenen Person
(§ 35 Abs. 7 Satz 1 Nr. 3, Sätze 2 und 3 GwG)

Bezüglich der im Rahmen der Prüfung dieses Versagungsgrunds vorzunehmen- **32**
den Interessenabwägung wird auf die Kommentierung zu § 33 Abs. 4 Nr. 2
GwG verwiesen.

§ 35 Abs. 4 Satz 2 GwG stellt klar, dass zu den im Rahmen der Interessenabwä- **33**
gung zu berücksichtigenden schutzwürdigen Interessen des Betroffenen auch
das **Vorhandensein eines angemessenen Datenschutzniveaus** im Empfängerstaat der Daten gehört. Bei der Bewertung der Angemessenheit des Schutz-
niveaus im Empfängerstaat sind alle Umstände einzubeziehen, die bei einer
Datenübermittlung von Bedeutung sind; insbesondere sind die Datenart, die
Zweckbestimmung, die geplante Verarbeitungsdauer, das Herkunfts- und das
Endbestimmungsland, die für den betreffenden Empfänger geltenden Rechtsnormen sowie die für ihn geltenden Standesregeln und Sicherheitsmaßnahmen zu
berücksichtigen. Die schutzwürdigen Interessen der betroffenen Person können
nach § 35 Abs. 4 Satz 3 GwG auch dadurch gewahrt werden, dass der Empfängerstaat oder die empfangende zwischen- oder überstaatliche Stelle im Einzelfall einen **angemessenen Schutz** der übermittelten Daten **garantiert**. Das

Rechtsinstitut der Garantieerklärung ist verfassungskonform und verstößt nicht gegen die Schutzpflicht des Staates auf Gewährleistung eines ausnahmslosen, abstrakt-generellen Grundrechtsschutzes.[14]

2. Fakultative Ausschlussgründe (§ 35 Abs. 8 GwG)

34 Neben den obligatorischen Ausschlussgründen in § 35 Abs. 7 GwG enthält § 35 Abs. 8 GwG eine Auflistung **sonstiger Ausschlussgründe**, bei denen die Übermittlung personenbezogener Daten durch die Zentralstelle verweigert werden **soll**. Trotz Vorliegens eines der in § 35 Abs. 8 GwG genannten Ausschlussgründe kann die Zentralstelle **nach pflichtgemäßem Ermessen** entscheiden, die Daten dennoch an die ausländische zentrale Meldestelle zu übermitteln.

a) Mögliche Behinderung/Gefährdung strafrechtlicher Ermittlungen oder der Durchführung eines Gerichtsverfahrens (§ 35 Abs. 8 Nr. 1 GwG)

35 Es wird auf die Kommentierung zu § 33 Abs. 4 Nr. 3 GwG verwiesen.

b) Keine Gewährleistung des Gegenseitigkeitsprinzips (§ 35 Abs. 8 Nr. 2 GwG)

36 § 35 Abs. 8 Nr. 2 GwG ist Ausfluss des **Prinzips der Gegenseitigkeit oder Reziprozität (lat.: do ut des)**. So soll die Zentralstelle dem Informationsersuchen einer ausländischen zentralen Meldestelle nicht entsprechen, wenn davon auszugehen ist, dass die ersuchende zentrale Meldestelle im umgekehrten Fall einem entsprechenden deutschen Informationsersuchen nicht nachkommen würde.

VIII. Pflicht zur angemessenen Darlegung der Ablehnungsgründe (§ 35 Abs. 9 GwG)

37 Lehnt die Zentralstelle ein Informationsersuchen ab, **soll** sie ihre Entscheidung gegenüber der ersuchenden zentralen Meldestelle angemessen begründen (§ 35 Abs. 9 GwG). Anders als im Fall der Ablehnung von Informationsersuchen, die von der zentralen Meldestelle eines anderen **EU-Mitgliedstaates** an die Zentralstelle gerichtet werden (siehe die diesbezügliche Kommentierung zu § 33 Abs. 1 Satz 3 GwG (→ § 33 Rn. 7), welcher der Regelung des § 35 Abs. 1 GwG als lex specialis vorgeht), ist die Zentralstelle bei der Ablehnung der Informationsersuchen eines Drittstaats **nicht verpflichtet**, die Ablehnung angemessen zu begründen. Gemäß der Gesetzesbegründung soll eine Ablehnung aber nur in Ausnahmefällen ohne Begründung erfolgen. Die in § 33 Abs. 2 Satz 2 GwG geregelten

---

14 *Graulich*, in: Schenke/Graulich/Ruthig, Sicherheitsrecht des Bundes, 1. Aufl. 2014, § 14 BKAG Rn. 51.

Ausnahmen im Fall von Informationsersuchen aus EU-Mitgliedstaaten (noch laufende operative Analyse der Zentralstelle oder mögliche Gefährdung von Ermittlungen) rechtfertigen auch das Unterbleiben einer Begründung im Fall der Ablehnung von Informationsersuchen aus Drittstaaten.

IX. Aufzeichnungs- und Aufbewahrungspflichten (§ 35 Abs. 10 GwG)

Leitet die Zentralstelle eine Meldung nach § 43 Abs. 1 GwG weiter oder über- **38** mittelt sie personenbezogene Daten an eine ausländische zentrale Meldestelle, so ist sie gemäß § 35 Abs. 10 GwG verpflichtet, den **Zeitpunkt** der Übermittlung, den **Umfang** der übermittelten Daten (einschließlich etwaiger der ausländischen zentralen Meldestelle auferlegten Einschränkungen/Bedingungen) sowie die **empfangende ausländische zentrale Meldestelle** aufzuzeichnen. Eine entsprechende Aufzeichnung hat laut Gesetzesbegründung[15] auch zu erfolgen, wenn die Zentralstelle einem Auskunftsersuchen nicht nachkommt. Die Aufzeichnung ist **drei Jahre** aufzubewahren und dann zu löschen. Die Aufbewahrungsfrist beginnt mit dem Datum, an welchem die Daten übermittelt wurden und welches grundsätzlich mit dem Aufzeichnungsdatum identisch sein sollte.

---

15 Gesetzesbegründung, BT-Drs. 18/11555, S. 151.

§ 36 Automatisierter Datenabgleich
im europäischen Verbund

Die Zentralstelle für Finanztransaktionsuntersuchungen kann im Verbund mit zentralen Meldestellen anderer Mitgliedstaaten der Europäischen Union ein System zum verschlüsselten automatisierten Abgleich von dazu geeigneten Daten, die die nationalen zentralen Meldestellen im Rahmen ihrer Aufgabenerfüllung erhoben haben, einrichten und betreiben. Zweck dieses Systems ist es, Kenntnis davon zu erlangen, ob zu einer betreffenden Person bereits durch zentrale Meldestellen anderer Mitgliedstaaten der Europäischen Union eine Analyse nach § 30 durchgeführt wurde oder anderweitige Informationen zu dieser Person dort vorliegen.

Übersicht

I. Allgemeines

1 § 36 GwG wurde mit dem Gesetz zur Umsetzung der Vierten EU-Geldwäscherichtlinie, zur Ausführung der EU-Geldtransferverordnung und zur Neuorganisation der Zentralstelle für Finanztransaktionsuntersuchungen vom 23.6.2017[1] in das GwG eingefügt und dient der Umsetzung von **Art. 56 der Vierten EU-Geldwäscherichtlinie**. Die Vorschrift ermächtigt die Zentralstelle zur Einrichtung und zum Betrieb eines **Systems zum verschlüsselten automatisierten Abgleich von Daten**, die die zentralen Meldestellen innerhalb der Europäischen Union im Rahmen ihrer Aufgabenerfüllung erhoben haben. Durch das System soll jede zentrale Meldestelle in die Lage versetzt werden, sich darüber zu informieren, ob zu einer betreffenden Person bereits durch zentrale Meldestellen anderer EU-Mitgliedstaaten eine operative Analyse vorgenommen wurde oder anderweitige Informationen zu dieser Person dort vorliegen. Als System für den gesicherten Informationsaustausch zwischen den zentralen Meldestellen der EU-Mitgliedstaaten empfiehlt die Vierten EU-Geldwäscherichtlinie die Verwendung von FIU.net oder eines Nachfolgers dieses Systems. Die Vorschrift hat durch die Umsetzung der Fünften EU-Geldwäscherichtlinie in Deutschland[2] keine Änderungen erfahren.

---

1 BGBl. I 2017, S. 1822.

2 Gesetz zur Umsetzung der Änderungsrichtlinie zur Vierten EU-Geldwäscherichtlinie (Richtlinie (EU) 2018/843) v. 12.12.2019, BGBl. I 2019, S. 2602.

II. FIU.net und SIENA

Das **FIU.net** ist eine bereits seit dem Jahr 2002 existierende, dezentral organi- **2**
sierte IT-Anwendung, mit welcher Daten zwischen den FIU ausgetauscht werden
können, und welche sich auf das **s-TESTA-Netzwerk** der Europäischen Kommission stützt. Seit einigen Jahren wird darüber diskutiert, **SIENA**,[3] die sichere
Anwendung von Europol, als Grundlage für das FIU.net zu verwenden.[4] Am
1.1.2016 wurde das Netzwerk FIU.net an das System von Europol angebunden
und am 19.10.2016 wurde eine Leistungsvereinbarung zwischen Europol und allen 28 FIU abgeschlossen. Derzeit wird die Plattform zwar von Europol betrieben, aber sie ist nicht mit den Europol-Datenbanken vernetzt (der Status von Europol ist der eines 29. Nutzers von FIU.net, der personenbezogene Daten zur Bearbeitung von Anfragen senden und empfangen kann). Die FIU und Europol arbeiten derzeit gemeinsam daran, herauszufinden, über welche Merkmale von
FIU.net SIENA verfügen müsste, um die Integration von FIU.net in SIENA zu
ermöglichen.[5]

Da Fälle von Geldwäsche oder Terrorismusfinanzierung häufig grenzüber- **3**
schreitende Bezüge aufweisen, soll dieses System den Datenaustausch zwischen
den beteiligten zentralen Meldestellen erleichtern. Um dennoch den Daten-
schutzinteressen gerecht zu werden, erfolgt allerdings nur ein verschlüsselter automatisierter Abgleich der von den einzelnen zentralen Meldestellen jeweils vorgehaltenen Daten. Dazu werden unter Verwendung des Vor- und Nachnamens
sowie des Geburtsdatums von den zentralen Meldestellen Fundstellendatensätze
eingerichtet. Die Fundstellendatensätze werden verschlüsselt, sodass keine direkte Identifizierung eines Betroffenen möglich ist. Die Teilnehmer am FIU.net
gestatten sich gegenseitig zur Durchführung ihrer Analyse den Zugriff auf diese
verschlüsselten Fundstellendatensätze mit dem Recht, diese automatisiert mittels eines Vergleichs der Datensätze abzurufen. Wird im Zuge eines automatisierten Abrufs eine Übereinstimmung eines übermittelten Fundstellendatensat-
zes mit einem in der Datei des empfangenden Teilnehmers am FIU.net gespeicherten Fundstellendatensatz festgestellt, so erhält die anfragende zentrale Meldestelle automatisiert die Information über das Vorliegen eines Treffers und das

---

3 SIENA steht für „Secure Information Exchange Network Application".
4 „Mitteilung der Kommission an das Europäische Parlament und den Rat – Überblick
  über das Informationsmanagement im Bereich Freiheit, Sicherheit und Recht" v.
  20.7.2010, KOM(2010)385, S. 16.
5 Vermerk „Detaillierte Beschreibung jüngster und geplanter Maßnahmen zur Bekämpfung von Terrorismus und gewalttätigem Extremismus" des EU-Koordinators für die
  Terrorismusbekämpfung v. 11.11.2016 (Empfänger: Rat der Europäischen Union),
  14260/16, S. 26.

Land, in dem die Übereinstimmung festgestellt wurde. Damit kann sich die anfragende zentrale Meldestelle im Rahmen eines Ersuchens an die betreffende ausländische Meldestelle wenden und um Übermittlung von zu dem Betroffenen vorgehaltenen Informationen bitten.

§ 37 Berichtigung, Einschränkung
der Verarbeitung und Löschung
personenbezogener Daten aus automatisierter
Verarbeitung und bei Speicherung
in automatisierten Dateien

(1) Die Zentralstelle für Finanztransaktionsuntersuchungen berichtigt unrichtig gespeicherte personenbezogene Daten, die sie automatisiert verarbeitet.

(2) Die Zentralstelle für Finanztransaktionsuntersuchungen löscht gespeicherte personenbezogene Daten, wenn die Speicherung dieser Daten unzulässig ist oder die Kenntnis dieser Daten für die Aufgabenerfüllung nicht mehr erforderlich ist.

(3) An die Stelle einer Löschung tritt eine Einschränkung der Verarbeitung der gespeicherten personenbezogenen Daten, wenn

1. Anhaltspunkte vorliegen, dass durch die Löschung schutzwürdige Interessen eines Betroffenen beeinträchtigt würden,
2. die Daten für laufende Forschungsarbeiten benötigt werden oder
3. eine Löschung wegen der besonderen Art der Speicherung nur mit unverhältnismäßigem Aufwand möglich ist.

Der eingeschränkten Verarbeitung unterliegende Daten dürfen nur für den Zweck verarbeitet werden, für den die Löschung unterblieben ist. Sie dürfen auch verarbeitet werden, soweit dies zur Durchführung eines laufenden Strafverfahrens unerlässlich ist oder der Betroffene einer Verarbeitung zustimmt.

(4) Die Zentralstelle für Finanztransaktionsuntersuchungen prüft bei der Einzelfallbearbeitung und nach festgesetzten Fristen, ob gespeicherte personenbezogene Daten zu berichtigen, zu löschen oder in der Verarbeitung einzuschränken sind.

(5) Die Fristen beginnen mit dem Tag, an dem die Zentralstelle für Finanztransaktionsuntersuchungen die operative Analyse nach § 30 abgeschlossen hat.

(6) Die Zentralstelle für Finanztransaktionsuntersuchungen ergreift angemessene Maßnahmen, um zu gewährleisten, dass personenbezogene Daten, die unrichtig, unvollständig oder in der Verarbeitung eingeschränkt sind, nicht übermittelt werden. Zu diesem Zweck überprüft sie, soweit durchführbar, die Qualität der Daten vor ihrer Übermittlung. Bei jeder Übermitt-

lung von personenbezogenen Daten fügt sie nach Möglichkeit Informationen bei, die es dem Empfänger gestatten, die Richtigkeit, die Vollständigkeit und die Zuverlässigkeit der personenbezogenen Daten zu beurteilen.

(7) Stellt die Zentralstelle für Finanztransaktionsuntersuchungen fest, dass sie unrichtige, zu löschende oder in der Verarbeitung einzuschränkende personenbezogene Daten übermittelt hat, so teilt sie dem Empfänger dieser Daten die Berichtigung, Löschung oder Einschränkung der Verarbeitung mit, wenn eine Mitteilung erforderlich ist, um schutzwürdige Interessen des Betroffenen zu wahren.

Übersicht

I. Allgemeines

1   §§ 37 und 38 GwG, die in Umsetzung der Vierten EU-Geldwäscherichtlinie[1] neu in das GwG eingefügt wurden, tragen den vom Bundesverfassungsgericht[2]

---

1 Die Umsetzung erfolgte durch das Gesetz zur Umsetzung der Vierten EU-Geldwäscherichtlinie, zur Ausführung der EU-Geldtransferverordnung und zur Neuorganisation der Zentralstelle für Finanztransaktionsuntersuchungen v. 23.6.2017 (BGBl. I 2017, S. 1822).
2 BVerfGE 65, 1, 43.

aufgestellten **Vorgaben zur verfahrensrechtlichen Absicherung des Grundrechts auf informationelle Selbstbestimmung** Rechnung. Die Vorschriften, die als Spezialvorschriften gegenüber den allgemeinen datenschutzrechtlichen Vorschriften anzusehen sind, enthalten Regelungen zur Sicherung der grundlegenden Rechte des Betroffenen auf **Berichtigung, Löschung und Verarbeitungsbeschränkung personenbezogener Daten**, die von der Zentralstelle als Normadressatin verarbeitet oder gespeichert werden.[3] Sowohl § 37 wie auch § 38 GwG statuieren jeweils Amtspflichten der Zentralstelle zur **Berichtigung, Löschung und Verarbeitungsbeschränkung personenbezogener Daten**, die mit entsprechenden Ansprüchen des Betroffenen einhergehen.

Während **§ 37 GwG** die Berichtigung, Sperrung oder Vernichtung personenbezogener Daten, die von der Zentralstelle entweder **automatisiert verarbeitet** oder in einer **automatisierten Datei** gespeichert sind, regelt, sind in **§ 38 GwG** die Verfahrensvorschriften für personenbezogene Daten, die von der Zentralstelle **weder automatisiert verarbeitet noch in einer automatisierten Datei gespeichert sind**, niedergelegt. Die Vorgaben der §§ 37 und 38 GwG blieben im Rahmen der Umsetzung der Fünften EU-Geldwäscherichtlinie in Deutschland[4] unverändert.

Gemäß der Definition in § 46 Nr. 2 BDSG, Art. 4 Nr. 2 der DSGVO,[5] ist unter **Verarbeitung** jede mit oder ohne Hilfe automatisierter Verfahren ausgeführter Vorgang oder jede solche Vorgangsreihe im Zusammenhang mit personenbezogenen Daten wie das Erheben, das Erfassen, die Organisation, das Ordnen, die Speicherung, die Anpassung oder Veränderung, das Auslesen, das Abfragen, die Verwendung, die Offenlegung durch Übermittlung, Verbreitung oder eine andere Form der Bereitstellung, den Abgleich oder die Verknüpfung, die Einschränkung, das Löschen oder die Vernichtung zu verstehen. Der Begriff der **Datei** umfasst jede strukturierte Sammlung personenbezogener Daten, die nach bestimmten Kriterien zugänglich sind, unabhängig davon, ob diese Sammlung zentral, dezentral oder nach funktionalen oder geografischen Gesichtspunkten geordnet geführt wird.[6] Für das Vorliegen einer **automatisierten Datei** ist ausschließlich das Merkmal der automatisierten Verarbeitung von Relevanz. Dies wird – wie oben ausgeführt – als Verarbeitung **unter Einsatz von Datenverarbeitungsanlagen** definiert. Eine automatisierte Datei liegt damit bereits dann vor, wenn

---

3 Siehe auch Gesetzesbegründung BT-Drs. 18/11555, S. 151.
4 Gesetz zur Umsetzung der Änderungsrichtlinie zur Vierten EU-Geldwäscherichtlinie (Richtlinie (EU) 2018/843) v. 12.12.2019, BGBl. I 2019, S. 2602.
5 Verordnung (EU) 2016/679 des Europäischen Parlaments und des Rates v. 27. April 2016 zum Schutz natürlicher Personen bei der Verarbeitung personenbezogener Daten, zum freien Datenverkehr und zur Aufhebung der Richtlinie 95/46/EG („Datenschutz-Grundverordnung" oder „DSGVO").
6 Vgl. § 46 Nr. 6 BDSG, Art, 4 Nr. 6 DSGVO.

eine Sammlung personenbezogener Daten automatisch nach bestimmten Merkmalen auswertbar ist.

II. Pflicht zur Berichtigung personenbezogener Daten (§ 37 Abs. 1 GwG)

4   In Einklang mit den datenschutzrechtlichen Grundsätzen[7] regelt § 37 Abs. 1 GwG die Pflicht der Zentralstelle zur **Berichtigung personenbezogener Daten**. Die Berichtigungspflicht besteht dann, wenn die Daten unrichtig sind. **Unrichtig im Sinne der Norm sind Daten, wenn sie entweder falsch oder unvollständig sind.** Irrelevant für das Entstehen des Berichtigungsanspruches sind hierbei Zeitpunkt und Anlass der Unrichtigkeit.[8] Der Berichtigungsanspruch erstreckt sich auch auf **in ihrer Verwendung eingeschränkte Daten (§ 37 Abs. 3 GwG)**.

III. Pflicht zur Löschung personenbezogener Daten (§ 37 Abs. 2 GwG)

5   In der Vorschrift ist die Löschungspflicht der Zentralstelle bei unzulässiger Datenspeicherung oder dem Wegfall der Erforderlichkeit der Datenspeicherung geregelt. Die Vorschrift entspricht § 75 Abs. 2 BDSG.

1. Unzulässige Datenspeicherung

6   Von einer **unzulässigen Datenspeicherung** ist dann auszugehen, wenn die Speicherung nicht durch eine entsprechende Rechtsnorm oder eine Einwilligung des Betroffenen gedeckt sind.

2. Wegfall der Erforderlichkeit der Datenspeicherung

7   Der Wegfall der **Erforderlichkeit** umfasst nicht nur die Situation, dass sich die Aufgabe, zu deren Erfüllung sie gespeichert wurden, endgültig erledigt hat, sondern auch den Fall, dass es keinerlei Anhaltspunkte dafür gibt, dass die Daten in Zukunft noch praktische Bedeutung für die Arbeit der Zentralstelle haben werden.[9] **Vor einer endgültigen Löschung** ist zu prüfen, ob nicht aus den in § 37 Abs. 3 GwG aufgezählten Gründen statt einer Löschung eine **Verarbeitungseinschränkung** gemäß § 37 Abs. 3 GwG in Betracht zu ziehen ist.

---

7 Vgl. Art. 5 Abs. 1 lit. d DSGVO, §§ 47 Nr. 4, 58 Abs. 1 Satz 1, 75 Abs. 1 Satz 1 BDSG.
8 Gesetzesbegründung, BT-Drs. 18/11555, S. 152.
9 BVerwG, NJW 1994, 2499.

IV. Pflicht zur Sperrung personenbezogener Daten (§ 37 Abs. 3 Satz 1 GwG)

Die in Abs. 3 niedergelegten löschungsähnlichen Einschränkungspflichten be- **8** ziehen sich auf solche personenbezogenen Daten, die grundsätzlich nach § 37 Abs. 2 GwG **gelöscht** werden müssten, bei denen aber die **in Abs. 3 Nr. 1–3 aufgeführten Gründe** einer Löschung **entgegenstehen.** Der Katalog der Tatbestände, bei deren Vorliegen eine Verarbeitungseinschränkung an die Stelle einer Löschung treten kann, setzt hierbei die Vorgaben von Art. 16 Abs. 3 der Richtlinie (EU) 2016/680 um.[10] Die Vorschrift entspricht § 58 Abs. 3 Satz 1 BDSG.

1. Mögliche Beeinträchtigung schutzwürdiger Interessen des Betroffenen (§ 37 Abs. 3 Satz 1 Nr. 1 GwG)

Vor einer Löschung ist stets zu prüfen, ob **schutzwürdige Interessen des Be- 9 troffenen** durch die Löschung beeinträchtigt werden könnten (beispielsweise, weil der Betroffene die Angaben später noch zu **Beweiszwecken** benötigen könnte[11]).

2. Erforderlichkeit der Daten für laufende Forschungsarbeiten (§ 37 Abs. 3 Satz 1 Nr. 2 GwG)

§ 37 Abs. 3 Satz 1 Nr. 2 GwG gibt vor, dass statt einer Löschung eine Verarbei- **10** tungseinschränkung der Daten erfolgen soll, wenn die Daten noch für **laufende Forschungsarbeiten** gebraucht werden. Die Vorschrift soll verhindern, dass bereits laufende Untersuchungen der Zentralstelle wegen einer eigentlich vorzunehmenden Datenlöschung eingestellt werden müssen.

3. Unverhältnismäßiger Löschungsaufwand (§ 37 Abs. 3 Satz 1 Nr. 3 GwG)

Auch wenn dieser Ausnahmetatbestand bei einer automatisierten Verarbeitung **11** und Speicherung von Daten eher selten einschlägig sein wird, kann eine Löschung von Daten auch dann unterbleiben, wenn diese wegen der besonderen Art der Speicherung nur mit **unverhältnismäßigem Aufwand** möglich wäre.

---

10 Gesetzesbegründung, BT-Drs. 18/11555, S. 152.

11 Entsprechend zur vergleichbaren Regelung des § 32 BKAG: *Ruthig,* in: Schenke/Graulich/Ruthig, Sicherheitsrecht des Bundes, 1. Aufl. 2014, § 32 BKAG Rn. 11.

V. Zulässige Verarbeitung gesperrter Daten (§ 37 Abs. 3 Satz 2 und 3 GwG)

12   Daten, die aufgrund § 37 Abs. 2 Satz 1 GwG nicht gelöscht, sondern nur gesperrt wurden, dürfen nur für den Zweck verarbeitet werden, für den die Löschung unterblieben ist. Darüber hinaus dürfen sie auch dann verarbeitet werden, soweit dies zur Durchführung eines laufenden Strafverfahrens unerlässlich ist oder der Betroffene in eine Verarbeitung eingewilligt hat.

VI. Pflicht zur Prüfung des Datenbestands, Prüffristen und Fristbeginn (§ 37 Abs. 4 und 5 GwG)

13   § 37 GwG schreibt der Zentralstelle **keine fortlaufende Überprüfung** ihres Datenbestands auf eine mögliche Verpflichtung zur Berichtigung, Löschung oder Sperrung von Daten hin vor. Die Zentralstelle ist vielmehr nur im Rahmen der **Einzelfallbearbeitung** und **nach Ablauf der in der jeweiligen Errichtungsanordnung gemäß § 39 GwG festgesetzten Fristen** (vgl. § 39 Abs. 1 Satz 1 Nr. 8 GwG) verpflichtet, zu prüfen, ob gespeicherte personenbezogene Daten zu berichtigen, zu löschen oder in der Verarbeitung einzuschränken sind. Die Regelung des Abs. 4 entspricht § 75 Abs. 4 BDSG.

14   Die **Maximalfrist** für die Überprüfung der gespeicherten Daten beträgt gemäß § 39 Abs. 1 Satz 2 GwG **fünf Jahre**. Die Frist **beginnt** gemäß § 37 Abs. 5 mit dem Tag, an dem die Zentralstelle für Finanztransaktionsuntersuchungen die **operative Analyse** nach § 30 GwG **abgeschlossen** hat. Die Berechnung der Frist richtet sich nach den allgemeinen Vorgaben des § 31 VwVfG und § 188 BGB.

VII. Überprüfung der Qualität personenbezogener Daten vor Übermittlung (§ 37 Abs. 6 GwG)

15   § 37 Abs. 6 GwG dient der Umsetzung von Art. 7 Abs. 2 der Richtlinie (EU) 2016/680.[12] Ähnliche Vorgaben finden sich in § 74 BDSG. Die Zentralstelle hat alle **angemessenen Maßnahmen** zu ergreifen, um zu gewährleisten, dass personenbezogene Daten, die unrichtig, unvollständig oder in der Verarbeitung eingeschränkt sind, **nicht übermittelt oder bereitgestellt werden**. Zu diesem Zweck überprüft die Zentralstelle, soweit durchführbar, die Qualität der personenbezogenen Daten vor ihrer Übermittlung oder Bereitstellung. Bei jeder Übermittlung personenbezogener Daten werden nach Möglichkeit die erforderlichen **Informationen** beigefügt, die es dem Empfänger gestatten, die Richtigkeit, die Voll-

---

12 Gesetzesbegründung, BT-Drs. 18/11555, S. 152.

ständigkeit und die Zuverlässigkeit der personenbezogenen Daten sowie deren Aktualitätsgrad zu beurteilen.

VIII. Benachrichtigungspflicht gegenüber dem Empfänger (§ 37 Abs. 7 GwG)

§ 37 Abs. 7 GwG statuiert eine **Benachrichtigungspflicht** der Zentralstelle gegenüber dem Empfänger personenbezogener Daten, wenn sie feststellt, dass unrichtige, zu löschende oder in der Verarbeitung einzuschränkende personenbezogene Daten übermittelt worden sind. Die Vorschrift entspricht § 58 Abs. 5 und § 75 Abs. 3 Satz 2 BDSG. Bei der Benachrichtigungspflicht handelt es sich um einen wesentlichen Bestandteil der **verfahrensrechtlichen Absicherung des Grundrechts des Betroffenen auf informationelle Selbstbestimmung.**[13] Die Benachrichtigung kann zum einen nach dem Gesetzeswortlaut unterbleiben, wenn **keine Anhaltspunkte** vorliegen, dass die Benachrichtigung zur **Wahrung schutzwürdiger Interessen des Betroffenen** erforderlich ist. Ferner kann eine Information des Empfängers auch dann unterbleiben, wenn die Benachrichtigung aufgrund des von der Zentralstelle zu betreibenden Aufwands **unverhältnismäßig** wäre. 16

---

13 Entsprechend zur vergleichbaren Regelung des § 32 BKAG: *Ruthig*, in: Schenke/Graulich/Ruthig, Sicherheitsrecht des Bundes, 1. Aufl. 2014, § 32 BKAG Rn. 28.

§ 38 Berichtigung, Einschränkung der Verarbeitung und Vernichtung personenbezogener Daten, die weder automatisiert verarbeitet werden noch in einer automatisierten Datei gespeichert sind

(1) Die Zentralstelle für Finanztransaktionsuntersuchungen hält in geeigneter Weise fest, wenn

1. sie feststellt, dass personenbezogene Daten, die weder automatisiert verarbeitet werden noch in einer automatisierten Datei gespeichert sind, unrichtig sind, oder

2. die Richtigkeit der personenbezogenen Daten, die weder automatisiert verarbeitet werden noch in einer automatisierten Datei gespeichert sind, von dem Betroffenen bestritten wird.

(2) Die Zentralstelle für Finanztransaktionsuntersuchungen schränkt die Verarbeitung personenbezogener Daten, die weder automatisiert verarbeitet werden noch in einer automatisierten Datei gespeichert sind, ein, wenn sie im Einzelfall feststellt, dass

1. ohne die Einschränkung der Verarbeitung schutzwürdige Interessen des Betroffenen beeinträchtigt würden und

2. die Daten für die Aufgabenerfüllung nicht mehr erforderlich sind.

Die personenbezogenen Daten sind auch dann in der Verarbeitung einzuschränken, wenn für sie eine Löschungsverpflichtung nach § 37 Absatz 2 besteht.

(3) Die Zentralstelle für Finanztransaktionsuntersuchungen vernichtet die Unterlagen mit personenbezogenen Daten entsprechend den Bestimmungen über die Aufbewahrung von Akten, wenn diese Unterlagen insgesamt zur Erfüllung der Aufgaben der Zentralstelle für Finanztransaktionsuntersuchungen nicht mehr erforderlich sind.

(4) Die Vernichtung unterbleibt, wenn

1. Anhaltspunkte vorliegen, dass anderenfalls schutzwürdige Interessen des Betroffenen beeinträchtigt würden, oder

2. die Daten für laufende Forschungsarbeiten benötigt werden.

In diesen Fällen schränkt die Zentralstelle für Finanztransaktionsuntersuchungen die Verarbeitung der Daten ein und versieht die Unterlagen mit einem Einschränkungsvermerk. Für die Einschränkung gilt § 37 Absatz 3 Satz 2 und 3 entsprechend.

(5) Anstelle der Vernichtung nach Absatz 3 Satz 1 sind die Unterlagen an das zuständige Archiv abzugeben, sofern diesen Unterlagen ein bleibender Wert nach § 3 des Bundesarchivgesetzes vom 10. März 2017 (BGBl. I S. 410), das zuletzt durch Artikel 1 des Gesetzes vom 9. April 2021 (BGBl. I S. 750) geändert worden ist, in der jeweils geltenden Fassung zukommt.

(6) Für den Fall, dass unrichtige, zu löschende oder in der Verarbeitung einzuschränkende personenbezogene Daten übermittelt worden sind, gilt § 37 Absatz 7 entsprechend.

Übersicht

I. Allgemeines

Während § 37 GwG die Berichtigung, Sperrung oder Vernichtung personenbezogener Daten, die von der Zentralstelle entweder **automatisiert verarbeitet** oder in einer **automatisierten Datei** gespeichert sind, regelt, sind in **§ 38 GwG** die Verfahrensvorschriften für personenbezogene Daten, die von der Zentralstelle **weder automatisiert verarbeitet noch in einer automatisierten Datei ge-** **1**

speichert sind, niedergelegt (zum Hintergrund der Vorschriften der §§ 37, 38 vgl. § 37 Rn. 1 ff.). Hierzu zählen **Akten** und **Aktensammlungen**, die nicht dem Begriff der automatisierten Datei unterfallen (→ § 37 Rn. 3), das heißt, die weder der Form nach gleichartig aufgebaute Sammlungen darstellen, noch nach bestimmten Merkmalen zugänglich und auswertbar sind.[1] Aufgrund der in der heutigen Zeit überwiegenden digitalen Verarbeitung von Daten dürfte die **Bedeutung** der Vorschrift in der Praxis gering sein. § 38 GwG wurde im Rahmen der Umsetzung der Fünften EU-Geldwäscherichtlinie in Deutschland[2] nicht verändert.

II. Pflicht zur Berichtigung von personenbezogenen Daten außerhalb von Dateien (§ 38 Abs. 1 GwG)

2 Da eine Akte dem Zweck dient, den Verfahrensablauf vom Anfang bis zum Ende zu dokumentieren, verbietet es der Grundsatz der Aktenvollständigkeit und Aktenklarheit, Angaben darin zu löschen oder so zu berichtigen, dass der ursprüngliche Text nicht mehr zu erkennen ist. Vor diesem Hintergrund verpflichtet § 38 Abs. 1 Satz 1 Nr. 1 GwG die Zentralstelle bei positiv festgestellter Unrichtigkeit einer Akte, die Unrichtigkeit in der Akte zu vermerken oder in sonstiger geeigneter Weise festzuhalten. Auch im Fall des Bestreitens der Richtigkeit der personenbezogenen Daten durch den Betroffenen ist dies in der Akte entsprechend zu vermerken (§ 38 Abs. 1 Satz 1 Nr. 2 GwG).

III. Pflicht zur Sperrung von personenbezogenen Daten außerhalb von Dateien (§ 38 Abs. 2 GwG)

3 Entsprechend dem Rechtsgedanken des § 58 Abs. 3 BDSG regelt § 38 Abs. 2 GwG die Pflicht der Zentralstelle zur Verarbeitungseinschränkung personenbezogener Daten in Akten.

1. Beeinträchtigung schutzwürdiger Interessen des Betroffenen (§ 38 Abs. 2 Satz 1 Nr. 1 GwG)

4 Die Zentralstelle hat die Akten zu sperren, wenn ohne eine Einschränkung der Verarbeitung **schutzwürdige Interessen des Betroffenen** beeinträchtigt würden

---

1 Gesetzesbegründung, BT-Drs. 18/11555, S. 153 f.
2 Gesetz zur Umsetzung der Änderungsrichtlinie zur Vierten EU-Geldwäscherichtlinie (Richtlinie (EU) 2018/843) v. 12.12.2019, BGBl. I 2019, S. 2602.

(beispielsweise, weil der Betroffene die Angaben später noch zu **Beweiszwecken** benötigen könnte[3]).

2. Wegfall der Erforderlichkeit der Datenspeicherung (§ 38 Abs. 2 Satz 1 Nr. 2 GwG)

Der Wegfall der **Erforderlichkeit** umfasst nicht nur die Situation, dass sich die Aufgabe, zu deren Erfüllung sie gespeichert wurden, endgültig erledigt hat, sondern auch den Fall, dass es keinerlei Anhaltspunkte dafür gibt, dass die Daten in Zukunft noch praktische Bedeutung für die Arbeit der Zentralstelle haben werden.[4]   5

3. Unzulässige Datenspeicherung (§ 38 Abs. 2 Satz 2 i.V.m. § 37 Abs. 2 GwG)

Gem. § 38 Abs. 2 Satz 2 GwG sind die in Akten gespeicherten personenbezogenen Daten auch dann in der Verarbeitung einzuschränken, wenn für sie eine Löschungsverpflichtung nach § 37 Abs. 2 GwG besteht. Mit dem Verweis auf § 37 Abs. 2 GwG ist über die in § 38 Abs. 2 Satz Nr. 1 und 2 GwG geregelten Fälle der Fall abgedeckt, dass die Daten **unzulässigerweise** gespeichert wurden. Hiervon ist dann auszugehen, wenn die Speicherung nicht durch eine entsprechende Rechtsnorm oder eine Einwilligung des Betroffenen gedeckt ist.   6

IV. Pflicht zur Vernichtung von Unterlagen mit personenbezogenen Daten (§ 38 Abs. 3 GwG)

Gemäß § 38 Abs. 3 GwG sind die personenbezogenen Daten von der Zentralstelle entsprechend den Bestimmungen über die Aufbewahrung von Akten zu vernichten, wenn diese Unterlagen insgesamt zur Erfüllung der Aufgaben der Zentralstelle nicht mehr erforderlich sind. Mit Bestimmungen über die Aufbewahrung von Akten sind laut Gesetzesbegründung die diesbezüglichen Bestimmungen der Bundesfinanzverwaltung[5] gemeint. Eine Akte ist erst dann zur Erfüllung der Aufgaben der Zentralstelle insgesamt nicht mehr erforderlich, wenn sie nicht einmal mehr für eine Dokumentation beispielsweise von Angaben zur Tat, der   7

---

3 Entsprechend zur vergleichbaren Regelung des § 32 BKAG: *Ruthig*, in: Schenke/Graulich/Ruthig, Sicherheitsrecht des Bundes, 1. Aufl. 2014, § 32 BKAG Rn. 11.

4 BVerwG, NJW 1994, 2499.

5 „Bestimmungen über Aufbewahren und Aussondern von Unterlagen der Finanzverwaltung (AufbewBest-FV)", BMF v. 1.6.2011, BStBl. I 2011, S. 632.

beteiligten Instanzen, getroffener Entscheidungen etc. benötigt wird.[6] **Vor einer endgültigen Vernichtung** ist zu prüfen, ob nicht aus den in § 38 Abs. 4 GwG aufgezählten Gründen statt einer Vernichtung eine **Verarbeitungseinschränkung** gemäß § 38 Abs. 4 GwG in Betracht zu ziehen ist oder die Unterlagen gemäß § 38 Abs. 5 GwG **an das zuständige Archiv abzugeben sind**.

V. Ausnahmen von der Vernichtungspflicht nach § 38 Abs. 3 Satz 1 GwG (§ 38 Abs. 4 Satz 1 und 2 GwG)

8   § 38 Abs. 4 Satz 1 GwG bestimmt zwei Ausnahmetatbestände von der grundsätzlichen Vernichtungspflicht. Nach § 38 Abs. 4 Satz 2 GwG sind Daten, die den Ausnahmetatbeständen unterliegen, mit einem Einschränkungsvermerk zu versehen.

1. Beeinträchtigung schutzwürdiger Interessen des Betroffenen (§ 38 Abs. 4 Satz 1 Nr. 1 GwG)

9   Vor einer Vernichtung ist stets zu prüfen, ob **schutzwürdige Interessen des Betroffenen** durch die Vernichtung beeinträchtigt werden könnten (beispielsweise, weil der Betroffene die Angaben später noch zu **Beweiszwecken** benötigen könnte[7]).

2. Erforderlichkeit der Daten für laufende Forschungsarbeiten (§ 38 Abs. 4 Satz 1 Nr. 2 GwG)

10   § 38 Abs. 4 Satz 1 Nr. 2 GwG gibt vor, dass statt einer Löschung eine Verarbeitungseinschränkung der Daten erfolgen soll, wenn die Daten noch für **laufende Forschungsarbeiten** gebraucht werden. Die Vorschrift soll verhindern, dass bereits laufende Untersuchungen der Zentralstelle wegen einer eigentlich vorzunehmenden Datenvernichtung eingestellt werden müssen.

---

6 Entsprechend zur vergleichbaren Regelung des § 33 BKAG: *Ruthig*, in: Schenke/Graulich/Ruthig, Sicherheitsrecht des Bundes, 1. Aufl. 2014, § 33 BKAG Rn. 10.

7 Entsprechend zur vergleichbaren Regelung des § 32 BKAG: *Ruthig*, in: Schenke/Graulich/Ruthig, Sicherheitsrecht des Bundes, 1. Aufl. 2014, § 32 BKAG Rn. 11.

VI. Zulässige Verarbeitung gemäß § 38 Abs. 3 Satz 1 GwG gesperrter Daten (§ 38 Abs. 4 Satz 3 i.V.m. § 37 Abs. 3 Satz 2 und 3 GwG)

Daten, die aufgrund § 38 Abs. 4 Satz 1 GwG nicht vernichtet, sondern nur in **11** ihrer Verarbeitung eingeschränkt wurden, dürfen gemäß § 38 Abs. 4 Satz 3 i.V.m. § 37 Abs. 3 Satz 2 und 3 GwG nur für den **Zweck** verarbeitet werden, für den die Vernichtung unterblieben ist. Darüber hinaus dürfen sie auch dann verarbeitet werden, soweit dies zur **Durchführung eines laufenden Strafverfahrens** unerlässlich ist oder der Betroffene in eine Verarbeitung **eingewilligt** hat.

VII. Unterlagen mit bleibendem Wert (§ 38 Abs. 5 GwG)

Gemäß § 38 Abs. 5 GwG sind Unterlagen anstelle der Vernichtung nach § 38 **12** Abs. 3 Satz 1 GwG an das zuständige Archiv abzugeben, sofern diesen Unterlagen ein bleibender Wert nach § 3 des Bundesarchivgesetzes (BArchG) in der jeweils geltenden Fassung zukommt. Als **Unterlagen von bleibendem Wert** sind gemäß § 1 Nr. 10 BArchG Unterlagen anzusehen, denen a) insbesondere wegen ihrer politischen, rechtlichen, wirtschaftlichen, sozialen oder kulturellen Inhalte besondere Bedeutung zukommt aa) für die Erforschung und das Verständnis von Geschichte und Gegenwart, auch im Hinblick auf künftige Entwicklungen, bb) für die Sicherung berechtigter Interessen der Bürger und Bürgerinnen oder cc) für die Gesetzgebung, vollziehende Gewalt oder Rechtsprechung, oder die b) die nach einer Rechtsvorschrift oder Vereinbarung dauerhaft aufzubewahren sind. Mit der Regelung in § 38 Abs. 5 GwG wird der Zweck verfolgt, dass Unterlagen mit bleibendem Wert erhalten bleiben. Die Unterlagen sind dem Bundesarchiv anzubieten, welches die Entscheidung, ob ein solcher bleibender Wert vorliegt, im Benehmen mit der anbietenden Zentralstelle trifft (§ 3 Abs. 2 Satz 2 BArchG).

VIII. Benachrichtigungspflicht gegenüber dem Empfänger (§ 38 Abs. 6 i.V.m. § 37 Abs. 7 GwG)

§ 38 Abs. 6 GwG bestimmt die entsprechende Geltung von § 37 Abs. 7 GwG **13** und statuiert damit eine **Benachrichtigungspflicht** der Zentralstelle gegenüber dem Empfänger personenbezogener Daten in Akten, wenn sie feststellt, dass unrichtige, zu vernichtende oder in der Verarbeitung einzuschränkende personenbezogene Daten übermittelt worden sind. Bei der Benachrichtigungspflicht handelt es sich um einen wesentlichen Bestandteil der **verfahrensrechtlichen Absicherung des Grundrechts des Betroffenen auf informationelle Selbstbe-**

stimmung.[8] Die Benachrichtigung kann zum einen nach dem Gesetzeswortlaut unterbleiben, wenn **keine Anhaltspunkte** vorliegen, dass die Benachrichtigung zur **Wahrung schutzwürdiger Interessen des Betroffenen** erforderlich ist. Ferner kann eine Information des Empfängers auch dann unterbleiben, wenn die Benachrichtigung aufgrund des von der Zentralstelle zu betreibenden Aufwands **unverhältnismäßig** wäre.

---

8 Entsprechend zur vergleichbaren Regelung des § 32 BKAG: *Ruthig*, in: Schenke/Graulich/Ruthig, Sicherheitsrecht des Bundes, 1. Aufl. 2014, § 32 BKAG Rn. 28.

§ 38a Protokollierung von Informationsersuchen, Statistik, Verordnungsermächtigung

(1) Die Zentralstelle für Finanztransaktionsuntersuchungen protokolliert Ersuchen um Auskunft in den Fällen des § 32 Absatz 3a, des § 32a, des § 33 Absatz 2 Satz 3 Halbsatz 2 sowie in den Fällen des § 31, wenn die Zentralstelle für Finanztransaktionsuntersuchungen Daten bei der inländischen benannten Behörde im Sinne des Artikels 3 Absatz 2 der Richtlinie (EU) 2019/1153 erhebt.

(2) Die Protokolle enthalten mindestens folgende Angaben:

1. Die Bezeichnung und Kontaktdaten derjenigen Behörde sowie den Namen derjenigen Person, die das Ersuchen an die Zentralstelle für Finanztransaktionsuntersuchungen gerichtet hat sowie – sofern bekannt – den Namen derjenigen Person, die das Ergebnis des Ersuchens empfängt;

2. das Aktenzeichen des nationalen Falles, hinsichtlich dessen das Ersuchen an die Zentralstelle für Finanztransaktionsuntersuchungen gerichtet wird;

3. den Gegenstand des Ersuchens und

4. alle Maßnahmen, die getroffen werden, um dem Ersuchen nachzukommen.

(3) Die Protokolle werden über einen Zeitraum von fünf Jahren nach ihrer Erstellung zugriffsgeschützt aufbewahrt. Sie dienen ausschließlich dem Zweck der Datenschutzkontrolle. Die Zentralstelle für Finanztransaktionsuntersuchungen stellt auf Anforderung der oder dem Bundesbeauftragten für den Datenschutz und die Informationssicherheit alle erforderlichen Protokolle zur Verfügung. Nach Ablauf der Aufbewahrungsfrist sind die Protokolle unverzüglich zu löschen, sofern sie nicht für laufende Kontrollverfahren erforderlich sind.

(4) Die Zentralstelle für Finanztransaktionsuntersuchungen führt eine Statistik über Ersuchen um Auskunft in den Fällen des § 33 Absatz 2 Satz 3 Halbsatz 2. Sie erhebt hierfür die Zahl der Ersuchen sowie die Reaktionszeit sowie nach Möglichkeit die Kosten der Bearbeitung der Ersuchen und stellt die Daten dem Bundesministerium der Finanzen zur Verfügung. Das Bundesministerium der Finanzen wird ermächtigt, durch Rechtsverordnung, die nicht der Zustimmung des Bundesrates bedarf, das Nähere zu den zu erhebenden Daten, deren Aufbereitung, Auswertung und Bereitstellung zu regeln.

Übersicht

I. Allgemeines

1 Der mit dem Transparenzregister- und Finanzinformationsgesetz[1] neu in das GwG eingefügte § 38a GwG dient der Umsetzung der Art. 17 und 19 Abs. 1 und 3 der EU-Finanzinformationsrichtlinie.[2]

II. Protokollierungspflicht (§ 38a Abs. 1 GwG)

2 Die Zentralstelle für Finanztransaktionsuntersuchungen hat gemäß § 38a Abs. 1 GwG **jedes Auskunftsersuchen** in den Fällen des

– § 32 Abs. 3a GwG (Ersuchen inländischer öffentlicher Stellen),
– § 32a GwG (Ersuchen von Europol),
– § 33 Abs. 2 Satz 3 Halbs. 2 GwG (Anfragen der Zentralstellen anderer EU-Mitgliedstaaten auf Finanzinformationen oder Finanzanalysen, die im Zusammenhang mit Terrorismus oder mit organisierter Kriminalität mit Bezug zu Terrorismus von Belang sein können) und
– § 31 (Eigene Ersuchen der Zentralstelle an inländische öffentliche Stellen) zu **protokollieren**.

---

1 Gesetz zur europäischen Vernetzung der Transparenzregister und zur Umsetzung der Richtlinie 2019/1153 des Europäischen Parlaments und des Rates vom 20. Juni 2019 zur Nutzung von Finanzinformationen für die Bekämpfung von Geldwäsche, Terrorismusfinanzierung und sonstigen schweren Straftaten (Transparenzregister- und Finanzinformationsgesetz) v. 25.6.2021, BGBl. I 2021, S. 2083.
2 Richtlinie (EU) 2019/1153 des Europäischen Parlaments und des Rates zur Festlegung von Vorschriften zur Erleichterung der Nutzung von Finanz- und sonstigen Informationen für die Verhütung, Aufdeckung, Untersuchung oder Verfolgung bestimmter Straftaten und zur Aufhebung des Beschlusses 2000/642/JI des Rates (EU-Finanzinformationsrichtlinie) v. 20.6.2019, ABl. L 186 v. 11.7.2019, S. 122–137.

III. Mindestvorgaben bezüglich des Protokollinhalts (§ 38a Abs. 2 GwG)

Die Protokollierungspflicht umfasst gemäß § 38a Abs. 2 GwG **mindestens folgende Angaben**:   3

- Die Bezeichnung und Kontaktdaten derjenigen Behörde sowie den Namen derjenigen Person, die das Ersuchen an die Zentralstelle für Finanztransaktionsuntersuchungen gerichtet hat sowie – sofern bekannt – den Namen derjenigen Person, die das Ergebnis des Ersuchens empfängt (§ 38a Abs. 2 Nummer 1 GwG);
- das Aktenzeichen des nationalen Falles, hinsichtlich dessen das Ersuchen an die Zentralstelle für Finanztransaktionsuntersuchungen gerichtet wird (§ 38a Abs. 2 Nummer 2 GwG);
- den Gegenstand des Ersuchens (§ 38a Abs. 2 Nummer 3 GwG) und
- alle Maßnahmen, die getroffen werden, um dem Ersuchen nachzukommen (§ 38a Abs. 2 Nummer 3 GwG).

Bei der Protokollierung von **Ersuchen aus dem Ausland** meint das „**nationale Aktenzeichen**" in § 38a Abs. 2 Nr. 2 GwG das Aktenzeichen der ausländischen ersuchenden Behörde.[3]   4

IV. Verwendungszweck der Protokolle (§ 38a Abs. 3 Satz 2 und 3 GwG)

Die Protokolle dürfen gemäß § 38a Abs. 3 Satz 2 GwG **ausschließlich** für Zwecke der **Datenschutzkontrolle (Überprüfung der Rechtmäßigkeit der Verarbeitung personenbezogener Daten)** verwendet werden. Ein sonstige Verwendung der Protokolle zu anderen Zwecken ist nicht vorgesehen. **Auf Anforderung** des Bundesbeauftragten für den Datenschutz und die Informationssicherheit hat die Zentralstelle für Finanztransaktionsuntersuchungen diesem **alle erforderlichen Protokolle** zur Verfügung zu stellen.   5

V. Aufbewahrungsfrist der Protokolle und Löschungspflicht (§ 38a Abs. 3 Satz 1 und 4 GwG)

Nach § 38a Abs. 3 Satz 1 und 4 GwG sind die Protokolle über einen Zeitraum von **fünf Jahren** ab dem Datum ihrer Erstellung zugriffsgeschützt aufzubewahren und nach Ablauf dieser Frist **unverzüglich** zu löschen. Eine **Verlängerung**   6

---

3 Gesetzesbegründung, BT-Drs. 19/28164, S. 56.

der Frist ist nur dann vorgesehen, wenn die Protokolle noch für laufende **Daten-schutzkontrollverfahren** benötigt werden.

VI. Verpflichtung zu statistischen Erhebungen (§ 38a Abs. 4 Satz 1 GwG)

7   § 38 Abs. 4 Satz 1 GwG setzt Art. 19 Abs. 1 und 3 der EU-Finanzinformations-richtlinie um. Die Zentralstelle für Finanztransaktionsuntersuchungen hat über **Anfragen der Zentralstellen anderer EU-Mitgliedstaaten auf Finanzinfor-mationen oder Finanzanalysen, die im Zusammenhang mit Terrorismus oder mit organisierter Kriminalität mit Bezug zu Terrorismus von Belang sein können (Fälle des § 33 Abs. 2 Satz 3 Halbs. 2 GwG), eine Statistik** zu führen. Sie hat hierfür die Zahl der Ersuchen sowie die Reaktionszeit und nach Möglichkeit die Kosten der Bearbeitung der Ersuchen zu erheben. Die statisti-schen Daten sind dem Bundesministerium der Finanzen zur Verfügung zu stel-len, damit dieses die Daten in die gemäß Art. 19 Abs. 1 der EU-Finanzinforma-tionsrichtlinie vorzunehmende Überprüfung der Wirksamkeit der in Deutsch-land bestehenden Systeme zur Bekämpfung schwerer Straftaten miteinbeziehen kann.

VII. Verordnungsermächtigung (§ 38a Abs. 4 Satz 2 GwG)

8   § 38a Abs. 4 Satz 2 GwG ermächtigt das Bundesministerium der Finanzen zum Erlass einer **Verordnung**, mit welcher das Ministerium zu gegebener Zeit auf den Erlass des EU-Kommissionprogrammes nach Art. 19 Abs. 2 der EU-Finanz-informationsrichtlinie, mit welchem u.a. die Statistikpflichten gemäß § 38 Abs. 4 Satz 1 GwG konkretisiert werden können, reagieren kann.[4]

---

4 Gesetzesbegründung, BT-Drs. 19/28164, S. 56.

§ 39 Errichtungsanordnung

(1) Die Zentralstelle für Finanztransaktionsuntersuchungen erlässt für jede automatisierte Datei mit personenbezogenen Daten, die sie zur Erfüllung ihrer Aufgaben führt, eine Errichtungsanordnung. Die Errichtungsanordnung bedarf der Zustimmung des Bundesministeriums der Finanzen. Vor Erlass einer Errichtungsanordnung ist die oder der Bundesbeauftragte für den Datenschutz und die Informationsfreiheit anzuhören.

(2) In der Errichtungsanordnung sind festzulegen:

1. die Bezeichnung der Datei,

2. die Rechtsgrundlage und Zweck der Verarbeitung,

3. der Personenkreis, über den Daten gespeichert werden,

4. die Art der zu speichernden personenbezogenen Daten,

5. die Arten der personenbezogenen Daten, die der Erschließung der Datei dienen,

6. die Anlieferung oder Eingabe der zu speichernden Daten,

7. die Voraussetzungen, unter denen in der Datei gespeicherte personenbezogene Daten an welche Empfänger und in welchem Verfahren übermittelt werden,

8. die Fristen für die Überprüfung der gespeicherten Daten und die Dauer der Speicherung,

9. die Protokollierung.

Die Fristen für die Überprüfung der gespeicherten Daten dürfen fünf Jahre nicht überschreiten. Diese richten sich nach dem Zweck der Speicherung sowie nach Art und Bedeutung des Sachverhalts, wobei nach dem Zweck der Speicherung sowie nach Art und Bedeutung des Sachverhalts zu unterscheiden ist.

(3) Ist im Hinblick auf die Dringlichkeit der Aufgabenerfüllung der Zentralstelle für Finanztransaktionsuntersuchungen eine Mitwirkung der in den Absatz 1 genannten Stellen nicht möglich, so kann die Generalzolldirektion eine Sofortanordnung treffen. Gleichzeitig unterrichtet die Generalzolldirektion das Bundesministerium der Finanzen und legt ihm die Sofortanordnung vor. Das Verfahren nach Absatz 1 ist unverzüglich nachzuholen.

(4) In angemessenen Abständen ist die Notwendigkeit der Weiterführung oder der Änderung der Errichtungsanordnung zu überprüfen.

Übersicht

I. Allgemeines

1 § 39 GwG regelt die Errichtungsanordnung. Die Errichtungsanordnung dient zum einen der **Eigenkontrolle** der Zentralstelle bezüglich des Vorliegens der gesetzlichen Voraussetzungen der Errichtung einer automatisierten Datei. Zum anderen soll die Errichtungsanordnung auch eine **Kontrolle** durch das **Bundesministerium der Finanzen (BMF)** als Fachaufsichtsbehörde (vgl. § 28 Abs. 2 GwG) und die/den **Bundesbeauftragte/n für den Datenschutz und die Informationssicherheit (BfDI) ermöglichen**. Die im Rahmen der Umsetzung der Vierten EU-Geldwäscherichtlinie in Deutschland[1] neu in das GwG eingefügte Regelung hat durch die Fünfte EU-Geldwäscherichtlinie keine Änderungen erfahren.

II. Verpflichtung zum Erlass der Errichtungsanordnung (§ 39 Abs. 1 Satz 1 GwG)

2 Nach § 39 Abs. 1 Satz 1 GwG ist die Zentralstelle für Finanztransaktionsuntersuchungen verpflichtet, für jede automatisierte Datei mit personenbezogenen Daten, die sie zur Erfüllung ihrer Aufgaben führt, eine Errichtungsanordnung zu erlassen. Die Errichtungsanordnung ist als **Verwaltungsvorschrift** einzuordnen.

III. Beim Erlass zu beteiligende Stellen (§ 39 Abs. 1 Satz 2 und 3 GwG)

3 Die Errichtungsanordnung bedarf der **Zustimmung des BMF** (§ 39 Abs. 1 Satz 2 GwG). Durch das Zustimmungserfordernis wird die Kontrolle durch die **Fach-**

---

1 Die Umsetzung erfolgte durch das Gesetz zur Umsetzung der Vierten EU-Geldwäscherichtlinie, zur Ausführung der EU-Geldtransferverordnung und zur Neuorganisation der Zentralstelle für Finanztransaktionsuntersuchungen, BGBl. I 2017, S. 1822; siehe hierzu ausführlich die Kommentierung zu § 33 GwG, Rn. 1 ff.

aufsichtsbehörde (vgl. § 28 Abs. 2 GwG) sichergestellt. Die Errichtungsanordnung als Voraussetzung für die Einrichtung einer automatisierten Datei kann nicht erlassen werden, wenn die Zustimmung des BMF nicht vorliegt (zum ausnahmsweisen Erlass einer Sofortanordnung durch die Generalzolldirektion in Eilfällen siehe § 39 Abs. 3 GwG, vgl. → Rn. 5). Neben dem BMF ist auch der/die **BfDI** vor Erlass einer Errichtungsanordnung anzuhören (zum ausnahmsweisen Erlass einer Sofortanordnung durch die Generalzolldirektion in Eilfällen: siehe unten Rn. 5 und § 39 Abs. 3 GwG). Die Zentralstelle ist jedoch nicht verpflichtet, die Stellungnahme der/des BfDI beim Erlass der Errichtungsanordnung zu berücksichtigen. Sofern wegen der **Dringlichkeit** der Aufgabenerfüllung die Zustimmung des BMF nicht vor Erlass der Errichtungsanordnung eingeholt bzw. die/der BfDI nicht vor Erlass der Anordnung gehört werden kann, kann von der Generalzolldirektion eine **Sofortanordnung** erlassen werden (siehe hierzu § 39 Abs. 3 GwG).

IV. Inhalt der Errichtungsanordnung (§ 39 Abs. 2 GwG)

§ 39 Abs. 2 GwG regelt die **zwingend zu beachtenden Mindestanforderungen** 4
an den Inhalt der Errichtungsanordnung. Gemäß § 39 Abs. 2 Satz 1 Nr. 1 GwG muss eine eindeutige und vollständige **Dateibezeichnung** angegeben werden. Ebenso muss die **Rechtsgrundlage und der Zweck der Datenverarbeitung** ausgeführt werden (Nr. 2), um eine Überprüfung zu ermöglichen, ob die vorgesehene Speicherung und Verwendung der Daten überhaupt zulässig ist. Auch der Prüfung der Zulässigkeit mit Blick auf die Rechtsgrundlage gilt die **Angabe des Personenkreises, über den Daten gespeichert werden** (Nr. 3). Von entscheidender Bedeutung für die Prüfung der Zulässigkeit der Datenspeicherung ist auch die genaue **Angabe der personenbezogenen Daten, die in der Datei gespeichert werden sollen**, und der **personenbezogenen Daten, die der Auswertung der Datei dienen** (Nr. 4 und 5). Ferner muss in der Errichtungsanordnung auch angegeben werden, **welche Stellen Daten für die Datei anliefern und in die Datei eingeben dürfen** (Nr. 6). Auch ist zu regeln, an welche **Empfänger**, in welchem **Verfahren** und unter welchen **Voraussetzungen** in der Datei gespeicherte personenbezogene Daten **übermittelt** werden dürfen (Nr. 7). Schließlich sind auch die **Prüffristen** für die Daten, die **zulässige Speicherdauer** und die Maßnahmen zur **Protokollierung** festzulegen (Nr. 8 und 9). Für die Protokollierung in automatisierten Verarbeitungssystemen verlangt § 76 BDSG, dass zumindest die Erhebung, Veränderung, Abfrage, Offenlegung (einschließlich Übermittlung), Kombination und Löschung zu protokollieren sind.

V. Sonderregelung zu § 39 Abs. 1 GwG für eilbedürftige Fälle (§ 39 Abs. 3 GwG)

5   § 39 Abs. 3 GwG beinhaltet eine Ausnahmeregelung für besonders dringliche Fälle. Sofern die für den Erlass einer Errichtungsanordnung gemäß § 39 Abs. 1 GwG vorgeschriebene Zustimmung des BMF oder die Stellungnahme des/der BfDI wegen der Dringlichkeit der Aufgabenerfüllung der Zentralstelle nicht vor Erlass der Errichtungsanordnung eingeholt werden kann, kann die Generalzolldirektion eine Sofortanordnung treffen. Das Bundesministerium der Finanzen ist hierüber von der Generalzolldirektion zu informieren. Das Verfahren nach § 39 Abs. 1 GwG ist ohne schuldhaftes Zögern nachzuholen.

VI. Überprüfungspflichten (§ 39 Abs. 4 GwG)

6   Dem zeitlichen Übermaßverbot Rechnung tragend dehnt § 39 Abs. 4 GwG die für einzelne, in einer automatisierten Datei gespeicherten personenbezogenen Daten bereits normierte **Pflicht zur Prüfung auf Berichtigung oder Löschung** auf die **automatisierte Datei** selbst aus. Die Angemessenheit der zeitlichen Abstände bestimmt sich dabei insbesondere aus dem **Zweck** der Verarbeitung und der **Art** der gespeicherten personenbezogenen Daten.

§ 40 Sofortmaßnahmen

(1) Liegen der Zentralstelle für Finanztransaktionsuntersuchungen Anhaltspunkte dafür vor, dass eine Transaktion im Zusammenhang mit Geldwäsche steht oder der Terrorismusfinanzierung dient, oder erhält sie eine Meldung nach Artikel 23 Absatz 2 der Verordnung (EU) 2017/1509 des Rates vom 30. August 2017 über restriktive Maßnahmen gegen die Demokratische Volksrepublik Korea, so kann sie die Durchführung der Transaktion untersagen, um den Anhaltspunkten nachzugehen und die Transaktion zu analysieren. Außerdem kann sie unter den Voraussetzungen des Satzes 1

1. einem Verpflichteten nach § 2 Absatz 1 Nummer 1 bis 3 untersagen,

   a) Verfügungen von einem bei ihm geführten Konto oder Depot auszuführen und

   b) sonstige Finanztransaktionen durchzuführen,

2. einen Verpflichteten nach § 2 Absatz 1 Nummer 1 anweisen, dem Vertragspartner und allen sonstigen Verfügungsberechtigten den Zugang zu einem Schließfach zu verweigern, oder

3. gegenüber einem Verpflichteten anderweitige Anordnungen in Bezug auf eine Transaktion treffen.

(2) Maßnahmen nach Absatz 1 können von der Zentralstelle für Finanztransaktionsuntersuchungen aufgrund des Ersuchens einer zentralen Meldestelle eines anderen Staates getroffen werden. Ein Ersuchen hat die Angaben entsprechend § 35 Absatz 3 zu enthalten. Die Zentralstelle für Finanztransaktionsuntersuchungen soll die Gründe für die Ablehnung eines Ersuchens angemessen darlegen.

(3) Maßnahmen nach Absatz 1 werden von der Zentralstelle für Finanztransaktionsuntersuchungen aufgehoben, sobald oder soweit die Voraussetzungen für die Maßnahmen nicht mehr vorliegen.

(4) Maßnahmen nach Absatz 1 enden

1. spätestens mit Ablauf eines Monats nach Anordnung der Maßnahmen durch die Zentralstelle für Finanztransaktionsuntersuchungen,

2. mit Ablauf des fünften Werktages nach Abgabe des Sachverhalts an die zuständige Strafverfolgungsbehörde, wobei der Samstag nicht als Werktag gilt, oder

3. zu einem früheren Zeitpunkt, wenn ein solcher von der Zentralstelle für Finanztransaktionsuntersuchungen festgelegt wurde.

(5) Die Zentralstelle für Finanztransaktionsuntersuchungen kann Vermögensgegenstände, die einer Maßnahme nach Absatz 1 Satz 2 unterliegen,

**auf Antrag der betroffenen Person oder einer nichtrechtsfähigen Personen-
vereinigung freigeben, soweit diese Vermögensgegenstände einem der folgenden Zwecke dienen:**

**1. der Deckung des notwendigen Lebensunterhalts der Person oder ihrer
Familienmitglieder,**

**2. der Bezahlung von Versorgungsleistungen oder Unterhaltsleistungen
oder**

3. vergleichbaren Zwecken.

**(6) Gegen Maßnahmen nach Absatz 1 kann der Verpflichtete oder ein ande-
rer Beschwerter Widerspruch erheben. Der Widerspruch hat keine aufschiebende Wirkung.**

Schrifttum: *Al-Jumaili*, Stationen im Kampf gegen die Terrorismusfinanzierung – New
York – Brüssel – Berlin, NJOZ 2008, 188; *Brian/Frey/Krais*, Umsetzung der Fünften Geldwäsche-Richtlinie in Deutschland, CCZ 2019, 245; *Bussmann/Veljovic*, Die hybride strafrechtliche Verfolgung der Geldwäsche – Schlussfolgerungen aus den Ergebnissen einer
bundesweiten Studie, NZWiSt 2020, 417; *Fischer*, StGB, 68. Aufl. 2021; *Gazeas*, Das
neue Geldwäsche-Strafrecht: Weitreichende Folgen für die Praxis, NJW 2021, 1041; *Hütwohl*, Die Zentralstelle für Finanztransaktionsuntersuchungen (FIU) – Bekämpfung der
Geldwäsche und Terrorismusfinanzierung nach dem neu gefassten Geldwäschegesetz, ZIS
2017, 680; *Köhler/Burkhard*, Die Reform der strafrechtlichen Vermögensabschöpfung –
Teil 2/2, NStZ 2017, 665; *Köllner/Mück*, Reform der strafrechtlichen Vermögensabschöpfung, NZI 2017, 593; *Trüg*, Die Reform der strafrechtlichen Vermögensabschöpfung, NJW
2017, 1913; *Schoch/Schneider/Bier* (Hrsg.), Verwaltungsgerichtsordnung, 36. EL Februar
2019; *Schröder/Blaue*, Die erste Richtlinie über die strafrechtliche Bekämpfung der Geldwäsche – Auswirkungen in Deutschland, NZWiSt 2019, 161; *Zentes/Glaab*, Änderungen
durch die GwG-Novelle zur Umsetzung der Fünften EU-Geldwäscherichtlinie und ihre
Auswirkungen auf die Verpflichteten, BB 2019, 1667.

Übersicht

I. Allgemeines

§ 40 GwG legt fest, welche **Sofortmaßnahmen** die Zentralstelle anordnen und **1** vornehmen darf, wenn eine Transaktion im Zusammenhang mit Geldwäsche oder Terrorismusfinanzierung[1] steht Überdies werden insbes. die Voraussetzungen für die Aufhebung (§ 40 Abs. 3 GwG) und den Ablauf (§ 40 Abs. 4 GwG) von Sofortmaßnahmen normiert. Schließlich werden die Freigabe von Vermögensgegenständen (§ 40 Abs. 5 GwG) sowie die Möglichkeit zur Einlegung eines Widerspruchs durch Verpflichtete oder andere Beschwerte (§ 40 Abs. 6 GwG) geregelt. § 40 GwG wird durch **Einzelfallentscheidungen** der FIU umgesetzt. Durch § 40 GwG werden der FIU wichtige und spezifische **Eingriffskompetenzen**[2] eingeräumt durch die Möglichkeit, den Verpflichteten die Verfügung über bemakelte Vermögenswerte und inkriminierte Gelder untersagen bzw. deren „Anhalten" anordnen zu dürfen. Hierbei handelt es sich um ein besonders starkes Instrument im Rahmen der Kompetenzen der Zentralstelle für Finanztransaktionsuntersuchungen als administrative Behörde (vgl. dazu → § 27 Rn. 1 ff.).

Die Regelungen zur Zentralstelle für Finanztransaktionsuntersuchungen in Ab- **2** schnitt 5 des GwG wurden durch das Gesetz zur Umsetzung der **Vierten EU-Geldwäscherichtlinie**, zur Ausführung der EU-Geldtransferverordnung und zur Neuorganisation der Zentralstelle für Finanztransaktionsuntersuchungen[3] vom 23.6.2017[4] vollständig überarbeitet (vgl. zu den Neuerungen durch die GwG-Novelle ausführlich unter → § 27 Rn. 1 ff.).[5] § 40 GwG setzt Art. 32 Abs. 7 Vierte EU-Geldwäscherichtlinie um, wonach die Mitgliedstaaten sicherstellen müssen, dass die Zentralstelle befugt ist, in Fällen des Verdachts von Geldwäsche oder der Terrorismusfinanzierung Sofortmaßnahmen zu ergreifen, um die Zustimmung zu einer laufenden Transaktion zu versagen oder auszusetzen.[6] Durch

---

1 Zur Legaldefinition der Begriffe „Geldwäsche" und „Terrorismusfinanzierung" vgl. § 1 Abs. 1, Abs. 2 GwG.
2 *Häberle*, in: Erbs/Kohlhaas, Strafrechtliche Nebengesetze, Stand: 224. EL Mai 2021, § 40 GwG Rn. 1.
3 Nachfolgend auch als „Zentralstelle" oder „FIU" bezeichnet.
4 BGBl. I Nr. 39, S. 1822 ff. (nachfolgend auch bezeichnet als „GwG-Novelle 2017").
5 BT-Drs. 18/11555, S. 136.
6 Richtlinie (EU) 2015/849 v. 20.5.2015, ABl. L 141/73; BT-Drs. 18/11555, S. 154.

das Gesetz zur Umsetzung der Änderungsrichtlinie zur **Vierten EU-Geld-wäscherichtlinie** vom 12.12.2019[7] wurde in § 40 Abs. 1 Satz 1 GwG ergänzend die Befugnis der FIU aufgenommen, bei dem Eingang **proliferationsrelevanter Verdachtsmeldungen** im Zusammenhang mit der Umsetzung der EU VO 2017/1509 gegen die Demokratische Volksrepublik Nordkorea (**DPRK-VO**),[8] Sofort-maßnahmen einleiten zu dürfen.[9] Hierdurch wird der Regelung in Art. 23 Abs. 2 EU VO 2017/1509 Rechnung getragen, wonach entsprechende Verdachtsmel-dungen an die FIU zu übermitteln sind.

3 Durch die Neufassung des Geldwäschetatbestands in § 261 StGB,[10] der keinen Vortatenkatalog mehr enthält, können Sofortmaßnahmen wegen des Verdachts der Geldwäsche nunmehr unter deutlich vereinfachten Voraussetzungen ergrif-fen werden. Es reicht danach aus, wenn Anhaltspunkte dafür vorliegen, dass die Transaktion in einem Zusammenhang mit irgendeiner rechtswidrigen Tat steht.[11] Dazu zählen auch die in § 261 Abs. 9 Nr. 1 und 2 StGB bezeichneten Auslands-taten. Inwieweit die gesetzliche Neuregelung zu einer signifikanten Zunahme von Sofortmaßnahmen führen wird, bleibt abzuwarten.

II. Mögliche Sofortmaßnahmen (§ 40 Abs. 1 GwG)

1. Anwendungsbereich

4 Nach § 40 Abs. 1 GwG kann die FIU dann bestimmte Sofortmaßnahmen zum „Anhalten" bzw. Untersagen einer Transaktion veranlassen, wenn ihr **Anhalts-punkte** dafür vorliegen, dass ein Zusammenhang der Transaktion mit Geld-wäsche oder Terrorismusfinanzierung besteht. Es bedarf demnach konkreter „Indizien"[12] für das Vorliegen einer Straftat. Anordnungen „ins Blaue hinein" sind unzulässig.[13] Die Eingriffsschwelle ist allerdings gegenüber dem strafpro-zessualem Anfangsverdacht nach § 152 StPO deutlich herabgesetzt.[14] Es gelten

---

7 BGBl. I 2019, S. 2602.

8 Verordnung (EU) 2017/1509 des Rates vom 30.8.2017 über restriktive Maßnahmen ge-gen die Demokratische Volksrepublik Korea und zur Aufhebung der Verordnung (EG) Nr. 329/2007.

9 Vgl. dazu zum Stand des Referentenentwurfs auch *Zentes/Glaab*, BB 2019, 1667, 1671.

10 BGBl. I 2021, S. 327; kritisch zur neuen Rechtslage wegen der erheblichen Auswei-tung des Tatbestands *Gazeas*, NJW 2021, 1041 m. w. N.

11 Vgl. zur früheren Rechtslage *Barreto da Rosa*, in: Herzog, GwG, GwG § 40 Rn. 8.

12 BT-Drs. 18/11555, S. 154.

13 *Barreto da Rosa*, in: Herzog, GwG, § 40 Rn 2.

14 BVerfG 2 BvR 1746/18 Rn. 59 bei juris, für die in § 43 GwG normierten Meldepflich-ten.

insoweit vielmehr die gleichen Kriterien wie für die in § 43 Abs. 1 GwG normierte Meldeverpflichtung (→ § 43 Rn. 21 ff.).

Durch das GwG vom 12.12.2019 wurde die zusätzliche Befugnis der FIU zu Sofortmaßnahmen in den Fällen eingeführt, in denen sie eine Meldung nach Art. 23 Abs. 2 der Verordnung (EU) 2017/1509 des Rates vom 30. August 2017 über **restriktive Maßnahmen gegen die Demokratische Volksrepublik Korea** (DPRK-VO) erhält. Der Begriff der Meldungen meint Verdachtsmeldungen zu Transaktionen, die der Beschaffung einer „proliferationsrelevanten Ware" dienen.[15] Art. 23 Abs. 1 lit. g DPRK-VO verpflichtet Kredit- und Finanzinstitute in Fällen, in denen sie Grund zu der Annahme haben, dass Transaktionen einen Bezug zur Proliferationsfinanzierung aufweisen dazu, Transaktionen erst dann durchzuführen, wenn sie eine Verdachtsmeldung an die FIU vorgenommen und etwaige Anweisungen der zuständigen FIU oder einer anderen zuständigen Behörde befolgt haben. Durch die Ergänzung von § 40 Abs. 1 Satz 1 GwG soll klargestellt werden, dass sog. „etwaige Anweisungen" der FIU auch Sofortmaßnahmen i. S. d. Art. 23 Abs. 1 lit. g DPRK-VO umfassen.[16] Danach kann die FIU in diesem Zusammenhang insbesondere gem. § 40 Abs. 1 Satz 1 GwG die Durchführung von Transaktionen untersagen, um den Anhaltspunkten nachzugehen und die Transaktion zu analysieren.[17] Zudem stehen der FIU die Maßnahmen des § 40 Abs. 1 Satz 2 GwG zur Verfügung, wenn die Voraussetzungen des § 40 Abs. 1 Satz 1 GwG vorliegen.[18]

5

Die Fälle des § 40 GwG sind **Eilfälle**, bei denen möglichst schnell weitere Maßnahmen eingeleitet werden müssen. Die Eilbedürftigkeit eines Sachverhalts ergibt sich daraus, dass Anhaltspunkte für einen akuten Fall der Geldwäsche bzw. Terrorismusfinanzierung vorliegen, die einen umgehenden und ggf. sofortigen Handlungsbedarf der Behörden und betroffenen Verpflichteten auslösen. Hierdurch soll einerseits sichergestellt werden, dass der Ermittlungserfolg nicht gefährdet und andererseits, durch weitergehende Befugnisse der FIU, ein Ermittlungserfolg überhaupt erst ermöglicht wird. **Weitere Maßnahmen**, die von der Zentralstelle in einem solchen Eilfall neben den Sofortmaßnahmen eingeleitet werden können, sind bspw. die Einschaltung von zusätzlichen Ermittlungsbehörden oder die Mitteilung des Sachverhalts an Strafverfolgungsbehörden.

6

Die Anordnung von Sofortmaßnahmen nach § 40 Abs. 1 GwG dient dazu, die Arbeit der Strafverfolgungs- und Ermittlungsbehörden zu flankieren und zu unterstützen. Überdies soll durch schnelles Handeln der FIU der Abfluss von Geldern und Vermögenswerten durch Barabhebungen oder Transferieren von Geldern in das Ausland verhindert werden. Welche Sofortmaßnahmen im Einzelfall

7

---

15 BT-Drs. 352/19, S. 108.
16 BT-Drs. 352/19, S. 108.
17 BT-Drs. 352/19, S. 108.
18 BT-Drs. 352/19, S. 108.

angemessen sind, entscheidet die Zentralstelle selbstständig. Die FIU kann Sofortmaßnahmen veranlassen, auch wenn sie die operative Analyse nach § 30 Abs. 2 GwG noch nicht durchgeführt hat.[19] Aufgrund von Eilbedürftigkeit kann sie vielmehr bereits auf Grundlage einer ersten Sachverhaltsbewertung eine Sofortmaßnahme anordnen.[20] Sie ist jedoch daneben auch weiterhin befugt, eine operative Analyse vorzunehmen und entscheidet darüber im Rahmen ihres **pflichtgemäßen Ermessens**.[21] Sofortmaßnahmen sind **Einzelfallentscheidungen**, die unabhängig von der Höhe einer Transaktion getroffen werden.[22]

8 In der Praxis können Sofortmaßnahmen gem. § 40 Abs. 4 Nr. 1 GwG bis zu einen Monat **andauern**. Während dieser Zeit darf der Verpflichtete den betroffenen Kunden nicht über die Gründe bspw. für das Anhalten einer Transaktion informieren. In der Literatur wird daher teilweise die Festlegung einer zeitlichen Frist von 72 Stunden analog zu § 46 Abs. 1 Nr. 2 GwG gefordert, nach deren Ablauf der Verpflichtete den betroffenen Kunden (bzw. den verwaltungsrechtlich Beschwerten) über die Maßnahme der FIU informieren darf.[23]

9 Die Anwendung von Sofortmaßnahmen erfolgt nach dem **Verwaltungsverfahrensgesetz** (VwVfG).[24] Daher hat grundsätzlich auch eine **Anhörung** des Betroffenen zu erfolgen. Allerdings prüft die Zentralstelle in jedem Fall, ob nach § 28 Abs. 2 VwVfG von einer Anhörung abgesehen werden kann, um das Verfahren nicht zu gefährden. Eine Anhörung unterbleibt, wenn ihr nach § 28 Abs. 3 VwVfG ein **zwingendes öffentliches Interesse** entgegensteht. Ein zwingendes öffentliches Interesse kann in der wirksamen Bekämpfung von Geldwäsche und Terrorismusfinanzierung gesehen werden.[25] Durch eine Anhörung würde der Betroffene auf das Verfahren aufmerksam und hätte dann die Möglichkeit, z. B. während der Anhörungsfrist sämtliche Gelder von seinem Konto abzuheben oder das Schließfach zu leeren.[26] Weiterhin sind die **Formvorschriften**[27] des § 37 VwVfG zu beachten, wonach ein Verwaltungsakt u. a. inhaltlich hinreichend bestimmt sein muss (§ 37 Abs. 1 VwVfG) und schriftlich, elektronisch, mündlich oder in anderer Weise erlassen werden kann (§ 37 Abs. 2 Satz 1 VwVfG).

---

19 BT-Drs. 19/3818, zu Frage 3 i).
20 BT-Drs. 18/11555, S. 154.
21 BT-Drs. 19/3818, zu Frage 3.
22 BT-Drs. 19/3818, zu Frage 3 j).
23 *Brian/Frey/Krais*, CCZ 2019, 245, 258.
24 BT-Drs. 18/11555, S. 154; vgl. zu den Einzelheiten VG Köln, Beschl. v. 17.5.2019, 14 L 1066/19.
25 Vgl. VG Köln, Beschl. v. 17.5.2019, 14 L 1066/19, BeckRS 2019, 10996, Rn. 5.
26 BT-Drs. 18/11555, S. 154.
27 Vgl. dazu auch *Barreto da Rosa*, in: Herzog, GwG, § 40 Rn. 4.

Mögliche **Sofortmaßnahmen** gem. § 40 Abs. 1 Satz 2 GwG sind: **10**

- einem Verpflichteten nach § 2 Abs. 1 Nr. 1–3 GwG (d.h. insbes. Kreditinstitute, Finanzdienstleistungsinstitute, Zahlungsinstitute, E-Geldinstitute) zu **untersagen**,
- **Verfügungen** von einem bei ihm geführten Konto oder Depot auszuführen (§ 40 Abs. 1 Satz 2 Nr. 1 lit. a GwG) und
- **sonstige Finanztransaktionen** (siehe unten → Rn. 11) durchzuführen (§ 40 Abs. 1 Satz 2 Nr. 1 lit. b GwG),
- einen Verpflichteten nach § 2 Abs. 1 Nr. 1 GwG (d.h. Kreditinstitute) **anzuweisen**, dem Vertragspartner und allen sonstigen Verfügungsberechtigten den **Zugang zu einem Schließfach zu verweigern** (§ 40 Abs. 1 Satz 2 Nr. 2 GwG), oder
- gegenüber einem Verpflichteten **anderweitige Anordnungen in Bezug auf eine Transaktion** (siehe unten → Rn. 12) treffen (§ 40 Abs. 1 Satz 2 Nr. 3 GwG).

2. Begrifflichkeiten (§ 40 Abs. 1 GwG)

Nachfolgend werden wesentliche, in § 40 Abs. 1 GwG verwendete Rechtsbegriffe erläutert.   **11**

a) Sonstige Finanztransaktionen (§ 40 Abs. 1 Satz 2 Nr. 1 lit. b GwG)

Der Begriff der sonstigen Finanztransaktionen gem. § 40 Abs. 1 Satz 2 Nr. 1 lit.   **12**
b GwG bezieht sich auf den Begriff der **Transaktion**,[28] der in § 1 Abs. 5 GwG legaldefiniert ist (siehe dazu auch → § 1 Rn. 59 ff.). Als Beispiel für sog. sonstige Finanztransaktionen nennt der Gesetzgeber die „Vornahme einer Überweisung nach Bareinzahlung durch den Betroffenen".[29]

b) Anderweitige Anordnungen in Bezug auf eine Transaktion
(§ 40 Abs. 1 Satz 2 Nr. 3 GwG)

Anwendungsfälle für sog. **anderweitige Anordnungen** in Bezug auf eine Transaktion gem. § 40 Abs. 1 Satz 2 Nr. 3 GwG können z.B. darin liegen, „einen Gegenstand (z.B. Auto) nicht zu übertragen oder die Auszahlung einer Lebensversicherung durch das Versicherungsunternehmen zu untersagen".[30]   **13**

---

28 Vgl. zur insofern vergleichbaren Regelung des § 6a Abs. 3 KWG: *Schwennicke*, in: Schwennicke/Auerbach, KWG, 3. Aufl. 2016, § 6a Rn. 7.
29 BT-Drs. 18/11555, S. 154.
30 BT-Drs. 18/11555, S. 154.

3. Überblick zu den Fallzahlen

14   Die praktische Bedeutung der von der FIU getroffenen Sofortmaßnahmen erscheint entgegen der damit verbundenen Erwartung des Gesetzgebers[31] bisher eher gering. So erließ die FIU im Jahr 2020 lediglich in 14 Fällen Sofortmaßnahmen, davon 6 auf Ersuchen ausländischer Zentralstellen. Diese Maßnahmen betrafen ein Gesamtvolumen von 1,4 Mio. EUR. In insgesamt 8 Fällen wurde der Sachverhalt an die Ermittlungsbehörden weitergegeben.[32] Für das Berichtsjahr 2019 verzeichnete die FIU 19 Sofortmaßnahmen mit einem Gesamtvolumen von 364 Mio. EUR, wobei das gegenüber dem Berichtszeitraum 2020 deutlich höhere Volumen auf eine Maßnahme zurückzuführen ist, die einen außergewöhnlich hohen Betrag betraf.[33]

15   Eine nähere Aufschlüsselung der von der FIU nach § 40 GwG insgesamt getroffenen Maßnahmen ergibt sich teilweise für die Jahre 2017 und 2018. So hatte die FIU im Zeitraum vom 26.6. bis 31.12 2017 in insgesamt 19 Fällen Untersagungsverfügungen nach § 40 Abs. 1 Satz 2 Nr. 1 lit. a GwG getroffen. Für den Berichtszeitraum 1.1. bis 29.7.2018 wurde eine entsprechende Verfügung in lediglich 5 Fällen erlassen.[34] Eine Untersagung sonstiger **Finanztransaktionen** (§ 40 Abs. 1 Satz 2 Nr. 1 lit. b GwG) wurde in dem gesamten Zeitraum nicht ausgesprochen. Anderweitige **Anordnungen in Bezug auf eine Transaktion** (§ 40 Abs. 1 Satz 2 Nr. 3 GwG) wurden in diesem Zeitraum ebenfalls nicht erlassen.

III. Maßnahmen aufgrund des Ersuchens einer ausländischen Zentralstelle (§ 40 Abs. 2 GwG)

16   Nach § 40 Abs. 2 GwG können Sofortmaßnahmen auch aufgrund des Ersuchens einer Zentralstelle eines anderen Staates getroffen werden. Das Ersuchen muss die Angaben nach § 35 Abs. 3 GwG enthalten (siehe dazu auch → § 35 Rn. 6 ff.). Die Regelung bezieht sich auf Zentralstellen von **Nicht-EU-Mitgliedstaaten**. Dies wird auch durch den Verweis von § 40 Abs. 2 GwG auf die Vorgaben zur internationalen Zusammenarbeit nach § 35 GwG deutlich. Durch diese Regelung wird Art. 32 Abs. 7 Satz 2 Vierte EU-Geldwäscherichtlinie umgesetzt, der Empfehlung 38 der FATF folgt, wonach durch internationale Zusam-

---

31 Vgl. dazu BT-Drs. 18/11555, S. 154.

32 Jahresbericht 2020 der FIU, S. 28, https://www.zoll.de/DE/FIU/Fachliche-Informationen/Jahresberichte/jahresberichte_node.html, zuletzt abgerufen am 22.3.2022.

33 Jahresbericht 2019 der FIU, S. 24, https://www.zoll.de/DE/FIU/Fachliche-Informationen/Jahresberichte/jahresberichte_node.html.

34 Vgl. BT-Drs. 19/3818, S. 3.

menarbeit der zuständigen Behörden die Sicherstellung und das Einfrieren von inkriminierten Vermögenswerten gewährleistet werden soll.[35]

Allerdings ist die deutsche FIU nicht verpflichtet, einem Ersuchen einer aus- **17** ländischen FIU nachzukommen. Ihr obliegt ein dahingehender „Einschätzungs- spielraum".[36] Das Tätigwerden liegt also in ihrem **Ermessen.** Entscheidet die deutsche FIU jedoch, nicht aufgrund des ausländischen Ersuchens tätig zu wer- den, „soll" sie dies „in angemessener Weise" begründen.[37] Eine Begründung an die ausländische FIU für das Nicht-Tätigwerden kann zielführend sein, wenn sich daraus – sofern im Einzelfall möglich – bspw. Anhaltspunkte ergeben, die wichtig sind, um künftige Ermittlungserfolge im grenzüberschreitenden Umfeld zu fördern. Zudem kann die Bereitstellung von Begründungen als Mittel zur Kommunikation zwecks Stärkung einer kooperativen Zusammenarbeit der FIUs untereinander genutzt werden.

IV. Aufhebung von Maßnahmen (§ 40 Abs. 3 GwG)

Nach § 40 Abs. 3 GwG werden die Maßnahmen nach § 40 Abs. 1 GwG durch **18** die FIU aufgehoben, sobald oder soweit die Voraussetzungen für die Maßnah- men nicht mehr vorliegen. Demnach orientiert sich die Zulässigkeit von Sofort- maßnahmen zum einen an dem **Zeitpunkt,** in dem diese verhängt werden und zum anderen an dem **Umfang,** in dem diese erforderlich sind. Es ist davon aus- zugehen, dass der FIU im Hinblick auf die Entscheidung über die Aufhebung der Maßnahmen ebenfalls ein Ermessensspielraum zusteht. Laut der Gesetzes- begründung ist ein typischer Anwendungsfall für die Aufhebung von Maßnah- men die Situation, wenn die Analysetätigkeit der FIU abgeschlossen ist und kei- ne Anhaltspunkte für Geldwäsche oder Terrorismusfinanzierung gesehen wer- den.[38] Mit der Streichung des früher in § 261 StGB enthaltenen Vortatenkatalogs reicht es aber für die Aufrechterhaltung der Maßnahme nunmehr aus, wenn ein Zusammenhang zwischen der Transaktion und irgendeiner rechtswidrigen Tat besteht[39] In diesen Fällen ist die FIU zudem nach § 32 Abs. 2 GwG verpflichtet, die Ergebnisse ihrer Analyse an die Strafverfolgungsbehörden zu übermitteln.

Aus Gründen der Rechtssicherheit wird teilweise verlangt, dass die Zentralstelle **19** für Finanztransaktionsuntersuchungen bei Aufhebung der Sofortmaßnahmen eine **schriftliche Information** an den Verpflichteten geben muss.[40] Hierdurch

---

35 BT-Drs. 18/11555, S. 154.
36 BT-Drs. 18/11555, S. 155.
37 BT-Drs. 18/11555, S. 155.
38 BT-Drs. 18/11555, S. 155; so auch *Barreto da Rosa,* in: Herzog, GwG, § 40 Rn. 17.
39 Vgl. dagegen zur früheren Rechtslage Barreto da Rosa, in: Herzog, GwG, § 40 Rn. 8, 18.
40 *Barreto da Rosa,* in: Herzog, GwG, § 40 Rn. 19.

soll der Verpflichtete in die Lage versetzt werden, die Gründe für die Ausführung von bislang aufgrund der Sofortmaßnahme nach § 40 Abs. 1 Satz 2 GwG untersagten Tätigkeiten, wie bspw. Verfügungen über bei ihm geführte Konten oder Depots, Durchführung von Transaktionen oder Zugang zu einem Schließfach, nachweisbar zu **dokumentieren**.[41] Eine Pflicht zur Rückmeldung an den Verpflichteten sieht das Gesetz an anderer Stelle (§ 41 Abs. 2 GwG) ausdrücklich vor, soweit Meldungen betroffen sind, die der FIU zuvor nach § 43 GwG übermittelt wurden (Relevanzmeldung).

V. Ablauf der Maßnahmen (§ 40 Abs. 4 GwG)

20 In § 40 Abs. 4 GwG ist normiert, zu welchen Terminen Sofortmaßnahmen automatisch enden d.h. also, ohne dass hierzu weitere Maßnahmen von FIU oder Verpflichtetem getroffen werden müssen. Hierzu werden vom Gesetzgeber in § 40 Abs. 4 GwG Nr. 1–3 folgende mögliche **Ablauftermine** festgelegt:

– spätestens mit Ablauf **eines Monats** nach Anordnung der Maßnahmen durch die Zentralstelle für Finanztransaktionsuntersuchungen (§ 40 Abs. 4 Nr. 1 GwG),

– mit Ablauf **des fünften Werktages** nach Abgabe des Sachverhalts an die zuständige Strafverfolgungsbehörde, wobei der Samstag nicht als Werktag gilt (§ 40 Abs. 4 Nr. 2 GwG), oder

– zu einem **früheren Zeitpunkt**, wenn ein solcher von der Zentralstelle für Finanztransaktionsuntersuchungen festgelegt wurde (§ 40 Abs. 4 Nr. 3 GwG).Die Frist des § 40 Abs. 4 Nr. 1 GwG endet auch dann automatisch nach Ablauf eines Monats, wenn die Analyse der Transaktion nicht innerhalb dieses Zeitraums abgeschlossen werden kann.[42] Eine Fristverlängerung ist ausgeschlossen.

VI. Freigabe von Vermögensgegenständen (§ 40 Abs. 5 GwG)

21 Nach § 40 Abs. 5 GwG „kann" die FIU Vermögensgegenstände, die Ziel von Sofortmaßnahmen nach § 40 Abs. 1 Satz 2 GwG sind (z.B. Gelder auf einem Konto oder Depot, Wertsachen in einem Schließfach, bestimmte Einzeltransaktionen), unter bestimmten, im Gesetz genannten Voraussetzungen freigeben. Die **Zweckgebundenheit** der Vermögensgegenstände an die drei normierten Anwendungsfälle (d.h. Deckung des notwendigen Lebensunterhalts, Bezahlung von Versorgungs- oder Unterhaltsleistungen oder vergleichbare Zwecke etc.) dürfte durch den Betroffenen nachzuweisen sein. Die Vorschrift ist zwar als

---

41 *Barreto da Rosa*, in: Herzog, GwG, § 40 Rn. 19.
42 Ebenso *Barreto da Rosa*, in: Herzog, GwG, § 40 Rn. 22.

„Kann-Vorschrift" ausgestaltet, sie eröffnet der FIU aber nur einen sehr engen Ermessensspielraum. Dies gilt schon deshalb, weil die Freigabe eindeutig strafbemakelten Vermögens nach §§ 258, 258a StGB als Strafvereitelung bzw. Beihilfe zur Geldwäsche zu qualifizieren wäre.[43] Eine solche Freigabe liefe auch den neu gefassten Einziehungsvorschriften (§§ 73 ff. StGB) zuwider. Der Zweck der Neuregelung bestand unter anderem darin, bestehende Abschöpfungslücken zu schließen und dem Täter deliktisch erlangte Vermögenswerte vollständig zu entziehen.[44] Die Freigabe von Vermögensgegenständen dürfte daher trotz der Regelung des § 40 Abs. 5 GwG nur in wenigen Fällen in Betracht kommen. Praktisch ist diese Frage aber ohnehin nur von geringer Relevanz, da eine Freigabe nur auf Antrag der betroffenen Person oder einer nichtrechtsfähigen Personenvereinigung erfolgen kann. Aufgrund des in § 47 Abs. 1 GwG geregelten Verbots der Informationsweitergabe durch den Verpflichteten an seinen Vertragspartner, ist die Maßnahme der betroffenen Person aber in der Regel zunächst ohnehin nicht bekannt. Da die Maßnahme nach § 40 Abs. 4 Nr. 1 GwG andererseits spätestens einen Monat nach deren Anordnung endet, ist es dem von der Maßnahme Betroffenen kaum möglich, einen Antrag innerhalb der Frist zu stellen und einen entsprechenden Bescheid zu erwirken.

VII. Widerspruch gegen Maßnahmen (§ 40 Abs. 6 GwG)

Gegen Maßnahmen nach § 40 Abs. 1 GwG kann der Verpflichtete oder ein anderer Beschwerter Widerspruch erheben (§ 40 Abs. 6 GwG). Der Rechtsbehelf des Widerspruchs richtet sich nach § 80 VwGO, erfolgt also im **Verwaltungsverfahren**. Gem. § 40 Abs. 6 Satz 2 GwG hat der Widerspruch gegen Sofortmaßnahmen jedoch nach § 80 Abs. 2 Nr. 3 VwGO keine aufschiebende Wirkung.[45] Hierdurch soll verwaltungsrechtlich die Möglichkeit zur **sofortigen Vollziehung** der Maßnahmen nach § 40 Abs. 1 GwG sichergestellt werden. Eine aufschiebende Wirkung hingegen könnte den Ermittlungs- und einen möglichen Aufklärungserfolg verringern oder gar gefährden. Die aufschiebende Wirkung des Widerspruchs könnte bspw. dazu führen, dass ein Täter mehr Zeit hätte, um eine Straftat zu beenden bzw. mit dieser in Zusammenhang stehende Vermögenswerte beiseite zu schaffen. **22**

Ein „**anderer Beschwerter**" kann auch ein von der Sofortmaßnahme ebenfalls Betroffener sein.[46] Hintergrund für die Regelung ist, dass der Verwaltungsakt **23**

---

43 So auch *Barreto da Rosa*, in: Herzog, GwG, § 40 Rn. 25.
44 BT-Drs. 18/9525, S. 48, 54.
45 BT-Drs. 18/11555, S. 155.
46 Vgl. *Barreto da Rosa*, in: Herzog, GwG, § 40 Rn. 30; zur insofern vergleichbaren Regelung des § 6a Abs. 5 KWG: *Schwennicke*, in: Schwennicke/Auerbach, KWG, 3. Aufl. 2016, § 6a Rn. 12.

der Sofortmaßnahme Drittwirkung entfaltet. Ein Verwaltungsakt entfaltet **Drittwirkung**, wenn dieser nicht nur rechtliche Folgen für den Adressaten, sondern gleichzeitig auch für Dritte begründet.[47] Der Kreis der „anderen Beschwerten" dürfte also aufgrund der Drittwirkung der Sofortmaßnahme weit zu ziehen sein. Die durch die Sofortmaßnahme „anderen Beschwerten" können daher auch die Kontoinhaber sowie die Begünstigten einer untersagten Transaktion sein.[48] Ebenso können auch konto- und depotführende Stellen von Sofortmaßnahmen bzgl. bestimmter Vermögenswerte und Transaktionen betroffen sein, auch wenn diese nicht selbst Verpflichtete i. S. d. § 40 Abs. 1 Satz 2 GwG sind.

24   Auch in diesem Zusammenhang erscheint die gesetzliche Regelung allerdings unzureichend. Das GwG sieht keine Unterrichtung des „anderen Beschwerten" selbst nach Beendigung der Maßnahme vor. Dies gilt selbst dann, wenn die von der FIU durchgeführte Analyse ergeben hat, dass die Finanztransaktion in keinem Zusammenhang mit Geldwäsche, Terrorismusfinanzierung oder einer sonstigen Straftat[49] steht. Der „andere Beschwerte" wird durch die FIU also auch dann nicht von der Maßnahme unterrichtet, wenn eine Gefährdung des Ermittlungszwecks oder Aufklärungserfolgs nicht mehr zu befürchten ist. Die Vorschrift des § 40 Abs. 6 GwG läuft daher weitgehend leer, soweit neben dem Verpflichteten weitere Personen von der Maßnahme beschwert sind.

VIII. Verhältnis zu § 6a KWG (Besondere Aufgaben der BaFin)

1. Allgemeines

25   § 6a KWG wurde durch das „**Zweite Gesetz zur Änderung des Zollverwaltungsgesetzes und anderer Gesetze**" vom 31.10.2003 geschaffen und basiert auf der Resolution 1373 des Sicherheitsrates der Vereinten Nationen vom 27.9.2001, die als Reaktion auf die Anschläge auf das World Trade Center in New York City vom 11.9.2001 erlassen wurde.[50] Ziel der UN-Resolution war die Verhinderung und Bekämpfung der Terrorismusfinanzierung.[51] Bestimmte Auf-

---

47 Vgl. *Schoch*, in: Schoch/Schneider/Bier, VwGO, § 80a Rn. 12.

48 Vgl. zur insofern vergleichbaren Regelung des § 6a KWG Abs. 5 KWG: *Achtelik*, in: Boos/Fischer/Schulte-Mattler, KWG/CRR-VO, § 6a KWG Rn. 13; *Achtelik*, in: Herzog, GwG, § 6a KWG Rn. 7; *Schwennicke*, in: Schwennicke/Auerbach, KWG, 3. Aufl. 2016, § 6a Rn. 12.

49 § 32 Abs. 2 GwG.

50 Vgl. *Al-Jumaili*, NJOZ 2008, 188, 203 ff. u. a. mit der Besprechung von Anwendungsbeispielen; *Häberle, in:* Erbs/Kohlhaas, Strafrechtliche Nebengesetze, Stand: 224. EL Mai 2021; *Schwennicke*, in: Schwennicke/Auerbach, KWG, 3. Aufl. 2016, § 6a Rn. 1.

51 Vgl. *Häberle*, in: Erbs/Kohlhaas, Strafrechtliche Nebengesetze, Stand: 224. EL Mai 2021, § 6a KWG Rn. 1.

gaben und Befugnisse bei der Bekämpfung der Terrorismusfinanzierung werden der BaFin durch § 6a KWG übertragen.

Die Regelungen des § 40 GwG und des § 6a KWG haben unterschiedliche Ziel- **26** richtungen und Anwendungsbereiche.[52] Es besteht daher keine Gefahr der **Kollision von Zuständigkeiten**.[53] Allerdings ist das Verhältnis zwischen § 6a KWG und § 40 GwG nicht geregelt.[54] Hinsichtlich der Untersagungsmöglichkeiten von FIU (§ 40 Abs. 1 GwG) und BaFin (§ 6a Abs. 1 KWG) sowie bzgl. der Freigabemöglichkeiten von Vermögensgegenständen nach § 40 Abs. 5 GwG und § 6a Abs. 3 KWG weisen beide Vorschriften jedoch Vergleichbarkeiten auf.[55] § 6a KWG dürfte dem Gesetzgeber insofern als Vorlage für § 40 GwG gedient haben (vgl. zu § 6a KWG auch → § 27 ZAG Rn. 43 ff.).[56]

2. Anwendungsbereich

§ 6a KWG betrifft den Fall, dass einer Polizeibehörde, dies wird im Regelfall **27** das BKA sein,[57] bereits Anhaltspunkte vorliegen, die auf einen Zusammenhang von Vermögenswerten oder einer Transaktion mit Terrorismusfinanzierung (§ 89c StGB) oder der Finanzierung einer terroristischen Vereinigung (§§ 129a, 129b StGB) hindeuten. In diesem Fall des § 6a KWG obliegt der BaFin die Befugnis, Verfügungen von einem Konto ohne zeitliche Beschränkung zu untersagen. **Sofortmaßnahmen** nach § 40 GwG hingegen liegen in der originären Zuständigkeit der Zentralstelle für Finanztransaktionsuntersuchungen und betreffen die Zeit vor Abgabe des Verdachtsfalls an die Strafverfolgungsbehörden, während die FIU sich noch in der Analysephase befindet.

3. Untersagungsmöglichkeiten

Durch **§ 6a Abs. 1 KWG** wird die BaFin u. a. ermächtigt, der Geschäftsführung **28** eines von ihr beaufsichtigten Instituts Anweisungen zu erteilen (Nr. 1) bzw. einem Institut die Durchführung von Verfügungen von einem bei ihm geführten Konto oder Depot (Nr. 2) oder die Durchführung von sonstigen Finanztransaktionen zu untersagen (Nr. 3). Dies ist möglich, wenn bestimmte Anhaltspunkte dafür vorliegen, dass von einem Institut angenommene Einlagen, sonstige dem

---

52 Vgl. BT-Drs. 19/3818, zu Frage 4.
53 Vgl. BT-Drs. 19/3818, zu Frage 4.
54 *Findeisen*, in: Beck/Samm/Kokemoor, KWG mit CRR, Stand: 213. Aktualisierung 2020, § 6a Rn. 56, 58.
55 Zu den Besonderheiten des § 40 GwG vgl. im Einzelnen oben unter Rn. 1 ff.
56 *Findeisen*, in: Beck/Samm/Kokemoor, KWG mit CRR, Stand: 213. Aktualisierung 2020, § 6a Rn. 57.
57 Vgl. BT-Drs. 19/3818, zu Frage 4.

Institut anvertraute Vermögenswerte oder eine Finanztransaktion der Terrorismusfinanzierung dienen oder im Fall ihrer Durchführung dienen würden.

4. Freigabe von Vermögensgegenständen

29   Die Möglichkeit zur Freigabe von Vermögenswerten auf Antrag nach § 6a
Abs. 3 KWG ist Ausdruck des **Verhältnismäßigkeitsgrundsatzes**.[58] Demnach
können bestimmte existenzielle Zwecke eine Freigabe rechtfertigen, wie die Deckung des notwendigen Lebensunterhalts der betroffenen Person oder von Familienmitgliedern, die Bezahlung von Versorgungs- oder Unterhaltsleistungen
oder vergleichbare Zwecke. Der Wortlaut des § 40 Abs. 5 GwG ist insofern nahezu identisch (→ vgl. oben Rn. 21).

IX. Verhältnis zur Vermögensabschöpfung (§§ 73 ff. StGB)

30   Neben den verwaltungsrechtlichen Sofortmaßnahmen durch die FIU nach § 40
GwG kann im Wege der strafrechtlichen Vermögensabschöpfung nach §§ 73 ff.
StGB, §§ 111b ff. StPO auf inkriminierte Gelder zugegriffen werden. Ein wesentlicher Unterschied zwischen beiden Maßnahmen liegt darin, dass Sofortmaßnahmen nach § 40 GwG im Wege einer reinen **Verwaltungsentscheidung**
ohne **gerichtliche** Entscheidung bzw. Kontrolle angeordnet werden können.

31   Die FIU kann nach § 40 Abs. 1 Satz 1 GwG Sofortmaßnahmen anordnen, wenn
aus ihrer Sicht **Anhaltspunkte** dafür vorliegen, dass eine Transaktion im Zusammenhang mit Geldwäsche oder Terrorismusfinanzierung steht. Ausreichend
für das Vorliegen dieser Anhaltspunkte sind Indizien aufgrund einer ersten Sachverhaltsbewertung (vgl. dazu oben → Rn. 4 ff.).

32   Durch das Gesetz zur **Reform** der strafrechtlichen Vermögensabschöpfung vom
1.7.2017 wurden die Vorgaben zur Vermögensabschöpfung der §§ 73 ff. StGB
neu geregelt.[59] Danach kann eine Einziehung von aus Straftaten erzielten Erträgen unter den Voraussetzungen der §§ 73 ff. StGB in einem strafgerichtlichen
Urteil angeordnet werden. Daraus folgt, dass eine endgültige Vermögensabschöpfung aufgrund eines Strafurteils erst viele Monate oder sogar Jahre nach
einer Sofortmaßnahme der FIU durchgeführt wird. Die Vermögensabschöpfung
wird daher in einem Strafverfahren zunächst durch vorläufige Sicherungsmaß-

---

58   *Achtelik*, in: Herzog, GwG, § 6a KWG Rn. 6.
59   BGBl. I 2017, S. 872 ff.; durch das Gesetz wurde die EU-Richtlinie (EU) 2014/42 des
Europäischen Parlaments und des Rates vom 3.4.2014 über die Sicherstellung und Einziehung von Tatwerkzeugen und Erträgen aus Straftaten in der Europäischen Union
umgesetzt. Insgesamt sollte durch die Gesetzesreform die Komplexität bei der Nutzung der Instrumente zur Vermögensabschöpfung reduziert und dadurch die Wirksamkeit erhöht werden (vgl. BT-Drs. 418/16, S. 1, 46); mit Hinweisen zum praktischen
Umsetzungsstand Ende März 2019: BT-Drs. 19/8795, Vorbemerkung.

nahmen gewährleistet:[60] Dies erfolgt im Regelfall durch die Beschlagnahme des unmittelbar inkriminierten Vermögens (§§ 111b –111d StPO). Hierzu ist das Vorliegen eines Anfangsverdachts ausreichend.[61] Ist das unmittelbar durch die Straftat Erlangte nicht mehr vorhanden oder dessen Einziehung aus anderen Gründen nicht möglich, so kann das Gericht einen Vermögensarrest zur Sicherung der Wertersatzeinziehung anordnen (§ 73c StGB, §§ 111e –111g StPO). Bei der Vermögensabschöpfung gilt das „normative" **Bruttoprinzip**, also die Einziehung des vom Täter erlangten Etwas.[62] Die getätigten Aufwendungen sind bei der Bestimmung des Wertes des Erlangten nach Maßgabe des § 73d StGB abzuziehen.

Darüber hinaus besteht nach § 76a Abs. 4 Satz 3 Nr. 1 f) StGB unter anderem für   **33** den Straftatbestand der Geldwäsche und Verschleierung unrechtmäßig erlangter Vermögenswerte nach § 261 Abs. 1, 2 und 4 StGB die Möglichkeit der sog. **selbstständigen Einziehung** von Vermögenswerten. Dies gilt etwa dann, wenn der von der Sicherstellung Betroffene nicht wegen der Straftat verfolgt oder verurteilt werden kann (§ 76a Abs. 4 Satz 1 StGB).Die Vorschrift gilt auch für verjährte Straftaten (§ 76a Abs. 2 Satz 1 StGB). Dies bedeutet, dass bemakelte Vermögenswerte auch bei unklarer Herkunft und ohne Nachweis konkreter Straftaten eingezogen werden können. Der Sache nach beinhaltet die Vorschrift eine Beweislastumkehr.[63] § 76a Abs. 4 StGB ist insoweit als „Soll"-Vorschrift ausgestaltet.[64] Für die Eröffnung des selbstständigen Verfahrens nach § 76a StGB ist der **Antrag** der Staatsanwaltschaft oder eines Privatklägers erforderlich.[65] Voraussetzung für die selbstständige Einziehung nach § 76a Abs. 1 Satz 2 Nr. 1 lit. f.StGB ist jedoch die Überzeugung des Gerichts, dass der Vermögensgegenstand aus irgendeiner rechtswidrigen Tat stammt.[66] Die gerichtliche Überzeugung kann **strafprozessual** auf § 437 StPO gestützt werden.[67]

---

60 *Köllner/Mück*, NZI 2017, 593, 595; *Trüg*, NJW 2017, 1913, 1916 f.
61 *Trüg*, NJW 2017, 1913, 1916 f.
62 *Köllner/Mück*, NZI 2017, 593, 595.
63 *Fischer*, StGB, § 76a Rn. 9.
64 Vgl. *Köhler/Burkhard*, NStZ 2017, 665, 671 f.
65 *Saliger*, in: Kindhäuser/Neumann/Paeffgen, StGB, § 76a Rn. 15.
66 *Köhler/Burkhard*, NStZ 2017, 665, 671.
67 *Köhler/Burkhard*, NStZ 2017, 665, 671; *Köllner/Mück*, NZI 2017, 593, 595.

§ 41 Rückmeldung an den meldenden Verpflichteten

(1) Die Zentralstelle für Finanztransaktionsuntersuchungen bestätigt dem Verpflichteten, der eine Meldung nach § 43 Absatz 1 durch elektronische Datenübermittlung abgegeben hat, unverzüglich den Eingang seiner Meldung.

(2) Die Zentralstelle für Finanztransaktionsuntersuchungen gibt dem Verpflichteten in angemessener Zeit Rückmeldung zur Relevanz seiner Meldung. Der Verpflichtete darf hierdurch erlangte personenbezogene Daten nur zur Verbesserung seines Risikomanagements, der Erfüllung seiner Sorgfaltspflichten und seines Meldeverhaltens nutzen. Er hat diese Daten zu löschen, wenn sie für den jeweiligen Zweck nicht mehr erforderlich sind, spätestens jedoch nach einem Jahr.

Schrifttum: *Diergarten/Fraulob*, Kommentar zum GwG, 2019; *Hetzer*, Geldwäsche und Terrorismus, ZRP 2002, 407.

Übersicht

I. Allgemeines

1 § 41 GwG normiert und regelt die Pflicht der Zentralstelle für Finanztransaktionsuntersuchung,[1] dem Verpflichteten zunächst den Eingang seiner Meldung zu **bestätigen** (Abs. 1) und ihm eine **inhaltliche Rückmeldung zur Relevanz** der abgegebenen Verdachtsmeldung zu geben (Abs. 2). Hierzu hat die FIU ein **Rückmeldekonzept** entwickelt und nach Konsultation im Jahre 2018 umgesetzt.[2] Die Vorschrift wurde durch die GwG-Novelle 2017[3] neu eingeführt. Zu-

---

1 Nachfolgend auch als „Zentralstelle", „zentrale Meldestelle" oder „FIU" bezeichnet.

2 Konsultationsverfahren (02/2018) mit den Verpflichteten; Möglichkeit zur Stellungnahme zum Konzept der gesetzlichen Rückmeldung gemäß § 41 Abs. 2 GwG v. 19.10.2018, https://www.zoll.de/DE/FIU/Aktuelles-FIU-Meldungen/2018/fiu_konsultationsverfahren_verpflichtete.html, zuletzt abgerufen am 13.12.2021.

3 BGBl. I Nr. 39, S. 1822 ff., Gesetz zur Umsetzung der Vierten EU-Geldwäscherichtlinie, zur Ausführung der EU-Geldtransferverordnung und zur Neuorganisation der Zentralstelle für Finanztransaktionsuntersuchungen vom 23.6.2017 (nachfolgend auch bezeichnet als „GwG-Novelle 2017").

vor war eine Rückmeldung gemäß § 11 Abs. 8 Satz 3 GwG a. F. nur auf Antrag als Auskunft aus den Strafakten nach § 475 StPO durch die Staatsanwaltschaft (nicht durch die FIU) vorgesehen, und auch dies nur, soweit es zur Überprüfung des Meldeverhaltens erforderlich war.

Mit der Feedback-Verpflichtung gem. § 41 GwG wurde ein wichtiges **Anliegen** **2** **von FATF**[4] **und Verpflichteten**[5] umgesetzt, die in den vergangenen Jahren immer wieder an Interessenverbände, Behörden sowie den europäischen und nationalen Gesetzgeber herangetragen wurde. Zahlreiche Gruppen Verpflichteter, insbesondere aus dem mit Verdachtsmeldungen traditionell stark beschäftigten Finanzsektor, hatten darauf hingewiesen, dass eine Rückmeldung der FIU (sowie deren Vorgänger-Institution) zu Verständlichkeit und Nutzbarkeit sowie zum Auswertungsergebnis und etwaigen auf Grundlage der Verdachtsmeldung erreichten Ermittlungserfolgen die Qualität künftiger Meldungen deutlich erhöhen könnte. Die **praktische Verwertbarkeit** des Feedbacks der FIU setzt jedoch voraus, dass es möglichst in Verbindung mit konkreten Sachverhalten steht und den meldenden Verpflichteten jedenfalls Rückschlüsse für die Optimierung und Präzisierung des eigenen Meldeverhaltens gestattet.

Dieses Ergebnis aus der Befragung von Verpflichteten und FIUs in der EU zum **3** Rückmeldeverhalten der FIUs spiegelt sich im **Bericht der EU-Kommission** an das Europäische Parlament und den Rat über die Bewertung des Rahmens für die Zusammenarbeit zwischen den zentralen Meldestellen für Geldwäsche-Verdachtsmeldungen (FIU) vom 24.7.2019 wider.[6] Zusammenfassend – ohne auf länderspezifische Besonderheiten einzugehen – ist danach festzustellen, dass das Rückmeldeverhalten der FIUs noch immer unterschiedlich ausgeprägt ist und seitens der Verpflichteten ein intensiverer Austausch zu einzelnen Verdachtsmeldungen eingefordert wird.[7]

Die **Feedback-Verpflichtung** der FIUs fand schließlich Eingang in die Vierte **4** EU-Geldwäscherichtlinie. Nach Art. 46 Abs. 3 Vierte EU-Geldwäscherichtlinie müssen die Zentralstellen dem Verpflichteten eine „zeitnahe" Rückmeldung hinsichtlich der „Wirksamkeit" von Verdachtsmeldungen im Zusammenhang mit Geldwäsche oder Terrorismusfinanzierung geben, „soweit dies praktikabel ist". Das am 1.1.2020 in Kraft getretene Gesetz zur Umsetzung der **Änderungsrichtlinie zur Vierten EU-Geldwäscherichtlinie**[8] vom 12.12.2019 hat keine Änderungen an § 41 GwG vorgenommen.

---

4 So schon bei *Hetzer*, ZRP 2002, 407, 411; siehe auch bei *Kolassa*, in: Schimansky/Bunte/Lwowski, Bankrechts-Handbuch, § 137 Rn. 81 f.
5 *Achtelik*, in: Boos/Fischer/Schulte-Mattler, KWG/CRR-VO, § 25h Rn. 18.
6 COM (2019) 371 final v. 27.7.2019.
7 COM (2019) 371 final v. 27.7.2019.
8 BGBl. I 2019, S. 2602.

5 Um den Kampf der EU gegen Geldwäsche und Terrorismusfinanzierung noch weiter zu stärken, hat die Kommission als Antwort auf ihren im Mai 2020 veröffentlichten Aktionsplan[9] im Juli 2021 erneut ein Paket aus mehreren Richtlinien- und Verordnungsentwürfen vorgelegt, welches bis 2024 umgesetzt werden soll. Dieses besteht aus vier Gesetzgebungsvorschlägen. Das Ziel des Paketes ist unter anderem, die in Kritik stehende unterschiedliche Umsetzung und Überwachung der EU-Vorschriften in den Mitgliedstaaten zu vereinheitlichen, um eine wirksamere Bekämpfung der Kriminalität zu ermöglichen und damit das Finanzsystem zu schützen.[10] Dazu soll eine neue EU-Behörde für die Bekämpfung von Geldwäsche und Terrorismusfinanzierung (Anti Money Laundering Agency = AMLA) geschaffen werden. Sie soll als Zentralstelle die Arbeiten der nationalen Behörden koordinieren und durch Einführung einheitlicher Aufsichtsmethoden und Regulierungsstandards die Zusammenarbeit zwischen den zentralen Meldestellen verbessern. Um dies zu ermöglichen, soll eine Verordnung zur Bekämpfung von Geldwäsche und Terrorismusfinanzierung mit unmittelbar geltenden Vorschriften verabschiedet werden. Damit soll ein gemeinsamer Rechtsrahmen mit direkt anwendbaren Vorschriften und Anforderungen für Verpflichtete geschaffen werden, welcher einen einheitlichen Standard auch bei den Meldepflichten setzen soll, sodass sich der Ermessensspielraum der einzelnen Mitgliedstaaten zur Umsetzung der EU-Vorschriften verkleinert.[11] Dies soll die Schnittstellenproblematik beseitigen, indem nationale und internationale Überwachungssysteme aufeinander abgestimmt werden und somit ineinandergreifen, sodass die unterschiedliche Ausgestaltung der nationalen Präventionssysteme nicht mehr gezielt durch Kriminelle ausgenutzt werden kann. Darüber hinaus enthält das Paket auch die Sechste Richtlinie zur Bekämpfung von Geldwäsche und Terrorismusfinanzierung.[12] Der Richtlinienentwurf sieht in Art. 21 („Rückmeldung zentraler Meldestellen") im Interesse eines besseren Risikoverständnisses der Verpflichteten künftig die Einführung klarer Vorgaben für die Rückmeldung der Zentralstellen durch nationales Recht vor.[13] Die zentralen Meldestellen sollen den Verpflichteten danach mindestens einmal jährlich eine Rückmeldung geben, inwiefern eingereichte Verdachtsmeldungen genutzt wurden;[14] das schließt auch eine Rückmeldung zur Qualität der Verdachtsmeldung ein (Art. 21 Abs. 2 des Richtlinienentwurfs).[15] Überdies sollen die zentralen Meldestellen einmal jährlich einen Tätigkeitsbericht zur Weitergabe an die Verpflichteten vorlegen, um deren Risikoverständnis zu verbessern. Darüber hinaus

---

9 2020/C 164/06, ABl. 2020 C 164.
10 Vorschlag für eine Verordnung – COM (2021) 420.
11 COM (2021) 420, S. 7, 20.
12 COM (2021) 423.
13 COM (2021) 423, S. 3.
14 COM (2021) 423, S. 12.
15 COM (2021) 423, S. 27 Rn. 49.

wird auch eine Verbesserung des Informationsaustauschs zwischen den zentralen Meldestellen der Mitgliedstaaten angestrebt. Diese werden dazu verpflichtet, einem von der Verdachtsmeldung betroffenem Mitgliedstaat umgehend die Verdachtsmeldung sowie alle daraus hervorgegangenen Informationen weiterzuleiten.[16] Die in der Richtlinie enthaltenen Bestimmungen, wie die Vorschriften zu den nationalen Aufsichtsbehörden und den zentralen Meldestellen in den Mitgliedstaaten, müssen in nationales Recht umgesetzt werden.[17] Die genannten Gesetzgebungsvorschläge werden nun im Europäischen Parlament und im Rat erörtert.

II. Eingangsbestätigung der Meldung (§ 41 Abs. 1 GwG)

Nach § 41 Abs. 1 GwG muss die Zentralstelle dem Verpflichteten unverzüglich den Eingang seiner elektronisch nach § 43 Abs. 1 GwG abgegebenen Verdachtsmeldung bestätigen. Hierdurch erhält der Verpflichtete Gewissheit darüber, dass die Meldung eingegangen ist. In der Praxis wird die Eingangsbestätigung unmittelbar nach Übermittlung einer Verdachtsmeldung über die Webanwendung goAML automatisch generiert und versendet.[18] Die Eingangsbestätigung stellt einen wichtigen Bestandteil der **Dokumentation** des Verpflichteten im Zusammenhang mit einer Verdachtsmeldung dar. Die Aufsichtsbehörde kann anhand der Eingangsbestätigung später die **Rechtzeitigkeit** der Abgabe einer Verdachtsmeldung überprüfen.[19] Die Dokumentation ist daher auch zur Vorlage bei dem Prüfer in der Jahresabschlussprüfung relevant, der die Wirksamkeit des Meldeprozesses zu bewerten hat.[20] **6**

Für die nur noch im Falle einer zeitweisen Störung der elektronischen Datenübermittlung von mindestens zwei Stunden ausnahmsweise zulässige nicht-elektronische Übermittlung von Verdachtsmeldungen ist keine Eingangsbestätigung vorgesehen.[21] Allerdings dient bei einer Übersendung der Verdachtsmeldung per Fax der Sendebericht als Nachweis für die Übermittlung.[22] **7**

§ 41 Abs. 1 GwG ist keiner erweiternden Auslegung zugänglich und erfasst namentlich nicht Meldungen anderer Aufsichtsbehörden gemäß § 44 oder von Finanzbehörden gemäß § 31b AO, obgleich diese ebenfalls auf Bestätigungen nebst Aktenzeichen angewiesen sind.[23] **8**

---

16 COM (2021) 423, S. 12, S. 63 Art. 24 I.
17 COM (2021) 4234, S. 12–14.
18 BaFin, AuA 2021, S. 77.
19 BT-Drs. 18/11555, S. 155; BaFin, AuA 2021, S. 77.
20 Vgl. § 27 PrüfBV.
21 BaFin, AuA 2021, S. 77
22 BaFin, AuA 2021, S. 77.
23 *Barreto da Rosa*, in: Herzog, GwG, § 41 Rn. 6.

9 Die nicht rechtzeitige Abgabe einer Verdachtsmeldung kann nach § 56 Abs. 1 Nr. 59 Alt. 4 GwG eine **Ordnungswidrigkeit** darstellen und zur Einleitung eines Bußgeldverfahrens führen. Die Bestätigung nach § 41 Abs. 1 GwG dient dem Nachweis normgerechten Verhaltens.

III. Rückmeldung der FIU (§ 41 Abs. 2 GwG)

10 Nach § 41 Abs. 2 Satz 1 GwG muss die Zentralstelle dem Verpflichteten in angemessener Zeit eine Rückmeldung zur Relevanz seiner Meldung geben. Die hierdurch erlangten personenbezogenen Daten darf der Verpflichtete ausschließlich zur Verbesserung seines Risikomanagements, der Erfüllung seiner Sorgfaltspflichten und seines Meldeverhaltens nutzen (§ 41 Abs. 2 Satz 2 GwG). Diese **Verwertungsbeschränkung**[24] dient zur Einhaltung der datenschutzrechtlichen Vorgaben. Die Daten müssen gelöscht werden, wenn sie für den jeweiligen Zweck nicht mehr erforderlich sind, spätestens jedoch nach einem Jahr (§ 41 Abs. 2 Satz 3 GwG).

11 Eine Rückmeldung an andere meldende **Behörden oder andere Quellen** (wie z. B. nach § 31 Abs. 1 Nr. 4 GwG) ist von § 41 Abs. 2 GwG nicht umfasst.[25] Ebenso regelt § 41 Abs. 2 GwG nicht, dass die FIU über die **Abgabe** der Verdachtsmeldung an eine Strafverfolgungsbehörde oder andere Behörde informieren muss.[26]

12 Das Gesetz sieht allerdings **keine einzelfallbezogene** Rückmeldung vor.[27] Den Verpflichteten soll durch die Rückmeldung ein „Eindruck von Wirksamkeit und Nutzen ihrer Meldungen" vermittelt werden.[28] Zudem soll die Rückmeldung zur „Sensibilisierung" des Verpflichteten für die Themen „Geldwäscheprävention und Bekämpfung der Terrorismusfinanzierung" beitragen.[29] Der Verpflichtete soll in die Lage versetzt werden, sein „Meldeverhalten kritisch zu prüfen" und bei Bedarf „Anpassungen an internen Abläufen bei Erfüllung der Sorgfaltspflichten vornehmen zu können".[30] Insbesondere könnten die Verpflichteten aus einem inhaltlichen Feedback Anhaltspunkte für die zielorientierte Analyse- und Auswertungsarbeit bei der Prüfung von Sachverhalten und der Erstellung von

---

24 *Barreto da Rosa*, in: Herzog, GwG, § 41 Rn. 15.
25 So auch *Barreto da Rosa*, in: Herzog, GwG, § 41 Rn. 14.
26 *Barreto da Rosa*, in: Herzog, GwG, § 41 Rn. 13.
27 Vgl. Konsultationsverfahren (02/2018) mit den Verpflichteten; Möglichkeit zur Stellungnahme zum Konzept der gesetzlichen Rückmeldung gemäß § 41 Abs. 2 GwG v. 19.10.2018, https://www.zoll.de/DE/FIU/Aktuelles-FIU-Meldungen/2018/fiu_konsultationsverfahren_verpflichtete.html, zuletzt abgerufen am 13.12.2021.
28 BT-Drs. 18/11555, S. 155.
29 BT-Drs. 18/11555, S. 155.
30 BT-Drs. 18/11555, S. 155.

Verdachtsmeldungen ziehen. Hierdurch kann die Qualität von künftigen Verdachtsmeldungen gesteigert werden. Zudem kann eine Rückmeldung der FIU, je nach Ausgestaltung, auch für die Dokumentation der Erfahrungswerte eines Instituts zu bestimmten Sachverhalten genutzt werden. Diese Erkenntnisse können u. a. als Typologien in die Risikoanalyse einfließen. Abgeleitet aus den Typologien der Risikoanalyse können wiederum Indizienmodelle z. B. für das Transaktionsmonitoring konzipiert werden. Aus den genannten Gründen sind namentlich auch Rückmeldungen der Justiz, primär der Staatsanwaltschaften, an die Zentralstelle gem. § 42 Abs. 1 über den Ausgang der durch eine Verdachtsmeldung ausgelösten Verfahren eine wesentliche Erkenntnisquelle für Verpflichtete und sollten daher auch Bestandteil von Rückmeldungen der Zentralstelle nach § 41 Abs. 2 GwG sein.[31] In diesem Zusammenhang wird argumentiert, dass die Mitteilung des Verfahrensausgangs für den Verpflichteten, ein wichtiges Indiz sei.[32] Das ist richtig. Gleichzeitig ist aber stets auch zu berücksichtigen, dass vom Verfahrensausgang nicht zwangsläufig auf die Relevanz der Verdachtsmeldung und die Qualität ihres Inhalts zu schließen ist.

13 Die Umsetzung der auf konkrete Verdachtsmeldungen bezogenen Rückmeldung ist ein Streitthema zwischen Verpflichteten und FIU. Die Verpflichteten haben bereits im Konsultationsverfahren (02/2018) die Wichtigkeit einzelfallbezogener Rückmeldungen für die Weiterentwicklung der Sorgfaltspflichten und des Meldeverhaltens der Verpflichteten unterstrichen.[33] Nach den Vorstellungen der Verpflichteten und ihrer Verbände sollte es zu jedem gemeldeten Sachverhalt eine Rückmeldung geben, die auch das Ergebnis der Verdachtsmeldung enthält. Wichtig ist den Verpflichteten, namentlich darüber informiert zu werden, ob

---

31 *Ziegner*, in: BeckOK GwG, 7. Edition 2021, § 41 Rn. 1.

32 *Barreto da Rosa*, in: Herzog, GwG, § 41 Rn. 4.

33 Stellungnahme des Verbands Die Deutsche Kreditwirtschaft (DK) zu Az. DK: 453, https://die-dk.de/themen/stellungnahmen/stellungnahme-zum-konsultationsverfah ren-22018-der-fiu-zu-einem-konzept-der-gesetzlichen-ruckmeldung/, zuletzt abgerufen 13.12.2021; Stellungnahme des Bundesverbands der Zahlungs- und E-Geld-Institute e. V. (BVZI) zu Az. SV 6002 – 2018.EMB.800002 – DVIII.D.12 der FIU, https:// bvzi.de/fileadmin/redakteure/Stellungnahmen/20181116_BVZI_Stellungnahme_2_ Konsultation_v1.0.pdf, zuletzt abgerufen am 13.12.2021; Stellungnahme des Verbands der Auslandsbanken in Deutschland e. V. (VAB) vom 16.11.2018, https://www.vab.de/ wp-content/uploads/2019/02/StN_VAB_Rueckmeldebericht-zu-erstatteten-Verdachts meldungen_16112018-1.pdf, zuletzt abgerufen 13.12.2021; alle zum Konsultationsverfahren (02/2018) mit den Verpflichteten; Möglichkeit zur Stellungnahme zum Konzept der gesetzlichen Rückmeldung gemäß § 41 Abs. 2 GwG v. 19.10.2018, https:// www.zoll.de/DE/FIU/Aktuelles-FIU-Meldungen/2018/fiu_konsultationsverfah ren_-verpflichtete.html, zuletzt abgerufen am 13.12.2021.

eine Verdachtsmeldung noch bearbeitet wird, einer zuständigen Strafbehörde weitergeleitet wurde oder das Verfahren eingestellt worden ist.[34]

14 Bei der etwaigen Anpassung von Sicherungsmaßnahmen aufgrund einer Rückmeldung der FIU zu Verdachtsmeldungen ist eine risikobasierte Vorgehensweise empfehlenswert.

15 § 41 Abs. 2 Satz 1 GwG spricht von einer Rückmeldung an den Verpflichten „zur Relevanz seiner Meldung" und nicht etwa von einer aggregierten oder vom Einzelfall anderweitig abgekoppelten Rückmeldung. Prima facie spricht der Gesetzeswortlaut daher eher für ein **einzelfallbezogenes** Rückmeldekonzept.

16 Die Gesetzesbegründung schränkt den Wortlaut indes dahin gehend ein, dass eine einzelfallbezogene Rückmeldung erfolgt, soweit dies praktikabel ist und räumt der FIU insoweit einen Beurteilungsspielraum ein, ob und inwieweit eine Rückmeldung im konkreten Einzelfall zur Erreichung der Ziele der Geldwäscheprävention und Verhinderung der Terrorismusfinanzierung sinnvoll ist. Es sei offensichtlich, dass es nicht praktikabel sein kann, die Zentralstelle zu einem **qualitativen Feedback** zu jeder einzelnen Meldung zu verpflichten.[35] Der Gesetzgeber sieht die Verpflichtung zur Rückmeldung nach § 41 Abs. 2 Satz 1 GwG auch durch eine generell-abstrakte Rückmeldung zu bestimmten Sachverhaltskonstellationen oder an bestimmte Gruppen von Verpflichteten als erfüllt an. Auch dies könne zur Optimierung des internen Risikomanagements und des Meldeverhaltens beitragen.[36]

17 Der Gesetzgeber hatte offenkundig selbst Zweifel daran, dass die FIU organisatorisch in der Lage ist, umfassende Rückmeldungen zu jeder einzelnen Verdachtsmeldung zu geben.[37] Im Rahmen des **Beurteilungsspielraums der FIU** kann diese vielmehr bestimmen, wie umfangreich und mit welchen Details eine Rückmeldung im konkreten Einzelfall ausgestaltet wird.[38] Demnach haben Verpflichtete keinen generellen Anspruch auf ein qualitatives Feedback, dass sich auf bestimmte Inhalte der Verdachtsmeldung bezieht. Zum Beispiel hält die FIU nicht generell Informationen über eine Abgabe an die Strafverfolgungsbehörden für erforderlich, da dies auch Raum für fehlerhafte Rückschlüsse des Verpflichteten über die Relevanz seiner Meldung biete. Auch eine nicht an die Strafverfolgungsbehörden weitergegebene Verdachtsmeldung könne relevant sein, mitunter werde dies aber erst später oder bei Hinzutreten weiterer Umstände

---

34 Stellungnahme des Verbands der Auslandsbanken in Deutschland e. V. (VAB) vom 16.11.2018, https://www.vab.de/wp-content/uploads/2019/02/StN_VAB_Rueckmelde bericht-zu-erstatteten-Verdachtsmeldungen_16112018-1.pdf, zuletzt abgerufen am 13.12.2021.
35 BT-Drs. 18/11555, S. 155.
36 BT-Drs. 18/11555, S. 155.
37 *Diergarten/Fraulob*, § 41 II GwG, 3. Absatz.
38 BT-Drs. 18/11555, S. 155.

(z. B. Eingang weiterer Verdachtsmeldungen zum selben Sachverhalt) deutlich.[39] Dieser Ansatz ist in der Praxis für die Verpflichteten häufig nicht hilfreich.[40] Denn unzureichende Rückmeldungen können für Verpflichtete auch unverhältnismäßige Belastungen mit sich bringen, etwa wenn lediglich in Ermangelung einer angemessenen Rückmeldung dauerhaft verstärkte Sorgfaltspflichten angewendet werden müssen bzw. sich ein Verpflichteter zur zeitnahen Kündigung von Geschäftsbeziehungen gezwungen sieht, obwohl bei der FIU bessere Erkenntnisse zur mangelnden Relevanz einer Verdachtsmeldung vorliegen aber nicht an den Verpflichteten weitergegeben werden.[41]

Gleichwohl hält die FIU in ihren Rückmeldeberichten 2020 an ihrem Konzept **18** fest, eine Rückmeldung zur Weitergabe einer Angelegenheit an Strafverfolgungsbehörden sei nicht zwingend, weil dies nicht die Relevanz einer Verdachtsmeldung bestimme und im Gesetz nicht ausdrücklich vorgegeben sei.[42] Dies stellt Verpflichtete weiterhin vor die Herausforderung, konkrete Informationen zu abgegebenen Verdachtsmeldungen zu erhalten, um ihre Meldepraxis – auch im Sinne der Strafverfolgung – verbessern und optimieren zu können.[43]

Gegen Praktikabilitätseinwände spricht, dass die FIU schon gesetzlich ver- **19** pflichtet ist, Bearbeitungsschritte zu den einkommenden Verdachtsmeldungen und den weiteren Verfahrensablauf elektronisch zu dokumentieren. Dann muss es bei Vorhaltung leistungsfähiger IT-Systeme im Rahmen eines fortschrittlichen Verfahrensmanagements möglich sein, relevante Erkenntnisse gebündelt an den Verpflichteten zurückzumelden.[44] Neben einer einzelfallbezogenen Rückmeldung kann von § 41 Abs. 2 GwG auch eine **generell-abstrakte Rückmeldung** zu bestimmten Sachverhaltskonstellationen oder an bestimmte Gruppen von Verpflichteten umfasst sein.[45] Dies dient zur Optimierung des internen Risikomanagements und des Meldeverhaltens der Verpflichteten.[46] Hiermit können bspw. Sachverhalte gemeint sein, die sich auf **Typologien** beziehen, die eine Vielzahl von Verpflichteten betreffen.

---

39 BT-Drs. 19/30900, 750; *Ziegner*, in: BeckOK GwG, 7. Edition 2021, § 41 Rn. 8.
40 *Ziegner*, in: BeckOK GwG, 7. Edition 2021, § 41 Rn. 8.
41 *Barreto da Rosa*, in: Herzog, GwG, § 41 Rn. 8.
42 Rückmeldeberichte zu analysierten Verdachtsmeldungen 1.1. bis 31.3.2020, https:// www.rak-muenchen.de/fileadmin/downloads/01_Rechtsanwaelte/Berufsrecht/Geldwa esche/Downloads/2021_016Anlage2.pdf, zuletzt abgerufen am 13.12.2021.
43 So auch *Barreto da Rosa*, in: Herzog, GwG, § 41 Rn. 10.
44 Stellungnahme des Bundesverbands der Zahlungs- und E-Geld-Institute e. V. (BVZI) zu Az. SV 6002 – 2018.EMB.800002 – DVIII.D.12 der FIU, https://bvzi.de/fileadmin/ redakteure/Stellungnahmen/20181116_BVZI_Stellungnahme_2_Konsultation_v1.0. pdf, zuletzt abgerufen am 13.12.2021.
45 BT-Drs. 18/11555, S. 155.
46 BT-Drs. 18/11555, S. 155.

20 Zur **Umsetzung** der Rückmeldeverpflichtung hatte die FIU zuletzt mit Schreiben vom 23.12.2020 an die Verbände des Finanz- und Nichtfinanzsektors die Übersendung der Rückmeldeberichte für das 1. Quartal 2020 (Berichtszeitraum 1.1.2020 bis zum 31.3.2020) an die meldenden Verpflichteten ab Dezember 2020 angekündigt.[47] Die Übersendung der Rückmeldeberichte für das 2., 3. und 4. Quartal 2020 sollte ebenfalls zeitnah erfolgen. Das Rückmeldeverfahren wurde dabei bezüglich der formalen und inhaltlichen Bewertung ausgeweitet. Demnach werden „alle bei der FIU eingehende Informationen ihrem Charakter entsprechend als Informationsbausteine behandelt und risikobasiert fortlaufend danach ausgewertet, welche Informationen hieraus einer weiteren Bearbeitung im Sinne des gesetzlichen Kernauftrages der FIU bedürfen. Nur diejenigen Verdachtsmeldungen werden dabei in die vertiefte Bearbeitung überführt, bei denen die FIU auf Basis des risikobasierten Ansatzes erweiterten Analysebedarf identifiziert hat".[48] Dazu hat die FIU am 16.12.2020 ein lediglich für Verpflichtete im geschützten Zugangsbereich vorgesehenes Eckpunktepapier mit festgelegten Risikoschwerpunkten veröffentlicht. Demnach umfasst der Rückmeldebericht überhaupt nur Rückmeldungen zu Verdachtsmeldungen, die den Risikoschwerpunkten zuzuordnen waren.[49] Somit hängt die Bearbeitung der Verdachtsmeldung und damit auch die Erstellung eines Rückmeldeberichts davon ab, ob die Verdachtsmeldung einem Risikoschwerpunkt zuzuordnen war und hinsichtlich ihres Risikogehalts entsprechend bewertet wurde. Zu allen Verdachtsmeldungen, die diese Kriterien erfüllen, soll vierteljährlich unaufgefordert ein Bericht an die Verpflichteten übermittelt werden.[50] Demnach orientiert sich der Erstellungsrhythmus der Rückmeldeberichte nicht mehr wie bisher an der Anzahl der vom Verpflichteten übermittelten Verdachtsmeldungen.

---

47 Rückmeldeberichte zu erstatteten Verdachtsmeldungen gem. § 41 II GwG – Rückmeldeberichte für das Jahr 2020 (GZ SV 6002-2020.RMB.800003-DVIII.D12), https://www.rak-muenchen.de/fileadmin/downloads/01_Rechtsanwaelte/Berufsrecht/Geldwaesche/Downloads/2021_016Anlage1.pdf, zuletzt abgerufen am 13.12.2021.

48 Rückmeldeberichte zu analysierten Verdachtsmeldungen 1.1. bis 31.3.2020, https://www.rak-muenchen.de/fileadmin/downloads/01_Rechtsanwaelte/Berufsrecht/Geldwaesche/Downloads/2021_016Anlage2.pdf, zuletzt abgerufen am 13.12.2021, Allgemeine Hinweise, S. 3.

49 Rückmeldeberichte zu erstatteten Verdachtsmeldungen gem. § 41 II GwG – Rückmeldeberichte für das Jahr 2020 (GZ SV 6002-2020.RMB.800003-DVIII.D12), https://www.rak-muenchen.de/fileadmin/downloads/01_Rechtsanwaelte/Berufsrecht/Geldwaesche/Downloads/2021_016Anlage1.pdf, zuletzt abgerufen am 13.12.2021, S. 2.

50 Rückmeldeberichte zu erstatteten Verdachtsmeldungen gem. § 41 II GwG – Rückmeldeberichte für das Jahr 2020 (GZ SV 6002-2020.RMB.800003-DVIII.D12), abrufbar unter https://www.rak-muenchen.de/fileadmin/downloads/01_Rechtsanwaelte/Berufsrecht/Geldwaesche/Downloads/2021_016Anlage1.pdf, zuletzt abgerufen am 13.12.2021, S. 2.

Die Gesetzesformulierung „**in angemessener Zeit**" räumt der Zentralstelle   **21**
einen **Spielraum bei der Übersendungsfrist der Rückmeldeberichte** ein. Mit
der Hinwendung zu unaufgeforderten, vierteljährlichen Rückmeldeberichten
kommt die FIU der Forderung der Verpflichteten nach einem rascheren Rück-
meldeturnus nach.[51]

Die FIU hat zuletzt mit Schreiben vom 23.12.2020 einen weiteren **Musterbe-**   **22**
richtsentwurf zur Verfügung gestellt.[52] Danach ist der Rückmeldebericht an die
Verpflichteten in drei Teile aufgeteilt:

– **generell-abstrakte** Rückmeldung zur Aussagefähigkeit der vom Verpflichteten abgegebenen Verdachtsmeldungen sowie Einordnung dieser Verdachtsmeldungen im Verhältnis zur jeweiligen Branche und zu der Gesamtzahl aller
  Verdachtsmeldungen der Verpflichteten im Berichtszeitraum (Teil I),
– **spezifische** Rückmeldung zu einzelnen Verdachtsmeldungen und zur unmittelbaren Nutzbarkeit der eingereichten Verdachtsmeldungen einschl. einer
  qualitativen Bewertung (Teil II). Dieser Teil soll die generell-abstrakte Rückmeldung ergänzen, indem die dort dargestellten Ergebnisse beispielhaft verdeutlicht werden,
– Indikation zur Gesamtheit der von einem Verpflichteten abgegebenen Verdachtsmeldungen zum stichtagsbezogenen Status bzgl. der **Werthaltigkeit**
  und direkten Abgabe an die Strafverfolgungsbehörden (Teil III).

Um die Anzahl an Rückmeldungen zu erhöhen, hat die FIU die Anforderungen   **23**
an die spezifische Rückmeldung im Zuge der Rückmeldeberichte 2020 geändert.
Demnach werden die Verdachtsmeldungen in Teil II nicht mehr in drei, sondern
nunmehr in zwei Kategorien eingeteilt. Dabei werden im Zuge der spezifischen
Rückmeldung an einen Verpflichteten die im maßgeblichen Zeitraum übermittelten Verdachtsmeldungen, die von der FIU analysiert und bewertet wurden, the-
matisch bestimmten Rubriken zugeordnet. Die FIU berücksichtigt in erster Linie, ob die in der Meldung aufgeführten Informationen korrekt und umfassend
und den Anforderungen der FIU entsprechen abgegeben wurden. Insbesondere
wird darauf geachtet, dass die gemeldeten Daten korrekt in die Formfelder des
Meldesystems erfasst worden sind. Hinter Kategorie 1 verbergen sich sodann
formfreie Verdachtsmeldungen und solche mit schlüssigem und klarem Sachver-

---

51 Stellungnahme des Verbands die Deutsche Kreditwirtschaft (DK) zu Az. DK: 453,
   https://die-dk.de/themen/stellungnahmen/stellungnahme-zum-konsultationsverfah
   ren-22018-der-fiu-zu-einem-konzept-der-gesetzlichen-ruckmeldung/, zuletzt abgerufen 13.12.2021.
52 Rückmeldeberichte zu analysierten Verdachtsmeldungen 1.1. bis 31.3.2020, https://
   www.rak-muenchen.de/fileadmin/downloads/01_Rechtsanwaelte/Berufsrecht/Geld
   waesche/Downloads/2021_016Anlage2.pdf, zuletzt abgerufen am 13.12.2021.

halt, hinter Kategorie 2 formfehlerhafte Verdachtsmeldungen.[53] Dabei erfolgt die Einstufung in die Kategorien anhand 45 neu eingeführter, standardisierter Bewertungskriterien, welche sich an den aus vergangenen Verdachtsmeldungen diagnostizierten Fehlern orientieren. Verpflichtete, deren Verdachtsmeldungen in Kategorie 2 eingeordnet werden, bekommen demnach nur eine Rückmeldung, welche Kriterien eine zeitliche Beurteilung der Risiken der Verdachtsmeldung erschwert haben, jedoch keine inhaltliche Rückmeldung. Demgegenüber versteht die FIU die Einordnung von Verdachtsmeldungen in Kategorie 1 bereits als „qualitative Rückmeldung" dahingehend, dass die Verdachtsmeldung den Anforderungen der FIU entsprach und entsprechend zügig bearbeitet werden kann.[54]

24   Die Rückmeldung der FIU in dem zentralen Teil II des Rückmeldeberichts beschränkt sich sodann auf eine Auflistung ausgewählter Verdachtsmeldungen der Kategorie 1 mit Datum und Aktenzeichen, aber, soweit ersichtlich, ohne inhaltliche Bewertung, sowie eine tabellarische Angabe der Verdachtsmeldungen der Kategorie 2 mit den jeweils von der FIU festgestellten formalen Mängeln.

25   Die Orientierung lediglich an formalen Kriterien und der weitgehende Verzicht auf eine inhaltliche Bewertung in dem für die Rückmeldung und hieraus folgende Erkenntnisse des Verpflichteten zentralen Teil II wird den gesetzlichen Vorgaben bei aller Rücksicht auf Praktikabilitätserwägungen und kapazitive Überlegungen nicht gerecht. Das Verständnis der FIU von einer „qualitativen Rückmeldung" wird Sinn und Zweck der Regelung in § 41 Abs. 2 GwG nicht gerecht und ist ungeeignet, das Meldeverhalten Verpflichteter im Sinne der Ziele der Geldwäscheprävention und Verhinderung der Terrorismusfinanzierung positiv zu beeinflussen. Insoweit bleibt es an der zur Vorfassung der Rückmeldeberichte vorgetragenen Kritik, dass die tatsächliche Rückmeldepraxis der Zentralstelle das Ziel verfehlt, einen sinnvollen und aktiven Beitrag zur Optimierung des Risikomanagements und des individuellen Meldeverhaltens der Verpflichteten zu leisten.[55] Dass die FIU auch bei der Neukonzeption des Rückmeldeberichts weit hinter den berechtigten Erwartungen der Verpflichteten zurückbleibt, ist bedauerlich. Der Sache nach leistet dieses keinen sinnvollen Beitrag zu einer wirksamen Geldwäscheprävention und der Verhinderung von Terrorismusfinanzierung im internationalen Kontext im Verbund mit den Verpflichteten.

---

53 Rückmeldeberichte zu analysierten Verdachtsmeldungen 1.1. bis 31.3.2020, https:// www.rak-muenchen.de/fileadmin/downloads/01_Rechtsanwaelte/Berufsrecht/Geld waesche/Downloads/2021_016Anlage2.pdf, zuletzt abgerufen am 13.12.2021.
54 Rückmeldeberichte zu analysierten Verdachtsmeldungen 1.1. bis 31.3.2020, https:// www.rak-muenchen.de/fileadmin/downloads/01_Rechtsanwaelte/Berufsrecht/Geld waesche/Downloads/2021_016Anlage2.pdf, zuletzt abgerufen am 13.12.2021, S. 4.
55 *Barreto da Rosa*, in: Herzog, GwG, § 41 Rn. 9.

§ 42 Benachrichtigung von inländischen öffentlichen Stellen an die Zentralstelle für Finanztransaktionsuntersuchungen

(1) In Strafverfahren, in denen die Zentralstelle für Finanztransaktionsuntersuchungen Informationen weitergeleitet hat, teilt die zuständige Staatsanwaltschaft der Zentralstelle für Finanztransaktionsuntersuchungen die Erhebung der öffentlichen Klage und den Ausgang des Verfahrens einschließlich aller Einstellungsentscheidungen mit. Die Mitteilung erfolgt durch Übersendung einer Kopie der Anklageschrift, der begründeten Einstellungsentscheidung oder des Urteils.

(2) Leitet die Zentralstelle für Finanztransaktionsuntersuchungen Informationen an sonstige inländische öffentliche Stellen weiter, so benachrichtigt die empfangende Stelle die Zentralstelle für Finanztransaktionsuntersuchungen über die abschließende Verwendung der bereitgestellten Informationen und über die Ergebnisse der auf Grundlage der bereitgestellten Informationen durchgeführten Maßnahmen, soweit andere Rechtsvorschriften der Benachrichtigung nicht entgegenstehen. § 30 Absatz 1 der Abgabenordnung steht dem nicht entgegen.

Übersicht

I. Allgemeines

§ 42 GwG wurde in Umsetzung des Art. 32 Abs. 6 der Vierten EU-Geldwäscherichtlinie in das GwG eingefügt. Die Vorschrift regelt **Rückmeldepflichten** der Staatsanwaltschaften und sonstiger inländischer Behörden an die Zentralstelle. Mit den Rückmeldungen soll der Umfang der bei der Zentralstelle eingehenden Informationen erweitert und die Rolle und Bedeutung der Zentralstelle hervorgehoben werden. Im Rahmen der Umsetzung der Fünften EU-Geldwäscherichtlinie in Deutschland[1] hat § 42 GwG lediglich eine klarstellende Ergänzung (§ 42 Abs. 2 Satz 2) erfahren.

    1

---

1 Gesetz zur Umsetzung der Änderungsrichtlinie zur Vierten EU-Geldwäscherichtlinie (Richtlinie (EU) 2018/843) v. 12.12.2019, BGBl. I 2019, S. 2602.

II. Benachrichtigungspflicht der Staatsanwaltschaften (§ 42 Abs. 1 GwG)

2   In § 42 Abs. 1 GwG ist die bereits im früheren § 11 Abs. 8 GwG enthaltene Benachrichtigungsverpflichtung der **Staatsanwaltschaften** geregelt. Hat die Staatsanwaltschaft aufgrund oder im Zusammenhang mit ihr durch die Zentralstelle für Finanztransaktionsuntersuchungen gemäß § 32 GwG weitergeleiteten Informationen ein Strafverfahren eröffnet, hat sie die Zentralstelle für Finanztransaktionsuntersuchungen darüber zu informieren, ob die öffentliche Klage nach § 170 Abs. 1 StPO erhoben wurde und wie das Strafverfahren letztlich ausgegangen ist. Die Staatsanwaltschaft hat der Zentralstelle auch alle Einstellungsentscheidungen mitzuteilen, unabhängig davon, nach welcher Norm das Verfahren eingestellt wurde. Die Benachrichtigungspflicht erfüllt die Staatsanwaltschaft dadurch, dass sie der Zentralstelle eine Abschrift der Anklageschrift, die begründete Einstellungsentscheidung, den Strafbefehl oder das Urteil des Hauptverfahrens weiterleitet.

III. Benachrichtigungspflicht sonstiger inländischer öffentlicher Stellen (§ 42 Abs. 2 GwG)

3   § 42 Abs. 2 GwG verpflichtet **sonstige inländische Behörden**, der Zentralstelle Nachricht über die Verwendung der von ihr gemäß § 28 Abs. 4 oder § 32 GwG bereitgestellten Informationen und die Ergebnisse der auf Grundlage der bereitgestellten Informationen durchgeführten Ermittlungen oder Prüfungen zu geben. Die Benachrichtigungspflicht umfasst die abschließende Verwendung und den Ausgang der eigenen Verfahren aufgrund der weitergeleiteten Sachverhalte. Mögliche zur Benachrichtigung verpflichtete Empfänger sind Polizeibehörden, die Finanzbehörden oder die für den Schutz der sozialen Sicherungssysteme zuständigen Behörden. Die Rückmeldepflicht steht unter dem Vorbehalt, dass spezialgesetzliche Übermittlungsverbote (wie z. B. § 23 BVerfSchG oder § 27 BKAG) einer Benachrichtigung der Zentralstelle nicht entgegenstehen. Im Rahmen der Umsetzung der Fünften EU-Geldwäscherichtlinie in Deutschland[2] wurde durch Ergänzung des § 42 Abs. 2 um einen Satz 2 klargestellt, dass § 42 Abs. 2 Satz 1 auch das Steuergeheimnis nach § 30 Abs. 1 Abgabenordnung durchbricht und dieses somit der entsprechenden Benachrichtigung einer Finanzbehörde an die Zentralstelle für Finanztransaktionsuntersuchungen nicht entgegensteht.

---

2 Gesetz zur Umsetzung der Änderungsrichtlinie zur Vierten EU-Geldwäscherichtlinie (Richtlinie (EU) 2018/843) v. 12.12.2019, BGBl. I 2019, S. 2602.

Abschnitt 6
Pflichten im Zusammenhang mit Meldungen von Sachverhalten

§ 43 Meldepflicht von Verpflichteten, Verordnungsermächtigung

(1) Liegen Tatsachen vor, die darauf hindeuten, dass

1. ein Vermögensgegenstand, der mit einer Geschäftsbeziehung, einem Maklergeschäft oder einer Transaktion im Zusammenhang steht, aus einer strafbaren Handlung stammt, die eine Vortat der Geldwäsche darstellen könnte,

2. ein Geschäftsvorfall, eine Transaktion oder ein Vermögensgegenstand im Zusammenhang mit Terrorismusfinanzierung steht oder

3. der Vertragspartner seine Pflicht nach § 11 Absatz 6 Satz 3, gegenüber dem Verpflichteten offenzulegen, ob er die Geschäftsbeziehung oder die Transaktion für einen wirtschaftlich Berechtigten begründen, fortsetzen oder durchführen will, nicht erfüllt hat,

so hat der Verpflichtete diesen Sachverhalt unabhängig vom Wert des betroffenen Vermögensgegenstandes oder der Transaktionshöhe unverzüglich der Zentralstelle für Finanztransaktionsuntersuchungen zu melden.

(2) Abweichend von Absatz 1 sind Verpflichtete nach § 2 Absatz 1 Nummer 10 und 12 nicht zur Meldung verpflichtet, wenn sich der meldepflichtige Sachverhalt auf Informationen bezieht, die sie im Rahmen von Tätigkeiten der Rechtsberatung oder Prozessvertretung erhalten haben. Die Meldepflicht bleibt jedoch bestehen, wenn der Verpflichtete weiß, dass der Vertragspartner die Rechtsberatung oder Prozessvertretung für den Zweck der Geldwäsche, der Terrorismusfinanzierung oder einer anderen Straftat genutzt hat oder nutzt, oder ein Fall des Absatzes 6 vorliegt.

(3) Ein Mitglied der Führungsebene eines Verpflichteten hat eine Meldung nach Absatz 1 an die Zentralstelle für Finanztransaktionsuntersuchungen abzugeben, wenn

1. der Verpflichtete über eine Niederlassung in Deutschland verfügt und

2. der zu meldende Sachverhalt im Zusammenhang mit einer Tätigkeit der deutschen Niederlassung steht.

(4) Wenn ein nach Absatz 1 gegenüber der Zentralstelle für Finanztransaktionsuntersuchungen gemeldeter Sachverhalt zugleich die für eine Anzeige

nach § 261 Absatz 8 des Strafgesetzbuches erforderlichen Angaben enthält, gilt die Meldung zugleich als Selbstanzeige im Sinne von § 261 Absatz 8 des Strafgesetzbuches. Die Pflicht zur Meldung nach Absatz 1 schließt die Freiwilligkeit der Anzeige nach § 261 Absatz 8 des Strafgesetzbuchs nicht aus.

(5) Die Zentralstelle für Finanztransaktionsuntersuchungen kann im Benehmen mit den Aufsichtsbehörden typisierte Transaktionen bestimmen, die stets nach Absatz 1 zu melden sind.

(6) Das Bundesministerium der Finanzen kann im Einvernehmen mit dem Bundesministerium der Justiz und für Verbraucherschutz durch Rechtsverordnung ohne Zustimmung des Bundesrates Sachverhalte bei Erwerbsvorgängen nach § 1 des Grunderwerbsteuergesetzes bestimmen, die von Verpflichteten nach § 2 Absatz 1 Nummer 10 und 12 stets nach Absatz 1 zu melden sind.

Schrifttum: *Bohnert/Szesny*, Geldwäscheverdachtsanzeige bei Kenntnisnahme von der Selbstanzeige eines Bankkunden? – Zum Umgang mit dem Rundschreiben der BaFin 01/2014 (GW), BKR 2015, 265; *Bürkle* (Hrsg.), Compliance in Versicherungsunternehmen, 3. Aufl. 2020; *Dölling/Duttge/König/Rössner* (Hrsg.), Gesamtes Strafrecht, 4. Aufl. 2017; *Fischer*, Strafgesetzbuch, 64. Aufl. 2017; *Grabenwarter/Pabel*, Europäische Menschenrechtskonvention, 7. Aufl. 2021; *Hamminger*, Geldwäschegesetz – Weitere Verschärfungen und Vorlage des Referentenentwurfs, NWB 2017, 666; *Herzog/Mühlhausen*, Geldwäschebekämpfung und Gewinnabschöpfung, Handbuch, 1. Aufl. 2006; *Klugmann*, Das Gesetz zur Optimierung der Geldwäscheprävention und seine Auswirkungen auf die anwaltliche Praxis, NJW 2012, 641; *Leitner/Rosenau* (Hrsg.), Wirtschafts- und Steuerstrafrecht, Kommentar, 2017; *Neuheuser*, Die Strafbarkeit des Geldwäschebeauftragten wegen Geldwäsche durch Unterlassen bei Nichtmelden eines Verdachtsfalles gemäß § 11 Abs. 1 GwG, NZWiSt 2015, 241; *Park*, Geldwäscheverdachtsanzeigepflicht von Banken bei Kunden-Selbstanzeigen gem. § 371 AO aufgrund des Geldwäsche-Rundschreibens der BaFin vom 5.3.2014?, NZWiSt 2015, 59; *Rotsch*, Criminal Compliance, 2015; *Ruppert*, Gesetz zur Optimierung der Geldwäscheprävention: Neue Pflichten für Steuerberater, DStR 2012, 100.

Übersicht

I. Allgemeines

§ 43 GwG regelt die **Meldepflicht von Verpflichteten** an die Zentralstelle für **1**
Finanztransaktionsuntersuchungen.[1] Die Norm beruht in weiten Teilen auf § 11
Abs. 1, Abs. 3, Abs. 5 und Abs. 7 GwG a. F. in der vor dem 26.6.2017 geltenden
Fassung, jedoch ist es auch zu gravierenden Änderungen und Neuerungen sowohl durch das Gesetz zur Umsetzung der Vierten EU-Geldwäscherichtlinie,
zur Ausführung der EU-Geldtransferverordnung und zur Neuorganisation der
Zentralstelle für Finanztransaktionsuntersuchungen vom 23.6.2017[2] als auch
durch das Gesetz zur Umsetzung der Änderungsrichtlinie zur Vierten EU-Geldwäscherichtlinie vom 12.12.2019[3] gekommen. Die Norm dient ferner der Umsetzung von Art. 33 der Vierten EU-Geldwäscherichtlinie.[4]

Ursprünglich wurde das Verdachtsmeldewesen bereits mit dem Gesetz über das **2**
Aufspüren von Gewinnen aus schweren Straftaten vom 25.10.1993[5] – damals
noch mit der Pflicht zur Anzeige von Verdachtsfällen – eingeführt. Mittels des
Gesetzes zur Ergänzung der Bekämpfung der Geldwäsche und Terrorismusfinanzierung vom 13.8.2008[6] wurde das Verdachtsmeldewesen von Grund auf re-

---

1 Nachfolgend auch als „Financial Intelligence Unit" oder „FIU" bezeichnet.
2 BGBl. I 2017, S. 1822 ff.
3 BGBl. I 2019, S. 2602 ff.
4 Richtlinie (EU) 2015/849 des Europäischen Parlaments und des Rates v. 20.5.2015 zur
  Verhinderung der Nutzung des Finanzsystems zum Zwecke der Geldwäsche und Terrorismusfinanzierung, zur Änderung der Verordnung (EU) Nr. 648/2012 des Europäischen Parlaments und des Rates und zur Aufhebung der Richtlinie 2005/60/EG des Europäischen Parlaments und des Rates und der Richtlinie 2006/70 der Kommission (ABl.
  L 141 v. 5.6.2015, S. 73 ff.).
5 BGBl. I 1993, S. 1770 ff.
6 BGBl. I 2008, S. 1690 ff.

formiert. Dieses Gesetz diente der Umsetzung der Dritten EG-Geldwäscherichtlinie[7] und der Durchführungsverordnung.[8] Mittels des Gesetzes zur Optimierung der Geldwäscheprävention vom 22.12.2011[9] erfolgten dann weitere Anpassungen an die **Standards der Financial Action Task Force on Money Laundering (FATF)** durch Konkretisierung der Schwelle bezüglich der Meldeverpflichtung sowie Harmonisierung und Effektivierung der Meldewege.[10] Der Grund, weshalb die FATF trotz Umsetzung der Dritten EG-Geldwäscherichtlinie[11] im Deutschlandprüfbericht vom 19.2.2010[12] Abweichungen zu den Standards festgestellt hat, liegt darin, dass sich die Prüfung an den eigenen internationalen Standards orientiert hat, die wiederum teilweise über die Regelungen der Dritten EG-Geldwäscherichtlinie[13] hinausgegangen sind.[14]

3 Das Verdachtsmeldewesen ist nach wie vor eines der Kernelemente im Rahmen der Bekämpfung der Geldwäsche und Terrorismusfinanzierung. Welcher ständig wachsende **Stellenwert und Umfang dem Verdachtsmeldewesen** in der täglichen Praxis der Verpflichteten zukommt, zeigt auch der Blick in den Jahresbericht 2020 der Financial Intelligence Unit. In den vergangenen Jahren ist ein starker Anstieg von Verdachtsmeldungen zu verzeichnen, so hat sich in Deutschland das **Meldeaufkommen in den Jahren von 2010 bis 2020 etwas mehr als verzwölffacht.**[15]

---

7 Richtlinie 2005/60/EG des Europäischen Parlaments und des Rates v. 26.10.2005 zur Verhinderung der Nutzung des Finanzsystems zum Zwecke der Geldwäsche und der Terrorismusfinanzierung (ABl. L 309 v. 25.11.2005, S. 15 ff.).

8 Richtlinie 2006/70/EG der Kommission v. 1.8.2006 mit Durchführungsbestimmungen für die Richtlinie 2005/60/EG des Europäischen Parlaments und des Rates hinsichtlich der Begriffsbestimmungen von „politisch exponierten Personen" und der Festlegung der technischen Kriterien für vereinfachte Sorgfaltspflichten sowie für die Befreiung in Fällen, in denen nur gelegentlich oder in sehr eingeschränktem Umfang Finanzgeschäfte getätigt werden (ABl. L 214 v. 4.8.2006, S. 29 ff.).

9 BGBl. I 2011, S. 2959 ff.

10 BT-Drs. 17/6804, S. 2.

11 Richtlinie 2005/60/EG des Europäischen Parlaments und des Rates v. 26.10.2005 zur Verhinderung der Nutzung des Finanzsystems zum Zwecke der Geldwäsche und der Terrorismusfinanzierung (ABl. L 309 v. 25.11.2005, S. 15 ff.).

12 FATF, Mutual Evaluation Report, 19.2.2010, http://www.fatf-gafi.org/publications/ mutualevaluations/?hf=10&b=0&s=desc(fatf_releasedate), zuletzt abgerufen am 30.12.2021.

13 Richtlinie 2005/60/EG des Europäischen Parlaments und des Rates v. 26.10.2005 zur Verhinderung der Nutzung des Finanzsystems zum Zwecke der Geldwäsche und der Terrorismusfinanzierung (ABl. L 309 v. 25.11.2005, S. 15 ff.).

14 *Ruppert*, DStR 2012, 100, 100.

15 FIU, Jahresbericht 2020, S. 15, https://www.zoll.de/DE/FIU/Fachliche-Informationen/ Jahresberichte/jahresberichte_node.html l, zuletzt abgerufen am 30.12.2021.

Im Jahr 2020 wurden insgesamt 144.005 Verdachtsmeldungen an die FIU über- **4**
mittelt.[16] Im Verhältnis zu den im Jahr 2019 erstatteten 114.914 Verdachtsmeldungen ist damit eine Steigerung gegenüber dem Vorjahreszeitraum von rund
25 % zu verzeichnen.[17] Absolut gesehen ist dies mit insgesamt rund 29.000 Meldungen der zweithöchste Anstieg **von Verdachtsmeldungen innerhalb eines
Jahres**.[18]

Dabei ergibt eine differenzierte Betrachtung der Verdachtsmeldungen nach den **5**
Verpflichtetenkategorien (Finanzsektor/Nicht-Finanzsektor/Weitere) und den
einzelnen Verpflichtetengruppen, ähnlich wie in den vergangenen Jahren, ein
deutliches Bild. Die Verdachtsmeldungen aus dem Finanzsektor belaufen sich
auf insgesamt 140.325 und machen damit über 97 % aller eingegangenen Meldungen aus.[19] Dabei stammen insgesamt 129.108 der im Jahr 2020 aus dem Finanzsektor abgegebenen Verdachtsmeldungen – und damit rund 92 % – allein
aus dem Kreis der Kreditinstitute.[20] Mit insgesamt 9.983 Meldungen gaben nach
Kreditinstituten noch Finanzdienstleistungsinstitute die größte Anzahl von Verdachtsmeldungen im Finanzsektor ab.[21] Bei den aus dem Nicht-Finanzsektor
stammenden Verdachtsmeldung kam es zu einem überproportionalen Anstieg in
Höhe von fast 90 % im Vergleich zu 2019; die Verdachtsmeldungen belaufen
sich im Jahr 2020 auf insgesamt 2.854 und insofern machen diese knapp 2 % des
Meldeaufkommens aus.[22] Der Anstieg ist im Jahr 2020 auf die Verpflichtetengruppe der Notare im Zusammenhang mit dem Inkrafttreten der Verordnung zu
den nach dem Geldwäschegesetz meldepflichtigen Sachverhalten im Immobilienbereich (GwGMeldV-Immobilien) zum 1.10.2020 zurückzuführen.[23] Die
Anzahl von weiteren Meldungen von Aufsichtsbehörden, Finanzbehörden und
sonstigen Verdachtsmeldungen belaufen sich im Jahr 2020 auf insgesamt 826
und machen damit knapp 0,6 % aller eingegangenen Meldungen aus.[24]

Rückblickend betrachtet nimmt das Instrument der Verdachtsmeldung insbeson- **6**
dere im Bereich der Bekämpfung der Organisierten Kriminalität eine entschei-
dende Rolle ein, so wurden im Zeitraum von 2007 bis 2016 insgesamt 107 Verfahren in diesem Bereich eingeleitet, denen eine Verdachtsmeldung zugrunde

---

16 FIU, Jahresbericht 2020, S. 15.
17 FIU, Jahresbericht 2020, S. 15.
18 FIU, Jahresbericht 2020, S. 15.
19 FIU, Jahresbericht 2020, S. 16 f.
20 FIU, Jahresbericht 2020, S. 17.
21 FIU, Jahresbericht 2020, S. 17.
22 FIU, Jahresbericht 2020, S. 16 f.
23 FIU, Jahresbericht 2020, S. 17.
24 FIU, Jahresbericht 2020, S. 17.

lag.[25] Durchschnittlich ca. 5 % aller in Deutschland geführten Verfahren im Bereich der Organisierten Kriminalität lag mithin in diesem Zeitraum eine Verdachtsmeldung zugrunde, welche den Sicherheitsbehörden zur Kenntnis gebracht wurde.[26]

7   Ein Verstoß gegen die in § 43 Abs. 1 GwG normierte Pflicht zur Verdachtsmeldung kann mitunter **schwerwiegende Folgen** haben. Wer vorsätzlich oder leichtfertig entgegen seiner Verdachtsmeldepflicht nach § 43 Abs. 1 GwG eine Meldung nicht, nicht richtig, nicht vollständig oder nicht rechtzeitig abgibt, handelt gem. **§ 56 Abs. 1 Nr. 69 GwG** *ordnungswidrig* (siehe hierzu im Einzelnen unter → § 56 GwG Rn. 81 ff). Dabei ist hervorzuheben, dass es bei Verstößen zu einer **unmittelbaren Haftung des Geldwäschebeauftragten** kommen kann. So hat auch das OLG Frankfurt a. M. in seiner Entscheidung vom 10.4.2018[27] zu dem, zum Tatzeitpunkt geltenden, § 11 GwG a. F. – im Rahmen einer Rechtsbeschwerde eines Geldwäschebeauftragten in einem Bußgeldverfahren ausgeführt:

> „Wer ein Amt und eine Position, die von Gesetzeswegen angelegt ist, übernimmt und den ihm dadurch übertragenen Pflichten nicht nachkommt und damit nicht in der Lage ist, die ihm von Gesetzeswegen übertragenen Aufgaben zu erfüllen, handelt, wenn er dies […] weiß und trotzdem nicht tut, vorsätzlich. Schlägt dann in der Folge das durch vorsätzliches Nichthandeln angelegte Problem durch und wird in Kenntnis der vorangegangenen Defizite, wie hier, weiter nicht gehandelt, ist dies kein leichtfertiges Unterlassen mehr, sondern vertieft wiederum vorsätzlich den bereits vorsätzlich verursachten Schaden. Entgegen der Einwendungen in der Rechtsbeschwerde ist dies auch kein die Bank als Verpflichtete des Gesetzes treffender Verantwortungsbereich, der die Betroffene exkulpiert. Nach dem Gesetz ist der Geldwäschebeauftragte ausschließlich zuständig, die ihm vom Verpflichteten übertragenen Aufgaben wahr zu nehmen. Er hat die Rechte, diese durchzusetzen und er hat allerdings auch die Verpflichtung, dies zu tun. […] Den Vorstand der Bank trifft zwar insofern der ebenfalls bußgeldrelevante Vorwurf fehlender Überwachung, dies führt allerdings nicht dazu, dass der Vorstand statt der Betroffenen haftet, er haftet nur zusätzlich.“

8   Die Ausführungen sind auf den aktuell geltenden § 43 Abs. 1 GwG zu übertragen. Hierfür spricht auch die häufige Zitierung der o. g. Entscheidung durch die

---

25 FIU, Jahresbericht 2016, S. 28, https://www.bka.de/SharedDocs/Downloads/DE/Publi kationen/JahresberichteUndLagebilder/FIU/Jahresberichte/fiuJahresbericht2016. html, zuletzt abgerufen am 30.12.2021.

26 FIU, Jahresbericht 2016, S. 28.

27 Siehe auch OLG Frankfurt a. M., 10.4.2018, 2 Ss-Owi 1059/17, ZIP 2019, 257, Rn. 45 f.

die Bundesanstalt für Finanzdienstleistungsaufsicht (BaFin) im Rahmen ihrer Auslegungs- und Anwendungshinweise zum Geldwäschegesetz.[28]

Die BaFin weist in diesen auch ausdrücklich darauf hin, dass Verstöße gegen die **9** Meldepflicht des § 43 Abs. 1 GwG darüber hinaus auch im Einzelfall als **Beteiligung des Verpflichteten am Straftatbestand der Geldwäsche (§ 261 StGB)** oder **der Terrorismusfinanzierung (§ 89c StGB)** strafbar sein können.[29]

Ferner besteht auch die Möglichkeit der Strafbarkeit **des für die Abgabe der** **10** **Verdachtsmeldung Verantwortlichen** wie z. B. des Geldwäschebeauftragten **wegen Geldwäsche durch Unterlassen.** Voraussetzung für eine Strafbarkeit wegen Geldwäsche durch Unterlassen gem. §§ 261, 13 StGB ist die bestehende Pflicht zur Verhinderung des tatbestandlichen Erfolges, der Täter muss mithin eine **Garantenstellung** innehaben. Die Garantenstellung wird in dem Zusammenhang im Wesentlichen mit zwei unterschiedlichen Begründungen bejaht. Zum einen wird der **Grundsatz der Geschäftsherrenhaftung** herangezogen, nach dem der leitende Angestellte oder Betriebsinhaber ebenfalls für die Verhinderung von Straftaten, die Ausdruck der dem konkreten Betrieb spezifisch anhaftenden Gefahren sind, verantwortlich sind.[30] So hat der BGH in dem sog. „Berliner Stadtreinigungsfall" zu Compliance-Officern ausgeführt, dass diese Beauftragten regelmäßig strafrechtlich eine Garantenpflicht im Sinne des § 13 Abs. 1 StGB trifft, solche im Zusammenhang mit der Tätigkeit des Unternehmens stehende Straftaten von Unternehmensangehörigen zu verhindern.[31] Zum anderen wird angenommen, dass sich eine **Garantenstellung unmittelbar aus den gesetzlichen Regelungen des GwG** für den in § 43 Abs. 1 GwG in Verbindung mit § 2 GwG bezeichneten Kreis, beispielsweise für den Leiter eines Instituts oder eines Unternehmens sowie in Verbindung mit § 7 GwG für den nach den gesetzlichen Vorschriften bestellten Geldwäschebeauftragten, ergibt.[32]

---

28 BaFin, AuA, Oktober 2021. https://www.bafin.de/SharedDocs/Downloads/DE/Ausle gungsentscheidung/dl_ae_auas_gw.html, zuletzt abgerufen am 30.12.2021.

29 BaFin, AuA, Oktober 2021, S. 72.

30 *Walther*, in: Schimansky/Bunte/Lwowski, Bankrechts-Handbuch, § 42 Rn. 152; *Altenhain*, in: Kindhäuser/Neumann/Paeffgen, StGB, § 261 Rn. 93; BGH, 17.7.2009, 5 StR 394/08, NJW 2009, 3173, 3174 f.; weitere Nachweise bei *Fischer*, StGB, § 13 Rn. 68; a. A. *Neuheuser*, in: MüKo-StGB, § 261 Rn. 115.

31 BGH, 17.7.2009, 5 StR 394/08, NJW 2009, 3173, 3174 f.

32 *Neuheuser*, in: MüKo-StGB, § 261 Rn. 115 f.; *Neuheuser*, NZWiSt 2015, 241, 243 f.; *Walther*, in: Schimansky/Bunte/Lwowski, Bankrechts-Handbuch, § 42 Rn. 151; *Nestler/El-Ghazi*, in: Herzog, GwG, § 261 StGB Rn. 117.

II. Pflicht zur Meldung von Verdachtsfällen (§ 43 Abs. 1 GwG)

1. Einführung

11 § 43 Abs. 1 GwG normiert, in welchen Fällen seitens der Verpflichteten eine **Pflicht zur Abgabe einer Verdachtsmeldung** besteht und entspricht in weiten Teilen § 11 Abs. 1 GwG a. F. in der vor dem 26.6.2017 geltenden Fassung. Mittels des Gesetzes zur Optimierung der Geldwäscheprävention vom 22.12.2011[33] wurden in Bezug auf diese Regelung die Monita des FATF-Deutschlandprüfberichts vom 19.2.2010 hinsichtlich der Umsetzung der FATF-Empfehlung 13 aufgegriffen.[34] Die **FATF-Empfehlung 13** gibt vor, dass, soweit ein Finanzinstitut vermutet oder einen nachvollziehbaren Grund hat, dass finanzielle Mittel aus einer kriminellen Tätigkeit herrühren oder mit der Terrorismusfinanzierung zusammenhängen, dieses unmittelbar nach dem Gesetz oder etwaigen Regularien verpflichtet ist, unverzüglich eine Verdachtsmeldung an die zentrale Meldestelle (FIU) abzugeben.[35] Mithin soll der Verpflichtete alle aus seiner Sicht geldwäscherelevanten Transaktionen und Geschäftsbeziehungen melden, ohne zuvor eine detaillierte rechtliche Prüfung des Sachverhaltes vornehmen zu müssen.[36] Siehe zu der Verdachtsmeldeschwelle im Detail unten → § 43 Rn. 17 ff.

12 Die in der Gesetzesbegründung angesprochene FATF-Empfehlung 13 geht in der quasi wortgleichen aktuellen **FATF-Empfehlung 20**[37] vom Oktober 2021 auf. Neben dieser Empfehlung gibt es auch noch eine weitere, die im Zusammenhang mit der Abgabe einer Verdachtsmeldung von Relevanz ist. In der **FATF-Empfehlung 21** vom Oktober 2021 ist die Freistellung von der Verantwortlichkeit des Meldenden und das Verbot der Informationsweitergabe geregelt.[38] Diese zentralen Elemente des Verdachtsmeldewesens finden sich in den §§ 47 f. GwG. Siehe daher hierzu im Einzelnen die Kommentierungen zu → §§ 47 f. GwG.

---

33 BGBl. I 2011, S. 2959 ff.
34 BT-Drs. 17/6804, S. 35.
35 FATF, The Forty Recommendations, 2003, http://www.oecd.org/newsroom/2789371.pdf, zuletzt abgerufen am 30.12.2021, S. 5.
36 BT-Drs. 17/6804, S. 35; FATF, Mutual Evaluation Report, 19.2.2010, S. 164 ff.
37 FATF, The Forty Recommendations, Stand: Oktober 2021, https://www.fatf-gafi.org/media/fatf/documents/recommendations/pdfs/FATF%20Recommendations%202012.pdf, zuletzt abgerufen am 30.12.2021, S. 19.
38 FATF, The Forty Recommendations, Stand: Oktober 2021, S. 19.

2. Unverzügliche Meldung an die Zentralstelle für Finanztransaktionsuntersuchungen

Eine Pflicht zur Abgabe einer Verdachtsmeldung kann durch drei, im Folgenden **13** näher beschriebenen, alternativen Sachverhaltsvarianten ausgelöst werden. Soweit Tatsachen vorliegen, die darauf hindeuten, dass ein Vermögensgegenstand, der mit einer Geschäftsbeziehung, einem Maklergeschäft oder einer Transaktion im Zusammenhang steht, aus einer strafbaren Handlung stammt, die eine **Vortat der Geldwäsche** darstellen könnte, oder ein Geschäftsvorfall, eine Transaktion oder ein Vermögensgegenstand im Zusammenhang mit **Terrorismusfinanzierung** steht oder der Vertragspartner seine **Pflicht nach § 11 Abs. 6 Satz 3 GwG**, gegenüber dem Verpflichteten offenzulegen, ob er die Geschäftsbeziehung oder die Transaktion für einen wirtschaftlich Berechtigten begründen, fortsetzen oder durchführen will, nicht erfüllt hat, so hat der Verpflichtete diesen Sachverhalt **unabhängig vom Wert** des betroffenen Vermögensgegenstandes oder der Transaktionshöhe **unverzüglich der Zentralstelle für Finanztransaktionsuntersuchungen zu melden gem. § 43 Abs. 1 GwG**. Bei einer Verdachtsmeldung i.S.d.§ 43 Abs. 1 GwG handelt es sich nach der wohl herrschenden Meinung nicht um eine Strafanzeige im Sinne der StPO, sondern um eine selbstständige gewerberechtliche Meldeverpflichtung.[39] Siehe zu dem Verhältnis der Meldung nach § 43 Abs. 1 GwG und der Selbstanzeige nach § 261 Abs. 8 StGB unten unter → § 43 Rn. 87 ff.

Mit dem Inkrafttreten des Gesetzes zur Umsetzung der Vierten EU-Geldwäsche- **14** richtlinie, zur Ausführung der EU-Geldtransferverordnung und zur Neuorganisation der Zentralstelle für Finanztransaktionsuntersuchungen vom 23.6.2017[40] wurde **die Financial Intelligence Unit vom Bundeskriminalamt in die Generalzolldirektion** verlagert und neu ausgerichtet. Siehe zu der Zentralstelle für Finanztransaktionsuntersuchungen auch unter den → §§ 27 ff. GwG. Insofern sind die Verdachtsmeldungen seither nur noch an diese Stelle zu richten. Soweit der Verpflichtete die zu meldende Transaktion **bereits bei einer Strafverfolgungsbehörde zur Anzeige** gebracht hat, muss dieser Umstand der FIU unter Angabe der mit der Strafanzeige befassten Strafverfolgungsbehörde und deren Anschrift mitgeteilt werden.[41] An die FIU können auch **Nichtverpflichtete** möglicherweise relevante Informationen im Zusammenhang mit Geldwäsche und Terrorismusfinanzierung mittels eines Kontaktformulars übermitteln[42] und damit eine „quasi" externe Verdachtsmeldung abgeben.

---

39 BaFin, AuA, Oktober 2021, S. 76; a.A. *Baretto de Rosa*, in: Herzog, GwG, § 43 Rn. 7.
40 BGBl. I 2017, S. 1822 ff.
41 Siehe   http://www.zoll.de/DE/FIU/Fragen-Antworten/fragen-antworten_node.html, zuletzt abgerufen am 30.12.2021.
42 Siehe https://www.zoll.de/DE/FIU/Kontakt/kontakt_node.html, zuletzt abgerufen am 30.12.2021.

15 Die Pflicht zur Abgabe von Verdachtsmeldungen an die Financial Intelligence Unit gilt im Übrigen durch die ersatzlose Streichung von § 11 Abs. 4 GwG a. F. in der vor dem 26.6.2017 geltenden Fassung auch für **Mitglieder einer Berufskammer** wie Rechtsanwälte, Wirtschaftsprüfer, Notare und Steuerberater. Die Mitglieder einer Berufskammer hatten vormals gem. § 11 Abs. 4 GwG a. F. in der vor dem 26.6.2017 geltenden Fassung eine Verdachtsmeldung an die für sie zuständige Berufskammer zu übermitteln. Diese Regelung wurde mit dem Gesetz zur Ergänzung der Bekämpfung der Geldwäsche und Terrorismusfinanzierung vom 13.8.2008[43] eingeführt. Ziel der Einbindung der Berufskammern war der Aufbau von Erfahrungswissen bei den Berufskammern bzgl. der spezifischen Gefährdung zur Geldwäscheinstrumentalisierung um effektiv Geldwäscheprävention betrieben zu können.[44] Letztlich erscheint diese Zielsetzung auch noch aus heutiger Sicht als sinnvoll. Zudem wäre auch aus europarechtlicher Sicht eine ersatzlose Streichung der Meldung an die Berufskammern nicht von Nöten gewesen. Nach Art. 34 Abs. 1 der Vierten EU-Geldwäscherichtlinie[45] können Mitgliedstaaten abweichend von Art. 33 Abs. 1 im Falle der in Art. 2 Abs. 1 Nr. 3 lit. a und b und der genannten Verpflichteten eine geeignete Selbstverwaltung der betreffenden Berufsgruppen als Stelle benennen, die die in Art. 33 Abs. 1 genannten Informationen entgegennimmt. Eine unmittelbare Übermittlung an die Zentralstelle für Finanztransaktionsuntersuchungen ist demnach gerade nicht vorgegeben.[46] Mithin wird die weitere Entwicklung in der Praxis zeigen, ob Verdachtsmeldungen von Mitgliedern von Berufskammern zukünftig an Qualität verlieren werden und es möglicherweise negative Auswirkungen haben könnte, dass die Berufskammern keinen Einblick mehr in das Meldeverhalten ihrer Mitglieder haben und folglich auch nicht wissen, welche

---

43 BGBl. I 2008, S. 1690 ff.

44 Bundesrechtsanwaltskammer, Stellungnahme Nr. 24/2017 zum Gesetzentwurf der Bundesregierung zur Umsetzung der Vierten EU-Geldwäscherichtlinie, zur Ausführung der EU-Geldtransferverordnung und zur Neuorganisation der Zentrale für Finanztransaktionsuntersuchungen (BT-Drs. 18/11555), vom Mai 2017, https://brak.de/zur-rechtspolitik/stellungnahmen/, zuletzt abgerufen am 30.12.2021, S. 7 f.; Bundessteuerberaterkammer, Stellungnahme der Bundessteuerberaterkammer zum Entwurf eines Gesetzes zur Umsetzung der Vierten EU-Geldwäscherichtlinie, zur Ausführung der EU-Geldtransferverordnung und zur Neuorganisation der Zentralstelle für Finanztransaktionsuntersuchungen (BT-Drs. 18/11555), v. 24.3.2017, https://www.bstbk.de/de/themen/berufsrecht/steuerberatungsrecht, zuletzt abgerufen am 30.12.2021, S. 9.

45 Richtlinie (EU) 2015/849 des Europäischen Parlaments und des Rates v. 20.5.2015 zur Verhinderung der Nutzung des Finanzsystems zum Zwecke der Geldwäsche und Terrorismusfinanzierung, zur Änderung der Verordnung (EU) Nr. 648/2012 des Europäischen Parlaments und des Rates und zur Aufhebung der Richtlinie 2005/60/EG des Europäischen Parlaments und des Rates und der Richtlinie 2006/70 der Kommission (ABl. L 141 v. 5.6.2015, S. 73 ff.).

46 Bundessteuerberaterkammer, Stellungnahme der Bundessteuerberaterkammer zum Entwurf eines Gesetzes zur Umsetzung der Vierten EU-Geldwäscherichtlinie, S. 10.

aktuellen Entwicklungen im Bereich der Geldwäsche und der Terrorismusfinanzierung bestehen.[47]

Die Meldung an die Financial Intelligence Unit hat unverzüglich zu erfolgen. In **16**
Anlehnung an § 121 Abs. 1 Satz 1 BGB ist eine Meldung dann **unverzüglich** erfolgt, wenn sie ohne schuldhaftes Zögern von dem Verpflichteten abgegeben wird.[48] Im Hinblick auf das Unverzüglichkeitsgebot muss eine einer internen Meldung **vorgelagerte Beurteilung von Sachverhalten** durch die Beschäftigten **ebenfalls ohne schuldhafte Verzögerungen** erfolgen.[49] Siehe zur organisatorischen Ausgestaltung des Meldeverfahrens unten unter → § 43 Rn. 105 ff.

3. Verdachtsmeldeschwelle bei der Meldepflicht nach § 43 Abs. 1 Nr. 1 und Nr. 2 GwG

Im Zentrum der meldepflichtauslösenden Alternativen von § 43 Abs. 1 Nr. 1 **17**
und Nr. 2 GwG steht die Frage nach der **Verdachtsmeldeschwelle**. Mittels des Gesetzes zur Optimierung der Geldwäscheprävention vom 22.12.2011[50] erfolgte **im Zusammenhang mit Anpassungen an die FATF-Standards eine Konkretisierung der Schwelle** bezüglich der Meldeverpflichtung.[51] In der Praxis bestand eine große Unsicherheit, ab wann Verdachtsmeldungen zu erfolgen haben. Diese Unsicherheit spiegelte sich auch in der geringen Anzahl an Verdachtsmeldungen wider. In Literatur und Rechtsprechung war äußerst umstritten, ob es sich um einen „**Verdachtsbegriff sui generis**" oder vielmehr um einen **Verdacht im Sinne der aus der StPO bekannten Verdachtsgrade** handele und infolgedessen eine Pflicht zur Erstattung einer Verdachtsanzeige erst durch einen Anfangsverdacht entsprechend des § 152 Abs. 2 StPO ausgelöst werde.[52] Es wurde daher in der Gesetzesbegründung klargestellt, dass die Verdachtsmeldepflicht nicht mit einer Strafanzeige im Sinne des § 158 StPO gleichzusetzen

---

47 Bundessteuerberaterkammer, Stellungnahme der Bundessteuerberaterkammer zum Entwurf eines Gesetzes zur Umsetzung der Vierten EU-Geldwäscherichtlinie, S. 10.
48 Siehe auch OLG Frankfurt a. M., 10.4.2018, 2 Ss-Owi 1059/17, ZIP 2019, 257, Rn. 28; BaFin, AuA, Oktober 2021, S. 74; Oberste Glücksspielaufsichtsbehörden der Länder, Auslegungs- und Anwendungshinweise zum Geldwäschegesetz (GwG) für Veranstalter und Vermittler von Glücksspielen, Gemeinsame Hinweise der Obersten Glücksspielaufsichtsbehörden der Länder gemäß § 51 Absatz 8 GwG, November 2020, S. 59, https://www.regierung.schwaben.bayern.de/aufgaben/168891/168905/leistung/leis tung_80684/index.html, zuletzt abgerufen am 30.12.2021.
49 BaFin, AuA, Oktober 2021, S. 74.
50 BGBl. I 2011, S. 2959 ff.
51 BT-Drs. 17/6804, S. 2.
52 *Klugmann*, NJW 2012, 641, 643 f.; *Walther*, in: Schimansky/Bunte/Lwowski, Bankrechts-Handbuch, § 42 Rn. 497; für die Annahme des Anfangsverdachts im Sinne der StPO z.B. LG Frankfurt, 13.7.2012, 2-21 O 319/11, BeckRS 2013, 8012, *Klugmann*, NJW 2012, 641, 644.

ist.[53] Es ist gerade nicht erforderlich, dass die Verpflichteten die Vorstellung haben, eine Straftat wird begangen.[54] Vielmehr genügt das **Vorliegen der nach dem GwG erforderlichen Tatsachen.**[55]

18   Aber auch diese **klarstellenden Ausführungen zur Verdachtsmeldeschwelle durch den Gesetzgeber** wurden sehr unterschiedlich bewertet und führten zu keiner Beendigung der fortlaufenden Diskussion um den notwendigen Verdachtsgrad. Zum einen wurde die Meinung vertreten, der Gesetzgeber unterlaufe hierdurch die für staatliche Stellen geltende und verfassungsrechtlich verankerte Eingriffsschwelle unter Zuhilfenahme von Privaten, um schlichtweg eine Erhöhung der Anzahl von Verdachtsmeldungen zu erreichen; als Motto galt „Masse statt Klasse".[56] Es wurde schlichtweg befürchtet, dass die Verpflichteten ein Mehraufwand durch die steigende Anzahl an zu stellenden Verdachtsmeldungen trifft. Insofern lag dieser Ansicht nach ein Festhalten am strafprozessualen Anfangsverdacht im Sinne von § 152 Abs. 2 StPO nahe. Allerdings wurde hierbei etwas außer Acht gelassen, dass die Verpflichteten in diesem Fall ein größerer Umfang an Überprüfungspflichten getroffen hätte. Die Verpflichteten hätten dann mithin in einem immer stärker wachsenden Spannungsverhältnis zwischen der Vorgabe der unverzüglich abzugebenden Verdachtsmeldung und der umfangreicheren Prüfung des Verdachtsgrades gestanden. Damit verbunden wäre unter Umständen auch eine drohende Haftungsproblematik der Verpflichteten bzw. der für diese die Verdachtsmeldung abgebenden Mitarbeiter wegen einer „falschen" Verdachtsmeldung gewesen, wenn diese den Anfangsverdacht nicht richtig festgestellt hätten.

19   Zum anderen wurde hierin keine Absenkung der Verdachtsmeldeschwelle, sondern vielmehr eine bloße Klarstellung und Konkretisierung der ohnehin zuvor geltenden Schwelle gesehen, nach der kein strafprozessualer Anfangsverdacht maßgeblich ist, sondern es genügt, wenn das Kundenverhalten nach dem bisherigen Erfahrungswissen ungewöhnlich ist.[57] Losgelöst von der Bewertung der Konkretisierung bzw. den Ausführungen zur Verdachtsschwelle lässt sich festhalten, dass es nach den konkretisierenden Ausführungen durch den Gesetzgeber keine Unsicherheiten mehr hinsichtlich des erforderlichen Verdachtsgrades seitens der Verpflichteten hätte geben dürfen. Insofern war jedenfalls mehr an Rechtssicherheit gewonnen.

20   Eine **Konkretisierung der Verdachtsmeldeschwelle** fand auch Niederschlag in den **Auslegungshinweisen des Bundesministeriums der Finanzen zur Hand-**

---

53 BT-Drs. 17/6804, S. 21.
54 BT-Drs. 17/6804, S. 21.
55 BT-Drs. 17/6804, S. 21.
56 *Baretto de Rosa*, in: Herzog, GwG, § 43 Rn. 24; *Walther*, in: Schimansky/Bunte/Lwowski, Bankrechts-Handbuch, § 42 Rn. 501.
57 *Ruppert*, DStR 2012, 100, 103.

habung des Verdachtsmeldewesens vom 6.11.2014[58] die, nach der Gesetzesbegründung, bis auf Weiteres, auch nach Inkrafttreten des Gesetzes zur Umsetzung der Vierten EU-Geldwäscherichtlinie, zur Ausführung der EU-Geldtransferverordnung und zur Neuorganisation der Zentralstelle für Finanztransaktionsuntersuchungen vom 23.6.2017[59] zur Bestimmung der Verdachtsmeldeschwelle heranziehbar sein sollen.[60] Darüber hinaus haben einige Aufsichtsbehörden (u. a. Bundesanstalt für Finanzdienstleistungsaufsicht, Bundesrechtsanwaltskammer, Bundesnotarkammer, Wirtschaftsprüferkammer, oberste Glücksspielaufsichtsbehörden der Länder) auch bereits **Auslegungs- und Anwendungshinweise gem. § 51 Abs. 8 GwG** veröffentlicht, die fortlaufend aktualisiert werden. Die Aufsichtsbehörden nehmen zu dem, nach wie vor komplexen Themenfeld der Verdachtsmeldeschwelle, in unterschiedlicher Detailtiefe Stellung. Die jeweiligen Auslegungs- und Anwendungshinweise gelten unmittelbar nur für alle Verpflichtete, die unter der Aufsicht der veröffentlichenden Aufsichtsbehörde stehen. Allerdings können den jeweiligen Auslegungs- und Anwendungshinweisen der einzelnen Aufsichtsbehörden auch von anderen Verpflichteten, die nicht unmittelbar der Aufsicht der veröffentlichenden Aufsichtsbehörde unterstehen, wichtige Hinweise und Anhaltspunkte entnommen werden.[61]

Letztlich besteht in nahezu allen aktuellen Auslegungs- und Anwendungshinweisen der zuständigen Aufsichtsbehörden das gemeinsame Verständnis, dass **der notwendige Verdachtsgrad** auch nach Inkrafttreten des Gesetzes zur Umsetzung der Vierten EU-Geldwäscherichtlinie, zur Ausführung der EU-Geldtransferverordnung und zur Neuorganisation der Zentralstelle für Finanztransaktionsuntersuchungen vom 23.6.2017[62] **unterhalb des strafprozessualen Anfangsverdachtes nach § 152 Abs. 2 StPO i.V.m. § 160 StPO** liegt.[63] Die Be-   **21**

---

58 BMF, Auslegungshinweise des Bundesministeriums der Finanzen zur Handhabung des Verdachtsmeldewesens (§ 11 GwG), Stand: 6.11.2014, https://www.bka.de/Shared Docs/Downloads/DE/UnsereAufgaben/Deliktsbereiche/GeldwaescheFIU/auslegungs hinweiseBMF.html, zuletzt abgerufen am 30.12.2021.
59 BGBl. I 2017, S. 1822 ff.
60 BT-Drs. 18/11555, S. 156.
61 Siehe zur Berücksichtigung des BaFin-Rundschreibens auch auf der Homepage der FIU: https://www.zoll.de/DE/FIU/Aktuelles/aktuelles_node.html, zuletzt abgerufen am 30.12.2021.
62 BGBl. I 2017, S. 1822 ff.
63 Bundesrechtsanwaltskammer, Auslegungs- und Anwendungshinweise zum Gesetz über das Aufspüren von Gewinnen aus schweren Straftaten (Geldwäschegesetz – GwG), 6. Aufl. Oktober 2021, S. 49, https://brak.de/fuer-anwaelte/berufsrecht/, zuletzt abgerufen am 30.12.2021 (Hinweis: Die Auslegungs- und Anwendungshinweise der Bundesrechtsanwaltskammer bedürfen gemäß § 51 Abs. 8 Satz 2 GwG der Genehmigung des Vorstands der jeweils örtlich zuständigen Rechtsanwaltskammer. Die Rechtsanwaltskammer Düsseldorf hat abweichende Auslegungs- und Anwendungshinweise beschlossen); BaFin, AuA, Oktober 2021, S. 73; Oberste Glücksspielaufsichtsbe-

wertung, ob ein strafprozessualer Anfangsverdacht vorliegt, obliegt damit weiterhin ausschließlich den jeweils zuständigen Strafverfolgungsbehörden.[64]

22   Für den Verpflichteten und die für ihn handelnden Mitarbeiter bedarf es schlichtweg **keiner Gewissheit** über den Bezug eines Vermögensgegenstand zu einer Vortat des § 261 StGB oder zu einer Terrorismusfinanzierung.[65] Es ist vielmehr ausreichend, dass Tatsachen die auf das Vorliegen der in § 43 Abs. 1 Nr. 1 und Nr. 2 GwG genannten Sachverhalte **hindeuten**.[66] Dann ist ein krimineller Hintergrund einer Terrorismusfinanzierung oder einer Geldwäsche gemäß § 261 StGB nicht auszuschließen.[67]

23   Dabei wird verdeutlicht, dass der Verpflichtete bzw. die für ihn handelnden Mitarbeiter bei der Frage des Verdachtsmomentes **einen eng begrenzten Beurteilungsspielraum** hat bzw. haben.[68] Dieser eng begrenzte Beurteilungsspielraum reduziert sich üblicherweise weiter, wenn Sachverhalte vorliegen, die in den von der FIU den Verpflichteten zur Verfügung gestellten Anhaltspunkten enthalten sind.[69] Allerdings müssen Verpflichtete oder deren Mitarbeiter ausdrücklich **nicht sämtliche Tatbestandsmerkmale des § 261 StGB** oder einer seiner Vortaten **oder einer Terrorismusfinanzierung prüfen**, den **Sachverhalt „ausermitteln" oder gar eine rechtliche Subsumtion des Sachverhalts unter die**

---

hörden der Länder, Auslegungs- und Anwendungshinweise zum Geldwäschegesetz (GwG) für Veranstalter und Vermittler von Glücksspielen, Gemeinsame Hinweise der Obersten Glücksspielaufsichtsbehörden der Länder gemäß § 51 Absatz 8 GwG, November 2020, S. 58.

64 BaFin, AuA, Oktober 2021, S. 73; Oberste Glücksspielaufsichtsbehörden der Länder, Auslegungs- und Anwendungshinweise zum Geldwäschegesetz (GwG) für Veranstalter und Vermittler von Glücksspielen, Gemeinsame Hinweise der Obersten Glücksspielaufsichtsbehörden der Länder gemäß § 51 Absatz 8 GwG, November 2020, S. 58.

65 Bundesrechtsanwaltskammer, Auslegungs- und Anwendungshinweise zum Gesetz über das Aufspüren von Gewinnen aus schweren Straftaten (Geldwäschegesetz – GwG), 6. Aufl. Oktober 2021, S. 49; BaFin, AuA 2018, S. 73; Oberste Glücksspielaufsichtsbehörden der Länder, Auslegungs- und Anwendungshinweise zum Geldwäschegesetz (GwG) für Veranstalter und Vermittler von Glücksspielen, Gemeinsame Hinweise der Obersten Glücksspielaufsichtsbehörden der Länder gemäß § 51 Absatz 8 GwG, November 2020, S. 58; BMF, Auslegungshinweise des Bundesministeriums der Finanzen zur Handhabung des Verdachtsmeldewesens (§ 11 GwG), S. 2.

66 BaFin, AuA, Oktober 2021, S. 73; Oberste Glücksspielaufsichtsbehörden der Länder, Auslegungs- und Anwendungshinweise zum Geldwäschegesetz (GwG) für Veranstalter und Vermittler von Glücksspielen, Gemeinsame Hinweise der Obersten Glücksspielaufsichtsbehörden der Länder gemäß § 51 Absatz 8 GwG, November 2020, S. 58; BMF, Auslegungshinweise des Bundesministeriums der Finanzen zur Handhabung des Verdachtsmeldewesens (§ 11 GwG), S. 2; BT-Drs. 17/6804, S. 35.

67 BaFin, AuA, Oktober 2021, S. 73; BMF, Auslegungshinweise des Bundesministeriums der Finanzen zur Handhabung des Verdachtsmeldewesens (§ 11 GwG), S. 2.

68 BaFin, AuA, Oktober 2021, S. 73.

69 BaFin, AuA, Oktober 2021, S. 73.

entsprechenden **Straftatbestände vornehmen,**[70] vielmehr muss lediglich der Sachverhalt nach allgemeinen Erfahrungen und dem ggf. vorhandenen beruflichen Erfahrungswissen unter dem Blickwinkel seiner Ungewöhnlichkeit und Auffälligkeit im jeweiligen geschäftlichen Kontext gewürdigt werden.[71] Die Meldung soll allerdings über hinreichende Anhaltspunkte verfügen, mithin **nicht „ins Blaue" hinein** erfolgen.[72] Bei der Würdigung sind insbesondere der Zweck und die Art der Transaktion, die Besonderheiten in der Person des Kunden oder des wirtschaftlich Berechtigten und der finanzielle und geschäftliche Hintergrund des Kunden sowie die Herkunft der eingebrachten oder einzubringenden Vermögenswerte zu berücksichtigen.[73]

Gewisse **Verdachtsmomente** entstehen insbesondere, wenn die im Zusammen-   **24** hang mit der Transaktion auftretenden Umstände oder gemachten Angaben undurchsichtig erscheinen oder schwer überprüfbar sind.[74] Darüber hinaus sollte größere Aufmerksamkeit an den Tag gelegt werden, wenn die Art, die Höhe oder die Herkunft der Vermögenswerte oder der Empfänger an sich nicht mit den bekannten Lebensumständen bzw. der Geschäftstätigkeit des Kunden bzw. Vertragspartners vereinbar sind.[75] Verdächtig ist zudem, wenn die Abwicklung über

---

70 BaFin, AuA, Oktober 2021, S. 73; Bundesrechtsanwaltskammer, Auslegungs- und Anwendungshinweise zum Gesetz über das Aufspüren von Gewinnen aus schweren Straftaten (Geldwäschegesetz – GwG), 6. Aufl. Oktober 2021, S. 49; BMF, Auslegungshinweise des Bundesministeriums der Finanzen zur Handhabung des Verdachtsmeldewesens (§ 11 GwG), S. 3; BT-Drs. 17/6804, 35.

71 BaFin, AuA, Oktober 2021, S. 73; Oberste Glücksspielaufsichtsbehörden der Länder, Auslegungs- und Anwendungshinweise zum Geldwäschegesetz (GwG) für Veranstalter und Vermittler von Glücksspielen, Gemeinsame Hinweise der Obersten Glücksspielaufsichtsbehörden der Länder gemäß § 51 Absatz 8 GwG, November 2020, S. 58. BMF, Auslegungshinweise des Bundesministeriums der Finanzen zur Handhabung des Verdachtsmeldewesens (§ 11 GwG), S. 3; BT-Drs. 17/6804, 35.

72 Oberste Glücksspielaufsichtsbehörden der Länder, Auslegungs- und Anwendungshinweise zum Geldwäschegesetz (GwG) für Veranstalter und Vermittler von Glücksspielen, Gemeinsame Hinweise der Obersten Glücksspielaufsichtsbehörden der Länder gemäß § 51 Absatz 8 GwG, November 2020, S. 58; BMF, Auslegungshinweise des Bundesministeriums der Finanzen zur Handhabung des Verdachtsmeldewesens (§ 11 GwG), S. 3; BT-Drs. 17/6804, 35 f.

73 BaFin, AuA, Oktober 2021, S. 73; Oberste Glücksspielaufsichtsbehörden der Länder, Auslegungs- und Anwendungshinweise zum Geldwäschegesetz (GwG) für Veranstalter und Vermittler von Glücksspielen, Gemeinsame Hinweise der Obersten Glücksspielaufsichtsbehörden der Länder gemäß § 51 Absatz 8 GwG, November 2020, S. 58; BMF, Auslegungshinweise des Bundesministeriums der Finanzen zur Handhabung des Verdachtsmeldewesens (§ 11 GwG), S. 3.

74 BaFin, AuA, Oktober 2021, S. 73; BMF, Auslegungshinweise des Bundesministeriums der Finanzen zur Handhabung des Verdachtsmeldewesens (§ 11 GwG), S. 4.

75 BaFin, AuA 2018, S. 73; BMF, Auslegungshinweise des Bundesministeriums der Finanzen zur Handhabung des Verdachtsmeldewesens (§ 11 GwG), S. 4.

Umwege erfolgen soll, die eventuell auch noch kostenintensiv sind, oder wirtschaftlich sinnlos erscheinen.[76]

25 Es gibt zahlreiche **Verdachtsmerkmale-, Anhaltspunkte- oder Typologiepapiere** primär im Bereich der Geldwäsche und in erheblich geringerem Umfang hinsichtlich der Terrorismusfinanzierung, die allesamt keinen Anspruch auf Vollständigkeit haben und nicht von der Einzelfallprüfung entbinden, aber wichtige Indizien zur Orientierung für die Verpflichteten enthalten können.[77] In diesem Zusammenhang lassen sich unter anderem der Bericht über Geldwäsche-Typologien und Typologien der Finanzierung des Terrorismus 2003–2004 der FATF vom 1.3.2004,[78] die Newsletter Ausgabe Nr. 11/August 2014[79] und Ausgabe Nr. 12/September 2015[80] der (BKA) Financial Intelligence Unit (FIU) und der Jahresbericht 2020[81] der (Zoll) Financial Intelligence Unit in dem Ausführungen zu Typologien und Trends enthalten sind nennen. Darüber hinaus existieren hierzu auch Veröffentlichungen von den Regierungspräsidien,[82] mit einem besonderen Fokus auf den Nicht-Finanzsektor, sowie zahlreiche Fachpublikationen.[83] Ferner bestehen auch seitens der Bundesrechtsanwaltskammer Hinweise zu Auffälligkeiten.[84]

26 Vor Veröffentlichung der Auslegungs- und Anwendungshinweise zum Geldwäschegesetz gemäß § 51 Abs. 8 GwG im Dezember 2018,[85] welche zuletzt am 28.10.2021 geändert wurden, hat die **BaFin** den ihrer Aufsicht unterliegenden

---

76 BaFin, AuA, Oktober 2021, S. 74; BMF, Auslegungshinweise des Bundesministeriums der Finanzen zur Handhabung des Verdachtsmeldewesens (§ 11 GwG), S. 4.

77 *Walther*, in: Schimansky/Bunte/Lwowski, Bankrechts-Handbuch, § 42 Rn. 505.

78 FATF, Bericht über Geldwäsche-Typologien und Typologien der Finanzierung des Terrorismus 2003–2004, v. 1.3.2004, abrufbar in der deutschen Fassung unter https://www.bafin.de/SharedDocs/Downloads/DE/Bericht/dl_rs_0402_gw_anlage_typologiebericht.html, zuletzt abgerufen am 30.12.2021.

79 FIU, Newsletter Nr. 11/August 2014, https://www.bka.de/, zuletzt abgerufen am 24.2.2020.

80 FIU, Newsletter Nr. 12/September 2015, https://www.bka.de/, zuletzt abgerufen am 24.2.2020.

81 FIU, Jahresbericht 2020, S. 35 ff.

82 Exemplarisch: Regierung von Niederbayern, Verdachtsmerkmale bei der Vermittlung von Versicherungen; Regierung von Niederbayern, Anhaltspunkte für Geldwäsche bei Immobilientransaktionen, https://regierung.niederbayern.bayern.de/aufgabenbereiche/1/sicherheit_ordnung/geldwaeschepraevention/formulare/index.php, zuletzt abgerufen am 30.12.2021.

83 Exemplarisch: *Gehrke*, in: Bürkle, Compliance in Versicherungsunternehmen, § 12 Rn. 250 ff.

84 Bundesrechtsanwaltskammer, Verhaltensempfehlungen für Rechtsanwälte im Hinblick auf die Vorschriften des Geldwäschebekämpfungsgesetzes (GwG) und die Geldwäsche, § 261 StGB, S. 2 f., https://www.brak.de/w/files/02_fuer_anwaelte/berufsrecht/verhaltensempfehlung_gwg-c261stgb.pdf, zuletzt abgerufen am 30.12.2021.

85 BaFin, AuA, Oktober 2021.

Verpflichteten Vorgaben im Zusammenhang mit Verdachtsmeldung mittels des **Rundschreibens 1/2014 (GW) – Verdachtsmeldungen nach §§ 11, 14 GwG und anderes vom 5.3.2014**, geändert am 10.11.2014 gemacht.[86] In diesem wies die BaFin unter Ziffer II ausdrücklich darauf hin, dass soweit ein Verpflichteter Kenntnis davon erlangt, dass ein Kunde eine **Selbstanzeige gem. § 371 AO** abgegeben hat oder die Abgabe einer solchen beabsichtigt und nicht auszuschließen ist, dass eine entsprechende Steuerhinterziehung im Zusammenhang mit der mit dem Kunden bestehenden Geschäftsbeziehung oder Vermögenswerten des Kunden steht, der Verpflichtete im Falle des Vorliegens der Voraussetzungen des § 43 Abs. 1 GwG eine Verdachtsmeldung abzugeben hat.[87] Dem lag zugrunde, dass der Verpflichtete nicht zu beurteilen vermochte, ob die Selbstanzeige überhaupt wirksam ist und er auch nicht dazu verpflichtet ist, sämtliche Tatbestandsmerkmale der Vortat inklusive der persönlichen Strafausschließungsgründe zu überprüfen.[88] Diese Ausführungen der BaFin hatten zu erheblichen Verunsicherungen auf Seiten der Kreditwirtschaft beigetragen.[89] Sie sind an vielen Stellen sogar auf deutliche Kritik gestoßen.[90] Jedenfalls findet sich ein entsprechender Passus nicht in der aktuellen Auslegungs- und Anwendungshinweise zum Geldwäschegesetz der BaFin.[91]

27 Für Verpflichteten stellt sich neben der Problematik des Erkennens von Verdachtsmomenten häufig die kritische Frage, inwieweit diesen bzw. den von ihnen bestellten Geldwäschebeauftragten ein **Handlungsspielraum** zusteht. Grundsätzlich ist der zur Abklärung eines Verdachtsmomentes den Verpflichteten zustehende Handlungsspielraum **begrenzt**. So umfasst dieser keine Ermittlungshandlungen oder Vernehmungen in Vertretung der Strafverfolgungsbehörden.[92] Die BaFin führt diesbezüglich in ihren aktuellen Auslegungs- und Anwendungshinweise zum Geldwäschegesetz gemäß § 51 Abs. 8 GwG ferner aus:

> „Es ist gerade nicht die Aufgabe des GWB anstelle oder neben den Strafverfolgungsbehörden Ermittlungen anzustellen tätig zu werden und u. a. Gespräche mit Kunden zum Verdachtsfall zu führen. Der Handlungsspiel-

---

86 BaFin, Rundschreiben 1/2014 (GW) – Verdachtsmeldungen nach §§ 11, 14 GwG und anderes, Stand: 10.11.2014, Gz.: GW 1-GW 2001-2008/0003, S. 5, https://www.ba fin.de/SharedDocs/Veroeffentlichungen/DE/Rundschreiben/rs_1401_gw_verwaltungs praxis_vm.html, zuletzt abgerufen am 30.12.2021.
87 BaFin, Rundschreiben 1/2014 (GW) – Verdachtsmeldungen nach §§ 11, 14 GwG und anderes, S. 5.
88 BaFin, Rundschreiben 1/2014 (GW) – Verdachtsmeldungen nach §§ 11, 14 GwG und anderes, S. 5.
89 *Bohnert/Szesny*, BKR 2015, 265, 265.
90 Im Einzelnen hierzu: *Bülte*, in: Rotsch, Criminal Compliance, § 29 Rn. 119; *Park*, NZWiSt 2015, 59.
91 BaFin, AuA, Oktober 2021.
92 BaFin, AuA, Oktober 2021, S. 74.

raum erstreckt sich dabei nur auf die Hinzuziehung und Ermittlung von Tatsachen, die im direkten Umfeld der Geschäftsbeziehung entstanden sind und die der GWB auf Grund dieser Geschäftsbeziehung zur Verfügung stehen und in der Kürze der Prüfungszeit auch beigezogen und verwertet werden können. Eine Befragung des Betroffenen zur Mittelherkunft/Mittelverwendung sind nicht geboten (auch unter dem Gesichtspunkt einer Verdunkelungsgefahr, vgl. § 47 Abs. 1 GwG). Auch die Bewertung der Glaubwürdigkeit der betroffenen Person und der Glaubhaftigkeit ihrer Angaben stehen dem Verpflichteten nicht zu, sondern sind den zuständigen Behörden zu überlassen (s. hierzu Beschluss des OLG Frankfurt vom 10. April 2018; 2 Ss-OWi 1059/17)."[93]

4. Weitere Voraussetzungen der Meldepflicht nach § 43 Abs. 1 Nr. 1 GwG

28   Nach § 43 Abs. 1 Nr. 1 GwG ist ein Überschreiten der Verdachtsmeldeschwelle in Bezug auf Tatsachen, die darauf hindeuten, dass ein Vermögensgegenstand, der mit der Geschäftsbeziehung, einem Maklergeschäft oder einer Transaktion im Zusammenhang steht, aus einer strafbaren Handlung stammt, die eine Vortat der Geldwäsche darstellen könnte, maßgeblich.

29   In § 1 Abs. 7 GwG ist der Begriff des **Vermögensgegenstandes** mittels des Gesetzes zur Umsetzung der Vierten EU-Geldwäscherichtlinie, zur Ausführung der EU-Geldtransferverordnung und zur Neuorganisation der Zentralstelle für Finanztransaktionsuntersuchungen vom 23.6.2017[94] legaldefiniert worden. Vermögensgegenstand im Sinne des GwG ist jeder Vermögenswert, ob körperlich oder nichtkörperlich, beweglich oder unbeweglich, materiell oder immateriell, sowie Rechtstitel und Urkunden in jeder Form, einschließlich der elektronischen und digitalen Form, die das Eigentumsrecht oder sonstige Rechte an Vermögenswerten nach Nr. 1 verbriefen. Siehe zum Begriff des Vermögensgegenstandes auch unter → § 1 GwG Rn. 81 ff.

30   Der Begriff der **Geschäftsbeziehung** hat in § 1 Abs. 4 GwG leichte Änderungen durch das Gesetzes zur Umsetzung der Vierten EU-Geldwäscherichtlinie, zur Ausführung der EU-Geldtransferverordnung und zur Neuorganisation der Zentralstelle für Finanztransaktionsuntersuchungen vom 23.6.2017[95] im Verhältnis zu der Geschäftsbeziehung im Sinne von § 1 Abs. 3 GwG a. F. in der vor dem 26.6.2017 geltenden Fassung erfahren. Gem. § 1 Abs. 4 GwG ist eine Geschäftsbeziehung im Sinne des GwG jede Beziehung, die unmittelbar in Verbindung mit den gewerblichen oder beruflichen Aktivitäten der Verpflichteten steht und bei der beim Zustandekommen des Kontakts davon ausgegangen wird, dass sie

---

93 BaFin, AuA, Oktober 2021, S. 74.
94 BGBl. I 2017, S. 1822 ff.
95 BGBl. I 2017, S. 1822 ff.

von gewisser Dauer sein wird. Ausreichend ist dabei bereits die Anbahnung einer Geschäftsbeziehung.[96] Siehe zum Begriff der Geschäftsbeziehung auch unter → § 1 GwG Rn. 49 ff.

31 Im Verhältnis zu § 11 Abs. 1 Satz 1 Alt. 1 GwG a. F. in der vor dem 26.6.2017 geltenden Fassung wurde das Tatbestandsmerkmal des **Maklergeschäftes** durch das Gesetz zur Umsetzung der Vierten EU-Geldwäscherichtlinie, zur Ausführung der EU-Geldtransferverordnung und zur Neuorganisation der Zentralstelle für Finanztransaktionsuntersuchungen vom 23.6.2017[97] neu eingeführt. Grund hierfür war der Umstand, dass sich sowohl ein Immobilienmaklergeschäft als auch ein Versicherungsmaklergeschäft auf eine Geschäftsbeziehung oder eine Transaktion beziehen, ihnen aber nicht unterfallen.[98] Insofern dient die Einfügung damit als Klarstellung.[99]

32 Der Begriff der **Transaktion** hat in § 1 Abs. 5 GwG Ergänzungen im Verhältnis zu der Transaktion im Sinne von § 1 Abs. 4 GwG a. F. in der vor dem 26.6.2017 geltenden Fassung sowohl durch das Gesetz zur Umsetzung der Vierten EU-Geldwäscherichtlinie, zur Ausführung der EU-Geldtransferverordnung und zur Neuorganisation der Zentralstelle für Finanztransaktionsuntersuchungen vom 23.6.2017[100] als auch durch das Gesetz zur Umsetzung der Änderungsrichtlinie zur Vierten EU-Geldwäscherichtlinie vom 12.12.2019[101] erfahren. Gem. § 1 Abs. 5 Satz 1 GwG besteht eine Transaktion im Sinne des GwG aus einer oder, soweit zwischen ihnen eine Verbindung zu bestehen scheint, mehreren Handlungen, die eine Geldbewegung oder eine sonstige Vermögensverschiebung bezwecken oder bezwecken oder bewirkt oder bewirken. Seit der Änderung von § 1 Abs. 5 Satz 1 GwG durch das Gesetz zur Umsetzung der Vierten EU-Geldwäscherichtlinie, zur Ausführung der EU-Geldtransferverordnung und zur Neuorganisation der Zentralstelle für Finanztransaktionsuntersuchungen vom 23.6.2017[102] kann **also auch auf mehrere Handlungen abgestellt** werden. Insofern handelt es sich **nicht ausschließlich um Finanztransaktionen,** sondern vielmehr sind auch unbare Transaktionen einschließlich elektronischer durchgeführter Transaktionen, Bartransaktionen und sonstige Vermögensverschiebungen wie etwa Inzahlungnahme von Wertgegenständen, Sicherungsübereignungen sowie Schenkungen einbezogen.[103]

---

96 BaFin, AuA, Oktober 2021, S. 72; BMF, Auslegungshinweise des Bundesministeriums der Finanzen zur Handhabung des Verdachtsmeldewesens (§ 11 GwG), S. 4.
97 BGBl. I 2017, S. 1822 ff.
98 BT-Drs. 18/11555, S. 157.
99 BT-Drs. 18/11555, S. 157.
100 BGBl. I 2017, S. 1822 ff.
101 BGBl. I 2019, S. 2602 ff.
102 BGBl. I 2017, S. 1822 ff.
103 BaFin, AuA, Oktober 2021, S. 72; BMF, Auslegungshinweise des Bundesministeriums der Finanzen zur Handhabung des Verdachtsmeldewesens (§ 11 GwG), S. 2.

33 Im Zuge des Gesetzes zur Umsetzung der Änderungsrichtlinie zur Vierten EU-Geldwäscherichtlinie vom 12.12.2019[104] wurde eine **Konkretisierung des Transaktionsbegriffes für Vermittlungstätigkeiten von Verpflichteten nach § 2 Abs. 1 Nr. 14 und 16 GwG** in § 1 Abs. 5 Satz 2 GwG aufgenommen. Nach § 1 Abs. 5 Satz 2 GwG gilt bei Vermittlungstätigkeiten von Verpflichteten nach § 2 Abs. 1 Nr. 14 und 16 GwG als Transaktion im Sinne dieses Gesetzes das vermittelte Rechtsgeschäft. Siehe zum Begriff der Transaktion auch unter → § 1 GwG Rn. 59 ff.

34 Bei der Transaktion kann es sich um **eine bevorstehende, laufende, abgelehnte, noch nicht ausgeführte oder bereits durchgeführte Transaktion** handeln.[105] Selbst bei bereits durchgeführten Transaktionen, bei denen der Verpflichtete erst im Nachhinein im Rahmen einer eigenen oder von Aufsichts- oder Strafverfolgungsbehörden initiierten Recherchen des Kundenbestands oder der durchgeführten Transaktionen Kenntnis erlangt, müssen diese unverzüglich gemeldet werden.[106]

35 Die wohl gravierendste Änderung im Wortlaut im Verhältnis zwischen § 43 Abs. 1 Nr. 1 GwG und § 11 Abs. 1 Satz 1 Alt. 1 GwG a.F. in der vor dem 26.6.2017 geltenden Fassung ist die Abkehr von der Tatbestandsvoraussetzung „einer Straftat nach § 261 StGB" hin zu „**einer Vortat der Geldwäsche**". Im Rahmen der Gesetzesbegründung zum Gesetz zur Umsetzung der Vierten EU-Geldwäscherichtlinie, zur Ausführung der EU-Geldtransferverordnung und zur Neuorganisation der Zentralstelle für Finanztransaktionsuntersuchungen vom 23.6.2017[107] finden sich keine weiteren Ausführungen, welche Intention dieser Änderung zugrunde liegt. Vielmehr erfolgt lediglich der pauschale und dem Wortlaut nach nichtzutreffende Hinweis, dass § 43 Abs. 1 GwG im Grundsatz § 11 GwG a.F. entspricht und im Übrigen nur redaktionell angepasst worden ist.[108] Der Begriff der Geldwäsche ist nunmehr in § 1 Abs. 1 GwG legaldefiniert.

---

104 BGBl. I 2019, S. 2602 ff.

105 BaFin, AuA, Oktober 2021, S. 72; BT-Drs. 18/11555, S. 157; Wirtschaftsprüferkammer, Auslegungs- und Anwendungshinweise der Wirtschaftsprüferkammer zum Gesetz über das Aufspüren von Gewinnen aus schweren Straftaten (Geldwäschegesetz – GwG), Stand: 18.6.2020, S. 54, https://www.wpk.de/mitglieder/bekaempfung-der-geldwaesche/praxis/, zuletzt abgerufen am 30.12.2021; BMF, Auslegungshinweise des Bundesministeriums der Finanzen zur Handhabung des Verdachtsmeldewesens (§ 11 GwG), S. 2.

106 BaFin, AuA, Oktober 2021, S. 72; Wirtschaftsprüferkammer, Auslegungs- und Anwendungshinweise der Wirtschaftsprüferkammer zum Gesetz über das Aufspüren von Gewinnen aus schweren Straftaten (Geldwäschegesetz – GwG), Stand: 18.6.2020, S. 54.

107 BGBl. I 2017, S. 1822 ff.

108 BT-Drs. 18/11555, S. 157.

Geldwäsche im Sinne des GwG ist eine Straftat nach § 261 des StGB. Siehe zum Begriff der Geldwäsche auch unter → § 1 GwG Rn. 11 ff.

Jedoch reicht bereits die **Vortat einer Geldwäsche** aus. Hierin war eine starke **36** Anlehnung an ein Tatbestandsmerkmal des § 261 StGB a. F. zu sehen. So erforderte § 261 StGB a. F. die Begehung der Tathandlung hinsichtlich eines inkriminierten Gegenstandes, der aus einer der in § 261 Abs. 1 Satz 2 StGB a. F. abschließend aufgelisteten Vortaten herrührt.[109] Taugliche Vortaten waren zunächst alle Verbrechen (§ 12 StGB); ferner ist eine Reihe von Vergehen erfasst, wie u. a. bestimmte Betäubungsmittelstraftaten, gewerbsmäßiger Schmuggel, Steuerhehlerei, Straftaten gegen das Aufenthaltsgesetz oder die Bildung krimineller oder terroristischer Vereinigungen. Mittels des Gesetzes zur Verbesserung der strafrechtlichen Bekämpfung der Geldwäsche vom 9.3.2021[110] wurde jedoch der sog. „**All-Crime-Ansatz**" umgesetzt und die abschließende Auflistung der Vortaten ersatzlos gestrichen. Dies hat zur Folge, dass das Tatobjekt aus keiner bestimmten Vortat stammen muss, sondern vielmehr aus jeder Straftat herrühren kann. Siehe hierzu im Einzelnen unter → § 261 StGB Rn. 1 ff. Ob die Erweiterung der Meldepflicht auch auf Vortaten der Geldwäsche – insbesondere auch vor dem Wegfall des Vortatenkatalogs in § 261 Abs. 1 StGB – zukünftig zu einem weiteren spürbaren Anstieg der Verdachtsmeldungen führen wird, ohne dass damit eine Qualitätsverbesserung des Kampfes gegen die Organisierte Kriminalität einhergehen wird, sondern vielmehr die Verpflichteten für die Bekämpfung von Alltagskriminalität in die Pflicht genommen werden, bleibt weiter abzuwarten.[111]

5. Weitere Voraussetzungen der Meldepflicht nach § 43 Abs. 1 Nr. 2 GwG

Nach § 43 Abs. 1 Nr. 2 GwG ist ein Überschreiten der Verdachtsmeldeschwelle **37** in Bezug auf Tatsachen, die darauf hindeuten, dass ein Geschäftsvorfall, eine Transaktion oder ein Vermögensgegenstand im Zusammenhang mit Terrorismusfinanzierung steht, maßgeblich. Siehe zu dem Begriff der **Transaktion** oben unter → § 43 Rn. 32 ff. und zu dem Begriff des **Vermögensgegenstandes** oben unter → § 43 Rn. 29.

An einer Legaldefinition des Begriffes **Geschäftsvorfall** fehlt es derzeit im **38** GwG. Der Begriff des Geschäftsvorfalles wird jedoch auch in zahlreichen anderen Normen verwendet wie z. B. in § 145 Abs. 1 Satz 1 AO oder § 238 Abs. 1

---

109 *Bülte*, in: Rotsch, Criminal Compliance, § 29 Rn. 21.
110 BGBl. I 2021, S. 327 ff.
111 DK, Stellungnahme zum Regierungsentwurf v. 22.2.2017 für ein Umsetzungsgesetz zur 4. Geldwäsche-Richtlinie (EU) 2015/849, 13.3.2017, S. 27, https://die-dk.de/the men/stellungnahmen/stellungnahme-zum-regierungsentwurf-fur-ein-umsetzungsge setz-zur-4-geldwasche-richtlinie/, zuletzt abgerufen am 30.12.2021.

Satz 2 HGB. Insofern können die zu diesen Normen entwickelten Grundsätze Anhaltspunkte bieten. Unter einem Geschäftsvorfall im Sinne von § 145 Abs. 1 Satz 1 AO ist ein Sachverhalt zu verstehen, der einen Einfluss auf den Gewinn oder die Zusammensetzung des Vermögens des Steuerpflichtigen hat; hierzu zählen auch Einlagen und Entnahmen.[112] Letztlich ist der Begriff des Geschäftsvorfalls demnach sehr weit zu verstehen und umfasst nahezu alle Sachverhalte im geschäftlichen Verkehr, die die finanzielle Situation von Wirtschaftssubjekten beeinflussen.

39 Der Begriff der **Terrorismusfinanzierung** in § 1 Abs. 2 GwG entspricht in weiten Teilen § 1 Abs. 2 GwG a. F. in der vor dem 26.6.2017 geltenden Fassung. Geringfügige Änderungen hat die Norm sowohl durch das Gesetz zur Umsetzung der Vierten EU-Geldwäscherichtlinie, zur Ausführung der EU-Geldtransferverordnung und zur Neuorganisation der Zentralstelle für Finanztransaktionsuntersuchungen vom 23.6.2017[113] als auch durch das Gesetz zur Umsetzung der Änderungsrichtlinie zur Vierten EU-Geldwäscherichtlinie vom 12.12.2019[114] erfahren.

40 Gem. § 1 Abs. 2 GwG ist Terrorismusfinanzierung im Sinne des GwG die Bereitstellung oder Sammlung von Vermögensgegenständen mit dem Wissen oder in der Absicht, dass diese Vermögensgegenstände ganz oder teilweise dazu verwendet werden oder verwendet werden sollen, eine oder mehrere der folgenden Straftaten zu begehen: eine Tat nach § 129a StGB, auch in Verbindung mit § 129b StGB, oder eine andere der in den Art. 3, 5–10 und 12 der Richtlinie (EU) 2017/541 des Europäischen Parlaments und des Rates vom 15. März 2017 zur Terrorismusbekämpfung und zur Ersetzung des Rahmenbeschlusses 2002/475/JI des Rates und zur Änderung des Beschlusses 2005/671/JI des Rates (ABl. L 88 v. 31.3.2017, S. 6) umschriebenen Straftaten, die Begehung einer Tat nach § 89c StGB oder die Anstiftung oder Beihilfe zu einer Tat nach § 1 Abs. 2 Nr. 1 und Nr. 2 GwG.

41 Insbesondere das Tatbestandsmerkmal der Absicht wurde durch das Gesetz zur Umsetzung der Vierten EU-Geldwäscherichtlinie, zur Ausführung der EU-Geldtransferverordnung und zur Neuorganisation der Zentralstelle für Finanztransaktionsuntersuchungen vom 23.6.2017[115] mit aufgenommen.[116] Durch das Gesetz zur Umsetzung der Änderungsrichtlinie zur Vierten EU-Geldwäscherichtlinie vom 12.12.2019[117] wurde darüber hinaus die Umsetzung von Art. 1 Nr. 2 Buchstabe a Punkt ii der Änderungsrichtlinie erzielt, indem die Bezug-

---

112 *Rätke*, in: Klein, AO, § 145 Rn. 3.
113 BGBl. I 2017, S. 1822 ff.
114 BGBl. I 2019, S. 2602 ff.
115 BGBl. I 2017, S. 1822 ff.
116 BGBl. I 2017, S. 1822 ff.
117 BGBl. I 2019, S. 2602 ff.

nahme auf den vorherigen Rahmenbeschluss gestrichen und durch den Nachfolgerechtsakt ersetzt wurde.[118] Siehe zum Begriff der Terrorismusfinanzierung auch unter → § 1 GwG Rn. 29 ff.

Die **Anzahl** der an die Financial Intelligence Unit übermittelten **Verdachtsmeldungen mit möglichem Bezug zur Terrorismusfinanzierung oder sonstiger staatsschutzrelevanter Kriminalität beläuft** sich im Jahr 2020 auf knapp 3.600, insofern machen die Meldungen in diesem Bereich nach wie vor einen **verschwindend geringen Anteil von 2 % der Verdachtsmeldungen** aus.[119]   **42**

Der geringe prozentuale Anteil von Verdachtsmeldungen nach § 43 Abs. 1 Nr. 2 GwG im Verhältnis zu Verdachtsmeldungen nach § 43 Abs. 1 Nr. 1 GwG liegt nicht zuletzt auch darin begründet, dass sich die Geldwäsche häufig leichter erkennen lässt als die zum Teil undurchsichtigere Terrorismusfinanzierung. Bei der Bekämpfung von Geldwäsche kommt es darauf an ein Einschleusen inkriminierter Gelder in den legalen Wirtschaftskreislauf zu verhindern.[120] Bei der Bekämpfung der Terrorismusfinanzierung muss die **zukünftige terroristische Verwendungsabsicht erkannt werden um diese zu verhindern**.[121] Die Verwendung der Vermögensgegenstände kann sowohl der **direkten Finanzierung eines konkreten Terroranschlages** dienen, als auch der **Aufrechterhaltung terroristischer Organisationen und Infrastrukturen**; dabei können die verwendeten Vermögensgegenstände sowohl **legaler als auch illegaler Herkunft** sein.[122] So weist auch die FIU bereits in dem Jahresbericht 2018 ausdrücklich darauf hin, dass die Mittelbeschaffung terroristischer Gruppierungen „mannigfaltig ist und sich ständig wechselnden Umständen anpasst".[123]   **43**

Folge hiervon ist, dass im Bereich der Terrorismusfinanzierung deutlich weniger Typologien näher bestimmt sind an denen sich die Verpflichteten orientieren können. Trotz dessen rechnet die FIU aufgrund einer „Beeinflussung der Verpflichteten" durch aktuelle politische Entwicklungen oder aktuelle terroristische oder staatsschutzrelevante Ereignisse sowie durch Maßnahmen zur Steigerung der Sensibilität durch die FIU in Zukunft mit einer weiteren Steigerung des Meldeaufkommens mit möglichem Bezug zur Terrorismusfinanzierung oder Staatsschutz.[124]   **44**

---

118 BR-Drs. 352/19, S. 70; BT-Drs. 19/13827, S. 67.
119 FIU, Jahresbericht 2020, S. 16.
120 FIU, Jahresbericht 2018, S. 51, https://www.zoll.de/DE/FIU/Fachliche-Informatio nen/Jahresberichte/jahresberichte_node.html, zuletzt abgerufen am 30.12.2021.
121 FIU, Jahresbericht 2018, S. 51.
122 FIU, Jahresbericht 2018, S. 51 f.
123 FIU, Jahresbericht 2018, S. 52.
124 FIU, Jahresbericht 2018, S. 50.

6. Voraussetzungen der Meldepflicht nach § 43 Abs. 1 Nr. 3 GwG

45 Nach § 43 Abs. 1 Nr. 3 GwG ist maßgeblich, ob Tatsachen vorliegen, die darauf hindeuten, dass der Vertragspartner seine Pflicht nach § 11 Abs. 6 Satz 3 GwG gegenüber dem Verpflichteten offenzulegen, ob er die Geschäftsbeziehung oder die Transaktion für einen wirtschaftlich Berechtigten begründen, fortsetzen oder durchführen will, nicht erfüllt hat. Die Regelung entspricht inhaltlich Großteils § 11 Abs. 1 Satz 2 GwG a. F. in der vor dem 26.6.2017 geltenden Fassung.

46 Eingeführt wurde die Regelung über die Meldepflicht bei **Verstoß gegen die Offenbarungspflicht** durch den Vertragspartner mittels des Gesetzes zur Optimierung der Geldwäscheprävention vom 22.12.2011.[125] Grund für die Einführung waren die **Monita der FATF** zu der mangelnden Transparenz von Geschäftsbeziehungen, bei denen ein wirtschaftlich Berechtigter eine tatsächliche Rolle spielt.[126] Aufgrund der „Verschleierungsmöglichkeiten und der damit verbundenen, gesteigerten Risiken des Missbrauchs zu Geldwäsche und Terrorismusfinanzierung", müssen Verpflichtete, auch ohne weitere Anhaltspunkte für einen Bezug zu Geldwäsche oder Terrorismusfinanzierung und unabhängig von der Beendigungsverpflichtung nach § 10 Abs. 9 GwG, eine Verdachtsmeldung an die Zentralstelle für Finanztransaktionsuntersuchungen erstatten, wenn der Vertragspartner gegenüber dem Verpflichteten nicht offenlegt, ob er die Geschäftsbeziehung oder die Transaktion für einen wirtschaftlich Berechtigten begründen, fortsetzen oder durchführen will oder mit der Offenlegung dem Verpflichteten auch die Identität des wirtschaftlich Berechtigten nicht nachweist.[127]

47 Im Verhältnis zur bisher geltenden Regelung wurde in § 43 Abs. 1 Nr. 3 GwG durch das Gesetz zur Umsetzung der Vierten EU-Geldwäscherichtlinie, zur Ausführung der EU-Geldtransferverordnung und zur Neuorganisation der Zentralstelle für Finanztransaktionsuntersuchungen vom 23.6.2017[128] das Tatbestandsmerkmal, dass der Vertragspartner seiner **Offenbarungspflicht** „zuwidergehandelt hat" in „**nicht erfüllt hat**" geändert. Hierdurch sind jedoch keine inhaltlichen Änderungen entstanden. In der Praxis spielt die Norm ohnehin eine sehr untergeordnete Rolle, so ist die Anzahl der Verdachtsmeldungen die aufgrund der Verletzung der Offenbarungspflicht abgegeben wurden sehr gering und die Verfahren werden nach kurzen Ermittlungen mangels Anhaltspunkte auf deliktisches Verhalten häufig ohne Restverdacht eingestellt.[129]

---

125 BGBl. I 2011, S. 2959 ff.

126 BT-Drs. 17/6804, S. 36.

127 BT-Drs. 17/6804, S. 36; BMF, Auslegungshinweise des Bundesministeriums der Finanzen zur Handhabung des Verdachtsmeldewesens (§ 11 GwG), S. 5; BaFin, AuA 2018, S. 74.

128 BGBl. I 2017, S. 1822 ff.

129 *Baretto de Rosa*, in: Herzog, GwG, § 43 Rn. 48.

§ 43 Abs. 1 Nr. 3 GwG verlangt das Vorliegen von Tatsachen die darauf hindeu- **48**
tet, dass der **Vertragspartner seine Offenbarungspflicht nach § 11 Abs. 6
Satz 3 GwG nicht erfüllt hat.** Nach § 11 Abs. 6 Satz 3 GwG hat der Vertragspartner gegenüber dem Verpflichteten offenzulegen, ob er die Geschäftsbeziehung oder die Transaktion für einen wirtschaftlich Berechtigten begründen, fortsetzen oder durchführen will. Die Regelung entspricht im Wortlaut § 4 Abs. 6
Satz 2 GwG a. F. in der vor dem 26.6.2017 geltenden Fassung.

Eingeführt wurde die Regelung zur Offenbarungspflicht des Vertragspartners **49**
mittels des Gesetzes zur Optimierung der Geldwäscheprävention vom
22.12.2011.[130] Die Einführung der Offenbarungspflicht erfolgte im Kontext mit
der Erweiterung der Definition des wirtschaftlich Berechtigten und der Pflicht
der Verpflichteten zur Abklärung, ob der Vertragspartner für einen wirtschaftlich
Berechtigten handelt.[131] Der Gesetzgeber erkannte, dass ein Verpflichteter nur
dann in der Lage ist, seiner Abklärungspflicht ausreichend zu genügen, wenn er
die hierfür erforderlichen Informationen von seinem Vertragspartner erhält.[132]
Insofern wurden dem Vertragspartner **entsprechende schuldrechtliche Mitwir-
kungs- und Offenlegungspflichten spiegelbildlich zu den Abklärungspflichten der Verpflichteten** auferlegt.[133] Ausweißlich der Gesetzesbegründung sollte
hierdurch auch der an verschiedenen Stellen im **Deutschlandbericht der FATF**
vom 19.2.2010 geäußerten Kritik an der unzureichenden Umsetzung der FATF-
Empfehlung 5 zur Ermittlung des wirtschaftlich Berechtigten und der FATF-
Empfehlung 34 zur Verhinderung der rechtswidrigen Nutzung von Rechtskonstruktionen begegnet werden.[134]

Nach Ansicht der Bundesanstalt für Finanzaufsicht (BaFin) die Niederschlag in **50**
den durch sie veröffentlichten aktuellen Auslegungs- und Anwendungshinweisen zum Geldwäschegesetz gefunden hat, umfasst die soeben dargestellte **Of-
fenbarungs- bzw. Offenlegungspflicht allerdings ausschließlich Fälle der
Veranlassung gem. § 3 Abs. 1 Nr. 2 GwG.**[135]

Im Rahmen einer Meldepflicht nach § 43 Abs. 1 Nr. 3 GwG ist strittig, ob und **51**
wenn ja, welcher **Beurteilungsspielraum** dem Verpflichteten tatsächlich zusteht.[136] Jedenfalls die BaFin räumt den ihrer Aufsicht unterstehenden Verpflichteten einen solchen im Rahmen der Auslegungs- und Anwendungshinweise zum Geldwäschegesetz ausdrücklich ein:

---

130 BGBl. I 2011, S. 2959 ff.
131 BT-Drs. 17/6804, S. 28.
132 BT-Drs. 17/6804, S. 28.
133 BT-Drs. 17/6804, S. 28.
134 BT-Drs. 17/6804, S. 28.
135 BaFin, AuA, Oktober 2021, S. 75.
136 Siehe hierzu im Einzelnen bei *Baretto de Rosa*, in: Herzog, GwG, § 43 Rn. 51.

„In Fällen nicht offengelegter Veranlassung besteht jedoch – anders als in den Fällen nach Nr. 1 und Nr. 2 – keine automatische Pflicht zur Meldung; der Verpflichtete hat vielmehr in den Fällen, in denen Anhaltspunkte dafür vorliegen, dass der Vertragspartner seiner Offenlegungspflicht nicht nachgekommen ist, das Recht, eine Bewertung des Sachverhalts durchzuführen (hierzu gehören neben dem objektiven Vorliegen einer Zuwiderhandlung, die im Regelfall gegeben ist und deshalb keiner gesonderten Beurteilung unterworfen sein kann, in erster Linie innere Tatsachen, d.h. die Motive des Vertragspartners). Maßstab hierfür ist eine Beurteilung des äußeren und inneren Sachverhalts nach allgemeinen Erfahrungen unter dem Blickwinkel seiner Ungewöhnlichkeit und Auffälligkeit im jeweiligen Kontext der Geschäftsbeziehung mit dem Vertragspartner. Gleichzeitig ermöglicht das Gesetz in Fällen, in denen der Vertragspartner seiner Offenlegungspflicht gemäß § 11 Abs. 6 Satz 2 GwG zuwidergehandelt hat, die Abgabe einer Verdachtsmeldung auch ohne weitere Bewertung des Sachverhalts.“[137]

52 Der zwangsläufig eng mit der Offenbarungspflicht verbundene Begriff des **wirtschaftlich Berechtigten** ist in § 3 GwG definiert. Die Definition beruht auf § 1 Abs. 6 GwG a. F. in der vor dem 26.6.2017 geltenden Fassung, wurde jedoch sowohl durch das Gesetz zur Umsetzung der Vierten EU-Geldwäscherichtlinie, zur Ausführung der EU-Geldtransferverordnung und zur Neuorganisation der Zentralstelle für Finanztransaktionsuntersuchungen vom 23.6.2017[138] als auch durch das Gesetz zur Umsetzung der Änderungsrichtlinie zur Vierten EU-Geldwäscherichtlinie vom 12.12.2019[139] erheblich modifiziert. Siehe zum Begriff des wirtschaftlich Berechtigten unter → § 3 GwG. Siehe zu dem Begriff der **Geschäftsbeziehung** oben unter → § 43 Rn. 30 GwG und der **Transaktion** oben unter → § 43 Rn. 32 ff.

III. Ausnahmeregelung zur Meldepflicht (§ 43 Abs. 2 GwG)

1. Einführung

53 § 43 Abs. 2 GwG entspricht, insbesondere aufgrund der mittels des Gesetzes zur Umsetzung der Änderungsrichtlinie zur Vierten EU-Geldwäscherichtlinie vom 12.12.2019[140] vorgenommenen „Rückänderungen“, weitestgehend der Regelung des § 11 Abs. 3 GwG a. F. in der vor dem 26.6.2017 geltenden Fassung. Durch die Rückänderungen wurde ein erheblicher Teil der Formulierungen die erst

---

137 BaFin, AuA, Oktober 2021, S. 75.
138 BGBl. I 2017, S. 1822 ff.
139 BGBl. I 2019, S. 2602 ff.
140 BGBl. I 2019, S. 2602 ff.

durch das Gesetz zur Umsetzung der Vierten EU-Geldwäscherichtlinie, zur Ausführung der EU-Geldtransferverordnung und zur Neuorganisation der Zentralstelle für Finanztransaktionsuntersuchungen vom 23.6.2017[141] Einzug in das GwG erhalten haben wieder gestrichen und weitestgehend durch altbekannte Formulierungen des § 11 Abs. 3 GwG a. F. in der vor dem 26.6.2017 geltenden Fassung ersetzt. Mittels des Gesetzes zur europäischen Vernetzung der Transparenzregister und zur Umsetzung der Richtlinie 2019/1153 des Europäischen Parlaments und des Rates vom 20. Juni 2019 zur Nutzung von Finanzinformationen für die Bekämpfung von Geldwäsche, Terrorismusfinanzierung und sonstigen schweren Straftaten (Transparenzregister- und Finanzinformationsgesetz) vom 25.6.2021[142] kam es zu einer geringfügigen redaktionellen Änderung.[143] § 43 Abs. 2 GwG beinhaltet Ausnahmeregelungen im Zusammenhang mit der nach § 43 Abs. 1 GwG bestehenden Meldepflicht für Verpflichtete nach § 2 Abs. 1 Nr. 10 und 12 GwG und berücksichtigt Vorgaben von Art. 34 Abs. 2 der Vierten EU-Geldwäscherichtlinie.[144]

Bei den privilegierten Verpflichteten nach § 2 Abs. 1 Nr. 10 und 12 GwG handelt es sich um Rechtsanwälte, Kammerrechtsbeistände, Patentanwälte, Notare, Wirtschaftsprüfer, vereidigte Buchprüfer, Steuerberater und Steuerbevollmächtigte. Mithin also die in § 102 Abs. 1 Nr. 3 lit. b AO genannten Personen der freien Berufe.[145] Die diese grundsätzlich treffende Verschwiegenheitspflicht ergibt sich insbesondere aus den folgenden berufsrechtlichen Normen § 43a Abs. 2 BRAO, § 2 BORA, § 39a Abs. 2 PAO § 18 Abs. 1 BNotO, §§ 43 Abs. 1, 57b WPO, § 57 Abs. 1 StBerG, § 5 BOStB. Siehe im Einzelnen zu den betroffenen Verpflichteten unter → § 2 Rn. 164 ff., 225 ff.   **54**

2. Privilegierung der Verpflichteten nach § 2 Abs. 1 Nr. 10 und 12 GwG

Gem. § 43 Abs. 2 Satz 1 GwG sind Verpflichtete nach § 2 Abs. 1 Nr. 10 und 12 GwG abweichend von § 43 Abs. 1 GwG nicht zur Meldung verpflichtet, wenn sich der meldepflichtige Sachverhalt auf Informationen bezieht, die sie im Rahmen von Tätigkeiten der Rechtsberatung oder Prozessvertretung erhalten haben. Im Rahmen des Gesetzes zur Umsetzung der Änderungsrichtlinie zur Vierten   **55**

---

141 BGBl. I 2017, S. 1822 ff.
142 BGBl. I 2021, S. 2083 ff.
143 BT-Drs. 133/21, S. 57.
144 Richtlinie (EU) 2015/849 des Europäischen Parlaments und des Rates v. 20.5.2015 zur Verhinderung der Nutzung des Finanzsystems zum Zwecke der Geldwäsche und Terrorismusfinanzierung, zur Änderung der Verordnung (EU) Nr. 648/2012 des Europäischen Parlaments und des Rates und zur Aufhebung der Richtlinie 2005/60/EG des Europäischen Parlaments und des Rates und der Richtlinie 2006/70 der Kommission (ABl. L 141 v. 5.6.2015, S. 73 ff.).
145 BR-Drs. 352/19, S. 109; BT-Drs. 19/13827, S. 98.

EU-Geldwäscherichtlinie vom 12.12.2019[146] wurden in § 43 Abs. 2 Satz 1 GwG die Wörter „eines der Schweigepflicht unterliegenden Mandatsverhältnisses" durch die Wörter „**von Tätigkeiten der Rechtsberatung oder Prozessvertretung**" ersetzt.

56 Der Gesetzesbegründung nach soll die Anpassung der Umsetzung der Vorgaben des Art. 34 Abs. 2 der Vierten EU-Geldwäscherichtlinie[147] dienen und **den konkreten Wortlaut aufnehmen** nach dem rechtsberatende Berufe von der Verdachtsmeldepflicht befreit sind, wenn Informationen im Rahmen von Tätigkeiten der Rechtsberatung oder Prozessvertretung erlangt werden.[148] Letztlich wird hierdurch, so die Gesetzesbegründung, wieder die **Rechtslage nach § 11 Abs. 3 GwG a. F.** in der vor dem 26.6.2017 geltenden Fassung und damit vor Inkrafttreten des Gesetz zur Umsetzung der Vierten EU-Geldwäscherichtlinie, zur Ausführung der EU-Geldtransferverordnung und zur Neuorganisation der Zentralstelle für Finanztransaktionsuntersuchungen vom 23.6.2017[149] wiederhergestellt.[150]

57 Dieser Begründung wurde jedoch bereits während des Gesetzgebungsverfahrens entgegengehalten, dass der Zusatz „von Tätigkeiten" zum einen nicht dem konkreten Wortlaut von § 11 Abs. 3 GwG a. F. in der vor dem 26.6.2017 geltenden Fassung entspricht und zum anderen sowohl „überflüssig als auch unzutreffend" ist, da Rechtsberatung und Prozessvertretung Dienstleistungen sind.[151] Darüber hinaus lässt sich auch nicht nachvollziehen, weshalb der Gesetzgeber, den Zusatz „von Tätigkeiten", soweit er ihn für erforderlich hält, nicht einheitlich bei allen im GwG verankerten Privilegierungen von Verpflichteten nach § 2 Abs. 1 Nr. 10 und 12 GwG verwendet. So hat der Zusatz keinen Niederschlag in § 30 Abs. 3 Satz 3 GwG gefunden.

58 Im Rahmen des Gesetzes zur Umsetzung der Vierten EU-Geldwäscherichtlinie, zur Ausführung der EU-Geldtransferverordnung und zur Neuorganisation der Zentralstelle für Finanztransaktionsuntersuchungen vom 23.6.2017[152] wurde

---

146 BGBl. I 2019, S. 2602 ff.

147 Richtlinie (EU) 2015/849 des Europäischen Parlaments und des Rates v. 20.5.2015 zur Verhinderung der Nutzung des Finanzsystems zum Zwecke der Geldwäsche und Terrorismusfinanzierung, zur Änderung der Verordnung (EU) Nr. 648/2012 des Europäischen Parlaments und des Rates und zur Aufhebung der Richtlinie 2005/60/EG des Europäischen Parlaments und des Rates und der Richtlinie 2006/70 der Kommission (ABl. L 141 v. 5.6.2015, S. 73 ff.).

148 BR-Drs. 352/19, S. 108; BT-Drs. 19/13827, S. 98.

149 BGBl. I 2017, S. 1822 ff.

150 BR-Drs. 352/19, S. 108; BT-Drs. 19/13827, S. 98.

151 Bundesrechtsanwaltskammer, Stellungnahme Nr. 14/2019 zum Referentenentwurf des BMF zur Umsetzung der Änderungsrichtlinie zur Vierten EU-Geldwäscherichtlinie [Richtlinie (EU) 2018/843] v. 20.5.2019, vom Juni 2019, S. 4, https://brak.de/zur-rechtspolitik/stellungnahmen/, zuletzt abgerufen am 30.12.2021.

152 BGBl. I 2017, S. 1822 ff.

nicht mehr auf die Rechtsberatung oder die Prozessvertretung wie in § 11 Abs. 3 GwG a. F. in der vor dem 26.6.2017 geltenden Fassung abgestellt, sondern auf die der Schweigepflicht unterliegenden Mandatsverhältnisse. Durch die Änderung sollten umfassend **alle Tätigkeiten, die einer Schweigepflicht unterliegen**, wie beispielsweise die gesamte Steuerberatung berücksichtigt werden[153] und nicht nur der Verschwiegenheitspflicht von Berufsgeheimnisträgern Rechnung tragen, soweit diese eine Rechtsberatung vornehmen.[154]

Als **Rechtsberatung im Sinne des § 43 Abs. 2 Satz 1 GwG wird nach der Gesetzesbegründung** „jede Tätigkeit in konkreten fremden Angelegenheiten definiert, die eine vertiefte Prüfung der Rechtslage unter Berücksichtigung der Umstände des Einzelfalls erfordert. Erfasst sind Tätigkeiten, die der Kenntnisse und Fertigkeiten bedürfen, die durch ein Studium oder langjährige Berufserfahrung vermittelt werden und für eine substanzielle Rechtsberatung erforderlich sind".[155] Insofern fallen, so die Gesetzesbegrünung, u. a. keine einfachen kaufmännischen Hilfstätigkeiten, Tätigkeiten der Buchführung oder betriebswirtschaftliche Prüfungstätigkeiten unter die Befreiungsregelung.[156] Im Gegensatz zur bisherigen Rechtslage ist damit insbesondere nicht mehr die gesamte Tätigkeit von Steuerberatern erfasst.[157]   **59**

Die Definition der Rechtsberatung wurde berechtigterweise bereits während des Gesetzgebungsverfahrens kritisiert. Die dargelegte **Definition widerspricht der geltenden Definition der Rechtsdienstleistung in § 2 Abs. 1 RDG** nach dem weder eine vertiefte Prüfung der Rechtslage gefordert wird noch eine substanzielle Rechtsberatung (BGH, Urt. v. 14.1.2016 – I ZR 107/14).[158] Vielmehr definiert § 2 Abs. 1 RDG unter einer Rechtsdienstleistung jede Tätigkeit in konkreten fremden Angelegenheiten, sobald sie eine rechtliche Prüfung des Einzelfalls erfordert. Zudem würden bei Anwendung der im Rahmen der Gesetzesbegründung ausgeführten engen Definition unter Umständen **zahlreiche Dienstleistungen der geldwäscherechtlichen Privilegierung nicht unterfallen, die allerdings der berufsrechtlichen Verschwiegenheitspflicht unterliegen** wie beispielsweise die Kenntniserlangung im Rahmen der Mandatsanbahnung und Sachverhaltsermittlungen im Rahmen von „Internal Investigations".[159]   **60**

---

153 BT-Drs. 18/12405, S. 166.

154 BT-Drs. 18/12405, S. 166.

155 BR-Drs. 352/19, S. 108; BT-Drs. 19/13827, S. 98.

156 BR-Drs. 352/19, S. 109; BT-Drs. 19/13827, S. 98.

157 BR-Drs. 352/19, S. 109; BT-Drs. 19/13827, S. 98.

158 Bundesrechtsanwaltskammer, Stellungnahme Nr. 14/2019 zum Referentenentwurf des BMF zur Umsetzung der Änderungsrichtlinie zur Vierten EU-Geldwäscherichtlinie [Richtlinie (EU) 2018/843] v. 20.5.2019, vom Juni 2019, S. 4.

159 Deutscher Anwaltverein, Stellungnahme Nr. 22/2019 zu dem Referentenentwurf eines Gesetzes zur Umsetzung der Änderungsrichtlinie zur 4. EU-Geldwäscherichtlinie (Richtlinie (EU) 2018/843), vom Juni 2019, S. 5, https://www.bundesfi

61 Für die Annahme einer Rechtsberatung ist es unerheblich, ob bereits eine Mandatserteilung vorliegt, da die Tätigkeiten auch **im Zeitraum der Vertragsanbahnung** erbracht werden kann.[160] Wenngleich das Privileg von allen in § 43 Abs. 2 Satz 1 genannten Verpflichteten in Anspruch genommen werden kann, gilt es darüber hinaus zu beachten, dass die **im Einzelfall konkret erbrachte Tätigkeit maßgeblich** ist, durch die die Informationen erlangt wurde.[161]

62 Letztlich trägt die Ausnahmeregelung dem rechtlich besonders geschützten und für eine effektive Berufsausübung von Berufsgeheimnisträgern unverzichtbaren **Vertrauensverhältnis zwischen Berater bzw. Berufsträger und Mandant** Rechnung.[162] Grenzen sind dem gesetzt, wenn es um Drittgeheimnisse geht, da diese nicht der Schweigepflicht unterliegen, soweit die vom Dritten erlangten Informationen nicht zumindest auch die Interessen des Mandanten berühren.[163] Eine Meldepflicht könnte beispielsweise dann bestehen, wenn der Rechtsanwalt einen Immobilienverkäufer vertritt und Tatsachen darauf hindeuten, dass die Gelder des Immobilienkäufers zum Erwerb der Immobilie aus Drogenverkäufen herrühren.[164]

63 Mit der entfallenen Verpflichtung zur Meldung geht allerdings bei den genannten Verpflichteten, aufgrund der bei ihnen bestehenden berufsbedingten Verschwiegenheitspflicht, die aus dem Mandatsverhältnis und den diesem zugrunde liegenden berufsrechtlichen Rechtsvorschriften (§ 43a Abs. 2 BRAO, § 2 BORA, § 39a Abs. 2 PAO § 18 Abs. 1 BNotO, §§ 43 Abs. 1, 57b WPO, § 57 Abs. 1 StBerG, § 5 BOStB) resultiert, auch ein Verbot zur Abgabe einer Meldung einher.[165] Es wird teilweise angenommen, dass eine Missachtung dieses

---

nanzministerium.de/Content/DE/Gesetzestexte/Gesetze_Gesetzesvorhaben/Abteilungen/Abteilung_VII/19_Legislaturperiode/2019-12-19-Gesetz-4-EU-Geldwaescherichtlinie/0-Gesetz.html, zuletzt abgerufen am 30.12.2021

160 BR-Drs. 352/19, S. 109; BT-Drs. 19/13827, S. 98.

161 BR-Drs. 352/19, S. 109; BT-Drs. 19/13827, S. 98.

162 Bundesrechtsanwaltskammer, Auslegungs- und Anwendungshinweise der zum Gesetz über das Aufspüren von Gewinnen aus schweren Straftaten (Geldwäschegesetz – GwG), 6. Aufl. Oktober 2021, S. 49; Wirtschaftsprüferkammer, Auslegungs- und Anwendungshinweise der Wirtschaftsprüferkammer zum Gesetz über das Aufspüren von Gewinnen aus schweren Straftaten (Geldwäschegesetz – GwG), Stand: 18.6.2020, S. 55.

163 Bundesrechtsanwaltskammer, Auslegungs- und Anwendungshinweise der Rechtsanwaltskammer München zum Gesetz über das Aufspüren von Gewinnen aus schweren Straftaten (Geldwäschegesetz – GwG), 6. Aufl. Oktober 2021, S. 63.

164 Bundesrechtsanwaltskammer, Auslegungs- und Anwendungshinweise zum Gesetz über das Aufspüren von Gewinnen aus schweren Straftaten (Geldwäschegesetz – GwG), 6. Aufl. Oktober 2021, S. 63.

165 *Häberle*, in: Erbs/Kohlhaas, Strafrechtliche Nebengesetze, § 43 Rn. 7.

Verbotes unter Umständen zu einer **Strafbarkeit nach § 203 StGB (Verletzung von Privatgeheimnissen)** führen könnte.[166] Jedenfalls sind stets die Voraussetzungen für das Bestehen einer Verdachtsmeldepflicht wegen des möglichen Konflikts mit der beruflichen Verschwiegenheitpflicht mithin sorgfältig zu prüfen, wenngleich § 48 Abs. 1 GwG klarstellt, dass der Meldende nicht nach zivilrechtlichen oder strafrechtlichen Vorschriften verantwortlich gemacht werden darf, es sei denn, das die Meldung vorsätzlich oder grob fahrlässig unwahr erstattet wurde.[167]

3. Rückausnahme von der Privilegierung der Verpflichteten nach § 2 Abs. 1 Nr. 10 und 12 GwG

Die Meldepflicht bleibt jedoch nach § 43 Abs. 2 Satz 2 GwG bestehen, wenn der Verpflichtete nach § 2 Abs. 1 Nr. 10 und 12 GwG weiß, dass der Vertragspartner die Rechtsberatung oder Prozessvertretung **für den Zweck der Geldwäsche, der Terrorismusfinanzierung oder einer anderen Straftat genutzt hat oder nutzt oder ein Fall des Absatzes 6 vorliegt**. Insofern wurde auch in § 43 Abs. 2 Satz 2 GwG, die Wörter „das Mandatsverhältnis" durch die Wörter „**die Rechtsberatung oder Prozessvertretung**" – allerdings ohne den Zusatz „von Tätigkeiten" – im Rahmen des Gesetzes zur Umsetzung der Änderungsrichtlinie zur Vierten EU-Geldwäscherichtlinie vom 12.12.2019[168] ersetzt und so eine Anpassung des Wortlauts entsprechend der Änderung des § 43 Abs. 2 Satz 1 GwG vorgenommen.

  64

Zudem wurden mittels des Gesetzes zur Umsetzung der Änderungsrichtlinie zur Vierten EU-Geldwäscherichtlinie vom 12.12.2019[169] nach dem Wort „nutzt" die Wörter „**oder ein Fall des Absatzes 6 vorliegt**" eingefügt. Mit der Ergänzung besteht die Rückausnahme von der Privilegierung für Verpflichteten nach § 2 Abs. 1 Nr. 10 und 12 GwG unter bestimmten Voraussetzungen auch bei der **Mitwirkung an Immobilientransaktionen**. So besteht eine Meldepflicht bei Erwerbsvorgängen nach § 1 des Grunderwerbsteuergesetzes für Verpflichteten nach § 2 Abs. 1 Nr. 10 und 12 GwG soweit es sich um einen durch eine Rechtsverordnung festgelegten Sachverhalt handelt, der stets zu melden ist. Die ent-

  65

---

166 *Häberle*, in: Erbs/Kohlhaas, Strafrechtliche Nebengesetze, § 43 Rn. 7; Wirtschaftsprüferkammer, Auslegungs- und Anwendungshinweise der Wirtschaftsprüferkammer zum Gesetz über das Aufspüren von Gewinnen aus schweren Straftaten (Geldwäschegesetz – GwG), Stand: 18.6.2020, S. 56.
167 Bundesrechtsanwaltskammer, Auslegungs- und Anwendungshinweise zum Gesetz über das Aufspüren von Gewinnen aus schweren Straftaten (Geldwäschegesetz – GwG), 6. Aufl. Oktober 2021, S. 63.
168 BGBl. I 2019, S. 2602 ff.
169 BGBl. I 2019, S. 2602 ff.

sprechende Ermächtigungsgrundlage zum Erlass einer Rechtsverordnung ist in § 43 Abs. 6 GwG normiert.

66 Der Gesetzgeber rechtfertigt die Ergänzung von § 43 Abs. 2 Satz 2 GwG und die damit verbundene weitere Einschränkung der berufsrechtlichen Verschwiegenheitspflicht im Rahmen der Gesetzesbegründung zum einen durch die **Erkenntnisse der Nationalen Risikoanalyse und der FIU nach denen der Immobiliensektor spezifische Geldwäscherisiken aufweist.**[170] Zum anderen soll hiermit berücksichtigt werden, dass eben in diesem Risikobereich eine maßgebliche **Einbindung von Verpflichteten nach § 2 Abs. 1 Nr. 10 und 12 GwG insbesondere im Rahmen der Vertragsgestaltung, der juristischen Beratung und der Beurkundung** erfolgt.[171]

67 Hinsichtlich der Beurteilung der neu eingeführten Rückausnahme von der Privilegierung lässt sich keine pauschale Aussage treffen, vielmehr gilt es nach den unterschiedlichen Verpflichteten, die diese Regelung trifft, zu differenzieren. Beispielsweise insbesondere hinsichtlich der Berufsgruppe der Notare und der Rechtsanwälte scheint eine stark abweichende Beurteilung sachgerecht zu sein, wenngleich beide grundsätzlich gleichermaßen einer berufsrechtlichen Verschwiegenheitspflicht unterliegen (vgl. hierzu § 18 Abs. 1 BnotO und § 43a Abs. 2 BRAO sowie § 2 BORA). Die weitere Rückausnahme für **Notare** scheint im Ergebnis sinnvoll.[172] Notare würden eine höhere Rechtssicherheit für mittels einer Rechtsverordnung zu meldenden Sachverhalte erhalten.[173] Auch schon bisher münden die betroffenen Immobilientransaktionen in diverse andere Meldepflichten und der Notar wird durch die Schaffung von „Katalogsachverhalten" der für ihn, trotz erheblicher Bemühungen faktisch fast unmögliche Feststellung von Verdachtsfällen, enthoben, ohne dass die Information hierüber geldwäscherelevant verloren geht.[174]

---

170 BR-Drs. 352/19, S. 109; BT-Drs. 19/13827, S. 99.

171 BR-Drs. 352/19, S. 109; BT-Drs. 19/13827, S. 99.

172 Bundesnotarkammer, Stellungnahme zum Referentenentwurf eines Gesetzes zur Umsetzung der Änderungsrichtlinie zur vierten EU-Geldwäscherichtlinie (Richtlinie (EU) 2018/843), v. 31.5.2019, S. 2, https://www.bundesfinanzministerium.de/Content/DE/Gesetzestexte/Gesetze_Gesetzesvorhaben/Abteilungen/Abteilung_VII/19_Legislaturperiode/2019-12-19-Gesetz-4-EU-Geldwaescherichtlinie/0-Gesetz.html, zuletzt abgerufen am 30.12.2021; Deutscher Anwaltverein, Stellungnahme Nr. 22/2019 zu dem Referentenentwurf eines Gesetzes zur Umsetzung der Änderungsrichtlinie zur 4. EU-Geldwäscherichtlinie (Richtlinie (EU) 2018/843), vom Juni 2019, S. 6.

173 Bundesnotarkammer, Stellungnahme zum Referentenentwurf eines Gesetzes zur Umsetzung der Änderungsrichtlinie zur vierten EU-Geldwäscherichtlinie (Richtlinie (EU) 2018/843), v. 31.5.2019, S. 2.

174 Deutscher Anwaltverein, Stellungnahme Nr. 22/2019 zu dem Referentenentwurf eines Gesetzes zur Umsetzung der Änderungsrichtlinie zur 4. EU-Geldwäscherichtlinie (Richtlinie (EU) 2018/843), vom Juni 2019, S. 6.

Die weitere Einschränkung der berufsrechtlichen Verschwiegenheitspflicht und **68** die diese begleitenden Rechte von **Rechtsanwälten** begegnen dagegen erheblich Bedenken. Als Ausfluss des im Grundgesetz verankerten Rechtsstaatsprinzip muss ein Mandant schon aus Gründen der Chancen- und Waffengleichheit darauf vertrauen können, dass ein Rechtsanwalt seine Interessen unabhängig, frei und uneigennützig wahrnimmt (BVerfG, Urt. v. 30.3.2004, Gz. 2 BvR 1520/01 und 2 BvR 1521/01, Rn. 100).[175] Hierzu bedarf es ein besonderes Vertrauensverhältnis zwischen Rechtsanwalt und Mandant, welches das Recht und die Pflicht zur Verschwiegenheit voraussetzt (BVerfG, ebd., Rn. 101).[176] In das besonders geschützte Vertrauensverhältnis wird durch die Rückausnahme von der Privilegierung im Fall des § 43 Abs. 6 GwG im erheblichen Umfang eingegriffen, ohne dass eine hinreichende Rechtfertigung für diesen Eingriff vorliegt, so erscheinen lediglich erhöhte Gelwäscherisiken im Immobiliensektor jedenfalls als Rechtfertigung nicht ausreichend zu sein.[177] Zudem scheint eine Ausdehnung auf diese Berufsgruppe auch wenig sinnvoll, da es hierdurch zu „Doppelmeldungen" an die Financial Intelligence Unit von dem an der der Immobilientransaktion mitwirkendem Notar und Rechtsanwalt kommen könnte.[178] So bedürfen auf inländische Grundstücke bezogene Erwerbsvorgänge ohnehin stets einer notariellen Beurkundung zu ihrer Wirksamkeit völlig losgelöst von einer vorbereitenden oder begleitenden Rechtsberatung.[179] Zudem liegt bei einer begleitenden Rechts-

---

175 Bundesrechtsanwaltskammer, Stellungnahme Nr. 14/2019 zum Referentenentwurf des BMF zur Umsetzung der Änderungsrichtlinie zur Vierten EU-Geldwäscherichtlinie [Richtlinie (EU) 2018/843] v. 20.5.2019, vom Juni 2019, S. 5.

176 Bundesrechtsanwaltskammer, Stellungnahme Nr. 14/2019 zum Referentenentwurf des BMF zur Umsetzung der Änderungsrichtlinie zur Vierten EU-Geldwäscherichtlinic [Richtlinic (EU) 2018/843] v. 20.5.2019, vom Juni 2019, S. 5.

177 Bundesrechtsanwaltskammer, Stellungnahme Nr. 14/2019 zum Referentenentwurf des BMF zur Umsetzung der Änderungsrichtlinie zur Vierten EU-Geldwäscherichtlinie [Richtlinie (EU) 2018/843] v. 20.5.2019, vom Juni 2019, S. 5.

178 Bundesrechtsanwaltskammer, Stellungnahme Nr. 14/2019 zum Referentenentwurf des BMF zur Umsetzung der Änderungsrichtlinie zur Vierten EU-Geldwäscherichtlinie [Richtlinie (EU) 2018/843] v. 20.5.2019, vom Juni 2019, S. 5; Deutscher Anwaltverein, Stellungnahme Nr. 22/2019 zu dem Referentenentwurf eines Gesetzes zur Umsetzung der Änderungsrichtlinie zur 4. EU-Geldwäscherichtlinie (Richtlinie (EU) 2018/843), vom Juni 2019, S. 6.

179 Bundesrechtsanwaltskammer, Stellungnahme Nr. 14/2019 zum Referentenentwurf des BMF zur Umsetzung der Änderungsrichtlinie zur Vierten EU-Geldwäscherichtlinie [Richtlinie (EU) 2018/843] v. 20.5.2019, vom Juni 2019, S. 5; Deutscher Anwaltverein, Stellungnahme Nr. 22/2019 zu dem Referentenentwurf eines Gesetzes zur Umsetzung der Änderungsrichtlinie zur 4. EU-Geldwäscherichtlinie (Richtlinie (EU) 2018/843), vom Juni 2019, S. 6.

beratung auch kein eigenständiger Erwerbsvorgang im Sinne von § 1 Grunderwerbsteuergesetz vor.[180]

69 Bereits mittels des Gesetzes zur Umsetzung der Vierten EU-Geldwäscherichtlinie, zur Ausführung der EU-Geldtransferverordnung und zur Neuorganisation der Zentralstelle für Finanztransaktionsuntersuchungen vom 23.6.2017[181] wurde die Voraussetzung der „**Nutzung**" im Gegensatz zu der in § 11 Abs. 3 GwG a. F. in der vor dem 26.6.2017 geltenden Fassung, welche auf die „Inanspruchnahme" für die verbotenen Zwecke abstellt, ersetzt. Hieraus haben sich jedoch keine inhaltlichen Änderungen ergeben.

70 Bedingt durch das Gesetz zur Umsetzung der Vierten EU-Geldwäscherichtlinie, zur Ausführung der EU-Geldtransferverordnung und zur Neuorganisation der Zentralstelle für Finanztransaktionsuntersuchungen vom 23.6.2017[182] erfolgte auch die Erweiterung der Regelung des § 11 Abs. 3 Satz 2 GwG a. F. in der vor dem 26.6.2017 geltenden Fassung hinsichtlich der **Nutzung für den Zweck einer „anderen Straftat"**. Aufgrund dieser Erweiterung wurden erhebliche Auswirkungen auf die Praxis befürchtet. Insofern ist es sehr bedauerlich, dass hinsichtlich der Erweiterung des Wortlautes der Norm um diesen Nutzungszweck keinerlei nähere Ausführungen in der Gesetzesbegründung vorhanden sind. Vielmehr wird in der Gesetzesbegründung ausdrücklich darauf hingewiesen, dass § 43 Abs. 2 GwG der alten **Regelung im Wortlaut entspricht**.[183]

71 Insofern befinden sich die **Gesetzesbegründung**[184] zum Gesetz zur Umsetzung der Vierten EU-Geldwäscherichtlinie, zur Ausführung der EU-Geldtransferverordnung und zur Neuorganisation der Zentralstelle für Finanztransaktionsuntersuchungen vom 23.6.2017[185] **und der aktuelle Wortlaut** der Norm, welcher sich auch nicht durch das Gesetz zur Umsetzung der Änderungsrichtlinie zur Vierten EU-Geldwäscherichtlinie vom 12.12.2019[186] geändert hat, **im Widerspruch**.

72 Soweit der Gesetzesbegründung ein stärkeres Gewicht als dem konkreten Wortlaut der Norm beigemessen werden würde, so wäre der vorhandene Widerspruch, durch ein redaktionelles Versehen zu erklären. Teilweise wird vertreten, ein redaktionelles Versehen wäre naheliegender als eine bewusste Erweite-

---

180 Bundesrechtsanwaltskammer, Stellungnahme Nr. 14/2019 zum Referentenentwurf des BMF zur Umsetzung der Änderungsrichtlinie zur Vierten EU-Geldwäscherichtlinie [Richtlinie (EU) 2018/843] v. 20.5.2019, vom Juni 2019, S. 5.
181 BGBl. I 2017, S. 1822 ff.
182 BGBl. I 2017, S. 1822 ff.
183 BT-Drs. 18/11555, S. 49.
184 BT-Drs. 18/11555, S. 49.
185 BGBl. I 2017, S. 1822 ff.
186 BGBl. I 2019, S. 2602 ff.

rung.[187] Die Argumente für diese Annahme lassen sich durchweg hören. So wird beispielsweise angeführt, dass der Passus erst im Laufe des Gesetzgebungsverfahrens hinzugekommen ist und wohl eher nicht davon ausgegangen werden kann, dass jeglicher Missbrauch der rechts-, wirtschafts- und steuerberatenden Berufe für Straftaten erfasst werden sollte.[188] Viele sehr schlüssige Argumente wurden auch bereits im Rahmen des Gesetzgebungsverfahrens vorgebracht, weshalb eine Erweiterung des Nutzungszweckes „auf andere Straftaten" auch schlichtweg aufgrund der berufsrechtlichen Pflichten und der Gesetzessystematik nahezu ausgeschlossen ist. Allerdings lässt sich schlichtweg derzeit nicht mit an Sicherheit grenzender Wahrscheinlichkeit sagen, ob es sich um ein redaktionelles Versehen seitens des Gesetzgebers handelt oder doch der Wortlaut bewusst erweitert wurde, um so die Rückausnahme von der Privilegierung erheblich zu erweitern. Insofern bleibt, selbst bei einem nicht auszuschließenden redaktionellen Versehen, bis dato der konkrete Wortlaut der Norm und der damit einhergehenden Verunsicherung bei den betroffenen Verpflichteten ohne Frage bestehen.

Dies zeigt sich auch daran, dass der Wegfall der Privilegierung im Zusammenhang mit der Begehung „einer anderen Straftat" bereits im Rahmen des Gesetzgebungsverfahrens (wie unter der vorangegangenen Rn. erwähnt) erheblicher Kritik ausgesetzt war. Zum einen beruht diese Verschärfung nicht auf den Vorgaben der Vieren EU-Geldwäscherichtlinie.[189] Zum anderen **weicht die Erweiterung auf andere Straftaten von den entsprechenden Ausnahmeregelungen für Berufsgeheimnisträger an anderen Stellen des GwG ab.**[190] Im Rahmen des Auskunftsverweigerungsrechts gegenüber der Zentralstelle für Finanztransaktionsuntersuchungen bleibt gem. § 6 Abs. 6 Satz 4 GwG die Auskunftspflicht bestehen, wenn der Verpflichtete weiß, dass sein Mandant die eigentlich privilegierte Situation für den Zweck der Geldwäsche oder der Terrorismusfinanzie-

73

---

187 *Baretto de Rosa*, in: Herzog, GwG, § 43 Rn. 72.

188 *Baretto de Rosa*, in: Herzog, GwG, § 43 Rn. 72.

189 Wirtschaftsprüferkammer, Stellungnahme der Wirtschaftsprüferkammer zum Regierungsentwurf eines Gesetzes zur Umsetzung der Vierten EU-Geldwäscherichtlinie, zur Ausführung der EU-Geldtransferverordnung und zur Neuorganisation der Zentralstelle für Finanztransaktionsuntersuchungen (BT-Drs. 18/11555), v. 27.3.2017, http://www.wpk.de/uploads/tx_news/WPK-Stellungnahme_27-03-2017.pdf, zuletzt abgerufen am 24.2.2020, S. 4; Bundessteuerberaterkammer, Stellungnahme der Bundessteuerberaterkammer zum Entwurf eines Gesetzes zur Umsetzung der Vierten EU-Geldwäscherichtlinie, S. 11.

190 Bundessteuerberaterkammer, Stellungnahme der Bundessteuerberaterkammer zum Entwurf eines Gesetzes zur Umsetzung der Vierten EU-Geldwäscherichtlinie, S. 11; Bundesrechtsanwaltskammer, Stellungnahme Nr. 24/2017 zum Gesetzentwurf der Bundesregierung zur Umsetzung der Vierten EU-Geldwäscherichtlinie, S. 2.

rung genutzt hat oder nutzt.[191] Gleiches gilt für die Ausnahmeregelungen in §§ 10 Abs. 9 Satz 3, 30 Abs. 3 Satz 4 GwG.[192] Insofern ist nicht nachvollziehbar, warum für den Fall der Erstattung einer Verdachtsmeldung etwas anderes gilt.[193] Zudem erscheint die Erstreckung auf andere Straftaten auch nicht sinnvoll, da sich die **Verdachtsmeldepflicht gem. § 43 Abs. 1 GwG** neben der fehlenden Pflichterfüllung nach § 11 Abs. 6 Satz 3 GwG ausschließlich auf die **Geldwäschevortat** und die **Terrorismusfinanzierung** bezieht und die „Wiederanordnung" oder „Rückausnahme" der Meldepflicht aus gesetzessystematischen Gründen nur die Fälle erfassen kann, in denen nach § 43 Abs. 1 GwG auch eine Pflicht zur Verdachtsmeldepflicht besteht.[194]

74 Ferner **kollidiert** die Erweiterung auf andere Straftaten mit den ausdifferenzierten **Anzeigepflichten der §§ 138, 139 StGB** und erschwert den Beruf des Rechtsanwalts erheblich, denn nahezu jeder Rechtsrat kann zur Umgehung genutzt werden.[195] Insbesondere der Blick auf das Verhältnis zwischen § 43 Abs. 2 Satz 2 GwG und der strafrechtlich geschützten **Verschwiegenheitspflicht der Berufsgeheimnisträger nach § 203 StGB** bietet großes Konfliktpotenzial.[196] Letztlich bleibt abzuwarten, welche Auswirkungen die Erweiterung der „Rückausnahme" dem Wortlaut nach in der Praxis auf das Verdachtsmeldewesen haben wird und ob eine Korrektur der Norm von Nöten sein wird.

---

191 Bundessteuerberaterkammer, Stellungnahme der Bundessteuerberaterkammer zum Entwurf eines Gesetzes zur Umsetzung der Vierten EU-Geldwäscherichtlinie, S. 11; Bundesrechtsanwaltskammer, Stellungnahme Nr. 24/2017 zum Gesetzentwurf der Bundesregierung zur Umsetzung der Vierten EU-Geldwäscherichtlinie, S. 2.

192 Bundessteuerberaterkammer, Stellungnahme der Bundessteuerberaterkammer zum Entwurf eines Gesetzes zur Umsetzung der Vierten EU-Geldwäscherichtlinie, S. 11; Bundesrechtsanwaltskammer, Stellungnahme Nr. 24/2017 zum Gesetzentwurf der Bundesregierung zur Umsetzung der Vierten EU-Geldwäscherichtlinie, S. 2.

193 Bundessteuerberaterkammer, Stellungnahme der Bundessteuerberaterkammer zum Entwurf eines Gesetzes zur Umsetzung der Vierten EU-Geldwäscherichtlinie, S. 11; Bundesrechtsanwaltskammer, Stellungnahme Nr. 24/2017 zum Gesetzentwurf der Bundesregierung zur Umsetzung der Vierten EU-Geldwäscherichtlinie, S. 2.

194 Bundessteuerberaterkammer, Stellungnahme der Bundessteuerberaterkammer zum Entwurf eines Gesetzes zur Umsetzung der Vierten EU-Geldwäscherichtlinie, S. 11; Bundesrechtsanwaltskammer, Stellungnahme Nr. 24/2017 zum Gesetzentwurf der Bundesregierung zur Umsetzung der Vierten EU-Geldwäscherichtlinie, S. 2; hieran hält die Wirtschaftsprüferkammer auch in ihren aktuellen Auslegungs- und Anwendungshinweisen fest, siehe hierzu in Wirtschaftsprüferkammer, Auslegungs- und Anwendungshinweise der Wirtschaftsprüferkammer zum Gesetz über das Aufspüren von Gewinnen aus schweren Straftaten (Geldwäschegesetz – GwG), Stand: 18.6.2020, S. 56.

195 Bundesrechtsanwaltskammer, Stellungnahme Nr. 24/2017 zum Gesetzentwurf der Bundesregierung zur Umsetzung der Vierten EU-Geldwäscherichtlinie, S. 3.

196 Bundesrechtsanwaltskammer, Stellungnahme Nr. 24/2017 zum Gesetzentwurf der Bundesregierung zur Umsetzung der Vierten EU-Geldwäscherichtlinie, S. 3.

Neben dem umstrittenen Zweck zur Nutzung für „eine andere Straftat" bleibt   75
der Zweck zur Nutzung für Geldwäsche oder Terrorismusfinanzierung unbenommen. Siehe im Einzelnen zu dem Begriff der **Geldwäsche** oben unter →
§ 43 Rn. 35, → § 1 GwG Rn. 11 ff. und zum Begriff der **Terrorismusfinanzierung** oben unter → § 43 Rn. 39 ff., → § 1 GwG Rn. 29 ff.

Losgelöst von der Problematik des konkreten Nutzungszwecks für Geldwäsche,   76
Terrorismusfinanzierung oder einer anderen Straftat bleibt das Erfordernis der
positiven Kenntnis des Nutzungszweckes seitens der Verpflichteten bestehen. Damit die Rückausnahme von der Privilegierung greift, muss der Verpflichtete nach § 2 Abs. 1 Nr. 10 und 12 GwG positiv wissen, dass der Vertragspartner die Rechtsberatung oder die Prozessvertretung für den Zweck der Geldwäsche, der Terrorismusfinanzierung oder einer anderen Straftat genutzt hat
oder nutzt; eine vage Annahme oder ein vager Verdacht ist hierfür nicht ausreichend.[197] Vielmehr sollen hierdurch Sachverhalte erfasst werden, bei denen der
Mandant den Berufsträger quasi dazu auffordert, er möge ihn bei der Geldwäsche, Terrorismusfinanzierung oder einer anderen Straftat beratend unterstützen.[198]

In den **Auslegungs- und Anwendungshinweise der Bundesrechtsanwaltskammer**, zum Geldwäschegesetz, welche gemäß § 51 Abs. 8 Satz 2 GwG von   77
dem Vorstand der jeweils örtlich zuständigen Rechtsanwaltskammer mit Ausnahme der Rechtsanwaltskammer Düsseldorf genehmigt wurden, wird dies sehr
plakativ und eindringlich umschrieben:

> „Wenn der Mandant also seinen Rechtsanwalt bittet, das aus einem Raub
> erlangte Geld gewinnbringend zu investieren, muss der Rechtsanwalt
> nicht nur das Mandat ablehnen oder beenden, sondern auch eine Geldwäscheverdachtsanzeige [Verdachtsmeldung] erstatten."[199]

Der **Berufsträger muss wissen**, dass das gesetzlich geschützte Vertrauensverhältnis für den Zweck der Geldwäsche, der Terrorismusfinanzierung oder einer   78
anderen Straftat unter Nutzung der beruflichen Leistungen des Berufsträgers

---

197 So auch die Bundesnotarkammer allerdings mit dem Hinweis, dass in solchen Fällen
das weitere Vorgehen unbedingt mit der regionalen Notarkammer abgesprochen werden sollte. Siehe hierzu in Bundesnotarkammer, Geldwäschegesetz 2021 Auslegungs- und Anwendungshinweise für Notarinnen und Notare, Oktober 2021, S. 47,
https://www.bnotk.de/fileadmin/user_upload_bnotk/anwendungsempfehlungen/
Auslegungs-_und_Anwendungshinweise_zum_GwG_2021.pdf, zuletzt abgerufen
am 30.12.2021; *Baretto de Rosa*, in: Herzog, GwG, § 43 Rn. 74.
198 *Baretto de Rosa*, in: Herzog, GwG, § 43 Rn. 74.
199 Bundesanwaltskammer, Auslegungs- und Anwendungshinweise zum Gesetz über das
Aufspüren von Gewinnen aus schweren Straftaten (Geldwäschegesetz – GwG),
6. Aufl. Oktober 2021, S. 50.

durch den Mandanten missbraucht wurde oder wird, denn in diesen Fällen ist der Mandant nicht mehr als schutzwürdig anzusehen.[200]

79 Letztlich besteht in der Wertung eine Parallele zur Beurteilung der **Strafbarkeit des Strafverteidigers nach § 261 StGB bei der Annahme eines Verteidigerhonorars**. In einer zentralen Entscheidung vom 30.3.2004 hat das BVerfG zur bis zu diesem Zeitpunkt höchst umstrittenen Frage einer möglichen Strafbarkeit des Strafverteidigers ausgeführt:

> „Der mit § 261 Abs. 2 Nr. 1 StGB verbundene Eingriff in die Berufsausübungsfreiheit der Strafverteidiger und in die Institution der Wahlverteidigung sind verfassungsrechtlich gerechtfertigt, wenn der Strafverteidiger im Zeitpunkt der Entgegennahme des Honorars (oder des Honorarvorschusses) sicher weiß, dass dieses aus einer Katalogtat herrührt. Die bewusste Übertragung bemakelter Vermögenswerte unter dem Schirm des verfassungsrechtlich geschützten Vertrauensverhältnisses ist ein Missbrauch der privilegierten Verteidigerstellung, der vor der Verfassung keinen Schutz verdient. Weiß der Strafverteidiger im Zeitpunkt der Annahme des Verteidigerhonorars sicher, dass die erhaltenen Mittel aus einer Katalogtat herrühren, so tritt er aus seiner Rolle als Organ der Rechtspflege heraus. […] Zu Nachforschungen über die legalen oder illegalen Einnahmequellen des Mandanten ist er nicht verpflichtet. […] Zwar sind Gefahren für das Vertrauensverhältnis zwischen Strafverteidiger und Mandant auch in Fällen, in denen der Verteidiger von der illegalen Herkunft der Vermögenswerte positive Kenntnis hat, nicht auszuschließen. Sie verdienen vor der Verfassung aber keinen Schutz.“[201]

80 An dem erforderlichen „**Missbrauchsmoment**“ für die Rückausnahme der Privilegierung fehlt es beispielsweise dann, wenn der Berufsträger lediglich Kenntnis davon hat, dass der Mandant irgendeine Straftat begangen hat und sich mit der Bitte um Vertretung an den Berufsträger wendet oder wenn der Berufsträger den Mandanten von dem beabsichtigten Missbrauch final abbringt, d.h. der Mandant nach der Aufklärung über die Strafbarkeit von der geplanten „Missbrauchshandlung“ Abstand nimmt.[202]

---

200 Wirtschaftsprüferkammer, Auslegungs- und Anwendungshinweise der Wirtschaftsprüferkammer zum Gesetz über das Aufspüren von Gewinnen aus schweren Straftaten (Geldwäschegesetz – GwG), Stand: 18.6.2020, S. 55.

201 BVerfG, 30.3.2004, 2 BvR 1520/01, 2 BvR 1521/01 (Zweiter Senat), NJW 2004, 1305, Rn. 142 ff.

202 Wirtschaftsprüferkammer, Auslegungs- und Anwendungshinweise der Wirtschaftsprüferkammer zum Gesetz über das Aufspüren von Gewinnen aus schweren Straftaten (Geldwäschegesetz – GwG), Stand: 18.6.2020, S. 56; zu § 11 GwG a. F. auch Bundesrechtsanwaltskammer, Verhaltensempfehlungen für Rechtsanwälte im Hinblick auf die Vorschriften des Geldwäschebekämpfungsgesetzes (GwG) und die Geldwäsche, § 261 StGB, S. 3.

IV. Meldung durch Mitglied der Führungsebene bei Niederlassung in Deutschland und Zusammenhang mit einer Tätigkeit der deutschen Niederlassung (§ 43 Abs. 3 GwG)

81 § 43 Abs. 3 GwG wurde mittels des Gesetzes zur Umsetzung der Vierten EU-Geldwäscherichtlinie, zur Ausführung der EU-Geldtransferverordnung und zur Neuorganisation der Zentralstelle für Finanztransaktionsuntersuchungen vom 23.6.2017[203] neu eingeführt. Die Vorschrift dient der Umsetzung von Art. 33 Abs. 2 der Vierten EU-Geldwäscherichtlinie.[204]

82 Nach § 43 Abs. 3 GwG obliegt einem Mitglied der Führungsebene eines Verpflichteten die Pflicht, eine Verdachtsmeldung nach § 43 Abs. 1 GwG an die Zentralstelle für Finanztransaktionsuntersuchungen gem. § 27 GwG abzugeben, soweit der Verpflichtete über eine **Niederlassung in Deutschland** verfügt und der zu meldende **Sachverhalt im Zusammenhang mit einer Tätigkeit der deutschen Niederlassung** steht. Die Meldepflicht hängt demnach zum einen von dem Vorhandensein einer **Niederlassung in Deutschland** ab. Dabei ist nicht erforderlich, dass der Verpflichtete seine Hauptniederlassung und seinen Sitz in Deutschland hat. Vielmehr ist es ausreichend, wenn sich eine selbstständige oder unselbstständige Zweigniederlassung in Deutschland befindet. Neben der Niederlassung in Deutschland bedarf es zum anderen zur Auslösung der Meldepflicht zudem auch noch eines **Zusammenhangs mit der Tätigkeit der deutschen Niederlassung**. Hat der Verpflichtete mehrere Niederlassungen in unterschiedlichen Ländern und betrifft der zu meldende Sachverhalt den deutschen Rechtsverkehr, so löst diese Inlandsberührung die Pflicht zur Abgabe einer Meldung nach § 43 Abs. 1 GwG aus.[205]

83 Ein **Mitglied der Führungsebene** im Sinne des GwG ist gem. § 1 Abs. 15 Satz 1 1 GwG eine Führungskraft oder ein leitender Mitarbeiter eines Verpflichteten mit ausreichendem Wissen über die Risiken, denen der Verpflichtete in Bezug auf Geldwäsche und Terrorismusfinanzierung ausgesetzt ist, und mit der Befugnis, insoweit Entscheidungen zu treffen. Ein Mitglied der Führungsebene muss dabei gem. § 1 Abs. 15 Satz 2 GwG nicht zugleich ein Mitglied der Leitungsebene sein.

---

203 BGBl. I 2017, S. 1822 ff.
204 Richtlinie (EU) 2015/849 des Europäischen Parlaments und des Rates v. 20.5.2015 zur Verhinderung der Nutzung des Finanzsystems zum Zwecke der Geldwäsche und Terrorismusfinanzierung, zur Änderung der Verordnung (EU) Nr. 648/2012 des Europäischen Parlaments und des Rates und zur Aufhebung der Richtlinie 2005/60/EG des Europäischen Parlaments und des Rates und der Richtlinie 2006/70 der Kommission (ABl. L 141 v. 5.6.2015, S. 73 ff.).
205 BT-Drs. 18/11555, S. 157.

84 Die Meldepflicht durch ein Mitglied der Führungsebene war im Rahmen des Gesetzgebungsverfahrens **Kritik** ausgesetzt. Es wurde verlangt, dass die Formulierung dahingehend abgeändert wird, dass ein Verpflichteter diese Obliegenheit hat.[206] Als Begründung hierfür wurde angeführt, dass insbesondere mit Rücksicht auf größere Institute eine unmittelbare Meldung durch die Führungsebene nicht erfolgen kann und insofern eine Delegation der Meldepflicht möglich sein muss.[207]

85 Eine weitere Delegation der Meldepflicht scheint jedoch bei einem Großteil der Verpflichteten nicht erforderlich zu sein. Nach § 7 Abs. 1 GwG haben Verpflichtete nach § 2 Abs. 1 Nr. 1–3, 6, 7, 9 und 15 GwG einen **Geldwäschebeauftragten auf Führungsebene** zu bestellen wobei die Verantwortung der Leitungsebene hiervon unberührt bleibt. Die Aufsichtsbehörde kann gem. § 7 Abs. 3 GwG darüber hinaus anordnen, dass Verpflichtete nach § 2 Abs. 1 Nr. 4, 5, 8, 10–14 und 16 einen Geldwäschebeauftragten zu bestellen haben, wenn sie dies für angemessen erachtet. Bei Verpflichteten nach § 2 Abs. 1 Nr. 16 GwG soll die Anordnung erfolgen, wenn die Haupttätigkeit des Verpflichteten im Handel mit hochwertigen Gütern besteht. Losgelöst von der Bestellung des Geldwäschebeauftragten auf Führungsebene ist die **Benennung eines Mitglieds der Leitungsebene** nach § 4 Abs. 3 Satz 1 GwG vorzunehmen, welches verantwortlich für das Risikomanagement sowie für die Einhaltung der geldwäscherechtlichen Bestimmungen in dem GwG und anderen Gesetzen sowie in den aufgrund des GwG und anderer Gesetze ergangenen Rechtsverordnungen ist. Um Interessenkollisionen zu vermeiden, sollte zwischen dem Geldwäschebeauftragten und dem verantwortlichen Mitglied der Leitungsebene grundsätzlich keine Personenidentität bestehen.[208] Ausnahmen hiervon können nur bei sehr kleinen Unternehmen gemacht werden.[209] Siehe zur Bestellung des Geldwäschebeauftragten auf Führungsebene im Detail unter → § 7 GwG Rn. 44 ff. und zur davon unabhängigen Benennung eines Mitglieds der Leitungsebene unter → § 4 GwG Rn. 19 ff.

86 Die Diskussion im Gesetzgebungsverfahren hinsichtlich der Festlegung auf ein Mitglied der Führungsebene scheint in der Praxis nahezu keinerlei Auswirkungen gehabt zu haben. Eine Abgabe der Verdachtsmeldung erfolgt, jedenfalls bei den Verpflichteten, die einen Geldwäschebeauftragten bestellt haben, weiterhin durch den auf Führungsebene bestellten Geldwäschebeauftragten. Denn **die Abgabe von Verdachtsmeldungen gehört nach wie vor zu den originären**

---

206 DK, Stellungnahme zum Regierungsentwurf v. 22.2.2017 für ein Umsetzungsgesetz zur 4. Geldwäsche-Richtlinie (EU) 2015/849, 13.3.2017, S. 27.
207 DK, Stellungnahme zum Regierungsentwurf v. 22.2.2017 für ein Umsetzungsgesetz zur 4. Geldwäsche-Richtlinie (EU) 2015/849, 13.3.2017, S. 27.
208 BT-Drs. 18/11555, S. 113.
209 BT-Drs. 18/11555, S. 113.

Pflichten eines Geldwäschebeauftragten.[210] Zur Erfüllung dieser Verpflichtungen werden dem Geldwäschebeauftragten auch Rechte eingeräumt, so normiert § 7 Abs. 5 Satz 6 GwG ausdrücklich, dass der Geldwäschebeauftragte, soweit er die Erstattung einer Meldung nach § 43 Abs. 1 GwG beabsichtigt oder ein Auskunftsersuchen der Zentralstelle für Finanztransaktionsuntersuchungen nach § 30 Abs. 3 GwG beantwortet, nicht dem Direktionsrecht durch die Geschäftsleitung unterliegt. Darüber hinaus muss der Geldwäschebeauftragte ohnehin nach § 7 Abs. 5 Satz 2 GwG Ansprechpartner für die Strafverfolgungsbehörden, für die für Aufklärung, Verhütung und Beseitigung von Gefahren zuständigen Behörden, für die Zentralstelle für Finanztransaktionsuntersuchungen und für die Aufsichtsbehörde in Bezug auf die Einhaltung der einschlägigen Vorschriften sein. Auch die Financial Intelligence Unit nennt im Rahmen des Registrierungsverfahrens, welches für die Abgabe der Verdachtsmeldung über das Meldeportal goAML erforderlich ist, exemplarisch den Geldwäschebeauftragten als für die Organisation in Sachen Geldwäsche verantwortlich handelnde Person.[211]

V. Verhältnis der Meldung nach § 43 Abs. 1 GwG zur Selbstanzeige nach § 261 Abs. 8 StGB (§ 43 Abs. 4 GwG)

Mittels des Gesetzes zur Umsetzung der Änderungsrichtlinie zur Vierten EU-Geldwäscherichtlinie vom 12.12.2019[212] wurde § 43 Abs. 4 Satz 1 GwG neu eingefügt. § 43 Abs. 4 Satz 2 GwG entspricht, insbesondere aufgrund der mittels des Gesetzes zur Umsetzung der Änderungsrichtlinie zur Vierten EU-Geldwäscherichtlinie vom 12.12.2019[213] vorgenommenen „Rückänderung", der Regelung des § 11 Abs. 5 GwG a. F. in der vor dem 26.6.2017 geltenden Fassung. Durch die Rückänderungen wurden einige Formulierungen die erst durch das Gesetz zur Umsetzung der Vierten EU-Geldwäscherichtlinie, zur Ausführung der EU-Geldtransferverordnung und zur Neuorganisation der Zentralstelle für Finanztransaktionsuntersuchungen vom 23.6.2017[214] Einzug in das GwG erhalten hatten wieder gestrichen und durch altbekannte Formulierungen des § 11 Abs. 5 GwG a. F. in der vor dem 26.6.2017 geltenden Fassung ersetzt. Die Ergänzung und Änderung von § 43 Abs. 4 GwG basieren auf der im Rahmen des Gesetzgebungsverfahrens abgegebenen Beschlussempfehlung des Finanzausschusses (7. Ausschuss).[215] Mittels des Gesetzes zur Verbesserung der strafrechtlichen

87

---

210 So auch OLG Frankfurt a. M., 10.4.2018, 2 Ss-Owi 1059/17, ZIP 2019, 257, Rn. 24.

211 Vgl.   https://www.zoll.de/DE/FIU/Fachliche-Informationen/Registrierung/registrier ung_node.html, zuletzt abgerufen am 30.12.2021.

212 BGBl. I 2019, S. 2602 ff.

213 BGBl. I 2019, S. 2602 ff.

214 BGBl. I 2017, S. 1822 ff.

215 BT-Drs. 19/15163, S. 50.

Bekämpfung der Geldwäsche vom 9.3.2021[216] erfolgte aufgrund der Änderung von § 261 StGB lediglich eine Folgeänderung hinsichtlich des korrekten Verweises auf § 261 Abs. 8 StGB.

88   § 43 Abs. 4 Satz 1 GwG stellt klar, dass wenn ein nach § 43 Abs. 1 GwG gegenüber der Zentralstelle für Finanztransaktionsuntersuchungen gemeldeter Sachverhalt zugleich die für eine Anzeige nach § 261 Abs. 8 StGB erforderlichen Angaben enthält, die **Meldung zugleich als Selbstanzeige im Sinne von § 261 Abs. 8 StGB** gilt. Die Aufnahme von § 43 Abs. 4 Satz 1 GwG ist bereits im Zuge des Gesetzgebungsverfahrens zum Gesetz zur Umsetzung der Änderungsrichtlinie zur Vierten EU-Geldwäscherichtlinie vom 12.12.2019[217] auf breite Zustimmung gestoßen[218] und sehr zu begrüßen. Nach der bisherigen Rechtslage bestand eine gewisse Rechtsunsicherheit, ob eine Verdachtsmeldung gem. § 43 Abs. 1 GwG gleichzeitig eine Selbstanzeige im Sinne von § 261 Abs. 8 StGB darstellt. Insofern wurde es bis dato teilweise als sinnvoll erachtet, im Einzelfall eine Verdachtsmeldung gleichzeitig als Anzeige nach § 261 Abs. 8 StGB zu bezeichnen.[219]

89   Gem. § 43 Abs. 4 Satz 2 GwG schließt die Pflicht zur Meldung nach § 43 Abs. 1 GwG die Freiwilligkeit der Anzeige nach § 261 Abs. 8 StGB nicht aus. Im Rahmen des Gesetzes zur Umsetzung der Änderungsrichtlinie zur Vierten EU-Geldwäscherichtlinie vom 12.12.2019[220] wurde in § 43 Abs. 4 Satz 2 GwG das Wort „Meldung" wieder durch das Wort **„Anzeige"** ersetzt.

90   Die klarstellende Regelung, dass die Pflicht zur Meldung nach § 43 Abs. 1 GwG die **Freiwilligkeit der Anzeige** nach § 261 Abs. 8 StGB nicht ausschließt, wurde

---

216 BGBl. I 2021, S. 327 ff.

217 BGBl. I 2019, S. 2602 ff.

218 So auch Verband der Auslandsbanken, Stellungnahme zum Referentenentwurf eines Gesetzes zur Umsetzung der Änderungsrichtlinie zur Vierten EU-Geldwäscherichtlinie, v. 31.5.2019, S. 2, https://www.bundesfinanzministerium.de/Content/DE/ Gesetzestexte/Gesetze_Gesetzesvorhaben/Abteilungen/Abteilung_VII/19_Legisla turperiode/2019-12-19-Gesetz-4-EU-Geldwaescherichtlinie/0-Gesetz.html, zuletzt abgerufen am 30.12.2021; Gesamtverbandes der Deutschen Versicherungswirtschaft, Stellungnahme zum Entwurf eines Gesetzes zur Umsetzung der Änderungsrichtlinie zur Vierten EU-Geldwäscherichtlinie [Richtlinie (EU) 2018/843] (Referentenentwurf des Bundesministeriums der Finanzen), v. 31.5.2019, S. 14, https://www.bundesfi nanzministerium.de/Content/DE/Gesetzestexte/Gesetze_Gesetzesvorhaben/Abteil ungen/Abteilung_VII/19_Legislaturperiode/2019-12-19-Gesetz-4-EU-Geldwaesche richtlinie/0-Gesetz.html, zuletzt abgerufen am 30.12.2021.

219 So z. B. Oberste Glücksspielaufsichtsbehörden der Länder, Auslegungs- und Anwendungshinweise zum Geldwäschegesetz (GwG) für Veranstalter und Vermittler von Glücksspielen, Gemeinsame Hinweise der Obersten Glücksspielaufsichtsbehörden der Länder gemäß § 51 Absatz 8 GwG, November 2020, S. 59.

220 BGBl. I 2019, S. 2602 ff.

bereits mit dem Gesetz über das Aufspüren von Gewinnen aus schweren Straftaten vom 29.10.1993[221] eingeführt.

Hintergrund für die Klarstellung ist der in § 261 Abs. 8 StGB normierte, **persön-** **91** **liche Strafaufhebungsgrund für die Fälle der tätigen Reue.** Dieser verlangt, als eine der zentralen Voraussetzungen, die **freiwillige Anzeige der Tat** bei der zuständigen Behörde oder die freiwillige Veranlassung einer solchen Anzeige. Die Freiwilligkeit ist dabei an denselben Maßstäben wie bei § 24 StGB zu messen.[222] Von einer Freiwilligkeit der Anzeige ist somit auszugehen, wenn der Täter aus autonomen Motiven heraus handelt.[223]

Im Rahmen des Gesetzgebungsverfahrens zu dem Gesetz über das Aufspüren **92** von Gewinnen aus schweren Straftaten und der mit diesem geplanten Einführung einer Pflicht zur Meldung von Verdachtsfällen sah sich der Gesetzgeber infolgedessen mit der Problematik konfrontiert, ob die **Pflicht zur Meldung der geforderten Freiwilligkeit im Sinne des § 261 Abs. 8 StGB entgegensteht.**[224] Es bestanden Bedenken, dass es sich negativ auf das Meldeverhalten auswirken würde, wenn der Strafaufhebungsgrund durch die Normierung der Verdachtsmeldepflicht entfallen würde.[225] Mithin könnten Mitarbeiter von Verpflichteten, als von dieser Pflicht Betroffene, von der Strafaufhebung nicht profitieren.[226] Insbesondere der Mitarbeiter, der nach Durchführung einer oder mehrerer Finanztransaktionen den Verdacht der Geldwäsche melden würde, würde sich damit selbst der Gefahr einer Bestrafung wegen Geldwäsche aussetzen und in der Hoffnung darauf, selbst unentdeckt zu bleiben, vermutlich deshalb von einer Meldung absehen.[227] Letztlich wurde hierin zugleich ein Verstoß gegen das „Nemo tenetur"-Prinzip gesehen.[228] Unter dem „Nemo-tenetur"-Prinzip ist das Recht zu schweigen und sich nicht selber zu beschuldigen zu verstehen, welches insbesondere seinen Niederschlag in § 136 Abs. 1 Satz 2 StPO gefunden hat und in der Menschenwürde gemäß Art. 1 Abs. 1 GG wurzelt.[229] Insofern hat sich der Gesetzgeber für die ausdrückliche Klarstellung entschieden, dass die Pflicht zur

---

221 BGBl. I 1993, S. 1770 ff.

222 *Neuheuser*, in: MüKo-StGB, § 261 Rn. 125; *Hartmann*, in: Dölling/Duttge/König/ Rössner, Gesamtes Strafrecht, § 261 StGB Rn. 36; *Ruhmannseder*, in: BeckOK StGB, § 261 Rn. 69.

223 *Reichling*, in: Leitner/Rosenau, Wirtschafts- und Steuerstrafrecht, § 261 StGB Rn. 89; *Eser/Bosch*, in: Schönke/Schröder, StGB, § 24 Rn. 43 ff.

224 BT-Drs. 12/2704, S. 18.

225 BT-Drs. 12/2704, S. 18.

226 BT-Drs. 12/2704, S. 18.

227 BT-Drs. 12/2704, S. 18.

228 BT-Drs. 12/2704, S. 18.

229 *Grabenwarter/Pabel*, in: Grabenwarter/Pabel, Europäische Menschenrechtskonvention, § 24 Rn. 138.

Verdachtsmeldung nicht der Freiwilligkeit im Sinne des § 261 Abs. 8 StGB entgegensteht.

93   Wer Sachverhalte nach § 43 Abs. 1 GwG meldet oder eine Strafanzeige nach § 158 StPO erstattet, darf gem. § 48 Abs. 1 GwG wegen dieser (externen) Meldung oder Strafanzeige nicht verantwortlich gemacht werden, es sei denn, die (externe) Meldung oder Strafanzeige ist vorsätzlich oder grob fahrlässig unwahr erstattet worden. Nach § 48 Abs. 2 GwG gilt dies auch, wenn ein Beschäftigter (intern) einen Sachverhalt nach § 43 Abs. 1 GwG seinem Vorgesetzten meldet oder einer Stelle meldet, die unternehmensintern für die Entgegennahme einer solchen Meldung zuständig ist und ein Verpflichteter oder einer seiner Beschäftigten einem Auskunftsverlangen der Zentralstelle für Finanztransaktionsuntersuchungen nach § 30 Abs. 3 Satz 1 GwG nachkommt. Siehe im Einzelnen zur **Freistellung von der Verantwortlichkeit** in der Kommentierung zu § 48 GwG. Soweit die Person, die eine (externe) Meldung nach § 43 Abs. 1 GwG abgegeben hat oder die dem Verpflichteten intern einen solchen Sachverhalt gemeldet hat, in einem Beschäftigungsverhältnis zum Verpflichteten steht, darf ihr ferner gem. § 49 Abs. 4 GwG weder aus der externen Verdachtsmeldung noch der internen Meldung eine Benachteiligung im Beschäftigungsverhältnis entstehen. Siehe zum **Schutz des meldenden Beschäftigten** unter → § 49 GwG Rn. 23 f.

VI. Bestimmung typisierter Transaktionen (§ 43 Abs. 5 GwG)

94   § 43 Abs. 5 GwG lehnt sich hinsichtlich der **Bestimmung von typisierten Transaktionen** an § 11 Abs. 7 GwG a. F. in der vor dem 26.6.2017 geltenden Fassung an. Diese Vorschrift wurde mit dem Gesetz zur Ergänzung der Bekämpfung der Geldwäsche und Terrorismusfinanzierung vom 13.8.2008[230] eingeführt. Im Verhältnis zu § 11 Abs. 7 GwG a. F. haben sich allerdings durch das Gesetz zur Umsetzung der Vierten EU-Geldwäscherichtlinie, zur Ausführung der EU-Geldtransferverordnung und zur Neuorganisation der Zentralstelle für Finanztransaktionsuntersuchungen vom 23.6.2017[231] die zur Bestimmung von typisierten Transaktionen **befugten Stellen geändert**.

95   So wird der **Zentralstelle für Finanztransaktionsuntersuchungen** gem. § 27 GwG im Benehmen mit den **Aufsichtsbehörden** im Sinne des § 50 GwG die Möglichkeit eingeräumt, **typisierte Transaktionen zu bestimmen, die stets eine Meldung nach § 43 Abs. 1 GwG erforderlich machen**. Vormals waren hierzu das Bundesministerium des Innern und das Bundesministerium der Fi-

---

230 BGBl. I 2008, S. 1690 ff.
231 BGBl. I 2017, S. 1822 ff.

nanzen mit Zustimmung des Bundesrates mittels befristeter Rechtsverordnung befugt. Nach § 1 Abs. 5 Satz 1 GwG handelt es sich bei Transaktion im Sinne des GwG um eine oder, soweit zwischen ihnen eine Verbindung zu bestehen scheint, mehrere Handlungen, die eine Geldbewegung oder eine sonstige Vermögensverschiebung bezweckt oder bezwecken oder bewirkt oder bewirken. Gem. § 1 Abs. 5 Satz 2 GwG gilt bei Vermittlungstätigkeiten von Verpflichteten nach § 2 Abs. 1 Nr. 14 und 16 GwG das vermittelte Rechtsgeschäft als Transaktion im Sinne des GwG. Siehe zum Begriff der **Transaktion** oben unter → § 43 Rn. 32 ff.

Sinn und Zweck der Vorschrift ist die Vereinfachung der **Zusammenarbeit zwi-** **96** **schen der Zentralstelle für Finanztransaktionsuntersuchungen, den Aufsichtsbehörden und den Verpflichteten**.[232] Bestimmte Typisierungen von Transaktionen sollen den Verpflichteten im Sinne des § 2 Abs. 1 GwG helfen, geldwäscherechtliche Anhaltspunkte zu sehen, die eine unverzügliche Meldepflicht auslösen.[233]

In welchem Umfang von der Möglichkeit der Bestimmung typisierter Transak- **97** tionen, die stets nach § 43 Abs. 1 GwG zu melden sind, durch die Zentralstelle für Finanztransaktionsuntersuchungen im Einvernehmen mit den Aufsichtsbehörden Gebrauch gemacht wird, bleibt abzuwarten. Letztlich birgt die Festlegung von typisierten Transaktionen auch nicht zu vernachlässigende Risiken. Zum einen könnten die beschriebenen Transaktionstypen binnen kürzester Zeit von den Tätern aus Angst vor einer zu einfachen Entdeckung nicht mehr genutzt werden.[234] Zum anderen könnte es dazu führen, dass Verdachtsmeldungen aufgrund von typisierten Transaktionen mit geringerer Erkenntnistiefe abgesetzt werden.[235]

VII. Verordnungsermächtigung (§ 43 Abs. 6 GwG)

Im Zuge des Gesetzes zur Umsetzung der Änderungsrichtlinie zur Vierten EU- **98** Geldwäscherichtlinie vom 12.12.2019[236] wurde eine Verordnungsermächtigung in § 43 Abs. 6 GwG aufgenommen. Gem. § 43 Abs. 6 GwG kann das **Bundesministerium der Finanzen im Einvernehmen mit dem Bundesministerium der Justiz und für Verbraucherschutz** durch **Rechtsverordnung** ohne Zustim-

---

232 BT-Drs. 18/11555, S. 157.
233 BT-Drs. 18/11555, S. 157.
234 *Baretto de Rosa*, in: Herzog, GwG, § 43 Rn. 82; *Teichmann/Achsnich*, in: Herzog/ Mühlhausen, Geldwäsche und Gewinnabschöpfung, § 31 Rn. 84 f.
235 *Baretto de Rosa*, in: Herzog, GwG, § 43 Rn. 82; *Teichmann/Achsnich*, in: Herzog/ Mühlhausen, § 31 Rn. 84 f.
236 BGBl. I 2019, S. 2602 ff.

mung des Bundesrates Sachverhalte bei Erwerbsvorgängen nach § 1 des Grunderwerbsteuergesetzes bestimmen, die von Verpflichteten nach § 2 Abs. 1 Nr. 10 und 12 GwG stets nach § 43 Abs. 1 GwG zu melden sind. Seitens des Gesetzgebers erfolgte die Erstreckung auf sämtliche Erwerbsvorgänge nach § 1 des Grunderwerbsteuergesetzes umso sicher zu stellen, dass die **Pflicht zur Abgabe einer Verdachtsmeldung nicht nur bei direkter Übertragung dinglicher Rechte, sondern auch in Fällen des Immobilienerwerbs über die Veräußerung von Gesellschaftsanteilen** besteht. Darüber hinaus erfolgte im Rahmen der Gesetzesbegründung der Hinweis, dass eine Festlegung von Sachverhalten mittels Rechtsverordnung bei denen für Verpflichteten nach § 2 Abs. 1 Nr. 10 und 12 GwG stets eine Meldeverpflichtung nach § 43 Abs. 1 GwG ausgelöst wird **nicht den Umkehrschluss** zulässt, dass **in vergleichbaren Fällen außerhalb des Immobiliensektors mangels ausdrücklicher Vorgabe keine Verdachtsmeldung abzugeben ist**; vielmehr soll gerade in solchen Fällen eine Abgabe einer Verdachtsmeldung genauer geprüft werden.[237]

99   Letztlich soll durch die Schaffung einer Ermächtigungsgrundlage zum Erlass einer Rechtsverordnung, welche wiederum gem. § 43 Abs. 2 Satz 2 GwG eine weitere Rückausnahme von der Privilegierung der Verpflichteten nach § 2 Abs. 1 Nr. 10 und 12 GwG und damit im Ergebnis eine weitere Einschränkung der berufsrechtlichen Verschwiegenheitspflicht mit sich bringt, die **Anzahl der Verdachtsmeldungen der betroffenen Verpflichteten schlichtweg erhöht** werden. Die Intention des Gesetzgebers verdeutlicht sich auch durch die weiteren Ausführungen im Rahmen der Gesetzesbegründung.

100   So wird zum einen hervorgehoben, dass auf Grundlage der bisherigen Rechtslage von den Angehörigen der rechtsberatenden Berufe in sehr geringem Umfang Verdachtsmeldungen abgegeben (0,9 %) wurden.[238] Zum anderen erfolgt die Klarstellung, dass in den Fällen in denen der Verpflichtete nach § 43 Abs. 2 Satz 2 GwG aufgrund der Rückausnahme von der Privilegierung in den Fällen des § 43 Abs. 6 GwG zur Abgabe der Verdachtsmeldung verpflichtet bleibt, der betroffene Verpflichtete als „betroffene Person" nicht gem. § 48 Abs. 1 GwG wegen dieser Meldung verantwortlich gemacht werden darf.[239] Hergeleitet wird dies dadurch, dass in den Fällen des § 43 Abs. 2 Satz 2 GwG im Ergebnis die Verdachtsmeldepflicht nach § 43 Abs. 1 GwG zum Tragen kommt.[240] Siehe zu den teilweise **erheblichen Bedenken hinsichtlich des neu eingeführten § 43 Abs. 6 GwG und dem insoweit ergänzten § 43 Abs. 2 Satz 2 GwG** oben unter → § 43 Rn. 68.

---

237 BR-Drs. 352/19, S. 109; BT-Drs. 19/13827, S. 99.
238 BR-Drs. 352/19, S. 109; BT-Drs. 19/13827, S. 99.
239 BR-Drs. 352/19, S. 109; BT-Drs. 19/13827, S. 99.
240 BR-Drs. 352/19, S. 109; BT-Drs. 19/13827, S. 99.

Von der Ermächtigung des § 43 Abs. 6 GwG wurde durch die **Verordnung zu**   **101**
den nach dem Geldwäschegesetz meldepflichtigen Sachverhalten im Immo-
bilienbereich (Geldwäschegesetzmeldepflichtverordnung-Immobilien –
GwGMeldV-Immobilien) Gebrauch gemacht. Die GwGMeldV-Immobilien
trat zum **1.10.2020** in Kraft und begründet eine Meldepflicht der Verpflichteten
nach § 2 Abs. 1 Nr. 10 und 12 GwG bei Erwerbsvorgängen nach § 1 GrEStG mit
bestimmten Sachverhalten.[241]

Nach der GwGMeldV-Immobilien[242] können Meldeverpflichtungen für Ver-   **102**
pflichtete nach § 2 Abs. 1 Nr. 10 und 12 GwG bei Erwerbsvorgang nach § 1
GrEStG bestehen, wenn einer der folgenden Sachverhalte vorliegt:

- Bezug zu Risikostaaten oder Sanktionslisten (§ 3 GwGMeldV Immobilien)
- Auffälligkeiten im Zusammenhang mit den beteiligten Personen oder dem
  wirtschaftlich Berechtigten (§ 4 GwGMeldV Immobilien)
- Auffälligkeiten im Zusammenhang mit Stellvertretung (§ 5 GwGMeldV Immobilien)
- Auffälligkeiten im Zusammenhang mit dem Preis oder einer Kauf- oder Zahlungsmodalität (§ 6 GwGMeldV Immobilien)

Die Meldepflicht besteht, wenn einer der abschließend aufgezählten melde-   **103**
pflichtigen Sachverhalte vorliegt und gleichzeitig gem. § 8 Satz 1 GwGMeldV
Immobilien keine Tatsachen vorliegen, die die bei den in den §§ 3–6
GwGMeldV Immobilien bestimmten Sachverhalten vorhandenen Anzeichen
entkräften, dass ein Vermögensgegenstand aus einer strafbaren Handlung
stammt, die eine Vortat der Geldwäsche darstellen könnte, oder dass der Erwerbsvorgang im Zusammenhang mit Terrorismusfinanzierung steht. Gem. § 8
Satz 2 und 3 GwGMeldV Immobilien sind die Tatsachen, aufgrund derer nach
§ 8 Satz 1 GwGMeldV Immobilien von einer Meldung abgesehen wird, nach § 8
Abs. 1 Satz 1 Nr. 4 GwG aufzuzeichnen und für Zwecke der aufsichtlichen Prüfung aufzubewahren.

Bereits der Referentenentwurf der GwGMeldV Immobilien ist teilweise auf   **104**
deutliche, durchweg nachvollziehbare Kritik gestoßen. So wurde unter anderem
angeführt, dass der Verordnungsentwurf über die vom Gesetzgeber eingeräumte
Ermächtigung hinausgeht und teils neue materiell-rechtliche Meldepflichten geschaffen werden.[243] Ferner wurde bemängelt, dass dies mit Blick auf die (strafbe-

---

241 BGBl. I 2020, S. 1965 ff.
242 BGBl. I 2020, S. 1965 ff.
243 Bundesrechtsanwaltskammer, Stellungnahme zum Referentenentwurf des
    Bundesministeriums der Finanzen zu einer „Verordnung zu den nach dem Geld-
    wäschegesetz meldepflichtigen Sachverhalten im Immobilienbereich – GwGMeldV-
    Immobilien", vom Juni 020, https://www.brak.de/zur-rechtspolitik/stellungnahmen-
    pdf/stellung nahmen-deutschland/2020/, zuletzt abgerufen am 30.12.2021, S. 3;
    Bundesrechtsanwaltskammer, Stellungnahme Nr. 30 zum Referentenentwurf des

werte) Verschwiegenheitspflicht der Vertrauensberufe nicht die gewollte Rechtssicherheit bewirkt, sondern vielmehr Rechtsunsicherheit.[244] Mithin wurden verfassungsrechtliche Bedenken geäußert aufgrund der Eingriffe in das besonders geschützte Vertrauensverhältnis der betroffenen Verpflichteten, dem im Rahmen des Rechtsstaatsprinzips elementare Bedeutung zukommt und an deren Einschränkung hohe Anforderungen zu stellen sind.[245] Des Weiteren wurde bemängelt, dass der Entwurf teilweise Unklarheiten aufweist und sowohl die betroffenen Verpflichteten als auch die Kammern als Aufsichtsbehörde vor Praktikabilitätsproblemen stellt.[246]

VIII. Organisatorische Ausgestaltung des Meldeverfahrens

105   Um einen möglichst **reibungslosen Ablauf bei der Abgabe der Verdachtsmeldung** gewährleisten zu können, sollten bereits im Vorfeld durch die Verpflichteten einige organisatorische Maßnahmen ergriffen werden. Allen voran steht die

---

BMF einer Verordnung zu den nach dem Geldwäschegesetz meldepflichtigen Sachverhalten im Immobilienbereich (Geldwäschegesetzmeldepflichtenverordnung-Immobilien – GwGMeldV-Immobilien), vom Juni 2020, https://brak.de/zur-rechtspolitik/stellungnahmen/, zuletzt abgerufen am 30.12.2021, S. 3.

244 Bundesrechtsanwaltskammer, Stellungnahme zum Referentenentwurf des Bundesministeriums der Finanzen zu einer „Verordnung zu den nach dem Geldwäschegesetz meldepflichtigen Sachverhalten im Immobilienbereich – GwGMeldV-Immobilien", S. 4; Bundessteuerberaterkammer, Stellungnahme zum Entwurf einer Verordnung zu den nach dem Geldwäschegesetz meldepflichtigen Sachverhalten im Immobilienbereich (Geldwäschegesetz-Meldepflichtverordnung-Immobilien – GwGMeldV-Immobilien), v. 17.6.2020, https://www.bstbk.de/de/themen/berufsrecht/steuerberatungsrecht, zuletzt abgerufen am 30.12.2021, S. 1.

245 Bundesrechtsanwaltskammer, Stellungnahme zum Referentenentwurf des Bundesministeriums der Finanzen zu einer „Verordnung zu den nach dem Geldwäschegesetz meldepflichtigen Sachverhalten im Immobilienbereich – GwGMeldV-Immobilien", S. 4; Bundesrechtsanwaltskammer, Stellungnahme Nr. 30 zum Referentenentwurf des BMF einer Verordnung zu den nach dem Geldwäschegesetz meldepflichtigen Sachverhalten im Immobilienbereich (Geldwäschegesetzmeldepflichtenverordnung-Immobilien – GwGMeldV-Immobilien), S. 4; Bundessteuerberaterkammer, Stellungnahme zum Entwurf einer Verordnung zu den nach dem Geldwäschegesetz meldepflichtigen Sachverhalten im Immobilienbereich (Geldwäschegesetz-Meldepflichtverordnung-Immobilien – GwGMeldV-Immobilien), S. 1.

246 Bundesrechtsanwaltskammer, Stellungnahme zum Referentenentwurf des Bundesministeriums der Finanzen zu einer „Verordnung zu den nach dem Geldwäschegesetz meldepflichtigen Sachverhalten im Immobilienbereich – GwGMeldV-Immobilien", S. 6; Bundesrechtsanwaltskammer, Stellungnahme Nr. 30 zum Referentenentwurf des BMF einer Verordnung zu den nach dem Geldwäschegesetz meldepflichtigen Sachverhalten im Immobilienbereich (Geldwäschegesetzmeldepflichtenverordnung-Immobilien – GwGMeldV-Immobilien), S. 5 ff.

Erstellung von **Arbeits- und Organisationsanweisungen,**[247] die im Wesentlichen das Folgende enthalten sollen: den vollständigen **Ablauf und den dazugehörigen Handlungsbedarf** aller im Institut oder Unternehmen beteiligten Akteure von dem Erkennen gewisser typisierter Anhaltspunkte für Geldwäsche oder Terrorismusfinanzierung und dem damit verbundenen Aufkommen eines Verdachtsmomentes, über die interne Meldung, bis hin zur Abgabe der externen Verdachtsmeldung an die Zentralstelle für Finanztransaktionsuntersuchungen durch den Geldwäschebeauftragten oder, soweit keiner bestellt worden ist, durch die in Sachen Geldwäsche verantwortlich handelnde Person. Wichtiger Regelungsinhalt ist darüber hinaus die **Art und Weise der erforderlichen Dokumentation der Beurteilung und Entscheidung** über einen Verdachtsfall.[248] Es muss mittels der Anweisungen sichergestellt werden, dass die Aufzeichnungspflicht nach § 8 Abs. 1 Satz 1 Nr. 4 GwG und die fünfjährige Aufbewahrungsfrist nach § 8 Abs. 4 GwG eingehalten werden. Siehe zu der Aufzeichnungs- und Aufbewahrungspflicht im Einzelnen unter → § 8 GwG Rn. 22 ff., 52 ff.

106 Sinnvoll erscheint auch die **Erstellung eines Formblatts,** welches allen Mitarbeitern zur Verfügung gestellt wird, damit diese alle den Verdachtsfall stützenden Tatsachen und Anhaltspunkte für die unmittelbare interne Meldung an den Geldwäschebeauftragten oder dem sonst für die Abgabe der Verdachtsmeldung zuständigen Mitglied der Führungsebene erfassen können.[249]

107 Es muss sichergestellt werden, dass dem Geldwäschebeauftragten oder, soweit kein Geldwäschebeauftragter gesetzlich vorgesehen oder faktisch vorhanden ist, demjenigen, der die geldwäscherechtlichen Verpflichtungen für den Verpflichteten wahrnimmt, es möglich ist, eine **Beurteilung hinsichtlich des Vorliegens der Voraussetzungen des § 43 Abs. 1 GwG** schnellstmöglich zu erstellen und im Bedarfsfall unverzüglich den Verdachtsfall an die Zentralstelle für Finanztransaktionsuntersuchungen gemäß der in § 45 GwG vorgegebenen Formalia zu übermitteln.[250]

108 Bei der Implementierung oder Weiterentwicklung des internen Meldeverfahrens ist darauf zu achten, dass kein Verfahren vorliegt, wonach Beschäftigte einen internen Meldefall zunächst dem Vorgesetzten oder einer anderen als der für die Meldung gemäß § 43 Abs. 1 GwG zuständigen vorzulegen haben und diese Stel-

---

247 BaFin, AuA 2018, S. 75; BMF, Auslegungshinweise des Bundesministeriums der Finanzen zur Handhabung des Verdachtsmeldewesens (§ 11 GwG), S. 5.
248 BaFin, AuA, Oktober 2021, S. 75; BMF, Auslegungshinweise des Bundesministeriums der Finanzen zur Handhabung des Verdachtsmeldewesens (§ 11 GwG), S. 5.
249 BMF, Auslegungshinweise des Bundesministeriums der Finanzen zur Handhabung des Verdachtsmeldewesens (§ 11 GwG), S. 5.
250 BaFin, AuA, Oktober 2021, S. 75; BMF, Auslegungshinweise des Bundesministeriums der Finanzen zur Handhabung des Verdachtsmeldewesens (§ 11 GwG), S. 6.

le die Meldung nur dann weiterleitet, wenn sie die Einschätzung des meldenden Beschäftigten teilt.[251] Außerdem sollte auch berücksichtigt werden, dass soweit keine externe Verdachtsmeldung abgeben wird, die **Gründe dem intern meldenden Mitarbeiter des Verpflichteten bekanntgegeben werden**.[252]

---

251 BaFin, AuA, Oktober 2021, S. 76.

252 BaFin, AuA, Oktober 2021, S. 76, BMF, Auslegungshinweise des Bundesministeriums der Finanzen zur Handhabung des Verdachtsmeldewesens (§ 11 GwG), S. 6.

§ 44 Meldepflicht von Aufsichtsbehörden

(1) Liegen Tatsachen vor, die darauf hindeuten, dass ein Vermögensgegenstand mit Geldwäsche oder mit Terrorismusfinanzierung im Zusammenhang steht, meldet die Aufsichtsbehörde diese Tatsachen unverzüglich der Zentralstelle für Finanztransaktionsuntersuchungen. Dies gilt nicht, wenn Verpflichtete nach § 2 Absatz 1 Nummer 10 und 12 gemäß § 43 Absatz 2 nicht zur Meldung verpflichtet sind und daher von einer Meldung abgesehen haben.

(2) Absatz 1 gilt entsprechend für Behörden, die für die Überwachung der Aktien-, Devisen- und Finanzderivatemärkte zuständig sind.

I. Allgemeines

§ 44 GwG regelt die **Meldepflicht der Aufsichtsbehörden und weiterer Behörden** an die Zentralstelle für Finanztransaktionsuntersuchungen[1] und dient der Umsetzung von Art. 36 der Vierten EU-Geldwäscherichtlinie. Die Norm entspricht in weiten Teilen § 14 GwG a. F. in der vor dem 26.6.2017 geltenden Fassung, wenngleich einige Regelungen des § 14 GwG a. F. keinen Niederschlag im Gesetz zur Umsetzung der Vierten EU-Geldwäscherichtlinie, zur Ausführung der EU-Geldtransferverordnung und zur Neuorganisation der Zentralstelle für Finanztransaktionsuntersuchungen vom 23.6.2017[2] erfahren haben. Mittels des Gesetzes zur europäischen Vernetzung der Transparenzregister und zur Umsetzung der Richtlinie 2019/1153 des Europäischen Parlaments und des Rates vom 20. Juni 2019 zur Nutzung von Finanzinformationen für die Bekämpfung von Geldwäsche, Terrorismusfinanzierung und sonstigen schweren Straftaten (Transparenzregister- und Finanzinformationsgesetz) vom 25.6.2021[3] wurde § 44 Abs. 1 GwG um eine wesentliche Ausnahmeregelung von der Meldepflicht für die Aufsichtsbehörden der rechts- und wirtschaftsberatenden Berufe, die erst durch das Gesetz zur Umsetzung der Vierten EU-Geldwäscherichtlinie, zur Aus-

1

---

1 Nachfolgend auch als „Financial Intelligence Unit" oder „FIU" bezeichnet.
2 BGBl. I 2017, S. 1822 ff.
3 BGBl. I 2021, S. 2083 ff.

führung der EU-Geldtransferverordnung und zur Neuorganisation der Zentralstelle für Finanztransaktionsuntersuchungen vom 23.6.2017[4] weggefallen ist, ergänzt.

2 Nennenswerte Änderungen durch das Gesetz zur Umsetzung der Vierten EU-Geldwäscherichtlinie, zur Ausführung der EU-Geldtransferverordnung und zur Neuorganisation der Zentralstelle für Finanztransaktionsuntersuchungen vom 23.6.2017[5] finden sich in § 44 Abs. 1 GwG insbesondere hinsichtlich der **entfallenen Meldepflicht gegenüber der zuständigen Strafverfolgungsbehörde** und der bis dato ausdrücklich normierten **Ausnahmeregelung von der Meldepflicht für die Aufsichtsbehörden der rechts- und wirtschaftsberatenden Berufe** sowie in § 44 Abs. 2 GwG hinsichtlich des Wegfalls der **Meldepflicht von der mit der Kontrolle des grenzüberschreitenden Verkehrs betrauten Behörde**. Im Rahmen der Gesetzesbegründung zum Gesetz zur Umsetzung der Vierten EU-Geldwäscherichtlinie, zur Ausführung der EU-Geldtransferverordnung und zur Neuorganisation der Zentralstelle für Finanztransaktionsuntersuchungen finden sich keine weiteren Ausführungen, welche Begründung diesen Änderungen zugrunde liegt. Die **Meldepflicht gegenüber der zuständigen Strafverfolgungsbehörde** ist ebenso wie in § 43 Abs. 1 GwG entfallen.

3 Hinsichtlich des Wegfalls der ausdrücklich normierten Ausnahmeregelung von der Meldepflicht für die Aufsicht der rechts- und wirtschaftsberatenden Berufe in Bezug auf Informationen, die im Rahmen der Rechtsberatung oder der Prozessvertretung erlangt wurden, lag bereits zum Inkrafttreten des Gesetzes zur Umsetzung der Vierten EU-Geldwäscherichtlinie, zur Ausführung der EU-Geldtransferverordnung und zur Neuorganisation der Zentralstelle für Finanztransaktionsuntersuchungen vom 23.6.2017[6] ein redaktionelles Versehen nahe, so wäre bei einer derartigen beabsichtigten inhaltlichen Änderung des Normgehalts eine Begründung der Gesetzesänderung seitens des Gesetzgebers zu erwarten gewesen.[7]

4 Die nunmehr durch das Gesetz zur europäischen Vernetzung der Transparenzregister und zur Umsetzung der Richtlinie 2019/1153 des Europäischen Parlaments und des Rates vom 20. Juni 2019 zur Nutzung von Finanzinformationen für die Bekämpfung von Geldwäsche, Terrorismusfinanzierung und sonstigen schweren Straftaten (Transparenzregister- und Finanzinformationsgesetz) vom 25.6.2021[8] erneut vorgenommene klarstellende Ergänzung um eine entsprechende Ausnahmeregelung ist insofern zu begrüßen. § 44 Abs. 1 Satz 2 GwG normiert nunmehr ausdrücklich, dass die Meldepflicht der Aufsichtsbehörde

---

4 BGBl. I 2017, S. 1822 ff.
5 BGBl. I 2017, S. 1822 ff.
6 BGBl. I 2017, S. 1822 ff.
7 *Baretto de Rosa*, in: Herzog, GwG, § 44 Rn. 4.
8 BGBl. I 2021, S. 2083 ff.

nicht gilt, wenn Verpflichtete nach § 2 Abs. 1 Nr. 10 und 12 GwG gemäß § 43 Abs. 2 GwG nicht zur Meldung verpflichtet sind und daher von einer Meldung abgesehen haben.

Die Ausnahmeregelung hat durch Bestrebungen des Bundesrates Einzug in das **5** Gesetzgebungsverfahren erhalten. Der Bundesrat bat darum, im weiteren Gesetzgebungsverfahren eine Klarstellung der Reichweite der in § 44 Abs. 1 GwG vorgesehenen Meldepflicht von Aufsichtsbehörden für die Fälle zu prüfen, in denen Verpflichtete nach § 2 Abs. 1 Nr. 10 und 12 GwG ihrerseits gemäß § 43 Abs. 2 Satz 1 GwG nicht zur Meldung verpflichtet sind.[9] Zur Begründung führte der Bundesrat aus, dass in der Praxis Unsicherheit zur Reichweite der in § 44 Abs. 1 GwG geregelten Meldepflicht von Aufsichtsbehörden in den Fällen, in denen Verpflichtete nach § 2 Abs. 1 Nr. 10 und 12 GwG ihrerseits gemäß § 43 Abs. 2 Satz 1 GwG nicht zur Meldung verpflichtet sind, besteht.[10] Eine im Frühjahr 2020 von der Senatsverwaltung für Justiz, Verbraucherschutz und Antidiskriminierung des Landes Berlin durchgeführte Umfrage unter den Landesjustizverwaltungen zur Anwendung von § 44 GwG im Rahmen der Geldwäscheprüfungen bei Notarinnen und Notaren ergab laut dem Bundesrat ein dringendes praktisches Bedürfnis für eine klarstellende Regelung durch den Gesetzgeber.[11]

Der Bundesrat bat darüber hinaus, im weiteren Gesetzgebungsverfahren zu prü- **6** fen, ob an die Pflicht zur Abgabe von Verdachtsmeldungen durch die Aufsichtsbehörden nach § 44 GwG strengere Anforderungen gestellt werden sollten, wenn die von ihnen beaufsichtigten Berufsgeheimnisträger selbst keiner Meldepflicht unterliegen.[12] Führte hierzu jedoch aus, dass das in § 43 Abs. 2 Satz 1 GwG zum Ausdruck kommende verfassungsrechtlich geschützte Vertrauensverhältnis zu Berufsgeheimnisträgern umgangen werden würde, wenn die Meldung nicht durch den Verpflichteten nach § 2 Abs. 1 Nr. 10 und 12 GwG selbst, aber über den Umweg der Aufsicht erfolgen würde.[13] Insofern wiegt der Schutz der Geheimhaltungspflicht im Rahmen eines Vertragsverhältnisses zu Berufsgeheimnisträgern so schwer, dass der Gedanke des § 43 Abs. 2 GwG auf die Aufsichtsbehörden ausgedehnt werden sollte.[14]

Mit dem **Wegfall der Meldepflicht von der mit der Kontrolle des grenzüber-** **7** **schreitenden Verkehrs betrauten Behörde** durch das Gesetz zur Umsetzung der Vierten EU-Geldwäscherichtlinie, zur Ausführung der EU-Geldtransferverordnung und zur Neuorganisation der Zentralstelle für Finanztransaktionsunter-

---

9 BT-Drs. 19/28164, S. 86.
10 BT-Drs. 19/28164, S. 86.
11 BT-Drs. 19/28164, S. 86.
12 BT-Drs. 19/28164, S. 86.
13 BT-Drs. 19/28164, S. 87.
14 BT-Drs. 19/28164, S. 87.

suchungen vom 23.6.2017[15] haben sich der Sache nach keine Änderungen ergeben, da eine entsprechende Information der Zentralstelle für Finanztransaktionsuntersuchungen aufgrund anderer gesetzlicher Verpflichtungen dieser Behörden
zugeht.[16] Die Pflicht zur Entgegennahme und Bearbeitung solcher Informationen durch die Zentralstelle für Finanztransaktionsuntersuchungen besteht nach
§ 30 Abs. 1 Nr. 3 GwG. Siehe hierzu auch unter → § 30 GwG Rn. 16 ff.

II. Meldepflicht der Aufsichtsbehörden (§ 44 Abs. 1 GwG)

8   Gem. § 44 Abs. 1 GwG obliegt den Aufsichtsbehörden gem. § 50 GwG eine
Pflicht **zur unverzüglichen Erstattung einer Meldung an die Zentralstelle
für Finanztransaktionsuntersuchungen**, soweit Tatsachen vorliegen, die darauf hindeuten, dass ein Vermögensgegenstand mit Geldwäsche oder mit Terrorismusfinanzierung im Zusammenhang steht. Dies gilt nicht, wie bereits oben
unter → § 44 Rn. 4 ff. ausführlich dargestellt, wenn Verpflichtete nach § 2 Abs. 1
Nr. 10 und 12 GwG gemäß § 43 Abs. 2 GwG nicht zur Meldung verpflichtet
sind und daher von einer Meldung abgesehen haben.

9   In Anlehnung an Art. 36 Abs. 1 der Vierten EU-Geldwäscherichtlinie[17] kann es
insbesondere bei Aufsichtsbehörden zu einer Aufdeckung der Tatsachen im
Rahmen der von ihnen **durchgeführten Kontrollen** von Verpflichteten oder bei
anderen Gelegenheiten kommen.

10   Im Grundsatz gilt für Verdachtsmeldungen der zuständigen Behörden nach § 44
Abs. 1 GwG das gleiche Verfahren, unter den gleichen Voraussetzungen, wie für
die Verdachtsmeldungen durch die Verpflichteten **nach § 43 Abs. 1 Nr. 1 und 2
GwG insbesondere ist der Auslöser einer Meldepflicht der selbige**.[18] Wenngleich sich der Wortlaut unmittelbar auf die Geldwäsche und nicht wie mittlerweile § 43 Abs. 1 Nr. 1 GwG auf die Vortat einer Geldwäsche bezieht und nur
auf einen Vermögensgenstand abgestellt wird. Es ist jedoch zu vermuten, dass es
sich hierbei nicht um andere Fallkonstellationen oder Anforderungen handeln
soll.[19] Siehe daher im Einzelnen zu dem Begriff des **Vermögensgegenstandes**

---

15 BGBl. I 2017, S. 1822 ff.
16 *Baretto de Rosa*, in: Herzog, GwG, § 44 Rn. 8.
17 Richtlinie (EU) 2015/849 des Europäischen Parlaments und des Rates v. 20.5.2015 zur
   Verhinderung der Nutzung des Finanzsystems zum Zwecke der Geldwäsche und Terrorismusfinanzierung, zur Änderung der Verordnung (EU) Nr. 648/2012 des Europäischen Parlaments und des Rates und zur Aufhebung der Richtlinie 2005/60/EG des Europäischen Parlaments und des Rates und der Richtlinie 2006/70 der Kommission
   (ABl. L 141 v. 5.6.2015, S. 73 ff.).
18 *Baretto de Rosa*, in: Herzog, GwG, § § 44 Rn. 5 f.
19 *Baretto de Rosa*, in: Herzog, GwG, § 44 Rn. 5; a. A. *Pelz*, in: BeckOK GwG, § 44
   Rn. 4.

unter → § 43 GwG Rn. 29, zu dem Begriff der **Geldwäsche** unter → § 43 GwG
Rn. 35, zu dem Begriff der **Terrorismusfinanzierung** unter → § 43 GwG
Rn. 39 f., zum Erfordernis der **unverzüglichen Meldung** → § 43 GwG
Rn. 13 ff., zu der **Verdachtsmeldeschwelle** → § 43 GwG Rn. 17 ff. und zu der
Ausnahmeregelung für Verpflichtete nach § 2 Abs. 1 Nr. 10 und 12 GwG →
§ 43 Rn. 53 ff.

III. Meldepflicht der für die Überwachung der Aktien-, Devisen- und Finanzderivatemärkte zuständigen Behörden (§ 44 Abs. 2 GwG)

§ 44 Abs. 2 GwG regelt die Meldepflicht entsprechend § 44 Abs. 1 GwG von   **11**
Behörden, die für die Überwachung der Aktien-, Devisen- und Finanzderivatemärkte zuständig sind. Siehe daher zu den **Tatbestandsvoraussetzungen** unter
→ § 44 GwG Rn. 10 mit den Verweisungen auf § 43 GwG. Grundsätzlich übt
gem. § 3 Abs. 1 BörsG die **zuständige oberste Landesbehörde (Börsenauf-
sichtsbehörde)** die Aufsicht über die Börse nach den Vorschriften des BörsG
aus. Daneben kann sich eine Zuständigkeit der **Bundesanstalt für Finanzdienstleistungsaufsicht** (BaFin) aus § 6 KWG, § 18 WpHG ergeben, soweit
nicht aus § 3 Abs. 5 oder § 5 Abs. 6 des BörsG die Zuständigkeit der obersten
Landesbehörde besteht.[20]

Die den Behörden, die für die Überwachung der Aktien-, Devisen- und Finanz-   **12**
derivatemärkte zuständig sind, obliegende Meldepflicht erhielt erstmals durch
das Gesetz zur Ergänzung der Bekämpfung der Geldwäsche und Terrorismusfinanzierung (Geldwäschebekämpfungsergänzungsgesetz – GwBekErgG) vom
13.8.2008[21] Einzug in das GwG und beruht auf Art. 25 Abs. 2 der Dritten EG-
Geldwäscherichtlinie.[22] Letztlich bestand diese Meldepflicht allerdings laut der
Gesetzesbegründung des GwBekErgG bereits aufgrund von Art. 1 Nr. 9 der
Zweiten EG-Geldwäscherichtlinie.[23] Nach diesem mussten die Mitgliedstaaten
dafür sorgen, dass die Aufsichtsorgane, die aufgrund von Rechts- oder Verwaltungsvorschriften die Aktien-, Devisen- und Finanzderivatmärkte zu überwachen haben, die für die Bekämpfung der Geldwäsche zuständigen Behörden unterrichten, wenn sie auf Tatsachen stoßen, die auf eine Geldwäsche hindeuten.[24]

---

20 *Pelz*, in: BeckOK GwG, § 44 Rn. 7.
21 BGBl. I 2008, S. 1690 ff.
22 BT-Drs. 16/9038, S. 47.
23 BT-Drs. 16/9038, S. 47.
24 Richtlinie 2001/97/EG des Europäischen Parlaments und des Rates v. 4.12.2001 zur
     Änderung der Richtlinie 91/308/EWG des Rates zur Verhinderung der Nutzung des Fi-
     nanzsystems zum Zwecke der Geldwäsche (ABl. L 344 v. 28.12.2001, S. 76 ff.).

13   Die **Finanzbehörden** trifft eine ähnlich ausgestaltete **Pflicht zur Mitteilung von Verdachtsfällen** gem. § 31b Abs. 2 Satz 1 AO.[25] § 31b Abs. 2 AO wurde mittels des Gesetzes zur Umsetzung der Vierten EU-Geldwäscherichtlinie, zur Ausführung der EU-Geldtransferverordnung und zur Neuorganisation der Zentralstelle für Finanztransaktionsuntersuchungen vom 23.6.2017[26] neu gefasst. Die Neufassung wurde infolge der zahlreichen Anpassungen des GwG und wegen der Neuorganisation der Financial Intelligence Unit innerhalb der Generalzolldirektion erforderlich.[27] § 31b Abs. 2 AO ist als Spezialnorm zu § 44 GwG zu sehen.[28]

14   Gem. § 31b Abs. 2 Satz 1 AO haben die Finanzbehörden der Zentralstelle für Finanztransaktionsuntersuchungen unverzüglich Sachverhalte unabhängig von deren Höhe mitzuteilen, wenn Tatsachen vorliegen, die darauf hindeuten, dass es sich bei Vermögensgegenständen, die mit dem mitzuteilenden Sachverhalt im Zusammenhang stehen, um den Gegenstand einer Straftat nach § 261 StGB handelt oder die Vermögensgegenstände im Zusammenhang mit Terrorismusfinanzierung stehen. Die maßgeblichen Fakten sollen grundsätzlich in der Verdachtsmeldung selbst wiedergegeben werden.[29] Die Pflicht zur Entgegennahme und Bearbeitung solcher Mitteilungen durch die Zentralstelle für Finanztransaktionsuntersuchungen besteht nach § 30 Abs. 1 Nr. 2 GwG (siehe hierzu auch unter → § 30 GwG Rn. 8 ff.).

15   Im Jahr 2020 wurden von den Aufsichtsbehörden 144 Meldungen und von den Finanzbehörden 608 Meldungen an die FIU übermittelt.[30] Die Anzahl der Meldungen von Behörden und sonstigen Verpflichteten ist damit im Vorjahresvergleich leicht rückläufig.[31]

---

25 *Häberle*, in: Erbs/Kohlhaas, Strafrechtliche Nebengesetze, § 44 GwG Rn. 1.

26 BGBl. I 2017, S. 1822 ff.

27 BT-Drs. 18/11555, S. 169.

28 BT-Drs. 18/11555, S. 170.

29 BMF, Anwendungserlass zur Abgabenordnung (AEAO); Neubekanntmachung des AEAO, zu § 31b Nr. 1, 31.1.2014, Gz.: IV A 3 – S 0062/14/10002, DOK 2014/0108334, https://bundesfinanzministerium.de/Content/DE/Downloads/BMF_Schreiben/Weitere_Steuerthemen/Abgabenordnung/AO-Anwendungserlass/2014-01-31-Neubekanntmachung-AEAO.pdf?__blob=publicationFile&v=2, zuletzt abgerufen am 30.21.2021.

30 FIU, Jahresbericht 2020, S. 17, https://www.zoll.de/DE/FIU/Fachliche-Informationen/Jahresberichte/jahresberichte_node.html, zuletzt abgerufen am 30.12.2021.

31 FIU, Jahresbericht 2020, S. 16.

§ 45 Form der Meldung, Registrierungspflicht, Ausführung durch Dritte, Verordnungsermächtigung

(1) Die Meldung nach § 43 Absatz 1 oder § 44 hat elektronisch zu erfolgen. Verpflichtete nach § 2 Absatz 1 haben sich unabhängig von der Abgabe einer Verdachtsmeldung bei der Zentralstelle für Finanztransaktionsuntersuchungen elektronisch zu registrieren. Bei einer Störung der elektronischen Datenübermittlung ist die Übermittlung auf dem Postweg zulässig. Meldungen nach § 44 sind aufgrund des besonderen Bedürfnisses nach einem einheitlichen Datenübermittlungsverfahren auch für die aufsichtsführenden Landesbehörden bindend.

(2) Auf Antrag kann die Zentralstelle für Finanztransaktionsuntersuchungen zur Vermeidung von unbilligen Härten auf die elektronische Übermittlung einer Meldung eines Verpflichteten verzichten und die Übermittlung auf dem Postweg genehmigen. Die Ausnahmegenehmigung kann befristet werden.

(3) Für die Übermittlung auf dem Postweg ist der amtliche Vordruck zu verwenden.

(4) Bei Erfüllung der Meldepflicht nach § 43 Absatz 1 kann ein Verpflichteter entsprechend § 6 Absatz 7 auf Dritte zurückgreifen.

(5) Das Bundesministerium der Finanzen kann durch Rechtsverordnung ohne Zustimmung des Bundesrates nähere Bestimmungen über die Form der Meldung nach § 43 Absatz 1 oder § 44 erlassen. Von Absatz 1 und den Regelungen einer Rechtsverordnung nach Satz 1 kann durch Landesrecht nicht abgewichen werden.

Übersicht

I. Allgemeines

Die Vorschrift erfasst die **erforderliche Form der Meldung** nach § 43 Abs. 1 GwG oder § 44 GwG und **mögliche Ausnahmen** hiervon. Ferner beinhaltet die

Vorschrift die **Pflicht zur Registrierung** für Verpflichtete nach § 2 Abs. 1 GwG bei der Zentralstelle für Finanztransaktionsuntersuchungen,[1] die **Ausführung durch Dritte** und die **Ermächtigungsgrundlage zum Erlass einer Rechtsverordnung** für das Bundesministerium der Finanzen. Die Vorgabe der – bis auf in Ausnahmefällen – ausschließlich elektronischen Form der Verdachtsmeldung wurde mittels des Gesetzes zur Umsetzung der Vierten EU-Geldwäscherichtlinie, zur Ausführung der EU-Geldtransferverordnung und zur Neuorganisation der Zentralstelle für Finanztransaktionsuntersuchungen vom 23.6.2017[2] neu eingeführt. Die Pflicht zur Registrierung und die Regelung zur Ausführung durch Dritte haben mittels des Gesetzes zur Umsetzung der Änderungsrichtlinie zur Vierten EU-Geldwäscherichtlinie vom 12.12.2019[3] Einzug in das GwG erhalten.

II. Form der Verdachtsmeldung (§ 45 Abs. 1 GwG)

2   Grundsätzlich hat gem. § 45 Abs. 1 Satz 1 und Satz 3 GwG die Meldung nach § 43 Abs. 1 GwG oder § 44 GwG an die Zentralstelle für Finanztransaktionsuntersuchungen, die bei der Generalzolldirektion angesiedelt ist, **elektronisch** zu erfolgen, wobei bei einer **Störung der elektronischen Datenübermittlung auch die Übermittlung auf dem Postweg** zulässig ist. Nach § 11 Abs. 1 Satz 1 GwG a. F. i.V.m. § 11 Abs. 2 Satz 1 GwG a. F. in der vor dem 26.6.2017 geltenden Fassung war hingegen die Abgabe der Verdachtsmeldung mündlich, schriftlich, telefonisch, fernschriftlich oder durch elektronische Datenübermittlung möglich und musste, soweit sie mündlich oder telefonisch gestellt wurde, schriftlich, fernschriftlich oder durch elektronische Datenübermittlung wiederholt werden. Siehe zu der Zentralstelle für Finanztransaktionsuntersuchungen auch unter den → §§ 27 ff. GwG.

3   Dem Wortlaut nach hätte die Abgabe der Verdachtsmeldung seit dem 26.6.2017 nunmehr ausschließlich, bis auf in Ausnahmefällen, **elektronisch** an die Financial Intelligence Unit erfolgen müssen. Hierzu war angedacht, dass die FIU eine Benutzeroberfläche im Internet zur Verfügung stellt.[4] Durch die Vorgaben der Eingabemaske sollte das Verfahren möglichst nutzerfreundlich gestaltet und zugleich eine effiziente Datenverarbeitung durch die FIU ermöglicht werden.[5]

4   Allerdings kam es zum Stichtag zu keiner Bereitstellung der Benutzeroberfläche durch die Financial Intelligence Unit und infolgedessen auch zu keiner Ad-hoc-

---

1 Nachfolgend auch als „Financial Intelligence Unit" oder „FIU" bezeichnet.
2 BGBl. I 2017, S. 1822 ff.
3 BGBl. I 2019, S. 2602 ff.
4 BT-Drs. 18/11555, S. 157.
5 BT-Drs. 18/11555, S. 157.

Umstellung auf ein elektronisches Verfahren zur Abgabe von Verdachtsmeldungen. Vielmehr wurde seitens der FIU zu diesem Zeitpunkt bekannt gegeben, dass die **Umstellung auf ein elektronisches Meldewesen in drei zeitlich konkret bestimmten Phasen** erfolgen soll. Am 31.8.2017 und damit am Ende der ursprünglich geplanten ersten Phase hat die FIU auf ihrer Homepage allerdings bekannt gegeben, dass die von ihr **beabsichtigte Zeitplanung nicht eingehalten werden kann**, vielmehr sollte das Meldeportal an die zwischenzeitlich festgestellten weiteren technischen Erfordernisse sowohl der Verpflichteten als auch der FIU angepasst werden.[6] Nach einigen Verzögerungen konnte das Meldeportal zum 13.11.2017 in Betrieb genommen werden, wenngleich trotz Inbetriebnahme in einer **Übergangsphase** bis zum 1.2.2018 die Möglichkeit bestand, eine Verdachtsmeldung elektronisch via goAML oder per Fax zu übermitteln.[7]

Seit dem **1.2.2018** sind Verdachtsmeldungen **grundsätzlich elektronisch via goAML** zu übermitteln.[8] Soweit es zu einer über zweistündigen Störung der elektronischen Übermittlung kommt oder eine Erstmeldung vorgenommen werden soll, ist allerdings weiterhin – entgegen der im Gesetz vorgesehenen Möglichkeit zur Übermittlung auf dem Postweg bei einer Störung der elektronischen Datenübermittlung – die Übermittlung per Fax zulässig.[9] Im Ausnahmefall (z. B. bei besonderer Eilbedürftigkeit oder bei konkreten Gefahren) soll eine Übermittlung per Fax auch vor Ablauf der Frist zulässig sein.[10] Soweit es zu einer Übermittlung per Fax kommt, müssen in jedem Fall die Tatsachen, aus denen sich die Erforderlichkeit der Übermittlung per Fax ergeben, dargestellt werden.[11] Um eine Doppelerfassung zu vermeiden, erteilt die FIU ausdrücklich den Hinweis, dass eine Nacherfassung in goAML der per Fax eingereichten Verdachtsmeldung nicht erforderlich ist.[12]

5

Die Übermittlungsmöglichkeit per Fax ist bei ggf. auftretenden technischen Schwierigkeiten bzw. Störungen, begrüßenswert, so kann auf diesem Weg einerseits eine schnelle Übermittlung gewährleistet werden und andererseits hat der

6

---

6 Vgl. https://www.zoll.de/DE/FIU/Aktuelles/aktuelles_node.html zuletzt abgerufen am 30.12.2021.
7 Vgl. https://www.zoll.de/DE/FIU/Aktuelles/aktuelles_node.html, zuletzt abgerufen am 30.12.2021.
8 Vgl. https://www.zoll.de/DE/FIU/Fachliche-Informationen/Verdachtsmeldungen/ver dachtsmeldungen_node.html, zuletzt abgerufen am 30.12.2021.
9 Vgl. https://www.zoll.de/DE/FIU/Fachliche-Informationen/Verdachtsmeldungen/ver dachtsmeldungen_node.html, zuletzt abgerufen am 30.12.2021.
10 Vgl. https://www.zoll.de/DE/FIU/Fachliche-Informationen/Verdachtsmeldungen/ver dachtsmeldungen_node.html, zuletzt abgerufen am 30.12.2021.
11 Vgl. https://www.zoll.de/DE/FIU/Fachliche-Informationen/Verdachtsmeldungen/ver dachtsmeldungen_node.html, zuletzt abgerufen am 30.12.2021.
12 Vgl. https://www.zoll.de/DE/FIU/Fachliche-Informationen/Verdachtsmeldungen/ver dachtsmeldungen_node.html, zuletzt abgerufen am 30.12.2021.

Verpflichtete einen Nachweis über den Zeitpunkt der abgegebenen Verdachtsmeldung.[13] Letztlich dient nach Abstimmung der FIU mit der Bundesanstalt für Finanzdienstleistungsaufsicht bei der Übermittlung per Fax, der **Fax-Sendebericht offiziell als „Übermittlungsquittung".**[14] Eine darüber hinausgehende separate Bestätigung des Eingangs wird es in der Regel bei nicht elektronischer Abgabe der Verdachtsmeldung durch die FIU nicht geben.[15] Hierzu besteht auch keine Veranlassung, da die FIU nach § 41 Abs. 1 GwG lediglich bei durch elektronische Datenübermittlung abgegebenen Verdachtsmeldungen dem Verpflichteten unverzüglich den Eingang seiner Meldung zu bestätigen hat. Siehe zum Begriff der Unverzüglichkeit unter → § 43 GwG Rn. 16. Bei der Übermittlung der Verdachtsmeldung mittels goAML geschieht dies durch Übermittlung einer automatisierten Eingangsbestätigung durch das System.[16]

7   Hinsichtlich der Meldung von Verdachtsfällen stehen den Verpflichteten zwei Möglichkeiten zur Verfügung. Zum einen kann das **Webformular des Meldeportals von goAML** an die FIU übermittelt werden, wobei sämtliche relevanten Informationen zum Sachverhalt und den betreffenden Transaktionen übersichtlich und klar gegliedert eingetragen werden können.[17] Insbesondere Angaben zur betreffenden Transaktion, und zu den im Zusammenhang mit dieser stehenden Personen, Organisationen, Konten usw. sind zu machen.[18] Zum anderen besteht die Möglichkeit, die Daten der Verdachtsmeldungen **via XML-Upload über goAML** an die FIU zu übermitteln.[19] Um die Nutzung des Meldeportals zu erleichtern, sind viele Felder mit sogenannten „Tooltips" hinterlegt, welche einen kurzen Hilfetext zu dem jeweiligen Feld anzeigen.[20] An einer dritten Va-

---

13 Zu den Vorteilen der Übermittlung per Fax siehe DK, Stellungnahme zum Regierungsentwurf v. 22.2.2017 für ein Umsetzungsgesetz zur 4. Geldwäsche-Richtlinie (EU) 2015/849, 13.3.2017, S. 28, https://die-dk.de/themen/stellungnahmen/stellungnahme-zum-regierungsentwurf-fur-ein-umsetzungsgesetz-zur-4-geldwasche-richtlinie/, zuletzt abgerufen am 30.12.2021.

14 Vgl. https://www.zoll.de/DE/FIU/Aktuelles/aktuelles_node.html, zuletzt abgerufen am 30.12.2021.

15 Vgl. https://www.zoll.de/DE/FIU/Aktuelles/aktuelles_node.html, zuletzt abgerufen am 30.12.2021.

16 Vgl. https://www.zoll.de/DE/FIU/Aktuelles/aktuelles_node.html, zuletzt abgerufen am 30.12.2021.

17 Vgl. https://www.zoll.de/DE/FIU/Fachliche-Informationen/Verdachtsmeldungen/ver dachtsmeldungen_node.html, zuletzt abgerufen am 30.12.2021.

18 Vgl. https://www.zoll.de/DE/FIU/Fachliche-Informationen/Verdachtsmeldungen/ver dachtsmeldungen_node.html, zuletzt abgerufen am 30.12.2021.

19 Vgl. https://www.zoll.de/DE/FIU/Fachliche-Informationen/Verdachtsmeldungen/ver dachtsmeldungen_node.html, zuletzt abgerufen am 30.12.2021.

20 Vgl. https://www.zoll.de/DE/FIU/Fachliche-Informationen/Verdachtsmeldungen/ver dachtsmeldungen_node.html, zuletzt abgerufen am 30.12.2021.

riante zur Abgabe von Verdachtsmeldungen über eine Systemschnittstelle (B2B) wird seitens der FIU im Zeitpunkt der Kommentierung noch gearbeitet.[21] Nähere Informationen zum Meldeprozess können Verpflichtete dem auf der Internetseite der FIU bereitgestellten „Handbuch goAML Web Portal" entnehmen.[22]

Bevor die Abgabe einer Verdachtsmeldung durch Verpflichtete oder zur Abgabe **8** von Verdachtsmeldungen verpflichtete Aufsichtsbehörden oder andere Behörden über das von der Financial Intelligence Unit auf ihrer Homepage eingerichtete Meldeportal goAML möglich ist, hat zwingend zuvor eine **einmalige Registrierung** stattzufinden.[23] Bis zum Inkrafttreten des Gesetzes zur Umsetzung der Änderungsrichtlinie zur Vierten EU-Geldwäscherichtlinie vom 12.12.2019[24] bestand keine Pflicht, sich unabhängig von konkreten Verdachtsmeldungen zu registrieren. Allerdings normiert § 45 Abs. 1 Satz 2 GwG nunmehr für Verpflichtete nach § 2 Abs. 1 GwG die Pflicht sich unabhängig von der Abgabe einer Verdachtsmeldung bei der FIU elektronisch zu registrieren. Diese Regelung basiert auf der im Rahmen des Gesetzgebungsverfahrens abgegebenen Beschlussempfehlung des Finanzausschusses (7. Ausschuss).[25] Die Registrierung hat bis zur Inbetriebnahme des neuen Informationsverbundes der FIU, spätestens jedoch ab dem 1.1.2024 gemäß § 59 Abs. 6 GwG zu erfolgen.[26] Im Rahmen des Registrierungsprozesses müssen neben Angaben des Meldepflichtigen auch die Daten der für die Organisation in Sachen Geldwäsche verantwortlich handelnden Person wie beispielsweise des Geldwäschebeauftragten gemacht

---

21 Vgl.   https://www.zoll.de/DE/FIU/Fachliche-Informationen/Verdachtsmeldungen/ver dachtsmeldungen_node.html, zuletzt abgerufen am 30.12.2021.

22 Vgl.   https://www.zoll.de/DE/FIU/Fachliche-Informationen/Verdachtsmeldungen/ver dachtsmeldungen_node.html, zuletzt abgerufen am 30.12.2021.

23 Vgl.   https://www.zoll.de/DE/FIU/Fachliche-Informationen/Registrierung/registrier ung_node.html, zuletzt abgerufen am 30.12.2021; FIU, Merkblatt zum Vordruck 033570 – Antrag auf Registrierung in goAML –: Erläuterungen für meldepflichtige Behörden, Stand 14.2.2018, S. 1; FIU, Merkblatt zum Vordruck 033570 – Antrag auf Registrierung in goAML – Erläuterungen für Verpflichtete Stand 14.2.2018, S. 1, https://www.formulare-bfinv.de, zuletzt abgerufen am 30.12.2021.

24 BGBl. I 2019, S. 2602 ff.

25 BT-Drs. 19/15163, S. 50.

26 So auch in Bundesnotarkammer, Geldwäschegesetz 2021 Auslegungs- und Anwendungshinweise für Notarinnen und Notare, Oktober 2021, S. 60 mit weiteren Hinweisen zur abgestimmten Vorgehensweise mit der FIU, https://www.bnotk.de/fileadmin/ user_upload_bnotk/anwendungsempfehlungen/Auslegungs-_und_Anwendungshin weise_zum_GwG_2021.pdf, zuletzt abgerufen am 30.12.2021; Wirtschaftsprüferkammer, Auslegungs- und Anwendungshinweise der Wirtschaftsprüferkammer zum Gesetz über das Aufspüren von Gewinnen aus schweren Straftaten (Geldwäschegesetz – GwG), Stand: 18.6.2020, S. 58, https://www.wpk.de/fileadmin/documents/Mitglieder/ Geldwaesche/WPK-Bekaempfung_der_Geldwaesche-Anwendungshinweise.pdf, zuletzt abgerufen am 30.12.2021.

werden, um diesen als „Administrator" festlegen zu können.[27] Zur **Verifizierung** sind dem Antrag eine Kopie des Personalausweises, des Reisepasses oder alternativer Dokumente (z. B. schriftliche Bestätigung durch das zur Vertretung berechtigte Organ der juristische Person oder Personengemeinschaft) und – soweit vorhanden – das Bestellungsschreiben als Datei beizufügen.[28] Soweit kein Geldwäschebeauftragter bestellt wurde, muss der jeweilige Hauptverantwortliche durch das Formular 033571 „Anlage zum Antrag auf Registrierung für das IT-Verfahren goAML; Beauftragung – FIU –" die Bestätigung vorlegen, dass er zur Abgabe von Meldungen im Auftrag der angegebenen Organisation berechtigt ist.[29] Das Formular 033571 steht im Formular-Management-System der Bundesfinanzverwaltung (FMS) unter der Rubrik „FIU" zur Verfügung.[30]

9   Für die Verpflichteten nach § 2 Abs. 1 GwG besteht eine generelle Pflicht zur Registrierung für das IT-Verfahren goAML. Die Pflicht wird nicht erst durch die Notwendigkeit zur Abgabe einer Verdachtsmeldung ausgelöst. Vielmehr könnte eine Verzögerung bei der Abgabe der Verdachtsmeldung aufgrund mangelnder (vorheriger) Registrierung der Unverzüglichkeit der Meldung entgegenstehen. Siehe zur Übergangsregelung zur Registrierungspflicht → § 59 Rn. 9 f.

10   Soweit der Verpflichtete die **Funktion des Geldwäschebeauftragten auf einen Dienstleister gem. § 6 Abs. 7 GwG** ausgelagert hat, ist es erforderlich, dass sich sowohl der Verpflichtete als auch der Bevollmächtigte als Organisation in goAML registrieren; erst nach erfolgreicher Freischaltung durch die FIU und Zuweisung der eindeutigen Organisationsnummer kann der Verpflichtete entweder selbst über den eigenen Zugang in goAML Web oder mittels Angabe der betroffenen Organisationsnummern die Bevollmächtigung durch die FIU auf eine andere Organisation übertragen.[31] Darüber hinaus soll bei einem Registrierungsantrag dieser Unternehmen, sofern eine gewerbliche Tätigkeit vorliegt, die Gewerbeanmeldung bzw. bei der Registrierung von Freiberuflern (Anwälte, Nota-

---

27 Vgl.   https://www.zoll.de/DE/FIU/Fachliche-Informationen/Registrierung/registrier ung_node.html, zuletzt abgerufen am 30.12.2021.

28 Vgl.   https://www.zoll.de/DE/FIU/Fachliche-Informationen/Registrierung/registrier ung_node.html, zuletzt abgerufen am 30.12.2021.

29 Vgl.   https://www.zoll.de/DE/FIU/Fachliche-Informationen/Registrierung/registrier ung_node.html, zuletzt abgerufen am 30.12.2021.

30 Vgl.   https://www.zoll.de/DE/FIU/Fachliche-Informationen/Registrierung/registrier ung_node.html, zuletzt abgerufen am 30.12.2021.

31 FIU-Merkblatt zum Vordruck 033573 – Verdachtsmeldungen ohne Transaktion – Stand 9.6.2017, S. 2, https://www.formulare-bfinv.de, zuletzt abgerufen am 30.12.2021; FIU, Merkblatt zum Vordruck 033572 – Verdachtsmeldungen mit Transaktion – Stand 10.6.2017, S. 2, https://www.formulare-bfinv.de, zuletzt abgerufen am 30.12.2021.

re, Wirtschaftsprüfer, Steuerberater etc.) das förmliche Zulassungsschreiben der jeweiligen Kammer beigefügt werden.[32]

Soweit die **Möglichkeit zur Nutzung des Meldeportals goAML auch für weitere Personen** geschaffen werden soll, müssen sich diese über den Punkt „Registrieren als Person für eine bereits registrierte Organisation" als neue Nebennutzer anmelden und der Administrator muss die Registrierung abschließen.[33]   **11**

Losgelöst von der Abgabe einer Verdachtsmeldung an die FIU über goAML können Mitarbeiter und Dritte jederzeit einen Hinweis bei der zuständigen Aufsichtsbehörde abgeben. Gem. § 53 Abs. 1 Satz 1 GwG können die **Hinweisgebersysteme der jeweiligen Aufsichtsbehörden** zur Abgabe von Hinweisen zu potenziellen oder tatsächlichen Verstößen gegen das GwG und gegen auf Grundlage des GwG erlassene Rechtsverordnungen und gegen andere Bestimmungen zur Verhinderung von Geldwäsche und von Terrorismusfinanzierung, bei denen es die Aufgabe der jeweiligen Aufsichtsbehörde ist, die Einhaltung der genannten Rechtsvorschriften sicherzustellen oder Verstöße gegen die genannten Rechtsvorschriften zu ahnden, genutzt werden (siehe hierzu im Einzelnen unter → § 53 GwG). Allerdings bleibt trotz dieser Möglichkeit abzuwarten, ob sich der geänderte und gewissermaßen eingeschränktere Weg zur Übermittlung einer Verdachtsmeldung durch goAML – insbesondere durch das Erfordernis der Registrierung – unter Umständen negativ auf die Anzahl an Verdachtsmeldung auswirkt. Möglicherweise könnte für nicht im Meldeportal goAML registrierte Mitarbeiter der Eindruck entstehen, sie könnten selber, insbesondere bei Unterlassen der Abgabe der Verdachtsmeldung durch den Verpflichteten trotz interner Meldung, den Sachverhalt nicht mehr extern an die FIU melden.   **12**

Soweit **Nichtverpflichtete** der FIU möglicherweise relevante Informationen im Zusammenhang mit Geldwäsche und Terrorismusfinanzierung übermitteln möchten, können sie dies auch mittels des auf der Homepage der FIU zur Verfügung gestellten **Kontaktformulars** tun.[34]   **13**

Nach § 45 Abs. 1 Satz 4 GwG sind Meldungen nach § 44 GwG aufgrund des besonderen Bedürfnisses nach einem einheitlichen Datenübermittlungsverfahren auch für die **aufsichtsführenden Landesbehörden** bindend. Dem liegt zugrunde, dass es sich bei den Behörden, die nach § 44 GwG zur Abgabe von Verdachtsmeldungen verpflichtet sind, auch um Landesbehörden handeln kann.[35] Mit der Verpflichtung zur elektronischen Meldung wird das Verwaltungsverfah-   **14**

---

32 Vgl.   https://www.zoll.de/DE/FIU/Fachliche-Informationen/Registrierung/registrierung_node.html, zuletzt abgerufen am 30.12.2021.

33 Vgl.   https://www.zoll.de/DE/FIU/Fachliche-Informationen/Registrierung/registrierung_node.html, zuletzt abgerufen am 30.12.2021.

34 Vgl. https://www.zoll.de/DE/FIU/Kontakt/kontakt_node.html, zuletzt abgerufen am 30.12.2021.

35 BT-Drs. 18/11555, S. 157.

ren ohne Abweichungen auch für die Länder geregelt.[36] Gem. Art. 84 Abs. 1 Satz 5 GG besteht ein besonderes Bedürfnis zur bundeseinheitlichen Regelung, was daraus resultiert, dass ein einheitliches Datenübermittlungsverfahren nur durch Bundesgesetz möglich ist.[37] Ein einheitliches Vollzugsniveau ist wiederum ausschließlich durch die bundesgesetzliche Normierung der elektronischen Form erreichbar.[38]

15   Auch die Mitteilungen an die Zentralstelle für Finanztransaktionsuntersuchungen durch die Finanzbehörden (siehe hierzu § 44 Rn. 13 ff.) sind ähnlich der Vorgaben des § 45 Abs. 1 Satz 1 GwG gem. § 31b Abs. 2 Satz 2 AO durch elektronische Datenübermittlung zu erstatten; hierbei ist ein sicheres Verfahren zu verwenden, das die Vertraulichkeit und Integrität des Datensatzes gewährleistet. Die Ausnahme von der Pflicht zur elektronischen Übermittlung regelt § 31b Abs. 2 Satz 3 AO spiegelbildlich zu § 45 Abs. 1 Satz 3 GwG. So ist nach § 31b Abs. 2 Satz 3 AO im Fall einer Störung der Datenübertragung ausnahmsweise eine Mitteilung auf dem Postweg möglich. § 31b Abs. 2 Satz 4 AO erklärt die entsprechende Anwendung von § 45 Abs. 3 und 4 GwG.

III. Ausnahmeregelung wegen unbilliger Härte (§ 45 Abs. 2 GwG)

16   Gem. § 45 Abs. 2 GwG kann die Zentralstelle für Finanztransaktionsuntersuchungen gem. § 27 GwG zur Vermeidung von unbilligen Härten **auf Antrag** auf die elektronische Übermittlung einer Meldung eines Verpflichteten verzichten und die **Übermittlung auf dem Postweg** genehmigen. Ferner steht es der Zentralstelle für Finanztransaktionsuntersuchungen frei, die ausgegebene **Ausnahmegenehmigung zu befristen**.

17   Bei dem Begriff der **unbilligen Härte** handelt es sich um einen unbestimmten Rechtsbegriff. An einer entsprechenden Definition für den Maßstab der unbilligen Härte im Zusammenhang mit der elektronischen Übermittlung fehlt es bislang noch. Bei der Ausfüllung des unbestimmten Rechtsbegriffs der unbilligen Härte können jedoch auch die zu § 459f StPO und §§ 319 Abs. 1, 556a BGB sowie § 765a Abs. 1 ZPO entwickelten Grundsätze Anhaltspunkte bieten.[39] Insofern scheint eine unbillige Härte dann vorzuliegen, wenn auch unter Abwägung des Interesses an einer einheitlich elektronischen Übermittlung von Verdachtsmeldung eben diese Art der Übermittlung dem Verpflichteten nicht zuzumuten ist.

---

36 BT-Drs. 18/11555, S. 157.
37 BT-Drs. 18/11555, S. 157.
38 BT-Drs. 18/11555, S. 157.
39 *Saliger*, in: Kindhäuser/Neumann/Paeffgen, StGB § 73c Rn. 3; *Heuchemer*, in: von Heintschel-Heinegg, BeckOK StGB, § 74f Rn. 4.

Hinsichtlich der Möglichkeit der Antragstellung wegen unbilliger Härte finden **18** sich derzeit keine Angaben auf der Homepage der FIU. Entgegen des konkreten Wortlauts des Gesetzes ist derzeit seitens der FIU, losgelöst von dem Fall der unbilligen Härte, grundsätzlich eine Übermittlung auf dem Postweg nur angedacht, in Fällen, in denen weder eine elektronische noch eine Übermittlung per Fax möglich ist.[40] Bei einer Übermittlung der Verdachtsmeldung auf dem Postweg ist – ebenso wie bei der Übermittlung per Fax – eine Nacherfassung in goAML nach Angaben der FIU entbehrlich.[41]

IV. Verwendung von amtlichen Vordrucken (§ 45 Abs. 3 GwG)

Soweit es in den Fällen des § 45 Abs. 1 Satz 2 GwG (Systemstörung) oder § 45 **19** Abs. 2 Satz 1 GwG (unbillige Härte) zu einer Übermittlung der Meldung auf dem Postweg kommt, ist hierfür gem. § 45 Abs. 3 GwG von den Verpflichteten der **amtliche Vordruck zu verwenden**. Der Vordruck zur Übermittlung per Post bei Systemstörungen und bei unbilliger Härte sollte sich nach der Gesetzesbegründung des Gesetzes zur Umsetzung der Vierten EU-Geldwäscherichtlinie, zur Ausführung der EU-Geldtransferverordnung und zur Neuorganisation der Zentralstelle für Finanztransaktionsuntersuchungen vom 23.6.2017[42] auf der Internetseite der Financial Intelligence Unit zum Herunterladen befinden.[43] Tatsächlich stehen amtliche Formulare mit den Nummern 033572 für Verdachtsmeldungen mit Transaktionen und 033573 für Verdachtsmeldungen ohne Transaktionen, nebst Merkblättern, im Formular-Management-System der Bundesfinanzverwaltung (FMS) unter der Rubrik „FIU" den Verpflichteten zur Verfügung.[44] Dabei sei angemerkt, dass diese originär zur Übermittlung per Fax seitens der FIU angedacht sind, so erklärt die FIU, dass bei einer Erstmeldung sowie ab einer zweistündigen Störung der elektronischen Übermittlung einer Verdachtsmeldung die Abgabe auf dem amtlichen Formular per Fax zulässig ist.[45] Weiter führt die FIU aus, dass aus Gründen der Nachvollziehbarkeit unmittelbar auf dem Formular eine knappe Darlegung der Tatsachen notwendig ist,

---

40 Vgl. https://www.zoll.de/DE/FIU/Fachliche-Informationen/Verdachtsmeldungen/ver dachtsmeldungen_node.html, zuletzt abgerufen am 30.12.2021.
41 Vgl. https://www.zoll.de/DE/FIU/Fachliche-Informationen/Verdachtsmeldungen/ver dachtsmeldungen_node.html, zuletzt abgerufen am 30.12.2021.
42 BGBl. I 2017, S. 1822 ff.
43 BT-Drs. 18/11555, S. 158.
44 Vgl. https://www.zoll.de/DE/FIU/Fachliche-Informationen/Verdachtsmeldungen/ver dachtsmeldungen_node.html, zuletzt abgerufen am 30.12.2021.
45 Vgl. https://www.zoll.de/DE/FIU/Fachliche-Informationen/Verdachtsmeldungen/ver dachtsmeldungen_node.html, zuletzt abgerufen am 30.12.2021.

aus denen sich die Erforderlichkeit der Übermittlung per Fax ergibt.[46] Die Übermittlung per Post wird nur dann als zulässig angesehen, wenn auch die Übermittlung per Fax nicht möglich ist; wenngleich in diesen Fällen das gleiche ausgefüllte Meldeformular per Post zu übermitteln ist.[47] Insofern gibt es keinen separaten amtlichen Vordruck explizit ausschließlich zur Übermittlung auf dem Postweg.

V. Ausführung durch Dritte (§ 45 Abs. 4 GwG)

20 Gem. § 45 Abs. 4 können Verpflichtete bei der Erfüllung der Meldepflicht nach § 43 Abs. 1 entsprechend § 6 Abs. 7 auf Dritte zurückgreifen. Die Regelung zur Ausführung durch Dritte wurde mittels des Gesetzes zur Umsetzung der Änderungsrichtlinie zur Vierten EU-Geldwäscherichtlinie vom 12.12.2019[48] neu eingeführt. Ausweißlich der Gesetzesbegründung soll durch diese Regelung eine bisher bestehende Regelungslücke geschlossen werden.[49] Denn gem. § 6 Abs. 7 GwG können derzeit interne Sicherungsmaßnahmen im Rahmen von vertraglichen Vereinbarungen durch einen Dritten durchgeführt werden, wenn dies vorher der Aufsichtsbehörde angezeigt wird.[50] Eine ausdrückliche Regelung, welche die **Inanspruchnahme Dritter unter Wahrung der Voraussetzungen des § 6 Abs. 7 GwG** auch in Bezug auf die Verdachtsmeldepflicht zulässt, bestand bis dato nicht.[51]

VI. Verordnungsermächtigung (§ 45 Abs. 5 GwG)

21 Die Regelung über die **Verordnungsermächtigung** in § 45 Abs. 5 Satz 1 GwG entspricht weitestgehend der Regelung des § 11 Abs. 2 Satz 2 GwG a. F. in der vor dem 26.6.2017 geltenden Fassung mit der Modifikation, dass die Ermächtigung zum Erlass einer Rechtverordnung, welche näheren Bestimmungen über die Form der Meldung nach § 43 Abs. 1 GwG oder § 44 GwG beinhalten kann, ausschließlich beim Bundesministerium der Finanzen ohne Zustimmung des Bundesrates liegt. Der mittels des Gesetzes zur Optimierung der Geldwäscheprävention vom 22.12.2011 neu eingefügte § 11 Abs. 2 Satz 2 GwG a. F. sah vor, dass das Bundesministerium des Inneren im Einvernehmen mit dem Bundesmi-

---

46 Vgl. https://www.zoll.de/DE/FIU/Fachliche-Informationen/Verdachtsmeldungen/ver dachtsmeldungen_node.html, zuletzt abgerufen am 30.12.2021.
47 Vgl. https://www.zoll.de/DE/FIU/Fachliche-Informationen/Verdachtsmeldungen/ver dachtsmeldungen_node.html, zuletzt abgerufen am 30.12.2021.
48 BGBl. I 2019, S. 2602 ff.
49 BR-Drs. 352/19, S. 110; BT-Drs. 19/13827, S. 99.
50 BR-Drs. 352/19, S. 110; BT-Drs. 19/13827, S. 99.
51 BR-Drs. 352/19, S. 110; BT-Drs. 19/13827, S. 99.

nisterium der Finanzen und dem Bundesministerium für Wirtschaft und Technologie ohne Zustimmung des Bundes nähere Bestimmungen in einer Verordnung ausgestalten kann. Die Ausführungen im Rahmen der Gesetzesbegründung zum Gesetz zur Umsetzung der Vierten EU-Geldwäscherichtlinie, zur Ausführung der EU-Geldtransferverordnung und zur Neuorganisation der Zentralstelle für Finanztransaktionsuntersuchungen vom 23.6.2017[52] gehen dabei inhaltlich weiter als der konkrete Wortlaut von § 45 Abs. 5 Satz 1 GwG, so ist in der Gesetzesbegründung von der Zulässigkeit einer Rechtsverordnung welche nähere Bestimmungen sowohl hinsichtlich der Form der Meldung als auch hinsichtlich möglicher weiterer zulässiger Übertragungswege die Rede.[53] Der konkrete Wortlaut beschränkt sich jedoch, wie bereits erwähnt, auf die Möglichkeit des Erlasses näherer Bestimmungen über die Form der Meldung nach § 43 Abs. 1 GwG oder § 44 GwG. Weshalb Gesetzesbegründung und Wortlaut an dieser Stelle auseinanderfallen ist nicht ersichtlich. Die Regelung soll in jedem Fall die Möglichkeit eröffnen, auf etwaigen Anpassungsbedarf, der sich aus den Erfahrungen der Praxis oder mit Blick auf technische Entwicklungen ergeben kann, flexibel reagieren zu können.[54]

§ 45 Abs. 5 Satz 2 GwG wurde mittels des Gesetzes zur Umsetzung der Vierten EU-Geldwäscherichtlinie, zur Ausführung der EU-Geldtransferverordnung und zur Neuorganisation der Zentralstelle für Finanztransaktionsuntersuchungen vom 23.6.2017[55] neu eingeführt. Die Regelung **dient der Klarstellung**, dass eine **Abweichung** von § 45 Abs. 1 GwG oder einer nach § 45 Abs. 5 Satz 1 GwG erlassenen Rechtsverordnung **durch Landesrecht nicht zulässig ist.**[56]   **22**

---

52 BGBl. I 2017, S. 1822 ff.
53 BT-Drs. 18/11555, S. 158.
54 BT-Drs. 18/11555, S. 158.
55 BGBl. I 2017, S. 1822 ff.
56 BT-Drs. 18/11555, S. 158.

§ 46 Durchführung von Transaktionen

(1) [1]Eine Transaktion, wegen der eine Meldung nach § 43 Absatz 1 erfolgt ist, darf frühestens durchgeführt werden, wenn

1. dem Verpflichteten die Zustimmung der Zentralstelle für Finanztransaktionsuntersuchungen oder der Staatsanwaltschaft zur Durchführung übermittelt wurde oder

2. der dritte Werktag nach dem Abgangstag der Meldung verstrichen ist, ohne dass die Durchführung der Transaktion durch die Zentralstelle für Finanztransaktionsuntersuchungen oder die Staatsanwaltschaft untersagt worden ist.

[2]Für die Berechnung der Frist gilt der Samstag nicht als Werktag.

(2) [1]Ist ein Aufschub der Transaktion, bei der Tatsachen vorliegen, die auf einen Sachverhalt nach § 43 Absatz 1 hindeuten, nicht möglich oder könnte durch den Aufschub die Verfolgung einer mutmaßlichen strafbaren Handlung behindert werden, so darf die Transaktion durchgeführt werden. [2]Die Meldung nach § 43 Absatz 1 ist vom Verpflichteten unverzüglich nachzuholen.

Schrifttum: *Brodowski*, Tue Böses und rede darüber – Geldwäscheverdachtsmeldungen und das Strafrecht, wistra 2021, 417.

Übersicht

I. Allgemeines

1 § 46 GwG regelt den Zeitpunkt der Durchführung einer Transaktion, die im Zusammenhang mit einem Verdachtsfall nach § 43 GwG steht. Die Norm entspricht § 11 Abs. 1a GwG in der vor dem 26.6.2017 geltenden Fassung und hat durch das Gesetz zur Umsetzung der Vierten EU-Geldwäscherichtlinie, zur Ausführung der EU-Geldtransferverordnung und zur Neuorganisation der Zentralstelle für Finanztransaktionsuntersuchungen vom 23.6.2017[1] weitestgehend nur redaktionelle Änderungen erfahren. Die Norm dient ferner der Umsetzung von

---

1 BGBl. I Nr. 39, S. 1822 ff.

Art. 35 der Vierten EU-Geldwäscherichtlinie.[2] Durch das Gesetz zur Umsetzung der Änderungsrichtlinie zur Vierten EU-Geldwäscherichtlinie vom 12.12.2019 wurden keine Änderungen vorgenommen.[3]

Inhaltliche Änderungen durch das Gesetz zur Umsetzung der Vierten EU-Geldwäscherichtlinie aus Juni 2017 finden sich in § 46 Abs. 2 GwG hinsichtlich der **Vorgaben für die Anzahl der Werktage, welche von zwei auf drei Werktage erhöht wurde.** Des Weiteren erfolgte eine Erweiterung der Zuständigkeit für die Genehmigung einer Transaktion zusätzlich zur Staatsanwaltschaft auf die **Zentralstelle für Finanztransaktionsuntersuchungen.**   **2**

Das BVerfG hat mit Beschluss vom 19.11.2018 eine Verfassungsbeschwerde gegen verschiedene Bestimmungen des GwG, darunter auch gegen § 46 Abs. 1 GwG, als unzulässig zurückgewiesen. Ggf. bestehe aber fachgerichtlicher Klärungsbedarf, etwa dahingehend, ob die Pflichten im Zusammenhang mit dem Verdachtsmeldewesen und damit auch die Frage der Durchführung von Transaktionen nach § 46 Abs. 1 GwG durch die Neufassung des Geldwäschegesetzes 2017 im Rahmen der Umsetzung der Vierten EU-Geldwäscherichtlinie erweitert wurden.[4]   **3**

II. Zeitpunkt der Durchführung (§ 46 Abs. 1 GwG)

1. Einführung

§ 46 Abs. 1 GwG normiert die Vorgaben, unter denen die Verpflichteten bei Vorliegen einer Verdachtsmeldung eine angetragene Transaktion (siehe zum Begriff der Transaktion → § 43 GwG Rn. 32) durchführen können.   **4**

2. Durchführung der Transaktion

Eine dem Verpflichteten angetragene Transaktion, die zu einer Meldepflicht nach § 43 GwG geführt hat, darf grundsätzlich erst bei Vorliegen der nachfolgenden zwei Sachverhalte ausgeführt werden: **5**

---

2 Richtlinie (EU) 2015/849 des Europäischen Parlaments und des Rates v. 20.5.2015 zur Verhinderung der Nutzung des Finanzsystems zum Zwecke der Geldwäsche und Terrorismusfinanzierung, zur Änderung der Verordnung (EU) Nr. 648/2012 des Europäischen Parlaments und des Rates und zur Aufhebung der Richtlinie 2005/60/EG des Europäischen Parlaments und des Rates und der Richtlinie 2006/70 der Kommission, ABl. L 141 v. 5.6.2015, S. 73 ff.
3 BGBl. I 2019, S. 2602.
4 BVerfG, Beschl. v. 19.11.2018, NJW 2019, 659.

– **Zustimmung der Zentralstelle für Finanztransaktionsuntersuchungen oder der Staatsanwaltschaft**
Die Zustimmung der Zentralstelle für Finanztransaktionsuntersuchungen oder der Staatsanwaltschaft zur Durchführung der Transaktion muss dem Verpflichteten übermittelt worden sein. Die FIU erhält hierdurch die Möglichkeit, Sofortmaßnahmen nach § 40 GwG zu treffen (vgl. dazu → § 40 Rn. 1 ff.).[5]
– **Verstreichen der Frist**
Die Transaktion darf erst durchgeführt werden, wenn der dritte Werktag nach dem Abgangstag der Meldung verstrichen ist, ohne dass die Durchführung der Transaktion durch die Zentralstelle für Finanztransaktionsuntersuchungen oder die Staatsanwaltschaft untersagt worden ist.

6 Als maßgeblicher Zeitpunkt für den **Beginn der Fristberechnung** gilt der Eingang der Verdachtsmeldung bei der Zentralstelle für Finanztransaktionsuntersuchungen oder der Staatsanwaltschaft. Gemäß § 46 Abs. 1 Satz 2 GwG gilt hinsichtlich der Stillhaltefrist der Samstag nicht als Werktag. Im Falle bundesweit nicht einheitlicher Feiertage ist folgendes zu beachten: Fallen Feiertage am Sitz des Verpflichteten, der FIU oder der zuständigen Staatsanwaltschaft in die Frist, so verschiebt sich das Fristende um eine entsprechende Zahl an Tagen.[6]

7 Für die konkrete Anwendung bedeutet dies, dass, sofern einem Verpflichteten eine verdächtige Transaktion beispielsweise am Mittwochnachmittag angetragen wird und dieser die Transaktion am Donnerstag an die Zentralstelle für Finanztransaktionsuntersuchungen oder an die Staatsanwaltschaft in Form einer Verdachtsmeldung übermittelt, die Transaktion ohne vorherige Zustimmung erst am darauffolgenden Dienstag durchgeführt werden darf. Liegen innerhalb der Frist zusätzlich Feiertage, verlängert sich die Frist entsprechend um diesen Zeitraum.

8 Die Verlängerung der ursprünglichen Frist von zwei Tagen, vgl. § 11 Abs. 1a GwG a. F., auf drei Werktage bedeutet zwar für die Staatsanwaltschaft und die Zentralstelle für Finanztransaktionsuntersuchungen einen zusätzlichen Tag zur Sachverhaltsaufklärung, jedoch verschärft dies auf der anderen Seite die Problematik für den Kunden des Verpflichteten. Personen, die eine Meldung nach § 43 Abs. 1 GwG abgeben, dürfen wegen dieser Meldung nicht verantwortlich gemacht werden (§ 48 Abs. 1 GwG). Hieraus folgt auch, dass der Kunde einen Schaden, den er aufgrund des Anhaltens einer Transaktion erleidet, nach wie vor nicht gegenüber dem Verpflichteten geltend machen kann.

9 Da sich die Fristfallregelung des § 46 Abs. 1 GwG auf eine einzelne Transaktion und nicht auf die gesamte Geschäftsbeziehung zu einem Kunden bezieht, kön-

---

5 *Barreto da Rosa*, in: Herzog, GwG, § 46 Rn. 1.
6 Vgl. BaFin, AuA, August 2021, Abschnitt 10.6.

nen andere Transaktionen desselben Kunden weiterhin durchgeführt werden, sofern diese unverdächtig sind. Insoweit ordnet die Norm keine automatische Umsatz- oder Kontosperre an.[7]

Falls bis zum Ablauf der Frist nach § 46 Abs. 1 GwG keine Rückmeldung der **10** zuständigen Behörden erfolgt, darf der Verpflichtete eine Transaktion, soweit es geldwäscherechtliche Vorgaben betrifft, grundsätzlich auch dann freigeben, wenn weiterhin ein Verdacht auf Geldwäsche oder Terrorismusfinanzierung verbleibt. Dies folgt unmittelbar aus dem Wortlaut der Norm als zeitlich befristete Stillhaltepflicht. Problematisch können jedoch solche Fälle sein, bei denen sich ein Verdacht für eine Geldwäschehandlung oder eine Terrorismusfinanzierung geradezu aufdrängen muss, beispielsweise wenn eine im Hinblick auf Terrorismusfinanzierung gelistete Person involviert ist. Laut Verwaltungsauffassung der BaFin soll eine Transaktion in derartigen Fällen nicht ausgeführt werden, allerdings bezieht sich diese Auslegung auf § 46 Abs. 2 GwG, nicht auf § 46 Abs. 1 GwG.[8] Unabhängig davon bleibt vom Verpflichteten in jedem Einzelfall stets zu prüfen, ob über die rein geldwäscherechtliche Betrachtung hinaus weitere Normen zum Tragen kommen, beispielsweise ein sanktionsrechtliches Verfügungs- oder Bereitstellungsverbot.

Teilweise wird in der Literatur die Forderung erhoben, die FIU dazu zu ver- **11** pflichten, einen betroffenen Kunden nach Ablauf der in § 46 Abs. 1 GwG beinhalteten Frist über fortbestehende Sofortmaßnahmen zu unterrichten. Als Begründung wird angeführt, dass der Verpflichtete ansonsten vor dem Problem steht, eine Transaktion nicht ausführen zu dürfen, ohne dem Beschwerten den Grund hierfür mitteilen zu dürfen.[9] Dem ist der Gesetzgeber bisher nicht nachgekommen.

3. Ausnahmen von der Aufschubpflicht (§ 46 Abs. 2 GwG)

§ 43 Abs. 2 GwG normiert **zwei Ausnahmen** von den Regeln zur Durchführung **12** von Transaktionen nach § 46 Abs. 1 GwG, bei deren Vorliegen eine Durchführung der Transaktionen erlaubt ist: Die Unmöglichkeit des Aufschubs sowie die Behinderung der Strafverfolgung einer mutmaßlichen strafbaren Handlung. Die Abgabe einer Verdachtsmeldung nach § 43 GwG muss auch bei Vorliegen dieser Ausnahmen unverzüglich erfolgen.

Eine Transaktion darf durchgeführt werden, wenn **ein Aufschub nicht möglich** **13** ist. Eine Definition für unaufschiebbare Transaktionen (Eilfälle) findet sich nicht im Gesetz.[10] Laut der Gesetzesbegründung zur weitestgehend inhaltsglei-

---

7 Vgl. *Barreto da Rosa*, in: Herzog, GwG, § 46 Rn. 6.
8 Vgl. BaFin, AuA, August 2021, Abschnitt 10.6.
9 Vgl. *Brian/Frey/Krais*, CCZ 2019, 245, 257.
10 *Ziegner*, in: BeckOK GwG, § 46 Rn. 6.

chen Vorgängernorm ist ein solcher Fall z. B. gegeben, wenn der Kunde die unverzügliche Durchführung der Transaktion ausdrücklich wünscht.[11] Die bei Spielbanken durchgeführten Finanztransaktionen (Wechseln von Geld in Jetons und umgekehrt) werden demnach regelmäßig ebenfalls als Eilfälle anzusehen sein. Zudem werden hierzu unbar auszuführende Eilaufträge (Blitzgiro) sowie der Kauf von Sorten oder Reisechecks gezählt.[12]

14 Des Weiteren darf eine Transaktion dann durchgeführt werden, wenn deren Anhalten zu einer **Behinderung der Verfolgung einer mutmaßlichen strafbaren Handlung** führen würde. Dies stellt beispielsweise auf solche Konstellationen ab, bei denen der Aufschub einen Warneffekt für einen der Beteiligten auslösen würde.[13] In einem solchen Fall wird empfohlen, sich mit den Strafverfolgungsbehörden oder der Zentralstelle für Finanztransaktionsuntersuchungen dahingehend abzustimmen, ob die Geschäftsbeziehung mit dem Kunden fortzusetzen sei, um weitere Anhaltspunkte für das Bejahen einer Straftat zu erhalten.[14]

15 Bei der Entscheidung, ob eine Transaktion anzuhalten ist oder nicht, sind neben § 46 Abs. 2 GwG ggf. weitere Rechtsgebiete zu beachten. So können Verstöße gegen Finanzsanktionsbestimmungen gemäß §§ 18 und 19 AWG sowie § 82 AWV als Ordnungswidrigkeit und in bestimmten Fällen auch als Straftat geahndet werden; in zivilrechtlicher Hinsicht können Geschäfte, die gegen finanzsanktionsrechtliche Verbote verstoßen, außerdem gemäß § 134 BGB nichtig sein.[15] Ein Normkonflikt ist in diesem Zusammenhang nicht ersichtlich, da § 46 Abs. 2 GwG lediglich eine Abwägung erlaubt („darf"). Verfügungs- oder Bereitstellungsverbote aufgrund anderer Normen gehen dem vor. Aber auch für die geldwächerechtliche Würdigung im engeren Sinne bleibt zu berücksichtigen, dass § 46 Abs. 2 GwG keinen Rechtfertigungsgrund für ein etwaiges durch eine Transaktion verwirklichtes Geldwäscheunrecht darstellt.[16] Wer damit rechnet, zu einer Finanztransaktion beizutragen, die einer Geldwäsche dient, darf von der Möglichkeit, diese gemäß § 46 Abs. 2 GwG durchzuführen, keinen Gebrauch machen.[17]

---

11 Vgl. BT-Drs 12/2704, S. 18.

12 Vgl. *Häberle*, in: Erbs/Kohlhaas, Strafrechtliche Nebengesetze, 236. EL 2021, § 46 GwG, Rn. 2.

13 Vgl. *Barreto da Rosa*, in: Herzog, GwG, § 46 Rn. 16 m. w. N.

14 Vgl. *Barreto da Rosa*, in: Herzog, GwG, § 46 Rn. 8.

15 Vgl. Deutsche Bundesbank, Merkblatt zur Einhaltung von Finanzsanktionen, August 2020, Abschnitt I.

16 Vgl. *Brodowski*, wistra 2021, 417, 421.

17 Vgl. BT-Drs. 12/4795, S. 19 zur entsprechenden Vorgängernorm (§ 12 Abs. 1 Satz 3 GwG a. F.).

§ 47 Verbot der Informationsweitergabe, Verordnungsermächtigung

(1) Ein Verpflichteter darf den Vertragspartner, den Auftraggeber der Transaktion und sonstige Dritte nicht in Kenntnis setzen von

1. einer beabsichtigten oder erstatteten Meldung nach § 43 Absatz 1,

2. einem Ermittlungsverfahren, das aufgrund einer Meldung nach § 43 Absatz 1 eingeleitet worden ist, und

3. einem Auskunftsverlangen nach § 30 Absatz 3 Satz 1.

(2) Das Verbot gilt nicht für eine Informationsweitergabe

1. an staatliche Stellen,

2. zwischen Verpflichteten nach § 2 Absatz 1 Nummer 1 bis 3 und 6 bis 8, die derselben Unternehmensgruppe angehören,

3. zwischen Verpflichteten nach § 2 Absatz 1 Nummer 1 bis 3 und 6 bis 8, die Mutterunternehmen nach § 9 Absatz 1 sind, und ihren in Drittstaaten ansässigen und dort geldwäscherechtlichen Pflichten unterliegenden Zweigstellen und gruppenangehörigen Unternehmen gemäß § 1 Absatz 16 Nummer 2, sofern diese die Maßnahmen nach § 9 Absatz 1 Satz 2 Nummer 1, 3 und 4 wirksam umgesetzt haben,

4. zwischen Verpflichteten nach § 2 Absatz 1 Nummer 10 bis 12 aus Mitgliedstaaten der Europäischen Union oder aus Drittstaaten, in denen die Anforderungen an ein System zur Verhinderung von Geldwäsche und von Terrorismusfinanzierung denen der Richtlinie (EU) 2015/849 entsprechen, sofern die betreffenden Personen ihre berufliche Tätigkeit

   a) selbstständig ausüben,

   b) angestellt in derselben juristischen Person ausüben oder

   c) angestellt in einer Struktur ausüben, die einen gemeinsamen Eigentümer oder eine gemeinsame Leitung hat oder über eine gemeinsame Kontrolle in Bezug auf die Einhaltung der Vorschriften zur Verhinderung der Geldwäsche oder der Terrorismusfinanzierung verfügt,

5. zwischen Verpflichteten nach § 2 Absatz 1 Nummer 1 bis 3, 6, 7, 9, 10 und 12 in Fällen, die sich auf denselben Vertragspartner und auf dieselbe Transaktion beziehen, an der zwei oder mehr Verpflichtete beteiligt sind, wenn

   a) die Verpflichteten ihren Sitz in einem Mitgliedstaat der Europäischen Union oder in einem Drittstaat haben, in dem die Anforderungen an ein System zur Verhinderung von Geldwäsche und Terrorismusfinanzierung den Anforderungen der Richtlinie (EU) 2015/849 entsprechen,

b) die Verpflichteten derselben Berufskategorie angehören und

c) für die Verpflichteten vergleichbare Verpflichtungen in Bezug auf das Berufsgeheimnis und auf den Schutz personenbezogener Daten gelten.

Nach Satz 1 Nummer 2 bis 5 weitergegebene Informationen dürfen ausschließlich zum Zweck der Verhinderung der Geldwäsche oder der Terrorismusfinanzierung verwendet werden.

(3) Soweit in diesem oder anderen Gesetzen nicht etwas anderes geregelt ist, dürfen andere staatliche Stellen als die Zentralstelle für Finanztransaktionsuntersuchungen, die Kenntnis von einer nach § 43 Absatz 1 abgegebenen Meldung erlangt haben, diese Informationen nicht weitergeben an

1. den Vertragspartner des Verpflichteten,

2. den Auftraggeber der Transaktion,

3. den wirtschaftlich Berechtigten,

4. eine Person, die von einer der in den Nummern 1 bis 3 genannten Personen als Vertreter oder Bote eingesetzt worden ist, und

5. den Rechtsbeistand, der von einer der in den Nummern 1 bis 4 genannten Personen mandatiert worden ist.

Eine Weitergabe dieser Informationen an diese Personen ist nur zulässig, wenn die Zentralstelle für Finanztransaktionsuntersuchungen vorher ihr Einverständnis erklärt hat und durch die Weitergabe dieser Informationen der ursprüngliche Zweck der Verdachtsmeldung nicht verändert wird.

(4) Nicht als Informationsweitergabe gilt, wenn sich Verpflichtete nach § 2 Absatz 1 Nummer 10 bis 12 bemühen, einen Mandanten davon abzuhalten, eine rechtswidrige Handlung zu begehen.

(5) Verpflichtete nach § 2 Absatz 1 Nummer 1 bis 9 dürfen einander andere als die in Absatz 1 genannten Informationen über konkrete Sachverhalte, die auf Geldwäsche, eine ihrer Vortaten oder Terrorismusfinanzierung hindeutende Auffälligkeiten oder Ungewöhnlichkeiten enthalten, zur Kenntnis geben, wenn sie davon ausgehen können, dass andere Verpflichtete diese Informationen benötigen für

1. die Risikobeurteilung einer entsprechenden oder ähnlichen Transaktion oder Geschäftsbeziehung oder

2. die Beurteilung, ob eine Meldung nach § 43 Absatz 1 oder eine Strafanzeige nach § 158 der Strafprozessordnung erstattet werden sollte.

Die Informationen dürfen auch unter Verwendung von Datenbanken zur Kenntnis gegeben werden, unabhängig davon, ob diese Datenbanken von den Verpflichteten nach § 2 Absatz 1 Nummer 1 bis 9 selbst oder von Dritten betrieben werden. Die weitergegebenen Informationen dürfen ausschließlich zum Zweck der Verhinderung der Geldwäsche, ihrer Vortaten oder der Terrorismusfinanzierung und nur unter den durch den übermittelnden Verpflichteten vorgegebenen Bedingungen verwendet werden.

(6) Das Bundesministerium der Finanzen kann im Einvernehmen mit dem Bundesministerium des Innern, für Bau und Heimat, dem Bundesministerium der Justiz und für Verbraucherschutz und dem Bundesministerium für Wirtschaft und Energie durch Rechtsverordnung ohne Zustimmung des Bundesrates weitere Regelungen treffen, nach denen in Bezug auf Verpflichtete aus Drittstaaten mit erhöhtem Risiko nach Artikel 9 der Richtlinie (EU) 2015/849 keine Informationen weitergegeben werden dürfen.

Übersicht

I. Allgemeines

1   § 47 GwG regelt **das Verbot der Informationsweitergabe** sowie die Verordnungsermächtigung. Die Norm entspricht in weiten Teilen § 12 GwG in der vor dem 26.6.2017 geltenden Fassung und hat weitestgehend redaktionelle Änderungen durch das Gesetz zur Umsetzung der Vierten EU-Geldwäscherichtlinie, zur Ausführung der EU-Geldtransferverordnung und zur Neuorganisation der Zentralstelle für Finanztransaktionsuntersuchungen (FIU) vom 23.6.2017[1] erfahren. Die Norm dient ferner der Umsetzung von Art. 39 der Vierten EU-Geldwäscherichtlinie.[2] § 47 GwG wurde zuletzt durch das Gesetz zur Umsetzung der Änderungsrichtlinie zur Vierten EU-Geldwäscherichtlinie vom 12.12.2019 angepasst.[3] Hierbei wurden insbesondere neben redaktionellen Änderungen (§ 47 Abs. 2 Nr. 2 GwG) neue Regelungen zum Informationsaustausch zwischen gruppenangehörigen Unternehmen (§ 47 Abs. 2 Nr. 3 GwG) sowie zum Erfordernis der Beibehaltung des ursprünglichen Zwecks der Verdachtsmeldung bei der Weitergabe (§ 47 Abs. 3 Satz 2 GwG) aufgenommen.

2   § 47 GwG normiert unverändert den Grundsatz des Verbotes der Informationsweitergabe bezüglich einer beabsichtigten oder erstatteten Verdachtsmeldung, einem Ermittlungsverfahren, das aufgrund einer Verdachtsmeldung eingeleitet worden ist sowie hinsichtlich Auskunftsverlangen, um anschließend Ausnahmen von diesem vorzunehmen.

3   Die Vorschrift dient – in Einklang mit der Umsetzung von Art. 39 der Vierten EU-Geldwäscherichtlinie – dazu, dass die von einer Meldung nach § 43 Abs. 1 GwG betroffene Person von der beabsichtigten oder erfolgten Meldung und/oder von dem aufgrund einer solchen Meldung eingeleiteten Ermittlungsverfahren *keine* Kenntnis erhält.[4] Das Verbot der Informationsweitergabe soll ein sogenanntes „Tipping off" von Betroffenen verhindern. Ziel des Verbotes der Informationsweitergabe ist die Sicherung von Ermittlungserfolgen, welche durch eine Informationsweitergabe gefährdet würden.[5] Konkret soll hierdurch verhindert werden, dass Maßnahmen durch Betroffene ergriffen werden, um

---

1 BGBl. I 2017, S. 1822 ff.
2 Richtlinie (EU) 2015/849 des Europäischen Parlaments und des Rates v. 20.5.2015 zur Verhinderung der Nutzung des Finanzsystems zum Zwecke der Geldwäsche und Terrorismusfinanzierung, zur Änderung der Verordnung (EU) Nr. 648/2012 des Europäischen Parlaments und des Rates und zur Aufhebung der Richtlinie 2005/60/EG des Europäischen Parlaments und des Rates und der Richtlinie 2006/70 der Kommission, ABl. L 141 v. 5.6.2015, S. 73 ff.
3 BGBl. I 2019, S. 2602.
4 BaFin, AuA, 2021, S. 85.
5 BT-Drs. 16/9083, S. 45 f.

sich und – bei der Geldwäsche – ihre Verbrechensgewinne rechtzeitig zu „schützen" und dem Zugriff der staatlichen Strafverfolgungsorgane zu entziehen.[6]

Zulässig ist die Weitergabe der Information nur mit Zustimmung der FIU unter der Bedingung, dass kein „Tipping off" eines Verpflichteten erfolgt.   **4**

Im Mittelpunkt des § 47 GwG stehen Informationen über konkrete Sachverhalte, die auf Geldwäsche, eine ihrer Vortaten oder Terrorismusfinanzierung hindeutende Auffälligkeiten oder Ungewöhnlichkeiten enthalten. In diesem Zusammenhang ist auf die Maßnahmen des Gesetzgebers zur Verbesserung der strafrechtlichen Bekämpfung der Geldwäsche und die damit verbundene Reform des Geldwäschetatbestands (§ 261 StGB) vom Februar 2021 hinzuweisen. Durch den vollständigen Verzicht auf einen Vortatenkatalog und die Beibehaltung des Tatbestands der leichtfertigen Geldwäsche wurde der Anwendungsbereich des Geldwäschetatbestands erheblich ausgeweitet. In der Konsequenz erweitert sich das Spektrum der relevanten Informationen hinsichtlich Auffälligkeiten und Ungewöhnlichkeiten von Sachverhalten im Sinne des § 47 GwG für die Verpflichteten in der täglichen Praxis umfassend.   **5**

II. Verbot der Informationsweitergabe (§ 47 Abs. 1 GwG)

Gemäß § 47 Abs. 1 GwG darf ein Verpflichteter den Vertragspartner, den Auftraggeber der Transaktion und sonstige Dritte nicht von einer beabsichtigten oder erstatteten Meldung nach § 43 Abs. 1 GwG oder einem Ermittlungsverfahren, das aufgrund einer Meldung nach § 43 Abs. 1 GwG eingeleitet worden ist, in Kenntnis setzen. Des Weiteren wurde in § 47 Abs. 1 GwG durch die GwG-Novelle 2017 neu mit aufgenommen, dass der Verpflichtete den Vertragspartner, den Auftraggeber einer Transaktion oder sonstige beteiligte Dritte nicht über ein Auskunftsverlangen nach § 30 Abs. 3 Satz 1 GwG **in Kenntnis setzen** darf, das die Zentralstelle für Finanztransaktionsuntersuchungen (FIU) an ihn richtet.   **6**

Das Verbot der Informationsweitergabe bezieht sich auf Informationen an den Vertragspartner, den Auftraggeber der Transaktionen oder sonstige Dritte. Der Adressatenkreis „**sonstige Dritte**" ist nicht auf einen bestimmten Personenkreis beschränkt, sondern im weitesten Sinne zu verstehen und umfasst jegliche Perso-   **7**

---

6 BaFin, AuA 2021, S. 85.

nen.[7] Das Verbot der Informationsweitergabe gilt auch entsprechend für leitendes Personal und ihre Angestellte.[8]

8 Gemäß **Art. 39 Abs. 1 der Vierten EU-Geldwäscherichtlinie** dürfen die Verpflichteten weder den betroffenen Kunden noch Dritte davon in Kenntnis setzen, dass eine Übermittlung von Informationen gerade erfolgt, erfolgen wird oder erfolgt ist oder das eine Analyse wegen Geldwäsche und Terrorismusfinanzierung gerade stattfindet oder stattfinden könnte.

9 Das Verbot der Informationsweitergabe hat zum Ziel, dass die Personen, die Gegenstand der Verdachtsmeldung oder der Strafanzeige sind, nicht über die Verdachtsmeldung oder laufende Ermittlungsverfahren **vorab informiert** werden.[9] Dieser Sachverhalt wird auch als „Tipping off" bezeichnet. Hierdurch soll verhindert werden, dass die betroffenen Personen Maßnahmen ergreifen können, um sich oder etwaige Gewinne aus einschlägigen Straftaten einem Zugriff durch die Strafverfolgungsbehörden zu entziehen bzw. die vorzeitige Kenntnisnahme des Betroffenen selbst oder durch Dritte, die strafrechtliche Ermittlungen gefährden könnten.[10] Das Verbot der Informationsweitergabe umfasst sowohl ausdrücklich als auch indirekt Hinweise nach Abgabe einer Meldung.[11] Hinsichtlich der Einordnung von indirekten Hinweisen unter das Verbot der Informationsweitergabe ist je Einzelfall genau abzuwägen, da diese nicht generell als Informationsweitergabe anzusehen sind.[12] Fragen an den Kunden zur Erfüllung der allgemeinen Sorgfaltspflichten können durchaus dazu beitragen, dass der Kunde indirekt gewarnt wird, obwohl dies nicht beabsichtigt war.[13] Daher ist im Einzelfall grundsätzlich eine Abwägung vorzunehmen, die ggf. dazu führen kann, auf die Durchführung bestimmter Sorgfaltspflichten zu verzichten, um den Kunden nicht zu warnen und eine Verdachtsmeldung abzugeben.[14] Dies ändert nichts an den bestehenden Verpflichtungen zur Erfüllung der Sorgfaltspflichten nach den Maßgaben der §§ 10 ff. GwG.

---

7 Vgl. *Barreto da Rosa*, in: Herzog, GwG, § 47 Rn. 7.

8 Vgl. BT-Drs. 16/9038, S. 46; Richtlinie (EU) 2015/849 des Europäischen Parlaments und des Rates v. 20.5.2015 zur Verhinderung der Nutzung des Finanzsystems zum Zwecke der Geldwäsche und Terrorismusfinanzierung, zur Änderung der Verordnung (EU) Nr. 648/2012 des Europäischen Parlaments und des Rates und zur Aufhebung der Richtlinie 2005/60/EG des Europäischen Parlaments und des Rates und der Richtlinie 2006/70 der Kommission, ABl. L 141 v. 5.6.2015, S. 100.

9 Vgl. BT-Drs. 16/9038, S. 45 f.; *Barreto da Rosa*, in: Herzog, GwG, § 47 Rn. 3.

10 Vgl. *Barreto da Rosa*, in: Herzog, GwG, § 47 Rn. 3.

11 Vgl. *Barreto da Rosa*, in: Herzog, GwG, § 47 Rn. 5.

12 Vgl. *Barreto da Rosa*, in: Herzog, GwG, § 47 Rn. 5.

13 Vgl. BaFin, AuA 2021, S. 79.

14 Vgl. *Barreto da Rosa*, in: Herzog, GwG, § 47 Rn. 5.

Kein Verstoß gegen das Verbot der Informationsweitergabe stellt eine Aufklä- **10**
rung über die geltende Rechtslage dar, d.h. auch über eine mögliche Meldepflicht nach § 43 Abs. 1 GwG.[15]

III. Ausnahme vom Verbot der Informationsweitergabe (§ 47 Abs. 2 Satz 1 GwG)

1. Einführung

Die in § 47 Abs. 2 GwG aufgeführten **Ausnahmen** setzen die in Art. 39 der **11**
Vierten EU-Geldwäscherichtlinie getroffenen Vorgaben um.[16] Bei den Anpassungen in § 47 Abs. 2 GwG durch das Gesetz zur Umsetzung der Änderungsrichtlinie zur Vierten EU-Geldwäscherichtlinie handelt es sich um konkretisierende Klarstellungen (Nr. 2) bzw. um redaktionelle Folgeänderungen (Nr. 3) zu
den Änderungen in § 9 GwG hinsichtlich der gruppenweiten Einhaltung.[17]

Der abschließend aufgeführte Personenkreis, an den eine Information zu einer **12**
beabsichtigten oder erstatteten Verdachtsmeldung, einem darauf eingeleiteten
Ermittlungsverfahren oder einem Auskunftsersuchen nach § 30 Abs. 3 Satz 1
GwG erlaubt ist, beschränkt sich auf diejenigen, die ein **legitimes Interesse** an
diesen Informationen haben.[18] § 47 Abs. 2 GwG definiert daher eine Durchbrechung vom Verbot der Informationsweitergabe unter Vorliegen bestimmter Voraussetzungen. In den folgenden Fällen ist daher eine Informationsweitergabe
zulässig:

– Informationsweitergabe an staatliche Stellen und Aufsichtsbehörden (im In-
  und Ausland)[19] (Abs. 2 Nr. 1),
– Informationsweitergabe zwischen Verpflichteten nach § 2 Abs. 1 Nr. 1–3 und
  6–8, die derselben Unternehmensgruppe angehören (Abs. 2 Nr. 2),
– Informationsweitergabe zwischen Verpflichteten nach § 2 Abs. 1 Nr. 1–3 und
  6–8 GwG, die Mutterunternehmen nach § 9 Absatz 1 sind, und ihren in Drittstaaten ansässigen und dort geldwäscherelevanten Pflichten unterliegenden
  Zweigstellen und gruppenangehörigen Unternehmen gemäß § 1 Abs. 16

---

15 Vgl. *Barreto da Rosa*, in: Herzog, GwG, § 47 Rn. 6.
16 Richtlinie (EU) 2015/849 des Europäischen Parlaments und des Rates v. 20.5.2015 zur
   Verhinderung der Nutzung des Finanzsystems zum Zwecke der Geldwäsche und Terrorismusfinanzierung, zur Änderung der Verordnung (EU) Nr. 648/2012 des Europäischen Parlaments und des Rates und zur Aufhebung der Richtlinie 2005/60/EG des Europäischen Parlaments und des Rates und der Richtlinie 2006/70 der Kommission,
   ABl. L 141 v. 5.6.2015, S. 73 ff.
17 BT-Drs. 19/13827, S. 99.
18 Vgl. *Barreto da Rosa*, in: Herzog, GwG, § 47 Rn. 12.
19 BaFin, AuA 2021, S. 85.

Nr. 2, sofern diese die Maßnahmen nach § 9 Satz 2 Nr. 1, 3 und 4 wirksam umgesetzt haben (Abs. 2 Nr. 3),[20]

– Informationsweitergabe zwischen Verpflichteten nach § 2 Abs. 1 Nr. 10–12 aus Mitgliedstaaten der Europäischen Union oder aus Drittstaaten, in denen die Anforderungen an ein System zur Verhinderung von Geldwäsche und Terrorismusfinanzierung denen der Richtlinie (EU) 2015/849 entsprechen, sofern die betreffende Personen ihre berufliche Tätigkeit selbstständig, angestellt in derselben juristischen Person oder angestellt in einer Struktur ausüben, die einen gemeinsamen Eigentümer oder eine gemeinsame Leitung hat oder über eine gemeinsame Kontrolle in Bezug auf die Einhaltung der Vorschriften zur Verhinderung der Geldwäsche oder der Terrorismusfinanzierung verfügen (Abs. 2 Nr. 4)

– Informationsweitergabe zwischen Verpflichteten nach § 2 Abs. 1–3, 6, 7, 9, 10 und 12 GwG in Fällen, die sich auf denselben Vertragspartner und auf dieselbe Transaktion beziehen, an der zwei oder mehr Verpflichtete beteiligt sind und wenn die Verpflichteten ihren Sitz in einem Mitgliedstaat der EU oder in einem Drittstaat haben, in dem die Anforderungen an ein System zur Verhinderung von Geldwäsche und Terrorismusfinanzierung den Anforderungen der Vierten EU-Geldwäscherichtlinie entsprechen, die Verpflichten derselben Berufskategorie angehören und für die Verpflichteten vergleichbare Verpflichtungen in Bezug auf das Berufsgeheimnis und den Schutz personenbezogener Daten gelten (Abs. 2 Nr. 5).[21]

13 § 47 Abs. 2 Satz 2 GwG stellt klar, dass die im Rahmen der genannten Ausnahmeregelungen des § 47 Abs. 2 Satz 1 Nr. 1–5 GwG weitergegebenen Informationen ausschließlich zum Zweck der Verhinderung der Geldwäsche oder der Terrorismusfinanzierung verwendet werden dürfen.

2. Informationsweitergabe an staatliche Stellen (§ 47 Abs. 2 Satz 1 Nr. 1 GwG)

14 Die Weitergabe von Informationen an **staatliche Stellen** ist nach § 47 Abs. 2 Satz 1 Nr. 1 GwG zulässig.

15 Die neben den staatlichen Stellen in § 13 Abs. 1 Satz 2 Nr. 1 GwG a. F. bisher mit aufgeführte zuständige Behörde i. S. d. § 16 Abs. 2 GwG a. F. wurde im Rahmen der Umsetzung der Vierten EU-Geldwäscherichtlinie gestrichen. Die Neufassung ist somit sprachlich vereinfacht, führt aber inhaltlich zu keinen Änderungen.

---

20 BaFin, AuA 2021, S. 85.
21 BaFin, AuA 2021, S. 85.

Zu den staatlichen Stellen i. S. v. § 47 Abs. 2. Satz 1 Nr. 1 zählen in erster Linie **16** die Strafverfolgungsbehörden, aber auch die Aufsichtsbehörden und die in § 32 Abs. 3 genannten öffentlichen Stellen sowie gemäß Art. 39 Abs. 2 der Vierten EU-Geldwäscherichtlinie die jeweiligen Selbstverwaltungseinrichtungen.[22]

Die Ausnahmeregelung dient zur Umsetzung einer wirksamen Überwachung **17** durch die Verpflichteten, wie sie Art. 37 der Dritten EU-Geldwäscherichtlinie bereits als Ziel formuliert hatte, die ohne eine Übermittlung an die zuständigen Stellen nicht erfolgen könnte.[23] Ohne die Ausnahmeregelung dürften Daten und sonstige Informationen, die Gegenstand der Sachverhaltsdarstellung einer Verdachtsmeldung an die FIU sowie einer Strafanzeige an die entsprechenden Strafverfolgungsbehörden sind, nicht weitergegeben werden. Dies hätte zur Folge, dass die weitere Sachverhaltsaufklärung durch die FIU oder im Rahmen eines Ermittlungsverfahrens grundsätzlich sehr erschwert werden würde. Von einem sorgfältigen Umgang mit den übermittelten Daten und Informationen durch staatliche Stellen und damit einer Vermeidung der Verhinderung von einem Ermittlungserfolg kann grundsätzlich ausgegangen werden.[24]

3. Informationsweitergabe zwischen Verpflichteten, nach § 2 Abs. 1 Nr. 1–3 und 6–8, die derselben Unternehmensgruppe angehören (§ 47 Abs. 2 Satz 1 Nr. 2 GwG)

§ 47 Abs. 2 Satz 1 Nr. 2 GwG entspricht im Wesentlichen dem § 12 Abs. 1 Satz **18** 2 Nr. 2 GwG in der Fassung vor dem 26.6.2017 und erlaubt die Übermittlung von Informationen zwischen Unternehmen, die derselben Unternehmensgruppe i. S. d. § 1 Abs. 16 GwG angehören.

Für die Fälle, dass ein Vertragspartner Geschäftsbeziehungen zu mehreren Un- **19** ternehmen einer Gruppe unterhält ist es unter Beachtung der Ausnahmeregelung möglich, unternehmensübergreifend Informationen auszutauschen.

4. Informationsweitergabe zwischen den derselben Gruppe angehörenden Instituten (§ 47 Abs. 2 Satz 1 Nr. 3 GwG)

Gemäß § 47 Abs. 2 Satz 1 Nr. 3 GwG darf eine Informationsweitergabe zwi- **20** schen den in § 2 Abs. 1 Nr. 1–3, Nr. 6–8 GwG genannten **Verpflichteten**, die Mutterunternehmen nach § 9 Abs. 1 GwG sind, und ihren in Drittstaaten ansässigen Zweigstellen und gruppenangehörigen Unternehmen erfolgen, die dort geldwäscherechtlichen Pflichten unterliegen, sofern die Zweigstellen und gruppen-

---

22 Vgl. *Barreto da Rosa*, in: Herzog, GwG, § 47 Rn. 15; *Herzog/Achtelik*, in: Herzog, GwG, 2. Aufl. 2014, § 12 Rn. 6.
23 Vgl. *Herzog/Achtelik*, in: Herzog, GwG, 2. Aufl. 2014, § 12 Rn. 6.
24 Vgl. *Herzog/Achtelik*, in: Herzog, GwG, 2. Aufl. 2014, § 12 Rn. 6.

angehörigen Unternehmen (§ 1 Abs. 16 Nr. 2 GwG) die Maßnahmen nach § 9 Abs. 1 Satz 2 Nr. 1 (einheitliche interne Sicherungsmaßnahmen), Nr. 3 (Schaffung von Verfahren zum Informationsaustausch zur Verhinderung von Geldwäsche und Terrorismusfinanzierung innerhalb der Gruppe) und Nr. 4 (Schaffung von Vorkehrungen zum Schutz personenbezogener Daten) GwG wirksam umgesetzt haben.

21   Durch die Ausnahmeregelung wird die Möglichkeit geschaffen, dass Verpflichtete, die derselben Gruppe i. S. d. § 1 Abs. 16 GwG angehören, sich gegenseitig mit **Informationen bzgl. Kunden** versorgen, unter Berücksichtigung, dass es sich hierbei nur um Informationen handelt, die ausschließlich zum Zweck der Verhinderung der Geldwäsche, ihrer Vortaten oder der Terrorismusfinanzierung und nur unter den durch den übermittelnden Verpflichteten vorgegebenen Bedingungen verwendet werden.

5. Informationsweitergabe zwischen rechtsberatenden Berufen und Wirtschaftsprüfern (§ 47 Abs. 2 Satz 1 Nr. 4 GwG)

22   Eine Informationsweitergabe ist gemäß § 47 Abs. 2 GwG zwischen Verpflichteten nach § 2 Abs. 1 Nr. 10–12 GwG, d.h. zwischen Rechtsanwälten, Patentanwälten, Kammerbeiständen sowie Notaren (Nr. 10), Rechtsbeiständen, die nicht Mitglied einer Rechtsanwaltskammer sind, und registrierten Personen nach § 10 des Rechtsdienstleistungsgesetzes (Nr. 11) sowie Wirtschaftsprüfern, vereidigten Buchprüfern, Steuerberatern und Steuerbevollmächtigten (Nr. 12) aus Mitgliedstaaten der Europäischen Union oder aus Drittstaaten, in denen die Anforderungen an ein System zur Verhinderung von Geldwäsche und von Terrorismusfinanzierung denen der Richtlinie (EU) 2015/849 entsprechen, zulässig, wenn die betreffenden Personen ihre **berufliche Tätigkeit selbstständig** ausüben, angestellt in derselben juristischen Person ausüben oder angestellt in einer Struktur ausüben, die einen gemeinsamen Eigentümer oder eine gemeinsame Leitung hat oder über eine gemeinsame Kontrolle in Bezug auf die Einhaltung der Vorschriften zur Verhinderung der Geldwäsche oder der Terrorismusfinanzierung verfügt.

23   Die Ausnahme vom Verbot des Informationsaustausches beruht auf der Annahme, dass auch rechts- und wirtschaftsberatende Berufe ein **Interesse** daran haben, bei Sachverhalten, die einen Bezug zur Geldwäsche oder Terrorismusfinanzierung aufweisen, sich untereinander auszutauschen, da sowohl der gemeldete Sachverhalt als auch die involvierte Person mehrere Zweige eines Unternehmens, innerhalb derer die Verpflichtenden im Sinne des § 2 Abs. 1 Nr. 10–12 GwG beraten, betreffen können. Voraussetzung ist jedoch, dass die Verpflichteten ihre berufliche Tätigkeit selbstständig, angestellt in derselben juristischen Person oder angestellt in einer Struktur ausüben, die einen gemeinsamen Eigentümer oder eine gemeinsame Leitung hat oder über eine gemeinsame Kontrolle in Bezug auf die Einhaltung der Vorschriften zur Verhinderung der Geldwäsche oder der Terrorismusfinanzierung verfügt. Dies gilt auch für die gemeinsame Berufsausübung nach § 59a Bundesrechtsanwaltsordnung (BRAO).[25]

6. Informationsweitergabe zwischen Verpflichteten bzgl. desselben Vertragspartners und derselben Transaktion (§ 47 Abs. 2 Satz 1 Nr. 5 GwG)

Schließlich besteht eine Ausnahme vom Verbot der Informationsweitergabe **24** auch zwischen den in § 47 Abs. 2 Satz 1 Nr. 5 GwG genannten Verpflichteten nach § 2 Abs. 1 Nr. 1–3, 6, 7, 9, 10 und 12 GwG für solche Fälle, die sich **auf denselben Vertragspartner und auf dieselbe Transaktion** beziehen, an der zwei oder mehr Verpflichtete beteiligt sind. Die Verpflichteten müssen zudem ihren Sitz in einem Mitgliedstaat der Europäischen Union oder in einem Drittstaat haben, in dem die Anforderungen an ein System zur Verhinderung von Geldwäsche und Terrorismusfinanzierung den Anforderungen der Richtlinie (EU) 2015/849 entsprechen. Abschließend müssen die Verpflichteten, unter denen der Informationsaustausch stattfinden soll, derselben Berufskategorie angehören und für die Verpflichteten müssen **vergleichbare Verpflichtungen** in Bezug auf das Berufsgeheimnis und auf den Schutz personenbezogener Daten gelten.

7. Verwendungsvorbehalt (§ 47 Abs. 2 Satz 2 GwG)

Die nach § 47 Abs. 2 Satz 1 Nr. 2–5 GwG ausgetauschten Informationen dürfen **25** ausschließlich zum **Zweck der Verhinderung der Geldwäsche, ihrer Vortaten oder der Terrorismusfinanzierung** und nur unter den durch den übermittelnden Verpflichteten vorgegebenen Bedingungen verwendet werden. Eine anderweitige Verwendung der Informationen, wie z. B. zu kommerziellen Zwecken, ist verboten und kann zu entsprechenden Sanktionen bei dem Verpflichteten führen.[26]

IV. Verschwiegenheitspflicht der staatlichen Stellen (§ 47 Abs. 3 GwG)

§ 47 Abs. 3 GwG normiert eine Verschwiegenheitsverpflichtung für **andere** **26** **staatliche Stellen** als die Zentralstelle für Finanztransaktionsuntersuchungen

---

25 Vgl. BT-Drs. 16/9038, S. 46.
26 Vgl. BT-Drs. 18/11555, S. 158.

(FIU), die Kenntnis von einer nach § 43 Abs. 1 GwG abgegebenen Meldung erlangt haben, sofern keine Zustimmung zur Weitergabe der Information durch die FIU erteilt wurde.

27 Zulässig ist die Weitergabe der Information nur mit Zustimmung der FIU. Soweit sich insbesondere in den Fällen, in denen die FIU aufgrund einer Verdachtsmeldung vorübergehend eine Transaktion anhält, die Frage stellt, ob für den Verpflichteten das sogenannte „Tipping off" berührt sein könnte, wenn er seinen Vertragspartner über das Anhalten der Transaktion durch die FIU informiert, ist Folgendes zu berücksichtigen: Nach der ratio legis des § 47 GwG sollen grundsätzlich alle Informationen unterbleiben, die bei Bekanntwerden dem Betroffenen ermöglichen, sich und/oder betroffene Gelder rechtzeitig zu „schützen". Das wird bei strenger Auslegung des § 47 Abs. 1 GwG auch dann zu bejahen sein, wenn der Verpflichtete „nur" Auskunft darüber erteilt, dass die FIU die Transaktion angehalten hat. Denn damit wäre inzidenter auch die Information preisgegeben, dass eine Verdachtsmeldung zu dem in Rede stehenden Vorgang erstattet wurde. Mit Blick auf den in § 47 Abs. 3 GwG geregelten Einwilligungsvorbehalt der FIU zur Informationsweitergabe sollte gegenwärtig die entsprechende Auskunftserteilung daher durch die FIU selbst erfolgen. Zwar regelt die Vorschrift ausdrücklich den Einwilligungsvorbehalt nur im Verhältnis zu staatlichen Stellen. Indes sollte die Norm nach ihrem Rechtsgedanken auf die vorliegende Sachverhaltskonstellation übertragen werden. Auf die entsprechenden Hinweise der FIU hierzu, die auf der Homepage der FIU eingestellt sind, wird verwiesen.[27]

28 Die Verschwiegenheitspflicht umfasst nach dem Gesetzeswortlaut das **Verbot der Informationsweitergabe** an den Vertragspartner des Verpflichteten, den Auftraggeber der Transaktion, den wirtschaftlich Berechtigten, eine Person, die von einer der vorab aufgeführten drei Personen als Vertreter oder Bote eingesetzt worden ist und den Rechtsbeistand, der von einer der vorab vier genannten Personen mandatiert worden ist.

29 Die **Verschwiegenheitsverpflichtung** besteht neben Meldungen nach § 43 Abs. 1 GwG und § 44 GwG auch für Mitteilungen nach § 31b AO.[28] Sie besteht gleichermaßen, wenn die Meldung oder Mitteilung von der Behörde selbst abgegeben wurde.[29]

30 Eine Verschwiegenheitsverpflichtung besteht für die Finanzbehörden hinsichtlich solcher Sachverhalte, die sie nach § 31b AO der Zentralstelle für Finanztransaktionsuntersuchungen (FIU) mitgeteilt haben.[30] Eine Weitergabe ist nach

---

27 BaFin, AuA 2021, S. 85.
28 Vgl. BT-Drs. 18/11555, S. 158.
29 Vgl. BT-Drs. 18/11555, S. 158.
30 Vgl. BT-Drs. 18/11555, S. 158.

§ 47 Abs. 3 Satz 2 GwG nur dann zulässig, wenn die Zentralstelle für Finanztransaktionsuntersuchungen (FIU) vorher ihr Einverständnis erklärt hat. Eine nachträgliche Erteilung des Einverständnisses ist nicht möglich. Durch das Gesetz zur Umsetzung der Änderungsrichtlinie zur Vierten EU-Geldwäscherichtlinie vom 12.12.2019 wurde § 47 Abs. 3 Satz 2 GwG um die Vorgabe ergänzt, dass durch die Weitergabe der ursprüngliche Zweck der Verdachtsmeldung nicht verändert werden darf.

V. Sonderregelung für Verpflichtete i.S.v. § 2 Abs. 1 Nr. 10–12 GwG (§ 47 Abs. 4 GwG)

Gemäß § 47 Abs. 4 GwG liegt eine Informationsweitergabe dann nicht vor, wenn die Verpflichteten nach § 2 Abs. 1 Nr. 10–12 GwG (insbesondere rechts- und wirtschaftsberatende Berufe) bemüht sind, ihren Mandanten von der Begehung einer rechtswidrigen Handlung abzuhalten.   **31**

Unter den **Begriff der rechtswidrigen Handlung** i.S.d. § 47 Abs. 4 GwG sind ausschließlich Taten nach § 261 StGB (Geldwäsche) oder nach § 89c StGB (Terrorismusfinanzierung) zu verstehen.[31]   **32**

Ein „Bemühen" durch den Verpflichteten ist dann anzunehmen, wenn dieser im Rahmen seiner Beratungstätigkeit aus subjektiver Sicht all dasjenige unternommen hat, was geeignet ist, den Mandanten ernsthaft von der Begehung einer rechtswidrigen Tat abzuhalten. Auf den tatsächlichen Erfolg der Einflussnahme kommt es nicht an.[32]   **33**

VI. Sonderregelung für Verpflichtete i.S. v. § 2 Abs. 1 Nr. 1–9 GwG (§ 47 Abs. 5 GwG)

Die Verpflichteten nach § 2 Abs. 1 Nr. 1–9 GwG dürfen einander andere als die in § 47 Abs. 1 GwG genannten Informationen über konkrete Sachverhalte, die auf Geldwäsche, eine ihrer Vortaten oder Terrorismusfinanzierung hindeutende Auffälligkeiten oder Ungewöhnlichkeiten enthalten, zur Kenntnis geben, wenn sie davon ausgehen können, dass andere Verpflichtete diese Informationen für die Risikobeurteilung einer entsprechenden oder ähnlichen Transaktion oder Geschäftsbeziehung oder die Beurteilung **benötigen**, ob eine Meldung nach § 43 Abs. 1 GwG oder eine Strafanzeige nach § 158 StPO erstattet werden sollte.   **34**

Diese Sonderregelung stellt **eine weitere Ausnahme** vom Verbot der Informationsweitergabe dar und soll den Verpflichteten die Möglichkeit geben, bereits   **35**

---

31 Vgl. *Barreto da Rosa*, in: Herzog, GwG, 3. Aufl. 2018, § 47 Rn. 31.
32 Vgl. *Herzog/Achtelik*, in: Herzog, GwG, 2. Aufl. 2014, § 12 Rn. 17.

im Vorfeld der Abgabe einer Verdachtsmeldung nach § 43 Abs. 1 GwG, einen präventiven Informationsaustausch miteinander durchzuführen.[33] Schon vor der Abgabe einer Verdachtsmeldung soll es den Verpflichteten möglich sein, Informationen mit dem Ziel auszutauschen, durch das Zusammentragen konkreter Informationen von mehreren Verpflichteten frühzeitig einen Verdachtsmoment, der erst nach Vorliegen der Gesamtinformationen zu einer Verdachtsmeldung oder zur Erstattung einer Strafanzeige führt, zu erkennen.[34]

36   Ein Austausch von Informationen über **konkrete Sachverhalte** ist jedoch nur dann erlaubt, wenn die Informationen auf Auffälligkeiten bzw. Ungewöhnlichkeiten mit Bezug zur Geldwäsche bzw. zu einer ihrer Vortaten oder Terrorismusfinanzierung hindeuten und von den anderen Verpflichteten benötigt werden, damit diese eine Risikobeurteilung einer entsprechenden oder ähnlichen Transaktion oder Geschäftsbeziehung vornehmen können oder eine abschließende Beurteilung, ob eine Meldung nach § 43 Abs. 1 GwG oder eine Strafanzeige nach § 158 StPO erstattet werden sollte.

37   Auch wenn das Kriterium „**Vorliegen tatsächlicher Anhaltspunkte**" gemäß § 12 Abs. 3 GwG a. F. in § 47 Abs. 2 Satz 1 Nr. 5 GwG nicht in den aktuellen Gesetzeswortlaut übernommen wurde, müssen gleichwohl im Vorfeld des Informationsaustausches Anhaltspunkte dafür vorliegen, dass der Empfänger die übermittelten Informationen tatsächlich für seine Risikobeurteilung einer entsprechenden oder ähnlichen Transaktion oder Geschäftsbeziehung oder für eine abschließende Beurteilung seiner Beurteilung benötigt.

38   Die Informationen dürfen auch unter Verwendung von Datenbanken zur Kenntnis gegeben werden, unabhängig davon, ob diese Datenbanken von den Verpflichteten nach § 2 Abs. 1 Nr. 1–9 GwG selbst oder von Dritten betrieben werden.

39   Die Informationen dürfen ausschließlich zum **Zweck** der Verhinderung der Geldwäsche, ihrer Vortaten oder der Terrorismusfinanzierung und nur unter den durch den übermittelnden Verpflichteten vorgegebenen Bedingungen verwendet werden.

VII. Rechtsverordnungsermächtigung (§ 47 Abs. 6 GwG)

40   § 47 Abs. 6 GwG ermächtigt das Bundesministerium der Finanzen, durch Rechtsverordnung ohne Zustimmung des Bundesrates weitere Regelungen zu

---

33 Vgl. *Herzog/Achtelik*, in: Herzog, GwG, 2. Aufl. 2014, § 12 Rn. 19.

34 Vgl. *Herzog/Achtelik*, in: Herzog, GwG, 2. Aufl. 2014, § 12 Rn. 19; BT-Drs. 16/9038, S. 46.

treffen, nach denen in Bezug auf Verpflichtete aus Drittstaaten[35] mit erhöhtem Risiko nach Art. 9 der Richtlinie (EU) 2015/849 keine Informationen weitergegeben werden dürfen. Die konkrete Ausgestaltung dieser Rechtsverordnungen hat im Einvernehmen mit dem Bundesministerium des Innern, dem Bundesministerium der Justiz und für Verbraucherschutz und dem Bundesministerium für Wirtschaft und Energie definiert und festgelegt werden.

---

35 Als Drittstaat im Sinne dieses Gesetzes ist ein Staat zu verstehen, der nicht Mitglied der Europäischen Union ist und der nicht Vertragsstaat des Abkommens über den Europäischen Wirtschaftsraum ist, § 1 Abs. 17 Nr. 1 und Nr. 2 GwG.

§ 48 Freistellung von der Verantwortlichkeit

(1) Wer Sachverhalte nach § 43 meldet oder eine Strafanzeige nach § 158 der Strafprozessordnung erstattet, darf deshalb nicht nach zivilrechtlichen oder strafrechtlichen Vorschriften verantwortlich gemacht oder disziplinarrechtlich verfolgt werden, es sei denn, die Meldung oder Strafanzeige ist vorsätzlich oder grob fahrlässig unwahr erstattet worden.

(2) Absatz 1 gilt auch, wenn

1. ein Beschäftigter einen Sachverhalt nach § 43 Absatz 1 seinem Vorgesetzten meldet oder einer Stelle meldet, die unternehmensintern für die Entgegennahme einer solchen Meldung zuständig ist, und

2. ein Verpflichteter oder einer seiner Beschäftigten einem Auskunftsverlangen der Zentralstelle für Finanztransaktionsuntersuchungen nach § 30 Absatz 3 Satz 1 nachkommt.

Übersicht

I. Allgemeines

1 § 48 GwG entspricht inhaltlich in Abs. 1 und Abs. 2 Nr. 1 dem bisherigen § 13 GwG a. F. in der vor dem 26.6.2017 geltenden Fassung und diente der Umsetzung von Art. 37 der Vierten EU-Geldwäscherichtlinie.[1] Änderungen im Wortlaut von Abs. 1 im Rahmen der Neuerungen durch das Finanzmarktintegritätsstärkungsgesetz (FISG) aus 2021 haben lediglich klarstellenden Charakter. Die Aufnahme der von der Haftungsfreistellung umfassten Rechtsgebiete: Zivil-

---

1 Richtlinie (EU) 2015/849 des Europäischen Parlaments und des Rates vom 20.5.2015 zur Verhinderung der Nutzung des Finanzsystems zum Zwecke der Geldwäsche und Terrorismusfinanzierung, zur Änderung der Verordnung (EU) Nr. 648/2012 des Europäischen Parlaments und des Rates und zur Aufhebung der Richtlinie 2005/60/EG des Europäischen Parlaments und des Rates und der Richtlinie 2006/70 der Kommission, ABl. L 141 v. 5.6.2015, 73 ff.

recht, Strafrecht und Disziplinarrecht, dient der Klärung bislang bestehender Meinungsstreitigkeiten.[2]

In § 48 wurde die Freistellung von der Verantwortlichkeit für Meldungen nach **2** § 43 Abs. 1 oder Strafanzeigen nach § 158 StPO normiert, sofern die abgegebene Meldung nicht vorsätzlich oder grob fahrlässig unwahre Angaben enthält. § 48 GwG erleichtert damit die Bereitschaft zur Erstellung von Verdachtsmeldungen, in dem die meldende Person sich darüber sicher sein kann, dass sie lediglich bei einer vorsätzlich oder grob fahrlässig unwahr abgegebenen Meldung zur Rechenschaft gezogen werden kann.[3]

§ 48 Abs. 2 Nr. 2 GwG, welcher die Freistellung im Rahmen der Auskunftsersu- **3** chen der Zentralstelle für Finanztransaktionen nach § 30 Abs. 3 Satz 1 normiert, der im Zuge der Umsetzung der Vierten EU-Geldwäscherichtlinie erstmalig in der Fassung vom 26.6.2017 eingeführt wurde, besteht weiterhin unverändert fort.[4]

II. Freistellung von der Verantwortlichkeit (§ 48 Abs. 1 GwG)

1. Einführung

Grundlage des § 48 Abs. 1 GwG ist **die unverzügliche Meldepflicht des Ver-** **4** **pflichteten** an die Zentralstelle für Finanztransaktionsuntersuchungen gem. § 43 Abs. 1 GwG. Die unverzügliche Meldepflicht besteht unabhängig vom Wert des betroffenen Vermögensgegenstandes oder der Transaktionshöhe, soweit Tatsachen vorliegen, die darauf hindeuten, dass ein Vermögensgegenstand, der mit einer Geschäftsbeziehung, einem Maklergeschäft oder einer Transaktion im Zusammenhang steht, aus einer strafbaren Handlung stammt, die eine Vortat der Geldwäsche darstellen könnte oder ein Geschäftsvorfall, eine Transaktion oder ein Vermögensgegenstand, im Zusammenhang mit Terrorismusfinanzierung stehen. Des Weiteren haben Verpflichtete eine unverzügliche Verdachtsmeldung abzugeben, wenn der Vertragspartner seine Pflicht nach § 11 Abs. 6 Satz 3 GwG nicht erfüllt hat.

2. Umfang der Freistellung

Durch die Regelung der Freistellung von der Verantwortlichkeit in § 48 Abs. 1 **5** GwG schützt der Gesetzgeber die Verpflichteten und jeden anderen, der eine

---

2 *Pelz*, in: BeckOK GwG, § 48 Rn. 4.
3 *Barreto da Rosa*, in: Herzog, GwG, § 48 Rn. 4; *Pelz*, in: BeckOK GwG, § 48 Rn. 1.
4 BGBl. I 2019, S. 2602; *Barreto da Rosa*, in: Herzog, GwG, § 48 Rn. 1.

Meldung nach § 43 abgibt, vor etwaiger zivilrechtlicher Inanspruchnahme sowie strafrechtlicher und disziplinarrechtlicher Verfolgung.[5]

6   **Es können Schadensersatzansprüche wegen verzögerter Durchführung einer Transaktion entstehen.**[6] Sinn und Zweck der Norm ist der Schutz des Meldenden bzw. Anzeigenden, um so eine Erhöhung der Melde- und Anzeigebereitschaft zu erreichen.[7] Hintergrund ist, dass der betroffenen Person bzw. Unternehmen aufgrund einer Verdachtsmeldung oder Strafanzeige (§ 158 StPO) diverse Unannehmlichkeiten bis hin zu Verzögerungsschäden entstehen können, für die der Meldende nicht in Anspruch genommen werden können soll. Die Haftungsfreistellung erstreckt sich nach dem Wortlaut der Vorschrift auf Sachverhalte nach § 43 GwG **und** auf Strafanzeigen an Strafverfolgungsbehörden nach § 158 StPO. Damit gilt für die Freistellung keine Beschränkung auf solche Sachverhalte, die einen Verdacht der Geldwäsche i. S. d. § 261 StGB, ihrer Vortaten oder der Terrorismusfinanzierung beinhalten.[8] Während sich die Meldepflicht aus § 43 Abs. 1 GwG auf die Sachverhalte beschränkt, die das Vorliegen eines Verdachts der Geldwäsche i. S. d. § 261 StGB, ihrer Vortaten, der Terrorismusfinanzierung oder Verstöße gegen die Offenlegungspflicht umfassen, erstreckt sich die Haftungsfreistellung des § 48 GwG nach dem eindeutigen Wortlaut des Gesetzes auch auf alle sonstigen Strafanzeigen an Strafverfolgungsbehörden. Eine Einschränkung auf Strafanzeigen wegen Geldwäsche, Terrorismusfinanzierung oder damit in Zusammenhang stehender Straftaten wurde nicht in den Wortlaut der Norm aufgenommen.

7   Die normierte Freistellung von der Verantwortlichkeit ist **umfassend**, denn sie erstreckt sich auf alle vorstellbaren zivilrechtlichen Ansprüche, einschließlich dienst- und arbeitsrechtlicher Schadensersatz-, Unterlassungs- oder sonstiger Ansprüche sowie Disziplinartatbestände.[9] Da Sinn und Zweck der Norm der Schutz des Meldenden bzw. Anzeigenden ist, um eine Erhöhung der Melde- und Anzeigebereitschaft zu erreichen,[10] soll die betroffene Person bzw. das betroffene Unternehmen sich aufgrund einer Verdachtsmeldung oder Strafanzeige (§ 158 StPO) nicht diverser Unannehmlichkeiten ausgesetzt sehen, für die der Meldende ansonsten in Anspruch genommen werden könnte. **Schadensersatzansprüche wegen verzögerter Durchführung einer Transaktion**[11] können in der Praxis besonders relevant werden. Insbesondere diese Schäden können dem

---

5 *Pelz*, in: BeckOK GwG, § 48 Rn. 3.

6 Vgl. *Barreto da Rosa*, in: Herzog, GwG, § 46 Rn. 12; BT-Drs. 12/2704, S. 18.

7 Vgl. *Barreto da Rosa*, in: Herzog, GwG, § 48 Rn. 1, 4; BT-Drs. 12/2704, S. 18.

8 *Pelz*, in: BeckOK GwG, § 48 Rn. 7.

9 Vgl. *Barreto da Rosa*, in: Herzog, GwG, § 48 Rn. 8; *Pelz*, in: BeckOK GwG, § 48 Rn. 8; BT-Drs. 12/2704, S. 19.

10 Vgl. *Barreto da Rosa*, in: Herzog, GwG, § 48 Rn. 1, 4; BT-Drs. 12/2704, S. 18.

11 Vgl. *Barreto da Rosa*, in: Herzog, GwG, § 46 Rn. 12; BT-Drs. 12/2704, S. 18.

Meldenden nicht angelastet werden, wodurch mögliche Regressansprüche hinsichtlich betreffender Verzögerungsschäden ohne Erfolgsaussichten bleiben sollten. Darüber hinaus sind auch die mit einer Nicht-Verurteilung im Zusammenhang mit einem Strafverfahren oder Strafprozess anfallenden Anwalts-, Prozesskosten und sonstigen Aufwendungen nicht ersatzfähig.[12]

Dadurch wird klargestellt, dass weder das Bankgeheimnis noch ähnliche Verschwiegenheitspflichten einer Meldung oder einer Strafanzeige entgegenstehen.[13]   **8**

Ein Anspruch nach dem **Gesetz über die Entschädigung für Strafverfolgungsmaßnahmen (StrEG)** kommt hier mangels Vorliegens eines Schadens i. S. d. § 2 Abs. 1 StrEG ebenfalls nicht in Betracht. Der Schaden müsste infolge einer Strafverfolgungsmaßnahme verursacht worden sein, was jedoch bei der Erstattung einer Verdachtsmeldung nicht der Fall ist. Hierbei handelt es sich um eine Maßnahme eines Verpflichteten und folglich nicht um eine Maßnahme der Strafverfolgungsbehörden, wie sie das StrEG fordert.   **9**

3. Adressatenkreis der Freistellung

§ 48 Abs. 1 GwG regelt, dass denjenigen, der („wer") eine Meldung erstattet oder eine Strafanzeige stellt, nicht verantwortlich gemacht werden kann. Der unbestimmte, normierte Adressatenkreis hat zur Folge, dass Befreiung von der Verantwortlichkeit nicht nur auf den Verpflichteten i. S. d. § 2 Abs. 1 GwG, sondern auch auf jeden anderen, der den Verdacht einer Straftat nach § 261 StGB anzeigt, Anwendung findet.[14]   **10**

Die Haftungsfreistellung betrifft gleichsam Beschäftigte der Aufsichtsbehörden, die Tatsachen, die darauf hinweisen, dass ein Vermögensgegenstand mit Geldwäsche oder mit Terrorismusfinanzierung im Zusammenhang steht, nach § 44 GwG zu melden haben. Aufgrund der Verpflichtung zu einer unverzüglichen Meldung liegt eine gleiche Interessenlage und ein identisches Schutzniveau vor.[15]   **11**

4. Anforderung an den Verdachtsgrad

Die Freistellung von der Verantwortlichkeit kommt nur bei solchen Meldungen oder Strafanzeigen zur Anwendung, die weder vorsätzlich noch grob fahrlässig unwahr erstattet worden sind. Der Verpflichtete hat seiner Entscheidung zur Ab-   **12**

---

12 *Walther*, in: Schimansky/Bunte/Lwowski, Bankrechts Handbuch, § 42 Rn. 530.
13 BT-Drs. 12/2704, S. 19.
14 BT-Drs. 12/2074, S. 19; vgl. zum Ganzen *Barreto da Rosa*, in: Herzog, GwG, § 48 Rn. 6, 7.
15 *Barreto da Rosa*, in: Herzog, GwG, § 48 Rn. 7.

gabe einer Meldung oder Strafanzeige objektive Tatsachen zugrunde zu legen. Eine Meldung „ins Blaue" wird auch weiterhin unzulässig sein, sodass der Verpflichtete über hinreichende aussagekräftige Anhaltspunkte verfügen muss.[16] Sollte sich die Meldung oder Strafanzeige als nicht begründet herausstellen, kommt eine Freistellung von der rechtlichen Verantwortlichkeit des Meldenden bzw. Anzeigenerstatters dann nicht zur Anwendung, wenn die Meldung bzw. Strafanzeige vorsätzlich oder grob fahrlässig unwahr erstattet wurde.

13   Unwahr ist eine Anzeige, wenn die in ihr enthaltenen wesentlichen Angaben nicht den Tatsachen entsprechen.[17] Diese unwahren Tatsachen müsste der Meldende bzw. Anzeigenerstatter vorsätzlich abgeben oder grob fahrlässig davon ausgehen, dass kein verdächtiger Umstand vorliegt[18] (d. h. der Meldende hat Kenntnis von der Unwahrheit der Behauptungen und gleichwohl erstattet er die Anzeige).[19] Vorsätzlich handelt, wer über die Unrichtigkeit der Angabe in Kenntnis ist.[20] Grobe Fahrlässigkeit entspricht dem Begriff der strafrechtlichen „Leichtfertigkeit"[21] und liegt vor, wenn der Meldende die sich ihm aufdrängende Möglichkeit der Tatbestandsverwirklichung aus besonderem Leichtsinn oder aus besonderer Gleichgültigkeit außer Acht lässt.[22] Es muss sich um ein in subjektiver Hinsicht unentschuldbares Fehlverhalten handeln, das ein gewöhnliches Maß erheblich übersteigt.[23]

14   Diese Restriktion dient zur Vorbeugung missbräuchlicher oder unbegründeter Erstattungen sachlich nicht begründeter Meldungen oder Strafanzeigen.[24] Aufgrund des Wortlauts der Vorschrift („es sei denn […]") bleibt die Haftung der Verantwortlichen allerdings eine Ausnahme, da nach den allgemeinen Regeln der Beweislast die grobe Fahrlässigkeit oder gar der Vorsatz dem Meldenden nachgewiesen werden muss.[25]

15   Sollte der Meldende den Sachverhalt allerdings fehlinterpretiert haben, würde die Strafbarkeit auch dann entfallen, wenn ein sog. Erlaubnistatbestandsirrtum vorliegen würde.[26] Dieser wäre dann gegeben, wenn der Meldende irrig annimmt, dass ein Sachverhalt besteht, welcher strafbar wäre, dies in Wahrheit aber nicht der Fall ist. Der Meldende hat also gerade keine Kenntnis über die Un-

---

16 RegBegr., BT-Drs. 17/6804; *Walther*, in: Schimansky/Bunte/Lwowski, Bankrechts-Handbuch, § 42 Rn. 529, 531.

17 *Häberle*, in: Erbs/Kohlhaas, Strafrechtliche Nebengesetze, § 48 Rn. 3.

18 *Barreto da Rosa*, in: Herzog, GwG, § 48 Rn. 10.

19 *Barreto da Rosa*, in: Herzog, GwG, § 48 Rn. 10.

20 *Kudlich*, in: BeckOK StGB, § 15 Rn. 2.

21 *Sternberg-Lieben/Schuster*, in: Schönke/Schröder, StGB, § 15 Rn. 106.

22 Vgl. *Kühl*, in: Lackner/Kühl, StGB, § 15 Rn. 55.

23 Vgl. BGH NJW 2007, 2988 m. w. N.

24 Vgl. BT-Drs. 12/2704, S. 19.

25 *Häberle*, in: Erbs/Kohlhaas, Strafrechtliche Nebengesetze, § 48 Rn. 3.

26 *Häberle*, in: Erbs/Kohlhaas, Strafrechtliche Nebengesetze, § 48 Rn. 3.

richtigkeit des gemeldeten Sachverhalts und handelt in der Annahme, seiner Pflicht nach § 43 GwG nachzukommen. Wird eine Meldung oder Anzeige bewusst unwahr abgegeben, kommt eine Strafbarkeit nach § 145d StGB (Vortäuschen einer Straftat), § 164 StGB (Falsche Verdächtigung), § 187 StGB (Verleumdung) in Betracht. Bei einer zivilrechtlichen Inanspruchnahme trifft die Beweislast für grobe Fahrlässigkeit oder Vorsatz den Anspruchsteller.[27]

III. Freistellung von der Verantwortlichkeit für Beschäftigte (§ 48 Abs. 2 Nr. 1 GwG)

§ 48 Abs. 2 Nr. 1 GwG entspricht dem bisherigen § 13 Abs. 2 GwG a. F. in der **16** vor der GwG-Novelle 2017 geltenden Fassung und weitet die Freistellung von der Verantwortlichkeit auf die Beschäftigten eines nach § 2 Abs. 1 GwG Verpflichteten aus. Meldet ein Beschäftigter einen Sachverhalt nach § 43 Abs. 1 GwG seinem Vorgesetzten oder einer unternehmensinternen zuständigen Stelle (z. B. Geldwäschebeauftragter, Zentrale Stelle, Interne Revision etc.), die unternehmensintern für die Entgegennahme einer solchen Meldung zuständig ist, so darf diese Person wegen dieser Meldung oder Strafanzeige nicht verantwortlich gemacht werden. Dies gilt auch dann, wenn der Vorgesetzte oder die zuständige Stelle von der Erstattung einer Meldung absieht.[28]

Der **Verpflichtete sollte im Rahmen von Schulungen oder sonstigen Kommu- 17 nikationsmaßnahmen darauf hinwirken, dass den Beschäftigten ausdrücklich bewusst gemacht wird, dass die Vorgaben des § 48 Abs. 1 GwG** auch für sie entsprechend gelten, d. h. dass die Freistellung auch für alle Beschäftigten persönlich greift, soweit die Meldung oder **Strafanzeige** nicht vorsätzlich oder grob fahrlässig unwahr erstattet worden ist.

IV. Freistellung im Rahmen des Auskunftsverlangens der Zentralstelle für Finanztransaktionen (§ 48 Abs. 2 Nr. 2 GwG)

§ 48 Abs. 2 Nr. 2 GwG wurde durch die GwG-Novelle 2017 **neu eingefügt** und **18** umfasst **die Freistellung im Rahmen des Auskunftsverlangens der Zentralstelle für Finanztransaktionsuntersuchungen.** Die Erweiterung bedeutet, dass Personen von der Verantwortlichkeit nach Maßgabe des § 48 Abs. 1 und 2 GwG befreit sind, wenn sie Auskunftsersuchen der Zentralstelle für Finanztransak-

---

27 *Pelz,* in: BeckOK GwG, § 48 Rn. 12; *Häberle,* in: Erbs/Kohlhaas, Strafrechtliche Nebengesetze, § 48 Rn. 3.
28 *Barreto da Rosa,* in: *Herzog,* GwG, § 48 Rn. 11.

tionsuntersuchungen nach § 30 Abs. 3 Satz 1 GwG beantworten. Dies betrifft die Verpflichteten und deren Beschäftigte, die um Auskunft und Informationen von der Zentralstelle für Finanztransaktionsuntersuchungen ersucht werden. Die Auskunftsersuchen können unabhängig von einer erstatteten Meldung oder einer Strafanzeige erfolgen. Mit einem solchen Auskunftsersuchen wird das Ziel verfolgt, grundsätzliche Informationen oder auch solche Informationen zu erhalten, die auch von einem meldenden Verpflichteten im Rahmen seiner Sorgfaltspflichten verlangt werden.[29]

---

29 Vgl. BT-Drs. 182/17, S. 189.

§ 49 Informationszugang und Schutz
der meldenden Beschäftigten

(1) Ist die Analyse aufgrund eines nach § 43 gemeldeten Sachverhalts noch nicht abgeschlossen, so kann die Zentralstelle für Finanztransaktionsuntersuchungen dem Betroffenen auf Anfrage Auskunft über die zu ihm vorliegenden Informationen geben, wenn dadurch der Analysezweck nicht beeinträchtigt wird. Gibt sie dem Betroffenen Auskunft, so macht sie die personenbezogenen Daten der Einzelperson, die die Meldung nach § 43 Absatz 1 abgegeben hat, unkenntlich.

(2) Ist die Analyse aufgrund eines nach § 43 gemeldeten Sachverhalts abgeschlossen, aber nicht an die Strafverfolgungsbehörde übermittelt worden, so kann die Zentralstelle für Finanztransaktionsuntersuchungen auf Anfrage des Betroffenen über die zu ihm vorliegenden Informationen Auskunft geben. Sie verweigert die Auskunft, wenn ein Bekanntwerden dieser Informationen negative Auswirkungen hätte auf

1. internationale Beziehungen,

2. Belange der inneren oder äußeren Sicherheit der Bundesrepublik Deutschland,

3. die Durchführung eines anderen strafrechtlichen Ermittlungsverfahrens oder

4. die Durchführung eines laufenden Gerichtsverfahrens.

In der Auskunft macht sie personenbezogene Daten der Einzelperson, die eine Meldung nach § 43 Absatz 1 abgegeben hat oder die einem Auskunftsverlangen der Zentralstelle für Finanztransaktionsuntersuchungen nachgekommen ist, unkenntlich. Auf Antrag des Betroffenen kann sie Ausnahmen von Satz 3 zulassen, wenn schutzwürdige Interessen des Betroffenen überwiegen.

(3) Die Zentralstelle für Finanztransaktionsuntersuchungen ist nicht mehr befugt, dem Betroffenen Auskunft zu geben, nachdem sie den jeweiligen Sachverhalt an die Strafverfolgungsbehörde übermittelt hat. Ist das Verfahren durch die Staatsanwaltschaft oder das Gericht abgeschlossen worden, ist die Zentralstelle für Finanztransaktionsuntersuchungen wieder befugt, dem Betroffenen Auskunft zu erteilen. In diesem Fall gilt Absatz 2 entsprechend.

(4) Steht die Person, die eine Meldung nach § 43 Absatz 1 abgegeben hat oder die dem Verpflichteten intern einen solchen Sachverhalt gemeldet hat, in einem Beschäftigungsverhältnis zum Verpflichteten, so darf ihr aus der Meldung keine Benachteiligung im Beschäftigungsverhältnis entstehen.

(5) Einer Person, die aufgrund der Abgabe einer Meldung nach § 43 Absatz 1 oder aufgrund der internen Meldung eines solchen Sachverhalts an den Verpflichteten entgegen dem Benachteiligungsverbot des Absatzes 4 einer Benachteiligung im Zusammenhang mit ihrem Beschäftigungsverhältnis ausgesetzt ist, steht bei der zuständigen Aufsichtsbehörde nach § 50 das Recht der Beschwerde zu.

Der Rechtsweg bleibt von dem Beschwerdeverfahren unberührt. Dem Beschwerdeführer steht für die Einreichung der Beschwerde nach Satz 1 das vertrauliche Informationssystem der Aufsichtsbehörde nach § 53 Absatz 1 Satz 2 zur Verfügung.

Übersicht

I. Allgemeines

1   Die Vorschrift ist in ihren ersten drei Absätzen systematisch gegliedert nach dem jeweiligen Bearbeitungsstand einer Verdachtsmeldung bei der Zentralstelle für Finanztransaktionsuntersuchungen, da der Informationszugang der Betroffenen sich hiernach richtet: Noch nicht abgeschlossene Analyse (Abs. 1), abgeschlossene Analyse ohne Übermittlung an die Strafverfolgungsbehörden (Abs. 2) sowie die Phase nach Übermittlung des betreffenden Sachverhaltes an die Strafverfolgungsbehörden (Abs. 3). Die Abs. 4 und 5 der Norm beschäftigen sich mit dem Benachteiligungsverbot für Personen, die eine Verdachtsmeldung abgegeben haben.

2   § 49 GwG dient der Umsetzung von Art. 38 der Vierten EU-Geldwäscherichtlinie[1] und berücksichtigt den ErwG 41 der Vierten EU-Geldwäscherichtlinie. Durch das Gesetz zur Umsetzung der Änderungsrichtlinie zur Vierten

---

1   Richtlinie (EU) 2015/849 des Europäischen Parlaments und des Rates vom 20.5.2015 zur Verhinderung der Nutzung des Finanzsystems zum Zwecke der Geldwäsche und Terrorismusfinanzierung, zur Änderung der Verordnung (EU) Nr. 648/2012 des Europäischen Parlaments und des Rates und zur Aufhebung der Richtlinie 2005/60/EG des Europäischen Parlaments und des Rates und der Richtlinie 2006/70 der Kommission, ABl. L 141/73 v. 5.6.2015, S. 100.

EU-Geldwäscherichtlinie vom 12.12.2019 wurde Abs. 5 zum Beschwerderecht der betroffenen Person aufgrund einer Benachteiligung durch eine externe oder interne Verdachtsmeldung neu eingefügt.[2]

Dem Erwägungsgrund für die Normierung des Rechts auf Informationszugang **3** für den Betroffenen und dem damit einhergehenden **Schutz des meldenden Beschäftigten** liegt der Gedanke zugrunde, dass es in der Vergangenheit bereits eine Reihe von Fällen gegeben hat, in denen Angestellte, nachdem sie einen Verdacht auf Geldwäsche gemeldet hatten, bedroht oder angefeindet worden sind.[3] Wenngleich mit der Vierten EU-Geldwäscherichtlinie nicht in die Justizverfahren der Mitgliedstaaten eingegriffen werden kann, ist es jedoch von erheblicher Bedeutung, dass der Aspekt der Bedrohung und Anfeindung mitberücksichtigt wird, um die Wirksamkeit des Systems zur Bekämpfung von Geldwäsche und Terrorismusfinanzierung zu gewährleisten und insbesondere dafür Sorge zu tragen, dass die Beschäftigten aufgrund der Gefahr von möglichen Anfeindungen sich nicht gegen eine Meldung entscheiden.[4]

Der deutsche Gesetzgeber ist sich dieses Problems bewusst gewesen und hat ne- **4** ben der Normierung des Schutzgedankens für den Geldwäschebeauftragten in § 7 Abs. 7 GwG („[…] keine Benachteiligung wegen der Erfüllung ihrer Aufgaben im Beschäftigungsverhältnis […]"), auch den Schutz der meldenden Personen, soweit es sich nicht um den Geldwäschebeauftragten handelt, in § 49 GwG mitberücksichtigt.

Jegliche angestellten Personen und Vertreter der Verpflichteten sollen durch **5** § 49 GwG vor Bedrohungen oder Anfeindungen sowohl innerhalb des Unternehmens als auch durch die Betroffenen einer Verdachtsmeldung geschützt werden, insbesondere hinsichtlich ihres Rechts auf Schutz ihrer personenbezogenen Daten und auf wirksamen Rechtsschutz sowie wirksame Rechtsvertretung.[5]

Ein Rechtsanspruch des Betroffenen auf Auskunft nach dem Informationsfrei- **6** heitsgesetz findet keine Anwendung, soweit die Zentralstelle für Finanztransaktionsuntersuchungen Aufgaben nach § 1 der Sicherheitsüberprüfungsfeststellungsverordnung (SÜVF)[6] wahrnimmt.[7] Gemäß § 1 Abs. 6 SÜFV nimmt die

---

2 BGBl. I 2019, S. 2602.
3 *Barreto da Rosa*, in: Herzog, GwG, § 49 Rn. 1.
4 Vgl. BT-Drs. 18/11555, S. 159.
5 Vgl. BT-Drs. 18/11555, S. 159; *Barreto da Rosa*, in: Herzog, GwG, § 49 Rn. 1.
6 Verordnung zur Feststellung der Behörden des Bundes mit Aufgaben von vergleichbarer Sicherheitsempfindlichkeit wie die der Nachrichtendienste des Bundes und zur Feststellung der öffentlichen Stellen des Bundes und der nichtöffentlichen Stellen mit lebens- oder verteidigungswichtigen Einrichtungen (Sicherheitsüberprüfungsfeststellungsverordnung – SÜFV, zuletzt geändert durch Art. 2 G v. 23.6.2017).
7 Vgl. BT-Drs. 18/11555, S. 159.

Zentralstelle für Finanztransaktionsuntersuchungen vergleichbare Aufgaben von vergleichbarer Sicherheitsempfindlichkeit wie die der Nachrichtendienste des Bundes wahr, soweit sie bei ihrer Aufgabe der Verhinderung, Aufdeckung und Unterstützung bei der Bekämpfung von Geldwäsche und Terrorismusfinanzierung Erscheinungsformen der organisierten Kriminalität oder des Terrorismus wahrnimmt und eine dauerhafte Zusammenarbeit mit den Nachrichtendiensten des Bundes erfolgt.[8]

7   Es besteht somit ein Anspruch auf Informationszugang, dessen Beantwortung im Ermessen der Zentralstelle für Finanztransaktionsuntersuchungen steht und nur unter bestimmten Voraussetzungen erfolgen kann.

II. Informationsrecht des Betroffenen im Rahmen eines laufenden Verfahrens (§ 49 Abs. 1 GwG)

8   Gemäß § 49 Abs. 1 GwG soll der Betroffene von der Zentralstelle für Finanztransaktionsuntersuchungen auf sein Begehren hin während der laufenden Analyse Auskunft über die zu ihm vorliegenden Informationen bekommen können, soweit hierdurch nicht die operative Analyse der Zentralstelle für Finanztransaktionsuntersuchungen gefährdet wird.

9   **Betroffener ist jede Person**, die an einem nach § 43 GwG gemeldeten Sachverhalt unmittelbar beteiligt ist. Dies ist insbesondere jeder Vertragspartner oder Begünstigter einer Transaktion oder Geschäftsbeziehung.[9]

10   Die Entscheidung, ob einem Auskunftsbegehren entsprochen und welche Informationen mitgeteilt werden, liegt im **Ermessen** der Zentralstelle für Finanztransaktionsuntersuchungen. Sie besitzt beim Vorliegen der Voraussetzungen der Rechtsgrundlage einen Entscheidungsspielraum sowohl hinsichtlich der Bejahung oder Ablehnung eines Auskunftsbegehrens als auch des Informationsgehaltes.[10] Das Ermessen ist bei jedem Einzelfall anzuwenden. Die Zentralstelle für Finanztransaktionsuntersuchungen kann die Auskunft verweigern, insbesondere soweit und solange durch die vorzeitige Bekanntgabe der Informationen der Erfolg der Entscheidung oder bevorstehender behördlicher Maßnahmen vereitelt würde.[11] Das heißt, dass die betroffenen Personen nicht in die Lage versetzt werden, aufgrund der erteilten Informationen Maßnahmen zu ergreifen, um sich oder etwaige Gewinne aus einschlägigen Straftaten einem Zugriff durch die Strafverfolgungsbehörden noch zu entziehen bzw. die vorzeitige Kenntnisnahme

---

8 BeckOK GwG/*Pelz*, § 49 Rn. 2.
9 Vgl. BT-Drs. 18/11555, S. 159.
10 Vgl. BT-Drs. 18/11555, S. 159.
11 BeckOK GwG/*Pelz*, § 49 Rn. 8; vgl. BT-Drs. 18/11555, S. 159.

durch den Betroffenen selbst oder durch Dritte die strafrechtlichen Ermittlungen gefährden könnten.[12]

Kommt die Zentralstelle für Finanztransaktionsuntersuchungen dem Auskunftsersuchen eines Betroffenen innerhalb eines laufenden Verfahrens nach, so sind die personenbezogenen Daten der meldenden Einzelperson, einschließlich des Angestellten oder Vertreters des Verpflichteten, unkenntlich zu machen.[13]   **11**

III. Informationsrecht des Betroffenen im Rahmen eines abgeschlossenen Verfahrens (§ 49 Abs. 2 GwG)

§ 49 Abs. 2 GwG regelt das Auskunftsersuchen eines Betroffenen, wenn die Zentralstelle für Finanztransaktionsuntersuchungen ihren Analyseprozess abgeschlossen hat und den Sachverhalt nicht zur weiteren Ermittlung und Behandlung an die zuständige Strafverfolgungsbehörde weitergegeben hat. Danach hat die Zentralstelle für Finanztransaktionsuntersuchungen nach eigenem Ermessen einem Auskunftsersuchen eines Betroffenen nachzukommen, soweit dieses keine negativen Auswirkungen auf die in § 49 Abs. 2 Satz 2 Nr. 1–4 GwG genannten Beziehungen oder Verfahren hat.[14]   **12**

Durch die Informationsweitergabe darf gemäß § 49 Abs. 2 Satz 2 Nr. 1 GwG **keine Beeinträchtigung internationaler Beziehungen erfolgen.** Eine Beeinträchtigung wäre dann anzunehmen, wenn der Inhalt der Informationsweitergabe in all seinen konkreten Merkmalen und ggf. aus ihr resultierenden Maßnahmen, im Rahmen einer Beurteilung zu einer Bejahung einer erheblichen Geeignetheit zur Friedensstörung, d.h. zu einer schwerwiegenden, ernsten und nachhaltigen Beeinträchtigung zwischenstaatlicher Beziehungen führen könnte.[15]   **13**

Des Weiteren darf eine Informationsauskunft **keine negative Auswirkung auf die innere oder äußere Sicherheit der Bundesrepublik Deutschland haben** (§ 49 Abs. 2 Satz 2 Nr. 2 GwG).[16] Dies wäre unter anderem dann anzunehmen, wenn die Informationsauskunft die Durchführung von terroristischen Aktivitäten begünstigen würde.   **14**

Gemäß § 49 Abs. 2 Satz 2 Nr. 3 und Nr. 4 GwG ist abschließend einer Erteilung eines Auskunftsersuchens dann nicht nachzukommen, wenn diese **zu einer negativen Beeinträchtigung der Durchführung eines anderen strafrechtlichen Ermittlungsverfahrens oder eines laufenden Gerichtsverfahrens führen**   **15**

---

12 Vgl. BT-Drs. 18/11555, S. 159.
13 Vgl. BT-Drs. 18/11555, S. 159.
14 *Barreto da Rosa*, in: Herzog, GwG, § 49 Rn. 18.
15 BVerwG, Urt. v. 23.6.1981, BVerwG 1 C 62.76.
16 *Barreto da Rosa*, in: Herzog, GwG, § 49 Rn. 21.

würde. Dies wäre insbesondere dann anzunehmen, wenn aufgrund der Informationserteilung ein Betroffener in die Lage versetzt würde, Beweismittel zu beseitigen.

16   Liegt keiner der vier Ausschlussgründe vor und kommt die Zentralstelle für Finanztransaktionsuntersuchungen im Rahmen ihres Ermessens zur Entscheidung, dem Auskunftsbegehren eines Betroffenen nachzugeben, so hat sie auch in diesem Fall die personenbezogenen Daten der Einzelperson, einschließlich des Angestellten oder Vertreters des Verpflichteten, die eine Meldung abgegeben hat oder einem Auskunftsverlangen der Zentralstelle für Finanztransaktionsuntersuchungen nachgekommen ist, unkenntlich zu machen (§ 49 Abs. 2 Satz 3 GwG).[17]

17   Gemäß § 49 Abs. 2 Satz 4 GwG kann die Zentralstelle für Finanztransaktionsuntersuchungen auf Antrag des Betroffenen eine Ausnahme von Satz 3 zulassen, d. h. von einer Unkenntlichmachung der personenbezogenen Daten der meldenden Einzelperson, einschließlich des Angestellten oder Vertreters des Verpflichteten, absehen, wenn schutzwürdige Interessen des Betroffenen überwiegen.[18]

18   Die **Unkenntlichmachung der Daten steht damit unter dem Vorbehalt einer Interessenabwägung** zwischen den „berechtigten Interessen" der verantwortlichen Zentralstelle für Finanztransaktionsuntersuchungen bzw. dem Meldenden einerseits und dem schutzwürdigen Interesse des Betroffenen andererseits. Diese Abwägung ist an den Umständen des Einzelfalls auszurichten. Je stärker die Interessen des Betroffenen durch die Folgen des Umgangs mit den personenbezogenen Daten des Meldenden beeinträchtigt werden, desto schutzwürdiger sind seine Interessen. Die schutzwürdigen Interessen des Betroffenen können jedoch insbesondere dann überwiegen, wenn die nach § 43 Abs. 1 gemeldeten Informationen oder die auf ein Auskunftsverlangen erteilten Angaben unrichtig waren und derjenige, der das Verlangen beantwortet hat, vorsätzlich oder grob fahrlässig gehandelt hat.[19]

IV. Informationsrecht des Betroffenen nach Weitergabe an die Strafverfolgungsbehörde (§ 49 Abs. 3 GwG)

19   In § 49 Abs. 3 GwG ist **das Recht auf Auskunft des Betroffenen gegenüber der Zentralstelle für Finanztransaktionsuntersuchungen für den Fall geregelt**, dass der Analyseprozess abgeschlossen und der Sachverhalt an die zuständige Strafverfolgungsbehörde weitergegeben wurde.

---

17 BeckOK GwG/*Pelz*, § 49 Rn. 13.
18 *Barreto da Rosa*, in: Herzog, GwG, § 49 Rn. 22.
19 BeckOK GwG/*Pelz*, § 49 Rn. 14.

Mit Weitergabe des Sachverhalts an die zuständige Strafverfolgungsbehörde ist **20** die Zentralstelle für Finanztransaktionsuntersuchungen nicht mehr Herrin über die Daten und deren Verwendung. Erst nach Abschluss des Verfahrens durch die Staatsanwaltschaft oder das Gericht geht die Datenhoheit wieder auf die Zentralstelle für Finanztransaktionsuntersuchungen über.[20] Auch die Einstellung eines Verfahrens gemäß § 170 Abs. 2 StPO kann als Abschluss im Sinne von § 49 Abs. 2 GwG angesehen werden.[21]

Für diesen Fall kann sie im Rahmen ihres Ermessens und unter Beachtung von **21** § 49 Abs. 2 GwG auf das Auskunftsersuchen des Betroffenen reagieren.

Anzumerken ist, dass ein Betroffener, der zum Beschuldigten in einem aufgrund **22** der Verdachtsmeldung eingeleiteten Ermittlungsverfahren wird, über das Akteneinsichtsrecht seines Verteidigers nach § 147 StPO Zugang zur betreffenden Meldung erhalten kann.[22] Die Schutzwirkung des § 49 Abs. 3 GwG läuft in diesem Fall ins Leere.

V. Schutz der meldenden Person (§ 49 Abs. 4 GwG)

§ 49 Abs. 4 GwG normiert den Schutz der Personen, die in einem Beschäfti- **23** gungsverhältnis zum Verpflichteten i. S. d. § 2 Abs. 1 GwG stehen und die eine Meldung nach § 43 Abs. 1 GwG erstatten oder intern einen geldwäscherechtlich relevanten Sachverhalt an den Geldwäschebeauftragten melden.[23]

Der Schutzgedanke zielt darauf ab, dass meldende Mitarbeiter aus diesem An- **24** lass im Unternehmen nicht benachteiligt werden, etwa durch ungerechtfertigte Kündigung, berufliche Schlechterstellung oder Anfeindungen innerhalb des Unternehmens.[24]

Voraussetzung für die Eröffnung des Anwendungsbereichs des Benachteili- **25** gungsverbotes ist allerdings, dass der Meldende auch im Beschäftigungsverhältnis zu einem Verpflichteten nach § 2 GwG zählt. Alle anderen Meldungen sind folglich nicht von der Schutzfunktion erfasst, jedoch kann im Einzelfall eine analoge Anwendung in Betracht kommen.[25]

---

20 BeckOK GwG/*Pelz*, § 49 Rn. 15.
21 Vgl. *Diergarten/Fraulob*, Geldwäsche, § 49 zu Absatz 3.
22 *Barreto da Rosa*, in: Herzog, GwG, § 49 Rn. 24.
23 Vgl. BaFin, AuA 2021, Ziff. 10, S. 78; *Barreto da Rosa*, in: Herzog, GwG, § 49 Rn. 25.
24 Vgl. BT-Drs. 18/11555, S. 159.
25 BeckOK GwG/*Pelz*, § 49 Rn. 19.

VI. Beschwerderecht (§ 49 Abs. 5 GwG)

26 Nach § 49 Abs. 5 Satz 1 steht einer Person, die aufgrund der Abgabe einer Meldung nach § 43 Abs. 1 oder aufgrund der internen Meldung eines solchen Sachverhalts an den Verpflichteten entgegen dem Benachteiligungsverbot des Abs. 4 einer Benachteiligung im Zusammenhang mit ihrem Beschäftigungsverhältnis ausgesetzt ist, bei der zuständigen Aufsichtsbehörde nach § 50 das Recht der Beschwerde zu.[26] Hierdurch wird zum einen ein Recht der benachteiligten Person ggü. dem Arbeitgeber auf Whistleblowing sowie zum anderen ein Recht auf Informationsweitergabe begründet, das gem. § 3 Abs. 2 GeschGehG auch zur Weitergabe von Geschäftsgeheimnissen berechtigen kann.[27]

27 § 49 Abs. 5 Satz 1 GwG setzt Art. 1 Nr. 23 der Änderungsrichtlinie um, der vorsieht, dass Einzelpersonen, die Bedrohungen, Vergeltungsmaßnamen oder Anfeindungen oder nachteiligen oder diskriminierenden Maßnahmen im Beschäftigungsverhältnis ausgesetzt sind, weil sie intern oder der zentralen Meldestelle einen Verdacht auf Geldwäsche oder Terrorismusfinanzierung gemeldet haben, bei der Aufsichtsbehörde auf sichere Weise eine Beschwere einreichen können.[28]

28 § 49 Abs. 5 Satz 2 GwG stellt klar, dass der Rechtsweg von dem Beschwerdeverfahren unberührt bleibt. Dies umfasst insbesondere die Möglichkeit der Klage vor den Arbeitsgerichten aufgrund einer Verletzung des Benachteiligungsverbotes nach § 49 Abs. 4 GwG. Dies gilt unabhängig von der Durchführung eines Beschwerdeverfahrens. Die Regelung eines eigenständigen Rechtsbehelfs ist vor diesem Hintergrund nicht erforderlich.[29] Nach § 49 Abs. 5 Satz 3 GwG steht dem Beschwerdeführer für die Einreichung der Beschwerde nach § 49 Abs. 5 Satz 1 GwG das vertrauliche Informationssystem der Aufsichtsbehörde nach § 53 Abs. 1 Satz 2 GwG zur Verfügung.[30]

---

26 BeckOK GwG/*Pelz*, § 49 Rn. 20.

27 Ebda.

28 Referentenentwurf zur Richtlinie (EU) 2018/843 des Europäischen Parlaments und des Rates vom 30.5.2018 zur Änderung der Richtlinie (EU) 2015/849 zur Verhinderung der Nutzung des Finanzsystems zum Zwecke der Geldwäsche und der Terrorismusfinanzierung und zur Änderung der Richtlinien 2009/138/EG und 2013/36/EU, S. 100.

29 BT-Drs. 352/19, S. 111.

30 *Barreto da Rosa*, in: Herzog, GwG, § 49 Rn. 31.

§ 50 Zuständige Aufsichtsbehörde

Zuständige Aufsichtsbehörde für die Durchführung dieses Gesetzes ist

1. die Bundesanstalt für Finanzdienstleistungsaufsicht für

   a) Kreditinstitute mit Ausnahme der Deutschen Bundesbank,

   b) Finanzdienstleistungsinstitute sowie Zahlungsinstitute nach § 1 Absatz 1 Satz 1 Nummer 1 des Zahlungsdienstaufsichtsgesetzes, E-Geld-Institute nach § 1 Absatz 2 Satz 1 Nummer 1 des Zahlungsdiensteaufsichtsgesetzes und Wertpapierinstitute nach § 2 Absatz 1 des Wertpapierinstitutsgesetzes,

   c) im Inland gelegene Zweigstellen und Zweigniederlassungen von Kreditinstituten mit Sitz im Ausland, von Finanzdienstleistungsinstituten mit Sitz im Ausland, von Zahlungsinstituten mit Sitz im Ausland und von Wertpapierinstituten mit Sitz im Ausland,

   d) Kapitalverwaltungsgesellschaften nach § 17 Absatz 1 des Kapitalanlagegesetzbuchs,

   e) im Inland gelegene Zweigniederlassungen von EU-Verwaltungsgesellschaften nach § 1 Absatz 17 des Kapitalanlagegesetzbuchs sowie von ausländischen AIF-Verwaltungsgesellschaften nach § 1 Absatz 18 des Kapitalanlagegesetzbuchs,

   f) ausländische AIF-Verwaltungsgesellschaften, für die die Bundesrepublik Deutschland Referenzmitgliedstaat ist und die der Aufsicht der Bundesanstalt für Finanzdienstleistungsaufsicht nach § 57 Absatz 1 Satz 3 des Kapitalanlagegesetzbuchs unterliegen,

   g) Zahlungsinstitute und E-Geld-Institute mit Sitz in einem anderen Vertragsstaat des Abkommens über den Europäischen Wirtschaftsraum, Agenten und E-Geld-Agenten nach § 2 Absatz 1 Nummer 4,

   h) Unternehmen und Personen nach § 2 Absatz 1 Nummer 5 und

   i) die Kreditanstalt für Wiederaufbau,

2. für Versicherungsunternehmen nach § 2 Absatz 1 Nummer 7 die jeweils zuständige Aufsichtsbehörde für das Versicherungswesen,

3. für Rechtsanwälte und Kammerrechtsbeistände nach § 2 Absatz 1 Nummer 10 die jeweils örtlich zuständige Rechtsanwaltskammer (§§ 60, 163 Satz 4 der Bundesrechtsanwaltsordnung),

4. für Patentanwälte nach § 2 Absatz 1 Nummer 10 die Patentanwaltskammer (§ 53 der Patentanwaltsordnung),

5. für Notare nach § 2 Absatz 1 Nummer 10 der jeweilige Präsident des Landgerichts, in dessen Bezirk der Notar seinen Sitz hat (§ 92 Absatz 1 der Bundesnotarordnung),

6. für Wirtschaftsprüfer und vereidigte Buchprüfer nach § 2 Absatz 1 Nummer 12 die Wirtschaftsprüferkammer (§ 57 Absatz 2 Nummer 17 der Wirtschaftsprüferordnung),

7. für Steuerberater und Steuerbevollmächtigte nach § 2 Absatz 1 Nummer 12 die jeweils örtlich zuständige Steuerberaterkammer (§ 76 des Steuerberatungsgesetzes),

7a. für Vereine nach § 4 Nummer 11 des Steuerberatungsgesetzes die für die Aufsicht nach § 27 des Steuerberatungsgesetzes zuständige Behörde,

8. für die Veranstalter und Vermittler von Glücksspielen nach § 2 Absatz 1 Nummer 15, soweit das Landesrecht nichts anderes bestimmt, die für die glücksspielrechtliche Aufsicht zuständige Behörde und

9. im Übrigen die jeweils nach Bundes- oder Landesrecht zuständige Stelle.

Schrifttum: *Diekmann/Dragon/Schulze*, Geldwäschebekämpfung im Nichtbanksektor, GewA 2012, 431; *Jarass*, Probleme der extraterritorialen Geltung verwaltungsrechtlicher Gesetze am Beispiel des neuen Geldwäschegesetzes, RIW 2017, 642; *Koenig*, Der Gesetzesentwurf zur Umsetzung der Vierten EU-Geldwäscherichtlinie in Bezug auf grenzüberschreitende Glücksspieldienstleistungen, ZfWG, 214; *Stulz-Herrnstadt/Engelmann*, Das neue Geldwäschegesetz – Auswirkungen für die Glücksspielbranch, ZfWG 2017, 475; *Wende/Schneider*, Beteiligungsgesellschaften als Finanzunternehmen – Verpflichtete des GwG), GWuR 2021, S. 38.

Übersicht

I. Allgemeines

Die Vorschrift legt fest, welche Aufsichtsbehörde für den jeweils nach § 2 GwG   **1**
Verpflichteten bei der Durchführung des Geldwäschegesetzes zuständig ist. Die
Norm besteht aus den Sonderregeln der Nr. 1–8. Sofern das Geldwäschegesetz
keine Sonderregelung enthält, liegt die Zuständigkeit nach dem Auffangtatbestand des § 50 Nr. 9 GwG bei der jeweils nach Bundes- oder Landesrecht zuständigen Stelle.[1]

Die Zuständigkeitsregelung der Aufsichtsbehörden wurde immer wieder korres-   **2**
pondierend mit dem Kreis der Verpflichteten im Geldwäschegesetz angepasst und
erweitert. In der ursprünglichen Fassung vom Gesetz über das Aufspüren von Gewinnen aus schweren Straftaten aus dem Jahr 1993 wurden bereits die Zuständigkeiten für die Kreditanstalt für Wiederaufbau (zuständig das Bundesministerium
der Finanzen), für die übrigen Kreditinstitute mit Ausnahme der Deutschen Bundesbank (zuständig das Bundesaufsichtsamt für das Kreditwesen),[2] für Versicherungsunternehmen (*zuständig* die jeweils *zuständige* Behörde für das Versicherungswesen) sowie für die übrigen Verpflichteten (die jeweils nach dem Bundes-
oder Landesrecht zuständige Stelle) geregelt.[3] Im Jahr 2008 folgte eine wesentliche Erweiterung mit der Neufassung des Geldwäschegesetzes durch das Geldwäschebekämpfungsergänzungsgesetz,[4] da zu den bereits bestehenden Zuständigkeitsregelungen die Sonderregelungen der freien Berufe (z. B. die jeweiligen
Kammern für die Rechtsanwälte, Patentanwälte, Wirtschaftsprüfer, Steuerberater) hinzukamen.[5] In den folgenden Jahren kam es immer wieder zu Anpassungen
und redaktionellen Folgeänderungen wie mit dem Zahlungsdiensteumsetzungsgesetz vom 25.6.2009,[6] mit dem Gesetz zur Umsetzung der Zweiten E-Geld-Richtlinie vom 1.3.2011,[7] mit dem OGAW-IV-Umsetzungsgesetz vom 22.6.2011[8] sowie
mit dem Gesetz zur Optimierung der Geldwäscheprävention vom 22.12.2011.[9]
Mit dem Gesetz zur Ergänzung des Geldwäschegesetzes vom 18.2.2013 wurde die

---

1 BT-Drs. 16/9038, S. 48.
2 Bei dem Bundesaufsichtsamt für das Kreditwesen (BAKred) handelt es sich um die Vor-
    gängerbehörde der Bundesanstalt für Finanzdienstleistungsaufsicht (BaFin).
3 Vgl. § 16 in der Fassung der Bekanntmachung des Geldwäschegesetzes v. 25.10.1993
    (BGBl. I, S. 1770).
4 BGBl. I 2008, S. 1690.
5 BT-Drs. 16/9038, S. 48.
6 BGBl. I 2009, S. 1506.
7 BGBl. I 2011, S. 288.
8 BGBl. I 2011, S. 1126.
9 BGBl. I 2011, S. 2959.

Zuständigkeit für Veranstalter und Vermittler von Glücksspielen im Internet neu in das Geldwäschegesetz aufgenommen, wonach die für die Erteilung der glücksspielrechtlichen Erlaubnis die zuständige Behörde ist, soweit das Landesrecht nichts anderes bestimmt.[10] Noch im selben Jahr folgten zwei weitere Änderungen. Zum einen ging die Zuständigkeit der Kreditanstalt für Wiederaufbau vom Bundesfinanzministerium auf die BaFin mit dem Gesetz zur Änderung des Gesetzes über die Kreditanstalt für Wiederaufbau und weiterer Gesetze vom 4.7.2013 über.[11] Zum anderen erfolgte eine Anpassung wegen der neuen Terminologie des Kapitalanlagegesetzbuches mit dem AIFM-Steuer-Anpassungsgesetz vom 18.12.2013.[12] Mit dem Gesetz zur Umsetzung der Vierten EU-Geldwäscherichtlinie, bei dem es zu einer vollständigen Neuordnung und deutlichen Erweiterung des Geldwäschegesetzes kam, wurde die Regelung der zuständigen Aufsichtsbehörden in den § 50 GwG übertragen, wobei die Norm weitestgehend der vorherigen Zuständigkeitsregelung des § 16 Abs. 2 GwG a. F. entspricht.[13] Mit dem Gesetz zur Umsetzung der Änderungsrichtlinie zur Vierten EU-Geldwäscherichtlinie wurden redaktionelle Anpassungen und weitere Ergänzungen vorgenommen.[14] Weiterhin kam es zu redaktionellen Anpassungen mit dem Gesetz zur Modernisierung des notariellen Berufsrechts und zur Änderung weiterer Vorschriften vom 25.6.2021.[15] Das Gesetz zur Umsetzung der Richtlinie (EU) 2019/2034 über die Beaufsichtigung von Wertpapierinstituten vom 12.5.2021 hat zu Folgeänderungen geführt, da die gesonderte Aufnahme von Wertpapierinstituten als Verpflichtete erforderlich wurde.[16]

II. Örtlicher Geltungsbereich des Geldwäschegesetzes

3   Als problematisch erweist sich der örtliche Geltungsbereich des Geldwäschegesetzes, insbesondere bezogen auf die Fälle, die die **extraterritoriale Geltung** des Geldwäschegesetzes betreffen, also die Anwendung der Vorschriften des Geldwäschegesetzes auf Verpflichtete, die vom Inland aus im Ausland tätig werden oder vom Ausland aus in Deutschland handeln.[17] Möglich sind zum einen das sog. **Herkunftslandprinzip**, also die Geltung des Rechts, in dem der Verpflichtete seinen Sitz hat, und zum anderen das sog. **Auswirkungsprinzip**, bei dem sich die Anwendbarkeit des Gesetzes nach der Auswirkung der Tätigkeit

---

10 BGBl. I 2013, S. 268.

11 BGBl. I 2013, S. 2178.

12 BGBl. I 2013, S. 4318; BT-Drs. 18/68, S. 72.

13 BT-Drs. 18/11555, S. 160.

14 BGBl. I 2019, S. 2602; BT-Drs. 19/13827.

15 BGBl. I 2021, S. 2154.

16 BGBl. I 2021, S. 990, BR-Drs. 7/21, S. 203.

17 Vgl. Grundlegend zur Thematik der extraterritorialen Geltung: *Lehmann*, in: MüKo-BGB, Bd. 13, A Rn. 115 ff.

des Verpflichteten richtet. Explizite Regelungen dazu fehlen in der Vierten EU-Geldwäscherichtlinie und im Geldwäschegesetz.[18] Allein dieser Umstand ist jedoch kein Kriterium dafür, eine extraterritoriale Wirkung des Geldwäschegesetzes generell zu verneinen.[19]

Zunächst schließt das Geldwäschegesetz ausdrücklich bestimmte Verpflichtete   **4** aus dem Finanzsektor mit einem Auslandsbezug in den Anwendungsbereich ein. Im § 2 Abs. 1 Nr. 1, 2, 3, 4, 6, 7, 8 GwG[20] sind speziell als Verpflichtete auch „im Inland gelegene Zweigstellen oder Zweigniederlassungen […] (der jeweiligen Verpflichteten, Anm. der Verfasser) mit Sitz im Ausland" erfasst. Daraus könnte der Schluss gezogen werden, dass sonstige Auslandsbezüge der Betroffenen keine Relevanz für das Geldwäschegesetz haben.[21] Die BaFin erwähnt auch in ihren Hinweisen, dass die grenzüberschreitende Erbringung von Bankgeschäften ohne physische Präsenz in Deutschland nicht den Regelungen des Geldwäschegesetzes unterfällt.[22] Des Weiteren kann dies zum Umkehrschluss führen, dass andere Verpflichtete mit Auslandssitz aus dem Nichtfinanzsektor ohne entsprechende Regelung nicht vom deutschen Geldwäschegesetz erfasst werden sollen.[23] Hiervon un-

---

18 Die Drucksache enthält keine weiteren Aussagen zum örtlichen Geltungsbereich des Geldwäschegesetzes, vgl. BT-Drs. 19/13827, S. 84 f.

19 Vgl. *Jarass*, Probleme der extraterritorialen Geltung verwaltungsrechtlicher Gesetze am Beispiel des neuen Geldwäschegesetzes, RIW 2017, 642, 644, der darauf hinweist, dass es ausreichend ist, wenn sich die extraterritoriale Anwendung durch eine Gesetzesauslegung ergibt.

20 Einzig in § 2 Abs. 1 Nr. 4 ist die Anwendbarkeit auf diejenigen Zahlungsinstitute und E-Geld-Institute mit Sitz in einem anderen Vertragsstaat des Abkommens über den Europäischen Wirtschaftsraum geregelt, die im Inland über Agenten nach § 1 Abs. 9 ZAG oder über E-Geld-Agenten nach § 1 Abs. 10 ZAG niedergelassen sind. Verpflichtet werden damit direkt die im Ausland ansässigen Institute und nicht nur deren in Deutschland tätigen Agenten. Grund für diese Regelung ist nach der Begründung des Gesetzgebers, dass die von der Aufsichtsbehörde festgestellten organisatorischen bzw. systemischen Mängel bei der Umsetzung der geldwäscherechtlichen Vorschriften nur an das Institut adressiert werden, das die Agenten in ihre Zahlungsdienste einbindet. Durch diese Erweiterung kann sich die BaFin künftig bei der Feststellung derartiger Mängel direkt an das betreffende Institut wenden, damit die festgestellten Defizite abgestellt und gegebenenfalls sanktioniert werden können, BT-Drs. 19/13827, S. 70.

21 So *Jarass*, Probleme der extraterritorialen Geltung verwaltungsrechtlicher Gesetze am Beispiel des neuen Geldwäschegesetzes, RIW 2017, 642, 647.

22 BaFin, Merkblatt über die Erteilung einer Erlaubnis zum Betreiben von Bankgeschäften gemäß § 32 Abs. 1 KWG v. 31.12.2007, S. 18, https://www.bafin.de/SharedDocs/Downloads/DE/Merkblatt/BA/dl_080609_bankerlaubnis_ba.pdf?__blob=publicationFile&v=2, zuletzt abgerufen am 4.3.2020.

23 Vgl. umfassend mit weiteren Ausführungen zu den Auslegungen nach Systematik, Wortlaut, Historie sowie Sinn und Zweck *Jarass*, Probleme der extraterritorialen Geltung verwaltungsrechtlicher Gesetze am Beispiel des neuen Geldwäschegesetzes, RIW 2017, 642, 647 f.

berührt bleibt die Frage nach der Verbindung mit einer möglicherweise notwendigen gewerberechtlichen Erlaubnispflicht eines Betroffenen mit Auslandsbezug. Allerdings sieht auch hier das Geldwäschegesetz Besonderheiten vor. So ist z. B. die Maklertätigkeit in § 1 Abs. 11 GwG eigenständig definiert und richtet sich nicht nach § 34 c GewO. Zumindest kann noch aus dem **Wortlaut des § 2 Abs. 1 GwG** entnommen werden, dass als Anhaltspunkt die ausgeübte Tätigkeit relevant ist („Verpflichtete im Sinne dieses Gesetzes sind, soweit sie in Ausübung ihres Gewerbes oder Berufs handeln, [...]").

5   Bereits im Jahr 2009 urteilte das **Bundesverwaltungsgericht** bezogen auf das Kreditwesengesetz, dass ein Bankgeschäft im Sinne des § 32 Abs. 1 Satz 1 KWG auch dann im Inland betrieben wird, wenn ein Kreditinstitut bankähnliche Leistungen ohne eigene physische Präsenz mittels eines grenzüberschreitenden Dienstleistungsverkehrs erbringt.[24] Das Betreiben sei danach nicht nur aus dem allgemeinen Gewerberecht abzuleiten,[25] weiterhin genüge es auch, wenn nur Teilakte des Betreibens im Inland stattfänden.[26] Bereits davor genügte es nach der Verwaltungspraxis der BaFin, dass ein ausländisches Unternehmen gezielt Tätigkeiten auf dem inländischen Markt „wiederholt und geschäftsmäßig"[27] anbietet, um der Zuständigkeit inländischer Behörden zu unterfallen.[28]

6   In der **Vierten EU-Geldwäscherichtlinie** wurde das Problem der extraterritorialen Wirkung in Ansatzpunkten erkannt, aber keine konkreten Regelungen dazu getroffen, vgl. ErwG 4, 52 und 53. In Art. 45 Abs. 2 ist vorgesehen, dass die Verpflichteten sicherzustellen haben, dass Niederlassungen in anderen Mitgliedstaaten der EU „den zur Umsetzung dieser Richtlinie verabschiedeten nationalen Rechtsvorschriften Folge leisten". Demnach geht diese Vorschrift davon aus, dass trotz des Sitzes in einem anderen Staat das nationale Recht des Aufnahmestaates zu befolgen ist.[29]

7   Auch nach den **Gruppenpflichten** im Geldwäschegesetz ist keine eindeutige Regelung erkennbar, das Gesetz enthält lediglich Anhaltspunkte, z. B. in § 7 Abs. 5, 7 und § 9 Abs. 2, 3 GwG. In § 9 Abs. 2 und 3 GwG wird am deutlichsten, wie sich der Gesetzgeber eine länderübergreifende Geldwäscheprävention vorstellt. Nach § 9 GwG müssen Mutterunternehmen sicherstellen, dass die gruppenangehörigen

---

24 BVerwG, Urt. v. 22.4.2009 – 8 C 2/09, BeckRS 2009, 35960.
25 BVerwG, Urt. v. 22.4.2009 – 8 C 2/09, BeckRS 2009, 35960 Rn. 26.
26 BVerwG, Urt. v. 22.4.2009 – 8 C 2/09, BeckRS 2009, 35960, Rn. 36 f.
27 BaFin-Merkblatt v. 1.4.2005 zur Erlaubnispflicht von grenzüberschreitend betriebenen Geschäften, das v.a. auf ein zielgerichtetes Anbieten abstellt und Hinweise zur Erlaubnispflicht nach § 32 Abs. 1 KWG i.V.m. § 1 Abs. 1, 1a KWG gibt.
28 Zum ggf. auftretenden Spannungsverhältnis zwischen der Rechtsprechung und der Praxis der BaFin vgl. *Vahldiek*, in: Boos/Fischer/Schulte-Mattler, KWG/CRR-VO, § 53 KWG Rn. 187 ff.
29 So auch *Jarass*, Probleme der extraterritorialen Geltung verwaltungsrechtlicher Gesetze am Beispiel des neuen Geldwäschegesetzes, RIW 2017, 642, 649.

Unternehmen in anderen Staaten die entsprechenden Vorschriften der Umsetzung der Vierten EU-Geldwäscherichtlinie bzw. die dortigen Anforderungen der Geldwäschepräventionsvorschriften einhalten. Damit bleibt die Verantwortung der Umsetzung durch die gruppenangehörigen Unternehmen bei der Mutter, was von den Aufsichtsbehörden des Sitzlandes der Mutter im Rahmen der Zuständigkeit für die Mutter kontrolliert werden kann. (Nur) insoweit erstreckt sich also die Kontrollbefugnis extraterritorial auf die gruppenangehörigen Unternehmen.

Eine weitere Besonderheit stellen **Verpflichtete nach § 2 Abs. 1 Nr. 15 GwG** dar. **8** Der Gesetzgeber hat die Charakteristika des Glücksspiels beachtet und wollte mit seiner Definition in § 1 Abs. 8 „sämtliche Ausführungsformen"[30] des legalen und illegalen Glücksspielangebots erfassen. Umfasst sind auch Internetangebote, unabhängig davon, ob sie zugleich auch terrestrisch angeboten werden.[31] Gerade im Bereich des **Internet-Glücksspiels** werden aus dem Ausland gezielt Produkte auf dem und für den deutschen Markt angeboten, ohne dass die Anbieter einen Sitz in Deutschland haben. Nach § 3 Abs. 4 GlüStV findet die Vermittlung oder Veranstaltung eines Glücksspiels an dem Ort statt, an welchem dem Spieler die Möglichkeit zur Teilnahme offeriert wird, also die tatsächliche Möglichkeit besteht, den Spielauftrag gegenüber dem Anbieter verbindlich abzugeben.[32] Damit verfügt ein Anbieter zwar gegebenenfalls nicht über einen Sitz in Deutschland, wird aber in Deutschland tätig. Wird die Anwendbarkeit des Geldwäschegesetzes auf solche Anbieter mit Sitz im Ausland bejaht, so ermöglicht diese Auslegung den nationalen Behörden eine Anwendung des Geldwäschegesetzes auch auf im Ausland ansässige Anbieter und sorgt für einen Gleichlauf der Aufsicht.[33] Damit wird dem risikobasierten Ansatz des Geldwäschegesetzes und den FATF-Empfehlungen gefolgt. Diese Ansicht führt weiterhin dazu, dass dem umfassenden Regelungsanspruch des Gesetzgebers Rechnung getragen würde, denn der Großteil der Anbieter für Internet-Glücksspiele in Deutschland hatte bisher seinen Sitz im europäischen oder außereuropäischen Ausland. Sofern die Anwendbarkeit des Geldwäschegesetzes auf ausländische Anbieter z. B. im Hinblick auf den Wortlaut des § 2 Abs. 1 Nr. 15 GwG abgelehnt wird, unterfallen Anbieter mit einem Sitz außerhalb Deutschlands nicht dem Geldwäschegesetz.[34]

---

30 BT-Drs. 18/11555, S. 103.

31 BT-Drs. 18/11555, S. 103.

32 Vgl. BVerwG, Beschl. v. 25.2.2015 – 8 B 36/14, Rn. 21 m. w. N. auf obergerichtliche Rechtsprechung; OVG Saarland, Beschl. v. 17.7.2015 – 1 B 50/15, Rn. 7.

33 Vgl. die neuen AuAs der Glücksspielaufsichtsbehörden, veröffentlicht z. B. auf https:// service.berlin.de/dienstleistung/328800/, S. 6 f., zuletzt aufgerufen am 6.2.2022.

34 So *Koenig*, Der Gesetzesentwurf zur Umsetzung der Vierten EU-Geldwäscherichtlinie in Bezug auf grenzüberschreitende Glücksspieldienstleistungen, ZfWG, 214; *Jarass*, Probleme der extraterritorialen Geltung verwaltungsrechtlicher Gesetze am Beispiel des neuen Geldwäschegesetzes, RIW 2017, 642, 648; *Stulz-Herrnstadt/Engelmann*, ZfWG 2017, 475, 477.

III. Übersicht zur sachlichen Anwendbarkeit des Geldwäschegesetzes

9

Verpflichtete nach § 2 Abs. 1 Nr. 1–16 GwG		Zuständige Aufsichtsbehörde nach § 50 Nr. 1–9 GwG
Nr. 1	Kreditinstitute nach § 1 Abs. 1 des Kreditwesengesetzes, mit Ausnahme der in § 2 Abs. 1 Nr. 3–8 des Kreditwesengesetzes genannten Unternehmen, und im Inland gelegene Zweigstellen und Zweigniederlassungen von Kreditinstituten mit Sitz im Ausland.	BaFin mit Ausnahme der Deutschen Bundesbank (§ 50 Nr. 1 lit. a GwG)
Nr. 2	Finanzdienstleistungsinstitute nach § 1 Abs. 1a des Kreditwesengesetzes, mit Ausnahme der in § 2 Abs. 6 Satz 1 Nr. 3–10 und 12 sowie Abs. 10 des Kreditwesengesetzes genannten Unternehmen, im Inland gelegene Zweigstellen und Zweigniederlassungen von Finanzdienstleistungsinstituten mit Sitz im Ausland sowie Wertpapierinstitute nach § 2 Abs. 1 des Wertpapierinstitutsgesetzes und im Inland gelegene Niederlassungen vergleichbarer Unternehmen mit Sitz im Ausland	BaFin (§ 50 Nr. 1 lit. b GwG)
Nr. 3	Zahlungsinstitute und E-Geld-Institute nach § 1 Abs. 3 des Zahlungsdiensteaufsichtsgesetzes und im Inland gelegene Zweigstellen und Zweigniederlassungen von vergleichbaren Instituten mit Sitz im Ausland	BaFin (§ 50 Nr. 1 lit. b GwG)
Nr. 4	Agenten nach § 1 Abs. 9 des Zahlungsdiensteaufsichtsgesetzes und E-Geld-Agenten nach § 1 Abs. 10 des Zahlungsdiensteaufsichtsgesetzes sowie diejenigen Zahlungsinstitute und E-Geld-Institute mit Sitz in einem anderen Vertragsstaat des Abkommens über den Europäischen Wirtschaftsraum, die im Inland über Agenten nach § 1 Abs. 9 des Zahlungsdiensteaufsichtsgesetzes oder über E-Geld-Agenten nach § 1 Abs. 10 des Zahlungsdiensteaufsichtsgesetzes niedergelassen sind	BaFin (§ 50 Nr. 1 lit. g GwG)
Nr. 5	selbstständige Gewerbetreibende, die E-Geld eines Kreditinstituts nach § 1 Abs. 2 Satz 1 Nr. 1 des Zahlungsdiensteaufsichtsgesetzes vertreiben oder rücktauschen	BaFin (§ 50 Nr. 1 lit. h GwG)
Nr. 6	Finanzunternehmen sowie im Inland gelegene Zweigstellen und Zweigniederlassungen von Finanzunternehmen mit Sitz im Ausland, soweit sie nicht bereits von einer der Nr. 1–5, 7, 9, 10, 12 oder 13 erfasst sind	die jeweils nach Bundes- oder Landesrecht zuständige Stelle (§ 50 Nr. 9 GwG)

Verpflichtete nach § 2 Abs. 1 Nr. 1–16 GwG		Zuständige Aufsichtsbehörde nach § 50 Nr. 1–9 GwG
Nr. 7	Versicherungsunternehmen nach Art. 13 Nr. 1 der Richtlinie 2009/138/EG des Europäischen Parlaments und des Rates vom 25. November 2009 betreffend die Aufnahme und Ausübung der Versicherungs- und der Rückversicherungstätigkeit (Solvabilität II) (ABl. L 335 v. 17.12.2009, S. 1) und im Inland gelegene Niederlassungen solcher Unternehmen mit Sitz im Ausland, soweit sie jeweils a) Lebensversicherungstätigkeiten, die unter diese Richtlinie fallen, anbieten, b) Unfallversicherungen mit Prämienrückgewähr anbieten oder c) Darlehen im Sinne von § 1 Abs. 1 Satz 2 Nr. 2 des Kreditwesengesetzes vergeben oder d) Kapitalisierungsprodukte anbieten	die jeweils zuständige Aufsichtsbehörde für das Versicherungswesen (nach § 50 Nr. 2 GwG)
Nr. 8	Versicherungsvermittler nach § 59 des Versicherungsvertragsgesetzes, soweit sie die unter Nr. 7 fallenden Tätigkeiten, Geschäfte, Produkte oder Dienstleistungen vermitteln, mit Ausnahme der gemäß § 34d Abs. 6 oder Abs. 7 Nr. 1 der Gewerbeordnung tätigen Versicherungsvermittler, und im Inland gelegene Niederlassungen entsprechender Versicherungsvermittler mit Sitz im Ausland	die jeweils nach Bundes oder Landesrecht zuständige Stelle (§ 50 Nr. 9 GwG)
Nr. 9	Kapitalverwaltungsgesellschaften nach § 17 Abs. 1 des Kapitalanlagegesetzbuchs, im Inland gelegene Zweigniederlassungen von EU-Verwaltungsgesellschaften und ausländischen AIF-Verwaltungsgesellschaften sowie ausländische AIF-Verwaltungsgesellschaften, für die die Bundesrepublik Deutschland Referenzmitgliedstaat ist und die der Aufsicht der Bundesanstalt für Finanzdienstleistungsaufsicht gemäß § 57 Abs. 1 Satz 3 des Kapitalanlagegesetzbuchs unterliegen	BaFin (§ 50 Nr. 1 lit. d, e und f. GwG)

Wende

Verpflichtete nach § 2 Abs. 1 Nr. 1–16 GwG		Zuständige Aufsichtsbehörde nach § 50 Nr. 1–9 GwG
Nr. 10	Rechtsanwälte, Kammerrechtsbeistände, Patentanwälte sowie Notare, soweit sie a) für den Mandanten an der Planung oder Durchführung von folgenden Geschäften mitwirken: aa) Kauf und Verkauf von Immobilien oder Gewerbebetrieben, bb) Verwaltung von Geld, Wertpapieren oder sonstigen Vermögenswerten, cc) Eröffnung oder Verwaltung von Bank-, Spar- oder Wertpapierkonten, dd) Beschaffung der zur Gründung, zum Betrieb oder zur Verwaltung von Gesellschaften erforderlichen Mittel, ee) Gründung, Betrieb oder Verwaltung von Treuhandgesellschaften, Gesellschaften oder ähnlichen Strukturen oder b) im Namen und auf Rechnung des Mandanten Finanz- oder Immobilientransaktionen durchführen, c) den Mandanten im Hinblick auf dessen Kapitalstruktur, dessen industrielle Strategie oder damit verbundene Fragen beraten, d) Beratung oder Dienstleistungen im Zusammenhang mit Zusammenschlüssen oder Übernahmen erbringen oder e) geschäftsmäßig Hilfeleistung in Steuersachen erbringen	für Rechtsanwälte und Kammerrechtsbeistände nach § 2 Abs. 1 Nr. 10 GwG die jeweils örtlich zuständige Rechtsanwaltskammer (§§ 60, 61, 163 Satz 4 der Bundesrechtsanwaltsordnung) (§ 50 Nr. 3 GwG) für Patentanwälte nach § 2 Abs. 1 Nr. 10 die Patentanwaltskammer (§ 53 der Patentanwaltsordnung) (§ 50 Nr. 4 GwG) für Notare nach § 2 Abs. 1 Nr. 10 GwG der jeweilige Präsident des Landgerichts, in dessen Bezirk der Notar seinen Sitz hat (§ 92 Nr. 1 BNotO) (§ 50 Nr. 5 GwG)
Nr. 11	Rechtsbeistände, die nicht Mitglied einer Rechtsanwaltskammer sind, und registrierte Personen nach § 10 des Rechtsdienstleistungsgesetzes, soweit sie Tätigkeiten nach Nr. 10 lit. a–d erbringen, ausgenommen die Erbringung von Inkassodienstleistungen im Sinne des § 2 Abs. 2 Satz 1 des Rechtsdienstleistungsgesetzes	die jeweils nach Bundes- oder Landesrecht zuständige Stelle (§ 50 Nr. 9 GwG)

Verpflichtete nach § 2 Abs. 1 Nr. 1–16 GwG		Zuständige Aufsichtsbehörde nach § 50 Nr. 1–9 GwG
Nr. 12	Wirtschaftsprüfer, vereidigte Buchprüfer, Steuerberater Steuerbevollmächtigte und die in § 4 Nr. 11 des Steuerberatungsgesetzes genannten Vereine	für Wirtschaftsprüfer und vereidigte Buchprüfer nach § 2 Abs. 1 Nr. 12 GwG die Wirtschaftsprüferkammer (§ 57 Abs. 2 Nr. 17 der Wirtschaftsprüferordnung) (§ 50 Nr. 6 GwG)
		für Steuerberater und Steuerbevollmächtigte nach § 2 Abs. 1 Nr. 12 GwG die jeweils örtlich zuständige Steuerberaterkammer (§ 76 des Steuerberatungsgesetzes) (§ 50 Nr. 7 GwG)
		für Vereine nach § 4 Nr. 11 des Steuerberatungsgesetzes die jeweilige Oberfinanzdirektion bzw. die jeweils durch die Landesregierung bestimmten Landesfinanzbehörde (§ 50 Nr. 7a GwG)
Nr. 13	Dienstleister für Gesellschaften und für Treuhandvermögen oder Treuhänder, die nicht den unter den Nr. 10–12 genannten Berufen angehören, wenn sie für Dritte eine der folgenden Dienstleistungen erbringen: a) Gründung einer juristischen Person oder Personengesellschaft, b) Ausübung der Leitungs- oder Geschäftsführungsfunktion einer juristischen Person oder einer Personengesellschaft, Ausübung der Funktion eines Gesellschafters einer Personengesellschaft oder Ausübung einer vergleichbaren Funktion, c) Bereitstellung eines Sitzes, einer Geschäfts-, Verwaltungs oder Postadresse und anderer damit zusammenhängender Dienstleistungen für eine juristische Person, für eine Personengesellschaft oder für eine Rechtsgestaltung nach § 3 Abs. 3 GwG, d) Ausübung der Funktion eines Treuhänders für eine Rechtsgestaltung nach § 3 Abs. 3 GwG, e) Ausübung der Funktion eines nominellen Anteilseigners für eine andere Person, bei der es sich nicht um eine auf einem organisierten Markt notierte Gesellschaft nach § 2 Abs. 5 des Wertpapierhandelsgesetzes handelt, die den Gemeinschaftsrecht entsprechenden Transparenzanforderungen im Hinblick auf Stimmrechtsanteile oder gleichwertigen internationalen Standards unterliegt, f) Schaffung der Möglichkeit für eine andere Person, die in lit. b, d und e genannten Funktionen auszuüben	die jeweils nach Bundes- oder Landesrecht zuständige Stelle nach (§ 50 Nr. 9 GwG)

Verpflichtete nach § 2 Abs. 1 Nr. 1–16 GwG		Zuständige Aufsichtsbehörde nach § 50 Nr. 1–9 GwG
Nr. 14	Immobilienmakler	die jeweils nach Bundes- oder Landesrecht zuständige Stelle (§ 50 Nr. 9 GwG)
Nr. 15	Veranstalter und Vermittler von Glücksspielen, soweit es sich nicht handelt um a) Betreiber von Geldspielgeräten nach § 33c der Gewerbeordnung, b) Vereine, die das Unternehmen eines Totalisatoren nach § 1 des Rennwett- und Lotteriegesetzes betreiben, c) Lotterien, für die die Veranstalter und Vermittler über eine glücksspielrechtliche Erlaubnis der in Deutschland jeweils zuständigen Behörde verfügen, und d) Soziallotterien	für die Veranstalter und Vermittler von Glücksspielen nach § 2 Abs. 1 Nr. 15 GwG, soweit das Landesrecht nichts anderes bestimmt, die für die glücksspielrechtliche Aufsicht zuständige Behörde (§ 50 Nr. 8 GwG)
Nr. 16	Güterhändler, Kunstvermittler und Kunstlagerhalter, soweit die Lagerhaltung in Zollfreigebieten erfolgt	die jeweils nach Bundes- oder Landesrecht zuständige Stelle (§ 50 Nr. 9 GwG)

IV. BaFin für Verpflichtete aus dem Finanzsektor (§ 50 Nr. 1 GwG)

10   Die **Bundesanstalt für Finanzdienstleistungsaufsicht (BaFin)** ist eine selbstständige Anstalt des öffentlichen Rechts. Als solche übernimmt sie die Aufsicht über nahezu alle Verpflichteten aus dem Bereich des **Finanzsektors** (z. B. Kreditinstitute, Finanzdienstleistungsinstitute sowie Zahlungsinstitute und E-Geld-Institute). Lediglich einzelne Finanzakteure sind von der Aufsicht der BaFin ausgenommen. Aufgrund der fehlenden Sonderzuständigkeit ergibt sich für Finanzunternehmen nach § 1 Abs. 24 GwG, dass sie nicht der BaFin, sondern der Aufsicht der nach dem jeweiligen Bundes- oder Landesrecht zuständigen Stelle unterliegen (siehe dazu → Rn. 22 ff.).

11   Im Geldwäschegesetz ergeben sich Besonderheiten, da die Begrifflichkeit des Kreditinstituts im Sinne des Geldwäschegesetzes teilweise weiter ist als nach dem Kreditwesengesetz. Demnach sind auch solche Institute vom Geldwäschegesetz erfasst, welche nach § 2 KWG nicht als Kreditinstitute gelten (siehe näher dazu → § 2 Rn. 42 ff.). In der Folge musste der Gesetzgeber im Geldwäschegesetz eine diesbezügliche zuständige Aufsichtsbehörde regeln. Dabei sind insbesondere die Kreditanstalt für Wiederaufbau sowie die **Deutsche Bundesbank** hervorzuheben. Für die **Kreditanstalt für Wiederaufbau** besteht eine Sonderregelung im § 50 Nr. 1 lit. i GwG, wonach diese der Aufsicht der BaFin unterliegt. Sie hat als nationale Förderbank und als Anstalt des öffentlichen Rechts

ein besonderes Geschäftsmodell und verfolgt einen gesetzlich festgelegten staatlichen Auftrag. Daher ist sie grundsätzlich nicht mit Kreditinstituten des privatrechtlichen, genossenschaftlichen oder öffentlich-rechtlichen Sektors zu vergleichen. Trotzdem sollen bestimmte aufsichtsrechtliche Vorschriften wie das Geldwäschegesetz auch für sie gelten.[35] Vor der Änderung des Gesetzes über die Kreditanstalt für Wiederaufbau und weiterer Gesetze vom 4.7.2013 war noch das Bundesministerium der Finanzen die zuständige Aufsichtsbehörde.[36] Des Weiteren zählt auch die **Deutsche Bundesbank** als bundesunmittelbare juristische Person des öffentlichen Rechts zu den Verpflichteten des Geldwäschegesetzes. Sie unterliegt aber nach § 50 Nr. 1 lit. a GwG weder der Aufsicht der BaFin noch einer anderen Aufsichtsbehörde. Vielmehr agiert sie aufsichtslos.[37]

V. BaFin und Landesbehörden für Versicherungs-unternehmen (§ 50 Nr. 2 GwG)

Aus § 50 Nr. 2 GwG ergibt sich, dass für Versicherungsunternehmen nach § 2 Abs. 1 Nr. 7 GwG die jeweils zuständige Aufsichtsbehörde für das Versicherungswesen die Durchführung des Geldwäschegesetzes übernimmt. Die Zuständigkeit der Versicherungsunternehmen wird in den §§ 320–325 VAG geregelt. Dabei ergibt sich eine Aufteilung der Zuständigkeiten zwischen der BaFin und den zuständigen Landesaufsichtsbehörden.   **12**

Nach § 320 Abs. 1 VAG beaufsichtigt die **BaFin**:   **13**

1. die privaten Versicherungsunternehmen und Pensionsfonds, die im Inland ihren Sitz oder eine Niederlassung haben oder auf andere Weise das Versicherungs- oder das Pensionsfondsgeschäft betreiben,
2. die Versicherungs-Holdinggesellschaften im Sinne des § 7 Nr. 31 VAG, die Versicherungs-Zweckgesellschaften im Sinne des § 168 VAG und die Sicherungsfonds im Sinne des § 223 VAG sowie
3. die öffentlich-rechtlichen Wettbewerbs-Versicherungsunternehmen, die über das Gebiet eines Landes hinaus tätig sind.

Die Aufsicht durch eine **Landesbehörde** besteht unter anderem dann, wenn das Bundesministerium der Finanzen auf Antrag der Bundesanstalt die Aufsicht über private Versicherungsunternehmen von geringerer wirtschaftlicher Bedeutung, über Pensionsfonds und über öffentlich-rechtliche Wettbewerbs-Versicherungsunternehmen mit Zustimmung der zuständigen Landesaufsichtsbehörde   **14**

---

35 BR-Drs. 215/13.
36 BGBl. I 2013, S. 2178.
37 Vgl. FATF, Mutual Evaluation Report (Germany) Anti-Money Laundering and Combating the Financing of Terrorism v. 19.2.2010, Rn. 762, abrufbar unter www.fatf-gafi.org, zuletzt abgerufen am 6.3.2022.

auf diese übertragen hat.[38] Die zuständige Aufsichtsbehörde für Versicherungsvermittler nach § 59 des Versicherungsvertragsgesetzes (VVG) ergibt sich hingegen aus der nach § 50 Nr. 9 GwG jeweils nach dem Bundes- oder Landesrecht zuständigen Stelle (siehe näher → Rn. 22 ff.).

VI. Rechtsanwaltskammer für Rechtsanwälte und Kammerrechtsbeistände (§ 50 Nr. 3 GwG)

15 Nach § 50 Nr. 3 GwG ist die Aufsichtsbehörde für die in Deutschland tätigen Rechtsanwälte und Kammerrechtsbeistände, die Mitglied einer Rechtsanwaltskammer sind, gemäß den §§ 60, 163 Satz 4 der Bundesrechtsanwaltsordnung (BRAO) die jeweils örtlich zuständige Rechtsanwaltskammer. Der Vorstand der Rechtsanwaltskammer übernimmt die Aufsichtsfunktion durch die Überwachung der den Mitgliedern obliegenden Pflichten nach § 73 Abs. 2 Nr. 4 BRAO.[39] Nicht von der Sonderzuständigkeit nach § 50 Nr. 3 GwG sind hingegen die nichtverkammerten Rechtsbeistände und registrierte Personen nach § 10 des Rechtsdienstleistungsgesetzes erfasst.[40] Deren zuständige Aufsichtsbehörde richtet sich nach § 50 Nr. 9 GwG (siehe → Rn. 22 ff.).

VII. Patentanwaltskammer für Patentanwälte (§ 50 Nr. 4 GwG)

16 Für den Bereich der Patentanwälte ist nach § 50 Nr. 4 GwG die zuständige Aufsichtsbehörde die Patentanwaltskammer nach § 53 der Patentanwaltsordnung. Die einzig bestehende Patentanwaltskammer im gesamten Bundesgebiet hat ihren Sitz in München (www.patentanwalt.de).

VIII. Präsident des Landgerichts für Notare (§ 50 Nr. 5 GwG)

17 Auch Notare unterliegen als Träger eines öffentlichen Amtes der staatlichen Aufsicht.[41] Die Aufsicht über das Geldwäschegesetz übernimmt nach § 50 Nr. 5 GwG der jeweilige Präsident des Landgerichts, in dessen Bezirk der Notar seinen Sitz hat.[42]

---

38 § 321 Abs. 1 VAG.
39 BT-Drs. 16/9038, S. 48.
40 Siehe § 2 Abs. 1 Nr. 11 GwG.
41 BT-Drs. 16/9038, S. 48.
42 Vgl. § 92 Nr. 1 BNotO.

IX. Wirtschaftsprüferkammer für Wirtschaftsprüfer und vereidigte Buchprüfer (§ 50 Nr. 6 GwG)

Für Wirtschaftsprüfer und vereidigte Buchprüfer ist nach § 50 Nr. 6 GwG die **18** Wirtschaftsprüferkammer die zuständige Aufsichtsbehörde. Ihr obliegt nach § 57 Abs. 2 Nr. 17 der Wirtschaftsprüferordnung (WiPrO), die ihr als Bundesberufskammer gesetzlich eingeräumten Befugnisse im Rahmen der Geldwäschebekämpfung wahrzunehmen. Vereidigte Buchprüfer sind nach § 128 Abs. 3 WiPrO Mitglied der Wirtschaftsprüferkammer und damit deren Aufsicht unterstellt.[43]

X. Steuerberaterkammer für Steuerberater und Steuerbevollmächtigte (§ 50 Nr. 7 GwG)

Für Steuerberater und Steuerbevollmächtigte hat nach § 76 Abs. 1 des Steuerbe- **19** ratungsgesetzes die jeweils örtlich zuständige Steuerberaterkammer die Aufgabe, die Erfüllung der beruflichen Pflichten ihrer Mitglieder zu überwachen. Zur Überwachung gehören gem. § 50 Nr. 7 GwG auch die Pflichten nach dem Geldwäschegesetz.[44]

XI. Vereine nach § 4 Nr. 11 des Steuerberatungsgesetzes (§ 50 Nr. 7a GwG)

Mit dem Gesetz zur Umsetzung der Änderungsrichtlinie zur Vierten EU-Geld- **20** wäscherichtlinie wurde die Aufsichtsbehörde im § 50 Nr. 7a GwG für die nach § 2 Abs. 1 Nr. 12 GwG neu verpflichteten Lohnsteuerhilfevereine nach § 4 Nr. 11 des Steuerberatungsgesetzes bestimmt. Die Zuständigkeit für die Geldwäscheaufsicht knüpft damit an die nach dem Steuerberatungsgesetz bestehende aufsichtliche Zuständigkeit der jeweiligen Oberfinanzdirektion oder der jeweils durch die Landesregierung bestimmten Landesfinanzbehörde an.[45]

XII. Zuständige Behörde für Veranstalter und Vermittler von Glücksspielen (§ 50 Nr. 8 GwG)

Für die Veranstalter und Vermittler von Glücksspielen übernimmt nach § 50 **21** Nr. 8 GwG die jeweilige Glücksspielaufsichtsbehörde auch die Aufsicht nach

---

43 BT-Drs. 16/9038, S. 48.
44 Vgl. BT-Drs. 16/9038, S. 48.
45 BT-Drs. 19/13827, S. 100.

dem Geldwäschegesetz.[46] Damit soll die geldwäscherechtliche Zuständigkeit der glücksspielrechtlichen Zuständigkeit folgen.[47] Von diesem Grundsatz können die Länder abweichende Regelungen treffen.

XIII. Zuständige Stelle nach Bundes- oder Landesrecht für übrige Verpflichtete (§ 50 Nr. 9 GwG)

22   Bei § 50 Nr. 9 GwG handelt es sich um eine Auffangregelung.[48] Demnach ergibt sich für alle übrigen Verpflichteten nach § 2 GwG, bei denen keine Sonderregelung nach § 50 Nr. 1–8 GwG besteht, die zuständige Aufsichtsbehörde aus dem Bundes- oder Landesrecht.

23   Im Einzelnen sind davon folgende **Verpflichtete** betroffen:

- Finanzunternehmen (nach § 2 Nr. 6 GwG)
- Versicherungsvermittler (nach § 2 Nr. 8 GwG)
- nichtverkammerte Rechtsbeistände und registrierte Personen nach § 10 des Rechtsdienstleistungsgesetzes (nach § 2 Nr. 11 GwG)
- Dienstleister für Gesellschaften und für Treuhandvermögen oder Treuhänder (nach § 2 Nr. 13 GwG)
- Immobilienmakler (nach § 2 Nr. 14 GwG)
- Güterhändler, Kunstvermittler und Kunstlagerhalter, soweit die Lagerhaltung in Zollfreigebieten erfolgt (nach § 2 Nr. 16 GwG)

24   Diese Verpflichteten sind im Wesentlichen dem Nichtfinanzsektor zuzuordnen. Eine Ausnahme bildet dabei das **Finanzunternehmen** nach § 2 Abs. 1 Nr. 6 GwG. Die Übertragung der Aufsicht des Finanzunternehmens auf die BaFin war schon vielfach kontrovers diskutiert worden. Bereits im April 2017 wurde im Gesetzgebungsverfahren zur Umsetzung der Vierten EU-Geldwäscherichtlinie vom Bundesrat wegen des starken Bezuges zum Finanzsektor gefordert, dass auch Finanzunternehmen der Aufsicht der BaFin unterliegen sollen.[49] Dies wurde von der Bundesregierung abgelehnt, da es sich dabei um eine zu große Zahl an Aufsichtsobjekten handelt, die besser regional in der Fläche beaufsichtigt werden sollten. Auch würde eine Übertragung auf die BaFin dem Grundsatz zuwiderlaufen, dass diese nur die Geldwäscheaufsicht über Verpflichtete ausübt, bei denen sie zugleich Fachaufsichtsbehörde ist.[50] Nach dem Gesetzesentwurf

---

46 Die BT-Drs. 19/13827, S. 101 ersetzt das Wort „Erlaubnis" durch das Wort „Aufsicht". Damit wird v.a. eine redaktionelle Klarstellung erreicht. Durch die Besonderheiten des Glücksspielstaatsvertrags wurden damit auch sprachliche Unsauberkeiten bereinigt.
47 BT-Drs. 17/11416, S. 10.
48 BT-Drs. 18/11555, S. 160.
49 BT-Drs. 18/11928, S. 13.
50 BT-Drs. 18/11928, S. 27.

der Bundesregierung zum Gesetz zur Übertragung der Aufsicht über Finanzanlagenvermittler und Honorar-Finanzanlagenberater auf die Bundesanstalt für Finanzdienstleistungsaufsicht vom April 2020 sollen die Finanzunternehmen nun doch von Seiten der Bundesregierung unter die Aufsicht der BaFin gestellt werden.[51] Hiergegen hat sich allerdings wiederum im Bundesrat erheblicher Widerstand aufgetan.[52] Im Juni 2020 wurde dann das Gesetzgebungsverfahren wieder abgesetzt. Die Bundesregierung würde das Vorhaben nach eigenen Angaben nochmals überprüfen.[53] Nach wie vor liegt die Aufsicht über die Finanzunternehmen somit bei den Ländern. Hiergegen besteht aufgrund der teilweise strukturellen Probleme weiterhin Kritik.[54]

Die Umsetzung der Aufsichtszuständigkeit in den einzelnen Bundesländern **25** wurde teilweise erheblich **kritisiert**. Die Europäische Kommission hat ein Vertragsverletzungsverfahren gegen Deutschland angedroht, da zwei Bundesländer nicht für alle Einrichtungen zuständige Aufsichtsbehörden benannt haben.[55] Betrachtet man die zuständigen Aufsichtsstellen, dann lässt sich eine bemerkenswerte Vielfalt feststellen. Je nach Bundesland wurden als zuständige Aufsichtsbehörden z.B. Ministerien, Mittelbehörden bis hin zu Kreisordnungsbehörden bestimmt (siehe näher → Rn. 27). Die Länder diskutierten zudem, welchem Ressort das Geldwäscherecht zuzuordnen ist. Die Wirtschaftsminister waren der Ansicht, dass die Aufgaben des Geldwäschegesetzes weit über die Zuständigkeiten der Gewerbeordnung hinausgehen und eigentlich Tätigkeiten mit einer polizeilichen bzw. kriminalpräventiven Natur entsprechen und damit die Zuständigkeit der Innenminister betreffen.[56] Die Innenminister der Länder lehnten dies ab,

---

51 BT-Drs. 19/18794, S. 35.

52 Der Wirtschaftsausschuss im Bundesrat lehnte den Gesetzesentwurf mit der Begründung ab, dass eine Übertragung der Aufsicht auf die BaFin mittelstandsfeindlich wäre und aus Sicht des Verbraucherschutzes keine Verbesserung bringen würde (BR-Drs. 163/1/20, S. 1). In der Stellungnahme des Bundesrates heißt es dann unter anderem, dass die Bundesregierung, den tatsächlichen Personalbedarf und die jährlichen Kosten, die durch die BaFin-Aufsicht für die Wirtschaft tatsächlich entstehen werden, erneut prüfen soll; vgl. BR-Drs. 163/20, S. 2.

53 BT-Drs. 19/19364, S. 3.

54 Siehe hierzu näher z.B. die Probleme der Beteiligungsgesellschaften *Wende/Schneider*, GWuR, 2021, S. 38.

55 Europäische Kommission, Pressemitteilung IP/11/75, „Kommission drängt Deutschland zur Durchsetzung der Anti-Geldwäsche-Vorschriften" v. 27.1.2011; BT-Drs. 17/1917, Nr. 6, 7, und BT-Plenarprotokoll 17/45, S. 4529B – 4530D. Bei den zwei Bundesländern handelte es sich um Mecklenburg-Vorpommern und Sachsen-Anhalt.

56 Wirtschaftsministerkonferenz, Beschluss-Sammlung der Wirtschaftsministerkonferenz am 14./15.12.2009 in Lübeck, Beschluss Punkt 19.4 der Tagesordnung, abrufbar unter www.wirtschaftsministerkonferenz.de/WMK/DE/termine/Sitzungen/09-12-14-15-WMK/09-12-14-15-beschluesse.pdf?__blob=publicationFile&v=1, zuletzt abgerufen am 4.3.2020.

da trotz des kriminalpräventiven Charakters des Geldwäschegesetzes eine Zuständigkeit der Innenressorts vom Gesetzgeber nicht beabsichtigt war.[57]

26 Die mannigfachen Zuständigkeitsregelungen in den Bundesländern führen auch zu Problemen bei dem **Vollzug des Geldwäschegesetzes**.[58] Zum einen besteht die Gefahr, dass die Verpflichteten nicht erreicht werden und von wesentlichen Informationen keine Kenntnis erhalten. Zum anderen ist das Entdeckungsrisiko einer unzureichenden Geldwäsche-Compliance relativ gering. Nach einer Dunkelfeldstudie der Universität Halle wurde festgestellt, dass nur etwa jeder zehnte Immobilienmakler, Güterhändler, Versicherungsvermittler/-makler und Befragte aus den rechtsberatenden und vermögensverwaltenden Berufen über eine Prüfung durch eine Aufsichtsbehörde berichtet.[59] Daher wird für den Nichtfinanzsektor auch ein zentrales Kontrollorgan gefordert.[60] Damit diese die Aufgaben besser bewältigt werden können, haben sich bisher Vertreter der Aufsichtsbehörden bundesweit zu Arbeitsgruppen zusammengeschlossen (z.B. „Darmstädter Arbeitskreis Geldwäscheprävention"). Zudem werden bundeseinheitliche Merkblätter zu unterschiedlichen Themen (z.B. über die Pflichten für Immobilienmakler oder Güterhändler) veröffentlicht, die sich auf den Internetseiten der Aufsichtsbehörden finden lassen.

27 Für die Länder ergeben sich folgende zuständige Aufsichtsbehörden nach Nr. 9 im Einzelnen:

Bundesland	Zuständige Aufsichtsbehörde
Baden-Württemberg	**Regierungspräsidium Stuttgart** Kontakt: geldwaesche@rps.bwl.de **Regierungspräsidium Karlsruhe** Kontakt: geldwaesche@rpk.bwl.de **Regierungspräsidium Freiburg** Kontakt: geldwaesche@rpf.bwl.de **Regierungspräsidium Tübingen** Kontakt: geldwaesche@rpt.bwl.de

---

57 Ständige Konferenz der Innenminister und -senatoren der Länder, Umlaufbeschluss der Innenministerkonferenz v. 1.3.2010, Aktenzeichen VI D 2.2/2a.

58 Siehe hierzu auch *Diekmann/Dragon/Schulze*, GewA 2012, 431, 433.

59 *Bussmann*, Dunkelfeldstudie über den Umfang der Geldwäsche in Deutschland und über die Geldwäscherisiken in einzelnen Wirtschaftssektoren vom August 2015, S. 17, https://www.econcrime.uni-halle.de/research/, zuletzt abgerufen am 4.3.2020.

60 *Bussmann*, Dunkelfeldstudie über den Umfang der Geldwäsche in Deutschland und über die Geldwäscherisiken in einzelnen Wirtschaftssektoren vom August 2015, S. 24, https://www.econcrime.uni-halle.de/research/, zuletzt abgerufen am 4.3.2020.

Bundesland	Zuständige Aufsichtsbehörde
Bayern	**Regierung von Niederbayern** Kontakt: geldwaeschepraevention@reg-nb.bayern.de **Regierung von Mittelfranken** Kontakt: geldwaeschepraevention@reg-mfr.bayern.de
Berlin	**Senatsverwaltung für Wirtschaft, Energie und Betriebe** Kontakt: geldwaesche@senweb.berlin.de
Brandenburg	**Ministerium für Wirtschaft, Arbeit und Energie** Kontakt: geldwaesche@mwae.brandenburg.de
Bremen	Für Finanzunternehmen, Versicherungsvermittler, Dienstleister für Gesellschaften und Treuhandvermögen oder Treuhänder, Immobilienmakler, Güterhändler:[61] **Senatorin für Wirtschaft, Arbeit und Europa** Kontakt: geldwaeschepraevention@wae.bremen.de Für nichtverkammerte Rechtsbeistände und registrierte Personen nach § 10 des Rechtsdienstleistungsgesetzes: **Präsidentin des Landgerichts** Kontakt: office@landgericht.bremen.de
Hamburg	**Behörde für Wirtschaft und Innovation** Kontakt: Über Kontaktformular auf der Internetseite[62]
Hessen	**Regierungspräsidium Darmstadt** Kontakt: geldwaeschepraevention@rpda.hessen.de **Regierungspräsidium Gießen** Kontakt: geldwaesche@rpgi.hessen.de **Regierungspräsidium Kassel** Kontakt: geldwaeschepraevention@rpks.hessen.de
Mecklenburg-Vorpommern	**Ministerium für Wirtschaft, Arbeit und Gesundheit** Kontakt: geldwaeschepraevention@wm.mv-regierung.de
Niedersachsen	**Landeshauptstadt Hannover, die Stadt Göttingen, die Region Hannover, die Landkreise sowie die kreisfreien Städte** Kontakt: Über das Kontaktformular auf der jeweiligen Internetseite der Aufsichtsbehörde[63]

61 Vgl. die Übersicht auf der Internetseite mit weiterführenden Links: https://www.wirt schaft.bremen.de/gewerbe/gewerbeangelegenheiten/geldwaeschepraevention-53117, zuletzt abgerufen am 20.2.2022.

62 Abrufbar unter https://www.hamburg.de/wirtschaft/geldwaeschepraevention/, zuletzt abgerufen am 20.2.2022.

63 Abrufbar unter https://www.mw.niedersachsen.de/startseite/themen/aufsicht_und_ recht/geldwaschepravention/geldwaeschepraevention-101183.html, zuletzt abgerufen

Bundesland	Zuständige Aufsichtsbehörde
Nordrhein-Westfalen	**Bezirksregierung Arnsberg** Kontakt: geldwaeschepraevention@bezreg-arnsberg.nrw.de **Bezirksregierung Detmold** Kontakt: geldwaeschepraevention@brdt.nrw.de **Bezirksregierung Düsseldorf** Kontakt: geldwaeschepraevention@brd.nrw.de. **Bezirksregierung Köln** Kontakt: Über Kontaktformular auf der Internetseite[64] **Bezirksregierung Münster** Kontakt: geldwaeschepraevention@brms.nrw.de
Rheinland-Pfalz	Für Finanzunternehmen, Dienstleister für Gesellschaften und Treuhandvermögen oder Treuhänder: **Aufsichts- und Dienstleistungsdirektion als Landesordnungsbehörde** Kontakt: geldwaeschepraevention@add.rlp.de Für Versicherungsvermittler, Immobilienmakler, Güterhändler: **Kreis- bzw. Stadtverwaltungen als Kreisordnungsbehörden** Kontakt: Übersicht auf der Internetseite[65]
Saarland	**Landesverwaltungsamt** Kontakt: gwg@lava.saarland.de
Sachsen	**Landesdirektion Sachsen** Kontakt: geldwaesche@lds.sachsen.de
Sachsen-Anhalt	**Landesverwaltungsamt** Kontakt: Über das Kontaktformular auf der Internetseite[66]
Schleswig-Holstein	**Finanzministerium** Kontakt: geldwaeschepraevention@fimi.landsh.de
Thüringen	**Landesverwaltungsamt** Kontakt: geldwaeschepraevention@tlvwa.thueringen.de

am 20.2.2022, sowie dem Suchbegriff „Geldwäscheprävention" auf der jeweiligen Internetseite der regionalen Aufsichtsbehörden z. B. www.goettingen.de oder www.hannover. de.

64 Abrufbar unter https://www.bezreg-koeln.nrw.de/brk_internet/leistungen/abteilung03/34/geldwaeschepraevention/index.html, zuletzt abgerufen am 20.2.2022.

65 Eine Übersicht der Kontaktdaten der Kreisordnungsbehörden ist abrufbar unter dem Suchbegriff „Geldwäschegesetz" auf der Internetseite www.add.rlp.de.

66 Abrufbar unter https://lvwa.sachsen-anhalt.de/das-lvwa/kommunales-ordnung-verbraucherschutz-migration/gefahrenabwehr-hoheitsangelegenheiten/geldwaeschegesetz/, zuletzt abgerufen am 20.2.2022.

§ 51 Aufsicht

(1) Die Aufsichtsbehörden üben die Aufsicht über die Verpflichteten aus.

(2) Die Aufsichtsbehörden können im Rahmen der ihnen gesetzlich zugewiesenen Aufgaben die geeigneten und erforderlichen Maßnahmen und Anordnungen treffen, um die Einhaltung der in diesem Gesetz und der in aufgrund dieses Gesetzes ergangenen Rechtsverordnungen festgelegten Anforderungen sicherzustellen. Insbesondere können die Aufsichtsbehörden in diesem Rahmen durch erforderliche Maßnahmen und Anordnungen sicherstellen, dass die Verpflichteten diese Anforderungen auch im Einzelfall einhalten und nicht entgegen diesen Anforderungen Geschäftsbeziehungen begründen oder fortsetzen und Transaktionen durchführen. Sie können hierzu auch die ihnen für sonstige Aufsichtsaufgaben eingeräumten Befugnisse ausüben. Widerspruch und Anfechtungsklage gegen diese Maßnahmen haben keine aufschiebende Wirkung.

(3) Die Aufsichtsbehörde nach § 50 Nummer 1, soweit sich die Aufsichtstätigkeit auf die in § 50 Nummer 1 Buchstabe g und h genannten Verpflichteten bezieht, und die Aufsichtsbehörden nach § 50 Nummer 3 bis 9 können bei den Verpflichteten Prüfungen zur Einhaltung der in diesem Gesetz festgelegten Anforderungen durchführen. Die Prüfungen können ohne besonderen Anlass vor Ort und anderswo erfolgen. Die Aufsichtsbehörden können die Durchführung der Prüfungen vertraglich auf sonstige Personen und Einrichtungen übertragen. Häufigkeit und Intensität der Prüfungen haben sich am Risikoprofil der Verpflichteten im Hinblick auf Geldwäsche und Terrorismusfinanzierung zu orientieren, das in regelmäßigen Abständen und bei Eintritt wichtiger Ereignisse oder Entwicklungen in deren Geschäftsleitung und Geschäftstätigkeit neu zu bewerten ist.

(4) Für Maßnahmen und Anordnungen nach dieser Vorschrift kann die Aufsichtsbehörde nach § 50 Nummer 8 und 9 zur Deckung des Verwaltungsaufwands Kosten erheben.

(5) Die Aufsichtsbehörde nach § 50 Nummer 1, soweit sich die Aufsichtstätigkeit auf die in § 50 Nummer 1 Buchstabe g und h genannten Verpflichteten bezieht, und die Aufsichtsbehörden nach § 50 Nummer 3 bis 9 können einem Verpflichteten, dessen Tätigkeit einer Zulassung bedarf und durch die Aufsichtsbehörde zugelassen wurde, die Ausübung des Geschäfts oder Berufs vorübergehend untersagen oder ihm gegenüber die Zulassung widerrufen, wenn der Verpflichtete vorsätzlich oder fahrlässig

1. gegen die Bestimmungen dieses Gesetzes, gegen die zur Durchführung dieses Gesetzes erlassenen Verordnungen oder gegen Anordnungen der zuständigen Aufsichtsbehörde verstoßen hat,

2. trotz Verwarnung durch die zuständige Aufsichtsbehörde dieses Verhalten fortsetzt und

3. der Verstoß nachhaltig ist.

Hat ein Mitglied der Führungsebene oder ein anderer Beschäftigter eines Verpflichteten vorsätzlich oder fahrlässig einen Verstoß nach Satz 1 begangen, kann die Aufsichtsbehörde nach § 50 Nummer 1, soweit sich die Aufsichtstätigkeit auf die in § 50 Nummer 1 Buchstabe g und h genannten Verpflichteten bezieht, und können die Aufsichtsbehörden nach § 50 Nummer 3 bis 9 dem Verstoßenden gegenüber ein vorübergehendes Verbot zur Ausübung einer Leitungsposition bei Verpflichteten nach § 2 Absatz 1 aussprechen. Handelt es sich bei der Aufsichtsbehörde nicht um die Behörde, die dem Verpflichteten für die Ausübung seiner Tätigkeit die Zulassung erteilt hat, führt die Zulassungsbehörde auf Verlangen derjenigen Aufsichtsbehörde, die einen Verstoß nach Satz 1 festgestellt hat, das Verfahren entsprechend Satz 1 oder 2 durch.

(5a) Ist die für die Aufsicht über einen Verpflichteten nach § 50 Nummer 1 Buchstabe g und h zuständige Behörde eine Behörde in einem anderen Mitgliedstaat der Europäischen Union oder in einem anderen Vertragsstaat des Abkommens über den Europäischen Wirtschaftsraum, kann die Aufsichtsbehörde nach § 50 Nummer 1, wenn die ausländische Behörde selbst keine Maßnahmen ergreift oder sich die von ihr ergriffenen Maßnahmen als unzureichend erweisen und eine sofortige Abhilfe geboten ist, nach Unterrichtung der zuständigen ausländischen Behörde die zur Behebung eines schweren Verstoßes erforderlichen Maßnahmen ergreifen. Soweit erforderlich, kann sie die Durchführung neuer Geschäfte im Inland untersagen. In dringenden Fällen kann die Aufsichtsbehörde nach § 50 Nummer 1 vor Unterrichtung die erforderlichen Maßnahmen ergreifen. Die Maßnahmen müssen befristet und im Hinblick auf den mit ihnen verfolgten Zweck, der Abwendung schwerer Verstöße gegen die Bestimmungen dieses Gesetzes, gegen die zur Durchführung dieses Gesetzes erlassenen Verordnungen oder gegen Anordnungen der zuständigen Aufsichtsbehörden, angemessen sein. Sie sind zu beenden, wenn die festgestellten schweren Verstöße abgewendet wurden. In dringenden Fällen des Satzes 3 ist die ausländische Behörde über die ergriffenen Maßnahmen unverzüglich zu unterrichten.

(5b) Verpflichtete nach § 2 Absatz 1 Nummer 13 haben sich unter Angabe ihrer konkreten Tätigkeit bei der Aufsichtsbehörde zu registrieren, wenn sie nicht bereits nach anderen Vorschriften einer Anmeldung, Eintragung, Erlaubnis oder Zulassung bedürfen. Soweit nicht nach anderen Vorschriften die Befugnis hierzu besteht, kann die Aufsichtsbehörde Mitglieder der Führungs- und Leitungsebene des Verpflichteten abberufen, soweit begründete Tatsachen die Annahme rechtfertigen, dass diese nicht die erforderliche Eignung oder Zuverlässigkeit besitzen. Die Aufsichtsbehörde kann Verpflichteten, bei denen begründete Tatsachen die Annahme rechtfertigen, dass der wirtschaftlich Berechtigte die erforderliche Eignung oder Zuverlässigkeit nicht besitzt, die Ausübung der Dienstleistung nach § 2 Absatz 1 Nummer 13 untersagen. Absatz 5 Satz 1 und 2 gilt entsprechend.

(6) Die nach § 50 Nummer 9 zuständige Aufsichtsbehörde übt zudem die Aufsicht aus, die ihr übertragen ist nach Artikel 55 Absatz 1 der Verordnung (EU) Nr. 1031/2010 der Kommission vom 12. November 2010 über den zeitlichen und administrativen Ablauf sowie sonstige Aspekte der Versteigerung von Treibhausgasemissionszertifikaten gemäß der Richtlinie 2003/87/EG des Europäischen Parlaments und des Rates über ein System für den Handel mit Treibhausgasemissionszertifikaten in der Gemeinschaft (ABl. L 302 vom 18.11.2010, S. 1).

(7) Die nach § 50 Nummer 8 und 9 zuständige Aufsichtsbehörde für Verpflichtete nach § 2 Absatz 1 Nummer 15 kann zur Erfüllung ihrer Aufgaben im Einzelfall bei einem Verpflichteten nach § 2 Absatz 1 Nummer 1 oder Nummer 3 Auskünfte einholen zu Zahlungskonten nach § 1 Absatz 17 des Zahlungsdiensteaufsichtsgesetzes und zu darüber ausgeführten Zahlungsvorgängen

1. eines Veranstalters oder Vermittlers von Glücksspielen im Internet, unabhängig davon, ob er im Besitz einer glücksspielrechtlichen Erlaubnis ist, sowie

2. eines Spielers.

(8) Die Aufsichtsbehörde stellt den Verpflichteten regelmäßig aktualisierte Auslegungs- und Anwendungshinweise für die Umsetzung der Sorgfaltspflichten und der internen Sicherungsmaßnahmen nach den gesetzlichen Bestimmungen zur Verhinderung von Geldwäsche und von Terrorismusfinanzierung zur Verfügung. Sie kann diese Pflicht auch dadurch erfüllen, dass sie solche Hinweise, die durch Verbände der Verpflichteten erstellt worden sind, genehmigt.

(9) Die Aufsichtsbehörden haben zur Dokumentation ihrer Aufsichtstätigkeit folgende Daten in Form einer Statistik vorzuhalten:

1. Daten zur Aufsichtstätigkeit pro Kalenderjahr, insbesondere:

   a) die Anzahl der in der Aufsichtsbehörde beschäftigten Personen, gemessen in Vollzeitäquivalenten, die mit der Aufsicht über die Verpflichteten nach § 2 Absatz 1 betraut sind;

   b) die Anzahl der durchgeführten Vor-Ort-Prüfungen und der sonstigen ergriffenen Prüfungsmaßnahmen, differenziert nach den betroffenen Verpflichteten nach § 2 Absatz 1;

c) die Anzahl der Maßnahmen nach Buchstabe b, bei denen die Aufsichtsbehörde eine Pflichtverletzung nach diesem Gesetz oder nach einer auf der Grundlage dieses Gesetzes erlassenen Rechtsverordnung festgestellt hat, sowie die Anzahl der Fälle, in denen die Aufsichtsbehörde anderweitig Kenntnis von einer solchen Pflichtverletzung erlangt hat, und

d) Art und Umfang der daraufhin von der Aufsichts- und Verwaltungsbehörde rechtskräftig ergriffenen Maßnahmen; dazu gehören die Anzahl

  aa) der erteilten Verwarnungen,

  bb) der festgesetzten Bußgelder einschließlich der jeweiligen Höhe, differenziert danach, ob und inwieweit eine Bekanntmachung nach § 57 erfolgte,

  cc) der angeordneten Abberufungen von Geldwäschebeauftragten oder Mitgliedern der Geschäftsführung,

  dd) der angeordneten Erlaubnisentziehungen,

  ee) der sonstigen ergriffenen Maßnahmen;

e) Art und Umfang der Maßnahmen, um die Verpflichteten nach § 2 Absatz 1 über die von ihnen einzuhaltenden Sorgfaltspflichten und internen Sicherungsmaßnahmen zu informieren;

2. die Anzahl der von der Aufsichtsbehörde nach § 44 abgegebenen Verdachtsmeldungen pro Kalenderjahr, differenziert nach den betroffenen Verpflichteten nach § 2 Absatz 1.

Die Aufsichtsbehörden haben dem Bundesministerium der Finanzen und der Zentralstelle für Finanztransaktionsuntersuchungen die Daten nach Satz 1 mit Stand zum 31. Dezember des Berichtsjahres bis zum 31. März des Folgejahres in elektronischer Form zu übermitteln. Das Bundesministerium der Finanzen und die Zentralstelle für Finanztransaktionsuntersuchungen können dazu einen gemeinsamen Vordruck vorsehen. Die Aufsichtsbehörden teilen der Zentralstelle für Finanztransaktionsuntersuchungen ihre Kontaktdaten, ihre Angaben zu ihrem Zuständigkeitsbereich und ihre Änderungen der Daten unverzüglich mit.

(10) Die zuständigen Aufsichtsbehörden unterrichten das Bundesministerium der Finanzen vor der Anordnung oder der Anwendung der in § 15 Absatz 5a genannten Maßnahmen. Das Bundesministerium der Finanzen unterrichtet die Europäische Kommission vor der Anordnung oder der Anwendung der in § 15 Absatz 5a genannten Maßnahmen durch die zuständigen Aufsichtsbehörden sowie über den Erlass einer Rechtsverordnung nach § 15 Absatz 10 Satz 1 Nummer 2.

    Wende/Breit

Schrifttum: *Bentele/Schirmer*, Im Geldwäscherecht viel Neues – Das Gesetz zur Optimierung der Geldwäscheprävention, ZBB 2012, 303.

Übersicht

I. Allgemeines

Im Zuge der Überarbeitungen des Geldwäschegesetzes zur Umsetzung der Vierten EU-Geldwäscherichtlinie,[1] hat auch die Aufsicht in § 51 GwG eine neue Regelung erfahren. Mit der Neufassung der Norm wurden Art. 48 und 59 Abs. 2 lit. c und d der Vierten EU-Geldwäscherichtlinie sowie Art. 55 Abs. 1 der Verordnung (EU) Nr. 1031/2010 umgesetzt. § 51 GwG entspricht in wesentlichen Teilen § 16 GwG a. F.   **1**

---

1 BGBl. I 2017, S. 1822.

2 In § 16 GwG a. F. war die Aufsicht seit Inkrafttreten des Geldwäschebekämpfungsgesetzes vom 13.8.2008 geregelt. Nach kleineren Modifikationen[2] wurden die Befugnisse der Aufsichtsbehörden mit dem OGAW-IV-Umsetzungsgesetz vom 22.6.2011 wesentlich erweitert,[3] da die Financial Action Task Force on Money Laundering (FATF) in ihrem Deutschlandbericht vom 19.2.2010[4] moniert hatte, dass den Aufsichtsbehörden keine hinreichenden Instrumentarien zur Verfügung stünden, um eine ordnungsgemäße Durchführung der Aufsicht sicherzustellen.[5] § 16 Abs. 3 GwG a. F. wurde eingeführt, der die erforderlichen gewerberechtlichen Befugnisse der Aufsichtsbehörde konkretisierte.[6] Zudem wurde ein Zeugnisverweigerungsrecht in Abs. 4 aufgenommen,[7] das mittlerweile in § 52 Abs. 4 und 5 GwG zu verorten ist. Die mit diesem Gesetz eingeführte Pflicht der zuständigen Behörde, regelmäßig aktualisierter Auslegungs- und Anwendungshinweise zu erstellen,[8] wurde durch das Gesetz zur Umsetzung der Vierten EU-Geldwäscherichtlinie in Abs. 8 des aktuellen § 51 GwG verschoben.

3 Parallel zum OGAW-IV-Umsetzungsgesetz wurde im gleichen Jahr das Gesetz zur Optimierung der Geldwäscheprävention[9] umgesetzt, sodass es im Gesetzgebungsverfahren zu mehreren Überschneidungen mit dem OGAW-IV-Umsetzungsgesetz[10] kam. Letztendlich wurde daher aufgrund des Gesetzes zur Optimierung der Geldwäscheprävention nur die Möglichkeit der Behörden geschaffen, Gebühren zu erheben (§ 16 Abs. 1 Satz 4 GwG a. F., heute § 51 Abs. 4 GwG) sowie bestimmten Behörden das Recht eingeräumt, die Ausübung eines Geschäfts oder Berufs zu untersagen (§ 16 Abs. 1 Satz 5 GwG a. F.). Eine Neuregelung hierzu findet sich nun in § 51 Abs. 5 GwG. Zudem wurden neue Verpflichtete aufgenommen (§ 16 Abs. 2 Nr. 2 lit. g und h GwG a. F.; entspricht der heutigen Regelung des § 50 Abs. 1 Nr. 1 lit. g und h GwG).[11] In der Folge wurde durch das Gesetz zur Ergänzung des Geldwäschegesetzes vom 18.2.2013[12] die aufschiebende Wirkung von Widerspruch und Anfechtungsklage gegen Anordnungen und Maßnahmen der Aufsichtsbehörde (§ 16 Abs. 1 Satz 5 GwG) aufge-

---

2 Vgl. hierzu das Gesetz zur Umsetzung der aufsichtsrechtlichen Vorschriften der Zahlungsdienstrichtlinie vom 26.6.2009 (BGBl. I, S. 1506 ff.) und das Gesetz zur Umsetzung der Zweiten E-Geld-Richtlinie v. 1.3.2011 (BGBl. I, S. 288 ff.).

3 BGBl. I 2011, S. 1126.

4 BT-Drs. 17/8043, S. 15.

5 FATF, Mutual Evaluation Report (Germany) Anti-Money Laundering and Combating the Financing of Terrorism vom 19.2.2010, Rn. 938, 983, 985, 995, 1005 und Bewertung zu Empfehlung 24, www.fatf-gafi.org.

6 BT-Drs. 17/6804, S. 38.

7 BGBl. I 2011, S. 1126.

8 BGBl. I 2011, S. 1126.

9 BGBl. I 2011, S. 2966.

10 Vgl. hierzu BT-Drs. 17/7950, S. 21 f.; BT-Drs. 17/8043, S. 15.

11 BT-Drs. 17/8043, S. 15.

12 BGBl. I 2013, S. 268.

hoben; diese Regelung der sofortigen Vollziehung findet sich nun in § 51 Abs. 2 Satz 4 GwG wieder.

Nach weiteren geringfügigen Überarbeitungen – so wurde die BaFin 2013 als **4** Aufsichtsbehörde für die Kreditanstalt für Wiederaufbau festgelegt[13] – wurde § 16 GwG a.F. mit der Umsetzung der Vierten EU-Geldwäscherichtlinie vollständig neu geordnet und angepasst. Die einzelnen Absätze wurden neu strukturiert, Teile des ehemaligen § 16 GwG a.F. in andere Paragraphen ausgelagert und die bisherigen Regelungen ergänzt. Abs. 1 des § 16 GwG a.F. wurde wesentlich verschlankt, der ursprüngliche Regelungsgehalt aufgespalten und in andere Absätze verteilt. Die Regelung zur zuständigen Behörde (§ 16 Abs. 2 GwG a.F.) findet sich nun ausgegliedert in § 50 GwG. Die Befugnisse der Aufsichtsbehörden aus dem § 16 Abs. 3 GwG a.F. wurden im Wesentlichen in den § 51 Abs. 3 GwG übertragen und in der Umsetzung des Art. 48 der Vierten EU-Geldwäscherichtlinie erweitert. Auch die Mitwirkungspflichten wurden, nicht zuletzt der Übersichtlichkeit geschuldet, ausgeklammert und in § 52 GwG geregelt. Im Zuge der Novellierung wanderte § 16 Abs. 5 GwG a.F. in § 51 Abs. 8 GwG. Im neuen § 51 Abs. 7 GwG wurden weitgehend die Regelungen des § 9a Abs. 7 GwG übernommen.

Im Rahmen des Gesetzes zur Umsetzung der Änderungsrichtlinie zur Vierten **5** EU-Geldwäscherichtlinie wurden neben redaktionellen Anpassungen insbesondere die Abs. 5a und 5b sowie der Abs. 10 ergänzt.[14]

II. Maßnahmen und Anordnungen der zuständigen Aufsichtsbehörden (§ 51 Abs. 1 und 2 GwG)

Die ersten beiden Absätze entsprechen in weiten Teilen § 16 Abs. 1 Satz 1–3 so- **6** wie Abs. 6 GwG a.F. Sie garantieren im Sinne des Art. 48 der Vierten EU-Geldwäscherichtlinie, dass die zuständigen Behörden eine wirksame Überwachung durchführen und die erforderlichen Maßnahmen zur Einhaltung des Geldwäschegesetzes treffen können.[15] Nach § 51 Abs. 1 GwG, der die **generelle geldwäscherechtliche Aufsichtspflicht** der gemäß § 50 GwG zuständigen Aufsichtsbehörden über die Verpflichteten im Sinne des § 2 Abs. 1 GwG statuiert, folgt in § 51 Abs. 2 ff. GwG eine Konkretisierung.

Adressaten der Regelung sind zunächst alle zuständigen Aufsichtsbehörden **7** nach § 50 GwG (vgl. hierzu → § 50 Rn. 10 ff.). Diese können im Rahmen ihrer gesetzlich zugewiesenen Aufgaben die geeigneten und erforderlichen Maßnahmen und Anordnungen treffen, um die Einhaltung der im Geldwäschegesetz und

---

13 Vgl. hierzu BGBl. I 2013, S. 2178 ff.
14 BGBl. I 2019, S. 2602.
15 BT-Drs. 18/11555, S. 160.

der aufgrund des Geldwäschegesetzes ergangenen Rechtsverordnungen festgelegten Anforderungen sicherzustellen. Die genannten Maßnahmen und Anordnungen sollen damit eingesetzt werden, wenn Abweichungen vom gesetzlichen Rechtsrahmen festgestellt werden.[16] Die Prüfungskompetenz der Aufsichtsbehörde erfasst dabei den Zeitraum, seitdem der Betroffene Verpflichteter ist und erfasst ausschließlich die Tätigkeiten, die ihrer Aufsicht unterliegen.[17]

8 Keine Aufsichtsbehörde im Sinne der Norm ist die sog. AFCA (Anti Financial Crime Alliance), die die BaFin mit der Zentralstelle für Finanztransaktionsuntersuchungen (Financial Intelligence Unit – FIU), dem Bundeskriminalamt und 14 Banken am 24.9.2019 ins Leben gerufen hat. Mit dieser öffentlich-privaten Partnerschaft wollen Behörden und Banken unter Federführung der FIU den Kampf gegen Geldwäsche und Terrorismusfinanzierung verstärken und koordinieren.

9 § 51 Abs. 2 Satz 1 GwG stellt eine Generalklausel dar, in den folgenden Absätzen werden dann mögliche Maßnahmen und Anordnungen konkretisiert. Hierzu gehören die für einen bestimmten Kreis von Aufsichtsbehörden (§ 50 Nr. 1 lit. g und h, sowie den in § 50 Nr. 3–9 GwG, siehe näher dazu → Rn. 11) bestehenden Prüfungsrechte nach § 51 Abs. 3 GwG, die vorübergehende Geschäfts- oder Berufsuntersagung nach § 51 Abs. 5 GwG, der Widerruf der Zulassung nach § 51 Abs. 5 GwG sowie die gemäß § 52 Abs. 1 GwG bestehenden Auskunfts- und Unterlagenvorlagerechte. Ergänzend hierzu treten die im Geldwäschegesetz bereits an anderer Stelle explizit genannten Aufsichtsmaßnahmen, wie z B. §§ 6 Abs. 7 Satz 2, 7 Abs. 3, 9 Abs. 3 Satz 3 GwG. Für eine weitere Klarstellung bzw. Präzisierung der aufsichtlichen Befugnisse sorgt die Neufassung des § 51 Abs. 2 Satz 2 GwG durch das Gesetz zur Umsetzung der Änderungsrichtlinie zur Vierten EU-Geldwäscherichtlinie.[18] Darin wird ausgeführt, dass die Aufsichtsbehörden, insbesondere durch erforderliche Maßnahmen und Anordnungen sicherstellen können, dass die Verpflichteten diese Anforderungen auch im Einzelfall einhalten und nicht entgegen dieser Anforderungen Geschäftsbeziehungen begründen, fortsetzen oder Transaktionen durchführen.[19] Eine solche Konkretisierung der Befugnisse ist nach dem Gesetzgeber erforderlich, da nur so sichergestellt ist, dass die Aufsichtsbehörden bei der Feststellung von Verstößen nicht auf eine Systemaufsicht beschränkt sind.[20]

10 Gemäß § 51 Abs. 2 Satz 1–3 GwG können die Aufsichtsbehörden zur Verfolgung des in § 51 Abs. 2 Satz 1 GwG genannten Ziels, der Einhaltung sämtlicher gesetzlicher Anforderungen, auch die ihnen für sonstige Aufsichtsmaßnahmen zur Verfügung stehenden Befugnisse nutzen. Besondere Regelungen finden sich

---

16 BT-Drs. 17/10745, S. 18.
17 VG Gelsenkirchen, Beschl. v. 11.1.2021 – 18 L1703/20, NJW 2021, 1028.
18 BT-Drs. 19/13827, S. 101.
19 Vgl. zu Anordnungen der BaFin, BaFin, Jahresbericht 2019, S. 31 ff.
20 BT-Drs. 19/13827, S. 101.

beispielsweise zu den Versicherungsunternehmen in § 303 Abs. 2 VAG. Nach § 20 Abs. 1 ZAG ist für die erfassten Zahlungsinstitute die Abberufung des Geschäftsleiters möglich, gleiches gilt auch für die dem KWG unterfallenden Institute nach § 36 Abs. 2 KWG. Die BaFin kann etwa auch gemäß § 45c Abs. 1, Abs. 2 Nr. 6 KWG einen Sonderbeauftragten zur Überwachung der Umsetzung von Anordnungen im Bereich Geldwäsche bestellen.[21]

Die Generalklausel des § 51 Abs. 2 Satz 1 GwG erfasst sonstige Anordnungen **11** und Maßnahmen der Aufsichtsbehörde. Die Anordnungen der Aufsichtsbehörde können etwa darauf gerichtet sein, eine bestimmte Anzahl an Bestandskunden neu zu identifizieren, angemessene personelle und technisch-organisatorische Ausstattung zur Einhaltung der geldwäscherechtlichen Verpflichtungen sicherzustellen oder Rückstände im EDV-Monitoring abzuarbeiten.[22] Die Anordnung kann aber auch darauf gerichtet sein, eine bestimmte Anzahl von Kunden oder Mandanten zu benennen, deren Akten herauszusuchen und zur Prüfung mitzubringen[23] oder einen Geldwäschebeauftragten zu bestellen.[24]

Bei der Wahl des Aufsichtsmittels muss der **Grundsatz der Verhältnismäßig- 12 keit** gewahrt werden, wobei der im Geldwäscherecht bestehende risikobasierte Ansatz zu berücksichtigen ist.[25] Das Risikoprofil des Verpflichteten ist regelmäßig neu zu bewerten, aktuelle Ereignisse und Entwicklungen in Geschäftsleitung und Geschäftstätigkeit sind bei der Wahl des Mittels einzubeziehen.[26] Stehen mehrere Mittel zur Wahl, so ist das angemessene, das zur Erreichung des Aufsichtsziels geeignete, aber auch erforderliche, also mildeste Mittel zu wählen. Auch die Anwendung des einzelnen Mittels an sich muss verhältnismäßig sein. Eine Normierung dieses Gebots findet sich für das Prüfungsrecht in § 51 Abs. 3 Satz 4 GwG (siehe dazu → Rn. 14).

Widerspruch und Anfechtungsklagen gegen Maßnahmen und Anordnungen ha- **13** ben nach § 51 Abs. 2 Satz 4 GwG keine aufschiebende Wirkung. Durch die **Anordnung der sofortigen Vollziehbarkeit** wird von § 80 Abs. 2 Nr. 3 VwGO Gebrauch gemacht. Die auf § 16 Abs. 1 Satz 6 GwG a. F. zurückgehende Regelung schloss mit ihrer damaligen Einführung eine Lücke, die sich daraus ergab, dass die Normen des ZAG (§ 23 i.V.m. § 14 ZAG a.F.; nunmehr § 9 i.V.m. § 19

---

21 So zum Beispiel in der Veröffentlichung der BaFin Anordnung unter: https://www.ba
   fin.de/SharedDocs/Veroeffentlichungen/DE/Massnahmen/60b_KWG_84_WpIG_und
   _57_GwG/meldung_210512_57_GwG_N26.html, zuletzt abgerufen am 28.2.2022;
   vgl. ebenfalls BaFin Jahresbericht 2019, S. 31 ff.
22 So zum Beispiel in der Veröffentlichung der BaFin Anordnung unter: https://www.ba
   fin.de/SharedDocs/Veroeffentlichungen/DE/Meldung/2019/meldung_190522_N26_
   Bank_GmbH_Anordnung.html, zuletzt abgerufen am 28.2.2022.
23 VG Gelsenkirchen, Beschl. v. 11.1.2021 – 18 L1703/20, NJW 2021, 1028.
24 OVG Koblenz, Urt. v. 29.5.2019 – 6 A10204/19, DvBl 2020, 135.
25 Vgl. Art. 48 Abs. 1, 2 und 6 der Vierten EU-Geldwäscherichtlinie.
26 So auch VG Gelsenkirchen, Beschl. v. 11.1.2021 – 18 L1703/20, NJW 2021, 1028.

ZAG) sowie des KWG (§ 49 i.V.m. den §§ 36, 44 KWG) eine solche sofortige Vollziehbarkeit bereits vorsahen. Die Regelung der sofortigen Vollziehung soll einerseits eine allgemein vergleichbare und übereinstimmende Ausgangs- und Interessenlage schaffen und andererseits dem Regelfall im Geldwäscherecht, in dem das staatliche Interesse am Vollzug der Anordnungsverfügung das Aussetzungsinteresse des Beaufsichtigten überwiegt, Rechnung tragen.[27] Insbesondere vor dem Sinn und Zweck der geldwäschepräventiven Regelungen, Taten der Terrorismusfinanzierung und der Geldwäsche zu verhindern, erscheint eine Vollzugshemmung als unangebrachtes Aufklärungshindernis.[28] Auch im Fall der Untersagung des Geschäfts des Verpflichteten (§ 51 Abs. 5 GwG) soll die Abwägung i.d.R. zugunsten des öffentlichen Interesses an der sofortigen Vollziehbarkeit ausfallen.[29]

III. Prüfungsrechte (§ 51 Abs. 3 GwG)

14 Nach § 51 Abs. 3 GwG werden gewerberechtliche Befugnisse, insbesondere für die Aufsichtsbehörden der Länder konkretisiert. Diese Regelung wurde erst im Jahr 2011 in das Geldwäschegesetz aufgenommen und entspricht bis auf Satz 4 im Wesentlichen dem § 16 Abs. 3 Satz 2 GwG a.F.[30] Die Einführung der Norm war damals notwendig geworden, weil die nach Landesrecht zuständigen Stellen trotz der europäischen Vorgaben aus der Geldwäscherichtlinie den Aufsichtsbehörden keine ausreichenden gewerberechtlichen Befugnisse für die Überwachung der Verpflichteten zur Verfügung gestellt hatten.[31] Die FATF monierte in ihrem Deutschlandbericht vom 19.2.2010 die fehlenden Kompetenzen der Aufsichtsbehörden (z.B. bei einer anlasslosen Routineprüfung).[32] Auch die Europäische Kommission hatte bereits ein Vertragsverletzungsverfahren gegen die Bundesrepublik Deutschland angedroht, da es die Länder bisher versäumt hatten, hinreichende Befugnisse für die Zuständigkeiten der Aufsichtsbehörden zu regeln.[33] Daher hat der Gesetzgeber eine bundesgesetzliche Regelung geschaffen,

---

27 BT-Drs. 17/10745, S. 18.

28 BT-Drs. 17/10745, S. 18.

29 BT-Drs. 17/10745, S. 18, so auch *Achtelik*, in: Herzog, GwG, § 51 Rn. 4.

30 Der Satz 4 wurde mit dem Gesetz zur Umsetzung der Vierten EU-Geldwäscherichtlinie (BGBl. I 2017, S. 1822) ergänzt und setzt die Vorgaben der Art. 48 Abs. 6 bzw. 7 der Vierten EU-Geldwäscherichtlinie um.

31 BT-Drs. 17/5417, S. 14.

32 FATF, Mutual Evaluation Report (Germany) Anti-Money Laundering and Combating the Financing of Terrorism vom 19.2.2010, Rn. 938, 983, 985, 995, 1005 und Bewertung zu Empfehlung 24, abrufbar unter www.fatf-gafi.org, zuletzt abgerufen am 6.3.2020.

33 Europäische Kommission, Pressemitteilung IP/11/75, „Kommission drängt Deutschland zur Durchsetzung der Anti-Geldwäsche-Vorschriften" vom 27.1.2011.

welche sicherstellen soll, dass die Verpflichteten ihren gesetzlichen Verpflichtungen fortlaufend und umfassend nachkommen.[34]

Neben dem Prüfungsrecht wurde den zuständigen Aufsichtsbehörden als mögliches aufsichtsrechtliches Instrument ein Auskunfts- und Unterlagenvorlagerecht im § 52 Abs. 1 GwG eingeräumt (siehe dazu → § 52 GwG Rn. 10 ff.). Nicht von den Regelungen umfasst ist ein Durchsuchungs- oder Selbsteintrittsrecht der Aufsichtsbehörde oder sonstiges, repressiven Zwecken dienendes Handeln.[35]   **15**

1. Kreis der berechtigten Aufsichtsbehörden

Der Gesetzgeber nennt nur einen bestimmten Kreis von Aufsichtsbehörden, die berechtigt sind, eine Prüfung nach § 51 Abs. 3 GwG vorzunehmen. Für die übrigen Aufsichtsbehörden bestehen bereits Regelungen in spezialgesetzlichen Vorschriften (z. B. § 44 Abs. 1 Satz 2 KWG, § 306 VAG, § 19 Abs. 1 Satz 3 ZAG).[36] Betroffen sind im Wesentlichen die Aufsichtsbehörden für den Nichtfinanzsektor. Lediglich die Ermächtigung für die BaFin nach § 50 Nr. 1 lit. g und h GwG ist auf eine Regelungslücke zurückzuführen.[37] Derselbe Kreis von berechtigten Aufsichtsbehörden findet sich ebenso im § 51 Abs. 5 GwG sowie im § 52 GwG wieder.   **16**

Erfasst sind folgende Aufsichtsbehörden: **17**

- BaFin (nach § 50 Nr. 1 lit. g und h GwG);
- Rechtsanwaltskammer (nach § 50 Nr. 3 GwG);
- Patentanwaltskammer (nach § 50 Nr. 4 GwG);
- Präsidenten des Landgerichts (nach § 50 Nr. 5 GwG);
- Wirtschaftsprüferkammer (nach § 50 Nr. 6 GwG);
- Steuerberaterkammer (nach § 50 Nr. 7 GwG);
- Oberfinanzdirektion bzw. Landesfinanzbehörde (nach § 50 Nr. 7a GwG);
- zuständige Behörde für die glücksspielrechtliche Aufsicht (nach § 50 Nr. 8 GwG);
- zuständige Stellen nach dem Bundes- oder Landesrecht (nach § 50 Nr. 9 GwG).

Zur Durchführung der Prüfung sind die **eigenen Mitarbeiter** der zuständigen Aufsichtsbehörde berechtigt. Darüber hinaus können die zuständigen Aufsichtsbehörden nach Satz 3 die Durchführung der Prüfungen vertraglich auf **sonstige Personen und Einrichtungen** übertragen. Soweit die Prüfungsrechte auf Dritte übertragen werden, sind hierunter solche Unternehmen und Personen zu verste-   **18**

---

34 BT-Drs. 17/5417, S. 14; BT-Drs. 17/6804, S. 38.
35 BT-Drs. 17/5417, S. 14; BT-Drs. 17/6804, S. 38.
36 BT-Drs. 17/8043, S. 15; BT-Drs. 17/5417, S. 14; BT-Drs. 17/6804, S. 38.
37 BT-Drs. 17/8043, S. 15.

hen, die kraft ihrer beruflichen Erfahrungen und Kenntnisse sowie ihrer Integrität hierfür geeignet sind (z. B. Wirtschaftsprüfer).[38] Bei der Auswahl des Dritten muss die Aufsichtsbehörde berücksichtigen, dass dieser die Gewähr dafür bietet, dass die Rechte und sonstigen berechtigten Belange des Verpflichteten hinreichend gewahrt werden.[39]

2. Routine- und Sonderprüfung

19　Eine Prüfung durch die Aufsichtsbehörden kann sowohl aufgrund eines besonderen Grundes (**Sonderprüfung**), sowie nach Satz 2 ohne einen besonderen Anlass (**Routineprüfung**) erfolgen. Routineprüfungen sind ohne Anlass möglich, eines konkreten Anfangsverdachts bedarf es nicht.[40] Von einer solchen anlasslosen Prüfung hat die Aufsichtsbehörde deshalb nicht abzusehen, weil im Vorfeld des mitgeteilten Termins eine Risikoanalyse vom jeweiligen Verpflichteten vorgelegt und nachgewiesen wird.[41]

20　Insbesondere durch Routinekontrollen in den Geschäftsräumen des Verpflichteten, in deren Rahmen sich die Aufsichtsbehörden geeignete Auskünfte und Nachweise über die Einhaltung der Sorgfalts-, Aufzeichnungs- und Meldepflichten vorlegen lassen können, kann sichergestellt werden, dass die Verpflichteten ihren gesetzlichen Verpflichtungen fortlaufend und umfassend nachkommen.[42] Nicht zuletzt mit der Umsetzung der Vierten EU-Geldwäscherichtlinie hat die Prüfung des Risikomanagements eines Verpflichteten auch im Nicht-Finanzsektor an Bedeutung gewonnen. Ohne eine Risikoanalyse kann ein Verpflichteter keine internen Sicherungsmaßnahmen ableiten, was für die Umsetzung der Kundensorgfalts- und Meldepflichten beim Betrieb des Verpflichteten wesentlich ist. Die Aufsichtsbehörden haben dabei die dem Verpflichteten zustehenden Einschätzungsspielräume, sowie die zugrunde liegende Risikobewertung zu berücksichtigen.[43]

21　Die Aufsichtsbehörden haben bei der Prüfung nach dem **risikobasierten Ansatz** vorzugehen. Die Häufigkeit und Intensität der Prüfungen haben sich nach Satz 4 am Risikoprofil der Verpflichteten im Hinblick auf Geldwäsche und Terrorismusfinanzierung zu orientieren, das in regelmäßigen Abständen und bei Eintritt wichtiger Ereignisse oder Entwicklungen in deren Geschäftsleitung und Geschäftstätigkeit neu zu bewerten ist. Diese Regelung impliziert, dass sich die Aufsichtsbehörden über das Risikoprofil der jeweiligen Verpflichteten Klarheit

---

38　BT-Drs. 17/6804, S. 38.
39　BT-Drs. 17/6804, S. 38.
40　So das VG Düsseldorf, Urt. v. 13.3.2019 – 20 K 3351/18.
41　VG Gelsenkirchen, Beschl. v. 11.1.2021 – 18 L 1703/20, NJW 2021, 1028.
42　BT-Drs. 17/5417, S. 14.
43　Art. 48 Abs. 8 der Vierten EU-Geldwäscherichtlinie.

verschaffen müssen.[44] Anhaltspunkte für das abstrakte Risiko des Verpflichteten können sich aus der Nationalen Risikoanalyse ergeben, diese sind sodann anhand einer einzelfallbezogenen Risikoprognose zu spezifizieren. Das so ermittelte konkrete Gefährdungsrisiko ist Grundlage der Prüfung.[45]

Mit dem Gesetz zur Umsetzung der Änderungsrichtlinie zur Vierten EU-Geldwäscherichtlinie wurde konkretisiert, dass Prüfungen ohne besonderen Anlass **vor Ort und anderswo** erfolgen können. Somit ist neben einer Vor-Ort-Prüfung auch eine Prüfung außerhalb der Geschäftsräume möglich (z. B. als „Schreibtischprüfung" bei der Aufsichtsbehörde selbst). Die Festlegung des Prüfungsortes wird von der Aufsichtsbehörde bestimmt.[46] Eine Vor-Ort-Prüfung kann innerhalb der üblichen Betriebs- und Geschäftszeiten stattfinden und ist von Betroffenen gem. § 52 Abs. 3 GwG **zu dulden** (siehe dazu → § 52 GwG Rn. 14 ff.). Im Wege der Verhältnismäßigkeit kann die Prüfung bei der Aufsichtsbehörde vorrangig sein, weil hier Dritte (Angestellte, Kunden und Mandanten) keine Kenntnis erhalten.[47]   **22**

Formell setzt die Anordnung grds. eine Anhörung voraus, deren Fehlen aber geheilt werden kann.[48] Maßgeblicher Zeitpunkt zur Beurteilung der materiellen Rechtmäßigkeit der Prüfungsanordnung ist der Zeitpunkt ihres Erlasses.[49]   **23**

IV. Kostenersatz für Verwaltungsaufwand (§ 51 Abs. 4 GwG)

Gemäß § 51 Abs. 4 GwG können die Aufsichtsbehörden nach § 50 Nr. 8 und Nr. 9 GwG die zur Deckung des Verwaltungsaufwands erforderlichen Kosten für Maßnahmen und Anordnungen nach dieser Vorschrift erheben. Zur Kostenerhebung berechtigt sind damit sowohl die für die glücksspielrechtliche Aufsicht zuständige Behörde (§ 50 Nr. 8 GwG), sofern das Landesrecht nichts Gegenteiliges bestimmt, als auch die als Auffangzuständigkeit geregelte nach dem Bundes- oder Landesrecht zuständige Stelle (§ 50 Nr. 9 GwG, vgl. zu den Anwendungsfällen → § 50 Rn. 23 ff.). Auch für den Fall, dass die Durchführung der Prüfungen vertraglich auf sonstige Personen und Einrichtungen nach § 51   **24**

44 *Achtelik*, in: Herzog, GwG, § 51 Rn. 5.
45 OVG Münster, Beschl. v. 17.11.2020 – 4 B1788/20, NJW 2021, 1026; VG Arnsberg, Urt. v. 5.1.2021 – 1 L 1003/20, BeckRs 2021, 4026.
46 BT-Drs. 19/13827, S. 101.
47 VG Gelsenkirchen, Beschl. v. 11.1.2021 – 18 L1703/20, NJW 2021, 1028.
48 VG Gelsenkirchen, Beschl. v. 11.1.2021 – 18 L1703/20, NJW 2021, 1028.
49 VG Gelsenkirchen, Beschl. v. 11.1.2021 – 18 L1703/20, NJW 2021, 1028; VG Gelsenkirchen, Beschl. v. 12.11.2020 – 18 L 1512/2, BeckRS 2020, 34010; VG Augsburg, Urt. v. 24.9.2020 – Au 2 K 19.254.

Abs. 3 Satz 4 GwG übertragen wurde, trifft die Kostentragungspflicht insoweit den Verpflichteten.[50]

25 Nach Auffassung des Gesetzgebers erfolgt die Aufsicht auch im Interesse des Verpflichteten selbst, der daher auch finanziell zur Verantwortung gezogen werden kann.[51] Gerade bei den benannten besonders missbrauchsgefährdeten, auf Vertrauen der übrigen Marktteilnehmer beruhenden Unternehmen und Berufszweigen, ist die Integrität der Branche eine elementare Grundvoraussetzung. Mit diesem subjektiven Interesse korreliert das Interesse der Öffentlichkeit an der Bekämpfung der Geldwäsche und Terrorismusgefährdung als Allgemeininteresse, sodass die **Kostenerhebung nur im Einzelfall** gerechtfertigt erscheint. Mit seiner Ausgestaltung als Kann-Vorschrift stellt § 51 Abs. 4 GwG klar, dass die Regelaufsicht für den Verpflichteten grundsätzlich kostenfrei bleiben soll.

V. Untersagungsbefugnis (§ 51 Abs. 5 GwG)

26 Mit dem § 51 Abs. 5 GwG setzt der Gesetzgeber Art. 59 Abs. 2 lit. c und d der Vierten Geldwäscherichtlinie um. Vor der GwG-Novelle fand sich die Regelung zur Untersagungsbefugnis in § 16 Abs. 1 Satz 5 GwG a. F. Der Adressatenkreis der Aufsichtsbehörden für die Untersagungsbefugnis entspricht dem des § 51 Abs. 3 GwG (siehe → Rn. 16). Im Übrigen bestehen spezialgesetzliche Regelungen insbesondere für die BaFin (z. B. §§ 36 Abs. 2 i. V. m. 33 Abs. 1 Nr. 2, 4 KWG).

27 Die Untersagungsbefugnis des § 51 Abs. 5 GwG differenziert zwischen den **Verstößen des Verpflichteten** selbst (**Satz 1**) und solchen eines **Mitglieds der Führungsebene oder eines anderen Beschäftigten des Verpflichteten (Satz 2)**. Gemäß Satz 1 können die vorbezeichneten Aufsichtsbehörden einem Verpflichteten, dessen Tätigkeit einer Zulassung bedarf, die Ausübung des Geschäfts oder Berufs vorübergehend untersagen oder ihm gegenüber eben diese Zulassung widerrufen (siehe dazu → Rn. 26). § 51 Abs. 5 Satz 2 GwG trifft für Mitglieder der Führungsebene oder andere Beschäftigte des Verpflichteten eine vergleichbare Regelung, die ein vorübergehendes Verbot zur Ausübung einer Leitungsposition beim Verpflichteten vorsieht (siehe dazu → Rn. 29).

28 Der Verstoß gegen die Untersagung durch die Aufsichtsbehörde nach § 51 Abs. 5 GwG stellt eine Ordnungswidrigkeit im Sinne des § 56 Abs. 1 Nr. 71 GwG dar.

---

50 BT-Drs. 17/6804, S. 38.
51 BT-Drs. 17/6804, S. 37.

1. Bezüglich des Verpflichteten

Der Wortlaut des § 51 Abs. 5 Satz 1 GwG berechtigt die Aufsichtsbehörde nur **29**
zur Untersagung gegenüber solchen Verpflichteten, deren Tätigkeit einer Zulassung bedarf und deren Zulassung durch die Aufsichtsbehörde erteilt wurde. War
in einer vorherigen Fassung des Gesetzentwurfs[52] noch vorgesehen, dass die
nach dem Geldwäschegesetz zuständige Aufsichtsbehörde neben der mit gleicher Kompetenz ausgestatteten Fachbehörde steht, die für die Zulassung zuständig ist, wurde dies auf Empfehlung der Ausschüsse des Bundesrats[53] korrigiert.
Um Kompetenzstreitigkeiten und eine für den einzelnen Verpflichteten sachgerechte Behandlung und Umsetzung zu gewährleisten, ist dies angebracht.

Aufgrund der besonderen **Grundrechtsrelevanz** der Untersagung des Geschäfts **30**
oder Berufs und des Zulassungswiderrufs werden bereits auf Tatbestandsebene
Voraussetzungen vorgegeben, um eine verhältnismäßige Nutzung dieser Regelung zu gewährleisten. Dabei ist aber zu beachten, dass diese im Hinblick auf
das übrige Gewerberecht vom Gesetzgeber bewusst niedrig angesetzt wurden,
um den mit der Geldwäsche einhergehenden Risiken für das Vertrauen in den
Wirtschaftsstandort und der internationalen Ächtung der Geldwäsche Rechnung
zu tragen.[54]

Die vorübergehende Untersagung der Berufsausübung oder der Zulassungswi- **31**
derruf verlangen, dass der Verpflichtete vorsätzlich oder fahrlässig gegen die
Bestimmungen des Geldwäschegesetzes, gegen die zur Durchführung einer aufgrund des Geldwäschegesetzes erlassenen Verordnung oder gegen Anordnungen
der zuständigen Aufsichtsbehörde verstoßen hat (Nr. 1), trotz einer Verwarnung
durch die zuständige Behörde dieses Verhalten fortgesetzt hat (Nr. 2) und der
Verstoß nachhaltig ist (Nr. 3). Alle drei Voraussetzungen müssen kumulativ vorliegen, subjektiv ist ein vorsätzlicher oder fahrlässiger Verstoß erforderlich.
Durch die normierten Anforderungen soll die vorübergehende Untersagung oder
der Widerruf der Zulassung nur bei schwerwiegenden, wiederholten und systematischen Verstößen möglich sein.[55] Insbesondere die Anforderung des nachhaltigen Verstoßes soll gewährleisten, dass nicht schon bei Bagatellverstößen
das besonders einschneidende Mittel des § 51 Abs. 5 GwG gewählt wird.[56] Als
nachhaltige Verstöße wird man wohl solche zu begreifen haben, die sich als ein
Dauerzustand darstellen. Nur einmalige und kurzweilige, wieder behobene Verstöße genügen nicht.

---

52 BR-Drs. 182/17, S. 58.
53 BR-Drs. 182/17, S. 25.
54 BT-Drs. 17/6804, S. 37 f.
55 BR-Drs. 182/17, S. 25.
56 BT-Drs. 17/6804, S. 37.

32 Die einzelnen Voraussetzungen machen deutlich, dass die vorübergehende Untersagung des Geschäfts oder des Berufs und der, in seiner Eingriffsintensität noch größere, **Zulassungswiderruf als letztes Mittel** zur Einhaltung der Pflichten nach dem Geldwäschegesetz gelten dürfen. Insbesondere unter dem Gesichtspunkt, dass Widerspruch und Anfechtungsklage gegen diese Entscheidungen keine aufschiebende Wirkung zukommt und damit durch die Anordnung der Untersagung für den von der Ausübung seines Geschäfts oder Berufs abhängigen Verpflichteten zwangsläufig ein wirtschaftlicher Nachteil eintritt, erscheint eine **restriktive Handhabung** dieses Aufsichtsmittels geboten.[57] Auch der Gesetzeswortlaut verlangt nichts Gegenteiliges, sodass in jedem Einzelfall die Schwere des Verstoßes und der Grad der Vorwerfbarkeit zu berücksichtigen und in Ausgleich zu bringen sind.[58]

2. Bezüglich Mitgliedern der Führungsebene oder anderen Beschäftigten

33 In § 51 Abs. 5 Satz 2 GwG wird eine Regelung dafür getroffen, dass nicht der Verpflichtete selbst, sondern ein Mitglied der Führungsebene oder ein anderer Beschäftigter des Verpflichteten vorsätzlich oder fahrlässig einen Verstoß gegen Satz 1 begangen hat. Liegen Verstöße dieser Personen vor, kann die Aufsichtsbehörde nach § 50 Nr. 1 GwG, soweit sich die Aufsichtstätigkeit auf einen Verpflichteten nach lit. g und h bezieht, oder die zuständige Behörde nach § 50 Nr. 3–9 GwG (vgl. hierzu → § 50 Rn. 15) ein vorübergehendes **Verbot zur Ausübung einer Leitungsposition** bei dem Verpflichteten aussprechen, sofern sie diesem auch die Zulassung erteilt hat. Damit ist der Verstoß inhaltlich wie in Satz 1 zu bestimmen, erforderlich ist aber eine besondere Pflichtenstellung der natürlichen Person.

34 Der Verstoßende muss Mitglied der Führungsebene oder ein anderer Beschäftigter sein. Die Begrifflichkeit der **Führungsebene**, die mit der Einführung der Frauenquote etwa in § 76 Abs. 4 AktG und § 36 GmbHG[59] diskutiert wurde, ist nun in § 1 Abs. 15 GwG gesetzlich definiert und konkretisiert. Mitglied der Führungsebene im Sinne des Gesetzes ist demnach eine Führungskraft oder ein leitender Mitarbeiter eines Verpflichteten mit ausreichendem Wissen über die Risiken, denen der Verpflichtete in Bezug auf Geldwäsche und Terrorismusfinanzierung ausgesetzt ist, und mit der Befugnis, insoweit Entscheidungen zu treffen (vgl. hierzu → § 1 Rn. 163 ff.). Aufgrund der Vielgestaltigkeit der Unternehmenswirklichkeit ist für die Bestimmung wohl auf die bei dem konkreten Ver-

---

57 So auch *Achtelik*, in: Herzog, GwG, § 51 Rn. 8; *Bentele/Schirmer*, ZBB 2012, 303, 313.

58 BT-Drs. 17/6804, S. 37.

59 *Weber*, in: Hölters/Weber, AktG, § 76 Rn. 86; *Fleischer*, in: Spindler/Stilz, AktG, § 76 Rn. 144 f.

pflichteten vorliegenden Hierarchieebenen abzustellen und anhand dieser die Führungskraft bzw. der leitende Mitarbeiter zu bestimmen.[60] Daneben sollen gemäß § 51 Abs. 5 Satz 2 GwG alle Beschäftigten, also jeder Angestellte, Arbeiter oder Auszubildende, erfasst sein. Die zuständige Aufsichtsbehörde kann diesen Personen bei einem vorsätzlichen oder fahrlässigen Verstoß im Sinne des Satz 1 die Wahrnehmung einer Leitungsposition, also einer Position mit Verantwortung für bestimmte Tätigkeiten, verbieten.

3. Auseinanderfallen von Aufsichts- und Zulassungsbehörde

Ist eine Kongruenz von Aufsichtsbehörde und Zulassungsbehörde nicht gegeben **35**
und liegt ein Verstoß im Sinne des Satz 1 vor, so regelt § 51 Abs. 5 Satz 3 GwG, dass die Zulassungsbehörde auf Verlangen der Aufsichtsbehörde das Verfahren entsprechend der Sätze 1 und 2 durchführt. Dadurch soll verhindert werden, dass die nach dem Geldwäschegesetz zuständige Aufsichtsbehörde unabhängig neben der mit gleicher Kompetenz ausgestatteten Fachbehörde steht.[61] Durch die **Kompetenzkonzentration** bei der Fachbehörde soll zum einen der Grundsatz der Verhältnismäßigkeit gewahrt werden und zum anderen berücksichtigt werden, dass der Verpflichtete die Zulassung mit dem primären Ziel erhält, wirtschaftlich tätig zu werden. Die Einhaltungen der Verpflichtungen aus dem Geldwäschegesetz bilden nicht seine Haupttätigkeit ab. Ebenso wie die Pflicht zur Gewerbeanmeldung, zur Umsatzsteuervorauszahlung oder die zur fristgerechten Abgabe der Steuererklärung sowie zahlreiche weitere, sind die Pflichten des Geldwäschegesetzes mit der Ausübung der zugelassenen Tätigkeit zwangsläufig verbunden.[62] Mit einer Kompetenzzuweisung an die auch mit der Zulassung betraute Behörde kann diese Interessensituation angemessen berücksichtigt und eine im Einzelfall angemessene Entscheidung erreicht werden.

VI. Grenzüberschreitende Aufsicht (§ 51 Abs. 5a GwG)

Mit dem Gesetz zur Umsetzung der Änderungsrichtlinie zur Vierten EU-Geld- **36**
wäscherichtlinie wurden § 51 Abs. 5a und 5b in das Geldwäschegesetz eingefügt. Der neu eingeführte Abs. 5a trifft eine Regelung für das Auseinanderfallen von Aufsichts- und Zulassungsbehörde bei Verpflichteten nach § 50 Nr. 1 lit. g und h GwG in grenzüberschreitenden Sachverhalten. Betroffen hiervon sind Verpflichtete, die im Wege des Europäischen Passes im Inland tätig sind und deren Zulassungsbehörde eine Behörde in einem anderen Mitgliedstaat oder einem

---

60 So auch im Zusammenhang mit der Frauenquote *Weber*, in: Hölters/Weber, AktG, § 76 Rn. 86; *Fleischer*, in: Spindler/Stilz, AktG, § 76 Rn. 144 f.
61 BR-Drs. 182/17, S. 26.
62 BR-Drs. 182/17, S. 26.

anderen Vertragsstaat des Abkommens über den Europäischen Wirtschaftsraum ist. Bei der Anwendung sind die Grundsätze der Zusammenarbeit mit den Europäischen Aufsichtsbehörden zu beachten.[63]

37   Abs. 5a erlaubt den inländischen Aufsichtsbehörden ein sofortiges Eingreifen gegen ausländische Verpflichtete, wenn **schwere Verstöße** gegen geldwäscherechtliche Vorschriften vorliegen. Ein schwerer Verstoß wird anzunehmen sein, wenn ein nachhaltiger und wiederholter Verstoß vorliegt.[64] Einfache Verstöße rechtfertigen das Eingreifen hingegen nicht, der Übergriff in den Kompetenzbereich der zulassenden Behörde im Ausland ist in diesen Fällen nicht verhältnismäßig.

38   Voraussetzung des Eingreifens ist weiter, dass die ausländische Behörde selbst keine Maßnahmen ergreift oder sich ihre Maßnahmen als unzureichend darstellen und sofortige Abhilfe geboten ist. Dabei ist die zuständige ausländische Behörde zunächst zu unterrichten. Nur ausnahmsweise kann in dringenden Fällen auf eine Unterrichtung verzichtet werden. Dringende Fälle liegen vor, wenn die Maßnahme einen Aufschub, der mit der Unterrichtung verbunden ist, nicht verträgt. Wenn auf die Unterrichtung der ausländischen Behörde verzichtet wurde, ist die ausländische Behörde im Nachgang unverzüglich, also ohne schuldhaftes Zögern, zu unterrichten.

39   Die Aufsichtsbehörden haben bei ihrem Einschreiten allerdings den risikobasierten Ansatz zu beachten und dürfen nur die sofort erforderlichen und angemessenen, d.h. geeigneten und verhältnismäßigen, Maßnahmen ergreifen. Der zugrunde liegende Maßstab muss dem entsprechen, was bei inländischen Verpflichteten bei vergleichbar schweren Mängeln angeordnet würde.[65] Die Maßnahmen sind aus diesem Grund zu befristen und müssen angemessen sein. Kann der schwere Verstoß abgewendet werden, ist die Maßnahme zu beenden. Ausdrücklich genannt ist die Möglichkeit, neue Geschäfte des Verpflichteten zu untersagen. Dabei handelt es sich um einen schwerwiegenden Eingriff, der nur in Ausnahmefällen gerechtfertigt sein kann. Jedenfalls ist dieser aber zu befristen oder zu beschränken, um der Verhältnismäßigkeit ausreichend Rechnung zu tragen.[66]

---

63 BT-Drs. 19/13827, S. 101.
64 So auch *Gabriel*, in: BeckOK GwG, § 51 Rn. 32.
65 BT-Drs. 19/13827, S. 101.
66 So auch *Gabriel*, in: BeckOK GwG, § 51 Rn. 33.

VI. Sonderfall: Verspflichtete nach § 2 Abs. 1 Nr. 13 GwG (§ 51 Abs. 5b GwG)

Abs. 5b sieht eine Registrierungspflicht für Verpflichtete nach § 2 Abs. 1 Nr. 13 **40** GwG, also Dienstleister für Gesellschaften und für Treuhandvermögen und Treuhänder, vor. Durch diese Regelung wird nun Art. 47 Abs. 1 und 2 der Vierten EU-Geldwäscherichtlinie vollständig Rechnung getragen und eine Auffangnorm geschaffen. Die Vierte EU-Geldwäscherichtlinie hatte bereits verlangt, dass der benannte Personenkreis eingetragen oder zugelassen sein muss und durch die zuständigen Behörden die Zuverlässigkeit und fachliche Eignung der Personen mit leitenden Funktionen und der wirtschaftlich Berechtigten sicherzustellen ist. Die neue Regelung kommt demnach zur Anwendung, soweit ein solcher Verpflichteter nicht schon nach anderen Vorschriften einer Registrierung, Erlaubnis oder Zulassung unterliegt. Eine Eintragung nach der Gewerbeordnung stellt bereits eine Registrierung im Sinne dieser Vorschrift dar.[67] Die Aufsichtsbehörde kann Mitgliedern der Führungs- und Leitungsebene (§ 51 Abs. 5b Satz 2 GwG) oder wirtschaftlich Berechtigten, die die erforderliche Eignung und Zuverlässigkeit nicht besitzen (§51 Abs. 5b Satz 2 GwG), abberufen bzw. die Ausübung der Dienstleitung untersagen.

VII. Sonderregelung für Treibhausgasemissionszertifikate (§ 51 Abs. 6 GwG)

§ 51 Abs. 6 GwG betrifft eine Sonderregelung über die Aufsicht von Auktions- **41** plattformen, welche den Handel von Treibhausgasemissionszertifikaten innerhalb der europäischen Union betreiben. Nach Art. 55 Abs. 1 der Verordnung (EU) Nr. 1031/2010 über den zeitlichen und administrativen Ablauf sowie sonstige Aspekte der Versteigerung von Treibhausgasemissionszertifikaten gemäß der Richtlinie 2003/87/EG des Europäischen Parlaments und des Rates über ein System für den Handel mit Treibhausgasemissionszertifikaten in der Gemeinschaft[68] (**EU-Auktionsverordnung**) müssen die genannten Auktionsplattformen bestimmte Anforderungen an die Geldwäscheregelungen einhalten (z.B. Sorgfaltspflicht gegenüber Kunden, Überwachungs- und Aufzeichnungsanforderungen). Diese Sonderregelung in der EU-Auktionsverordnung ist notwendig, da die Auktionsplattformen nicht nur Wertpapierfirmen und Kreditinstituten, sondern auch Anlagenbetreibern und Luftfahrzeugbetreibern sowie anderen Personen Zugang gewähren müssen, die auf eigene Rechnung und im Namen von Dritten bieten dürfen, selbst aber nicht unter die EU-Geldwäscherichtlinie fal-

---

67 BT-Drs. 19/13827, S. 101
68 ABl. EU Nr. L 302 v. 18.11.2010, S. 1.

len.[69] Als europäische Verordnung sind die Vorgaben der EU-Aktionsverordnung für die Adressaten unmittelbar anwendbar und bedürfen grundsätzlich keiner weiteren Umsetzung. Nur wenige Gesetzesanpassungen waren durch den deutschen Gesetzgeber erforderlich.[70] Hierzu gehört die Regelung im hiesigen § 51 Abs. 6 GwG über die Bestimmung der zuständigen Aufsichtsbehörde, welche sich nach dem deutschen Gesetzgeber aus § 50 Nr. 9 GwG ergibt und mit der die Bundesanstalt für Finanzdienstleistungsaufsicht (BaFin) beauftragt wurde.[71]

VIII. Sonderregelung für Aufsichtsbehörden für Veranstalter und Vermittler von Glücksspielen im Internet (§ 51 Abs. 7 GwG)

42   § 51 Abs. 7 GwG erlaubt es den zuständigen Aufsichtsbehörden für die Veranstalter und Vermittler von Glücksspielen nach § 2 Abs. 1 Nr. 15 GwG unter bestimmten Bedingungen, **Auskünfte beim Zahlungsdienstleister** (Kreditinstitute oder Zahlungsinstitute) des Glücksspielanbieters, soweit er Glücksspiele im Internet veranstaltet oder vermittelt, sowie des Spielers einzuholen. Somit wird es auch diesen Aufsichtsbehörden ermöglicht, im Rahmen ihrer Aufsichtstätigkeit die Zahlungsströme effektiv nachzuverfolgen.[72] Gibt der Verpflichtete Auskünfte nicht, nicht richtig, nicht vollständig oder nicht rechtzeitig, stellt dies eine Ordnungswidrigkeit nach § 56 Abs. 1 Nr. 72 GwG dar.

43   Das Auskunftsersuchen kann sich auf die Zahlungskonten und über diese Konten abgewickelte Transaktionen sowie Buchungsvorgänge des Veranstalters oder Vermittlers von Glücksspielen im Internet sowie eines Spielers beziehen. Ebenfalls können zum Zwecke der zweifelsfreien Identifizierung des Spielers die ihn betreffenden und vom Zahlungsdienstleister erhobenen und dokumentierten Identifikationsdaten nach § 11 Abs. 4 GwG über den Weg des Auskunftsverlangens abgefragt werden.[73]

44   Das Auskunftsersuchen besteht ausdrücklich unabhängig davon, ob der Veranstalter oder Vermittler von Glücksspielen im Internet im Besitz einer glücksspielrechtlichen Erlaubnis ist. In der alten Fassung des Geldwäschegesetzes bestand noch eine besondere Befugnis für die Aufsichtsbehörden, damit auch gegen Glücksspielanbieter ohne glücksspielrechtliche Erlaubnis vorgegangen wer-

---

69 ErwG 23 der Verordnung (EU) Nr. 1031/2010.
70 BT-Drs. 17/8043, S. 11 f.; *Achtelik*, in: Herzog, GwG, § 51 Rn. 11.
71 BT-Drs. 17/8043, S. 15.
72 BT-Drs. 18/11555, S. 161.
73 BT-Drs. 17/10745, S. 15.

den konnte.[74] Einer solchen Regelung bedarf es nicht mehr, da die Glücksspielanbieter unabhängig von einer Erlaubnis dem Kreis der Verpflichteten nach § 2 Abs. 1 GwG gleichermaßen unterfallen.[75]

IX. Auslegungs- und Anwendungshinweise sowie Unterrichtungspflichten (§ 51 Abs. 8 GwG)

Nach § 51 Abs. 8 GwG stellen die Aufsichtsbehörden den Verpflichteten regelmäßig aktualisierte **Auslegungs- und Anwendungshinweise** für die Umsetzung der Sorgfaltspflichten und der internen Sicherungsmaßnahmen nach den gesetzlichen Bestimmungen zur Verhinderung von Geldwäsche und von Terrorismusfinanzierung zur Verfügung. Mit den Auslegungs- und Anwendungshinweisen besteht die Möglichkeit für die Aufsichtsbehörden, die teilweise weitgefassten Normen des Geldwäschegesetzes zu präzisieren sowie auf aktuelle Entwicklungen schnell zu reagieren. Eine solche flexible Handhabung ist für den Bereich der Geldwäschebekämpfung von besonderer Bedeutung, da sich die Methoden der Geldwäscher und Terrorismusfinanzierer ständig ändern können. Darüber hinaus soll der Informationsaustausch zwischen den Verpflichteten und den zuständigen Behörden verbessert werden, um so ein ausgeprägteres Bewusstsein hinsichtlich der Risiken von Geldwäsche und Terrorismusfinanzierung zu schaffen.[76]   **45**

Der Verpflichtete hat keinen Anspruch gegen die zuständige Behörde auf aktualisierte Auslegungs- und Anwendungshinweise. Der Gesetzgeber stellt klar, dass ein subjektives öffentliches Recht der einzelnen Verpflichteten mit dieser Regelung nicht verbunden ist.[77]   **46**

1. Auslegungs- und Anwendungshinweise im Finanzsektor

Im **Finanzsektor** veröffentlicht die BaFin die sogenannten Auslegungs- und Anwendungshinweise zum Geldwäschegesetz (**AuA**), welche die Pflichten nach dem Geldwäschegesetz näher konkretisieren und für eine einheitliche Anwendung des Geldwäschegesetzes in der Praxis sorgen. Die AuA wurden im Dezember 2018 erstmals von der BaFin allein herausgegeben. Zuvor veröffentlichte die Deutsche Kreditwirtschaft in Absprache mit dem Bundesministerium der Finanzen Auslegungs- und Anwendungshinweise zur Verhinderung von Geldwäsche, Terrorismusfinanzierung und „sonstigen strafbaren Handlungen" im Februar   **47**

---

74 Siehe § 9a Abs. 7 Nr. 2 GwG in der Fassung vom 18.2.2013 (BGBl. I, S. 268).
75 BT-Drs. 18/11555, S. 161.
76 BT-Drs. 17/6804, S. 38.
77 BT-Drs. 17/6804, S. 38.

2014 (**DK-Hinweise**), welche eine erhebliche Bedeutung hatten und den Markt-
standard darstellten.[78]

48 Des Weiteren veröffentlicht die BaFin auf ihrer Internetseite unter dem Themenbereich „Prävention von Geldwäsche und Terrorismusfinanzierung" eine Vielzahl von Hinweisen.[79] Diese werden mit „Auslegungsentscheidungen" (z. B.
Auslegungs- und Anwendungshinweise der Bausparkassen), „Rundschreiben"
(z. B. Rundschreiben 3/2017 (GW) – Videoidentifizierungsverfahren; Rundschreiben 03/2020 (GW)), „Leitfäden" (z. B. Leitfaden zu Korrespondenzbank-
Dienstleistungen) sowie „Merkblätter" (z. B. Sorgfalts- und Organisationspflichten beim E-Geld-Geschäft) bezeichnet.

2. Auslegungs- und Anwendungshinweise im Nichtfinanzsektor

49 Auch im Bereich des **Nichtfinanzsektors** werden den Verpflichteten Ausle-
gungs- und Anwendungshinweise zur Verfügung gestellt, welche sich auf den Internetseiten der zuständigen Aufsichtsbehörden finden lassen. Beispielsweise
veröffentlichen die Aufsichtsbehörden nach § 50 Nr. 9 GwG „Gemeinsame Aus-
legungs- und Anwendungshinweise der Länder der Bundesrepublik Deutschland
für Güterhändler, Immobilienmakler und andere Nichtfinanzunternehmen" sowie ein Merkblatt mit dem Titel „Risikobasierte organisatorische Maßnahmen
nach dem Geldwäschegesetz (GwG) für Güterhändler, Immobilienmakler und
andere Nichtfinanzunternehmen".[80]

50 Auch die anderen Aufsichtsbehörden bemühen sich um bundesweit einheitliche
bzw. abgestimmte Auslegungs- und Anwendungshinweise.[81] Die obersten
Glücksspielaufsichtsbehörden der Länder veröffentlichten zum 1.2.2019 die aktualisierten Auslegungs- und Anwendungshinweise zum Geldwäschegesetz für
Veranstalter und Vermittler von Glücksspielen.[82]

---

78 Die Deutsche Kreditwirtschaft ist die Interessenvertretung der kreditwirtschaftlichen
Spitzenverbände und ein Zusammenschluss aus dem Bundesverband der Deutschen
Volksbanken und Raiffeisenbanken, dem Bundesverband deutscher Banken, dem Bundesverband Öffentlicher Banken Deutschlands, dem Deutschen Sparkassen- und Giroverband und dem Verband deutscher Pfandbriefbanken. Mit dem Rundschreiben 1/
2014 (GW) hatte die BaFin die DK-Hinweise als Verwaltungspraxis anerkannt.

79 Die Internetseite der BaFin ist unter www.bafin.de zu erreichen.

80 Siehe z. B. auf der Internetseite des Innenministeriums in Bayern, https://www.innen
ministerium.bayern.de/assets/stmi/sus/inneresicherheit/2020-06-12_merkblatt_risiko
management_2020_06_04_final.pdf, zuletzt abgerufen am 9.12.2021.

81 Vgl. z. B. https://www.rak-berlin.de/mitglieder/geldwaesche.php, zuletzt abgerufen
am 9.12.2021; vgl. außerdem die für Notare erstellten AuA, z. B. unter https://
www.bnotk.de/aufgaben-und-taetigkeiten/geldwaeschebekaempfung, zuletzt abgerufen am 9.12.2021.

82 Abrufbar z. B. unter https://service.berlin.de/dienstleistung/328800/, zuletzt abgerufen
am 9.12.2021.

X. Dokumentationspflicht der Aufsichtsbehörden (§ 51 Abs. 9 und 10 GwG)

Nach § 51 Abs. 9 GwG haben die Aufsichtsbehörden Daten ihrer Aufsichtstätig- **51** keit sowie die Anzahl der nach § 44 GwG abgegebenen Verdachtsmeldungen in Form einer Statistik vorzuhalten und dem Bundesministerium der Finanzen sowie der Zentralstelle für Finanztransaktionsuntersuchungen in regelmäßigen Abständen in elektronischer Form zu übermitteln. Das Bundesministerium der Finanzen veröffentlicht die zusammengefasste Statistik auf seiner Internetseite.[83]

Die Angaben sollen insbesondere der Durchführung der Nationalen Risikoana- **52** lyse zur Bewertung der nationalen Risiken der Geldwäsche und Terrorismusfinanzierung dienen. Zudem sind sie erforderlich, um die Wirksamkeit der Aufsichtstätigkeit gegenüber der Öffentlichkeit und dem Parlament zu dokumentieren.[84] Letztlich werden die Daten an die Europäische Kommission übermittelt. Nach Vorgaben der Fünften EU-Geldwäscherichtlinie soll dies nun jährlich erfolgen.[85]

Mit dem Gesetz zur Umsetzung der Änderungsrichtlinie zur Vierten EU-Geld- **53** wäscherichtlinie wurde der Abs. 10 neu ins Geldwäschegesetz aufgenommen. Der Norm entsprechend sollen die zuständigen Aufsichtsbehörden das Bundesministerium der Finanzen unterrichten, sofern sie eine Anordnung verstärkter Sorgfaltspflichten nach § 15 Abs. 5a treffen. Das Bundesministerium der Finanzen unterrichtet dann die Europäische Kommission über die Anordnung verstärkter Sorgfaltspflichten nach § 15 Abs. 5a und gegebenenfalls über den Erlass einer Rechtsverordnung nach § 15 Abs. 10 Satz 1 Nr. 2 GwG.

---

83 Für die Berichtszeiträume der Jahre 2017–2021 abrufbar unter https://www.bundes finanzministerium.de/Content/DE/Standardartikel/Themen/Internationales_Finanz markt/Finanzmarktpolitik/2019-07-03-aufsichtstaetigkeit-geldwaeschegesetz.html, zuletzt abgerufen am 9.12.2021.
84 BT-Drs. 18/12405, S. 168 f.
85 Art. 44 Abs. 4 der Fünften EU-Geldwäscherichtlinie.

§ 51a Verarbeitung personenbezogener Daten durch Aufsichtsbehörden

(1) Die nach diesem Gesetz zuständigen Aufsichtsbehörden sind befugt, personenbezogene Daten zu verarbeiten, soweit dies zur Erfüllung ihrer gesetzlichen Aufgaben erforderlich ist.

(2) Verarbeiten die nach diesem Gesetz zuständigen Aufsichtsbehörden im Zuge einer aufsichtsrechtlichen Maßnahme nach diesem Gesetz oder auf Grundlage der nach diesem Gesetz ergangenen Rechtsverordnungen personenbezogene Daten, stehen den betroffenen Personen die Rechte aus den Artikeln 15 bis 18 und 20 bis 22 der Verordnung (EU) 2016/679 nicht zu, soweit die Erfüllung der Rechte der betroffenen Personen Folgendes gefährden würde:

1. den Zweck der Maßnahme,

2. die Stabilität der Finanzmärkte der Bundesrepublik Deutschland oder eines oder mehrerer Mitgliedstaaten des Europäischen Wirtschaftsraums,

3. ein sonstiges wichtiges Ziel des allgemeinen öffentlichen Interesses der Bundesrepublik Deutschland oder eines oder mehrerer Mitgliedstaaten des Europäischen Wirtschaftsraums, insbesondere ein wichtiges wirtschaftliches oder finanzielles Interesse oder

4. die Verhütung, Ermittlung, Aufdeckung oder Verfolgung von Straftaten oder die Strafvollstreckung, einschließlich des Schutzes vor und der Abwehr von Gefahren für die öffentliche Sicherheit.

Unter diesen Voraussetzungen ist die zuständige Aufsichtsbehörde auch von den Pflichten nach den Artikeln 12 bis 14, 19 und 34 sowie den Transparenzpflichten nach Artikel 5 der Verordnung (EU) 2016/679 befreit. Die Sätze 1 und 2 gelten entsprechend für Personen und Einrichtungen, derer sich die zuständige Aufsichtsbehörde bei der Durchführung ihrer Aufgaben bedient sowie für die registerführende Stelle.

(3) Die betroffene Person ist über den Wegfall der Beschränkung zu informieren, sofern dies nicht dem Zweck der Beschränkung abträglich ist.

(4) Wird der betroffenen Person in den Fällen des Absatzes 2 Satz 1 bis 3 keine Auskunft erteilt, so ist auf ihr Verlangen je nach Zuständigkeit dem Bundesbeauftragten für den Datenschutz und die Informationsfreiheit oder der nach Landesrecht für den Datenschutz zuständigen Aufsichtsbehörde die Auskunft zu erteilen, soweit nicht im Einzelfall festgestellt wird, dass dadurch die öffentliche Sicherheit des Bundes oder eines Landes oder die Stabilität und Integrität der Finanzmärkte gefährdet würde. Die Mitteilung

des Bundesbeauftragten für den Datenschutz und die Informationsfreiheit oder der nach Landesrecht für den Datenschutz zuständigen Aufsichtsbehörde an die betroffene Person über das Ergebnis der datenschutzrechtlichen Prüfung darf keine Rückschlüsse auf den Erkenntnisstand der zuständigen Aufsichtsbehörde und der Personen und Einrichtungen, derer sich die zuständige Aufsichtsbehörde bei der Durchführung ihrer Aufgaben bedient, zulassen, sofern diese nicht einer weitergehenden Auskunft zustimmt.

Übersicht

I. Allgemeines*

§ 51a GwG wurde mit der Umsetzung der Änderungsrichtlinie zur Vierten EU-Geldwäscherichtlinie neu in das Geldwäschegesetz aufgenommen, um den Aufsichtsbehörden eine **explizite Rechtsgrundlage bei der Verarbeitung personenbezogener Daten** zu geben.[1] Die Einführung der Norm dient der Stärkung der Richtsicherheit und ist daher zu begrüßen. Sie dient der Umsetzung des Art. 41 Abs. 4 lit. b der Vierten EU-Geldwäscherichtlinie.[2] Die Norm ist ebenfalls im Kontext der §§ 51–55 GwG zu lesen, sodass nun im Geldwäschegesetz eine effektive Aufsichtstätigkeit unter Beachtung des Datenschutzes geregelt ist.   1

II. Umfang der Datenverarbeitung (§ 51a Abs. 1 GwG)

Abs. 1 normiert die Befugnis der Aufsichtsbehörden zur Verarbeitung personenbezogener Daten.   2

Die Verarbeitung der personenbezogenen Daten entspricht dem Umfang und der Reichweite der Definitionen des Art. 4 Nr. 1 und 2 DSGVO (Verordnung (EU)   3

---

* Fortführung der Kommentierung von *Victoria Thirmeyer* aus der 2. Aufl. 2020.
1 BT-Drs. 19/13827, S. 102.
2 BT-Drs. 19/13827, S. 102.

2016/679) und meint daher den **Verarbeitungsprozess in seinem umfassenden Sinne**. Umfasst sind also das Erheben, das Erfassen, die Organisation, das Ordnen, die Speicherung, die Anpassung oder Veränderung, das Auslesen, das Abfragen, die Verwendung, die Offenlegung durch Übermittlung, Verbreitung oder eine andere Form der Bereitstellung, der Abgleich oder die Verknüpfung, die Einschränkung, das Löschen oder die Vernichtung der persönlichen Daten.

III. Grenzen und Verhältnismäßigkeit

4 Im Sinne der Verhältnismäßigkeit umfasst die Befugnis der Aufsichtsbehörden die Verarbeitung jedoch nur in dem Umfang, welcher zur Erfüllung der gesetzlichen Aufgaben erforderlich ist, vgl. § 51a Abs. 1 a. E. Das heißt, dass den Aufsichtsbehörden keine unbeschränkte Kompetenz zur Verarbeitung der personenbezogenen Daten, die sie z. B. bei den Prüfungen der Verpflichteten erhoben haben, zukommt, dass auf der anderen Seite aber die Behörde alle Daten verarbeiten darf, die für die Erfüllung ihrer gesetzlich übertragenen Aufgaben notwendig sind. Nach dem Willen des Gesetzgebers sind davon **bereits vorgelagerte Maßnahmen umfasst**, die z. B. der Beschaffung von Informationen dienen können.[3] Damit ist bereits die Recherche über den Verpflichteten bzw. seine Tätigkeit umfasst, ohne dass die konkrete Maßnahme der Aufsichtsbehörde bereits begonnen haben muss.

5 Konsequenterweise gilt die Norm auch für Personen und Einrichtungen, derer sich die zuständige Aufsichtsbehörde bei der Durchführung dieser Aufgaben bedient, sodass keine Regelungslücken entstehen.

IV. Eingeschränkte Auskunfts-, Informations- und Benachrichtigungsrechte der Betroffenen (§ 51a Abs. 2 GwG)

6 § 51a Abs. 2 **begrenzt die Auskunfts-, Informations- und Benachrichtigungspflichten** der Art. 12–22, 34 sowie die Vorgaben zur Datenverarbeitung gemäß Art. 5 DSGVO.[4] Damit soll sichergestellt werden, dass die Aufsichtsbehörden ihre Tätigkeit den gesetzlichen Vorschriften (vgl. §§ 51, 52, 53, 55 GwG) entsprechend erfüllen können. Da Maßnahmen der Aufsichtsbehörden umfangreich und in ihrer Vorbereitung aufwendig sein können, gilt, dass auch bei vorbereitenden Schritten der Behörde die Auskunfts- und Informationsrechte der betroffenen Personen eingeschränkt sind. Andernfalls würde bereits in diesem

---

3 BT-Drs. 19/13827, S. 103.
4 Vgl. weiterführend BT-Drs. 19/13827, S. 102 f.

Stadium die Maßnahme gefährdet werden. Dies verdeutlicht die besondere Stellung der Aufsichtsbehörden im Regelungsregime des Geldwäschegesetzes, in dem die Aufsichtsbehörden eine vielfältige Funktion wahrnehmen.

V. Nachträgliche Unterrichtungspflicht (§ 51a Abs. 3 GwG)

Abs. 3 macht deutlich, dass die **Informationspflicht nicht unmittelbar nach dem Abschluss der Maßnahme der Aufsichtsbehörde** entstehen muss. Nach der Intention des Gesetzgebers muss sich die Maßnahme „in jeder Hinsicht erledigt"[5] haben und „der Zweck der Beschränkung einer Unterrichtung nicht mehr entgegenstehen".[6] Daraus folgt, dass nicht allein die Maßnahme der Aufsichtsbehörde entscheidend ist, sondern auch ggf. daran anknüpfende Maßnahmen anderer Stellen wie beispielsweise anderer Aufsichts- oder der Ermittlungsbehörden. Entscheidend ist also nicht nur der Abschluss einer möglichen Präventionstätigkeit, wenn diese im Zusammenhang mit anderen Maßnahmen steht. Die Behörde muss vielmehr vor Auskunftserteilung prüfen, ob sich zum einen die Maßnahme(n) tatsächlich erledigt haben und zum anderen eine Information zum jetzigen Zeitpunkt einen der in Abs. 2 aufgeführten Beschränkungsgründe gefährden würde. Nur wenn beide Komponenten kumulativ erfüllt sind, ist eine Unterrichtung möglich.

7

VI. Grenzen der Anwendung der DSGVO

Zu beachten ist, dass die Aufsichtsbehörde nicht in allen Fällen Daten aufgrund der DSGVO verarbeitet.[7] Anwendbar ist in solchen anderen Fällen die **Richtlinie (EU) 2016/680**, der die sog. **straftatenbezogene Gefahrenabwehr** unterfällt.[8] Dies betrifft bezogen auf die Tätigkeit der Aufsichtsbehörden v. a. das Führen von **Bußgeldverfahren**, da der Begriff der Straftaten unionsrechtlich zu verstehen ist und somit auch Ordnungswidrigkeiten umfasst.[9]

8

---

5 BT-Drs. 19/13827, S. 103.

6 BT-Drs. 19/13827, S. 103.

7 Vgl. dazu auch BT-Drs. 19/13827, S. 102 „soweit die Tätigkeiten der Aufsichtsbehörden nicht bereits gemäß Artikel 2 Absatz 2 Buchstabe d der Verordnung (EU) 2016/679 aus dem Geltungsbereich der Verordnung ausgenommen sind". Danach findet die Datenschutz-Grundverordnung „keine Anwendung auf die Verarbeitung personenbezogener Daten (...) durch die zuständigen Behörden zum Zwecke der Verhütung, Ermittlung, Aufdeckung oder Verfolgung von Straftaten oder der Strafvollstreckung, einschließlich des Schutzes vor und der Abwehr von Gefahren für die öffentliche Sicherheit".

8 *Bäcker*, in: BeckOK Datenschutzrecht, Art. 2 Rn. 26.

9 *Bäcker*, in: BeckOK Datenschutzrecht, Art. 2 Rn. 25, 25a m. w. N.

VII. Auskunftspflicht an den Bundesbeauftragten für den Datenschutz und die Informationsfreiheit oder die nach Landesrecht für den Datenschutz zuständige Aufsichtsbehörde (§ 51a Abs. 4 GwG)

9   Abs. 4 ermöglicht eine „**Unterrichtung durch Dritte**" durch den Bundesbeauftragten für den Datenschutz und die Informationsfreiheit oder die nach Landesrecht für den Datenschutz zuständige Aufsichtsbehörde, soweit diese nicht aufgrund der beiden enumerativen Ausnahmen der Gefährdung der öffentlichen Sicherheit des Bundes oder eines Landes oder der Gefährdung der Stabilität und Integrität der Finanzmärkte ausgeschlossen ist. Die Regelung ist § 34 Abs. 3 BDSG nachgebildet,[10] sodass die betroffene Person anstelle der Auskunft an sie selbst die Auskunftserteilung an die zuständige Stelle verlangen kann.[11] In diesem Fall prüft der Beauftragte bzw. die Aufsichtsbehörde für den Datenschutz selbst, ob die Auskunftserteilung zu Recht verweigert wurde.[12]

10   Ist die Auskunft rechtmäßig erteilt worden, darf die Mitteilung keine Rückschlüsse auf den Erkenntnisstand der verantwortlichen Aufsichtsbehörde zulassen, es sei denn, diese hat einer weitergehenden Auskunft zugestimmt.

---

10   BT-Drs. 19/13827, S. 103.

11   Vgl. *Werkmeister*, in: Gola/Heckmann, BDSG, § 34 Rn. 22. Strittig ist, ob eine Verpflichtung der Behörde besteht, auf das Recht der Auskunftserteilung an den Beauftragten hinzuweisen, da § 34 Abs. 3 BDSG keine derartige Verpflichtung bei Verweigerung der Auskunftserteilung normiert hat. Die wohl herrschende Meinung lehnt eine solche Verpflichtung ab, vgl. zum Meinungsstand *Werkmeister*, in: Gola/Heckmann, BDSG, § 34 Rn. 23 m. w. N. und *Schmidt-Wudy*, in: BeckOK Datenschutzrecht, § 34 BDSG Rn. 59.

12   *Werkmeister*, in: Gola/Heckmann, BDSG, § 34 Rn. 24 f.; zum Verfahren ausführlich: *Schmidt-Wudy*, in: BeckOK Datenschutzrecht, § 34 BDSG Rn. 61 ff.

§ 52 Mitwirkungspflichten

(1) Ein Verpflichteter, die Mitglieder seiner Organe und seine Beschäftigten haben der nach § 50 Nummer 1 zuständigen Aufsichtsbehörde, soweit sich die Aufsichtstätigkeit auf die in § 50 Nummer 1 Buchstabe g und h genannten Verpflichteten bezieht, der nach § 50 Nummer 3 bis 9 zuständigen Aufsichtsbehörde sowie den Personen und Einrichtungen, derer sich diese Aufsichtsbehörden zur Durchführung ihrer Aufgaben bedienen, auf Verlangen unentgeltlich

1. Auskunft über alle Geschäftsangelegenheiten und Transaktionen zu erteilen und

2. Unterlagen vorzulegen,

die für die Einhaltung der in diesem Gesetz festgelegten Anforderungen von Bedeutung sind. Im Rahmen der Pflicht nach Satz 1 Nummer 2 hat der Verpflichtete der Behörde die vorzulegenden Unterlagen im Original, in Form von Kopien oder in digitaler Form auf elektronischem Wege oder auf einem digitalen Speichermedium zur Verfügung zu stellen.

(2) Bei den Prüfungen nach § 51 Absatz 3 ist es den Bediensteten der Aufsichtsbehörde und den sonstigen Personen, derer sich die zuständige Aufsichtsbehörde bei der Durchführung der Prüfungen bedient, gestattet, die Geschäftsräume des Verpflichteten innerhalb der üblichen Betriebs- und Geschäftszeiten zu betreten und zu besichtigen.

(3) Die Betroffenen haben Maßnahmen nach Absatz 2 zu dulden.

(4) Der zur Erteilung einer Auskunft Verpflichtete kann die Auskunft auf solche Fragen verweigern, deren Beantwortung ihn selbst oder einen der in § 383 Absatz 1 Nummer 1 bis 3 der Zivilprozessordnung bezeichneten Angehörigen der Gefahr strafrechtlicher Verfolgung oder eines Verfahrens nach dem Gesetz über Ordnungswidrigkeiten aussetzen würde.

(5) Verpflichtete nach § 2 Absatz 1 Nummer 10 und 12 können die Auskunft auch auf Fragen verweigern, wenn sich diese Fragen auf Informationen beziehen, die sie im Rahmen der Rechtsberatung oder der Prozessvertretung des Vertragspartners erhalten haben. Die Pflicht zur Auskunft bleibt bestehen, wenn der Verpflichtete weiß, dass sein Mandant seine Rechtsberatung für den Zweck der Geldwäsche oder der Terrorismusfinanzierung in Anspruch genommen hat oder nimmt.

(6) Personen, bei denen aufgrund ihrer Geschäftstätigkeit Tatsachen die Annahme rechtfertigen, dass sie Verpflichtete nach § 2 Absatz 1 sind, haben der nach § 50 zuständigen Aufsichtsbehörde auf Verlangen unentgeltlich Auskunft über alle Geschäftsangelegenheiten zu erteilen und Unterlagen

vorzulegen, soweit dies für die Feststellung der Verpflichteteneigenschaft erforderlich ist. Absatz 1 Satz 2 sowie die Absätze 4 und 5 gelten entsprechend.

Schrifttum: *Bödecker*, Prüfungen nach § 44 Abs. 1 Kreditwesengesetz, 1987; *Hartung*, Zum Umfang des Auskunftsverweigerungsrechts nach § 44 IV KWG, NJW 1988, 1070.

Übersicht

I. Allgemeines

1   Die Vorschrift ergänzt die Befugnisse der Aufsichtsbehörden nach § 51 GwG und bestimmt die Mitwirkungspflichten der betroffenen Verpflichteten. Diese müssen nach § 52 Abs. 1 GwG Auskunft über alle Geschäftsangelegenheiten und Transaktionen erteilen und Unterlagen vorlegen, die für die Einhaltung des Geldwäschegesetzes von Bedeutung sind. Des Weiteren haben die Aufsichtsbehörden nach § 52 Abs. 1 GwG ein Betretungs- und Nachschaurecht, welches von den Verpflichteten nach § 52 Abs. 3 GwG geduldet werden muss. In den Abs. 4 und 5 des § 52 GwG wird für bestimmte Fälle ein Auskunftsverweigerungsrecht geregelt. Neu mit dem Gesetz zur Umsetzung der Änderungsrichtlinie zur Vierten EU-Geldwäscherichtlinie wurde der Abs. 6 eingeführt, wonach die Aufsichtsbehörden zur Feststellung der Verpflichteteneigenschaft Auskünfte einholen können.

2   Spezialgesetzliche Mitwirkungspflichten im Verwaltungsverfahren haben in unterschiedlichsten Rechtsmaterien Niederschlag gefunden[1] und sind allgemein in § 26 Abs. 2 VwVfG bzw. in den speziellen Landesvorschriften geregelt. Solche Pflichten dienen in erster Linie dem „Interesse der Allgemeinheit an der effekti-

---

1 Vgl. dazu *Kallerhoff/Fellenberg*, in: Stelkens/Bonk/Sachs, VwVfG, § 26 Rn. 57, 63.

ven Verwirklichung der Verwaltungsaufgaben".[2] Während § 26 Abs. 2 Satz 1 VwVfG jedoch nur als Obliegenheit ausgestaltet ist,[3] normiert § 52 GwG eine gesetzliche Pflicht, deren Verletzung notfalls mit Zwangsmitteln durchgesetzt oder durch Bußgeld geahndet werden kann.

Zum weiteren geschichtlichen Hintergrund der Vorschrift siehe die Kommentie- **3** rung zum → § 51 GwG Rn. 1.

II. Auskunftsersuchen und Unterlagenvorlage (§ 52 Abs. 1 GwG)

Nach § 52 Abs. 1 GwG hat der Verpflichtete, die Mitglieder seiner Organe und **4** seine Beschäftigten den Aufsichtsbehörden Auskunft über alle Geschäftsangelegenheiten und Transaktionen zu erteilen sowie Unterlagen vorzulegen. Erteilt der Verpflichtete Auskünfte oder legt er Unterlagen nicht, nicht richtig, nicht vollständig oder nicht rechtzeitig vor, stellt dies eine Ordnungswidrigkeit nach § 56 Abs. 1 Nr. 73 GwG dar.

1. Kreis der Berechtigten

Die Vorschrift berechtigt nur einen bestimmten Kreis von Aufsichtsbehörden, **5** der sich ebenso aus § 51 Abs. 3 GwG ergibt (zur Übersicht siehe → § 51 Rn. 14). Für die übrigen Aufsichtsbehörden wird das Auskunfts- und Unterlagenvorlagerecht bereits in Spezialvorschriften geregelt (z. B. § 44 Abs. 1 Satz 1 KWG, § 305 VAG, § 19 ZAG). Der Begriff der Aufsichtsbehörde ist außerdem funktional zu verstehen und umfasst auch für die Behörden Handelnde, wie z. B. Wirtschaftsprüfer, im Rahmen der Aufsichtstätigkeit.[4]

2. Kreis der Betroffenen

Die Mitwirkungspflichten richten sich an **6**

- den Verpflichteten (→ Rn. 7);
- die Mitglieder seiner Organe (→ Rn. 8);
- seine Beschäftigten (→ Rn. 9).

Nach der ersten Variante richten sich die Pflichten zur Auskunftserteilung und **7** zur Vorlage von Unterlagen direkt an die **Verpflichteten**. Korrespondierend zu den ermächtigten Aufsichtsbehörden sind hiervon auch nur diejenigen Ver-

---

2 BVerwG, NVwZ 1999, 535, 536.
3 *Kallerhoff/Fellenberg*, in: Stelkens/Bonk/Sachs, VwVfG, § 26 Rn. 56; *Ramsauer*, in: Kopp/Ramsauer, VwVfG, 19. Aufl. 2018, § 26 Rn. 44a.
4 Vgl. BaFin, AuA 2018, S. 85.

pflichteten nach § 2 GwG betroffen, für die die genannten Aufsichtsbehörden zuständig sind. Für die übrigen Verpflichteten ergeben sich die Pflichten aus Spezialvorschriften.[5] Die Auskunftserteilung und die Vorlage von Unterlagen werden grundsätzlich durch die gesetzlichen Vertreter sowie andere vertretungsberechtigte Personen des Verpflichteten vorgenommen.[6] Darüber hinaus können auch beauftragte Mitarbeiter oder Dritte (z. B. Rechtsanwälte) ermächtigt werden, für den Verpflichteten eine Auskunft zu erteilen oder Unterlagen vorzulegen. Hierfür ist es regelmäßig notwendig, dass der Beauftragte durch den Verpflichteten gesondert bevollmächtigt und diesbezüglich von seiner Verschwiegenheitsverpflichtung entbunden wird.[7]

8 Weiterhin sind nach dem Wortlaut auch die **Mitglieder der Organe** der Verpflichteten betroffen. Demnach können sich die Aufsichtsbehörden mit dem Begehren nach Auskunftserteilung oder Vorlage von Unterlagen auch unmittelbar an die Organmitglieder des Verpflichteten richten. Wesentlich ist hierbei die rechtliche Stellung und nicht die Bezeichnung als Organ.[8] Erfasst sind somit die Vorstandsmitglieder oder die Mitglieder der Geschäftsführung des Verpflichteten und, soweit eingerichtet, die Aufsichtsrats- bzw. Verwaltungsratsmitglieder oder ein mit dem Aufsichtsratsmitglied einer Aktiengesellschaft vergleichbares Beiratsmitglied einer GmbH. Werden hingegen rein beratende Funktionen ausgeübt, ohne dass eine Überwachungs- oder Entscheidungsbefugnis besteht, fehlt es an der Eigenschaft als Organ.[9] Nicht als Organmitglied zählen Teilnehmer bei einer Haupt- oder Gesellschafterversammlung.[10] Ausgeschiedene Mitglieder eines Organes können auch Adressat sein, wenn sich das Auskunftsersuchen oder die Vorlage von Unterlagen der Aufsichtsbehörden auf die aktive Zeit der Mitgliedschaft bezieht.[11]

9 Als dritte Variante können zudem die **Beschäftigten** der Verpflichteten unmittelbar Adressat der Aufsichtsbehörden sein, eine Auskunft zu erteilen oder Unterlagen vorzulegen. Hiervon ist eine mögliche Ermächtigung als Bevollmächtigter

---

5 Siehe z. B. §§ 44 Abs. 1 Satz 1 KWG, 305 VAG, 19 ZAG.

6 Vgl. *Braun*, in: Boos/Fischer/Schulte-Mattler, KWG/CRR-VO, § 44 KWG Rn. 28; *Reischauer/Kleinhans*, KWG, Stand: EL 5/17 2017, § 44 Rn. 5; *Schmitz*, in: Luz/Neus/ Schaber et al., KWG, § 44 Rn. 24.

7 Vgl. *Braun*, in: Boos/Fischer/Schulte-Mattler, KWG/CRR-VO, § 44 KWG Rn. 28; *Reischauer/Kleinhans*, KWG, Stand: EL 5/17 2017, § 44 Rn. 5.

8 Vgl. *Braun*, in: Boos/Fischer/Schulte-Mattler, KWG/CRR-VO, § 44 KWG Rn. 31.

9 Vgl. *Braun*, in: Boos/Fischer/Schulte-Mattler, KWG/CRR-VO, § 44 KWG Rn. 31; *Schmitz*, in: Luz/Neus/Schaber et al., KWG, § 44 Rn. 27.

10 Vgl. *Braun*, in: Boos/Fischer/Schulte-Mattler, KWG/CRR-VO, § 44 KWG Rn. 32; *Schmitz*, in: Luz/Neus/Schaber et al., KWG, § 44 Rn. 27.

11 Vgl. *Braun*, in: Boos/Fischer/Schulte-Mattler, KWG/CRR-VO, § 44 KWG Rn. 31; *Schmitz*, in: Luz/Neus/Schaber et al., KWG, § 44 Rn. 27; *Reischauer/Kleinhans*, KWG, Stand: EL 5/17 2017, § 44 Rn. 6.

durch den Verpflichteten nach der ersten Variante zu unterscheiden. Es gibt keinen sachlichen Grund, warum die Beschäftigten eines Verpflichteten als Wissensträger gegenüber den Aufsichtsbehörden nicht zur Auskunft verpflichtet sein sollten.[12]

3. Auskunftsrecht und Unterlagenvorlage

Der Begriff der **Auskunft** ist dem Normzweck nach weit zu verstehen.[13] Darunter fallen nicht nur Mitteilungen von Tatsachen, sondern auch Beurteilungen und sonstige subjektive Einschätzungen (z. B. Zuverlässigkeit eines Mitarbeiters).[14] Es muss allerdings ein Bezug zu Geschäftsangelegenheiten und Transaktionen bei dem Verpflichteten vorliegen, die für die festgelegten Anforderungen des Geldwäschegesetzes von Bedeutung sind. Hierbei kann sich die Auskunft auf allgemeine Vorgänge (z. B. Umsetzung der internen Sicherungsmaßnahmen) genauso wie auf spezielle Angelegenheiten (z. B. konkreter Verdachtsfall) beziehen.[15]

10

Auch der Begriff der **Unterlagen** ist weit auszulegen und bezieht sich auf alle Unterlagen mit einer Relevanz zu den Anforderungen des Geldwäschegesetzes. Es sind nicht nur Bücher und Schriften, sondern darüber hinaus auch magnetische oder elektronische Datenträger erfasst (z. B. Buchführungsunterlagen, Sitzungsunterlagen, E-Mails).[16] Aus dem Wort „**vorzulegen**" lässt sich entnehmen, dass die Unterlagen den Aufsichtsbehörden so zur Verfügung zu stellen sind, dass sie diese einsehen und prüfen können.

11

Während vor dem Gesetz zur Umsetzung der Änderungsrichtlinie zur Vierten EU-Geldwäscherichtlinie nicht genau bestimmt war, an welchem Ort bzw. in welcher Form die Unterlagen vorgelegt werden müssen, hat der Gesetzgeber nunmehr im Abs. 1 Satz 2 klargestellt, dass die vorzulegenden Unterlagen im Original, in Form von Kopien oder in digitaler Form auf elektronischem Wege oder auf einem digitalen Speichermedium zur Verfügung gestellt werden müssen. Zur Verfügung stellen meint ein Vorlegen oder Übersenden der Unterlagen, je nach dem Verlangen der zuständigen Behörde. Somit können im Rahmen einer Vor-Ort-Prüfung die Unterlagen auch an die Dienststelle der Behörde versendet werden müssen (z. B. per E-Mail oder auf einem digitalen Speichermedi-

12

---

12 Vgl. BT-Drs. 14/8017, S. 127.
13 Vgl. *Braun*, in: Boos/Fischer/Schulte-Mattler, KWG/CRR-VO, § 44 KWG Rn. 34; *Schmitz*, in: Luz/Neus/Schaber et al., KWG, § 44 Rn. 5; *Reischauer/Kleinhans*, KWG, Stand: EL 5/17 2017, § 44 Rn. 8.
14 *Braun*, in: Boos/Fischer/Schulte-Mattler, KWG/CRR-VO, § 44 KWG Rn. 34; *Schmitz*, in: Luz/Neus/Schaber et al., KWG, § 44 Rn. 5.
15 BT-Drs. 17/5417, S. 14.
16 Vgl. *Schmitz*, in: Luz/Neus/Schaber et al., KWG, § 44 Rn. 11; *Reischauer/Kleinhans*, KWG, Stand: EL 5/17 2017, § 44 Rn. 10.

um). Allerdings darf die Behörde den Verpflichteten durch das Verlangen nicht über Gebühr belasten. Daher muss berücksichtigt werden, in welcher Form die Unterlagen im Rahmen der Geschäftsführung vorliegen.[17]

13 Insgesamt muss die Behörde bei der Ausübung ihres **Ermessens** (vgl. § 40 VwVfG) berücksichtigen, welche **Art der Zurverfügungstellung** nach Abs. 1 Satz 2 für den (potenziellen) Verpflichteten am (kosten-)günstigsten ist, solange die zur Verfügung gestellten Unterlagen in der gewählten Form vollständig, für die Behörden lesbar und zur Überprüfung der Verpflichteteneigenschaft geeignet sind.[18]

III. Duldungspflichten beim Betreten der Geschäftsräume des Verpflichteten (§ 52 Abs. 2 und 3 GwG)

14 Für die Prüfungen nach § 51 Abs. 3 GwG ist es den Bediensteten der Aufsichtsbehörde und den sonstigen Personen, derer sich die zuständige Aufsichtsbehörde bei der Durchführung der Prüfungen bedient, gestattet, die Geschäftsräume des Verpflichteten innerhalb der üblichen Betriebs- und Geschäftszeiten zu betreten und zu besichtigen (**Betretungs- und Nachschaurecht**). Ein Betretungsrecht ist nach dem Gesetzgeber erforderlich und angemessen, da nur eine Vor-Ort-Prüfung den Aufsichtsbehörden einen hinreichend aussagekräftigen Eindruck von den internen Sicherungsmaßnahmen, die die Verpflichteten einzuhalten haben, und den entsprechenden internen Sicherungsstrukturen geben kann.[19] Nicht umfasst von der Regelung ist hingegen ein Durchsuchungs- oder Selbsteintrittsrecht der Aufsichtsbehörde oder sonstiges, repressiven Zwecken dienendes Handeln.[20] Entsprechende Vorschriften lassen sich auch in anderen gewerbe-, bankaufsichts-, umwelt- und steuerrechtlichen Gesetzen finden (z.B. § 22 Abs. 2 GastG, § 44 Abs. 1 Satz 3 KWG, § 306 Abs. 5 Satz 1 VAG, § 19 Abs. 1 Satz 3 ZAG, § 52 Abs. 2 BImSchG, § 99 AO).

15 Das Betretungs- und Nachschaurecht beschränkt sich grundsätzlich auf die Geschäftsräume. Allerdings können auch private Räumlichkeiten erfasst sein, wenn dort die Geschäftstätigkeiten oder Dienstleistungen des Verpflichteten stattfinden, es sich um die Geschäftsadresse handelt oder die Geschäftsunterlagen dort aufbewahrt werden.[21] Dabei ist der verfassungsrechtliche Schutz des Art. 13 GG (**Unverletzlichkeit der Wohnung**) zu beachten. Büro- und Ge-

---

17 BT-Drs. 19/13827, S. 103.
18 BT-Drs. 19/13827, S. 103.
19 BT-Drs. 17/5417, S. 14.
20 BT-Drs. 17/5417, S. 14.
21 Vgl. *Braun*, in: Boos/Fischer/Schulte-Mattler, KWG/CRR-VO, § 44 KWG Rn. 58 m.w.N.

schäftsräume zählen ebenso wie die „Wohnung" grundsätzlich zum geschützten Bereich der Verfassungsnorm, wobei ein geringerer Schutz als bei einer privat genutzten Wohnung besteht.[22] Das Bundesverfassungsgericht hat in einem grundlegenden Beschluss aus dem Jahr 1971 verfahrensrechtliche und materielle Anforderungen an die Zulässigkeit eines Grundrechtseingriffs bei Geschäfts- und Betriebsräumen definiert. Demnach stellt es dann keine Beeinträchtigung des Rechts auf die Unverletzlichkeit der Wohnung dar, wenn (1) eine besondere gesetzliche Vorschrift zum Betreten der Räume ermächtigt, (2) das Betreten und die Prüfung einem erlaubten Zweck dient und für dessen Erreichung erforderlich ist, (3) das Gesetz den Zweck, den Gegenstand und den Umfang der zugelassenen Besichtigung und Prüfung erkennen lässt und (4) die Prüfung in den Zeiten stattfindet, in denen die Räume normalerweise für die jeweilige geschäftliche oder betriebliche Nutzung zur Verfügung stehen.[23] An diesen Maßstäben müssen sich die Prüfungen der Aufsichtsbehörden im Einzelfall messen lassen. In einem weiteren Urteil bestimmte das Bundesverwaltungsgericht zudem, dass der Betriebsinhaber grundsätzlich vorher informiert werden muss, wenn die Aufsichtsbehörden einen dem Publikum nicht eröffneten Geschäfts- und Betriebsraum betreten wollen.[24] Ausreichend ist dabei die Aussage der Aufsichtsbehörden, dass die Prüfung zu Kontrollzwecken stattfindet.[25] Sollte der Betriebsinhaber nicht sofort erreichbar sein oder würde eine Verzögerung den Zweck der Kontrolle beeinträchtigen (z.B. bei überraschenden Kontrollen), ist es auch ausreichend, dass ein sonstiger Mitarbeiter des Verpflichteten informiert wird.[26]

16 Nach § 52 Abs. 3 GwG haben die Betroffenen die Maßnahmen der Prüfung **zu dulden**. Wird dagegen verstoßen, handelt es sich gem. § 56 Abs. 1 Nr. 74 GwG um eine bußgeldbewehrte Ordnungswidrigkeit. Zudem können nachhaltige Verstöße Maßnahmen nach § 51 Abs. 5 GwG gegen ein Mitglied der Führungsebene oder einen anderen Beschäftigten eines Verpflichteten begründen.[27]

IV. Grenzen der aufsichtsrechtlichen Befugnisse

17 Die zuständigen Aufsichtsbehörden entscheiden nach pflichtgemäßem Ermessen, ob und welche aufsichtsrechtlichen Maßnahmen sie ergreifen. Sie haben dabei die allgemeinen **Grenzen des Verwaltungshandels** nach § 40 VwVfG zu beachten. Sollten bei einem Auskunftsverlangen, einer Unterlagenvorlage oder

---

22 BVerfGE 32, 54, 69 ff.; 44, 353, 371; 76, 83, 88; 96, 44, 51; 120, 274, 309; BVerwGE 121, 345, 348.
23 Grundlegend dazu BVerfGE 32, 54, 76 f.
24 BVerwGE 78, 251, 255 f.
25 BVerwGE 78, 251, 256.
26 BVerwGE 78, 251, 256 f.
27 Vgl. VGH Kassel, Urt. v. 31.5.2006 – 6 UE 3256/05, WM 2007, 392.

einer Prüfung Ermessensfehler vorliegen, steht den Verpflichteten der Verwaltungsrechtsweg gegen diese Maßnahme offen.

18   Eine Maßnahme ist insbesondere dann als ermessensfehlerhaft anzusehen, wenn sie unverhältnismäßig oder gleichheitswidrig ist.[28] Dabei setzen die rechtsstaatlichen Grundsätze der Verhältnismäßigkeit voraus, dass die Aufsichtsbehörden bei der Aufklärung von relevanten Sachverhalten die Erforderlichkeit und Geeignetheit beachten. Zwar bedürfen die Aufsichtsmaßnahmen keines besonderen Grundes,[29] allerdings müssen sie zur Einhaltung der vom Geldwäschegesetz festgelegten Anforderungen von Bedeutung sein. Hierzu zählen insbesondere die Kontrolle der Einhaltung von den Sorgfalts-, Aufzeichnungs- und Meldepflichten.[30] Zudem muss die Maßnahme angemessen sein, d. h. sie darf keine Belastung für den Verpflichteten darstellen, die außer Verhältnis zum Überwachungszweck steht (Übermaßverbot).[31] Im Geldwäscherecht ist dabei insbesondere der **risikobasierte Ansatz** von den zuständigen Aufsichtsbehörden zu beachten.[32] Die Häufigkeit und Intensität der Prüfungen haben sich demnach am Risikoprofil der Verpflichteten im Hinblick auf Geldwäsche und Terrorismusfinanzierung zu orientieren.[33] Gleichheitswidrig ist eine Maßnahme, wenn das Gleichheitsgebot des Art. 3 GG verkannt wird. Danach darf die Aufsichtsbehörde nicht von einer etablierten Verwaltungspraxis im Einzelfall abweichen, ohne dass hierfür hinreichende Gründe bestehen (Selbstbindung der Verwaltung).[34]

V. Allgemeines Auskunftsverweigerungsrecht (§ 52 Abs. 4 GwG)

19   Nach § 52 Abs. 4 GwG kann der zur Erteilung einer Auskunft Verpflichtete die Auskunft auf solche Fragen verweigern, deren Beantwortung ihn selbst oder einen der in § 383 Abs. 1 Nr. 1–3 der Zivilprozessordnung (ZPO) bezeichneten Angehörigen der Gefahr strafrechtlicher Verfolgung oder eines Verfahrens nach dem Gesetz über Ordnungswidrigkeiten aussetzen würde. Damit wird im Geld-

---

28 Siehe ausführlich zu Ermessensfehlern *Ramsauer*, in: Kopp/Ramsauer, VwVfG, 19. Aufl. 2018, § 40 Rn. 85 ff.

29 Vgl. *Braun*, in: Boos/Fischer/Schulte-Mattler, KWG/CRR-VO, § 44 KWG Rn. 70.

30 BT-Drs. 17/6804, S. 38; BT-Drs. 17/5417, S. 14.

31 Vgl. *Braun*, in: Boos/Fischer/Schulte-Mattler, KWG/CRR-VO, § 44 KWG Rn. 67; *Reischauer/Kleinhans*, KWG, Stand: EL 5/17 2017, § 44 Rn. 20; ausführlich zu den Ermessensschranken *Bödecker*, Prüfungen nach § 44 Abs. 1 Kreditwesengesetz, S. 37 ff.

32 Art. 48 Abs. 6–8 der Richtlinie (Eu) 2015/849.

33 Vgl. § 51 Abs. 3 Satz 4 GwG sowie die europäischen Grundlagen nach Art. 48 Abs. 6 und 7 der Richtlinie (EU) 2015/849.

34 *Ramsauer*, in: Kopp/Ramsauer, VwVfG, 19. Aufl. 2018, § 40 Rn. 93.

wäscherecht dem rechtsstaatlichen Grundsatz Rechnung getragen, dass das Zeugnisverweigerungsrecht aus persönlichen Gründen zur umfassenden Aussageverweigerung berechtigt.[35]

Der **Schutzumfang** erstreckt sich nur auf das Recht zur Auskunftsverweigerung. **20** Die Verpflichteten sind daher nicht berechtigt, die Vorlage von Unterlagen oder eine Prüfung zu verweigern. Selbst wenn strafrechtliche Folgen als möglich erscheinen, muss eine Prüfung geduldet werden.[36] Eine weite Auslegung zugunsten der Verpflichteten würde schon gegen den Wortlaut der Norm sprechen.[37] Des Weiteren kann bei mehreren Fragen das Recht auch nur für solche Fragen gelten, bei denen die Voraussetzungen der Auskunftsverweigerung erfüllt sind.[38] Stellt sich heraus, dass Fragen zu Unrecht nicht beantwortet wurden, kann dagegen nach § 56 Abs. 1 Nr. 73 GwG bußgeldrechtlich vorgegangen werden, da die Auskunft nicht oder zumindest nicht rechtzeitig abgegeben wurde.

Angehörige im Sinne des § 383 Abs. 1 Nr. 1–3 der ZPO sind: **21**

1. der Verlobte einer Partei oder derjenige, mit dem die Partei ein Versprechen eingegangen ist, eine Lebenspartnerschaft zu begründen;
2. der Ehegatte einer Partei, auch wenn die Ehe nicht mehr besteht;
3. der Lebenspartner einer Partei, auch wenn die Lebenspartnerschaft nicht mehr besteht;
4. diejenigen, die mit einer Partei in gerader Linie verwandt oder verschwägert, in der Seitenlinie bis zum dritten Grad verwandt oder bis zum zweiten Grad verschwägert sind oder waren.

VI. Besonderes Auskunftsverweigerungsrecht (§ 52 Abs. 5 GwG)

Neben dem allgemeinen Auskunftsverweigerungsrecht trägt das Geldwäsche-   **22** gesetz der besonderen Vertrauensstellung bei einer Rechtsberatung und Prozessvertretung Rechnung, indem ein **besonderes Auskunftsverweigerungsrecht** geregelt wird. Demnach können

---

35 BT-Drs. 17/5417, S. 14.
36 Vgl. VG Berlin, NJW 1988, 1105, 1106 f.; *Reischauer/Kleinhans*, KWG, Stand: EL 5/ 17 2017, § 44 Rn. 39; *Schwennicke*, in: Schwennicke/Auerbach, KWG, § 44 Rn. 31; *Schmitz*, in: Luz/Neus/Schaber et al., KWG, § 44 Rn. 63; *Braun*, in: Boos/Fischer/ Schulte-Mattler, KWG/CRR-VO, § 44 KWG Rn. 94; *Hartung*, NJW 1988, 1070, 1071.
37 Vgl. vertiefend auch *Hartung*, NJW 1988, 1070, 1071.
38 *Reischauer/Kleinhans*, KWG, Stand: EL 5/17 2017, § 44 Rn. 39; *Schmitz*, in: Luz/ Neus/Schaber et al., KWG, § 44 Rn. 63.

– Rechtsanwälte, Kammerrechtsbeistände und Patentanwälte sowie Notare
(§ 2 Abs. 1 Nr. 10 GwG) und
– Wirtschaftsprüfer, vereidigte Buchprüfer, Steuerberater und Steuerbevollmächtigte (§ 2 Abs. 1 Nr. 12 GwG)

die Auskunft auf Fragen verweigern, wenn sich diese Fragen auf Informationen
beziehen, die sie im Rahmen der Rechtsberatung oder der Prozessvertretung des
Vertragspartners erhalten haben.

23 Das besondere Auskunftsverweigerungsrecht **besteht nicht**, wenn der Verpflichtete weiß, dass sein Mandant seine Rechtsberatung für den Zweck der
Geldwäsche oder der Terrorismusfinanzierung in Anspruch genommen hat oder
nimmt. In diesen Fällen bleibt die Pflicht zur Auskunft bestehen.

VII. Auskunfts- und Mitwirkungspflicht zur Feststellung der Verpflichteteneigenschaft (§ 52 Abs. 6 GwG)

24 Durch das Gesetz zur Umsetzung der Änderungsrichtlinie zur Vierten EU-Geldwäscherichtlinie wurde ein neuer Abs. 6 angefügt, der vor allem den Aufsichtsbehörden aus dem Nichtfinanzsektor hilft, die **Verpflichteteneigenschaft** solcher Betriebe und Unternehmen festzustellen, deren Verpflichtung sich nach § 2
GwG **nicht zweifelsfrei** ex ante ergibt. Der festgelegte Auskunftsanspruch ist
für die Aufsichtsbehörden von Bedeutung, da sich die Verpflichteteneigenschaft
vor einer Prüfung bzw. Einsicht in die Geschäftsunterlagen bisweilen nur schwer
bestimmen lässt. Zur Auskunft sind natürliche und juristische Personen sowie
rechtsfähige Personenvereinigungen verpflichtet. Der Anspruch erstreckt sich
auf sämtliche geschäftliche Tatsachen, um beurteilen zu können, ob der Wirt-
schaftsteilnehmer als Verpflichteter nach § 2 GwG einzuordnen ist.[39] Erteilt der
Betroffene Auskünfte oder legt er Unterlagen nicht, nicht richtig, nicht vollständig oder nicht rechtzeitig vor, stellt dies eine Ordnungswidrigkeit nach § 56
Abs. 1 Nr. 73 GwG dar.

25 Konsequenterweise besteht auch diese Pflicht sowie die Pflicht, die Unterlagen
in Form von Kopien oder in digitaler Form auf elektronischem Wege oder auf
einem digitalen Speichermedium **zur Verfügung zu stellen**, durch den Verweis
auf Abs. 1 Satz 2 **unentgeltlich**. Das bedeutet, dass der potenziell Verpflichtete
im Rahmen seiner Mitwirkungspflichten die beispielsweise anfallenden Kopier-
kosten den Aufsichtsbehörden nicht in Rechnung stellen kann.

26 Auch die Auskunftsverweigerungsrechte nach Abs. 4 und 5 bestehen, worüber
die Behörde in ihrer Prüfungsankündigung zu belehren hat.

---

39 BT-Drs. 19/13827, S. 103.

  Wende

Stellt die zuständige Aufsichtsbehörde durch einen Verwaltungsakt fest, dass es 27
sich um einen Verpflichteten nach dem Geldwäschegesetz handelt, dann wird
die Verpflichteteneigenschaft nicht erst durch den Verwaltungsakt begründet.
Vielmehr besteht die Eigenschaft als Verpflichteter schon vorher und ergibt sich
unmittelbar nach § 2 GwG aus dem Gesetz. Gegen den Bescheid kann Widerspruch und Klage erhoben werden, welche allerdings aufgrund von § 51 Abs. 2
Satz 4 GwG keine aufschiebende Wirkung haben.

§ 53 Hinweise auf Verstöße

(1) Die Aufsichtsbehörden errichten ein System zur Annahme von Hinweisen zu potenziellen oder tatsächlichen Verstößen gegen dieses Gesetz und gegen auf Grundlage dieses Gesetzes erlassene Rechtsverordnungen und gegen andere Bestimmungen zur Verhinderung von Geldwäsche und von Terrorismusfinanzierung, bei denen es die Aufgabe der Aufsichtsbehörde ist, die Einhaltung der genannten Rechtsvorschriften sicherzustellen oder Verstöße gegen die genannten Rechtsvorschriften zu ahnden. Das System hat die Abgabe von Hinweisen über einen geschützten Kommunikationsweg zu ermöglichen. Die Hinweise können auch anonym abgegeben werden.

(2) Die Aufsichtsbehörden sind zu diesem Zweck befugt, personenbezogene Daten zu verarbeiten, soweit dies zur Erfüllung ihrer Aufgaben erforderlich ist.

(3) Die Aufsichtsbehörden machen die Identität einer Person, die einen Hinweis abgegeben hat, nur bekannt, wenn sie zuvor die ausdrückliche Zustimmung dieser Person eingeholt haben. Sie geben die Identität einer Person, die Gegenstand eines Hinweises ist, nicht bekannt. Die Sätze 1 und 2 gelten nicht, wenn

1. eine Weitergabe der Information im Kontext weiterer Ermittlungen oder nachfolgender Verwaltungs- oder Gerichtsverfahren aufgrund eines Gesetzes erforderlich ist oder

2. die Offenlegung durch einen Gerichtsbeschluss oder in einem Gerichtsverfahren angeordnet wird.

(4) Das Informationsfreiheitsgesetz findet auf die Vorgänge nach dieser Vorschrift keine Anwendung.

(5) Mitarbeiter, die bei Unternehmen und Personen beschäftigt sind, die von den zuständigen Aufsichtsbehörden nach Absatz 1 beaufsichtigt werden, oder bei anderen Unternehmen oder Personen beschäftigt sind, auf die Tätigkeiten von beaufsichtigten Unternehmen oder Personen ausgelagert wurden, und die einen Hinweis nach Absatz 1 abgeben, dürfen wegen dieses Hinweises weder nach arbeitsrechtlichen oder nach strafrechtlichen Vorschriften verantwortlich gemacht noch zum Ersatz von Schäden herangezogen oder anderweitig benachteiligt werden. Satz 1 gilt nicht, wenn der Hinweis vorsätzlich unwahr oder grob fahrlässig unwahr abgegeben worden ist.

(5a) Mitarbeitern im Sinne des Absatzes 5, die aufgrund der Abgabe eines Hinweises nach Absatz 1 und entgegen dem Benachteiligungsverbot des Absatzes 5 einer Benachteiligung im Zusammenhang mit ihrem Beschäftigungsverhältnis ausgesetzt sind, steht bei der zuständigen Aufsichtsbehörde das Recht der Beschwerde zu. Der Rechtsweg bleibt von dem Beschwerdeverfahren unberührt. Dem Beschwerdeführer steht für die Einreichung der Beschwerde nach Satz 1 der geschützte Kommunikationsweg nach Absatz 1 Satz 2 zur Verfügung.

(6) Nicht vertraglich eingeschränkt werden darf die Berechtigung zur Abgabe von Hinweisen nach Absatz 1 durch Mitarbeiter, die beschäftigt sind bei

1. Unternehmen und Personen, die von den Aufsichtsbehörden nach Absatz 1 beaufsichtigt werden, oder

2. anderen Unternehmen oder Personen, auf die Tätigkeiten von beaufsichtigten Unternehmen oder Personen ausgelagert wurden.

Dem entgegenstehende Vereinbarungen sind unwirksam.

(7) Durch die Einrichtung und Führung des Systems zur Abgabe von Hinweisen zu Verstößen werden die Rechte einer Person, die Gegenstand eines Hinweises ist, nicht eingeschränkt, insbesondere nicht die Rechte nach den

1. §§ 28 und 29 des Verwaltungsverfahrensgesetzes,

2. §§ 68 bis 71 der Verwaltungsgerichtsordnung und

3. §§ 137, 140, 141 und 147 der Strafprozessordnung.

Schrifttum: *Al-Souliman*, CB-Insight: BaFin-Hinweisgeberstelle für Verstöße gegen Aufsichtsrecht, CB 2017, 75; *Eufinger*, Arbeits- und strafrechtlicher Schutz von Whistleblowern im Kapitalmarktrecht, WM 2016, 2336; *Johnson*, Die Einführung des § 4d FinDAG: Beginn einer neuen Ära für Whistleblowing?, CB 2016, 468.

Übersicht

I. Allgemeines

1 Die Regelung bildet die Grundlage dafür, dass die Aufsichtsbehörden zur Einrichtung einer zentralen Stelle zur Entgegennahme von Hinweisen verpflichtet sind. Die Hinweisgeber werden aus dem angloamerikanischen Sprachgebrauch kommend auch als „Whistleblower" bezeichnet. Unter Hinweisgeber im Sinne dieser Vorschrift sind Personen mit einem besonderen Wissen über innere Angelegenheiten eines Verpflichteten nach § 2 GwG zu verstehen, die potenzielle oder tatsächliche Verstöße gegen Geldwäscheregelungen melden (z. B. **Angestellte des Verpflichteten**). Die Hinweisgeber sind eine wichtige Quelle für die Aufklärung und Prävention von Fehlverhalten einzelner Personen oder ganzer Unternehmen.[1] Whistleblower haben wesentlich dazu beitragen können, dass prominente Fälle von Steuervermeidung und -hinterziehung aufgedeckt worden sind (z. B. der Fall „Panama Papers").[2]

2 Die Vorschrift regelt zudem den Schutz von Whistleblowern. Bisherige Gesetzesvorhaben mit dem Ziel, den Schutz von Arbeitnehmern festzulegen, hatten keinen Erfolg. Das Gesetz zum Schutz von Hinweisgebern – Whistleblower (Hinweisgeberschutzgesetz) ist im Entwurfsstadium abgelehnt worden.[3] Auch das sogenannte „Whistleblower-Schutzgesetz" konnte sich nicht durchsetzen.[4]

3 Die Norm wurde mit dem Gesetz zur Umsetzung der Vierten EU-Geldwäscherichtlinie neu in das Geldwäschegesetz aufgenommen und dient der Umsetzung von Art. 61 Abs. 1 und 2 der Vierten EU-Geldwäscherichtlinie sowie den Anforderungen von Art. 21 der Geldtransferverordnung.[5] Die Vorschrift entspricht in wesentlichen Teilen dem bereits bestehenden § 4d des Gesetzes über die Bundesanstalt für Finanzdienstleistungsaufsicht (FinDAG), welche mit dem Ersten Finanzmarktnovellierungsgesetz im Jahr 2016 eingeführt worden ist.[6]

---

1 BT-Drs. 18/11555, S. 161.

2 Europäische Kommission – Factsheet, Fragen und Antworten: Geldwäscherichtlinie v. 5.7.2016, https://ec.europa.eu/commission/presscorner/detail/de/MEMO_16_2381, zuletzt abgerufen am 5.3.2020.

3 Der Gesetzesentwurf ergibt sich aus BT-Drs. 17/8567 und die Beschlussempfehlung aus BT-Drs. 17/12577.

4 Der Gesetzesentwurf ergibt sich aus BT-Drs. 18/3039 und die Ablehnung aus BT-Plenarprotokoll 18/112, S. 10819D – 10827A.

5 BT-Drs. 18/11555, S. 161.

6 Art. 9 des ersten Gesetzes zur Novellierung von Finanzmarktvorschriften aufgrund europäischer Rechtsakte (Erstes Finanzmarktnovellierungsgesetz – 1. FiMaNoG) in der Fassung v. 30.6.2016 (BGBl. I, S. 1514).

II. Einrichtung eines Hinweisgebersystems (§ 53 Abs. 1 und 2 GwG)

§ 53 Abs. 1 GwG verpflichtet die Aufsichtsbehörden dazu, ein System zur An- **4**
nahme von Hinweisen zu potenziellen oder tatsächlichen Verstößen gegen geldwäscherechtliche Regelungen zu errichten. Adressat sind somit die Aufsichtsbehörden nach § 50 GwG. Unberührt bleibt davon die Pflicht zur Einrichtung von
unternehmensinternen Hinweisgeberstellen nach § 6 Abs. 5 GwG, die sich unmittelbar an die Verpflichteten des Geldwäschegesetzes richtet.

1. Einrichtung einer Hinweisgeberstelle

Für den Finanzsektor hat die BaFin bereits seit Juli 2016 eine zentrale Hinweis- **5**
stelle aufgrund der Vorgaben nach § 4d FinDAG errichtet.[7] Für die übrigen Aufsichtsbehörden des Geldwäschegesetzes hat es der Gesetzgeber freigestellt, ob
jeweils in den Bundesländern einzeln oder ein gemeinsames bundesweites
Hinweisgebersystem errichtet wird.[8]

Innerhalb des Gesetzgebungsverfahrens zur Umsetzung der Vierten EU-Geld- **6**
wäscherichtlinie wurde vom Bundesrat angeregt zu prüfen, ob das Hinweisgebersystem nicht effektiver bei der **Zentralstelle für Finanztransaktionsuntersuchungen (FIU)** anzusiedeln sei. Damit könnte die Arbeit der FIU deutlich
verbessert werden. Zudem sei davon auszugehen, dass die Einrichtung für bestimmte Aufsichtsbehörden anders als bei der zentralen FIU einen erheblichen
personellen und finanziellen Aufwand bedeuten würde.[9] Die Bundesregierung
lehnte diesen Vorschlag aus mehreren Gründen ab. Zunächst würde die Einrichtung bei der FIU gegen die europäischen Vorgaben nach Art. 61 der Vierten EU-
Geldwäscherichtlinie sprechen, wonach mit den „zuständigen Behörden" die jeweiligen Aufsichtsbehörden und nicht die FIU gemeint sind. Des Weiteren sind
die Aufsichtsbehörden sachnäher und können die Informationen der Hinweisgeber unmittelbar bewerten und weiterverarbeiten. Nicht zuletzt könnte das Vertrauen der Hinweisgeber in den vertraulichen Umgang der Daten in Frage gestellt werden, wenn die FIU nur als „Briefkasten" agieren würde, da die Hinweise ohnehin an die jeweiligen Aufsichtsbehörden weitergeleitet werden müssten.[10]

Das Geldwäschegesetz bestimmt nicht, ob die **Mitarbeiter** der Hinweisgeber- **7**
stelle eine bestimmte **Qualifikation** aufweisen müssen. Aus dem Aufgabenbe-

---

7 Abrufbar auf der Internetseite der BaFin www.bafin.de unter dem Stichwort „Hinweisgeberstelle".
8 BT-Drs. 18/11555, S. 161.
9 BT-Drs. 18/11928, S. 15.
10 BT-Drs. 18/11928, S. 28.

reich ergibt sich aber, dass es sich um Mitarbeiter handeln sollte, die insbesondere zu datenschutzrechtlichen Aspekten geschult sind.[11] Nicht erforderlich ist es hingegen, dass „spezielle Beschäftigte" eingesetzt werden, wie es beispielsweise der § 1 der Marktmanipulations-Verstoßmeldeverordnung verlangt.

2. Prüfung der Hinweise

8   Die Hauptfunktion der Hinweisgeberstelle besteht darin, eine Kommunikation mit den Whistleblowern zu ermöglichen. Zudem haben die Hinweisgeberstellen eine Filterfunktion und müssen die Hinweise auf ihre Relevanz überprüfen.[12]

9   Die Hinweise sind relevant, wenn sie einen **persönlichen und sachlichen Bezug** zu den Aufgaben der Aufsichtsbehörden haben. In persönlicher Hinsicht muss der Hinweis einen Bezug zu einem Verpflichteten nach § 2 GwG aufzeigen, welcher von der Aufsichtsbehörde beaufsichtigt wird. In sachlicher Hinsicht ist zu prüfen, ob der Hinweis einen Verstoß gegen Geldwächeregelungen aufzeigt. Umfasst sind damit alle Verstöße gegen das Geldwäschegesetz, gegen eine auf Grundlage des Geldwäschegesetzes erlassene Rechtsverordnung oder gegen andere Bestimmungen zur Verhinderung von Geldwäsche und von Terrorismusfinanzierung, bei denen es die Aufgabe der Aufsichtsbehörde ist, die Einhaltung der genannten Rechtsvorschriften sicherzustellen oder Verstöße gegen die genannten Rechtsvorschriften zu ahnden. Um keinen relevanten Hinweis in diesem Sinne handelt es sich, wenn beispielsweise allgemeine Anfragen oder Beschwerden von Verbrauchern abgegeben werden.[13]

3. Übertragungsmöglichkeiten der Hinweise

10   Soweit die zuständige Aufsichtsbehörde dies auf ihrer Internetseite zur Verfügung stellt, können Whistleblower ihren Hinweis auf elektronischem Wege über eine Eingabemaske melden. Alternativ stehen die sonstigen Kommunikationswege zur Verfügung (z. B. Telefon, E-Mail, Brief). Der Hinweis kann nach § 53 Abs. 1 Satz 2 GwG auch anonym abgegeben werden, wobei der Whistleblower dann insbesondere bei den alternativen Kommunikationswegen darauf achten sollte, dass keine übermittelten Informationen Rückschlüsse auf seine Person zulassen. Bei den elektronischen Hinweisgebersystemen wird regelmäßig eine technische Funktion eingerichtet, durch die eine Rückverfolgung der gemeldeten Hinweise nicht möglich ist. Zudem verfügen die elektronischen Systeme über die Einrichtung eines sogenannten „geschützten Postkastens", mit dem

---

11 Vgl. *Al-Souliman*, CB 2017, 75.
12 Vgl. *Al-Souliman*, CB 2017, 75.
13 Vgl. *Al-Souliman*, CB 2017, 75, 76. Hinweise in diesem Zusammenhang sind an die zuständigen Verbraucherstellen zu richten.

Rückfragen gestellt und Unklarheiten beseitigt werden können, während der Whistleblower weiterhin anonym bleibt.[14]

Mit dem Gesetz zur Umsetzung der Änderungsrichtlinie zur Vierten EU-Geld-   **11**
wäscherichtlinie wurde die Bestimmung im Abs. 1 Satz 2 hinzugefügt, wonach die Abgabe bei dem Hinweisgebersystem über einen **geschützten Kommunikationsweg** ermöglicht werden muss. Damit ist der deutsche Gesetzgeber den Vorgaben des Art. 1 Nr. 39 lit. b der Änderungsrichtlinie nachgekommen. Ein geschützter Kommunikationsweg setzt voraus, dass durch technische Vorkehrungen gewährleistet ist, dass die Kommunikation nicht durch Dritte einsehbar ist und die Identität der Person, die Informationen zur Verfügung stellt, nur den Aufsichtsbehörden bekannt wird.[15]

4. Rechtsgrundlage für den Datenschutz

Die fachrechtliche Norm des § 53 Abs. 2 gilt als lex specialis gem. § 1 Abs. 2   **12**
BDSG. Der Grundsatz der Verhältnismäßigkeit wird gewahrt, indem die Befugnis nur soweit reicht, wie dies zur Erfüllung der Aufgaben erforderlich ist.

III. Schutz der beteiligten Personen (§ 53 Abs. 3 GwG)

Mit § 53 Abs. 3 GwG wird der Schutz der beteiligten Personen eines Hinweises   **13**
festgelegt. Die Aufsichtsbehörden müssen nach dem Grundsatz verfahren, keinerlei Daten des geschützten Personenkreises herauszugeben. Dem Hinweisgeber sollen unabhängig davon, ob er bekannt oder anonym geblieben ist, keine Nachteile entstehen.[16]

Zum gesetzlich **geschützten Personenkreis** gehört der Whistleblower selbst.   **14**
Zudem sind nach Satz 2 auch die Personen vom Schutzkreis umfasst, die Gegenstand eines Hinweises sind. Auch deren Identität darf nicht bekannt gegeben werden.

Das Verbot der Weitergabe gilt indes nicht grenzenlos. Zunächst darf die Identi-   **15**
tät durch die Aufsichtsbehörde immer dann preisgegeben werden, wenn eine vorherige ausdrückliche Zustimmung des Hinweisgebers vorliegt. Im Satz 3 werden zudem abschließend gesetzliche **Ausnahmen** von dem Grundsatz der Anonymität bestimmt. Damit soll erreicht werden, dass im Rahmen einer Strafverfolgung die zuständige Staatsanwaltschaft auf vorhandene Daten der Aufsichtsbehörden zugreifen kann.[17] Die Aufsichtsbehörden können die Daten des

---

14 Vgl. *Al-Souliman*, CB 2017, 75.
15 BT-Drs. 19/13827, S. 104.
16 BT-Drs. 18/11555, S. 161.
17 BT-Drs. 18/11555, S. 161.

Hinweisgebers und der belasteten Person herausgeben, wenn eine Weitergabe der Information im Kontext weiterer Ermittlungen oder nachfolgender Verwaltungs- oder Gerichtsverfahren aufgrund eines Gesetzes erforderlich ist (Nr. 1) oder die Offenlegung durch einen Gerichtsbeschluss oder in einem Gerichtsverfahren angeordnet wird (Nr. 2). Teilweise wird kritisiert, dass durch diese Ausnahmen der Anreiz, einen Hinweis zu melden, erheblich entwertet wird.[18] Der Whistleblower wird selten einschätzen können, wann sich eine strafrechtliche oder verwaltungsrechtliche Ermittlung anschließen wird und damit seine Anonymität gefährdet ist. Bisher treten allerdings die Whistleblower mehrheitlich ohnehin vollständig anonymisiert der zuständigen Aufsichtsbehörde gegenüber.[19]

IV. Ausschluss des Informationsfreiheitsgesetzes (§ 53 Abs. 4 GwG)

16   In § 53 Abs. 4 GwG wird die Anwendung des Informationsfreiheitsgesetzes auf die Vorgänge der Hinweisgeberstelle ausgeschlossen. Damit wird vom Gesetzgeber im Rahmen einer Abwägung das Bedürfnis des Schutzes des Hinweisgebers vor der Preisgabe seiner Daten höher bewertet, als der Anspruch auf Zugang zu öffentlichen Informationen, den jedermann nach dem Informationsfreiheitsgesetz hat.[20]

V. Schutz der Mitarbeiter (§ 53 Abs. 5, 5a und 6 GwG)

17   § 53 Abs. 5, 5a und 6 GwG konkretisieren den Schutz von Arbeitnehmern oder sonstigen Beschäftigten der beaufsichtigten Verpflichteten nach § 2 GwG. Dieser besondere Schutz ist notwendig, da es bereits einige Fälle gegeben hat, in denen Angestellte Opfer von Bedrohungen und Anfeindungen geworden sind, nachdem sie einen Verdacht auf Geldwäsche gemeldet hatten.[21] Ein Hinweisgebersystem ist indes dann nur effektiv, wenn Whistleblower nicht abgeschreckt werden und diese keine Sanktionen fürchten müssen.[22] Daher wird ein umfangreicher gesetzlicher, strafrechtlicher und arbeitsrechtlicher Schutz gewährt, der durch das Beschwerdeverfahren in § 53 Abs. 5a GwG, welches mit dem Gesetz

---

18 Vgl. *Johnson*, CB 2016, 468, 470.

19 Die ersten Erfahrungen der BaFin haben gezeigt, dass von dem geschützten Postkasten etwa zwei Drittel Gebrauch gemacht haben. Siehe hierzu BaFin Journal v. Juli 2017, Whistleblower – Knapp 400 Hinweise im ersten Jahr, S. 26, 28.

20 BT-Drs. 18/11555, S. 162.

21 ErwG 41 der Vierten EU-Geldwäscherichtlinie.

22 BT-Drs. 18/11555, S. 161.

zur Umsetzung der Änderungsrichtlinie zur Vierten EU-Geldwäscherichtlinie eingeführt wurde, nochmals gestärkt worden ist.[23]

1. Geschützter Personenkreis

Zum geschützten Personenkreis gehören Mitarbeiter, die bei Unternehmen und Personen beschäftigt sind, die von der zuständigen Aufsichtsbehörde beaufsichtigt werden. Darüber hinaus sind auch Mitarbeiter geschützt, die bei anderen Unternehmen oder Personen beschäftigt sind, auf die Tätigkeiten von beaufsichtigten Unternehmen oder Personen ausgelagert wurden. Eine Auslagerung umfasst typische Dienstleistungen, welche sonst von den Verpflichteten selbst erbracht würden. Aufgrund des eindeutigen Wortlautes zählen hingegen Wirtschaftsprüfer oder Mitarbeiter von Wirtschaftsprüfungsgesellschaften im Rahmen einer Jahresabschlussprüfung nicht zum geschützten Personenkreis, da eine solche Prüfung nur von externen und unabhängigen Wirtschaftsprüfern oder Wirtschaftsprüfungsgesellschaften durchgeführt werden darf.[24]

18

2. Arbeitsrechtlicher und strafrechtlicher Schutzumfang

Der geschützte Personenkreis wird strafrechtlich oder arbeitsrechtlich nur dann privilegiert, wenn der Hinweis nicht vorsätzlich unwahr oder grob fahrlässig unwahr an die Aufsichtsbehörden gemeldet wurde (§ 53 Abs. 5 Satz 2 GwG).

19

Vom **arbeitsrechtlichen Schutz** sind unmittelbare Maßnahmen (z. B. Kündigung, Abmahnung, Versetzung) sowie mittelbare Maßnahmen (z. B. ungerechtfertigte Kürzung von Bonuszahlungen) erfasst.[25] Im Abs. 6 Satz 2 wird klargestellt, dass Vereinbarungen im Arbeitsvertrag unwirksam sind, wenn sie die Mitarbeiter in ihrem Recht auf Abgaben von Hinweisen einschränken. Eine arbeitsvertragliche Ahndung (z. B. durch eine Betriebsbuße) ist daher nicht möglich.[26] Da es sich um ein zwingendes Recht handelt, sind entsprechende Klauseln nach § 134 BGB i.V.m. § 53 Abs. 6 GwG nichtig.

20

Der Whistleblower darf auch nicht **strafrechtlich** verantwortlich gemacht werden. Relevant ist insbesondere der Verrat von Geschäfts- und Betriebsgeheimnissen als ein strafrechtliches Verhalten nach § 17 UWG.

21

Mit dem Gesetz zur Umsetzung der Änderungsrichtlinie zur Vierten EU-Geldwäscherichtlinie wurde der Schutzumfang dahingehend erweitert, dass auch **kei-**

22

---

23 Vgl. BT-Drs. 19/13827, S. 104.
24 Vgl. Wissenschaftliche Dienste des Deutschen Bundestags zum Schutzbereich von § 4d Abs. 6 Finanzdienstleistungsaufsichtsgesetz v. 2.6.2016, Az. WD 4 – 3000 – 064/16, S. 4 ff.; kritisch *Johnson*, CB 2016, 468, 469.
25 *Eufinger*, WM 2016, 2336, 2339.
26 BT-Drs. 18/11555, S. 162.

ne anderweitige Benachteiligung** stattfinden darf. Nach dem Gesetzgeber sollen Personen wie Angestellte und Vertreter von Verpflichteten rechtlich vor Bedrohungen, Vergeltungsmaßnahmen oder Anfeindungen und insbesondere vor nachteiligen oder diskriminierenden Maßnahmen im Beschäftigungsverhältnis geschützt werden.[27]

3. Beschwerderecht

23   Dem Personenkreis aus Abs. 5 steht bei der zuständigen Aufsichtsbehörde ein **Beschwerderecht** zu, wenn sie einer Benachteiligung im Zusammenhang mit ihrem Beschäftigungsverhältnis ausgesetzt ist. Dieses zusätzliche Beschwerdeverfahren wurde mit dem Gesetz zur Umsetzung der Änderungsrichtlinie zur Vierten EU-Geldwäscherichtlinie neu eingefügt und geht auf die Vorgaben des Art. 1 Nr. 39 lit. b der Änderungsrichtlinie zurück. Der Rechtsweg bleibt von dem zusätzlichen Beschwerdeverfahren unberührt, was insbesondere die Möglichkeit einer Klage vor den Arbeitsgerichten umfasst.[28] Auch bei diesem Beschwerdeverfahren muss ein geschützter Kommunikationsweg entsprechend wie im Abs. 1 Satz 2 zur Verfügung gestellt werden (siehe dazu → Rn. 11).

VI. Keine Einschränkungen von Rechten (§ 53 Abs. 7 GwG)

24   § 53 Abs. 7 GwG dient der Klarstellung, wonach die durch einen Hinweis betroffenen Personen nicht in ihren Rechten eingeschränkt werden dürfen. Insbesondere betrifft dies diejenigen Rechte, die sich aus dem Verwaltungsrecht ergeben, wie Anhörung (§ 28 VwVfG), Akteneinsicht (§ 29 VwVfG) und dem verwaltungsrechtlichen Vorverfahren (§§ 68 VwGO ff.) sowie Rechte aus der Strafprozessordnung, wie das Recht des Beschuldigten auf Hinzuziehung eines Verteidigers (§ 137 StPO), notwendige Verteidigung (§ 140 StPO), Bestellung eines Pflichtverteidigers (§ 141 StPO) sowie Akteneinsichtsrecht, Besichtigungsrecht und Auskunftsrecht des Beschuldigten (§ 147 StPO).

---

27   BT-Drs. 19/13827, S. 104.
28   BT-Drs. 19/13827, S. 104.

§ 54 Verschwiegenheitspflicht

(1) Soweit Personen, die bei den zuständigen Aufsichtsbehörden nach § 50 beschäftigt sind oder für diese Aufsichtsbehörden tätig sind, Aufgaben nach § 51 Absatz 1 erfüllen, dürfen sie die ihnen bei ihrer Tätigkeit bekannt gewordenen Tatsachen nicht unbefugt offenbaren oder verwerten, wenn die Geheimhaltung dieser Tatsachen, insbesondere Geschäfts- und Betriebsgeheimnisse, im Interesse eines von ihnen beaufsichtigten Verpflichteten oder eines Dritten liegt. Satz 1 gilt auch, wenn sie nicht mehr im Dienst sind oder ihre Tätigkeit beendet ist. Die datenschutzrechtlichen Bestimmungen, die von den beaufsichtigten Verpflichteten zu beachten sind, bleiben unberührt.

(2) Absatz 1 gilt auch für andere Personen, die durch dienstliche Berichterstattung Kenntnis von den in Absatz 1 Satz 1 bezeichneten Tatsachen erhalten.

(3) Ein unbefugtes Offenbaren oder Verwerten liegt insbesondere nicht vor, wenn Tatsachen im Sinne von Absatz 1 weitergegeben werden, soweit der Weitergabe keine anderen Rechtsvorschriften entgegenstehen,

1. in zusammengefasster oder aggregierter Form, so dass einzelne Verpflichtete nicht identifiziert werden können, oder

2. an einer der folgenden Stellen, soweit diese Stellen die Informationen zur Erfüllung ihrer Aufgaben benötigen:

   a) an die Strafverfolgungsbehörden, an die für Straf- und Bußgeldsachen zuständigen Behörden und Gerichte,

   b) an andere Stellen, die kraft Gesetzes oder im öffentlichen Auftrag mit der Aufklärung und Verhinderung von Geldwäsche oder von Terrorismusfinanzierung oder mit der Aufsicht über Kredit- und Finanzinstitute im Sinne von Artikel 3 der Richtlinie (EU) 2015/849 betraut sind, sowie an Personen, die von diesen Stellen beauftragt werden,

   c) an die Europäische Zentralbank, soweit sie im Einklang mit der Verordnung (EU) Nr. 1024/2013 des Rates vom 15. Oktober 2013 zur Übertragung besonderer Aufgaben im Zusammenhang mit der Aufsicht über Kreditinstitute auf die Europäische Zentralbank tätig wird,

   d) an die zentralen Meldestellen im Sinne von Artikel 32 Absatz 1 der Richtlinie (EU) 2015/849 und

   e) an andere Stellen, die kraft Gesetzes oder im öffentlichen Auftrag mit der Aufsicht über das allgemeine Risikomanagement oder über die Compliance von Verpflichteten betraut sind, sowie an Personen, die von diesen Stellen beauftragt sind.

(4) Befindet sich eine der in Absatz 3 genannten Stellen in einem anderen Staat oder handelt es sich um eine supranationale Stelle, so dürfen Tatsachen im Sinne von Absatz 1 nur weitergegeben werden, wenn die bei dieser Stelle beschäftigten Personen oder die im Auftrag dieser Stelle handelnden Personen einer Verschwiegenheitspflicht unterliegen, die der Verschwiegenheitspflicht nach den Absätzen 1 bis 3 weitgehend entspricht. Die ausländische oder supranationale Stelle ist von der weitergebenden Stelle darauf hinzuweisen, dass sie die Tatsachen nur zu dem Zweck verwenden darf, zu dessen Erfüllung ihr diese übermittelt werden. Tatsachen, die aus einem anderen Staat stammen, dürfen nur weitergegeben werden

1. mit ausdrücklicher Zustimmung der zuständigen Behörden, die diese Tatsachen mitgeteilt haben, und

2. für solche Zwecke, denen die zuständigen Behörden zugestimmt haben.

Schrifttum: *Gurlit*, Informationsfreiheit und Verschwiegenheitspflichten der BaFin, NZG 2014, 1161; *Möllers/Pregler*, Zivilrechtliche Rechtsdurchsetzung und kollektiver Rechtsschutz im Wirtschaftsrecht, ZHR 176 (2012), 144; *Spindler*, Gesellschaftsrecht im System der Europäischen Niederlassungsfreiheit, ZGR 2011, 690.

Übersicht

I. Allgemeines

1   Die Verschwiegenheitspflicht dient dem Schutz der Verpflichteten des Geldwäschegesetzes nach § 2 GwG sowie ihrer Kunden. Mit § 54 GwG soll sichergestellt werden, dass im Rahmen der Aufsichtstätigkeit bekannt gewordene Kenntnisse nicht unbefugt weitergegeben werden. Trotz dieser umfangreichen Verschwiegenheitspflicht soll eine Weitergabe in Ausnahmefällen möglich sein. Daher weist die Norm einen Katalog von detaillierten Ausnahmeregelungen als Regelbeispiele auf. Nach § 54 Abs. 1 Satz 3 GwG bleiben die datenschutzrechtlichen Bestimmungen unberührt, die von den beaufsichtigten Verpflichteten zu

beachten sind. Weitere Geheimnisschutzvorschriften für den öffentlichen Dienst lassen sich darüber hinaus in anderen Gesetzen finden (z. B. § 67 BBG, § 9 BAT, § 16 BStatG).

Diese Vorschrift wurde mit dem Gesetz zur Umsetzung der Vierten EU-Geld- **2**
wäscherichtlinie eingeführt. Eine entsprechende Rechtsgrundlage im Geldwäschegesetz war notwendig geworden, da bislang die zuständigen Aufsichtsbehörden auf Regelungen in anderen für sie anwendbaren Gesetzen abstellen
mussten.[1] Nicht ausreichend für den Bereich des Aufsichtsrechts ist die allgemeine Geheimhaltungspflicht für Behörden nach § 30 VwVfG. Aufgrund der
vielfältigen und tiefgehenden Aufsichtsbefugnisse ist eine besondere gesetzliche
Verschwiegenheitspflicht erforderlich, um das notwendige Vertrauen in die Integrität der Aufsichtspraxis und eine entsprechende Kooperationsbereitschaft sicherzustellen.[2] Die Aufsichtsbehörden erhalten im Rahmen ihrer Tätigkeit umfangreichen Zugang zu Geschäftsangelegenheiten und Transaktionen ihrer Verpflichteten, die diese gem. § 52 Abs. 1 GwG vorzulegen haben. Das Erhalten
solcher Informationen ist zur Ausübung der Aufsichtstätigkeit unerlässlich.[3]
Durch die strenge Verschwiegenheitspflicht der Aufsichtsbehörden nach § 54
GwG soll nach dem Willen des Gesetzgebers dieses Verwaltungsverfahren besonderen Vertrauensschutz auch der Verpflichteten und übrigen Beteiligten genießen. Auch aus europäischen Vorgaben lässt sich die Notwendigkeit einer Ver-
schwiegenheitsregelung feststellen. Nach Art. 48 Abs. 2 der Vierten EU-Geldwäscherichtlinie hat das Personal der Behörden in Fragen der Vertraulichkeit
und des Datenschutzes auf einem hohen professionellen Standard zu arbeiten
und muss in Bezug auf seine Integrität hohen Maßstäben genügen. Der § 54
GwG ist im Wesentlichen den bereits bestehenden Vorschriften über die Verschwiegenheitspflicht von Aufsichtsbehörden (z. B. § 9 KWG) nachgebildet
worden.[4]

Durch das Gesetz zur Umsetzung der Änderungsrichtlinie zur Vierten EU-Geld- **3**
wäscherichtlinie wurde der § 54 GwG in Abs. 1 und 4 in Teilen angepasst. Der
neugefasste § 54 Abs. 3 GwG enthält einige Erweiterungen, um den Anforderungen der Änderungsrichtlinie zur Vierten EU-Geldwäscherichtlinie zu entsprechen, wie z. B. die Weitergabe von Daten in zusammengefasster oder aggregierter Form (Nr. 1) oder die Öffnung für sämtliche Bußgeldbehörden (Nr. 2a).

---

1 BT-Drs. 18/11555, S. 162.
2 Vgl. die Gesetzesbegründung zum § 8 des Wertpapierhandelsgesetzes (Verschwiegenheitspflicht), mit dem eine dem Geldwäscherecht entsprechende Zielrichtung verfolgt
 wird, BT-Drs. 12/6679, S. 42; *Döhmel*, in: Assmann/Schneider/Mülbert, WpHG, § 21
 Rn. 7.
3 Vgl. auch EuGH (Gr. Kammer), Urt. v. 19.6.2018 – C-15/16 (BaFin/Baumeister), NJW
 2018, 2615 (2617).
4 BT-Drs. 18/11555, S. 162.

II. Verschwiegenheitspflicht (§ 54 Abs. 1 und 2 GwG)

4 Im Rahmen ihrer Aufsichtstätigkeit erhalten Behörden einen umfangreichen Einblick in die Geschäftstätigkeiten und somit auch in Geschäfts- oder Betriebsgeheimnisse der von ihnen beaufsichtigten Verpflichteten nach § 2 GwG.[5] Der Gesetzgeber ordnet daher einen strengen Maßstab an die Verschwiegenheitspflicht bei dem Umgang mit dienstlich erlangten Tatsachen an.

1. Adressaten der Norm

5 Die Schweigepflicht richtet sich an den folgenden Adressatenkreis:

– bei den zuständigen Aufsichtsbehörden nach § 50 GwG beschäftigte Personen (siehe → Rn. 6);

– für diese Aufsichtsbehörden tätige Personen (siehe → Rn. 7);

– Personen, die durch dienstliche Berichterstattung Kenntnis erhalten (siehe → Rn. 8);

– die Aufsichtsbehörde selbst (siehe → Rn. 9).

6 Die Verschwiegenheitspflicht richtet sich nach § 54 Abs. 1 Satz 1 Alt. 1 GwG an die **bei den Aufsichtsbehörden beschäftigten Personen**. Dabei kommt es nicht auf die rechtliche Ausgestaltung des Dienst- oder Beschäftigungsverhältnisses an. Betroffen sind u. a. Beamte und Angestellte sowie Arbeiter, aber auch Auszubildende oder Praktikanten.[6]

7 Darüber hinaus werden nach § 54 Abs. 1 Satz 1 Alt. 2 GwG Personen erfasst, die **für die Aufsichtsbehörden** tätig werden (z. B. beauftragte Wirtschaftsprüfer). Die zuständigen Aufsichtsbehörden sollten in diesem Fall auf die Verpflichtung der Verschwiegenheit nach § 54 GwG hinweisen, damit diese nicht von den Beauftragten übersehen wird.[7]

8 § 54 Abs. 2 GwG erfasst zudem Personen, die **durch dienstliche Berichterstattung Kenntnis** von den von der Verschwiegenheitspflicht erfassten Tatsachen erhalten. Hierbei handelt es sich beispielsweise um übergeordnete Behörden, welche die Rechts- und Fachaufsicht über die Aufsichtsbehörden ausüben.

---

5 BT-Drs. 18/11555, S. 162.

6 Vgl. auch *Döhmel*, in: Assmann/Schneider/Mülbert, WpHG, § 21 Rn. 14 m. w. N.; beachte BGH, Urt. v. 16.2.2016 – VI ZR 441/14, NJW-RR 2016, 683, 684 f.: Die Amtsverschwiegenheit gilt nur für die in § 376 ZPO genannten Personen, andere für eine Behörde Tätige können sich jedoch auf ein Zeugnisverweigerungsrecht gem. § 383 Abs. 1 Nr. 6 ZPO berufen.

7 Vgl. BT-Drs. 17/6804, S. 38; *Döhmel*, in: Assmann/Schneider/Mülbert, WpHG, § 21 Rn. 16.

Weiterhin ergibt sich aus dem Sinn und Zweck der Vorschrift, dass nicht nur die   9
vom Gesetz ausdrücklich erfassten natürlichen Personen, sondern auch **die Aufsichtsbehörden selbst** zur Geheimhaltung verpflichtet sind. Die Norm würde
ins Leere führen, wenn zwar ein Beamter der Schweigepflicht unterliegt, aber
die Aufsichtsbehörden selbst die Informationen veröffentlichen könnten.[8]

2. Inhalt und Umfang der Verschwiegenheitspflicht

Die Pflicht zur Verschwiegenheit umfasst alle im Rahmen der Aufsichtstätigkeit   10
bekannt gewordenen Tatsachen, deren Geheimhaltung im Interesse eines Verpflichteten oder eines Dritten sowie dem „aufsichtsrechtlichen Geheimnis"
liegt.

Unter dem Begriff der **Tatsachen** versteht man im Straf- und Zivilrecht etwas   11
Geschehenes oder Bestehendes, das zur Erscheinung gelangt und in die Wirklichkeit getreten und daher dem Beweis zugänglich ist.[9] Keine Tatsachenaussa-
gen sind hingegen bloße Werturteile und reine Meinungsäußerung als Mitteilung
subjektiver persönlicher Wertungen.[10] Für das Geldwäschegesetz ist ebenso wie
in anderen aufsichtsrechtlichen Gesetzen (z. B. WpHG, KWG) von einem weiten
Tatsachenbegriff auszugehen, wonach im Einzelfall auch geäußerte Werturteile
oder Meinungsäußerungen der Schweigepflicht unterliegen, wenn aus ihnen auf
eine geheimhaltungspflichtige Tatsache geschlossen werden kann.[11] Die Norm
verfolgt den Schutz vor Veröffentlichung geheimer Informationen, welche gegebenenfalls auch in einem Werturteil mitgeteilt werden können. Die Integrität
und das Vertrauensverhältnis zu den Aufsichtsbehörden könnten anderweitig erheblichen Schaden erleiden. Zudem lässt sich ein weites Verständnis mithilfe
einer europarechtskonformen Auslegung feststellen, da in der Vierten EU-Geldwäscherichtlinie in diesem Zusammenhang vielfach von „Informationen" gesprochen wird.[12]

Dem Wortlaut der Norm nach sind nur Tatsachen erfasst, welche bei der Auf-   12
sichtstätigkeit bekannt geworden sind. Es ergibt sich aber aus dem Sinn und

---

8 Vgl. VG Frankfurt a. M., Urt. v. 23.1.2008 – 7 E 3280/06 (V), NVwZ 2008, 1384,
   1386; *Brocker*, in: Schwennicke/Auerbach, KWG, § 9 Rn. 6; *Döhmel*, in: Assmann/
   Schneider/Mülbert, WpHG, § 21 Rn. 15; *Lindemann*, in: Boos/Fischer/Schulte-Matt-
   ler, KWG/CRR-VO, § 9 KWG Rn. 6; *Gurlit*, NZG 2014, 1161, 1164.
9 RGSt 55, 129, 131.
10 Siehe näher BGH, Urt. v. 24.1.2006 – IX ZR 384/03, NJW 2006, 830, 836 m. w. N.
11 Vgl. VGH Kassel, Urt. v. 11.3.2015 – 6 A 1071/13, WM 2015, 1750, 1758; *Kumpan*,
   in: Schwark/Zimmer, Kapitalmarktrechts-Kommentar, § 10 WpHG Rn. 8 m. w. N.;
   Döhmel, in: Assmann/Schneider/Mülbert, WpHG, § 21 Rn. 20; *Brocker*, in: Schwen-
   nicke/Auerbach, KWG, § 9 Rn. 9; *Müller-Feyen*, in: Luz/Neus/Schaber et al., KWG,
   § 9 Rn. 5.
12 Vgl. z. B. ErwG 44, 58, Art. 48 Abs. 6 der Richtlinie (EU) 2015/849.

Zweck der Norm, dass von einem weiten Verständnis auszugehen ist und demnach auch **Erkenntnisse außerhalb der dienstlichen Tätigkeit** erfasst sind, soweit sie einen Bezug zur Aufsichtstätigkeit aufweisen.[13]

13   Die Tatsachen müssen einer Geheimhaltung unterliegen. Um ein **Geheimnis** handelt es sich, wenn Tatsachen nur einem beschränkten Personenkreis bekannt sind und an der Geheimhaltung ein berechtigtes Interesse besteht.[14] Nicht mehr die Eigenschaften eines Geheimnisses erfüllen Tatsachen, die allgemein bekannt oder jedermann zugänglich sind (z.B. Presseberichte, Handels- oder Vereinsregister).[15]

14   In Bezug auf die Begründung der Verschwiegenheitspflicht ist der Tatbestand offen formuliert.[16] Aus dem Wortlaut lässt sich entnehmen, dass es sich um Tatsachen handeln soll, die im Interesse eines beaufsichtigten Verpflichteten oder eines Dritten liegen. Als Regelbeispiel werden die Geschäfts- und Betriebsgeheimnisse aufgezählt, wobei die Aufzählung nicht abschließend ist („insbesondere"). Unter **Betriebs- und Geschäftsgeheimnissen** sind alle auf ein Unternehmen bezogenen Tatsachen, Umstände und Vorgänge zu verstehen, die nicht offenkundig, sondern nur einem begrenzten Personenkreis zugänglich sind und an deren Nichtverbreitung der Rechtsträger ein berechtigtes Interesse hat. Während Betriebsgeheimnisse im Wesentlichen technisches Wissen im weitesten Sinne umfassen, betreffen Geschäftsgeheimnisse vornehmlich kaufmännisches Wissen.[17] Geschützt sind zudem alle geheimen Tatsachen im Interesse eines Dritten, also insbesondere Informationen zwischen dem Verpflichteten und seinen Kunden.[18] Des Weiteren gehört auch die Arbeit der Aufsichtsbehörden (z.B. angewendete Überwachungsmethoden, Korrespondenz und Informationsaustausch verschiedener Behörden untereinander und zu deren beaufsichtigten Verpflichteten) zu den geschützten Geheimnissen.[19] Dies lässt sich aus den Erwägungen der § 21 WpHG und § 9 KWG ableiten, nach denen die Verschwiegenheitspflichten im Interesse der Funktionsfähigkeit der Aufsicht auch die Geheimnisse schützen, die originär nur bei den Behörden vorhanden sind oder den Aufsichtsbereich selbst betreffen.[20] Der Gesetzgeber wollte mit der Verschwiegenheitspflicht im Geldwäscherecht eine Regelung schaffen, die insbesondere

---

13 Vgl. *Lindemann*, in: Boos/Fischer/Schulte-Mattler, KWG/CRR-VO, § 9 Rn. 9.
14 Vgl. VGH Kassel, Urt. v. 11.3.2015 – 6 A 1071/13, WM 2015, 1750, 1758; *Brocker*, in: Schwennicke/Auerbach, KWG, § 9 Rn. 11.
15 Vgl. VGH Kassel, Urt. v. 11.3.2015 – 6 A 1071/13, WM 2015, 1750, 1758.
16 Vgl. VGH Kassel, Urt. v. 11.3.2015 – 6 A 1071/13, WM 2015, 1750, 1758.
17 BVerfGE 115, 205, 230 f.; BVerwG, NVwZ 2011, 1012, 1014.
18 Vgl. VGH Kassel, Urt. v. 11.3.2015 – 6 A 1071/13, WM 2015, 1750, 1757.
19 Vgl. VGH Kassel, Urt. v. 11.3.2015 – 6 A 1071/13, WM 2015, 1750, 1757 f.
20 Siehe näher hierzu VGH Kassel, Urt. v. 11.3.2015 – 6 A 1071/13, WM 2015, 1750, 1758; *Köhler*, in: Park, Kapitalmarktstrafrecht, Teil 2, Kapitel 1.2., Rn. 117; *Brocker*, in: Schwennicke/Auerbach, KWG, § 9 Rn. 1.

jener Vorschrift des § 9 KWG entspricht.[21] Für ein solches Verständnis spricht ferner auch der Umstand, dass es sich um empfindliche und deswegen schützenswerte Informationen im Zusammenhang mit Geldwäsche und Terrorismusfinanzierung handelt.

Gegen die Pflicht zur Verschwiegenheit wird verstoßen, wenn geheime Tatsachen unbefugt **offenbart oder verwertet** werden. Auch bei diesen Tatbestandsmerkmalen ist von einem weiten Verständnis auszugehen. Demnach ist mit Offenbaren oder Verwerten jede Form der Datenweitergabe an Personen erfasst, unabhängig in welcher Form (schriftlich, mündlich, Einsicht in Akten, per E-Mail usw.) oder zu welchem Zweck (dienstlich, privat, wissenschaftlich) diese erfolgt.[22] Ausweislich des Gesetzestextes ist nicht nur der Zeitraum während, sondern auch nach der Beendigung des Dienst- oder Beschäftigungsverhältnisses betroffen (§ 54 Abs. 1 Satz 2 GwG). Ein **unbefugtes** Offenbaren oder Verwerten liegt vor, wenn keine Ausnahmen von der Verschwiegenheitspflicht vorliegen.   **15**

III. Ausnahmen von der Verschwiegenheitspflicht (§ 54 Abs. 3 und 4 GwG)

Von dem Grundsatz der Verschwiegenheitspflicht können Ausnahmen gemacht werden, welche der Gesetzgeber in den § 54 Abs. 3 und 4 GwG nennt. Da es sich bei dem § 54 Abs. 3 GwG nur um Regelbeispiele handelt („insbesondere"), sind weitere Ausnahmen von der Verschwiegenheitspflicht möglich.   **16**

1. Ausdrücklich genannte Ausnahmen

Eine Datenweitergabe stellt **kein unbefugtes Offenbaren oder Verwerten** dar, wenn ein Fall des § 54 Abs. 3 Nr. 1–2 GwG vorliegt. Voraussetzung dafür, dass kein unbefugtes Offenbaren oder Verwerten vorliegt, ist stets, dass der Weitergabe keine anderen Rechtsvorschriften, sei es im Geldwäschegesetz oder in anderen Normen, entgegenstehen.   **17**

Nach § 54 Abs. 3 Nr. 1 GwG ist die Weitergabe zulässig in zusammengefasster oder aggregierter Form, sodass einzelne Verpflichtete nicht identifiziert werden können. Dies ist bei der Erfassung und Veröffentlichung statistischer Daten der Fall, bei denen bereits durch die Zusammenfassung eine Anonymisierung erfolgt ist. Hier kann z.B. die statistische Erhebung von Daten nach § 51 Abs. 9 GwG   **18**

---

21 BT-Drs. 18/11555, S. 162.

22 Vgl. *Brocker*, in: Schwennicke/Auerbach, KWG, § 9 Rn. 12; *Müller-Feyen*, in: Luz/Neus/Schaber et al., KWG, § 9 Rn. 9; *Gabriel*, in: BeckOK GwG, § 54 Rn. 14.

genannt werden. Der Adressatenkreis, an den die Daten übermittelt werden dürfen, ist hier vom Gesetzgeber nicht beschränkt.

19 Höher sind die Anforderungen, wenn Daten ohne vorherige Anonymisierung weitergegeben werden. Hier tritt als zusätzliche Voraussetzung in § 54 Abs. 3 Nr. 2 GwG hinzu, dass diese enumerativ aufgezählten Stellen die Informationen zur Erfüllung ihrer Aufgaben benötigen. Damit wird dem Interesse einer effektiven Aufsichtsarbeit Rechnung getragen, da bei der Verhinderung und Bekämpfung von Geldwäsche und Terrorismusfinanzierung ein Austausch mit anderen öffentlichen Stellen notwendig ist.[23]

20 Zunächst ist der Austausch mit den Strafverfolgungsbehörden, den für Straf- und Bußgeldsachen zuständigen Behörden und Gerichten (Nr. 2 a)) notwendig. Mit der Umsetzung des Gesetzes zur Umsetzung der Änderungsrichtlinie zur Vierten EU-Geldwäscherichtlinie wurde die Ausnahme der Bußgeldbehörden nach § 56 Abs. 5 GwG auf alle für Straf- und Bußgeldsachen zuständigen Behörden erweitert. Der zuvor bestehende Wortlaut war zu eng, weil andere Zuständigkeitsregelungen wie § 133d Wirtschaftsprüferordnung oder die allgemeine Zuständigkeitsregelung des § 36 Ordnungswidrigkeitengesetz nicht erfasst waren. Mit der neuen Formulierung sind sämtliche für Ordnungswidrigkeiten nach § 56 zuständigen Verwaltungsbehörden, sei es aufgrund spezialgesetzlicher Regelungen oder der allgemeinen Zuständigkeitsregelung, von der Verschwiegenheitsverpflichtung ausgenommen.[24] Hingegen besteht bei zivilrechtlichen Verfahren keine grundsätzliche Ausnahme der Verschwiegenheitspflicht, was sich schon daraus ergibt, dass Zivilgerichte nicht ausdrücklich erwähnt werden.[25]

21 Weiterhin ist der Austausch mit anderen Stellen, die kraft Gesetzes oder im öffentlichen Auftrag mit der Aufklärung und Verhinderung von Geldwäsche oder von Terrorismusfinanzierung oder mit der Aufsicht über Kredit- und Finanzinstitute im Sinne von Art. 3 der Richtlinie (EU) 2015/849 betraut sind, sowie an Personen, die von diesen Stellen beauftragt werden, möglich (Nr. 2 b)). Die Bekämpfung von Geldwäsche oder Terrorismusfinanzierung umfasst als Oberbegriff die Aufklärung, Verhinderung und Verfolgung dieser Taten. Es wird dabei nicht zwischen nationalen und mitgliedstaatlichen Stellen der EU unterschieden.[26] Auch ist die Weitergabe von Daten an folgende Stellen möglich: An die Europäische Zentralbank, soweit sie im Einklang mit der Verordnung (EU)

---

23 BT-Drs. 18/11555, S. 162.
24 BT-Drs. 19/13827, S. 104.
25 Vgl. VGH Kassel, Beschl. v. 2.3.2010 – 6 A 1684/08, NVwZ 2010, 1036, 1044; VG Minden, Beschl. v. 17.12.2010 – 10 L 690/10, WM 2011, 1130, 1132; *Brocker*, in: Schwennicke/Auerbach, KWG, § 9 Rn. 18; *Gurlit*, NZG 2014, 1161, 1165; *Möllers/Pregler*, ZHR 176 (2012), 144, 156 ff.; *Spindler*, ZGR 2011, 690, 719 f.; *Lindemann*, in: Boos/Fischer/Schulte-Mattler, KWG/CRR-VO, § 9 KWG Rn. 29.
26 Vgl. BT-Drs. 19/13827, S. 105.

Nr. 1024/2013 des Rates vom 15. Oktober 2013 zur Übertragung besonderer Aufgaben im Zusammenhang mit der Aufsicht über Kreditinstitute auf die Europäische Zentralbank tätig wird (Nr. 2 c)) und an die zentralen Meldestellen im Sinne von Art. 32 Abs. 1 der Richtlinie (EU) 2015/849 (Nr. 2 d)). Hiervon ist der Austausch mit der Zentralstelle für Finanztransaktionsuntersuchungen sowie die Meldestellen der anderen Mitgliedstaaten erfasst.[27] Zuletzt ist eine Weitergabe an andere Stellen, die kraft Gesetzes oder im öffentlichen Auftrag mit der Aufsicht über das allgemeine Risikomanagement oder über die Compliance von Verpflichteten betraut sind, sowie an Personen, die von diesen Stellen beauftragt sind (Nr. 2 e)).

2. Weitere Ausnahmen von der Verschwiegenheitspflicht

Bei der gesetzlichen Aufzählung im § 54 Abs. 3 GwG handelt es sich lediglich um Regelbeispiele („insbesondere"). Daher kommen weitere Ausnahmen von der Verschwiegenheitspflicht in Betracht, die ebenso kein unbefugtes Offenbaren oder Verwerten darstellen. **22**

Zunächst handelt es sich um keine unbefugte Datenweitergabe, wenn eine Einwilligung des Betroffenen vorliegt.[28] Hingegen kann eine Rechts- und Amtshilfe nach Art. 35 GG nur ausnahmsweise gerechtfertigt sein und zwar nur dann, wenn sie durch höherwertige Interessen gerechtfertigt ist, sie im öffentlichen Interesse steht und die empfangende Stelle selbst einer entsprechenden Verschwiegenheitsverpflichtung unterliegt.[29] **23**

Weiterhin können sich im Einzelfall Ausnahmen von der Verschwiegenheitspflicht ergeben, wenn ein Auskunftsanspruch nach dem **Informationsfreiheitsgesetz (IFG)** besteht. Aufgrund des IFG ist jeder dazu berechtigt, gegenüber den Behörden des Bundes einen Anspruch auf Zugang zu amtlichen Informationen geltend zu machen.[30] In den meisten Bundesländern bestehen entsprechende Informationsfreiheitsgesetze, die auf die Landesbehörden Anwendung finden.[31] Dieser Informationszugangsanspruch steht mit den gesetzlichen Verschwiegenheitspflichten im grundsätzlichen Konflikt. Im Finanzsektor wurden die BaFin und die Gerichte bereits in vergangener Zeit häufig mit der Frage konfrontiert, ob sich ein Auskunftsanspruch aus dem IFG in Abwägung mit den Verschwie- **24**

---

27 Vgl. BT-Drs. 19/13827, S. 105.
28 Vgl. *Lindemann*, in: Boos/Fischer/Schulte-Mattler, KWG/CRR-VO, § 9 KWG Rn. 28.
29 Vgl. *Becker*, in: Reischauer/Kleinhans, KWG, Stand: EL 2/19 2017, § 9 Rn. 21; *Döhmel*, in: Assmann/Schneider/Mülbert, WpHG, § 21 Rn. 61; *Lindemann*, in: Boos/Fischer/Schulte-Mattler, KWG/CRR-VO, § 9 KWG Rn. 22.
30 § 1 Abs. 1 IFG.
31 Siehe z.B. das Berliner Informationsfreiheitsgesetz, Saarländisches Informationsfreiheitsgesetz.

genheitspflichten ergibt.[32] Im Fokus standen dabei die gesetzlichen Gründe im IFG, die den Anspruch auf einen Informationszugang ausschließen. Diese wurden bisher von den Gerichten nur sehr restriktiv ausgelegt. Demnach können als Ausschlussgründe nicht die allgemeinen Schutzbestimmungen von Betriebs- und Geschäftsgeheimnissen und personenbezogenen Daten in §§ 5 und 6 Satz 2 IFG herangezogen werden, da sie von den spezielleren Verschwiegenheitsverpflichtungen in den Fachgesetzen verdrängt werden.[33] Auch die Ausschlussgründe nach § 3 IFG mit dem Bezug zum Schutz von besonderen öffentlichen Belangen ließen die Gerichte teilweise nur unter erheblichen Anforderungen zu.[34] Gegen eine solche restriktive Anwendung hat sich der EuGH im Jahr 2014 im Rahmen eines Vorabentscheidungsverfahrens gewendet.[35] Demnach sind die gesetzlichen Verschwiegenheitspflichten europarechtskonform auszulegen, wobei die besondere Pflicht zur Verschwiegenheit hervorzuheben ist.[36] Ein fehlendes Vertrauen in die Überwachungstätigkeit der Behörden würde die reibungslose Übermittlung von vertraulichen Informationen gefährden.[37] Bei der Abwägung der Verschwiegenheitspflicht im Geldwäschegesetz mit dem IFG sind diese Erwägungen des EuGH im Rahmen einer europarechtskonformen Auslegung zu berücksichtigen. Die Vierte EU-Geldwäscherichtlinie hält im Art. 48 Abs. 2 fest, dass das Personal der zuständigen Aufsichtsbehörden in Fragen der Vertraulichkeit und des Datenschutzes mit hohem professionellem Standard arbeiten muss und in Bezug auf seine Integrität hohen Maßstäben zu genügen hat. 2018 hat der EuGH diesbezüglich nochmals betont, dass die Einstufung der Vertraulichkeit auch eine Interessensabwägung in jedem Einzelfall erfordert.[38] Maßgeblicher Zeitpunkt zur Beurteilung der Vertraulichkeit ist der Zeitpunkt, zu welchem die

---

32 Vgl. VGH Kassel, Beschl. v. 2.3.2010 – 6 A 1684/08, NVwZ 2010, 1036, 1044; VG Frankfurt, Beschl. v. 28.7.2009 – 7 L 1553/09.F (juris); VG Frankfurt a. M., Beschl. v. 7.5.2009 – 7 L 676/09, WM 2009, 1843 = NVwZ 2009, 1182; eingehend *Gurlit*, NZG 2014, 1161 m. w. N.

33 Vgl. BVerwG, NVwZ 2011, 1012, 1013; VGH Kassel, NVwZ 2010, 1036, 1044; *Gurlit*, NZG 2014, 1161, 1164.

34 Vgl. BVerwG, Urt. v. 27.11.2014 – 7 C 18.12, ZIP 2015, 496 = WM 2015, 713; Hess. VGH, Beschl. v. 24.3.2010 – 6 A 1832/09, DÖV 2010, 568 = NVwZ 2010, 1112; VG Frankfurt a. M., Urt. v. 19.3.2008 –7 E 4067/06 (juris); VG Berlin, Urt. v. 23.10.2013 – 2 K 294.12 (juris).

35 Das VG Frankfurt a. M. hatte den EuGH um Vorabentscheidung gem. Art. 267 AEUV ersucht, EuGH (2. Kammer), Urt. v. 12.11.2014 – C-140/13, NVwZ 2015, 46 = ZIP 2014, 2307 – Annett Altmann u. a./BaFin.

36 Relevant war insbesondere die Auslegung des Art. 54 der Richtlinie 2004/39/EG, vgl. EuGH, NVwZ 2015, 46 f.

37 EuGH, NVwZ 2015, 46, 47.

38 EuGH (Gr. Kammer), Urt. v. 19.6.2018 – C-15/16 (BaFin/Baumeister), NJW 2018, 2615, 2617.

Behörde den Antrag auf Zugang zu den Informationen prüft.[39] Auch wenn der EuGH sich in seinem Urteil auf Art. 54 I der RL 2004/39 bezog, dürfte die Ansicht, dass Informationen auch nach dem Ablauf von fünf Jahren noch als vertraulich eingestuft werden können, wenn sich dies „aus anderen Gründen als ihrer Bedeutung für die wirtschaftliche Stellung"[40] des Verpflichteten ergibt, auf § 54 GwG entsprechend übertragbar sein. Solche Gründe könnten sich z. B. aus dem Datenschutz, aus eingeleiteten Ermittlungsverfahren oder anderen veranlassten Maßnahmen ergeben.

3. Weitergabe an ausländische oder supranationale Stellen

Schon bei der näheren Betrachtung der Entstehungsgeschichte wird die Notwendigkeit der internationalen Zusammenarbeit im Bereich der Bekämpfung der Geldwäsche und der Terrorismusfinanzierung ersichtlich. Daher sieht der Gesetzgeber im § 54 Abs. 4 GwG einen Austausch mit grenzüberschreitenden Stellen vor, um eine effektive Aufsichtsarbeit zu ermöglichen.[41] Es stellt daher keine unbefugte Datenweitergabe dar, wenn ein **Austausch mit ausländischen oder supranationalen Stellen** stattfindet. Die Aufsichtsbehörden müssen allerdings sicherstellen, dass die Stelle in einem anderen Staat oder die supranationale Stelle einer vergleichbaren Schweigepflicht wie im Geldwäschegesetz unterliegt. Mit der Formulierung des Gesetzgebers („weitgehend entspricht") ist keine identische Regelung über die Verschwiegenheit erforderlich. Eine zu formale Vergleichbarkeit wäre ohnehin aufgrund der unterschiedlichen Rechtsordnungen kaum möglich.[42] Die Aufsichtsbehörden müssen zudem darauf hinweisen, dass die Tatsachen nur zu dem Zweck verwendet werden dürfen, zu dessen Erfüllung die Informationen übermittelt worden sind. Die Anforderungen müssen von den Aufsichtsbehörden besorgt werden, da der deutsche Gesetzgeber keine rechtlichen Grundlagen hat, die ausländischen Stellen zu einer vergleichbaren Verschwiegenheit zu verpflichten.[43]

25

IV. Folgen bei Verletzung der Verschwiegenheitspflicht

Die Verletzung der Verschwiegenheitspflicht kann **zivilrechtliche Haftungsansprüche** auslösen. Der § 54 GwG weist einen Individualschutzcharakter auf und

26

---

39 EuGH (Gr. Kammer), Urt. v. 19.6.2018 – C-15/16 (BaFin/Baumeister), NJW 2018, 2615, 2618; siehe auch ausführlich BVerwG, NVwZ 2019, 1840.

40 EuGH (Gr. Kammer), Urt. v. 19.6.2018 – C-15/16 (BaFin/Baumeister), NJW 2018, 2615, 2618.

41 BT-Drs. 18/11555, S. 162.

42 Vgl. *Lindemann*, in: Boos/Fischer/Schulte-Mattler, KWG/CRR-VO, § 9 KWG Rn. 25.

43 Vgl. *Lindemann*, in: Boos/Fischer/Schulte-Mattler, KWG/CRR-VO, § 9 KWG Rn. 24.

stellt daher ein Schutzgesetz im Sinne des § 823 Abs. 2 BGB dar. Kann eine Amtspflichtverletzung nach § 839 BGB festgestellt werden, so bestehen Ansprüche nach § 839 BGB i.V.m. Art. 34 GG gegen die Körperschaft. Der Amtsträger kann von der Körperschaft gem. Art. 34 Satz 2 GG in Regress genommen werden, wenn er grob fahrlässig oder vorsätzlich gehandelt hat. Darüber hinaus können dem Schädiger disziplinar- und arbeitsrechtliche Konsequenzen drohen.

27 **Strafrechtliche Sanktionen** können sich aus §§ 203 Abs. 2 und 204 StGB ergeben, wenn vorsätzlich ein Privat-, Betriebs- oder Geschäftsgeheimnis unbefugt offenbart oder verwertet wurde. Es handelt sich dabei um eine Straftat, die auf Antrag des Verletzten nach § 205 StGB verfolgt wird und mit Freiheitsstrafe bis zu zwei Jahren oder Geldstrafe geahndet werden kann. Daneben ist auch eine Strafbarkeit wegen Verletzung des Dienstgeheimnisses nach § 353b StGB denkbar.

§ 55 Zusammenarbeit mit anderen Behörden

(1) Die Aufsichtsbehörden arbeiten zur Verhinderung und zur Bekämpfung von Geldwäsche und von Terrorismusfinanzierung bei der Wahrnehmung ihrer Aufgaben nach § 51 untereinander sowie mit den in § 54 Absatz 3 genannten Stellen umfassend zusammen. Im Rahmen dieser Zusammenarbeit sind die Aufsichtsbehörden verpflichtet, einander von Amts wegen und auf Ersuchen Informationen einschließlich personenbezogener Daten und die Ergebnisse der Prüfungen zu übermitteln, soweit deren Kenntnis für die Erfüllung der Aufgaben der Aufsichtsbehörden nach § 51 erforderlich ist. Die zuständige Aufsichtsbehörde übermittelt im Einzelfall von Amts wegen sämtliche Informationen an die zuständige Verwaltungsbehörde, soweit diese für die Erfüllung der Aufgaben der Verwaltungsbehörde erforderlich sind. Bei Anhaltspunkten für strafrechtliche Verstöße informieren die Aufsichtsbehörden unverzüglich die zuständigen Strafverfolgungsbehörden.

(2) Die nach § 155 Absatz 2 der Gewerbeordnung in Verbindung mit dem jeweiligen Landesrecht nach § 14 Absatz 1 der Gewerbeordnung zuständigen Behörden übermitteln auf Ersuchen den nach § 50 Nummer 9 zuständigen Aufsichtsbehörden kostenfrei die Daten aus der Gewerbeanzeige gemäß den Anlagen 1 bis 3 der Gewerbeanzeigenverordnung über Verpflichtete nach § 2 Absatz 1, soweit die Kenntnis dieser Daten zur Wahrnehmung der Aufgaben der Aufsichtsbehörden nach § 51 erforderlich ist.

(3) Die Registerbehörde nach § 11a Absatz 1 der Gewerbeordnung übermittelt auf Ersuchen den nach § 50 Nummer 9 zuständigen Aufsichtsbehörden kostenfrei die in § 6 der Finanzanlagenvermittlungsverordnung und die in § 8 der Versicherungsvermittlungsverordnung genannten Daten, soweit die Kenntnis dieser Daten zur Wahrnehmung der Aufgaben der Aufsichtsbehörden nach § 51 erforderlich ist.

(4) Weitergehende Befugnisse der Aufsichtsbehörden zur Verarbeitung von personenbezogenen Daten nach anderen Rechtsvorschriften bleiben unberührt.

(5) In grenzüberschreitenden Fällen koordinieren die zusammenarbeitenden Aufsichtsbehörden und die in § 54 Absatz 3 genannten Stellen ihre Maßnahmen. Unterhält ein Verpflichteter, der seinen Sitz in einem anderen Mitgliedstaat der Europäischen Union hat, eine oder mehrere Zweigstellen oder Zweigniederlassungen in Deutschland, so arbeiten die in Satz 1 genannten Aufsichtsbehörden und Stellen mit den zuständigen Behörden des Mitgliedstaats zusammen, in dem der Verpflichtete seinen Hauptsitz hat.

(6) Soweit die Aufsichtsbehörden die Aufsicht über die Verpflichteten nach § 2 Absatz 1 Nummer 1 bis 3 und 6 bis 9 ausüben, stellen sie der Europäi-

schen Bankenaufsichtsbehörde auf deren Verlangen alle Informationen zur Verfügung, die erforderlich sind zur Durchführung von ihren Aufgaben aufgrund der Richtlinie (EU) 2015/849 sowie der Verordnung (EU) Nr. 1093/2010 des Europäischen Parlaments und des Rates vom 24. November 2010 zur Errichtung einer Europäischen Aufsichtsbehörde (Europäische Bankenaufsichtsbehörde), zur Änderung des Beschlusses Nr. 716/2009/EG und zur Aufhebung des Beschlusses 2009/78/EG der Kommission (ABl. L 331 vom 15.12.2010, S. 12). Die Informationen sind zur Verfügung zu stellen nach Maßgabe des Artikels 35 der Verordnung (EU) Nr. 1093/2010.

(6a) Die zuständigen Aufsichtsbehörden unterrichten die Europäische Bankenaufsichtsbehörde über Fälle, in denen bei Verpflichteten nach § 2 Absatz 1 Nummer 1 bis 3 und 6 bis 9, die Mutterunternehmen einer Gruppe sind, eine Umsetzung der in § 9 Absatz 1 Satz 2 Nummer 1, 3 und 4 genannten Maßnahmen nach dem Recht des Drittstaates nicht zulässig ist.

(6b) Die Aufsichtsbehörde nach § 50 Nummer 1 dient in Kooperation mit den weiteren Aufsichtsbehörden nach § 50 Nummer 2 und 9 als Kontaktstelle für die Europäische Bankenaufsichtsbehörde hinsichtlich der Verpflichteten nach § 2 Absatz 1 Nummer 1 bis 3 und 6 bis 9.

(7) Dem Informationsaustausch mit den zuständigen Aufsichtsbehörden anderer Mitgliedstaaten der Europäischen Union stehen nicht entgegen:

1. ein Bezug des Ersuchens zu steuerlichen Belangen,

2. Vorgaben des nationalen Rechts, nach denen die Verpflichteten die Vertraulichkeit oder Geheimhaltung zu wahren haben, außer in Fällen, in denen

   a) die einschlägigen Informationen, auf die sich das Ersuchen bezieht, durch ein Zeugnisverweigerungsrecht geschützt werden oder

   b) ein Berufsgeheimnis gemäß § 43 Absatz 2 Satz 1 greift,

3. die Anhängigkeit eines Ermittlungsverfahrens, einer Untersuchung oder eines Verfahrens in dem ersuchenden Mitgliedstaat, es sei denn, das Ermittlungsverfahren, die Untersuchung oder das Verfahren würde durch die Amtshilfe beeinträchtigt,

4. Unterschiede in der Art und Stellung der ersuchenden und der ersuchten Behörde.

(8) Die zuständigen Aufsichtsbehörden gemäß § 50 Nummer 1 und 2 können mit den zuständigen Behörden von Drittstaaten, die diesen zuständigen Aufsichtsbehörden entsprechen, Kooperationsvereinbarungen zur Zusammenarbeit und zum Austausch von Tatsachen im Sinne von § 54 Absatz 1 schließen. Solche Kooperationsvereinbarungen werden auf Basis der Gegenseitigkeit und nur dann geschlossen, wenn gewährleistet ist, dass die

übermittelten Tatsachen zumindest den in § 54 Absatz 1 enthaltenen Anforderungen unterliegen. Die gemäß diesen Kooperationsvereinbarungen weitergegebenen Tatsachen müssen der Erfüllung der aufsichtsrechtlichen Aufgaben dieser Behörden dienen. § 54 Absatz 4 gilt entsprechend.

Schrifttum: *Lang/Noll*, Vierte europäische Geldwäsche-Richtlinie und neue Geldtransfer-Verordnung verabschiedet, BaFin Journal v. 15.6.2015; *Taeger/Gabel*, DSGVO – BDSG, 3. Aufl. 2019.

Übersicht

I. Allgemeines

§ 55 GwG setzt die Art. 49 ff. der Vierten EU-Geldwäscherichtlinie [1] um und re-   **1**
gelt die nationale, europäische sowie grenzüberschreitende Zusammenarbeit der Aufsichtsbehörden. [2] Geldwäsche und Terrorismusfinanzierung sind globale Phänomene, die nicht an Landesgrenzen enden. Zur effektiven Bekämpfung ist daher eine übergreifende Zusammenarbeit erforderlich. § 55 GwG ist teilweise angelehnt an § 16a GwG a. F., so entspricht § 55 Abs. 6 GwG dem § 16a Abs. 2 GwG a. F. in der Fassung vor der GwG-Novelle 2017. Mit dem Gesetz zur Um-

---

1 Richtlinie 2015/849/EU des Europäischen Parlaments und des Rates v. 20.5.2015 zur Verhinderung der Nutzung des Finanzsystems zum Zwecke der Geldwäsche und der Terrorismusfinanzierung, zur Änderung der Verordnung (EU) Nr. 648/2012 des Europäischen Parlaments und des Rates und zur Aufhebung der Richtlinie 2005/60/EG des Europäischen Parlaments und des Rates und der Richtlinie 2006/70/EG der Kommission (Vierte EU-Geldwäscherichtlinie).
2 BT-Drs. 18/11555, S. 163.

setzung der Änderungsrichtlinie zur Vierten EU-Geldwäscherichtlinie[3] wurde § 55 GwG weiter modifiziert, so wurden Abs. 1 Satz 3, Abs. 5 Satz 2 und zwei weitere Absätze (Abs. 7 und Abs. 8) ergänzt. Die letzte Änderung der Vorschrift betraf die Einführung von Abs. 6a und b.[4]

2 § 55 Abs. 1 GwG regelt den Grundsatz der umfassenden Zusammenarbeit der Aufsichtsbehörden in Deutschland sowie mit den in § 54 Abs. 3 GwG genannten Stellen bei der Verhinderung und Bekämpfung von Geldwäsche und Terrorismusfinanzierung. In den folgenden Absätzen wird dann der Austausch von Daten aus der Gewerbeanzeige (Abs. 2) und dem Vermittlerregister (Abs. 3) sowie die weiteren Befugnisse der Aufsichtsbehörden zur Datenverarbeitung (Abs. 4) geregelt.

3 Die Absätze 5, 6, 6a und b widmen sich der grenzüberschreitenden Zusammenarbeit der Aufsichtsbehörden sowie der Informationsweitergabe an die Europäische Bankenaufsicht. Ohne eine solche grenzübergreifende Koordination und Zusammenarbeit hätten Maßnahmen gegen Geldwäsche und Terrorismusfinanzierung häufig nur sehr begrenzte Wirkung.[5]

4 In Abs. 7 findet sich nun eine Regelung Amtshilfeersuchen anderer Mitgliedstaaten, welche Art. 1 Nr. 32 der Änderungsrichtlinie umsetzt.[6] Abs. 8 regelt den Abschluss von Kooperationsvereinbarungen zum Zwecke des Informationsaustauschs der Aufsichtsbehörde nach § 50 Nr. 1 und 2 mit entsprechenden Aufsichtsbehörden in Drittstaaten.[7]

II. Zusammenarbeit und Informationsaustausch der Aufsichtsbehörden (§ 55 Abs. 1)

5 § 55 Abs. 1 GwG normiert in Satz 1 die grundsätzliche Pflicht der Aufsichtsbehörden bei der Wahrnehmung ihrer Aufgaben nach § 51 GwG sowohl untereinander als auch mit den in § 54 Abs. 3 GwG genannten Stellen, d. h. insbesondere mit den Strafverfolgungsbehörden sowie der Zentralstelle für Finanztransaktionsuntersuchungen **umfassend zusammenzuarbeiten** (vgl. auch zu den zuständigen Gerichten sowie Behörden für Ordnungswidrigkeiten → § 54 Rn. 20). Damit wird entsprechend des Art. 49 der Vierten EU-Geldwäscherichtlinie die nationale Zusammenarbeit der Aufsichtsbehörden sichergestellt.[8]

---

3 BGBl. I 2019, S. 2602 ff.
4 BGBl. I 2021, S. 2083.
5 Vierte EU-Geldwäscherichtlinie, ErwG 4.
6 BT-Drs. 19/13827, S. 105; BR-Drs. 352/19, S. 117.
7 BT-Drs. 19/13827, S. 105; BR-Drs. 352/19, S. 117.
8 Vierte EU-Geldwäscherichtlinie, ErwG 54.

§ 55 Abs. 1 Satz 2 GwG konkretisiert im Folgenden die Zusammenarbeit. Hier   **6**
ist geregelt, dass die Aufsichtsbehörden Informationen auf Ersuchen oder von
Amts wegen anderen Aufsichtsbehörden zur Verfügung zu stellen haben. Informationen erfassen auch personenbezogene Daten und Ergebnisse von Prüfungen. Diese Pflicht betrifft daher insbesondere die aus Vor-Ort-Prüfungen und anderen Maßnahmen erlangten Erkenntnisse.[9]

Dem Wortlaut folgend soll der Informationsaustausch grundsätzlich nur zulässig   **7**
sein, soweit die Kenntnis der Information für die Erfüllung der Aufgaben der
Aufsichtsbehörden nach § 51 GwG (siehe → § 51 Rn. 6 ff.) erforderlich ist. Welche Anforderungen an die Erforderlichkeit zu stellen sind, beantwortet das Gesetz nicht. Aus der Gesetzesbegründung ergibt sich, dass die Information lediglich erforderlich erscheinen muss,[10] was auf ein subjektives Verständnis schließen lässt. Es liegt daher nahe, für die **Erforderlichkeit** einen ähnlichen Maßstab
wie bei § 7 KWG anzulegen. Demnach genügt es grundsätzlich, wenn die Aufsichtsbehörde von der Notwendigkeit der Informationsübermittlung nach eigener Erfahrung und Einschätzung überzeugt ist, die Erforderlichkeit muss nicht
objektiv feststehen.[11]

Vor dem Hintergrund, dass die vorliegende Regelung auch **personenbezogene**   **8**
Daten erfasst, ist allerdings zu fordern, dass das Merkmal der Erforderlichkeit
zumindest in diesem Zusammenhang eng ausgelegt wird. Dieses Verständnis
lehnt sich an die Anforderungen des (subsidiären) § 25 BDSG an, wonach Daten
von öffentlichen Stellen des Bundes nur dann übermittelt werden dürfen, wenn
es für die den Behörden obliegenden Aufgaben erforderlich ist. Es genügt daher
nicht, dass die Übermittlung der Daten lediglich geeignet oder zweckmäßig ist,
vielmehr muss es der Aufsichtsbehörde ohne die Übermittlung unmöglich sein,
ihre gesetzlichen Aufgaben zu erfüllen bzw. muss sie davon nach eigener Erfahrung und Einschätzung überzeugt sein.[12]

Nach § 55 Abs. 1 Satz 3 übermitteln die Aufsichtsbehörden von Amts wegen In-   **9**
formationen an die für Bußgeldsachen zuständigen Verwaltungsbehörden, soweit diese Informationen für die Erfüllung der Aufgaben durch die Verwaltungsbehörde erforderlich sind. Die Regelung zielt in erster Linie darauf ab, die Datenübermittlung in denjenigen Fällen sicherzustellen, in denen die zuständige
Verwaltungsbehörde nach spezialgesetzlichen Regelungen (vgl. § 56 Abs. 5
GwG, § 133d Wirtschaftsprüferordnung) oder allgemeinen Zuständigkeitsre-
geln (§ 36 OWiG) von der Aufsichtsbehörde abweicht. Für die Erforderlichkeit

---

9 Vgl. BT-Drs. 18/11555, S. 163.
10 BT-Drs. 18/115555, S. 163.
11 *Lindemann,* in: Boos/Fischer/Schulte-Mattler, KWG/CRR-VO, § 7 KWG Rn. 8.
12 *Dammann,* in: Simitis, BDSG, § 15 Rn. 11; *Rose,* in: Taeger/Gabel, DSGVO BDSG,
   § 25 Rn. 10.

gelten oben genannte Grundsätze (vgl. → Rn. 7 und 8), wobei hier regelmäßig von einer Erforderlichkeit auszugehen sein wird.

10   § 55 Abs. 1 Satz 4 dient der Umsetzung von Art. 1 Nr. 38 der Änderungsrichtlinie. Eine Regelung für die Weiterleitung von der Aufsichtsbehörde an die Strafverfolgungsbehörde war erforderlich, da § 41 OWiG nur die Verwaltungsbehörden und nicht die Aufsichtsbehörden erfasst. Maßgebend für die Weiterleitung sind Anhaltspunkte für strafrechtliche Verstöße. Damit liegt die Schwelle unter dem strafrechtlichen Anfangsverdacht im Sinne des § 152 Abs. 2 StPO, der zureichende tatsächliche Anhaltspunkte verlangt. Ob die von der Aufsichtsbehörde ermittelten Anhaltspunkte zureichend sind, obliegt dann der Prüfung der Strafverfolgungsbehörde.

III. Kostenfreie Registerauskunft (§ 55 Abs. 2 und 3 GwG)

11   Damit die Aufsichtsbehörden für den Nichtfinanzsektor, d. h. die jeweils nach Bundes- oder Landesrecht zuständigen Stellen nach § 50 Nr. 9 GwG (siehe → § 50 Rn. 22), eine wirksame und risikoorientierte Aufsicht ausüben können, benötigen sie zunächst Kenntnis über alle in ihrem örtlichen Bereich ansässigen Verpflichteten. Entsprechend § 14 Abs. 9 Gewerbeordnung (GewO) wurde mit § 55 Abs. 2 GwG eine „andere Rechtsvorschrift" geschaffen, die den jeweiligen Aufsichtsbehörden die Befugnis einräumt, auf Ersuchen **kostenfrei Auskunft aus dem kommunalen Gewerberegister** zu erhalten.[13] Von der Auskunft erfasst sind alle Daten aus der Gewerbeanzeige, soweit die Kenntnis dieser Daten für die Wahrnehmung der Aufgaben der Aufsichtsbehörde erforderlich ist. Eine Beschränkung der Daten ist daher grundsätzlich möglich, praktisch aber schwer umzusetzen.[14]

12   Die Daten werden nur auf Ersuchen der Aufsichtsbehörde mitgeteilt, eine Datenübermittlung ex officio findet nicht statt. Ersuche können allerdings in **Sammelabfragen** gebündelt werden. Da die Aufsichtsbehörden nach § 50 Nr. 9 GwG bei der Ausführung der Aufsicht im Sinne des § 51 GwG dem risikobasierten Ansatz verpflichtet sind, können sie bei den Sammelanfragen diesem gemäß Schwerpunkte setzen. So ist es möglich Daten entsprechend dem Risikoprofil der Verpflichteten, den besonderen Risiken in gewissen Branchen oder auch Regionen oder aber orientiert an aktuellen Entwicklungen gesammelt abzufragen.[15]

13   Da es den Aufsichtsbehörden nicht möglich ist über den im Internet öffentlich zugänglichen Teil des Vermittlerregisters Auskunft über die in dem Bezirk täti-

---

13 Vgl. BT-Drs. 18/11555, S. 163.
14 So auch *Barreto da Rosa*, in: Herzog, GwG, § 55 Rn. 5.
15 Vgl. BT-Drs. 18/11555, S. 163.

gen Finanzanlagen- und Versicherungsvermittler zu erhalten, statuiert § 55 Abs. 3 GwG das Recht, z. B. unter Angabe einer Postleitzahl, kostenfrei Auskunft aus dem **Vermittlerregister (§ 11a GewO)** zu ersuchen, soweit dies zur Wahrnehmung der Aufsicht erforderlich ist.[16]

IV. Weitergehende Befugnisse (§ 55 Abs. 4 GwG)

§ 55 Abs. 4 GwG stellt klar, dass weitergehende Befugnisse der Aufsichtsbehörden zur Verarbeitung personenbezogener Daten nach anderen Rechtsvorschriften von § 55 GwG unberührt bleiben, der § 55 GwG mithin die Zusammenarbeit mit anderen Behörden nicht abschließend normiert.[17] Daher kann grundsätzlich neben der spezialgesetzlichen Regelung des § 55 GwG auch auf die **allgemeinen Instrumente der Amts- und Rechtshilfe** nach dem VwVfG bzw. der entsprechenden landesrechtlichen Vorschrift zurückgegriffen werden. Zu beachten ist in diesem Zusammenhang die Rechtsprechung zur gesetzesinkongruenten[18] Amtshilfe, wonach sich etwaige Amtshilfeverbote oder -beschränkungen bei der Zusammenarbeit von Behörden innerhalb Deutschlands, auf welche (formal) jeweils anderes Verfahrensrecht anwendbar ist, nach dem auf die ersuchte Behörde anwendbaren Recht bestimmen.[19]   **14**

V. Zusammenarbeit in grenzüberschreitenden Fällen (§ 55 Abs. 5 GwG)

Mit der Vierten EU-Geldwäscherichtlinie fanden explizite Vorgaben für die Geldwäscheaufsicht in grenzüberschreitenden Fällen Eingang ins GwG. Gemäß § 55 Abs. 5 Satz 1 GwG haben die zuständigen Aufsichtsbehörden und die in § 54 Abs. 3 GwG genannten Stellen zunächst ihre Maßnahmen innerhalb von Deutschland zu koordinieren, bevor Behörden anderer Staaten kontaktiert werden.[20] § 55 Abs. 5 Satz 2 dient der Umsetzung von Art. 48 Abs. 5 der Vierten EU-Geldwäscherichtlinie. Danach haben die zuständigen Behörden des Mitgliedstaats, in dem der Verpflichtete Niederlassungen unterhält, mit den zuständigen Behörden des Mitgliedstaats, in dem der Verpflichtete seinen Hauptsitz hat, zum Zwecke einer wirksamen Aufsicht zusammenzuarbeiten. Mit Sitz im Sinne des Abs. 5 Satz 2 ist der Hauptsitz oder die Hauptniederlassung gemeint.[21]   **15**

---

16 BT-Drs. 18/11555, S. 163.
17 BT-Drs. 18/11555, S. 163.
18 *Schmitz*, in: Stelkens/Bonk/Sachs, VwVfG, § 4 Rn. 21.
19 BVerwG, NVwZ 1986, 467.
20 BT-Drs. 18/11555, S. 163.
21 BT-Drs. 19/13827, S. 105; BR-Drs. 352/19, S. 117.

16 Niederlassungen von Verpflichteten haben demnach die Geldwäschevorschriften des jeweiligen Mitgliedstaates einzuhalten.[22] Für die Geldwäscheaufsicht über diese Niederlassungen ist die Aufsichtsbehörde des Aufnahmemitgliedstaates zuständig, wobei sie auch Prüfungen vor Ort und externe Überwachungen durchführen und bei schweren Verstößen gegen das Geldwäschegesetz geeignete und verhältnismäßige Maßnahmen ergreifen darf, siehe auch Art. 48 Abs. 4 Vierte EU-Geldwäscherichtlinie.[23] Vor dem Hintergrund, dass die europäischen Vorgaben nur Mindeststandards enthalten, jeder Mitgliedstaat also darüber hinaus frei in der Umsetzung ist, birgt dies insbesondere bei gruppenweiten Standards die Gefahr einer unterschiedlichen Handhabung der Aufsichtsbehörden am Standort des Hauptsitzes und der Niederlassungen.[24]

17 Die zuständige Behörde des Aufnahmemitgliedstaates sollte daher eng mit der zuständigen Behörde des Herkunftsmitgliedstaates zusammenarbeiten. Dies umfasst auch die Informationsweitergabe über alle Sachverhalte, die die Bewertung der Aufsichtsbehörde des Herkunftsmitgliedstaates in Bezug auf die Befolgung der gruppenweiten Strategien und Verfahren zur Bekämpfung von Geldwäsche und Terrorismusfinanzierung beeinflussen könnten.[25]

18 § 55 GwG statuiert damit eine **enge grenzüberschreitende Zusammenarbeit zwischen Aufnahme- und Herkunftslandaufsicht**, wobei die zusammenarbeitenden Aufsichtsbehörden und Strafverfolgungsbehörden ihre Maßnahmen in allen grenzüberschreitenden Fällen untereinander abstimmen müssen. So fordern auch die Europäischen Aufsichtsbehörden in ihrer gemeinsamen Leitlinie,[26] dass die zuständigen Aufsichtsbehörden kooperieren und alle relevanten Informationen unverzüglich austauschen, um eine effiziente Geldwäscheaufsicht der Verpflichteten gewährleisten zu können. Die justizielle Zusammenarbeit in Strafsachen sollte dabei rasch, konstruktiv und wirksam eine möglichst weitreichende grenzüberschreitenden Zusammenarbeit sicherstellen; es sollte ebenfalls gewährleistet sein, dass die Aufsichtsbehörden Informationen mit den zentralen Meldestellen von Drittländern frei, spontan oder auf Antrag austauschen.[27]

---

22 *Lang/Noll*, Vierte europäische Geldwäsche-Richtlinie und neue Geldtransfer-Verordnung verabschiedet, BaFin Journal v. 15.6.2015, S. 3.
23 Vierte EU-Geldwäscherichtlinie, ErwG 53.
24 *Gabriel*, in: BeckOK GwG, 7. Edition, Stand: 1.9.2021, § 55 Rn. 13.
25 Vierte EU-Geldwäscherichtlinie, ErwG 53.
26 Joint Guidelines on the characteristics of a risk-based approach to anti-money laundering and terrorist financing supervision, and the steps to be taken when conducting supervision on a risk-sensitive basis (The Risk-Based Supervision Guidelines), ESAs, v. 16.11.2016, S. 12.
27 Vierte EU-Geldwäscherichtlinie, ErwG 58.

     Breit

VI. Informationsweitergabe an die Europäische Bankenaufsichtsbehörde (§ 55 Abs. 6 GwG)

In Anlehnung an § 55 Abs. 1 GwG, der eine Informationsweitergabe innerhalb **19** der nationalen Behörden zur Wahrnehmung ihrer Aufgaben nach § 51 GwG vorsieht, ordnet § 55 Abs. 6 GwG an, dass die Aufsichtsbehörden der Europäischen Bankenaufsichtsbehörde (EBA) alle Informationen zur Verfügung zu stellen haben. Die zuvor vorgesehene Zuständigkeit der drei Europäischen Aufsichtsbehörden (EBA, EIOPA und ESMA)[28] ist damit durch die Umsetzung des Transparenzregister und Finanzinformationsgesetz (TraFinG)[29] reduziert worden.

Der Anwendungsbereich der Informationsweitergabe wird speziell auf die für **20** die Aufsicht des Finanzsektors, d.h. der Verpflichteten nach § 2 Abs. 1 Nr. 1–3 und 6–9 GwG zuständigen Aufsichtsbehörden beschränkt.[30] In Deutschland richtet sich § 55 GwG demnach primär an die Bundesanstalt für Finanzdienstleistungsaufsicht (BaFin). Daneben fallen jedoch auch andere Aufsichtsbehörden in den Anwendungsbereich, so etwa die (insbesondere für den Nichtfinanzsektor) nach Landesrecht berufenen zuständigen Stellen (siehe → § 50 Rn. 27).

Die Informationsweitergabe erstreckt sich auf alle Daten, die erforderlich sind, **21** damit die Europäische Bankenaufsicht ihre Aufgaben nach den sie errichtenden und mit Aufgaben betrauenden Verordnungen (EU) Nr. 1093/2010 (Errichtung EBA) sowie der Fünften Geldwäscherichtlinie[31] wahrnehmen kann (wie etwa Ermittlung und Messung des Systemrisikos, Bewertung von Marktentwicklungen oder vergleichende Analysen). Die Art und Weise, wie die Informationen zur Verfügung gestellt werden sollen, wird in Art. 35 der vorgenannten Verordnung festgelegt. Demnach kann die Europäische Bankenaufsicht verlangen, dass ihr die Informationen in regelmäßigen Abständen und in vorgegebenen Formaten zur Verfügung gestellt werden. Für diese Gesuche verwendet sie, soweit möglich, standardisierte Berichtsformate.

---

28 EBA: Europäische Bankenaufsichtsbehörde, EIOPA: Europäische Aufsichtsbehörde für das Versicherungswesen und die betriebliche Altersvorsorge und ESMA: Europäische Wertpapier- und Marktaufsichtsbehörde.
29 BGBl. I 2021, S. 2083.
30 Vgl. BT-Drs. 18/11555, S. 163.
31 Richtlinie (EU) 2018/843 des europäischen Parlaments und des Rates vom 30. Mai 2018 zur Änderung der Richtlinie (EU) 2015/849 zur Verhinderung der Nutzung des Finanzsystems zum Zwecke der Geldwäsche und der Terrorismusfinanzierung und zur Änderung der Richtlinien 2009/138/EG und 2013/36/EU (Fünfte Geldwäscherichtlinie).

VII. Unterrichtungspflicht an die Europäische Bankenaufsicht (§ 55 Abs. 6a GwG)

22 Der neu eingefügte § 55 Abs. 6a GwG dient der Umsetzung der Richtlinie (EU) 2019/2177. Mit dieser erfolgte die Einführung einer Unterrichtungspflicht an die Europäische Bankenaufsichtsbehörde für zuständige Aufsichtsbehörden. Demnach haben die zuständigen Aufsichtsbehörden die Europäische Aufsichtsbehörde davon zu unterrichten, wenn bei Verpflichteten nach § 2 Abs. 1 Nr. 1–3 und 6–9 GwG, die Mutterunternehmen einer Gruppe sind, eine Umsetzung der in § 9 Abs. 1 Satz 2 Nr. 1, 3 und 4 GwG genannten Maßnahmen nach dem Recht des Drittstaates nicht zulässig ist. Dies erfasst damit die Einrichtung von einheitlichen internen Sicherungsmaßnahmen nach § 6 Abs. 2 GwG, die Schaffung von Verfahren für den Informationsaustausch innerhalb der Gruppe zur Verhinderung von Geldwäsche und von Terrorismusfinanzierung sowie die Schaffung von Vorkehrungen zum Schutz von personenbezogenen Daten.

23 Eine Unterrichtung der Europäischen Bankenaufsichtsbehörde über zusätzlich getroffene Maßnahmen im Sinne des § 9 Abs. 3 Nr. 1 GwG ist nicht erforderlich. Der Ausgestaltung von § 9 Abs. 3 GwG entspricht die Begrenzung auf Verpflichtete nach § 2 Abs. 1 Nr. 1–3 und 6–9 GwG, die zugleich Mutterunternehmen einer Gruppe sind.

VIII. Ansprechpartner für die Europäische Bankenaufsicht (§ 55 Abs. 6b GwG)

24 § 55 Abs. 6b GwG bestimmt die Kontaktstelle für die Europäische Bankenaufsichtsbehörde. Diese Funktion erfüllt primär die BaFin, soweit erforderlich in Kooperation mit weiteren Aufsichtsbehörden. Die Begrenzung der Kontaktstellenfunktion auf Verpflichtete nach § 2 Abs. 1 Nr. 1–3 und 6–9 GwG resultiert aus den begrenzten Befugnissen der Europäischen Bankenaufsichtsbehörde.[32]

IX. Keine Hinderungsgründe für die Informationsweitergabe (§ 55 Abs. 7 GwG)

25 § 55 Abs. 7 setzt Art. 1 Nr. 32 der Änderungsrichtlinie um.[33] Hiernach dürfen Amtshilfeersuchen anderer Mitgliedstaaten von den zuständigen Aufsichtsbehörden nicht unter Verweis auf die dort genannten Gründe abgelehnt werden.

---

32 BT-Drs. 19/28164, S. 57.
33 BT-Drs. 19/13827, S. 106.

So steht dem Informationsaustausch mit den zuständigen Aufsichtsbehörden an- 26
derer Mitgliedstaaten der Europäischen Union ein Bezug des Ersuchens zu steuerlichen Belangen nicht entgegen (Abs. 7 Nr. 1). Auch Vorgaben des nationalen
Rechts, nach denen die Verpflichteten die Vertraulichkeit oder Geheimhaltung
zu wahren haben steht dem Austausch grundsätzlich nicht entgegen (Abs. 7
Nr. 2). Eine Ausnahme gibt es allerdings für Fälle, in denen die einschlägigen
Informationen, auf die sich das Ersuchen bezieht, durch ein Zeugnisverweigerungsrecht geschützt wird (Abs. 7 Nr. 2a) oder ein Berufsgeheimnis gemäß § 43
Abs. 2 Satz 1 GwG besteht (abs. 7 Nr. 2b). Geschützt ist damit der Personenkreis, für den gemäß § 203 Abs. 1 Nr. 3 StGB eine strafbewehrte Verschwiegenheitspflicht besteht, also Rechtsanwälte, Kammerrechtsbeistände, Patentanwälte, Notare, Wirtschaftsprüfer, vereidigte Buchprüfer, Steuerberater, Steuerbevollmächtigte und Lohnsteuerhilfeverein (vgl. → § 43 Rn. 54). Einem Informationsaustausch nicht entgegen steht allerdings die Anhängigkeit eines
Ermittlungsverfahrens, einer Untersuchung oder eines Verfahrens in dem ersuchenden Mitgliedstaat, es sei denn, das Ermittlungsverfahren, die Untersuchung oder das Verfahren würde durch die Amtshilfe beeinträchtigt (Abs. 7
Nr. 3). Gleiches gilt für Unterschiede in der Art und Stellung der ersuchenden
und der ersuchten Behörde (Abs. 7 Nr. 4).

X. Kooperationsvereinbarungen mit Drittstaaten (§ 55 Abs. 8 GwG)

§ 55 Abs. 8 GwG dient der Umsetzung von Art. 1 Nr. 37 der Änderungsrichtli- 27
nie bzw. von Art. 57a Abs. 5 in der Fassung der Änderungsrichtlinie und regelt
den Abschluss von Kooperationsvereinbarungen zum Zwecke des Informationsaustauschs der Aufsichtsbehörde nach § 50 Nr. 1 und 2 GwG mit entsprechenden Aufsichtsbehörden in Drittstaaten. Grenzüberschreitende Kooperationsvereinbarungen sind für ein effektives und schnelles Aufsichtshandeln notwendig, da Geldwäsche und Terrorismusfinanzierung häufig im Kontext grenzüberschreitender Sachverhalte stehen.[34] Bei Fällen mit internationalem Bezug ist es
wichtig, auf bestehende Kooperationsvereinbarungen zurückgreifen zu können,
die ein gemeinsames Verständnis beispielsweise von Definitionen, Arbeitspro-
zessen, Datenaustausch, Vor-Ort-Prüfungen oder Ansprechpartnern festlegen.
Kooperationsabsprachen entsprechen daher einer langjährigen und bewährten
Praxis.[35]

§ 55 Abs. 8 Satz 1 GwG regelt die generelle Möglichkeit der Kooperationsver- 28
einbarung zwischen den zuständigen Aufsichtsbehörden nach § 50 Nr. 1 und 2

---

34 BT-Drs. 19/13827, S. 106.
35 BT-Drs. 19/13827, S. 106.

GwG, also der BaFin sowie den zuständigen Aufsichtsbehörden für das Versicherungswesen und den Aufsichtsbehörden des Drittstaats zum Austausch von Tatsachen im Sinne des § 54 Abs. 1 GwG. Voraussetzung ist dabei zunächst, dass sich die Aufgabenbereiche der Behörden entsprechen.

29 In den folgenden Sätzen des Abs. 8 werden die weiteren Voraussetzungen für eine Kooperationsvereinbarung benannt: Die Kooperationsvereinbarung muss auf einer Gegenseitigkeit beruhen und es muss gewährleistet sein, dass die übermittelten Tatsachen zumindest den in § 54 Abs. 1 enthaltenen Anforderungen unterliegen, also die berechtigten Interessen des beaufsichtigten Verpflichteten oder Dritten an Geheimhaltung der Tatsachen gewahrt bleiben (§ 55 Abs. 8 Satz 2 GwG). Darüber hinaus ist die Kooperationsvereinbarung zweckgebunden. Sie muss der Erfüllung der aufsichtsrechtlichen Aufgaben dienen (§ 55 Abs. 8 Satz 3 GwG). Der in Abs. 8 Satz 4 enthaltene Verweis auf § 54 Abs. 4 GwG stellt sicher, dass die Verschwiegenheit auch bei der Weitergabe gewahrt bleibt, indem er diese nur unter Voraussetzung vergleichbarer Verschwiegenheitspflichten gestattet. Die deutsche Aufsichtsbehörde muss zudem bei der Weitergabe darauf hinweisen, dass diese Weitergabe zweckgebunden erfolgt und – sofern die Tatsachen aus einem anderen Staat stammen – die ausdrückliche Zustimmung der zuständigen Behörde einholen.

§ 56 Bußgeldvorschriften

Ordnungswidrig handelt, wer vorsätzlich oder leichtfertig

1. entgegen § 5 Absatz 1 Satz 1 Risiken nicht ermittelt oder nicht bewertet,

2. entgegen § 5 Absatz 2 Nummer 1 und Nummer 2 die Risikoanalyse nicht dokumentiert oder regelmäßig überprüft und gegebenenfalls aktualisiert,

3. entgegen § 6 Absatz 1 keine angemessenen geschäfts- und kundenbezogenen internen Sicherungsmaßnahmen schafft oder entgegen § 6 Absatz 1 Satz 3 die Funktionsfähigkeit der Sicherungsmaßnahmen nicht überwacht oder wer geschäfts- und kundenbezogene interne Sicherungsmaßnahmen nicht regelmäßig oder nicht bei Bedarf aktualisiert,

4. entgegen § 6 Absatz 4 keine Datenverarbeitungssysteme betreibt oder sie nicht aktualisiert,

5. einer vollziehbaren Anordnung nach § 6 Absatz 9 nicht nachkommt,

6. entgegen § 8 Absatz 1 und 2 eine Angabe, eine Information, Ergebnisse der Untersuchung, Erwägungsgründe oder eine nachvollziehbare Begründung des Bewertungsergebnisses nicht, nicht richtig oder nicht vollständig aufzeichnet oder aufbewahrt,

7. entgegen § 8 Absatz 4 Satz 1 eine Aufzeichnung oder einen sonstigen Beleg nicht fünf Jahre aufbewahrt,

8. entgegen § 9 Absatz 1 Satz 2, auch in Verbindung mit Absatz 4, keine gruppenweit einheitlichen Vorkehrungen, Verfahren und Maßnahmen schafft,

9. entgegen § 9 Absatz 1 Satz 3, auch in Verbindung mit Absatz 4, nicht die wirksame Umsetzung der gruppenweit einheitlichen Pflichten und Maßnahmen sicherstellt,

10. entgegen § 9 Absatz 2, auch in Verbindung mit Absatz 4, nicht sicherstellt, dass die in einem anderen Mitgliedstaat der Europäischen Union befindlichen gruppenangehörigen Unternehmen gemäß § 1 Absatz 16 Nummer 2 bis 4, die dort Pflichten zur Verhinderung von Geldwäsche und Terrorismusfinanzierung unterliegen, die geltenden nationalen Rechtsvorschriften zur Umsetzung der Richtlinie (EU) 2015/849 einhalten,

11. entgegen § 9 Absatz 3 Satz 2, auch in Verbindung mit Absatz 4, nicht sicherstellt, dass die in einem Drittstaat ansässigen Zweigstellen und gruppenangehörigen Unternehmen nach § 1 Absatz 16 Nummer 2 zusätzliche Maßnahmen ergreifen, um dem Risiko der Geldwäsche oder der Terrorismusfinanzierung wirksam zu begegnen, oder die nach § 50 zuständige Aufsichtsbehörde nicht über die getroffenen Maßnahmen informiert,

12. einer vollziehbaren Anordnung nach § 9 Absatz 3 Satz 3, auch in Verbindung mit Absatz 4, zuwiderhandelt,

13. entgegen § 9 Absatz 5 Satz 1 die in Absatz 1 Satz 2 Nummer 1, 3 und 4 genannten Maßnahmen nicht umsetzt,

14. entgegen § 9 Absatz 5 Satz 2 die in Absatz 1 Satz 2 Nummer 3 und 4 genannten Maßnahmen nicht umsetzt,

15. entgegen § 10 Absatz 1 Nummer 1 eine Identifizierung des Vertragspartners oder einer für den Vertragspartner auftretenden Person nicht, nicht richtig, nicht vollständig oder nicht in der vorgeschriebenen Weise vornimmt oder nicht prüft, ob die für den Vertragspartner auftretende Person hierzu berechtigt ist,

16. entgegen § 10 Absatz 1 Nummer 2 nicht prüft, ob der Vertragspartner für einen wirtschaftlich Berechtigten handelt,

17. entgegen § 10 Absatz 1 Nummer 2 den wirtschaftlich Berechtigten nicht identifiziert,

18. entgegen § 10 Absatz 1 Nummer 3 keine Informationen über den Zweck und die angestrebte Art der Geschäftsbeziehung einholt oder diese Informationen nicht bewertet,

19. entgegen § 10 Absatz 1 Nummer 4 nicht oder nicht richtig feststellt, ob es sich bei dem Vertragspartner oder bei dem wirtschaftlich Berechtigten um eine politisch exponierte Person, um ein Familienmitglied oder um eine bekanntermaßen nahestehende Person handelt,

20. entgegen § 10 Absatz 1 Nummer 5 die Geschäftsbeziehung, einschließlich der in ihrem Verlauf durchgeführten Transaktionen, nicht oder nicht richtig kontinuierlich überwacht,

21. entgegen § 10 Absatz 2 Satz 1 den konkreten Umfang der allgemeinen Sorgfaltspflichten nicht entsprechend dem jeweiligen Risiko der Geldwäsche oder Terrorismusfinanzierung bestimmt,

22. entgegen § 10 Absatz 2 Satz 4 oder entgegen § 14 Absatz 1 Satz 2 nicht darlegt, dass der Umfang der von ihm getroffenen Maßnahmen im Hinblick auf die Risiken der Geldwäsche und der Terrorismusfinanzierung als angemessen anzusehen ist,

23. entgegen § 10 Absatz 6 oder Absatz 6a den Sorgfaltspflichten nicht nachkommt,

24. entgegen § 10 Absatz 8 keine Mitteilung macht,

25. entgegen § 10 Absatz 9, § 14 Absatz 3 oder § 15 Absatz 9 in Verbindung mit § 15 Absatz 3 Nummer 1, 3 und 4 die Geschäftsbeziehung begründet, fortsetzt, sie nicht kündigt oder nicht auf andere Weise beendet oder die Transaktion durchführt,

                                          Breit

26. entgegen § 11 Absatz 1 Vertragspartner, für diese auftretenden Personen oder wirtschaftlich Berechtigte nicht rechtzeitig identifiziert,

27. entgegen § 11 Absatz 2 die Vertragsparteien, für diese auftretende Personen oder wirtschaftlich Berechtigte nicht oder nicht rechtzeitig identifiziert,

28. entgegen § 11 Absatz 3 Satz 2 keine erneute Identifizierung durchführt,

29. entgegen § 11 Absatz 4 Nummer 1 oder 2 die Angaben nicht oder nicht vollständig erhebt,

30. entgegen § 11 Absatz 5 Satz 1 zur Feststellung der Identität des wirtschaftlich Berechtigten dessen Namen nicht erhebt,

31. entgegen § 14 Absatz 2 Satz 2 nicht die Überprüfung von Transaktionen und die Überwachung von Geschäftsbeziehungen in einem Umfang sicherstellt, der es ermöglicht, ungewöhnliche oder verdächtige Transaktionen zu erkennen und zu melden,

32. entgegen § 15 Absatz 2 keine verstärkten Sorgfaltspflichten erfüllt,

33. entgegen § 15 Absatz 4 Satz 1 Nummer 1 in Verbindung mit Absatz 2 oder Absatz 3 Nummer 1 vor der Begründung oder Fortführung einer Geschäftsbeziehung nicht die Zustimmung eines Mitglieds der Führungsebene einholt,

34. entgegen § 15 Absatz 4 Satz 1 Nummer 2 in Verbindung mit Absatz 2 oder Absatz 3 Nummer 1 keine Maßnahmen ergreift,

35. entgegen § 15 Absatz 4 Satz 1 Nummer 3 in Verbindung mit Absatz 2 oder Absatz 3 Nummer 1 die Geschäftsbeziehung keiner verstärkten kontinuierlichen Überwachung unterzieht,

36. entgegen § 15 Absatz 5 Nummer 1 Buchstabe a bis f in Verbindung mit Absatz 3 Nummer 2 keine Informationen einholt,

37. entgegen § 15 Absatz 5 Nummer 2 in Verbindung mit Absatz 3 Nummer 2 nicht die Zustimmung eines Mitglieds der Führungsebene einholt,

38. entgegen § 15 Absatz 5 Nummer 3 in Verbindung mit Absatz 3 Nummer 2 die Geschäftsbeziehung nicht einer verstärkten Überwachung unterzieht,

39. entgegen § 15 Absatz 6 Nummer 1 in Verbindung mit Absatz 3 Nummer 3 die Transaktion nicht untersucht,

40. entgegen § 15 Absatz 6 Nummer 2 in Verbindung mit Absatz 3 Nummer 3 die zugrunde liegende Geschäftsbeziehung keiner verstärkten kontinuierlichen Überwachung unterzieht,

41. entgegen § 15 Absatz 7 Nummer 1 in Verbindung mit Absatz 3 Nummer 4 keine ausreichenden Informationen einholt,

42. entgegen § 15 Absatz 7 Nummer 2 in Verbindung mit Absatz 3 Nummer 4 nicht die Zustimmung eines Mitglieds der Führungsebene einholt,

43. entgegen § 15 Absatz 7 Nummer 3 in Verbindung mit Absatz 3 Nummer 4 die Verantwortlichkeiten nicht festlegt oder nicht dokumentiert,

44. entgegen § 15 Absatz 7 Nummer 4 oder Nummer 5 in Verbindung mit Absatz 3 Nummer 4 keine Maßnahmen ergreift,

45. entgegen § 15 Absatz 5a und 8 einer vollziehbaren Anordnung der Aufsichtsbehörde zuwiderhandelt,

46. entgegen § 16 Absatz 2 einen Spieler zum Glücksspiel zulässt,

47. entgegen § 16 Absatz 3 Einlagen oder andere rückzahlbare Gelder entgegennimmt,

48. entgegen § 16 Absatz 4 Transaktionen des Spielers an den Verpflichteten auf anderen als den in § 16 Absatz 4 Nummer 1 und 2 genannten Wegen zulässt,

49. entgegen § 16 Absatz 5 seinen Informationspflichten nicht nachkommt,

50. entgegen § 16 Absatz 7 Satz 1 Nummer 2 Transaktionen auf ein Zahlungskonto vornimmt,

51. entgegen § 16 Absatz 7 Satz 2 trotz Aufforderung durch die Aufsichtsbehörde den Verwendungszweck nicht hinreichend spezifiziert,

52. entgegen § 16 Absatz 8 Satz 3 die vollständige Identifizierung nicht oder nicht rechtzeitig durchführt,

53. entgegen § 17 Absatz 2 die Erfüllung der Sorgfaltspflichten durch einen Dritten ausführen lässt, der in einem Drittstaat mit hohem Risiko ansässig ist,

54. entgegen § 18 Absatz 3 Informationen nicht oder nicht rechtzeitig zur Verfügung stellt,

55. entgegen § 20 Absatz 1 Angaben zu den wirtschaftlich Berechtigten
    a) nicht einholt,
    b) nicht, nicht richtig oder nicht vollständig aufbewahrt,
    c) nicht auf aktuellem Stand hält oder
    d) nicht, nicht richtig, nicht vollständig oder nicht rechtzeitig der registerführenden Stelle mitteilt,

56. entgegen § 20 Absatz 2 seine Mitteilungspflicht nicht, nicht richtig, nicht vollständig oder nicht rechtzeitig erfüllt,

57. ohne von der mitteilungspflichtigen Vereinigung dazu ermächtigt worden zu sein, der registerführenden Stelle Angaben zu den wirtschaftlich Berechtigten zur Eintragung in das Transparenzregister elektronisch mitteilt,

58. entgegen § 20 Absatz 3 seine Mitteilungspflicht nicht, nicht richtig, nicht vollständig oder nicht rechtzeitig erfüllt,

59. entgegen § 20 Absatz 3a Satz 1 bis 3 oder Absatz 3b Satz 1 seine Mitteilungspflicht nicht, nicht richtig, nicht vollständig oder nicht rechtzeitig erfüllt,

60. entgegen § 20 Absatz 3a Satz 4 oder Absatz 3b Satz 3 seiner Dokumentationspflicht nicht nachkommt,

61. entgegen § 21 Absatz 1 oder 2 Angaben zu den wirtschaftlich Berechtigten

   a) nicht einholt,

   b) nicht, nicht richtig oder nicht vollständig aufbewahrt,

   c) nicht auf aktuellem Stand hält oder

   d) nicht, nicht richtig, nicht vollständig oder nicht rechtzeitig der registerführenden Stelle mitteilt,

62. entgegen § 21 Absatz 1b seine Mitteilungspflicht nicht, nicht richtig, nicht vollständig oder nicht rechtzeitig erfüllt,

63. eine unrichtige Mitteilung nach § 20 Absatz 1 oder § 21 Absatz 1 nicht berichtigt,

64. die Einsichtnahme in das Transparenzregister entgegen § 23 Absatz 1 Satz 1 Nummer 2 unter Vorspiegelung falscher Tatsachen erschleicht oder sich auf sonstige Weise widerrechtlich Zugriff auf das Transparenzregister verschafft,

65. entgegen § 23a Absatz 1 Satz 1 seine Mitteilungspflicht nicht erfüllt,

66. als Verpflichteter entgegen § 23a Absatz 3 Informationen oder Dokumente nicht oder nicht rechtzeitig zur Verfügung stellt,

67. entgegen § 30 Absatz 3 einem Auskunftsverlangen nicht, nicht richtig, nicht vollständig oder nicht rechtzeitig nachkommt,

68. entgegen § 40 Absatz 1 Satz 1 oder 2 einer Anordnung oder Weisung nicht, nicht rechtzeitig oder nicht vollständig nachkommt,

69. entgegen § 43 Absatz 1 eine Meldung nicht, nicht richtig, nicht vollständig oder nicht rechtzeitig abgibt,

70. entgegen § 46 Absatz 2 Satz 2 die Meldung nicht unverzüglich nachholt,

71. eine Untersagung nach § 51 Absatz 5 nicht beachtet,

72. Auskünfte nach § 51 Absatz 7 nicht, nicht richtig, nicht vollständig oder nicht rechtzeitig gibt,

73. entgegen § 52 Absatz 1 und 6

   a) Auskünfte nicht, nicht richtig, nicht vollständig oder nicht rechtzeitig erteilt oder

b) Unterlagen nicht, nicht richtig, nicht vollständig oder nicht rechtzeitig vorlegt oder

74. entgegen § 52 Absatz 3 eine Prüfung nicht duldet.

Die Ordnungswidrigkeit kann bei vorsätzlicher Begehung mit einer Geldbuße bis zu einhundertfünfzigtausend Euro, im Übrigen mit einer Geldbuße bis zu einhunderttausend Euro geahndet werden.

(2) Ordnungswidrig handelt, wer vorsätzlich oder fahrlässig

1. entgegen § 4 Absatz 3 Satz 1 kein Mitglied der Leitungsebene benennt,

2. entgegen § 7 Absatz 1 keinen Geldwäschebeauftragten oder keinen Stellvertreter bestellt,

3. einer vollziehbaren Anordnung nach § 7 Absatz 3 nicht oder nicht rechtzeitig nachkommt,

4. entgegen § 9 Absatz 1 Satz 2, auch in Verbindung mit Absatz 4, keinen Gruppengeldwäschebeauftragten bestellt,

5. entgegen § 15 Absatz 9 in Verbindung mit § 15 Absatz 3 Nummer 2 die Geschäftsbeziehung begründet, fortsetzt, sie nicht kündigt oder nicht auf andere Weise beendet oder die Transaktion durchführt,

6. entgegen § 46 Absatz 1 Satz 1 eine Transaktion durchführt oder

7. entgegen § 47 Absatz 1 in Verbindung mit Absatz 2 den Vertragspartner, den Auftraggeber oder einen Dritten in Kenntnis setzt.

Die Ordnungswidrigkeit kann bei vorsätzlicher Begehung mit einer Geldbuße bis zu einhundertfünfzigtausend Euro, bei leichtfertiger Begehung mit einer Geldbuße bis zu einhunderttausend Euro, im Übrigen mit einer Geldbuße bis zu fünfzigtausend Euro geahndet werden.

(3) Die Ordnungswidrigkeit nach Absatz 1 und bei vorsätzlicher oder leichtfertiger Begehung nach Absatz 2 kann geahndet werden mit einer

1. Geldbuße bis zu einer Million Euro oder

2. Geldbuße bis zum Zweifachen des aus dem Verstoß gezogenen wirtschaftlichen Vorteils,

wenn es sich um einen schwerwiegenden, wiederholten oder systematischen Verstoß handelt. Der wirtschaftliche Vorteil umfasst erzielte Gewinne und vermiedene Verluste und kann geschätzt werden. Gegenüber Verpflichteten gemäß § 2 Absatz 1 Nummer 1 bis 3 und 6 bis 9, die juristische Personen oder Personenvereinigungen sind, kann über Satz 1 hinaus eine höhere Geldbuße verhängt werden. In diesen Fällen darf die Geldbuße den höheren der folgenden Beträge nicht übersteigen:

1. fünf Millionen Euro oder

          Breit

2. 10 Prozent des Gesamtumsatzes, den die juristische Person oder die Personenvereinigung im Geschäftsjahr, das der Behördenentscheidung vorausgegangen ist, erzielt hat.

Gegenüber Verpflichteten gemäß § 2 Absatz 1 Nummer 1 bis 3 und 6 bis 9, die natürliche Personen sind, kann über Satz 1 hinaus eine Geldbuße bis zu fünf Millionen Euro verhängt werden.

(4) Gesamtumsatz im Sinne des Absatzes 3 Satz 4 Nummer 2 ist

1. bei Kreditinstituten, Zahlungsinstituten und Finanzdienstleistungsinstituten nach § 340 des Handelsgesetzbuchs der Gesamtbetrag, der sich ergibt aus dem auf das Institut anwendbaren nationalen Recht im Einklang mit Artikel 27 Nummer 1, 3, 4, 6 und 7 oder Artikel 28 Abschnitt B Nummer 1 bis 4 und 7 der Richtlinie 86/635/EWG des Rates vom 8. Dezember 1986 über den Jahresabschluss und den konsolidierten Abschluss von Banken und anderen Finanzinstituten (ABl. L 372 vom 31.12.1986, S. 1), abzüglich der Umsatzsteuer und sonstiger direkt auf diese Erträge erhobener Steuern,

2. bei Versicherungsunternehmen der Gesamtbetrag, der sich ergibt aus dem auf das Versicherungsunternehmen anwendbaren nationalen Recht im Einklang mit Artikel 63 der Richtlinie 91/674/EWG des Rates vom 19. Dezember 1991 über den Jahresabschluss und den konsolidierten Abschluss von Versicherungsunternehmen (ABl. L 374 vom 31.12.1991, S. 7), abzüglich der Umsatzsteuer und sonstiger direkt auf diese Erträge erhobener Steuern,

3. im Übrigen der Betrag der Nettoumsatzerlöse nach Maßgabe des auf das Unternehmen anwendbaren nationalen Rechts im Einklang mit Artikel 2 Nummer 5 der Richtlinie 2013/34/EU.

Handelt es sich bei der juristischen Person oder Personenvereinigung um ein Mutterunternehmen oder um ein Tochterunternehmen, so ist anstelle des Gesamtumsatzes der juristischen Person oder Personenvereinigung der jeweilige Gesamtbetrag in demjenigen Konzernabschluss des Mutterunternehmens maßgeblich, der für den größten Kreis von Unternehmen aufgestellt wird. Wird der Konzernabschluss für den größten Kreis von Unternehmen nicht nach den in Satz 1 genannten Vorschriften aufgestellt, ist der Gesamtumsatz nach Maßgabe der den in Satz 1 Nummer 1 bis 3 vergleichbaren Posten des Konzernabschlusses zu ermitteln. Ist ein Jahresabschluss oder Konzernabschluss für das maßgebliche Geschäftsjahr nicht verfügbar, so ist der Jahresabschluss oder Konzernabschluss für das unmittelbar vorausgehende Geschäftsjahr maßgeblich. Ist auch der Jahresabschluss oder Konzernabschluss für das unmittelbar vorausgehende Geschäftsjahr nicht verfügbar, so kann der Gesamtumsatz geschätzt werden.

(5) Die jeweils nach § 50 Nummer 1 und 7a bis 9 zuständige Aufsichtsbehörde ist auch Verwaltungsbehörde nach § 36 Absatz 1 Nummer 1 des Gesetzes über Ordnungswidrigkeiten. Für Ordnungswidrigkeiten nach Absatz 1 Satz 1 Nummer 54 bis 66 ist Verwaltungsbehörde nach § 36 Absatz 1 Nummer 1 des Gesetzes über Ordnungswidrigkeiten das Bundesverwaltungsamt.

(5a) Soweit nach Absatz 5 Satz 1 die Finanzbehörde Verwaltungsbehörde ist, gelten § 387 Absatz 2, § 410 Absatz 1 Nummer 2, 6 bis 11, Absatz 2 und § 412 der Abgabenordnung sinngemäß.

(6) Die zuständige Verwaltungsbehörde übermittelt, sofern sie nicht zugleich zuständige Aufsichtsbehörde ist, auf Ersuchen sämtliche Informationen einschließlich personenbezogener Daten an die zuständige Aufsichtsbehörde, soweit die Informationen für die Erfüllung der Aufgaben der Aufsichtsbehörde, insbesondere für die Vorhaltung der Statistik nach § 51 Absatz 9, erforderlich sind.

(7) Die Aufsichtsbehörden überprüfen im Bundeszentralregister, ob eine einschlägige Verurteilung der betreffenden Person vorliegt.

(8) Die zuständigen Aufsichtsbehörden nach § 50 Nummer 1, 2 und 9 informieren die Europäische Bankenaufsichtsbehörde hinsichtlich der Verpflichteten nach § 2 Absatz 1 Nummer 1 bis 3 und 6 bis 9 über

1. die gegen diese Verpflichteten verhängten Geldbußen,

2. sonstige Maßnahmen aufgrund von Verstößen gegen Vorschriften dieses Gesetzes oder anderer Gesetze zur Verhinderung von Geldwäsche oder von Terrorismusfinanzierung und

3. diesbezügliche Rechtsmittelverfahren und deren Ergebnisse.

Schrifttum: *Achenbach,* Haftung und Ahndung, ZIS 2012, 178; *Bülte,* Verpflichtung des Geldwäschebeauftragten zu rechtzeitigen Verdachtsmeldungen, ZWH, 2019, 105; *Fischer,* Strafgesetzbuch mit Nebengesetzen, 69. Aufl. 2022; *Gerlach,* Sanktionierung von Bankmitarbeitern nach dem Geldwäschegesetz-Entwurf, CCZ 2017, 176; *Hüls/Reichling,* Heidelberger Kommentar zum Steuerstrafrecht, 2020; *Krenberger/Krumm,* Ordnungswidrigkeitengesetz, Kommentar, 6. Aufl. 2020; *Laufhütte/Rissing-van Saan/Tiedemann,* Strafgesetzbuch, Leipziger Kommentar, Bd. 1, 12. Aufl. 2007; *Mitsch,* Karlsruher Kommentar zum Gesetz über Ordnungswidrigkeiten, 5. Aufl. 2018; *Roxin,* Strafrecht Allgemeiner Teil, Bd. I, 4. Aufl. 2006; *Rütters/Wagner,* NZWiSt 2015, 282; *Scherp/Friedrich,* CB 2022, 51; *Suendorf-Bischof,* Die persönliche Haftung des Geldwäschebeauftragten nach dem Geldwäschegesetz, BB 2020, 522, *Többens,* Die Bekämpfung der Wirtschaftskriminalität durch die Troika der §§ 9, 130 und 30 des Gesetzes über Ordnungswidrigkeiten, NStZ 1999, 1; *Wegscheider,* Zum Begriff der Leichtfertigkeit, ZStW 98 (1986), 624; *Wessels/Beulke/Satzger,* Strafrecht Allgemeiner Teil, 51. Aufl. 2021.

Übersicht

I. Allgemeines

1 Im Zuge der Umsetzung der Vierten EU-Geldwäscherichtlinie[1] wurden auch die Bußgeldvorschriften im GwG neu gefasst und in ihrer Zahl erhöht. Gab es vorher nur 17 als Ordnungswidrigkeiten geahndete Tatbestände in § 17 GwG a. F., waren in der Erstfassung des § 56 GwG zunächst 64 ahndbare Verstöße erfasst. Nach der Modifizierung der Vorschrift durch das Gesetz zur Umsetzung der Änderungsrichtlinie zur Vierten EU-Geldwäscherichtlinie[2] sind in der neuen Gesetzesfassung nunmehr 81 Tatbestände als bußgeldbewehrte Verstöße benannt.

2 In ihrer Historie wurden die Bußgeldtatbestände des GwG bereits mehrfach geändert und angepasst. Der Tatbestand des § 17 GwG a. F., auf den der heutige § 56 GwG zurückgeht, wurde bereits mit dem Geldwäschebekämpfungsgesetz 2008[3] grundlegend überarbeitet und danach mehrfach modifiziert. So wurde durch das Gesetz zur Optimierung der Geldwäscheprävention[4] die Zahl der Bußgeldtatbestände erhöht und subjektiv das Erfordernis der Leichtfertigkeit festgeschrieben.

3 Mit der Neufassung der Bußgeldtatbestände in § 56 GwG wurden dann Art. 58 und 59 der Vierten EU-Geldwäscherichtlinie umgesetzt. Zur Gewährleistung einer effizienten Aufsicht wurden Verstöße gegen die Sorgfaltspflichten gegenüber Kunden, Verstöße gegen Pflichten zur Verdachtsmeldung oder die Aufbewahrung von Aufzeichnungen sowie solche gegen die Regelungen interner Kontrollen in den Sanktionenkatalog aufgenommen. Zudem wurden die Bußgeldrahmen angehoben, ein gestuftes Bußgeldsystem entwickelt und eine Definition des Gesamtumsatzes zur Berechnung der Bußgeldhöhe aufgenommen (§ 56 Abs. 3 und 4 GwG).

4 In Abs. 5 findet sich eine Zuständigkeitsregelung für die Verwaltungsbehörde, während Abs. 6 die Informationsweitergabe regelt, wenn die Verwaltungsbehörde nicht mit der Aufsichtsbehörde identisch ist. Bereits bei der Umsetzung der Vierten EU-Geldwäscherichtlinie wurde § 56 Abs. 7 GwG eingeführt, der die Überprüfung im Bundeszentralregister regelt. § 56 Abs. 8 GwG setzt Art. 62 Abs. 1 der Vierten EU-Geldwäscherichtlinie um, wonach die Aufsichtsbehörden die Europäischen Aufsichtsbehörden über Sanktionen und Maßnahmen sowie über diesbezügliche Rechtsmittelverfahren und deren Ergebnisse informieren.

5 Mit der Anpassung zur Umsetzung der Änderungsrichtlinie,[5] sog. Fünfte EU-Geldwäscherichtlinie, wurden durch die Neufassung vieler Normen redaktionel-

---

1 BGBl. I 2017, S. 1822.
2 BGBl. I 2019, S. 2602 ff.
3 BGBl. I 2008, S. 1690 ff.
4 BGBl. I 2011, S. 2959 ff.
5 Richtlinie (EU) 2018/843 des europäischen Parlaments und des Rates vom 30.5.2018 zur Änderung der Richtlinie (EU) 2015/849 zur Verhinderung der Nutzung des Finanz-

le Änderungen sowie Ergänzungen der Bußgeldtatbestände erforderlich. Zudem wurden die Bußgeldtatbestände aufgrund der nunmehr bestehenden Erfahrungen aus der Praxis des neuen Gesetzes ergänzt und etwa die Mitteilungspflichten das Transparenzregister betreffend bußgeldbewehrt. In der aktuellen Gesetzesfassung wurde zudem subjektiv über die Leichtfertigkeit hinaus nun auch fahrlässiges Handeln für bestimmte, nun in Abs. 2 ausgegliederte Tatbestände aufgenommen. Begründet wurde dies damit, dass in diesen Fällen eine Effektivität der der Aufsicht auch eine Ahndbarkeit fahrlässigen Verhaltens erfordere.[6] Zuletzt wurde der Anwendungsbereich durch das Gesetz zur Umsetzung der Richtlinie 2019/2034 über die Beaufsichtigung von Wertpapierinstituten geändert und auf Wertpapierinstitute und im Inland gelegene Niederlassungen vergleichbarer Unternehmen mit Sitz im Ausland ausgedehnt.[7]

II. Einleitung

1. Begriff der Ordnungswidrigkeit

Die Verstöße gegen die Pflichten des Geldwäschegesetzes sind als Ordnungs-   **6**
widrigkeiten ausgestaltet. Ordnungswidrigkeiten sind solche Verstöße, für deren Begehung nach der Auffassung des Gesetzgebers keine Verfolgung mit der ultima ratio des Strafrechts erforderlich ist.[8] Das verwirklichte sozialethisch zu missbilligende Verhalten ist in seiner Intensität gering, sodass eine Strafe nicht geboten erscheint.[9]

Das Recht der Ordnungswidrigkeiten ist grundsätzlich im OWiG geregelt, es   **7**
finden sich aber in zahlreichen Spezialgesetzen weitere Verstöße, die ebenfalls als ahndbare Ordnungswidrigkeiten ausgestaltet sind, wie im GwG. Fehlen in diesen Spezialgesetzen Regelungen, ist daher auf das OWiG zurückzugreifen. Gemäß § 1 OWiG ist eine Ordnungswidrigkeit eine rechtswidrige und vorwerfbare Handlung, die den Tatbestand eines Gesetzes verwirklicht, das die Ahndung mit einer Geldbuße zulässt. Nach dieser formalen, an der Rechtsfolge orientierten Definition ist ein dreistufiger Aufbau – Tatbestand, Rechtswidrigkeit und Vorwerfbarkeit – zugrunde zu legen.

---

systems zum Zwecke der Geldwäsche und der Terrorismusfinanzierung und zur Änderung der Richtlinien 2009/138/EG und 2013/36/EU.

6 BT-Drs. 19/15196, S. 49.
7 BGBl. 2021 I, S. 990.
8 *Bohnert/Krenberger/Krumm*, in: Krenberger/Krumm, OWiG, § 1 Rn. 1 ff.
9 Wie eine solche Abgrenzung im Einzelnen vorzunehmen ist, ist umstritten, vgl. zu einem Überblick *Gerhold*, in: BeckOK OWiG, Einleitung Rn. 7 ff.; *Rogall*, in: KK-OWiG, Allg. Vorbem. Rn. 2.

2. Verfahren

8   Für das Ordnungswidrigkeitenverfahren findet ebenfalls das OWiG Anwendung. Die als Ordnungswidrigkeiten gefassten Zuwiderhandlungen werden grundsätzlich von den **Verwaltungsbehörden verfolgt** und bebußt. Erst in einem weiteren Schritt ist die gerichtliche Kontrolle möglich: Hat der Betroffene gegen den Bußgeldbescheid innerhalb von zwei Wochen nach Zustellung Einspruch eingelegt (§ 67 Abs. 1 Satz 1 OWiG), die Ausgangsbehörde diesem nicht abgeholfen (§ 69 Abs. 2 OWiG) und das Gericht diesen nicht als unzulässig verworfen (§ 70 OWiG), schließt sich ein Verfahren nach den Vorschriften der Strafprozessordnung, die nach zulässigem Einspruch gegen einen Strafbefehl gelten, an (§ 71 OWiG).

9   Als wesentlichste Abweichung des Ordnungswidrigkeitenverfahrens zum Strafverfahren ist wohl das in § 47 OWiG normierte **Opportunitätsprinzip** zu begreifen. Im Unterschied zu dem im Strafverfahren geltenden Legalitätsprinzip (§ 152 Abs. 2 StPO) kann damit die Verfolgungsbehörde im Rahmen ihres pflichtgemäßen Ermessens entscheiden, ob die Tat geahndet wird. Im Rahmen der Ermessensentscheidung müssen die Umstände des Einzelfalls berücksichtigt werden, Grenze des Ermessens bildet das Willkürverbot.[10] In Betracht kommen sollte das Absehen von der Ahndung insbesondere, wenn mit der im Raum stehenden Ordnungswidrigkeit keine primäre Gefahr der Geldwäsche einhergeht, so etwa bei der Anmeldung neuer Daten zum Transparenzregister. Hier sollte auch im Hinblick auf den Wegfall der Mitteilungsfiktion aus § 29 Abs. 2 GwG a. F. mit Augenmaß vorgegangen werden.

3. Täter

10   Täter der in § 56 GwG genannten Ordnungswidrigkeiten können grundsätzlich die Verpflichteten des GwG (§ 2 Abs. 1 GwG) sein. Nur wer aufgrund der besonderen Pflichtenstellung überhaupt in der Lage ist, sanktionierbare Handlungen vorzunehmen oder gebotene zu unterlassen, kann ordnungswidrig handeln. Zwar ist die überwiegende Zahl der Pflichten an die verpflichteten Institute gerichtet, Anknüpfungspunkt des Bußgeldtatbestandes muss aber auch im Ordnungswidrigkeitenrecht stets das Handeln einer natürlichen Person sein, da auch insoweit der Grundsatz gilt, dass persönliche Schuld die Voraussetzung der Ahndbarkeit ist.[11] Nur ausnahmsweise sind natürliche Personen von den Ordnungswidrigkeiten direkt erfasst, wie etwa bei Abs. 1 Nr. 73 GwG.

---

10 *Bücherl*, in: BeckOK OWiG, § 47 Rn. 11.
11 BGHSt 20, 333, 337.

a) Allgemeines zum Täterbegriff im OWiG

Im Ordnungswidrigkeitenrecht gilt, anders als im Strafrecht mit seinem dualistischen Täterbegriff, der **Einheitstäterbegriff**, der nicht zwischen Täterschaft und Teilnahme differenziert. Eine Unterscheidung zwischen den verschiedenen Beteiligungsformen ist damit weitestgehend obsolet, Art und Umfang der konkreten Beteiligung können nur auf Zumessungsebene Berücksichtigung finden. Die Regelung zur Beteiligung findet sich in § 14 OWiG.   **11**

Ahndbar ist nur die **vorsätzliche Beteiligung an vorsätzlichem Handeln**.[12] Eine Beteiligung an einer fahrlässigen Tat ist nicht möglich.[13] Durch dieses auf dem Gedanken der limitierten Akzessorietät fußende und durch den BGH bestätigte[14] Erfordernis sollen aus dem Einheitstäterbegriff resultierende Wertungswidersprüche zum Strafrecht vermieden werden, welches keine Teilnahme am fahrlässigen Delikt kennt. Problematisch ist dies aber in Konstellationen der mittelbaren Täterschaft, in denen der Vordermann etwa über einen im Vorsatzbereich zu verortenden Defekt verfügt oder aber bei der fahrlässigen Nebentäterschaft. Diese Fälle werden von dem Anwendungsbereich des § 14 OWiG nicht erfasst, sind aber als solche anerkannt.[15]   **12**

Die **mittelbare Täterschaft** als solche ist aber im Ordnungswidrigkeitenrecht von der Rechtsprechung als Zurechnungsfigur anerkannt,[16] ihre Behandlung richtet sich nach den aus dem StGB bekannten Grundsätzen.[17] Bei Sonderdelikten wird die Anwendbarkeit der mittelbaren Täterschaft diskutiert, wenn entweder beide Beteiligten oder wenigstens der Hintermann die Sondereigenschaft aufweist.[18] Fehlt die Sondereigenschaft beim Hintermann, ist dieser also selbst nicht Verpflichteter, und kann auch keine Zurechnung nach unten benannten Regelungen erfolgen, scheidet eine Ahndbarkeit aus.[19]   **13**

Die ebenfalls nicht von § 14 OWiG erfasste **fahrlässige Nebentäterschaft** setzt voraus, dass der Nebentäter über die erforderliche Täterqualität verfügt, also bei Sonderdelikten, dass es sich bei ihm um einen Normadressaten handelt.[20] Die   **14**

---

12 *Coen*, in: BeckOK OWiG, § 14 Rn. 9 ff.

13 BGHSt 31, 309, 311.

14 BGHSt 31, 309, 311 ff.

15 *Coen*, in: BeckOK OWiG, § 14 Rn. 63 ff.; *Rengier*, in: KK-OWiG, § 14 Rn. 87 ff.

16 BGHSt 31, 309, 311 ff.

17 So auch: *Rengier*, in: KK-OWiG, § 14 Rn. 87 ff.; *Coen*, in: BeckOK OWiG, § 14 Rn. 63 ff.

18 Vgl. hierzu *Bohnert/Krenberger/Krumm*, in: Krenberger/Krumm, OWiG, § 14 Rn. 15; angedacht auch von *Groß*, in: Hüls/Reichling, Steuerstrafrecht, § 377 AO Rn. 38; a. A.: *Rengier*, in: KK-OWiG, § 14 Rn. 95 ff.; *Coen*, in: BeckOK OWiG, § 14 Rn. 64.

19 *Rengier*, in: KK-OWiG, § 14 Rn. 94.

20 *Coen*, in: BeckOK OWiG, § 14 Rn. 69.

grundsätzliche Anerkennung der fahrlässigen Nebentäterschaft[21] ergibt sich daraus, dass es für die Verwirklichung des Tatbestandes unabhängig voneinander mehrere Verantwortliche geben kann.[22]

15   In § 14 Abs. 1 Satz 2 OWiG wird der Gedanke des § 28 Abs. 1 StGB entsprechend an den Einheitstäterbegriff angepasst und eine Regelung für **besondere persönliche Merkmale** getroffen, die die Ahndbarkeit begründen. Diese müssen nur bei einem der Beteiligten vorliegen, um auch eine Ahndbarkeit der übrigen Beteiligten zu begründen. Dies ermöglicht damit grundsätzlich eine Ahndung sämtlicher an dem Verstoß des Verpflichteten unterstützend mitwirkenden Personen. Eine solche Zurechnung der besonderen persönlichen Merkmale gilt allerdings gemäß § 14 Abs. 3 Satz 2 OWiG nicht für solche Merkmale, die eine Ahndung ausschließen. Diese müssen bei dem jeweiligen Beteiligten in persona vorliegen.

b) Ahndbarkeit des Vertreters oder Beauftragten

16   Zur Überbrückung der Divergenz zwischen den juristischen Personen als häufige Normadressaten und Verpflichtete im GwG und den handelnden natürlichen Personen dient zum einen die Zurechnungsnorm des **§ 9 OWiG**, welche eine Zurechnung der Täterqualität vom Normadressaten zur handelnden nicht selbst verpflichteten Person ermöglicht, sowie zum anderen die §§ 130, 30 OWiG. **§ 130 OWiG** regelt die Verantwortlichkeit des Betriebsinhabers bei einer Verletzung seiner Aufsichtspflichten und daraus resultierender Zuwiderhandlungen. Über **§ 30 OWiG** kann bei zugrunde liegendem schuldhaften Handeln der natürlichen Person die Geldbuße auch gegen die juristische Person oder Personenhandelsgesellschaft verhängt werden. § 30 OWiG setzt dafür voraus, dass von einem bestimmten Personenkreis (sog. Leitungspersonen) schuldhaft eine Straftat oder vorwerfbar eine Ordnungswidrigkeit begangen wurde, die verfolgbar ist und in einem Zurechnungszusammenhang zum Unternehmen steht.[23]

17   Über § 9 OWiG erfolgt eine Übertragung ahndbarkeitsbegründender besonderer persönlicher Merkmale vom Normadressaten auf den handelnden Vertreter (Abs. 1) oder Beauftragten (Abs. 2). Mit § 9 Abs. 2 OWiG sind auch gewillkürte Vertreter erfasst, die mit eigener Entscheidungskompetenz Aufgaben erfüllen. Diese müssen zur **selbstständigen und eigenverantwortlichen Wahrnehmung** übertragen werden.[24] § 9 Abs. 2 Satz 1 Nr. 1 OWiG verlangt, dass der Beauftragte ganz oder zum Teil mit der Leitung des Betriebes betraut wurde, während mit

---

21 OLG Hamm, LRE 32, 387, 389; 33, 58, 60.
22 *Rengier*, in: KK-OWiG, § 14 Rn. 104.
23 Zu den Voraussetzungen im Einzeln vgl. etwa *Meyberg*, in: BeckOK OWiG, § 30; *Rogall*, in: KK-OWiG, § 30.
24 *Valerius*, in: BeckOK OWiG, § 9 Rn. 37; *Rogall*, in: KK-OWiG, § 9 Rn. 82.

Nr. 2 solche Personen erfasst sind, die in eigener Verantwortung einzelne Aufgaben wahrnehmen. Die zivilrechtliche Wirksamkeit des Bestellungsaktes ist unerheblich, gemäß § 9 Abs. 3 OWiG genügt ein **unwirksames Vertretungs- oder Auftragsverhältnis**. Die Norm hat zur Folge, dass der Handelnde den objektiven Tatbestand einer Bußgeldvorschrift vollständig erfüllt und beim Vorliegen der subjektiven Voraussetzungen auch mit einer Geldbuße belegt werden kann.[25]

In Betracht kommt daher auch eine Geldbuße gegen den **Geldwäschebeauftragten**. Dieser ist als Leitungsperson im Sinne des § 9 Abs. 2 Satz 1 Nr. 2 OWiG zu begreifen,[26] er ist der Geschäftsleitung unmittelbar nachgeordnet (§ 7 GwG) und besitzt eine besonders hervorgehobene Stellung korrespondierend mit entsprechenden Pflichten und Verantwortlichkeiten (vgl. hierzu § 7 GwG Rn. 26 ff.). Bereits durch die gesetzliche Regelung des § 7 Abs. 5 Satz 6 als auch durch Abs. 7 Satz 2 GwG wird ein autonomer Entscheidungsspielraum abgegrenzt und eine gewisse Eigenständigkeit des Geldwäschebeauftragten verankert, welche eine Subsumtion unter den § 9 Abs. 2 Satz 2 Nr. 2 OWiG rechtfertigen. **18**

Ebenso beurteilte dies auch das OLG Frankfurt am Main,[27] indem es dem Geldwäschebeauftragten eine hervorgehobene Stellung zuwies und betonte, dass ihn die alleinige Zuständigkeit zur Verhinderung der Geldwäsche und Terrorismusfinanzierung treffe. Der Geldwäschebeauftragte sei demnach für die Implementierung und Überwachung sämtlicher Vorschriften verantwortlich, müsse Risikostrukturen erkennen und dem Risiko angepasste interne Grundsätze, Gefährdungsanalysen und Verfahren unabhängig umsetzen. **19**

Wie sich diese hervorgehobene Position des Geldwäschebeauftragten auf seine Verantwortlichkeit für Verstöße gegen die Bußgeldtatbestände auswirkt, ist aber richtigerweise differenziert zu betrachten. In Fällen, in denen der Geldwäschebeauftragte eigenverantwortlich entscheiden kann und nicht dem Direktionsrecht der Geschäftsleitung unterliegt, wie etwa bei der Meldung im Sinne des § 43 GwG, kommt damit eine Geldbuße gegen ihn in Betracht, wenn die Pflicht nicht, nicht richtig, nicht vollständig oder nicht rechtzeitig erfüllt wird. Die Gründe für eine, wie im entschiedenen Fall vorliegende, Verzögerung liegen hier regelmäßig im **Verantwortungsbereich** des Geldwäschebeauftragten. Dies kann aber nicht allgemein für jedweden Pflichtverstoß gelten. Verfügt der Geldwäschebeauftragte nicht über die erforderliche Entscheidungskompetenz, um die notwendigen Maßnahmen durchzusetzen, ist seine Verantwortung und damit persönliche Ahndbarkeit zu verneinen. So kann der Geldwäschebeauftragte in vielen Fällen bloß Defizite im internen Sicherungssystem feststellen, Maßnahmen ermitteln und diese der Leitungsebene mit einem Handlungsvorschlag mitteilen. Ob diese aber letztlich umgesetzt werden, liegt nicht in seiner Gewalt. Hier unterliegt der **20**

---

25 *Többens*, NStZ 1999, 1 f.
26 *Walther*, in: Schimansky/Bunte/Lwowski, Bankrechts-Handbuch, § 42 Rn. 573.
27 OLG Frankfurt a. M., wistra 2019, 164 m. Anm. *Reichling*.

Geldwäschebeauftragte grundsätzlich einer Weisungsgebundenheit, sodass die Verantwortung nicht bei ihm, sondern bei der Geschäftsleitung liegt.[28] Wurden die Vorschläge des Geldwäschebeauftragten und das Abweichen der Leitungsebene ausreichend dokumentiert, lässt sich dem Geldwäschebeauftragten hier kein, seine Ahndbarkeit begründender, Vorwurf machen.

21 Anders ist dies allerdings zu beurteilen, wenn dem Geldwäschebeauftragten ausdrücklich **Entscheidungskompetenzen** eingeräumt wurden, im Rahmen derer er ohne Rücksprache mit der Geschäftsleitung eigenständig Entscheidungen treffen kann. Ob eine solche Kompetenz erteilt wurde, lässt sich allerdings nur für den jeweiligen Einzelfall klären.[29] Auch hier empfiehlt sich eine schriftliche Dokumentation, um beiderseitige Exkulpationstendenzen zuvorzukommen.

22 Neben der **Haftung des Geldwäschebeauftragten** hat das OLG Frankfurt a. M. in gleicher Entscheidung allerdings auch eine Haftung des Vorstandes wegen fehlender Überwachung grundsätzlich bejaht. Eine Haftung ist möglich, wenn mit der Verletzung der Pflichten durch den Geldwäschebeauftragten zugleich eine **Pflichtverletzung der Geschäftsleitung** einhergeht. Eine solche Pflichtverletzung kann sich zum einen daraus ergeben, dass die Geschäftsleitung die ihr selbst obliegenden Pflichten des GwG nicht eingehalten hat. Zum anderen kann sie sich aus einer Verletzung der Organisations- und Überwachungspflicht ergeben, wenn Aufgaben (gesetzlich) delegiert werden.[30] In diesem Zusammenhang stellt sich die Frage, ob die bußgeldrechtliche Haftung der Geschäftsleitung alleine auf das Mitglied der Leitungsebene beschränkt ist, das die Verantwortlichkeit für den Bereich Geldwäsche wahrnimmt. Grundsätzlich schließt aber allein die Ressortverteilung die Haftung nicht aus, da für die Geschäftsführung der Grundsatz der Generalverantwortung und Allzuständigkeit gilt.[31] Nur wenn feststeht, dass das zuständige Mitglied über die Kompetenz zur Wahrnehmung der Aufgabe verfügt und seinen Verpflichtungen ausreichend nachkommt, also etwa regelmäßig Bericht erstattet, kann dies die übrigen Mitglieder entlasten. Dann greift der Vertrauensgrundsatz und das Ressortprinzip.

23 Mit der Neufassung der Norm wurde diskutiert, inwiefern darüber hinaus auch gegen den **einzelnen Mitarbeiter** ein Bußgeld verhängt werden kann, da insbesondere die Bußgeldtatbestände der Nr. 16–21 den Adressatenkreis nicht ausreichend bestimmen würden.[32] Im Hinblick auf den gleichgebliebenen Wortlaut,

---

28 So auch *Suendorf-Bischof*, BB 2020, 522, 525.

29 So auch *Suendorf-Bischof*, BB 2020, 522, 525.

30 Eine Verantwortlichkeit der Geschäftsleitung außerhalb der speziellen Regelung des § 56 Abs. 1 Nr. 3 GwG ablehnend, *Pelz*, in: BeckOK GwG § 56 Rn. 9.

31 Wohl anders aber *Pelz*, in: BeckOK GwG § 56 Rn. 5a.

32 So etwa *Gerlach*, CCZ 2017, 176; Stellungnahme der deutschen Kreditwirtschaft zum Regierungsentwurf für ein Umsetzungsgesetz zur 4. Geldwäsche-Richtlinie (EU) 2015/849 (BT-Drs. 18/11555), S. 7f.

die Systematik der Verweisungsnorm und die massive Erhöhung der Bußgelder scheint dies aber vom Gesetzgeber nicht gewollt zu sein.[33] Dafür spricht auch, dass § 10 Abs. 8a GwG in Fällen, in denen Verpflichtete nach § 2 Abs. 1 Nr. 10 als Syndikusrechtsanwalt oder als Syndikuspatentanwalt oder ein Verpflichteter nach § 2 Abs. 1 Nr. 12 als Syndikussteuerberater für ein Unternehmen tätig wird, das selbst Verpflichteter nach § 2 Abs. 1 ist, die allgemeinen Sorgfaltspflichten dem Unternehmen überträgt und nicht bei dem angestellten Arbeitnehmer belässt. Für die Mitarbeiter des Verpflichteten, die nicht unter die Regelung des § 9 OWiG fallen, ist daher keine Ahndung mit einer Geldbuße möglich. Ob § 9 OWiG für bestimmte Mitarbeiter anwendbar ist, ist stets im Einzelfall zu bestimmen. Voraussetzung ist damit, dass dem einzelnen Mitarbeiter ausdrücklich oder konkludent der Auftrag erteilt wurde, Aufgaben in eigener Verantwortung wahrzunehmen (vgl. § 9 Abs. 2 Nr. 2 OWiG). Maßgebend ist damit der eigenverantwortliche Entscheidungsspielraum[34] und die hinreichende Konkretisierung der Beauftragung.[35]

Die Ahndbarkeit des Vertreters oder Beauftragten bedeutet indes nicht, dass der **24** vertretene Merkmalsträger selbst entlastet wird. Dies wird mit der Verwendung des Wortes „auch" in § 9 Abs. 1 OWiG klargestellt. Es erfolgt damit ein kumulativer und **kein befreiender Pflichtenübergang**.[36] Der Normadressat bleibt neben der handelnden natürlichen Person mit der Geldbuße ahndbar. Ist allerdings der Vertreter oder Beauftragte zugleich Mitglied oder Gesellschafter der vertretenen juristischen Person oder Personengesellschaft, gegen die wegen der Zuwiderhandlung des Vertreters bereits eine Geldbuße verhängt wurde, ist diese bei der Bemessung des Bußgeldes gegen den Vertreter zu berücksichtigen, um eine doppelte Ahndung zu verhindern.[37]

4. Tatbestandsmäßige Handlung

Die einzelnen Bußgeldtatbestände enthalten, wie im Nebenstrafrecht typisch, **25** keine konkrete Beschreibung des tatbestandsmäßigen Verhaltens, sondern verweisen hierfür auf die in den vorhergehenden Paragraphen genannten Pflichten. Erst aus der Zusammenschau der Sanktionsnorm mit der in dieser genannten Ausfüllungsnorm ergibt sich das ahndbare Verhalten. Diese Verweisung auf sachlich rechtliche Normen innerhalb desselben Gesetzes wird in Abgrenzung zu sogenannten echten Blanketttatbeständen – solche enthalten Verweisungen

---

33 Vgl. hierzu *Gerlach*, CCZ 2017, 176; a.A. *Pelz*, in: BeckOK GwG, § 56 Rn. 5, der grundsätzlich die Möglichkeit sieht auch untergeordnete Mitarbeiter zu sanktionieren.
34 BGH, NStZ 2013, 408.
35 BGH, NStZ 2016, 460, 462.
36 *Többens*, NStZ 1999, 3.
37 *Rogall*, in: KK-OWiG, § 9 Rn. 100; *Valerius*, in: BeckOK OWiG, § 9 Rn. 55.

auf Ausfüllungsnormen einer anderen Instanz außerhalb des Gesetzestextes –
als **uneigentliches oder unechtes Blankett** bezeichnet.[38]

26   Die Tatbestände erfassen in der überwiegenden Zahl ein Unterlassen der Umsetzung entsprechender Pflichten und sind daher als echte Unterlassungsdelikte
ausgestaltet, nur wenige Tatbestände normieren Verstöße, die durch aktives Tun
zu verwirklichen sind. Mit der Einordnung als echte Unterlassungsdelikte stellt
sich die im Einzelnen umstrittene Frage, wann die Delikte beendet sind und damit die Verjährung beginnt.

5. Vorsatz und Leichtfertigkeit

27   Die Ordnungswidrigkeiten des ersten Absatzes können vorsätzlich oder leichtfertig begangen werden, eine bloß fahrlässige Pflichtverletzung ist demgegenüber nur bei den Tatbeständen des zweiten Absatzes bußgeldbewehrt. Zwar wurde zunächst im Referentenentwurf zur Umsetzung der Änderungsrichtlinie zur
Vierten EU-Geldwäscherichtlinie angedacht, den Tatbestand gänzlich auf **einfache Fahrlässigkeit** zu erweitern,[39] diese Änderung konnte sich allerdings nicht
durchsetzen.

28   Für die Tathandlungen des zweiten Absatzes wurde mit dem Gesetz zur Umsetzung der Änderungsrichtlinie zur Vierten EU-Geldwäscherichtlinie eine fahrlässige Begehung sanktionierbar (vgl. § 56 Abs. 2 GwG). Schon zuvor wurde
bereits einmal zwischen den einzelnen Tathandlungen im subjektiven Bereich
differenziert, diese Differenzierung aber mit Verweis die Möglichkeit beim
konkreten Bußgeldrahmen Abstufungen vorzunehmen, zurückgenommen.[40]
Nun versucht der Gesetzgeber wieder eine Abstufung der Ordnungswidrigkeitentatbestände. Begründet wurde die Einführung der Strafbarkeit fahrlässigen
Handelns mit der Ermöglichung einer effizienten Aufsicht und der wirksamen
Sanktionierung von Verstößen.[41] Eine Abgrenzung des Verschuldensmaßstabs
sei bei Verstößen gegen einige Tatbestände fließend und rechtssichere Nachweise besonders hoher Verschuldensgrade in der Rechtspraxis häufig nicht oder
schwer zu erbringen. Diese praktischen Hemmnisse führten zur mangelnden
Abschreckungswirkung der bestehenden Bußgeldtatbestände, welche mit den
ausdifferenzierten europarechtlichen Sanktionsvorgaben und den Standards der

---

38 *Dannecker*, in: LK-StGB, § 1 Rn. 148; s. auch BGHSt 6, 31, 41; a. A.: *Rogall*, in:
   KK-OWiG, Allg. Vorbem. Rn. 16.
39 § 56 im Referentenentwurf des BMF, Entwurf eines Gesetzes zur Umsetzung der Änderungsrichtlinie zur Vierten EU-Geldwäscherichtlinie (Richtlinie (EU) 2018/843),
   S. 34.
40 Vgl. zu den Gründen für eine nun einheitliche Gestaltung der subjektiven Anforderungen BT-Drs. 317/11, S. 55 f.
41 BT-Drs. 19/15196, S. 49.

Financial Action Task Force nicht vereinbar sei.[42] Im Hinblick auf die Unbestimmtheit der einzelnen Tatbestände und die persönliche Haftung ist diese Erweiterung nicht unumstritten.[43]

Vorsätzliches Handeln setzt in jeder seiner Ausprägungen eine kognitive Komponente, die Kenntnis der Tatumstände, voraus.[44] Vorsatz ist damit jedenfalls die Kenntnis aller objektiven Merkmale des Tatbestandes.[45] Darüber hinaus erfordert vorsätzliches Handeln zumindest nach der sog. Billigungstheorie der Rechtsprechung[46] auch ein voluntatives Element in Form eines billigenden Inkaufnehmens der Tatbestandsverwirklichung.[47] **29**

Nach der Ausprägung und Dominanz der jeweiligen Elemente wird vorsätzliches Verhalten in drei unterschiedliche Vorsatzarten qualifiziert. Die Absicht, dolus directus 1. Grades, setzt ein dominierendes Wollenselement voraus, welches gegeben ist, wenn der Handlungswille des Täters final auf den vom Gesetz bezeichneten Handlungserfolg gerichtet ist, es dem Täter auf dessen Verwirklichung gerade ankommt.[48] Direkter Vorsatz in Form des dolus directus 2. Grades liegt vor, wenn der Täter die Verwirklichung des Tatbestandes als sichere Folge seines Handelns erkennt.[49] Die schwächste, aber praktisch relevanteste Form des Vorsatzes, der sog. Eventualvorsatz, setzt die Erkenntnis des Erfolgseintritts als möglich unter billigender Inkaufnahme desselben voraus.[50] **30**

Neben der vorsätzlichen Verwirklichung können die Ordnungswidrigkeiten des ersten Absatzes auch leichtfertig begangen werden. Die **Leichtfertigkeit (luxuria)** setzt einen gesteigerten Grad fahrlässigen Handelns, eine grobe Fahrlässigkeit,[51] voraus. Leichtfertig handelt, wer die Sorgfalt außer Acht lässt, zu deren Einhaltung er nach den besonderen Umständen des Falles und seinen persönlichen Fähigkeiten verpflichtet und imstande ist, obwohl sich ihm hätte aufdrän- **31**

---

42 BT-Drs. 19/15196, S. 49.
43 Stellungnahme der deutschen Kreditwirtschaft zum Regierungsentwurf für ein Umsetzungsgesetz zur 4. Geldwäsche-Richtlinie (EU) 2015/849 (BT-Drs. 18/11555), S. 7 f.
44 *Fischer*, StGB, § 15 Rn. 4 m. w. N.
45 *Rengier*, in: KK-OWiG, § 10 Rn. 3.
46 BGHSt 7, 363, 369.
47 Zu dem Streitstand um das Erfordernis und die Ausprägung des voluntativen Elements vgl. *Kudlich*, in: BeckOK StGB, § 15 Rn. 20 ff.; *Schuster/Sternberg-Lieben*, in: Schönke/Schröder, StGB, § 15 Rn. 72 ff.
48 BGHSt 18, 246, 248; *Roxin*, Strafrecht AT, § 12 Rn. 7; *Wessels/Beulke/Satzger*, Strafrecht AT, Rn. 325.
49 BGHSt 18, 246, 248.
50 BGHSt 7, 363, 396; BGHSt 21, 283, 289; BGH, JZ 1981, 35; BGH, NStZ 1984, 19; BGH, NStZ 1988, 175; BGH, NStZ 1998, 616 m. Anm. *Roxin*.
51 RGSt 71, 176; BGHSt 14, 225; 33, 66, 67.

gen müssen, dass dadurch eine Rechtsgutverletzung eintreten wird.[52] Der Sorgfaltsverstoß und die Vorhersehbarkeit als Elemente der Fahrlässigkeit heben sich von der einfachen Fahrlässigkeit insofern ab, als es um die Verletzung einer besonders ernst zu nehmenden Pflicht geht, die zu erkennen oder zu verfolgen für den Verpflichteten ohne Weiteres möglich wäre, sowie durch die hohe Wahrscheinlichkeit des Erfolgseintritts.[53]

32 Anknüpfungspunkt für den Vorwurf des leichtfertigen Handelns ist demnach entweder das Nichterkennen der Tatbestandsverwirklichung in grober Achtlosigkeit oder das Hinwegsetzen über die erkannte Möglichkeit in frivoler Rücksichtslosigkeit oder Verletzung einer besonders ernst zu nehmenden Pflicht.[54] Voraussetzung ist damit, dass der Betroffene bei den überwiegend als echte Unterlassungsdelikte ausgestalteten Tatbeständen des § 56 GwG trotz sich aufdrängenden Informationen aus Gleichgültigkeit und Desinteresse die ihn treffenden Pflichten verkennt.[55] Waren ihm diese Pflichten aber gar nicht bekannt, etwa weil es lediglich wenige oder keine Informationen über diese gab, scheidet insoweit leichtfertiges Verhalten aus.[56] Anders als bei vorsätzlichem Handeln billigt der Täter bei leichtfertigem Verhalten den Erfolgseintritt nicht, er vertraut vielmehr darauf, dass es schließlich gut gehen werde.[57] Bezugspunkt des Vorsatz- oder Fahrlässigkeitsvorwurfs müssen damit stets die konkreten Merkmale des objektiven Tatbestandes der Ordnungswidrigkeit sein.[58]

---

52 BGHSt 33, 66, 67; BGH, NJW 2001, 1802, 1804; BGH, NStZ 2012, 160, 161; OLG Bremen, StV 1985, 282, 284.

53 *Wegscheider*, ZStW 98 (1986), 624, 653.

54 OLG Nürnberg, NStZ 1986, 556.

55 OLG Köln, NZWiSt 2021, 66, 67.

56 OLG Köln, NZWiSt 2021, 66, 67.

57 *Bohnert/Krenberger/Krumm*, in: Krenberger/Krumm, OWiG, § 10 Rn. 17.

58 Unter diesem Blickwinkel verwundert zunächst das Urteil des OLG Frankfurt a.M, Beschl. v. 1.4.2018 – 2 Ss (OWi) 1059/17, wistra 2019, 164, da hier für die Frage des Vorsatzes hinsichtlich der nicht unverzüglichen Meldung durch die Geldwäschebeauftrage an ein vorheriges Unterlassen, die fehlende Implementierung eines Melde- und Überwachungswesens angeknüpft wird. Entscheidend müsste allerdings sein, ob erkannt wurde, dass Tatsachen vorliegen, die eine Meldepflicht begründen, vgl. *Bülte*, ZWH, 2019, 105. Wurden die Tatsachen nicht als solche erkannt, stellt sich die Frage, ob sie bei ordnungsgemäßer Sorgfalt hätten erkannt werden müssen, dem Handelnden also ein Fahrlässigkeitsvorwurf gemacht werden kann, so die Vorinstanz, AG Frankfurt a. M., 941 OWI – 7332 JS 214494/17. Etwas anderes kann nur gelten, wenn die Grundsätze der omissio libera in causa zugrunde gelegt werden, und angenommen wird, dass sich die Geldwäschebeauftragte durch ihr Vorverhalten selbst die Möglichkeit genommen habe, der Handlungspflicht zu genügen (so auch *Peukert*, Anm. zu OLG Frankfurt a.M., NZWiSt 2019, 219; vgl. zur Figur der omissio libera in causa *Gaede*, in: NK-StGB, § 13 Rn. 13).

Nunmehr besteht für die Ordnungswidrigkeiten des zweiten Absatzes die Mög- **33** lichkeit eine **einfach fahrlässige Begehung** zu sanktionieren. Erfasst sind damit jegliche Pflichtverstöße, die objektiv vorhersehbar zur Verletzung der benannten Normen des GwG führen, sofern auch der Schutzzweck- und Pflichtwidrigkeitszusammenhang vorliegen. Zwar wurden nur Verstöße gegen essenzielle geldwäscherechtliche Grundpflichten gesondert in Abs. 2 aufgegriffen und für eine Bebußung an den Verschuldensmaßstab der normalen Fahrlässigkeit geknüpft, dennoch dehnt dies die Ahndbarkeit extrem aus. Zugleich wird den Bußgeldbehörden der Nachweis des subjektiven Tatbestands erleichtert, sodass mit einer Steigerung der Zahl von verhängten Bußgeldern zu rechnen ist.

6. Irrtümer

Erkennt der Täter bereits die merkmalsrelevanten Tatsachen nicht, handelt er im **34** vorsatzausschließenden **Tatbestandsirrtum** im Sinne des § 11 Abs. 1 OWiG.[59] In Abgrenzung dazu liegt ein **Verbotsirrtum** vor, wenn dem Täter die Einsicht fehlt, etwas Unerlaubtes zu tun, namentlich weil er das Bestehen oder die Anwendbarkeit einer Rechtsvorschrift nicht kennt (vgl. § 11 Abs. 2 OWiG). Es liegt damit kein Defizit im Bereich des tatsächlichen Wissens vor, sondern bei der rechtlichen Bewertung der tatsächlichen Umstände. Entscheidend für die Annahme des Irrtums ist die Parallelwertung in der Laiensphäre, also die Frage, ob die soziale Bedeutung des Tatumstands richtig erfasst wurde und nicht, ob dieser juristisch exakt bewertet wurde.[60]

7. Rechtswidrigkeit

Parallel zu den Regelungen der Notwehr (§ 32 StGB) und des Notstandes (§ 34 **35** StGB) finden sich auch im OWiG entsprechende Normierungen in den § 15 und § 16 OWiG. Für die vorliegenden Ordnungswidrigkeiten hat die Notwehr allerdings keine Relevanz, alleine der **Notstand** könnte denkbar sein, wenn die Vernachlässigung der Pflichten dem Erhalt des Betriebes dient.

8. Verjährung

Ordnungswidrigkeiten verjähren in **drei Jahren** (§ 31 Abs. 2 Nr. 1 OWiG). § 31 **36** OWiG behandelt die Grundzüge der Verfolgungsverjährung im Ordnungswidrigkeitenrecht, so werden ihre Wirkung (§ 31 Abs. 1 OWiG), ihre Fristen (§ 31 Abs. 2 OWiG) und deren Beginn (§ 31 Abs. 3 OWiG) geregelt. Die folgenden

---

59 *Rengier*, in: KK-OWiG, § 10 Rn. 3.
60 BayObLGSt 1980, 146, 148; 1995, 4, 7; *Rengier*, in: KK-OWiG, § 11 Rn. 15 f.

Normen regeln das Ruhen der Verfolgungsverjährung (§ 32 OWiG) und die Unterbrechung der Verfolgungsverjährung (§ 33 OWiG).

37 Der Beginn der Verjährung ist an die Beendigung der Tat gebunden. Entscheidend ist damit nicht der Zeitpunkt der Vollendung der Ordnungswidrigkeit, sondern der ihrer tatsächlichen Beendigung.[61] Schwierigkeiten bietet insofern die Einordnung vieler Tatbestände als echte Unterlassungsdelikte, bei denen der Zeitpunkt der Beendigung oftmals schwer zu bestimmen und zudem umstritten ist. Probleme entstehen damit in der Praxis nicht nur dadurch, dass die Pflichten im GwG nicht terminlich klar verankert sind,[62] sondern auch wegen der rein rechtlichen Frage, ob erst mit Ablauf der Handlungspflicht die Verjährung beginnt, mithin also bei etwa knapp neun Jahren (Aufbewahrungsfrist und Verjährung) für Verstöße gegen die Aufbewahrungsfrist aus § 8 Abs. 4 Satz 1 GwG gemäß § 56 Abs. 1 Satz 1 Nr. 7 GwG liegen würden.[63] Sollte man hier an die Änderung der Rechtsprechung des Bundesgerichtshofs zum Verjährungsbeginn bei § 266a StGB denken, der nunmehr nicht mehr mit dem Ende der Handlungspflicht, sondern mit Verstreichenlassen des Fälligkeitszeitpunktes angenommen wird,[64] so kann dies nicht ohne Weiteres auf das Ordnungswidrigkeitenrecht übertragen werden.[65] Im Ordnungswidrigkeitenrecht gibt es im Regelfall keine unangemessenen langen „Gesamtverjährungszeiten" wie sie bei § 266a StGB entstanden sind. Diese lagen bei 25 bis 36 Jahren. Darüber hinaus handelt es sich bei Ordnungswidrigkeiten um bloßes Verwaltungsunrecht und nicht die utlima ratio Strafe.[66] Aus diesem Grund ist ein einheitlicher Verjährungsbeginn mit dem Ende der Handlungspflicht zu befürworten. So werden unterschiedliche Verjährungszeitpunkte bei den verschiedenen Alternativen der nicht richtigen und nicht vollständigen Pflichterfüllung zum vollständigen Unterlassen vermieden und Wertungswidersprüche verhindert.[67]

38 Die Vollstreckungsverjährung richtet sich nach § 34 Abs. 2 Nr. 1 OWiG. Wie auch die Verfolgungsverjährung soll die zeitliche Begrenzung der Vollstreckung dem Rechtsfrieden dienen. Zudem soll damit einer Untätigkeit der Vollstreckungsbehörden entgegengewirkt werden.[68]

---

61 BGHSt 28, 371, 379; OLG Koblenz, MDR 1993, 70.
62 *Barreto da Rosa*, in: Herzog, GwG, § 56 Rn. 13.
63 So *Barreto da Rosa*, in: Herzog, GwG, § 56 Rn. 13.
64 BGH, NStZ 2020, 159.
65 OLG Brandenburg, BeckRS 2021, 40220 (zu Verstößen gegen das Mindestlohngesetz).
66 OLG Brandenburg, BeckRS 2021, 40220.
67 So *Barreto da Rosa*, in: Herzog, GwG, § 56 Rn. 21.
68 BGHSt 11, 393, 396; BGHSt 12, 335, 337 f.

III. Tatbestände im Einzelnen (§ 56 Abs. 1 und 2 GwG)

Durch die Neufassung der Bußgeldtatbestände wurden zahlreiche Verstöße ge- **39**
gen die nach dem GwG bestehenden Pflichten als Ordnungswidrigkeiten ausgestaltet. Mit den nun 81 Bußgeldtatbeständen ist nahezu das gesamte Tagesgeschäft der Verpflichteten abgedeckt. Größenteils sind die Tatbestände der Ordnungswidrigkeiten interpretationsoffen formuliert, sodass abzuwarten bleibt, ob
die Praxis Maßstäbe entwickeln kann, die hier für mehr Bestimmtheit sorgen.

1. Tatbestände des § 56 Abs. 1 GwG

Die letzte Änderung durch das Gesetz zur Umsetzung der Änderungsrichtlinie **40**
der Vierten EU-Geldwäscherichtlinie[69] hat eine Spaltung der zuvor einheitlich
in Abs. 1 normierten Ordnungswidrigkeiten in zwei Absätze bedingt. Nunmehr
wird zwischen solchen Ordnungswidrigkeiten differenziert, die vorsätzlich und
leichtfertig zu begehen sind (Abs. 1) und solchen Verstößen gegen essenzielle
Pflichten des GwG, die nun darüber hinaus als fahrlässig zu begehen sind
(Abs. 2).

a) Verstöße im Bereich Risikomanagement (§ 56 Abs. 1 Nr. 1–14 GwG)

Die Normierung der Ordnungswidrigkeiten zeigt die zunehmende Bedeutung **41**
des sog. **risikobasierten Ansatzes** (vgl. § 4 Rn. 2). Die mit Umsetzung der Vierten EU-Geldwäscherichtlinie eingeführten Pflichten zur Ermittlung und Bewertung von Risiken gemäß § 5 Abs. 1 Satz 1 GwG (§ 56 Abs. 1 Nr. 1 GwG) und
die Dokumentation und Prüfung der Risikoanalyse gemäß § 5 Abs. 2 Nr. 1 und
Nr. 2 GwG (§ 56 Abs. 1 Nr. 2 GwG) sind infolgedessen bußgeldbewehrt. Da beide Sanktionsnormen tatbestandlich damit lediglich verlangen, dass eine solche
Analyse stattfindet, dokumentiert und überprüft wird und nicht beschreiben, wie
dies zu erfolgen hat, ist hier eine weitere Konkretisierung durch die Praxis erforderlich. Der Wortlaut ließe eine Anwendung der Norm denkbar auch zu, wenn
einzelne Risikofaktoren nicht ermittelt oder bewertet werden. Probleme bestün-
den dann aber hinsichtlich der Bestimmtheit. § 56 Abs. 1 Nr. 1 GwG wird daher
wohl zunächst nur dann in Betracht kommen, wenn gar keine Ermittlung oder
Bewertung des Risikos stattfand. Ob die Risikoermittlung mangelhaft oder die
getroffene Risikoabschätzung unzutreffend war, darf daher für die Frage der
Sanktion nicht relevant sein.[70] Die Dokumentation der Risikoanalyse hat schriftlich zu erfolgen. Aus den Gesetzesmaterialien ergibt sich, dass die Prüfung der
Risikoanalyse zumindest jährlich stattfinden muss (vgl. § 5 Rn. 26 ff.).

---

69 BGBl. I 2019, S. 2602 ff.
70 *Häberle*, in: Erbs/Kohlhaas, Strafrechtliche Nebengesetze, Stand: September 2021,
   § 56 GwG Rn. 8; *Pelz*, in: BeckOK GwG, § 56 Rn. 16.

42 Die Nr. 3–5 normieren Verstöße gegen die Pflichten aus § 6 GwG. Durch den Ordnungswidrigkeitentatbestand des § 56 Abs. 1 Nr. 3 GwG wird sanktioniert, wenn die Verpflichteten keine **angemessenen geschäfts- und kundenbezogenen internen Sicherungsmaßnahme** zur Steuerung und Minderung der Risiken von Geldwäsche und Terrorismusfinanzierung schaffen, oder deren Funktionsfähigkeit nicht überwachen. Zudem soll durch die Norm eine **regelmäßige oder bedarfsabhängige Aktualisierung** gewährleistet werden, weshalb auch der Verstoß gegen diese Pflicht bußgeldbewehrt ist. Wann ein Bedarf für die Aktualisierung auszumachen ist, wird nicht bestimmt. Es bleibt damit Raum für weitere Konkretisierung. Für Verpflichtete gemäß § 2 Abs. 1 Nr. 15 GwG, Veranstalter und Vermittler von **Glücksspielen**, ist die Pflicht ein Datenverarbeitungssystem zu betreiben bußgeldbewehrt (§ 56 Abs. 1 Nr. 4 GwG). Durch solche Systeme sollen einzelne Transaktionen im Spielbetrieb und über ein Spielerkonto, die zweifelhaft oder ungewöhnlich sind, erkannt werden. Da sich die Methoden von Geldwäsche und Terrorismusfinanzierung stetig verändern, ist auch die Pflicht, die vorhandenen Systeme bei Bedarf zu aktualisieren, bußgeldbewehrt. Die geschaffenen Systeme müssen daher so aktualisiert werden, dass die aktuell gängigen und bekannten Methoden von Geldwäsche und Terrorismusfinanzierung angezeigt werden können.[71] Darüber hinaus erfüllt einen Bußgeldtatbestand, wer einer vollziehbaren, also sofort vollziehbaren oder bestandskräftigen, Anordnung gemäß § 6 Abs. 9 GwG nicht nachkommt und trotz Anordnung der Aufsichtsbehörde auf benannte Maßnahmen verzichtet (§ 56 Abs. 1 Nr. 5 GwG).

43 Durch die § 56 Abs. 1 Nr. 6 und Nr. 7 GwG werden **Verstöße gegen Auszeichnungs- und Aufbewahrungspflichten** gemäß der § 8 Abs. 1 und 2 sowie § 8 Abs. 4 Satz 1 GwG sanktioniert. Im Gegensatz zum bisherigen § 17 Abs. 1 Nr. 5 GwG a. F. umreißt § 56 Abs. 1 Nr. 6 GwG in seiner jetzigen Fassung genauer, welche Informationen aufzuzeichnen und aufzubewahren sind. So sollen die erhobenen Angaben und eingeholten Informationen zu den Identifizierungspflichten, hinreichende Informationen über die Ergebnisse der Risikobewertung, Ergebnisse der Untersuchung nach § 15 Abs. 5 Nr. 1, Erwägungsgründe und eine nachvollziehbare Begründung des Bewertungsergebnisses über die Meldepflicht des § 43 Abs. 1 GwG aufgezeichnet und aufbewahrt werden. Dennoch herrscht weiterhin Unklarheit darüber, welche Angaben bereits zu erheben oder welche Informationen einzuholen sind und wann eine Begründung nachvollziehbar ist.[72] Für den vorliegenden Tatbestand ist dies aber insoweit irrelevant, als dass die durch die Norm gebotene Handlung nur die nicht, nicht richtige oder unvollstän-

---

71 So auch *Pelz*, in: BeckOK GwG, § 56 Rn. 19; während *Häberle*, in: Erbs/Kohlhaas, Strafrechtliche Nebengesetze, Stand: September 2021, § 56 GwG Rn. 11, auf die Durchführung von Updates, den Tausch von Hardware und Software abstellt.
72 *Häberle*, in: Erbs/Kohlhaas, Strafrechtliche Nebengesetze, Stand: September 2021, § 56 GwG Rn. 15.

dige Aufzeichnung und Aufbewahrung erfasst. Nicht richtig ist die Aufzeichnung oder Aufbewahrung dabei, wenn diese von den erhobenen Angaben und Informationen abweicht.[73] Wurde bereits unrichtig erhoben oder eingeholt, fällt dies nicht in den Anwendungsbereich dieser Bußgeldvorschrift.[74] Unvollständig ist die Aufzeichnung oder Aufbewahrung, wenn nicht alle erhobenen Informationen aufgezeichnet oder aufbewahrt werden. Maßgeblich für die Beurteilung ist der Zeitpunkt, zu dem der Täter die erforderliche Handlung hätte vornehmen müssen.[75] Dies muss nach allgemeiner Meinung unmittelbar im Anschluss an die getroffenen Feststellungen erfolgen,[76] spätestens aber vor Beginn des Laufs der Aufbewahrungspflicht, also im Fall des § 10 Abs. 3 Satz 1 Nr. 1 vor dem Schluss des Kalenderjahres, in dem die Geschäftsbeziehung endet und in den übrigen Fällen mit dem Schluss des Kalenderjahres, in dem die jeweilige Angabe festgestellt worden ist. Ansonsten gilt die Aufzeichnung als nicht getätigt.[77] Bei Unterschreitung der Aufbewahrungsfrist von 5 Jahren für diese Dokumente liegt eine Ordnungswidrigkeit im Sinne der § 56 Abs. 1 Nr. 7 GwG vor.

§ 56 Abs. 1 Nr. 8–14 GwG sanktionieren **Verstöße gegen die gruppenweite** **44** **Einhaltung von Pflichten.** Durch die Regelung des § 9 GwG wird sichergestellt, dass die bestehenden Regelungen auf sämtliche Verpflichtete des § 2 Abs. 1 GwG erstreckt werden, um der großen Zahl von grenzüberschreitenden Geschäften und der Bedeutung von einheitlichen Standards Rechnung zu tragen.[78] Es sind daher Zuwiderhandlungen gegen die Pflicht zur Schaffung gruppenweit einheitlicher Maßnahmen (§ 56 Abs. 1 Nr. 8), zur Umsetzung gruppenweit einheitlicher Pflichten und Maßnahmen (§56 Abs. 1 Nr. 9), zur Sicherstellung der nationalen Bestimmungen (§ 56 Abs. 1 Nr. 10), zur Verhinderung der Geldwäsche bei in einem Drittstaat ansässigen Zweigstellen oder gruppenangehörigem Unternehmen sowie zur Information der nach § 50 GwG zuständigen Aufsichtsbehörde (§ 56 Abs. 1 Nr. 11) und gegen eine vollziehbare Anordnung im Sinne des § 9 Abs. 3 Satz 3 GwG (§ 56 Abs. 1 Nr. 12) bußgeldbewehrt.

Durch das Gesetz zur Umsetzung der Änderungsrichtlinie zur Vierten EU-Geld- **45** wäscherichtlinie wurden die Verstöße gegen § 9 Abs. 5 GwG in § 56 Abs. 1 Nr. 13 und 14 GwG aufgenommen. Dabei erfasst Nr. 13 Verstöße für Unternehmen, deren Mutterunternehmen ebenfalls Verpflichteter ist, während Nr. 14 Verstöße für Unternehmen sanktioniert, deren Mutterunternehmen nicht Verpflichteter ist. Nach § 56 Abs. 1 Nr. 13 GwG müssen neben den verpflichteten Mutterun-

---

73 So auch *Pelz*, in: BeckOK GwG, § 56 Rn. 22.
74 *Pelz*, in: BeckOK GwG, § 56 Rn. 22.
75 *Valerius*, in: BeckOK OWiG, § 6 Rn. 2.
76 BayObLG, NStZ 1997, 550; *Häberle*, in: Erbs/Kohlhaas, Strafrechtliche Nebengesetze, Stand: September 2021, § 56 GwG Rn. 15.
77 *Häberle*, in: Erbs/Kohlhaas, Strafrechtliche Nebengesetze, Stand: September 2021, § 56 GwG Rn. 15.
78 BT-Drs. 18/11155, S. 115.

ternehmen deren gruppenangehörigen Unternehmen, die Verpflichtete nach dem GwG sind, die für sie bestehenden Gruppenpflichten umsetzen. Sie müssen daher die von dem Mutterunternehmen vorgegebenen Verfahren oder Einzelfallanordnungen ausführen. Bußgeldbewehrt ist dabei der Verstoß gegen die Pflichten aus § 9 Abs. 1 Satz 2 Nr. 1, 3 und 4, also die Einrichtung interner Sicherungsmaßnahmen nach § 6 Abs. 2, die Schaffung von Verfahren für den Informationsaustausch innerhalb der Gruppe und die Schaffung von Verfahren zum Schutz personenbezogener Daten. Für solche gruppenangehörige Verpflichtete, deren Mutterunternehmen nicht Verpflichtete nach dem GwG ist, ist nur der Verstoß gegen die Pflichten aus § 9 Abs. 1 Satz 2 Nr. 3 und 4 bußgeldbewehrt.

b) Verstöße gegen Sorgfaltspflichten in Bezug auf Kunden
   (§ 56 Abs. 1 Nr. 15–53 GwG)

46 Die Sorgfaltspflichtverletzungen bezogen auf Kunden sind unter der präventiven Zielsetzung des GwG elementar, Verstöße sind daher zur Sicherung der Wirksamkeit auch als Ordnungswidrigkeiten ausgestaltet.[79] Erfasst sind hier Verstöße gegen die **allgemeinen Sorgfaltspflichten** aus § 10 GwG (§ 56 Abs. 1 Nr. 15–25 GwG), **vereinfachte Sorgfaltspflichten** des § 14 GwG (§ 56 Abs. 1 Nr. 31 GwG), **verstärkte Sorgfaltspflichten** des § 15 GwG (§ 56 Abs. 1 Nr. 32–45 GwG) sowie **Verstöße bei der Ausführung der Sorgfaltspflichten durch Dritte** gem. § 17 GwG, namentlich, wenn der Dritte, durch den die Sorgfaltspflicht ausgeführt wird, in einem Drittstaat mit hohem Risiko ansässig ist (§ 56 Abs. 1 Nr. 53 GwG). Verstöße sowohl gegen Pflichten zur **Identifizierung** gemäß § 11 GwG (§ 56 Abs. 1 Nr. 26–30 GwG) als auch gegen die besonderen Regelungen für das **Glücksspiel im Internet** sind ebenfalls erfasst (Nr. § 56 Abs. 1 Nr. 46–52 GwG).

47 Mit den in den § 56 Abs. 1 Nr. 15–25 GwG genannten Verstößen wird zunächst die Einhaltung der in § 10 Abs. 1 Nr. 1–5 GwG genannten **Identifizierungs-, Prüfungs- und Informationspflichten** sowie der **Bewertungs- und Überwachungspflichten** gestärkt. Diese Pflichten sind existenziell für die präventiv ausgerichtete Wirksamkeit des GwG.

48 Die Tatbestände § 56 Abs. 1 Nr. 15–20 GwG erfassen damit die allgemeinen Sorgfaltspflichten und sanktionieren Verstöße gegen diese. So führt die nicht, nicht richtige, nicht vollständige oder nicht in der vorgeschriebenen Weise vorgenommene Identifizierung des Vertragspartners zu einer Sanktion gemäß § 56 Abs. 1 Nr. 15 GwG. Ergänzt wurde durch das Gesetz zur Umsetzung der Änderungsrichtlinie zur Vierten EU-Geldwäscherichtlinie das auch die unterlassene Prüfung der Berechtigung der für den Vertragspartner auftretenden Person bußgeldbewehrt ist.

---

79 So auch *Barreto da Rosa*, in: Herzog, GwG, § 56 Rn. 35.

Eine Identifizierung gilt als **nicht** erfolgt, wenn keine Angaben erhoben wur-   **49**
den.[80] **Nicht richtig** ist sie, wenn unzutreffende Daten festgestellt und **unvollständig**, wenn nur ein Teil der Daten vorhanden ist.[81] Den Umfang der zu erhebenden Daten gibt § 11 Abs. 4 GwG vor. In der **nicht vorgeschriebenen Weise**
erfolgt die Identifizierung, wenn diese nicht durch die in § 12 Abs. 1 und 2 GwG
genannten Dokumente erfolgt.[82]

Die Ordnungswidrigkeit des § 56 Abs. 1 Nr. 16 GwG erfasst den Verstoß gegen   **50**
§ 10 Abs. 1 Nr. 2 GwG, also die Prüfung, ob der **Vertragspartner für einen
wirtschaftlich Berechtigten** handelt, während Nr. 17 die unterlassene **Identifikation des wirtschaftlich Berechtigten** erfasst. Mit der Prüfung dürfte jede
Handlung gemeint sein, die das Ziel verfolgt, das Tätigwerden für den wirtschaftlich Berechtigten aufzudecken. Die Identifikation des wirtschaftlich Berechtigten meint die Ermittlung der Eigentums- und Kontrollstruktur juristischer
Personen.[83] Daneben gilt § 11 Abs. 5 GwG, der ebenfalls bußgeldbewehrt (§ 56
Abs. 1 Nr. 30), die Feststellung des Namens des wirtschaftlich Berechtigten verlangt.

§ 56 Abs. 1 Nr. 18 GwG normiert eine Ordnungswidrigkeit, wenn entgegen § 10   **51**
Abs. 1 Nr. 3 GwG keine Informationen über den **Zweck und die angestrebte
Art der Geschäftsbeziehung** einholt oder diese Informationen nicht bewertet
werden. Dabei ist die Einholung von weiteren Informationen nur erforderlich,
wenn sich diese nicht aus der Geschäftsbeziehung ergeben. In welchem Umfang
und Qualität die Informationen eingeholt werden müssen, ist nicht bestimmt, sodass vertreten wird, dass jegliche Einholung von Informationen genügen soll,
um die Sanktionierung zu verhindern.[84]

Nr. 19 erfasst Verstöße gegen die Pflicht des § 10 Abs. 1 Nr. 4, der eine Feststel-   **52**
lung dazu verlangt, ob es sich bei dem Vertragspartner oder dem wirtschaftlich
Berechtigten um eine **politisch exponierte Person**, um ein Familienmitglied
einer solchen oder um eine diesem bekanntermaßen nahestehende Person handelt. Anzuwenden ist hierzu ein angemessenes, risikoorientiertes Verfahren.
Werden diese Feststellung nicht, also in keiner Weise, oder nicht richtig getroffen, soll dies sanktionierbar sein. Nicht eindeutig ist dabei, wie in diesem Zu-

---

80 *Häberle*, in: Erbs/Kohlhaas, Strafrechtliche Nebengesetze, Stand: September 2021,
   § 56 GwG Rn. 22; *Pelz*, in: BeckOK GwG, § 56 Rn. 31.
81 *Häberle*, in: Erbs/Kohlhaas, Strafrechtliche Nebengesetze, Stand: September 2021,
   § 56 GwG Rn. 22; *Pelz*, in: BeckOK GwG, § 56 Rn. 31.
82 *Häberle*, in: Erbs/Kohlhaas, Strafrechtliche Nebengesetze, § Stand: September 2021,
   56 GwG Rn. 22; *Pelz*, in: BeckOK GwG, § 56 Rn. 31.
83 So auch *Häberle*, in: Erbs/Kohlhaas, Strafrechtliche Nebengesetze, Stand: September
   2021, § 56 GwG Rn. 24.
84 *Häberle*, in: Erbs/Kohlhaas, Strafrechtliche Nebengesetze, Stand: September 2021,
   § 56 GwG Rn. 25; *Pelz*, in: BeckOK GwG, § 56 Rn. 35.

sammenhang die gewählte Formulierung nicht richtig zu verstehen ist. Teilweise wird angenommen, dass sie sich darauf bezieht, dass die Feststellungen im Ergebnis abweichend von dem tatsächlichen Status getroffen werden.[85] Anderseits wird angenommen, dass sich die nicht richtige Feststellung aus dem gewählten Verfahrensweg ergebe.[86] Gegen eine solche Annahme wird eingewandt, dass der Gesetzgeber den Verstoß gegen die Art und Weise der Feststellung in § 56 Abs. 1 Nr. 15 GwG separat und mit der Formulierung „in der nicht vorgeschriebenen Weise" erfasst.[87] Jedoch bezieht sich diese Formulierung „in der nicht vorgeschriebenen Weise" nicht auf den Umfang der gesammelten Daten, sondern ihre Nachweisbarkeit durch bestimmte Dokumente im Sinne des § 12 Abs. 1 und 2 GwG (vgl. Rn. 47). Aus diesem Grund liegt es nahe, die nicht richtige Feststellung hier so zu verstehen, dass Personen entgegen der geltenden Standards[88] falsch eingeordnet, dem Staatschef also, trotz Kenntnis dieser Funktion, kein PEP Status zuerkannt wird, oder nicht ausreichende Daten zur Ermittlung des Status vorliegen. In welcher Weise diese Daten erhoben werden, durch Kontrolle von Ausweispapieren, Parlamentsdokumenten etc., ist für die Sanktion irrelevant.

53 Auch die Verpflichtung gemäß § 10 Abs. 1 Nr. 5 GwG die Geschäftsbeziehung, einschließlich der in ihrem Verlauf durchgeführten Transaktionen, nicht oder nicht richtig kontinuierlich zu **überwachen** ist bußgeldbewehrt. Damit werden die Verpflichteten angehalten, die erforderlichen **Dokumente, Daten und Informationen** regelmäßig zu aktualisieren. Zweifel bestehen auch hier bei der Bestimmtheit des Ordnungswidrigkeitentatbestandes, da unklar bleibt, wie eine nicht richtige kontinuierliche Überwachung zu bestimmen ist. Gemeint sein könnte zum einen ein fehlerhafter Umfang oder aber eine nicht ausreichende Kontinuität. Wie oft eine Überwachung durchgeführt werden muss, ist derweil nicht bestimmt.[89] Jedoch wäre die nicht regelmäßige Überwachung bereits von der ersten Alternative erfasst, da eine solche unter eine nicht kontinuierliche Überwachung fiele. Aus diesem Grund dürfte mit der nicht richtigen kontinuierlichen Überwachung eine solche zu verstehen sein, die nicht ausreichend im Sin-

---

85 *Pelz*, in: BeckOK GwG, § 56 Rn. 36.

86 *Häberle*, in: Erbs/Kohlhaas, Strafrechtliche Nebengesetze, Stand: September 2021, § 56 GwG Rn. 26.

87 *Häberle*, in: Erbs/Kohlhaas, Strafrechtliche Nebengesetze, Stand: September 2021, § 56 GwG Rn. 26.

88 Richtlinie 2006/70/EG der Kommission vom 1.8.2006 mit Durchführungsbestimmungen für die Richtlinie 2005/60/EG des Europäischen Parlaments und des Rates hinsichtlich der Begriffsbestimmung von „politisch exponierte Personen" und der Festlegung der technischen Kriterien für vereinfachte Sorgfaltspflichten sowie für die Befreiung in Fällen, in denen nur gelegentlich oder in sehr eingeschränktem Umfang Finanzgeschäfte getätigt werden.

89 *Häberle*, in: Erbs/Kohlhaas, Strafrechtliche Nebengesetze, Stand: September 2021, § 56 GwG Rn. 27.

ne des § 10 Abs. 1 Nr. 5 GwG ist, also nicht dem vorgeschriebenen Umfang entspricht.

Im Sinne der Stärkung des sog. **risikobasierten Ansatzes** wird mit § 56 Abs. 1 **54**
Nr. 21 GwG ein Bußgeldtatbestand für die fehlerhafte Bemessung des konkreten
Umfangs der Sorgfaltspflichten gemäß § 10 Abs. 2 Satz 1 GwG eingeführt. Bei
der Bemessung müssen die in den Anlagen 1 und 2 zum GwG genannten Risikofaktoren sowie die im Gesetzestext selbst genannten Faktoren Berücksichtigung
finden. Genannt sind hier der Zweck des Kontos oder der Geschäftsbeziehung,
die Höhe der von Kunden eingezahlten Vermögenswerte und der Umfang der
ausgeführten Transaktion sowie die Regelmäßigkeit und Dauer der Geschäftsbeziehung. Da die Verpflichteten den Sorgfaltsmaßstab risikoorientiert bestimmen, kommt ihnen stets ein Ermessen bei der Gewichtung der Relevanz der einzelnen Punkte zu. Die Beurteilung ist damit stets eine **Einzelfallentscheidung**.
Die Justiziabilität der im konkreten Fall ausgeübten Sorgfaltspflichten wird sich
daher schwierig gestalten. Diese Einzelfallbeurteilung wird dadurch erschwert,
dass sie bei einem Bußgeldverfahren dann von zwei verschiedenen Positionen
erfolgt. So wird die Bußgeldbehörde eine oder mehrere spezifische Maßnahmen,
die tatsächlich durchgeführt wurden, im Nachhinein auf ein ggf. bereits verwirklichtes Risiko bewerten. Der Verpflichtete hat aber im Vorhinein eine Prognose
zu tätigen und trägt das Risiko einer Fehleinschätzung.

Nicht angemessen eingehalten werden die allgemeinen Sorgfaltspflichten aber **55**
jedenfalls dann, wenn der Verpflichtete die in den Anlagen zum GwG genannten
und im Gesetz aufgeführten Kriterien vernachlässigt und diese nicht in seine Bewertung aufgenommen hat. Fehlt eine Darlegung der **Angemessenheit der getroffenen Maßnahmen** im Hinblick auf die Risiken der Geldwäsche und der
Terrorismusfinanzierung gegenüber der Aufsichtsbehörde (vgl. § 50 GwG) trotz
deren Verlangens nach einer solchen, ist dies über § 56 Abs. 1 Nr. 22 GwG sanktionierbar. Bei dem im Tatbestand genannten § 14 Abs. 1 Satz 2 GwG handelt es
sich um einen Redaktionsfehler, gemeint ist wohl § 14 Abs. 1 Satz 3 GwG.[90]

§ 56 Abs. 1 Nr. 23 GwG bezieht sich auf § 10 Abs. 6 und nun auch wieder 6a **56**
GwG. So sieht die Norm eine Sanktion für Verpflichtete nach § 2 Abs. 1 Nr. 14
GwG vor, die bei der Vermittlung von Kaufverträgen und bei der Vermittlung
von Miet- oder Pachtverträgen bei Transaktionen mit einer monatlichen Miete
oder Pacht in Höhe von mindestens 10.000,00 EUR, die allgemeinen Sorgfaltspflichten zu erfüllen haben. Durch das TrFinInfoG[91] wurde der Fehler des Ge-

---

90 *Pelz*, in: BeckOK GwG, § 56 Rn. 39.
91 Gesetz zur europäischen Vernetzung der Transparenzregister und zur Umsetzung der
Richtlinie (EU) 2019/1153 des Europäischen Parlaments und des Rates vom 20.6.2019
zur Nutzung von Finanzinformationen für die Bekämpfung von Geldwäsche, Terrorismusfinanzierung und sonstigen schweren Straftaten (Transparenzregister- und Finanzinformationsgesetz).

setzgebers korrigiert und der Verweis auf § 10 Abs. 6a GwG wieder aufgenommen, der zuvor ausgeschlossen war. Für Güterhändler im Sinne des § 2 Abs. 1 Nr. 16 GwG, die ihren Sorgfaltspflichten bei bestimmten Transaktionen nicht nachkommen, ist damit ebenfalls eine Ordnungswidrigkeit vorgesehen. Durch die jetzige Formulierung des Tatbestandes, es wurde zuvor diskutiert den Zusatz „nicht in dem dort beschriebenen Umfang nachkommt" aufzunehmen, kann angenommen werden, dass eine nicht vollständige Erfüllung der Pflichten nicht bußgeldbewehrt seien soll.[92]

57   Verpflichtete, die gemäß § 2 Abs. 1 Nr. 8 GwG für ein **Versicherungsunternehmen** nach § 2 Abs. 1 Nr. 7 GwG Prämien einziehen und keine Mitteilung machen, handeln ordnungswidrig im Sinne des § 56 Abs. 1 Nr. 24 GwG, wenn die Prämienzahlungen in Bar erfolgen und den Betrag von 15.000,00 EUR innerhalb eines Kalenderjahres übersteigen.

58   Ist der Verpflichtete nicht in der Lage die ihm obliegenden Sorgfaltspflichten aus §§ 10, 14 oder 15 GwG zu erfüllen und begründet er dennoch die Geschäftsbeziehung, setzt sie fort, kündigt sie nicht oder beendet sie nicht in anderer Weise oder führt eine Transaktion durch, macht er sich gemäß § 56 Abs. 1 Nr. 25 GwG ahndbar. Zwar sieht das Gesetz keine zeitliche Frist zur Kündigung oder Beendigung der Geschäftsbeziehung vor, sodass eine praktische Bedeutsamkeit dieser Variante zu bezweifeln steht,[93] einschlägig bleibt aber bei fehlender Kündigung oder Beendigung jedenfalls die Begehungsvariante, da dann die bestehende Geschäftsbeziehung trotz nicht Einhaltung der Sorgfaltspflichten fortgeführt wird.[94]

59   § 56 Abs. 1 Nr. 26–30 GwG regeln **Verstöße gegen die Identifizierungspflichten** aus § 11 GwG. Für die Verhinderung der Geldwäsche ist die Identifizierung zentral. Hierbei ist zu beachten, dass die Identifizierung grundsätzlich vor Begründung der Geschäftsbeziehung oder der Durchführung der Transaktion erfolgen muss, um als rechtzeitig im Sinne des § 56 Abs. 1 Nr. 26 GwG zu gelten. Nur wenn eine solche Prüfung den normalen Geschäftsablauf unterbrechen würde und ein geringes Risiko der Geldwäsche und Terrorismusbekämpfung besteht, kann die Identifizierung noch während der Begründung der Geschäftsbeziehung abgeschlossen werden. Abweichend hiervon wird die Rechtzeitigkeit bei dem Verpflichteten im Sinne des § 2 Abs. 1 Nr. 14 GwG gem. § 11 Abs. 2 GwG nach dem Zeitpunkt bestimmt, in dem der Vertragspartner des Maklervertrages ein ernsthaftes Interesse an der Durchführung des Immobilienkaufvertrages äußert und die Kaufvertragsparteien hinreichend bestimmt sind (§ 56 Abs. 1 Nr. 27 GwG). Ergänzt wurde hier durch das TrFinInfoG, dass eine Sanktionie-

---

92 Anders *Barreto da Rosa*, in: Herzog, GwG, § 56 Rn. 44.
93 *Pelz*, in: BeckOK GwG, § 56 Rn. 45.
94 *Häberle*, in: Erbs/Kohlhaas, Strafrechtliche Nebengesetze, Stand: September 2021, § 56 GwG Rn. 32.

rung auch erfolgen kann, wenn über den Vertragspartner auch die auftretenden Personen und der wirtschaftlich Berechtigte nicht rechtzeitig identifiziert werden. Durch diese redaktionelle Anpassung ist wieder Kongruenz hergestellt.

Hat der Verpflichtete bereits eine Identifizierung durchgeführt, hegt er aber **60** Zweifel daran, dass die erhobenen Angaben noch zutreffen, muss gemäß § 11 Abs. 3 Satz 2 GwG eine **erneute Identifizierung** durchgeführt werden. Ansonsten liegt eine Ordnungswidrigkeit im Sinne des § 56 Abs. 1 Nr. 28 GwG vor. Nach § 11 Abs. 4 GwG muss der Verpflichtete bestimmte Angaben erheben, wird diese Pflicht nicht oder nicht vollständig erfüllt, liegt eine Ordnungswidrigkeit vor (§ 56 Abs. 1 Nr. 29). Erfasst sind bei einer natürlichen Person: **Vorname und Nachname, Geburtsort, Geburtsdatum, Staatsangehörigkeit und eine Wohnanschrift; bei einer juristischen Person oder bei einer Personengesellschaft Firma, Name oder Bezeichnung, Rechtsform, Registernummer, falls vorhanden, Anschrift des Sitzes oder der Hauptniederlassung und die Namen der Mitglieder des Vertretungsorgans oder die Namen der gesetzlichen Vertreter.** Zudem muss bei einem **wirtschaftlich Berechtigten** im Rahmen der Identitätsfeststellung der Name erhoben werden, ansonsten liegt eine Ordnungswidrigkeit gemäß § 56 Abs. 1 Nr. 30 GwG vor. Von der Ordnungswidrigkeit erfasst ist damit nur die Feststellung von Vor- und Zunamen der wirtschaftlich Berechtigten. Nicht als Ordnungswidrigkeit ausgestaltet sind allerdings die nach § 11 Abs. 5 Satz 2 GwG fakultativ zu erhebenden Angaben, die nur erforderlich sind, soweit die Ansehung des im Einzelfall bestehenden Risikos der Geldwäsche oder Terrorismusfinanzierung dies erfordert.

§ 56 Abs. 1 Nr. 31 GwG normiert einen Bußgeldtatbestand für die Fälle, in de- **61** nen die **Überprüfung und Überwachung von Geschäftsbeziehungen** entgegen § 14 Abs. 2 GwG nicht in einem Umfang sichergestellt wird, der es ermöglicht, ungewöhnliche oder verdächtige Transaktionen zu erkennen oder zu melden. Auch bei diesem Bußgeldtatbestand stellt sich das unter → Rn. 54 beschriebene Problem des Verpflichteten, eine richtige Prognose zu treffen.

Die in § 56 Abs. 1 Nr. 32–45 GwG genannten Normen betreffen Verstöße gegen **62** die **verstärkten Sorgfaltspflichten** des § 15 GwG. Diese greifen ein, wenn im Rahmen der Risikoanalyse oder im Einzelfall unter Berücksichtigung der in der Anlagen 1 und 2 zum GwG genannten Risikofaktoren ein **erhöhtes Risiko** festgestellt wird, insbesondere wenn es sich bei einem Vertragspartner des Verpflichteten oder bei einem wirtschaftlich Berechtigten um eine **politisch exponierte Person**, ein Familienmitglied oder um eine bekanntermaßen nahestehende Person handelt. In den genannten Fällen sind mindestens folgende verstärkte Sorgfaltspflichten zu erfüllen: Die Begründung oder Fortführung einer Geschäftsbeziehung bedarf der Zustimmung eines Mitglieds der Führungsebene, es sind angemessene Maßnahmen zu ergreifen, mit denen die Herkunft der Vermögenswerte bestimmt werden kann, die im Rahmen der Geschäftsbeziehung oder

der Transaktion eingesetzt werden, und die Geschäftsbeziehung ist einer verstärkten kontinuierlichen Überwachung zu unterziehen. Unklar bleibt auch hier, wie die kontinuierliche Überwachung ausgestaltet sein muss (vgl. → Rn. 53). Verstöße gegen die genannten verstärkten Sorgfaltspflichten stellen Ordnungswidrigkeiten im Sinne der § 56 Abs. 1 Nr. 32–35 GwG dar. Dabei handelt es sich bei § 56 Abs. 1 Nr. 32 GwG um den Grundtatbestand, während die folgenden Nummern die Nichterfüllung der einzelnen in § 15 Abs. 4 Satz 1 Nr. 1–3 GwG genannten verstärkten Sorgfaltspflichten erfassen.

63   Handelt es sich um eine Geschäftsbeziehung oder Transaktion, an der ein ermittelter **Drittstaat** mit hohem Risiko oder eine in diesem Drittstaat ansässige natürliche oder juristische Person beteiligt ist, treffen den Verpflichteten besondere **verstärkte Sorgfaltspflichten** nach § 15 Abs. 5 GwG. Eine Ausnahme gilt für Zweigstellen von in der Europäischen Union niedergelassenen Verpflichteten und für mehrheitlich im Besitz dieser Verpflichteten befindliche Tochterunternehmen, die ihren Standort in einem Drittstaat mit hohem Risiko haben, sofern sich diese Zweigstellen und Tochterunternehmen uneingeschränkt an die von ihnen anzuwendenden gruppenweiten Strategien und Verfahren halten. Die Nichteinhaltung der verstärkten Sorgfaltspflichten kann gemäß § 56 Abs. 1 Nr. 36–38 GwG sanktioniert werden. So handelt ordnungswidrig, wer **zusätzliche Informationen** über den Vertragspartner und den wirtschaftlich Berechtigten, die angestrebte Art der Geschäftsbeziehung, die Herkunft der Vermögenswerte und des Vermögens des Vertragspartners, die Herkunft der Vermögenswerte und des Vermögens des wirtschaftlich Berechtigten mit Ausnahme der Person, die nach § 3 Abs. 2 Satz 5 als wirtschaftlich Berechtigter gilt, die Gründe für die geplante oder durchgeführte Transaktion und die geplante Verwendung der Vermögenswerte, die im Rahmen der Transaktion oder Geschäftsbeziehung eingesetzt werden, soweit dies zur Beurteilung der Gefahr von Terrorismusfinanzierung erforderlich ist, nicht einholt (§ 56 Abs. 1 Nr. 36 GwG). Bußgeldbewehrt ist dabei, wenn keine Informationen nach Abs. 5 Nr. 1a–f eingeholt werden. Informationstiefe und Gründlichkeit sind daher nicht ahndbar, wohl aber, wenn Informationen nach einem der Buchstaben gar nicht eingeholt werden. Wird zu der Begründung oder Fortführung einer Geschäftsbeziehung nicht die **Zustimmung eines Mitglieds der Führungsebene** eingeholt, liegt eine Ordnungswidrigkeit gemäß § 56 Abs. 1 Nr. 37 GwG vor. Zudem müssen in diesen Fällen die Geschäftsbeziehungen durch häufigere und intensivere Kontrollen sowie die Auswahl von Transaktionsmustern, die einer weiteren Prüfung bedürfen, verstärkt überwachen (§ 56 Abs. 1 Nr. 38 GwG).

64   Ist die Transaktion im Verhältnis zu vergleichbaren Fällen **besonders komplex oder groß**, folgt sie einem ungewöhnlichen Transaktionsmuster oder erfolgt sie ohne offensichtlichen wirtschaftlichen oder rechtmäßigen Zweck, greifen **weitere verstärkte Sorgfaltspflichten**. Ordnungswidrig handelt, wer entgegen § 15

Abs. 6 Nr. 1 in Verbindung mit Abs. 3 Nr. 3 GwG die Transaktion nicht untersucht, um das Risiko der jeweiligen Geschäftsbeziehung oder Transaktionen in Bezug auf Geldwäsche oder auf Terrorismusfinanzierung überwachen und einschätzen zu können und um gegebenenfalls prüfen zu können, ob die Pflicht zu einer Meldung nach § 43 Abs. 1 vorliegt (§ 56 Abs. 1 Nr. 39 GwG). Da kein Zusatz vorhanden ist, der eine nicht richtige oder unvollständige Untersuchung sanktioniert, kann nur das vollständige Ausbleiben der Untersuchung der Transaktion sowie auch deren Zweck und Hintergrund sanktioniert werden. Zudem handelt ordnungswidrig wer entgegen § 15 Abs. 6 Nr. 2 in Verbindung mit Abs. 3 Nr. 3 GwG die zugrunde liegende Geschäftsbeziehung keiner verstärkten kontinuierlichen Überwachung unterzieht (§ 56 Abs. 1 Nr. 40 GwG).

Handelt es sich um Verpflichtete nach § 2 Abs. 1 Nr. 1–3 und 6–9 GwG sowie **65** um eine **grenzüberschreitende Korrespondenzbeziehung** zu Respondenten mit Sitz in einem Drittstaat oder, vorbehaltlich einer Beurteilung durch die Verpflichteten als erhöhtes Risiko, in einem Staat des Europäischen Wirtschaftsraums, gelten weitere verstärkte Sorgfaltspflichten des § 15 Abs. 7 GwG, deren Nichteinhaltung als Ordnungswidrigkeiten unter § 56 Abs. 1 Nr. 41–44 GwG erfasst sind. So handelt ordnungswidrig, wer keine ausreichenden Informationen einholt (§ 56 Abs. 1 Nr. 41 GwG), nicht die Zustimmung eines Mitglieds der Führungsebene einholt (§ 56 Abs. 1 Nr. 42 GwG) oder die vor Begründung einer solchen Geschäftsbeziehung festzulegenden und gemäß § 8 GwG zu dokumentierenden Verantwortlichkeiten der Beteiligten in Bezug auf die Erfüllung der Sorgfaltspflichten nicht festlegt oder dokumentiert (§ 56 Abs. 1 Nr. 43 GwG). Zudem handelt ordnungswidrig, wer keine Maßnahmen ergreift, um sicherzustellen, dass keine Geschäftsbeziehung mit einem Respondenten begründet oder fortgesetzt wird, von dem bekannt ist, dass seine Konten von einer Bank-Mantelgesellschaft genutzt werden, sowie keine Maßnahmen ergreift, die dazu dienen sicherzustellen, dass der Respondent keine Transaktionen über Durchlaufkonten zulässt (§ 56 Abs. 1 Nr. 44 GwG).

§ 56 Abs. 1 Nr. 45 GwG erfasst Zuwiderhandlungen gegen **vollziehbare Anord-** **66** **nungen** der Aufsichtsbehörde, die dem Verpflichteten aufgeben, generell oder bei einer Transaktion oder Geschäftsbeziehung verstärkte Sorgfaltspflichten anzuwenden (§ 15 Abs. 5a und Abs. 8 GwG). Die Anordnungen sind vollziehbar, wenn sie bestandskräftig sind oder ein Rechtsmittel gegen diese keine aufschiebende Wirkung besitzt.

Verstöße gegen die besonderen Vorschriften das **Glücksspiel** im Internet betref- **67** fend (§ 16 GwG), werden in den § 56 Abs. 1 Nr. 46–52 GwG sanktioniert. Diese Bußgeldtatbestände richten sich damit an die Verpflichteten gemäß § 2 Abs. 1 Nr. 15 GwG. Erforderlich ist, dass diese gemäß § 16 Abs. 2 GwG ein Konto auf den Namen des Spielers einrichten, bevor sie diesen zum Glücksspiel zulassen. Ansonsten liegt eine Ordnungswidrigkeit im Sinne des § 56 Abs. 1 Nr. 46 GwG vor. Bußgeldbewehrt ist es ebenfalls entgegen § 16 Abs. 3 GwG Einlagen oder andere rückzahlbare Gelder entgegenzunehmen (§ 56 Abs. 1 Nr. 47 GwG). Hier ist eine konkurrierende Verwirklichung von § 54 KWG denkbar. Da es sich bei dem Verstoß gegen § 54 KWG allerdings um eine Straftat handelt ist dieser vorrangig (§ 21 Abs. 1 OWiG). Gleiches gilt für einen ebenfalls zu berücksichtigenden Verstoß gegen § 63 Abs. 1 Nr. 1 ZAG. Ordnungswidrig handelt der Verpflichtete auch, wenn er Zahlungen des Spielers auf anderen als den in § 16 Abs. 4 GwG vorgegebenen Zahlungsarten annimmt. Dies regelt § 56 Abs. 1 Nr. 48 GwG, der aufgrund der einer redaktionellen Ungenauigkeit nicht auf § 16 Abs. 4 Satz 1 Nr. 1 und 2 GwG verweist.[95] Durch § 56 Abs. 1 Nr. 49 GwG wird auch die Verpflichtung des § 16 Abs. 5 GwG, die Aufsichtsbehörde unverzüglich über die Eröffnung oder Schließung eines Zahlungskontos zu informieren, unter Geldbuße gestellt. Zudem handelt ordnungswidrig im Sinne des § 56 Abs. 1 Nr. 50 und 51 GwG wer entgegen § 16 Abs. 7 Satz 1 Nr. 2 GwG Transaktionen auf ein Zahlungskonto, das nicht auf den Namen des Spielers beim Verpflichteten eingerichtet wurde, vornimmt oder entgegen § 16 Abs. 7 Satz 2 GwG trotz Aufforderung durch die Aufsichtsbehörde den Verwendungszweck nicht hinreichend spezifiziert. Zudem ist der Verstoß gegen § 16 Abs. 8 Satz 3 GwG, also die nicht oder nicht rechtzeitige vollständige Identifizierung, als Ordnungswidrigkeit gemäß § 56 Abs. 1 Nr. 52 GwG ausgestaltet.

68   § 56 Abs. 1 Nr. 53 GwG erfasst Verstöße gegen § 17 Abs. 2 GwG. Grundsätzlich darf der Verpflichtete zur Erfüllung der Sorgfaltspflichten nach § 10 Abs. 1 Nr. 1–4 GwG auf Dritte zurückgreifen. Nicht erlaubt ist hierbei aber, dass der Verpflichtete die Erfüllung der Sorgfaltspflichten durch einen **Dritten** ausführen lässt, der in einem **Drittstaat mit hohem Risiko** ansässig ist (§ 17 Abs. 2 GwG). Wann ein Drittstaat ein hohes Risiko aufweist, ist nicht bestimmt.[96] Ausschlaggebend dürfte wohl die Delegierte Verordnung (EU) 2016/1675 der Kommission vom 14.7.2016 zur Ergänzung der Richtlinie (EU) 2015/849 des Europäischen Parlaments und des Rates durch Ermittlung von Drittländern mit hohem Risiko, die strategische Mängel aufweisen, sein. Ausgenommen sind Zweigstellen von in der Europäischen Union niedergelassenen Verpflichteten nach Art. 2 Abs. 1 der Richtlinie (EU) 2015/849, wenn die Zweigstelle sich uneingeschränkt an die gruppenweit anzuwendenden Strategien und Verfahren gemäß Art. 45 der Richtlinie (EU) 2015/849 hält, und Tochterunternehmen, die sich im Mehrheitsbesitz von in der Europäischen Union niedergelassenen Verpflichteten nach Art. 2 Abs. 1 der Richtlinie (EU) 2015/849 befinden, wenn das Tochterunternehmen

---

95 *Häberle*, in: Erbs/Kohlhaas, Strafrechtliche Nebengesetze, Stand: September 2021, § 56 GwG Rn. 52.

96 *Häberle*, in: Erbs/Kohlhaas, Strafrechtliche Nebengesetze, Stand: September 2021, § 56 GwG Rn. 57.

sich uneingeschränkt an die gruppenweit anzuwendenden Strategien und Verfahren gemäß Art. 45 der Richtlinie (EU) 2015/849 hält.

c) Verstöße im Zusammenhang mit dem Transparenzregister
   (§ 56 Abs. 1 Nr. 54–66 GwG)

Mit der Umsetzung der Anforderungen der Vierten EU-Geldwäscherichtlinie **69** durch das neue Geldwäschegesetz[97] in das deutsches Recht wurden für alle juristische Personen des Privatrechts, eingetragene Personengesellschaften, Trusts und vergleichbare Rechtsgestaltungen Pflichten im Zusammenhang mit dem neu eingeführten **Transparenzregister (§§ 18–26 GwG)** begründet. Durch das Gesetz zur Umsetzung der Änderungsrichtlinie zur Vierten EU-Geldwäscherichtlinie sind zu den ursprünglich in diesem Bereich normierten Ordnungswidrigkeiten acht weiter hinzugekommen.

Durch das Transparenzregister sollen Angaben zum wirtschaftlich Berechtigten **70** (§ 3 GwG) zugänglich sein (§ 18 Abs. 1 GwG). Mitteilungen an das Transparenzregister müssen seit dem 1.10.2017 erfolgen (§ 59 Abs. 1 GwG). Sanktioniert werden in diesem Zusammenhang **Verstöße gegen die Angabepflicht des Verpflichteten** gemäß § 18 Abs. 3 GwG (§ 56 Abs. 1 Nr. 54 GwG). § 18 Abs. 3 GwG erfasst den Fall, dass eine Mitteilung nach § 20 unvollständig, unklar ist oder Zweifel bestehen, welcher Vereinigung nach § 20 Abs. 1 die in der Mitteilung enthaltenen Angaben zum wirtschaftlich Berechtigten zuzuordnen sind. In diesen Fällen kann die registerführende Stelle von der in der Mitteilung genannten Vereinigung verlangen, dass diese die für eine Eintragung in das Transparenzregister erforderlichen Informationen innerhalb einer angemessenen Frist übermittelt. Geschieht dies nicht oder nicht rechtzeitig ist der Tatbestand verwirklicht.

Als Ordnungswidrigkeit ausgestaltet sind auch Verstöße gegen die **Informati-** **71** **onssammlungspflichten und Mitteilungspflichten** gemäß § 20 Abs. 1, 1a, 3 und 3a GwG sowie § 21 Abs. 1 oder 2 GwG (§ 56 Abs. 1 Nr. 55–61 GwG). Durch die Sanktionierung sollen wirkungsvolle Anreize dafür gesetzt werden, dass die Anteilseigner ihren Angabepflichten ordnungsgemäß nachkommen.[98] Ordnungswidrig handelt, wer die Angaben gemäß § 19 Abs. 1 GwG zum wirtschaftlich Berechtigten juristischer Personen des Privatrechts oder Personengesellschaften gemäß § 20 Abs. 1 GwG nicht einholt, nicht, nicht richtig oder nicht vollständig aufbewahrt, nicht auf aktuellem Stand hält oder nicht, nicht richtig, nicht vollständig oder nicht rechtzeitig der registerführenden Stelle mitteilt (§ 56 Abs. 1 Nr. 55 GwG). Mit dem Nichteinholen der Informationen ist das vollständige Unterlassen der Erfassung der von den Anteilseignern gemachten

---

97 BGBl. I 2017, S. 1822 ff.
98 BT-Drs. 182/17, S. 146.

Angaben gemeint. Daneben ist die fehlerhafte Aufbewahrung der Angaben bußgeldbewehrt. Nicht aufbewahrt werden Angaben, wenn sie gar nicht dokumentiert werden. Nicht richtig aufbewahrt, wenn andere Angaben als übermittelt aufbewahrt werden und unvollständig ist die Aufbewahrung, wenn nur ein Teil der erhobenen Informationen aufbewahrt wird.[99] Unklar ist allerdings, wie lange eine Aufbewahrung der Informationen zu erfolgen hat, Löschungsfristen sind nicht vorgesehen.[100] Auch für die erforderliche Aktualisierung gibt es keinen Fristenkatalog, es bleibt zudem offen, ob die nicht mehr aktuellen Daten weiter aufzubewahren sind.[101] Zudem erfasst die Ordnungswidrigkeit die unterbliebene oder fehlerhafte Mitteilung an die registerführende Stelle. Fehlerhaft ist die Mitteilung, wenn sie nicht richtig, nicht vollständig oder nicht rechtzeitig erfolgt. Nicht richtig ist die Mitteilung, wenn andere Angaben als erhoben mitgeteilt werden.[102] Vollständig mitgeteilt sind die Informationen, wenn sie den Vor- und Nachname, Geburtsdatum, den Wohnort, den Art und Umfang des wirtschaftlichen Interesses und die Staatsangehörigkeit enthalten. Rechtzeitig mitgeteilt sind die Informationen, wenn sie unverzüglich, d.h. ohne schuldhaftes Zögern mitgeteilt werden.[103]

72   Sind mitteilungspflichtige juristische Person des Privatrechts oder eine eingetragene Personengesellschaft nicht im Handelsregister, Partnerschaftsregister, Genossenschaftsregister, Vereinsregister oder Unternehmensregister eingetragen, haben sie zudem mitzuteilen, wenn sich ihre Bezeichnung geändert hat, sie verschmolzen worden sind, sie aufgelöst worden oder ihre Rechtsform geändert wurde (§ 20 Abs. 2 GwG). Wird diese Pflicht nicht, nicht richtig, nicht vollständig oder nicht rechtzeitig erfüllt (vgl. → Rn. 70) liegt eine Ordnungswidrigkeit im Sinne des § 56 Abs. 1 Nr. 56 GwG vor. Durch die Regelung soll die Kenntniserlangung von **Änderungen** an der Vereinigung und deren Auffindbarkeit gewährleistet werden.[104] Diese Informationen mussten bis zur letzten GwG-Änderung nicht verpflichtend an die registerführende Stelle gemeldet werden. Bei nicht registerlich geführten Vereinigungen konnte dies dazu führen, dass diese weiterhin im Transparenzregister als existent erscheinen, obwohl sie aufgelöst sind oder unter einem alten Namen geführt werden. Dem soll nun bußgeldbewehrt ein Ende bereitet werden.

73   Nach § 56 Abs. 1 Nr. 57 GwG handelt ordnungswidrig, wer **ohne Ermächtigung** durch die mitteilungspflichtige Vereinigung, der registerführenden Stelle

---

99 *Pelz*, in: BeckOK GwG, § 56 Rn. 77.
100 *Häberle*, in: Erbs/Kohlhaas, Strafrechtliche Nebengesetze, Stand: September 2021, § 56 GwG Rn. 59.
101 *Häberle*, in: Erbs/Kohlhaas, Strafrechtliche Nebengesetze, Stand: September 2021, § 56 GwG Rn. 59.
102 *Pelz*, in: BeckOK GwG, § 56 Rn. 79.
103 *Pelz*, in: BeckOK GwG, § 56 Rn. 79.
104 BT- Drs. 19/13827, S. 87.

Angaben zu den wirtschaftlich Berechtigten zur Eintragung in das Transparenzregister elektronisch mitteilt. Der Bußgeldtatbestand wurde neu aufgenommen und trägt den Erfahrungen aus der Praxis Rechnung. Teilweise war den Vereinigungen nicht bekannt, wer Meldungen in ihrem Namen abgegeben hat.[105]

Ordnungswidrig handelt der wirtschaftlich Berechtigte, der die **notwendigen** **74** **Angaben nicht, nicht richtig oder nicht vollständig oder rechtzeitig mitteilt** (§ 56 Abs. 1 Nr. 58 GwG). Nicht mitgeteilt sind die Angaben, wenn sie gar nicht erfolgen, nicht vollständig, wenn sie nur teilweise erfolgen. Nicht richtig meint hier auch hier die Mitteilung unzutreffender Daten (vgl. → Rn. 49). Nicht rechtzeitig mitgeteilt werden Informationen, wenn diese nicht unverzüglich, also ohne schuldhaftes Zögern, mitgeteilt werden. Dies gilt ebenso für Anteilseigner, die wirtschaftlich Berechtigte sind oder die von dem wirtschaftlich Berechtigten unmittelbar kontrolliert werden sowie ein Mitglied eines Vereins oder einer Genossenschaft, das mehr als 25 Prozent der Stimmrechte kontrolliert. Bei Stiftungen trifft die Mitteilungspflicht nach Satz 1 die Personen nach § 3 Abs. 3 GwG. Hat die Vereinigung keine Angaben ihrer wirtschaftlich Berechtigten erhalten, kann sie von ihren Anteilseignern in angemessenem Umfang Auskunft verlangen. Werden die Anteilseigner von der Vereinigung um Auskunft zu dem wirtschaftlichen Berechtigten ersucht, und erfüllen sie diese Mitteilungspflicht nicht, nicht richtig, nicht vollständig oder nicht rechtzeitig handeln sie ordnungswidrig (§ 56 Abs. 1 Nr. 59 Alt. 1 GwG). Werden keine Daten mitgeteilt ist die Pflicht **nicht** erfüllt, stimmen die Daten nicht mit der Wirklichkeit überein sind sie **nicht richtig**. **Nicht vollständig** ist die Datenmitteilung, wenn diese nur teilweise gemacht werden. Als eine **nicht rechtzeitige** Mitteilung gilt eine solche ohne schuldhaftes Zögern i. S. v. § 121 Abs. 1 BGB. Erfasst von der Mitteilungspflicht der Anteilseigner sind ebenfalls Änderungen des wirtschaftlich Berechtigten im Sinne des § 20 Abs. 3b GwG, die der Anteilseigner in angemessener Frist nach der Erkenntnis über die Änderung des wirtschaftlichen Berechtigten mitzuteilen hat (§ 56 Abs. 1 Nr. 59 Alt. 2 GwG). Die Vereinigung hat die Auskunftsersuchen sowie die eingeholten Informationen (§ 20 Abs. 3a Satz 4 GwG) sowie die Mitteilung an die Vereinigung (§ 20 Abs. 3b Satz 3 GwG) zu dokumentieren (§ 56 Abs. 1 Nr. 60 GwG).

§ 56 Abs. 1 Nr. 61 GwG handeln **Verwalter von Trusts** (Trustees) mit Wohnsitz **75** oder Sitz in Deutschland sowie Trustees, die außerhalb der Europäischen Union ihren Wohnsitz oder Sitz haben, wenn sie für den Trust eine Geschäftsbeziehung mit einem Vertragspartner mit Sitz in Deutschland aufnehmen oder sich verpflichten, Eigentum an einer im Inland gelegenen Immobilie zu erwerben, ordnungswidrig, wenn sie die in § 19 Abs. 1 GwG aufgeführten Angaben zu den wirtschaftlich Berechtigten des Trusts nicht einholen, nicht, nicht richtig oder nicht vollständig aufbewahren (vgl. → Rn. 71), nicht auf aktuellem Stand halten

---

105 BT- Drs. 19/13827, S. 107.

oder nicht, nicht richtig, nicht vollständig oder nicht rechtzeitig (vgl. → Rn. 74) der registerführenden Stelle mitteilen. Gleiche Pflicht trifft gemäß § 21 Abs. 2 GwG den Treuhänder mit Wohnsitz oder Sitz in Deutschland bei nichtrechtsfähige Stiftungen, wenn der Stiftungszweck aus Sicht des Stifters eigennützig ist, und Rechtsgestaltungen, die solchen Stiftungen in ihrer Struktur oder Funktion entsprechen.

76   Ordnungswidrig handelt in diesem Zusammenhang auch, wer entgegen § 21 Abs. 1b GwG seine **Mitteilungspflicht** nicht, nicht richtig, nicht vollständig oder nicht rechtzeitig erfüllt (§ 56 Abs. 1 Nr. 62 GwG). Der registerführenden Stelle ist unverzüglich mitzuteilen, wenn der Trust umbenannt wurde, aufgelöst wurde oder nicht mehr nach Abs. 1 verpflichtet ist.

77   Unrichtige Mitteilungen im Sinne der § 20 Abs. 1 und § 21 Abs. 1 GwG sind durch die Verpflichteten zu **berichtigen** (§ 56 Abs. 1 Nr. 63 GwG). Der Bußgeldtatbestand wurde mit dem Umsetzungsgesetz zur Vierten Geldwäsche-Richtlinie aufgenommen und trägt den Erfahrungen aus der Praxis Rechnung. Trotz Aufforderung wurde oftmals eine unrichtige Mitteilung in der Vergangenheit nicht berichtigt.[106]

78   Zugang zum Transparenzregister haben neben einigen ausgewählten Behörden (§ 23 Abs. 1 Satz 1 Nr. 1 GwG) auch die Verpflichteten selbst, sofern sie darlegen, dass die Einsicht zur Erfüllung ihrer Sorgfaltspflicht in einem der in § 10 Abs. 3 GwG genannten Fälle erfolgt (§ 23 Abs. 1 Satz 1 Nr. 2 GwG). Darüber hinaus kann aber auch jedem Mitglied der Öffentlichkeit die Einsicht gestattet werden (§ 23 Abs. 1 Satz 1 Nr. 3 GwG). Um die im Transparenzregister enthaltenen sensiblen Daten – Angaben zum Vor- und Nachnamen, Geburtsdatum, Wohnort sowie zu Art und Umfang des wirtschaftlichen Interesses der wirtschaftlich Berechtigten der Vereinigungen und Rechtsgestaltungen (§ 19 Abs. 1 GwG) – zu schützen, ist der **widerrechtliche Zugriff** bußgeldbewehrt (§ 56 Abs. 1 Nr. 64 GwG). Dieser kann durch Vorspiegelung falscher Tatsachen im Fall der Nr. 2 erschlichen oder aber auf sonstige Weise erlangt werden. Erschleichen meint dabei das Vorspiegeln falscher, nicht mit der Wirklichkeit übereinstimmender Tatsachen. Erfasst als Ordnungswidrigkeit ist nach der Korrektur eines Redaktionsversehens nur das Erschleichen nach Nr. 2, da bei Nr. 3 ein solches, und der damit verbundene widerrechtliche Zugriff nach Wegfall des Erfordernisses eines berechtigten Interesses, für die Einsichtnahme nicht möglich ist.[107] Lediglich bei Nr. 2 kann der Verpflichtete darüber täuschen, dass er die Daten zur Erfüllung seiner Sorgfaltspflichten benötigt. Auf andere Weise erlangt, sind die Daten, wenn auf sie durch eine nicht unter die Varianten fallende Weise zugegriffen wird.

---

106 BT- Drs. 19/13827, S. 107.
107 BT-Drs. 133/21, S. 58.

In § 56 Abs. 1 Nr. 65 und 66 GwG wurden Ordnungswidrigkeiten aufgenom- **79**
men, die zur Sanktionierung von Verstößen gegen die neu aufgenommenen
Pflichten nach § 23a Abs. 1 Satz 1 und Abs. 3 dienen und sich an Verpflichtete
richten. Ordnungswidrig handelt demnach, wer seine **Mitteilungspflicht nicht
erfüllt, also Unstimmigkeiten nicht unverzüglich meldet**, die sich zwischen
den Angaben über die wirtschaftlich Berechtigten, die im Transparenzregister
zugänglich sind, und den ihnen zur Verfügung stehenden Angaben und Erkenntnissen über die wirtschaftlich Berechtigten ergeben. Abweichend von § 23a
Abs. 1 sind Unstimmigkeitsmeldungen wegen des Fehlens einer Eintragung
nach § 20 bis zum 1.4.2023 nicht abzugeben, wenn nach der bis einschließlich
zum 31.7.2021 geltenden Fassung des § 23a Abs. 1 in Verbindung mit § 20
Abs. 2 keine Pflicht zur Abgabe einer Unstimmigkeitsmeldung an das Transparenzregister bestanden hätte, also die sog. Mitteilungsfiktion gegriffen hat. Damit gewährt der Gesetzgeber nach Wegfall der Mitteilungsfiktion eine Übergangsfrist in der noch keine Rebußung erfolgt. Wer als Verpflichteter entgegen
§ 23a Abs. 3 GwG Informationen oder Dokumente nicht oder nicht rechtzeitig
zur Verfügung stellt, die zur Aufklärung der Unstimmigkeit erforderlich sind,
handelt ebenfalls ordnungswidrig (§ 56 Abs. 1 Nr. 66 GwG).

d) Verstöße im Zusammenhang mit Finanztransaktionsuntersuchungen
   (§ 56 Abs. 1 Nr. 67, 68 GwG)

Die Bußgeldtatbestände der § 56 Abs. 1 Nr. 67 und 68 GwG sanktionieren Ver- **80**
stöße der Verpflichteten im Zusammenhang mit **Pflichten gegenüber der Zentralstelle für Finanztransaktionsuntersuchungen** (Financial Intelligence Unit
– FIU). Diese hat die Aufgabe der Erhebung und Analyse von Informationen im
Zusammenhang mit Geldwäsche oder Terrorismusfinanzierung und der Weitergabe dieser Informationen an die zuständige inländische Stelle. Zur Erfüllung
dieser Aufgaben steht der FIU die Möglichkeit zu, Informationen bei dem Verpflichteten einzuholen, der zur Auskunft gemäß § 30 Abs. 3 GwG verpflichtet
ist. Kommt er dieser Pflicht nicht, nicht vollständig oder nicht rechtzeitig nach
(vgl. dazu → Rn. 74), verwirklicht er die Ordnungswidrigkeit des § 56 Abs. 1
Nr. 67 GwG. Der FIU steht auch die Befugnis zu, Sofortmaßnahmen zu treffen,
wenn sie Anhaltspunkte dafür hat, dass eine Transaktion im Zusammenhang mit
Geldwäsche steht oder der Terrorismusfinanzierung dient. Die Pflicht des Verpflichteten zur Befolgung der Anordnungen oder Weisungen gemäß § 40 Abs. 1
Satz 2 oder Satz 2 GwG ist mit § 56 Abs. 1 Nr. 68 GwG bußgeldbewehrt, wenn
ihr nicht oder nicht rechtzeitig nachgekommen wird.

e) Verstöße im Zusammenhang mit Meldungen von Sachverhalten
  (§ 56 Abs. 1 Nr. 69, 70 GwG)

81 § 56 Abs. 1 Nr. 69 und 70 GwG normieren Bußgeldtatbestände für Verstöße gegen **Meldepflichten**. Nach § 56 Abs. 1 Nr. 69 GwG handelt ordnungswidrig, wer trotz Tatsachen, die darauf hindeuten, dass ein Vermögensgegenstand, der mit einer Geschäftsbeziehung, einem Maklergeschäft oder einer Transaktion im Zusammenhang steht, aus einer strafbaren Handlung stammt, die eine Vortat der Geldwäsche darstellen könnte, sowie bei Tatsachen, die einen Geschäftsvorfall, eine Transaktion oder einen Vermögensgegenstand im Zusammenhang mit Terrorismusfinanzierung bringen, seiner Pflicht zur Meldung an die FIU nicht, nicht richtig, nicht vollständig oder nicht rechtzeitig nachkommt. Gleiches gilt, wenn tatsächliche Anhaltspunkte dafür bestehen, dass der Vertragspartner seine Pflicht nach § 11 Abs. 6 Satz 3 GwG, gegenüber dem Verpflichteten offenzulegen, ob er die Geschäftsbeziehung oder die Transaktion für einen wirtschaftlich Berechtigten begründen, fortsetzen oder durchführen will, nicht erfüllt hat und der Verpflichtete dies nicht meldet. Dies gilt auch für meldepflichtige Sachverhalte, wenn diese dem Mandatsverhältnis unterliegen, der Verpflichtete aber weiß, dass der Vertragspartner das Mandatsverhältnis für den Zweck der Geldwäsche, der Terrorismusfinanzierung oder einer anderen Straftat genutzt hat oder nutzt (§ 43 Abs. 2 GwG).

82 Die Meldung erfolgt nicht, wenn sie vollkommen unterbleibt; sie erfolgt nicht richtig, wenn die gemeldeten Tatsachen unzutreffend sind, also nicht mit der Wirklichkeit übereinstimmen. Die **Rechtzeitigkeit** setzt voraus, dass die Anzeige unverzüglich, d.h. ohne schuldhaftes Zögern im Sinne des § 121 Abs. 1 Satz 1 BGB erfolgt.[108] Eine taggenaue Bestimmung ist nicht möglich, sodass insoweit keine Rechtssicherheit besteht.[109] Eine rasche Meldung des Verdachts ist erforderlich, um die Effektivität der Verdachtsanzeige sicherzustellen. Nicht unverzüglich ist die Anzeige jedenfalls, wenn der Geldwäschebeauftragte eigene Ermittlungen über die im Unternehmen vorhandenen Informationen hinaus durchführt und so die Anzeige verzögert.[110]

83 Ob auch **nicht vollständige Verdachtsmeldung** in der Praxis zukünftig sanktioniert werden wird, bleibt abzuwarten. Zum einen können fehlende Unterlagen unproblematisch nachgefordert werden, zum anderen wurde durch die Entscheidung des OLG Frankfurt a. M.[111] die Zeitkomponente so in den Vordergrund gestellt, dass ein weiteres Zuwarten des Verpflichteten zur Erstattung einer „vollständigen" Anzeige nicht verlangt werden kann. Nach wie vor sind nicht nur die

---

108 OLG Frankfurt a. M., wistra 2019, 164
109 *Scherp/Friedrich*, CB 2022, 51.
110 OLG Frankfurt a. M., wistra 2019, 164.
111 OLG Frankfurt a. M., wistra 2019, 164.

Anforderungen an das Ob der Meldung nicht hinreichend konkretisiert, sodass die weitergehende Frage der Vollständigkeit noch schwerer zu beantworten sein dürfte.

Gemäß § 56 Abs. 1 Nr. 70 GwG handelt ordnungswidrig, wer entgegen § 46 **84** Abs. 2 Satz 2 GwG die Meldung nicht unverzüglich nachholt. Dies betrifft Fälle in denen eine Transaktion gemäß § 43 Abs. 1 GwG meldepflichtig ist, aber durchgeführt wird, da ein Aufschub der Transaktion nicht möglich ist oder durch den Aufschub die Verfolgung einer mutmaßlichen strafbaren Handlung behindert wird. Die Meldung nach § 43 Abs. 1 GwG ist vom Verpflichteten unverzüglich nachzuholen.

Die unterbliebene Verdachtsmeldung kann neben der Ordnungswidrigkeit auch **85** strafrechtliche Relevanz haben, wenn man aus der Meldepflicht eine Garantenpflicht ableitet, die bei Unterlassen der Meldung im Hinblick auf spätere Transaktionen eine Beihilfehandlung darstellt.[112]

f) Verstöße gegen die Untersagung der Berufsausübung und
Mitwirkungspflichten (§ 56 Abs. 1 Nr. 71–74 GwG)

Die in den § 56 Abs. 1 Nr. 71–74 GwG gelisteten Ordnungswidrigkeiten sank- **86** tionieren **Verstöße im Verhältnis zur Aufsichtsbehörde**. § 56 Abs. 1 Nr. 71 GwG erfasst den Verstoß gegen die Untersagung der Berufsausübung (§ 51 Abs. 5 GwG). § 56 Abs. 1 Nr. 72 GwG sanktioniert für Verpflichteten nach § 2 Abs. 1 Nr. 15 GwG, dass Auskünfte im Sinne des § 51 Abs. 7 GwG (vgl. → § 51 Rn. 42) nicht, nicht richtig, nicht vollständig oder nicht rechtzeitig abgegeben werden. In den folgenden Nummern werden Verstöße gegen die Mitwirkungspflichten des § 52 Abs. 1 GwG (§ 56 Abs. 1 Nr. 73 GwG) sowie des § 52 Abs. 3 GwG (§ 56 Abs. 1 Nr. 74 GwG) erfasst. Nach § 52 Abs. 1 und 6 GwG haben Verpflichtete, deren Organmitglieder und Beschäftigte den Aufsichtsbehörden Auskunft über alle Geschäftsangelegenheiten und Transaktionen zu erteilen sowie Unterlagen vorzulegen. Da der Wortlaut zunächst nur die Erteilung von Auskünften als Ordnungswidrigkeit erfasste, hat der Gesetzgeber mit dem Gesetz zur Umsetzung der Änderungsrichtlinie zur Vierten EU-Geldwäscherichtlinie den Anwendungsbereich der Norm auf die Vorlage von Unterlagen ausgedehnt. Nunmehr erfasst § 56 Abs. 1 Nr. 73 a) GwG Auskünfte, die nicht, nicht richtig, nicht vollständig oder nicht rechtzeitig erteilt werden, während § 56 Abs. 1 Nr. 73 b) GwG nun die nicht, nicht richtige, nicht vollständige oder nicht recht- zeitige Unterlagenvorlage erfasst. Gemäß § 56 Abs. 1 Nr. 74 GwG hat der Ver- pflichtete die Prüfungen nach § 51 Abs. 3 GwG durch die Bediensteten der Auf- sichtsbehörde und sonstige Personen, derer sich die zuständige Aufsichtsbehör- de bei der Durchführung der Prüfungen bedient, bußgeldbewährt in seinen Ge-

---

112 *Bülte*, NZWiSt 2017, 276, 282.

schäftsräumen innerhalb der üblichen Betriebs- und Geschäftszeiten zu dulden
(vgl. → § 51 Rn. 22).

2. Tatbestände des § 56 Abs. 2 GwG

87 Der neu eingeführte Abs. 2 sieht für einige ausgewählte Ordnungswidrigkeiten
eine fahrlässige Begehung vor. Die hier benannten sieben Ordnungswidrigkeiten
waren in § 56 GwG a. F. zuvor bereit zum größten Teil in Abs. 1 bereits vorhanden und wurden nun ausgegliedert und um die Möglichkeit der fahrlässigen Begehung erweitert.

a) Verstoß gegen § 4 Abs. 3 Satz 1 GwG (§ 56 Abs. 2 Nr. 1 GwG)

88 § 56 Abs. 2 Nr. 1 GwG sanktioniert die fehlende Benennung eines **Mitglieds
der Leitungsebene**, welches für das Risikomanagement zuständig ist und die
Einhaltung der geldwäscherechtlichen Bestimmungen überwacht. Dies war bereits zuvor bußgeldbewehrt (§ 56 Abs. 1 Nr. 1 GwG a. F.). Sanktioniert werden
können über diese Vorschrift nur juristische Personen und Personengesellschaften, da der Begriff Leitungsebene eine Anwendung auf natürliche Personen ausschließt.[113] Die Benennung ist gesetzlich nicht an bestimmte Voraussetzungen
gebunden, dem Sinn und Zweck der Norm entspricht aber eine rein mündliche
Benennung nicht. Förmliche Anforderungen an die Dokumentation bestehen allerdings nicht, die Benennung muss bloß nachvollziehbar festgehalten werden[114]
(vgl. → § 4 Rn. 22).

b) Verstoß gegen § 7 Abs. 1 und § 7 Abs. 3 sowie 9 Abs. 1 Satz 2 i.V.m. 4 GwG
(§ 56 Abs. 2 Nr. 2–4 GwG)

89 Die Stellung des **Geldwäschebeauftragten** wird gestärkt, indem eine nicht erfolgte Benennung eines solchen trotz entsprechender Verpflichtung (§ 56 Abs. 2
Nr. 2 GwG) oder entsprechender vollziehbarer Anordnung (§ 56 Abs. 2 Nr. 3
GwG) als Ordnungswidrigkeit ahndbar ist. Auch diese Ordnungswidrigkeit war
zuvor bereits als § 56 Abs. 1 Nr. 7 GwG ahnbar und wurde daher durch die letzte
Gesetzesänderung nur um die Möglichkeit der fahrlässigen Verwirklichung erweitert. Mit § 56 Abs. 2 Nr. 4, der zuvor in § 56 Abs. 1 Nr. 11 GwG geregelt
war, wird die Pflicht zur Bestellung eines Geldwäschebeauftragten auch gruppenweit umgesetzt wird.

---

113 *Pelz*, in: BeckOK GwG, § 56 Rn. 111.
114 A. A. *Pelz*, in: BeckOK GwG, § 56 Rn. 111.

c) Verstoß gegen § 15 Abs. 9 i.V.m. § 15 Abs. 3 Nr. 2 GwG
(§ 56 Abs. 2 Nr. 5 GwG)

Liegt ein höheres Risiko vor, weil es sich um eine Geschäftsbeziehung oder **90**
Transaktion handelt, an der ein **Drittstaat mit hohem Risiko** oder eine in diesem Drittstaat ansässige natürliche oder juristische Person beteiligt ist, und begründet der Verpflichtete die Geschäftsbeziehung, setzt sie fort, kündigt sie oder
beendet sie nicht auf andere Weise bzw. führt eine Transaktion durch, obwohl er
die verstärkten Sorgfaltspflichten des § 15 GwG nicht erfüllen kann, handelt er
ordnungswidrig gemäß § 56 Abs. 2 Nr. 5 GwG. Dies gilt nicht für Geschäftsbeziehungen oder Transaktionen zu Zweigstellen von in der Europäischen Union
niedergelassenen Verpflichteten nach Art. 2 Abs. 1 der Richtlinie (EU) 2015/
849, der durch Art. 1 Nr. 1 der Richtlinie (EU) 2018/843 geändert worden ist,
und für mehrheitlich im Besitz dieser Verpflichteten befindliche Tochterunternehmen, die ihren Standort in einem Drittstaat mit hohem Risiko haben, sofern
sich diese Zweigstellen und Tochterunternehmen uneingeschränkt an die von
ihnen anzuwendenden gruppenweiten Strategien und Verfahren nach Art. 45
Abs. 1 der Richtlinie (EU) 2015/849 halten.

d) Verstoß gegen § 46 Abs. 1 Satz 1 und 47 Abs. 1 GwG
(§ 56 Abs. 2 Nr. 6 und 7 GwG)

§ 56 Abs. 2 GwG erfasst zwei Ordnungswidrigkeiten, welche im Zusammen- **91**
hang mit der Meldepflicht des § 43 GwG stehen. Ordnungswidrig im Sinne des
§ 56 Abs. 2 Nr. 6 GwG handelt demnach, wer entgegen § 46 Abs. 1 Satz 1 GwG
eine **Transaktion durchführt**, wegen der eine Meldung nach § 43 Abs. 1 erfolgt
ist, bevor dem Verpflichteten die Zustimmung der Zentralstelle für Finanztransaktionsuntersuchungen oder der Staatsanwaltschaft zur Durchführung übermittelt wurde oder der dritte Werktag nach dem Abgangstag der Meldung verstrichen ist, ohne dass die Durchführung der Transaktion durch die Zentralstelle für
Finanztransaktionsuntersuchungen oder die Staatsanwaltschaft untersagt worden ist. Bei der Berechnung der Frist wird der Samstag nicht als Werktag gerechnet (§ 46 Abs. 1 Satz 2). Eine Ausnahme von der Verpflichtung besteht, wenn
die Verschiebung nicht möglich ist oder durch den Aufschub die Verfolgung
einer mutmaßlich strafbaren Handlung behindert wird (§ 46 Abs. 2 GwG).

Bezüglich dieser erstatteten Meldungen im Sinne des § 43 Abs. 1 GwG trifft den **92**
Verpflichteten gemäß § 47 Abs. 1 GwG ein nach § 56 Abs. 2 Nr. 7 GwG buß-
geldbewehrtes **Verbot der Informationsweitergabe** an den Vertragspartner,
den Auftraggeber oder einen sonstigen Dritten. Ausnahmen gibt es für staatliche
Stellen und bei bestimmten Verpflichteten innerhalb der Unternehmensgruppe
oder Mutterunternehmen (vgl. im Einzelnen dazu → § 47 Rn. 12 ff.). Von diesem Informationsverbot sind neben der beabsichtigten oder erstatteten Meldung
auch die Information bezüglich eines aufgrund von § 43 Abs. 1 GwG eingeleite-

ten Ermittlungsverfahrens, sowie eines Auskunftsverlangens nach § 30 Abs. 3 Satz 1 GwG erfasst.

IV. Geldbuße (§ 56 Abs. 3–4 GwG)

93   Die Geldbuße hat keinen Strafcharakter, sie kann als solche deshalb auch gegen juristische Personen und Personenvereinigungen verhängt werden. Die Geldbuße wird nicht ins Bundeszentralregister eingetragen und soll weder diskriminieren noch stigmatisieren.[115] Neben ihrer repressiven und auch präventiven Sanktionsfunktion soll die Geldbuße nachrangig auch die Abschöpfung des durch die Tat erlangten Vorteils ermöglichen.[116]

94   War die Höhe der Geldbuße in § 17 Abs. 2 GwG auf maximal 100.000 EUR limitiert, wurde diese durch die Umsetzung der Vierten EU-Geldwäscherichtlinie[117] erheblich angehoben und ein **dreistufiges System** eingeführt. Auf der ersten Stufe finden sich nach den Anpassungen durch das Umsetzungsgesetz zur Änderungsrichtlinie der Vierten EU-Geldwäscherichtlinie Geldbußen von bis zu **150.000,00 EUR** für die vorsätzliche, **100.000,00 EUR** für die leichtfertige und **50.000,00 EUR** für die fahrlässige Begehung. Liegen schwerwiegende, wiederholte oder systematische Verstöße gegen Abs. 1 oder in vorsätzlicher oder leichtfertiger Begehung gegen Abs. 2 vor, so sind auf zweiter Stufe Geldbußen bis zu **1 Mio. EUR** oder bis zum Zweifachen des durch den Verstoß gezogenen wirtschaftlichen Vorteils möglich (§ 56 Abs. 3 Satz 1 GwG). Auf dritter Stufe (§ 56 Abs. 3 Satz 4 GwG) sind Geldbußen bis zu **5 Mio. EUR bzw. 10 % des Gesamtumsatzes** (bei juristischen Personen oder Personenvereinigungen) bzw. Geldbußen bis zu **5 Mio. EUR** bei natürlichen Personen möglich (§ 56 Abs. 3 Satz 5 GwG).

1. Geldbußen bis zu 150.000 EUR (§ 56 Abs. 1 und 2 GwG)

95   **Auf der ersten Stufe der Geldbußen** wurde durch das Umsetzungsgesetz zur Änderungsrichtlinie zur Vierten EU-Geldwäscherichtlinie eine Differenzierung eingeführt. War zuvor allgemein eine Geldbuße bis zu 100.000,00 EUR vorgesehen und in § 56 Abs. 3 GwG a. F. geregelt, ist nun nach der Teilung der Ordnungswidrigkeiten in solche, die vorsätzlich und leichtfertig zu begehen sind (Abs. 1) und solche, bei denen auch eine fahrlässige Verwirklichung möglich ist (Abs. 2) vorhanden. Die Ordnungswidrigkeitentatbestände des ersten Absatzes können bei vorsätzlicher Begehung mit einer Geldbuße bis zu **150.000,00 EUR**,

---

115 *Achenbach*, ZIS 2012, 178, 180.
116 *Mitsch*, in: KK-OWiG, § 17 Rn. 7 ff.; *Achenbach*, ZIS 2012, 178, 180.
117 BGBl. I 2017, S. 1822.

im Übrigen mit einer Geldbuße bis zu **100.000,00 EUR** geahndet werden (§ 56 Abs. 1 Satz 2 GwG), während die Ordnungswidrigkeiten des zweiten Absatzes neben den genannten Grenzen für die vorsätzliche und leichtfertige Begehung eine Geldbuße bis zu **50.000,00 EUR** für den Fall der Fahrlässigkeit vorsehen (§ 56 Abs. 2 Satz 2 GwG).

2. Geldbußen bis zu 1 Mio. EUR oder Geldbußen bis zum Zweifachen des aus dem Verstoß gezogenen wirtschaftlichen Vorteils (§ 56 Abs. 3 Satz 1 GwG)

Handelt es sich um einen **schwerwiegenden, wiederholten oder systematischen Verstoß**, dann kann die Ordnungswidrigkeit mit einer Geldbuße bis zu 1 Mio. EUR oder mit einer Geldbuße bis zum Zweifachen des aus dem Verstoß gezogenen wirtschaftlichen Vorteils geahndet werden. Als schwerwiegender Verstoß ist ein solcher zu begreifen, der nach der Gesamtabwägung als gravierend einzustufen ist.[118] Ein wiederholter Verstoß setzt eine mehr als nur einmalige Begehung voraus.[119] Systematisch ist dieser, wenn er einem bestimmten Schema folgt,[120] der Verpflichtete also planmäßig gegen seine Pflichten verstößt und dadurch seine generelle Missachtung dieser deutlich wird. **96**

Die Bemessung der Geldbuße an dem durch die Tat erlangten wirtschaftlichen Vorteil zeigt, wie auch § 17 Abs. 4 Satz 2 OWiG, dass diese nicht nur der Sanktionierung, sondern auch der Abschöpfung des wirtschaftlichen Gewinns dienen soll. Dadurch soll verhindert werden, dass sich die Tat für den Täter rentiert. Liegt der gezogene wirtschaftliche Vorteil über einer Million muss daher eine höhere Geldbuße möglich sein. Dies bedeutet, dass die Geldbuße im Regelfall bis zu einer Million betragen sollte. Genügt dieser Betrag jedoch nicht, um den Gewinn abzuschöpfen, kann diese Obergrenze bis zum Zweifachen des gezogenen Vorteils überschritten werden.[121] Eine Begrenzung auf eine Million liegt daher nur vor, wenn der wirtschaftliche Vorteil nicht größer ist. Beträgt also der wirtschaftliche Vorteil 1,2 Mio. EUR kann der Verstoß mit einer Geldbuße bis zu 2,4 Mio. EUR geahndet werden. **97**

Der wirtschaftliche Vorteil umfasst erzielte Gewinne und vermiedene Verluste. Zugrunde gelegt wird das Nettoprinzip.[122] In vielen Fällen der Zuwiderhandlung wird der wirtschaftliche Vorteil erst verspätet oder gar nicht eintreten, weshalb das Zweifache des wirtschaftlichen Vorteils allgemein keine Obergrenze für die **98**

---

118 BT-Drs. 18/11555, S. 164.
119 BT-Drs. 18/11555, S. 164.
120 BT-Drs. 18/11555, S. 164.
121 So auch *Häberle*, in: Erbs/Kohlhaas, Strafrechtliche Nebengesetze, Stand: September 2021, § 56 GwG Rn. 73, a. A. *Pelz*, in: BeckOK GwG, § 56 Rn. 133.
122 *Barreto da Rosa*, in: Herzog, GwG, § 56 Rn. 109.

Geldbuße darstellen kann. Kann der wirtschaftliche Vorteil jedoch bemessen aber nicht konkret berechnet werden, ist eine Schätzung möglich (§ 56 Abs. 3 Satz 2 GwG). Diese ist allerdings nur zulässig, wenn der wirtschaftliche Vorteil nicht mit einem noch verhältnismäßigen Aufwand berechnet werden kann. Die Grundlagen der Schätzung sind in der Entscheidung anzugeben, damit diese justiziabel bleibt.[123]

3. Geldbußen bis zu 5 Mio. EUR bzw. 10 % des Gesamtumsatzes (§ 56 Abs. 3 Satz 3, 4 und 5 GwG)

99   Die sog. dritte Stufe der Geldbußen ist auf **Ordnungswidrigkeiten im Finanzsektor** beschränkt. Gegenüber Verpflichteten des § 2 Abs. 1 Nr. 1–3 und 6–9 GwG, die juristische Personen oder Personenvereinigungen sind, kann über § 56 Abs. 3 Satz 1 GwG hinaus eine Geldbuße verhängt werden, die 5 Mio. EUR oder 10 % des Gesamtumsatzes, den die juristische Person oder die Personenvereinigung im Geschäftsjahr, das der Behördenentscheidung vorausgegangen ist, erzielt hat, nicht überschreitet. Der höhere der beiden Beträge darf nicht überschritten werden (§ 56 Ab. 3 Satz 4 GwG). Gegenüber Verpflichteten der gleichen Nummern, die natürliche Personen sind, kann eine Geldbuße bis zu 5 Mio. EUR verhängt werden. Die Wahlmöglichkeit setzt Art. 59 Abs. 3a der Vierten EU-Geldwäscherichtlinie um und soll die Fähigkeit der Aufsichtsbehörden verbessern, eine im Einzelfall angemessene, effektive und gleichzeitig verhältnismäßige Sanktion festzulegen.[124] Unter Berücksichtigung der wirtschaftlichen und gesellschaftspolitischen Bedeutung der Einhaltung von geldwäscherechtlichen Pflichten im Finanzsektor sowie unter dem besonderen Bedürfnis nach Schutz vor wiederholtem, gravierendem oder systematischem schuldhaften Verhalten scheint in diesem Fall die höhere Geldbuße angemessen.[125]

100   Anknüpfungspunkt für die Bußgeldbemessung kann damit der **Gesamtumsatz** des Jahres- oder Konzernabschlusses des der letzten Behördenentscheidung vorausgehenden Geschäftsjahres sein. Zur Konkretisierung dieser Bemessungsgrundlage enthält § 56 Abs. 4 GwG eine Legaldefinition des Gesamtumsatzes. Dieser wird unter Bezugnahme auf die zum Umsatz zählenden Posten ermittelt. Maßgeblich sind die Nettoumsatzerlöse nach den nationalen Vorschriften im Einklang mit Art. 2 Nr. 5 der Richtlinie 2013/34/EU. Bei Kreditinstituten, Zahlungsinstituten und Finanzdienstleistungsinstituten ist dies der Gesamtbetrag, der sich nach den nationalen Vorschriften im Einklang mit Art. 27 Nr. 1, 3, 4, 6 und 7 (bei Anwendung der Staffelform) oder Art. 28 Abschnitt B Nr. 1–4 und 7 (bei Anwendung der Kontoform) der Richtlinie 86/635/EWG abzüglich der Um-

---

123 OLG Hamm, wistra 2003, 238; *Barreto da Rosa*, in: Herzog, GwG, § 56 Rn. 110.
124 BT-Drs. 18/11555, S. 164.
125 BT-Drs. 18/11555, S. 164.

satzsteuer und sonstiger direkt auf diese Erträge erhobener Steuern ergibt. Bei Versicherungsunternehmen ist der Gesamtbetrag, der sich nach den nationalen Vorschriften im Einklang mit Art. 63 der Richtlinie 91/674/EWG abzüglich der Umsatzsteuer und sonstiger direkt auf diese Erträge erhobener Steuern ergibt, entscheidend.

Bei **konzernangehörigen Unternehmen** wird gemäß Art. 59 Abs. 3a der Vier- **101**
ten EU-Geldwäscherichtlinie der Gesamtumsatz auf den gesamten Konzern erweitert (§ 56 Abs. 4 Satz 2 GwG). Begründet wird dies damit, dass der gesamte
Konzern eine größere Wirtschaftskraft besitzt und damit auch höhere Geldbußen
möglich sein müssten.[126] Grundlage der Berechnung ist der Konzern mit dem
größten Konsolidierungskreis.[127] Stellt das Mutterunternehmen dieses Konzerns
seinen Abschluss nicht nach dem nationalen Recht in Verbindung mit den EU-
Rechnungslegungsrichtlinien auf, treten vergleichbare Posten an die Stelle der
Ertragsposten. Diese sind zur Ermittlung des Gesamtumsatzes anzusetzen. Primär gilt dies für Konzernabschlüsse von Unternehmen mit Sitz in Drittstaaten,
kann aber auch auf IFRS-Konzernabschlüsse zutreffen. Durch diese Methode
wird eine Gleichbehandlung von auf den europäischen Binnenmarkt beschränkten und weltweit agierenden Konzernen garantiert.[128]

Ist der Jahres- oder Konzernabschluss des der Behördenentscheidung **unmittel-** **102**
bar vorausgehenden Geschäftsjahres nicht verfügbar, ist der Jahres- oder
Konzernabschluss des Vorjahres maßgeblich (§ 56 Abs. 4 Satz 4 GwG). Diese
Regelung ist insbesondere für Fälle gedacht, in denen die Aufsichtsbehörden
kurz nach Ablauf eines Geschäftsjahres und damit während der Aufstellungs-
oder Prüfungsphase des Jahres- oder Konzernabschlusses eine Geldbuße verhängen möchten. Steht der vorhergehende Jahres- oder Konzernabschluss nicht zur
Verfügung, kann der Gesamtumsatz des unmittelbar vorausgehenden Geschäftsjahres geschätzt werden (§ 56 Abs. 4 Satz 5 GwG).

4. Bemessung der Geldbuße im Einzelnen

Die **Bemessung der Geldbuße** im Einzelfall ist grundsätzlich in § 17 Abs. 3 **103**
OWiG geregelt.[129] Zumessungskriterien sind hiernach die Bedeutung der Ordnungswidrigkeit und der Vorwurf, der den Täter trifft. Darüber hinaus gelten die

---

126 BT-Drs. 18/11555, S. 164.

127 BT-Drs. 18/11555, S. 164.

128 BT-Drs. 18/11555, S. 164.

129 Teilweise wurden und werden auch weiterhin einheitliche Leitlinien zur Bemessung
der Geldbuße speziell im Geldwäscherecht gefordert, vgl. *Barreto da Rosa*, in: Herzog, GwG, § 56 Rn. 116 f. Ein entsprechender Antrag des Bundesrates im Gesetzgebungsverfahren zum Gesetz zur Optimierung der Geldwäscheprävention wurde
nicht umgesetzt.

aus der Strafzumessung (§ 46 StGB) bekannten Grundsätze, also auch das sog. Doppelverwertungsverbot (§ 46 Abs. 3 StGB).[130]

104 Mit der Bedeutung der Ordnungswidrigkeit als primär genanntes Zumessungskriterium zeigt der Gesetzgeber, dass im OWiG objektive Bemessungskriterien und nicht die individuelle Schuld im Vordergrund stehen.[131] Es sind daher die **objektiven, die Tat prägenden Kriterien** zugrunde zu legen und Grad und Ausmaß der Gefährdung bzw. Beeinträchtigung der geschützten Rechtsgüter oder Interessen zu bestimmen.[132] Zu berücksichtigen sind hierbei Art und Intensität der jeweiligen Tatausführung, Häufigkeit und Dauer der Verstöße sowie die objektive Pflichtwidrigkeit ebendieser.[133] Eine Rolle spielt ebenso das Nachtatverhalten, also die Aufklärung des Vorgangs und die Verbesserung des vorhandenen Systems zur Geldwäscheprävention.[134]

105 Erst an zweiter Stelle ist der Vorwurf zu berücksichtigen, der den Täter trifft. Um diese individuelle Vorwerfbarkeit zu ermitteln, sind die **subjektiven Umstände des Einzelfalls**, also u. a. die jeweilige Beteiligungsform, die Gesinnung des Täters und sein Nachtatverhalten einzubeziehen.[135] Es können aber auch Einarbeitungsschwierigkeiten[136] sowie die Größe des Unternehmens[137] Berücksichtigung finden.

106 Neben diesen Kriterien sind bei der Festlegung der Geldbuße auch präventive Zwecke zu berücksichtigen. So ist die Wirkung der Geldbuße für das zukünftige Verhalten des Täters (**Spezialprävention**) als auch der Allgemeinheit (**Generalprävention**) bei der Bemessung der Buße zugrunde zu legen.[138]

107 Darüber hinaus kommen auch die **wirtschaftlichen Verhältnisse** des Täters in Betracht; bei geringfügigen Ordnungswidrigkeiten bleiben diese jedoch in der Regel unberücksichtigt (§ 17 Abs. 3 Satz 2 OWiG). Der wirtschaftlichen Leistungsfähigkeit kommt daher nur nachrangige Bedeutung zu.[139] Unter Berücksichtigung der spezialpräventiven Funktion der Geldbuße ist diese so zu bemes-

---

130 BayObLGSt 1994, 25, 28.
131 OLG Hamm, GewArch 1998, 299; BayObLG, VRS 59, 356.
132 *Mitsch*, in: KK-OWiG, § 17 Rn. 39, 40; *Sackreuther*, in: BeckOK OWiG, § 17 Rn. 40 ff.
133 Zu einem Katalog an Zumessungskriterien vergleiche *Mitsch*, in: KK-OWiG, § 17 Rn. 38–50.
134 Der BGH hat in der Vergangenheit bereits festgestellt, dass ein Compliance-Management-System bei der Bußgeldbemessung zu berücksichtigen ist, BGH NZWiSt 2018, 379, 389.
135 Zu einem Katalog an Einzelkriterien vergleiche *Mitsch*, in: KK-OWiG, § 17 Rn. 54–83.
136 BayObLGSt 1981, 131, 133.
137 KG, wistra 1999, 196, 198.
138 *Bohnert/Krenberger/Krumm*, in: Krenberger/Krumm, OWiG, § 17 Rn. 12.
139 OLG Hamm, NZV 2015, 459, 460; OLG Celle, VRS 127, 303, 306.

sen, dass sie den Täter spürbar trifft.[140] Nur bei geringfügigen Ordnungswidrigkeiten rechtfertigen Art, Gleichheit und Häufigkeit der Taten eine gleiche Behandlung und eine Vereinfachung, sodass die Geldbuße in der Regel ohne Berücksichtigung der wirtschaftlichen Lage zu bemessen ist.[141] Die Geringfügigkeit soll bei 250 EUR überschritten sein.[142]

108 § 17 Abs. 2 OWiG bestimmt, dass bei einem Gesetz, welches für vorsätzliches und **fahrlässiges Handeln** eine Geldbuße androht, ohne im Höchstmaß zu unterscheiden, fahrlässiges, also auch leichtfertiges Handeln[143] nur mit der Hälfte des angedrohten Höchstbetrages der Geldbuße geahndet werden kann. Eine ursprünglich analog zu § 56 Abs. 6e KWG angedachte Regelung, welche § 17 Abs. 2 OWiG ausklammern sollte, hat sich nicht durchgesetzt.[144]

109 Das Bundesverwaltungsamt hat für Verstöße im Zusammenhang mit dem Transparenzregister einen Bußgeldkatalog als Richtlinie veröffentlicht. In diesem werden Regelsätze festgelegt und einzelne Faktoren benannt, die eine Berechnung der Bußgelder erleichtern.[145] Grundlage der Berechnung ist dabei der Regelsatz. Dieser liegt zwischen 100 und 500 EUR. Der Regelsatz wird sodann mit dem ersten Faktor, der den subjektiven Tatbestand wiedergibt, und dem zweiten Faktor, der an den wirtschaftlichen Verhältnissen orientiert ist, multipliziert. Der letzte zu multiplizierende Faktor bildet den Schweregrad des Verstoßes ab. Die so ermittelte Geldbuße ist dann in einer Gesamtschau zu prüfen und im Wege des Ermessens zu erhöhen oder mindern, wenn hierfür bestimmte Gründe vorliegen.

V. Sachliche Zuständigkeit der Verwaltungsbehörden (§ 56 Abs. 5, 5a GwG)

110 Die Regelung der sachlichen **Zuständigkeit der Verwaltungsbehörden** in § 56 Abs. 5 GwG geht im Wesentlichen auf § 17 Abs. 3 GwG a. F. zurück, so entspricht Satz 1 n. F. § 17 Abs. 3 Satz 1 GwG a. F. Demnach ist die in § 50 Nr. 1 sowie 7a–9 GwG genannte Aufsichtsbehörde auch die zuständige Verwaltungsbehörde nach § 36 Abs. 1 Nr. 1 OWiG. Die Aufnahme von § 50 Nr. 7a GwG

---

140 *Sackreuther*, in: BeckOK OWiG, § 17 Rn. 83.

141 *Sackreuther*, in: BeckOK OWiG, § 17 Rn. 83.

142 OLG Hamm, NZV 2015, 459, 460; OLG Bremen, NZV 2014, 140; KG, VRS 126, 103, 105; KG, DAR 2012, 395, 396.

143 BayObLG, wistra 1999, 70, 71.

144 *Häberle*, in: Erbs/Kohlhaas, Strafrechtliche Nebengesetze, Stand: September 2021, § 56 GwG Rn. 73.

145 Vgl. https://www.bva.bund.de/DE/Das-BVA/Aufgaben/T/Transparenzregister/_docu ments/Bu%C3%9Fgeldkatalog_transparenz_kachel.html, zuletzt abgerufen am 10.12.2021.

stellt eine Folgeänderung zur Ergänzung des § 2 Abs. 1 Nr. 12 GwG dar. Danach ist für Vereine nach § 4 Nr. 11 des Steuerberatungsgesetzes Verwaltungsbehörde die für die Aufsicht nach § 27 Steuerberatungsgesetz zuständige Behörde. Die Ergänzung von § 50 Nr. 8 und 9 in Satz 1 GwG erfolgt aus redaktionellen Gründen und führt zur Streichung von Abs. 5 Satz 4.[146]

111   Damit ist die Bundesanstalt für Finanzdienstleistungsaufsicht, soweit sie nach § 50 Nr. 1 GwG die Aufsichtsbehörde ist, auch zuständige Verwaltungsbehörde nach § 36 Abs. 1 Nr. 1 OWiG. Für Veranstalter und Vermittler von Glücksspielen ist die glücksspielrechtliche Aufsicht zuständige Behörde, für rechts- und steuerberatenden Berufe sind die jeweiligen Berufskammern zuständig. Für Lohnsteuerhilfevereine (§ 4 Nr. 11 StBerG) ist die nach § 27 StBerG zuständige Aufsichtsbehörde zuständig für die Ahndung, im Übrigen die nach Bundes- oder Landesrecht zuständige Stelle.

112   Für Ordnungswidrigkeiten nach § 56 Abs. 1 Nr. 54–66 GwG, also bei Verstößen gegen Regelungen zum Transparenzregister, ist Verwaltungsbehörde in diesem Sinne das Bundesverwaltungsamt (§ 56 Abs. 5 Satz 2 GwG).

113   Mit dem TrFinInfoG wurde Abs. 5a eingefügt und damit im Hinblick auf Vereine nach § 4 Nr. 11 des Steuerberatergesetzes, also Lohnsteuerhilfevereine, für die die Finanzbehörde zuständige Verwaltungsbehörde ist, die sinngemäße Geltung einzelner Vorschriften der Abgabenordung (AO) auch im Ordnungswidrigkeitenverfahren bestimmt. Damit ist auch hier die Möglichkeit der Länder zur Übertragung der Zuständigkeit nach § 387 Abs. 2 AO gegeben, die Geltung bestimmter Verfahrensvorschriften angeordnet (§ 410 Abs. 1 Nr. 2, 6–11 AO), die Möglichkeit zur Erstreckung des Strafbefehls auf die Ordnungswidrigkeit gegeben (§ 410 Abs. 2 AO) und die Regelung des § 412 AO (Zustellung, Vollstreckung und Kosten) anwendbar. Die Einführung des Abs. 5a korrigiert damit die Streichung des § 56 Abs. 6 a. F., die auf einem Redaktionsversehen beruhte.

VI. Informationsübermittlung an die Aufsichtsbehörde (§ 56 Abs. 6 GwG)

114   In Abs. 6 findet sich eine Regelung zum Informationsaustausch zwischen der für das Ordnungswidrigkeitenverfahren zuständigen Verwaltungsbehörde und der für den Verpflichteten zuständigen Aufsichtsbehörde, soweit beide Zuständigkeiten auseinanderfallen. Damit kann die zuständige Verwaltungsbehörde auf Ersuchen sämtliche Informationen einschließlich personenbezogener Daten an die zuständige Aufsichtsbehörde übermitteln, soweit die Informationen für die Erfüllung der Aufgaben der Aufsichtsbehörde erforderlich sind. Die gilt ins-

---

146 BT-Drs. 19/13827, S. 108.

besondere zur Führung der Statistik nach § 51 Abs. 9 GwG. Die Regelung schafft die erforderliche Rechtsgrundlage für die entsprechende Weitergabe von Informationen und Daten.

VII. Bundeszentralregisterabfrage (§ 56 Abs. 7 GwG)

Nach § 56 Abs. 7 GwG haben die zuständigen Aufsichtsbehörden (vgl. § 50 GwG) zu überprüfen, ob im Bundeszentralregister einschlägige Verurteilungen der betreffenden Person vorliegen. Dies kann allerdings nur gelten, soweit die zuständige Aufsichtsbehörde auch die Verwaltungsbehörde im Sinne des § 36 Abs. 1 Nr. 1 OWiG ist[147] und diese im Rahmen des Ordnungswidrigkeitenverfahrens einschlägige Vorstrafen berücksichtigen möchte. Zuvor begangene Ordnungswidrigkeiten werden nicht ins Bundeszentralregister eingetragen, sodass mit den einschlägigen Verurteilungen wohl Verurteilungen wegen § 261 StGB (Geldwäsche) gemeint sind.[148]   **115**

VIII. Information an die Europäische Bankenaufsichtsbehörde (§ 56 Abs. 8 GwG)

§ 56 Abs. 8 GwG dient der Umsetzung des Art. 62 Abs. 1 der Vierten EU-Geldwäscherichtlinie. Die Streichung der Referenz auf die Europäische Aufsichtsbehörde ist auf die Umsetzung der Richtlinie 2019/2177 zurückzuführen. Nunmehr besteht die Informationspflicht nur noch gegenüber der europäischen Bankenaufsichtsbehörde. Demnach hat die jeweilige Aufsichtsbehörde gemäß § 50 Nr. 1, 2 und 9 GwG (vgl. hierzu § 50 GwG) die europäische Bankenaufsichtsbehörde über die gegen die Verpflichteten verhängten Geldbußen und sonstige Maßnahmen aufgrund von Verstößen gegen Vorschriften dieses Gesetzes oder anderer Gesetze zur Verhinderung von Geldwäsche oder von Terrorismusfinanzierung sowie diesbezügliche Rechtsmittelverfahren und deren Ergebnisse zu informieren.   **116**

---

147 BR-Drs. 182/1/15, S. 32.
148 BR-Drs. 182/1/15, S. 32.

§ 57 Bekanntmachung von bestandskräftigen Maßnahmen und von unanfechtbaren Bußgeldentscheidungen

(1) Die zuständigen Aufsichts- und Verwaltungsbehörden und die Behörde nach § 56 Absatz 5 Satz 2 haben bestandskräftige Maßnahmen und unanfechtbare Bußgeldentscheidungen, die sie wegen eines Verstoßes gegen dieses Gesetz oder die auf seiner Grundlage erlassenen Rechtsverordnungen verhängt haben, nach Unterrichtung des Adressaten der Maßnahme oder Bußgeldentscheidung auf ihrer Internetseite oder auf einer gemeinsamen Internetseite bekannt zu machen. Dies gilt auch für gerichtliche Entscheidungen, soweit diese unanfechtbar geworden sind und die Verhängung eines Bußgeldes zum Gegenstand haben. In der Bekanntmachung sind Art und Charakter des Verstoßes und die für den Verstoß verantwortlichen natürlichen Personen und juristischen Personen oder Personenvereinigungen zu benennen.

(2) Die Bekanntmachung nach Absatz 1 ist aufzuschieben, solange die Bekanntmachung

1. das Persönlichkeitsrecht natürlicher Personen verletzen würde oder eine Bekanntmachung personenbezogener Daten aus sonstigen Gründen unverhältnismäßig wäre,

2. die Stabilität der Finanzmärkte der Bundesrepublik Deutschland oder eines oder mehrerer Vertragsstaaten des Abkommens über den Europäischen Wirtschaftsraum gefährden würde oder

3. laufende Ermittlungen gefährden würde.

Anstelle einer Aufschiebung kann die Bekanntmachung auf anonymisierter Basis erfolgen, wenn hierdurch ein wirksamer Schutz nach Satz 1 Nummer 1 gewährleistet ist. Ist vorhersehbar, dass die Gründe der anonymisierten Bekanntmachung innerhalb eines überschaubaren Zeitraums wegfallen werden, so kann die Bekanntmachung der Informationen nach Satz 1 Nummer 1 entsprechend aufgeschoben werden. Die Bekanntmachung erfolgt, wenn die Gründe für den Aufschub entfallen sind.

(3) Eine Bekanntmachung darf nicht erfolgen, wenn die Maßnahmen nach Absatz 2 nicht ausreichend sind, um eine Gefährdung der Finanzmarktstabilität auszuschließen oder die Verhältnismäßigkeit der Bekanntmachung sicherzustellen.

(4) Eine Bekanntmachung muss fünf Jahre auf der Internetseite der Aufsichtsbehörde veröffentlicht bleiben. Abweichend von Satz 1 sind personen-

bezogene Daten zu löschen, sobald die Bekanntmachung nicht mehr erforderlich ist.

Schrifttum: *Armbrüster/Böffel*, „Naming and shaming" als Instrument zur Ahndung von Rechtsverstöße, ZIP 2019, 1; *Escher-Weingart/Stief*, Geldwäschebekämpfung im Nichtfinanzbereich, WM 2018, 693; *Gerlach*, Sanktionierung von Bankmitarbeitern nach dem Geldwäschegesetz-Entwurf, CCZ 2017, 176; *Klöhn/Schmolke*, Unternehmensreputation (Corporate Reputation) – Ökonomische Erkenntnisse und ihre Bedeutung im Gesellschafts- und Kapitalmarktrecht, NZG 2015, 689; *Nartowska/Knierbein*, Ausgewählte Aspekte des „Naming and Shaming" nach § 40c WpHG, NZG 2016, 256; *Schmieszek/Langner*, Der Pranger: Instrument moderner Finanz- und Wirtschaftsregulierung?, 2014, 1894; *Uwer/Rademacher*, Das verfassungsrechtliche Rückwirkungsverbot bei der Bekanntmachung bankaufsichtlicher Maßnahmen nach § 60b KWG, BKR 2015, 145.

Übersicht

I. Allgemeines

In § 57 GwG wird die Pflicht bestimmt, dass die zuständigen Behörden bestandskräftige Maßnahmen und unanfechtbare Bußgeldentscheidungen, die sie wegen Verstößen gegen dieses Gesetz verhängt haben, nach vorheriger Unterrichtung des jeweiligen Adressaten auf ihrer Internetseite für fünf Jahre bekannt zu machen haben. Hierdurch wird eine Ausnahme von der Verschwiegenheitspflicht nach § 54 GwG gemacht. Das Instrument des **„Naming and Shaming"** ist somit auch im Geldwäschegesetz verankert. Bekannt ist diese Vorgehensweise ebenso in anderen Rechtsbereichen wie dem Kapitalmarktrecht (§ 123 WpHG), Bankaufsichtsrecht (§ 60b KWG), Versicherungsaufsichtsrecht (§ 319 VAG) bis hin zum Lebensmittelrecht (§ 40 LFGB).[1]   1

---

[1] Siehe zum Überblick als Instrument zur Ahndung von Rechtsverstößen in den unterschiedlichen Rechtsbereichen, *Armbrüster/Böffel*, ZIP 2019, 1.

2 Die Regelung des § 57 GwG wurde mit dem Gesetz zur Umsetzung der Vierten EU-Geldwäscherichtlinie im Jahr 2017 neu in das Geldwäschegesetz aufgenommen. Damit wurde Art. 60 der Vierten EU-Geldwäscherichtlinie umgesetzt. Erklärtes Ziel des europäischen Gesetzgebers war es dabei, neben den als nicht ausreichend streng und abschreckend angesehenen finanziellen Sanktionen, nunmehr die Reputation der Verpflichteten als empfindliches wirtschaftliches Gut zu erfassen[2] (sogenannte „**Prangerwirkung**"). Vor diesem Hintergrund soll durch die öffentliche Bekanntgabe der Art und des Charakters des Verstoßes gegen das Geldwäschegesetz sowie der Identität der Person die öffentliche Wahrnehmung der Verpflichteten getroffen werden, um dadurch verstärkt Compliance durch Abschreckung bei den verpflichteten Unternehmen und verantwortlichen Personen zu erwirken.[3]

3 Im Januar 2020 wurde mit dem Gesetz zur Umsetzung der Änderungsrichtlinie zur Vierten EU-Geldwäscherichtlinie die Norm erweitert. Nunmehr können unter anderem auch gerichtliche Entscheidungen veröffentlicht und die Verstöße auf einer gemeinsamen Internetseite der Aufsichtsbehörden bekannt gegeben werden.[4]

II. Praktische Bedeutung

4 Die Auswirkung eines Naming and Shaming können drastisch sein. Denn durch die öffentliche Nennung eines Unternehmens und der verantwortlichen Person auf der Internetseite einer Behörde im Zusammenhang mit Geldwäsche, kann die Reputation empfindlich leiden. Dabei hat die **praktische Bedeutung** des § 57 GwG in letzter Zeit zugenommen. Während im Jahr 2017 und 2018 wenige Aufsichtsbehörden von dem Instrument Gebrauch gemacht haben, finden sich nunmehr vermehrt Veröffentlichungen der unterschiedlichen Behörden auf deren Internetseiten. Soweit ersichtlich werden Veröffentlichungen mehrheitlich anonymisiert bekannt gemacht. Oft werden die Verstöße mit dem Hinweis auf die Verpflichtetengruppe, den konkreten gesetzlichen Verstoß, die Höhe des Bußgeldes und den Hinweis auf die Rechtskräftigkeit des Bußgeldbescheides (z. B. „Es wurde gegen ein Unternehmen nach § 2 Abs. 1 Nr. 13 GwG ein Bußgeld wegen eines Verstoßes gegen § 5 Abs. 2 GwG in Höhe von 150 EUR festgesetzt. Der Bußgeldbescheid ist rechtskräftig.") veröffentlicht.[5] Allerdings

---

2 EU KOM (2010) 716 final v. 8.12.2010, S. 7, 13.

3 *Klöhn/Schmolke*, NZG 2015, 689, 696 f.; vgl. auch *Escher-Weingart/Stief*, WM 2018, 693, 696.

4 BT-Drs. 19/15196, S. 50.

5 Siehe z. B. Behörde für Wirtschaft Verkehr und Innovation in Hamburg, Bekanntmachungen nach § 57 GwG, www.hamburg.de/wirtschaft/geldwaeschepraevention, zuletzt abgerufen am 16.1.2022.

kommen auch veröffentlichte Unternehmensnamen sowie Namen von natürlichen Personen vor (z.B. auf der Internetseite der Senatsverwaltung für Wirtschaft, Energie und Betriebe in Berlin oder beim Regierungspräsidium Darmstadt). Ebenso hat die BaFin Anordnungen und Maßnahmen bekannt gegeben, in denen sie das betroffene Finanzinstitut und den konkreten Verstoß mit der Rechtsgrundlage benennt.[6]

III. Bekanntmachung von bestandskräftigen Maßnahmen und unanfechtbaren Bußgeldentscheidungen (§ 57 Abs. 1 GwG)

1. Zuständige Behörden

Da es sich bei den nach dem Geldwäschegesetz Verpflichteten (siehe → § 2 Rn. 1 ff.) um eine Vielzahl teils sehr unterschiedlich regulierter Unternehmen und Personen handelt, unterliegen sie keiner einheitlichen Aufsicht. Das Geldwäschegesetz folgt diesem Ansatz und weist den **bereits existierenden Aufsichtsbehörden** für die jeweils Verpflichteten auch die Aufsicht über Geldwäschefragen zu (siehe → § 50 Rn. 1 ff.). Erlassen die dort aufgezählten Aufsichtsbehörden Maßnahmen gegen die Verpflichteten, haben sie diese (nachdem die Maßnahmen bestandskräftig sind und der Adressat darüber in Kenntnis gesetzt wurde) auf ihrer jeweiligen Internetseite oder auf einer gemeinsamen Internetseite zu veröffentlichen. Durch das Gesetz zur Umsetzung der Änderungsrichtlinie zur Vierten EU-Geldwäscherichtlinie, welches im Januar 2020 in Kraft trat, wurde neben den Aufsichtsbehörden der Zusatz der zuständigen Verwaltungsbehörden und die Behörde nach § 56 Abs. 6 Satz 2 GwG mit in den Abs. 1 Satz 1 aufgenommen. Der Gesetzgeber will damit sicherstellen, dass die Bekanntgabe von Bußgeldentscheidungen auch in denjenigen Fällen stattfinden kann, in denen Bußgeldentscheidungen durch eine andere Behörde als die Aufsichtsbehörde ergehen.[7]

5

2. Bestandskräftige Maßnahmen und unanfechtbare Bußgeldentscheidungen

Eine Veröffentlichung kann nur stattfinden, soweit die getroffene Maßnahme bestandskräftig bzw. die Bußgeldentscheidung unanfechtbar ist. Sowohl die for-

6

---

6 Siehe z.B. BaFin, N26 Bank GmbH: BaFin setzt Geldbußen fest v. 29.9.2021, www.bafin.de, zuletzt abgerufen am 16.1.2022.
7 BT-Drs. 19/13827, S. 108.

melle Bestandskraft[8] als auch die Unanfechtbarkeit treten ein, wenn die Maßnahme oder die Bußgeldentscheidung **nicht mehr mit regulären Rechtsbehelfen** wie dem Widerspruch bzw. Einspruch oder der Klage **angefochten** werden können,[9] d. h. wenn entweder ein Rechtsmittelverzicht erklärt wurde, die Fristen zur Einlegung von Rechtsbehelfen verstrichen sind oder alle ordentlichen Rechtsbehelfe erfolglos eingelegt wurden.[10] Diese Wirkung tritt ungeachtet der Rechtmäßigkeit des Verwaltungsaktes ein, es sei denn, der Verwaltungsakt ist nichtig.[11] Die formelle Bestandskraft und Unanfechtbarkeit unterscheiden sich insofern inhaltlich nicht.[12] Die formelle Bestandskraft bzw. Unanfechtbarkeit markieren den Zeitpunkt, an dem die Existenz und Wirksamkeit des Verwaltungsaktes rechtlich gesichert sind. Damit hat die Bestandskraft herausragende Bedeutung für die Rechtssicherheit.[13] Vor dem Hintergrund des möglichen Reputationsschadens für den Verpflichteten soll dieser Zusatz somit sicherstellen, dass ausschließlich wirksame und nicht mehr anfechtbare Maßnahmen oder Bußgeldentscheidungen von den zuständigen Behörden veröffentlicht werden.

7   Der Begriff der Maßnahme wird – ähnlich wie auch in § 123 WpHG und § 60b KWG – gesetzlich nicht näher definiert. Es muss sich jedenfalls um eine Maßnahme einer der zuständigen Behörde der Verpflichteten handeln, die aufgrund eines Verstoßes gegen das Geldwäschegesetz oder der darauf beruhenden Rechtsverordnungen erlassen wurde. Eine Bußgeldrelevanz ist dabei nicht erforderlich.[14] Von der Bestandskraft oder Unanfechtbarkeit wird nicht förmliches Verwaltungshandeln nicht erfasst, sodass es sich bei der Maßnahme grundsätzlich auch um einen **Verwaltungsakt** der jeweiligen zuständigen Behörde handeln muss.[15] Bloße Ermittlungsmaßnahmen und sonstiges nicht förmliches Verwaltungshandeln (wie zum Beispiel nicht förmliche Rügen) sind damit nicht erfasst.

---

8 Einer Auslegung des Begriffes der Bestandskraft als „materielle Bestandskraft", d. h. als verfestigte materielle Bindung der Beteiligten an die getroffene Regelung, welche nach der formellen Bestandskraft eintritt, steht bereits entgegen, dass dieser Zeitpunkt nicht messbar ist und damit zu Rechtsunsicherheit führen würde.

9 *Sachs*, in: Stelkens/Bonk/Sachs, VwVfG, § 43 Rn. 20.

10 *Waßmer*, in: Fuchs, WpHG, § 40b Rn. 11.

11 *Schemmer*, in: BeckOK VwVfG, § 43 Rn. 20–20.1.

12 Der Begriff „Unanfechtbarkeit" wird verwendet, wenn ein Einspruch statthaft ist (so etwa bei Bußgeldbescheiden für eine Ordnungswidrigkeit nach § 67 OWiG) und der Begriff der „Bestandskraft" im Falle eines Widerspruchs.

13 *Schemmer*, in: BeckOK VwVfG, § 43 Rn. 20–20.1.

14 *Escher-Weingart/Stief*, WM 2018, 693, 696.

15 *Pelz*, in: BeckOK GwG, 7. Ed., Stand: 1.9.2021, § 57 Rn. 5, Siehe auch zur Parallelvorschrift im KWG: *Lindemann*, in: Boos/Fischer/Schulte-Mattler, KWG, § 60b Rn. 8 f.; *Eckner*, in: Reischauer/Kleinhans, KWG, Stand: EL 2/19 2017, § 60c Rn. 10 ff.; kritisch in Bezug auf die Verwarnung nach § 56 OWiG vgl. *Nartowska/Knierbein*, NZG 2016, 256, 258.

3. Verstoß

Grundsätzlich sollen alle Verstöße gegen das Geldwäschegesetz sowie die auf **8**
seiner Grundlage erlassenen Rechtsordnungen veröffentlicht werden. Um einen
Verstoß handelt es sich jedenfalls dann, wenn einer der im **Bußgeldkatalog des
§ 56 GwG** (siehe → § 56 Rn. 39 ff.) aufgeführten Tatbestände erfüllt ist. Für
Verstöße gegen die Vorschriften des Geldwäschegesetzes, die nicht im Katalog
des § 56 GwG aufgeführt sind, ist im Rahmen der Veröffentlichung der Grundsatz der Verhältnismäßigkeit nach § 57 Abs. 3 GwG zu berücksichtigen. Vor diesem Hintergrund dürfte für Verstöße, die schon nicht bußgeldbewehrt sind, eine
(nicht anonymisierte) öffentliche Bekanntmachung mit einem potenziell wesentlich größeren Reputationsschaden nur in wenigen Fällen angemessen sein. Die
auf Grundlage des Geldwäschegesetzes erlassenen Rechtsverordnungen sind
beispielsweise:

- die **Kryptowertetransferverordnung (KryptoWTransferV)**[16] basierend
  auf § 15 Abs. 10 GwG (siehe → § 15 Rn. 71 f.),
- die **Geldwäschegesetzmeldepflichtverordnung-Immobilien (GwGMeldV-
  Immobilien).**[17]

4. Gerichtliche Entscheidungen

Durch die Gesetzesnovelle im Januar 2020 wurde im Abs. 1 der Satz 2 eingefügt, **9**
wonach gerichtliche Entscheidungen veröffentlicht werden können, soweit diese
unanfechtbar geworden sind und die Verhängung eines Bußgeldes zum Gegenstand haben. Diese Ergänzung war notwendig geworden, da die vorher geltende
Vorschrift lediglich Bußgeldentscheidungen der Behörden und nicht auch gerichtliche Entscheidungen erfasst hat. In dem Zusammenhang stellt der Gesetzgeber allerdings klar, dass die Veröffentlichungspflicht nicht für die Teile des
Strafurteils gelten, die den Straftatenvorwurf betreffen, wenn Ordnungswidrigkeiten mit Straftaten in einem gemeinsamen gerichtlichen Strafverfahren abge-
urteilt werden. Die Veröffentlichungspflicht trifft auch in diesen Fällen die zuständige Behörde (siehe → Rn. 5).[18]

---

16 Verordnung über verstärkte Sorgfaltspflichten bei dem Transfer von Kryptowerten
   (Kryptowertetransferverordnung – KryptoWTransferV), BGBl. Teil I 2021, S. 4465.
17 Verordnung zu den nach dem Geldwäschegesetz meldepflichtigen Sachverhalten im
   Immobilienbereich (Geldwäschegesetzmeldepflichtverordnung-Immobilien – GwG-
   MeldV-Immobilien), BGBl. Teil I 2020, S. 1965.
18 BT-Drs. 19/13827, S. 108.

5. Bekanntmachung

10 Die zuständigen Behörden haben Verstöße auf ihrer jeweiligen Internetseite oder auf einer gemeinsamen Internetseite unter Berücksichtigung der Einschränkungen in § 57 Abs. 2 und 3 GwG bekannt zu machen.[19] Dabei sind neben der **Identität** der verantwortlichen natürlichen oder juristischen Person, die Adressat der Maßnahme bzw. des Bußgeldbescheides ist, auch Art und Charakter des Verstoßes zu nennen.

11 Die zuständigen Behörden müssen die von der Veröffentlichung betroffenen Verpflichteten **im Voraus** über die anstehende Bekanntmachung **unterrichten**. Den Verpflichteten wird somit die Möglichkeit gewährt, frühzeitig Rechtsschutz gegen die bevorstehende Veröffentlichung zu suchen.

6. Rechtsschutz

12 Gegen die Bekanntmachung von Verstößen ist der Rechtsweg eröffnet. Bei der Veröffentlichung von präventiven Maßnahmen sind nach § 40 Abs. 1 Satz 1 VwGO die Verwaltungsgerichte zuständig. Dabei ist umstritten welche Form des Rechtsschutzes statthaft ist. Zum einen wird vertreten, dass die Personen, deren Daten veröffentlicht werden sollen, eine Unterlassungsklage und einstweiligen Rechtsschutz nach § 123 VwGO erheben können.[20] Nach anderer Ansicht sind hingegen Widerspruch bzw. die Anfechtungsklage zulässig.[21] Bei dem Streit kommt es im Wesentlichen darauf an, ob man die Rechtsnatur der öffentlichen Bekanntmachung als Realakt ansieht oder sie aufgrund einer umfassenden Prüfung und Ermessensentscheidung der zuständigen Behörde als Verwaltungsakt qualifiziert.

---

19 Soweit ersichtlich gab es keine Veröffentlichungen nach § 57 GwG von Rechtsverstößen vor dem Inkrafttreten des Geldwäschegesetzes (d. h. Verstöße vor dem 26.6.2017). Auf die Probleme in Bezug auf ein Rückwirkungsverbot kommt es daher praktisch nicht an. Siehe hierzu weiter *Geiling* in Vorauflage (1. Aufl. 2018), § 57 Rn. 10 ff.; *Uwer/Radermacher*, BKR 2015, 145, 147.

20 *Pelz*, in: BeckOK GwG, 7. Ed., Stand: 1.9.2021, § 57 Rn. 13; vgl. auch im KWG: *Lindemann*, in: Boos/Fischer/Schulte-Mattler, KWG, § 60b Rn. 19 sowie im WpHG: *Böse/Jansen*, in: Schwark/Zimmer, Kapitalmarktrechtskommentar, WpGH, § 123 Rn. 12.

21 Siehe zum Überblick des Streitstandes bei den Parallelvorschriften: *Spoerr*, in: Assmann/Schneider/Mülbert, WpHG, § 123 Rn. 33; *Eckner*, in: Reischauer/Kleinhans, KWG, Stand: EL 2/19 2017, § 60c Rn. 25 ff.; *Waßmer*, in: Fuchs, WpHG, § 40b Rn. 7.

VI. Ausnahmen und Einschränkungen der Bekanntmachung (§ 57 Abs. 2 und 3 GwG)

Die Veröffentlichung von Verstößen unterliegt verschiedenen Ausnahmen und Einschränkungen, die in § 57 Abs. 2 und 3 GwG statuiert sind. Zweck dieser Regelung ist, dass die zuständigen Behörden bei der Entscheidung über das Ob und Wie einer Bekanntmachung den Grundsatz der Verhältnismäßigkeit beachten.[22]   **13**

1. Aufschiebung

§ 57 Abs. 2 GwG sieht vor, dass eine Veröffentlichung zeitlich aufgeschoben oder auf anonymisierter Basis erfolgen kann, wenn dies aus Gründen der Verhältnismäßigkeit erforderlich ist oder die Stabilität der Finanzmärkte der Bundesrepublik Deutschland oder eines oder mehrerer Mitgliedstaaten des Europäischen Wirtschaftsraumes oder den Fortgang laufender Ermittlungen gefährden würde. Dabei greift insbesondere die Veröffentlichung personenbezogener Daten ganz massiv in die Persönlichkeitsrechte des Betroffenen ein.[23] § 57 Abs. 2 GwG schränkt die Bekanntmachung von Verstößen daher ein, sodass die zuständigen Behörden als Ausdruck des Grundsatzes der Verhältnismäßigkeit zeitlich aufgeschobene oder anonymisierte Veröffentlichungen vornehmen können (siehe zu den bisherigen Veröffentlichungen → Rn. 4).   **14**

2. Keine Bekanntmachung

§ 57 Abs. 3 GwG ermöglicht die Unterlassung der Bekanntmachung, wenn ein zeitlicher Aufschub oder eine Anonymisierung nicht genügen, um eine Gefährdung der Finanzmarktstabilität auszuschließen oder dem Grundsatz der Verhältnismäßigkeit sicherzustellen.[24] Von einer erheblichen Gefährdung der Finanzmarktstabilität kann ausgegangen werden, wenn durch die Veröffentlichung der Maßnahme irrationale Panikreaktionen stattfinden könnten.[25]   **15**

V. Dauer der Bekanntmachung (§ 57 Abs. 4 GwG)

Laut Regierungsbegründung, die sich auf die Vorgaben des Art. 61 Abs. 3 der Vierten EU-Geldwäscherichtlinie bezieht, muss die Bekanntmachung **fünf Jah-**   **16**

---

22 Vgl. BT-Drs. 18/11555, S. 165.
23 Siehe zu den möglichen deutschen und europäischen Grundrechtseingriffen als Überblick *Armbrüster/Böffel*, ZIP 2019, 1, 4 ff.; *Schmieszek/Langner*, WM 2014, 1893, 1894 ff.; *Gerlach*, CCZ 2017, 176, 179.
24 Vgl. BT-Drs. 18/11555, S. 165.
25 Vgl. *Spoerr*, in: Assmann/Schneider/Mülbert, WpHG, § 123 Rn. 22.

re nach dem Zeitpunkt ihrer Veröffentlichung auf der Internetseite zugänglich bleiben.[26] Der jeweiligen Aufsichtsbehörde steht bei der Entscheidung über die **Mindestdauer** der Veröffentlichung mithin **kein Ermessen** zu („muss"); mangels ausdrücklicher gesetzlicher Regelung kann sie jedoch nach diesem Zeitraum grundsätzlich entscheiden, die Bekanntmachung zu löschen. Der Gesetzgeber geht laut Gesetzesbegründung davon aus, dass die Bekanntmachung nach fünf Jahren gelöscht wird.[27] Für eine Löschung sprechen daneben der bei der Entscheidung zu berücksichtigende Verhältnismäßigkeitsgrundsatz und dabei insbesondere der Umstand, dass eine Tilgung von Straftaten im Bundeszentralregister bereits nach fünf Jahren erfolgen kann.[28]

17   Personenbezogene Daten können demgegenüber, so sie denn überhaupt veröffentlicht wurden, bereits gelöscht werden, wenn ihre Bekanntmachung nicht mehr erforderlich ist. Dies kommt insbesondere dann in Betracht, wenn die Bekanntmachung nicht mehr das unter mehreren in gleicher Weise geeigneten Maßnahmen mildere Mittel darstellt.[29] Ein Ermessen der zuständigen Behörden ist insoweit eröffnet.

§ 58 (weggefallen)

---

26 Kritisch in Bezug auf den langen Veröffentlichungszeitraum *Escher-Weingart/Stief*, WM 2018, 693, 697.
27 Vgl. BT-Drs. 18/11555, S. 166.
28 Vgl. *Nartowska/Knierbein*, NZG 2016, 256, 259.
29 OVG Bremen, NVwZ-RR 2005, 314.

§ 59 Übergangsregelung

(1) Die Mitteilungen nach § 20 Absatz 1 und § 21 haben erstmals bis zum 1. Oktober 2017 an das Transparenzregister zu erfolgen.

(2) Die Eröffnung des Zugangs zu Eintragungen im Vereinsregister, welche § 22 Absatz 1 Satz 1 Nummer 8 vorsieht, erfolgt ab dem 26. Juni 2018. Bis zum 25. Juni 2018 werden die technischen Voraussetzungen geschaffen, um diejenigen Indexdaten nach § 22 Absatz 2 zu übermitteln, welche für die Eröffnung des Zugangs zu den Originaldaten nach § 22 Absatz 1 Satz 1 Nummer 8 erforderlich sind. Für den Übergangszeitraum vom 26. Juni 2017 bis zum 25. Juni 2018 enthält das Transparenzregister stattdessen einen Link auf das gemeinsame Registerportal der Länder.

(3) § 23 Absatz 1 bis 3 findet ab dem 1. Januar 2023 Anwendung.

(4) Gewährte Befreiungen der Aufsichtsbehörden nach § 50 Nummer 8 gegenüber Verpflichteten nach § 2 Absatz 1 Nummer 15, soweit sie Glücksspiele im Internet veranstalten oder vermitteln, bleiben in Abweichung zu § 16 bis zum 30. Juni 2018 wirksam.

(5) Ist am 25. Juni 2015 ein Gerichtsverfahren betreffend die Verhinderung, Aufdeckung, Ermittlung oder Verfolgung von mutmaßlicher Geldwäsche oder Terrorismusfinanzierung anhängig gewesen und besitzt ein Verpflichteter Informationen oder Unterlagen im Zusammenhang mit diesem anhängigen Verfahren, so darf der Verpflichtete diese Informationen oder Unterlagen bis zum 25. Juni 2020 aufbewahren.

(6) Die Pflicht zur Registrierung nach § 45 Absatz 1 Satz 2 besteht mit Inbetriebnahme des neuen Informationsverbundes der Zentralstelle für Finanztransaktionsuntersuchungen, spätestens jedoch ab dem 1. Januar 2024. Das Bundesministerium der Finanzen gibt den Tag der Inbetriebnahme des neuen Informationsverbundes der Zentralstelle für Finanztransaktionsuntersuchungen im Bundesgesetzblatt bekannt.

(7) Bis zur technischen Umsetzung des Verfahrens nach § 31 Absatz 6, längstens jedoch bis zum 31. Dezember 2023, darf die Zentralstelle für Finanztransaktionsuntersuchungen das Bundeszentralamt für Steuern ersuchen, bei den Kreditinstituten die in § 93b Absatz 1 und 1a der Abgabenordnung bezeichneten Daten, ausgenommen die Identifikationsnummer nach § 139b der Abgabenordnung, abzurufen (§ 93 Absatz 8 der Abgabenordnung). Bei einem Ersuchen nach Satz 1 gilt § 93 Absatz 8a bis 10 der Abgabenordnung entsprechend. Das Bundeszentralamt übermittelt der Zentralstelle für Finanztransaktionsuntersuchungen in Beantwortung des Ersuchens nur solche Daten, die die Zentralstelle nach § 31 Absatz 6 abrufen darf.

(8) Juristische Personen des Privatrechts und eingetragene Personengesellschaften nach § 20 Absatz 1, deren Pflicht zur Mitteilung an das Transparenzregister am 31. Juli 2021 nach der bis einschließlich zum 31. Juli 2021 geltenden Fassung des § 20 Absatz 2 als erfüllt galt, haben die in § 19 Absatz 1 aufgeführten Angaben,

1. sofern es sich um eine Aktiengesellschaft, SE, Kommanditgesellschaft auf Aktien handelt bis zum 31. März 2022,

2. sofern es sich um eine Gesellschaft mit beschränkter Haftung, Genossenschaft, Europäische Genossenschaft oder Partnerschaft handelt bis zum 30. Juni 2022,

3. in allen anderen Fällen bis spätestens zum 31. Dezember 2022 der registerführenden Stelle zur Eintragung in das Transparenzregister mitzuteilen.

(9) § 56 Absatz 1 Nummer 55 und 58 bis 60 sind nicht anwendbar auf juristische Personen des Privatrechts oder eingetragene Personengesellschaften nach § 20 Absatz 1, deren Pflicht zur Mitteilung an das Transparenzregister am 31. Juli 2021 nach der bis einschließlich zum 31. Juli 2021 geltenden Fassung des § 20 Absatz 2 als erfüllt galt,

1. sofern es sich um eine Aktiengesellschaft, SE, Kommanditgesellschaft auf Aktien handelt bis zum 31. März 2023,

2. sofern es sich um eine Gesellschaft mit beschränkter Haftung, Genossenschaft, Europäische Genossenschaft oder Partnerschaft handelt bis zum 30. Juni 2023,

3. in allen anderen Fällen bis spätestens zum 31. Dezember 2023.

(10) Abweichend von § 23a Absatz 1 sind Unstimmigkeitsmeldungen wegen des Fehlens einer Eintragung nach § 20 bis zum 1. April 2023 nicht abzugeben, wenn nach der bis einschließlich zum 31. Juli 2021 geltenden Fassung des § 23a Absatz 1 in Verbindung mit § 20 Absatz 2 keine Pflicht zur Abgabe einer Unstimmigkeitsmeldung an das Transparenzregister bestanden hätte.

Übersicht

I. Allgemeines

Die Norm bestimmt Übergangsregelungen für unterschiedliche Regelungsberei- 1
che des GwG. Diese umfassen insbesondere Erleichterungen im Zusammenhang
mit dem Transparenzregister, der Veranstaltung von Glücksspielen im Internet
sowie der Aufbewahrung von Informationen und Unterlagen. Teilweise liegen
die Zeitpunkte der Übergangsvorschriften bereits in der Vergangenheit.

Neu und von wesentlicher Bedeutung ist die Ankündigung mit dem Gesetz zur 2
Umsetzung der Änderungsrichtlinie zur Vierten EU-Geldwäscherichtlinie, dass
spätestens ab dem 1.1.2024 allen Verpflichteten eine Registrierungspflicht bei
der Zentralstelle für Finanztransaktionsuntersuchungen trifft.

II. Mitteilungen an das Transparenzregister (§ 59 Abs. 1 GwG)

Damit 3
– juristische Personen des Privatrechts und eingetragene Personengesellschaften nach § 20 Abs. 1 GwG (siehe → § 20 Rn. 29 ff.),
– Verwalter von Trusts (Trustees) mit Wohnsitz oder Sitz in Deutschland nach
  § 21 Abs. 1 GwG (siehe → § 21 Rn. 8 ff.), und
– Treuhänder mit Wohnsitz oder Sitz in Deutschland von nichtrechtsfähigen
  Stiftungen, wenn der Stiftungszweck aus Sicht des Stifters eigennützig ist
  nach § 21 Abs. 2 Nr. 1 GwG sowie Treuhänder mit Wohnsitz oder Sitz in
  Deutschland von Rechtsgestaltungen, die solchen Stiftungen in ihrer Struktur
  und Funktion entsprechen nach § 21 Abs. 2 Nr. 2 GwG (siehe → § 21
  Rn. 18 ff.)
– über eine angemessene Frist zur Erfüllung ihrer Transparenzpflichten verfügen und eine geordnete Entgegennahme der Mitteilungen durch die registerführenden Stellen gewährleistet werden kann,[1] verschiebt § 59 Abs. 1 GwG
  den Zeitpunkt der **erstmaligen Mitteilung** der Angaben zu den wirtschaft-

---

1 Vgl. BT-Drs. 18/11555, S. 166.

lich Berechtigten (vgl. → § 19 Rn. 16 ff.) an das Transparenzregister auf den
1.10.2017.

III. Eröffnung des Zugangs zu Eintragungen im Vereinsregister (§ 59 Abs. 2 GwG)

4   Nach § 22 Abs. 1 Satz 1 Nr. 8 GwG sollen über die Internetseite des Transparenzregisters (www.transparenzregister.de) Eintragungen im Vereinsregister zur Einsichtnahme zugänglich sein. Der Zeitpunkt für die **Eröffnung** dieses **Zugangs** wurde nach § 59 Abs. 2 GwG auf den **26.6.2018** verlegt. Bis zum 25.6.2018 sollten die technischen Voraussetzungen für diesen Zugang geschaffen werden. Hintergrund dafür ist, dass es ausreichend Zeit bedurfte, um eine Schnittstelle zu den Vereinsregistern der Länder technisch einzurichten, d. h. die entsprechende Weiterleitung auf das öffentliche Register zu programmieren. Das Transparenzregister fungiert mithin als Weiterleitungs- und Informationssammelplattform, sodass keine Gewähr für die Richtigkeit und Vollständigkeit der Daten gegeben werden kann (vgl. → § 22 Rn. 5).

5   In dem Übergangszeitraum vom 26.6.2017 bis zum 25.6.2018 wurde statt des Zugangs zu den Eintragungen im Vereinsregister ein Link auf die Startseite des gemeinsamen Registerportals der Länder unter www.handelsregister.de gesetzt, wo sich mithilfe der dort angebotenen Suche dann Angaben zu den eingetragenen Vereinen finden lassen.[2]

IV. Automatisierter Abruf beim Transparenzregister (§ 59 Abs. 3 GwG)

6   Die Übergangsvorschrift zum neu gefassten § 23 Abs. 3 GwG bestimmt den Beginn des automatisierten Abrufs aus dem Transparenzregister mit der Umstellung auf das Vollregister.[3]

V. Gewährte Befreiungen bei Glücksspielen im Internet (§ 59 Abs. 4 GwG)

7   Nach § 16 Abs. 8 GwG a. F. bereits gewährte **Befreiungen** der Aufsichtsbehörden, die für die Erteilung der glücksspielrechtlichen Erlaubnis nach § 50 Nr. 8 GwG zuständig sind, blieben entgegen § 16 GwG **bis zum 30.6.2018** für Verpflichtete nach § 2 Abs. 1 Nr. 15 GwG (siehe → § 2 Rn. 256) **wirksam**, soweit

---

2 Vgl. BT-Drs. 18/11555, S. 166.
3 BR-Drs. 133/21, S. 59.

diese Glücksspiele im Internet veranstalten oder vermitteln.[4] Damit bekamen Veranstalter oder Vermittler von Glücksspielen im Internet zeitlichen Aufschub, eine entsprechende Lizenz bei der zuständigen Aufsichtsbehörde im Übergangszeitraum zu beantragen.

VI. Aufbewahrung von Unterlagen bei Gerichtsverfahren (§ 59 Abs. 5 GwG)

Entgegen der Pflicht, die erlangten personenbezogenen Daten nach den Aufbe- **8** wahrungsfristen löschen zu müssen (siehe u. a. → § 41 Rn. 10), dürfen Verpflichtete nach § 59 Abs. 5 GwG Informationen und Unterlagen **bis zum 25.6.2020 aufbewahren**, wenn diese im Zusammenhang mit Gerichtsverfahren betreffend die Verhinderung, Aufdeckung, Ermittlung oder Verfolgung von mutmaßlicher Geldwäsche oder Terrorismusfinanzierung stehen und das Gerichtsverfahren bereits am 25.6.2015 anhängig war.[5] Damit wird von der Option des Art. 40 Abs. 2 der Vierten EU-Geldwäscherichtlinie Gebrauch gemacht, der die Aufbewahrung von Informationen und Unterlagen für weitere fünf Jahre vorsieht.

VII. Registrierungspflicht aller Verpflichteter bei der Zentralstelle für Finanztransaktionsuntersuchungen (§ 59 Abs. 6 GwG)

Im Rahmen der Umsetzung der Änderungsrichtlinie zur Vierten EU-Geld- **9** wäscherichtlinie wurde beschlossen, dass spätestens ab dem 1. Januar 2024 **für alle Verpflichteten eine Registrierungspflicht bei der Zentralstelle für Finanztransaktionsuntersuchungen** gelten soll. In § 40 Abs. 1 Satz 2 GwG heißt es, dass Verpflichtete nach § 2 Abs. 1 GwG sich unabhängig von der Abgabe einer Verdachtsmeldung bei der Zentralstelle für Finanztransaktionsuntersuchungen elektronisch zu registrieren haben. Aus dem Bericht zum Finanzausschuss aus November 2019 lässt sich entnehmen, dass mit der zukünftig bestehenden Pflicht zur Registrierung zwei wesentlichen Ziele verfolgt werden sollen.[6] Einerseits ist eine Steigerung des Meldeverhaltens der Verpflichteten gewünscht. Mit der Registrierungspflicht wird die Hoffnung verbunden, dass gegebenenfalls bestehende Hemmschwellen bei der Abgabe der Verdachtsmeldung abgebaut werden, da der notwendige Schritt der Registrierung bereits erfolgt ist. Andererseits soll der Datenbestand den zuständigen Aufsichtsbehörden

---

4 Vgl. BT-Drs. 18/11555, S. 166.
5 Vgl. BT-Drs. 18/11555, S. 166.
6 BT-Drs. 19/15196, S. 50.

dienen, einen Überblick über die unter ihre Aufsicht fallenden Verpflichteten zu erhalten.

10   Ein konkreter **Zeitpunkt** ab wann die Registrierungspflicht gilt, wurde bisher noch nicht bestimmt. Abhängig soll dies von dem IT-Projekt zur Neuentwicklung des Informationsverbundes der Zentralstelle für Finanztransaktionsuntersuchungen (FIU) sein. Damit sollen die technischen Voraussetzungen zur automatisierten Registrierung aller Verpflichteten geschaffen werden.[7] Spätestens soll die Registrierungspflicht allerdings ab dem 1.1.2024 gelten.

VIII. Kontenabruf (§ 59 Abs. 7 GwG)

11   Der durch das Transparenzregister- und Finanzinformationsgesetz neu hinzugekommene Abs. 7 bestimmt die übergangsweise gegebene Befugnis der Zentralstelle für Finanztransaktionsuntersuchungen, das Bundeszentralamt für Steuern (BZSt) um einen Kontenabruf zu ersuchen. Das BZSt darf jedoch nur solche Daten an die Zentralstelle für Finanztransaktionsuntersuchungen herausgeben, die die Zentralstelle für Finanztransaktionsuntersuchungen in Ausübung ihrer eigenen Kopfstellenfunktion gemäß § 31 Abs. 6 GwG abrufen dürfte.[8]

IX. Übergangsfristen zu den Mitteilungspflichten beim Transparenzregister (§ 59 Abs. 8, 9 und 10 GwG)

12   Die Abs. 8 und 9 regeln Übergangsfristen zu den Mitteilungspflichten beim Transparenzregister für die eintragungspflichtigen Rechtseinheiten. Ebenso entsprechend der Voraussetzungen nach Abs. 10 müssen die Verpflichteten keine Unstimmigkeitsmeldung abgeben. Damit will der Gesetzgeber für den Übergangszeitraum unnötigen Compliance-Aufwand seitens der Verpflichteten und Verwaltungsaufwand seitens der registerführenden Stelle vermeiden.[9]

---

7 BT-Drs. 19/15196, S. 50.
8 BR-Drs. 133/21, S. 59.
9 BR-Drs. 133/21, S. 59; BT-Drs. 19/30443, S. 59.

Anlage 1 (zu den §§ 5, 10, 14, 15)
Faktoren für ein potenziell geringeres Risiko

(Fundstelle: BGBl. I 2017, 1858)

Die Liste ist eine nicht abschließende Aufzählung von Faktoren und möglichen Anzeichen für ein potenziell geringeres Risiko nach § 14:

1. Faktoren bezüglich des Kundenrisikos:

   a) öffentliche, an einer Börse notierte Unternehmen, die (aufgrund von Börsenordnungen oder von Gesetzes wegen oder aufgrund durchsetzbarer Instrumente) solchen Offenlegungspflichten unterliegen, die Anforderungen an die Gewährleistung einer angemessenen Transparenz hinsichtlich des wirtschaftlichen Eigentümers auferlegen,

   b) öffentliche Verwaltungen oder Unternehmen,

   c) Kunden mit Wohnsitz in geografischen Gebieten mit geringerem Risiko nach Nummer 3.

2. Faktoren bezüglich des Produkt-, Dienstleistungs-, Transaktions- oder Vertriebskanalrisikos:

   a) Lebensversicherungspolicen mit niedriger Prämie,

   b) Versicherungspolicen für Rentenversicherungsverträge, sofern die Verträge weder eine Rückkaufklausel enthalten noch als Sicherheit für Darlehen dienen können,

   c) Rentensysteme und Pensionspläne oder vergleichbare Systeme, die den Arbeitnehmern Altersversorgungsleistungen bieten, wobei die Beiträge vom Gehalt abgezogen werden und die Regeln des Systems den Begünstigten nicht gestatten, ihre Rechte zu übertragen,

   d) Finanzprodukte oder -dienste, die bestimmten Kunden angemessen definierte und begrenzte Dienstleistungen mit dem Ziel der Einbindung in das Finanzsystem („financial inclusion") anbieten,

   e) Produkte, bei denen die Risiken der Geldwäsche und der Terrorismusfinanzierung durch andere Faktoren wie etwa Beschränkungen der elektronischen Geldbörse oder die Transparenz der Eigentumsverhältnisse gesteuert werden (z. B. bestimmte Arten von E-Geld).

3. Faktoren bezüglich des geografischen Risikos:

   a) Mitgliedstaaten,

   b) Drittstaaten mit gut funktionierenden Systemen zur Verhinderung, Aufdeckung und Bekämpfung von Geldwäsche und von Terrorismusfinanzierung,

c) Drittstaaten, in denen Korruption und andere kriminelle Tätigkeiten laut glaubwürdigen Quellen schwach ausgeprägt sind,

d) Drittstaaten, deren Anforderungen an die Verhinderung, Aufdeckung und Bekämpfung von Geldwäsche und von Terrorismusfinanzierung laut glaubwürdigen Quellen (z. B. gegenseitige Evaluierungen, detaillierte Bewertungsberichte oder veröffentlichte Follow-up-Berichte) den überarbeiteten FATF (Financial Action Task Force)-Empfehlungen entsprechen und die diese Anforderungen wirksam umsetzen.

Anlage 2 (zu den §§ 5, 10, 14, 15)
Faktoren für ein potenziell höheres Risiko

(Fundstelle: BGBl. I 2017, 1859)

Die Liste ist eine nicht erschöpfende Aufzählung von Faktoren und möglichen Anzeichen für ein potenziell höheres Risiko nach § 15:

1. Faktoren bezüglich des Kundenrisikos:

   a) außergewöhnliche Umstände der Geschäftsbeziehung,

   b) Kunden, die in geografischen Gebieten mit hohem Risiko gemäß Nummer 3 ansässig sind,

   c) juristische Personen oder Rechtsvereinbarungen, die als Instrumente für die private Vermögensverwaltung dienen,

   d) Unternehmen mit nominellen Anteilseignern oder als Inhaberpapiere emittierten Aktien,

   e) bargeldintensive Unternehmen,

   f) angesichts der Art der Geschäftstätigkeit als ungewöhnlich oder übermäßig kompliziert erscheinende Eigentumsstruktur des Unternehmens;

2. Faktoren bezüglich des Produkt-, Dienstleistungs-, Transaktions- oder Vertriebskanalrisikos:

   a) Betreuung vermögender Privatkunden,

   b) Produkte oder Transaktionen, die Anonymität begünstigen könnten,

   c) Geschäftsbeziehungen oder Transaktionen ohne persönliche Kontakte und ohne bestimmte Sicherungsmaßnahmen wie z. B. elektronische Unterschriften,

   d) Eingang von Zahlungen unbekannter oder nicht verbundener Dritter,

   e) neue Produkte und neue Geschäftsmodelle einschließlich neuer Vertriebsmechanismen sowie Nutzung neuer oder in der Entwicklung begriffener Technologien für neue oder bereits bestehende Produkte;

3. Faktoren bezüglich des geografischen Risikos:

   a) unbeschadet des Artikels 9 der Richtlinie (EU) 2015/849 ermittelte Länder, deren Finanzsysteme laut glaubwürdigen Quellen (z. B. gegenseitige Evaluierungen, detaillierte Bewertungsberichte oder veröffentlichte Follow-up-Berichte) nicht über hinreichende Systeme zur Verhinderung, Aufdeckung und Bekämpfung von Geldwäsche und Terrorismusfinanzierung verfügen,

   b) Drittstaaten, in denen Korruption oder andere kriminelle Tätigkeiten laut glaubwürdigen Quellen signifikant stark ausgeprägt sind,

   c) Staaten, gegen die beispielsweise die Europäische Union oder die Vereinten Nationen Sanktionen, Embargos oder ähnliche Maßnahmen verhängt hat oder haben,

   d) Staaten, die terroristische Aktivitäten finanziell oder anderweitig unterstützen oder in denen bekannte terroristische Organisationen aktiv sind.

EU-Geldtransferverordnung (GTVO)

Einleitung

Die EU-Geldtransferverordnung (GTVO) (EU) 2015/847 vom 20.5.2015 stellt **1**
die **zweite GTVO** dar. Diese gilt seit dem 26.6.2017. Die GTVO ist eine europäi-
sche Verordnung gemäß Art. 288 Abs. 2 des Vertrags über die Arbeitsweise der
Europäischen Union (AEUV) und stellt unmittelbar geltendes Recht in allen
Mitgliedstaaten dar. Die GTVO dient zur Umsetzung der **FATF-Empfehlung
Nr. 16** über sog. „Wire Transfers".[1] Mithilfe der Schaffung von Transparenz zu
Geldtransfers soll die lückenlose Nachverfolgbarkeit von Transaktionen auf
Unionsebene ermöglicht werden und auch einer Begünstigung von Anonymität
in Transaktionen vorbeugen.[2] Durch die so geschaffene „Papierspur" sollen
Geldwäsche und Terrorismusfinanzierung effektiver bekämpft werden.

Die **erste GTVO (EU) 1781/2006** war am 15.11.2006 verabschiedet worden und **2**
trat zwei Jahre später in Kraft.[3] Die GTVO EU/2015/847 hob die erste GTVO
(EU) 1781/2006 auf und novelliert die Vorgaben zum Umgang mit Geldtransfers.

Der Verordnungstext der derzeit gültigen GTVO (EU) 2015/847 referenziert bei **3**
ihren Verweisen auf die EU-Zahlungsdiensterichtlinie weiterhin auf die Richtlinie 2007/64/EG, also die sog, PSD I, die allerdings bereits zum 12.1.2018 außer Kraft getreten ist. Es ist anzunehmen, dass dem Verordnungsgeber die rechtlichen Bezüge in der GTVO zur PSD im Rahmen des Gesetzgebungsverfahrens
nicht präsent waren. Da der Verordnungsgeber am 20.7.2021 als Teil eines neuen
Gesetzgebungspaketes für den Bereich der Bekämpfung von Geldwäsche und
Terrorismusfinanzierung auch einen Entwurf für eine überarbeitete Fassung der
GTVO (Verordnung 2015/847) vorgestellt hat,[4] der unter anderem die Rückver-

---

1 Verordnung (EU) 2015/847 des Europäischen Parlaments und des Rates vom 20.5.2015
  über die Übermittlung von Angaben bei Geldtransfers und zur Aufhebung der Verordnung (EU) Nr. 1781/2006 (nachfolgend bezeichnet als „GTVO (EU) 2015/847"), ErwG
  3, http://data.europa.eu/eli/reg/2015/847/oj, zuletzt abgerufen am 5.1.2022.
2 GTVO (EU) 2015/847, ErwG 1; siehe auch FATF-Empfehlungen 2021, zuletzt überarbeitet Oktober 2021, https://www.fatf-gafi.org/media/fatf/documents/recommendations
  /pdfs/FATF%20Recommendations%202012.pdf, zuletzt abgerufen am 15.4.2022.
3 Verordnung (EU) 1781/2006 des Europäischen Parlaments und des Rates vom
  15.11.2006 über die Übermittlung von Angaben zum Auftraggeber bei Geldtransfers
  (nachfolgend bezeichnet als „GTVO (EU) 1781/2006"), http://eur-lex.europa.eu/legal-
  content/DE/TXT/PDF/?uri=CELEX:32006R1781&from=DE, zuletzt abgerufen am
  5.1.2022.
4 Legislativvorschlag der Kommission COM (2021) 422 final; Referenz für das ordentliche Gesetzgebungsverfahren 2021/0241(COD), https://eur-lex.europa.eu/legal-content/
  DE/TXT/?uri=COM:2021:0422:FIN, zuletzt abgerufen am 5.1.2022.

folgung von Krypto-Transfers ermöglichen soll, ist zur Kenntnis zu nehmen, dass hier eine vollumfängliche Ersetzung der PSD-relevanten Verweise auf die seit dem 13.1.2018 gültige zweite Zahlungsdienstleistungsrichtlinie, Richtlinie (EU) 2015/2366,[5] beabsichtigt ist. Dieser Intention des Verordnungsgebers wird hier gefolgt. Außerdem ist das Inkrafttreten der Verordnung über verstärkte Sorgfaltspflichten bei dem Transfer von Kryptowerten (Kryptowertetransferverordnung – KryptoWTransferV) zum 1.10.2021 zur Kenntnis zu nehmen, welche eine Anwendung von bestimmten Regelungsinhalten der GTVO bei bestimmten Kryptowertetransfers vorsieht.[6]

4 Mit der GTVO (EU) 1781/2006 wurde festgelegt, welche **Informationen zu Auftraggebern** eines Geldtransfers in den Zahlungsdaten enthalten sein müssen. Zudem wurden Zahlungsverkehrsdienstleister, also insbesondere Kreditinstitute, verpflichtet, Geldtransfers dahingehend zu prüfen, ob die vorgeschriebenen Angaben zum Auftraggeber ordnungsgemäß enthalten waren. Hierzu mussten die Verpflichteten Überwachungsmaßnahmen in Echtzeit bzw. nachträglich zu einer Transaktion einführen, um die Vollständigkeit der eingehenden und ausgehenden Datensätze sicherzustellen. Zudem mussten risikobasierte Verfahren zum Umgang mit eingehenden unvollständigen Datensätzen eingeführt werden. Im Zuge der so geschaffenen Eskalationsmechanismen werden die Absender unvollständiger Datensätze entsprechend der risikobasierten Maßnahmen an die BaFin gemeldet.

5 Die GTVO (EU) 2015/847 hat im Vergleich zur vorherigen GTVO zusätzliche Prüfvorgaben eingeführt: Einerseits wurde der Kreis der Verpflichteten um **zwischengeschaltete Zahlungsdienstleister** erweitert. Überdies wurde der Umfang der zu prüfenden Daten vergrößert, sodass nunmehr neben den Informationen zum Auftraggeber auch die **Angaben zum Begünstigten** von Geldtransfers geprüft werden müssen. Entsprechend der Vorgaben im neuen Geldwäschegesetz wurden auch in der neuen GTVO die Sanktionen bei Verstößen verschärft.

6 Wesentliche Herausforderung für die Zahlungsdienstleister ist die Einführung eines risikobasierten Prozesses, der sowohl in der Lage ist, unvollständige Datensätze zu erkennen, als auch standardisierte Maßnahmen vorsieht, wie bei unvollständigen Datensätzen zu verfahren ist. In Bezug auf das Erkennen von un-

---

5 Richtlinie (EU) 2015/2366 des Europäischen Parlaments und des Rates vom 25.11.2015 über Zahlungsdienste im Binnenmarkt, zur Änderung der Richtlinien 2002/65/EG, 2009/110/EG und 2013/36/EU und der Verordnung (EU) Nr. 1093/2010 sowie zur Aufhebung der Richtlinie 2007/64/EG (Text von Bedeutung für den EWR), ABl. L 337 v. 23.12.2015, S. 35–127, http://data.europa.eu/eli/dir/2015/2366/oj, zuletzt abgerufen am 5.1.2022.

6 BGBl. Jahrgang 2021 Teil I Nr. 69, ausgegeben zu Bonn am 29.9.2021, S. 4465/4466, http://www.bgbl.de/xaver/bgbl/start.xav?startbk=Bundesanzeiger_BGBl&jumpTo=bgbl121s4465.pdf, zuletzt abgerufen am 5.1.2022.

vollständigen Datensätzen hat der Zahlungsdienstleister zwischen „**Echtzeit-Monitoring**" und „**nachgelagertem Monitoring**" zu wählen bzw. diese Monitoring-Arten zu kombinieren. Hinsichtlich der standardisierten Maßnahmen ist schriftlich zu fixieren, wann Zahlungsdienstleister, die unvollständige Daten weiterleiten, kontaktiert bzw. ermahnt oder – sofern dies erforderlich ist – Geschäftsverbindungen beendet werden.

Aufgrund der engen Verknüpfung zwischen regulatorischen Vorgaben in Sachen Geldwäscheprävention und der GTVO dürfte auch eine Berücksichtigung von Sachverhalten, die aus der Anwendung und Einhaltung der GTVO herrühren, im Rahmen der **Risikoanalyse** nach § 5 GwG zu berücksichtigen sein. Auch die im Bereich Geldwäscheprävention zu implementierenden Sicherungsmaßnahmen sollten Vorkehrungen zur Einhaltung der Vorschriften der GTVO umfassen. Eine isolierte Betrachtung der beiden Regelwerke (GwG und GTVO) erscheint weder zielführend noch zeitgemäß. 7

Kapitel I
Gegenstand, Geltungsbereich und Begriffsbestimmungen

Art. 1 Gegenstand

In dieser Verordnung werden Vorschriften zu den Angaben zu Auftraggebern und Begünstigten festgelegt, die für die Zwecke der Verhinderung, Aufdeckung und Ermittlung von Geldwäsche und Terrorismusfinanzierung bei Geldtransfers gleich welcher Währung zu übermitteln sind, wenn mindestens einer der am Geldtransfer beteiligten Zahlungsdienstleister seinen Sitz in der Union hat.

Übersicht

<table>
<tr><td></td><td>Rn.</td><td></td><td>Rn.</td></tr>
<tr><td>I. Allgemeines</td><td>1</td><td>III. Wirkung der Verordnung</td><td>3</td></tr>
<tr><td>II. Regelungsgegenstand</td><td>2</td><td></td><td></td></tr>
</table>

I. Allgemeines

1 Die vorliegende Verordnung löst die vormalige Verordnung (EG) Nr. 1781/2006 über die Übermittlung von Angaben zum Auftraggeber bei Geldtransfers ab. Vergleichend dazu enthält die vorliegende Verordnung weitergehende Regelungen für zwischengeschaltete Zahlungsdienstleister (Art. 10–13 GTVO). Die Zielrichtung hat sich jedoch nicht verändert. Es sollen illegale Geldströme verhindert werden sowie die Terrorismusfinanzierung zumindest erschwert werden, ohne dabei zu riskieren, dass eben diese Geldströme künftig in **unregulierten Transfers** ausgeführt werden. Zudem ist die Intention des Verordnungsgebers zu erkennen, den risikobasierten Ansatz zu stärken. Mit den in der Verordnung vorgesehenen Maßnahmen soll eine lückenlose Rückverfolgbarkeit von Geldtransfers sichergestellt werden. Durch die Einhaltung der GTVO minimieren die Zahlungsdienstleister die Anonymität in den von ihnen durchgeführten und prozessierten Geldtransfers. Die sog. „Papierspur" soll die gewünschte Transparenz ermöglichen.

II. Regelungsgegenstand

2 Die Verordnung regelt detailliert, welche Angaben bei der Durchführung eines Geldtransfers beizufügen sind. Die Angaben beziehen sich in der Regel auf die

  Weppner/Kastl

an einem Geldtransfer beteiligten natürlichen oder juristischen Personen. Erfasst sind Geldtransfers innerhalb eines Mitgliedstaates, zwischen den Mitgliedstaaten und auch von und zu Drittstaaten; zumindest ein beteiligter Zahlungsdienstleister muss seinen Sitz innerhalb der Europäischen Union haben; dabei ist auch zu berücksichtigen, dass die Verordnung auch durch die Staaten des Europäischen Wirtschaftsraums (EWR) anzuwenden sein soll.[1] Zudem ist es unerheblich, welche Währung der Geldtransfer hat. Zur Veranschaulichung: Die Verordnung ist anwendbar, sobald ein Zahlungsdienstleister mit Sitz in der Europäischen Union in einen Geldtransfer involviert ist, welcher

- von einem Drittland kommend, sein Ziel in der Europäischen Union bzw. im EWR hat,
- von einem Drittland kommend, durch die Europäische Union bzw. durch den EWR weiter in ein Drittland fließt,
- in der Europäischen Union bzw. im EWR beginnt und endet oder
- in der Europäischen Union bzw. im EWR beginnt und in einem Drittland endet.

III. Wirkung der Verordnung

Als europäische Verordnung ist die vorliegende Verordnung **direkt und unmittelbar** in allen Mitgliedstaaten anwendbar. Es ist seitens der Mitgliedstaaten kein Umsetzungsrechtsakt in nationales Recht erforderlich. Allerdings lässt die vorliegende Verordnung an zahlreichen Stellen den Mitgliedstaaten Spielraum zur Ausgestaltung der Verordnung. Ein Indiz hierfür ist beispielsweise die Formulierung „die Mitgliedstaaten gewährleisten/richten wirksame Verfahren ein/ schreiben vor". Entsprechend finden sich im nationalen Recht zahlreiche Regelungen, die im Kontext zur Verordnung stehen und mit dieser gelesen werden müssen. In Deutschland finden sich Regelungen zur Verordnung beispielsweise in §§ 10 Abs. 3 Nr. 2 lit. a, 14 Abs. 5 GwG, § 27 Abs. 4 ZAG und § 25g Abs. 1 Nr. 1, 2 und 3 KWG (siehe hierzu die entsprechenden Kommentierungen).

3

---

1 Beschluss des Gemeinsamen EWR-Ausschusses Nr. 250/2018 vom 5.12.2018 zur Änderung von Anhang IX (Finanzdienstleistungen) des EWR-Abkommens. Zum EWR gehören neben den EU-Mitgliedstaaten auch die Staaten Liechtenstein, Island und Norwegen.

Art. 2 Geltungsbereich

(1) Diese Verordnung gilt für Geldtransfers gleich welcher Währung von oder an Zahlungsdienstleister(n) oder zwischengeschaltete(n) Zahlungsdienstleister(n) mit Sitz in der Union.

(2) Vom Geltungsbereich dieser Verordnung ausgenommen sind die in Artikel 3 Buchstaben a bis m und o der Richtlinie 2007/64/EG aufgeführten Dienste.

(3) Diese Verordnung gilt nicht für Geldtransfers, die mit einer Zahlungskarte, einem E-Geld-Instrument oder einem Mobiltelefon oder anderen im Voraus oder im Nachhinein bezahlten digitalen oder IT-Geräten mit ähnlichen Merkmalen durchgeführt werden, sofern die folgenden Bedingungen erfüllt sind:

a) Die Karte, das Instrument oder das Gerät wird ausschließlich zur Bezahlung von Waren oder Dienstleistungen verwendet; und

b) bei allen im Zuge der Transaktion durchgeführten Transfers wird die Nummer der Karte, des Instruments oder des Geräts übermittelt.

Diese Verordnung findet jedoch Anwendung, wenn eine Zahlungskarte, ein E-Geld-Instrument oder ein Mobiltelefon oder andere im Voraus oder im Nachhinein bezahlte digitale oder IT-Geräte mit ähnlichen Merkmalen verwendet werden, um einen Geldtransfer von Person zu Person durchzuführen.

(4) Diese Verordnung gilt nicht für Personen, die lediglich Papierdokumente in elektronische Daten umwandeln und im Rahmen eines Vertrags mit einem Zahlungsdienstleister tätig sind, oder Personen, die Zahlungsdienstleistern lediglich ein System zur Übermittlung von Nachrichten oder sonstige Systeme zur Unterstützung der Übermittlung von Finanzmitteln oder ein Clearing- und Abwicklungssystem zur Verfügung stellen.

Diese Verordnung gilt nicht für Geldtransfers,

a) bei denen der Auftraggeber Bargeld von seinem eigenen Zahlungskonto abhebt;

b) die zur Begleichung von Steuern, Bußgeldern oder anderen Abgaben innerhalb eines Mitgliedstaats an Behörden erfolgen;

c) bei denen sowohl der Auftraggeber als auch der Begünstigte in eigenem Namen handelnde Zahlungsdienstleister sind;

d) die mittels eines Austauschs von eingelesenen Schecks, einschließlich beleglosem Scheckeinzug, durchgeführt werden.

(5) Ein Mitgliedstaat kann entscheiden, diese Verordnung nicht auf Inlandsgeldtransfers auf ein Zahlungskonto eines Begünstigten anzuwenden, auf das ausschließlich Zahlungen für die Lieferung von Gütern oder Dienstleistungen vorgenommen werden können, wenn alle folgenden Bedingungen erfüllt sind:

a) **Der Zahlungsdienstleister des Begünstigten unterliegt der Richtlinie (EU) 2015/849,**

b) **der Zahlungsdienstleister des Begünstigten ist in der Lage, anhand einer individuellen Transaktionskennziffer über den Begünstigten den Geldtransfer bis zu der Person zurückzuverfolgen, die mit dem Begünstigten eine Vereinbarung über die Lieferung von Gütern oder Dienstleistungen getroffen hat,**

c) **der überwiesene Betrag beträgt höchstens 1 000 EUR.**

Übersicht

I. Geltungsbereich

Der Geltungsbereich der Geldtransferverordnung umfasst alle Transaktionen 1 von oder an Zahlungsdienstleister mit Sitz in der Europäischen Union bzw. im EWR. Dies gilt währungsunabhängig und ist auch dann der Fall, wenn lediglich ein zwischengeschalteter Zahlungsdienstleister seinen Sitz in der Europäischen Union bzw. im EWR hat. Es muss folglich einer der an einem Transfer beteiligten Zahlungsdienstleister in der Union bzw. im EWR sitzen. Es ist zu beachten, dass der örtliche Anwendungsbereich nicht mit dem SEPA-Raum identisch ist. Überdies ist es unerheblich, ob Auftraggeber und Begünstigter oder der Zahlungsdienstleister des Auftraggebers und der Zahlungsdienstleister des Begünstigten jeweils identisch sind (Art. 3 Nr. 9 GTVO), um als Geldtransfer im Sinne der Verordnung zu qualifizieren. Im Übrigen wird zur Definition von „Geldtransfer" auf die Kommentierung zu Art. 3 Nr. 9 GTVO verwiesen.

II. Ausgenommene Transfers, Dienste und Personen

2 Es sind zahlreiche Transfers vom Geltungsbereich ausgenommen (Art. 2 Abs. 2, 3 Satz 2, 4 GTVO).

1. Ausgenommene Dienste (Art. 2 Abs. 2 GTVO)

3 Dienste, die ausgenommen sind, ergeben sich laut Verordnungstext aus der Zahlungsverkehrsrichtlinie (PSD I), die allerdings zum 12.1.2018 außer Kraft getreten ist. Somit sind die Verweise im Hinblick auf die seit dem 13.1.2018 gültige zweite Zahlungsdienstleistungsrichtlinie zu lesen (siehe → Einl. Rn. 3); die korrespondierende Vorschrift findet sich in Art. 3 lit. a–m und o der Richtlinie (EU) 2015/2366, weshalb auf die einschlägige Kommentierung der PSD II bzw. des aktuellen Zahlungsdiensteaufsichtsgesetzes (ZAG) hierzu verwiesen wird. Grundsätzlich ausgenommen sind folgende Dienste:

a) *Zahlungsvorgänge, die ohne zwischengeschaltete Stellen ausschließlich als direkte Bargeldzahlung vom Zahler an den Zahlungsempfänger erfolgen;*

b) *Zahlungsvorgänge zwischen Zahler und Zahlungsempfänger über einen Handelsagenten, der aufgrund einer Vereinbarung befugt ist, den Verkauf oder Kauf von Waren oder Dienstleistungen nur im Namen des Zahlers oder nur im Namen des Zahlungsempfängers auszuhandeln oder abzuschließen;*

c) *der gewerbsmäßige Transport von Banknoten und Münzen einschließlich Entgegennahme, Bearbeitung und Übergabe;*

d) *die nicht gewerbsmäßige Entgegennahme und Übergabe von Bargeld im Rahmen einer gemeinnützigen Tätigkeit oder einer Tätigkeit ohne Erwerbszweck;*

e) *Dienste, bei denen der Zahlungsempfänger dem Zahler Bargeld im Rahmen eines Zahlungsvorgangs aushändigt, nachdem ihn der Zahlungsdienstnutzer kurz vor der Ausführung eines Zahlungsvorgangs zum Erwerb von Waren oder Dienstleistungen ausdrücklich hierum gebeten hat;*

f) *Bargeldwechselgeschäfte, sofern die betreffenden Beträge nicht auf einem Zahlungskonto liegen;*

g) *Zahlungsvorgänge, denen eines der folgenden Dokumente zugrunde liegt, das auf den Zahlungsdienstleister gezogen ist und die Bereitstellung eines Geldbetrags an einen Zahlungsempfänger vorsieht:*

   i) *ein Papierscheck im Sinne des Genfer Abkommens vom 19.3.1931 über das Einheitliche Scheckgesetz;*

   ii) *ein dem unter Ziffer i genannten Scheck vergleichbarer Papierscheck nach dem Recht der Mitgliedstaaten, die nicht Vertragspartei des Genfer Abkommens vom 19.3.1931 über das Einheitliche Scheckgesetz sind;*

   iii) *ein Wechsel in Papierform im Sinne des Genfer Abkommens vom 7.6.1930 über das Einheitliche Wechselgesetz;*

iv) *Wechsel in Papierform, die den in Ziffer iii genannten ähnlich sind und dem Recht von Mitgliedstaaten unterliegen, die nicht Mitglied des Genfer Abkommens vom 7.6.1930 über das Einheitliche Wechselgesetz sind;*
v) *ein Gutschein in Papierform;*
vi) *ein Reisescheck in Papierform;*
vii) *eine Postanweisung in Papierform im Sinne der Definition des Weltpostvereins;*

h) *Zahlungsvorgänge, die innerhalb eines Zahlungs- oder Wertpapierabwicklungssystems zwischen Zahlungsausgleichsagenten, zentralen Gegenparteien, Clearingstellen und/oder Zentralbanken und anderen Teilnehmern des Systems und Zahlungsdienstleistern abgewickelt werden [...];*

i) *Zahlungsvorgänge im Zusammenhang mit der Bedienung von Wertpapieranlagen, wie z. B. Dividenden, Erträge oder sonstige Ausschüttungen oder deren Einlösung oder Veräußerung, die von den unter lit. h genannten Personen oder von Wertpapierdienstleistungen erbringenden Wertpapierfirmen, Kreditinstituten, Organismen für gemeinsame Anlagen oder Vermögensverwaltungsgesellschaften und jeder anderen Stelle, die für die Verwahrung von Finanzinstrumenten zugelassen ist, durchgeführt werden;*

j) *Dienste, die von technischen Dienstleistern erbracht werden, die zwar zur Erbringung der Zahlungsdienste beitragen, jedoch zu keiner Zeit in den Besitz der zu transferierenden Geldbeträge gelangen, wie die Verarbeitung und Speicherung von Daten, vertrauensbildende Maßnahmen und Dienste zum Schutz der Privatsphäre, Nachrichten- und Instanzenauthentisierung, Bereitstellung von Informationstechnologie- (IT-) und Kommunikationsnetzen sowie Bereitstellung und Wartung der für Zahlungsdienste genutzten Endgeräte und Einrichtungen mit Ausnahme von Zahlungsauslösediensten und Kontoinformationsdiensten;*

k) *Dienste, die auf bestimmten nur begrenzt verwendbaren Zahlungsinstrumenten beruhen, die eine der folgenden Bedingungen erfüllen:*
   i) *die Instrumente gestatten ihrem Inhaber, Waren oder Dienstleistungen lediglich in den Geschäftsräumen des Emittenten oder innerhalb eines begrenzten Netzes von Dienstleistern im Rahmen einer Geschäftsvereinbarung mit einem professionellen Emittenten zu erwerben;*
   ii) *die Instrumente können nur zum Erwerb eines sehr begrenzten Waren- oder Dienstleistungsspektrums verwendet werden;*
   iii) *die Instrumente sind nur in einem Mitgliedstaat gültig, werden auf Ersuchen eines Unternehmens oder einer öffentlichen Stelle bereitgestellt, unterliegen zu bestimmten sozialen oder steuerlichen Zwecken den Vorschriften einer nationalen oder regionalen öffentlichen Stelle und dienen dem Erwerb bestimmter Waren oder Dienstleistungen von Anbietern, die eine gewerbliche Vereinbarung mit dem Emittenten geschlossen haben.*

*l) Zahlungsvorgänge, die von einem Anbieter elektronischer Kommunikations-
netze oder -dienste zusätzlich zu elektronischen Kommunikationsdiensten für
einen Teilnehmer des Netzes oder Dienstes bereitgestellt werden:*

*i) im Zusammenhang mit dem Erwerb von digitalen Inhalten und Sprach-
diensten, ungeachtet des für den Erwerb oder Konsum des digitalen Inhalts verwendeten Geräts, und die auf der entsprechenden Rechnung abgerechnet werden, oder*

*ii) die von einem elektronischen Gerät aus oder über dieses ausgeführt und
auf der entsprechenden Rechnung im Rahmen einer gemeinnützigen Tätigkeit oder für den Erwerb von Tickets abgerechnet werden;*
*sofern der Wert einer Einzelzahlung nach den Ziffern i und ii 50 EUR
nicht überschreitet und*

*– der kumulative Wert der Zahlungsvorgänge eines einzelnen Teilneh-
mers monatlich 300 EUR nicht überschreitet oder*

*– der kumulative Wert der Zahlungsvorgänge innerhalb pro Monat 300
EUR nicht überschreitet, wenn ein Teilnehmer auf sein Konto bei
einem Anbieter elektronischer Kommunikationsnetze oder -dienste
Vorauszahlungen tätigt;*

*m) Zahlungsvorgänge, die zwischen Zahlungsdienstleistern, ihren Agenten oder
Zweigniederlassungen auf eigene Rechnung ausgeführt werden;*

*o) Bargeldabhebungsdienste, die von Dienstleistern über Geldausgabeautoma-
ten für einen oder mehrere Kartenemittenten angeboten werden, die keinen
Rahmenvertrag mit dem Geld von einem Zahlungskonto abhebenden Kunden
geschlossen haben, vorausgesetzt, dass diese Dienstleister keine anderen der
in Anhang I genannten Zahlungsdienste erbringen. Jedoch sind dem Kunden
über alle Gebühren für Geldabhebungen nach den Art. 45, 48, 49 und 59 sowohl vor der Abhebung als auch auf der Quittung nach dem Erhalt von Bargeld mitzuteilen.*

2. Ausgenommene Transfers (Art. 2 Abs. 3 GTVO)

4 Dieser Absatz nimmt Transfers vom Anwendungsbereich der Verordnung aus,
die mit einer Zahlungskarte, einem E-Geld-Instrument oder einem Mobiltelefon
durchgeführt werden. Das Tatbestandsmerkmal des „anderen im Voraus oder im
Nachhinein bezahlten digitalen oder IT-Geräten mit ähnlichen Merkmalen"
(Art. 3 Nr. 9 lit. d GTVO), zur Transferdurchführung genutzten Möglichkeit ist
als technologieneutrale Erweiterung, um auch zukünftige neue Transfermethoden zu erfassen, anzusehen. Wird ein Transfer mit diesen Methoden durchgeführt, so hat der Transfer drei weitere Voraussetzungen des Ausnahmetatbestan-
des zu erfüllen. Es ist zu prüfen, ob die Karte, das Instrument oder das Gerät **ausschließlich** zur Bezahlung von Waren und Dienstleistungen verwendet wird **und**
bei allen im Zuge der Transaktion durchgeführten Transfers die Nummer der

Karte, des Instruments oder des Geräts übermittelt wird. Entscheidend ist, dass ein Transfer mittels der genannten Module nicht von Person zu Person (Art. 3 Nr. 12 GTVO) durchgeführt werden, also zwischen natürlichen Personen, die als Verbraucher zu Zwecken, die weder mit einem Gewerbe, Geschäft noch mit einem Beruf zu tun haben, handeln. Denn sobald ein solcher Transfer zwischen natürlichen Personen ausgeführt wird, fällt der Transfer wieder in den Anwendungsbereich der Verordnung, siehe Art. 2 Abs. 3 Satz 2 GTVO.

3. Ausgenommene Personen (Art. 2 Abs. 4 GTVO)

Neben bestimmten Transfermethoden sind gemäß Art. 2 Abs. 4 Satz 1 GTVO **5** auch bestimmte Personen vom Anwendungsbereich der Verordnung ausgenommen. Dazu gehören Personen, die bei Zahlungsdienstleistern für die Umwandlung von papierhaften Informationen in elektronische Daten zuständig sind, beispielsweise einen papierhaften Transferbeleg in das elektronische Transfersystem übertragen. Auch ausgenommen sind Personen, die den Zahlungstransfer unterstützende Systeme zur Verfügung stellen. Hierunter sind die Soft- und Hardwaredienstleister zu fassen, die ebendiese Systeme bereitstellen. Entscheidend ist die Nutzung dieser Systeme durch den Zahlungsdienstleister, nicht die Erstellung oder Programmierung dieser Unterstützungsprogramme.[1]

Weitere Ausnahmen sind in Art. 2 Abs. 4 Satz 2 GTVO erfasst. Gemäß lit. b **6** muss eine Begleichung von Abgaben, Steuern oder Bußgeldern innerhalb eines EU-Mitgliedstaats an eine Behörde vorgenommen werden, um von der Verordnung ausgenommen zu sein. Bereits die grenzüberschreitende Begleichung an einen anderen EU-Mitgliedstaat fällt hingegen in den Geltungsbereich der Verordnung. Es erscheint daher fraglich, ob es praktikabel ist, die von Satz 2 erfassten Ausnahmen im Zahlungssystem herauszufiltern und von den nach der Verordnung angeordneten Prüfungen auszunehmen.

III. Art. 2 Abs. 5 GTVO, § 14 Abs. 5 GwG

Deutschland hat von der Möglichkeit in § 14 Abs. 5 GwG, die Geldtransferver- **7** ordnung nicht auf Inlandstransfers auf ein Zahlungskonto eines Begünstigten anzuwenden, auf das ausschließlich Zahlungen für die Lieferung von Gütern oder Dienstleistungen vorgenommen werden können, wenn die drei genannten Bedingungen kumulativ erfüllt sind, Gebrauch gemacht.[2]

---

1 Siehe auch ErwG 12.
2 Siehe auch die Kommentierung ebendort.

– Der Zahlungsdienstleister des Begünstigten unterliegt der Richtlinie (EU) 2015/849 und wendet damit dieselben Maßnahmen zur Prävention von Geldwäsche und Terrorismusfinanzierung wie der Zahlungsdienstleister des Auftraggebers. Anhand der systematischen Einordnung des deutschen Gesetzgebers in § 14 Abs. 5 GwG wird deutlich, dass auf diese Transfers sodann auch die vereinfachten Sorgfaltspflichten angewandt werden können.

– Der Zahlungsdienstleister des Begünstigten kann anhand einer individuellen Transaktionskennziffer des Begünstigten feststellen, mit welcher Person der Begünstigte eine Vereinbarung über die Lieferung von Gütern oder Dienstleistungen getroffen hat. Hierzu ist erforderlich, dass die individuelle Transaktionskennziffer, eine Kennzifferkombination, sowohl klar dem Begünstigten als auch eindeutig dem Zahlenden zuordenbar ist.

– Der überwiesene Betrag darf maximal 1.000 EUR betragen. Die Grenze von 1.000 EUR findet sich in der Verordnung mehrmals, da das Verhältnis von Geldwäscherisiko und dem erforderlichen Aufwand zu Präventionsmaßnahmen unterhalb dieser Grenze in den ausgewiesenen Fällen außer Verhältnis stünden.[3]

8 Das Zahlungskonto muss ausschließlich für Transfer mit den oben genannten Eigenschaften genutzt werden. Die praktische Relevanz dieser Ausnahme darf angezweifelt werden.

Art. 3 Begriffsbestimmungen

Im Sinne dieser Verordnung bezeichnet der Ausdruck

1. **„Terrorismusfinanzierung" die Terrorismusfinanzierung im Sinne des Artikels 1 Absatz 5 der Richtlinie (EU) 2015/849;**

2. **„Geldwäsche" die in Artikel 1 Absätze 3 und 4 der Richtlinie (EU) 2015/ 849 genannten Geldwäscheaktivitäten;**

3. **„Auftraggeber" eine Person, die als Zahlungskontoinhaber den Geldtransfer von diesem Zahlungskonto gestattet, oder, wenn kein Zahlungskonto vorhanden ist, die den Auftrag zu einem Geldtransfer erteilt;**

4. **„Begünstigter" eine Person, die den Geldtransfer als Empfänger erhalten soll;**

5. **„Zahlungsdienstleister" die Kategorien von Zahlungsdienstleistern nach Artikel 1 Absatz 1 der Richtlinie 2007/64/EG, natürliche oder juristische Personen, für die eine Ausnahmeregelung gemäß Artikel 26 jener Richtlinie gilt, und juristische Personen, für die eine Ausnahmerege-**

---

3 ErwG 6.

lung gemäß Artikel 9 der Richtlinie 2009/110/EG des Europäischen Parlaments und des Rates gilt, die Geldtransferdienstleistungen erbringen;

6. „zwischengeschalteter Zahlungsdienstleister" einen Zahlungsdienstleister, der nicht Zahlungsdienstleister des Auftraggebers oder des Begünstigten ist und der im Auftrag des Zahlungsdienstleisters des Auftraggebers oder des Begünstigten oder eines anderen zwischengeschalteten Zahlungsdienstleisters einen Geldtransfer entgegennimmt und übermittelt;

7. „Zahlungskonto" ein Zahlungskonto im Sinne des Artikels 4 Nummer 14 der Richtlinie 2007/64/EG;

8. „Geldbetrag" einen Geldbetrag im Sinne des Artikels 4 Nummer 15 der Richtlinie 2007/64/EG;

9. „Geldtransfer" jede Transaktion, die im Auftrag eines Auftraggebers zumindest teilweise auf elektronischem Wege über einen Zahlungsdienstleister mit dem Ziel durchgeführt wird, einem Begünstigten über einen Zahlungsdienstleister einen Geldbetrag zur Verfügung zu stellen, unabhängig davon, ob es sich bei Auftraggeber und Begünstigtem um dieselbe Person handelt, und unabhängig davon, ob es sich beim Zahlungsdienstleister des Auftraggebers und dem Zahlungsdienstleister des Begünstigen um ein und denselben handelt, einschließlich

    a) Überweisungen im Sinne des Artikels 2 Nummer 1 der Verordnung (EU) Nr. 260/2012;

    b) Lastschriften im Sinne des Artikels 2 Nummer 2 der Verordnung (EU) Nr. 260/2012;

    c) nationale oder grenzüberschreitende Finanztransfers im Sinne des Artikels 4 Nummer 13 der Richtlinie 2007/64/EG;

    d) Transfers, die mit einer Zahlungskarte, einem E-Geld-Instrument, einem Mobiltelefon oder einem anderen im Voraus oder im Nachhinein bezahlten digitalen oder IT-Gerät mit ähnlichen Merkmalen durchgeführt werden;

10. „Sammelüberweisung" eine Reihe von Einzelgeldtransfers, die für die Übermittlung gebündelt werden;

11. „individuelle Transaktionskennziffer" eine Buchstaben-, Zahlen- oder Zeichenkombination, die vom Zahlungsdienstleister gemäß den Protokollen der zur Ausführung des Geldtransfers verwendeten Zahlungs- und Abwicklungs- oder Nachrichtensysteme festgelegt wird und die Rückverfolgung der Transaktion bis zum Auftraggeber und zum Begünstigten ermöglicht;

12. „Geldtransfer von Person zu Person" einen Geldtransfer zwischen natürlichen Personen, die als Verbraucher handeln, und zwar zu Zwecken, die nichts mit einem Gewerbe, Geschäft oder Beruf zu tun haben.

Übersicht

<table>
<tr><td></td><td>Rn.</td><td></td><td>Rn.</td></tr>
<tr><td>I. Definition der Begrifflichkeiten. .</td><td>1</td><td>II. Auftraggeber und Begünstigter .</td><td>12</td></tr>
</table>

I. Definition der Begrifflichkeiten

1   Zahlreiche Begriffe sind entsprechend weiterer europäischer Rechtsakte definiert. Insoweit wird auf die entsprechenden Kommentierungen verwiesen. Soweit Begriffe der Vierten EU-Geldwäscherichtlinie, der Richtlinie (EU) 2015/849, zwischenzeitlich in der Fassung der Änderungsrichtlinie (EU) 2018/843 zur Vierten Geldwäscherichtlinie, verwendet werden, sei auf die entsprechende Kommentierung verwiesen.

2   Ein **Auftraggeber** (Art. 3 Nr. 3 GTVO) ist eine Person, natürlich oder juristisch, die den Transfer von seinem Zahlungskonto gestattet oder, sofern der Transfer ohne ein Konto durchgeführt wird, den Transferauftrag erteilt.

3   Ein **Begünstigter** (Art. 3 Nr. 4 GTVO) ist eine Person, natürlich oder juristisch, die einen Geldtransfer erhalten soll. Hier stellt sich die grundsätzliche Frage, ob sich hier eine Abweichung zwischen Kontoinhaber, auf den der Transfer gebucht wird und dem tatsächlich Letztbegünstigten ergeben soll, oder ob es auf denjenigen ankommt, der als Begünstigter von der den Transfer auslösenden Person, dem Auftraggeber, genannt wird. Zieht man die englischsprachige Fassung (Payee) heran, so kann mit dem Begünstigten nur derjenige gemeint sein, der von der zahlenden Person als erhaltende Person angegeben wird.

4   Es gibt drei Arten von **Zahlungsdienstleistern** (Art. 3 Nr. 5 GTVO) nach der Verordnung:

(1) Zunächst solche nach der ersten Zahlungsdiensterichtlinie (PSD I); da allerdings die in der GTVO genannte Richtlinie 2007/64/EG zum 12.1.2018 außer Kraft getreten ist, sind die Verweise (redaktionelles Versehen) im Hinblick auf die seit dem 13.1.2018 gültige zweite Zahlungsdienstleistungsrichtlinie zu lesen; die korrespondierende Vorschrift findet sich in Art. 1 Abs. 1 der Richtlinie (EU) 2015/2366:

– Kreditinstitute im Sinne des Art. 4 Abs. 1 Nr. 1 der Verordnung (EU) Nr. 575/2013 des Europäischen Parlaments und des Rates, einschließlich deren Zweigstellen im Sinne des Art. 4 Abs. 1 Nr. 17 der genannten Verordnung, sofern sich diese Zweigstellen innerhalb der Union befinden, unabhängig davon, ob sich die Hauptverwaltungen dieser Zweigstellen innerhalb der Union befinden oder gemäß Art. 47 der Richtlinie 2013/36/EU und nationalem Recht außerhalb der Union;

— E-Geld-Institute im Sinne des Art. 2 Nr. 1 der Richtlinie 2009/110/EG, einschließlich deren Zweigniederlassungen gemäß Art. 8 der genannten Richtlinie und dem nationalen Recht, sofern sich die Zweigniederlassungen innerhalb der Union befinden und die Hauptverwaltung des E-Geld-Instituts, dem sie angehören, sich außerhalb der Union befindet und nur insofern, als die von diesen Zweigniederlassungen erbrachten Zahlungsdienste mit der Ausgabe von E-Geld in Zusammenhang stehen;

— Postscheckämter, die nach einzelstaatlichem Recht zur Erbringung von Zahlungsdiensten berechtigt sind;

— Zahlungsinstitute im Sinne dieser Richtlinie (i. e. PSD II);

— die Europäische Zentralbank und die nationalen Zentralbanken, wenn sie nicht in ihrer Eigenschaft als Währungsbehörden oder andere Behörden handeln;

— die Mitgliedstaaten oder ihre regionalen oder lokalen Gebietskörperschaften, wenn sie nicht in ihrer Eigenschaft als Behörden handeln;

(2) Natürliche oder juristische Personen, die nach der PSD II gemäß der Ausnahmeregelungen in Art. 32 Geldtransfers ausführen dürfen, soweit

— der Gesamtbetrag der Zahlungsvorgänge, die von der betreffenden Person, einschließlich der Agenten, für die sie unbeschränkt haftet, ausgeführt werden, im Monatsdurchschnitt der vorangegangenen zwölf Monate die von dem Mitgliedstaat festgesetzte Obergrenze, in jeden Fall aber höchstens 3 Mio. EUR nicht überschreitet. Diese Anforderung wird unter Zugrundelegung des im Geschäftsplan vorgesehenen Gesamtbetrags der Zahlungsvorgänge geschätzt, sofern die zuständigen Behörden nicht eine Anpassung dieses Plans verlangen; und

— keine der für die Leitung oder den Betrieb des Unternehmens verantwortlichen natürlichen Personen wegen Verstößen im Zusammenhang mit Geldwäsche oder mit Terrorismusfinanzierung oder wegen anderer Finanzstraftaten verurteilt wurde.[1]

(3) Zuletzt fallen noch juristische Personen, für die eine Ausnahmeregelung gemäß Art. 9 der E-Geld-Richtlinie[2] gilt, die Geldtransferdienstleistungen erbringen.

---

1 Von dieser Ausnahme gemäß Art. 26 PSD I hat Deutschland bei der Richtlinienumsetzung in 2009 jedoch keinen Gebrauch gemacht.

2 Die Richtlinie 2009/110/EG ist in Deutschland mit dem Gesetz zur Umsetzung der zweiten E-Geld-Richtlinie in nationales Recht umgesetzt worden.

5 Ein **zwischengeschalteter Zahlungsdienstleister** (Nr. 6) steht zwischen den Zahlungsdienstleistern des Auftraggebers und des Begünstigten, nimmt den Geldtransfer entgegen und leitet ihn weiter. Er hat in der Regel keine eigene Vertragsbeziehung zum Auftraggeber oder zum Begünstigten.[3] Insbesondere Korrespondenzbanken können solche zwischengeschaltete Zahlungsdienstleister sein; in der Regel werden die Zahlungsdienstleister des Auftraggebers und des Begünstigten keine direkte Geschäftsbeziehung zur Abwicklung des Zahlungsverkehrs haben bzw. nutzen, was die Einbindung einer zwischengeschalteten Stelle notwendig macht.[4]

6 Zahlungskonto (Art. 7) ist nach Art. 4 Nr. 12 der Richtlinie (EU) 2015/2366 „ein auf den Namen eines oder mehrerer Zahlungsdienstnutzer(s) lautendes Konto, das für die Ausführung von Zahlungsvorgängen genutzt wird".[5]

7 Der Geldtransfer (Art. 3 Nr. 9 GTVO) ist der zentrale Begriff der Verordnung. Reine Bartransaktionen sind durch die Einschränkung auf den zumindest teilweise elektronischen Weg nicht von der Definition erfasst. Ebenso muss zwingend ein Zahlungsdienstleister (Art. 3 Nr. 5 GTVO) in den Transfer involviert sein, sodass sich hier bereits zeigt, dass ein Geldtransfer von Person zu Person (Art. 3 Nr. 12 GTVO) nicht umfasst sein soll. Die Möglichkeit, dass ein und derselbe Zahlungsdienstleister den Transfer ausführt, macht deutlich, dass auch Transfers innerhalb eines Zahlungsdienstleisters erfasst sind und die Zahlung „das Haus nicht verlassen muss", um als Geldtransfer zu qualifizieren. Ähnliches gilt bei Personenidentität des Auftraggebers und Begünstigten. Ebenfalls als Geldtransfer qualifizieren die SEPA-Überweisung (Nr. 9 a), sowie die SEPA-Lastschrift (Nr. 9 b); auch eine SEPA-Sofortüberweisung (SEPA Instant Credit Transfer, SCT Inst) stellt eine SEPA-Überweisung dar. Auch der Finanztransfer (Nr. 9 c) als Zahlungsdienst, bei dem ohne Einrichtung eines Zahlungskontos auf den Namen des Zahlers oder des Zahlungsempfängers ein Geldbetrag eines Zahlers ausschließlich zum Transfer eines entsprechenden Betrags an einen Zahlungsempfänger oder an einen anderen, im Namen des Zahlungsempfängers handelnden Zahlungsdienstleister entgegengenommen wird und/oder bei dem der Geldbetrag im Namen des Zahlungsempfängers entgegengenommen und diesem verfügbar gemacht wird, zählt hierzu. Dies ebenfalls unabhängig davon, ob der Finanztransfer national oder grenzüberschreitend vorgenommen wird. Grundsätzlich zählen zu den erfassten Geldtransfers auch solche, bei denen eine

---

3 *Gittfried/Lienke*, in: Gehra/Gittfried/Lienke, Prävention von Geldwäsche und Terrorismusfinanzierung, 2. Aufl. 2020, S. 405, Rn. 21.

4 Ebd.

5 Ein Sparkonto mit täglicher Fälligkeit, auf das bzw. von dem Einzahlungen und Abhebungen nur über ein Girokonto vorgenommen werden können, fällt selbst nicht unter den Begriff „Zahlungskonto"; Urt. des Europäischen Gerichtshofs v. 4.10.2018, Rs. C-191/17.

Zahlungskarte, ein E-Geld-Instrument, ein Mobiltelefon oder ein anderes im Voraus oder im Nachhinein bezahltes digitales oder IT-Gerät Verwendung findet (Nr. 9d).

Eine Sammelüberweisung (Art. 3 Nr. 10 GTVO) ist eine Überweisung eines **8** Auftraggebers, die mehrere Einzelgeldtransfers bündelt und als ein Transfer an mehrere Begünstigte mit unter Umständen unterschiedlichen Zahlungsdienstleistern transferiert wird.[6]

Eine individuelle Transaktionskennziffer (Art. 3 Nr. 11 GTVO) dient als Ersatz **9** für eine Zahlungskontonummer, die einen Transfer rückverfolgbar macht. Die individuelle Transaktionskennziffer entbindet jedoch nicht davon, die anderen in Art. 4 genannten Angaben der Durchführung eines Geldtransfers beizufügen. Die individuelle Transaktionskennziffer ist anhand eines Kombinationskonzepts von Seiten des Zahlungsdienstleisters entsprechend den Protokollen der Zahlungs-, Abwicklungs- oder Nachrichtensysteme für jeden Geldtransfer einzeln festzulegen. Die Nutzung von Kennziffern, die sich aus Kundendokumenten ergeben, z. B. Passnummern, ist aufgrund der nicht sichergestellten Rückverfolgbarkeit und Individualität nicht von der Definition erfasst.

Eine **Wiederverwendung** einer individuellen Transaktionskennziffer ist auf- **10** grund des Erfordernisses der Rückverfolgbarkeit und Speicherdauer von mindestens fünf Jahren (Art. 16 GTVO) nicht ohne Weiteres möglich.

Ein Geldtransfer von Person zu Person (Art. 3 Nr. 12 GTVO) ist lediglich Ver- **11** brauchern vorbehalten und auch dann nur zu den vordefinierten, ausschließlich privaten Zwecken.[7] Ein solcher Geldtransfer kann auch bei der Verwendung einer Zahlungskarte, eines E-Geld-Instruments, eines Mobiltelefons oder eines anderen im Voraus oder im Nachhinein bezahlten digitalen oder IT-Geräts mit ähnlichen Merkmalen vorliegen.[8] Diese Art von Transfer von Person zu Person fällt in den Anwendungsbereich dieser Verordnung (Art. 2 Abs. 3 Satz 2 GTVO).

---

6 ErwG 21.

7 Vgl. Nr. 3 lit. c der Stellungnahme der Europäischen Zentralbank v. 17.5.2013 zu einem Vorschlag für eine Richtlinie zur Verhinderung der Nutzung des Finanzsystems zum Zwecke der Geldwäsche und der Terrorismusfinanzierung und zu einem Vorschlag für eine Verordnung über die Übermittlung von Angaben bei Geldtransfers (CON/2013/ 32), ABl. C 166 v. 12.6.2013, S. 2–5, https://eur-lex.europa.eu/legal-content/DE/TXT/ ?uri=uriserv:OJ.C_.2013.166.01.0002.01.DEU, zuletzt abgerufen am 5.1.2022.

8 ErwG 13, Art. 2 Abs. 3 GTVO.

II. Auftraggeber und Begünstigter

12 Die originär in der Verordnung definierten Begriffe weisen in der deutschen Fassung teilweise Ungenauigkeiten gegenüber der englischsprachigen Verordnungsfassung auf. Es ist daher ratsam, beide Fassungen zur Klärung von Auslegungsfragen heranzuziehen.

13 Dies gilt insbesondere für das Begriffspaar Auftraggeber und Begünstigter. Als Auftraggeber ist nicht der tatsächliche, gegebenenfalls hinter dem Zahlungskontoinhaber stehende wirtschaftliche Auftraggeber gemeint, sondern derjenige, von dessen Zahlungskonto der Transfer ausgeführt wird. Hierfür spricht insbesondere die englischsprachige Fassung, in der der Auftraggeber eindeutiger als Zahlender (Payer) benannt wird. Der Begünstigte kann folglich nur derjenige sein, auf dessen Zahlungskonto der transferierte Betrag letztlich gutgeschrieben werden soll, der Zahlungsempfänger (Payee). Ob dahinter ein wirtschaftlich Berechtigter steht, dem der Betrag letztendlich zugutekommt, ist keine Frage der Geldtransferverordnung, sondern vielmehr eine Frage des Know-Your-Customer-Prinzips nach den Vorgaben der Richtlinie (EU) 2015/849.

14 Im Falle, dass ein Transfer ohne Zahlungskonto stattfindet, kann als Auftraggeber nur diejenige natürliche wie juristische Person gelten, der den Geldtransfer anweist, ohne dabei lediglich Vertreter oder Bote zu sein. Dasselbe gilt für die natürliche oder juristische Person, an die der Transferbetrag ausgezahlt wird.

Abschnitt 1
Pflichten des Zahlungsdienstleisters des Auftraggebers

Art. 4 Bei Geldtransfers zu übermittelnde Angaben

(1) Der Zahlungsdienstleister des Auftraggebers stellt sicher, dass bei Geldtransfers folgende Angaben zum Auftraggeber übermittelt werden:

a) der Name des Auftraggebers,

b) die Nummer des Zahlungskontos des Auftraggebers und

c) die Anschrift des Auftraggebers, die Nummer eines amtlichen persönlichen Dokuments des Auftraggebers, die Kundennummer oder das Geburtsdatum und der Geburtsort des Auftraggebers.

(2) Der Zahlungsdienstleister des Auftraggebers stellt sicher, dass bei Geldtransfers folgende Angaben zum Begünstigten übermittelt werden:

a) der Name des Begünstigten und

b) die Nummer des Zahlungskontos des Begünstigten.

(3) Abweichend von Absatz 1 Buchstabe b und Absatz 2 Buchstabe b stellt der Zahlungsdienstleister des Auftraggebers im Falle, dass ein Geldtransfer nicht von einem Zahlungskonto oder auf ein Zahlungskonto erfolgt sicher, dass anstelle der Nummer(n) des Zahlungskontos bzw. der Zahlungskonten eine individuelle Transaktionskennziffer übermittelt wird.

(4) Vor Durchführung von Geldtransfers überprüft der Zahlungsdienstleister des Auftraggebers die Richtigkeit der in Absatz 1 genannten Angaben anhand von Dokumenten, Daten oder Informationen aus einer verlässlichen und unabhängigen Quelle.

(5) Die in Absatz 4 genannte Überprüfung gilt als ausgeführt, wenn:

a) die Identität des Auftraggebers gemäß Artikel 13 der Richtlinie (EU) 2015/849 überprüft wurde und die bei dieser Überprüfung ermittelten Daten gemäß Artikel 40 der genannten Richtlinie gespeichert wurden oder

b) Artikel 14 Absatz 5 der Richtlinie (EU) 2015/849 auf den Auftraggeber Anwendung findet.

(6) Unbeschadet der in den Artikeln 5 und 6 vorgesehenen Ausnahmen führt der Zahlungsdienstleister des Auftraggebers keine Geldtransfers durch, bevor die uneingeschränkte Einhaltung dieses Artikels sichergestellt wurde.

Übersicht

I. Allgemeines

1 Art. 4 bis einschließlich Art. 6 GTVO befassen sich mit den Pflichten des Zahlungsdienstleisters des Auftraggebers. Grundsätzlich kann ein Zahlungsdienstleister jedoch alle drei Rollen einnehmen, die des Zahlungsdienstleisters des Auftraggebers, die des Zahlungsdienstleisters des Begünstigten (Art. 7–9 GTVO) oder die als zwischengeschalteter Zahlungsdienstleister (Art. 10–13 GTVO). Je nach Rolle hat der Zahlungsdienstleister Informationen zum Auftraggeber und Begünstigten zu übermitteln.

2 Art. 4 GTVO unterscheidet grundsätzlich mehrere Arten von Geldtransfers: zunächst von einem Zahlungskonto auf ein Zahlungskonto, von einem Zahlungskonto nicht auf ein Zahlungskonto, nicht von einem Zahlungskonto auf ein Zahlungskonto und schließlich Transfers, die unabhängig von einem Zahlungskonto stattfinden. Je nachdem, ob ein Zahlungskonto in den Transfer eingebunden ist, sind unterschiedliche Angaben dem Transfer beizufügen.

II. Angaben zum Auftraggeber (Art. 4 Abs. 1 GTVO)

3 Die Verordnung legt explizit fest, welche Informationen jedem Transfer, sei es nun von einem Zahlungskonto oder ohne Zahlungskonto, grundsätzlich beigefügt werden müssen. Ausnahmen hierzu sind für Transfers innerhalb der Europäischen Union bzw. im EWR (Art. 5 GTVO) vorgesehen (siehe → Art. 5 Rn. 1 ff.).

4 Neben dem Namen, d.h. Vor- und Nachname des Auftraggebers, ist die Zahlungskontonummer des Auftraggebers zu nennen. Die Zahlungskontonummer wird in der Regel eine IBAN sein.

Die in Art. 4 Abs. 1 lit. c GTVO vier genannten alternativen Angaben sind wie **5** folgt anzugeben: Anschrift des Auftraggebers oder die Nummer eines amtlichen persönlichen Dokuments des Auftraggebers oder die Kundennummer oder das Geburtsdatum und der Geburtsort des Auftraggebers. Etwaige Unklarheiten, ob die Angaben kumulativ vorliegen müssen oder nicht, können mit Blick in den Verordnungsentwurf beseitigt werden, der deutlich die Angaben mit einem „oder" trennt.[1]

Die Verordnung lässt es offen, welche Angaben für eine vollständige **Adresse** **6** vorliegen müssen. Auch die insoweit ergangenen Leitlinien der europäischen Aufsichtsbehörden geben keine weitergehenden konkreten Hinweise.[2] Allerdings ist davon auszugehen, dass Straße, Hausnummer, Postleitzahl und Wohnort Mindestangaben zur Adresse sind. Ob die Angabe des Landes ebenfalls erforderlich ist, wird unterschiedlich beurteilt. Diese Diskussion kann entbehrlich sein, soweit eine IBAN als Zahlungskontonummer dem Transfer beigefügt ist, da die IBAN am Ländercode bereits Auskunft über das Land, in dem sich das Zielzahlungskonto befindet, gibt und oftmals dies auch das Wohnsitzland darstellt. In anderen Fällen ist das Land jedenfalls dann erforderlich, soweit es sich um eine grenzüberschreitende Transaktion handelt.

Soweit kein Zahlungskonto in den Transfer eingebunden ist, muss mit der Trans- **7** aktion eine individuelle **Transaktionskennziffer** übermittelt werden, die anstelle der Zahlungskontonummer tritt (Art. 4 Abs. 3 GTVO). Dies kann sowohl bei den Auftraggeberinformationen als auch bei den Begünstigteninformationen der Fall sein.

Auftraggeber kann nur der Kontoinhaber beziehungsweise derjenige sein, der **8** die Transaktion in Auftrag gibt, soweit diese nicht von einem Zahlungskonto veranlasst wird. Nicht gemeint ist hier ein potenzieller „wirtschaftlicher" Auftraggeber oder die Person, die das Geld für den Transfer zur Verfügung stellt. Deutlicher kommt dies in der englischen Fassung der Verordnung zum Ausdruck, in der vom „Payer", also dem Zahler gesprochen wird.[3]

---

1 Vorschlag für eine Verordnung des Europäischen Parlaments und des Rates über die Übermittlung von Angaben bei Geldtransfers, COM/2013/044 final – 2013/0024 (COD), https://eur-lex.europa.eu/legal-content/EN/TXT/?uri=CELEX:52013PC0044, zuletzt abgerufen am 5.1.2022.
2 Auch auf internationaler Ebene gibt es aus FATF-Sicht sehr unterschiedliche Sichtweisen, welches Format eine Adresse im Sinne der Empfehlung 16 haben sollte; siehe Cross-Border Payments – Survey Results on Implementation of the FATF Standards, October 2021, S. 23, Rn. 58, https://www.fatf-gafi.org/media/fatf/documents/recommendations/pdfs/Cross-Border-Payments-Survey-Results.pdf; zuletzt abgerufen am 5.12.2022.
3 „Obligations on the payment service provider of the payer". Siehe zur Definition des Begriffs „Auftraggeber" auch unter Art. 3 Nr. 3.

III. Angaben zum Begünstigten (Art. 4 Abs. 2 GTVO)

9   Der Zahlungsdienstleister des Auftraggebers hat neben den Angaben zum Auftraggeber auch Angaben zum Begünstigten dem Transfer beizufügen. Dazu gehören der Name sowie die Zahlungskontonummer des Begünstigten. Der Name des Begünstigten muss zumindest aus einem Vor- und Familiennamen bestehen.

10   Zu Art. 4 Abs. 3 siehe Rn. 7.

IV. Überprüfung der Angaben (Art. 4 Abs. 4, 5 GTVO)

11   Vor Ausführung des Transfers hat der Zahlungsdienstleister des Auftraggebers die Richtigkeit der erforderlichen Daten zu prüfen. Diese Prüfung soll anhand von Dokumenten, Daten oder Informationen aus einer verlässlichen und unabhängigen Quelle stammen. Verlässliche und unabhängige Quellen sind dabei sicherlich die allgemein zur geldwäscherechtlichen Identifizierung heranzuziehenden Unterlagen. Hierfür spricht bereits die Ausnahmeregelung in Abs. 5.

12   Die Überprüfung gilt als ausgeführt (Art. 4 Abs. 5 GTVO), wenn die Identität des Auftraggebers entsprechend der allgemeinen Sorgfaltspflichten (§§ 10 i.V.m. 11 Abs. 4, 12 Abs. 1, 2 und 5, 13 Abs. 1 und 2 GwG) erfüllt und die erhobenen Informationen gespeichert sind. Da § 10 GwG Art. 13 der Richtlinie (EU) 2015/849 umsetzt, sind hier dessen Vorgaben zu erfüllen. Dies gilt auch, wenn die Daten im Rahmen der regelmäßigen Aktualisierungspflicht erhoben wurden (Art. 14 Abs. 5 der Richtlinie (EU) 2015/849, umgesetzt in § 10 Abs. 1 Nr. 5 Halbs. 2 GwG). Insoweit kann auf die dortige Kommentierung verwiesen werden (→ § 10 Rn. 84 ff.).

13   Der Verordnungsgeber versteht die Überprüfungsfiktion als Erleichterung für die Zahlungsdienstleister. Diese sollen nicht bei jedem Geldtransfer die Angaben zum Auftraggeber oder zum Begünstigten überprüfen müssen, sofern sie bereits die in der Richtlinie (EU) 2015/849 niedergelegten Verpflichtungen erfüllen.

14   Abgesehen von der vorgenannten Überprüfungspflicht und der Überprüfungsfiktion sieht die GTVO Erleichterungen für Geldtransfers innerhalb der Europäischen Union bzw. des EWR vor (siehe Art. 5 Abs. 2) und für Geldtransfers nach außerhalb der Europäischen Union bzw. des EWR (siehe Art. 6 Abs. 2 Satz 2) vor.

V. Keine Transaktion ohne Angaben und Prüfungen (Art. 4 Abs. 6 GTVO)

Art. 4 Abs. 6 GTVO manifestiert den Grundsatz, dass kein Transfer ohne die in **15** Art. 4 GTVO genannten Mindestangaben und fallweise notwendigen Prüfungshandlungen ausgeführt werden soll. Ausnahmen hierzu finden sich in Art. 5 und Art. 6 GTVO. Dieser Grundsatz ist konsequent angesichts der in der Transaktionskette vorgesehenen Verpflichtungen für nachgelagerte Zahlungsdienstleister, unvollständige Transfers zu erkennen und Maßnahmen zu ergreifen, wie dies in den Art. 7, 8, 11, 12 GTVO vorgesehen ist. Entsprechend sind die systemseitigen Einstellungen so zu konfigurieren, dass ein Transfer mit unvollständigen Angaben nicht möglich ist und Kontrollen zur Vollständigkeit vor Ausführung des Transfers implementiert sind. Ebenso sind entsprechende Anweisungen an Mitarbeiter hilfreich, die gemäß Art. 4 GTVO erforderlichen Daten vom Kunden korrekt und vollständig zu erfassen, um Verzögerungen zu vermeiden und Rückfragen und Zurückweisungen von nachfolgenden Zahlungsdienstleistern zu unterbinden.

Art. 5 Geldtransfers innerhalb der Union

(1) Abweichend von Artikel 4 Absätze 1 und 2 werden bei Geldtransfers, bei denen alle am Zahlungsvorgang beteiligten Zahlungsdienstleister ihren Sitz in der Union haben, zumindest die Nummern der Zahlungskonten des Auftraggebers und des Begünstigten oder, wenn Artikel 4 Absatz 3 zur Anwendung kommt, die individuelle Transaktionskennziffer übermittelt; dies gilt gegebenenfalls unbeschadet der in der Verordnung (EU) Nr. 260/2012 enthaltenen Informationspflichten.

(2) Ungeachtet des Absatzes 1 stellt der Zahlungsdienstleister des Auftraggebers dem Zahlungsdienstleister des Begünstigten oder dem zwischengeschalteten Zahlungsdienstleister auf dessen Antrag auf Übermittlung von Angaben innerhalb von drei Arbeitstagen nach Erhalt des Antrags Folgendes zur Verfügung:

a) bei Geldtransfers von mehr als 1 000 EUR, unabhängig davon, ob diese Transfers in einem einzigen Transfer oder in mehreren Transfers, die verbunden zu sein scheinen, erfolgen, Angaben zum Auftraggeber oder zum Begünstigten gemäß Artikel 4;

b) bei Geldtransfers von bis zu 1 000 EUR, bei denen es keine Anhaltspunkte dafür gibt, dass eine Verbindung zu anderen Geldtransfers besteht,

die zusammen mit dem fraglichen Geldtransfer 1 000 EUR übersteigen, zumindest:

i) die Namen des Auftraggebers und des Begünstigten und

ii) die Nummern der Zahlungskonten des Auftraggebers und des Begünstigten oder, wenn Artikel 4 Absatz 3 zur Anwendung kommt, die individuelle Transaktionskennziffer.

(3) Abweichend von Artikel 4 Absatz 4 braucht der Zahlungsdienstleister des Auftraggebers bei Geldtransfers nach Absatz 2 Buchstabe b dieses Artikels die Angaben zum Auftraggeber nicht zu überprüfen, es sei denn, der Zahlungsdienstleister des Auftraggebers hat

a) die zu transferierenden Gelder in Form von Bargeld oder anonymem E-Geld entgegengenommen oder

b) hinreichende Gründe für einen Verdacht auf Geldwäsche oder Terrorismusfinanzierung.

Übersicht

I. Allgemeines

1   Die Geldtransfers innerhalb der Europäischen Union bzw. im EWR unterliegen in bestimmten Konstellationen gewissen Erleichterungen. Vor dem Hintergrund, dass bereits Rechtsakte über Zahlungsdienste, insbesondere die Verordnung (EU) 2021/1230 (diese hob zum 19.8.2021 die Verordnung (EG) Nr. 924/2009 auf), die Verordnung (EU) 260/2012 und die Richtlinie (EU) 2015/2366 (hob die Richtlinie 2007/64/EG auf) in der Europäischen Union existieren, reicht es aus Sicht des Verordnungsgebers aus, für Geldtransfers innerhalb der Europäischen Union bzw. im EWR lediglich vereinfachte Datensätze, wie die Nummer(n) von Zahlungskonten oder eine individuelle Transaktionskennziffer, zu übermitteln.[1]

---

1 Siehe auch ErwG 18.

II. Erleichterungen für Zahlungsdienstleister mit Sitz in der Europäischen Union

Damit von den Erleichterungen des Art. 5 GTVO profitiert werden kann, müs-   **2**
sen **alle** am Zahlungsvorgang beteiligten Zahlungsdienstleister ihren Sitz in der
Union bzw. im EWR haben. Dies kann bereits dann nicht gegeben sein, wenn ein
Clearing für die genutzte Währung erforderlich ist, z. B. U.S.-Dollar. So fordern
die Gemeinsamen Leitlinien der Europäischen Aufsichtsbehörden von den Zahlungsdienstleistern, dass sie in ihren Prüfsystemen erkennen können, ob ein Zahlungsdienstleister seinen Sitz in der Europäischen Union bzw. im EWR hat. Und
da diese Verordnung auch im EWR angewandt wird, stellen die besagten Leitlinien klar, dass Länder, die lediglich dem SEPA-Raum angehören, jedoch weder
in der Europäischen Union noch im EWR Mitglied sind, gemäß dieser Verordnung als Drittstaaten zu behandeln sind.[2]

Um die Effizienz der Zahlungssysteme nicht zu beeinträchtigen und um zwi-   **3**
schen dem Risiko, dass Zahlungen aufgrund zu strenger Identifikationspflichten
außerhalb des regulären Zahlungsverkehrs getätigt werden, sowie um das Terrorismusrisikopotenzial kleiner Geldtransfers abwägen zu können, besteht bei
Geldtransfers, bei denen die Überprüfung der Angaben noch nicht ausgeführt
worden ist, die Pflicht zur Überprüfung der Richtigkeit der Angaben zum Auftraggeber und zum Begünstigten nur bei Einzelgeldtransfers, die 1.000 EUR
übersteigen. Dies gilt nicht, soweit es Anhaltspunkte dafür gibt, dass eine Verbindung zu anderen Geldtransfers besteht, die zusammen 1.000 EUR übersteig-
gen würden, oder dass das Geld als Bargeld oder anonymes E-Geld entgegengenommen oder ausgezahlt wurde, oder dass hinreichende Gründe für einen Verdacht auf Geldwäsche oder Terrorismusfinanzierung vorliegen.

Entsprechend sieht Art. 5 Abs. 3 GTVO vor, dass eine Überprüfung der Auftrag-   **4**
geberdaten gemäß Art. 4 Abs. 4 GTVO nicht vorgenommen werden muss, soweit es sich um einen Geldtransfer handelt, der 1.000 EUR nicht übersteigt. Dies
ist auch dann nicht erforderlich, wenn zwischen mehreren Geldtransfers eine
Verbindung besteht und mindestens der Auftraggebername und Begünstigtenname bekannt ist sowie die Zahlungskontonummer des Auftraggebers und des Begünstigten vorhanden sind. In Fällen des Art. 4 Abs. 3 GTVO, also bei denen es
sich um eine Transaktion ohne Einbindung eines Zahlungskontos handelt, muss
mindestens eine individuelle Transaktionskennziffer vorliegen.

---

2 Gemeinsame Leitlinien nach Artikel 25 der Verordnung (EU) 2015/847 zu den Maßnahmen, mit deren Hilfe Zahlungsdienstleister das Fehlen oder die Unvollständigkeit von
Angaben zum Auftraggeber und zum Begünstigten feststellen können, und zu den empfohlenen Verfahren für die Bearbeitung eines Geldtransfers, bei dem die vorgeschriebenen Angaben fehlen (JC/GL/2017/16), S. 7 Rn. 13.

5   Die in Art. 5 GTVO gewährte Erleichterung entfällt für Transfers, bei denen der Transferbetrag als Bargeld oder anonymes E-Geld von Zahlungsdienstleistern angenommen wurde (Art. 5 Abs. 3 lit. a GTVO). Gleichfalls entfällt diese Erleichterung bei Transfers, bei denen **hinreichende Gründe** für einen Verdacht auf Geldwäsche oder Terrorismusfinanzierung vorliegen. Hinreichende Gründe müssen hier bereits vor Ausführung des Transfers vorliegen. Dazu können beispielsweise die einschlägigen Verdachtsmomente, wie sie in den Typologiepapieren der FIU oder FATF beschrieben werden, vorliegen. Vor Ausführung eines Transfers sind folglich **Kontrollen** anhand der ermittelten Parameter durchzuführen, um solche Transfers herauszufiltern, bei denen hinreichende Gründe vorliegen können. Im Rahmen einer Einzelfallbetrachtung kann anhand eines risikobasierten Vorgehens die Überprüfung der Angaben vorgenommen werden. Die Schwelle für hinreichende Gründe ist jedenfalls in solchen Fällen überschritten, in denen eine Verdachtsmeldung abzugeben wäre.

6   Die Voraussetzung, dass mindestens Name und Zahlungskontonummer jeweils des Auftraggebers und des Begünstigten dem Transfer beigefügt werden muss, gilt unbeschadet der SEPA-Verordnung (Art. 5 Abs. 1 Halbs. 2 GTVO). Hieraus lässt sich leicht erkennen, dass die IBAN als Zahlungskontonummer gelten kann, da sie in der Regel in der Zahlen-Buchstaben-Kombination unter anderem die Zahlungskontonummer enthält. Auch die Gemeinsamen Leitlinien der Europäischen Aufsichtsbehörden sehen die Anforderungen der Art. 4 Abs. 2, 4 sowie Art. 5 Abs. 1, 2 als erfüllt an, sobald die gemäß SEPA-Verordnung erforderlichen Angaben bei einem Transfer vorhanden sind.[3]

III. Antrag auf Übermittlung von Angaben (Art. 5 Abs. 2 GTVO)

7   Abgesehen von der Erleichterung in Art. 5 Abs. 1 GTVO, nur die Zahlungskontonummern von Auftraggeber und Begünstigten zur Verfügung stellen zu müssen, können die dem Zahlungsdienstleister des Auftraggebers nachgelagerten Zahlungsdienstleister (zwischengeschaltete Zahlungsdienstleister, Zahlungsdienstleister des Begünstigten) zusätzliche Informationen im Sinne des Art. 4 GTVO anfordern.

8   Die Übermittlung der von einem nachgelagerten Zahlungsdienstleister angefragten Daten sind innerhalb von drei Arbeitstagen dem Antragsteller zu liefern.

---

3 Gemeinsame Leitlinien nach Artikel 25 der Verordnung (EU) 2015/847 zu den Maßnahmen, mit deren Hilfe Zahlungsdienstleister das Fehlen oder die Unvollständigkeit von Angaben zum Auftraggeber und zum Begünstigten feststellen können, und zu den empfohlenen Verfahren für die Bearbeitung eines Geldtransfers, bei dem die vorgeschriebenen Angaben fehlen (JC/GL/2017/16), S. 6 Rn. 9.

Die Verordnung definiert Arbeitstage nicht. Üblicherweise dürfte hier von Bankarbeitstagen auszugehen sein.[4] Bei grenzüberschreitenden Anfragen innerhalb der Union sind ggf. regionale Besonderheiten zu beachten. Für grenzüberschreitende Transfers, die Drittstaaten involvieren, gilt Art. 5 nicht (Art. 5 Abs. 1 Satz 1 GTVO).

1. Transfers über 1.000 EUR (Art. 5 Abs. 2 lit. a GTVO)

Bei Transfers, die einen Betrag von 1.000 EUR übersteigen, können die oben erwähnten Zahlungsdienstleister vom Zahlungsdienstleister des Auftraggebers neben der grundsätzlich mitzuliefernden Zahlungskontonummern von Auftraggeber und Begünstigtem, noch die übrigen Angaben des Art. 4 Abs. 1 lit. a, c, Abs. 2 lit. a bzw. Art. 4 Abs. 3 GTVO anfordern. Sollten auch Zahlungskontonummern fehlen, so sind diese ebenfalls anzufordern.   **9**

Der Betrag von 1.000 EUR kann in einem Einzeltransfer oder mehreren Transfers, die miteinander verbunden zu sein scheinen, überschritten werden. Der Anschein, dass Transfers miteinander verbunden sind, kann beispielsweise dann entstehen, wenn sie kurz hintereinander ausgeführt und mit denselben Auftraggebern und Begünstigten versehen sind. Hierfür kommen auch Transfers, die innerhalb eines kurzen Zeitraums ausgelöst werden, in Betracht. Klassischerweise dürfte man dies auch bei Transfers innerhalb eines kurzen Zeitraums annehmen. Dabei kann dieser Zeitraum mangels anderweitiger Vorgaben vom Zahlungsdienstleister nach vernünftigem Ermessen festgelegt werden, sodass er dem Geldwäscherisiko seines Unternehmens angemessen ist.[5] Nicht zu verwechseln sind diese **verbundenen Transfers** mit der in Art. 3 Nr. 10 GTVO definierten Sammelüberweisung.   **10**

2. Geldtransfer von bis zu 1.000 EUR (Art. 5 Abs. 2 lit. b GTVO)

Ein Geldtransfer von bis zu 1.000 EUR liegt vor, wenn auch nach Prüfung, ob es sich möglicherweise bei einer Anzahl von Geldtransfers um verbundene Transfers (→ Rn. 10) handelt, der Betrag von 1.000 EUR nicht überschritten wird.   **11**

Als Mindestangaben sind vom Zahlungsdienstleister des Auftraggebers die Namen von Auftraggeber bzw. Begünstigtem (Art. 4 Abs. 1 lit. a bzw. Art. 4 Abs. 2   **12**

---

4 Samstage, Sonn- und Feiertage sowie Tage, an denen Banken ihre Schalter nicht öffnen (wie an Heiligabend und Silvester), sind keine Geschäftstage.

5 Gemeinsame Leitlinien nach Artikel 25 der Verordnung (EU) 2015/847 zu den Maßnahmen, mit deren Hilfe Zahlungsdienstleister das Fehlen oder die Unvollständigkeit von Angaben zum Auftraggeber und zum Begünstigten feststellen können, und zu den empfohlenen Verfahren für die Bearbeitung eines Geldtransfers, bei dem die vorgeschriebenen Angaben fehlen (JC/GL/2017/16), S. 8 Rn. 16b.

lit. a GTVO) und die Zahlungskontennummern (Art. 4 Abs. 1 lit. b, Abs. 2 lit. b) bzw. der individuellen Transaktionskennziffer (Art. 4 Abs. 3 GTVO) anzufordern. Dass hier die Zahlungskontonummer nochmals explizit erwähnt wird, liegt dem Umstand zugrunde, dass diese nach Abs. 1 eine absolut erforderliche Mindestangabe zu einem Geldtransfer darstellt.

Art. 6 Geldtransfers nach außerhalb der Union

(1) Bei einer Sammelüberweisung eines einzigen Auftraggebers an Begünstigte, deren Zahlungsdienstleister ihren Sitz außerhalb der Union haben, findet Artikel 4 Absatz 1 keine Anwendung auf die in dieser Sammelüberweisung gebündelten Einzelaufträge, sofern die Sammelüberweisung die in Artikel 4 Absätze 1, 2 und 3 enthaltenen Angaben enthält, diese Angaben gemäß Artikel 4 Absätze 4 und 5 überprüft wurden und die Einzelaufträge mit der Nummer des Zahlungskontos des Auftraggebers oder, wenn Artikel 4 Absatz 3 zur Anwendung kommt, der individuellen Transaktionskennziffer versehen sind.

(2) Abweichend von Artikel 4 Absatz 1 und gegebenenfalls unbeschadet der gemäß der Verordnung (EU) Nr. 260/2012 erforderlichen Angaben, werden in Fällen, in denen der Zahlungsdienstleister des Begünstigten seinen Sitz außerhalb der Union hat, bei Geldtransfers von bis zu 1 000 EUR, bei denen es keine Anhaltspunkte dafür gibt, dass eine Verbindung zu anderen Geldtransfers besteht, die zusammen mit dem fraglichen Geldtransfer 1 000 EUR übersteigen, zumindest folgende Angaben übermittelt:

a) **die Namen des Auftraggebers und des Begünstigten und**

b) **die Nummern der Zahlungskonten des Auftraggebers und des Begünstigten oder, wenn Artikel 4 Absatz 3 zur Anwendung kommt, die individuelle Transaktionskennziffer.**

Abweichend von Artikel 4 Absatz 4 braucht der Zahlungsdienstleister des Auftraggebers die in diesem Absatz genannten Angaben zum Auftraggeber nicht auf ihre Richtigkeit zu überprüfen, es sei denn, der Zahlungsdienstleister des Auftraggebers hat

a) **die zu transferierenden Gelder in Form von Bargeld oder anonymem E-Geld entgegengenommen oder**

b) **hinreichende Gründe für einen Verdacht auf Geldwäsche oder Terrorismusfinanzierung.**

                    Weppner/Kastl

Übersicht

I. Allgemeines

Art. 6 GTVO erfasst grundsätzlich nur Transfers, die an **Begünstigte** gehen, deren **Zahlungsdienstleister ihren Sitz außerhalb der Union** bzw. des EWR haben. Damit sind von Art. 6 Transfers, die in der Union ihren Ausgangspunkt haben, aber beispielsweise aufgrund von Währungsclearing den Weg über ein Drittland wieder zurück in die Union nehmen, erfasst. Solche Transfers gelten folglich nicht als Transfers innerhalb der Union. **1**

II. Sammelüberweisungen (Art. 6 Abs. 1 GTVO)

Die Sammelüberweisung ist legaldefiniert in Art. 3 Nr. 10 GTVO. Die Sammelüberweisung muss von einem Auftraggeber stammen. Die erforderlichen Angaben für die Sammelüberweisung sind sodann die in Art. 4 Abs. 1, 2, 3 GTVO erforderlichen Angaben. Diese müssen sich auf die Sammelüberweisung, nicht jedoch auf die in der Sammelüberweisung gebündelten Einzeltransfers beziehen. Jeder Einzeltransfer muss dennoch mit der Zahlungskontonummer (individuellen Transaktionskennziffer) des Auftraggebers versehen sein, um die Rückverfolgbarkeit jedes Einzeltransfers zu gewährleisten. **2**

Die Angaben sind gemäß Art. 4 Abs. 4 und 5 GTVO vom Zahlungsdienstleister des Auftraggebers zu prüfen (siehe hierzu Art. 4). **3**

III. Transfers von bis zu 1.000 EUR (Art. 6 Abs. 2 GTVO)

Sollte es sich um einen Geldtransfer von bis zu 1.000 EUR handeln, gewährt der Verordnungsgeber auch bei Transfers nach außerhalb der Union dem Zahlungsdienstleister des Auftraggebers Erleichterungen. **4**

Voraussetzung hierfür ist, dass bereits **vor Anwendung** dieser Erleichterungsregelung geprüft wurde, ob es sich um einen Einzeltransfer oder um einen Transfer, der mit anderen vom Auftraggeber angewiesenen Geldtransfers verbunden ist und diese verbundenen Transfers die Grenze von 1.000 EUR überschreiten würden, ohne dabei eine Sammelüberweisung zu sein. Es soll verhindert werden, dass sog. „Smurfing" betrieben wird, also mehrere Geldtransfers mit Beträgen **5** unter 1.000 EUR die Tatsache verschleiern, dass an für sich ein sehr viel höherer Betrag transferiert werden soll, um so das Erfordernis von zusätzlichen Angaben zu Auftraggeber/Begünstigten zu umgehen und in den Prüfungssystemen der Zahlungsdienstleister keine Aufmerksamkeit zu erregen. Dementsprechend ist diese Prüfung mit der gebotenen Sorgfalt vorzunehmen und die Kontrollsysteme entsprechend zu konzipieren.

6   Die Angaben gemäß Art. 6 Abs. 2 Satz 1 lit. a und lit. b GTVO sind als Mindestangaben zu verstehen und verstehen sich unabhängig von ggf. erforderlichen Angaben gemäß der sog. SEPA-Verordnung.[1] Die SEPA-Verordnung gilt lediglich für auf Euro lautende Überweisungen und Lastschriften innerhalb der Union bzw. des EWR, wenn die beteiligten Zahlungsdienstleister ihren Sitz im Unionsgebiet bzw. im EWR haben.

7   Bezüglich der Überprüfungspflicht gemäß Art. 6 Abs. 2 Satz 2 GTVO siehe Kommentierung zu Art. 5 Abs. 3 GTVO.

---

1 Verordnung (EU) Nr. 260/2012.

Art. 7 Feststellung fehlender Angaben zum Auftraggeber oder zum Begünstigten

(1) Der Zahlungsdienstleister des Begünstigten richtet wirksame Verfahren ein, mit deren Hilfe er feststellen kann, ob die Felder für Angaben zum Auftraggeber und zum Begünstigten in dem zur Ausführung des Geldtransfers verwendeten Nachrichten- oder Zahlungs- und Abwicklungssystem unter Verwendung der im Einklang mit den Übereinkünften über das betreffende System zulässigen Buchstaben oder Einträge ausgefüllt wurden.

(2) Der Zahlungsdienstleister des Begünstigten richtet wirksame Verfahren ein, einschließlich – soweit angebracht – einer nachträglichen Überwachung oder einer Echtzeitüberwachung, mit deren Hilfe er feststellen kann, ob folgende Angaben zum Auftraggeber oder zum Begünstigten fehlen:

a) im Falle von Geldtransfers, bei denen der Zahlungsdienstleister des Auftraggebers seinen Sitz in der Union hat, die in Artikel 5 genannten Angaben;

b) im Falle von Geldtransfers, bei denen der Zahlungsdienstleister des Auftraggebers seinen Sitz außerhalb der Union hat, die in Artikel 4 Absätze 1 und 2 genannten Angaben;

c) im Falle von Sammelüberweisungen, bei denen der Zahlungsdienstleister des Auftraggebers seinen Sitz außerhalb der Union hat, die in Artikel 4 Absätze 1 und 2 genannten Angaben in Bezug auf die Sammelüberweisung.

(3) Im Falle von Geldtransfers von mehr als 1 000 EUR, unabhängig davon, ob diese Transfers in einem einzigen Transfer oder in mehreren Transfers, die verbunden zu sein scheinen, erfolgen, überprüft der Zahlungsdienstleister des Begünstigten vor Ausführung der Gutschrift auf dem Zahlungskonto des Begünstigten oder Bereitstellung des Geldbetrags an den Begünstigten die Richtigkeit der in Absatz 2 dieses Artikels genannten Angaben zum Begünstigten anhand von Dokumenten, Daten oder Informationen aus einer verlässlichen und unabhängigen Quelle, unbeschadet der in den Artikeln 69 und 70 der Richtlinie 2007/64/EG festgelegten Anforderungen.

(4) Im Falle von Geldtransfers von bis zu 1 000 EUR, bei denen es keine Anhaltspunkte dafür gibt, dass eine Verbindung zu anderen Geldtransfers be-

steht, die zusammen mit dem fraglichen Geldtransfer 1 000 EUR übersteigen, braucht der Zahlungsdienstleister des Begünstigten die Richtigkeit der Angaben zum Begünstigten nicht zu überprüfen, es sei denn, der Zahlungsdienstleister des Begünstigten

a) zahlt den Geldbetrag in Form von Bargeld oder anonymem E-Geld aus oder

b) hat hinreichende Gründe für einen Verdacht auf Geldwäsche oder Terrorismusfinanzierung.

(5) Die in den Absätzen 3 und 4 genannte Überprüfung gilt als ausgeführt, wenn:

a) die Identität des Begünstigten gemäß Artikel 13 der Richtlinie (EU) 2015/849 überprüft wurde und die bei dieser Überprüfung ermittelten Daten gemäß Artikel 40 der genannten Richtlinie gespeichert wurden oder

b) Artikel 14 Absatz 5 der Richtlinie (EU) 2015/849 auf den Begünstigten Anwendung findet.

Übersicht

I. Allgemeines

1   In Art. 7 ff. GTVO liegt das Herzstück der seit 2015 neuen Verordnung. Während bereits unter der Vorgängerverordnung grundsätzlich fehlende Angaben zum Auftraggeber bzw. zum Begünstigten festzustellen und zu eskalieren waren, geben die vorliegende Verordnung und die zugehörigen ESA-Leitlinien (JC/GL/2017/16) weitreichendere Vorgehensweisen vor. Dies betrifft insbesondere die neue Verpflichtung für zwischengeschaltete Zahlungsdienstleister, die mit dieser Verordnung nun gemäß Art. 11, 12 GTVO ebenfalls Prüfungen zur Vollständigkeit der Angaben zum Auftraggeber und Begünstigten vorzunehmen haben. Im Folgenden ergeben sich insbesondere für zwischengeschaltete Zahlungsdienstleister neu zu implementierende Prüfschritte, die Entwicklung einer Vorgehensweise zum Umgang mit solchen unvollständigen oder fehlerhaften Transfers sowie der Errichtung eines Deeskalationssystems. Während die Verordnung nur allgemeine, zum Teil nur rudimentäre, Vorgaben hierzu bereithält, befasst sich die erwähnte Leitlinie intensiv mit den Möglichkeiten. Die BaFin hat im

Wege des Comply-or-explain-Verfahrens[1] die Aufnahme der ESA-Leitlinien in ihre Aufsichts- und Verwaltungspraxis erklärt. Es empfiehlt sich daher, einen Blick in diese Leitlinien zu werfen, um ein Gespür für die Intention der Aufsichtsbehörden zu erhalten.[2]

II. Feststellung, ob Angaben fehlen oder unvollständig sind (Art. 7 Abs. 1 und 2 GTVO)

Um die Effizienz der Zahlungssysteme nicht zu beeinträchtigen und um zwi- **2** schen dem Risiko, dass Zahlungen aufgrund zu strenger Identifikationspflichten außerhalb des regulären Zahlungsverkehrs getätigt werden, sowie um das Terrorismusrisikopotenzial kleiner Geldtransfers abwägen zu können, besteht bei Geldtransfers, bei denen die Überprüfung der Angaben noch nicht ausgeführt worden ist, die Pflicht zur Überprüfung der Richtigkeit der Angaben zum Auftraggeber und zum Begünstigten nur bei Einzelgeldtransfers, die 1.000 EUR übersteigen. Dies gilt nicht, soweit es Anhaltspunkte dafür gibt, dass eine Verbindung zu anderen Geldtransfers besteht, die zusammen 1.000 EUR übersteigen würden, oder dass das Geld als Bargeld oder anonymes E-Geld entgegengenommen oder ausgezahlt wurde, oder dass hinreichende Gründe für einen Verdacht auf Geldwäsche oder Terrorismusfinanzierung vorliegen. Entsprechend sieht Art. 7 Abs. 3 GTVO vor, dass eine Überprüfung der Auftraggeberdaten gemäß Art. 4 Abs. 4 GTVO nicht vorgenommen werden muss, soweit es sich um einen Geldtransfer handelt, der 1.000 EUR nicht übersteigt. Dies ist auch dann nicht erforderlich, wenn zwischen mehreren Geldtransfers eine Verbindung besteht und mindestens der Auftraggebername und der Begünstigtenname bekannt sind sowie die Zahlungskontonummern des Auftraggebers und des Begünstigten vorhanden sind. In Fällen des Art. 4 Abs. 3 GTVO, dass es sich um eine Transaktion ohne Einbindung eines Zahlungskontos handelt, muss mindestens eine individuelle Transaktionskennziffer vorliegen.

Um überprüfen zu können, ob bei Geldtransfers die vorgeschriebenen Angaben **3** zum Auftraggeber und zum Begünstigten übermittelt werden, und um verdächtige Transaktionen leichter ermitteln zu können, wird seitens des Verordnungsgebers erwartet, dass der Zahlungsdienstleister des Begünstigten und der zwischengeschaltete Zahlungsdienstleister über wirksame Verfahren verfügen, mit deren Hilfe sie das Fehlen oder die Unvollständigkeit von Angaben zum Auf-

---

1 Siehe Compliance Table https://www.eba.europa.eu/sites/default/documents/files/document_library/964297/JC%20GL%202017%2016-CT%20-%20%28updated%29%20-%20GLs%20to%20prevent%20terrorist%20financing%20and%20money%20laundering.pdf, zuletzt abgerufen am 5.1.2022.
2 Siehe auch BaFin-Hinweise zur Geldtransferverordnung, https://www.bafin.de/dok/11887902, zuletzt abgerufen am 5.1.2022.

traggeber und zum Begünstigten feststellen können. Diese Verfahren sollten eine nachträgliche Überwachung oder eine Echtzeitüberwachung umfassen, soweit dies angemessen ist. Details zur Erwartungshaltung der Aufsichtsbehörden bezüglich dieser Verfahren werden in den ESA-Leitlinien (JC/GL/2017/16) kundgetan. Unabhängig davon sind die veröffentlichten Leitlinien hilfreich, um die mit der Umsetzung der Verordnung bestehenden Unsicherheiten in Bezug auf Art. 7, 8, 11 und 12 GTVO zu erleichtern.

4   Es wird erwartet, dass Zahlungsdienstleister die vorgeschriebenen Transaktionsangaben dem elektronischen Zahlungsverkehr oder einer damit in Zusammenhang stehenden Nachricht während der gesamten Zahlungskette beifügen. Damit korrespondiert die Pflicht der Zahlungsdienstleister, bei unvollständigen Angaben oder fehlenden Angaben Maßnahmen zu ergreifen, um einen vollständigen Datensatz zum Geldtransfer zu erhalten (siehe Art. 8 und 12 GTVO). Es soll verhindert werden, dass ein Geldtransfer mit einem unvollständigen Datensatz von den Zahlungsdienstleistern ausgeführt und letztlich dem Begünstigten gutgeschrieben wird.

5   Es fehlen Angaben in einem Geldtransfer, wenn die Mindestangaben gemäß Art. 4 ff. GTVO nicht vorliegen. Im Zusammenhang mit SEPA-Lastschriften darf bei der Verwendung der vollständigen IBAN des Auftraggebers und Begünstigten durch den Zahlungsdienstleister des Zahlers von Seiten der Zahlungsdienstleister des Begünstigten oder des zwischengeschalteten Zahlungsdienstleisters davon ausgegangen werden, dass die Anforderungen des Art. 4 Abs. 2, 4 bzw. Art. 5 Abs. 1, 2 GTVO erfüllt sind, also sowohl die Begünstigtenangaben übermittelt wurden und die Angaben zum Auftraggeber überprüft wurden. Insoweit sind keine weiteren Angaben zum Transfer erforderlich und der Transfer gilt als vollständig.[3]

6   Fehlende Angaben werden in den Leitlinien definiert, ebenso die unvollständigen Angaben.[4] Davon zu unterscheiden sind die unzulässigen Angaben innerhalb eines Zahlungs-, Nachrichten- oder Abwicklungssystems (Art. 7 Abs. 1 GTVO). Weder in der Verordnung, noch in den Leitlinien werden die „Einträge" definiert. Ein Hinweis, dass damit unsinnige Angaben gemeint sind, geben die Leitlinien. Es darf jedenfalls bezweifelt werden, dass bereits eine richtige und nach der Verordnung geforderte Information, die lediglich in einem anderen

---

3 Bei der Ausführung einer Überweisung haben die beteiligten Zahlungsdienstleister, also die Bank des Zahlenden und die Bank des Zahlungsempfängers, ausschließlich die Internationale Bankkontonummer (IBAN) und den Bank-Identifizierungs-Code (BIC), die sog. Kundenkennung zu beachten (§ 675r BGB). Der Name des Zahlungsempfängers gehört nicht dazu, https://www.bafin.de/dok/7864408, zuletzt abgerufen am 5.1.2022.
4 JC/GL/2017/16, Rn. 7 lit. e und f.

                    Weppner/Kastl

Systemfeld steht (z. B. der Wohnort steht gemeinsam mit dem Land in einem Systemfeld anstatt im separaten Feld für Wohnort), bereits als falscher/unzulässiger/unvollständiger Eintrag und damit als eskalationstauglicher Tatbestand aufgefasst werden kann. Die Intention des Verordnungsgebers liegt darin, die in Art. 4 geforderten Angaben jedem Transfer beizufügen; sind diese Angaben vorhanden, soll der Transfer als vollständig gelten. In allen drei Fällen sind jedoch die gemäß Art. 8 GTVO vorgesehenen Verfahren anzuwenden.[5]

Die Transfer- und Überwachungssysteme sind so auszugestalten, dass die eingehenden Transfers auf die Vollständigkeit der Informationen geprüft werden können, unabhängig vom genutzten Zahlungssystem oder Zahlungsmittel (**Art. 7 Abs. 1 GTVO**). Diese Überwachung sollte in **Echtzeit** durchgeführt werden, denn es darf in der Praxis keinen Unterschied machen, ob ein Transfer mit einer IBAN zu prüfen ist oder der mit einer Zahlungskarte ausgeführte Transfer und die Nummer der Zahlungskarte als Zahlungskontennummer genutzt wird. Entscheidend für die Überprüfung muss immer sein, dass der Transfer zum Zahler und Begünstigten zurückverfolgt werden kann. Ein System muss unmittelbar feststellen können, ob der eingegangene Transfer unvollständige Angaben oder unzulässige Angaben enthält. Dasselbe gilt für ausgehende Transfers. Ziel ist es gerade zu verhindern, dass Transfers ausgeführt werden, die nicht über die in der Verordnung vorgegebenen Informationen verfügen. Folglich müssen solche Transfers unmittelbar erkennbar und filterbar sein. Die Zahlungsdienstleister haben dafür Sorge zu tragen, dass die von ihnen eingesetzten Systeme hierzu in der Lage sind (Art. 25 g Abs. 2 Kreditwesengesetz).

Davon zu unterscheiden sind die Überprüfungen, die gemäß **Art. 7 Abs. 2 GTVO** gefordert werden. Hier ist im Gegensatz zu der Überprüfung gemäß Art. 7 Abs. 1 GTVO festzustellen, ob die besetzten Felder der Zahlungstransfersysteme mit verwertbaren Angaben befüllt sind. Die Frage, ob diese **Kontrollen in Echtzeit oder ex-post** durchzuführen sind, soll nach den ESA-Leitlinien davon abhängen, wie der Zahlungsdienstleister unter Anwendung von Risikofaktoren das Geldwäsche-/Terrorismusfinanzierungsrisiko bei bestimmten Transfers einschätzt. Folglich hat der Zahlungsdienstleister, wie auch der zwischengeschaltete Zahlungsdienstleister zunächst zu ermitteln, welcher Gefährdungslage bestimmte Transfergruppen für gewöhnlich entsprechen. Hierbei sind die Risikofaktoren-Leitlinien (JC 2017 37) für die Risikobewertung hilfreich. Soweit das Risiko erhöht ist, verlangen die Leitlinien eine Echtzeitprüfung, während in anderen Fällen auch eine Ex-post-Prüfung ausreichend sein kann. Indikatoren, unter welchen Umständen ein Transfer als mit hohem Risiko einzustufen ist, können beispielsweise an die Höhe des Transferbetrags anknüpfen oder an das

---

5 JC/GL/2017/16, Rn. 31 ff., 60.

Herkunftsland des Auftraggebers[6] bzw. die Herkunft der Kontoverbindung des Auftraggebers.[7]

9   In der Praxis wird eine Kombination aus Echtzeit- und Ex-post-Prüfung deutlich schwerer darstellbar sein, sodass sich eine Echtzeitprüfung, jedenfalls bei hohen Transferzahlen, wohl für alle Transfers durchsetzen wird. Berücksichtigt werden muss zudem, dass diese Überprüfungen ihrerseits regelmäßigen Stichproben zu unterwerfen sind.[8]

III. Überprüfung der Begünstigtenangaben (Art. 7 Abs. 3, 4 und 5 GTVO)

10   Art. 7 Abs. 3 GTVO betrifft alle Transfers von mehr als 1.000 EUR. Vor der Gutschrift des transferierten Geldbetrags sind vom Zahlungsdienstleister des Begünstigten die mitgelieferten Angaben anhand von Dokumenten, Daten oder Informationen aus einer verlässlichen und unabhängigen Quelle zu prüfen. Diese Prüfung hat unbeschadet der Vorgaben zu den Wertstellungsfristen gemäß der Richtlinie 2007/64/EG zu erfolgen. Hier stellt sich die Frage, ob mit dieser Anforderung ein Kontonummern-Namen-Abgleich gefordert wird, wie er früher bereits einmal verlangt worden war. Ein solcher Abgleich kommt jedoch überhaupt erst dann in Frage, wenn die Überprüfung nicht als ausgeführt gilt (Art. 7 Abs. 5 GTVO). Dies dürfte in der Praxis lediglich eine kleine Zahl von Transfers betreffen.

11   Bei Transfers von unter 1.000 EUR (Art. 7 Abs. 4 GTVO) gilt der Grundsatz, dass keine Begünstigtenangaben überprüft werden müssen, soweit keine der genannten beiden Ausnahmen einschlägig ist.

12   Eine Überprüfung kann entfallen, wenn der Begünstigte einen dem GwG entsprechenden Kundenannahmeprozess durchlaufen hat, also seine Identität überprüft wurde und die Informationen hierzu verfügbar sind (Art. 7 Abs. 5 lit. a GTVO). Dies bedeutet, dass lediglich geprüft werden muss, ob der Begünstigte als Kunde geführt wird und seine Stammdaten dem GwG entsprechend erfasst wurden und aktuell sind, also bei Bestandskunden die regelmäßige Überprüfung der Stammdaten stattgefunden hat (§ 10 Abs. 1 Nr. 5 Halbs. 2 GwG).

---

6 Weitere Indikatoren siehe JC/GL/2017/16 Rn. 30.
7 Siehe in Art. 4 Rn. 6.
8 JC/GL/2017/16 Rn. 29.

Art. 8 Geldtransfers mit fehlenden oder unvollständigen Angaben zum Auftraggeber oder zum Begünstigten

(1) Der Zahlungsdienstleister des Begünstigten richtet wirksame risikobasierte Verfahren ein, einschließlich Verfahren, die sich auf die in Artikel 13 der Richtlinie (EU) 2015/849 genannte risikoorientierte Grundlage stützen, mit deren Hilfe festgestellt werden kann, ob ein Geldtransfer, bei dem die vorgeschriebenen vollständigen Angaben zum Auftraggeber und zum Begünstigten fehlen, auszuführen, zurückzuweisen oder auszusetzen ist, und welche Folgemaßnahmen angemessenerweise zu treffen sind.

Stellt der Zahlungsdienstleister des Begünstigten bei Erhalt von Geldtransfers fest, dass die in Artikel 4 Absatz 1 oder Absatz 2, Artikel 5 Absatz 1 oder Artikel 6 genannten Angaben fehlen oder unvollständig sind oder nicht, wie in Artikel 7 Absatz 1 vorgegeben, unter Verwendung der im Einklang mit den Übereinkünften über das Nachrichten- oder Zahlungs- und Abwicklungssystem zulässigen Buchstaben oder Einträge ausgefüllt wurden, so weist der Zahlungsdienstleister des Begünstigten auf risikoorientierter Grundlage den Transferauftrag zurück oder fordert die vorgeschriebenen Angaben zum Auftraggeber und zum Begünstigten an, bevor oder nachdem er die Gutschrift zugunsten des Zahlungskontos des Begünstigten ausführt oder dem Begünstigten den Geldbetrag zur Verfügung stellt.

(2) Versäumt es ein Zahlungsdienstleister wiederholt, die vorgeschriebenen Angaben zum Auftraggeber oder zum Begünstigten vorzulegen, so ergreift der Zahlungsdienstleister des Begünstigten Maßnahmen, die anfänglich Verwarnungen und Fristsetzungen umfassen können, bevor er entweder alle künftigen Transferaufträge dieses Zahlungsdienstleisters zurückweist oder die Geschäftsbeziehungen zu diesem Zahlungsdienstleister beschränkt oder beendet.

Der Zahlungsdienstleister des Begünstigten meldet dieses Versäumnis sowie die ergriffenen Maßnahmen der für die Überwachung der Einhaltung der Vorschriften über die Bekämpfung von Geldwäsche und Terrorismusfinanzierung zuständigen Behörde.

Übersicht

I. Allgemeines

1   Art. 8 GTVO und die Leitlinien der Europäischen Aufsichtsbehörden (JC/GL/
2017/16) machen detaillierte Vorgaben, wie mit den Transfers, die nach den
Kontrollen gemäß Art. 7 GTVO als unvollständig oder mit fehlenden Angaben
herausgefiltert wurden, vom Zahlungsdienstleister des Begünstigten umzugehen
ist. Bereits die Vorgängerverordnung (EG) 1781/2006 sah ein Deeskalationsver-
fahren für diese Fälle vor. Im Vergleich hierzu wurden die möglichen Maßnahmen in der vorliegenden Verordnung erweitert und der risikobasierte Ansatz
weiter gestärkt. Unvollständige oder fehlende Angaben können auch dann vorliegen, wenn in dem Zahlungs-, Nachrichten- oder Abwicklungssystem nicht zugelassene Buchstaben oder Zeichen verwendet werden.[1] Ein mögliches Deeska-
lationsverfahren umfasst mindestens folgende Schritte:

- Entscheidung über Ausführung, Aussetzung oder Zurückweisung des Trans-
fers,
- Fristsetzung zur Nachlieferung der fehlenden/unvollständigen Angaben,
- Aufnahme des unzuverlässigen Zahlungsdienstleisters in eine Liste, die alle
Zahlungsdienstleister enthält, die wiederholt fehlende/unvollständige Trans-
fers liefern,
- Meldung des unzuverlässigen Zahlungsdienstleisters an die Aufsichtsbehör-
de,
- Beendigung/Einschränkung der Geschäftsbeziehung mit dem unzuverlässi-
gen Zahlungsdienstleister.

II. Risikobasiertes Verfahren bei Echtzeitprüfung

2   Grundsätzlich stehen dem Zahlungsdienstleister des Begünstigten drei Möglichkeiten zur Verfügung, die fraglichen Transfers zu verarbeiten, soweit er Echtzeitprüfungen durchführt:

- Ausführung,
- Zurückweisung,
- Aussetzung.

3   Die Entscheidung ist je nach Risikolage des betroffenen Transfers zu fällen.
Mögliche Kriterien können die Art der fehlenden/unvollständigen Informatio-

---

1 Art. 7 Abs. 1 GTVO.

nen oder die Risikofaktoren sein, die bereits im Rahmen der Überwachungssysteme genutzt werden,[2] um zu entscheiden, ob Transfers einer Echtzeit- oder Ex-post-Kontrolle zu unterziehen sind.

1. Zurückweisung des Transfers

Im Falle, dass der Zahlungsdienstleister den Transfer aufgrund der fehlenden/ unvollständigen Angaben zurückweist, hat er keine weiteren Pflichten bezüglich des Transfers. Um einen reibungslosen Zahlungsverkehr zu gewährleisten, sollte er jedoch dem Zahlungsdienstleister des Auftraggebers oder dem zwischengeschalteten Zahlungsdienstleister mitteilen, dass er den Transfer aufgrund fehlender/unvollständiger Angaben zurückweist.

4

2. Aussetzung des Transfers

Entscheidet der Zahlungsdienstleister des Begünstigten aufgrund seiner risikobasierten Analyse, dass ein Transfer ausgesetzt werden soll, bis ihm die vollständigen Angaben (Art. 4 Abs. 1, 2, Art. 5 Abs. 1, Art. 6 GTVO) vorliegen, so hat er den Transfer anzuhalten und dem **in der Zahlungskette unmittelbar vorhergehenden Zahlungsdienstleister** mitzuteilen, dass der Transfer ausgesetzt wird und dem Zahlungsdienstleister des Begünstigten die fehlenden Daten zu liefern sind beziehungsweise zulässige Buchstaben oder Zeichen zu verwenden sind.

5

Der aussetzende Zahlungsdienstleister sollte dabei dem vorhergehenden Zahlungsdienstleister eine angemessene Frist zur Lieferung der fehlenden Informationen setzen. Dabei ist zu unterscheiden, ob der vorhergehende Zahlungsdienstleister in der Zahlungskette innerhalb oder außerhalb des EWR sitzt. Bei einem Zahlungsdienstleister innerhalb des **EWR** sollte diese **Frist drei Arbeitstage** nicht überschreiten.[3] Ob bei grenzüberschreitenden Transfers lokale Feiertage bei der Berechnung der Arbeitstage zu berücksichtigen sind, ist fraglich. Vor dem Hintergrund der Pflichtverletzung des vorhergehenden Zahlungsdienstleisters sollte auf lokale Feiertage im Land des pflichtverletzenden Zahlungsdienstleisters keine Rücksicht bei der Fristberechnung genommen werden. Zudem würde die Berücksichtigung lokaler Feiertage schwerer zu überwachen sein, da von Zahlungsdienstleistern nicht verlangt werden kann, von allen Ländern, ggf. sogar regional unterschiedliche, Feiertage zu kennen. Davon zu unterscheiden ist die Regelung, die für behördliche Auskunftsersuchen gilt.[4]

6

---

2 JC/GL/2017/16, Rn. 30.
3 JC/GL/2017/16, Rn. 35.
4 ErwG 28.

7   Bei Transfers von Zahlungsdienstleistern **außerhalb des EWR** kann die Frist auf **fünf Arbeitstage** verlängert werden.[5] Im Einzelfall kann, soweit es sich um eine komplexe Zahlungsdienstleisterkette handelt, diese Frist verlängert werden.

8   Diese Frist sollte vom angefragten Zahlungsdienstleister eingehalten werden. Ist dies nicht der Fall, steht es im Ermessen des anfragenden Zahlungsdienstleisters, eine Nachfrist zu setzen. Eine Nachfrist kann, je nach risikobasierter Einstufung des Transfers und des Zahlungsdienstleisters, mit einer Warnung, künftig alle vom betreffenden Zahlungsdienstleister Transfers in die Hochrisikoprüfung zu übernehmen, verbunden werden. Zusätzlich wäre der betreffende Zahlungsdienstleister in eine Liste aufzunehmen, die alle Zahlungsdienstleister erfasst, die wiederholt gegen die Vorgaben der Verordnung verstoßen haben. Dies ist dem betroffenen Zahlungsdienstleister ebenfalls mitzuteilen.

3. Ausführung des Transfers

9   Sollte sich der Zahlungsdienstleister des Begünstigten dazu entschließen, trotz der fehlenden/unvollständigen Angaben den Transfer auszuführen, so entbindet ihn dies nicht von seiner Pflicht, beim vorhergehenden Zahlungsdienstleister nach den fehlenden Angaben zu fragen. Die Gründe für die Ausführung des Transfers trotz positiver Feststellung von fehlenden/unvollständigen Angaben durch die Echtzeitprüfung sind vom Zahlungsdienstleister des Begünstigten zu dokumentieren. Ein Grund hierfür kann sein, dass der betroffene Transfer von einem Zahlungsdienstleister übermittelt wird, der bisher zuverlässig war. Es ist jedenfalls eine Frage des Risikoappetits des Zahlungsdienstleisters des Begünstigten, ob er einen Transfer trotz positiver Kenntnis der Unvollständigkeit/ Fehlerhaftigkeit ausführt.

10   Die zu setzende Rückmeldefrist entspricht derjenigen im Falle, dass der Transfer ausgesetzt wird (siehe → Rn. 6 f.).

4. Dokumentation des Vorgehens

11   Unabhängig davon, ob der Transfer zurückgewiesen, zurückgehalten oder ausgeführt wird, ist die Entscheidung für das jeweilige Vorgehen zu begründen und zu dokumentieren. Dies ist insbesondere im eigenen Interesse des dokumentierenden Zahlungsdienstleisters, da er so mögliche Versäumnisse, z.B. der Frist zur Gutschrift (Art. 83, 84 der Richtlinie (EU) 2015/2366), gegenüber der Aufsicht begründen kann.[6] Hieraus ergibt sich der Vorrang der Geldwäsche-/Terrorismusfinanzierungsprüfung gegenüber der Fristeinhaltung der Zahlungsausführung.

---

5 JC/GL/2017/16, Rn. 35.
6 JC/GL/2017/16, Rn. 38.

III. Verfahren bei Ex-post-Prüfung

Prüft der Zahlungsdienstleister des Begünstigten die Transfers erst ex-post auf   12
ihre Vollständigkeit und Richtigkeit, so hat er einen fehlerhaften Transfer bereits
ausgeführt, bevor er Maßnahmen ergreifen kann. Folglich bleibt ihm dann nur
noch die Möglichkeit, die Unvollständigkeit des Transfers zu dokumentieren
und die fehlenden Angaben vom vorhergehenden Zahlungsdienstleister anzufra-
gen. Dabei hat der Zahlungsdienstleister des Begünstigten allerdings dasselbe
Verwarnverfahren bei Zahlungsdienstleistern, die wiederholt auffallen, unvollständige Transfers zu liefern, durchzuführen, wie dies auch Zahlungsdienstleister anwenden, die in Echtzeit die eingehenden Transfers überwachen.

Entscheidend ist hierbei die ordentliche und nachvollziehbare Dokumentation   13
des Vorgehens, um im Zweifel der Aufsichtsbehörde die Entscheidung für das
jeweilige Vorgehen begründen zu können.[7]

IV. Wiederholtes Fehlverhalten eines Zahlungsdienstleisters (Art. 8 Abs. 2 GTVO)

Für wiederholtes Liefern von unvollständigen oder fehlerhaften Transfers durch   14
einen Zahlungsdienstleister sieht Art. 8 Abs. 2 GTVO Sanktionen gegen diesen
Zahlungsdienstleister vor, die zwar (zunächst) nicht aufsichtlicher Natur sind,
aber durch die die Zahlungsdienstleister untereinander dazu gebracht werden
sollen, sich verordnungsgemäß zu verhalten. Letztlich soll eine Art der Selbst-
regulierung der Branche erreicht werden.

Eine Definition für „wiederholtes" Fehlverhalten ist weder in der Verordnung   15
noch in den Leitlinien zu finden. Auch hier setzt der Verordnungsgeber auf den
risikobasierten Ansatz und überlässt es den Zahlungsdienstleistern im Rahmen
ihrer eigenen Risikoanalyse zu entscheiden, ab wann ein Zahlungsdienstleister
„wiederholt" unvollständige/fehlende Angaben geliefert hat. Allerdings geben
die Leitlinien den Zahlungsdienstleistern zahlreiche **Anhaltspunkte quantitativer und qualitativer Art**, die bei solch einer Analyse berücksichtigt werden
können.[8] Die Aufsichtsbehörde, die die Meldung erhält (Art. 8 Abs. 2 Satz 2
GTVO), wird die Europäische Bankaufsichtsbehörde über diese Meldung informieren.[9]

Entscheidend für die risikobasierte Ermittlung der Definition von „wiederhol-   16
tem" Fehlverhalten ist, dass der Zahlungsdienstleister in einer internen Richtlinie Kriterien entwickelt und definiert hat, anhand derer er ein „wiederholtes"

---

7 JC/GL/2017/16, Rn. 43.
8 JC/GL/2017/16, Rn. 50, 51.
9 JC/GL/2017/16, Rn. 55.

Fehlverhalten festmacht und entsprechende Konsequenzen zieht. Ein mögliches Vorgehen in der Konsequenz von Fehlverhalten könnte z. B. folgende Schritte umfassen:

– Anmahnung von den möglichen, nachfolgend beschriebenen Schritten gegenüber dem betroffenen Zahlungsdienstleister,
– Ankündigung einer verstärkten Überwachung, wie Echtzeitprüfungen aller Transfers des entsprechenden Zahlungsdienstleisters,
– Warnung, alle weiteren Transfers dieses Zahlungsdienstleisters zurückzuweisen,
– Einschränkung oder Kündigung der Geschäftsbeziehung mit diesem Zahlungsdienstleister als ultima ratio.

17   In jedem Fall muss ein Zahlungsdienstleister, der bei einem anderen Zahlungsdienstleister wiederholtes Fehlverhalten im Sinne von Art. 7, 8 GTVO feststellt, der nationalen Aufsichtsbehörde[10] eine **Meldung** hierüber zukommen lassen.[11] Die BaFin erwartet hierbei, dass die jeweiligen Meldungen zu Quartalsbeginn für das jeweils abgelaufene Quartal zu erfolgen haben. Dies gilt auch in Fällen, in denen der betroffene Zahlungsdienstleister in einem anderen Land sitzt.

18   Vor der Beendigung einer Geschäftsbeziehung mit einem unzuverlässigen Zahlungsdienstleister aus einem Drittland verlangen die Leitlinien zunächst eine Prüfung, ob dieser Schritt verhältnismäßig vor dem Hintergrund der politisch angestrebten finanziellen Inklusion[12] aller Länder wäre. Hierzu sollten Maßnahmen geprüft werden, die möglicherweise das Risiko der Zusammenarbeit mit diesem Zahlungsdienstleister aus einem Drittland minimieren können.

Art. 9 Bewertung und Verdachtsmeldung

Bei der Bewertung, ob ein Geldtransfer oder eine damit verbundene Transaktion verdächtig ist und ob er der zentralen Meldestelle·gemäß der Richtlinie (EU) 2015/849 zu melden ist, berücksichtigt der Zahlungsdienstleister des Begünstigten als einen Faktor, ob Angaben zum Auftraggeber oder zum Begünstigten fehlen oder unvollständig sind.

---

10 BaFin für Deutschland.
11 Meldeformular im Anhang von JC/GL/2017/16; siehe auch BaFin-Hinweise zur Geldtransferverordnung, https://www.bafin.de/dok/11887902, zuletzt abgerufen am 5.1.2022.
12 FATF (https://www.fatf-gafi.org/publications/financialinclusion/documents/financialinclusion-cdd-2017.html) und die G20 (https://www.gpfi.org/sites/gpfi/files/sites/default/files/G20%202020%20Financial%20Inclusion%20Action%20Plan.pdf) befürworten die finanzielle Inklusion; beides zuletzt abgerufen am 5.1.2022.

I. Bewertung

Die Vorschrift gilt es für den Zahlungsdienstleister des Begünstigten zu beach- **1**
ten, wenn eine Entscheidung getroffen werden muss, ob der Geldtransfer an die
zentrale Meldestelle, die Financial Intelligence Unit, in Deutschland die Zentralstelle für Finanztransaktionsuntersuchungen, gemeldet werden muss. Neben den
klassischen Faktoren für einen auffälligen Transfer (z. B. Smurfing) ist auch der
Umstand, ob Angaben zum Auftraggeber oder zum Begünstigten fehlen oder unvollständig sind, mit in die Bewertung einzubeziehen und zu gewichten.

II. Verdachtsmeldung an die Behörde

Die zentrale Meldestelle ist in Deutschland die Zentralstelle für Finanztransak- **2**
tionsuntersuchungen (FIU). Die Aufgaben und der Prozess einer Meldung an die
FIU ist in den Abschnitten 5 und 6 des Geldwäschegesetzes geregelt (siehe Kommentierung dort, → § 43 ff. GwG).

Art. 10 Erhaltung der Angaben zum Auftraggeber und zum Begünstigten bei einem Geldtransfer

Zwischengeschaltete Zahlungsdienstleister sorgen dafür, dass alle Angaben, die sie zum Auftraggeber und zum Begünstigten erlangt haben und die zusammen mit einem Geldtransfer übermittelt werden, auch bei der Weiterleitung des Transfers erhalten bleiben.

Übersicht

I. Allgemeines

1 Eine der Neuerungen der Verordnung ist die explizite Erfassung von zwischengeschalteten Zahlungsdienstleistern und das Auferlegen von Pflichten in Abschnitt 3. Dies wirkt sich in der Zusammenschau mit dem Anwendungsbereich der Verordnung praktisch auf die Korrespondenzbankbeziehungen mit Drittstaaten erheblich aus. Die von einem Drittstaat kommenden Datensätze mit den nach Art. 4 ff. erforderlichen Angaben müssen nun vom zwischengeschalteten Zahlungsdienstleister erhalten und vollständig weitergegeben werden. Anhand der weiteren Regelungen in Art. 11 ff. GTVO lässt sich erkennen, dass auch der zwischengeschaltete Zahlungsdienstleister keinen Transfer mit einem unvollständigen Datensatz weitertransferieren darf. Folglich ist der zwischengeschaltete Zahlungsdienstleister verpflichtet, unvollständige Datensätze zu erkennen und mit diesen anhand von implementierten Verfahren gemäß Art. 11 GTVO zu verfahren (siehe → Art. 11 GTVO).

II. Überprüfung der Transaktionen

2 In der Praxis wirkt sich die Anforderung sowohl auf das Verfahren bei eingehenden Zahlungen als auch bei ausgehenden Zahlungen aus. Es ist insbesondere darauf zu achten, dass Informationen, die gemäß Art. 4 ff. GTVO erforderlich sind, aber ggf. in einem falschen Feld eingetragen sind, so z. B. ein Ländercode, auffallen und entsprechend berücksichtigt werden. Dazu gehört auch, die Weiterleitung aller Angaben zum Auftraggeber oder Begünstigten ermöglichen, unabhängig davon, ob diese Angaben nach der Verordnung (EU) 2015/847 (im Ergebnis GTVO) benötigt werden.[1] Dies unterstreicht den Anspruch der Verordnung an zwischengeschaltete Zahlungsdienstleister, entsprechende Systeme, die diese Anforderungen erfüllen können, zu unterhalten.

Der zwischengeschaltete Zahlungsdienstleister sollte über wirksame risikoba- **3** sierte Verfahren verfügen, die zur Anwendung kommen, wenn die erforderlichen Angaben zum Auftraggeber oder zum Begünstigten fehlen, damit sie entscheiden können, ob der betreffende Geldtransfer ausgeführt, zurückgewiesen oder ausgesetzt wird und welche Folgemaßnahmen angemessenerweise zu treffen sind.[2]

Art. 11 Feststellung fehlender Angaben zum Auftraggeber oder zum Begünstigten

(1) Der zwischengeschaltete Zahlungsdienstleister richtet wirksame Verfahren ein, mit deren Hilfe er feststellen kann, ob die Felder für Angaben zum Auftraggeber und zum Begünstigten in dem zur Ausführung des Geldtransfers verwendeten Nachrichten- oder Zahlungs- und Abwicklungssystem unter Verwendung der im Einklang mit den Übereinkünften über das betreffende System zulässigen Buchstaben oder Einträge ausgefüllt wurden.

(2) Der zwischengeschaltete Zahlungsdienstleister richtet wirksame Verfahren ein, einschließlich – soweit angebracht – einer nachträglichen Überwachung oder einer Echtzeitüberwachung, mit deren Hilfe er feststellen kann, ob folgende Angaben zum Auftraggeber oder zum Begünstigten fehlen:

a) im Falle von Geldtransfers, bei denen die Zahlungsdienstleister des Auftraggebers und des Begünstigten ihren Sitz in der Union haben, die in Artikel 5 genannten Angaben;

b) im Falle von Geldtransfers, bei denen der Zahlungsdienstleister des Auftraggebers oder des Begünstigten seinen Sitz außerhalb der Union hat, die in Artikel 4 Absätze 1 und 2 genannten Angaben;

---

1 ESA-Leitlinie JC/GL/2017/16, S. 18 Rn. 59.
2 ErwG 23.

c) **im Falle von Sammelüberweisungen, bei denen der Zahlungsdienstleister des Auftraggebers oder des Begünstigten seinen Sitz außerhalb der Union hat, die in Artikel 4 Absätze 1 und 2 genannten Angaben in Bezug auf die Sammelüberweisung.**

Übersicht

I. Allgemeines

1 Wie auch bereits der Zahlungsdienstleister des Begünstigten hat der zwischengeschaltete Zahlungsdienstleister über wirksame risikobasierte Verfahren zu verfügen, die zur Anwendung kommen, wenn die erforderlichen Angaben zum Auftraggeber oder zum Begünstigten fehlen oder unvollständig sind, damit er entscheiden kann, ob der betreffende Geldtransfer ausgeführt, zurückgewiesen oder ausgesetzt wird und welche Folgemaßnahmen angemessener Weise zu treffen sind. Grundsätzlich entspricht dies den Anforderungen wie in Art. 7 GTVO beschrieben.

II. Besondere Vorgaben für zwischengeschaltete Zahlungsdienstleister

2 Der zwischengeschaltete Zahlungsdienstleister hat zusätzlich zu den in Art. 7 GTVO beschriebenen Pflichten darauf zu achten, dass eine Übertragung der zum Auftraggeber und Begünstigten erhaltenen Angaben in ein anderes Format ohne Fehler und ohne Datenverlust abläuft. Dazu gehört auch, dass die zwischengeschalteten Zahlungsdienstleister über Systeme verfügen, die diese Aufgabe leisten können und dabei die Vorgaben der Verordnung einhalten können.

Art. 12 Geldtransfers mit fehlenden Angaben zum Auftraggeber oder zum Begünstigten

(1) **Der zwischengeschaltete Zahlungsdienstleister richtet wirksame risikobasierte Verfahren ein, mit deren Hilfe festgestellt werden kann, ob ein Geldtransfer, bei dem die vorgeschriebenen Angaben zum Auftraggeber und zum Begünstigten nicht enthalten sind, auszuführen, zurückzuweisen**

oder auszusetzen ist, und welche Folgemaßnahmen angemessenerweise zu treffen sind.

Stellt der zwischengeschaltete Zahlungsdienstleister bei Erhalt von Geldtransfers fest, dass die in Artikel 4 Absätze 1 oder 2, Artikel 5 Absatz 1 oder Artikel 6 genannten Angaben zum Auftraggeber oder zum Begünstigen fehlen oder nicht, wie in Artikel 7 Absatz 1 vorgegeben, unter Verwendung der im Einklang mit den Übereinkünften über das Nachrichten- oder Zahlungs- und Abwicklungssystem zulässigen Buchstaben oder Einträgen ausgefüllt wurden, so weist er auf risikoorientierter Grundlage den Transferauftrag zurück oder fordert die vorgeschriebenen Angaben zum Auftraggeber und zum Begünstigten an, bevor oder nachdem er den Geldtransfer übermittelt.

(2) Versäumt es ein Zahlungsdienstleister wiederholt, die vorgeschriebenen Angaben zum Auftraggeber oder zum Begünstigten vorzulegen, so ergreift der zwischengeschaltete Zahlungsdienstleister Maßnahmen, die anfänglich Verwarnungen und Fristsetzungen umfassen können, bevor er entweder alle künftigen Transferaufträge dieses Zahlungsdienstleisters zurückweist oder die Geschäftsbeziehungen zu diesem Zahlungsdienstleister beschränkt oder beendet.

Der zwischengeschaltete Zahlungsdienstleister meldet dieses Versäumnis sowie die ergriffenen Maßnahmen der für die Überwachung der Einhaltung der Vorschriften über die Bekämpfung von Geldwäsche und Terrorismusfinanzierung zuständigen Behörde.

Für zwischengeschaltete Zahlungsdienstleister gelten die zu Art. 8 GTVO gemachten Ausführungen gleichermaßen. 1

Art. 13 Bewertung und Verdachtsmeldung

Bei der Bewertung, ob ein Geldtransfer oder eine damit verbundene Transaktion verdächtig ist und ob diese(r) der zentralen Meldestelle gemäß der Richtlinie (EU) 2015/849 zu melden ist, berücksichtigt der zwischengeschaltete Zahlungsdienstleister als einen Faktor, ob Angaben zum Auftraggeber oder zum Begünstigten fehlen.

Übersicht

I. Bewertung der Transaktion

1   Die Vorschrift gilt für den zwischengeschalteten Zahlungsdienstleister, wenn eine Entscheidung getroffen werden muss, ob ein Geldtransfer aufgrund des Verdachts der Geldwäsche oder Terrorismusfinanzierung an die zentrale Meldestelle, die Financial Intelligence Unit, in Deutschland die Zentralstelle für Finanztransaktionsuntersuchungen, gemeldet werden muss. Neben den klassischen Faktoren für einen auffälligen Transfer (z.B. Smurfing) ist auch der Umstand, ob Angaben zum Auftraggeber oder zum Begünstigten fehlen, mit in die Bewertung einzubeziehen und zu gewichten. Die parallele Vorschrift für Zahlungsdienstleister des Begünstigten enthält neben der Einbeziehung, ob Angaben fehlen, noch die Möglichkeit, dass Angaben unvollständig sind. Dass dies in Art. 13 GTVO nicht enthalten ist, ist als redaktionelles Versehen zu verstehen. Der Pflichtenkatalog sollte in diesem Zusammenhang für die Zahlungsdienstleister identisch sein. Ein Gleichlauf ist bereits dem Erwägungsgrund der Verordnung zu entnehmen, der nicht zwischen dem Zahlungsdienstleister des Begünstigten und des zwischengeschalteten Zahlungsdienstleisters im Zusammenhang mit der risikobasierten Einschätzung, ob verdächtige Transaktionen gemeldet werden müssen, unterscheidet.[1]

II. Abgabe der Verdachtsmeldung

2   Die zentrale Meldestelle ist in Deutschland die Zentralstelle für Finanztransaktionsuntersuchungen (FIU). Die Aufgaben und der Prozess einer Meldung an die FIU ist in den Abschnitten 5 und 6 des Geldwäschegesetzes geregelt (siehe Kommentierung dort, → §§ 43 ff. GwG).

---

1 ErwG 24.

Kapitel III
Informationen, Datenschutz und Aufbewahrung von Aufzeichnungen

Art. 14 Erteilung von Informationen

Zahlungsdienstleister beantworten vollständig und unverzüglich, auch über eine zentrale Kontaktstelle gemäß Artikel 45 Absatz 9 der Richtlinie (EU) 2015/849, falls eine solche Kontaktstelle benannt wurde, und unter Einhaltung der Verfahrensvorschriften des Rechts seines Sitzmitgliedstaats ausschließlich Anfragen der für die Bekämpfung von Geldwäsche oder Terrorismusfinanzierung zuständigen Behörden dieses Mitgliedstaats zu den nach dieser Verordnung vorgeschriebenen Angaben.

Übersicht

I. Informationsweitergabe

Zum Schutz der personenbezogenen Daten, die im Rahmen der Einhaltung dieser Verordnung erlangt wurden, sind die Zahlungsdienstleister angehalten, ausschließlich Anfragen der **zuständigen Behörden**, also den Aufsichtsbehörden der Zahlungsdienstleister sowie der Zentralen Finanzstelle für Finanztransaktionsuntersuchungen, den Polizei- und Ermittlungsbehörden, zu beantworten. Dies geschieht unter Einhaltung der Verfahrensvorschriften des Sitzmitgliedstaates des Zahlungsdienstleisters, die bei Zweigstellen und Zweigniederlassungen vom Recht des Aufnahmemitgliedstaates abweichen kann.   **1**

Die Anfragen der Behörden sind **unverzüglich**, also ohne schuldhaftes Zögern, zu beantworten. Dies ist auch dann noch gewährleistet, wenn zur verständlichen und/oder sinnvollen Beantwortung der Anfrage auf Rückmeldung von anderer Stelle gewartet werden muss. Die Grenze dürfte jedoch dann überschritten sein, wenn der Zahlungsdienstleister sich nicht redlich bemüht, binnen kürzester Zeit diese Informationen zu erhalten. Im Zweifel scheint eine Abstimmung mit der anfragenden Behörde sinnvoll.   **2**

Die Anfragen sind **vollständig** zu beantworten. Dazu gehören alle zu dem angefragten Transfer vorhandenen Informationen und Unterlagen, um den Sachverhalt des in Frage stehenden Transfers nachvollziehen zu können. Interne Bewertungen   **3** zu einem Transfer und Unterlagen kann dies ebenso betreffen wie Informationen, die im Rahmen einer Rückfrage gemäß Art. 8, 12 GTVO erlangt wurden.

II. Zentrale Kontaktstelle

4   Die Möglichkeit der Mitgliedstaaten von den in Art. 45 Abs. 9 der Richtlinie (EU) 2015/849 genannten Zahlungsdienstleistern zu verlangen, eine zentralen Kontaktstelle einzurichten, ist von Deutschland nicht wahrgenommen worden.

Art. 15 Datenschutz

(1) Für die Verarbeitung personenbezogener Daten im Rahmen dieser Verordnung gilt die Verordnung (EU) 2016/679 des Europäischen Parlaments und des Rates. Für die Verarbeitung personenbezogener Daten im Rahmen dieser Verordnung durch die Kommission oder die EBA gilt die Verordnung (EU) 2018/1725 des Europäischen Parlament und des Rates.

(2) Personenbezogene Daten dürfen von Zahlungsdienstleistern auf der Grundlage dieser Verordnung ausschließlich für die Zwecke der Verhinderung von Geldwäsche und Terrorismusfinanzierung verarbeitet werden und nicht in einer Weise weiterverarbeitet werden, die mit diesen Zwecken unvereinbar ist. Es ist untersagt, personenbezogene Daten auf der Grundlage dieser Verordnung für kommerzielle Zwecke zu verarbeiten.

(3) Zahlungsdienstleister stellen neuen Kunden die nach Artikel 10 der Richtlinie 95/46/EG vorgeschriebenen Informationen zur Verfügung, bevor sie eine Geschäftsbeziehung begründen oder gelegentliche Transaktionen ausführen. Diese Informationen umfassen insbesondere einen allgemeinen Hinweis zu den rechtlichen Pflichten der Zahlungsdienstleister bei der Verarbeitung personenbezogener Daten zu Zwecken der Verhinderung von Geldwäsche und Terrorismusfinanzierung gemäß dieser Verordnung.

(4) Zahlungsdienstleister stellen sicher, dass die Vertraulichkeit der verarbeiteten Daten gewahrt ist.

Übersicht

I. Anwendbares Datenschutzrecht (Art. 15 Abs. 1 GTVO)

Die Verarbeitung personenbezogener Daten unterliegt dem Datenschutz. Da ein   1
Zahlungsdienstleister gemäß Art. 4 ff. GTVO zahlreiche personenbezogene Daten von Auftraggebern und Begünstigten erhält, muss der Datenschutz gewährleistet sein. Seit dem 1.1.2020[1] referenziert die Verordnung auf die Europäische Datenschutzgrundverordnung.[2]

II. Zweck der Datenverarbeitung (Art. 15 Abs. 2 GTVO)

Dem datenschutzrechtlichen Verbot mit Erlaubnisvorbehalt wird in Art. 15   2
Abs. 2 GTVO Rechnung getragen und die Datenverarbeitung ausdrücklich zum Zweck der Verarbeitung von personenbezogenen Daten, die über Art. 4 ff. GTVO erlangt wurden, gestattet. Die Grenze der für die Zwecke der Verhinderung von Geldwäsche und Terrorismusfinanzierung findet sich dort, wo es nicht mehr vereinbar mit den Zielen der Geldwäscheprävention ist. Folglich können Daten in Systemen verarbeitet werden, die dem Zweck der Geldwäscheprävention dienen und damit vereinbar sind. Dazu kann auch der **Austausch von Daten** innerhalb eines (internationalen) Konzerns unter Beachtung bestimmter Voraussetzungen gehören.[3] Eine Nutzung der personenbezogenen Daten ohne Bezug zum Verordnungszweck ist untersagt. **Kommerzielle Zwecke** sind solche, die dem Zahlungsdienstleister wirtschaftlichen Nutzen bringen, ohne dem Verordnungszweck zu dienen. Darunter fallen Marketingmaßnahmen, Analyse des Kundenverhaltens anhand der Daten usw.

III. Informationspflichten des Zahlungsdienstleisters (Art. 15 Abs. 3 GTVO)

Die Informationspflicht gegenüber neuen Kunden als Betroffene, deren perso-   3
nenbezogene Daten verarbeitet werden, richten sich nach Art. 10 der Richtlinie 95/46/EG, der Datenschutzrichtlinie als Vorgängerrechtsakt der Datenschutzgrundverordnung.[4] Im Kern müssen dem Betroffenen folgende Informationen zur Verfügung gestellt werden:

---

1 Art. 6 Nr. 1 der Verordnung (EU) 2019/2175.
2 Verordnung (EU) 2016/679.
3 ErwG 11. Dies wird auch von der FATF ausdrücklich im Leitfaden „Private Sector Information Sharing" betont, http://www.fatf-gafi.org/media/fatf/documents/recommendati ons/Private-Sector-Information-Sharing.pdf, zuletzt abgerufen am 5.1.2022.
4 Verordnung (EU) 2016/679.

„Artikel 10 der Datenschutzrichtlinie

Information bei der Erhebung personenbezogener Daten bei der betroffenen Person

Die Mitgliedstaaten sehen vor, daß die Person, bei der die sie betreffenden Daten erhoben werden, vom für die Verarbeitung Verantwortlichen oder seinem Vertreter zumindest die nachstehenden Informationen erhält, sofern diese ihr noch nicht vorliegen:

a) *Identität des für die Verarbeitung Verantwortlichen und gegebenenfalls seines Vertreters,*

b) *Zweckbestimmungen der Verarbeitung, für die die Daten bestimmt sind,*

c) *weitere Informationen, beispielsweise betreffend*
   - *die Empfänger oder Kategorien der Empfänger der Daten,*
   - *die Frage, ob die Beantwortung der Fragen obligatorisch oder freiwillig ist, sowie mögliche Folgen einer unterlassenen Beantwortung,*
   - *das Bestehen von Auskunfts- und Berichtigungsrechten bezüglich sie betreffender Daten,*

sofern sie unter Berücksichtigung der spezifischen Umstände, unter denen die Daten erhoben werden, notwendig sind, um gegenüber der betroffenen Person eine Verarbeitung nach Treu und Glauben zu gewährleisten."

4   In der Datenschutzgrundverordnung sind die Informationspflichten in Art. 13, 14 DSGVO geregelt und seit Mai 2018 anwendbar. Teilweise haben die kreditwirtschaftlichen Verbände **Mustertextbausteine** oder Formulierungshilfen entworfen, die die Anwendung dieser Vorschrift in der Praxis erleichtern und den in Art. 15 Abs. 3 Satz 2 GTVO niedergelegten Anforderungen entsprechen.

5   **Bestandskunden** sind von der Informationspflicht nach der Verordnung zwar nicht erfasst, aber aus datenschutzrechtlichen Gesichtspunkten ist eine Information ebenfalls im Zuge der Umsetzung der Datenschutzgrundverordnung zu prüfen.

IV. Vertraulichkeit der Daten (Art. 15 Abs. 4 GTVO)

6   Die Vertraulichkeit der Daten muss sichergestellt werden. Dazu zählt ein **Benutzerberechtigungsmanagement**, in dem fest definiert ist, welcher Mitarbeiter des Zahlungsdienstleisters Zugang zu welchen personenbezogenen Daten haben muss und darf. Sicherlich sind dies die mit der Geldwäscheprävention befassten Mitarbeiter, sowie Mitarbeiter im Zahlungsverkehr, die qua Aufgabe bereits mit den Daten arbeiten müssen. Das zur Vertraulichkeit gehörende Löschkonzept ist unter Berücksichtigung der Vorgaben von Art. 16 zu implementieren.

Die **technisch-organisatorische Sicherheit** gehört ebenfalls zu einem profes- 7
sionellen Vertraulichkeitskonzept. Hier sind nach dem aktuellen technischen
Standard Maßnahmen zu ergreifen, um Angriffe von außen und innen (siehe →
Rn. 6) zu vermeiden. Neben den Sicherheitsupdates und der vom Dienstleister
zur Verfügung gestellten Aktualisierungen sind auch die Mitarbeiter für dieses
Thema zu sensibilisieren (z.B. Schulungen, Arbeitsanweisungen). Ebenso sind
Vorkehrungen gegen versehentlichen Verlust, Veränderung, unbefugter Weitergabe oder gegen unbefugten Zugriff zu treffen.[5] Ein Notfallmanagementplan
sollte für den Eintritt eines der genannten Szenarien vorliegen. Im Ergebnis können hier die grundsätzlichen Vorgehensweisen, die aus dem Datenschutzrecht
bekannt sind, angewandt werden.

Art. 16 Aufbewahrung von Aufzeichnungen

**(1) Angaben zum Auftraggeber und zum Begünstigten dürfen nicht länger
als unbedingt erforderlich aufbewahrt werden. Die Zahlungsdienstleister
des Auftraggebers und des Begünstigten bewahren Aufzeichnungen der in
den Artikeln 4 bis 7 genannten Angaben fünf Jahre lang auf.**

**(2) Nach Ablauf der in Absatz 1 genannten Aufbewahrungsfrist stellen die
Zahlungsdienstleister sicher, dass die personenbezogenen Daten gelöscht
werden, es sei denn, das nationale Recht enthält andere Bestimmungen, die
regeln, unter welchen Umständen die Zahlungsdienstleister die Daten länger aufbewahren dürfen oder müssen. Die Mitgliedstaaten dürfen eine weitere Aufbewahrung nur nach einer eingehenden Prüfung der Erforderlichkeit und Verhältnismäßigkeit einer solchen weiteren Aufbewahrung
gestatten oder vorschreiben, wenn sie dies für die Verhinderung, Aufdeckung oder Ermittlung von Geldwäsche oder Terrorismusfinanzierung für
erforderlich halten. Die Frist für diese weitere Aufbewahrung darf einen
Zeitraum von fünf Jahren nicht überschreiten.**

**(3) Ist in einem Mitgliedstaat am 25. Juni 2015 ein Gerichtsverfahren be-
treffend die Verhinderung, Aufdeckung, Ermittlung oder Verfolgung von
mutmaßlicher Geldwäsche oder Terrorismusfinanzierung anhängig und besitzt ein Zahlungsdienstleister Informationen oder Unterlagen im Zusammenhang mit diesem anhängigen Verfahren, so darf der Zahlungsdienstleister diese Informationen oder Unterlagen im Einklang mit den nationalen
Rechtsvorschriften ab dem 25. Juni 2015 fünf Jahre lang aufbewahren. Die
Mitgliedstaaten können unbeschadet ihrer Beweisregelungen im nationalen**

---

5 ErwG 11.

Strafrecht, die auf laufende strafrechtliche Ermittlungen und Gerichtsverfahren Anwendung finden, die Aufbewahrung dieser Informationen oder Unterlagen für weitere fünf Jahre gestatten oder vorschreiben, sofern die Erforderlichkeit und Verhältnismäßigkeit dieser weiteren Aufbewahrung für die Verhinderung, Aufdeckung, Ermittlung oder Verfolgung mutmaßlicher Geldwäsche oder Terrorismusfinanzierung festgestellt wurde.

Übersicht

I. Allgemeine Aufbewahrungsfrist (Art. 16 Abs. 1 GTVO)

1   Die allgemeine Aufbewahrungsfrist für Angaben von Auftraggeber und Begünstigten, die die Zahlungsdienstleister gemäß Art. 4–7 GTVO erlangt haben, sind fünf Jahre lang aufzubewahren. **Zwischengeschaltete Zahlungsdienstleister** sind von Art. 16 Abs. 1 Satz 2 GTVO nicht erfasst, fallen aber in den Anwendungsbereich des Satz 1, sodass sie die Angaben zu Auftraggeber und Begünstigten zwar aufbewahren müssen, jedoch nicht länger als nötig, sodass auch hier von einer maximalen Speicherdauer von fünf Jahren auszugehen ist.

2   Der **Fristbeginn** ist in der Verordnung nicht definiert, sondern folgt den Vorgaben des Datenschutzrechts. Um hier einen Gleichlauf mit den Vorgaben der Richtlinie (EU) 2015/849 sicherzustellen, ist es sinnvoll, hier auf die Regelungen im GwG zur Aufbewahrungsfrist zurückzugreifen (§ 8 Abs. 4 GwG analog).

II. Weitere Aufbewahrung (Art. 16 Abs. 2 GTVO)

3   Die Löschung aller personenbezogenen Daten nach Ablauf von fünf Jahren ist gemäß den gültigen datenschutzrechtlichen Vorgaben vorzunehmen. Dies schließt auch die Löschung von sämtlichen Sicherheitskopien ein. Regelmäßige Prüfungen, ob Datensätze aufgrund Zeitablauf zu löschen sind, sollten implementiert werden. Um sicherzustellen, dass die Löschung tatsächlich vollständig fristgerecht vorgenommen wurde, empfiehlt sich eine dem Datenschutzrecht entsprechende **Dokumentation**.

4   **Andere nationale Bestimmungen**, die längere Aufbewahrungsfristen vorsehen, sind z. B. solche des Handelsgesetzbuches oder der Abgabenordnung. Eine weitere Aufbewahrung aufgrund einer speziellen nationalen Regelung, die über die

gestatteten fünf Jahre hinausgeht und für die Verhinderung, Aufdeckung oder
Ermittlung von Geldwäsche oder Terrorismusfinanzierung erforderlich ist, ist
gestattet. Deutschland hat von dieser Möglichkeit keinen Gebrauch gemacht.
Andernfalls wäre eine maximale Aufbewahrungsfrist von insgesamt zehn Jahren
möglich.

III. Maximale Aufbewahrungsfrist, laufende Verfahren (Art. 16 Abs. 3 GTVO)

Eine verlängerte Aufbewahrung über die in Abs. 1 festgelegte Fünfjahresfrist   **5**
wurde für solche Informationen und Unterlagen gewährt, die ein einschlägiges
Gerichtsverfahren betreffen, das bereits zum Zeitpunkt des Inkrafttretens der
Verordnung anhängig war. Diese Übergangsfrist endet folglich am 25.6.2020.
Der nationale Gesetzgeber hat hier die Option, die Aufbewahrungsfrist, ähnlich
der Regelung in Art. 16 Abs. 2 GTVO, um weitere fünf Jahre zu verlängern, sofern dies für einschlägige Verfahren erforderlich und verhältnismäßig wäre. So
wäre auch hier eine maximale Aufbewahrungsfrist bis zum 25.6.2015 denkbar.
Deutschland hat hiervon keinen Gebrauch gemacht.

Art. 17 Verwaltungsrechtliche Sanktionen und Maßnahmen

(1) Unbeschadet ihres Rechts, strafrechtliche Sanktionen vorzusehen und zu verhängen, legen die Mitgliedstaaten die Vorschriften für verwaltungsrechtliche Sanktionen und Maßnahmen für Verstöße gegen die Bestimmungen dieser Verordnung fest und ergreifen alle erforderlichen Maßnahmen, um deren Durchführung zu gewährleisten. Die vorgesehenen Sanktionen und Maßnahmen müssen wirksam, angemessen und abschreckend sein und mit denen des Kapitels VI Abschnitt 4 der Richtlinie (EU) 2015/849 im Einklang stehen.

Mitgliedstaaten können beschließen, für Verstöße gegen die Vorschriften dieser Verordnung, die nach ihrem nationalen Recht strafrechtlichen Sanktionen unterliegen, keine Vorschriften für verwaltungsrechtliche Sanktionen oder Maßnahmen festzulegen. In diesem Fall teilen sie der Kommission die einschlägigen strafrechtlichen Vorschriften mit.

(2) Die Mitgliedstaaten stellen sicher, dass bei für Zahlungsdienstleister geltenden Verpflichtungen im Falle von Verstößen gegen die Bestimmungen dieser Verordnung nach dem nationalen Recht Sanktionen oder Maßnahmen gegen die Mitglieder des Leitungsorgans und jede andere natürliche Person, die nach nationalem Recht für den Verstoß verantwortlich ist, verhängt werden können.

(3) Die Mitgliedstaaten teilen der Kommission und dem Gemeinsamen Ausschuss der Europäischen Aufsichtsbehörden die Vorschriften gemäß Absatz 1 bis zum 26. Juni 2017 mit. Die Mitgliedstaaten teilen der Kommission und der EBA unverzüglich jegliche Änderung dieser Vorschriften mit.

(4) Die zuständigen Behörden sind gemäß Artikel 58 Absatz 4 der Richtlinie (EU) 2015/849 mit allen für die Wahrnehmung ihrer Aufgaben erforderlichen Aufsichts- und Ermittlungsbefugnissen ausgestattet. Um zu gewährleisten, dass die verwaltungsrechtlichen Sanktionen oder Maßnahmen die gewünschten Ergebnisse erzielen, arbeiten die zuständigen Behörden bei der Wahrnehmung ihrer Befugnis zur Auferlegung von verwaltungsrechtlichen Sanktionen und Maßnahmen eng zusammen und koordinieren ihre Maßnahmen in grenzüberschreitenden Fällen.

                              Weppner/Kastl

(5) Die Mitgliedstaaten stellen sicher, dass juristische Personen für Verstöße im Sinne des Artikels 18 verantwortlich gemacht werden können, die zu ihren Gunsten von einer Person begangen wurden, die allein oder als Teil eines Organs der juristischen Person gehandelt hat und die aufgrund einer der folgenden Befugnisse eine Führungsposition innerhalb der juristischen Person innehat:

a) Befugnis zur Vertretung der juristischen Person;

b) Befugnis, Entscheidungen im Namen der juristischen Person zu treffen; oder

c) Kontrollbefugnis innerhalb der juristischen Person.

(6) Die Mitgliedstaaten stellen ferner sicher, dass juristische Personen verantwortlich gemacht werden können, wenn mangelnde Überwachung oder Kontrolle durch eine Person im Sinne des Absatzes 5 dieses Artikels das Begehen eines der in Artikel 18 genannten Verstöße zugunsten der juristischen Person durch eine ihr unterstellte Person ermöglicht hat.

(7) Die zuständigen Behörden üben ihre Befugnis zum Verhängen von verwaltungsrechtlichen Sanktionen und Maßnahmen gemäß dieser Verordnung wie folgt aus:

a) unmittelbar;

b) in Zusammenarbeit mit anderen Behörden;

c) in eigener Verantwortung durch Übertragung von Aufgaben an solche anderen Behörden;

d) durch Antragstellung bei den zuständigen Justizbehörden.

Um zu gewährleisten, dass die verwaltungsrechtlichen Sanktionen oder Maßnahmen die gewünschten Ergebnisse erzielen, arbeiten die zuständigen Behörden bei der Wahrnehmung ihrer Befugnis zum Verhängen von verwaltungsrechtlichen Sanktionen und Maßnahmen eng zusammen und koordinieren ihre Maßnahmen in grenzüberschreitenden Fällen.

Art. 17 GTVO richtet sich an die Mitgliedstaaten – diese haben dafür Sorge zu   1
tragen, dass Verstöße gegen die Verordnung angemessen geahndet werden, entweder durch verwaltungsrechtliche oder strafrechtliche Sanktionen. Dem Verordnungsgeber ist insoweit ein Gleichlauf mit dem Sanktionsregime in der Richtlinie (EU) 2015/849 wichtig. Diese Aufgaben hat Deutschland mit dem Sanktionskatalog im Kreditwesengesetz sowie im Zahlungsdiensteaufsichtsgesetz[1] umgesetzt.

---

1 Siehe Kommentierung ZAG.

Art. 18 Besondere Bestimmungen

Die Mitgliedstaaten gewährleisten, dass ihre verwaltungsrechtlichen Sanktionen und Maßnahmen für die im Folgenden genannten Verstöße zumindest die verwaltungsrechtlichen Sanktionen und Maßnahmen nach Artikel 59 Absätze 2 und 3 der Richtlinie (EU) 2015/849 umfassen:

a) wiederholte oder systematische Nichtübermittlung vorgeschriebener Angaben zum Auftraggeber oder zum Begünstigten durch einen Zahlungsdienstleister unter Verstoß gegen die Artikel 4, 5 oder 6;

b) wiederholtes, systematisches oder schweres Versäumnis eines Zahlungsdienstleisters, die Aufbewahrung von Aufzeichnungen gemäß Artikel 16 sicherzustellen;

c) Versäumnis eines Zahlungsdienstleisters, wirksame risikobasierte Verfahren einzuführen, unter Verstoß gegen Artikel 8 oder 12;

d) schwerwiegender Verstoß zwischengeschalteter Zahlungsdienstleister gegen Artikel 11 oder 12.

1   Art. 18 GTVO richtet sich an die Mitgliedstaaten. Die verwaltungsrechtlichen Sanktionen sollen einheitlich sein, während sich die möglichen strafrechtlichen Sanktionen (Art. 17 Abs. 1 GTVO) in den Mitgliedstaaten unterscheiden dürfen. Die Verordnung gibt mit Art. 18 GTVO ein Mindestmaß für die verwaltungsrechtlichen Sanktionen vor, die denjenigen der Richtlinie (EU) 2105/849 entsprechen. Dies hat Deutschland im Kreditwesengesetz und im Zahlungsdiensteaufsichtsgesetz (siehe → Art. 17) umgesetzt.

Art. 19 Bekanntmachung von Sanktionen und Maßnahmen

Im Einklang mit Artikel 60 Absätze 1, 2 und 3 der Richtlinie (EU) 2015/849 machen die zuständigen Behörden verwaltungsrechtliche Sanktionen und Maßnahmen, die in den Artikel 17 und 18 dieser Verordnung genannten Fällen verhängt werden, unverzüglich unter Nennung der Art und des Wesens des Verstoßes und der Identität der für den Verstoß verantwortlichen Personen öffentlich bekannt, falls dies nach einer Prüfung im Einzelfall erforderlich und verhältnismäßig ist.

I. Naming and Shaming

Einem derzeitigen Trend im Aufsichtsrecht folgend, wird mit Art. 19 GTVO das **1** sog. **Naming and Shaming** eingeführt. Dabei werden Art und Weise des Verstoßes öffentlich gemacht. Die Identität der für den Verstoß verantwortlichen Person kann sich sowohl auf eine juristische als auch natürliche Person beziehen. Dies wird durch den Verweis auf Art. 60 der Richtlinie (EU) 2015/849 deutlich, in dem ebenfalls zwischen natürlicher und juristischer Person unterschieden wird.

In der Praxis veröffentlicht die BaFin ihre Maßnahmen auf ihrer Website. Ab **2** wann ein Verstoß zu veröffentlichen ist, obliegt dem Ermessen der Aufsichtsbehörde und ist jeweils eine Einzelfallentscheidung.

Der Verstoß bleibt für fünf Jahre auf der Website der Aufsichtsbehörde veröf- **3** fentlicht (Art. 60 Abs. 3 der Richtlinie (EU) 2015/849).

II. Verwaltungsrechtliche Maßnahmen und Sanktionen

Zuständige Behörde für verwaltungsrechtliche Maßnahmen und Sanktionen ist **4** die BaFin. Naming and Shaming kann für alle in Art. 17 und 18 GTVO möglichen Maßnahmen und Sanktionen verhängt werden.

Art. 20 Anwendung von Sanktionen und Maßnahmen durch die zuständige Behörde

(1) Bei der Festlegung der Art der verwaltungsrechtlichen Sanktionen oder Maßnahmen und der Höhe der Geldbußen berücksichtigen die zuständigen Behörden alle maßgeblichen Umstände, darunter auch die in Artikel 60 Absatz 4 der Richtlinie (EU) 2015/849 genannten.

(2) In Bezug auf gemäß dieser Verordnung verhängte verwaltungsrechtliche Sanktionen und Maßnahmen gilt Artikel 62 der Richtlinie (EU) 2015/849.

Übersicht

<table>
<tr><td></td><td>Rn.</td><td></td><td>Rn.</td></tr>
<tr><td colspan="2">I. Festlegung der Sanktionen
und Maßnahmen
(Art. 20 Abs. 1 GTVO)......... 1</td><td colspan="2">II. Europaweite Übersicht zu
Sanktionen und Maßnahmen
(Art. 20 Abs. 2 GTVO)......... 2</td></tr>
</table>

I. Festlegung der Sanktionen und Maßnahmen (Art. 20 Abs. 1 GTVO)

1 Art. 20 Abs. 1 GTVO verweist auf die in Art. 60 Abs. 4 der Richtlinie (EU) 2015/849 genannten Kriterien, die zur Festlegung der Sanktionen und Maßnahmen im Einzelfall zu berücksichtigen sind. Art. 60 der Richtlinie (EU) 2015/849 ist in § 57 GwG in nationales Recht umgesetzt worden (siehe dort).

II. Europaweite Übersicht zu Sanktionen und Maßnahmen (Art. 20 Abs. 2 GTVO)

2 Auch für den Bereich der Verordnung gilt, dass die nationalen Aufsichtsbehörden den Europäischen Aufsichtsbehörden die Links zu ihren Websites mit den veröffentlichten Maßnahmen und Sanktionen übermitteln. Die Europäischen Aufsichtsbehörden bündeln diese Links ihrerseits auf einer Website, sodass ein Überblick über alle Sanktionsseiten in den Mitgliedstaaten besteht und eine nationale Sanktion bzw. Maßnahme über die zentrale Seite auch für Personen, die nicht mit der lokalen Aufsichtsbehörde vertraut sind, einfach einsehbar ist.

Art. 21 Meldung von Verstößen

(1) Die Mitgliedstaaten richten wirksame Mechanismen ein, um die Meldung von Verstößen gegen diese Verordnung an die zuständigen Behörden zu fördern.

Diese Mechanismen umfassen zumindest die in Artikel 61 Absatz 2 der Richtlinie (EU) 2015/849 genannten.

(2) Die Zahlungsdienstleister richten in Zusammenarbeit mit den zuständigen Behörden angemessene interne Verfahren ein, über die ihre Mitarbeiter oder Personen in einer vergleichbaren Position Verstöße intern über einen sicheren, unabhängigen, spezifischen und anonymen Weg melden können und der in Bezug auf die Art und die Größe des betreffenden Zahlungsdienstleisters verhältnismäßig ist.

I. Meldung von Verstößen gegen die Verordnung (Art. 21 Abs. 1 GTVO)

Es ist Aufgabe der Mitgliedstaaten, wirksame Maßnahmen zu etablieren, die es **1** den nach der Verordnung verpflichteten Zahlungsdienstleistern ermöglichen, Verstöße gegen diese Verordnung[1] den zuständigen Behörden zu melden. Diese Mechanismen umfassen mindestens die folgenden Maßnahmen:

- spezielle Verfahren für die Entgegennahme der Meldung von Verstößen und diesbezüglicher Folgemaßnahmen;
- einen angemessenen Schutz für Angestellte der Verpflichteten oder Personen in einer vergleichbaren Position, die Verstöße innerhalb des Verpflichteten melden;
- einen angemessenen Schutz für die beschuldigte Person;
- den Schutz personenbezogener Daten gemäß den Grundsätzen der Richtlinie 95/46/EG sowohl für die Person, die die Verstöße meldet, als auch für die natürliche Person, die mutmaßlich für einen Verstoß verantwortlich ist;
- klare Vorschriften, die gewährleisten, dass in Bezug auf die Person, die die innerhalb des Verpflichteten begangenen Verstöße meldet, in allen Fällen Vertraulichkeit garantiert wird, es sei denn, eine Weitergabe der Information ist nach nationalem Recht im Rahmen weiterer Ermittlungen oder nachfolgender Gerichtsverfahren erforderlich.

Diese Vorgaben des Art. 61 der Vierten EU-Geldwäscherichtlinie sind in **2** Deutschland mit der Umsetzung der vorgesehenen Sanktionsnormen in § 56 Abs. 4 KWG umgesetzt worden. Entsprechend wird auf die einschlägige Kommentierung hierzu verwiesen.

II. Hinweisgebersystem (Art. 21 Abs. 1 Satz 2 GTVO)

Die zuständigen Aufsichtsbehörden haben ein Hinweisgebersystem einzurich- **3** ten, das es Mitarbeitern der Behörden und der Zahlungsdienstleister ermöglicht, Verstöße gegen die Verordnung zu melden. Diese Vorgabe wurde für die Behördenseite in § 53 Abs. 1 GwG umgesetzt (siehe dort).

---

1 Art. 17 f.

III. Internes Hinweisgebersystem

4 Die Zahlungsdienstleister müssen ihren Mitarbeitern ebenfalls eine Möglichkeit bieten, Verstöße gegen die Verordnung intern über einen sicheren, unabhängigen, spezifischen und anonymen Weg melden zu können (§ 6 Abs. 5 GwG). Eine anonyme Meldemöglichkeit kann je nach Größe und Art des Zahlungsdienstleisters ein Briefkasten oder eine rein technische Lösung sein. Die Meldung muss Mitarbeitern und **Personen in einer einem Mitarbeiter vergleichbaren Position** gleichermaßen möglich sein. Die Definition von Personen in vergleichbarer Position ist weit zu fassen. Entscheidend ist dabei, dass die Person Kenntnisse und Einblicke gleich einem Mitarbeiter gewinnen kann. Dies ist beispielsweise bei Leiharbeitnehmern und Dienstleistern, die in die internen Systemabläufe Einblick gewinnen, der Fall. Folglich muss auch der Zugang zum Hinweisgebersystem für alle diese Personen, also sowohl Mitarbeiter als auch die Personen in einer einem Mitarbeiter vergleichbaren Position, gleichermaßen gewährleistet sein.

Art. 22 Überwachung

(1) Die Mitgliedstaaten schreiben vor, dass die zuständigen Behörden eine wirksame Überwachung durchführen und die erforderlichen Maßnahmen treffen, um die Einhaltung dieser Verordnung sicherzustellen, und fördern durch wirksame Mechanismen die Meldung von Verstößen gegen die Bestimmungen dieser Verordnung an die zuständigen Behörden.

(2) Nach einer Mitteilung gemäß Artikel 17 Absatz 3 übermittelt die Kommission dem Europäischen Parlament und dem Rat einen Bericht über die Anwendung des Kapitels IV, insbesondere im Hinblick auf grenzüberschreitende Fälle.

Übersicht

	Rn.		Rn.
I. Wirksame Überwachung durch die zuständige Behörde (Art. 22 Abs. 1 GTVO)	1	II. Bericht über die Anwendung der Vorgaben (Art. 22 Abs. 2 GTVO)	3

I. Wirksame Überwachung durch die zuständige Behörde (Art. 22 Abs. 1 GTVO)

Die zuständigen Aufsichtsbehörden gründen auf Art. 22 GTVO ihr Recht, die [1] Tätigkeiten der verpflichteten Zahlungsdienstleister zu überwachen. In der Praxis geschieht dies durch entsprechende Prüfungen, so z.B. der Jahresabschlussprüfung oder Sonderprüfungen in der Finanzbranche.[1]

Das in Art. 22 Abs. 1 GTVO geforderte **Hinweisgebersystem** hat die BaFin be- [2] reits errichtet und ist über das auf der Website der BaFin zugängliche Portal für Hinweisgeber zugänglich. Damit können Verstöße gegen die Verordnung der Aufsicht zur Kenntnis gebracht werden. Unter Hinweisgebern sind Personen zu verstehen, die ein besonderes Wissen oder Verhältnis zum Zahlungsdienstleister haben, z.B. dessen Arbeitnehmers. Nicht erfasst werden soll von dieser Norm der Kunde des Zahlungsdienstleisters. Diesem stehen andere Kanäle zur Beschwerde offen.

II. Bericht über die Anwendung der Vorgaben (Art. 22 Abs. 2 GTVO)

Art. 22 Abs. 2 GTVO richtet sich an die Europäische Kommission und ver- [3] pflichtet diese, dem Europäischen Rat und dem Parlament Informationen zur Umsetzung der Verordnungsvorgaben in den einzelnen Mitgliedstaaten, die sie gemäß Art. 17 Abs. 3 von den nationalen Aufsichtsbehörden mitgeteilt bekommen hat, in einem Bericht zu übermitteln. Neben der allgemeinen Information dient dies auch der Kontrolle, ob ein sog. Level Playing Field in der EU bezüglich der Verordnungsumsetzung herrscht.[2] Darüber hinaus ist dieser Bericht für die Beurteilung der grenzüberschreitenden Sachverhalte von Bedeutung.

---

1 Für Kreditinstitute §§ 26 f. PrüfbV.
2 ErwG 31.

Art. 23 Ausschussverfahren

(1) Die Kommission wird vom Ausschuss zur Verhinderung der Geldwäsche und der Terrorismusfinanzierung (im Folgenden „Ausschuss") unterstützt. Der Ausschuss ist ein Ausschuss im Sinne der Verordnung (EU) Nr. 182/2011.

(2) Wird auf diesen Absatz Bezug genommen, so gilt Artikel 5 der Verordnung (EU) Nr. 182/2011.

1   Die Kommission wird bei ihrer Arbeit zur Verhinderung der Geldwäsche und der Terrorismusfinanzierung vom **Ausschuss zur Verhinderung der Geldwäsche und Terrorismusfinanzierung** unterstützt. Dies ist der Fall, wenn ein verbindlicher Rechtsakt der Union die **Notwendigkeit einheitlicher Durchführungsbedingungen** feststellt und vorschreibt, dass Durchführungsrechtsakte von der Kommission vorbehaltlich einer Kontrolle durch die Mitgliedstaaten erlassen werden. Soweit die Kommission zur vorliegenden Verordnung Durchführungsbestimmungen erlassen möchte, so wird ein Verfahren (Prüf- oder Beratungsverfahren) gewählt, innerhalb dessen der genannte Ausschuss die Kommission unterstützt. Maßgebliche Fälle sind die in Kapitel IV – Sanktionen und Überwachung – genannten Befugnisse der nationalen Aufsichtsbehörden.

Kapitel VI
Ausnahmeregelungen

Art. 24 Vereinbarungen mit Ländern und Gebieten, die nicht Teil des Unionsgebiets sind

(1) Die Kommission kann jedem Mitgliedstaat gestatten, mit einem Land oder Gebiet, das nicht zum räumlichen Geltungsbereich des EUV und des AEUV im Sinne des Artikels 355 AEUV gehört (im Folgenden „betreffendes Land oder Gebiet"), eine Vereinbarung mit Ausnahmeregelungen zu dieser Verordnung zu schließen, um zu ermöglichen, dass Geldtransfers zwischen diesem Land oder Gebiet und dem betreffenden Mitgliedstaat wie Geldtransfers innerhalb dieses Mitgliedstaats behandelt werden.

Solche Vereinbarungen können nur gestattet werden, wenn alle nachfolgenden Bedingungen erfüllt sind:

a) Das betreffende Land oder Gebiet ist mit dem betreffenden Mitgliedstaat in einer Währungsunion verbunden oder Teil seines Währungsgebiets oder hat eine Währungsvereinbarung mit der durch einen Mitgliedstaat vertretenen Union unterzeichnet;

b) Zahlungsdienstleister in dem betreffenden Land oder Gebiet nehmen unmittelbar oder mittelbar an den Zahlungs- und Abwicklungssystemen in dem betreffenden Mitgliedstaat teil; und

c) das betreffende Land oder Gebiet schreibt den in seinen Zuständigkeitsbereich fallenden Zahlungsdienstleistern vor, dieselben Bestimmungen wie nach dieser Verordnung anzuwenden.

(2) Will ein Mitgliedstaat eine Vereinbarung gemäß Absatz 1 schließen, so richtet er einen entsprechenden Antrag an die Kommission und liefert ihr alle Informationen, die für die Beurteilung des Antrags erforderlich sind.

(3) Sobald ein solcher Antrag bei der Kommission eingeht, werden Geldtransfers zwischen diesem Mitgliedstaat und dem betreffenden Land oder Gebiet bis zu einer Entscheidung nach dem Verfahren dieses Artikels vorläufig wie Geldtransfers innerhalb dieses Mitgliedstaats behandelt.

(4) Ist die Kommission innerhalb von zwei Monaten nach Eingang des Antrags der Ansicht, dass sie nicht über alle für die Beurteilung des Antrags erforderlichen Informationen verfügt, so nimmt sie mit dem betreffenden Mitgliedstaat Kontakt auf und teilt ihm mit, welche Informationen sie darüber hinaus benötigt.

(5) Innerhalb von einem Monat, nachdem die Kommission alle Informationen erhalten hat, die sie für eine Beurteilung des Antrags für erforderlich hält, teilt sie dies dem antragstellenden Mitgliedstaat mit und leitet den anderen Mitgliedstaaten Kopien des Antrags weiter.

(6) Innerhalb von drei Monaten nach der Mitteilung nach Absatz 5 dieses Artikels entscheidet die Kommission gemäß Artikel 23 Absatz 2, ob sie dem betreffenden Mitgliedstaat den Abschluss der Vereinbarung, die Gegenstand des Antrags ist, gestattet.

Die Kommission erlässt auf jeden Fall innerhalb von 18 Monaten nach Eingang des Antrags eine Entscheidung nach Unterabsatz 1.

(7) Bis zum 26. März 2017 übermitteln die Mitgliedstaaten, denen gemäß dem Durchführungsbeschluss 2012/43/EU der Kommission,[1] dem Beschluss 2010/259/EU der Kommission,[2] dem Beschluss 2009/853/EG der Kommission[3] oder dem Beschluss 2008/982/EG der Kommission[4] gestattet wurde, Vereinbarungen mit einem betreffenden Land oder Gebiet zu schließen, der Kommission aktualisierte Informationen, die für eine Beurteilung nach Absatz 1 Unterabsatz 2 Buchstabe c erforderlich sind.

Innerhalb von drei Monaten nach Erhalt dieser Informationen prüft die Kommission die übermittelten Informationen, um sicherzustellen, dass das

---

1 Durchführungsbeschluss 2012/43/EU der Kommission vom 25.1.2012 zur Ermächtigung des Königreichs Dänemark gemäß der Verordnung (EG) Nr. 1781/2006 des Europäischen Parlaments und des Rates, eine Vereinbarung mit Grönland und den Färöern zu schließen, damit Geldtransfers zwischen Dänemark und jedem dieser Gebiete wie innerdänische Geldtransfers behandelt werden können (ABl. L 24 v. 27.1.2012, S. 12).

2 Beschluss 2010/259/EU der Kommission vom 4.5.2010 zur Ermächtigung der Französischen Republik gemäß der Verordnung (EG) Nr. 1781/2006 des Europäischen Parlaments und des Rates, eine Vereinbarung mit dem Fürstentum Monaco zu schließen, damit Geldtransfers zwischen der Französischen Republik und dem Fürstentum Monaco wie innerfranzösische Geldtransfers behandelt werden können (ABl. L 112 v. 5.5.2010, S. 23).

3 Entscheidung 2009/853/EG der Kommission vom 26.11.2009 zur Ermächtigung Frankreichs, gemäß der Verordnung (EG) Nr. 1781/2006 des Europäischen Parlaments und des Rates eine Vereinbarung mit St. Pierre und Miquelon, Mayotte, Neukaledonien, Französisch-Polynesien beziehungsweise Wallis und Futuna zu schließen, damit Geldtransfers zwischen Frankreich und diesen Gebieten wie Geldtransfers innerhalb Frankreichs behandelt werden können (ABl. L 312 v. 27.11.2009, S. 71).

4 Entscheidung 2008/982/EG der Kommission vom 8.12.2008 betreffend die Genehmigung für das Vereinigte Königreich zum Abschluss einer Vereinbarung mit der Vogtei Jersey (Bailiwick of Jersey), der Vogtei Guernsey (Bailiwick of Guernsey) und der Isle of Man, der zufolge Geldtransfers zwischen dem Vereinigten Königreich und jedes dieser Gebiete gemäß der Verordnung (EG) Nr. 1781/2006 des Europäischen Parlaments und des Rates als Geldtransfers innerhalb des Vereinigten Königreichs behandelt werden (ABl. L 352 v. 31.12.2008, S. 34).

betreffende Land oder Gebiet den in seinen Zuständigkeitsbereich fallenden Zahlungsdienstleistern vorschreibt, dieselben Bestimmungen anzuwenden wie nach dieser Verordnung. Falls die Kommission nach dieser Prüfung der Auffassung ist, dass die Bedingung nach Absatz 1 Unterabsatz 2 Buchstabe c nicht mehr erfüllt ist, hebt sie den einschlägigen Beschluss oder Durchführungsbeschluss der Kommission auf.

Eine Reihe von Ländern und Gebieten, die nicht dem Unionsgebiet angehören, sind mit einem Mitgliedstaat in einer Währungsunion verbunden oder Teil des Währungsgebiets eines Mitgliedstaats oder haben mit der durch einen Mitgliedstaat vertretenen Union eine Währungsvereinbarung unterzeichnet und verfügen über Zahlungsdienstleister, die unmittelbar oder mittelbar an den Zahlungs- und Abwicklungssystemen dieses Mitgliedstaats teilnehmen. Um zu vermeiden, dass die Anwendung dieser Verordnung auf Geldtransfers zwischen den betreffenden Mitgliedstaaten und diesen Ländern oder Gebieten für die Volkswirtschaften dieser Länder erhebliche Nachteile mit sich bringt, können die betroffenen Mitgliedstaaten bei der Kommission beantragen, eine Vereinbarung schließen zu dürfen, die es ermöglicht, derartige Geldtransfers wie Geldtransfers innerhalb der betreffenden Mitgliedstaaten zu behandeln.[5] Die Voraussetzungen, die eine solche Vereinbarung erfüllen muss, sind in Abs. 1 niedergelegt, während das Verfahren in Abs. 2 ff. beschrieben ist.

Für Deutschland spielt Art. 24 keine Rolle, da Deutschland, anders wie z. B. Frankreich mit den französischen Überseegebieten im Pazifik, keine Länder oder Gebiete hat, für die eine derartige Vereinbarung erforderlich wäre. Im Falle eines erfolgreichen Antrags und einer wirksamen Vereinbarung wären die Zahlungen zwischen den betroffenen Gebieten und dem Mitgliedstaat für die Zwecke der vorliegenden Verordnung wie Inlandtransfers innerhalb des Mitgliedstaats zu behandeln, welcher die Vereinbarung geschlossen hat.

---

5 ErwG 32.

Art. 25 Leitlinien

Bis zum 26. Juni 2017 geben die Europäischen Aufsichtsbehörden für die zuständigen Behörden und Zahlungsdienstleister gemäß Artikel 16 der Verordnung (EU) Nr. 1093/2010 Leitlinien zu den gemäß der vorliegenden Verordnung zu ergreifenden Maßnahmen heraus, insbesondere hinsichtlich der Anwendung der Artikel 7, 8, 11 und 12. Ab dem 1. Januar 2020 gibt die EBA, soweit angemessen, solche Leitlinien heraus.

1   Zur Sicherstellung der einheitlichen Rechtsanwendung, insbesondere hinsichtlich der Anwendung der Art. 7, 8, 11 und 12 GTVO, gab Art. 25 GTVO den **Europäischen Aufsichtsbehörden** – EBA, ESMA, EIOPA – den Auftrag, **Leitlinien zu entwickeln**. Die entsprechende Leitlinie[1] wurde am 22.9.2017 in Englisch veröffentlicht und kommt sechs Monate nach Veröffentlichung zur Anwendung. Als Fristbeginn für die Berechnung des Veröffentlichungszeitpunktes ist jedoch der Tag der Veröffentlichung aller offiziellen EU-Sprachen entscheidend, dies war am 16.1.2018. Somit war der offizielle Anwendungsbeginn am 16.7.2018. Seit dem 1.1.2020 gibt die EBA, soweit angemessen, solche Leitlinien heraus (Art. 6 Nr. 4 der Verordnung (EU) 2019/2175).

2   Die nationalen Aufsichtsbehörden, in Deutschland die Bundesanstalt für Finanzdienstleistungsaufsicht, kommunizieren gegenüber den Europäischen Aufsichtsbehörden, ob sie gedenken, die Leitlinien anzuwenden, teilweise anzuwenden oder nicht in die nationale Verwaltungspraxis aufnehmen werden, sog. Comply-or-explain-Verfahren. Die Äußerungen der nationalen Aufsichtsbehörden sind als Übersicht auf der Website der Aufsicht abrufbar.[2] Die BaFin hat die Übernahme in ihre Verwaltungspraxis mit „comply" bestätigt.

---

1 Joint Guidelines under Article 25 of Regulation (EU) 2015/847 on the measures payment service providers should take to detect missing or incomplete information on the payer or the payee, and the procedures they should put in place to manage a transfer of funds lacking the required information.

2 Vgl. Compliance-Table: https://www.eba.europa.eu/sites/default/documents/files/document_library/964297/JC%20GL%202017%2016-CT%20-%20%28updated%29%20-%20GLs%20to%20prevent%20terrorist%20financing%20and%20money%20laundering.pdf, zuletzt abgerufen am 5.1.2022.

Art. 26 Aufhebung der Verordnung (EG) Nr. 1781/2006

Die Verordnung (EG) Nr. 1781/2006 wird aufgehoben.

Bezugnahmen auf die aufgehobene Verordnung gelten als Bezugnahmen auf die vorliegende Verordnung und sind nach Maßgabe der Entsprechungstabelle im Anhang zu lesen.

Mit Inkrafttreten dieser Verordnung wurde die **Vorgängerverordnung aufgehoben**. Allerdings ist es als redaktioneller Fehler zu verstehen, dass dies nicht mit dem neuen Geltungszeitpunkt gemäß Art. 27 GTVO zusammenfiel. Es sollte jedenfalls kein rechtsfreier Raum zwischen dem Inkrafttreten dieser Verordnung und der Aufhebung der Vorgängerverordnung einerseits und dem Geltungsbeginn dieser Verordnung entstehen.   **1**

Soweit auf die Vorgängerverordnung Bezug genommen wird, sei es in den Rechtstexten oder in anderen Dokumenten, so gelten diese als Bezugnahme auf die vorliegende Verordnung. Eine Entsprechungstabelle ist im Anhang zur Verordnung beigefügt.   **2**

Art. 27 Inkrafttreten

Diese Verordnung tritt am zwanzigsten Tag nach ihrer Veröffentlichung im Amtsblatt der Europäischen Union in Kraft.

Sie gilt ab dem 26. Juni 2017.

Die Verordnung trat am zwanzigsten Tag nach ihrer Veröffentlichung im Amtsblatt der Europäischen Union in Kraft. Veröffentlicht wurde die Verordnung am 5.6.2015 und trat folglich am 25.6.2015 in Kraft. Sie gilt jedoch ausdrücklich erst ab dem 26.6.2017, um so einen Gleichlauf mit der Geltung der Richtlinie (EU) 2015/849[1] herzustellen. Als Verordnung ist sie in allen ihren Teilen   **1**

---

1 Richtlinie (EU) 2015/849 des Europäischen Parlaments und des Rates vom 20.5.2015 zur Verhinderung der Nutzung des Finanzsystems zum Zwecke der Geldwäsche und der Terrorismusfinanzierung, zur Änderung der Verordnung (EU) Nr. 648/2012 des Euro-

verbindlich und gilt unmittelbar in jedem Mitgliedstaat der Europäischen Union, d. h. ohne dass ein Umsetzungsgesetz in den Mitgliedstaaten der Europäischen Union erforderlich gewesen wäre. Der Beschluss des Gemeinsamen EWR-Ausschusses Nr. 250/2018 vom 5.12.2018 zur Änderung von Anhang IX (Finanzdienstleistungen) des EWR-Abkommens über die Aufnahme der GTVO 2015/847 trat am 6.12.2018 in Kraft.

---

päischen Parlaments und des Rates und zur Aufhebung der Richtlinie 2005/60/EG des Europäischen Parlaments und des Rates und der Richtlinie 2006/70/EG der Kommission.

 Weppner/Kastl

Kreditwesengesetz (KWG)

§ 24c Automatisierter Abruf von Kontoinformationen

(1) Ein Kreditinstitut hat ein Dateisystem zu führen, in dem unverzüglich folgende Daten zu speichern sind:

1. die Nummer eines Kontos, das der Verpflichtung zur Legitimationsprüfung nach § 154 Absatz 2 Satz 1 der Abgabenordnung unterliegt, eines Depots oder eines Schließfachs sowie der Tag der Eröffnung und der Tag der Beendigung oder Auflösung,

2. der Vor- und Nachname, sowie bei natürlichen Personen der Tag der Geburt, des Inhabers und eines Verfügungsberechtigten sowic in dcn Fällen des § 10 Absatz 1 Nummer 2 des Geldwäschegesetzes der Vor- und Nachname und, soweit erhoben, die Anschrift eines abweichend wirtschaftlich Berechtigten im Sinne des § 3 des Geldwäschegesetzes.

Bei jeder Änderung einer Angabe nach Satz 1 ist unverzüglich ein neuer Datensatz anzulegen. Die Daten sind nach Ablauf von zehn Jahren nach der Auflösung des Kontos oder Depots zu löschen. Im Falle des Satzes 2 ist der alte Datensatz nach Ablauf von drei Jahren nach Anlegung des neuen Datensatzes zu löschen. Das Kreditinstitut hat zu gewährleisten, dass die Bundesanstalt jederzeit Daten aus dem Dateisystem nach Satz 1 in einem von ihr bestimmten Verfahren automatisiert abrufen kann. Es hat durch technische und organisatorische Maßnahmen sicherzustellen, dass ihm Abrufe nicht zur Kenntnis gelangen.

(2) Die Bundesanstalt darf einzelne Daten aus dem Dateisystem nach Absatz 1 Satz 1 abrufen, soweit dies zur Erfüllung ihrer aufsichtlichen Aufgaben nach diesem Gesetz oder dem Geldwäschegesetz, insbesondere im Hinblick auf unerlaubte Bankgeschäfte oder Finanzdienstleistungen oder den Missbrauch der Institute durch Geldwäsche, Terrorismusfinanzierung oder sonstige strafbare Handlungen, die zu einer Gefährdung des Vermögens der Institute führen können, erforderlich ist und besondere Eilbedürftigkeit im Einzelfall vorliegt. Die Zentralstelle für Finanztransaktionsuntersuchungen darf zur Erfüllung ihrer Aufgaben nach dem Geldwäschegesetz gleichermaßen einzelne Daten aus dem Dateisystem nach Absatz 1 Satz 1 abrufen.

(3) Die Bundesanstalt erteilt auf Ersuchen Auskunft aus dem Dateisystem nach Absatz 1 Satz 1

1. den Aufsichtsbehörden gemäß § 9 Abs. 1 Satz 4 Nr. 2, soweit dies zur Erfüllung ihrer aufsichtlichen Aufgaben unter den Voraussetzungen des Absatzes 2 erforderlich ist,

2. den für die Leistung der internationalen Rechtshilfe in Strafsachen sowie im Übrigen für die Verfolgung und Ahndung von Straftaten zuständigen Behörden oder Gerichten, soweit dies für die Erfüllung ihrer gesetzlichen Aufgaben erforderlich ist,

3. der für die Beschränkungen des Kapital- und Zahlungsverkehrs nach dem Außenwirtschaftsgesetz zuständigen nationalen Behörde, soweit dies für die Erfüllung ihrer sich aus dem Außenwirtschaftsgesetz oder Rechtsakten der Europäischen Union im Zusammenhang mit der Einschränkung von Wirtschafts- oder Finanzbeziehungen ergebenden Aufgaben erforderlich ist.

Die Bundesanstalt hat die in den Dateisystemen gespeicherten Daten im automatisierten Verfahren abzurufen und sie an die ersuchende Stelle weiter zu übermitteln. Die Bundesanstalt prüft die Zulässigkeit der Übermittlung nur, soweit hierzu besonderer Anlass besteht. Die Verantwortung für die Zulässigkeit der Übermittlung trägt die ersuchende Stelle. Die Bundesanstalt darf zu den in Satz 1 genannten Zwecken ausländischen Stellen Auskunft aus dem Dateisystem nach Absatz 1 Satz 1 nach Maßgabe der allgemeinen datenschutzrechtlichen Vorschriften erteilen. § 9 Abs. 1 Satz 5, 6 und Abs. 2 gilt entsprechend. Die Regelungen über die internationale Rechtshilfe in Strafsachen bleiben unberührt.

(3a) Die Bundesanstalt erteilt auf Ersuchen Auskunft aus den Dateisystemen nach Absatz 1 Satz 1

1. an die inländischen benannten Behörden im Sinne des Artikel 3 Absatz 1 der Richtlinie (EU) 2019/1153 des Europäischen Parlamentes und des Rates vom 20. Juni 2019 zur Festlegung von Vorschriften zur Erleichterung der Nutzung von Finanz- und sonstigen Informationen für die Verhütung, Aufdeckung, Untersuchung oder Verfolgung bestimmter Straftaten und zur Aufhebung des Beschlusses 2000/642/JI des Rates, soweit dies zur Erfüllung ihrer gesetzlichen Aufgaben bei der Verhütung oder Verfolgung schwerer Straftaten im Sinne des Anhangs I der Verordnung (EU) 2016/794 des Europäischen Parlaments und des Rates vom 11. Mai 2016 über die Agentur der Europäischen Union für die Zusammenarbeit auf dem Gebiet der Strafverfolgung (Europol) und zur Ersetzung und Aufhebung der Beschlüsse 2009/371/JI, 2009/934/JI, 2009/935/JI, 2009/936/JI und 2009/968/JI des Rates (ABl. L 135 vom 24.5.2016, S. 53) erforderlich ist oder zur Unterstützung einer strafrechtlichen Ermittlung im Zusammenhang mit einer schweren Straftat;

2. an das Bundeskriminalamt in seiner Funktion als nationale Stelle nach § 1 Nummer 1 des Europol-Gesetzes zum Zwecke der Weitergabe an Europol, soweit dies zur Erfüllung der Aufgaben von Europol gemäß Artikel 4 der Verordnung (EU) 2016/794 im Rahmen der Zuständigkeit von Europol im Einzelfall erforderlich ist.

Die Bundesanstalt hat die Daten im automatisierten Verfahren abzurufen und sie unmittelbar an die ersuchende Stelle weiter zu übermitteln. Absatz 3 Sätze 4 und 6 gelten entsprechend.

(4) Die Bundesanstalt protokolliert bei jedem Abruf

1. das Aktenzeichen,

2. Datum und Uhrzeit des Abrufs,

3. die Art der bei der Durchführung des Abrufs verwendeten Daten,

4. die eindeutige Kennung der Ergebnisse,

5. die Person, die den Abruf durchgeführt hat.

Bei jedem Abruf zum Zweck der Auskunftserteilung auf Ersuchen nach Absatz 3 protokolliert sie zudem die ersuchende Stelle und das Aktenzeichen der ersuchenden Stelle. Bei einem Abruf nach Absatz 3a durch eine inländische benannte Behörde im Sinne des Artikel 3 Absatz 1 Richtlinie (EU) 2019/1153 ist zudem die eindeutige Benutzerkennung derjenigen Person zu protokollieren, die das Ersuchen an die Bundesanstalt gerichtet hat und – sofern abweichend – die Benutzerkennung derjenigen Person, die Ergebnisse weiterübermittelt erhält. Die Protokolle dienen ausschließlich dem Zweck der Datenschutzkontrolle sowie der Sicherstellung der Datensicherheit. Sie werden von der oder dem Datenschutzbeauftragten der Bundesanstalt regelmäßig überprüft und auf Anforderung der oder dem Bundesbeauftragten für den Datenschutz und die Informationssicherheit zur Verfügung gestellt. Protokolle nach Satz 1 und 2 sind 18 Monate, Protokolle nach Satz 3 sind fünf Jahre zugriffsgeschützt aufzubewahren. Nach Ablauf der Aufbewahrungsfrist sind die Protokolle zu löschen, sofern sie nicht für laufende Kontrollverfahren erforderlich sind. Die Bundesanstalt stellt durch besondere Schulungsprogramme sicher, dass das eingesetzte Personal mit den geltenden Bestimmungen unter Einschluss insbesondere der europäischen und nationalen Datenschutzbestimmungen vertraut ist. Die Bundesanstalt führt eine Statistik über Zahl und Bearbeitung von Ersuchen nach Absatz 3a.

(5) Das Kreditinstitut hat in seinem Verantwortungsbereich auf seine Kosten alle Vorkehrungen zu treffen, die für den automatisierten Abruf unter Sicherstellung des Datenschutzes und der Datensicherheit der Daten nach Absatz 1 Satz 1 nach dem jeweiligen Stand der Technik erforderlich sind. Dazu gehören auch, jeweils nach den Vorgaben der Bundesanstalt, die Anschaffung der zur Sicherstellung der Vertraulichkeit und des Schutzes vor

unberechtigten Zugriffen erforderlichen Geräte, die Einrichtung eines geeigneten Telekommunikationsanschlusses und die Teilnahme an dem geschlossenen Benutzersystem sowie die laufende Bereitstellung dieser Vorkehrungen. Den Stand der Technik stellt die Bundesanstalt im Benehmen mit dem Bundesamt für Sicherheit in der Informationstechnik in einem von ihr bestimmten Verfahren fest.

(6) Die Bundesanstalt hat dem jeweiligen Stand der Technik entsprechende Maßnahmen zur Sicherstellung von Datenschutz und Datensicherheit zu treffen, die insbesondere die Vertraulichkeit und Unversehrtheit der Daten nach Absatz 1 Satz 1 beim Abruf durch die Bundesanstalt gewährleisten. Die Bundesanstalt hat entsprechende Maßnahmen bei der Weiterübermittlung der Daten nach den Absätzen 3 und 3a zu treffen; diese Maßnahmen müssen im Falle von Ersuchen nach Absatz 3a bei den ersuchenden Behörden eine Zugangsbeschränkung auf einzelne Personen und deren eindeutige Benutzerkennung ermöglichender abgerufenen und weiter übermittelten Daten gewährleisten. Den Stand der Technik stellt die Bundesanstalt im Benehmen mit dem Bundesamt für Sicherheit in der Informationstechnik in einem von ihr bestimmten Verfahren fest.

(7) Das Bundesministerium der Finanzen kann durch Rechtsverordnung Näheres regeln zu den technischen Verfahren des automatisierten Abrufs sowie der Weiterübermittlung, zu Ausnahmen von der Verpflichtung zur Übermittlung im automatisierten Verfahren sowie zur Protokollierung der Abrufe und zur Statistik über Ersuchen. Es kann die Ermächtigung durch Rechtsverordnung auf die Bundesanstalt übertragen.

(8) Soweit die Deutsche Bundesbank Konten und Depots für Dritte führt, gilt sie als Kreditinstitut nach den Absätzen 1, 5 und 6.

Schrifttum: *Schily,* Gesetze gegen die Geldwäsche und gegen die Finanzierung des Terrorismus – eine stille Verfassungsreform?, WM 2003, 1249.

Übersicht

I. Allgemeines

Durch das 4. Finanzmarktförderungsgesetz (4. FMFG) wurde das Verfahren   1
zum automatisierten Abruf von Kontoinformationen nach § 24c in das KWG
eingefügt. Die Regelung trat am 1.4.2003 in Kraft. Seitdem erfuhr § 24c KWG
mehrmals Änderungen, so z. B. durch das Gesetz zur Ergänzung der Bekämpfung der Geldwäsche und der Terrorismusfinanzierung vom 13.8.2008,[1] durch
die GwG-Novelle 2017 und zuletzt durch das Transparenzregister- und Finanzinformationsgesetz (TraFinG).[2] Die Vorschrift hat ihr Vorbild in dem § 90 TKG
i. d. F. vom 25.6.2004. Seine Wurzeln indes hat § 24c KWG in den Überlegungen
zur Schaffung einer einheitlichen Datei aller in Deutschland bestehenden Konten und Depots als Reaktion auf die Terroranschläge auf das World Trade Center
in New York im Jahre 2001.[3] Die Daten hierfür sollten ursprünglich zentral von
der BaFin gesammelt und verwaltet werden. Stattdessen wurde das heute noch
bestehende Kontenabrufverfahren geschaffen, welches es der BaFin ermöglicht,
in § 24c KWG festgelegte Kerndaten, wie bspw. Kontonummer oder Name des
Kontoinhabers, abzurufen. Der automatisierte Abruf von Kontoinformationen
sollte die zuvor bereits existenten allgemeinen Auskunftsrechte der BaFin gemäß § 44 Abs. 1 KWG ergänzen und erweitern.[4] Die Aufsichtsbehörde soll dadurch in die Lage versetzt werden, die Geldwäsche, das illegale Schattenban-
kenwesen und das unerlaubte Betreiben von Bank- und Finanzdienstleistungsge-
schäften besser durch zentral durchgeführte Recherchearbeiten zu bekämpfen.[5]
Diese Aufgabe soll durch das Verfahren unterstützt werden, indem die BaFin
einen aktuellen und vollständigen Überblick über die Existenz sämtlicher zugunsten von natürlichen oder juristischen Personen bestehender Konten bei Kre-
dit- und Finanzdienstleistungsinstituten bzw. ihrer Inhaber und Verfügungsberechtigten erhält. Nur dann könne, nach der Vorstellung des Gesetzgebers, gezielt an das betreffende Kreditinstitut herangetreten werden, um kontenbezogene
Informationen einzuholen.

Kurz nach der Einführung des § 24c KWG wurde die Befugnis zur Durchfüh-   2
rung des Abrufverfahrens erweitert. Unter den Voraussetzungen des § 93b
i. V. m. § 93 Abs. 7 und 8 AO sind **auch Finanz- und gewisse Sozialbehörden** in

---

1 BGBl. I, S. 1690.
2 Gesetz zur europäischen Vernetzung der Transparenzregister und zur Umsetzung der
  Richtlinie 2019/1153 des Europäischen Parlaments und des Rates vom 20.6.2019 zur
  Nutzung von Finanzinformationen für die Bekämpfung von Geldwäsche, Terrorismusfinanzierung und sonstigen schweren Straftaten (Transparenzregister- und Finanzinformationsgesetz – TraFinG).
3 *Findeisen*, Bankgeheimnis und Verhinderung der Geldwäsche, S. 120; *Achtelik*, in:
  Boos/Fischer/Schulte-Mattler, KWG/CRR-VO, § 24c KWG Rn. 1.
4 BT-Drs. 14/8017, S. 122; *Schily*, WM 2003, 1249, 1252.
5 BT-Drs. 14/8017, S. 122.

der Lage, solche Kontoinformationen abzufragen. Mittlerweile sind weitere Behörden und Stellen berechtigt, auf die Daten zuzugreifen, wie bspw. Gerichtsvollzieher oder das Bundesamt für Verfassungsschutz. Die Beachtung der Anforderungen des § 24c KWG ist gemäß der §§ 26 Abs. 4, 27 Abs. 7 PrüfbV Bestandteil der Jahresabschlussprüfung der Kredit- und Finanzdienstleistungsinstitute.

3   Obwohl nur einige Mitgliedstaaten der EU über ein dem § 24c KWG vergleichbares Verfahren verfügen, besteht nach der Vierten EU-Geldwäscherichtlinie[6] grundsätzlich die Verpflichtung ein solches einzurichten. So bestimmt Art. 42 Vierte EU-Geldwäscherichtlinie, dass die Verpflichteten über Systeme verfügen müssen, die es ihnen ermöglichen, über sichere Kommunikationskanäle und auf eine Art und Weise, die die vertrauliche Behandlung der Anfragen voll und ganz sicherstellt, auf Anfragen ihrer zentralen Meldestelle oder anderer Behörden im Einklang mit dem nationalen Recht vollständig und rasch Auskunft darüber zu geben, ob sie mit bestimmten Personen eine Geschäftsbeziehung unterhalten oder während eines Zeitraums von fünf Jahren vor der Anfrage unterhalten haben, sowie über die Art dieser Geschäftsbeziehung. Art. 40 Vierte EU-Geldwäscherichtlinie ergänzt dies und normiert gewisse Aufbewahrungspflichten für die dort aufgelisteten Dokumente und Informationen für die Zwecke der Verhinderung, Aufdeckung und Ermittlung möglicher Geldwäsche oder Terrorismusfinanzierung. Die Aufbewahrung soll durch „die zentrale Meldestelle oder andere zuständige Behörden" erfolgen.

II. Pflicht zur Führung eines Kontoabrufdateisystems (§ 24c Abs. 1 KWG)

4   Nach § 24c Abs. 1 KWG trifft Kreditinstitute die Pflicht, die in § 24c Abs. 1 Nr. 1 und 2 KWG genannten Daten unverzüglich in ein eigenes zentrales Dateisystem zu überführen und zum automatisierten Abruf bereitzuhalten. Die Verpflichtungen aus § 24c KWG gelten für die Erfassung und Vorhaltung der Kontostammdaten für **alle Konten, die am 1.4.2003 bestehen oder nach diesem Datum eröffnet wurden.**[7]

5   Verpflichtet sind solche Kreditinstitute, die Konten oder Depots i. S. v. § 154 AO führen. Für Zahlungsinstitute i. S. d. § 1 Abs. 1 Nr. 1 ZAG und E-Geld-Institute i. S. d. § 1 Abs. 2 Nr. 1 ZAG gilt gemäß § 27 Abs. 2 Satz 1 ZAG der § 24c KWG entsprechend. Soweit die **Deutsche Bundesbank** Konten und Depots für Dritte führt, gilt sie gemäß § 24c Abs. 8 KWG als Kreditinstitut nach den Abs. 1, 5 und 6. In Deutschland gelegene Zweigniederlassungen von CRR-Kreditinstituten

---

6 Siehe auch schon Art. 32 der Dritten EU-Geldwäscherichtlinie.
7 BMF, 4.11.2002, VII B 7 – WK 5023 – 1031/02.

oder Wertpapierhandelsunternehmen mit Sitz in einem anderen Staat des Europäischen Wirtschaftsraums sind nach § 53b Abs. 3 Satz 1 Nr. 6 KWG ebenfalls entsprechend § 24c KWG Verpflichtete. Kapitalverwaltungsgesellschaften werden gemäß § 28 Abs. 1 Satz 4 KAGB zur Führung des Kontoabrufdateisystems verpflichtet.

Einen Sonderfall stellen **Institute in Abwicklung** dar, die nicht (mehr) am Abrufverfahren gemäß § 24c KWG teilnehmen müssen.[8] Dies sind Institute, die nicht mehr werbend tätig sind oder solche, die als aufzunehmendes Institut unmittelbar vor einer Fusion mit einem aufnehmenden Institut stehen. Die das aufzulösende Institut betreffenden Pflichten sind allerdings vom aufnehmenden Institut zu erfüllen. In diesem Fall ist sicherzustellen, dass wegen der notwendigen Datenübertragung im Rahmen der Übernahme nur während einer kurzen Übergangszeit Ausfälle bei der Datenbereitstellung erfolgen.

6

Die BaFin hat in mehreren Rundschreiben[9] festgelegt, welche technischen Voraussetzungen bei der Etablierung und Führung des Kontoabrufdateisystems zu beachten sind.[10] Dies betrifft insb. die Einzelheiten zur **Schnittstellenspezifikation (SSP)**, die technischen Anforderungen zur Bereitstellung der Abrufmöglichkeit und Maßnahmen zur Sicherstellung der Datensicherheit und -vertraulichkeit beim Abfrageprozess. Der jeweilige Verfahrensverantwortliche i. S. v. Nr. 6.1 Abs. 4 der SSP (= der in der Gesamtheit Verantwortliche für die schnittstellenkonforme Durchführung des Auskunftsverfahrens) ist jeder Abfragestelle (z. B. dem Bundeszentralamt für Steuern [BZSt] oder bei Kreditinstituten der BaFin) mitzuteilen.[11] Einer **Auslagerung** der aus § 24c KWG resultierenden Verpflichtungen stehen die Verlautbarungen der BaFin nicht entgegen. Kreditinstitute können sich somit einer Schnittstelle als Dienstleister (Kopfstelle) bedienen. Hierbei sind die Anforderungen des § 25b KWG zu beachten. Der Dienstleister hat die Auslagerung der BaFin anzuzeigen.

7

III. Inhalt des Kontoabrufdateisystems (§ 24c Abs. 1 Satz 1 KWG)

§ 24c Abs. 1 Satz 1 Nr. 1 und 2 KWG listen auf, welche Daten in das Abrufdateisystem eingefügt werden müssen.

8

Dies ist zum einen nach § 24c Abs. 1 Satz 1 Nr. 1 KWG die **Kontonummer** bzw. seit August 2014 die **IBAN**,[12] die **Depotnummer** und seit dem Inkrafttreten

9

---

8 BMF, 4.11.2002, VII B 7 – WK 5023 – 1031/02.
9 BaFin, Rundschreiben 9/2010 (GW) v. 16.9.2010 und 1/2018 (GW) v. 2.1.2018.
10 Vgl. § 24c Abs. 6 KWG.
11 BaFin, Rundschreiben 9/2010 (GW) v. 16.9.2010.
12 BaFin, Jahresbericht 2014, S. 131 f.

der GwG-Novelle 2017 auch die **Schließfachnummer**, um eine Umgehung des § 24c KWG zu verhindern.[13] Zum anderen ist der **Tag der Errichtung (Eröffnung)** und der **Tag der Beendigung** oder **Auflösung (Löschung)** des Kontos, Depots oder Schließfachs miteinzustellen. Als Errichtungszeitpunkt gilt entweder der Zeitpunkt des Abschlusses des Giro- oder Depotvertrags oder der Zeitpunkt der datenverarbeitungstechnischen Einrichtung des Kontos oder Depots. Bei Schließfächern gilt der Beginn des Mietverhältnisses als Eröffnungsdatum.[14] Als Auflösungszeitpunkt gilt entweder der Zeitpunkt der Beendigung des Giro- oder Depotvertrags oder der Zeitpunkt der datenverarbeitungstechnischen Löschung des Kontos oder Depots. Bei Schließfächern gilt das Ende des Mietverhältnisses als Auflösungsdatum.[15]

10   Weiter sind nach § 24c Abs. 1 Satz 1 Nr. 2 KWG von allen Kontoinhabern und sämtlichen **Verfügungsberechtigten** der Vor- und Nachname und das Geburtsdatum zu erfassen. Bei **abweichend wirtschaftlich Berechtigten** betrifft dies ebenfalls den Namen und, soweit erhoben, auch die Anschrift.

11   Nach § 93b i.V.m. § 154 Abs. 2a AO sind zusätzlich zu den in § 24c Abs. 1 KWG bezeichneten Daten für jeden Verfügungsberechtigten und jeden wirtschaftlich Berechtigten auch die Adresse sowie die **Steueridentifikationsnummer** nach § 139b bzw. die **Wirtschafts-Identifikationsnummer** nach § 139c AO für Kontoabrufersuchen zu speichern.

12   Die Erfassungspflicht des § 24c KWG geht jedoch nur soweit, wie Daten erfasst werden konnten. So sind beispielsweise Vornamen nur dann zu übernehmen, soweit diese erfasst sind. Trägt eine natürliche Person keinen Nachnamen (was nach den Namensrechten einiger Staaten möglich ist), so sind nur die Vornamen einzutragen.[16] Wenn mehrere abweichend wirtschaftlich Berechtigte festgestellt worden sind, sind diese grundsätzlich auch alle einzumelden.[17] Anders bei den sog. fiktiven wirtschaftlich Berechtigten i.S.d. § 3 Abs. 2 Satz 5 GwG: Erfüllen mehrere Personen den Tatbestand des fiktiven wirtschaftlich Berechtigten (z.B. mehrere Vorstandsmitglieder) genügt im Regelfall die Erfassung einer Person; in Ausnahmefällen können Risikogesichtspunkte die Erfassung aller Personen erforderlich machen.[18] Zum Vor- und Nachnamen gehören bei natürlichen Perso-

---

13 BT-Drs. 18/11555, S. 175.
14 BaFin, Schnittstellenspezifikation 3.3, S. 32, siehe BaFin, Rundschreiben 1/2018 (GW) v. 2.1.2018.
15 BaFin, Schnittstellenspezifikation 3.3, S. 32, siehe BaFin, Rundschreiben 1/2018 (GW) v. 2.1.2018.
16 BaFin, Schnittstellenspezifikation 3.3, S. 33, siehe BaFin, Rundschreiben 1/2018 (GW) v. 2.1.2018.
17 BaFin, AuA AT 2021 5.2.3.3.
18 BaFin, AuA AT 2021 5.2.2.2.

nen sämtliche im Ausweispapier enthaltenen Vor- und Nachnamen.[19] Eine (technische) Begrenzung gilt lediglich aufgrund der zur Verfügung stehenden Zeichenstellen (50 Stellen). Weist das Ausweisdokument kein komplettes Geburtsdatum auf, ist also z. B. nur das Geburtsjahr angegeben, ist folgende Schreibweise zu verwenden: „JJJJ-01-01".[20] Die Verwendung von Abkürzungen ist zulässig, soweit die Abkürzung Bestandteil der im Register veröffentlichten Bezeichnung oder eine allgemein übliche Abkürzung der Rechtsform darstellt.[21]

Betroffen sind nach § 24c Abs. 1 Satz 1 Nr. 1 KWG Konten, die der Verpflichtung zur Legitimationsprüfung i. S. d. § 154 Abs. 2 Satz 1 AO unterliegen. Nach der Definition des Reichsfinanzhofs wird ein Konto folgendermaßen charakterisiert: „[…] im Rahmen einer laufenden Geschäftsbeziehung für Kunden geführte Rechnung, in der Zu- und Abgänge von Vermögensgegenständen erfasst werden/buch- und rechnungsgemäße Darstellung einer Geschäftsbeziehung zwischen Kontoinhaber und kontoführendem Institut."[22] Demnach sind lediglich externe Konten gemeint, da hier eine tatsächliche Verfügungsberechtigung vorhanden ist. **Ausgeschlossen** sind daher rein **interne Verrechnungskonten** der Kreditinstitute, wie insbesondere **Bürgschafts- und Garantiekonten**, sowie im Zusammenhang mit einem Akkreditiv eröffnete Konten.[23] **13**

Ausnahmen von den Verpflichtungen des § 24c KWG gelten auch für „**Härtefälle**". Wann ein solcher vorliegt, hat das BMF in seinem Schreiben vom 16.12.2002 bestimmt.[24] **14**

Zu den Einzelfällen und deren Bedeutung für § 24c KWG: **15**

(1) **Adelstitel**: Soweit Adelstitel zum Nachnamen gehören, sind sie in das Kontoabrufdateisystem einzustellen. Maßgeblich ist die Angabe im Identifizierungsdokument.[25]

(2) **Akademische Grade**: Soweit akademische Bezeichnungen wie Titel oder Grade („Dr.", „Prof." etc.) im Identifizierungsdokument enthalten sind, sind sie auch zu erfassen.[26]

---

19 BT-Drs. 19/28164, S. 60.
20 BaFin, Schnittstellenspezifikation 3.3, S. 33, siehe BaFin, Rundschreiben 1/2018 (GW) v. 2.1.2018.
21 BaFin, Schnittstellenspezifikation 3.3, S. 33, siehe BaFin, Rundschreiben 1/2018 (GW) v. 2.1.2018.
22 RFH 24, 203, 205.
23 BMF, 4.11.2002, VII B 7 – WK 5023 – 1031/02.
24 BMF, 4.11.2002, VII B 7 – WK 5023 – 1031/02.
25 Vgl. BaFin, Schnittstellenspezifikation 3.3, S. 32, siehe BaFin, Rundschreiben 1/2018 (GW) v. 2.1.2018.
26 BaFin, Schnittstellenspezifikation 3.3, S. 32, siehe BaFin, Rundschreiben 1/2018 (GW) v. 2.1.2018.

(3) **Anderkonten**: Nach Auffassung des BMF[27] mussten Daten zu wirtschaftlich Berechtigten bei **Notaranderkonten** nur dann in die Datei nach § 24c KWG eingestellt werden, wenn sich ab dem 1.1.2004 ein Wechsel bei den abweichend wirtschaftlich Berechtigten ergab. Angaben über wirtschaftlich Berechtigte für Konten, die nach dem 1.1.2004 eröffnet werden, seien hingegen ausnahmslos in die Abrufdatei einzustellen.

(4) **Eltern als gesetzliche Vertreter**: Für Eltern als gesetzliche Vertreter gibt es **keine Ausnahme** von der Erfassungspflicht des § 24c KWG, sodass deren Angaben (Namen, Geburtsdaten) in die Datei einzustellen sind.[28] Ziffer 11a AEAO ist hier nicht anwendbar.

(5) **Gesellschaft bürgerlichen Rechts (GbR)**: Hier ist die GbR selbst als Kontoinhaber zu erfassen. Die Gesellschafter werden i. d. R. als Verfügungsberechtigte erfasst (Namen und Geburtsdaten). Sofern abweichend wirtschaftlich Berechtigte vorhanden sind, sind deren Namen und Anschriften zu speichern. Es ist grundsätzlich unerheblich, welchen Zwecken die GbR dient. Für Investmentclubs oder Rechtsanwaltskanzleien, die als GbR organisiert sind, gelten daher keine Besonderheiten.

(6) **Gemeinschaftskonten**: Hierzu gibt es keine Besonderheiten zu beachten. Es sind die Namen aller Kontoinhaber einzustellen.

(7) **Kreditinstitute**: Auch Konten für Kreditinstitute sind in die § 24c-Datei aufzunehmen. Nach der Nr. 11.1 AEAO zu § 154 AO gelten jedoch Erleichterungen für die Daten der Verfügungsberechtigten.[29]

(8) **(Kredit-)Kartenkonten**: Bei (Kredit-)Kartenkonten handelt es sich um Konten im Sinne des § 154 Abs. 2 AO, die grundsätzlich dem automatisierten Abrufverfahren des § 24c KWG unterliegen. Allerdings sind solche (Kredit-)Kartenkonten vom Abrufsystem ausgenommen, über die ausschließlich mit der Karte getätigte Zahlungen für Waren und Dienstleistungen abgerechnet und die Forderungen per Lastschrift von einem Konto des Kontoinhabers eingezogen werden. Gemeint sind (Kredit-)Kartenkonten, über die keine anderen Transaktionen abgewickelt werden können bzw. keine weitergehende Verfügungsmöglichkeit besteht.[30]

Sofern das (Kredit-)Kartenkonto jedoch vergleichbar einem Girokonto auf Guthabenbasis geführt wird, welches es erlaubt, Überweisungen auf Konten Dritter vorzunehmen bzw. von solchen Konten zu empfangen, greifen die Pflichten nach § 24c KWG.[31]

---

27 Vgl. Schreiben des ZKA v. 25.11.2003 (abgestimmt mit dem BMF).
28 Umkehrschluss aus der fehlenden Aufzählung des BMF im Schreiben v. 4.11.2002 (VII B 7 – WK 5023 – 1031/02).
29 BMF, 4.11.2002, VII B 7 – WK 5023 – 1031/02.
30 BMF, 15.1.2003, VII B 7 – WK 5023 – 26/03.
31 BMF, 15.1.2003, VII B 7 – WK 5023 – 26/03.

(9) **Kredit- und Darlehenskonten**: Auch Kredit- und Darlehenskonten sind Konten i. S. d. § 24c KWG, wenn sie ab dem 1.4.2003 eröffnet oder prolongiert werden oder eine Novation gegeben ist.

(10) **Künstlernamen**: Sofern im Ausweisdokument ein Künstlername eingetragen ist, kann auf diesen Namen ein Konto eröffnet werden. In diesem Fall ist der Künstlername in das Kontoabrufdateisystem mitaufzunehmen.

(11) **Mitarbeiterkonten**: Hierzu gibt es keine Besonderheiten zu beachten. Allenfalls kann hier ein „Härtefall" festgestellt werden.[32]

(12) **Ordensnamen**: Sofern im Ausweisdokument ein Ordensname eingetragen ist, kann auf diesen Namen ein Konto eröffnet werden. In diesem Fall ist der Ordensname in das Kontoabrufdateisystem mitaufzunehmen.

(13) **Vermögenswirksame Leistungen**: Konten für vermögenswirksame Leistungen unterfallen dem automatisierten Abrufsystem. Eine Ausnahme gilt hier nur, wenn Konten für vermögenswirksame Leistungen unter Anwendung des Stammnummernprinzips als bloße Unterkonten eines Hauptkontos geführt werden. Hier muss jedoch gewährleistet sein, dass immer dann, wenn bei einem einzelnen Konto (unabhängig davon, ob es sich um ein Haupt- oder ein Unterkonto handelt) eine dritte Person wirtschaftlich Berechtigter ist, eine neue Stammnummer angelegt wird. Hierdurch ist ausgeschlossen, dass ein einzelnes Unterkonto einen gegenüber dem Hauptkonto abweichend wirtschaftlich Berechtigten ausweist.[33]

(14) Konten für **Versicherungsunternehmen**: Auch Konten für Versicherungsunternehmen sind in die § 24c-Datei aufzunehmen. Nach der Nr. 11.1 AEAO zu § 154 AO gelten jedoch Erleichterungen für die Daten der Verfügungsberechtigten.[34]

(15) **Wohnungsbaugenossenschaften mit Spareinrichtung**: Von der Pflicht des § 24c KWG ausgenommen sind weiterhin Konten für Wohnungsbaugenossenschaften mit Spareinrichtung, da diese lediglich Sparkonten führen. Wohnungsgenossenschaften mit Spareinrichtung sind jedoch verpflichtet, der BaFin die gem. § 24c KWG zu erhebenden Daten auf einem von der BaFin festzulegenden Verfahrenswege zur Verfügung zu stellen und diese Daten zu aktualisieren.[35]

(16) **Wohnungseigentümergemeinschaft (WEG)**: Wird unter dem Namen einer Wohnungseigentümergemeinschaft ein Konto geführt, so muss der Verwalter als Verfügungsberechtigter in den Datenbestand nach § 24c KWG einfließen.

---

32 *Achtelik*, in: Boos/Fischer/Schulte-Mattler, KWG/CRR-VO, § 24c KWG Rn. 7; BMF, 4.11.2002, VII B 7 – WK 5023 – 1031/02.

33 BMF, 4.11.2002, VII B 7 – WK 5023 – 1031/02.

34 BMF, 4.11.2002, VII B 7 – WK 5023 – 1031/02.

35 BMF, 4.11.2002, VII B 7 – WK 5023 – 1031/02.

IV. Berechtigung zum Abruf der Daten (§ 24c Abs. 2, 3 und 3a KWG)

16 Nach § 24c Abs. 2 KWG darf die BaFin zur Erfüllung ihrer aufsichtsrechtlichen Aufgaben einzelne Daten nach § 24c Abs. 1 KWG aus der Datei abrufen. Hierfür müssen zwingend folgende Voraussetzungen gegeben sein:

(1) Der Datenabruf muss **erforderlich** sein, damit die BaFin ihre aufsichtlichen Aufgaben nach dem KWG oder dem GwG im Hinblick auf unerlaubte Bankgeschäfte oder Finanzdienstleistungen oder den Missbrauch der Institute durch Geldwäsche, Terrorismusfinanzierung oder sonstige strafbare Handlungen, die zu einer Gefährdung des Vermögens der Institute führen können, erfüllen kann und

(2) es liegt eine besondere **Eilbedürftigkeit** im Einzelfall vor.

17 Nach § 24c Abs. 3 und 3a KWG können bestimmte Stellen die BaFin um Auskunft aus dem Kontoabrufdateisystem ersuchen. Die BaFin ist in diesen Fällen ermächtigt und verpflichtet, die angefragten Daten im automatisierten Verfahren bei den Verpflichteten abzurufen und an die ersuchenden Stellen zu übermitteln. Die ersuchende Stelle hat dafür Sorge zu tragen, dass die begehrte Datenübermittlung zulässig ist. Eine Überprüfung der Zulässigkeit wird von der BaFin nur bei „besonderem Anlass" und nur in den Fällen des Abs. 3 vorgenommen.

18 Die BaFin hat nach § 24c Abs. 3 KWG dem Ersuchen folgender Stellen nachzukommen, soweit dies zur Erfüllung der aufsichtlichen oder gesetzlichen Aufgaben der jeweiligen Stelle erforderlich ist:

(1) **Aufsichtsbehörden gemäß § 9 Abs. 1 Satz 4 Nr. 2 KWG:** Kraft Gesetzes oder im öffentlichen Auftrag mit der Überwachung von Instituten, Kapitalverwaltungsgesellschaften, extern verwalteten Investmentgesellschaften, EU-Verwaltungsgesellschaften oder ausländischen AIF-Verwaltungsgesellschaften, Finanzunternehmen, Versicherungsunternehmen, der Finanzmärkte oder des Zahlungsverkehrs oder mit der Geldwäscheprävention betraute Stellen sowie von diesen beauftragte Personen,

(2) den für die Leistung der internationalen Rechtshilfe in Strafsachen sowie im Übrigen für die **Verfolgung und Ahndung von Straftaten zuständigen Behörden oder Gerichten** (Steuerstrafverfahren ausgenommen)[36] und

(3) der für die Beschränkungen des Kapital- und Zahlungsverkehrs nach dem Außenwirtschaftsgesetz zuständigen nationalen Behörde (z. B. das Bundesministerium für Wirtschaft und Energie).[37]

---

36 *Achtelik*, in: Boos/Fischer/Schulte-Mattler, KWG/CRR-VO, § 24c KWG Rn. 10.
37 *Achtelik*, in: Boos/Fischer/Schulte-Mattler, KWG/CRR-VO, § 24c KWG Rn. 10.

In den Fällen des § 24c Abs. 3a KWG erhalten weitere Behörden auf Ersuchen   **19**
Auskunft durch die BaFin. Dies sind in ihrer Eigenschaft als Vermögensab-
schöpfungsstellen das Bundeskriminalamt gemäß § 9 Abs. 6 BKAG i.V.m.
§ 24c Abs. 3a Nr. 1 KWG und das Bundesamt für Justiz gemäß § 2 Abs. 2 Nr. 3
lit. d BfJG.[38] Das Bundeskriminalamt erhält nach § 24c Abs. 3a Nr. 2 KWG zusätzlich Auskunft in seiner Funktion als nationale Stelle nach § 1 Nr. 1 des Europol-Gesetzes zum Zwecke der Weitergabe an Europol.§ 31 Abs. 6 GwG räumt
der **Zentralstelle für Finanztransaktionsuntersuchungen (FIU)** ein eigenes
Abrufrecht gegenüber Kreditinstituten nach § 2 Abs. 1 Nr. 1 KWG und den Instituten nach § 2 Abs. 1 Nr. 3 KWG ein. Zur Erfüllung ihrer Aufgaben hat sie
direkten Zugriff auf die Daten nach § 24c Abs. 1 KWG im automatisierten Verfahren. Für die Datenübermittlung gilt § 24c Abs. 4–8 KWG entsprechend.

Seit dessen Inkrafttreten am 30.12.2003 besteht für **Finanz- und Sozialbehör-**   **20**
den die Möglichkeit des Datenabrufs, sofern es steuerliche oder soziale Belange
betrifft, wie beispielsweise Sozialhilfe, Bafög, Grundsicherung oder Wohngeld
(§§ 93, 93b AO). Im Zuge des Unternehmenssteuerreformgesetzes vom
14.8.2007[39] fand eine Präzisierung der zugriffsberechtigten Behörden und des
Verfahrens zum automatisierten Datenabruf statt. Seitdem besteht u.a. nach § 93
Abs. 9 AO die Verpflichtung den Betroffenen **vor einem Abrufersuchen** nach
§ 93 Abs. 7 oder Abs. 8 AO auf die Möglichkeit eines Kontenabrufs hinzuweisen, was für gewöhnlich durch ausdrücklichen Hinweis in amtlichen Vordrucken
und Merkblättern der Kreditinstitute geschieht. **Nach Durchführung eines**
Kontenabrufs ist der Betroffene über die Durchführung zu benachrichtigen.

Auch **Gerichtsvollzieher** haben mittlerweile gemäß § 802l ZPO die Möglich-   **21**
keit, über das Bundeszentralamt für Steuern Kontodaten abzurufen. Die gleiche
Befugnis genießen auch das Bundesamt für Verfassungsschutz (BfV) gemäß
§ 8a Abs. 2a BVerfSchG, der Bundesnachrichtendienst (BND) gemäß § 3
BNDG und das Amt für den militärischen Abschirmdienst (MAD) gemäß § 4a
MADG i.V.m. § 8a BVerfSchG. Unabhängig vom Kontoabrufverfahren besteht
für BfV und BND die Möglichkeit, unmittelbar von Kreditinstituten Auskünfte
zu verlangen (§ 8 Abs. 2 Nr. 2 BVerfSchG, § 3 BNDG).

V. Datenschutz und Datensicherheit
(§ 24c Abs. 4 und 6 KWG)

Bei der Durchführung des Kontoabrufverfahrens sind auch die Anforderungen   **22**
des Datenschutzes und der Datensicherheit zu beachten. So bestimmt § 24c
Abs. 4 KWG zur Sicherstellung der Zweckgebundenheit des Datenabrufs und

---

38 Zu den Hintergründen siehe BT-Drs. 19/28164, S. 60 ff. und 63 f.
39 BGBl. I 2007, S. 1912 ff.

der Datenweiterleitung an ersuchende Stellen eine **Dokumentationspflicht**. Die Vorschrift hat durch die Umsetzung der EU-Finanzinformationsrichtlinie[40] durch das Transparenzregister- und Finanzinformationsgesetz[41] eine erhebliche Erweiterung erfahren.

23   Die BaFin hat bei jedem Abruf das Aktenzeichen, Datum und Uhrzeit des Abrufs, die Art der bei der Durchführung des Abrufs verwendeten Daten, die eindeutige Kennung der Ergebnisse und die Person, die den Abruf durchgeführt hat, zu protokollieren. In den Fällen des § 24c Abs. 3 KWG müssen zusätzlich die ersuchende Stelle und das Aktenzeichen der ersuchenden Stelle dokumentiert werden. In den Fällen des § 24c Abs. 3a KWG muss eine Protokollierung der eindeutigen Benutzerkennung derjenigen Person erfolgen, die das Ersuchen an die Bundesanstalt gerichtet hat und – sofern abweichend – die Protokollierung der Benutzerkennung derjenigen Person, die Ergebnisse weiterübermittelt erhält.

24   Die Protokolldaten dürfen nur zum Zwecke der Datenschutzkontrolle und der Sicherstellung der Datensicherheit verwendet werden. Die Aufbewahrungsfrist für Protokolle nach § 24a Abs. 4 Satz 1 und 2 KWG beträgt 18 Monate und für Protokolle nach § 24a Abs. 4 Satz 3 KWG fünf Jahre. Die Aufbewahrung hat zugriffsgeschützt zu erfolgen. Nach Ablauf der Aufbewahrungsfrist sind die Protokolle zu löschen, sofern sie nicht für laufende Kontrollverfahren erforderlich sind.

25   Nach § 24c Abs. 6 KWG haben sowohl das Kreditinstitut als auch die BaFin dem jeweiligen Stand der Technik entsprechende Maßnahmen zur Sicherstellung von Datenschutz und Datensicherheit zu treffen. Ziel ist es, insbesondere die Vertraulichkeit und Unversehrtheit der abgerufenen und weiter übermittelten Daten zu gewährleisten. Die BaFin legt den Stand der Technik in einem von ihr bestimmten Verfahren fest und stimmt sich dabei mit dem Bundesamt für Sicherheit in der Informationstechnik ab.

---

40 Richtlinie (EU) 2019/1153 des Europäischen Parlamentes und des Rates vom 20.6.2019 zur Festlegung von Vorschriften zur Erleichterung der Nutzung von Finanz- und sonstigen Informationen für die Verhütung, Aufdeckung, Untersuchung oder Verfolgung bestimmter Straftaten und zur Aufhebung des Beschlusses 2000/642/JI des Rates.

41 Gesetz zur europäischen Vernetzung der Transparenzregister und zur Umsetzung der Richtlinie 2019/1153 des Europäischen Parlaments und des Rates vom 20.6.2019 zur Nutzung von Finanzinformationen für die Bekämpfung von Geldwäsche, Terrorismusfinanzierung und sonstigen schweren Straftaten (Transparenzregister- und Finanzinformationsgesetz – TraFinG).

VI. Kostentragungspflicht der Kreditinstitute (§ 24c Abs. 5 KWG)

§ 24c Abs. 5 KWG fordert von Kreditinstituten, dass diese **alle** im Zusammenhang mit ihren Verpflichtungen zur Führung des Kontoabrufdateisystems **erforderlichen Vorkehrungen auf eigene Kosten** treffen. Explizit (aber nicht abschließend) aufgezählt werden die Anschaffung der zur Sicherstellung der Vertraulichkeit und des Schutzes vor unberechtigten Zugriffen erforderlichen Geräte, die Einrichtung eines geeigneten Telekommunikationsanschlusses und die Teilnahme an dem geschlossenen Benutzersystem sowie die laufende Bereitstellung dieser Vorkehrungen. Die Vorkehrungen haben jeweils nach den Vorgaben der BaFin zu erfolgen. Diese Regelung zur Kostentragungspflicht findet nach § 93b Abs. 4 AO für die Zwecke des Abrufs nach §§ 93, 93b AO entsprechende Anwendung.

26

Anders als der Wortlaut des § 24c Abs. 5 KWG vermuten lässt, haben die Kreditinstitute nicht nur die Kosten in ihrem eigenen Verantwortungsbereich zu tragen. Nach den §§ 16 ff. FinDAG müssen sie auch die Kosten übernehmen, die der BaFin im Zusammenhang mit dem Kontoabrufverfahren in Form von Sach- oder Personalkosten entstehen. Auch die Kosten, die bei den Kreditinstituten durch Abrufe anderer berechtigter Stellen anfallen, haben diese selbst zu tragen, sofern sie ihren Verantwortungsbereich betreffen. In seiner Entscheidung zur Rechtmäßigkeit des Abrufverfahrens nach § 24c KWG und den §§ 93, 93b AO vermied es das BVerfG, die Regelung der Kostentragungspflicht zu würdigen.[42] Dennoch wird diese einseitige und größtenteils ausnahmslose Kostenverteilung zulasten der Kreditwirtschaft vielfach kritisch gesehen.[43] Dies hängt auch damit zusammen, dass die meisten Abfragen keinen bankaufsichtlichen, sondern einen fiskalischen oder strafrechtlichen Hintergrund haben. Das Abrufverfahren dient somit neben der Bekämpfung der Geldwäsche und der Finanzierung des Terrorismus tatsächlich in der Menge häufiger dem Kampf gegen Vermögens- und Kapitalverbrechen und gegen organisierte Kriminalität.[44] Die BaFin veröffentlicht in ihren Jahresberichten regelmäßig Zahlen zur Häufigkeit und zur Verteilung der Abrufe.

27

---

42 BVerfG, 13.6.2007 – 1 BvR 1550/03, NJW 2007, 2464 ff.
43 Siehe hierzu *Achtelik*, in: Boos/Fischer/Schulte-Mattler, KWG/CRR-VO, § 24c KWG Rn. 17 m.w.N.
44 BaFin, Jahresbericht 2007, S. 216.

VII. Rechtsverordnungsermächtigung (§ 24c Abs. 7 KWG)

28 Grundsätzlich sind sämtliche Kreditinstitute von der Verpflichtung zur Bereitstellung von Daten für das automatisierte Kontenabrufsystem nach § 24c KWG
erfasst, sofern diese Konten und Depots i. S. d. § 154 Abs. 2 AO führen. Das
Bundesministerium der Finanzen (BMF) kann jedoch gemäß § 24c Abs. 7 KWG
durch Rechtsverordnung Ausnahmen von der Verpflichtung zur Übermittlung
im automatisierten Verfahren zulassen bzw. die BaFin durch Rechtsverordnung
hierzu ermächtigen. Darüber hinaus können auf diesem Weg nähere Regelungen
zu den technischen Verfahren des automatisierten Abrufs sowie der Weiterübermittlung, zur Protokollierung der Abrufe und zur Statistik über Ersuchen bestimmt werden.

29 Von den Ermächtigungsmöglichkeiten hat das BMF jedoch bisher keinen Gebrauch gemacht. Auch hat das BMF aus technischen Gründen sowie aus Kosten-
gründen bislang darauf verzichtet, einen breiten Ausnahmekatalog zu schaffen.[45]
Vielmehr haben Kreditinstitute die Möglichkeit, bei der BaFin unter substan-
tiierter Darlegung des Sachverhalts eine Befreiung zu beantragen.[46] Ausnahmen
werden jedoch nur in sehr seltenen Fällen zugelassen. Eine Befreiung setzt nach
dem Willen des BMF voraus, dass die Teilnahme eines Kreditinstituts am auto-
matischen Abrufsystem vor allem unter wirtschaftlichen Gesichtspunkten eine
besondere Härte darstellt und es angesichts der spezifischen Besonderheit des
Falles unter Berücksichtigung des dargestellten Gesetzeszwecks nicht zu einer
wesentlichen Beeinträchtigung des Abrufsystems im laufenden Betrieb kommt
(**Härtefallregelung**).[47] Dies könne allenfalls dann gegeben sein, wenn die Kosten der Teilnahme in keinem Verhältnis zum gesetzlichen Zweck des Systems
(etwa angesichts eines Kontobestands von nur einzelnen oder wenigen Konten)
und zum Ertrag und Geschäftsvolumen des Instituts stünden. Das Kreditinstitut
muss daher in seinem Antrag an die BaFin Kontoanzahl und Kontoarten bezeichnen und deren Kontoinhaber sowie das Geschäftsvolumen angeben. Die Umstände, die nach Meinung des Kreditinstituts eine besondere Härte begründen,
sind darzustellen.

VIII. Sanktionsbestimmungen

30 Verstöße gegen § 24c KWG können mit Geldbußen von der BaFin geahndet werden. Wird das Kontoabrufdateisystem nicht, nicht richtig oder nicht vollständig
geführt oder wird nicht dafür gesorgt, dass die BaFin jederzeit Daten automa-

---

45 BMF, 16.12.2002, VII B 7 – WK 5023 – 1166/02.
46 BMF, 16.12.2002, VII B 7 – WK 5023 – 1166/02.
47 BMF, 16.12.2002, VII B 7 – WK 5023 – 1166/02.

tisch abrufen kann, so handelt das Kreditinstitut gemäß § 56 Abs. 2 Nr. 9 und 10 KWG ordnungswidrig. Für jeden Verstoß kann gemäß § 56 Abs. 6 Nr. 3 KWG ein Bußgeld in Höhe von bis zu 200.000 EUR verhängt werden. Was genau unter dem Begriff des „jederzeitigen Abrufs von Daten" zu verstehen ist, hat die BaFin in ihrer Schnittstellenspezifikation präzisiert.[48] Demnach muss durch den Betreiber durchschnittlich zu 99 % fortlaufend Verfügbarkeit gewährleistet sein. Auch muss sichergestellt sein, dass die Daten rund um die Uhr abrufbar sind. Die durchschnittliche Antwortzeit darf 90 Minuten nicht überschreiten. Über Verstöße gegen § 24c KWG berichtet die BaFin regelmäßig in ihren Jahresberichten. Die Qualität der Daten wird hierbei häufig bemängelt. Häufige Fehlerquelle sei insbesondere die unvollständige oder nicht exakte Namenserfassung bei der Legitimationsprüfung.[49] Vereinzelt kam es auch zu gravierenden Feststellungen durch die BaFin, wenn beispielsweise Verfügungsberechtigte gemeldet wurden, deren Verfügungsberechtigung bereits seit mehr als drei Jahren erloschen war.[50] In einem besonders gravierenden Fall, in dem für 80 % der überprüften Konten keine vollständig erfassten Vornamen gespeichert worden waren, hat die BaFin 2011 ein Bußgeld in Höhe von 25.000 EUR verhängt.[51] Die Arbeitsanweisungen der Kreditinstitute zur korrekten Datenerfassung werden hingegen nach Meinung der Aufsichtsbehörde hinreichend formuliert und die Vorgaben sind angemessen in ihren internen Kontrollsystemen berücksichtigt.[52]

---

48 BaFin, Rundschreiben 1/2018 (GW) v. 2.1.2018.
49 BaFin, Jahresbericht 2012, S. 221 und 2013, S. 114.
50 BaFin, Jahresbericht 2013, S. 114.
51 BaFin, Jahresbericht 2011, S. 252.
52 BaFin, Jahresbericht 2011, S. 252 und 2013, S. 114.

§ 25h Interne Sicherungsmaßnahmen

(1) Institute sowie Finanzholding-Gesellschaften und gemischte Finanzholding-Gesellschaften nach § 25l müssen unbeschadet der in § 25a Absatz 1 dieses Gesetzes und der in den §§ 4 bis 6 des Geldwäschegesetzes aufgeführten Pflichten über ein angemessenes Risikomanagement sowie über interne Sicherungsmaßnahmen verfügen, die der Verhinderung strafbaren Handlungen, die zu einer Gefährdung des Vermögens des Instituts führen können, dienen. Sie haben dafür angemessene geschäfts- und kundenbezogene Sicherungssysteme zu schaffen und zu aktualisieren sowie Kontrollen durchzuführen. Hierzu gehört auch die fortlaufende Entwicklung geeigneter Strategien und Sicherungsmaßnahmen zur Verhinderung des Missbrauchs von neuen Finanzprodukten und Technologien für Zwecke der Geldwäsche und der Terrorismusfinanzierung oder der Begünstigung der Anonymität von Geschäftsbeziehungen und Transaktionen.

(2) Kreditinstitute haben unbeschadet des § 10 Absatz 1 Nummer 5 des Geldwäschegesetzes Datenverarbeitungssysteme zu betreiben und zu aktualisieren, mittels derer sie in der Lage sind, Geschäftsbeziehungen und einzelne Transaktionen im Zahlungsverkehr zu erkennen, die auf Grund des öffentlich und im Kreditinstitut verfügbaren Erfahrungswissens über die Methoden der Geldwäsche, der Terrorismusfinanzierung und über die sonstigen strafbaren Handlungen im Sinne von Absatz 1 im Verhältnis zu vergleichbaren Fällen besonders komplex oder groß sind, ungewöhnlich ablaufen oder ohne offensichtlichen wirtschaftlichen oder rechtmäßigen Zweck erfolgen. Die Kreditinstitute dürfen personenbezogene Daten verarbeiten, soweit dies zur Erfüllung dieser Pflicht erforderlich ist. Die Bundesanstalt kann Kriterien bestimmen, bei deren Vorliegen Kreditinstitute vom Einsatz von Systemen nach Satz 1 absehen können.

(3) Jede Transaktion, die im Verhältnis zu vergleichbaren Fällen besonders komplex oder groß ist, ungewöhnlich abläuft oder ohne offensichtlichen wirtschaftlichen oder rechtmäßigen Zweck erfolgt, ist von Instituten im Sinne von Absatz 1 unbeschadet des § 15 des Geldwäschegesetzes mit angemessenen Maßnahmen zu untersuchen, um das Risiko der Transaktion im Hinblick auf strafbare Handlungen im Sinne von Absatz 1 Satz 1 überwachen, einschätzen und gegebenenfalls die Erstattung einer Strafanzeige gemäß § 158 der Strafprozessordnung prüfen zu können. Die Institute haben diese Transaktionen, die durchgeführten Untersuchungen und deren Ergebnisse nach Maßgabe des § 8 des Geldwäschegesetzes angemessen zu dokumentieren, um gegenüber der Bundesanstalt darlegen zu können, dass diese Sachverhalte nicht darauf schließen lassen, dass eine strafbare Handlung im Sinne von Absatz 1 Satz 1 begangen oder versucht wurde oder wird. Absatz 2

Satz 2 gilt entsprechend. Auf Institute ist § 47 Absatz 5 des Geldwäschegesetzes entsprechend anzuwenden für Informationen über konkrete Sachverhalte, die Auffälligkeiten oder Ungewöhnlichkeiten enthalten, die auf andere strafbare Handlungen als auf Geldwäsche, auf eine ihrer Vortaten oder auf Terrorismusfinanzierung hindeuten.

(4) Institute dürfen interne Sicherungsmaßnahmen nach Absatz 1 Satz 1 nach vorheriger Anzeige bei der Bundesanstalt im Rahmen von vertraglichen Vereinbarungen durch einen Dritten durchführen lassen. Die Bundesanstalt kann die Rückübertragung auf das Institut dann verlangen, wenn der Dritte nicht die Gewähr dafür bietet, dass die Sicherungsmaßnahmen ordnungsgemäß durchgeführt werden oder die Steuerungsmöglichkeiten der Institute und die Kontrollmöglichkeiten der Bundesanstalt beeinträchtigt werden könnten. Die Verantwortung für die Sicherungsmaßnahmen verbleibt bei den Instituten.

(5) Die Bundesanstalt kann gegenüber einem Institut oder einem Auslagerungsunternehmen, auf das ein Institut oder ein übergeordnetes Unternehmen gemäß Absatz 4 oder gemäß § 6 Absatz 7 des Geldwäschegesetzes ausgelagert hat, im Einzelfall Anordnungen treffen, die geeignet und erforderlich sind, die in den Absätzen 1 bis 3 genannten Vorkehrungen zu treffen.

(6) Die Deutsche Bundesbank gilt als Institut im Sinne der Absätze 1 bis 4.

(7) Die Funktion des Geldwäschebeauftragten im Sinne des § 7 des Geldwäschegesetzes und die Pflichten zur Verhinderung strafbarer Handlungen im Sinne des Absatzes 1 Satz 1 werden im Institut von einer Stelle wahrgenommen. Die Bundesanstalt kann auf Antrag des Instituts zulassen, dass eine andere Stelle im Institut für die Verhinderung der strafbaren Handlungen zuständig ist, soweit hierfür ein wichtiger Grund vorliegt.

Schrifttum: *Beisheim*, Unternehmensstrafrecht: Der neue Kölner Entwurf eines Verbandssanktionengesetzes, CCZ 2018, 63; *Göhler*, Ordnungswidrigkeitengesetz, 18. Aufl. 2021; *Scherp*, Fraud Management – Abwehr von Kriminalität in Kreditinstituten und bei Finanzdienstleistern, 3. Aufl. 2018; *Scherp/Wrocklage*, Gesetz zur Verbesserung der strafrechtlichen Bekämpfung der Geldwäsche tritt in Kraft, CB 2021,186; *Scherp/Wrocklage*, Mitarbeiterinformation zur Verhinderung von Betrug und sonstigen strafbaren Handlungen, 4. Aufl. 2022; *Vortmann*, Aufklärungs- und Beratungspflichten der Banken, 12. Aufl. 2019; *Zahrte*, Haftungsverteilung im Zahlungsdiensterecht beim CEO-Fraud, BKR 2019, 126.

Übersicht

I. Allgemeines

1 § 25h KWG regelt die **internen Sicherungsmaßnahmen** bei Instituten, Finanzholding-Gesellschaften und gemischten Finanzholding-Gesellschaften in Bezug auf die Verhinderung strafbarer Handlungen (Abs. 1) und stellt durch die Einbeziehung der Geldwäsche und Terrorismusfinanzierung in Abs. 2 eine Ergänzung der organisatorischen Anforderungen in § 6 GwG für die genannten Verpflichteten, die zugleich KWG-Institute sind, dar. Abs. 1 dehnt die Anforderungen an interne Sicherungsmaßnahmen bei diesen Verpflichteten auf Maßnahmen zur Verhinderung strafbarer Handlungen, die zu einer Gefährdung des Vermögens des Instituts führen können, aus. Für die anderen Verpflichteten des § 2 GwG besteht diese spezielle Verpflichtung zur Kriminalprävention nicht. Für die in

§ 25h KWG genannten Institute und Gesellschaften entsteht damit ein zusätzlicher umfassender Regulierungsbereich mit Pflichten, die eigenständig neben die Pflichten zur Geldwäscheprävention und zur Verhinderung von Terrorismusfinanzierung treten.

Die Neufassung von § 25h KWG im Rahmen des **Gesetzes zur Umsetzung der**   **2**
Vierten EU-Geldwäscherichtlinie vom 23.6.2017 hat zu einer nur teilweisen Entzerrung der Themenbereiche geführt, da in Abs. 2 und 3 und mit der Pflicht zur organisatorischen Behandlung in einer „Zentralen Stelle" in Abs. 7 die Überschneidungen zwischen dem Regelungsgehalt des GwG und der Pflicht zur Verhinderung strafbarer Handlungen nicht umfassend beseitigt wurden. Dennoch erfährt damit die Verhinderung strafbarer Handlungen eine deutliche Aufwertung im regulatorischen Pflichtenzusammenhang und vermehrt eigenständige Bedeutung gegenüber der bisherigen Überbetonung der Geldwäscheprävention.[1] Damit verbleiben die Pflicht zum Risikomanagement sowie die Pflicht der Institute, im Rahmen der Geldwäscheprävention Datenverarbeitungssysteme zu betreiben, um die kontinuierliche Überwachung der Geschäftsbeziehung im Rahmen des § 10 Abs. 1 Nr. 5 GwG sicherzustellen, Regelungsgegenstand des neu formulierten § 25h KWG (dazu → Rn. 12 ff.).

Zuletzt wurde § 25h KWG durch das **Gesetz zur Umsetzung der Zweiten E-**   **3**
Geld-Richtlinie (2009/110/EG) 9.3.2011 geändert und seitdem mehrfach überarbeitet. Eine wesentliche Änderung durch das das Gesetz zur Umsetzung der Zweiten E-Geld-Richtlinie im Jahr 2011 lag in der Einführung der bis dahin unbekannten Rechtsfigur der sog. **Zentralen Stelle**, die heute in § 25h Abs. 7 KWG geregelt ist. Überdies wurde die eingeschränkte Betrachtung lediglich der **betrügerischen Handlungen** aus dem früheren Gesetzeswortlaut durch die Novellierung im Jahr 2011 aufgegeben und auf alle strafbaren Handlungen, die zu einer Gefährdung des Vermögens des Instituts führen können, im Sinne eines All-crime-Ansatzes ausgeweitet.

Durch die **GwG-Novelle 2017** wurde § 25h KWG insbesondere in Abs. 3 hin-   **4**
sichtlich der Untersuchung von **bestimmten Transaktionen** angepasst, die im Vergleich zu anderen Fällen besonders komplex oder groß sind, ungewöhnlich ablaufen oder ohne offensichtlichen wirtschaftlichen oder rechtmäßigen Zweck erfolgen. Damit wurde die ursprüngliche Formulierung der Überwachung von „zweifelhaften oder ungewöhnlichen" Sachverhalten klarer gefasst und für die Praxis deutlicher normiert.

---

1 Zum Ganzen *Scherp*, Fraud Management, S. 11 ff.; vgl. dazu auch § 27 der Verordnung über die Prüfung der Jahresabschlüsse der Kreditinstitute und Finanzdienstleistungsinstitute sowie über die darüber zu erstellenden Berichte (Prüfungsberichtsverordnung – PrüfbV).

5 Laut DK AuA aus dem Jahr 2014[2] waren als „zweifelhaft oder ungewöhnlich" alle Sachverhalte anzusehen, bei denen für den zuständigen Mitarbeiter eines Instituts aufgrund seines bankgeschäftlichen Verständnisses oder seines Erfahrungswissens ohne Weiteres, d. h. ohne weitere Aufbereitung, Abklärung oder Anreicherung des Sachverhalts erkennbar war, dass **Abweichungen vom üblichen Geschäftsmuster oder Verhalten** der am Vorgang Beteiligten (Kunden oder Dritte) vorlagen. Gleiches sollte für **ungewöhnliche Abwicklungsformen** von Geschäften gelten.

6 Diese Herangehensweise ist von der Praxis in den Instituten zu Recht erheblich kritisiert worden, da sie zu ausufernden Aufgreifkriterien für mutmaßlich „betrügerische" Sachverhaltskonstellationen und damit nahezu unbegrenzten Untersuchungspflichten für alle Fälle, in denen das Institut die Hintergründe der Transaktion nicht vollständig verstehen oder nachvollziehen konnte, führte. Die überwiegende Anzahl der so aufgegriffenen Fälle hielten den Voraussetzungen für eine spätere **Erstattung einer Strafanzeige** kaum stand.

7 Wichtigster Regelungsgegenstand des § 25h KWG bleibt auch nach der neuerlichen Novellierung die in Abs. 3 geregelte **Untersuchungspflicht** bestimmter Sachverhalte auf das Vorliegen von Straftaten und die daraus folgende Prüfung, ob Strafanzeige erstattet werden soll. Eine Pflicht zur Erstattung von Strafanzeigen besteht indes trotz des umständlichen Wortlauts der Vorschrift nicht (ausführlich siehe → Rn. 61). Eine ausführliche Dokumentation der Untersuchungsergebnisse und der Entscheidung im Falle der Nichterstattung einer Strafanzeige hat nach Maßgabe des § 8 GwG zu erfolgen. Im Falle der Erstattung einer Strafanzeige dürfte diese die Dokumentation weitgehend ersetzen.

8 Weiter wurde der bisherige § 25h Abs. 4 KWG a. F. zur Ausgestaltung der **Funktion des Gelwäschebeauftragten (GWB)** aufgrund der Neuordnung der Normen zwischen GwG und KWG ersatzlos gestrichen.[3] Ausführliche Vorgaben zum GWB auch für Institute sind nunmehr in § 7 GwG (vgl. → § 7 Rn. 1 ff.) enthalten.

9 Zudem wurden die Vorgaben für die **Auslagerung** der internen Sicherungsmaßnahmen an Dritte insofern geändert, als dass nunmehr lediglich die **vorherige Anzeige** der geplanten Auslagerung an die BaFin nach § 25h Abs. 4 Satz 1 KWG erfolgen muss, während zuvor nach § 25h Abs. 5 KWG a. F. die vorherige Zustimmung der BaFin erforderlich war.

---

2 Deutsche Kreditwirtschaft, Auslegungs- und Anwendungshinweise, Stand 1.2.2014 (nachfolgend auch bezeichnet als „DK, AuA 2014"), Rn. 86 f., https://die-dk.de/konto fuehrung/geldwaescheverhinderung/, zuletzt abgerufen am 12.12.2021.
3 BT-Drs. 18/11555, S. 176.

Abs. 5 wurde durch Art. 5 des Gesetzes v. 3.6.2021[4] auf Auslagerungsunterneh- **10**
men erweitert, die nunmehr ebenfalls mit Einzelfallanordnungen zur Errichtung
der in Abs. 1–3 genannten Vorkehrungen angehalten werden können.

Schließlich wurde § 25h Abs. 7 KWG a.F. gestrichen, wonach die **Bundesre-** **11**
publik Deutschland – Finanzagentur GmbH als Institut i.S.d. § 25 Abs. 1–5
KWG a.F. galt und das BMF für dessen Überwachung im Hinblick auf die Einhaltung der Vorgaben zu internen Sicherungsmaßnahmen zuständig war.[5]

Die neuen **Auslegungs- und Anwendungshinweise** zum Geldwäschegesetz[6] **12**
der BaFin enthalten bislang keine Ausführungen und keinen BT zur Verhinderung strafbarer Handlungen. Wann ein solcher BT folgt, ist offen. Änderungen
bzw. Anpassungen an den neuen Gesetzestext sind bislang mit Rdschr. 2/2020
(GW) vom 6.5.2020 zur Konkretisierung der PrüfbV erfolgt. Bereits vor der Novellierung war in Rdschr. 5/2017 (GW) eine Auslegung zu den Anforderungen
an die erforderlichen angemessenen geschäftsbezogenen Sicherungssysteme
i.S.d. § 25h Abs. 1 Satz 1 veröffentlicht worden.

Die BaFin hat den allgemeinen Teil ihrer Auslegungs- und Anwendungshinwei- **13**
se durch besondere Hinweise zum GwG für Kreditinstitute in den Auslegungs-
und Anwendungshinweisen Besonderer Teil (AuA BT) erweitert.[7] Die AuA BT
orientieren sich im Wesentlichen an der ersten Nationalen Risikoanalyse zur Bekämpfung von Geldwäsche und Terrorismusfinanzierung (NRA) und erweitern
die AuA AT für alle Verpflichteten nach § 2 Abs. 1 Nr. 1 GwG. Als besonderer
Teil gehen sie dem allgemeinen Teil der Auslegungs- und Anwendungshinweise
vor. Die AuA BT sehen insbesondere Hinweise zur geldwäscherechtlichen Behandlung von Immobilien- und Investmentgeschäften, Konsortialkrediten und
Korrespondenzbankbeziehungen sowie zur Verwendung von Monitoringsystemen und zur Identifizierung des wirtschaftlich Berechtigten bei (Sammel-)Treu-
handkonten vor.

Der Gesetzestext ist aktuell nur in Abs. 1 Satz 1 durch Streichung des Zusatzes **14**
„sonstige" bei den strafbaren Handlungen geändert worden, während Abs. 2
weiterhin von „**sonstigen**" strafbaren Handlungen spricht. Ob es sich dabei um
ein redaktionelles Versehen oder gesetzgeberische Absicht handelt, ist der Entstehungsgeschichte des Gesetzes nicht zu entnehmen. Durch die Formulierung
wird der Zweck des § 25h KWG auf die Pflicht zur Schaffung eines Risikomanagements zur Verhinderung strafbarer Handlungen erweitert, während das Risikomanagement hinsichtlich Geldwäsche und Terrorismusfinanzierung spezialge-

---

4 BGBl. I S. 1534.
5 BT-Drs. 18/11555, S. 176.
6 BaFin, AuA, Stand Oktober 2021, abrufbar unter bafin.de.
7 BaFin, Auslegungs- und Anwendungshinweise Besonderer Teil: Kreditinstitute, Stand:
  Juni 2021 (nachfolgend bezeichnet auch als BaFin, AuA BT), abrufbar unter bafin.de.

setzlich in §§ 4 ff. GwG normiert ist. § 25h Abs. 1 Satz 1 KWG stellt damit keine Erweiterung der allgemeinen Vorschriften des GwG zum Risikomanagement dar, sondern stellt den im GwG für Fälle des erhöhten Risikos normierten Untersuchungspflichten (§ 15 Abs. 6 GwG) rechtlich selbstständig eine Untersuchungspflicht für bestimmte Fallkonstellationen zum Zwecke der Verhinderung von Straftaten zur Seite. Die Präzisierung, was zur Erfüllung dieser Pflicht zu leisten ist, wird in Satz 2 vorgenommen.

15   Auch in Abs. 3 ist die Streichung der Begriffe Geldwäsche und Terrorismusfinanzierung nicht erfolgt, sodass es insoweit bei der umfassenden Pflicht zur Implementierung von unterstützenden Datenerfassungssystemen bleibt.

16   In den AuA BT[8] wird die Monitoring- und Screening-Pflicht auf die Bearbeitung von sanktions- und embargorelevanten Sachverhalten erweitert. Monitoring ist demnach „die laufende Ex-post-Überwachung zur Auffindung ungewöhnlicher Transaktionen". Screening ist die „Selektion oder das Herausfiltern vor allem von Zahlungsverkehrstransaktionen in Echtzeit, also noch vor deren Ausführung". Damit soll u. a. verhindert werden, dass „Geldmittel trotz der Nichteinhaltung von Sanktionen, Embargos, des Verbots der Terrorismusfinanzierung oder anderer Maßnahmen verfügbar gemacht werden".

17   Diese Auslegung stellt eine deutliche Erweiterung der Verpflichtung zum Einsatz von DV-gestützter Transaktionskontrolle dar. Im Gesetzestext von GwG und KWG ist diese Ausweitung auf die Sanktions- und Embargokontrolle bislang nicht angelegt, sodass auch die Durchführung „manueller Prüfroutinen" in diesem Bereich möglich und vertretbar erschien, soweit sanktionsrelevante Transaktionen die absolute Ausnahme im Bereich des Zahlungsverkehrs darstellten. Eine solche Vorgehensweise dürfte nach Inkrafttreten dieses AuA-BT nicht mehr als risikoangemessen darstellbar sein.

18   Allerdings erscheint fraglich, ob die Ausdehnung der Monitoring-Pflicht auf Sachverhalte des Außenwirtschaftsrechts ohne gesetzliche (Rechts-)Grundlage überhaupt wirksam ist, denn die AuA erfüllen nicht das Erfordernis des Gesetzesvorbehalts, das bei einem so elementaren Rechtseingriff in die Organisation des Instituts und mittelbar auch in die Rechte der überwachten Personen gegeben sein dürfte, und die BaFin ist auch nicht als zuständige Behörde für die Regelung außenwirtschaftsrechtlicher Sachverhalte anzusehen. Soweit Sanktionen mithin erkennbar keinen Konnex zur Terrorismusfinanzierung haben können (vgl. z.B. die EU-Sanktionen anlässlich des Einmarsches Russlands in die Ukraine), ist eine Regelungskompetenz der BaFin nicht zu erkennen.

---

8 BaFin, AuA BT, S. 14.

II. Vorgaben für das Risikomanagement (§ 25h Abs. 1 KWG)

§ 25h Abs. 1 KWG definiert die speziellen Anforderungen an das Risikomana- **19**
gement der Institute und der Finanzholding-Gesellschaften nach § 25l KWG im
Hinblick auf strafbare Handlungen.

1. Angemessenes Risikomanagement

Institute, Finanzholding-Gesellschaften und gemischte Finanzholding-Gesell- **20**
schaften nach § 25l KWG müssen nach § 25a Abs. 1 KWG über ein angemessenes
Risikomanagement sowie über interne Sicherungsmaßnahmen verfügen, die der
Verhinderung strafbarer Handlungen, die zu einer Gefährdung des Vermögens des
Instituts führen können, dienen. Dies gilt neben den in § 25a Abs. 1 KWG und in
den §§ 4–6 GwG aufgeführten Pflichten. Im Hinblick auf das erforderliche Risikomanagement und die internen Sicherungsmaßnahmen für **Geldwäsche und Terrorismusfinanzierung** wird auf die Ausführungen in → § 6 Rn. 1 ff. verwiesen.

a) Verhältnis der Vorschriften untereinander

§ 25h KWG stellt für die genannten Unternehmen in seinem Geltungsbereich **21**
lex specialis zu § 25a Abs. 1 KWG dar. § 25a KWG regelt insbesondere die allgemeinen organisatorischen Anforderungen an das Risikomanagement eines Instituts. Diese werden ergänzt durch spezielle Vorgaben für das Risikomanagement zur Verhinderung strafbarer Handlungen.

Im **Verhältnis von § 25h KWG zu §§ 4–6 GwG** stellt § 25h KWG die speziel- **22**
lere Regelung für die im Geltungsbereich des KWG befindlichen Institute im
Hinblick auf die Vorgaben zur Prävention von sonstigen (als Geldwäsche und
Terrorismusfinanzierung) strafbaren Handlungen (Abs. 1) dar. Der Umgang mit
bestimmten Transaktionen und die daraus resultierende **Untersuchungspflicht – allein im Hinblick auf strafbare Handlungen –** ist in Abs. 3 geregelt,
während der Betrieb von Datenverarbeitungssystemen (Abs. 2) sowie die Auslagerung (Abs. 4) wiederum auch den Bereich der Geldwäscheprävention betreffen. Bezüglich der **Geldwäsche und Terrorismusfinanzierung** sind zusätzlich
die wesentlich ausführlicheren Vorgaben des GwG zu beachten. Hinsichtlich der
Vorgaben zur **Funktion des GWB** entfaltet wiederum § 7 GwG Geltung und ergänzt insoweit explizit § 25h Abs. 7 KWG.

b) Begriff der strafbaren Handlungen

Der Begriff der strafbaren Handlungen, die zu einer wesentlichen Gefährdung **23**
des Vermögens des Instituts führen können nach § 25h Abs. 1 Satz 1 KWG, ist
weit zu verstehen.

24 Erfasst sind sämtliche strafbaren Handlungen im **Inland sowie in allen Ländern**, in denen das Institut physisch präsent ist (z. B. durch eine Filiale, Niederlassung, Repräsentanz) oder auf andere Weise **aktiv seine Dienstleistungen** erbringt. Aufgrund der Erstreckung des Anwendungsbereichs auf jegliche aktive Erbringung von Dienstleistungen können hierunter bspw. auch vorsätzlich strafbare Handlungen im Zusammenhang mit der **grenzüberschreitenden Erbringung von Dienstleistungen** i. S. d. §§ 24, 24a KWG fallen. Auf die Frage der Verfolgbarkeit der strafbaren Handlung nach deutschem Strafrecht oder ausländischem Recht kommt es in diesem Zusammenhang nicht an. Lediglich bei der Erstattung einer Strafanzeige im Inland wird zu berücksichtigen sein, ob deutsches Strafrecht überhaupt anwendbar ist.

25 Inhaltlich umfassen die strafbaren Handlungen annähernd alle **Straftatbestände des StGB und des Nebenstrafrechts** sowie die ihnen entsprechenden Delikte der jeweiligen ausländischen Rechtsordnung, soweit diese rechtlich vergleichbares strafbares Unrecht enthalten. Somit fallen darunter insbesondere: alle Wirtschaftsdelikte (§ 74c GVG), die Vermögensdelikte, insbesondere sämtliche Betrugs- und Untreuetatbestände (§§ 263 ff. StGB) sowie Missbrauch von Scheck- und Kreditkarten (§ 266b StGB), Kapitalanlagebetrug (§ 264a StGB), aber auch Eigentumskriminalität mit Diebstahl (§§ 242 ff. StGB), Unterschlagung (§ 246 StGB), Raub und räuberische Erpressung (§§ 249 ff. StGB), daneben sind Korruptionstatbestände (§§ 331 ff. StGB), Insolvenzstraftaten (§§ 283 ff. StGB), Steuerstraftaten (§§ 369 ff. AO), Begünstigung (§ 257 StGB), Straftaten gegen den Wettbewerb (§§ 298 ff. StGB) und Korruption im Wirtschaftsleben (§ 299 StGB) erfasst. Das Ausspähen und Abfangen von Daten, Identitätsdiebstahl etc. (§§ 202a ff. StGB) sowie die Verletzung von Geschäftsgeheimnissen (neu: § 23 GeschGehG)[9] fallen darunter, wenn sie zu wirtschaftlichen Schäden beim Institut führen können.[10]

26 Ausgenommen vom Geltungsbereich sind zur Vermeidung von Abgrenzungsschwierigkeiten innerhalb des Risikomanagements der Compliance-Funktion die Tatbestände **Geldwäsche, Terrorismusfinanzierung, Insiderhandel und Marktmanipulation**.[11] Ob diese Abgrenzung, die mit unterschiedlichen Zuständigkeiten im Institut begründet wird, sinnvoll ist, mag bezweifelt werden. Der Gesetzgeber hätte besser daran getan, den Instituten selbst die Zuständigkeitsregelung für das Aufgreifen solcher Sachverhalte zu überlassen. Nicht erfasst sind

---

9 Ausführlich *Scherp/Rauhe*, CB 2019, 20 und 50.

10 Vgl. hierzu die Übersicht zu den einbezogenen Straftatbeständen zum Stand des § 25h KWG a. F. bei: DK, AuA 2014, Rn. 86 f., https://die-dk.de/kontofuehrung/geldwaescheverhinderung, zuletzt abgerufen am 12.12.2021; da sich die Regelungen zum Begriff der sonstigen strafbaren Handlungen im Zuge der GwG-Novelle 2017 nicht geändert haben, dürfte die Darstellung weiterhin Geltung haben.

11 DK, AuA 2014, Rn. 88.

auch Ordnungswidrigkeiten, obwohl diese zu wesentlich schwereren Schadensfolgen und Bußgeldern in Millionenhöhe führen können und in vielen Bereichen (Kartellrecht, Marktmanipulation, Datenschutzrecht, Steuerrecht) nur schwer von den entsprechenden Straftaten abzugrenzen sind.

Da nach deutschem Strafrecht eine Unternehmensstrafbarkeit (noch) nicht existiert,[12] können nur strafbare Handlungen von Mitarbeitern des Instituts, die dem Institut zuzurechnen sind oder einen Schaden auslösen sowie strafbare Angriffe von Dritten auf das Vermögen des Instituts in Betracht kommen. Zu beachten ist, dass strafbare Handlungen, die dem Institut nach derzeitigem Recht zugerechnet (§§ 9, 30, 130 OWiG) werden können, bei diesem zu erheblichen Bußgeldzahlungen und zur Gewinnabschöpfung führen können, wenn durch mangelnde Organisation und Aufsicht die unternehmensbezogene Straftat ermöglicht oder nicht hinreichend unterbunden wurde. Hierdurch wird der Kreis der einzubeziehenden strafbaren Handlungen erweitert auf solche Fälle, die aus dem Institut heraus begangen wurden und lediglich zu (direkten) Schädigungen Dritter geführt haben. Es können daher sowohl Handlungen **von innen** (aus dem Unternehmen selbst) als auch **von außen** (durch Dritte herbeigeführt) unter den Begriff der sonstigen strafbaren Handlungen fallen.   **27**

Über die individuelle **Beurteilung der Wesentlichkeit** eines Straftatbestands im Hinblick auf die Geeignetheit zu einer Vermögensgefährdung für das konkrete Institut kann zwar eine Eingrenzung der relevanten Straftatbestände erreicht werden. Das Risiko des Instituts über die Zurechnung solcher Taten erhebliche Schäden zu erleiden lässt sich indes mit Wesentlichkeitserwägungen kaum eingrenzen. So mag ein einzelner Betrugsfall eine vom Institut ermittelte Wesentlichkeitsgrenze unterschreiten, eine ganze Betrugsserie, die mangels fachgerechter Beaufsichtigung von Institutsmitarbeitern nicht erkannt und damit „am Leben erhalten" wird, kann indes im Falle der Zurechnung des Fehlverhaltens diese Grenze leicht überschreiten. In die Zurechnung sind auch Überlegungen zur eventuellen Garantenstellung von Institutsmitarbeitern gegenüber Kunden im Rahmen der Beratung oder Hinweis- und Warnpflichten, z. B. im Giro-Verkehr, einzubeziehen.[13]   **28**

Der Begriff der **Vermögensgefährdung** ist im Hinblick auf strafbare Handlungen so zu verstehen, dass zu deren Eintritt gerade **kein bereits eingetretener**   **29**

---

12 *Beisheim*, CCZ 2018, 63; vgl. dazu jüngst: Referentenentwurf des BMJV v. 20.4.2020 zum Entwurf eines Gesetzes zur Stärkung der Integrität in der Wirtschaft; an der Einbeziehung der dem Unternehmen zuzurechnenden Straftaten in den Bereich der strafbaren Handlungen, die zu einer Gefährdung des Vermögens des Instituts führen können, wird sich dadurch nichts ändern.

13 LG Düsseldorf, BKR 2019, 154; LG Karlsruhe, BKR 2019, 151; *Zahrte*, BKR 2019, 126; BGH, NStZ 2018, 648 zur strafrechtlichen Geschäftsherrenhaftung; BGHSt 54, 44 (Urt. v. 17.7.2009, 5StR 394/08); zum Ganzen siehe auch *Vortmann*, 12. Aufl. 2019.

Vermögensschaden (wie bei § 263 StGB) erforderlich ist, sondern eine bloße Eintrittswahrscheinlichkeit ausreicht und somit auch **Reputationsschäden und indirekte Schäden** aus Bußgeldern, Vermögenseinziehung oder Schadenersatzforderungen von Kunden in die Risikoüberlegungen einzubeziehen sind. Nach teilweise vertretener Ansicht sind auch Schadensrisiken einzubeziehen, die nicht aus der Erbringung institutsspezifischer Dienstleistungen herrühren.[14] Dies ist abzulehnen, da es zu einer ausufernden Überwachungs- und Kontrollpflicht der zentralen Stelle führen würde. Das Vorliegen einer Vermögensgefährdung ist auch schon zu bejahen, wenn das Institut nicht in seinem Bestand gefährdet ist. Die Schwelle der Wesentlichkeit hat das Institut im Rahmen der **Risikoanalyse** unter Beachtung von Art und Umfang der Geschäftstätigkeit und der daraus resultierenden Gefährdungen selbst festzulegen.[15] Im Rahmen des risikobasierten Ansatzes ist es den Instituten auch möglich, Bagatell-Risiken zu akzeptieren, Risiken zu versichern oder diese nur in Teilbereichen auf ein tragbares Maß zu reduzieren.[16]

2. Kunden- und geschäftsbezogene Sicherungssysteme

30 Für ein adäquates Risikomanagement zu strafbaren Handlungen und als interne Sicherungsmaßnahmen müssen Institute angemessene geschäfts- und kundenbezogene Sicherungssysteme nach § 25h Abs. 1 Satz 2 KWG schaffen und aktualisieren. Diese sind aus der Risikoanalyse abzuleiten. Bei den geschäfts- und kundenbezogenen Sicherungssystemen zu strafbaren Handlungen bietet es sich an, zwischen allgemeinen und konkreten Sicherungsmaßnahmen zu unterscheiden.[17]

a) Allgemeine Sicherungsmaßnahmen

31 Unter **allgemeinen Sicherungssystemen** sind sämtliche Maßnahmen zu verstehen, die auch Gegenstand des **Internen Kontrollsystems (IKS)** sind.[18] Dies betrifft insbesondere klare Organisations- und Berichtspflichten, Einbindung der Zentralen Stelle, Umgang mit der Aufdeckung und Verfolgung strafbarer Handlungen, Maßnahmen zur Mitarbeiterauswahl, Schulung etc.[19]

---

14 „Außerhalb des Bankgeschäfts stehende Handlungen, etwa im Einkauf" – *Achtelik*, in: Herzog, GwG, § 25h KWG Rn. 7.

15 Ebenso *Auerbach/Musiol/Hentschel*, in: Schwennicke/Auerbach, KWG, § 25 h Rn. 20; s.a. DK, AuA 2014, Rn. 88.

16 *Achtelik*, in: Boos/Fischer/Schulte-Mattler, KWG/CRR-VO, § 25 h Rn. 13.

17 DK, AuA 2014, Rn. 89.

18 DK, AuA 2014, Rn. 89.

19 Vgl. die ausführliche Auflistung in DK, AuA 2014, Rn. 89.

Bei Kreditinstituten ist auch der **Einsatz von EDV-gestützten Monitoring-Sys-** **32** **temen i. S. d. § 25h Abs. 2 KWG** als allgemeine Sicherungsmaßnahme zu verstehen (siehe dazu → Rn. 50 ff.).[20]

Als allgemeine Sicherungsmaßnahme soll gemäß AuA 2014auch die Erstellung **33** einer **Risikoanalyse** für strafbare Handlungen anzusehen sein.[21] Der Wortlaut des Gesetzes („[…] unbeschadet der in den §§ 4–6 des GwG aufgeführten Pflichten […]") ist insoweit irreführend, da eine Einbeziehung der strafbaren Handlungen in die Risikoanalyse hier gerade unterbleibt. Dennoch wird man von einer fortbestehenden Pflicht, auch für die Straftaten eine Risikoanalyse zu verfassen, ausgehen müssen.[22] § 27 PrüfbV (und der dazu in Anlage 5 der Verordnung dargestellte Erfassungsbogen) geben insoweit ausführliche Hinweise, welche Inhalte diese abzudecken hat. Die Risikoanalyse ist vorliegend auf das Risiko des Auftretens „sonstiger" Straftaten zu erstrecken, was erfahrungsgemäß eine gesonderte Erfassung und Bewertung der komplexen und gegenüber der Geldwäscheprävention andersartigen Risiken voraussetzt.

b) Konkrete Sicherungsmaßnahmen

Konkrete Sicherungsmaßnahmen sind geschäfts- und kundenbezogene Siche- **34** rungsmaßnahmen.[23] Welche **geschäftsbezogenen Sicherungsmaßnahmen** gewählt werden, hängt davon ab, welche Risiken in Bezug auf strafbare Handlungen sich konkret aus dem Geschäftsmodell eines Instituts ergeben. Geschäftsbezogene Sicherungsmaßnahmen können z. B. sein: Code of Conduct (dessen Umsetzung wird häufig von der Personalabteilung verantwortet), Richtlinien für Geschenke und Einladungen, Kommunikation zur Compliance-Kultur. Diese Maßnahmen beziehen sich insbesondere auf die Mitarbeiter, die bestimmten Risiken ausgesetzt sein können. Die inhaltliche Ausprägung der einzelnen Regelungen je Institut kann daher risikobasiert stark variieren.

Neue Geschäftsmodelle bringen neue Risiken mit, die zu bewerten und in die **35** Risiko-Strategie einzubeziehen sind. Online Banking, Internet-basierte Zahlsysteme, Krypto-Währungen und neue Identifizierungsmethoden erweitern das Ri-

---

20 DK, AuA 2014, Rn. 89.

21 DK, AuA 2014, Rn. 89.

22 So auch die Formulierung in § 27 Abs. 4 lit. b PrüfbV: „der Prüfer hat […] b) bei der Beurteilung nach Absatz 2 auch darauf einzugehen, ob die Risikoanalyse, die im Rahmen des Risikomanagements zur Verhinderung von strafbaren Handlungen gemäß § 25h Absatz 1 des Kreditwesengesetzes erforderlich ist, der tatsächlichen Risikosituation des Instituts entspricht." und die Anlage 5 (zu § 27), die in Zeile 26 des Erfassungsbogens ausdrücklich die „Erstellung, Dokumentation, Überprüfung, ggf. Aktualisierung einer Risikoanalyse in Bezug auf sonstige strafbare Handlungen" als relevanten Prüfungspunkt erfasst.

23 Vgl. die ausführliche Auflistung in DK, AuA 2014, Rn. 89.

sikospektrum auf den gesamten Bereich der IT-Sicherheit, der mit der Strafta-
ten-Prävention eng verknüpft werden sollte. Die zentrale Stelle im Institut sollte
daher in die Neu-Prodikt-Prozesse nach AT 8 MaRisk involviert werden.[24]

36 **Kundenbezogene Sicherungsmaßnahmen** schließlich beziehen sich auf den
Umgang mit den Kunden des Instituts. Hierunter sind insbesondere alle Maß-
nahmen des Know-Your-Customer-Prozesses im weiteren Sinne mit dem
Schwerpunkt auf die Bekämpfung strafbarer Handlungen zu verstehen.[25]

c) Gruppenweite Umsetzung

37 Alle Sicherungsmaßnahmen nach § 25h Abs. 1 KWG sollten gruppenweit umgesetzt werden.[26] Hierbei sind für (gemischte) Finanzholding-Gesellschaften die
Vorgaben des **§ 25l KWG** und für alle übrigen Institute diejenigen des **§ 9 GwG**
(→ § 9 GwG Rn. 1 ff.) sinngemäß zu beachten. Eine Rechtspflicht, eine
gruppenweite **Risikoanalyse** in Bezug auf sonstige strafbare Handlungen durchzuführen, besteht indes nicht.[27] Die in § 9 GwG geregelten gruppenweiten
Pflichten erfassen nicht den in § 25h normierten Pflichtenkreis, soweit nicht
Geldwäsche und Terrorismusfinanzierung erfasst sind. § 25h enthält keine eigenständige Ausdehnung der Pflichten auf die gesamte Institutsgruppe. Auch
die Verordnung über den Inhalt der Prüfungsberichte zu den Jahresabschlüssen
und den Solvabilitätsübersichten von Versicherungsunternehmen (Prüfungs-
berichteverordnung – PrüfV) normiert in der Anlage (zu § 43b Abs. 9) – Erfassungsbogen für die Darstellung und Beurteilung der getroffenen Vorkehrungen
zur Verhinderung von Geldwäsche und Terrorismusfinanzierung – keine außerhalb des GwG zu verortenden Prüfungsthemen.

3. Aktualisierung der Sicherungssysteme

38 Geschäfts- und kundenbezogene Sicherungssysteme müssen nach § 25h Abs. 1
Satz 2 KWG aktualisiert werden. Die Aktualisierung muss **regelmäßig** und bei
Bedarf **anlassbezogen** erfolgen. Die erforderlichen Maßnahmen im Rahmen der
Überarbeitung sind aus dem Ergebnis der Risikoanalyse abzuleiten.

4. Durchführung von Kontrollen

39 Die Einhaltung der Sicherungsmaßnahmen muss gem. § 25h Abs. 1 Satz 3
KWG durch regelmäßige Kontrollen des GWB sichergestellt werden. Die erfor-

---

24 *Auerbach/Musiol/Hentschel*, in: Schwennicke/Auerbach, KWG, § 25h Rn. 62.
25 Vgl. die ausführliche Auflistung in DK, AuA 2014, Rn. 89.
26 DK, AuA 2014, Rn. 89.
27 DK, AuA 2014, Rn. 89 sind nicht geeignet, eine Rechtspflicht zur gruppenweiten Umsetzung zu konstituieren.

derlichen Kontrollhandlungen müssen aus der Risikoanalyse **abgeleitet** werden (gem. § 5 GwG für Geldwäsche und Terrorismusfinanzierung sowie nach § 25h Abs. 1 Satz 1 KWG für strafbare Handlungen).

Die Kontrollhandlungen durch die zentrale Stelle im Institut bzw. den Geld- **40** wäschebeauftragten erfolgen unter Einhaltung des mittlerweile in der Finanzwirtschaft weitgehend etablierten **sog. Three-Lines-of-Defense (drei Verteidigungslinien) Modells**. Dieses definiert die Verantwortlichkeiten für Risiken sowie für die Durchführung von Kontrollen innerhalb eines Unternehmens, abhängig von bestimmten Funktionen:

– Auf der **ersten Verteidigungslinie** ist der Geschäftsbereich angesiedelt, der das Kundenrisiko trägt. Der Geschäftsbereich führt eigene Kontrollhandlungen durch, um die Einhaltung eigener Regeln sowie die von Vorgaben der zweiten Verteidigungslinie sicherzustellen.
– Die **zweite Verteidigungslinie** wird durch die Compliance-Funktion besetzt, die compliance-relevante Vorgaben aus gesetzlichen und regulatorischen Bestimmungen ableitet, auslegt und im Institut umsetzt. Die Compliance-Funktion leitet aus der Risikoanalyse die erforderlichen Kontrollhandlungen ab, die sie in der ersten Verteidigungslinie durchführt um zu analysieren und sicherzustellen, dass ihre Vorgaben umgesetzt werden.
– **Dritte Verteidigungslinie** wiederum ist die Interne Revision als unabhängige Prüfungsinstanz.[28] Die Interne Revision führt Prüfungen in der ersten und zweiten Verteidigungslinie durch.

Die **geplanten Kontrollhandlungen** der Compliance-Funktion sollten mög- **41** lichst konkret beschrieben werden, insbesondere sollte dokumentiert werden:

– Nennung der Sicherungsmaßnahme;
– Zeitpunkt der geplanten Durchführung der Kontrolle;
– Risikobasierte Frequenz/Häufigkeit der Kontrolle;
– Betroffener Geschäftsbereich;
– Beschreibung der Kontrollhandlung.

Für die **durchgeführten Kontrollen** sollte ergänzend zu den oben genannten **42** Kriterien dokumentiert werden:

– Datum der Kontrollhandlung;
– Name des Bearbeiters;
– Genutzte Dokumente;

---

28 Vgl. zu den Anforderungen an die Funktion der Internen Revision auch: BaFin-Rundschreiben 10/2021 (BA) – Mindestanforderungen an das Risikomanagement – MaRisk v. 16.8.2021, geändert am 5.11.2021, Gz.: BA 54-FR 2210-2020/0001, AT 4.4.3 (nachfolgend auch bezeichnet als „MaRisk"), https://www.bafin.de/SharedDocs/Veroeffent lichungen/DE/Rundschreiben/2021/rs_1021_MaRisk_BA.html, zuletzt abgerufen am 12.12.2021.

– Ergebnis der Kontrollhandlung, einschl. ggf. erforderlicher Abstimmungen und Status der Maßnahmen.

43 Sowohl die geplanten Handlungen, als auch die durchgeführten Kontrollen sollten zwecks Nachvollziehbarkeit schriftlich dokumentiert werden. Die Kontrollhandlungen sind Gegenstand der Prüfungshandlungen des **Jahresabschlussprüfers**.

5. Sicherungsmaßnahmen zur Verhinderung des Missbrauchs von neuen Finanzprodukten und Technologien

44 Gem. § 25h Abs. 1 Satz 3 KWG muss sich das Risikomanagement eines Instituts auch auf die fortlaufende Entwicklung geeigneter Strategien und Sicherungsmaßnahmen zur Verhinderung des Missbrauchs von neuen Finanzprodukten und Technologien für Zwecke der Geldwäsche und der Terrorismusfinanzierung oder der Begünstigung der Anonymität von Geschäftsbeziehungen und Transaktionen beziehen. Eine wichtige Maßnahme zur Überprüfung neuer Produkte und Technologien im Hinblick auf mögliche Risiken aus Compliance-Sicht ist die Einbindung der Compliance-Funktion in den **Neu-Produkt-Prozess (NPP)**. Der NPP muss nach den Vorgaben von **BaFin-Rs. 10/2021 (BA) – Mindestanforderungen an das Risikomanagement** AT 8.1. aufgesetzt sein.[29] Dieser Prozess wird in den meisten Instituten durch die Risikofunktion verantwortet. Die Einbeziehung der Compliance-Funktion muss einem bestimmten Prozess folgen und die Compliance-Funktion ist innerhalb dieses Ablaufs mit fest definierten Kompetenzen (z. B. Genehmigung, Genehmigung unter Auflagen, Ablehnung etc.) ausgestattet.

45 Eine entsprechende Vorgabe ist auch in § 6 Abs. 2 Nr. 4 GwG enthalten. Es wird auf die Ausführungen unter → § 6 Rn. 23 f. verwiesen.

III. Betrieb von Datenverarbeitungssystemen (§ 25h Abs. 2 KWG)

1. Anforderungen an Datenverarbeitungssysteme

46 Kreditinstitute haben nach § 25h Abs. 2 Satz 1 KWG unbeschadet des § 10 Abs. 1 Nr. 5 GwG Datenverarbeitungssysteme zu betreiben und zu aktualisieren, mittels derer sie in der Lage sind, Geschäftsbeziehungen und einzelne Transaktionen im Zahlungsverkehr zu erkennen, die aufgrund des öffentlich und im Kreditinstitut verfügbaren Erfahrungswissens über die Methoden der Geldwä-

---

29 Vgl. BaFin, Rundschreiben 10/2021 (BA) – MaRisk, AT 8.1 und oben Fn. 25.

sche, der Terrorismusfinanzierung und über die sonstigen strafbaren Handlungen im Sinne von § 25h Abs. 1 KWG im Verhältnis zu vergleichbaren Fällen

- besonders komplex oder groß sind,
- ungewöhnlich ablaufen oder
- ohne offensichtlichen wirtschaftlichen oder rechtmäßigen Zweck erfolgen.

Verpflichtet sind ausschließlich Kreditinstitute. Das **öffentlich verfügbare Erfahrungswissen** sollte aus Typologienpapieren der Ermittlungs- und Strafverfolgungsbehörden (z.B. Zentralstelle für Finanztransaktionsuntersuchungen, Bundeskriminalamt, Landeskriminalämter), ggf. relevanten ausländischen Ermittlungs- und Strafverfolgungsbehörden, Informationen von BaFin, FATF etc. abgeleitet werden. **47**

a) Einzubeziehende Konten und Transaktionen

Gegenstand der Datenverarbeitung sind sämtliche Konten und Transaktionen eines Kreditinstituts.[30] Hierzu zählen **alle Kundenkonten**, einschließlich von Korrespondenzbankkonten und besonderen Kundenkonten im Investment Banking. Zudem muss der gesamte Zahlungsverkehr von der Analyse nach § 25h Abs. 2 KWG umfasst sein. Überdies ist auch für interne Konten eine entsprechende Überwachung sicherzustellen, um deren Missbrauch vorzubeugen und zu verhindern. **48**

b) Bildung von Parametern

Durch die **GwG-Novelle 2017** wurde § 25h Abs. 2 KWG vollständig neu gefasst, nachdem sich dieser zuvor lediglich auf das Erkennen von Transaktionen bezog, die „als zweifelhaft oder ungewöhnlich anzusehen sind". Nunmehr ist das Kreditinstitut gehalten, durch den **Vergleich von ähnlich gelagerten Fällen untereinander** oder im Rahmen eines Vergleichs der Transaktion innerhalb des bisherigen Kundenverhaltens zu erkennen, dass Geschäftsbeziehungen und einzelne Transaktionen im Hinblick auf die genannten Kriterien auffällig sind. Diese Pflicht besteht **im Rahmen des regulären Transaktionsmonitorings**, das zum Zweck der kontinuierlichen Überwachung nach § 10 Abs. 1 Nr. 5 GwG der Geschäftsbeziehung und der innerhalb dieser getätigten Transaktionen durchzuführen ist.[31] **49**

Die Bildung von Parametern für den Betrieb der Datenverarbeitungssysteme erfolgt abgeleitet aus der Risikoanalyse.[32] Hierzu sollten Institute auf Basis der **50**

---

30 Vgl. DK, AuA 2014, Rn. 86d.
31 Missverständlich DK, AuA 2014, Rn. 86d; noch anders aber die Vorauflage („[…]besteht neben dem regulären Transaktionsmonitoring").
32 Vgl. DK, AuA 2014, Rn. 86d mit weiteren Hinweisen für den Einsatz von Datenverarbeitungssystemen.

vorhandenen Erfahrungswerte und anhand der gesetzlich vorgegebenen Kriterien zunächst mögliche **Vergleichsfälle** definieren. Diese können sodann zum Abgleich mit neuen Sachverhalten genutzt werden. Das Repertoire der Vergleichsfälle sollte ständig auf Basis neuer Erkenntnisse aus erfolgten Abgleichen aktualisiert und an neue Entwicklungen angepasst werden. Neue Entwicklungen können zu geänderten Vergleichswerten führen, die sich z. B. aus veränderten branchentypischen Situationen und der Nutzung neuer Technologien ergeben.

2. Grenzen der Datenverarbeitung

51   Die Grenzen der Datenverarbeitung werden in § 25h Abs. 2 Satz 2 KWG festgeschrieben, wonach Kreditinstitute personenbezogene Daten verarbeiten dürfen, soweit dies zur Erfüllung ihrer Pflichten aus § 25h Abs. 1 Satz 1 KWG erforderlich ist. Diese Regelung war auch bereits vor der GwG-Novelle 2017 im KWG enthalten und wurde unverändert übernommen. Hierdurch soll die **Einhaltung der datenschutzrechtlichen Vorgaben** sichergestellt werden.

3. Ausnahme von der Pflicht zum Betrieb von Datenverarbeitungssystemen

52   Für bestimmte Institute sind nach § 25h Abs. 2 Satz 3 KWG Ausnahmen von der Verpflichtung zum Betrieb von Datenverarbeitungssystemen möglich. Dies setzt voraus, dass die Kreditinstitute auch ohne die Nutzung EDV-gestützter Systeme in der Lage sind, auffällige und verdächtige Transaktionen und Geschäftsbeziehungen im Tagesgeschäft **vollumfänglich zu erkennen**. **Anhaltspunkte** für das Vorliegen einer möglichen Ausnahmemöglichkeit können sein:[33]

– die Größe des Instituts mit einer Bilanzsumme von unter 250 Mio. EUR;
– eine geringe Anzahl von Vertragspartnern, wirtschaftlich Berechtigten und Transaktionen, die auch manuell beherrschbar sind;
– die Aufstellung als Spezialinstitut (d. h. Hypotheken- und Pfandbriefbanken, Bausparkassen, Bürgschaftsbanken und Förderinstitute).

53   Die **Wirksamkeit** der Überwachung wird durch den internen und externen Prüfer beurteilt. In der heutigen Praxis dürfte es sich um eine sehr überschaubare

---

33 DK, AuA 2014, Rn. 86 f.; Verband Öffentlicher Banken, Leitfaden zur praxisorientierten Einführung in die Gefährdungsanalyse und Maßnahmen, April 2010 mit weiteren Nachweisen in Fn. 13 für Institute mit einer Bilanzsumme von weniger als 250 Mio. EUR (Schreiben der BaFin v. 8.11.2005, Gz.: GW 1 – B 590) sowie für Spezialinstitute, wie etwa Förderbanken (Schreiben der BaFin v. 25.3.2004, Gz.: GW 1 – F 405), https://www.voeb.de/de/publikationen/fachpublikationen/publikation-betrugsbekaempfung 2010-2.

Anzahl von möglichen Ausnahmefällen für den Betrieb von Datenverarbeitungssystemen handeln.

IV. Untersuchungspflicht bestimmter Transaktionen (§ 25h Abs. 3 KWG)

Im Rahmen der Novelle 2017 wurden die Kriterien der Transaktionen, die Kreditinstitute durch den Betrieb von Datenverarbeitungssystemen nach § 25h Abs. 2 KWG erkennen müssen, angepasst und auch der Wortlaut des § 25h Abs. 3 KWG wesentlich verändert. **54**

Die **Untersuchungspflicht** erstreckt sich auf jegliche Transaktion, die Besonderheiten im nachfolgend genannten Sinne (→ Rn. 5 ff.) aufweist und gilt neben der in § 15 Abs. 5 GwG normierten Untersuchungspflicht in Bezug auf Geldwäsche und Terrorismusfinanzierung hier für potenzielle Straftaten zum Nachteil des Instituts. Die vom OLG Frankfurt konstatierte Sichtweise,[34] es sei „gerade nicht die Aufgabe des Geldwäschebeauftragten anstelle oder neben den Strafverfolgungsbehörden selbstständig ermittlungstechnisch tätig zu werden,"[35] ist damit sowohl für den in der Entscheidung angesprochenen Tatzeitraum wie für die aktuelle Gesetzeslage nicht nachvollziehbar. **55**

Vielmehr begründen sowohl § 25h Abs. 3 KWG– im Hinblick auf Straftaten, wie auch § 15 Abs. 5 GwG eine eigenständige Untersuchungspflicht hinsichtlich der genannten Sachverhaltskonstellationen. Man mag in den vom OLG Frankfurt entschiedenen Einzelfällen zu dem Ergebnis kommen, dass die Unverzüglichkeit der Verdachtsmeldung wegen zu lange ausgedehnter Untersuchungshandlungen nicht gewahrt war, dass gar keine Untersuchungshandlungen vorzunehmen gewesen wären, geht schlicht an der Intention des Gesetzgebers vorbei. **56**

Zu beachten ist schließlich noch, dass § 25h KWG das aus § 43 Abs. 1 GwG abzuleitende Unverzüglichkeitsgebot für die Erstattung einer Strafanzeige nicht kennt. Damit wird der im Institut zuständigen Stelle hier für die Untersuchungshandlungen bzw. die Vorbereitung der Entscheidung, ob Strafanzeige erstattet werden soll, ein weiterer Beurteilungsspielraum als bei der Entscheidung hinsichtlich der Geldwäscheverdachtsmeldung zugestanden. In der Praxis sollte auch hier im Zuge der Wahl angemessener Untersuchungsmittel auf eine zügige Entscheidungsfindung geachtet werden. **57**

---

34 OLG Frankfurt a. M. (2. Strafsenat), Beschl. v. 10.4.2018 – 2 Ss-Owi 1059/18, BeckRS 2018, 30810.

35 A. a. O., dort insbes. Rn. 36 und 39.

1. Relevante Transaktionen und Einleitung von Maßnahmen

58   Gem. § 25h Abs. 3 Satz 1 KWG ist jede Transaktion, die im Verhältnis zu vergleichbaren Fällen[36] besonders komplex oder groß ist, ungewöhnlich abläuft oder ohne offensichtlichen wirtschaftlichen oder rechtmäßigen Zweck erfolgt, von Instituten im Sinne von § 25h Abs. 1 KWG unbeschadet des § 15 GwG mit angemessenen Maßnahmen zu untersuchen, um das Risiko der Transaktion im Hinblick auf strafbare Handlungen i. S. v. § 25h Abs. 1 Satz 1 KWG (d. h. Geldwäsche, Terrorismusfinanzierung und sonstige strafbare Handlungen) überwachen, einschätzen und gegebenenfalls die Erstattung einer **Strafanzeige gemäß § 158 StPO** prüfen zu können. Verlangt wird hier der Rückgriff auf „Erfahrungswissen" des Instituts unter Heranziehung von Veröffentlichungen nationaler und internationaler Behörden und Gremien, wie z. B. Typologiepapiere der FATF u. Ä.

59   Von § 25h Abs. 3 Satz 1 KWG umfasst sind zunächst alle Transaktionen, die durch den **Betrieb von Datenverarbeitungssystemen** erkannt und der daran anschließenden institutsinternen Analysetätigkeit durch geschulte Mitarbeiter[37] nach § 25h Abs. 2 Satz 1 KWG als solche identifiziert und validiert wurden. Die Untersuchungspflicht erstreckt sich auch auf solche Transaktionen, die im Rahmen des allgemeinen Geschäftsbetriebes, z. B. beim immer seltener werdenden Kundenkontakt, auffallen und den genannten Kriterien zuzuordnen sind.

60   Die Untersuchung muss mit **angemessenen Maßnahmen** erfolgen. Hierzu sind risikobasierte Maßnahmen zu wählen, die anhand des Risikoprofils einer Transaktion zu bestimmen sind. Kriterien für die Angemessenheit sind die potenzielle Schadenshöhe und die Eintrittswahrscheinlichkeit einer Vermögensschädigung beim Institut.

61   Eine Transaktion ist im Verhältnis zu anderen Transaktionen **besonders komplex oder groß**, wenn sie den üblichen Rahmen der Transaktionen des Instituts allgemein oder im Hinblick auf die an der Transaktion beteiligten Geschäftsbeziehungen deutlich übersteigt. So kann es im Rahmen der Führung mehrerer Geschäftskonten von Tochtergesellschaften eines Konzerns als Besonderheit angesehen werden, wenn erstmals im Rahmen der Kontoführung Gelder mehrerer Konzerngesellschaften auf einem Konto zentral gesammelt und dann ins Ausland transferiert werden, wohin seitens sämtlicher Konzerngesellschaften noch nie Geschäftskontakt bestand. Zur Bewertung ist auf das im Institut vorhandene Erfahrungswissen, die KYC-Informationen sowie auf allgemein bekannte Informationen (branchenspezifische Warnhinweise, Presseinformationen etc.) zurückzugreifen.

---

36 *Achtelik*, in: Herzog, GwG, § 25h KWG Rn. 12.
37 Vgl. DK, AuA 2014, Rn. 86g.

Eine Transaktion **läuft ungewöhnlich ab**, wenn die Transaktionsbeteiligten au- **62**
ßergewöhnliches Verhalten an den Tag legen oder besondere, untypische Wünsche für die Gestaltung der Transaktion äußern. Ein Transaktionsprozess ist als
ungewöhnlich einzustufen, wenn die Abläufe selten oder bisher noch nie vorge-
kommen sind und im Zusammenhang mit der Transaktion „neu" oder wenig
plausibel erscheinen. Maßstab ist das bisherige Transaktionsverhalten des betroffenen Kunden, wie auch ein Vergleich zu ähnlichen Transaktionen vergleichbarer Kundengruppen.

Anhaltspunkte für **ungewöhnliche Abläufe** können insbesondere sein: **63**

– Wesentlich erhöhtes Transaktionsvolumen gegenüber dem bisherigen durch-
  schnittlichen Kundenverhalten;
– Durchführung und Ablauf der Transaktion unterscheidet sich wesentlich vom
  Normalverhalten der vergleichbaren Kundengruppe;
– Wünsche nach besonderer Strukturierung oder Fragmentierung der Transaktion, z. B. Stückelung des Volumens, Pooling von Geldern, Transaktionswege
  über Auslandskonten ohne nachvollziehbaren Grund, Zielländer, die bei diesem Kunden noch nie Transaktionsziel waren;
– Fragen des Kunden nach spezifischen Regularien (Meldepflichten, Geldwäscheprüfungen);
– Fragen nach Finanzprodukten und Dienstleistungen, die der Kunde noch nie
  in Anspruch genommen hat.

Soweit keine oder wenige Erkenntnisse **zum wirtschaftlichen Sinn oder Zweck** **64**
der Transaktion vorliegen und die Vorgänge nicht mit dem vorhandenen Erfahrungswissen im Institut und dem Wissen über die Geschäftstätigkeit des Kunden
(KYC-Informationen) plausibel erklärt werden können, kann es am offensichtlichen wirtschaftlichen oder rechtmäßigen Zweck fehlen. Hierzu sind u. U. weitere
Informationen vom Kunden zu erfragen oder von Dritten einzuholen. Weitere
Auffälligkeiten können sein:

– Zahlung glatter Beträge, die nicht geschäftstypisch sind;
– Ein- oder Auszahlungen signifikanter Beträge in bar;
– Verstärkte Aktivität nach längerem Ruhen des Kontos oder der Geschäftsbe-
  ziehung;
– Transaktionen in Hochrisikoländer, die nicht zur bisherigen Geschäftstätig-
  keit des Kunden passen.

2. Strafanzeige

Zweck der Untersuchung ist es, gegebenenfalls die Erstattung einer **Strafanzei-** **65**
ge gemäß § 158 der Strafprozessordnung **prüfen** zu können. Die Formulierung
dieses Satzes sowie des Folgesatzes ist gründlich misslungen. Ziel der Untersuchung ist es, zu der Abwägung zu gelangen, ob der Sachverhalt gemäß § 158

StPO angezeigt werden soll oder nicht. Das Wort „gegebenenfalls" bezieht sich damit auf die Erstattung der Strafanzeige und nicht auf die Prüfung des Sachverhalts auf seine Straftatenrelevanz. Auch im Falle der Feststellung von Straftaten besteht **keine Pflicht zur Erstattung von Strafanzeigen** (mit Ausnahme der besonderen Meldepflichten in §§ 43 GwG und 10 WpHG) im deutschen Strafrechtsystem.

66 Das Institut ist nicht gehalten, jeden Fall der Entdeckung einer Straftat mit der Erstattung einer Strafanzeige abzuschließen.[38] Vielmehr können in die Ermessensentscheidung, ob angezeigt werden soll, institutsspezifische Kriterien wie das mit der Strafanzeige verbundene Reputationsrisiko, die Möglichkeit auch ohne Strafanzeige anderweitig Schadenswiedergutmachung zu erlangen, sonstige zivil- und arbeitsrechtliche Erwägungen (z. B. Kündigungsfristen zur fristlosen Kündigung von Mitarbeitern) und Opportunitätserwägungen im Hinblick auf Ausmaß des Schadens und Umfang des festgestellten Verschuldens, einbezogen werden. Die Erwägungen, trotz Feststellung von strafbaren Handlungen keine Strafanzeige zu erstatten, sind zwar zu dokumentieren, entziehen sich jedoch der inhaltlichen Kontrollkompetenz von BaFin oder Wirtschaftsprüfer. Eine Pflicht zur Erstattung von Strafanzeigen kann durch den verunglückten Gesetzeswortlaut nicht konstituiert werden.

67 **Regelfall** nach Aufdeckung strafbarer Handlungen, die zu einem nicht unwesentlichen Schaden des Instituts geführt haben, dürfte indes die Erstattung der **Strafanzeige** sein. Strafanzeigen, die durch jedermann erstattet werden können, muss kein Anfangsverdacht im strafprozessualen Sinne zugrunde liegen. Jedoch ist im Zusammenhang mit dem von § 25h KWG verlangten Prüfungsumfang (Untersuchungspflicht) und der Einbringung des institutsspezifischen Erfahrungswissens dazu zu raten, nur bei Vorliegen zureichender tatsächlicher Anhaltspunkte (**Anfangsverdacht** im strafprozessualen Sinne) für das Vorliegen einer Straftat tatsächlich eine Strafanzeige zu erstatten.[39] Davon unberührt bleibt die Pflicht zur Erstattung von Geldwäsche-Verdachtsmeldungen gem. § 43 GwG wegen der deutlich niedrigeren Verdachtsschwelle. Siehe dazu die Ausführungen in → § 43 Rn. 10 ff.

3. Dokumentation und datenschutzrechtliche Vorgaben

68 Die Institute müssen nach § 25h Abs. 3 Satz 2 KWG Transaktionen, die durchgeführten Untersuchungen und deren Ergebnisse nach Maßgabe von **§ 8 GwG angemessen dokumentieren**, um gegenüber der BaFin darlegen zu können, „dass diese Sachverhalte **nicht** darauf schließen lassen, dass eine strafbare

---

38 A. A. wohl *Becker*, in: Reischauer/Kleinhans, KWG, 8. EL 2021, § 25h Rn. 16; unklar *Achtelik*, in: Herzog, GwG, § 25h KWG Rn. 20.
39 Ausführlich: *Scherp*, Fraud Management, S. 224 ff.

Handlung i. S. v. § 25h Abs. 1 Satz 1 KWG (d. h. Geldwäsche, Terrorismusfinanzierung und sonstige strafbare Handlungen) begangen oder versucht wurde oder wird". Auch diese Formulierung ist als missglückt zu bezeichnen, da sie eine gesetzlich nicht vorhandene Anzeigepflicht für alle Fälle unterstellt, in denen der Sachverhalt auf eine strafbare Handlung schließen lässt. Institute müssen aber die Erwägungen zur **Angemessenheit** der gewählten Untersuchungsmaßnahmen nachvollziehbar dokumentieren. Zudem sollten Gründe, die zur Nichtanzeige trotz Vorliegen eines Straftatenverdachts geführt haben, ausreichend dokumentiert sein.

Hier gelten für die Durchführung der Untersuchung die Vorgaben zur Verarbeitung **personenbezogener Daten und des Mitarbeiterdatenschutzes nach der DSGVO** gem. § 25h Abs. 2 Satz 2 KWG entsprechend. **69**

4. Ermächtigung zur Informationsweitergabe

Nach § 25h Abs. 3 Satz 3 KWG dürfen Institute entsprechend **§ 47 Abs. 5 GwG** **70** Informationen über konkrete Sachverhalte, die Auffälligkeiten oder Ungewöhnlichkeiten enthalten, die auf andere strafbare Handlungen als auf Geldwäsche, auf eine ihrer Vortaten oder auf Terrorismusfinanzierung hindeuten, weitergeben. Für die Weitergabe gilt die datenschutzrechtliche **Zweckbindung**, d. h. zu anderen Zwecke darf auch unter Instituten eine Weitergabe nicht erfolgen. Eine Weitergabe an andere Betroffene als Institute (z. B. andere Verpflichtete des GwG) ist ebenso untersagt. Das erscheint insbesondere im Hinblick auf möglicherweise betroffene Kunden unbefriedigend und führt zu Widersprüchen mit eventuellen Warn- und Hinweispflichten aus Vertrag oder Gesetz. Für die Verhinderung des Schadenseintritts kann die Vorschrift bisweilen kontraproduktiv wirken.

V. Auslagerung von Sicherungsmaßnahmen (§ 25h Abs. 4 KWG)

Institute dürfen interne Sicherungsmaßnahmen nach § 25h Abs. 1 Satz 1 KWG **71** **nach vorheriger Anzeige** bei der BaFin im Rahmen von vertraglichen Vereinbarungen durch einen Dritten durchführen lassen. Die Verantwortung für die Sicherungsmaßnahmen verbleibt bei den Instituten.

Durch die GwG-Novelle 2017 wurde die Pflicht zur vorherigen Anzeige einer **72** geplanten Auslagerung an die BaFin **neu eingeführt**. Gem. § 25h Abs. 5 KWG a. F. musste noch die vorherige **Zustimmung** der BaFin eingeholt werden. Die Einwirkungsmöglichkeit der BaFin auf die Auslagerung bleibt durch die Möglichkeit der BaFin, nach § 25h Abs. 4 Satz 2 KWG eine **Rückübertragung** verlangen zu können, wenn der Dritte nicht die Gewähr dafür bietet, dass die Sicherungsmaßnahmen ordnungsgemäß durchgeführt werden oder die Steuerungsmöglichkeiten der Institute und die Kontrollmöglichkeiten der Bundesanstalt beeinträchtigt werden könnten, bestehen. Für die Institute ist dadurch jedoch ein Vorab-Genehmigungsprozess weggefallen, der bei Auslagerungsprojekten zeitlich eingeplant werden musste. Die Prüfung der BaFin dürfte jetzt mit der Anzeige des Kreditinstituts beginnen.

73 Die **Verantwortung** für die Sicherungsmaßnahmen verbleibt nach § 25h Abs. 4 Satz 3 KWG bei den Instituten. Hierdurch wird, wie bei Auslagerungen üblich, gewährleistet, dass sich ein Unternehmen nicht seinen Verantwortlichkeiten entziehen kann, indem es Aufgaben auf Dritte überträgt. Kreditinstitute müssen daher ein **Auslagerungscontrolling** durchführen, durch das sichergestellt wird, dass der Auslagerungsnehmer alle ihm übertragenen Aufgaben vereinbarungsgemäß wahrnimmt und ausübt. Das Auslagerungscontrolling für ausgelagerte Sicherungsmaßnahmen i. S. d. § 25h Abs. 1 KWG wird üblicherweise bei der Compliance-Funktion liegen.

74 Bei einer Auslagerung von Sicherungsmaßnahmen sind auch die **Vorgaben des § 25b KWG** (Auslagerung von Aktivitäten und Prozessen) zu beachten.

VI. Anordnungsbefugnis der BaFin (§ 25h Abs. 5 KWG)

75 Nach § 25h Abs. 5 KWG besteht eine **Anordnungsbefugnis** der BaFin, wonach diese im Einzelfall gegenüber einem Institut Anordnungen treffen kann, die **geeignet und erforderlich** sind, die in Abs. 1–3 genannten Vorkehrungen zu treffen. Die Regelung war auch bereits in § 25h Abs. 6 KWG a. F. enthalten.

76 Mit der Ausdehnung der Anordnungsbefugnis auf Auslagerungsunternehmen, auf das ein Institut oder ein übergeordnetes Unternehmen gem. Abs. 4 oder gem. § 6 Abs. 7 GwG interne Sicherungsmaßnahmen ausgelagert hat, wird der Handlungsspielraum der BaFin im Auslagerungsfall über die Grenzen des überwachten Instituts hinaus ausgedehnt. Dies gilt allerdings im Hinblick auf den klaren Wortlaut des Gesetzes[40] nicht für eine Anwendung der Ordnungswidrigkeitentatbestände auf Auslagerungsunternehmen, die selbst keine Verpflichteten des GwG sind.

---

40 § 56 GwG i. V. m. der jeweiligen Bezugsnorm, soweit diese ausschließlich Verpflichtete betrifft, z. B. §§ 7, 8, 11, 43 GwG, die die jeweilige Pflicht nur Verpflichteten i. S. d. § 2 GwG auferlegen können

VII. Geltung für die Bundesbank (§ 25h Abs. 6 KWG)

Die Deutsche Bundesbank gilt nach § 25h Abs. 6 KWG als Institut i. S. d. § 25h **77**
Abs. 1–4 KWG. Daher gelten alle in diesen Absätzen genannten Vorgaben auch
für die Bundesbank und müssen durch diese umgesetzt werden.

VIII. Geldwäschebeauftragter und Zentrale Stelle (§ 25h Abs. 7 KWG)

Gem. § 25h Abs. 7 Satz 1 KWG werden die Funktion des Geldwäsche- **78**
beauftragten (GWB) nach § 7 GwG sowie die Pflicht zur Verhinderung strafbarer Handlungen nach § 25h Abs. 1 Satz 1 KWG im Institut von **einer Stelle**
wahrgenommen (vgl. zu den Aufgaben des GWB → § 7 Rn. 1 ff.). Der Gesetzeswortlaut wird in der Praxis insofern abgewandelt, als dass diese Stelle als sog.
Zentrale Stelle bezeichnet wird.[41]

1. Aufgabenbeschreibung

Aufgabe der Zentralen Stelle ist es, sämtliche Maßnahmen des Instituts zu den **79**
Risiken der Geldwäsche, Terrorismusfinanzierung und sonstigen strafbaren
Handlungen zu **koordinieren** und für ein „**risikominimierendes Gesamtkon-
zept**" zu sorgen.[42] Durch die Schaffung der Zentralen Stelle sollte eine **klare
und strukturierte Zuordnung der Verantwortlichkeiten** für die vorgenannten
Risikobereiche in Instituten erreicht werden. Die Aufgaben der Zentralen Stelle
können auch auf mehrere **Teileinheiten** verteilt werden.[43] Es ist zu beachten,
dass letztlich alle in den Teileinheiten gewonnenen Erkenntnisse zu einem konsolidierten Ergebnis zusammenfließen müssen. Zudem muss die Verantwortlichkeit des GWB für die Zentrale Stelle immer bestehen. Insbesondere bei der Erfüllung ihrer Kontrollaufgaben kann sich die Zentrale Stelle auch anderer Bereiche bedienen.[44] Unter Beachtung der Grenzen der MaRisk-Vorgaben kann die
Zentrale Stelle daher bspw. auf Prüfungsergebnisse der Internen Revision zurückgreifen.

Die sprachliche Trennung zwischen der Funktion des GWB und der Pflicht zur **80**
Verhinderung strafbarer Handlungen stellt eine gesetzliche Aufgabenzuweisung
und damit einen Eingriff in die Organisationshoheit der Institute dar. Sie besagt

---

41 DK, AuA 2014, Rn. 89.
42 Mit weiteren Instruktionen für die Ausgestaltung der Zentralen Stelle: DK, AuA 2014,
   Rn. 89 f.
43 DK, AuA 2014, Rn. 89.
44 DK, AuA 2014, Rn. 89.

jedoch nicht, dass der GwB höchstpersönlich innerhalb der zentralen Stelle die Pflicht der Straftatenprävention erfüllen muss. Dies kann durch andere Personen erledigt werden, solange dies in einer gemeinsamen „Stelle" geschieht.

81   Sofern es sich um eine Institutsgruppe handelt, müssen sämtliche Maßnahmen in Bezug auf Geldwäsche und Terrorismusfinanzierung **gruppenweit nach Maßgabe des § 9 GwG** umgesetzt werden.[45] Eine gesetzliche Verpflichtung, die Prävention gegen strafbare Handlungen ebenfalls gruppenweit umzusetzen, lässt sich dem Gesetzeswortlaut dagegen nicht entnehmen. Ähnlich wie bei der Pflicht zur Erstreckung der Risikoanalyse auf die strafbaren Handlungen, dürfte es sich um ein redaktionelles Versehen des Gesetzgebers handeln.[46] Insoweit ist Instituten anzuraten, aus eigenem Interesse die Vollständigkeit des Risikomanagements auf Gruppenebene durch Einbeziehung der sonstigen Straftaten sicherzustellen.

82   Zu den **wesentlichen Aufgaben** der Zentralen Stelle gehören:

- Definition und Aktualisierung von **internen Grundsätzen**[47] im Institut (d. h. Zuständigkeiten, Pflichten, Verantwortlichkeiten sowie Richtlinien und Prozesse). Unter Richtlinien und Prozessen ist die gesamte **schriftlich fixierte Ordnung** mit Bezug zu Geldwäsche, Terrorismusfinanzierung und sonstigen strafbaren Handlungen zu verstehen.
- Fortlaufende Entwicklung geeigneter Strategien zur Verhinderung des Missbrauchs von **neuen Produkten und Technologien**, die die Anonymität von Geschäftsbeziehungen und Transaktionen begünstigen können[48] (ebenfalls enthalten in § 25h Abs. 1 Satz 3 KWG, siehe dazu auch → Rn. 40). Hierzu ist insbesondere die Einbindung der Zentralen Stelle in den **NPP** erforderlich.
- Schaffung und Fortentwicklung einer institutsspezifischen **Risikoanalyse** zu sonstigen strafbaren Handlungen mit einer Identifizierung aller aus solchen (internen und externen) strafbaren Handlungen resultierenden möglichen Risiken.[49]
- **Ableitung sämtlicher weiterer Handlungsschritte** (insbesondere allgemeine und konkrete Sicherungsmaßnahmen), Monitoring und Kontrollmaßnahmen anhand der Risikoanalyse (siehe dazu auch → Rn. 34, 45 ff.).[50]

---

45 DK, AuA 2014, Rn. 86.
46 Siehe dazu ausführlich oben Rn. 34 und *Scherp*, Fraud Management, S. 224 ff.; § 27 PrüfbV kann vorliegend nicht als Interpretationsnorm zur Lückenfüllung herangezogen werden, da nur Abs. 3 ausdrücklich auf § 9 GwG Bezug nimmt, der aber keine Regelungen hinsichtlich der Straftatenverhinderung enthält.
47 Vgl. dazu DK, AuA 2014, Rn. 89.
48 Vgl. DK, AuA 2014, Rn. 89.
49 Vgl. DK, AuA 2014, Rn. 89.
50 Vgl. dazu DK, AuA 2014, Rn. 89.

– Sicherstellung, dass die jeweiligen **Risikoanalysen** in Bezug auf Geldwäsche, Terrorismusfinanzierung und sonstige strafbare Handlungen **aufeinander abgestimmt** sind.[51] Hierzu sollte auch die Verwendung einer einheitlichen Methodologie gehören, die die Besonderheiten jedes Risikotyps berücksichtigt und in Einklang bringt. Ziel sollte die Erstellung einer konsistenten Risikolandkarte für das Institut bzw. die Institutsgruppe sein.

– Risikobasierte Analyse der **Wirksamkeit** der bereits in den Prozessen der Institute verankerten Kontrollen und prozessimmanenten Kontrollsysteme.[52] Dies ist in Zusammenschau mit der durch die GwG-Novelle 2017 eingeführten Vorgabe zur **Überwachung der Funktionsfähigkeit** der internen Sicherungsmaßnahmen zur Geldwäsche und Terrorismusfinanzierung nach § 6 Abs. 1 Satz 3 GwG zu lesen.

– Schaffung klarer und einheitlicher **Berichtswege und -pflichten**, u. a. an folgende Adressaten: Vorstand/Geschäftsleitung, andere Geschäftsbereiche (z. B. zuständiger Bereich für operationelle Risiken, Interne Revision etc.), Kontakt zu Strafverfolgungsbehörden sowie mit der BaFin, hinsichtlich Sachverhalten, die mit sonstigen strafbaren Handlungen im Zusammenhang stehen.[53]

Die Vorgaben für ein Risikomanagement sowie für interne Sicherungsmaßnahmen zur Bekämpfung von Geldwäsche, Terrorismusfinanzierung und sonstigen strafbaren Handlungen aus **GwG und § 25h KWG** sollten in **Zusammenschau** gelesen werden. Hierdurch kann eine **konsistente Umsetzung** der Vorgaben in der Zentralen Stelle der Compliance-Funktion erreicht werden. **83**

2. Ausnahmemöglichkeit auf Antrag

Die Vorgabe zur Einrichtung einer Zentralen Stelle ist grundsätzlich **zwingend**. **84** Gem. § 25h Abs. 7 Satz 2 KWG haben Institute jedoch die Möglichkeit, bei der BaFin einen **Antrag** darauf zu stellen, dass eine andere Stelle im Institut für die Verhinderung der strafbaren Handlungen zuständig ist. Voraussetzung für die Antragstellung ist das Vorliegen eines **wichtigen Grundes**. An die Darstellung des **wichtigen Grundes** dürften hohe Anforderungen zu stellen sein. Durch den Ausnahmeantrag soll insbes. historisch gewachsenen Konstellationen in Instituten Rechnung getragen werden, die auch ohne Umsetzung der Vorgaben des § 25h Abs. 7 Satz 1 KWG vollumfänglich in der Lage sind, die vom Gesetzgeber geforderten Aufgaben wahrzunehmen. Auch wenn diese Regelung bereits seit Inkrafttreten des Gesetzes im Jahr 2011 besteht, sind bislang kaum Erfahrungswerte zur Verwaltungspraxis der BaFin bei dem Umgang mit Ausnahmeanträgen bekannt geworden.

---

51 Vgl. dazu DK, AuA 2014, Rn. 89.
52 Vgl. dazu DK, AuA 2014, Rn. 89.
53 Vgl. dazu DK, AuA 2014, Rn. 89.

§ 25i   Allgemeine Sorgfaltspflichten in Bezug auf E-Geld

(1) Kreditinstitute haben bei der Ausgabe von E-Geld die Pflichten nach § 10 Absatz 1 des Geldwäschegesetzes zu erfüllen, auch wenn die Schwellenwerte nach § 10 Absatz 3 Nummer 2 des Geldwäschegesetzes nicht erreicht werden.

(2) In den Fällen des Absatzes 1 können die Kreditinstitute unbeschadet des § 14 des Geldwäschegesetzes von den Pflichten nach § 10 Absatz 1 Nummer 1 bis 4 des Geldwäschegesetzes absehen, wenn

1. das Zahlungsinstrument nicht wieder aufgeladen werden kann oder wenn ein wiederaufladbares Zahlungsinstrument nur im Inland genutzt werden kann und die Zahlungsvorgänge, die mit ihm ausgeführt werden können, auf monatlich 150 Euro begrenzt sind,

2. der elektronisch gespeicherte Betrag 150 Euro nicht übersteigt,

3. das Zahlungsinstrument ausschließlich für den Kauf von Waren und Dienstleistungen genutzt wird,

4. das Zahlungsinstrument nicht mit anonymem E-Geld erworben oder aufgeladen werden kann,

5. das Kreditinstitut die Transaktionen oder die Geschäftsbeziehung in ausreichendem Umfang überwacht, um die Aufdeckung ungewöhnlicher oder verdächtiger Transaktionen zu ermöglichen, und

6. ein Rücktausch des E-Geldes durch Barauszahlung, sofern es sich um mehr als 50 Euro handelt, ausgeschlossen ist oder bei Fernzahlungsvorgängen im Sinne des § 1 Absatz 19 des Zahlungsdiensteaufsichtsgesetzes der gezahlte Betrag 50 Euro pro Transaktion nicht übersteigt.

Beim Schwellenwert nach Satz 1 Nummer 1 ist es unerheblich, ob der E-Geld-Inhaber das E-Geld über einen Vorgang oder über verschiedene Vorgänge erwirbt, sofern Anhaltspunkte dafür vorliegen, dass zwischen den verschiedenen Vorgängen eine Verbindung besteht.

(3) Soweit E-Geld über einen wiederaufladbaren E-Geld-Träger ausgegeben wird, hat das ausgebende Kreditinstitut Dateisysteme zu führen, in denen alle an identifizierte E-Geld-Inhaber ausgegebenen und zurückgetauschten E-Geld-Beträge mit Zeitpunkt und ausgebender oder rücktauschender Stelle aufgezeichnet werden. § 8 des Geldwäschegesetzes ist entsprechend anzuwenden.

     Izzo-Wagner/Otto

(3a) Kreditinstitute dürfen Zahlungen mit in Drittstaaten ausgestellten anonymen Guthabenkarten nur akzeptieren, wenn diese Karten die Anforderungen erfüllen, die den in Absatz 2 genannten gleichwertig sind.

(4) Liegen Tatsachen vor, die die Annahme rechtfertigen, dass bei der Verwendung eines E-Geld-Trägers

1. die Voraussetzungen nach Absatz 2 nicht eingehalten werden oder

2. im Zusammenhang mit technischen Verwendungsmöglichkeiten des E-Geld-Trägers, dessen Vertrieb, Verkauf und der Einschaltung von bestimmten Akzeptanzstellen ein erhöhtes Risiko der Geldwäsche oder der Terrorismusfinanzierung nach § 1 Absatz 1 Nummer 1 und 2 des Geldwäschegesetzes oder ein erhöhtes Risiko sonstiger strafbarer Handlungen nach § 25h Absatz 1 besteht,

so kann die Bundesanstalt dem Kreditinstitut, das das E-Geld ausgibt, Anordnungen erteilen. Insbesondere kann sie

1. die Ausgabe, den Verkauf und die Verwendung eines solchen E-Geld-Trägers untersagen,

2. sonstige geeignete und erforderliche technische Änderungen dieses E-Geld-Trägers verlangen oder

3. das E-Geld ausgebende Institut dazu verpflichten, dass es dem Risiko angemessene interne Sicherungsmaßnahmen ergreift.

Übersicht

I. Allgemeines

Die Vorschrift des § 25i KWG soll den Besonderheiten im Zusammenhang mit   **1**
dem E-Geld-Geschäft Rechnung tragen.[1] Als besonders riskant gelten die Mög-

---

1 Vgl. die Übersicht der FATF, Guidance for a Risk Based Approach – Prepaid Cards, Mobile Payments and Internet Payment Services, S. 14 ff.

lichkeiten zur anonymen Nutzung, insbesondere von Prepaid-Produkten, als auch die Möglichkeit zur Umwandlung von (anonymen) Bargeld in E-Geld.[2]

2   Zunächst mit dem Gesetz zur Umsetzung der zweiten E-Geld-Richtlinie ins KWG eingeführt, wurde die Vorschrift vor dem Hintergrund der Feststellungen im FATF-Länderreport für Deutschland kurz darauf durch das „Gesetz zur Optimierung der Geldwäscheprävention" angepasst.[3]

3   In seiner seit Juni 2017 geltenden Fassung geht § 25i KWG auf das Gesetz zur Umsetzung der Vierten EU-Geldwäscherichtlinie, zur Ausführung der EU-Geldtransferverordnung und zur Neuorganisation der Zentralstelle für Finanztransaktionsuntersuchungen[4] zurück. Die bisherigen in § 25i KWG a. F. geregelten Fallgruppen vereinfachter Sorgfaltspflichten waren zur Stärkung des risikobasierten Ansatzes gestrichen worden. Den Instituten sollte es selbst überlassen werden, in welchen Fällen sie vereinfachte Sorgfaltspflichten für angemessen hielten, statt sich wie bisher an einem statischen Katalog von vordefinierten Fällen zu orientieren. Die bisher in § 25n KWG geregelten Sorgfaltspflichten bei der Ausgabe von E-Geld wurden in die Regelung des nunmehr geltenden § 25i KWG überführt und weitgehend redaktionell angepasst.[5]

4   Ziel der Reform im Zuge der Umsetzung des Gesetzes zur Umsetzung der Vierten EU-Geldwäscherichtlinie war es, das Verhältnis zwischen den Pflichten nach § 25i KWG zu den Vorgaben aus § 10 Abs. 1 GwG n. F. klarer zu fassen.[6] Mit der jüngsten Änderung[7] des § 25i KWG wurden zudem einige Schwellenwerte an die Vorgaben der Geldwäscherichtlinie angepasst und der neue Abs. 3a hinsichtlich anonymer Guthabenkarten aus Drittländern ergänzt.

II. Persönlicher Anwendungsbereich

5   Adressaten des § 25i KWG sind zunächst unmittelbar ausschließlich (CRR-)Kreditinstitute. Erweitert wird der Anwendungsbereich des § 25i KWG durch den (Rechtsgrund-)Verweis in § 27 Abs. 2 ZAG, der die besonderen Anforderungen des § 25i KWG für **Zahlungsinstitute** im Sinne des ZAG für **entsprechend anwendbar** erklärt. Nach § 10 Abs. 7 GwG gelten die Vorgaben des § 25i Abs. 2–4 KWG für E-Geld-Agenten (im Sinne des § 2 Abs. 1 Nr. 4, 5 GwG) ebenfalls entsprechend.

---

2 FATF, Guidance for a Risk Based Approach – Prepaid Cards, Mobile Payments and Internet Payment Services, S. 14 ff.

3 BT-Drs. 17/6804, S. 40.

4 BGBl. I, S. 1822.

5 BT-Drs. 18/11555, S. 176.

6 BT-Drs. 18/11555, S. 176.

7 BGBl. I, S. 2602.

III. Sachlicher Anwendungsbereich: E-Geld i.S.d. ZAG

Seit Einführung des ZAG enthält das KWG keine eigenständige Definition von E-Geld mehr. Stattdessen gilt die zentrale Definition von E-Geld nach § 1 Abs. 2 Satz 3 ZAG. E-Geld ist danach jeder elektronisch, darunter auch magnetisch, gespeicherte monetäre Wert in Form einer Forderung an den Emittenten, der gegen Zahlung eines Geldbetrags ausgestellt wird, um damit Zahlungsvorgänge im Sinne des § 675f Abs. 4 Satz 1 des Bürgerlichen Gesetzbuchs durchzuführen, und der auch von anderen natürlichen oder juristischen Personen als dem Emittenten angenommen wird.

6

Mit Umsetzung der Fünften EU-Geldwäscherichtlinie[8] durch das Gesetz zur Umsetzung der Änderungsrichtlinie zur Vierten EU-Geldwäscherichtlinie wurden – teils in Umsetzung der Fünften EU-Geldwäscherichtlinie, teils darüber hinausgehend – auch Vorgaben zu „Kryptowerten" mitaufgenommen. Aufgrund der abschließenden Regelungen der E-Geld-Richtlinien bzw. des ZAG setzt die Definition von Kryptowerten jedoch voraus, dass es sich gerade nicht um E-Geld im Sinne des ZAG handelt.[9] § 25i KWG findet daher auf Kryptowerte im Sinne des KWG keine Anwendung.

7

IV. Sorgfaltspflichten bei der Ausgabe von E-Geld (§ 25i Abs. 1 KWG)

Nach Abs. 1 gelten die Vorgaben aus § 10 Abs. 1 GwG bei der Ausgabe von E-Geld modifiziert: Die Institute haben die Sorgfaltspflichten nach § 10 Abs. 1 GwG bei der Ausgabe[10] von E-Geld bei **jedem** Geldtransfer (im Sinne von Art. 3 Nr. 9 der Verordnung (EU) 2015/847) und **jeder** Transaktion zu erfüllen, ohne dass die Schwellenwerte des § 10 Abs. 3 Nr. 2 GwG gelten.

8

Die Definition der „Ausgabe" von E-Geld ist umstritten.[11] Nach der von der Ba-Fin im Merkblatt zu den Zahlungsdiensten verwendeten Definition meint „Aus-

9

---

8 Richtlinie (EU) 2018/843 des Europäischen Parlaments und des Rates vom 30. Mai 2018 zur Änderung der Richtlinie (EU) 2015/849 zur Verhinderung der Nutzung des Finanzsystems zum Zwecke der Geldwäsche und der Terrorismusfinanzierung und zur Änderung der Richtlinien 2009/138/EG und 2013/36/EU.

9 Vgl. § 1 Abs. 11 Satz 5 KWG.

10 Nach *Findeisen* sollen die Vorgaben aus § 25i Abs. 1 KWG nicht nur bei der Ausgabe, sondern auch bei Vertrieb und Rücktausch gelten, wobei unklar bleibt, weswegen § 25i Abs. 1 auch bei Vertrieb und Rücktausch zu beachten sein solle, vgl. *Findeisen*, in: Beck/Samm/Kokemoor, Kreditwesengesetz mit CRR, 222. EL Stand: 11/2021, § 25i Rn. 100.

11 Vgl. zum Streitstand die Darstellung von *Terlau*, in: Casper/Terlau, ZAG, § 1 Rn. 239 ff.

gabe": „[…] es gibt eine zentrale Stelle, die den monetären Wert begründet, indem sie sich nach den vertraglichen Abreden zum Anspruchsgegner des Inhabers (Berechtigten, Kunden) des monetären Werts macht; diese zentrale Stelle ist ggf. auch der Betreiber des E-Geld-Geschäfts".[12] Nach der von *Terlau* vorgeschlagenen Definition soll „Ausgabe" dagegen den Vorgang der Übertragung der die „monetäre Werteinheit beinhaltenden digitalen Datensentenz mitsamt einer den Aussteller bezeichnenden Kennung und Abschluss eines die Verpflichtung der ausgebenden Stelle begründenden Geschäftsbesorgungsvertrages mit abstrakt-genereller Weisung oder Hervorrufen des zurechenbaren Rechtsscheins desselben" meinen.[13] Für die Zwecke der vorliegenden Kommentierung soll es auf die Entscheidung dieses Streits nicht ankommen, da die Frage, ob eine Ausgabe stattfindet, vornehmlich im Rahmen der Erlaubnispflicht nach ZAG zu beurteilen ist.

V. Absehen von Sorgfaltspflichten (§ 25i Abs. 2 KWG)

10 Die „De-minimis-Regelung" in Abs. 2 sieht verschiedene Bagatellgrenzen vor, die es den Instituten erlauben, von der Erfüllung der Sorgfaltspflichten des § 10 Abs. 1 Nr. 1–4 GwG **vollständig** abzusehen. Es verbleibt damit lediglich bei den Überwachungspflichten nach § 10 Abs. 1 Nr. 5 GwG.

11 Die Regelung wurde zunächst in Umsetzung der Vorgaben aus der Vierten EU-Geldwäscherichtlinie ins KWG übernommen. Die darin enthaltenen Vorgaben sahen noch höhere Schwellenwerte vor, von denen der deutsche Gesetzgeber angesichts der zum Zeitpunkt der Umsetzung in Deutschland schon vorliegenden Entwurfs der Fünften EU-Geldwäscherichtlinie bewusst abwich. In Deutschland galten damit die nach der Fünften EU-Geldwäscherichtlinie vorgesehenen Schwellenwerte weitgehend.

12 Für die Berechnung der Schwellenwerte nach § 25i Abs. 2 Satz 1 Nr. 1 sind einzelne Transaktionen zusammenzurechnen, soweit zwischen ihnen eine Verbindung besteht (§ 25i Abs. 2 Satz 2). Damit soll verhindert werden, dass die Schwellenwerte durch bewusste Zersplitterung der Transaktionen (Smurfing) umgangen werden.

13 Das Absehen von der Erfüllung der Sorgfaltspflichten nach § 10 Abs. 1 Nr. 1–4 GwG setzt die **kumulative** Erfüllung der folgenden fünf Anforderungen voraus:

---

12 BaFin, Merkblatt – Hinweise zum Zahlungsdiensteaufsichtsgesetz (ZAG), vom 22.12.2011, geändert am 29.11.2017, https://www.bafin.de/SharedDocs/Veroeffentli chungen/DE/Merkblatt/mb_111222_zag.html?nn=9450978#doc7846622bodyText33, zuletzt abgerufen am 24.1.2022, sub. 4.a)bb).
13 *Terlau*, in: Casper/Terlau, ZAG, § 1 Rn. 242.

– das Zahlungsinstrument kann nicht wieder aufgeladen werden oder ein wiederaufladbares Zahlungsinstrument kann nur im Inland genutzt werden und die Zahlungsvorgänge, die mit ihm ausgeführt werden können, sind auf monatlich 150 EUR begrenzt,
– der elektronisch gespeicherte Betrag übersteigt nicht 150 EUR,
– das Zahlungsinstrument wird ausschließlich für den Kauf von Waren und Dienstleistungen genutzt,
– das Zahlungsinstrument kann nicht mit anonymem E-Geld erworben oder aufgeladen werden,
– das Institut überwacht die Transaktionen oder die Geschäftsbeziehung in ausreichendem Umfang, um die Aufdeckung ungewöhnlicher oder verdächtiger Transaktionen zu ermöglichen, und
– ein Rücktausch des E-Geldes durch Barauszahlung, sofern es sich um mehr als 50 EUR handelt, ist ausgeschlossen oder bei Fernzahlungsvorgängen im Sinne des § 1 Abs. 19 ZAG übersteigt der gezahlte Betrag 50 EUR pro Transaktion nicht.

Wie sich aus der Formulierung des Abs. 2 Satz 1 ausdrücklich ergibt („[…] unbeschadet des § 14 GwG […]"), können Institute unabhängig der Voraussetzungen des Abs. 2 vereinfachte Sorgfaltspflichten anwenden, sofern die Voraussetzungen dafür vorliegen. In diesem Fall sind die Sorgfaltspflichten nach § 10 Abs. 1 Nr. 1–4 GwG aber nicht komplett verzichtbar, sondern es entfallen lediglich einzelne Pflichten, wie beispielsweise die Identitätsprüfung nach § 12 Abs. 1, 2 GwG.   **14**

VI. Dateisysteme über ausgegebene E-Geld-Träger (§ 25i Abs. 3 KWG)

Nach Abs. 3 hat das Institut sicherzustellen, dass Dateisysteme geführt werden, in denen alle ausgegebenen und zurückgetauschten E-Geld-Beträge inklusive des Zeitpunkts und der ausgebenden Stelle aufgezeichnet werden. Voraussetzung ist, dass das Institut E-Geld über einen **wiederaufladbaren** E-Geld-Träger ausgibt. In diesem Fall sind die gesamten Aufzeichnungspflichten des § 8 GwG anwendbar, soweit sie einschlägig sind.   **15**

VII. Drittstaatenäquivalenz (§ 25i Abs. 3a KWG)

Die bis zur Umsetzung der Fünften EU-Geldwäscherichtlinie nationale Begrenzung auf Deutschland wurde in Umsetzung von Art. 1 Nr. 7 lit. c der Fünften EU-Geldwäscherichtlinie teilweise aufgeweicht. Nach § 25i Abs. 3a KWG dür-   **16** fen Institute Zahlungsinstrumente, die im Drittland ausgegeben wurden, akzeptieren, wenn die Anforderungen nach § 25i Abs. 2 KWG erfüllt sind.

VIII. Befugnisse der BaFin (§ 25i Abs. 4 KWG)

17   § 25i Abs. 4 Satz 1 KWG sieht eine Anordnungskompetenz der BaFin vor, sofern im Zusammenhang mit der Ausgabe von E-Geld ein abstraktes oder konkretes Risiko für Geldwäsche angenommen wird. Ein abstraktes Risiko besteht nach der Systematik von § 25i Abs. 4 Satz 1 KWG immer dann, wenn Anhaltspunkte dafür bestehen, dass die Vorgaben des § 25i Abs. 2 KWG „bei Verwendung eines E-Geld-Trägers" nicht eingehalten werden (§ 25i Abs. 4 Satz 1 Nr. 1 KWG). § 25i Abs. 4 Satz 1 Nr. 1 KWG setzt dabei keine gesicherte Erkenntnis der Behörde über Mängel im Zusammenhang mit der Verwendung voraus, sondern gewährt der BaFin einen gewissen Beurteilungsspielraum. Die Anordnungskompetenz besteht auch dann, wenn die Verwendungsmöglichkeiten des E-Geld-Trägers generell ein erhöhtes Risiko der Geldwäsche, Terrorismusfinanzierung oder „sonstiger strafbarer Handlungen" (im Sinne des § 25h Abs. 1 KWG) bieten.

18   § 25i Abs. 4 Satz 2 KWG sieht einen umfassenden Katalog von Maßnahmen für die BaFin vor. Als *ultima ratio* kann die BaFin nach § 25i Abs. 4 Satz 2 Nr. 1 KWG insbesondere die Ausgabe, den Verkauf oder den Rückkauf des E-Geld-Trägers untersagen. Im Rahmen der Verhältnismäßigkeitsprüfung wird jeweils zu berücksichtigen sein, ob vor einer Untersagung andere Maßnahmen in Betracht kommen, etwa Anpassungen am Produkt, um die jeweiligen Risiken zu verringern oder auszuschließen.

§ 25j Zeitpunkt der Identitätsüberprüfung

Abweichend von § 11 Absatz 1 des Geldwäschegesetzes kann die Überprüfung der Identität des Vertragspartners, einer für diesen auftretenden Person und des wirtschaftlich Berechtigten auch unverzüglich nach der Eröffnung eines Kontos oder Depots abgeschlossen werden. In diesem Fall muss sichergestellt sein, dass vor Abschluss der Überprüfung der Identität keine Gelder von dem Konto oder dem Depot abverfügt werden können. Für den Fall einer Rückzahlung eingegangener Gelder dürfen diese nur an den Einzahler ausgezahlt werden.

Übersicht

I. Allgemeines

Die Bestimmung des § 25j KWG eröffnet für den Verpflichteten die Möglichkeit, bei der Konto- oder Depoteröffnung die **Identitätsüberprüfung nachzuholen**. Abweichend von § 11 Abs. 1 GwG muss die Überprüfung der Identität des Vertragspartners, einer für diesen auftretenden Person und des wirtschaftlich Berechtigten nicht bereits vor oder während der Begründung der Geschäftsbeziehung abgeschlossen sein. Sie ist jedoch **unverzüglich** (= ohne schuldhaftes Zögern, vgl. § 121 BGB) **nach der Konto- oder Depoteröffnung** abzuschließen. § 25j KWG soll zu einer größeren Flexibilität der Begründung der Geschäftsbeziehung führen.[1] Gleichzeitig soll durch die Regelung hinreichend gewährleistet werden, dass intransparente Konto- oder Depotverfügungen ausgeschlossen sind.[2]   **1**

Die Regelung des jetzigen § 25j KWG war ursprünglich unter § 25e KWG zu finden und wurde durch das GwBekErgG vom 13.8.2008 in das KWG aufgenommen. Grundlage für die Bestimmung ist Art. 4 und 9 der Dritten EU-Geldwäscherichtlinie. Durch das Gesetz zur Umsetzung der Zweiten E-Geld-Richtlinie vom 1.3.2011 wurde die Vorschrift ergänzt. Im Zuge des CRD IV-Umsetzungsgesetz vom 28.8.2013 wurde die Norm zu § 25i KWG. Im Zuge des Gesetzes zur Abschirmung von Risiken und zur Planung der Sanierung und Abwick-   **2**

---

1 *Achtelik*, in: Boos/Fischer/Schulte-Mattler, KWG/CRR-VO, § 25j KWG Rn. 2.
2 BR-Drs. 168/08, S. 114.

lung von Kreditinstituten und Finanzgruppen vom 7.8.2013 wurde die Norm mit Wirkung vom 31.1.2014 in § 25j KWG umbenannt.

II. Vereinfachung bei der Durchführung der Identifizierung

3 Macht das Institut von der Möglichkeit des § 25j KWG Gebrauch, so muss gem. § 25j Satz 2 KWG sichergestellt sein, dass keine Möglichkeit besteht, über Vermögen zu verfügen, also Vermögensabflüsse zu bewirken. Als solche Abverfügungen sind z. B. Barabhebungen und Überweisungen an Dritte, aber auch auf eigene Konten bei anderen Instituten anzusehen. Zwar spricht § 25j Satz 2 KWG von der Abverfügung von Geldern, bezogen auf Depots dürften nach Sinn und Zweck der Vorschrift jedoch auch Wertpapiere umfasst sein. Innerhalb der Geschäftsbeziehung erfolgende Verlagerungen (z. B. vom Girokonto auf ein Festgeldkonto) sind keine Abverfügungen in diesem Sinne. Auch wenn Abverfügungen in dieser Zeit nicht möglich sind, ist eine **Freischaltung** des Kontos oder Depots **für Zahlungseingänge** jedoch **möglich**. Sollen eingegangene Gelder zurückgezahlt werden, so dürfen diese gem. § 25j Satz 3 KWG nur an den Einzahler ausgezahlt werden.

4 Die Ausnahme des § 25j KWG bezieht sich nur auf die **Überprüfung der Identität** der zu identifizierenden Personen, aber nicht auf die Feststellung der Identität. Letztere muss im Vorfeld vorgenommen worden sein.

§ 25k Verstärkte Sorgfaltspflichten

(1) Abweichend von § 10 Absatz 3 Satz 1 Nummer 2 Buchstabe b des Geldwäschegesetzes bestehen die Sorgfaltspflichten nach § 10 Absatz 1 Nummer 1, 2 und 4 des Geldwäschegesetzes für Institute bei der Annahme von Bargeld ungeachtet etwaiger im Geldwäschegesetz oder in diesem Gesetz genannter Schwellenbeträge, soweit ein Sortengeschäft nach § 1 Absatz 1a Satz 2 Nummer 7 nicht über ein bei dem Institut eröffnetes Konto des Kunden abgewickelt wird und die Transaktion einen Wert von 2 500 Euro oder mehr aufweist.

(2) Institute, die Factoring nach § 1 Absatz 1a Satz 2 Nummer 9 betreiben, haben angemessene Maßnahmen zu ergreifen, um einem erkennbar erhöhten Geldwäscherisiko bei der Annahme von Zahlungen von Debitoren zu begegnen, die bei Abschluss des Rahmenvertrags unbekannt waren.

Übersicht

I. Allgemeines

Nach § 2 Abs. 1 Nr. 1 und 2 GwG zählen Kreditinstitute nach § 1 Abs. 1 KWG 1
und Finanzdienstleistungsinstitute nach § 1 Abs. 1a KWG zu den geldwäscherechtlich Verpflichteten, die die in §§ 10 ff. GwG geregelten Sorgfaltspflichten zu beachten haben. Abweichend von den allgemeinen, nicht nur für den Finanzsektor geltenden Regelungen des GwG enthält § 25k KWG besondere Regelungen in Bezug auf Sortengeschäft bzw. Factoring betreibende Institute. § 25k KWG wurde zuletzt durch Art. 17 des Gesetzes zur **Umsetzung der Vierten EU-Geldwäscherichtlinie**, zur Ausführung der EU-Geldtransferverordnung und zur Neuorganisation der Zentralstelle für Finanztransaktionsuntersuchungen vom 23.6.2017[1] geändert und dabei stark vereinfacht. Das am 1.1.2020 in Kraft getretene Gesetz zur Umsetzung der **Änderungsrichtlinie zur Vierten**

---

1 BGBl. I 2017, S. 1822.

EU-Geldwäscherichtlinie[2] vom 12.12.2019 hat die Sonderregelungen des § 25k KWG nicht in das GwG überführt.

2   Die Regelung des § 25k KWG wurde mit Einführung des WpIG zum 26.6.2021 für das Sortengeschäft im Wesentlichen gleichlautend in § 35 WpIG übernommen.

II. Sortengeschäft (§ 25k Abs. 1 KWG)

3   Das Sortengeschäft zählt in Deutschland zu den Finanzdienstleistungen. Sobald die Finanzdienstleistung gewerbsmäßig oder in einem Umfang betrieben wird, der einen in kaufmännischer Weise eingerichteten Geschäftsbetrieb erfordert, bedarf sie gem. § 32 Abs. 1 KWG der vorherigen schriftlichen Erlaubnis der Bundesanstalt für Finanzdienstleistungsaufsicht.[3] Das Sortengeschäft ist dabei ein „Geldwechselgeschäft, das in bar getätigt wird" und stellt als solches gemäß § 2 Abs. 1 Nr. 5 ZAG keinen Zahlungsdienst dar. Sortengeschäft ist folglich kein Zahlungsvorgang, sondern der physische Austausch von Zahlungsmitteln und umfasst den Kauf und Verkauf von Sorten gegen Euro, gegen andere Sorten oder gegen mit Bargeld vergleichbare anonyme Zahlungsmittelderivate (z. B. Reiseschecks). Es wird dabei, anders als beim einfachen Geldwechsel in einer Währung nur der Tausch unterschiedlicher Währungen erfasst.[4]

4   Nach § 25k Abs. 1 KWG haben Verpflichtete bei der Annahme von **Bargeld ab 2.500 EUR** (bzw. des entsprechenden Gegenwerts in Fremdwährung) außerhalb einer bestehenden Geschäftsbeziehung die allgemeinen Sorgfaltspflichten nach § 10 Abs. 1 Nr. 1, 2 und 4 GwG zu beachten. Nach § 10 Abs. 3 Nr. 2 lit. b GwG liegt dieser Schwellenwert im Allgemeinen bei 15.000 EUR. Mit Blick auf den festgelegten Schwellenwert von 2.500 EUR liegt eine wesentliche Gefahr der Durchführung von Geldwäsche im Zusammenhang mit dem Sortengeschäft in der Verschleierung durch sog. „Layering". Hier wird ein deutlich höheres Gesamtvolumen durch mehrfache Transaktionen unterhalb des Schwellenwerts durchgeführt, um die Anwendung des § 25k Abs. 1 KWG zu unterlaufen.[5] Das Layering wird auch ausdrücklich in den Leitlinien zu Risikofaktoren der EBA aufgegriffen.[6]

---

2 BGBl. I 2019, S. 2602.

3 BaFin Merkblatt v. 7.2.2018, Hinweise zum Angebot von Banknoten und Münzen im Internet.

4 *Findeisen* in: Beck/Samm/Kokemoor, § 25k Rn. 8, 22.

5 *Auerbach/Spies*, in: Schwennicke/Auerbach, KWG, § 25k Rn. 5; *Findeisen* in: Beck/Samm/Kokemoor, § 25k Rn. 7.

6 Leitlinien der EBA zu den Risikofaktoren für Geldwäsche und Terrorismusfinanzierung vom 1.3.2021, S. 129 f.; die BaFin hat die Leitlinien wiederum in ihre eigene Verwal-

Nach § 10 Abs. 1 Nr. 1, 2 und 4 GwG ist der Vertragspartner zu identifizieren, **5**
der wirtschaftlich Berechtigte festzustellen und der PEP-Status zu klären. Dies
gilt nach § 25k Abs. 1 KWG bereits ab Überschreitung des herabgesetzten
Schwellenwerts von 2.500 EUR. Hierbei bestehen die üblichen Offenlegungs-
und Mitwirkungspflichten des Vertragspartners nach § 11 Abs. 6 GwG. Die regulatorischen Pflichten des § 25k Abs. 1 KWG bzw. § 10 Abs. 1 Nr. 1, 2 und 4
GwG bestehen dabei ausschließlich in Bezug auf die **Annahme von Bargeld**.
§ 25k Abs. 1 KWG ist insoweit als Spezialreglung im Verhältnis zu den Schwellenwerten für Geldtransfer nach § 10 Abs. 3 Nr. 2 lit. a und b GwG zu sehen.[7]

Die BaFin ordnet insgesamt das Gefahrenrisiko der Geldwäsche im Sortenge- **6**
schäft in ihrer subnationalen Risikoanalyse 2021/2022 im Bereich „medium"
ein. Erhöhtes Geldwäscherisiko besteht im konkreten Anwendungsbereich des
§ 25k Abs. 1 KWG bei der Annahme von Bargeld von Gelegenheitskunden.[8]
Demzufolge liegt bei Geschäften außerhalb einer Geschäftsbeziehung mit Gelegenheitskunden grundsätzlich ein erhöhtes Risiko i. S. d. § 15 Abs. 2 GwG
i. V. m. Anlage 2 zum GwG vor. Nähere Orientierungspunkte zu risikomindernden und erhöhenden Faktoren im Rahmen des Sortengeschäfts stellt die EBA in
ihren Leitlinien im Einzelnen dar.[9]

Die verstärkten Sorgfaltspflichten des § 25k Abs. 1 KWG sind nur bei Transak- **7**
tionen **außerhalb einer bestehenden Geschäftsbeziehung** zwingend zu beachten. Eine Tätigkeit liegt außerhalb einer Geschäftsbeziehung, wenn bei Unterhaltung einer geschäftlichen oder beruflichen Beziehung, die unmittelbar in Verbindung mit den geschäftlichen oder beruflichen Aktivitäten der Verpflichteten
steht, beim Zustandekommen des Kontakts gerade nicht davon ausgegangen
wird, dass sie von gewisser Dauer sein wird.

Sofern der Vertragspartner (Person, die Bargeld tauschen möchte) ein Konto **8**
beim Verpflichteten unterhält, gelten die verstärkten Sorgfaltspflichten dementsprechend grundsätzlich nicht. Die unterschiedliche Behandlung von Geschäftsvorfällen innerhalb und außerhalb einer bestehenden Geschäftsbeziehung erscheint sachgerecht, da bei bestehender Geschäftsbeziehung das KYC-Prinzip
ohnehin Anwendung findet. Die Person, die das Sortengeschäft im Rahmen
einer bestehenden Geschäftsbeziehung durchführen möchte, ist dem Verpflichteten bereits bekannt. Das Geldwäscherisiko ist im Vergleich zu einer unbekannten Person bzw. einem Geschäftsvorfall außerhalb einer bestehenden Geschäftsbeziehung folglich geringer.

---

tungspraxis überführt und greift diese in den Auslegungs- und Anwendungshinweisen
auf, BaFin, AuA 2021, S. 11f.

7 *Auerbach/Spies*, in: Schwennicke/Auerbach, KWG, § 25k Rn. 4.

8 *Achtelik*, in: Herzog, GwG, § 25k KWG Rn. 3.

9 Leitlinien der EBA zu den Risikofaktoren für Geldwäsche und Terrorismusfinanzierung
vom 1.3.2021, S. 129 ff.

9   Im Falle eines Sortentauschs am Schalter einer Bank oder eines Zahlungsdienstleisters kann über § 25k Abs. 1 KWG hinausgehend faktisch auch ein noch niedrigerer Schwellenwert von 1.000 EUR nach der GeldtransferVO (EU) 2015/847 zu Anwendung kommen. Dies ist der Fall, wenn der Gegenwert des in bar eingezahlten Geldes in einem zweiten Akt auf das Konto des Einzahlers oder eines Dritten bei einem Drittinstitut überwiesen wird. Besteht zwischen dem Sortentausch und der Überweisung ein zeitlicher Zusammenhang, liegt insgesamt ein Geldtransfer i. S. d. Art. 3 Nr. 9 der Verordnung (EU) 2015/847 vor, für den der Schwellenwert von 1.000 EUR Anwendung findet.[10]

III. Factoring (§ 25k Abs. 2 KWG)

10   Institute nach § 1 Abs. 1a Satz 2 Nr. 9 KWG (Factoringinstitute) haben gemäß § 25k Abs. 2 KWG angemessene Maßnahmen zu ergreifen, um einem erkennbar erhöhten Geldwäscherisiko bei der Annahme von Zahlungen von **Debitoren** zu begegnen, die bei Abschluss des Rahmenvertrages **unbekannt** sind.

11   Der Regelungsinhalt und -umfang der regulatorischen Anforderungen in Bezug auf die Geldwäscheprävention im **Factoringgeschäft** wurden durch das Gesetz zur Umsetzung der Zweiten E-Geld-Richtlinie[11] eingeführt, um eine Regelungslücke in der Geldwäscheprävention im Factoringbereich zu schließen.[12] Denn bis zur Umsetzung der Zweiten E-Geld-Richtlinie erfassten das Geldwäschegesetz und die Regelungen des KWG ausschließlich sog. Zwei-Parteien-Vertragsverhältnisse (Verpflichteter und Vertragspartner). Nicht erfasst waren **Drei-Parteien-Verhältnisse**, die jedoch im Factoringgeschäft die Regel sind. Die Umsetzung der Zweiten E-Geld-Richtlinie diente neben der Berücksichtigung des Drei-Parteien-Verhältnisses auch der Fixierung des risikobasierten Ansatzes im Factoringbereich, wie er indes inzwischen allgemein im Rahmen der Geldwäscheprävention Anwendung findet (§ 3a Abs. 1 GwG).

12   Im Rahmen der Umsetzung der Vierten EU-Geldwäscherichtlinie wurden die gesetzlichen Vorgaben lediglich redaktionell überarbeitet. Inhaltlich gab es keine wesentlichen Veränderungen im Vergleich zu den bisherigen Regelungen zum Factoringgeschäft (vormals § 25k Abs. 4 KWG).[13]

13   Die Auslegungs- und Anwendungshinweise zum Geldwäschegesetz[14] der BaFin enthalten derzeit keine factoringspezifischen Ausführungen. Ausführungen in

---

10 *Findeisen* in: Beck/Samm/Kokemoor, § 25k Rn. 21.
11 BGBl. I 2011, S. 208.
12 Vgl. BT-Drs. 17/3023, S. 63.
13 BT-Drs. 18/11555 v. 17.3.2017, Begr. zu § 25k KWG, S. 176.
14 BaFin, AuA 2021.

Form eines Besonderen Teils zu den Auslegungs- und Anwendungshinweisen wären zu begrüßen.[15]

1. Drei-Parteien-Verhältnis

Das Betreiben des Factoringgeschäfts qualifiziert ein Unternehmen als **Finanzdienstleistungsinstitut** nach § 1 Abs. 1a Satz 2 Nr. 9 KWG, dessen gewerbsmäßiger Geschäftsgegenstand der laufende Ankauf von Forderungen auf der Grundlage von Rahmenverträgen mit oder ohne Rückgriff ist.[16] Demnach verkauft ein Unternehmen im Rahmen des Factorings seine Forderungen aus Warenlieferungen und Dienstleistungen gegen seine Kunden an ein Factoringinstitut (Factor). Der Verkauf der Forderung dient der Liquiditätsbeschaffung. Mangels Finanzierungsfunktion kein Factoring im Sinne des KWG und damit nicht Gegenstand des § 25k Abs. 2 KWG sind die in der Praxis häufigen Factoring-Arten des Standard- oder Full-Service Factoring, Inhouse-Factoring sowie Reverse-Factoring und Fälligkeits-Factoring.[17]   **14**

Die Ausgestaltung des Factoringgeschäfts variiert zwischen „echtem Factoring" und „unechtem Factoring". Das echte Factoring meint Factoringverfahren, bei denen der Factor das Ausfallrisiko übernimmt (Delkredereschutz); beim unechten Factoring ist das nicht der Fall. Darüber hinaus existiert die Möglichkeit, dass der Forderungsverkauf dem Forderungsschuldner offengelegt wird („offenes Factoring-Verfahren") oder er keine Kenntnis über den Forderungsverkauf erlangt („stilles Factoring-Verfahren").[18] Im Rahmen des offenen Factoring-Verfahrens wird der Kunde aufgefordert, unmittelbar an das Factoringinstitut zu zahlen.   **15**

Das Factoringgeschäft kommt durch einen Vertrag über den Kauf von Forderungen zwischen dem Factoringinstitut und dem ursprünglichen Forderungsinhaber zustande.[19] Der zivilrechtliche Vertragsschluss begründet für das Factoringinstitut als Verpflichteter des GwG die Pflicht zur Erfüllung der Sorgfaltspflichten   **16**

---

15 Vgl. auch Stellungnahme Deutscher Factoring Verband e. V. im Rahmen der Konsultation 05/2018 zu den Auslegungs- und Anwendungshinweisen v. 9.5.2018.

16 *Findeisen*, in: Beck/Samm/Kokemoor, § 25k Rn. 24.

17 Gemeinsame Auslegungs- und Anwendungshinweise des DFV und BFM für Factoringunternehmen zur Prävention von Geldwäsche, Terrorismusfinanzierung und sonstiger institutsvermögensgefährdender strafbarer Handlungen (Stand: Oktober 2021), S. 1 f.

18 Vgl. hierzu ausführlich „Gemeinsame Anwendungshinweise des DFV und BFM für Factoringunternehmen zur Prävention von Geldwäsche und Terrorismusfinanzierung", S. 1.

19 Die konkrete rechtliche Ausgestaltung, insbesondere der Delkredereschutz wird hier nicht weiter thematisiert, da dieser Schutz für die Geldwäschepräventionsmaßnahmen eine eher untergeordnete Rolle spielen dürfte.

gemäß §§ 10 ff. GwG. Nach Abschluss des Vertrages über den Kauf von Forderungen zwischen dem Factoringinstitut und dem ursprünglichen Forderungsinhaber vereinnahmt das Factoringinstitut Gelder vom Forderungsschuldner (Debitor). Der Forderungsschuldner erfüllt hiermit seine vertraglichen Pflichten aus dem „Grundgeschäft".

2. Identifizierungspflichten

17 Seit der Umsetzung der Zweiten E-Geld-Richtlinie besteht im Factoringgeschäft bzw. im für dieses Geschäft charakteristischen Drei-Parteien-Verhältnis die Pflicht zur risikoorientierten Anwendung von Sorgfaltspflichten.

18 In Bezug auf die regulatorischen Pflichten des § 25k Abs. 2 KWG ist zu differenzieren, ob der Forderungsschuldner dem Factoringinstitut zum Zeitpunkt des Abschlusses des Rahmenvertrages **bekannt oder unbekannt** war. § 25k Abs. 2 KWG geht von einem grundsätzlich erhöhten Geldwäscherisiko aus, sofern der Debitor zum Zeitpunkt des Abschlusses des Rahmenvertrages unbekannt war. Umfang und Intensität der zu beachtenden Sorgfaltspflichten und zu ergreifenden Sicherungsmaßnahmen haben die Risikobeurteilung des Einzelfalls zu berücksichtigen.

3. Debitor

19 Hinsichtlich des Geldwäscherisikos bei **bekanntem Forderungsschuldner** ist davon auszugehen, dass das Factoringinstitut bei Kenntnis des Forderungsschuldners eine Prüfung der Kreditwürdigkeit vornimmt und sich somit mit der Person und den wirtschaftlichen Verhältnissen auseinandersetzt.[20] Obgleich eine Bonitätsprüfung nicht deckungsgleich mit der Prüfung einer Person unter dem Gesichtspunkt der Geldwäscheprävention ist, dürften nach jeder Bonitätsprüfung zumindest allgemeine Informationen (Name, Anschrift, Kreditwürdigkeit etc.) über die Person des Forderungsschuldners vorhanden sein. Die Einholung dieser Informationen ist nicht nur zur Ermittlung des Ausfallrisikos erforderlich, sondern fördert auch die Transparenz einschließlich der Minimierung des Geldwäscherisikos.

20 Im Vergleich zu einem bekannten Debitor existiert beim **unbekannten Forderungsschuldner** eine abweichende Risikolage. Denn ist der Debitor dem Factoringinstitut unbekannt, kann grundsätzlich keine Bonitätsprüfung erfolgen und können hieraus entsprechend auch keine Ableitungen für die Risikobewertung

---

20 Vgl. hierzu ausführlich Gemeinsame Auslegungs- und Anwendungshinweise des DFV und BFM für Factoringunternehmen zur Prävention von Geldwäsche, Terrorismusfinanzierung und sonstiger institutsvermögensgefährdender strafbarer Handlungen (Stand: Oktober 2021), S. 20.

aus Sicht der Geldwäscheprävention getroffen werden. Die Gesetzesbegründung zur Umsetzung der Zweiten E-Geld-Richtlinie führt aus, dass bei unbekannten Debitoren das Factoringinstitut nach Vertragsschluss in der Regel kein oder allenfalls ein geringes Interesse an aussagekräftigen Informationen über die Kreditwürdigkeit des Debitors hat. Dieses angenommene, aus der Struktur der Geschäftstätigkeit folgende mangelnde Interesse würde sich gemäß der Gesetzesbegründung potenzieren, sofern das Factoringinstitut nicht selbst das Ausfallrisiko übernimmt.[21] Aus Sicht des Gesetzgebers besteht daher bei unbekannten Debitoren grundsätzlich ein – im Vergleich zu bekannten Debitoren – abstrakt erhöhtes Geldwäscherisiko.

4. Risiko der Geldwäsche und Terrorismusfinanzierung im Factoring sowie Umfang der Sorgfaltspflichten

§ 25k Abs. 2 KWG stellt ein Regelbeispiel für Sachverhalte dar, die aufgrund **21** potenziell erhöhten Geldwäscherisikos die Berücksichtigung verstärkter Sorgfaltspflichten erfordern. Zu beachten ist, dass das Betreiben des Factoringgeschäfts (auch bei unbekannten Debitoren) **nicht in jedem Fall zwingend die Erfüllung der verstärkten Sorgfaltspflichten** erfordert. Vielmehr bedarf es der risikoadäquaten Behandlung des Einzelfalls, welche insbesondere auch das für das Factoringgeschäft charakteristische Drei-Parteien-Verhältnis in den Blick nimmt. Eine allgemeine Pflicht zur Anwendung verstärkter Sorgfaltspflichten besteht nicht.[22]

Wie bereits erwähnt, diente die Umsetzung der Zweiten E-Geld-Richtlinie ins- **22** besondere der Stärkung des risikobasierten Ansatzes im Factoringbereich. Demzufolge haben die Verpflichteten einzelfallbezogen das Risiko des Missbrauchs solcher Geschäfte zu Geldwäschezwecken und zur Terrorismusfinanzierung zu eruieren. Im Rahmen dieser Analyse sind risikoerhöhende und ggf. risikominimierende Umstände zu berücksichtigen. Nachfolgende Faktoren können als **Indikator** für ein erhöhtes Risiko anzusehen sein:

- Vertragspartner oder Debitor hat seinen Sitz in einem Land, das über keine mit deutschen, europäischen oder FATF-Standards vergleichbaren Anforderungen zur Geldprävention verfügt (beispielsweise Sitz in bekannten Offshore-Destinationen).
- Vertragspartner oder Debitor hat seinen Sitz in einem sanktionierten Staat.

---

21 Vgl. BT-Drs. 17/3023, S. 63.
22 Vgl. hierzu ausführlich Gemeinsame Auslegungs- und Anwendungshinweise des DFV und BFM für Factoringunternehmen zur Prävention von Geldwäsche, Terrorismusfinanzierung und sonstiger institutsvermögensgefährdender strafbarer Handlungen (Stand Oktober 2012), S. 22.

– Factoringinstitut hat Kenntnis über Unregelmäßigkeiten in Sachen Geldwäscheprävention beim Kunden bzw. über ein hohes Korruptionsniveau im Sitzland des Kunden.
– Geschäftsfeld des Factoringkunden ist risikobehaftet (z. B. Luxusgüter).

23   Bei Vorliegen der zuvor aufgeführten Risikoindikatoren bzw. weiterer oder anderer risikoerhöhender Umstände ist eine dauerhafte Überwachung des Debitors einschließlich der Geldeingänge empfehlenswert. Dasselbe gilt bei Berührungspunkten zu sog. Hochrisiko-Staaten.[23]

24   Die Ausgestaltung der auf Basis der Risikoanalyse zu ergreifenden Sicherungsmaßnahmen hat ebenfalls **risikobasiert und einzelfallbezogen** zu erfolgen. Die Anwendungshinweise von „Deutscher Factoring Verband e. V." und „Bundesverband Factoring für den Mittelstand" benennen beispielhaft eine Reihe von Sicherungsmaßnahmen,[24] die nach wie vor aktuell sind; hierzu zählen:

– fortlaufende intensive und transaktionsbezogene Kontrollen (z. B. Kundenbesuche, Saldenbestätigungen und Einsatz von IT-Systemen zum Erkennen von Unregelmäßigkeiten);
– fortlaufende Dokumentation des Factoringverhältnisses (z. B. Rechnungen und Angaben zu Bilanzen);
– Übernahme des Debitorenmanagements;
– Offenlegung des Factorings gegenüber dem Debitor. Dies ermöglicht die direkte Kontaktaufnahme mit dem Debitor und damit die Einholung von Informationen direkt von diesem sowie deren Auswertung.

25   Die Verpflichteten haben das Ergebnis der kundenbezogenen Risikoanalyse sowie die ergriffenen Maßnahmen zur Minimierung des konkreten Risikos nachvollziehbar zu **dokumentieren**.

---

23 *Becker* in: Reischauer/Kleinhans, § 25k Rn. 4.
24 Gemeinsame Auslegungs- und Anwendungshinweise des DFV und BFM für Factoringunternehmen zur Prävention von Geldwäsche, Terrorismusfinanzierung und sonstiger institutsvermögensgefährdender strafbarer Handlungen (Stand: Oktober 2021), S. 7.

§ 25l Geldwäscherechtliche Pflichten für Finanzholding-Gesellschaften

Finanzholding-Gesellschaften und gemischte Finanzholding-Gesellschaften mit Sitz im Inland, die über eine Zulassung nach § 2f Absatz 1 verfügen sind Verpflichtete nach § 2 Absatz 1 Nummer 1 des Geldwäschegesetzes. Sie unterliegen insoweit auch der Aufsicht der Bundesanstalt nach § 50 Nummer 1 in Verbindung mit § 41 Absatz 1 des Geldwäschegesetzes.

I. Allgemeines

Im Rahmen der Umsetzung der Vierten EU-Geldwäscherichtlinie durch das Gesetz zur Umsetzung der Vierten EU-Geldwäscherichtlinie, zur Ausführung der EU-Geldtransferverordnung und zur Neuorganisation der Zentralstelle für Finanztransaktionsuntersuchungen vom 23.6.2017[1] wurden die Vorschriften des bisherigen § 25l Abs. 1 KWG zur gruppenweiten Einhaltung von Sorgfaltspflichten in § 9 GwG verlagert und auf sämtliche Verpflichtete des GwG ausgeweitet (→ § 9 GwG Rn. 1). Die bisherige Regelung des § 25l Abs. 2 KWG in Bezug auf **Finanzholding-Gesellschaften** wurde als § 25l KWG grundsätzlich unverändert im KWG belassen. Nur der Wortlaut der Vorschrift wurde in Bezug auf § 10a Abs. 2 Satz 1 KWG klarer gefasst und angepasst.[2] Warum die Regelung im Zuge der Umsetzung der Vierten EU-Geldwäscherichtlinie nicht auch in das GwG (§ 2 GwG) überführt wurde, ist unklar.[3]   1

II. Adressaten

§ 25l Abs. 2 KWG a. F., die Vorgängerregelung des § 25l KWG, wurde durch das Gesetz zur Fortentwicklung des Pfandbriefrechts vom 20.3.2009[4] in das KWG eingefügt. Die Vorschrift bezieht Finanzholding-Gesellschaften und ge-   2

---

1 BGBl. I 2017, S. 1822.
2 Gesetzesbegründung BT-Drs. 18/11555, S. 177.
3 Zur rechtssystematisch zweifelhaften Ansiedlung im KWG siehe auch *Achtelik*, in: Herzog, GwG, 3. Aufl. 2018, § 25l KWG Rn 2.
4 BGBl. I 2009, S. 607 ff.

mischte Finanzholding-Gesellschaften in den Kreis der Verpflichteten des Geldwäschegesetzes (§ 2 Abs. 1 Nr. 1 GwG) ein und unterwirft sie insoweit auch der Aufsicht durch die BaFin nach § 50 Nr. 1 GwG. Bis zum Inkrafttreten des Transparenzregister- und Finanzinformationsgesetzes[5] war es für eine Einbeziehung von Finanzholdinggesellschaften und gemischten Finanzholdinggesellschaften in den Anwendungsbereich des § 25l KWG erforderlich, dass diese nach § 10a KWG als übergeordnete Unternehmen gelten oder von der BaFin als solche bestimmt wurden. Durch das Transparenzregister- und Finanzinformationsgesetz wurde die Norm insoweit klargestellt, als (gemischte) Finanzholdinggesellschaften nur noch dann erfasst sein sollen, wenn sie ihren Sitz im Inland haben und über eine Zulassung nach § 2f Abs. 1 KWG verfügen. Durch die Anknüpfung an das Merkmal der erfolgten Zulassung soll eine stabilere Verpflichteteneigenschaft und ein stabiles Aufsichtsverhältnis begründet werden. Ein kurzfristiger Wechsel des Adressaten von Aufsichtsmaßnahmen, der gegebenenfalls über § 2f Abs. 6 Satz 1 Nr. 3 KWG eintreten könnte, wenn vorübergehend ein anderes Unternehmen als die zugelassene (gemischte) Finanzholding-Gesellschaft zum übergeordneten Unternehmen bestimmt wird, soll hierdurch vermieden werden.[6]

3   Eine Definition von Finanzholding-Gesellschaften und gemischten Finanzholding-Gesellschaften fand sich ursprünglich in § 1 Abs. 3a KWG. Sie wurde dort – wie auch eine Definition der beaufsichtigten Unternehmen eines Finanzkonglomerats – im Rahmen der 5. KWG-Novelle[7] 1994 eingefügt. Die Definition der beaufsichtigten Finanzkonglomerats-Unternehmen wurde durch das Finanzkonglomerate-Aufsichtsgesetz (FKAG)[8] vom 27.6.2013 aufgehoben und findet sich nunmehr in §§ 1 Abs. 2, 2 Abs. 1 FKAG. Die Definitionen der „Finanzholding-Gesellschaft" und der „gemischten Finanzholding-Gesellschaft" wurden durch das Eigenkapitalrichtlinie (CRD IV)-Umsetzungsgesetz[9] vom 28.8.2013

---

5 Gesetz zur europäischen Vernetzung der Transparenzregister und zur Umsetzung der Richtlinie 2019/1153 des Europäischen Parlaments und des Rates v. 20.6.2019 zur Nutzung von Finanzinformationen für die Bekämpfung von Geldwäsche, Terrorismusfinanzierung und sonstigen schweren Straftaten (Transparenzregister- und Finanzinformationsgesetz) v. 25.6.2021, BGBl. I 2021, S. 2083.

6 Gesetzesbegründung, BT-Drs. 19/28164, S. 60.

7 Gesetz zur Änderung des Gesetzes über das Kreditwesen und anderer Vorschriften über Kreditinstitute v. 28.9.1994, BGBl. I 1994, S. 2735 ff.

8 Gesetz zur Umsetzung der Richtlinie 2011/89/EU des Europäischen Parlaments und des Rates v. 16.11.2011 zur Änderung der Richtlinien 98/78/EG, 2002/87/EG, 2006/48/EG und 2009/138/EG hinsichtlich der zusätzlichen Beaufsichtigung der Finanzunternehmen eines Finanzkonglomerats, BGBl. I 2013, S. 1862 ff.

9 Gesetz zur Umsetzung der Richtlinie 2013/36/EU des Europäischen Parlaments und des Rates v. 26.6.2013 über den Zugang zur Tätigkeit von Kreditinstituten und die Beaufsichtigung von Kreditinstituten und Wertpapierfirmen und zur Anpassung des Aufsichtsrechts an die Verordnung (EU) Nr. 575/2013 über Aufsichtsanforderungen an Kreditinstitute und Wertpapierfirmen, BGBl. I 2013, S. 3395 ff.

aufgehoben und finden sich nunmehr über einen entsprechenden Verweis in § 1 Abs. 35 KWG in Art. 4 Abs. 1 Nr. 20 und 21 der Kapitaladäquanzverordnung (CRR).[10]

Gem. Art. 4 Abs. 1 Nr. 20 CRR handelt es sich bei einer **Finanzholding-Gesell-** **4** **schaft** um ein Finanzinstitut im Sinne des Art. 4 Abs. 1 Nr. 26 CRR, das keine gemischte Finanzholdinggesellschaft (im Sinne des Art. 4 Abs. 1 Nr. 21 CRR) ist und dessen Tochterunternehmen (im Sinne des Art. 4 Abs. 1 Nr. 16 CRR) ausschließlich oder hauptsächlich Institute (im Sinne des Art. 4 Abs. 1 Nr. 3 CRR) oder Finanzinstitute sind, wobei mindestens eines dieser Tochterunternehmen ein Institut ist.

Bezüglich der Definition der **gemischten Finanzholdinggesellschaft** verweist **5** Art. 5 Abs. 1 Nr. 20 CRR auf die Begriffsbestimmung in Art. 2 Nr. 15 der EG-Beaufsichtigungsrichtlinie.[11] Nach dieser handelt es sich bei einer gemischten Finanzholding-Gesellschaft um ein nicht der Aufsicht unterliegendes Mutterunternehmen, das zusammen mit seinen Tochterunternehmen, von denen mindestens eines ein beaufsichtigtes Unternehmen mit Sitz in der Gemeinschaft ist, und anderen Unternehmen ein Finanzkonglomerat (im Sinne des Art. 2 Nr. 14 der EG-Beaufsichtigungsrichtlinie) bildet.

---

10 Verordnung (EU) Nr. 575/2013 des Europäischen Parlaments und des Rates v. 26.6.2013 über Aufsichtsanforderungen an Kreditinstitute und Wertpapierfirmen und zur Änderung der Verordnung (EU) Nr. 646/2012, ABl. L 176/1 v. 27.6.2013.
11 Richtlinie 2002/87/EG des Europäischen Parlaments und des Rates v. 16.12.2002 über die zusätzliche Beaufsichtigung der Kreditinstitute, Versicherungsunternehmen und Wertpapierfirmen eines Finanzkonglomerats und zur Änderung der Richtlinien 73/239/EWG, 79/267/EWG, 92/49/EWG, 92/96/EWG, 93/6/EWG und 93/22/EWG des Rates und der Richtlinien 98/78/EG und 2000/12/EG des Europäischen Parlaments und des Rates, ABl. L 035 v. 11.2.2003.

§ 25m Verbotene Geschäfte

Verboten sind:

1. die Aufnahme oder Fortführung einer Korrespondenz- oder sonstigen Geschäftsbeziehung mit einer Bank-Mantelgesellschaft nach § 1 Absatz 22 des Geldwäschegesetzes und

2. die Errichtung und Führung von solchen Konten auf den Namen des Instituts oder für dritte Institute, über die die Kunden des Instituts oder dritten Instituts zur Durchführung von eigenen Transaktionen eigenständig verfügen können; § 154 Absatz 1 der Abgabenordnung bleibt unberührt.

I. Verbot einer Geschäftsbeziehung zu einer Bank-Mantelgesellschaft (§ 25m Nr. 1 KWG)

1 Gemäß § 25m Nr. 1 KWG ist die Aufnahme oder Fortführung einer Korrespondenz- oder sonstigen Geschäftsbeziehung mit einer **Bank-Mantelgesellschaft** verboten.[1]

2 Der Begriff der Bank-Mantelgesellschaft ist in § 1 Abs. 22 GwG definiert.

3 Wesentliches Merkmal einer Bank-Mantelgesellschaft ist ein Auseinanderfallen zwischen dem Land, in dem die Gesellschaft gegründet wurde bzw. der Registereintrag erfolgte, und dem der tatsächlichen **physischen Präsenz**. Die tatsächliche Leitung und Verwaltung werden bei Bank-Mantelgesellschaften nicht im Land der Registrierung vorgenommen. Demzufolge ist die Beaufsichtigung der Gesellschaft eingeschränkt. Bank-Mantelgesellschaften werden vermehrt zur Platzierung illegaler Gelder sowie deren Inumlaufbringen missbraucht.

4 Zu beachten ist, dass nachgeordnete Gesellschaften, die einer regulierten Gruppe von Kredit- oder Finanzinstituten angehören, keine Bank-Mantelgesellschaft darstellen können.

---

1 Vgl. auch Ausführungen zu den verstärkten Sorgfaltspflichten im Korrespondenzgeschäft gem. § 15 Abs. 7 Nr. 4 GwG.

Das Verbot in Bezug auf Geschäftsbeziehungen zu Bank-Mantelgesellschaften 5
erfuhr im Rahmen der Umsetzung der Vierten EU-Geldwäscherichtlinie lediglich redaktionelle Änderungen.[2]

II. Verbot von Durchlaufkonten (§ 25m Nr. 2 KWG)

Nach § 25m Nr. 2 KWG ist die Errichtung und Führung von solchen Konten auf 6
den Namen des Instituts oder für dritte Institute, über die die Kunden des Instituts oder dritten Instituts zur Durchführung von eigenen Transaktionen eigenständig verfügen können, verboten. Durch dieses Verbot soll sichergestellt werden, dass Konten nicht von Dritten zur Abwicklung von eigenen, anonymen Geschäften missbraucht werden (sog. **Durchlaufkonten**).[3]

Unabhängig des Verbots in § 25m Nr. 2 KWG läuft die Errichtung und Führung 7
von Durchlaufkonten („payable through accounts") auch dem **Grundsatz der
Kontenwahrheit** des § 154 AO zuwider.[4]

Wie auch die Regelung zur Bank-Mantelgesellschaft wurde § 25m Nr. 2 KWG 8
im Rahmen der Umsetzung der Vierten EU-Geldwäscherichtlinie nur redaktionell angepasst.

---

2 BT-Drs. 18/11555 v. 17.3.2017, Begr. zu § 25m KWG, S. 177.
3 Vgl. auch Ausführungen zu den verstärkten Sorgfaltspflichten im Korrespondenzgeschäft gem. § 15 Abs. 7 Nr. 5 GwG.
4 Vgl. auch § 25m Nr. 2 Hs. 2 KWG.

Versicherungsaufsichtsgesetz (VAG)

Schrifttum: *Bürkle* (Hrsg.), Compliance im Versicherungsunternehmen, 2. Aufl. 2020; *Diergarten/Barreto da Rosa*, Geldwäscheprävention, 2. Aufl. 2021; *Gehra/Gittfried/Lienke* (Hrsg.), Prävention von Geldwäsche und Terrorismusfinanzierung, 2. Aufl. 2020; *Kunz*, Die Auslegungs- und Anwendungshinweise der BaFin zum GwG, CB 2019, 99.

I. Allgemeines

Für Versicherungsunternehmen und Vermittler von Versicherungsprodukten entfalten die Neuerungen im Versicherungsaufsichtsgesetz unterschiedliche Wirkungen. Während an einigen Stellen Vorgaben eher reduziert werden, zeigt der berechtigte Fokus auf die interne Kontrolle der Wirksamkeit von Maßnahmen und der Effektivität der organisatorischen Vorkehrungen, dass aus den Lektionen in anderen Sektoren und Jurisdiktionen gelernt wurde. Der Anwendungsbereich in der Versicherungsindustrie grenzt weiterhin sehr deutlich die Lebensversicherung von der übrigen Produktwelt ab – hier gehen die internationalen Vorgaben etwa der FATF aus gutem Grunde weiter. Auch in der Bundesrepublik wurden Fälle bekannt, in denen mutmaßliche Al Qaida Mitglieder Haftpflichtversicherungen bei deutschen Versicherungsunternehmen abgeschlossen hatten, oder bei denen rechte Netzwerke sich über Versicherungsbetrug in der Unfall- und Krankenversicherung erhebliche Mittel beschaffen konnten.[1] Dennoch meldet die Versicherungsindustrie nach wie vor relativ wenig verdächtige Transaktionen: Der FIU Jahresbericht für das Jahr 2020 weist – bei einer Gesamtzahl von über 140.000 Meldungen im Finanzsektor – 233 Verdachtsmeldungen durch Versicherungsunternehmen aus sowie 6 Meldungen von Versicherungsvermittlern.[2] Das wird der tatsächlichen Risikolage im Versicherungssektor nicht gerecht.

Die Erfordernisse der digitalen Welt mit den geänderten Produkten, Vertriebsprozessen und Informationsflüssen stellen eine besondere Herausforderung dar, auf die weder die EU-Geldwäscherichtlinien, noch die Umsetzungsrechtsakte spezifische Antworten anbieten.[3] Für international tätige Versicherungsunternehmen ergeben sich zudem Klärungen hinsichtlich des Aufsichtsregimes im Verhältnis Herkunftsmitgliedstaat zum Aufnahmemitgliedstaat. Nicht zuletzt werden die Vereinheitlichungsanstrengungen bei der Risikobewertung dem Wunsch nach gemeinsamen Qualitätsstandards gerecht, bergen gleichzeitig aber

---

1 Vgl. https://versicherungswirtschaft-heute.de/politik-und-regulierung/2019-08-23/wegen-missbrauchs-von-minderjaehrigen-verurteilter-ex-npdler-addiert-versicherungsbetrug-zum-strafenkonto/(zuletzt abgerufen am 1.2.2022).
2 Jahresbericht der FIU 2020, S. 17.
3 Vgl. etwa European Supervisory Authority response to the European Commission's February 2021 Call for Advice on digital finance and related issue, Februar 2022.

das Risiko, wichtige lokale Gegebenheiten nicht ausreichend zu berücksichtigen. Aus der Umsetzung der Änderungsrichtlinie zur Vierten EU-Geldwäscherichtlinie folgte u. a. wegen der verstärkten Prüf- und Berichtspflichten des Abschlussprüfers ein merklicher Mehraufwand und eine konsistentere Kontrolle der Effektivität der Vorkehrungen. Bzgl. der Prüfpflichten des Abschlussprüfers werden die verpflichteten Versicherungsunternehmen u. a. dem Bankensektor gleichgesetzt.

3   Mit Blick auf die konkreten Anwendungs- und Auslegungsfragen haben sich die Anwendungs- und Auslegungshinweise der BaFin etabliert, die in größerer Detailtiefe und vor dem Hintergrund der Praxis in Instituten und Versicherungsunternehmen für Klarheit sorgen. Die AuA der Bafin werden in Konsultationsverfahren mit den Beteiligten kreisen weiterentwickelt und teilw. ergänzt durch AuA der Industrieverbände DK und GDV.[4]

§ 52 Verpflichtete Unternehmen

Die Vorschriften dieses Abschnitts gelten für alle Versicherungsunternehmen im Sinne von § 2 Absatz 1 Nummer 7 des Geldwäschegesetzes.

Übersicht

I. Allgemeines

1   Der 6. Abschnitt im Teil 2 des Versicherungsaufsichtsgesetzes regelt, welche der Erst- und Rückversicherungsunternehmen überhaupt in den Anwendungskreis der Vorschriften zur Bekämpfung von Geldwäsche und Terrorismusfinanzierung einbezogen werden. Systematisch bildet dieser Abschnitt daher eine Ausnahme im Teil 2, der ansonsten die Geschäftstätigkeit in der Breite regelt, während § 52 zu einer präzisen Abgrenzung führen sollte. Die derzeitige Fassung geht bereits auf die Umsetzung der EU-Geldwäscherichtlinie im Jahr 2017 zurück und ist

---

4 *Stegmann/Meuer*, in: Bürkle, Compliance in Versicherungsunternehmen, § 12 Rn. 14.

durch die Umsetzung der Änderungsrichtlinie zur Vierten EU-Geldwäscherichtlinie in deutsches Recht zum 1.1.2020 sowie die folgende Umsetzung der Fünften EU-Geldwäscherichtlinie nicht verändert worden. § 52 VAG entspricht weitestgehend den vormaligen Regelungen § 80c VAG (alt). Während die Vorfassung noch einen direkten Verweis auf die Regelungen der Verpflichteten in der EU-Richtlinie enthielt und durch diese Einbeziehung den Kreis der Verpflichteten regeln sollte, wurde durch die Änderung 2017 dann der direkte Bezug zu § 2 Abs. 1 Nr. 7 GwG hergestellt. Hierdurch wird zumindest Konsistenz innerhalb des deutschen Rechts gesichert, wenngleich die Definition der Verpflichteten weiterhin nicht in jedem Fall sachgerecht ist. Auch wenn die Empfehlungen der FATF teilweise einen weiteren Anwendungsbereich vorsehen, hat sich der deutsche Gesetzgeber sehr genau an die europäischen Vorgaben gehalten. Durch den Verweis in § 234 Abs. 1 VAG werden Pensionskassen wiederum als Nicht-Verpflichtete des § 52 GwG eingeordnet.

II. Verpflichtete (§ 52 VAG)

1. Verpflichtete

Zur Einhaltung der Anforderungen des VAG zur Vermeidung von Geldwäsche **2**
und Terrorismusfinanzierung sind jene Versicherungsunternehmen verpflichtet, die **Lebensversicherungstätigkeiten**[5] nachgehen, **Unfallversicherungen mit Prämienrückgewähr (UPR)**, Darlehen i. S. v. § 1 Abs. 1 Satz 2 Nr. 2 KWG oder Kapitalisierungsprodukte[6] anbieten. Es sind daher nicht nur Lebensversicherer umfasst, sondern auch **Nichtlebensversicherer** können verpflichtet sein,[7] vor allem durch Angebot einer UPR oder durch Darlehensvergabe z. B. im Anlagebereich.[8] § 52 VAG referenziert dazu auf § 2 Abs. 1 Nr. 7 GwG. Dieser bestimmt den Kreis der verpflichteten Unternehmen danach, ob dieses ein **Versicherungsunternehmen nach Art. 13 Nr. 1 der Solvency II-Richtlinie**[9] ist und zudem mindestens eine der folgenden Tätigkeiten ausübt:

---

5 Sehr sinnvoll für Lebensversicherungsunternehmen sind über die gesetzlichen Vorgaben hinaus die entsprechenden Empfehlungen der FATF, Guidance for a Risk-Based Approach for the Life Insurance Sector.

6 Geldwäschegesetz v. 23.6.2017 (BGBl. I, S. 1822), das zuletzt durch Artikel 1 des Gesetzes v. 12.12.2019 (BGBl. I, S. 2602) geändert worden ist.

7 *Novak-Over*, in: MüKo-VVG, § 170 Rn. 232.

8 GDV-Rundschreiben v. 19.7.2017 (Nr. 1487/2017), FAQ zu den Anforderungen im Geldwäschegesetz 2017, Nr. 2.7 f.

9 Richtlinie 2009/128/EG des Europäischen Parlaments und des Rates v. 25.11.2009 betreffend die Aufnahme und Ausübung des Versicherungs- und Rückversicherungstätigkeit (ABl. L 335 v. 17.12.2009, S. 1).

– Angebot von Lebensversicherungstätigkeiten i. S. v. Solvency II. Die wichtigsten Tätigkeiten in der Lebensversicherung gem. Solvency II sind:
  – die Lebensversicherung,
  – die Versicherung auf den Erlebensfall,
  – die Versicherung auf den Todesfall,
  – die gemischte Versicherung,
  – die Lebensversicherung mit Prämienrückgewähr,
  – die Heirats- und Geburtenversicherung,
  – die Rentenversicherung.

Auch die mit den vorgenannten Produkten verbundenen **Zusatzdeckungen fallen in den Anwendungsbereich, also etwa mit den Lebensversicherungsprodukten verbundene Deckungen für Unfalltod, Berufsunfähigkeit oder Krankheit**,

– Angebot von Unfallversicherungen mit Prämienrückgewähr,
– Vergabe von Darlehen i. S. v. § 1 Abs. 1 Satz 2 Nr. 2 KWG,
– Kapitalisierungsprodukte,
– Versicherungsunternehmen, welche jedoch die **selbstständige Berufsunfähigkeitsversicherung** oder **selbstständige Pflegerenten-Versicherung** anbieten, fallen in Bezug auf diese Produkte nicht in den Anwendungsbereich des GwG, da Lebensversicherungstätigkeiten in Art. 2 Abs. 3a Richtlinie 2009/138/EG abschließend definiert werden. Dies gilt analog für selbstständige Erwerbsunfähigkeitsversicherungen oder sonstige Invaliditätsversicherungen.

3   Ausgehend davon, dass die Todesfallabsicherung bei der **Restschuldversicherung** (RSV) ausschließlich zur Sicherung eines Kredits und keine kapitalbildende Komponente beinhaltet, würde die Todesfallleistung im Schadensfall nur an den Kreditgeber ausgezahlt. Somit kann bei der RSV kein Bezug zur Geldwäsche oder Terrorismusfinanzierung gegeben sein, der über das abgesicherte Darlehen hinaus geht.

4   Erwähnenswert ist allerdings, dass jegliche Arten von Versicherungsunternehmen zu Verpflichteten i. S. d. § 2 Abs. 1 Nr. 7 GwG werden, wenn sie Darlehen i. S. v. § 1 Abs. 1 Satz 2 Nr. 2 KWG vergeben. Damit werden aktuell z. B. auch **Sach- oder Krankenversicherungsunternehmen** zu Verpflichteten i. S. d. Geldwäschegesetzes, wenn diese bspw. im Anlagebereich Darlehen gemäß o. g. Rechtsnorm an Dritte ausreichen. In den BaFin-AuA (Besonderer Teil für Versicherungsunternehmen) wurde festgelegt, dass insbesondere Folgendes nicht unter den Darlehensbegriff des GwG fällt:

– Leistungen im Rahmen von Schutzbriefversicherungen für den Fall des Zahlungsmittelverlustes (i. S. v. Ziff. 5.1. der unverbindlichen Musterbedingun-

gen des GDV für den Auto- und Reiseschutzbrief bzw. gleichgelagerter Bedingungen von Versicherungsunternehmen);
- Leistungen im Rahmen von Schutzbriefversicherungen für den Fall der Insolvenz des Reiseveranstalters (i. S. v. Ziff. 4.2.2. der unverbindlichen Musterbedingungen des GDV für den Auto- und Reiseschutzbrief bzw. gleichgelagerter Bedingungen von Versicherungsunternehmen);
- Leistungen im Rahmen von Strafkautionsversicherungen (Rechtsschutzversicherung; i. S. v. Ziff. 2.3.3.5. der unverbindlichen Musterbedingungen des GDV für die Rechtsschutzversicherung bzw. gleichgelagerter Bedingungen von Versicherungsunternehmen).
O. g. Leistungen sind nicht als Darlehensvergaben i. S. d. GwG zu betrachten, da sie selbst Bestandteil einer spezifischen Versicherungsleistung sind. Es handelt sich dabei um versicherungstypische Leistungen, die vom zufälligen Eintritt des versicherten Risikos im Einzelfall abhängen und daher für Geldwäschezwecke nicht praktikabel nutzbar sind.
- Erwerb von Darlehensforderungen:
Der Erwerb von Darlehensforderungen am Sekundärmarkt stellt keine Vergabe von Darlehen i. S. d. GwG dar. § 2 Abs. 1 Nr. 7 lit. c GwG setzt eine „Vergabe" von Darlehen voraus. Dies erfasst die eigene Begründung einer Darlehensforderung. Der Erwerb einer bestehenden Forderung stellt keine solche Vergabe, sondern eine von der Norm nicht erfasste Abtretung dar. Eine Adressatenstellung folgt hieraus nicht.
- Gruppen- bzw. konzerninterne Darlehensvergaben:
Gruppen- bzw. konzerninterne Darlehensvergaben stellen keine Darlehensvergabe i. S. d. § 2 Abs. 1 Nr. 7 lit. c GwG dar.
- Vorschüsse an Versicherungsvermittler:
Keine Darlehensvergabe i. S. d. GwG liegt vor, wenn der vom Versicherungsunternehmen an einen gebundenen Versicherungsvermittler gezahlte Vorschuss einen Betrag in Höhe von 15.000 EUR nicht übersteigt. Diese Regelung gilt für auf Provisionsbasis arbeitende Mitarbeiter entsprechend.
- Arbeitgeberdarlehen:
Einmalige Arbeitgeberdarlehen, die der Arbeitgeber dem Mitarbeiter zur Finanzierung des Erwerbs von Wohneigentum gewährt, soweit der Auszahlungsbetrag nicht einen Betrag in Höhe von 15.000 EUR überschreitet.

In den BaFin-AuA (Besonderer Teil für Versicherungsunternehmen) wurde festgelegt, dass bei bestimmten Darlehensnehmern vereinfachte Sorgfaltspflichten Anwendung finden: **5**

- Liegen die Voraussetzungen für eine beschränkte Dokumentation der Risikoanalyse nach § 5 Abs. 4 GwG vor, kann davon ausgegangen werden, dass die mit der Darlehensvergabe einhergehenden Risiken ebenfalls als gering einzuschätzen sind und vereinfachte Sorgfaltspflichten gelten.

– Mitarbeiterdarlehen und Darlehen an Versicherungsvermittler:
In der Regel ist davon auszugehen, dass bei Mitarbeiterdarlehen unter 25.000
EUR, soweit sie als Darlehen erfasst sind (zur Ausnahme siehe oben Rn. 4),
ein geringes Risiko besteht, sodass vereinfachte Sorgfaltspflichten gelten.
Der Mitarbeiter ist gegenüber seinem Arbeitgeber bekannt, sodass Sinn und
Zweck der Sorgfaltspflichten (Know-Your-Customer) in der Regel bereits
hinreichend erfüllt sind. Der Mitarbeiter ist identifiziert; auch sind die Einkünfte aus dem Arbeitsverhältnis bekannt. Zudem ergibt sich aus dem Arbeitsverhältnis im Regelfall ein besonderes Nähe- und Treueverhältnis, wodurch Auffälligkeiten im Sinne der Prävention von Geldwäsche und Terrorismusfinanzierung leichter erkennbar sind. Ebenfalls sind Darlehen an gebundene Versicherungsvermittler mit nicht mehr als 25.000 EUR Kreditsumme
als geringes Risiko einzustufen.

– Darlehensvergaben an die öffentliche Hand:
Ebenso sei davon auszugehen, dass bei Darlehensvergaben an juristische Personen des öffentlichen Rechts ein geringes Risiko der Geldwäsche besteht.
Dies folge bereits aus ihrer grundsätzlichen Rechtstreue, von der im Rechts-
und Geschäftsverkehr auszugehen sei.

6 Die gesetzliche Festlegung der Verpflichtungen nach Produktbereichen entspricht nicht immer der Risikolage, wie sie z. B. in der Nationalen Risikoanalyse
(NRA) bestimmt wird. Dort sind für das Risiko „Geldwäsche" die folgenden
Produktkategorien – geordnet nach absteigendem Risiko – besonders risikoan-
fällig: kapitalbildende Lebensversicherung mit flexibler Ein- und Auszahlung
und aufgeschobene Rentenversicherung in Makler- und Online-Vertrieb, kapitalbildende Lebensversicherung und aufgeschobene Rentenversicherung mit flexibler Ein- und Auszahlung in Vertrieb über geb. Vermittler, selbige gegen Ein-
malbeitrag. Für das Risiko „Terrorismusfinanzierung" bilden hingegen die Risi-
kolebensversicherung, sodann die Unfallversicherung mit Beitragsrückgewähr
und dann die kapitalbildende Lebensversicherung oder Rentenversicherung gegen laufende Beiträge die höchsten Risiken.[10] NRA und Gesetz lassen andere,
tatsächlich genutzte Sparten jedoch außer Betracht, etwa die Kranken- und die
Kfz-Haftpflichtversicherung.[11]

2. Gruppenangehörige Unternehmen in Drittstaaten

7 Neben den inländischen Unternehmen, die die vorgenannten Kriterien erfüllen,
fallen auch inländische Niederlassungen von ausländischen Versicherungsunternehmen in den Anwendungsbereich, soweit dort das entsprechende Geschäft betrieben wird. Hier greifen die entsprechenden Anforderungen und die deutschen

10 Bundesministerium der Finanzen, Erste Nationale Risikoanalyse 2018/2019, S. 85.
11 Vgl. Fn. 1.

Behörden sind allein zuständig. Für ein Geschäft, das im Rahmen der Dienstleistungsfreiheit im Inland aus einem anderen Herkunftsmitgliedstaat heraus angeboten wird, gilt weiterhin das Recht und die Aufsichtszuständigkeit des Herkunftsmitgliedstaates.

3. Vermittler

Eigenständig Verpflichtete sind des Weiteren Versicherungsvermittler nach § 59 **8** VVG, soweit sie Tätigkeiten, Geschäfte, Produkte oder Dienstleistungen nach § 2 Abs. 1 Nr. 7 GwG vermitteln. Ausgenommen sind Vermittler, welche nach § 34d Abs. 6 (produktakzessorische Vermittler) oder Abs. 7 Nr. 1 GewO (gebundene Vermittler) tätig sind. Die sog. Einfirmenvertreter gelten in Bezug auf die Prävention von Geldwäsche und Terrorismusfinanzierung als in die Organisation des von ihnen vertretenen Unternehmens eingebunden, sodass diesen Personenkreis keine eigenständigen Pflichten i. S. des Geldwäschegesetzes trifft. Damit sind insbes. ungebundene Vermittler, wie z. B. Versicherungsmakler oder Mehrfachagenten, **eigenständig Verpflichtete gem. § 2 Abs. 1 Nr. 8 GwG** und unterliegen damit der für sie zuständigen Aufsicht. Die Regelungen der §§ 52 ff. des VAG finden auf diese gem. § 52 VAG hingegen keine Anwendung, da nur die Unternehmen i. S. d. § 2 Abs. 1 Nr. 7 GwG als Verpflichtete einbezogen werden.

4. Nicht Verpflichtete

Während die im Geldwäschegesetz enthaltenen Verpflichtungen breite Wirkung **9** auch für die Versicherungswirtschaft entfalten, bleiben die speziellen Verpflichtungen des Versicherungsaufsichtsgesetzes weiterhin auf einen engen Kreis von Geschäftsaktivitäten beschränkt. Versicherungsunternehmen, die lediglich Sachversicherungen (Ausnahme bleibt die Unfallversicherung mit Prämienrückgewähr, siehe oben Rn. 2) anbieten, sind davon nicht umfasst, ebenso bleiben **Pensionskassen, -fonds und Unterstützungskassen** frei von den Anforderungen der §§ 52–55 VAG.[12] Die Verpflichtungen des GwG bestehen allerdings für Geschäfte der Verwaltung von Pensionsfonds (d. h. Verwaltung der Anlagen und Vermögenswerte für den Pensionsfonds; nicht aber die Gewährung von Versorgungszusagen durch Pensionsfonds).[13]

---

12 *Stegmann/Meuer*, in: Bürkle, Compliance in Versicherungsunternehmen, § 12 Rn. 17, 19.
13 BaFin, AuA Mai 2020, Ziff. I, Nr. 1.6.

5. Folgen

10 Wird ein Versicherungsunternehmen aufgrund der Geschäftstätigkeit zum Verpflichteten i. S. d. GwG, sind sämtliche Pflichten nach dem GwG zu erfüllen. Dazu gehören u. a. die Einrichtung eines Geldwäscherisikomanagements und die Bestellung eines Geldwäschebeauftragten. Das Versicherungsunternehmen ist aber nur insoweit Verpflichteter i. S. d. GwG, als es um die GwG-relevante Tätigkeit geht. So ist ein Krankenversicherungsunternehmen, welches z. B. auf der Anlageseite Darlehen ausreicht, **nicht verpflichtet, die Vorgaben des Geldwäschegesetzes im Krankenversicherungsgeschäft** umzusetzen.

11 Mit den Änderungen der Prüfungsberichtsverordnung im Zuge der Umsetzung der Änderungsrichtlinie zur Vierten EU-Geldwäscherichtlinie wird für die verpflichteten Versicherungsunternehmen und deren Abschlussprüfer der Prüf- und Dokumentationsaufwand deutlich steigen. Für einige Unternehmen sind Erleichterungen vorgesehen. Prüfer müssen einen ausführlicheren Bericht erstellen, der auf alle wesentlichen Feststellungen eingeht und dem der vollständige Erfassungsbogen mit den Bewertungen der Ergebnisse beigefügt werden muss. Grundlage für Versicherungsunternehmen ist § 39 Abs. 1 Satz 1 Nr. 3a VAG mit der Verordnungsbefugnis des BMF.[14]

§ 53 Interne Sicherungsmaßnahmen

(1) Die verpflichteten Unternehmen dürfen im Einzelfall einander Informationen übermitteln, wenn tatsächliche Anhaltspunkte dafür vorliegen, dass der Empfänger der Informationen diese für die Beurteilung der Frage benötigt, ob ein Sachverhalt nach § 43 Absatz 1 des Geldwäschegesetzes der Zentralstelle für Finanztransaktionsuntersuchungen zu melden oder eine Strafanzeige nach § 158 der Strafprozessordnung zu erstatten ist. Der Empfänger darf die Informationen ausschließlich verwenden, um Geldwäsche, Terrorismusfinanzierung oder sonstige strafbare Handlungen zu verhindern oder nach § 158 der Strafprozessordnung anzuzeigen. Er darf die Informationen nur unter den durch das übermittelnde Versicherungsunternehmen vorgegebenen Bedingungen verwenden.

(2) Sofern die verpflichteten Unternehmen eine interne Revision vorhalten, haben sie sicherzustellen, dass ein Bericht über das Ergebnis einer Prüfung der internen Revision nach § 6 Absatz 2 Nummer 7 des Geldwäschegesetzes

---

14 Art. 10 des Gesetzes zur Umsetzung der Änderungsrichtlinie zur Vierten EU-Geldwäscherichtlinie.

jeweils zeitnah der Geschäftsleitung, dem Geldwäschebeauftragten sowie auf Anforderung der Aufsichtsbehörde vorgelegt wird.

Übersicht

I. Allgemeines

§ 53 VAG war seit der Umsetzung der Dritten EU-Geldwäscherichtlinie zu-   **1**
nächst eine umfangreiche Sammelnorm für die Kernpflichten der Verpflichteten, darunter die Risikoanalyse, die Bestellung von Geldwäschebeauftragten,
Pflichten im Konzern und die Beaufsichtigung ausländischer Einheiten. Darin
wurden demnach die spezifischen Pflichten des Geldwäschegesetzes für Versicherungsunternehmen konkretisiert. Diese Regelungen sind in Folge der Umsetzung der Vierten EU-Geldwäscherichtlinie im Jahr 2017 neu strukturiert worden. § 53 VAG beschränkte sich seither in Abs. 1 auf die Regelungen zum Informationsaustausch zwischen Verpflichteten als wichtige interne Sicherungsmaßnahme. Diese Inhalte sind auch mit der Neufassung vom 12.12.2019 unverändert
geblieben. In Absatz 2, der die Tätigkeit und Berichterstattung der internen Revision mit Blick auf die Bekämpfung von Geldwäsche und Terrorismusfinanzierung regelt, sieht das Gesetz nun vor, dass nicht mehr stets der Bericht der internen Revision an die Aufsicht zu übersenden ist, sondern nur dann, wenn dieser
durch die Aufsicht angefordert wird.

II. Informationsübermittlung

Die Regelung zu den internen Sicherungsmaßnahmen setzt sich ausführlich mit   **2**
der Frage der Informationsübermittlung auseinander. Mit Blick auf die Veränderungen im Datenschutzrecht und die in einzelnen Bundesländern beibehaltene
enge Auslegung der bisherigen Anforderungen durch die Datenschutzbehörden
der Länder, wird durch § 53 Abs. 1 Satz 1 VAG eine Erlaubnisnorm zur Übermittlung von Informationen im Einzelfall geschaffen. Eine laufende und/oder
anlasslose Übermittlung bleibt ausgeschlossen. Die Befugnis umfasst lediglich
die **verpflichteten Unternehmen**. Eine Informationsübertragung von einem
nicht verpflichteten Unternehmen (z.B. von einem Krankenversicherungsunternehmen) zu einem verpflichteten Unternehmen (wie z.B. Lebensversicherung)
wird auch in der Neufassung nicht ermöglicht. Für Verpflichtete wird zudem
über § 11a Abs. 1 GwG eine Privilegierung hinsichtlich bestimmter Vorgaben –

insbes. der Auskunftspflicht gem. Art. 15 der Datenschutzgrundverordnung geschaffen (vgl. → § 11a GwG Rn. 2 ff.).[15]

3 Die Informationsübermittlung erfordert **tatsächliche Anhaltspunkte** für das Vorliegen der Notwendigkeit (der Informationen) bei dem Empfänger für die Beurteilung, ob ein **meldepflichtiger Sachverhalt** vorliegt. Die Formulierung lehnt sich an die Kriterien für das Vorliegen eines Anfangsverdachts an. Hierbei handelt es sich gerade nicht um Anhaltspunkte für eine Straftat oder Vorbereitungshandlung, sondern um die **Erforderlichkeit** auf der Empfängerseite, also einem anderen Versicherungsunternehmen.

4 § 53 Abs. 1 Satz 2 VAG sieht eine **Zweckbindung** der Informationen vor. Durch § 11a GwG wird dies ebenfalls betont. Die Informationen dürfen von dem Empfänger ausschließlich zur Verhinderung von Geldwäsche, Terrorismusfinanzierung oder sonstigen strafbaren Handlungen genutzt werden oder zur Anzeige von Straftaten gem. § 158 StPO. Die Verdachtsmeldung durch den Informationsempfänger an die Zentralstelle ist hier nicht ausdrücklich genannt, aber als wesentliche Maßnahme zur Verhinderung anzusehen. Eine Speicherung der Informationen für potenzielle zukünftige Verwendungen oder Anzeigen ist von der Erlaubnis nicht gedeckt und somit unzulässig.

5 Das übermittelnde Unternehmen darf Bedingungen stellen, die die Verwendung der Daten regeln können. Dies können etwa Weitergabeverbote oder Löschfristen sein. Gesonderte Regelungen für Informationen, die aus oder in Drittstaaten übermittelt werden, sind in § 53 VAG nicht enthalten. Hier sind daher weiterhin die Vorgaben des jeweiligen Datenschutzrechts und des (strafrechtlichen) Geheimnisschutzrechts zu beachten.

III. Prüfung der internen Sicherungsmaßnahmen

6 Versicherungsunternehmen – „sofern" sie eine Interne Revision vorhalten – müssen nach § 53 Abs. 2 VAG **Berichte über relevante Prüfungen** durch diese zeitnah der Geschäftsleitung, dem Geldwäschebeauftragten und der Aufsichtsbehörde vorlegen. Versicherungsunternehmen müssen gem. § 30 VAG eine Interne Revision vorhalten. Während in der Fassung des VAG bis Ende 2015 aufgrund von § 64a VAG bestimmte Unternehmen von dem Erfordernis, eine interne Revision vorzuhalten, ausgenommen waren, stellt die Aufsicht nunmehr mit den **Mindestanforderungen an die Governance** klar: „Alle Unternehmen müssen eine **Interne Revision** einrichten. Ausnahmen hiervon sind nicht mög

---

15 Geldwäschegesetz v. 23.6.2017 (BGBl. I, S. 1822), das zuletzt durch Artikel 1 des Gesetzes v. 12.12.2019 (BGBl. I, S. 2602) geändert worden ist.

lich."[16] Die Einschränkung „sofern" geht daher von Ausnahmen aus, die nach den **MaGo für die meisten Versicherungsunternehmen** nicht existieren sollten. Lediglich für die kleinen Versicherungsunternehmen im Sinne des § 211 VAG sehen hingegen die „MaGo für kleine VU" keine Interne Revision vor.[17]

Relevante Prüfungen sind solche, die sich auf die Sicherungsmaßnahmen gem. § 6 Abs. 2 Nr. 7 GwG beziehen. Hier sieht das GwG vor, dass lediglich die Grundsätze und Verfahren nach § 6 Abs. 2 GwG einer unabhängigen Prüfung unterzogen werden sollen, soweit dies nach Proportionalitätsgesichtspunkten angemessen ist. Die als Sicherungsmaßnahmen vorgesehenen Kontrollen sind nach dem Wortlaut hingegen nicht zu prüfen. Nachdem die Grundsätze und Verfahren regelmäßig lediglich die abstrakten rechtlichen Verpflichtungen in verständliche Anweisungen für die beteiligten Mitarbeiter umsetzen, jedoch gerade nicht die konkrete Ausübung der Überwachungs- und Kontrolltätigkeiten beinhalten, bleibt eine entsprechende Prüfung stets auf die Ebene der Angemessenheit der internen Vorkehrungen beschränkt. Die tatsächliche Wirksamkeit lässt sich ohne Prüfung der Kontrollen nicht verifizieren. Geschäftsleiter und Geldwäschebeauftragte gehen wesentliche Risiken ein, wenn nicht auch Wirksamkeitsprüfungen durchgeführt werden.   **7**

Gemäß der bisherigen Fassung hatte die Interne Revision mindestens einmal jährlich die Einhaltung der Pflichten nach dem Geldwäschegesetz zu prüfen. Die Neufassung des § 53 Abs. 2 VAG beinhaltet keine eindeutige Vorgabe hinsichtlich Umfang und Frequenz durch die Interne Revision.[18] Die BaFin signalisierte jedoch im Rahmen der Abstimmungsgespräche mit dem GDV am 27.2.2019 zum Besonderen Teil der Auslegungs- und Anwendungshinweise zum Geldwäschegesetz für Versicherungsunternehmen, dass sie weiterhin eine jährliche Überprüfung durch die Interne Revision erwarte.   **8**

Der Bericht über die Prüfungsergebnisse muss gem. § 53 Abs. 2 VAG zeitnah der Geschäftsleitung und dem Geldwäschebeauftragten vorgelegt werden. Im Gegensatz zur vormaligen Rechtslage muss der Bericht an die Aufsicht nur auf Anforderung weitergeleitet werden. Die Anforderung kann dabei sowohl für den Einzelfall, als auch dauerhaft ausgesprochen werden.   **9**

---

16 Rundschreiben 2/2017 (VA) – Mindestanforderungen an die Geschäftsorganisation von Versicherungsunternehmen (MaGo), Nr. 134.
17 Rundschreiben 01/2020 (VA) Aufsichtsrechtliche Mindestanforderungen an die Geschäftsorganisation von kleinen Versicherungsunternehmen nach § 211 VAG (MaGo für kleine VU).
18 GDV-Rundschreiben v. 19.7.2017 (Nr. 1487/2017), FAQ zu den Anforderungen im Geldwäschegesetz 2017, Nr. 12.3.

§ 54 Allgemeine Sorgfaltspflichten in Bezug auf den Bezugsberechtigten

(1) Ein verpflichtetes Unternehmen ist unbeschadet des § 10 Absatz 1 Nummer 2 des Geldwäschegesetzes bei Begründung der Geschäftsbeziehung auch zur Feststellung der Identität eines vom Versicherungsnehmer abweichenden Bezugsberechtigten aus dem Versicherungsvertrag nach Maßgabe des § 11 Absatz 5 des Geldwäschegesetzes verpflichtet. Soweit Bezugsberechtigte nach Merkmalen oder nach Kategorien oder auf andere Weise bestimmt werden, holt das verpflichtete Unternehmen ausreichende Informationen über diese ein, um sicherzustellen, dass es zum Zeitpunkt der Auszahlung in der Lage sein wird, ihre Identität festzustellen und zu überprüfen. Handelt es sich bei dem Versicherungsnehmer oder bei einem vom Versicherungsnehmer abweichenden Bezugsberechtigten um eine juristische Person oder um eine Personenvereinigung, so haben die verpflichteten Unternehmen gegebenenfalls auch deren wirtschaftlich Berechtigten nach Maßgabe des § 11 Absatz 5 des Geldwäschegesetzes zu identifizieren.

(2) Ein verpflichtetes Unternehmen hat die Pflicht nach § 10 Absatz 1 Nummer 4 des Geldwäschegesetzes auch in Bezug auf den vom Versicherungsnehmer abweichenden Bezugsberechtigten und gegebenenfalls in Bezug auf dessen wirtschaftlich Berechtigten zu erfüllen. Abweichend von § 11 Absatz 1 des Geldwäschegesetzes stellen die verpflichteten Unternehmen im Fall einer ganz oder teilweise an einen Dritten erfolgten Abtretung einer Versicherung, nachdem sie hierüber informiert wurden, die Identität des Dritten und gegebenenfalls die Identität seines wirtschaftlich Berechtigten fest, wenn die Ansprüche aus der übertragenen Police abgetreten werden. Die Überprüfung der Identität eines vom Versicherungsnehmer abweichenden Bezugsberechtigten und gegebenenfalls die Identität von dessen wirtschaftlich Berechtigten kann auch nach Begründung der Geschäftsbeziehung abgeschlossen werden, spätestens jedoch zu dem Zeitpunkt, zu dem die Auszahlung vorgenommen wird oder der Bezugsberechtigte seine Rechte aus dem Versicherungsvertrag in Anspruch zu nehmen beabsichtigt.

(3) Die nach den Absätzen 1 und 2 erhobenen Angaben und eingeholten Informationen sind von dem verpflichteten Unternehmen nach Maßgabe des § 8 des Geldwäschegesetzes aufzuzeichnen und aufzubewahren. § 43 Absatz 1 des Geldwäschegesetzes ist entsprechend anzuwenden.

Übersicht

I. Allgemeines

§ 54 VAG beinhaltet die Kernnorm, in der die Besonderheiten der Versiche- 1
rungsindustrie durch entsprechende Sorgfaltspflichten reflektiert werden, die
sich nicht auf den Versicherungsnehmer als Kunden beziehen, sondern auf Bezugsberechtigte, die insofern im Versicherungsfall die bestimmungsgemäßen
Empfänger der Leistungen einer Versicherungspolice sind. § 54 VAG ist durch
das Gesetz zur Umsetzung der Änderungsrichtlinie zur Vierten EU-Geldwäscherichtlinie nicht berührt worden und entspricht daher weiterhin der Fassung nach Umsetzung der Vierten EU-Geldwäscherichtlinie. Die hier normierten Verpflichtungen sind für die Effektivität der Vorkehrungen von größter Bedeutung, da anders als in vielen anderen Bereichen des Wirtschaftslebens die Berechtigten bis zum Versicherungsfall keinen direkten Kontakt zum verpflichteten Versicherungsunternehmen haben müssen, was jegliche Identifizierung oder
Klärung der Mittelverwendungsabsichten deutlich erschwert.

Eine wesentliche Grundlage für die dedizierten Regelungen des VAG für Versi- 2
cherungsprodukte liegt in den Spezifika begründet, die die Vertragsbeziehung
mittels des Versicherungsproduktes trennen von der Bezugsberechtigung für den
Versicherungsfall können. Hierdurch können wirtschaftliche Nutznießer auf
mehreren Ebenen bestehen: Während der Versicherungsnehmer als Vertragspartei in der Regel von Beginn an feststeht, können sich Regelungen zu den Bezugsberechtigten meist relativ flexibel anpassen lassen. § 54 VAG sieht daher vor,
dass mit **Beginn der Vertragsbeziehung die Verpflichtung** besteht, ggf. vom
Versicherungsnehmer abweichende **Bezugsberechtigte** zu prüfen. Der Umfang
der Prüfung ist nicht genau bestimmt, soll aber die genaue Identifizierung ermöglichen.

II. Allgemeine Sorgfaltspflichten in Bezug auf den Bezugsberechtigten

1. Feststellung der Identität

Bzgl. des Umfangs der zu treffenden Maßnahmen zur Feststellung und Überprü- 3
fung der Identität des Bezugsberechtigten verweist § 54 Abs. 1 Satz 1 VAG auf

§ 11 Abs. 5 GwG. Dies gilt ebenso, wenn zunächst ein Bezugsberechtigter lediglich aufgrund abstrakter Merkmale oder Kategorien beschrieben wird. Hier muss eine Vorbereitung durchgeführt werden, um ggf. eine Identifizierung zu einem späteren Zeitpunkt zu ermöglichen. Praktisch wird die Identifizierungspflicht erst im Versicherungsfall bzw. im Auszahlungsfall relevant, da sich **im Rahmen der langjährigen Vertragsbeziehung stets Änderungen bei den Bezugsberechtigten ergeben können**. Wird ein Bezugsberechtigter hingegen unwiderruflich bestimmt, kann die Identifizierung des Bezugsberechtigten bereits zu diesem Zeitpunkt erfolgen. Zum Zeitpunkt der Auszahlung muss das Versicherungsunternehmen die Identität des Bezugsberechtigten spätestens feststellen und überprüfen. Einen bestimmten Umfang an Maßnahmen zur Überprüfung nimmt das Versicherungsunternehmen im Eigeninteresse ohnehin wahr, um sicherzustellen, dass eine Auszahlung mit befreiender Wirkung erfolgen kann.

4 Weiterhin hat spätestens zum Zeitpunkt der Auszahlung nach § 54 Abs. 2 Satz 3 VAG die Überprüfung der Identität eines ggf. vom Bezugsberechtigten abweichenden wirtschaftlich Berechtigten zu erfolgen. Hintergrund hierfür ist die Tatsache, dass die Leistung nicht an den Bezugsberechtigten, sondern **an einen Dritten ausgezahlt** werden soll. Hierbei handelt es sich um einen vom Versicherungsnehmer und Bezugsberechtigten **abweichenden Zahlungsempfänger**. Diese Konstellationen werden dem auszahlenden Unternehmen in der Praxis regelmäßig erst kurz vor der Auszahlung der Versicherungsleistung bekannt.

2. Überprüfung der Identität

5 § 54 Abs. 2 VAG regelt, dass § 10 Abs. 1 Nr. 4 GwG auch für den vom Versicherungsnehmer abweichenden Bezugsberechtigten und ggf. für dessen wirtschaftlich Berechtigten zu erfüllen ist. Dies bedeutet, dass nicht nur der Vertragspartner, sondern bei einem abweichendem Bezugsberechtigten und ggf. dessen wirtschaftlich Berechtigten **durch angemessene und risikoorientierte Verfahren** festzustellen ist, ob es sich um eine politisch exponierte Person, um deren Familienmitglied oder um eine ihr bekanntermaßen nahestehende Person handelt. Im Rahmen der Proportionalität wird in mittleren und größeren verpflichteten Unternehmen diese Prüfung in der Regel durch automatisierte Abgleiche mit entsprechenden Datenbanken durchgeführt. Für wirtschaftlich Berechtigte oder Bezugsberechtigte auftretende Personen i. S. d. § 10 Abs. 1 Nr. 1 GwG sind diese Verpflichtungen wiederum nicht einschlägig.[19]

6 Des Weiteren ist die Identität eines evtl. vorhandenen Zessionars und eines ggf. wirtschaftlich Berechtigten des Zessionars festzustellen. Da diese Verpflichtung in die Bestimmung zur Identifizierung des Bezugsberechtigten in § 54 Abs. 2

---

19 GDV-Rundschreiben v. 19.7.2017 (Nr. 1487/2017), FAQ zu den Anforderungen im Geldwäschegesetz 2017, Nr. 5.

  Sandmann/Blaschek

Satz 2 VAG integriert ist, folgt daraus, dass der Abtretungsgläubiger nach den für den Bezugsberechtigten geltenden Regeln zu identifizieren ist.[20] Policenaufkäufer sind risikobasiert hingegen strenger zu behandeln, zumal die FIU dieses Geschäftsmodell als mögliche Geldwäschetypologie identifiziert hat.[21] Für Abtretungsgläubiger gelten die Verpflichtungen ebenso, jedoch wird die Abtretung aufgrund der Vertragsbedingungen regelmäßig früh angezeigt und eine Prüfung kann bereits dann vorbereitet werden. Auch hier ist der späteste Zeitpunkt derjenige vor der Auszahlung bzw. Realisierung der Rechte aus dem Versicherungsvertrag. Abtretungsgläubiger sind häufig Banken. Hier ist in der Regel das Risiko geringer, da der **Sicherungszweck** überwiegend der Absicherung oder Tilgung von Darlehensforderungen gilt.[22]

Die BaFin-AuA (Besonderer Teil für Versicherungsunternehmen) stellen klar, **7** dass im Fall des Bestehens einer Lebensversicherung zur Absicherung und Tilgung von Darlehen durch den Versicherungsnehmer bzw. entsprechender Sicherungszession an einen nach § 2 Abs. 1 Nr. 1, 2, 6, 7 GwG Verpflichteten kein Handeln auf Veranlassung einer anderen Person vorliegt. Insoweit bleibt der Versicherungsnehmer – auch im Fall der Auszahlung an den Zessionar – wirtschaftlich Berechtigter.

Für Bezugsberechtigte oder wirtschaftlich Berechtigte auftretende Personen **8** müssen nicht identifiziert werden.[23]

3. Aufzeichnung und Aufbewahrung

Die Versicherungsunternehmen haben nach §§ 54 Abs. 3 VAG, 8 Abs. 1 GwG **9** folgende Angaben und **Informationen aufzuzeichnen und aufzubewahren:**

– Identifizierungsangaben und -informationen über Vertragspartner (meist Versicherungsnehmer), ggf. für den Vertragspartner auftretende Personen, wirtschaftlich Berechtigte sowie Bezugsberechtigte und Zessionar einschließlich vollständiger Ablichtungen der Ausweise. Anzumerken ist, dass die BaFin ausführt, dass die Vollständigkeit von Kopien/Scans gegeben ist, wenn diejenigen Seiten der zur Identifizierung vorgelegten Dokumente, die identifizierungsrelevante Angaben enthalten, vollständig kopiert/gescannt werden;[24]

---

20 GDV-Rundschreiben v. 19.7.2017 (Nr. 1487/2017), FAQ zu den Anforderungen im Geldwäschegesetz 2017.

21 GDV-Rundschreiben v. 19.7.2017 (Nr. 1487/2017), FAQ zu den Anforderungen im Geldwäschegesetz 2017, Nr. 6.2.

22 GDV-Rundschreiben v. 19.7.2017 (Nr. 1487/2017), FAQ zu den Anforderungen im Geldwäschegesetz 2017, Nr. 6.2.

23 GDV-Rundschreiben v. 19.7.2017 (Nr. 1487/2017), FAQ zu den Anforderungen im Geldwäschegesetz 2017, Nr. 5.

24 BaFin, AuA, Okt. 2021, S. 70, Ziff. IV, Nr. 9.

- Informationen über Durchführung und Ergebnisse der Risikobewertung;
- Ergebnisse im Rahmen der verstärkten Sorgfaltspflichten;
- Erwägungsgründe und Begründung der Klärung von Verdachtsfällen;
- Aufzeichnungen über die getroffenen Maßnahmen zur Ermittlung des wirtschaftlich Berechtigten sowie die Dokumentation der Eigentums- und Kontrollstruktur;
- des Weiteren sind die Maßnahmen zur Überprüfung der Identität nach § 11 Abs. 5 und etwaige Schwierigkeiten, die während des Überprüfungsvorgangs aufgetreten sind, aufzuzeichnen.

10 Soweit der Vertragspartner oder die für ihn auftretende Person identifiziert wurden und sie natürliche Personen sind, sind die für die Identifizierung herangezogenen Ausweisdokumente zu kopieren und aufzubewahren. Bei juristischen Personen sind Kopien der zur Überprüfung der Identität vorgelegten Unterlagen wie z. B. Handelsregisterauszüge aufzubewahren. Im Rahmen von vereinfachten Sorgfaltspflichten kann das Versicherungsunternehmen, insbesondere bei der Überprüfung der Identität, von den Vorgaben des § 12 GwG abweichen. Die Identitätsprüfung muss also nicht zwingend anhand eines gültigen Ausweises oder Handelsregisterauszuges vorgenommen werden. Somit gibt es daraus abgeleitet auch keine Kopierpflicht nach § 8 Abs. 2 GwG bzgl. der abweichend gewählten Dokumente.[25] Es muss aber in jedem Fall sichergestellt werden, dass eine Überprüfung der Identität auf Grundlage sonstiger Dokumente, Daten oder sonstiger Informationen erfolgt, die aus einer glaubwürdigen und unabhängigen Quelle stammen. Eine Besonderheit bzgl. der Aufbewahrung der Aufzeichnungen liegt vor, wenn die Identifizierungsunterlagen Teil der Antragsunterlagen sind. In diesen Konstellationen sind die Identifizierungsunterlagen ebenso lange wie die Antragsunterlagen aufzubewahren. Eine Löschung von Antrags- und Identifizierungsunterlagen zu unterschiedlichen Zeitpunkten ist in diesen Fällen nicht erforderlich.[26]

11 Bei der Gestaltung der Prozesse um Aufzeichnungen und Archivierung sind die aufsichtsrechtlichen und praktischen Erfordernisse mit den Interessen der Datensubjekte abzuwägen. Eine besondere Rolle spielt hier vermehrt der Anspruch der Datensubjekte auf Auskunft und Kopie (Verhältnis zum datenschutzrechtlichen Auskunftsanspruch nach Art. 15 DSGVO).[27] Eine weitgehende Beauskunftungspflicht ließe Rückschlüsse auf die internen Sicherungsmaßnahmen zu, die wiederum zu deren Umgehung ausgenutzt werden können. Eine Einschrän-

---

25 GDV-Rundschreiben v. 19.7.2017 (Nr. 1487/2017), FAQ zu den Anforderungen im Geldwäschegesetz 2017, Nr. 4.3.

26 GDV-Rundschreiben v. 19.7.2017 (Nr. 1487/2017), FAQ zu den Anforderungen im Geldwäschegesetz 2017.

27 Zu dessen Umfang etwa BGH, Urt. v. 15.6.2021, VI ZR 576/19.

kung bzw. ein Weigerungsrecht des Unternehmens hier insoweit geboten. Die Rechtsprechung hat dies in einzelnen Fällen auch bereits anerkannt.[28]

§ 55 Verstärkte Sorgfaltspflichten

Handelt es sich bei einem vom Vertragspartner abweichenden Bezugsberechtigten oder, sofern vorhanden, um den wirtschaftlich Berechtigten des Bezugsberechtigten, um eine politisch exponierte Person, um deren Familienangehörigen oder um eine ihr bekanntermaßen nahestehende Person nach § 1 Absatz 12, 13 oder 14 des Geldwäschegesetzes, haben die verpflichteten Unternehmen, wenn sie ein höheres Risiko der Geldwäsche oder der Terrorismusfinanzierung feststellen, über die in § 15 Absatz 4 des Geldwäschegesetzes genannten Pflichten hinaus zusätzlich

1. **vor einer Auszahlung ein Mitglied der Führungsebene zu informieren,**

2. **die gesamte Geschäftsbeziehung zu dem Versicherungsnehmer einer verstärkten Überprüfung zu unterziehen,**

3. **zu prüfen, ob die Voraussetzungen für eine Meldung nach dem Geldwäschegesetz gegeben sind.**

Übersicht

I. Allgemeines

§ 55 VAG beinhaltete ursprünglich Regelungen zur Vereinfachung von Identifizierungspflichten in solchen Fällen, in denen aufgrund einer vorhandenen Bankverbindung bereits eine Identifizierung an anderer Stelle vorausgesetzt werden konnte und in der Folge eine nochmalige Identifizierung durch das verpflichtete Versicherungsunternehmen entfallen konnte (bzw. durch eine Fiktion ersetzt wurde). Mit dem Gesetz zur Umsetzung der Vierten EU-Geldwäscherichtlinie, zur Ausführung der EU-Geldtransferverordnung und zur Neuorganisation der Zentralstelle für Finanztransaktionsuntersuchungen wurde die nun vorliegende **1**

---

28 Vgl. etwa OLG Hamm, Beschl. v. 15.11.2021 – 20 U 269/21.

Fassung eingeführt. Diese blieb seit 2017 unverändert. Inhaltlich wird auf die allgemeinen Pflichten hinsichtlich der Bezugsberechtigten aus § 54 aufgebaut und sowohl die notwendige Involvierung der Führungsebene des Unternehmens, aber auch die laufende Überwachung der Verbindung aufgrund vorhandener Anhaltspunkte für ein erhöhtes Risiko[29] vorgesehen.

II. Allgemeine Sorgfaltspflichten in Bezug auf den Bezugsberechtigten

2   In § 15 GwG wird ausgeführt, dass bei Vorliegen eines höheren Risikos verstärkte Sorgfaltspflichten anzuwenden sind. Diese Pflichten sind durch Verpflichtete für **Vertragsinhaber** und **wirtschaftlich Berechtigte** anzuwenden. In § 55 VAG wird der Personenkreis, auf den verstärkte Sorgfaltspflichten anzuwenden sind, auf die vom Vertragspartner abweichenden Bezugsberechtigten und um wirtschaftlich Berechtigte des Bezugsberechtigten erweitert. Dabei bezieht sich diese Rechtsnorm explizit auf die Anwendung von verstärkten Sorgfaltspflichten auf den in § 1 Abs. 12, 13 oder 14 GwG definierten Personenkreis der **politisch exponierten Personen, deren Familienangehörige und ihnen bekanntermaßen nahestehende Personen**.

3   Die in § 55 Nr. 1–3 VAG beschriebenen Pflichten sind demnach zusätzlich zu den Pflichten in § 15 Abs. 4 GwG zu erfüllen, wenn es sich bei dem vom Vertragspartner abweichenden Bezugsberechtigten oder bei den wirtschaftlich Berechtigten des Bezugsberechtigten um eine politisch exponierte Person, deren Familienangehörigen oder deren bekanntermaßen nahestehenden Person handelt und ein **höheres Risiko festgestellt** wird. Anders als in § 15 Abs. 3 GwG wird nicht per se ein höheres Risiko bei den genannten Personenkreisen angenommen, sondern nur bei einer entsprechenden Feststellung des Risikos durch das verpflichtete Unternehmen ist diese Konsequenz erforderlich.

4   Falls ein erhöhtes Risiko festgestellt wird, sind – über die Pflichten des § 15 Abs. 4 GwG hinaus – drei Schritte erforderlich:

(1)   Vor einer Auszahlung ist ein Mitglied der Führungsebene zu informieren,
(2)   Die Geschäftsverbindung ist zu überprüfen, wobei es sich hier um eine tiefergehende Prüfung handeln muss und
(3)   das Erfordernis zur Abgabe einer Verdachtsmeldung nach § 43 Abs. 1 GwG ist zu prüfen. Der im § 55 Nr. 1 VAG verwendete Begriff „**Mitglied der Führungsebene**" entspricht dem Begriff des § 1 Abs. 15 GwG.[30] Umgesetzt wurde damit eine Empfehlung der FATF.[31] Zusammenfassend lässt

---

29   Vgl. etwa FATF, Guidance for a Risk-Based Approach for the Life Insurance Sector.
30   Zur Abgrenzung Führungs- und Leitungsebene neben den AuA s.a. *Kunz*, CB 2019, 99–104.

sich ausführen, dass es sich bei o. g. Regelung um eine kaum nachvollziehbare Gesetzessystematik handelt, da diese Regelungsinhalte besser ausschließlich im GwG abgebildet sein sollten. Auch die Auslegungs- und Anwendungshinweise zum Geldwäschegesetz – Besonderer Teil für Versicherungsunternehmen (Stand: Januar 2020) enthalten bzgl. der Anwendung
oder Ausgestaltung von verstärkten Sorgfaltspflichten keinerlei Besonderheiten für die Versicherungsunternehmen.

§ 303 Abberufung von Personen mit Schlüsselaufgaben, Verwarnung

**(1) Die Aufsichtsbehörde kann eine Person, die ein Versicherungsunter-
nehmen tatsächlich leitet oder für andere Schlüsselaufgaben in einem
Versicherungsunternehmen verantwortlich ist, verwarnen, wenn das Versicherungsunternehmen gegen Bestimmungen dieses Gesetzes, des Versicherungsvertragsgesetzes, des Geldwäschegesetzes, der Verordnung (EU)
Nr. 648/2012, gegen Artikel 4 Absatz 1 bis 5 oder Artikel 15 der Verordnung (EU) 2015/2365, gegen Artikel 16 Absatz 1 bis 4, Artikel 23 Absatz 3
Satz 1, Absatz 5, 6 oder 10, Artikel 28 Absatz 2 oder Artikel 29 der Verordnung (EU) 2016/1011, gegen die Artikel 6, 7, 9, 18 bis 26 oder 27
Absatz 1 oder 4 der Verordnung (EU) 2017/2402, gegen die zur Durchführung dieses Gesetzes erlassenen Rechtsverordnungen, die zur Durchführung der Verordnung (EU) Nr. 648/2012, des Artikels 4 Absatz 1 bis 5
der Verordnungen (EU) 2015/2365, (EU) 2016/1011, (EU) 2017/2402 oder
der Richtlinie 2009/138/EG erlassenen Rechtsakte oder gegen Anordnungen der Aufsichtsbehörde verstößt. Gegenstand der Verwarnung ist die
Feststellung des entscheidungsrelevanten Sachverhalts und des hierdurch
begründeten Verstoßes.**

**(2) Die Aufsichtsbehörde kann die Abberufung einer Person, die ein Versi-
cherungsunternehmen tatsächlich leitet oder für andere Schlüsselaufgaben
in einem Versicherungsunternehmen verantwortlich ist, verlangen und dieser Person die Ausübung ihrer Tätigkeit untersagen, wenn**

**1. Tatsachen vorliegen, aus denen sich ergibt, dass die Person die Voraus-
setzungen des § 24 nicht erfüllt,**

---

31 International standards on combating money laundering and the financing of terrorism
& proliferation „The FATF Recommendations", Updated October 2021.

2. die Person als Geschäftsleiter vorsätzlich oder leichtfertig gegen die Bestimmungen dieses Gesetzes, mit Ausnahme der Vorschriften des Teils 2 Kapitel 1 Abschnitt 6, des Versicherungsvertragsgesetzes, der Verordnung (EU) Nr. 648/2012, gegen Artikel 4 Absatz 1 bis 5 oder Artikel 15 der Verordnung (EU) 2015/2365, gegen Artikel 16 Absatz 1 bis 4, Artikel 23 Absatz 3 Satz 1, Absatz 5, 6 oder 10, Artikel 28 Absatz 2 oder Artikel 29 der Verordnung (EU) 2016/1011, gegen die Artikel 6, 7, 9, 18 bis 26 oder 27 Absatz 1 oder 4 der Verordnung (EU) 2017/2402, gegen die zur Durchführung dieses Gesetzes erlassenen Rechtsverordnungen, die zur Durchführung der Verordnung (EU) Nr. 648/2012, des Artikels 4 Absatz 1 bis 5 der Verordnungen (EU) 2015/2365, (EU) 2016/1011, (EU) 2017/2402 oder der Richtlinie 2009/138/EG erlassenen Rechtsakte oder gegen Anordnungen der Aufsichtsbehörde verstoßen hat und sie trotz Verwarnung durch die Aufsichtsbehörde dieses Verhalten fortsetzt,

3. der Person als Aufsichtsratsmitglied wesentliche Verstöße des Unternehmens gegen die Grundsätze einer ordnungsgemäßen Geschäftsführung wegen sorgfaltswidriger Ausübung ihrer Überwachungs- und Kontrollfunktion verborgen geblieben sind oder sie nicht alles Erforderliche zur Beseitigung festgestellter Verstöße veranlasst hat und sie dieses Verhalten trotz Verwarnung durch die Aufsichtsbehörde fortsetzt oder

4. die Person vorsätzlich oder fahrlässig gegen die Bestimmungen des Teils 2 Kapitel 1 Abschnitt 6 dieses Gesetzes, gegen das Geldwäschegesetz oder gegen die zur Durchführung dieser Vorschriften erlassenen Verordnungen oder vollziehbaren Anordnungen verstoßen hat, sofern die Verstöße schwerwiegend, wiederholt oder systematisch sind.

(3) Wenn das Gericht auf Antrag des Aufsichtsrats ein Aufsichtsratsmitglied abzuberufen hat, kann dieser Antrag bei Vorliegen der Voraussetzungen nach Absatz 2 Nummer 1 oder 2 auch von der Aufsichtsbehörde gestellt werden, wenn der Aufsichtsrat dem Abberufungsverlangen der Aufsichtsbehörde nicht nachgekommen ist.

§ 304 Widerruf der Erlaubnis

[...]

(3) Die Aufsichtsbehörde kann die Erlaubnis ganz oder teilweise widerrufen, wenn

1. das Unternehmen die Voraussetzungen für die Erteilung der Erlaubnis nicht mehr erfüllt,

2. das Unternehmen in schwerwiegender Weise Verpflichtungen verletzt, die ihm nach dem Gesetz, mit Ausnahme der Vorschriften des Teils 2 Kapitel 1 Abschnitt 6, oder dem Geschäftsplan obliegen,

3. das Unternehmen nachhaltig gegen Artikel 4 oder Artikel 15 der Verordnung (EU) 2015/2365 oder sich auf diese Bestimmungen beziehende Anordnungen der Aufsichtsbehörde verstößt oder

4. das Unternehmen schwerwiegend, wiederholt oder systematisch gegen die Bestimmungen des Teils 2 Kapitel 1 Abschnitt 6 dieses Gesetzes oder gegen das Geldwäschegesetz oder gegen die zur Durchführung dieser Vorschriften erlassenen Verordnungen oder vollziehbaren Anordnungen der Aufsichtsbehörde verstößt.

[...]

§ 305 Befragung, Auskunftspflicht

[...]

(7) Soweit es zur Erteilung von Auskünften und zur Vorlage von Unterlagen erforderlich ist, dürfen die gemäß den Absätzen 1 bis 3 auskunfts- und vorlagepflichtigen Personen und Unternehmen Gesundheitsdaten im Sinne des Artikels 4 Nummer 15 der Verordnung (EU) 679/2016 verarbeiten. Die allgemeinen datenschutzrechtlichen Vorschriften bleiben unberührt. § 22 Absatz 2 des Bundesdatenschutzgesetzes gilt entsprechend.

§ 319 Bekanntmachung von Maßnahmen

(1) Die Bundesanstalt soll jede gegen ein ihrer Aufsicht unterstehendes Unternehmen oder gegen einen Geschäftsleiter eines Unternehmens verhängte und bestandskräftig gewordene Maßnahme, die sie wegen eines Verstoßes gegen dieses Gesetz oder den dazu erlassenen Rechtsverordnungen verhängt hat, und jede unanfechtbar gewordene Bußgeldentscheidung nach Maßgabe der Absätze 2 und 3 unverzüglich auf ihren Internetseiten öffentlich bekannt machen und dabei auch Informationen zu Art und Charakter des Verstoßes mitteilen, soweit dies unter Abwägung der betroffenen Interessen zur Beseitigung oder Verhinderung von Missständen geboten ist. Die Rechte der Bundesanstalt nach § 308 Absatz 2 bleiben unberührt.

(2) Die Bundesanstalt hat eine bestandskräftig gewordene Maßnahme oder eine unanfechtbar gewordene Bußgeldentscheidung auf anonymer Basis bekannt zu machen, wenn eine Bekanntmachung nach Absatz 1

1. das Persönlichkeitsrecht natürlicher Personen verletzt oder eine Bekanntmachung personenbezogener Daten aus sonstigen Gründen unverhältnismäßig wäre,

2. die Stabilität der Finanzmärkte der Bundesrepublik Deutschland oder eines oder mehrerer Mitgliedstaaten des Europäischen Wirtschaftsraums oder den Fortgang einer strafrechtlichen Ermittlung erheblich gefährden würde oder

3. den beteiligten Unternehmen oder natürlichen Personen einen unverhältnismäßig großen Schaden zufügen würde.

Abweichend von Satz 1 kann die Bundesanstalt in den Fällen von Satz 1 Nummer 2 und 3 so lange von der Bekanntmachung nach Absatz 1 absehen, bis die Gründe für eine Bekanntmachung auf anonymer Basis weggefallen sind. Eine Bekanntmachung darf nicht erfolgen, wenn die Maßnahmen nach Satz 1 nicht ausreichend sind, um eine Gefährdung der Finanzmarktstabilität auszuschließen oder um die Verhältnismäßigkeit der Bekanntmachung sicherzustellen.

(3) Eine Bekanntmachung soll fünf Jahre auf der Internetseite der Bundesanstalt veröffentlicht bleiben. Abweichend von Satz 1 sind personenbezogene Daten zu löschen, sobald die Bekanntmachung nicht mehr erforderlich ist.

§ 332 Bußgeldvorschriften

[...]

(4f) Ordnungswidrig handelt, wer vorsätzlich oder leichtfertig

1. entgegen § 54 Absatz 1 Satz 1 die Identität eines vom Versicherungsnehmer abweichenden Bezugsberechtigten nicht oder nicht richtig feststellt,

2. entgegen § 54 Absatz 1 Satz 2 keine ausreichenden Informationen über die von Versicherungsnehmern abweichenden Bezugsberechtigten einholt,

3. entgegen § 54 Absatz 1 Satz 3 den wirtschaftlich Berechtigten nicht identifiziert,

4. entgegen § 54 Absatz 2 Satz 1 in Verbindung mit § 10 Absatz 1 Nummer 4 des Geldwäschegesetzes nicht abklärt, ob es sich bei einem vom

Versicherungsnehmer abweichenden Bezugsberechtigten und gegebenenfalls bei dessen wirtschaftlich Berechtigtem um eine politisch exponierte Person, um deren Familienangehörigen oder um eine dieser bekanntermaßen nahestehende Person handelt,

5. entgegen § 54 Absatz 2 Satz 2 die Identität des Dritten und die seines wirtschaftlich Berechtigten nicht feststellt,

6. entgegen § 54 Absatz 2 Satz 3 die Überprüfung der Identität nicht oder nicht rechtzeitig vornimmt,

7. entgegen § 55 Nummer 1 vor einer Auszahlung ein Mitglied der Führungsebene nicht informiert.

[...]

Übersicht

I. Allgemeines

Im Einklang mit den europäischen Vorgaben ordnete das Gesetz zur Umsetzung   **1**
der Vierten EU-Geldwäscherichtlinie das Sanktionsregime neu. Damit verbunden waren erhebliche Ausweitungen des Rahmens für Bußgelder. § 332 VAG listet die Tatbestände und die Rechtsfolgen auf. Die Umsetzung der Änderungsrichtlinie Vierten EU-Geldwäscherichtlinie in deutsches Recht zum 1.1.2020 hatte hierauf keine Auswirkungen. Tatsächliche Anwendungen gegen Versicherungsunternehmen sind bislang nicht bekannt geworden. Auch erwähnt der BaFin-Jahresbericht 2019 keine Verfahren gegen Versicherungsunternehmen.

II. Aufsichts- und Bußgeldregime

§ 303 VAG definiert Eingriffsbefugnisse (Verwarnung und Abberufung) auf be-   **2**
stimmte Personengruppen bei einem definierten rechtwidrigen Verhalten der betreffenden Personen selbst oder von Versicherungsunternehmen. Mit § 303 VAG hat der Gesetzgeber die Norm ggü. ihren Vorgängerregelungen (insb. §§ 87 und 121c VAG-a. F.) neu strukturiert. Insbesondere wurde die Regelung um Tatbestände bzgl. Verstößen gegen andere Rechtsvorschriften erweitert. Erweitert wurde auch der Anwendungsbereich des Abs. 2 auf alle Personen für die die Aufsicht nach § 24 VAG (Anforderungen an Personen, die das Unternehmen tatsächlich leiten oder andere Schlüsselaufgaben wahrnehmen) Anwendung findet.

3   Die zuständige Aufsichtsbehörde kann nach § 303 VAG die **Abberufung** einer Person, die ein Versicherungsunternehmen tatsächlich leitet, oder für **andere Schlüsselaufgaben** in einem Versicherungsunternehmen verantwortlich ist, verlangen und **dieser Person die Ausübung ihrer Tätigkeit untersagen**, wenn die Person vorsätzlich oder fahrlässig gegen die Bestimmungen des Teils 2 Kapitel 1 Abschnitt 6 des VAG, gegen das Geldwäschegesetz oder gegen die zur Durchführung dieser Vorschriften erlassenen Verordnungen oder vollziehbaren Anordnungen verstoßen hat, sofern die Verstöße **schwerwiegend, wiederholt oder systematisch sind**. Im Sinne von § 303 VAG sind für andere Schlüsselaufgaben eines Unternehmens ausschließlich die **Inhaber** der vier Schlüsselfunktionen verantwortlich.

4   Die aufsichtsrechtliche Maßnahme einer Person die Ausübung ihrer Tätigkeit zu untersagen, betrifft die speziell in einem Unternehmen ausgeübte Tätigkeit. Sie demnach nicht als ein übergreifendes Berufsverbot in der Versicherungsbranche zu bewerten. Die Maßnahme der Abberufung richtet sich gegen das Versicherungsunternehmen in der die Person, die abberufen werden soll, beschäftigt ist.

5   Dem Gesetzgeber beabsichtigt mit dieser Regelung, in definierten Fällen den aufsichtsrechtlichen Widerruf der Erlaubnis zum Geschäftsbetrieb durchzusetzen.

6   U. a. kann die Aufsichtsbehörde nach § 304 Abs. 3 VAG die Erlaubnis ganz oder teilweise widerrufen, wenn das Unternehmen **schwerwiegend**, wiederholt oder systematisch gegen die Bestimmungen des Teils 2 Kapitel 1 Abschnitt 6 des VAG oder gegen das Geldwäschegesetz oder gegen die zur Durchführung dieser Vorschriften erlassenen Verordnungen oder vollziehbaren Anordnungen der Aufsichtsbehörde verstößt. In einer Qualifizierung von einfachen, mittleren und schwerwiegenden Pflichtverletzungen bedeutet dies, dass eine schwerwiegende Pflichtverletzung den höchsten Schweregrad auf weisen muss. Die Rechtsfolge des § 304 kann eintreten, wenn ein Tatbestand (schwerwiegend, wiederholt oder systematischer Verstoß) erfüllt ist. Es handelt sich demnach um keine additive Betrachtung o. g. Voraussetzung. Aufgrund der Formulierung ist davon auszugehen, dass der Aufsichtsbehörde ein Ermessen bzgl. dieser Maßnahme hat.

7   Jede Entscheidung über einen Widerruf der Erlaubnis ist hinreichend zu begründen und dem Versicherungsunternehmen in Form eines Verwaltungsaktes zuzustellen. Dieser Verwaltungsakt begründet ein Begründungserfordernis bzgl. der wesentlichen tatsächlichen und rechtlichen Gründe für den Widerruf der Erlaubnis.

8   § 319 VAG wurde in das VAG eingebracht, um eine Gleichbehandlung bzgl. der Bekanntmachung von Maßnahmen der Versicherungsunternehmen an die Bankenwelt herzustellen. Die Bekanntmachung von aufsichtsrechtlichen Maßnahmen soll eine abschreckende Wirkung (Prangerwirkung) erzielen. Nach § 319

VAG soll die BaFin jede gegen ein ihrer Aufsicht unterstehendes Unternehmen oder gegen einen Geschäftsleiter eines Unternehmens verhängte und bestandskräftig gewordene Maßnahme, die sie wegen eines Verstoßes gegen das VAG oder den dazu erlassenen Rechtsverordnungen verhängt hat, und jede unanfechtbar gewordene Bußgeldentscheidung auf ihren **Internetseiten öffentlich bekannt** machen und dabei auch Informationen zu Art und Charakter des Verstoßes mitteilen, soweit dies unter Abwägung der betroffenen Interessen zur Beseitigung oder Verhinderung von Missständen geboten ist. Dies beinhaltet u. a. rechtskräftige **Bußgeldentscheidungen**, die aufgrund von Verstößen gegen die einschlägigen Regelungen des VAG bzgl. der Prävention von Geldwäsche und Terrorismusfinanzierung gegen das **Versicherungsunternehmen oder einen Geschäftsleiter** seitens der BaFin verhängt wurden. Die Aufsichtsbehörde hat unter den Voraussetzungen des Abs. 2 die Bekanntmachung, dieser gemäß des Normzwecks, belastender Maßnahmen oder des unanfechtbaren Bußgeldbescheides auf anonymer Basis durchzuführen. Für die Bestandskraft eines Bußgeldentscheides sind die Normen des OWiG entscheidend.

Die Anonymisierung der Bekanntmachung erfolgt, wenn z. B. Maßnahmen oder rechtskräftige Bußgeldentscheidungen gegen natürliche Personen wie z. B. Vorstandsmitglieder oder Schlüsselfunktionsinhaber durch die Aufsichtsbehörde durchgesetzt wurden. **9**

§ 332 Abs. 4f VAG ergänzt den mittlerweile sehr umfangreichen Katalog der Bußgeldvorschriften des § 56 GwG um **versicherungsspezifische Sachverhalte**, z. B. dass die Identität eines vom Versicherungsnehmer abweichenden Bezugsberechtigten nicht oder nicht richtig feststellt wurde oder nicht abgeklärt wurde, ob es sich bei einem vom Versicherungsnehmer abweichenden Bezugsberechtigten um eine politisch exponierte Person, um deren Familienangehörigen oder um eine dieser bekanntermaßen nahestehende Person handelt. Umgesetzt wurde damit eine Empfehlung der FATF.[32] **10**

O. g. Rechtsnorm spiegelt die versicherungsspezifischen Besonderheiten der Bußgeldvorschriften des § 56 GwG wider. **11**

Zusammenfassend lässt sich bzgl. § 332 Abs. 4f VAG ausführen, dass es sich bei o. g. Regelung um eine kaum nachvollziehbare Gesetzessystematik handelt, da diese Regelungsinhalte besser ausschließlich im GwG abgebildet sein sollten. Ein plausibler Grund für diese doppelte Abbildung der Bußgeldvorschriften liegt nicht vor. **12**

---

32 International standards on combating money laundering and the financing of terrorism & proliferation „The FATF Recommendations", Updated October 2021.

§ 261 Geldwäsche

(1) Wer einen Gegenstand, der aus einer rechtswidrigen Tat herrührt,

1. verbirgt,

2. in der Absicht, dessen Auffinden, dessen Einziehung oder die Ermittlung von dessen Herkunft zu vereiteln, umtauscht, überträgt oder verbringt,

3. sich oder einem Dritten verschafft oder

4. verwahrt oder für sich oder einen Dritten verwendet, wenn er dessen Herkunft zu dem Zeitpunkt gekannt hat, zu dem er ihn erlangt hat,

wird mit Freiheitsstrafe bis zu fünf Jahren oder mit Geldstrafe bestraft. In den Fällen des Satzes 1 Nummer 3 und 4 gilt dies nicht in Bezug auf einen Gegenstand, den ein Dritter zuvor erlangt hat, ohne hierdurch eine rechtswidrige Tat zu begehen. Wer als Strafverteidiger ein Honorar für seine Tätigkeit annimmt, handelt in den Fällen des Satzes 1 Nummer 3 und 4 nur dann vorsätzlich, wenn er zu dem Zeitpunkt der Annahme des Honorars sichere Kenntnis von dessen Herkunft hatte.

(2) Ebenso wird bestraft, wer Tatsachen, die für das Auffinden, die Einziehung oder die Ermittlung der Herkunft eines Gegenstands nach Absatz 1 von Bedeutung sein können, verheimlicht oder verschleiert.

(3) Der Versuch ist strafbar.

(4) Wer eine Tat nach Absatz 1 oder Absatz 2 als Verpflichteter nach § 2 des Geldwäschegesetzes begeht, wird mit Freiheitsstrafe von drei Monaten bis zu fünf Jahren bestraft.

(5) In besonders schweren Fällen ist die Strafe Freiheitsstrafe von sechs Monaten bis zu zehn Jahren. Ein besonders schwerer Fall liegt in der Regel vor, wenn der Täter gewerbsmäßig handelt oder als Mitglied einer Bande, die sich zur fortgesetzten Begehung einer Geldwäsche verbunden hat.

(6) Wer in den Fällen des Absatzes 1 oder 2 leichtfertig nicht erkennt, dass es sich um einen Gegenstand nach Absatz 1 handelt, wird mit Freiheitsstrafe bis zu zwei Jahren oder mit Geldstrafe bestraft. Satz 1 gilt in den Fällen des Absatzes 1 Satz 1 Nummer 3 und 4 nicht für einen Strafverteidiger, der ein Honorar für seine Tätigkeit annimmt.

(7) Wer wegen Beteiligung an der Vortat strafbar ist, wird nach den Absätzen 1 bis 6 nur dann bestraft, wenn er den Gegenstand in den Verkehr bringt und dabei dessen rechtswidrige Herkunft verschleiert.

(8) Nach den Absätzen 1 bis 6 wird nicht bestraft,

1. wer die Tat freiwillig bei der zuständigen Behörde anzeigt oder freiwillig eine solche Anzeige veranlasst, wenn nicht die Tat zu diesem Zeitpunkt bereits ganz oder zum Teil entdeckt war und der Täter dies wusste oder bei verständiger Würdigung der Sachlage damit rechnen musste, und

2. in den Fällen des Absatzes 1 oder des Absatzes 2 unter den in Nummer 1 genannten Voraussetzungen die Sicherstellung des Gegenstandes bewirkt.

(9) Einem Gegenstand im Sinne des Absatzes 1 stehen Gegenstände, die aus einer im Ausland begangenen Tat herrühren, gleich, wenn die Tat nach deutschem Strafrecht eine rechtswidrige Tat wäre und

1. am Tatort mit Strafe bedroht ist oder

2. nach einer der folgenden Vorschriften und Übereinkommen der Europäischen Union mit Strafe zu bedrohen ist:

   a) Artikel 2 oder Artikel 3 des Übereinkommens vom 26. Mai 1997 aufgrund von Artikel K.3 Absatz 2 Buchstabe c des Vertrags über die Europäische Union über die Bekämpfung der Bestechung, an der Beamte der Europäischen Gemeinschaften oder der Mitgliedstaaten der Europäischen Union beteiligt sind (BGBl. 2002 II S. 2727, 2729),

   b) Artikel 1 des Rahmenbeschlusses 2002/946/JI des Rates vom 28. November 2002 betreffend die Verstärkung des strafrechtlichen Rahmens für die Bekämpfung der Beihilfe zur unerlaubten Ein- und Durchreise und zum unerlaubten Aufenthalt (ABl. L 328 vom 5.12.2002, S. 1),

   c) Artikel 2 oder Artikel 3 des Rahmenbeschlusses 2003/568/JI des Rates vom 22. Juli 2003 zur Bekämpfung der Bestechung im privaten Sektor (ABl. L 192 vom 31.7.2003, S. 54),

   d) Artikel 2 oder Artikel 3 des Rahmenbeschlusses 2004/757/JI des Rates vom 25. Oktober 2004 zur Festlegung von Mindestvorschriften über die Tatbestandsmerkmale strafbarer Handlungen und die Strafen im Bereich des illegalen Drogenhandels (ABl. L 335 vom 11.11.2004, S. 8), der zuletzt durch die Delegierte Richtlinie (EU) 2019/369 (ABl. L 66 vom 7.3.2019, S. 3) geändert worden ist,

   e) Artikel 2 Buchstabe a des Rahmenbeschlusses 2008/841/JI des Rates vom 24. Oktober 2008 zur Bekämpfung der organisierten Kriminalität (ABl. L 300 vom 11.11.2008, S. 42),

                     Ballo

f) Artikel 2 oder Artikel 3 der Richtlinie 2011/36/EU des Europäischen Parlaments und des Rates vom 5. April 2011 zur Verhütung und Bekämpfung des Menschenhandels und zum Schutz seiner Opfer sowie zur Ersetzung des Rahmenbeschlusses 2002/629/JI des Rates (ABl. L 101 vom 15.4.2011, S. 1),

g) den Artikeln 3 bis 8 der Richtlinie 2011/93/EU des Europäischen Parlaments und des Rates vom 13. Dezember 2011 zur Bekämpfung des sexuellen Missbrauchs und der sexuellen Ausbeutung von Kindern sowie der Kinderpornografie sowie zur Ersetzung dcs Rahmenbeschlusses 2004/68/JI des Rates (ABl. L 335 vom 17.12.2011, S. 1; L 18 vom 21.1.2012, S. 7) oder

h) den Artikeln 4 bis 9 Absatz 1 und 2 Buchstabe b oder den Artikeln 10 bis 14 der Richtlinie (EU) 2017/541 des Europäischen Parlaments und des Rates vom 15. März 2017 zur Terrorismusbekämpfung und zur Ersetzung des Rahmenbeschlusses 2002/475/JI dcs Rates und zur Änderung des Beschlusses 2005/671/JI des Rates (ABl. L 88 vom 31.3.2017, S. 6).

(10) Gegenstände, auf die sich die Straftat bezieht, können eingezogen werden. § 74a ist anzuwenden. Die §§ 73 bis 73e bleiben unberührt und gehen einer Einziehung nach § 74 Absatz 2, auch in Verbindung mit den §§ 74a und 74c, vor.

Schrifttum: *Achenbach/Ransiek/Rönnau* (Hrsg.), Handbuch Wirtschaftsstrafrecht, 5. Aufl. 2019; *Barton*, Das Tatobjekt der Geldwäsche: Wann rührt ein Gegenstand aus einer der im Katalog des § 261 Abs. 1 Nr. 1–3 StGB bezeichneten Straftaten her?, NStZ 1993, 159; *Bittmann*, 82 Millionen Straftäter – Zur Neureglung des Straftatbestands der Geldwäsche, ZWH 2021, 157; *Böhme/Busch*, Das Gesetz zur Verbesserung der strafrechtlichen Bekämpfung der Geldwäsche: Richtlinienumsetzung und Neuausrichtung von § 261 StGB, wistra 2021, 169; *Bottke*, Teleologie und Effektivität der Normen gegen Geldwäsche, wistra 1995, 121; *Brian/Frey/Krais*, Umsetzung der Fünften Geldwäsche-Richtlinie in Deutschland, CCZ 2019, 245; *Bussmann/Veljovic*, Die hybride strafrechtliche Verfolgung der Geldwäsche – Schlussfolgerungen aus den Ergebnissen einer bundesweiten Studie, NZWiSt 2020, 417; *Bussmann/Vockrodt*, Geldwäsche-Compliance im Nicht-Finanzsektor: Ergebnisse aus einer Dunkelfeldstudie, CB 2016, 138; *Ceffinato*, Anmerkung zu BGH, Beschl. v. 6.6.2018 – 2 Ars 163/18, 2 AR 106/18, wistra 2018, 467, 468; *El-Ghazi/Laustetter*, Das Gesetz zur Verbesserung der strafrechtlichen Bekämpfung der Geldwäsche, NZWiSt 2021, 209; *El-Ghazi/Marsteller/Zimmermann*, Die erweiterte selbstständige Einziehung gem. § 76a Abs. 4 StGB nach der Reform des Geldwäschestrafrechts, NZWiSt 2021, 297; *Fischer*, Strafgesetzbuch, 68. Aufl. 2021; *Gazeas*, Das neue Geldwäsche-Strafrecht: Weitreichende Folgen für die Praxis, NJW 2021, 1041; *Gercke/Jahn/Paul*, Sorgenkind außer Kontrolle: Paradigmenwechsel der Geldwäsche „Bekämpfung" mit der Neufassung des § 261 StGB, StV 2021, 330; *Glos/Hildner/Glasow*, Der Regierungsentwurf zur Umsetzung der Vierten EU-Geldwäscherichtlinie – Ausweitung der geldwäscherechtlichen Pflichten außerhalb des Finanzsektors, CCZ 2017, 83; *Gradowski/Ziegler*,

Geldwäsche, Gewinnabschöpfung – Erste Erfahrungen mit den neuen gesetzlichen Regelungen, 1997; *Graf/Jäger/Wittig*, Wirtschafts- und Steuerstrafrecht, 2. Aufl. 2017; *Hennecke*, „Darf ich in Bitcoin zahlen?" – Geldwäscherisiken für Industrie- und Handelsunternehmen bei Bitcoin-Transaktionen, CCZ 2018, 120; *Hoyer/Klos*, Regelungen zur Bekämpfung der Geldwäsche und ihre Anwendung in der Praxis, 2001; *Klose*, Aktuelle Entwicklungen des Wirtschaftsstrafrechts für die gerichtliche und die staatsanwaltliche Praxis, NZWiSt 2018, 11; *Körner/Dach*, Geldwäsche. Ein Leitfaden zum geltenden Recht, 1994; *Leip*, Straftatbestand der Geldwäsche, 2. Aufl. 1999; *Leipold/Tsambikakis/Zöller* (Hrsg.), AnwaltKommentar StGB, 3. Aufl. 2020; *Löwe-Krahl*, Die Strafbarkeit von Bankangestellten wegen Geldwäsche nach § 261 StGB, wistra 1993, 123; *Neuheuser*, Die Strafbarkeit des Bereithaltens und Weiterleitens des durch „Phishing" erlangten Geldes, NStZ 2008, 492; *Saliditt*, Der Tatbestand der Geldwäsche, StraFo 1992, 121; *Satzger/Schluckebier/Widmaier* (Hrsg.), StGB, 5. Aufl. 2020; *Scherp*, Gesetze gegen die Geldwäsche und gegen die Finanzierung des Terrorismus – eine stille Verfassungsreform?, WM 2003, 1254; *Scherp*, Terrorismusfinanzierung – Ist es an der Zeit für eine neue Risiko-Einschätzung?, CB 2016, 408; *Scherp*, Update zum Umgang mit Geldwäscherisiken, CB 2017, 275; *Scherp*, Fünfte EU-Geldwäscherichtlinie – Umsetzung und Konsequenzen für die deutsche Wirtschaft, DB 2018, 2681; *Scherp*/Gündel, Die Bekämpfung von Geldwäsche und Terrorfinanzierung durch die Aktienrechtsnovelle 2014, CB 2015, 148; *Scherp/Wrocklage*, Gesetz zur Verbesserung der strafrechtlichen Bekämpfung der Geldwäsche tritt in Kraft, CB 2021, 186; *Schily*, Gesetze gegen die Geldwäsche und die Terrorismusfinanzierung – eine stille Verfassungsreform?, WM 2003, 1249; *Schindler*, Ist § 261 StGB noch zu retten? Anmerkungen zur Geldwäschebekämpfung im Lichte des Referentenentwurfs vom 11.8.2020, NZWiSt 2020, 457; *Spoerr/Roberts*, Die Umsetzung der Vierten Geldwäscherichtlinie: Totale Transparenz, Geldwäschebekämpfung auf Abwegen?, WM 2017, 1142; *Travers/Michaelis*, Der neue § 261 StGB – die deutsche Umsetzung der EU-Richtlinie über die strafrechtliche Bekämpfung der Geldwäsche, NZWiSt 2021, 125; *Wolter* (Hrsg.), Systematischer Kommentar, Strafgesetzbuch, Band V, 9. Aufl. 2017.

Übersicht

I. Allgemeines

1. Historie und kriminalpolitische Überlegungen

Seit seinem Inkrafttreten im Jahr 1992 blieb der **Straftatbestand der Geldwä-** **1** **sche** in der Strafrechtspraxis weit hinter den hohen Erwartungen und formulierten Zielen des Gesetzgebers zurück.

Bereits kurz nach seiner Einführung durch das Gesetz zur Bekämpfung des ille- **2** galen Rauschgifthandels und anderer Erscheinungsformen der Organisierten Kriminalität vom 15.7.1992[1] wurde der Gesetzestext zahlreichen Änderungen und Nachbesserungen unterzogen. Ihren ersten Entwicklungsschritt nahmen diese Änderungen im Verbrechensbekämpfungsgesetz vom 29.10.1994[2] und dem Gesetz zur Verbesserung der Bekämpfung der Organisierten Kriminalität vom 4.5.1996.[3]

Durch das Steuerverkürzungsbekämpfungsgesetz vom 19.12.2001[4] war erstmals **3** ein deutlicher **Paradigmenwechsel** festzustellen, weg von der Organisierten Kriminalität, hin zur Erfassung der Steuerkriminalität. Alle Versuche, der Norm die ihr ursprünglich zugedachte Schlagkraft zu verleihen, blieben jedoch im Ungefähren und konnten keine nachhaltigen Effekte erzielen.

Auch die Umsetzung der Dritten EU-Geldwäscherichtlinie durch das Geld- **4** wäschebekämpfungsergänzungsgesetz vom 13.8.2008[5] sowie das Gesetz zur Optimierung der Geldwäscheprävention vom 22.12.2011[6] führten nicht zu einer

---

1 BGBl. I 1992, S. 1302.
2 BGBl. I 1994, S. 3186.
3 BGBl. I 1996, S. 845.
4 BGBl. I 2001, S. 3922.
5 BGBl. I 2008, S. 1690.
6 BGBl. I 2011, S. 2959.

engeren Verzahnung der Strafvorschrift mit den Präventionsvorschriften des GwG.

5 Nichts anderes galt durch das Gesetz zur Umsetzung der Vierten EU-Geldwäscherichtlinie,[7] zur Ausführung der EU-Geldtransferverordnung und zur Neuorganisation der Zentralstelle für Finanztransaktionsuntersuchungen vom 23.6.2017[8] und dem abermaligen Paradigmenwechsel durch die verstärkte Hinwendung zur Thematik der **Terrorismusfinanzierung**.[9] Die fortlaufende Verbreitung von Schätzungen angeblich in Deutschland gewaschener Vermögenswerte aus kriminellen Handlungen[10] – einige Studien kommen auf eine wahrscheinliche Größenordnung i.H.v. über 100 Mrd. EUR jährlich[11] – oder die Bezeichnung einzelner Wirtschaftszweige als **Hochrisikobereiche** der Geldwäsche[12] und die daraus folgende mediale Überhöhung[13] des (angeblichen) Geldwäscherisikos in Deutschland vermögen an dem „mageren Befund" nichts zu ändern, der sich aus Verurteilungsstatistik und veröffentlichten Entscheidungen ergibt.

6 Dementsprechend konnte die Zahl der Verurteilungen wegen Geldwäsche mit der Entwicklung der Zahlen der Geldwäscheverdachtsmeldungen nach § 43 GwG nicht annähernd mithalten.[14]

7 Schon 1997 hatten *Gradowski/Ziegler* in einer Studie der BKA-Forschungsreihe[15] festgestellt, dass die aufgrund der Verdachtsanzeigen eingeleiteten Ermittlungsverfahren selten zu Anklagen oder Verurteilungen führen. Als Ursache nannten sie die Schwierigkeit, den Kausalzusammenhang zwischen der Geldwäschehandlung und der Vortat („herrühren") beweiskräftig herzustellen. Weder die mit dem Verbrechensbekämpfungsgesetz erfolgte Ausweitung des Vortatenkatalogs auf Delikte der klassischen Wirtschaftskriminalität[16] noch die Einfüh-

---

7 RL EU 2015/849 v. 20.5.2015, ABl. EU v. 5.6.2015, L 141/73.

8 BGBl. I 2017, S. 1822, vgl. dazu *Scherp*, CB 2017, 275.

9 *Scherp*, CB 2016, 408. Zu Änderungen im Hinblick auf die Fünfte Geldwäsche-Richtlinie auch *Spoerr/Roberts*, WM 2017, 1142 ff.; *Glos/Hildner/Glasow*, CCZ 2017, 83 ff.

10 *Bussman/Vockrodt*, CB 2016, 138.

11 Vgl. *Bussman*, Dunkelfeldstudie über den Umfang der Geldwäsche in Deutschland und über die Geldwäscherisiken in einzelnen Wirtschaftssektoren, August 2015.

12 Fachstudie des BKA: Geldwäsche im Immobiliensektor in Deutschland, erstellt von Deloitte Touche, v. 25.10.2012; *Bussmann/Vockrodt*, CB 2016, 138.

13 Vgl. nur die Bezeichnung Deutschlands als „Geldwäsche-Paradies" durch *Budras/Jung*, FAZ v. 30.8.2020; *Iwersen/u. a.*, Handelsblatt online v. 19.11.2019; *Bartz/u. a.*, Der Spiegel 35/2021.

14 Eine ausführlichere Untersuchung zur Geldwäscheverfolgung in Deutschland findet sich etwa bei *Bussmann/Veljovic*, NZWiSt 2020, 417 ff.

15 *Gradowski/Ziegler*, Geldwäsche, Gewinnabschöpfung – Erste Erfahrungen mit den neuen gesetzlichen Regelungen, S. 12.

16 BT-Drs. 12/6853, S. 27.

rung des vom BGH später für verfassungswidrig befundenen Verbrechenstatbestandes des § 370a AO durch das Gesetz zur Bekämpfung von Steuerverkürzungen bei der Umsatzsteuer und zur Änderung anderer Steuergesetze[17] mit dem Tatbestand der gewerbsmäßigen oder bandenmäßigen Steuerhinterziehung[18] konnten Verurteilungserfolge oder die vom Gesetzgeber intendierte wirtschaftliche oder finanzielle Isolierung der Straftäter[19] in nennenswertem Maß herbeiführen.

Urteile oder veröffentlichte Beschlüsse aus Verfahren zu § 261 StGB bleiben im Vergleich zur Anzahl der Verdachtsmeldungen weiterhin selten. In den Jahren 2010 bis 2021 ergingen weniger als 100 veröffentlichte Gerichtsentscheidungen. Die Straftatenstatistik des statistischen Bundesamts[20] weist im Jahr 2019 für die Geldwäsche gemäß § 261 Abs. 1 und 2 StGB a. F. insgesamt 389 Verurteilungen aus. Als besonders schwere Fälle der Geldwäsche sind 64 Verurteilungen ausgewiesen, während 502 Verurteilungen den Tatbestand der leichtfertigen Geldwäsche umfassen. Die Zahlen verharren seit dem Jahr 2010 mit leichten Schwankungen auf diesem Niveau. **8**

Demgegenüber hat sich nach den Statistiken der für Geldwäscheverdachtsmeldungen zuständigen Financial Intelligence Unit des Zolls (FIU) die Zahl der Verdachtsmeldungen im Zeitraum von 2010–2020 mehr als verzwölffacht, von 11.712 Meldungen im Jahr 2010 auf 144.005 Meldungen im Jahr 2020. Die jährlichen Steigerungsraten der eingehenden Verdachtsmeldungen betrugen zuletzt 49 % von 2018 auf 2019 (von 77.252 auf 114.914 Fälle) und 25 % von 2019 auf 2020.[21] **9**

Dementsprechend war der Straftatbestand jenseits aller fachlichen Diskussionen erheblicher Kritik ausgesetzt,[22] die nicht selten an den immer weitergehenden Forderungen der Befürworter einer verschärften Verfolgung von Geldwäsche-Tätern und der massiven Ausweitung des dazu erforderlichen Instrumentariums Anstoß nahm. **10**

Fischer[23] fasst die Ergebnisse wie folgt zusammen: **11**

> „Eine tatsächliche Verfolgung und Bestrafung von Geldwäsche-Tätern –
> die es definitionsgemäß immerhin zu Hunderttausenden geben muss – findet nur in verschwindend geringem Umfang statt […]. Das Konzept hat

---

17 BGBl. I 2001, S. 3922; vgl. auch BT-Drs. 14/6883.

18 BGH, NStZ-RR 2005, 53.

19 *Hoyer/Klos*, Regelungen zur Bekämpfung der Geldwäsche und ihre Anwendung in der Praxis, S. 293 f.; a. A. *Schily*, WM 2003, 1249.

20 Statistisches Bundesamt, Fachserie 10, Reihe 3, 2019.

21 Quelle aller Zahlen: Jahresberichte 2020 und 2019 der Financial Intelligence Unit (FIU), Deutschland, Herausgeber: Generalzolldirektion.

22 Vgl. dazu *Scherp*, WM 2003, 1254 m. w. N.

23 *Fischer*, StGB, § 261 Rn. 4c.

sich als unwirksam erwiesen. Die Verfahren betreffen vielfach sog. 'Finanzagenten', also Kleinkriminelle weit unterhalb der relevanten Strukturen. Die Zahl der Verurteilungen ist gering, die der Gewinn-Abschöpfungen noch geringer. Eine Verminderung der sog. Organisierten Kriminalität ist selbstverständlich nicht eingetreten. Die Relation der Gesamtkosten des Konzepts zu den Erfolgen ist katastrophal. Nach rationalen Maßstäben muss das Konzept daher als gescheitert betrachtet werden […]. Gleichwohl wird von der Rechtspolitik die Schimäre der ‚Bekämpfung' unverändert weiter betrieben."

12 Prägnanter und treffender lässt sich die Kritik an § 261 StGB kaum zusammenfassen.

13 Mit dem Gesetz zur Verbesserung der strafrechtlichen Bekämpfung der Geldwäsche[24] wurde § 261 StGB mit Wirkung zum 18.3.2021 grundlegend überarbeitet. Damit wurden zum einen die Vorgaben der Fünften EU-Geldwäscherichtlinie[25] umgesetzt, die (erneut) insbesondere den Zweck verfolgen, die Terrorismusfinanzierung „wirksamer" zu bekämpfen. Das Gesetz ging zum anderen jedoch deutlich über diese Vorgaben hinaus und strich insbesondere den Vortatenkatalog des § 261 Abs. 1 StGB a. F. Nunmehr sind alle Gegenstände aus (irgend-) einer rechtswidrigen Tat taugliches Tatobjekt („**All Crimes Approach**"). Diese Änderungen zielen, neben einer Erleichterung der Handhabung der Norm, insbesondere darauf ab, die vorstehend bereits angesprochene Beweisproblematik bezüglich der Herkunft des Tatobjekts aus einer Vortat zu erleichtern.[26]

14 Gleichzeitig ging mit ihnen eine massive Ausweitung des Anwendungsbereichs der Norm einher. Im Gegenzug war im Referentenentwurf noch die Strafbarkeit für die leichtfertige Begehung (jetzt § 261 Abs. 6 StGB) entfallen und im Regierungsentwurf noch die Einziehung nach § 76a StGB auf Geldwäschefällen mit bestimmten schweren Vortaten beschränkt. In der finalen Gesetzesfassung wurden beide Einschränkungen jedoch zurückgenommen.[27]

15 Insgesamt sieht sich die aktuelle Fassung des § 261 StGB daher (weiterhin) erheblicher Kritik an dem potenziell uferlosen Anwendungsbereich[28] und Zweifeln an der Verfassungsmäßigkeit ausgesetzt.[29] Für die Anwendungspraxis ist zu be-

---

24 BGBl. 202 Teil I Nr. 10, S. 327.

25 RL EU 2018/849 v. 30.5.2018, ABl. EU v. 19.6.2018, L 156/43.

26 So ausdrücklich BT-Drs. 19/24180, S. 12 f.

27 Siehe ausführlich zum Gesetzgebungsverfahren etwa *El-Ghazi/Marsteller/Zimmermann*, NZWiSt 2021, 297, 299 ff.

28 Vgl. nur das pointierte Gedankenspiel zur potenziellen Strafbarkeit aller Personen in Deutschland bei *Bittmann*, ZWH 2021, 157 f., sowie die Beispiele bei *Gazeas*, NJW 2021, 1041, 1044. Ausdrücklich auch noch die Begründung des RefE, S. 19.

29 So etwa *Ruhmannseder*, in: BeckOK StGB, 50. Edition, Stand: 1.5.2021, § 261 Rn. 10.2; *Gercke/Jahn/Paul*, StV 2021, 330; 333 ff.; *Bittmann*, ZWH 2021, 157, 160;

fürchten, dass die ohnehin knappen Ressourcen der Strafverfolgungsbehörden und Gerichte zukünftig mit der Bearbeitung von „Bagatellfällen" belasten werden und hierunter die Verfolgung von schwerwiegenden Fällen leidet.[30] Bereits aktuell ist die FIU bei der Bearbeitung von Verdachtsmeldungen an ihre Grenzen gestoßen.[31]

Zusammenfassend bleibt daher festzuhalten: § 261 StGB führt seit 30 Jahren ein **16** Schattendasein in der Rechtswirklichkeit. Prägnante Beiträge zur Bekämpfung der Organisierten Kriminalität, zur finanziellen Isolierung von Straftätern, zur Unterbindung der Finanzierung des Terrorismus oder zur Verhinderung der Einschleusung von Vermögensgegenständen aus Straftaten in den legalen Finanz- und Wirtschaftskreislauf gehen von diesem Straftatbestand nicht aus.

2. Normzweck

Der Normzweck ist mit der Beschreibung des kriminalpolitischen Konzepts des **17** § 261 StGB weitgehend umrissen. Er wurde durch die beschriebenen mehrfachen Paradigmenwechsel lediglich immer wieder anders akzentuiert. Zunächst war Teil des Normzwecks, „schmutziges" Geld verkehrsunfähig zu machen[32] und damit den Straftäter in finanzieller Hinsicht gegenüber der Umwelt zu isolieren.[33] Zudem entsprach es von Beginn an der Intention des Gesetzgebers, internationale Empfehlungen der Financial Action Task Force on Money Laundering (FATF) der G7-Staaten[34] sowie die EU-Richtlinienwerke in deutsches Recht umzusetzen. Konzeptionell sollte damit vor allem die organisierte bzw. schwere Kriminalität bekämpft werden. Mit dem All Crimes Approach löst sich der Gesetzgeber von diesem ursprünglichen Normzweck.[35]

Eine **Definition** des Begriffs der Geldwäsche enthält § 261 StGB nicht,[36] obwohl **18** § 1 Abs. 1 GwG für die Begriffsbestimmung der Geldwäsche im Sinne des GwG auf eine Straftat nach § 261 StGB verweist.

---

zum RefE *Schindler*, NZWiSt 2020, 457, 468 f. Vgl. auch bereits die zahlreichen, teils sehr kritischen Stellungnahmen zum Gesetzesentwurf.

30 So etwa *Scherp/Wrocklage*, CB 2021, 186 f.; *Gercke/Jahn/Paul*, StV 2021, 330, 333 f.

31 Siehe nur das 2020 eingeleitete Ermittlungsverfahren der Staatsanwaltschaft Osnabrück gegen die FIU wegen Strafvereitelung im Amt. Vgl. auch *Gercke/Jahn/Paul*, StV 2021, 330, 334.

32 *Körner/Dach*, Geldwäsche, S. 13; *Hecker*, in: Schönke/Schröder, StGB, § 261 Rn. 2.

33 *Hoyer/Klos*, Regelungen zur Bekämpfung der Geldwäsche und ihre Anwendung in der Praxis, S. 293.

34 Vgl. auch *Scherp/Gündel*, CB 2015, 148 in Bezug auf die FATF-Prüfung 2010.

35 So BT-Drs. 19/24180, S. 12, 16; *Travers/Michaelis*, NZWiSt 2021, 125; kritisch dazu *Gercke/Jahn/Paul*, StV 2021, 330, 331; zur a. F. bereits *Bülte*, NZWist 2017, 276, 278.

36 *Ruhmannseder*, in: BeckOK StGB, 50. Edition, Stand: 1.5.2021, § 261 Rn. 4.

19 Für die Terrorismusfinanzierung, deren Verhinderung ebenfalls Zweck des § 261 StGB ist, enthält das GwG in § 1 Abs. 2 eine Definition. Diese geht über den Straftatbestand der Terrorismusfinanzierung in § 89c StGB hinaus, indem sie die dort normierten Tatbestandsmerkmale unter dem Begriff der Bereitstellung von Vermögensgegenständen mit dem Wissen oder in der Absicht, dass diese Vermögensgegenstände ganz oder teilweise dazu verwendet werden oder verwendet werden sollen, terroristische Straftaten (unter denen auch wieder § 89c StGB selbst genannt wird) zu begehen, zusammenfasst.

20 Gängige Erklärungsansätze und Definitionsversuche, was unter Geldwäsche zu verstehen ist, beziehen sich daher in der Regel auf das sog. **Drei-Phasen-Modell**[37] oder stellen zusammengefasst auf die Transformation illegal erwirtschafteter Vermögenswerte durch Einbringung in den legalen Wirtschaftskreislauf ab, mit dem Ziel, diese mit einer legal erscheinenden Herkunft zu versehen und die illegale Herkunft zu verschleiern.

21 Mangels Definition wird in der Geldwäscheprävention vielfach auf sog. **Typologien**[38] verwiesen, um die Erscheinungsformen von Geldwäsche darzustellen. In der Strafrechtspflege, die eindeutige und methodisch vorgenommene Subsumtionen unter Tatbestandsmerkmale des Straftatbestandes voraussetzt, helfen diese Erklärungen indes nicht weiter.

22 Nach übereinstimmender Meinung vieler Kommentatoren[39] verfolgt die Norm durch die Verweisung auf die Vortaten und den Vortäter eher präventive als repressive Ziele, zu deren Erreichung sich der Geldwäschetatbestand aber mangels Bestimmtheit des Bekämpfungsziels sowie wegen der komplizierten Regelungsstruktur und des undeutlichen Norminhalts letztlich als ungeeignet erweist.[40]

3. Rechtsgut

23 Das geschützte Rechtsgut des Geldwäschetatbestandes ist umstritten.[41] Es sollen insbesondere die inländische **staatliche Rechtspflege**[42] und die durch die Vortaten verletzten Rechtsgüter geschützt sein. Teilweise wird der Schutzbereich auch

---

37 Mit den Phasen „Placement, Layering und Integration", vgl. statt vieler *Körner/Dach*, Geldwäsche, S. 14; *Herzog*, in: Achenbach/Ransiek/Rönnau, Handbuch Wirtschaftsstrafrecht, 13. Teil, Rn. 5 ff.; *Herzog/Achtelik*, in: Herzog, GwG, Einl. Rn. 7–11.

38 I.d.S. auch *Herzog/Achtelik*, in: Herzog, GwG, Einl. Rn. 12 ff.

39 *Fischer*, StGB, § 261 Rn. 3a; *Eschelbach*, in: Graf/Jäger/Wittig, Wirtschafts- und Steuerstrafrecht, § 261 Rn. 4.

40 Zum Ganzen *Eschelbach*, in: Graf/Jäger/Wittig, Wirtschafts- und Steuerstrafrecht, § 261 Rn. 1–7.

41 *Fischer*, StGB, § 261 Rn. 3; *Eschelbach*, in: Graf/Jäger/Wittig, Wirtschafts- und Steuerstrafrecht, § 261 Rn. 8.

42 OLG Karlsruhe, NJW 2005, 767, 768; *Ruhmannseder*, in: BeckOK StGB, 50. Edition, Stand: 1.5.2021, § 261 Rn. 6; *Nestler/El-Ghazi*, in: Herzog, GwG, § 261 StGB Rn. 22.

auf Begriffe wie „Wirtschafts- und Finanzkreislauf" und „Innere Sicherheit" ausgedehnt oder auf den staatlichen Einziehungs- und Verfallsanspruch oder Ermittlungszwecke im Rahmen der Strafrechtspflege reduziert.[43] Hinsichtlich Abs. 2 wird teilweise vertreten, dass die Norm neben der staatlichen Rechtspflege auch das durch die Vortat verletzte Rechtsgut – etwa das Vermögen des Opfers vor der Tat – schütze.[44]

Im Kontext des Rechtsgüterschutzes ist § 261 StGB ein **Anschlussdelikt** und daher systematisch im Bereich des 21. Abschnitts des StGB – „Begünstigung und Hehlerei" – angesiedelt. **24**

Während das Bundesverfassungsgericht diese Rechtsgutbestimmung als „vage" bezeichnet hat,[45] kommt *Eschelbach*[46] zu dem Schluss, die Legitimation der Strafnorm sei zweifelhaft, der Schutzzweck nicht einheitlich festzulegen und die Unvereinbarkeit mit dem **Bestimmtheitsgebot** zumindest naheliegend. **25**

Das Bundesverfassungsgericht hat § 261 StGB stets für verfassungskonform auslegbar erklärt und hervorgehoben, dass dieser wichtigen Gemeinschaftsbelangen diene und infolge verfassungskonformer Auslegung auch nicht „konturlos" zu werden drohe.[47] **26**

II. Gegenstand der Geldwäsche

1. Vortaten

§ 261 StGB a. F. enthielt in Abs. 1 Satz 2 und 3 sowie in Abs. 8 einen umfangreichen Katalog von **Vortaten**, an die eine Strafbarkeit wegen Geldwäsche geknüpft war. Dieser Vortatenkatalog wurde mit Wirkung zum 18.3.2021 aus der Norm gestrichen. **27**

Taugliche Vortat ist nunmehr **jede rechtswidrige**, d. h. nicht notwendigerweise schuldhafte, Tat. Umfasst sind damit alle Straftaten des StGB sowie des Nebenstrafrechts.[48] Ein strafbarer Versuch ist ausreichend.[49] **28**

---

43 Vgl. die kritischen Darstellungen bei *Neuheuser*, in: MüKo-StGB, § 261 Rn. 6–11 sowie *Ruhmannseder*, in: BeckOK StGB, 50. Edition, Stand: 1.5.2021, § 261 Rn. 6.1.

44 BGHSt 55, 36; *Fischer*, StGB, § 261 Rn. 3; *Ruhmannseder*, in: BeckOK StGB, 50. Edition, Stand: 1.5.2021, § 261 Rn. 6; vgl. auch *Ceffinato*, wistra 2018, 467, 468.

45 BVerfG NJW 2004, 1305, 1307.

46 *Eschelbach*, in: Graf/Jäger/Wittig, Wirtschafts- und Steuerstrafrecht, § 261 Rn. 5–7.

47 BVerfG wistra 2016, 21 mit Verweis auf BVerfGE 110, 226, 262.

48 *Travers/Michaelis*, NZWiSt 2021, 125, 127; *Böhme/Busch*, wistra 2021, 169, 171.

49 *Hecker*, in: Schönke/Schröder, StGB, § 261 Rn. 5; *Ruhmannseder*, in: BeckOK StGB, 50. Edition, Stand: 1.5.2021, § 261 Rn. 10.

29 Die Regelungen des § 261 Abs. 1 Satz 3 StGB a. F., die ersparte Aufwendungen und unrechtmäßig erlangte Steuererstattungen und -vergütungen aus gewerbsmäßiger oder bandenmäßiger Steuerhinterziehung nach § 370 AO als taugliches Tatobjekt erfassten, sind in der aktuellen Fassung ebenfalls weggefallen. Die Regelung zu ersparten Aufwendungen hatte sich als praktisch nicht handhabbar erwiesen, weshalb diese nunmehr kein taugliches Tatobjekt sind.[50] Die Erlangung unrechtmäßiger Steuererstattungen ist dagegen durch den Wegfall des Vortatenkatalogs in der aktuellen Fassung ohnehin erfasst.[51]

30 Die Abkehr vom Vortatenkatalog soll nach dem erklärten Willen des Gesetzgebers eine **Beweiserleichterung** bewirken. Künftig muss das zuständige Gericht nicht mehr feststellen, aus welcher konkreten Vortat der betreffende Gegenstand herrührt. Es muss jedoch weiterhin selbstständig prüfen und einzelfallbezogen feststellen, ob der Gegenstand Tatertrag, Tatprodukt oder Surrogat (irgend-)einer rechtswidrigen Straftat ist.[52] Dabei ist es nicht an eine ggf. rechtskräftige Entscheidung zur Vortat gebunden. Ebenso muss der Täter der Vortat nicht bekannt sein.[53]

31 Jedoch ist die bloße Feststellung, der Gegenstand könne z. B. in Anbetracht der legalen Einkünfte des Betroffenen nur aus illegalen Quellen stammen, als Beweis nicht ausreichend; auch eine Orientierung an zivilrechtlichen Darlegungs- und Beweislastregeln ist unzulässig.[54]

32 Ob eine bereits verjährte Tat taugliche Vortat sein kann, ist umstritten. Die überwiegende Ansicht[55] geht davon aus, dass eine Verjährung der Vortat für eine Strafbarkeit wegen Geldwäsche unschädlich ist. Dies soll auch für die Verjährung zivilrechtlicher Ansprüche des durch die Vortat Geschädigten gelten.

33 § 261 Abs. 9 StGB regelt die Eignung von im **Ausland** begangenen Taten als geldwäscherelevante Vortaten. Auslandstaten müssen zunächst nach deutschem Strafrecht eine rechtswidrige Tat darstellen und *zusätzlich* entweder am Tatort mit Strafe bedroht sein (§ 261 Abs. 9 Nr. 1 StGB) *oder* eine Katalogtat nach § 261 Abs. 9 Nr. 2 StGB darstellen. Diese Katalogtaten entstammen allesamt dem EU-Recht („EU-Delikte") und betreffen unter anderem Bestechungsdelik-

---

50 BT-Drs. 19/24180, S. 17 f.; bestätigend OLG Saarbrücken, Beschl. v. 26.5.2021 – 4 Ws 53/21.
51 BT-Drs. 19/24180, S. 18; siehe auch *Böhme/Busch*, wistra 2021, 169, 172.
52 BT-Drs. 19/24180, S. 29; so auch *Ruhmannseder*, in: BeckOK StGB, 50. Edition, Stand: 1.5.2021, § 261 Rn. 11; *El-Ghazi/Laustetter*, NZWiSt 2021, 209, 211.
53 BGH, NStZ 2016, 538; *Hecker*, in: Schönke/Schröder, StGB, § 261 Rn. 6.
54 BT-Drs. 19/24180, S. 29 f.
55 *Schmidt*, in: LK-StGB, § 261 Rn. 9; *Neuheuser*, in: MüKo-StGB, § 261 Rn. 63; *Ruhmannseder*, in: BeckOK StGB, 50. Edition, Stand: 1.5.2021, § 261 Rn. 10, 21; a. A. *Altenhain*, in: Kindhäuser/Neumann/Paeffgen, StGB, § 261 Rn. 33 f.; *El-Ghazi*, in: Herzog, GwG, § 261 StGB Rn. 38; *Hoyer*, in: SK-StGB, § 261 Rn. 6.

te, organisierte (Drogen-)Kriminalität und Handlungen terroristischer Vereinigungen. Entsprechende Taten sind insofern auch taugliche Vortaten, wenn sie am Tatort nicht unter Strafe stehen.[56] Handelt es sich bei der Vortat um ein abstraktes Gefährdungsdelikt, wie z. B. Bestechungs- und Bestechlichkeitsdelikte, ist hinsichtlich der Strafbarkeit die Rechtsprechung des BGH zu § 9 Abs. 1 StGB zu beachten. Danach ist ausschließlich der Handlungsort für die Bestimmung des Tatortes relevant.[57]

2. Verhältnis zur Vortat (§ 261 Abs. 7 StGB)

Auch der Täter oder Teilnehmer der Vortat kann sich wegen (Selbst-)Geldwäsche strafbar machen. § 261 Abs. 7 StGB enthält in diesem Zusammenhang einen persönlichen Strafaufhebungsgrund. Die Regelung in § 261 Abs. 7 StGB stellt im Vergleich zu § 261 Abs. 9 Satz 2, 3 StGB a. F. lediglich eine sprachliche Anpassung dar.[58] **34**

Die Norm beruht auf dem Gedanken der **mitbestraften Nachtat** und soll dem Grundsatz der Straffreiheit von Selbstbegünstigungshandlungen Rechnung tragen, sowie eine Doppelbestrafung eines an der Vortat Beteiligten verhindern.[59] Der Täter kann danach nur entweder wegen der Vortat oder wegen Geldwäsche bestraft werden. In Fällen, in denen ungewiss ist, ob der Täter auch an der Vortat beteiligt war, ist nach der Rechtsprechung des BGH[60] eine Verurteilung wegen § 261 StGB im Wege der Postpendenz-Feststellung geboten. **35**

Dieser Strafaushebungsgrund gilt jedoch nicht, wenn der Täter oder Teilnehmer ein taugliches Tatobjekt in den Verkehr bringt und dabei die rechtswidrige Herkunft des Gegenstandes verschleiert. Eine solche Handlung soll eine gesondert vorwerfbare Unrechtssteigerung darstellen.[61] Inverkehrbringen umfasst sämtliche Handlungen, die dazu führen, dass der Täter den inkriminierten Gegenstand aus seiner tatsächlichen Verfügungsgewalt entlässt und ein Dritter die tatsächliche Verfügungsgewalt über den Gegenstand erlangt.[62] Es stellen sich nunmehr Abgrenzungsfragen zu den geänderten Handlungsvarianten des § 261 Abs. 1 Satz 1 Nr. 1 und Abs. 2 StGB.[63] **36**

---

56 *Travers/Michaelis*, NZWiSt 2021, 125, 127; *Böhme/Busch*, wistra 2021, 169, 171.
57 BGH, BeckRS 2018, 38747.
58 BT-Drs. 19/24180, S. 34.
59 Vgl. BT-Drs. 13/8651, S. 11. *Klose*, NZWiSt 2018, 11, 13 betont in diesem Zusammenhang, dass *ratio* des Abs. 9 Satz 2 a. F. u. a. das Verhindern einer Doppelbestrafung sei und gerade nicht das Verhindern der Bestrafung selbst.
60 BGH, NStZ 1995, 500.
61 BGH, NJW 2019, 533, 534; vgl. auch *Neuheuser*, NZWiSt 2016, 265.
62 BT-Drs. 18/6389, S. 14; BGH, NJW 2019, 533, 535.
63 Siehe *Ruhmannseder*, in: BeckOK StGB, 50. Edition, Stand: 1.5.2021, § 261 Rn. 66.

3. Tatobjekt

37 Tatobjekt des § 261 StGB kann jeder vermögenswerte **Gegenstand** sein. Der
Begriff ist weit zu verstehen.[64] Zu diesen Gegenständen können neben beweglichen und unbeweglichen Sachen sowie Bargeld unter anderem auch Kontoguthaben, Wertpapiere, dingliche Rechte, Beteiligungen an Gesellschaften, Anteile
an Gemeinschaftsvermögen, Forderungen, Buchgeld sowie virtuelle Währungen[65] zählen. Auch illegale Gegenstände werden von § 261 StGB erfasst, sodass
auch Falschgeld Gegenstand der Geldwäsche sein kann.[66] Keine tauglichen Tatobjekte sind hingegen nichtige Forderungen, da es diesen **Forderungen** an der
erforderlichen Rechtsqualität mangelt.[67] Eine sog. Geringwertigkeitsgrenze im
Sinne des § 248a StGB gibt es im Rahmen der Geldwäsche nicht. Zu ersparten
Steueraufwendungen siehe bereits → Rn. 29.

4. Herrühren aus einer Straftat

38 Das geldwäschetaugliche Tatobjekt muss aus einer rechtswidrigen Tat **herrühren**. Der Begriff des Herrührens wird dabei weit gefasst.[68] Es werden nicht nur
Tatobjekte erfasst, die unmittelbar mit der Vortat in Zusammenhang stehen, sondern auch solche Tatobjekte, die nach ggf. mehreren Austauschvorgängen an die
Stelle des ursprünglichen Gegenstandes getreten sind.[69] Dabei kann es sich auch
um eine Kette von Austausch- und Verwertungshandlungen handeln, in denen
das ursprüngliche Tatobjekt ersetzt wird.[70] Erforderlich ist, dass sich die Kontamination des ursprünglichen Gegenstands fortsetzt.[71] Der Begriff des Herrührens ist wenig bestimmt und in der Praxis mit Anwendungsproblemen verbunden. Der BGH hat dazu ausgeführt, dass es ausreichend sei, dass zwischen dem

---

64 *Schmidt*, in: LK-StGB, § 261 Rn. 10; *Ruhmannseder*, in: BeckOK StGB, 50. Edition,
Stand: 1.5.2021, § 261 Rn. 8.
65 EuGH DStR 2015, 2434, 2436; *Altenhain*, in: Kindhäuser/Neumann/Paeffgen, StGB,
§ 261 Rn. 28; *Neuheuser*, in: MüKo-StGB, § 261 Rn. 31; näher zu Geldwäscherisiken
bei Bitcoin-Transaktionen *Hennecke*, CCZ 2018, 120 ff.
66 *Hecker*, in: Schönke/Schröder, StGB, § 261 Rn. 4; *Schmidt/Krause*, in: LK-StGB,
§ 261 Rn. 10.
67 *Hecker*, in: Schönke/Schröder, StGB, § 261 Rn. 4; *El-Ghazi*, in: Herzog, GwG, § 261
Rn. 34; *Neuheuser*, in: MüKo-StGB, § 261 Rn. 32; a. A. *Kühl*, in: Lackner/Kühl, StGB,
§ 261 Rn. 3; *Altenhain*, in: Kindhäuser/Neumann/Paeffgen, StGB, § 261 StGB Rn. 26.
68 BGH, NStZ 2001, 535, 537.
69 BT-Drs. 19/24180, S. 28; BT-Drs. 12/989, S. 27; BT-Drs. 12/3533, S. 12; BGH, NStZ
2017, 28, 29; wistra 2019, 29, 30.
70 OLG Karlsruhe, NJW 2005, 767, 768; *Fischer*, StGB, § 261 Rn. 7; *Hecker*, in: Schönke/Schröder, StGB, § 261 Rn. 9.
71 Regelmäßig ist diese Voraussetzung erfüllt. Zum Sonderfall des Erwerbs im Wege der
Zwangsversteigerung durch Zuschlag als staatlichen Hoheitsakt gemäß § 90 Abs. 1
ZVG, vgl. LG Aachen, BeckRS 2018, 37955.

Gegenstand und der Vortat bei wirtschaftlicher Betrachtungsweise ein Kausalzusammenhang bestehe.[72]

Keine tauglichen Tatobjekte sind solche Gegenstände, die lediglich zur Begehung der Vortat verwendet worden sind. Anders soll es nach der Rechtsprechung des BGH bei **Bestechungsgeldern** sein, die zur Amtsträgerkorruption verwendet wurden.[73]   **39**

Die Rechtsprechung bejaht den Kausalzusammenhang hinsichtlich solcher Surrogate, die „einer unmittelbaren Beziehung zum Vortäter" entstammen.[74]   **40**

a) Surrogate

Grundsätzlich gilt, dass auch Surrogate „bemakelt" bleiben, sofern das Surrogat ursächlich auf eine Vortat zurückzuführen ist oder ein konkreter Zusammenhang mit dem Tatobjekt aus der Vortat besteht. Es ist unerheblich, ob das **Surrogat** einen höheren oder niedrigeren Wert hat als das ursprünglich aus der Vortat resultierende Tatobjekt. Hintergrund für dieses weite Verständnis des Merkmals „Herrühren" ist, dass auf diese Weise komplizierte und undurchsichtige Strukturen in der organisierten Kriminalität eine Strafbarkeit der Geldwäsche nicht ohne Weiteres entfallen lassen. Die weiteren Einzelheiten bei der rechtlichen Bewertung des Surrogats sind jedoch unklar. Bereits in Hinblick auf die alte Normfassung war umstritten, wie eine notwendige Begrenzung des ansonsten uferlosen Tatbestandes der Geldwäsche erfolgt.   **41**

Zum Teil wird dazu vertreten, dass die Regelungen der §§ 73 f. StGB herangezogen werden sollen, sodass nur solche Tatobjekte geldwäschetauglich seien, die auch eine Einziehung rechtfertigen würden.[75] Nach einer anderen Auffassung in der Literatur sollen solche Gegenstände als geldwäschetaugliche Surrogate ausscheiden, die nur vorübergehend Surrogat sind und anschließend durch ein anderes Surrogat ersetzt werden.[76]   **42**

Ein „Herrühren" entfällt jedoch, wenn ein Gegenstand oder ein Surrogat auf die selbstständige Leistung eines Dritten zurückzuführen ist.[77]   **43**

---

72 BGHSt 53, 205, 209.

73 BGHSt 53, 205, 208 f.

74 BGH, NStZ-RR 2010, 109, 111.

75 *Kühl*, in: Lackner/Kühl, StGB, § 261 Rn. 5 geht lediglich davon aus, dass der Beziehungsgegenstand häufig (aber nicht notwendig) der Einziehung unterliege; konsequenter dagegen *Altenhain*, in: Kindhäuser/Neumann/Paeffgen, StGB, § 261 Rn. 58; *Neuheuser*, in: MüKo-StGB, § 261 Rn. 51, wonach die Kriterien der Einziehung nicht zur Bestimmung des Merkmals „Herrühren" geeignet seien.

76 *Schmidt*, in: LK-StGB, § 261 Rn. 12; *Altenhain*, in: Kindhäuser/Neumann/Paeffgen, StGB, § 261 Rn. 57.

77 Vgl. BT-Drs. 12/989, S. 27.

b) Vermischte Vermögenswerte („Teilkontaminationen")

44 In der Rechtsprechung ebenfalls noch nicht abschließend geklärt ist die Frage, wie sog. **Teilkontaminationen** zu behandeln sind. Dabei geht es um die Frage, wie es zu bewerten ist, wenn z. B. eine Person ein Fahrzeug im Wert von 50.000 EUR kauft und den Kaufpreis zum Teil (beispielsweise in Höhe von 10.000 EUR) mit Geld bezahlt, das aus einer Vortat stammt. Auch im Bankenbereich stellt sich diese Frage häufig, etwa bei der Finanzierung von Immobilientransaktionen, wenn der Kaufpreis zum Teil mit inkriminierten Geldern geleistet wird. Die Ansichten zu dieser Frage gehen auseinander. Mehrheitlich wird mit dem BGH eine partielle Totalkontamination vertreten, sodass der Gegenstand insgesamt inkriminiert sei, wenn er „weit überwiegend" aus Vortaterlösen stammt[78] oder der inkriminierte Teil aus wirtschaftlicher Sicht nicht völlig unerheblich ist.[79] Die Wertgrenze ist nicht gesetzlich vorgegeben.[80] Teilweise werden Wertgrenzen von 5 %[81] oder 25 %[82] vorgeschlagen, ab deren Erreichen der Gegenstand insgesamt als inkriminiert anzusehen sei.[83] Bei Überweisungen von Konten, auf denen sich legal erworbenes und inkriminiertes Geld befindet, soll nach anderer Ansicht[84] darauf abgestellt werden, ob die Überweisung den Anteil des legalen Guthabenanteils übersteigt (dann rührt das hierfür Erlangte aus der Vortat her) oder ob die Überweisung unterhalb des Zuwachses an inkriminiertem Geld bleibt.

III. Tathandlungen

1. Tathandlungen nach § 261 Abs. 1 Satz 1 StGB

45 § 261 Abs. 1 Satz 1 StGB enthält – teilweise abgeändert – die bislang in § 261 Abs. 1 Satz 1 und Abs. 2 StGB geregelten verschiedenen Tathandlungen. Dabei

---

78 *Salditt*, StraFo 1992, 121, 124.

79 BGH, NJW 2015, 3254, 3255; wistra 2019, 29, 31; OLG Karlsruhe, NJW 2005, 767, 769. So auch die Regierungsbegründung, BT-Drs. 19/24180, S. 29, die ausdrücklich auf die Rechtsprechung des BGH Bezug nimmt.

80 *Bülte*, NZWiSt 2017, 276, 187 erhebt daher verfassungsrechtliche Bedenken in Bezug auf den Bestimmtheitsgrundsatz und das Verständnis des Tatbestandsmerkmals „herrühren". Ein Verstoß gegen Art. 103 Abs. 2 GG könne sich daraus ergeben, dass der Betroffene nicht erkennen könne, ob ein Vermögensgegenstand, der nur zum Teil aus inkriminierten Vermögen stammt, geldwäschetauglich sei oder nicht.

81 *Barton*, NStZ 1993, 159, 163.

82 *Leip*, Der Straftatbestand der Geldwäsche, S. 112.

83 Generell gegen eine Makelquote *Schmidt*, in: LK-StGB, § 261 Rn. 12; *Neuheuser*, in: MüKo-StGB, § 261 Rn. 58. Vgl. auch BGH, NJW 2015, 3254, 3255: nicht völlig unerheblich bei Bemakelung von 5,9 % bis ca. 35 %.

84 *Hecker*, in: Schönke/Schröder, StGB, § 261 Rn. 11.

stellen sich weiterhin Abgrenzungs- und Auslegungsfragen. Die Handlungen erschweren oder verhindern jeweils den Zugriff der Strafverfolgungsbehörden auf inkriminierte Gegenstände. Es ist fraglich, ob § 261 Abs. 1 StGB ein einvernehmliches Zusammenwirken des Täters mit dem Vortäter voraussetzt.[85] Der Geldwäschetatbestand kann bei entsprechender Garantenstellung auch durch **Unterlassen** gemäß § 13 StGB verwirklicht werden. Eine solche Garantenstellung trifft den Bankangestellten jedoch nicht schon aus §§ 43, 44 GwG, da die Pflichten des GwG nicht den einzelnen Mitarbeiter treffen, sondern das Unternehmen.[86]

a) Verbergen (Nr. 1)

Verbergen umfasst jede zielgerichtete Tätigkeit, „die mittels einer nicht üblichen örtlichen Unterbringung oder einer den Gegenstand verdeckenden Handlung den Zugang zu einem Tatobjekt erschwert".[87] Dazu zählen Handlungen, die darauf ausgerichtet sind, inkriminierte Gegenstände zu verstecken oder aber auch die falsche Namensangabe bei Geldeinzahlungen. Der Begriff entspricht der wortgleichen Handlungsvariante aus § 261 Abs. 1 Satz 1 StGB a. F.   **46**

b) Umtausch oder Transfer von Vermögensgegenständen (Nr. 2)

§ 261 Abs. 1 Satz 1 Nr. 2 erfasst den Umtausch, die Übertragung oder die Verbringung des Gegenstandes mit der Absicht, dessen Auffindung oder Einziehung oder die Ermittlung dessen Herkunft zu vereiteln. Die Tatbestandsvariante enthält Elemente der Verschleierungs,- Vereitelungs- und Gefährdungstatbestände des § 261 Abs. 1 Satz 1 Var. 2–4 StGB a. F.[88]   **47**

Umtausch bedeutet die Weggabe des ursprünglichen Vermögensgegenstands und die kausal verknüpfte, gleichzeitig oder zeitlich versetze Erlangung einer Gegenleistung. Die Varianten **Übertragung** (auf Dritte) und **Verbringung** sollen den Transfer von Vermögensgegenständen umfassend erfassen. Die Übertragung bezieht sich schwerpunktmäßig auf Rechte, die Verbringung auf körperliche Gegenstände.[89]   **48**

Der Täter muss dabei in der **Absicht** handeln, die staatlichen Ermittlungstätigkeiten oder das staatliche Einziehungsrecht zu vereiteln. Es ist jedoch nicht erforderlich, dass insofern eine konkrete Gefährdung oder gar ein Erfolg eintritt.   **49**

---

85 Dagegen *Hecker*, in: Schönke/Schröder, StGB, § 261 Rn. 13; a. A. *Hoyer*, in: SK-StGB, § 261 Rn. 15.

86 *Schmidt/Krause*, in: LK-StGB, § 261 Rn. 15.

87 *Neuheuser*, in: MüKo-StGB, § 261 Rn. 63; *Ruhmannseder*, in: BeckOK StGB, 50. Edition, Stand: 1.5.2021, § 261 Rn. 24; ähnlich *Bottke*, wistra 1995, 121.

88 Vgl. *Böhme/Busch*, wistra 2021, 169.

89 BT-Drs. 19/24180, S. 31.

Vielmehr handelt es sich bei dieser Tatbestandsvariante – im Gegensatz zum Gefährdungstatbestand der a. F. – um ein abstraktes Gefährdungsdelikt.[90]

c) Sich oder einem Dritten verschaffen (Nr. 3)

50 Die Variante entspricht wortgleich dem § 261 Abs. 2 Nr. 1 StGB a. F. Der Gesetzgeber bezweckt mit § 261 Abs. 1 Satz 1 Nr. 3 und Nr. 4 StGB, inkriminierte Gegenstände faktisch verkehrsunfähig zu machen.[91]

51 Inhaltlich kann weitgehend auf die Vorschrift der Hehlerei gemäß § 259 StGB verwiesen werden. Danach ist es erforderlich, dass sich der Täter eine eigene **Verfügungsgewalt** im Wege eines einvernehmlichen Zusammenwirkens des Täters mit dem Vorbesitzer verschafft (sog. abgeleiteter Erwerb). Bei dem Vorbesitzer muss es sich nicht zwingend um den Vortäter handeln.[92] Streitig ist, ob ein „sich verschaffen" im Sinne des § 261 Abs. 1 Satz 1 Nr. 3 StGB vorliegt, wenn dem Vortäter der inkriminierte Gegenstand durch Drohung oder gewaltsam weggenommen wird. Nach Auffassung der Rechtsprechung[93] ist der Tatbestand der Geldwäsche in diesem Fall nicht erfüllt, da es an dem mit § 261 Abs. 1 Satz 1 Nr. 3 StGB beabsichtigten Isolierungszweck fehle. Der BGH hat zudem entschieden, dass das Einverständnis des Vortäters nicht frei von Willensmängeln sein müsse, sodass die täuschungsbedingte Verfügung des Vortäters nicht zwingend die Strafbarkeit ausschließe.[94]

d) Verwahren oder verwenden (Nr. 4)

52 § 261 Abs. 1 Satz 1 Nr. 4 StGB entspricht wortgleich § 261 Abs. 2 Nr. 2 StGB a. F. Inhaltliche Änderungen ergeben sich insofern nicht.

53 Das Merkmal des **Verwahrens** im Sinne des § 261 Abs. 1 Satz 1 Nr. 4 Var. 1 StGB bedeutet, einen geldwäschetauglichen Gegenstand in Gewahrsam zu nehmen oder zu halten, um ihn für einen Dritten oder für eigene spätere Verwendung zu erhalten.[95] Dazu ist es nicht ausreichend, dass sich ein inkriminierter Gegenstand im Herrschaftsbereich einer Person befindet, ohne dass feststellbar ist, wie der Gegenstand in den Gewahrsam gelangt ist.[96] Auch im Rahmen des Verwah-

---

90 BT-Drs. 19/24180, S. 31; *Böhme/Busch*, wistra 2021, 169, 172; *El-Ghazi/Laustetter*, NZWiSt 2021, 209, 213.
91 BT-Drs. 12/3533, S. 11.
92 BGHSt 55, 36, 47.
93 BVerfG, NJW 2004, 1305, 1306; BGH, NStZ 2010, 517, 518.
94 BGH, NStZ 2010, 517, 518; zustimmend *Fischer*, StGB, § 261 Rn. 24a; *Schmidt/Krause*, in: LK-StGB, § 261 Rn. 21; a. A. *Hecker*, in: Schönke/Schröder, StGB, § 261 Rn. 18.
95 BGH, NStZ 2017, 167, 168.
96 BGH, NStZ 2012, 321, 322.

rens ist es erforderlich, dass der Täter mit dem Vorbesitzer einverständlich zusammenwirkt. So ist das Merkmal des Verwahrens erfüllt, wenn ein Bankmitarbeiter oder Treuhänder inkriminierte Vermögensgegenstände, beispielsweise Geld, wissentlich in **Gewahrsam** nimmt.

Unter den Begriff des **Verwendens** im Sinne des § 261 Abs. 1 Satz 1 Nr. 4 Var. 2 StGB fällt jeder bestimmungsgemäße Gebrauch eines Gegenstandes.[97] Nach dem Willen des Gesetzgebers sind hiervon insbesondere die vielfältigen Geldgeschäfte erfasst.[98] Dazu kann beispielsweise die Einzahlung inkriminierter Gelder auf Bankkonten oder der Umtausch inkriminierter Gelder in eine fremde Währung zählen. Ein Verwenden ist bei Konten auch gegeben, wenn über das jeweilige Guthaben durch Überweisungen oder Barabhebungen verfügt wird.[99]   **54**

Für die Tatbestandsvarianten „Verwahren" und „Verwenden" ist es erforderlich, dass der Täter bzw. der Verwahrer oder Verwender des inkriminierten Gegenstandes dessen Herkunft zum Zeitpunkt der Erlangung gekannt haben muss. Dolus eventualis ist dabei ausreichend.[100]   **55**

2. Tathandlungen nach § 261 Abs. 2 StGB

In § 261 Abs. 2 StGB gehen die Verheimlichungs- und Verschleierungshandlungen des § 261 Abs. 1 Satz 1 StGB a. F. auf. Die Regelung geht jedoch darüber hinaus, da bereits die **Verheimlichung** oder **Verschleierung** von **Tatsachen**, die für das Auffinden, die Einziehung oder die Ermittlung der Herkunft des Gegenstandes von Bedeutung sein können, strafbar ist. Die Strafbarkeit wird insofern ausgeweitet bzw. vorverlagert.[101]   **56**

„Tatsachen" ist umfassend zu verstehen und entspricht dem zu § 263 StGB entwickelten Begriffsverständnis. Sie sollen nach der Gesetzesbegründung bereits dann von Bedeutung sein, wenn ihre Kenntnis „hilfreich" für die zuständigen Behörden wäre.[102]   **57**

Die Begriffe „Verheimlichung" und „Verschleierung" sind in Umsetzung der Fünften EU-Geldwäscherichtlinie in die Norm übernommen worden. Bislang war nur die „Verschleierung" im Gesetz aufgeführt. Es ist unklar, ob dies zu einer Ausweitung des Anwendungsbereichs führt und wie die Begriffe abzu-   **58**

---

97 BGH, NStZ 2017, 167, 168; wistra 2019, 29, 30.

98 BT-Drs. 12/989, S. 27.

99 BGH, NJW 2015, 3254, 3255; wistra 2019, 29, 31.

100 *Hecker*, in: Schönke/Schröder, StGB, § 261 Rn. 20; BT-Drs. 19/24180, S. 31.

101 *Bittmann*, ZWH 2021, 157, 161; *El-Ghazi/Laustetter*, NZWiSt 2021, 209; 213. Siehe zur Kritik an der Unbestimmtheit Vorschrift m. w. N. *Ruhmannseder*, in: BeckOK StGB, 50. Edition, Stand: 1.5.2021, § 261 Rn. 31.2 f.

102 BT-Drs. 19/24180, S. 33.

grenzen sind.[103] Jedenfalls erfordert eine Verheimlichung und Verschleierung ein zielgerichtetes und konkret den Ermittlungserfolg gefährdendes manipulatives Handeln.[104]

59 Nach dem bisherigen Begriffsverständnis fallen unter „Verschleiern" sämtliche Aktivitäten, die dem inkriminierten Gegenstand zielgerichtet den Anschein einer anderen (legalen) Herkunft verleihen oder zumindest die wahre Herkunft verdecken sollen.[105] Praktisch bedeutsam sind z. B. unrichtige Buchungen, die (unzulässige) Vermischung von inkriminierten Geldern mit legalen Geldern oder auch die Errichtung von Konten unter fremdem Namen.

IV. Einschränkung des Anwendungsbereichs des § 261 StGB

60 § 261 Abs. 1 Satz 2 und 3 StGB enthalten Tatbestandseinschränkungen. Daneben wird in der Literatur aufgrund der Weite des Tatbestandes teilweise eine restriktive Auslegung des § 261 StGB vorgeschlagen.

1. Strafloser Vorerwerb (§ 261 Abs. 1 Satz 2 StGB)

61 Nach § 261 Abs. 1 Satz 2 StGB ist die Tat nach § 261 Abs. 1 Satz 1 Nr. 3 und 4 StGB nicht strafbar, wenn **ein Dritter** den Gegenstand erlangt hat, ohne hierdurch eine rechtswidrige Tat zu begehen. Der Gesetzgeber wollte damit eine zu starke Einschränkung des Wirtschaftsverkehrs vermeiden und diese weit gefassten Tatbestandsvarianten einschränken.[106] Die Regelung entspricht weitestgehend dem § 261 Abs. 6 StGB a. F. Der Wortlaut stellt nunmehr klar, dass durch den Vorerwerb überhaupt keine Straftat (etwa Betrug oder Diebstahl) verwirklicht sein darf; nach der herrschenden Meinung zur Vorgängerregelung durfte nur keine Geldwäsche verwirklicht werden.[107]

---

103 So *El-Ghazi/Laustetter*, NZWiSt 2021, 209; 213; ähnlich auch *Scherp/Wrocklage*, CB 2021, 186, 188; zur Begriffsabgrenzung *Ruhmannseder*, in: BeckOK StGB, 50. Edition, Stand: 1.5.2021, § 261 Rn. 31.1 ff.

104 BT-Drs. 19/24180, S. 33 mit Verweis auf BGH, NStZ 2017, 28, 29; ferner *Ruhmannseder*, in: BeckOK StGB, 50. Edition, Stand: 1.5.2021, § 261 Rn. 30.

105 BGH, wistra 2019, 29, 31; *Hecker*, in: Schönke/Schröder, StGB, § 261 Rn. 14; *Neuheuser*, in: MüKo-StGB, § 261 Rn. 67.

106 BT-Drs. 12/989, S. 28.

107 *Ruhmannseder*, in: BeckOK StGB, 50. Edition, Stand: 1.5.2021, § 261 Rn. 34.1; zur früheren Rechtslage etwa *Neuheuser*, in: MüKo-StGB, § 261 Rn. 78; *Kühl*, in: Lackner/Kühl, StGB, § 261 Rn. 6; *Altenhain*, in: Kindhäuser/Neumann/Paeffgen, StGB, § 261 Rn. 88.

Der Erwerb durch den Dritten muss zivilrechtlich nicht wirksam sein. Folglich **62** greift § 261 Abs. 1 Satz 2 StGB auch, wenn der Dritte zwar gutgläubig war, er wegen eines vorangegangenen Raubes aber kein Eigentum erlangt hat.

Die **Bemakelungskette** bleibt unterbrochen, wenn der bösgläubige Täter den **63** Gegenstand von einem Gutgläubigen übernimmt.[108]

Die Regelung ist auch bei Banküberweisungen relevant. So führt die Einzahlung **64** auf ein Bankkonto und anschließende Überweisung an einen Dritten zu einer Unterbrechung der Bemakelungskette, sofern die Bank bzw. deren Mitarbeiter gutgläubig sind. Unerheblich ist, ob der Empfänger der Überweisung gutgläubig ist.[109] Die herrschende Meinung stimmt dem insoweit nur bezüglich einer Entmakelung des eingezahlten Bargeldes zu. Beim Auszahlungsanspruch gegen die Bank, den der Täter im Gegenzug erwirbt, handle es sich dagegen um ein Surrogat des inkriminierten Gegenstandes. Mit der Überweisung an einen Dritten übertrage der Täter die Forderung an den Zahlungsempfänger und mache insoweit von seiner Verfügungsbefugnis Gebrauch. Eine Strafbarkeit nach § 261 Abs. 2 StGB sei daher zu bejahen.[110]

Um Missbrauchsgefahren einzudämmen, ist fraglich ob insbesondere im **Mas-** **65** **senzahlungsverkehr** grundsätzlich davon ausgegangen werden kann, die Bank sei gutgläubig. Eine Gutgläubigkeit der Bank kann allerdings bejaht werden, wenn die Bank die gesetzlichen Pflichten eingehalten hat, die sie zur Verhinderung von Geldwäsche treffen. Das sind insbesondere Monitoring-Pflichten nach § 10 Abs. 1 Nr. 5 GwG und Pflichten nach § 25h Abs. 2 und Abs. 3 KWG.

Umstritten ist des Weiteren das Verhältnis von § 261 Abs. 1 Satz 2 StGB zu **66** § 261 Abs. 1 Satz 1 Nr. 1 und 2 StGB. Nach dem Wortlaut bezieht sich § 261 Abs. 1 Satz 2 StGB – wie schon die Vorgängerregelung – ausdrücklich nur auf Satz 1 Nr. 3 und 4. Dies läuft insofern dem gesetzgeberischen Willen zuwider, wonach der weitgefasste Tatbestand der Geldwäsche durch § 261 Abs. 1 Satz 2 StGB eingeschränkt werden soll. Zudem werden häufig die Tatbestandsvarianten § 261 Abs. 1 Satz Nr. 1 und 2 StGB zugleich mit den Var. 3 und 4 verwirklicht. Im Regierungsentwurf zur Neuregelung wurde noch ausdrücklich auf diese Problematik hingewiesen und die Ausnahme des § 261 Abs. 1 Satz 2 StGB daher auf alle Tatbestandsvarianten erstreckt.[111] Die Änderung wurde jedoch nicht in die finale Gesetzesfassung übernommen. Um die genannten Wertungs-

---

108 BT-Drs. 19/24180, S. 32.

109 Ebenso *Jahn*, in: Satzger/Schluckebier/Widmaier, § 261 Rn. 60; *Sommer*, in: Leipold/Tsambikakis/Zöller, § 261 Rn. 66; *Eschelbach*, in: Graf/Jäger/Wittig, § 261 Rn. 55.

110 *Altenhain*, in: Kindhäuser/Neumann/Paeffgen, StGB, § 261 Rn. 89; *Hecker*, in: Schönke/Schröder, StGB, § 261 Rn. 21; *Schmidt*, in: LK-StGB, § 261 Rn. 24; *Fischer*, StGB, § 261 Rn. 29 m. w. N.; vgl. auch BT-Drs. 19/24180, S. 32.

111 Siehe BT-Drs. 19/24180, S. 31 f.

widersprüche aufzulösen und zu verhindern, dass § 261 Abs. 1 Satz 2 StGB nicht nahezu vollständig leerläuft, scheidet § 261 Abs. 1 StGB dennoch weiterhin bei allen Gegenständen aus, die zuvor von einem Dritten gutgläubig erlangt wurden. In diesen Fällen wird die Bemakelungskette unterbrochen.[112]

2. Honorare von Strafverteidigern

67 Die Frage, inwieweit sich ein Strafverteidiger mit der Annahme eines aus einer Vortat stammenden **Honorars** strafbar machen kann, war lange Zeit stark umstritten.[113] Das BVerfG entschied schließlich, dass sich ein Strafverteidiger nur strafbar machen könne, wenn er im Zeitpunkt der Annahme des Honorars sichere Kenntnis von dessen Herkunft habe. Handele der Strafverteidiger nur bedingt vorsätzlich oder leichtfertig, scheide eine Strafbarkeit wegen Geldwäsche aus, da sonst unverhältnismäßig in die Berufsausübungsfreiheit des Strafverteidigers eingegriffen würde.[114]

68 Diese Rechtsprechung wird nunmehr in § 261 Abs. 1 Satz 3 StGB (zum Vorsatz) und § 261 Abs. 6 Satz 2 StGB (zur Leichtfertigkeit) – deklaratorisch – in das Gesetz übernommen. Ein Verteidiger kann sich weiterhin durch Handlungen nach § 261 Abs. 1 Satz 1 Nr. 1 und 2 StGB strafbar machen.

3. Sonstige Honorarleistungen

69 Des Weiteren wird diskutiert, inwieweit die vom BVerfG aufgestellten Grundsätze zur Annahme von **Honorarzahlungen** durch einen Strafverteidiger auf andere Berufsgruppen (z. B. Rechtsanwälte, Steuerberater, Ärzte) übertragen werden können.[115] Die Ansichten gehen hier auseinander. Teilweise wird eine Übertragbarkeit der Grundsätze generell bejaht.[116] Teilweise soll dies zumindest für rechtsberatende Berufe gelten.[117] Andererseits wird wegen der besonderen Stellung des Strafverteidigers als Organ der Rechtspflege jedenfalls eine Anwendung für Steuerberater und Ärzte abgelehnt.[118]

---

112 A.A. *Gazeas*, NJW, 2021, 1041, 1043; zur Vorgängerregelung *Schmidt/Krause*, in: LK-StGB, § 261 Rn. 24.

113 Vgl. *Fischer*, StGB, § 261 Rn. 32 f. mit zahlreichen weiteren Nachweisen zum Streitstand; *Scherp*, NJW 2001, 3242; *Fischer*, NJW 2004, 473.

114 BVerfGE 110, 226, 261 f.

115 *Schmidt*, in: LK-StGB, § 261 Rn. 28.

116 *Fischer*, StGB, § 261 Rn. 38.

117 *Barton*, StV 1993, 156, 163; *Hecker*, in: Schönke/Schröder, § 261 Rn. 25 m. w. N. bejaht eine Anwendung jedenfalls, wenn die Wahrnehmung eines zivilrechtlichen Mandats in untrennbarem Zusammenhang mit einem geldwäscherelevanten Sachverhalt steht. Das BVerfG hat die Frage für zivilrechtliche Mandate ausdrücklich offen gelassen, BVerfG, NJW 2015, 2949, 2953 f.

118 *Schmidt*, in: LK-StGB, § 261 Rn. 28.

Dass im Zuge der jüngsten Reform lediglich die Privilegierung von Strafvertei- **70**
digern im Gesetz aufgenommen wurde, stellt kein zwingendes Argument gegen
Ausnahmen für weitere Berufsgruppen dar. Der Gesetzgeber wollte mit der Änderung lediglich die Rechtsprechung des BVerfG kodifizieren und äußert sich
auch in der Gesetzesbegründung nicht zu anderen Berufsgruppen.[119]

4. Sozialübliches Verhalten/Bagatellgeschäfte

Insbesondere für sozialtypisches Verhalten sowie **Alltags- und Bagatellge-** **71**
schäfte wird gefordert, diese aus dem Anwendungsbereich des § 261 StGB her-
auszunehmen.[120] Die überwiegende Ansicht[121] lehnt eine solche Einschränkung
des Tatbestandes ab. Es fehle an klaren Abgrenzungskriterien (z. B. zur Bagatellgrenze bzw. für Luxus- und Alltagsgeschäfte) und der Gesetzgeber habe bewusst
auf eine Bagatell- oder Ausschlussklausel verzichtet.[122] Zudem sei in den meisten Fällen sozialtypischer Verhaltensweisen der subjektive Tatbestand nicht erfüllt.[123]

V. Subjektiver Tatbestand

1. Vorsatz

Für die Tathandlungen nach § 261 Abs. 1 und 2 StGB ist **Vorsatz** erforderlich. **72**
Bedingter Vorsatz genügt grundsätzlich. Im Fall der Geldwäsche durch Annahme eines Verteidigerhonorars ist hingegen sicheres Wissen erforderlich (siehe
vorstehend → Rn. 67). Der Vorsatz muss sich auf sämtliche Tatbestandsmerkmale des § 261 StGB beziehen, d. h. auf das Tatobjekt, die Tathandlung und den
Taterfolg. Einzelheiten über die Vortat braucht der Täter nicht zu kennen. Er
muss lediglich Umstände kennen oder sich vorstellen, aus denen sich in groben

---

119 Vgl. BT-Drs. 19/24180, S. 32 f. Ebenso *Ruhmannseder*, in: BeckOK StGB, 50. Edi-
    tion, Stand: 1.5.2021, § 261 Rn. 41; *Gazeas*, NJW 2021, 1041, 1046; kritisch *Gercke/*
    Jahn/Paul, StV 2021, 330, 338.
120 *Barton*, StV 1993, 156, 163; *Löwe-Krahl*, wistra 1993, 123, 126.
121 *Hecker*, in: Schönke/Schröder, StGB, § 261 Rn. 23; *Neuheuser*, in: MüKo-StGB,
    § 261 Rn. 81 f.; *Altenhain*, in: Kindhäuser/Neumann/Paeffgen, StGB, § 261 Rn. 120;
    Schmidt, in: LK-StGB, § 261 Rn. 25; vgl. zur Strafbarkeit von neutralen Handlungen
    generell BGH, NJW 2003, 2996; NStZ 2017, 461; vgl. zur Strafbarkeit von Bankan-
    gestellten bei berufstypischem Verhalten BGH, NJW 2000, 3010, 3011.
122 *Hecker*, in: Schönke/Schröder, StGB, § 261 Rn. 23; *Schmidt*, in: LK-StGB, § 261
    Rn. 25.
123 *Hecker*, in: Schönke/Schröder, StGB, § 261 Rn. 23; *Schmidt*, in: LK-StGB, § 261
    Rn. 25; die sog. Vorsatzlösung in Betracht zieht auch *Herzog*, in: Handbuch Wirt-
    schaftsstrafrecht, 13. Teil Rn. 97 f.

Zügen bei rechtlich richtiger Bewertung, die er nur laienhaft erfasst haben muss, eine Vortat ergibt.[124]

73   Für einen **bedingten Vorsatz** ist es weder bezüglich des Wissens- noch des Willenselements erforderlich, dass sich die subjektive Vorstellung des Täters auf Umstände bezieht, die dem tatsächlichen Vortatgeschehen entsprechen. Ausreichend für das Wissenselement ist, wenn der Täter eine „illegale Herkunft" ernsthaft für möglich hält, ohne dabei bestimmte gesetzeswidrige Machenschaften auszuschließen; für das Willenselement ist eine Gleichgültigkeit gegenüber einer für möglich gehaltenen Herkunft regelmäßig ausreichend.[125]

74   Bei Bankmitarbeitern wird nur sehr selten ein bedingter Vorsatz in dem Sinne vorliegen, dass sie die Tatbestandsmerkmale billigend in Kauf nehmen.[126] Ein Verstoß gegen Anzeigepflichten nach dem GwG begründet für sich gesehen noch keinen Vorsatz.[127]

75   Ein **Tatbestandsirrtum** ist im Rahmen des § 261 StGB zu bejahen, wenn der Täter annimmt, der Vorgänger habe den Gegenstand rechtmäßig oder nicht durch eine strafbare Handlung erlangt.[128] Kennt der Täter hingegen die bemakelte Herkunft des Gegenstandes, glaubt aber, sein Handeln sei erlaubt, liegt ein Verbotsirrtum (§ 17 StGB) vor.

2. Leichtfertigkeit (§ 261 Abs. 6 StGB)

76   Gemäß § 261 Abs. 6 StGB macht sich strafbar, wer in den Fällen des § 261 Abs. 1 oder 2 StGB leichtfertig nicht erkennt, dass der Gegenstand aus einer Vortat herrührt. **Leichtfertigkeit** liegt bei der Geldwäsche vor, wenn sich die Herkunft des Gegenstandes aus einer Vortat – also irgendeiner Straftat – nach der Sachlage geradezu aufdrängt und der Täter gleichwohl handelt, weil er dies aus besonderer Gleichgültigkeit oder grober Unachtsamkeit außer Acht lässt.[129] Zu beachten ist, dass sich die Leichtfertigkeit nur auf die Herkunft des Gegenstandes bezieht. Hinsichtlich der übrigen Tatbestandsmerkmale ist Vorsatz erforderlich. Die Vorschriften über den Versuch (§ 261 Abs. 3 StGB), die Qualifikation

---

124 BGH, NJW 1997. 3323; wistra 2003, 260 f.; NStZ 2016, 538; BeckRS 2018, 38747; wistra 2019, 29, 30; *Hecker*, in: Schönke/Schröder, StGB § 261 Rn. 26; *Schmidt*, in: LK-StGB, § 261 Rn. 36; *Altenhain*, in: Kindhäuser/Neumann/Paeffgen, StGB, § 261 Rn. 132.

125 BGH, NStZ-RR 2020, 80; NZWiSt 2021, 360, 361 f. m. Anmerkung *Bittmann*.

126 *Schmidt*, in: LK-StGB, § 261 Rn. 36; *Altenhain*, in: Kindhäuser/Neumann/Paeffgen, StGB, § 261 Rn. 131.

127 *Schmidt*, in: LK-StGB, § 261 Rn. 36.

128 BGH, BeckRS 2018, 38747; *Fischer*, StGB, § 261 Rn. 40; *Schmidt*, in: LK-StGB, § 261 Rn. 37; *Hecker*, in: Schönke/Schröder, StGB, § 261 Rn. 26; *Neuheuser*, in: MüKo-StGB, § 261 Rn. 95.

129 BGH, NJW 1997, 3323, 3325; NStZ-RR 2015, 13, 14; NJW 2018, 1602, 1604.

nach § 261 Abs. 4 StGB und die besonders schweren Fälle (§ 261 Abs. 5 StGB) sind bei der leichtfertigen Geldwäsche nicht anwendbar.[130] Gleiches gilt für Strafverteidiger in den Fällen des § 261 Abs. 1 Satz 1 Nr. 3, 4 StGB (§ 261 Abs. 6 Satz 2 StGB). Die Teilnahme ist straflos.

Bereits die Strafbarkeit der leichtfertigen Geldwäsche nach alter Rechtslage rief **77** erhebliche Kritik hervor, wurde jedoch vom BGH bei restriktiver Auslegung der Norm gebilligt.[131] Die mit dem Wegfall des Vortatenkatalogs verbundene erhebliche Ausweitung des Anwendungsbereichs der leichtfertigen Geldwäsche[132] wird im Schrifttum daher umso mehr kritisiert: Die mit der Norm ursprünglich verfolgten Zwecke, Beweiserleichterung und Schließung von Strafbarkeitslücken, seien in Anbetracht der Neufassung des § 261 Abs. 1 StGB weniger gewichtig und es drohe eine unverhältnismäßige Ausuferung der Strafbarkeit.[133] Im Referentenentwurf wurde die leichtfertige Begehung noch mit der Begründung gestrichen, eine „nahezu uferlose Anwendungsbreite" des Tatbestandes zu verhindern.[134] Die Begründung zum Regierungsentwurf greift diese Bedenken in keiner Weise auf.

Für die Frage, ob **Bankangestellte** leichtfertig handeln, können u.a. die im **78** GwG normierten Pflichten der Bank und ihrer Mitarbeiter (§§ 4f. GwG), die von der FATF und dem BKA erstellten sog. Anhaltspunkte für Geldwäsche sowie weitere Typologiepapiere zur Geldwäsche und die Auslegungs- und Anwendungshinweise der Deutschen Kreditwirtschaft (DK) herangezogen werden.[135] Es ist zudem die Stellung des konkreten Mitarbeiters in der Hierarchie des Instituts zu berücksichtigen. So kann der Geldwäschebeauftragte entsprechend seiner Möglichkeiten einen weiteren Pflichtenkreis haben als ein Schalterangestellter.[136] Eine Leichtfertigkeit wird bei einem Bankangestellten nur in Ausnahme-

---

130 *Neuheuser*, in: MüKo-StGB, § 261 Rn. 97; *Altenhain*, in: Kindhäuser/Neumann/ Paeffgen, StGB, § 261 Rn. 137.
131 BGH, NStZ 1998, 42, 43f.; NJW 2008, 2516, 2517; siehe dazu etwa *Schmidt*, in: LK-StGB, § 261 Rn. 39.
132 So auch ausdrücklich BT-Drs. 19/24180, S. 34.
133 *Ruhmannseder*, in: BeckOK StGB, 50. Edition, Stand: 1.5.2021, § 261 Rn. 54.2; *El-Ghazi/Laustetter*, NZWiSt 2021, 209, 213f.; *Gazeas*, NJW 2021, 1041, 1044f.; *Gercke/Jahn/Paul*, StV 2021, 330, 339; *Travers/Michaelis*, NZWiSt 2021, 125, 128; vermittelnd *Scherp/Wrocklage*, CB 2021, 186, 189.
134 Begründung des RefE, S. 19.
135 FATF, Recommandations „International Standards On Combating Money Laundering And the Financing of Terrorism & Proliferation, February 2012"; FATF, Report „Detecting Terrorist Financing: Relevant Risk Indicators, June 2016"; FATF, Report „Emerging Terrorist Financing Risks, October 2015"; BKA, Financial Intelligence Unit, Newsletter-Anhaltspunktepapier Ausgabe Nr. 11/August 2016; DK, AuA Februar 2014 zur Verhinderung von Geldwäsche, Terrorismusfinanzierung und „sonstigen strafbaren Handlungen"; vgl. auch *Neuheuser*, in: MüKo-StGB, § 261 Rn. 100.
136 *Neuheuser*, in: MüKo-StGB, § 261 Rn. 100.

fällen anzunehmen sein, z. B. wenn er vor kriminellen Transaktionen die Augen verschließt.[137]

79 Ob der Bankangestellte leichtfertig gehandelt hat, ist letztlich im Wege einer differenzierenden Betrachtung im Einzelfall festzustellen. Zu beachten ist, dass das **Know-Your-Customer-Prinzip** des GwG gerade den Schalterangestellten zwingt, sich Gedanken über die Identität des Kunden und die betroffene Transaktion zu machen.

VI. Versuchsstrafbarkeit

80 Gemäß § 261 Abs. 3 StGB ist der **Versuch** der Geldwäsche strafbar. Diesbezüglich gelten die allgemeinen Regeln.

81 Eine Versuchsstrafbarkeit ist insbesondere anzunehmen, wenn der Täter objektiv keine Geldwäschehandlung vorgenommen hat, aber irrig von Umständen ausgeht, bei deren Vorliegen der Tatbestand der Geldwäsche erfüllt wäre. Das ist z. B. der Fall, wenn der Täter irrig annimmt, das Tatobjekt stamme aus einer Vortat. Ein Versuch ist auch in dem Fall gegeben, wenn der Täter den bemakelten Gegenstand einem verdeckt ermittelnden Polizeibeamten übergibt[138] oder übersieht, dass ein strafloser Vorerwerb (§ 261 Abs. 1 Satz 2 StGB) erfolgt ist.[139]

82 Hinsichtlich der leichtfertigen Geldwäsche scheidet eine Versuchsstrafbarkeit aus.

VII. Rechtsfolgen

1. Der Strafrahmen des § 261 StGB

83 Für die vorsätzliche Geldwäsche gilt der **Regelstrafrahmen** des § 261 Abs. 1 StGB von Geldstrafe oder bis zu fünf Jahren Freiheitsstrafe. Für die leichtfertige Geldwäsche nach § 261 Abs. 6 StGB gilt ein Strafrahmen von bis zu zwei Jahren Freiheitsstrafe oder Geldstrafe. § 261 StGB enthält keine § 257 Abs. 2 StGB vergleichbare Regelung, sodass die Strafe für die Geldwäsche die für die Vortat verhängte Strafe übersteigen kann.[140] Der BGH[141] sieht jedoch aufgrund der Rechts-

---

137 *Neuheuser*, in: MüKo-StGB, § 261 Rn. 100; zum Ausschluss der Leichtfertigkeit durch Unterrichtung des Geldwäschebeauftragten *Nestler/El-Ghazi*, in: Herzog, GwG, § 261 StGB Rn. 137.
138 BGH, NJW 1999, 436, 437.
139 *Altenhain*, in: Kindhäuser/Neumann/Paeffgen, StGB, § 261 Rn. 136.
140 So auch *Schmidt*, in: LK-StGB, § 261 Rn. 42; *Altenhain*, in: Kindhäuser/Neumann/ Paeffgen, StGB, § 261 Rn. 140.
141 BGH, NJW 2000, 3725, 3726.

ähnlichkeit der Geldwäsche zur Begünstigung eine Anwendung des Rechtsgedankens des § 257 Abs. 2 StGB als naheliegend an und geht davon aus, dass deshalb im Einzelfall regelmäßig auszuschließen sei, dass sich aus der Anschlusstat der Geldwäsche eine höhere Strafe ergeben könnte als aus der Vortat.

Für die besonders schweren Fälle der Geldwäsche (§ 261 Abs. 5 StGB) gilt ein (erhöhter) Strafrahmen von sechs Monaten bis zu zehn Jahren. Ein **besonders schwerer Fall** der Geldwäsche liegt vor, wenn der Täter gewerbsmäßig oder als Mitglied einer Bande handelt, die sich zur fortgesetzten Begehung einer Geldwäsche verbunden hat. Im Einzelfall kann auch ein unbenannter besonders schwerer Fall vorliegen, z. B. wenn sich die Geldwäsche auf einen sehr hohen Betrag bezieht.[142]   **84**

Daneben ist gemäß § 262 StGB die Anordnung der Führungsaufsicht nach §§ 68, 61 Nr. 4 StGB als Maßregel der Besserung und Sicherung möglich.   **85**

2. Einziehung (§ 261 Abs. 10 StGB)

Nach § 261 Abs. 10 StGB können Gegenstände, auf die sich die Straftat bezieht, eingezogen werden. Die **Einziehung** dieser inkriminierten Gegenstände richtet sich nach den §§ 73 ff. StGB. Nach § 74a StGB unterliegen auch solche Gegenstände der Einziehung, die nicht dem Täter, sondern einem Dritten gehören.   **86**

Relevant sind in diesem Kontext vor allem auch die mit dem Gesetz zur Verbesserung der Strafbarkeit der Geldwäsche in Kraft getretenen Änderungen der selbstständigen Einziehung in § 76a Abs. 4 StGB. Mit der selbstständigen Einziehung können aus Straftaten herrührende Gegenstände eingezogen werden, wenn der Verdacht einer Katalogtat des § 76 Abs. 4 Satz 3 StGB besteht, auch wenn der Betroffene deswegen nicht verfolgt oder verurteilt werden kann. Zu diesen Katalogtaten zählt auch die Geldwäsche nach § 261 Abs. 1, 2 StGB (§ 76 Abs. 4 Satz 3 Nr. 1 lit. f StGB). Durch die Ausweitung des Tatbestandes des § 261 StGB wird folglich mittelbar die Anwendbarkeit des § 76a StGB deutlich ausgeweitet.[143] Eingezogen werden können nunmehr ausdrücklich auch Nutzungen, etwa Mieteinnahmen einer Immobilie, die mit aus Straftaten erlangten Vermögenswerten erworben wurden.   **87**

---

142 Nach BGH, NStZ 1998, 622, 623 soll die Annahme eines unbenannten Falles bei einem Betrag von DM 2,2 Mio. sehr naheliegen; *Schmidt*, in: LK-StGB, § 261 Rn. 43; *Neuheuser*, in: MüKo-StGB, § 261 Rn. 133; *Nestler/El-Ghazi*, in: Herzog, GwG, § 261 StGB Rn. 144.

143 *Böhme/Busch*, wistra 2021, 169; ausführlich und kritisch dazu *El-Ghazi/Marstaller/Zimmermann*, NZWiSt 2021, 297, 302 ff. Im Regierungsentwurf, BT-Drs. 19/24180, S. 19, war die Anwendbarkeit des § 76 Abs. 4 StGB zur Wahrung der Verhältnismäßigkeit noch bewusst auf Geldwäschefälle mit bestimmten schweren Vortaten beschränkt.

VIII. Qualifikation (§ 261 Abs. 4 StGB)

88 § 261 Abs. 4 StGB enthält einen neuen Qualifikationstatbestand für **Verpflichtete nach § 2 GwG**. Begeht ein solcher in Ausübung seiner entsprechenden beruflichen Tätigkeit eine Tat nach § 261 Abs. 1 oder 2 StGB, so beträgt die Strafdrohung Freiheitsstrafe von drei Monaten bis zu fünf Jahren. Mitarbeiter eines Verpflichteten (z. B. Bankangestellter) sind nicht erfasst, da sie nicht selbst Verpflichtete im Sinne der Norm sind.[144]

IX. Tätige Reue (§ 261 Abs. 8 StGB)

89 § 261 Abs. 8 StGB normiert einen persönlichen **Strafaufhebungsgrund**. Die Regelung soll Täter vor allem dazu bewegen, strafbare Geldwäschevorgänge anzuzeigen und die Sicherstellung des gewaschenen Vermögens zu ermöglichen.[145] Der Strafaufhebungsgrund war zuvor in § 261 Abs. 9 Satz 1 StGB geregelt und wurde nur redaktionell geändert.

90 Voraussetzung des Strafaufhebungsgrundes ist nach § 261 Abs. 8 Nr. 1 StGB die freiwillige Anzeige oder die freiwillige Veranlassung einer Anzeige bei der zuständigen Behörde. War die Tat zum Anzeigezeitpunkt bereits ganz oder teilweise entdeckt, entfällt eine Strafbefreiung, wenn der Täter oder Teilnehmer von der Entdeckung wusste oder den Umständen nach mit dieser rechnen musste.[146] In diesen Fällen bleibt aber eine Milderung gemäß § 46b StGB möglich.[147]

91 Freiwillig handelt der Täter, wenn er aus autonomen Motiven heraus handelt.[148] Ist der Täter ein Mitarbeiter eines Verpflichteten nach § 2 Abs. 1 GwG, steht die Pflicht zur Erstattung einer Geldwäscheverdachtsanzeige gemäß § 43 Abs. 4 GwG der **Freiwilligkeit** der Anzeige nach § 261 Abs. 8 Nr. 1 StGB nicht entgegen.

92 Im Falle einer vorsätzlichen Begehung normiert § 261 Abs. 8 Nr. 2 StGB die zusätzliche Voraussetzung, dass der Täter die Sicherstellung des Gegenstandes bewirken muss. Bewirken meint den Erfolg der **Sicherstellung**. Ein ernsthaftes aber erfolgloses Bemühen um die Sicherstellung reicht nicht aus.[149]

---

144 *Scherp/Wrocklage*, CB 2021, 186, 189; vgl. auch *Travers/Michaelis*, NZWiSt 2021, 125, 129; zur Anwendbarkeit des § 14 StGB siehe *Ruhmannseder*, in: BeckOK StGB, 50. Edition, Stand: 1.5.2021, § 261 Rn. 47.

145 BT-Drs. 12/989, S. 28.

146 *Neuheuser*, in: MüKo-StGB, § 261 Rn. 118; *Fischer*, StGB, § 261 Rn. 51.

147 *Hecker*, in: Schönke/Schröder, StGB, § 261 Rn. 34.

148 Vgl. die Kommentierungen zu § 24 StGB, z. B. *Fischer*, StGB, § 24 Rn. 19.

149 *Neuheuser*, in: MüKo-StGB, § 261 Rn. 119; *Nestler/El-Ghazi*, in: Herzog, GwG, § 261 StGB Rn. 157; *Altenhain*, in: Kindhäuser/Neumann/Paeffgen, StGB, § 261

Relevant ist der Verzicht auf das Erfordernis der Sicherstellung des Gegenstan- 93
des bei leichtfertigem Handeln vor allem im Zusammenhang mit Kreditinstituten, nämlich bei Fallkonstellationen, in denen sich der Verdacht der Geldwäsche
erst im Laufe einer längeren **Geschäftsverbindung** herausstellt.[150] In diesen Fällen besteht die Gefahr, dass einem Bankangestellten nachträglich vorgeworfen
wird, er habe die verdächtigen Umstände bereits zu einem früheren Zeitpunkt
bemerken und anzeigen müssen.[151] Zwar ist eine nachträgliche Anzeige durch
den Mitarbeiter in diesen Fällen noch möglich. Häufig wird der Kontoinhaber
jedoch über den aus der Vortat herrührenden Gegenstand bereits weiterverfügt
und eine Sicherstellung des Gegenstandes durch das Kreditinstitut unmöglich
gemacht haben.[152] Eine Strafaufhebung wäre somit in diesen Konstellationen
nicht möglich.

Liegen sowohl die Voraussetzungen des § 261 Abs. 8 StGB als auch des § 46b 94
StGB vor, geht § 261 Abs. 8 StGB als günstigere Regelung vor.[153]

X. Konkurrenzen

Führt eine Handlungsweise des Täters dazu, dass mehrere Modalitäten der § 261 95
Abs. 1, 2 oder 6 StGB verwirklicht sind, so liegt nur eine Tat vor.[154]

§ 261 Abs. 1 Satz 1 Nr. 3 und 4 StGB stellt gegenüber § 261 Abs. 1 Satz 1 Nr. 1 96
und 2 StGB einen **Auffangtatbestand** dar.[155] Dies gilt ebenfalls für § 261 Abs. 6
StGB gegenüber § 261 Abs. 1 Satz 1 Nr. 3 und 4 StGB.[156]

Tateinheit ist u. a. möglich mit den §§ 129, 129b, 257–260a, 263, 266, 267 97
StGB.[157] Ist die Geldwäschehandlung identisch mit einer Beihilfehandlung zur
Vortat, tritt § 261 StGB im Wege der Subsidiarität zurück.[158] **Tatmehrheit** ist
hingegen anzunehmen, wenn sich ein Täter bei verschiedenen Gelegenheiten
Vermögenswerte verschafft, wobei unerheblich ist, ob diese Geldbeträge ihrer-

---

Rn. 155; *Ruhmannseder*, in: BeckOK StGB, 50. Edition, Stand: 1.5.2021, § 261
Rn. 69.
150 BT-Drs. 12/989, S. 28.
151 BT-Drs. 12/989, S. 28.
152 BT-Drs. 12/989, S. 28.
153 *Schmidt*, in: LK-StGB, § 261 Rn. 47.
154 *Kühl*, in: Lackner/Kühl, StGB, § 261 Rn. 18; *Neuheuser*, in: MüKo-StGB, § 261
Rn. 110.
155 BT-Drs. 12/989, S. 27; BGH, NJW 2013, 1158, 1159.
156 *Fischer*, StGB, § 261 Rn. 53; *Kühl*, in: Lackner/Kühl, StGB, § 261 Rn. 18.
157 BGH, NStZ-RR 1997, 359; NJW 2012, 325, 326; *Neuheuser*, in: MüKo-StGB, § 261
Rn. 111; ferner *Fischer*, StGB, § 261 Rn. 53; *Kühl*, in: Lackner/Kühl, StGB, § 261
Rn. 18.
158 BGH, NStZ-RR 1998, 25, 26; *Neuheuser*, in: MüKo-StGB, § 261 Rn. 111.

seits aus einer Vortat oder aus mehreren Vortaten herrühren.[159] Das gilt etwa beim Eingang von bemakeltem Geld auf ein vom Täter beherrschtes Konto, das dieser dort gemäß § 261 Abs. 1 Satz 1 Nr. 4 Var. 1 StGB jedenfalls vorübergehend verwahrt. Zu sich daran anschließenden Verwendungshandlungen nach § 261 Abs. 1 Satz 1 Nr. 4 Var. 2 StGB durch strafbewehrte Verfügungen über das deliktisch erlangte Giralgeld – etwa in Form von Überweisungen oder Barabhebungen – besteht dagegen grundsätzlich eine natürliche Handlungseinheit.[160]

98 Der BGH hat eine Sperrwirkung der Hehlerei gemäß § 259 StGB gegenüber der leichtfertigen Geldwäsche verneint.[161]

99 Lässt sich nicht klären, ob dem Täter die Begehung einer Vortat oder einer Geldwäsche angelastet werden kann, ist im Wege der Postpendenz eine Strafbarkeit nach § 261 StGB festzustellen.[162]

XI. Verjährung

100 Nach § 78 Abs. 3 Nr. 4 StGB beträgt die Verjährungsfrist für Taten nach § 261 StGB fünf Jahre. Die Frist beginnt mit der letzten Geldwäschehandlung zu laufen. Vollzieht sich die Geldwäsche in fortgesetzten Handlungen, bedeutet dies, dass die Verjährungsfrist erst mit dem letzten Geldwäscheakt beginnt.

XII. § 261 StGB als Schutzgesetz i. S. d. § 823 Abs. 2 BGB

101 Nach einhelliger Auffassung zur inhaltsgleichen Vorgängernorm[163] stellt § 261 Abs. 1 Satz 1 Nr. 3 und 4 StGB ein **Schutzgesetz** i. S. d. § 823 Abs. 2 BGB dar. Die Vorschriften sollen neben der Rechtspflege auch das durch die Vortat verletzte Rechtsgut schützen[164] und dienen somit dem Individualinteresse des durch die Vortat Geschädigten.

102 Streitig ist, ob auch § 261 Abs. 1 Satz 1 Nr. 1 und 2 StGB individualschützenden Charakter haben. Der BGH[165] bejahte dies zu § 261 Abs. 1 Satz 1 StGB a. F. und sah auch das Interesse des Geschädigten an der Durchsetzung von zivilrechtlichen Ersatzansprüchen gegen den Vortäter als geschützt an.[166] Zudem verwies

---

159 BGH, NJW 1997, 3322, 3323; wistra 2019, 29, 31.
160 BGH, wistra 2019, 29, 31; *Neuheuser*, NStZ 2008, 492, 496.
161 BGH, NJW 2006, 1297, 1299.
162 BGH, NStZ 1995, 500.
163 BGH, NJW 2013, 1158; OLG Frankfurt a. M., BeckRS 2004, 3039044; OLG Schleswig, BeckRS 2008, 02818.
164 BT-Drs. 12/989, S. 27.
165 BGH, NJW 2013, 1158.
166 A. A. KG, NJOZ 2010, 2164.

der BGH auf den Auffangcharakter des § 261 Abs. 2 StGB a. F., dessen Schutzzweck nicht weiter reichen könne als der des Kernbereichs der Geldwäsche in § 261 Abs. 1 Satz 1 StGB a. F. Diese Argumentation ist auf den neuen Tatbestand übertragbar, sodass auch § 261 Abs. 1 Satz 1 Nr. 1 und 2 StGB als drittschützend anzusehen sind.

§ 154 Kontenwahrheit

(1) Niemand darf auf einen falschen oder erdichteten Namen für sich oder einen Dritten ein Konto errichten oder Buchungen vornehmen lassen, Wertsachen (Geld, Wertpapiere, Kostbarkeiten) in Verwahrung geben oder verpfänden oder sich ein Schließfach geben lassen.

(2) Wer ein Konto führt, Wertsachen verwahrt oder als Pfand nimmt oder ein Schließfach überlässt (Verpflichteter), hat

1. sich zuvor Gewissheit über die Person und Anschrift jedes Verfügungsberechtigten und jedes wirtschaftlich Berechtigten im Sinne des Geldwäschegesetzes zu verschaffen und

2. die entsprechenden Angaben in geeigneter Form, bei Konten auf dem Konto, festzuhalten.

Für Verfügungsberechtigte sind § 11 Absatz 4 und 6, § 12 Absatz 1 und 2 und § 13 Absatz 1 des Geldwäschegesetzes sowie zu § 12 Absatz 3 und § 13 Absatz 2 des Geldwäschegesetzes ergangene Rechtsverordnungen, für wirtschaftlich Berechtigte der § 13 Absatz 1 des Geldwäschegesetzes sowie zu § 13 Absatz 2 des Geldwäschegesetzes ergangene Rechtsverordnungen entsprechend anzuwenden. Der Verpflichtete hat sicherzustellen, dass er den Finanzbehörden jederzeit Auskunft darüber geben kann, über welche Konten oder Schließfächer eine Person verfügungsberechtigt ist oder welche Wertsachen eine Person zur Verwahrung gegeben oder als Pfand überlassen hat. Die Geschäftsbeziehung ist kontinuierlich zu überwachen und die nach Satz 1 zu erhebenden Daten sind in angemessenem zeitlichen Abstand zu aktualisieren.

(2a) Kreditinstitute haben für jeden Kontoinhaber, jeden anderen Verfügungsberechtigten und jeden wirtschaftlich Berechtigten im Sinne des Geldwäschegesetzes außerdem folgende Daten zu erheben und aufzuzeichnen:

1. die Identifikationsnummer nach § 139b und

2. die Wirtschafts-Identifikationsnummer nach § 139c oder, wenn noch keine Wirtschafts-Identifikationsnummer vergeben wurde und es sich nicht um eine natürliche Person handelt, die für die Besteuerung nach dem Einkommen geltende Steuernummer.

Der Vertragspartner sowie gegebenenfalls für ihn handelnde Personen haben dem Kreditinstitut die nach Satz 1 zu erhebenden Daten mitzuteilen und sich im Laufe der Geschäftsbeziehung ergebende Änderungen unverzüglich anzuzeigen. Die Sätze 1 und 2 sind nicht anzuwenden bei Kreditkonten, wenn der Kredit ausschließlich der Finanzierung privater Konsumgüter dient und der Kreditrahmen einen Betrag von 12 000 Euro nicht übersteigt.

(2b) Teilen der Vertragspartner oder gegebenenfalls für ihn handelnde Personen dem Kreditinstitut die nach Absatz 2a Satz 1 Nummer 1 zu erfassende Identifikationsnummer einer betroffenen Person bis zur Begründung der Geschäftsbeziehung nicht mit und hat das Kreditinstitut die Identifikationsnummer dieser Person auch nicht aus anderem Anlass rechtmäßig erfasst, hat es sie bis zum Ablauf des dritten Monats nach Begründung der Geschäftsbeziehung in einem maschinellen Verfahren beim Bundeszentralamt für Steuern zu erfragen. In der Anfrage dürfen nur die in § 139b Absatz 3 genannten Daten der betroffenen Person angegeben werden. Das Bundeszentralamt für Steuern teilt dem Kreditinstitut die Identifikationsnummer der betroffenen Person mit, sofern die übermittelten Daten mit den bei ihm nach § 139b Absatz 3 gespeicherten Daten übereinstimmen.

(2c) Soweit das Kreditinstitut die nach Absatz 2a Satz 1 zu erhebenden Daten auf Grund unzureichender Mitwirkung des Vertragspartners und gegebenenfalls für ihn handelnder Personen nicht ermitteln kann, hat es dies auf dem Konto festzuhalten. In diesem Fall hat das Kreditinstitut dem Bundeszentralamt für Steuern die betroffenen Konten sowie die hierzu nach Absatz 2 erhobenen Daten mitzuteilen; diese Daten sind für alle in einem Kalenderjahr eröffneten Konten bis Ende Februar des Folgejahrs zu übermitteln.

(2d) Die Finanzbehörden können für einzelne Fälle oder für bestimmte Fallgruppen Erleichterungen zulassen, wenn die Einhaltung der Pflichten nach den Absätzen 2 bis 2c unverhältnismäßige Härten mit sich bringt und die Besteuerung durch die Erleichterung nicht beeinträchtigt wird.

(3) Ist gegen Absatz 1 verstoßen worden, so dürfen Guthaben, Wertsachen und der Inhalt eines Schließfachs nur mit Zustimmung des für die Einkommen- und Körperschaftsteuer des Verfügungsberechtigten zuständigen Finanzamts herausgegeben werden.

AEAO zu § 154 – Kontenwahrheit (Stand Januar 2021):

1. Verbot der Verwendung falscher oder erdichteter Namen

Das Verbot, falsche oder erdichtete Namen zu verwenden, richtet sich an denjenigen, der als Kunde bei einem anderen ein Konto errichten lassen will oder Buchungen vornehmen lässt. Wegen des Verbots im eigenen Geschäftsbetrieb falsche oder erdichtete Namen für Konten zu gebrauchen, Hinweis auf § 146 Abs. 1 AO.

  Stumm

2. Konten auf den Namen Dritter/CpD-Konten

Es ist zulässig, Konten auf den Namen Dritter zu errichten, hierbei ist die Existenz des Dritten nachzuweisen. Vgl. dazu auch Nr. 7.2 des AEAO zu § 154. Der ausdrücklichen Zustimmung des Dritten bedarf es nicht.

Verboten ist die Abwicklung von Geschäftsvorfällen über sog. CpD-Konten, wenn der Name des Beteiligten bekannt ist oder unschwer ermittelt werden kann und für ihn bereits ein entsprechendes Konto geführt wird.

3. Konto

Konto i.S.d. § 154 Abs. 2 AO ist jede für einen Dritten im Rahmen einer laufenden Geschäftsverbindung geführte Rechnung, in der Zu- und Abgänge der Vermögensgegenstände erfasst werden. Hierzu zählen auch Kredit- und Darlehenskonten sowie Konten über ausländische Währung oder über elektronisches Geld. Konten, die nicht „für einen anderen" geführt werden, sind keine Konten i.S.d. § 154 Abs. 2 AO (z.B. ein Warenforderungskonto oder ein Kontokorrentkonto i.S.d. § 355 HGB bei einem Geschäftspartner).

4. Verfügungsberechtigter

Verfügungsberechtigte i.S.d. § 154 Abs. 2 AO sind

- sowohl der Gläubiger der Forderung (Kontoinhaber) und seine gesetzlichen Vertreter
- als auch jede andere Person, die zur Verfügung über das Konto bevollmächtigt ist (Kontovollmacht).

Dies gilt entsprechend für die Verwahrung von Wertsachen sowie für die Überlassung von Schließfächern.

Personen, die aufgrund Gesetzes oder Rechtsgeschäfts zur Verfügung berechtigt sind, ohne dass diese Berechtigung dem Kreditinstitut usw. mitgeteilt worden ist, gelten insoweit nicht als Verfügungsberechtigte.

5. Wirtschaftlich Berechtigter

Wirtschaftlich Berechtigter i.S.d. § 154 AO ist derjenige, der auch nach § 3 GwG wirtschaftlich Berechtigter ist.

Wirtschaftlich Berechtigter i.S.d. § 3 Abs. 1 GwG ist die natürliche Person, in deren Eigentum oder unter deren Kontrolle der Vertragspartner letztlich steht oder auf deren Veranlassung eine Transaktion letztlich durchgeführt oder eine Geschäftsbeziehung letztlich begründet wird. Zu den wirtschaftlich Berechtigten zählen insbesondere die in den § 3 Abs. 2–4 GwG aufgeführten natürlichen Personen, auch die fingierten wirtschaftlich Berechtigten i.S.d. § 3 Abs. 2 Satz 4 GwG.

6. Verpflichteter

Verpflichteter i.S.d. § 154 Abs. 2 AO ist jeder, der für einen anderen

- Konten führt,
- Wertsachen verwahrt,
- Wertsachen als Pfand nimmt oder
- ein Schließfach überlässt.

7. Identifizierungs- und Aktualisierungspflicht

7.1 Der Verpflichtete hat sich nach § 154 Abs. 2 Satz 1 Nr. 1 AO vor Beginn dieser Geschäftsbeziehung Gewissheit über die Person und Anschrift

- jedes Verfügungsberechtigten (vgl. Nr. 4 des AEAO zu § 154) und
- jedes wirtschaftlich Berechtigten (vgl. Nr. 5 des AEAO zu § 154)

zu verschaffen. Dies gilt nicht nur für Kreditinstitute, sondern auch im gewöhnlichen Geschäftsverkehr und für Privatpersonen.

7.1.1 Ist ein Verfügungsberechtigter eine natürliche Person, hat der Verpflichtete nach § 154 Abs. 2 Satz 2 AO i.V.m. § 11 Abs. 4 Nummer 1 GwG durch Abgleich mit einem amtlichen Ausweispapier oder Ausweisersatzpapier folgende Angaben zu erheben:

a) Vorname und Nachname,
b) Geburtsort,
c) Geburtsdatum,
d) Staatsangehörigkeit und
e) eine Wohnanschrift oder, sofern kein fester Wohnsitz mit rechtmäßigem Aufenthalt in der Europäischen Union besteht und die Überprüfung der Identität im Rahmen des Abschlusses eines Basiskontovertrags im Sinne von § 38 des Zahlungskontengesetzes erfolgt, die postalische Anschrift, unter der der Vertragspartner sowie die gegenüber dem Verpflichteten auftretende Person erreichbar ist. Ein vorübergehender Wohnsitz (z. B. Hoteladresse) reicht nicht aus.

7.1.2 Ist ein Verfügungsberechtigter eine juristische Person (Körperschaft des öffentlichen Rechts, AG, GmbH usw.), reicht die Bezugnahme auf eine amtliche Veröffentlichung oder ein amtliches Register unter Angabe der Register-Nr. aus.

7.2 Wird ein Konto auf den Namen eines verfügungsberechtigten Dritten errichtet, müssen die Angaben über Person und Anschrift sowohl des Kontoinhabers als auch desjenigen, der das Konto errichtet, festgehalten werden. Steht der Verfügungsberechtigte noch nicht fest (z. B. der unbekannte Erbe), reicht es aus, wenn das Kreditinstitut sich zunächst Gewissheit über die Person und Anschrift des das Konto Errichtenden (z. B. des Nachlasspflegers) verschafft; die Legitimation des Kontoinhabers ist sobald wie möglich nachzuholen.

7.3 Hinsichtlich des wirtschaftlich Berechtigten sind (mindestens ein) Vorname, der Nachname und die Anschrift zu erheben. Die Anschrift muss nicht die Wohnanschrift des wirtschaftlich Berechtigten sein, es kann auch seine Geschäftsanschrift sein. Entscheidend ist, dass der wirtschaftlich Berechtigte unter der Anschrift im normalen Geschäftsverkehr erreichbar ist. Der Vertragspartner des Kreditinstituts hat diesem die hierzu erforderlichen Informationen und Unterlagen zur Verfügung zu stellen (vgl. § 11 Abs. 6 GwG).

Die Verpflichtung, sich Gewissheit über die Person und Anschrift jedes wirtschaftlich Berechtigten i. S. d. § 3 GwG zu verschaffen, gilt nach Art. 97 § 26 Abs. 4 EGAO erstmals für nach dem 31.12.2017 begründete Geschäftsbeziehungen.

                    Stumm

Für vor dem 1.1.2018 begründete und auch danach weiterbestehende Geschäftsbeziehungen zu Kreditinstituten ist die Übergangsregelung in Art. 97 § 26 Abs. 5 EGAO zu beachten (Nacherhebungspflicht bis 31.12.2019).

7.4 Der Verpflichtete hat die Geschäftsbeziehung außerdem kontinuierlich zu überwachen und die Daten über Person und Anschrift in angemessenem zeitlichem Abstand zu aktualisieren (§ 154 Abs. 2 Satz 4 AO).

8. Aufzeichnungspflicht

8.1 Die Angaben i. S. d. Nummer 7 des AEAO zu § 154 sind gemäß § 154 Abs. 2 Satz 1 Nr. 2 AO in geeigneter Form festzuhalten, bei Konten auf dem Konto. Es ist unzulässig, Name und Anschrift des Verfügungsberechtigten lediglich in einer vertraulichen Liste zu führen und das eigentliche Konto nur mit einer Nummer zu kennzeichnen. Die Führung sog. Nummernkonten ist verboten.

8.2 Bei Auflösung des ersten Kontos müssen die Identifikationsmerkmale auf das zweite bzw. weitere Konto bzw. auf die betreffenden Kontounterlagen übertragen werden.

8.3 Die Verpflichtung, die Angaben über die Person und Anschrift jedes wirtschaftlich Berechtigten im Sinne des GwG in geeigneter Form festzuhalten, gilt nach Art. 97 § 26 Abs. 4 EGAO erstmals für nach dem 31.12.2017 begründete Geschäftsbeziehungen.

Für vor dem 1.1.2018 begründete und auch danach weiterbestehende Geschäftsbeziehungen zu Kreditinstituten ist die Übergangsregelung in Art. 97 § 26 Abs. 5 EGAO zu beachten.

9. Auskunftsbereitschaft

9.1 Jeder Verpflichtete muss ein Verzeichnis der Verfügungsberechtigten und der wirtschaftlich Berechtigten führen, um jederzeit über die Konten und Schließfächer eines Verfügungsberechtigten oder eines wirtschaftlich Berechtigten Auskunft geben zu können.

Die Verpflichtung zur Herstellung der Auskunftsbereitschaft besteht gemäß § 147 Abs. 3 AO noch sechs Jahre nach Beendigung der Geschäftsbeziehung, bei Bevollmächtigten sechs Jahre nach Erlöschen der Vollmacht. Diese Frist beginnt mit Ablauf des Kalenderjahrs, in dem die Geschäftsbeziehung beendet wurde oder die Vollmacht erloschen ist.

9.2 Die Verpflichtung, ein Verzeichnis der wirtschaftlich Berechtigten zu führen, gilt nach Art. 97 § 26 Abs. 4 EGAO erstmals für nach dem 31.12.2017 begründete Geschäftsbeziehungen.

Für vor dem 1.1.2018 begründete und auch danach weiterbestehende Geschäftsbeziehungen zu Kreditinstituten ist die Übergangsregelung in Art. 97 § 26 Abs. 5 EGAO zu beachten.

10. Erhebung und Aufzeichnung steuerlicher Ordnungsmerkmale und Vergeblichkeitsmeldung

10.1 Die Verpflichtung zur Erhebung und Aufzeichnung der steuerlichen Ordnungsmerkmale des Kontoinhabers, jedes anderen Verfügungsberechtigten und jedes wirtschaftlich Berechtigten nach § 154 Abs. 2a Satz 1 AO gilt nur für Kreditinstitute, nicht für andere Verpflichtete i.S.d. § 154 Abs. 2 Satz 1 AO. Diese Daten sind nach § 93b Abs. 1a AO im Kontenabruf-Dateisystem zum Abruf nach § 93 Abs. 7 oder 8 AO bereitzuhalten.

Diese Verpflichtung gilt auch für nicht im Inland ansässige Personen und Gesellschaften.

10.2 Hat der Vertragspartner (oder gegebenenfalls für ihn handelnde Personen) dem Kreditinstitut die Identifikationsnummer einer der in Nr. 10.1 des AEAO zu § 154 genannten Person bis zur Begründung der Geschäftsbeziehung nicht mitgeteilt, muss das Kreditinstitut innerhalb von drei Monaten nach Begründung der Geschäftsbeziehung die fehlende Identifikationsnummer (durch Übertrag aus einer anderweitigen rechtmäßigen Aufzeichnung oder durch maschinelle Anfrage beim BZSt) erheben und aufzeichnen.

10.3 Die Ausnahmeregelung des § 154 Abs. 2a Satz 3 AO gilt nur für Kredite, die ausschließlich der Finanzierung privater Konsumgüter dienen. Sie gilt nicht für Kredite zur Finanzierung betrieblicher Investitionen oder Aufwendungen und auch nicht für den Erwerb privater Kapitalanlagen sowie von Vermögensgegenständen, die nicht zum privaten Ge- oder Verbrauch bestimmt sind.

Soweit nicht ein verbundenes Geschäft i.S.d. § 358 Abs. 3 Satz 1 BGB über die Lieferung und Finanzierung eines privaten Konsumgutes vorliegt, kann das Kreditinstitut nur dann davon ausgehen, dass ein gewährter Kredit ausschließlich der Finanzierung privater Konsumgüter dient, wenn der Kreditnehmer dies ausdrücklich versichert hat und keine Anhaltspunkte für die Unrichtigkeit dieser Versicherung vorliegen.

10.4 Kreditrahmen i.S.d. § 154 Abs. 2a Satz 3 AO ist die betragsmäßige Obergrenze, bis zu der der Kreditnehmer bei einem Kreditgeber eine bestimmte Kreditart in Anspruch nehmen darf. Stellen mehrere private Konsumgüter eine Sachgesamtheit dar und werden sie von einem Kreditgeber gleichwohl durch mehrere rechtlich voneinander unabhängige Kredite finanziert, sind die Kredite bei Prüfung der Obergrenze zusammenzurechnen. Werden mehrere private Konsumgüter bei verschiedenen voneinander unabhängigen Kreditgebern individuell finanziert, ist die Obergrenze für jeden Kredit gesondert anzuwenden.

Wird ein Kredit, der bisher die Voraussetzungen für die Anwendung der Ausnahmeregelung des § 154 Abs. 2a Satz 3 AO erfüllte, später auf einen Kreditrahmen von mehr als 12.000 Euro erhöht, sind die steuerlichen Ordnungsmerkmale des Kontoinhabers, jedes anderen Verfügungsberechtigten und jedes wirtschaftlich Berechtigten nachträglich zu erheben und aufzuzeichnen.

Sofern der Beitrag für die Restschuldversicherung auch aus der Kreditsumme gezahlt (einbehalten) und der Darlehensbetrag nur abzüglich dieser Summe ausgeschüttet wird, ist der Beitrag zur Restschuldversicherung mit zu berücksichtigen.

10.5 Die nach § 154 Abs. 2b AO beim BZSt erfragte Identifikationsnummer eines Kontoinhabers, eines anderen Verfügungsberechtigten oder eines wirtschaftlich Berechtigten ist zusammen mit den nach § 154 Abs. 2 AO zu erhebenden Daten aufzuzeichnen und nach § 93b Abs. 1a AO im Kontenabruf-Dateisystem zum Abruf nach § 93 Abs. 7 oder 8 AO bereitzuhalten.

          Stumm

10.6 Soweit ein Kreditinstitut die nach § 154 Abs. 2a Satz 1 AO zu erhebenden Daten auf Grund unzureichender Mitwirkung des Vertragspartners (und gegebenenfalls für ihn handelnder Personen) nicht – auch nicht durch eine maschinelle Anfrage beim BZSt – ermitteln konnte, hat es diese Tatsache auf dem Konto festzuhalten (§ 154 Abs. 2c Satz 1 AO). Darüber hinaus hat das Kreditinstitut dem BZSt die jeweils betroffenen Personen, die betroffenen Konten sowie die hierzu von ihm erhobenen Daten bis Ende Februar des Folgejahrs zu übermitteln (§ 154 Abs. 2c Satz 2 AO).

10.7 Ergeben die im Rahmen der Legitimationsprüfung nach § 154 Abs. 2 AO vorgelegten amtlichen Ausweispapiere oder Ausweisersatzpapiere (vgl. Nr. 7.1.1 des AEAO zu § 154) und die erteilte Selbstauskunft des Geschäftspartners und/oder der für ihn handelnden Personen, dass der Kontoinhaber und ggf. alle weiteren zu identifizierenden Personen im Inland über keinen Wohnsitz oder gewöhnlichen Aufenthalt bzw. keinen Sitz, keine Betriebsstätte und keine Geschäftsleitung verfügen und ihnen auch kein steuerliches Ordnungsmerkmal zugeteilt worden ist, kann das Kreditinstitut auf die Abfrage der Identifikationsnummer beim BZSt nach § 154 Abs. 2b Satz 1 AO und die Vergeblichkeitsmeldung nach § 154 Abs. 2c AO verzichten, sofern kein Anlass dafür besteht, die Richtigkeit der vorgelegten Unterlagen oder der Selbstauskunft in Zweifel zu ziehen. Die Abfrage der Identifikationsnummer beim BZSt nach § 154 Abs. 2b Satz 1 AO und die Vergeblichkeitsmeldung nach § 154 Abs. 2c AO sind allerdings nachzuholen, wenn Umstände eintreten, die zu einer Änderung der Gegebenheiten führen.

11. Erleichterungen gemäß § 154 Abs. 2d AO

11.1 Erleichterungen hinsichtlich der Verfügungsberechtigten

Nach § 154 Abs. 2d AO kann hinsichtlich der Verfügungsberechtigten in folgenden Fällen auf die Identifizierung (Nrn. 7 des AEAO zu § 154), die Aufzeichnung (Nrn. 8 des AEAO zu § 154), die Herstellung der Auskunftsbereitschaft (Nr. 9 des AEAO zu § 154) und die Erhebung der steuerlichen Ordnungsmerkmale (Nr. 10 des AEAO zu § 154) verzichtet werden:

a) bei Eltern als gesetzliche Vertreter ihrer minderjährigen Kinder, wenn die Voraussetzungen für die gesetzliche Vertretung bei Kontoeröffnung durch amtliche Urkunden nachgewiesen werden,

b) bei Vormundschaften und Pflegschaften einschließlich Amtsvormundschaften und Amtspflegschaften, sowie bei rechtlicher Betreuung (§§ 1896 ff. BGB),

c) bei Parteien kraft Amtes (Insolvenzverwalter, Zwangsverwalter, Nachlassverwalter, Testamentsvollstrecker und ähnliche Personen),

d) bei Pfandnehmern (insbesondere in Bezug auf Mietkautionskonten, bei denen die Einlage auf einem Konto des Mieters erfolgt und an den Vermieter verpfändet wird),

e) bei Vollmachten auf den Todesfall (auch nach diesem Ereignis),

f) bei Vollmachten zur einmaligen Verfügung über ein Konto,

g) bei Verfügungsbefugnissen im Lastschriftverfahren (SEPA-Lastschrift oder elektronisches Einzugsermächtigungsverfahren mit Zahlungskarte),

h) bei Vertretung juristischer Personen des öffentlichen Rechts (einschließlich Eigenbetriebe),

i) bei Vertretung von Kreditinstituten und Versicherungsunternehmen,

j) bei den als Vertretern eingetragenen Personen, die in öffentlichen Registern (Handelsregister, Vereinsregister) eingetragene Firmen oder Personen vertreten,

k) bei Vertretung von Unternehmen, sofern schon mindestens fünf Personen, die in öffentliche Register eingetragen sind bzw. bei denen eine Legitimationsprüfung stattgefunden hat, Verfügungsbefugnis haben,

l) bei Gerichtsvollzieher-Dienstkonten i. S. d. § 52 GVO (Gerichtsvollzieher und nach § 52 Abs. 6 GVO bevollmächtige Personen),

m) bei vor dem 1.1.1992 begründeten, noch bestehenden oder bereits erloschenen Befugnissen.

Auf die Erhebung der steuerlichen Ordnungsmerkmale (Nr. 10 des AEAO zu § 154) kann in folgenden Fällen verzichtet werden:

– bei öffentlichen Förderkrediten, wenn die Auszahlung des Kredits über ein legitimationsgeprüftes Konto bei einem anderen Kreditinstitut erfolgt,
– bei juristischen Personen des öffentlichen Rechts (einschließlich Eigenbetrieben).

11.2 Erleichterungen hinsichtlich der wirtschaftlich Berechtigten

Hinsichtlich wirtschaftlich Berechtigter i. S. d. § 3 GwG kann nach § 154 Abs. 2d AO in folgenden Fällen auf die Identifizierung (Nrn. 7 des AEAO zu § 154), die Aufzeichnung (Nrn. 8 des AEAO zu § 154), die Herstellung der Auskunftsbereitschaft (Nr. 9 des AEAO zu § 154) und die Erhebung der steuerlichen Ordnungsmerkmale (Nr. 10 des AEAO zu § 154) verzichtet werden:

– Der (ggf. nach § 3 Abs. 2 Satz 4 GwG fingierte) wirtschaftlich Berechtigte ist zugleich Verfügungsberechtigter und für ihn wird nach Nr. 11.1 Satz 1 des AEAO zu § 154 auf eine Legitimationsprüfung verzichtet;
– nach dem GwG darf auf die Erfassung und Aufzeichnung des wirtschaftlich Berechtigten verzichtet werden (z. B. Mietkautionskonten auf den Namen des Vermieters, Anderkonten von Berufsträgern, sonstige Konten mit geringem Risiko des Missbrauchs);
– Wohnungseigentümer hinsichtlich des Kontos der Wohnungseigentümergemeinschaft.

Bei öffentlichen Förderkrediten wird auf die Erhebung der steuerlichen Ordnungsmerkmale (Nr. 10 des AEAO zu § 154) verzichtet, wenn die Auszahlung des Kredits über ein legitimationsgeprüftes Konto bei einem anderen Kreditinstitut erfolgt.

Auf eine Identitätsüberprüfung nach Maßgabe des § 13 Abs. 1 GwG kann bei wirtschaftlich Berechtigten bis auf Weiteres verzichtet werden, sofern nicht bereits ein Ausnahmetatbestand nach Abs. 1 greift. Es reicht aus, den wirtschaftlich Berechtigten entsprechend § 11 Abs. 5 GwG zu identifizieren und die nach § 154 Abs. 2a AO und Nummer 7.3 des AEAO zu § 154 erforderlichen Angaben zu erheben und aufzuzeichnen.

11.3 Unberührt von diesen Erleichterungen bleibt die Befugnis der Finanzämter, im Besteuerungsverfahren Auskünfte von Auskunftspersonen (§§ 93, 94 AO) einzuholen und die Vorlage von Unterlagen (§ 97 AO) zu verlangen sowie in einem Strafverfahren wegen einer Steuerstraftat oder in einem Bußgeldverfahren wegen einer Steuerordnungswidrigkeit die Befugnis zur Vernehmung von Zeugen oder zur Beschlagnahme von Unterlagen (§§ 208, 385, § 399 Abs. 2, § 410 AO).

12. Haftung bei Verstoß gegen § 154 AO

Die Verletzung der Verpflichtungen nach § 154 Abs. 2 bis 2d AO führt allein noch nicht zu einer Haftung des Verpflichteten. Es kann aber im Einzelfall eine Ordnungswidrigkeit i. S. d. § 379 Abs. 2 Nr. 2 AO vorliegen (vgl. dazu Nr. 13 des AEAO zu § 154).

Bei einem Verstoß gegen § 154 Abs. 3 AO haftet der Zuwiderhandelnde nach Maßgabe des § 72 AO.

Waren mehrere Personen über ein Konto usw. verfügungsberechtigt (mit Ausnahme der in Nr. 8.1 genannten Fälle), bedarf es zur Herausgabe nach § 154 Abs. 3 AO u. U. der Zustimmung aller beteiligten Finanzämter.

13. Ordnungswidrigkeiten

Wegen der Ahndung einer Verletzung des § 154 Abs. 1 bis 2c AO als Ordnungswidrigkeit Hinweis auf § 379 Abs. 2 Nr. 2 AO.

Wird festgestellt, dass die nach § 154 Abs. 2 bis 2c AO bestehenden Verpflichtungen nicht erfüllt sind, soll die für Straf- und Bußgeldsachen zuständige Stelle unterrichtet werden. Die Möglichkeit der Erzwingung der Verpflichtungen (§§ 328 ff. AO) bleibt unberührt.

Schrifttum: *Beermann/Gosch*, Abgabenordnung, Finanzgerichtsordnung, Kommentar, 164. EL 2/2022; *Bruschke*, Kontenwahrheit und Haftung (§ 72 AO i. V. m. § 154 AO), StB 2010, 124; *Bruschke*, Haftung bei Verstoß gegen die Kontenwahrheit (§§ã72, 154 AO), BB 2020, 2587; *Carl/Klos*, Inhalt und Reichweite der Kontenwahrheitspflicht nach § 154 AO als Grundlage der steuerlichen Mitwirkungspflichten der Kreditinstitute, DStZ 1995, 296; *Gehm*, Die Haftung bei Verletzung der Pflicht zur Kontenwahrheit gemäß § 72 AO – Risikoprofil in der Praxis, StBp 2016, 7; *Göhler*, Ordnungswidrigkeitengesetz, Kommentar, 18. Aufl. 2021; *Hübschmann/Hepp/Spitaler*, Abgabenordnung/Finanzgerichtsordnung, Kommentar, 267. EL 3/2022; *Hüls/Reichling*, Steuerstrafrecht, Kommentar, 2. Aufl. 2020; *Joecks/Jäger/Randt*, Steuerstrafrecht, Kommentar, 8. Aufl. 2015; *Klein*, Abgabenordnung, Kommentar, 15. Aufl. 2020; *Schmidt/Ruckes*, Das Steuerumgehungsbekämpfungsgesetz – Hintergrund, Inhalte und Praxisaspekte, IStR 2017, 473; *Schwarz/Pahlke*, AO/FGO, Kommentar, 205. EL 3/2022; *v. Schweinitz/Schneider-Deters*, Der Entwurf des Steuerumgehungsbekämpfungsgesetzes – Die Retourkutsche des Gesetzgebers auf die „Panama Papers", IStR 2017, 344; *Steinhauff*, Haftung bei Verstoß gegen die Kontenwahrheit (§§ 72 , 154 AO), AO-StB 2021, 37; *Tipke/Kruse*, AO/FGO, Kommentar, 169. EL 2/2022; *Waadt/Klinger*, Virtuelle Bankkonten und das Gebot der Kontenwahrheit gemäß § 154 AO, DStR 2019, 1610.

Übersicht

I. Allgemeines

1   Die Vorschrift ist im Wesentlichen die Nachfolgeregelung von § 163 RAO. Diese diente vor allem der Verhinderung der Kapitalflucht. Heute soll § 154 AO verhindern, die Nachprüfung steuerlicher Verhältnisse durch die Verwendung falscher oder erdichteter Namen zu erschweren, und dadurch Kontenwahrheit schaffen. Nicht erfasst wird die materiell-rechtliche Zuordnung.[1] Es kommt nur darauf an, wer formal Inhaber des Kontos oder verfügungsberechtigt ist. Mangels gesetzlicher Ausnahme erfasst § 154 AO grundsätzlich alle Konten, anders als dies bei FATCA nach § 19 Nr. 18 Satz 2 FKAustG oder sonstigen Bestimmungen über den internationalen Informationsaustausch der Fall ist.[2]

2   In Abgrenzung zu den Vorschriften des GwG, die zugunsten der Strafverfolgungsbehörden eingeführt wurden, soll § 154 AO die erleichterte Überprüfung von steuerlichen Verhältnissen durch die Finanzverwaltung gewährleisten. Durch das Nebeneinander von § 154 AO und den Regelungen innerhalb des GwG kommt es zu einer „doppelten" Identitätsprüfung, die jedoch z. B. von den Kreditinstituten durch einmalige Feststellung der Identität des Vertragspartners sowohl nach den Regeln des GwG als auch nach § 154 AO erfolgt.

3   Zuletzt wurde § 154 AO durch das Gesetz zur Umsetzung der Änderungsrichtlinie zur Vierten EU-Geldwäscherichtlinie vom 12.12.2019 geändert.[3] Eine umfassende Änderung erfuhr § 154 AO durch das Steuerumgehungsbekämpfungsgesetz vom 23.6.2017. In dem Zuge wurde der ursprüngliche Abs. 2 durch die neuen Abs. 2 bis 2d ersetzt. Wesentliche Neuerung war insbesondere, Kreditinstitute zu verpflichten, das steuerliche Identifikationsmerkmal des Kontoinha-

---

1   BGH, 18.10.1994, XI ZR 237/93, BGHZ 127, 229; *Heuermann*, in: Hübschmann/Hepp/Spitaler, AO/FGO, § 154 AO Rn. 14; *Brandis*, in: Tipke/Kruse, AO/FGO, § 154 AO Rn. 3; *Dißars*, in: Schwarz/Pahlke, AO/FGO, § 154 AO Rn. 4; *Hendricks*, in: Beermann/Gosch, AO/FGO, § 154 AO Rn. 16.

2   A. A. *v. Schweinitz/Schneider-Deters*, IStR 2017, 344, 346.

3   BGBl. I 2019, 2602.

bers, jedes anderen Verfügungsberechtigten und jedes anderen wirtschaftlich Berechtigten zu erheben und aufzuzeichnen. Diese Informationen sollen anschließend im Kontenabrufverfahren nach § 93b Abs. 1a AO den Finanzbehörden mitgeteilt werden müssen.[4]

II. Kontoinhaber (§ 154 Abs. 1 AO)

§ 154 Abs. 1 AO richtet sich ausschließlich an Personen, die ein Konto eröffnen **4** oder haben, ein Schließfach eröffnen oder Wertsachen in Verwahrung geben oder verpfänden.[5] Die in § 154 Abs. 1 AO aufgestellten Verbote richten sich schon nach dem Wortlaut nicht an die jeweilige Bank oder deren Mitarbeiter.[6] Bei den genannten Tätigkeiten dürfen keinen **falschen oder erdichteten Namen** verwendet werden. Falsch ist der Name, wenn es ihn zwar gibt, es jedoch nicht der wirkliche Name der Person ist. Der wirkliche Name ist in der Regel der bürgerliche Name. Erdichtet ist ein Name dagegen, wenn er frei erfunden ist.[7] Da es nicht auf die materielle Berechtigung ankommt, muss auch ein Treuhänder oder Strohmann seinen eigenen Namen angeben. Als Vertrag zugunsten Dritter ist es auch zulässig, das Konto auf den Namen einer dritten Person zu errichten unabhängig von deren Zustimmung.[8] Allerdings muss in diesem Fall nicht nur die Identität des verfügungsberechtigten Dritten, sondern auch die desjenigen, der das Konto errichtet, festgestellt werden.[9] Entsprechend ist im Falle der Kontoleihe, wenn also ein Dritter das Konto tatsächlich nutzt, der Kontoentleiher als Verfügungsberechtigter zu identifizieren.[10] Die zur Vermeidung komplexer Cash-Pooling-Strukturen gelegentlich gewählte Form der virtuellen Unterkonten soll-

---

4 BT-Drs. 816/16, S. 14

5 AEAO Ziff. 1 zu § 154 AO; *Brandis*, in: Tipke/Kruse, AO/FGO, § 154 AO Rn. 2; *Rätke*, in: Klein, AO, § 154 Rn. 8; *Heuermann*, in: Hübschmann/Hepp/Spitaler, AO/FGO, § 154 AO Rn. 10; *Hendricks*, in: Beermann/Gosch, AO/FGO, § 154 AO Rn. 10, 23.

6 *Rätke*, in: Klein, AO, § 154 Rn. 8; *Heuermann*, in: Hübschmann/Hepp/Spitaler, AO/FGO, § 154 AO Rn. 10; *Carl/Klos* DStZ 1995, 296, 299 f.; a. A. *Jäger*, in: Joecks/Jäger/Randt, Steuerstrafrecht, § 379 AO Rn. 110 m. w. N.

7 OLG Karlsruhe, 7.9.2010, 17 U 46/09, WM 2010, 2220, 2222.

8 AEAO Ziff. 2 zu § 154 AO; BFH, 13.10.1998, VIII R 61/96, BFH/NV 1999, 463; *Dißars*, in: Schwarz/Pahlke, AO/FGO, § 154 AO Rn. 10; *Beermann/Gosch*, AO/FGO, § 154 AO Rn. 18; zur Frage, zu welchem Zeitpunkt die Legitimationsprüfung in diesen Fällen zu erfolgen hat, siehe *Heuermann*, in: Hübschmann/Hepp/Spitaler, AO/FGO, § 154 AO Rn. 16.

9 AEAO Ziff. 2 zu § 154 AO.

10 BFH, Urt. v. 25.4.2017 – VII R 31/15 BFH/NV 2017, 1297; a. A. *Stolte*, DStR 2019, 1044, 1046.

Stumm 1539

te dagegen nicht dem Kontenbegriff des § 154 Abs. 1 AO unterfallen, da in diesem Fall nur der Inhaber des dazugehörigen physischen Kontos eine Vertragsbeziehung mit dem Kreditinstitut abschließt.[11]

5   Ein Verstoß gegen § 154 Abs. 1 AO soll zur **Nichtigkeit der zugrunde liegenden Vereinbarung**, Geld oder Wertsachen unter einem bestimmten Namen anzulegen, nach § 134 BGB führen. Er soll dagegen nicht auf den zugrunde liegenden (Darlehens-)Vertrag durchgreifen.[12]

III. Kontoführer (§ 154 Abs. 2–2d AO)

6   Durch das Steuerumgehungsbekämpfungsgesetz vom 23.6.2017 wurde § 154 Abs. 2 AO erweitert, indem der ursprüngliche § 154 Abs. 2 AO durch die neuen § 154 Abs. 2–2d AO ersetzt wurde. Damit einhergehend hat sich der Anwendungsbereich erheblich ausgedehnt. Dies betrifft einerseits den persönlichen Anwendungsbereich, aber auch den inhaltlichen Umfang der Legitimationsprüfung. Die neuen § 154 Abs. 2–2d AO sind nach Art. 97 § 26 Abs. 4 EGAO auf alle Geschäftsbeziehungen zu Kreditinstituten, die nach dem 31.12.2017 begründet werden, anwendbar. Für bereits bestehende Geschäftsbeziehungen galt für eine Übergangszeit bis zum 31.12.2019 noch das alte Recht.[13]

1. Allgemeine Vorschriften (§ 154 Abs. 2 AO)

7   Zur Identifikation der Vertragspartner ist nach § 154 Abs. 2 AO jeder verpflichtet, der ein Konto führt, Wertsachen verwahrt oder als Pfand nimmt oder ein Schließfach überlässt.[14] Nicht erfasst sind Konten, die für rein interne Zwecke geführt werden.[15] Hierzu zählen auch Kontokorrentkonten. Die Gegenauffassung, die entgegen AEAO Ziff. 3 zu § 154 AO auch Kontokorrentkonten unter den Anwendungsbereich von § 154 AO fassen will,[16] ist abzulehnen. Rein interne Konten, die Unternehmer im Rahmen von Kontokorrentvereinbarungen führen, können nach dem Sinn und Zweck der Vorschrift nicht erfasst sein, weil diese Konten nicht zur Nachverfolgung steuerlicher Verhältnisse durch die Finanzverwaltung überprüft werden, sondern allein der internen Abrechnung im Rah-

---

11 Siehe dazu ausführlich *Waadt/Klinger*, DStR 2019, 1610, 1612.
12 OLG Karlsruhe, 7.9.2010, WM 2010, 2220, 2222.
13 Siehe hierzu die Vorauflage § 154 AO Rn. 7–13.
14 AEAO Ziff. 6 zu § 154 AO.
15 *Rätke*, in: Klein, AO, § 154 Rn. 11; AEAO Ziff. 3 zu § 154 AO.
16 *Steinhauff*, AO-StB 2021, 37; *Bruschke*, BB 2020, 2587.

men der Geschäftsbeziehung dienen.[17] Das Gesetz definiert die verpflichtete Person als „**Verpflichteten**". Handelt es sich bei dem Verpflichteten um eine juristische Person richtet sich die Pflicht an die juristische Person als solche und nicht nur an die für sie handelnden Personen. Eine Verletzung der Pflicht durch ihre Angestellte ist der juristischen Person aber wie eigenes Handeln zuzurechnen.[18] Der Verpflichtete hat die Identifizierung vorzunehmen. Die Identifizierung erstreckt sich nicht nur auf die Verfügungsberechtigten, sondern zusätzlich auf jeden wirtschaftlich Berechtigten im Sinne des Geldwäschegesetzes (§ 1 Abs. 6 GwG). Dic Erstreckung auf **wirtschaftlich Berechtigte** ist kritisch zu beurteilen, da diese Anforderungen weit über die Vorgaben der Vierten EU-Geldwäscherichtlinie und über das Gesetz zur Umsetzung dieser Richtlinie hinausgehen. Schließlich sieht die Richtlinie es auch nicht als erforderlich an, die Steuer-ID und die Anschrift eines wirtschaftlich Berechtigten zu erheben.[19] Darüber hinaus ist kein Schwellenwert eingefügt worden, sodass grundsätzlich vollständige Gesellschafterlisten eingeholt und geprüft werden müssten. Die Finanzverwaltung hat jedoch von der Möglichkeit in § 154 Abs. 2d AO, Erleichterungen zuzulassen, Gebrauch gemacht und festgelegt, dass, wie auch schon unter § 154 Abs. 2 AO a.F., lediglich die ersten fünf Verfügungsberechtigten eines Unternehmens zu identifizieren sind.[20]

Für die Identifizierung hat sich der Verpflichtete Gewissheit über die Person und **8** Anschrift des Verfügungsberechtigten oder wirtschaftlich Berechtigten zu verschaffen. Bisher verwies § 154 Abs. 2 Satz 2 AO für die Identifizierung einer natürlichen Person auf § 11 Abs. 4 Nr. 1 GwG. Dadurch waren zwar die zu erfassenden Angaben zur Person festgelegt, nicht aber die Verfahrensweise. Mit Wirkung zum 1.1.2020 wurde § 154 Abs. 2 Satz 2 AO weiter an die Vorschriften des Geldwäschegesetzes angeglichen und dahingehend neugefasst, dass für die Identifizierung Verweise auf § 11 Abs. 4 und 6, § 12 Abs. 1 und 2, § 13 Abs. 1, sowie dazu ergangene Rechtsverordnungen aufgenommen wurden. Hierdurch werden die zu erhebenden Daten und die zulässigen Verfahren weitestgehend angeglichen, sodass auf die entsprechende Kommentierung zu §§ 11–13 GwG für Einzelheiten verwiesen werden kann. Die AEAO ist von der Finanzverwaltung in diesem Punkt bisher nicht angepasst worden.

Die zu erhebenden Daten sind in geeigneter Form festzuhalten. Die Informatio- **9** nen müssen im Falle eines Kontos auf dem Konto selbst festgehalten werden. **Nummernkonten** sind nicht zulässig. Jeder Verpflichtete muss nicht nur jederzeit Auskunft geben können, über welche Konten oder Schließfächer eine Person

---

17 *Brandis*, in: Tipke/Kruse, AO/FGO, § 154 AO Rn. 4; vgl. auch BFH, 4.4.2005 – VII B 305/04, BFH/NV 2005, 1226.
18 BFH, 17.2.1989, III R 35/85, BStBl. II 1990, S. 263.
19 *Schmidt/Ruckes*, IStR 2017, 473, 477.
20 AEAO Ziffer 11.1k); vgl. *v. Schweinitz/Schneider-Deters*, IStR 2017, 344, 346 f.

verfügungsberechtigt ist, sondern auch, welche Wertsachen eine Person zur Verwahrung gegeben oder als Pfand überlassen hat.[21] Diese Daten können durch Sammelauskünfte von den Finanzbehörden abgefragt werden. Solche Sammelauskünfte sind zulässig, wenn aufgrund konkreter Anhaltspunkte oder aufgrund allgemeiner Erfahrung die Möglichkeit einer Steuerverkürzung in Betracht kommt und die Auskunft voraussichtlich zur Aufdeckung steuererheblicher Tatsachen führen wird. Ein strafrechtlicher Anfangsverdacht muss noch nicht vorliegen und die Finanzbehörde muss prüfen, ob die Inanspruchnahme des Betroffenen verhältnismäßig ist.[22] Nach dem Wortlaut des § 154 Abs. 2 Satz 3 AO muss nur Auskunft über „verfügungsberechtigte Personen" gegeben werden können. Ob hiermit tatsächlich gemeint ist, dass im Sinne der Unterscheidung des § 154 Abs. 2 Satz 1 Nr. 1 AO zwischen „Verfügungsberechtigten" und „wirtschaftlich Berechtigten" nur Auskunft über „Verfügungsberechtigte" gegeben werden muss, erscheint eher unwahrscheinlich. Die Finanzverwaltung geht davon aus, dass auch über den „wirtschaftlich Berechtigten" Auskunft gegeben werden muss.[23]

10   Anders als bei der Identifizierung nach dem GwG dürfen im Rahmen des § 154 AO keine Kopien von Ausweisen aufbewahrt werden, da § 154 AO keinen Verweis auf § 8 GwG enthält. Folgerichtig heißt es in AEAO Ziffer 7.1.1 zu § 154 AO, dass die Daten nur „durch Abgleich" mit einem Ausweisdokument zu erheben sind.

11   Zudem werden durch den neuen § 154 Abs. 2 AO ausdrücklich auch Überwachungs- und Aktualisierungspflichten hinsichtlich der zu erfassenden Daten begründet. Der Verpflichtete muss die Geschäftsbeziehung kontinuierlich überwachen und die Daten zur Person und Anschrift von Verfügungsberechtigten und wirtschaftlich Berechtigten in angemessenen zeitlichen Abständen aktualisieren. Es ist davon auszugehen, dass hiermit nicht zwei verschiedene Pflichten gemeint sind. Vielmehr wird man die Geschäftsbeziehung kontinuierlich überwachen müssen und, sobald Änderungen an der Person oder Anschrift von Verfügungsberechtigten und wirtschaftlich Berechtigten eintreten, diese aktualisieren müssen. Wie die Überwachung zu erfolgen hat, ist unklar. In Betracht kommt entweder eine aktive Überwachungspflicht oder eine passive Überwachungspflicht. Ersteres würde erfordern, dass der Verpflichtete selbstständig überprüft, ob sich Änderungen an der Person oder Anschrift der Berechtigten ergeben haben. Dies würde jedoch schnell an Grenzen stoßen, weil hierzu regelmäßige Abgleiche mit den Standesämtern, Melderegistern und Handelsregistern erforderlich wären. Während Letzteres wohl noch möglich wäre, kann nicht jeder Abfragen bei Standesämtern oder Melderegistern vornehmen, um zu klären, ob sich

---

21 BT-Drs. 816/16, S. 28.
22 BFH, 12.5.2016, II R 17/14, BStBl. II 2016, S. 822.
23 AEAO Ziff. 9.1 zu § 154 AO.

vielleicht die Namen von Vertragspartnern geändert haben. Insofern wird wohl nur eine passive Überwachungspflicht erforderlich sein, nach der man seinen Vertragspartner auffordern muss, eventuelle Änderungen unverzüglich mitzuteilen. Ob diese Aufforderung in regelmäßigen Abständen zu wiederholen sein wird, ist unklar. Meines Erachtens sollte es ausreichend sein, am Anfang der Geschäftsbeziehung hierauf ausdrücklich hinzuweisen. Leider hat die Finanzverwaltung in der AEAO nicht ausgeführt, was sie genau erwartet, sondern lediglich den Gesetzeswortlaut wiederholt.[24]

2. Sondervorschriften für Kreditinstitute in § 154 Abs. 2a–2c AO

§ 154 Abs. 2a–2c AO statuieren spezielle **Pflichten für Kreditinstitute**, die besonders umfassend ausgestaltet sind. Von Kreditinstituten sind bei der Legitimationsprüfung nun auch die Identifikationsnummer nach § 139b AO (Steueridentifikationsnummer) sowie die Wirtschafts-Identifikationsnummer nach § 139c AO, sobald eine erteilt wurde, zu erfassen. Bisher sind noch keine Wirtschafts-Identifikationsnummern erteilt worden. Die Erfassung der Identifikationsnummern gilt nach § 154 Abs. 2a Satz 3 AO nicht für Kreditkonten, wenn der Kredit ausschließlich der Finanzierung privater Konsumgüter dient und der Kreditrahmen 12.000 EUR nicht übersteigt.[25] Die Steueridentifikationsnummer und die Wirtschafts-Identifikationsnummer sind nach dem neuen § 93b Abs. 1a AO zusammen mit der Adresse jedes Verfügungsberechtigten und wirtschaftlich Berechtigten im Sinne des Geldwäschegesetzes für automatische Kontenabrufverfahren nach § 93 Abs. 7 oder Abs. 8 AO zusätzlich zu den Daten nach § 24c Abs. 1 KWG zu speichern. Solange noch keine Wirtschafts-Identifikationsnummer erteilt wurde, ist bei juristischen Personen stattdessen die Steuernummer für die Besteuerung des Einkommens, also regelmäßig die Körperschaftsteuer- oder Einkommensteuernummer, mitzuteilen.[26]

Sind der Verfügungsberechtigte oder wirtschaftlich Berechtigte **nicht im Inland** ansässig und damit auch nicht im Inland steuerpflichtig, haben sie regelmäßig weder eine inländische Identifikationsnummer noch eine inländische Steuernummer. Laut BMF ist in diesen Fällen auch keine **ausländische** Steueridentifikationsnummer oder Steuernummer zu erheben.[27] Allerdings kann unter § 8 Abs. 1 Nr. 1 FKAustG oder § 8 Abs. 1 Nr. 1 FATCA-USA-UmsV die Pflicht bestehen, eine ausländische Steueridentifikationsnummer zu erheben. Eine solche Pflicht besteht nach § 8 Abs. 1 Nr. 1 FKAustG immer dann, wenn der Kontoin-

12

13

---

24 AEAO Ziff. 7.4 zu § 154 AO.
25 Einzelheiten hierzu in AEAO Ziff. 10.3 und 10.4 zu § 154 AO.
26 *Hendricks*, in: Beermann/Gosch, AO/FGO, § 154 AO Rn. 34.3; *Dißars*, in: Schwarz/Pahlke, AO/FGO, § 154 AO Rn. 33.
27 AEAO Ziff. 10.7 zu § 154 AO.

haber aus einem Land kommt, das am internationalen Informationsaustausch
teilnimmt. Die Verpflichtung unter § 8 Abs. 1 Nr. 1 FATCA-USA-UmsV greift,
wenn der Kontoinhaber eine spezifizierte Person der Vereinigten Staaten von
Amerika ist[28] oder von einer solchen beherrscht wird. Das FKAustG und das
dazu sowie zur FATCA vom BMF erlassene Schreiben[29] sehen aber auch diverse
Ausnahmen vor, bei deren Vorliegen die ausländische Steueridentifikationsnummer nicht erhoben werden muss. Dies ist bei natürlichen Personen als Kontoinhaber insbesondere der Fall, wenn man durch zumutbare Anstrengung die
Steueridentifikationsnummer nicht erheben kann. Die Anforderungen an die zu-
mutbaren Anstrengungen sind erstaunlich gering, weil das BMF hier nur fordert,
dass man einmal bei Bestandskonten und zweimal bei Neukonten nachgefragt
hat.[30] Ausnahmen für juristische Personen als Kontoinhaber ergeben sich aus
§ 14 und § 19 Nr. 36 FKAustG bzw. aus § 5 Abs. 3 FATCA-USA-UmsV und
Art. 1 Abs. 1 lit. gg des FATCA-Abkommens.

14   Aber auch dem **Kontoinhaber** bzw. für diesen handelnde Personen werden nun
im Rahmen des § 154 Abs. 2a AO Mitteilungs- und Anzeigepflichten auferlegt.
So haben diese die Steueridentifikationsnummer oder Wirtschafts-Identifikationsnummer mitzuteilen und sich im Laufe der Geschäftsbeziehung ergebende
Änderungen unverzüglich anzuzeigen. Die Verpflichtung, Änderungen an der
Steueridentifikationsnummer oder Wirtschafts-Identifikationsnummer anzuzeigen, scheint verfehlt. Es wäre für Kreditinstitute besser gewesen, wenn der Kontoinhaber oder die für diesen handelnde Person verpflichtet gewesen wäre, Änderungen der nach § 154 Abs. 2 AO zu erhebenden Daten anzuzeigen, denn an
diesen werden sich eher Änderungen ergeben, als an der Steueridentifikationsnummer oder Wirtschafts-Identifikationsnummer.

15   Die Erhebung der Steueridentifikationsnummer ist keine gesetzliche Voraussetzung für die Eröffnung eines Kontos. Dieses kann gleichwohl eröffnet werden.
Allerdings muss die Steueridentifikationsnummer in einem solchen Fall innerhalb von drei Monaten nach Begründung des Geschäftsverhältnisses durch ein
maschinelles Verfahren beim Bundeszentralamt für Steuern abgefragt werden.
Das Verfahren ist in § 154 Abs. 2b AO geregelt, der hierdurch eine begrenzte Er-

---

28 Dies sind in der Regel: Staatsbürger der Vereinigten Staaten oder eine in den Vereinig-
    ten Staaten ansässige natürliche Person, eine in den Vereinigte Staaten oder nach dem
    Recht der Vereinigten Staaten oder eines ihrer Bundesstaaten gegründete Personenge-
    sellschaft oder Kapitalgesellschaft.
29 BMF, Schreiben v. 1.2.2017, IV B 6-S 1315/13/10021:044, 2017/0063603, BStBl. I
    2017, S. 305.
30 BMF, Schreiben v. 1.2.2017, IV B 6-S 1315/13/10021:044, 2017/0063603, BStBl. I
    2017, S. 305, Tz. 299, 337 und 341.

leichterung für die Kreditinstitute bietet.[31] In der Anfrage sind die in § 139b Abs. 3 AO genannten Daten[32] anzugeben.

Gleichzeitig ist nach § 154 Abs. 2c AO auf dem Konto festzuhalten, wenn die **16** Steueridentifikationsnummer oder Wirtschafts-Identifikationsnummer aufgrund unzureichender Mitwirkung des Vertragspartners oder der für ihn handelnden Personen nicht erhoben werden kann. Kreditinstitute müssen alle diese Konten, die in einem Kalenderjahr eröffnet wurden, bis Ende Februar des Folgejahres an das Bundeszentralamt für Steuern mitteilen. Hierzu sind die nach § 154 Abs. 2 AO erhobenen Daten zu übermitteln. Laut Gesetzeswortlaut wäre diese Meldung auch erforderlich, wenn das Abrufverfahren beim Bundeszentralamt für Steuern nach § 154 Abs. 2b AO erfolgreich verlaufen ist und damit alle erforderlichen Daten beim Kreditinstitut vorliegen. Allerdings scheint auch die Finanzverwaltung § 154 Abs. 2c AO einschränkend auslegen zu wollen, sodass in diesem Fall keine Meldung erforderlich ist.[33]

3. Fakultative Erleichterungen (§ 154 Abs. 2d AO)

§ 154 Abs. 2d AO bietet den Finanzbehörden die Möglichkeit, für einzelne Fälle **17** oder für bestimmte Fallgruppen **Erleichterungen** zuzulassen, wenn die Einhaltung der Pflichten nach den § 154 Abs. 2 bis 2c AO unverhältnismäßige Härten mit sich bringt und die Besteuerung dadurch nicht beeinträchtigt wird. Die Finanzbehörden haben hiervon in der AEAO Gebrauch gemacht und umfangreiche Ausnahmen vorgesehen, in denen auf die Identifizierung, Aufzeichnung, Herstellung der Auskunftsbereitschaft und der Erhebung der Steueridentifikationsnummer oder Wirtschafts-Identifikationsnummer verzichtet werden kann.[34] Die Erleichterungen sind größtenteils **personenbezogen** und betreffen bestimmte Fallgruppen von Verfügungsberechtigten, z. B. Eltern für ihre Kinder und bei den Vertretern von in öffentlichen Registern eigetragene Personen. Es gibt jedoch auch Erleichterungen, die **sachbezogen** sind, z. B. wenn bereits fünf Verfügungsberechtigte für die Vertretung eines Unternehmens erfasst sind oder wenn nach dem GwG auf die Erfassung und Aufzeichnung des wirtschaftlich Berechtigten verzichtet werden darf.

---

31 In diesem Sinne auch: *Schmidt/Ruckes*, IStR 2017, 473, 478.
32 § 139b Abs. 3 AO beinhaltet: Familienname, frühere Namen, Vornamen, Doktorgrad, Tag und Ort der Geburt, Geschlecht, gegenwärtige oder letzte bekannte Anschrift, zuständige Finanzbehörden, Auskunftssperren nach dem Bundesmeldegesetz, Sterbetag, Tag des Ein- und Auszugs.
33 AEAO Ziff. 10.6 zu § 154 AO.
34 AEAO Ziff. 11 zu § 154 AO.

IV. Kontensperre (§ 154 Abs. 3 AO)

18 Die **Kontensperre** nach § 154 Abs. 3 AO macht die Herausgabe von Guthaben, Wertsachen oder dem Inhalt von Schließfächern von der Zustimmung des Finanzamts abhängig, wenn gegen § 154 Abs. 1 AO verstoßen wurde. Die Kontensperre greift daher dann, wenn ein falscher oder erdichteter Name verwendet wurde, nicht jedoch, wenn gar keine Prüfung der Identität nach § 154 Abs. 2 AO erfolgt ist. Die Kontensperre tritt kraft Gesetzes ein. Die Kontensperre tritt auch ein, wenn jemand Buchungen auf einem Konto einer anderen Person und damit auf einen falschen Namen vornehmen lässt.[35]

19 Die erforderliche Zustimmung des Finanzamts ist eine Ermessensentscheidung.[36] Solange die Entscheidung nicht vorliegt, besteht eine öffentlich-rechtliche Beschränkung der Verfügungsmacht und die Auszahlung muss verweigert werden.[37] Zuständig ist das Finanzamt desjenigen, der das Geld oder die Wertsachen herausverlangt.[38] Waren mehrere Personen verfügungsberechtigt, muss ggf. von jedem zuständigen Finanzamt die Zustimmung eingeholt werden.[39]

20 Erfolgt trotz Kontensperre eine Herausgabe von Guthaben, der Wertsache oder des Schließfachinhalts führt dies grundsätzlich zu einer Haftung nach § 72 AO für Steuerschulden, deren Tilgung vereitelt wurde. Herausgabe ist dabei nicht nur die körperliche Übergabe einer Sache, sondern jede Mitwirkung an der Verfügung über eine Sache oder ein Guthaben, wie z. B. die Mitwirkung bei der Abhebung, Giroüberweisung oder der Einlösung von Schecks und Wechseln.[40] Die Herausgabe des Guthabens usw. muss kausal die Verwirklichung von Ansprüchen aus dem Steuerschuldverhältnis beeinträchtigt haben.[41] Voraussetzung ist **vorsätzliches oder grob fahrlässiges Verhalten**. Zudem muss durch den Verstoß die Verwirklichung von Ansprüchen aus dem Steuerschuldverhältnis beeinträchtigt worden sein.[42] Die Haftung erfasst alle Ansprüche aus dem Steuerschuldverhältnis. Sie ist jedoch der Höhe nach beschränkt auf den Wert des Herausgegebenen.[43] Die Haftung wird durch Haftungsbescheid nach § 191 AO festgesetzt.[44] Insbesondere Kreditinstitute sollten die eigenen Mitarbeiter im Rahmen von Compliance-Maßnahmen für dieses Thema sensibilisieren, da diese

---

35 BFH, 13.12.2011, VII R 49/10, BFHE 236, 1, BStBl. II 2012, S. 398.
36 BFH, 17.2.1989, III R 35/85, BFHE 156, 355, BStBl. II 1990, S. 263.
37 BFH, 13.12.2011, VII R 49/10, BFHE 236, 1, BStBl. II 2012, S. 398; *Brandis*, in: Tipke/Kruse, AO/FGO, § 154 AO Rn. 15.
38 *Dißars*, in: Schwarz/Pahlke, AO/FGO, § 154 AO Rn. 15.
39 AEAO Ziff. 12 zu § 154 AO.
40 *Loose*, in: Tipke/Kruse, AO/FGO, § 72 AO Rn. 4.
41 BFH, 17.2.1989, III R 35/85, BFHE 156/355, BStBl. II 1990, S. 263.
42 Hierzu z. B. *Gehm*, StBp 2016, 7, 9; *Bruschke*, StB 2010, 124, 127.
43 *Loose*, in: Tipke/Kruse, AO/FGO, § 72 AO Rn. 7.
44 *Loose*, in: Tipke/Kruse, AO/FGO, § 72 AO Rn. 8.

meist diejenigen sind, die mit der Herausgabe von Guthaben und Inhalten von Schließfächern betraut sind.

V. Ordnungswidrigkeiten

Ein vorsätzlicher oder leichtfertiger Verstoß gegen § 154 Abs. 1 bis Abs. 2c AO stellt eine Ordnungswidrigkeit nach § 379 Abs. 2 Nr. 2 AO dar, die mit einem Bußgeld von bis zu 5.000 EUR geahndet werden kann, wenn der Verstoß nicht gleichzeitig eine Steuerhinterziehung nach § 370 AO oder Steuerverkürzung nach § 378 AO darstellt. Leichtfertigkeit bedeutet einen erhöhten Grad an Fahrlässigkeit, der erreicht ist, wenn jemand die Sorgfalt außer Acht lässt, zu der er nach den besonderen Umständen des Falles und seiner persönlichen Fähigkeiten und Kenntnisse verpflichtet und imstande ist.[45] **21**

Bisher war allein die Kontenwahrheit nach § 154 Abs. 1 AO bußgeldbewehrt. Die Erweiterung erfolgte ebenfalls durch das Steuerumgehungsbekämpfungsgesetz vom 23.6.2017. Nach herrschender Auffassung konnte den Verstoß gegen § 379 Abs. 2 Nr. 2 AO in Verbindung mit § 154 Abs. 1 AO nur der Kontoinhaber begehen und nicht der Kontoführer.[46] Durch die neue Inbezugnahme der § 154 Abs. 2 bis 2c AO sind nun auch neue Bußgeldtatbestände für die Kontoführer als Verpflichtete hinzugekommen. **22**

Ungewöhnlich ist in diesem Zusammenhang die Bußgeldbewehrung des § 154 Abs. 2a Satz 2 AO, weil hier sanktioniert wird, wenn ein Vertragspartner eines Kreditinstituts oder für diesen handelnde Personen es unterlassen, dem Kreditinstitut Änderungen an der Steueridentifikationsnummer oder Wirtschafts-Identifikationsnummer anzuzeigen. Da das Kreditinstitut in diesem Fall nicht zu einer Anzeige verpflichtet ist und wohl auch nicht merken wird, wenn sich die Identifikationsnummern ändern, wird sich zeigen, ob der Tatbestand überhaupt Anwendung finden wird. **23**

Wenn Verpflichtete ihren Pflichten nach § 154 Abs. 2 bis 2c AO nicht nachkommen, kann gegen sie ebenfalls ein Bußgeld verhängt werden. Handelt es sich bei den Verpflichteten um juristische Personen, wie insbesondere bei Kreditinstituten, trifft die Pflicht die gesetzlichen Vertreter der juristischen Person oder die besonders Beauftragten, die gemäß § 9 OWiG die Ordnungswidrigkeit stattdessen begehen können.[47] Kommt es zu einer solchen Zuwiderhandlung kann dies für die gesetzlichen Vertreter darüber hinaus den Tatbestand der Verletzung der Aufsichtspflicht von Betrieben nach § 130 OWiG begründen und es kann grundsätzlich eine Geldbuße nach § 30 OWiG gegen die juristische Person festgesetzt werden. **24**

---

45 *Groß*, in: Hüls/Reichling, Steuerstrafrecht, § 378 AO Rn. 20.
46 *Reichling*, in: Hüls/Reichling, Steuerstrafrecht, § 379 AO Rn. 97.
47 *Gürtler*, in: Göhler, OWiG, § 9 Rn. 1.

§ 13 Erlöschen und Aufhebung der Erlaubnis

(1) Die Erlaubnis eines Instituts erlischt, wenn das Institut von ihr nicht innerhalb eines Jahres seit ihrer Erteilung Gebrauch macht oder wenn es ausdrücklich auf sie verzichtet.

(2) Die Bundesanstalt kann die Erlaubnis außer nach den Vorschriften des Verwaltungsverfahrensgesetzes aufheben, wenn

1. der Geschäftsbetrieb, auf den sich die Erlaubnis bezieht, seit mehr als sechs Monaten nicht mehr ausgeübt worden ist,

2. die Erlaubnis aufgrund falscher Angaben oder auf andere Weise unrechtmäßig erlangt wurde,

3. Tatsachen bekannt werden, die die Versagung der Erlaubnis rechtfertigten oder gegen die Mitteilungspflichten nach § 10 Absatz 5 oder § 11 Absatz 4 verstoßen wird,

4. die Fortsetzung der Erbringung von Zahlungsdiensten oder des Betreibens des E-Geld-Geschäfts die Stabilität des betriebenen Zahlungssystems oder das Vertrauen darin gefährden würde oder

5. schwerwiegend, wiederholt oder systematisch gegen § 27, gegen das Geldwäschegesetz, gegen die Verordnung (EU) 2015/847 des Europäischen Parlaments und des Rates vom 20. Mai 2015 über die Übermittlung von Angaben bei Geldtransfers und zur Aufhebung der Verordnung (EU) Nr. 1781/2006 (ABl. L 141 vom 5.6.2015, S. 1) oder gegen die zur Durchführung dieser Vorschriften erlassenen Verordnungen oder vollziehbaren Anordnungen verstoßen wurde.

(3) § 38 des Kreditwesengesetzes gilt entsprechend. § 48 Absatz 4 Satz 1 und § 49 Absatz 2 Satz 2 des Verwaltungsverfahrensgesetzes über die Jahresfrist sind nicht anzuwenden.

(4) Die Bundesanstalt macht die Aufhebung oder das Erlöschen der Erlaubnis im Bundesanzeiger und in dem Institutsregister nach § 43 oder § 44 bekannt.

Übersicht

I. Allgemeines

1   § 13 Abs. 2 ZAG entspricht – mit geringfügigen redaktionellen Änderungen –
dem ehemaligen § 10 ZAG a. F.[1] Die Norm listet einen Katalog von Aufhebungs-
gründen auf, bei deren Vorliegen die nach § 10 Abs. 1 ZAG erteilte Erlaubnis
insbesondere[2] aufgehoben werden kann.

2   Der Gesetzgeber machte bei der Umsetzung von der ausdrücklichen Ermächtigung in Art. 13 Abs. 1 lit. e Zweite Zahlungsdiensterichtlinie[3] Gebrauch, der es
den nationalen Gesetzgebern gestattet, neben den in der Zweiten Zahlungsdiensterichtlinie genannten, weitere Aufhebungsgründe einzuführen.[4] Der – hier
allein behandelte – Aufhebungsgrund des § 13 Abs. 2 Nr. 5 ZAG wurde im Juni
2017 durch das Gesetz zur Umsetzung der Vierten EU-Geldwäscherichtlinie,
zur Ausführung der EU-Geldtransferverordnung und zur Neuorganisation der
Zentralstelle für Finanztransaktionsuntersuchungen eingeführt.[5]

---

1 In der zuletzt durch das Gesetz zur Umsetzung der Zweiten E-Geld-Richtlinie v.
1.3.2011 geänderten Fassung, vgl. BGBl. I, S. 288 ff.
2 Vgl. zum Verhältnis von § 13 ZAG zu §§ 48, 49 VwVfG unten Rn. 14.
3 Richtlinie (EU) 2015/2366 des Europäischen Parlaments und des Rates vom 25.11.2015
über Zahlungsdienste im Binnenmarkt, zur Änderung der Richtlinien 2002/65/EG,
2009/110/EG und 2013/36/EU und der Verordnung (EU) Nr. 1093/2010 sowie zur Aufhebung der Richtlinie 2007/64/EG.
4 BT-Drs. 18/11495, S. 123.
5 BGBl. I Nr. 39, S. 1822.

II. Zweck des Aufhebungsgrundes

In Übereinstimmung mit den Vorgaben der Financial Action Task Force (FATF)[6] **3** sieht ErwG 59 der Vierten EU-Geldwäscherichtlinie den Auftrag an die Mitgliedstaaten vor, „wirksame, verhältnismäßige und abschreckende verwaltungsrechtliche Sanktionen und Maßnahmen" einzuführen für den Fall, dass Verpflichtete gegen Vorgaben der gesetzlichen Regelungen zur Geldwäschebekämpfung bzw. Terrorismusfinanzierung verstoßen. Die Vorgabe zur Einführung einer solchen Sanktionierung beruht auf einer Evaluierung des bestehenden Sanktionssystems auf Basis einer externen Studie.[7] Die Kommission kam darin zu dem Schluss, die Mitgliedstaaten hätten zwar nationale Sanktionssysteme eingeführt; nationale Unterschiede in der Gesetzgebung bzw. der Anwendung nationaler Gesetze verhinderten aber einer Vergleichbarkeit der Sanktionen. Aufgrund dessen schlug die Kommission daher vor, Maßnahmen, die im Anschluss an den De Larosière-Bericht[8] zur Stärkung der Aufsicht im Finanzdienstleistungssektor empfohlen wurden,[9] einzuführen.[10]

---

6 FATF, International Standards On Combating Money Laundering And The Financing Of Terrorism & Proliferation – The FATF Recommendations, http://www.fatf-gafi.org/media/fatf/documents/recommendations/pdfs/FATF%20Recommendations%202012.pdf (Stand: Oktober 2021, Recommendation 35), zuletzt abgerufen am 14.12.2021.

7 Europäische Kommission, Bericht der Kommission an das Europäische Parlament und den Rat über die Anwendung der Richtlinie 2005/60/EG zur Verhinderung der Nutzung des Finanzsystems zum Zwecke der Geldwäsche und der Terrorismusfinanzierung v. 11.4.2012, COM(2012) 168 final, S. 17.

8 The High-Level Group on Financial Supervision in the EU – Chaired by Jacques de-Larosière, v. 25.2.2009, http://ec.europa.eu/economy_finance/publications/pages/publication14527_en.pdf, zuletzt abgerufen am 14.12.2021.

9 Mitteilung der Kommission an das Europäische Parlament, den Rat, den Europäischen Wirtschafts- und Sozialausschuss und den Ausschuss der Regionen – Stärkung der Sanktionsregelungen im Finanzdienstleistungssektor v. 8.12.2010, COM(2010) 716 final.

10 Europäische Kommission, Bericht der Kommission an das Europäische Parlament und den Rat über die Anwendung der Richtlinie 2005/60/EG zur Verhinderung der Nutzung des Finanzsystems zum Zwecke der Geldwäsche und der Terrorismusfinanzierung v. 11.4.2012, COM(2012) 168 final, S. 17.

III. Vorgaben der Vierten EU-Geldwäscherichtlinie

4   Die Einführung des § 10 Abs. 2 Nr. 5 ZAG a. F./§ 13 Abs. 2 Nr. 5 ZAG diente der Umsetzung von Art. 59 Abs. 1, 2 lit. c der Vierten EU-Geldwäscherichtlinie[11] sowie von Art. 18 Geldtransferverordnung[12].[13]

5   Art. 59 Abs. 1 Vierte EU-Geldwäscherichtlinie verpflichtet die Mitgliedstaaten, bei Vorliegen der in Art. 59 Abs. 1 lit. a–d Vierte EU-Geldwäscherichtlinie genannten Voraussetzungen, die in Art. 59 Abs. 2 Vierte EU-Geldwäscherichtlinie aufgezählten Sanktionen und Maßnahmen verhängen zu können.

6   Art. 59 Abs. 1 Vierte EU-Geldwäscherichtlinie setzt zunächst voraus, dass Verpflichtete „schwerwiegend[…], wiederholt[…], systematisch[…]“, oder in einer „Kombination davon“ gegen die Verpflichtungen aus Art. 10–24 (Sorgfaltspflicht gegenüber Kunden), Art. 33, 34 und 35 (Verdachtsmeldungen), Art. 40 (Aufbewahrung von Aufzeichnungen) oder Art. 45 und 46 (interne Kontrollen) verstoßen haben.

IV. Schwerwiegender, wiederholter oder systematischer Verstoß gegen das Geldwäschegesetz

7   § 13 Abs. 2 Nr. 5 ZAG setzt entweder alternativ oder kumulativ[14] voraus, dass ein Institut schwerwiegend, wiederholt oder systematisch gegen die in der Norm genannten Normen oder administrativen Maßnahmen verstoßen hat. Die unbestimmten Rechtsbegriffe werden weder im GwG noch in der Vierten EU-Geldwäscherichtlinie näher definiert.

1. Schwerwiegender Verstoß

8   Der Wortlaut der ersten Alternative des Tatbestands lässt alleine noch keine nähere Definition des Begriffs zu. Die Begründung des Gesetzesentwurfs verweist

---

11 Richtlinie (EU) 2015/849 des Europäischen Parlaments und des Rates vom 20.5.2015 zur Verhinderung der Nutzung des Finanzsystems zum Zwecke der Geldwäsche und der Terrorismusfinanzierung, zur Änderung der Verordnung (EU) Nr. 648/2012 des Europäischen Parlaments und des Rates und zur Aufhebung der Richtlinie 2005/60/EG des Europäischen Parlaments und des Rates und der Richtlinie 2006/70/EG der Kommission.

12 Verordnung (EU) 2015/847 des Europäischen Parlaments und des Rates vom 20.5.2015 über die Übermittlung von Angaben bei Geldtransfers und zur Aufhebung der Verordnung (EU) Nr. 1781/2006.

13 BT-Drs. 18/11555, S. 178.

14 Vgl. den Wortlaut von Art. 59 Abs. 1 Halbs. 1.: „oder eine Kombination davon […]“.

lediglich pauschal auf den Zweck der Regelung, Art. 59 Vierte EU-Geldwäsche-richtlinie umzusetzen.[15]

Parallel wird der Begriff u. a. in § 56 Abs. 2 Satz 1 GwG verwendet. Danach kön-nen Ordnungswidrigkeiten im Falle der Zuwiderhandlung gegen die in § 56 Abs. 1 Satz 2 GwG genannten Vorgaben mit einem erhöhten Bußgeld ge-ahndet werden. In der Gesetzesbegründung zu § 56 Abs. 2 Satz 1 GwG definiert der Gesetzgeber als „schwerwiegenden Verstoß" einen solchen, der „[…] im *Rahmen einer Gesamtabwägung* als *gravierend* zu bewerten" sei.[16]   **9**

Da der Begriffskomplex „schwerwiegend, wiederholt und systematisch" norm-übergreifend durch den europäischen Gesetzgeber verwendet wird, spricht eini-ges dafür, den Begriff einheitlich auszulegen.   **10**

2. Wiederholter Verstoß

Wiederholt ist ein Versuch, wenn er mehr als einmal begangen wurde.[17] Wäh-rend bei § 56 GwG gefordert wird, zur Erfüllung des Merkmals „wiederholt" müsse es sich um einen Verstoß gegen dieselbe Bußgeldvorschrift durch densel-ben Beteiligten handeln,[18] lässt sich eine entsprechende Beschränkung weder aus dem Wortlaut des § 13 ZAG noch aus der gesetzgeberischen Intention ableit-en.   **11**

3. Systematischer Verstoß

Das Tatbestandsmerkmal des systematischen Verstoßes soll nach der Gesetzes-begründung vorliegen, wenn der Verstoß „einem Muster folgt".[19]   **12**

Die weitere Alternative der kombinierten Verwirklichung in schwerwiegender, wiederholter und/oder systematischer Weise, wie Art. 59 Abs. 1 Vierte EU-Geldwäscherichtlinie sie vorsieht, hat der deutsche Gesetzgeber nicht gesondert umgesetzt. Letztlich bestand dafür auch keine Notwendigkeit, da auch die Vierte EU-Geldwäscherichtlinie für die kombinierte Verwirklichung in schwerwiegen-der, wiederholter und/oder systematischer Weise keine besondere Rechtsfolge anknüpft.   **13**

---

15 BT-Drs. 18/11555, S. 164.
16 BT-Drs. 18/11555, S. 164 (Hervorhebung durch den Verfasser).
17 BT-Drs. 18/11555, S. 164.
18 *Pelz,* in: BeckOK GwG, § 56 Rn. 128.
19 BT-Drs. 18/11555, S. 164.

V. Verhältnis zu §§ 48, 49 VwVfG

14 Aus dem Wortlaut von § 13 Abs. 2 Satz 1 Halbs. 1 ZAG („[…] außer nach den Vorschriften des Verwaltungsverfahrensgesetzes […]") ergibt sich, dass §§ 48, 49 VwVfG (im durch § 13 Abs. 3 Satz 2 ZAG begrenztem Umfang) **neben** dem Entzug der Zulassung nach § 13 Abs. 2 Nr. 5 ZAG anwendbar sein können.[20] Obwohl danach eine Rücknahme bzw. ein Widerruf nach §§ 48, 49 VwVfG grundsätzlich möglich wären, bleibt dafür im hier alleine behandelten Fall der Aufhebung nach § 13 Abs. 2 Nr. 5 ZAG wohl nur noch wenig Raum.

VI. Rechtsfolge

1. Aufhebung als ultima ratio

15 Bei der Aufhebung ist im Rahmen der Ermessensausübung zu berücksichtigen, dass durch die Aufhebung die gewerbliche Tätigkeit des Instituts faktisch beendet wird, selbst wenn die Auflösung erst einer gesonderten Maßnahme bedarf (siehe → Rn. 2). Dieser Fakt wiegt in der Zusammenstellung und Gewichtung des Abwägungsmaterials besonders schwer, da in einen grundrechtssensiblen Bereich eingegriffen wird. Daher ist die Aufhebung durch die Bundesanstalt nur als *ultima ratio* anzuordnen. Insbesondere ist dabei durch die Bundesanstalt zu berücksichtigen, dass an Stelle der Aufhebung zunächst weniger gravierende Maßnahmen ausgeschöpft werden müssen, sofern sie gleich geeignet sind, den Verstoß abzustellen.

2. Verweis auf Abwicklungsanordnung gem. § 38 KWG

a) Allgemeines

16 Gem. § 13 Abs. 3 Satz 1 ZAG gilt bei Aufhebung der Erlaubnis nach § 13 Abs. 2 ZAG der § 38 KWG entsprechend. Mit dem Verweis auf die Vorgaben zur Abwicklung nach § 38 KWG soll eine Lücke geschlossen werden, die in dem Zeitraum entsteht, nachdem die Erlaubnis entzogen oder aufgehoben wurde.[21] Mit Wirksamwerden der Aufhebung oder des Erlöschens der Erlaubnis endet das Recht des Instituts, die lizenzierten Dienstleistungen anzubieten; auf den Fortbestand des Instituts hat die Aufhebung oder das Erlöschen zunächst aber keine Auswirkungen.[22]

---

20 Zur korrespondierenden Regelung in § 35 Abs. 2 KWG vgl. *Schwennicke*, in: Schwennicke/Auerbach, KWG, § 35 Rn. 16.

21 *Glawischnig-Quinke*, in: Reischauer/Kleinhans, KWG, § 38 Rn. 3.

22 *Glawischnig-Quinke*, in: Reischauer/Kleinhans, KWG, § 38 Rn. 3.

Die Abwicklungsanordnung dient insbesondere dem Schutz der Gläubigerinteressen.[23] Daneben soll die Umgehung der Herbeiführung der Einstellung des Geschäftsbetriebs erreicht werden, beispielsweise durch Verzicht des Instituts auf die Erlaubnis, bevor die Einstellung angeordnet werden kann.[24]   **17**

b) Anordnung der Abwicklung

Grundlage der Abwicklungsanordnung nach § 13 Abs. 3 Satz 1 ZAG i.V.m.   **18**
§ 38 KWG ist das Erlöschen oder die Aufhebung der Erlaubnis nach § 13 Abs. 1, 2 ZAG.[25] Der zur Feststellung des Erlöschens oder zur Aufhebung erlassene Verwaltungsakt muss rechtskräftig oder sofort vollziehbar sein.[26] Die sofortige Vollziehbarkeit wird dabei durch § 9 ZAG gesetzlich angeordnet.

Die Abwicklungsanordnung hat dabei dieselben Wirkungen wie ein gesell   **19**
schaftsrechtlicher Auflösungsbeschluss.[27] Sie hat die unmittelbare Änderung des Unternehmensgegenstands zur Folge. Anstelle des gewerblichen, auf Gewinnerzielungsabsicht gerichteten Unternehmensgegenstands tritt der alleinige Zweck der Abwicklung zur Befriedigung der Gläubiger des Instituts und der Verteilung danach verbleibender Vermögenswerte.[28]

c) Maßnahmen nach Anordnung der Abwicklung (§ 38 Abs. 2 KWG)

aa) Weisungsrecht der BaFin (§ 38 Abs. 2 Satz 1 KWG)

Nach § 38 Abs. 2 Satz 1 KWG kann die BaFin nach Anordnung der Abwicklung   **20**
gegenüber dem Institut Weisungen erlassen.[29] Das Weisungsrecht besteht sowohl für Maßnahmen zur Abwicklung des Instituts als auch für Maßnahmen im Hinblick auf die betriebenen Zahlungsdienste.[30]

---

23 *Fischer/Müller*, in: Boos/Fischer/Schulte-Mattler, KWG/CRR-VO, § 38 KWG Rn. 2;
   Glawischnig-Quinke, in: Reischauer/Kleinhans, KWG, § 38 Rn. 3.

24 *Fischer/Müller*, in: Boos/Fischer/Schulte-Mattler, KWG/CRR-VO, § 38 KWG Rn. 2;
   Glawischnig-Quinke, in: Reischauer/Kleinhans, KWG, § 38 Rn. 3.

25 *Fischer/Müller*, in: Boos/Fischer/Schulte-Mattler, KWG/CRR-VO, § 38 KWG Rn. 2;
   Glawischnig-Quinke, in: Reischauer/Kleinhans, KWG, § 38 Rn. 8.

26 *Fischer/Müller*, in: Boos/Fischer/Schulte-Mattler, KWG/CRR-VO, § 38 KWG Rn. 2;
   Glawischnig-Quinke, in: Reischauer/Kleinhans, KWG, § 38 Rn. 8.

27 Je nach Rechtsform z.B. nach § 262 Abs. 1 Nr. 2 AktG, § 60 Abs. 1 Nr. 2 GmbHG,
   § 131 Abs. 1 Nr. 2 HGB.

28 *Glawischnig-Quinke*, in: Reischauer/Kleinhans, KWG, § 38 Rn. 9.

29 Zu den Voraussetzungen des Weisungsrechts der BaFin vgl. *Glawischnig-Quinke*, in:
   Reischauer/Kleinhans, KWG, § 38 Rn. 15 ff.

30 *Müller-Grune*, in: Beck/Samm/Kokemoor, Kreditwesengesetz mit CRR, § 38 Rn. 47;
   Glawischnig-Quinke, in: Reischauer/Kleinhans, KWG, § 38 Rn. 18.

bb) Bestellung eines Abwicklers (§ 38 Abs. 2 Satz 2, 3 KWG)

21   Nach § 38 Abs. 2 Satz 2 kann die BaFin beim zuständigen Gericht beantragen, für das Institut einen Abwickler zu bestellen.

d) Verhältnismäßigkeit, Ermessen

22   Die Entscheidung, ob die Abwicklung angeordnet wird, liegt im Ermessen der Aufsichtsbehörde.[31] Ebenfalls im Ermessen der Aufsichtsbehörde liegt die Entscheidung, zu welchem Zeitpunkt die Abwicklung angeordnet wird. Vereinzelt wird vertreten, die Abwicklung müsse in einem zeitlichen Zusammenhang mit dem Erlöschen oder Aufhebung stehen.[32] Eine derartige Beschränkung der Aufsichtsrechte ergibt sich aber weder aus dem Gesetz, noch ist eine solche Beschränkung aus anderen Gründen notwendig.[33]

3. Bekanntmachung der Aufhebung (§ 13 Abs. 4 ZAG)

23   Die Aufhebung der Erlaubnis hat die BaFin im Bundesanzeiger bekannt zu machen.

VII. Rechtsschutz

1. Rechtsschutz gegen die Aufhebung der Erlaubnis

24   Die Aufhebung der Lizenz ist ein belastender Verwaltungsakt. Statthaft ist damit zunächst der Widerspruch gem. § 68 Abs. 1 VwGO.

25   Nach § 9 ZAG hat der Widerspruch jedoch keine aufschiebende Wirkung. Die fortbestehende sofortige Vollziehbarkeit der Erlaubnisaufhebung hat zur Folge, dass die Bundesanstalt die Abwicklung des Instituts anordnen kann (siehe → Rn. 18). Weiterhin kann das Institut beim zuständigen Verwaltungsgericht einen Antrag nach § 80 Abs. 5 Halbs. 1 VwGO auf Anordnung der aufschiebenden Wirkung stellen. Bei einer für das Institut positiven Entscheidung kann eine drohende Abwicklungsanordnung bis zur Entscheidung im Hauptsacheverfahren abgewendet werden.

---

31 *Müller-Grune*, in: Beck/Samm/Kokemoor, Kreditwesengesetz mit CRR, § 38 Rn. 23; *Glawischnig-Quinke*, in: Reischauer/Kleinhans, KWG, § 38 Rn. 8.

32 *Müller-Grune*, in: Beck/Samm/Kokemoor, Kreditwesengesetz mit CRR, § 38 Rn. 28.

33 *Glawischnig-Quinke*, in: Reischauer/Kleinhans, KWG, § 38 Rn. 8 (mit ausdrücklicher Aufgabe der zuvor vertretenen Auffassung); *Schwennicke*, in: Schwennicke/Auerbach, KWG, § 38 Rn. 10.

Sofern die Bundesanstalt dem Widerspruch nicht abhilft, kann das betroffene In- **26**
stitut Anfechtungsklage beim Verwaltungsgericht erheben.

2. Rechtsschutz gegen die Abwicklungsanordnung

Gegen die Abwicklungsanordnung (als eigener Verwaltungsakt, vgl. → Rn. 24) **27**
sind Widerspruch und Anfechtungsklage statthaft. Der Widerspruch gegen die
Abwicklungsanordnung hat in der Regel aufschiebende Wirkung, da die sofortige Vollziehbarkeit nicht in § 9 ZAG angeordnet wird. Die sofortige Vollziehbarkeit ergibt sich auch nicht aus § 38 KWG i.V.m. § 49 KWG.[34]

3. Rechtsschutz gegen weitere Maßnahmen der Aufsichtsbehörde

Etwaige weitere Maßnahmen der BaFin, insbesondere Weisungen nach § 13 **28**
Abs. 3 Satz 1 ZAG i.V.m. § 38 Abs. 2 Satz 1 KWG und die Bestellung eines Abwicklers nach § 13 Abs. 3 Satz 1 ZAG i.V.m. § 38 Abs. 2 Satz 3 KWG, stellen
selbstständige Verwaltungsakte dar, die mit Widerspruch und Anfechtungsklage
angegriffen werden können.

---

34 *Müller-Grune*, in: Beck/Samm/Kokemoor, Kreditwesengesetz mit CRR, § 38 Rn. 32.

§ 20 Abberufung von Geschäftsleitern und Mitgliedern des Verwaltungs- und Aufsichtsorgans, Übertragung von Organbefugnissen auf Sonderbeauftragte

(1) In den Fällen des § 13 Absatz 2 Nummer 3 bis 5 kann die Bundesanstalt, statt die Erlaubnis aufzuheben, die Abberufung der verantwortlichen Geschäftsleiter verlangen und diesen Geschäftsleitern auch die Ausübung ihrer Tätigkeit bei Instituten untersagen. In den Fällen des § 13 Absatz 2 Nummer 5 kann die Bundesanstalt auch die vorübergehende Abberufung der verantwortlichen Geschäftsleiter verlangen und ihnen vorübergehend die Ausübung einer Geschäftsleitertätigkeit bei dem Institut und bei einem anderen Verpflichteten nach § 2 Absatz 1 des Geldwäschegesetzes untersagen. Die Anordnung nach Satz 2 kann die Bundesanstalt auch gegenüber jeder anderen Person treffen, die für den Verstoß verantwortlich ist.

(2) Die Bundesanstalt kann unter den Voraussetzungen des Absatzes 1 Befugnisse, die Organen des Instituts zustehen, ganz oder teilweise auf einen Sonderbeauftragten übertragen, der zur Wahrung der Befugnisse geeignet erscheint. § 45c Absatz 6 und 7 des Kreditwesengesetzes gilt entsprechend.

(2a) Die Aufsichtsbehörde kann einen Geschäftsleiter verwarnen, wenn dieser gegen die Bestimmungen dieses Gesetzes, des Geldwäschegesetzes oder die zur Durchführung dieser Gesetze erlassenen Verordnungen oder gegen Anordnungen der Bundesanstalt verstoßen hat. Gegenstand der Verwarnung ist die Feststellung des entscheidungserheblichen Sachverhaltes und des hierdurch begründeten Verstoßes.

(3) Die Bundesanstalt kann die Abberufung eines Geschäftsleiters auch verlangen und ihm auch die Ausübung seiner Tätigkeit bei Instituten untersagen, wenn er gegen die in Absatz 2a genannten Rechtsakte oder gegen Anordnungen der Bundesanstalt verstoßen hat und dieses Verhalten trotz Verwarnung nach Absatz 2a durch die Bundesanstalt vorsätzlich oder leichtfertig fortsetzt.

(4) Die Mitglieder des Verwaltungs- oder Aufsichtsorgans eines Instituts müssen zuverlässig sein und die zur Wahrnehmung der Kontrollfunktion sowie zur Beurteilung und Überwachung der Geschäfte, die das Institut betreibt, erforderliche Sachkunde besitzen. Bei der Prüfung, ob eine der in Satz 1 genannten Personen die erforderliche Sachkunde besitzt, berücksichtigt die Bundesanstalt den Umfang und die Komplexität der vom Institut betriebenen Geschäfte. Liegen Tatsachen vor, aus denen sich ergibt, dass eine der in Satz 1 genannten Personen nicht zuverlässig ist oder nicht die erfor-

                    Izzo-Wagner/Otto

derliche Sachkunde besitzt, kann die Bundesanstalt von dem Institut verlangen, diese abzuberufen oder ihr die Ausübung ihrer Tätigkeit zu untersagen. Die Bundesanstalt kann dies von dem Institut auch dann verlangen, wenn einer der in Satz 1 genannten Personen wesentliche Verstöße des Instituts gegen die Grundsätze einer ordnungsgemäßen Geschäftsführung wegen sorgfaltswidriger Ausübung ihrer Überwachungs- und Kontrollfunktion verborgen geblieben sind oder sie nicht alles Erforderliche zur Beseitigung festgestellter Verstöße veranlasst hat und dieses Verhalten trotz Verwarnung des Instituts durch die Bundesanstalt fortsetzt. Soweit das Gericht auf Antrag des Aufsichtsrats ein Aufsichtsratsmitglied abzuberufen hat, kann dieser Antrag bei Vorliegen der Voraussetzungen nach Satz 3 oder Satz 4 auch von der Bundesanstalt gestellt werden, wenn der Aufsichtsrat dem Abberufungsverlangen der Aufsichtsbehörde nicht nachgekommen ist. Die Vorschriften der Mitbestimmungsgesetze über die Wahl und die Abberufung der Arbeitnehmervertreter im Verwaltungs- oder Aufsichtsorgan bleiben unberührt.

Schrifttum: *Binder/Glos/Riepe* (Hrsg.), Handbuch Bankenaufsichtsrecht, 2. Aufl. 2020; *Gehra/Gittfried/Lienke* (Hrsg.), Prävention von Geldwäsche und Terrorismusfinanzierung, 2. Aufl. 2020; *Luz/Neus/Schaber/Schneider/Wagner/Weber* (Hrsg.), ZAG, Kommentar, 2019.

Übersicht

Izzo-Wagner/Otto

I. Allgemeines

1. Systematische Einordnung

1   § 20 ZAG entspricht weitgehend § 15 ZAG a. F. Die Regelung wurde zur Umsetzung von Art. 21 PSD[1] in das Zahlungsdiensteaufsichtsgesetz aufgenommen.
Der deutsche Gesetzgeber ging dabei über die Richtlinienvorgaben des europäischen Gesetzgebers hinaus.[2] Mit Inkrafttreten der zweiten Zahlungsdiensterichtlinie[3] setzt der deutsche Gesetzgeber mit § 20 ZAG die Anforderungen aus
Art. 23 Abs. 2 PSD2 um.

2   Systematisch entspricht § 20 ZAG dem für Kredit- und Finanzdienstleistungsinstitute geltenden § 36 KWG.[4]

2. Verfassungsrechtliche Implikationen

3   Die in § 20 ZAG genannten Maßnahmen, insbesondere die in § 20 Abs. 1 Satz 1,
Abs. 2 ZAG aufgeführte Abberufung sowie die Untersagung der Tätigkeit, greifen schwerwiegend in die Rechte der Betroffenen ein und haben damit auch
grundrechtliche Relevanz. So stellt sowohl die Abberufung als auch die Untersagung jeweils einen intensiven und zielgerichteten Eingriff in das Grundrecht der
Berufsfreiheit aus Art. 12 Abs. 1 GG dar, subsidiär dazu ebenfalls in die allgemeine Handlungsfreiheit aus Art. 2 Abs. 1 GG. Bei der Untersagung oder Abberufung aufgrund von mangelnder Qualifikation handelt es sich um eine subjekti-

---

1 Richtlinie 2007/64/EG des Europäischen Parlaments und des Rates vom 13.11.2007
über Zahlungsdienste im Binnenmarkt, zur Änderung der Richtlinien 97/7/EG, 2002/
65/EG, 2005/60/EG und 2006/48/EG sowie zur Aufhebung der Richtlinie 97/5/EG.
2 *Terlau*, in: Casper/Terlau, ZAG, § 20 Rn. 1.
3 Richtlinie (EU) 2015/2366 des Europäischen Parlaments und des Rates vom 25.11.2015
über Zahlungsdienste im Binnenmarkt, zur Änderung der Richtlinien 2002/65/EG,
2009/110/EG und 2013/36/EU und der Verordnung (EU) Nr. 1093/2010 sowie zur Aufhebung der Richtlinie 2007/64/EG („PSD2“).
4 *Schwennicke*, in: Schwennicke/Auerbach, KWG, § 15 ZAG Rn. 2.

ve Zulassungsvoraussetzung. Die Rechtfertigung dieses Eingriffs ist daher an hohe Voraussetzungen zu knüpfen.

II. Tatbestandsvoraussetzungen

1. Abberufung und Untersagung nach § 20 Abs. 1 Satz 1 ZAG

a) Verstoß u. a. gegen § 13 Abs. 2 Nr. 3–5 ZAG

Voraussetzung der Anwendbarkeit von § 20 Abs. 1 ZAG ist zunächst das Vorlie- **4** gen einer der in § 13 Abs. 2 Nr. 3–5 ZAG genannten Fälle. Im hier behandelten Rahmen sind alleine relevant die in § 13 Abs. 2 Nr. 5 ZAG genannten Fälle. Danach kann die Bundesanstalt die Erlaubnis aufheben, wenn wiederholt, schwerwiegend oder systematisch gegen § 27 ZAG, gegen das Geldwäschegesetz, gegen die Verordnung (EU) 2015/847[5] oder gegen die zur Durchführung dieser Vorschriften erlassenen Verordnungen oder vollziehbaren Anordnungen verstoßen wurde.

b) Anstelle der Erlaubnisaufhebung

Die Abberufung bzw. Untersagung der Tätigkeitsausübung setzt voraus, dass die **5** Erlaubnis nicht bereits nach § 13 Abs. 2 Nr. 3–5 ZAG aufgehoben wurde. Die Abberufung bzw. Untersagung steht alternativ neben der Erlaubnisaufhebung nach § 13 Abs. 2 Nr. 3–5 ZAG.

c) Verantwortlichkeit

Die Maßnahmen nach § 20 Abs. 1 ZAG müssen sich gegen die **verantwortli-** **6** **chen** Geschäftsleiter richten. Verantwortlichkeit in diesem Sinne setzt voraus, dass die Verstöße dem oder den abberufenen Geschäftsleitern zurechenbar sein müssen.[6] Das Kriterium der Verantwortlichkeit ist in diesem Zusammenhang umstritten. Anknüpfungspunkt für dahingehende Unklarheit ist die Formulierung des Abs. 3 der Vorschrift, in welcher ausdrücklich Vorsatz und grobe Fahrlässigkeit („leichtfertig") genannt sind. Daraus wird zum Teil die Annahme geschlossen, dass im Rahmen des Abs. 1 kein Verschulden des betroffenen Geschäftsleiters vorliegen müsste.[7] Ausreichend sei vielmehr schon, dass einer der Versagungsgründe des § 13 Abs. 2 Nr. 3–5 ZAG vorliege. Die Pflicht zur Ver-

---

5 Verordnung (EU) 2015/847 des Europäischen Parlaments und des Rates vom 20.5.2015 über die Übermittlung von Angaben bei Geldtransfers und zur Aufhebung der Verordnung (EU) Nr. 1781/2006 (ABl. L 141 v. 5.6.2015, S. 1).

6 *Müller-Grune*, in: Beck/Samm/Kokemoor, Kreditwesengesetz mit CRR, § 36 Rn. 35.

7 Vgl. *Terlau*, in: Casper/Terlau, ZAG, § 20 Rn. 5; vgl. auch: *Werner*, in: Ellenberger/Findeisen/Nobbe, Zahlungsverkehrsrecht, § 15 (a. F.) Rn. 3.

hinderung einer dieser tatbestandlichen Alternativen rechtfertige, die Verantwortlichkeit des Geschäftsleiters hinzunehmen, ohne eine darüber hinaus gehende Schuld dafür zu prüfen. Nach anderer Ansicht[8] setzt „Verantwortlichkeit" im Sinne des § 20 Abs. 1 ZAG dagegen ein Verschulden des Geschäftsleiters voraus. Dem ist zuzustimmen. Aufgrund der Eingriffsintensität des Abberufungsverlangens bzw. der Tätigkeitsuntersagung in grundrechtssensible Bereiche des betroffenen Geschäftsleiters (siehe → Rn. 15) ist eine verschuldensunabhängige Sanktionierung nicht gerechtfertigt. Im Rahmen der Prüfung der Verhältnismäßigkeit der Einzelmaßnahme wäre eine verschuldensunabhängige Haftung schwer vereinbar mit dem Eingriff in Art. 12, 2 GG.

7   Zu den Kriterien der Verantwortlichkeit gelten die zu § 36 KWG entwickelten Grundsätze entsprechend.[9] Danach können eigene Verfehlungen eine Verantwortlichkeit begründen, aber auch mittelbare Verstöße durch Verletzung von Aufsichts- oder Organisationspflichten bei Verstößen in dem Verantwortungsbereich des entsprechenden Geschäftsleiters. Lassen sich bestimmte Kernbereiche der Aufgabenverteilung nicht eindeutig zuordnen, kommt die gesamte Geschäftsführung nach dem Grundsatz der Gesamtverantwortung als verantwortlicher Adressat einer Abberufung in Frage. Nach diesem Grundsatz sind alle Geschäftsleiter, unabhängig von der internen Zuständigkeitsregelung, für die ordnungsgemäße Geschäftsorganisation und auch für ausgelagerte Aktivitäten und Prozesse im Hinblick auf alle wesentlichen Elemente des Risikomanagements gemeinsam verantwortlich.[10]

2. Vorübergehende Abberufung und Untersagung (§ 20 Abs. 1 Satz 2 ZAG)

8   Liegt ein Verstoß des Instituts nach § 13 Abs. 2 Nr. 5 ZAG vor, kann die BaFin auch nur vorübergehend den oder die verantwortlichen Geschäftsleiter abberufen und die Ausübung einer Tätigkeit als Geschäftsleiter untersagen. Die Regelung setzt Art. 59 Abs. 2 lit. d Vierte EU-Geldwäscherichtlinie um und wurde mit Umsetzung der zweiten Zahlungsdiensterichtlinie in § 20 Abs. 1 ZAG aufgenommen. Die Aufnahme der weiteren Maßnahme dient dem Ziel der Vierten EU-Geldwäscherichtlinie, das Instrumentarium an Sanktionen ausreichend breit zu fächern.[11]

---

8 *Terlau*, in: Casper/Terlau, ZAG, § 20 Rn. 5 ff.; *Schiemann*, in: Luz/Neus/Schaber/Schneider/Wagner/Weber, ZAG, § 20 Rn. 8 ff.

9 Vgl. *Müller-Grune*, in: Beck/Samm/Kokemoor, Kreditwesengesetz mit CRR, § 36 Rn. 17 ff.; *Fischer/Müller*, in: Boos/Fischer/Schulte-Mattler, KWG/CRR-VO, § 36 KWG Rn. 11.

10 BaFin, MaRisk, AT 3.

11 Vgl. ErwG 59 Vierte EU-Geldwäscherichtlinie.

Eine vorübergehende Abberufung bzw. Untersagung wird insbesondere in Fällen 9
in Betracht kommen, in denen Untersuchungen im Institut bzw. die Beseitigung
von Mängeln noch andauern. Da die Maßnahme nach § 20 Abs. 1 Satz 2 ZAG
aufgrund des systematischen Zusammenhangs mit § 20 Abs. 1 Satz 1 ZAG nur
alternativ neben der Erlaubnisaufhebung nach § 13 Abs. 2 ZAG steht, kann die
vorübergehende Abberufung mit anderen Maßnahmen kombinieren, beispielsweise mit der Einsetzung eines Sonderbeauftragten.

3. Vorübergehende Anordnung gegenüber „anderen Personen" (§ 20 Abs. 1 Satz 3 ZAG)

§ 20 Abs. 1 Satz 3 ZAG dehnt die Möglichkeit zur Sanktionierung auf weitere 10
Personen außerhalb der unmittelbaren Leitungsebene des Instituts aus. Eine Verantwortlichkeit im Sinne des § 20 Abs. 1 Satz 3 ZAG setzt einen vorsätzlichen
oder fahrlässigen Verstoß voraus, wie sich aus dem korrespondierenden § 51
Abs. 5 Satz 2 GwG ergibt. Als „andere Person" i. S. d. § 20 Abs. 1 Satz 3 ZAG
kommt jede im Institut beschäftigte natürliche Person in Betracht, sofern sie für
den Verstoß aufgrund ihrer innerbetrieblichen Kompetenz überhaupt verantwortlich sein kann.

4. Verwarnung durch die Aufsichtsbehörde (§ 20 Abs. 2a ZAG)

Der durch das Risikoreduzierungsgesetz[12] neu eingefügte Abs. 2a normiert eine 11
ausdrückliche Ermächtigungsgrundlage für Verwarnungen von Geschäftsleitern
durch die BaFin. Diese war bislang in der Verwaltungspraxis der BaFin dem
Abs. 3 letzter Halbsatz a. F. entnommen worden. Die Vorschrift orientiert sich an
dem im Zuge des Risikoreduzierungsgesetztes ebenfalls novellierten § 36
Abs. 2 Satz 1 KWG. Für die Verwarnung selbst ist kein subjektives Element
mehr erforderlich.[13] Ein Abberufungsverlangen bzw. eine Tätigkeitsuntersagung
nach Abs. 3 setzt weiterhin einen der Verwarnung folgenden, vorsätzlichen oder
leichtfertigen Verstoß voraus. Mit der Verwarnung nach § 20 Abs. 2a ZAG soll
der Geschäftsleiter letztmalig auf die beanstandeten Mängel hingewiesen und
ihm Gelegenheit gegeben werden, den festgestellten Verstoß – sofern noch nicht
geschehen – unverzüglich abzustellen, diesen nicht mehr zu wiederholen und
eine mangelfreie Geschäftsführung sicherzustellen, bevor er abberufen und ihm
gegebenenfalls die Ausübung seiner Tätigkeit bei Instituten untersagt wird (sog.
Appellfunktion).[14] Im Gleichlauf mit den Vorgaben im KWG bzw. VAG kommt

---

12 Gesetz zur Umsetzung der Richtlinien (EU) 2019/878 und (EU) 2019/879 zur Reduzierung von Risiken und zur Stärkung der Proportionalität im Bankensektor (Risikoreduzierungsgesetz – RiG).
13 BT-Drs. 434/20, S. 237.
14 *Glos*, in: Binder/Glos/Riepe, Handbuch Bankenaufsichtsrecht, § 13 Rn. 131 (a. F.).

einer Verwarnung nach Abs. 2a neben der Appellfunktion auch eine Feststellungsfunktion hinsichtlich des entscheidungserheblichen Sachverhaltes und des hierdurch begründeten Verstoßes zu.[15] Die Verwarnung ist selbst (belastender) Verwaltungsakt.[16]

12   Durch den neu eingeführten Abs. 2a wird die zuvor in Abs. 3 a.F. enthaltene Pflicht der Bundesanstalt zur vorherigen Verwarnung des Geschäftsleiters herausgelöst und isoliert in einem eigenen Absatz geregelt. Dabei entsprechen die im neuen Abs. 2a aufgeführten Bestimmungen denen, die zuvor in Abs. 3 a.F. aufgeführt wurden. Demnach muss gegen die Bestimmungen des GwG, dazu erlassene Verordnungen oder Anordnungen der BaFin verstoßen werden. Ein solcher Verstoß läge beispielsweise dann vor, wenn in Prüfungen wiederholt Mängel an der Geschäftsorganisation des Instituts zur Erfüllung der Anforderungen nach §§ 4–7 GwG bzw. § 27 ZAG festgestellt wurden und die jeweilig verantwortlichen Personen trotz Verwarnung durch die BaFin die Mängel nicht beseitigt haben.[17]

5. Verstoß gegen Bestimmungen des GwG (§ 20 Abs. 3 ZAG)

a) Verstoß gegen Bestimmungen des GwG

13   Neben den in § 20 Abs. 1 Satz 1 i.V.m. § 13 Abs. 2 Nr. 5 ZAG genannten schwerwiegenden, systematischen oder wiederholten Verstößen gegen Bestimmungen des GwG sieht § 20 Abs. 3 GwG das Recht der BaFin vor, die Abberufung der verantwortlichen Geschäftsleiter zu verlangen bzw. diesen die Ausübung ihrer Tätigkeit bei Instituten zu untersagen, wenn diese trotz vorheriger Verwarnung im Sinne des Abs. 2a **einmalig** vorsätzlich oder leichtfertig das gerügte Verhalten fortsetzen.

14   Im Unterschied zu den in § 20 Abs. 1 Satz 1 ZAG genannten Maßnahmen setzt § 20 Abs. 3 ZAG danach einen **andauernden Verstoß** voraus. Die Anordnung nach § 20 Abs. 1 Satz 1 i.V.m. § 13 Abs. 2 Nr. 5 ZAG aufgrund der dort genannten Zuwiderhandlungen kann nur getroffen werden, wenn der Verstoß nicht bereits beendet ist.

---

15 BT-Drs. 434/20, S. 237.

16 *Glos*, in: Binder/Glos/Riepe, Handbuch Bankenaufsichtsrecht, § 13 Rn. 131 (a.F.); zur früher vertretenen a.A. zu § 36 Abs. 2 KWG vgl. VG Berlin, Urt. v. 27.1.1992 – 25 A 68.91, WM 1992, 1059 ff.; vgl. dazu: *Fischer/Boegl*, in: Schimansky/Bunte/Lwowski, Bankrechts-Handbuch, § 128 Rn. 155.

17 *Vitzthum*, in: Gehra/Gittfried/Lienke, Prävention von Geldwäsche und Terrorismusfinanzierung, Kap. 13, Rn. 166 f. (zu § 36 KWG).

b) Vorsätzlich oder leichtfertig

Im Gegensatz zu § 20 Abs. 1 Satz 1 i.V.m. § 13 Abs. 2 Nr. 5 ZAG setzt die An- **15** ordnung nach § 20 Abs. 3 ZAG ausdrücklich die vorsätzliche oder leichtfertige Fortsetzung des Verhaltens der Geschäftsleiter, trotz vorheriger Verwarnung durch die Bundesanstalt voraus. Knüpfte die alte Fassung des § 20 Abs. 3 ZAG das Merkmal des Vorsatzes oder der Leichtfertigkeit noch an den Verstoß gegen die genannten Bestimmungen an, so knüpft die pönalisierende Maßnahme des § 20 Abs. 3 ZAG n. F. an das Wiederholen des Verhaltens entgegen einer Verwarnung durch die Bundesanstalt an. Gegenüber § 20 Abs. 1 Satz 1 i.V.m. § 13 Abs. 2 Nr. 5 ZAG erfordert § 20 Abs. 3 ZAG ein höheres Maß an Verschulden. Lediglich fahrlässiges Handeln genügt damit nicht, um eine Anordnung nach § 20 Abs. 3 ZAG zu begründen.[18]

Der Begriff der Leichtfertigkeit entspricht dem allgemeinen Verständnis in **16** StGB und OWiG.[19] Leichtfertiges Handeln liegt danach vor, wenn die Handlung nach zivilrechtlichen Maßstäben grob fahrlässig wäre.[20] Leichtfertiges Handeln liegt danach vor, wenn die Handlung oder Unterlassung die erforderliche Sorgfalt nach den gesamten Umständen in ungewöhnlich großem Maße verletzt und bei der dasjenige unbeachtet geblieben ist, was im gegebenen Falle jedem hätte einleuchten müssen.[21] Bei der Beurteilung des Sorgfaltsmaßstabs sind die individuellen Kenntnisse und Fähigkeiten der jeweiligen Person zu berücksichtigen.[22]

c) Vorherige Verwarnung durch die BaFin

Für ein Abberufungsverlangen bzw. eine Tätigkeitsuntersagung nach Abs. 3 ist **17** wie bereits festgestellt eine Verwarnung nach Abs. 2a und ein darauffolgender vorsätzlicher oder leichtfertiger Verstoß des Geschäftsleiters gegen die in Abs. 2a genannten Rechtsakte oder Anordnungen erforderlich. Darüber hinaus wird ein hinreichender **zeitlicher und sachlicher Zusammenhang** zwischen Verwarnung und Abberufungsverlangen oder Tätigkeitsuntersagung vorausgesetzt.[23]

d) Verhältnis der Abberufung nach § 20 Abs. 3 ZAG zur Abberufung nach § 20 Abs. 1 Satz 1 ZAG

Die Abberufung nach § 20 Abs. 1 Satz 1 ZAG setzt ebenso wie die Abberufung **18** nach § 20 Abs. 3 ZAG (in den hier behandelten Varianten) einen Verstoß gegen

---

18 So auch *Terlau*, in: Casper/Terlau, ZAG, § 20 Rn. 27.
19 *Terlau*, in: Casper/Terlau, ZAG, § 64 Rn. 28.
20 *Neuheuser*, in: MüKo-StGB, § 261 Rn. 108.
21 BGHZ 10, 14–18, Rn. 9 (juris), m.w.N.
22 *Neuheuser*, in: MüKo-StGB, § 261 Rn. 108.
23 BT-Drs. 434/20, S. 237.

die Bestimmungen des Geldwäschegesetztes voraus. Es stellt sich daher die Frage, wie die beiden Tatbestände voneinander abgegrenzt werden können. Aufgrund des Verweises in § 20 Abs. 1 Satz 1 ZAG auf die Voraussetzungen des § 13 Abs. 2 Nr. 5 ZAG setzt die Abberufung einen **schwerwiegenden, wiederholten oder systematischen Verstoß** gegen die dort genannten Bestimmungen des Geldwäschegesetzes voraus. Für die Abberufung nach § 20 Abs. 3 ZAG genügt dagegen bereits ein **einmaliger Verstoß**, sofern dieser noch **andauert**, wie aus dem Erfordernis einer vorherigen Verwarnung durch die BaFin folgt.

III. Rechtsfolge

1. Instrumente der Bundesanstalt

19   Die Bundesanstalt verfügt mit den in § 20 Abs. 1 ZAG aufgeführten Maßnahmen über ein breites Instrumentarium an Sanktionen. Zwischen den in § 20 Abs. 1 ZAG genannten Maßnahmen besteht dabei grundsätzlich kein Rangverhältnis, sodass die Bundesanstalt bei der Wahl der Mittel frei wählen kann – begrenzt durch den Grundsatz des Ermessens und der Verhältnismäßigkeit.

a) Verlangen der Abberufung (§ 20 Abs. 1 Satz 1, 1. Var. ZAG)

20   Sofern dem Institut ein Verstoß nach § 13 Abs. 2 Nr. 3–5 ZAG zur Last gelegt wird, kann die Bundesanstalt „statt die Erlaubnis aufzuheben" die Abberufung der verantwortlichen Geschäftsleiter verlangen. Gegenüber der Aufhebung der Erlaubnis ist dabei die Abberufung der verantwortlichen Geschäftsleiter in der Regel das mildere Mittel.[24]

b) Untersagung der Ausübung der Tätigkeit „bei Instituten"
(§ 20 Abs. 1 Satz 1 Var. 2 ZAG)

21   Neben der Anordnung an das Institut, den oder die verantwortlichen Geschäftsleiter abzuberufen, kann die Bundesanstalt dem oder den Geschäftsleitern die Ausübung einer Geschäftsleitertätigkeit mit Wirkung für die Zukunft untersagen. Die Untersagung kann dabei zusätzlich zur Abberufung angeordnet werden.[25]

c) Vorübergehende Abberufung (§ 20 Abs. 1 Satz 2 ZAG)

22   Die Anordnung der Abberufung bzw. der Untersagung der Tätigkeit bei anderen Instituten kann die Bundesanstalt auch nur vorübergehend verhängen. Die nur

---

24 *Fischer/Müller*, in: Boos/Fischer/Schulte-Mattler, KWG/CRR-VO, § 36 KWG Rn. 1.
25 BT-Drs. 18/11495, S. 126.

vorübergehende Anordnung wird in der Regel das mildere Mittel gegenüber der dauerhaften Abberufung bzw. Untersagung sein, kommt aber nur dann in Betracht, wenn sie gleich geeignet ist, die Verstöße zu beheben. Insofern bedarf es einer Prognose, ob der oder die Geschäftsleiter zukünftig die Gewähr dafür bieten, dass eine Wiederholung der Verstöße nicht zu befürchten ist. In Betracht kommt eine vorübergehende Abberufung aber auch in Fällen, in denen die Bundesanstalt einen Sonderbeauftragten bestellt hat (siehe dazu sogleich).

d) Gleichartige Maßnahmen gegen weitere Personen neben Geschäftsleitern
   (§ 20 Abs. 1 Satz 3 ZAG)

Mit Änderung des ZAG durch das Gesetz zur Umsetzung der Vierten EU-Geldwäscherichtlinie wurde der Adressatenkreis für Anordnungen nach § 20 Abs. 1 ZAG auf andere Personen ausgedehnt, die für den Verstoß verantwortlich sind. Die Regelung soll Art. 59 Abs. 2 lit. d Vierte EU-Geldwäscherichtlinie umsetzen.[26]   **23**

Weder das ZAG noch die Vierte EU-Geldwäscherichtlinie definieren näher, wer als solche verantwortliche Person in Betracht kommt. Naheliegend kommt aufgrund seiner Funktion und seiner Befugnisse wohl insbesondere der Geldwäschebeauftragte bzw. dessen Stellvertreter in Betracht. Darüber hinaus können sich Anordnungen aber auch auf Mitglieder der Fachabteilungen beziehen.   **24**

e) Einsetzung eines Sonderbeauftragten (§ 20 Abs. 2 ZAG)

Korrespondierend zur Ermächtigung in § 45c KWG kann die BaFin im Institut einen Sonderbeauftragten einsetzen. Entgegen der ausführlichen Regelung in § 45c KWG nennt § 20 Abs. 2 ZAG nicht ausdrücklich die Anforderungen an den Sonderbeauftragten. Zutreffend wird daher vorgeschlagen, die in § 45c KWG genannten Anforderungen auch auf § 20 Abs. 2 ZAG zu übertragen.[27] Der Sonderbeauftragte muss danach insbesondere zuverlässig und unabhängig sein.   **25**

Nach Abs. 2 kann die BaFin auf den Sonderbeauftragten „Befugnisse, die Organen des Instituts zustehen, ganz oder teilweise auf einen Sonderbeauftragten übertragen". Auch in Bezug auf die Auslegung des unbestimmten Rechtsbegriffs der „Befugnisse" wird vorgeschlagen auf die Regelung in § 45c KWG zurückzugreifen.[28] Zwingend ist dieser Schluss allerdings nicht. Weder aus der Gesetzesbegründung noch aus der Norm selbst lässt sich eine entsprechende Einschränkung ableiten.   **26**

---

26 BT-Drs. 18/11495, S. 178.
27 *Terlau*, in: Casper/Terlau, ZAG, § 20 Rn. 19.
28 *Terlau*, in: Casper/Terlau, ZAG, § 20 Rn. 21.

f) Abberufung im Falle des § 20 Abs. 3 ZAG

27 In der Rechtsfolge entspricht die Maßnahme im Falle des 20 Abs. 3 ZAG an sich der des § 20 Abs. 1 Satz 1 ZAG („[…] die Abberufung eines Geschäftsleiters auch verlangen […]"). Entsprechend kann dem abberufenen Geschäftsleiter die Ausübung der weiteren Tätigkeit bei Instituten untersagen, nicht jedoch bei anderen Verpflichteten i. S. d. § 2 Abs. 1 GwG.

2. Ermessen

28 Im Hinblick auf die für die Rechtfertigung verwaltungsrechtlichen Handelns grundsätzlich zu fordernde Verhältnismäßigkeit stellt die Abberufung damit in der Regel gegenüber der Aufhebung der Erlaubnis das mildere Mittel dar, sofern die Abberufung gleich geeignet ist, das zu sanktionierende Verhalten abzustellen. Die Aufsichtsbehörde ist bei der Auswahl der Maßnahme nicht darauf verwiesen, grundsätzlich erst eine andere Maßnahme vor Abberufung des jeweiligen Geschäftsleiters zu treffen.[29] Gleichwohl muss die Abberufung und/oder Untersagung das mildeste Mittel darstellen. Die Bestellung eines Sonderbeauftragten stellt gegenüber Abberufung und Untersagung ein solch milderes Mittel dar.[30]

3. Folgen im Innenverhältnis zwischen Institut und Geschäftsleiter

a) Entzug der Funktion

29 Der Verwaltungsakt, mit dem die Abberufung des jeweiligen Geschäftsleiters oder der anderen Person verlangt wird, richtet sich an das jeweilige Institut als Adressaten, nicht an die natürliche Person, die damit nur mittelbar betroffen ist.[31] Das Institut wird mit dem Verwaltungsakt (bei Bestandskraft) allerdings verpflichtet, die Maßnahme im Innenverhältnis umzusetzen.[32]

30 Die Form des jeweiligen Entzugs der Funktion richtet sich nach den für das jeweilige Institut anwendbaren Rechtsform (z. B. § 84 Abs. 3 AktG, § 38 Abs. 1 GmbHG).

---

29 Vgl. Glos, in: Binder/Glos/Riepe, Handbuch Bankenaufsichtsrecht, § 13 Rn. 129; VGH Kassel, Urt. v. 31.5.2006 – 6 UE 3256/05, Rn. 84 (juris).
30 BT-Drs. 16/11613, S. 51.
31 BT-Drs. 18/11495, S. 126.
32 BT-Drs. 18/11495, S. 126.

b) Folgen für das Dienstverhältnis

Die Abberufung des Geschäftsleiters soll regelmäßig einen wichtigen Grund zur   **31**
Beendigung des Dienstverhältnisses darstellen.[33] Zwingend ist die Beendigung
des Dienstverhältnisses allerdings nicht.

IV. Rechtsschutz

Bei den Maßnahmen nach § 20 ZAG handelt es sich um Verwaltungsakte i. S. d.   **32**
§ 35 Abs. 1 VwVfG.[34] Statthaft ist daher in der Regel der Widerspruch gem.
§ 68 VwGO und Anfechtungsklage gem. § 42 Abs. 2 VwGO.[35]

Klagebefugt ist der jeweilige, durch die Maßnahme betroffene Geschäftsleiter.[36]   **33**

Sofern sich der Verwaltungsakt – beispielsweise wegen zwischenzeitlicher Auf-   **34**
lösung des Dienstverhältnisses und damit verbundener Abberufung durch das
Institut – erledigt hat, kommt aufgrund der regelmäßig mit der Abberufung verbundenen Beeinträchtigung von Grundrechten eine Fortsetzungsfeststellungs-
klage nach § 113 Abs. 1 Satz 4 VwGO (gegebenenfalls: analog) in Betracht.

Gemäß § 9 ZAG haben Widerspruch und Anfechtungsklage gegen Maßnahmen   **35**
der Bundesanstalt keine aufschiebende Wirkung. Gegebenenfalls ist daher vor
Klageerhebung in der Hauptsache im einstweiligen Rechtsschutz nach
§ 80 Abs. 5 VwGO die Anordnung der aufschiebenden Wirkung zu beantragen.

---

33 *Fischer/Müller*, in: Boos/Fischer/Schulte-Mattler, KWG/CRR-VO, § 36 KWG Rn. 77.
34 Vgl. zur Parallelvorschrift in § 36 KWG VGH Kassel, Urt. v. 31.5.2006 – 6 UE 3256/
    05, Rn. 62 (juris); a. A. noch: VG Berlin, Urt. 27.1.1992 – 25 A 68.91, WM 1992,
    1059, 1063.
35 *Fischer/Müller*, in: Boos/Fischer/Schulte-Mattler, KWG/CRR-VO, § 36 KWG Rn. 82.
36 Zur Parallelvorschrift im KWG VGH Kassel, Urt. v. 22.5.2013 – 6 A 2016/11.

§ 25 Inanspruchnahme von Agenten; Verordnungsermächtigung

(1) Beabsichtigt ein Institut, Zahlungsdienste über einen Agenten zu erbringen, hat es der Bundesanstalt und der Deutschen Bundesbank folgende Angaben zu übermitteln:

1. Name und Anschrift des Agenten;

2. eine Beschreibung der internen Kontrollmechanismen, die der Agent anwendet, um die Anforderungen des Geldwäschegesetzes zu erfüllen; diese ist bei sachlichen Änderungen der zuvor übermittelten Angaben unverzüglich zu aktualisieren;

3. die Namen der Geschäftsleiter und der für die Geschäftsleitung verantwortlichen Personen eines Agenten, der zur Erbringung von Zahlungsdiensten eingesetzt werden soll, und im Falle von Agenten, die keine Zahlungsdienstleister sind, den Nachweis, dass sie zuverlässig und fachlich geeignet sind;

4. die Zahlungsdienste des Zahlungsinstituts, mit denen der Agent beauftragt ist;

5. gegebenenfalls den Identifikationscode oder die Kennnummer des Agenten.

Die Bundesanstalt teilt dem Institut binnen zwei Monaten nach vollständiger Übermittlung der Angaben nach Satz 1 mit, ob der Agent in das Zahlungsinstituts-Register eingetragen wird. Der Agent darf erst nach Eintragung in das Zahlungsinstituts-Register mit der Erbringung von Zahlungsdiensten beginnen. Ändern sich Verhältnisse, die nach Satz 1 angezeigt wurden, hat das Institut diese Änderungen der Bundesanstalt und der Deutschen Bundesbank unverzüglich in Textform anzuzeigen; die Sätze 2 und 3 gelten entsprechend.

(2) Das Institut hat sicherzustellen, dass der Agent zuverlässig und fachlich geeignet ist, bei der Erbringung der Zahlungsdienste die gesetzlichen Vorgaben erfüllt, den Zahlungsdienstnutzer vor oder während der Aufnahme der Geschäftsbeziehung über seinen Status informiert und diesen unverzüglich von der Beendigung dieses Status in Kenntnis setzt. Das Institut hat die erforderlichen Nachweise für die Erfüllung seiner Pflichten nach Satz 1 mindestens fünf Jahre nach dem Ende des Status des Agenten aufzubewahren.

(3) Die Bundesanstalt kann einem Institut, das die Auswahl oder Überwachung seiner Agenten nicht ordnungsgemäß durchgeführt hat, untersagen, Agenten im Sinne der Absätze 1 und 2 in das Institut einzubinden. Die Un-

tersagung kann sich auf die Ausführung von Zahlungsdiensten durch einzelne Agenten oder auf die Einbindung von Agenten insgesamt beziehen.

(4) Beabsichtigt ein Institut durch Beauftragung eines Agenten in einem anderen Mitgliedstaat oder einem anderen Vertragsstaat des Abkommens über den Europäischen Wirtschaftsraum Zahlungsdienste zu erbringen, so muss es das Verfahren nach § 38 Abs. 1 befolgen.

(5) Das Bundesministerium der Finanzen wird ermächtigt, durch Rechtsverordnung, die nicht der Zustimmung des Bundesrates bedarf, im Benehmen mit der Deutschen Bundesbank nähere Bestimmungen über Art, Umfang und Form der Nachweise nach Abs. 2 Satz 2 zu erlassen, soweit dies zur Erfüllung der Aufgaben der Bundesanstalt erforderlich ist. Das Bundesministerium der Finanzen kann die Ermächtigung im Einvernehmen mit der Deutschen Bundesbank durch Rechtsverordnung auf die Bundesanstalt übertragen. Vor Erlass der Rechtsverordnung sind die Spitzenverbände der Institute anzuhören.

Übersicht

I. Allgemeines

§ 25 ZAG, vormals § 19 a. F., setzte Art. 19 ZDRL um und regelt den Einsatz **1** von Agenten i. S. v. § 1 Abs. 9 ZAG bei der Erbringung von Zahlungsdiensten. Es handelt es sich um einen Sonderfall der Auslagerung, die im Übrigen in § 26 ZAG geregelt ist.[1] Vorbild für § 19 ZAG a. F. waren möglicherweise die Regelungen über den gebundenen Vermittler in § 2 Abs. 10 KWG. Weiterhin gilt § 25 ZAG nur bei Handeln in offener Stellvertretung für das Institut; andere Vertriebsformen wie Zwischenhändler oder Kommissionäre werden nicht erfasst.[2]

Institute können nach § 25 ZAG Zahlungsdienste auch über sog. Agenten erbrin- **2** gen. Bei diesen Agenten handelt es sich um natürliche oder juristische Personen, die als selbstständige Gewerbetreibende im Namen eines Instituts Zahlungsdienste ausführen und deren Handlungen dem Institut zugerechnet werden (vgl. § 1 Abs. 9 ZAG). Nicht erfasst werden von § 25 ZAG die E-Geld-Agenten i. S. v. § 1 Abs. 10 ZAG. Der Begriff des Agenten i. S. v. § 1 Abs. 9 Satz 1 ZAG deckt anders als der Begriff des „Instituts" i. S. v. § 1 Abs. 3 ZAG nicht beide Arten von Agenten (Zahlungsagenten und E-Geld-Agenten).[3] Vielmehr findet sich die

---

1 BT-Drs. 16/11613, 51 f.; *Terlau*, in: Casper/Terlau, ZAG, § 25 Rn. 5.
2 *Terlau*, in: Casper/Terlau, ZAG, § 25 Rn. 9.

Anzeigepflicht sowie die Prüfung der Zuverlässigkeit und der Eignung für E-Geld-Agenten gesondert in § 32 ZAG. Bezüglich des Vertriebs und Rücktausches von E-Geld- durch E-Geld-Agenten verweist § 32 Abs. 1 Satz 2 ZAG auf § 25 Abs. 1 ZAG und damit auf das Erfordernis einer Beschreibung der durch den Agenten angewendeten internen Kontrollmechanismen zur Erfüllung der Anforderungen des Geldwäschegesetzes.[4]

3   Der Begriff des Agenten verdrängt sowohl auf internationaler sowie auch auf nationaler Ebene den Begriff des Vermittlers bzw. Handelsvertreters.[5]

II. Angabe nach Abs. 1 Nr. 2 im Rahmen der Anzeigepflicht

4   Beabsichtig ein Institut die Erbringung von Zahlungsdiensten über einen Agenten, ist dieses verpflichtet der BaFin bestimmte Angaben zu übermitteln.[6] Unter anderem sind in diesem Rahmen nach § 25 Abs. 1 Satz 1 Nr. 2 und 3 ZAG die bereits erwähnte Beschreibung der internen Kontrollmechanismen, die der Agent zur Erfüllung der Anforderungen des Geldwäschegesetzes anwendet, zu übermitteln, die bei sachlichen Änderungen unverzüglich zu aktualisieren sind, sowie der Nachweis der Zuverlässigkeit bei Agenten, die keine Zahlungsdienstleister sind.

5   Darüber hinaus kann dem Institut die Einbindung von Agenten nach § 25 Abs. 3 ZAG untersagt werden, sofern es einen Agenten nicht ordnungsgemäß auswählt oder überwacht.

6   In einer solchen Untersagungsverfügung können unter anderem auch Unzulänglichkeiten hinsichtlich geldwäscherechtlicher Normen aufgeführt werden.[7] Die BaFin hat in ihrem Merkblatt[8] für Hinweise für inländische Agenten deren Funktion als Verpflichtete nach dem Geldwäschegesetzt (§ 2 Abs. 1 Nr. 4 GwG) hervorgehoben und im Rahmen des Merkblatts explizit unterstrichen, dass inländische Agenten selbstständig für die Einhaltung geldwäscherechtlicher Pflichten Sorge zu tragen haben und die Vorgaben des Instituts sie in bei der Einhaltung dieser Pflichten nicht entlasten können. In diesem Zusammenhang monierte die

---

3 Vgl. *Casper*, in: Casper/Terlau, ZAG, § 1 Rn. 251; *Danwerth*, in: Casper/Terlau, ZAG, § 1 Rn. 312 ff.

4 *Achtelik*, in: Herzog, GwG, Geldwäscherechtliche Pflichten im ZAG, Rn. 11.

5 *Achtelik*, in: Herzog, GwG, Geldwäscherechtliche Pflichten im ZAG, Rn. 10.

6 *Achtelik*, in: Herzog, GwG, Geldwäscherechtliche Pflichten im ZAG, Rn. 10.

7 *Achtelik*, in: Herzog, GwG, Geldwäscherechtliche Pflichten im ZAG, Rn. 10.

8 BaFin Merkblatt, Hinweise für inländische Agenten gemäß § 1 Abs. 9 ZAG von Instituten mit Sitz im EWR nach dem Zahlungsdiensteaufsichtsgesetz (ZAG) v. 19.2.2016, Stand: 28.12.2018.

BaFin schon in ihrem Jahresbericht für 2015 die häufig ungenügende Erfüllung geldwäscherechtlicher Pflichten durch (Zahlungs-)Agenten.[9]

Durch das neue Gesetz zur Umsetzung der Änderungsrichtlinie zur Vierten EU-Geldwäscherichtlinie vom 12.12.2019 wurde nun eingeführt, dass systematische Mängel bei der Umsetzung der geldwäscherechtlichen Vorschriften in einem Netz von Agenten lediglich an das Institut adressiert werden können, welches die Agenten in ihre Zahlungsdienste einbindet. Durch diese Erweiterung werden die systematischen Mängel an das grenzüberschreitend tätig werdende Institut adressiert, abgestellt und gegebenenfalls sanktioniert werden.[10]

7

Bei der Beschreibung der Kontrollmechanismen nach Ziff. 2 geht es ähnlich wie im Rahmen eines Erlaubnisantrags gemäß § 10 Abs. 2 Nr. 11 i.V.m. § 27 ZAG darum, sowohl der BaFin als auch der Bundesbank die interne Organisation der Erfüllung der Geldwäschevorschriften durch den Agenten darzulegen.[11]

8

Bedingt durch das Gesetz zur Umsetzung der Änderungsrichtlinie zur Vierten EU-Geldwäscherichtlinie vom 12.12.2019 erhält die Financial Intelligence Unit (FIU) Verdachtsmeldungen mit Inlandsbezug von ausländischen Instituten, die im Inland ein Netz von Agenten unterhalten und in ihre Zahlungsdienste einbinden, unmittelbar. Dies wird damit begründet, dass es trotz der Änderungsrichtlinie noch zu Unterschieden bei den Meldestellen kommt, bezüglich der verankerten Zusammenarbeit.[12]

9

Der Agent ist selbst Verpflichteter gemäß § 2 Abs. 2 Nr. 4 GwG, sofern er seinen Sitz im Inland hat.[13] Agenten mit Sitz im Ausland müssen dementsprechend das an ihrem Sitz anwendbare Geldwäscherecht berücksichtigen.[14]

10

Die Beschreibung der internen Kontrollmechanismen zur Erfüllung der Anforderungen des GwG geht einher mit der Pflicht des Instituts gemäß § 25 Abs. 2 Satz 1, sicherzustellen, dass der Agent bei Erbringung der Zahlungsdienste die gesetzlichen Vorgaben erfüllt.

11

---

9 Jahresbericht der Bundesanstalt für Finanzdienstleistungsaufsicht 2015, S. 128 f.

10 Gesetz zur Umsetzung der Änderungsrichtlinie zur Vierten EU-Geldwäscherichtlinie, BGBl. I 2019, S. 2602.

11 *Terlau*, in: Casper/Terlau, ZAG, § 25 Rn. 13.

12 Gesetz zur Umsetzung der Änderungsrichtlinie zur Vierten EU-Geldwäscherichtlinie, BGBl. I 2019, S. 2602.

13 BaFin, Merkblatt zu Sorgfalts- und Organisationspflichten beim E-Geld-Geschäft, Stand: 20.4.2012, Abschnitt 2, Nr. 1.

14 BaFin, Merkblatt zu Sorgfalts- und Organisationspflichten beim E-Geld-Geschäft, Stand: 20.4.2012, Abschnitt 2, Nr. 1.

§ 27 Organisationspflichten

(1) Ein Institut muss über eine ordnungsgemäße Geschäftsorganisation verfügen; die Geschäftsleiter sind für die ordnungsgemäße Geschäftsorganisation des Instituts verantwortlich. Eine ordnungsgemäße Geschäftsorganisation umfasst insbesondere:

1. angemessene Maßnahmen der Unternehmenssteuerung, Kontrollmechanismen und Verfahren, die gewährleisten, dass das Institut seine Verpflichtungen erfüllt;

2. das Führen und Pflegen einer Verlustdatenbank sowie eine vollständige Dokumentation der Geschäftstätigkeit, die eine lückenlose Überwachung durch die Bundesanstalt für ihren Zuständigkeitsbereich gewährleistet;

3. ein angemessenes Notfallkonzept für IT-Systeme;

4. interne Verfahren und Kontrollsysteme, die die Einhaltung der Verordnung (EG) Nr. 924/2009, der Verordnung (EU) Nr. 260/2012 und der Verordnung (EU) 2015/751 des Europäischen Parlaments und des Rates vom 29.4.2015 über Interbankenentgelte für kartengebundene Zahlungsvorgänge (ABl. L 123 vom 19.5.2015, S. 1) gewährleisten;

5. unbeschadet der Pflichten der §§ 4 bis 7 des Geldwäschegesetzes angemessene Maßnahmen, einschließlich Datenverarbeitungssysteme, die die Einhaltung der Anforderungen des Geldwäschegesetzes und der Verordnung (EU) 2015/847 gewährleisten; soweit dies zur Erfüllung dieser Pflicht erforderlich ist, darf das Institut personenbezogene Daten verarbeiten.

(2) Die §§ 6a, 24c, 25i, 25m und 60b des Kreditwesengesetzes sowie § 93 Abs. 7 und 8 in Verbindung mit § 93b der Abgabenordnung gelten für Institute im Sinne dieses Gesetzes entsprechend. § 24c des Kreditwesengesetzes gilt mit der Maßgabe, dass die Bundesanstalt einzelne Daten aus dem Dateisystem nach § 24c Abs. 1 Satz 1 des Kreditwesengesetzes abrufen darf, soweit dies zur Erfüllung ihrer aufsichtsrechtlichen Aufgaben nach diesem Gesetz und dem Geldwäschegesetz, insbesondere im Hinblick auf unerlaubte Zahlungsdienste und unerlaubte E-Geld-Geschäfte erforderlich ist und besondere Eilbedürftigkeit im Einzelfall vorliegt.

(3) Die Bundesanstalt kann gegenüber einem Institut im Einzelfall Anordnungen treffen, die geeignet und erforderlich sind, um die Anforderungen an eine ordnungsgemäße Geschäftsorganisation im Sinne des Abs. 1 zu erfüllen. Die Bundesanstalt kann Kriterien bestimmen, bei deren Vorliegen Institute vom Einsatz von Datenverarbeitungssystemen nach Abs. 1 Satz 2

  Izzo-Wagner/Otto

Nummer 5 absehen können. Satz 1 gilt entsprechend für Auslagerungsunternehmen, soweit ausgelagerte Aktivitäten und Prozesse betroffen sind.

(4) Die Bundesanstalt überwacht die Einhaltung der in der Verordnung (EU) 2015/847, in der Verordnung (EG) Nr. 924/2009, in der Verordnung (EU) Nr. 260/2012 und in der Verordnung (EU) 2015/751 enthaltenden Pflichten durch die Institute. Sie kann gegenüber einem Institut und seinen Geschäftsleitern Anordnungen treffen, die geeignet und erforderlich sind, um Verstöße gegen die Pflichten nach den Verordnungen nach Satz 1 zu verhindern oder zu unterbinden.

Schrifttum: *Findeisen*, BankPraktiker, 8/2009, Grundzüge des Zahlungsdiensteumsetzungsgesetzes. Die Umsetzung der aufsichtsrechtlichen Vorschriften der Zahlungsdiensterichtlinie in Deutschland, 322; *Schäfer/Lang*, BKR 11/2009, Die aufsichtsrechtliche Umsetzung der Zahlungsdiensterichtlinie und die Einführung des Zahlungsinstituts, 11.

Übersicht

I. Allgemeines

§ 27 ZAG wurde durch Art. 1 des Gesetzes zur Umsetzung der Zweiten Zahlungsdiensterichtlinie vom 17.7.2017[1] neu in das ZAG eingeführt. Die Norm trat am 13.1.2018 in Kraft und entspricht weithin der bisherigen Vorgängernorm des § 22 ZAG a. F.[2] Entsprechend dieser Vorgängernorm ist § 27 ZAG die **zentrale Norm für die qualitative Aufsicht** im ZAG.[3] Anders als die sonstigen Regelungen im ZAG enthält sie keine konkreten Handlungsanweisungen an die Institute, **1**

---

1 BGBl. I 2017, S. 2446 ff.

2 BT-Drs. 18/11495, S. 127.

3 Vgl. bereits *Terlau*, in: Casper/Terlau, ZAG, § 27 ZAG Rn. 1.

sondern fordert die **Etablierung institutsindividueller Verfahren**, die bestimmte Mindestanforderungen erfüllen müssen. Neben besonderen Organisationspflichten enthält die Vorschrift zugleich die wesentlichen geldwäscherechtlichen Verpflichtungen von Instituten im Sinne des ZAG.

2 **Pflichtadressaten** des § 27 ZAG sind „Institute" i. S. d. § 1 Abs. 3 ZAG, d. h. Zahlungsinstitute (§ 1 Abs. 1 Nr. 1 ZAG) und E-Geld-Institute (§ 1 Abs. 2 Nr. 1 ZAG). Entsprechend ihrer Natur als **Mindestanforderungen-Katalog** können über § 27 hinausgehende organisatorische Anforderungen bestehen. So sind die Institute in jedem Einzelfall gefordert zu prüfen, ob sie aufgrund ihrer jeweiligen Situation, insbesondere aufgrund ihrer Größe, Art und Umfang ihrer Geschäfte, ihres Risikoprofils oder ihrer Kunden, ihre Verfahren über die gesetzlichen Vorgaben hinaus erweitern bzw. weitere Verfahren etablieren müssen.

3 § 27 ZAG geht zurück auf eine junge, aber zugleich **mehrschichtige Änderungshistorie**: Die derzeit aktuelle Fassung des § 27 ZAG **beruht auf § 22 ZAG in der Fassung vom 23.6.2017**.[4] Diese letzte Fassung des § 22 ZAG, die im Zeitraum vom 26.6.2017–12.1.2018 Geltung trug, beruht ihrerseits auf Art. 18 des Gesetzes zur **Umsetzung der Vierten EU-Geldwäscherichtlinie**, zur Ausführung der EU-Geldtransferverordnung und zur Neuorganisation der Zentralstelle vom 23.6.2017.[5] Insgesamt ist die Regelung des § 22 ZAG a. F. jedoch deutlich älter: Seit Inkrafttreten des ZAG zum 21.10.2009 ist sie fester Bestandteil des Gesetzes und enthielt bereits in ihrer Urfassung Vorgaben zur Einhaltung des damaligen Geldwäschegesetzes und der damaligen EU-Geldtransferverordnung.

4 Wenngleich die derzeitige Fassung des § 27 ZAG im Wortlaut weitgehend ihrer Vorgängernorm entspricht, führt indirekt die Erweiterung der Pflichten in Bezug auf die IT-Infrastruktur, insbesondere aufgrund der neuen Vorgaben in §§ 54 und 55 ZAG, zu einer Erweiterung der Pflichten nach § 27 ZAG.[6] In dieser Hinsicht dient die Vorschrift der Umsetzung von Art. 95 und 96 der Zweiten Zahlungsdiensterichtlinie.[7] Im Hinblick auf die Umsetzung geldwäscherechtlicher Anforderungen ergeben sich in § 27 ZAG **im Vergleich zur unmittelbaren Vorgängernorm** des § 22 ZAG a. F. allerdings **keine wesentlichen Änderungen**:

– § 27 Abs. 1 Satz 2 Nr. 4 (Einhaltung der sog. EU-Preisverordnung (EG) Nr. 924/2009, der SEPA-Verordnung (EU) Nr. 260/2012 und der IF-Verordnung (EU) 2015/751) ist wortgleich zu § 22 Abs. 1 Satz 3 Nr. 3a ZAG a. F.;

---

4 BGBl. I 2017, S. 1822 ff.; BT-Drs. 18/11495, S. 127, „entspricht".
5 BGBl. I 2017, S. 1822 ff. (nachfolgend bezeichnet als „Gesetz zur Umsetzung der Vierten EU-Geldwäscherichtlinie").
6 BT-Drs. 18/11495, S. 127.
7 BT-Drs. 18/11495, S. 127.

- § 27 Abs. 1 Satz 2 Nr. 5 ZAG (Gewährleistung der Einhaltung geldwäsche-rechtlicher Anforderungen) ist wortgleich zu § 22 Abs. 1 Satz 3 Nr. 4 ZAG a. F. und
- § 27 Abs. 2 Satz 1 (Verweisnorm auf das KWG und die Abgabenordnung) entspricht § 22 Abs. 2 Satz 1 ZAG a. F. und § 27 Abs. 2 ZAG a. F.

Neu ist, abgesehen von weiteren redaktionellen Änderungen, lediglich die Ein-führung des § 27 Abs. 2 Satz 2 ZAG, wonach die BaFin eine Datenzugriffsbe-fugnis auf die Kontoinformationsdatei nach § 24c Abs. 1 Satz 1 KWG in Fällen besonderer Eilbedürftigkeit erhält, soweit dies zur Erfüllung ihrer aufsichts-rechtlichen Aufgaben nach dem ZAG und dem GwG erforderlich ist. **5**

Während sich für § 27 ZAG im Vergleich zum § 22 ZAG a. F. keine wesentlichen Änderungen ergeben, war § 22 ZAG a. F. selbst Gegenstand zahlreicher Geset-zesänderungen. Zum Verständnis der geldwäscherechtlichen Relevanz des § 27 ZAG ist somit auch die letzte Neufassung des § 22 ZAG (d. h. die Änderun-gen der a. F. bis zum 26.6.2017[8] und der a. F. ab dem 26.6.2017) zu berücksichti-gen. Die **zuletzt erfolgte Neufassung des § 22 ZAG a. F.** aufgrund Art. 18 des Gesetzes zur Umsetzung der Vierten EU-Geldwäscherichtlinie[9] führte zu **fol-genden Änderungen:**[10] **6**

- Der Pflichtenmaßstab für die Maßnahmen zur Verhinderung von Geldwäsche wurde im Hinblick auf die zwischenzeitlich erfolgten Änderungen der §§ 4–6 GwG angepasst.
- Der Verweis auf die geldwäscherechtlichen Anforderungen des KWG und der AO wurden redaktionell angepasst und auf § 60b KWG erweitert.
- Die bisherigen Absätze 3 und 3a, die die Einhaltung bestimmter geldwäsche-rechtlicher Sorgfaltspflichten unabhängig von der Transaktionshöhe forder-ten, wurden aufgehoben und bisherige Verweise auf die ursprüngliche EU-Geldtransferverordnung (EG) Nr. 1781/2006 wurden ersetzt durch die mit Wirkung zum 26.6.2015 geltende, neue EU-Geldtransferverordnung (EU) 2015/847.
- Die Pflicht der Institute, solchen Sachverhalten nachzugehen, die aufgrund des Erfahrungswissens über die Methoden der Geldwäsche und der Terroris-musfinanzierung zweifelhaft oder ungewöhnlich sind, ist entfallen.

Diese Anpassungen und die Aufhebung hat der Gesetzgeber auch in § 27 Abs. 1 Satz 2 Nr. 5, Abs. 2 Satz 1 ZAG übernommen. **7**

---

8 BGBl. I 2015, S. 2029 ff.
9 BGBl. I 2017, S. 1822 ff.
10 BGBl. I 2017, S. 1822, 1869; BT-Drs. 18/11555 S. 81, 178 f.

8   Ergänzende Hinweise zu diversen Tatbeständen des ZAG finden sich in dem Merkblatt der BaFin zum Zahlungsdiensteaufsichtsgesetz vom 29.11.2017,[11] das mit Wirkung zum 13.1.2018 das bisherige Merkblatt vom 22.11.2011 ersetzt. Auf § 27 ZAG wird darin jedoch nicht unmittelbar Bezug genommen.

II. Verhinderung von Geldwäsche
(§ 27 Abs. 1 Satz 2 Nr. 5 ZAG)

9   Nach § 27 Abs. 1 Satz 2 Nr. 5 ZAG umfasst eine ordnungsgemäße Geschäftsorganisation insbesondere und unbeschadet der Pflichten der §§ 4–7 des GwG angemessene Maßnahmen, die die Einhaltung der Anforderungen des Geldwäschegesetzes und der Verordnung (EU) 2015/847 gewährleisten. § 27 Abs. 1 Satz 2 Nr. 5 ZAG entspricht Art. 18 Nr. 4 lit. a des Gesetzes zur Umsetzung der Vierten EU-Geldwäscherichtlinie und ist damit inhaltsgleich zu seiner Vorgängernorm (§ 22 Abs. 1 Satz 3 Nr. 4 ZAG a. F.).[12] Letztere geht zurück auf **§ 22 Abs. 1 Satz 3 Nr. 4 ZAG in der am 26.11.2015 geltenden Fassung,**[13] die durch das Gesetz zur Umsetzung der Vierten EU-Geldwäscherichtlinie geändert wurde.

10   Während die unmittelbare Vorgängernorm des § 27 Abs. 1 Satz 2 Nr. 5 ZAG bereits zur Einhaltung der Pflichten des Geldwäschegesetzes durch Ergreifung „angemessener Maßnahmen" unbeschadet der Pflichten der §§ 4–7 GwG verpflichtete, normierte dessen Vorgängernorm (§ 22 Abs. 1 Satz 3 Nr. 4 ZAG a. F.) noch bis zum 26.6.2017 die Einhaltung der Anforderungen des Geldwäschegesetzes durch ein „angemessenes Risikomanagement" und „angemessene Kontrollmechanismen sowie Verfahren".[14] Der **Inhalt des § 22 Abs. 1 Satz 3 Nr. 4 ZAG a. F.** wurde aber im Hinblick auf die erfolgten Änderungen der §§ 4–6 GwG, die dem risikobasierten Ansatz verstärkt Rechnung tragen und für alle Verpflichteten gem. § 2 Abs. 2 des neu gefassten GwG Anwendung finden, gestrichen.[15] Stattdessen gilt nun der unbestimmte Rechtsbegriff der „**angemessenen Maßnahmen**".

11   Ausweislich des Wortlauts bilden **Datenverarbeitungssysteme** eine Kategorie angemessener Maßnahmen („einschließlich"). Institute sind dazu *verpflichtet*, Datenverarbeitungssysteme zu betreiben; für Kreditinstitute besteht diese Pflicht

---

11 Siehe https://www.bafin.de/SharedDocs/Veroeffentlichungen/DE/Merkblatt/mb_111 222_zag.html, zuletzt abgerufen am 27.12.2021.
12 BGBl. I 2017, S. 1822 ff.
13 BGBl. I 2015, S. 2029 ff.
14 BGBl. I 2015, S. 2029.
15 BT-Drs. 18/11555, S. 178.

nach § 25h Abs. 2 KWG, ZAG-Institute haben vergleichbare Systeme zu nutzen.[16]

1. Maßnahmen zur Einhaltung der Anforderungen des Geldwäschegesetzes

Das Begriffspaar „angemessene Maßnahmen" ist weder in § 27 ZAG noch im ZAG definiert. Es ersetzt den Wortlaut der vormaligen Fassung „angemessenes Risikomanagement" und „angemessene Kontrollmechanismen sowie Verfahren". Da diese Begriffe „im Hinblick auf die erfolgten Änderungen der §§ 4–6 GwG, die dem risikobasierten Ansatz verstärkt Rechnung tragen [...] gestrichen"[17] wurden, kommt dem **risikobasierten Ansatz des GwG** zentrale Bedeutung als Bezugspunkt für die Begriffsbestimmung der angemessenen Maßnahmen im Sinne des § 27 Abs. 1 Satz 2 Nr. 5 ZAG zu.   **12**

Der risikobasierte Ansatz ist ein Grundprinzip der Bekämpfung von Geldwäsche und Terrorismusfinanzierung. **Kern** des risikobasierten Ansatzes ist das **wirksame Risikomanagement i. S. d. § 4** GwG.[18] Der geldwäscherechtliche Begriff des Risikomanagements bildet nach § 4 Abs. 2 GwG der **Oberbegriff** für die Risikoanalyse (§ 5 GwG) sowie interne Sicherungsmaßnahmen (§ 6 GwG) (näher dazu → § 4 GwG Rn. 1 ff.).   **13**

Die Maßnahmen müssen „die Einhaltung der **Anforderungen des Geldwäschegesetzes** [...] gewährleisten". Fraglich ist die **Reichweite des Verweises**, der seinem Wortlaut nach die Einhaltung sämtlicher Normen des GwG umfasst. In **systematischer Auslegung** ergibt sich jedoch: Der im GwG neu gefasste § 2 Abs. 1 Nr. 3 umfasst inzwischen auch Zahlungsdienstleistungsinstitute und E-Geld-Institute. Ob eine geldwäscherechtliche Verpflichtung außerhalb der §§ 4–7 GwG einschlägig ist, richtet sich somit nach dem GwG. § 27 Abs. 1 Satz 2 Nr. 5 ist insoweit als gesonderte **Rechtsgrundverweisung auf §§ 4–6** GwG speziell in Bezug auf ZAG-Institute zu verstehen. Sein Verweis richtet sich somit auf §§ 4–6 GwG. §§ 4–6 GwG regeln die Anforderungen an ein **wirksames Risikomanagement** (näher dazu → § 4 GwG Rn. 15), nach § 4 Abs. 2 GwG der Oberbegriff für die Risikoanalyse (§ 5 GwG) sowie für die internen Sicherungsmaßnahmen (§ 6 GwG). Maßgeblich ist, dass das umgesetzte Risikomanagement im praktischen Geschäftsleben **tatsächliche Durchschlagskraft** entfaltet (näher dazu → § 4 GwG Rn. 10).[19] Mit der Erweiterung des § 64 Abs. 3 Nr. 5a ZAG durch das Änderungsgesetz zur Umsetzung der Fünften EU-Geldwäscherichtlinie wird Bezug auf § 27 Abs. 1 Satz 1 und Satz 2 Nr. 5 ZAG genommen,   **14**

---

16 BT-Drs. 16/11613, S. 53.
17 BT-Drs. 18/11555, S. 178.
18 BT-Drs. 18/11555, S. 109.
19 Vgl. BT-Drs. 16/4028, S. 95.

sodass bei einer unangemessenen Maßnahme, wie das Vorhalten von Datenverarbeitungssystemen, ein Bußgeld fällig wird, um der Gewährleistung der Einhaltung der Anforderungen des Geldwäschegesetzes und der Verordnung (EU)
2015/847 Rechnung zu tragen.[20]

a) Risikoanalyse

15   Wesentlicher Bestandteil des Risikomanagements ist die Risikoanalyse (vor der
GwG-Novelle 2017 noch „Gefährdungsanalyse", inhaltlich aber synonym, dazu
→ § 5 GwG Rn. 1 ff.). Nach dem Willen des Gesetzgebers ist das **Ziel der Risikoanalyse**, „die spezifischen Risiken in Bezug auf Geldwäsche und Terrorismusfinanzierung im Geschäftsbetrieb des Verpflichteten **umfassend und vollständig zu erfassen**, zu identifizieren, zu kategorisieren, zu gewichten sowie darauf aufbauend geeignete Geldwäsche-Präventionsmaßnahmen, insbesondere
interne Sicherungsmaßnahmen zu treffen. Diese müssen sich **aus der Risikoanalyse ableiten lassen** und dieser entsprechen."[21] Diese Zieldefinition entspricht weitgehend derjenigen aus BaFin-Rs. 8/2005 (GW) (→ § 5 GwG
Rn. 1 ff.), dessen Anwendbarkeit seit jeher auch für ZAG-Institute bejaht wurde.[22] Allerdings erläutert der Gesetzgeber nun deutlich das Erfordernis der Maßnahmenableitung aus der Risikoanalyse und die notwendige Schlussfolgerung
von der Risikoanalyse auf die internen Sicherungsmaßnahmen. Zudem wird das
Ziel der Risikoanalyse einheitlich für alle Verpflichteten formuliert. Zusammenfassend ist zu sagen, dass die Risikoanalyse die Grundlage für sämtliche risikobasierten Maßnahmen der Bekämpfung der Geldwäsche und Terrorismusfinanzierung ist (→ § 5 GwG Rn. 1 ff.).

16   Zu den in die Risikoanalyse einzubeziehenden Informationen und zur Bestimmung des Umfangs, sowie die Anforderungen an die Risikoanalyse und ihre Erstellung siehe bereits (→ § 4 GwG Rn. 1 ff.).

b) Interne Sicherungsmaßnahmen

17   Die internen Sicherungsmaßnahmen richten sich nach § 6 GwG (ausführlich →
§ 6 GwG Rn. 1 ff.). Es ist die Gesamtheit aller internen Maßnahmen, die aufgrund der durchgeführten Risikoanalyse ergehen. § 6 GwG sei insoweit lex specialis zu § 27 Abs. 1 Satz 2 Nr. 5 (ausführlich → § 6 GwG Rn. 11 ff.).

---

20 BMF, Gesetz zur Umsetzung der Änderungsrichtlinie zur Vierten EU-Geldwäscherichtlinie, (EU) 2018/843, S. 128.
21 BT-Drs. 18/11555, S. 110.
22 Siehe bereits *Reinicke*, in: Casper/Terlau, ZAG, § 22 Rn. 34.

2. Maßnahmen zur Einhaltung der Anforderungen der Verordnung (EU) 2015/847

Mit dem Verweis auf die VO (EU) 2015/847 wurde der bereits zuvor bestehende **18** Verweis auf die sog. EU-Geldtransferverordnung (vormals (EG) Nr. 1781/2006) aktualisiert. Durch den Verweis auf die Geldtransferverordnung wird klargestellt, dass nicht nur die Einschleusung illegal erlangten Geldes in den Geldkreislauf verhindert werden soll, sondern auch der Transfer von (legal oder illegal erlangtem) Geld zum Zwecke der Finanzierung illegaler Tätigkeiten einschließlich des Terrorismus.

Grundlage der Geldtransferverordnung ist die Sonderempfehlung Nr. 7 der **19** FATF,[23] nach der Finanzinstitutionen einschließlich Geldversender u. a. dazu verpflichtet werden sollen, Geldtransfers und den damit verbundenen Nachrichten genaue und aussagefähige Originalinformationen beizulegen und diese vollständig bis zum endbegünstigten Institut weiterzugeben.[24] Nach ErwG 6 Geldtransferverordnung ist die lückenlose Rückverfolgbarkeit der Geldtransfers, die durch die Verpflichtung zur Übermittlung der Auftraggeberdaten erreicht werden soll, ein hilfreiches Mittel zur Ermittlung und Aufdeckung von Geldwäsche und Terrorismusfinanzierung.

3. Angemessenheit der Maßnahmen

Das Kriterium der Angemessenheit wird in § 27 ZAG nicht näher definiert, son- **20** dern richtet sich nach seinem Bezugspunkt, der entweder in der „Einhaltung der Anforderungen des Geldwäschegesetzes"[25] (dazu → § 4 GwG Rn. 1 ff.) oder in der „Einhaltung der Anforderungen der Verordnung (EU) 2015/847" besteht.

Dem **Aufbau des § 25a KWG vergleichbar** nennt § 27 Abs. 1 ZAG einen Re- **21** gelungskatalog für den Umfang der ordnungsgemäßen Geschäftsorganisation. Mit dem Gesetz zur Umsetzung der Änderungsrichtlinie der Vierten EU-Geldwäscherichtlinie vom 12.12.2019 kommen hier auch die Dokumentationen und IT-Anforderungen der neu aufgenommenen Kryptoverwahrgeschäfte hinzu, wie sie auch in § 25a KWG im Rahmen der Einhaltung einer ordnungsgemäßen Geschäftsorganisation vorgesehen sind.[26] Konkretisierung des Begriffs der Angemessenheit findet sich der **BaFin-Auslegung** zur Angemessenheit der Maßnahmen nach § 25a KWG und kann als Auslegungshilfe für die Angemessenheit im

---

23 Siehe www.fatf-gafi.org.
24 *Auerbach*, in: Schwennicke/Auerbach, KWG, 3. Aufl. 2016, § 27 ZAG Rn. 18.
25 *Herzog*, in: Herzog, GwG, § 4 Rn. 8.
26 Gesetz zur Umsetzung der Änderungsrichtlinie zur Vierten EU-Geldwäscherichtlinie, BGBl. I 2019, S. 2602.

Sinne des § 27 ZAG herangezogen werden.[27] Danach sind die aufsichtsrechtlich geforderten Maßnahmen und Sicherungssysteme angemessen, wenn sie der Risikosituation des einzelnen Instituts entsprechen und die Risiken hinreichend abdecken.[28]

22 Die Beurteilung der Angemessenheit hängt von Art und Umfang der Geschäftstätigkeit ab: Je anfälliger diese für Geldwäschehandlungen und Terrorismusfinanzierung zu sein scheint, desto umfangreicher und tiefgreifender müssen die zu ergreifenden Risikomaßnahmen zur Verhinderung dieser Handlungen sein (**Proportionalitätsprinzip**). Der Grad der Anfälligkeit ergibt sich aus der Risikoanalyse nach § 5 GwG. Der Rechtsbegriff wurde weiter in den Auslegungs- und Anwendungshinweisen der BaFin konkretisiert: *Angemessen* sind dabei solche Sicherungsmaßnahmen (i. S. d. § 6 GwG), die in Form von Grundsätzen, Verfahren und Kontrollen der jeweiligen Risikosituation des Verpflichteten entsprechen und diese hinreichend abdecken. Die Maßnahmen haben sich dabei insbesondere an der Größe und Organisationsstruktur des Verpflichteten, insbesondere dessen Geschäfts- und Kundenstruktur, auszurichten (vgl. Leitlinien zu Risikofaktoren). Was angemessen ist, bestimmt der Verpflichtete auf Grundlage der eigenen Analyse bezüglich der bestehenden Risiken von Geldwäsche und Terrorismusfinanzierung für alle von ihm angebotenen Produkte und Dienstleistungen sowie anhand der sonstigen relevanten Umstände. Ob das Risikomanagement tatsächlich angemessen ist, kann durch die BaFin überprüft werden.[29]

4. Unbeschadet der Pflichten der §§ 4–7 GwG

23 Die angemessenen Maßnahmen sind nach § 27 Abs. 1 Satz 2 Nr. 5 Halbs. 1 ZAG „unbeschadet" der Pflichten der §§ 4–7 GwG zu treffen. Zu den Pflichten der §§ 4–7 GwG gehören das Vorhandensein eines wirksamen Risikomanagements, die Erstellung einer Risikoanalyse, der Schaffung geschäfts- und kundenbezogener interner Sicherungsmaßnahmen sowie der Bestellung eines Geldwäschebeauftragten.

5. Datenverarbeitungssysteme

24 Schließlich fordert Abs. 1 Satz 3 Nr. 4 von Zahlungsinstituten und E-Geld-Instituten unter anderem die Einrichtung von Datenverarbeitungssystemen zu Geldwäsche- bzw. Terrorismusbekämpfung. Hierbei liegt es bereits im eigenen Interesse der Institute, nicht für Zwecke der Geldwäsche- oder Terrorismusfinanzie-

---

27 *Auerbach*, in: Schwennicke/Auerbach, KWG, 3. Aufl. 2016, § 27 ZAG Rn. 19 f.
28 BaFin, Rundschreiben 8/2005 v. 24.3.2005.
29 BaFin, AuA 2021, S. 15.

rung missbraucht zu werden und entsprechende Datenverarbeitungssysteme zu deren Verhinderung zu betreiben.

Durch ein solches Datenverarbeitungssystem wird gleichzeitig die Anforderung des § 10 Abs. 1 Nr. 5 GwG in Bezug auf die Kundensorgfaltspflicht erfüllt, indem es eine kontinuierliche Überwachung der Geschäftsbeziehung einschließlich der in ihrem Rahmen durchgeführten Transaktionen gewährleistet, und so Instituten ermöglicht wird, die **Geschäftsbeziehungen auf Risikogruppen und Auffälligkeiten** zu untersuchen.[30] **25**

Hauptzweck dieser Datenverarbeitungssysteme ist es, zweifelhafte oder ungewöhnliche Transaktionen, bei denen der **Anfangsverdacht auf Geldwäsche bzw. Terrorismusfinanzierung** besteht, zu **identifizieren.**[31] **Im weiteren Verlauf sind diese Transaktionen darauf hin zu** überprüfen, ob eine weitere Sachverhaltsaufklärung, die Abgabe einer Geldwäschemeldung gemäß § 43 Abs. 1 GwG, die Erstattung einer Strafanzeige oder eine sonstige Handlung erforderlich ist. **26**

Als „zweifelhaft oder ungewöhnlich" gelten alle Transaktionen, bei denen für den zuständigen Mitarbeiter des Institutes aufgrund seines Erfahrungswissens **ohne weitere Aufbereitung, Abklärung oder Anreicherung des Sachverhaltes erkennbar** ist, dass Abweichungen vom üblichen Geschäftsmuster oder Verhalten der am Vorgang beteiligten Kunden oder Dritten vorliegen. Gleiches gilt für ungewöhnliche Abwicklungsformen von Geschäften; nicht erforderlich hingegen ist ein strafprozessualer Anfangsverdacht. Im Rahmen des EDV-Systems sind alle Kundenkonten und Transaktionen flächendeckend zu überwachen; eine Selektion ist nicht vorzunehmen.[32] **27**

Bei der Ausgestaltung des Datenverarbeitungssystems sind diverse Anforderungen zu beachten: **28**

So muss das **Datenverarbeitungssystem angemessen** sein: Dies ist gegeben, wenn es unter Berücksichtigung der verwendeten Gefährdungsanalyse bestehende Risiken in Bezug auf Geldwäsche und Terrorismusfinanzierung erkennen kann.[33] **29**

Daneben müssen auch die **verwendeten Parameter angemessen** sein: Die Parameter müssen auf dem im Institut vorhandenen Wissen über die Methoden und Prävention von Geldwäsche und Terrorismusfinanzierung beruhen. Sie sollen grundsätzlich mit der vom Institut verwendeten Gefährdungsanalyse übereinstimmen.[34] Bei Nutzung eines von einem Dritten entwickelten Datenverarbei- **30**

---

30 *Terlau*, in: Casper/Terlau, ZAG, § 27 Rn. 58.
31 *Terlau*, in: Casper/Terlau, ZAG, § 27 Rn. 59.
32 *Terlau*, in: Casper/Terlau, ZAG, § 27 Rn. 59.
33 *Terlau*, in: Casper/Terlau, ZAG, § 27 Rn. 59.
34 *Achtelik*, in: Herzog, GwG, Geldwäscherechtliche Pflichten im ZAG, Rn. 13.

tungssystems, sind die Standardparameter an die individuelle Risikosituation des Institutes (bzw. die Gefährdungsanalyse) anzupassen.[35]

31 Sodann sind anhand der festgelegten Parameter **alle elektronisch durchgeführten Transaktionen** vom Datenverarbeitungssystem zu untersuchen. So ist im Rahmen der Analyse ein **Vergleich** der zu prüfenden Transaktion zu den **früheren Transaktionen** des Kunden vorzunehmen sowie die **gesamte Geschäftsbeziehung** zu dem Kunden zu berücksichtigen. Darüber hinaus sollte (auf regelmäßiger Basis) ein Abgleich mit Transaktionen und Geschäftsbeziehungen mit **gleichartigen Kunden und gleichartigen Kundensegmenten** vorgesehen werden. Auch hat das Institut eine **Relevanzschwelle** festzulegen, ab der alle Transaktionen als auffällig anzusehen sind, was wiederum eine manuelle Untersuchung durch den Geldwäschebeauftragten nach sich zieht.[36]

32 Die **Datenbasis** für ein Datenverarbeitungssystem sind **alle kunden-, produkt- und transaktionsbezogenen Daten** des jeweiligen Instituts. Nur in engen Ausnahmefällen ist eine Vorselektion des Datenbestandes zulässig; auch ist eine solche Ausnahme sodann plausibel und nachvollziehbar zu begründen bzw. zu dokumentieren. In den Datenbestand gehören auch die eigenen Mitarbeiter des Instituts, da sie zur allgemeinen Risikohaftigkeit der Transaktionen gehören.[37]

33 Die Werte von sog. „**Scoringsystems**" müssen mit der vom Institut verwendeten Gefährdungsanalyse korrespondieren. Aufgabe des Scorewerts ist es damit, den Grad der Geldwäscheauffälligkeit anzuzeigen. Nicht erforderlich ist eine automatisierte Verdachtsmeldung in Bezug auf Anzeigen durch das System. Erreicht eine Geschäftsverbindung/Transaktion eine (vom Institut vorgegebene und plausibel begründete) Anzahl an Punkten, ist diese vielmehr vom System anzuzeigen und gesondert manuell durch den Geldwäschebeauftragten zu untersuchen.[38]

34 Das Institut muss das **System auswerten**. Hierbei trifft das Institut die (schriftlich fixierte) Festlegung, auf welche Art und Weise und innerhalb welcher Zeitspanne es die Treffer bearbeitet; hierbei muss auch darüber bewertet werden, welche der Treffer vollständig und welche durch Stichproben bearbeitet werden. Warnmeldungen des Systems sind nicht per se als „ungewöhnlich oder zweifelhaft" anzusehen. Soweit einzelne Kunden, Konten oder Indizien **aus der Prüfung ausgeschlossen** werden, sind diese Ausschlüsse zeitlich zu begrenzen und zu dokumentieren sowie zu hinterlegen. Die **Überwachung** von auffälligen Geschäftsbeziehungen ist durchgehend angemessen zu **dokumentieren.** Schriftlich zu fixieren ist auch, ab welchem Scorewert ein Kunde, eine Transaktion oder eine Geschäftsbeziehung als auffällig vom System gekennzeichnet wird sowie

---

35 *Terlau*, in: Casper/Terlau, ZAG, § 27 Rn. 61.
36 *Terlau*, in: Casper/Terlau, ZAG, § 27 Rn. 62.
37 *Terlau*, in: Casper/Terlau, ZAG, § 27 Rn. 63.
38 *Terlau*, in: Casper/Terlau, ZAG, § 27 Rn. 64.

ein **angemessener Zeitraum für die Überprüfung** und Aktualisierung zu bestimmen.[39]

Das Datenverarbeitungssystem muss es den Prüfern des Institutes, seinem Geldwäschebeauftragten und der BaFin ermöglichen, **Transaktionen** bestimmter Kundengruppen **gesondert auszuwerten**.[40]   **35**

Lässt ein Institut den Betrieb des Datenverarbeitungssystems **durch einen Dritten** durchführen, richtet sich die Zulässigkeit des Betriebs (und der notwendigen Datenverarbeitung) nach den Voraussetzungen des § 17 Abs. 3 ff. GwG. Wird das Datenverarbeitungssystem technisch außerhalb des Instituts betrieben, stellt dies noch keine Auslagerung dar; jedenfalls soweit das Institut die Indizien, Schwellenwerte etc. weiterhin bestimmt, die Transaktionskontrollen beim pflichtigen Institut durchgeführt werden und die Übermittlung der Systemtreffer keinen Restriktionen (seitens der Jurisdiktion des jeweiligen Staates) unterliegen.[41] Anderes gilt, wenn auch die Transaktionskontrollen nicht im Institut durchgeführt werden sollen.[42]   **36**

Gilt eine Geschäftsbeziehung oder eine Transaktion als „zweifelhaft" oder „ungewöhnlich" sind **gesonderte Untersuchungen** anzustellen. Vorgaben, wie die Institute die Untersuchungen durchzuführen haben, werden nicht gemacht. Jedenfalls bemisst sich der Umfang der Untersuchung daran, eine Einschätzung der betroffenen Geschäftsbeziehung bzw. Transaktion vornehmen zu können.[43]   **37**

Über jeden Sachverhalt, der als zweifelhaft und ungewöhnlich eingestuft wurde, sind **angemessene Informationen aufzuzeichnen und aufzubewahren**.   **38**

Regelungen für Art und Dauer der Aufzeichnung bzw. Aufbewahrung finden sich in § 8 GwG. In Anlehnung daran beträgt die **Aufbewahrungsfrist 5 Kalenderjahre** und beginnt mit dem Schluss des Kalenderjahres, in dem der zweifelhafte oder ungewöhnliche Sachverhalt festgestellt worden ist.   **39**

Bei der Untersuchung sind regelmäßig **personenbezogene Daten** zu verarbeiten. Abs. 1 Satz 3 Nr. 4 stellt eine echte Erlaubnisvorschrift im Sinne des Datenschutzes dar. Somit ist allein die Regelung im ZAG maßgeblich – eine Interessenabwägung nach den Regelungen des BDSG findet nicht statt. Wie in der Reg. Begr. ausgeführt, soll damit klargestellt werden, „dass das Allgemeininteresse   **40**

---

39 *Terlau*, in: Casper/Terlau, ZAG, § 27 Rn. 65.
40 *Terlau*, in: Casper/Terlau, ZAG, § 27 Rn. 66.
41 *Terlau*, in: Casper/Terlau, ZAG, § 27 Rn. 67.
42 *Terlau*, in: Casper/Terlau, ZAG, § 27 Rn. 67; wenn der Einsatz eines Datenverarbeitungssystems nicht zwingend erforderlich ist, vgl. § 25h Abs. 2 KWG, muss eine kontinuierliche Überwachung nicht erfolgen, sondern ist nur auf freiwilliger Basis durchzuführen, laut den Auslegungs- und Anwendungshinweisen der BaFin; BaFin, AuA 2020, S. 54 f.
43 *Terlau*, in: Casper/Terlau, ZAG, § 27 Rn. 64.

an der Stabilität und Integrität des Finanzplatzes Deutschland sowie das Interesse des einzelnen Instituts, sich vor ungewollten Beteiligungen an Straftaten und damit verbundenen Risiken und ggf. Schäden zu schützen", dem des einzelnen Kunden übergeordnet ist.[44] Gegenüber den Personen, von denen die genutzten Daten stammen besteht keine Informationspflicht.[45]

III. Verweis auf die geldwäscherechtlichen Anforderungen des KWG und der AO (§ 27 Abs. 2 Satz 1 ZAG)

41 Nach § 27 Abs. 2 Satz 1 ZAG gelten die über das GwG hinausgehenden Pflichten der Kredit- und Finanzdienstleistungsinstitute zur Verhinderung von Geldwäsche und Terrorismusfinanzierung (§§ 6a, 24c, 25i, 25m, 60b KWG, sowie § 93 Abs. 7 und 8 i.V.m. § 93b der AO) für Zahlungsinstitute und E-Geld-Institute entsprechend.

42 § 27 Abs. 2 Satz 1 ZAG entspricht der Vorgängervorschrift des § 22 Abs. 2 Satz 1 ZAG a. F. mit Geltung vom 26.6.2017.[46] Bei dem Verweis auf die §§ 6a, 24c, 25i, 25m und 60b des Kreditwesengesetzes sowie § 93 Abs. 7 und 8 in Verbindung mit § 93b der Abgabenordnung, die für Institute im Sinne des ZAG entsprechend gelten, handelt es sich um eine redaktionelle Folgeänderung im Hinblick auf die Änderungen, die mit der Umsetzung der Vierten EU-Geldwäscherichtlinie in den §§ 25h ff. des Kreditwesengesetzes stattgefunden haben.[47] Die Bezugnahmen auf die für Zahlungsinstitute entsprechend anwendbaren Vorschriften des Kreditwesengesetzes wurden entsprechend angepasst.

1. § 6a KWG

43 Sinn und Zweck der gefahrenabwehrrechtlichen Untersagungsbefugnis des § 6a KWG ist die Verhinderung der Terrorismusfinanzierung (nach § 89c StGB) oder der Finanzierung einer terroristischen Vereinigung (nach § 129a StGB, auch in Verbindung mit § 129b StGB).[48] Zu diesem Zweck kann die BaFin beim Vorliegen bestimmter Tatsachen, die auf solche Straftaten hindeuten, der Geschäftsführung des Instituts Anweisungen erteilen, dem Institut Verfügungen von einem bei ihm geführten Konto oder Depot bzw. die Durchführung von sonstigen Finanztransaktionen untersagen.[49] § 27 Abs. 2 Satz 1 überträgt die Anwendbarkeit des § 6a KWG auf ZAG-Institute im Wege einer Rechtsgrundverweisung. Somit

---

44 Vgl. BT-Drs. 16/11613, S. 53.
45 *Terlau*, in: Casper/Terlau, ZAG, § 27 Rn. 68.
46 BGBl. I 2017, S. 1822 ff., 1869.
47 BT-Drs. 18/11555, S. 178.
48 *Terlau*, in: Casper/Terlau, ZAG, § 39 Rn. 70.
49 BT-Drs. 15/1060, S. 9.

ist die einschlägige Ermächtigungsgrundlage für Maßnahmen der BaFin § 27 Abs. 2 Satz 1 ZAG i.V.m. § 6a Abs. 1 KWG. Die Verfügungen nach § 6a Abs. 1 Nr. 1–3 KWG sind sofort vollziehbar (§ 49 KWG), damit nicht die Gefahr besteht, dass sich Institute über Anordnungen der BaFin hinwegsetzen.[50] Die sofortige Vollziehbarkeit nach § 49 KWG soll auch dann anwendbar sein, wenn Adressat der Anordnung ein Zahlungsinstitut oder E-Geld-Institut ist (vgl. zu § 6a KWG auch § 40 GwG).[51]

Nach § 6a Abs. 1 Satz 1 KWG müssen Tatsachen vorliegen, die darauf schließen **44** lassen, dass von einem Institut angenommene Einlagen, sonstige dem Institut anvertraute Vermögenswerte oder eine Finanztransaktion der Terrorismusfinanzierung (nach § 89c StGB) oder der Finanzierung einer terroristischen Vereinigung (nach § 129a StGB, auch in Verbindung mit § 129b StGB) dienen oder im Falle der Durchführung einer Finanztransaktion dienen würden. Solche Tatsachen liegen nach § 6a Abs. 2 in der Regel vor, wenn eine natürliche oder juristische Person oder eine nicht rechtsfähige Personenvereinigung als Inhaber eines Kontos oder Depots, dessen Verfügungsberechtigten, oder als Kunde handelt, und der Name dieser natürlichen oder juristischen Person bereits im Zusammenhang mit der Bekämpfung des Terrorismus angenommene Liste des Rates der Europäischen Union zum Gemeinsamen Standpunkt des Rates 2001/931/GASP vom 27.12.2001 über die Anwendung besonderer Maßnahmen zur Bekämpfung des Terrorismus[52] in der jeweils geltenden Fassung aufgenommen wurde.[53] Solche Tatsachen liegen überdies immer dann vor, wenn eine Strafverfolgungsbehörde Ermittlungen nach § 160 StPO wegen Verdachts der Mitgliedschaft in einer terroristischen Vereinigung eingeleitet hat.[54]

Die Gefahr der straftätlichen Finanzierung muss nach § 6a Abs. 1 KWG von **45** einer Einlage, einem Vermögenswert oder einer Finanztransaktion ausgehen.[55] Der Begriff Finanztransaktion wird in § 6a KWG und im ZAG nicht definiert. Es gilt der weite Transaktionsbegriff des § 1 Abs. 5 GwG. Unter diesen weiten Begriff fallen neben der Verschiebung von Bargeld oder anderen Zahlungsmitteln z. B. auch Vertragsabschlüsse, Überweisungen, Rückführungen von Krediten, E-Geld-Geschäfte, sachenrechtliche Eigentumswechsel und reine Buch-

---

50 BT-Drs. 15/1060, S. 10; *Findeisen*, in: Beck/Samm/Kokemoor, Kreditwesengesetz mit CRR, § 6a KWG Rn. 47.

51 Wohl auch *Findeisen*, in: Beck/Samm/Kokemoor, Kreditwesengesetz mit CRR, § 6a KWG Rn. 47.

52 ABl. EG L 344, S. 93.

53 *Terlau*, in: Casper/Terlau, ZAG, § 27 Rn. 71; *Auerbach*, in: Schwennicke/Auerbach, ZAG, § 27 Rn. 31.

54 VG Frankfurt, 25.10.2007 – 1 E 5718/06 1; *Findeisen*, in: Ellenberger/Findeisen/Nobbe, Zahlungsverkehrsrecht, § 27 ZAG Rn. 312; a. A. *Achtelik*, in: Herzog, GwG, § 6a KWG Rn. 5.

55 *Terlau*, in: Casper/Terlau, ZAG, § 27 Rn. 71.

transaktionen abseits einer Geschäftsbeziehung.[56] Somit sind grundsätzlich auch alle Zahlungsdienste i. S. d. § 1 Abs. 1 Satz 2 ZAG und das E-Geld-Geschäft (§ 1 Abs. 2 Satz 2 ZAG) tauglicher Anknüpfungspunkt für Tatsachen, die darauf schließen lassen, dass eine Terrorismusfinanzierung (nach § 89c StGB) oder eine Finanzierung einer terroristischen Vereinigung (nach § 129a StGB, auch in Verbindung mit § 129b StGB) vorliegt.[57]

46   Liegen die Tatbestandsvoraussetzungen vor, ergibt sich seitens der BaFin die Pflicht, eine oder mehrere der in § 6a Abs. 1 KWG genannten Anordnungen zu treffen.[58] Entgegen der Ausgestaltung des § 6a Abs. 1 KWG als „Kann"-Vorschrift, hat die BaFin kein Erschließungsermessen; ihr steht lediglich ein Auswahlermessen im Hinblick auf die zu treffenden Eingriffe zu.[59]

47   Soweit das Institut einer vollziehbaren Anordnung der BaFin zuwiderhandelt, liegt nach § 56 Abs. 2 Nr. 3 KWG eine Ordnungswidrigkeit vor, die nach § 56 Abs. 6 Nr. 3 KWG mit einer Geldbuße bis zu 200.000 EUR geahndet werden kann. Auch nach § 64 Abs. 3 Nr. 6 ZAG stellt die vorsätzliche oder fahrlässige Zuwiderhandlung gegen eine vollziehbare Anordnung nach § 27 Ab. 2 Satz 1 ZAG i. V. m. § 6a Abs. 1 KWG eine Ordnungswidrigkeit dar. Allerdings kann diese nach § 64 Abs. 4 Fall 3 ZAG lediglich mit einer **Geldbuße bis zu 100.000 EUR** geahndet werden. Die eigenständige Normierung in § 64 Abs. 4 Fall 3 ZAG wäre praktisch gegenstandslos, würde stets der (in der Höhe divergierende) Bußgeldkatalog des KWG gelten. So ist § 64 Abs. 4 Fall 3 ZAG als lex specialis zu betrachten.

2. § 24c KWG und § 93 Abs. 7 und 8 AO i. V. m. § 93b AO

48   Ferner sind die § 24c KWG i. V. m. §§ 93 Abs. 7 und 8, 93b AO zum automatisierten Abruf von Kontoinformationen (Kontenabrufverfahren) auf Institute im Sinne des ZAG anzuwenden, soweit diese Zahlungskonten,[60] z. B. Kreditkartenkonten, führen.[61]

49   § 27 Abs. 2 Satz 2 ZAG wurde mit Wirkung zum 13.1.2018 neu in das ZAG eingefügt. Die Vorschrift modifiziert § 24c Abs. 2 KWG lediglich formal, indem Zweck und Gegenstand der Abrufbefugnis der BaFin aus der Kontoinformationsdatei nicht die Erfüllung ihrer aufsichtsrechtlichen Aufgaben „nach dem

---

56 *Figura*, in: Herzog, GwG, § 1 Rn. 34.
57 Vgl. *Terlau*, in: Casper/Terlau, ZAG, § 27 Rn. 72.
58 *Terlau*, in: Casper/Terlau, ZAG, § 27 Rn. 73.
59 VG Frankfurt, 25.10.2007 – 1 E 5718/06 1; *Terlau*, in: Casper/Terlau, ZAG, § 27 Rn. 73.
60 Vgl. für E-Geld-Institute insbesondere BT-Drs. 17/3023, S. 49.
61 Zum Begriff des Zahlungskontos vgl. § 1 Abs. 17 ZAG und ferner *Findeisen*, Bank-Praktiker 2009, 322, 327; *Schäfer/Lang*, BKR 2009, 11, 16.

KWG und dem GwG, insbesondere im Hinblick auf unerlaubte Bankgeschäfte oder Finanzdienstleistungen" sind, sondern „die Erfüllung ihrer aufsichtsrechtlichen Aufgaben nach dem ZAG und dem GwG, insbesondere im Hinblick auf „unerlaubte Zahlungsdienste und unerlaubte E-Geld-Geschäfte". Neben diesen Voraussetzungen muss, so auch § 24c Abs. 2 Satz 1 KWG, besondere Eilbedürftigkeit im Einzelfall vorliegt.

Mit dem Verweis auf die Wahrnehmung aufsichtsrechtlicher Aufgaben nach **50** dem ZAG nimmt § 27 Abs. 2 Satz 2 seinem Wortlaut nach Bezug auf sämtliche geldwäscherechtlich bedeutsamen Vorschriften im ZAG, zu dessen Beachtung aufsichtsrechtliche Maßnahmen denkbar sind. Dies sind die Vorschriften über die Erlaubniserteilung (Beschreibung der internen Kontrollmechanismen, § 10 Abs. 2 Satz 1 Nr. 11 ZAG), die Versagung der Erlaubnis (§ 12 Nr. 6 ZAG), die Anteilseignerkontrolle im Hinblick auf bedeutende Beteiligungen (§ 14 ZAG i.V.m. § 2c KWG, hier nun auch ein Inhaberkontrollverfahren bezüglich der Kryptoverwahrgeschäfte bedingt durch das Gesetz zur Umsetzung der Änderungsrichtlinie zur Vierten EU-Geldwäscherichtlinie vom 12.12.2019),[62] die Abberufung des Geschäftsleiters (§§ 13 Abs. 2 Nr. 5, 20 Abs. 1 Satz 1 und 2 ZAG), die Prüfung durch den Abschlussprüfer (§ 24 Abs. 1 Satz 3 Nr. 1 und 2 ZAG), die geldwäscherechtliche Pflichten für Agenten (§ 25 ZAG), die Einhaltung der Organisationspflichten zur ordnungsmäßen Geschäftsorganisation (§ 27 ZAG), Anhaltspunkt für die Begehung von Terrorismusfinanzierung durch Beauftragung von Agenten, E-Geld-Agenten oder der Gründung von EWR-Zweigniederlassungen (§ 39 Abs. 2 ZAG), den Zugang zu Zahlungskontodiensten (§ 56 Abs. 1 ZAG), sowie der Vollzug von Bußgeldvorschriften (§ 64 ZAG).

Das Abrufen des Datenbestandes darf nicht in seiner Gesamtheit erfolgen, son- **51** dern die entsprechende Anfrage muss sich auf einzelne Daten aus der Datei beschränken.[63] Darüber hinaus bedarf es einer besonderen Eilbedürftigkeit.[64] Die Eilbedürftigkeit wird in der Regel dann zu bejahen sein, wenn die Abfrage entweder unaufschiebbar oder zumindest so dringend ist, dass der allgemeine Prozess des Auskunftsersuchens nicht abgewartet werden kann.[65] Die Abfrage für eigene Zwecke, die durch die BaFin durchgeführt wird, ist Ultima Ratio.[66]

---

62 Gesetz zur Umsetzung der Änderungsrichtlinie zur Vierten EU-Geldwäscherichtlinie, BGBl. I 2019, S. 2602.
63 *Terlau*, in: Casper/Terlau, ZAG, § 27 Rn. 84.
64 *Terlau*, in: Casper/Terlau, ZAG, § 27 Rn. 84.
65 *Terlau*, in: Casper/Terlau, ZAG, § 27 Rn. 84.
66 Zum Abruf für Dritte nach § 24c Abs. 3 KWG siehe *Terlau*, in: Casper/Terlau, ZAG, § 27 Rn. 84.

3. § 25i und § 25m KWG

52 Nach § 27 Abs. 2 Satz 1 ZAG finden § 25i KWG (Allgemeine Sorgfaltspflichten in Bezug auf E-Geld) sowie § 25m KWG (Verbotene Geschäfte) entsprechende Anwendung.[67] Durch das Gesetz zur Umsetzung der Änderungsrichtlinie zur Vierten EU-Geldwäscherichtlinie vom 12.12.2019 wird nun bezüglich § 25i KWG durch den geänderten Wortlaut in Abs. 2 Satz 1 Nr. 6 mit „oder bei Fernzahlungsvorgängen im Sinne des § 1 Abs. 19 ZAG der gezahlte Betrag 20 EUR pro Transaktion nicht übersteigt" eine entsprechende Risikobewertung bezüglich eines Schwellenbetrages von 20 EUR pro Transaktion festgelegt.[68]

4. § 60b KWG

53 Der neu eingefügte Verweis auf § 60b KWG dient der Umsetzung von Art. 60 der Vierten EU-Geldwäscherichtlinie. Zugleich wird damit der Vorgabe nach Art. 20 der Geldtransferverordnung Rechnung getragen.[69]

54 § 60b KWG regelt die Bekanntmachung von Maßnahmen, sofern die Bekanntmachung nicht bereits nach § 60c Abs. 1 Satz 1 KWG, auf den § 27 ZAG jedoch keinen Bezug nimmt, erfolgt. Somit ist ausschließlich § 60b KWG maßgeblich. Die Vorschrift regelt die Verpflichtung der BaFin, jede gegen ein ihrer Aufsicht unterstehendes Institut oder Unternehmen oder gegen einen Geschäftsleiter eines Instituts oder Unternehmens verhängte und bestandskräftig gewordene Maßnahme, die sie wegen eines Verstoßes gegen das KWG, hier also entsprechend das ZAG, die dazu erlassenen Rechtsverordnungen sowie insbesondere der Geldtransferverordnung (Verordnung (EU) 2015/847) verhängt hat, und jede unanfechtbar gewordene Bußgeldentscheidung unverzüglich auf ihren Internetseiten öffentlich bekannt zu machen und dabei auch Informationen zu Art und Charakter des Verstoßes mitzuteilen. Mit der entsprechenden Anwendung der Vorschriften soll insbesondere den Empfehlungen der FATF auch im Hinblick auf Institute nach dem ZAG ausreichend Rechnung getragen werden.[70]

IV. Unerheblichkeit von Schwellenbeträgen

55 Abweichend von § 3 Abs. 2 Satz 1 Nr. 2 des Geldwäschegesetzes bestehen die Sorgfaltspflichten nach § 3 Abs. 1 Nr. 1 und 3 sowie § 8 Abs. 1–3 des Geld-

---

67 Vgl. dazu auch die bereits bestehende Kommentierung zu vorgenannten Vorschriften, z. B. *Casper/Terlau*, ZAG-Kommentar, 2. Aufl. 2020; *Schwennicke/Auerbach*, KWG mit ZAG, 4. Aufl. 2021, u. a.

68 vgl. Hierzu auch: *Terlau*, in: Casper/Terlau, ZAG, § 27 Rn. 120.

69 BT-Drs. 18/11555, S. 178.

70 BT-Drs. 18/11555, S. 178.

wäschegesetzes für Institute im Sinne dieses Gesetzes bei Annahme von Bargeld im Rahmen der Erbringung von Zahlungsdiensten nach § 1 Abs. 2 ungeachtet etwaiger im Geldwäschegesetz oder in diesem Gesetz genannter Schwellenbeträge. Nach Abs. 3a war diese Bestimmung auch auf Agenten im Sinne des § 1 Abs. 7 ZAG a. F. entsprechend anzuwenden.

Die erneuerte Fassung des § 22 ZAG, auf der § 27 Abs. 1 Satz 2 Nr. 5 ZAG basiert, hob die Absätze 3 und 3a auf.[71] Ausweislich der Gesetzesbegründung erfolgte die Aufhebung der bisherigen Absätze 3 und 3a aufgrund der erfolgten Ergänzung des § 10 GwG, der diese nun aufgehobenen Regelungen beinhaltet.[72] Die konkrete Regelung findet sich in § 10 Abs. 3 Satz 1 Nr. 3 GwG. So bleibt es de lege lata bei der alten Rechtslage: Die allgemeinen Sorgfaltspflichten des GwG sind **ungeachtet etwaiger Schwellenwerte**, die im GwG oder im ZAG genannten werden, zu beachten.   **56**

---

71 BT-Drs. 18/11555, S. 179.
72 BT-Drs. 18/11555, S. 179.

§ 39 Errichten einer Zweigniederlassung, grenzüberschreitender Dienstleistungsverkehr von Unternehmen mit Sitz in einem anderen Staat des Europäischen Wirtschaftsraums

(1) Ein Institut mit Sitz in einem anderen Mitgliedstaat oder einem anderen Vertragsstaat des Abkommens über den Europäischen Wirtschaftsraum darf ohne Erlaubnis durch die Bundesanstalt über eine Zweigniederlassung oder im Wege des grenzüberschreitenden Dienstleistungsverkehrs oder über Agenten im Inland Zahlungsdienste erbringen oder das E-Geld-Geschäft betreiben oder über E-Geld-Agenten E-Geld vertreiben oder rücktauschen, wenn das Unternehmen von den zuständigen Behörden des anderen Staates zugelassen oder registriert worden ist, die Geschäfte durch die Zulassung oder Registrierung abgedeckt sind und das Unternehmen, die Agenten oder E-Geld-Agenten von den zuständigen Behörden nach Vorschriften, die denen der Richtlinie (EU) 2015/2366 des Europäischen Parlaments und des Rates vom 25. November 2015 über Zahlungsdienste im Binnenmarkt, zur Änderung der Richtlinien 2002/65/EG, 2009/110/EG und 2013/36/EU und der Verordnung (EU) Nr. 1093/2010 sowie zur Aufhebung der Richtlinie 2007/64/EG (ABl. L 337 vom 23.12.2015, S. 35; L 169 vom 28.6.2016, S. 18) oder der Richtlinie 2009/110/EG des Europäischen Parlaments und des Rates vom 16. September 2009 über die Aufnahme, Ausübung und Beaufsichtigung der Tätigkeit von E-Geld-Instituten, zur Änderung der Richtlinien 2005/60/EG und 2006/48/EG sowie zur Aufhebung der Richtlinie 2000/46/EG (ABl. L 267 vom 10.10.2009, S. 7) entsprechen, beaufsichtigt werden und die Agenten in das Institutsregister der zuständigen Behörde des Herkunftsmitgliedstaates eingetragen wurden. § 14 der Gewerbeordnung bleibt unberührt.

(2) Hat die Bundesanstalt im Fall des Abs. 1 tatsächliche Anhaltspunkte dafür, dass im Zusammenhang mit der geplanten Beauftragung eines Agenten oder E-Geld-Agenten oder der Gründung einer Zweigniederlassung Geldwäsche im Sinne des § 261 des Strafgesetzbuchs oder Terrorismusfinanzierung im Sinne des § 1 Abs. 2 des Geldwäschegesetzes stattfinden, stattgefunden haben oder versucht wurden, oder dass die Beauftragung des Agenten oder die Gründung der Zweigniederlassung das Risiko erhöht, dass Geldwäsche oder Terrorismusfinanzierung stattfinden, so unterrichtet die Bundesanstalt die zuständige Behörde des Herkunftsmitgliedstaates. Zuständige Behörde des Herkunftsmitgliedstaates ist die Behörde, die die Eintragung des Agenten oder der Zweigniederlassung in das dortige Zahlungs-

                    Izzo-Wagner/Otto

instituts-Register oder E-Geld-Instituts-Register ablehnen oder, falls bereits eine Eintragung erfolgt ist, löschen kann.

(3) Auf Institute im Sinne des Abs. 1 Satz 1 sind § 17 des Finanzdienstleistungsaufsichtsgesetzes sowie die §§ 3, 7 bis 9 und 19 Abs. 1 und 4 anzuwenden. Auf Institute, die eine Zweigniederlassung errichten oder Agenten heranziehen, sind zusätzlich § 27 Abs. 1 Satz 2 Nummer 5, Abs. 2 bis 4, § 28 Abs. 1 Nummer 1, 2, 6 und 7 sowie die §§ 60 bis 62 mit der Maßgabe anzuwenden, dass eine oder mehrere Zweigniederlassungen desselben Unternehmens im Inland als eine Zweigniederlassung gelten. Änderungen des Geschäftsplans, insbesondere der Art der geplanten Geschäfte und des organisatorischen Aufbaus der Zweigniederlassung, der Anschrift und der Leiter sind der Bundesanstalt und der Deutschen Bundesbank mindestens einen Monat vor dem Wirksamwerden der Änderungen in Textform anzuzeigen.

(4) Für Agenten, E-Geld-Agenten und zentrale Kontaktpersonen gilt Abs. 3 Satz 1 entsprechend.

(5) Werden der Bundesanstalt von den zuständigen Behörden des Staates, in dem das Institut zugelassen ist, nach § 38 entsprechende Angaben übermittelt, bewertet die Bundesanstalt diese Angaben innerhalb eines Monats nach ihrem Erhalt und teilt den zuständigen Behörden dieses Staates die einschlägigen Angaben zu den Zahlungsdiensten mit, die das Institut im Wege der Errichtung einer Zweigniederlassung oder des grenzüberschreitenden Dienstleistungsverkehrs im Inland zu erbringen beabsichtigt.

(6) Stellt die Bundesanstalt fest, dass das ausländische Institut seinen aufsichtsrechtlichen Verpflichtungen im Inland nicht nachkommt, unterrichtet sie unverzüglich die zuständigen Behörden des Herkunftsmitgliedstaates hierüber. Solange die zuständigen Behörden des Herkunftsmitgliedstaates keine Maßnahmen ergreifen oder sich die ergriffenen Maßnahmen als unzureichend erweisen, kann die Bundesanstalt nach Unterrichtung der zuständigen Behörden des Herkunftsmitgliedstaates die Maßnahmen ergreifen, die erforderlich sind, um eine ernste Bedrohung der kollektiven Interessen der Zahlungsdienstnutzer im Inland abzuwenden; falls erforderlich kann sie die Durchführung neuer Geschäfte im Inland untersagen. In dringenden Fällen kann die Bundesanstalt vor Einleitung des Verfahrens die erforderlichen Maßnahmen ergreifen. Entsprechende Maßnahmen müssen im Hinblick auf den mit ihnen verfolgten Zweck, eine ernste Bedrohung für die kollektiven Interessen der Zahlungsdienstnutzer im Aufnahmemitgliedstaat abzuwenden, angemessen sein. Sie sind zu beenden, wenn die festgestellte ernste Bedrohung abgewendet wurde. Sie dürfen nicht zu einer Bevorzugung der Zahlungsdienstnutzer des Zahlungsinstituts im Aufnahmemitgliedstaat gegenüber den Zahlungsdienstnutzern von Zahlungsin-

stituten in anderen Mitgliedstaaten führen. Die Bundesanstalt hat die zuständigen Behörden des Herkunftsmitgliedstaates und die jedes anderen betroffenen Mitgliedstaates sowie die Kommission und die Europäische Bankenaufsichtsbehörde vorab oder in dringenden Fällen unverzüglich über die nach Satz 2 ergriffenen Maßnahmen zu unterrichten.

(7) Nach vorheriger Unterrichtung der Bundesanstalt können die zuständigen Behörden des Herkunftsmitgliedstaates selbst oder durch ihre Beauftragten die für die aufsichtsrechtliche Überwachung der Zweigniederlassung erforderlichen Informationen bei der Zweigniederlassung prüfen. Auf Ersuchen der zuständigen Behörden des Herkunftsmitgliedstaates dürfen die Bediensteten der Bundesanstalt und der Deutschen Bundesbank diese bei der Prüfung nach Satz 1 unterstützen oder die Prüfung in deren Auftrag durchführen; der Bundesanstalt und der Deutschen Bundesbank stehen dabei die Befugnisse nach § 19 oder, falls Tatsachen die Annahme rechtfertigen oder feststeht, dass das ausländische Unternehmen unerlaubte Zahlungsdienste erbringt oder unerlaubt das E-Geld-Geschäft betreibt, oder dass dieses unerlaubte Geschäfte nach dem Kreditwesengesetz, nach dem Versicherungsaufsichtsgesetz oder nach dem Kapitalanlagegesetzbuch betreibt oder gegen vergleichbare Bestimmungen des Herkunftsstaates verstößt, auch die Rechte nach § 8 zu.

(8) Wird der Austritt des Vereinigten Königreichs Großbritannien und Nordirland aus der Europäischen Union wirksam, ohne dass bis zu diesem Zeitpunkt ein Austrittsabkommen im Sinne von Artikel 50 Absatz 2 Satz 2 des Vertrags über die Europäische Union in Kraft getreten ist, so kann die Bundesanstalt zur Vermeidung von Nachteilen für die Funktionsfähigkeit oder die Stabilität der Zahlungsverkehrsmärkte anordnen, dass die Absätze 1 bis 7 für einen Übergangszeitraum nach dem Austritt auf Unternehmen mit Sitz im Vereinigten Königreich Großbritannien und Nordirland, die zum Zeitpunkt des Austritts des Vereinigten Königreichs Großbritannien und Nordirland nach Absatz 1 im Inland über eine Zweigniederlassung oder im Wege des grenzüberschreitenden Dienstleistungsverkehrs oder über Agenten Zahlungsdienste erbracht oder das E-Geld-Geschäft betrieben oder über E-Geld-Agenten E-Geld vertrieben oder rückgetauscht haben, ganz oder teilweise entsprechend anzuwenden sind. Dies gilt nur, soweit die Unternehmen nach dem Austritt Zahlungsdienste erbringen oder E-Geld-Geschäfte betreiben, die in engem Zusammenhang mit zum Zeitpunkt des Austritts bestehenden Verträgen stehen. Der im Zeitpunkt des Austritts beginnende Übergangszeitraum darf eine Dauer von 21 Monaten nicht überschreiten. Die Anordnung kann auch durch Allgemeinverfügung ohne vorherige Anhörung getroffen und öffentlich bekanntgegeben werden.

Schrifttum: *Stürner* (Hrsg.), Jauernig – Bürgerliches Gesetzbuch mit Rom-I-VO, Rom-II-VO, Rom-III-VO, EG-UnthVO/HUntProt und Eu ErbVO – Kommentar, 18. Aufl. 2021.

Übersicht

I. Allgemeines

§ 39 ZAG regelt Sachverhalte, in denen ein Zahlungsinstitut oder E-Geld-Institut aus einem anderen Mitgliedstaat der EU oder des EWR in der Bundesrepublik Deutschland Zahlungsdienste erbringen möchte, das E-Geld-Geschäft betreiben oder über E-Geld-Agenten E-Geld vertreiben oder rücktauschen möchte. Die Vorschrift regelt zugleich die Rechte der BaFin gegenüber Zweigniederlassungen, die in der Bundesrepublik errichtet werden, sowie die Rechte der BaFin, wenn im Wege des grenzüberschreitenden Dienstleistungsverkehrs oder über Agenten im Deutschland Zahlungsdienste erbracht werden sollen oder das E-Geld-Geschäft betrieben oder über E-Geld-Agenten E-Geld vertrieben oder rückgetauscht werden soll.[1]

§ 39 ZAG wurde durch Art. 1 des Gesetzes zur **Umsetzung der Zweiten Zahlungsdiensterichtlinie** vom 17.7.2017[2] **mit Wirkung zum 13.1.2018**[3] neu in das ZAG eingeführt. Die Vorschrift setzt Art. 29 sowie Teile von Art. 30 der Zweiten Zahlungsdienstrichtlinie um und entspricht der bis dato bestehenden Aufsichtspraxis der Bundesanstalt.[4] Das Umsetzungsgesetz hebt den bisherigen § 26 ZAG a. F.[5] auf, ersetzt ihn durch einen dem § 25b KWG vergleichbaren

1

2

---

1 Vgl. BR-Drs. 827/08, S. 95; BT-Drs. 16/11613, S. 54, dort jedoch nur in Bezug auf Zahlungsdienste; *Schwennicke*, in: Auerbach/Schwennicke, ZAG, § 39 Rn. 1.
2 BGBl. I 2017, S. 2446 ff.
3 Vgl. Art. 15 Abs. 4 des Gesetzes zur Umsetzung der Zweiten Zahlungsdiensterichtlinie.
4 BT-Drs. 18/11495, S. 130.
5 BGBl. I 2017, S. 1822 ff.; die Vorschrift galt vom 26.6.2017 bis 12.1.2018.

Auslagerungstatbestand[6] und überträgt die bisherige Regelung des § 26 ZAG a.F. in § 39 ZAG.[7] Bereits § 26 ZAG Abs. 1 a.F. erstreckte sich – infolge des Umsetzungsgesetzes zur Vierten EU-Geldwäscherichtlinie[8] – über die Erbringung von Zahlungsdiensten hinaus auch auf die Erbringung des E-Geld-Geschäfts im Inland.[9] Nach Ansicht des Gesetzgebers war diese Erstreckung auf das E-Geld-Geschäft „lediglich eine redaktionelle Änderung", da nach dem bisherigen Wortlaut des § 26 ZAG das E-Geld-Geschäft „aufgrund eines Versehens nicht von der Befreiung durch den EU-Pass umfasst" war.[10]

3   Mit Umsetzung der Zweiten Zahlungsdiensterichtlinie zum 13.1.2018 fanden jedoch **weitere Konkretisierungen** statt: § 39 ZAG n.F. konkretisiert den bisherigen § 26 für die Fälle, „in denen der Eintritt von Zahlungsinstituten und E-Geld-Instituten mit Sitz in einem anderen EU-Mitgliedstaat oder EWR-Vertragsstaat erfolgt, die in Deutschland über die Errichtung einer Zweigniederlassung, **durch Agenten** oder im Wege des grenzüberschreitenden Dienstleistungsverkehrs Zahlungsdienste anbieten oder das E-Geld-Geschäft betreiben wollen (sog. Incoming Institutions)".[11]

4   **Abs. 1** entspricht in seinem Regelungsgehalt dem bisherigen § 26 Abs. 1 ZAG a.F. mit der **Klarstellung**, dass auch das Heranziehen von Agenten durch ein Institut dessen Sitz sich in einem anderen Mitgliedstaat oder einem anderen Vertragsstaat des Europäischen Wirtschaftsraums befindet, mit erfasst wird.[12] Durch diese Vorschrift werden Art. 11 Abs. 9 („Europäischer Pass") und Art. 29 der Zweiten Zahlungsdiensterichtlinie (Zusammenarbeit der Aufsichtsbehörden von Herkunfts- und Aufnahmestaat) umgesetzt.[13] Durch den vor allem aus geldwäscherechtlicher Sicht relevanten **Abs. 2** wird laut der Gesetzesbegründung Art. 29 Abs. 2 Unterabs. 2 der Zweiten Zahlungsdiensterichtlinie umgesetzt.[14] Zudem entspricht Abs. 2 dem bisherigen § 26 ZAG a.F.[15]

5   § 39 ZAG wurde im Hinblick auf den **Brexit** zuletzt durch die Einführung des § 39 Abs. 8 geändert.[16] Hierdurch wurde Art. 9 des Gesetzes vom 25.3.2019

---

6 Vormals § 20 ZAG a.F., vgl. BT-Drs. 18/11495, S. 127.

7 BT-Drs. 18/11495, S. 130 f.

8 Gesetz zur Umsetzung der Vierten EU-Geldwäscherichtlinie, zur Ausführung der EU-Geldtransferverordnung und zur Neuorganisation der Zentralstelle für Finanztransaktionsuntersuchungen vom 23.6.2017, BGBl. I 2017, S. 1822 ff.

9 Eingeführt durch Art. 18 des Gesetzes vom 23.6.2017, BGBl. I 2017, S. 1822, 1869; BT-Drs. 18/11555, S. 81, S. 179.

10 BT-Drs. 18/11555, S. 179, zu Nr. 6.

11 BT-Drs. 18/11495, S. 130.

12 *Walter*, in: Casper/Terlau. ZAG, § 39 Rn. 5.

13 Vgl. BT-Drs. 18/11495, S. 130; *Walter*, in: Casper/Terlau, ZAG, § 39 Rn. 5.

14 BT-Drs. 18/11495, S. 130.

15 BT-Drs. 18/11495, S. 130.

16 *Walter*, in: Casper/Terlau, ZAG, § 39 Rn. 47.

(sog. Brexit-Steuerbegleitgesetz)[17] mit Wirkung zum 29.3.2019 (Anordnungs-kompetenz der Bundesanstalt für einen Übergangzeitraum im Falle eines Hard Brexit) umgesetzt.[18] Komplementär zu § 39 ZAG regelt § 38 ZAG den Fall, dass ein in der Bundesrepublik zugelassenes Institut mit einer Erlaubnis zur Erbringung von Zahlungsdiensten und zum Betreiben des E-Geld-Geschäfts diese Tätigkeiten in einem anderen Staat des EWR durchzuführen beabsichtigt.[19] Mit den Bestimmungen des § 39 ZAG inhaltlich vergleichbar ist die Vorschriften des § 53b KWG in Bezug auf Finanzdienstleistungsinstitute und CRR-Kreditinstitute,[20] sowic mit Einführung des Wertpapierinstitutsgesetzes die Vorschriften der §§ 73, 74 WpIG in Bezug auf Wertpapierinstitute. Die Bestimmungen beruhen auf dem „**Prinzip der vorrangigen Beaufsichtigung durch den Herkunfts-mitgliedstaat**".[21]

II. Unterrichtungsrecht bei Verdacht der Geldwäsche oder Terrorismusfinanzierung (§ 39 Abs. 2 ZAG)

Ausweislich des Wortlauts des § 39 Abs. 2 ZAG hat die Bundesanstalt die je-   6 weils zuständige Behörde des Herkunftsmitgliedstaates zu informieren, wenn sie Anhaltspunkte dafür hat, dass im Zusammenhang mit der geplanten Beauftragung eines Agenten oder E-Geld-Agenten oder der Gründung einer Zweigniederlassung Geldwäsche (§ 261 StGB) oder Terrorismusfinanzierung (§ 1 Abs. 2 GwG) stattfinden, stattgefunden haben oder versucht wurden, oder dass die Beauftragung des Agenten oder die Gründung der Zweigniederlassung das Risiko erhöht, dass Geldwäsche oder Terrorismusfinanzierung stattfinden wird.[22] Die Zuständigkeit einer Behörde richtet sich in diesen Fällen regelmäßig danach, welche Behörde zuständig dafür ist, die Eintragung von Agenten oder der Zweigniederlassungen in das jeweilige Register abzulehnen, oder sogar zu löschen, mithin nach der verantwortlichen Behörde für die Registerführung.[23] Ziel der Norm ist die wirksame Verhinderung der Geldwäsche und Terrorismusfinanzierung.[24]

---

17 Gesetz über steuerliche und weitere Begleitregelungen zum Austritt des Vereinigten Königreichs Großbritannien und Nordirland aus der Europäischen Union (Brexit-Steuerbegleitgesetz – Brexit-StBG) v. 25.3.2019, BGBl. I 2019, S. 357 ff.
18 *Walter*, in: Casper/Terlau, ZAG, § 39 Rn. 47; *Schwennicke*, in: Auerbach/Schwennicke, ZAG, § 39 Rn. 1.
19 *Schwennicke*, in: Auerbach/Schwennicke, ZAG, § 39 Rn. 1.
20 *Walter*, in: Casper/Terlau, ZAG, § 39 Rn. 4.
21 Vgl. *Schwennicke*, in: Auerbach/Schwennicke, ZAG, § 39 Rn. 1.
22 Vgl. weiterführend *Walter*, in: Casper/Terlau, ZAG, § 39 Rn. 23.
23 *Walter*, in: Casper/Terlau, ZAG, § 39 Rn. 23; Siehe bereits BR-Drs. 827/08, S. 95; BT-Drs. 16/11613, S. 54.
24 Siehe bereits BR-Drs. 827/08, S. 95; BT-Drs. 16/11613, S. 54.

1. Fall des § 39 Abs. 1

7 Ein „Fall des § 39 Abs. 1 ZAG" liegt zunächst nur vor, wenn es sich um ein Institut mit Sitz in einem anderen Mitgliedstaat der EU oder Staat des EWR handelt. Die Regelungen des § 39 ZAG finden auf Institute eines Drittstaates keine Anwendung.[25] Ebenfalls keine Anwendung findet § 39 ZAG auf diejenigen Institute, die einen Sitz in einem Drittland aber eine Zweigniederlassung in einem anderen Staat des Europäischen Wirtschaftraums haben.[26] Anstelle des § 39 ZAG findet auf Institute, die einen Sitz in einem Drittstaat haben, § 42 ZAG Anwendung.[27] Sowohl Zahlungsinstitute als auch E-Geld Institute werden von dem Begriff des Instituts umfasst (vgl. § 1 Abs. 3 ZAG).[28] Ebenfalls nicht anwendbar ist § 39 ZAG auf diejenigen Personen, die einen Sitz in einem anderen Staat des EWR haben und die nach dem ZAG erlaubnisfreie Zahlungsdienste erbringen oder das E-Geld-Geschäft betreiben (§ 1 Abs. 1 Nr. 1–4, § 1a Abs. 1 Nr. 1–4).[29]

**2. Tatsächliche Anhaltspunkte für Geldwäsche oder
   Terrorismusfinanzierung**

8 Tatsächliche Anhaltspunkte im Sinne der Vorschrift sind dann gegeben, wenn aufgrund von überprüfbaren Tatsachen geschlossen werden kann, dass Geldwäsche oder Terrorismusfinanzierung mithilfe von der Beauftragung des Agenten oder eines E-Geld-Agenten, oder aber mithilfe der Gründung einer Zweiniederlassung entweder stattfindet, stattgefunden hat oder aber versucht wurde. Gleiches gilt bereits für die Fälle, in denen das Risiko dafür, dass Geldwäsche oder Terrorismusfinanzierung stattfindet, oder stattfinden wird, erhöht ist.[30] Der Gesetzgeber spricht insoweit auch von einem „begründetem Verdacht".[31]

9 Der Begriff „Stattfinden" bezieht sich auf die Handlungen, die gegenwärtig durchgeführt werden; mitumfasst sind in diesem Zusammenhang auch solche, die noch im Stadium des Versuchs sind.[32] Durch die Formulierung „Stattgefunden haben" stellt der Gesetzgeber klar, dass die Bundesanstalt auch dann eine Unterrichtung vornehmen darf, wenn sie Anhaltspunkte für solche Handlungen haben, durch die Geldwäsche oder Terrorismusfinanzierung betrieben wurde, die jedoch in der Vergangenheit vorgenommen wurden.[33] „Versucht wurden"

---

25 *Walter*, in: Casper/Terlau, ZAG, § 39 Rn. 6.
26 *Walter*, in: Casper/Terlau, ZAG, § 39 Rn. 6.
27 *Walter*, in: Casper/Terlau, ZAG, § 39 Rn. 6.
28 *Walter*, in: Casper/Terlau, ZAG, § 39 Rn. 6.
29 *Walter*, in: Casper/Terlau, ZAG, § 39 Rn. 6.
30 BR-Drs. 827/08, S. 95; BT-Drs. 16/11613, S. 54.
31 BR-Drs. 827/08, S. 95; BT-Drs. 16/11613, S. 54.
32 *Walter*, in: Casper/Terlau, ZAG, § 39 Rn. 24.
33 *Walter*, in: Casper/Terlau, ZAG, § 39 Rn. 24.

meint, dass auch sogenannte fehlgeschlagenen Versuche erfasst sind und nicht nur solche, die bis zur Vollendung gelangen.[34] Dementsprechend umfasst der Wortlaut der Vorschrift auch solche Versuche, von denen der Täter gemäß der Vorschrift des § 24 StGB strafbefreiend zurückgetreten ist.[35] Hierdurch wird der präventive Charakter der Norm unterstrichen.[36] Von der Unterrichtungsmöglichkeit der Bundesanstalt umfasst sind ebenfalls die Fälle, in denen das Risiko für Geldwäsche- oder Terrorismusfinanzierungstätigkeiten lediglich erhöht sind und sich die jeweilige Handlung noch im Vorfeld des dann strafrechtlich relevanten Versuchs befindet.[37]

Es muss ein Zusammenhang zwischen der eigentlichen Durchführung oder der **10** Gefahr für die Durchführung von Geldwäsche oder Terrorismusfinanzierung und der geplanten Beauftragung eines Agenten oder der Gründung einer Zweigniederlassung, bzw. zumindest ein erhöhtes Risiko hierfür vorliegen.[38] Das entspricht dem Erfordernis des sogenannten Kausalzusammenhangs.[39] Damit ist hingegen nicht gemeint, dass die Täter- oder Teilnehmereigenschaft des Agenten oder die für die Zweigniederlassung handelnden Personen zu bejahen sein muss.[40]

In seiner alten Fassung erfasste Abs. 2 die Fälle von Terrorismusfinanzierung **11** und Geldwäsche in Zusammenhang mit der Beauftragung von E-Geld-Agenten nicht. Dies begründete einen Wertungswiderspruch im Vergleich zur Behandlung von Agenten und Zweigniederlassungen. Dies wurde nun in Umsetzung der Zweiten Zahlungsdiensterichtlinie geändert, E-Geld-Agenten sind fortan umfasst.[41]

3. Unterrichtung der zuständigen Stelle des Herkunftsmitgliedstaates durch die BaFin

Liegen im Fall des § 39 Abs. 1 ZAG tatsächliche Anhaltspunkte für das Vorlie- **12** gen von Geldwäsche oder Terrorismusfinanzierung vor, gibt § 39 Abs. 2 Satz 1 ZAG der BaFin nicht nur das Recht, sondern bestimmt zugleich **die Pflicht zur Unterrichtung** gegenüber der zuständigen Behörde des Herkunftsstaates. Zuständige Behörde des Herkunftsmitgliedstaates ist die Behörde, die die Eintragung des Agenten oder der Zweigniederlassung in das dortige Zahlungsinstituts-

---

34 *Walter*, in: Casper/Terlau, ZAG, § 39 Rn. 24.
35 *Walter*, in: Casper/Terlau, ZAG, § 39 Rn. 24.
36 *Walter*, in: Casper/Terlau, ZAG, § 39 Rn. 24.
37 *Walter*, in: Casper/Terlau, ZAG, § 39 Rn. 24.
38 *Walter*, in: Casper/Terlau, ZAG, § 39 Rn. 25.
39 *Walter*, in: Casper/Terlau, ZAG, § 39 Rn. 25.
40 *Walter*, in: Casper/Terlau, ZAG, § 39 Rn. 25.
41 *Walter*, in: Casper/Terlau, ZAG, § 39 Rn. 26.

Register oder E-Geld-Instituts-Register ablehnen oder, falls bereits eine Eintragung erfolgt ist, löschen kann (§ 39 Abs. 2 Satz 2 ZAG). Durch diese Definition findet eine Erleichterung für die Bundesanstalt statt, sodass diese von der Notwendigkeit der Klärung der jeweiligen Zuständigkeiten befreit wird.[42]

13 **Kritik** an der Unterrichtungspflicht richtet sich vor allem gegen deren **Einseitigkeit**: Der Richtliniengeber hätte es bereits in der dem § 39 Abs. 2 ZAG zugrunde liegenden Vorschrift des Art. 29 Richtlinie (EU) 2015/2366 nicht bei einer einseitigen Unterrichtungspflicht belassen dürfen, sondern –insbesondere mit Blick auf das allgemeine Interesse der Effektivität der Bekämpfung der Geldwäsche und Terrorismusfinanzierung – spiegelbildlich eine „Feed-Back-Verpflichtung" gegenüber der jeweils unterrichtenden nationalen Behörde normieren müssen.[43] Eine bloße Unterrichtung der zuständigen Stellen im jeweiligen Herkunftsstaat sei für die wirksame Bekämpfung der Geldwäsche und Terrorismusfinanzierung offenkundig nicht ausreichend.[44]

III. Änderungsanzeige (Abs. 3)

14 Ausweislich § 39 Abs. 3 Satz 3 ZAG haben Institute i. S. d. § 39 Abs. 3 Satz 1 und 2 ZAG Änderungen des Geschäftsplans, insbesondere der Art der geplanten Geschäfte und des organisatorischen Aufbaus der Zweigniederlassung, der Anschrift und der Leiter, gegenüber der Bundesanstalt und der Deutschen Bundesbank mindestens einen Monat vor dem Wirksamwerden der Änderungen in **Textform** anzuzeigen. Durch die letzte Änderung, die seit dem 1.8.2021 wirksam ist, wurde die zuvor erforderliche Schriftform dieser Anzeige in Textform verändert.

15 Die Schriftform erfordert gemäß § 126 Abs. 1 BGB, dass die Urkunde von dem Aussteller eigenhändig durch Namensunterschrift, oder aber mittels einer notariellen Beurkundung unterzeichnet wurde. Das heißt, dass der Aussteller zweifelsfrei anhand der Kennzeichnung zu identifizieren sein muss.[45] Die Anforderungen an die Textform sind – im Vergleich zur zuvor geltenden Schriftform – die Lesbarkeit und Speicherung dieser auf einem dauerhaften Datenträger,[46] womit es sich um eine Erleichterung der Anforderungen zugunsten der Institute handelt.

---

42 BR-Drs. 827/08, S. 95; BT-Drs. 16/11613, S. 54; *Achtelik*, in: Herzog, GwG, Geldwäscherechtliche Pflichten im ZAG, Rn. 16.

43 *Achtelik*, in: Herzog, GwG, Geldwäscherechtliche Pflichten im ZAG, Rn. 16.

44 *Achtelik*, in: Herzog, GwG, Geldwäscherechtliche Pflichten im ZAG, Rn. 16.

45 *Mansel*, in: Jauernig, BGB, § 126 Rn. 3–6.

46 *Mansel*, in: Jauernig, BGB, § 126b Rn. 1.

IV. Benennung einer zentralen Kontaktstelle

In § 41 ZAG ist zudem neu normiert, dass eine zentrale Kontaktperson, bzw. ge- **16**
mäß dem Wortlaut von Art. 45 Abs. 9 der Vierten EU-Geldwäscherichtlinie
i.V.m. Art. 29 Abs. 4 der Richtlinie (EU) 2015/2366 über Zahlungsdienste im
Binnenmarkt[47] eine sogenannte „zentralen Kontaktstelle" einzurichten bzw. zu
ernennen ist.[48] Entsprechend dieser Verpflichtung hat das jeweilige Institut
i.S.d. ZAG, das einen Sitz in einem anderen Mitgliedstaat hat und im Inland
nicht über eine Zweigniederlassung verfügt, sondern mittels eines Netzwerkes
von mindestens zehn Agenten, bzw. E-Geld-Agenten tätig ist, auf Nachfrage der
Bundesanstalt ebenfalls die erforderliche Kontaktperson zu benennen.[49] Diese
Kontaktperson unterstützt nicht nur die Bundesanstalt indem sie Dokumente
und Informationen zur Verfügung stellt, sondern ist zudem als Ansprechpartner
für die jeweiligen Behörden im Gastland zuständig und erfüllt dabei zahlungs-
dienstrechtliche Zuständigkeiten und ebenso die Aufgabe, sicherzustellen, dass
das grenzüberschreitend tätige Institut im Rahmen der geldwäscherechtlichen
Verpflichtungen, bzw. im Rahmen der jeweiligen Anforderungen hinsichtlich
der Verhinderung von Geldwäsche und Terrorismusfinanzierung agiert.[50] Zur
zentralen Kontaktstelle hat das Joint Committe der ESAs seinen finalen Bericht
am 26.6.2017 über einen gemeinsamen regulatorisch-technischen Standardver-
öffentlicht.[51] Dieser von dem JC vorgestellte Standard dient der Aufschlüsselung
bezüglich der Frage, wann die Einrichtung einer zentralen Kontaktstelle von
dem jeweiligen Institut gefordert werden kann und insbesondere welche Aufgabe der Stelle zugewiesen sind.[52] Durch das Gesetz zur Umsetzung der Änderungsrichtlinie zur Vierten EU-Geldwäscherichtlinie vom 12.12.2019 wird § 33
Abs. 6 GwG neu aufgenommen, der besagt „Die Zentralstelle für Finanzaktions-
untersuchungen benennt eine zentrale Kontaktstelle, die für die Annahme von
Informationsersuchen der zentralen Meldestellen anderer Mitgliedstaaten nach
dieser Vorschrift zuständig ist", wodurch mithin die Einrichtung einer zentralen
Kontaktstelle mit Erlass des Gesetzes erfolgen wird.[53]

---

47 ABl. EU L 337 v. 23.12.2015, S. 35; *Achtelik*, in: Herzog, GwG, Geldwäscherechtliche
   Pflichten im ZAG, Rn. 17.
48 *Achtelik*, in: Herzog, GwG, Geldwäscherechtliche Pflichten im ZAG, Rn. 17.
49 *Achtelik*, in: Herzog, GwG, Geldwäscherechtliche Pflichten im ZAG, Rn. 17; BaFin
   Jahresbericht 2019, S. 123 f.
50 *Achtelik*, in: Herzog, GwG, Geldwäscherechtliche Pflichten im ZAG, Rn. 17; BaFin
   Journal, 07/2017, Geldwäsche und Terrorismusfinanzierung, S. 10, 11.
51 Joint Committe Annual Report, 2017 08 der ESAs.
52 *Achtelik*, in: Herzog, GwG, Geldwäscherechtliche Pflichten im ZAG, Rn. 17.
53 Gesetz zur Umsetzung der Änderungsrichtlinie zur Vierten EU-Geldwäscherichtlinie,
   BGBl. I 2019, S. 2602.

V. Brexit (Abs. 8)

17   Durch die Regelungen des Abs. 8 wird der Bundesanstalt die Möglichkeit eröffnet, sowohl Zahlungs- als auch E-Geld-Instituten, deren Sitz im Vereinigten Königreich ist, zu gestatten, ihre bisherige Tätigkeit auch nach dem Austritt des Vereinigten Königreiches für eine normierte Übergangszeit fortzusetzen.[54] Des weiteren ist Voraussetzung, dass der Austritt ohne Austrittsabkommen stattfindet und dadurch Nachteile hinsichtlich der Funktionsfähigkeit und Stabilität der Zahlungsverkehrsmärkte entstehen würden, die durch die Ausnahme nach Abs. 8 vermieden werden können.[55]

18   Durch diese Regelung wollte der Gesetzgeber insbesondere sicherstellen, dass die über den Termin des Austritts reichende vertragliche Ausgestaltungen von bereits im Vorfeld des Austritts abgeschlossene Geschäfte grenzüberschreitend tätige Unternehmen, ausreichend Berücksichtigung finden.[56] Dabei weist der Gesetzgeber insbesondere auf die Zahlungsdiensterahmenverträge (§ 675f Abs. 2 BGB) hinsichtlich deren Laufzeit und der jeweils einzuhaltenden Kündigungsfristen hin.[57] Der Bundesanstalt wird in diesem Zusammenhang die Möglichkeit des Eingreifens eingeräumt, insofern durch den Brexit ohne Austrittsabkommen die Funktionsfähigkeit der Zahlungsverkehrsmärkte in Teilaspekten in einer signifikanten Anzahl nachteilig betroffen sind, wodurch insbesondere Verbraucher betroffen wären.[58] Die Ausnahmeregelung kann gemäß § 39 Abs. 8 Satz 2 ZAG grundsätzlich auch auf Geschäfte, die erst nach dem Austritt des Vereinigten Königreichs neu abgeschlossen wurden, angewendet werden. Voraussetzung hierfür ist allerdings, dass diese in einem engen Zusammenhang mit bereits vor dem Austritt geschlossenen Verträgen stehen.[59] Als Beispiel kommt die Anpassung von Zahlungsdiensterahmenverträgen an eine neue Rechtslage oder eine nachträgliche Gewährung eines Kredits im Rahmen der in § 3 Abs. 4 ZAG vorgeschriebenen Voraussetzungen in Betracht.[60]

19   Obgleich die Bundesanstalt die Möglichkeit hat, diese Übergangsregelungen auf bis zu 21 Monate zu bestimmen, so ist sie im Rahmen ihres pflichtgemäßen Ermessens dazu befugt, diese Ausnahmefristen flexibel zu handhaben.[61]

20   Durch diese gesetzliche Regelung wird dem jeweiligen Unternehmen aus dem Vereinigten Königreich eine Übergangszeit eingeräumt, um die gesetzlichen

---

54 *Walter*, in: Casper/Terlau, ZAG, § 39 Rn. 48; BT- Drs. 19/7959, S. 38.

55 *Walter*, in: Casper/Terlau, ZAG, § 39 Rn. 48; BT- Drs. 19/7959, S. 38.

56 BT-Drs. 19/7959, S. 38.

57 BT-Drs. 19/7959, S. 38 f.

58 BT-Drs. 19/7959, S. 39.

59 BT-Drs. 19/7959, S. 39.

60 BT-Drs. 19/7959, S. 39.

61 BT-Drs. 19/7959, S. 39.

Normierungen des ZAG und die entsprechenden Anforderungen zu erfüllen.[62] Hierfür hat die BaFin die Befugnis durch rechtsgestaltenden Verwaltungsakt, wirksam für die betroffenen Unternehmen, den Europäischen Pass ganz oder teilweise ab dem Zeitpunkt des Austritts des Vereinigten Königreiches, für einen von der Bundesanstalt zu bestimmende Übergangsfrist, als anwendbar zu erklären.[63]

---

62 BT-Drs. 19/7959, S. 39.
63 BT-Drs. 19/7959, S. 39.

Exkurs: Finanzsanktionen

Grundlegende Betrachtungen und praxisrelevante Aspekte

Schrifttum: *Arndt*, Verpflichtung der Bank zur Fortführung eines Geschäftsgirokontos unter der Iran-Embargo-Verordnung (Anmerkung zu OLG Hamburg 13. Zivilsenat, Urteil vom 30.5.2012 – 13 W 17/12), jurisPR-BKR 11/2013, Anm. 4; *Bundesamt für Wirtschaft und Ausfuhrkontrolle*, Außenwirtschaftsverkehr mit Embargoländern – Grundlagen, 2. Aufl. 2020; *Bundesbank*, Merkblatt zur Einhaltung von Finanzsanktionen (Stand: Juli 2021); *FATF* (2012–2021), International Standards on Combating Money Laundering and the Financing of Terrorism & Proliferation, FATF, Paris, France, www.fatf-gafi.org/recom mendations.html, zuletzt abgerufen 15.12.2021; *Frieling*, Kein Mitbestimmungsrecht des Betriebsrats bei automatisiertem Namensabgleich (sog. Terrorlisten-Screening), Anmerkung zu BAG 1. Senat, Beschluss vom 19.12.2017 – 1 ABR 32/16, jurisPR-ArbR 27/2018, Anm. 4; *Lohmann*, Extraterritoriale US-Sanktionen, SWP-Aktuell, Nr. 31; *Mundry/Sachs/ Lubitzsch*, Neue US-Sanktionen – Gegenstand und Umsetzung in der Europäischen Union und in Russland, O/L-1-2018,https://www.ostinstitut.de/documents/Mundry_Sachs_Lu bitzsch_Neue_US_Sanktionen_Gegenstand_und_Umsetzung_in_der_EU_und_in_Russ land_OL_1_2018.pdf.; *Haenlein*, Targeted Financial Sanctions: A Key Tool to Disrupt Illegal Wildlife Trade?, Royal United Services Institute for Defense Studies (RUSI), https://rusi.org/explore-our-research/publications/commentary/targeted-financial-sancti ons-key-tool-disrupt-illegal-wildlife-trade, 6.12.2021, zuletzt abgerufen am 15.12.2021; *Rat der Europäischen Union*, Vorbildliche Verfahren der EU für die wirksame Umsetzung restriktiver Maßnahmen, Stand 4.5.2018, https://www.bundesbank.de/de/service/finanz sanktionen/finanzsanktionen-610940, abgerufen am 6.3.2022; *Steininger/Schramm, Olejnik*, Dossier: Rechtliche Analyse der Sanktionen im Russlandgeschäft, Wissenschaftliche Beiträge des Ostinstituts Wismar, https://develop.ostinstitut.de/detail/dossier-rechtliche-analyse-der-sanktionen-im-russlandsgeschaeft, zuletzt abgerufen am 15.1.2022; *United States Department of the Treasury*, A Framework for OFAC Compliance Commitments., Stand 2.5.2019, https://home.treasury.gov/news/press-releases/sm680, zuletzt abgerufen am 27.2.2022.

Übersicht

I. Allgemeines

1   Finanzsanktionen sind strukturell weniger einer traditionellen juristischen Kommentierung zugänglich als z. B. ein GwG. Die im Zentrum des Interesses stehenden Einzelnormen sind über eine Vielzahl meist länderbezogener EU-Verordnungen verteilt, sodass eine gezielte Kommentierung einer konkreten Norm (z. B. Art. 2 der Verordnung (EU) 1010/1998) wenig zielführend ist, wenn diese Norm mit meist identischem Wortlaut in ca. 15 anderen Verordnungen vorkommt. Dieser Abschnitt ist daher der Versuch, zunächst die **Strukturen zu erläutern**, die für das Verständnis und die erfolgreiche Einhaltung der Gebote und Verbote unerlässlich sind. So dann werden diese Gebote und Verbote in ihrer Vielfalt beleuchtet und untersucht. Dabei werden stets repräsentative Normen einzelner Verordnungen pars pro toto zitiert. Der **Blick über den eigenen nationalen und regionalen Rechtskreis** hinaus ist allgemein ratsam, und bei diesem Thema nahezu zwingend, da die Nichtbeachtung manch einer für territorial unanwendbar gedachten Norm empfindliche Konsequenzen haben kann. Dabei sei vorab darauf hingewiesen, dass es in der Natur der hier behandelten Normen liegt, dass auch eine dogmatisch erschöpfende Betrachtung und Auslegung in vielen Fällen nicht die Entscheidungsgrundlage liefert, die sich der unsichere Anwender im konkreten Fall oft wünscht. Abschließend werden daher praktische Aspekte der Risikominimierung im unternehmerischen Alltag vertieft, um dem Leser auch zu zeigen, wie man mit den leider zahlreichen verbleibenden Unsicherheiten vernünftig umgehen kann.

2   Ehe sich dem jedoch gewidmet wird, empfiehlt sich zunächst die Klärung einiger Begrifflichkeiten, die Besinnung auf das große „Warum?" hinter dem Thema und schließlich eine möglichst nüchterne Betrachtung der geschäftspolitischen Relevanz.

1. Begriffsklärung

Die **Begriffe Wirtschaftssanktionen, Finanzsanktionen, Sanktionen und** **3**
Embargos werden in der Literatur **nicht einheitlich** verwendet und in den einschlägigen Normen auch **nicht legaldefiniert**. Gelegentlich ist auch von **wirt-**
schaftlichen oder **ökonomischen Sanktionen** die Rede, wobei letzteres meist
die unbedachte Übersetzung des im Amerikanischen gängigen Begriffs der
„**economic sanctions**" ist.[1]

§ 4 Abs. 2 Ziff. 1 AWG spricht von wirtschaftlichen Sanktionsmaßnahmen. Das **4**
Bundesamt für Wirtschaft und Ausfuhrkontrolle (BAFA) spricht von Länder-
und personenbezogenen Embargomaßnahmen oder Embargos.[2] Die Bundesbank
spricht, wohl auch bedingt durch ihre Zuständigkeit, meist nur von Finanzsanktionen.[3]

Der Vertrag über die Europäische Union spricht in Art. 215 in erster Linie von **5**
restriktiven Maßnahmen. Die EU-Kommission bezeichnet den Begriff „Sanctions" sogar als umgangssprachlich, da die Maßnahmen nicht primär im Sinne
einer Bestrafung verstanden werden sollen.[4]

Etymologisch ist das Embargo auf das spanische Verb „embargar" im Sinne **6**
sperren, verbieten zurückzuführen. Eine Festlegung auf einen oder mehrere Begriffe ist im Sinne einer stringenten Anwendung der Normen nicht zwingend.
Nachstehend wird sich die Verwendung der Begriffe primär an deren Gebrauch
in den jeweiligen Quellen orientieren.

2. Außenpolitische Zielsetzung

Wie bei jeder Normenanalyse ist der Telos ein zentraler Betrachtungspunkt. **7**
Sanktionsmaßnahmen sind **Instrumente der Außenpolitik**, und unter diesem
Paradigma sind auch stets die **individuellen Zielsetzungen** der einzelnen Maßnahmen zu betrachten. Dies ist vor allem deshalb von Bedeutung, da die potenzielle oder tatsächliche Gefährdung der Ziele, bzw. der geschützten Güter, im
Falle eines Verstoßes ein wesentlicher Faktor für die Bewertung der Schwere
sein kann.[5]

---

1 So z.B. die gleichnamige Abteilung des US-Außenministeriums: https://www.state.gov/
  economic-sanctions-programs/.
2 Bundesamt für Wirtschaft und Ausfuhrkontrolle, Außenwirtschaftsverkehr mit Embargoländern – Grundlagen, S. 5.
3 Bundesbank, Merkblatt zur Einhaltung von Finanzsanktionen (Stand: Juli 2021), S. 3.
4 https://ec.europa.eu/info/business-economy-euro/banking-and-finance/international-
  relations/restrictive-measures-sanctions_en.
5 So zumindest ausdrücklich der Kriterienkatalog der US Treasury in Title 31 (U.S.) Federal Code of Regulation Part 501, Appendix A, Section III.

8   In § 4 **AWG** sind die Güter, die es mittels restriktiver Maßnahmen zu schützen gilt, aufgelistet. Dies sind:

- die wesentlichen Sicherheitsinteressen der Bundesrepublik Deutschland,
- das friedliche Zusammenleben der Völker,
- die störungsfreien auswärtigen Beziehungen des Bundesrepublik Deutschlands,
- die öffentliche Ordnung oder Sicherheit der BRD oder eines anderen Mitgliedstaates der EU,
- die öffentliche Ordnung oder Sicherheit in Bezug auf Projekte oder Programme von Unionsinteresse,
- die Deckung des lebenswichtigen Bedarfs im Inland oder in Teilen des Inlands und dadurch der Schutz der Gesundheit und des Lebens von Menschen.

9   Ähnlich sind diese Ziele in der **Gemeinsamen Außen- und Sicherheitspolitik der EU (GASP)** zu finden. Dabei verweist Art. 23 EUV auf die Ziele nach Titel V Kapitel 1. Diese sind, verkürzt dargestellt:[6]

- die Wahrung der Werte, der grundlegenden Interessen und der Sicherheit der EU,
- die Friedenserhaltung,
- die Festigung und Förderung von Demokratie, der Rechtsstaatlichkeit, den Menschenrechten und den Grundsätzen des Völkerrechts sowie
- die Verhütung von Konflikten und Stärkung der internationalen Sicherheit.

10   An dieser Stelle sei auch schon ein vergleichender Blick über den Atlantik gewagt: Die **USA** haben **keine zentrale Rechtsgrundlage** für die Verhängung von Sanktionsmaßnahmen. Vielmehr basieren diese auf mehreren, und zunehmend zahlreichen Bundesgesetzen, die jeweils ein oder mehrere außenpolitische Ziele verfolgen.[7] Die nachstehende Aufzählung dient daher illustrativen Zwecken, um Beispiele für die unterschiedlichen Ziele zu nennen: Der **International Emergency Economic Powers Act (IEEPA)**[8] verleiht dem Präsidenten im Falle ungewöhnlicher und außerordentlicher Bedrohungen, deren Ursprung außerhalb der USA liegen, umfangreiche Befugnisse, unter anderem die Verhängung von Verboten in Bezug auf Auslandszahlungsverkehr mit einer benannten Person.[9] Die sehr weit gefassten Befugnisse von IEEPA wurden u. a. auch zur Bekämpfung kolumbianischer Drogenkartelle genutzt. Daraufhin hat der Gesetzgeber die Notwendigkeit gesehen, diese Befugnisse in Bezug auf die **weltweite Bekämpfung von Drogenkartellen** auszuweiten. Diese führte zu der Verabschiedung

---

6 Ausführlich Art. 21 Abs. 2 EUV.

7 Eine aktuelle Aufstellung hier einsehbar: https://home.treasury.gov/policy-issues/financial-sanctions/additional-ofac-resources/ofac-legal-library/united-states-statutes, zuletzt abgerufen am 10.3.2022.

8 Title 50 United States Code §§ 1701–1706.

9 § 1702 (a)(1)(A)(ii).

des **Foreign Narcotics Kingpin Designation Act**.[10] Diese auf Kriminalitätsbekämpfung gerichtete Zielstellung der Finanzsanktionen ist bisher nur bei US-Sanktionen vorzufinden. Zwei Rechtsgrundlagen sind in diesem Zusammenhang noch besonders erwähnenswert, da der im Titel enthaltene Name international zum Stichwort für eine eigene Gattung der Sanktionen geworden ist: **Der Sergei Magnitsky Rule of Law Accountability Act of 2012** trägt den Namen eines 2009 in einem russischen Gefängnis verstorbenen Wirtschaftsprüfers, der zuvor wegen Korruptionsvorwürfen gegen russische Beamte verhaftet wurde.[11] Während dieses Gesetz noch gezielt der Ahndung von Menschenrechtsverstößen seitens der russischen Regierung diente, wurde 2016 der **Global Magnitsky Human Rights Accountability Act**[12] verabschiedet, um weltweit Finanzsanktionen auch gegen die wirtschaftlichen und finanziellen Unterstützer derjenigen, die Menschenrechtsverstöße begehen, zu erlassen. Dies hat zu entsprechenden Initiativen auch in der EU geführt.[13]

Insgesamt lassen sich diese Ziele in der **historischen Betrachtung** in eine gewisse **Reihenfolge** bringen. Man kann durchaus erkennen, dass die Maßnahmen anfangs klar der **Friedenssicherung** dienten. Später treten zunehmend Elemente des **Schutzes der Demokratie** in anderen Ländern hinzu, und diese Elemente werden um **Menschenrechtsaspekte** sukzessive erweitert. Die Friedenssicherung wiederum wird spezialisiert, indem sie gezielter auf die **Prävention einzelner Straftaten** (Cyberangriffe, Giftanschläge), die meist von staatlicher Seite gefördert, wenn nicht (nachweisbar) begangen werden, gerichtet wird. Es ist in diesen Fällen oft gerade der Umstand, dass die am Tatort zuständige Regierung nicht in der Lage oder willens ist, die in Rede stehenden Straftaten zu unterbinden, der andere Länder dazu bewegt, einzuschreiten.[14] In jüngster Zeit ist zu beobachten, dass der Einsatz von Sanktionsmaßnahmen auch für **ökologische Belange**, wie z. B. der Bekämpfung von Wilderei und dem illegalen Handel bedrohter Tierarten, in Erwägung gezogen wird.[15]

11

---

10 Title 21 United States Code §§ 1901–1908.

11 Siehe im Einzelnen die Sachverhaltsbeschreibung in EGMR-Urteil v. 27.8.2019 (ECLI:CE:ECHR:2019:0827JUD003263109).

12 Title 22 United States Code § 2656.

13 Entschließung des Europäischen Parlaments vom 30.6.2021 zu der globalen Sanktionsregelung der EU im Bereich der Menschenrechte (EU-Magnitski-Rechtsakt) (2021/2563(RSP)), https://www.europarl.europa.eu/doceo/document/B-9-2021-0371_DE.html.

14 *Haenlein*, Targeted Financial Sanctions: A Key Tool to Disrupt Illegal Wildlife Trade?, Royal United Services Institute for Defense Studies (RUSI), https://rusi.org/explore-our-research/publications/commentary/targeted-financial-sanctions-key-tool-disrupt-illegal-wildlife-trade, 6.12.2021, zuletzt abgerufen am 15.12.2021.

15 FATF Report, Money Laundering and the Illegal Wildlife Trade, Ziffer 77, https://www.fatf-gafi.org/media/fatf/documents/Money-laundering-and-illegal-wildlife-trade.pdf, zuletzt abgerufen am 10.3.2022.

12   Parallel mit dieser Entwicklung wächst auch die Erkenntnis, dass **pauschale Länderembargos** mit massiven Beeinträchtigungen für die Zivilbevölkerung verbunden sind. Dies stellt sowohl die Effizienz der Maßnahmen als auch – und wohl wichtiger – deren politische Akzeptanz in Frage. Diese **ungewollten Nebenwirkungen** sind nur durch **gezieltere Maßnahmen** zu minimieren, sodass sich die Sanktionsmaßnahmen zunehmend gegen einzelne Personen richten, anstatt ganze Länder mit einem Handelsverbot zu belegen. Solche Maßnahmen werden in der Regel als „**Smart Sanctions**" oder „**Targeted Sanctions**" bezeichnet.[16]

3. Geschäftspolitische Relevanz

13   Obgleich das primäre Ziel der präzisen Analyse von Sanktionsmaßnahmen darin besteht, Verstöße zu vermeiden, sind gleichwohl auch die potenziellen **Auswirkungen auf die Geschäftspolitik** der betroffenen Marktteilnehmer zu betrachten. Hier spielt allen voran die zunehmende Komplexität der Maßnahmen eine Rolle, die auch auf die vermeintlich fortschrittliche Praxis der „Smart" oder „Targeted" Sanctions zurückzuführen ist. Denn gerade der Versuch, mit chirurgischer Präzision Sanktionsmaßnahmen umzusetzen, führt oft zu mit vernünftigem Risikomanagement (→ Rn. 66 ff.) nicht mehr zu beherrschenden Sachverhalten. Die Konsequenz ist, dass manch ein Marktteilnehmer insgesamt Geschäfte mit Bezug zu einem Land aus geschäftspolitischen Erwägungen sehr viel weitergehender vermeidet, als dies durch die Normen verboten ist. Die Ironie ist, dass der Versuch, die Sanktionsmaßnahmen gezielter auszurichten, im Ergebnis oft zu einer pauschaleren Anwendung führt.

14   Zur Veranschaulichung seien **zwei beispielhafte Szenarien** genannt. Im Falle von **Finanzsanktionen gegen einzelne natürliche oder juristische Personen** spielt oft deren wirtschaftliche Verflechtung eine große Rolle. Die Aufnahme einzelner Personen in die Sanktionsliste kann über das Prinzip der verbotenen mittelbaren Bereitstellung dazu führen, dass ganze Unternehmensgruppen oder -geflechte mit einem erhöhten Risiko belegt werden. Wenn diese Unternehmen zudem in einem lokalen Markt eine bedeutende Rolle spielen, kann es vorkommen, dass allein die Teilnahme an diesem Markt mit einem signifikanten Risiko einhergeht, an verbotenen Transaktionen beteiligt zu sein. Dieses Risiko steht dann oft in einem unangemessenen Verhältnis zu dem Aufwand, der damit verbunden wäre, solche risikobehafteten Geschäftsbeziehungen oder Transaktionen zu erkennen. In einem solche Szenario besteht u.U. dann auch keine Aussicht auf eine kostendeckende Teilnahme an diesem Markt.

15   Mit Einführung der sog. **sektoralen Sanktionen** (→ Rn. 45) waren ähnliche Konsequenzen zu beobachten. Oft sind es gerade **bedeutende Marktteilneh-**

---

16 FATF, Recommendation 6 & 7.

mer, die mit solchen Maßnahmen belegt wurden, obgleich diese Maßnahmen an sich weniger restriktiv (im Vergleich zu Finanzsanktionen) gestaltet waren. Diese Gestaltung hat jedoch die Komplexität erhöht, sodass für manche Marktteilnehmer eine sinnvolle Navigation der Risiken nicht mehr möglich erschien.

II. Rechtliche Struktur und Genese von Sanktionsmaßnahmen

Die Genese einzelner Sanktionsmaßnahmen kann mit unterschiedlichen Anlässen beginnen, deren Unterschiede auch Konsequenzen für die praktische Umsetzung mit sich bringen. Die nachstehenden Fallkonstellationen könnte man an einem **Spektrum** anordnen, dass das **Maß an internationalem Konsens** für die jeweilige Maßnahme darstellt. Bei hohem Konsens kann der Sicherheitsrat der Vereinten Nationen multilaterale Sanktionen (→ Rn. 17) beschließen. Bei regionalem Konsens kann immerhin die EU geschlossen handeln. Soweit der Konsens auf einzelne, nicht weiter assoziierte Länder beschränkt ist, ergehen unilaterale Sanktionen (→ Rn. 19).

1. Multilaterale Sanktionen

In Kapitel VII der UN-Charta sieht Art. 41 vor, dass der Sicherheitsrat nach Feststellung einer Gefährdung des Friedens gemäß Art. 39 nicht-militärische Maßnahmen beschließen kann und die Mitgliedstaaten auffordern kann, diese Maßnahmen umzusetzen. Dies setzt ein hohes Maß an internationalem Konsens voraus, der in der Praxis oft an den vertretenen Veto-Mächten scheitert.

Gemäß § 4 Abs. 2 Ziff. 3 AWG können im Außenwirtschaftsverkehr durch Rechtsverordnung Rechtsgeschäfte und Handlungen oder Handlungspflichten angeordnet werden, um Resolutionen des Sicherheitsrates der Vereinten Nationen umzusetzen.

2. Unilaterale Sanktionen

Unilaterale Sanktionen sind in ihrer einfachsten Form schlicht als Sanktionsmaßnahme eines einzelnen Landes, ohne weitere Legitimation durch ein internationales Gremium, zu definieren. In einem solchen Szenario verfolgt das einzelne Land eigene außenpolitische Ziele, ohne Abstimmung mit anderen Staaten. Während es hierfür auch nach wie vor zahlreiche Beispiele gibt, sind viele der zunächst formal als „unilateral" einzuordnenden Sanktionen doch zumindest das Ergebnis internationaler Abstimmung, beruhend auf einem gewissen außenpolitischen Konsens.

20 Die sektoralen Sanktionen gegen Russland anlässlich der Annexion der Krim sind hier das beste Beispiel. Ein Beschluss des Sicherheitsrates der Vereinten Nationen war von Anfang an aussichtslos. Gleichzeitig haben sich die Mehrheit der europäischen Länder und die USA frühzeitig auf die strukturelle Gestaltung der Sanktionsmaßnahmen geeinigt und in der Folgezeit entsprechende Anpassungen mehr oder weniger im Gleichschritt vollzogen. Dabei ist der zugrunde liegende politische Konsens nicht in einem übergreifenden Dokument[17] enthalten, sondern ergibt sich aus der laufenden diplomatischen Abstimmung der teilnehmenden Länder, ggf. mit Anpassungen im Detail um eigene außen- oder innenpolitische Belange zu berücksichtigen.

3. EU GASP und Verordnungen

21 Das Verfahren der EU ist zweistufig: Der Rat erlässt auf Vorschlag des Hohen Vertreters der Union für Außen- und Sicherheitspolitik einen Beschluss gemäß Art. 29 EUV. Gestützt auf diesen Beschluss (Art. 215 EUAV) sowie auf den gemeinsamen Vorschlag des Hohen Vertreters der Union für Außen- und Sicherheitspolitik und der Europäischen Kommission, erlässt der Rat sodann eine Verordnung. Nur letztere ist rechtlich bindend für die Bürger der Mitgliedstaaten. Viele dieser Verordnungen enthalten eine Ermächtigung für die Kommission zur Ergänzung der Anhänge, um eine schnellere Umsetzung neuer Erkenntnisse über sanktionierte Personen zu ermöglichen.[18]

4. AWG und AWV

22 § 4 Abs. 1 AWG enthält sowohl die eigene Befugnis der Bundesregierung, durch Rechtsverordnung Maßnahmen zu ergreifen, die dem Schutz der oben genannten Güter (→ Rn. 8) dienen als auch die abgeleitete Befugnis, Maßnahmen der Umsetzung der vorstehend genannten Beschlüsse zu ergreifen.

23 Mit dem Gesetz zur Umsetzung der Änderungsrichtlinie zur Vierten EU-Geldwäscherichtlinie[19] wurde auf Empfehlung des Finanzausschusses[20] in Art. 17 eine Ergänzung des AWG eingeführt, die die unverzügliche Umsetzung von Sanktionen gegen natürliche oder juristische Personen, Gruppen oder Organisationen (sog. „Listungen"), die mit einer Resolution des Sicherheitsrates der Ver-

---

17 Lediglich übereinstimmende Presseerklärungen, siehe zuletzt, in Bezug auf die Krim, die Erklärung der Außenminister der G7 zur Ukraine, https://www.auswaertiges-amt. de/de/newsroom/g7-ukraine/2448534, zuletzt abgerufen am 10.3.2022.
18 Siehe beispielhaft Art. 7 der Verordnung (EG) Nr. 2580/2001 des Rates v. 27.12.2001 über spezifische, gegen bestimmte Personen und Organisationen gerichtete restriktive Maßnahmen zur Bekämpfung des Terrorismus (ABl. L 344, 28.12.2001, S. 70–75).
19 BGBl. 2019, S. 2602.
20 BT-Drs. 19/15163.

einten Nationen gemäß Kapitel VII der Charta der Vereinten Nationen oder von den Nebenorganen des Sicherheitsrates (insbesondere Sanktionsausschüssen) auf der Grundlage solcher Resolutionen beschlossen werden, ermöglicht. Hintergrund war die Sicht der FATF, die mit der bisherigen Umsetzungspraxis die Vorgabe einer unverzüglichen Umsetzung nicht eingehalten sah. Bis zur „Listung" der vom VN-Sicherheitsrat oder von einem seiner Nebenorgane (Sanktionsausschüsse) benannten Personen oder Personengesellschaften in einer unmittelbar anwendbaren EU-Verordnung vergeht nämlich eine gewisse Zeitspanne, die von den Betroffenen zur Zweckvereitelung genutzt werden könne (Abziehen von Vermögenswerten) und insbesondere für die Compliance von Einrichtungen und Unternehmen im Finanzsektor Unsicherheiten schaffe.[21]

III. Finanzsanktionen

Das Herzstück moderner, gezielter Sanktionsmaßnahmen besteht nach wie vor aus den sog. Finanzsanktionen, bei denen es darum geht, finanziellen Druck auf natürliche oder juristische Personen auszuüben. Dies wird durch die beiden Bestandteile der Finanzsanktionen erreicht: Das **Verfügungsverbot** und das **Bereitstellungsverbot**. Durch das erstere wird das Vermögen des Betroffenen eingefroren, durch das zweite wird verhindert, dass dem Betroffenen weitere Mittel zufließen. Die dafür notwendigen Listen haben mit der Zeit eine vier- bis fünfstellige Anzahl von Einträgen (je nach Art der Zählung) angehäuft, was bei denjenigen Unternehmen, die einen irgendwie gearteten Zahlungsverkehr anbieten, zu besonderen operativen Herausforderungen führt, um Verstöße gegen Finanzsanktionen zu vermeiden. **24**

Zur Vertiefung dieses Themas wird nachstehend pars pro toto die Verordnung (EU) 2020/1998 des Rates vom 7.12.2020 über restriktive Maßnahmen gegen schwere Menschenrechtsverletzungen und -verstöße[22] herangezogen. **25**

1. Verfügungs- und Bereitstellungsverbot

Das sog. **Verfügungsverbot** wird meist mit folgendem Standardwortlaut normiert: „Sämtliche Gelder und wirtschaftlichen Ressourcen im Besitz, im Eigentum, in der Verfügungsgewalt oder unter der Kontrolle einer in Anhang I aufgeführten natürlichen oder juristischen Person, Organisation oder Einrichtung werden eingefroren." Es ist in der Regel in Art. 2 oder (wie hier) in Art. 3 einer Sanktionsverordnung anzutreffen. Das Verbot betrifft damit alle Dienstleister, **26**

---

21 BT-Drs. 19/15196, S. 57.
22 ABl. 2020 L 410, S. 1.

die solche Gelder und wirtschaftlichen Ressourcen verwahren oder bei sich verbucht haben.

27   Dieses Verbot wird durch das sog. **Bereitstellungsverbot** ergänzt, welches mit folgenden Standardwortlaut normiert wird: „Den in Anhang I aufgeführten natürlichen oder juristischen Personen, Organisationen oder Einrichtungen dürfen weder unmittelbar noch mittelbar Gelder oder wirtschaftliche Ressourcen zur Verfügung gestellt werden oder zugutekommen." Diese verbotene Bereitstellung geht daher über die beim Dienstleister verwahrten Gelder und wirtschaftliche Ressourcen hinaus, und betrifft daher auch potenziell die Begünstigten der Verfügung über solche Gelder.

28   Zum strukturellen Verständnis kann die **Führung eines Bankkontos als Beispiel** herangezogen werden. Wenn der Kontoinhaber eine im Anhang der Sanktionsverordnung aufgeführte Person ist, hat die Bank sicherzustellen, dass Gelder dieses Kunden grundsätzlich nicht abverfügt werden.[23] Das Konto ist damit eingefroren. Wenn der Kontoinhaber keinen Sanktionsmaßnahmen unterliegt, hat die Bank dennoch sicherzustellen, dass z. B. keine Überweisungen durchgeführt werden, deren Begünstigte in der Sanktionsverordnung aufgeführte Personen sind, denn dies könnte zu einer Bereitstellung von Geldern führen.

29   Die einzelnen Elemente der Verbote werden durch einige Legaldefinitionen konkretisiert, wobei vorab bereits zu bemerken ist, dass die Begriffe insgesamt sehr weit definiert sind. So sind **Gelder** „finanzielle Vermögenswerte und Vorteile jeder Art" und die Sanktionsverordnung enthält ergänzend eine Auszählung, die aber nicht abschließend ist. Ebenso ist unter „**Einfrieren von Geldern**" die Verhinderung jeglicher Form der Verlagerung, des Transfers, der Veränderung und der Verwendung von Geldern sowie des Zugangs zu oder des Umgangs mit ihnen zu verstehen, die eine Änderung des Volumens, der Höhe, der Belegenheit, des Eigentums, des Besitzes, der Eigenschaften oder der Zweckbestimmung der Gelder oder eine sonstige Veränderung, die die Nutzung der Gelder einschließlich des Portfoliomanagements ermöglicht, bewirken würde.

2. Ausnahmen und zulässige Transaktionen

30   Auf die Verfügungs- und Bereitstellungsverbote folgen in der Regel mehrere Ausnahme- und Genehmigungstatbestände. Diese dienen in erster Linie dazu, die Maßnahmen im Einklang mit den Grundrechten und Grundsätzen, die mit der Charta der Grundrechte der Europäischen Union anerkannt wurden, umzusetzen.[24]

---

23 Bundesbank, Merkblatt zur Einhaltung von Finanzsanktionen (Stand: Juli 2021), S. 5.
24 ErwG Nr. 2 der Verordnung (EU) 2020/1998, ABl. 2020 L 410, S. 1.

Die für Finanz- und Kreditinstitute praktisch wichtigste Ausnahmeregelung betrifft elementare Aspekte der Kontoführung: Sowohl die **Gutschrift eingehender Zahlungen** als auch die Gutschrift von Zinsen und sonstigen Erträgen sind zulässig und bedürfen keiner gesonderten Genehmigung. Wichtig ist allerdings, dass diese Gutschriften gleichermaßen eingefroren werden.[25] **31**

Für die **Freigabe eingefrorener Gelder** gibt es mehrere Genehmigungstatbestände. Zum einen geht es im weiten Sinne um die **Lebensführung** der benannten Person, d. h. Abverfügungen können genehmigt werden, wenn sie: **32**

- zur **Befriedigung der Grundbedürfnisse** der benannten Person sowie von unterhaltsberechtigten Familienangehörigen jener Personen, unter anderem für die Bezahlung von Nahrungsmitteln, Mieten oder Hypotheken, Medikamenten und medizinischer Behandlung, Steuern, Versicherungsprämien und Gebühren öffentlicher Versorgungseinrichtungen, notwendig sind,[26]
- ausschließlich der **Bezahlung angemessener Honorare** oder der Rückerstattung von Ausgaben im Zusammenhang mit der Bereitstellung rechtlicher Dienste dienen,[27] oder
- ausschließlich für die **Bezahlung von Gebühren** oder Kosten für die routinemäßige Verwahrung oder Verwaltung eingefrorener Gelder oder wirtschaftlicher Ressourcen bestimmt sind.[28]

Sofern darüber hinaus eine **Abverfügung zur Deckung außerordentlicher Ausgaben** erforderlich ist, kann dies zwar auch genehmigt werden. Allerdings ist hier zu beachten, dass die relevante zuständige Behörde den zuständigen Behörden der anderen Mitgliedstaaten und der Kommission mindestens zwei Wochen vor Erteilung der Genehmigung mitteilen muss, aus welchen Gründen sie der Auffassung ist, dass eine spezifische Genehmigung erteilt werden sollte.[29] **33**

Darüber hinaus genehmigungsfähig sind auch **34**

- Zahlungen auf Konten oder von Konten einer **diplomatischen Vertretung oder Konsularstelle** oder einer internationalen Organisation, die Immunität nach dem Völkerrecht genießt, soweit diese Zahlungen für amtliche Zwecke dieser diplomatischen Vertretung oder Konsularstelle oder internationalen Organisation bestimmt sind,[30] sowie
- Zahlungen für **humanitäre Zwecke** wie die Durchführung oderErleichterung von Hilfeleistungen, einschließlich medizinischer Versorgung, Nahrungsmit-

---

25 Art. 8 der Verordnung (EU) 2020/1998, ABl. 2020 L 410, S. 1.
26 Art. 4 Abs. 1 lit. a der Verordnung (EU) 2020/1998, ABl. 2020 L 410, S. 1.
27 Art. 4 Abs. 1 lit. b der Verordnung (EU) 2020/1998, ABl. 2020 L 410, S. 1.
28 Art. 4 Abs. 1 lit. c der Verordnung (EU) 2020/1998, ABl. 2020 L 410, S. 1.
29 Art. 4 Abs. 1 lit. d der Verordnung (EU) 2020/1998, ABl. 2020 L 410, S. 1.
30 Art. 4 Abs. 1 lit. e der Verordnung (EU) 2020/1998, ABl. 2020 L 410, S. 1.

tellieferungen oder des Transports humanitärer Helfer und damit verbundener Hilfe, oder für Evakuierungen.[31]

35 Ein weiterer Bereich betrifft die **Rechte Dritter an den eingefrorenen Geldern**. Dementsprechend können Verfügungen genehmigt werden, die:

– Gegenstand einer **schiedsgerichtlichen Entscheidung**, die vor dem Tag ergangen ist, an dem die benannte Person aufgenommen wurde, oder Gegenstand einer vor oder nach diesem Tag in der Union ergangenen gerichtlichen oder behördlichen Entscheidung oder einer vor oder nach diesem Tag im betreffenden Mitgliedstaat vollstreckbaren gerichtlichen Entscheidung sind,[32] oder
– im Rahmen der geltenden Gesetze und sonstigen Rechtsvorschriften über die Rechte des Gläubigers ausschließlich für die Erfüllung der Forderungen verwendet werden, die durch eine solche Entscheidung gesichert sind oder deren Bestand in einer solchen Entscheidung bestätigt worden ist.[33]

36 In beiden Fällen dürfen aber die Zahlungen weder eine andere benannte Person begünstigten noch im Widerspruch zur öffentlichen Ordnung stehen.[34]

37 Ebenso können Forderungen Dritter, die aufgrund eines Vertrages, einer Vereinbarung oder einer Verpflichtung, die von der betreffenden Person, vor dem Tag der Benennung eingegangen wurde bzw. für diese entstanden ist, Gegenstand einer Freigabe sein, soweit diese Freigabe nicht anderweitig dem Bereitstellungsverbot zuwiderläuft.[35]

3. Mittelbare Bereitstellung

38 Ein für die Praxis besonders wichtiger Bestandteil des Bereitstellungsverbotes besteht darin, dass den in den Anhängen aufgeführten Personen „weder unmittelbar noch mittelbar" Gelder zur Verfügung gestellt werden. Die Mittelbarkeit ist dabei nicht näher in der Verordnung definiert. Sie ist aber im Kontext des Umgehungsverbotes zu sehen, wonach es verboten ist, wissentlich und vorsätzlich an Tätigkeiten teilzunehmen, mit denen die Umgehung des Verfügungs- und Bereitstellungsverbotes bezweckt oder bewirkt wird.[36]

39 Im Kern geht es um die Frage, wann die Bereitstellung von Geldern an nicht in der Sanktionsverordnung benannte Personen aufgrund der durch benannte Personen ausgeübten Eigentums- oder Kontrollrechte als indirekte – und damit verbotene – Bereitstellung an benannte Personen gelten kann. Die Kriterien hierfür

---

31 Art. 5 Abs. 1 der Verordnung (EU) 2020/1998, ABl. 2020 L 410, S. 1.
32 Art. 6 Abs. 1 lit. a der Verordnung (EU) 2020/1998, ABl. 2020 L 410, S. 1.
33 Art. 6 Abs. 1 lit. b der Verordnung (EU) 2020/1998, ABl. 2020 L 410, S. 1.
34 Art. 6 Abs. 1 lit. c und d) der Verordnung (EU) 2020/1998, ABl. 2020 L 410, S. 1.
35 Art. 7 Abs. 1 der Verordnung (EU) 2020/1998, ABl. 2020 L 410, S. 1.
36 Art. 10 der Verordnung (EU) 2020/1998, ABl. 2020 L 410, S. 1.

wurden in einem Papier der Gruppe der Referenten für Außenbeziehungen (Sanktionen) über „Vorbildliche Verfahren" (Best Practices) festgelegt.[37]

Für das Eigentum an einer nicht benannten Person gilt der Besitz von mehr als **40** 50 % der Eigentumsrechte als ausreichend festgelegt.[38]

Für die Feststellung der Kontrolle wurden mehrere alternative Kriterien festge- **41** legt:[39]

— das Recht oder die Befugnis, die Mehrheit der Mitglieder des Verwaltungs-, Leitungs- oder Aufsichtsorgans der juristischen Person oder der Organisation zu bestellen oder abzuberufen;
— die Bestellung der Mehrheit der Mitglieder des Verwaltungs-, Leitungs- oder Aufsichtsorgans der juristischen Person oder der Organisation;
— die Mehrheit der Stimmrechte der Anteilseigner bzw. Mitglieder der juristischen Person oder der Organisation aufgrund einer Vereinbarung mit anderen Anteilseignern bzw. Mitgliedern derselben;
— das Recht, auf die juristische Person oder die Organisation aufgrund eines mit ihr geschlossenen Vertrages oder aufgrund einer in ihrer Gründungsurkunde oder Satzung niedergelegten Bestimmung einen beherrschenden Einfluss auszuüben, sofern das Recht, dem die juristische Person oder die Organisation unterliegt, es zulässt, dass sie solchen Verträgen oder Bestimmungen unterworfen wird;
— die Befugnis, von dem Recht zur Ausübung eines beherrschenden Einflusses im Sinne des Buchstaben d Gebrauch zu machen, ohne dieses Recht selbst innezuhaben;
— das Recht, die Gesamtheit oder einen Teil der Vermögenswerte der juristischen Person oder der Organisation zu verwenden;
— die Führung der Geschäfte der juristischen Person oder der Organisation auf einer einheitlichen Grundlage mit Erstellung eines konsolidierten Abschlusses);
— die gesamtschuldnerische Haftung für die finanziellen Verbindlichkeiten der juristischen Person oder der Organisation.

---

37 Vorbildlichen Verfahren der EU für die wirksame Umsetzung restriktiver Maßnahmen.
38 Vorbildlichen Verfahren der EU für die wirksame Umsetzung restriktiver Maßnahmen, Rn. 62.
39 Vorbildlichen Verfahren der EU für die wirksame Umsetzung restriktiver Maßnahmen, Rn. 63.

IV. Weitere Verbote und Beschränkungen

42   Neben den personenbezogenen Sanktionsmaßnahmen kann prinzipiell auch (unabhängig von den beteiligten Personen) jede Handlung sanktionsrechtlich beschränkt werden.[40]

1. Handelsbeschränkungen

43   Die Beschränkungen können sich – unabhängig von beteiligten Personen – auf bestimmte Güter oder Dienstleistungen beziehen. Das **Waffenembargo** ist das gängigste Beispiel. Die betroffenen Rüstungsgüter sind dabei in Anlage 1 Anlage AL zur AWV Teil I Abschnitt A der Ausführliste definiert. Ein weiteres häufiges Beispiel sind die **Güter zur internen Repression**, deren Ausfuhr verboten wird.[41]

2. Finanzierungsbeschränkungen

44   Diese Handelsbeschränkungen sind nicht nur für die jeweils an der Einfuhr oder Ausfuhr beteiligten Unternehmen relevant, sondern können auch für die Finanzdienstleister bedeutsam sein, die das Handelsgeschäft begleiten. So ist z. B. verboten, Finanzmittel oder Finanzhilfen, insbesondere Zuschüsse, Darlehen und Ausfuhrkreditversicherungen sowie Versicherungen und Rückversicherungen, im Zusammenhang mit den in der jeweiligen Verordnung genannten Ausrüstungen unmittelbar oder mittelbar natürlichen oder juristischen Personen, Organisationen oder Einrichtungen in dem betroffenen Land bereitzustellen.[42]

3. Sektorale Sanktionen

45   Die sog. sektoralen Sanktionen kann man als **Hybrid** zwischen den personenbezogenen Finanzsanktionen und den personenunabhängigen Handels- und Finanzierungsbeschränkungen betrachten. Einerseits werden natürliche und juristische Personen in einer Liste explizit zum Gegenstand von Beschränkungen. Diese Beschränkungen in Form der sektoralen Sanktionen sind jedoch nicht so umfassend wie die Bereitstellungs- und Verfügungsverbote, sondern beziehen sind auf bestimmte Handelsbeschränkungen. Darin bestand auch bei Einführung

---

40 Ausführlich hierzu Bundesamt für Wirtschaft und Ausfuhrkontrolle, Außenwirtschaftsverkehr mit Embargoländern – Grundlagen, S. 8 f.

41 Siehe z. B. Art. 3 und Anlage 1 der Verordnung (EG) Nr. 314/2004 des Rates vom 19.2.2004 über restriktive Maßnahmen angesichts der Lage in Simbabwe, ABl. L 055 v. 24.2.2004, S. 1.

42 Siehe z. B. Art. 3 Verordnung (EU) 2017/2063 des Rates v. 13.11.2017 über restriktive Maßnahmen angesichts der Lage in Venezuela, ABl. 2017 L 295, S. 21.

dieser Maßnahmen 2014 ein wesentlicher Aspekt der Verunsicherung im Markt. Das nachstehende Schaubild dient der Veranschaulichung dieses Hybrid-Models:

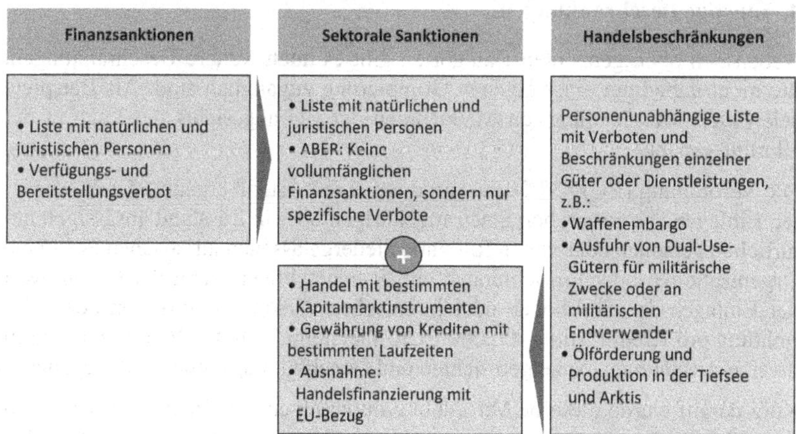

Die Zielsetzung hinter den sektoralen Sanktionen ist es, für bestimmte Finanzinstitute den **Zugang zu den Kapitalmärkten** zu beschränken.[43] Gleichzeitig wird aber an gleicher Stelle klargestellt, dass andere Finanzdienstleistungen wie etwa das Einlagengeschäft und Zahlungsdienste nicht von den Beschränkungen betroffen sein sollen. Dieses Ziel wird durch Verbote in Bezug auf Wertpapiere der gelisteten Kreditinstitute und Kredite an die gelisteten Kreditinstitute erreicht. **46**

In Bezug auf **Wertpapiere** ist es untersagt, unmittelbar oder mittelbar übertragbare Wertpapiere und Geldmarktinstrumente bestimmter Personen, Organisationen und Einrichtungen (darunter auch Kreditinstitute) mit einer Laufzeit von mehr als 90 bzw. 30 Tagen, zu kaufen, zu verkaufen, Wertpapierdienstleistungen oder Hilfsdienste bei der Begebung zu erbringen oder anderweitig damit zu handeln. **47**

Außerdem ist – mit bestimmten Ausnahmen – die **Neuvergabe von Darlehen und Krediten** mit einer Laufzeit von mehr als 30 Tagen an bestimmte Personen, Organisationen und Einrichtungen (darunter Kreditinstitute) verboten. Dabei werden die Begriffe „Darlehen" und „Kredit" in der Verordnung nicht legaldefiniert. Die EU-Kommission hat jedoch einen Leitfaden herausgegeben, der einige **48**

---

43 ErwG Nr. 5 der Verordnung (EU) Nr. 833/2014 des Rates vom 31.7.2014 über restriktive Maßnahmen angesichts der Handlungen Russlands, die die Lage in der Ukraine destabilisieren, ABl. 2014 L 229, S. 1.

Praxisfragen im Zusammenhang mit der Umsetzung behandelt und auf den wegen der Details verwiesen wird.[44]

4. Sonstige Beschränkungen

49   Neben den oben genannten Kategorien gibt es noch weitere Beschränkungen, die nicht unbedingt einer eigenen Gruppierung zugänglich sind. Als Beispiele seien hier zwei der jüngsten Maßnahmen der EU angesichts der Lage in der Ukraine genannt.

50   Die Verordnung (EU) 833/2014 wurde um einen Art. 5b ergänzt, der es verbietet, Einlagen von russischen Staatsangehörigen oder in Russland ansässigen natürlichen Personen oder von in Russland niedergelassenen juristischen Personen, Organisationen oder Einrichtungen entgegenzunehmen, wenn der Gesamtwert der Einlagen der natürlichen oder juristischen Person, Organisation oder Einrichtung pro Kreditinstitut 100.000 EUR übersteigt.[45] Dieses Verbot wird durch diverse Ausnahmen, Anzeigepflichten und Genehmigungstatbestände ergänzt.

51   Kurz darauf wurde dieselbe Verordnung durch einen Art. 5h ergänzt, der es ab dem 12.3.2022 verbietet, spezialisierte Nachrichtenübermittlungsdienste für den Zahlungsverkehr, die für den Austausch von Finanzdaten verwendet werden, für die in Anhang aufgeführten juristischen Personen, Organisationen oder Einrichtungen oder für in Russland niedergelassene juristische Personen, Organisationen oder Einrichtungen, deren Eigentumsrechte zu mehr als 50 % unmittelbar oder mittelbar bei einer im Anhang aufgeführten Organisation liegen, zu erbringen.[46] Dieses Verbot hat die Eigenart, dass es von der Zielsetzung her in der Praxis nur an die in Belgien ansässige Society for Worldwide Interbank Financial Telecommunication (kurz: SWIFT) adressiert ist, um die benannten russischen Banken von diesem weltweiten Kommunikationsnetzwerk auszuschließen und damit deren grenzüberschreitende Geschäftstätigkeit erheblich zu erschweren.

52   Es ist zu erwarten, dass künftige Maßnahmen weitere neuartige Beschränkungen beinhalten werden. Wie eingangs erwähnt, richten sich die Sanktionen jeweils nach der außenpolitischen Zielsetzung (→ Rn. 7) bzw. nach den jeweils als geeignet erachteten Mitteln, diese zu erreichen. Diese Mittel werden stets in Bezug auf die politischen und ökonomischen Bedingungen der beteiligten Länder, Or-

---

44 EU-Kommission, Vermerk der Kommission vom 25.8.2017 Leitfaden der Kommission für die Anwendung bestimmter Vorschriften der Verordnung (EU) Nr. 833/2014, https://www.bundesbank.de/de/service/finanzsanktionen/sanktionsregimes/leitfaden-der-kommission-fuer-die-anwendung-bestimmter-vorschriften-der-verordnung-eu-nr-833-2014-vermerk-vom-25-08-2017–861338, zuletzt abgerufen am 10.3.2022.
45 Art. 1 Ziff. 9 Verordnung (EU) 2022/328, ABl. 2022 L 49, S. 1.
46 Art. 1 Ziff. 3 Verordnung (EU) 2022/345, ABl. 2022 L 63, S. 1.

ganisationen und Personen, entwickelt, und dies fordert gelegentlich auch neue Ansätze.

V. Reichweite und Wirkung von Sanktionsmaßnahmen

Im Grundsatz ist die **Reichweite von Sanktionsmaßnahmen** kurz und einfach   **53**
zu beschreiben. EU-Verordnungen gelten:

- im **Gebiet der Union**, einschließlich ihres Luftraums;
- an Bord von Luftfahrzeugen und Schiffen, die der Hoheitsgewalt eines Mitgliedstaats unterstehen;
- für natürliche Personen, die die **Staatsangehörigkeit** eines Mitgliedstaats besitzen, innerhalb und außerhalb des Gebiets der Union;
- für nach dem Recht eines Mitgliedstaats gegründete oder eingetragene juristische Personen, Organisationen und Einrichtungen innerhalb und außerhalb des Gebiets der Union;
- für juristische Personen, Organisationen oder Einrichtungen in Bezug auf alle Geschäfte, die ganz oder teilweise in der Union getätigt werden.[47]

Je nachdem, was unter Extraterritorialität verstanden wird, muss man anerken-   **54**
nen, dass bereits der Reichweite der EU-Sanktionsverordnungen gewisse Elemente dieses Begriffes inhärent sind. Die unselbstständige Filiale einer deutschen Bank in Shanghai hat sie zu beachten, ebenso wie der Urlauber mit EU-Pass bei einem Aufenthalt in Argentinien. Und auch eine französische Bank, die für ihre Korrespondenzbanken in Drittländern Euro-Zahlungen abwickelt, hat diese Transaktionen auf Verstöße gegen die EU-Sanktionsverordnungen zu überprüfen. Insofern ist der Euro im internationalen Zahlungsverkehr – strukturell betrachtet – in gleichem Maße Anknüpfungspunkt für die Anwendung von EU-Sanktionen wie der Dollar es für die US-Sanktionen ist. Der Unterschied, wie unten näher ausgeführt wird, liegt weniger in der rechtlichen Struktur, als vielmehr in der wirtschaftlichen Verbreitung des USD als Zahlungsmittel, in Kombination mit der Ahndungspraxis der zuständigen US-Behörden.

1. Beispiel USA

Die territoriale Reichweite der Sanktionsmaßnahmen der USA ist nicht einheit-   **55**
lich definiert, sondern richtet sich nach der Ermächtigungsgrundlage für die in Rede stehende Maßnahme (→ Rn. 10). Man kann im Wesentlichen drei Stufen unterscheiden.

---

47 Art. 19 der Verordnung (EU) 2020/1998, ABl. 2020 L 410, S. 1.

56   Die erste Stufe ist **mit der Reichweite der EU-Sanktionen** vergleichbar, d.h. neben der territorialen Geltung erstreckt sie sich auch auf US-Staatsbürger und nach dem Recht der USA gegründete Gesellschaften, unabhängig vom Ort der Tätigkeit bzw. inklusive ausländischer unselbstständiger Niederlassungen. Dies gilt für die Mehrzahl der US-Sanktionsmaßnahmen.

57   Für einzelne besondere Sanktionsmaßnahmen erstreckt sich die Geltung auch auf **selbstständige Tochtergesellschaften** von US-Unternehmen, unabhängig vom Standort.[48] Manchmal kann die Reichweite auch innerhalb einer Maßnahme geändert werden. So wurde am 27.6.2018 die Allgemeine Genehmigung H widerrufen, die bis dahin Tochterunternehmen von US-Gesellschaften weitgehend von Anwendungsbereich der Beschränkungen ausgenommen hatte.[49]

58   Die oft zitierte (und kritisierte) Extraterritorialität der US-Sanktionen liegt daher in einer Kombination von Faktoren begründet, die aber nicht in erster Linie rechtlicher Natur sind. Die weltweite Verbreitung des US-Dollars als Handelswährung führt aufgrund der Abwicklung grenzüberschreitender Zahlungen durch Korrespondenzbanken dazu, dass meist eine Bank mit Sitz in den USA an der Abwicklung beteiligt ist. Damit entsteht ein territorialer Anknüpfungspunkt (oft als „**US-Nexus**" bezeichnet) für die Anwendung des US-Rechts. Dabei mag oft das der Zahlung zugrunde liegende Handelsgeschäft an sich keinen Bezug zur USA enthalten. Durch die Einigung der Parteien auf den US-Dollar als Währung entsteht der Bezug. Diese Variante des US-Nexus ist aber, strukturell betrachtet, keine Besonderheit des US-Rechts: Für ein unter asiatischen Handelspartnern in Euro vereinbartes Geschäft könnte das EU-Recht genauso einen „EU-Nexus" begründen.

59   Mit Verabschiedung des **Comprehensive Iran Sanctions Accountabiltiy and Divestment Act of 2010 (CISADA**[50]**)** und der anschließenden Erweiterung des darin enthaltenen Instrumentariums und Folgegesetzen hat jedoch der US-Nexus teilweise an Bedeutung verloren. Denn dieses Gesetz, und zahlreiche Folgemaßnahmen, haben letztlich die Befugnis der US-Regierung, gegen außenpolitisch unliebsame Geschäfte vorzugehen, von dem territorialen Anknüpfungspunkt solcher Geschäfte gelöst. Fortan reichte es aus, dass **„signifikante" Transaktionen** mit bestimmten benannten Personen unterstützt wurden, unabhängig vom Sitz der Beteiligten.[51] Da die Konsequenz darin bestehen kann, dass der Unter-

---

48 FAQ Nr. 11, https://home.treasury.gov/policy-issues/financial-sanctions/frequently-asked-questions/ofac-consolidated-frequently-asked-questions, zuletzt abgerufen am 10.3.2022.

49 General License H, https://home.treasury.gov/policy-issues/financial-sanctions/recent-actions/20180627, zuletzt abgerufen am 10.3.2022.

50 Siehe https://home.treasury.gov/system/files/126/CISADA_english.pdf, zuletzt abgerufen am 10.3.2022.

51 Zu den Einzelheiten siehe OFAC FAQ Nr. 149 ff.

stützende selbst auf die Sanktionsliste der USA aufgenommen wird, hat sich der Begriff **Sekundärsanktionen (Secondary Sanctions)** hierfür etabliert, da sich die Maßnahme von der Unterstützung der primär gelisteten Person ableitet.

2. Gegenmaßnahmen

Mit der Verordnung (EG) Nr. 2271/96 des Rates vom 22.11.1996 zum Schutz vor den Auswirkungen der extraterritorialen Anwendung von einem Drittland erlassener Rechtsakte sowie von darauf beruhenden oder sich daraus ergebenden Maßnahmen[52] hatte die EU den ersten Versuch unternommen, europäische Unternehmen vor den oben beschriebenen Sanktionsmaßnahmen der USA zu schützen. **60**

Die praktisch bedeutsamste Vorschrift ist Art. 5, der es untersagt, Forderungen oder Verboten, einschließlich Aufforderungen ausländischer Gerichte, nachzukommen, die dirckt oder indirekt auf den im Anhang aufgeführten Gesetzen oder den darauf beruhenden oder sich daraus ergebenden Maßnahmen beruhen oder sich daraus ergeben. **61**

Der EuGH hat hierzu jüngst klargestellt, dass dieses Verbot auch dann gilt, wenn seitens der Verwaltungs- oder Justizbehörden der Drittländer, die diese Gesetze erlassen haben, keine Weisung zu deren Einhaltung vorliegt.[53] Für den praktisch wichtigen Fall der ordentlichen Kündigung ohne Angabe von Gründen hat das Gericht zudem befunden, das es unter Umständen der die Kündigung aussprechenden Partei obliegt, rechtlich hinreichend nachzuweisen, dass ihr Verhalten nicht darauf abzielte, diesen Gesetzen nachzukommen.[54] Sollte dementsprechend ein Verstoß gegen Art. 5 festgestellt worden sein, bleibt dennoch für die Beurteilung der Unwirksamkeit der Kündigung die Abwägung der mit der Verordnung verfolgten Ziele gegen die möglichen Auswirkungen für die die Kündigung aussprechende Partei.[55] **62**

Auch wenn die Vorschrift nicht ursprünglich als Gegenmaßnahme zu den US-Sanktionen konzipiert war, so muss doch auch das **Boykottverbot** in § 7 AWV in diesem Zusammenhang erwähnt werden. Die verbotene Boykotterklärung ist dabei die Abgabe einer Erklärung im Außenwirtschaftsverkehr, durch die sich ein Inländer an einem Boykott gegen einen anderen Staat beteiligt. Allerdings wurde dieses Verbot kürzlich durch den geänderten Satz 2 relativiert, indem die Abgabe dann zulässig ist, wenn Anforderungen einer wirtschaftlichen Sanktionsmaßnahme eines Staates gegen einen anderen Staat zu genügt werden sollen, gegen den auch der Sicherheitsrat der Vereinten Nationen, der Rat der Europäi- **63**

---

52 ABl. 1996, L 309, S. 1.
53 EuGH, Rs. C-124/20, Urt. v. 21.12.2021, Rn. 51.
54 EuGH, Rs. C-124/20, Urt. v. 21.12.2021, Rn. 68.
55 EuGH, Rs. C-124/20, Urt. v. 21.12.2021, Rn. 95.

schen Union oder die Bundesrepublik Deutschland wirtschaftliche Sanktionsmaßnahmen beschlossen haben. Damit hat § 7 AWV als „Symbol" gegen US-
Sanktionen an Bedeutung verloren und es entfallen diesbezügliche Restriktionen
für deutsche Unternehmen.[56]

3. Gedanken zur praktischen Umsetzung

64   Wie sich ein einzelner Marktteilnehmer in diesem Spannungsfeld zu positionie-
ren hat, ist einer allgemeingültigen Festlegung nicht zugänglich. Ähnlich wie in
der Risikoanalyse sind die Standorte, Produkte, Kunden, Lieferanten und Prozesse im Lichte der sich aus den beschriebenen Regularien ergebenden Risiken
genau zu betrachten und abzuwägen. Dabei ist auch das bisherige Verhalten der
handelnden Behörden miteinzubeziehen, falls möglich ergänzt um eine Prognose mit Blick auf die jeweils politisch dominierenden Faktoren.

65   Es ist dabei möglich, dass bei entsprechender Komplexität des Betriebs eine differenzierte Lösung erarbeitet wird, in der für unterschiedliche Länder und Märkte unterschiedliche Vorgehensweisen beschlossen werden. Hier kann insbesondere die strategische Bedeutung einzelner Märkte oder Marktregionen eine Rolle spielen.

V. Spezifisches Risikomanagement

66   Die Bewertung von Sachverhalten mit Bezug zu Sanktionsrisiken setzt voraus,
dass die betrieblichen Abläufe überhaupt die Erkennung solcher Sachverhalte
erlauben (bzw. im besten Fall auch sicherstellen) und anschließend eine sachgerechte Eskalation vorsehen, damit eine fachlich angemessene Einschätzung erfolgen kann. Damit ist das Ziel dessen beschrieben, was heute allgemein als Risikomanagement bezeichnet wird.

67   Im Kontext von Compliance-Sachverhalten haben sich Gesetzgeber und Aufsichtsbehörden, meist in der Umsetzung internationaler Standards, historisch
mehr auf das Risikomanagement bei den Themen Geldwäsche, Terrorfinanzierung und später auch die (sonstigen) „strafbaren Handlungen" gemäß KWG
konzentriert. Ein eigenes, spezifisches Risikomanagement für die Einhaltung
von Wirtschaftssanktionen wurde dabei oft nicht zwingend verlangt, sondern
nur, soweit es der Eindämmung von Terrorfinanzierung diente. So haben sich in
vielen Fällen die ergriffenen Maßnahmen schlicht an der strafrechtlichen Haftung – genauer gesagt: dessen Reduzierung – orientiert.

---

56 A. 1. Des Runderlass Außenwirtschaft Nr. 3/2018 Zwölfte Verordnung zur Änderung
der Außenwirtschaftsverordnung vom 19.12.2018, BAnz AT 28.12.2018 B1.

Dies hat auch eine Relevanz für die datenschutzrechtliche Rechtfertigung der   **68**
einzelnen Maßnahmen. Während für die Umsetzung von Maßnahmen zur Bekämpfung der Geldwäsche das GwG und KWG inzwischen spezifische Ermächtigungen für die Datenerhebung und -verarbeitung vorsehen, findet man vergleichbare Normen weder im AWG noch in der AWV.

Mit der Zeit hat es aber einzelne Veröffentlichungen gegeben, die gezielt in Bezug   **69**
auf Wirtschaftssanktionen die Erwartungshaltung der Behörden verdeutlichen.

Daher werden nachstehend zunächst die verschiedenen Quellen an sich beleuchtet   **70**
und eingeordnet. Da die in den Quellen beschriebenen einzelnen Elemente des Risikomanagement sich sehr stark ähneln, werden diese anschließend themenbezogen beschrieben. Dabei wird der Fokus auf die Spezifika mit Bezug zu Wirtschaftssanktionen gelegt, und auf darüberhinausgehende allgemeine methodische Hinweise zum Risikomanagement verzichtet.

1. Quellen

Die Bundesbank hat 2020 ein Merkblatt auf ihren Internetseiten veröffentlicht,   **71**
dessen Ziel darin besteht, Personen und Unternehmen im Finanzsektor eine Orientierung zu geben, auf welche Art und Weise den Vorgaben der in Deutschland geltenden Finanzsanktionen entsprochen werden kann und welche Maßnahmen von den Verpflichteten im Finanzsektor erwartet werden.[57] Es wurde seitdem bereits aktualisiert und stellt eine willkommene (und auch überfällige) Hilfestellung für Verpflichtete dar.

Ein etwas anderes, konkreteres Ziel verfolgt die Veröffentlichung der OFAC. Sie   **72**
im Kontext der Richtlinien für Ahndung von Verstößen gegen Sanktionsregelungen zu sehen.[58] Diese Richtlinien enthalten einen definierten Kriterienkatalog, der die Beurteilung solcher Verstöße standardisieren soll. Neben Kriterien zu dem konkreten Verstoß an sich gibt es auch Kriterien zur Bewertung des sog. „Sanctions Compliance Programs", also die Gesamtheit der umgesetzten Sicherungsmaßnahmen. Dieses Framework enthält damit konkrete Vorgaben, die später auch im Rahmen eines Enforcement (Bußgeld)-Verfahrens von entscheidender Bedeutung sein können.

---

57 Bundesbank, Merkblatt zur Einhaltung von Finanzsanktionen (Stand: Juli 2021), S. 3.
58 Economic Sanctions Enforcement Guidelines, 31 (U.S.) Federal Code of Regulation
   Part 501, Appendix A.

2. Risikoanalyse

73   Man könnte prima facie Zweifel hegen, ob der Umgang mit Finanzsanktionen überhaupt einem risikobasiertem Ansatz zugänglich ist. Schließlich geht es in der Regel um die (eher binäre) Frage, ob ein Verhalten einen Verstoß darstellt oder nicht. Die obigen Ausführungen haben jedoch mehrfach gezeigt, dass es genügend Situationen gibt, in denen die Frage nach zusätzlichen Recherchen, die Bewertung vorhandener (unvollständiger) Informationen, oder ähnliche Szenarien weniger einer Schwarz-Weiß-Betrachtung zugänglich sind, sondern vor allem die Frage nach dem „Risikoappetit" stellen.

3. Sicherungsmaßnahmen und Kontrollen

74   Im Bereich der Geldwäschebekämpfung sind die Sicherungsmaßnahmen inzwischen seit Jahrzehnten eigens normiert, und wurden im Laufe der Jahre immer weiter ausgebaut und konkretisiert. So ist z. B. die Feststellung des wirtschaftlich Berechtigten eine eigene, bußgeldbewehrte Pflicht. Dem Verpflichteten nach dem GwG geht es daher in erster Linie um die Einhaltung dieser expliziten Pflicht, und nur sekundär um die Vermeidung einer Strafbarkeit nach § 261 StGB. Anders ist dies bei den Finanzsanktionen: Weder dem AWG, der AWV noch den EU-Verordnungen sind konkrete Vorgaben zu Kundenprüfungen zu entnehmen. Vielmehr geht es darum (wenn man sich für den Moment eine vom GwG losgelöste Betrachtung gönnt), durch geeignete kundenbezogene Prüfungen Verstöße gegen die finanzsanktionsspezifischen Verbote zu vermeiden. In der Praxis fügen sich die Prüfungen meist in die nach dem GwG normierten Kundensorgfaltspflichten mit ein. Es ist jedoch sinnvoll, diese gedankliche Trennung im Auge zu behalten, da sie für die konkrete Ausgestaltung der Maßnahmen von Bedeutung sein kann.

a) Prüfungen im Rahmen von Kundenbeziehungen

75   Für Verpflichtete gemäß GwG bildet die Prüfung der Kunden einen zwar gesetzlich nicht ausdrücklich normierten, aber dennoch in der Praxis elementaren Bestandteil der Kundensorgfaltspflichten. Die bekannten Elemente dieser Kundensorgfaltspflichten sind allesamt auch für Vermeidung von Sanktionsrisiken relevant und im Einzelnen zu betrachten.

76   Die sorgfältige und belastbare Identifizierung des Kunden und Erfassung des Kundennamens ist aus zwei Gründen essenziell: Die Datenqualität ist die Basis für einen effektiven Namensabgleich und die erweiterten Attribute sind für eine spätere Prüfung bei Namensübereinstimmung zwischen Kunden und Listeneintrag essenziell, um eine tatsächliche Übereinstimmung feststellen zu können.

Für die Feststellung der wirtschaftlich Berechtigten gilt das oben Gesagte eben-   **77**
so. Hinzu kommt die Klärung der Eigentums- und Kontrollstruktur um ggf. entscheiden zu können, ob und wie Eigenschaft des wirtschaftlich Berechtigten
Auswirkungen auf die Kundenbeziehung hat.

Die Identifizierung der Verfügungsberechtigten folgt denselben Grundsätzen.   **78**
Allerdings muss die Feststellung der Übereinstimmung der Identität eines Verfügungsberechtigten mit der einer gelisteten Person nicht zwingend zur Sperrung
des Kontos führen. Es kann auch im Einzelfall ausreichend sein, die Verfügungsberechtigung zu löschen.

Diese Prinzipien gelten auch für die Prüfung der eigenen Mitarbeiter. Diese   **79**
Maßnahme wird gemäß einer Entscheidung des Bundesarbeitsgerichts nicht als
mitbestimmungspflichtig erachtet.[59]

Sowohl für die kundenbasierten als auch die transaktionsbasierten Prüfungen   **80**
stellt sich die Frage nach der Auswahl und Verwendung der Sanktionslisten. Der
Einsatz der aktuellen EU-Liste steht dabei außer Frage, aber die Verwendung
weiterer Listen anderer Länder kann, je nachdem welche Märkte bedient werden, in Erwägung gezogen werden. Besonders mit Blick auf die extraterritoriale
Wirkung der US-Sanktionen (→ Rn. 55) steht die OFAC SDN-Liste hier besonders im Fokus. Allerdings ist zu beachten, dass die Verwendung von Listen aus
nicht direkt anwendbaren Rechtsordnungen in Bezug auf die datenschutzrechtliche Zulässigkeit kritisch zu bewerten sein könnte.

b) Transaktionsbezogene Prüfungen

Die Fragestellungen rund um die transaktionsbezogenen Prüfungen sind zu-   **81**
nächst mit denen der kundenbezogenen Prüfungen deckungsgleich. Sobald jedoch das Transaktionsvolumen eine kritische Masse erreicht (wie dies z. B. bei
einer Bank, die Zahlungsverkehr anbietet, der Fall wäre) stellen sich zusätzliche
Fragen, die u. U. unmittelbare betriebliche Konsequenzen haben können.

Von besonderer Bedeutung ist hier die Klarstellung der Bundesbank, dass im un-   **82**
baren innerdeutschen Zahlungsverkehr beim Institut des Auftraggebers sowie
bei eventuell zwischengeschalteten Instituten eine Überprüfung, ob der Zahlungsempfänger von außenwirtschaftsrechtlichen Beschränkungen betroffen ist,
unterbleiben kann.[60]

---

59 *Frieling*, jurisPR-ArbR 27/2018, Anm. 4.
60 Bundesbank, Merkblatt zur Einhaltung von Finanzsanktionen (Stand: Juli 2021),
   S. 12.

4. Schulung

83   Die Bedeutung der Schulung liegt für alle Compliance-Themen auf der Hand. Die hier mehrfach dargestellte besondere Komplexität des Themas führt aber dazu, dass die Schulung nicht nur unverzichtbares Element des Risikomanagements ist, sondern dass ein gut durchdachtes Schulungsportfolio auch die Chance darstellt, die Effektivität der anderen Sicherungsmaßnahmen zu erhöhen. Viele interne Maßnahmen hängen entscheidend davon ab, dass der Mitarbeiter im richtigen Moment das kritische Detail einer Geschäftsbeziehung oder einer Transaktion erkennt, und dieses an die richtige interne Stelle eskaliert. Gemäß der obigen Darstellung kann es sich dabei z. B. um einen Wohnsitz, eine Währung, einen Nebensatz aus einem Kundengespräch zum Warenursprung, oder eine Auffälligkeit in einer eingereichten Unterlage handeln. Gut geschulte Mitarbeiter sind besser in der Lage, so etwas zu erkennen.

84   Während die Bundesbank sich mit der Anforderung begnügt, dass die Beschäftigten regelmäßig zu schulen sind,[61] ohne dies weiter auszuführen, stellt OFAC hierzu weitergehende Anforderungen auf: Die Schulung soll nicht nur an Mitarbeiter gerichtet sein, sondern auch weitere Beteiligte einbeziehen, soweit dies der Förderung des Sanctions Compliance Programs dient.[62] Hierbei werden als Beispiele u. a. Lieferanten und Kunden genannt.

5. Geschäftspolitik

85   Wie bereits eingangs erwähnt, gehören auch geschäftspolitische Entscheidungen zu den Auswirkungen von Sanktionen. Soweit die Risikoanalyse Szenarien hervorbringt, deren Gefährdungslage nach Einschätzung des Unternehmens nicht durch die oben genannten Sicherungsmaßnahmen und Kontrollen effektiv gemindert werden kann, bleibt oft nur die Möglichkeit im betroffenen Kunden-, Produkt-, oder Marktsegment Beschränkungen umzusetzen, um diese geschäftlichen Szenarien gänzlich auszuschließen.

86   Das gängigste Beispiel solcher Entscheidungen dürfte die Kündigung von Geschäftsbeziehungen mit Bezugspunkten zu gelisteten Personen sein. Allerdings ist hier Vorsicht geboten, wie einzelne Entscheidungen deutscher Gerichte zeigen.[63] Solche Entscheidungen sind stets gegen potenzielle Haftungsrisiken abzuwägen, die sich z. B. aus Dienstleistungsverträgen mit den betroffenen Kunden oder Geschäftspartnern ergeben können.

---

61 Bundesbank, Merkblatt zur Einhaltung von Finanzsanktionen (Stand: Juli 2021), S. 10.
62 OFAC, A Framework for OFAC Compliance Commitments, S. 8.
63 *Arndt*, jurisPR-BKR 11/2013, Anm. 4.

Sachverzeichnis

Fettgedruckte Angaben verweisen auf die Paragrafen/Kapitel,
magere auf die Randnummern.
Paragrafen ohne Gesetzesangabe beziehen sich auf das GwG.

Ihr zentraler Ratgeber für die Kryptowelt

Omlor/Link (Hrsg.)

Kryptowährungen und Token

2021 | Handbuch | Recht Wirtschaft Steuern
1.072 Seiten | geb. | € 189,-
ISBN: 978-3-8005-1739-8

Weitere Informationen

shop.ruw.de/17398

Systematische Erläuterung aller wichtigen Fragen aus der Praxis:

- Darstellung der ökonomischen und technischen Grundlagen von Kryptowährungen
- Eingehende Erläuterung der zivil-, aufsichts-, bilanz- und steuerrechtlichen Fragen
- Beleuchtung sowohl der Seite des Emittenten als auch der Perspektive des Inhabers von Kryptowährungen und Token
- Mit Ausführungen zum Wettbewerbs-, Datenschutz-, Geldwäsche- und Strafrecht sowie zu internationalen Perspektiven
- Autorenteam aus Beraterschaft, Lehre und Finanzverwaltung

Die Herausgeber

Prof. Dr. **Sebastian Omlor**, LL.M. (NYU), LL.M. Eur., ist Direktor des Instituts für das Recht der Digitalisierung (Professur für Bürgerliches Recht, Handels- und Wirtschaftsrecht, Bankrecht sowie Rechtsvergleichung) an der Philipps-Universität Marburg (www.irdi.institute). U. a. leitet er das BMJV-Forschungsprojekt „Blockchain und Recht".

RA Dr. **Mathias Link**, LL.M. (Columbia), ist Partner bei der PricewaterhouseCoopers GmbH in Frankfurt a. M. und Düsseldorf. Er berät Banken und Finanzdienstleister zu steuerlichen und steuerbilanziellen Fragen, insbesondere im Kontext digitaler Geschäftsmodelle und Blockchain-Anwendungen.